麦读

MyRead

THE COLLECTION OF
THE SUPREME PEOPLE'S COURT'S
JUDICIAL RULES

新编版

最高人民法院司法观点集成

民事诉讼卷

I

总主编｜刘德权　本卷主编｜陈裕琨　缪蕾

中国法制出版社

图书在版编目(CIP)数据

最高人民法院司法观点集成:新编版.民事诉讼卷/刘德权,陈裕琨,缪蕾主编.—北京:中国法制出版社,2017.7
ISBN 978-7-5093-8512-8

Ⅰ.①最… Ⅱ.①刘…②陈…③缪… Ⅲ.①民事诉讼法-法律解释-中国 Ⅳ.①D920.5

中国版本图书馆CIP数据核字(2017)第086329号

策划人 曾 健　　责任编辑 袁笋冰 卜范杰　　封面设计 乔智炜

最高人民法院司法观点集成:新编版.民事诉讼卷
ZUIGAO RENMIN FAYUAN SIFA GUANDIAN JICHENG:XINBIAN BAN.MINSHI SUSONG JUAN

主编/刘德权 陈裕琨 缪蕾
经销/新华书店
印刷/北京华联印刷有限公司
开本/730毫米×1030毫米 16开　　(全4册)总印张/165 字数/3204千
版次/2017年8月第1版　　2017年8月第1次印刷

中国法制出版社出版
书号 ISBN 978-7-5093-8512-8　　(全4册)总定价:398.00元
北京西单横二条2号　　值班电话:010-66026508
邮政编码:100031　　传真:010-66031119
网址:http://www.zgfzs.com　　**编辑部电话:010-66066621**
市场营销部电话:010-66033393　　**邮购部电话:010-66033288**
(如有印装质量问题,请与本社编务印务管理部联系调换。电话:010-66032926)

编辑出版说明

法律的生命在于实施。习近平总书记在中央政法工作会议上的讲话中指出："天下之事，不难于立法，而难于法之必行。"随着中国特色社会主义法律体系的构建完成，最高人民法院监督、指导地方各级人民法院和专门法院在审判工作中正确、统一适用法律的任务更加艰巨，责任更加重大，意义更加深远。党的十八大以来，最高人民法院院长周强同志多次强调，要认真研究具体法律适用中出现的新情况、新问题，通过制定或修改司法解释、下发指导性意见、发布指导性案例等方式及时解决，确保法律适用和裁判尺度的统一。

由于历史发展、发布载体等原因，蕴藏于最高人民法院司法解释、司法业务文件、指导性案例、领导讲话、会议纪要、个案答复、裁判文书等素材和依据中的大量司法观点，存在相对分散、没有集中梳理、不便于查阅以及新旧文件内容发展变化、不同文件阐述不完全一致等问题，从而在某种程度上影响了广大法官以及其他法律职业者对法律的正确理解与统一适用。为解决此问题，相关图书出版单位做了较多工作，出版了大量汇集、解读最高人民法院司法观点的图书。但这些书籍，囿于编者司法实务经验等方面的原因，仍不能完全满足广大读者对权威、有效、实用、系统的司法观点的需求，为此，我们专门策划、编辑了《最高人民法院司法观点集成》（新编版）。

一

顾名思义，《最高人民法院司法观点集成》（新编版）是一部可以通览最高人民法院各类司法观点的权威司法实务指导用书，其对于统一各类案件裁判标准，指导司法实务工作，不断提高广大法官准确理解和适用法律的能力，有着积极的参考指导作用。

我们编写本套丛书最大的出发点是解决司法实务工作者在实际办案中遇到难点、疑点、热点以及前沿问题时寻找确定性司法依据的需求问题。我国是成文法国家，以法律条文为审判的根本依据，但抽象的法律文本落实到复杂的现实纠纷中存在很大的适用和解释空间，常常给具体办理案件的法官、律师等实务工作者带来困扰。作为最高审判机关的最高人民法院，为统一裁判尺度，确保司法公正，制定和公布了大量的司法解释以及司法解释性意见，还通过其他多种形式表达其适用法律的观点，如：全国性审判工作会议上的院、庭长讲话，发布专项司法指导性政策文件，在一些典型案件的判决中宣示其司法立场，发布指导性案例或者在《最高人民法院公报》上选登地方法院典型案例以肯定其做法。最高人民法院各审判业务庭也常以“函复”“庭推精要”“解答”“专题论述”等形式阐述对具体法律适用问题的意见或倾向性意见，在不同程度和层面上反映和代表最高人民法院的司法态度和立场。此外，最高人民法院的法官对审判实务中的新情况、新问题，特别是疑难复杂问题，推出了大量的研究著述，对司法实务也有很大影响。

对于司法实务工作者而言，上述司法观点对他们的实际办案无疑具有极强的指导和参考价值。但这些司法观点的载体，形式多样、效力各异，虽然互联网越来越发达、法律数据库的种类也越来越多，但仍不能满足法官们集中查找、理解与适用的需求，而对于并不经常收集和翻阅各类审判指导刊物的读者来说，就更难以全面、准确和及时地知悉。

为此，我们组织既有审判实务经验，又注重法学理论研究的作者，以最高人民法院发布的司法解释、司法政策、指导性案例、答复、通知、裁判文书和《最高人民法院公报》刊载的案例等为素材和依据，将散见于各种司法文件中的对审判工作具有指导性、参考性的内容进行收集、分类、归纳，从最具实践价值和理论意义的内容中提炼出最高人民法院的司法观点；选摘部分最高人民法院法官的著述，对司法观点进行解说；对某些重要问题加以编者说明，整理编写而成这套《最高人民法院司法观点集成》(新编版)。

二

《最高人民法院司法观点集成》(新编版) 秉承立足实践、突出实用、重在指导、体现权威的编辑宗旨，致力于为广大法官以及其他法律职业者提供系统完整的、有针对性的、权威的实务指导和参考。

努力提升司法观点的精细程度，使之更具权威性、时效性、实用性、系统性，是我们编写本书的目标。在策划、编辑过程中，我们广泛听取了各级人民法院法官、律师和其他法律从业人员的意见与建议，也征求了一些法学专家、学者的意见与建议。根据这些意见与建议，我们用近三年的时间，全面梳理、深入挖掘、精准归纳最高人民法院司法观点，于是就有了呈现在广大读者面前的《最高人民法院司法观点集成》(新编版)。

本套丛书的特点有三：其一，以司法解释为核心。本书编入的司法观点首先注重从现行有效的司法解释中提炼，突出观点来源的权威性。其二，全面梳理、立体呈现。以司法解释为核心，全面收集最高人民法院各种政策文件、指导性案例、裁判文书等，形成对司法观点多维度、多层面的立体支撑。其三，仔细甄别、去旧选新。对最高人民法院公布的各项司法解释、指导性案例、司法政策文件、裁判文书等进行仔细甄别，对已失效的内容予以排除，只选取现行有效的文件和资料。

三

《最高人民法院司法观点集成》（新编版）共有司法观点8007个，字数近1800万，分为6卷24分册，即：民事卷（5册1598个司法观点）、商事卷（5册1897个司法观点）、刑事卷（5册1541个司法观点）、民事诉讼卷（4册1477个司法观点）、行政及国家赔偿卷（3册1079个司法观点）、知识产权卷（2册415个司法观点）。

本套丛书整体包括以下栏目：

——**关键词**：从司法观点中提取；

——**最高人民法院司法解释**：以现行有效为标准，并围绕所提炼的最高人民法院司法观点进行摘编；

——**最高人民法院指导性案例**：由最高人民法院确立并统一发布的对全国法院审判、执行工作具有指导作用的指导性案例，各级人民法院审判类似案件时应当参照；

——**最高人民法院司法政策**：主要包括最高人民法院单独或与其他部门联合发布的通知、全国性的审判业务会议纪要、最高人民法院院领导在有关审判工作会议或其他会议上代表最高人民法院所做的重要讲话等；

——**最高人民法院答复**：由最高人民法院及各业务庭、局、室就下级法院或其他部门对法律适用问题或具体案件的处理问题的请示、函等所做的答复；

——**最高人民法院审判业务意见：**主要包括最高人民法院各业务庭、局、室发布的关于审判工作和具体法律适用问题的意见，最高人民法院各业务庭、局、室组织编写的审判指导丛书中的庭推纪要、倾向性意见、审判综述等内容，最高人民法院各业务庭、局、室有关负责人答记者问等；

——**《最高人民法院公报》案例：**《最高人民法院公报》除登载最高人民法院裁判文书外，所选登的案例都是由最高人民法院正式选编并作为参考性案例对外公布的，虽然其中的大部分案例不是由最高人民法院直接审判，但这些案例所涉及的法律适用问题得到了最高人民法院的认可，直接反映了最高人民法院对有关法律适用问题的具体意见；

——**最高人民法院裁判文书：**由最高人民法院审判并确立了新的裁判规则的案例，或者虽未确立新的裁判规则，但对法律、司法解释中不够具体的规则进行了界定、解释或者例证的案例，包括在中国裁判文书网上公布的裁判文书；

——**最高人民法院审判参考性案例：**由最高人民法院各业务庭、局、室所编选推出的典型案例，体现了最高人民法院各业务庭、局、室对相关案例中所涉裁判观点的认识和立场；

——**链接：最高人民法院法官著述：**主要包括最高人民法院法官发表在最高人民法院机关刊《人民司法》杂志，各业务庭、局、室编著的审判指导类刊物以及新法、新司法解释理解与适用类图书中的观点。这些著述反映了最高人民法院法官对一些法律问题的研究情况和倾向性意见，虽然是以个人名义发表，从法理上说属于学理解释，但无疑也颇具参考价值，故作为“链接”供读者借鉴；

——**编者说明：**由编者对一些司法观点的变更与沿革进行解说，或对某些司法观点加以进一步的学理解读。

四

《最高人民法院司法观点集成》（新编版）部分内容来自于：《最高人民法院公报》，最高人民法院机关刊《人民司法》杂志，“中国审判指导丛书”，“法律与司法解释理解与适用丛书”，最高人民法院各业务庭、局、室编写的司法实务类著作等公开出版物，以及最高人民法院网、中国裁判文书网等网站公开发布的信息。在编辑过程中编者对原文做了必要的提炼，但对其所引用的法律简称、法条序号等均保留原貌，未做更动；对于原文中引用的法律文本已经修改的情形，除特别注明的之外，一般也不再注明；本书中所引用的文件和著述，除司法解释、司法政策、指导性案例、答复外，亦尽量注明其出处。

在本套丛书出版前，恰逢《中华人民共和国民法总则》颁布，虽然相关的司法解释尚未推出，但我们组织编者对“民事卷”“商事卷”等卷中所涉及的相关内容进行了整理，对其中与以往的司法观点有衔接或冲突的内容以编者说明的形式进行了提示。

本套丛书中收集的各类司法文件截止日期为2017年3月31日。

五

我们邀请王松、俞宏雷、陈裕琨、缪蕾、何帆担任《最高人民法院司法观点集成》（新编版）各分卷主编、副主编，主持相应分卷编写工作。这些同志不仅具有丰富的司法实务经验，而且长期致力于最高人民法院司法观点的研究、梳理工作，对他们在编辑本套丛书过程中所作出的积极贡献，我们致以敬意！

在本套丛书中，我们精心节选了部分最高人民法院法官的合作作品、个人专著，他们深入细致的阐述有助于读者更清晰地了解最高人民法院司法观点的深刻含义，以便读者在实务工作中正确适用。对于这些作者，我们由衷地表示感谢！

由于我们所掌握的资料和编写水平有限，对最高人民法院司法政策精神、司法观点的理解、提炼可能不尽准确，所梳理的最高人民法院司法观点仅在司法实务中参考适用，故凡与法律、司法解释不一致的，或者法律、司法解释有新规定的，应当按照法律、司法解释的规定适用。本套丛书的编辑内容和体例尚有可改进之处，请读者给我们多提宝贵意见，以便将来继续修订更新。

刘德权

2017 年 8 月

本卷总目

CONTENTS

本册细目

CONTENTS

第一章 管　　辖

第二章 回　　避

第三章 诉讼参加人

第四章　证　　据

本册关键词索引

INDEX

D

E

F

G

H

J

K

L

M

N

P

Q

R

S

T

W

X

Y

Z

第一章 | CHAPTER 01

管辖

001

管辖确定后不因管辖依据发生变化而改变

关键词｜管辖恒定｜管辖依据｜

【最高人民法院司法解释】

第三十七条 案件受理后，受诉人民法院的管辖权不受当事人住所地、经常居住地变更的影响。

第三十八条 有管辖权的人民法院受理案件后，不得以行政区域变更为由，将案件移送给变更后有管辖权的人民法院。判决后的上诉案件和依审判监督程序提审的案件，由原审人民法院的上级人民法院进行审判；上级人民法院指令再审、发回重审的案件，由原审人民法院再审或者重审。

第三十九条 人民法院对管辖异议审查后确定有管辖权的，不因当事人提起反诉、增加或者变更诉讼请求等改变管辖，但违反级别管辖、专属管辖规定的除外。

——《最高人民法院关于适用〈中华人民共和国民事诉讼法〉的解释》(2015 年 1 月 30 日，法释〔2015〕5 号)

【最高人民法院裁判文书】

中国工商银行辽宁省分行营业部与中国人民保险公司武汉分公司证券部武胜营业处不当得利纠纷案[最高人民法院(2008)民提字第 10 号民事判决书]

裁判要旨：人民法院通过形式审查依法确定管辖权后，即便经实体审理后发现据以确定管辖的主要证据不实，基于管辖恒定、程序安定及诉讼经济等原则的考量，对一方当事人要求变更管辖权的诉讼主张，人民法院不予支持；在此基础上作出的民事判决，不属于《民事诉讼法》第一百七十九条第一款第(七)项规定的“管辖错误”。

——最高人民法院民事审判第二庭编：《最高人民法院商事审判指导案例 5 · 下》，中国法制出版社 2011 年版，第 776～789 页。

【链接：最高人民法院法官著述】

2006 年 10 月 8 日，原告要某某向河北省张家口市桥东区人民法院起诉，当日桥东区人民法院就已经受理。就管辖权问题，被告北京二建先向桥东区人民法院提出管辖权异议，在被裁定驳回后，被告又向张家口市中级人民法院提起管辖权异议上诉，张家口市中级人民法院裁定驳回上诉，维持原裁定。2006 年 11 月 6 日北京二建向张家口市桥东区人民法院递交反诉状，请求依法判令被反诉人（本诉原告要某某）返还反诉人（北京二建）人民币 20 万元。同日，桥东区人民法院对本案开庭审理，并于 11 月 13 日作出一审判决。被告北京二建不服该判决上诉至张家口市中级人民法院，2007 年 1 月 29 日张家口市中级人民法院作出〔2007〕张商终字第 4 号民事裁定，以原判决事实不清为由，裁定撤销原判、发回重审。

案件发回重审后，桥东区人民法院于 2007 年 4 月 12 日作出东商重字第 513 号民事裁定书，以原告经常居住地在北京市门头沟区、该院对案件无管辖权为由，裁定将本案移送北京市门头沟区人民法院审理。后经北京市高级人民法院与河北省高级人民法院协商，两高级人民法院一致认为本案应由桥东区人民法院继续审理。

2007 年 10 月 15 日，桥东区人民法院对本案开庭审理。2008 年 3 月 27 日对本案进行调解未成。之后，张家口市中级人民法院依职权启动审判监督程序，对被告 2006 年 11 月提出的管辖权异议上诉另行组成合议庭审理，于 2008 年 6 月 30 日以〔2008〕张民再终字第 59 号裁定书，撤销桥东区人民法院和张家口市中级人民法院一、二审驳回被告管辖权异议的裁定，认为桥东区人民法院对本案无管辖权，将本案移送北京市西城区人民法院审理。

我们认为，该裁定于法无据。理由是：

第一，北京二建向张家口市桥东区人民法院递交民事反诉状，桥东区人民法院作出一审判决后，北京二建又向张家口市中级人民法院上诉，表明被告北京二建已经接受桥东区人民法院和张家口市中级人民法院的管辖。至此，本案的管辖权已经确定，案件的程序问题已经处于一种稳定的状态。之后，张家口市中级人民法院对案件进行实体审理后，以事实不清为由，将案件发回重审。在一审法院重审的过程中，张家口市中级人民法院又以无管辖权为由，裁定将案件移送北京市西城区人民法院审理，致使进入实体审理阶段的案件又回到程序阶段，这种做法于法无据。

第二,根据《最高人民法院关于适用〈中华人民共和国民事诉讼法〉若干问题的意见》第35条"第二审人民法院发回重审或者上级人民法院指令再审的案件,由原审人民法院重审或者再审"之规定,对于发回重审的案件,理应由原审人民法院继续审理。而且在被发回重审之前,本案已经就管辖权异议进行了裁定,并经过实体审理作出了判决。在因事实不清被撤销原判决发回重审之后,原审人民法院的职责是查清事实、对案件进行实体审理并作出判决,而不应再倒退到管辖的程序阶段,将案件移送其他人民法院管辖。

第三,本案是北京、河北两地高级人民法院协商一致,由河北省高级人民法院指定张家口市桥东区人民法院审理的案件,张家口市中级人民法院和桥东区人民法院未经高级人民法院同意,擅自将案件移送异地法院审理的行为有悖于高级人民法院的通知,使高级人民法院的通知成为一纸空文。

2007年1月本案被发回重审后,桥东区人民法院以原告经常居住地在北京市门头沟区为由,裁定桥东区人民法院对本案无管辖权,将本案移送到北京市门头沟区人民法院。后经北京市高级人民法院与河北省高级人民法院协商,两院一致认为本案应由桥东区人民法院继续审理。之后,河北省高级人民法院向张家口市中级人民法院发函,函中指出:"你市桥东区人民法院受理该案后,两级法院已就当事人提出的管辖异议都作出了裁定,并已发生法律效力,桥东区人民法院对该案有管辖权。该案由你市桥东区人民法院继续审理。"门头沟区人民法院遂将本案退回桥东区人民法院。

之后,2007年10月15日,桥东区人民法院对本案开庭审理,并于2008年3月27日对本案进行调解未成。在此情况下,张家口市中级人民法院和桥东区人民法院擅自将案件移送北京西城区人民法院审理的行为,使河北省高级人民法院的指定管辖通知成为一纸空文,这种行为是不符合法律规定的。为维护案件管辖的稳定性和人民法院的公信力,不能支持张家口中级法院和桥东区人民法院的这种行为。

综上所述,我们认为本案应由河北省张家口桥东区人民法院继续审理。

——张绳祖:《第二审人民法院发回重审的案件应由原审人民法院审理》,载苏泽林主编、最高人民法院立案庭编:《立案工作指导》(总第27辑),人民法院出版社2011年版,第132~134页。

002 原审法院管辖区域变更后生效判决的复查改判

关键词｜原审法院｜管辖区域变更｜复查改判｜

【最高人民法院答复】

江苏省高级人民法院：

你院苏高法〔1998〕64号《关于管辖区划变更后复查案件审批程序问题的请示》收悉。经研究，答复如下：

人民法院的管辖区域随行政区划变更后，对于变更之前生效判决的复查改判（申请再审或决定再审），仍应按照最高人民法院〔62〕法文字第3号《关于原审法院机构撤销和管辖区域变更后判决改判问题的批复》和〔62〕法文字第7号《关于原审法院管辖区域变更后判决改判问题的批复》办理。你省原由淮阴市、扬州市中院终审，而现在属宿迁市、连云港市、泰州市管辖区内的各类案件，其复查和再审改判应由宿迁市、连云港市、泰州市中院管辖。

《最高人民法院关于适用〈中华人民共和国民事诉讼法〉若干问题的意见》第35条的规定，只适用于人民法院受理案件后审结案件前行政区划发生变更的情况。因此，该规定与上述两个批复并不矛盾。

——《最高人民法院关于人民法院管辖区域变更后已经生效判决的复查改判管辖问题的复函》（1998年8月31日，法函〔1998〕81号）

陕西省高级人民法院并抄各省、市、自治区高级人民法院：

你院对我院1962年2月10日关于原审法院机构撤销和管辖区域变更后，案件的复查和改判问题的批复所提的意见，经我们研究，答复如下：

原审法院的管辖区域，随着行政区域的变更，分别划归几个法院管辖，其对划出地区的案件管辖权已经分别移交给该管的新设法院，新设法院自应依法在所辖地区内行使审判权，包括人民法院组织法第十二条规定的各级人民法院院长对本院已经发生法律效力的判决和裁定，提交审判委员会处理的职权。因此，原法院所判案件，凡属已划出地区的都应移送该管新设法院接管，案件的复查和改判也由新设法院处理。

新设法院在改判案件时，应说明本案原系由原法院判决，现因本案已由该院接管,依法由该院重新作出判决或裁定。

——《最高人民法院关于原审法院管辖区域变更后判决改判问题的批复》(1962 年 3 月 19 日,〔62〕法文字第 7 号)①

003

民事级别管辖异议案件的裁判机制

关键词|级别管辖|管辖权异议|裁判机制|

【最高人民法院司法解释】

第一条 被告在提交答辩状期间提出管辖权异议,认为受诉人民法院违反级别管辖规定,案件应当由上级人民法院或者下级人民法院管辖的,受诉人民法院应当审查,并在受理异议之日起十五日内作出裁定:

(一)异议不成立的,裁定驳回;

(二)异议成立的,裁定移送有管辖权的人民法院。

第八条 对人民法院就级别管辖异议作出的裁定,当事人不服提起上诉的,第二审人民法院应当依法审理并作出裁定。

第九条 对于将案件移送上级人民法院管辖的裁定,当事人未提出上诉,但受移送的上级人民法院认为确有错误的,可以依职权裁定撤销。

——《最高人民法院关于审理民事级别管辖异议案件若干问题的规定》(2009 年 11 月 12 日,法释〔2009〕17 号)

【最高人民法院裁判文书】

山东清泉集团有限公司、烟台市清泉综合开发有限公司与山东亚新设计工程有限公司、烟台昆仑房地产开发有限公司建设工程设计合同纠纷上诉案[最

---

① 该批复已被《最高人民法院关于废止 1979 年底以前发布的部分司法解释和司法解释性质文件(第八批)的决定》(2012 年 8 月 21 日,法释〔2012〕13 号)废止。废止理由:最高人民法院无新规定覆盖其适用范围,但这一批复适用情形极为少见,废止后对司法活动影响甚微。鉴于本批复与上一复函内容相关,仍予作资料收录。——编者注

高人民法院(2007)民一终字第103号民事裁定书]

裁判要旨:当事人有权就民事案件级别管辖提出异议。

最高人民法院认为:

本案山东省高级人民法院是否享有管辖权,应当结合本案纠纷性质以及当事人诉讼请求的标的金额予以认定。最高人民法院根据《民事诉讼法》第二十条的规定,明确了各高级人民法院管辖在本辖区有重大影响的第一审民事案件的种类和范围,对各高级人民法院具有约束力,应作为确定各高级人民法院管辖第一审民事案件的依据。依据最高人民法院关于《房地产案件受理通知》以及《第一审受理通知》之规定,山东省高级人民法院受理的第一审民事案件,争议金额不得低于3000万元。本案诉讼标的金额为38092963.92元。因此,山东省高级人民法院根据亚新公司诉讼请求的依据及诉讼请求数额,认定本案为民事案件纠纷性质并确定对本案享有管辖权,并无不当。关于清泉集团公司和清泉公司以原告、被告住所地与合同履行地均在山东省烟台市莱山区及诉讼便利为由,主张一审法院对本案不享有管辖权的问题,本院认为,关于民事诉讼的管辖,首先应当考虑级别管辖,在确定级别管辖后,才考虑被告住所地、合同履行地等因素。本案中,争议金额已超过3000万元,且被告住所地、合同履行地均在山东省高级人民法院辖区内,故山东省高级人民法院依法对本案具有管辖权,上诉人清泉集团公司和清泉公司提出本案应由山东省烟台市中级人民法院管辖,理由不成立。

——最高人民法院民事审判第一庭编:《最高人民法院民事案件解析(建设工程)》(第3辑),法律出版社2010年版,第433页。

【链接:最高人民法院法官著述】

关于当事人是否享有对案件级别管辖提出异议的权利问题

《级别管辖规定》第8条明确了当事人对于级别管辖异议裁定的上诉权。改革级别管辖异议裁判机制的关键,不仅在于以裁定取代告知、通知,更重要的是赋予当事人诉权,使上级法院得以通过第二审程序予以监督。

——最高人民法院民事诉讼法修改研究小组编著:《〈中华人民共和国民事诉讼法〉修改条文理解与适用》,人民法院出版社2012年版,第76页。

级别管辖是划分上下级人民法院之间受理第一审案件的分工和权限。根据

《人民法院组织法》的规定,我国的人民法院分四级,即基层人民法院、中级人民法院、高级人民法院和最高人民法院。每一级人民法院都有权管辖一定范围内的第一审案件。民事诉讼确定级别管辖总的原则是根据案件性质、案件繁简、影响大小、便利当事人诉讼、便利人民法院办案。如前所述,1991 年 4 月 9 日实施的《民事诉讼法》第三十八条对当事人就案件管辖权提出的异议是否应当包括级别管辖的问题,没有作出明确规定。1995 年 7 月 3 日,最高人民法院作出了法函〔1995〕95 号批复。该批复明确:"当事人就级别管辖提出异议的,受诉法院应认真审查,确无管辖权的,应将案件移送有管辖权的法院并告知当事人,但不作裁定。"在多年的民事审判实践中,各高级人民法院不仅就案件级别管辖作出民事裁定,而且允许当事人就此裁定不服提出上诉。因此,根据《民事诉讼法》第三十八条之规定的立法精神和民事审判实践,在法律以及司法解释没有明确规定诉讼当事人对案件管辖权的异议仅限于地域管辖、专属管辖和协议管辖的情况下,应当允许诉讼当事人对于案件级别管辖享有异议的权利,以充分保障当事人行使诉讼的权利。

——最高人民法院民事审判第一庭编:《最高人民法院民事案件解析(建设工程)》(第 3 辑),法律出版社 2010 年版,第 434 ~436 页。

民事诉讼法第三十八条是否适用于级别管辖异议,争议较大。《规定》第一条明确级别管辖异议不成立的,裁定驳回,异议成立的,裁定移送有管辖权的人民法院,从而与民事诉讼法第三十八条保持一致,明确了处理级别管辖异议的法律依据。

实践中,级别管辖异议有两种情况,一种是受诉法院审查认为应由下级法院管辖,另一种是受诉法院审查认为应由上级法院管辖,这两种情形都应当依法作出裁定,不再像以往那样以通知方式作出。但对于后一种情形该如何处理,是应当裁定将案件移送上级人民法院管辖,还是应当裁定驳回起诉并告知当事人向有管辖权的法院起诉,在起草、论证和审议过程中争论最大。

《规定》最终采纳了第一种意见,主要考虑:一是民事诉讼法第三十八条没有明确排除适用于级别管辖。从文义解释角度理解,应当适用于地域和级别管辖。全国人大法工委持这一观点,认为民事诉讼法第三十八条应当适用于级别管辖异议。在征求专家意见过程中,参与起草民事诉讼法的专家介绍,当时起草民事诉讼法时,由于实践中级别管辖问题并不突出,所以没有过多考虑三十八条是否包括级别管辖,但专家一致认为,应当对该条作开放性的解释,以适应司法实践的需要。二是不同级别法院之间的裁定移送，有各国（地区）的民事诉讼立法和实践的基础。三是为避免产生下级法院错误地作出移送上级法院的裁定而上级法院受其拘束无法纠正的情形，《规定》第九条规定，对于将案件移送上级人民法院管辖的裁定，当事人未提出上诉，但受移送的上级人民法院认为确有错误的，可以依职权裁定撤销。实践操作中，当事人提出上诉的，该上级法院自可依法审查并作出处理；当事人未提出上诉，而受移送的上级人民法院认为该裁定确有错误的，根据案件具体情况既可以依职权撤销裁定，从而避免受错误裁定的拘束，也可以不撤销该裁定而由该上级人民法院自行审理，已使案件尽快进入实体审理，避免在管辖问题上拖延诉讼。

——刘学文、姜启波、王胜全、刘小飞：《〈关于审理民事级别管辖异议案件若干问题的规定〉的理解与适用》，载苏泽林主编、最高人民法院立案庭编：《立案工作指导》（总第 23 辑），人民法院出版社 2010 年版，第 110 ~ 113 页。

编者说明

虽然 2007 年《民事诉讼法》第 38 条规定了管辖权异议制度，但在审判实践中多被理解为只适用于地域管辖异议，而不适用于级别管辖异议。从最高人民法院《关于当事人就级别管辖提出异议应如何处理问题的函》和《关于当事人就案件级别管辖权向上级法院提出异议上级法院发函通知移送，而下级法院拒不移送，也不作出实体判决应如何处理问题的复函》①以及最高人民法院的一些终审裁判中都可以看出，虽然承认当事人有提出级别管辖异议的权利，但同时明确规定对级别管辖异议不作书面裁定，当然也就无法上诉，因此实践中损害当事人程序利益、扰乱管辖秩序的问题难以通过法定程序得到救济、纠正。2006 年，在山东省威海市召开的全国法院民商事审判管辖研讨会上，最高人民法院副院长苏泽林呼吁"要改革级别管辖异议的裁判形式"。2007 年，第七次全国民事审判工作会议提出了"建立民事案件级别管辖异议机制"的任务。为此，最高人民法院发布了《关于审理民事级别管辖异议案件若干问题的规定》。

004

不可通过累加多个不能合并之诉的标的金额来达到级别管辖标准

关键词 | 级别管辖 | 诉的合并 | 累加金额 |

① 该两复函因被《最高人民法院关于审理民事级别管辖异议案件若干问题的规定》代替而失效。

【链接：最高人民法院法官著述】

原告提起的侵害出资人权益之诉，并非一个诉，而是多个诉。山西省高级人民法院将多个诉的诉讼标的额合并后对该案享有管辖权，但是，如果单个诉讼分别受理，则山西省高级人民法院对每个诉均不享有管辖权。因此，确定山西省高级人民法院是否对本案享有级别管辖的一个重要问题，即原告提起的多个诉能否合并审理。

上诉人王永安认为，一审裁定对本案法律关系的认定错误，本案既有确认之诉又有侵权之诉、给付之诉，且诉讼标的各不相同，原告应当分别起诉而不应合并起诉，合并起诉的目的是规避级别管辖。被上诉人王见刚对本案构成多个诉并不否认，但认为可以合并审理。因此，确定山西省高级人民法院是否享有管辖权的焦点问题是，本案涉及的多个诉能否合并审理。

依据民事诉讼法理论，诉的合并包括两种基本形态：诉的主观合并和诉的客观合并。诉的主观合并又称诉的主体合并，即诉讼当事人的合并，指一方或双方当事人为两人以上的诉，其典型形态是必要的共同诉讼和以其为基础的群体诉讼。诉的客观合并，是从诉讼标的的角度来规定或考察诉的合并形态，即诉讼标的的合并，通常是指同一原告对同一被告，在同一诉讼程序中，同时就多数相异之权利主张或者法律关系起诉。同时，还存在诉的主客观合并的情形，如普通共同诉讼及以其为基础的群体诉讼，有独立请求权第三人提起的参加之诉与本诉的合并、被告提起的反诉与本诉的合并。

1. 本案不符合诉的主观合并条件。诉的主观合并的条件是，一方或双方当事人为两人以上，诉讼标的相同或是同一种类。本案原被告双方均为一人，故不构成诉的主观合并。

2. 本案不符合诉的客观合并条件。诉的客观合并是因同一原告对同一被告有多个法律关系同时存在，法院为节省诉讼成本、提高诉讼效率在一个诉讼程序中一并解决纠纷的诉讼制度。但是，有时利用同一诉讼程序解决复数诉讼关系，反而使得法院审理复杂化，造成诉讼混乱和迟延，违背了设立诉的客观合并制度的目的。鉴于此，多数国家和地区的民事诉讼法均对客观的诉的合并设置了一些限制条件，除须具备通常的起诉要件和诉讼要件外，还必须具备其他特殊要件，主要有：

(1)合并的数个诉讼标的或数个诉须由同一原告向同一被告在同一诉讼程序中提出；

(2)合并的数个诉讼标的或数个诉须适用相同的诉讼程序；

(3)受诉法院对合并的数个诉均有管辖权,若合并的诉属于其他法院级别管辖、专属管辖和协议管辖的,则不得合并。

本案不符合诉的客观合并条件。

首先,诉讼主体不同一。虽然一审法院列明的当事人为原告王见刚,被告王永安,但经审查,就合伙关系而言,这四个合伙协议的主体不同。大源矿的合伙协议,当事人为王永安、王见刚和郭华三个自然人,王见刚以个人名义合伙,享有大源矿35%的股份比例。宝鑫矿、宝鑫二矿以及四季春矿三个合伙协议的甲方和乙方均分别为山西众心钢铁有限公司(下称众心公司)、山西古冶实业(集团)有限公司(下称古冶公司),丙方为不同的主体。根据当事人提交的工商登记材料看,古冶公司是由王见刚、王建斌和王建强三个自然人股东共同投资的有限责任公司,王见刚占40%的股份,该公司并非王见刚的个人公司,因此,不能认定王见刚为宝鑫矿、宝鑫二矿以及四季春矿的投资主体或合伙人,王见刚无权请求法院确认其个人享有上述三矿的财产份额、经营利润。就侵权关系而言,王见刚不是宝鑫矿、宝鑫二矿以及四季春矿的财产所有人,不能成为侵权关系中的被侵权人,其作为原告的主体资格存有疑问。因此,本案在诉的合并审查中,牵涉诉讼主体的审查认定。从上述分析可知,本案实际是将四个合伙关系和侵权关系合并,但合伙关系中,大源矿的法律关系主体与其他三个矿的主体不相同,不符合诉的客观合并条件,本案不应合并审理。

其次,山西省高级人民法院对合并的数个诉均无管辖权。

诉的客观合并的一个基本条件是,受诉法院对合并的数个诉均有管辖权。本案合并受理的数个诉,每个诉的标的金额都未达到山西省高级人民法院受理一审民商事案件的标准,原告通过累加多个诉的标的金额来达到山西省高级人民法院级别管辖标准,显然有规避级别管辖之嫌。

综上所述,本案不符合诉的合并条件,不应当合并受理、审理。

——潘杰:《级别管辖异议的上诉审》,载苏泽林主编、最高人民法院立案庭编:《立案工作指导》(总第21辑),人民法院出版社2009年版,第99~100页。

编者说明

原告的诉讼请求构成一诉还是多诉、诉能否合并攸关级别管辖权的确定,无论当事人是否主张,人民法院均应依职权进行审查。原告不可通过累加多个不可合并之诉的标的金额来达到提高级别管辖的目的。

005

管辖权异议裁定可以一并处理原告资格问题

关键词｜级别管辖｜管辖权异议｜原告资格｜

【链接：最高人民法院法官著述】

本案当事人双方均未就原告资格是否适格提出异议，但法院在审查诉的合并中，发现诉的合并牵涉原告主体资格问题，而原告主体资格属起诉要件，人民法院应当依职权进行审查。那么，如果法院依职权审查发现原告主体资格不适格，能否在管辖权异议的裁定中驳回原告的起诉？我们认为，原告主体资格与管辖权问题，均属于民事诉讼法第一百零八条规定的起诉受理要件，人民法院可以在处理管辖权异议的同时一并处理原告主体资格问题。

——潘杰：《级别管辖异议的上诉审》，载苏泽林主编、最高人民法院立案庭编：《立案工作指导》(总第21辑)，人民法院出版社2009年版，第95～100页。

编者说明

虽然当事人双方未对原告主体资格提出异议，但原告主体资格问题属起诉受理要件，人民法院应依职权审查，并可在级别管辖异议中作出处理。

006

管辖权异议审查期间原告申请撤诉的处理

关键词｜级别管辖｜管辖权异议｜撤回起诉｜

【最高人民法院司法解释】

第二条 在管辖权异议裁定作出前，原告申请撤回起诉，受诉人民法院作出准予撤回起诉裁定的，对管辖权异议不再审查，并在裁定书中一并写明。

——《最高人民法院关于审理民事级别管辖异议案件若干问题的规定》(2009年11月12日，法释〔2009〕17号)

【链接：最高人民法院法官著述】

实践中，可能出现被告提出管辖权异议后，原告提出撤诉的情形。此时，从法理而言，受理案件法院应先对管辖权异议这一程序性事项进行处理，然后再由有管辖权的法院审查撤诉申请是否合法。但是为提高司法效率，个案中也可以考虑让被告先撤回管辖权异议，然后再准许原告撤回起诉。

——沈德咏主编、最高人民法院修改后民事诉讼法贯彻实施工作领导小组编著：《最高人民法院民事诉讼法司法解释理解与适用》，人民法院出版社2015年版，第583~584页。

007

合同纠纷案件以请求金额确定级别管辖

关键词 | 合同纠纷 | 请求金额 | 级别管辖 |

【最高人民法院答复】

一、在当事人双方或一方全部没有履行合同义务的情况下，发生纠纷提起诉讼，如当事人在诉讼请求中明确要求全部履行合同的，应以合同总金额加上其他请求金额作为诉讼标的金额，并据以确定级别管辖；如当事人在诉讼请求中要求解除合同的，应以其具体的诉讼请求金额来确定诉讼标的金额，并据以确定级别管辖。

——《最高人民法院关于案件级别管辖几个问题的批复》（1996年5月7日，法复〔1996〕5号）

【最高人民法院裁判文书】

沈阳煤业（集团）有限责任公司与天瑞集团水泥有限公司、辽宁能源投资（集团）有限责任公司、吉林亚泰集团建材投资有限公司、沈阳联合产权交易所管辖权异议案［最高人民法院（2013）民二终字第82号民事裁定书］

裁判要旨：在当事人双方或一方全部没有履行合同义务的情况下，发生纠纷起诉至法院的,如当事人在诉讼请求中明确要求全部履行合同的,应以合同总金额加上其他请求额作为诉讼标的额,并据以确定级别管辖;如当事人在诉讼请求中要求解除合同的,应以其具体的诉讼请求数额来确定诉讼标的额,并据以确定级别管辖。

——中国裁判文书网,http://www.court.gov.cn/zgcpwsw/zgrmfy/。

刘聿与金守红股权转让合同纠纷管辖权异议上诉案[最高人民法院(2010)民二终字第85号民事裁定书]

裁判要旨:请求法院确认解除合同的效力案件以整个合同为争议标的,应以合同的标的额作为确定级别管辖法院的标准。

最高人民法院认为:

本案诉讼的起因是,针对刘聿发出解除合同的通知,金守红提出异议,并依据《中华人民共和国合同法》第九十六条及《最高人民法院关于适用〈中华人民共和国合同法〉若干问题的解释(二)》第二十四条的规定提起本案诉讼,请求法院确认解除合同的效力。因此,本案审理对象为确认解除《股权转让框架合同》的效力问题,以整个合同为争议标的,应以合同的标的额作为确定级别管辖法院的标准。本案中双方当事人已履行的数额已超过1亿元,且当事人住所地不在同一辖区,根据最高人民法院发布的《关于调整高级人民法院和中级人民法院管辖第一审民商事案件标准的通知》的规定,本案应由天津市高级人民法院管辖。

——苏泽林、景汉朝主编,最高人民法院立案一庭、立案二庭编:《立案工作指导》(总第30辑),人民法院出版社2012年版,第197~198页。

【链接:最高人民法院法官著述】

对于买卖合同案件而言,其级别管辖首先应当遵从《民事诉讼法》的规定,以及最高人民法院各种有关级别管辖的规定。在确定管辖时,很重要的一个因素就是诉讼标的额的计算。关于诉讼标的额的计算,最高人民法院曾经有过一个司法解释,但是很不完善、具体。按照1996年《最高人民法院关于案件级别管辖几个问题的批复》,在当事人双方或一方全部没有履行合同义务的情况下,发生纠纷提起诉讼,如当事人双方或一方全部没有履行合同的,应以合同总金额加上其他请求金额作为诉讼标的金额,并据以确定级别管辖;如当事人在诉讼请求中要求解除合同的，应以其具体的诉讼请求金额来确定诉讼标的金额，并据以确定级别管辖。联系这一司法解释，根据相关法理，我们认为，在确定买卖合同纠纷的级别管辖时应区别具体情况处理：

1. 当事人双方或一方全部没有履行合同。如果一方请求履行合同，应当以合同总金额加上其他请求金额作为诉讼标的金额。例如合同总金额为 100 万元，当事人提起诉讼要求全部履行合同，要求的违约金为 20 万元，就应当以 120 万元作为确定级别管辖的标准。如果当事人在诉讼请求中要求解除合同，应以其具体的诉讼请求金额来确定诉讼标的金额，作为确定级别管辖的标准。

2. 当事人双方或一方部分履行合同。如果当事人请求履行该部分合同，应当以该部分的金额作为确定级别管辖的标准。如果当事人还有其他的诉讼请求，例如要求赔偿损失、支付违约金或者交付订金，那么应当合并计算。当然，这些作为附属请求是不计入诉讼标的额的，即不作为确定级别管辖和诉讼费用的标准。如果当事人要求解除合同并要求损害赔偿或者提出其他诉讼请求，那么应当以合同的总金额加上其他具体请求的数额作为确定级别管辖的标准。

3. 如果当事人仅仅要求违约赔偿，那么就应当以当事人要求的违约赔偿的数额作为确定级别管辖的标准，而不应当再加上合同的总金额。如果当事人仅仅对定金提出要求，如双倍返还定金，那么就以该要求的数额作为确定级别管辖的标准。仅对利息提出请求的，则仅以利息作为确定级别管辖的标准。

4. 当事人提出反诉时，反诉的诉讼标的额不和本诉的诉讼标的额合并作为确定级别管辖的依据，因为反诉管辖属于牵连管辖，只以本诉的诉讼标的额作为确定级别管辖的依据。

5. 在诉的合并的情况下，如果这些诉不属于必要的共同诉讼的话，那么各诉讼标的额就不应当合并在一起作为确定级别管辖的依据，而只应当以本诉的诉讼标的额作为级别管辖的依据。例如，原告以买卖合同之诉起诉要求被告赔偿 50 万元，后又以另外一个合同关系要求被告赔偿 30 万元，那么，法院决定这两个诉讼合并审理，由于这是普通的共同诉讼，法院在确定级别管辖时只能以本诉的 50 万元作为级别管辖确定的依据，而不能以 80 万元作为确定级别管辖的依据。

上述级别管辖的论述对于所有的合同纠纷都是适用的。

——姜启波、孙邦清：《诉讼管辖》，人民法院出版社 2008 年版，第 113 ~ 115 页。

008 原告诉讼中增加诉讼请求金额故意规避级别管辖，被告有权提出管辖权异议

关键词｜增加诉讼请求金额｜规避级别管辖｜管辖权异议｜

【最高人民法院司法解释】

第三十九条 人民法院对管辖异议审查后确定有管辖权的，不因当事人提起反诉、增加或者变更诉讼请求等改变管辖，但违反级别管辖、专属管辖规定的除外。

——《最高人民法院关于适用〈中华人民共和国民事诉讼法〉的解释》(2015年1月30日，法释〔2015〕5号)

第三条 提交答辩状期间届满后，原告增加诉讼请求金额致使案件标的额超过受诉人民法院级别管辖标准，被告提出管辖权异议，请求由上级人民法院管辖的，人民法院应当按照本规定第一条审查并作出裁定。

——《最高人民法院关于审理民事级别管辖异议案件若干问题的规定》(2009年11月12日，法释〔2009〕17号)

【链接：最高人民法院法官著述】

二、《最高人民法院关于案件级别管辖几个问题的批复》(1996年5月7日，法复〔1996〕5号)中规定："当事人在诉讼中增加诉讼请求从而加大诉讼标的金额，致使诉讼标的金额超过受诉法院级别管辖权限的，一般不再变动。但是当事人故意规避有关级别管辖等规定的除外。"该批复中上述规定内容与2015年民诉法解释第三十九条规定冲突，不再适用。

——沈德咏主编、最高人民法院修改后民事诉讼法贯彻实施工作领导小组编著：《最高人民法院民事诉讼法司法解释理解与适用》，人民法院出版社2015年版，第198页。

我国《民事诉讼法》规定，被告提出管辖权异议的期限为提交答辩状期间，

同时规定原告有权增加诉讼请求。审判实践中，有的原告就恶意地于管辖异议期满后才增加诉讼请求，致使案件标的金额超过受诉法院级别管辖标准。《最高人民法院关于案件级别管辖几个问题的批复》第 2 条规定："当事人在诉讼中增加诉讼请求从而加大诉讼标的金额，致使诉讼标的金额超过受讼法院级别管辖权限的，一般不再变动。但是当事人故意规避有关级别管辖等规定的除外。"由于何谓"故意规避"难以判断，实践中对随意增加诉讼标的额致使超过受诉法院级别管辖标准的行为几乎放任不管，既破坏了级别管辖的秩序，也损害了对方当事人的管辖利益。

为保持原被告之间在管辖争点上攻击防御的动态平衡，防止原告利用答辩期即为异议期，规避管辖异议制度，《规定》第 3 条规定，提交答辩状期间届满后，原告增加诉讼请求金额致使案件标的额超过受诉人民法院级别管辖标准，被告提出管辖权异议，请求由上级人民法院管辖的，人民法院应当按照本规定第一条审查并作出裁定。即允许被告在特定情形下，可在答辩期届满后提出管辖权异议。该条争议的主要问题，一是是否需要设定原告规避级别管辖规定的"恶意"条件。对此，《规定》从提高操作性，规范原告行为的角度，未予设定其他条件，只要增加诉讼请求金额后超出了受诉法院级别管辖标准，被告即可提出管辖权异议。二是是否需要给被告提出此类管辖权异议限制时间。对此，由于目前并无法律和司法解释规定原告增加诉讼请求后要重新给予被告答辩期间，而原告增加诉讼请求应当在庭审结束前提出，被告提出级别管辖权异议的时间与此对应即可，即在庭审结束前，只要原告增加诉讼请求致使案件标的额超过受诉人民法院级别管辖标准，被告即可依据此条提出管辖权异议。

——最高人民法院民事诉讼法修改研究小组编著：《〈中华人民共和国民事诉讼法〉修改条文理解与适用》，人民法院出版社 2012 年版，第 75 页。

009

发回重审案件当事人不可提出管辖权异议

关键词 | 发回重审 | 管辖权异议 |

【最高人民法院司法解释】

第三十九条 人民法院发回重审或者按第一审程序再审的案件，当事人提出管辖异议的,人民法院不予审查。

——《最高人民法院关于适用〈中华人民共和国民事诉讼法〉的解释》(2015 年 1 月 30 日,法释〔2015〕5 号)

【《最高人民法院公报》案例】

内蒙古九郡药业有限责任公司、上海云洲商厦有限公司与韩凤彬、上海广播电视台、大连鸿燕大药房有限公司产品质量损害赔偿纠纷管辖权异议申请再审案[最高人民法院(2013)民再申字第 27 号民事裁定书]

裁判要旨:当事人在一审提交答辩状期间未提出管辖异议,在二审或者再审发回重审时提出管辖异议的,人民法院不予审查。

——《最高人民法院公报》2013 年第 7 期

010

同时提出级别管辖异议和地域管辖异议应作为一个管辖权异议处理

关键词 | 级别管辖 | 地域管辖 | 管辖权异议 |

【最高人民法院司法解释】

第六条 被告以受诉人民法院同时违反级别管辖和地域管辖规定为由提出管辖权异议的,受诉人民法院应当一并作出裁定。

——《最高人民法院关于审理民事级别管辖异议案件若干问题的规定》(2009 年 11 月 12 日,法释〔2009〕17 号)

【链接:最高人民法院法官著述】

被告以受诉人民法院同时违反级别管辖和地域管辖为由分别提出管辖权异议的,应当理解为一个管辖权异议下的两个不同理由,不是两个管辖权异议,受诉人民法院应当作为一个管辖权异议处理,以避免出现一个异议成立而另一个异议不成立时的裁判抵触的情况。

——最高人民法院民事诉讼法修改研究小组编著:《〈中华人民共和国

民事诉讼法〉修改条文理解与适用》，人民法院出版社 2012 年版，第 75 页。

011

下级法院报请上级法院审理的案件

关键词 | 级别管辖 | 下级法院报请上级法院 |

【最高人民法院司法解释】

第五条　对于应由上级人民法院管辖的第一审民事案件，下级人民法院不得报请上级人民法院交其审理。

——《最高人民法院关于审理民事级别管辖异议案件若干问题的规定》（2009 年 11 月 12 日，法释〔2009〕17 号）

【最高人民法院司法政策】

第三条　基层人民法院和中级人民法院对于已经受理的下列第一审案件，必要时可以根据相关法律规定，书面报请上一级人民法院审理：

（1）重大、疑难、复杂案件；

（2）新类型案件；

（3）具有普遍法律适用意义的案件；

（4）有管辖权的人民法院不宜行使审判权的案件。

第四条　上级人民法院对下级人民法院提出的移送审理请求，应当及时决定是否由自己审理，并下达同意移送决定书或者不同意移送决定书。

第五条　上级人民法院认为下级人民法院管辖的第一审案件，属于本意见第三条所列类型，有必要由自己审理的，可以决定提级管辖。

——《最高人民法院关于规范上下级人民法院审判业务关系的若干意见》（2010 年 12 月 28 日，法发〔2010〕61 号）

【链接：最高人民法院法官著述】

严格而言，下级法院报请上级法院指令管辖的做法，只有第三十九条第二款规定的一种情形，即将本院有管辖权的案件报请由上级法院管辖。第三十九条第一款后半段的规定，应当是上级法院主动决定而不是根据下级法院的报请作出决定的结果。因此，下级法院主动报请上级法院将案件交其审理的做法，是没有法律依据的。基于程序法定的一般原理，欠缺法律依据的诉讼行为通常即为不合法。

——最高人民法院立案一庭负责人：《解读〈关于审理民事级别管辖异议案件若干问题的规定〉》，载《商事法律文件解读》（总第59辑），人民法院出版社2009年版，第38页。

012

受诉法院依职权裁定移送没有级别管辖权的案件

关键词 | 级别管辖 | 依职权移送 | 裁定 |

【最高人民法院司法解释】

第七条 当事人未依法提出管辖权异议，但受诉人民法院发现其没有级别管辖权的，应当将案件移送有管辖权的人民法院审理。

——《最高人民法院关于审理民事级别管辖异议案件若干问题的规定》（2009年11月12日，法释〔2009〕17号）

【链接：最高人民法院法官著述】

在级别管辖异议审查中，仍有些需要研究和解决的问题：一是依职权的移送，是用裁定书的形式，还是通知书的形式。从法理上讲，移送管辖的行为，是法院就程序性问题做出的裁定行为，应当采用裁定书的形式。但我国现行的实践中，多采用通知书的形式。二是依职权移送时的原告利益保护问题。德国、法国、日本、我国台湾地区的移送管辖，一般是受诉法院在发现无管辖权时，应原告的请求或者依照职权，裁定将案件移送到有管辖权的法院。移送管辖的目的，是节省原告重新起诉的费用和时间，及避免原告诉讼时效期间利益的丧失。从我国《民事诉讼法》及审判实践看，并无“应原告的请求”移送管辖的程序设计，容易产生移送管辖违背原告意愿和利益的问题。从调研情况看,原告选择法院和法官打官司的情况比较突出,原告不来受移送法院继续诉讼的情况比较常见。有鉴于此,在依职权移送前,最好征求原告的意见:原告不愿意继续诉讼的,可以撤诉;愿意继续诉讼的,可以征求原告意见,将案件移送到原告选择的有管辖权的法院。

——最高人民法院民事诉讼法修改研究小组编著:《〈中华人民共和国民事诉讼法〉修改条文理解与适用》,人民法院出版社 2012 年版,第 76 ~ 77 页。

013

最高人民法院批准的级别管辖规定为审理级别管辖异议案件的依据

关键词 | 级别管辖标准 | 审理依据 |

【最高人民法院司法解释】

第十条 经最高人民法院批准的第一审民事案件级别管辖标准的规定,应当作为审理民事级别管辖异议案件的依据。

——《最高人民法院关于审理民事级别管辖异议案件若干问题的规定》(2009 年 11 月 12 日,法释〔2009〕17 号)

【链接：最高人民法院法官著述】

这里强调的是,高级人民法院作出的级别管辖规定是经过最高人民法院批准,并统一发布后施行的,人民法院和当事人都应当严格遵守,可以在裁判理由部分予以引用。再者,如果不明确将其作为裁判的依据,则裁判文书的理由部分不能让当事人理解和信服。需要说明的是,未经最高人民法院批准,各级人民法院自行作出的级别管辖标准,不能作为处理级别管辖异议的裁判依据。

——最高人民法院民事诉讼法修改研究小组编著:《〈中华人民共和国民事诉讼法〉修改条文理解与适用》,人民法院出版社 2012 年版,第 76 页。

014

管辖权下放性转移的情形

关键词｜管辖权下放性转移｜破产程序｜当事人众多｜

【最高人民法院司法解释】

第四十二条 下列第一审民事案件，人民法院依照民事诉讼法第三十八第一款规定，可以在开庭前交下级人民法院审理：

（一）破产程序中有关债务人的诉讼案件；

（二）当事人人数众多且不方便诉讼的案件；

（三）最高人民法院确定的其他类型案件。

人民法院交下级人民法院审理前，应当报请其上级人民法院批准。上级人民法院批准后，人民法院应当裁定将案件交下级人民法院审理。

——《最高人民法院关于适用〈中华人民共和国民事诉讼法〉的解释》（2015 年 1 月 30 日，法释〔2015〕5 号）

【链接：最高人民法院法官著述】

1.“上交下”的案件需报请上级人民法院批准

司法解释虽然规定“破产程序中有关债务人的诉讼案件”“当事人人数众多且不方便诉讼的案件”可以交下级法院审理，但也必须依照法律规定的程序，报上级人民法院批准。

2.“上交下”的裁定不能上诉

本裁定不属于民事诉讼法第一百五十四条第一项至第三项规定的情形，是上级人民法院就应当属于上级人民法院审理的案件交下级法院审理作出的裁定，该裁定不得上诉。

——沈德咏主编、最高人民法院修改后民事诉讼法贯彻实施工作领导小组编著：《最高人民法院民事诉讼法司法解释理解与适用》，人民法院出版社 2015 年版，第 204 页。

我们认为，法律规定的“确有必要”的情形，可以包括涉众案件，区域性、行业性关联案件,企业破产案件中的劳动争议、债权确认等案件。涉众案件主要是指个案涉及人数众多的案件,案件的当事人主要是自然人。为贯彻执行党中央化解社会矛盾工作重心下移的要求,此类案件可以交下级法院审理。区域性、行业性关联案件主要是指一些群体性、类型化的案件。这类案件必须依靠当地党委政府解决问题,下移管辖,有利于矛盾的化解。破产衍生诉讼案件是指衍生诉讼的劳动争议诉讼、小额债权诉讼、债务人履行合同诉讼、追收债务人对外债权诉讼、撤销债务人处分财产行为诉讼、确认债务人处分财产行为无效诉讼、取回权诉讼、别除权诉讼和抵销权诉讼等案件。如果这类案件全部由中级人民法院审理,高级法院成为二审法院,既不经济,也不利于矛盾的化解。根据级别管辖的规定,对于标的额或者案件类型属于下级法院管辖的,交下级法院审理,有利于当事人参加诉讼,节约诉讼成本,节约司法资源。当然,"确有必要"的情形还有哪些,应在实践中不断总结摸索。

管辖权的转移,无论是"下移上"还是"上交下",都是对级别管辖权的变更,应当慎用。管辖权的转移不能由受诉法院自行决定,要报请其上级人民法院批准,这是为避免一些法院随意向下移交案件管辖权而从程序上进行控制。根据有关规定,应当以书面形式报请上一级法院审批,上一级法院应当尽快作出同意和不同意的书面通知。一般应当自收到管辖第一审民事案件人民法院将案件交其下级法院审理请示的十日内,作出同意或者不同意的书面通知。

——高民智:《贯彻实施新民事诉讼法(五)——关于立案制度的理解与适用》,载《人民法院报》2012 年 12 月 10 日。

编者说明

《最高人民法院关于审理民事级别管辖异议案件若干问题的规定》第 4 条赋予了当事人对交由下级法院审理的裁定可以上诉的权利:"上级人民法院根据民事诉讼法第三十九条第一款的规定,将其管辖的第一审民事案件交由下级人民法院审理的,应当作出裁定。当事人对裁定不服提起上诉的,第二审人民法院应当依法审理并作出裁定。"2012 年《民事诉讼法》只规定了事先报请上级人民法院的批准程序。考虑到《民事诉讼法》规定当事人可以上诉的裁定的范围是有限的、明确的,在现有法律框架下,《最高人民法院关于审理民事级别管辖异议案件若干问题的规定》第 4 条关于赋予当事人对"上交下"裁定上诉权的规定没有法律依据。

015

采取诉前保全措施的法院受理案件应符合级别管辖规定

关键词 | 诉前保全 | 级别管辖 | 受理案件 |

【最高人民法院答复】

山东省高级人民法院：

你院鲁高法函〔1994〕65 号请示收悉，经研究，答复如下：

同意你院倾向性意见。本院《关于适用若干问题的意见》第 31 条第 2 款虽规定了诉前保全申请人可以向采取诉前保全措施的人民法院提起诉讼，但受理该案件，仍应当符合有关级别管辖的规定。申请人向采取诉前保全措施的人民法院起诉的案件，如果其诉讼标的金额超过了该院级别管辖的权限，则应当告知原告向有管辖权的上级人民法院提起诉讼。

此复。

——《最高人民法院关于采取诉前保全措施的法院可否超越其级别管辖权限受理诉前保全申请人提起的诉讼问题的复函》（1995 年 3 月 7 日，法经〔1995〕64 号）

016

公民经常居住地起算时间不以领取《暂住证》为标准

关键词 | 公民 | 经常居住地 | 起算时间 | 暂住证 |

【最高人民法院司法解释】

第四条 公民的经常居住地是指公民离开住所地至起诉时已连续居住一年以上的地方，但公民住院就医的地方除外。

——《最高人民法院关于适用〈中华人民共和国民事诉讼法〉的解释》（2015 年 1 月 30 日，法释〔2015〕5 号）

【链接：最高人民法院法官著述】

本案一、二审法院之所以会对被告提出的管辖权异议作出截然相反的裁定，关键在于对经常居住地起算时间的理解上存在着分歧意见。一审法院是以当事人向公安机关领取《暂住证》为经常居住地的起算时间，二审法院则是以公民实际居住开始的时间为经常居住地的起算时间。那么究竟应该以谁为准呢？根据前引有关规定，我国法律对经常居住地的起算时间不是以领取《暂住证》作为认定标准的，而是以公民离开住所后，在其他地方开始居住时为认定标准的。因此，只要当事人能够对自己在其他地方实际开始居住的时间提供充分证据，就应以其实际开始居住的时间为其经常居住地的起算时间；只有在当事人无法对自己实际开始居住的时间提供足够的证据予以证明时，人民法院才可以依据公安机关发给的《暂住证》来认定公民的居住时间。本案中，被告一方对自己离开户籍所在地到现在暂住地开始居住的时间，提供了足够的证据，因此，二审法院以被告一方实际开始居住时间作为经常居住地的起算时间，并因其至起诉时在此已连续居住一年以上而认定此地为被告的经常居住地，裁定应将案件移送给杭州市江干区人民法院审理，是完全正确的。

——张宏伟、朱亚君、杨洪逵：《陈芳君等因与陆伯权返还财礼纠纷以经常居住地与住所地不一致为理由提出管辖权异议案》，载祝铭山主编：《管辖权争议纠纷》，中国法制出版社2003年版，第119～122页。

017

夫妻离开住所地时离婚案件的管辖

关键词 | 离婚诉讼 | 原告就被告 | 公民住所地 | 管辖 |

【最高人民法院司法解释】

第七条 当事人的户籍迁出后尚未落户，有经常居住地的，由该地人民法院管辖；没有经常居住地的，由其原户籍所在地人民法院管辖。

第十二条 夫妻一方离开住所地超过一年，另一方起诉离婚的案件，可以由原告住所地人民法院管辖。

夫妻双方离开住所地超过一年,一方起诉离婚的案件,由被告经常居住地人民法院管辖;没有经常居住地的,由原告起诉时被告居住地人民法院管辖。

——《最高人民法院关于适用〈中华人民共和国民事诉讼法〉的解释》(2015 年 1 月 30 日,法释〔2015〕5 号)

【链接:最高人民法院法官著述】

问题:李某与张某系夫妻,于 2000 年在 A 市登记结婚,当时二人户籍所在地均为 A 市。2003 年李某离开原户籍所在地 A 市到 B 市攻读博士研究生,并将户籍迁至 B 市。2006 年李某博士研究生毕业后即到 B 市某高校工作,户籍亦随同落到 B 市。2009 年 10 月,张某向 A 市法院起诉离婚,A 市法院立案受理了张某的起诉。李某在接到应诉通知书后,向 A 市法院提出管辖权异议。A 市法院是否有权根据《最高人民法院关于适用〈中华人民共和国民事诉讼法〉若干问题的意见》(以下简称《民诉意见》)第 12 条规定"夫妻一方离开住所地超过一年,另一方起诉离婚的案件,由原告住所地人民法院管辖",行使对本案的管辖权?

《民事审判指导与参考》研究组认为:我国《民事诉讼法》第 22 条规定"对公民提起的民事诉讼,由被告住所地人民法院管辖;被告住所地与经常居住地不一致的,由经常居住地人民法院管辖。"《民诉意见》第 4 条规定"公民的住所地是指公民的户籍所在地",因此,在被告李某的户籍已经由 A 市迁入到 B 市的情况下,则 B 市是李某的住所地。而对于本案的管辖,依据民事属地管辖"原告就被告"的一般原则,在被告住所地即其经常居住地的情况下,则应由被告的住所地人民法院管辖,因此本案应由 B 市法院管辖。

《民诉意见》第 12 条规定:"夫妻一方离开住所地超过一年,另一方起诉离婚的案件,由原告住所地人民法院管辖",对于本条所规定的离开住所地,应理解为以没有变更住所地为前提,即在户籍所在地没有变更的情况下,才可以适用;如果被告已经将户籍迁出并已落户,那么就属于变更住所地,在变更后的住所地亦为其经常居住地的情况下,则应该由变更后的住所地管辖,而不能适用《民诉意见》第 12 条的规定。对此,《民诉意见》第 7 条规定:"当事人的户籍迁出后尚未落户,有经常居住地的,由该地人民法院管辖。没有经常居住地,户籍迁出不足一年的,由其原户籍所在地人民法院管辖;超过一年的,由其居住地人民法院管辖。”[①]对于该条文义的反面解释则为，如果户籍迁出并已经落户的，且该户籍所在地即为经常居住地的，则应该由落户的户籍所在地管辖。因此，本案不能适用《民诉意见》第 12 条的规定。所以，本离婚案件应该由李某的户籍所在地 B 市法院而非张某的户籍所在地 A 市法院管辖。

——最高人民法院民事审判第一庭编：《民事审判指导与参考》（总第 41 集），法律出版社 2011 年版，第 290 ~ 291 页。

编者说明

离婚案件的管辖不能简单地适用《民事诉讼法》第 21 条第 1 款的规定，而应当根据具体案情，适用《最高人民法院关于适用〈中华人民共和国民事诉讼法〉的解释》（以下简称《2015 年解释》）第 11 条至 16 条对离婚案件管辖的特殊规定。

018

离婚案件涉及不动产财产分割的由被告住所地法院管辖

关键词 | 离婚诉讼 | 不动产管辖权 |

【链接：最高人民法院法官著述】

问题：文某与沙某系夫妻，于 2005 年在 A 市登记结婚，二人户籍所在地均为 A。二人婚后一直居住在 A 市文某父母的家中。2006 年至 2008 年期间，文某与沙某以夫妻名义在其省会城市 B 市购得房产三处。2009 年 1 月，沙某向 B 市法院起诉离婚，并涉及位于 B 市三处房产的财产分割，则该三处不动产所在地法院是否有权管辖？

《民事审判指导与参考》研究组认为：我国《民事诉讼法》第 22 条规定：“对公民提起的民事诉讼，由被告住所地人民法院管辖；被告住所地与经常居住地不一致的，由经常居住地人民法院管辖。”《民诉意见》第 4 条规定：“公民的住所地是指公民的户籍所在地，法人的住所地是指法人的主要营业地或者主要办事机构所在地。”因此，在被告文某户籍在 A 市的情况下，则 A 市应是文某的住所地。

---

① 对于该条《最高人民法院关于适用〈中华人民共和国民事诉讼法〉的解释》已作修改，删除了户口迁出一年内未落户的管辖限制。

对于本案的管辖，依据民事属地管辖“原告就被告”的一般原则，在被告住所地即其经常居住地的情况下，则应由被告的住所地人民法院管辖，因此本案应由A市法院行使管辖权。

对于《民事诉讼法》第34条第1项“因不动产纠纷提起的诉讼，由不动产所在地人民法院管辖”的规定，应理解为不动产作为讼争标的而发生的纠纷，对于夫妻一方起诉离婚涉及不动产分割的案件，则应该依照《民事诉讼法》第22条确定的原则确定案件管辖。在本案中，即使离婚案件涉及不动产财产分割，由于本案是以离婚为前提而包含不动产分割的，则应根据“原告就被告”的原则确定管辖，即由被告文某的住所地法院管辖。当然，如果夫妻双方已经根据法院判决离婚或者协议离婚，而仅仅以涉案房地产分割为诉讼内容，则应适用由不动产所在地法院管辖的专属管辖原则。

综上，即使本离婚案件涉及不动产财产分割，也应该由文某住所地A市法院管辖。

——最高人民法院民事审判第一庭编：《民事审判指导与参考》（总第42集），法律出版社2011年版，第243页。

019

国内结婚并定居国外的华侨夫妻起诉离婚，不必提供定居国法院以离婚诉讼必须由婚姻缔结地法院管辖为由不予受理的证据

关键词 | 离婚诉讼 | 定居国法院 | 婚姻缔结地 | 管辖 |

【最高人民法院司法解释】

第十三条　在国内结婚并定居国外的华侨，如定居国法院以离婚诉讼须由婚姻缔结地法院管辖为由不予受理，当事人向人民法院提出离婚诉讼的，由婚姻缔结地或者一方在国内的最后居住地人民法院管辖。

——《最高人民法院关于适用〈中华人民共和国民事诉讼法〉的解释》（2015年1月30日，法释〔2015〕5号）

【链接：最高人民法院法官著述】

问题:在国内结婚并定居国外的华侨夫妻起诉离婚,是否必须提供其定居国法院以离婚诉讼必须由婚姻缔结地法院管辖为由不予受理的证据,人民法院才予以受理。

《民事审判指导与参考》与参考研究组认为:这一理解是错误的。根据国际司法的长臂管辖原则,绝大多数国家都是在努力扩大自己的司法管辖范围,而不是寻找理由拒绝管辖。从当事人的角度看,双方当事人均为中国公民,依中国法律在中国缔结婚姻关系。现在原告向中国法院提起离婚诉讼,被告对此不提异议,说明双方当事人均接受中国法院的管辖。而且,从方便本国公民诉讼的角度考虑,人民法院不应当拒绝受理案件,也不应当将当事人提供定居国法院不受理其离婚案件的证据作为人民法院受理此类案件的前提条件。

——杜万华主编、最高人民法院民事审判第一庭编:《民事审判指导与参考》(总第63辑),人民法院出版社2016年版,第236页。

020

定居国外的中国公民离婚后提起的财产分割纠纷由主要财产所在地法院管辖

关键词｜定居国外｜离婚后财产分割｜特殊地域管辖｜

【最高人民法院司法解释】

第十七条 已经离婚的中国公民,双方均定居国外,仅就国内财产分割提起诉讼的,由主要财产所在地人民法院管辖。

——《最高人民法院关于适用〈中华人民共和国民事诉讼法〉的解释》(2015年1月30日,法释〔2015〕5号)

【链接：最高人民法院法官著述】

对于定居在国外的中国公民,双方已经离婚,仅就离婚后夫妻共同财产的分割问题提起诉讼，如果分割财产位于国内的，为方便当事人诉讼，也方便人民法院审理，民诉法解释明确规定，此类民事纠纷案件由主要财产所在地的人民法院管辖。离婚后财产分割纠纷，不涉及离婚等身份事项，是纯粹的财产分割纠纷，本条规定由主要财产所在地人民法院管辖，是一种特殊的地域管辖。

适用本条首先要准确把握什么是主要财产所在地。本条规定的主要财产所在地，就是指当事人请求分割的财产中价值最大财产的所在地。如果有多项财产，分别处于不同人民法院的管辖区域时，则应当按照各法院管辖区域内全部财产的价值总额大小来确定主要财产，并确定主要财产所在地。

同时要注意，本条所规定的主要财产所在地，包括不动产所在地，也包括其他财产所在地。在既有不动产又有其他财产时，如何确定主要财产？如分割财产中有证券1000万元在北京，存款500万元在上海，海南有50万元的房屋，能否以价值最大的证券所在地北京的法院管辖？我们认为，本条规定的解释目的是为便利当事人诉讼、便于人民法院审理而设计的一种特殊管辖规则，如果主要财产不是不动产且与不动产财产不在同一地点的，可以由该主要财产所在地的法院管辖该案件。

——高民智：《关于民事诉讼法解释中有关管辖若干问题的理解与适用》，载杜万华主编、最高人民法院民事审判第一庭编：《民事审判指导与参考》（总第63辑），人民法院出版社2016年版，第90~91页。

021

对被监禁或被采取强制性教育措施的人提起民事诉讼案件的管辖

关键词｜被监禁｜被采取强制性教育措施｜管辖｜

【最高人民法院司法解释】

第八条　双方当事人都被监禁或被采取强制性教育措施的，由被告原住所地人民法院管辖。被告被监禁或被采取强制性教育措施一年以上的，由被告被监禁地或者被采取强制性教育措施地人民法院管辖。

——《最高人民法院关于适用〈中华人民共和国民事诉讼法〉的解释》（2015年1月30日，法释〔2015〕5号）

山东省高级人民法院：

你院《关于对被监禁的人提起的诉讼如何确定案件管辖问题的请示》(〔2010〕]鲁立函字第10号)收悉。经研究，答复如下：

根据《中华人民共和国民事诉讼法》第二十三条、《最高人民法院关于适用〈中华人民共和国民事诉讼法〉若干问题的意见》第8条规定，对被监禁或被劳动教养的人提起的诉讼，原告没有被监禁或被劳动教养的，由原告住所地人民法院管辖。原告也被监禁或被劳动教养的，由被告原住所地人民法院管辖；被告被监禁或被劳动教养一年以上的，由被告被监禁地或被劳动教养地人民法院管辖。

此复。

——《最高人民法院关于对被监禁或被劳动教养的人提起的民事诉讼如何确定案件管辖问题的批复》(2010年12月9日，法释〔2010〕16号)

【链接：最高人民法院法官著述】

司法实践中有以下问题需要注意：

第一，就涉及当事人被监禁或被劳动教养的诉讼，应当按照以下方法确定管辖法院：当原告没有被监禁或被劳动教养的，不论被告被监禁或被劳动教养的时间多长，一律由原告住所地人民法院管辖。但对双方当事人都被监禁或被劳动教养的，要区分被监禁或被劳动教养的期限来确定案件的管辖；被监禁或被劳动教养的期限为一年以上的，由被告被监禁地或被劳动教养地人民法院管辖。

第二，关于当事人被监禁或被劳动教养的期限起算问题，应当以当事人被监禁或被劳动教养的第一天开始起算。

——孙佑海、吴兆祥、李予霞：《最高人民法院〈关于对被监禁或被劳动教养的人提起的民事诉讼如何确定案件管辖问题的批复〉理解与适用》，载《人民司法》2011年第5期。

编者说明

随着我国法治进程的不断推进，劳动教养制度作为特殊时期的产物，已经退出历史舞台。2012年《民事诉讼法》第22条将原来第23条关于"对被劳动教养的人提起的诉讼"修改为"对被采取强制性教育措施的人提起的诉讼"。为保持与立法表述的统一，《2015年解释》用"强制性教育措施"替代了"劳动教养"的表述。

022

追索赡养费、抚育费、扶养费案件，被告住所地法院亦有管辖权

关键词｜追索赡养费、抚育费、扶养费｜原告住所地｜地域管辖｜

【最高人民法院司法解释】

第九条　追索赡养费、抚育费、扶养费案件的几个被告住所地不在同一辖区的，可以由原告住所地人民法院管辖。

——《最高人民法院关于适用〈中华人民共和国民事诉讼法〉的解释》（2015年1月30日，法释〔2015〕5号）

【链接：最高人民法院法官著述】

追索赡养费、抚育费、扶养费案件的几个被告，住所地不在同一辖区的，司法解释规定的是可以由原告住所地人民法院管辖，这赋予原告选择向自己住所地法院起诉的权利。但是，如果原告坚持向被告住所地法院起诉，根据民事诉讼法第二十一条的相关规定，被告住所地法院当然具有管辖权。

——沈德咏主编、最高人民法院修改后民事诉讼法贯彻实施工作领导小组编著：《最高人民法院民事诉讼法司法解释理解与适用》，人民法院出版社2015年版，第137页。

023

涉及监护关系案件的管辖

关键词｜监护关系｜被监护人｜住所地｜特殊地域管辖｜

【最高人民法院司法解释】

第十条　不服指定监护或者变更监护关系的案件，可以由被监护人住所地人民法院管辖。

——《最高人民法院关于适用〈中华人民共和国民事诉讼法〉的解释》（2015年1月30日，法释〔2015〕5号）

【最高人民法院司法政策】

31. 申请撤销监护人资格案件，由未成人住所地、监护人住所地或者侵害行为地基层人民法院管辖。

——《最高人民法院、最高人民检察院、公安部、民政部关于依法处理监护人侵害未成年人权益行为若干问题的意见》（2014 年 12 月 18 日，法发〔2014〕24 号）

【链接：最高人民法院法官著述】

2014 年 12 月，最高人民法院、最高人民检察院、公安部、民政部颁布了《关于依法处理监护人侵害未成年人权益行为若干问题的意见》，根据该意见第三十一条规定，不服指定监护或变更关系的，可以由被监护人住所地人民法院管辖，也可以由监护人住所地或侵害行为地基层人民法院管辖。该规定“可以”由被监护人住所地法院管辖，并非排斥被告住所地法院管辖。因此，如果原告坚持向被告住所地法院起诉，被告住所地法院当然具有管辖权。

——沈德咏主编、最高人民法院修改后民事诉讼法贯彻实施工作领导小组编著：《最高人民法院民事诉讼法司法解释理解与适用》，人民法院出版社 2015 年版，第 137 页。

024

“当事人一方住所地不在本辖区”指原、被告中仅有一方当事人住所地不在本辖区

关键词｜当事人住所地｜第三人住所地｜管辖｜

【《最高人民法院公报》案例】

赵子文与潘日阳财产侵权纠纷案［最高人民法院（2010）民一终字第 17 号民事裁定书］

裁判要旨：《最高人民法院关于调整高级人民法院和中级人民法院管辖第

一审民商事案件标准的通知》中所称的"当事人一方住所地不在本辖区",是指原告、被告中仅有一方当事人住所地不在本辖区,不包括原告、被告双方当事人的住所地均不在本辖区的情形。在共同诉讼中,原告之一或者被告之一住所地不在本辖区的,属于上述通知所称的"当事人一方住所地不在本辖区"。因第三人是参加他人之间的诉讼,故无论是有独立请求权的第三人还是无独立请求权的第三人,其住所地是否在本辖区不影响案件的管辖。

最高人民法院认为:

《最高人民法院关于调整高级人民法院和中级人民法院管辖第一审民商事案件标准的通知》(法发〔2008〕10号)中所称的"当事人一方住所地不在本辖区",是指原告或者被告一方当事人住所地不在本辖区,不包括原告、被告双方住所地均不在本辖区的情形。原告、被告双方住所地均不在本辖区的,应当仅按照诉讼标的额标准来确定级别管辖法院。在共同诉讼场合,原告之一或者被告之一住所地不在本辖区的,应当属于"当事人一方住所地不在本辖区"的情形。对于第三人住所地不在本辖区的,无论是有独立请求权的第三人还是无独立请求权的第三人,由于是参加他人之间的诉讼,故基于原被告管辖利益的衡量,不应列为"当事人一方住所地不在本辖区"的情形。本案诉讼标的额在5000万元以上,但当事人双方住所地均不在本辖区,根据《最高人民法院关于审理民事级别管辖异议案件若干问题的规定》第一条的规定,陕西省高级人民法院对本案无管辖权,应移送有管辖权的人民法院审理。因诉称的侵权行为地在陕西省神木县,陕西省高级人民法院应将本案移送陕西省榆林市中级人民法院审理。

——《最高人民法院公报》2010年第7期

025

不动产纠纷适用专属管辖

关键词|不动产物权|合同纠纷|专属管辖|

【最高人民法院司法解释】

第二十八条 民事诉讼法第三十三条第一项规定的不动产纠纷是指因不动产的权利确认、分割、相邻关系等引起的物权纠纷。

农村土地承包经营合同纠纷、房屋租赁合同纠纷、建设工程施工合同纠纷、政策性房屋买卖合同纠纷，按照不动产纠纷确定管辖。

不动产已登记的，以不动产登记簿记载的所在地为不动产所在地；不动产未登记的，以不动产实际所在地为不动产所在地。

——《最高人民法院关于适用〈中华人民共和国民事诉讼法〉的解释》(2015 年 1 月 30 日，法释〔2015〕5 号)

【最高人民法院答复】

广东省高级人民法院、湖南省高级人民法院：

广东省高级人民法院粤高法民〔1995〕72 号报告、湖南省高级人民法院湘民请〔1995〕1 号报告收悉。经研究，答复如下：

从你们的报告看，广东顺德东南亚地产发展有限公司与湖南通利房地产开发有限公司签订购房合同后，经自愿协商就终止履行购房合同，由广东顺德东南亚地产发展有限公司将预付购房款返还给湖南通利房地产开发有限公司达成了一致意见，并约定如发生纠纷由债权人所在地法院管辖。据此，依照《中华人民共和国民事诉讼法》第三十七条第二款之规定，指定本案由湖南省高级人民法院管辖。广东省佛山市中级人民法院应将该案移送湖南省高级人民法院审理。湖南省高级人民法院应依法审理，公正作出判决。

——《最高人民法院关于广东省顺德东南亚地产发展有限公司诉湖南通利房地产开发有限公司商品房买卖合同纠纷案和湖南通利房地产开发有限公司诉广东省顺德东南亚地产发展有限公司债务纠纷案管辖问题的通知》(1995 年 12 月 8 日，〔1990〕法经函字第 11 号)

026

建设工程施工合同纠纷的范围

关键词 | 建设工程施工合同 | 专属管辖 |

【链接：最高人民法院法官著述】

民诉法解释第二十八条对民事诉讼法第三十三条第一项规定的不动产纠纷

由不动产所在地法院专属管辖作了解释:“民事诉讼法第三十三条第一项规定的不动产纠纷是指因不动产的权利确认、分割、相邻关系等引起的物权纠纷。农村土地承包经营合同纠纷、房屋租赁合同纠纷、建设工程施工合同纠纷、政策性房屋买卖合同纠纷,按照不动产纠纷确定管辖。不动产已登记的,以不动产登记簿记载的所在地为不动产所在地;不动产未登记的,以不动产实际所在地为不动产所在地。”适用本条时,对于可以按照不动产纠纷由不动产所在地法院专属管辖的建设工程施工合同纠纷的范围有不同理解。一种观点认为,建设工程施工合同纠纷范围应仅指《民事案件案由规定》的第100个第三级案由“100、建设工程合同纠纷”项下的第三个第四级案由,即“(3)建设工程施工合同纠纷”。另一种观点认为,建设工程施工合同纠纷应当包括民事案件案由规定中第100个第三级案由的全部案件类型,不仅限于该项下的第三个第四级案由。我们认为,应当按照不动产纠纷由不动产所在地法院专属管辖的建设工程施工合同纠纷,不限于《民事案件案由规定》的建设工程合同纠纷项下的第三个第四级案由“建设工程施工合同纠纷”,应当包括该项下的建设工程施工相关的案件:“(3)建设工程施工合同纠纷,(4)建设工程价款优先受偿权纠纷,(5)建设工程分包合同纠纷,(6)建设工程监理合同纠纷,(7)装饰装修合同纠纷,(8)铁路修建合同纠纷,(9)农村建房施工合同纠纷。”对此,最高人民法院拟通过正在修改的《民事案件案由规定》予以进一步明确。

——高民智:《关于民事诉讼法解释中有关管辖若干问题的理解与适用》,载杜万华主编、最高人民法院民事审判第一庭编:《民事审判指导与参考》(总第63辑),人民法院出版社2016年版,第94页。

027

以企业资产为名转让投资者权益的不应适用专属管辖

关键词 | 转让合同 | 不动产纠纷 | 专属管辖 |

【最高人民法院裁判文书】

陈国健、丁式强、陈钧隆、茅开国、范政权与新汶矿业集团地质勘探有限责任公司企业出售合同案[最高人民法院(2012)民申字第416号民事裁定书]

裁判要旨:根据侯某某与陈国健签订的煤矿转让合同的内容,双方约定转让的标的为永兴煤矿的资产及企业名下的所有权,从形式上看是永兴煤矿转让其企业资产,但实际为永兴煤矿的出资人新汶公司转让其在永兴煤矿享有的投资者权益,转让的不属于不动产,不应适用民事诉讼法关于不动产纠纷专属管辖的规定。因双方在合同中明确约有管辖条款,应根据民事诉讼法有关协议管辖的规定确定管辖。

——中国裁判文书网,http://www.court.gov.cn/zgcpwsw/zgrmfy/。

028

协议管辖的适用

关键词 | 协议管辖 | 管辖权 |

【最高人民法院司法解释】

第三十条 根据管辖协议,起诉时能够确定管辖法院的,从其约定;不能确定的,依照民事诉讼法的相关规定确定管辖。

管辖协议约定两个以上与争议有实际联系的地点的人民法院管辖,原告可以向其中一个人民法院起诉。

——《最高人民法院关于适用〈中华人民共和国民事诉讼法〉的解释》(2015 年 1 月 30 日,法释〔2015〕5 号)

【链接:最高人民法院法官著述】

理解本条注意两点:

第一,即使当事人约定管辖法院不够明确,但只要根据管辖协议约定的地域能够确定具体管辖法院的,管辖协议按照有效处理。常见的情形是,当事人仅约定了某一地域的法院,可以按照级别管辖标准往上确定具体的法院(上级法院相对于下级法院而言是唯一的),但不能按照级别管辖的标准从上级法院往下确定具体的法院(一个上级法院对应的下级法院一般有多个,特殊情况除外)。如约定“由天津市的法院管辖”,而该案恰好应当由天津高院作为一审法院的,本案由天津高院管辖,该管辖协议有效;如该案仅达到天津基层法院的管辖标准，由于天津基层法院有多个而无法确定具体的法院，该管辖协议无效，只能按照法定管辖规定确定法院。还有一种常见情况：当事人已约定某一具体基层法院管辖，纠纷发生后超出该院级别管辖标准，是否一律以违反级别管辖而认定无效呢？这种约定表明双方当事人愿意在该法院所在地进行诉讼，地域管辖是明确的。出于保护当事人的正当预期，应当认定双方选择的地域管辖是有效的，可以结合级别管辖标准确定具体的管辖法院。

第二，管辖协议约定两个以上与争议有实际联系的地点的人民法院管辖，原告可以向其中一个人民法院起诉，该法院具有管辖权。民事诉讼法第二十三条规定，"因合同纠纷提起的诉讼，由被告住所地或者合同履行地人民法院管辖"。第三十二条规定，"因共同海损提起的诉讼，由船舶最先到达地、共同海损理算地或者航程终止地人民法院管辖"。第三十三条第三项规定，"因继承遗产纠纷提起的诉讼，由被继承人死亡时住所地或者主要遗产所在地人民法院管辖"。上述规定，均给了诉讼当事人两个或两个以上可供选择的管辖法院。这就意味着，如果合同当事人不约定发生纠纷时的管辖法院，一方当事人完全可以选择被告住所地法院或是合同履行地法院作为管辖法院，但如果当事人双方订立了协议管辖合同或是条款，其选择就是惟一的，即条款或合同中明确约定的那个法院。这样，当事人自己限制了自己诉权的行使，而且易导致当事人在合同谈判过程中因管辖条款形成僵持局面。对于上述法定的两个以上人民法院都有管辖权的案件，民事诉讼法第三十五条规定，原告可以向其中一个法院起诉；原告向两个以上有管辖权的人民法院起诉的，由最先立案的人民法院管辖。所以，在特殊地域管辖及专属管辖允许当事人选择管辖法院的前提下，对于协议管辖的"唯一性"是不应该苛求的。因此，只要当事人协议选择了与争议有实际联系地点的管辖法院，可以是一处，也可以是多处，一旦当事人发生纠纷，就可以按协议之约定，选择向其中一个法院起诉。如果双方基于同一法律关系或同一法律事实分别向不同的法院起诉，同样先受理的法院取得管辖权。

——沈德咏主编、最高人民法院修改后民事诉讼法贯彻实施工作领导小组编著：《最高人民法院民事诉讼法司法解释理解与适用》，人民法院出版社 2015 年版，第 184 ~ 185 页。

编者说明

2007 年《民事诉讼法》第 25 条规定了国内民事案件协议管辖制度，第 244 条规定了涉外民事案件协议管辖制度，但两者对协议管辖采取内外有别的原则。主要区别在于：(1) 适用范围不同，前者适用于合同纠纷，后者则放宽至所有财产权益纠纷，不仅适用于合同纠纷，还适用于侵权、不当得利、无因管理等其他财产权益纠纷；(2) 可选择的法院范围不同，前者只限于 5 个特定地点的人民法院，后者则放宽至所有与争议有实际联系的地点的人民法院。2012 年《民事诉讼法》取消了两者在协议管辖制度上的不同，即对国内民事案件协议管辖制度作了两方面的修改：一是扩大了协议管辖的适用范围，将财产权益纠纷纳入协议管辖的范围；二是增加了协议管辖的法院，明确当事人也可以约定由与争议有实际联系的地点的人民法院管辖。

029

违反专门管辖的管辖权协议无效

关键词 | 协议管辖 | 专门管辖 |

【最高人民法院裁判文书】

庆丰集团松原嘉丰粮食经贸有限公司与营口港务股份有限公司仓储合同纠纷管辖权异议案［最高人民法院（2010）民四终字第 34 号民事裁定书］

裁判要旨：协议管辖的约定内容不仅应当遵守级别管辖和专属管辖的规定，一般也不应当违背法律关于专门管辖的规定。因为法律关于专门人民法院与其他地方人民法院之间的分工与权限即各自职责范围的规定，具有必须执行的严肃性；我国民事诉讼法的有关规定未赋予管辖权协议具有调整案件是在专门法院还是在普通法院审理的功能，且案件一审是由专门法院管辖还是由地方普通法院管辖，不仅会因此改变法律规定的特定案件的管辖级别，也会改变特定案件的诉讼途径。这样的结果显然违反民事诉讼法的相关规定精神。故违反法律关于专门管辖规定的管辖权协议条款应认定无效。

最高人民法院认为：

本案二审裁定认定本案纠纷为港口货物保管合同纠纷。根据《最高人民法院关于海事法院受理案件范围的规定》第二条第二十一项等有关内容的规定，港口货物保管合同纠纷属于海商合同纠纷案件，海商合同纠纷案件属于海事法院的收案范围。根据《中华人民共和国海事诉讼法特别程序法》第四条关于"海事法院受理当事人因海事侵权纠纷、海商合同纠纷以及法律法定的其他海事纠纷提起的诉讼"的规定、《最高人民法院关于适用〈中华人民共和国海事诉讼特别程序法〉若干问题的解释》第一条关于海事海商案件由海事法院专门管辖的规定,最高人民法院二审认定本案纠纷应由海事法院专门管辖,不存在适用法律错误。

——景汉朝主编:《最高人民法院审判监督指导案例解析》,人民法院出版社 2015 年版,第 494 页。

【链接:最高人民法院法官著述】

2012 年《民事诉讼法》规定协议管辖不得违反专属管辖规定,但未涉及专门管辖。最高人民法院有关司法解释、政策性文件一贯坚持,违反海事诉讼专门管辖的,也应当认定为无效。对于违反集中管辖规定是否有效的问题,通常也持否定见解。

——最高人民法院民事诉讼法修改研究小组编著:《〈中华人民共和国民事诉讼法〉修改条文理解与适用》,人民法院出版社 2012 年版,第 49 页。

030

身份关系解除后有关财产争议可以适用协议管辖

关键词 | 协议管辖 | 身份关系解除 | 财产争议 |

【最高人民法院司法解释】

第三十四条 当事人因同居或者在解除婚姻、收养关系后发生财产争议,约定管辖的,可以适用民事诉讼法第三十四条规定确定管辖。

——《最高人民法院关于适用〈中华人民共和国民事诉讼法〉的解释》(2015 年 1 月 30 日,法释〔2015〕5 号)

【链接：最高人民法院法官著述】

当事人对本条规定情形的财产争议约定管辖法院时，必须是与争议有实际联系地点的法院，否则约定无效，应按法定管辖确定管辖的法院。

——沈德咏主编、最高人民法院修改后民事诉讼法贯彻实施工作领导小组编著：《最高人民法院民事诉讼法司法解释理解与适用》，人民法院出版社 2015 年版，第 192 页。

031 管辖协议对合同受让人的效力

关键词 | 协议管辖 | 代位权人 | 合同转让 | 实际施工人 |

【最高人民法院司法解释】

第三十三条　合同转让的，合同的管辖协议对合同受让人有效，但转让时受让人不知道有管辖协议，或者转让协议另有约定且原合同相对人同意的除外。

——《最高人民法院关于适用〈中华人民共和国民事诉讼法〉的解释》（2015 年 1 月 30 日，法释〔2015〕5 号）

【链接：最高人民法院法官著述】

管辖协议对未签署协议的第三人不产生拘束力，为一般原则，但也有若干例外。例如管辖协议的效力及于当事人的一般继承人，包括死者的继承人、企业的权利义务继受人。

因债务人怠于行使其到期债权，对债权人造成损害的，债权人可以根据《合同法》第 73 条的规定，向人民法院请求以自己的名义代位行使债务人的债权。《合同法解释（一）》第 18 条规定："代位权诉讼中，次债务人对债务人的抗辩，可以向债权人主张。"这种抗辩既包括实体上的抗辩，也包括程序上的抗辩。如果债务人与次债务人于代位权诉讼前订有管辖协议的，基于保护次债务人管辖利益的立场，代位权人应当受该管辖协议的拘束。

合同转让时协议管辖条款自动转让，已经成为公认的一项原则。坚持此原则，对于防止一方当事人通过合同转让的手法摆脱协议管辖，意义重大。《合同法》第82条规定："债务人接到债权转让通知后，债务人对让与人的抗辩，可以向受让人主张。"此种抗辩应当包括实体上的抗辩和程序上的抗辩。《最高人民法院关于审理涉及金融资产管理公司收购、管理、处置国有银行不良贷款形成的资产案件适用法律若干问题的规定》第3条规定："金融资产管理公司向债务人提起诉讼的，应当由被告人住所地人民法院管辖。原债权银行与债务人有协议管辖约定的，如不违反法律规定，该约定继续有效。"最高人民法院〔2009〕民二终字第61、62、63号民事裁定书均认为，受让人受让债权后取代原债权人成为新的债权人，要通过诉讼方式向合同债务人实现权利，仍然应受原合同当事人约定的管辖法院的约束。

《最高人民法院关于审理建设工程施工合同纠纷案件适用法律问题的解释》第26条规定："实际施工人以转包人、违法分包人为被告起诉的，人民法院应当依法受理。实际施工人以发包人为被告主张权利的，人民法院可以追加转包人或者违法分包人为本案当事人。发包人只在欠付工程价款范围内对实际施工人承担责任。"实际施工人是司法解释创设的民事主体，虽然对保护农民工利益有重要意义，但是在管辖问题上产生了不少新情况、新问题。较为突出的是，我们认为实际施工人应该在承包人住所地法院起诉承包人和发包人，但承包人住所地既非合同履行地，也非发包人住所地，破坏了正常的管辖秩序，损害了发包人的管辖利益，也造成法院审理的困难。更为恶劣的是，有的承包人指使（甚至虚设）一个实际施工人起诉自己和发包人，借以规避施工合同确定的管辖法院。我们认为，实际施工人愿意参与或者替代承包人履行施工合同，表明其事先知晓（或者应当知晓）并接受施工合同的条款。因此，根据施工合同中的协议管辖条款确定管辖法院，既维护了发包人签订施工合同时对管辖地的正常预期，也不会造成对实际施工人的"管辖突袭"，比较公平合理。

"协议管辖条款不对未签署人生效"，是合法相对性原则的基本要求，但如果将该原则僵化地适用于关联公司中，就会产生规避协议管辖条款的问题。协议管辖条款向关联公司拓展理论，逐步得到一些国家和地区诉讼实践的认可。依据该理论，如果关联公司的一个成员受到合同中的协议管辖条款约束，那么实质性参与该合同的其他成员，尽管不是合同的签署人，也应当受到协议管辖条款的约束。

——最高人民法院民事诉讼法修改研究小组编著：《〈中华人民共和国民

事诉讼法〉修改条文理解与适用》，人民法院出版社2012年版，第55～56页。

032

“向各自所在地法院起诉”的效力

关键词｜协议管辖｜管辖权｜各自所在地法院｜

【最高人民法院答复】

四川省高级人民法院：

你院川法明传〔1994〕211号请示收悉。经研究，答复如下：

合同双方当事人约定：发生纠纷各自可向所在地人民法院起诉。该约定可认为是选择由原告住所地人民法院管辖，如不违反有关级别管辖和专属管辖的规定，则该约定应为有效。若当事人已分别向所在地人民法院提起诉讼，则应由先立案的人民法院管辖；若立案时间难于分清先后，则应由两地人民法院协商解决；协商解决不了的，由它们的共同上级人民法院指定管辖。

——《最高人民法院关于合同双方当事人协议约定发生纠纷各自可向所在地人民法院起诉如何确定管辖的复函》（1994年11月27日，法经〔1994〕307号）

【《最高人民法院公报》案例】

阿拉山口公司诉宁夏秦毅公司买卖合同纠纷管辖权异议案［最高人民法院（2005）民二终字第94号民事裁定书］

裁判要旨：根据民事诉讼法第二十五条的规定和《最高人民法院关于适用〈中华人民共和国民事诉讼法〉若干问题的意见》第33条的规定，双方当事人协议约定可向各自住所地人民法院起诉的案件，任何一方提起诉讼且为其住所地法院立案受理后，另一方要求其住所地人民法院重复立案或将案件移送其住所地人民法院的，应予驳回。

最高人民法院认为：

按照本案合同中有关“合同在执行中如发生纠纷，双方可向各自住所地人民法院起诉”的约定，虽然双方均有权提起诉讼，其住所地的人民法院亦分别享有管辖权，但根据《最高人民法院关于适用〈中华人民共和国民事诉讼法〉若干问题的意见》第33条的规定，任何一方提起诉讼且为其住所地法院立案受理后，另一方住所地的人民法院便不得再重复立案，从而排斥了另一方住所地人民法院的管辖。故该项约定的实质是选择原告住所地人民法院管辖。该项约定不但不属于“选择民事诉讼法第二十五条规定的人民法院中的两个以上人民法院管辖”的情况，而且完全符合民事诉讼法有关协议管辖的规定，应当认定有效并据以确定本案的管辖。原审裁定驳回宁夏秦毅公司的管辖权异议根据充分，适用法律正确，应予维持；宁夏秦毅公司的上诉理由均不成立，对其关于将本案移送宁夏回族自治区高级人民法院管辖的请求应予驳回。

——《最高人民法院公报》2005年第8期

【最高人民法院裁判文书】

青岛金实房地产开发投资有限公司与中国华西企业有限公司管辖权异议案［最高人民法院(2013)民一终字第129号民事裁定书］

裁判要旨：合同双方当事人约定，发生纠纷各自可向所在地人民法院起诉。当事人的真实意思是，涉案合同发生纠纷，任何一方当事人作为原告提起诉讼，都可选择原告所在地人民法院作为管辖法院。该协议选择管辖的约定是明确的，该约定可认为是选择由原告所在地人民法院管辖，如不违反有关级别管辖和专属管辖的规定，则该约定应为有效。

——中国裁判文书网，http://www.court.gov.cn/zgcpwsw/zgrmfy/。

【链接：最高人民法院法官著述】

约定由当事人各自住所地、原告住所地、起诉方住所地人民法院管辖，是实践中常见的表述。出现这种情况，应当与2007年《民事诉讼法》第25条使用了“原告住所地”表述有关。这种表述实际上选择了双方当事人的住所地人民法院，即由两个以上的人民法院管辖。有的法院认为，这类管辖协议的选择法院不唯一，违反了《民诉法意见》第24条的规定，应当认定为无效。

从调研的情况看，协议管辖中约定由原告所在地法院管辖的占50%以上。如果认定为无效，则会出现大量无效的管辖协议。权衡利弊，采取认定为有效的方案比较妥当。《最高人民法院公报》2005 年第 8 期刊登的最高人民法院(2005)民二终字第 94 号裁定书中,认为双方可向各自住所地人民法院起诉的约定,实质是选择原告住所地人民法院管辖,约定有效。最高人民法院法经〔1994〕266 号、法经〔1994〕278 号、法函〔1995〕86 号等通知对此约定予以认可,且认为对如此约定而造成的管辖竞合问题,可适用 2012 年《民事诉讼法》第 35 条予以解决。

对约定了两个以上管辖法院的,完全可以依照 2012 年《民事诉讼法》第 35 条"两个以上人民法院都有管辖权的诉讼,原告可以向其中一个人民法院起诉;原告向两个以上有管辖权的人民法院起诉的,由最先立案的人民法院管辖"的规定,解决管辖权的积极冲突问题,没有必要认定为无效。这种约定的类型为非排他性管辖协议,也可依照先立案规则处理管辖权冲突问题。

——最高人民法院民事诉讼法修改研究小组编著:《〈中华人民共和国民事诉讼法〉修改条文理解与适用》,人民法院出版社 2012 年版,第 59 页。

编者说明

约定由当事人各自住所地、原告住所地、起诉方住所地人民法院管辖,是实践中常见的表述。这种表述实际上选择了双方当事人的住所地人民法院,即由两个以上的人民法院管辖。最高人民法院经调研认为,对于这种约定应当认定有效,且对此约定而造成的管辖竞合问题,可适用 2012 年《民事诉讼法》第 35 条予以解决。该观点体现在最高人民法院的公报案例、答复、通知等中。

033
"在起诉方法院起诉"的效力

关键词 | 协议管辖 | 起诉方所在地 | 管辖权 |

【最高人民法院答复】

江苏省高级人民法院、山东省高级人民法院:

一、吴江市益佰纺织有限公司与龙口市玲楠服装有限责任公司先后签订了 7 份《工矿产品购销合同》,合同约定双方发生纠纷解决的方式为:"双方友好协商解决,如不能解决,则在起诉方法院起诉解决。"《工矿产品购销合同》属于买卖合同范畴,本案双方当事人因合同发生纠纷后,按照合同约定均向起诉方法院即吴江市人民法院及龙口市人民法院提起诉讼，两地法院均于同日分别以买卖合同纠纷受理了原告的起诉。两地法院受理的案件属于基于同一法律事实和法律关系引起纠纷的案件。

二、根据《最高人民法院关于合同双方当事人协议约定发生纠纷各自可向所在地人民法院起诉如何确定管辖的复函》的规定，双方当事人在合同中关于发生纠纷"在起诉方法院起诉解决"的约定有效。因两地法院受理本案的时间相同，本案双方当事人起诉时间的先后顺序无法确定，因此，本案可依据双方当事人约定的合同履行地点确定管辖。鉴于双方当事人在合同中有"提(交)货地点及方式：供方负责将货发到龙口市玲楠服装厂"的约定，依据《最高人民法院关于在确定经济纠纷案件管辖中如何确定管辖合同履行地的规定》，应当认定双方当事人在合同中约定的交货地点为本案合同的履行地，龙口市人民法院作为合同履行地法院，对本案享有管辖权。

三、依据《中华人民共和国民事诉讼法》第二十四条、第三十七条第二款的规定，本院指定本案由山东省龙口市人民法院管辖。请江苏省高级人民法院通知吴江市人民法院将其受理的(2004)吴民二初字第140号关于吴江市益佰纺织有限公司诉被告龙口市玲楠服装有限责任公司买卖合同纠纷一案移送至山东省龙口市人民法院合并审理。

——《最高人民法院关于吴江市益佰纺织有限公司与龙口市玲楠服装有限责任公司买卖合同纠纷管辖争议案指定管辖的通知》(2005年8月26日，〔2005〕民立他字第26号)

034

"向原告所在地法院起诉"的效力

关键词 | 协议管辖 | 原告所在地 | 管辖权 |

【最高人民法院答复】

山东省高级人民法院、四川省高级人民法院：

一、夹江县阳洋纸业有限公司(下称阳洋公司)与山东思源水业工程有限公司(下称思源公司)在2003年12月17日签订的悬挂链式爆气器安装指导(供货)合同中明确约定："双方因执行本合同发生争议，首先应协商解决，协商不成的向原告所在地人民法院提起诉讼。”这一选择管辖的约定符合《中华人民共和国民事诉讼法》第二十五规定，应认定有效。阳洋公司与思源公司于2004年11月19日分别向各自所在地人民法院起诉，依据上述规定，阳洋公司所在地四川省夹江县人民法院与思源公司所在地山东省济南市天桥区人民法院对本案均有管辖权。

——《最高人民法院关于山东思源水业工程有限公司与夹江县阳洋纸业有限公司买卖合同纠纷管辖争议案指定管辖的通知》（2005年7月26日，〔2005〕民立他字第25号）

湖南省高级人民法院、江西省高级人民法院：

我国民事诉讼法第25条规定：“合同的双方当事人可以在书面合同中协议选择被告住所地、合同履行地、合同签订地、原告住所地、标的物所在地人民法院管辖，但不得违反本法对级别管辖和专属管辖的规定。”本案合同当事人双方在一九九四年四月二十八日签订的木马生产包销合同中明确约定：“在执行本合同过程中如发生纠纷，由甲、乙双方友好协商解决，如协商不成，向原告所在地人民法院起诉。”这一选择管辖的约定符合民事诉讼法第25条规定，应当认定有效。湖南省炎陵县大院农场（下称“大院农场”）于一九九四年八月三十日向所在地炎陵县人民法院起诉，该县人民法院于九月一日立案受理；江西林港工艺品有限公司于同年九月一日向所在地永修县人民法院起诉，永修县人民法院九月二日立案受理。炎陵县人民法院立案在先。本院根据民事诉讼法第35条、第37条第2款规定，指定本案由湖南省炎陵县人民法院管辖。江西省永修县人民法院应在接到本通知后将本案有关材料移送炎陵县人民法院。湖南省高级人民法院应当监督下级法院对本案作出公正裁决。

——《最高人民法院关于湖南省炎陵县大院农场与江西林港工艺品有限公司包销合同纠纷案指定管辖的通知》（1995年6月27日，法函〔1995〕86号）

035

“由守约方法院管辖”的效力

关键词｜协议管辖｜守约方所在地｜约定不明确｜

【最高人民法院答复】

湖南省高级人民法院：

你院《关于金利公司与金海公司经济纠纷案件管辖问题的报告》收悉。经研究，答复如下：

金利公司与金海公司在再次补充协议中约定，“如甲、乙双方发生争议，由守约方所在地人民法院管辖。”该约定不符合《民事诉讼法》第二十五条的规定，应认定协议管辖的条款无效。本案应由被告所在地的人民法院管辖。接此函后，请你院依法撤销一审判决和一、二审裁定，将本案移送有管辖权的法院。

——《最高人民法院关于金利公司与金海公司经济纠纷案件管辖问题的复函》（1995年7月5日，法函〔1995〕89号）

【最高人民法院裁判文书】

要某某与北京市第二建筑工程有限公司居间合同纠纷指定管辖案

最高人民法院处理意见：本案原告要某某与北京市第二建筑工程有限公司第十一工程部签订的《信息服务协议》中约定：“一方违约，另一方可到自己居住地基层人民法院或者中级人民法院起诉”，该约定不符合《民事诉讼法》第25条的规定，该协议管辖条款无效。

——苏泽林主编、最高人民法院立案庭编：《立案工作指导》（总第27辑），人民法院出版社2011年版，第131～132页。

编者说明

在审判实践中，有两种较为常见的约定不明确的管辖协议：一是约定由守约方所在地法院管辖。要判断何方当事人守约，需要经过实体审理，在确定管辖的阶段无法判明，这类约定不明确的管辖协议无法执行，应当认定为无效。二是约定由当地法院管辖。由于何为当地指代不明，常常产生争议。有的理解为当事人住所地，有的理解为合同履行地，有的根据合同类型理解为工程所在地。最高人民法院认为，应当综合考量当事人的意思、合同类型及其他因素，能够确定何为当地的，应当认定为有效；不能确定的，应当认定为约定不明确。

036

管辖协议违反级别管辖的处理

关键词｜协议管辖｜级别管辖｜

【链接：最高人民法院法官著述】

根据《民事诉讼法》规定，协议管辖不得违反专属管辖和级别管辖。但我们认为，违反级别管辖的后果，与违反专属管辖应有所不同：违反专属管辖的，为绝对无效；违反级别管辖的，为相对无效，应当结合具体情况处理。从实践看，主要有三类情况：

第一类为“××地××人民法院管辖”，既约定了地域管辖，又约定了具体管辖法院。由于级别管辖标准的调整变动，可能影响到管辖协议的效力。基于保护当事人的正当预期，尽量减少无效管辖协议的立场，应认为当事人在案件地域管辖上的明确选择有效。

第二类为“××人民法院管辖”，没有约定地域管辖，只确立了具体管辖法院。对此有的法院认定为有效，有的法院认定为无效。我们认为，多数情况下，当事人是有在该法院所在地打官司的意思，认定为有效并结合级别管辖规定确定案件管辖法院，符合大多数当事人的真实意愿。

第三类为“××地的人民法院管辖”，只约定了地域管辖，没有明确具体法院。对这种情形，应当根据级别管辖规定确定具体的管辖法院。

——最高人民法院民事诉讼法修改研究小组编著：《〈中华人民共和国民事诉讼法〉修改条文理解与适用》，人民法院出版社2012年版，第60页。

037

当事人约定级别管辖无效

关键词｜地域管辖｜级别管辖｜

【最高人民法院裁判文书】

上海成尚置业有限公司与中国农业股份有限公司深圳市分行管辖权异议案［最高人民法院（2013）民二终字第44号民事裁定书］

裁判要旨：当事人只能约定地域管辖而不能约定级别管辖，只要双方当事人在书面合同中协议选择“被告住所地、合同履行地、合同签订地、原告住所地、标的物所在地人民法院管辖”即可。当事人选择了原告住所地法院管辖,并不意味着发生争议只能由基层法院管辖,具体发生争议时可以按照级别管辖规定和诉讼标的额,向有管辖权的法院提起诉讼。

——中国裁判文书网,http://www.court.gov.cn/zgcpwsw/zgrmfy/。

【链接:最高人民法院法官著述】

当事人约定了地域管辖的同时又约定了级别管辖时,应当如何处理值得探讨。通过对实际案例的分析,我们可以得到一个结论。

1998 年 11 月 24 日,武汉某化妆品公司与上海某化妆品公司根据合同一年一签的约定,重新签订了《某化妆品经销区域合约书》和《某化妆品代理销售合约书》及《补充协议》。1999 年底,双方因对设置不动产抵押问题发生争议而未能续签合同,故武汉某化妆品公司以解除合同及赔偿损失为由向武汉市中级人民法院起诉。在提交答辩状期间内,被告上海某化妆品公司就本案的管辖问题提出了异议,认为本案涉及的某化妆品区域经销合约书合同条款第 13 条管辖法院中明确规定:本合约如因涉及诉讼,双方同意选择上海市崇明县人民法院为第一审管辖法院。随后被告在管辖异议申请书补充意见中再次提到,该案据以起诉的两份合同——某化妆品区域经销合约书、某化妆品区域代理销售合约书中均约定了管辖法院,即上海市崇明县人民法院为第一审管辖法院,据此,该案应移送上海崇明县人民法院审理。我们认为,从表面看来管辖协议是无效,但仔细分析却是具有一定的效力。

关于级别管辖的部分无效。双方当事人在选择地域管辖的同时,已选择了案件级别管辖。根据上海市高级人民法院关于一审经济纠纷案件级别管辖的规定,本案当事人争议的金额高于上海市崇明县人民法院受理一审案件标的金额的最高限额,故上海市崇明县人民法院无管辖权。但约定级别管辖的协议是否全部无效呢?我们认为需要对合同进行解释。合同当事人管辖协议的本意是由上海公司的住所地法院管辖,当事人虽然在约定地域管辖的时候一并约定了级别管辖,不管是故意还是失误,否认该协议的有效性就等于否认了当事人关于地域管辖的合意,因此,涉及地域管辖的部分应当承认其效力。最高人民法院的有关文件实际上也承认了应当根据当事人的真正意思表示来确定地域管辖协议的效力。最高人民法院法函〔1996〕160 号通知指出,当事人既约定了地域管辖,又约定了级别管辖,当事人在案件地域管辖上作出的明确选择应当有效。人民法院出版社出版的《经济审判指导与参考》中亦载文指出,确定案件级别管辖,是人民法院内部协调的问题,当事人无权在级别上选择案件管辖。若当事人在选择地域管辖的同时,又选择了案件级别管辖,或者选择的级别管辖不符合各省高级人民法院《关于一审经济纠纷案件级别管辖的规定》的,对当事人选择管辖的条款,人民法院不宜简单地确认全部条款无效,而应根据当事人在地域管辖上的选择……这不仅是本通知确定的一个原则,也是各级人民法院在确定案件管辖时应当特别注意的问题。从本案合同约定的管辖内容看,双方当事人对合同纠纷约定了地域管辖和级别管辖,即合同如因涉及诉讼,双方同意选择上海市崇明县人民法院为第一审管辖法院(被告法定住所地为上海市崇明县),该条款应理解为两层意思:(1)在地域管辖上,该约定是明确、有效的;(2)在级别管辖上,该约定因违反了上海市高级人民法院关于一审经济纠纷案件级别管辖的规定,又是无效的。由于法律仅赋予当事人在地域上选择管辖的权利,其无权就级别管辖作出选择,故本案合同约定的选择管辖条款,不宜以其违反级别管辖的规定而认定无效。因此,本案应移送上海市第二中级人民法院审理。该意思表示应认为是双方当事人的自愿。

——姜启波、孙邦清:《诉讼管辖》,人民法院出版社 2008 年版,第 64 ~ 65 页。

038

补充协议未修改原约定管辖条款的由原约定法院管辖

关键词 | 协议管辖 | 债权转让 | 管辖权异议 |

【《最高人民法院公报》案例】

德国亚欧交流有限责任公司与绥芬河市青云经贸有限公司合作协议纠纷[最高人民法院(2006)民四终字第 8 号民事裁定书]

裁判要旨:涉外合同的当事人在合同中明确约定由合同签订地法院管辖,随后又在其他地方就合同的未尽事宜签订补充协议,但补充协议并未修改原约定管辖条款的,合同中约定管辖的条款的效力不因补充协议的签订而改变,当事人之间发生的合同纠纷应当由合同签订地法院管辖。

——《最高人民法院公报》2007 年第 6 期

039

合同签订地的确定

关键词 | 买卖合同 | 合同签订地 | 协议管辖 |

【最高人民法院司法解释】

第四条 采用书面形式订立合同,合同约定的签订地与实际签字或者盖章地点不符的,人民法院应当认定约定的签订地为合同签订地;合同没有约定签订地,双方当事人签字或者盖章不在同一地点的,人民法院应当认定最后签字或者盖章的地点为合同签订地。

——《最高人民法院关于适用〈中华人民共和国合同法〉若干问题的解释(二)》(2009 年 4 月 24 日,法释〔2009〕5 号)

【链接:最高人民法院法官著述】

约定由合同签订地、履行地人民法院管辖,但实际签订地、履行地与约定的签订地、履行地不一致时,应当以约定地为准作为确定管辖权的依据。坚持这一原则对于减轻当事人举证责任,减轻法院查证困难,尽快确定管辖法院有重要意义。最高人民法院在〔2010〕民立他字第 52 号、〔2010〕民申字第 673 号案件中均持有这种观点。

——最高人民法院民事诉讼法修改研究小组编著:《〈中华人民共和国民事诉讼法〉修改条文理解与适用》,人民法院出版社 2012 年版,第 56 ~ 57 页。

在此需要讨论的是,如果当事人约定由合同的签订地法院管辖,那么如何确定合同的签订地呢?

根据《合同法》第25条的规定，承诺生效时合同成立。该法第34条规定：承诺生效的地点为合同成立的地点。因此，如何确定承诺的生效对于合同的成立有重大影响。根据《合同法》第32条的规定，当事人采用合同书形式订立合同的，自双方当事人签字或者盖章时合同成立。因此，在这种情况下，当事人签字或盖章的地点为合同的签订地。

根据《合同法》第33条的规定，当事人采用信件、数据电文等形式订立合同的，当事人要求在合同成立前签订确认书的，签订确认书时合同成立。根据《合同法》第34条的规定，采用数据电文形式订立合同的，收件人的主营业地为合同成立的地点；没有主营业地的，其经营居住地为合同成立的地点。当事人另有约定的，按照其约定。对于以信件形式订立的合同，我们可以参照处理。

——姜启波、孙邦清：《诉讼管辖》，人民法院出版社2008年版，第115～116页。

040

消费协议格式管辖条款效力

关键词 | 协议管辖 | 消费协议 | 格式条款 |

【最高人民法院司法解释】

第三十一条 经营者使用格式条款与消费者订立管辖协议，未采取合理方式提请消费者注意，消费者主张管辖协议无效的，人民法院应予支持。

——《最高人民法院关于适用〈中华人民共和国民事诉讼法〉的解释》（2015年1月30日，法释〔2015〕5号）

【链接：最高人民法院法官著述】

理解本条应注意两点：第一，经营者未采取合理方式提请消费者注意。怎样才能称为“合理的方式”呢？《合同法解释（二）》第六条规定，提供格式条款的一方对格式条款中免除或者限制其责任的内容，在合同订立时采用足以引起对方注意的文字、符号、字体等特别标识,并按照对方的要求对该格式条款予以说明的,人民法院应当认定符合合同法第三十九条所称"合理的方式"。实践中,消费者往往关注实体方面的条文要多一些,容易忽视争议解决条款,也不太了解争议解决条款给自己将来可能带来的影响。如果经营者未采取合理方式提请消费者注意格式协议管辖条款的,该条款可能无效。这样的规定会督促经营者履行提醒注意义务。第二,是否主张格式条款无效,由消费者决定。格式协议管辖条款排除了相对方依法选择管辖法院的权利,也易造成相对方的诉讼不方便。如果经营者已经采取了合理方式提醒消费者注意,即使造成消费者诉讼明显不便,因为消费者已经被告知不利的后果,仍然选择协议管辖,这一意思表示应该得到尊重,不能再认定无效。只有当经营者未采取合理的方式提请消费者注意时,消费者主张协议管辖无效,才能得到法院支持;当然在这种情况下,也可以不主张协议管辖无效,接受协议管辖的约束,法院不应依职权介入审查,这也是尊重当事人权利的体现。

——沈德咏主编、最高人民法院修改后民事诉讼法贯彻实施工作领导小组编著:《最高人民法院民事诉讼法司法解释理解与适用》,人民法院出版社 2015 年版,第 187~188 页。

041

管辖协议约定的当事人住所地变更时管辖法院的确定

关键词 | 协议管辖 | 住所地变更 |

【最高人民法院司法解释】

第三十二条 管辖协议约定由一方当事人住所地人民法院管辖,协议签订后当事人住所地变更的,由签订管辖协议时的住所地人民法院管辖,但当事人另有约定的除外。

——《最高人民法院关于适用〈中华人民共和国民事诉讼法〉的解释》(2015 年 1 月 30 日,法释〔2015〕5 号)

【链接：最高人民法院法官著述】

在管辖协议约定由一方当事人住所地人民法院管辖，且没有明确具体的地址的情况下，该当事人在签订协议时已经离开户籍所在地，只有当实际居住的地方符合“经常住所地”（至起诉时已连续居住一年）要件时，该实际居住的地方的法院才具有管辖权，否则仍应由当事人的户籍所在地法院管辖。

——沈德咏主编、最高人民法院修改后民事诉讼法贯彻实施工作领导小组编著：《最高人民法院民事诉讼法司法解释理解与适用》，人民法院出版社 2015 年版，第 189 页。

042

当事人未提出管辖异议并应诉答辩的视为受诉法院有管辖权

关键词 | 应诉答辩 | 管辖异议 |

【最高人民法院司法解释】

第二百二十三条　当事人未提出管辖异议，就案件实体内容进行答辩、陈述或者反诉的，可以认定为民事诉讼法第一百二十七条第二款规定的应诉答辩。

——《最高人民法院关于适用〈中华人民共和国民事诉讼法〉的解释》（2015 年 1 月 30 日，法释〔2015〕5 号）

【《最高人民法院公报》案例】

香港百粤金融财务有限公司诉香港红荔有限公司贷款纠纷案（广州市中级人民法院一审民事判决书）

裁判要旨：当事人未提出管辖异议，并应诉答辩的，视为受诉人民法院有管辖权，但违反级别管辖和专属管辖规定的除外。

广州市中级人民法院认为：

该案原告、被告均为香港的企业法人单位，贷款协议的签订地、履行地均在香港,且双方又无向中华人民共和国法院诉讼的书面协议,参照《中华人民共和国民事诉讼法》第二百四十四条的规定,本不属中华人民共和国法院管辖。但是,原告以被告的贷款投入广州市经营合作企业,坚持在广州市中级人民法院起诉,被告对此没有提出异议,并已向广州市中级人民法院应诉答辩,参照民事诉讼法第二百四十五条的规定,视为被告承认广州市中级人民法院有管辖权。

——《最高人民法院公报》1992 年第 2 期

【最高人民法院裁判文书】

内蒙古九郡药业有限责任公司、上海云洲商厦有限公司与韩凤彬管辖权异议案[最高人民法院(2013)民再申字第 27 号民事裁定书]

裁判要旨:被告在答辩期内未提出管辖异议,表明案件已确定了管辖法院。此后不因当事人住所地、经常居住地的变更或行政区域的变更而改变案件的管辖法院。在管辖权已确定的前提下,当事人无权再就管辖权提出异议。

——中国裁判文书网,http://www.court.gov.cn/zgcpwsw/zgrmfy/。

编者说明

香港百粤金融财务有限公司诉香港红荔有限公司贷款纠纷案中,合同签订地、合同履行地及当事人住所地均在香港,依据这三个因素确定,人民法院对该案无管辖权。但是,被告将借款全部投入到与他人合作经营的广州华丽宫大酒店,被告在广州实际上形成了可供扣押的财产,参照《民事诉讼法》的规定,原告在广州起诉被告,作为可扣押财产所在地,广州市中级人民法院对该案有管辖权。如果被告在广州既没有可供扣押的财产,也没有代表机构,那么广州市中级人民法院对该案无管辖权。本案原告在广州起诉被告后,被告没有就管辖权问题提出异议,并已提出答辩,参照《民事诉讼法》关于应诉管辖的规定,广州市中级人民法院就取得了对该案的管辖权。

2007 年《民事诉讼法》没有针对国内案件规定应诉管辖,仅规定了涉外案件应诉管辖。2012 年《民事诉讼法》在应诉管辖规定上将两者进行了统一。

043

既提起管辖权异议又应诉答辩,应对管辖异议进行审查

关键词|管辖权异议|应诉答辩|默示协议管辖|

【最高人民法院司法解释】

第二百二十三条 当事人在提交答辩状期间提出管辖异议，又针对起诉状的内容进行答辩的，人民法院应当依照民事诉讼法第一百二十七条第一款的规定，对管辖异议进行审查。

——《最高人民法院关于适用〈中华人民共和国民事诉讼法〉的解释》（2015年1月30日，法释〔2015〕5号）

【链接：最高人民法院法官著述】

无论是有独立请求权或无独立请求权第三人，均无权提起管辖权异议，默示协议管辖主要适用于原被告间。实践中被告收到法院转交的起诉状后，一方面提起管辖权异议，一方面又对案件实体问题进行答辩的情形也较为常见。被告虽对管辖法院有异议，但又担心一旦管辖权异议申请被裁定驳回，又没有就案件实体问题进行答辩，会对案件审理有不利影响，故同时提出管辖权异议并应诉答辩。有些被告直接在答辩状中对管辖权提出异议。

因2012年《民事诉讼法》第127条规定默示协议管辖需同时具备两个条件，一是未提出管辖权异议，二是应诉答辩，既提起管辖权异议又应诉答辩的情形不符合默示协议管辖条件，不能视为被告接受受诉法院管辖。虽然案件进入实体审理程序，被告仍可就管辖权异议裁定申请再审及申诉，在申请再审和申诉过程中，其应诉答辩的行为不能视为原被告间就管辖法院达成了默示协议管辖，因被告确实曾经明确提出过管辖权的异议。

——最高人民法院民事诉讼法修改研究小组编著：《〈中华人民共和国民事诉讼法〉修改条文理解与适用》，人民法院出版社2012年版，第73～74页。

044

移送管辖期限的规定

关键词 | 移送管辖 | 管辖期限 |

【最高人民法院司法解释】

第三十五条 当事人在答辩期间届满后未应诉答辩,人民法院在一审开庭前,发现案件不属于本院管辖的,应当裁定移送有管辖权的人民法院。

——《最高人民法院关于适用〈中华人民共和国民事诉讼法〉的解释》(2015年1月30日,法释〔2015〕5号)

【链接:最高人民法院法官著述】

第一,当人民法院移送案件时发现有数个其他人民法院有管辖权,应尊重原告的意见,即原告有选择权,只有当原告拒绝选择时,才由法院决定。第二,移送管辖只能进行一次。受移送的法院认为自己没有管辖权,不能再行移送或退回移送法院,应该按照管辖权争议处理程序,报请共同上级人民法院指定管辖。

——沈德咏主编、最高人民法院修改后民事诉讼法贯彻实施工作领导小组编著:《最高人民法院民事诉讼法司法解释理解与适用》,人民法院出版社2015年版,第193页。

045

责任竞合案件的协议管辖

关键词 | 责任竞合 | 协议管辖 | 违约纠纷 | 侵权纠纷 |

【最高人民法院司法解释】

第三十条 债权人依照合同法第一百二十二条的规定向人民法院起诉时作出选择后,在一审开庭以前又变更诉讼请求的,人民法院应当准许。对方当事人提出管辖权异议,经审查异议成立的,人民法院应当驳回起诉。

——《最高人民法院关于适用〈中华人民共和国合同法〉若干问题的解释(一)》(1999年12月19日,法释〔1999〕19号)

【最高人民法院司法政策】

两个诉因并存的案件的受理问题。一个法律事实或法律行为有时可以同时产生两个法律关系，最常见的是债权关系与物权关系并存，或者被告的行为同时构成破坏合同和民事侵害。原告可以选择两者之中有利于自己的一种诉因提起诉讼，有管辖权的受诉法院不应以存在其他诉因为由拒绝受理。但当事人不得就同一法律事实或法律行为，分别以不同的诉因提起两个诉讼。

——《最高人民法院全国沿海地区涉外、涉港澳经济审判工作座谈会纪要》[1989年6月12日，法（经）发〔1989〕12号]

【最高人民法院答复】

天津市高级人民法院：

你院津高法〔2001〕34号《关于津龙翔（天津）国际贸易公司与南京扬洋化工运贸公司、天津天龙液体化工储运公司沿海货物运输合同货损赔偿纠纷一案的请示》收悉。经研究，答复如下：

二、在请求权竞合的情况下，诉讼当事人有权在一审开庭前请求对方当事人承担违约责任或者侵权责任，此后不得进行变更。该案当事人在一审时以违约提起诉讼，二审时不应以侵权确认时效。

此复。

——《最高人民法院关于津龙翔（天津）国际贸易公司与南京扬洋化工运贸公司、天津天龙液体化工储运公司沿海货物运输合同货损赔偿纠纷一案请示的复函》（2001年9月10日，〔2001〕民四他字第7号）

【最高人民法院裁判文书】

天津天狮经济发展有限公司与陈勇等专利侵权管辖权争议上诉案[最高人民法院（2000）知终字第12号民事裁定书]

裁判要旨：纠纷的性质决定管辖法院的确定。当事人以侵权纠纷起诉，法院不能以审理证实为合同纠纷为由改变管辖法院。

最高人民法院认为：

鉴于上诉人持其与陈勇之间的纠纷是合同纠纷而不是专利侵权纠纷，北京市高级人民法院对本案没有管辖权,应移送天津市高级人民法院管辖的理由,请求改变原审裁定,故本院经双方当事人一致同意,主要围绕上诉人与被上诉人争论的双方之间是合同纠纷还是专利侵权纠纷这一焦点问题进行了审查。经审查证实,陈勇对天津天狮经济发展有限公司、天津天狮生物工程公司和天津天狮集团有限公司提起的是侵犯专利权之诉,而不是违约之诉。按照当事人诉讼请求确定人民法院审理范围的原则,符合我国民事诉讼法的规定;人民法院不能擅自改变当事人的诉讼请求。至于被上诉人提起侵犯专利权的诉讼请求能否得到人民法院的支持,上诉人与被上诉人之间究竟存在何种真实的法律关系,属于实体审理的范畴,不应在管辖权异议程序中解决。因此,上诉人以其与被上诉人之间是合同纠纷而不是侵犯专利权纠纷为由,主张原审法院对本案没有管辖权,应移送天津市高级人民法院管辖的上诉请求,本院不予支持。

——最高人民法院办公厅编:《最高人民法院公布裁判文书(2001年)》,人民法院出版社2002年版,第388页。

【链接:最高人民法院法官著述】

对于责任竞合的买卖合同纠纷,如果当事人在合同中已经选择了管辖法院,这种情况下,如果当事人选择侵权的诉因提起诉讼,是否会影响管辖协议的效力呢?

当侵权行为地与被告住所地或合同履行地不一致时,当事人选择侵权之诉还是违约之诉,往往决定了案件会由哪个法院管辖。对违约纠纷,允许协议管辖排除其他管辖(专属管辖除外);但对侵权案件,我国并未规定协议管辖。产品责任之诉,我国仍将之视为违约之诉与侵权之诉并存,允许原告选择其中一种提起诉讼,如仍需受害人按合同中的协议管辖提起诉讼,则可能产生对受害人不利的后果。即使合同责任与侵权责任是两种不同性质的责任,合同责任往往是违反约定义务的结果,而侵权责任是一种法定责任,当事人不可能预先约定,因而,合同中的管辖权选择条款不当然适用于与合同有关的侵权责任,包括与违约责任竞合的侵权责任。当事人若以侵权责任为由提起诉讼,其管辖仍应依据法律对侵权案件管辖的规定而确定。但当事人以违约为诉因提起诉讼,可以向协议的管辖法院提起诉讼。

——姜启波、孙邦清:《诉讼管辖》,人民法院出版社2008年版,第116页。

编者说明

对于责任竞合案件,当事人可以选择诉因,但不得同时行使两项请求权。当事人选择诉因实际上是选择确定管辖的联结因素,故应当根据诉因来确定管辖。当事人在诉讼中变更诉因的,应当允许当事人提出管辖权异议。

046

变更后的被告有权提出管辖权异议

关键词 | 管辖权异议 | 变更被告 |

【最高人民法院答复】

湖南省高级人民法院:

你院湘高法经〔1993〕4 号请示收悉。经研究,答复如下:

原则同意你院意见。人民法院对原中止诉讼的案件应原告之请求,变更被告,恢复诉讼后,变更后的被告应享有法律规定的一切诉讼权利,包括在答辩期内向人民法院提出管辖权异议。对此,人民法院应当根据《中华人民共和国民事诉讼法》第一百四十条第一款第(二)项的规定予以裁定,不能以回函形式处理被告所提出的管辖权异议。

——《最高人民法院经济审判庭关于法院应原告变更被告之请求而恢复诉讼,变更后的被告是否有权提出管辖异议问题的答复》(1993 年 6 月 2 日,法经〔1993〕97 号)

047

第三人无权提出管辖权异议

关键词 | 第三人 | 管辖权异议 |

【最高人民法院司法解释】

第八十二条 在一审诉讼中,无独立请求权的第三人无权提出管辖异议,无权放弃、变更诉讼请求或者申请撤诉,被判决承担民事责任的,有权提起上诉。

——《最高人民法院关于适用〈中华人民共和国民事诉讼法〉的解释》(2015 年 1 月 30 日,法释〔2015〕5 号)

【最高人民法院答复】

江苏省高级人民法院:

你院苏法(经)〔1989〕第 9 号《关于第三人能否对管辖权提出异议的请示》收悉。经研究,答复如下:

一、有独立请求权的第三人主动参加他人已开始的诉讼,应视为承认和接受了受诉法院的管辖,因而不发生对管辖权提出异议的问题;如果是受诉法院依职权通知他参加诉讼,则他有权选择是以有独立请求权的第三人的身份参加诉讼,还是以原告身份向其他有管辖权的法院另行起诉。

二、无独立请求权的第三人参加他人已开始的诉讼,是通过支持一方当事人的主张,维护自己的利益。由于他在诉讼中始终辅助一方当事人,并以一方当事人的主张为转移,所以,他无权对受诉法院的管辖权提出异议。

——《最高人民法院关于第三人能否对管辖权提出异议问题的批复》[1990 年 7 月 28 日,法(经)复〔1990〕9 号]

【链接:最高人民法院法官著述】

第三人是否可以提起管辖权异议之诉。根据民事诉讼法理论,第三人包括有独立请求权第三人和无独立请求权第三人,在确定第三人是否有权提起管辖权异议时,应区分两种类型的第三人。对于有独立请求权第三人,司法解释明确规定了不得提起管辖权异议之诉。《最高人民法院关于第三人能否对管辖权提出异议问题的批复》中答复:“有独立请求权的第三人主动参加他人已经开始的诉讼,应视为承认和接受了受诉法院的管辖,因而不发生对管辖权提出异议的问题;如果是受诉法院依职权通知他参加诉讼,则他有权选择是以有独立请求权的第三人的身份参加诉讼,还是以原告身份向其他有管辖权的法院另行起诉。”[最高人民法院法(经)复〔1990〕9 号答复,1990 年 7 月 28 日]其理论依据是在有独立请求权第三人参与的诉讼中,原被告间争议的法律关系与有独立请求权第三人和原被告间争议的法律关系并不同一,第三人提出自己独立的主张,应为两个诉的合并,人民法院为了节省诉讼资源,防止发生矛盾判决,进行合并审理。但这种诉的合并并非必须,可以合并审,也可以分开审。如果第三人愿意接受受诉法院管辖,可以加入他人已经开始的诉讼中,自不必再提出管辖权异议;如果第三人认为受诉法院对其没有管辖权,也可以选择分别审理,向有管辖权的法院另行起诉主张权利。对于无独立请求权第三人,一般认为应无权提出管辖权异议。因无独立请求权第三人在诉讼中并无独立的主张,只是为协助被告一方进行答辩,虽与案件处理结果具有法律上的利害关系,才加入到他人已经开始的诉讼中来,但裁判结果并不直接约束无独立请求权第三人,因此其无权提出管辖权异议。

——最高人民法院民事诉讼法修改研究小组编著:《〈中华人民共和国民事诉讼法〉修改条文理解与适用》,人民法院出版社 2012 年版,第 71 页。

048

上级法院可以纠正下级法院错误的管辖权异议终审裁定

关键词 | 管辖权异议 | 终审裁定 | 审判监督程序 |

【最高人民法院答复】

四川省高级人民法院:

你院〔2003〕川立函字第 50 号《关于原审法院驳回当事人管辖异议裁定已发生法律效力但未作出生效判决前发现原审法院确无地域管辖权,应如何处理的请示》收悉。经研究认为,根据《中华人民共和国民事诉讼法》第一百七十七条第二款的规定,并参照本院法(经)复〔1999〕10 号《关于经济纠纷案件当事人向受诉法院提出管辖权异议的期限问题的批复》和法(经)〔1993〕14 号《关于上级法院对下级法院就当事人管辖权异议的终审裁定确有错误时能否纠正问题的复函》的精神,上级人民法院在原审法院驳回当事人管辖异议裁定已发生法律效力但未作出生效判决前,发现原审法院确无地域管辖权,可以依职权裁定撤销该错误裁定并将案件移送有管辖权的人民法院审理。

——《最高人民法院关于原审法院驳回当事人管辖异议裁定已发生法律效力但尚未作出生效判决前发现原审法院确无地域管辖权应如何处理问题的复函》(2003 年 5 月 30 日,〔2003〕民他字第 19 号)

河北省高级人民法院：

你院冀高法经请〔1992〕1号《关于上级法院对下级法院就当事人管辖权异议的终审裁定确有错误时能否纠正的请示报告》收悉。经研究，答复如下：

根据《中华人民共和国民事诉讼法》第一百七十七条第二款"上级人民法院对下级人民法院已经发生法律效力的判决、裁定，发现确有错误的，有权提审或者指令下级人民法院再审"的规定，并参照我院法（经）复〔1990〕10号批复的精神，当下级人民法院对当事人提出的管辖权异议作出裁定且发生法律效力而对案件尚未作出判决之前，上级法院如果发现该管辖权异议的终审裁定确有错误时，可以依照审判监督程序处理，即依职权裁定撤销该错误裁定并将案件移送有管辖权的人民法院处理。

——《最高人民法院关于上级法院对下级法院就当事人管辖权异议的终审裁定确有错误时能否纠正问题的复函》（1993年1月20日，法经〔1993〕14号）

049

被告适格问题不属管辖权异议审查范围

关键词 | 被告适格 | 管辖权异议 | 审查范围 |

【《最高人民法院公报》案例】

鸿润锦源（厦门）房地产开发有限公司与彭雄浑、鸿润集团房地产投资有限公司商品房预售合同纠纷［最高人民法院（2006）民一终字第34号民事裁定书］

裁判要旨：根据《民事诉讼法》第108条第（4）项和第38条的规定，管辖权异议是指当事人对案件是否属于人民法院受理范围或者是否由受诉人民法院管辖提出的异议。当事人有权提出管辖权异议，但当事人以其不是适格被告为由提出管辖权异议，不属于民事诉讼法规定的管辖权异议范围。当事人是否适格，应当经人民法院实体审理确定。

——《最高人民法院公报》2006年第12期

050

二审法院在管辖权异议审查中可审查一审法院受理是否正确

关键词｜二审程序｜不当受理｜管辖权异议｜驳回起诉｜

【最高人民法院裁判文书】

河北省畜产进出口公司、河北省地毯进出口公司与甘肃省地毯进出口公司、德国汉堡大西洋贸易公司拖欠货款纠纷管辖案(最高人民法院民事裁定书)

裁判要旨:二审法院在管辖权异议的二审程序中可以审查一审法院的受理是否正确,并能直接裁定驳回原审原告对不适合被告的起诉。

最高人民法院认为:

甘肃地毯公司对河北畜产公司和河北地毯公司的起诉是依据其与德国公司签订的购销甘肃羊毛地毯合同和德国公司负责人王守明出具的还款计划书,该合同和还款计划书与两河北公司没有任何关系,甘肃地毯公司在本案审理期间仍认为德国公司是两河北公司的分支机构、两河北公司是德国公司的主管单位,但不能提供相关证据。上诉人的上诉理由应予支持。一审法院在甘肃地毯公司没有具体的事实和理由的情况下受理了其针对两河北公司的起诉,并依据甘肃地毯公司与德国公司的合同驳回了两河北公司提出的管辖权异议,违反了《中华人民共和国民事诉讼法》起诉与受理的有关规定,应予纠正,并根据《中华人民共和国民事诉讼法》第一百零八条第(三)项、第一百五十四条、第一百五十七条以及《最高人民法院关于适用〈中华人民共和国民事诉讼法〉若干问题的意见》第139条之规定,裁定如下:

(一)撤销甘肃省高级人民法院(1998)甘法经初字第24号民事裁定书;

(二)驳回甘肃省地毯进出口公司对河北省畜产进出口公司、河北省地毯进出口公司的起诉。

——李国光主编、最高人民法院经济审判庭编:《经济审判指导与参考》(总第2卷),法律出版社2002年版,第167页。

051

合同履行地的确定

关键词｜合同履行地｜履行义务｜管辖｜

【最高人民法院司法解释】

第十八条 合同约定履行地点的，以约定的履行地点为合同履行地。

合同对履行地点没有约定或者约定不明确，争议标的为给付货币的，接收货币一方所在地为合同履行地；交付不动产的，不动产所在地为合同履行地；其他标的，履行义务一方所在地为合同履行地。即时结清的合同，交易行为地为合同履行地。

——《最高人民法院关于适用〈中华人民共和国民事诉讼法〉的解释》(2015 年 1 月 30 日，法释〔2015〕5 号)

【链接：最高人民法院法官著述】

第一，关于民诉法解释第十八条与此前最高人民法院有关司法解释规定的关系问题。按照民诉法解释第五百五十二条规定，民诉法解释实施以后，最高人民法院以前的司法解释规定与民诉法解释不一致的，不再适用。因此，最高人民法院此前的司法解释中涉及到合同履行地确定的规定，凡与该条规定不一致，且不属于民诉法解释明确规定适用特殊规则的合同类型的，都不再适用，只能适用民诉法解释第十八条规定。如最高人民法院 1993 年《关于如何确定借款合同履行地问题的批复》，批复规定的内容与民诉法解释第十八条规定不一致，今后不再适用。

第二，关于争议标的的理解问题。民诉法解释第十八条第二款规定了按照"争议标的"种类分别确定合同履行地，准确把握"争议标的"是关键。该条规定使用"争议标的"一词，主要是来源于合同法第六十二条第三项规定并借鉴其他国家合同履行地的确定规则，就是指当事人诉讼请求所指向的合同义务内容，因此，可以称为"涉诉债务"。合同履行地就是合同义务的履行地，合同义务履行地根据合同义务的履行情况，可以是一个履行地，也可以是不同的履行地。双务合同和多务合同，当事人分别负有不同的合同义务，通常每一合同义务都有其履行地,合同法第六十二条第三项规定如是。当事人因合同义务的履行而发生合同纠纷,起诉到法院时,以合同履行地确定管辖法院的,则以当事人争议的合同义务的履行地作为确定管辖的合同履行地。这既明确简单,又符合纠纷管辖的最密切联系地点的原则要求。即使是单务合同,如果存在两项以上的不同合同义务时,也可能出现两个以上履行地的情况。发生合同纠纷时,也要以争议的合同义务来确定履行地。对“争议标的”的理解,特别注意不能把“争议标的”等同于诉讼请求。诉讼请求在合同纠纷中,是基于合同关系主张对方承担的合同责任的声明。合同履行地不能按照诉讼请求种类来确定,只能依照争议的合同义务来确定,也即诉讼请求所指向的合同义务。

第三,关于争议标的为给付货币的理解问题。该条规定的争议标的为给付货币,是指争议的合同义务是以给付货币为内容。最为典型的合同义务为给付货币的是借款合同。如果贷款方起诉借款人要求还本付息,争议标的则为借款方负有的向贷款方归还本金和利息的义务,接收货币的一方,就是贷款方,此时贷款方可以其所在地为合同履行地,向该地法院提起诉讼。借款合同中,贷款方需划出借款或借款方需归还借款,双方都有可能成为接收货币的一方,债权人和债务人都有可能成为接收货币的一方,也都有可能成为合同履行义务一方所在地。如果借款方在借款合同签订后,贷款方违约未交付借款,借款人起诉要求贷款人发放借款的,争议标的就是贷款方负有的向借款方发放借款的义务,接收货币的一方就是借款方,此时借款方可以以其所在地为合同履行地,向该地法院提起诉讼。借款合同之外的其他合同,如果争议的合同义务内容为给付货币的,也可以适用本条关于接收货币一方为合同履行地的规定确定管辖法院。如买卖合同约定买方负有先支付货款的义务,卖方后交付货物,买方未按照合同支付货款的,卖方起诉要求买方支付货款的,争议标的为给付货币,卖方为接收货币一方,卖方所在地可以认定为合同履行地。

第四,关于其他标的以履行义务一方所在地为合同履行地的理解问题。其他标的,是指货币和不动产以外的其他标的,包括动产、财产权利等。实践中应当注意,当事人起诉要求对方支付金钱,也即诉讼请求是给付金钱,该金钱给付请求既可能是基于合同中给付货币义务产生的,也可能是基于非给付货币义务产生的。此时不能直接依据诉讼请求确定争议标的,而应按照诉讼请求所指向的合同义务内容来确定争议标的。如买卖合同,A 为出卖货物方,B 为买受方,如 A 起诉要求 B 支付货款的,争议标的为给付货款,A 作为接收货款的一方,其所在地为合同履行地;如 B 起诉 A 承担支付违约金责任或者赔偿损失的,争议标的为 A 负有的交付货物的义务，则 A 为履行义务一方，A 所在地为合同履行地。

第五，关于合同确认之诉和形成之诉适用合同履行地确定管辖的问题。民诉法解释第十八条第二款规定的三种情形，分别针对给付货币、交付不动产和履行其他标的，总的来说，只考虑了给付之诉的情形。合同纠纷不仅有给付之诉，也存在确认之诉和形成之诉。单纯地请求确认合同效力或者请求解除合同的诉讼，其争议标的并非合同中的具体义务，而是合同是否有效或者合同法律关系是否解除的问题，此类合同纠纷就不能按照民诉法解释第十八条第二款来确定合同履行地。对此，当事人对合同履行地有约定的，可以按照约定的履行地来确定管辖法院；对合同履行地没有约定或者约定不明的，只能由被告住所地人民法院管辖。

——高民智：《关于民事诉讼法解释中有关管辖若干问题的理解与适用》，载杜万华主编、最高人民法院民事审判第一庭编：《民事审判指导与参考》（总第 63 辑），人民法院出版社 2016 年版，第 92 ~ 94 页。

1. 合同履行地首先以双方约定的履行地为准

即合同明确约定的履行地点为合同履行地，而不依据实体履行义务的地点确定合同履行地，如到货地、到站地、验收地、安装调试地为合同履行地。将合同履行地依照约定，明确为一个稳定的履行地，废止了《92 年意见》第 19 条的规定。

2. 合同履行地的确定规则

必须根据当事人诉讼请求和结合合同履行义务确定合同履行地。当事人双方未约定合同履行地的，在合同履行地的确认中，给付货币和交付不动产的履行地比较容易确定。难以确定的主要是其他标的，履行义务一方所在地为合同履行地。在此，必须根据当事人诉讼请求和合同的性质来确定合同履行地。如买卖合同，A 为出卖货物方，B 为买受方，如 A 起诉要求 B 支付货款的，A 为接受货币一方，A 地为合同履行地；如 B 起诉 A 交付货物的或者交付货物不符合约定的，A 为履行义务一方，A 地为合同履行地。因此，此类合同纠纷管辖地是确定的。

3. 关于履行义务一方所在地的含义

司法解释以程序法规定为原则结合实体法内容确定合同履行地，因此，履行义务的含义要结合实体法内容确定。如“给付货币一方”的理解，这里的“给付货币"的义务是指实体内容的合同义务,而非诉讼请求中简单的给付金钱请求。当事人在合同履行中要求对方支付金钱,包括根据合同义务支付价款,也包括履行合同产生的违约责任,用金钱的形式来承担。不能以给付金钱这种责任承担的形式来确定合同履行地,应当根据当事人起诉时的请求结合合同履行义务的内容,确定合同履行地。

4. 有多个合同履行义务如何确定履行地的问题

合同项下的义务可能是单一的,也可能是多个的,应当依照履行合同主要义务所在地确定合同履行地,何为主要义务,也要结合合同履行的实体内容来确定。当主要义务履行地无法确定时,两个以上合同履行地的人民法院都有管辖权的,依照民事诉讼法第三十五条的规定确定管辖法院。

5. 合同履行地应当以书面约定为准

管辖协议应当采用书面形式,包括以合同书、信件和数据电文(包括电报、电传、传真、电子数据交换和电子邮件)等形式达成的选择管辖法院的协议。将书面形式从合同书、信件扩展到数据电文等有形形式,是现代信息社会发展的必然要求,也为近年来的我国立法所确认。例如合同法第十一条规定:"书面形式是指合同书、信件和数据电文(包括电报、电传、传真、电子数据交换和电子邮件)等可以有形地表现所载内容的形式。"《最高人民法院关于内地与香港特别行政区法院相互认可和执行当事人协议管辖的民商事案件判决的安排》第三条规定:"本条所称书面形式是指合同书、信件和数据电文(包括电报、电传、传真、电子数据交换和电子邮件)等可以有形地表现所载内容、可以调取以备日后查用的形式。"此外,《选择法院协议公约》第三条规定:"排他性选择法院协议是指两个或两个以上的当事人以书面形式或以将来能够使用、援引的其他形式订立的,为便于将来可能产生或者已经形成的具有一定法律关系的纠纷,约定某个缔约国法院一个或几个法院的排他性管辖协议。"

6. 约定地点与实际履行地发生冲突的处理

当事人在合同中约定某一具体义务的履行地,不仅有实体法上的意义,还可能有诉讼法上的意义。约定由合同签订地、履行地人民法院管辖,但实际签订地、履行地与约定的签订地、履行地不一致时,应当以约定地为准作为确定管辖权的依据。当事人在约定合同履行地时,双方对管辖有预期,不因与实际履行地不符而改变。《合同法解释(二)》第四条规定:"采用书面形式订立合同,合同约定的签订地与实际签字或者盖章地点不符的,人民法院应当认定约定的签订地为合同签订地;合同没有约定签订地,双方当事人签字或者盖章不在同一地点的，人民法院应当认定最后签字或者盖章的地点为合同签订地。”

——沈德咏主编、最高人民法院修改后民事诉讼法贯彻实施工作领导小组编著：《最高人民法院民事诉讼法司法解释理解与适用》，人民法院出版社 2015 年版，第 153～155 页。

编者说明

《民事诉讼法》规定，因合同纠纷提起的诉讼，由被告住所地或者合同履行地人民法院管辖。因此，除了应当适用专属管辖和协议管辖的规定外，买卖合同纠纷确定管辖的难点在于确定合同的履行地。履行地是债务人履行债务和债权人接受履行的地点。履行地有明确规定的，应按规定的地点履行；在履行地点不明确的情况下应当如何确定，我国司法实践中存在各种各样的做法，最高人民法院对此有很多不一致的规定；《合同法》实施后，这些规定又与《合同法》的规定不尽一致，因此确定合同的履行地是确定合同纠纷案件管辖的难点。在《2015 年解释》颁布前，关于我国合同履行地的不同规定主要有：

（1）《最高人民法院关于适用〈中华人民共和国民事诉讼法〉若干问题的意见》第 18～22条。

（2）1996 年《最高人民法院关于在确定经济纠纷案件管辖中如何确定购销合同履行地问题的规定》。

（3）《合同法》第 61 条规定：“合同生效后，当事人就质量、价款或者报酬、履行地点等内容没有约定或者约定不明确的，可以协议补充；不能达成补充协议的，按照合同有关条款或者交易习惯确定。”

（4）《合同法》第 62 条规定：“当事人就有关合同内容约定不明确，依照本法第六十一条的规定仍不能确定的，适用下列规定：（三）履行地点不明确，给付货币的，在接受货币一方所在地履行；交付不动产的，在不动产所在地履行；其他标的，在履行义务一方所在地履行。”

（5）《合同法》第 141 条规定：“出卖人应当按照约定的地点交付标的物。当事人没有约定交付地点或者约定不明确，依照本法第六十一条的规定仍不能确定的，适用下列规定：（一）标的物需要运输的，出卖人应当将标的物交付给第一承运人以运交给买受人；（二）标的物不需要运输，出卖人和买受人订立合同时知道标的物在某一地点的，出卖人应当在该地点交付标的物；不知道标的物在某一地点的，应当在出卖人订立合同时的营业地交付标的物。”

（6）《国际商事合同通则》规定，如果合同中既未明确规定履行地，或者依据合同也无法确定履行地，则应按下列地点履行：（1）金钱债务在债权人的营业地；（2）任何其他义务在当事人自己的营业地。

上述规定过于复杂，因此，《2015 年解释》将《最高人民法院关于适用〈中华人民共和国民事诉讼法〉若干问题的意见》第 18～22 条合并为一条，明确合同履行地的识别规则，同时对特殊的买卖合同、借款合同等合同履行地作出例外规定。审判实践中应当注意,《2015 年解释》不再区分合同是否实际履行,而是按照合同书面约定的关于履行地约定的效力,如果合同已经实际履行,不管实际履行是否改变履行方式、地点,均以约定为准,但不得违反级别管辖和专属管辖;合同对履行地没有约定或者约定不明的,有法定的从法定;没有约定或者约定不明,法律也无规定的,依照《合同法》第 61 条第(3)项规定来处理。对于合同没有实际履行的,要注意审查双方当事人是否都不在约定的履行地。如果都不在,则不受约定履行地的限制,该纠纷只能由被告所在地法院管辖。

052

合同履行地是指合同基本义务履行地

关键词｜合同履行地｜返还财产｜管辖｜

【最高人民法院裁判文书】

华北石油管理局第一机械厂诉中国和平公司不履行合同义务返还财产纠纷管辖权异议案

裁判要旨:合同履行地指合同基本义务履行地,而不是指在合同不能履行或不能完全履行情况下,合同义务主体依合同占有合同权利主体的财产向合同权利主体返还该财产的履行地或违约责任义务履行地。

最高人民法院认为:

按照双方当事人之间所订协议的约定,上诉人对被上诉人应履行的主要义务是调剂外汇和提供外汇账号,故其履行地应确定为北京市。原审裁定对合同履行地的确定适用法律不当,上诉人提出的管辖权异议成立,本院予以支持。

——最高人民法院中国应用法学研究所编:《人民法院案例选》(1992 ~ 1999 年合订本 · 民事卷),中国法制出版社 2002 年版。

053

合同未实际履行时合同履行地确定

关键词｜未实际履行｜合同履行地｜

【最高人民法院司法解释】

第十八条 合同没有实际履行，当事人双方住所地都不在合同约定的履行地的，应由被告住所地人民法院管辖。

——《最高人民法院关于适用〈中华人民共和国民事诉讼法〉的解释》(2015 年 1 月 30 日，法释〔2015〕5 号)

【最高人民法院答复】

湖南省高级人民法院：

根据长沙市国营东方红农场饲料公司(以下简称饲料公司)与涞源县粮食总公司北石佛公司(以下简称粮食公司)签订的《农副产品购销合同》第五条约定，本案合同的履行地点为“长沙北站”，但粮食公司未能依据合同的约定向饲料公司交付货物。鉴于粮食公司与饲料公司的住所地均不在合同约定的履行地(原长沙市北区)，涞源县人民法院立案在先，饲料公司又为涞源县人民法院受理案件的被告，根据《中华人民共和国民事诉讼法》第二十四条、本院《关于适用〈中华人民共和国民事诉讼法〉若干问题的意见》第十八条规定，本院指定本案由饲料公司住所地长沙市岳麓区人民法院管辖。

——《最高人民法院关于长沙市国营东方红农场饲料公司与涞源县粮食总公司北石佛公司购销合同纠纷案件的指定管辖的通知》(1997 年 10 月 26 日，法函〔1997〕133 号)

天津市高级人民法院：

你院〔1993〕津高法字第 69 号《关于合同纠纷提起的诉讼当事人仅履行了定金约定，没履行合同约定的其他义务，应如何确定管辖的请示》收悉。经研究，答复如下：

在合同当事人仅履行了合同中定金条款的约定，而未履行合同的其他条款的情况下，不能依据《最高人民法院关于适用〈中华人民共和国民事诉讼法〉若干问题的意见》(下称《意见》)第 18 条、第 19 条的规定认定为“实际履行”。《意见》中的“实际履行”，对于购销合同，是指合同当事人实际履行了交货义务。因此，合同当事人因仅给付了定金而产生合同纠纷，应按照《意见》第 18 条的规定确定管辖的人民法院。

——《最高人民法院关于合同当事人仅给付了定金应当如何确定管辖问题的复函》(1994 年 7 月 15 日,法经〔1994〕171 号)

【链接：最高人民法院法官著述】

有观点认为,案件没有审理,无法按照实体法的要求来确定合同履行地。本解释保留了《92 年意见》第 18 条,合同没有实际履行,当事人双方住所地都不在合同约定的履行地的,由被告住所地人民法院管辖。我们认为,在对管辖争议处理时,主要根据当事人的主张对合同是否履行作形式审查。如果合同没有履行,合同对履行地有约定的,依照约定确定管辖,但是,当事人双方住所地均不在合同约定的履行地的,由被告住所地人民法院管辖;合同没有约定履行地也没有实际履行的,也应由被告住所地人民法院管辖,但不能违反专属管辖和级别管辖的规定。

——沈德咏主编、最高人民法院修改后民事诉讼法贯彻实施工作领导小组编著:《最高人民法院民事诉讼法司法解释理解与适用》,人民法院出版社 2015 年版,第 155 ~ 156 页。

编者说明

实际履行,是指合同当事人按照合同约定的标的履行,即合同的一方将合同的标的物全部或者部分交付给对方。实际履行表现在以下几方面:一是交付标的物。定金或者货款不是标的物,因此,不能以交付定金或者货款认定为合同的实际履行。二是全部交付标的物是实际履行合同,部分交付标的物的,亦应认定为实际履行合同。双方当事人在合同中明确约定了交货地点,但未实际履行的情况下,应适用《最高人民法院关于适用〈中华人民共和国民事诉讼法〉的解释》第 18 条第 3 款。仅履行了定金约定,未履行其他义务的,应视为未实际履行合同。

054

买卖合同因产品质量产生争议根据合同履行地确定管辖

关键词 | 产品质量纠纷 | 合同违约 | 合同履行地 |

【最高人民法院裁判文书】

山东安丘澳宝化工有限公司与绿谷集团有限公司买卖合同纠纷管辖权异议申诉案[最高人民法院(2002)民二监字第111号民事裁定书]

裁判要旨:涉及产品质量问题属合同违约责任,不属产品质量侵权责任,应根据购销合同履行地规定确定管辖权。

——姜兴长主编、最高人民法院立案庭编:《立案工作指导与参考》(总第3卷),人民法院出版社2003年版,第174页。

【链接:最高人民法院法官著述】

《联销协议》履行地的确认以及产品质量和产品质量侵权责任的区别与认定是本案的核心问题。原审法院驳回澳宝公司管辖权异议的两个理由,缺少依据。

关于《联销协议》的履行地问题,原审法院认为,双方当事人虽然在合同中未明确约定合同履行地,但实际约定的交货地是吉林市。从本案仅有的《联销协议》、书信往来和发票等书证来看,并没有实际约定交货地在吉林市的意思表示。相反,澳宝公司给绿谷田公司出具的发票上记载着运费支付人是绿谷田公司,铁路货票上记载着发站地是山东省的“坊子站”,收货人及到站分别是黑龙江省嫩江和辽宁省的磐石等地。证据显示,双方当事人对《联销协议》的履行地点、交货地点未作约定或约定不明。最高人民法院1996年9月12日法发〔1996〕28号文中,对此种情况的规定是:当事人在合同中对履行地点、交货地点未作约定或约定不明确的,或者虽有约定但未实际交付货物,且当事人双方住所地均不在合同约定的履行地,以及口头购销合同纠纷案件,均不依履行地确定案件管辖。因此,原审法院认定吉林市是该合同的实际履行地依据不足。

本案是买卖纠纷,整个诉讼是围绕买卖双方货、款交付及标的物交付等是否符合合同约定进行的。原审法院将该诉讼认定为产品质量侵权,裁定侵权结果发生地在原告所在地,原告所在地有管辖权不当。《民法通则》第122条规定:“因产品质量不合格造成他人财产、人身损害的,产品制造者、销售者应当依法承担民事责任。”但产品质量侵权责任并不是产品自身的质量问题和自身损坏造成财产的损失,而是产品缺陷等质量因素造成使用者的人身、财产的损害。产品质量侵权责任与产品质量违约责任的界限在于：产品因缺陷而造成使用者的人身或财产伤害的，是产品侵权责任；产品自身质量问题和产品自身损坏造成财产损失的，是产品违约责任。法律对产品质量与产品质量侵权的区别作出了严格的界定，不是任何质量问题都构成质量侵权。本案原告绿谷田公司在起诉时，未对产品质量提起侵权诉讼，原审法院以侵权结果发生地在吉林市为由行使管辖权确有错误。

鉴于本案双方当事人在买卖合同中对合同履行地点、交货地点约定不明，绿谷田公司的诉讼请求又不具备产品质量侵权之诉，最高人民法院依据2007年《民事诉讼法》第24条及法发〔1996〕28号文，撤销原审法院管辖异议裁定，将案件移送被告所在地的人民法院审理是正确的。

——江必新主编、最高人民法院审判监督庭编著：《最高人民法院关于适用民事诉讼法审判监督程序司法解释理解与适用》，人民法院出版社2008年版，第174～175页。

055

代销合同纠纷案件管辖权

关键词 | 代销合同 | 合同履行地 | 实际履行地 | 管辖权 |

【最高人民法院答复】

广西壮族自治区高级人民法院：

你院法经字〔1990〕第18号《关于购销（代销）收录机合同货款纠纷管辖异议一案的请示》收悉。经研究，答复如下：

一、合同履行地应为当事人履行合同义务的地点。代销合同是以代销方按照委托方的委托，以自己的营业场所、服务设施来代销委托方的商品为履约内容的。展销合同则是以受托方为委托方提供展销场地、展销服务，由委托方自行销售或由受托方代销展品为履约内容的。因此，应以代销方所在地和受托方所在地为代销合同和展销合同的履行地。本案的双方当事人签订的第一份合同是代销合同，第三份合同是展销合同。依该两份合同规定，代销方和受托方均为武汉市7大国营百货商场股份有限公司，该公司所在地武汉市应为该两份合同的履行地。

二、本案的双方当事人相继签订了3份合同。第一份代销合同在桂林市签订,履行地为武汉市;第二份购销合同在桂林市签订,合同履行地为桂林市;第三份展销合同的签订地和履行地均为武汉市。根据民事诉讼法(试行)第二十三条的规定,桂林市中级法院对于因一、二两份合同纠纷提起的诉讼有权管辖,武汉市中级法院则对因一、三两份合同纠纷提起的诉讼有权管辖。

三、鉴于双方当事人间的主要争议发生在第三份合同,而桂林市中级法院对该份合同纠纷案件并没有管辖权;3份合同纠纷案件的被告均为武汉市7大国营百货商场股份有限公司,且纠纷相互之间还有一定联系,为便利诉讼,以由桂林市中级法院将案件移送武汉市中级法院合并审理为宜。

——《最高人民法院关于购销(代销)收录机纠纷管辖异议问题的复函》[1990年8月4日,法(经)函〔1990〕55号]

056

口头买卖合同纠纷案件管辖权

关键词 | 口头买卖合同 | 合同履行地 | 管辖权 |

【最高人民法院答复】

河南省高级人民法院:

你院〔1995〕豫法经报字第10号请示报告收悉。经研究,答复如下:

民事诉讼法第二十四条规定:“因合同纠纷提起的诉讼,由被告住所地或者合同履行地人民法院管辖。”口头购销合同纠纷案件管辖权的确认,亦应当依据该规定处理。但鉴于本案当事人双方对口头约定的交货地点有争议,人民法院确认合同履行地缺乏事实根据的特殊情况,本案应由被告住所地山西省侯马市中级人民法院管辖。

——《最高人民法院关于口头购销合同纠纷案件管辖权如何确定问题的复函》(1995年9月21日,法函〔1995〕124号)①

① 该复函已被《最高人民法院关于废止1980年1月1日至1997年6月30日期间发布的部分司法解释和司法解释性质文件(第九批)的规定》(2013年1月14日,法释〔2013〕2号)废止。废止理由:已被《民事诉讼法》替代。鉴于该复函的规定与《民事诉讼法》的规定并不冲突,仍予作资料收录。——编者注

【链接：最高人民法院法官著述】

对于口头买卖合同,其纠纷应当按照一般合同纠纷的原则确定管辖,即由被告所在地或者合同履行地法院管辖。对于以口头形式订立的买卖合同,其履行地的确定与书面合同是一样的,并不因为其是口头合同而有区别。只不过当事人要证明合同中约定的履行地或者说证明合同的成立、合同的内容等是比较困难的。《最高人民法院关于口头购销合同纠纷案件管辖权如何确定问题的复函》指出,口头购销合同纠纷案件管辖权的确认,亦应当依据《民事诉讼法》的规定处理。但如果法院无法确定合同履行地,则应当由被告住所地法院管辖。我们以为,以口头合同证明的困难来否认其依履行地确定管辖虽然有一定的道理,但有些口头合同的证明以及履行地的证明是很容易的,对于这类合同完全可以依履行地原则确定管辖。例如消费者通过打电话,厂家送货上门然后收取货款,并当场给消费者出具购货凭证。对于这类口头买卖合同,适用履行地原则确定案件的管辖是不存在任何问题的。

对于口头买卖合同,当事人也可以协议管辖。这种情况一般指在发生纠纷后,当事人以书面的形式就纠纷的管辖法院达成协议,只要不违背《民事诉讼法》的规定,这一协议也是有效的,并不因其是口头买卖合同而否认管辖协议的效力。

——姜启波、孙邦清:《诉讼管辖》,人民法院出版社 2008 年版,第 123 页。

057

连环购销合同纠纷管辖法院

关键词 | 连环购销合同 | 合同履行地 | 管辖权 |

【最高人民法院答复】

河北省高级人民法院、吉林省高级人民法院:

你们分别报来的秦皇岛市经济技术开发区人民法院受理的秦皇岛市利滕实

业有限公司(简称利滕公司)诉长春市星宇饲料有限责任公司(简称星宇公司)、第三人长春大成生化工程发展有限公司(简称大成公司)购销合同纠纷案和长春市宽城区人民法院受理的大成公司诉星宇公司合同纠纷两案的管辖权争议请示收悉,经研究认为:

秦皇岛市经济技术开发区法院受理的利滕公司诉星宇公司、第三人大成公司购销合同纠纷案与长春市宽城区法院受理的大成公司诉星宇公司合同纠纷案,不存在管辖争议。但秦皇岛市经济技术开发区人民法院受理并作出判决的利滕公司诉星宇公司、第三人大成公司合同纠纷案,将该合同的供方星宇公司的违约责任判归该购销合同的上家大成公司承担不当。为依法保护各方合法权益,妥善处理该案,请河北省高级人民法院指定秦皇岛市中级人民法院作为一审法院予以审理。

——《最高人民法院关于秦皇岛市利滕实业有限公司与长春市星宇饲料有限责任公司、长春市大成生化工程开发有限公司购销合同纠纷案件的指定管辖的复函》(2001 年 12 月 29 日,〔2001〕民立他字第 28 号)

【链接:最高人民法院法官著述】

按照最高人民法院 1995 年 5 月 11 日法函〔1995〕56 号关于连环合同指定管辖的函件意见,利滕公司与星宇公司、星宇公司与大成公司之间的合同关系应属连环购销合同关系。利滕公司与星宇公司签订买卖合同,并按照星宇公司的要求,将货款直接汇到大成公司;在星宇公司与大成公司签订的买卖合同中,收货人为利滕公司,两个合同中货物的品种、数量、价格相同,分别由有管辖权的法院受理符合当事人的诉讼请求。河北(利滕公司与星宇公司购销合同约定的履行地)、吉林(大成公司与星宇公司购销合同中被告星宇公司住所地)两地均有权分别受理利滕公司诉星宇公司案、大成公司诉星宇公司案(星宇公司没有提出反诉)。

但是,上述两个合同约定的购销主体、保证责任及违约责任均不相同,具体案件还应当具体分析,如果照搬最高人民法院 1995 年 5 月 11 日法函〔1995〕56 号关于连环合同指定管辖的函件意见处理此案,星宇公司既不是实际的供货方,也不是实际的收货方,更不是实际的付款方,不准许开发区法院将大成公司列为第三人一并审理,势必会损害利滕公司的实际利益。况且,利滕公司付给大成公司的 300 余万元货款,大成公司没有提供等价的货物,星宇公司对此亦未提出反诉，利滕公司支付的货款从上述的两个诉中难以得到偿还，故将大成公司列为第三人，仅判决其承担相应的退款责任，即由大成公司承担返还义务，符合民法通则中有关公平原则的规定。

——高榉：《秦皇岛市利滕实业有限公司与长春市星宇饲料有限责任公司、长春市大成生化工程开发有限公司购销合同纠纷管辖权异议案》，载祝铭山主编：《管辖权争议纠纷》，中国法制出版社 2003 年版，第 216 ~ 217 页。

058

合同名称与内容不一致，以合同内容确定管辖权的情形

关键词 | 合同纠纷 | 合同名称 | 合同内容 | 合同履行地 | 管辖权 |

【最高人民法院答复】

江苏省高级人民法院、湖北省高级人民法院：

本案所涉合同名称虽为工矿产品购销合同，但合同中约定了工艺"六色印刷干式复合半成品，按需方提供光盘制版、生产"等内容，即彩印公司所供"经济包"系列的各种卷膜是按照合同约定的材料结构、规格、工艺，以自己拥有的技术、设备和劳动进行印制并交付的，且卷膜印有食品厂的商标、厂址，为食品厂特殊要求的特定物，不能向其他厂家销售。因此，根据合同约定的权利义务内容，本案应定为印制合同，故应确定加工行为地（江苏省无锡市北塘区）为合同履行地。荆州市沙市区法院虽立案在先，但被告住所地和合同履行地均在无锡市，该院对本案没有管辖权。根据《中华人民共和国民事诉讼法》第二十四条、第三十七条第二款之规定，本院指定本案由无锡市北塘区人民法院管辖。荆州市沙市区人民法院、荆州市中级人民法院关于对本案有管辖权的民事裁定应依法予以撤销，并将全案诉讼材料移送至无锡市北塘区人民法院审理。无锡市北塘区人民法院应依法公平、公正处理。

——《最高人民法院关于无锡国泰彩印有限公司与荆州市新力食品厂、荆州市新力实业有限公司印制合同纠纷一案指定管辖的通知》（2001 年 5 月 31 日，〔2001〕民立他字第 4 号）

江苏省高级人民法院：

一、当事人签订的经济合同虽具有明确、规范的名称，但合同约定的权利义务内容与名称不一致的，应当以该合同约定的权利义务内容确定合同的性质，从而确定合同的履行地和法院的管辖权。

——《最高人民法院关于经济合同的名称与内容不一致时如何确定管辖权问题的批复》(1996年11月13日，法复〔1996〕16号)

山东省高级人民法院、河北省高级人民法院：

河北省邢台市桥西区人民法院受理的邢台市政建设集团有限公司诉泰安岳首工程机械集团有限公司买卖合同纠纷一案，与山东省泰安市岱岳区人民法院受理的泰安岳首机械集团有限公司诉邢台市政建设集团有限公司加工承揽合同纠纷一案，属于基于同一法律关系而发生的纠纷，依法应当由同一法院合并审理。本案双方当事人签订的《工业品买卖合同》，从合同的内容分析，该合同符合定作合同的特征，应认定为定作合同。

——《最高人民法院关于河北省邢台市政建设集团有限公司与山东省泰安市岳首机械集团有限公司定作合同纠纷管辖争议案的指定管辖通知》

【链接：最高人民法院法官著述】

市政公司与岳首公司签订的《工业品买卖合同》约定由出卖人岳首公司向买卖人市政公司出售HZS25.35型混凝土搅拌站设备，合同中约定了产品名称、规格型号、付款方式等内容。合同第二条质量标准中约定：符合行业质量标准，合同附《技术条件》与本合同正本具有同样法律效力。市政公司作为甲方与乙方江都市建材机械厂(简称江都建机)、岳首公司签订了《制管项目技术协议》，协议约定：邢台市政工程总公司制管项目，由江都建机与泰安岳首集团两家合作设计，并提供相应配套设备。岳首公司所配25、35搅拌站电器控制系统能实现两台机组单独控制，元件应选用国际知名厂家电器元件，配料精度应满足江都建机工艺要求。岳首公司根据双方协议的约定，为市政公司制作了合同项下的特定产品，此产品非通用产品。根据最高人民法院法复〔1996〕16号《关于经济合同的名称与内容不一致时如何确定管辖权问题的批复》，本案合同应属于承揽合同中的定作合同，案由应当为定作合同纠纷。

——张绳祖：《名称与内容不一致的合同定性与地域管辖的确定》，载苏泽林主编、最高人民法院立案庭编：《立案工作指导》(总第15辑)，人民法院出版社2008年版，第102～103页。

在司法实践中由于当事人法律知识的欠缺等原因，经常出现名义属于买卖合同，但合同的实质内容却并非属于买卖合同，或者虽然合同是以其他名称出现的，但合同规定的权利义务却是买卖合同。对于这样的合同纠纷应当如何确定管辖则不无争议。最高人民法院对于这一问题曾经作出过规定，1996年《关于经济合同的名称与内容不一致时如何确定管辖权问题的批复》规定：当事人签订的经济合同虽具有明确、规范的名称，但合同约定的权利义务内容与名称不一致的，应当以该合同约定的权利义务内容确定合同的性质，从而确定合同的履行地和法院的管辖权。合同的名称与合同约定的权利义务内容不一致，而且根据该合同约定的权利义务内容难以区分合同性质的，以及合同的名称与该合同约定的部分权利义务内容相符的，则以合同的名称确定合同的履行地和法院的管辖权。

这就可能出现一个问题，即如果按照合同规定的实体权利义务来确定合同的名称，那么法院在确定管辖这一程序问题时，不可避免地要对案件进行实体审理。因此，我们认为，一般情况下应当以合同的名称来确定管辖法院，如果从合同内容中能够明确发现合同名称与合同规定权利义务内容大相径庭的，那么就应当以实际的合同内容来确定合同的管辖。这种确定主要是根据合同规定的权利义务来确定合同的履行地，从而确定合同纠纷的管辖法院。只要履行地确定，管辖法院也就迎刃而解。

——姜启波、孙邦清：《诉讼管辖》，人民法院出版社2008年版，第123～124页。

本案虽然订立的是工矿产品购销合同，合同中注明了供方和需方，但是彩印公司向食品厂所供“经济包”系列的各种卷膜完全是按照合同中约定的工艺，即“按需方提供的光盘制版、生产的”，且该卷膜印有厂址和商标，应为食品厂专用的特定物，亦不能向市场上大量供应和销售。本案合同约定的权利义务内容具有承揽合同中的印刷合同的特征，因此，本案合同性质应定为印制合同。根据《中华人民共和国民事诉讼法》第二十四条“因合同纠纷提起的诉讼，由被告住所地或者合同履行地人民法院管辖”及最高人民法院《民事诉讼法适用意见》第20条“加工承揽合同，以加工行为地为合同履行地，但合同中对履行地有约定的除外”之规定，本案中被告住所地和合同履行地法院均具有管辖权。本案当事人在合同中虽约定交提货地(荆州市新力食品厂仓库)、方式为汽运,但因本案非购销合同,因而该约定不能视为合同履行地。加工行为地在无锡市,无锡市应为合同履行地。本案被告住所地及合同履行地均在无锡,无锡市有关法院对本案享有管辖权。

本案是因仲裁裁决被人民法院裁定不予执行后诉至法院而引起的管辖权争议案件,确定案件性质是确定管辖权的关键。当合同的名称与合同约定的内容不一致时,应以该合同约定的权利义务确定合同的性质。

——肖宝英:《无锡国泰彩印有限公司与荆州市新力食品厂、荆州市新力实业有限公司印制合同价款纠纷管辖权异议案》,载祝铭山主编:《管辖权争议纠纷》,中国法制出版社2003年版,第201~202页。

059

合同名称与内容不一致,以合同名称确定管辖的情形

关键词 | 合同纠纷 | 合同名称 | 合同内容 | 合同履行地 | 管辖权 |

【最高人民法院答复】

陕西省高级人民法院并江苏省高级人民法院:

陕西省高级人民法院〔2000〕陕高法函字第26号协调意见函及〔2000〕陕告申字第06号审查报告和江苏省高级人民法院〔2000〕苏经字第1号协调报告均已收悉。经研究认为:

一、关于渭南市中级法院判决的陕西龙门钢厂(下称龙门钢厂)诉金坛市宇光实业有限公司(下称宇光公司)补偿贸易合同纠纷案,双方签订的《经济协作合同》中约定的权利义务内容既有借款合同的特征,又有购销合同的特征,两类合同权利义务内容交叉,难以确定案件性质。根据《最高人民法院关于经济合同的名称与内容不一致时如何确定管辖权问题的批复》(法复〔1996〕16号)第二条的规定,本案应以双方所订合同的名称确定案件性质。鉴于对该经济协作合同的履行地法无明文规定,且当事人也未书面约定,依法应由被告住所地江苏省金坛市人民法院管辖。渭南市中级法院以补偿贸易合同纠纷为由管辖本案于法无据。请陕西省高级人民法院依照审判监督程序撤销原审判决和裁定,将本案移送金坛市人民法院。

二、就金坛市合作基金联合会诉宇光公司经济协作合同纠纷案，同意你们两省法院达成共识的意见，即追加龙门钢厂和上海五钢(集团)有限公司为案件第三人不当。请江苏省高级人民法院通知常州市中院在二审中予以纠正。

——《最高人民法院关于陕西龙门钢铁总厂与江苏金坛市宇光实业有限公司经济协作合同纠纷一案指定管辖的通知》(2000 年 9 月 29 日，〔1998〕经监字第 356 号)

四川省高级人民法院：

深圳市罗湖大酒店有限公司(以下简称深圳公司)因不服你院(1998)川立管终字第 85 号民事裁定，于 1998 年 11 月 5 日向本院反映称：本纠纷的起因及争议的焦点是基于 1993 年 5 月 29 日其与四川省峨眉山盐化工业(集团)股份有限公司(以下简称四川公司)签订的《合作开发湛江分区大埠农场合同》，双方之间形成的是一种协作型联营关系，且四川公司已实际参与了该开发工程方案的制定和修改，本案系联营合同纠纷，应由被告所在地的深圳市中级人民法院管辖。

经审查有关材料和该公司反映的情况，本院认为，四川公司与深圳公司之间发生纠纷的事实，以及四川公司向乐山市中级人民法院起诉所依据的主要证据，均系双方于 1993 年 5 月 29 日签订的《合作开发湛江分区大埠农场合同》。双方在该合同中约定的权利义务是共同投资开发位于湛江赤坎区广湛路至沙湾海堤内大埠农场的 150 亩荒地，且已实际履行。该合同中借款合同的特征不明显，如通过审理，确认双方的行为是名为联营实为借贷，此属对案件的实体处理。但不应以案件实体处理的结果来确定其案由，以至确定案件的管辖。根据法复〔1996〕16 号《最高人民法院关于经济合同的名称与内容不一致时如何确定管辖权的批复》第二条“合同的名称与合同约定的权利义务内容不一致，而且根据该合同约定的权利义务内容难以区分合同性质的，以及合同的名称与该合同约定的部分权利义务内容相符合的，则以合同的名称确定合同的履行地和法院的管辖权”的规定，本案应以合同的名称确定案由和管辖权。依照《最高人民法院关于审理联营合同纠纷案件若干问题的解答》第二条第一款、第三条的规定，本案应由深圳公司所在地的深圳市中级人民法院管辖。请你院接此函后，立即依法撤销(1998)川立管终字第 85 号民事裁定及乐山市中级人民法院(1998)乐经初字第 27 号民事裁定，将本案移送至广东省深圳市中级人民法院审理。

——《最高人民法院法经〔1999〕20 号函》(1999 年 1 月 21 日)

江苏省高级人民法院：

二、合同的名称与合同约定的权利义务内容不一致，而且根据该合同约定的权利义务内容难以区分合同性质的，以及合同的名称与该合同约定的部分权利义务内容相符的，则以合同的名称确定合同的履行地和法院的管辖权。

——《最高人民法院关于经济合同的名称与内容不一致时如何确定管辖权问题的批复》（1996 年 11 月 13 日，法复〔1996〕16 号）

【链接：最高人民法院法官著述】

涉案合同的定性与管辖权问题系两地法院争议的焦点：

（一）合同定性问题

确定一个案件的案由应当根据双方当事人之间权利义务关系的内容把握。本案龙门钢厂与宇光公司签订的《经济协作合同》约定：宇光公司投资人民币 500 万元；投资款计息还本金，年利率 18%，每月 25 日结息一次，并冲抵宇光公司应付货款；投资款期限为一年，在此期间龙门钢厂供应宇光公司生铁 25000 吨，即每月一趟专列；产品价格以市场价为依据，并在此基础上优惠 2%；货款结算，每吨生铁冲减投资款 200 元，货到后 10 日结清。上述合同显示了两方面的内容：其一，宇光公司向龙门钢厂投资 500 万元，龙门钢厂对投资款计息还本金，年利率 18%，每月结息一次，该约定体现了借款合同的特点；其二，龙门钢厂向宇光公司供应生铁，宇光公司以生铁冲抵本金，该约定体现了双方存在买卖关系的特点。据此，双方当事人签订的《经济协作合同》既具有借款合同的性质又具有购销合同的性质，是两种合同的结合合同（国外有称这类合同为结合合同）。鉴于我国目前施行的《合同法》及以前的有关法律、司法解释对此种合同的命名与定性没有加以规定，故只能将这类合同归为无名合同或其他合同的范畴，但仍可以“经济协作合同”的称谓确定为案由。

（二）本案定性不适宜确定为补偿贸易合同

补偿贸易是指贸易中的一方向另一方提供设备、技术（也可辅以必要的材料），另一方在一定期限内以用该设备、技术所生产的产品或所得收益，或者用其他商品进行偿还的一种贸易方式。它原本是国际贸易的一种方式。本案合同中“计息还本金”的约定不符合补偿贸易合同的法律特征。

（三）管辖权的确定

第一，《民事诉讼法》第二十四条规定：“因合同纠纷提起的诉讼，由被告住所地或者合同履行地人民法院管辖。”就本案事实而言，双方当事人签订的《经济协作合同》具有两种法律列为合同的特征，对此难以确定合同的履行地，可以据此排除适用依合同履行地确定管辖的原则，应以被告住所地来确定本案的地域管辖权。该案被告住所地在江苏省金坛市，故陕西省渭南市中级人民法院对龙门钢厂诉宇光公司一案无管辖权，应当移送金坛市人民法院审理。

第二，两地法院受理的案件不构成管辖权争议。尽管两地法院分别受理的案件的当事人有交叉，但是，基于两个案件的性质和案由不同，各自所产生的权利义务的内容亦不同，换言之，所产生的法律关系不同一。江苏省金坛市人民法院受理的案件应确定为借款合同纠纷，陕西省渭南市中级人民法院受理的案件应确定为经济协作合同纠纷，因此，两地法院受理的案件不构成管辖权争议。

陕西省渭南市中级人民法院审理的龙门钢厂诉宇光公司一案所涉合同的内容兼有《合同法》规定的列名合同中两种合同的特征。对此，难以确定合同的履行地。在当事人没有书面约定的情况下，应以被告住所地确定案件管辖权。

——刘京香：《陕西龙门钢铁总厂与江苏金坛市宇光实业有限公司经济协作合同纠纷管辖权异议案》，载祝铭山主编：《管辖权争议纠纷》，中国法制出版社 2003 年版，第 188～189 页。

处理此类案件的一个重要的问题是对《最高人民法院关于审理联营合同纠纷案件若干问题的解答》中关于“企业法人、事业法人作为联营一方向联营体投资，但不参加共同经营，也不承担联营的风险责任，不论盈亏均按期收回本息，或者按期收回固定利润的，是明为联营，实为借贷，违反了有关金融法规，应当确认合同无效”的规定如何理解。该规定是对联营合同纠纷进行实体审理，处理有关实体问题的规定。根据上述规定，对企业法人、事业法人作为联营一方向联营体投资，但不参加共同经营，也不承担风险责任，不论盈亏均按期收回本息，或按期收取固定利息的，其实质是借贷，是以联营为表象的借贷，因其违反了有关金融法规的规定，人民法院在审理这类纠纷案件时，应认定该联营合同无效。因此，《解答》中的规定，只是对联营合同纠纷案件进行实体审理的一种处理方法。而不能因联营合同中有借贷的内容，抛开联营合同，以借贷纠纷来确定其案由，不能以对案件进行实体审理后的结果来确定案件的案由。如果以实体反推案由与管辖，就意味着案件在管辖阶段就已实体处理完毕，当事人还未进入实体审理就已经输了官司。

综上所述，本案所涉合同是一份协作型联营合同，应以联营合同纠纷确定本案的管辖,依照《最高人民法院关于审理联营合同纠纷案件若干问题的解答》关于"协作型联营合同纠纷案件,由被告所在地人民法院管辖"的规定,本案应由深圳公司所在地的深圳市中级人民法院管辖。

——周建民:《关于深圳罗湖大酒店有限公司与四川省峨眉山盐化工业(集团)股份有限公司联营合同纠纷一案管辖权问题的分析》,载李国光主编、最高人民法院经济审判庭编:《经济审判指导与参考》(总第1卷),法律出版社1999年版,第187~188页。

060

买卖合同与加工承揽合同在管辖权争议案件中的认定

关键词 | 加工承揽合同 | 买卖合同 | 管辖权争议 |

【最高人民法院答复】

山东省高级人民法院、山西省高级人民法院:

山东省泰安市中级人民法院和山西省晋中市中级人民法院受理的山东泰山建能机械有限公司与山西和顺县凤台联营煤矿纠纷一案,属于基于同一法律关系、同一法律事实而产生的纠纷,依法应当合并审理。

本案双方当事人签订的是《工业品买卖合同》,合同的标的物有五种产品,分别是:支架(120架),价款10350000元;采煤机(1台),价款1600000元;前后刮板机(各1台),价款3190000元;转载机(1台),价款490000元;皮带机(1台),价款960000元。其中,支架(ZF2400/16/24ZH单摆杆放顶煤液压支架)生产技术是山东泰山建能机械有限公司引进北京天地科技股份有限公司技术并与其公司人员共同到凤台煤矿现场勘察煤矿地形条件而设计、生产的,应属于特定产品,性质为加工承揽合同中的定作,而其他四种标的物属于通用产品。从整个合同的总价款看,支架的价款占合同总价款的百分之六十以上,该合同的性质应以主要标的物的性质来定。依照《最高人民法院关于经济合同的名称与内容不一致时如何确定管辖权问题的批复》的规定,该合同应定为承揽合同中的定作合同。因此,本案的案由应为定作合同纠纷。

依据《中华人民共和国民事诉讼法》第二十四条和《最高人民法院关于适用

〈中华人民共和国民事诉讼法〉若干问题的意见》第20条的规定，合同履行地应为合同主要标的物加工行为地。本案合同的主要履行地在山东泰山建能机械有限公司住所地的泰安市，故山东省泰安市中级人民法院作为合同履行地法院对本案享有管辖权。

依据《中华人民共和国民事诉讼法》第三十七条第二款的规定，本院指定本案由山东省泰安市中级人民法院管辖。山西省高级人民法院应依法将晋中市中级人民法院受理的和顺县凤台联营煤矿诉山东泰山建能机械有限公司买卖合同纠纷一案移送山东省泰安市中级人民法院合并审理。

——《最高人民法院关于山东泰山建能机械有限公司与山西和顺县凤台联营煤矿定作合同纠纷管辖争议案指定管辖的通知》

【链接：最高人民法院法官著述】

司法实践中，有关合同的性质问题往往与案件的管辖问题相联系，特别是在买卖合同与加工承揽合同的区别上。一般来讲，如果承揽人按照定作人的要求完成其产品，产品具有“量身定作”的特征，即使定作人采用了承揽人提供的技术方案，也宜认定为承揽合同。因为该产品系为了满足定作人的特殊需要而制作，如果定作人退货等，可能导致该产品无法再供给他人使用，或者即使改装使用也会导致产品的价格以及成本明显上升，于承揽人不利。另外，产品的主要部件或功能具有通用产品的特性，定作人对于局部或者次要功能提出了特殊要求的，宜认定为买卖合同。对于承揽人组装产品，虽然按照定作人的要求完成，如果产品拆卸以后并不破坏或者影响部件的再次使用的，也宜认定为买卖合同。本案中，中铁十五局订立合同的目的就是购买符合国家质量标准的产品。该造桥机既可以在温福铁路的施工中使用，也可以在其他高速或普速铁路桥梁的建设中使用；它既可以由中铁十五局使用，也可以由其他单位使用，故该产品系由供应方设计、符合国家质量要求的通用物，应当认定合同性质为买卖合同而非加工承揽合同。

——李延忱：《关于买卖合同与承揽合同在管辖权争议案件中的认定》，载苏泽林主编、最高人民法院立案庭编：《立案工作指导》（总第27辑），人民法院出版社2011年版，第146页。

编者说明

在民事诉讼的管辖权异议或管辖权争议案件中，经常涉及对于合同性质的认定问题，特别是买卖合同与加工承揽合同的性质认定。不同的合同性质往往导致不同的法院管辖。加工承揽合同一般是承揽人按照定作人的要求完成其产品，产品具有"量身定作"的特征，因该产品系为了满足定作人的特殊需要而制作，该产品一般无法再供给他人使用，或者即使改装使用也会导致产品的价格以及成本明显上升，于承揽人不利。除此以外，当事人针对组装的产品、局部修改的通用产品签订的供货合同，一般应认定为买卖合同。

061

确认解除合同效力案件的管辖

关键词｜解除合同｜管辖｜

【链接：最高人民法院法官著述】

问题：《合同法》第96条规定，合同一方在一定的法定条件成立时，可以用通知的形式主张解除合同，合同自通知到达对方时解除。对方有异议的，可以请求人民法院或仲裁机构确认解除合同的效力。此时应如何确定人民法院的管辖权？

《人民司法》研究组认为：《民事诉讼法》第24条规定："因合同纠纷提起诉讼，由被告住所地或者合同履行地人民法院管辖。"当事人依据《合同法》第96条第1款的规定，请求人民法院确认解除合同的效力的案件，属于"因合同纠纷提起的诉讼"。因而，被告住所地或者合同履行地的人民法院对此类案件均享有管辖权。

——《人民司法》2002年第3期

062

借款合同纠纷案件的管辖

关键词｜借款合同｜合同履行地｜管辖权｜

【最高人民法院司法解释】

第三条 借贷双方就合同履行地未约定或者约定不明确，事后未达成补充协议，按照合同有关条款或者交易习惯仍不能确定的，以接受货币一方所在地为合同履行地。

——《最高人民法院关于审理民间借贷案件适用法律若干问题的规定》（2015年8月6日，法释〔2015〕18号）

【最高人民法院答复】

山东省高级人民法院：

你院《关于彭志新诉梁广成、王树伟借款纠纷一案管辖问题的请示》收悉。经研究认为，该案系借款合同纠纷，两被告的住所地或经常居住地以及合同履行地均在北京市昌平区，根据《民事诉讼法》地域管辖第二十四条、第二十二条之规定，该案应由北京市昌平区人民法院管辖。

——《最高人民法院关于彭志新诉梁广成、王树伟借款纠纷案管辖问题的复函》（2000年2月14日，〔2000〕民他字第3号）

山东省高级人民法院：

你院鲁高法函〔1993〕44号《关于如何确定借款合同履行地问题的请示》收悉。经研究，现答复如下：

合同履行地是指当事人履行合同约定义务的地点。借款合同是双务合同，标的物为货币。贷款方与借款方均应按照合同约定分别承担贷出款项与偿还贷款及利息的义务，贷款方与借款方所在地都是履行合同约定义务的地点。依照借款合同的约定，贷款方应先将借款划出，从而履行贷款方所应承担的义务。因此，除当事人另有约定外，应确定贷款方所在地为合同履行地。

——《最高人民法院关于如何确定借款合同履行地问题的批复》（1993年11月17日，法复〔1993〕10号）

北京市高级人民法院：

你院经高法字〔1990〕第35号报告收悉。经研究，现对该借款合同纠纷案管辖问题答复如下：

一、该借款合同的签订地在北京，根据民事诉讼法（试行）第二十三条之规定，北京市中级人民法院对该借款合同纠纷案有管辖权。中信贸易公司给付贷款的方式是自带信汇和电汇，借款合同的履行地应在收款方贸易中心所在地连云港市。连云港市中级人民法院对借款合同纠纷案也有管辖权。

二、当事人之间的委托合同与借款合同本身虽属两个不同的民事法律关系，其诉讼标的也不相同，但两者之间有着事实上的联系。委托合同的存在是借款合同产生的原因，借款合同的签订是为了保证委托合同的履行。该两合同产生的纠纷案件，符合合并审理的条件。而且贸易中心起诉在先，起诉状的内容亦涉及两个法律关系。两案合并审理，既便于法院查明事实、分清责任，又可以减少当事人不必要的讼累。

三、现连云港中院已作出合并审理判决，中信贸易公司不服判决上诉至江苏省高级人民法院。北京市中院不应再对借款合同纠纷进行实体审理。中信公司对借款合同纠纷的诉讼请求，应向江苏省高级人民法院提出，由该院在二审中一并审理。

——《最高人民法院关于借款合同纠纷案件管辖问题的复函》（1990 年 4 月 2 日，〔1990〕法经函字第 11 号）

【最高人民法院审判业务意见】

第三，关于合同履行地确定问题。司法解释第三条规定，合同履行地约定不明无法确定的，以“接受货币一方所在地”作为合同履行地。对此实践中有模糊认识，我这里专门强调一下，这里的接受货币一方有两个含义，一是只能是双方当事人中的一方，不包括当事人之外的第三人，二是起诉要求对方向自己给付货币，一般来讲，原告方是接受货币的一方，而不是实践中已经接受支付的一方。举个例子，对于诺成性的借款合同，签订合同后，出借人并没有实际出借该款项，借款人诉至法院要求出借人履行合同义务出借款项的，接受货币的一方就是借款人；反过来，如果借款人收到款项后，到期未还款，出借人起诉借款人要求还款的，该出借人就是接受货币一方。

——程新文：《关于当前民事审判工作中的若干具体问题》（2015 年 12 月 24 日），载杜万华主编、最高人民法院民事审判第一庭编：《民事审判指导与参考》（总第 64 辑），人民法院出版社 2016 年版，第 68 ~69 页。

【链接：最高人民法院法官著述】

这里要注意与之前最高人民法院于1991年颁布的《最高人民法院关于人民法院审理借贷案件的若干意见》相区分。后者第5条则指出，债权人起诉时，债务人下落不明的，由债务人原住所地或其财产所在地法院管辖。这条虽然没有明确债务人是指出借人还是借款人，但从上下文体系解释可知，似应指借款人。显然，根据新法优于旧法的基本原则，在借款人不按约定归还借款及相应利息时，应按本条司法解释规定，出借人作为接受货币一方，可以选择以自己所在地为合同履行地，向其所在地法院提起诉讼。

——杜万华主编、最高人民法院民事审判第一庭编著：《最高人民法院民间借贷司法解释理解与适用》，人民法院出版社2015年版，第86页。

关于彭志新诉梁广成、王树伟借款纠纷一案，最高人民法院认为，《民事诉讼法》第二十四条规定："因合同纠纷提起的诉讼，由被告住所地或者合同履行地人民法院管辖。"第二十二条规定："对公民提起的民事诉讼，由被告住所地人民法院管辖；被告住所地与经常居住地不一致的，由经常居住地人民法院管辖。"本案系借款合同纠纷，两被告之一梁广成的住所地在北京，合同履行地，包括原告及其提供的证人所在地均在北京，另一被告王树伟虽原住所地在山东省宁津县，但其十余年前就离开此地，经常居住地在北京市昌平区，如果说纠纷发生时王树伟不在北京，但也不在山东，故该案也不便于山东法院管辖。所以，该案由北京市昌平区法院管辖于法有据，且方便诉讼，有利于案件事实的查清及执行。

——沈德咏主编、最高人民法院审判监督庭编：《审判监督指导与研究》（总第5卷），法律出版社2002年版，第182页。

063

未实际履行的民间借贷合同的管辖法院

关键词 | 未实际履行 | 民间借贷合同 | 管辖法院 |

【链接：最高人民法院法官著述】

未履行民间借贷合同的管辖法院因民间借贷合同是否生效而有不同。根据《合同法》第210条关于"自然人之间的借款合同,自贷款人提供借款时生效"的规定以及本司法解释相关条文可知,民间借贷合同未实际履行将产生两种后果:一是自然人之间的借款合同,因出借人未按约定提供借款,而未生效;二是非自然人之间的借款合同签订即成立生效,不受合同是否实际履行的影响。对于前者而言,既然自然人之间的借款合同因出借人未按约定提供借款而未生效,那么没有对双方当事人产生约束力,故此时在民事实体法上,合同履行地法律意义不大。就民事诉讼法而言,如果借款人以合同无效为由,主张出借人承担缔约过失责任,此时,因合同未生效不存在合同履行的问题,故可在被告出借人所在地法院提起诉讼。对于后者而言,既然非自然人之间的借款合同签订即生效,不受合同是否实际履行的影响,故实践中可能在民间借贷合同中,出借人未按约定提供借款时,借款人仍可适用本条司法解释,在借款人所在地提起诉讼。

——杜万华主编、最高人民法院民事审判第一庭编著:《最高人民法院民间借贷司法解释理解与适用》,人民法院出版社2015年版,第87页。

064

非以货币形式履行还款义务产生争议由出借人所在地法院管辖

关键词 | 以物抵债 | 借贷合同 | 管辖法院 |

【链接：最高人民法院法官著述】

司法实践中,经常出现借款人因借款到期无法归还出借人的借款及利息而以非货币的实务财产进行清偿的情形。一般将这种以他种给付代替原种给付而使原债务消灭的行为称之为以物抵债。在出借人的借款债权已届清偿期后,借款人经出借人同意,以非货币清偿借款及其利息的情形,原作为接受货币一方的出借人变更为接受实物给付的一方。换言之,一旦双方在该实物履行过程中发生争议,一方诉至法院,则是否仍应由原接受货币一方的出借人所在地法院管辖可能存在争议。我们认为，虽然从形式上看，借款人此时已没有给付货币义务，但这仅是其履行义务方式的变更，并不能改变民间借贷法律关系的性质。而且，这种履行方式的变更一般是由借款人在无力按约定给付货币时提出，对守约方而言，可能是一种不利益。故仍应适用本条司法解释，以原合同约定的接受货币一方所在地为合同履行地，从而将管辖法院确定在守约方出借人所在地。这里需要注意的是，如果借款人替代原货币给付义务的履行物为不动产时，则究竟是在出借人所在地法院管辖还是根据专属管辖规定，由不动产所在地法院管辖，本条未予明示，但从有利于查明案件事实、妥善处理纠纷出发，我们更倾向于由不动产所在地法院专属管辖。

——杜万华主编、最高人民法院民事审判第一庭编著：《最高人民法院民间借贷司法解释理解与适用》，人民法院出版社2015年版，第87～88页。

065

主合同或担保合同分别约定不同管辖法院的处理

关键词｜借款合同｜担保合同｜管辖｜

【最高人民法院司法解释】

第一百二十九条 主合同和担保合同发生纠纷提起诉讼的，应当根据主合同确定案件管辖。担保人承担连带责任的担保合同发生纠纷，债权人向担保人主张权利的，应当由担保人住所地的法院管辖。

主合同和担保合同选择管辖的法院不一致的，应当根据主合同确定案件管辖。

——《最高人民法院关于适用〈中华人民共和国担保法〉若干问题的解释》（2000年12月8日，法释〔2000〕44号）

【最高人民法院裁判文书】

佛山市人民政府与交通银行香港分行、杰高发展有限公司借款合同和担保合同纠纷管辖权异议案［最高人民法院（2005）民四终字第11号民事裁定书］

裁判要旨：在审理对外担保合同纠纷案件中，人民法院根据《中华人民共和国民事诉讼法》的规定仅对担保合同纠纷享有管辖权,而对主合同纠纷不享有管辖权,原告以主债务人和担保人为共同被告向人民法院提起诉讼的,人民法院不能依据对担保合同纠纷的管辖权而对主合同纠纷一并管辖。

最高人民法院认为:

香港交行向原审法院起诉,要求杰高公司偿还贷款本息,同时要求佛山市政府承担还款担保责任,故此纠纷系涉港借款合同及担保合同纠纷,即有两个法律关系。就担保关系而言,因佛山市政府所在地在原审法院辖区内,根据《中华人民共和国民事诉讼法》第二十四条的规定,原审法院对本案担保合同纠纷享有管辖权。

佛山市政府认为,根据《最高人民法院关于适用〈中华人民共和国担保法〉若干问题的解释》第一百二十九条规定的主合同确定案件管辖原则,原审法院对本案两个法律关系均不具有管辖权。因本案为涉港案件,香港特别行政区与内地处于不同法域,各自具有独立的司法管辖权,因此,原审法院认为《最高人民法院关于适用〈中华人民共和国担保法〉若干问题的解释》第一百二十九条关于管辖的规定不能适用本案是正确的。佛山市政府的该项上诉理由不能成立。

香港交行与杰高发展有限公司住所地均在香港特别行政区,他们之间签订的借款合同并不存在《中华人民共和国民事诉讼法》第二百四十三条规定的可以由内地人民法院管辖的情形;双方之间也无选择人民法院管辖的约定;杰高公司经合法传唤并未到庭应诉答辩,本案主合同纠纷也不存在《中华人民共和国民事诉讼法》第二百四十五条规定的可以由内地人民法院管辖的情形,故原审法院对本案主合同纠纷不具有管辖权。佛山市政府关于原审法院对本案主合同纠纷无行使管辖权连接点的主张有理,本院予以支持,原审法院对本案主合同纠纷无管辖权。

"不方便法院原则"适用的前提是受理法院有管辖权,但受理法院因存在不方便的情况而拒绝行使管辖权。对本案主合同纠纷而言,原审法院并无管辖权,不存在适用"不方便法院原则"的情况;对本案担保合同纠纷而言,原审法院享有管辖权,佛山市政府出具《承诺函》的事实发生在原审法院辖区内,原审法院若受理案件在认定事实和适用法律方面并不存在重大困难,故亦不能适用"不方便法院原则"。

——江必新主编、最高人民法院审判监督庭编:《审判监督指导》(总第12辑),人民法院出版社2006年版,第123~124页。

【链接：最高人民法院法官著述】

债权人同时以主合同和担保合同合并提起诉讼，主合同或者担保合同有协议管辖条款的应如何认定，主要包括以下几种情形：(1)仅主合同有协议管辖条款，但选择管辖法院与从合同的法定管辖法院不一致；(2)仅担保合同有协议管辖条款，但选择管辖法院与主合同的法定管辖法院不一致；(3)主合同和担保合同均有协议管辖条款，但选择管辖法院不一致。

主合同中的协议管辖条款可拓展到从合同，已为我国及其他国家和地区的诉讼实践所认可。担保合同是以主合同为基础订立的，具有从属性，且订立目的是为了保障主合同的履行。由于通常主合同先于或者同时与担保合同订立，担保人在签订担保合同前应当知晓主合同中的内容，对纠纷的协议管辖法院应有合理的预期。因此，根据主合同协议管辖条款确定案件管辖法院，一般不会构成对担保人的“管辖突袭”。

有协议管辖条款的担保，其实就是附条件的担保。因此，在主合同没有协议管辖条款而担保合同有协议管辖条款的情况下，如法院强行合并审理担保合同纠纷，改变协议管辖法院，则可能损害担保人的管辖利益，违背其提供担保的真实意愿。此时如由担保合同协议管辖法院合并审理，则有可能构成对债务人的“管辖突袭”，因为担保合同往往后于主合同订立，债务人事先可能不知道担保合同的内容。

主合同和担保合同均有协议管辖条款，但选择管辖法院不一致的情形，则构成所谓协议管辖的冲突。对此，《担保法司法解释》第129条第2款规定：“主合同和担保合同选择管辖的法院不一致的，应当根据主合同确定案件管辖。”这个规定虽然明确，方便执行，但从法理上讲，不合管辖协议的效力不及于第三人的一般原理，损害了担保人的管辖利益，并无公平可言。对此我国台湾地区学者指出：“一般言之，如欠缺拘束第三人之根基，即不及于第三人，如债权人与主债务人间之合意，不得拘束立于保证契约上地位之保证人。”为平衡债权人、主债务人和担保人三方的管辖利益，采取由不同法院分别审理的做法，较为妥当。对债权人而言，其分别与债务人、担保人签订不同的管辖协议，即表明其有接受不同法院分开审理的心理准备，分别审理并不加重其预期的诉讼负担。采取分开审理的办法，还能避免出现债权人在担保合同中乱签管辖协议而不受拘束的情况出现；对担保人而言，对担保合同分开审理，满足了其提供担保的附加条件，保护了其预期的诉讼利益；对债务人而言,无论是合并审理还是分开审理,均不损害其诉讼利益。

——最高人民法院民事诉讼法修改研究小组编著:《〈中华人民共和国民事诉讼法〉修改条文理解与适用》,人民法院出版社2012年版,第58页。

066

主合同发生纠纷以主合同确定管辖

关键词 | 主合同 | 合同履行地 | 管辖 |

【最高人民法院裁判文书】

松原市博翔房地产开发有限公司与东北农业生产资料有限公司等管辖权异议案[最高人民法院(2013)民一终字第96号民事裁定书]

裁判要旨:因主合同及担保合同纠纷一并提起诉讼的,依《担保法司法解释》第129条的规定,应根据主合同确定案件管辖。

——中国裁判文书网,http://www.court.gov.cn/zgcpwsw/zgrmfy/。

【链接:最高人民法院法官著述】

本案是甲方向乙方提供挖掘机,乙方向甲方支付货款的买卖行为,纠纷是因甲方认为乙方尚欠其28万元机械使用费等而引起的,该纠纷应当是主合同的纠纷。《最高人民法院关于适用〈中华人民共和国担保法〉若干问题的解释》第一百二十九条规定,主合同和担保合同发生纠纷提起诉讼的,应当根据主合同确定案件管辖。担保人承担连带责任的担保合同发生纠纷,债权人向担保人主张权利的,应当由担保人住所地的法院管辖。主合同和担保合同选择的管辖法院不一致的,应当根据主合同确定管辖。本案的纠纷是甲方向乙方主张权利,乙方是作为案件第一被告,属于主合同的纠纷,应当以主合同确定管辖。

——周素琴:《解读〈最高人民法院关于武汉市地源工程材料有限公司诉周德咏、安徽省天地工程机械有限责任公司买卖合同纠纷一案指定管辖的通知〉》,载苏泽林主编、最高人民法院立案庭编:《立案工作指导》(总第18辑),人民法院出版社2009年版,第34页。

067

委托贷款合同履行地的确定

关键词 | 委托贷款合同 | 合同履行地 | 管辖 |

【最高人民法院答复】

湖北省高级人民法院：

你院〔1997〕169 号《关于如何确定委托贷款合同履行地问题的请示》收悉。经研究认为，委托贷款合同以贷款方（即受托方）住所地为合同履行地，但合同中对履行地有约定的除外。

——《最高人民法院关于如何确定委托贷款合同履行地问题的答复》（1998 年 7 月 6 日，法明传〔1998〕198 号）

【链接：最高人民法院法官著述】

以受托人履行合同的行为为依据确定委托贷款合同的履行地，体现了最高人民法院一贯主张的"管辖恒定"的原则。所谓"管辖恒定"指的是，在国内民事诉讼案件的地域管辖上，要尽量做到管辖清楚，无争议，避免当事人和人民法院在案件管辖阶段耗费大量的精力和物力。以受托人的履行行为确定委托贷款合同的履行地，由于受托人是金融机构，所以，金融机构住所地就是委托贷款合同的履行地，该履行地是唯一的，这样对委托贷款合同纠纷有管辖权的人民法院因此也就是唯一的。如果反过来以委托人的履行行为为确定履行地的依据，由于委托人可以是法人或经济组织，也可以是自然人，其款项的地点不是唯一的。既可以在委托人的住所地，也可能在委托人的开户银行所在地或其他任何地方，如以此确定委托贷款的履行地，该履行地就不是唯一的，对委托贷款合同纠纷有管辖权的人民法院也就不是唯一的。这将不符合上述"管辖恒定"的原则，较易发生人民法院之间的管辖争议和鼓励当事人提出管辖异议。理论上，以委托人的履行行为确定管辖还是以受托人的履行行为确定管辖，并不存在对和错的问题；换句话说，以委托人的履行行为确定管辖也并非不可以。最高人民法院最终选择以受托人的履行行为确定管辖，这样的最终决策是以审判活动的效率和诉讼程序的社会效果为准据的，这是审判政策选择的结果。

——曹士兵:《关于如何确定委托贷款合同履行地问题的答复》,载李国光主编、最高人民法院经济审判庭编:《经济审判指导与参考》(总第1卷),法律出版社1999年版,第130页。

068

存单纠纷案件的管辖权

关键词 | 存单纠纷 | 管辖权 |

【最高人民法院司法解释】

第四条 存单纠纷案件的管辖

依照《中华人民共和国民事诉讼法》第二十四条的规定,存单纠纷案件由被告住所地人民法院或出具存单、进帐单、对帐单或与当事人签订存款合同的金融机构住所地人民法院管辖。住所地与经常居住地不一致的,由经常居住地人民法院管辖。

——《最高人民法院关于审理存单纠纷案件的若干规定》(1997年12月11日,法释〔1997〕8号)

【最高人民法院答复】

武汉公司下属的大兴业务代理处因其到期的存款单被湖南营业部拒付,遂向武汉市中级人民法院提起诉讼。武汉市中级人民法院以资金拆借纠纷立案,所依据的是一份湖南营业部出具给大兴业务代理处的划款指令和一年期年利率为10.98%的存款单。经审查本院认为,根据现有材料,武汉公司依湖南营业部的划款指令,将1000万元直接汇给了用资人,湖南营业部遂为其开具了存款单,双方当事人之间并未签订借款合同。据此应认定为是以存单为表现形式的借贷纠纷案件。本案依据武汉公司持有的存款单确定管辖。根据本院法释〔1997〕8号《关于审理存单纠纷案件的若干规定》第四条关于"存单纠纷案件由被告住所地人民法院或出具存单、进帐单、对帐单或与当事人签订存款合同的金融机构住所地人民法院管辖”的规定,武汉市中级人民法院所受理案件的被告住所地及存单出具地均在湖南省长沙市,故该案应由湖南省长沙市中级人民法院管辖。湖北省高级人民法院认为本案即使属存单纠纷,应由“与当事人签订存款合同的金融机构住所地人民法院管辖”,但在提供的卷宗材料中,并没有证据证明武汉公司与湖南营业部之间签订了存款合同,故不能以此确定管辖。鉴于本案双方当事人争议较大,且案情比较复杂,本院依照《中华人民共和国民事诉讼法》第三十七条第二款的规定,指定该案由湖南省高级人民法院审理,并将该案与湖南省长沙市中级人民法院受理的湖南营业部诉武汉公司确认存单效力纠纷一案合并审理。

——《最高人民法院法函〔1999〕40 号答复》

【链接：最高人民法院法官著述】

本案的关键在于案件定性为借款纠纷还是存单纠纷。最高人民法院根据现有证据,确定案件是存单纠纷案件,并以此确定案件的管辖,是以事实为依据的。认定事实的最主要的依据,也是武汉公司起诉的主要凭证就是存单。虽然武汉公司一再主张是两者之间的借款关系,但既不能出具借款证据,又以存单为主要凭证,所以未被法院采信。武汉市中级人民法院受理武汉公司诉湖南营业部资金拆借纠纷,立案时间虽早于本院《规定》,但湖北省高级人民法院在就湖南营业部对管辖异议提出上诉进行二审审理时,《规定》已经下发执行,其对湖北省高级人民法院的案件审理具有约束力,湖北省高级人民法院应以《规定》确定该案的管辖权。

——殷媛:《关于武汉国际信托投资公司与中国建设银行湖南省分行营业部存单纠纷案件的指定管辖》,载李国光主编、最高人民法院经济审判庭编:《经济审判指导与参考》(总第 2 卷),法律出版社 2002 年版,第 177 页。

存款合同关系是存单所代表的主要法律关系,《若干规定》对存单纠纷案件的管辖仿照了民诉法关于合同案件管辖规定,以被告住所地和合同的履行地为存单纠纷案件的管辖地。合同履行地确定为以出具存单等凭证的金融机构所在地,这样规定是考虑到围绕存单的各项活动往往也是围绕着银行进行的,银行接受存款、开具存单是履行存款合同的主要活动,确立以出具存单等凭证的金融机构所在地为合同履行地比较适宜。

——曹士兵:《最高人民法院〈关于审理存单纠纷案件的若干规定〉的

解释与适用》,载李国光主编、最高人民法院经济审判庭编:《经济审判指导与参考》(总第1卷),法律出版社1999年版,第61页。

069

供用电、水、气、热力合同履行地

关键词 | 供用电合同 | 合同履行地 | 管辖 |

【链接:最高人民法院法官著述】

《合同法》第178条规定:供用电合同的履行地点,按照当事人约定;当事人没有约定或者约定不明确的,供电设施的产权分界处为履行地点。根据该法第184条的规定,供用水、供用气、供用热力合同,参照供用电合同的有关规定。供用电、水、气、热力合同,当事人有约定的,从其约定,没有约定或者约定不明确的,供电、供水、供气、供热力设施的产权分界处为履行地。

由于电力系统具有网络性,供电与用电由线路连接,电力的生产与供应同时完成,且具有连续性,这就使得供用电合同的履行地点具有一定的特殊性,很难适用《合同法》第62条的规定,即在履行义务一方所在地履行。近年来,由于用电人参与电力设施的投资建设,客观上形成了电力设施产权多元化的趋势,如何具体界定供电设施的产权分界权,《合同法》没有规定,《电力法》等有关法律也未作具体规定。按照1983年水利电力部颁布的《全国供用电规则》第57条规定,主要采取以下几项标准:(1)低压供电的,以供电接户线的最后支持物为分界点;(2)10千伏及以下高压供电的,以用户厂界外或配电室前的第一断路器或进线套管为分界点;(3)35千伏及以上高压供电的,以用户厂界外或用户变电站外第一基电杆为分界点;(4)产权属于用户的线路,以分支点或以供电局变电所外第一基电杆为分界点。根据这一规定,实践中形成了以供电设施产权分界处为合同履行地的状况。供电设施的产权分界处是划分供电设施所有权归属的分界点,分界点电源一侧的供电设施归供电人所有,分界点负荷一侧的供电设施归用电人所有。在用电人为单位时,供电设施的产权分界处通常为该单位变电设备的第一个瓷瓶或者开关。在用电人为散户时,供电设施的产权分界处通常为进户墙的第一个接收点。

司法实践中应当按照上述标准确定供电设施的产权分界处，相应地确定该类纠纷的管辖。

——姜启波、孙邦清：《诉讼管辖》，人民法院出版社 2008 年版，第 113 ~ 115 页。

070

融资租赁合同纠纷案件的管辖

关键词｜融资租赁合同｜管辖｜

【最高人民法院司法解释】

第十九条 财产租赁合同、融资租赁合同以租赁物使用地为合同履行地。合同对履行地有约定的，从其约定。

——《最高人民法院关于适用〈中华人民共和国民事诉讼法〉的解释》（2015 年 1 月 30 日，法释〔2015〕5 号）

【链接：最高人民法院法官著述】

融资租赁业务涉及出租方、承租方、供货人三方当事人，包括租赁合同、供货合同等两个或两个以上合同。如果仅因出租方与供货人之间发生的买卖合同纠纷，不依据本条确定管辖。

——沈德咏主编、最高人民法院修改后民事诉讼法贯彻实施工作领导小组编著：《最高人民法院民事诉讼法司法解释理解与适用》，人民法院出版社 2015 年版，第 157 页。

071

拖欠电话费纠纷按租赁合同纠纷定性并确定管辖

关键词｜拖欠电话费｜租赁合同｜

【链接：最高人民法院法官著述】

本案中被告购买原告的移动电话的买卖合同依法成立。但是移动电话是一种特殊的商品,单纯购买移动电话不能达到通讯的目的。如果想达到传递信息的目的,被告还必须租赁使用原告的所有通话设备。根据国家管理规定,移动电话所有者每月要交纳一定金额的月租费,同时根据移动电话使用的时间和次数交纳通话费。如果不按时交纳,便产生了拖欠月租费和通话费这两部分费用的问题。

根据我国《民事诉讼法》第二十四条的规定,因合同纠纷提起的诉讼,由被告住所地或合同履行地人民法院管辖。被告的住所地虽然在北京市西城区,但由于被告拖欠的费用中含有租赁费,依据《最高人民法院关于适用〈中华人民共和国民事诉讼法〉若干问题的意见》第 21 条的规定,“财产租赁合同、融资租赁合同以租赁物使用地为合同履行地”①,原告是有权向租赁物使用地的法院起诉被告的。移动电话机的所有权属被告所有,但其在使用时,必须租赁原告管理的通讯设备,才能达到通话目的。从事实上看,以前被告按时向原告交纳月租费,也是对租赁合同的认可。原告的通讯设备,恰恰位于天津市和平区人民法院辖区内。我们还应看到,原告在卖出手机后,对用户提供服务,收取两项费用,其职责也是对用户的手机进行确认和对用户租用其通讯设备的服务。由此可见,本案既可以向北京市西城区人民法院起诉,也可以向天津市和平区人民法院起诉,两地法院对此案均有管辖权。对此,依照我国《民事诉讼法》第三十五条的规定,原告有权选择其中一地法院起诉。故此,一、二审法院裁定驳回被告对本案管辖权提出的异议,是正确的。

——林建国、张战华、杨洪逵:《天津市长途电信局诉中化国际工程贸易公司拖欠电话费诉讼管辖权异议案》,载祝铭山主编:《管辖权争议纠纷》,中国法制出版社 2003 年版,第 112 ~ 114 页。

---

① 该条已被《最高人民法院关于适用〈中华人民共和国民事诉讼法〉的解释》第 19 条所取代,内容见上一专题。

072
加工承揽合同履行地的确定

关键词｜加工承揽合同｜合同履行地｜管辖｜

【最高人民法院答复】

江苏省高级人民法院、广西省高级人民法院：

1997年4月4日，广西百合实业有限责任公司（以下简称百合公司）与扬州市化工设备厂（以下简称化工厂）签订的“加工定作合同书”，属加工承揽合同。鉴于双方当事人在合同中未明确约定合同的履行地，而承揽方化工厂的加工行为地则在江苏省扬州市，依据本院《关于适用〈中华人民共和国民事诉讼法〉若干问题的意见》第二十条之规定，扬州市应为合同履行地。该加工承揽合同中承揽方完成有关设备的安装、调试与检验等内容虽也属加工行为，但此种加工行为所在地并非本案承揽方履行主要义务的地点，本案应以该合同的主要加工行为所在地作为合同的履行地。由于百色地区并非合同主要义务履行地，因此，百色地区中级人民法院对受理的案件无管辖权。依据《中华人民共和国民事诉讼法》第二十四条、第三十七条第二款之规定，本院指定江苏省扬州市中级人民法院管辖本案。

——李国光主编、最高人民法院经济审判庭编：《经济审判指导与参考》（总第1卷），法律出版社1999年版，第209页。

【链接：最高人民法院法官著述】

此管辖争议的焦点在于，百色地区作为涉案合同的安装调试地是否能够被认定为该加工承揽合同的履行地，进而推断百色地区中级人民法院对其受理的案件有无管辖权。

本院在审查了江苏、广西两地高级人民法院的报告及所附的卷宗材料后认为，本院《关于适用〈中华人民共和国民事诉讼法〉若干问题的意见》第二十条规定：“加工承揽合同，以加工行为地为合同履行地，但合同中对履行地有约定的除外。”从涉案合同的内容来看，承揽方设备厂应当完成的主要加工义务（包括工程的设计、设备的制造等）是在该厂内进行的，故设备厂所在地江苏扬州应为加工行为地，也就是该加工承揽合同的履行地，因为当事人对合同的履行地并未作出约定。涉案合同中约定的承揽方设备厂负责到百合公司所在地安装、调试有关设备等,的确亦属于加工行为,系设备厂应当完成的后期承揽任务的一部分,但是,这部分加工行为并不是承揽方应当履行的主要义务。如果将承揽方安装调试有关设备解释为上述司法解释中的"加工行为",进而将安装调试地确定为该加工承揽合同的履行地,显得有些牵强。另外,抛开具体争议案件,对"加工行为地"不宜作扩张性的、多方面的解释,否则将会使管辖权争议案件无形中增加许多,并使程序复杂化。因此,对"加工行为地"的概念的界定,还应按照传统的认定方法为宜,即以承揽方对合同标的物实施主要的承揽加工行为所在地作为加工承揽合同的加工行为地,亦即合同的履行地,而这往往也就是承揽方所在地。综上所述,广西百色地区既不是被告设备厂所在地,也不是加工承揽合同的履行地,因此,依据《中华人民共和国民事诉讼法》第二十四条之规定,广西壮族自治区百色地区中级人民法院对其受理的百合公司诉设备厂加工承揽纠纷一案并无管辖权。反之,涉案的加工承揽合同的履行地在江苏扬州,故扬州市中级人民法院对其受理的设备厂诉百合公司一案具有管辖权。而上述两个案件是基于同一法律事实、同一法律关系产生的,必须合并由一地人民法院审理,故最高人民法院依权指定这两宗案件统一由江苏省扬州市中级人民法院管辖。

——李国光主编、最高人民法院经济审判庭编:《经济审判指导与参考》(总第1卷),法律出版社1999年版,第209页。

编者说明

关于加工承揽合同的管辖,最高人民法院在1989年的司法解释中曾经指出,加工承揽合同主要是以承揽方按照定做方的特定要求完成加工生产任务为履约内容的,承揽方又是以使用自己的设备、技术、人力为前提条件的。因此,加工承揽方所在地应为合同规定义务履行的地点。这种观点是不正确的。最高人民法院在《最高人民法院关于适用〈中华人民共和国民事诉讼法〉若干问题的意见》第20条中对此进行了纠正,将加工承揽合同的履行地改为除当事人另有约定外,为加工行为地。即如果当事人对履行地有约定,从其约定,如当事人约定接收加工成果地为合同履行地,则从其约定;如果没有约定的,则以加工义务的履行地为合同履行地。因此,加工承揽合同如果当事人未约定纠纷管辖法院,应当由被告住所地或者合同履行地即加工承揽行为完成地法院管辖。在司法实践中可能会出现一个加工承揽合同纠纷存在两个加工承揽地的情况,这时两地法院均有管辖权。因此《2015年解释》删除了《最高人民法院关于适用〈中华人民共和国民事诉讼法〉若干问题的意见》第20条。

073

将不具备诉讼地位的人列为共同被告有规避法律争夺管辖之嫌

关键词 | 共同被告 | 保函 | 规避法律 | 管辖 |

【最高人民法院答复】

浙江省高级人民法院、安徽省高级人民法院：

浙江省高级人民法院〔2001〕浙告他字第3号报告和安徽省高级人民法院〔2001〕民二他字第01号报告均收悉。关于合肥市晓峰摩托车有限责任公司（下称晓峰公司）诉浙江黄岩模具六厂（下称模具厂）、许守德加工承揽合同纠纷案管辖权争议问题，经研究，答复如下：

本案加工承揽合同纠纷的双方当事人为晓峰公司和模具厂，许守德既不是合同的一方当事人，亦未以保证人身份在合同上签字盖章，其单方向晓峰公司法定代表人出具的保函，未经模具厂事先同意或事后认可，不能与模具厂处于共同被告的诉讼地位。原告将许守德列为本案共同被告有规避法律、争夺管辖之嫌。本案被告模具厂所在地和加工行为地均在浙江省台州市，根据《中华人民共和国民事诉讼法》第二十四条和《最高人民法院关于适用〈中华人民共和国民事诉讼法〉若干问题的意见》第20条规定，合肥市及合肥市高新技术产业开发区人民法院管辖本案于法无据，本案应由浙江省台州市中级人民法院管辖。

根据《中华人民共和国民事诉讼法》第三十七条第二款规定，本院指定本案由浙江省台州市中级人民法院管辖。合肥市中级人民法院和合肥市高新技术产业开发区人民法院关于对本案有管辖权的民事裁定应予撤销，并将全案诉讼材料移送至浙江省台州市中级人民法院。台州市中级人民法院应依法公正审理，平等保护各方当事人的合法权益。

——《最高人民法院关于合肥晓峰摩托车有限责任公司诉浙江黄岩模具六厂、许守德加工承揽合同纠纷一案指定管辖的通知》（2001年3月2日，〔2001〕民立他字第8号）

【链接：最高人民法院法官著述】

最高人民法院审查认为，许守德不应该成为本案被告，浙江省高级人民法院的意见是正确的。主要理由如下：首先，本案是加工承揽合同纠纷，合同的双方当事人是晓峰公司和模具厂，本案需要审理的是合同约定的双方当事人之间的权利义务关系，赖以确定管辖权的合同根据是双方订立的加工承揽合同，而在这份合同中，许守德既不是一方当事人，也不是合同某一方的保证人。如要成为共同被告，就应当与被告处于同一诉讼地位，共同享有权利和承担义务，许守德根本不具备这一诉讼地位。再者，许守德作为原告方所在地的一个个体户，与原告方法定代表人是朋友，为原告提供信息，受原告委托代原告向被告付款，实际上起到了原告方的临时业务员的作用，这种在经济往来中为本地别的企业搞业余供销的情况是经常发生的。许守德向原告出具保函，是与原告之间发生的一种内部承诺，至于许守德表示为模具厂作保，既未得到模具厂的事先同意，亦未得到事后认可，这种保函不应对模具厂产生任何作用。如果允许原告将为自己一方临时代办业务的人员作为被告并以此取得在本地法院管辖的权利，那么，今后所有的案件都可以在原告当地起诉，《民事诉讼法》关于管辖（指地域管辖）的规定就成了一纸空文。

既然许守德不能成为本案的共同被告，那么合肥市两级人民法院据此管辖本案是缺乏法律依据的。鉴于本案的加工行为地在浙江省黄岩市（属台州市管辖），第一被告模具厂亦在黄岩市，根据《民事诉讼法》第二十四条以及《最高人民法院关于适用〈中华人民共和国民事诉讼法〉若干问题的意见》第20条的规定，本案应当由浙江省台州市中级人民法院管辖，合肥市两级人民法院对本案没有管辖权。最高人民法院指定被告住所地及合同履行地人民法院管辖是正确的。

——王靖红：《合肥晓峰摩托车有限责任公司诉浙江黄岩模具六厂、许守德加工承揽合同纠纷管辖权异议案》，载祝铭山主编：《管辖权争议纠纷》，中国法制出版社2003年版，第170～171页。

074

居间合同履行地为居间行为地

关键词 | 居间合同 | 合同履行地 | 居间行为地 |

【《最高人民法院公报》案例】

北京智扬伟博科技发展有限公司与创思生物技术工程(东莞)有限公司、河南省开封市城市管理局居间合同纠纷案[最高人民法院(2008)民申字第1364号民事裁定书]

裁判要旨:合同履行地是指合同主要义务的履行地。居间合同的主要义务履行地应当确定为居间行为地。

最高人民法院认为:

根据民事诉讼法第一百零八条的规定,人民法院受理民事案件时,对于被告的要求是“有明确的被告”。本案一审原告智扬公司起诉时,将创思公司和开封城管局均列为被告,符合民事诉讼法规定的被告明确性要求。因开封城管局住所地在开封市中级人民法院辖区内,开封市中级人民法院受理本案时依据被告住所地确定管辖权并无不妥。创思公司如认为开封市中级人民法院对本案没有管辖权,有权在一审答辩期内提出管辖权异议,不服一审裁定的,还可提出上诉通过二审程序主张。但经本院审阅一审卷宗,申请再审人创思公司在一审答辩期间未提出管辖权异议。在案件进入实体审理阶段后,因管辖权已经确定,开封城管局是否为适格被告并不影响一审法院对于本案的审理。即使人民法院查明开封城管局不是本案适格被告,裁定驳回了智扬公司对开封城管局的起诉,亦不影响已经开始的实体审理程序,不需再移送案件。另,合同履行地是指合同主要义务的履行地,本案居间合同的主要义务履行地应为居间行为地。据原审认定的创思公司项目参与人赖志文给智扬公司董事长郭益群出具的感谢信中关于智扬公司在开封市接待创思公司高层,以及协助创思公司竞投开封项目等内容,开封市作为居间合同所指向项目的所在地,可以认定为本案居间合同履行地,开封市中级人民法院亦可据此行使管辖权。根据《最高人民法院关于适用〈中华人民共和国民事诉讼法〉审判监督程序的解释》第十四条的规定,违反专属管辖、专门管辖规定以及其他严重违法行使管辖权的,人民法院应当认定为民事诉讼法第一百七十九条第一款第(七)项规定的“管辖错误”,本案一审法院系起诉状所列被告住所地法院,亦为合同履行地法院,不构成严重违法行使管辖权的情形。因此,申请再审人关于原判违反法律规定,管辖错误的事由不能成立,本院不予支持。关于被申请人开封城管局是否为适格被告的问题,正如上文所述,在管辖权确定后,开封城管局是否为适格被告并不影响本案的实体审理,且一、二审判决均未判决开封城管局承担实体义务，未对案件正确判决产生影响，不符合依据民事诉讼法第一百七十九条第二款规定的“违反法定程序可能影响案件正确判决、裁定的情形”启动再审的条件。

——《最高人民法院公报》2009年第7期

075

建设工程设计合同纠纷案件管辖

关键词 | 建设工程设计 | 管辖 |

【最高人民法院答复】

广东省高级人民法院、云南省高级人民法院：

（三）中色科技有限公司接受委托后，是以自己的技能、智力等完成设计任务，该图纸的设计是在中色科技有限公司单位内完成的，该设计行为地应视为合同履行地。因合同履行地在河南省洛阳市，故河南省洛阳市中级人民法院依法具有管辖权。

——《最高人民法院关于中色科技股份有限公司与亚洲铝业（中国）有限公司建设工程设计合同纠纷管辖争议案的指定管辖通知》（2007年10月27日，〔2006〕民立他字第127号）

【链接：最高人民法院法官著述】

（二）关于本案合同性质问题

就本案合同性质，广东省高级人民法院、河南省高级人民法院虽然均认定该合同性质为建设工程设计合同，但是从两地法院的认识来看，广东省高级人民法院所持观点并非只是认定案件性质是建设工程设计合同纠纷，而是认为该案存在两种性质的纠纷，即建设工程设计合同性质纠纷和技术服务协议性质纠纷，故认为两地法院均有管辖权。与河南省高级人民法院认为该合同性质为建设工程设计合同，因设计合同所在地在河南省洛阳市，故河南省洛阳市中级人民法院依法享有管辖权的意见是不同的，两地法院存在明显意见分歧。在办理过程中，就该案的合同性质形成一致意见：即亚洲铝业与中色科技先后签订了《建设工程设计合同》和《技术服务协议》，后又将《建设工程设计合同》和《技术服务协议》合二为一成为本案的第三份合同，即《建设工程设计合同》。可见，《技术服务协议》是《建设工程设计合同》不可分割的组成部分，是从属于后者的，其中规定的义务具有附随性，它的履行前提是亚洲铝业根据中色科技的设计进行施工时，中色科技根据请求派遣技术人员现场提供技术服务。由于协议并未实际履行便发生了纠纷，故本案的争议焦点仅限于《建设工程设计合同》，本案性质为建设工程设计合同纠纷。

（三）关于合同履行地的确定

根据合同性质，设计者可以不在现场施工，而是根据委托人提供的资料和要求，利用自身的条件在自己的场所进行设计。本案中，从中色科技履行设计合同义务的情况看，是在中色科技办公地点河南省洛阳市履行设计义务的，这一点已由双方邮寄和签收的有关设计图纸等证据予以证明。因此，本案合同履行地是河南省洛阳市。

——周素琴：《约定管辖无效时建设工程设计合同地域管辖的确定》，载苏泽林主编、最高人民法院立案庭编：《立案工作指导》（总第 15 辑），人民法院出版社 2008 年版，第 116～118 页。

编者说明

当事人双方同时签订了《建设工程设计合同》和《技术服务协议》，但《技术服务协议》依附于《建设工程设计合同》，故应以设计合同所在地法院作为管辖法院。

076

代位权诉讼的管辖

关键词 | 代位权诉讼 | 管辖权 |

【最高人民法院司法解释】

第十四条 债权人依照合同法第七十三条的规定提起代位权诉讼的，由被告住所地人民法院管辖。

第十五条 债权人向人民法院起诉债务人以后，又向同一人民法院对次债务人提起代位权诉讼，符合本解释第十四条的规定和《中华人民共和国民事诉讼法》第一百零八条规定的起诉条件的，应当立案受理；不符合本解释第十四条规定的，告知债权人向次债务人住所地人民法院另行起诉。

受理代位权诉讼的人民法院在债权人起诉债务人的诉讼裁决发生法律效力以前，应当依照《中华人民共和国民事诉讼法》第一百三十六条第（五）项的规定中止代位权诉讼。

——《最高人民法院关于适用〈中华人民共和国合同法〉若干问题的解释（一）》（1999 年 12 月 19 日，法释〔1999〕19 号）

【最高人民法院答复】

安徽省高级人民法院：

你院〔2013〕皖民二初字第 00005 号《关于原告交通银行股份有限公司宁波分行与被告芜湖市国土资源局、第三人芜湖金隆置地有限公司债权人代位权诉讼纠纷一案法律适用问题的请示报告》收悉。经研究，答复如下：

债权人提起的代位权诉讼与债务人、次债务人之间的合同纠纷属于不同的法律关系，债务人和次债务人之间事先订有仲裁条款的，债务人或次债务人有权依据仲裁条款就双方之间的合同争议申请仲裁，债权人并非该合同法律关系的一方当事人，无权对此提出异议。审理代位权诉讼的人民法院可依照民事诉讼法的相关规定中止代位权诉讼。待仲裁裁决发生法律效力后再恢复审理。综上，同意你案审委会第二种意见。

以上意见供参考。

——《最高人民法院民事审判第二庭〔2013〕民二他字第 19 号答复》，载最高人民法院民事审判第二庭编：《商事审判指导》（总第 36 辑），人民法院出版社 2014 年版，第 54 页。

【链接：最高人民法院法官著述】

（一）与专属管辖的关系

如果合同法解释规定的管辖与法律规定的专属管辖相冲突，由于专属管辖是强制性规定，因此，应当按照专属管辖来确定代位权诉讼的管辖。即债务人与次债务人之间的法律关系属于次债务人住所地之外的法院专属管辖时，债权人对次债务人提起的代位权诉讼应当由有专属管辖权的法院进行管辖，不应一律由次债务人住所地法院管辖。

（二）代位权的管辖不受债权人与债务人之间的管辖、仲裁协议和债务人与次债务人的管辖、仲裁协议的影响

从最高人民法院的规定来看，代位权诉讼只能由次债务人所在地法院管辖，这是规定代位权诉讼适用一般地域管辖，排除了其他法院的管辖，也排除了上述债权人与债务人之间、债务人与次债务人之间的管辖协议和仲裁协议。至于债权人与次债务人达成了管辖协议，我们以为由于二者之间无合同关系存在，按照目前的《民事诉讼法》，该管辖协议是无效的。

——姜启波、孙邦清：《诉讼管辖》，人民法院出版社 2008 年版，第 129 ~ 130 页。

077

债权人对境外当事人提起代位权诉讼的管辖

关键词｜境外当事人｜代位权诉讼｜管辖｜

【最高人民法院司法解释】

第十七条　债权人以境外当事人为被告提起的代位权诉讼，人民法院根据《中华人民共和国民事诉讼法》第二百四十一条的规定确定管辖。

——《最高人民法院关于适用〈中华人民共和国合同法〉若干问题的解释（二）》（2009 年 4 月 24 日，法释〔2009〕5 号）

【链接：最高人民法院法官著述】

《合同法解释（一）》第 14 条规定："债权人依照合同法第七十三条的规定提起代位权诉讼的，由被告住所地人民法院管辖。"该条规定解决了对境内当事人提起代位权诉讼的地域管辖问题。但当代位权诉讼的被告即次债务人是境外当事人时，如何确定案件的地域管辖问题，该解释并未明确。

2007 年《民事诉讼法》第 241 条就涉外民事诉讼的地域管辖问题规定："因合同纠纷或者其他财产权益纠纷，对在中华人民共和国领域内没有住所的被告

提起的诉讼,如果合同在中华人民共和国领域内签订或者履行,或者诉讼标的物在中华人民共和国领域内,或者被告在中华人民共和国领域内有可供扣押的财产,或者被告在中华人民共和国领域内设有代表机构,可以由合同签订地、合同履行地、诉讼标的物所在地、可供扣押财产所在地、侵权行为地或者代表机构住所地人民法院管辖。”本司法解释根据这一规定对涉外代位权诉讼的管辖予以解释,规定债权人以境外当事人为被告提起的代位权诉讼,人民法院应当根据《民事诉讼法》第 241 条的规定确定管辖,进一步明确了以境外当事人为被告的代位权诉讼确定地域管辖问题。

如此规定,主要基于两点考虑:一是如果仍然按照《合同法解释(一)》的规定,代位权诉讼由被告住所地人民法院管辖,被告是境外当事人的,容易导致管辖法院不在中华人民共和国领域内;二是案件涉及境外当事人的,根据《最高人民法院关于适用〈中华人民共和国民事诉讼法〉若干问题的意见》第 304 条的规定,即当事人一方或双方是外国人、无国籍人、外国企业或组织,或者当事人之间民事法律关系的设立、变更、终止的法律事实发生在外国,或者诉讼标的物在外国的民事案件,构成涉外民事诉讼案件,应当按照《民事诉讼法》涉外民事诉讼程序的特别规定。因此,对于债权人提起诉讼的被告是境外当事人的,应当按照《民事诉讼法》第 241 条的规定选择管辖法院。

——最高人民法院研究室编著:《最高人民法院关于合同法司法解释(二)理解与适用》,人民法院出版社 2009 年版,第 131 页。

078

撤销权诉讼管辖

关键词 | 撤销权诉讼 | 管辖 |

【最高人民法院司法解释】

第二十三条 债权人依照合同法第七十四条的规定提起撤销权诉讼的,由被告住所地人民法院管辖。

——《最高人民法院关于适用〈中华人民共和国合同法〉若干问题的解释(一)》(1999 年 12 月 19 日,法释〔1999〕19 号)

【最高人民法院裁判文书】

中机江苏机械设备进出口集团公司与江西江州造船厂撤销权纠纷管辖异议案(最高人民法院民事裁定书)

裁判要旨:请求撤销船舶转让合同纠纷不属于海事法院专属管辖的范围,应当根据合同法司法解释关于撤销权之诉确定管辖法院。

最高人民法院认为:

中机公司以其享有对江州船厂的到期债权,以及江州船厂向湖北国展公司转让本案所涉A453号船舶所有权对中机公司造成损害为由,向武汉海事法院提起撤销权诉讼,该院于2002年6月11日以(2002)武海法宁告字第1号裁定认为,行使撤销权的案件不属于海事法院专属管辖的案件,故裁定对中机公司的起诉不予受理。中机公司即向江西省高级人民法院提起撤销权诉讼。《最高人民法院关于适用〈中华人民共和国合同法〉若干问题的解释(一)》第二十三条规定:"债权人依照合同法第七十四条的规定提起撤销权诉讼的,由被告住所地人民法院管辖。"故原审裁定驳回江州船厂的管辖权异议并无不当,应予维持。江州船厂的上诉理由不能成立,本院不予支持。

——祝铭山主编:《管辖权争议纠纷》,中国法制出版社2003年版,第160页。

【链接:最高人民法院法官著述】

本案争议的主要问题是:请求撤销船舶转让合同纠纷是否属于海事法院专属管辖的范围。解决这一问题的关键是要明确以船舶为标的物的案件以及撤销权的案件分别属于哪类法院管辖。具体地可以从以下两方面作出说明:

(一)并非所有以船舶为标的物的案件均属于海事法院的管辖范围

江州船厂在本案中提出,本案所涉及的A453船舶已经经武汉海事法院认定为湖北国展所有,则本案就应该适用《海事诉讼特别程序法》第6条第7款的规定"因船舶的所有权、占有权、使用权、优先权纠纷提起的诉讼,由船舶所在地、船籍港所在地、被告住所地海事法院管辖",同时根据《最高人民法院关于海事法院受理案件范围的若干规定》即法释〔2001〕27号中第14条的规定"船舶的建造、买卖、修理、改建和拆解合同纠纷案"及第38条"船舶的所有权、占有权、使用权、抵押权、留置权和优先权的纠纷案件”由海事法院专属管辖。我们认为本案中的中机公司只是要求撤销江州船厂与湖北国展的船舶转让行为,并没有涉及要求确认 A453 船舶的所有权,则本案不能视为是因为船舶所有权及相关权能而发生的纠纷。我国海事法院的受案范围中也没有明确地规定涉及船舶转让关系的撤销权纠纷应由海事法院管辖。既然“特殊法”没有规定,自然也就不适用“特殊优于一般原则”。所以涉及船舶转让关系的撤销权纠纷,根据目前的法律规定并非属于海事法院的受案范围。

(二)撤销权之诉的管辖法院应当适用《最高人民法院关于适用〈中华人民共和国合同法〉若干问题的解释(一)》的规定

本案中机公司请求撤销江州造船厂的船舶转让行为,其提起的是撤销权之诉。我们知道所谓撤销权是指当债务人放弃对第三人的债权、实施无偿或低价处分财产的行为而有害于债权人的债权时,债权人可以依法请求法院撤销债务人所实施的行为。撤销权的行使必须由债权人向法院起诉,由法院作出撤销债务人行为的判决,才能发生撤销的后果。撤销权作为债的保全措施的一种,是实体法上的权利,是指债权人对于债务人危害债权实现的行为,有请求人民法院撤销该行为的权利。所以本案审理管辖权问题的诉讼标的是一般撤销权纠纷,船舶只是本案所涉及的诉讼标的物,本案并非以直接涉及船舶物权及相关权能为诉讼标的的纠纷。根据《最高人民法院关于适用〈中华人民共和国合同法〉若干问题的解释(一)》第 23 条“债权人依照合同法第七十四条的规定提起撤销权诉讼的,由被告住所地人民法院管辖”的规定,本案应由被告住所地人民法院管辖。

至于本案中船舶转让行为是否存在,船舶是否属于江州船厂所有,以及船舶转让的行为是否侵害了债权人中机公司的利益,都有待于法院在实体审理中认定,与本案程序审理无关。所以,江西高院对本案行使管辖权并无不当。

——孔玲、刘玉莲:《中机江苏机械设备进出口集团公司与江西江州造船厂撤销权纠纷管辖异议案》,载祝铭山主编:《管辖权争议纠纷》,中国法制出版社 2003 年版,第 161 ~ 162 页。

079

保险合同纠纷案件管辖

关键词|保险合同|管辖权|

【最高人民法院司法解释】

第二十一条　因财产保险合同纠纷提起的诉讼，如果保险标的物是运输工具或者运输中的货物，可以由运输工具登记注册地、运输目的地、保险事故发生地人民法院管辖。

因人身保险合同纠纷提起的诉讼，可以由被保险人住所地人民法院管辖。

——《最高人民法院关于适用〈中华人民共和国民事诉讼法〉的解释》(2015年1月30日，法释〔2015〕5号)

【最高人民法院裁判文书】

神龙汽车有限公司与华泰财产保险股份有限公司保险合同纠纷管辖权争议上诉案[最高人民法院(2000)经终字第295号民事裁定书]

裁判要旨：双方签订保险合同与该合同确定承保条件的基础民事合同不存在主从关系，管辖问题应遵从保险法和合同法的不同管辖规定或当事人的约定来处理。

最高人民法院认为：

华泰保险公司与神龙汽车公司签订的《分期付款购车保险协议》，是双方当事人依据《中华人民共和国保险法》的规定而成立的保险合同，神龙汽车公司是投保人，华泰保险公司是保险人。在保险合同法律关系中，其他民事合同的权利义务虽是保险人确定承保条件的基础，但其不能改变两个合同在实体与程序上的法律独立性，其他民事合同与保险合同之间不存在主从关系。神龙汽车公司北京分公司在投保单上盖章，其作为神龙汽车公司依法设立并领取营业执照的分支机构，可以作为民事诉讼主体参加诉讼。关于神龙汽车公司在上诉理由中提及的已将华泰保险公司作为被告向有管辖权的人民法院提起诉讼，本案属重复受理问题，因其所提案件涉及的保险单，原审法院已在一审裁定中予以明确，并不在本案审理范围之内，故不存在北京市高级人民法院重复受理问题。根据《中华人民共和国民事诉讼法》第二十六条的规定，北京市高级人民法院对本案具有管辖权。故原审法院裁定其对本案有管辖权正确，应予维持。对神龙汽车公司的上诉主张，本院不予支持。

——最高人民法院办公厅编：《最高人民法院公布裁判文书(2001年)》，人民法院出版社2002年版，第212页。

【链接：最高人民法院法官著述】

关于人身保险纠纷管辖的适用，司法解释规定的是特殊地域管辖，并不排斥法律关于一般地域管辖的规定。因此，保险合同纠纷发生后，原告一方如果向被告住所地人民法院提起诉讼，被告住所地人民法院是可以管辖的。

——沈德咏主编、最高人民法院修改后民事诉讼法贯彻实施工作领导小组编著：《最高人民法院民事诉讼法司法解释理解与适用》，人民法院出版社2015年版，第161页。

080

保险代位求偿权纠纷的管辖

关键词｜保险代位求偿权｜管辖｜

【最高人民法院指导性案例】

华泰财产保险有限公司北京分公司诉李志贵、天安财产保险股份有限公司河北省分公司张家口支公司保险人代位求偿权纠纷案（最高人民法院指导案例25号）

裁判要旨：因第三者对保险标的的损害造成保险事故，保险人向被保险人赔偿保险金后，代位行使被保险人对第三者请求赔偿的权利而提起诉讼的，应当根据保险人所代位的被保险人与第三者之间的法律关系，而不应当根据保险合同法律关系确定管辖法院。第三者侵害被保险人合法权益的，由侵权行为地或者被告住所地法院管辖。双方签订保险合同与该合同确定承保条件的基础民事合同不存在主从关系，管辖问题应遵从保险法和合同法的不同管辖规定或当事人的约定来处理。

北京市东城区人民法院认为：

华泰保险公司与神龙汽车公司签订的《分期付款购车保险协议》，是双方当事人依据《中华人民共和国保险法》的规定而成立的保险合同，神龙汽车公司是投保人，华泰保险公司是保险人。在保险合同法律关系中，其他民事合同的权利义务虽是保险人确定承保条件的基础，但其不能改变两个合同在实体与程序上的法律独立性，其他民事合同与保险合同之间不存在主从关系。神龙汽车公司北京分公司在投保单上盖章，其作为神龙汽车公司依法设立并领取营业执照的分支机构，可以作为民事诉讼主体参加诉讼。关于神龙汽车公司在上诉理由中提及的已将华泰保险公司作为被告向有管辖权的人民法院提起诉讼，本案属重复受理问题，因其所提案件涉及的保险单，原审法院已在一审裁定中予以明确，并不在本案审理范围之内，故不存在北京市高级人民法院重复受理问题。根据《中华人民共和国民事诉讼法》第二十六条的规定，北京市高级人民法院对本案具有管辖权。故原审法院裁定其对本案有管辖权正确，应予维持。对神龙汽车公司的上诉主张，本院不予支持。

——《最高人民法院关于发布第六批指导性案例的通知》(2014 年 1 月 26 日，法〔2014〕18 号)

编者说明

要确定保险代位求偿权的管辖问题，关键是明确保险代位求偿权的性质。最高人民法院通过该指导性案例的发布，也明确了这样的观点，即保险人代位求偿权来源于法律的直接规定，属于法定权利，并非基于保险人与被保险人依合同约定所产生的权利。保险代位求偿权实质上是法定的债权转移。《保险法》第 60 条规定的第三者，在保险事故发生之前为不特定主体，保险人与第三者也没有签订保险合同，因此，保险人以保险合同之外的第三者为被告提起的代位求偿诉讼，不应以保险合同纠纷的管辖原则确定管辖法院，而应当按保险人所代位的请求权性质来确定案件管辖。

081

期货纠纷案件管辖

关键词 | 期货纠纷 | 合同履行地 | 侵权与违约竞合 | 管辖权 |

【最高人民法院司法解释】

第一条 以期货交易所为被告或者第三人的因期货交易所履行职责引起的商事案件，由期货交易所所在地的中级人民法院管辖。

——《最高人民法院关于审理期货纠纷案件若干问题的规定（二）》

(2010年12月31日,法释〔2011〕1号)

第四条 人民法院应当依据民事诉讼法第二十四条、第二十五条和第二十九条的规定确定期货纠纷案件的管辖。

第五条 在期货公司的分公司、营业部等分支机构进行期货交易的,该分支机构住所地为合同履行地。

因实物交割发生纠纷的,期货交易所住所地为合同履行地。

第六条 侵权与违约竞合的期货纠纷案件,依当事人选择的诉由确定管辖。当事人既以违约又以侵权起诉的,以当事人起诉状中在先的诉讼请求确定管辖。

第七条 期货纠纷案件由中级人民法院管辖。

高级人民法院根据需要可以确定部分基层人民法院受理期货纠纷案件。

——《最高人民法院关于审理期货纠纷案件若干问题的规定》(2003年6月18日,法释〔2003〕10号)

【最高人民法院审判业务意见】

2003年发布的《期货司法解释》对期货纠纷案件的地域管辖和级别管辖作了一般性规定。期货交易所作为期货市场的组织者和一线监管者,处于市场的中枢位置,对于组织期货交易、控制市场风险和维护市场秩序发挥着至关重要的作用。而且,期货交易所制定的业务规则普遍适用于全国各地的会员和投资者,期货交易所一旦因履行职责涉诉,可能面临全国应诉的状况。更为重要的是,涉及期货交易所履行职责的案件的敏感性和市场影响力,远高于普通期货纠纷,具有更高的专业性和技术性,审理难度较大。考虑到我国期货市场地区发展的差异性,各地法院对期货交易法规及交易所规则的理解可能存在较大差异,若案件处置不当,可能引起误导效应,引发期货市场系统性风险,进而影响期货市场安全和稳定。此前,最高人民法院在2005年和2007年相继就证券交易所和中国证券登记结算有限责任公司因履行职能有关的诉讼案件的指定管辖发布了专门的司法解释,确定了指定管辖的具体原则,并收到了良好效果。考虑到期货交易所的地位、性质、职能与证券交易所、证券登记结算公司基本相同,故借鉴证券市场相关司法解释确定的原则和有益经验,指定期货交易所所在地中级人民法院管辖此类案件,以保证法律适用的统一性和准确性。需要特别指出的是,此次指定期货交易所所在地中级人民法院管辖的案件主体仅限于期货交易所,其诉讼地位仅限于被告或者第三人的情形,案件类型仅限于期货交易所履行职责引发的商事诉讼。

——《最高人民法院民二庭负责人就〈最高人民法院关于审理期货纠纷案件若干问题的规定(二)〉答记者问》,载最高人民法院民事审判第二庭编:《商事审判指导》(总第24辑),人民法院出版社2011年版,第4~5页。

【链接：最高人民法院法官著述】

本解释第一条、第二条是对期货交易所因履行职责引发的商事案件实施指定管辖范围的规定。

《期货司法解释》对期货纠纷案件的地域管辖和级别管辖作了一般性规定。最高人民法院在2005年和2007年相继就证券交易所和中国证券登记结算有限责任公司及其分公司因履行职能有关的诉讼案件的指定管辖发布了专门的司法解释,确定了指定管辖的具体原则,并收到了良好效果。考虑到期货交易所的地位、性质、职能与证券交易所、证券登记结算公司基本相同,故借鉴证券市场相关司法解释确定的原则和有益经验,指定期货交易所所在地中级人民法院管辖此类案件,以保证法律适用的统一性和准确性。需要特别指出的是,此次指定期货交易所所在地中级人民法院管辖的案件主体仅限于期货交易所,其诉讼地位仅限于被告或者第三人的情形,案件类型仅限于期货交易所履行职责引发的商事诉讼。现有的期货交易所按其组织机构分为两类:一类是会员制期货交易所,即上海期货交易所、大连商品交易所、郑州商品交易所;另一类是公司制期货交易所,目前仅有中国金融期货交易所一家。指定管辖明确后,上海、大连、郑州三地的中级人民法院将对涉及期货交易所履行职责的相关案件行使管辖权。

本解释第一条将指定管辖的案件规定为"期货交易所履行职责引起的商事案件"。期货交易所日常从事的行为很多,有履行职责的行为,还有普通的民事行为,这些行为都可能引发诉讼。如何在本解释中界定哪些属于履行职责的行为,并实行指定管辖呢?本解释第二条对期货交易所履行职责引起的商事案件的范围作出了规定,明确了原告、被告的主体范围,原告为市场各参与主体,具体规定了哪些行为属于期货交易所履行职责引起的商事案件的行为。根据期货交易所履行职责行为的法律渊源,将所有的行为概括为两类,又在每一类中进行细化:第一类是以期货交易所违反法律法规以及国务院期货监督管理机构的规定,履行监督管理职责不当,造成其损害为由提起的商事诉讼案件;第二类是以期货交易所违反其章程、交易规则及其实施细则等规定及业务协议的约定，履行监督管理职责不当，造成其损害为由提起的商事诉讼案件。除列举以上两大类外，本解释还作了一款兜底性的概括规定，即期货交易所在履行职责过程中引发的其他的商事诉讼。如此规定，将各种类型的涉及期货交易所履行职责的纠纷案件按照法律层级的不同梳理得清晰、明了，既便于理解，也便于适用和操作。

——宋晓明、周帆、沙玲：《〈最高人民法院关于审理期货纠纷案件若干问题的规定（二）〉的理解与适用》，载最高人民法院民事审判第二庭编：《商事审判指导》（总第24辑），人民法院出版社2011年版，第8~10页。

期货交易纠纷也是一种合同纠纷。期货纠纷与一般合同纠纷相比，往往具有当事人多、涉及交易程序复杂、涉及法律关系多的特点。相应地，期货纠纷的管辖也具有特殊性。

（一）级别管辖

根据《最高人民法院关于审理期货纠纷案件座谈会纪要》的精神，期货纠纷案件一般应由中级人民法院管辖，案件比较集中且审判人员素质较高的地方，经高级人民法院批准，基层人民法院也可以管辖。2003年6月18日颁布的《最高人民法院关于审理期货纠纷案件若干问题的规定》（以下简称《规定》）第7条规定，期货纠纷案件由中级人民法院管辖，高级人民法院根据需要可以确定部分基层人民法院受理期货纠纷案件。

（二）地域管辖

《最高人民法院关于审理期货纠纷案件座谈会纪要》曾认为期货交易纠纷案件应由被告所在地或者期货交易所、经纪公司及领取营业执照的期货经纪公司的分支机构所在地的中级人民法院管辖。该《规定》则认为应根据《民事诉讼法》的规定来确定管辖，即合同纠纷由被告所在地或合同履行地法院管辖。期货交易是一种合约交易，这种买卖是通过期货经纪公司在期货公司场所内进行。期货交易的环节较多，原始交易凭证存放于期货交易所和期货经纪公司，为便于法院对案件事实的调查，以及从方便当事人诉讼出发，由期货交易所所在地或者期货经纪公司所在地法院管辖是比较合理的。而期货交易所所在地或者期货经纪公司所在地一般就是合同履行地，由期货交易所所在地或者期货经纪公司所在地法院管辖符合合同履行地原则。按照该《规定》第5条的规定，在期货公司的分公司、营业部等分支机构进行期货交易的，该分支机构住所地为合同履行地。

对于实物交割纠纷案件的管辖，实践中存在不同的意见，有些人认为应当由交割仓库所在地法院管辖，通说认为应由交易所所在地法院管辖，因为标准期货合约虽然包含了交易、交割、结算等环节，但其是一个完整、统一的不可分割的合约。最高人民法院则规定为因实物交割发生纠纷的，期货交易所住所地为合同履行地。我们认为，按照世界上通行的义务履行地法院管辖原则，交割仓库具有当然管辖权，通说和最高人民法院将合同义务仅仅理解为一个特征义务，是不妥当的。将管辖权归于交割仓库所在地法院也有利于法院查明案情，方便当事人。

当然，期货纠纷也可能属于侵权案件，此时应当按照侵权纠纷来确定管辖。按照该《规定》第 6 条的规定，侵权与违约竞合的期货纠纷案件，依当事人选择的诉由确定管辖。当事人既以违约又以侵权起诉的，以当事人起诉状中在先的诉讼请求确定管辖。

——姜启波、孙邦清：《诉讼管辖》，人民法院出版社 2008 年版，第 131 页。

082

证券回购合同纠纷的管辖

关键词 | 证券回购 | 证券交易 | 合同履行地 | 管辖权 |

【最高人民法院司法政策】

证券回购纠纷属于合同纠纷，应按照《民事诉讼法》第二十四条的规定，由被告住所地或合同履行地人民法院管辖。证券交易行为在证券交易场所内进行的，融资本金交割行为的地点应为合同规定义务履行的地点，即合同履行地。因此，证券回购纠纷案件的地域管辖问题，应根据 1996 年 7 月 4 日《最高人民法院关于如何确定证券回购合同履行地问题的批复》（法复〔1996〕9 号）的规定，凡是通过证券交易场所进行的证券回购交易（即场内交易）而产生的纠纷，证券交易场所所在地或者被告方所在地的人民法院有管辖权；对未通过证券交易场所进行证券回购交易（即场外交易）而产生的纠纷，返售方所在地或者被告方所在地的人民法院有管辖权。

关于证券回购纠纷案件的级别管辖问题，应按照各高级人民法院作出并经最高人民法院批准的关于案件级别管辖的规定执行。

——《最高人民法院审理证券回购纠纷案件座谈会纪要》(1996 年 11 月 29 日)

【最高人民法院答复】

湖北省高级人民法院:

你院〔1996〕鄂经他字第 10 号请示收悉。关于如何确定证券回购合同履行地问题,经研究,答复如下:

鉴于我国证券回购业务事实上存在着场内和场外交易的两种情况,因此,确定证券回购合同履行地应区分不同情况予以处理:

一、凡在交易场所内进行的证券回购业务,交易场所所在地应为合同履行地。

二、在上述交易场所之外进行的证券回购业务,最初付款一方(返售方)所在地应为合同履行地。

此复。

——《最高人民法院关于如何确定证券回购合同履行地问题的批复》(1996 年 7 月 4 日,法复〔1996〕9 号)

【链接:最高人民法院法官著述】

证券回购合同,是指在证券交易中,一方卖出证券得到款项后,约定经过一段时间还必须将证券买回的法律行为。证券交易应在指定的交易场所内进行,因此其合同履行地一般应在交易场所内。按照 1996 年《最高人民法院关于如何确定证券回购合同履行地问题的批复》,证券交易行为在证券交易场所内进行的,融资本金交割行为的地点应为合同规定义务履行的地点,即合同履行地。凡是通过证券交易所进行的证券回购交易(场内交易)而产生的纠纷,证券交易场所所在地或者被告方所在地的法院有管辖权;对未通过证券交易场所进行的证券回购交易(场外交易)而产生的纠纷,在交易场所外进行的证券回购业务,最初付款一方(返售方)所在地为合同履行地。关于证券回购纠纷案件的级别管辖问题,应按照《全国各省、自治区、直辖市高级人民法院和中级人民法院管辖第一审民商事案件标准》的规定执行。

——姜启波、孙邦清:《诉讼管辖》,人民法院出版社 2008 年版,第 130 页。

083

与证券交易所监管职能相关的诉讼案件管辖

关键词 | 证券交易 | 监管 | 指定管辖 |

【最高人民法院司法解释】

一、根据《中华人民共和国民事诉讼法》第三十七条和《中华人民共和国行政诉讼法》第二十二条的有关规定，指定上海证券交易所和深圳证券交易所所在地的中级人民法院分别管辖以上海证券交易所和深圳证券交易所为被告或第三人的与证券交易所监管职能相关的第一审民事和行政案件。

——《最高人民法院关于对与证券交易所监管职能相关的诉讼案件管辖与受理问题的规定》(2005 年 1 月 25 日，法释〔2005〕1 号)

【最高人民法院司法政策】

一、根据《中华人民共和国民事诉讼法》第三十七条和《中华人民共和国行政诉讼法》第二十二条的有关规定，指定中国证券登记结算有限责任公司及其分支机构所在地的中级人民法院分别管辖以中国证券登记结算有限责任公司或其分支机构为被告、第三人的下列第一审民事和行政案件：

1. 中国证券登记结算有限责任公司或其分支机构根据法律、法规、规章的规定，进行证券登记、存管、结算业务或对结算参与人及其他相关单位和人员作出处理决定引发的诉讼；

2. 中国证券登记结算有限责任公司或其分支机构根据法律、法规的授权和国务院证券监督管理机构的依法授权，进行证券登记、存管、结算业务或对结算参与人及其他相关单位和人员作出处理决定引发的诉讼；

3. 中国证券登记结算有限责任公司或其分支机构根据其章程、业务规则的规定以及相关业务合同、协议、备忘录的约定，进行证券登记、存管、结算业务或对结算参与人及其他相关单位和人员作出处理决定引发的诉讼；

4. 中国证券登记结算有限责任公司或其分支机构在履行证券登记、存管、结算职能过程中引发的其他诉讼。

二、其他人民法院在本通知下发之日前受理的上述案件，已经开庭审理的，继续审理;尚未开庭审理的,移送指定法院审理。

——《最高人民法院关于中国证券登记结算有限责任公司履行职能相关的诉讼案件指定管辖问题的通知》(2007年6月20日,法〔2007〕177号)

【《最高人民法院公报》案例】

世纪证券有限责任公司与天津市住房公积金管理中心、世纪证券有限责任公司天津世纪大道营业部、中国旅游国际信托投资有限公司天津证券交易营业部、中国旅游国际信托投资有限公司侵权纠纷案[最高人民法院(2005)民二终字第207号民事裁定书]

裁判要旨:客户在证券公司开户投资,证券公司及其营业部对客户账户内的资金和证券负有合同约定的妥善保管义务,同时还负有法定的妥善保管义务。证券公司营业部挪用客户账户内资金或证券的,既构成违约,又构成侵权,客户有权选择要求证券营业部承担违约责任或者侵权责任。客户以侵权为由对证券营业部提起民事诉讼的,应按照民事诉讼法第二十九条的规定,由侵权行为地或者被告住所地的人民法院管辖。

最高人民法院认为:

客户在证券公司营业部开户投资,证券公司及其营业部对客户资金账户内的资金和证券,不仅负有合同约定的妥善保管义务,而且负有法定妥善保管义务。当客户账户内证券或资金被证券营业部挪用后,根据《中华人民共和国合同法》第一百二十二条“因当事人一方的违约行为,侵害对方人身、财产权益的,受损害方有权选择依照本法要求其承担违约责任或者依照其他法律要求其承担侵权责任”的规定,客户有权选择违约或侵权诉由提起民事诉讼。本案住房公积金因在中旅营业部资金账户内的国债被挪用,原告以侵权为由对中旅营业部等相关被告向中旅营业部所在地的天津市高级人民法院提起民事诉讼。根据民事诉讼法第二十九条“因侵权行为提起的诉讼,由侵权行为地或者被告住所地人民法院管辖”的规定,天津市高级人民法院对本案享有管辖权。世纪证券上诉称本案属于委托理财引起的纠纷,但未能提供相关证据证明,其关于将本案移送广东省深圳市中级人民法院管辖的上诉请求,因无事实和法律依据,本院不予支持。

——《最高人民法院公报》2006年第5期

【链接：最高人民法院法官著述】

目前我国针对交易所的监管行为所设置的救济渠道，通常只针对限制交易（业务）、取消会籍类提供向理事会复议的救济，而对于其他的处理决定，如罚款、暂停席位使用等则没有提供救济措施，救济范围非常有限。我国虽然有证券仲裁的规定，但范围也是有限的，目前仅包括：上市公司在上市时与交易所签订的股票上市协议中应该包括解决双方法律纠纷的仲裁条款；深交所与境外机构B股席位使用者之间的争议双方应当协商解决，协商不成的，应当提交中国国际贸易仲裁委员会仲裁。考虑到我国尚未建立完善的诉讼阻隔机制，在相关机制完善之前，除一部分案件确实不应当受理以外，作为过渡性措施，对其他与交易所监管职能相关的案件可以先予受理，但有必要对受理的案件被告指定管辖。《规定》决定由上海市和深圳市的中级人民法院统一管辖一审案件，主要理由是：

第一，证券案件专业性比较强，要求审理案件的法官除具有专业的法律知识和丰富的审判经验外，还必须具有专业的证券市场知识。

第二，证券交易所是全国性证券交易市场的组织者和一线监管者，其制定的有关证券交易等的业务规则普遍适用于全国各地的会员、上市公司和投资者。

第三，证券交易所所在的深圳、上海两地证券市场发育程度较高，法官对有关证券诉讼的审理已经积累了较为丰富的经验，具备了审理证券案件的基本条件。

第四，将专业性和技术性比较强的案件指定由指定地区的中级人民法院管辖，在我国司法实践中也有先例。例如《最高人民法院关于适用〈中华人民共和国民事诉讼法〉若干问题的意见》第二条规定："专利纠纷案件由最高人民法院确定的中级人民法院管辖。"《最高人民法院关于审理证券市场因虚假陈述引发的民事赔偿案件的若干规定》第八条也规定："虚假陈述证券民事赔偿案件，由省、直辖市、自治区人民政府所在的市、计划单列市和经济特区中级人民法院管辖。"

考虑到在实践中，一些原告为了规避指定管辖，不将交易所列为共同被告，而是列为第三人，在判决时再让交易所承担责任的情况，《规定》将把交易所列为第三人的诉讼一并归入到指定管辖的范围。

——沈德咏主编、最高人民法院研究室编著：《民事诉讼司法解释理解与适用》，法律出版社2009年版，第148～149页。

084

联营合同纠纷案件管辖

关键词 | 联营合同 | 管辖 |

【最高人民法院司法政策】

二、关于联营合同纠纷案件的管辖问题

(一)联营合同纠纷案件的地域管辖,因不同的联营形式而有所区别:

1. 法人型联营合同纠纷案件,由法人型联营体的主要办事机构所在地人民法院管辖。

2. 合伙型联营合同纠纷案件,由合伙型联营体注册登记地人民法院管辖。

3. 协作型联营合同纠纷案件,由被告所在地人民法院管辖。

(二)由联营体主要办事机构所在地或联营体注册登记地人民法院管辖确有困难的,如法人型联营体已经办理注销手续,合伙型联营体应经工商部门注册登记而未办理注册登记,或者联营期限届满已经解体的,可由被告所在地人民法院管辖。

——《最高人民法院关于印发〈关于审理联营合同纠纷案件若干问题的解答〉的通知》[1990 年 11 月 12 日,法(经)发〔1990〕27 号]

085

混合合同纠纷案件管辖

关键词 | 混合合同 | 管辖权 |

【链接:最高人民法院法官著述】

混合合同,是指一个合同中包含两个或者两个以上合同内容的合同。对于混合合同如何确定履行地,在实践中一直是一个疑难问题,例如承揽安装合同,就包含承揽门窗是在安装地制作,还是在承揽人所在地制作,应当如何确定履行地。我们认为,应当按照发生争议的合同义务内容来确定履行地,如当事人是认为安装行为不符合合同约定还是加工行为不符合约定，抑或是付款不符合约定，来确定相应的履行地。如果当事人有约定的，则从其约定；如果没有约定，则根据《合同法》的有关规定来确定。

——姜启波、孙邦清：《诉讼管辖》，人民法院出版社 2008 年版，第 134 页。

086

物业管理纠纷案件管辖

关键词 | 物业管理纠纷 | 住所地 | 管辖权 |

【链接：最高人民法院法官著述】

物业管理纠纷的管辖首先遇到的一个问题是该类纠纷是否属于不动产纠纷，如果属于不动产纠纷，则应当由不动产所在地法院专属管辖。我们以为虽然从广义上讲物业管理纠纷涉及不动产，但并非涉及产权纠纷，因此不宜将其归之为不动产纠纷，不适用专属管辖的规定。

1. 物业管理纠纷的管辖问题，应以物业管理纠纷的具体类型来确定。

2. 因物业管理引起的行政诉讼案件，依《行政诉讼法》的有关规定确定有管辖权的法院。因物业管理引起的民事诉讼案件，目前当事人一般都在物业所在地的法院起诉，并把物业所在地作为业主或使用人的住所地，而有些受诉法院也未分清物业管理纠纷的不同类型而予以受理。

3. 签订物业管理服务合同的一方当事人向对方提起侵权之诉的，应适用《民事诉讼法》第 29 条的规定，由侵权行为地或被告住所地的人民法院管辖。因物业管理服务合同、物业管理承包合同、物业委托管理合同等产生的合同纠纷，应适用《民事诉讼法》第 24 条的规定，即因合同纠纷提起的诉讼，由被告住所地或合同履行地的人民法院管辖。要注意审查何处为被告住所地、合同履行地。业主作为被告的，业主的住所地既有在物业所在地的，又有在物业所在地之外的，并非业主购置了物业，物业所在地就是其住所地，因此，不能简单地认为物业所在地就是被告住所地。

4. 物业管理公司的住所地是指其主要营业地或主要办事机构所在地，而并非是实施物业管理的所在地，但由于物业管理服务合同、物业管理承包合同、物业委托管理合同，均是在物业所在地实施物业管理，因此，物业所在地应认为是合同履行地。

——姜启波、孙邦清：《诉讼管辖》，人民法院出版社 2008 年版，第 133 页。

087

票据纠纷案件管辖

关键词 | 票据纠纷 | 票据支付地 | 管辖权 |

【最高人民法院司法解释】

第四百五十七条 人民法院依照民事诉讼法第二百二十一条规定终结公示催告程序后，公示催告申请人或者申报人向人民法院提起诉讼，因票据权利纠纷提起的，由票据支付地或者被告住所地人民法院管辖；因非票据权利纠纷提起的，由被告住所地人民法院管辖。

——《最高人民法院关于适用〈中华人民共和国民事诉讼法〉的解释》(2015 年 1 月 30 日，法释〔2015〕5 号)

第六条 因票据权利纠纷提起的诉讼，依法由票据支付地或者被告住所地人民法院管辖。

票据支付地是指票据上载明的付款地，票据上未载明付款地的，汇票付款人或者代理付款人的营业场所、住所或者经常居住地，本票出票人的营业场所，支票付款人或者代理付款人的营业场所所在地为票据付款地。代理付款人即付款人的委托代理人，是指根据付款人的委托代为支付票据金额的银行、信用合作社等金融机构。

第七条 因非票据权利纠纷提起的诉讼，依法由被告住所地人民法院管辖。

——《最高人民法院关于审理票据纠纷案件若干问题的规定》(2000 年 11 月 14 日，法释〔2000〕32 号)

【最高人民法院裁判文书】

中国农业银行南通市经济技术开发区支行与华夏银行济南分行、中国电子进出口山东公司、南通市蓝泽精细化工公司银行承兑汇票纠纷再审案[最高人民法院(2001)民二监字第441-1号]

裁判要旨:债务关系与票据关系分属不同法律关系,不可合并审理,应根据票据纠纷管辖的有关规定确定本案的管辖法院。

最高人民法院认为:

华夏济南分行向中电公司请求退回贴现款,与向农行南通支行请求兑付票据款,属于两种不同的诉讼请求,前者依据的是债务关系,而后者依据的是票据关系。因本案审理的是票据纠纷,故华夏济南分行与中电公司债务关系的诉讼应另案处理。原审法院将两种不同的法律关系合并审理,并以华夏济南分行与中电公司债务关系的请求确定本案票据纠纷的管辖权,显属不当。

——苏泽林主编、最高人民法院立案庭编:《立案工作指导》(总第12辑),人民法院出版社2006年版,第129页。

【链接:最高人民法院法官著述】

为避免审判实践中票据纠纷管辖中对“票据支付地”有不同理解,《票据若干规定》第六条第二款对票据支付地进行了规定,即:“票据支付地是指票据上载明的付款地,票据上未载明付款地的,汇票付款人或者代理付款人的营业场所、住所或者经常居住地,本票出票人的营业场所,支票付款人或者代理付款人的营业场所所在地为票据付款地。代理付款人即付款人的委托代理人,是指根据付款人的委托代为支付票据金额的银行、信用合作社等金融机构。”

——沈德咏主编、最高人民法院修改后民事诉讼法贯彻实施工作领导小组编著:《最高人民法院民事诉讼法司法解释理解与适用》,人民法院出版社2015年版,第1222~1223页。

关于本案履行地的确定问题。

1991年《民事诉讼法》第二十七条规定:“因票据纠纷提起的诉讼,由票据支付地或者被告住所地人民法院管辖。”从本案票据法律关系看,蓝泽公司是出票人,中电公司是贴现人,也是持票人。在华夏济南分行诉农行南通支行、蓝泽公司付款请求权票据纠纷一案中,华夏济南分行作为持票人向农行南通支行、蓝泽公司主张的是付款请求权。依据的规定,本案所涉票据的支付地、被告住所地均在南通市,南通市法院依法对案件享有管辖权。

对于华夏济南分行诉中电公司返还贴现款纠纷一案,因中电公司未在汇票上记载,不是票据行为人,因此华夏济南分行不能依票据纠纷向中电公司行使追索权。因华夏济南分行与中电公司之间是非票据法律关系,依据《民事诉讼法》规定两诉不能合并审理。原裁定将两案合并审理适用法律有误。

即使将中电公司作为票据行为人,依据《票据法》第六十一条第一款"汇票到期被拒绝付款的,持票人可以对背书人、出票人以及汇票的其他债务人行使追索权"的规定,华夏济南分行向中电公司主张的是追索权。《最高人民法院关于审理票据纠纷案件若干问题的规定》第五条规定"付款请求权是持票人享有的第一顺序权利,追索权是持票人享有的第二顺序权利"。因持票人行使付款请求权和追索权存在先后顺序不同,行使的条件不同,对方当事人不同,请求权支付的金额数目不同,权利消灭时效不同,因此,人民法院依法也不能将两诉合并审理。

——肖宝英:《中国农业银行南通市经济技术开发区支行与华夏银行济南分行、中国电子进出口山东公司、南通市蓝泽精细化工公司银行承兑汇票纠纷再审案》,载苏泽林主编、最高人民法院立案庭编:《立案工作指导》(总第12辑),人民法院出版社2006年版,第129~130页。

依照1991年民事诉讼法第二十七条的规定,因票据纠纷提起的诉讼,由票据支付地或者被告住所地人民法院管辖。当前,什么纠纷属于票据纠纷,是否应当受理,这是需要首先解决的问题。

所谓票据纠纷,是指因行使票据权利或者票据法上的非票据权利而引起的纠纷。当事人因此类纠纷向人民法院提起诉讼,凡符合1991年民事诉讼法第一百零八条规定条件的,人民法院都应当受理。最高人民法院在前不久发布的《民事案件案由规定(试行)》中确定票据纠纷的案由时,以此为基点,确定了票据付款请求权纠纷、票据追索权纠纷、票据交付请求权纠纷、票据返还请求权纠纷、票据损害赔偿纠纷、票据利益返还请求权纠纷、汇票回单签发请求权纠纷7种案由。

依照票据法第四条的规定,票据权利是指持票人向票据债务人请求支付票据金额的权利,包括付款请求权和追索权。付款请求权是持票人享有的第一顺序权利,付款请求权实现之日即追索权消灭之时;追索权是持票人享有的第二顺序权利,唯有在付款请求被拒绝或者法定情形出现时才可以行使。因此,持票人不先行使付款请求权而先行使追索权遭拒绝提起诉讼的,人民法院一般不予受理,除非有票据法第六十一条第二款和《规定》第三条所列情形之一。付款是付款人按照票据文义支付票据所载金额以消灭票据关系的行为。汇票付款请求权纠纷的当事人一般是持票人与承兑人或者付款人,本票付款请求权纠纷的当事人一般是持票人与出票人,支票付款请求权纠纷的当事人一般是持票人与办理支票存款业务的银行。追索权纠纷的当事人一般是持票人与出票人、背书人、承兑人、保证人等。票据法上的非票据权利,是指基于票据法的规定产生的但不是由票据行为直接产生的权利,是票据价款以外的债权关系,如票据交付请求权、票据返还请求权、票据损害赔偿请求权、票据利益返还请求权和汇票回单签发请求权。

票据法中的票据付款地就是民事诉讼法中的票据支付地。针对审判实践中票据纠纷管辖争议大多缘于对票据支付地的不同理解,《规定》一方面在《最高人民法院关于适用〈中华人民共和国民事诉讼法〉若干问题的意见》基础上分别对汇票、本票和支票的支付地作出了更为明确的解释,对代理付款人作了明确的界定;另一方面对适用票据支付地确定管辖的情况作了限制性解释,即因非票据权利纠纷提起的诉讼,由被告住所地人民法院管辖,排除了票据支付地人民法院对因非票据权利纠纷提起的诉讼的管辖权,以增强管辖的确定性,减少或者避免票据纠纷案件的管辖争议。

——曹守晔、王小能、汪治平、吕方:《〈关于审理票据纠纷案件若干问题的规定〉的理解与适用》,载《人民司法》2001 年第 4 期。

088

委托理财案件管辖

关键词 | 委托理财 | 管辖权 |

【链接:最高人民法院法官著述】

委托理财案件的管辖问题,是审判实践中比较突出的问题。由于委托理财是证券、期货等金融市场上的一种投资管理活动,而金融市场并非一个地域概念,因此委托理财交易难以确定一个客观存在的具体履行地点;尤其是委托理财案件比较复杂,各地法院司法标准不一,导致判断合同履行地或侵权行为地比较困难。此外,审判实践通常将证券、期货等金融机构的住所地确认为合同履行地,而委托理财案件被告多为证券公司、期货公司等金融机构,其住所地与合同履行地发生重合。为此,我们认为,在委托理财案件中,应以"原告就被告"为一般原则(被告住所地并不限于其机构总部所在地),不宜规定合同履行地、侵权行为地为案件管辖法院;被告为数人的,原告可以选择一被告所在地起诉;当事人可以约定争议解决之管辖法院,但应以《民事诉讼法》第二十五条规定的范围为限。

——高民尚:《关于审理证券、期货、国债市场中委托理财案件的若干问题》,载最高人民法院民事审判第二庭编:《民商事审判指导》(总第9辑),人民法院出版社2006年版,第27~28页。

089

债权转让时管辖协议的适用

关键词|合同转让|管辖协议|

【最高人民法院司法解释】

第三十三条 合同转让的,合同的管辖协议对合同受让人有效,但转让时受让人不知道有管辖协议,或者转让协议另有约定且原合同相对人同意的除外。

——《最高人民法院关于适用〈中华人民共和国民事诉讼法〉的解释》(2015年1月30日,法释〔2015〕5号)

第三条 金融资产管理公司向债务人提起诉讼的,应当由被告人住所地人民法院管辖。

原债权银行与债务人有协议管辖约定的,如不违反法律规定,该约定继续有效。

——《最高人民法院关于审理涉及金融资产管理公司收购、管理、处置

国有银行不良贷款形成的资产的案件适用法律若干问题的规定》(2001 年 4 月 11 日,法释〔2001〕12 号)

【最高人民法院司法政策】

金融资产管理公司受让不良债权后,自行与债务人约定或重新约定诉讼管辖的,如不违反法律规定,人民法院应当认定该约定有效。

——《最高人民法院关于印发〈关于审理涉及金融不良债权转让案件工作座谈会纪要〉的通知》(2009 年 3 月 30 日,法发〔2009〕19 号)

【《最高人民法院公报》案例】

中国昊华化工(集团)总公司与中企国际投资有限公司借款合同纠纷案[最高人民法院(2006)民二终字第 186 号民事裁定书]

裁判要旨:合同中约定了管辖法院,后合同的主体发生变更,但变更后的当事人未重新约定或未排除约定管辖,约定又不违反法律规定的,约定仍有效。

最高人民法院认为:

中企国际主张的债权受让自长城资产管理公司郑州办事处,该办事处又受让自工行宜阳县支行。本案所涉各原始借款合同和最高额保证合同均约定,如发生纠纷由工行宜阳县支行所在地法院通过诉讼方式解决。本案所涉主债权经过两次转让,相关的债权转让合同当事人均未与主债务人和保证人约定新的管辖法院,也没有排除各借款合同和最高额保证合同中对管辖权的约定。根据最高人民法院法释〔2001〕12 号《关于审理涉及金融资产管理公司收购、管理、处置国有银行不良贷款形成的资产的案件适用法律若干问题的规定》第三条第二款“原债权银行与债务人有协议管辖约定的,如不违反法律规定,该约定继续有效”之规定以及最高人民法院法〔2005〕62 号《关于金融资产管理公司收购、处置银行不良资产有关问题的补充通知》第一条“金融资产管理公司受让不良贷款后,通过债权转让方式处置不良资产的,可以适用本院发布的上述规定”之规定,可认定各原始借款合同和最高额保证合同约定的纠纷解决方式对本案双方当事人仍然有效。另外,审理昊华化工集团与中企国投之间因保证合同产生的纠纷,应当以相关的借款关系为基础,而原债权人工行宜阳县支行与主债务人洛阳中昊化学工业有限公司的住所地均在河南省，由河南省的有关法院审理本案便于查清案件事实。根据《最高人民法院关于各高级人民法院受理第一审民事、经济纠纷案件问题的通知》的有关规定，本案争议金额达到河南省高级人民法院受理第一审经济纠纷案件的争议金额标准，故本案应当由河南省高级人民法院审理。

——《最高人民法院公报》2007 年第 2 期

【最高人民法院裁判文书】

河北省深州市医院与张家口市第一医院、北京中电康德科技有限公司债权转让纠纷管辖权异议申请再审案(最高人民法院驳回再审申请通知书)

裁判要旨：合同履行地，是确定案件管辖的一个重要依据。合同履行地的确定，依不同性质的合同而有不同的确定标准。本案双方当事人争议的焦点是，债权转让合同的履行地点及管辖法院如何确定。在现行法律对债权转让合同履行地点无明确规定的情况下，根据民法原理，应当依据原合同予以确定，原合同对履行地点没有约定或者约定不明的，债权转让合同依法由被告所在地人民法院管辖。

最高人民法院认为：

首先，2004 年 12 月 23 日中电公司与深州市医院达成协议，将其对张家口医院的 105 万元人民币债权转让给深州市医院，债权转让合同成立。原再审裁定依当事人之间的基础关系，将本案定性为债权转让合同纠纷并无不当。

其次，《中华人民共和国合同法》第六十二条第(三)项是对当事人合同履行地点约定不明的补缺性规定，目的在于完善和保证合同的履行，不适用本案，应当根据《中华人民共和国民事诉讼法》以及相应的司法解释确定本案的管辖。

再次，本案债权转让合同是中电公司与深州市医院签订，转让的标的是原中电公司与张家口医院委托代理购买医疗设备合同所形成的债权，原合同的主体发生变更，深州市医院取代中电公司的债权人地位，成为新合同关系的当事人，但原合同的内容并未改变，张家口医院仍享有基于原合同产生的实体或者程序上的抗辩权，该债权转让合同纠纷的管辖仍应依原合同的约定和法律的规定确定。因当事人在原委托代理购买医疗设备合同中对履行地约定不明，根据《中华人民共和国民事诉讼法》第二十四条的规定，本案应由被告住所地法院，即张家口市中级人民法院管辖。深州市医院以与中电公司的代理协议为据主张管辖,混淆了债权转让合同与一般合同纠纷的区别,不予支持。

——苏泽林主编、最高人民法院立案庭编:《立案工作指导》(总第15辑),人民法院出版社2008年版,第140~141页。

【链接:最高人民法院法官著述】

本案争议的焦点有二:一是案件的性质;二是本案管辖权的确定。

(一)关于案件的性质

关于本案的性质,一、二审及再审裁定作出不同的认定。一审裁定以买卖合同纠纷立案;二审裁定以债权转让合同侵权赔偿纠纷立案;再审裁定以债权转让合同纠纷立案。此问题确实值得研究。

首先,根据原告深州市医院的诉讼请求。根据深州市医院于2006年1月5日提交的起诉书,其诉讼请求包含两层意思:一是认为105万元的债权已经转移。2004年12月23日中电公司与深州市医院达成协议,将其部分债权转让给深州市医院,其中包括被告张家口医院的一笔105万元人民币。2005年1月22日,中电公司和深州市医院共同赴张家口医院,与该医院的领导见面,通知该105万元债权已转让给深州市医院,并将债权转让书交给债务人张家口医院,本案债权转移符合法律的规定。二是该105万元债权转移后,中电公司无权撤销,二被告就该笔债权达成的任何协议无效,故请求法院判令二被告给付105万元货款及利息并赔偿因此造成的损失。

其次,我们认为,按照原告的诉讼请求,深州市医院关于债权转移成立的第一个诉讼请求,乃是它请求张家口医院履行105万元债权的前提。如果债权转移成立,并且已通知到达债务人张家口医院,2005年5月15日中电公司与张家口医院私下达成的协议侵犯了债权人的利益,应被认定无效,张家口医院应当按照债权转移合同支付105万元欠款;反之,如果债权转移不成立,中电公司与张家口医院所签订的协议则与深州市医院无关,第二个关于侵权的诉讼请求将成为无源之水、无本之木,无实际意义。因此,当事人争议的焦点在于债权转移是否成立,是否通知到达张家口医院,故本案应定性为债权转移合同纠纷。一审裁定以买卖合同纠纷立案,没有体现债权转移合同涉及三方当事人的特点;二审裁定以债权转让合同侵权赔偿纠纷立案亦有不妥。此案兼有合同纠纷和侵权纠纷两种性质,不符合《最高人民法院民事案件案由规定(试行)》,深州市医院之所以能够向张家口医院主张债权,其权利来源于债权转移合同,由于基础关系是合同关系，以合同纠纷处理更有利于债权人利益的保护。再审裁定按照原告的诉讼请求和本案的基础关系，确定本案的性质为债权转移合同纠纷是正确的。

（二）本案管辖权的确定

深州市医院主张，债权转让合同是中电公司与深州市医院之间的合同关系，与原来中电公司与张家口医院之间的合同是相互独立的。该债权转让合同是以给付金钱为主要内容，应根据《中华人民共和国合同法》第六十二条的规定，以接受货币一方所在地即深州市医院所在地为合同履行地，故深州市人民法院对本案有管辖权。

深州市医院的上述主张有两个问题值得研究：一是债权转让合同的履行地点如何确定，是按照中电公司与张家口医院的原合同，还是按照中电公司与深州市医院的债权转让合同确定；二是当事人对合同履行地点约定不明或者未作约定的，能否依据《中华人民共和国合同法》第六十二条第（三）项的规定确定管辖。我们的观点如下：

关于金融资产管理公司对债务人、担保人提起追偿之诉时的诉讼管辖问题，最高人民法院法释〔2001〕12 号《关于审理涉及金融资产管理公司收购、管理、处置国有银行不良贷款形成的资产的案件适用法律若干问题的规定》第三条规定："金融资产管理公司向债务人提起诉讼的，应当由被告人住所地人民法院管辖。原债权银行与债务人有协议管辖约定的，如不违反法律规定，该约定继续有效。"如果金融资产管理公司自行与债务人约定或重新约定诉讼管辖，应当如何认定该约定管辖之效力，在审判实务中颇具争议。

我们认为，如果单纯从债权转让与合同转让的区别角度出发，可能会导出金融资产管理公司与债务人之间的协议管辖约定无效的判断，但不能得出此类案件管辖系专属管辖的结论，况且民事诉讼法并未规定此类案件管辖属于专属管辖。应当看到，尽管不良债权转让行为和相关诉讼蕴含着诸多利益衡量因素，而且价值权衡的结果通常会影响实体规则和举证规则，但只要受让的债权是合法债权，那么在管辖方面仍然要遵循方便当事人诉讼、方便债权人实现债权的价值取向。鉴于金融资产管理公司大多仅在省会城市设置办事处，而债务人却遍布全国各地的现实，考虑到现阶段市场诚信缺失、法制环境欠佳、地方保护主义严重的状况，以及债务人利用所谓的"专属管辖"在追偿诉讼中恶意逃避债务的可能性，《纪要》本着高效处置不良资产、排除地方保护主义、降低资产处置成本之宗旨，明确规定："金融资产管理公司受让不良债权后，自行与债务人约定或重新约定诉讼管辖的，如不违反法律规定，人民法院应当认定该约定有效。”

——高民尚：《关于审理涉及金融不良债权转让案件的若干政策和法律问题》，载最高人民法院民事审判第二庭编：《民商事审判指导》（总第17辑），人民法院出版社2009年版，第28～29页。

首先，关于债权转让合同履行地点的问题。合同的转让通常要涉及两种不同的法律关系，即原合同当事人之间的关系、转让人与受让人之间的关系。债权转让合同属于合同的权利转让，也同样涉及不同的合同关系。本案债权转让合同是中电公司与深州市医院签订，但转让的标的是原合同中电公司对张家口医院的债权，在债权转让合同成立并对债务人生效后，合同的主体发生变更，深州市医院取代中电公司债权人的地位，成为新合同关系的当事人，享有与原债权人同样的权利，中电公司则脱离原合同关系。虽然合同的主体发生变化，但合同的内容并未改变，与合同债权相关的从权利依然存在，这种从权利既包括债权转让后，受让人应取得的合同的从债权，如担保物权、利息债权等，也包括基于合同债权产生的请求权、诉权等。《中华人民共和国合同法》第八十二条规定：“债务人接到债权转让通知后，债务人对让与人的抗辩，可以向受让人主张。”故在新合同关系中，债务人张家口医院得以抗辩原债权人中电公司的事由，包括基于合同债权产生的诉权、管辖异议的抗辩权，均可向深州市医院主张。因此，当深州市医院向本人所在地人民法院提起诉讼，张家口医院享有请求按照原合同履行地点确定管辖的权利，人民法院应当依照原合同的约定及法律的规定进行审查。

其次，关于对《中华人民共和国合同法》第六十二条第三款的理解和适用问题。《中华人民共和国合同法》第六十二条规定：“当事人就有关合同内容约定不明确，依照本法第六十一条的规定仍然不能确定的，依照下列规定：……（三）履行地点不明确，给付货币的，在接受一方所在地履行……”我们认为，该条款是我国合同法针对因借贷合同产生的债权债务关系设定，是对当事人在借贷合同中，履行地点约定不明作出的补缺性规定，目的在于完善和保证合同的履行。本案是因购销合同所形成的债权债务纠纷，两个案件性质不同，不能简单套用。本案应当根据《中华人民共和国民事诉讼法》以及相应的司法解释确定管辖。

最后，关于本案管辖权的确定。2004年2月27日中电公司与张家口医院签订委托购买德国原产大C臂合同第十二条约定，最终用户地址：河北省张家口市桥西区新华街礼拜寺6号。根据《最高人民法院关于在确定经济纠纷案件管辖中如何确定购销合同履行地问题的规定》第一项的规定,“当事人在合同中明确约定履行地点的,以约定的履行地点为合同履行地。当事人在合同中未明确约定履行地点的,以约定的交货地点为合同履行地。合同中约定的货物到达地、到站地、验收地、安装调试地等,均不应视为合同履行地”。故中电公司与张家口医院在合同中关于履行地点的约定属于约定不明,不符合上述司法解释的规定,不能作为确定管辖的依据。依照《中华人民共和国民事诉讼法》第二十四条的规定,“因合同纠纷提起的诉讼,由被告住所地或者合同履行地人民法院管辖”。本案排除适用合同履行地管辖条款应由被告住所地法院管辖。深州市医院起诉张家口医院、中电公司,张家口市中级人民法院、北京市有关法院作为被告所在地人民法院对本案有管辖权。深州市医院作为原告向本人所在地的深州市人民法院起诉,不符合上述规定,河北省高级人民法院再审撤销一、二审裁定,裁定本案由张家口市中级人民法院管辖是正确的。

——于金陵:《债权转让合同纠纷履行地的确定》,载苏泽林主编、最高人民法院立案庭编:《立案工作指导》(总第15辑),人民法院出版社2008年版,第137~140页。

090

侵犯名誉权案件的管辖

关键词|侵犯名誉权|侵权行为地|侵权结果发生地|管辖权|

【最高人民法院司法解释】

一、问:名誉权案件如何确定侵权结果发生地?

答:人民法院受理这类案件时,受侵权的公民、法人和其他组织的住所地,可以认定为侵权结果发生地。

——《最高人民法院关于审理名誉权案件若干问题的解释》(1998年8月31日,法释〔1998〕26号)

四、问:名誉权案件如何确定管辖?

答:名誉权案件,适用民事诉讼法第二十九条的规定,由侵权行为地或者被告住所地人民法院管辖。侵权行为地包括侵权行为实施地和侵权结果发生地。

——《最高人民法院关于审理名誉权案件若干问题的解答》(1993 年 8 月 7 日，法发〔1993〕15 号)

【链接：最高人民法院法官著述】

就我国而言，按照《民事诉讼法》的规定，新闻侵权案件也是由被告住所地法院或者侵权行为地法院管辖。在新闻侵权中，侵权行为地是根据发行地、销售地、邮局征订地来确定，还是有其他标准？按照《民事诉讼法意见》的规定，侵权行为地包括侵权行为实施地和侵权结果发生地。我们认为，报纸杂志的发行地、电视广播节目的制作地或者电视广播节目信号发射地可以视为侵权行为实施地。当然，侵权行为实施地在多数情况下与被告的住所地是一致的。

至于侵权结果发生地，则比较复杂。新闻侵权的结果发生地往往被解释为被告所在地甚至是报刊发行和广播电视信号所覆盖的任何地方。这样解释有一定的道理，因为侵权结果一般在新闻媒体覆盖的区域范围内发生。但这种解释在实践中相当程度上造成了原告可以任意选择法院。因为报刊大多全国发行，中央媒体的广播电视也是覆盖全国的，甚至不少地方电视台通过卫星传送也已覆盖全国多数地区。如果将侵权结果发生地作广义解释，会导致我国任何地方都可能成为侵权地；随着电子科技的发展，甚至是全球的任何一个地方都可能成为侵权地。因此，有必要对名誉权案件的管辖作出限制性解释。鉴于这种情况，最高人民法院于 1998 年作出《关于审理名誉权案件若干问题的解释》，该解释规定人民法院受理名誉权案件时，受侵权的公民、法人和其他组织的住所地，可以认定为侵权结果发生地。这种解释是比较合理的，因为公民、法人和其他组织，一般在其居住地或者住所地其名誉权才有实质性意义，该地点对于名誉权是否受到侵害具有重要意义。因此，从管辖制度之最密切联系的原则出发，应当确定受侵害自然人、法人和其他组织之住所地或者居住地为侵权结果发生地。关于这类案件的管辖问题：如果原告只对作者起诉的，由作者户籍所在地的基层人民法院管辖，受诉法院可追加报刊社为被告；如果原告只对报刊社起诉的，由该报刊社所在地的基层人民法院管辖，受诉法院可追加作者为被告；如果原告把作者和报刊社作为共同被告起诉的，一般由报刊社所在地的基层人民法院管辖为宜。

当然，对于新闻人物来说，如果将侵权结果地限定为其居住地或者住所地则未必合适。因为按照这种界定,侵权结果发生地比实际的侵权结果发生地要窄得多。按照最密切联系原则,其知名的地域范围均可认定为侵权结果发生地。根据这一原则,侵害其人格权的新闻侵权案件的侵权结果地也应当如此确定。

对此还应注意两个问题:(1)共同侵权行为发生在两个以上的地方应如何确定管辖?比如张某写了一篇有辱李某的文章,被甲地的报纸刊登,后又被乙地、丙地的报纸转载。从理论上讲,这三地法院都有管辖权。但为了便于当事人诉讼,便于法院调查收集和审查核实证据,有些学者提出应由对原告名誉损害最为严重地或扩散范围最广泛地法院管辖。(2)两个以上不在同一法院辖区的被告以同一种形式共同侵害同一原告名誉权时,如何确定被告住所地?比如住在甲地的张某撰写有辱李某名誉的文章被乙地报纸发表后,又被丙地的报纸转载,虽然这三地法院都有管辖权,但应以报纸发行范围较广、距离李某又较近的乙地法院管辖为宜。上述意见只是对最佳管辖法院的认定,即最方便法院原则,或者说排除一些不太方便的法院。当然,按照《民事诉讼法》的规定,上述各法院均有管辖权。

——姜启波、孙邦清:《诉讼管辖》,人民法院出版社 2008 年版,第 139 ~ 141 页。

091

虚假网络宣传行为所引起的名誉权纠纷案件管辖

关键词 | 名誉权纠纷 | 虚假网络宣传 | 侵权行为地 | 侵权结果发生地 |

【最高人民法院司法解释】

第二十五条 信息网络侵权行为实施地包括实施被诉侵权行为的计算机等信息设备所在地,侵权结果发生地包括被侵权人住所地。

——《最高人民法院关于适用〈中华人民共和国民事诉讼法〉的解释》(2015 年 1 月 30 日,法释〔2015〕5 号)

第二条 利用信息网络侵害人身权益提起的诉讼,由侵权行为地或者被告住所地人民法院管辖。

侵权行为实施地包括实施被诉侵权行为的计算机等终端设备所在地，侵权结果发生地包括被侵权人住所地。

——《最高人民法院关于审理利用信息网络侵害人身权益民事纠纷案件适用法律若干问题的规定》(2014 年 8 月 21 日，法释〔2014〕11 号)

第十五条 侵害信息网络传播权民事纠纷案件由侵权行为地或者被告住所地人民法院管辖。侵权行为地包括实施被诉侵权行为的网络服务器、计算机终端等设备所在地。侵权行为地和被告住所地均难以确定或者在境外的，原告发现侵权内容的计算机终端等设备所在地可以视为侵权行为地。

——《最高人民法院关于审理侵害信息网络传播权民事纠纷案件适用法律若干问题的规定》(2012 年 12 月 17 日，法释〔2012〕20 号)

【链接：最高人民法院法官著述】

（一）本案案由是名誉权纠纷

原告诉称：2004 年 6 月 27 日 4 时 18 分以来，被告为了获取更大的商业利益，置国家法律、法规、政策的相关规定不顾，不尽审查、核实职责，便一直在其 TOM 网首页"社会新闻"栏目内，用《变态医生针扎妻子下身几百人对其当街痛殴(图)》作新闻标题，登载、传播了侮辱、诽谤原告，有损原告名誉的新闻信息；而且，被告在登载该文章时，为了达到以假乱真的目的，还同时编配、使用了经过技术加工合成的原告肖像图片来有意丑化原告形象。

2005 年 8 月 18 日 6 时 6 分，被告又在其 TOM 网首页"国内新闻"栏目内用《"无声"的折磨更伤人》作评述文章标题，登载有损原告名誉的虚假新闻信息。至原告起诉时，被告也没有停止其侵权行为，导致其精神损失和经济损失。为此，原告羊某某将被告北京雷霆万钧网络有限责任公司诉至法院，要求被告承担民事责任。根据原告起诉的事实和理由，本案的案由应确定为名誉权纠纷。

（二）本案应由侵权结果发生地的四川省三台县人民法院管辖

根据原告起诉的事实和理由，本案是由被告的虚假网络宣传行为所引起的名誉权纠纷案件。《最高人民法院关于适用〈中华人民共和国民事诉讼法〉若干问题的意见》第 28 条规定，因侵权行为提起的诉讼，由侵权行为地或者被告住所地人民法院管辖，侵权行为地包括侵权行为实施地、侵权结果发生地。根据法释〔1998〕26 号《最高人民法院关于审理名誉权案件若干问题的解释》第一条名誉权案件如何确定侵权结果发生地的解释，人民法院受理这类案件时，受侵权的公民、法人和其他组织的住所地，可以认定为侵权结果发生地。原告的住所地四川省三台县可以认定为本案的侵权结果发生地。因此，四川省三台县人民法院作为侵权结果发生地法院对本案享有管辖权。

三台县法院认为，本案"被告住所地在北京市东城区境内，为了查清案件事实，方便当事人，减少讼累，便于案件的审理执行，所以将案件移送北京市东城区法院"的理由不成立。

首先，由侵权结果发生地法院管辖本案，更有利于查清案件事实。本案的关键事实是原告是否实施了摧残妻子的行为。要查清这一事实，只有在原告的住所地才便于查清。而由被告住所地法院管辖，在查清案件事实方面存在诸多不方便，并将造成司法资源浪费。由侵权结果发生地（原告住所地）的三台县人民法院管辖本案更方便查清案件事实。

其次，由侵权结果发生地法院管辖本案，更方便当事人。本案的原告是自然人，被告是网络公司，相比较，原告明显处于弱势地位，被告到侵权结果发生地法院应诉，比原告到被告住所地法院应诉更方便一些，更能保护处于弱势地位的原告的合法权益，减少讼累。

再次，由侵权结果发生地法院管辖本案，便于使案件审理的法律效果和社会效果相统一。名誉，也称名声、声誉，是指社会公众对自然人或法人的综合评价。公民的名誉权是指公民依赖自己的名誉参与社会生活、社会竞争的权利，属于公民的精神性人格权利，其内容是公民享有自己的名誉，不受他人妨碍。良好的名誉是公民参与社会生活、社会竞争的重要条件，对名誉的侵犯必然直接损害、影响公民参与社会生活与社会竞争的条件。从原告起诉的事实来看，被告是网络公司，拥有网络媒体资源，可以发布信息影响社会舆论。如果被告在互联网上发布的关于原告的文章是不实报道，就会对原告的名誉权造成一定损害，而这种损害会在原告的生活圈子内造成实质影响。由侵权结果发生地法院审理本案，便于在原告住所地消除影响，收到较好的社会效果。

如果被告发布的报道属实，侵权不成立，则也可以在原告的生活圈子里，起到对原告的舆论监督作用，使原告改正自己的错误，也可以达到舆论监督与社会监督共同监督原告、教育其他公民的目的，同样也可以收到很好的社会效果。

总之，由侵权结果发生地法院管辖本案，更有利于达到案件审理的法律效果与社会效果的统一。

——张绳祖：《羊某某与北京雷霆万钧网络科技有限责任公司名誉权

纠纷管辖权争议案的指定管辖》，载《民事法律文件解读》(总第71辑)，人民法院出版社2010年版，第99～101页。

092

交通事故纠纷案件管辖

关键词｜交通事故纠纷｜管辖权｜

【链接：最高人民法院法官著述】

交通事故分为道路交通事故、铁路交通事故、水上交通事故和航空交通事故。我国2007年《民事诉讼法》第30条规定：因铁路、公路、水上和航空事故请求损害赔偿提起的诉讼，由事故发生地或者车辆、船舶最先到达地，航空器最先降落地或者被告住所地人民法院管辖。但这条规定与2007《民事诉讼法》第29条存在矛盾之处。该法第29条规定：因侵权行为提起的诉讼，由侵权行为地或者被告住所地人民法院管辖。一般情况下，事故发生地与侵权行为地是一致的，并不存在矛盾之处，但有时事故发生地与侵权行为地并不一致，特别是该法第30条规定由交通工具最先到达地法院管辖。由于该法第30条是对交通事故的管辖做出的特殊规定，因此，对于交通事故请求损害赔偿的诉讼，应当按照该法第30条的规定确定管辖，而不能按照该法第29条的规定确定管辖，尽管一般情况下交通事故属于侵权纠纷。

这里需要注意道路交通事故的管辖。道路交通事故，通常称交通事故，又称公路交通事故，按照《道路交通事故处理办法》第2条的规定，是指车辆驾驶人员、行人、乘车人以及其他在道路上进行与交通有关活动的人员，因违反《道路交通管理条例》和其他道路交通管理法规、规章的行为，过失造成人身伤亡或者财产损失的事故。公路，是指《公路管理条例》规定的，经公路主管部门验收认定的城间、城乡间、乡间能行驶汽车的公共道路(包括国道、省道、县道和乡道)。道路交通事故赔偿案件，由事故发生地、肇事车辆或被告住所地人民法院管辖。应当注意的是，我国并非是所有的机动车交通事故都按照《道路交通事故处理办法》和《民事诉讼法》第30条的规定处理。在非公路(如校园内等)发生的事故，火车与车辆、行人在铁路道口发生的交通事故，则应当按照《民事诉讼法》第

29条的规定确定管辖。

——姜启波、孙邦清:《诉讼管辖》,人民法院出版社2008年版,第141页。

093

铁路运输人身损害赔偿纠纷案件管辖

关键词|铁路运输|人身损害赔偿|管辖权|

【最高人民法院司法解释】

第三条 赔偿权利人要求对方当事人承担侵权责任的,由事故发生地、列车最先到达地或者被告住所地铁路运输法院管辖;赔偿权利人依照合同法要求承运人承担违约责任予以人身损害赔偿的,由运输始发地、目的地或者被告住所地铁路运输法院管辖。

——《最高人民法院关于审理铁路运输人身损害赔偿纠纷案件适用法律若干问题的解释》(2010年3月3日,法释〔2010〕5号)

【链接:最高人民法院法官著述】

如何确定铁路运输人身损害赔偿案件的管辖法院,是亟需解决的突出问题之一。在以往的实践中,此类案件有一部分是由铁路运输法院受理的,还有一部分是由地方法院受理的。而地方法院和铁路运输法院对法律的理解有一定的差异,司法尺度也不尽一致,导致了案情相近的案件,其处理结果差异较大,损害了司法统一。虽然这次通过《解释》,可以从实体规定上将人们的认识统一起来,但统一地确定案件管辖法院,仍然是非常必要的。

导致以往实践中案件受理法院不一致的原因,是最高人民法院曾出台的规范文件有冲突。1990年6月16日,最高人民法院发布《关于铁路运输法院对经济纠纷案件管辖范围的规定》[法(交)发〔1990〕8号][1]。据其第十一条规定,

[1] 该司法解释因《民事诉讼法》而失效。

“铁路行车、调车作业造成人身、财产损害，原告选择向铁路运输法院起诉的侵权纠纷案件”，属于铁路运输法院受理经济纠纷案件的范围。最高人民法院1992年发布的《关于适用民事诉讼法若干问题的意见》第三十条规定：“铁路运输合同纠纷及与铁路运输有关的侵权纠纷，由铁路运输法院管辖。”据此，此类案件均应由铁路运输法院专门管辖。及至1995年1月25日，最高人民法院又对河北高院作出《关于铁路路外人身伤亡损害赔偿案件管辖问题的复函》（法函〔1995〕6号）①，称“本院法（交）发〔1990〕8号《关于铁路运输法院对经济纠纷案件管辖范围的规定》中第十一条属于当事人选择管辖的规定”。有些地方法院据此复函认为当事人有选择管辖的权利，当事人选择向地方法院起诉的，地方法院可以受理。起草小组研究认为，在上述几个文件中，1992年的民事诉讼法司法解释效力最高，时间也晚于1990年的规定，1995年的复函似有不当。故此类案件应由铁路运输法院专门管辖。另外，通过多年司法实践经验的积累，铁路运输法院比地方法院更了解铁路运输的特殊性，这类案件由铁路运输法院专门管辖更为适当，也符合设立铁路运输法院系统的目的。以往在社会上有一种观点，认为铁路运输法院是铁路系统内部设立的法院，质疑其能否公正审理此类案件。其实，铁路运输法院每年都审理了相当数量的各类案件，整体上看是客观公正的，只是由于其管理体制上的原因容易受到质疑，损害了司法公信力。中央已把铁路运输法院体制改革确定为司法改革的一项重要内容。目前，这项改革正在积极稳妥的推进过程中，其方向是将铁路运输法院作为专门法院予以整体保留，同时其在人财物等各方面均与铁路运输企业脱钩。改革完成后，铁路运输法院的司法公信力将进一步提高。同时还要看到，铁路运输法院作为人民法院中的一个重要组成部分，其司法审判活动要受到上级人民法院的监督，当事人对于铁路运输法院作出的裁判不服的，可以根据法律的规定，向各有关高级人民法院提起上诉或者提出再审申请，可以确保当事人获得保护和救济。基于上述考虑，《解释》第三条根据民事诉讼法第三十条和第二十八条的规定，区分侵权纠纷或者是合同纠纷，分别明确了案件的地域管辖问题。即赔偿权利人要求对方当事人承担侵权责任的，由事故发生地、列车最先到达地或者被告住所地铁路运输法院管辖；赔偿权利人依照合同法要求承运人承担违约责任予以人身损害赔偿的，由运输始发地、目的地或者被告住所地铁路运输法院管辖。

① 该答复因与《最高人民法院关于审理铁路运输人身损害赔偿纠纷案件适用法律若干问题的解释》相冲突而失效。

在制定《解释》的过程中,有一种意见认为,规定事故发生地、列车最先到达地、被告住所地,以及运输始发地、目的地的铁路运输法院都有管辖权,会使当事人可选择的管辖法院过多,会导致案件向经济发达地区的铁路运输法院集中,所以应当规定案件仅由事故发生地的铁路运输法院管辖。起草小组研究认为,这种意见不符合民事诉讼法的规定,限制了当事人的诉讼权利,故未予采纳。

——宫鸣、张代恩:《适用〈关于审理铁路运输人身损害赔偿纠纷案件适用法律若干问题的解释〉中的几个问题》,载最高人民法院民事审判第一庭编:《民事审判指导与参考》(总第41集),法律出版社2010年版,第14~15页。

094

铁路运输法院专门管辖案件的级别管辖

关键词 | 铁路运输 | 人身损害赔偿 | 管辖权 |

【《最高人民法院公报》案例】

准格尔旗鼎峰商贸有限责任公司与中铁十局集团有限公司铁路修建合同纠纷管辖权异议案[最高人民法院(2013)民提字第231号民事裁定书]

裁判要旨:在确定铁路运输法院专门管辖案件的级别管辖时,一方当事人住所地在铁路运输法院辖区,一方当事人住所地既不在铁路运输法院辖区,又不在铁路运输法院所在省份行政辖区,属于"当事人一方住所地不在省高级人民法院辖区"案件,即铁路运输法院辖区也是所属省高级人民法院辖区。

最高人民法院认为:

本案双方当事人在签订的《建设施工合同》中约定"经调解达不成协议时,向工程所在地有管辖权的人民法院提起诉讼冶,该约定是双方真实意思表示,约定的"工程所在地法院"是明确的,符合《中华人民共和国民事诉讼法》第三十四条和《最高人民法院关于适用〈中华人民共和国民事诉讼法〉若干问题的意见》第24条的规定,应认定有效。本案系铁路专用线建设施工合同纠纷,根据《最高人民法院关于铁路运输法院案件管辖范围的若干规定》第三条第六项"与铁路及其附属设施的建设施工有关的合同纠纷"由铁路运输法院管辖之规定,本案应由铁路运输法院专门管辖。本案工程所在地准格尔旗在太原铁路局辖区，属于太原铁路中级人民法院辖区，一审原告鼎峰公司住所地准格尔旗，属于太原铁路中级人民法院辖区，因而也在山西省高级人民法院辖区。一审被告中铁十局公司住所地为山东省济南市，既不在太原铁路局辖区，也不在山西省辖区，因而不在山西省高级人民法院辖区。根据《最高人民法院全国各省、自治区、直辖市高级人民法院和中级人民法院管辖第一审民商事案件标准》的规定，山西省高级人民法院管辖诉讼标的额在1亿元以上的第一审民商事案件，以及诉讼标的额在5000万元以上且当事人一方住所地不在本辖区或者涉外、涉港澳台的第一审民商事案件。本案诉讼标的额为8000余万元，且一审被告中铁十局公司住所地不在山西省高级人民法院辖区，因此本案属于山西省高级人民法院管辖的第一审民事案件，太原铁路中级人民法院对本案没有管辖权。一、二审裁定认定太原铁路中级人民法院对本案有管辖权不当。

——《最高人民法院公报》2014年第3期

095

医疗事故纠纷案件管辖

关键词 | 医疗事故纠纷 | 责任竞合 | 管辖权 |

【链接：最高人民法院法官著述】

法律、司法解释没有对医疗事故纠纷的管辖作出特别的规定。由于医疗事故纠纷属于责任竞合的案件，受害人既可以提起侵权之诉，也可以提起合同之诉。如受害人提起侵权之诉，则按照2007年《民事诉讼法》第29条的规定，由被告住所地或者侵权行为地法院管辖。侵权行为地中的侵权行为实施地比较容易确定，一般指的是侵权的医疗行为发生地，而侵权结果发生地则不容易确定。在一般情况下，侵权行为实施地与结果发生地是一致的，但有时也不一致。例如，病人在医院治疗后当场并没有发生损害结果，而在返回住所地后才发生损害结果，或者在返回住所地的途中发生了损害结果。在上述情况下，侵权结果发生地则为损害发生地。

——姜启波、孙邦清：《诉讼管辖》，人民法院出版社2008年版，第141～142页。

096

产品责任纠纷案件管辖

关键词｜产品责任纠纷｜侵权纠纷｜管辖权｜

【最高人民法院司法解释】

第二十六条 因产品、服务质量不合格造成他人财产、人身损害提起的诉讼，产品制造地、产品销售地、服务提供地、侵权行为地和被告住所地的人民法院都有管辖权。

——《最高人民法院关于适用〈中华人民共和国民事诉讼法〉的解释》(2015 年 1 月 30 日，法释〔2015〕5 号)

【链接：最高人民法院法官著述】

适用本条应当注意：一是本条规定的地域管辖连接点赋予了原告起诉时的选择权，具体以原告选择其中的连接点来确定地域管辖法院；二是涉及侵权责任与合同责任竞合时，根据原告选择行使合同之诉还是侵权之诉，进一步确定相应的地域管辖。

——杜万华主编、《最高人民法院民事诉讼法司法解释实务指南》编写小组编著：《最高人民法院民事诉讼法司法解释实务指南》，中国法制出版社 2015 年版，第 38 页。

097

因证券市场虚假陈述引发侵权纠纷案件管辖

关键词｜证券市场｜虚假陈述｜侵权纠纷｜管辖｜

【最高人民法院司法解释】

第八条 虚假陈述证券民事赔偿案件，由省、直辖市、自治区人民政府所在的市、计划单列市和经济特区中级人民法院管辖。

第九条 投资人对多个被告提起证券民事赔偿诉讼的，按下列原则确定管辖：

（一）由发行人或者上市公司所在地有管辖权的中级人民法院管辖。但有本规定第十条第二款规定的情形除外。

（二）对发行人或者上市公司以外的虚假陈述行为人提起的诉讼，由被告所在地有管辖权的中级人民法院管辖。

（三）仅以自然人为被告提起的诉讼，由被告所在地有管辖权的中级人民法院管辖。

第十条 人民法院受理以发行人或者上市公司以外的虚假陈述行为人为被告提起的诉讼后，经当事人申请或者征得所有原告同意后，可以追加发行人或者上市公司为共同被告。人民法院追加后，应当将案件移送发行人或者上市公司所在地有管辖权的中级人民法院管辖。

当事人不申请或者原告不同意追加，人民法院认为确有必要追加的，应当通知发行人或者上市公司作为共同被告参加诉讼，但不得移送案件。

——《最高人民法院关于审理证券市场因虚假陈述引发的民事赔偿案件的若干规定》（2003 年 1 月 9 日，法释〔2003〕2 号）

【最高人民法院司法政策】

五、各直辖市、省会市、计划单列市或经济特区中级人民法院为一审管辖法院；地域管辖采用原告就被告原则，统一规定为：

1. 对凡含有上市公司在内的被告提起的民事诉讼，由上市公司所在直辖市、省会市、计划单列市或经济特区中级人民法院管辖。

2. 对以机构（指作出虚假陈述的证券公司、中介服务机构等，下同）和自然人为共同被告提起的民事诉讼，由机构所在直辖市、省会市、计划单列市或经济特区中级人民法院管辖。

3. 对以数个机构为共同被告提起的民事诉讼，原告可以选择向其中一个机构所在直辖市、省会市、计划单列市或经济特区中级人民法院提起民事诉讼。原告向两个以上中级人民法院提起民事诉讼的，由最先立案的中级人民法院管辖。

——《最高人民法院关于受理证券市场因虚假陈述引发的民事侵权纠

纷案件有关问题的通知》(2002 年 1 月 15 日,法明传〔2001〕43 号)

由于证券市场侵权民事纠纷案件在事实认定和法律适用方面存在相当的难度,故目前在对此类案件的级别管辖上规定为由直辖市、省会市、计划单列市或经济特区中级人民法院作为一审管辖法院。同时,考虑到证券市场民事侵权行为地不具有唯一性且存在认定难度,故规定该类案件地域管辖以我国《民事诉讼法》确立的原告就被告原则确定。

——《李国光副院长就〈最高人民法院关于受理证券市场因虚假陈述引发的民事侵权纠纷案件有关问题的通知〉答人民法院报记者问》,载最高人民法院民事审判第一庭编:《民事审判指导与参考》(总第 10 集),法律出版社 2002 年版,第 17 ~ 18 页。

【链接:最高人民法院法官著述】

《规定》用三个条文篇幅,按级别管辖、地域管辖和移送管辖顺序,分别对虚假证券民事赔偿案件的特殊受理和管辖问题作了规定。1.《规定》对这类案件采取了相对集中管辖的原则。证券市场虚假陈述行为引发的侵权民事赔偿案件,在事实认定和法律适用方面均存在相当的难度,如果全面由基层人民法院管辖,在初入证券市场之机既不现实也无必要。我国的上市公司大多集中于经济相对发达地区,而案件又不能过于集中于上海、深圳和北京等城市,故采取相对集中管辖的原则,在第 8 条中规定了这类案件由省、直辖市、自治区人民政府所在的市、计划单列市和经济特区的中级人民法院管辖。2. 因证券市场民事侵权行为地不具有惟一性,以侵权行为地确定地域管辖存在难度,故对该类案件地域管辖统一采用我国民事诉讼法确立的原告就被告原则。如投资人对多个被告提起虚假证券民事赔偿诉讼的,《规定》第 9 条按下列原则确定了管辖:(1)由发行人或者上市公司所在地有管辖权的中级人民法院管辖。但有规定第 10 条第 2 款规定的情形除外。(2)对发行人或者上市公司以外的虚假行为人提起的诉讼,由被告所在地有管辖权的中级人民法院管辖。(3)仅以自然人为被告提起的诉讼,由被告所在地有管辖权的中级人民法院管辖。3. 规定了追加被告和移送案件的内容。由于发行人或上市公司往往是虚假陈述的始作俑者,如证据证明虚假陈述最初来自于它们,而原告只起诉承担连带责任的承销商等被告而没有起诉它们,当承销商等抗辩时则难以查清虚假陈述事实,判决后将还形成诉累。所以条件成熟时，追加共同被告在实践中是非常必要的。《规定》第 10 条第 1 款规定："人民法院受理以发行人或者上市公司以外的虚假陈述行为人为被告提起的诉讼后，经当事人申请或者征得所有原告同意后，可以追加发行人或者上市公司所在地有管辖权的中级人民法院管辖。"4.《规定》第 10 条第 2 款基于当事人诉权，对地域管辖作了例外规定："当事人不申请或者原告不同意追加，人民法院认为确有必要追加的，应当通知发行人或者上市公司作为共同被告参加诉讼，但不得移送案件。"

——贾纬：《证券市场虚假陈述民事赔偿制度——〈关于审理证券市场因虚假引发的民事赔偿案件的若干规定〉的理解与说明》，载江必新主编、最高人民法院民事审判第二庭编：《民商审判指导与参考》（总第 3 卷），法律出版社 2003 年版，第 63 ~ 64 页。

098

以合同为表现形式的侵权纠纷的管辖

关键词 | 侵权纠纷 | 以合同为表现形式 | 管辖 |

【《最高人民法院公报》案例】

中国技术进出口总公司诉瑞士工业资源公司侵权损害赔偿纠纷上诉案（上海市高级人民法院二审民事判决书）

裁判要旨：以合同为表现形式的侵权纠纷不以合同的履行为目的，签订合同只是实现侵权的手段，目的是通过签订合同，诱使合同相对人履行合同约定的义务，从而非法占有合同相对人的财产。双方所签合同为无效合同，不能按照合同约定的解决争议的方法解决双方的纠纷，而应该按照侵权的有关法律确定案件管辖。

上海市高级人民法院认为：

上诉人瑞士工业资源公司在无钢材的情况下，谎称"货物已在装运港备妥待运"，"装船日期为 1985 年 3 月 31 日"，"在我方银行收到信用证二周内交货"，诱使被上诉人与其签订合同。这证明，上诉人在签订《合同修改议定书》时，就使用了欺诈手段。上诉人在收到被上诉人指示中国银行上海分行开出的信用证后，在货物没有装船的情况下，向被上诉人提交了包括提单在内的全套伪造单据,以骗取被上诉人的巨额货款。上诉人利用合同形式,进行欺诈,已超出履行合同的范围,不仅破坏了合同,而且构成了侵权。双方当事人的纠纷,已非合同权利义务的争议,而是侵权损害赔偿纠纷。被上诉人有权向法院提起侵权之诉,而不受双方所订立的仲裁条款的约束。因本案侵权行为地在上海,依照民事诉讼法(试行)第二十二条关于"因侵权行为提起诉讼的,由侵权行为地人民法院管辖"的规定,以及该法第一百八十五条、第一百五十六条的规定,上海市中级人民法院对本案具有管辖权。上诉人提出的中国已加入《承认及执行外国仲裁裁决公约》,当事人签订的合同又有仲裁条款,中国法院无管辖权,其理由不能成立。被上诉人并未在其他法院对上诉人提出过侵权损害赔偿的诉讼,因此,也不存在重复诉讼的问题。原审法院准许被上诉人的诉讼保全申请,冻结上诉人在中国银行上海分行的托收货款,符合民事诉讼法(试行)第九十二条第一款和第九十三条第一款、第二款的规定,应予认可。本案是因欺诈行为引起的侵权损害赔偿纠纷,侵权人除应当返还受害人的货款外,对于受害人因被欺诈遭受的其他重大损失,亦应当赔偿。原审法院判决上诉人返还被上诉人的钢材货款,赔偿被上诉人的钢材货款的银行贷款利息、经营损失以及其他费用,并无不当。上诉人反诉要求被上诉人赔偿因申请冻结其4408249美元而造成上诉人需向银行支付利息,以及支付本案的诉讼费、保证金、律师费用等,共计1157819.6美元的损失,没有理由,不予支持。鉴于在原审法院判决后钢材货款的银行贷款利息继续孳生,赔偿金额亦应增加。

——《最高人民法院公报》1989年第1期

编者说明

以合同为表现形式的侵权纠纷,是以订立合同的方式侵害他人财产权益的一种侵权纠纷,纠纷的基础是侵权行为。合同纠纷与以合同为表现形式的侵权纠纷,形式上虽然都是因合同引起的纠纷,但两者之间有本质的差别。合同纠纷一般都是合同当事人在实现合同目的的过程中产生的纠纷,而以合同为表现形式的侵权纠纷根本不以合同的履行为目的,签订合同只是其实现侵权的手段,其目的是通过签订合同,诱使合同相对人履行合同约定的义务,从而非法占有合同相对人的财产。因合同争议产生的合同责任与因侵权行为产生的民事侵权责任,虽然都是民事责任,但两者有重大的区别,在《民法通则》里,两种责任是在两个部分分别进行规定的。

本案中的合同纠纷与侵权纠纷的区别也有别于1999年10月1日施行的《合同法》第122条规定的情形。《合同法》第122条规定,因当事人一方的行为,侵害对方人身、财产权益的,受损害方有权选择依照《合同法》要求其承担违约责任或者依照其他法律要求其承担侵权责任。该规定是在合同责任与违约责任发生竞合的情况下,为了更充分地保护当事人的合法权益而赋予当事人提起不同诉讼的选择权。该条规定适用的前提是合同为有效合同,只是在合同生效之后,一方当事人的行为既构成违约,又构成侵权。本案中,瑞士工业资源公司在无钢材的情况下,谎称“货物已在装运港备妥待运”“装船日期为 1985 年 3 月 31 日”“在我方银行收到信用证二周内交货”,其行为违反诚实信用原则,采取了欺诈手段,使中国技术进出口总公司作出了签订合同的错误意思表示,按照《民法通则》第 58 条第 1 款第(3)项的规定,双方所签订的合同属于无效合同。中国技术进出口总公司在本案中不存在违约责任请求权与侵权责任请求权的竞合问题,中国技术进出口总公司只能提起侵权诉讼,而不能提起合同之诉,上海市中级人民法院和高级人民法院将本案确定为侵权损害赔偿纠纷,定性是准确的。

由于双方所签合同为无效合同,本案属于以合同为表现形式的侵权纠纷,因此,既不能按照合同条款确定双方的权利义务,也不能按照合同约定的解决争议的方法解决双方的纠纷,而应该按照侵权的有关法律规定确定案件管辖。这有别于在合同争议中,合同无效不影响合同中独立存在的解决合同争议条款的效力的有关规定。本案二审法院确认双方当事人的纠纷已非合同权利义务的争议,而是侵权损害赔偿纠纷,中国技术进出口总公司有权向法院提起侵权之诉,不受双方所订立的仲裁条款的约束是正确的。按照侵权诉讼管辖的规定,本案应由侵权行为地人民法院管辖,而侵权行为地既包括侵权行为发生地,也包括侵权结果发生地。上海市为本案的侵权行为结果发生地,因此,上海市中级人民法院对本案具有管辖权。

099

信用证欺诈纠纷案件管辖

关键词|信用证欺诈|管辖权|

【《最高人民法院公报》案例】

韩国新湖商社与四川省欧亚经贸总公司等信用证欺诈纠纷管辖权异议案[最高人民法院(2000)经终字第 155 号民事裁定书]

裁判要旨:以信用证为结算方式的买卖合同发生信用证欺诈,该案件应以信用证纠纷确定管辖法院,因为信用证具有独立性原则,买卖合同中的仲裁条款不能约束信用证。

最高人民法院认为:

信用证虽然是基础交易中的一个结算方式,但它又独立于基础交易,是遵循严格相符原则的单据交易。通常情况当事人不得以基础交易中的事由要求止付信用证或宣告信用证无效。对上述原则的例外就是信用证欺诈例外原则。所谓“信用证欺诈例外原则”是在基础交易存在实质性欺诈的情况下,可以构成信用证关系与基础交易相独立的例外。由于适用“欺诈例外原则”是以基础交易的欺诈为前提,而导致信用证项下款项止付这样的后果,也必须将基础交易纠纷与信用证法律关系结合起来进行审理。由于我国《民事诉讼法》有关于第三人的制度,并且原审原告欧亚公司的诉讼请求包括了对信用证的效力以及终止支付的要求,如果欧亚公司胜诉,信用证止付的请求得到支持,结果必然涉及到议付行关于开证行履行信用证项下的义务的请求是否成立;如果欧亚公司败诉,则开证行要承担信用证项下的付款责任。可以认为本案的判决结果与开证行和议付行有法律上的利害关系,因此一审法院将农行成都市总府支行和农协会列为本案第三人的做法并无不妥。但是,正因为本案的审理既包括了基础关系——买卖合同,又包括了信用证纠纷,因此本案的案由应认定为国际货物买卖信用证付款纠纷。

综上所述,原审法院对买卖合同和信用证纠纷均具有管辖权,其驳回新湖公司异议的裁定是正确的。

——《最高人民法院公报》2001 年第 3 期

编者说明

本案的审理既包括基础交易关系(合同纠纷)又包括信用证纠纷,最高人民法院将本案案由确定为国际货物买卖信用证付款纠纷是正确的。信用证具有独立性原则,买卖合同中约定的仲裁条款不能约束信用证纠纷。

根据《民事诉讼法》第 265 条的规定,对因合同纠纷或其他财产权益纠纷提起的涉外民事诉讼有管辖权的人民法院包括合同签订地、合同履行地、诉讼标的物所在地、可供扣押的财产所在地、侵权行为地或者代表机构所在地人民法院。本案中,合同签订地、被上诉人可供扣押的财产(款项)所在地、侵权行为地均在四川省,所以四川省高级人民法院对案件享有管辖权。

100

不正当竞争案件管辖

关键词 | 不正当竞争案件 | 级别管辖 |

【最高人民法院司法解释】

第十八条 反不正当竞争法第五条、第九条、第十条、第十四条规定的不正当竞争民事第一审案件，一般由中级人民法院管辖。

各高级人民法院根据本辖区的实际情况，经最高人民法院批准，可以确定若干基层人民法院受理不正当竞争民事第一审案件，已经批准可以审理知识产权民事案件的基层人民法院，可以继续受理。

——《最高人民法院关于审理不正当竞争民事案件应用法律若干问题的解释》(2007 年 1 月 11 日，法释〔2007〕2 号)

【链接：最高人民法院法官著述】

《解释》第十八条是对反不正当竞争法第五条、第九条、第十条、第十四条规定的不正当竞争民事第一审案件的级别管辖所作的解释，即一般由中级人民法院管辖。但考虑到随着经济科技的发展，不正当竞争案件可能会增加，为了减轻相关中级人民法院的压力，同时也方便当事人诉讼，该条第二款规定，各高级人民法院根据本辖区的实际情况，经最高人民法院批准，可以确定若干基层人民法院受理不正当竞争民事第一审案件，但已经批准可以审理知识产权民事案件的基层人民法院，可以继续受理。当然，对于涉及知识产权保护的其他不正当竞争案件，应参照上述级别管辖的规定办理。

——蒋志培等：《〈关于审理不正当竞争民事案件应用法律若干问题的解释〉的理解与适用》，载曹建明主编、最高人民法院民事审判第三庭编：《知识产权审判指导》(总第 8 辑)，人民法院出版社 2007 年版，第 118 ~ 119 页。

101

依据保密或竞业限制条款提起商业秘密侵权案件管辖

关键词 | 劳动合同 | 保密条款 | 竞业限制 | 管辖 |

【最高人民法院审判业务意见】

40. 在陈建新与化工部南通合成材料厂等商业秘密纠纷管辖权异议案[(2008)民三终字第9号]中,最高人民法院认为,在涉及违约责任与侵权责任的竞合时,原告有权选择提起合同诉讼还是侵权诉讼,人民法院也应当根据原告起诉的案由依法确定能否受理案件以及确定案件的管辖;对于因劳动者与用人单位之间的竞业限制约定引发的纠纷,如果当事人以违约为由主张权利,则属于劳动争议,依法应当通过劳动争议处理程序解决;如果当事人以侵犯商业秘密为由主张权利,则属于不正当竞争纠纷,人民法院可以依法直接予以受理。

——《最高人民法院知识产权案件年度报告(2009)》

102

专利纠纷案件的管辖

关键词|专利纠纷|管辖|

【最高人民法院司法解释】

第二条 专利纠纷案件由知识产权法院、最高人民法院确定的中级人民法院和基层人民法院管辖。

——《最高人民法院关于适用〈中华人民共和国民事诉讼法〉的解释》(2015年1月30日,法释〔2015〕5号)

第二条 专利纠纷第一审案件,由各省、自治区、直辖市人民政府所在地的中级人民法院和最高人民法院指定的中级人民法院管辖。

最高人民法院根据实际情况,可以指定基层人民法院管辖第一审专利纠纷案件。

第五条 因侵犯专利权行为提起的诉讼,由侵权行为地或者被告住所地人民法院管辖。

侵权行为地包括:被控侵犯发明、实用新型专利权的产品的制造、使用、许诺销售、销售、进口等行为的实施地;专利方法使用行为的实施地,依照该专利方法直接获得的产品的使用、许诺销售、销售、进口等行为的实施地；外观设计专利产品的制造、许诺销售、销售、进口等行为的实施地；假冒他人专利的行为实施地。上述侵权行为的侵权结果发生地。

第六条 原告仅对侵权产品制造者提起诉讼，未起诉销售者，侵权产品制造地与销售地不一致的，制造地人民法院有管辖权；以制造者与销售者为共同被告起诉的，销售地人民法院有管辖权。

销售者是制造者分支机构，原告在销售地起诉侵权产品制造者制造、销售行为的，销售地人民法院有管辖权。

第七条 原告根据1993年1月1日以前提出的专利申请和根据该申请授予的方法发明专利权提起的侵权诉讼，参照本规定第五条、第六条的规定确定管辖。

人民法院在上述案件实体审理中依法适用方法发明专利权不延及产品的规定。

——《最高人民法院关于审理专利纠纷案件适用法律问题的若干规定》（2001年6月22日，法释〔2001〕21号，2015年1月19日第二次修正）

【最高人民法院司法政策】

1. 级别管辖。目前，除专利权纠纷案件属于指定管辖外，对于其他绝大多数知识产权民事纠纷案件，各级法院均有管辖权。近年来，虽然知识产权民事纠纷案件总量有所增加，但是，案件的绝对数量仍然较少。许多基层法院审判人员由于接触案件少，难以较快熟悉审判业务，对保证办案质量有所影响。不少同志认为，知识产权民事纠纷案件由中级人民法院作一审，有利于锻炼专业法官队伍，提高办案质量。建议除少数已经成立知识产权审判庭的基层法院外，高级人民法院可以根据案件的具体情况，决定由中级人民法院作为知识产权民事纠纷案件的一审法院，并报最高人民法院备案。对专利权纠纷案件，仍按照最高人民法院的规定确定一审法院。

2. 地域管辖。依照民事诉讼法的规定，知识产权民事纠纷案件依案件的性质可以由被告住所地、侵权行为地和合同履行地的人民法院管辖。在审判实践中，一些法院对最高人民法院司法解释中关于“侵权结果发生地”的理解有一定的混乱，有的甚至认为，在侵权案件中，受到损害的原告住所地或者“侵权物”的达到地就是“侵权结果发生地”。与会同志普遍认为，在知识产权侵权纠纷案件中，侵权结果发生地应当理解为是侵权行为直接产生的结果发生地，不能以原告受到损害就认为原告所在地就是侵权结果发生地。

对于以销售侵权物品为由起诉销售者的案件，销售地法院有管辖权；如果原告对销售者不起诉，仅对制造者起诉，制造地与销售地又不一致的，应由制造地（通常为被告住所地）法院管辖；如果在侵权物品销售地以制造者与销售者为共同被告起诉时，侵权物品销售地法院有管辖权。销售者是制造者的分支机构的，其销售行为视为制造者的销售行为，原告在销售地起诉制造者的制造、销售行为的，销售地法院有管辖权。

——《最高人民法院关于全国部分法院知识产权审判工作座谈会纪要》（1998年7月20日，法〔1998〕65号）

【最高人民法院裁判文书】

河北新凯汽车制造有限公司、高碑店新凯汽车制造有限公司与（日本）本田技研工业株式会社、东风本田汽车（武汉）有限公司、北京鑫升百利汽车贸易有限公司侵犯外观设计专利权纠纷管辖权异议案［最高人民法院（2005）民三终字第2号民事裁定书］

裁判要旨：（一）对于案件管辖的确定，人民法院在受理立案中仅进行初步审查，只要相关证据在形式上符合法律规定，即可依法决定受理。但在受理案件后，被告方依法提出管辖权异议的，受理案件的法院应当就确定案件管辖权的事实依据和法律依据进行全面审查，包括对有关证据的审查认定。（二）《最高人民法院关于审理专利纠纷案件适用法律问题的若干规定》第二条"专利纠纷第一审案件，由各省、自治区、直辖市人民政府所在地的中级人民法院和最高人民法院指定的中级人民法院管辖"的规定旨在将专利纠纷第一审案件最低审级确定为中级人民法院，并未排除高级人民法院依法对专利纠纷一审案件行使管辖权。

最高人民法院认为：

（一）关于确定本案地域管辖权的依据，即北京鑫升百利汽车贸易有限公司是否系本案被控侵权产品的销售者。

对案件管辖的确定，在受理立案中法院仅进行初步审查，有关证据只要在形式上符合法律规定，即可依法决定受理。但在案件受理后被告依法提出管辖权异议时，受理该案的法院应当就确定案件管辖权的事实依据和法律依据进行全面审查，包括对有关证据的审查认定。

本案北京鑫升百利汽车贸易有限公司是否系被控侵权产品的销售者，涉及确定原审法院对本案有无地域管辖权的事实依据问题。原审法院未对有关证据召集当事人进行审查核对,有所不妥。但是,在被告并未将此作为其管辖权异议所依据的事实和理由的情况下,原审法院仅针对其异议所依据的事实和理由作出裁定,尚不属实质错误。

在二审期间,本院曾召集双方当事人就此事实进行调查,两上诉人一方面以公证人员未出庭为由,拒绝对两被上诉人提交的证明北京鑫升百利汽车贸易有限公司系本案被控侵权产品销售者的公证文书发表进一步质证意见,另一方面又明确表示对此没有任何证据可以提交。两上诉人对有关公证文书不予认可的理由并不充分,也缺乏法律依据,应当视为其放弃对该证据进行进一步质证的权利。依据民事诉讼法第六十七条、《最高人民法院关于民事诉讼证据的若干规定》第九条第一款第(六)项和第二款之规定,在当事人没有相反证据足以推翻公证证明的情况下,人民法院即将经过法定程序公证证明的事实作为认定案件事实的证据。

因此,本院认定被上诉人所举公证文书可以证明北京鑫升百利汽车贸易有限公司系本案被控侵权产品的销售者。依据《最高人民法院关于审理专利纠纷案件适用法律问题的若干规定》第六条关于“以制造者和销售者为共同被告起诉的,销售地人民法院有管辖权”的规定,作为被控侵权产品销售者所在地,北京市有关法院对本案具有地域管辖权。两上诉人的前述上诉理由虽然部分成立,但尚不足以改变对本案的地域管辖。两被上诉人关于对管辖权异议的裁定不可能依据已经质证的证据材料而作出的答辩意见,亦不成立,也不影响本院对本案管辖的确定。

(二)关于北京市高级人民法院对本案行使级别管辖权是否违法。

《最高人民法院关于审理专利纠纷案件适用法律问题的若干规定》第二条规定:“专利纠纷第一审案件,由各省、自治区、直辖市人民政府所在地的中级人民法院和最高人民法院指定的中级人民法院管辖。”本条规定的本意在于专利纠纷案件的最低审级应当是这些指定的中级人民法院,并未排除高级人民法院依法行使一审专利纠纷案件管辖权。北京市高级人民法院于 2002 年 12 月 17 日制定的《关于北京市各级人民法院受理第一审知识产权民事纠纷案件级别管辖的规定》中规定,争议金额 1 亿元以上的知识产权民事纠纷案件(含涉外纠纷案件)由高级人民法院管辖。该规定内容符合民事诉讼法及本院司法解释的有关规定,可以作为确定本案级别管辖的依据。本案原告起诉请求的赔偿额为 1 亿元人民币,北京市高级人民法院对本案具有级别管辖权。两上诉人关于高级人民法院不能管辖第一审专利纠纷案件和北京市高级人民法院制定的关于一审知识产权民事案件级别管辖的有关规定违法的上诉理由均不能成立。但原审法院对两上诉人的此管辖权异议理由未作评判,亦有所缺憾。

——法律咨询网,http://www.110.com/panli/panli_27846.html。

【链接:最高人民法院法官著述】

根据民事诉讼法和最高人民法院关于适用该法的司法解释的规定,专利纠纷案件由最高人民法院确定的中级人民法院管辖。1985年2月16日,最高人民法院在《关于开展专利审判工作的几个问题的通知》中规定,不服国务院专利行政部门、专利复审委员会决定的专利案件,由北京市中级人民法院(后为北京市第一中级人民法院)作为一审法院,其余专利纠纷案件,由各省级政府所在地、经济特区等中级人民法院作为一审法院。十多年来的审判实践证明,将专利案件的一审法院指定为一些具备审判实力的中级法院,集中专利司法审判机构,符合专利审判技术性强、审理难度大的实际情况,在一定程度上保证了统一执法和办案质量,也符合国际上的通行做法,应当贯彻执行。《关于审理专利纠纷案件适用法律问题的若干规定》(以下简称《规定二》)在上述通知的基础上进行了归纳和简化,规定:专利纠纷第一审案件,由各省、自治区、直辖市人民政府所在地的中级人民法院和最高人民法院指定的中级人民法院管辖。今后因本地区实际情况需要取得专利纠纷案件管辖权的其他中级人民法院,应当经过最高人民法院指定。

民事诉讼法实施前,由于没有法律的明文规定,最高人民法院于1987年6月专门就专利侵权纠纷案件的地域管辖问题作出司法解释,即《关于专利侵权纠纷案件管辖的通知》,较为详细地规定了6类侵犯专利权行为(包括假冒他人专利行为)的地域管辖问题,对全国法院的专利审判工作起到了很好的指导作用。1991年民事诉讼法颁布后,明确规定因侵权行为提起的诉讼由侵权行为地或者被告住所地人民法院管辖,侵犯专利权案件同样应当适用该项规定。因此,《规定二》未继续沿用前述司法解释的做法,而是对专利法第十一条所规定的各类侵犯专利行为的以及第五十八条规定的假冒他人专利行为的侵权行为地进行解释。该规定首先明确侵权行为地包括侵权行为实施地和侵权结果发生地,进而对行为实施地具体解释为:侵犯发明、实用新型专利权产品的制造、使用、许诺销售、销售、进口等行为实施地;专利方法使用行为的实施地,依照该专利方法直接获得的产品的使用、许诺销售、销售、进口等行为的实施地；外观设计专利产品的制造、销售、进口等行为的实施地；假冒他人专利的行为实施地。

在司法实践中，当事人之间经常发生争议、各地法院认识亦不统一的是被控侵权产品制造地、销售地法院的管辖权问题。1998 年 7 月，最高人民法院在江苏省吴县召开全国部分法院知识产权审判工作座谈会，该问题在会上经热烈讨论取得了一致性意见，并在《最高人民法院关于全国部分法院知识产权审判工作座谈会议纪要》中载明。《规定二》对会议纪要的内容作了进一步归纳，第六条规定如下：原告仅对侵权产品制造者提起诉讼，未起诉销售者，侵权产品制造地与销售地不一致的，制造地人民法院有管辖权；以制造者与销售者为共同被告起诉的，销售地人民法院有管辖权；销售者是制造者分支机构，原告在销售地起诉侵权产品制造者制造、销售行为的，销售地人民法院有管辖权。通过近 3 年的审判实践，上述规定较为有效地解决了当事人争议较大的侵权产品销售地法院的管辖问题，有利于切实保护专利权人的合法权益，应当继续予以贯彻。但在适用中也应当注意到，对于原告在侵权产品销售地以制造者与销售者为共同被告起诉的，销售地法院应当根据民事诉讼法的有关规定，审查是否符合共同诉讼的条件。

此外，我国专利法于 1992 年 9 月第一次修订时，增加了方法发明专利权延及产品的规定，即未经专利权人许可使用、销售、进口依照其专利方法直接获得的产品的行为，构成侵犯专利权。同时，全国人大常委会关于此次修改专利法的决定中明确指出，1993 年 1 月 1 日以前提出的专利申请和根据该申请授予的专利权，适用修改前专利法的规定。对于方法发明专利权而言，应理解为对 1993 年 1 月 1 日以前提出申请的方法专利权的保护范围不延及依照该专利方法直接获得的产品，即只有未经许可使用该专利方法的行为才构成侵权。在实践中，方法专利的使用地往往非常隐蔽，法律关于侵权行为地法院管辖的规定难以付诸实施，而权利人在被告住所地起诉又可能受地方保护主义的影响，因此当事人对此争议很大。鉴于这类案件已为数不多，从切实保护权利人的合法权益，以及方便当事人起诉、方便法院查清案情的“两便”原则出发，《规定二》第六条对这两类案件的管辖作了适当的变通规定，即可以参照 1993 年 1 月 1 日以后提出申请并获得的方法发明专利指定管辖。根据该规定，侵犯方法发明专利权纠纷案件的管辖均按照上述一般规定确定，方法专利权所涉及产品的销售地、进口地等法院都有管辖权。值得注意的是，管辖问题的变通规定，并不涉及案件的实体审理问题。该规定明确指出，法院在实体审理中仍应当适用 1992 年修改前专利法关于方法发明专利权不延及产品的规定。

——蒋志培、张辉:《关于实施专利法的两个司法解释的理解与适用》,载《人民司法》2001 年第 8 期。

103

诉前停止侵犯专利权行为案件管辖

关键词｜侵犯专利权｜诉前停止侵权｜管辖权｜

【最高人民法院司法解释】

第二条 诉前责令停止侵犯专利权行为的申请,应当向有专利侵权案件管辖权的人民法院提出。

——《最高人民法院关于对诉前停止侵犯专利权行为适用法律问题的若干规定》(2001 年 6 月 7 日,法释〔2001〕20 号)

【链接:最高人民法院法官著述】

需要特别指出的是,诉前申请停止有关行为案件属于专利纠纷案件,其管辖的确定应当遵照专利侵权案件管辖原则。《关于对诉前停止侵犯专利权行为适用法律问题的若干规定》第 2 条规定:"诉前责令停止侵犯专利权行为的申请,应当向有专利侵权案件管辖权的人民法院提出。"其中"有专利侵权案件管辖权的人民法院"有两方面含义:一是指对专利纠纷案件有指定管辖权的法院,即能审理专利纠纷案件的法院;二是指就具体的专利侵权案件享有地域管辖权的法院,即侵权行为地或者被告住所地的法院。只有两者都具备的法院,才享有对诉前申请停止侵权案件的管辖权。

——蒋志培、张辉:《关于实施专利法的两个司法解释的理解与适用》,载《人民司法》2001 年第 8 期,第 10 ~ 11 页。

104

被诉侵权产品的出口装船交货地可认定为侵权行为地

关键词｜侵权产品出口｜装船交货地｜侵权行为地｜

【最高人民法院审判业务意见】

41. 在申请再审人山东凯赛生物科技材料有限公司(以下简称凯赛材料公司)与被申请人山东瀚霖生物技术有限公司(以下简称瀚霖技术公司)、中国科学院微生物研究所以及原审被告山东凯赛生物技术有限公司(以下简称凯赛技术公司)、上海凯赛生物技术研发中心有限公司侵犯发明专利权纠纷管辖权异议案[(2011)民申字第1049号]中,最高人民法院认为,通过FOB和CIF价格条件出口销售被诉依照本案专利方法直接获得的产品,该产品的装船交货地属于销售行为实施地。

本案的基本案情是:中国科学院微生物研究所系ZL95117436.3号(微生物同步发酵生产长链αω二羟酸的方法)发明专利权的专利权人,其与瀚霖技术公司向山东省青岛市中级人民法院起诉称,凯赛材料公司等被告侵犯其本案发明专利权,请求判令被诉侵权人停止侵权行为及赔偿损失。青岛市中级人民法院受理后,凯赛材料公司在答辩期内提出管辖权异议称,原告没有证明青岛海关所在地系侵权行为地,青岛市中级人民法院对本案没有管辖权。瀚霖技术公司辩称,凯赛材料公司等被告非法使用本案专利方法直接获得二元酸产品,并通过FOB青岛及CIF青岛的价格条件从青岛出口销售,无论FOB青岛还是CIF青岛的价格条件,均在青岛港装船交货。因此,青岛是凯赛材料公司销售二元酸产品的实施地,青岛市中级人民法院享有管辖权。青岛市中级人民法院一审认为,该院对本案有管辖权。凯赛材料公司提起上诉。山东省高级人民法院二审认为,一审法院作为被诉侵权产品销售地法院之一对本案享有管辖权。凯赛材料公司不服,向最高人民法院申请再审。最高人民法院于2011年9月13日裁定驳回了凯赛材料公司的再审申请。

最高人民法院审查认为:本案是专利方法发明,管辖地应当依照该专利方法直接获得的产品的使用、许诺销售、销售、进口等行为的实施地,以及上述侵权行为的侵权结果发生地确定。瀚霖技术公司与中国科学院微生物研究所是以凯赛材料公司和凯赛技术公司通过FOB青岛和CIF青岛的价格条件出口销售非法使用本案专利方法直接获得的二元酸产品为由,向青岛市中级人民法院提起本案诉讼。青岛港作为被诉依照本案专利方法直接获得产品的装船交货所在地,属于销售行为的实施地,青岛市中级人民法院依法对本案享有管辖权。

——《最高人民法院知识产权案件年度报告(2011)》

105

涉及同一事实的确认不侵犯专利权诉讼和专利侵权诉讼应当移送管辖合并审理

关键词 | 确认不侵犯专利 | 专利侵权诉讼 | 移送管辖 | 合并审理 |

【最高人民法院审判业务意见】

36. 在本田株式会社与双环公司侵犯外观设计专利权纠纷管辖权异议案[(2012)民三终字第1号]中,最高人民法院认为,不同法院受理的涉及同一事实的确认不侵犯专利权诉讼和专利侵权诉讼应当移送管辖合并审理;移送过程中,如涉及地域管辖,应按照立案时间的先后顺序,由后立案受理的法院将案件移送到先立案受理的法院审理;如涉及级别管辖,一般按"就高不就低"的原则由级别低的法院将其立案受理的案件移送到级别高的法院审理。

——《最高人民法院知识产权案件年度报告(2012)》

106

商标民事纠纷案件管辖

关键词 | 商标案件 | 管辖 |

【最高人民法院司法解释】

第一条 人民法院受理以下商标案件:

1. 不服国务院工商行政管理部门商标评审委员会(以下简称商标评审委员会)作出的复审决定或者裁定的行政案件;

2. 不服工商行政管理部门作出的有关商标的其他具体行政行为的案件;

3. 商标权权属纠纷案件;

4. 侵害商标专用权纠纷案件;

5. 确认不侵害商标专用权纠纷案件;

6. 商标权转让合同纠纷案件;

7. 商标使用许可合同纠纷案件;

8. 商标代理合同纠纷案件;

9. 申请诉前停止侵害商标专用权案件;

10. 因申请停止侵害商标专用权损害责任案件;

11. 因商标纠纷申请诉前财产保全案件;

12. 因商标纠纷申请诉前证据保全案件;

13. 其他商标案件。

第三条 第一审商标民事案件,由中级以上人民法院及最高人民法院指定的基层人民法院管辖。

——《最高人民法院关于商标法修改决定施行后商标案件管辖和法律适用问题的解释》(2014 年 3 月 25 日,法释〔2014〕4 号)

第六条 因侵犯注册商标专用权行为提起的民事诉讼,由商标法第十三条、第五十二条所规定侵权行为的实施地、侵权商品的储藏地或者查封扣押地、被告住所地人民法院管辖。

前款规定的侵权商品的储藏地,是指大量或者经常性储存、隐匿侵权商品所在地;查封扣押地,是指海关、工商等行政机关依法查封、扣押侵权商品所在地。

第七条 对涉及不同侵权行为实施地的多个被告提起的共同诉讼,原告可以选择其中一个被告的侵权行为实施地人民法院管辖;仅对其中某一被告提起的诉讼,该被告侵权行为实施地的人民法院有管辖权。

——《最高人民法院关于审理商标民事纠纷案件适用法律若干问题的解释》(2002 年 10 月 12 日,法释〔2002〕32 号)

【链接：最高人民法院法官著述】

（一）侵害商标权案件的地域管辖

对于侵权案件来讲，《民事诉讼法》规定因侵权行为提起的诉讼，由侵权行为地或被告住所地法院管辖。由于最高人民法院对商标案件规定了特殊的管辖，因此侵害商标专用权纠纷的案件的管辖与一般侵权案件的管辖不同。基层人民法院对商标侵权案件一般并无管辖权，而基层人民法院对一般性侵权纠纷一般有管辖权。因此，对于商标侵权纠纷而言，侵权地法院或者被告住所地法院一般指的是侵权地或者被告住所地的中级人民法院，而不是基层人民法院，只有高级人民法院确定的并经最高人民法院批准的较大城市的基层人民法院才有商标案件的管辖权。

按照最高人民法院的司法解释，商标侵权案件的侵权行为地包括侵权行为实施地和侵权结果发生地。对于商标侵权行为实施地，根据最高人民法院2002年10月颁布的《关于审理商标民事纠纷案件适用法律若干问题的解释》第6条的规定，因侵犯注册商标专用权行为提起的民事诉讼，由侵权行为的实施地、侵权商品的储藏地或者查封扣押地、被告住所地人民法院管辖。侵权商品的储藏地，是指大量或者经常性储存、隐匿侵权商品所在地；查封扣押地，是指海关、工商等行政机关依法查封、扣押侵权商品所在地。关于侵权行为地，应当注意以下几点：

1. 由于该解释并没有规定侵权结果发生地，因此，在侵犯商标专用权案件中，不再以侵权结果发生地来确定管辖。从总的趋势来看，最高人民法院正在逐步地取消侵权结果发生地的规定。例如，最高人民法院在《关于审理著作权民事纠纷案件适用法律若干问题的解释》中规定：因侵犯著作权行为提起的民事诉讼，由《著作权法》第46条、第47条所规定侵权行为的实施地、侵权复制品储藏地或者查封扣押地、被告住所地人民法院管辖。该规定排除了其他法院如侵权结果发生地法院的管辖权。最高人民法院在1998年《关于全国部分法院知识产权审判工作座谈会纪要》中也曾经指出，在知识产权侵权案件中，侵权结果发生地应当理解为侵权行为直接产生的结果发生地，不能以原告受到损害就认为原告所在地就是侵权结果发生地。

学界对侵权结果发生地的确定也观点纷呈，如很多人认为，侵权结果发生地是一个比较明确的概念，只要在某一个地方给权利人造成了损害后果，那么该地就是侵权结果发生地。例如一般来说，商标权人的住所地或者主要营业机构所在地为侵权结果发生地，因为侵权的结果就是对商标权人的生产、销售、收入产生影响，从这个意义上讲，商标权人的住所地或者主要营业机构所在地为侵权结果发生地。从这个意义上讲，侵权结果发生地与原告的住所地并不矛盾。

正是由于侵权结果发生地的复杂性，使之在司法实践中难以操作，侵权结果发生地与合同履行地问题一起成为民事诉讼中确定管辖的疑难问题。我们以为，最高人民法院在《民事诉讼法意见》中关于侵权结果发生地的规定虽然有利于对受害人的特殊保护，但这一规定在很大程度上改变了原告就被告的管辖原则，且在司法实践中不易操作，其合理性值得商榷。因此，对于侵权案件的管辖，应当一般性地废除侵权结果发生地的规定。当然，为了体现对某些受害者的特殊保护，可以对一些特殊的侵权案件规定特别的管辖，例如侵害名誉权案件、环境污染案件等。

2. 该解释的侵权行为实施地应当作扩大解释。依照《最高人民法院关于审理专利纠纷案件适用法律问题的若干规定》关于专利案件侵权行为地的规定，我们以为侵害商标专用权行为的实施地应当具体包括下列各地：侵权产品的制造、使用、许诺销售、销售、进口等行为实施地；假冒他人商标行为的实施地；伪造或者擅自制造他人商标标识的行为实施地或者销售伪造或者擅自制造他人商标标识的销售地等。

3. 查封扣押地，是指海关、工商等行政机关依法查封、扣押侵权商品所在地，不包括人民法院采取保全措施或者采取诉前停止侵权措施的查封扣押地。

（二）商标合同纠纷

关于合同纠纷的管辖，《民事诉讼法》第 24 条规定：由被告住所地或者合同履行地法院管辖。根据最高人民法院《民事诉讼法意见》的规定，当事人约定的履行地与实际履行地不一致的，以实际履行地为准。如果合同没有实际履行，当事人双方住所地又都不在合同约定的履行地的，应由被告住所地法院管辖。对于商标合同纠纷案件，也应当按照上述管辖原则来确定。

应当注意的是，商标合同纠纷与技术合同纠纷并非相同，一般情况下纯粹的商标使用合同纠纷并不属于技术合同纠纷，因此其管辖的确定不能依照最高人民法院《关于审理技术合同纠纷案件适用法律若干问题的解释》和《关于审理技术合同纠纷案件若干问题的纪要》精神来处理。但如果商标合同有涉及到技术合同内容的，则按照该两个规定的精神来确定管辖。

对于如何确定涉商标合同的履行地，实践与理论中存在不同的看法。目前通说认为合同履行地是指合同的特征义务履行地。我们以为这是错误的,商标合同与其他合同一样,也应当有多项义务,因此其履行地并非一定是唯一的,因此,《民事诉讼法》所规定的合同履行地应当指的是发生争议的合同义务履行地。如果当事人有明确的约定,并且当事人约定的履行地与实际履行地又一致的,或者约定与实际履行地不一致的,则按照实际履行地为准。如果当事人没有约定或者约定不明确的,按照《合同法》第62条、第141条的规定,当事人没有约定交付地点或者约定不明确,依据《合同法》第61条的规定仍不能确定的,适用下列规定:标的物需要运输的,出卖人应当将标的物交付给第一承运人以运交给买受人;标的物不需要运输,出卖人和买受人订立合同时知道标的物在某一地点的,出卖人应当在该地点交付标的物;不知道标的物在某一地点的,应当在出卖人订立合同时的营业地交付标的物;履行地点不明确,给付货币的,在接受货币一方所在地履行;交付不动产的,在不动产所在地履行;其他标的,在履行义务一方所在地履行。

(三)商标专用权权属纠纷

商标专用权权属纠纷案件,是指双方当事人对商标专用权的归属发生争议。根据《解释》的规定,由有商标案件管辖权的被告所在地法院管辖,该管辖法院一般是指中级人民法院。

(四)诉前停止侵权与保全案件

根据《商标法》第57条的规定,商标注册人或者利害关系人可以向人民法院提出诉前责令停止侵犯注册商标专用权行为的申请。2002年《最高人民法院关于诉前停止侵犯注册商标专用权行为和保全证据适用法律问题的解释》第2条规定:诉前责令停止侵犯注册商标专用权行为或者保全证据的申请,应当向侵权行为地或者被申请人住所地对商标案件有管辖权的人民法院提出。

诉前停止侵犯注册商标专用权行为是否属于诉前财产保全?我们以为二者不能等同。诉前停止侵犯注册商标专用权行为是一种我国《民事诉讼法》规定的财产保全和先予执行两种制度所不能涵盖的制度,在大陆法系可称为"定暂时状态之假分"(诉讼保全的一种,财产保全与诉讼保全也并非同一概念)。我国《商标法》对诉前停止侵犯商标专用权和财产保全进行了区分,例如《商标法》第57条规定:商标注册人或者利害关系人有证据证明他人正在实施或者即将实施侵犯其注册商标专用权的行为,如不及时制止,将会使其合法权益受到难以弥补的损害的,可以在起诉前向人民法院申请采取责令停止有关行为和财产保全的措施。对诉前停止侵权行为这种制度应当有特殊的管辖法院。至于除诉前停止侵权行为之外的涉商标案件的诉前财产保全案件,《民事诉讼法意见》第31条规定:诉前财产保全,由当事人向财产所在地的人民法院申请。在人民法院采取诉前财产保全后,申请人起诉的,可以向采取诉前财产保全的人民法院或者其他有管辖权的人民法院提起。至于申请人申请诉前财产保全时是否有数额限制,目前没有明确规定。我们以为,由于保全措施并不是审理行为,因此并不涉及到级别管辖的问题,因此,采取诉前财产保全时对诉讼标的额并无要求。当然,法律法规对某些案件的保全规定由中级人民法院采取,应当执行这一规定。例如,涉外仲裁过程中的财产保全由相应的中级人民法院管辖。

商标案件的证据保全案件,按照《解释》规定,由侵权行为地或者被申请人住所地的有商标管辖权的法院管辖。

最后,在合同责任与侵权责任竞合的案件中,由于当事人可以选择诉因起诉,因此该案件的管辖应当按照当事人选择的诉因来确定。

——姜启波、孙邦清:《诉讼管辖》,人民法院出版社2008年版,第150~154页。

107

涉及驰名商标认定的民事纠纷案件管辖

关键词｜驰名商标认定｜管辖｜

【最高人民法院司法解释】

第三条 涉及对驰名商标保护的民事、行政案件,由省、自治区人民政府所在地市、计划单列市、直辖市辖区中级人民法院及最高人民法院指定的其他中级人民法院管辖。

——《最高人民法院关于商标法修改决定施行后商标案件管辖和法律适用问题的解释》(2014年3月25日,法释〔2014〕4号)

【最高人民法院司法政策】

各省、自治区、直辖市高级人民法院,解放军军事法院,新疆维吾尔自治区高级人民法院生产建设兵团分院：

为进一步加强人民法院对驰名商标的司法保护，完善司法保护制度，规范司法保护行为，增强司法保护的权威性和公信力，维护公平竞争的市场经济秩序，为国家经济发展大局服务，从本通知下发之日起，涉及驰名商标认定的民事纠纷案件，由省、自治区人民政府所在地的市、计划单列市中级人民法院，以及直辖市辖区内的中级人民法院管辖。其他中级人民法院管辖此类民事纠纷案件，需报经最高人民法院批准；未经批准的中级人民法院不再受理此类案件。

以上通知，请遵照执行。

——《最高人民法院关于涉及驰名商标认定的民事纠纷案件管辖问题的通知》(2009 年 1 月 5 日，法〔2009〕1 号)

【链接：最高人民法院法官著述】

根据 2001 年公布实施的《最高人民法院关于审理商标案件有关管辖和法律适用范围问题的解释》(法释〔2002〕1 号)第二条第二款、第三款的规定，商标民事纠纷第一审案件，由中级以上法院管辖。各高级法院根据本辖区的实际情况，经最高法院批准，可以在较大城市确定 1 ~2 个基层法院受理第一审商标民事纠纷案件。基于驰名商标的认定只是事实因素的考虑，只是审理涉及侵犯商标权和不正当竞争民事纠纷案件中的一个环节，因此，在 2009 年 1 月前，涉及驰名商标的民事纠纷案件一般由全国 400 多个中级法院审理。

鉴于当前社会生活中驰名商标认定被“异化”的现象较为严重，而法律规定的认定标准又不可能非常具体，在具体把握上具有较大的弹性，容易导致执行尺度不一，为尽量统一司法尺度和纠正一些不规范的做法，最高人民法院已经在《最高人民法院关于涉及驰名商标认定的民事纠纷案件管辖问题的通知》(法〔2009〕1 号，2009 年 1 月 6 日印发)中要求：“从本通知下发之日起，涉及驰名商标认定的民事纠纷案件，由省、自治区人民政府所在地的市、计划单列市中级人民法院，以及直辖市辖区内的中级人民法院管辖。其他中级人民法院管辖此类民事纠纷案件，需报经最高人民法院批准，未经批准的中级人民法院不再受理此类案件。”将驰名商标司法认定的管辖权集中到 40 个左右中级法院，从而大幅度缩减了管辖法院的数量。这样有利于排除各种干扰，有利于标准的统一，也有利于维护司法认定驰名商标的公信力和权威。

根据法〔2009〕1 号管辖通知的规定，直辖市辖区内的中级法院对涉及驰名商标保护的案件具有管辖权。由于重庆市的情况特殊，重庆市高级法院已下发通知，指定辖区内的五个中级法院中的第一中级法院和第五中级法院管辖涉及驰名商标保护的民事纠纷案件。鉴于管辖问题已由通知予以解决，《解释》未对管辖问题再予以规定，此类案件的管辖仍按照通知的规定执行。

根据《解释》第二条第(三)项、第六条的有关规定，原告以被诉商标的使用侵犯其注册商标专用权为由提起民事诉讼，被告以原告的注册商标复制、模仿或者翻译其在先未注册驰名商标为由提出抗辩或者提起反诉的，会涉及案件的移送管辖。如果被告以原告的行为构成对其在先未注册商标的侵犯，针对原告的诉讼提出抗辩或者提起反诉，如果受理原告本诉的法院没有涉及驰名商标保护案件的管辖权，应在被告提出抗辩或者提起反诉后，将案件移送至有管辖权的法院进行审理。

——夏君丽等：《〈最高人民法院关于审理涉及驰名商标保护的民事纠纷案件应用法律若干问题的解释〉的理解与适用》，载最高人民法院民事审判第三庭编：《知识产权审判指导》(总第14辑)，人民法院出版社2009年版，第98～100页。

目前，除《通知》所列的相关中级人民法院具有涉及驰名商标司法认定的第一审民事纠纷案件管辖权外，最高人民法院还没有特别批准任何一家中级人民法院审理此类案件。也就是说，2009年1月5日以后，只有《通知》中所列的省、自治区人民政府所在地的市和计划单列市中级人民法院，以及直辖市辖区内的中级人民法院享有此类案件的管辖权。通知下发之后，不具有驰名商标民事案件管辖权的法院不再受理涉及司法认定驰名商标案件；但通知下发前相关法院已经受理但尚未审结的此类案件也不再予以移送；通知下发后受理的，应按照各高级人民法院的有关要求移送至有管辖权的法院审理。

相关人民法院在审理此类案件时，应当严格执行驰名商标的认定标准并按照最高人民法院的要求，严格执行驰名商标司法认定的备案制度以及其他规章制度，确保所认定的驰名商标符合法律要求。

——王艳芳：《〈最高人民法院关于涉及驰名商标认定的民事纠纷案件管辖问题的通知〉的理解与适用》，载苏泽林主编、最高人民法院立案庭编：《立案工作指导》(总第20辑)，人民法院出版社2009年版，第57页。

108

消费者使用被诉侵权商品的扣押地非“查封扣押地”

关键词｜侵权商品｜查封扣押地｜管辖｜

【最高人民法院审判业务意见】

35. 在金通公司与金杯股份公司、金杯集团公司侵犯商标专用权纠纷管辖权异议案[(2012)民提字第109号]中,最高人民法院认为,《最高人民法院关于审理商标民事纠纷案件适用法律若干问题的解释》第六条所指的“侵权商品的查封扣押地”,不包括消费者使用被诉侵权商品的扣押地。

——《最高人民法院知识产权案件年度报告(2012)》

109

侵犯著作权纠纷案件管辖

关键词｜著作权纠纷｜管辖权｜

【最高人民法院司法解释】

第二条 著作权民事纠纷案件,由中级以上人民法院管辖。

各高级人民法院根据本辖区的实际情况,可以确定若干基层人民法院管辖第一审著作权民事纠纷案件。

第四条 因侵犯著作权行为提起的民事诉讼,由著作权法第四十六条、第四十七条所规定侵权行为的实施地、侵权复制品储藏地或者查封扣押地、被告住所地人民法院管辖。

前款规定的侵权复制品储藏地,是指大量或者经营性储存、隐匿侵权复制品所在地;查封扣押地,是指海关、版权、工商等行政机关依法查封、扣押侵权复制品所在地。

第五条 对涉及不同侵权行为实施地的多个被告提起的共同诉讼,原告可以选择其中一个被告的侵权行为实施地人民法院管辖;仅对其中某一被告提起的诉讼，该被告侵权行为实施地的人民法院有管辖权。

——《最高人民法院关于审理著作权民事纠纷案件适用法律若干问题的解释》（2002年10月12日，法释〔2002〕31号）

【链接：最高人民法院法官著述】

（一）著作权纠纷案件的级别管辖

对于著作权合同纠纷，应当由合同履行地或者被告住所地有管辖权的法院管辖。所谓有管辖权的法院，是指中级人民法院或者有著作权案件管辖权的基层人民法院。关于著作权合同的履行地的确定，参考前述有关的论述。应当注意的是，对于软件合同纠纷，我国《著作权法》将计算机软件纳入著作权法的保护范围，同时又由于最高人民法院《关于审理技术合同纠纷案件若干问题的纪要》，将计算机软件合同纠纷视为技术合同纠纷，因此对于计算机软件合同纠纷除了适用《关于审理著作权民事纠纷案件适用法律若干问题的解释》（以下简称《解释》）外，还要适用纪要的原则精神和《最高人民法院关于审理技术合同纠纷案件适用法律若干问题的解释》的规定。

——姜启波、孙邦清：《诉讼管辖》，人民法院出版社2008年版，第155～156页。

正确理解和适用《若干解释》的上述规定，应当注意：1. 对侵犯著作权纠纷案件，在符合上述规定的情形下，不再依侵权结果发生地确定管辖。其他司法解释中有关依侵权结果发生地确定管辖的规定，不再适用于著作权侵权案件。2.《若干解释》规定的扣押地，仅指知识产权行政执法机关扣押侵权商品或者侵权复制品的地点。人民法院在诉前查封、扣押侵权商品和侵权复制品的地点，不属于《若干解释》规定的扣押地。人民法院在审查当事人诉前申请采取临时措施时，首先应当确定自己有管辖权，不得因采取诉前临时措施而认为可以取得管辖权。3. 在侵权商品或者复制品储藏地或者扣押地，当事人可以起诉实施储存、保管、运输等行为的行为人，也可以起诉该部分商品或者复制品的经销商、制造商，或者同时起诉各行为人。4. 对于侵犯著作权人的信息网络传播权的案件，仍然按照最高人民法院关于网络著作权的有关司法解释确定管辖。

——蒋志培：《如何理解和适用〈关于审理著作权民事纠纷案件适用法律若干问题的解释〉》，载《人民司法》2002年第12期。

110

在境外出售假冒署名美术作品纠纷案件管辖

关键词 | 著作权纠纷 | 境外拍卖 | 假冒署名 | 管辖 |

【《最高人民法院公报》案例】

吴冠中诉上海朵云轩、香港永成古玩公司出售假冒其署名的美术作品纠纷案(上海市高级人民法院一审民事判决书)

裁判要旨:因侵权行为提起的诉讼,由侵权行为地或者被告住所地人民法院管辖。本案两被告的拍卖行为是包括书画征集、编印发行拍卖《图录》、拍卖清账等系列行为,载有讼争作品的拍卖《图录》部分流入上海表明,上海系本案的侵权行为地之一。且被告之一朵云轩的住所地在上海,因此,原告吴冠中以朵云轩、香港永成共同侵权为由,以被告之一的朵云轩所在地的法院为受诉法院而提起的诉讼符合我国《民事诉讼法》的规定。

上海市高级人民法院认为:

公民在其作品上的署名权受法律保护,同时,法律禁止制作、出售假冒他人署名的美术作品。本案讼争作品《毛泽东肖像》,落款非吴冠中署名,是一幅假冒吴冠中署名的美术作品。在二审庭审期间,公安部第二研究所研究员詹楚才出庭作证,详细阐述了对《毛泽东肖像》画署名的鉴定经过和结论。上诉人上海朵云轩与原审被告拍卖有限公司在依协议联合主办的拍卖活动中公开拍卖了假冒吴冠中亲笔署名的美术作品,共同构成了对吴冠中著作权的侵害。侵权行为人之一上海朵云轩在上海;拍卖行为包括书画征集、编印发行《图录》、拍卖清账等行为,载有该画的《图录》部分流入上海,上海系本案侵权行为地之一。因此,本案适用中华人民共和国法律是完全正确的。上海朵云轩、拍卖有限公司有关"本案应适用香港法律"的辩称是没有根据的。另外,上海朵云轩、拍卖有限公司不听有关方面劝阻,执意拍卖属于有严重侵权行为的画件,应当依法承担停止侵害、赔礼道歉、消除影响及赔偿损失的民事责任。一审判决对本案事实认定清楚,法律适用正确。但鉴于该画是由拍卖有限公司直接接受委托,上海朵云轩曾数次转达了有关方面及作者的意见等事实,拍卖有限公司对本案的侵权行为负有主要责任,上海朵云轩系拍卖联合主办单位之一,也应负一定责任,并相互承担连带责任。

——《最高人民法院公报》1996 年第 2 期

编者说明

上述《最高人民法院公报》案例所涉的拍卖行为并不发生在内地，被告的拍卖活动所依据的是香港特别行政区的商法、国际拍卖行规和对外公布的香港永成的拍卖规则。内地法院受理此案，是否超越了管辖权？法院认为，根据《民事诉讼法》的规定，因侵权行为提起的诉讼，由侵权行为地或者被告住所地人民法院管辖。本案两被告的拍卖行为包括书画征集、编印发行拍卖《图录》、拍卖清账等系列行为，载有讼争作品的拍卖《图录》部分流入上海表明，上海系本案的侵权行为地之一。同时，该案讼争作品的拍卖是由朵云轩、香港永成在香港联合举办，其中朵云轩的住所地在上海。因此，原告吴冠中以朵云轩、香港永成共同侵权为由，以被告之一的朵云轩所在地的法院为受诉法院而提起的诉讼符合我国《民事诉讼法》的规定。该案无论是从侵权行为地角度还是从被告住所地角度看，由上海法院行使管辖权完全符合我国《民事诉讼法》有关侵权行为管辖之规定。朵云轩、香港永成有关“本案应适用香港法律”的辩称是没有事实和法律依据的。

111

涉及诉前措施和证据保全的著作权纠纷案件管辖

关键词 | 著作权纠纷 | 诉前停止侵权 | 证据保全 | 管辖 |

【最高人民法院司法解释】

第三十条 对2001年10月27日前发生的侵犯著作权行为，当事人于2001年10月27日后向人民法院提出申请采取责令停止侵权行为或者证据保全措施的，适用著作权法第四十九条、第五十条的规定。

人民法院采取诉前措施，参照《最高人民法院关于诉前停止侵犯注册商标专用权行为和保全证据适用法律问题的解释》的规定办理。

——《最高人民法院关于审理著作权民事纠纷案件适用法律若干问题的解释》（2002年10月12日，法释〔2002〕31号）

第二条 诉前责令停止侵犯注册商标专用权行为或者保全证据的申请，应当向侵权行为地或者被申请人住所地对商标案件有管辖权的人民法院提出。

——《最高人民法院关于诉前停止侵犯注册商标专用权行为和保全证据适用法律问题的解释》（2002年1月9日，法释〔2002〕2号）

【链接：最高人民法院法官著述】

我国《著作权法》和《民事诉讼法》并没有区分诉前停止侵权行为和财产保全，《解释》对此进行了区分，并对诉前停止侵权行为和证据保全规定了不同的管辖。根据该《解释》的规定，对于采取诉前措施和证据保全的管辖应当根据《解释》生效的时间分别确定。

对于2001年10月27日前发生的侵犯著作权行为，当事人于2001年10月27日后向人民法院提出申请采取责令停止侵权行为或者证据保全措施的，适用《著作权法》第49条、第50条的规定，即申请采取责令停止侵权行为的，依照《民事诉讼法》关于财产保全的规定办理(《民事诉讼法》第93条~96条、第99条)。诉前财产保全措施，按照《民事诉讼法意见》第31条规定，由当事人向财产所在地的人民法院申请。

而对于2001年10月27日以后发生的侵犯著作权行为，人民法院采取诉前措施，参照《最高人民法院关于诉前停止侵犯注册商标专用权行为和保全证据适用法律问题的解释》的规定办理。2002年《最高人民法院关于诉前停止侵犯注册商标专用权行为和保全证据适用法律问题的解释》第2条规定：诉前责令停止侵犯注册商标专用权行为或者保全证据的申请，应当向侵权行为地或者被申请人住所地对商标案件有管辖权的人民法院提出。因此，对于2001年10月27日之后发生的侵犯著作权纠纷，当事人申请诉前责令停止侵犯著作权行为或者保全证据的，应向侵权行为地或者被申请人住所地对著作权案件有管辖权的人民法院提出。至于著作权案件中除诉前停止侵权行为的财产保全的管辖，则仍然按照《民事诉讼法》的规定确定。

——姜启波、孙邦清：《诉讼管辖》，人民法院出版社2008年版，第155~156页。

112

技术合同纠纷案件管辖

关键词 | 技术合同 | 管辖权 |

【最高人民法院司法解释】

第四十三条 技术合同纠纷案件一般由中级以上人民法院管辖。

各高级人民法院根据本辖区的实际情况并报经最高人民法院批准，可以指定若干基层人民法院管辖第一审技术合同纠纷案件。

其他司法解释对技术合同纠纷案件管辖另有规定的，从其规定。

合同中既有技术合同内容，又有其他合同内容，当事人就技术合同内容和其他合同内容均发生争议的，由具有技术合同纠纷案件管辖权的人民法院受理。

第四十五条 第三人向受理技术合同纠纷案件的人民法院就合同标的技术提出权属或者侵权请求时，受诉人民法院对此也有管辖权的，可以将权属或者侵权纠纷与合同纠纷合并审理；受诉人民法院对此没有管辖权的，应当告知其向有管辖权的人民法院另行起诉或者将已经受理的权属或者侵权纠纷案件移送有管辖权的人民法院。权属或者侵权纠纷另案受理后，合同纠纷应当中止诉讼。

专利实施许可合同诉讼中，受让人或者第三人向专利复审委员会请求宣告专利权无效的，人民法院可以不中止诉讼。在案件审理过程中专利权被宣告无效的，按照专利法第四十七条第二款和第三款的规定处理。

——《最高人民法院关于审理技术合同纠纷案件适用法律若干问题的解释》（2004 年 12 月 16 日，法释〔2004〕20 号）

【最高人民法院司法政策】

24. 当事人对技术合同的履行地点没有约定或者约定不明确，依照合同法第六十一条的规定不能达成补充协议的，技术开发合同以研究开发人所在地为履行地，但依据合同法第三百三十条第四款订立的合同以技术成果实施地为履行地；技术转让合同以受让人所在地为履行地；技术咨询合同以受托人所在地为履行地；技术服务合同以委托人所在地为履行地。但给付合同价款、报酬、使用费的，以接受给付的一方所在地为履行地。

——《最高人民法院关于印发〈全国法院知识产权审判工作会议关于审理技术合同纠纷案件若干问题的纪要〉的通知》（2001 年 6 月 19 日，法〔2001〕84 号）

【链接：最高人民法院法官著述】

根据上述规定,涉及专利的合同纠纷属于知识产权纠纷中的专利纠纷,其一审管辖法院为有关的中级人民法院。关于其地域管辖,合同履行地的法院或者被告所在地法院都有管辖权。需要注意几点:(1)如果合同履行地的法院或者被告所在地法院不是有专利纠纷案件管辖权的中级人民法院,那么该法院不具有对涉专利合同纠纷案件的管辖权。(2)如果当事人协议管辖的法院不是有知识产权管辖权的中级人民法院,那么当事人的协议管辖是无效的。(3)合同履行地的确定。根据《审理技术合同纠纷案件若干问题的纪要》第 24 条规定,当事人对技术合同的履行地点没有约定或者约定不明确,依照《合同法》第 61 条的规定不能达成补充协议的,技术开发合同以研究开发人所在地为履行地。但依据《合同法》第 330 条第 4 款订立的合同以技术成果实施地为履行地;技术转让合同以受让人所在地为履行地;技术咨询合同以受托人所在地为履行地;技术服务合同以委托人所在地为履行地。但给付合同价款、报酬、使用费的,以接受给付的一方所在地为履行地。此外,如果涉及责任竞合时,法院应当根据当事人的诉因来确定法院是否有管辖权。

——姜启波、孙邦清:《诉讼管辖》,人民法院出版社 2008 年版,第 148 ~ 149 页。

《解释》第四十三条第一、二款对技术合同纠纷管辖问题的规定与其他知识产权案件的管辖原则基本一致,一般以中级以上法院作为一审法院,以高级人民法院指定并报经最高人民法院批准的基层法院管辖为例外,即将这类案件过去一般由基层法院作为一审提升至一般由中级法院一审。本条第三款规定的"其他司法解释对技术合同纠纷案件管辖另有规定的,从其规定",是指 2001 年 6 月 22 日发布的《最高人民法院关于审理专利纠纷案件适用法律问题的若干规定》第一条所列的与技术合同有关的专利纠纷,主要是指专利权、专利申请权转让合同纠纷,也包括因专利技术和专利申请技术的研究开发引起的专利申请权纠纷,专利权权属纠纷,职务发明创造发明人、设计人奖励、报酬纠纷,发明人、设计人资格纠纷。这些案件应当按照专利纠纷确定管辖。因此,要特别注意,当事人依据合同法第三百二十六条第一款和第三百二十七条提起的奖酬纠纷和署名权纠纷,涉及专利或者专利申请的,需要同时适用专利法的有关规定,应当由具有专利案件管辖权的法院受理;不涉及专利或者专利申请的,可以由具有技术合同案件管辖权的法院受理。专利实施许可合同纠纷，按照技术合同案件确定管辖。本条第四款规定，对具有技术合同内容的混合合同纠纷，只要涉及到了技术合同争议，就应当由具有技术合同纠纷案件管辖权的法院受理。也就是说，无技术合同案件管辖权的法院不能因当事人同时存在非技术合同争议内容而取得对全案的管辖权。对于技术合同纠纷案件的法院内部审理分工，所有技术合同纠纷，包括因技术合同内容发生争议的混合合同纠纷，按照人民法院机构改革方案确定的内设机构的职能分工，在有管辖权的法院内部也应当由负责知识产权案件审判的业务庭统一审查处理。

——郃中林：《〈关于审理技术合同纠纷案件适用法律若干问题的解释〉理解与适用》，载《人民司法》2005 年第 2 期。

113

侵犯植物新品种权民事案件管辖权

关键词 | 侵犯植物新品种权 | 侵权行为地 | 管辖权 |

【最高人民法院司法解释】

第一条 人民法院受理的植物新品种纠纷案件主要包括以下几类：

（一）是否应当授予植物新品种权纠纷案件；

（二）宣告授予的植物新品种权无效或者维持植物新品种权的纠纷案件；

（三）授予品种权的植物新品种更名的纠纷案件；

（四）实施强制许可的纠纷案件；

（五）实施强制许可使用费的纠纷案件；

（六）植物新品种申请权纠纷案件；

（七）植物新品种权权利归属纠纷案件；

（八）转让植物新品种申请权和转让植物新品种权的纠纷案件；

（九）侵犯植物新品种权的纠纷案件；

（十）不服省级以上农业、林业行政管理部门依据职权对侵犯植物新品种权处罚的纠纷案件；

（十一）不服县级以上农业、林业行政管理部门依据职权对假冒授权品种处罚的纠纷案件。

第三条 本解释第一条所列第(一)至(五)类案件,由北京市第二中级人民法院作为第一审人民法院审理;第(六)至(十一)类案件,由各省、自治区、直辖市人民政府所在地和最高人民法院指定的中级人民法院作为第一审人民法院审理。

第四条 以侵权行为地确定人民法院管辖的侵犯植物新品种权的民事案件,其所称的侵权行为地,是指未经品种权所有人许可,以商业目的生产、销售该授权植物新品种的繁殖材料的所在地,或者将该授权品种的繁殖材料重复使用于生产另一品种的繁殖材料的所在地。

——《最高人民法院关于审理植物新品种纠纷案件若干问题的解释》(2001年2月5日,法释〔2001〕5号)

【最高人民法院答复】

江苏省高级人民法院、安徽省高级人民法院:

江苏省南京市中级人民法院受理的江苏里下河地区农业科学研究所诉安徽省合肥丰乐种业股份有限公司、江苏中江种业股份有限公司植物新品种合同纠纷一案,同安徽省合肥市中级人民法院受理的安徽省合肥丰乐种业股份有限公司诉江苏里下河地区农业科学研究所植物新品种开发经营权合同纠纷一案,都是围绕双方争执焦点——《会议纪要》性质、效力、权利义务关系产生的争议。本案是基于同一法律事实、同一法律关系引起的纠纷,依法应当并案审理。从双方当事人和中江种业公司开会制作并只有双方当事人签署的《会议纪要》内容和形式分析,该纪要符合《中华人民共和国合同法》第二条规定的要件,具备合同的基本特征,应视为双方之间就涉案水稻新品种开发问题而订立的合同。故本案应定为植物新品种开发合同纠纷,从类型上属于技术开发合同的范围。

根据《最高人民法院关于审理植物新品种纠纷案件若干问题的解释》(法释〔2001〕5号)第三条和《全国法院知识产权审判工作会议关于审理技术合同纠纷案件若干问题的纪要》第二十四条的规定,当事人对技术合同履行地点没有约定或者约定不明确,依照合同法的规定不能达成补充协议的,技术开发合同以研究开发人所在地为履行地。从原告诉状、本案《会议纪要》内容看,里下河研究所应为本案所涉植物新品种的研究开发人,该所住所地在江苏省,故南京市中级人民法院依法对本案享有管辖权。

根据《中华人民共和国民事诉讼法》第三十七条第二项的规定,本院依法指定本案由江苏省南京市中级人民法院管辖。安徽省高级人民法院应当依照审判监督程序撤销该院和合肥市中级人民法院对本案作出的一、二审裁定,将案件移送江苏省南京市中级人民法院合并审理；南京市中级人民法院应当公平、公正审理，平等保护各方当事人的合法权益。

——《最高人民法院关于江苏里下河地区农业科学研究所与合肥丰乐种业股份有限公司等植物新品种开发合同纠纷管辖争议案的指定管辖通知》

【链接：最高人民法院法官著述】

确定本案管辖法院的关键有三点：(1)本案所涉《会议纪要》的效力；(2)根据《会议纪要》的效力如何确定案件性质；(3)如何确定本案所涉植物新品种的研究开发人。

第一，关于《会议纪要》的效力。从双方当事人和中江种业公司三单位参加开会制作《会议纪要》来分析，双方当事人的代表在该纪要上签字，并约定了双方当事人的主要权利义务，内容、形式符合《中华人民共和国合同法》第二条规定的要件，具备合同的基本特征，该纪要应视为双方之间就涉案水稻新品种开发问题而订立的合同。

第二，关于合同的性质。《会议纪要》主要约定了双方当事人在对植物新品种开发、培育、生产、推广方面的主要权利义务，且丰乐种业公司起诉的请求主要是要求开发人里下河农科所对其开发新品种所得利润缴纳有关费用。根据《最高人民法院关于审理技术合同纠纷案件适用法律若干问题的解释》第一条和技术合同认定的规则，本案应定为植物新品种开发合同纠纷，从类型上属于技术开发合同的范围。

第三，关于本案所涉植物新品种的研究开发人。根据《会议纪要》第二条第二项内容及丰乐种业公司的诉状来分析，本案所涉植物新品种的研究开发人为里下河农科所。

综上，本案属于植物新品种开发合同纠纷，研究开发人里下河农科所，其住所地在江苏省，南京市中级人民法院依法对本案享有管辖权。

——李惠清：《植物新品种开发合同纠纷地域管辖的确定》，载苏泽林主编、最高人民法院立案庭编：《立案工作指导》(总第15辑)，人民法院出版社2008年版，第112页。

植物品种权(PVP)是法人和自然人对其所做出的有关植物新品种方面的创造性智力成果依法享有的一种民事权利。它包括人身权利(精神权利)和财产权利(经济权利)两大类，是品种权人所享有的一种具有独占性质的所有权。为了保护植物新品种权，2001年2月5日，最高人民法院发布了《关于审理植物新品种权纠纷案件若干问题的解释》。根据这一司法解释，植物新品种纠纷案件的一审一律由有关的中级人民法院管辖，即由各省、自治区和直辖市人民政府所在地和最高人民法院指定的中级人民法院专属管辖。植物新品种权案件有：植物新品种申请权纠纷案件；植物新品种权归属纠纷案件；转让植物新品种申请权和转让植物新品种权纠纷案件；侵犯植物新品种权的纠纷案件。

就侵犯植物新品种权纠纷案件的地域管辖而言，应当根据《民事诉讼法》关于侵权纠纷的规定来处理。关于侵犯植物新品种权纠纷侵权地的确定，根据《最高人民法院关于审理植物新品种权纠纷案件若干问题的解释》第 4 条的规定，侵权行为地，是指未经品种权所有人许可，以商业目的生产、销售该授权植物新品种的繁殖材料的所在地，或者将该授权品种的繁殖材料重复使用于生产另一品种的繁殖材料的所在地。关于植物新品种权的合同纠纷，应当根据合同纠纷的规定来确定管辖法院。责任竞合的案件，按照当事人选择的诉因来确定管辖法院。

——姜启波、孙邦清：《诉讼管辖》，人民法院出版社 2008 年版，第 156 页。

编者说明

上述案例所涉《会议纪要》约定了当事人的主要权利与义务，具备合同基本特征，应认定具有合同的效力。从该合同内容分析，其性质应为植物新品种开发合同，因此植物新品种研究开发人住所地法院对案件享有管辖权。

114

涉及集成电路布图设计案件管辖

关键词 | 集成电路 | 布图设计 | 管辖 |

【最高人民法院司法政策】

一、关于受理案件的范围

人民法院受理符合《中华人民共和国民事诉讼法》第一百零八条、《中华人民共和国行政诉讼法》第四十一条规定的起诉条件的下列涉及布图设计的案件：

(一)布图设计专有权权属纠纷案件;

(二)布图设计专有权转让合同纠纷案件;

(三)侵犯布图设计专有权纠纷案件;

(四)诉前申请停止侵权、财产保全案件;

(五)不服国务院知识产权行政部门驳回布图设计登记申请的复审决定的案件;

(六)不服国务院知识产权行政部门撤销布图设计登记申请决定的案件;

(七)不服国务院知识产权行政部门关于使用布图设计非自愿许可决定的案件;

(八)不服国务院知识产权行政部门关于使用布图设计非自愿许可的报酬的裁决的案件;

(九)不服国务院知识产权行政部门对侵犯布图设计专有权行为处理决定的案件;

(十)不服国务院知识产权行政部门行政复议决定的案件;

(十一)其他涉及布图设计的案件。

二、关于案件的管辖

本通知第一条所列第(五)至(十)类案件,由北京市第一中级人民法院作为第一审人民法院审理;其余各类案件,由各省、自治区、直辖市人民政府所在地,经济特区所在地和大连、青岛、温州、佛山、烟台市的中级人民法院作为第一审人民法院审理。

——《最高人民法院关于开展涉及集成电路布图设计案件审判工作的通知》(2001 年 11 月 16 日,法发〔2001〕24 号)

115

企业破产案件管辖

关键词 | 企业破产 | 管辖 |

【最高人民法院司法解释】

第一条 企业破产案件由债务人住所地人民法院管辖。债务人住所地指债务人的主要办事机构所在地。债务人无办事机构的,由其注册地人民法院管辖。

第二条 基层人民法院一般管辖县、县级市或者区的工商行政管理机关核准登记企业的破产案件;

中级人民法院一般管辖地区、地级市(含本级)以上的工商行政管理机关核准登记企业的破产案件;

纳入国家计划调整的企业破产案件,由中级人民法院管辖。

——《最高人民法院关于审理企业破产案件若干问题的规定》(2002 年 7 月 30 日,法释〔2002〕23 号)

116

破产受理后债务人衍生诉讼管辖

关键词 | 破产受理 | 债务人衍生诉讼 | 管辖 |

【最高人民法院司法解释】

第四十七条 人民法院受理破产申请后,当事人提起的有关债务人的民事诉讼案件,应当依据企业破产法第二十一条的规定,由受理破产申请的人民法院管辖。

受理破产申请的人民法院管辖的有关债务人的第一审民事案件,可以依据民事诉讼法第三十八条的规定,由上级人民法院提审,或者报请上级人民法院批准后交下级人民法院审理。

受理破产申请的人民法院,如对有关债务人的海事纠纷、专利纠纷、证券市场因虚假陈述引发的民事赔偿纠纷等案件不能行使管辖权的,可以依据民事诉讼法第三十七条的规定,由上级人民法院指定管辖。

——《最高人民法院关于适用〈中华人民共和国企业破产法〉若干问题的规定(二)》(2013 年 9 月 5 日,法释〔2013〕22 号)

第十九条 人民法院受理企业破产案件后,以债务人为原告的其他民事纠纷案件尚在一审程序的,受诉人民法院应当将案件移送受理破产案件的人民法院；案件已进行到二审程序的，受诉人民法院应当继续审理。

——《最高人民法院关于审理企业破产案件若干问题的规定》（2002 年 7 月 30 日，法释〔2002〕23 号）

【链接：最高人民法院法官著述】

根据《企业破产法》第 21 条规定，在法院受理破产申请后，所有新提起的有关债务人的民事诉讼，均由受理破产申请的法院管辖。《企业破产法》关于破产衍生诉讼的集中管辖规定，目的在于保障破产事务的协调处理。《企业破产法》关于管辖的规定，相对于《民事诉讼法》的管辖规定，属于特别法，在法律适用上应当优先。当事人不得以《民事诉讼法》的有关规定否定受理破产案件法院的管辖权。但是，《企业破产法》规定的法定专属管辖不能排除仲裁条款的效力，在约定仲裁条款有效的情况下，应由当事人依照《民事诉讼法》的规定通过仲裁方式解决纠纷。

本条第 2 款在该条法律规定的基础上确认了破产衍生诉讼案件管辖权的转移。因为《企业破产法》规定由受理破产申请的人民法院管辖有关债务人的第一审民事案件，不能解决级别管辖中的问题，这就可能出现本应由基层法院管辖的案情简单、争议标的不大的案件，却可能要由受理破产申请的中级人民法院审理，这样无疑会加大诉讼成本，故应当将此类一审案件交由基层人民法院审理。对于案情复杂、争议较大、社会反响强烈、标的数量大的衍生诉讼案件，基层人民法院应当报请上级人民法院，由上级人民法院决定是否提审案件。

对破产案件有管辖权的人民法院不能行使对衍生诉讼的管辖权，主要是基于法律对管辖的特别规定或一些特殊原因。一些案情比较复杂、影响较大或专业技术性较高的案件，法律特别规定由中级人民法院管辖，如证券市场因虚假陈述引发的民事赔偿案件和专利纠纷等案件。为此，我国的一些法律、司法解释对此作有相应的规定。遇到此类衍生诉讼，受理破产申请的人民法院，可依据《民事诉讼法》第 37 条规定，请求由上级人民法院指定管辖，将衍生诉讼案件交由其管辖审理。

——最高人民法院民事审判第二庭编著：《最高人民法院关于企业破产法司法解释理解与适用》，人民法院出版社 2013 年版，第 107 页。

117

破产清算组在履行职责过程中违约或侵权引起民事诉讼的管辖

关键词 | 破产清算组 | 破产程序 | 管辖 |

【最高人民法院司法解释】

湖北省高级人民法院：

你院鄂高法〔2003〕383号《关于破产清算组在履行职责过程中违约或侵权等民事纠纷案件诉讼管辖问题的请示》收悉。经研究，答复如下：

企业被宣告破产后，清算组因履行清算职责对他人违约或者侵权引起的民事诉讼，发生在破产程序终结之前的，由受理破产案件的人民法院管辖，在破产程序中一并处理。

此复。

——《最高人民法院关于破产清算组在履行职责过程中违约或侵权等民事纠纷案件诉讼管辖问题的批复》(2004年6月21日，法释〔2004〕5号)

118

劳动争议案件管辖

关键词 | 劳动争议 | 劳动合同履行地 | 管辖权 |

【最高人民法院司法解释】

第八条 劳动争议案件由用人单位所在地或者劳动合同履行地的基层人民法院管辖。

劳动合同履行地不明确的，由用人单位所在地的基层人民法院管辖。

——《最高人民法院关于审理劳动争议案件适用法律若干问题的解释》(2001年4月16日，法释〔2001〕14号)

【链接：最高人民法院法官著述】

劳动合同是否允许协议管辖是有争议的。我们研究认为，法律、司法解释对劳动合同的仲裁管辖权和诉讼管辖权都有强制性规定，故不能适用《民事诉讼法》关于协议管辖的规定，但仍然留下了可供当事人协商管辖的空间（比如存在多个劳动合同履行地场合，约定其中一地法院管辖），故有必要予以规定。最高人民法院在〔2010〕民立他字第67号案中，认为约定由用人单位所在地法院管辖的管辖协议无效。

——最高人民法院民事诉讼法修改研究小组编著：《〈中华人民共和国民事诉讼法〉修改条文理解与适用》，人民法院出版社2012年版，第54页。

劳动争议案件的管辖，在起草中曾拟规定："当事人对劳动仲裁委员会所作的仲裁裁决不服，依法向人民法院起诉的，由该劳动仲裁委员会所在地的人民法院按照本地级别管辖的规定，由基层人民法院或中级人民法院受理。"后经调研发现有不妥之处。首先，劳动争议的当事人为用人单位和劳动者，不是劳动仲裁委员会，不能以劳动仲裁委员会所在地作为确定人民法院地域管辖的根据。依据民事诉讼法关于地域管辖所确立的"原告就被告"的规定，应由劳动争议一方当事人住所地的人民法院管辖，又因劳动争议双方当事人之间所具有的特殊劳动关系，用人单位的地址相对固定，且《企业劳动争议处理条例》第十八条有"发生劳动争议的企业与职工不在同一个仲裁委员会管辖地区的，由职工当事人工资关系所在地的仲裁委员会处理"的规定，所以，应由用人单位所在地的人民法院管辖较为适当。其次，由于劳动仲裁委员会的组织设置不统一，与法院的设置也不同，有许多市辖区一级尚未设立劳动仲裁委员会，甚至在某些直辖市只有一个市级劳动仲裁委员会，而法院却有两个以上中级法院，如果规定以劳动仲裁委员会所在地确定案件的管辖，将会导致案件过度集中于劳动仲裁委员会所在地法院管辖，之外的法院却无权管辖劳动争议，这对人民法院的工作极为不利。鉴于上述两点，《解释》第八条规定，劳动争议案件由用人单位所在地的基层人民法院管辖。

此外，在审判实践中，有的用人单位与履行劳动合同地不在同一地，如用人单位在广州，而劳动合同履行地却在西安，若仅以用人单位所在地确定管辖，这对当事人诉讼也是极为不便的。因此，为便于当事人诉讼和案件事实的查实，

《解释》第八条在规定由用人单位所在地的基层人民法院管辖的同时,又规定了或由劳动合同履行地的基层人民法院管辖。这也符合1991年《民事诉讼法》第二十四条“因合同纠纷提起的诉讼,由合同履行地人民法院管辖”的规定。尽管劳动合同不同于民事合同,但也可参照适用。

——韩延斌:《最高人民法院〈关于审理劳动争议案件适用法律若干问题的解释〉的理解与适用》,载唐德华主编、最高人民法院民事审判第一庭编:《民事审判指导与参考》(总第6集),法律出版社2001年版,第76~77页。

119

网络合同纠纷案件管辖

关键词|网络合同|管辖权|

【最高人民法院司法解释】

第二十条 以信息网络方式订立的买卖合同,通过信息网络交付标的的,以买受人住所地为合同履行地;通过其他方式交付标的的,收货地为合同履行地。合同对履行地有约定的,从其约定。

——《最高人民法院关于适用〈中华人民共和国民事诉讼法〉的解释》(2015年1月30日,法释〔2015〕5号)

【链接:最高人民法院法官著述】

(一)合同签订地的确定

认定因特网合同纠纷案件的管辖权,首先必须确认合同成立地点。根据《合同法》第34条的规定,承诺生效的地点为合同成立的地点;采用数据电文订立合同的收件人的主营业地为合同成立的地点;没有主营业地的,其经常居住地为合同成立的地点;当事人另有约定的按照其约定。如果订立合同的收件人为自然人的,那么就以其接收数据电文的地点作为合同签订地;如果这一地点难以查明,就应将其住所地作为合同签订地。

（二）合同履行地的确定

1. 一般网络合同履行地的确定

对于合同履行地的确定，目前，国际上倾向于采用合同义务履行地法院有管辖权的规则。但对于网上交易合同履行地的确定则较为困难。依最高人民法院《民事诉讼法意见》第17条的规定，送货的货物到达地或自提货物的提货地是合同履行地。所以网上销售若以实物为交付标的，不难确定其合同履行地，但厂商在网上直接销售软件、MP3音乐等数字产品（无形物）时（用户可直接在网上下载，厂商提供使用密码——注册码），怎样确定合同履行地呢？同样，对于网络服务商提供在线的有偿技术服务时，如因一方未能按承诺解决问题或一方未及时付款发生纠纷，这时又如何确定合同履行地呢？一种可能是把这种形式的网络销售看作是买方自行提货（用户自行下载）的交易，但网络服务商采取发送电子邮件的方式提供产品或服务，即卖方把产品或服务信息发送到买方指定的特定系统（该系统由第三方有偿或无偿提供，如电信局提供的电子信箱）。在这类电子商务中，是否可以将不同过程中（如卖方将商品发送到当地的ISP——互联网服务商的过程、商品在若干ISP之间传递的过程、商品传送到买方所在地ISP的过程、从买方所在地ISP传送到买方电脑上的过程）的不同ISP所在地视为合同履行地呢？

有学者认为可以依照《合同法》第62条第3款之规定，即履行地点不明确，给付货币的，在接受货币的一方所在地履行；其他标的，在履行义务一方所在地履行。据此，合同的履行地应确定为网络服务商的住所地或主营业地。我们对此有不同的看法。因为一般消费者上网主要是通过在其电脑上敲击一下键盘就可以得到自己的服务，这时最好将合同履行地理解为信息交付时接收信息的计算机系统所在地；合同签订地是指收到承诺的一方的计算机系统所在地（在难以确定时则以其住所地为准）；合同标的物所在地应当指交付信息的一方的计算机系统所在地。

因此，对于网上合同纠纷，涉及实物交易的，其履行一般是由供应商邮寄给消费者，履行地一般也在消费者指定的送达地点。这类合同是在网上签订而在网下履行，除了合同的签订方式与传统的合同有所不同，其他方面并没有实质性区别。对于涉及信息交易的网络合同纠纷，则应当以权利人收到信息时所在地为准，即信息进入权利人的计算机系统时，该系统所在地为合同履行地。这种规定有两个考虑：（1）便于人民法院收集证据；（2）符合《合同法》的公平原则。

2. 特殊网络合同履行地的确定

对于一些特殊的网络合同纠纷,则应当特别对待。因互联网上银行结算纠纷引起的诉讼,由票据支付地或被告所在地人民法院管辖。在互联网上,电子票据已经取代了纸质票据,支付也无须以现金形式实现。因此,我们认为,在适用《民事诉讼法》关于票据的管辖时,其范围不应仅仅局限于汇票、支票和本票,还应当包括互联网上银行的各种支付方式。在确定支付地时,应当以网上银行法人注册地为准。对于通过网上银行的分支机构支付的,如果其有单独的注册地,则应该以该注册地为支付地。

由于合同履行地的难以确定,目前因特网普遍采用协议管辖的方式解决合同纠纷诉讼管辖权的归属,例如当事人在网络电子格式合同中点击相应条款即确定了发生纠纷后的诉讼管辖法院。合同当事人在不违反《民事诉讼法》规定的前提下签订的管辖协议依法具有法律效力,应当据此确定管辖。合同未对协议管辖作出约定或协议无效的,应按照前述的原则确定管辖。

——姜启波、孙邦清:《诉讼管辖》,人民法院出版社 2008 年版,第 178 ~ 180 页。

120

侵害信息网络传播权民事纠纷案件管辖

关键词 | 网络传播权 | 侵权纠纷 | 侵权行为地 | 管辖权 |

【最高人民法院司法解释】

第十五条 侵害信息网络传播权民事纠纷案件由侵权行为地或者被告住所地人民法院管辖。侵权行为地包括实施被诉侵权行为的网络服务器、计算机终端等设备所在地。侵权行为地和被告住所地均难以确定或者在境外的,原告发现侵权内容的计算机终端等设备所在地可以视为侵权行为地。

——《最高人民法院关于审理侵害信息网络传播权民事纠纷案件适用法律若干问题的规定》(2012 年 12 月 17 日,法释〔2012〕12 号)

【链接：最高人民法院法官著述】

根据民事诉讼法的相关规定，侵权案件一般由被告住所地或者侵权行为地人民法院管辖，侵权行为地包括侵权行为实施地和侵权结果发生地。在最高人民法院2000年公布的《关于审理涉及计算机网络著作权纠纷案件适用法律若干问题的解释》中，规定了侵权行为地包括实施被诉侵权行为的网络服务器、计算机终端等设备所在地。当侵权行为地和被告住所地均难以确定的，规定了原告发现侵权内容的计算机终端等设备所在地可以视为侵权行为地。在本次司法解释的制定过程中，考虑到司法实践中发生的很多涉外案件，被告住所地和侵权行为实施地均在国外，而侵权结果发生在国内，如果人民法院对此类案件无法行使管辖权，则不能保护权利人的合法权利。为此，经研究，增加规定了如果侵权行为地和被告住所地均在国外的，人民法院对此类案件享有管辖权，便利权利人在我国提起诉讼，切实保护权利人的合法权益。

——王艳芳：《〈关于审理侵害信息网络传播权民事纠纷案件适用法律若干问题的规定〉的理解与适用》，载《人民司法 · 应用》2013年第9期。

121

涉及域名的侵权纠纷案件管辖

关键词 | 网络域名 | 侵权纠纷 | 管辖 |

【最高人民法院司法解释】

第二条 涉及域名的侵权纠纷案件，由侵权行为地或者被告住所地的中级人民法院管辖。对难以确定侵权行为地和被告住所地的，原告发现该域名的计算机终端等设备所在地可以视为侵权行为地。

涉外域名纠纷案件包括当事人一方或者双方是外国人、无国籍人、外国企业或组织、国际组织，或者域名注册地在外国的域名纠纷案件。在中华人民共和国领域内发生的涉外域名纠纷案件，依照民事诉讼法第四编的规定确定管辖。

——《最高人民法院关于审理涉及计算机网络域名民事纠纷案件适用

法律若干问题的解释》(2001 年 7 月 17 日,法释〔2001〕24 号)

【链接:最高人民法院法官著述】

域名纠纷案件一般都涉及侵权或不正当竞争的争议问题,且专业性强、审理难度较大。因此,最高人民法院在该司法解释第二条即以民诉法规定的侵权行为提起诉讼的管辖作为基本依据,对域名侵权纠纷案件的地域管辖和级别管辖作出规定;同时也对涉外域名纠纷案件的界定和管辖问题作出了规定。

首先,考虑到域名纠纷案件专业性较强,审理难度大,又往往涉及驰名商标的认定,因此由中级人民法院作为第一审法院;其次,域名侵权等纠纷案件应当遵守民事诉讼法关于侵权诉讼地域管辖的一般规定,由侵权行为地或者被告住所地人民法院管辖;最后,最高人民法院还针对网络案件的特点,借鉴网络著作权纠纷案件的司法实践经验,对在难以确定侵权行为地和被告住所地的情况下的管辖问题作出规定,即原告联机发现该域名的计算机终端等设备所在地可以视为侵权行为地。

根据民事诉讼法以及最高人民法院的相关司法解释的规定,涉外域名纠纷案件主要包括两种情况,一是当事人一方或者双方是外国人、无国籍人、外国企业或组织、国际组织的;二是域名注册行为发生在外国的,例如一些“. com”“. org”“. net”的域名纠纷案件,域名注册地在美国,当事人间的法律关系设立、变更或终止的法律事实发生在外国,故属于涉外域名纠纷案件。该司法解释规定,涉外域名纠纷案件的管辖,依照民事诉讼法第四编关于涉外民事诉讼程序的特别规定确定。

——张辉:《〈最高人民法院关于审理涉及计算机网络域名民事纠纷案件适用法律若干问题的解释〉的理解与适用》,载沈德咏主编、最高人民法院审判监督庭编:《审判监督指导与研究》(总第 4 卷),人民法院出版社 2002 年版,第 137 ~ 138 页。

122

利用信息网络侵害人身权益的诉讼管辖

关键词 | 利用信息网络 | 侵害人身权益 | 管辖 |

【最高人民法院司法解释】

第二条 利用信息网络侵害人身权益提起的诉讼，由侵权行为地或者被告住所地人民法院管辖。

侵权行为实施地包括实施被诉侵权行为的计算机等终端设备所在地，侵权结果发生地包括被侵权人住所地。

——《最高人民法院关于审理利用信息网络侵害人身权益民事纠纷案件适用法律若干问题的规定》(2014 年 8 月 21 日，法释〔2014〕11 号)

【最高人民法院审判业务意见】

移动互联网的普及，对网络侵权案件尤其是侵害人身权益案件的最直接影响是，管辖地变得几乎无处不在。我国民事诉讼法及其司法解释，规定侵权案件由侵权行为地或者被告住所地人民法院管辖。利用互联网尤其是利用移动互联网发布侵权信息侵害他人人身权益，基于移动互联网本身的特征，会导致管辖法院变得更加广泛和不确定。例如，在理论上，侵权结果发生地可以是任何地方。但是，我们认为，在管辖法院确定问题上，仍然要坚持民事诉讼法所确定的"方便当事人诉讼、方便人民法院审理"的"两便"原则，同时要考虑互联网的技术特征。所以，司法解释规定，侵权行为实施地包括实施被诉侵权行为的终端设备所在地，侵权结果发生地包括被侵权人住所地。司法解释未将实施被诉侵权行为的网络服务器所在地作为管辖地，一个非常重要的原因，是云计算技术的发展、分布式服务器技术的采用等，导致以此作为管辖地具有某些不确定性，并不符合"两便"原则。

——《最高人民法院民一庭负责人就〈最高人民法院关于审理利用信息网络侵害人身权益民事纠纷案件适用法律若干问题的规定〉答记者问》，载最高人民法院民事审判第一庭编著：《最高人民法院利用网络侵害人身权益司法解释理解与适用》，人民法院出版社 2014 年版，第 33 页。

【链接：最高人民法院法官著述】

其一，本条司法解释关于"侵权行为实施地包括实施被诉侵权行为终端设备所在地"的规定,是利用信息网络侵害人身权益诉讼的特殊地域管辖的规则。该规定不排斥一般地域管辖,即由被告住所地法院管辖的一般规则。被侵权人可以在实施侵权行为终端设备所在地和被告住所地之间进行选择。

其二,本条司法解释较之关于侵害信息网络传播权的司法解释,限缩了侵权行为实施地的范围,网络服务器所在地并非是利用信息网络侵害人身权益诉讼的侵权行为实施地。

其三,被诉侵权行为终端设备所在地和被侵权的公民、法人和其他组织的住所地,是在侵权行为地不明情况下的识别侵权行为实施地和侵权结果发生地的标准。实践中,能够确定实际的侵权行为实施地和侵权结果发生地的,当事人也可以向该地人民法院提起诉讼。

——最高人民法院民事审判第一庭编著:《最高人民法院利用网络侵害人身权益司法解释理解与适用》,人民法院出版社2014年版,第63~64页。

123

船舶租用合同纠纷案件管辖

关键词 | 船舶租用合同纠纷 | 合同履行地 | 专属管辖 | 指定管辖 |

【链接:最高人民法院法官著述】

从两地法院报送意见来看,对本案合同性质为船舶租用合同纠纷并没有分歧,争议的焦点是:本案是否属于海事法院专属管辖的案件及如何确定本案管辖权。

1. 两地法院受理的案件能否合并审理的问题

大地公司诉王军船舶租用合同纠纷案与王军诉大地公司、刘飞虎船舶租用合同纠纷案,当事人都是依据双方当事人于2002年12月8日签订的《承租吸沙船(江顺888号)协议书》提起的诉讼。不同之诉诉讼主体有不同,在王军诉大地公司一案中,将刘飞虎列为共同被告,但刘飞虎系大地公司的法定代表人,实际上主体是相同的,因此两案纠纷是基于同一法律事实发生的;在法律关系上,两案都是因履行协议书而产生的纠纷,两地法院也均是以船舶租用合同作为案由立案,只是诉讼请求不同。因此,两案争议的法律关系是相同的。两地法院所受理的案件是基于同一事实、同一法律关系产生的纠纷,应当合并审理。

2. 本案是否属于海事法院专属管辖问题

《最高人民法院关于海事法院受理案件范围的若干规定》第二条规定的海商合同纠纷案件中包括船舶租用合同纠纷案件及本院《关于适用〈中华人民共和国海事诉讼特别程序法〉若干问题的规定》第一条"在海上或者通海水域发生的与船舶或者运输、生产、作业相关的海事侵权纠纷、海商合同纠纷,以及法律或者相关司法解释规定的其他海事纠纷案件由海事法院及其上级人民法院专门管辖"的规定中,均将船舶租用合同纠纷案件确定为海事法院受理案件范围。两地法院所受理案件的性质均为船舶租用合同纠纷,依据上述规定,本案应属海事法院专属管辖案件。

但由于本案大地公司所租船舶主要是用于内河吸沙用的工程船,地点在湖南省岳阳县洞庭湖水系的新墙河,而新墙河属于内河,是长江水系的支流,依据本院 2002 年 12 月 10 日发布的《关于调整大连、武汉、北海海事法院管辖区域和案件范围的通知》(法〔2002〕274 号)第四条"大连海事法院、武汉海事法院、北海海事法院分别管辖上述发生在黑龙江省水域(大连)、长江支流水域(武汉)、云南省水域(北海)内的下列海事、海商案件:(1)船舶碰撞、共同海损、海难救助、船舶污染、船舶扣押和拍卖案件;(2)涉外海事、海商案件。发生在上述水域内的其他海事、海商案件,由地方人民法院管辖"的规定,本案为船舶租用合同纠纷,不在武汉海事法院受理案件范围之内,因此应由地方人民法院管辖。

3. 本案管辖权的确定

(1)关于协议约定管辖的效力问题。本案双方当事人在协议书第十一条"如发生纠纷,在协议签订地解决"的约定,并未明确约定解决纠纷的具体方式,且在协议书中也未明确签订地点是在岳阳县,这种情况表明双方对选择协议签订地人民法院管辖未达成一致,应认定约定管辖条款无效。(2)依据《中华人民共和国海事诉讼特别程序法》第六条第二款第(三)项"因船舶租用合同纠纷提起的诉讼,由交船港、还船港、船籍港所在地,被告住所地海事法院管辖"的规定,交船港、还船港、船籍港所在地和被告住所地的海事法院均有权受理。本案双方当事人在协议书中约定了交船地点是在湖南省岳阳县内,因此湖南省岳阳有关法院对本案享有管辖权。根据湖南省高级人民法院有关级别管辖的规定,岳阳县人民法院对本案无管辖权,本案应由岳阳市中级人民法院管辖。

——肖宝英:《关于湖南大地残疾人花木有限公司与王军船舶租用合同纠纷一案的指定管辖》,载苏泽林主编、最高人民法院立案庭编:《立案工作指导》(总第12辑),人民法院出版社2006年版,第118~120页。

124

船舶抵押合同为从合同，债权人同时起诉主债务人和抵押人应由海事法院受理

关键词｜船舶抵押合同｜主债务人｜抵押人｜管辖｜

【最高人民法院答复】

山东省高级人民法院:

你院鲁高法函〔2002〕51号《关于船舶抵押合同为从合同时,债权人同时起诉债务人和抵押人,地方人民法院应否受理的请示》收悉。经研究,同意你院倾向性意见。现答复如下:

船舶抵押合同纠纷案件应由海事法院专门管辖。船舶抵押合同为从合同时,债权人同时起诉主债务人和抵押人的船舶抵押合同纠纷案件,一律由海事法院管辖;债权人直接起诉船舶抵押人的船舶抵押合同纠纷案件,亦应由海事法院管辖;地方法院受理的上述案件,应当移送有关海事法院。

——《最高人民法院关于船舶抵押合同为从合同时债权人同时起诉主债务人和抵押人地方人民法院应否受理请示的复函》(2003年1月6日,〔2002〕民四他字第37号)

125

公司诉讼案件管辖

关键词｜公司诉讼｜管辖｜

【最高人民法院司法解释】

第二十二条 因股东名册记载、请求变更公司登记、股东知情权、公司决议、

公司合并、公司分立、公司减资、公司增资等纠纷提起的诉讼，依照民事诉讼法第二十六条规定确定管辖。

——《最高人民法院关于适用〈中华人民共和国民事诉讼法〉的解释》（2015 年 1 月 30 日，法释〔2015〕5 号）

【链接：最高人民法院法官著述】

通常由公司住所地管辖的案件主要有以下类型：

1. 公司设立诉讼，即公司设立瑕疵诉讼。公司设立是指发起人依照法律规定的条件和程序，为组建公司并使其取得法人资格而依法完成的一系列法律行为的总称。2005 年《公司法》对公司的设立规定了严格的法定条件和程序。公司设立瑕疵是指公司虽经依法登记并获得营业执照而成立，但实际上存在着不符合法定条件、程序而设立的情形。

2. 确认股东资格诉讼。股东资格有两种含义：一是成为有限责任公司股东的一般条件或者前提；二是成为某有限责任公司股东的具体身份。此处的股东资格是指后者。股东资格的取得分为原始取得与继受取得。原始取得是指基于对公司的出资行为初始取得股东资格，继受取得是指基于买卖、赠与、继承、公司合并、善意取得等原因从其他股东处取得股东资格。在实践中，可能由于出资瑕疵、股权转让等事由导致就某主体是否具有股东资格发生争议。比如，对于隐名出资人或瑕疵出资人，公司可能拒绝认可其股东资格。又如，某股东将股权转让后，公司拒绝认可受让人的股东资格并拒绝其行使股权，等等。

3. 分配利润诉讼。在公司存续的情况下，利润分配请求权是股东从公司获取投资回报的主要手段。但由于利润分配方案需要经过股东（大）会通过，在资本多数决原则下，大股东可能利用股利政策损害中小股东的利益。在公司的实际运作中，公司可能有可供分配的利润，但却以各种理由不正当地拒绝向股东分配；或者公司过分提取任意公积金而损害股东的股利分配权，从而引发股东向公司提起分配利润纠纷。另外，如果公司不符合 2005 年《公司法》规定的利润分配限制条件而向股东分配利润，即构成非法分配，公司债权人有权以违法分配损害其利益为由提起诉讼。

4. 公司解散诉讼。公司解散是指引起公司人格消灭的法律事实。公司解散根据解散事由的不同，可分为公司自行解散、强制解散、司法解散三种形式。这里所指的公司解散诉讼主要是指公司僵局出现时，公司股东提起解散公司申请而引发的纠纷。2005 年《公司法》第 183 条规定了公司僵局作为申请法院裁判公司解散的事由。该条规定,公司经营管理发生严重困难,继续存续会使股东利益受到重大损失,通过其他途径不能解决的,持有公司全部股东表决权 10% 以上的股东,可以请求人民法院解散公司。《最高人民法院关于适用〈中华人民共和国公司法〉若干问题的规定(二)》第 24 条已明确规定,解散公司诉讼案件由公司住所地人民法院管辖。

5. 公司组织形式变更诉讼。2005 年《公司法》第 9 条规定:"有限责任公司变更为股份有限公司,应当符合本法规定的股份有限公司的条件。股份有限公司变更为有限责任公司,应当符合本法规定的有限责任公司的条件。"2005 年《公司法》第 44 条、第 104 条还分别对有限责任公司变更为股份有限公司以及股份有限公司变更为有限责任公司的股东会或股东大会决议通过的条件作了规定。此外,2005 年《公司法》第 96 条规定,有限责任公司变更为股份有限公司时,折合的实收股本总额不得高于公司净资产额。当公司变更组织形式违反《公司法》有关规定时,公司股东等利害关系人可以提起公司组织形式变更诉讼。

6. 公司合并诉讼。公司合并主要产生两个方面的法律后果:一是公司组织结构的变化;二是权利义务的概括转移。首先,公司合并必然导致一个或一个以上的公司的消灭,此种公司消灭不需经过清算程序。同时,吸收合并中的吸收公司继续存在,但发生了变化;新设合并中产生了新的公司。其次,公司合并的结果导致了存续公司或者新设公司承受被合并公司的债权债务。由于公司合并产生上述法律效果,因此,涉及多家公司股东及债权人的利益,为了防止公司合并侵害中小股东或债权人的利益,2005 年《公司法》规定了严格的公司合并程序。公司合并需要由合并各方签订合并协议,经过股东会决议通过,编制资产负债表及财产清单,并通知或者公告债权人,最后履行相应的登记程序。如果公司合并违反了法律、行政法规的强制性规定,则会引发公司合并无效纠纷。比如,公司股东认为公司合并决议未经股东会通过,而提起的公司合并无效之诉。

7. 公司分立诉讼。公司分立主要产生两个方面的法律后果:一是公司组织结构的变化,二是权利义务的法定转移。首先,公司分立导致一个或一个以上的公司设立,该公司的营业来自于既有公司的营业分割,而不是既有公司的转投资行为。对于创设分立,还同时导致既有公司的消灭,其消灭也不需要经过清算程序。其次,公司分立的结果导致了分立公司债务的法定承担,即除非公司在分立前与债权人就债务清偿达成的书面协议另有约定，公司分立前的债务由分立后的公司承担连带责任。由于公司分立产生上述法律效果，因此涉及多家公司股东及债权人的利益，为了防止公司分立侵害中小股东或债权人的利益，《公司法》规定了公司分立的严格程序。公司分立需要经过股东会决议通过，制定分立计划或者分立协议，编制资产负债表及财产清单，通知或公告债权人，进行财产分割，并办理登记手续。如果公司分立违反了法律、行政法规的强制性规定，则会导致公司分立无效纠纷。比如，公司股东认为公司分立决议未经股东会通过，而提起公司分立无效之诉。

8.公司资本变动诉讼。公司存续期间，其注册资本可能增加或减少。由于公司资本变动影响公司股东及公司债权人的利益，因此，《公司法》对公司变更注册资本规定了一定的条件和程序，尤其是对公司减少注册资本还规定了严格的债权人保护程序。如果公司资本变动违反了《公司法》规定的条件和程序，则会导致公司资本变动诉讼。常见的公司资本变动诉讼包括：股份公司或者有限公司资本增加违法时，请求判决新股发行无效或者增资无效的诉讼；股份公司或者有限公司资本减少违法时，请求判决资本减少无效的诉讼。

此外，以下诉讼类型中，尽管2005年《公司法》对于其中的部分诉讼类型并未明确相关请求权基础，但依法理也可以适用本条规定：公司决议诉讼，派生诉讼，公司董事、监事及高级管理人员解任诉讼，股东除名诉讼，等等。[①]

在上述列举的诉讼类型中，主要是以公司为被告。也就是说，在公司诉讼案件中，公司为被告的只占其中大部分。还有一部分其他案件，如公司股东请求损害公司利益的公司高级管理人员或公司之外的其他人员对公司承担赔偿责任的股东代表诉讼等，并不是以公司为被告，但这些案件由公司住所地人民法院管辖更为适当。因而该条采取了列举加兜底的方式，即采用“等”字。我们认为随着审判实践的发展，“等”字的内涵会越来越充实。

——最高人民法院民事诉讼法修改研究小组编著：《〈中华人民共和国民事诉讼法〉修改条文理解与适用》，人民法院出版社2012年版，第65～68页。

---

① 对此可参见《日本公司法典》第七编第二章之相关条文，参见王保树主编：《最新日本公司法》，于敏、杨东译，法律出版社2006年版，第447～464页。

编者说明

2005 年《公司法》及 2007 年《民事诉讼法》对公司诉讼案件的管辖问题均未作特殊规定，仅《最高人民法院关于适用〈中华人民共和国公司法〉若干问题的规定(二)》[以下简称《公司法解释(二)》]规定了解散公司诉讼案件由公司住所地人民法院管辖，这对于人民法院审理公司诉讼案件造成了不利影响。2012 年《民事诉讼法》针对公司诉讼的特殊性，新增加了第 26 条："因公司设立、确认股东资格、分配利润、解散等纠纷提起的诉讼，由公司住所地人民法院管辖。"对于公司住所地的确定，《民法通则》和 2005 年《公司法》都有相应规定。《民法通则》第 39 条规定，法人以它的主要办事机构所在地为住所。2005 年《公司法》第 10 条规定，公司以其主要办事机构所在地为住所。而根据《中华人民共和国公司登记管理条例》第 12 条的规定，公司的住所应当在其公司登记机关辖区内，因此，公司的住所地应当是公司注册地。对此《公司法解释(二)》第 24 条也进一步明确，解散公司诉讼案件由公司住所地人民法院管辖。可见，公司住所地是指公司主要办事机构所在地；公司办事机构所在地不明确的，由其注册地人民法院管辖。

2012 年《民事诉讼法》采取了列举加兜底的方式，确定了由公司住所地人民法院管辖的公司诉讼类型。可见，并非所有与公司有关的诉讼都属于公司诉讼，也并非所有与公司有关的诉讼都适用该条规定的由公司住所地管辖的管辖原则。比如，股东与股东之间的出资违约责任诉讼、股权转让诉讼，公司与股东之间的出资纠纷诉讼等，主要属于给付之诉性质的诉讼，该等诉讼虽然均或多或少牵涉公司，但或者属于传统的民事纠纷范畴，或者虽涉及公司法上的权利义务关系，但并不具有组织法上纠纷的性质，也不涉及多项法律关系，因此，可以适用一般的民事诉讼程序进行受理和裁判。所以，对于与公司有关的诉讼是否由公司住所地管辖，要综合进行判断分析，包括"纠纷是否涉及公司利益、对该纠纷法律适用是否适用《公司法》"等。

126

股东增资行为的履行地是公司住所地

关键词 | 出资纠纷 | 股东增资 | 管辖 |

【最高人民法院司法解释】

第二十二条 因股东名册记载、请求变更公司登记、股东知情权、公司决议、公司合并、公司分立、公司减资、公司增资等纠纷提起的诉讼，依照民事诉讼法第二十六条规定确定管辖。

——《最高人民法院关于适用〈中华人民共和国民事诉讼法〉的解释》(2015 年 1 月 30 日,法释〔2015〕5 号)

【链接：最高人民法院法官著述】

本案股东决议中并没有具体规定合同的履行地点,仅仅规定新增的出资额应当于 2000 年 9 月 30 日前分批缴足。则上海绿谷的增资义务应当在何处履行便成了本案最关键的问题。一种观点认为上海绿谷公司可以在任何地方完成增资的行为,所以上海绿谷公司的履行地点是不确定的,进而无法确定合同履行地,只能由被告住所地法院管辖此案。另外一种观点则认为义务的履行地只能是宁夏绿谷公司的住所地即宁夏银川。因为一方面增资义务的履行不仅仅是资金的交付,并且还需要验资等行为的检验才能确定出资义务的完成,这种出资义务的履行更侧重的是履行结果的实现,不能仅仅因为义务人履行了出资的行为,就确定其出资义务的完成。也就是说,只有履行了出资并进行了验资后才能界定上海绿谷公司的增加出资行为是否完成,这种出资义务的履行地我们认为就是宁夏绿谷公司所在地。另外一方面,参照《合同法》第 62 条之规定:“履行地点不明确,给付货币的,在接受货币一方所在地履行”,由此我们可以确定本案增资义务的履行地就是宁夏博尔泰力公司的所在地。由于宁夏绿谷以及后来变更的宁夏博乐泰力公司的住所地均在宁夏银川,所以出资行为的履行地应在宁夏银川,宁夏高级人民法院作为本案合同履行地的人民法院对本案是有管辖权的。

——孔玲:《本案股东增资行为的履行地就是公司住所地》,载最高人民法院民事审判第二庭编:《民商事审判指导》(总第 6 辑),人民法院出版社 2005 年版,第 70 页。

127

股东派生诉讼的管辖

关键词 | 股东派生诉讼 | 管辖 |

【最高人民法院裁判文书】

佳通轮胎(中国)投资有限公司与宁夏回族自治区银川橡胶厂、银川佳通长城轮胎有限公司股东损害公司利益赔偿纠纷管辖权异议上诉案[最高人民法院(2010)民二终字第74号民事裁定书]

裁判要旨:符合法定条件的股东提起股东派生诉讼,要求侵害人承担损害赔偿责任的,双方形成的系侵权纠纷,由侵权行为地或被告住所地人民法院管辖。

最高人民法院认为:

银川橡胶厂起诉针对的是基于《合资合同书》中约定的"合资公司的物资采购及产品销售委托佳通轮胎中国事业部相关机构统一管理"这一条款,佳通轮胎滥用其代理权,损害委托人佳通长城合法权益的行为。银川橡胶厂作为连续一百八十日以上持有佳通长城百分之一以上股份的股东,在书面请求佳通长城董事会就上述侵权行为主张权利而佳通长城怠于主张权利的情况下,有权对佳通轮胎提起股东代表诉讼,双方形成侵权纠纷。因侵权行为地和侵权结果发生地均在佳通长城所在地即宁夏银川市,一审被告住所地在上海市,根据《中华人民共和国民事诉讼法》第二十九条、《最高人民法院关于适用〈中华人民共和国民事诉讼法〉若干问题的意见》第28条和《最高人民法院关于调整高级人民法院和中级人民法院管辖第一审民商事案件标准的通知》(法发〔2008〕10号)的规定,宁夏回族自治区高级人民法院和上海市高级人民法院对本案均具有管辖权。根据《中华人民共和国民事诉讼法》第三十五条的规定,宁夏回族自治区高级人民法院受理本案符合法定程序,一审裁定驳回佳通轮胎管辖权异议并无不当。佳通轮胎提出本案属于财产案件不符合《最高人民法院关于印发〈民事案件案由规定〉的通知》(法发〔2008〕11号)的规定。

——苏泽林、景汉朝主编,最高人民法院立案一庭、立案二庭编:《立案工作指导》(总第30辑),人民法院出版社2012年版,第194~195页。

128

公司解散、公司清算案件管辖

关键词｜公司解散｜公司清算｜地域管辖｜级别管辖｜

【最高人民法院司法解释】

第二十四条 解散公司诉讼案件和公司清算案件由公司住所地人民法院管辖。公司住所地是指公司主要办事机构所在地。公司办事机构所在地不明确的，由其注册地人民法院管辖。

基层人民法院管辖县、县级市或者区的公司登记机关核准登记公司的解散诉讼案件和公司清算案件；中级人民法院管辖地区、地级市以上的公司登记机关核准登记公司的解散诉讼案件和公司清算案件。

——《最高人民法院关于适用〈中华人民共和国公司法〉若干问题的规定（二）》（2008 年 5 月 12 日，法释〔2008〕6 号，2014 年 2 月 17 日修正）

【最高人民法院司法政策】

2. 对于公司强制清算案件的管辖应当分别从地域管辖和级别管辖两个角度确定。地域管辖法院应为公司住所地的人民法院，即公司主要办事机构所在地法院；公司主要办事机构所在地不明确、存在争议的，由公司注册登记地人民法院管辖。级别管辖应当按照公司登记机关的级别予以确定，即基层人民法院管辖县、县级市或者区的公司登记机关核准登记公司的公司强制清算案件；中级人民法院管辖地区、地级市以上的公司登记机关核准登记公司的公司强制清算案件。存在特殊原因的，也可参照适用《中华人民共和国企业破产法》第四条、《中华人民共和国民事诉讼法》第三十七条和第三十九条的规定，确定公司强制清算案件的审理法院。

——《最高人民法院印发〈关于审理公司强制清算案件工作座谈会纪要〉的通知》（2009 年 11 月 4 日，法发〔2009〕52 号）

【链接：最高人民法院法官著述】

公司登记的住所地与实际的主要营业机构所在地不一致时如何确定管辖法院。

我国《公司法》第 10 条规定公司以其主要办事机构所在地为住所。此外，《公司登记管理条例》规定公司必须将其住所在公司登记机关进行登记；公司的住所应当在公司登记机关辖区内;公司住所变更的,应当申请变更登记。然而,在实际经济生活中,公司可能迁移主要办事机构后却并未向公司登记机关申请变更登记。这种现象的发生原因是多方面的,可能是由于公司的懈怠或疏忽,亦可能是公司为了达到逃避债务等非法目的。无论其原因为何,皆导致公司的登记住所地与实际的主要营业机构所在地发生冲突。此时,便面临如何确定公司的住所地问题。对此,应当以公司登记机关登记的住所地为准。首先,如前文所述,公司的住所具有特定的法律意义:是公司决定登记管辖、税收管辖和司法管辖的依据;是公司营业所发生债权债务的接受地和履行地;是公司在诉讼中送达司法文书的场所。因此,公司的住所必须确定,这也正是公司法规定公司住所地具有公示力和公信力的原因所在。解散公司诉讼中,股东虽然是公司的成员,但是股东并非任何时候皆了解公司的内部事务,特别是公司僵局的出现本身即说明原告股东已经无法有效参与公司的经营管理;公司清算案件,公司债权人更是无法了解公司的主要办事机构究竟所在何地。最后,以登记机关登记的公司住所地为准符合法律的价值判断。公司变更住所后应当申请变更登记,但是却故意或过失未予申请,公司的此种过错的后果如果由作为原告或申请人的股东或债权人承担,有失公平;更何况如果以公司的实际主要办事机构所在地为准,可能导致被告(或被申请人)挑选法院现象的产生,因为公司可以根据自己的意愿变更主要办事机构。是故,解散公司诉讼案件和公司清算案件的公司的登记住所与实际的主要营业机构所在地不一致时,应由公司登记住所地法院管辖。

——最高人民法院民事审判第二庭编著:《最高人民法院关于公司法司法解释(一)、(二)理解与适用》,人民法院出版社2008年版,第443~444页。

129

涉灾案件管辖

关键词|涉灾案件|管辖|

【最高人民法院司法政策】

八、对于因地震中下落不明申请宣告失踪、宣告死亡案件,人民法院要依法积极受理，以便尽快明确身份关系和财产关系。由于玉树地区的基层人民法院受到地震严重破坏，如果行使管辖权确有困难，上级人民法院可以依照民事诉讼法第三十七条第一款的规定，指定其他基层人民法院管辖。

九、对于灾区人民法院一时难以开展审判活动的，青海省高级人民法院要统一协调，根据诉讼法的有关规定，加大移送管辖、指定管辖、提级管辖的力度，将灾区人民法院已经受理或者有待受理的适合交由其他人民法院管辖的案件，移交或指定其他人民法院管辖，或者由上级人民法院直接提审、执行。

——《最高人民法院关于依法做好抗震救灾和恢复重建期间审判工作切实维护灾区社会稳定的通知》（2010 年 4 月 19 日，法〔2010〕178 号）

二、灾区群众安置地与原住所地、经常居住地不在同一行政区的，对于异地安置以后发生的诉讼，可以将安置地视为当事人的居住地依法确定管辖。

——《最高人民法院关于处理涉及汶川地震相关案件适用法律问题的意见（一）》（2008 年 7 月 14 日，法发〔2008〕21 号）

五、对于宣告失踪、宣告死亡案件，人民法院要依法积极受理，以便尽快明确身份关系和财产关系。由于四川汶川特大地震后，“下落不明人住所地基层人民法院”受到严重破坏，难以开展审判工作，不能行使管辖权的，上级人民法院可以依照民事诉讼法第三十七条第一款的规定，指定其他基层人民法院管辖。

——《最高人民法院关于依法做好抗震救灾恢复重建期间民事审判和执行工作的通知》（2008 年 6 月 6 日，法〔2008〕164 号）

四、对于有的灾区人民法院审判人员一时不能补充到位的，高级人民法院要统一协调，根据诉讼法的有关规定，加大移送管辖、指定管辖、提级管辖的力度，将灾区人民法院已经受理或者有待受理的适合交由其他人民法院管辖的案件，移交或指定其他人民法院管辖，或者由上级人民法院直接提审、执行。

——《最高人民法院关于依法做好抗震救灾期间审判工作切实维护灾区社会稳定的通知》（2008 年 5 月 26 日，法〔2008〕152 号）

【链接：最高人民法院法官著述】

对于灾区群众安置地与原住所地、经常居住地不在同一行政区域的，异地安置以后发生的诉讼,可以将安置地视为当事人的居住地,依法确定管辖法院。这样避免了安置群众因在远处安置可能带来的诉讼不便。

——曹守晔、林文学:《〈关于处理涉及汶川地震相关案件适用法律问题的意见(一)〉的理解与适用》,载《人民司法·应用》2009 年第 1 期。

130

合并审理案件管辖

关键词|国债|托管合同|合并审理|管辖|

【最高人民法院裁判文书】

北京北大青鸟有限责任公司与辽宁华锦化工(集团)有限责任公司、沈阳公用发展股份有限公司、北京地业房地产开发有限公司、沈阳江胜金融大厦管理有限公司借款担保追偿权纠纷案[最高人民法院(2005)民二终字第 168 号民事裁定书]

裁判要旨:在多个人民法院对案件均有管辖权的情况下,原告有权向任何一个有管辖权的人民法院提起诉讼。作为追偿权纠纷和反担保合同纠纷两个不同诉讼合并审理的四个当事人,在确定案件的管辖问题上没有先后顺序之分。当事人以其为案件第一被告,要求将该案移送至其住所地人民法院管辖的请求没有法律依据,人民法院不予支持。

——北大法宝网,http://www.pkulaw.cn/case/pfnl_119881462.html?match:Exact。

【链接:最高人民法院法官著述】

本案中,无锡庆丰公司与闽发证券公司签订的《国债托管协议》第 8 条约定:双方如在履行本协议的过程中发生争议,可友好协商解决。如协商无法解决,可向甲方所在地人民法院起诉。该协议管辖条款符合我国《民事诉讼法》第 25 条关于“合同的双方当事人可以在书面合同中协议选择被告住所地、合同履行地、合同签订地、原告住所地、标的物所在地人民法院管辖,但不得违反本法对级别管辖和专属管辖的规定”的规定，应认定有效。

关于合并审理案件管辖法院的确定问题，我们认为，除诉的主体合并外，我国法律并没有以受理法院必须对所有被合并审理的诉都有管辖权作为合并审理的必要条件，因此，本案中，对被合并审理的任一诉享有管辖权的法院，对被合并审理的诉都享有管辖权。“诉的合并导致管辖权的合并，这是一个不证自明的诉讼法原则。”本案中，尽管江苏省高级人民法院并非无锡庆丰公司与证券登记结算公司及其上海分公司的侵权纠纷案件的侵权地和被告住所地，但依上述分析，江苏省高级人民法院对该合并审理的案件可以受理。本案可依协议管辖条款确定管辖法院。根据《民事诉讼法》第35条关于“两个以上人民法院都有管辖权的诉讼，原告可以向其中一个人民法院起诉；原告向两个以上都有管辖权的人民法院起诉的，由最先立案的人民法院管辖”的规定，现无锡庆丰公司向协议管辖法院江苏省高级人民法院提起诉讼，该院依法享有管辖权。因此，证券登记结算公司及其上海分公司关于江苏省高级人民法院对其与无锡庆丰公司之间的侵权纠纷案件无管辖权，故本案应由上海市第一中级人民法院审理的上诉理由不能成立。

——张雪楳：《本案侵权之诉和合同之诉具有关联性，应予合并审理》，载最高人民法院民事审判第二庭编：《民商事审判指导》（总第6辑），人民法院出版社2005年版，第79～80页。

131

变更诉讼请求可以导致管辖法院变化

关键词｜变更诉讼请求｜债务纠纷｜管辖权｜

【最高人民法院裁判文书】

中国长江动力公司与香港耀荣明泰国际控股有限公司债务纠纷管辖权异议案［最高人民法院（2000）经终字第250号民事裁定书］

裁判要旨：原告以股权转让合同纠纷为案由向合同履行地的法院起诉。在一审审理期间，原告变更诉讼请求，案由变为债务纠纷。在此种情况下，将导致管辖法院的变化。

最高人民法院认为：

耀荣公司变更以后的诉讼请求是："判令长动公司向其偿付欠款500万美元和880万港币及其利息损失。"可见耀荣公司要求长动公司履行的是还款义务，而不是要求其在福建长平峡阳电力发展有限公司的股权。因此，本案案由应为"债务纠纷"，而不再是"股权转让纠纷"。而且本案债务纠纷产生的基础法律关系并不是双方之间的股权转让合同。根据耀荣公司在一审起诉状中陈述的事实，双方关于500万美元的债权债务关系源于1994年11月15日耀荣公司的全资附属公司——沃尔顿公司与长动公司签订的关于收购长动公司下属的菲律宾公司40%股权的协议；双方关于880万港币的债权债务关系源于1997年3月1日长动公司与耀荣公司在香港签订的关于"长动公司同意用其在福建长平峡阳电力发展有限公司的投资追加款或不足部分用追加股份额一次性补偿880万港币或相当于880万港币的人民币给耀荣公司"的协议。长动公司上诉认为本案作为债务纠纷，"被告住所地和合同履行地均不在福建，故福建省高级人民法院对此案不再享有管辖权"这一主张有其事实和法律依据，本院予以支持。原审法院以本案的基础法律关系为股权转让合同关系，并以该合同的履行地在福建省而确定该院对本案行使管辖权没有事实依据，原审裁定不当，应予撤销。本案应由被告住所地的人民法院管辖。

——最高人民法院办公厅编：《最高人民法院公布裁判文书（2002年）》，人民法院出版社2002年版，第361页。

132

管辖权争议期间不得抢先作出判决

关键词｜管辖权争议｜抢先判决｜

【最高人民法院司法解释】

4. 两个以上人民法院如对管辖权有争议，在争议未解决前，任何一方人民法院均不得对案件作出判决。对抢先作出判决的，上级人民法院应当以违反程序为由撤销其判决，并将案件移送或者指定其他人民法院审理，或者由自己提审。

——《最高人民法院关于在经济审判工作中严格执行〈中华人民共和

国民事诉讼法〉的若干规定》(1994 年 12 月 22 日,法发〔1994〕29 号)

【链接：最高人民法院法官著述】

泰安市岱岳区法院在两地法院就管辖权争议协商期间抢先作出实体判决的行为,违反了《最高人民法院关于在经济审判工作中严格执行〈中华人民共和国民事诉讼法〉的若干规定》第四条“两个以上人民法院如对管辖权有争议,在争议未解决前,任何一方人民法院均不得对案件作出判决”的规定。根据此规定,对抢先作出判决的,上级人民法院应当以违反程序为由撤销其判决,并将案件移送或者指定其他人民法院审理。综上所述,本案属于定作合同纠纷,合同履行地为山东省泰安市,应由泰安市岱岳区人民法院管辖。泰安市岱岳区法院在两地法院就管辖权争议协商期间抢先作出判决而丧失了对本案的管辖权。河北省邢台市桥西区法院不是本案合同的履行地,对本案没有管辖权。依据《中华人民共和国民事诉讼法》第三十七条第二款之规定,指定本案由第三地的河北省廊坊市安次区人民法院管辖。

——张绳祖:《名称与内容不一致的合同定性与地域管辖的确定》,载苏泽林主编、最高人民法院立案庭编:《立案工作指导》(总第 15 辑),人民法院出版社 2008 年版,第 102 ~ 103 页。

133

涉军案件管辖

关键词 | 军事法院 | 涉军案件 | 管辖 |

【最高人民法院司法解释】

第十一条 双方当事人均为军人或者军队单位的民事案件由军事法院管辖。

——《最高人民法院关于适用〈中华人民共和国民事诉讼法〉的解释》(2015 年 1 月 30 日,法释〔2015〕5 号)

第三条 当事人一方是军人或者军队单位,且合同履行地或者标的物所在地在营区内的合同纠纷,当事人书面约定由军事法院管辖,不违反法律关于级别管辖、专属管辖和专门管辖规定的,可以由军事法院管辖。

第四条 军事法院受理第一审民事案件,应当参照民事诉讼法关于地域管辖、级别管辖的规定确定。

当事人住所地省级行政区划内没有可以受理案件的第一审军事法院,或者处于交通十分不便的边远地区,双方当事人同意由地方人民法院管辖的,地方人民法院可以管辖,但本规定第一条第(二)项规定的案件除外。

——《最高人民法院关于军事法院管辖民事案件若干问题的规定》(2012年8月28日,法释〔2012〕11号)

【链接:最高人民法院法官著述】

在审判实践中应注意:此次民事诉讼法司法解释修改,废除了《92年意见》第11条。但是,对于涉军离婚的诉讼管辖,如果双方当事人都是军人的,由军事法院专门管辖,地方法院没有管辖权;当事人一方为军人的离婚诉讼,地方法院和军事法院均有管辖权。

——沈德咏主编、最高人民法院修改后民事诉讼法贯彻实施工作领导小组编著:《最高人民法院民事诉讼法司法解释理解与适用》,人民法院出版社2015年版,第137页。

134

消费民事公益诉讼案件管辖

关键词 | 消费民事公益诉讼 | 管辖 |

【最高人民法院司法解释】

第三条 消费民事公益诉讼案件管辖适用《最高人民法院关于适用〈中华人民共和国民事诉讼法〉的解释》第二百八十五条的有关规定。

经最高人民法院批准,高级人民法院可以根据本辖区实际情况,在辖区内确定部分中级人民法院受理第一审消费民事公益诉讼案件。

——《最高人民法院关于审理消费民事公益诉讼案件适用法律若干问题的解释》(2016 年 4 月 24 日，法释〔2016〕10 号)

编者说明

消费民事公益诉讼是针对侵害众多不特定消费者合法权益等损害公共利益的行为提起的诉讼。虽然这类案件本质上属于侵权案件，但由于侵害的是不特定消费者的合法权益即公共利益，故其在管辖法院的确定上也有其特殊性。由于《民事诉讼法》第 55 条并未明确管辖法院，故《2015 年解释》第 285 条针对公益诉讼的地域管辖、级别管辖以及特殊情形下的指定管辖问题作出了明确规定。由于消费民事公益诉讼属于公益诉讼范畴，故应适用该条规定，当无疑义。但不可否认，消费民事公益案件本身所具有的复杂性、群体性特点决定了该类案件不宜由所有中级人民法院受理。故本条第 2 款规定各地高级人民法院在报经最高人民法院批准后，可因地制宜在本辖区内确定由部分中级人民法院受理一审消费民事公益诉讼案件。

135

消费民事公益诉讼案件管辖权可以向上转移

关键词 | 消费民事公益诉讼 | 管辖权转移 |

【链接：最高人民法院法官著述】

我们认为，从诉讼法理而言，管辖权转移适用于公益诉讼，当无疑义。但从当前司法实践角度而言，应对消费民事公益诉讼的管辖权转移作出适当限制。具体而言，消费民事公益诉讼的向上转移，应当允许。只不过，在进行向上转移时还应参照《关于规范上下级人民法院审判业务关系的若干意见》细化以下几个环节：第一，可以提出向上转移的法院只能是中级人民法院，而不能是高级人民法院。理论而言，高级人民法院因管辖权转移可能会取得消费民事公益诉讼一审案件的管辖权，但高级人民法院不能根据《民事诉讼法》第 38 条第 2 款的规定，再报请最高人民法院审理。第二，向上转移的消费民事公益诉讼的案件类型主要包括：重大、疑难、复杂案件；具有普遍法律适用意义的案件；有管辖权的人民法院不宜行使审判权的案件。第三，中级人民法院报请向上转移的消费民事公益诉讼案件形式只能采用书面形式向高级人民法院报请。第四，高级人民法院应以决定书的形式作出是否同意移送审理的表示。第五,高级人民法院认为必要时,也可自行决定提级审理特定消费民事公益诉讼。至于消费民事公益诉讼的向下转移,则目前原则上不宜准许。虽然在环境民事公益诉讼领域,已经允许在特定情形下,裁定将中级人民法院管辖的第一审环境民事公益诉讼案件交由基层人民法院审理,但这主要是基于目前已有基层环境保护法庭继续发挥审判功能的需要。但在全国法院系统尚未设立专门法庭专职审理消费民事公益诉讼案件的情形下,实务中并无将消费民事公益诉讼下放基层人民法院审理的必要性。而且,从司法实践反馈情况来看,确实存在部分法院将本应由其管辖的第一审民事案件"随意"交由下级法院审理的做法。实质上剥夺了当事人获得较高层级法院审判的权利,是对当事人诉权的侵害。尤其是就消费民事公益诉讼而言,不特定消费者利益本身属于公共利益范畴,具有不确定性、易伤害性和难救济性特点,故对于尚处在探索经验阶段的消费民事公益诉讼案件而言,暂不适用管辖权向下转移,确有其必要性。

——杜万华主编、最高人民法院民事审判第一庭编著:《最高人民法院消费民事公益诉讼司法解释理解与适用》,人民法院出版社 2016 年版,第 90 ~ 91 页。

136

消费民事公益诉讼案件管辖不适用协议管辖

关键词 | 消费民事公益诉讼 | 协议管辖 |

【链接:最高人民法院法官著述】

司法实践中有种观点,既然民事诉讼法允许消费者与经营者约定协议管辖,那么在经营者未采用格式条款或已采取了合理方式提请消费者注意的前提下,管辖协议应当有效。进而,从尊重当事人意思自治出发,消费民事公益诉讼也应按管辖协议的约定确定管辖法院。我们认为,这里要注意的是,在特定有资格的有权提起消费民事公益诉讼的机关或者社会组织已经按本条规定确定了管辖法院并提起诉讼的情形下,如果因同一侵权行为受到损害的消费者申请参加诉讼的,已受理消费民事公益诉的法院应依据本《解释》的相关规定,告知其依照《民事诉讼法》第 119 条规定主张权利。而根据《民事诉讼法》第 119 条第 4 项“属于人民法院受理民事诉讼的范围和受诉人民法院管辖”之规定，消费者应向有管辖权人民法院提起诉讼。此时，就应区分该特定消费者是否与经营者有关于管辖的约定。如果没有管辖约定，则依据一般侵权案件来确定管辖；如果双方当事人之间有关于管辖的约定，则应向管辖协议约定的法院提起私益诉讼，而不能直接申请参加消费民事公益诉讼。

——杜万华主编、最高人民法院民事审判第一庭编著：《最高人民法院消费民事公益诉讼司法解释理解与适用》，人民法院出版社 2016 年版，第 90 ~ 91 页。

137

消费民事公益诉讼与私益诉讼管辖法院

关键词 | 消费民事公益诉讼 | 私益诉讼 | 管辖 |

【链接：最高人民法院法官著述】

第一审消费民事公益诉讼原则上由中级以上人民法院管辖，而消费者自行提起的私益诉讼，一般属于基层人民法院管辖的案件。而且，即使消费民事私益诉讼的标的额达到了中级人民法院受理案件的数额标准，消费过程中的侵权行为引发的消费民事私益诉讼，根据《民事诉讼法》第 28 条“因侵权行为提起的诉讼，由侵权行为地或者被告住所地人民法院管辖”的规定，也可能因原告的选择不同，造成受理法院的不同。因此，实践中将不可避免的出现因同一侵权行为引起的消费民事公益诉讼与私益诉讼，在不同法院受理立案的问题。此时，从提高审理裁判效率，统一裁判尺度和便于执行的角度看，可以根据《民事诉讼法》第 38 条关于指定管辖和移送管辖的相关规定，交由同一法院管辖。

——杜万华主编、最高人民法院民事审判第一庭编著：《最高人民法院消费民事公益诉讼司法解释理解与适用》，人民法院出版社 2016 年版，第 192 ~ 193 页。

138

环境民事公益诉讼管辖

关键词 | 环境民事公益诉讼 | 管辖 |

【最高人民法院司法解释】

第六条 第一审环境民事公益诉讼案件由污染环境、破坏生态行为发生地、损害结果地或者被告住所地的中级以上人民法院管辖。

中级人民法院认为确有必要的,可以在报请高级人民法院批准后,裁定将本院管辖的第一审环境民事公益诉讼案件交由基层人民法院审理。

同一原告或者不同原告对同一污染环境、破坏生态行为分别向两个以上有管辖权的人民法院提起环境民事公益诉讼的,由最先立案的人民法院管辖,必要时由共同上级人民法院指定管辖。

第七条 经最高人民法院批准,高级人民法院可以根据本辖区环境和生态保护的实际情况,在辖区内确定部分中级人民法院受理第一审环境民事公益诉讼案件。

中级人民法院管辖环境民事公益诉讼案件的区域由高级人民法院确定。

——《最高人民法院关于审理环境民事公益诉讼案件适用法律若干问题的解释》(2015 年 1 月 6 日,法释〔2015〕1 号)

【链接:最高人民法院法官著述】

关于级别管辖问题。环境民事公益诉讼属于新类型案件,审理、执行难度较大,社会关注度高,因此原则上应由中级以上人民法院管辖。但考虑到一些基层人民法院较早建立了专门的环保法庭,在审理环境民事公益诉讼方面已经积累了一定经验,故中级人民法院可以依据民事诉讼法第三十八条的规定,在报请高级人民法院批准后,将本院管辖的第一审环境民事公益诉讼案件通过“一案一指”的方式裁定交给基层人民法院审理。

关于地域管辖问题。环境民事公益诉讼本质上属于侵权纠纷性质,故按照民事诉讼法关于侵权案件管辖的规定,应由侵权行为地或则被告住所地人民法院管辖,侵权行为地包括污染环境、破坏生态行为发生地和损害结果地。

关于管辖权冲突问题。如果同一原告或者不同原告对同一污染环境、破坏生态行为分别向两个以上有管辖权的人民法院提起环境民事公益诉讼的，由最先立案的人民法院管辖，必要时由共同上级人民法院指定管辖。同时，为减少或避免出现管辖权冲突现象，提高诉讼效率，《解释》还规定人民法院在受理环境民事公益诉讼后，应公告案件受理情况。这一方面是为了保障公众的知情权，另一方面也便于符合法定条件的其他主体作为共同原告参加诉讼，上述主体应在公告之日起三十日内申请参加诉讼，逾期提出的，原则上丧失另行起诉的权利。

关于跨行政区划集中管辖问题。水、空气等环境因素具有流动性，而目前环境监管、资源利用却是以行政区划为界限，此种行政权力配置与生态系统相割裂的冲突，导致跨行政区划污染不能得到有效的解决。党的十八届三中全会提出，要探索建立与行政区划适当分离的司法管辖制度，十八届四中全会决定进一步提出，要探索设立跨行政区划的人民法院。为此，《解释》专门规定了环境民事公益诉讼案件实行跨行政区划集中管辖。即经最高人民法院批准，高级人民法院可以根据本辖区环境和生态保护的实际情况，在辖区内确定部分中级人民法院受理第一审环境民事公益诉讼案件，中级人民法院管辖环境民事公益诉讼案件的区域由高级人民法院确定。

——江必新主编：《最高人民法院司法解释与指导性案例理解与适用》（第4卷），人民法院出版社2016年版，第181页。

第二章 | CHAPTER 02

回避

139

审判人员应当回避的情形

关键词 | 回避 | 审判人员 |

【最高人民法院司法解释】

第四十三条 审判人员有下列情形之一的,应当自行回避,当事人有权申请其回避:

(一)是本案当事人或者当事人近亲属的;

(二)本人或者其亲属与本案有利害关系的;

(三)担任过本案的证人、鉴定人、辩护人、诉讼代理人、翻译人员的;

(四)是本案诉讼代理人近亲属的;

(五)本人或者其近亲属持有本案非上市公司当事人的股份或者股权的;

(六)与本案当事人诉讼代理人有其他利害关系,可能影响公正审理的。

——《最高人民法院关于适用〈中华人民共和国民事诉讼法〉的解释》(2015年1月3日,法释〔2015〕5号)

第一条 审判人员具有下列情形之一的,应当自行回避,当事人及其法定代理人有权以口头或者书面形式申请其回避:

(一)是本案的当事人或者与当事人有近亲属关系的;

(二)本人或者其近亲属与本案有利害关系的;

(三)担任过本案的证人、翻译人员、鉴定人、勘验人、诉讼代理人、辩护人的;

(四)与本案的诉讼代理人、辩护人有夫妻、父母、子女或者兄弟姐妹关系的;

(五)与本案当事人之间存在其他利害关系,可能影响案件公正审理的。

本规定所称近亲属,包括与审判人员有夫妻、直系血亲、三代以内旁系血亲及近姻亲关系的亲属。

——《最高人民法院关于审判人员在诉讼活动中执行回避制度若干问题的规定》(2011年6月10日,法释〔2011〕12号)

【链接：最高人民法院法官著述】

对于本条在审判实践中的适用，尤其需要把握的是与有关司法解释规定的新旧衔接适用问题，比如与《回避规定》内容的衔接问题等。我们认为，根据“新法优于旧法”的本原理，在旧的司法解释规定与新规定存在冲突时，当然要用新规定。但在新规定对相关问题并没有明确列举的情况下，如原有司法解释对此有明确规定，则应适用原有规定。换言之，在审判实践中，对于《回避规定》与现行民事诉讼法及本解释不冲突的，应当继续适用。

——沈德咏主编、最高人民法院修改后民事诉讼法贯彻实施工作领导小组编著：《最高人民法院民事诉讼法司法解释理解与适用》，人民法院出版社2015年版，第208页。

140

违反“廉洁公正”应当回避的情形

关键词｜回避｜审判人员｜廉洁公正｜

【最高人民法院司法解释】

第四十四条 审判人员有下列情形之一的，当事人有权申请其回避：

（一）接受本案当事人及其受托人宴请，或者参加由其支付费用的活动的；

（二）索取、接受本案当事人及其受托人财物或者其他利益的；

（三）违反规定会见本案当事人、诉讼代理人的；

（四）为本案当事人推荐、介绍诉讼代理人，或者为律师、其他人员介绍代理本案的；

（五）向本案当事人及其受托人借用款物的；

（六）有其他不正当行为，可能影响公正审理的。

——《最高人民法院关于适用〈中华人民共和国民事诉讼法〉的解释》（2015年1月30日，法释〔2015〕5号）

第二条 当事人及其法定代理人发现审判人员违反规定,具有下列情形之一的,有权申请其回避:

(一)私下会见本案一方当事人及其诉讼代理人、辩护人的;

(二)为本案当事人推荐、介绍诉讼代理人、辩护人,或者为律师、其他人员介绍办理该案件的;

(三)索取、接受本案当事人及其受托人的财物、其他利益,或者要求当事人及其受托人报销费用的;

(四)接受本案当事人及其受托人的宴请,或者参加由其支付费用的各项活动的;

(五)向本案当事人及其受托人借款,借用交通工具、通讯工具或者其他物品,或者索取、接受当事人及其受托人在购买商品、装修住房以及其他方面给予的好处的;

(六)有其他不正当行为,可能影响案件公正审理的。

——《最高人民法院关于审判人员在诉讼活动中执行回避制度若干问题的规定》(2011 年 6 月 10 日,法释〔2011〕12 号)

【链接:最高人民法院法官著述】

其一,本条规定内容涉及审判人员履职乃至形象上的廉洁公正性问题,若存在本条规定情形的,不仅是本案回避即可,违反相应的纪律规定或者刑法的,当然要追究相应的责任。

其二,本条规定的上述情形可能已被查处,但具体到本案的回避问题上,则应按照“谁主张、谁举证”的一般规则,由提出回避的当事人或者其诉讼代理人举证证明存在上述情形。

其三,从现实情况出发,本条规定的情形适用于审判人员自行回避的可能性或许不大,但并非没有可能,比如在审判人员所做上述行为情节并不严重,尚不能达到承担刑事责任或者较为严重的纪律处分时,其可以继续本职工作,而当事人又未申请其回避的情况下,为准确把握本条规定的立法本意,似应可以适用自行回避的规定。当然,这在本条规定中未予明确,还需在实践中进一步探索研究。

——沈德咏主编、最高人民法院修改后民事诉讼法贯彻实施工作领导小组编著:《最高人民法院民事诉讼法司法解释理解与适用》,人民法院出版社 2015 年版，第 211 页。

141

任职回避及发回重审案件的回避

关键词 | 任职回避 | 审判人员 | 发回重审 |

【最高人民法院司法解释】

第四十五条 在一个审判程序中参与过本案审判工作的审判人员，不得再参与该案其他程序的审判。

发回重审的案件，在一审法院作出裁判后又进入第二审程序的，原第二审程序中合议庭组成人员不受前款规定的限制。

——《最高人民法院关于适用〈中华人民共和国民事诉讼法〉的解释》（2015 年 1 月 30 日，法释〔2015〕5 号）

第三条 凡在一个审判程序中参与过本案审判工作的审判人员，不得再参与该案其他程序的审判。但是，经过第二审程序发回重审的案件，在一审法院作出裁判后又进入第二审程序的，原第二审程序中合议庭组成人员不受本条规定的限制。

——《最高人民法院关于审判人员在诉讼活动中执行回避制度若干问题的规定》（2011 年 6 月 10 日，法释〔2011〕12 号）

【链接：最高人民法院法官著述】

本条第一款中"审判程序"不宜作从宽解释。审理前的程序，比如先行调解程序、立案调解程序等，都不应理解为案件的审判程序，审判人员参与这些程序也不属于审判工作的性质。同样，此审判程序也必须是同一案件的不同审判程序，对于调解协议的司法确认案件，被人民法院依法裁定驳回后，当事人又重新起诉的，则此两个案件的诉讼标的已经发生根本不同，因此不属于"同一案件"，故也不能适用本条规定。此外，此程序目前也不宜包括对于某疑难案件，审判委员会讨论案件的情形，因为这一程序不是一个独立的案件审理程序，且审判委员会成员较多，有自身独立地讨论案件程序，有关审判委员会回避的问题，目前也正在研究论证当中，将适时出台相应的司法解释予以规范。

——沈德咏主编、最高人民法院修改后民事诉讼法贯彻实施工作领导小组编著：《最高人民法院民事诉讼法司法解释理解与适用》，人民法院出版社 2015 年版，第 213 页。

第三章 | CHAPTER 03

诉讼参加人

142

国有银行一般不可成为金融不良债权转让案件被告

关键词 | 金融不良债权 | 债权转让 | 国有银行 | 被告 |

【链接：最高人民法院法官著述】

在案件受理方面，原国有商业银行能否成为被告，可谓实务中最具争议的问题。该问题争论来源于最高人民法院〔2004〕民二他字第25号《关于人民法院是否受理金融资产管理公司与国有商业银行就政策性金融资产转让协议发生的纠纷问题的答复》关于“金融资产管理公司接收国有商业银行的不良资产是国家根据有关政策实施的，具有政府指令划转国有资产的性质。金融资产管理公司与国有商业银行就政策性金融资产转让协议发生纠纷起诉到人民法院的，人民法院不予受理”的规定。该答复的法理基础是：对于设定法律关系的主体为政府、法律关系内容各方当事人并无选择权、资产转移无对价或者对价不平衡的行为，虽然表现为民事法律关系的形式，但实质上是行政性调整、划转行为所引发的纠纷，不属于民商事案件受理范围。但是在这种行政划转行为侵害他人合法权利时，受害人能否对国有商业银行提起诉讼，便成为备受争议的问题，并导致各地法院判法不一。我们认为，国家剥离不良债权的战略目的在于提高国有商业银行的国际竞争力和最大限度地保障国有商业银行的安全，如果受理债务人或受让人对国有商业银行的诉讼，金融资产管理公司完全可以通过将争议债权以转让的方式间接获得对国有商业银行的诉权，这相当于变相违背了最高人民法院答复的精神和国家剥离不良债权战略的目的初衷以及合同相对性原则。因此，债务人或受让人起诉国有商业银行的案件在原则上不予受理。例如，《纪要》明确规定：“金融资产管理公司与国有银行就政策性金融资产转让协议发生纠纷起诉到人民法院的，或者受让人自金融资产管理公司受让不良债权后，以不良债权存在瑕疵为由起诉原国有银行的，人民法院不予受理。”在同样的考虑之下，受让人在对国有企业债务人的追索诉讼中，主张追加原国有银行为第三人的，人民法院亦应不予支持。

但是，有原则就有例外。在特殊情况下，我们不宜将权利人寻求司法救济的渠道一概封闭。《纪要》规定了国有商业银行在获得不当得利时可以被起诉的两种例外情形：其一，不良债权已经剥离至金融资产管理公司又被转让给受让人后，国有企业债务人知道或者应当知道不良债权已经转让，而仍向原国有银行清偿的，国有企业债务人在对受让人清偿后可以向原国有银行提起返还不当得利之诉。其二，国有企业债务人不知道不良债权已经转让，而向原国有银行清偿并以此对抗受让人追索之诉的，受让人可以向国有银行提起返还不当得利之诉。

——高民尚：《关于审理涉及金融不良债权转让案件的若干政策和法律问题》，载最高人民法院民事审判第二庭编：《民商事审判指导》（总第17辑），人民法院出版社2009年版，第25～28页。

143

金融资产管理公司办事处的诉讼地位

关键词 | 办事处 | 其他组织 | 诉讼主体 |

【最高人民法院司法解释】

第五十二条 民事诉讼法第四十八条规定的其他组织是指合法成立、有一定的组织机构和财产，但又不具备法人资格的组织，包括：

（六）依法设立并领取营业执照的商业银行、政策性银行和非银行金融机构的分支机构；

——《最高人民法院关于适用〈中华人民共和国民事诉讼法〉的解释》（2015年1月30日，法释〔2015〕5号）

第一条 金融资产管理公司办事处领取中国人民银行颁发的《金融机构营业许可证》，并向工商行政管理部门依法办理登记的，可以作为诉讼主体参加诉讼。

——《最高人民法院关于审理涉及金融资产管理公司收购、管理、处置国有银行不良贷款形成的资产的案件适用法律若干问题的规定》（2001年4月11日，法释〔2001〕12号）

【链接：最高人民法院法官著述】

四家金融资产管理公司主要通过设在各地的办事处开展经营活动并起诉应

诉。经调查，金融资产管理公司的办事处均依法领取有中国人民银行颁发的《金融机构营业许可证》，并经工商行政管理部门登记领取营业执照。但办事处不具备法人资格，没有独立承担民事责任的能力。根据这一特点，办事处的性质应属于金融资产管理公司的分支机构。

对于金融资产管理公司办事处在诉讼中的地位，实践中有不同的认识，有的地方法院不认可办事处的诉讼地位，原因是“办事处”这一名称通常被理解为无独立民事行为能力的“代表处”一类的主体，不能代替法人起诉应诉，只能以法人的名义开展民事活动。经过调查和了解情况后，司法机关对于办事处的实际民事地位很快达成了共识，并认为，在资产管理公司不能在全国各地起诉应诉的情况下，以办事处这样的分支机构出面进行诉讼，对追收债权工作有积极意义。但由于金融资产管理公司属于金融机构，在对金融资产管理公司办事处的诉讼地位的肯定上，存在两种思路。一是将办事处视为金融机构设在各地的分支机构，参照《最高人民法院关于适用〈中华人民共和国民事诉讼法〉若干问题的意见》第四十条第（六）项“中国人民银行、各专业银行设在各地的分支机构为其他组织，可以参加诉讼”的规定，四家资产管理公司办事处可以作为诉讼主体参加诉讼。二是直接适用《关于适用〈中华人民共和国民事诉讼法〉若干问题的意见》第四十条第（九）项，肯定办事处是“符合本条规定条件的其他组织”，可以起诉应诉。现在《规定》中的表述是直接承认办事处的诉讼地位，基本上采用的是第一种思路，认可金融资产管理公司办事处作为“金融机构的分支机构”起诉应诉。

——曹士兵：《〈关于审理涉及金融资产管理公司收购、管理、处置国有银行不良贷款形成的资产的案件适用法律若干问题的规定〉的理解与适用》，载李国光主编、最高人民法院经济审判庭编：《经济审判指导与参考》（总第4卷），法律出版社2001年版，第57～58页。

144

金融资产管理公司受让原商业银行债权后诉讼主体的变更

关键词｜金融资产管理公司｜受让债权｜诉讼主体变更｜

【最高人民法院司法解释】

第二条 金融资产管理公司受让国有银行债权后，人民法院对于债权转让前原债权银行已经提起诉讼尚未审结的案件，可以根据原债权银行或者金融资产管理公司的申请将诉讼主体变更为受让债权的金融资产管理公司。

——《最高人民法院关于审理涉及金融资产管理公司收购、管理、处置国有银行不良贷款形成的资产的案件适用法律若干问题的规定》(2001年4月11日，法释〔2001〕12号)

【链接：最高人民法院法官著述】

金融资产管理公司受让原商业银行债权后涉及的诉讼问题有两种情况：一是受让债权后资产管理公司或其办事处作为原告提起诉讼；二是受让债权前国有银行作为原告提起诉讼但未终审的。对于第一种情况，由于资产管理公司与银行已经达成债权转让协议，资产管理公司已成为新的债权人，其可以用办事处的名义向法院提起诉讼。对于第二种情况，债权转让前银行已经向法院提起诉讼但尚未终审的案件，由于债权已经转让给资产管理公司办事处，银行对原债权不再享有权利，诉讼主体也应进行变更，由资产管理公司或其办事处参加诉讼，继承原来银行在诉讼中的权利义务。但变更诉讼主体需要当事人的申请，人民法院不宜依职权变更。《规定》第二条明确了“原债权银行或者金融资产管理公司”可以作为申请人，向人民法院申请变更诉讼主体。

具体到司法实践，如果一审终结后，金融资产管理公司成为新债权人的，根据《规定》的要求，原债权银行所享有的上诉权，可以在原债权银行向人民法院提出申请并经人民法院同意后，转由金融资产管理公司行使。即诉讼主体的变更可以发生在一审终结后到二审开始前这一阶段。

——曹士兵：《〈关于审理涉及金融资产管理公司收购、管理、处置国有银行不良贷款形成的资产的案件适用法律若干问题的规定〉的理解与适用》，载李国光主编、最高人民法院经济审判庭编：《经济审判指导与参考》(总第4卷)，法律出版社2001年版，第58~59页。

145

国有企业债务人另行提起不良债权转让合同无效诉讼的诉权

关键词 | 债权转让 | 国有企业债务人 | 诉权 |

【最高人民法院司法政策】

会议认为,为避免当事人滥用诉权,在受让人向国有企业债务人主张债权的诉讼中,国有企业债务人以不良债权转让行为损害国有资产等为由,提出不良债权转让合同无效抗辩的,人民法院应告知其向同一人民法院另行提起不良债权转让合同无效的诉讼;国有企业债务人不另行起诉的,人民法院对其抗辩不予支持。国有企业债务人另行提起不良债权转让合同无效诉讼的,人民法院应中止审理受让人向国有企业债务人主张债权的诉讼,在不良债权转让合同无效诉讼被受理后,两案合并审理。国有企业债务人在二审期间另行提起不良债权转让合同无效诉讼的,人民法院应中止审理受让人向国有企业债务人主张债权的诉讼,在不良债权转让合同无效诉讼被受理且作出一审裁判后再行审理。

国有企业债务人提出的不良债权转让合同无效诉讼被受理后,对于受让人的债权系直接从金融资产管理公司处受让的,人民法院应当将金融资产管理公司和受让人列为案件当事人;如果受让人的债权系金融资产管理公司转让给其他受让人后,因该受让人再次转让或多次转让而取得的,人民法院应当将金融资产管理公司和该转让人以及后手受让人列为案件当事人。

——《最高人民法院印发〈关于审理涉及金融不良债权转让案件工作座谈会纪要〉的通知》(2009 年 3 月 30 日,法发〔2009〕19 号)

【链接:最高人民法院法官著述】

国有企业债务人能否对金融不良债权转让合同的效力提起无效之诉,是司法政策文件制定过程中争议较大的问题。通常认为,在债权转让中,债权人仅对债务人负有合同法第八十条规定的通知义务,而债务人对于转让合同的效力不应享有诉权。但是,《纪要》明确了国有企业债务人以损害国有资产等为由提起不良债权转让合同无效的诉权。理由有三:其一,《金融资产管理公司条例》导言中明确规定:“为了规范金融资产管理公司的活动,依法处理国有银行不良贷款,促进国有银行和国有企业的改革和发展,制定本条例。”分析该导言,可以发现其蕴含着调整国有企业债务人利益的目的,因此,国有企业债务人对不良债权转让合同的效力便具有可诉之利益。根据民事诉讼法学关于“诉之利益”的法理,不良债权转让直接关涉国有企业债务人的根本利益,故而有必要肯定国有企业债务人提起不良债权转让合同无效的诉讼主体资格。其二,由于国有企业经营管理国有资产是经过国有资产监督机构授权的,因此,国有企业便具备了企业法人和国有资产管理机构代理人的双重身份。在国有资产监管机构未就金融不良债权转让合同主张无效的场合,国有企业债务人可以国有资产管理机构代理人的身份提起合同无效之诉。国有资产经营管理理论为此提供了理论基础。其三,最大限度地防止国有资产流失,可谓《纪要》的重要目的之一。如果不赋予国有企业债务人提起不良债权转让合同无效之诉权,人民法院将难以启动对债权转让合同效力的审查,从而导致防止国有资产流失规则目的之落空。当然,肯定或赋予权利的同时,必须防止权利滥用之可能。为了防止国有企业债务人滥用诉权,引导理性诉讼,《纪要》规定两种防止滥诉措施:其一,增加诉讼成本。在国有企业债务人通过抗辩的方式提出不良债权转让合同无效时,人民法院应当进行释明,告知其以金融资产管理公司和受让人为被告向同一人民法院另行提起转让合同无效之诉;债务人不另行起诉的,人民法院对其抗辩不予支持。其二,提供诉讼担保。国有企业债务人在提起不良债权转让合同无效之诉中必须提供相应的担保,否则人民法院不予受理。关于诉讼担保的参考基数问题,我们认为,以债权转让标的金额为参考基数为宜。

——高民尚:《关于审理涉及金融不良债权转让案件的若干政策和法律问题》,载最高人民法院民事审判第二庭编:《民商事审判指导》(总第17辑),人民法院出版社2009年版,第32~33页。

146

合同转让纠纷案件当事人

关键词｜合同转让｜当事人｜

【最高人民法院司法解释】

第二十七条 债权人转让合同权利后,债务人与受让人之间因履行合同发生纠纷诉至人民法院，债务人对债权人的权利提出抗辩的，可以将债权人列为第三人。

第二十八条 经债权人同意，债务人转移合同义务后，受让人与债权人之间因履行合同发生纠纷诉至人民法院，受让人就债务人对债权人的权利提出抗辩的，可以将债务人列为第三人。

第二十九条 合同当事人一方经对方同意将其在合同中的权利义务一并转让给受让人，对方与受让人因履行合同发生纠纷诉至人民法院，对方就合同权利义务提出抗辩的，可以将出让方列为第三人。

——《最高人民法院关于适用〈中华人民共和国合同法〉若干问题的解释（一）》（1999 年 12 月 19 日，法释〔1999〕19 号）

【《最高人民法院公报》案例】

大连远东房屋开发有限公司与辽宁金利房屋实业公司、辽宁澳金利房地产开发有限公司国有土地使用权转让合同纠纷上诉案［最高人民法院（2005）民一终字第 95 号民事裁定书］

裁判要旨：债权转让行为一经完成，原债权人即不再是合同的权利主体，不能再以自己的名义向债务人主张合同权利。

最高人民法院认为：

《联合开发协议》虽系金利公司与远东公司所签，但后来围绕联合开发所发生的往来函件、付款等一系列民事行为，主要是澳金利公司以其名义与远东公司之间展开的。

从各方履行《联合开发协议》的实际情况看，该协议中约定的地块位置因政府规划变更而有所调整，远东公司将此事告知对方后，对方并未提出异议，表明对远东公司提供地块有所变动之事，金利公司和澳金利公司是知道并认可的。金利公司和澳金利公司不断地催要本金及利息并为此事专门进行公证，远东公司多次就对方催款事宜作出愿意归还的书面承诺，证明各方均已无意继续履行《联合开发协议》，并且对远东公司向澳金利公司偿还 1350 万元本金及利息形成一致的意思表示。因此，远东公司的合同义务已由向对方交付土地转变为向对方归还本息。

依据已查明的案件事实，2002 年，金利公司和澳金利公司向远东公司送达《催收欠款通知书》，明确表示债权主体只有澳金利公司且此通知可作为权利转让之金利公司已经将其基于《联合开发协议》享有的要求远东公司还本付息的权利转移给了澳金利公司。按照《中华人民共和国合同法》第七十九条、第八十条之规定，债权人可以将合同权利全部或者部分转让给第三人，转让只需通知到债务人即可而无需征得债务人的同意。根据前面所述双方履行《联合开发协议》的实际情况，金利公司依法享有向远东公司要求还本付息的权利且无需再履行其他义务，故其有权将该权利在不损害远东公司合法权益的前提下予以转让。本案中金利公司和澳金利公司就《催收欠款通知书》的内容及送达过程专门进行了公证，足以证明该转让行为系出于其真实意思表示，该转让内容不违反法律规定，应予认可。远东公司收到《催收欠款通知书》后未持异议，应视为当事人对《联合开发协议》中的权利主体变更已经达成共识。公证机关为此出具了正式的具有较强公示效力的《公证书》，此权利转让已经完成，权利主体已由金利公司变更为澳金利公司。金利公司此后已经丧失了以自己名义作为债权人向远东公司主张还本付息的主体资格。2004 年 4 月 6 日，金利公司以自己名义向远东公司主张其已经转让了的权利，远东公司对此提出抗辩的理由成立，应予支持。有鉴于此，金利公司主体不适格，不享有提起本纠纷之诉权，对其起诉应予驳回。

——《最高人民法院公报》2006 年第 12 期

147

委托贷款协议纠纷的诉讼主体

关键词 | 委托贷款协议 | 借款合同 | 诉讼主体 |

【最高人民法院答复】

四川省高级人民法院：

你院《关于有委托贷款协议的借款合同如何确定诉讼主体问题的请示》（川高法〔1995〕193 号）收悉。经研究，答复如下：

在履行委托贷款协议过程中，由于借款人不按期归还贷款而发生纠纷的，贷款人（受托人）可以借款合同纠纷为由向人民法院提起诉讼；贷款人坚持不起诉的，委托人可以委托贷款协议的受托人为被告、以借款人为第三人向人民法院提起诉讼。

此复。

——《最高人民法院关于如何确定委托贷款协议纠纷诉讼主体资格的

批复》(1996年5月16日,法复〔1996〕6号)

148

借款合同纠纷不能依资金流向无限追加诉讼第三人

关键词 | 借款合同 | 资金流向 | 追加第三人 |

【《最高人民法院公报》案例】

赵俊诉项会敏、何雪琴民间借贷纠纷案(上海市长宁区人民法院一审民事判决书)

裁判要旨:借款人配偶未参加诉讼且出借人及借款人均未明确表示放弃该配偶可能承担的债务份额的,为查明案件事实,应依法追加与案件审理结果具有利害关系的借款人配偶作为第三人参加诉讼,以形成实质性的对抗。

上海市长宁区人民法院认为:

原告赵俊在本案中虽表示向被告项会敏主张还款,但项会敏辩称涉案借款用于两被告夫妻共同生活,应由两被告共同偿还。事实上,经法院调查,在两被告的第三次离婚诉讼中,项会敏也始终将本案借款作为夫妻共同债务要求何雪琴承担相应的还款责任。基于本案处理结果与何雪琴有法律上的利害关系,法院依法将其追加为第三人参加诉讼。后因项会敏的上述抗辩,原告申请追加何雪琴为被告。在此过程中,原告及项会敏一再反对何雪琴参加本案诉讼,不仅缺乏法律依据,亦有违常理。何雪琴作为本案被告以及利害关系人,当然有权就系争借款陈述意见并提出抗辩主张。

——《最高人民法院公报》2014年第12期

【最高人民法院裁判文书】

中国建设银行太原市并州支行与山西南都建设发展有限公司等借款合同纠纷上诉案[最高人民法院(2004)民二终字第23号民事判决书]

裁判要旨:借款合同纠纷案件,不应依资金流向无限追加诉讼第三人,只审理借款关系本身即可。

最高人民法院认为：

关于深圳国投公司之上诉权问题。从深圳国投公司收到原审判决、寄出上诉状及汇出上诉费的时间看，其上诉行为完全符合《民事诉讼法》和《人民法院诉讼收费办法》之规定，该公司对本案享有上诉权。本案系美元贷款合同纠纷。案件争议焦点为：深圳国投公司应否作为无独立请求权的第三人参加到本案中来，该公司在本案中应否承担民事责任。并州支行起诉请求南都公司偿还两份美元贷款合同项下的贷款，南都公司抗辩其并非真正用款人，不应承担还款责任。原审判决应当围绕该借款合同法律关系进行审理，查明南都公司是否将所有贷款予以偿还，明确该公司的民事责任。但是，原审判决依据南都公司的抗辩理由，将本诉的借款合同法律关系抛开，转而审理并州支行与深圳国投公司之间的美元存款合同关系，确认深圳国投公司所收取的1831766.39元系违法收取的高息，并判令深圳国投公司承担返还责任。原审判决对该笔款项的认定偏离了本诉法律关系，超出了原审原告并州支行的诉请范围，证据采纳方面亦不符合我国民事诉讼的有关法律规定，缺乏法律和事实依据，本院予以纠正。深圳国投公司有关其不应作为无独立请求权的第三人参加到本案中来的上诉理由成立，本院予以支持。对该笔欠款，应由南都公司自行承担偿还责任。如果南都公司因该笔款项与深圳国投公司存在争议，应由南都公司另案起诉。

——最高人民法院民事审判第二庭编：《民商事审判指导》（总第6辑），人民法院出版社2005年版，第194～195页。

149

企业未经清算即终止，由其主管机关作为诉讼主体

关键词｜企业终止｜主管机关｜诉讼主体｜

【最高人民法院答复】

山东省高级人民法院：

你院鲁高法函〔1993〕124号《关于山东省郯城县水泥二厂诉江苏省淮阴县水泥厂购销水泥熟料合同货款纠纷案，如何确定被告的请示》收悉。经研究，答复如下：

据报告称：一九九零年十月十九日郯城县水泥二厂（下称水泥二厂）与淮阴县水泥厂（下称水泥厂）签订了购销水泥熟料合同。水泥二厂履行合同供货后，水泥厂以资金困难为由拒付尚欠的货款9万余元。水泥厂因无力偿还中国农业银行淮阴县支行（下称农行）的贷款，经淮阴县人民法院主持双方达成将水泥厂“现有全部财产和土地使用权一并抵给”农行的协议后，被农行变卖。我院认为，淮阴县物资局作为水泥厂的主管机关，在水泥厂终止时，未按有关法律规定，对水泥厂的债权、债务进行清算，即将水泥厂变卖，损害了其他债权人的利益。据此，应将其列为本案被告。

——《最高人民法院关于山东省郯城县水泥二厂诉江苏省淮阴县水泥厂购销合同货款纠纷一案如何确定被告问题的复函》（1993年12月2日，法经〔1993〕233号）

150

商事合同纠纷中的第三人

关键词｜商事合同纠纷｜第三人｜违约责任｜

【最高人民法院司法解释】

9. 受诉人民法院对与原被告双方争议的诉讼标的无直接牵连和不负返还或者赔偿等义务的人，以及与原告或者被告约定仲裁或有约定管辖的案外人，或者专属管辖案件的一方当事人，均不得作为无独立请求权的第三人通知其参加诉讼。

10. 人民法院在审理产品质量纠纷案件中，对原被告之间法律关系以外的人，证据已证明其已经提供了合同约定或者符合法律规定的产品的，或者案件中的当事人未在规定的质量异议期内提出异议的，或者作为收货方已经认可该产品质量的，不得作为无独立请求权的第三人通知其参加诉讼。

11. 人民法院对已经履行了义务，或者依法取得了一方当事人的财产，并支付了相应对价的原被告之间法律关系以外的人，不得作为无独立请求权的第三人通知其参加诉讼。

——《最高人民法院关于在经济审判中严格执行〈中华人民共和国民事诉讼法〉的若干规定》（1994年12月22日，法发〔1994〕29号）

【最高人民法院答复】

山西省高级人民法院：

1997年元月，太原贸易部与太原经销部签订一份购买电解铜原料合同。合同签订后，太原经销部法定代表人张永茂将太原贸易部申请的200万元银行汇票带到广西北海市，该汇票丢失后，被中国银行北海分行解付。1998年1月14日太原经销部起诉中国银行北海分行赔偿汇票损失纠纷案，北海市中级人民法院已立案受理，因该案的被告住所地和代理付款人住所地均在北海市，故北海市中级人民法院具有管辖权。1998年3月，太原市中级人民法院立案受理了太原贸易部诉太原经销部、张永茂购销合同纠纷案，并依二被告申请，将中国银行北海分行列为第三人，合并审理购销合同纠纷和票据赔偿纠纷案，因太原市系购销合同纠纷案件的被告住所地，太原市中级人民法院对该案具有管辖权。根据本院《关于在经济审判工作中严格执行〈中华人民共和国民事诉讼法〉的若干规定》第9条的规定，太原市中级人民法院在所受理的购销案件中，将中国银行北海分行列为第三人是错误的，山西省高级人民法院应依法予以纠正。鉴于两案属不同的法律关系，应由具有管辖权的法院分别审理。山西省高级人民法院接此通知后，应依照审判监督程序，撤销（1998）晋经一终字第102号和太原市中级人民法院（1997）晋经二初字第360号民事判决，并将该案涉及票据纠纷部分移送广西壮族自治区北海市中级人民法院审理。

——《最高人民法院经济审判庭关于太原铜业公司进出口贸易部、太原铜业公司多种经营经销部、张永茂及中国银行北海分行购销合同纠纷和赔偿汇票损失纠纷案件的指定管辖通知》（法函〔1999〕2号）

【链接：最高人民法院法官著述】

近些年来，各地的人民法院在审理经济纠纷案件中，或多或少都存在重实体轻程序的问题，特别在列第三人问题上。不当列第三人，是引起当事人对法院经济审判工作提出疑义的焦点所在。对此，本院在1994年12月22日以法发〔1994〕29号下发了《关于在经济审判工作中严格执行〈中华人民共和国民事诉讼法〉的若干规定》，其中第9条规定：受诉人民法院对与原被告双方争议的诉讼标的无直接牵连和不负有返还或者赔偿等义务的人，以及与原告或被告约定仲裁或有约定管辖的案外人,或者专属管辖案件的一方当事人,均不得作为无独立请求权的第三人通知其参加诉讼。本案指定管辖通知中涉及的两个案件,争议的焦点即是北海分行的诉讼地位问题。在太原市中级人民法院受理的购销合同纠纷案中,将北海分行列为无独立请求权第三人明显没有法律依据。山西省高级人民法院在二审审理中认为该案属于购销合同及票据赔偿纠纷,但它们之间有密切联系,将两诉合并审理既不违反法律规定,又便于当事人诉讼,减少不必要的讼累,合并审理并无不当等,这种做法也违反了《中华人民共和国民事诉讼法》第53条第1款的规定。各地人民法院在今后的经济审判工作中,对列第三人问题,应严格依照《中华人民共和国民事诉讼法》和本院的司法解释执行。

——殷媛:《关于太原铜业公司进出口贸易部、太原铜业公司多种经营经销部、张永茂及中国银行北海分行购销合同纠纷和赔偿汇票损失纠纷案件的指定管辖》,载李国光主编、最高人民法院经济审判庭编:《经济审判指导与参考》(总第2卷),法律出版社2002年版,第180~181页。

151

保证合同纠纷当事人

关键词 | 保证合同 | 连带债务人 | 诉讼主体 | 追加当事人 |

【最高人民法院司法解释】

第六十六条 因保证合同纠纷提起的诉讼,债权人向保证人和被保证人一并主张权利的,人民法院应当将保证人和被保证人列为共同被告。保证合同约定为一般保证,债权人仅起诉保证人的,人民法院应当通知被保证人作为共同被告参加诉讼;债权人仅起诉被保证人的,可以只列被保证人为被告。

——《最高人民法院关于适用〈中华人民共和国民事诉讼法〉的解释》(2015年1月30日,法释〔2015〕5号)

【链接:最高人民法院法官著述】

原审漏列当事人,导致案件事实无法查清。

连带责任保证情形下，如果债权人原告仅起诉连带责任保证人，而被告申请追加主债务人作为被告参加诉讼，原告不同意追加主债务人参加诉讼且明确放弃追究主债务人责任的，从主从法律关系出发，人民法院是否准予，争议很大。一般保证责任情形下，原告仅起诉一般保证人的，由于一般保证人享有先诉抗辩权，人民法院应当通知被保证人作为共同被告参加诉讼，已经参加诉讼的被告（一般保证人）也可以申请追加被保证人（主债务人）参加诉讼。如果原告不同意追加被保证人（主债务人）参加诉讼，根据先诉抗辩权原理，人民法院应当驳回原告对一般保证人的起诉；如果原告不同意追加被保证人（主债务人）参加诉讼且明确对被保证人提出诉讼请求的，人民法院应当驳回原告的诉讼请求。

——杜万华主编、《最高人民法院民事诉讼法司法解释实务指南》编写小组编著：《最高人民法院民事诉讼法司法解释实务指南》，中国法制出版社 2015 年版，第 104 ~ 105 页。

保证人对于主债务数额提出异议，而债权人未能提交充分证据予以证明。由于原审中借款合同主债务人未参加诉讼，相关证据未经主债务双方当事人质证，致使主债务是否属于借新还旧，是否还存在其他还款等事实无法查清。而上述事实不仅关系到保证人承担保证责任的范围，还决定着保证人向主债务人行使追偿权的范围，该判决结果与主债务人之间存在利害关系。依照《民事诉讼法》的相关规定，应追加主债务人参加诉讼。原审法院驳回保证人关于追加主债务人为本案当事人的申请不当。

——最高人民法院民事审判第二庭：《最高人民法院民二庭近两年发回重审、指令再审案件审理情况（2013 年 1 月）》，载最高人民法院民事审判第二庭编：《商事审判指导》（总第 32 辑），人民法院出版社 2013 年版，第 23 页。

152

民间借贷纠纷中担保人的诉讼地位

关键词 | 民间借贷 | 担保人 | 诉讼地位 |

【最高人民法院司法解释】

第四条 保证人为借款人提供连带责任保证,出借人仅起诉借款人的,人民法院可以不追加保证人为共同被告;出借人仅起诉保证人的,人民法院可以追加借款人为共同被告。

保证人为借款人提供一般保证,出借人仅起诉保证人的,人民法院应当追加借款人为共同被告;出借人仅起诉借款人的,人民法院可以不追加保证人为共同被告。

——《最高人民法院关于审理民间借贷案件适用法律若干问题的规定》(2015年8月6日,法释〔2015〕18号)

153

不应将商检局列为经济合同质量纠纷案件当事人

关键词 | 商检局 | 经济合同 | 质量纠纷 | 当事人 |

【最高人民法院司法解释】

湖南省高级人民法院:

你院湘高法〔1997〕55号请示收悉。经研究,答复如下:

经商检局检验出口的商品被退回,当事人以经济合同商品质量纠纷起诉的,人民法院不应将商检局列为被告或者第三人。

——《最高人民法院关于经商检局检验出口的商品被退回应否将商检局列为经济合同质量纠纷案件当事人问题的批复》(1998年6月23日,法释〔1998〕12号)

10. 人民法院在审理产品质量纠纷案件中,对原被告之间法律关系以外的人,证据已证明其已经提供了合同约定或者符合法律规定的产品的,或者案件中的当事人未在规定的质量异议期内提出异议的,或者作为收货方已经认可该产品质量的,不得作为无独立请求权的第三人通知其参加诉讼。

——《最高人民法院关于在经济审判工作中严格执行〈中华人民共和

国民事诉讼法〉的若干规定》(1994 年 12 月 22 日,法发〔1994〕29 号)

编者说明

经商检局检验的出口商品被退回,给当事人造成经济损失的,通过提起国家赔偿诉讼予以解决,是有法律根据的,是可行的。但考虑到商检情况较为复杂,个案中商检局所负的责任也不尽相同,湖南省高级人民法院的请示意见是应否将商检局列为经济合同质量纠纷案件的当事人,故最高人民法院在批复中仅就请示意见作出答复。

154

次承租人的诉讼地位

关键词｜租赁合同纠纷｜次承租人｜第三人｜

【最高人民法院司法解释】

第十六条　因租赁合同产生的纠纷案件,人民法院可以通知次承租人作为第三人参加诉讼。

——《最高人民法院关于审理城镇房屋租赁合同纠纷案件具体应用法律若干问题的解释》(2009 年 7 月 30 日,法释〔2009〕11 号)

【链接:最高人民法院法官著述】

出租人未经承租人同意而将房屋转租,从合同的相对性来看,完全形成两个互相独立的合同,即出租合同与转租合同。出租人与承租人之间并不发生直接的联系,但是,由于出租人的出租房屋行为与承租人的转租房屋行为处分的是同一标的物,因此,两者之间难免互相影响。故本条依照《民事诉讼法》第五十六条,规定在房屋租赁合同纠纷案件中,次承租人具有第三人诉讼地位。因租赁合同解除而产生的纠纷,如果出租人未将次承租人作为被告,考虑到判决生效后的执行问题以及保护次承租人利益的需要,原则上应追加次承租人作为第三人参与诉讼。如果次承租人人数过多,且各方的利益也不同,则不宜追加次承租人为第三人,可根据情况需要,由当事人另行诉讼。

需要注意的是人民法院是要根据案件的具体情况，通知次承租人作为第三人参加诉讼，是“可以”，而不是“应当”。

另需要指出的是：本条规定的也仅是出租人与承租人的原租赁合同发生争议时次承租人的诉讼地位问题。转租合同中承租人与次承租人就转租合同发生争议时，是否将出租人列为第三人呢？即承租人与次承租人就合同效力或合同解除产生争议的，是否需要追加出租人为合同当事人？此种情况下，一种观点认为承租人与次承租人的关系，与出租人与承租人的关系是两个法律关系，不应当在一个案件中审理；另一种观点认为应当追加出租人为第三人，或通知出租人对租赁合同是否解除作出意思表示，然后决定本案的审理。我们认为，承租人与次承租人之间的租赁纠纷与前一租赁合同是两个法律关系，如果在案件审理过程中追加出租人为第三人或通知出租人表达意见的话，势必造成讼累，不利于案件的审理。所以，不需要追加出租人为第三人或通知承租人。但是，承租人有证据证明出租人已通知解除租赁合同的，在案件审理过程中应当作为一个事实予以考虑；或出租人已另案诉讼要求与承租人解除租赁合同的，应当等待另案的处理结果。

另外，次承租人要求承租人解除合同并赔偿装修等添附损失的，属于合同当事人之间的纠纷，一般无须追加出租人为案件的第三人。

——最高人民法院民事审判第一庭编著：《最高人民法院关于审理城镇房屋租赁合同纠纷案件司法解释的理解与适用》，人民法院出版社2009年版，第218～219页。

155

融资租赁合同纠纷案件追加第三人

关键词 | 融资租赁合同 | 追加第三人 |

【最高人民法院司法解释】

第二十四条　出卖人与买受人因买卖合同发生纠纷，或者出租人与承租人因融资租赁合同发生纠纷，当事人仅对其中一个合同关系提起诉讼，人民法院经审查后认为另一合同关系的当事人与案件处理结果有法律上的利害关系的，可以通知其作为第三人参加诉讼。

承租人与租赁物的实际使用人不一致，融资租赁合同当事人未对租赁物的实际使用人提起诉讼，人民法院经审查后认为租赁物的实际使用人与案件处理结果有法律上的利害关系的，可以通知其作为第三人参加诉讼。

承租人基于买卖合同和融资租赁合同直接向出卖人主张受领租赁物、索赔等买卖合同权利的，人民法院应通知出租人作为第三人参加诉讼。

——《最高人民法院关于审理融资租赁合同纠纷案件若干问题的规定》（2014 年 2 月 24 日，法释〔2014〕3 号）

【链接：最高人民法院法官著述】

一、第三人参加诉讼的方式和时间

在融资租赁纠纷中，出租人与承租人就租赁物质量存在争议时，原则上应当允许出卖人作为第三人参加诉讼，但值得注意的是，如果有证据证明出卖人已经提供了合同约定或者符合法律规定的产品的，或者案件中的当事人未在规定的质量异议期内提出异议的，或者作为收货方已经认可该产品质量的，则不得将出卖人追加作为无独立请求权的第三人。

不管是在买卖合同纠纷案件中，还是在融资租赁合同纠纷案件中，与案件审理结果具有法律上利害关系的主体都只能在一审中参加诉讼，法院也只能在一审程序中通知相关主体作为第三人参加诉讼。

二、未参加诉讼的第三人可以提起撤销之诉

在融资租赁纠纷中，不同法律关系当事人以及租赁物实际使用人如因不可归责于本人事由未参加诉讼，且有证据证明之前的裁判确有错误的，可以提起撤销之诉。不同法律关系当事人和租赁物实际使用人知道或者应当知道存在相关诉讼而未申请参加，或者在人民法院通知其参加诉讼的情况下仍未参加诉讼的，则不能再依据《民事诉讼法》第 56 条第 3 款提起撤销之诉。

三、承租人诉出卖人的条件

承租人诉出卖人应当证明其与出卖人有民事权利义务争议。在融资租赁交易关系下，承租人应当提供融资租赁合同与买卖合同，以证明其与出卖人存在利害关系。在承租人直接向供货人主张权利的诉讼中，如果未将出租人列为第三人参加诉讼，人民法院应当依职权追加出租人为第三人，以便于查明事实，公平保护各方当事人的合法权益。

——最高人民法院民事审判第二庭编著：《最高人民法院关于融资租

赁合同司法解释的理解与适用》,人民法院出版社 2014 年版,第 378 ~ 380 页。

编者说明

由于融资租赁交易由两个合同三方当事人组成,因此,其中一个合同的诉讼是否应当追加当事人参与诉讼,成为司法实践中争议较多的问题。对此,最高人民法院认为不能一概而论,应当审查另一法律关系的当事人与案件处理结果是否具有法律上的利害关系。如案件处理结果与其具有法律上的利害关系,可以通知其作为第三人参加诉讼;如案件处理结果与其没有法律上的利害关系,不能要求其参加诉讼。

156

按揭银行在商品房买卖合同纠纷中的诉讼地位

关键词｜按揭银行｜商品房买卖合同｜第三人｜合并审理｜

【最高人民法院司法解释】

第二十五条　以担保贷款为付款方式的商品房买卖合同的当事人一方请求确认商品房买卖合同无效或者撤销、解除合同的,如果担保权人作为有独立请求权第三人提出诉讼请求,应当与商品房担保贷款合同纠纷合并审理;未提出诉讼请求的,仅处理商品房买卖合同纠纷。担保权人就商品房担保贷款合同纠纷另行起诉的,可以与商品房买卖合同纠纷合并审理。

——《最高人民法院关于审理商品房买卖合同纠纷案件适用法律若干问题的解释》(2003 年 4 月 28 日,法释〔2003〕7 号)

【链接:最高人民法院法官著述】

在买受人与出卖人的商品房买卖合同纠纷中,无论商品房买卖合同被确认无效或者被撤销、解除,银行按揭贷款担保之标的物的归属及内容均会发生变化。而担保物的变化无疑会影响到银行按揭贷款债权的顺利及优先实现。另外,按揭借款人在此时一般已经停止履行按揭贷款合同的按期还款义务。虽然银行对商品房买卖合同纠纷双方争议的诉讼标的不具有实体法上的请求权，但是我们可以确认其对商品房买卖合同纠纷诉讼具有了诉的利益。如银行未参加该诉讼，在商品房买卖合同被确认无效或被撤销、解除的情况下，依据相应的处理原则，银行应将其所收取的购房按揭贷款返还给买受人，这极有可能会在一定程度上增加银行收回贷款的风险。亦即，该诉讼的判决结果将有可能对银行的权益保护造成实质性的损害。因此双方争议的标的物就与银行主张的权利具有了法律上的利害关系。银行参加诉讼可能会选择要求解除与买受人（按揭贷款人）订立的商品房担保贷款合同，也可能同时视具体情况要求贷款保证人（出卖人）承担保证责任。这样就会以买受人和出卖人的一方或双方为被告。当以按揭贷款为付款方式的商品房买卖合同的一方当事人请求确认商品房买卖合同无效或者撤销、解除合同时，必然对银行贷款回收产生影响。前述的“独立性”也必然要求银行只能以有独立请求权第三人的身份参加到买受人与出卖人间的诉讼中去。亦即，银行进入商品房买卖合同纠纷中应为具有独立请求权第三人的身份。在银行带着自己的诉讼请求进入了商品房买卖合同纠纷诉讼以后，人民法院即应将两诉一并审理。本条第 1 款前段的规定正是基于此种考虑，以期在适当的框架中在一个诉讼过程中尽量解决更多的纠纷。在我国民事诉讼立法尚未作修订的情况下，依诉的合并理论对银行的诉讼地位进行解释，亦为可行。基于上述考虑，本司法解释在本条规定的情形中，赋予银行以有独立请求权第三人的地位。

——最高人民法院民事审判第一庭编著：《最高人民法院关于审理商品房买卖合同纠纷案件司法解释的理解与适用》，人民法院出版社 2006 年版，第 325 ~ 326 页。

157

按揭贷款合同借款人怠于履行还款义务引发纠纷时开发商的诉讼地位

关键词 | 按揭贷款合同 | 开发商 | 共同被告 |

【最高人民法院司法解释】

第六十六条 因保证合同纠纷提起的诉讼，债权人向保证人和被保证人一并主张权利的，人民法院应当将保证人和被保证人列为共同被告。保证合同约定为一般保证，债权人仅起诉保证人的，人民法院应当通知被保证人作为共同被告参加诉讼；债权人仅起诉被保证人的，可以只列被保证人为被告。

——《最高人民法院关于适用〈中华人民共和国民事诉讼法〉的解释》(2015 年 1 月 30 日，法释〔2015〕5 号)

第二十六条 买受人未按照商品房担保贷款合同的约定偿还贷款，亦未与担保权人办理商品房抵押登记手续，担保权人起诉买受人，请求处分商品房买卖合同项下买受人合同权利的，应当通知出卖人参加诉讼；担保权人同时起诉出卖人时，如果出卖人为商品房担保贷款合同提供保证的，应当列为共同被告。

第二十七条 买受人未按照商品房担保贷款合同的约定偿还贷款，但是已经取得房屋权属证书并与担保权人办理了商品房抵押登记手续，抵押权人请求买受人偿还贷款或者就抵押的房屋优先受偿的，不应当追加出卖人为当事人，但出卖人提供保证的除外。

——《最高人民法院关于审理商品房买卖合同纠纷案件适用法律若干问题的解释》(2003 年 4 月 28 日，法释〔2003〕7 号)

【链接：最高人民法院法官著述】

出卖人在商品房按揭贷款合同纠纷诉讼中的诉讼地位应当区分不同的情况。在买受人以其在商品房买卖合同项下的合同权利作为其按揭借款的担保标的物的时候，通常按揭贷款合同约定如果借款人未能履行还款义务的话，银行可以直接取得或者处分借款人在商品房买卖合同项下的全部权益用以清偿按揭贷款。但是我们不能否认，只要借款人设定按揭担保的标的物既不是他已取得所有权的房屋，那么就只能是在商品房买卖合同中享有的合同权利，无论银行依据商品房按揭贷款合同约定直接取得或者处分该权利，都因为该权利处于特定合同范围内而牵涉到合同相对方出卖人的利益。换句话说，借款人设定按揭担保的标的物所指向的客体实际上是出卖人正在开发建设的借款人期待取得的特定期房。所以银行的权利行使必然涉及出卖人，至少需要出卖人的配合。这种配合不同于特定民事诉讼程序当中对诉讼公权行为的配合，比如对人民法院依职权的调查取证或者强制执行的配合义务。按揭实务当中，出卖人对于此配合一般都会在按揭贷款合同订立之时做出承诺。如果商品房按揭贷款合同因为借款人怠于履行还款义务而产生纠纷进入诉讼阶段,银行按揭担保权的行使将关联到出卖人。也就是说,商品房按揭贷款合同纠纷诉讼的结果与其有法律上的利害关系,人民法院应以无独立请求权第三人通知其参加诉讼。当然,出卖人也可以自己申请参加诉讼。还有一种情形是,如果出卖人为商品房按揭贷款合同提供了保证,银行在借款人未按商品房按揭贷款合同约定偿还贷款时一并起诉出卖人的,根据《最高人民法院关于适用〈中华人民共和国民事诉讼法〉若干问题的意见》第53条规定,债权人向主债务人和保证人一并主张权利的,人民法院应当将两者列为共同被告。

——最高人民法院民事审判第一庭编著:《商品房买卖合同司法解释问答》,法律出版社2003年版,第198~199页。

编者说明

该两条司法解释的规定旨在解决按揭贷款合同之借款人怠于履行还款义务时,银行权利的行使及开发商的诉讼地位。

158

因包销引发的商品房买卖合同纠纷的诉讼主体

关键词 | 商品房买卖合同 | 包销 | 诉讼主体 |

【最高人民法院司法解释】

第二十二条 对于买受人因商品房买卖合同与出卖人发生的纠纷,人民法院应当通知包销人参加诉讼;出卖人、包销人和买受人对各自的权利义务有明确约定的,按照约定的内容确定各方的诉讼地位。

——《最高人民法院关于审理商品房买卖合同纠纷案件适用法律若干问题的解释》(2003年4月28日,法释〔2003〕7号)

【链接:最高人民法院法官著述】

商品房买卖由于受到不动产买卖登记制度的特殊限制,包销人销售房屋必须以开发商的名义，也就是说包销人销售包销房屋的买卖合同是在开发商与买受人之间订立的，因此从法律关系上讲，买卖合同的相对人是开发商与买受人，根据合同相对性原理，因买卖合同发生的纠纷，诉讼主体应为买受人与开发商。

在因包销引发的买卖关系中，买受人一般将房款支付给包销人，因此纠纷产生后，买受人往往只将包销人作为被告起诉，这是不当的。因为买受人与开发商之间为直接的合同关系，合同的相对人为开发商而非包销人，收取购房款的权利本属于开发商，包销人收取购房款是开发商基于包销合同而进行的权利转让，当因买卖合同发生纠纷涉讼时，根据合同相对性的原理，应将开发商列为第一被告；同时包销人作为具体民事行为人，与案件有直接的利害关系，案件的处理结果往往涉及返还购房价款、赔偿损失等，因而可将包销人作为共同被告。从民事诉讼理论讲，当事人一方或者双方为二人以上，其诉讼标的是共同的或是同一种类的为共同诉讼，共同诉讼人为共同原告和共同被告。共同诉讼中，人民法院必须合并审理并作出同一判决的诉讼为必要共同诉讼，人民法院可以合并审理并经当事人同意的诉讼为普通共同诉讼。在因包销而产生的买卖纠纷中，开发商作为房屋所有权的权利人，包销人作为相关人，在返还购房款、无效合同、房屋质量、房屋交付及办理产权手续等纠纷中，买受人将开发商和包销人作为共同被告一并起诉，是适当的。在这里，将开发商和包销人作为共同被告，属于普通的共同诉讼，而非必要的共同诉讼。

当然，如果买受人因为买卖合同发生纠纷，只将开发商作为被告提起诉讼，也是允许的，但人民法院应当通知包销人参加诉讼。这也是由于包销人在买卖合同中所起的作用。如前所述，因包销产生的商品房买卖合同是一种特殊的买卖合同，买卖行为是由开发商和包销人与买受人共同完成的，且开发商收取包销价款、交付房屋，包销人收取售房款、赚取销售溢价，故买受人因买卖合同与开发商产生纠纷，包销人作为买卖合同的重要参与者，必须参加到诉讼中来。所以《解释》第22条规定：“对于买受人因商品房买卖合同与出卖人发生的纠纷，应当通知包销人参加诉讼。”需要注意的是，这里使用了“应当”一词，即当买受人因商品房买卖合同与出卖人发生纠纷，对开发商提起诉讼时，人民法院必须通知包销人参加诉讼，而不是可以通知或不通知。

在因包销而产生的买卖合同纠纷中，要求包销人作为无独立请求权的第三人参加诉讼，是因为包销人与案件的处理结果有利害关系，无论他参加到哪一方，无论他所参加的那一方当事人胜诉还是败诉，都将对包销人与开发商之间的包销关系产生影响，包销人与开发商将根据原诉的判决结果，依据包销合同的约定，调整他们之间的权利义务关系。

《解释》第22条规定人民法院通知包销人作为无独立请求权的第三人参加诉讼，也是考虑到在买受人因买卖合同纠纷起诉开发商的案件中，包销人没有独立的请求权，即不可能提出诉讼请求和事实、理由，也就是说包销人作为有独立请求权的第三人参加诉讼的情况是不可能发生的。因为买受人因买卖合同纠纷起诉开发商，多是因为主张合同无效、返还购房款、延期交付房屋和房屋质量等原因，在这些纠纷中，包销人无自己的权利可以主张。

但是，在因买卖关系而产生的开发商诉买受人的诉讼中，如果是因为买受人延期或不按约定支付购房款而提起诉讼的，包销人可以作为有独立请求权的第三人参加诉讼。因为在包销人已全部向开发商支付包销款的情况下，包销人应获得全部的购房款；在包销人尚未向开发商支付包销款的情况下，购房款中的一部分是开发商依据包销合同应得的包销款，另一部分是包销人应得的溢价利益。不论哪种情况，包销人都可以作为有独立请求权的第三人提起诉讼请求，主张自己的利益。当然，包销人也可以与开发商一起作为共同原告提起诉讼，或者不参加到开发商与买受人的诉讼当中，在开发商获取购房款后，向开发商索取其应得的利益；如果开发商不予支付，包销人可以依据双方之间的包销合同对开发商提起诉讼。

——最高人民法院民事审判第一庭编著：《商品房买卖合同司法解释问答》，法律出版社2003年版，第163～164页。

159

建设工程质量纠纷案件的共同被告

关键词 | 建设工程施工合同 | 质量纠纷 | 共同被告 |

【最高人民法院司法解释】

第二十五条　因建设工程质量发生争议的，发包人可以以总承包人、分包人和实际施工人为共同被告提起诉讼。

——《最高人民法院关于审理建设工程施工合同纠纷案件适用法律问题的解释》（2004年10月25日，法释〔2004〕14号）

编者说明

因建设工程质量纠纷的涉诉案件，发包人可以总承包人、分包人、实际施工人为共同被告。法律规定总承包人、分包人、实际施工人就建设工程质量对发包人承担连带责任，在程序上应当表现为共同被告。总承包人、分包人、实际施工人相对发包人而言均是承包人，对业主而言均是施工方，应当按照《建筑法》第58条规定对工程的施工质量负责；出现质量缺陷时承担连带责任，在程序上表现为共同被告。

160

实际施工人起诉发包人的条件

关键词｜建设工程施工合同｜实际施工人｜发包人｜

【最高人民法院司法解释】

第二十六条 实际施工人以转包人、违法分包人为被告起诉的，人民法院应当依法受理。

实际施工人以发包人为被告主张权利的，人民法院可以追加转包人或者违法分包人为本案当事人。发包人只在欠付工程价款范围内对实际施工人承担责任。

——《最高人民法院关于审理建设工程施工合同纠纷案件适用法律问题的解释》(2004年10月25日，法释〔2004〕14号)

【最高人民法院审判业务意见】

《解释》第二十六条是为保护农民工的合法权益作出的规定。因为建筑业吸收了大量的农民工就业，但由于建设工程的非法转包和违法分包，造成许多农民工辛苦一年往往还拿不到工资。为了有力地保护农民工合法权益，《解释》第二十六条规定，实际施工人以发包人为被告主张权利的，人民法院可以追加转包人或者违法分包人为本案当事人，发包人只在欠付工程价款的范围内对实际施工人承担责任。从该条的规定看：

一是实际施工人可以发包人为被告起诉。从建筑市场的情况看,承包人与发包人订立建设工程施工合同后,往往又将建设工程转包或者违法分包给第三人,第三人就是实际施工人。按照合同的相对性来讲,实际施工人应当向与其有合同关系的承包人主张权利,而不应当向发包人主张权利。但是从实际情况看,有的承包人将工程转包收取一定的管理费用后,没有进行工程结算或者对工程结算不主张权利,由于实际施工人与发包人没有合同关系,这样导致实际施工人没有办法取得工程款,而实际施工人不能得到工程款则直接影响到农民工工资的发放。因此,如果不允许实际施工人向发包人主张权利,不利于对农民工利益的保护。

二是承包人将建设工程非法转包、违法分包后,建设工程施工合同的义务都是由实际施工人履行的。实际施工人与发包人已经全面实际履行了发包人与承包人之间的合同并形成了事实上的权利义务关系。在这种情况下,如果不允许实际施工人向发包人主张权利,不利于对实际施工人利益的保护。基于此种考虑,《解释》第二十六条规定实际施工人可以向发包人主张权利,但发包人仅在欠付工程款的范围内对实际施工人承担责任,如果发包人已经将工程价款全部支付给承包人的,发包人就不应当再承担支付工程价款的责任。因此,发包人只在欠付工程价款范围内对实际施工人承担责任,并不会损害发包人的权益。

三是为了方便案件审理,《解释》第二十六条还规定,人民法院可以追加转包人或者违法分包人为本案当事人。考虑到案件的审理涉及两个合同法律关系,如果转包人或者违法分包人不参加到诉讼的过程中来,许多案件的事实没有办法查清,所以人民法院可以根据案件的实际情况追加转包人或者违法分包人为共同被告或者案件的第三人;实际施工人可以发包人、承包人为共同被告主张权利。这样规定,既能够方便查清案件的事实,分清当事人的责任,也便于实际施工人实现自己的权利。

——《依法保护当事人权益,促进建筑市场健康发展——最高人民法院负责人就〈关于审理建设工程施工合同纠纷案件适用法律问题的解释〉答记者问》,载沈德咏主编、最高人民法院审判监督庭编:《审判监督指导》(总第16辑),人民法院出版社2005年版,第41~42页。

【链接:最高人民法院法官著述】

本条涉及的合同相对性问题。实际施工人以发包人为被告起诉的,人民法院可以追加转包人、违法分包人为当事人。实际施工人与转包人、违法分包人之间存在转包、违法分包的无效合同关系,他们之间是合同相对方,发生纠纷后互为被告向人民法院起诉不存在突破合同相对性问题。只有在实际施工人以发包人为被告提起诉讼时,才存在突破合同相对性问题。实际施工人与转包人和违法分包人之间具有合同关系,转包人或违法分包人与发包人(业主)具有合同关系,实质上讲,三方当事人之间存在承包与违法分包、转包两层法律关系,实际施工人以业主为被告提起诉讼存在突破合同相对性问题。我们认为,转包合同、违法分包合同关系中的承包人主张权利应当以不突破合同相对性为基本原则;只有特定情况下,以准许突破合同相对性作为补充。转承包人与发包人(业主)之间已经全面实际履行承包人与发包人之间的合同时,转承包人事实上已经取代第一手的承包人与发包人形成合同关系,在这种情况下,应当准许转承包人以发包人为被告提起追索工程价款的诉讼,人民法院可以追加转包人为共同被告。其他情形下,即在违法分包合同和转包合同的承包人与发包人没有全面实际履行合同并未形成事实上的权利义务关系时,尽管上述两种合同无效,也应当受合同相对性的制约;违法分包和转包的承包人以其发包人即违法分包人、转包人为被告起诉时,人民法院可以视情况追加发包人为第三人。第三人的诉讼地位表明发包人(业主)与本案原被告为两个法律关系,或者对本案原被告讼争的标的具有全部独立或者部分独立的请求权,或者本案处理结果与其存在法律上的利害关系。

——最高人民法院民事审判第一庭编著:《最高人民法院建设工程施工合同司法解释的理解与适用》,人民法院出版社 2004 年版,第 226 ~ 230 页。

问题:依《最高人民法院关于审理建设工程施工合同纠纷案件适用法律问题的解释》(以下简称《解释》)第 26 条第 2 款规定,实际施工人以发包人为被告主张权利的,人民法院可以追加转包人或者违法分包人为本案当事人。发包人只在欠付工程价款范围内对实际施工人承担责任。适用此条文,实际施工人作为原告起诉时,应否受到一定条件的限制?

《民事审判指导与参考》研究组认为:从法理上讲,债权合同的基础就是合同相对性,物权的基础是对世权。准许一审原告突破合同相对性向不具有合同关系的当事人主张权利,从法理和法律规定上讲是有一定缺陷的。《民法通则》第 84 条规定:债是按照合同的约定或者法律的规定,在当事人之间产生的特定的权利和义务关系。享有权利的人是债权人，负有义务的人是债务人。债权人有权要求债务人按照合同的约定或者法律的规定履行义务。也就是说，“特定的权利和义务关系”是在合同当事人之间产生的，债权所具有的相对性属性是债存在的基础。为弥补突破合同相对性带来的法理上的缺陷，适用《解释》第26条第2款规定是受严格条件限制的。

首先，为完整准确理解《解释》第26条第2款规定，应当结合该条第1款规定一并解读，只有这样才能正确适用此条文。《解释》第26条第1款规定：实际施工人以转包人、违法分包人为被告起诉的，人民法院应当依法受理。建筑市场上，实际施工人的合同相当人就是转包人或者违法分包人，他们之间就是合同相对人。合同相当人之间提起诉讼是正当的，符合《民事诉讼法》第108条规定的案件受理条件，对此根本无须制定司法解释予以明确规定。《解释》第26条之所以在第1款中对无须解释的内容做出安排，并在该条第1款中予以明确，其目的在于提示各级法院原则上不准许当事人突破合同相对性提起诉讼，应当按照合同相对性原则有序诉讼，这是符合法律规定的主导诉讼方向。《解释》第26条第2款规定是有严格适用条件的，是为保护农民工利益作出的补充规定，不能因此款规定的存在而否认法定合同相对性的大原则。其次，适用《解释》第26条第2款规定时，原则上第一手承包合同与下手的所有转包合同均应当无效。《合同法》《建筑法》《建设工程质量管理条例》等法律、法规，在表述承包人概念时使用了以下几个概念：承包人、建筑施工企业、施工人、承包建筑工程的单位等，没有出现过“实际施工人”的表述。此表述为《解释》创设的新概念，意在表达无效合同中实际干活的单位或者个人为实际施工人，实际施工人可能是法人、非法人团体、个人合伙、自然人等。使用“实际施工人”的概念本身就意味着“实际施工人”参与签订的合同无效，实际施工人为无效合同当事人，包括转包、非法分包、没有资质借用有资质的建筑施工企业名义等违反法律、行政法规强制性规定的违法行为。有学者认为，合同无效后，其相对性弱化。适用《解释》第26条第2款的条件之一就是原则上施工总承包合同及所有下手转包、违法分包合同均无效，这样才能符合债权合同相对性弱化原理。如果总承包合同有效，按照合同法原则，有效合同就应当全面实际履行；发包人在有效合同中只对合同相对人负有履行义务，对合同之外的人不负担履行义务。如果不是这样，那么合同的效力就不完整，就有缺陷。合同相对人除负担合同义务外，还要负担合同以外的义务。这对合同当事人而言是不公平的，是签约时无法预料的，不能保障交易安全。施工合同与其他合同相比较而言，具有特殊性。特殊在于转包、违法分包合同与上手总承包合同比较而言,虽然属于两个独立的法律关系,但它们之间具有牵连关系。像转包合同与上手合同之间,一般而言,就是在工程价款上存在差异,其他内容,像施工范围、质量标准、工期、违约责任等合同主要条款均与上手合同基本相同。转包人、违法分包人为上手和下手两份合同的当事人,这些特征的存在为无效合同突破相对性后的处理方案打下了一定的基础。第三,不准许借用实际施工人名义,以适用《解释》第26条第2款为名,提起以发包人或总承包人为被告的诉讼,恶意损害他们的合法权益。

——最高人民法院民事审判第一庭编著:《民事审判指导与参考》(总第36集),法律出版社2011年版,第274~275页。

161

运输合同诉讼主体的认定

关键词 | 运输合同 | 诉讼主体 |

【最高人民法院答复】

黑龙江省高级人民法院:

你院请示收悉,经研究,答复如下:

本案货物已由承运人在中途交给托运人处理,运输已终结,货物损失应由托运人与承运人双方结算;收货人李延滨对该运输货物的权利尚未开始,在该运输合同中亦无实际损失,故其不享有本案诉权。

百货大楼与任彦琦是车辆承包关系,对造成货物丢失无过错,不应为任彦琦丢失货物承担连带责任。

——《最高人民法院关于任彦琦与李延滨等货物运输协议纠纷一案的答复》(2002年1月11日,〔2001〕民监他字第27号)

【链接:最高人民法院法官著述】

首先应明确的是,本案不是购销合同或代办托运合同纠纷,而是货物运输合同纠纷,应适用有关货物运输法律、法规。《中华人民共和国合同法》第一百四十二条关于运输货物交付地点及责任的内容，是对买卖合同标的物风险转移的规定，该规定只能约束买卖合同双方当事人，不能约束运输合同中的承运人。

货物运输合同的缔约方为托运人和承运人，但该类合同与其他合同的明显区别是，货物运输合同是为第三人（收货人）的利益而设立的合同，表现为托运人在运输合同中指定（约定）了特定的收货人，承运人应当依照指定（约定）将货物位移后交给该收货人。本案纠纷发生在合同法实施前，有关托收货人的权利划分仅有部门规章，且不具体，因此，应参照合同法相关规定处理本案。《中华人民共和国合同法》第二百九十条的规定，应理解为货物运输合同的承运人负有将承运的货物完整无损地在到站交给收货人的义务；第三百零八条规定应理解为，收货人对运输合同的权利始于货物到达站，承运人通知其提货时，此时，托运人对运输合同的权利便告终止。因此，承运人未向收货人完整交付货物的，收货人有权要求其承担赔偿责任。而本案承运人任彦琦将货物运至中途时，便将货物交给托运人处理，并向托运人出具了丢失货物的确认书，该货物运输合同因承运人提前交付货物和托运人领取货物已经终结。换句话说，承运人与托运人通过达成由托运人自提货物的方式变更了原运输合同的收货人。而原运输合同收货人李延滨对运输货物的权利尚未开始，并因承运人、托运人双方变更合同已经消灭，故李延滨不享有对承运人任彦琦的索赔权利。李延滨也不是代办运输合同的当事人，无权起诉代办人配货部。退一步讲，即便李延滨以配货部为被告，诉其承担卖方代理的责任，也存在诉因不当及并无实际损失的问题。

——贺褆：《关于任彦琦与李延滨等货物运输协议纠纷一案的请示与答复——对运输合同诉讼主体的认定》，载沈德咏主编、最高人民法院审判监督庭编：《审判监督指导与研究》（总第7辑），人民法院出版社2002年版，第108～109页。

162

法院根据审理案件需要决定是否追加订约承运人

关键词 | 国际航空 | 旅客运输合同 | 实际承运人 | 订约承运人 | 追加被告 |

【《最高人民法院公报》案例】

阿卜杜勒·瓦希德诉东方航空公司国际航空旅客运输合同纠纷案(上海市第一中级人民法院二审民事判决书)

裁判要旨:根据本案所适用的国际公约的规定,由一家航空公司出票并实际承运部分航程、另一家航空公司实际承运另一部分航程的航空旅客运输,该两家航空公司并非航空法上的连续运输关系。旅客追究实际承运人所承运航程的责任时,可以选择起诉对象。被起诉的一家航空公司申请追加另一家航空公司参加诉讼的,法院可以根据审理案件的实际需要、诉讼成本、旅客维权的便捷性等因素决定是否准许。

上海市第一中级人民法院认为:

根据《瓜达拉哈拉公约》第七条的规定,在被上诉人阿卜杜勒以作为实际承运人的上诉人东方航空公司为被告提起的责任诉讼中,东方航空公司虽然有权申请国泰航空公司参加诉讼,但这种申请能否被允许,应由受理案件的法院决定。一审认为香港国泰航空公司与阿卜杜勒要追究的航班延误责任无关,故根据本案案情,衡量诉讼成本,决定不追加香港国泰航空公司为本案的当事人,并无不当。

——《最高人民法院公报》2006 年第 10 期

163

实际托运人的诉权

关键词 | 托运人 | 海上货物运输 | 提单主体 | 诉权 |

【最高人民法院司法解释】

第十二条 向承运人实际交付货物并持有指示提单的托运人,虽然在正本提单上没有载明其托运人身份,因承运人无正本提单交付货物,要求承运人依据海上货物运输合同承担无正本提单交付货物民事责任的,人民法院应予支持。

——《最高人民法院关于审理无正本提单交付货物案件适用法律若干

问题的规定》(2009 年 2 月 26 日,法释〔2009〕1 号)

【《最高人民法院公报》案例】

浙江纺织公司诉台湾立荣公司海上货物运输合同无单放货纠纷案(上海市高级人民法院二审民事判决书)

裁判要旨:一、《海商法》第四十二条第(三)项规定的托运人,既可以是海上货物运输合同的缔约人,也可以是交货人。提单只是海上货物运输合同存在的证明,而且不是唯一的证明。当提单主体与海上货物运输合同主体不一致时,在没有书面合同的情况下,人民法院可以根据履行义务的实际情况来确定海上货物运输合同中的托运人。二、因无单放货使托运人不能收回货款,承运人应当向托运人承担赔偿责任。托运人在启运港持未经贸易流转的正本提单起诉承运人的,不存在海上货物运输合同关系中可以凭提单向承运人主张提货权利的第三人,不需要解决提单持有人有无提货权的问题。

上海市高级人民法院认为:

提单只是海上货物运输合同的证明,而且不是唯一的证明,提单不能等同于海上货物运输合同。《海商法》第四十二条第(三)项第一目规定,托运人是指本人或者委托他人以本人名义或者委托他人为本人与承运人订立海上货物运输合同的人。第七十三条规定,提单缺少托运人名称等项内容,不影响提单的性质。由此可见,法律没有要求托运人必须亲自与承运人订立海上货物运输合同,托运人完全可以委托他人与承运人订立合同;法律允许托运人要求承运人在签发提单时不记载托运人,或者将他人记载为名义上的托运人,托运人这样做不影响提单的性质。因为这是托运人行使自己的权利,由此产生的后果由托运人承担。该要求没有加重承运人的责任,承运人仍只负责运输并向托运人指定的收货人交货,因此没必要拒绝。提单记载的主体,可能只是形式上的海上货物运输合同当事人,实践中提单主体与海上货物运输合同主体不一致的情形是存在的。在没有书面合同的情况下,可以根据当事人履行义务的实际情况来确定海上货物运输合同的当事人,不能完全取决于提单的记载。

在本案中,虽然中间有几家公司层层代理,但是向上诉人长荣储运公司交付货物、支付运费并提出缮制提单具体要求的,却只有被上诉人浙江纺织公司,其他公司从事的均是代理工作。长荣储运公司完全按照浙江纺织公司的要求,在签发提单时将三家国外公司记载为名义托运人,向浙江纺织公司委托的货代公司交付了提单，并从货代公司处收取了浙江纺织公司交付的运费。这个事实足以证明，是浙江纺织公司与长荣储运公司建立了事实上的海上货物运输合同关系。原判认定浙江纺织公司是海上货物运输合同的缔约人、涉案提单项下货物的托运人，并无不当。长荣储运公司关于双方之间不存在海上货物运输合同关系的上诉理由，没有事实根据和法律依据，不予采纳。

被上诉人浙江纺织公司以托运人身份，在启运港持正本提单，起诉作为承运人的上诉人长荣储运公司违约无单放货给其造成不能收回货款的损失，主张损害赔偿。作为海上货物运输合同中的当事人，承运人长荣储运公司无单放货，托运人浙江纺织公司当然有权请求承运人赔偿因无单放货给其造成的货款不能收回损失。如果否认托运人享有这一权利，等于让依约履行义务的托运人对承运人的违约后果负责，显然不符合公平原则，有悖于法律规定，不利于维护社会经济秩序。在涉案提单由托运人在启运港持有，未经贸易流转的情况下，不存在海上货物运输合同关系中可以凭提单向承运人主张提货权利的第三人，因此不需要解决提单持有人有无提货权的问题。长荣储运公司关于浙江纺织公司非提单持有人、没有提货权等上诉理由，对浙江纺织公司的持单没有实际意义，也与本案的处理无直接联系，不予采纳。

——《最高人民法院公报》2005 年第 12 期

【链接：最高人民法院法官著述】

根据海商法第四十二条规定，托运人包括两种情况：一是与承运人订立运输合同并在提单正面明确记载为托运人；二是将货物交给承运人，但依据买卖合同约定由买方租船定舱，不能在提单中记载为托运人。第二种情况中的托运人是否享有诉权，涉及在 FOB 价格条款下中国企业利益的保护。如何理解实际托运人的诉权？首先，我国海商法关于实际托运人的立法本意，已经确立了实际承运人在运输合同订立时的法律地位，属于运输合同缔约关系人。其次，在 FOB 价格条件下，通常由运输合同的契约托运人即买方租船定舱，实际托运人将货物交付给承运人，承运人向实际托运人即卖方签发提单，由实际托运人向开立信用证的银行交付提单等议付单证，提单经流转至买卖合同的买方，凭提单在目的港向承运人提货。整个过程是由实际托运人通过控制提单议付货款方式来实现的，因为承运人必须凭正本提单交付货物，契约托运人没有正本提单就无法提货。如果契约托运人允许承运人向实际托运人签发提单，实际上就等于把具有物权性质的提单质押给了作为卖方的实际托运人。因此，实际托运人虽然没有在提单上载明托运人身份，仅说明他没有处分提单和背书转让提单的权利，但享有通过法律赋予的实际托运人的地位凭正本提单向承运人主张货物的权利。承运人如果将货物交给非正本提单持有人，应当承担赔偿责任，这也是海商法通过规定实际托运人法律地位，保护 FOB 价格条件下买卖合同卖方保证收到货款的立法本意。

——刘寿杰：《〈关于审理无正本提单交付货物案件适用法律若干问题的规定〉的理解与适用》，载万鄂湘主编、最高人民法院民事审判第四庭编：《涉外商事海事审判指导》（总第 18 辑），人民法院出版社 2009 年版，第 14 页。

164

旅客可以选择无过错承运人提起客运合同纠纷诉讼

关键词｜客运合同纠纷｜无过错承运人｜不真正连带债务｜受理｜

【最高人民法院答复】

云南省高级人民法院：

请示报告显示，该交通事故系由第三人的过错造成，承运人和旅客均无过错。受到损害的旅客依据《中华人民共和国合同法》第一百二十一条的规定，仅选择承运人提起客运合同纠纷诉讼的，人民法院应当就该客运合同纠纷案件进行审理。

——《最高人民法院〔2006〕民监他字第 1 号答复》（2007 年 10 月 12 日）

【链接：最高人民法院法官著述】

（一）在诉讼权利上，当事人可以选择违约之诉或第三人侵权之诉

1. 当事人提起违约之诉或是第三人侵权之诉，需要考虑民法中的不真正连带债务。从法理上讲，不真正连带债务是指多个债务人就基于不同发生原因而偶然产生的同一给付，各负全部履行的义务，并因债务人之一的履行而使全体债务人的债务归于消灭的债务。通常，不真正连带债务都有终局责任人。研究不

真正连带债务理论的意义,主要是对诉讼程序上所涉及的相关问题如何进行处理。涉及本案的是关于诉的选择的问题。对于不真正连带债务案件,应赋予当事人选择起诉多个债务人或单个债务人的权利,只要起诉符合《中华人民共和国民事诉讼法》第一百零八条之规定,则无理由对其予以限制。这样更有利于保护当事人的合法权益,降低诉讼成本和提高诉讼效率,且也不影响案件的实体判决。从实体法上分析,意思自治是民法的一项基本原则,所以在不真正连带债务案件中,对债务人的确定可以取决于债权人的意思表示,债权人选择多个债务人作为起诉对象,抑或选择单一债务人为被告,都应当允许。

2.《中华人民共和国合同法》第一百二十一条是不真正连带债务理论在法律条款中的具体体现。该条规定:"当事人一方因第三人的原因造成违约的,应当向对方承担违约责任。当事人一方和第三人之间的纠纷,依照法律规定或者按照约定解决。"该规定虽是关于合同一方当事人应向另一方当事人承担违约责任的实体权利上的规定,其中自然包含受损害一方当事人享有依据违约请求权或依据侵权请求权选择起诉对象的权利。

3.本案中,涉及以下法律关系:一是受害人周洁、于斌等与承运人世博出租公司之间的运输合同法律关系;二是受害人周洁、于斌等与杨承术及宣威交通运输集团有限公司、邓新明及江西省高安市农机汽车有限公司之间的侵权法律关系。第一种法律关系的责任人和第二种法律关系的责任人对受害人周洁、于斌等承担的即为不真正连带债务。因交通事故责任认定书认定世博出租公司对于交通事故没有责任,受害人周洁、于斌等可以基于合同法律关系或者侵权法律关系选择起诉违约行为人世博出租公司或者侵权行为人杨承术及宣威交通运输集团有限公司、邓新明及江西省高安市农机汽车有限公司。在选择起诉后其损失未能全部赔偿的情形下,受害人可以另行基于另一法律关系起诉另一责任人。

——李波:《旅客与交通事故中无过错承运人客运合同纠纷诉讼的受理和赔偿范围的认定》,载江必新主编、最高人民法院审判监督庭编:《审判监督指导》(总第23辑),人民法院出版社2008年版,第59页。

165

物业服务企业有权就业主相关妨害物业服务秩序行为提起诉讼

关键词|物业管理服务合同|物业管理秩序|诉权|

【最高人民法院司法解释】

第四条 业主违反物业服务合同或者法律、法规、管理规约，实施妨害物业服务与管理的行为，物业服务企业请求业主承担恢复原状、停止侵害、排除妨害等相应民事责任的，人民法院应予支持。

——《最高人民法院关于审理物业服务纠纷案件具体应用法律若干问题的解释》(2009 年 5 月 15 日，法释〔2009〕8 号)

【最高人民法院审判业务意见】

物业服务企业与业主之间的委托关系具有一定的特殊性，其中很重要的一个方面就是全体业主将维护物业服务区域秩序的管理权交给物业服务企业。该权利行使的主要途径是对业主实施“人”的管理。业主实施妨害物业服务与管理的行为，有可能是违反物业服务合同的违约行为，也可能是一种侵权行为。赋予物业服务企业以相应诉权，并未超出其对“人”管理权的行使边界，而且可以及时有效地制止不法行为。实际上在实践中，其他业主往往都是要求物业服务企业去制止妨害、侵害行为，而不愿自己亲力亲为。基于以上考虑，司法解释规定，业主违反物业服务合同或者法律、法规、管理规约，实施妨害物业服务与管理的行为，物业服务企业请求业主承担恢复原状、停止侵害、排除妨害等相应民事责任的，人民法院应予支持。

——《最高人民法院民一庭负责人就〈关于审理建筑物区分所有权纠纷案件具体应用法律若干问题的解释〉〈关于审理物业服务纠纷案件具体应用法律若干问题的解释〉答记者问》，载最高人民法院民事审判第一庭编著：《最高人民法院建筑物区分所有权、物业服务司法解释理解与适用》，人民法院出版社 2009 年版，第 15 页。

【《最高人民法院公报》案例】

青岛中南物业管理有限公司南京分公司诉徐献太、陆素侠物业管理合同纠纷案（南京市江宁区人民法院一审民事判决书）

裁判要旨：业主与所在小区的物业管理公司签订物业管理服务协议后，即与物业管理公司之间建立了物业管理服务合同关系。物业管理公司作为提供物业管理服务的合同一方当事人,有义务依约进行物业管理,要求业主遵守业主公约及小区物业管理规定,有权对于违反业主公约及物业管理规定的行为加以纠正,以维护小区正常的物业管理秩序,维护小区全体业主的共同利益。当业主不按照整改要求纠正违反业主公约和物业管理规定的行为时,物业管理公司作为合同一方当事人,有权依法提起诉讼。

南京市江宁区人民法院认为:

一、原告中南物业南京公司是本案适格诉讼主体,有权提起本案诉讼。

根据本案事实,原告中南物业南京公司受常锦公司委托对麒麟锦城小区进行前期物业管理。被告徐献太、陆素侠购买麒麟锦城小区房屋后,于2005年10月1日办理了房屋交付手续,并于当日签署了《中南麒麟锦城业主公约》,并与中南物业南京公司签订了《中南麒麟锦城物业管理服务协议》。因此,徐献太、陆素侠与中南物业南京公司之间建立了物业管理服务合同关系。中南物业南京公司作为提供物业管理服务的合同一方当事人,有义务依约进行物业管理,要求业主遵守业主公约及小区物业管理规定,有权对于违反业主公约及物业管理规定的行为加以纠正,以维护小区正常的物业管理秩序,维护小区全体业主的共同利益。当业主不按照整改要求纠正违反业主公约和物业管理规定的行为时,中南物业南京公司作为合同一方当事人,有权依法提起诉讼。

——《最高人民法院公报》2007年第9期

166

公证损害责任纠纷案件的追加被告

关键词|公证机构|侵权责任纠纷|被告|

【最高人民法院司法解释】

第一条 当事人、公证事项的利害关系人依照公证法第四十三条规定向人民法院起诉请求民事赔偿的,应当以公证机构为被告,人民法院应作为侵权责任纠纷案件受理。

——《最高人民法院关于审理涉及公证活动相关民事案件的若干规

定》(2014 年 5 月 16 日,法释〔2014〕6 号)

【链接：最高人民法院法官著述】

在公证损害责任纠纷案件中,公证机构及其公证员的过错主要有两大类情形:一是因当事人提供虚假证明材料,而公证机构及其公证员未依法尽到审查、核实义务,致使公证书错误造成相关损失的;二是公证机构及其公证员明知材料虚假,或者与当事人恶意串通,致使公证书错误造成相关损失的。在上述两种不同情形下,很显然当事人都对公证事项的利害关系人遭受的损失具有过错,且均应当承担主要责任。在公证事项的利害关系人仅起诉公证机构而未起诉当事人或者公证事项的其他利害关系人的情况下,为充分保护原告的合法权益,人民法院是否应当依职权主动追加当事人为被告?我们倾向于认为,若作为被告的公证机构未申请追加当事人作为被告时,人民法院一般不宜依职权主动追加当事人作为共同被告。

对公证机构申请追加当事人作为共同被告是否准许,人民法院可以结合具体案情依法作出判断。无论实务界还是理论界,认为公证机构有权申请当事人作为共同被告的观点,仍是目前的主流观点和倾向性意见,且并无违背法律之虞。

——胡云腾、孙佑海主编,最高人民法院研究室、司法部律师公证工作指导司、中国公证协会编著:《最高人民法院审理涉公证民事案件司法解释理解与适用》,人民法院出版社 2014 年版,第 36～39 页。

167

利用信息网络侵害人身权益诉讼的当事人

关键词｜利用信息网络｜侵害人身权益｜当事人｜

【最高人民法院司法解释】

第三条　原告依据侵权责任法第三十六条第二款、第三款的规定起诉网络用户或者网络服务提供者的,人民法院应予受理。

原告仅起诉网络用户,网络用户请求追加涉嫌侵权的网络服务提供者为共同被告或者第三人的,人民法院应予准许。

原告仅起诉网络服务提供者,网络服务提供者请求追加可以确定的网络用户为共同被告或者第三人的,人民法院应予准许。

——《最高人民法院关于审理利用信息网络侵害人身权益民事纠纷案件适用法律若干问题的规定》(2014年8月21日,法释〔2014〕11号)

【最高人民法院审判业务意见】

网络侵权案件的另外一个特征是发布侵权信息的侵权人身份往往难以确定。但是,不能因此就减轻对被侵权人的保护。目前,在实践中需要解决的问题是,原告仅起诉网络服务提供者的,应如何处理?我们认为,发布信息的侵权人身份不能确定,并不能妨碍原告根据侵权责任法第三十六条第二、三款的规定单独起诉网络服务提供者。当然,在能够确定侵权人且网络服务提供者请求追加其为共同被告或第三人时,人民法院应予准许。这既是侵权责任法关于网络用户和网络服务提供者责任承担规定在程序上的逻辑延伸,也是方便被侵权人起诉、方便当事人维权的合理选择。当然,允许追加能够确定的侵权人为共同被告或第三人,也有利于人民法院查明事实和实现实体责任的公平。

——《最高人民法院民一庭负责人就〈最高人民法院关于审理利用信息网络侵害人身权益民事纠纷案件适用法律若干问题的规定〉答记者问》,载最高人民法院民事审判第一庭编著:《最高人民法院利用网络侵害人身权益司法解释理解与适用》,人民法院出版社2014年版,第33页。

【链接:最高人民法院法官著述】

在网络侵权案件中,被侵权人可以选择行使请求权的对象,法律将此选择权赋予被侵权人,凡被请求者不得以还有其他责任人的存在为由拒绝向被侵权人承担责任。对于被侵权人请求对象的选择,司法机关应予以尊重。原告仅起诉网络用户或网络服务提供者,网络用户或网络服务提供者请求追加涉嫌侵权的网络服务提供者或可以确定的网络用户为共同被告的,如果原告坚持仅起诉一方、不同意追加的,人民法院为便于查明案情,可以通知另外一方作为第三人参加诉讼。

——最高人民法院民事审判第一庭编著:《最高人民法院利用网络侵

害人身权益司法解释理解与适用》，人民法院出版社 2014 年版，第 78 页。

168

原告申请追加网络用户为被告的期间

关键词 | 网络侵权 | 追加被告期间 |

【最高人民法院司法解释】

第四条 原告根据网络服务提供者提供的信息请求追加网络用户为被告的，人民法院应予准许。

——《最高人民法院关于审理利用信息网络侵害人身权益民事纠纷案件适用法律若干问题的规定》（2014 年 8 月 21 日，法释〔2014〕11 号）

【链接：最高人民法院法官著述】

民事诉讼法对于原告提出申请追加被告的期间没有明确规定，但司法解释对原告变更、增加诉讼请求的期间有明确规定。从某种程序上讲，原告提出追加被告的申请也属于对其起诉时的诉讼请求作出变更的意思表示的范畴。因此，我们认为，原告申请追加网络用户为被告的期间可以适用原告变更诉讼请求的期间。原告提出追加被告的申请原则上应当在法院指定的举证期限届满前，但是经过法院释明需要追加的被告，原告可以在法庭辩论结束前提出追加的申请。同时，考虑到司法实践中人民法院对举证期限的掌握尺度，对原告申请追加被告的时间可以根据具体情况适度从宽掌握，但应以不过分妨碍诉讼的时效性及司法裁判的效率为原则。

在原告提供了合法有效的追加被告的申请材料之后，人民法院无需作出准予追加的裁定书，而是直接发出追加被告通知书给同案现有的当事人，并同时向追加进来的被告发出追加被告通知以及相应的应诉材料，告知追加进来的被告相应的应诉权利、举证期间、答辩期间等即可。

——最高人民法院民事审判第一庭编著：《最高人民法院利用网络侵害人身权益司法解释理解与适用》，人民法院出版社 2014 年版，第 90 页。

169

因新闻报道引起侵害名誉权案件的被告

关键词 | 新闻报道 | 侵害名誉权 | 新闻出版单位 | 被告 |

【最高人民法院司法解释】

六、问：因新闻报道或其他作品引起的名誉权纠纷，如何确定被告？

答：因新闻报道或其他作品发生的名誉权纠纷，应根据原告的起诉确定被告。只诉作者的，列作者为被告；只诉新闻出版单位的，列新闻出版单位为被告；对作者和新闻出版单位都提起诉讼的，将作者和新闻出版单位均列为被告，但作者与新闻出版单位为隶属关系，作品系作者履行职务所形成的，只列单位为被告。

——《最高人民法院关于审理名誉权案件若干问题的解答》(1993年8月7日，法发〔1993〕15号)

【《最高人民法院公报》案例】

徐良诉《上海文化艺术报》、赵伟昌侵害名誉权纠纷案(上海市中级人民法院二审民事判决书)

裁判要旨：报刊社对要发表的稿件，应负责审查核实，发表后侵害了公民的名誉权，作者和报刊社都有责任，可将报刊社与作者列为共同被告。

上海市中级人民法院认为：

上诉人赵伟昌撰写"索价"一文时，对被上诉人"开价三千元""少一分也不行"的传闻，不调查核实，致使文章内容严重失实，其主观上是有过错的，客观上诋毁、贬低了徐良的人格，造成了不良后果，已构成对徐良名誉权的侵害。上诉人《上海文化艺术报》明知发表"索价"一文会对徐良名誉带来侵害，未认真审查核实，即发表严重失实的文章，贬低了徐良的人格，使其受到多方指责，直接起到了扩大不良后果的作用，其行为不仅仅是工作失误，而且主观上亦有过错。根据最高人民法院法(民)复〔1988〕11号批复关于报刊社对要求发表的稿件，应负责审查核实，发表后侵害了公民的名誉权，作者和报刊社都有责任的精神，二上诉人的上诉理由不能成立。二上诉人对徐良因名誉权受到侵害引起诉讼而支付的合理的、必要的差旅费用，应按照国家规定的标准，酌情赔偿。原审认定的数额有些偏高，超标准部分一般不应列入赔偿范围。

——《最高人民法院公报》1990 年第 4 期

编者说明

最高人民法院法（民）复〔1988〕11 号批复明确了：报刊社对要发表的稿件，应负责审查核实，发表后侵害了公民的名誉权，作者和报刊社都有责任，可将报刊社与作者列为共同被告。之后，该批复被《最高人民法院关于审理名誉权案件若干问题的解答》（1993 年 8 月 7 日，法发〔1993〕15 号）替代。

170

死者人格权受侵害，近亲属有权起诉

关键词 | 死者人格权 | 近亲属 | 原告 |

【最高人民法院司法解释】

第六十九条 对侵害死者遗体、遗骨以及姓名、肖像、名誉、荣誉、隐私等行为提起诉讼的，死者的近亲属为当事人。

——《最高人民法院关于适用〈中华人民共和国民事诉讼法〉的解释》（2015 年 1 月 30 日，法释〔2015〕5 号）

第三条 自然人死亡后，其近亲属因下列侵权行为遭受精神痛苦，向人民法院起诉请求赔偿精神损害的，人民法院应当依法予以受理：

（一）以侮辱、诽谤、贬损、丑化或者违反社会公共利益、社会公德的其他方式，侵害死者姓名、肖像、名誉、荣誉；

（二）非法披露、利用死者隐私，或者以违反社会公共利益、社会公德的其他方式侵害死者隐私；

（三）非法利用、损害遗体、遗骨，或者以违反社会公共利益、社会公德的其他方式侵害遗体、遗骨。

——《最高人民法院关于确定民事侵权精神损害赔偿责任若干问题的解释》（2001 年 3 月 8 日，法释〔2001〕7 号）

五、问：死者名誉受到损害，哪些人可以作为原告提起民事诉讼？

答：死者名誉受到损害的，其近亲属有权向人民法院起诉。近亲属包括：配偶、父母、子女、兄弟姐妹、祖父母、外祖父母、孙子女、外孙子女。

——《最高人民法院关于审理名誉权案件若干问题的解答》（1993年8月7日，法发〔1993〕15号）

【最高人民法院答复】

浙江省高级人民法院：

你院〔97〕浙法告申民他字第6号关于周海婴诉绍兴越王珠宝金行侵犯鲁迅肖像权一案应否受理的请示报告收悉。经研究，答复如下：

公民死亡后，其肖像权应依法保护。任何污损、丑化或擅自以营利为目的使用死者肖像构成侵权的，死者的近亲属有权向人民法院提起诉讼。

鲁迅之子周海婴的起诉符合《民事诉讼法》第一百零八条规定的条件，绍兴市中级人民法院应当受理，受理后以调解结案为宜。如调解不成，你院可根据本案实体审理的情况确定被告是否承担责任或如何承担责任。

以上意见供参考。

——《最高人民法院关于周海婴诉绍兴越王珠宝金行侵犯鲁迅肖像权一案应否受理的答复意见》（2000年6月26日，〔1998〕民他字第17号）

四川省高级人民法院：

你院川法民示〔1990〕9号函请示的范应莲诉敬永祥等侵害海灯法师名誉权一案有关诉讼程序问题，经研究答复如下：

一、根据民事诉讼法（试行）第十七条第二款、第二十条规定和最高人民法院有关批复精神，同意你院审判委员会的意见，即：此案可由成都市中级人民法院管辖。

二、海灯死亡后，其名誉权应依法保护，作为海灯的养子，范应莲有权向人民法院提起诉讼。

三、被告敬永祥撰写的《对海灯法师武功提出不同看法》一文，其内容不是指向海灯法师武馆。因此，不应追加该馆作为本案原告参加诉讼。

四、被告敬永祥撰写《对海灯法师武功提出不同看法》投稿于新华通讯社《内参选编》，不是履行职务，范应莲未起诉新华通讯社。根据民事诉讼法（试行）第十一条规定和本案的具体情况，不宜追加新华通讯社作为被告参加诉讼。

以上意见供参考。

——《最高人民法院关于范应莲诉敬永祥等侵害海灯法师名誉权案有关诉讼程序问题的复函》(1990 年 10 月 27 日,〔90〕民他字第 30 号)

【《最高人民法院公报》案例】

李林诉《新生界》杂志社、何建明侵害名誉权纠纷案(北京市高级人民法院二审民事判决书)

裁判要旨:公民的名誉即使在其死后也不应受到侵害。如果公民的名誉在其死后受到侵害,其近亲属有权提起诉讼。

北京市高级人民法院认为:

《民法通则》第一百零一条规定:“公民、法人享有名誉权,公民的人格尊严受法律保护,禁止用侮辱、诽谤等方式损害公民、法人的名誉。”公民的名誉即使在其死后,也不应当受到侵害。如果公民的名誉在其死后受到侵害,其近亲属有权提起诉讼。上诉人何建明在报告文学中叙述我国当代科学史上的重大事件时,理应尊重事实;在对著名历史人物的经历和人品作出评价时,应当持客观、慎重的态度。但是何建明在其撰写的《科》文中,却从政治、学术、人品等方面对李四光进行了不恰当的描写,许多情节缺乏客观事实根据。《科》文的发表,客观上影响了公众对李四光的公正评价。何建明的行为已损害了李四光的名誉,同时也给李四光之女、被上诉人李林造成了一定的精神痛苦,何建明应当依法承担侵权的民事责任。原审被告《新生界》杂志社未尽审查职责,在其主办的《新生界》杂志上发表明显带有侵权内容的作品,也应依法承担相应的民事责任。《民法通则》第一百二十条规定:“公民的姓名权、肖像权、名誉权、荣誉权受到侵害的,有权要求停止侵害,恢复名誉,消除影响,赔礼道歉,并可以要求赔偿损失。”原审判决认定事实清楚,适用法律正确,审判程序合法,判处适当,应当维持。但是,该判决主文中对指定刊登致歉声明的报刊名称表述有误,应予纠正。何建明的上诉理由不能成立,应当驳回。

——《最高人民法院公报》1998 年第 1 期

陈秀琴诉魏锡林、《今晚报》社侵害名誉权纠纷案(天津市中级人民法院一审民事判决书)

裁判要旨:死者名誉受到损害的,其近亲属有权向人民法院起诉。

天津市中级人民法院认为：

《中华人民共和国民法通则》规定公民享有名誉权。公民死亡后名誉权仍应受法律保护。原告陈秀琴系已故吉文贞之母，在其女儿及本人名誉权受到侵害的情况下，有权提起诉讼，请求法律保护。被告魏锡林所著《荷花女》体裁虽为小说，但作者使用了吉文贞和陈秀琴的真实姓名，其中虚构了有损吉文贞和陈秀琴名誉的一些情节，其行为侵害了吉文贞和陈秀琴的名誉权，应承担民事责任，被告《今晚报》社对使用真实姓名的小说《荷花女》未作认真审查即予登载，致使损害吉文贞和陈秀琴名誉的不良影响扩散，也应承担相应的民事责任。

——《最高人民法院公报》1990 年第 2 期

【链接：最高人民法院法官著述】

审判实践中应当注意：一是掌握 2015 年民诉法解释第六十九条规定的主旨在于明确人民法院作出的判决、裁定、调解书等法律文书中当事人的列写方式，即死者的近亲属有权对侵害死者遗体、遗骨以及姓名、肖像、名誉、荣誉、隐私等行为提起诉讼，并列为原告。二是关于死者近亲属提起侵权之诉时的顺位问题。考虑到《精神损害赔偿司法解释》仍然有效，实践中，各级人民法院在受理类似案件时应当根据该司法解释审查死者近亲属提起侵权之诉的顺位问题。

——沈德咏主编、最高人民法院修改后民事诉讼法贯彻实施工作领导小组编著：《最高人民法院民事诉讼法司法解释理解与适用》，人民法院出版社 2015 年版，第 263 页。

1988 年，天津市中级人民法院受理的陈秀琴诉魏锡林、《今晚报》社侵害其女吉文贞名誉案引起了一场关于是否应该对死者名誉权进行保护的讨论。陈秀琴是天津市已故艺人吉文贞（艺名荷花女）之母。吉文贞 40 年代初以艺名荷花女在天津演艺界红极一时，1944 年病故时年仅 19 岁。1987 年 4 月，《今晚报》开始在副刊上连载魏锡林以吉文贞生平为题材，并使用其真实姓名和艺名写成的小说《荷花女》。《荷花女》虚构了吉文贞与许扬、于仁杰等三人恋爱并先后订婚、接受三家聘礼的情节，称吉文贞“百分之百愿意做于仁杰的妾”，还虚构了荷花女先后被当时天津三不管地界的恶霸袁文会等人奸污而忍气吞声、不予抗争的情节，最后又影射吉文贞系患性病错打针而死。

1989 年 4 月 12 日，最高人民法院就该案作出《关于死亡人的名誉权应受法律保护的函》，针对该案答复天津市高级人民法院：吉文贞（艺名荷花女）死亡后，其名誉权应依法保护，其母陈秀琴亦有权向人民法院提起诉讼。但死者是否还享有名誉权的争论并未停止。一种观点认为：根据《民法通则》第 9 条的规定，公民的民事权利始于出生、终于死亡。名誉权是一项民事权利，权利主体一旦消亡、失去权利能力，就无法享有该权利。所以，如果作出保护死者名誉权的规定，就与《民法通则》的规定相悖。但人们普遍认为，公民死亡以后，他的名誉仍然存在，也就是说，死者是有名誉的。所谓死者的名誉，是指死者因其生前的属性和特征而获得的社会评价，这些社会评价并未随着死者的离去立即消亡，而是还要或长或短地存续一段时间。在现代民事立法中，一些国家在规定公民民事权利能力始于出生、终于死亡的同时对公民的人身权作延伸保护的规定，将这种法律保护延伸到民事主体出生之前或死亡以后的一段时间，例如对胎儿权利的保护。在我国目前的社会情况下，一个人的出身、家庭背景、亲友关系对其工作、生活、社会交往会产生一定的影响，死者名誉受到侵害，往往直接影响到其近亲属的名誉和其他利益，所以保护死者名誉的实质作用，在于保护其近亲属的利益。因此，《最高人民法院关于审理名誉权案件若干问题的解答》采纳了这一观点，在第 5 条中规定了对“死者名誉”的保护，而改变了以往的司法解释中关于保护死者名誉权的规定。由于保护死者名誉权的目的在一定程度上说是为了保护死者近亲属的利益，所以，诉权理应由死者的近亲属享有。诉权问题解决了，对死者名誉权的保护期限也就随之得到了解决，死者近亲属的存活年限，实际上就是对死者名誉保护的期限。在保护死者名誉年限上，有一个仍然未能解决的问题。一种观点认为，如果侵害死者名誉损害国家利益或者社会公共利益，人民检察院可以作为原告提起诉讼。是否有必要作这样的规定，如果允许人民检察院起诉，对死者名誉权的保护期限又该如何确定，是有待通过今后的审判实践加以研究的问题。

《最高人民法院关于审理名誉权案件若干问题的解答》在规定死者的近亲属可以就保护死者名誉提起诉讼时，明确了近亲属的范围，但在保护死者名誉上，对于死者近亲属的起诉是否应有一定顺序的问题，由于缺少可供借鉴的国外成功的立法经验，故未作规定。希望能通过司法实践积累经验，论证规定近亲属起诉顺序的必要性和合理性。

——韩玫：《〈最高人民法院关于审理名誉权案件若干问题的解答〉的理解与适用》，载中国人大网，http://www.npc.gov.cn。

1. 本案首先要解决的问题是法院应否受理周海婴的起诉，即周海婴是否享有诉权。根据我国《民事诉讼法》第一百零八条规定，本案原告的起诉显然具备后三个起诉条件，那么周海婴是否属于与本案有直接利害关系的公民是决定法院能否受理原告起诉的关键问题，而该问题取决于鲁迅死亡后其肖像权是否受法律保护。

肖像权在公民死亡后仍应受到保护。其依据是：(1)肖像作为公民的一种图像标志，与该公民的外部形象及人格密切相关，它具有社会价值和美学价值。一方面，肖像作为一种人格化的形式可以把该公民与其他公民区别开来，并体现出肖像权人的人格尊严、名誉等。这决定了它与肖像权人的人格之间的不可分性以及肖像权人对其所享有的独占性，这构成肖像权人的精神利益。另一方面，肖像的可再现性、可使用属性又构成了肖像权人的物质利益，对肖像的利用可带来一定的经济利益，这种经济利益为肖像权人所享有。这种精神利益和物质利益不会因肖像权人死亡而消失，在一定时期一定范围内仍然存在，并与死亡人的近亲属及相关人员密切相关，保护死亡人生前的肖像利益，实质上是保护与其相关的生者的利益。本案原告周海婴作为鲁迅之子，有保护鲁迅肖像权中人格尊严、名誉不受侵犯的义务，同时也具有继承鲁迅肖像权中物质利益的权利。(2)《民法通则》虽然将肖像权归类在人身权范围内，但其规定侵犯肖像权的主观要件为“以营利为目的”，承认肖像可以谋取利润。每一个公民既享有决定使用或不使用自己肖像的权利，亦负有未经许可不使用别人肖像的义务，这构成了正常的肖像权法律关系。死亡人的肖像权不受侵犯符合民法精神。(3)公民死亡后，其肖像权若不受法律保护，任何人都可以任意使用，势必造成肖像使用者从有偿使用变为无偿使用，从非法使用变为合法使用，这与民法公平互利、等价有偿原则相悖。(4)保护死亡人肖像权不受侵犯是不断发展的市场经济的需要。随着我国改革开放的不断深入和市场经济不断发展与完善，肖像权所表现出的商品化权即财产权越来越突出，如只保护肖像权中的人身权利，不保护肖像权中的财产权利，这不符合日益发展的社会主义市场经济的需要。(5)同为公民人格精神利益的名誉权，最高人民法院在〔1989〕民他字第 52 号《关于死亡人的名誉权应受法律保护的函》和法发〔1993〕15 号《关于审理名誉权案件若干问题的解答》中都对死者名誉权的保护作了肯定性规定，因此，对死者的肖像权也宜给予一定司法保护。同时，《著作权法》《继承法》中对死者著作权、继承权的保护可以参照。(6)国外立法可供借鉴。国外早在 30 年代就将肖像权分为肖像精神权和商品化权，规定商品化权可由继承人继承，世界各国对商品化权越来越重视。

鉴于以上所述,最高人民法院认为死者的肖像权应受法律保护。本案原告周海婴作为鲁迅之子,在鲁迅死亡后,向法院主张权利,请求保护鲁迅的肖像权,应视为与本案有直接利害关系的公民。周海婴享有起诉权,法院应当受理周海婴的起诉。

2. 关于死亡公民的肖像保护是否受一定时间的限制及哪些人可以提起诉讼问题。保护死者生前肖像利益主要涉及的是利益承受者及享有诉权的主体范围和保护期限问题。根据死亡人肖像利益具有关联性的特点,由于死者与其近亲属之间存在着密切关系,因此,参照《最高人民法院关于审理名誉权案件若干问题的解答》的规定,诉讼主体应当是与死者关系密切的亲属,包括:配偶、父母、子女、兄弟姐妹、祖父母、外祖父母、孙子女、外孙子女。对于保护期限和保护方式,可依照《民法通则》关于诉讼时效及著作权的规定确定。至于本案被告是否承担或如何承担民事责任,可通过实体审理,由受诉法院根据本案的具体情况确定。

——姚爱华:《关于周海婴诉绍兴越王珠宝金行侵犯鲁迅肖像权一案应否受理的请示与答复》,载沈德咏主编、最高人民法院立案庭编:《立案工作指导与参考》(总第1卷),人民法院出版社2002年版,第148~150页。

编者说明

陈秀琴诉魏锡林、《今晚报》社侵害名誉权纠纷案是《民法通则》颁布实施后,我国法院受理的第一起因侵害死者的名誉而引发的侵害名誉权诉讼。这个案子在当时影响很大,它的审理和判决直接引发了我国民法学界对死者的名誉权和其他人格利益如何进行保护的大讨论,受案法院根据最高人民法院有关批复的精神予以判决所确定的一些原则,也成为之后类似纠纷处理的依据。在随后的最高人民法院制定的有关司法解释中,这些原则得到了确认。

周海婴诉绍兴越王珠宝金行侵犯鲁迅肖像权案受理之初,由于影响大、类型新、法律规定又不太明确,使其在是否受理上分歧较大。最高人民法院在法律和当时的司法解释对死者肖像权问题没有明确规定的情况下,根据社会主义市场经济条件下肖像权所表现出的商品化权即财产权越来越突出的实际情况,参考法律和司法解释中对名誉权、著作权等问题的规定,以个案批复的形式确定公民死亡后肖像权仍受法律保护、承认死者近亲属具有诉讼主体资格的原则,开创了我国对死者肖像权保护的先例,将公民民事权利的保护延伸到了公民死亡之后,扩大了民法对公民民事权利的保护范围,对我国民事立法产生了一定的影响。

171

法人或其他组织不享有精神损害赔偿请求权

关键词 | 法人 | 其他组织 | 精神损害赔偿 |

【最高人民法院司法解释】

第五条 法人或者其他组织以人格权利遭受侵害为由,向人民法院起诉请求赔偿精神损害的,人民法院不予受理。

——《最高人民法院关于确定民事侵权精神损害赔偿责任若干问题的解释》(2001 年 3 月 8 日,法释〔2001〕7 号)

【链接:最高人民法院法官著述】

关于法人和其他组织是否享有精神损害赔偿请求权,与对精神损害赔偿的功能和性质的确认有关。通常认为,精神损害赔偿是对“非财产上损害”的赔偿。“非财产上损害”在传统民法理论上一般被定义为精神痛苦和肉体痛苦。法人和其他组织作为民事主体仅在社会价值上与自然人相同,但其不具有精神感受力,无精神痛苦可言,因此,其人格权利遭受侵害时,不具备精神损害后果这一侵权民事责任的构成要件。另外,对自然人的精神损害给予司法救济,与对人权的法律保护密切相关;把包含有“人权”内涵的自然人的人格权利与作为社会组织体的法人或者其他组织的人格权利等量齐观、混为一谈,是不适当的,后者实质上是一种无形财产权。法人人格遭受损害,赔礼道歉即足以恢复其名誉,无须给予赔偿。相反的观点认为,“非财产上损害”与财产损害相对应,不能简单地将“非财产上损害”定义为精神痛苦和肉体痛苦,法人尤其是非营利法人名誉受损,导致其社会信誉降低,客观上也属于“非财产上损害”,金钱赔偿有利于防止这类侵权行为的发生,充分发挥损害赔偿制度的教育防范功能。此外,营利性法人名誉受损,其财产损失往往难以有效举证,从“非财产上损害”的角度判令侵权人赔偿损失,能充分体现精神损害赔偿制度的调整功能,有利于制止商业不正当竞争等违法侵权行为的发生。鉴于精神损害赔偿制度着重在对基本人权的保护和对人格尊严的维护,对精神损害赔偿的泛化有违其制度设计的初衷,《解释》没有采纳第二种意见。《最高人民法院关于审理名誉权案件若干问题的解答》第10条第4款，对《民法通则》第120条规定的"赔偿损失"明确区分为"经济损失"和"精神损害"，并确认只有公民享有精神损害赔偿请求权，《解释》仍采取这一立场。

——陈现杰：《最高人民法院〈关于确定民事侵权精神损害赔偿责任若干问题的解释〉的理解与适用》，载唐德华主编、最高人民法院民事审判第一庭编：《民事审判指导与参考》（总第5集），法律出版社2001年版，第82～83页。

172

死者近亲属的当事人地位

关键词 | 死者近亲属 | 当事人地位 | 诉讼主体 |

【最高人民法院司法解释】

第七条 自然人因侵权行为致死，或者自然人死亡后其人格或者遗体遭受侵害，死者的配偶、父母和子女向人民法院起诉请求赔偿精神损害的，列其配偶、父母和子女为原告；没有配偶、父母和子女的，可以由其他近亲属提起诉讼，列其他近亲属为原告。

——《最高人民法院关于确定民事侵权精神损害赔偿责任若干问题的解释》（2001年3月8日，法释〔2001〕7号）

【链接：最高人民法院法官著述】

按照大陆法系传统民法理论，侵权损害赔偿只赔偿直接受害人，对间接受害人一般不予赔偿。因为间接受害人的范围往往难以预料，也难以确定。如果一律给予赔偿，无疑会加重侵权人一方的负担，在利益衡量上显失公平。但有若干例外情形，对间接受害人给予赔偿符合社会正义观念。受害人死亡，即属于公认的例外情形之一。在此情形下，各国一般都确认受害人的配偶、父母和子女有权请求赔偿精神损害。鉴于中国的国情，我们认为应当将享有请求权的范围适当扩大。一种意见是扩大到与受害人形成赡养、抚养和扶养关系的近亲属，但以受害人没有配偶、父母和子女的情形为限。另一种意见则主张取消形成赡养、扶养和抚养关系这一限制性条件。《解释》最终采纳了后一种意见。其基本理由是，对于自然人死亡后，其人格或者遗体遭受侵害的，不仅配偶、父母和子女有权请求赔偿精神损害，而且在没有配偶、父母和子女的情况下，其他近亲属也可以请求赔偿精神损害，对比自然人因侵权行为致死的情形，两者孰重孰轻，应不难判断。

——陈现杰：《最高人民法院〈关于确定民事侵权精神损害赔偿责任若干问题的解释〉的理解与适用》，载唐德华主编、最高人民法院民事审判第一庭编：《民事审判指导与参考》（总第5集），法律出版社2001年版，第82～83页。

173

配偶、父母、子女不提起诉讼或放弃起诉权利的，其他近亲属享有诉权

关键词｜民事侵权｜精神损害赔偿｜诉讼主体｜

【链接：最高人民法院法官著述】

根据第七条的精神，在发生因侵权行为而致人死亡的情形时，有权提起精神损害赔偿诉讼的首先是配偶、父母和子女，他们是第一顺位权利人，并且，他们应当作为共同的原告一同起诉。在其中一人起诉、其他人未起诉的情况下，法院应当征求其他人的意见，愿意作为原告参加诉讼的，法院列其为原告，不愿意参加诉讼的，可以不作为当事人，但应当记入笔录，并告知其不得再另行起诉。其他近亲属应为第二顺位权利人，只有在配偶、父母和子女不存在的情况下，其他近亲属才有权起诉。其他近亲属有多人的，也应当作为共同原告参加诉讼。

在这里，有一个实务上的问题值得探讨，即自然人因侵权行为死亡后，其配偶、父母、子女不提起诉讼或放弃起诉权利的，其他近亲属是否可以起诉？一般来说，自然人因侵权行为死亡后受到打击最大、感到痛苦最深、最需要给予慰藉和补偿的莫过于其关系最密切的亲属，即其配偶、父母、子女，所以，这些人首先应当享有提起诉讼的权利，这些人存在的，对其他近亲属的起诉应予限制。但如

果配偶、父母、子女存在但不起诉，其他近亲属是否有权起诉？司法解释未作规定。我们认为，在此情况下，如果能够证明死者的配偶、父母、子女不起诉或明确表示放弃起诉的权利，其他近亲属起诉的，法院应予受理。因为，从法律上讲，自然人的死亡（尤其是因侵权行为而致非正常死亡）除了给其配偶、父母、子女带来精神痛苦外，也会给其他近亲属带来一定的精神痛苦，从一定意义上说，他们都是受害人，都有通过法律程序求偿的权利。法律或者司法解释考虑到一般的情形，考虑到社会关系的稳定，允许配偶、父母、子女作为第一顺位权利人提起诉讼，从而限制其他近亲属的起诉权，有其必要性和合理性。质言之，第一顺位权利人的存在是其他近亲属行使起诉权的障碍。如果第一顺位权利人拒绝起诉或明确表示放弃起诉权利，妨碍其他近亲属起诉的障碍则不复存在，其他近亲属则应当有提起诉讼的权利。此其一。其二，从情理上讲，一般而言，家庭成员之间或者亲属之间感情的深浅是同血缘紧密相连的，血缘越近者感情越深，反之亦然。但现实生活中，与此相反的情形也比比皆是。现代社会人们的生活节奏加快，工作紧张，观念变化，家庭关系和家庭结构都发生了很大的变化。很多家庭中，子女离开父母而同祖父母、外祖父母长期共同生活的情况非常普遍，他们生活上互相照顾，感情上互为依托，他们之间的感情甚至超过了父母子女之间的感情。更有一种家庭，夫妻之间、父母子女之间感情不好，而同其他近亲属关系密切、感情甚笃。在发生侵权行为而导致自然人死亡的情况下，对其他近亲属的伤害可能会超过对配偶或者父母的伤害，配偶、父母、子女之外的其他近亲属同样是受害人，同样有权要求给予抚慰和补偿。因此，在配偶、父母、子女不起诉或放弃起诉权利情况下的，允许其他近亲属起诉便成为精神损害赔偿制度的应有之义。

——唐德华主编、最高人民法院民事审判第一庭编著：《最高人民法院〈关于确定民事侵权精神损害赔偿责任若干问题的解释〉的理解与适用》，人民法院出版社 2001 年版，第 59 ~ 60 页。

174

侵权损害赔偿义务人可以起诉要求确认赔偿义务范围

关键词 | 侵权损害 | 赔偿义务人 | 国税局 | 赔偿义务范围 |

【链接：最高人民法院法官著述】

案例:郎某在国税局职工宿舍楼(税务局产权)下经过时,被楼上掉下的玻璃扎伤头顶部。郎某家属以此为由陆续要求国税局支付治疗费、生活费、护理费、差旅补助费共约20万元。2000年以后,郎某家属进而提出解决郎某毕业后的工作安排和住房的要求。为此,国税局于2002年7月诉至人民法院,请求对于郎某受伤后的治疗费、护理费、营养费、今后治疗费及残疾补助金等应赔偿的费用予以确认。一、二审法院均以"原告在本次伤害赔偿中是义务主体,并不享有起诉权利"为由,裁定驳回国税局的起诉。

结论:侵权损害赔偿义务人提起确认之诉,请求确认赔偿义务范围,应予受理。

理由:

1. 诉权是争议双方平等享有的程序性权利,不能与实体权利相混同。诉权是当事人基于民事纠纷的事实,要求法院进行裁判的权利。只要当事人与民事纠纷存在利害关系,就有权基于纠纷的事实要求法院对处于不明确状态的权利义务关系作出合乎法律的判断。诉权本质上是一种程序性权利,与实体权利的产生原因和成立要件不同。不能以当事人是否具备实体权利的要件为标准,判断当事人是否享有诉权。否则,必将致使实体审理前移至审查受理阶段,诉请解决的纠纷根本不能进入诉讼程序,从而不当限制当事人诉权的行使。本案一、二审法院以原告"在本次伤害赔偿中是义务主体,并不享有起诉权利"为由裁定驳回起诉,实质上是将原告等同于实体权利人,将诉权与实体权利画等号,认为只有实体权利人才享有诉权,这种观点是错误的。

2. 国税局享有诉的利益,可以作为原告参加诉讼。本案的争议焦点是赔偿义务人是否具备正当原告资格。回答这一问题应当判断义务人在这一诉讼中是否具有诉的利益。诉的利益是原告所主张的权益面临受到侵害和发生争议的危险和不安时,为了去除这些危险和不安而提起诉讼,从而谋求判决的利益和必要。只要原告具有通过本案判决去除现已存在的危险和不安的法律上的利益,就享有受判决保护的实体法利益。国税局提起的是一个确认之诉,其诉的利益表现为确认利益,即原告存在法律上的不安定性或存在可能损害原告地位的不确定事项,有通过确认判决予以消除的必要。本案中,由于双方就赔偿范围不能达成一致,致使原告的赔偿义务长期处于不确定状态。这种权利义务的不确定状态对于双方当事人都是一种现实的危险，需要通过法院判决予以消除。因此，本案原告虽为赔偿法律关系的义务主体，但同样享有诉的利益，具备作为原告提起诉讼并推动诉讼进行的资格。

3. 国税局与本案有直接利害关系，符合《民事诉讼法》规定的作为原告起诉的条件。我国《民事诉讼法》第一百零八条规定："原告是与本案有直接利害关系的公民、法人和其他组织。"据此，"与案件有直接利害关系"是成为原告的唯一法定条件。所谓"与案件有直接利害关系"，通常是指当事人是作为诉讼标的的民事法律关系的主体。本案双方当事人之间因侵权行为发生人身损害赔偿法律关系。在这一法律关系中，国税局是赔偿义务主体，负有依照法律规定的范围和数额赔偿郎某人身损害的义务，与本案具有直接利害关系，其作为原告起诉符合民事诉讼法的规定。

——姜启波、王胜全、李伟、刘小飞：《新型疑难民商事案件受理问题（上）》，载苏泽林主编、最高人民法院立案庭编：《立案工作指导》（总第 12 辑），人民法院出版社 2006 年版，第 64 ~65 页。

175

投资人对虚假陈述行为提起民事赔偿诉讼的原告资格

关键词 | 投资人 | 虚假陈述 | 证券民事赔偿 | 原告资格 |

【最高人民法院司法解释】

第六条 投资人以自己受到虚假陈述侵害为由，依据有关机关的行政处罚决定或者人民法院的刑事裁判文书，对虚假陈述行为人提起的民事赔偿诉讼，符合民事诉讼法第一百零八条规定的，人民法院应当受理。

投资人提起虚假陈述证券民事赔偿诉讼，除提交行政处罚决定或者公告，或者人民法院的刑事裁判文书以外，还须提交以下证据：

（一）自然人、法人或者其他组织的身份证明文件，不能提供原件的，应当提交经公证证明的复印件；

（二）进行交易的凭证等投资损失证据材料。

——《最高人民法院关于审理证券市场因虚假陈述引发的民事赔偿案

件的若干规定》(2003年1月9日,法释〔2003〕2号)

【最高人民法院司法政策】

原告和被告的确定,是民事赔偿诉讼得以启动和进行的重要前提。《规定》第六条第一款对这类案件的原告资格作出了明确的规定,即投资人以自己受到虚假陈述侵害为由,依据有关机关的行政处罚决定或者人民法院的刑事裁判文书,对虚假陈述行为人提起的民事赔偿诉讼,符合民事诉讼法第一百零八条规定的,人民法院应当受理。第二款规定,投资人提起虚假陈述证券民事赔偿诉讼,除提交行政处罚决定或者公告,或者人民法院的刑事裁判文书以外,还必须提交身份证明文件和进行交易的凭证等投资损失证据材料。不能提供身份证明原件的,应当提交经公证证明的复印件。提交身份证明文件,是基于投资人必须证明确因自己的合法权益受到侵害而提起诉讼,而将以他人名义开户的不法行为人排除在虚假陈述证券民事赔偿诉讼之外。交易凭证是投资人用以证明其所投资的证券种类及损失情况。

——李国光:《在公布最高人民法院〈关于审理证券市场因虚假陈述引发的民事赔偿案件的若干规定〉新闻发布会上的讲话》(2003年1月9日),载李国光主编、最高人民法院民事审判第二庭编著:《最高人民法院关于审理证券市场虚假陈述案件司法解释的理解与适用》,人民法院出版社2003年版,第12～13页。

二、人民法院受理的虚假陈述民事赔偿案件,其虚假陈述行为,须经中国证券监督管理委员会及其派出机构调查并作出生效处罚决定。当事人依据查处结果作为提起民事诉讼事实依据的,人民法院方予依法受理。

——《最高人民法院关于审理证券市场因虚假陈述引发的民事侵权纠纷案件的有关问题的通知》(2002年1月15日,法明传〔2001〕43号)

【链接:最高人民法院法官著述】

各国证券法律都对因虚假陈述行为遭受损失的投资人,规定了提起民事赔偿诉讼的权利。我国证券法第63、161、202条,通过对各类虚假陈述行为人规定民事赔偿责任的形式,而赋予了被侵权的投资人享有民事赔偿诉讼的权利。这样规定，确定了非常宽泛的虚假陈述民事赔偿请求权主体，即凡是认为自己投资并因虚假陈述而遭受损失的投资人，都可以提起诉讼。因此，《规定》也采用了这种对诉讼主体宽泛规定的方式，《规定》第 6 条第 1 款规定："投资人以自己受到虚假陈述侵害为由，依据有关机关的行政处罚决定或者人民法院的刑事裁判文书，对虚假陈述行为人提起的民事赔偿诉讼，符合民事诉讼法第一百零八条规定的，人民法院应当受理。"但是，并不是所有提起诉讼的投资人都能够获得赔偿，只有其投资损失与虚假陈述行为有直接因果关系的投资人，才享有胜诉权。

《规定》第 6 条第 2 款规定："投资人提起虚假陈述证券民事赔偿诉讼，除提交行政处罚决定或者公告，或者人民法院的刑事裁判文书以外，还须提交以下证据：（一）自然人、法人或者其他组织的身份证明文件，不能提供原件的，应当提交经公证证明的复印件；（二）进行交易的凭证等投资损失证据材料。"如果投资人对行政处罚决定或刑事裁判文书不能举证，则其可以提交行政处罚或刑事裁判结果的公告或者公告线索。证券市场发生的虚假陈述被行政处罚或者刑事处罚后，必须要在指定媒体上予以公告。规定投资人提交身份证明文件，是基于证券市场与银行一样实行了实名制，投资人必须证明是因自己的合法权益受到了侵害而提起诉讼。此外，证券法第 74 条规定："在证券交易中，禁止法人以个人名义开立账户，买卖证券。"证券市场事实上存在的操纵市场、内幕交易侵权行为人，为了逃避监管和承担责任，往往以他人名义多头开户，数量可能成百上千，而且资金数量巨大。为将这些不法行为人排除在虚假陈述民事赔偿之外，也必须规定投资人提供自己真实身份的证明文件，而且规定了严格举证责任。提交交易凭证以及其他投资损失证据，是投资人用以证明自己在投资时发生了损失，且损失与虚假陈述具有因果关系。

——贾纬：《证券市场虚假陈述民事赔偿制度——〈关于审理证券市场因虚假陈述引发的民事赔偿案件的若干规定〉的理解与说明》，载江必新主编、最高人民法院民事审判第二庭编：《民商审判指导与参考》（总第 3 卷），法律出版社 2003 年版，第 66 ~ 67 页。

编者说明

自 2001 年初，中国证监会就证券市场出现的法律问题与最高人民法院开始沟通，并针对有关问题共同进行了调研。当年 9 月，最高人民法院公布和实施的《关于冻结、拍卖上市公司国有股和社会法人股若干问题的规定》，即是财政部、最高人民法院会同中国证监会联合调查研究后取得的成果。但在涉及侵权民事责任追究方面，由于前述规定难以操作，且世界上鲜有受理投资人直接起诉的国家，当时人民法院就是否介入证券市场的问题，与中国证监会未取得一致看法，而是建议中国证监会尽快呼吁有关部门成立调处证券市场有关纠纷的机构，来调解和处理市场发生的各种纠纷。同时当年9月，最高人民法院下发了《关于涉证券民事赔偿案件暂不予受理的通知》。但在暂不受理期间，人民法院积极研究证券市场侵权赔偿程序和实体操作问题，以使司法解释尽快出台，为人民法院参与证券市场规范提供可资操作的依据。经最高人民法院与中国证监会数次研究，2002年1月15日下发了《关于受理证券市场因虚假陈述引发的民事侵权纠纷案件有关问题的通知》（以下简称《通知》），标志着法院开始介入证券市场，受理证券市场因虚假陈述引发的民事赔偿案件，参与对市场行为的规范。但《通知》只是从程序上解决了人民法院受理虚假陈述证券民事赔偿案件的管辖、诉讼、诉讼方式和前置程序等程序问题，而对案件审理和判决诸多实体问题没有涉及。同年12月26日，最高人民法院审判委员会通过了《关于审理证券市场因虚假陈述引发的民事赔偿案件的若干规定》，并于2003年1月9日发布，2003年2月1日施行。

176

虚假陈述民事赔偿案件的被告

关键词｜证券市场｜虚假陈述｜民事赔偿｜被告｜

【最高人民法院司法解释】

第七条　虚假陈述证券民事赔偿案件的被告，应当是虚假陈述行为人，包括：

（一）发起人、控股股东等实际控制人；

（二）发行人或者上市公司；

（三）证券承销商；

（四）证券上市推荐人；

（五）会计师事务所、律师事务所、资产评估机构等专业中介服务机构；

（六）上述（二）、（三）、（四）项所涉单位中负有责任的董事、监事和经理等高级管理人员以及（五）项中直接责任人；

（七）其他作出虚假陈述的机构或者自然人。

——《最高人民法院关于审理证券市场因虚假陈述引发的民事赔偿案件的若干规定》（2003年1月9日，法释〔2003〕2号）

【最高人民法院司法政策】

《规定》第七条对被告进行了列举式规定，援用了证券法第六十三、七十二、一百六十一、二百零二条，和《股票发行与交易管理暂行条例》第十七条规定内容，对可能成为被告的虚假陈述行为人作出了明确规定：(1)发起人、控股股东等实际控制人；(2)发行人或者上市公司；(3)证券承销商；(4)证券上市推荐人；(5)会计师事务所、律师事务所、资产评估机构等专业中介服务机构；(6)上述(2)、(3)、(4)项所涉单位中负有责任的董事、监事和经理等高级管理人员以及(5)项中直接责任人；(7)其他作出虚假陈述的机构或者自然人。其中证券上市推荐人和控股股东等实际控制人，证券法和《股票发行与交易管理暂行条例》虽无明确规定，但在证券民事赔偿诉讼中，完全有可能成为被告。

——李国光：《在公布最高人民法院〈关于审理证券市场因虚假陈述引发的民事赔偿案件的若干规定〉新闻发布会上的讲话》(2003 年 1 月 9 日)，载李国光主编、最高人民法院民事审判第二庭编著：《最高人民法院关于审理证券市场虚假陈述案件司法解释的理解与适用》，人民法院出版社 2003 年版，第 13 页。

【链接：最高人民法院法官著述】

证券法第 63、161、202 条，以义务性条款对发行人、承销商及其负有责任的董事、监事和经理等高级管理人员，以及为证券发行和上市出具审计报告、资产评估报告或者法律意见书的会计师事务所、律师事务所、资产评估机构等专业服务机构及其直接责任人，规定了如发生虚假陈述行为，则应承担相应民事责任。第 72 条以禁止性条款，对国家工作人员、新闻传播媒介从业人员及有关人员，证券交易所、证券公司、证券登记结算机构、证券交易服务机构、社会中介机构及其从业人员，证券业协会、证券监督管理机构及其工作人员等，规定了在证券交易活动中禁止作出虚假陈述或者信息误导。《股票发行与交易管理暂行条例》(以下简称《暂行条例》)第 17 条规定，全体发起人或者董事以及主承销商应当在招股说明书上签字，保证招股说明书没有虚假、严重误导性陈述或者重大遗漏，并保证对其承担连带责任。这些法律规定对可能成为被告的民事责任主体，规定得较为全面。《规定》在第 7 条不仅援用了这些法律规定内容，而且还将证券法和《暂行条例》遗漏了的民事责任主体证券上市推荐人和以发起人、控股股东为表现形式的上市公司实际控制人,作为可成为该类案件的被告加以规定。上市推荐人可能成为被告的法律依据是证券法和《暂行条例》。证券法第45条规定,向国务院证券监督管理机构提出股票上市交易申请时,应当提交法律意见书和证券公司的推荐书。《暂行条例》第32条规定,股份有限公司申请其股票在证券交易所交易,应当向证券交易所的上市委员会送交证券交易所会员的推荐书。上市推荐人在《上市推荐书》中保证其所推荐上市的证券没有虚假、严重误导性陈述或者重大遗漏,是真实、准确和完整的。上市推荐人大多数由主承销商兼任,但也有其他证券公司与主承销商共同担任的情况。实际控制人是指,通过直接或间接控制股份公司多数股权,或者通过一致行动达到控制股份公司的股东。实际控制人的概念,相对发行人便是发起人,相对上市公司即是控股股东。实际控制人隐藏在发行人、上市公司幕后,很有可能操纵发行人或上市公司进行虚假陈述,也有可能其直接进行虚假陈述。《规定》将其列为案件可能的被告,具有极大的现实和积极的意义。

《规定》在"归责与免责事由"部分规定,除了发起人、发行人或者上市公司承担无过错责任以外,其他各类被告可以举证证明其无过错的证据而获得免责。所以被告根据第19条规定,举证证明原告存在以下事由:在虚假陈述揭露日或更正日之前已经卖出证券;在虚假陈述揭露日或更正日及以后进行的投资;明知虚假陈述存在而进行的投资;损失或者部分损失是由证券市场系统风险等其他因素所导致;属于恶意投资、操纵证券价格的,则原告的损失与被告的虚假陈述之间不存在因果关系,被告不承担赔偿责任。如果被告证明存在原告起诉已经超过诉讼时效等其他法定免责事由的,则被告也应免责。

——贾纬:《证券市场虚假陈述民事赔偿制度——〈关于审理证券市场因虚假陈述引发的民事赔偿案件的若干规定〉的理解与说明》,载江必新主编、最高人民法院民事审判第二庭编:《民商审判指导与参考》(总第3卷),法律出版社2003年版,第66~69页。

177

利害关系人可以会计师事务所出具不实报告致其受损为由提起民事侵权赔偿诉讼

关键词 | 会计师事务所 | 审计报告 | 民事侵权赔偿 | 受理 |

【最高人民法院司法解释】

第一条 利害关系人以会计师事务所在从事注册会计师法第十四条规定的审计业务活动中出具不实报告并致其遭受损失为由，向人民法院提起民事侵权赔偿诉讼的，人民法院应当依法受理。

——《最高人民法院关于审理涉及会计师事务所在审计业务活动中民事侵权赔偿案件的若干规定》(2007 年 6 月 11 日，法释〔2007〕12 号)

178

虚假验资诉讼当事人

关键词 | 虚假验资 | 民事侵权赔偿 | 当事人 |

【最高人民法院司法解释】

第三条 利害关系人未对被审计单位提起诉讼而直接对会计师事务所提起诉讼的，人民法院应当告知其对会计师事务所和被审计单位一并提起诉讼；利害关系人拒不起诉被审计单位的，人民法院应当通知被审计单位作为共同被告参加诉讼。

利害关系人对会计师事务所的分支机构提起诉讼的，人民法院可以将该会计师事务所列为共同被告参加诉讼。

利害关系人提出被审计单位的出资人虚假出资或者出资不实、抽逃出资，且事后未补足的，人民法院可以将该出资人列为第三人参加诉讼。

——《最高人民法院关于审理涉及会计师事务所在审计业务活动中民事侵权赔偿案件的若干规定》(2007 年 6 月 11 日，法释〔2007〕12 号)

【链接：最高人民法院法官著述】

1. 被审计单位与侵权诉讼：可以参加还是必须参加

在利害关系人因会计师事务所出具不实报告而遭受损失对会计师事务所提起侵权赔偿诉讼时，关于被审计单位是否参加诉讼的问题，最高人民法院审判委员会最终采纳了该种观点:在利害关系人仅对事务所提起诉讼的情形下,被审计单位必须参加诉讼。理由有四:其一,会计师事务所民事责任认定问题之实质是如何在侵权行为法逻辑与社会公共政策之间进行权衡的问题,既然本司法解释采取在"被审计单位—会计师事务所—利害关系人"的三角关系中公平分配损失之框架,被审计单位自应参加诉讼。其二,因本规定采取过错推定原则并根据当事人的过错程度来确定其民事责任,故若被审计单位不参加诉讼,人民法院将难以相对准确地衡量各方过错大小和认定相应的责任。其三,为保障会计师行业正常发展,防止利害关系人践行"深口袋理论",亦有必要要求被审计单位参加诉讼。其四,此类侵权诉讼涉及非常专业的证据鉴定和过错认定等问题,尤其是事务所的过错认定与被审计单位提供的财会材料密不可分,为便于查明事实,一次性解决纠纷,亦应让被审计单位参加诉讼。

2. 被审计单位的诉讼地位:共同被告还是第三人

在被审计单位必须参加诉讼的情形下,关于其应以何种身份参加诉讼的问题,亦存在较大分歧。最高人民法院审判委员会倾向并最终采纳了该种观点:被审计单位应被列为共同被告,不能作为第三人参加诉讼。理由在于:其一,被审计单位承担的是会计责任,事务所承担的是审计责任,若被审计单位作为第三人参加诉讼,则难以确定其是有独立请求权第三人还是无独立请求权第三人,在诉讼权利行使方面存在模糊之处。其二,本规定采取在被审计单位、事务所和利害关系人三者之间按照过失大小分配责任之模式。其中,被审计单位的责任是第一位责任,本规定第十条已明确规定,人民法院根据本司法解释第六条判令会计师事务所承担与其过失程度相应的补充赔偿责任时,应当先由被审计单位(包括存在虚假出资、不实出资或者抽逃出资而为补足出资的出资人)承担赔偿责任,而后才由事务所在其不实审计金额范围内按其过失大小承担相应的赔偿责任。据此,若将其作为第三人,则会出现第三人先承担责任而被告却后承担责任的尴尬局面。其三,根据民事诉讼法理,共同诉讼人分为普通的共同诉讼人和必要的共同诉讼人。若必要的共同诉讼人没有参加诉讼,则人民法院可以依职权或者依当事人的申请将其追加为当事人。虽然我国民事诉讼法中对于申请追加被告未作具体规定,但就事务所审计侵权案件而言,因被审计单位是利害关系人受损的第一位责任人,故被审计单位属于必要的共同诉讼人,自应作为被告参诉。其四,最高人民法院发布的《关于审理证券市场因虚假陈述引发的民事赔偿案件的若干规定》第十条规定也是将发行人或上市公司与虚假陈述行为人(包括虚假陈述的事务所)列为共同被告的,为保证相关司法解释之间的协调,亦应将被审计单位列为共同被告。

——王闯、周伦军:《〈关于审理涉及会计师事务所在审计业务活动中民事侵权赔偿案件的若干规定〉的理解与适用》,载最高人民法院民事审判第二庭编:《民商事审判指导》(总第12辑),人民法院出版社2008年版,第129~130页。

179

监护人的诉讼地位

关键词｜未成年人｜侵权｜监护人｜诉讼主体｜

【最高人民法院司法解释】

第六十七条 无民事行为能力人、限制民事行为能力人造成他人损害的,无民事行为能力人、限制民事行为能力人和其监护人为共同被告。

——《最高人民法院关于适用〈中华人民共和国民事诉讼法〉的解释》(2015年1月30日,法释〔2015〕5号)

【最高人民法院答复】

内蒙古自治区高级人民法院:

你院〔1989〕内法民字第8号《关于那木斯来起诉损害赔偿一案的请示报告》收悉。

经研究认为,未成年人阿拉腾乌拉携带其父额尔登巴图藏在家中的炸药到那木斯来家玩耍,将炸药引爆,炸毁那木斯来家房屋顶棚及部分家具。那木斯来以额尔登巴图为被告要求赔偿损失,人民法院应依法受理,并依据《民法通则》及《婚姻法》的有关规定妥善处理。

——《最高人民法院关于未成年的侵权人死亡其父母作为监护人能否成为诉讼主体的复函》(1990年1月20日,〔1989〕民他字第41号)

【链接：最高人民法院法官著述】

无民事行为能力人或限制民事行为能力人的监护人以法定诉讼代理人身份参加诉讼,同时无民事行为能力人或限制民事行为能力人的监护人本身也是承担民事责任的主体。如何处理监护人既作为法定代理人又作为被告的双重身份问题,是审判实践中需要注意的问题。在是否承担责任问题上,监护人和被监护人同为共同被告,利益方向应当一致。但在内部赔偿费用支付问题上,特别是对有独立财产的无民事行为能力人、限制民事行为能力人来说,监护人和被监护人的利益方向可能存在不一致,要防止监护人作为法定代理人侵害被监护人权益的行为。一般来说,对于无民事行为能力人、限制民事行为能力人有多个监护人为共同被告的情形下,其参加诉讼的法定代理人只能为其中一人的,作为无民事行为能力人、限制民事行为能力人的法定代理人,由于有其他监护人的监督,很难侵害被监护人的利益。但在监护人和法定代理人为同一人的情况下,就需要防止无民事行为能力人、限制民事行为能力人的法定代理人在诉讼中侵害被监护人的合法权益的情况发生。

——沈德咏主编、最高人民法院修改后民事诉讼法贯彻实施工作领导小组编著:《最高人民法院民事诉讼法司法解释理解与适用》,人民法院出版社 2015 年版,第 256 页。

问题:乐某(高二学生,17 岁)踢伤同学王某眼睛致伤残 7 级。诉讼时,乐某已满 18 岁,正读高三,无经济收入。根据《民通意见》第 161 条规定,应由乐某原监护人承担乐某侵权的民事责任。现对乐某原监护人应以什么身份参加诉讼产生争议。第一种意见认为,乐某侵权时未满 18 岁,原监护人应以乐某法定代理人身份参加诉讼,并依法承担监护人应承担的民事责任。第二种意见认为,乐某诉讼时已成年,具有民事诉讼行为能力,可以独立进行民事诉讼,原监护人应以共同被告身份参加诉讼并依法承担民事责任。请问哪一种意见正确?

《人民司法》研究组认为:当事人诉讼地位的列明,应以诉讼时是否具有民事诉讼行为能力为标准。本案诉讼时,被告乐某已经年满 18 周岁,具有民事诉讼行为能力,可以独立进行民事诉讼,此时无须其监护人作为法定代理人参加诉讼。但根据有关法律和司法解释的规定,原监护人仍需承担民事责任,因此应列其为共同被告。我们认为，你院第二种意见是正确的。

——《人民司法 · 应用》2010 年第 21 期

180

无民事行为能力人的认定

关键词｜无民事行为能力人｜特别程序｜

【链接：最高人民法院法官著述】

认定当事人无民事行为能力，主要应当注意以下几点：第一，对于精神病人，人民法院一般应委托司法鉴定机构进行鉴定。具体认定是否患有精神病，以及所患精神病的病情轻重程度，应以司法精神病学鉴定为理论性、科学性的根据，即采用医学鉴定标准确定。诉讼中当事人为证明肯定或否定患有精神病，必须向法院提供证据材料。人民法院以合法、真实的鉴定结论为定案根据，来认定涉案精神病人的利害关系人所提出的一方当事人是否属于无民事行为能力人或限制民事行为能力人。第二，对于精神病人，可以参照精神病医院出具的有关诊断证明、鉴定加以确认。精神病人在精神病医院诊治过程中，有关专家对精神病人的病情所作出的科学检查、检测等结论意见，仍可以由法官在作出确认时作为证明材料使用。但应以精神病人的利害关系人无异议为限，或者经开庭质证双方无异议，法院予以采信，或者由其他证据或事实相互印证为审查条件。对于患有其他疾病而丧失民事行为能力的人，也可以参照医院的诊断证明。第三，可以参照群众公认的事实和证据进行认定。在此值得注意的是：必须以无民事行为能力人的利害关系人（法定代理人）对所公认的事实和证据无异议为限。群众公认的事实，应该是无民事行为能力人的住所地村委会、居委会出具的具有真实性的证明材料所认定的事实。同时，也包括周围群众即无民事行为能力人的左邻右舍，对无民事行为能力人长期的起居、生活等基本情况的感知和认识。对这类事实的要求是：能够起到证明无民事行为能力人的病情的作用，比如，精神病人因先天或后天形成的精神疾病和现在仍然继续持有的精神状态，并且是群众均普遍认为和说法一致的事实。第四，关于在诉讼中一方为精神病人的利害关系人向法院提出该精神病人是属于无民事行为能力人或限制民事行为能力人的，为解决当事人对此的诉讼争议,人民法院认为确有必要,需按民事诉讼法程序作出认定的,可比照民事诉讼法第一百七十条的规定,告知申请人按特别程序进行诉讼。

——最高人民法院民事审判第一庭编著:《最高人民法院关于婚姻法司法解释(三)理解与适用》,人民法院出版社 2011 年版,第 138 页。

181

诉请支付被扶养人生活费的人身损害赔偿案件无须通知被扶养人参加诉讼

关键词 | 被扶养人生活费 | 诉讼参加人 |

【链接:最高人民法院法官著述】

问题:《人身损害赔偿解释》第 1 条第 2 款规定:本条所称赔偿权利人,是指因侵权行为或者其他致害原因直接遭受人身损害的受害人、依法由受害人承担扶养义务的被扶养人以及死亡受害人的近亲属。该条规定被扶养人可以成为人身损害赔偿案件的诉讼主体。我院在审理一起故意伤害刑事附带民事赔偿案件中,受害人被故意伤害致残,要求被告人赔偿医疗费、被扶养人生活费等物质损失。我们对应否通知被扶养人参加诉讼产生了两种意见:一种意见认为,被扶养人生活费是受害人因被告人的犯罪行为遭受的物质损失,受害人有权直接向加害人主张权利,无须通知被扶养人参加诉讼;另一种意见认为,被扶养人是赔偿权利人,应通知其参加诉讼,否则不能判决被告人直接向受害人赔偿被扶养人生活费。请问上述哪种意见正确?

《人民司法》研究组认为:根据《侵权责任法》第 16 条的规定,在赔偿了残疾赔偿金的情况下,不再赔偿被扶养人生活费,因为被扶养人生活费已经包含在残疾赔偿金之中。但是由于目前没有新的残疾赔偿金计算标准,2010 年 6 月 30 日《最高人民法院关于适用〈中华人民共和国侵权责任法〉若干问题的通知》第 4 条规定:人民法院适用《侵权责任法》审理民事纠纷案件,如受害人有被扶养人的,应当依据《人身损害赔偿解释》第 28 条的规定,将被扶养人生活费计入残疾赔偿金或死亡赔偿金。也就是说,在致人伤害的人身损害赔偿案件中,仍根据

《人身损害赔偿解释》计算残疾赔偿金和被扶养人生活费，两者相加就是《侵权责任法》第16条所指的残疾赔偿金。

受害人因伤致残时，残疾赔偿金是对受害人本人未来收入损失的赔偿，直接受害人对于残疾赔偿金（包含了被扶养人生活费）有当然的赔偿请求权。但如果受害人有法定被扶养人，此法定被扶养人是否具有独立的赔偿请求权？这也是来信提到的问题。我们认为，因残疾赔偿金包含了被扶养人生活费，如果加害人已经赔偿了残疾赔偿金，被扶养人只能要求就该残疾赔偿金进行析分，无权向加害人主张赔偿。如果直接受害人或其他被侵权人怠于行使该赔偿请求权，其有权诉请加害人支付被扶养人生活费。也就是说，一般情况下，如果受害人已经主张了残疾赔偿金（该残疾赔偿金包含了被扶养人生活费），法院无须通知被扶养人参加诉讼；如果受害人怠于主张，则被扶养人可以直接起诉，要求加害人支付被扶养人生活费。

——《人民司法·应用》2011年第5期

182

以债权受侵害为由起诉不具原告资格

关键词｜债权受侵害｜原告｜

【最高人民法院裁判文书】

上海泰瑞物业发展公司、上海轻工房地产有限公司拍卖纠纷不予受理上诉案［最高人民法院(2005)民一终字第102号民事裁定书］

裁判要旨：我国现行民事法律尚不认可债权能成为侵权行为之对象，债权受侵害的债权人对债权无管理、处分权，债权人以债权受侵权为由起诉的，为原告不适格。

最高人民法院认为：

城南公司被吊销企业法人营业执照后，尚未依法进行清算和办理注销登记，故其企业法人资格仍然存在，应当依法组成清算组代表企业进行民事诉讼活动。轻工公司作为原告主张其子公司城南公司的权益，为原告不适格，故一审法院裁定不予受理，并无不当。我国现行民事法律尚未一般性认可债权为侵权行为的对象。除法定特殊情形外,债权人对侵害债权标的物的第三人提起侵权之诉尚无法律依据。故泰瑞公司以侵权之诉起诉拍卖人,亦属原告不适格。

——苏泽林主编、最高人民法院立案庭编:《立案工作指导》(总第14辑),人民法院出版社2006年版,第45~46页。

【链接:最高人民法院法官著述】

我国现行民事法律尚不认为债权能成为侵权行为之对象。从本案看,债权人当事人对本案债权标的物(房地产)只享有债权而非物权,即无管理处分权。既然无管理处分权,按照当事人适格理论,即无诉讼实施权,当事人即为不适格。故债权标的物受第三人侵害,债权人对该第三人提起侵权之诉的,为原告不适格。本案中,泰瑞公司以拍卖公司侵权为由,以自己名义起诉拍卖公司,系原告不适格。对于不适格的原告,自然应当裁定驳回其起诉。

尽管我国现行民事法律尚不认为债权能成为侵权行为之对象,但是当标的物的物权人怠于行使权利的情形下,对标的物享有债权的权利人有权提起代位诉讼,而成为适格的原告。即在债的保全场合,债权对债务人以外的第三人直接产生效力,此即债权的对外效力。依照合同法的规定,债务人怠于行使其到期债权,对债权人造成损害的,债权人可以向法院请求以自己的名义代位行使债务人的债权。在代位诉讼场合,债务人与次债务人之间的债权,由于影响到债务人责任财产之增减,间接涉及债权人债权之清偿,故债权人对他人之间的债权有诉的利益,法律亦认为债权人为适格的当事人,民法理论亦将代位权称为间接诉权、代位诉权。民事诉讼理论认为,与遗嘱执行人、破产管理人、遗产管理人一样,代位权人为法定的诉讼担当人之一种,是适格的当事人。如果第三人的行为致他人之物受损或者灭失,且该他人无力清偿对债权人的债权,法律允许债权人对第三人提起代位诉讼,但不能提起侵权之诉。在代位诉讼场合,债务人不再是适格的当事人。

本案中由于轻工房地产公司已提起诉讼,表明其非怠于行使其债权,泰瑞公司行使代位权的要件不存在,故将泰瑞公司提起的诉讼阐明为代位诉讼,既属难能,亦非所宜。

——王胜全:《上海泰瑞物业发展公司、上海轻工房地产有限公司拍卖纠纷不予受理上诉案》,载苏泽林主编、最高人民法院立案庭编:《立案工作指导》(总第14辑),人民法院出版社2006年版,第45~46页。

183 第三人侵权案件的被告

关键词｜第三人侵权｜安全保障义务｜被告｜

【最高人民法院司法解释】

第六条 因第三人侵权导致损害结果发生的,由实施侵权行为的第三人承担赔偿责任。安全保障义务人有过错的,应当在其能够防止或者制止损害的范围内承担相应的补充赔偿责任。安全保障义务人承担责任后,可以向第三人追偿。赔偿权利人起诉安全保障义务人的,应当将第三人作为共同被告,但第三人不能确定的除外。

——《最高人民法院关于审理人身损害赔偿案件适用法律若干问题的解释》(2003 年 12 月 26 日,法释〔2003〕20 号)

【链接：最高人民法院法官著述】

实践当中的情况往往是,赔偿权利人因实施侵害行为的第三人无法确定或者无力承担赔偿之责,直接起诉安全保障义务人。然由上述可知,直接实施加害行为的第三人才是受害人所受损害的直接责任人和终局责任人。安全保障义务违反人只是在其相对于危险发生的防控能力的范围内负其责任的补充责任人。因此本条第二款借鉴必要的共同诉讼制度,规定人民法院应当将该第三人追加为共同被告。理由有三:(1)实施加害行为的第三人参加诉讼往往有助分辨和确定安全保障义务人是否违反了应尽的安全保障义务以及其不作为损害结果的发生的原因力大小。(2)因实施加害行为的第三人才是损害的最终责任人,而且根据本款安全保障义务违反人在承担了补充赔偿责任后有权向终局责任人求偿。在一个诉讼程序中一体解决争议利于诉讼经济和当事人进行诉讼。(3)对于不真正连带责任人得否为共同被告尚有争议(实际上是基本否定),但有学者认为如基于事实上及法律上同种类之原因,则应解释得为共同被告。虽然本条规定的情形不属于“事实上及法律上同种类之原因”,但基于制裁终局责任人的社会政策,适当突破不真正连带责任和必要共同诉讼的既有定论亦无不可。因此,本款规定赔偿权利人仅起诉安全保障义务人的,应当将第三人作为共同被告,但是如果第三人不能确定除外。

如果受害人就其损害仅起诉实施加害行为的第三人,人民法院就没有必要追加安全保障义务违反人为共同被告。因为直接实施加害行为的第三人本身就是该损害的直接责任人和终局责任人,其本应承担全部的赔偿责任。如其可以确定,追加安全保障义务违反人为共同被告一是没有必要,二是与必要共同诉讼的制度目的和特征不符。不真正连带责任不同于连带责任的根本之处就在于其系基于不同的发生原因。实施直接加害行为的第三人与安全保障义务违反人没有共同的意思联络,两种行为亦非直接结合对受害人产生损害。因此不区分当事人的诉讼指向将"追加"绝对化,无疑抹煞了不真正连带责任与连带责任的区别。如果实施加害行为的第三人最后无力承担赔偿责任(全部或者部分),受害人可以以安全保障义务人疏于安全保障义务并导致其遭受损害为由,向人民法院另行提起诉讼。因为"不同的发生原因"理应成就不同的诉因。

由此可见,本解释实际上采取了一种"单向的必要共同诉讼"的方法论来调和解决此类较为特殊的纠纷。

——最高人民法院民事审判第一庭编著:《最高人民法院人身损害赔偿司法解释的理解与适用》,法律出版社2004年版,第112～113页。

184

共同侵权案件的被告

关键词 | 赔偿权利人 | 共同侵权人 | 共同被告 |

【最高人民法院司法解释】

第五条 赔偿权利人起诉部分共同侵权人的,人民法院应当追加其他共同侵权人作为共同被告。赔偿权利人在诉讼中放弃对部分共同侵权人的诉讼请求的,其他共同侵权人对被放弃诉讼请求的被告应当承担的赔偿份额不承担连带责任。责任范围难以确定的,推定各共同侵权人承担同等责任。

人民法院应当将放弃诉讼请求的法律后果告知赔偿权利人,并将放弃诉讼请求的情况在法律文书中叙明。

——《最高人民法院关于审理人身损害赔偿案件适用法律若干问题的

解释》(2003 年 12 月 26 日,法释〔2003〕20 号)

【链接：最高人民法院法官著述】

5. 未被诉的共同侵权人如果无法确定怎么办

如果未被诉的共同侵权人无法确定,根据《民事诉讼法》第一百零八条第(二)项关于被告必须明确的规定,该纠纷可以在原告与业已确定的被告之间进行。但应当注意的是,这种无法确定是指该人的自然情况以及为民事诉讼进行所必需的联系地址的不明。比如,共同侵权人之一仅有一个绰号,至于其住所地等情况均为不明。如果其住所地是确定的,只是无法查找,则应当根据具体情况采用不同的送达方式解决之。不能仅以可能会造成“诉讼拖延”为由,简单处理并损害当事人的实体权利或者诉讼权利。

6. 何人可以对人民法院就免除债务的份额不服并提起上诉

根据本条规定,赔偿权利人放弃对部分共同侵权人之诉讼请求的意思表示一经确定,人民法院在判决时就应当从赔偿总额中对赔偿权利人放弃部分予以扣除。剩余部分由应当承担责任的共同侵权人承担连带责任。对人民法院确定的共同侵权人各自应当承担的赔偿份额,赔偿权利人如果认为判决确定的被放弃的共同侵权人所应担的份额过重,可以上诉。未被放弃诉讼请求的共同侵权人若认为判决确定的被放弃诉讼请求的共同侵权人的责任承担份额过轻,可以提起上诉。因为对上述当事人而言,该判决确定的内容关涉到他们的实体权利,对此不服的,理应享有上诉权。

7. 上诉审中当事人的设置问题

关于在二审程序当中的当事人诉讼地位问题,应当以《最高人民法院关于适用〈中华人民共和国民事诉讼法〉若干问题的意见》第一百七十七条的规定予以确定。该条规定,必要共同诉讼人中的一人或者部分人提出上诉的,按下列情况处理:(1)该上诉是对与对方当事人之间权利义务分担有意见,不涉及其他共同诉讼人利益的,对方当事人为被上诉人,未上诉的同一方当事人依原审诉讼地位列明。(2)该上诉仅对共同诉讼人之间权利义务分担有意见,不涉及对方当事人利益的,未上诉的同一方当事人为被上诉人,对方当事人依原审诉讼地位列明。(3)该上诉对双方当事人之间以及共同诉讼人之间权利义务承担有意见的,未提出上诉的其他当事人均为被上诉人。

如果被一审判决承担责任的共同侵权人仅认为该判决免除债务的份额过轻

而不服,被免除民事责任的共同侵权人为被上诉人。若其上诉请求不仅限于前述而且包括对赔偿权的部分(如对过错的相抵确定不当),其余未上诉的当事人均为被上诉人。如果赔偿权利人认为判决确定的被放弃的共同侵权人所应承担的份额过重而提起上诉,其权利义务争议实际指向的是承担民事责任的共同侵权人所承担连带责任范围过轻,因此被判决承担民事责任的共同侵权人为被上诉人。

——最高人民法院民事审判第一庭编著:《最高人民法院人身损害赔偿司法解释的理解与适用》,法律出版社2004年版,第95~96页。

185

机动车交通事故责任诉讼中保险公司可以作为被告

关键词 | 交通事故责任 | 侵权诉讼 | 保险公司 | 被告 |

【最高人民法院审判业务意见】

第四,关于机动车交通事故责任纠纷案件的审理。目前审判实践中需要注意三个方面:一是要加强诉调对接机制建设。要积极探索与公安交警部门、保险行业、人民调解委员会的调解机制相互结合,利用信息化手段探索纠纷解决的多元机制,实现裁判规则的透明化和统一化,减少案件的成诉数量。二是要贯彻纠纷一次性解决的民事诉讼理念。由于绝大多数交通事故都涉及机动车保险问题,在审理此类案件时,应根据道交司法解释第二十五条的规定,在当事人请求的前提下,把相关保险问题放在同一案件中处理,不作人为拆分,避免因同一纠纷产生多次诉讼,增加当事人的诉累。三是要贯彻道路交通安全法的价值判断。在机动车与行人、非机动车的交通事故责任纠纷中,应根据该法第七十六条规定,通过减轻机动车一方的责任实现对行人、非机动车一方的过错评价。同时注意,不应支持机动车一方请求行人、非机动车一方赔偿的诉讼主张。

——程新文:《关于当前民事审判工作中的若干具体问题》(2015年12月24日),载杜万华主编、最高人民法院民事审判第一庭编:《民事审判指导与参考》(总第64辑),人民法院出版社2016年版,第62页。

【链接：最高人民法院法官著述】

依据保险公司承担法定责任说的结论，应当认定保险公司在诉讼中可以作为被告，其理由首先在于《道路交通安全法》第七十六条的规定，第七十六条从表述上实际已经赋予了第三人对保险公司的直接请求权。此其一。其二，从《道路交通安全法》和《机动车交通事故责任强制保险条例》的立法目的来看，赔偿受害人是其第一目的，而这一目的实现首先需要受害人对保险人的直接请求权。在此实体请求权的前提下，能否以保险公司为被告的问题就迎刃而解。其三，从诉讼法的角度来看，诉讼法的各项制度的一个基本评价标准是纠纷的一次性解决。在此意义上，如果要求受害人必须先起诉致害人，在致害人承担责任的前提下，再由加害人起诉保险公司这样一种形式化的要求，与民事诉讼制度的功能和目的不相符合。

——最高人民法院侵权责任法研究小组编著：《〈中华人民共和国侵权责任法〉条文理解与适用》，人民法院出版社2010年版，第356页。

编者说明

最高人民法院认为，因机动车发生交通事故造成损害而提起的诉讼中，保险公司可以作为被告。

186

在对方当事人对受损害事实予以认可情况下，受害人具备诉讼主体资格

关键词｜诉讼主体资格｜受损事实｜侵权诉讼｜

【最高人民法院裁判文书】

大连曙光精密铸造厂、大连亿成房地产开发有限公司与慈维发、大连房地产开发集团信和地产总公司侵权纠纷上诉案［最高人民法院（2002）民一终字第73号民事判决书］

裁判要旨：一审原告在知道其权利受到侵害后的两年内向法院请求保护其

权利,未超过诉讼时效,且在对方当事人对其权利受损害事实予以认可的情况下,其具备诉讼主体资格。

最高人民法院认为:

曙光厂与信和公司签订合作项目协议后,信和公司即与慈维发签订项目承包合同,根据双方约定,信和公司将项目开发的全部工作交付给慈维发,慈维发个人对项目进行了投资建设,后曙光厂虽然与亿达公司又签订了联建协议,但是慈维发参与了该协议的签订,在慈维发被公安部门通缉期间,曙光厂又与亿成公司签订联建协议,2000 年 12 月大连市中级人民法院(2000)大民房初字第 122 号调解生效后,慈维发向信和公司、曙光厂、亿成公司主张权利被拒绝,遂于 2001 年 7 月向辽宁省高级人民法院起诉,因此,慈维发在认为其权利受到侵害后向法院提起诉讼,符合《中华人民共和国民法通则》第 135 条的规定,其诉讼未超过时效,且依据《中华人民共和国民事诉讼法》第 56 条的规定,慈维发有独立请求权,其诉讼主体适格。曙光厂、亿成公司的该项主张无事实和法律依据,应予驳回。慈维发与信和公司签订承包协议后,慈维发已实际投资建设该讼争项目,对此信和公司、曙光厂与亿成公司是知道的,在讼争项目建成后,信和公司、曙光厂与亿成公司将房屋进行了分割,但对慈维发在该项目中的投入未予返还,故信和公司、曙光厂与亿成公司共同侵害了慈维发的财产权,本案中慈维发虽将信和公司作为被告进行起诉,但对信和公司没有具体的诉讼请求,且信和公司在与曙光厂、亿成公司分割财产时,仅收回了自己的投入,因此,一审判决曙光厂返还慈维发的前期投资及其相应的利息损失,亿成公司就曙光厂返还义务承担连带责任并无不妥,应予维持。曙光厂提出不应承担该返还义务及亿成公司提出不应承担连带责任的请求,缺乏事实和法律依据,本院不予支持。一审判决依据慈维发与大连市金州区第四建筑工程总公司签订的施工工程预算书,认定慈维发对讼争项目共投入工程款为 5791292.32 元,而曙光厂与亿成公司对此数额不予认可,但又未提出支持其请求的相关证据,且慈维发对讼争项目的投入已过多年,该项目也已建成,在此情况下,曙光厂与亿成公司的该项请求无法支持,应予驳回。

——最高人民法院民事审判第一庭编:《最高人民法院民事案件解析(土地纠纷)》(第 1 辑),法律出版社 2010 年版,第 48 页。

【链接：最高人民法院法官著述】

关于慈维发的主体资格问题。该问题是本案争议的焦点问题。二审法院审理认为,本案慈维发是以侵权提起的诉讼,而非以联建合同纠纷提起的诉讼。虽然慈维发是以承包合同而进行投资的,但慈维发对讼争标的物进行了投资,而且其投资已物化在三方所分割的标的物中,这一事实信和公司、曙光厂、亿成公司是认可的。三方在对讼争标的进行分割时,未返还慈维发的投资,在慈维发得知权利受到侵害后,向三方主张权利,又遭受拒绝,在此情况下,慈维发以原告身份向法院提起诉讼,符合《中华人民共和国民事诉讼法》第 56 条及第 108 条的规定,依照规定慈维发享有独立的请求权,其诉讼主体适格。关于亿成公司提出本案已经调解解决,如果慈维发认为调解协议有问题,只能通过审判监督程序予以解决。该问题经审查认为,大连市中级人民法院在审理信和公司诉曙光厂、亿成公司联建纠纷一案时,没有通知慈维发参加诉讼,慈维发对此不知,而且本案慈维发提起的是侵权诉讼,与大连市中级人民法院所作出的调解书无关,而且不存在重复、交叉等问题,因此,亿成公司的该项请求依据不足,应予驳回。

——最高人民法院民事审判第一庭编:《最高人民法院民事案件解析(土地纠纷)》(第 1 辑),法律出版社 2010 年版,第 48 ~ 49 页。

编者说明

关于慈维发的主体资格问题,最高人民法院裁判意见认为,本案慈维发是以侵权提起的诉讼,慈维发对讼争标的物进行过投资建设,而且其投入已物化在对方当事人占有的标的物中,这一事实对方当事人是认可的,因此在慈维发得知权利受到侵害时,向对方当事人主张权利遭到拒绝时,向人民法院提起诉讼,其诉讼主体适格。

187

信用证欺诈纠纷案件的第三人

关键词 | 信用证欺诈 | 第三人 |

【最高人民法院司法解释】

第十四条 人民法院在审理信用证欺诈案件过程中,必要时可以将信用证纠纷与基础交易纠纷一并审理。

当事人以基础交易欺诈为由起诉的,可以将与案件有关的开证行、议付行或者其他信用证法律关系的利害关系人列为第三人;第三人可以申请参加诉讼,人民法院也可以通知第三人参加诉讼。

——《最高人民法院关于审理信用证纠纷案件若干问题的规定》(2005年11月14日,法释〔2005〕13号)

【《最高人民法院公报》案例】

韩国新湖商社与四川省欧亚经贸总公司等信用证欺诈纠纷管辖权异议案[最高人民法院(2000)经终字第155号民事裁定书]

裁判要旨:以信用证为结算方式的买卖合同发生信用证欺诈,该案件应以信用证纠纷确定管辖法院,因为信用证具有独立性原则,买卖合同中的仲裁条款不能约束信用证。

最高人民法院认为:

信用证虽然是基础交易中的一个结算方式,但它又独立于基础交易,是遵循严格相符原则的单据交易。通常情况当事人不得以基础交易中的事由要求止付信用证或宣告信用证无效。对上述原则的例外就是信用证欺诈例外原则。所谓"信用证欺诈例外原则",是在基础交易存在实质性欺诈的情况下,可以构成信用证关系与基础交易相独立的例外。由于适用"欺诈例外原则"是以基础交易的欺诈为前提,而导致信用证项下款项止付这样的后果,也必须将基础交易纠纷与信用证法律关系结合起来进行审理。由于我国《民事诉讼法》有关于第三人的制度,并且原审原告欧亚公司的诉讼请求包括了对信用证的效力以及终止支付的要求,如果欧亚公司胜诉,信用证止付的请求得到支持,结果必然涉及到议付行关于开证行履行信用证项下的义务的请求是否成立;如果欧亚公司败诉,则开证行要承担信用证项下的付款责任。可以认为本案的判决结果与开证行和议付行有法律上的利害关系,因此一审法院将农行成都市总府支行和农协会列为本案第三人的做法并无不妥。但是,正因为本案的审理既包括了基础关系——买卖合同,又包括了信用证纠纷,因此本案的案由应认定为国际货物买卖信用证付款纠纷。

——《最高人民法院公报》2001年第3期

编者说明

信用证是本案中欧亚公司与新湖商社买卖合同交易的结算方式，它独立于基础交易，是遵循严格相符原则的单据交易。通常情况下，当事人不得以基础交易中的事由要求止付信用证或宣告信用证无效。即使存在“欺诈例外原则”而导致信用证下款项止付的情形，人民法院也必须将基础交易纠纷与信用证法律关系结合起来进行审理。而且本案的判决结果与开证行和议付行有着法律上的利害关系。因此，一审法院将农行成都市总府支行和农协会列为本案第三人的做法是正确的。

188

著作权人能否提起诉讼应遵从著作权集体管理合同约定

关键词 | 著作权人 | 诉讼主体资格 | 著作权纠纷 |

【最高人民法院裁判文书】

王海成等诉三峡公司、大圣公司、广州音像出版社、联盛公司、南昌百货大楼侵犯著作权纠纷案［最高人民法院(2008)民提字第57号民事判决书］

裁判要旨：著作权人能否提起诉讼，应遵从著作权人与著作权集体管理组织订立的著作权集体管理合同的约定。

最高人民法院认为：

著作权集体管理条例第二十条规定：“权利人与著作权集体管理组织订立著作权集体管理合同后，不得在合同约定的期限内自己行使或者许可他人行使合同约定的由著作权集体管理组织行使的权利。”根据该规定，音乐作品的著作权人将著作权中的财产权利授权音著协管理之后，其诉讼主体资格是否受到限制，取决于其与音著协订立的著作权集体管理合同是否对诉权的行使作出明确的约定。因本案王海成等在其与音著协的合同中未对诉权问题作出约定，故其行使诉权不应受到限制。原审法院认定王海成等具有诉讼主体资格并无不当。大圣公司提出的王海成等不符合诉讼主体资格的理由，不予支持。

——最高人民法院民事审判第三庭编：《知识产权审判指导》(总第14辑)，人民法院出版社2009年版，第211页。

【链接：最高人民法院法官著述】

本案大圣公司申请再审称：二审法院在判决中引用最高人民法院民事审判庭给音著协的复函不当。对此涉及两方面的问题：一是判决中能否直接引用"复函"；二是作为音著协的会员，王海成等能否以个人名义提起诉讼。首先，"复函"不是司法解释，不能在判决中直接引用，原审法院在判决中直接引用该复函不当，应予纠正。其次，关于王海成等的诉讼主体资格。因王海成等提起诉讼的时间是2005年3月4日，故本案应适用2005年3月1日起施行的《著作权集体管理条例》的相关规定予以确认。该条例第二十条规定："权利人与著作权集体管理组织订立著作权集体管理合同后，不得在合同约定的期限内自己行使或者许可他人行使合同约定的由著作权集体管理组织行使的权利。"根据该规定，在音乐作品的著作权人将其著作财产权授权音著协管理之后，音著协即享有了原告的诉讼主体资格，此时著作权人诉讼主体资格应否受到限制，取决于合同双方当事人之间的约定。如合同中没有限制著作权人诉权的约定，著作权人行使诉权不违反合同约定。对于大圣公司提出的王海成等不符合诉讼主体资格的理由，未予支持。

应如何理解最高人民法院1993年给音著协的复函的本意问题。该"复函"中关于"音乐著作权人在其著作权受到侵害而音乐著作权协会未提起诉讼或者权利人认为有必要的情况下，依法仍有权提起诉讼"的规定，实际有以下几层含义：(1)著作权人的权利已经受到侵害；(2)音著协未提起诉讼，包括主观或客观方面的原因；(3)著作权人认为有必要，可能损害其合法权益；(4)依法提起诉讼。

实际"复函"与条例规定的精神是一致的，即著作权人能否提起诉讼，都应遵从当事人之间的约定。

另据音著协相关人员介绍，在《著作权集体管理条例》施行前，如发现侵权行为，音著协与著作权人(会员)都可以分别提起诉讼，但在条例施行之后，因著作权人与音著协之间已经形成信托关系，著作权人能否单独提起诉讼，要看当事人有无约定，如著作权人与音著协合同中没有约定对著作权人不得单独提起诉讼条款，那么著作权人可以单独行使诉权。根据我们国家目前的情况，如果对所有的侵权行为都由音著协提起诉讼，会涉及诉讼开支及人力、物力等方面的困难，故音著协对著作权人自己去打官司是支持的。

——于晓白：《使用音乐作品符合法定许可条件的，不构成侵犯他人著作权》，载最高人民法院民事审判第三庭编：《知识产权审判指导》（总第 14 辑），人民法院出版社 2009 年版，第 214 页。

189

著作权集体管理组织的诉讼主体资格

关键词 | 著作权集体管理组织 | 诉讼主体 |

【最高人民法院司法解释】

第六条 依法成立的著作权集体管理组织，根据著作权人的书面授权，以自己的名义提起诉讼，人民法院应当受理。

——《最高人民法院关于审理著作权民事纠纷案件适用法律若干问题的解释》（2002 年 10 月 12 日，法释〔2002〕31 号）

【链接：最高人民法院法官著述】

修改后的著作权法增加规定了著作权集体管理组织，该组织的性质、职能、设立和管理，以及该组织同著作权人和相关权利人间的关系。著作权法第八条规定，著作权人和与著作权有关的权利人可以授权著作权集体管理组织行使著作权或者与著作权有关的权利。著作权集体管理组织被授权后，可以以自己的名义为著作权人和与著作权有关的权利人主张权利，并可以作为当事人进行涉及著作权或者与著作权有关的权利的诉讼、仲裁活动。著作权集体管理组织是非营利性组织，其设立方式、权利义务、著作权许可使用费的收取和分配，以及对其的监督和管理等由国务院另行规定。在 TRIPS 协议中也有关于集体管理组织可以作为当事人提起诉讼的规定。我国修改后的著作权法的这一规定完全符合 TRIPS 协议的要求。适用著作权法这一规定，对于人民法院来说，主要是在民事诉讼中，确定提起诉讼的著作权集体管理组织作为原告的当事人诉讼主体地位。实际上这个问题在我国的审判实践中曾遇到过，并得到了合理的解决。今后，著作权集体管理组织（包括以后依法设立的与著作权有关权利的集体管理组织）以自己名义为著作权人等主张权利向人民法院提起诉讼的，人民法院应当依法受理。应当注意,《若干解释》第六条对著作权集体管理组织进行了限定,即"依法成立"。人民法院应当对著作权集体管理组织的资格进行审查,凡符合国务院或者国务院著作权主管部门的法规、规章规定的条件的,应当赋予其原告的诉讼资格。最高人民法院民三庭正在就有关具体事宜与国家版权局协调,以使著作权法的该项规定得到正确、有效的实施。

——蒋志培:《如何理解和适用〈关于审理著作权民事纠纷案件适用法律若干问题的解释〉》,载《人民司法》2002 年第 12 期。

本案涉及的主要问题是音著协的诉讼主体资格问题。也就是说,音著协能否根据与境外著柞权集体管理组织签订的相互代表协议,并依照著作权法第八条之规定,以自己的名义为境外的著作权人和与著作权有关的权利人主张权利。

(一)关于设立著作权集体管理组织的目的和意义

在知识产权保护制度中,著作权集体管理是非常特殊的一种制度。各国最初的著作权集体管理组织都是首先产生于音乐作品领域。随着科学技术的迅猛发展,著作权人的权利内容在不断地扩大,使得使用作品的范围和受众范围越来越大,涉及的领域也越来越广泛,作者直接与使用人进行交易的可能性越来越小,对文字作品、美术作品、电影作品的作者,以及表演者、音像制作者邻接权人而言,也存在难以控制作品使用的问题。互联网技术的出现,更是给著作权保护带来了新的问题,如词曲作者在他们的作品发表后,对作品的舞台表演权、机械表演权、广播权、信息网络传播权等因难以控制,使侵权行为屡屡发生,因而直接影响了其获得报酬的权利。另外,对于作品的使用者来说,如长时间大量使用的各类作品都要取得作者许可,并直接向作者付酬,将非常困难。实行著作权集体管理就可以使著作权人自己无法或难以主张的权利得以实现,同时也便于使用者依法使用和传播作品。目前国际上著作权集体管理已从音乐作品领域,扩大到文字作品、美术作品、电影作品,以及著作权邻接权等领域。通过著作权集体管理的方式解决新技术的发展带来的有关著作权保护方面的问题,将是一种较为行之有效的途径,也是一种发展趋势。

国外著作权集体管理发展到今天,已有一二百年的历史,已经形成了一套相当完备的运行机制和管理模式。我国的著作权集体管理则是从 1992 年原告成立开始的。1994 年,原告加入国际词曲作者联合会(CISAC),成为该国际组织的一员。

(二)关于著作权集体管理组织的性质

目前世界上著作权集体管理组织主要有两种类型:一种为民间团体,一种为官方或半官方的机构,其作为著作权集体管理组织的性质,2001 年修改后的著作权法第八条第二款作了规定,即“著作权集体管理组织是非营利性组织”。音著协章程中规定:协会从向使用者收取的使用费中扣除一定比例的管理费,用于收取和分配工作的开支、改善为音乐著作权人提供的服务和建立音乐文化基金。我国的著作权法将著作权集体管理组织定性为非营利性质的组织,明确了著作权集体管理组织是替著作权人或邻接权人管理权利的机构,这与世界绝大多数国家的做法是一致的。

从各国著作权集体管理组织的设立来看,有些国家是按作品的类别分别设立,也有的国家则是建立一个包括各创作领域的统一的组织。由于音乐作者对其表演权最难控制,因而即使在设有多个著作权集体管理组织的国家,最重要的还是音乐作品著作权集体管理组织。大部分国家基本上是按照作品的种类分别设立相对垄断的著作权集体管理组织,即音乐作品的组织、文字作品的组织、美术和摄影等视觉艺术作品或者其他种类的作品的著作权集体管理组织。在我国,目前经国家版权局批准并经民政部登记的著作权集体管理组织只有音著协一家,而音像制品集体管理组织及文字作品集体管理组织则在筹建中。①

(三)关于著作权集体管理组织与著作权人之间的关系

弄清著作权集体管理组织与著作权人之间的关系非常重要。根据各国或地区的立法例来看,著作权集体管理组织与著作权人之间的关系分为信托关系和代理关系。在实践中,一般著作权集体管理组织当涉及多名或者全体权利人的利益时,采取信托管理形式;如果只涉及个别权利人的利益时,则往往适用代理关系。当然,不管是“信托”还是“代理”,都是基于著作权人的委托,关键是看双方的合同如何约定。各国的法律对此规定一般都比较笼统,即像我国著作权法规定的“著作权人和与著作权有关的权利人可以授权著作权集体管理组织行使著作权或者与著作权有关的权利”,没有明确究竟是信托关系还是代理关系。

所谓“信托”,2001 年 4 月 28 日公布的信托法第二条规定:“本法所称信托,是指委托人基于对受托人的信任,将其财产权委托给受托人,由受托人按委托人的意愿以自己的名义,为受益人的利益或者特定目的,进行管理或者处分的权利。”

一般来说,如属于信托关系,著作权集体管理组织可以自己的名义提起诉讼

① 目前我国已经成立了中国文字著作权协会、中国音乐著作权协会、中国音像集体管理协会、中国摄影著作权协会、中国电影著作权协会。

不存在异议。但是如果属于代理关系,著作权集体管理组织能否以自己的名义提起诉讼可能会产生不同的理解。有学者认为,著作权人与著作权集体管理组织之间的关系是代理关系,并以意大利著作权法为例作了阐述。意大利的著作权集体管理组织只有一个,即意大利作者协会,该组织被意大利著作权法确认为系作者权利行使的代理人。该观点认为:根据我国的合同法第四百零二条、第四百零三条的规定,代理行为包括未披露委托人的代理,这类似于大陆法中的间接代理。

不管是信托关系还是代理关系,著作权集体管理组织都能以自己的名义许可使用者使用其管理的作品,同时具有独立的诉讼主体资格,能够以自己的名义向侵权者进行包括诉讼在内的法律交涉,这是国际社会的普遍做法。

在我国,著作权人与著作权集体管理组织之间究竟是什么关系?根据法工委有关人员编写的《中华人民共和国著作权法释解》,"著作权集体管理组织采用的是与著作权人签订信托合同的方式。著作权集体管理组织作为信托人,它在接受著作权人委托授权的基础上,以自己的名义对著作权人的某项权利对外行使一种管理职能,主要体现在对使用者发放许可、收取报酬、对侵权者提出法律交涉"。

在著作权法修改前,最高人民法院于 1993 年 9 月 14 日给音著协的《关于中国音乐著作权协会与音乐著作权人之间几个法律问题的复函》中,也明确著作权集体管理组织与著作权人之间通过合同建立的平等主体之间的法律关系,属于信托性质的民事法律关系。

这里要强调的是,"属于信托性质的民事法律关系",并非完全等同于信托法律关系,受信托法调整。因为著作权集体管理组织作为一种特殊的信托财产的受托人与一般信托法律关系的信托当事人还是有很大的区别,如以民间团体形式成立的著作权集体管理组织是著作权人自己的组织。在我国,成立著作权集体管理组织首先由国家版权局批准,并报民政部门批准设立,对著作权集体管理组织实施监督的机构是国家版权局。而信托机构从事营业性信托活动需经人民银行、证监会批准,并受人民银行、证监会的监督管理。

著作权集体管理组织管理的著作权人权利范围要根据与著作权人的合同约定,一般来说,著作权人没有授权著作权集体管理组织管理的权利,仍属于著作权人。从目前了解的情况看,各国的著作权集体管理组织管理的范围一般仅限于著作权的财产权,而且是著作权人自己难以主张或实现的,一般不涉及精神权利,因为,如因发表权、署名权、修改权、保护作品完整权等精神权利发生纠纷时,著作权人如不参加诉讼,著作权集体管理组织难以就事实问题进行陈述。

(四)关于音著协与香港协会签订的相互代表协议的性质及效力

音乐作品的传播是不受国界和语言限制的,所以音乐著作权人的复制权、表演权、广播权、信息网络传播权应是著作权集体管理组织管理的最为普遍的权利。从国际间的著作权保护来看,各国设立著作权集体管理组织的目的,还包括在国与国的著作权集体管理组织之间建立起相互代表协议制度,即两国的著作权集体管理组织可以根据协议,各自代表对方以自己的名义在本国或地区范围内管理、保护对方权利人的权利,包括寻求司法救济。为了更好地实施国际条约,保护音乐作品著作权人的著作权,国际作者、作曲者协会联合会(CISAC)制作了各著作权集体管理组织之间签订相互代表协议的示范文本。按照该示范文本,音著协已经与境外的40多个国家和地区的同类组织签订了相互代表协议,并根据相关代表协议履行权利义务。

关于著作权集体管理组织的诉讼主体资格,2001年修改后的著作权法第八条第一款作了规定,即"著作权人和与著作权有关的权利人可以授权著作权集体管理组织行使著作权或者与著作权有关的权利。著作权集体管理组织被授权后,可以以自己的名义为著作权人和与著作权有关的权利人主张权利,并可以作为当事人进行涉及著作权或者与著作权有关的权利的诉讼、仲裁活动"。该规定是著作权集体管理组织以自己的名义提起诉讼的法律依据。

音著协与香港协会作为两个各自独立的著作权集体管理组织,其签订的相互代表协议实际是各自权利义务的延伸,参照著作权法的立法精神及国际惯例,对于该协议的性质,我们认为仍应视为信托性质。

首先,音著协作为内地的著作权集体管理组织,其与著作权人之间的关系是一种信托性质的民事法律关系。在香港,也是将著作权人与著作权集体管理组织的关系视为信托关系。音著协与香港协会虽系各自独立的著作权集体管理组织,但各自作为信托财产的受托人,为了使音乐作品的有关权利人的合法权益在对方区域内也能得到充分有效的保护,通过签订相互代表协议的方式,建立起相互代表制度,可以使内地的音乐著作权人的权利通过香港的著作权集体管理组织在香港受到保护,同时也方便内地的使用者依法使用香港权利人的作品。"相互代表协议"只不过是音著协与香港协会各自所管理、保护的权利人的权利由境内扩大到了境外而已。

音著协作为境内的著作权集体管理机构,与香港著作权集体管理组织签订的相互代表协议,并非"讨债合同",不违反我国的法律规定,是有效合同。滚石公司作为"张学友天津演唱会"的组织者,使用他人享有著作权的作品进行营业性演出，没有按照法律规定取得许可并支付报酬，侵犯了香港音乐作品著作权人的著作权。据此，音著协根据协议提起侵权之诉，保护香港地区权利人的合法权益，符合著作权法的立法精神，根据民事诉讼法第一百零八条的规定，其诉讼权利应当受到保护。

对于音著协能否以自己的名义提起诉讼的问题，音著协曾同样根据与香港协会的相互代表协议，在上海法院对香港艺人张学友演唱会的组织者提起过侵权诉讼，上海法院则认定了音著协的诉讼主体资格。如果说，在 2005 年 3 月 1 日《著作权集体管理条例》生效前，存在执法不统一的情况，那么，在该行政法规颁布后，对此问题已有明确规定。《著作权集体管理条例》第二十二条规定："外国人、无国籍人可以通过与中国的著作权集体管理组织订立相互代表协议的境外同类组织，授权中国的著作权集体管理组织管理其依法在中国境内享有的著作权或者与著作权有关的权利。前款所称的相互代表协议，是指中国的著作权集体管理组织与境外的同类组织相互授权对方在其所在国家或者地区进行集体管理活动的协议。"该规定吸收了国际社会的通行做法，并以法规的形式加以确定，当然也适用于中国香港。

——于晓白：《著作权集体管理组织的诉讼主体资格问题——从音著协诉滚石公司表演权纠纷申请再审案说起》，载曹建明主编、最高人民法院民事审判第三庭编：《知识产权审判指导》（总第 7 辑），人民法院出版社 2007 年版，第 210～215 页。

190

涉及网吧著作权纠纷案件的共同被告

关键词｜网吧｜著作权纠纷｜共同被告｜

【最高人民法院司法政策】

五、网吧经营者请求追加涉案影视作品提供者为共同被告的，可根据案件的具体情况决定是否追加其参加诉讼。

——《最高人民法院关于做好涉及网吧著作权纠纷案件审判工作的通知》（2010 年 11 月 25 日，法发〔2010〕50 号）

191

商标权使用许可合同案件当事人

关键词 | 商标使用许可 | 诉权 |

【最高人民法院司法解释】

第四条 商标法第五十三条规定的利害关系人，包括注册商标使用许可合同的被许可人、注册商标财产权利的合法继承人等。

在发生注册商标专用权被侵害时，独占使用许可合同的被许可人可以向人民法院提起诉讼；排他使用许可合同的被许可人可以和商标注册人共同起诉，也可以在商标注册人不起诉的情况下，自行提起诉讼；普通使用许可合同的被许可人经商标注册人明确授权，可以提起诉讼。

第五条 商标注册人或者利害关系人在注册商标续展宽展期内提出续展申请，未获核准前，以他人侵犯其注册商标专用权提起诉讼的，人民法院应当受理。

——《最高人民法院关于审理商标民事纠纷案件适用法律若干问题的解释》(2002 年 10 月 12 日，法释〔2002〕32 号)

【最高人民法院答复】

上海市高级人民法院：

你院《关于商标侵权纠纷中注册商标排他使用人应如何依法行使诉权的请示》收悉。经研究，答复如下：

注册商标排他使用许可合同的被许可人与商标注册人可以提起共同诉讼，在商标注册人不起诉的情况下，可以自行向人民法院提起诉讼。商标注册人不起诉包括商标注册人明示放弃起诉的情形，也包括注册商标排他使用许可合同的被许可人有证据证明其已告知商标注册人或者商标注册人已知道有侵犯商标专用权行为发生而仍不起诉的情形。

此复。

——《最高人民法院关于商标侵权纠纷中注册商标排他使用许可合同的被许可人是否有权单独提起诉讼问题的函》(2002 年 9 月 10 日，〔2002〕民三他字第 3 号)

【链接：最高人民法院法官著述】

由于三类不同的商标权许可方式中合同双方的权利义务不同,被许可人在商标侵权诉讼中提起诉讼的条件和诉讼地位也有所不同。《若干解释》第4条明确规定了商标侵权诉讼中的利害关系人范围和被许可人的起诉条件,对于统一执法尺度具有指导意义。独占使用许可的被许可人,由于其对被许可使用的注册商标独家使用,商标注册人也因约定不得使用,侵犯该商标权的行为直接、主要地侵害了独占被许可人的利益,所以,独占被许可人依法可以作为原告向法院提起侵权之诉。在排他使用许可合同中,商标注册人与被许可人都可以使用该注册商标,都是侵犯商标侵权行为的直接受害人。所以,在发生注册商标专用权被侵害时,他们可以作为共同原告提起诉讼;如果商标注册人由于某种原因不提起诉讼,应当允许排他使用许可人自行提起诉讼。前述规定与专利法司法解释的规定和做法基本一致。情况比较特殊的是商标普通使用许可人的诉权问题,起草中就其能否单独提起诉讼,争议较大。根据商标主管部门以及商标法专家学者、律师和商标代理人的意见,《若干解释》第4条采纳了"普通使用许可合同的被许可人经商标注册人明确授权,可以提起诉讼"的意见。这主要是考虑到,一些商标注册人特别是国外的一些在中国注册的商标权人,在国内一般只授权普通许可,遇到侵权行为,国外的商标权人采取法律措施会有比较多的手续,会发生某种延误,这样就有可能损害这些被许可人的合法权益,应当为他们提供司法救济手段。但是普通使用被许可人的诉权以及在多个普通被许可人存在的情况下,如何在诉讼中依法公平合理追究侵权人的民事责任?遇到普通被许可人分先后起诉,有的被许可人在法院对先起诉被许可人判决保护权利后,又对同一被告、同一侵权行为起诉等,应当如何处理?在理论上、实践中还没有研究得十分清楚。《若干解释》第4条规定在注册商标人明确授权的情况下,普通使用被许可人可以提起诉讼。这已经与专利法利害关系人的起诉规定不同,无疑对注册商标权和相关注册人、利害关系人的合法权益加大了保护,便于商标使用被许可人运用司法手段制止侵犯商标权行为。但是实行后还会有许多实际问题有待解决。各地的知识产权法官应当加强调研工作,不断解决审判实践中发生的新情况、新问题。

——蒋志培:《如何理解和适用〈关于审理商标权民事纠纷案件适用法律若干问题的解释〉司法解释》,载《人民司法》2003年第2期。

192

产品侵权案件受害人可以起诉产品商标所有人

关键词 | 产品侵权案件 | 受害人 | 商标所有人 | 诉讼主体 |

【最高人民法院司法解释】

北京市高级人民法院：

你院京高法〔2001〕271 号《关于荆其廉、张新荣等诉美国通用汽车公司、美国通用汽车海外公司损害赔偿案诉讼主体确立问题处理结果的请示报告》收悉。

经研究，我们认为，任何将自己的姓名、名称、商标或者可资识别的其他标识体现在产品上，表示其为产品制造者的企业或个人，均属于《中华人民共和国民法通则》第一百二十二条规定的"产品制造者"和《中华人民共和国产品质量法》规定的"生产者"。本案中美国通用汽车公司为事故车的商标所有人，根据受害人的起诉和本案的实际情况，本案以通用汽车公司、通用汽车海外公司、通用汽车巴西公司为被告并无不当。

——《最高人民法院关于产品侵权案件的受害人能否以产品的商标所有人为被告提起民事诉讼的批复》(2002 年 7 月 11 日，法释〔2002〕22 号)

【链接：最高人民法院法官著述】

我国《民法通则》第一百二十二条规定的"产品制造者"与《产品质量法》中的"生产者"在理解上应当具有相同的含义，但无论是《民法通则》还是《产品质量法》对"产品制造者"或"生产者"都没有明确界定其内涵。

我国的立法上产品生产者的含义不明确，长期以来，实践中对生产者的含义理解往往过窄，将产品的生产者一般理解为产品的直接制造者，在诉讼中排除产品的商标所有人、零部件制造商等作为被告，排除这些主体承担民事责任的可能。这种做法既可能对案件事实的查明造成消极影响，也不利于消费者权益的保护。特别是在我国加入世贸组织之后，国外产品大量涌入，如果在审判实践中对产品生产者的含义理解过窄，势必会使我国的消费者在权益保护上处于非常不利的境地，与国际通行的产品责任法律制度也不一致。因此，明确产品生产者的含义是非常必要的。

就本案而言,在实体审理之前将通用汽车公司的责任排除是不恰当的。如果在事故车辆是由通用汽车公司设计的,而事故的发生又是由于设计原因造成的情况下,通用汽车公司的责任也是无法排除的。因此,最高人民法院在《批复》中,对产品生产者的含义作出明确的解释,将产品的商标所有人以及任何将自己的姓名、名称等可资识别的其他标识体现在产品上,表明其为产品生产者的企业或个人纳入产品生产者的范畴。《批复》对生产者作出明确的解释,有利于强化对产品质量的监督,也有助于对消费者的保护,与当前国际通行的做法也相一致,对于完善我国产品责任法律制度具有十分积极的意义。

——沈德咏主编、最高人民法院研究室编著:《民事诉讼司法解释的理解与适用》,法律出版社 2009 年版,第 213 ~ 214 页。

193

商业秘密侵权诉讼中的当事人

关键词 | 商业秘密 | 侵权诉讼 | 诉讼主体 |

【最高人民法院司法解释】

第十五条 对于侵犯商业秘密行为,商业秘密独占使用许可合同的被许可人提起诉讼的,人民法院应当依法受理。

排他使用许可合同的被许可人和权利人共同提起诉讼,或者在权利人不起诉的情况下,自行提起诉讼,人民法院应当依法受理。

普通使用许可合同的被许可人和权利人共同提起诉讼,或者经权利人书面授权,单独提起诉讼的,人民法院应当依法受理。

——《最高人民法院关于审理不正当竞争民事案件应用法律若干问题的解释》(2007 年 1 月 12 日,法释〔2007〕2 号)

【链接:最高人民法院法官著述】

《解释》第十五条是对商业秘密的被许可人诉讼主体资格的解释,即在以下三种情况下,商业秘密的被许可人对于侵犯商业秘密行为可以和权利人共同提起或者单独提起侵权诉讼:(1)商业秘密独占使用许可合同的被许可人可以向人民法院起诉;(2)排他使用许可合同的被许可人可以和权利人共同起诉,或者在权利人不起诉的情况下,自行提起诉讼;(3)普通使用许可合同的被许可人可以和权利人共同提起诉讼,或者经权利人书面授权,单独提起诉讼。

——蒋志培等:《〈关于审理不正当竞争民事案件应用法律若干问题的解释〉的理解与适用》,载曹建明主编、最高人民法院民事审判第三庭编:《知识产权审判指导》(总第8辑),人民法院出版社2007年版,第117页。

194

用人单位分立合并时劳动争议案件的诉讼主体

关键词 | 劳动争议 | 用人单位 | 分立合并 | 诉讼主体 |

【最高人民法院司法解释】

第六十三条 企业法人合并的,因合并前的民事活动发生的纠纷,以合并后的企业为当事人;企业法人分立的,因分立前的民事活动发生的纠纷,以分立后的企业为共同诉讼人。

——《最高人民法院关于适用〈中华人民共和国民事诉讼法〉的解释》(2015年1月30日,法释〔2015〕5号)

第十条 用人单位与其它单位合并的,合并前发生的劳动争议,由合并后的单位为当事人;用人单位分立为若干单位的,其分立前发生的劳动争议,由分立后的实际用人单位为当事人。

用人单位分立为若干单位后,对承受劳动权利义务的单位不明确的,分立后的单位均为当事人。

——《最高人民法院关于审理劳动争议案件适用法律若干问题的解释》(2001年4月16日,法释〔2001〕14号)

【链接：最高人民法院法官著述】

人民法院在审理劳动者因用人单位与其他单位合并或分立而发生的劳动争议案件时，诉讼主体如何确定的问题。根据民事权利义务相一致的原则，《解释》第十条规定，用人单位与其他单位合并的，合并前与劳动者发生的劳动争议，由合并后的单位和劳动者为诉讼当事人；用人单位分立为若干单位的，其分立前与劳动者发生的劳动争议，由分立后的实际用人单位和劳动者为诉讼当事人，而在承受劳动合同权利义务的单位不明确的情况下，即劳动者因用人单位分立为若干单位，而没有了实际用人单位时，为有效保护劳动者的合法权利，《解释》第十条规定，以分立后的各个单位和劳动者为劳动争议案件的诉讼当事人。

——韩延斌：《最高人民法院〈关于审理劳动争议案件适用法律若干问题的解释〉的理解与适用》，载唐德华主编、最高人民法院民事审判第一庭编：《民事审判指导与参考》（总第6集），法律出版社2001年版，第77~81页。

195

用人单位招用尚未解除劳动合同的劳动者引发纠纷的诉讼主体

关键词｜劳动争议｜未解除劳动合同｜诉讼主体｜

【最高人民法院司法解释】

第十一条 用人单位招用尚未解除劳动合同的劳动者，原用人单位与劳动者发生的劳动争议，可以列新的用人单位为第三人。

原用人单位以新的用人单位侵权为由向人民法院起诉的，可以列劳动者为第三人。

原用人单位以新的用人单位和劳动者共同侵权为由向人民法院起诉的，新的用人单位和劳动者列为共同被告。

——《最高人民法院关于审理劳动争议案件适用法律若干问题的解释》（2001年4月16日，法释〔2001〕14号）

【链接：最高人民法院法官著述】

因用人单位招用尚未解除劳动合同的劳动者，而使得与原用人单位及劳动者发生诉讼时，诉讼当事人的确定问题。针对审判实践中出现的不同情况，依据《民法通则》和《民事诉讼法》的有关规定，《解释》分三种情况对诉讼主体问题作出了相应规定。首先，对用人单位因招用尚未解除劳动合同的劳动者，原用人单位与劳动者发生的劳动争议，根据《劳动法》的规定，原用人单位与劳动者应为劳动争议案件的当事人。新的用人单位与原用人单位因不具有劳动合同关系和其他法律关系，所以，原则上不应列为劳动争议案件的当事人。但基于原用人单位与劳动者之间的劳动争议是因新的用人单位招聘该劳动者而发生，所以，为便于诉讼和劳动争议案件的审理，人民法院可以将新的用人单位列为第三人。其次，如果原用人单位以新的用人单位侵权为由而向人民法院起诉的，原用人单位和新的用人单位为当事人，但因该侵权之诉是因新的用人单位招用与原用人单位尚未解除劳动合同关系的劳动者而引起，劳动者为该诉讼的诉因，所以，人民法院为便于审理案件，可以列劳动者为第三人。最后，如果用人单位以新的用人单位和劳动者共同侵权为由向人民法院起诉的，根据《民法通则》和《民事诉讼法》之规定，新的用人单位和劳动者列为共同被告。前述的原用人单位与新的用人单位发生的两个侵权诉讼，本属于民事侵权案件，不应在该《解释》中规定，但因《劳动法》第九十九条规定了“用人单位招用尚未解除劳动合同的劳动者，对原用人单位造成经济损失的，该用人单位应当依法承担连带赔偿责任”，而《民法通则》第一百三十条规定“二人以上共同侵权造成他人损害的，应当承担连带责任”，同时，又因上述的侵权之诉讼是由新的用人单位招用与原用人单位尚未解除劳动合同的劳动者而引起的，与劳动争议案件具有密切的关联性，而且审判实践中也有许多此类案件，因此，为便于对此类案件的审理，就将上述两种侵权案件也在《解释》中一并作出了规定，实际上也是分三种情况对《劳动法》第九十九条的规定予以解释。

——韩延斌：《最高人民法院〈关于审理劳动争议案件适用法律若干问题的解释〉的理解与适用》，载唐德华主编、最高人民法院民事审判第一庭编：《民事审判指导与参考》（总第 6 集），法律出版社 2001 年版，第 79 ~ 80 页。

196

因企业承包形成劳动合同关系引发纠纷的诉讼主体

关键词｜劳动争议｜企业承包｜诉讼主体｜

【最高人民法院司法解释】

第十二条 劳动者在用人单位与其他平等主体之间的承包经营期间，与发包方和承包方双方或者一方发生劳动争议，依法向人民法院起诉的，应当将承包方和发包方作为当事人。

——《最高人民法院关于审理劳动争议案件适用法律若干问题的解释》(2001年4月16日，法释〔2001〕14号)

【链接：最高人民法院法官著述】

劳动者在用人单位与其他平等主体的承包经营期间，与发包方或承包方发生劳动争议后诉讼当事人的确定问题。这里所说的承包是仅指用人单位与其他平等民事主体之间形成的承包合同关系。在实践中，因企业承包形成的劳动合同关系有三种情况：一是劳动者与发包方有劳动合同关系，与承包方没有；二是劳动者与发包方和承包方都有劳动合同关系；三是劳动者与发包方解除了劳动合同，而与承包方单独重新订立劳动合同。在第一种情况下，劳动者与承包方和发包方一方或双方发生的劳动争议，发包方作为劳动合同的相对人，当然为劳动争议的当事人，而承包方虽未与劳动者订立劳动合同，但其作为实际用工主体和受益人也应列为案件的当事人。在第二种情况下，劳动者与承包方和发包方一方或双方发生的劳动争议，无论发包方是否为实际用人单位，承包方与发包方均要作为当事人参加诉讼。因在实践中，发生了许多承包方侵害劳动者利益，如长期拖欠劳动者工资和福利后逃匿的现象，发包方作为承包合同的当事人一方，且与劳动者也存在劳动合同关系，在此情况下应当作为当事人参加诉讼，而承包方作为劳动合同的相对人和实际用人单位更应列为当事人，这也是为保护劳动者合法利益而作出的特别规定。在第三种情况下发生的劳动争议，因劳动者与发包方解除了劳动合同关系，而与承包方重新签订了劳动合同，此时发生的劳动争议，承包方与劳动者为当事人，发包方不再列为当事人。因此，《解释》第十二条所规定的内容，不包括第三种情况，即劳动者与发包方解除了劳动合同而与承包方重新签订劳动合同的情况。

——韩延斌：《最高人民法院〈关于审理劳动争议案件适用法律若干问题的解释〉的理解与适用》，载唐德华主编、最高人民法院民事审判第一庭编：《民事审判指导与参考》（总第6集），法律出版社2001年版，第80～81页。

197

因劳务派遣合同产生劳动争议的诉讼主体

关键词｜劳务派遣合同｜劳动争议｜诉讼主体｜

【最高人民法院司法解释】

第五十八条 在劳务派遣期间，被派遣的工作人员因执行工作任务造成他人损害的，以接受劳务派遣的用工单位为当事人。当事人主张劳务派遣单位承担责任的，该劳务派遣单位为共同被告。

——《最高人民法院关于适用〈中华人民共和国民事诉讼法〉的解释》（2015年1月30日，法释〔2015〕5号）

第十条 劳动者因履行劳动力派遣合同产生劳动争议而起诉，以派遣单位为被告；争议内容涉及接受单位的，以派遣单位和接受单位为共同被告。

——《最高人民法院关于审理劳动争议案件适用法律若干问题的解释（二）》（2006年8月14日，法释〔2006〕6号）

【链接：最高人民法院法官著述】

“当事人主张劳务派遣单位承担责任的”，其中的“当事人”范围，包括劳动派遣侵权案件中的受害人，也包括用工单位。如果用工单位认为劳动派遣单位在选任劳动者方面存在过错的，也可以要求其承担赔偿责任。审判实践中应当注意，在劳务派遣侵权案件中，受害人可以单独起诉用工单位。如果受害人和用工单位都没有主张劳务派遣单位承担责任的，人民法院在审理过程中认为有必要的,可以进行释明,由当事人决定是否追加被告。

——沈德咏主编、最高人民法院修改后民事诉讼法贯彻实施工作领导小组编著:《最高人民法院民事诉讼法司法解释理解与适用》,人民法院出版社 2015 年版,第 23 页。

四、劳动力派遣的法律关系

劳动力派遣关系不同于劳动者与用人单位建立的劳动关系,也不同于一般的民商合同关系,它是因劳动力派遣而在派遣单位、接受单位与受派遣劳动者之间形成的特殊劳动关系。它具有以下几个特点:(1)劳动力的雇用和使用分离。劳动者与接受单位不存在合同关系。虽然劳动力派遣合同内容涉及劳动者的权利义务,但劳动者不是劳动力派遣合同的主体。(2)劳动力派遣涉及派遣单位、接受单位和劳动者三方之间的关系,不适用民商领域中的合同相对性原则。(3)若劳动力派遣合同约定不明确或者违反法律规定,履行合同过程中有可能因接受单位的过错使劳动者的利益受到损害,需要法律特别保护。譬如,不按时向派遣单位支付劳务费,导致派遣单位不能按时向劳动者发放工资和福利;劳动者在劳动中遭受人身伤害,等等。鉴于上述特点,本司法解释将接受单位也列入调整的范围。

五、关于共同被告的问题

要正确把握本条规定的被诉主体,必须弄清把派遣单位和接受单位列为共同被告的原因和标准。

(一)列共同被告的原因

一个劳动者只能同时建立一个劳动关系,劳动者与接受单位不存在劳动关系。作为派遣单位的职工,劳动者在履行派遣单位劳动义务过程中发生劳动争议,属于派遣单位与内部职工的争议。按劳动关系或者劳动力派遣合同关系,应找本单位即派遣单位解决。因此,本条规定:“劳动者因履行劳动力派遣合同产生劳动争议而起诉,以派遣单位为被告。”将接受单位列为共同被告的情况是少数。

本条为何规定可以把派遣单位和接受单位列为共同被告呢?这主要基于以下四点考虑:第一,在劳动力派遣过程中,劳动者处于弱势地位。通常做法是,劳动条件和劳动保护等与劳动过程直接相关的义务由接受单位履行,其他义务由劳动力派遣单位履行。虽然派遣单位与接受单位应当按照劳动力派遣合同的约定,履行对被派遣的劳动者的义务,但经常出现劳动力派遣合同约定不明,一旦发生损害劳动者权益的问题,双方互相推诿的情况。第二,劳动者权益可能在被派遣的工作岗位上受到损害,出现由派遣单位和接受单位承担连带责任的情况,连带责任应由共同被告来承担。第三,把对劳动者负有共同责任的派遣单位和接受单位列为共同被告,便于劳动者行使诉权,也便于法院及时查明案情,尽快了结纠纷,节约司法资源。第四,从程序法上讲,因劳动力派遣合同产生的劳动争议,很可能构成必要的共同诉讼,把对劳动者负有共同责任的派遣单位和接受单位列为共同被告,符合共同诉讼的条件。

（二）关于列派遣单位和接受单位为共同被告的标准

根据本条规定,构成列共同被告的标准是“争议内容涉及接受单位”。对此有两种观点:一种观点认为,应坚持实际联系原则。也就是争议标的与接受单位有实质性联系,劳动争议的产生是由于接受单位违约或者侵权造成的,接受单位负有赔偿责任,在程序上构成必要的共同诉讼。如果接受单位完全履行了劳动力派遣合同,对劳动者也不构成侵权,接受单位就不应成为共同被告。不能因为劳动者在接受单位的岗位上工作,就认定符合列共同被告的标准。

劳动者因履行劳动力派遣合同产生的劳动争议,属于特殊的劳动争议。根据劳动法第 79 条和《企业劳动争议处理条例》第 6 条的规定,解决劳动争议适用仲裁前置程序。只有对劳动仲裁裁决不服的,才可以向人民法院起诉。未经劳动仲裁直接起诉的,人民法院不予受理;已经受理的,裁定驳回起诉。《最高人民法院对劳动部关于人民法院审理劳动争议案件几个问题的函的答复》对劳动争议诉讼当事人作了明确界定:“劳动争议当事人对仲裁决定不服,向人民法院起诉的,人民法院仍应以争议的双方为诉讼当事人,不应将劳动争议仲裁委员会列为被告或第三人。在判决书、裁定书、调解书中也不应含有撤销或者维持仲裁决定的内容。”因此,本条规定的“共同被告”也会受到仲裁前置程序的限制,诉讼中的被诉主体不应超出仲裁程序中的被诉主体。如果劳动者在仲裁过程中仅把派遣单位列为被诉人,劳动仲裁机构作出裁决后,劳动者不服仲裁裁决向人民法院起诉派遣单位和接受单位的,即使符合本条规定的共同被告的条件,人民法院也不应准许。经审查认为派遣单位和接受单位应当承担连带责任,构成必要的共同诉讼,或者因可分之诉引起的普通共同诉讼,需要合并审理的,应及时行使释明权,告知劳动者可对接受单位提起仲裁,待作出仲裁裁决后再起诉。应裁定中止本案诉讼,待劳动者提起另一个诉讼后,将两案合并审理。对于可分之诉,如果劳动者明确表示放弃对接受单位提起仲裁,人民法院应对本案依法作出处理。

派遣单位与接受单位负有连带责任,构成必要的共同诉讼。我国民事诉讼法第119条规定:“必须共同进行诉讼的当事人没有参加诉讼的,人民法院应当通知其参加诉讼。”如果接受单位没有参加仲裁程序,办案中不能适用这一条。如果适用的话,将会违反我国劳动法第79条和《企业劳动争议处理条例》第6条关于仲裁前置程序的规定。

另一种观点认为,应坚持形式审查原则。经审查只要形式上符合“争议内容涉及接受单位”的标准,即使实际上接受单位没有违约或者侵权行为,也可以直接追加接受单位为被告。因为实体上的劳动争议已在仲裁程序中审理过了。人民法院在审理劳动争议案件前,对接受单位是否负有责任并不清楚。追加接受单位是为了将来诉讼的方便,不一定非让其承担责任。即使它已向派遣单位付清了全部劳务费,也不影响追加。因为只有经过法院审查才知道接受单位是否负有责任。劳动者因履行劳动力派遣合同产生的争议,构成“共同被告”的情形包括:给付劳动报酬诉讼、经济补偿金诉讼、工伤赔偿待遇诉讼等。允许追加共同被告,是基于劳动者是劳动力派遣合同的履行者和实践者,体现了对劳动者权益的保护。劳动者虽然不是劳动力派遣合同的主体,但却是合同的关系人,合同的履行直接关系到他们的切身利益。只要其劳动权益受到侵害,就有权对派遣单位和接受单位起诉。本司法解释最后定稿时采纳了第二种观点。

六、劳动力派遣合同所涉法律关系的处理

劳动力派遣合同涉及两个法律关系,即劳动力派遣合同关系与劳动合同关系。对内而言,派遣单位与劳动者(本单位职工)有劳动合同关系。对外而言,派遣单位与接受单位有劳动力派遣合同关系。劳动力派遣合同的履行把三方形成的劳动关系和民事法律关系结合在一起。由于这两种法律关系产生的纠纷性质不同,处理争议的程序、适用的法律以及时效也各不相同,在审判实践中应注意区分对待。劳动者依据劳动关系起诉派遣单位、接受单位的案件为劳动争议案件,派遣单位与接受单位依据劳动力派遣合同起诉的案件为普通民商事案件。对于劳动者与用人单位和接受单位之间的劳动争议,应通过劳动仲裁前置程序,适用劳动法规定的60天仲裁时效,按照《企业劳动争议处理条例》规定的程序处理。进入诉讼阶段,由人民法院按照民事诉讼程序进行审理,并且审查仲裁程序和实体处理是否合法,依法作出裁决。

对于派遣单位与接受单位因劳动力派遣合同纠纷提起的民事诉讼,由人民法院直接受理,然后按照民事诉讼程序进行审理,在实体上适用相关法律法规和司法解释,依法作出裁决。

根据《企业劳动争议处理条例》第 2 条的规定，本条例适用于中华人民共和国境内的企业与职工之间的劳动争议。外商投资企业、中外合资经营企业和中外合作经营企业虽具有涉外因素，但是他们在中国依法登记成立，属于中国企业法人。因此，这些企业与派遣劳动者发生争议，也适用本条例。外派劳务人员与境外企业发生劳动争议，不适用本条例。对外劳务派遣单位与外国接受单位依据劳务派遣合同产生劳务合同（商务合同）关系，他们之间发生的劳务纠纷，具有涉外民商事纠纷性质，应依照合同仲裁条款或者司法管辖权条款约定的争议解决途径办理。依据冲突规范确定的准据法为中国法律的，其诉讼时效为 2 年。

《最高人民法院关于海事法院受理案件范围的若干规定》第 2 条把船员劳务合同纠纷案件列入海商合同纠纷范畴。因为外派船员与外国雇主没有建立劳动关系，外国企业不可能在中国为其办理劳动保险。我国劳动仲裁条例不适用于外国企业，即使发生劳动争议，也不能在我国进行劳动仲裁。因此，我国外派船员与外国船东之间的关系应界定为劳务合同关系。由此发生的纠纷，我国海事法院有管辖权。

在航运实践中，外派船员劳务纠纷通常包括两种法律关系：一是外派单位与外国船东（雇主）之间的劳务关系；二是外派船员与外国船东之间的劳务关系。

船员劳动力派遣引起的纠纷应分为两块，一块是船员劳动争议，另一块是船员劳务纠纷。船员劳动争议划分的标准有二：一是船员与派遣单位（航运公司）是否存在劳动关系。如果被派遣船员作为企业职工依据劳动合同起诉自己所在的公司，那就是劳动争议，适用劳动仲裁前置程序处理；如果外派船员属于登记型派遣，与派遣单位没有建立劳动关系，发生纠纷后不能按劳动争议的程序处理。二是被诉主体在国外还是在国内。凡是被诉主体在国外的，由于不适用《企业劳动争议处理条例》，除依照外国法律在国外处理的情况外，在我国只能按船员劳务合同纠纷由有管辖权的海事法院受理，或者根据仲裁条款提交海事或者商事仲裁机构进行仲裁。

船员劳动力派遣合同纠纷的主体包括三方，即外派船员、派遣单位和接受单位。合同纠纷的类型主要有两种：一种是船员依据劳务合同起诉外国接受单位的劳务纠纷，另一种是派遣单位与接受单位之间的船员劳务合同纠纷。譬如，南通大洋渔业公司与美国 DMDX 公司船员劳务输出合同纠纷案。2000 年 11 月 5 日，美国 DMDX 公司与江苏水产经济技术合作公司签订船舶买卖合同，以 545067 美元购买了 4 条中国渔船。2002 年 7 月 1 日，美国 DMDX 公司又与南通大洋渔业公司签订船员劳务输出合同，约定由南通大洋渔业公司向美国

DMDX 公司提供 32 名船员上船在太平洋上的关岛、雅浦等海域从事捕鱼作业,每位船员的月工资为 2500 美元。由于美国 DMDX 公司既无捕捞证,又找不到合作伙伴,经营状况不佳,长期拖欠船员工资共计 80029.45 美元。2003 年 3 月,该公司指示这 4 条渔船开回我国南通港。为追索拖欠船员工资,南通大洋渔业公司依据船员劳务输出合同向法院起诉。湖北省高级人民法院于 2006 年 8 月作出判决,支持原告的诉讼请求,美国 DMDX 公司变卖 4 条渔船,支付拖欠船员的工资。假如本案船员为南通大洋渔业公司的正式职工,在没有按公司规定领取工资的情况下,他们可以选择对本公司提起劳动仲裁。若船员与美国 DMDX 公司另订有船员雇佣合同,也可以选择起诉美国 DMDX 公司。

——张进先:《关于因履行劳动力派遣合同产生的劳动争议案件的被诉主体》,载最高人民法院民事审判第一庭编:《民事审判指导与参考》(总第 27 集),法律出版社 2006 年版,第 78 ~82 页。

198

劳动者和用人单位同时起诉的诉讼主体

关键词 | 劳动争议 | 合并审理 | 同时起诉 | 诉讼主体 |

【最高人民法院司法解释】

第十一条 劳动者和用人单位均不服劳动争议仲裁委员会的同一裁决,向同一人民法院起诉的,人民法院应当并案审理,双方当事人互为原告和被告。在诉讼过程中,一方当事人撤诉的,人民法院应当根据另一方当事人的诉讼请求继续审理。

——《最高人民法院关于审理劳动争议案件适用法律若干问题的解释(二)》(2006 年 8 月 14 日,法释〔2006〕6 号)

第九条 当事人双方不服劳动争议仲裁委员会作出的同一仲裁裁决,均向同一人民法院起诉的,先起诉的一方当事人为原告,但对双方的诉讼请求,人民法院应当一并作出裁决。

当事人双方就同一仲裁裁决分别向有管辖权的人民法院起诉的,后受理的人民法院应当将案件移送给先受理的人民法院。

——《最高人民法院关于审理劳动争议案件适用法律若干问题的解释》(2001 年 4 月 16 日,法释〔2001〕14 号)

【最高人民法院答复】

陕西省高级人民法院:

你院陕高法研〔1988〕43 号《关于审理劳动争议案件诉讼当事人问题的请示》收悉,经研究答复如下:

同意你院的意见。即:劳动争议当事人不服劳动争议仲裁委员会的仲裁决定,向人民法院起诉,争议的双方仍然是企业与职工。双方当事人在适用法律上和诉讼地位上是平等的。此类案件不是行政案件。人民法院在审理时,应以争议的双方为诉讼当事人,不应把劳动争议仲裁委员会列为被告或第三人。

——《最高人民法院关于审理劳动争议案件诉讼当事人问题的批复》[1988 年 10 月 19 日,法(经)复〔1985〕50 号]

【链接:最高人民法院法官著述】

劳动者和用人单位双方均不服劳动争议仲裁委员会作出的同一裁决向人民法院起诉的,法释〔2001〕14 号第 9 条规定,先起诉的为原告,后起诉的为被告,但对被告的诉讼请求一并审理。如此规定的理由是:劳动争议案件中双方当事人提起的诉讼请求在多数情况下并不能形成反诉,不能将双方当事人互列为原告(反诉被告)、被告(反诉原告),结合劳动争议案件的特殊性,确定了先行起诉的一方当事人为原告的基本原则,对双方当事人的诉讼请求一并审理,以保护后起诉的一方当事人的诉讼权利。

上述规定及其理由似无不妥,但在司法实践中,第一,因各级人民法院普遍建立了立案和审判相分离的“立审分离”制度,当事人均不服同一仲裁裁决而起诉的,由于起诉时间不同,负责立案审查的人员不同,法院可能先后立了两个案子;第二,因为法释〔2001〕14 号第 8 条规定,当事人可以向用人单位所在地的人民法院起诉,也可以向劳动合同履行地的人民法院起诉,双方当事人分别选择其一的,也产生了不同的法院分别立案,实际是立了两个案子的情况。解决这个问题,最简便的办法就是依据民事诉讼法的规定,实行并案审理。并案审理,既能体现"两便"原则,减轻当事人的讼累,防止出现相互矛盾的判决,实现经济诉讼和法制统一的目的,也能解决劳动争议案件是否存在反诉机制在理论上的困惑。

民事诉讼是在相对的双方当事人之间发生的,必须要存在原告和被告的双方对立才可成立。现代各国民事诉讼立法均采取了以两造对立为当事人的基本结构。在作为原告的一方当事人的撤诉申请被裁定准许后,两造诉讼即不成立,原告、被告双方当事人之间的诉讼也就自然终结。按照法释〔2001〕14 号第 9 条规定,先起诉的为原告,后起诉的为被告,如果诉讼中原告撤诉,对被告的诉讼请求继续审理就出现了法律障碍。《解释(二)》确定将两个诉讼并案审理,双方当事人同时既是原告,也是被告,同时处于原告、被告的诉讼主体地位,故在用人单位一方或劳动者一方提出撤诉申请并被人民法院裁定准许后,也只是表明其作为原告提起的两造诉讼关系消除,其不再以原告的诉讼主体身份参加诉讼,但其在对方当事人为原告所提诉讼中的被告诉讼地位没有因其撤诉而改变,两造诉讼依然成立。因此,在劳动者和用人单位均不服劳动争议仲裁委员会的同一裁决,向同一人民法院起诉,劳动者和用人单位互为原告和被告的情况下,即使一方当事人撤诉,人民法院仍应根据另一方当事人的诉讼请求对案件继续审理。

本条解释在用词上仍然没有使用"反诉"和"诉的合并""诉讼请求合并"的概念,主要考虑就是反诉机制能否适用劳动争议案件,理论上分歧较大,如果采用诉的合并或者诉讼请求合并的概念,也不能简单表达出它是诉的主体合并还是诉的客体合并,防止出现新的歧义。

——胡仕浩:《〈关于审理劳动争议案件适用法律若干问题的解释(二)〉的理解与适用》,载最高人民法院民事审判第一庭编:《民事审判指导与参考》(总第 27 集),法律出版社 2006 年版,第 48~49 页。

199

劳动争议仲裁遗漏当事人的处理

关键词 | 劳动争议仲裁 | 追加当事人 |

【最高人民法院司法解释】

第六条 当事人不服劳动人事争议仲裁委员会作出的仲裁裁决,依法向人民法院提起诉讼，人民法院审查认为仲裁裁决遗漏了必须共同参加仲裁的当事人的，应当依法追加遗漏的人为诉讼当事人。

被追加的当事人应当承担责任的，人民法院应当一并处理。

——《最高人民法院关于审理劳动争议案件适用法律若干问题的解释（三）》（2010 年 9 月 13 日，法释〔2010〕12 号）

【最高人民法院审判业务意见】

对于已经作出的仲裁裁决遗漏了必须共同参加诉讼的当事人的，仲裁机构不能自行追加或经当事人申请追加后再次重新仲裁。当事人可依照《调解仲裁法》的规定，直接向人民法院提起诉讼后，经当事人申请或者人民法院依职权追加后一并参加诉讼。对于被追加的当事人应当承担责任的，人民法院应当直接作出调解或依法判决其承担责任。

——《依法维护劳动者权益，构建和发展和谐稳定的劳动关系——最高人民法院民一庭庭长杜万华就〈关于审理劳动争议案件适用法律若干问题的解释（三）〉答记者问》，载最高人民法院民一庭编：《民事审判指导与参考》（总第 43 集），法律出版社 2011 年版，第 10～11 页。

【链接：最高人民法院法官著述】

在理解与适用本条规定时，应当注意以下几个问题：

第一，《劳动合同法》第 91 条规定，用人单位招用与其他用人单位尚未解除或者终止劳动合同的劳动者，给其他用人单位造成损失的，应当承担连带赔偿责任。用人单位有招用与其他用人单位尚未解除或者终止劳动合同的劳动者的行为，且给其他用人单位造成损失，其行为与损失之间存在因果关系。其他用人单位既可以同时请求该用人单位和劳动者承担连带赔偿责任，也可以任意选择该用人单位或者劳动者承担赔偿责任。

第二，《劳动合同法》第 94 条规定，个人承包经营违反本法规定招用劳动者，给劳动者造成损害的，发包的组织与个人承包经营者承担连带赔偿责任。从法理来说，承包经营是一种经营管理模式，并没有改变企业法人的地位，所以，它并不影响用人单位与劳动者之间的劳动关系。在个人承包经营者招用劳动者违反规定给劳动者造成损害时，个人承包经营者应当承担法律责任；但是由于个人承包经营者承担法律责任能力较弱,因此发包组织应当承担连带赔偿责任。即便是发包方没有与劳动者签订合同,法律上将其视为与劳动者形成了事实上的劳动关系,发包方必须对承包方行为负责。所以,个人承包经营违反法律规定招用劳动者时对劳动者造成损害的,劳动者既可以要求个人承包经营者全额或者部分赔偿,也可以要求发包的组织全额或者部分赔偿。诉讼中,劳动者既可以单独起诉发包组织或者个人承包经营者,也可将发包组织或者个人承包经营者列为共同被告。

——杜万华、王林清:《最高人民法院〈关于审理劳动争议案件适用法律若干问题的解释(三)〉的理解与适用》,载最高人民法院民一庭编:《民事审判指导与参考》(总第43集),法律出版社2011年版,第62~63页。

200

不具备合法经营资格的用人单位或出资人应列为当事人

关键词 | 非法用工 | 劳动争议 | 当事人 |

【最高人民法院司法解释】

第四条 劳动者与未办理营业执照、营业执照被吊销或者营业期限届满仍继续经营的用人单位发生争议的,应当将用人单位或者其出资人列为当事人。

——《最高人民法院关于审理劳动争议案件适用法律若干问题的解释(三)》(2010年9月13日,法释〔2010〕12号)

【最高人民法院审判业务意见】

不具备合法经营资格主要包括未办理营业执照、营业执照被吊销或者营业期限届满仍继续经营这三种情况。非法用工主体由于违反工商登记的规定,理应受到行政处罚,但行政违法行为不应影响到其民事行为的效力。劳动者作为非法用工关系中的相对方,并不存在任何过错,不应因非法用工主体的违法行为而导致他们不受劳动法律的保护。

在审判实践中,主要是考虑劳动法给予了劳动者更多的权益保障,如果仅仅因为用人单位形式上的差别导致适用不同的法律，会产生诸多的不公平。2004年1月1日起实施的《工伤保险条例》第63条规定，无营业执照或者未经依法登记、备案的单位以及被依法吊销营业执照或者撤销登记、备案的单位的职工受到事故伤害或职业病的，按劳动争议案件处理。这表明对于非法用工关系中所涉工伤已由行政法规明确规定按劳动争议处理。《劳动合同法》第93条、第94条也明确将非法用工关系纳入该法的调整范围。可见，只要非法用人单位与劳动者之间签订的不是违反法律强制性规定、违背社会善良风俗和社会公共道德的劳动合同，即便存在非法用工，也应当承认其劳动关系的存在。这样，当纠纷发生时，就可按照法律倾斜于劳动者的原则，由用人单位承担相应的责任，并且，当用人单位不存在或者无力承担责任时，出资人应当依法予以承担责任。

具体来讲：(1)不具备合法经营资格的用人单位的劳动者已经付出劳动的，用人单位不能以自己不具备合法经营资格而免责，劳动者仍有权依照有关规定向用人单位主张相应的劳动报酬、经济补偿或赔偿金。(2)由于用人单位不具备合法经营资格，其经营行为本身是错误的，而该行为主要是由用人单位的出资人决定的，且有的不具备合法经营资格的用人单位无力支付劳动者的劳动报酬、经济补偿或赔偿金。因此，由出资人承担民事责任，有利于对劳动者权益的保护。(3)如果不具备合法经营资格的用人单位被依法取缔或不存在，则应由出资人向劳动者承担相应的劳动报酬、经济补偿或赔偿金。

——《依法维护劳动者权益，构建和发展和谐稳定的劳动关系——最高人民法院民一庭庭长杜万华就〈关于审理劳动争议案件适用法律若干问题的解释(三)〉答记者问》，载最高人民法院民一庭编：《民事审判指导与参考》(总第43集)，法律出版社2011年版，第9页。

201

申请宣告婚姻无效的主体范围

关键词 | 婚姻无效 | 主体范围 |

【最高人民法院司法解释】

第六条 利害关系人依据婚姻法第十条的规定，申请人民法院宣告婚姻无效的，利害关系人为申请人，婚姻关系当事人双方为被申请人。

夫妻一方死亡的，生存一方为被申请人。

夫妻双方均已死亡的，不列被申请人。

——《最高人民法院关于适用〈中华人民共和国婚姻法〉若干问题的解释（二）》（2003 年 12 月 25 日，法释〔2003〕19 号）

第七条 有权依据婚姻法第十条规定向人民法院就已办理结婚登记的婚姻申请宣告婚姻无效的主体，包括婚姻当事人及利害关系人。利害关系人包括：

（一）以重婚为由申请宣告婚姻无效的，为当事人的近亲属及基层组织。

（二）以未到法定婚龄为由申请宣告婚姻无效的，为未达法定婚龄者的近亲属。

（三）以有禁止结婚的亲属关系为由申请宣告婚姻无效的，为当事人的近亲属。

（四）以婚前患有医学上认为不应当结婚的疾病，婚后尚未治愈为由申请宣告婚姻无效的，为与患病者共同生活的近亲属。

——《最高人民法院关于适用〈中华人民共和国婚姻法〉若干问题的解释（一）》（2001 年 12 月 25 日，法释〔2001〕30 号）

【链接：最高人民法院法官著述】

我们认为，无效婚姻虽然是违反法定的结婚禁止性条件的男女两性结合，但婚姻行为终究是公民私权领域的民事行为，况且婚姻无效的法定情形对社会公益的危害程度也不同，为避免过多地干涉公民的私生活，根据《婚姻法》的立法精神和相关法律规定，解释规定申请宣告婚姻无效的主体是婚姻当事人及利害关系人。同时，针对《婚姻法》规定的婚姻无效的四种不同的具体情况，对当事人以外的有权申请婚姻无效的请求权主体范围给予了限制性解释规定。首先，对以重婚为由申请宣告婚姻无效的，考虑到重婚是严重违反《婚姻法》一夫一妻制基本原则的违法犯罪行为，其对社会公共利益的危害程度大等情况，为体现国家和社会对婚姻家庭领域重婚行为的干预和制裁，将利害关系人的范围作了相对性扩大解释，即利害关系人包括当事人的近亲属及基层组织。对近亲属的理解掌握，可依据《最高人民法院关于贯彻执行〈中华人民共和国民法通则〉若干问题的意见（试行）》关于近亲属范围的规定，即民法通则中规定的近亲属包括配偶、父母、子女、兄弟姐妹、祖父母、外祖父母、孙子女、外孙子女。基层组织包括当事人所在单位、住所地居民委员会或村民委员会、派出所、民政部门及妇联、工会等有关组织机构。其次，对以未到法定婚龄为由申请宣告婚姻无效的，考虑到该行为的违法程度和社会实际情况及保护未达婚龄者利益，解释规定利害关系人只有未达法定婚龄者的近亲属，因对未达婚龄者的年龄状况，只有其近亲属才较为了解。第三，对以有禁止结婚的亲属关系为由申请宣告婚姻无效的，鉴于当事人双方之间存在有亲属关系，解释规定利害关系人为双方当事人的近亲属，而近亲属以外的其他人一般是无法详细了解当事人之间关系的。第四，对以婚前患有医学上认为不应当结婚的疾病，婚后尚未治愈为由申请宣告婚姻无效的，考虑到实际生活中，医学上认为不应当结婚的疾病多为遗传性、传染性及其他隐秘性疾病，当事人是否患有此类疾病，是否已经治愈，除当事人和与患病者共同生活的近亲属外，其他人一般无法得知，因此，解释将以此为由申请宣告婚姻无效的利害关系人限制性规定为与患病者共同生活的近亲属。

——最高人民法院民事审判第一庭编著：《婚姻法司法解释的理解与适用》，中国法制出版社 2002 年版，第 33～35 页。

202

离婚案件当事人为精神病患者又无诉讼代理人的由法院指定诉讼代理人

关键词｜精神病患者｜指定诉讼代理人｜离婚诉讼｜缺席审判｜

【最高人民法院司法解释】

第八十三条 在诉讼中，无民事行为能力人、限制民事行为能力人的监护人是他的法定代理人。事先没有确定监护人的，可以由有资格的人协商确定；协商不成的，由人民法院在他们之中指定诉讼中的法定代理人。当事人没有民法通则第十六条第一款、第二款或者第十七条第一款规定的监护人的，可以指定该法第十六条第四款或者第十七条第三款规定的有关组织担任诉讼中的法定代理人。

——《最高人民法院关于适用〈中华人民共和国民事诉讼法〉的解释》（2015 年 1 月 30 日，法释〔2015〕5 号）

【最高人民法院答复】

新疆维吾尔自治区高级人民法院:

你院本年4月23日第75号及7月12日报告均悉。关于离婚案件的被告人,因患精神病完全丧失行为能力,没有诉讼代理人,又不能自行委托诉讼代理人,可否进行缺席审判问题,我们认为,为了保护精神病患者的权利和合法利益,不宜进行缺席审判。遇到此种情况,可由人民法院依职权为被告人指定诉讼代理人进行诉讼,依法审判。

——《最高人民法院关于被告人是精神病患者又无诉讼代理人的离婚案件可由法院指定诉讼代理人进行诉讼不宜缺席审判问题的批复》[①](1957年9月20日,法研字第198881号)

203

重婚导致婚姻无效案件应准许合法婚姻当事人作为有独立请求权第三人参加诉讼

关键词|重婚|婚姻无效|有独立请求权第三人|

【最高人民法院司法解释】

第十六条 人民法院审理重婚导致的无效婚姻案件时,涉及财产处理的,应当准许合法婚姻当事人作为有独立请求权的第三人参加诉讼。

——《最高人民法院关于适用〈中华人民共和国婚姻法〉若干问题的解释(一)》(2001年12月25日,法释〔2001〕30号)

① 该批复已被《最高人民法院关于废止1979年底以前发布的部分司法解释和司法解释性质文件(第八批)的决定》废止。废理理由:已被《婚姻法》《民事诉讼法》替代。因该批复与新《民事诉讼法》及司法解释的规定一致,故予作资料收录。——编者注

【链接：最高人民法院法官著述】

婚姻法第十二条明文规定："对重婚导致的婚姻无效的财产处理，不得侵害合法婚姻当事人的财产权益。"为了使婚姻法的此项规定落到实处，更加具有可操作性，本条司法解释专门从程序的角度作了规定。按照通常的做法，人民法院在审理离婚等婚姻家庭纠纷案件时，是不允许第三人参加诉讼的，主要考虑到离婚是两个人之间的事，他人无权干涉并参加到诉讼中。但在审理重婚案件时涉及到财产处理的，可能会造成对合法配偶权益的侵犯，如果不允许其参加诉讼，其只能眼睁睁地看着自己的权利受到侵害，救济的办法是另案起诉主张自己的权利，但实际上财产经处理后，事后再控制很难，结果极有可能是权利落空。故如果人民法院审理因重婚导致的无效婚姻案件涉及财产问题的，合法婚姻当事人申请参加诉讼的，人民法院应当允许其作为有独立请求权的第三人参加诉讼。因为重婚者的第一个婚姻是合法有效的婚姻，其后的婚姻才是无效婚姻。第一个婚姻中的男女双方，作为合法的夫妻，依法享有夫妻的权利、承担夫妻的义务。有配偶又与他人结婚的人，如果其财产属于第一个婚姻中夫妻的共同财产，第一个婚姻中的另一方对该共同财产依法享有权利。在处理因重婚导致的无效婚姻案件中的财产纠纷时，首先应当对第一个婚姻中的共同财产依法进行分割，不得将重婚者所有的财产都作为重婚当事人同居期间所得的财产。分割后确认为重婚者合法配偶的财产，则不属于重婚当事人同居期间所得的财产。因此，准许合法婚姻当事人作为有独立请求权的第三人参加诉讼，有利于查明当事人之间财产的真实情况，以便法院公平合理地处理纠纷。比如，金某与于某无效婚姻财产纠纷案，金某的妻子潘某一怒之下削发为尼，金某遂与于某又登记结婚，婚后仍在金某与潘某共同购买的房屋居住，使用的家用电器等物品均属金某与潘某的共同财产。金某与于某共同生活期间，又共同出资一起购买了一辆夏利轿车。潘某在削发为尼 8 年后，打算还俗回家与儿女团聚时，方知丈夫金某已与他人登记结婚。潘某告金某重婚，法院经审理认为，潘某削发为尼并不影响她与金某婚姻关系的继续存在，金某又与他人登记结婚，其行为已构成重婚罪，但考虑到此案确有特殊性，自诉人潘某出家为尼已 8 年，对被告金某的重婚负有一定责任，故在量刑时酌情从轻处罚，判处金某有期徒刑 6 个月。与此同时，于某与金某因财产分割问题发生纠纷，于某认为自己应有一半房屋的居住权及所有财产一半的分割权。潘某知道后便向法院提出申请，要求作为有独立请求权的第三人参加诉讼。法院认为潘某的申请是有依据的,遂准予其作为有独立请求权的第三人参加诉讼。又如,甘某系有妇之夫,1999 年 9 月购买一套商品房,以"二奶"卢某的名义办理了房屋产权手续。后两人发生矛盾不欢而散,甘某要求卢某退回房屋不成,遂起诉到法院要求卢某退回房屋或购房款。甘某之妻知晓后,以购房款是夫妻共同财产为由,要求参加诉讼,法院予以准许。经审查认为,讼争之商品房是用甘某与其妻婚姻关系期间的收入积累购买的,属于夫妻共同财产。甘某未经其妻同意,擅自将房屋赠与"二奶"卢某,其赠与行为应当无效,房屋应归甘某与其妻所有。

——最高人民法院民事审判第一庭编著:《婚姻法司法解释的理解与适用》,中国法制出版社 2002 年版,第 61 ~63 页。

204

欠缺民事行为能力人提起离婚诉讼的处理

关键词｜无民事行为能力人｜原告｜离婚诉讼｜

【最高人民法院司法解释】

第八条 无民事行为能力人的配偶有虐待、遗弃等严重损害无民事行为能力一方的人身权利或者财产权益行为,其他有监护资格的人可以依照特别程序要求变更监护关系;变更后的监护人代理无民事行为能力一方提起离婚诉讼的,人民法院应予受理。

——《最高人民法院关于适用〈中华人民共和国婚姻法〉若干问题的解释(三)》(2011 年 8 月 9 日,法释〔2011〕18 号)

【最高人民法院审判业务意见】

最高人民法院民一庭经讨论认为,限制民事行为能力人无论结婚还是离婚都由其自行决定,因为其并非完全丧失辨认能力和控制能力。无民事行为能力人可以作为离婚案件的被告参与诉讼,对此没有争议。在无民事行为能力人主动起诉离婚的情况下,如果无民事行为能力人结婚之初,就存在无民事行为能力的原因的，此时应当提起婚姻无效之诉，提起人为无民事行为能力人结婚前的监护人。无民事行为能力人行为能力丧失的原因在婚姻存续期间发生的，则先需要解决程序上的问题，变更无民事行为能力人之配偶的监护权，由变更后的监护人代理无民事行为能力人提起离婚诉讼。

——王毓莹：《他人能否代理限制民事行为能力人或无民事行为能力人提起离婚诉讼》，载最高人民法院民事审判第一庭编：《中国民事审判前沿》（总第1集），法律出版社2005年版，第41页。

【链接：最高人民法院法官著述】

婚姻法第八条规定结婚的双方当事人必须亲自到婚姻登记机关进行结婚登记，但没有明确规定离婚是否必须由婚姻当事人本人提起或应诉。民事诉讼法第六十二条规定，离婚案件有诉讼代理人的，本人除不能表达意志的以外，仍应出庭；确因特殊情况无法出庭的，必须向人民法院提交书面意见。离婚不必然由婚姻当事人本人提起或应诉。一般离婚案件诉讼主体主要是婚姻当事人本人，当本人是完全民事行为能力人时，其当然具备了起诉离婚的诉讼行为能力，并可以委托他人作为其诉讼代理人；在一方或双方当事人系无民事行为能力人时，其便不具备离婚的诉讼行为能力，离婚诉讼就必须包含除了当事人之外的法定代理人，而委托代理人的权利也只能由法定代理人代为行使。但当事人仍然是婚姻关系的双方，而不是无民事行为能力人的法定代理人。

离婚诉讼中，精神病人的民事诉讼活动需其法定代理人代为进行。这是法律直接规定精神病人可通过间接诉讼方式进行民事诉讼活动的事项。人民法院应当依法传唤精神病人的法定代理人到庭参加诉讼。对此，《民诉法意见》第157条规定："无民事行为能力人的离婚诉讼，当事人的法定代理人应当到庭；法定代理人不能到庭的，人民法院应当在查清事实的基础上，依法作出判决。"第158条规定："无民事行为能力的当事人的法定代理人，经传票传唤无正当理由拒不到庭的，如属原告方，可以比照民事诉讼法第一百二十九条的规定，按撤诉处理；如属被告方，可以比照民事诉讼法第一百三十条的规定缺席判决。"以上两条规定，可以适用离婚纠纷中一方当事人为无民事行为能力人进行民事诉讼活动时的程序性规定。

——最高人民法院民事审判第一庭编著：《最高人民法院婚姻法司法解释（三）理解与适用》，人民法院出版社2011年版，第139～140页。

205

继承纠纷案件当事人

关键词｜继承纠纷｜当事人｜

【最高人民法院司法解释】

第七十条 在继承遗产的诉讼中,部分继承人起诉的,人民法院应通知其他继承人作为共同原告参加诉讼;被通知的继承人不愿意参加诉讼又未明确表示放弃实体的,人民法院仍应将其列为共同原告。

——《最高人民法院关于适用〈中华人民共和国民事诉讼法〉的解释》(2015年1月30日,法释〔2015〕5号)

60. 继承诉讼开始后,如继承人、受遗赠人中有既不愿参加诉讼,又不表示放弃实体权利的,应追加为共同原告;已明确表示放弃继承的,不再列为当事人。

——《最高人民法院关于贯彻执行〈中华人民共和国继承法〉若干问题的意见》[1985年9月11日,法(民)发〔1985〕22号]

【链接:最高人民法院法官著述】

一是正确理解本条规定的"其他继承人"的范围。"其他继承人"应当是同一顺序的未起诉的其他继承人,即继承开始后,先由第一顺序的配偶、子女、父母继承,第二顺序的继承人不得继承;没有第一顺序继承人继承的,才可以由第二顺序继承人继承。在同一顺序中,部分继承人起诉的,才发生本条规定的追加未起诉的其他继承人作为共同原告的情形。不是同一顺序的,即使该继承人未起诉,也不得追加其为共同原告。二是注意掌握限定条件。被通知的同一顺序的其他继承人不愿意参加诉讼又未明确表示放弃实体权利的,人民法院需要将其列为共同原告。如果该继承人放弃实体权利的,人民法院无需将其列为共同原告。

——沈德咏主编、最高人民法院修改后民事诉讼法贯彻实施工作领导小组编著:《最高人民法院民事诉讼法司法解释理解与适用》,人民法院出版社2015年版,第265页。

206

委托理财案件当事人

关键词 | 委托理财 | 当事人 |

【链接：最高人民法院法官著述】

由于委托理财案件涉及委托人、受托人、监管人等多方当事人，较其他合同关系而言，更易产生多数当事人诉讼的状况。从民事诉讼目的出发，为便于人民法院查清案件事实和一次性解决纠纷，防止当事人规避法律、更好地平衡当事人之间的利益关系，我们认为，可以根据案件的具体情况确定当事人。具体而言：(1)委托人分别以委托理财合同和委托监管合同向受托人和监管人同时提起诉讼的，可将两案合并审理，并将受托人和监管人列为共同被告。(2)委托人以分支机构受让人为被告提起诉讼的，可将该分支机构的法人列为共同被告参加诉讼；但考虑到金融机构的分支机构分布全国各地的客观情况和诉讼成本问题，金融机构法人可以除外。(3)委托人单独起诉受托人或监管人的，可将监管人或受托人追加为第三人。

——高民尚：《关于审理证券、期货、国债市场中委托理财案件的若干问题》，载最高人民法院民事审判第二庭编：《民商事审判指导》(总第9辑)，人民法院出版社2006年版，第28页。

207

存单纠纷案件当事人

关键词 | 存单纠纷 | 出资人 | 金融机构 | 第三人 |

【最高人民法院司法解释】

第六条　对以存单为表现形式的借贷纠纷案件的认定和处理

(三)当事人的确定

出资人起诉金融机构的，人民法院应通知用资人作为第三人参加诉讼；出资人起诉用资人的，人民法院应通知金融机构作为第三人参加诉讼；公款私存的，人民法院在查明款项的真实所有人基础上，应通知款项的真实所有人为权利人参加诉讼，与存单记载的个人为共同诉讼人。该个人申请退出诉讼的，人民法院可予准许。

——《最高人民法院关于审理存单纠纷案件的若干规定》（1997 年 12 月 11 日，法释〔1997〕8 号）

208

期货公司拒绝代客户主张权利，客户可直接起诉交易所，期货公司为第三人

关键词｜期货纠纷｜交易所｜期货公司｜当事人｜

【链接：最高人民法院法官著述】

由于期货交易实行的是每日无负债制度，只要发生亏损，交易所、期货公司肯定要代垫资金，以待次日追加保证金。如果未追加或者未及时追加保证金，交易所、期货公司即享有追偿权。当期货公司、客户违约后，交易所、期货公司应代为承担违约责任，同时亦取得追偿权。当期货公司拒绝代客户主张权利，客户即有权提起诉讼，交易所为被告，期货公司则为第三人。原征求意见稿中将期货公司规定为被告、交易所为第三人，既涉及管辖又涉及案由，容易引起争议；现在所作修改就是顾全了可能产生不必要麻烦的几个方面，将诉权直接授予客户，交易所处于当事人的第一线，案由为侵权之诉，管辖则为交易所住所地法院，这样可以更好地保护客户利益，避免期货公司不起诉所导致的诉讼障碍。

——吴庆宝：《期货司法解释对期货交易民事责任制度的创新与发展》，载《人民司法》2003 年第 7 期。

209

责任保险人的诉讼地位

关键词｜责任保险合同｜受害第三人｜请求权｜

【最高人民法院审判业务意见】

关于责任保险合同中受害第三人的请求权应如何认定问题,原则同意作者的意见,即受害第一人可以依照合同约定及法律规定直接请求保险人给付赔偿金。另补充认为:1. 在受害第三人依据合同约定或法律规定,直接向保险人行使请求损害赔偿权,当其将保险人列为被告时,亦应将投保人列为被告,这不仅有利于案件事实的查清,也有利于保险人行使其抗辩权,并保护其合法权益。2. 在被保险人与第三人发生损害赔偿诉讼纠纷时,法院通知保险人参加诉讼的,保险人的诉讼法律地位应为有独立请求权的第三人。

——孙延平:《责任保险人的诉讼地位如何确定》,载最高人民法院民事审判第一庭编:《中国民事审判前沿》(总第 1 集),法律出版社 2005 年版,第 65 ~ 66 页。

210

责任保险合同受害第三人享有独立请求权

关键词 | 责任保险合同 | 第三人 | 独立请求权 |

【最高人民法院审判业务意见】

最高人民法院民一庭经讨论研究,多数人认为,根据《保险法》第 49 条之规定,责任保险中的受害第三人作为合法的请求权人在被保险人未及时支付赔偿费用时,可以依据保险合同请求保险人支付保险金。

——张颖新:《责任保险中第三人是否享有独立请求权》,载最高人民法院民事审判第一庭编:《中国民事审判前沿》(总第 1 集),法律出版社 2005 年版,第 262 页。

211

合营企业可以起诉股东承担不履行出资义务的违约责任

关键词 | 合营企业 | 股东 | 出资义务 | 违约责任 | 原告资格 |

【最高人民法院答复】

山东省高级人民法院：

你院鲁高法〔2004〕203 号《关于合营企业起诉股东承担不履行出资义务的违约责任是否得当及合资经营合同仲裁条款是否约束合营企业的请示》收悉。经研究，答复如下：

根据你院请示报告认定的事实，青岛华翔精密技术有限公司（以下简称华翔公司）由青岛保税区华强国际贸易有限公司（以下简称华强公司）、日本国有限会社北条理化学研究所及日本国竹内铁工株式会社三方共同出资设立。合营企业成立后，华强公司将其在合营企业占有的 35% 股权全部转让给了青岛华强达工贸有限公司（以下简称华强达公司）。由于华强达公司未履行出资义务，合营企业华翔公司直接向华强达公司提起了诉讼，要求其按照合资经营合同的约定履行出资义务或者赔偿损失。我们认为：在合营企业成立之后，合资一方未按合资经营合同履行出资义务的行为，既损害了合资他方的权益，也损害了合资经营企业的权益。在合资他方未依约对违约方提请仲裁或者诉讼的情况下，合营企业有权以自己的名义提起诉讼，要求未履行出资义务的一方股东承担民事责任。因合营企业不是合资经营合同的签约主体，未参与订立仲裁条款，因此，合资经营合同中的仲裁条款不能约束合营企业。对于本案纠纷，合营企业华翔公司未依照合资经营合同的约定提请中国国际经济贸易仲裁委员会仲裁，而是直接向合营企业所在地的青岛市中级人民法院提起诉讼并不违反相关法律规定。同样，由于华强达公司是受让华强公司在合营企业中的股份之后作为股东进入合营企业的，各方当事人在进行股权转让时未明确约定是否受合资经营合同中仲裁条款的约束，因此，合资经营合同中的仲裁条款对受让方华强达公司没有法律约束力。华强达公司关于合资经营合同含有有效的仲裁条款，本案应提交仲裁的主张没有法律依据，其管辖权异议依法不能成立，应予驳回。

——《最高人民法院关于合营企业起诉股东承担不履行出资义务的违约责任是否得当及合资经营合同仲裁条款是否约束合营企业的请示的复函》（2004 年 12 月 20 日，民四他字〔2004〕第 41 号）

212

中外合资经营企业一方在合资企业不起诉情形下可行使诉权

关键词｜中外合资经营企业｜经济合同纠纷｜原告资格｜

【最高人民法院答复】

江苏省高级人民法院：

你院苏高法〔1993〕214 号请示收悉。经研究，答复如下：

据你院报告反映，张家港市涤纶长丝厂（以下简称长丝厂）与香港吉雄有限公司（以下简称吉雄公司）合资成立的张家港吉雄化纤有限公司（以下简称化纤有限公司）与香港大兴工程公司（以下简称大兴公司）发生的购销合同纠纷，因控制合营企业的港方吉雄公司与卖方大兴公司有直接利害关系，其拒绝召开董事会以合营企业名义起诉，致使长丝厂利益受到损害而无法得到法律保护。经研究认为，长丝厂可在合营企业董事会不作起诉的情况下行使诉权，人民法院依法应当受理。但就本案而言，由于合资经营合同与对外购买设备的合同中都订有仲裁条款，因此，其纠纷应提交仲裁裁决，法院不应受理。

——《最高人民法院关于中外合资经营企业对外发生经济合同纠纷，控制合营企业的外方与卖方有利害关系，合营企业的中方应以谁的名义向人民法院起诉问题的复函》（1994 年 11 月 4 日，法经〔1994〕269 号）

213

上市公司股东可以请求确认决议无效或者要求撤销决议

关键词｜上市公司｜决议无效｜撤销决议｜诉权｜

【最高人民法院答复】

上海市高级人民法院：

你院〔2001〕沪高经他字第 83 号《关于周正义状告浦东发展银行要求撤销增发新股议案等一类纠纷的投诉应否受理的请示》收悉。经研究，答复如下：

同意你院审判委员会第一种处理意见。根据《中华人民共和国公司法》第一百一十一条的规定，股东认为董事会决议侵犯其合法权益，向人民法院提起诉讼的，人民法院应予受理。

——《最高人民法院关于周正义状告浦东发展银行要求撤销增发新股议案等一类纠纷的投诉应否受理问题的复函》(2002 年 11 月 21 日，〔2002〕民立他字第 2 号)

【链接：最高人民法院法官著述】

《公司法》第 22 条规定，公司股东会或者股东大会、董事会决议存在无效或者撤销情形的，股东可依法提起诉讼，请求法院确认决议无效或者撤销决议。因此，上市公司股东有权依照该规定，请求法院确认股东大会、董事会决议无效或者撤销股东大会、董事会决议。对此，人民法院应当予以受理。鉴于上市公司股东请求确认股东大会、董事会决议无效或者申请撤销决议的诉讼，属于新类型纠纷案件，且可能引发群体性诉讼和证券市场的不稳定问题，人民法院对此类案件的受理应持慎重态度，必要时应当请示上级法院后决定是否受理。上市公司股东向法院提起确认股东大会决议无效或者撤销诉讼时，应当提交决议存在无效或者应予撤销情形的相关证据，以防止股东不适当、扩大地行使诉权。

——吴庆宝主编：《最高人民法院专家法官阐释民商裁判疑难问题（公司裁判指导卷）》，中国法制出版社 2011 年版，第 134 页。

（一）受理此案符合现行法律规定

《公司法》第一百一十一条规定："股东大会、董事会的决议违反法律、行政法规，侵犯股东合法权益的，股东有权向人民法院提起要求停止该违法行为和侵害行为的诉讼。"故股东认为董事会的决议侵犯了其合法权益，向法院提起诉讼，这种诉权是法律明确授予的，法院应予受理。法院不予受理则没有法律依据。另外，最高人民法院《民事案件案由规定（试行）》第一百七十五条即"公司决议侵害股东权纠纷"，恰适用于本案的案由。

（二）受理此类案件并不会带来负面社会效果

认为不应受理此类案件的主要理由是：如果受理，案件的审理结果将很大程度地影响国有股有计划地减持、逐步充实社保资金缺口的社会改革大政策的落实；此类诉讼涉及股东人数众多，社会影响大，一旦受理，处理不当，其引发的矛盾、纠纷,后果不可预测。研究认为,只要依法审理、处置得当,上述情况不会出现。原告主张公司董事会的决议侵犯其合法权益的,这一主张成立的一个基本要件是该决议具有违法性,因为行为的违法性是侵权责任的构成要件之一。如果决议在实体内容和通过程序上均不存在违法性,即使给原告的利益造成了损害,行为人也不承担责任。资本多数决原则是公司法的一项基本原则,资本多数表决通过的决议,可能不尽符合占公司资本少数的小股东的利益,在这种情况下,只要决议在实体上和程序上不违反法律的强制性规定,该决议就是合法有效的。因此,在此类案件中,原告的诉讼请求并不是能够轻易得到满足的,这也是公司稳定经营的需要,相应地,受理此类案件可能影响国家一系列重大政策实施的顾虑也就不存在了。如果公司的决议经审查确实存在违法性,法院就应依法判令停止该违法行为,不应因顾虑可能影响国家某项政策的实施而加以姑息。这类诉讼虽然可能涉及人数众多的股东,但只要案件审理公正、合法,工作做细、做深,道理讲明、讲透,以理以法服人,就不会因法院受理及审判这类纠纷而产生不稳定的因素,法院最近对证券市场虚假陈述民事赔偿案件的受理就说明了这一点。

（三）受理此类案件是国际通例,国外成熟的相关立法和司法经验可供借鉴

关于股东会决议否定之诉和董事会决议否定之诉,在大陆法系和英美法系都有比较完善的法律制度,也有相对成熟的司法经验,这些都可资我们借鉴。当然,尽快完善相应公司立法对我国已是相当迫切的了,对于保护处于弱势地位的小股东利益的法律制度更是,如规制资本多数决滥用制度等。

——李伟:《关于周正义状告浦东发展银行要求撤销增发新股议案等一类纠纷的投诉应否受理问题的请示与答复》,载姜兴长主编、最高人民法院立案庭编:《立案工作指导与参考》(总第5卷),人民法院出版社2004年版,第42~43页。

编者说明

2001年8月6日,浦东银行宣布增发不超过3亿股新股,预计募集资金人民币50亿元。当日,上交所浦发银行股票以跌停板报收。周正义以浦东发展银行为被告提起诉讼,称:(1)浦东发展银行(以下简称浦发银行)不顾30万股民的利益,明知增发新股会造成股价下跌,却恶意提出增发巨额新股议案,使股价从上市时的29.8元/股一路下跌至17.79元/股的最低价。(2)浦发银行存贷比例为66%,大量资金被闲置,没有理由要增发新股。(3)增发是不经济的行为。浦发银行2000年度资金和利润率只有0.7%,而增发的费用单支付券商佣金就达

1.1%。(4)增发议案推出的前两天,股价最大跌幅达17%,而成交量异常放大,浦发银行应当证明其高级管理人员及知情人员没有在低价位买进股票,与低价位购买股票的机构投资者也没有关系,故诉请要求撤销董事会通过的增发新股的议案。

上海市高级人民法院就此案向最高人民法院请示,认为中国股市是一个不成熟的市场,"政策市"倾向较为明显,法人体制也很不完备。管理层在降低增发新股门槛的时候,适时推出了减持国有股用以充实社会保障资金的政策(占筹资额10%的国有股减持)。因此近期增发新股热潮的涌现绝非偶然现象,且通过增发新股再融资也是国际市场通行的做法。对董事会形成的增发新股的决议,股东能否提起诉讼,或这类诉讼会不会影响"增发新股""国有股减持""充实社保资金"等政策的推行及执行,以及对尚处于初级阶段的中国证券市场是否会造成冲击等,这些问题都应引发足够的重视和研究。基于上述考虑,经该院审判委员会讨论,提出如下两种意见:(1)这类诉讼,法院应当受理。根据1993年《公司法》第111条规定,"股东大会、董事会的决议违反法律、行政法规,侵犯股东合法权益的,股东有权向人民法院提起要求停止该违法行为和侵害行为的诉讼"。故股民认为董事会的决议侵犯了其合法权益,向法院提起诉讼,符合法律规定,法院应予受理。(2)这类诉讼,法院宜暂缓受理。从理论上讲,浦发银行的股东可能有几十万人之多,涉及面广、社会影响大。在研究决定这类纠纷是否受理的问题时,要把握好法律效果、政治效果和社会效果的统一。鉴于此类诉讼在我国尚属首例,就此类诉讼的审理,相应的法律法规还不是很健全。一旦受理,处理不当,其引发的矛盾、纠纷后果不可预测。为慎重起见,对这类诉讼,宜暂缓受理。

最高人民法院肯定了上述第一种意见。

214

股东不服公司决议以公司为被告提起决议无效或者撤销之诉

关键词 | 确认公司决议效力 | 公司诉讼 | 被告 |

【最高人民法院裁判文书】

刘聿与金守红股权转让合同纠纷管辖权异议上诉案[最高人民法院(2010)民二终字第85号民事裁定书]

最高人民法院认为:

请求确认公司股东会决议有效的诉讼,系公司内部诉讼,根据《中华人民共和国公司法》第二十二条之规定,股东对公司决议提起确认效力之诉,应由不服公司决议的股东以公司为被告提起无效或者撤销之诉。公司股东以公司其他股东为被告，请求确认公司决议有效，不符合公司法的规定，亦无诉的利益，为不合法之诉，应依法予以驳回。

——苏泽林、景汉朝主编，最高人民法院立案一庭、立案二庭编：《立案工作指导》（总第30辑），人民法院出版社2012年版，第197～198页。

215

外商投资企业特别清算程序中清算组织可以自己名义提起侵权诉讼

关键词｜外商投资企业｜清算组织｜侵权纠纷｜

【最高人民法院答复】

河南省高级人民法院：

你院《关于外商投资企业特别清算程序中法院应否受理当事人以侵权为由要求返还财产或物品诉讼请求问题的请示报告》收悉。经研究，答复如下：

《中华人民共和国中外合资经营企业法实施条例》、《外商投资企业清算办法》，均未限制外商投资企业在清算过程中，清算组织可以以自己的名义提起侵权诉讼。本院法释〔1998〕1号批复虽然明确人民法院组织清算没有法律依据，但本案人民法院受理清算委员会以游溪霖为被告提起的侵权诉讼，并非属于人民法院介入外商投资企业的清算活动，更非由人民法院组织清算。本案中清算委员会的起诉，从性质上讲是请求人民法院保护其在清算过程中所应享有的民事权利，并非请求人民法院介入清算。人民法院受理的该案件，性质上为侵权纠纷，其具体所要解决的仅仅是原被告之间的返还财产等纠纷，而并非决定清算如何进行。因此，只要清算委员会的起诉符合《中华人民共和国民事诉讼法》规定的起诉条件，人民法院即应受理。同意你院请示报告中的第二种意见即你院倾向性意见。

——《最高人民法院关于外商投资企业特别清算程序中法院应否受理当事人以侵权为由要求返还财产或物品诉讼请求问题的请示的复函》（2003年9月30日，〔2003〕民四他字第13号）

216

确认股权转让协议效力案件的适格被告

关键词｜股权转让｜协议效力｜适格被告｜

【最高人民法院答复】

山东省高级人民法院：

你院鲁高法〔1999〕109 号请示收悉。经研究，答复如下：

基于本案的具体情况及原告的诉讼请求，根据《中华人民共和国公司法》和《中华人民共和国公司登记管理条例》有关规定精神，济南光明机器有限公司应是本案适格的被告。济南市中级人民法院将济南光明机器有限公司列为被告，并无不当。

——《最高人民法院关于光明公司是否是本案适格被告问题的复函》（法民〔2001〕36 号）

【链接：最高人民法院法官著述】

光明公司是本案适格被告。理由为：(1)鉴于股东的权利是基于股东资格对公司的权利，因此，股东转让出资之权利因股东会未作决议而受到侵害，其被告应为公司。在被告为公司的前提下，应判令公司董事会履行召开股东会的职责。这是符合公司法规定的。(2)仅就请求确认出资转让协议的效力而言，说这是一种确认之诉并无不妥，从而可以不考虑被告问题。但是本案原告两股东提出的请求还包括要求公司召集股东会并作出决议。这种请求是直接针对光明公司提出的合法要求。光明公司对两股东对外转让出资事宜作出适当决议，既是其股东会的职权，也是其应当履行的义务。因此不能简单地认为股东对外转让出资仅仅是转让人与受让人之间的事情。原审法院的判决生效，公司仍然负有“给付义务”，如通知其他股东、变更股东名册。因此，把光明公司作为被告更为妥当。(3)原告请求保护的是股权中的出资转让权，而股权基本上是以公司为相对人的权利，即股权的行使或者实现一般需要公司协助，或者直接以公司为对象。出资转让权也是如此。股东会没有法律人格，除非公司法明文规定由其作为诉讼当事人，否则不能作为适格被告。而且，股东会是公司的“权力机关”

（意思机关），代表公司行使法定的或者章程规定的职权，因行使职权而形成的决议也属于公司意思的一部分。即使需要股东会对是否同意转让问题作出决议，该决议对外的对抗效力也来自公司，而股东会如何召集和决议，都属于公司内部的运作机制。因此，无论股东会还是负责召集股东会的董事长，都不应当作为诉讼当事人，而只能由公司作为诉讼当事人。

——叶小青：《关于光明公司是否是本案适格被告问题的复函》，载李国光主编、最高人民法院民事审判第二庭编：《民商审判指导与参考》（总第1卷），人民法院出版社2003年版，第107页。

217

股东诉讼的适格原告

关键词 | 股东 | 持股期间 | 持股份额 | 原告资格 |

【最高人民法院司法解释】

第四条 公司法第一百五十一条规定的180日以上连续持股期间，应为股东向人民法院提起诉讼时，已期满的持股时间；规定的合计持有公司百分之一以上股份，是指两个以上股东持股份额的合计。

——《最高人民法院关于适用〈中华人民共和国公司法〉若干问题的规定（一）》（2006年4月28日，法释〔2006〕3号，2014年2月17日修正）

【最高人民法院审判业务意见】

公司法第一百五十二条规定了股份有限公司股东提起诉讼的持股比例和持股时间，但没有规定持股时间起算点和当时持股与连续持股的问题，这些问题直接涉及原告资格。

对持股时间的起算点，多数意见认为应当采取简单方便并且是放宽计算的方法，即自股东起诉之日向前推算满180日即符合持股时间。

对于起诉人在侵权行为发生当时是否必须持股的问题，征求意见过程中，多数意见认为此问题应不作规定，主要理由是侵权行为情况比较复杂，侵权行为发生的时间有时也难以界定，有的甚至是持续性的，如果规定当时持股，其程序性审查需要占用更多的司法资源，加大司法成本，更重要的是股东代表诉讼是为了维护公司的整体利益。另外，借鉴国外立法经验，对股东代表诉讼限制性规定应当与公司制度发展状况和诉讼案件发生情况相适应，我国现阶段股东代表诉讼案件还不是很多，对股东代表诉讼尚不需要作出更加严格的限制，这样规定有利于促使公司依法经营管理，亦有利于提高股东的维权意识，因此，以不规定侵权行为发生时持股原则为宜。至于在诉讼过程中丧失股东资格的，可以依照公司法和民事诉讼法的有关规定驳回起诉。

公司法第一百五十二条规定的单独或者合计持有公司1%以上股份的股东，是指多个股东股份数额的合计，该问题同样涉及原告股东资格问题。本《规定(一)》明确合计持有公司1%以上股份，是指两个以上股东持股份额的合计。对该类案件的受理，可能会出现共同原告提起诉讼的问题。

——《最高人民法院民二庭负责人对〈关于适用最高人民法院公司法若干问题的规定(一)〉答记者问》，载最高人民法院民事审判第二庭编著：《最高人民法院关于公司法司法解释(一)、(二)理解与适用》，人民法院出版社2008年版，第6页。

【《最高人民法院公报》案例】

吴林祥、陈华南诉翟晓明专利权纠纷案(江苏省高级人民法院二审民事判决书)

裁判要旨：一、《中华人民共和国公司法》第一百四十八条规定："董事、监事、高级管理人员应当遵守法律、行政法规和公司章程，对公司负有忠实义务和勤勉义务。董事、监事、高级管理人员不得利用职权收受贿赂或者其他非法收入，不得侵占公司的财产。"该法第一百五十三条规定："董事、高级管理人员违反法律、行政法规或者公司章程的规定，损害股东利益的，股东可以向人民法院提起诉讼。"根据上述规定，公司董事、高级管理人员或控股股东等人员违反法律、行政法规或者公司章程的规定，侵害公司利益，而公司在上述人员控制之下不能或怠于以自己的名义主张权利，导致其他股东利益受到损害的，其他股东为维护自身合法权益以及公司的利益，有权向人民法院提起诉讼。

南京市中级人民法院认为：

《中华人民共和国公司法》(以下简称公司法)第一百四十八条规定："董事、

监事、高级管理人员应当遵守法律、行政法规和公司章程，对公司负有忠实义务和勤勉义务。董事、监事、高级管理人员不得利用职权收受贿赂或者其他非法收入，不得侵占公司的财产。”公司法第一百五十三条规定：“董事、高级管理人员违反法律、行政法规或者公司章程的规定，损害股东利益的，股东可以向人民法院提起诉讼。”根据上述规定，公司董事、高级管理人员或控股股东等人员违反法律、行政法规或者公司章程的规定，侵害公司利益，而公司在上述人员控制之下不能或怠于以自己的名义主张权利，导致其他股东利益受到损害的，其他股东为维护自身合法权益以及公司的利益，有权向人民法院提起诉讼。本案中，原告吴林祥、陈华南及被告翟晓明均为第三人一匙通公司的股东，被告身为该公司的执行董事、总经理，实际掌控该公司。两原告认为，被告侵犯一匙通公司的专利申请权，而在被告的实际控制之下，该公司不能以自己的名义主张相关权利，导致公司利益和两原告的股东利益受到损害。在此情形之下，两原告向人民法院提起本案诉讼，主张被告所申请的专利技术方案应属一匙通公司所有，并将一匙通公司作为第三人，符合法律规定。故被告关于两原告不具备诉讼主体资格、不是本案适格原告的答辩理由不能成立，不予采纳。

——《最高人民法院公报》2008 年第 1 期

【链接：最高人民法院法官著述】

1. 代表诉讼中对原告股东的持股时间和持股数量有争议如何处理？

《公司法》第 152 条和本条司法解释从持股时间和持股数量两方面规定了代表诉讼的原告资格，这就意味着人民法院在决定是否受理时也必须从这两个方面审查起诉人是否为适格原告。但由于这种审查只是形式审查而非实质审查，因此，公司或者其他股东在审理进行过程中仍有可能对原告股东的持股时间和持股数量提出异议。这一异议本质上属于股权确认的问题，但它又与代表诉讼紧密关联，原告股东持股时间和持股数量的确认是股东代表诉讼赖以存在的前提。因此，出于诉讼经济和举证方便的考虑，可以考虑赋予代表诉讼受理法院对该争议的管辖权，或者作为与案件相关的事实予以认定，或者作为一个独立的诉而与代表诉讼合并审理。

2. 代表诉讼的原告股东在诉讼期间丧失资格或不满足持股数量要求该如何处理？

代表诉讼是股东代表公司向侵权人主张权利，其诉权来源于公司，股东推进诉讼的全部目标是恢复公司利益。然而,股东毕竟是两造中的一方,当股东在诉讼中丧失股东资格或不满足持股比例要求时,公司的利益就与他无关,法院应裁定驳回起诉。但随之而来的另一个问题是,继受股东地位的人可否继受代表诉讼的原告资格?答案根据公司类型的不同而有所区别。在股份有限公司中,股东只有连续持股180日以上才具有代表诉讼的原告资格。而继受股东的持股时间应从受让股份之时开始计算,那么,在代表诉讼进行过程中继受股东地位的人当然不具有原告资格。而在有限责任公司中,只要是股东都具有代表诉讼原告资格,受让公司股份的人因受让行为而具有了股东身份,也就当然地具备了代表诉讼的原告资格。

——最高人民法院民事审判第二庭编著:《最高人民法院关于公司法司法解释(一)、(二)理解与适用》,人民法院出版社2008年版,第73~74页。

218

股东资格确认之诉当事人

关键词|股东资格诉讼|当事人|

【最高人民法院司法解释】

第二十一条 当事人向人民法院起诉请求确认其股东资格的,应当以公司为被告,与案件争议股权有利害关系的人作为第三人参加诉讼。

——《最高人民法院关于适用〈中华人民共和国公司法〉若干问题的规定(三)》(2011年1月27日,法释〔2011〕3号,2014年2月17日修正)

【链接:最高人民法院法官著述】

我国《公司法》对公司诉讼案件的当事人并未规定,而且作为实体法也不可能作如此详尽规定,只能通过司法实践,逐步形成司法解释,规定股东请求确认资格的诉讼主体。根据当前司法审判实践掌握的情况,股东请求确认股东资格的案件,可分为以下情况予以确认:

第一种情形，公司正在设立阶段，发起人股东发现自己的股东身份未被主要发起人记载、承认的，可以主要发起人为被告，请求确认其发起股东的身份。主要基于各发起人之间协议约定存在争议，公司章程未能解决各项经营管理中的主要问题。

第二种情形，公司设立之后，股东发现自己的股东身份未被确认，相关登记文件中亦未被记载。此时，股东应当以公司为被告，请求确认其股东地位。比如，《公司法司法解释（三）》第 22 条作出明确规定，股东资格确认之诉应以公司为被告，利害关系人为第三人。

第三种情形，在存在隐名股东情况下，隐名股东举证证明显名股东并非真正法律意义上的股东，此时应以公司和显名股东为被告请求确认股东身份。

第四种情形，股权转让已完成，新的受让股权的股东发现公司并未承认、认可其股东身份，受让股东有权以公司和转让股东为被告，起诉请求确认其股东身份和地位。

——吴庆宝主编：《最高人民法院专家法官阐释民商裁判疑难问题（公司裁判指导卷）》，中国法制出版社 2011 年版，第 59 页。

219

解散公司诉讼的当事人

关键词 | 解散公司诉讼 | 被告 | 第三人 |

【最高人民法院司法解释】

第四条　股东提起解散公司诉讼应当以公司为被告。

原告以其他股东为被告一并提起诉讼的，人民法院应当告知原告将其他股东变更为第三人；原告坚持不予变更的，人民法院应当驳回原告对其他股东的起诉。

原告提起解散公司诉讼应当告知其他股东，或者由人民法院通知其参加诉讼。其他股东或者有关利害关系人申请以共同原告或者第三人身份参加诉讼的，人民法院应予准许。

——《最高人民法院关于适用〈中华人民共和国公司法〉若干问题的规定（二）》（2008 年 5 月 12 日，法释〔2008〕6 号，2014 年 2 月 17 日修正）

【链接：最高人民法院法官著述】

鉴于解散公司诉讼案件性质上属于变更之诉，系变更股东和公司之间的出资与被出资的法律关系，属有关公司组织方面的诉讼，因此，股东请求解散公司诉讼的案件被告应当是公司。股东之间关于出资设立公司的协议随着公司的成立已经履行完毕，不存在解除设立协议问题，因此，其他股东不应作为解散公司诉讼案件的被告。考虑到解散公司诉讼案件，一是可能影响到公司其他股东的利益，二是基于本规定第5条有关调解工作尚需其他股东参与诉讼，故原告股东在提起诉讼时，应当告知其他股东，或者由人民法院通知其参加诉讼。其他股东或者有关利害关系人申请以共同原告或者第三人身份参加诉讼的，人民法院应予准许。

——宋晓明、张勇健、刘敏：《关于适用〈中华人民共和国公司法〉若干问题的规定（二）的理解与适用》，载最高人民法院民一庭编：《民事审判指导与参考》（总第35集），法律出版社2009年版，第30页。

1. 关于股东请求解散公司诉讼中的被告和其他股东的诉讼地位。在股东请求解散公司诉讼的案件审理中，“公司”是唯一的适格被告，原告之外的公司其他股东可以以第三人或者共同原告（共同主张解散公司时）的身份参与到该诉讼中，不能将其他股东列为共同被告。

2. 关于原告在起诉中将其他股东作为共同被告时，人民法院的处理。在受理股东请求解散公司的诉讼案件中，应注意“适格被告”与“起诉书被告”的区别。如果原告股东在起诉过程中，将公司和其他股东作为共同被告提起诉讼时，依《民事诉讼法》第108条有关起诉条件的规定，原告的起诉只要有“明确”的被告即可，所以人民法院应该“受理”这样的诉讼。但是在审理的过程中，应要求原告变更当事人——将其他股东变为该诉的第三人，如果原告不同意变更，则应该驳回其他股东的起诉。

3. 关于其他股东第三人身份的具体分类。如其他股东认为其对原告股东和公司双方争议的诉讼标的具有独立请求权，明确向人民法院提出公司不应解散的诉讼请求，且依法交纳案件受理费的，则该第三人应当作为有独立请求权的第三人，享有当事人的诉讼权利和义务；如其他股东仅仅是以案件的处理结果与其有利害关系为由申请参加诉讼而未提出诉讼请求的，则其应为无独立请求权的第三人,一般情况下不具备当事人的诉讼权利和义务。

——最高人民法院民事审判第二庭编著:《最高人民法院关于公司法司法解释(一)、(二)理解与适用》,人民法院出版社2008年版,第163～164页。

220

公司清算结束并注销登记前，以公司名义参加诉讼

关键词｜公司清算｜注销公司登记｜诉讼主体｜

【最高人民法院司法解释】

第六十四条 企业法人解散的,依法清算并注销前,以该企业法人为当事人;未依法清算即被注销的,以该企业法人的股东、发起人或者出资人为当事人。

——《最高人民法院关于适用〈中华人民共和国民事诉讼法〉的解释》(2015年1月30日,法释〔2015〕5号)

第十条 公司依法清算结束并办理注销登记前,有关公司的民事诉讼,应当以公司的名义进行。

公司成立清算组的,由清算组负责人代表公司参加诉讼;尚未成立清算组的,由原法定代表人代表公司参加诉讼。

——《最高人民法院关于适用〈中华人民共和国公司法〉若干问题的规定(二)》(2008年5月12日,法释〔2008〕6号,2014年2月17日修正)

【最高人民法院审判业务意见】

公司解散是指引起公司人格消灭的法律事实。除公司因合并、分立需要解散的外,公司因本身不能存续的事由导致的解散是公司终止的原因和前奏,或者说是公司终止程序的一个环节。公司解散并不立即导致公司人格的消灭,而是应当停止积极活动,进入清算程序了结公司既有的法律关系,进入最终目标为公司消灭的事实状态和法律状态。公司在清算目的范围内视为依然存续,清算中

的公司与解散事由出现前的公司在法律人格上是同一民事主体。对此,公司法已经作出明确规定。在此基础上,司法解释明确,公司出现解散事由、依法清算完毕前,有关公司的民事诉讼,仍应以公司自己的名义进行。

公司解散后依法成立的清算组取代原公司执行机关,行使清算中公司的代表及执行机关的职能,对内执行清算事务,对外代表公司了结债权债务,在清算目的范围内,与解散事由出现前公司的机关具有同等的法律地位。因此,公司出现解散事由、依法清算完毕前,有关公司的民事诉讼,成立清算组的,应当由清算组负责人代表公司参加诉讼活动;没有成立清算组的,则仍由原法定代表人代表公司参加诉讼活动。

——《最高人民法院民二庭负责人就〈关于适用中华人民共和国公司法〉若干问题的规定(二)答记者问》,载最高人民法院民事审判第二庭编著:《最高人民法院关于公司法司法解释(一)、(二)理解与适用》,人民法院出版社 2008 年版,第 16 页。

【链接:最高人民法院法官著述】

清算组负责人的产生问题。清算过程中,清算组类似于正常情况下的公司董事会,在清算目的范围内对内执行清算事务,对外代表公司。(1)公司自行清算时,清算组负责人的产生可以参照《公司法》中关于董事长产生的规定。在有限责任公司中,根据《公司法》第 45 条规定,董事长、副董事长的产生方法由公司章程规定。对于清算组负责人的产生,如果公司章程中有规定的,适用公司章程的规定;如果公司章程中没有规定的,由清算组成员选举产生,即由公司股东选举产生。在我国国有独资公司中,根据《公司法》第 68 条规定,董事长、副董事长应由国有资产监督管理机构从董事会成员中指定。因此,清算组负责人也应由国有资产监督管理机构从清算组成员中指定。在股份有限公司中,根据《公司法》第 110 条规定,董事长和副董事长由董事会以全体董事的过半数选举产生。因此,清算组负责人应由全体清算组成员过半数选举产生。(2)公司强制清算时,清算组负责人的产生则应由人民法院指定产生。

——最高人民法院民事审判第二庭编著:《最高人民法院关于公司法司法解释(一)、(二)理解与适用》,人民法院出版社 2008 年版,第 240 ~241 页。

221

股东可以自己名义起诉清算组成员

关键词 | 清算组成员 | 股东诉讼 | 起诉 |

【最高人民法院司法解释】

第二十三条 清算组成员从事清算事务时，违反法律、行政法规或者公司章程给公司或者债权人造成损失，公司或者债权人主张其承担赔偿责任的，人民法院应依法予以支持。

有限责任公司的股东、股份有限公司连续一百八十日以上单独或者合计持有公司百分之一以上股份的股东，依据公司法第一百五十一条第三款的规定，以清算组成员有前款所述行为为由向人民法院提起诉讼的，人民法院应予受理。

公司已经清算完毕注销，上述股东参照公司法第一百五十一条第三款的规定，直接以清算组成员为被告、其他股东为第三人向人民法院提起诉讼的，人民法院应予受理。

——《最高人民法院关于适用〈中华人民共和国公司法〉若干问题的规定(二)》(2008 年 5 月 12 日，法释〔2008〕6 号，2014 年 2 月 17 日修正)

【最高人民法院审判业务意见】

清算组负责整个清算工作，因此，其在从事清算事务时能否依法进行直接决定着公司能否依法清算，意义非常重大。因我国公司法下尚无清算人的概念，因此，当清算组从事清算事务，违反法律、行政法规或者公司章程给公司或者债权人造成损失时，其民事责任落实到清算组成员身上。在对外关系上，清算组成员的责任应该是连带责任。因公司清算过程中，公司实质上为清算组所控制，因此完全可能出现类似公司正常存续下，董事、监事、高级管理人员控制公司时，因其自身违法行为给公司造成损失的，其不可能主动以公司名义向自己主张权利的情形。因此，当清算组成员在清算中因故意或者重大过失给公司造成损失时，如果公司怠于向清算组成员主张权利的，股东有权参照公司法第一百五十二条的规定，以自己的名义直接向人民法院提起诉讼。此为股东代表诉讼制度在公司清算期间的特殊体现。当公司已经因清算完毕而注销终止后，股东发现清算组成员从事清算事务不当造成其损失的(无剩余财产分配或者数额不足),亦可参照公司法第一百五十二条的规定直接向清算组成员主张权利。

——《最高人民法院民二庭负责人就〈关于适用中华人民共和国公司法〉若干问题的规定(二)答记者问》,载最高人民法院民事审判第二庭编著:《最高人民法院关于公司法司法解释(一)、(二)理解与适用》,人民法院出版社2008年版,第18页。

222

上市公司被终止上市依然具有诉讼主体资格

关键词 | 上市公司 | 终止上市 | 诉讼主体 |

【最高人民法院答复】

上海市高级人民法院:

你院沪高法〔2001〕236号《关于上海水仙电器股份有限公司股票终止上市后引发的诉讼应否受理等问题的请示》收悉。经研究,答复如下:

一、水仙公司作为上市公司,虽已被证监会终止上市,但其作为独立法人的资格并不因此受到影响,对债权人以水仙公司为被告提起的民事诉讼,只要符合《民事诉讼法》第一百零八条规定的起诉条件,人民法院以受理为宜。

二、根据《公司法》和《证券法》的规定,证监会是依法具有行政职权的证券市场的监督管理者。证监会按照其法定职权针对特定的上市公司作出的退市决定,属于在《行政诉讼法》中可诉的具体行政行为,股东对证监会作出的退市决定提起诉讼的,人民法院应依法受理。

三、关于正在审理、执行的民事案件是否中止审理、执行的问题,法律已有明确规定,不属请示的范围,可由你院根据案件的具体情况依法视情而定。

以上意见供参考。

——《最高人民法院关于上海水仙电器股份有限公司股票终止上市后引发的诉讼应否受理等问题的复函》(2001年7月17日,〔2001〕民立他字第32号)

【链接：最高人民法院法官著述】

上述答复主要考虑以下几点理由：

1. 证监会作出终止水仙公司上市交易的决定后，该公司仍具有法人资格，其依法享有的民事权利和应承担的民事义务亦不受影响。债权人以拖欠货款为由，向人民法院提起民事诉讼，只要符合《民事诉讼法》第一百零八条规定的起诉条件，法院暂缓受理缺少法律依据。其次，证监会作出终止水仙公司上市交易的决定前，法院已经审理了多起以该公司为被告的民事债务纠纷案件，现在如对其他债权人提起的民事诉讼暂缓受理，执法的不统一不但影响法律效果，也极易引发众多原告不满，给社会稳定埋下隐患。再次，法院受理债权人的起诉，只是审判程序的启动，当事人权利、义务的承担尚需待实体审理后方能确定。法院在实体审理中，可根据案件的实际情况再决定依法采取何种法律手段会取得更好的社会效果。因此，受理民事诉讼不会直接影响水仙公司退市后的内部整顿。但在审理过程中应密切关注水仙公司内部整顿、调整资本结构的进展，根据案件的具体情况采取程序措施，注意案件的社会效果。

2. 根据《公司法》的规定，股份公司的股东对公司享有的财产权利是以其所持有的股份为表现形式的。证监会的退市决定虽然是对上市公司作出的，但对股东的股权（财产权）的损益有直接影响，因此，上市公司的退市决定与股东的财产权益有直接的利害关系。股东如认为退市决定侵害其财产权益，依照《行政诉讼法》第十一条第一款第（八）项、《最高人民法院关于贯彻执行〈中华人民和国行政诉讼法〉若干问题的解释》第十二条的规定，股东享有原告主体资格；《证券法》第七条第一款规定，国务院证券监督机构依法对全国证券市场实行集中监督管理。依据该条规定，证监会是法律授权的证券市场的管理部门，是依法具有行政职权的事业单位，其对水仙公司股票作出终止上市决定的行为是具体的行政行为，依法可作为行政诉讼的被告。在我国证券交易尚不规范的情况下，受理股东因退市决定而提起的行政诉讼，不但有利于充分发挥人民法院为经济建设服务的职能作用，积累审理此类案件的经验，更有利于规范上市公司的经营行为和证券交易行为，推进证券市场的法制化建设。

——姚爱华：《关于上海水仙电器股份有限公司股票终止上市后引发的诉讼应否受理的请示与答复》，载沈德咏主编、最高人民法院立案庭编：《立案工作指导与参考》（总第1卷），人民法院出版社2002年版，第154～155页。

编者说明

因上市公司退市而引发的诉讼，本案在我国尚属首例，因此缺乏审理此类新型案件的经验。退市涉及众多人的利益，新闻媒体的报道又使该案备受社会关注，如处理不当，影响较大。但是，若能在我国证券交易尚不规范的情况下，受理股东因退市决定而提起的行政诉讼，不但有利于充分发挥人民法院为经济建设服务的职能作用，积累审理此类案件的经验，而且有利于规范上市公司的经营行为和证券交易行为，推进证券市场的法制化建设。基于以上考虑，最高人民法院根据有关法律的规定，适时地将此类法律关系纳入司法审查的范围，作出水仙公司股东认为证监会有关股票退市决定侵害其合法权益而提起行政诉讼，人民法院以受理为宜的复函，开创了我国受理股东因退市决定而提起诉讼的先例。这对于充分发挥人民法院在调节新型法律关系中的作用，推进证券市场的法制建设，树立法院的司法权威，增强国家的法治形象，都将产生积极的影响。

关于本案中涉及的民事诉讼应否受理的问题。水仙公司作为上市公司，虽已被证监会终止上市，但其作为独立法人的资格并不因此受到影响，债权人以水仙公司为被告提起的民事诉讼只要符合受理的条件，人民法院均应依法受理。某些上市公司因经营管理不善退市乃至破产是肯定会发生的事情，法院在水仙公司股票已经终止上市后受理债权人对该公司的起诉，可以在某种程度上稳定当事人的情绪，为今后这类公司通过司法程序退出市场铺平道路。

223

企业名称变更但尚未取得营业执照期间可以原企业名称进行诉讼

关键词 | 企业名称变更 | 未取得营业执照 | 诉讼当事人 |

【最高人民法院审判业务意见】

最高人民法院民一庭经研究，倾向性意见认为，企业申请名称变更，在新的企业名称尚未取得营业执照、原企业名称仍可合法使用期间，企业新名称与原名称实质指向的实体组织是相同的，其承受权利义务的实体并未发生变化。当事人以原企业名称提起诉讼的，人民法院应当予以受理。

——刘银春：《企业名称变更但尚未取得营业执照期间应如何进行诉讼》，载最高人民法院民事审判第一庭编：《民事审判指导与参考》（总第36集），法律出版社2009年版，第141页。

【链接：最高人民法院法官著述】

名称变更后的公司是否享有诉讼主体资格？

问题：某化工有限公司是股份制企业，1999 年 4 月底，通过股东会议决定变更公司名称，并向工商管理登记机关提出申请。同年 5 月上旬，工商管理机关同意该化工有限公司变更名称，变更后的化工有限公司，其股东、经营性质未变。我们对于变更后的公司对变更前公司的债权债务是否享有诉讼主体资格在认识上存在分歧：一种意见认为，变更后的公司享有诉讼主体资格，由于公司性质未变，债权债务随名称变更而转移；另一种意见认为，变更后的公司没有诉讼主体资格，因为变更时没有特别约定，债权债务没有转移。

《人民司法》研究组认为，《民法通则》第 44 条规定："企业法人分立、合并或者有其他重要事项变更，应当向登记机关办理登记并公告。企业法人分立、合并，它的权利和义务由变更后的法人享有和承担。"《公司法》第七章"公司合并、分立"也有类似规定。公司的名称经工商行政管理机关进行变更登记后，如果公司的股东、经营性质未改变，变更前的公司与变更后的公司仍为同一民事主体。当公司的名称被变更后，变更前的名称即不存在，变更名称后的公司不可能与变更名称前的公司就公司的权利义务进行任何约定。因此，公司变更名称前的权利义务应当依法由变更后的公司享有和承担，当然包括诉讼权利义务。

——《人民司法》2003 年第 2 期

224

公司的承继性

关键词 | 公司 | 承继性诉讼 | 主体资格 |

【最高人民法院答复】

江西省高级人民法院：

香港新海国际集团股份有限公司（以下简称原新海公司）在向一审法院起诉时具有企业法人营业执照，故其具有诉讼权利。你院第一种意见之中，关于

"驳回原新海公司的起诉"的主张不妥。终审判决后,江西上饶三清山金沙索道有限公司提供了原新海公司在终审判决前被公告撤销的证据,如该情况属实,原新海公司民事主体归于消灭。2001 年 9 月 5 日,陈新、孙策在香港注册成立的香港新海国际集团股份有限公司虽与原新海公司名称相同,但却与原新海公司是不同的民事主体。在再审中,应由原新海公司的股东参与本案诉讼。

——《最高人民法院关于香港新海国际集团股份有限公司与江西省三清山风景名胜区管理委员会、江西上饶三清山金沙索道有限公司确认合同效力纠纷再审案的答复》(2003 年 5 月 8 日,〔2002〕民监字第 21 号)

【链接:最高人民法院法官著述】

江西省高级人民法院请示的主要问题是:新海公司与原新海公司之间是否具有承继性问题。回答这个问题首先要搞清两个公司之间是什么关系。如果新海公司与原新海公司之间只是变更登记关系,或是原新海公司的分立或合并,则两个新海公司之间具有权利承继性。如果新海公司是依法成立的新的独立法人,就不是对原新海公司人格的承继或恢复。本案原新海公司被公告撤销后于 2001 年 9 月 5 日由陈新、孙策在香港注册成立新海公司,新海公司与原新海公司之间既不是企业名称的变更,也不是原新海公司的分立或合并,而是不完全相同的股东重新注册的新的公司,故新海公司与原新海公司之间不具有权利义务的承继性。

另外,经查阅香港法律,香港法律没有公司人格恢复的规定。香港法律规定,如果公司被清算后撤销,公司的诉讼主体消灭;如果公司未被清算,即使公告撤销,诉讼主体资格仍然存在。

1999 年 10 月 20 日原新海公司股东会作出决议,公司自动结束,公司无债务,并一致决议将公司持有的三清山索道公司 37.2% 的股权、江西三清山天门山庄有限公司 25% 的股权、深圳新明星发展有限公司 80% 的股权分配给全体股东。该公司于 2000 年 12 月 28 日向香港公司注册处递交《不营运私人公司撤销注册申请书》。2001 年 5 月 11 日,原新海公司被公告撤销。所以原新海公司主体归于消灭。新海公司与原新海公司虽然名称相同,但却是不同的独立法人,不能直接参与到再审中来,而应由原新海公司的股东参与到诉讼中来。

——谭红:《关于香港新海国际集团股份有限公司与江西省三清山风景名胜区管理委员会、江西上饶三清山金沙索道有限公司确认合同效力纠纷再审案的请示与答复》，载沈德咏主编、最高人民法院审判监督庭编：《审判监督指导》（总第15辑），人民法院出版社2005年版，第85～86页。

225 企业开办的公司被撤销后的诉讼主体

关键词 | 公司撤销 | 公司清算 | 诉讼主体 |

【最高人民法院答复】

新疆维吾尔自治区高级人民法院：

你院1987年6月25日关于涉及新疆石河子华侨农工商联合企业（又名华侨农场，以下称华侨农场）开办的富华经销公司（简称富华公司）的经济纠纷案件应如何确定诉讼主体的请示报告收悉。现答复如下：

华侨农场系全民所有制企业，富华公司为华侨农场开办的公司。经与有关部门联系，国务院国发〔1985〕102号《关于进一步清理和整顿公司的通知》也适用于企业办的公司。因此，同意你院对华侨农场适用上述通知的意见，富华公司资不抵债，华侨农场应对富华公司的债务负连带责任。鉴于华侨农场在富华公司被撤销后即成立了财产清算小组负责清理该公司的财产，根据本院1984年9月17日《关于在经济审判工作中贯彻执行〈民事诉讼法（试行）〉若干问题的意见》中"企业关闭的，由其主管单位或清理人（单位）作为诉讼当事人"的规定，对涉及富华公司的经济纠纷案件，人民法院应将华侨农场和富华公司财产清算小组列为共同被告。

乌鲁木齐市中级法院审结的河北省青龙县皮毛厂诉富华公司购销羊皮合同货款纠纷案，在执行过程中，富华公司被撤销。根据上述原则，该院应当依照民事诉讼法（试行）第一百二十二条第一款第（六）项规定，裁定确认华侨农场和富华公司财产清算小组承担民事责任，执行原调解协议。

——《最高人民法院关于企业开办的公司被撤销后由谁作为诉讼主体问题的批复》〔1987年10月15日，法（经）复〔1987〕42号〕

226

企业歇业、被撤销或被吊销营业执照后的诉讼主体

关键词 | 企业歇业 | 企业撤销 | 吊销营业执照 | 企业清算 | 诉讼主体资格 |

【最高人民法院司法政策】

已经歇业、被撤销或被吊销营业执照的企业，是否可以作为当事人参加诉讼？如果不能参加诉讼，应当如何确定相应的诉讼主体？这是长期困扰人民法院民商事审判实践的普遍性问题。各地认识不一、做法各异，目前迫切需要在总结有关审判经验及教训的基础上，制定司法解释进行统一规定。在相关司法解释出台前，我先讲几点原则性意见。

第一，诉讼主体的确认。企业在歇业、被撤销或被吊销营业执照后，是否可以作为诉讼主体参加诉讼，应当根据不同情况区别对待：其一，对企业歇业情形下的处理。如果企业成立清算组负责清理债权债务的，可以清算组为诉讼主体；如果企业歇业后完成注销登记，但未成立清算组的，可以清算主体为诉讼主体；如果企业歇业后，既未办理注销登记，又未成立清算组的，可以歇业企业及清算主体为共同诉讼主体。其二，对企业被其主管部门或开办单位撤销情形下的处理。如果已经成立相应的清算组，可以清算组为诉讼主体；如果没有成立清算组，则可以清算主体为诉讼主体。其三，对企业被吊销营业执照情况下的处理。鉴于确定诉讼主体的目的主要在于明确民事诉讼权利义务的承担者，故而在法律原则范围内应当尽量避免司法行为与行政行为之间不必要的冲突。应当注意的是，无论在企业歇业、被撤销或被吊销营业执照情形中，如果存在多个清算主体的，均应成为共同诉讼主体。

第二，清算主体的认定。由于将企业因歇业、被撤销或被吊销营业执照情形中的清算主体确定为诉讼主体，因此对于不同性质的企业如何确定其清算主体就成为诉讼程序的关键。依照各国通例，股东和董事会负有在企业终止后清算企业债权债务的责任并被确定为企业基本的清算主体。依据我国公司法第191条和第192条以及有关法律法规的规定，我们认为，清算主体应是企业的股东或具有股东性质的开办单位、上级主管部门。具体而言，国有企业的清算主体是其上级主管部门；集体企业的清算主体是其开办单位；联营企业的清算主体是其联营各方；有限责任公司的清算主体是其全体股东；股份有限公司的清算主体是其

控股股东。

——李国光:《认清形势,提高认识,努力实践公正与效率世纪主题,开拓民商事审判工作新局面——在全国法院民商事审判工作会议上的讲话》(2001年11月13日),载李国光主编、最高人民法院民事审判第二庭编:《民商审判指导与参考》(总第1卷),人民法院出版社2003年版,第20~22页。

【最高人民法院答复】

甘肃省高级人民法院:

你院〔1999〕甘经终字第193号请示报告收悉。经研究,答复如下:

吊销企业法人营业执照,是工商行政管理局对实施违法行为的企业法人给予的一种行政处罚。根据《中华人民共和国民法通则》第四十条、第四十六条和《中华人民共和国企业法人登记管理条例》第三十三条的规定,企业法人营业执照被吊销后,应当由其开办单位(包括股东)或者企业组织清算组依法进行清算,停止清算范围外的活动。清算期间,企业民事诉讼主体资格依然存在。本案中人民法院不应以甘肃新科工贸有限责任公司(以下简称新科公司)被吊销企业法人营业执照,丧失民事诉讼主体资格为由,裁定驳回起诉。本案债务人新科公司在诉讼中被吊销企业法人营业执照后,至今未组织清算组依法进行清算,因此,债权人兰州岷山制药厂以新科公司为被告,后又要求追加该公司全体股东为被告,应当准许,追加该公司的股东为共同被告参加诉讼,承担清算责任。

——《最高人民法院经济审判庭关于人民法院不宜以一方当事人公司营业执照被吊销,已丧失民事诉讼主体资格为由,裁定驳回起诉问题的复函》(2000年1月29日,法经〔2000〕23号)

辽宁省高级人民法院:

你院《关于企业法人营业执照被吊销后,其民事诉讼地位如何确定的请示》收悉。经研究,答复如下:

吊销企业法人营业执照,是工商行政管理机关依据国家工商行政法规对违法的企业法人作出的一种行政处罚。企业法人被吊销营业执照后,应当依法进行清算,清算程序结束并办理工商注销登记后,该企业法人才归于消灭。因此,企业法人被吊销营业执照后至被注销登记前，该企业法人仍应视为存续，可以自己的名义进行诉讼活动。如果该企业法人组成人员下落不明，无法通知参加诉讼，债权人以被吊销营业执照企业的开办单位为被告起诉的，人民法院也应予以准许。该开办单位对被吊销营业执照的企业法人，如果不存在投资不足或者转移资产逃避债务情形的，仅应作为企业清算人参加诉讼，承担清算责任。你院请示中涉及的问题，可参照上述精神办理。

——《最高人民法院经济审判庭关于企业法人营业执照被吊销后，其民事诉讼地位如何确定的复函》(2000 年 1 月 29 日，法经〔2000〕24 号)

【最高人民法院审判业务意见】

登记主管机关吊销企业法人营业执照的行为属于对企业的行政处罚行为，企业因法人营业执照被吊销而终止，属于被动退出市场。根据《企业法人登记管理条例》第 33 条的规定："企业法人被吊销《企业法人营业执照》，登记主管机关应当收缴其公章，并将注销登记情况告知其开户银行，其债权债务由主管部门或者清算组织负责清理。"因此，被吊销营业执照的企业有清算组负责清理债权债务的，清算组为诉讼主体，可以起诉应诉；没有清算组的，清算主体(如主管部门)为诉讼主体。

——曹士兵：《关于企业歇业、撤销或被吊销营业执照后的诉讼问题》，载李国光主编、最高人民法院经济审判庭编：《经济审判指导与参考》(第 2 卷)，法律出版社 2000 年版，第 149 页。

【《最高人民法院公报》案例】

广西北生集团有限责任公司与北海市威豪房地产开发公司、广西壮族自治区畜产进出口北海公司土地使用权转让合同纠纷上诉案[最高人民法院(2005)民一终字第 104 号民事判决书]

裁判要旨：《中华人民共和国民法通则》第三十六条规定："……法人的民事权利能力和民事行为能力，从法人成立时产生，到法人终止时消灭。"《中华人民共和国公司登记管理条例》第三十八条规定："经公司登记机关核准注销登记，公司终止。"因此，法人被依法吊销营业执照后没有进行清算，也没有办理注销登记的，不属于法人终止，依法仍享有民事诉讼的权利能力和行为能力。此类法人与他人产生合同纠纷的，应当以自己的名义参加民事诉讼。其开办单位因不是合同当事人，不具备诉讼主体资格。

最高人民法院认为：

经查，威豪公司是由北海公司申办成立的。由于威豪公司未按规定申报工商年检，2003年11月26日，广西壮族自治区北海市工商行政管理局作出行政处罚决定书，决定吊销威豪公司的营业执照，但至今尚未成立清算组进行清算。根据《中华人民共和国民法通则》第三十六条的规定："法人是具有民事权利能力和民事行为能力，依法独立享有民事权利和承担民事义务的组织。法人的民事权利能力和民事行为能力，从法人成立时产生，到法人终止时消灭。"《中华人民共和国公司登记管理条例》第三十八条规定："经公司登记机关核准注销登记，公司终止。"威豪公司虽然系由北海公司申请开办，但被依法吊销了营业执照之后并没有进行清算，也没有办理公司的注销登记，因此威豪公司仍然享有民事诉讼的权利能力和行为能力，即有权以自己的名义参加民事诉讼。北海公司作为威豪公司的开办单位，虽然有权利和义务对威豪公司的债权债务进行清理，但在威豪公司尚未注销时，其开办单位作为当事人共同参加诉讼，没有法律依据。北海公司不是威豪公司与北生集团所签合同的缔约人，其与北生集团之间没有直接的民事法律关系。因此，一审法院认定北海公司为本案适格原告，于法无据。北生集团关于北海公司不具备本案原告的诉讼主体资格的上诉请求，应予支持。

——《最高人民法院公报》2006年第9期

重庆台华房地产开发有限公司与重庆晨光实业发展（集团）有限责任公司、重庆晨光百货有限责任公司、重庆晨光大酒店有限责任公司房屋纠纷案［最高人民法院（2005）民一终字第57号民事裁定书］

裁判要旨：判断企业法人资格存续与否，应当以工商行政管理机关是否注销其法人资格为标准。只要企业尚未被注销，即使被吊销营业执照，仍具有法人资格，仍具有诉讼的权利能力和行为能力，有权以自己的名义进行诉讼活动。

最高人民法院认为：

（一）台华公司是否具备本案原告的诉讼主体资格。台华公司系于1992年10月22日依法注册成立的企业法人，当时台华公司的董事长即法定代表人为鲍扬波。后台华公司于1994年6月14日将董事长变更为吴胜刚至今。2001年12月18日，市工商局以台华公司未依法进行年检为由，吊销台华公司的企业法人营业执照，但并未注销台华公司。台华公司作为一个独立的企业法人，其法人资格存续与否应以工商行政管理机关是否已经注销其法人资格为标准。尽管按照《合营合同》的约定,台华公司的合营期限已满,但只要其未被注销就不能否定其仍具有法人资格。吊销企业法人营业执照是工商行政管理机关依据国家工商行政法规对违法的企业法人作出的一种行政处罚。企业法人被吊销营业执照后,应当依法进行清算,清算程序结束并办理工商注销登记后,该企业法人才归于消灭。企业法人被吊销营业执照至其被注销登记前,该企业法人仍应视为存续,可以自己的名义进行诉讼活动。故台华公司在被吊销营业执照后,仍然具有诉讼的权利能力和行为能力,有权以自己的名义提起民事诉讼。台华公司没有成立清算组织,不应成为限制其参与民事诉讼的理由。一审裁定认为台华公司不具备原告的诉讼主体资格,适用法律错误。

(二)吴胜刚是否有权代表台华公司行使诉讼权利。按照台华公司在工商行政管理部门的注册登记,吴胜刚至今仍然是台华公司的法定代表人,在台华公司没有成立清算组织的情况下,吴胜刚可以行使台华公司法定代表人的职权。即使按照仲裁裁决的内容,鲍扬波也没有按照《合营合同》另行委派法定代表人。在双方当事人均认可台华公司公章被晨光集团持有的情况下,只要吴胜刚作为法定代表人以台华公司名义行使诉权的意思真实,且符合法律规定,吴胜刚即可以台华公司的名义行使诉权。因此,一审裁定认为吴胜刚不能代表台华公司提起诉讼的理由是错误的。此外,吴胜刚虽然没有直接参加诉讼,但其已委托诉讼代理人代其行使诉讼权利,且委托手续的真实性已得到对方当事人的认可,故本案亦不存在台华公司起诉的障碍。

——《最高人民法院公报》2006 年第 10 期

【链接:最高人民法院法官著述】

企业法人被吊销营业执照或注销后,其应以谁的名义提起诉讼以实现债权?

问题:某法院相继受理、审理了多起企业法人被吊销营业执照或被注销后,对该企业经营期间的对外债权,原股东(部分或全体股东)以自己的名义向法院提起诉讼,要求债务人承担还款义务的案件。关于企业法人被吊销营业执照或被注销后,该企业对外债权原股东能否以自己的名义提起诉讼问题。目前有三种观点:第一种观点认为,股东是企业的清算主体,可以作为诉讼主体提起诉讼。第二种观点认为,企业法人被吊销营业执照或被注销后,其诉讼主体资格归于消灭,根据《公司法》(注:修订前《公司法》)第 193 条第 7 项的规定,该企业应依法成立清算组，该企业在经营期间对外所享有的债权，应以该企业的清算组代表公司参与民事诉讼活动。第三种观点认为，企业法人被吊销营业执照或被注销后，该企业对外债权原股东可以自己的名义提起诉讼，但只能要求债务人偿还债务给被吊销营业执照或被注销的企业。

《人民司法》研究组认为：企业法人被吊销营业执照或者被注销后，企业法人的民事主体资格问题因为法律没有明确规定，实践中一直有争议。按照《民法通则》第45条、第46条和《公司法》第八章的规定来看，清算程序应当是企业法人注销或者被吊销的前置程序，只有清算结束，即企业法人债权债务处理完结以后，才可以注销并公告；不申请注销的，企业法人登记机关应当吊销营业执照并公告。企业法人被撤销后，也应当由主管机关或者人民法院组织有关机关和有关人员成立清算组织，进行清算，清算结束后注销企业。所以，企业法人被吊销营业执照或者被注销前，应当进行清算，由清算组代表企业法人行使民事权利，清算组为合格的民事诉讼主体。如果企业未经清算即被吊销营业执照或者被注销的，法人的主体资格不能认为已经消灭。企业法人仍应依法进行清算，成立清算组后，由清算组代表该企业法人参加诉讼。如果不需要清算而未成立清算组的，需要追索企业法人对外债权的，应当以该企业法人的名义来起诉。对股东以个人名义起诉的，人民法院应当告知其应以企业法人名义起诉。

——《人民司法》2004年第10期

一、企业歇业后的诉讼问题

按照《中华人民共和国企业法人登记管理条例》的规定：“企业法人领取《企业法人营业执照》后满六个月尚未开展经营活动或者停止经营活动满一年，视同歇业。”企业歇业后，登记主管机关应当收缴《企业法人营业执照》及其副本，收缴公章，并将注销登记情况告知其开户银行。企业如因歇业被注销，负有清理责任的主体应当组织清算组织对企业的债权债务进行清理，资不抵债的，还应当向人民法院申请破产。如企业实际处于歇业状态，但登记主管机关并未收缴其营业执照，没有注销该企业，企业的法人资格在名义上继续存续，该企业应当对其所欠债务负责。此时，企业法人是诉讼主体，可以起诉应诉。实践中，经常遇到的情况是，企业实际已经歇业了很长时间，有的已被登记注销，有的未被注销，企业长期处于无人管理的状态，经营人员、管理人员、职工早已解散，债权债务无人清理。这种状态下，债权人如果起诉企业的开办者、企业的股东，是否应予准许？庭务会讨论认为，按照我国民法通则第40条的规定，法人终止应当依法进行清理，停止清理范围外的活动。按照法人理论，在清算范围内法人资格视为存续，性质属于清算法人。清算法人负责清理企业的债权债务，并起诉应诉。企业歇业无疑是法人终止的一种情形，企业歇业后应当依法进行清算应无疑义。因此，负有清算企业之责的主体（以下称清算主体）如果不尽清算之责，债权人可以起诉该清算主体，人民法院也可以判令清算主体履行清算义务。至于是否可以起诉企业的开办者、股东，则取决于企业的开办者、股东是否为清算主体。这个问题在下面还要集中谈到。综上所述，企业歇业后的诉讼问题可以总结如下：

1. 企业歇业后，如企业成立清算组负责清理债权债务的，清算组为诉讼主体，可以起诉应诉。债权人起诉歇业企业应以清算组为被告。

2. 企业歇业后，被登记主管部门注销登记，但无清算组织负责清理债权债务的，负有清算之责的主体为诉讼主体。债权人起诉歇业企业应以清算主体为被告。

3. 企业歇业后未注销登记，也无清算组织负责清理债权债务的，企业和清算主体为共同诉讼主体。债权人起诉歇业企业可以企业和清算主体为共同被告。

二、企业撤销后的诉讼问题

撤销企业是企业主管部门决定企业主动退出市场的行为。企业因撤销而注销其法人营业执照的，属于法人终止，应当办理注销登记，并对其债权债务进行清算。如企业成立有清算组清理企业的债权债务，清算组应当是诉讼主体，可以起诉应诉。如没有清算组负责清理债权债务的，清算主体为诉讼主体。在这一诉讼问题上应当与企业歇业是一致的。

讨论中认为，《最高人民法院关于适用〈中华人民共和国民事诉讼法〉若干问题的意见》第51条规定："企业法人未经清算即被撤销，有清算组织的，以该清算组织为当事人；没有清算组织的，以作出撤销决定的机构为当事人。"由于可以作出撤销企业决定的机构必然是企业的上级，该机构也必然对企业的债权债务负有清算之责，因此，以清算主体为诉讼主体与《关于适用〈中华人民共和国民事诉讼法〉若干问题的意见》第51条以作出撤销决定的机构为当事人的规定是一致的。

三、企业被吊销营业执照后的诉讼问题

登记主管机关吊销企业法人营业执照的行为属于对企业的行政处罚行为，企业因法人营业执照被吊销而终止，属于被动退出市场。根据《中华人民共和国企业法人登记管理条例》第33条的规定："企业法人被吊销《企业法人营业执照》，登记主管机关应当收缴其公章，并将注销登记情况告知其开户银行，其债权债务由主管部门或者清算组织负责清理。”因此，被吊销营业执照的企业有清算组负责清理债权债务的，清算组织为诉讼主体，可以起诉应诉；没有清算组的，清算主体（如主管部门）为诉讼主体。

四、清算主体

如上所述，企业因歇业、撤销、被吊销营业执照而终止后没有清理债权债务的，应以清算主体为诉讼主体，清算主体可以起诉应诉。因此，对不同性质的企业确定其清算主体成为诉讼的关键。依照世界各国通例，股东以及董事会负有在企业终止后清算企业债权债务的责任，是企业基本的清算主体。按照我国公司法第191条和第192条和有关法律法规的规定，企业的清算主体也是企业股东或有股东性质的开办者、上级主管部门。针对我国企业不同的性质，对清算主体归纳如下：

1. 国有企业。国有企业的投资主体是国家，国家是国有企业的唯一股东，其上级主管部门代表国家管理国有企业。国有企业终止后，其上级主管部门为清算主体。

2. 集体企业。集体企业的投资主体是集体组织，集体组织是集体企业的股东，我国通常称之为开办者。集体企业终止后，其开办者为清算主体。

3. 联营企业。联营企业是不同投资主体共同投资成立的，联营各方是企业股东。联营企业终止后，联营各投资主体为清算主体。与此相关，合资企业、参股企业等由多个股东，多个发起人成立的企业，各发起人都是企业终止后的清算主体。只有一个投资主体的企业，其投资主体为唯一清算主体。如子公司的清算主体是其母公司。

4. 有限责任公司。按照我国公司法第191条的规定，有限责任公司的清算组由股东组成，股东是清算主体。按照公司法该条的规定，可以理解为有限责任公司的全体股东都有在公司终止后清理公司债权债务的责任，全体股东都是清算主体，均可以起诉应诉。

5. 股份有限公司。按照公司法第191条的规定，股份有限公司的清算组由股东大会选定股东人选组成。因此，根据该条的规定，只有股东大会选定的股东才是清算主体，并不是全体股东都有清理公司债权债务的义务。但有一点是肯定的，清算主体不会超出股东的范围。基于此，如果股东大会不选定股东人选，清算主体不能确定，再加上起诉股份有限公司的全体股东在实践中也行不通，股东大会不选定股东人选，可以根据公司法关于股东大会由董事长召集、清算组由股东大会以股东组成的规定,确定股份有限公司的董事会为清算主体。董事会由公司的主要股东组成,是公司的常设权力机构,国外的立法例(如《德国民法典》第48条、《日本民法典》第74条)中也多规定董事会是清算主体,负有在公司终止后清理公司债权债务的责任。因此,在股东大会不选定股东人选组成清算组的情况下,董事会应当是清算主体,可以起诉应诉。另外根据公司法第191条的规定,在"逾期不成立清算组的情况下",人民法院有权根据债权人的申请指定清算组进行清算,因此指定清算组是人民法院的一项职权。人民法院如指定公司董事会进行清算,应当符合公司法的规定。

——曹士兵:《关于企业歇业、撤销或被吊销营业执照后的诉讼问题》,载李国光主编、最高人民法院经济审判庭编:《经济审判指导与参考》(第2卷),法律出版社2000年版,第147~151页。

(一)企业法人被吊销营业执照后,应当依法进行清算。清算期间,该企业法人应视为存续,仍具有民事诉讼主体资格。诉讼中,人民法院可根据企业法人的清算情况及债权人的诉讼主张确定诉讼主体。凡企业法人自行组织清算,债权人以企业清算组为被告起诉的,人民法院应当确定企业清算组为被告;凡由企业上级主管部门组织清算,债权人以企业和其上级主管部门为共同被告起诉的,人民法院应当确认企业和其上级主管部门为共同被告;凡企业法人能组织而不组织清算,或者企业法人组成人员下落不明,无法通知参加诉讼,债权人单独起诉企业或者企业上级主管部门的,人民法院应当确认企业或者企业上级主管部门为被告。

(二)企业法人应以自己所有的财产对外承担民事责任。被吊销营业执照的企业法人也不例外。因此,在以被吊销营业执照的企业法人为一方的经济纠纷案件中,即使将企业上级主管部门作为被告,只要上级主管部门对所开办的企业法人不存在投资不足或者转移资产逃避债务的问题,那么,上级主管部门仅以清算人的身份参加诉讼,承担清算责任。这是人民法院审理此类纠纷案件中尤其应当注意的问题。

——叶小青:《关于企业法人营业执照被吊销后,其民事诉讼地位如何确定的复函》,载李国光主编、最高人民法院经济审判庭编:《经济审判指导与参考》(第3卷),法律出版社2000年版,第58页。

根据《公司法》第192条规定,新科公司被吊销企业法人营业执照后,应当由作出该行政处罚决定的行政机关甘肃省工商行政管理局或者新科公司的上级主管部门负责组织有关机关、人员进行清算。但国家工商局给甘肃省高级人民法院的答复意见明确工商局不负责对吊销营业执照的公司进行清算。该答复意见是有一定道理的。因为行政处罚与公司清算本来就是两回事。行政处罚是行政机关对实施违法行为的公司作出的一种行政处理。它可能导致公司解散。而公司清算则是公司因各种解散事由致公司停止经营活动,进而转入财产清理、评估,对外清偿。二者是可分的。作出处罚决定的行政机关没有必要对公司清算负责。参照国外的做法,除公司破产清算由法院进行外,对因其他解散事由进行的清算(包括行政机关、法院责令公司清算的),均由公司自行组织清算。本案新科公司不是国有企业,没有上级主管部门,工商行政管理局也不负责公司清算,如仅机械地适用《公司法》第 192 条规定处理,新科公司只能是无人清算,债权人的合法权益也无法保障。鉴于新科公司是由多个股东出资组成,在无主管部门负责其清算的前提下,为保护债权人的合法权益,新科公司全体应当承担起公司清算责任。何况,公司清算不仅是公司法人终止的必经程序,也是一种民事行为。它不仅应受《公司法》调整,也应受《民法通则》《企业法人登记管理条例》的调整。因此,针对本案的特殊情况,本庭复函中只引用了《民法通则》和《企业法人登记管理条例》的有关规定,确定新科公司全体股东承担清算责任。

——叶小青:《关于人民法院不宜以一方当事人公司营业执照被吊销,已丧失民事诉讼主体资格为由,裁定驳回起诉问题的复函》,载李国光主编、最高人民法院经济审判庭编:《经济审判指导与参考》(第 3 卷),法律出版社 2000 年版,第 62 ~ 63 页。

227

法人成员瑕疵出资时的诉讼主体

关键词 | 法人成员 | 瑕疵出资 | 诉讼主体 |

【链接：最高人民法院法官著述】

《执行规定》第 80 条规定:执行人无财产清偿债务,如果其开办单位对其开办时投入的注册资金不实或者抽逃注册资金,可以裁定变更或者追加其开办单位为被执行人,在注册资金不实或抽逃注册资金的范围内,对申请执行人承担责任。由此条规定,可以看出,人民法院在执行程序中以注册资金不实或者抽逃注册资金为由,可以追加被执行主体,但此做法适用于出资额已经达到法定注册资本最低额及抽逃出资的情况;而不适用于出资额未达法定注册资本最低限额的情况。

依《执行规定》,在法人成员虽然存在出资不实,但是其出资额已经达法定最低限额时,以及法人成员抽逃出资时,法人成员所应当对债权人承担的民事责任可以单独处理,也就是说此时法人成员并非必须与法人共同参加诉讼,法人成员的责任可以在执行程序中解决。但是在审理过程中,原告已经向法院提出追加法人成员为共同被告的除外。

而法人成员对法人的出资额未达法定最低限额时,则可以适用法人人格否认的基本原理,在个案中否定该法人的法人人格,此时,法人的成员必须对法人的债务承担无限责任,也就是说,法人成员应当作为共同诉讼主体。如果人民法院在审理过程中已经查明这样的事实,即应当将法人成员作为共同被告,可以不以原告申请追加为限。

——吴庆宝主编:《商事裁判标准规范》,人民法院出版社 2009 年版,第 591 页。

228

被告不存在是否"适格"问题,仅存在是否"明确"问题

关键词｜被告适格｜裁判文书｜效力｜

【最高人民法院裁判文书】

黄山金马集团有限公司因中国环境保护公司与黄山金马股份有限公司出资纠纷案[最高人民法院(2013)民提字第42号民事裁定书]

裁判要旨:一、被告不存是否"适格"的问题,仅存在是否"明确"的问题。人民法院不应以被告不是争议的法律关系中的义务主体或责任主体为由,裁定驳回原告对被告的起诉。只要原告提出了明确的被告,且符合其他起诉条件,人民法院就应当受理并进入实体审理程序,以判决形式对双方权利义务和民事责任

作裁判。如果人民法院经过依法审理,最终确认被告不应承担民事责任,可以判决驳回原告的诉讼请求。二、裁判文书的效力分为对人效力和对事效力。对人方面,裁判文书应当只约束参加诉讼的原、被告和第三人等诉讼主体,对于没有参加到诉讼中的民事主体,裁判文书不应当对其权利义务作出认定。如果人民法院审理中认为其他民事主体与案件具有利害关系或应当承担法律责任,可在释明后,追加为案件当事人。对事方面,裁判文书只解决当事人之间发生争议的法律关系,案件的审理应诉讼标的进行,审理对象应限于原告起诉及被告答辩的内容,对于原告没有提起的诉请,法院不得自行予以认定。对于没有参加到诉讼中来的民事主体与当事人一方或双方间的法律关系,也不属于裁判文书应当界定的对象。三、民事裁定书仅适用于程序性事项,原审在对民事责任承担等实体问题作出认定后,又以裁定形式驳回起诉,确有不当。

——中国裁判文书网,http://www.court.gov.cn/zgcpwsw/zgrmfy/。

229

旅游者个人可以提起旅游合同纠纷诉讼

关键词 | 旅游者个人 | 旅游合同 | 诉权 |

【最高人民法院司法解释】

第二条 以单位、家庭等集体形式与旅游经营者订立旅游合同,在履行过程中发生纠纷,除集体以合同一方当事人名义起诉外,旅游者个人提起旅游合同纠纷诉讼的,人民法院应予受理。

——《最高人民法院关于审理旅游纠纷案件适用法律若干问题的规定》(2010 年 10 月 26 日,法释〔2010〕13 号)

【最高人民法院审判业务意见】

司法解释规定了旅游者个人的诉权。在实践中,随着旅游业的不断发展,单位旅游与家庭旅游等集体旅游形式层出不穷,一个单位的某个部门,一个、几个单位或家庭出游,与旅游经营者签订旅游合同的主体表现形式不同。单位旅游中,签约人多为直接经办人或部门负责人。家庭旅游中多为几个家庭推选的代表签约,或家庭成员之一签约。也有一人签约,并附注随行人员的。在旅游过程中,如果旅游者受到损害,合同的签约人可以提起诉讼,但如果合同签约人怠于提起诉讼,则旅游者的权利无法得到保障。因此本解释按照旅游合同的特殊性,明确规定了旅游者以个人名义提起合同纠纷诉讼的,人民法院应当受理。

——《依法维护旅游者合法权益,构建规范有序、和谐稳定的旅游市场——最高人民法院民一庭庭长杜万华就〈关于审理旅游纠纷案件适用法律若干问题的规定〉答记者问》,载最高人民法院民一庭编:《民事审判指导与参考》(总第44集),法律出版社2011年版,第31页。

230

可追加旅游辅助服务者为第三人

关键词 | 旅游辅助服务者 | 旅游合同 | 第三人 |

【最高人民法院司法解释】

第四条 因旅游辅助服务者的原因导致旅游经营者违约,旅游者仅起诉旅游经营者的,人民法院可以将旅游辅助服务者追加为第三人。

——《最高人民法院关于审理旅游纠纷案件适用法律若干问题的规定》(2010年10月26日,法释〔2010〕13号)

【链接:最高人民法院法官著述】

对上述解释第4条的理解,应把握以下几个方面:

(一)准确把握司法解释第4条的适用范围

该条的适用范围限定在"旅游者仅起诉旅游经营者"情形中,并不适用旅游者在不同情形下主张权利的所有情况。本司法解释第7条规定:"旅游经营者、旅游辅助服务者未尽到安全保障义务,造成旅游者人身损害、财产损失,旅游者请求旅游经营者、旅游辅助服务者承担责任的,人民法院应予支持。因第三人的行为造成旅游者人身损害、财产损失,由第三人承担责任;旅游经营者、旅游辅助服务者未尽安全保障义务，旅游者请求其承担相应补充责任的，人民法院应予支持。”第22条规定：“旅游经营者或者旅游辅助服务者为旅游者代管的行李物品损毁、灭失，旅游者请求赔偿损失的，人民法院应予支持，但下列情形除外：（一）损失是由于旅游者未听从旅游经营者或者旅游辅助服务者的事先声明或者提示，未将现金、有价证券、贵重物品由其随身携带而造成的；（二）损失是由于不可抗力、意外事件造成的；（三）损失是由于旅游者的过错造成的；（四）损失是由于物品的自然属性造成的。”上述规定与本条规定形成了旅游经营者、旅游辅助服务者对旅游者损失承担责任的完整体系。这一体系中，按照旅游者、旅游经营者、旅游辅助者三者之间的关系，划分违约责任与侵权责任，确定了旅游经营者、旅游辅助服务者对旅游者损失承担责任的情形。从法律关系角度而言，旅游者与旅游经营者之间形成的是旅游合同关系，旅游经营者与旅游辅助服务者之间形成辅助履行人或者合作合同关系，旅游者与旅游辅助服务者之间形成债权人与债务人辅助履行人之间的关系。旅游经营者在履行合同过程中造成旅游者损失的原因包括违约和侵权两种情形。两种情形中都可能存在旅游辅助服务者的原因，这其中亦存在两种情形：一是因旅游辅助服务者的原因导致旅游经营者违约；二是因旅游辅助服务者侵权行为，导致旅游经营者侵权，或者旅游经营者与旅游辅助服务者均对旅游者产生侵权。在旅游经营者即因为旅游辅助服务者原因构成违约，亦构成侵权情形下，依照本解释第3条规定，旅游者可以选择主张旅游经营者承担违约责任或者侵权责任。如果旅游者选择主张旅游经营者承担违约责任，则按照《合同法》第65条、第121条规定，由旅游经营者作为承担违约责任的主体。此时，方存在适用本条规定的余地，即人民法院可以将旅游辅助服务者追加为第三人。而在旅游者主张旅游经营者承担侵权责任的场合，因存在旅游经营者与旅游辅助服务者对旅游者的损失均存在过错情形，旅游者可以按照《侵权责任法》及本司法解释规定，分别向旅游经营者和旅游辅助服务者主张承担侵权责任，或者将旅游经营者和旅游辅助服务者作为共同被告提起诉讼。此时，旅游辅助服务者的诉讼地位由人民法院按照旅游者诉权的行使予以确定。

（二）准确认定旅游辅助服务者的诉讼地位

在本条规定中，旅游辅助服务者是无独立请求权的第三人。《民事诉讼法》第56条规定：“对当事人双方的诉讼标的，第三人认为有独立请求权的，有权提起诉讼。对当事人双方的诉讼标的，第三人虽然没有独立请求权，但案件处理结果同他有法律上的利害关系的，可以申请参加诉讼，或者由人民法院通知他参加诉讼。人民法院判决承担民事责任的第三人，有当事人的诉讼权利义务。”该条规定从立法的角度分别对有独立请求权第三人和无独立请求权第三人的概念进行了定义。其中无独立请求权的第三人参加诉讼必须具备两个条件：一是对原告和被告双方所争议的诉讼标的没有独立请求权；二是案件处理结果同他有法律上的利害关系，两个条件缺一不可。据此，无独立请求权第三人具有以下特征：

1. 对原告和被告双方所争议的诉讼标的没有独立请求权。通说认为，我国民事诉讼法的诉讼标的是指当事人之间发生争议，请求法院裁判的民事法律关系。该观点采纳了国外关于诉讼标的"旧实体说"理论，认为诉讼标的乃是原告在诉讼中提出的一定具体的实体法上的权利或者法律关系的主张。

2. 案件处理结果同他有法律上的利害关系。一般认为，所谓法律上的利害关系是指，作为当事人争议诉讼标的的法律关系与第三人参加的另一法律关系有牵连。在后一法律关系中，当事人是否行使权利、履行义务，对前一法律关系中当事人行使权利、履行义务有直接或间接的影响。结合民事诉讼的具体情况，民事诉讼中无独立请求权的第三人同案件处理结果有法律上的利害关系应是指，诉讼的判决或调解书认定的事实或结果将直接或间接地影响第三人的民事权益或者法律地位。第三人同案件处理结果存在的法律上的利害关系，可能是直接的，也可能是间接的。直接影响到第三人法律上利害关系的案件处理结果，可能是判决或调解书所认定的事实，也可能是判决或调解书的结果；间接影响到第三人法律利害关系的案件处理结果，一般是判决或调解书所认定的事实。包括两种类型：其一是权利性关系；其二是义务性关系。所谓权利性关系，是指第三人对所参加的诉讼最终的处理结果不负有义务，而仅是辅助原告一方对诉讼标的主张相应的权利。如和谐粮食公司与建行某支行、第三人成鹏借款合同纠纷案，和谐粮食公司主张其向建行某支行共出借资金 3100 万元，其中 300 万元是通过和谐粮食公司出纳成鹏个人的账户支付的，因此在诉状中列成鹏为无独立请求权第三人参加诉讼，而第三人成鹏在本案中参诉的意义就是辅助和谐粮食公司主张相应的权利。在本案中，第三人成鹏显然是基于权利性"利害关系"参诉的。在这种情况下，无独立请求权第三人参加诉讼的方式表现为两种：一种是原告在诉状中通知，另一种是无独立请求权第三人自行申请。在该案中，和谐粮食公司在其起诉状中直接列成鹏为无独立请求权第三人，由法院通知其参加诉讼，该第三人作为无独立请求权第三人的参加诉讼方式显然是适当的。所谓义务性关系，是指第三人对案件的处理结果有可能负有义务或案件的处理结果对第三人与其被告一方的法律关系产生预决效力，而辅助被告一方参加诉讼，通过陈述意见、提供证据和参加辩论等活动，从而维护自己利益，或达到于己有利的预决效果。例如，《最高人民法院关于审理存单纠纷案件的若干规定》明确规定，在出资人直接将款项交与用资人使用，或通过金融机构将款项交与用资人使用，金融机构向出资人出具存单或进账单、对账单或与出资人签订存款合同，出资人从用资人或从金融机构取得或约定取得高额利差的行为中发生的存单纠纷案件，为以存单为表现形式的借贷纠纷案件。出资人起诉金融机构，人民法院应通知用资人作为第三人参加诉讼；出资人起诉用资人的，人民法院应通知金融机构作为第三人参加诉讼。旅游辅助服务者作为旅游经营者债务履行的辅助人，旅游经营者应当对因其原因导致的违约承担责任。旅游经营者向旅游者承担责任后，可以依照其与旅游辅助服务者的约定，主张旅游辅助服务者承担责任。因此，旅游经营者与旅游者之间纠纷的结果，可能成为旅游辅助服务者与旅游者纠纷中承担责任的事实依据。旅游辅助服务者在旅游经营者与旅游者诉讼中，诉讼地位应当为无独立请求权的第三人，属于义务性关系的无独立请求权第三人。

3. 参加诉讼的目的在于维护自己的权益。第三人参加诉讼既不是为了维护原告的利益，也不是为了维护被告的利益，即使有时参加到当事人一方进行诉讼，也不是为了维护参加一方当事人利益，而是以自己的名义，为维护自己的权益参加诉讼。

4. 在他人诉讼开始后，审理终结前参加诉讼。第三人参加诉讼，必须以原告、被告之间的诉讼正在进行为前提，如果原告、被告之间的诉讼尚未开始，或者原告、被告之间的诉讼已经结束，即人民法院对案件已经审理，就不可能有第三人参加诉讼。

民事诉讼第三人制度的作用在于：有利于维护利害关系人的合法权益；有利于法院查明案件事实；防止法院作出相互矛盾的裁判；有利于实现诉讼经济。

——关丽：《因旅游辅助服务者的原因造成旅游经营者违约情形下旅游合同纠纷的处理》，载最高人民法院民事审判第一庭编：《民事审判指导与参考》（总第44集），法律出版社2011年版，第57～59页。

231

旅游合同纠纷应当事人请求可将保险公司列为第三人

关键词 | 保险公司 | 旅游合同 | 第三人 |

【最高人民法院司法解释】

第五条 旅游经营者已投保责任险，旅游者因保险责任事故仅起诉旅游经营者的，人民法院可以应当事人的请求将保险公司列为第三人。

——《最高人民法院关于审理旅游纠纷案件适用法律若干问题的规定》(2010 年 10 月 26 日，法释〔2010〕13 号)

【链接：最高人民法院法官著述】

目前，在审理旅游保险事故案件时，承保旅行社责任险的保险公司的诉讼地位不明确，司法实践也不统一，需要加以规范。在旅游者仅起诉旅游经营者的情形下，关于保险公司的诉讼地位，大致有两种意见：一种意见认为法院应将保险公司列为第三人，理由是在旅行社责任险的保险合同关系中，保险公司是保险人，旅行社是投保人和被保险人，旅游者不是保险合同的当事人，不能直接将保险公司列为被告；另一种意见认为应将保险公司列为被告，理由是将保险公司列为被告，可以防止旅行社不积极主张理赔或者理赔后将款项挪作他用给旅游者带来新的损害，有利于最大限度地保护旅游者的利益。我们同意第一种意见，理由是，旅行社是旅行社责任保险的投保人和受益人，旅游者与保险公司之间没有合同关系，根据合同的相对性原理，旅游者不能直接向保险公司请求赔偿。但旅游者和旅行社之间旅游纠纷的处理涉及旅行社对旅游者是否应承担赔偿责任，从而关系到保险责任是否成立、保险公司是否需要对旅行社进行赔偿，即保险公司和案件的处理有法律上的利害关系，依据《民事诉讼法》第 56 条第 2 款的规定，有必要将保险公司列为旅游纠纷诉讼案件的第三人。

旅行社责任保险是现阶段我国旅游保险中的一个主要险种，为责任保险，属于财产保险业务范畴，关于其投保的强制性最早规定于 2001 年 9 月 1 日起施行的《旅行社投保旅行社责任保险规定》(国家旅游局令第 14 号)第 2 条，“旅行社从事旅游业务经营活动，必须投保旅行社责任保险”，从法律效力上讲，《旅行社投保旅行社责任保险规定》属于部门规章；2009 年 5 月 1 日起实施的《旅行社条例》取代了《旅行社管理条例》，在第 38 条规定，“旅行社应当投保旅行社责任险。旅行社责任险的具体方案由国务院旅游行政主管部门会同国务院保险管理机构另行制定”，《旅行社条例》为国务院令，属于行政法规，自此旅行社责任险正式成为强制保险和法定保险。目前，国家旅游局就旅行社责任险的专门性法律文件如《旅行社责任保险管理办法》和《关于完善旅行社责任保险的若干意见》已公开征求意见。此外，旅行社责任保险作为责任险的一种，《保险法》为其主要适用的法律，在探讨保险公司的诉讼地位时，应结合《保险法》的规定理解。

——杜万华、张进先、王毓莹：《最高人民法院〈关于审理旅游纠纷案件适用法律若干问题的规定〉的理解与适用》，载最高人民法院民事审判第一庭编：《民事审判指导与参考》（总第 44 集），法律出版社 2011 年版，第 43～44 页。

232

债权人代位权诉讼当事人

关键词｜债权人｜代位权诉讼｜当事人｜

【最高人民法院司法解释】

第十一条　债权人依照合同法第七十三条的规定提起代位权诉讼，应当符合下列条件：

（一）债权人对债务人的债权合法；

（二）债务人怠于行使其到期债权，对债权人造成损害；

（三）债务人的债权已到期；

（四）债务人的债权不是专属于债务人自身的债权。

第十六条　债权人以次债务人为被告向人民法院提起代位权诉讼，未将债务人列为第三人的，人民法院可以追加债务人为第三人。

——《最高人民法院关于适用〈中华人民共和国合同法〉若干问题的解释（一）》（1999 年 12 月 19 日，法释〔1999〕19 号）

【《最高人民法院公报》案例】

中国农业银行汇金支行诉张家港涤纶厂代位权纠纷案（江苏省高级人民法院二审民事判决书）

裁判要旨：债务人在债务到期后，没有以诉讼或者仲裁方式向次债务人主张债权,而是与次债务人签订协议延长履行债务期限,损害债权人债权的,属于合同法第七十三条规定的怠于行使到期债权的行为,债权人可以以自己的名义代位行使债务人的债权。

江苏省高级人民法院认为:

《解释》第十三条规定:“合同法第七十三条规定的‘债务人怠于行使其到期债权,对债权人造成损害的’,是指债务人不履行其对债权人的到期债务,又不以诉讼方式或者仲裁方式向其债务人主张其享有的具有金钱给付内容的到期债权,致使债权人的到期债权未能实现。次债务人(即债务人的债务人)不认为债务人有怠于行使其到期债权情况的,应当承担举证责任。”本案中,债务人工艺品公司既未积极向债权人汇金农行履行到期债务,又未通过诉讼或者仲裁方式主张其对次债务人涤纶厂的到期债权,而在其债权到期后,通过签订延期还款协议,将还款时间延长8年之久,明显损害了债权人汇金农行的合法权益。工艺品公司的上述行为,导致汇金农行的债权不能实现,属于合同法第七十三条规定的债务人怠于行使债权。因此,一审认定其怠于行使债权并无不当。第二份还款计划明显损害债权人利益而应当认定无效,其所约定的还款期限亦无效。确定工艺品公司和涤纶厂的债务是否到期,应以双方签订的代理进口协议和第一份还款计划作为依据。根据该还款计划,应确定双方的债权债务已于2000年1月30日到期。债务人与次债务人之间的具体债务数额是否确定,并不影响债权人对代位权的行使。因为在诉讼中,作为次债务人的涤纶厂完全有权向债权人汇金农行行使抗辩权,本案中工艺品公司也已作为第三人参加诉讼,涉及工艺品公司与涤纶厂之间的债权债务关系的事实可以在本案中一并查清并加以确认,并不损害涤纶厂的利益。

——《最高人民法院公报》2004年第4期

233

撤销权诉讼当事人

关键词 | 撤销权诉讼 | 当事人 |

【最高人民法院司法解释】

第二十四条 债权人依照合同法第七十四条的规定提起撤销权诉讼时只以

债务人为被告，未将受益人或者受让人列为第三人的，人民法院可以追加该受益人或者受让人为第三人。

——《最高人民法院关于适用〈中华人民共和国合同法〉若干问题的解释（一）》（1999 年 12 月 19 日，法释〔1999〕19 号）

234

“其他组织”诉讼主体的确定

关键词 | 其他组织 | 诉讼主体 |

【最高人民法院司法解释】

第五十二条 民事诉讼法第四十八条规定的其他组织是指合法成立、有一定的组织机构和财产，但又不具备法人资格的组织，包括：

（一）依法登记领取营业执照的个人独资企业；

（二）依法登记领取营业执照的合伙企业；

（三）依法登记领取我国营业执照的中外合作经营企业、外资企业；

（四）依法成立的社会团体的分支机构、代表机构；

（五）依法设立并领取营业执照的法人的分支机构；

（六）依法设立并领取营业执照的商业银行、政策性银行和非银行金融机构的分支机构；

（七）经依法登记领取营业执照的乡镇企业、街道企业；

（八）其他符合本条规定条件的组织。

——《最高人民法院关于适用〈中华人民共和国民事诉讼法〉的解释》（2015 年 1 月 30 日，法释〔2015〕5 号）

【最高人民法院答复】

北京市高级人民法院：

你院京高法〔2002〕306 号《关于原北京市北协建设工程公司第三工程处起诉北京市北协建设工程公司解除挂靠经营纠纷是否受理问题的请示》收悉。经研究认为,原北京市北协建设工程公司第三工程处符合最高人民法院《关于适用〈中华人民共和国民事诉讼法〉若干问题的意见》第四十条第(9)项规定的“其他组织”的条件,其作为原告起诉北京市北协建设工程公司解除挂靠经营关系,人民法院应予受理。

——《最高人民法院关于原北京市北协建设工程公司第三工程处起诉北京市北协建设工程公司解除挂靠经营纠纷是否受理问题的复函》(2003年8月28日,〔2003〕民立他字第3号)

四川省高级人民法院:

你院《关于城市街道办事处能否独立承担民事责任的请示》(川高法〔1996〕117号)收悉。经研究,答复如下:

街道办事处开办的企业具有法人资格的,街道办事处只在收取管理费范围内承担民事责任;其开办的企业不具有法人资格的,应先由企业承担相应的民事责任,不足部分由街道办事处在企业注册资金范围内独立承担。街道办事处财产不足以承担时,不能由设立该街道办事处的市或区人民政府承担民事责任。街道办事处进行自身民事活动产生纠纷的,应当独自承担民事责任。

——《最高人民法院关于城市街道办事处是否应当独立承担民事责任的批复》(1997年8月2日,法释〔1997〕1号)

【链接:最高人民法院法官著述】

其他组织可以作为民事主体进行必要的民事活动,也可以作为民事诉讼主体以自己的名义参加民事诉讼,但其他组织毕竟不是独立的民事责任主体,在其财产不足以单独承担民事责任时,对其他组织负责的法人就要代其承担民事责任或者由行为人承担民事责任。

民事诉讼主体与民事责任主体的冲突情形经常发生,审判实践中,要特别注意把握。例如,公司法第十四条规定,分公司不具有法人资格,其民事责任由公司承担。对分公司能否作为被告参加诉讼,实践中一直存在争议。一种观点认为,因为分公司不能独立承担民事责任,涉及分公司的民事责任时,一律以总公司作为被告,即否认分公司的被告资格;另一种观点认为,分公司可以作为被告参加诉讼,但是民事责任依然由总公司承担;还有一种观点认为,将分公司和总公司列为共同被告,总公司承担连带责任或补充责任。虽然本条第五项规定,依法设立并领取营业执照的法人的分支机构作为“其他组织”可以成为民事诉讼主体。对于其他组织作为原告提起诉讼,争议不大。但是其他组织能否作为独立的被告存在争议,司法实践中的做法也不统一。我们认为,民事诉讼法的立法是建立在尊重客观现实与市场规律的基础上,充分保障当事人的诉讼主体资格。民事诉讼法对法人的分支机构的诉讼主体地位的规定,是对其在作为被告情况下的程序处理,这一规定与实体法中规定的民事责任主体的规定并不冲突。再以总公司和分公司为例,公司法中关于分公司与总公司之间的关系是公司内部管理、责任承担的分配。在以民事诉讼法为基础,分公司作为被告参加诉讼,法院判决分公司承担民事责任后,并不免除总公司的责任,总公司仍要对不足部分负有清偿义务。

审判实践中,在当事人只选择法人的分支机构作为被告的情况下,法院可以直接判决法人的分支机构承担法律责任。在当事人选择法人为被告,而不以法人的分支机构为被告的情况下,要以法人的分支机构的责任能力大小以及是否有特殊法律规定区别处理。法人的分支机构如果具有较强的偿付能力,或者是有特殊的法律规定的,应当以法人的分支机构为被告,而不能以法人为被告。当事人以法人的分支机构与其法人为共同被告的情况下,法人的分支机构如果没有较强的支付能力,在判决分支机构承担的同时,可以确定法人承担补充责任。

这里需要注意的是,确定诉讼主体资格时也要注意法律、司法解释特别的规定。例如,《担保法解释》第一百二十四条规定,企业法人的分支机构为他人提供保证的,人民法院在审理保证纠纷案件中可以将该企业法人作为共同被告参加诉讼。但是商业银行、保险公司的分支机构提供保证的除外。涉及本司法解释第六项,即依法设立并领取营业执照的商业银行、政策性银行和非银行金融机构的分支机构承担民事责任时,只能以该分支机构为被告。这是因为这些分支机构一般均拥有相当数额、规模的资产,承担民事责任的能力很强。其总公司往往设在北京、上海等地,分公司遍布全国各地,分公司有偿付能力,如仍以总公司为被告,既不便于当事人参加诉讼,也不便于法院审判。即使原告坚持以总公司为被告,人民法院也应不予准许。

——沈德咏主编、最高人民法院修改后民事诉讼法贯彻实施工作领导小组编著:《最高人民法院民事诉讼法司法解释理解与适用》,人民法院出版社 2015 年版,第 227~229 页。

实践中其他非法人组织的主体资格的认定：

1. 其他保险公司在各地设立的分支机构

《民事诉讼法意见》第40条中将中国人民保险公司设在各地的分支机构作为法人组织的一种对待。不过，在《民事诉讼法》及《民事诉讼法意见》颁布以后，由于我国保险体制改革，已经有较多的保险公司合法设立，各保险公司也在各地相继设立了分支机构，这些分支机构也与各商业银行的分支机构一样被列入非银行金融机构的行列，也应将其作为非法人组织对待。

2. 村民小组

村民小组也应作为合法的非法人组织对待而赋予其诉讼主体资格。我国农村实行家庭联产承包责任制以来，原来的人民公社、生产大队分别改为乡（镇）人民政府、村民委员会，原来的生产队有的直接改为村民小组。在审判实践中，常常出现属于村民小组集体所有的宅基地、山林、水库、水塘等财产被他人侵害，村民小组以自己的名义提起诉讼的情况，为了保护村民集体的合法权益，赋予村民小组的合法诉讼主体资格是有必要的。另外，国务院《乡村集体所有制企业条例》第2条规定，本条例适用于由乡（含镇）、村（含村民小组）农民集体举办的企业。明确了村民小组在民事法律关系中的合法地位，表明其在民事活动中具有民事权利能力和当事人能力。在具体诉讼中，应由村民小组作为其诉讼代表人参加诉讼。

3. 地方人民政府设立的派出机关

根据《地方各级人民代表大会和地方各级人民政府组织法》的规定，行政公署、区公所、街道办事处等是省、县及市辖区、不设区的市的人民政府报经上一人民政府批准设立的派出机关，依法代行政府职能，自成立之日起，可以作为诉讼主体参加民事诉讼。

根据《最高人民法院关于城市街道办事处是否应当独立承担民事责任的批复》的规定，街道办事处开办的企业具有法人资格的，街道办事处只在收取管理费范围内承担民事责任；其开办的企业不具有法人资格的，应先由企业承担相应的民事责任，不足部分由街道办事处在企业注册资金范围内独立承担。街道办事处财产不足以承担时，不能由设立该街道办事处的市或区人民政府承担民事责任。街道办事处进行自身民事活动产生纠纷的，应当独立承担民事责任。

非法人组织诉讼主体资格的确定规范：

1. 非法人组织可以作为原告独立提起民事诉讼

根据《民事诉讼法》第49条的规定，非法人组织可以作为民事的当事人参加诉讼。所以依此规定,非法人组织可以作为民事诉讼的原告一方独立参加诉讼,因为作为原告一方一般情况下所要求确认的是民事权利的享有,而不是民事责任的承担,所以由其独立参加民事诉讼,符合《民事诉讼法》的要求。

2. 非法人组织可以作为被告,其法人单位亦可以作为共同被告

非法人组织的民事权利能力与其当事人能力是相分离的,这是客观的现实存在。非法人组织之所以不具有普遍的民事权利能力,是为了在非法人组织不能承担民事责任时,由其成员或上级法人承担连带责任或者赔偿责任,以保护与之交易的第三人的利益,从而保障交易的安全。作为当事人的非法人组织承担民事责任能力远不如法人,而民事责任能力则是民事权利能力的重要因素,由于非法人组织的责任能力是由其本身的财产和其成员或者上级法人单位共同承担,所以,其责任能力也不可避免地表现出不完全性。

司法实践中,既承认非法人组织有当事人能力,又要求其上级法人单位承担连带责任或者赔偿责任,这并非是对其诉讼当事人资格的否认,而是对其不具备完全责任能力的诉讼处理。尽管非法人组织具有一定的财产,构成一定的责任能力,但是非法人组织的财产并不完全独立,因此其责任能力并不完整,都需要由其上级法人单位对其债务承担补充责任。

非法人组织责任能力的不完全性,导致在民事诉讼中既承认非法人组织的当事人能力,同时又有可能将其法人单位是否必须作为共同被告参加诉讼,则应视具体情况而定,应由法官行使自由裁量权,其标准一般是就特定案件的执行而言,该非法人组织是否具有清偿特定案件债务的能力,如有,则其法人单位一般不必作为共同被告;如无,则其法人单位一般应作为共同被告。

——吴庆宝主编:《商事裁判标准规范》,人民法院出版社 2009 年版,第 584 ~ 585 页。

本案争议焦点是北协三处是否属于《民事诉讼法》第四十九条第一款规定的“其他组织”。具体而言,即北协三处没有经过依法登记程序,没有领取过营业执照,其以事实上的经济组织起诉北协公司解除双方挂靠经营关系是否具备相应的诉讼主体资格。最高人民法院根据本案具体情况,研究答复北协三处是具有相应诉讼主体资格的经济组织,其作为原告起诉北协公司解除挂靠经营关系,人民法院应予受理,主要考虑是:

(一)北协三处具备《民事诉讼法》第四十九条第一款规定的“其他组织”的主要特征。《民事诉讼法》第四十九条第一款规定,其他组织可以作为民事诉讼

的当事人。根据《适用意见》第四十条规定，所谓其他组织是指合法成立，有一定的组织机构和财产，但又不具备法人资格的组织。

根据北协三处提供的起诉材料，北协三处有自己的名称和经营场所，在册职工730多人；设立了经营、管理和决策的组织机构，从业务开发、合同签订、组织施工、安全及质量管理，到用人和收入分配，都有相应的制度。特别是在生产经营和财务等方面，北协三处自主经营、独立核算、自负盈亏，十多年来完成建设项目70个，完成产值5.5亿，向国家交纳各种税费4705万元，向北协公司交纳管理费2960万元。说明北协三处具有能够单独支配的，与其经营规模和业务活动的内容和范围相适用的财产。

对于"合法成立"，似不应作机械理解。合法成立，一般情况下理解为该组织在形式上履行了法定的核准程序，或者经过依法登记，或者领取了营业执照。但本案是挂靠经营纠纷，有它自身的特殊性。所谓挂靠，是指个体工商户、个人合伙或私营企业等生产经营者，与另一主体(一般是集体或国有法人企业)约定，由前者以后者提供的经营资格和凭证进行经营活动，并向后者提供管理费的经营形式。挂靠经营是特定历史条件下的产物。挂靠的本质在于规避工商行政管理法律规范，通过依附于某一主体来取得某种经营权。这种本质特点，决定了其中一挂靠经济组织碍于工商行政管理法律规范中对企业设立、变更条件的限制，不能以自己的名义取得经营资格，依附于另一主体后，由该主体以自己的名义为其办理营业执照，使其得以顺利设立。本案北协三处从施工队到北协三队，再到北协三处，均是依附于被挂靠单位北协公司的上级主管部门北京市建筑业联合会的批准。因此，北协三处的设立属于被挂靠方北协公司的申报批准而设立，其以被挂靠主体的营业执照为依托，不以自己的名义履行登记手续，此种情况，应当视为其合法成立。

(二)从法理方面分析，民事权利能力对诉讼权利能力有决定作用，有当事人资格的诉讼主体，一般应享有民事实体法上的权利能力，二者存在着一致性。但就其他组织而言，将其民事权利能力与诉讼权利能力相分离则是各国立法的一个发展趋势。这种分离的主要原因在于实现诉讼的便利性。因为"不能否认实际上除法人之外存在着种种团体，并且它们常常介入交易活动，从事着社会活动。由于其存在和活动，就会与他人之间产生纠纷，而且迫切需要解决这些纠纷。为了解决这些纠纷，诉讼法索性承认这些团体的存在，并把它作为诉讼当事人作出判决，这是既简便又有效的方法。"(日本民事诉讼法学者兼之一语)其他组织的此种诉讼权利能力的特质，使其虽不具有独立的责任能力，但在某些诉讼中并不影响其行使对他人的请求权。挂靠经济组织作为其他组织的一种类型，它与被挂靠方一般具有契约关系。当其与被挂靠方发生争议时，挂靠经济组织有权为自己设定权利和义务，因此，应当赋予他们保护自己合法权益的手段，其中重要的手段就是，赋予其诉讼法上的主体资格，使其能够以自己的名义向人民法院起诉或应诉。最高人民法院《民事诉讼案由规定（试行）》中将挂靠经营纠纷列为一种新案由，或许就是基于此种考虑。

（三）就解决纠纷的救济渠道而言，对于集体企业由于挂靠经营关系引起的产权纠纷，目前法律法规尚无明确承担调处职责的行政主管部门。国家经贸委在1996年曾出台过《关于城镇集体企业清产核资、产权界定暂行办法》，其中对出现争议的解决，规定了由省一级经贸部门进行调处的有关条款。但问题是：（1）该办法针对的是当时全国性的企业清产核资、产权界定工作，此项工作已经完成；（2）该办法所限定的主体范围是在工商部门登记注册的集体企业，对于类似北协三处这样没有独立工商登记的经济组织不在办法调整的主体范围内。这样，所谓"通过行政手段解决"的处理意见就不具备可行性。如此，法院作为定纷止争的司法机关，应当为争议的解决提供司法救济的渠道。限制当事人的诉讼，并不利于化解矛盾，反而会影响社会的稳定。

应当承认，挂靠企业财产权的归属判断，是一个综合的、复杂的过程，此类纠纷一旦受理，审理时在界清财产方面肯定存在难度。但审判实践，只要本着既尊重法律又尊重历史、照顾现实的原则，此类纠纷还是能够得到客观公正地处理的。

——梁曙明：《关于原北京市北协建设工程公司第三工程处起诉北京市北协建设工程公司解除挂靠经营纠纷一案是否受理问题的请示与答复》，载姜兴长主编、最高人民法院立案庭编：《立案工作指导与参考》（总第5卷），人民法院出版社2004年版，第49～52页。

235

金融机构分支机构的诉讼主体资格

关键词 | 金融机构 | 分支机构 | 诉讼主体 |

【最高人民法院司法解释】

第五十二条 民事诉讼法第四十八条规定的其他组织是指合法成立、有一定的组织机构和财产,但又不具备法人资格的组织,包括:

(六)依法设立并领取营业执照的商业银行、政策性银行和非银行金融机构的分支机构;

——《最高人民法院关于适用〈中华人民共和国民事诉讼法〉的解释》(2015年1月30日,法释〔2015〕5号)

【最高人民法院司法政策】

关于金融机构的分支机构的主体资格问题。一些金融机构的分支机构经工商行政管理机关登记领取企业法人营业执照,违反了1994年9月8日中国人民银行银发〔1994〕228号通知中关于证券交易营业部、证券业务部作为证券公司、信托投资公司的全资附属营业机构,不具有独立法人资格的规定,而应认定其不具有独立法人资格。对这些分支机构以自己的名义签订的证券回购合同,应依照银传〔1995〕60号文件中关于不具有法人资格的金融机构一律不得直接参与证券回购业务的规定处理。金融机构的分支机构无论是否领取企业法人营业执照和是否具有会员席位,只要是在该文件下发后,都应确认其不具有从事证券交易的主体资格。但在文件下发前,金融机构的分支机构以自己名义签订的证券回购合同,应确认其主体资格合法。在诉讼中,只要金融机构的分支机构领取营业执照,就具有诉讼的主体资格。但在实体处理上,对分支机构没有偿付能力的,应由其主管企业法人承担民事责任。

——《最高人民法院召开审理证券回购纠纷案件座谈会》(1996年11月29日)

236

保险人分支机构诉讼地位

关键词 | 保险人 | 分支机构 | 诉讼地位 |

【最高人民法院司法解释】

第二十条 保险公司依法设立并取得营业执照的分支机构属于《中华人民共和国民事诉讼法》第四十八条规定的其他组织,可以作为保险合同纠纷案件的当事人参加诉讼。

——《最高人民法院关于适用〈中华人民共和国保险法〉的解释(二)》(2013年5月31日,法释〔2013〕14号)

【链接:最高人民法院法官著述】

一、正确认定保险公司所设分支机构是否属于"其他组织"

在判断保险公司分支机构是否属于《民事诉讼法》第48条规定所指的其他组织时,法院应当着重审查其是否已经领取了营业执照。

二、正确判断保险公司分支机构能否成为本案当事人

我们认为,在保险合同纠纷案中判断保险人是否适格,应当以其是否系订立保险合同的保险公司或者保险公司分支机构为标准。具体而言:(1)各项具体业务均由保险公司承办,保险单或者其他保险凭证也是由保险公司以自己的名义签章后出具的,应当以保险公司作为当事人;(2)各项具体业务均由保险公司分支机构承办,但最终由保险公司审核后由保险公司以自己的名义签发保险单或者其他保险凭证的,应当以保险公司作为当事人;(3)各项具体业务均由保险公司分支机构承办,保险单或者其他保险凭证也是由保险公司分支机构以自己的名义签章后出具的,应当以保险公司分支机构作为当事人。

三、正确处理追加保险公司为当事人

在将保险公司分支机构作为案件当事人后,法院可否追加保险公司为共同被告?我们认为,如保险公司分支机构签发保单引发保险纠纷的,不应将保险公司或其他分支机构一并作为共同被告。我们制定本条司法解释的目的在于诉讼经济,是否将保险公司列为共同被告,从判决结果而言,通常不会产生差异;而保险公司却需要进行异地诉讼,导致诉讼成本增加。有人担心,如果只列保险公司分支机构为被告,那么当保险公司的分支机构财产不足以清偿债务时,如何执行?对于这种情况,《最高人民法院关于中国人民保险公司营口市支公司的债务可否由中国人民保险公司承担的函》(〔1996〕经他字第21号,1996年8月19日)中已经

明确,保险公司的分支机构不能单独承担民事责任时,可以在执行程序中裁定变更保险公司为被执行主体。《最高人民法院关于人民法院执行工作若干问题的规定(试行)》第78条也有类似明确规定,所以,不会存在无法执行的问题。

四、正确判令保险分支机构承担义务

本条仅涉及保险分支机构诉讼地位问题,并未对其义务承担方式进行规定。在将保险公司分支机构作为案件当事人特别是被告,法院在判决主文部分应当如何表述保险公司分支机构的责任承担?

我们认为,《民法通则》《公司法》和《保险法》对此均已作出明确规定,应严格执行。《保险法》第74条所强调的是,保险分支机构不能承担民事责任、不能独立承担民事义务,但分支机构仍具有与保险公司一体承担民事责任的能力。在分支机构作为案件当事人时,法院可以判令其向对方当事人履行给付义务,或者接受对方当事人所作给付。但判决中不宜出现"享有民事权利""承担民事责任""独立承担民事义务"等词语,以避免与《保险法》第74条第2款的规定直接发生冲突。

——最高人民法院民事审判第二庭编著:《最高人民法院关于保险法司法解释(二)理解与适用》,人民法院出版社2013年版,第446~449页。

237

农户代表人诉讼

关键词 | 农户代表人 | 代表人诉讼 | 诉讼当事人 |

【最高人民法院司法解释】

第四条 农户成员为多人的,由其代表人进行诉讼。

农户代表人按照下列情形确定:

(一)土地承包经营权证等证书上记载的人;

(二)未依法登记取得土地承包经营权证等证书的,为在承包合同上签字的人;

(三)前两项规定的人死亡、丧失民事行为能力或者因其他原因无法进行诉讼的,为农户成员推选的人。

——《最高人民法院关于审理涉及农村土地承包纠纷案件适用法律问题的解释》(2005年7月29日,法释〔2005〕6号)

【链接：最高人民法院法官著述】

在实务中，关于如何确定农户行使诉权的具体形式问题，主要有两种做法：一是直接将农户户主或者户代表作为当事人；二是将诉讼时所有家庭成员全部都列为当事人；而这两种做法都是不正确的。《解释》第四条规定农户代表人代表农户进行诉讼的目的在于，坚持农户的诉讼主体地位，方便当事人行使诉权。其出发点有二：(1)贯彻立法精神的必然选择。作为承包方的农户既是土地承包经营权唯一的权利主体，也是相关诉讼中己方唯一的当事人，生效法律文书约束的是农户。农户系由一定数量的家庭成员构成，其构成成员往往由于生死等原因而处于变化之中。但在土地承包经营权存续期间，以该农户家庭为同一生活单位的具有本集体经济组织成员资格的人，都要接受生效法律文书所确定的权利义务关系，而不仅仅只是诉讼时的农户家庭成员，其后新增的农户成员亦同之。所以只有确立农户代表人代表农户进行诉讼的诉讼模式，才能在彰显农户之诉讼当事人地位的同时，科学界定生效法律文书既判力的主体范围。(2)实务操作需要的必然要求。抛开前述法律规定层面的因素，在评估如何确定农户为一方当事人的诉讼模式，方能可操作、有效率地完成诉讼程序、实现程序目的的时候，尚需对此类诉讼实务有一个客观的认知。在社会生活日益活跃和复杂的今天，要求农户所有构成成员都来参加诉讼或者因农户成员的变化而随时变更诉讼主体的做法不仅不经济，而且也是不必要的。诉讼能力制度之旨趣亦应存乎对无效率情形的补救和完善，而不是使其变得更为艰难和高成本。

在农户代表人诉讼模式中，需要明确的问题有三个：(1)农户代表人并非诉讼当事人。其与所代表的农户是不同的民事主体，在农户才是当事人的诉讼程序中，农户代表人不具有诉讼当事人的地位。(2)农户代表人与民事诉讼法第五十四条和第五十五条规定的共同诉讼的诉讼代表人并非同一含义。民事诉讼法中代表人诉讼的核心含义是，一方当事人人数众多时（确定或者尚未确定），由这一方当事人推选代表人代表该方为诉讼行为。在诉讼机理上，它以共同诉讼为基础，代表人是身处己方的当事人之一，被代表的人也是案件的当事人。而在农户与相对方的诉讼中，农户一方只有一个当事人，即其自身。农户代表人在诉讼中则不具备当事人地位。换言之，此时不存在“当事人一方人数众多的共同诉讼”。(3)农户代表人变更、放弃诉讼请求或者承认对方当事人的诉讼请求，进行和解，是否必须经其他家庭成员同意的问题。《解释》第四条对此并没有作出规定，主要考虑是这样规定的实际意义并不很大。民事诉讼法项下代表人诉讼制度中，有必要作此规定的原因在于，代表人与被代表的当事人虽属同一方当事人，但各自仍然具有相对独立的利益需求。换言之，他们的利益是可分的。在该利益集团中，并不存在牢不可破的"共同利益"。对诉讼代表人之代表行为实施有效的监督和制约，对维护人数众多的一方当事人利益而言，关系尤巨。但在农户代表人诉讼中，代表人与其他家庭成员是基于血亲或者姻亲等原因构成农户，他们之间存在坚固的信赖基础和共同利益。代表人的个人利益与农户的团体利益同其命运。在正在进行的诉讼程序中，没有充分和现实的理由怀疑农户代表人是否会站在整体的角度争取最大化的诉讼利益。所以，此时并不存在确立克制其恶意损害其他家庭成员利益之监督机制的必要，退而言之，这种必要性并不强烈。再者，农户代表人代表的只是农户，而不是农户成员，农户成员并非此诉讼中的当事人。最后，农户成员可能由于外出务工、学习、入伍等各种原因不在农户所在地生活，如果要求农户代表人的诉讼行为须经其他家庭成员同意，无疑将导致该诉讼进程的拖延。所以说，《解释》第四条确立的农户代表人诉讼是一种全新的制度模式，它是在民事诉讼法规定和民事诉讼理论基础上，充分关注农村土地承包纠纷实际情况的产物。

——辛正郁：《〈关于审理涉及农村土地承包纠纷案件适用法律问题的解释〉的理解与适用》，载最高人民法院民事审判第一庭编：《民事审判指导与参考》(总第23集)，法律出版社2006年版，第45～49页。

238

村民委员会或村民小组的诉讼主体资格

关键词 | 村民委员会 | 村民小组 | 诉讼主体 |

【最高人民法院司法解释】

第六十八条 村民委员会或者村民小组与他人发生民事纠纷的，村民委员会或者有独立财产的村民小组为当事人。

——《最高人民法院关于适用〈中华人民共和国民事诉讼法〉的解释》(2015年1月30日，法释〔2015〕5号)

【最高人民法院答复】

河北省高级人民法院：

你院〔2005〕冀民一请字第一号《关于村民小组诉讼权利如何行使的几个问题的请示报告》收悉。经研究，答复如下：

遵化市小厂乡头道城村第三村民小组（以下简称第三村民小组）可以作为民事诉讼当事人。以第三村民小组为当事人的诉讼应以小组长作为主要负责人提起。小组长以村民小组的名义起诉和行使诉讼权利应当参照《中华人民共和国村民委员会组织法》第十七条履行民主议定程序。参照《河北省村民委员会选举办法》第三十条，小组长被依法追究刑事责任的，自人民法院判决书生效之日起，其小组长职务相应终止，应由村民小组另行推选小组长进行诉讼。

——《最高人民法院关于村民小组诉讼权利如何行使的复函》（2006 年 7 月 14 日，〔2006〕民立他字第 23 号）

【链接：最高人民法院法官著述】

村民委员会作为民事诉讼主体参与民事诉讼的主要情形包括：

1. 村民委员会对内负责保障土地家庭承包经营或其他经济项目的承包。根据我国农村土地承包法的相关规定，国家所有依法由农民集体使用的农村土地，可由使用该土地的村民委员会发包，且若村民委员会侵害了承包方的土地承包经营权，则应当承担停止侵害、返还原物、恢复原状、排除妨害、消除危险、赔偿损失等民事责任。这类纠纷主要包括土地承包经营权确认纠纷和承包地征收补偿费用分配纠纷。

2. 村民委员会作为平等主体一方因签订合同发生纠纷。如基于村内基础性公共设施建设的需要，与原材料供应商所订立的买卖合同；出于举办村内公益事业资金筹集的需要向银行贷款所订立的借款合同等。

3. 村民委员会作为未成年人的监护人承担相应的民事责任。根据民法通则第 16 条规定，未成年人的父母已经死亡或者没有监护能力的，如关系密切的其他亲属、朋友愿意承担监护责任，需经未成年人的父母的所在单位或者未成年人住所地的居民委员会、村民委员会同意。对担任监护人有争议的，由未成年人的父、母的所在单位或者未成年人住所地的居民委员会、村民委员会在近亲属中指定。在一定条件下未成年人住所地的村民委员会还可担任监护人。

——杜万华主编、《最高人民法院民事诉讼法司法解释实务指南》编写小组编著:《最高人民法院民事诉讼法司法解释实务指南》,中国法制出版社2015年版,第108页。

(一)第三村民小组法律地位分析

我们认为村民小组的法律地位应当根据其是否享有独立的财产权分为以下两类:

一是不享有独立财产权的村民小组。此类村民小组是村委会根据村民居住状况分设的内部组织,是村内部为便于村民行使自治权而设立的单位。村民小组成员组成村民小组会议,有权推选村民小组长、村民代表、村民选举委员会成员,在法律授权范围内享有独立自治权。在法律授权村民小组自治范围之外,村民小组仅是村民行使自治权的一种组织形式,村民既可以选择组成村民小组行使自治权,也可以直接组成村民会议行使自治权。在法律明确规定村民小组自治权范围之外,村民小组的自治权归根到底是村民整体的自治权,而不是一种独立的自治权,村民小组也不是一类完全独立的自治组织。

二是享有独立财产的村民小组。此类村民小组的性质具有双重性,既是村内部为便于村民行使自治权而设立的单位,又是一类独立的集体经济组织。相应而言,此类村民小组的自治权亦分为两类,一是在处理涉及全村村民整体利益的事项时,作为分设单位而行使的自治权,属于村民整体自治权的一部分,与不享有独立财产权的村民小组的自治权相同;二是在处理仅涉及本村民小组利益事项时而行使的自治权,此类自治权是村民小组作为集体经济组织的独立自治权,其他村民小组和村委会均无权干涉。在这个范围内,村民小组的自治权独立于村民整体的自治权,其法律地位与村并列,而无高下之分。

综上,村民小组的独立自治权分为两部分:一是推选村民小组长、村民代表、村民选举委员会委员的权利,这是村民委员会组织明确授权村民小组行使的自治权,是所有村民小组均享有的独立权利;二是有独立集体财产权的村民小组享有的就仅涉及集体权益事项的自治权,此类自治权限于集体财产权益及由此衍生的权利,包括诉权。

本案第三村民小组即属于享有独立财产权的集体经济组织,在法律授权范围内以及处理涉及本集体利益的事项时,享有独立的自治权。据此,我们认为,鉴于法律未专门针对此类村民小组行使自治权的方式作出规定,并考虑到此类村民小组与村集体在法律地位上的类似性,应可以参照《中华人民共和国村民委员会组织法》中关于村集体行使自治权的相关条文予以规范,但其范围应严格限于法律授权范围以及与村民小组集体利益相关的事项。这种处理方式也体现在我院相关司法解释中。《最高人民法院关于审理涉及农村土地承包纠纷案件适用法律问题的解释》(法释〔2005〕6 号)第二十四条规定:“农村集体经济组织或者村民委员会、村民小组,可以依照法律规定的民主议定程序,决定在本集体经济组织内部分配已经收到的土地补偿费。”

(二)第三村民小组的诉讼应当以小组长作为负责人的方式提起,而不应采取小组成员推举诉讼代表人的方式

本案第三村民小组属于农村集体经济组织,集体公有制要求集体成员以集体所有的方式不可分割地共同占有集体财产。集体成员平等地共同享有权利,以集体分配获得收益,但集体土地和财产不是成员个人财产,因此,在一个集体范围现有成员不得将集体共有的财产权益按一般共有(私有)的原则进行分割。简言之,集体财产不等于集体成员个人财产的总和,集体成员必须共同地对集体财产享有和行使权利,集体组织是由集体成员构成的一个民事主体,而不是集体成员单个民事主体的整合。因而,除非按照法律规定的民主议定程序作出决定,任何单个、部分甚至全体村民小组成员都不能以村民小组的名义进行诉讼。

由于第三村民小组具有独立的民事主体地位,属于民事诉讼法规定的其他组织,因此,本案第三村民小组与范连春的诉讼不符合代表人诉讼关于当事人人数众多的要求,不能采取代表人诉讼的形式。从另一角度讲,如果采取代表人诉讼形式,则应将诉讼代表人及其代表的小组成员列为当事人,如果以第三村民小组作为当事人,则小组成员不能越过集体直接主张集体权益,小组成员与本案诉讼标的并无法律上的直接利害关系。由于本案第三村民小组独立诉讼主体的地位非常明确且当事人双方均无争议,只能根据民事诉讼法第四十九条的规定,由其主要负责人根据村民小组会议的决定提起和进行诉讼。

(三)村民小组长如被追究刑事责任,则无权代表村民小组行使权利

本案村民小组长方保云如被追究刑事责任,则无权代表村民小组行使诉讼权利。如仅被采取刑事羁押措施,尚未被追究刑事责任,应仍有权代表村民小组行使诉讼权利。

(四)村民小组行使诉讼权利应当履行法律规定的民主议定程序

村民组在其享有独立自治权范围内,决定涉及本集体利益事项时,应当履行法律规定的民主议定程序。村民委员会组织法第十七条规定:“村民会议由本

村十八周岁以上的村民组成。召开村民会议,应当有本村十八周以上村民的过半数参加,或者有本村三分之二以上的户的代表参加,所作决定应当经到会人员的过半数通过。必要的时候,可以邀请驻在本村的企业、事业单位和群众组织派代表列席村民会议。”本案第三村民小组可以参照上述规定召集村民小组会议作出决定以行使诉讼权利,如果未履行上述民主议定程序,则任何村民小组成员都不得代表村民小组行使权利。

(五)村民小组长缺位时,应当由村民小组会议另行推选小组长;村民小组长不能直接参加诉讼时,可以委托诉讼代理人代为参加诉讼

由于推选小组长属于村民小组自治范围,因而,在小组长缺位时,只能由村民小组另行推选小组长,而不能由乡政府或者村委会指派。小组长由于特殊原因不能直接参加诉讼,只要其小组长的职务未被罢免,其仍有权作为村民小组负责人,通过委托诉讼代理其实施诉讼行为。

——刘小飞:《最高人民法院关于村民小组诉讼权利如何行使的复函》,载苏泽林主编、最高人民法院立案庭编:《立案工作指导》(总第12辑),人民法院出版社2006年版,第43~47页。

239

业委会具有民事诉讼主体资格

关键词 | 业主委员会 | 其他组织 | 主体资格 |

【最高人民法院司法政策】

一是物业诉讼受理问题。随着我国城市建设和房地产业的蓬勃发展,物业管理服务的逐渐普及,与物业相关的纠纷呈现出高发态势,物业纠纷已经成为社会广泛关注的热点问题。物业纠纷的案件类型包括业主或业主委员会与物业管理企业之间的纠纷、业主之间因物业发生的纠纷,业主与业主委员会之间因物业权益发生的纠纷。这类案件受理中存在的突出问题主要有:业主委员会的诉讼主体资格问题,业主委员会的起诉条件问题,业主对业主委员会的成立、业主委员会的决议效力有异议提起的民事诉讼是否受理的问题等。

业主委员会是业主大会的执行机构,从便利诉讼的角度出发,应当认可业主

委员会的诉讼主体资格,业主委员会提起诉讼应当得到业主大会授权。业主因物业管理企业的选聘、解聘等内部事务无法达成一致意见发生的纠纷;业主对业主委员会的成立有异议;业主对业主大会、业主委员会作出的决议有异议发生的纠纷;应自行协商解决或按照物业管理条例的规定由政府房地产行政主管部门处理,不属于人民法院受理民事案件范围。

——苏泽林:《在党的十六届六中全会精神指引下开创人民法院审判工作新局面——在全国法院立案审判实务座谈会上的讲话》(2006 年 11 月 21 日),载苏泽林主编、最高人民法院立案庭编:《立案工作指导》(总第 13 辑),人民法院出版社 2007 年版,第 9 页。

【最高人民法院答复】

安徽省高级人民法院:

你院〔2004〕皖民一他字第 34 号《关于春雨花园业主委员会是否具有民事诉讼主体资格的请示》收悉。经研究,答复如下:

根据《物业管理条例》规定,业主委员会是业主大会的执行机构,根据业主大会的授权对外代表业主进行民事活动,所产生的法律后果由全体业主承担。业主委员会与他人发生民事争议的,可以作为被告参加诉讼。

——《最高人民法院关于春雨花园业主委员会是否具有民事诉讼主体资格的复函》(2005 年 8 月 15 日,〔2005〕民立他字第 8 号)

安徽省高级人民法院:

你院〔2002〕皖民一终字第 112 号《关于金湖新村业主委员会是否具备民事诉讼主体资格的请示报告》收悉。经研究,答复如下:

根据《中华人民共和国民事诉讼法》第四十九条、《最高人民法院关于适用〈中华人民共和国民事诉讼法〉若干问题的意见》第四十条的规定,金湖新村业主委员会符合“其他组织”条件,对房地产开发单位未向业主委员会移交住宅区规划图等资料,未提供配套公用设施、公用设施专项费、公共部位维护费及物业管理用房、商业用房的,可以自己名义提起诉讼。

——《最高人民法院关于金湖新村业主委员会是否具备民事诉讼主体资格请示一案的复函》(2003 年 8 月 20 日,〔2002〕民立他字第 46 号)

【最高人民法院审判业务意见】

最高人民法院民一庭认为:依法成立的业主委员会在其职责范围内,经业主代表大会授权,有权就与物业管理有关的、涉及全体业主公共利益的事宜,以物业公司为被告向人民法院提起民事诉讼。与物业管理无关的、个别或部分业主的事宜,业主委员会无权向人民法院提起诉讼。

——程建乐:《业主委员会是否具备诉讼主体资格》,载最高人民法院民事审判第一庭编:《中国民事审判前沿》(总第2集),法律出版社2005年版,第17页。

【《最高人民法院公报》案例】

徐州西苑艺君花园(一期)业主委员会诉徐州中川房地产开发有限公司物业管理用房所有权确认纠纷案(徐州市泉山区人民法院一审民事判决书)

裁判要旨:业主委员会依照《中华人民共和国物权法》第七十五条第一款规定成立,具有一定目的、名称、组织机构与场所,管理相应财产,是《中华人民共和国民事诉讼法》第四十九条第一款规定的"其他组织"。业主委员会依据业主共同或业主大会决议,在授权范围内,以业主委员会名义从事法律行为,具备诉讼主体资格。

徐州市泉山区人民法院认为:

艺君业委会原告诉讼主体适格。依照《最高人民法院关于适用〈中华人民共和国民事诉讼法〉若干问题的意见》第四十条的规定,民事诉讼法第四十九条规定的其他组织是指合法成立、有一定的组织机构和财产,但又不具备法人资格的组织。原告为对西苑艺君花园进行管理,依照《中华人民共和国物权法》第七十五条第一款的规定成立,具有一定目的、名称、组织机构与场所,管理相应财产,以特定代表人对外代表团体,是《中华人民共和国民事诉讼法》第四十九条第一款规定的"其他组织"。原告依据业主共同或业主大会决议,在授权范围内,以业主委员会名义,依照《最高人民法院关于审理建筑物区分所有权纠纷案件具体应用法律若干问题的解释》第十四条规定的物权请求权,向被告主张确认物业管理用房所有权,具备原告诉讼主体资格。

——《最高人民法院公报》2014年第6期

【链接：最高人民法院法官著述】

案例：春雨花园系皖丰公司开发的住宅小区。2002年6月，春雨花园业主委员会将皖丰公司尚未出售的17号楼的109室门面卷闸撬开，强占一、二、三层房屋及该号楼103室和另外一间房屋，并分别出租给他人。皖丰公司现起诉请求四被告停止侵权，返还房屋，并赔偿损失。

2002年，安徽高院曾经就“金湖新村”业主委员会是否具有民事诉讼原告的主体资格问题向最高人民法院请示，最高人民法院〔2002〕民立他字第46号函答复金湖新村业主委员会符合“其他组织”条件，对房地产开发单位未向业主委员会移交住宅规划图等资料，未提供配套公用设施及专项费、公共部位维护费及物业管理用房、商业用房的，可以自己名义提起诉讼。安徽高院认为：最高法院的答复没有明确业主委员会是否有被告资格问题，且国务院《物业管理条例》已经施行，条例对业主委员会的法律地位及性质已明确，但就其是否具有民事诉讼主体资格问题未予明确。

2005年8月15日，最高人民法院〔2005〕民立他字第8号《关于春雨花园业主委员会是否具有民事诉讼主体资格的复函》再次函复安徽省高级人民法院：根据《物业管理条例》的规定，业主委员会是业主大会的执行机构，根据业主大会的授权对外代表业主进行民事活动，所产生的法律后果由全体业主承担。业主委员会与他人发生民事争议的，可以作为被告参加诉讼。这个函复认可了业主委员会的被告资格。

结论：业主委员会既有民事诉讼的原告资格，也有被告资格。

理由：

1. 业主委员会是业主自治的组织形式

人类发展历史为团体结合的历史。人们通过组织各种团体而生活其中，借团体的社会作用来促进人类经济社会的发展，实现个人力量所无法达成的目的。基于这种认识，罗马法率先承认团体的法律人格。因此，承认某些自治组织的法律地位，是宪法赋予的公民结社自由的体现，也是经济社会发展的结果，如村民自治下的村民委员会，居民自治下的居民委员会，法人自治下的董事会，等等。与一般动产、不动产不同，建筑物在构造、权属和管理上的相互依赖性，使得多数业主之间形成事实上的难以分割的共同体关系，为谋求各自和共同的利益，有必要联合起来设立一个自主的管理团体或者组织，对建筑物为妥善的管理。保障业主通过一定形式行使自治权是各国物业管理制度的共同目的,我国物业管理制度不应例外。

2. 业主委员会具有"非法人组织"的民事法律地位

民法通说认为,权利能力是指能否享有权利或者承担义务的一般性资格,有权利能力者仅限于自然人和法人。民法设置权利能力制度的目的,是为了促进交易效率、保障交易安全:一方面,概括性地赋予能独立承担民事责任的自然人和法人权利能力,避免在交易过程中逐一审查交易对象之烦琐。另一方面,将不能独立承担民事责任的组织排除在有权利能力者之外,保障市场交易的安全,并促使其尽快取得法人人格。一般而言,非法人团体须具有一定的名称,一定的目的,一定的处所,一定的财产,并有代表人或负责人等条件。业主委员会既非自然人,亦非法人,属于中间性质的非法人团体。

3. 业主委员会属于"其他组织",有当事人能力

当事人能力是指能成为一般民事诉讼当事人所必要的诉讼法上的权力能力。《最高人民法院关于适用〈中华人民共和国民事诉讼法〉若干问题的意见》第四十条规定,其他组织是指合法成立、有一定的组织机构和财产,但又不具备法人资格的组织。业主委员会符合"其他组织"条件。当事人能力包括积极和消极的当事人能力,业主委员会兼而有之。德国民事诉讼法和我国台湾地区民事诉讼法只认可无权利能力之社团可以被诉,即仅承认其具有消极的当事人能力,并未承认其可起诉,其立法旨意在于使得其权利诉追变难,而对其权利诉追变易。日本新民事诉讼法规定非法人团体有积极和消极的当事人能力。修改的原因是:承认非法人团体有被告能力,有利于保护交易第三人;但不承认其有原告能力,对于非法人团体也不公平。我们认为应当肯定业主委员会有积极和消极的当事人能力:保护物业管理公司等交易主体的利益,使得其权利诉追变易;保护业主的利益,使得其权利诉追变易。

——姜启波、王胜全、李伟、刘小飞:《新型疑难民商事案件受理问题(上)》,载苏泽林主编、最高人民法院立案庭编:《立案工作指导》(总第12辑),人民法院出版社2006年版,第67~68页。

240

证券公司营业部的诉讼主体资格

关键词 | 企业法人 | 分支机构 | 证券公司营业部 | 诉讼主体 | 其他组织 |

【最高人民法院答复】

上海市高级人民法院：

你院〔1997〕沪高经他字第4号请示收悉。经研究，答复如下：

证券公司营业部是经中国人民银行或其授权的分支机构依据《中华人民共和国银行法》的有关规定批准设立，专营证券交易等业务的机构。其领有《经营金融业务许可证》和《营业执照》，具有一定的运营资金和在核准的经营范围内开展证券交易等业务的行为能力。根据《最高人民法院关于适用〈中华人民共和国民事诉讼法〉若干问题的意见》第40条第(5)项之规定，证券公司营业部可以作为民事诉讼当事人。

——《最高人民法院关于领取营业执照的证券公司营业部是否具有民事诉讼主体资格的复函》(1997年8月22日，法函〔1997〕98号)

【《最高人民法院公报》案例】

天同证券公司与健康元公司、天同证券深圳营业部合同纠纷管辖权异议案［最高人民法院(2005)民二终字第160号民事裁定书］

裁判要旨：企业法人的分支机构虽然不具有法人资格，但如果该分支机构依法设立并领有工商营业执照，具有一定的运营资金和在核准的经营范围内开展交易业务的行为能力，属于民事诉讼法规定的其他组织，可以作为民事诉讼的当事人。

最高人民法院认为：

天同证券深圳营业部系天同证券的分支机构，虽不是法人，但其依法设立并领有工商营业执照，具有一定的运营资金和在核准的经营范围内开展证券交易等业务的行为能力，属于《中华人民共和国民事诉讼法》规定的其他组织，可以作为民事诉讼的当事人。天同证券深圳营业部作为本案合同纠纷的合同一方当事人，是本案原告起诉承担直接民事责任的被告，且其工商登记住所地为广东省深圳市，广东省高级人民法院对本案依法享有管辖权。

——《最高人民法院公报》2006年第6期

241

企业法人分支机构的诉讼主体资格

关键词 | 企业法人 | 分支机构 | 诉讼主体 | 其他组织 |

【最高人民法院司法解释】

第五十三条 法人非依法设立的分支机构,或者虽依法设立,但没有领取营业执照的分支机构,以设立该分支机构的法人为当事人。

——《最高人民法院关于适用〈中华人民共和国民事诉讼法〉的解释》(2015年1月30日,法释〔2015〕5号)

【最高人民法院裁判文书】

太平洋(福建)房地产开发有限公司与铁道部第十七工程局拖欠工程款合同纠纷上诉案[最高人民法院(1997)民终字第131号民事判决书]

裁判要旨:企业法人授权其派出机构签订合同的,该企业法人具有合法的诉讼主体地位。企业法人授权其派出机构承揽业务、签订合同的,该企业法人具有合法的诉讼主体地位。

最高人民法院认为:

福州办事处系铁十七局的分支机构,其与太平洋公司所签合同、协议,铁十七局均予认可,且协议双方意思表示真实,内容合法,因此协议有效。太平洋公司主张其与福州办事处签订的协议无效缺乏证据,不予支持。太平洋公司关于工程未验收的主张,因该工程已交付使用,双方协议对尚欠工程款予以确认,故对其主张不予支持。太平洋公司未依其与福州办事处于1995年11月5日签订的《协议书》的约定履行还款义务,一审判决其归还铁十七局工程款及利息并无不当,应予维持。

——最高人民法院民事审判第一庭编:《最高人民法院民事案件解析(建设工程)》(第3辑),法律出版社2010年版,第141页。

【链接:最高人民法院法官著述】

一审法院对本案的定性和效力的确认是正确的。福州办事处是铁道部第十七工程局申请，福州市人民政府批准，在福建省福州市设立的常驻机构，其主任由铁道部第十七工程局任免。铁道部第十七工程局授权福州办事处在福州承揽工程业务，并代表本单位与建设单位商谈、签订合同等。因此，福州办事处系铁道部第十七工程局的分支机构，对其与太平洋公司签订的合同、协议，铁道部第十七工程局均予认可，故铁道部第十七工程局作为诉讼主体具有合法资格。且协议双方意思表示真实，内容不违反法律规定。根据《中华人民共和国经济合同法》第4条："订立经济合同，必须遵守法律和行政法规。任何单位和个人不得利用合同进行违法活动，扰乱社会经济秩序，损害国家利益和社会公共利益，牟取非法收入。"第5条："订立经济合同，应当遵循平等互利、协商一致的原则。任何一方不得把自己的意志强加给对方。"协议应为有效。

——最高人民法院民事审判第一庭编：《最高人民法院民事案件解析（建设工程）》（第3辑），法律出版社2010年版，第141页。

（四）企业法人的分支机构的诉讼行为能力问题

诉讼行为能力是案件当事人（或者诉讼辅助人）亲自来有效实施或者承受诉讼行为所必需的能力。民事诉讼行为能力仅为当事人行使并承担程序法方面的诉讼上的权利与义务，并不要求其具备承担实体法上义务的能力。《民事诉讼法》赋予了自然人、法人以外的其他组织在具备法定条件的情况下，可以作为案件当事人参加诉讼，也就是说赋予了其诉讼权利能力。作为企业法人的分支机构如果具备了法定要件，同样可以作为其他组织参加诉讼。分支机构作为诉讼主体参加诉讼的同时，应当理解为其同样具备了诉讼行为能力，也就是其可以亲自来实施或者承受诉讼行为，该诉讼行为的实施者可以是分支机构的主要负责人或者其委托代理人。

但是，需要探讨的是在企业法人及其分支机构均作为当事人参加诉讼的情况下，能否以企业法人的诉讼行为代替分支机构的诉讼行为？如果企业法人的诉讼行为与分支机构的诉讼行为不一致，该如何处理？本文认为，根据《民事诉讼法》的规定，企业法人的分支机构如果具备了法律规定的要件，可以作为其他组织参加诉讼，无论其作为原告主动参加诉讼，还是作为被告被动参加诉讼，其均应实施必要的诉讼行为或者承受必要的诉讼行为。即使企业法人参加了诉讼，也不能以企业法人的诉讼行为代替该分支机构的诉讼行为，即使其双方存在诉讼利益与实体利益一致的情形。这样理解的法理依据在于：其一，诉讼法属于强制法，诉讼法的规定多为强制性规定，不同于民事实体法的规定主要体现私法意思自治的原则;其二,诉讼法律有其特有的制度价值,诉讼利益也不同于实体利益,对于诉讼权利或利益的保护是当事人权利或利益保护的一个重要内容。因此,我们可以得出结论,企业法人的分支机构在诉讼过程中应当以自己的名义为诉讼上的行为,即使在企业法人参加诉讼的情况下,也不能以该企业法人的诉讼行为代替分支机构的诉讼行为。

如果诉讼过程中出现了企业法人与其分支机构的诉讼行为不一致的情形,则应当区分具体的情况作不同的认定。如果该诉讼行为涉及到的仅为诉讼利益而非实体利益,如是对合议庭组成人员申请回避、是否提起上诉等,应当由企业法人或者其分支机构分别为之。即使出现不一致也不视为矛盾,可以分别予以处理。如果该具体诉讼行为不仅涉及到诉讼利益同时关系到实体利益,因企业法人系该实体利益的最终承担者,因此该具体的诉讼行为应经企业法人同意,如同意对方当事人的诉讼请求,同意调解、和解等。但是在有关案件事实查清阶段涉及到的证据认定问题,因证据采信以及事实认定具有较大的客观性,对于分支机构做出诉讼行为企业法人不得否认。

(五)企业法人的分支机构参加民事诉讼的法律效果

企业法人的分支机构作为民事诉讼法上的其他组织的一种,如果符合法律所规定的其他组织的构成要件,该分支机构完全可以作为案件当事人参加诉讼。当该分支机构作为原告提起诉讼之时,根据当事人意思自治原则,企业法人可以自行选择决定是由其自身抑或其依法设立的分支机构作为原告提起诉讼,此点当无异议。问题是,如果涉及到企业法人的分支机构需要作为被告参加诉讼的时候,是否需要将该企业法人作为被告参加诉讼。我们认为,根据企业法人有限责任原则,企业法人的分支机构的民事行为应由该企业法人承担最终的民事责任,即使不列该企业法人作为被告参加民事诉讼,企业法人仍然需要对其依法设立的分支机构承担民事责任。反之,如果将企业法人列为被告,如果该企业法人直接经营的资产不足以清偿债务的,也应当由分支机构承担民事责任。《最高人民法院关于人民法院执行工作若干问题的规定(试行)》第七十八条即作出了明确的规定:“被执行人为企业法人的分支机构不能清偿债务时,可以裁定企业法人为被执行人。企业法人直接经营管理的财产仍不能清偿债务的,人民法院可以裁定执行该企业法人其他分支机构的财产。”在我国,目前各全国性银行、证券公司、保险公司以及其他全国性的公司纷纷在各地设立了大量的分支机构,如果一律苛求必须将企业法人及其分支机构均列为当事人参加诉讼,不仅造成了当事人的极大诉累,也徒增人民法院的诉讼成本。

司法实务中大量存在的另一个问题是，企业法人非依法成立的分支机构在从事经营活动中产生了纠纷，能否作为当事人参加诉讼？另外，国家机关以及其他事业单位、社会团体也存在大量非依法设立分支机构的情况。在此情况下，即使该机构获得了其设立法人的广泛授权，发生纠纷时该非依法设立的分支机构仍然不能作为独立的诉讼当事人参加民事诉讼活动。因为民事诉讼法作为公法的重要组成部分，其所规定的诉讼主体资格的取得、诉讼权利的行使以及诉讼义务的承担，均需要有法律的明确规定，这不同于民事实体法律范畴的意思自治原则，不能以当事人的私法意思表示取代公法的强制性规定。

在企业法人的分支机构参加诉讼的案件中，有关诉讼管辖的问题应依下列原则确定：既然法律赋予了该分支机构的诉讼主体资格，就可以按照该分支机构的工商登记地确定管辖；如果工商登记地与其主要营业地不一致，应根据其主要营业地确定法院管辖；如果企业法人及其分支机构均参加诉讼，企业法人及其分支机构的工商登记地或者主要营业地均可作为确定法院管辖的考虑因素。

——李延忱：《企业法人分支机构作为民事诉讼主体的法律问题探讨》，载苏泽林、景汉朝主编，最高人民法院立案一庭、立案二庭编：《立案工作指导》（总第 30 辑），人民法院出版社 2012 年版，第 62 ~ 64 页。

242

挂靠形式从事民事活动的诉讼主体资格确定

关键词 | 挂靠经营 | 劳动争议 | 旅游纠纷 | 诉讼主体 |

【最高人民法院司法解释】

第五十四条 以挂靠形式从事民事活动，当事人请求由挂靠人和被挂靠人承担民事责任的，该挂靠人和被挂靠人为共同诉讼人。

——《最高人民法院关于适用〈中华人民共和国民事诉讼法〉的解释》（2015 年 1 月 30 日，法释〔2015〕5 号）

第三条 以挂靠形式从事道路运输经营活动的机动车发生交通事故造成损害，属于该机动车一方责任，当事人请求由挂靠人和被挂靠人承担连带责任的，人民法院应予支持。

——《最高人民法院关于审理道路交通事故损害赔偿案件适用法律若干问题的规定》(2012 年 11 月 27 日,法释〔2012〕19 号)

第十六条 旅游经营者准许他人挂靠其名下从事旅游业务,造成旅游者人身损害、财产损失,旅游者请求旅游经营者与挂靠人承担连带责任的,人民法院应予支持。

——《最高人民法院关于审理旅游纠纷案件适用法律若干问题的规定》(2010 年 10 月 26 日,法释〔2010〕13 号)

第五条 未办理营业执照、营业执照被吊销或者营业期限届满仍继续经营的用人单位,以挂靠等方式借用他人营业执照经营的,应当将用人单位和营业执照出借方列为当事人。

——《最高人民法院关于审理劳动争议案件适用法律若干问题的解释(三)》(2010 年 9 月 13 日,法释〔2010〕12 号)

【最高人民法院审判业务意见】

不具备合法经营资格的用人单位应当对劳动者承担相应的责任,且《劳动合同法》第 93 条亦有相应规定。但就出借营业执照一方而言,由于其出借行为导致了劳动者有理由相信他的用人单位具备合法经营资格,甚至认为出借营业执照一方即是用人单位。正是基于这些足以使其产生合理认识的表象,劳动者才付出了劳动。因此,当劳动者因劳动报酬、经济补偿或者赔偿金与单位发生争议时,亦应当把出借营业执照一方列为当事人,并且要承担相应的责任。实践中还需要注意的是,不论以挂靠等形式出借营业执照是否为有偿,均不影响其作为当事人的地位。这是因为有偿或无偿只是发生在借用方与出借方之间,劳动者的合法权益不应因出借营业执照有偿或无偿而发生变化。

——《依法维护劳动者权益,构建和发展和谐稳定的劳动关系——最高人民法院民一庭庭长杜万华就〈关于审理劳动争议案件适用法律若干问题的解释(三)〉答记者问》,载最高人民法院民一庭编:《民事审判指导与参考》(总第 43 集),法律出版社 2011 年版,第 10 页。

【链接：最高人民法院法官著述】

应当根据当事人的请求来确定当事人，当事人如果只主张挂靠人或者只主张被挂靠人独立承担的，人民法院应当只列挂靠人或被挂靠人一方为当事人。当事人主张挂靠人和被挂靠人共同承担民事责任的，人民法院应当将其列为共同诉讼人。人民法院在审查时可以对只列一方为被告的原告给予适当释明。如果原告在起诉时只列一方当事人的，人民法院经审理依法判决后，当事人不能以遗漏诉讼当事人为由要求发回重审或者申请再审。在二审程序中，可以申请追加当事人或者另行起诉。

——沈德咏主编、最高人民法院修改后民事诉讼法贯彻实施工作领导小组编著：《最高人民法院民事诉讼法司法解释理解与适用》，人民法院出版社2015年版，第232页。

243

个体工商户的诉讼主体地位

关键词 | 个体工商户 | 诉讼主体 |

【最高人民法院司法解释】

第五十九条　在诉讼中，个体工商户以营业执照上登记的经营者为当事人。有字号的，以营业执照上登记的字号为当事人，但应同时注明该字号经营者的基本信息。

营业执照上登记的经营者与实际经营者不一致的，以登记的经营者和实际经营者为共同诉讼人。

——《最高人民法院关于适用〈中华人民共和国民事诉讼法〉的解释》（2015年1月30日，法释〔2015〕5号）

第九条　劳动者与起有字号的个体工商户产生的劳动争议诉讼，人民法院应当以营业执照上登记的字号为当事人，但应同时注明该字号业主的自然情况。

——《最高人民法院关于审理劳动争议案件适用法律若干问题的解释(二)》(2006年8月14日,法释〔2006〕6号)

【链接:最高人民法院法官著述】

实践中,个体工商户的营业执照转让、出租的情形经常发生,也由此带来了纠纷。根据本条规定,个体工商户营业执照上登记的经营者与实际经营者在诉讼中为必要共同诉讼当事人。在对外债务上,登记的经营者与实际经营者应当承担连带责任。

——杜万华主编、《最高人民法院民事诉讼法司法解释实务指南》编写小组编著:《最高人民法院民事诉讼法司法解释实务指南》,中国法制出版社2015年版,第144页。

244

起字号的个人合伙应列全体合伙人为当事人

关键词 | 个人合伙 | 诉讼主体 | 共同诉讼人 |

【最高人民法院司法解释】

第六十条 在诉讼中,未依法登记领取营业执照的个人合伙的全体合伙人为共同诉讼人。个人合伙有依法核准登记的字号的,应在法律文书中注明登记的字号。全体合伙人可以推选代表人;被推选的代表人,应由全体合伙人出具推选书。

——《最高人民法院关于适用〈中华人民共和国民事诉讼法〉的解释》(2015年1月30日,法释〔2015〕5号)

【链接:最高人民法院法官著述】

问题:我院受理了一涉及个人合伙(起了字号)的民事案件,在列谁为当事人的问题上,审判人员有两种不同意见:第一种意见认为,应当适用《最高人民法院关于贯彻执行〈中华人民共和国民法通则〉若干问题的意见（试行）》第45条之规定：起字号的个人合伙，在民事诉讼中，应当以依法核准登记的字号为诉讼当事人，并由合伙负责人为诉讼代表人。合伙负责人的诉讼行为，对全体合伙人发生法律效力。第二种意见认为，应当适用《最高人民法院关于适用〈中华人民共和国民事诉讼法〉若干问题的意见》第47条的规定，个人合伙的全体合伙人在诉讼中为共同诉讼人。个人合伙有依法核准登记字号的，应在法律文书中注明登记的字号。全体合伙人可以推选代表人；被推选的代表人，应由全体合伙人出具推选书。请问哪种意见正确？

《人民司法》研究组认为：《最高人民法院关于贯彻执行〈中华人民共和国民法通则〉若干问题意见（试行）》（以下简称民通意见）施行在前，《最高人民法院关于适用〈中华人民共和国民事诉讼法〉若干问题的意见》（以下简称民诉意见）施行在后，根据后法优于前法的原则，应适用民诉意见的规定。另外，从实体法上看，个人合伙不具有独立的民事主体资格；从程序法上看，个人合伙也不具有民事诉讼主体资格。故也不应认可起字号的个人合伙的民事诉讼主体地位，即不应列字号为当事人。再者，从实践操作上来讲，如果列字号为诉讼当事人，会出现以下两个问题：一是使诉讼程序复杂化，在如何列明主要负责人问题上存在问题。如有数名事务执行合伙人，谁为主要负责人可能无法达成一致意见；如数名事务执行合伙人在诉讼过程中意见不一致，也不好处理。二是有可能损害非事务执行合伙人的实体权利。若依民通意见的规定，只有合伙负责人或者事务执行合伙人参加诉讼，而非事务执行合伙人不参加诉讼，无从发表意见，他们对合伙财产的处分权在诉讼过程中可能无法实现。甚至可能在其他合伙人不知情的情况下，合伙负责人的诉讼行为对全体合伙人发生了法律效力。如果依民诉意见的规定则不会出现上述两个问题，而且诉讼代表人是全体合伙人推选的，是全体合伙人的共同意思表示，也与个人合伙诉讼属必要共同诉讼的理论相一致。因此，我们认为，第二种意见是正确的。

——《人民司法·应用》2008年第19期

245

不履行调解协议的以对方当事人为被告

关键词 | 不履行调解协议 | 被告 |

【最高人民法院司法解释】

第六十一条 当事人之间的纠纷经人民调解委员会调解达成协议后,一方当事人不履行调解协议,另一方当事人向人民法院提起诉讼的,应以对方当事人为被告。

——《最高人民法院关于适用〈中华人民共和国民事诉讼法〉的解释》(2015年1月30日,法释〔2015〕5号)

【链接:最高人民法院法官著述】

审判实践中,本条中的“经人民调解委员会调解达成协议后”,既包括依据人民调解法第三十二条规定,当事人对他们之间的争议仍然存在争议提起诉讼的情形,也包括调解法第三十三条规定的情形,即人民调解协议经司法确认程序后,当事人对纠纷仍有争议的,可以向人民法院起诉。只是在适用时,应当按照民事诉讼法第一百九十五条的规定予以适用。人民调解法第三十三条规定,经人民调解委员会调解达成调解协议后,双方当事人认为有必要的,可以自调解协议生效之日起三十日内共同向人民法院申请司法确认,人民法院应当及时对调解协议进行审查,依法确认调解协议的效力。人民法院依法确认调解协议有效,一方当事人拒绝履行或者未全部履行的,对方当事人可以向人民法院申请强制执行。人民法院依法确认调解协议无效的,当事人可以通过人民调解方式变更原调解协议或者达成新的调解协议,也可以向人民法院提起诉讼。民事诉讼法第一百九十五条规定,人民法院受理申请后,经审查,符合法律规定的,裁定调解协议有效,一方当事人拒绝履行或者未全部履行的,对方当事人可以向人民法院申请执行;不符合法律规定的,裁定驳回申请,当事人可以通过调解方式变更原调解协议或者达成新的调解协议,也可以向人民法院提起诉讼。根据民事诉讼法的规定,对于经过人民法院司法确认程序的案件“裁定驳回申请”的,可以向人民法院提起诉讼,而非人民调解法中的被“人民法院依法确认调解协议无效”情形。

——沈德咏主编、最高人民法院修改后民事诉讼法贯彻实施工作领导小组编著:《最高人民法院民事诉讼法司法解释理解与适用》,人民法院出版社2015年版,第242页。

246 银行信托部超越职权对合同进行鉴证应列其主管单位为第三人

关键词 | 银行信托部 | 合同鉴证 | 第三人 |

【最高人民法院答复】

江西省高级人民法院：

你院赣法(经)请〔1990〕1号关于国营九三四四厂诉九江市甘棠工商企业贸易经理部购销钢材合同预付货款纠纷再审一案应否将九江市农行列为当事人的请示收悉。经研究，答复如下：

国营九三四四厂与九江市甘棠信托贸易服务公司(甘棠工商企业贸易经理部的前身)于1985年1月24日签订合同后，中国农业银行九江市支行信托部(现已撤销)超越职权予以鉴证。同年2月7日，该信托部使用特种转账支票从九三四四厂电汇给九江市甘棠信托贸易服务公司的预付货款中扣划40万元抵作该服务公司的未到期贷款，使合同不能履行，损害了原告的利益。因此，可将信托部的主管单位九江市农行(即中国农业银行九江市支行)列为本案第三人。

——《最高人民法院关于国营九三四四厂诉九江市甘棠工商企业贸易经理部购销钢材合同预付货款纠纷一案应将九江市农行列为当事人问题的复函》[1990年5月25日，法(经)函〔1990〕36号]

247 未被学校聘用的人员在外租赁企业具有合同主体资格

关键词 | 租赁企业 | 未被聘用人员 | 诉讼主体 |

【最高人民法院答复】

宁夏回族自治区高级人民法院：

你院〔1990〕宁法发字第33号请示报告收悉。关于未被学校聘用的人员在外租赁企业，其主体资格如何认定的问题，经研究，答复如下：

本案合同当事人一方晋学礼系银川市第六中学未被聘用的教师，自1988年

8 月起每月从学校领取 70% 的工资。1989 年 3 月 23 日，晋学礼经学校同意，与银川市郊区光华实业公司签订了为期 2 年(1989 年 5 月 1 日至 1991 年 4 月 30 日)的企业租赁合同。合同签订后，学校虽限期晋学礼调离，但未办理调动手续，也未停发其工资。根据国务院国发〔86〕27 号《国务院关于发布〈关于实行专业技术职务聘任制度的规定〉的通知》和国务院国发〔1986〕73 号《国务院关于促进科技人员合理流动的通知》，应允许和鼓励未被聘任的专业技术人员到其他单位去工作，且晋签订租赁经营合同是经学校同意的，故对晋学礼在企业租赁合同中的主体资格，不应以其尚未调出学校，未停发 70% 的工资为由，而认定晋不具备合同主体资格。至于其调动和工资问题，应由当地主管部门根据有关规定处理。

——《最高人民法院关于未被学校聘用的人员在外租赁企业其主体资格如何认定问题的复函》[1990 年 9 月 3 日，法(经)函〔1990〕62 号]

248

人民法院通知已撤销单位的主管部门应诉后，工商部门在行政干预下又将已撤销的单位予以恢复时的当事人

关键词｜撤销单位｜主管部门｜当事人｜

【最高人民法院答复】

江西省高级人民法院：

你院赣法经〔1987〕第 12 号“关于人民法院通知已撤销单位的主管部门应诉后，工商部门在行政干预下又将已撤销的单位予以恢复，应如何确定当事人的请示”收悉。

经研究答复如下：

一、国务院国发〔1985〕102 号文件中“呈报单位和各级人民政府、各有关部门，要对成立公司认真进行审核，因审核不当而造成严重后果的，要承担经济、法律责任”的规定，并非仅限于公司被撤销或关闭后，审核部门才承担经济、法律责任。只要是因审核不当而造成严重后果的，无论公司是否被撤销或关闭，均应承担连带责任。根据你院所报材料，桃花工业供销公司营业执照主管部门栏内

盖有乡人民政府公章；公司成立时谎报资金 15 万元；桃花乡企业工业办公室从公司收取的原告赣州地区轻化建材公司预付货款中提取了 6 万元，公司的利润、积累和乡工业办公室的收入全部由乡人民政府统一使用，这说明桃花工业供销公司同桃花乡政府在财务方面是一体的，桃花乡政府对桃花工业供销公司的债务应负连带清偿责任。桃花工业供销公司如未被撤销，应与桃花乡政府作为共同被告；如已撤销又有清算组织的，其清算组织应与桃花乡政府作为共同被告；如已撤销又无清算组织的，则应由桃花乡政府作为被告。

二、南昌市郊区工商局在行政干预下，于 1987 年 9 月 16 日作出的“恢复桃花工业供销公司，但不能经营”的书面通知，如确有错误，应由作出通知的工商局予以纠正。

三、桃花工业供销公司下属的副食品加工厂是用本案原告部分预付款开办起来的，该厂已濒临倒闭，其占用的财产应用来清偿桃花工业供销公司的债务。

四、此案不宜由江西省高级法院作一审。

——《最高人民法院经济审判庭关于人民法院通知已撤销单位的主管部门应诉后工商部门在行政干预下又将已撤销的单位予以恢复应如何确定当事人问题的电话答复》（1987 年 11 月 30 日）

249

当事人及其直接主管部门均被撤销应将主管部门的上级部门列为当事人

关键词 | 撤销单位 | 上级部门 | 当事人 |

【最高人民法院答复】

河南省高级人民法院：

你院〔1988〕豫法经字第 16 号“关于当事人及其直接主管部门均被撤销是否变更主管部门的上级部门为当事人问题的请示报告”收悉。经研究答复如下：

开封市皮革工业公司劳动服务公司诉郑州市新密区城建环保局建材公司（以下简称“建材公司”）购销合同货款纠纷案，受诉法院依法裁定查封的建材公司的财产在建材公司被撤销后，由新密区人民政府成立的清财小组擅自作了处理。对此，新密区人民政府应当承担责任。现新密区人民政府和建材公司的开办单位区城建环保局均被撤销，其一切善后工作由郑州市人民政府派出的工作组负责处理，因此，受诉法院可将郑州市人民政府列为本案被告，由其在法院查封的建材公司的财产范围内承担民事责任。

此复。

——《最高人民法院关于当事人及其直接主管部门均被撤销是否将主管部门的上级部门列为当事人问题的电话答复》(1988 年 12 月 23 日)

250

受损房屋于诉讼期间被买卖和转让，原房屋所有人作为侵权行为受害人有权请求加害人损害赔偿

关键词｜诉讼主体资格｜房屋所有人｜侵权行为｜损害赔偿｜

【最高人民法院裁判文书】

远中房地产发展(上海)有限公司与上海益顺房地产发展有限公司、北京华太三兴建筑设计工程有限公司上海分公司、张进隆等人房屋损害赔偿纠纷上诉案[最高人民法院(2002)民一终字第 37 号民事判决书]

裁判要旨：受损害房屋于诉讼期间被买卖和转让，原房屋所有人因房屋受损使房屋的买卖和转让价格受影响，并且该房屋损害发生于原房屋所有人拥有房屋期间的，原房屋所有人有权作为侵权行为受害人请求加害人损害赔偿。

最高人民法院认为：

关于张进隆、高萍将其拥有的房屋转让给他人后能否再成为本案的适格原告，及益顺公司将古北公寓 A 幢 101 室、103 室卖给他人后还是否享有对该两套房屋的侵权损害请求权？因以上房屋买卖和转让时，古北公寓已经倾斜(但倾斜程度已经趋于平稳)，损害后果已经发生，此情况下的房屋买卖和转让价格均是跌价进行的，益顺公司和张进隆、高萍承受了因房屋倾斜所带来的市场价值损失。而且，益顺公司和张进隆、高萍等人起诉时主张修复房屋和赔偿损失，但一审期间，法院委托大雄评估公司所作的评估报告，是大雄评估公司运用市场评估

法，对古北公寓受损后所导致的房屋销售价值损失和贬值损失进行评估的结果，一审法院以此为依据判决远中公司应承担赔偿损失的责任，同时还认定：考虑到双方自1997年初至今对修复事宜不能达成一致，如判决先行修复，势必导致原告的实际损失要在修复后方能确定，造成讼累，故本案不宜以修复方式承担民事责任；大雄评估公司的评估结论包含原告的全部经济损失，相关修复事宜和费用由原告自行处置。对上述判决和认定，益顺公司和张进隆、高萍等人没有异议，也没有提起上诉。另外，根据2001年6月25日上海建筑科学院房检站的补充鉴定报告，至1998年11月即远中国际广场地基完工后不久，古北公寓的沉降已基本稳定，且损害后果至该日后无新的发展。上述5套房屋自建成后，经历了所有权人的变更，但远中公司侵权行为的发生及损害后果的产生是在益顺公司和张进隆、高萍享有所有权时期，待房屋买卖和转让时，房屋已承载了损害的后果，而房屋买卖和转让的价格已表明损害赔偿的债权不属于房屋买卖交易的内容，况且房屋购买后再无新的损害后果发生，远中公司与买受人间不存在因果关系，各买受人无权向远中公司主张侵权损害赔偿。综上说明，由于远中公司侵权行为所带来的损害后果仍要由张进隆、高萍及益顺公司承担，张进隆、高萍仍应是本案一审适格的原告，同时益顺公司也对古北公寓A幢101室、103室拥有请求权。

华太三兴公司是远东国际广场基坑工程的承包人，其与远中公司形成的是工程承包关系，而本案是益顺公司因远东国际广场开挖造成古北公寓倾斜而向远中公司提起的损害赔偿诉讼，两者属于不同的法律关系，原审判决不予追究华太三兴公司的法律责任是正确的。根据房检站的鉴定结论，若无周边环境的影响，古北公寓基础自身累计沉降约为－300mm左右、向南倾斜率约为3.0‰左右，但在远东国际广场基坑开挖的影响下，古北公寓的累计沉降达到－400～600mm、南北向平均倾斜率为9.14‰、东西向平均倾斜率为1.60‰，房屋的总沉降量和南北向的倾斜率已远超过上海市《地基基础设计规范》中对多层框架结构中的沉降容许变形值20～30cm和倾斜实测变形值1‰～2‰（横向）的要求；造成古北公寓沉降和倾斜偏大的主要原因是远东国际广场基坑开挖施工工程；同时，鉴定结论还指出，古北公寓自身荷重作用引起的沉降也占一定的比例。此鉴定是经双方当事人同意，由法院委托作出的，应作为认定本案的依据，据此鉴定，远中公司应对古北公寓的沉降和倾斜负有主要责任，而古北公寓自身的因素也应承担相应的责任。一审判决对于责任的划分是适当的，应予维持。远东国际广场开挖前，古北公寓的倾斜已经超标是事实，正因为如此，一审判决才由其承担20%的责任;远中公司对于益顺公司阻止布点监控一事没有提供证据,不予认定;而双方在诉讼过程中未就修复和加固问题达成一致是双方的原因,不应由益顺公司一方承担责任。大雄评估公司的评估是经双方同意由法院委托的,远中公司提出其报告没有考虑市场因素而请求重新鉴定,没有根据,不予支持。

——最高人民法院民事审判第一庭编:《最高人民法院民事案件解析(土地纠纷)》(第1辑),法律出版社2010年版,第25~26页。

【链接:最高人民法院法官著述】

本案存在着的一个关键问题,是益顺公司、张进隆、高萍的诉讼主体资格,即部分受损房屋于诉讼期间被买卖和转让,原房主还能否继续作为侵权损害赔偿的请求权人主张权利。

此问题决定着本案是进行二审判决,还是发回重审。二审审理过程中,存有两种意见:一种意见认为,对于买卖和转让的5套房屋而言,益顺公司、张进隆、高萍仍是侵权结果的承受者,其有权向远中公司提起损害赔偿之诉;另一种意见则认为,买卖和转让的5套房屋已经变更了所有权人,益顺公司、张进隆、高萍将房屋买卖和转让后,已经丧失了损害赔偿的请求权和受益权,本案应发回一审法院,驳回益顺公司、张进隆、高萍就买卖和转让的5套房屋的诉讼请求。合议庭最后采用的是第一种观点,理由如下:

(1)益顺公司与张进隆、高萍等人起诉时主张修复和赔偿损失2500多万元,这2500多万元的损失是依据益顺公司自己委托上海申中资产评估事务所所作的评估报告中对房屋市场价值的损失提出的。一审期间,法院委托大雄评估公司所作的评估报告,是大雄评估公司运用市场评估法,对古北公寓受损后所导致的房屋销售价值损失和贬值损失进行评估的结果,一审法院系以此为依据判决远中公司应承担的损失赔偿责任的。同时,一审判决还认定:房屋的相关修复事宜和费用由原告自行处置。对一审法院的判决和认定,益顺公司和张进隆、高萍等人均没有异议,也没有提出上诉。

(2)经查证,古北公寓受损前平均售价为美元1379.80元/平方米(约合人民币11452.24元),受损后,大雄评估公司2001年6月15日的评估报告评估价为人民币5555元/平方米。益顺公司1999年8月19日将A幢101室(总面积92.74平方米)、103室(总面积100.65平方米)卖给胡瑞珏,售价为人民币6379.14元/平方米,同时在售房合同的补充条款中,明确写明“古北公寓房屋受损之事,甲方已明确告诉乙方,乙方知晓房屋的受损程度,并无异议。”益顺公司的跌价损失约为每平方米人民币 5000 元。

张进隆从益顺公司购买古北公寓 B 幢 602 室、604 室(总面积合计 198 平方米)为美元 1375 元/平方米(约合人民币 11412.5 元),购买 704 室(总面积 103.49 平方米)为美元 1350 元/平方米(约合人民币 11205 元)。2001 年 12 月 26 日,张进隆将上述房屋以人民币 5400 元/平方米转让给刘涌昌,每平方米跌价损失分别为人民币 6012.5 元和 5805 元。而根据一审判决,张进隆获得的赔偿为人民币 484400 元,约每平方米 1606.7 元。

高萍从益顺公司购买古北公寓 B 幢 103 室(总面积 79.01 平方米)为美元 1300 元/平方米(约合人民币 10790 元)。2001 年 10 月 29 日,高萍将上述房屋以人民币 4683 元/平方米转让给张凤英,每平方米跌价损失为人民币 6107 元。而根据一审判决,高萍获得的赔偿为人民币 118160 元,约每平方米 1495.5 元。高萍在二审时声明其是按房屋现状跌价转让的,已受到了巨大损失。从以上的事实可以看出,上述 5 套房屋在买卖或转让时,合同价格受到房屋倾斜的严重影响,益顺公司和张进隆、高萍已承受了因房屋倾斜所带来的市场价值损失,而买受人的利益已经通过房屋价格得到了对价补偿,房屋损害赔偿的债权已从房屋买卖交易的标的中剥离出来。

(3)根据 2001 年 6 月 25 日上海建筑科学院房检站的补充鉴定报告,至 1998 年 11 月即远东国际广场地基完工后不久,古北公寓的沉降已基本稳定,且损害后果至该日后无新的发展。上述 5 套房屋自建成后,经历了所有权人的变更,但远中公司侵权行为的发生及损害后果的产生是在益顺公司和张进隆、高萍享有所有权时期,待房屋买卖和转让时,房屋已承载了损害的后果,而房屋买卖和转让的价格已表明损害赔偿的债权不属于房屋买卖交易的内容,况且房屋购买后再无新的损害后果发生,远中公司与买受人间不存在因果关系,各买受人无权向远中公司主张侵权损害赔偿。

(4)从法律关系看,在益顺公司、张进隆、高萍与胡瑞珏、刘涌昌、张凤英的房屋买卖法律关系中,如果售房人将房屋瑕疵告知了买受人,买受人仍愿以公平的价格买得该房屋,是双方公平交易的结果,在售房人未以明示的方式转让其债权时,房屋出售前的一切权利仍应属于房屋的原权利人;如果售房人未将房屋瑕疵告知买受人,而按合格房屋的价格出售房屋,买受人一旦知晓真相,便可向售房人主张买卖合同中的权利,而没有理由向远中公司主张侵权损害赔偿。更何况本案的事实是,益顺公司已向胡瑞珏明确告知了房屋的瑕疵,张进隆、高萍虽没有证据表明将房屋的瑕疵告知了刘涌昌、张凤英，但转让的价格已表明是作为瑕疵房屋出售的。基于以上的原因，最高人民法院二审认定，由于远中公司侵权行为所带来的损害后果仍要由张进隆、高萍及益顺公司承担，张进隆、高萍仍应是本案一审适格的原告，同时益顺公司也对古北公寓 A 幢 101 室、103 室拥有请求权。

——最高人民法院民事审判第一庭编：《最高人民法院民事案件解析（土地纠纷）》（第 1 辑），法律出版社 2010 年版，第 27 ~ 28 页。

编者说明

受损房屋于诉讼期间被买卖和转让，原房屋所有人如实向买受人讲明房屋受损情况，致房屋的买卖和转让价格受到影响，原房屋所有人承受了房屋受损所带来的后果，且房屋损害的情形均发生在原房屋所有人拥有房屋期间，原房屋所有人有权作为侵权行为的受害人请求加害人损害赔偿。

251

中国少年先锋队江苏省工作委员会不具备独立法人资格

关键词 | 少年先锋队 | 法人资格 |

【最高人民法院答复】

江苏省高级人民法院：

你院苏高法〔1999〕38 号《关于中国少年先锋队江苏省工作委员会是否具备独立法人资格的请示》收悉。经研究，答复如下：

原则上同意你院的倾向性意见。中国少年先锋队江苏省工作委员会没有独立的财产和经费来源，编制也在共青团江苏委员会，其自身并不具有独立承担民事责任的能力，不具备法人资格。

——《最高人民法院关于中国少年先锋队江苏省工作委员会是否具备独立法人资格问题的复函》（2002 年 3 月 22 日，〔2002〕执他字第 15 号）

【链接：最高人民法院法官著述】

首先，少工委没有登记社团法人。少工委作为民间团体，虽有中国特色，但不能改变其只可能成为法律意义上的社团法人，因为他不是机关法人，也不可能成为企业法人。少工委没有按照民政部的有关规定办理社团法人登记，自然不成为具有独立民事责任能力的社团法人。

其次，事实上少工委也不具有独立性。独立的法人要有独立的财产和独立的组织，但少工委不但与团省委合署办公，其工作人员也均编制在团省委，办公用房也是省行政事务管理局拨给团省委使用的房产。至于经费来源，省财政厅并没有将其作为一级预算机构，其经费由省委办公厅分配给团省委，团省委自行决定如何给少工委经费。而少工委历史上曾经以自己的名义为举行会议的需要筹措会议经费，并不能表明其有独立的财产，因此不具备独立的民事责任能力。

最后，少工委之所以力主自己具有独立的法人资格，主要是因为其没有财产，不具备偿债能力，可以免去其主管部门的责任。但这样显然不够公平。

因此，少工委不具备法人资格，其债务应当由其主管部门承担。

据此分析，最高人民法院提出答复意见，认为中国少年先锋队江苏省工作委员会没有独立的财产和经费来源，编制也在共青团江苏委员会，其自身并不具有独立承担民事责任的能力，不具备法人资格。

——刘文涛、王惠君：《关于中国少年先锋队江苏省工作委员会是否具备独立法人资格问题的请示与答复》，载最高人民法院执行工作办公室编：《强制执行指导与参考》（总第 3 辑），法律出版社 2003 年版，第 211 ~ 212 页。

252

有权申请撤销监护人资格诉讼的单位和人员

关键词｜撤销监护人资格｜诉讼｜诉讼主体｜

【最高人民法院司法政策】

27. 下列单位和人员（以下简称有关单位和人员）有权向人民法院申请撤销监护人资格：

（一）未成年人的其他监护人，祖父母、外祖父母、兄、姐，关系密切的其他亲属、朋友；

（二）未成年人住所地的村（居）民委员会，未成年人父、母所在单位；

（三）民政部门及其设立的未成年人救助保护机构；

（四）共青团、妇联、关工委、学校等团体和单位。

申请撤销监护人资格，一般由前款中负责临时照料未成年人的单位和人员提出，也可以由前款中其他单位和人员提出。

28. 有关单位和人员向人民法院申请撤销监护人资格的，应当提交相关证据。

有包含未成年人基本情况、监护存在问题、监护人悔过情况、监护人接受教育辅导情况、未成年人身心健康状况以及未成年人意愿等内容的调查评估报告的，应当一并提交。

29. 有关单位和人员向公安机关、人民检察院申请出具相关案件证明材料的，公安机关、人民检察院应当提供证明案件事实的基本材料或者书面说明。

30. 监护人因监护侵害行为被提起公诉的案件，人民检察院应当书面告知未成年人及其临时照料人有权依法申请撤销监护人资格。

对于监护侵害行为符合本意见第35条规定情形而相关单位和人员没有提起诉讼的，人民检察院应当书面建议当地民政部门或者未成年人救助保护机构向人民法院申请撤销监护人资格。

——《最高人民法院、最高人民检察院、公安部、民政部印发〈关于依法处理监护人侵害未成年人权益行为若干问题的意见〉的通知》（2014年12月18日，法发〔2014〕24号）

253

涉他合同中第三人的诉讼主体地位

关键词 | 涉他合同 | 第三人 | 诉讼主体 |

【最高人民法院司法解释】

第十六条　人民法院根据具体案情可以将合同法第六十四条、第六十五条规定的第三人列为无独立请求权的第三人，但不得依职权将其列为该合同诉讼案件的被告或者有独立请求权的第三人。

——《最高人民法院关于适用〈中华人民共和国合同法〉若干问题的解

释(二)》(2009 年 4 月 24 日,法释〔2009〕5 号)

【链接：最高人民法院法官著述】

人民法院根据具体案情可以将合同法第六十四条、第六十五条规定的第三人列为无独立请求权的第三人,但不得依职权将其列为该合同诉讼案件的被告或者有独立请求权的第三人。所谓“可根据具体案情”,是指以下几种情形:

1. 该第三人不仅仅是履行辅助人,而且还与涉他合同当事人一方存在利害关系(如债权债务关系)。如仅仅只是履行辅助人,原则上不应作为无独立请求权的第三人,而可以作为证人。

2. 在考虑是否将涉他合同中的第三人列为无独立请求权的第三人,还应根据《最高人民法院关于在经济审判工作中严格执行〈中华人民共和国民事诉讼法〉的若干规定》第 9 条的规定进行具体分析。该条规定:“受诉人民法院对与原被告双方争议的诉讼标的无直接牵连和不负有返还或者赔偿等义务的人,以及与原告或被告约定仲裁或有约定管辖的案外人,或者专属管辖案件的一方当事人,均不得作为无独立请求权的第三人通知其参加诉讼。”

关于本条但书,应当考虑以下两种情形:

1. 人民法院只有在必要共同诉讼中,才能依职权追加共同被告。“涉他合同”的第三人非共同被告,故不能依职权追加。

2. 有独立请求权的第三人,在诉讼中地位相当于原告。民事诉讼遵循不告不理的原则,自不能依职权将“涉他合同”的第三人列为有独立请求权的第三人。

——最高人民法院研究室编著:《最高人民法院关于合同法司法解释(二)理解与适用》,人民法院出版社 2009 年版,第 131 页。

254

工会组织具备独立的民事主体资格

关键词｜工会组织｜法人资格｜民事诉讼主体｜

【最高人民法院司法解释】

第一条 人民法院审理涉及工会组织的有关案件时,应当认定依照工会法建立的工会组织的社团法人资格。具有法人资格的工会组织依法独立享有民事权利,承担民事义务。建立工会的企业、事业单位、机关与所建工会以及工会投资兴办的企业,根据法律和司法解释的规定,应当分别承担各自的民事责任。

——《最高人民法院关于在民事审判工作中适用〈中华人民共和国工会法〉若干问题的解释》(2003 年 6 月 25 日,法释〔2003〕11 号)

【链接:最高人民法院法官著述】

工会组织具备法人资格,即具备独立的民事主体资格,这包含三方面的含义:

1. 人民法院要确认具备法人资格的工会组织具有相应的民事行为能力和民事诉讼主体资格。工会组织可以独立实施民事行为,如可以设立企业、可以参加民事诉讼活动等。人民法院在审理案件时,应当区分具有法人资格的工会组织和不具备法人资格的工会组织。对于具备法人资格的工会组织作为独立的民事主体对待,将建立工会的企业、事业单位、机关的行为与所建工会以及工会投资兴办的企业的行为区分开来,它们各自独立实施民事法律行为,享有自己的权利并承担义务。不具备法人资格的工会组织,属于《民法通则》规定的非法人组织,也可以作为独立的民事主体参加诉讼,但因不具备独立法人资格,其在财产等各个方面与建立工会的企业、事业或者机关之间存在关联,不能独立承担民事责任。

2. 保护工会组织财产及其他权益的独立。建立工会组织的企业、事业单位、机关与工会组织的财产是分别独立的。工会组织对其财产、经费和国家拨给工会使用的不动产享有所有权或者使用权。工会组织投资建立的企业的财产与权益也归其所有,建立工会的企业、事业单位、机关也是独立的。1997 年最高人民法院发布的《关于产业工会、基层工会是否具备社团法人资格和工会经费集中户可否冻结划拨问题的批复》第一条明确规定:“产业工会、具有社团法人资格的基层工会与建立工会的企业法人是各自独立的法人主体。企业或企业工会对外发生的经济纠纷,各自承担民事责任。上级工会对基层工会是否具备法律规定的社团法人的条件审查不严或不实，应当承担与其过错相应的民事责任。”

3. 工会组织的民事责任独立。工会组织对外产生的经济纠纷，以工会组织的财产对外承担民事责任。工会组织投资的企业具有法人资格的，以投资的企业所有的财产对外承担责任。工会组织投资的不具有法人资格的企业发生的债务，工会组织以其财产承担连带责任。建立工会组织的企业、事业单位、机关对工会组织及工会组织设立的企业的债务不承担责任。同样，建立工会组织的企业、事业单位、机关对外发生的债务，也不得用工会组织及其企业的财产来承担责任。人民法院在审理民事案件中，应当依据法律的规定确认工会组织的社团法人资格，并保护工会组织及其企业的独立性，建立工会的企业、事业单位或者机关被起诉时，不能将工会组织一并列为被告。法院判决这些企业、事业单位、机关承担民事责任时，不能裁判工会组织对此承担责任。尤其应当注意的是，人民法院在执行等工作中，不得为清偿建立工会组织的企业、事业单位或者机关的债务，对工会组织的财产、经费账户等采取查封、冻结、扣押、强制划拨等强制措施。

——吴兆祥：《关于在民事审判工作中适用〈中华人民共和国工会法〉若干问题的解释的理解与适用》，载姜兴长主编、最高人民法院立案庭编：《立案工作指导与参考》（总第4卷），人民法院出版社2003年版，第33～35页。

255

必须共同诉讼人的追加程序

关键词｜必须共同诉讼｜追加当事人｜

【最高人民法院司法解释】

第七十三条 必须共同进行诉讼的当事人没有参加诉讼的，人民法院应当依照民事诉讼法第一百三十二条的规定，通知其参加；当事人也可以向人民法院申请追加。人民法院对当事人提出的申请，应当进行审查，申请理由不成立的，裁定驳回；申请理由成立的，书面通知被追加的当事人参加诉讼。

——《最高人民法院关于适用〈中华人民共和国民事诉讼法〉的解释》（2015年1月30日，法释〔2015〕5号）

【最高人民法院裁判文书】

首都机场集团有限公司与卓京投资控股有限公司借款合同纠纷案[最高人民法院(2011)民二终字第93号民事裁定书]

裁判要旨:当事人的追加,是指在诉讼过程中,发现有必须共同进行诉讼的当事人没有参加诉讼,人民法院通知或依当事人的申请追加当事人参加诉讼的一种活动。我国现行法律依据为《民事诉讼法》第一百一十九条规定“必须共同进行诉讼的当事人没有参加诉讼的,人民法院应当通知其参加诉讼”,《最高人民法院关于适用〈中华人民共和国民事诉讼法〉若干问题的意见》第五十七条进一步明确“必须共同进行诉讼的当事人没有参加诉讼的,人民法院应当依照《中华人民共和国民事诉讼法》第一百一十九条的规定,通知其参加;当事人也可以向人民法院申请追加。人民法院对当事人提出的申请,应当进行审查,申请无理的,裁定驳回;申请有理的,书面通知被追加的当事人参加诉讼”。

——中国裁判文书网,http://www.court.gov.cn/zgcpwsw/zgrmfy/。

【链接:最高人民法院法官著述】

当事人追加申请被人民法院裁定驳回后,当事人的救济权问题。少数意见认为,既然是裁定驳回,当事人应当有权上诉,以赋予其救济权利;多数意见认为,根据民事诉讼法规定,当事人可以上诉的裁定限于不予受理裁定、管辖权异议裁定以及驳回起诉裁定,此处的驳回当事人追加申请的裁定,显然不在此列。再者,拟被追加的主体是否属于必须共同进行诉讼的当事人,属于人民法院审查判断的范畴,假若人民法院审查处理后驳回当事人追加申请有误,由此导致本应参加诉讼的主体(必须共同进行诉讼的当事人)未能参加诉讼的,该主体还可以根据本解释相关规定,根据民事诉讼法第二百条第八项规定,对生效裁判进行申请再审,其救济途径是通畅的。

——沈德咏主编、最高人民法院修改后民事诉讼法贯彻实施工作领导小组编著:《最高人民法院民事诉讼法司法解释理解与适用》,人民法院出版社2015年版,第271页。

256

共有财产权受侵害时的诉讼主体

关键词｜共有财产权｜共同诉讼人｜诉讼主体｜

【最高人民法院司法解释】

第七十二条 共有财产权受到他人侵害，部分共有权人起诉的，其他共有权人为共同诉讼人。

——《最高人民法院关于适用〈中华人民共和国民事诉讼法〉的解释》（2015 年 1 月 30 日，法释〔2015〕5 号）

【链接：最高人民法院法官著述】

审判实践中应当注意结合物权法相关规定以及当事人约定，对涉及共有物的管理、处分、修缮、共有关系不明对共有关系性质推定、按份共有人份额不明等引发的纠纷，审查判断属于共同共有还是按份共有，再根据 2012 年民事诉讼法以及本解释的相关规定，判断是属于必要的共同诉讼还是普通的共同诉讼，确定是否追加其他共同诉讼人参加诉讼，以充分保护相关当事人的诉讼权利。

——沈德咏主编、最高人民法院修改后民事诉讼法贯彻实施工作领导小组编著：《最高人民法院民事诉讼法司法解释理解与适用》，人民法院出版社 2015 年版，第 269 页。

257

第三人参加诉讼的方式

关键词｜第三人｜参加诉讼方式｜

【最高人民法院司法解释】

第八十一条 根据民事诉讼法第五十六条的规定，有独立请求权的第三人有权向人民法院提出诉讼请求和事实、理由,成为当事人;无独立请求权的第三人,可以申请或者由人民法院通知参加诉讼。

第一审程序中未参加诉讼的第三人,申请参加第二审程序的,人民法院可以准许。

——《最高人民法院关于适用〈中华人民共和国民事诉讼法〉的解释》(2015 年 1 月 30 日,法释〔2015〕5 号)

【链接:最高人民法院法官著述】

一是原告在起诉状中直接列写第三人的,根据本解释第二百二十二条规定,视为其申请人民法院追加该第三人参加诉讼。是否通知第三人参加诉讼,由人民法院审查决定。

二是有独立请求权的第三人经人民法院传票传唤,无正当理由拒不出庭的,或者未经法庭许可中途退庭的,根据本解释第二百三十六条规定,可以比照民事诉讼法第一百四十三条的规定,按撤诉处理。

三是有独立请求权的第三人参加诉讼后,原告申请撤诉,根据本解释第二百三十七条之规定,人民法院在准许原告撤诉后,有独立请求权的第三人作为另案原告,原案原告、被告作为另案被告,诉讼继续进行。

四是双方当事人和第三人都提起上诉的,根据本解释第三百一十七条之规定,均列为上诉人。人民法院可以依职权确定第二审程序中当事人的诉讼地位。

五是无独立请求权的第三人以及有独立请求权的第三人,因不能归责于本人的事由未参加诉讼,但有证据证明发生法律效力的判决、裁定、调解书的部分或者全部内容错误,损害其民事权益的,依照民事诉讼法第五十六条第三款之规定,可以自知道或者应当知道其民事权益受到损害之日起六个月内,向作出该判决、裁定、调解书的人民法院提起诉讼。人民法院经审理,诉讼请求成立的,应当改变或者撤销原判决、裁定、调解书;诉讼请求不成立的,驳回诉讼请求。

——沈德咏主编、最高人民法院修改后民事诉讼法贯彻实施工作领导小组编著:《最高人民法院民事诉讼法司法解释理解与适用》,人民法院出版社 2015 年版,第 288 页。

258

无独立请求权第三人的诉讼权利义务

关键词 | 无独立请求权第三人 | 诉讼权利义务 |

【最高人民法院司法解释】

第八十二条 在一审诉讼中，无独立请求权的第三人无权提出管辖异议，无权放弃、变更诉讼请求或者申请撤诉，被判决承担民事责任的，有权提起上诉。

——《最高人民法院关于适用〈中华人民共和国民事诉讼法〉的解释》(2015 年 1 月 30 日，法释〔2015〕5 号)

【链接：最高人民法院法官著述】

无独立请求权的第三人虽不像有独立请求权的第三人那样，具有完全的当事人诉讼地位，但无独立请求权的第三人参加诉讼后也是当事人，为了依法保护其合法民事权益而需要其行使诉讼权利，如有权了解原告起诉、被告答辩的事实和理由，并向人民法院递交意见书，陈述自己对该争议的意见。在庭审中，无独立请求权的第三人可以陈述意见，提供证据，参加法庭辩论等，人民法院依法应予以保护。

——沈德咏主编、最高人民法院修改后民事诉讼法贯彻实施工作领导小组编著：《最高人民法院民事诉讼法司法解释理解与适用》，人民法院出版社 2015 年版，第 291 页。

259

民事诉讼委托代理人的代理权限

关键词 | 诉讼代理人 | 代理权限 |

【最高人民法院司法解释】

第八十九条 当事人向人民法院提交的授权委托书，应当在开庭审理前送交人民法院。授权委托书仅写"全权代理"而无具体授权的，诉讼代理人无权代为承认、放弃、变更诉讼请求，进行和解，提出反诉或者提起上诉。

适用简易程序审理的案件，双方当事人同时到庭并径行开庭审理的，可以当场口头委托诉讼代理人，由人民法院记入笔录。

——《最高人民法院关于适用〈中华人民共和国民事诉讼法〉的解释》(2015年1月30日，法释〔2015〕5号)

【最高人民法院答复】

陕西省高级人民法院：

你院陕高法〔1996〕78号《关于诉讼委托代理人的代理权限是否包括执行程序的请示》收悉，经研究，答复如下：

根据民事诉讼法的规定，当事人在民事诉讼中有权委托代理人。当事人委托代理人时，应当依法向人民法院提交记明委托事项和代理人具体代理权限的授权委托书。如果当事人在授权委托书中没有写明代理人在执行程序中有代理权及具体的代理事项，代理人在执行程序中没有代理权，不能代理当事人直接领取或者处分标的物。

此复。

——《最高人民法院关于民事诉讼委托代理人在执行程序中的代理权限问题的批复》(1997年1月23日，法复〔1997〕1号)

260

以当事人近亲属名义担任诉讼代理人的条件

关键词｜近亲属｜诉讼代理人｜

【最高人民法院司法解释】

第八十五条　根据民事诉讼法第五十八条第二款第二项规定，与当事人有夫妻、直系血亲、三代以内旁系血亲、近姻亲关系以及其他有抚养、赡养关系的亲属，可以当事人近亲属的名义作为诉讼代理人。

——《最高人民法院关于适用〈中华人民共和国民事诉讼法〉的解释》(2015 年 1 月 30 日，法释〔2015〕5 号)

【链接：最高人民法院法官著述】

本条对当事人近亲属范围作出的扩张性规定，便于当事人的近亲属作为诉讼代理人参加诉讼，尤其是在未成年人案件中，对孤儿未成年人，有利于其近亲属有更多的机会参加诉讼，依法维护其合法权益。

——沈德咏主编、最高人民法院修改后民事诉讼法贯彻实施工作领导小组编著：《最高人民法院民事诉讼法司法解释理解与适用》，人民法院出版社 2015 年版，第 297 页。

261

以当事人工作人员名义担任诉讼代理人的条件

关键词｜工作人员｜诉讼代理人｜

【最高人民法院司法解释】

第八十六条　根据民事诉讼法第五十八条第二款第二项规定，与当事人有合法劳动人事关系的职工，可以当事人工作人员的名义作为诉讼代理人。

——《最高人民法院关于适用〈中华人民共和国民事诉讼法〉的解释》(2015 年 1 月 30 日，法释〔2015〕5 号)

【最高人民法院司法政策】

36. 以当事人的工作人员身份参加诉讼活动,应当按照《最高人民法院关于适用〈中华人民共和国民事诉讼法〉的解释》第八十六条的规定,至少应当提交以下证据之一加以证明:

(1)缴纳社保记录凭证;

(2)领取工资凭证;

(3)其他能够证明其为当事人工作人员身份的证据。

——《最高人民法院第八次全国法院民事商事审判工作会议(民事部分)纪要》(2016年11月30日)

【链接:最高人民法院法官著述】

关于"合法劳动人事关系"证明材料,诉讼代理人应当提交委托人单位介绍信、本人身份证、上岗证或工作证等身份证明,也可以是劳动合同、工资表、社会保险资料等证明材料,以证实自己与委托单位的关系。

——杜万华主编、《最高人民法院民事诉讼法司法解释实务指南》编写小组编著:《最高人民法院民事诉讼法司法解释实务指南》,中国法制出版社2015年版,第133页。

262

公民担任诉讼代理人的条件

关键词 | 公民代理 | 法律服务合同 | 给付报酬 |

【最高人民法院司法解释】

第八十七条 根据民事诉讼法第五十八条第二款第三项规定,有关社会团体推荐公民担任诉讼代理人的,应当符合下列条件:

(一)社会团体属于依法登记设立或者依法免予登记设立的非营利性法人

组织；

（二）被代理人属于该社会团体的成员，或者当事人一方住所地位于该社会团体的活动地域；

（三）代理事务属于该社会团体章程载明的业务范围；

（四）被推荐的公民是该社会团体的负责人或者与该社会团体有合法劳动人事关系的工作人员。

专利代理人经中华全国专利代理人协会推荐，可以在专利纠纷案件中担任诉讼代理人。

——《最高人民法院关于适用〈中华人民共和国民事诉讼法〉的解释》（2015年1月30日，法释〔2015〕5号）

【最高人民法院答复】

重庆市高级人民法院：

未经司法行政机关批准的公民个人与他人签订的有偿法律服务合同，人民法院不予保护；但对于受托人为提供服务实际发生的差旅等合法费用，人民法院可以根据当事人的请求给予支持。

——《最高人民法院关于公民代理合同中给付报酬约定的效力问题的答复》（2010年9月16日）

【最高人民法院审判业务意见】

最高人民法院民一庭意见：未经司法行政机关批准的公民个人与他人签订的有偿法律服务合同，人民法院不予保护；但对受托人为提供代理法律服务实际发生的差旅等合法费用，人民法院可以根据当事人的请求予以支持。

——最高人民法院民事审判第一庭：《公民请求支付法律服务代理合同约定报酬的，人民法院不予支持》，载最高人民法院民事审判第一庭编：《民事审判指导与参考》（总第47辑），人民法院出版社2011年版，第142～146页。

【链接：最高人民法院法官著述】

公民代理中最受关注、争议最大的问题就是公民代理是否可以收取劳动报酬。近期,最高人民法院先后收到多地高级人民法院关于公民代理收费相关案件和法律适用问题的请示。该问题长期以来在司法实践中认识不统一,各地法院对此问题先后有不同判决。

公民代理不能收费的观点认为,公民从事有偿代理或辩护业务违反法律的强制性规定,委托代理协议无效。主要依据:一是1997年施行的《律师法》(以下简称"旧律师法")第14条规定:"没有取得律师执业证书的人员,不得以律师名义执业,不得为牟取经济利益从事诉讼代理或者辩护业务。"二是司发函〔1993〕340号《司法部关于公民个人未经批准不得从事有偿法律服务问题的批复》规定:"根据《国务院办公厅转发司法部关于加强法律服务机构统一管理的请示的通知》(国办发〔1985〕82号)及1989年、1992年司法部、国家工商行政管理局联合下发的《关于加强对法律咨询服务机构管理的若干规定》、《关于进一步加强法律服务管理有关问题的通知》的规定,司法行政机关是法律服务业的主管部门,行使统一的审批权、管理权和监督权。目前除律师事务所、公证处、基层法律服务所和经司法行政机关批准的其他社会法律咨询服务机构外,其他任何单位和个人未经司法行政机关批准,均不得面向社会提供有偿法律服务。"三是司发通〔1992〕062号《司法部、国家工商行政管理局关于进一步加强法律服务管理有关问题的通知》第2条、第3条规定:"根据我国司法制度和有关规定,允许向社会提供法律服务并收取费用的,只有律师工作机构和经司法行政机关审批,并经工商行政管理机关核准登记,核发营业执照的法律咨询服务机构,其他任何机构不得向社会提供有偿法律服务。""公民个人一律不得向社会提供有偿法律服务,根据《刑事诉讼法》、《民事诉讼法》、《行政诉讼法》的有关规定,公民经人民法院许可,可以担任被告人或当事人的辩护人、代理人参加诉讼活动,但不得以营利为目的,不得借此向被告人或当事人收取报酬、也不得以此为谋生的手段。"

另一种观点则认为,依据《民法通则》第58条第1款第(5)项、《合同法》第52条第(4)项及最高人民法院法释〔1999〕19号《关于适用〈中华人民共和国合同法〉若干问题的解释(一)》第4条的规定,人民法院不能直接援引部门规章来认定合同无效。司发函〔1993〕340号《司法部关于公民个人未经批准不得从事有偿法律服务问题的批复》及司发通〔1992〕062号《司法部、国家工商行政管理局关于进一步加强法律服务管理有关问题的通知》属于部门规章，不能直接援引来认定有偿公民代理合同无效。2007 年修订的《律师法》第 13 条规定："没有取得律师执业证书的人员，不得以律师名义从事法律服务业务；除法律另有规定外，不得从事诉讼代理或者辩护业务。"已经删除了 1997 年《律师法》第 14 条中的"不得为牟取经济利益从事诉讼代理或者辩护业务"规定。

对该问题征求意见时，全国人大法工委、国务院法制办、司法部的意见也不一致。但多数意见认为，鉴于现行法律没有对此问题作出明确规定，不宜直接认定公民代理收取费用的协议无效。但应当考虑，当前公民代理出现的职业代理人等突出问题，都直接或者间接与公民代理收费有关，从规范公民代理行为角度出发，应当对公民代理收费进行必要的限制。最高人民法院民一庭在 2010 年 9 月 16 日曾对重庆高院《关于公民代理合同中给付报酬约定的效力问题的请示》答复："未经司法行政机关批准的公民个人与他人签订的有偿法律服务合同，人民法院不予保护；但对于受托人为提供服务实际发生的差旅等合法费用，人民法院可以根据当事人的请求给予支持。"该处理意见得到立法机关和有关单位的认可。

此次《民事诉讼法》修正，对公民代理收费问题未作规定。实践中，仍宜按照最高人民法院上述答复意见，对于代理合同中约定的高额代理费用不宜支持，但可以根据代理行为的完成情况和代理人实际支出的相关费用，对差旅费等实际发生的相关费用可以予以支持。

——最高人民法院民事诉讼法修改研究小组编著：《〈中华人民共和国民事诉讼法〉修改条文理解与适用》，人民法院出版社 2012 年版，第 119 ~ 121 页。

编者说明

2007 年《民事诉讼法》第 58 条第 2 款规定："律师、当事人的近亲属、有关社会团体或者所在单位推荐的人、经人民法院许可的其他公民，都可以被委托为诉讼代理人。"该条正式确立了律师之外的其他人可以被委托为诉讼代理人制度，统称为公民代理。

2012 年《民事诉讼法》第 58 第 2 款将此修改为："下列人员可以被委托为诉讼代理人：（一）律师、基层法律服务工作者；（二）当事人的近亲属或者工作人员；（三）当事人所在社区、单位以及有关社会团体推荐的公民。"

此次《民事诉讼法》修改，主要不是限制公民代理，而是进一步规范诉讼代理：一是对可以被委托为民事诉讼代理人的范围进行列举式规定；二是删除了"其他经人民法院许可的人"可以担任诉讼代理人的规定；三是完善了有关组织推荐诉讼代理人的规定。

263

外国人担任民事诉讼代理人问题

关键词｜外国人｜诉讼代理人｜

【最高人民法院答复】

北京市高级人民法院：

你院京高法〔1994〕154号《关于计算机软件著作权纠纷中外籍当事人应否委托中国律师代理诉讼的请示》收悉。经研究认为，对外籍当事人委托外籍律师以非律师身份代理诉讼的，人民法院可以根据《民事诉讼法》第五十八条第二款的规定予以审查，对当事人委托的诉讼代理人不符合条件的，可向其讲清道理，劝其予以更换。

——《最高人民法院关于计算机软件著作权纠纷中外籍当事人应否委托中国律师代理诉讼的复函》(1995年1月2日，〔1994〕民他字第29号)

【链接：最高人民法院法官著述】

在《民事诉讼法》修改本条规定时，曾专门提出是否可以准许外国人担任诉讼代理人的问题。修正案草案曾将本条第2款第3项的公民修改为"人"，但考虑到是否允许外国人担任我国民事诉讼代理人的问题，最终又恢复为"公民"。对此问题，在适用时应当注意把握以下几点：

1. 外国律师不得代理我国国内民事诉讼。

2. 在涉外民事诉讼中，继续执行《民事诉讼法意见》第308条关于"涉外民事诉讼中的外籍当事人，可以委托本国人为诉讼代理人，也可以委托本国律师以非律师身份担任诉讼代理人，外国驻华使、领馆官员，受本国公民的委托，可以以个人名义担任诉讼代理人，但在诉讼中不享有外交特权和豁免权"的规定，以及1995年《最高人民法院关于计算机软件著作权纠纷中外籍当事人应否委托中国律师代理诉讼问题的答复》关于"对外籍当事人委托外籍律师以非律师身份代理诉讼的，人民法院可根据《民事诉讼法》第58条第2款的规定予以审查，对当事人委托的诉讼代理人不符合条件的，可向其讲清道理，劝其予以更换"的规定。

3. 在适用本条第2款第(2)项当事人委托"近亲属或者工作人员"作为诉讼

代理人规定时，可以不受是否为我国公民的限制。当事人的近亲属为外国公民或者无国籍人的，也可以受委托担任民事诉讼的代理人，我国有关单位聘请外国人或者无国籍人为工作人员的，该外国人或者无国籍人也可以受用人单位的委托担任诉讼代理人。

——最高人民法院民事诉讼法修改研究小组编著：《〈中华人民共和国民事诉讼法〉修改条文理解与适用》，人民法院出版社 2012 年版，第 121 ~ 122 页。

264

审判人员一般不宜担任委托代理人

关键词 | 审判人员 | 委托代理人 |

【最高人民法院答复】

河北省高级人民法院：

你院 1983 年 12 月 16 日关于审判人员可否担任民事案件当事人的委托代理人的请示收悉。经我们研究认为：人民法院的审判人员以不担任委托代理人为宜，如受委托的审判人员是委托人的近亲属或监护人，且不在受理该案的人民法院工作的，可作为特殊情况准许。

此复。

——《最高人民法院关于人民法院的审判人员可否担任民事案件当事人的委托代理人的批复》（1984 年 1 月 11 日，〔1983〕民他字第 37 号）

265

代理律师可以代表境外当事人在起诉书上签章

关键词 | 代理律师 | 境外当事人 | 签章 |

【最高人民法院司法政策】

依法加强诉权保护，凡符合受理条件的起诉均应及时受理；凡经权利人明确授权代为提起诉讼的律师,均可以权利人的名义提起诉讼,并考虑境外当事人维权的实际,不苛求境外权利人在起诉书上签章。

——《最高人民法院印发〈关于当前经济形势下知识产权审判服务大局若干问题的意见〉的通知》(2009 年 4 月 21 日,法发〔2009〕23 号)

【《最高人民法院公报》案例】

雷茨饭店有限公司诉上海黄浦丽池休闲健身有限公司侵权纠纷上诉案(上海市高级人民法院二审民事判决书)

裁判要旨:经权利人明确授权代为提起诉讼的律师,可以权利人名义提起诉讼。即诉状只有律师签章可以代表权利人起诉。

上海市高级人民法院认为:

对于被上诉人的诉状只有律师签章能否代表被上诉人起诉的问题,根据我国《民法通则》第 63 条第 1 款和第 2 款的规定,法人可以通过代理人实施民事法律行为,而代理人在代理权限内,以被代理人的名义实施民事法律行为。被代理人对代理人的代理行为,承担民事责任。本案被上诉人已于 2007 年 10 月 31 日授权律师孟霆、赵天娟参加与商标侵权相关的全部诉讼程序,包括代为起诉、代为签署任何相关的法律文件(包括起诉书)等,而上海雷曼律师事务所北京分所也出具了律师事务所函,证实上述委托关系。因此,该两位律师在 2007 年 12 月 25 日对上诉人起诉的诉状上签字盖章的行为,系以被上诉人的名义代为提起诉讼的代理行为,具有法律效力。

——《最高人民法院公报》2009 年第 3 期

266

受过刑事处罚的人可以担任民事诉讼案件的代理人

关键词 | 刑事处罚 | 诉讼代理人 |

【链接:最高人民法院法官著述】

问:受过刑事处罚的人能否担任民事诉讼案件的代理人?

答：关于其他公民担任诉讼代理人的法定条件，《最高人民法院关于适用〈中华人民共和国民事诉讼法〉若干问题的意见》第六十八条规定，除律师、当事人的近亲属、有关的社会团体或者当事人所在单位推荐的人之外，当事人还可以委托其他公民为诉讼代理人。但无民事行为能力人、限制民事行为能力人或者可能损害代理人利益的人以及人民法院认为不宜作为诉讼代理人的人，不能作为诉讼代理人。对于受过刑事处罚的人可否担任诉讼代理人，法律和司法解释并无禁止性规定，应当认为受过刑事处罚的人可以担任诉讼代理人，除非其现在为无民事行为能力人或限制民事行为能力人，以及其可能损害被代理人的利益或有人民法院认为其有不宜作代理人的情形，比如可能妨害民事诉讼，或者曾有伪证罪等妨害诉讼类型犯罪的前科。

——《民事审判指导与参考》研究组：《受过刑事处罚的人能否担任民事诉讼案件的代理人》，载最高人民法院民事审判第一庭编：《民事审判指导与参考》（总第52辑），人民法院出版社2013年版，第249页。

267

消费民事公益诉讼起诉主体及适用范围

关键词 | 消费者协会 | 民事公益诉讼 | 起诉主体 | 适用范围 |

【最高人民法院司法解释】

第一条 中国消费者协会以及在省、自治区、直辖市设立的消费者协会，对经营者侵害众多不特定消费者合法权益或者具有危及消费者人身、财产安全危险等损害社会公共利益的行为提起消费民事公益诉讼的，适用本解释。

法律规定或者全国人大及其常委会授权的机关和社会组织提起的消费民事公益诉讼，适用本解释。

——《最高人民法院关于审理消费民事公益诉讼案件适用法律若干问题的解释》（2016年4月24日，法释〔2016〕10号）

编者说明

本条对有权提起消费民事公益诉讼的原告主体资格作出适度开放式规定，除中国消费者协会以及在省、自治区、直辖市设立的消费者协会外,法律规定或者全国人大及其常委会授权的机关和社会组织也具有起诉主体资格。实践中,省级消费者协会组织名称不一致,在判断主体资格上,主要看该协会是否属于《消费者权益保护法》第36条规定的社会组织,不能因协会名称与《解释》不一致而否定适格诉讼主体的诉讼地位。

消费民事公益诉讼的适用范围应以"损害社会公共利益"为判断标准,"众多"为损害社会公共利益判断的形式标准之一,"不特定"为损害社会公共利益判断的实质标准之一。经营者侵害众多不特定消费者合法权益,实际损害为损害社会公共利益情形予以公益诉讼制度救济,为其应有之义,根据《侵权责任法》《消费者权益保护法》规定,经营者负有保障消费者人身财产安全义务,经营者发现其提供的商品或者服务存在缺陷有危及人身、财产安全危险的,应当立即向有关行政部门报告和告知消费者,并采取停止销售、警示、召回、无害化处理、销毁、停止生产或者服务等措施,即经营者负有对其提供商品或者服务跟踪服务义务。基于上述法律规定的预防原则,《解释》将以"具有危及消费者人身、财产安全危险"侵害社会公共利益行为纳入可诉范围,并不以造成实际损害为前提。

268

污染者与第三人的诉讼地位

关键词 | 环境侵权责任 | 污染者 | 第三人 | 诉讼地位 |

【最高人民法院司法解释】

第五条 被侵权人根据侵权责任法第六十八条规定分别或者同时起诉污染者、第三人的,人民法院应予受理。

——《最高人民法院关于审理环境侵权责任纠纷案件适用法律若干问题的解释》(2015年6月1日,法释〔2015〕12号)

【链接:最高人民法院法官著述】

关于第三人的范围问题。首先,这里的第三人是指被侵权人和污染者之外的第三人,即第三人不属于被侵权人和污染者一方,第三人与受害者和污染者之间不存在法律上的隶属关系,如雇佣关系等。其次,第三人和污染者之间不存在构成共同侵权的情形。如果第三人与污染者构成共同侵权,则第三人与污染者承担连带责任。最后,此第三人要与程序法上的第三人严格区分。此第三人也并非民事诉讼法上的第三人,一旦受害人起诉要求有过错的第三人承担侵权责任,则此第三人属于被告或者共同被告的地位,并非民事诉讼中的有独立请求权的第三人或者无独立请求权的第三人。

关于污染者与第三人的诉讼地位问题。从程序法上讲,该污染者与第三人以受害人是否主张为标准,可具有共同被告或者单独被告的诉讼地位。那么,在受害人单独主张其中一个主体承担责任,其后又申请追加另一主体为共同被告,人民法院是否准许的问题。我们认为,这一情形符合本条第 1 款的基本精神,人民法院对于当事人的申请应当允许。但是对于受害人没有主张追加的情况下,已经被起诉的被告,比如是污染者,其是否有权追加第三人参加诉讼,则争议较大。一种观点认为,为了查明案件事实的需要、保障第三人的程序权利以及彻底解决纠纷的需要,人民法院应当准许追加。这一观点有一定道理,但从本条第 1 款的基本文义、尊重受害人的选择权的角度考虑,不宜将不真正连带之债界定为必须共同进行的必要共同诉讼,即这一申请追加行为,人民法院不宜准许。同样的道理,若受害人明确以污染者或者第三人为单独被告的情况下,人民法院也不宜依职权追加另一主体作为被告参加到诉讼中来。但这时人民法院是否可以依职权通知其作为无独立请求权第三人参加诉讼,则需要审判实践中进一步探索和研究。

——沈德咏主编、最高人民法院研究室、最高人民法院环境资源审判庭编著:《最高人民法院环境侵权责任纠纷诉讼司法解释理解与适用》,人民法院出版社 2016 年版,第 80 ~ 82 页。

编者说明

《侵权责任法》第 68 条:因第三人的过错污染环境造成损害的,被侵权人可以向污染者请求赔偿,也可以向第三人请求赔偿,污染者赔偿后,有权向第三人追偿。该条规定被侵权人可以选择请求污染者或者第三人赔偿,但是该条未明确污染者与第三人的诉讼地位,污染者对污染环境行为也有过错的,第三人应当如何承担责任以及污染者能否以第三人过错为由主张减免责任的问题。最高人民法院环境侵权责任纠纷司法解释对此予以明确。

269

环境民事公益诉讼的原告资格

关键词 | 环境公益诉讼 | 社会组织 | 原告资格 |

【最高人民法院司法解释】

第二条 依照法律、法规的规定，在设区的市级以上人民政府民政部门登记的社会团体、民办非企业单位以及基金会等，可以认定为环境保护法第五十八条规定的社会组织。

第三条 设区的市，自治州、盟、地区，不设区的地级市，直辖市的区以上人民政府民政部门，可以认定为环境保护法第五十八条规定的“设区的市级以上人民政府民政部门”。

第四条 社会组织章程确定的宗旨和主要业务范围是维护社会公共利益，且从事环境保护公益活动的，可以认定为环境保护法第五十八条规定的“专门从事环境保护公益活动”。

社会组织提起的诉讼所涉及的社会公共利益，应与其宗旨和业务范围具有关联性。

第五条 社会组织在提起诉讼前五年内未因从事业务活动违反法律、法规的规定受过行政、刑事处罚的，可以认定为环境保护法第五十八条规定的“无违法记录”。

——《最高人民法院关于审理环境民事公益诉讼案件适用法律若干问题的解释》(2015 年 1 月 6 日，法释〔2015〕1 号)

【《最高人民法院公报》案例】

朱正茂、中华环保联合会与江阴港集装箱公司环境污染责任纠纷案(无锡市中级人民法院一审民事判决书)

无锡市中级人民法院认为：

集装箱公司自行增设铁矿石(粉)港口接卸作业，属违法行为，对周边大气环境和地表、水域造成了污染侵害，影响了周边居民的正常生活。鉴于集装箱公司在诉讼前已采取了一定的污染防治措施，在本案审理过程中又采取了一系列治理措施，并提出调解申请。经法院依法主持调解，双方当事人达成协议，由集装箱公司限期补办相关的行政许可审批手续，限期内未获得行政许可的，必须立即停止相关业务；在申办期内，必须做到无尘化装卸作业，不得向周边河流、水域排放任何影响水体质量的污染物，不得产生超过国家规定标准的噪声；每 30 天书面报告本协议履行情况，并附当地环境保护行政主管部门的环境监测报告。无锡中院于2009年9月出具民事调解书，对上述协议依法予以确认。

——《最高人民法院公报》2014年第11期

【链接：最高人民法院法官著述】

2009年7月6日，朱正茂作为周边居民代表与中华环保联合会共同对江阴港集装箱公司提起诉讼，要求其停止侵害，使港口周围的大气环境符合环境标准，排除妨碍；对铁矿粉冲洗进行处理，消除对饮用水源地和取水口产生的危险，将港口附近的下水道恢复原状，铁矿粉泥做无害化处理等。该案中，中华环保联合会提起的无疑是环境民事公益诉讼，而朱正茂提起的诉讼究竟属于公益诉讼还是私益诉讼，则存在争议。根据2012年《民事诉讼法》第五十五条的规定，法律规定的机关和有关组织可以向人民法院提起环境民事公益诉讼。该条规定首先排除了公民个人作为诉讼主体提起环境民事公益诉讼的资格。2012年《民事诉讼法》修订过程中，有观点认为大陆法系国家普遍限制公民个人提起公益诉讼，并对有权提起公益诉讼的组织作严格限制，我国目前也不宜赋予公民提起公益诉讼的权利。一是在我国经济社会发展的现阶段，考虑到法治建设的现状，全面赋予公民提起公益诉讼的权利，可能事倍功半，诉讼效果可能不佳，还可能导致滥诉。二是从实践情况看，有的公民提起公益诉讼炒作成分较多，这种炒作有可能对我国现行社会管理体制造成冲击，影响社会安定。而且，在很多情况下，损害公共利益的行为也会损害个人利益，公民个人可以依据《民事诉讼法》第一百一十九条规定的“直接利害关系原则”达到直接保护个人利益，间接保全公共利益的效果。另外，由于公民个人诉讼能力的限制，如果允许公民提起公益诉讼，也可能导致诉讼拖延，效率低下。立法机关最终未赋予公民个人提起环境民事公益诉讼的权利。

需要注意的是，司法实践中应正确区分环境民事公益诉讼和私益诉讼，防止将本属于私益诉讼的案件界定为环境民事公益诉讼，进而将因环境污染或破坏生态行为而请求法院保护个人人身权和财产权的案件拒之门外。具体而言，污染环境、破坏生态的行为既可能造成环境公共利益的损害，也可能造成私人人身、财产权益的损害，还可能同时造成上述两种损害，而环境公益诉讼的目的在于预防及修复公共利益的损害，只能由法律规定的机关和有关组织提起，而私益诉讼的目的在于救济个人权益，只要原告与本案有利害关系，法院即不得以主体不适格为由拒绝受理。因为环境案件具有公益与私益相互交织的复合性特征，给实践中正确区分两类案件增加了一定的难度。环境民事公益诉讼与私益诉讼最大的区别在于前者是为保护环境公共利益而提起的，具有“主观为公益”的特点，虽然私益诉讼中也可能涉及公共利益事项，如受害人请求污染者对其财产损失予以赔偿的同时还请求其停止排污，客观上起到了维护环境公共利益的作用，但实质仍然是“主观为私益”，实践中不能仅以个人提出停止侵害、排除妨碍、消除危险等诉讼请求就认定本案为公益诉讼而不予受理。此外，实践中也不能单纯以受损害人数的多少来区分公共利益和个人利益。例如在海洋环境污染中，既有沿海渔民遭受养殖、捕捞损失，也有海洋环境损害，尽管渔民成千上万，但其养殖、捕捞等损失的赔偿请求仍属于私益诉讼范畴，法院没有正当理由不能拒绝受理该类案件。只有请求赔偿环境损失（如清污费、恢复生态治理费用、生态损失等）才能纳入公益诉讼，并应由法律规定的机关和有关组织提起。

——最高人民法院环境资源审判庭编著：《最高人民法院关于环境民事公益诉讼司法解释理解与适用》，人民法院出版社 2015 年版，第 22～24 页。

编者说明

本案兼具私益诉讼和公益诉讼的特点。朱正茂是居民代表，同时又是环境污染的受害者，其与中华环保联合会共同作为原告起诉后，无锡中院依法予以受理，对环境公益诉讼的原告主体资格问题进行了有益的探索和实践。但就目前而言，立法机关仅赋予依法在设区的市级以上人民政府民政部门登记的、专门从事环境保护公益活动边续 5 年以上且无违法记录的社会组织提起环境民事公益诉讼原告资格，公民个人、环境保护主管部门及检察机关均不具备原告资格。与案件有利害关系的公民、法人和其他组织提起的私益诉讼不宜与公益诉讼合并审理，人民法院应当告知另行起诉。

270

公民同时提起环境民事私益诉讼的处理

关键词 | 环境民事私益诉讼 | 管辖 |

【最高人民法院司法解释】

第十条 公民、法人和其他组织以人身、财产受到损害为由申请参加诉讼的,告知其另行起诉。

——《最高人民法院关于审理环境民事公益诉讼案件适用法律若干问题的解释》(2015 年 1 月 6 日,法释〔2015〕1 号)

【链接：最高人民法院法官著述】

公民、法人和其他组织以人身、财产受到损害为由提起的诉讼,属于私益诉讼的范畴。与案件有利害关系的公民、法人和其他组织提起的私益诉讼不宜与公益诉讼合并审理,人民法院应当告知其另行起诉。私益诉讼与公益诉讼有着本质区别,私益诉讼的根本目的是救济和维护私人合法权益,而公益诉讼的根本目的在于维护社会公共利益。进一步来说,公益诉讼的主要目的是制止以及恢复那种被损害的社会公共利益,私益诉讼的主要目的是恢复一种人与人之间正常的被破坏的社会秩序。公益诉讼的原告可能只要认为他人的某种行为损害了整个社会的整体利益,就可以代表整个社会提起诉讼而私益诉讼的主体则仅仅局限于遭到侵害的“私人”。环境公益诉讼是指出于保护环境公益的目的,在那些可能遭受或者已经遭受环境污染的地区,由某些不特定的主体针对引起污染的某种不法行为或者不当行为所提起的诉讼。在环境公益诉讼中,原告起诉的目的是出于保护环境,其所保护的环境利益具有很强的普遍性与社会整体性,起诉的目的具有很强的公益性。

——最高人民法院环境资源审判庭编著:《最高人民法院关于环境民事公益诉讼司法解释理解与适用》,人民法院出版社 2015 年版,第 150 页。

271

保险公司在道路交通事故损害赔偿案件中的诉讼地位

关键词｜保险公司｜道路交通事故｜共同被告｜

【最高人民法院司法解释】

第二十五条 人民法院审理道路交通事故损害赔偿案件,应当将承保交强险的保险公司列为共同被告。但该保险公司已经在交强险责任限额范围内予以赔偿且当事人无异议的除外。

人民法院审理道路交通事故损害赔偿案件，当事人请求将承保商业三者险的保险公司列为共同被告的，人民法院应予准许。

——《最高人民法院关于审理道路交通事故损害赔偿案件适用法律若干问题的解释》(2012年11月27日，法释〔2012〕19号)

272

身份不明人因侵权行为死亡，有关机关或单位无权主张死亡赔偿金

关键词｜身份不明｜侵权行为｜死亡赔偿金｜

【最高人民法院司法政策】

6. 鉴于侵权责任法第十八条明确规定被侵权人死亡，其近亲属有权请求侵权人承担侵权责任，并没有赋予有关机关或者单位提起请求的权利，当侵权行为造成身份不明人死亡时，如果没有赔偿权利人或者赔偿权利人不明，有关机关或者单位无权提起民事诉讼主张死亡赔偿金，但其为死者垫付的医疗费、丧葬费等实际发生的费用除外。

——《最高人民法院第八次全国法院民事商事审判工作会议(民事部分)纪要》(2016年11月30日)

第四章 | CHAPTER 04

证据

273

原告应当提交起诉证据

关键词 | 起诉证据 | 反诉证据 | 审查起诉 |

【最高人民法院司法解释】

第一条 原告向人民法院起诉或者被告提出反诉,应当附有符合起诉条件的相应的证据材料。

——《最高人民法院关于民事诉讼证据的若干规定》(2001 年 12 月 21 日,法释〔2001〕33 号)

第九条 人民法院审查立案中,发现原告或者自诉人证明其诉讼请求的主要证据不具备的,应当及时通知其补充证据。收到诉状的时间,从当事人补交有关证据材料之日起开始计算。

——《最高人民法院关于人民法院立案工作的暂行规定》(1997 年 4 月 21 日,法发〔1997〕7 号)

【链接:最高人民法院法官著述】

起诉证据与反诉证据主要涉及人民法院立案庭的业务,在本司法解释之前,民事诉讼法第 108 ~ 111 条、《最高人民法院关于人民法院立案工作的暂行规定》都有相关内容,尤其是后者明确提出了起诉证据的问题。在司法过程中,适用本条的规定应注意同其他规定协调起来。具体来讲,要注意以下几个问题:

1. 正确对待起诉证据与审查起诉的关系。起诉证据与审查起诉制度之间是毛与皮的关系,否定后者必然废弃前者。应取消立案实体审查这种做法。立案形式审查仍有存在的必要,关键是把握好立案审查的内容。正如最高人民法院一直强调的那样,贯彻立案与审判分离的原则,禁止立案庭越俎代庖,违反正当程序做审判庭应当做的事情。立案审查只限于程序审查,即只审查起诉证据能否表明当事人身份或者争议的事项是什么,并不审查证据事实本身,更不允许实体审查。换言之,审查起诉时法院不考察起诉证据与本案事实之间有多大程度的关联,更无须审查起诉证据对于本案事实有多大的证明力。故不能要求当事人在起诉时就提供证明其诉讼请求的主要证据，否则，本司法解释中的举证时限制度、证据交换制度以及审理程序就失去存在的价值了。

2. 起诉证据与反诉证据是处于不同层次的两个概念，不能混淆。提供起诉证据，目的是便于法院对原告的起诉是否具备条件作形式上的审查，同时可以适当地预防滥诉行为。但是，对起诉证据的理解不能混同于一般诉讼证据，也不同于反诉证据。反诉在表面上也提起了一个新的诉，但反诉的提起毕竟是在本诉划定的框架内进行的，并且是在本诉过程中提出的，故反诉证据凸显的是反诉原告所主张抵销、吞并本诉请求所赖以成立的实体法事实的证据，反诉证据用于证明反诉请求。而起诉证据则仅仅用于起诉条件而已。

3. 起诉证据除包含原告身份证明外，是否还包括被告的身份证明？值得注意的是，民事诉讼法第 108 条对于原告、被告的资格条件区别对待：要求原告是与本案有直接利害关系的公民、法人和其他组织，对于被告只要求“明确”就行。显然，民事诉讼法对被告没有规定严格的资格、身份限制。司法实践中，通常也只是要求原告在起诉书中注明被告的名称、身份、住所地等情况，但并不进行审查。理由是：立案阶段法院只和起诉人接触，要释明的对象是原告的主体资格或身份；对于被告的资格、身份情况，可以在审理中加以确认。在司法实践中，也会遇到一些特殊情况，比如涉外或涉港、澳、台的民事诉讼案件，被告甚为有涉外因素的一方，可能存在着立案庭审查被告的身份真实与否的问题。当然，即使在审查被告身份真实性的场合，也只限于“明确”即为足已。

最后，对《最高人民法院关于人民法院立案工作的暂行规定》第 9 条应当作出限缩解释，原告诉讼请求是否有主要证据支持，属于诉讼过程中举证问题，不能要求在审查立案时就要求原告提供。

——李国光主编：《最高人民法院〈关于民事诉讼证据的若干规定〉的理解与适用》，中国法制出版社 2002 年版，第 30 ~ 33 页。

274

举证责任的含义及一般分配规则

关键词 | 举证责任 | 分配规则 |

【最高人民法院司法解释】

第九十条 当事人对自己提出的诉讼请求所依据的事实或者反驳对方诉讼请求所依据的事实,应当提供证据加以证明,但法律另有规定的除外。

在作出判决前,当事人未能提供证据或者证据不足以证明其事实主张的,由负有举证证明责任的当事人承担不利的后果。

第九十一条 人民法院应当依照下列原则确定举证证明责任的承担,但法院另有规定的除外:

(一)主张法律关系存在的当事人,应当对产生该法律关系的基本事实承担举证证明责任;

(二)主张法律关系变更、消灭或者权利受到妨害的当事人,应当对该法律关系变更、消灭或者权利受到妨害的基本事实承担举证证明责任。

——《最高人民法院关于适用〈中华人民共和国民事诉讼法〉的解释》(2015 年 1 月 30 日,法释〔2015〕5 号)

第二条 当事人对自己提出的诉讼请求所依据的事实或者反驳对方诉讼请求所依据的事实有责任提供证据加以证明。

没有证据或者证据不足以证明当事人的事实主张的,由负有举证责任的当事人承担不利后果。

——《最高人民法院关于民事诉讼证据的若干规定》(2001 年 12 月 21 日,法释〔2001〕33 号)

十一、案件的同一事实,除举证责任倒置外,由提出主张的一方当事人首先举证,然后由另一方当事人举证。另一方当事人不能提出足以推翻前一事实的证据的,对这一事实可以认定;提出足以推翻前一事实的证据的,再转由提出主张的当事人继续举证。

——《最高人民法院关于民事经济审判方式改革问题的若干规定》(1998 年 7 月 6 日,法释〔1998〕14 号)

【最高人民法院审判业务意见】

《民事诉讼法》第六十四条规定的“当事人对自己提出的主张,有责任提供证据”,是我国民事诉讼制度关于举证责任分配的基本原则。这一规定过于原则,实践中不易操作,不能完全解决举证责任分配的问题。为此,《若干规定》根据法律规定的原则,在总结审判实践经验的基础上,从以下几个方面对《民事诉讼法》关于举证责任的规定作具体化的解释:一是完善举证责任分配的一般规则。《民事诉讼法》对于举证责任的分配只在第六十四条规定了基本原则,没有明确如何具体分配举证责任以及举证责任的后果。《若干规定》在第二条首先对《民事诉讼法》的举证责任原则予以细化,对当事人没有证据或者证据不足以证明其事实主张的后果予以明确,在第五条、第六条中对合同纠纷案件和劳动争议案件中特殊事实的举证责任分配作了规定。通过上述规定,完善了举证责任分配的一般规则。二是进一步完善了举证责任倒置规则。《最高人民法院关于适用〈中华人民共和国民事诉讼法〉若干问题的意见》第七十四条规定了举证责任倒置的情形,但不够具体,对于倒置哪些事实的举证责任仍不明确。为此,《若干规定》根据《民法通则》等实体法的规定和宗旨,总结审判实践经验和法学界的理论成果,在第四条对特殊类型的侵权案件适用举证责任倒置的情形予以具体化,进一步完善了举证责任倒置规则。三是为特殊情形下举证责任的分配提供规则。考虑到实践中举证责任问题的复杂性,《若干规定》在第七条对依据法律和司法解释无法确定举证责任的承担者时,法官应当按照什么原则和考虑的因素去分配当事人的举证责任作出规定。同时,《若干规定》在第三条明确了人民法院对当事人举证进行指导的职责和当事人申请人民法院调查取证的权利。通过上述规定,不仅在很大程度上解决了《民事诉讼法》第六十四条在审判实践中的操作性问题,也进一步明确了人民法院对当事人举证的指导职责,强调了对当事人诉讼权利的保护,完善了我国举证责任的分配规则,确保举证责任制度的进一步推行能够取得良好的效果。

——《最高人民法院民一庭负责人就〈关于民事诉讼证据的若干规定〉答记者问》,载沈德咏主编、最高人民法院研究室编:《最高人民法院民商事司法解释及审判适用指导》,中国法制出版社 2006 年版,第 2089 ~ 2090 页。

【《最高人民法院公报》案例】

君信创业公司诉绿谷伟业公司等出资合同纠纷案[最高人民法院(2004)民二终字第260号民事判决书]

裁判要旨:双方当事人对同一事实分别举出相反的证据,但均没有足够的依据否定对方证据的,对案件事实负有举证责任的当事人,应承担举证不力的责任。

最高人民法院认为:

本案的待证事实为被上诉人绿谷伟业公司在宁夏绿谷制药公司(后更名为宁夏博尔泰力药业股份有限公司)增资扩股过程中是否存在利用控股优势编造债务进行资金循环手段虚假出资。争议的焦点是对双方证据证明力的认定。

一、上诉人君信公司的主要证据——《宁夏审计厅关于宁夏博尔泰力药业股份有限公司股权投资等有关问题的审计调查报告》经原审法院核实并经质证,系宁夏回族自治区审计厅就博尔泰力药业股份公司中国有资产存在的问题,进驻博尔泰力药业股份公司进行审计调查后向宁夏回族自治区政府领导提交的内部审计调查报告,其中涉及被上诉人绿谷伟业公司出资情况,其证据属性为书证而非司法机关委托审计部门出具的鉴定结论。且该审计报告亦未能直接、充分地证明被上诉人虚假出资的事实,不能作为定案依据:1. 宁夏审计厅的该次审计行为并非法定审计。根据《中华人民共和国审计法》以及《中华人民共和国审计法实施条例》的相关规定,审计机关的审计对象是国务院各部门和地方各级人民政府及其各部门的财政收支,国有的金融机构和企业事业组织的财务收支,以及其他依照审计法有关规定应当接受审计的国有企业、国有资产占控股地位或主导地位的企业的财政收支、财务收支。而发起成立第三人博尔泰力药业股份公司的七家发起人的总共3800万股份中没有一家是国有企业或国有资产占控股地位或主导地位的企业,因此,不属于审计厅的审计范围。2. 该次审计非争议各方共同委托的审计,系宁夏审计厅就博尔泰力药业股份公司中国有资产存在的问题,进驻博尔泰力药业股份公司进行审计调查后向宁夏回族自治区政府领导提交的内部审计调查报告,其中涉及被上诉人绿谷伟业公司出资情况,属传来证据、间接证据,不具有针对性。3. 该审计报告既未提供审计行为所依据的法律规定和审计过程中使用的证据材料,也未提供审计结论所依据的法律规定和事实依据,故不予认定。关于上诉人在二审过程中提供的两份行政判决书的效力，虽然该审计报告的证明力在这两份行政判决中得到认可，但与本案并无实质性牵连，不能因而增强该证据的证明力。

二、被上诉人提供了其与宁夏绿谷药业公司之间的《对账单》、公司登记管理机关备案的相关验资报告、被上诉人向第三人的出资凭证、收据和由第三人各方股东共同委托的中介机构出具的审计报告等证据证明其完全真实足额地履行了增资义务。上诉人对被上诉人所提供的证据的证明力不予认可，认为该等文件系由被上诉人及由其控股的公司单方制作或单方委托中介机构出具，均可以伪造或按照被上诉人的意志出具，并请求被上诉人提供其原始的财务账目。针对被上诉人拒不提供其原始账目的行为，上诉人主张适用推定规则，认为上诉人应当提供其财务账目，但其拒不提供，说明该财务账目对其不利，应当推定上诉人主张成立。为此，本院认为，上诉人对被上诉人系列证据证明力的否认以及被上诉人拒不提供原始财务账目的行为，在一定程度上削弱了被上诉人提供的证据的证明力，但并不能必然推导出被上诉人虚假出资的结论。

综上，本院认为，双方当事人对同一事实分别举出相反的证据，但均没有足够的依据否定对方证据，因证据的证明力有限，不能作出对上诉人有利的认定，且君信公司在一、二审中均未对绿谷伟业公司是否构成瑕疵出资申请委托审计，亦未进一步举出对己方有利的证据，故其上诉理由与请求不能成立，本院予以驳回。原审法院认定事实与本院所查明事实基本吻合，且适用法律正确，原审判决应予维持。

——《最高人民法院公报》2005 年第 6 期

东方国际集团上海市对外贸易有限公司与兰州金城旅游服务（集团）有限责任公司保证合同关系确认纠纷上诉案（最高人民法院民事判决书）

裁判要旨：金城公司称该公司未出具担保函，但又对加盖在担保函上的单位公章是否为真实不能作出肯定的回答，且该公司也不申请对此公章进行鉴定，故应认定该担保函系金城公司所出具。

最高人民法院认为：

本案涉及上海外贸与豪克公司以及上海外贸与金城公司之间两个不同法律关系。关于上海外贸与豪克公司之间的国际货物买卖合同纠纷，业经上海仲裁分会作出（1997）沪贸仲字第 505 号裁决，豪克公司应承担给付上海外贸货款及赔偿损失的民事责任，即主合同债务人债务范围已经确定。因上海仲裁分会的裁决不能涉及仲裁协议之外的当事人,即从合同中的保证人金城公司。上海外贸有权以金城公司为被告,单独就本案保证合同关系向原审法院提起诉讼,要求确认上海外贸与金城公司之间存在保证合同关系并判令金城公司对主债务人豪克公司的债务承担赔偿责任。原审判决业已查明:1995 年 4 月 20 日的担保函系金城公司出具,金城公司对此未提起上诉,亦未对原审认定的事实提出异议。在本院二审期间,虽然金城公司称该公司未出具担保函,但又对加盖在担保函上的单位公章是否为真实不能作出肯定的回答,且该公司也不申请对此公章进行鉴定,故应认定该担保函系金城公司所出具。关于被保证人豪克公司的名称问题,豪克公司虽有多个中文名称,但均使用同一枚印章,法定代表人亦同为田丰年一人,且金城公司不能举证证明其在匈牙利还开办了第二家豪克公司,应认定担保函上所称被保证人匈牙利金城公司企业集团欧洲豪克公司即为主合同的债务人豪克公司。上海外贸与金城公司之间已形成保证合同关系,该合同系当事人真实意思表示且不违法,应认定为有效。因此,金城公司的上述辩称均无事实和法律根据,其辩解的理由不予采纳。原审判决认定事实部分不清,适用法律不当,应予纠正。上海外贸的上诉理由成立,应予支持。鉴于本案所涉保函没有约定保证人承担何种保证责任,且该担保行为发生于《中华人民共和国担保法》施行之前,依照本院《关于审理经济合同纠纷案件有关保证的若干问题的规定》第 7 条关于"保证合同没有约定保证人承担何种保证责任,或者约定不明确的,视为保证人承担赔偿责任"的规定,金城公司应对被保证人豪克公司给付货款及赔偿损失的债务承担赔偿责任。

——《最高人民法院公报》1999 年第 3 期

廖昌颐与廖抡万房产纠纷案(最高人民法院民事判决书)

裁判要旨:当事人对自己提出的诉讼请求所依据的事实有责任提供证据加以证明,没有证据或者证据不足以证明其事实主张的,须承担不利后果。

最高人民法院认为:

我国实行税契制度,凡是不动产的产权转移必须以税契为准,买卖房屋经政府认可的合法契证是确定产权的主要依据。廖昌颐与廖抡万双方讼争的房屋,尽管廖抡万开始想与廖昌颐共同买房,也付了部分房价款,但在正式办理房屋产权转移手续时,不参加登记,不行使自己的买房权利,应视为自动放弃。廖抡万所称用廖昌颐名字立契是与廖世锋商定的,因查无实据,廖世锋又否认,故不予认定。廖昌颐委托廖世锋买房,履行了法律手续,取得了合法契证,应受到法律保护,但未及时将二千元返还廖抡万或交人民法院处理是不当的。此外,廖昌颐尚欠梁世勇、梁世惠买房款三百元,也应一并清理。

——《最高人民法院公报》1985 年第 1 期

【链接：最高人民法院法官著述】

审判实践中应当注意的是:(1)凡当事人提出的于己有利的事实主张,均有提供证据进行证明的义务和责任,主张于己不利的事实的,属于自认规则的范畴,并不涉及举证责任问题;(2)结果意义的举证责任在待证事实真伪不明时发生作用,此处的待证事实系指当事人主张的诉讼标的之权利义务或法律关系的要件事实,间接事实或者辅助事实真伪不明只有反射到要件事实之上,致使要件事实发生真伪不明时,才发生结果意义的举证责任,也才有证明责任判决适用的余地。

审判实践中涉及举证责任分配问题时,首先应当注意的是,举证责任的分配具有法定性,即举证责任是由法律分配而在原则上并不能由法官来分配。因此,法官只能根据本条的规定,在对民事实体法规范进行类别分析的基础上,识别权利发生规范、权利消灭规范、权利限制规范和妨碍规范,并以此为基础确定举证责任的负担。因此,法官在举证责任分配问题上是适用法律的过程,而非创造举证责任分配规则。其次,第九十一条第二项系采取"法律关系变更"的表述,其在理解上可以与权利限制作同一理解。再次,该条的基本事实应当理解为要件事实,即实体法律关系或者权利构成要件所依赖的事实。在民事诉讼法上,在诉讼程序问题上有时基本事实也可能被解读为包括诉讼主体等程序事项的事实。但第九十一条是有关举证责任分配的规定,不涉及程序方面的事实,因此在解读上应当完全立足于实体法规范。

——沈德咏主编、最高人民法院修改后民事诉讼法贯彻实施工作领导小组编著:《最高人民法院民事诉讼法司法解释理解与适用》,人民法院出版社 2015 年版,第 313 ~ 317 页。

编者说明

1991 年《民事诉讼法》第 64 条规定了行为责任,1998 年 7 月《最高人民法院关于民事经济审判方式改革问题的若干规定》第 3 条肯定了结果责任,《最高人民法院关于民事诉讼证据的若干规定》(以下简称《证据规定》)第 2 条第一次完整地表述了民事举证责任的双重含义。《2015 年解释》第 90 条基本上沿用了《证据规定》第 2 条的内容。在审判实践中,适用这一条

文应注意以下问题:

第一,结果责任由哪一方当事人负担,一般取决于实体法的规定。但由于我国民法典的系统化、法典化晚于民事诉讼法典,现有的民事实体法的程序功能不足,故举证责任的分配目前主要由《民事诉讼法》和相关证据制度来调整。现行《民事诉讼法》未明确规定结果责任,但理论上可以通过体系解释等法律解释方法来加以确认。《最高人民法院关于民事经济审判方式改革问题的若干规定》第3条实际上肯定了结果责任的存在,只是不够明确。仅有结果责任的规定是远远不够的,应将结果责任的观念切实贯彻到司法实践中去,成为指导法院裁判的一个尺度。比如,法院受理案件后,经审理发现由于证据不充分,无法确定原告主张的事实是否真实,此时应以原告主张事实证据不足,难以认定为由,驳回原告的诉讼请求。当原告诉讼请求所根据的事实已被查明,被告答辩所根据的事实处于真伪不明状态时,应作出支持原告诉讼请求的判决。

第二,《证据规定》第2条分别界定了行为责任与结果责任的内涵,除行为责任继续适用《民事诉讼法》第64条"谁主张谁举证"的分配规则外,对于结果责任并没有确立起一般的分配规则。真正依法律要件分类说确立结果责任的分配规则的是《证据规定》第5条第1款关于合同诉讼的举证责任分配,该规定具有一般的普适性意义。

第三,应注意主张责任、提供证据责任的转换以及结果责任的关系。结果责任是行为责任的基础,它静态地反映了举证责任的内容。原告提出主张,要求被告承担民事责任,须提出权利或责任赖以产生的法律事实,被告主张的,应证明法定的免责事由。责任要件事实和免责事由均由实体法预先作出规定,在诉讼开始之前即已安排好了,不受诉讼实际进程的影响。主张责任以结果责任为根本依据,随着诉讼进程由一方当事人提出事实主张,并相应提供证据加以证明。有主张责任,通常伴随提供证据责任;围绕着对主张事实的证明,提供证据责任在原告和被告之间转换、变动。主张的提出,以及行为责任的转换,无不以避免不利的诉讼后果为归依。关于举证责任(指行为责任)的转移,最高人民法院有相关解释,比如《最高人民法院关于民事经济审判方式改革问题的若干规定》第11条、1998年《最高人民法院关于全国部分法院知识产权审判工作座谈会纪要》第3条等。

在最高人民法院再审的廖昌颐与廖抡万房产纠纷案中,双方当事人争议的焦点是围绕廖昌颐委托廖世锋购房时,廖抡万出资2000元的行为是共同购房行为,还是借款行为展开的。所涉及的法律问题是证据的使用规则。廖抡万出资2000元的行为究竟是合伙买房,还是借款关系,在双方说法不一的情况下,只能以证据来确认。根据证据规则,一方当事人提出的证据,对方当事人提出异议但没有足以反驳的相反证据的,人民法院应当确认其证明力。廖昌颐主张是其个人购房由税契证和正契即房产权证为证。房产所有权证书是国家房产管理部门依职权制作的,证明房产所有权归属的公文书证,其证明力一般大于其他书证。而廖抡万主张与廖昌颐商定共同买房无证据证明,当事人对自己的主张只有本人陈述而不能提供其他相关证据的,其主张不予支持。我国实行税契制度,凡是不动产的产权转移必须以税契为准。经政府颁发的合法房产证是确定产权的主要依据。故此案讼争之房尽管廖抡万在起初时想与廖昌颐共同购房，并付了部分价款，但在正式办理房屋产权转移手续时，放弃了证明房屋归属的登记手续，等于放弃了房屋所有权。所以廖抡万出资 2000 元的行为应认定为出借行为。房屋应归廖昌颐所有是正确的。

东方国际集团上海市对外贸易有限公司与兰州金城旅游服务(集团)有限责任公司保证合同纠纷案，主要涉及的法律问题也是证据的认定。上海外贸提供一系列证据证明金城公司系保证人并且为被保证人豪克公司向上海外贸出具了保函。首先是关于保函真实性的证据：金城公司于 1995 年 3 月 16 日给案外人上海市针织品进出口公司出具的与给上海外贸出具的内容相同的保函，金城公司对其真实性认可。其次是关于豪克公司存在的证据：豪克公司虽使用多个中文名称，但均系同一经营场所、同一电话号码、同一法定代表人、同一枚匈牙利文印章。又有中国国际经济贸易仲裁委员会上海分会生效的(1997)沪贸仲字第 505 号裁决。金城公司虽对担保函上公章的真实性提出异议，但又不申请鉴定，事实上是对其否认的事实只有陈述而不能举证，且对一审判决认定给上海外贸的担保函是其所出又未提出上诉，该担保函的真实性可以认定。金城公司虽称被保证人并不确定，但又不能举证证明在匈牙利还有第二家豪克公司，足以证明担保函上所称被保证人匈牙利企业集团欧洲豪克公司即为主合同的债务人豪克公司。因此，最高人民法院依据证据规则认定，1995 年 4 月 20 日的担保函系金城公司，担保函上所称的被保证人为豪克公司，并判决确认双方的保证合同成立，由金城公司对豪克公司的债务承担赔偿责任。

275

举证责任分配的司法裁量

关键词 | 举证责任分配 | 司法裁量 |

【最高人民法院司法解释】

第七条 在法律没有具体规定，依本规定及其他司法解释无法确定举证责任承担时，人民法院可以根据公平原则和诚实信用原则，综合当事人举证能力等因素确定举证责任的承担。

——《最高人民法院关于民事诉讼证据的若干规定》(2001 年 12 月 21 日，法释〔2001〕33 号)

【链接：最高人民法院法官著述】

第一，举证责任分配的司法裁量是否必须以法律、司法解释没有规定为前提?

一般而言,依法律、司法解释的规定和法律要件分类说,能够确定举证责任分配的,应遵循其规定。在我国,由于最高人民法院的司法解释也具有司法立法的性质,因此,法律、司法解释对于举证责任分配的规定,均应列为第一顺序的分配依据。若规定意思不明确时,举证责任分配可以考虑以证据的距离为标准,距离证据较近者负举证责任;若当事人与证据距离相同时,举证责任分配以举证的难易或事实存在不存在可能性高低为准;若不负举证责任的当事人有妨害举证或违反禁反言行为时,举证责任分配应变更由原不负举证责任的当事人负担。

问题是,在法律、司法解释有规定,但如果该规定违反了现代民法保护弱者、追求实质正义的价值取向时,法官在个案中能否改变法律要件分类说的举证责任分配规则,而实行举证责任倒置?

在形式主义的旗帜下,法官在个案中能否改变法律要件分类说的举证责任分配规则,而实行举证倒置,通常是受严格禁止的,但如果不倒置举证将严重损害个案的实质公平时,应允许经一定的程序限制(如高级人民法院或最高人民法院审核),可以例外地倒置举证责任。

第二,如何将司法裁量举证责任的方式在我国的适用程序具体化?

举证责任的分配作为一个极为重要的法律问题,在司法裁量时应当由较高级别的法院来决定(如高级人民法院);为慎重起见,将举证责任倒置的决定权控制在最高人民法院手中或者授权高级人民法院决定或许是解决这一问题的较为妥当的方法。高级人民法院或最高人民法院可以通过核准下级人民法院呈报的司法裁量举证责任的报告,来决定举证责任的分配。最高人民法院对于本院审核的举证责任分配决定,以及最高人民法院认为有代表性的高级人民法院的举证责任分配裁量决定,由最高人民法院公报或有关司法文件公布,并赋予这种公布的文件以普遍性的约束力,使其具有司法解释的效力。下级人民法院向高级人民法院或最高人民法院报告时,应当详细说明本案中由法官裁量决定举证责任分配的理由,以及下级人民法院在裁量时所考虑的因素、裁量理由。这样,可以最大限度地减少因允许法官裁量决定举证责任问题所带来的混乱,也利于保持法律问题应有的统一性、公正性和严肃性。

——李国光主编:《最高人民法院〈关于民事诉讼证据的若干规定〉的理解与适用》,中国法制出版社 2002 年版,第 113~115 页。

编者说明

举证责任分配有形式分配标准和实质分配标准之分。形式分配标准是依据法律和司法解释的规定分配举证责任，实质分配标准是由法官根据具体案件的情况，自由裁量举证责任的分配。成文法国家一般以形式分配标准为基础，以实质分配标准为补充。《证据规定》考虑到实践中举证责任问题的复杂性，在特殊情况下存在不属于法律和司法解释规定的举证责任倒置、依照法律和举证责任分配的一般规则又无法确定举证责任承担的情形。这种情况下，由审判人员根据公平原则和诚实信用原则，综合当事人举证能力、证据距离等因素，确定举证责任的承担。①

276

侵权诉讼中的举证责任倒置

关键词 | 侵权诉讼 | 举证责任分配 | 举证责任倒置 |

【最高人民法院司法解释】

第四条 下列侵权诉讼，按照以下规定承担举证责任：

（一）因新产品制造方法发明专利引起的专利侵权诉讼，由制造同样产品的单位或者个人对其产品制造方法不同于专利方法承担举证责任；

（二）高度危险作业致人损害的侵权诉讼，由加害人就受害人故意造成损害的事实承担举证责任；

（三）因环境污染引起的损害赔偿诉讼，由加害人就法律规定的免责事由及其行为与损害结果之间不存在因果关系承担举证责任；

（四）建筑物或者其他设施以及建筑物上的搁置物、悬挂物发生倒塌、脱落、坠落致人损害的侵权诉讼，由所有人或者管理人对其无过错承担举证责任；

（五）饲养动物致人损害的侵权诉讼，由动物饲养人或者管理人就受害人有过错或者第三人有过错承担举证责任；

（六）因缺陷产品致人损害的侵权诉讼，由产品的生产者就法律规定的免责事由承担举证责任；

（七）因共同危险行为致人损害的侵权诉讼，由实施危险行为的人就其行为

---

① 沈德咏主编、最高人民法院研究室编著：《民事诉讼司法解释理解与适用》，法律出版社 2009 年版，第 248 ~ 249 页。

与损害结果之间不存在因果关系承担举证责任；

（八）因医疗行为引起的侵权诉讼，由医疗机构就医疗行为与损害结果之间不存在因果关系及不存在医疗过错承担举证责任。

有关法律对侵权诉讼的举证责任有特殊规定的，从其规定。

——《最高人民法院关于民事诉讼证据的若干规定》（2001 年 12 月 21 日，法释〔2001〕33 号）

【最高人民法院司法政策】

22. 因违法建筑倒塌或其搁置物、悬挂物脱落、坠落造成的损害赔偿纠纷，属于民事案件受案范围，应按照侵权责任法有关物件损害责任的相关规定处理。

——《最高人民法院第八次全国法院民事商事审判工作会议（民事部分）纪要》（2016 年 11 月 30 日）

【链接：最高人民法院法官著述】

准确识别举证责任倒置的方法：

除了以法律要件分类说作为参照外，一个比较简易的方法是结合侵权责任构成要件理论，看看要件事实中有无法律推定的情况，如果有，则构成举证责任倒置。在侵权责任构成要件中，我们通常见到的是过错推定、因果关系推定，例如，建筑物等致人损害采用过错推定，环境污染、共同危险行为采用因果关系推定，而医疗侵权行为则既推定过错，又推定因果关系。在要件事实中，损害的证明较为容易，因而一般无需推定，但在个别情况下（如人格损害）可能也会采用推定损害的办法，精神损害的抚慰金即其适例。通常而言，需要法律推定的要件事实一般是受害人难以证明的事实，经过推定，可以减轻受害人的举证负担，使受害人比较容易获得赔偿救济。因此，法律推定本身不仅反映了前提事实与推定事实之间的密切联系，也是立法者价值观的一个暴露。

对侵权诉讼中因果关系的证明的总结：

侵权因果关系的证明向来是侵权诉讼的难点，也是司法实践中颇感困惑的一个问题。归纳起来，侵权因果关系可以有三个层次的证明路径：第一，确切的证明。依法律要件分类说，侵权因果关系一般由受害人（主张权利者）负举证责任，由受害人运用充分、确凿的证据予以证明，使裁判者就因果关系的存在获得内心确信。第二,表见证明。侵权因果关系仍然由受害人证明,但受害人可以运用统计学、社会流行病学等多种方法证明侵害行为引起损害具有一定程序的可能性(如50%以上),或者二者之间呈现一种正相关或负相关关系等,使裁判者初步相信了因果关系的存在。此后,提供证据责任转移到了加害人,加害人如不能提供证据证明因果不存在,受害人的主张就视为得到了证明。表见证明可以缓解受害人对于因果关系举证的压力。第三,举证责任倒置。举证责任倒置是一种对于受害人最为有利的因果关系证明形式,但为数极为有限,只能适用于少数侵权诉讼中。立法者对此比较慎重,一般以因果关系推定的方式予以明示。司法者在无相应实体法规定的情况下,无特殊情形也不敢或不愿意贸然倒置举证责任。因为这样做,等于根本上改写了实体法。举证责任倒置后,侵权因果关系完全由加害人证明,受害人无需对此举证。

上述因果关系的证明层次中,对受害人最为有利的是第三种(举证责任倒置),较为有利的是第二种(表见证明),最为不利的是第一种(确切的证明)。在数量分布和适用几率上,从第一种到第三种依次递减。

——李国光主编:《最高人民法院〈关于民事诉讼证据的若干规定〉的理解与适用》,中国法制出版社2002年版,第75~76页。

编者说明

《民事诉讼法》中没有举证责任倒置的规定。《最高人民法院关于适用〈中华人民共和国民事诉讼法〉若干问题的意见》(以下简称《民事诉讼法意见》)第74条对举证责任倒置规定了6种情形。但对于倒置哪些事项的举证责任不明确,各地法院掌握的标准不统一。为此,《证据规定》在第4条对我国民事法律的有关规定和《民事诉讼法意见》第74条举证责任倒置的规定进一步细化,同时增加了共同危险行为致人损害和医疗行为两类适用举证责任倒置侵权诉讼。关于共同危险致人损害的民事责任,我国实体法没有明确规定。学理上和审判实践中以行为与损害结果之间不存在因果关系作为行为人的免责事由,行为人无法证明不存在因果关系的,均应承担民事责任。这种情形符合举证责任倒置的一般特征,《证据规定》对此予以确认。关于医疗行为引起的侵权诉讼,详见医疗损害纠纷的举证责任分配。

277

新产品制造方法专利侵权纠纷举证责任分配及“新产品”认定

关键词｜新产品制造方法｜侵权诉讼｜举证责任分配｜

【最高人民法院司法解释】

第四条 下列侵权诉讼,按照以下规定承担举证责任:

(一)因新产品制造方法发明专利引起的专利侵权诉讼,由制造同样产品的单位或者个人对其产品制造方法不同于专利方法承担举证责任;

——《最高人民法院关于民事诉讼证据的若干规定》(2001年12月21日,法释〔2001〕33号)

【最高人民法院审判业务意见】

40. 在前述张喜田与欧意公司等专利侵权案中,最高人民法院认为,根据专利法第五十七条第二款规定,在新产品制造方法专利侵权纠纷中,由被诉侵权人承担证明其产品制造方法不同于专利方法的举证责任,需满足一定的前提条件,即权利人能够证明依照专利方法制造的产品属于新产品,并且被诉侵权人制造的产品与依照专利方法制造的产品属于同样的产品;在认定一项方法专利是否属于新产品制造方法专利时,应当以依照该专利方法直接获得的产品为依据;所谓"依照专利方法直接获得的产品",是指使用专利方法获得的原始产品,而不包括对该原始产品作进一步处理后获得的后续产品。

41. 在(美国)伊莱利利公司与豪森公司专利侵权案[(2009)民三终字第6号]中,最高人民法院强调了被诉侵权人对于新产品的制造方法承担倒置举证责任的条件,并在查明相关技术事实的情况下,认定被诉侵权药品制备方法的相关技术内容应由专利权人承担举证责任。此外,最高人民法院根据化学理论基本知识、专利说明书和杂志发表论文披露的技术内容、被诉侵权人补充的确证实验的结论等证据,认定鉴定结论关于被诉侵权技术方案中相关技术内容的推定具有事实基础,原审法院采信鉴定结论并无不当。

——《最高人民法院知识产权案件年度报告(2010)》

278

医疗损害纠纷举证责任分配

关键词 | 医疗侵权诉讼 | 举证责任分配 | 举证责任倒置 |

【最高人民法院司法解释】

第四条 下列侵权诉讼，按照以下规定承担举证责任：

（八）因医疗行为引起的侵权诉讼，由医疗机构就医疗行为与损害结果之间不存在因果关系及不存在医疗过错承担举证责任。

——《最高人民法院关于民事诉讼证据的若干规定》（2001 年 12 月 21 日，法释〔2001〕33 号）

【最高人民法院司法政策】

11. 患者一方请求医疗机构承担侵权责任，应证明与医疗机构之间存在医疗关系及受损害的事实。对于是否存在医疗关系，应综合挂号单、交费单、病历、出院证明以及其他能够证明存在医疗行为的证据加以认定。

12. 对当事人所举证据材料，应根据法律、法规及司法解释的相关规定进行综合审查。因当事人采取伪造、篡改、涂改等方式改变病历资料内容，或者遗失、销毁、抢夺病历，致使医疗行为与损害后果之间的因果关系或医疗机构及其医务人员的过错无法认定的，改变或者遗失、销毁、抢夺病历资料一方当事人应承担相应的不利后果；制作方对病历资料内容存在的明显矛盾或错误不能作出合理解释的，应承担相应的不利后果；病历仅存在错别字、未按病历规范格式书写等形式瑕疵的，不影响对病历资料真实性的认定。

——《最高人民法院第八次全国法院民事商事审判工作会议（民事部分）纪要》（2016 年 11 月 30 日）

要积极探索医疗损害赔偿案件审理的新思路，及时研究举证责任、证明标准等新问题，既要充分保护患者权益，也要为医疗机构的正常运转、医学发展和医疗水平的提高提供司法保障。

患者一方请求医疗机构承担侵权责任，应证明与医疗机构之间存在医疗关系及受损害的事实，并提供医疗机构及其医务人员有过错的初步证据。对于是否存在医疗关系，应综合挂号单、缴费单、病历、出院证明及其他能证明存在医疗行为的证据加以认定。

医疗机构一方以损害是由于患者或者其近亲属不配合医疗机构进行符合诊

疗规范的诊疗造成,或者医务人员在抢救生命垂危的患者等紧急情况下已经尽到合理诊疗义务,或者限于当时的医疗水平难以诊疗等为由,主张不承担赔偿责任的,应承担举证责任。

在医疗损害赔偿纠纷案件中,对当事人所举证据材料,应根据法律、法规及司法解释的相关规定进行综合审查。因当事人采取伪造、篡改、涂改等方式改变病历资料内容,或者遗失、销毁、抢夺病历,致使医疗行为与损害后果之间的因果关系或医疗机构及其医务人员的过错无法认定的,改变或者遗失、销毁、抢夺病历资料一方当事人应承担相应的不利法律后果;制作方对病历资料内容存在的明显矛盾或错误不能做出合理解释的,应承担相应的不利法律后果;病历仅存在错别字、未按病历规范格式书写等形式瑕疵的,不影响对病历资料真实性的认定。

——《最高人民法院全国民事审判工作会议纪要》(2011 年 10 月 9 日,法办〔2011〕442 号)

已经于 2002 年 9 月 1 日起施行的《医疗事故处理条例》是一部行政法规,人民法院在审理因医疗行为而发生的损害赔偿案件时,要正确理解上位法与下位法之间的关系,正确理解医疗事故与医疗过错之间的关系,正确理解《医疗事故处理条例》第 49 条第 2 款关于"不属于医疗事故的,医疗机构不承担赔偿责任"的规定。对于鉴定机构认为不构成医疗事故,但经审理能够认定医疗机构确实存在民事过错、符合民事侵权构成要件的,人民法院应当根据《民法通则》第 106 条第 2 款等法律关于过错责任的规定,确定医疗机构应当承担的民事责任,以保护患方的合法权益。要正确理解 2002 年 4 月 1 日开始施行的《关于民事诉讼证据的若干规定》第 4 条中关于"因医疗行为引起的侵权诉讼,由医疗机构就医疗行为与损害结果之间不存在因果关系及不存在医疗过错承担举证责任"的规定。这种特殊的举证责任分配方式,是由这类法律关系的特殊性和双方当事人的举证能力决定的,并非司法解释的任意创造,其目的是为了更好地体现公平原则和诚实信用原则。由于这类诉讼中所涉及的医方是否有过错、医疗行为与损害结果之间是否存在因果关系,这些专业性很强的证据多控制在医疗机构,患方难以占有、接近这些证据材料,在双方举证能力有很大悬殊的情况下,司法解释根据法律的原则,确定医疗机构对这两方面的事实负有证明的责任,这是符合举证责任的内在要求和审判规律的,也是公平合理的。但是,当前有些同志对此规则还存在片面理解或者误解,甚至误导。因此,我在这里重申:对医疗行为引起的侵权诉讼,司法解释规定的只是部分举证责任倒置,即涉及医方是否有医疗过错、医疗行为与损害结果之间是否存在因果关系负有举证责任。如果医方已尽到自己的职责,是能够通过正确行使举证权利而得到法律保护的。至于患方与医疗机构之间是否存在医患关系,患方是否存在损害事实、是否存在实际损失、损失多少等,举证责任均在患方。只有患方提供的证据达到《民事诉讼法》第108条规定的起诉条件,人民法院才予以受理。经过审理,只有患方对其负有举证责任的"正置"部分的事实提供了充分的证据,由医方实行举证责任倒置才有意义,否则,应当依法驳回患方的起诉或诉讼请求。对于医患双方发生的纠纷,我们鼓励当事人通过自行协商或请求行政机关调解解决,也可依法通过诉讼等途径解决,任何威胁、伤害对方,聚众闹事,扰乱医院和机关正常工作秩序的行为,都是法律所不能允许的,构成犯罪的,应当依法追究刑事责任。人民法院在审理医疗行为损害赔偿案件时,要注意阐明该举证规则的公正性和合理性,消除医患双方以及社会的某些误解。确定赔偿应当有法律、行政法规和司法解释的依据,要考虑中国的国情和社会整体的接受程度。努力做到通过审判活动,既能依法维护患方和医方的合法权益,又能维护医疗秩序,保障医疗安全,促进医学科学的发展。

——《全国民事审判工作座谈会材料》(2003年3月26日),载最高人民法院民事审判第一庭编:《民事审判指导与参考》(总第14集),法律出版社2003年版,第17～18页。

【最高人民法院审判业务意见】

第二,关于医疗损害责任纠纷案件的审理。近几年来,医患关系日趋紧张,时有恶性事件见诸报端,对此,一定要加以重视。审理此类案件的总体思路和理念是,要通过司法审判引导构建和谐医患关系,维护社会稳定。既要通过举证证明责任、证明标准等法律技术手段充分保护患者的合法权益,也要注意医学面对的领域永远是未知大于已知、医护人员的职业特殊性和病患复杂性等特点,为医学发展和医疗水平的提高提供司法保障。医疗损害责任纠纷案件中,最关键的是举证证明责任分配和鉴定问题。2011年的会议纪要对举证证明责任分配问题作出了比较详细的规定,我们也放到了本次会议纪要中,大家要把它作为审理相关案件的基本指引。此外,由于医疗纠纷问题专业性强,可以考虑引导当事人通过申请专家辅助人的方式查明事实,分清责任。鉴定乱、鉴定滥依然是审理此类案件的瓶颈。目前,国务院正在修订《医疗事故处理条例》,其中对鉴定问题也有较大改变,要密切关注条例的修订情况。2014 年以来,最高人民法院还参加了中央主导、国务院卫计委牵头的“平安医院”建设活动,取得了丰富成果,我们将适时对成果进行转化,以指导全国医疗纠纷的审判实践。

——程新文:《关于当前民事审判工作中的若干具体问题》(2015 年 12 月 24 日),载杜万华主编、最高人民法院民事审判第一庭编:《民事审判指导与参考》(总第 64 辑),人民法院出版社 2016 年版,第 61 页。

妥善处理医疗事故赔偿范围和标准失衡问题。《最高人民法院关于参照〈医疗事故处理条例〉审理医疗纠纷民事案件的通知》规定,《医疗事故处理条例》施行后发生的医疗事故引起的医疗赔偿纠纷诉至法院的,参照条例的有关规定处理;因医疗事故以外的原因引起的其他医疗赔偿纠纷,适用民法通则的规定。与一般的医疗差错相比,医疗事故给患者造成的损失更加严重。最高人民法院 2003 年 12 月 26 日还出台了《人身损害赔偿司法解释》,这个解释实施后,残疾赔偿金和死亡赔偿金纳入到物质损失范围内,并且根据这个司法解释规定的计算方法,赔偿金的数额有了较大提高,这就直接导致当事人不愿意进行医疗事故鉴定,回避《医疗事故处理条例》解决争议。这个问题已经引起关注,要求修改《医疗事故处理条例》。对此我们要引起重视。要从实际出发,研究行之有效的措施,避免两者失衡现象的加剧。

准确理解和适用医疗事故纠纷举证责任倒置。在医疗侵权诉讼中,相对于医疗机构而言,患者一般对过错和因果关系的举证能力较弱。如果要求其承担所有的举证责任,往往因其部分证据无法举证而导致败诉的后果。最高人民法院制定的《关于民事诉讼证据的若干规定》第 4 条第 8 项对举证责任分配的规定,正是针对医疗侵权纠纷案件中有关过错和因果关系的证明问题。但在适用时应当注意,这一规定只是将侵权责任的部分构成要件进行了合理分配,不能理解为,在医疗侵权诉讼中患者可以不负任何举证责任。患者仍然需要就过错和因果关系之外的侵权构成要件承担举证责任,如是否存在医疗行为,是否存在损害后果等。

——杜万华:《加强监督指导,促进司法和谐,努力推动民事审判工作新发展》,载最高人民法院民事审判第一庭编:《民事审判指导与参考》(总第 31 集),法律出版社 2007 年版。

民事诉讼中对举证责任的分配，通常遵循“谁主张，谁举证”的原则，由提出权利请求和事实主张的一方承担举证责任。《最高人民法院关于民事诉讼证据的若干规定》（以下简称《规定》）第四条第一款第（八）项规定：“因医疗行为引起的侵权诉讼，由医疗机构就医疗行为与损害结果之间不存在因果关系，及不存在医疗过错承担举证责任。”这条规定有以下三层含义：

第一，患者应当承担初步举证责任。在医疗侵权损害赔偿诉讼中，患者应当对其损害赔偿请求权的成立，负有初步的举证责任。即原告应当首先证明其与医疗机构间存在医疗服务合同关系，接受过被告医疗机构的诊断、治疗，并因此受到损害。如果患者不能对上述问题提供证据予以证明，其请求权是不能得到人民法院支持的。

第二，举证责任是可以转移的。如果患者对损害赔偿请求权成立的证明达到了表见真实的程度，证明责任就向医疗机构转移。也就是说在这样的情况下，医疗机构应当提供证据反驳原告的诉讼请求，即医疗机构应当证明其医疗行为与损害结果之间不存在因果关系或者其医疗行为没有过错，这是合情合理的。如果医疗机构提不出具有合理说服力、足以使人信赖的证据，医疗机构就要承担败诉的结果。因此，从这种意义上讲，“医疗侵权”的举证责任并非倒置，而是举证责任转移的法律后果。

第三，确定证明责任转移的依据。确定由医疗机构对不存在因果关系和不存在医疗过错承担证明责任，主要是基于以下三点考虑。首先，患者的医学知识非常有限，并且其在治疗过程也是处于被动服从的地位；医疗机构则通过检查、化验等诊疗手段掌握和了解患者的生理、病理状况，制定治疗方案，熟悉治疗过程。如患者因手术治疗过错造成损害的，其在手术过程中一直处于麻醉的状态，对医疗过程是不可能知道的。因此，依据公平和诚实信用原则，应当由医疗机构承担举证责任。其次，按照举证责任的实质分配标准，举证责任应当由距离证据最近，或者控制证据源的一方当事人负担。诊疗过程中的检查、化验、病程记录都由医疗机构方面实施或掌握，医疗机构是控制证据源、距离证据最近的一方，由其承担举证责任，符合举证责任分配的实质标准。再次，对因果关系和医疗过失的认定，涉及医学领域中的专门问题，一般都要通过鉴定才能认定。因此，在这样的情形下，医疗机构所需要做的，不过是申请鉴定、启动鉴定程序。这种意义上的“举证责任倒置”，对医疗机构而言并没有过分加重其负担，也不会出现所谓“举证责任之所在，即败诉之所在”那样一种证明责任分配的风险。所以，我们不赞成在医疗侵权证明责任负担的问题上，过分夸大其“举证责任倒置”的作用。从严格意义上说,举证责任倒置的前提是过失推定、因果关系推定,而医疗事故诉讼中对因果关系和医疗过失的认定最终依据鉴定结论,推定的作用极其微弱,完全没有必要对这个问题过度地担心。

——《最高人民法院民一庭负责人就审理医疗纠纷案件的法律适用问题答记者问》,载最高人民法院民事审判第一庭编:《民事审判指导与参考》(总第18集),法律出版社2004年版,第6~7页。

【链接:最高人民法院法官著述】

由谁来证明诊疗活动违反法律、行政法规、规章以及其他有关诊疗规范的规定?证明到什么程度才符合本款的规定?

根据《侵权责任法》第五十四条和第五十八条的规定,应该由患者举证证明诊疗活动违反法律、行政法规、规章以及其他有关诊疗规范的规定。《侵权责任法》的这一规定,与原来关于医疗侵权诉讼举证责任的规定和实践有一定的区别。最高人民法院《民事诉讼证据规定》第四条第一款第(八)项规定,因医疗行为引起的侵权诉讼,医疗机构要对医疗行为与损害结果之间不存在因果关系及不存在医疗过错承担举证责任。但按照本条的规定,要由患者举证证明诊疗活动违反法律、行政法规、规章以及其他有关诊疗规范的规定。

证明到什么程度才可以推定医疗机构有过错呢?我们认为,一般要分两种情况:一是医疗机构违反法律、行政法规、规章以及其他有关诊疗规范的规定的事实十分清楚,具有一般医学科学知识的人都可以确信医疗机构存在过错的,人民法院可以直接推定医疗机构存在过错。二是需要鉴定,由鉴定机构鉴定结论来证明医疗机构违反法律、行政法规、规章以及其他有关诊疗规范的规定。由于举证主体和证明标准上的变化,患者原则上要承担第一次鉴定费用。因为举证责任在患者,患者就有申请鉴定的义务,如果不申请鉴定,有可能要承担举证不能的法律后果。医疗机构对第一次鉴定结论不服,申请重新鉴定的,鉴定费用原则上由申请人承担。另外,从理论上讲在鉴定得不出结论的情况下,患者要承担举证不能的不利法律后果。如果经鉴定无法得出医疗机构违反法律、行政法规、规章以及其他有关诊疗规范的规定,由于法律上将举证责任分配给患者,此时患者要承担举证不能的不利后果。

——最高人民法院侵权责任法研究小组编著:《〈中华人民共和国侵权责任法〉条文理解与适用》,人民法院出版社2010年版,第412~413页。

编者说明

因医疗纠纷引起的侵权诉讼的举证责任分配，根据《证据规定》，先由患者承担初步举证责任，即原告应当首先证明其与医疗机构间存在医疗服务合同关系，接受过被告医疗机构的诊断、治疗，并因此受到损害。之后，举证责任转移至医疗机构，即医疗机构应当证明其医疗行为与损害结果之间不存在因果关系或者其医疗行为没有过错。如果医疗机构提不出具有合理说服力、足以使人信赖的证据，医疗机构就要承担败诉的结果。

《侵权责任法》实施后，根据该法第 58 条规定，患者一方请求医疗机构承担侵权责任，应证明与医疗机构之间存在医疗关系及受损害的事实，并提供医疗机构及其医务人员有过错的初步证据。医疗机构一方以损害是由于患者或者其近亲属不配合医疗机构进行符合诊疗规范的诊疗造成，或者医务人员在抢救生命垂危的患者等紧急情况下已经尽到合理诊疗义务，或者限于当时的医疗水平难以诊疗等为由，主张不承担赔偿责任的，应承担举证责任。

279

高度危险作业侵权诉讼举证责任分配

关键词｜高度危险作业｜侵权诉讼｜举证责任分配｜

【最高人民法院司法解释】

第四条 下列侵权诉讼，按照以下规定承担举证责任：

（二）高度危险作业致人损害的侵权诉讼，由加害人就受害人故意造成损害的事实承担举证责任；

——《最高人民法院关于民事诉讼证据的若干规定》（2001 年 12 月 21 日，法释〔2001〕33 号）

编者说明

关于“高度危险责任”，《侵权责任法》第九章作了专门规定，从《侵权责任法》第 69 条的内容来看，从事高度危险作业造成他人损害的，就应当承担责任。行为人一般不能通过证明自己对造成损害没有过错而不承担责任，只有在证明存在法律规定的不承担责任或者减轻责任的情形时，才能形成正当抗辩事由。高度危险责任在归责原则上主要采用无过错责任。但根据具体高度危险责任类型的不同，证明责任亦有不同。比如，第 70 条关于民用核设施的侵权责任，只有在能够证明损害是因为战争等情形或者受害人故意的情形造成时，才不承担责任，至于民事核设施的经营者对于造成损害有无过错则在所不问。

高度危险责任，其构成条件包括：(1)须从事高度危险作业；(2)须造成他人损害，对有无损害发生，受害人负举证责任；(3)高度危险作业与损害后果之间有因果关系，这种因果关系可以采用推定的方法，即由高度危险作业人证明作业活动与损害后果没有因果关系。如果作业人不能证明，则推定有因果关系的存在，高度危险作业致害责任成立。

280

物件损害责任举证责任分配

关键词 | 物件损害责任 | 侵权诉讼 | 举证责任分配 |

【最高人民法院司法解释】

第四条 下列侵权诉讼，按照以下规定承担举证责任：

（四）建筑物或者其他设施以及建筑物上的搁置物、悬挂物发生倒塌、脱落、坠落致人损害的侵权诉讼，由所有人或者管理人对其无过错承担举证责任；

——《最高人民法院关于民事诉讼证据的若干规定》（2001 年 12 月 21 日，法释〔2001〕33 号）

编者说明

根据《侵权责任法》第 85 条的规定，关于建筑物、构筑物或者其他设施及其搁置物、悬挂物引发的物件致害责任，我国适用过错推定责任原则。《人身损害赔偿司法解释》第 16 条第 2 款规定："因设计、施工缺陷造成损害的，由所有人、管理人与设计、施工者承担连带责任。"该解释与《侵权责任法》关于责任承担方式不一致，因此不得再继续适用。此类纠纷发生后，作为所有人、管理人或者使用人，实际上要证明的就是自己在维护和管理等方面不存在过错。证明维护和管理，原本由侵权损害赔偿者负举证责任。由于事故发生后，要证明所有人、管理人或者使用人在维护和管理等方面存在不当之处，较为困难，出于保护和倾向于受害人的思想，立法将举证责任分配给侵权一方的当事人。根据过错推定原则，一般情形下先推定所有人、管理人或者使用人是有过错的，作为例外，所有人、管理人或者使用人认为其并无过错，则负有举证责任，不能证明的，就需要承担相应的法律责任。

281

抛掷物致害责任举证责任分配

关键词｜抛掷物致害责任｜侵权诉讼｜举证责任分配｜

【链接：最高人民法院法官著述】

结合本条规定①，今后审判实践中应当注意：

第一，准确理解条文含义，统一人民法院审理此类纠纷的裁判原则、尺度。如前所述，关于抛掷物致人损害纠纷，在此前法无明文状态下，各地的处理结果不完全一致，有些案情基本相同的案件，不同地区法院作出的处理结果大相径庭。在《侵权责任法》施行后，由于法律有了专门规定，一定要避免再出现类似问题和现象。

第二，根据本法规定，抛掷物致害责任就是从建筑物中抛掷的物品或者从建筑物上坠落的物品造成他人损害，不能确定具体侵权人的，除了能够证明自己不是加害人的外，应当由可能加害的建筑物使用人给予补偿。“抛掷物致害责任”中的用语虽然称抛掷物，实际上都是指从建筑物中坠落的物品，其重点不在于造成损害的物是否由人的支配因素，而是在于该物致人损害后如何确定由物的使用人承担责任。因此，对于本条规定“从建筑物中抛掷物品”“从建筑物上坠落的物品”，无需过分深究其的含义并一定要找出二者之间的本质性差别。

第三，关于如何证明自己不是加害人的问题。通常，有可能成为加害人的当事人需要证明如下事项，就可以免责：(1)发生损害时，自己并不在建筑物中，既然不在现场，就没有实施抛物行为的可能，故可以免责；(2)证明自己根本没有占有造成损害发生之物；(3)证明自己所处的位置客观上不具有造成抛掷物致人损害的可能性。

第四，本法所称的“建筑物的使用人”，范围较广，包括所有人、占有人以及管理人等。此外，现实生活中的承租人、借用人等，根据具体情况，也都可以成为本条规定的“使用”。该用语解决了原来有关所有人、管理人表述范围过于狭窄的问题，人民法院审理案件时，可以根据情况，灵活掌握。

——最高人民法院侵权责任法研究小组编著：《〈中华人民共和国侵权

① 《侵权责任法》第87条：从建筑物中抛掷物品或者从建筑物上坠落的物品造成他人损害，难以确定具体侵权人的，除能够证明自己不是侵权人的外，由可能加害的建筑物使用人给予补偿。

责任法〉条文理解与适用》,人民法院出版社2010年版,第582~583页。

编者说明

在《侵权责任法》出台前,由于相关问题缺乏法律明确性规定,法院在审判实践中对抛掷物致损责任纠纷的处理,做法并不一致。有的判决由受害人承担损失,有的依据建筑物责任的规定由该建筑物的所有人承担责任,有的依据共同危险行为的法理判决由可能造成损害的部分业主承担连带责任,还有的基于公平原则判令受害人和业主各自分担损害后果。

为了统一裁判尺度,《侵权责任法》第87条对此作出了明确规定:"从建筑物中抛掷物品或者从建筑物上坠落的物品造成他人损害,难以确定具体侵权人的,除能够证明自己不是侵权人的外,由可能加害的建筑物使用人给予补偿。"该条的核心在于,此类损害发生后,当真正的实际加害人难以确定时,采取推定加害人的办法,即由在可能为加害人范围内的建筑物使用人予以补偿,除非证明自己不是加害人。

282

堆放物倒塌致害责任的举证责任分配

关键词 | 堆放物倒塌致害 | 侵权诉讼 | 举证责任分配 |

【链接:最高人民法院法官著述】

(一)基本原则

关于堆放物倒塌的致害责任,除最高人民法院《人身损害赔偿司法解释》和最高人民法院《民法通则意见》对此有相关规定外,其他法律法规未对此专门规定。根据法律优先于司法解释的原则,上述两司法解释与《侵权责任法》规定不一致的地方,应以《侵权责任法》的规定为准。

(二)具体做法

(1)最高人民法院《人身损害赔偿司法解释》在堆放物倒塌致害责任的归责原则上与《侵权责任法》规定相一致,但关于责任主体和致害方上有所区别,应以后者规定为准。(2)最高人民法院《民法通则意见》第155条规定:"因堆放物品倒塌造成他人损害的,如果当事人均无过错,应当根据公平原则酌情处理。"《侵权责任法》第88条规定了过错推定规则。因此,《侵权责任法》是否修正了上述司法解释的规定,对此,有不同的观点:有人认为,《侵权责任法》对堆放物倒塌致害责任采取过错推定规则，即是意味着，堆放人有证据证明其无过错的，应不承担侵权责任。因此，应视为《侵权责任法》修正了上述司法解释的有关规定。还有人认为，《侵权责任法》对堆放物倒塌致害责任采取过错推定规则，与上述司法解释规定堆放人和受害人无过错时可以按照公平原则处理，并不矛盾；且有利于倡导和谐互助的社会风尚，符合我国的司法传统。我们倾向于后一种意见。

——最高人民法院侵权责任法研究小组编著：《〈中华人民共和国侵权责任法〉条文理解与适用》，人民法院出版社2010年版，第588～589页。

编者说明

关于堆放物倒塌致害责任的归责原则，在《人身损害赔偿司法解释》出台前，不仅在民法理论界有分歧，司法实务中也认识不同。为尽早明确这类案件的法律适用，《人身损害赔偿司法解释》第16条对此作出规定，从而确定了堆放物倒塌致害责任实行过错推定规则。该司法解释施行后，理论界和实务界均反映很好，《侵权责任法》起草过程中，对上述规则予以吸收，并在第十一章物件损害责任中单列一条予以规定，即第88条："堆放物倒塌造成他人损害，堆放人不能证明自己没有过错的，应当承担侵权责任。"

283

公共道路妨碍通行致害责任的举证责任分配

关键词 | 公共道路 | 妨碍通行致害责任 | 侵权诉讼 | 举证责任分配 |

【链接：最高人民法院法官著述】

公共道路妨碍通行致害责任的成立必须具备一定的构成要件：

1. 须有公共道路堆放、倾倒、遗撒妨碍通行的物品的致害行为。对此，应从三个方面把握：(1)致害行为有三种方式：堆放、倾倒、遗撒，这基本上将公共道路妨碍通行致害行为皆包括其中。(2)致害行为发生的地点具有特定性：公共道路。如发生于其他地方，则视情形可能构成其他侵权责任，或者不构成侵权责任。(3)堆放、倾倒、遗撒妨碍通行物品达到妨碍通行的程度。

2. 须有受害人损害事实。公民、法人和其他组织在公共道路上堆放、倾倒、遗撒妨碍通行的物品，造成受害人人身伤害或财产损失，即构成此要件。

3. 损害事实须与堆放、倾倒、遗撒妨碍通行物品的致害行为之间有因果关系。关于因果关系的认定，以相当因果关系为通说。受害人应就成立相当因果关系承担举证责任。

——最高人民法院侵权责任法研究小组编著：《〈中华人民共和国侵权责任法〉条文理解与适用》，人民法院出版社2010年版，第590~591页。

编者说明

《侵权责任法》第89条规定："在公共道路上堆放、倾倒、遗撒妨碍通行的物品造成他人损害的，有关单位和个人应当承担侵权责任。"关于公共道路妨碍通行致害责任的归责原则，最高人民法院认为，在相关法律和司法解释未进一步明确规定之前，二元论的观点较为合理，也符合司法实务中相应做法，即公共道路妨碍通行致害责任两个责任主体应分别适用不同的归责原则，即堆放、倾倒、遗撒行为人适用无过错责任原则，道路管理部门适用过错责任原则。

284

林木折断致人损害责任举证责任分配

关键词｜林木折断致害责任｜侵权诉讼｜举证责任分配｜

【链接：最高人民法院法官著述】

《侵权责任法》第90条规定："因林木折断造成他人损害，林木所有人或者管理人不能证明自己没有过错的，应当承担侵权责任。"从该规定看，对于林木折断致人损害的责任承担应适用过错推定责任原则为宜。即推定本案中林木的所有人或者管理人有过错，除非所有人或者管理人自己举证证明自己无过错，否则其应当承担民事赔偿责任。同时，证明其是否存在过错的这个举证责任应当由所有人或者管理人承担，而非受害人承担，即通常所说的举证责任倒置。在责任证明的要件均获证实的情况下，林木的管理人或者所有人可以因证明自己没有过错而获得免责。一般来讲，林木的所有人或管理人仅证明自己对林木的维护和防止危险的发生已经尽到努力，尚不足以构成其无过错的抗辩。因为林木折断致害的本身存在危险，就是林木的所有人或者管理人有过错的有力证据。因此，林木的所有人或者管理人还须进一步证明某种抗辩事由的存在，司法实践中通常情况下可采用的抗辩事由有：不可抗力、受害人的过错、第三人的过错等。

——最高人民法院侵权责任法研究小组编著：《〈中华人民共和国侵权责任法〉条文理解与适用》，人民法院出版社 2010 年版，第 600～601 页。

285

地面施工致人损害和地下设施致人损害责任举证责任分配

关键词｜地面施工致害责任｜地下设施致害责任｜举证责任分配｜

【链接：最高人民法院法官著述】

地面施工致人损害的侵权责任采取过错推定原则，地面施工人可以证明自己无过错。根据本条的规定，可以推知，如果施工人能证明他已经设置明显标志和采取安全措施，且这些标志的明显程度和措施充分、可靠程度足以使任何人以通常之注意避免损害发生，则其不负责任。例如，在道路上挖坑施工，已经在现场适当地点设置障碍和醒目标志，某车行驶至路障处因制动失灵或者驾驶员酒后驾车而坠入深坑中，对此，施工人不承担民事责任。

实践中存在争议的问题是，如果施工人设置明显标志和采取安全措施后，由于第三人的行为或者自然原因造成标志和安全设施被破坏。例如，标志牌被大风刮倒，或者设置的围栏被他人拆走，致使受害人在缺乏明显标志和安全措施的情况下遭受损害，应如何处理？一般来讲，施工人不仅仅负有设置明显标志和安全措施的义务，还负有保护这些标志和维持这些措施的义务。因此，在标志和安全设施被破坏的情况下，一般不允许以第三人的行为或者不可抗力为抗辩理由。在第三人有过错的情况下，被告只能在向原告承担民事责任后向第三人追偿。但是，若证明被告已经尽到维护和保持这些标志和安全措施的最大努力，损害仍不免发生，则可以免除或者减轻被告应当负担的民事赔偿责任。

——最高人民法院侵权责任法研究小组编著：《〈中华人民共和国侵权责任法〉条文理解与适用》，人民法院出版社 2010 年版，第 607 页。

编者说明

《侵权责任法》第91条规定："在公共场所或者道路上挖坑、修缮安装地下设施等，没有设置明显标志和采取安全措施造成他人损害的，施工人应当承担侵权责任。窨井等地下设施造成他人损害，管理人不能证明尽到管理职责的，应当承担侵权责任。"根据该条规定，地面施工致人损害和地下设施致人损害责任，均适用过错推定原则。

286

学校等教育机构承担责任举证责任分配

关键词 | 教育机构 | 承担责任 | 侵权诉讼 | 举证责任分配 |

【链接：最高人民法院法官著述】

本法第三十八条、第三十九条所规定的学校等教育机构的举证责任，对无民事行为能力人和限制行为能力人作出了区别对待。第三十八条规定，无民事行为能力人在学校等教育机构受到损害的，学校等教育机构的过失是由被告承担举证责任而非原告承担，其主要理由是考虑到无民事行为人的认知能力、判断能力，无民事行为能力人在学校等教育机构学习生活期间尚处于学校等教育机构的管理之下，因此，在证据的保存以及认识学校等教育机构的过失等方面无能力，因此，由学校等教育机构承担其无过失的证明责任更为妥当。而限制民事行为能力人在这些方面的能力显然远远高于无民事行为能力人。在此背景下，在第三人侵权时，学校等教育机构是否尽到管理职责的举证责任的分配需考虑的因素与前述条款并无二致。如果认为本条规定意在将学校等教育机构未尽管理职责的举证责任一律分配给原告，显然与第三十八条不相一致。从法律体系内部评价一致性的角度看，也不妥当，因为这里将无民事行为能力人和限制行为能力人区别对待的因素仍然存在。因此，在无民事行为能力人受第三人侵害场合，学校等教育机构未尽管理职责的证明责任应当由被告承担，由被告承担其已尽管理职责的证明责任，不能证明的，即应承担相应的责任。在限制民事行为能力人受第三人侵害场合，学校等教育机构未尽管理职责的证明责任应当由原告承担。

——最高人民法院侵权责任法研究小组编著：《〈中华人民共和国侵权责任法〉条文理解与适用》，人民法院出版社2010年版，第607页。

编者说明

《侵权责任法》第40条规定："无民事行为能力人或者限制民事行为能力人在幼儿园、学校或者其他教育机构学习、生活期间，受到幼儿园、学校或者其他教育机构以外的人员损害的，由侵权人承担侵权责任；幼儿园、学校或者其他教育机构未尽到管理职责的，承担相应的补充责任。"该条是关于无民事行为能力人和限制行为能力人在教育机构遭受第三人人身损害的责任的规定。最高人民法院认为，学校等教育机构是否未尽到管理职责的举证责任，应当如该法第38、39条一样，应根据受害人的行为能力的不同而分别由原、被告承担。

287

饲养动物损害责任举证责任分配

关键词 | 饲养动物侵权诉讼 | 举证责任分配 | 举证责任倒置 |

【最高人民法院司法解释】

第四条 下列侵权诉讼，按照以下规定承担举证责任：

（五）饲养动物致人损害的侵权诉讼，由动物饲养人或者管理人就受害人有过错或者第三人有过错承担举证责任；

——《最高人民法院关于民事诉讼证据的若干规定》(2001年12月21日，法释〔2001〕33号)

编者说明

《侵权责任法》第78条关于动物致害损害责任的举证责任规定与《证据规定》第4条第1款第(5)项是一致的。饲养动物致人损害的民事责任，是一种无过错责任。在责任的构成要件中，不要求被告的过错，也不要原告对被告的过错进行举证和证明。如果被告否认自己的责任，则可通过对受害人或第三人过错进行举证和证明来实现。在动物致害侵权诉讼中，当动物饲养人或者管理人主张被侵权人存在故意或者重大过失并致损害从而意欲过失相抵时，应当由其负担举证责任，亦即，被侵权人不负有证明自己对于损害的发生或损害结果的扩大具有故意或者重大过失的举证责任。当然，如果动物饲养人或者管理人的相抵主张明确指向了损害的发生或者损害结果的扩大，则其举证责任亦应具有相应的针对性。

288

动物园动物造成他人损害责任举证责任分配

关键词｜动物园动物致害｜侵权诉讼｜举证责任分配｜

【链接：最高人民法院法官著述】

动物园的动物造成损害的损害赔偿请求人,应承担证明其受到了动物园的动物侵害的举证责任,进一步而言其要证明其受到了侵害,而此侵害是由于动物实施的加害行为所造成的,及动物的加害行为同其受到的侵害具有因果关系。在实务中,对于直接侵害的因果关系往往比较容易认定,比如大猩猩咬伤儿童的臂膀,大象踩死儿童等。但是间接侵害的因果关系往往比较难于认定,比如猴子逃离猴笼的控制而追赶儿童,儿童受到追赶而从石阶滚落,亦构成动物加害和儿童受损害的因果关系。当然,在动物园的动物加害的案例中,对于受害人的举证责任不能过于严格,往往受害人只要能够举证证明存在表象证据即已经足够,比如儿童在动物园中受到了动物的侵害,而对于动物不属于动物园所管理则应该由动物园提出反证。对于动物所致害的儿童是否具有故意或者重大过失,则不应该由受害人承担,至于是否由于第三人的唆使亦不需要由受害人来举证证明。

对于动物园尽到管理职责的免责的举证需要由动物园来负担。

对于适用侵权责任法第二十六条、第二十七条可能出现的受害人或被侵权人故意和减轻责任问题,则需要由动物园来承担举证责任。如果动物园不能证明受害人或被侵权人存在故意或过失的,则不能免除责任。

——最高人民法院侵权责任法研究小组编著:《〈中华人民共和国侵权责任法〉条文理解与适用》,人民法院出版社2010年版,第541页。

编者说明

《侵权责任法》第81条规定:“动物园的动物造成他人损害的,动物园应当承担侵权责任,但能够证明尽到管理职责的,不承担责任。”

289

缺陷产品致人损害侵权诉讼举证责任分配

关键词｜缺陷产品｜致人损害｜侵权诉讼｜举证责任分配｜

【最高人民法院司法解释】

第四条 下列侵权诉讼，按照以下规定承担举证责任：

（六）因缺陷产品致人损害的侵权诉讼，由产品的生产者就法律规定的免责事由承担举证责任；

——《最高人民法院关于民事诉讼证据的若干规定》（2001 年 12 月 21 日，法释〔2001〕33 号）

【最高人民法院审判业务意见】

根据《侵权责任法》第四十一条的规定，产品责任的归责原则为无过错责任。产品责任纠纷案件中的原告应承担产品存在缺陷、缺陷产品与损害后果之间存在因果关系的证明责任。原告不能证明产品存在缺陷的，被告不承担责任。经营者是否履行《消费者权益保护法》第十八条所规定的经营者的警示义务和明确说明义务，是判断产品或服务是否存在缺陷的因素之一。

——《消费者不当使用商品与商品责任的免除》，载最高人民法院民事审判第一庭编：《民事审判指导与参考》（总第 47 集），法律出版社 2010 年版，第 168 页。

【《最高人民法院公报》案例】

陈梅金、林德鑫诉日本三菱汽车工业株式会社损害赔偿纠纷案（北京市第二中级人民法院二审民事判决书）

裁判要旨：根据严格责任设立的法理，对商品是否存在缺陷的举证责任应由商品的制造者承担，如举证不能则要承担赔偿责任。

北京市第二中级人民法院认为：

《民法通则》第一百零六条第三款规定："没有过错，但法律规定应当承担民事责任的，应当承担民事责任。"《产品质量法》第二十九条规定："因产品存在缺陷造成人身、缺陷产品以外的其他财产（以下简称他人财产）损害的，生产者应当承担赔偿责任。""生产者能够证明有下列情形之一的，不承担赔偿责任：（一）未将产品投入流通的；（二）产品投入流通时，引起损害的缺陷尚不存在的；（三）

将产品投入流通时的科学技术水平尚不能发现缺陷的存在的。”

《产品质量法》第二十九条，就是《民法通则》第一百零六条第三款所指的法律规定的无过错责任，这是一种特殊的民事侵权责任。实践证明，通常情况下，产品缺陷在产品生产过程中就已经存在。而在产品生产过程中，生产者一直处于主动、积极的地位，只有他们才能及时认识到产品存在的缺陷并能设法避免。大多数消费者由于缺乏专业知识和对整个生产过程的了解，不可能及时发现产品的缺陷并以自己的行为防止其造成的危险。正是由于生产者在产品生产过程中所处的这种特殊地位，才使法律将产品责任规定为无过错责任。产品责任的无过错归责表现在：只要发生了与产品缺陷有关的人身或者其他财产损害，生产者就应当承担赔偿责任；生产者只有在能够证明产品具有未投入流通第三种法定情形时，才能够免除这种赔偿责任。

《民事诉讼法》第六十四条规定：“当事人对自己提出的主张，有责任提供证据。”上诉人陈梅金、林德鑫主张林志圻是在乘坐被上诉人三菱公司生产的三菱吉普车时，因前挡风玻璃在行驶途中突然爆裂而被震伤致猝死。为此，陈梅金、林德鑫提交了医院诊断、尸表检查结论、事故通知书等证据。这些证据排除了钝器击伤或汽车追尾等外力因素，证实林志圻是在前挡风玻璃突然爆破后因爆震伤死亡，满足产品产生了问题、造成人身伤害、损害事实与产品发生的问题之间存在必然因果关系等三个要件，足以支持陈梅金、林德鑫的主张。

前挡风玻璃突然爆破是否属于该产品的缺陷，是本案双方当事人诉争的焦点。根据《产品质量法》第二十九条的立法原意，对这一问题的举证责任，应当由生产者承担。生产者如不能证明前挡风玻璃没有缺陷，而是受某一其他特定原因的作用发生爆破，就要承担产品责任。被上诉人三菱公司在本案中提交了前挡风玻璃生产厂家日本旭硝子株式会社出具的两份鉴定报告。由于旭硝子株式会社不是《民事诉讼法》第七十二条所指的法定鉴定部门，且该单位与鉴定结果存在着利害关系，因此这两份鉴定报告不予采信。国家质检中心虽然是莆田车购办委托的法定鉴定部门，但是国家质检中心出具的报告，是在前挡风玻璃从日本运回中国后已失去检验条件的情况下，仅凭照片和相当破碎的玻璃实物得出的推断性分析结论，并且没有说明致前挡风玻璃突然爆破的外力是什么，对本案事实没有证明力，故也不予采信。

本案唯一证明产品是否存在缺陷的物证——爆破后的前挡风玻璃，莆田车购办在与被上诉人三菱公司约定封存后，曾数次提出要交国家质检中心检验鉴定。三菱公司承诺后，却不经莆田车购办许可，擅自将玻璃运往日本；后虽然运回中国，但三菱公司无法证明运回的是原物，且玻璃此时已破碎得无法检验。三菱公司主张将与事故玻璃同期、同批号生产出来的玻璃提交给国家质检中心进行实物鉴定，遭上诉人陈梅金、林德鑫的反对。由于种类物确实不能与特定物完全等同，陈梅金、林德鑫的反对理由成立。在此情况下，举证不能的败诉责任理应由三菱公司承担。

《产品质量法》第三十二条规定："因产品存在缺陷造成受害人人身伤害的，侵害人应当赔偿医疗费、因误工减少的收入、残废者生活补助费等费用；造成受害人死亡的，并应当支付丧葬费、抚恤费、死者生产抚养的人必要的生活费等费用。""因产品存在缺陷造成受害人财产损失的，侵害人应当恢复原状或者折价赔偿。受害人因此遭受其他重大损失的，分割人应当赔偿损失。"上诉人陈梅金、林德鑫主张由被上诉人三菱公司赔偿丧葬费、抚恤金、死者生前抚养人所必需的生活费、受教育费、误工费、差旅费、鉴定费等各项费用共计人民币 50 万元，为此提交了相关的各种费用凭证。在三菱公司必须承担举证不能责任的情况下，对陈梅金、林德鑫的主张应予支持。

原审对本案适用过错责任原则，判决驳回上诉人陈梅金、林德鑫的诉讼请求，是适用法律错误，应当改判。

——《最高人民法院公报》2001 年第 2 期

【链接：最高人民法院法官著述】

在适用无过错责任原则时，无论是生产者和销售者的直接责任还是生产者的最终责任，都不需以过错为责任要件之一，因而受害人只需就投入流通时的产品存在缺陷、使用缺陷产品所导致的死亡、伤害和缺陷产品以外的其他财产损害、产品缺陷与受害人所受损害之间的因果关系等权利发生要件事实举证，产品的生产者要想免责，应就法律规定的免责事由承担举证责任。在适用过错责任原则时，无论是销售者的过错还是运输者、仓储者及中间供货人的过错导致产品的缺陷，受害人除了证明上述要件事实外，还应就加害人的过错负举证责任。

在因缺陷产品致人损害的侵权诉讼中，让受害人证明使用产品导致死亡、人身伤害和缺陷产品以外的其他财产损害并不困难，真正难以举证的是两方面的要件事实：(1)产品存在缺陷，这种缺陷在产品投入流通时即已存在；(2)产品缺陷是造成损害的直接源。像产品设计缺陷、制造缺陷等，对于普通消费者来说，很难知晓这些技术上和工艺上的复杂问题，也难以证明产品缺陷与损害之间的因果关系。为了在诉讼中有效地贯彻产品质量法保护消费者权益的立法天意，我国有学者建议对于上述两项事实实行举证责任倒置，即改变目前的举证责任分配规则，不依法律要件说分配该两项事实的举证责任；对于产品投入流通时存在缺陷与否，以及产品缺陷与损害之间是否有因果关系，由生产者负责举证。当然，本司法解释没有作出这种倒置的规定，司法实践中还应遵循现行规定，但法官完全可以采取一些灵活的证明方法，比如实验室检验、化验、测试、数理统计、社会流行病学统计以及间接反证等方法，当受害人证明到一定程度（50%以上）后，法官根据案件的具体情况，作出事实推定，认定上述两项事实存在。对此认定，加害人可以反证推翻。通过这些办法，可以在一定意义上现行规定的非科学性所造成的不合理结果。

应指出，本规定中“因缺陷产品致人损害的侵权诉讼由产品的生产者就法律规定的免责事由承担举证责任”，不是举证责任倒置，而是正常分配，即否认受害人权利主张的生产者，就其主张的阻碍受害人权利发生的要件事实进行举证。

——李国光主编：《最高人民法院〈关于民事诉讼证据的若干规定〉的理解与适用》，中国法制出版社2002年版，第66~67页。

编者说明

关于产品责任，《民法通则》《产品质量法》及《侵权责任法》都有相关规定，与《产品质量法》相比，产品责任的性质及归责原则《侵权责任法》未作实质性修改，即产品责任属于特殊侵权责任，生产者承担无过错责任。产品生产者主张免责的，应当就《产品质量法》第41条规定的免责事由承担举证责任。上述公报案例中，一审法院之所以驳回原告的诉讼请求，其依据在于认为本案是一般侵权案件，进而认定原告陈梅金、林德鑫要求三菱公司赔偿因林志圻死亡所遭受的损失，没有事实根据和法律依据。二审法院对本案的定性是产品责任案件，因此，本案的性质发生了根本性变化，变成了特殊侵权责任案件，其归责原则适用无过错责任原则，而不是依据《民法通则》第106条关于过错责任的一般条款进行裁判。

290

侵犯消费者权益纠纷举证责任分配

关键词｜侵犯消费者权益｜欺诈｜惩罚性赔偿｜举证责任｜

【《最高人民法院公报》案例】

张志强诉徐州苏宁电器有限公司侵犯消费者权益纠纷案（江苏省徐州市中级人民法院再审民事判决书）

裁判要旨：在侵犯消费者权益纠纷案件中，消费者主张商品经营者提供的商品存在品质问题，并提供了相应证据的，商品经营者如主张该商品不存在品质问题，应对其主张承担举证责任。

江苏省徐州市中级人民法院认为：

被申请人苏宁公司的行为构成欺诈，应当承担惩罚性赔偿责任。消费者权益保护法第四十九条规定："经营者提供商品或者服务有欺诈行为的，应当按照消费者的要求增加赔偿其受到的损失，增加赔偿的金额为消费者购买商品的价款或者接受服务的费用的一倍。"《最高人民法院关于贯彻执行〈中华人民共和国民法通则〉若干问题的意见（试行）》第六十八条规定："一方当事人故意告知对方虚假情况，或者故意隐瞒真实情况，诱使对方当事人做出错误意思表示的，可以认定为欺诈行为。"再审申请人张志强主张苏宁公司承担惩罚性赔偿责任，即应对苏宁公司是否存在欺诈行为承担举证责任。本案中，张志强已经提供了其制作的录像带，用以证明苏宁公司为其调换的第二台冰箱不是新机器，且存在诸多的表面缺陷。同时，第二台冰箱如果是新机器，应当附有随机单证，苏宁公司亦承认未向张志强提供第二台冰箱的随机凭证（合格证、维修单、使用说明书等）。根据《中华人民共和国产品质量法》第二十七条的规定，产品或者其包装上的标识必须真实，并应当有产品质量检验合格证明；根据产品的特征和使用要求，需要标明产品规格、等级、所含主要成分的名称和含量的，应当用中文相应予以标明；需要事先让消费者知晓的，也应当在外包装上标明，或者预先向消费者提供有关资料。该规定是强制性规定，苏宁公司作为商品销售者对此应当明知，却不向作为消费者的张志强提供第二台冰箱的随机单证，其行为属于故意隐瞒真实情况，应认定为欺诈。苏宁公司主张因第一台冰箱的随机单证没有收回而未提供第二台冰箱的随机单证，张志强可凭第一台冰箱的随机单证就第二台冰箱享受售后服务。对此法院认为，随机单证是商品的身份证明，与商品一一对应，具有不可替换性。苏宁公司的上述主张既不符合常理，也与商品单证的特性不符，且苏宁公司在本案一审、二审乃至再审期间始终未出示该随机单证，不能确定第二台冰箱是否附有随机单证，亦即不能确定第二台冰箱是未经使用过的新机器,故对苏宁公司的抗辩主张不予支持。

根据消费者权益保护法第一条的规定,该法的立法目的是为保护消费者的合法权益,维护社会经济秩序,促进社会主义市场经济健康发展。再审申请人张志强主张被申请人苏宁公司的行为构成欺诈、应当承担惩罚性赔偿责任,并提交了相应的证据,苏宁公司如有异议,应就其行为不构成欺诈承担举证责任。苏宁公司提供的第二台冰箱的储存单、提货单及送货人的证言,仅表明其送货的过程,并不能证明第二台冰箱为全新的机器,其提交的证据缺乏证明力,应承担举证不能的不利后果。二审判决确有错误,依法应予改判。

——《最高人民法院公报》2006 年第 10 期

291

人身损害赔偿案件医疗费的举证责任

关键词 | 人身损害赔偿 | 医疗费 | 举证责任 |

【最高人民法院司法解释】

第十九条 医疗费根据医疗机构出具的医药费、住院费等收款凭证,结合病历和诊断证明等相关证据确定。赔偿义务人对治疗的必要性和合理性有异议的,应当承担相应的举证责任。

医疗费的赔偿数额,按照一审法庭辩论终结前实际发生的数额确定。器官功能恢复训练所必要的康复费、适当的整容费以及其他后续治疗费,赔偿权利人可以待实际发生后另行起诉。但根据医疗证明或者鉴定结论确定必然发生的费用,可以与已经发生的医疗费一并予以赔偿。

——《最高人民法院关于人民法院关于审理人身损害赔偿案件适用法律若干问题的解释》(2003 年 12 月 26 日,法释〔2003〕20 号)

【链接:最高人民法院法官著述】

本条的主旨亦通过规定举证责任的发生体现出来。(1)由受害人对自己因遭受侵害而支出的医疗费提供证据,证据包括医药费、住院费等收款凭证,包括转院前后的收费凭证,也应包括因受侵害而引起的其他并发症的治疗凭证、病情特殊需要的医药费等方面证据。(2)法官对受害人提供的证据,应当结合案情审理。医疗费包括诊疗费、治疗费、化验费、药费、住院费等治疗人身伤害的费用。法官应当审查受害人用药、转院是否合理,总体花费与病情是否相符等,并应当结合病历和诊断证明等相关证据予以确认。(3)赔偿义务人对治疗的必要性和合理性有异议的,应当承担举证责任。本条规定与《民事诉讼法》中有关证据方面的规定是相符的,与最高人民法院有关证据的司法解释也是相符的。《民事诉讼法》第六十四条第一款规定:“当事人对自己提出的主张,有责任提供证据。”《最高人民法院关于民事诉讼证据的若干规定》第二条规定:“当事人对自己提出的诉讼请求所依据的事实或者反驳对方诉讼请求所依据的事实有责任提供证据加以证明。没有证据或证据不足以证明当事人的事实主张的,由负有举证责任的当事人承担不利后果。”本条第二款规定,医疗费的赔偿数额,按照一审法庭辩论终结前实际发生的数额确定。《最高人民法院关于民事诉讼证据的若干规定》第四十二条第一款规定:“当事人在一审程序中提供新的证据的,应当在一审开庭前或者开庭审理时提出。”依据上述规定,一审举证的最后期限为一审法庭辩论终结前,本条也确认了发生的医疗费数额截止到一审法庭辩论终结前,与证据规则的司法解释保持一致。

——最高人民法院民事审判第一庭编著:《最高人民法院人身损害赔偿司法解释的理解与适用》,法律出版社 2004 年版,第 283 ~ 284 页。

292

环境污染损害赔偿诉讼举证责任分配

关键词 | 环境污染 | 损害赔偿 | 举证责任分配 |

【最高人民法院司法解释】

第四条 下列侵权诉讼,按照以下规定承担举证责任:

(三)因环境污染引起的损害赔偿诉讼,由加害人就法律规定的免责事由及其行为与损害结果之间不存在因果关系承担举证责任;

——《最高人民法院关于民事诉讼证据的若干规定》(2001 年 12 月 21

日，法释〔2001〕33号）

【最高人民法院司法政策】

十三、依法受理各类因环境污染引起的损害赔偿纠纷案件，正确适用环境侵权案件举证责任分配规则，准确认定环境污染与损害后果之间的因果关系，确保环境侵权受害人得到及时全面的赔偿。

——《最高人民法院关于为加快经济发展方式转变提供司法保障和服务的若干意见》（2010年6月29日，法发〔2010〕18号）

【《最高人民法院公报》案例】

陆耀东诉永达公司环境污染损害赔偿纠纷案（上海市浦东新区人民法院一审民事判决书）

裁判要旨：根据民法通则第一百二十四条和环保法第四十一条的规定，行为人的照明灯光对他人的正常居住环境和健康生活造成环境污染危害的，行为人有责任排除危害。

上海市浦东新区人民法院认为：

《中华人民共和国环境保护法》（以下简称环保法）第二条规定："本法所称环境，是指影响人类生存和发展的各种天然的和经过人工改造的自然因素的总体，包括大气、水、海洋、土地、矿藏、森林、草原、野生生物、自然遗迹、人文遗迹、自然保护区、风景名胜区、城市和乡村等。"第六条规定："一切单位和个人都有保护环境的义务，并有权对污染和破坏环境的单位和个人进行检举和控告。"环境既然是影响人类生存和发展的各种天然的和经过人工改造的自然因素的总体，路灯灯光当然被涵盖在其中。被告永达公司在自己的经营场所设置路灯，为自己的经营场所外部环境提供照明，本无过错。但由于永达公司的经营场所与周边居民小区距离甚近，中间无任何物件遮挡，永达公司路灯的外溢光、杂散光能射入周边居民的居室内，数量足以改变居室内人们夜间休息时通常习惯的暗光环境，且超出了一般公众普遍可忍受的范围。因此永达公司设置的路灯，其外溢光、杂散光确实达到了《城市环境装饰照明规范》所指的障害光程度，已构成由强光引起的光污染，遭受污染的居民有权进行控告。

被告永达公司辩称，涉案路灯用于其经营场所的正常环境照明，是经营所需的必要装置。经查，涉案路灯不属于车站、机场、公路等公共场所为公众提供服务而必须设置的照明、装饰用灯，只是永达公司为自己公司的经营便利而设置的路灯。永达公司完全有条件以其他形式为自己经营场所的外部环境提供照明，或者通过采取遮挡等必要的措施来避免自己设置的路灯侵害他人合法权益。永达公司的此项辩解理由，不能成为其侵权行为的合理免责事由，故不予采纳。

被告永达公司辩称，涉案灯光没有对原告陆耀东造成实际的损害结果。环境污染对人体健康造成的实际损害结果，不仅包括那些症状明显并可用计量方法反映的损害结果，还包括那些症状不明显且暂时无法用计量方法反映的损害结果。光污染对人体健康可能造成的损害，目前已为公众普遍认识。夜间，人们通常习惯于在暗光环境下休息。永达公司设置的路灯，其射入周边居民居室内的外溢光、杂散光，数量足以改变人们夜间休息时通常习惯的暗光环境，且超出一般公众普遍可忍受的范围，光污染程度较为明显。在此情况下，陆耀东诉称涉案灯光使其难以安睡，为此出现了失眠、烦躁不安等症状，这就是涉案灯光对陆耀东的实际损害。陆耀东诉称的这些实际损害，符合日常生活经验法则，根据《最高人民法院关于民事诉讼证据的若干规定》第九条的规定，陆耀东无需举证证明，应推定属实。永达公司否认光污染对陆耀东造成了实际损害，应当举证反驳。永达公司不能举出涉案灯光对陆耀东身体健康没有产生危害的证据，该辩解理由亦不予采纳。

《中华人民共和国民法通则》第一百二十四条规定："违反国家保护环境防止污染的规定，污染环境造成他人损害的，应当依法承担民事责任。"环保法第四十一条规定："造成环境污染危害的，有责任排除危害，并对直接受到损害的单位或者个人赔偿损失。"被告永达公司开启的涉案路灯灯光，已对原告陆耀东的正常居住环境和健康生活造成了损害，构成环境污染。永达公司不能举证证明该侵害行为具有合理的免责事由，故应承担排除危害的法律责任。永达公司已于诉讼期间实际停止了开启涉案路灯，并承诺今后不再使用，于法无悖，应予支持。因永达公司的侵权行为没有给陆耀东造成不良的社会影响，故对陆耀东关于永达公司公开赔礼道歉的诉讼请求，不予支持。尽管陆耀东只主张永达公司赔偿其损失 1 元，但因陆耀东不能举证证明光污染对其造成的实际损失数额，故对该项诉讼请求亦不予支持。

——《最高人民法院公报》2005 年第 5 期

【链接：最高人民法院法官著述】

在一般情况下，侵害公共利益的加害人经济实力较强，侵害行为及方式也比较隐蔽，这使提起公益诉讼的原告与之所处的地位极其悬殊。为此，法律对环境污染责任等侵权案件规定了特殊的归责原则和举证分配。例如，根据侵权责任法第六十五条的规定，污染者承担无过错责任，在该类案件的公益诉讼举证责任分配上，就体现在该法第六十六条规定的污染者应当就法律规定的不承担责任或者减轻责任的情形及其行为与损害之间不存在因果关系承担举证责任。此外，审判实践中，必须建立一套合理的举证责任分配规则，确保维护公共利益的诉讼目的得以实现。首先，检察机关和具有特定职能的行政机关提起的公益诉讼，适用一般的举证责任分担规则，即"谁主张，谁举证"；其次，有关组织提起的公益诉讼，需要具有特定职能的行政机关出具鉴定意见等证据的，有关机关应当依法履行行政职责，积极促进公益诉讼。这是因为，在公益诉讼中，原告要证明公共利益遭受或可能遭受侵害的事实，以及侵害行为与结果的因果关系，证据的技术性、专业性强，而且一般为被告所掌握，原告举证比较困难。为了保障公益诉讼案件得到公平、公正的审理，其举证责任应分具体情况合理分担。

——最高人民法院研究室、最高人民法院民事诉讼法修改研究小组办公室编著：《〈中华人民共和国民事诉讼法〉修改条文适用解答》，人民法院出版社2012年版，第53页。

我国环境保护法律门类较多，对于污染者免责与减责事由的规定比较庞杂，应当按照特别法优于一般法适用的原则，在认真区分各环保法适用范围的基础上，准确适用和援引法条。

环境污染责任与高度危险责任发生竞合的情况下，对行为的定性，以及对免由与因果关系证明等方面的相应处理，应根据当事人的选择而定。高度危险作业造成损害一般有两种情况，一种是危险物质直接作用于人体或财产，造成人身和财产损失。如运送硫酸的汽车发生事故使用硫酸溢出，灼伤人体。另一种是危险物质溢出污染环境介质，造成人身和财产损害。第二种情形下，既符合高度危险责任构成要件，亦符合环境污染责任构成要件，属于法规竞合，应当由当事人决定选择哪一法律规定主张权利，从而适用相应的法律。

——最高人民法院侵权责任法研究小组编：《〈中华人民共和国侵权责

任法〉条文理解与适用》，法律出版社2010年版，第465页。

这类侵权诉讼举证责任倒置的内容是否包括因果关系，理论界和实务界都存在争论，《证据规定》在第四条第（三）项确定应当包括因果关系的证明内容。这是因为，其一，虽然依据《民法通则》第一百二十四条，环境污染致人损害的侵权案件也适用无过错责任原则，但与高度危险作业致人损害的侵权诉讼不同的是，后者侵权行为与损害结果之间的因果关系一般比较直观，易于判断，而前者的因果关系往往需要借助一定的技术手段才能确定。其二，从环境污染案件双方当事人与证据距离的远近和举证能力的强弱考虑，实施污染行为的加害人与受害人相比较，往往处于优势地位，掌握必要的信息和技术手段，一般具有较强的举证能力，也更易于取得与污染行为相关的证据，因此，确定由加害人对因果关系承担举证责任，符合《民法通则》加强对受害人保护的立法宗旨。

——沈德咏主编、最高人民法院研究室编著：《民事诉讼司法解释理解与适用》，法律出版社2009年版，第247～248页。

编者说明

《侵权责任法》第66条规定："因污染环境发生纠纷，污染者应当就法律规定的不承担责任或者减轻责任的情形及其行为与损害之间不存在因果关系承担举证责任。"该条与《证据规定》关于环境污染损害赔偿诉讼的举证责任分配规则一致，即将法律规定的抗辩（免责、减责）事由和因果关系方面举证责任均分配给污染者。

293

原告应就污染行为与损害结果之间存在关联性提供初步证明材料

关键词｜环境污染｜损害结果｜关联性｜初步证明｜

【最高人民法院司法解释】

第六条 被侵权人根据侵权责任法第六十五条规定请求赔偿的，应当提供证明以下事实的证据材料：

（一）污染者排放了污染物；

（二）被侵权人的损害；

（三）污染者排放的污染物或者其次生污染物与损害之间具有关联性。

——《最高人民法院关于审理环境侵权责任纠纷案件适用法律若干问题的解释》（2015年6月1日，法释〔2015〕12号）

【最高人民法院司法政策】

8. 依法审理环境资源民事案件。畅通司法救济渠道，完善司法便民措施，依法及时受理环境资源保护民事案件。妥善审理与土地、矿产、草场、林场、渔业、水、电、气、热力以及海洋等环境资源保护相关的物权、合同和侵权案件，特别要加强对污染土壤、污染水源等环境侵权案件的审理。对于涉及到矿业权、林权及其他自然资源权属的股权转让、承包、联营、出租、抵押等案件，要将保护生态环境和自然资源作为裁判的重要因素予以综合考量。充分发挥保全和先予执行措施的预防和减损作用，对于保全和先予执行申请，要及时受理、迅速审查、依法裁定、立即执行。依法确定当事人举证责任，对于因污染环境、破坏生态发生的纠纷，原告应当就存在污染行为和损害承担举证责任，并提交污染行为和损害之间可能存在因果关系的初步证据，被告应当就法律规定的不承担责任或者减轻责任的情形及其行为与损害之间不存在因果关系承担举证责任。

——《最高人民法院关于全面加强环境资源审判工作为推进生态文明建设提供有力司法保障的意见》（2014年6月23日，法发〔2014〕11号）

【链接：最高人民法院法官著述】

本解释规定原告应当对因果关系提出初步证据，以证明污染者排放的污染物或者其次生污染物与损害之间具有关联性，由原告对因果关系存在的可能性进行初步证明，提高了因果关系推定结论的科学性和可靠性。原告除了要证明污染行为与损害外，还要证明污染行为与损害存在构成因果关系的可能性，即常态关系。只有在可能性具备的条件下，因果关系的举证责任倒置的结论才是科学可靠的。我国举证责任倒置规则在逻辑结构上与“间接反证法”十分相似。它是“立法者对因果关系这一责任构成要件的举证责任分配规范”。如果直接僵化地适用举证责任倒置规则，将使推定结论的准确性和可靠性大打折扣，并很有可能让不是真正加害人的被告承担赔偿责任。因此,法院在适用举证责任倒置规则之前,往往要通过其他方法认定推定的大前提,即被告的污染行为与损害之间存在构成因果关系的可能性。原告的证明目标是举证证明因果关系的可能性而非确定性。

(一)因果关系初步证据的证明标准

污染行为与损害之间具有关联性即因果关系初步证据的证明标准为低度盖然性标准,而不是高度盖然性标准或者排除合理怀疑标准。对低度盖然性标准的理解应当从以下几个方面出发:

第一,原告提交的因果关系初步证据无须确切证明因果关系存在,只需要有因果关系存在的可能性即可,不能以原告不能排除因果关系不存在为由而主张原告未完成因果关系的初步举证责任。

第二,因果关系可能存在意味着从科学上审示,污染行为具备引发人身或者财产损害的物理与化学、生物学特征,如果法官依据法律规定推定因果关系存在,并不违反科学定理。

第三,因果关系可能存在意味着污染行为可能导致人身或者财产的损害,也有可能不导致人身或者财产的损害。但可能性是否需要达到一定的比例才能予以认定,应当以通常情况下污染行为是否容易造成损害结果为标准。比如在环境污染致人体健康损害案件中,如果医学能够确定人体在一定浓度或者总量的污染物质中暴露相当长时间即可引发疾病发生,则就应当对污染企业排放污染物质与疾病之间的关联性予以认定。

环境侵权诉讼由于其特殊性,从保护原告的利益出发,需要为被侵权人特别设定证明标准,该标准并非民事证据法上的一般盖然性,而应当是低于民事证据法上的一般盖然性的特殊标准。也就是说就污染行为与损害事实之间的因果关系,原告只需证明污染者的污染行为有可能造成损害即可。同时,由于环境污染行为造成的损害,往往具有间接性、潜伏性、波及空间范围广、延续时间长的特点,被害人在短时间内可能无法觉察到损害已经发生。而当被害人发现损害结果时,可能的污染行为或许早已停止,此时原告就必须以追溯方式来寻找污染行为。因此,只要原告能证明被告在污染损害能波及到的一定地域范围内曾经实施过相关的环境污染行为,即可视为原告完成了本项举证责任。比如,吕秀蓉诉裕德电气(厦门)有限公司噪声污染损害赔偿纠纷案中,受害人证明了企业发出了可能危及人身健康的噪声污染,以及自己正在受到损害,并且自己所处的环境与污染企业在空间上有密切联系,也证明了噪声对婴儿有不良影响,因此,法院推定因果关系成立。再比如,孙某紧邻被告氨基酸厂排污口的养鱼塘内鱼大量死亡,孙某认为是被告排污导致,向法院提起诉讼。污染损害发生时,孙某对鱼的死因未进行鉴定,也未保存鱼的尸体,故孙某提供的证据无法证明鱼的死亡是被告排污所导致的。法院认为,适用因果关系举证责任倒置的前提是死鱼样本存在可供鉴定。目前由于样本不存在,无法鉴定的责任在孙某,故孙某未能完成初步举证责任,如简单适用举证责任倒置,不仅有违立法本意,而且对于被告也显失公平。

(二)关联性的证明手段

证明污染行为与损害结果具有关联性可以考虑以环境保护主管部门及其他环境监督管理部门的调查处理报告、鉴定机构的鉴定意见、学术论著、专家意见等作为证据。此外,疫学统计方法也可以考虑运用。日本法院在审理公害致人损害案件时常常会用到疫学统计方法。尤其是通过调查统计某种疾病在特定地域、特定时空人群内的患病比例的方法来发现某种流行病的致病原因,并总结群体性疾病与自然、社会因素之间的关联。需要说明的是,在疫学调查中,判定致病因素与人体患病之间因果关系依赖的是经验法则,而非严密的科学证明。因此,这种方法很适合用来证明环境污染致人损害案件中的因果关系。《德国环境责任法》第 6 条第 1 款明确规定对单一设备所造成的个别环境污染事件实行因果关系推定,如果依照个案的具体情形,某一设备很有可能引起既有的损害,则推定该损害是由该设备造成的。然而,受害人必须证明该设备所排放的物质足以导致该损害的发生。而证明某一物质原则上可以导致损害的发生,乃是采用流行病学的方法。

——沈德咏主编,最高人民法院研究室、最高人民法院环境资源审判庭编著:《最高人民法院环境侵权责任纠纷诉讼司法解释理解与适用》,人民法院出版社 2016 年版,第 93 ~ 95 页。

编者说明

司法实践中,对于被侵权人应当就污染行为和损害事实承担举证责任没有争议,但是,对于被侵权人是否应当就污染行为与损害结果之间存在关联性提交初步证明材料,存在不同意见。最高人民法院通过司法解释予以明确,被侵权人应当就污染行为与损害之间存在关联性提交初步证明材料,法院拒绝在原告未对因果关系存在的可能性进行初步举证的前提下直接适用举证责任倒置规则。

294
污染者的举证责任

关键词｜环境污染｜举证责任｜因果关系｜

【最高人民法院司法解释】

第七条 污染者举证证明下列情形之一的,人民法院应当认定其污染行为与损害之间不存在因果关系:

(一)排放的污染物没有造成该损害可能的;

(二)排放的可造成该损害的污染物未到达该损害发生地的;

(三)该损害于排放污染物之前已发生的;

(四)其他可以认定污染行为与损害之间不存在因果关系的情形。

——《最高人民法院关于审理环境侵权责任纠纷案件适用法律若干问题的解释》(2015 年 6 月 1 日,法释〔2015〕12 号)

【《最高人民法院公报》案例】

聂胜等 149 户辛庄村村民与平顶山天安煤业股份有限公司五矿等水污染责任纠纷案(平顶山市中级人民法院二审民事判决书)

二审庭审中,鉴定人员出庭接受质询,证明即便三被告排放的是达标污水,也肯定会含有一定的污染因子,五矿、六矿职工及家属排放的生活污水与五矿、六矿排放的生产污水只能按主次责任划分。二审法院依据鉴定报告及专家意见,结合二审查明的生产污水与生活污水对损害发生所起的主次作用以及五矿、六矿职工及其家属所排生活污水约占致损生活污水总排量的 60% 等事实,认定三被告对因其排放生产污水造成的本案误工损失共同承担 40% 的赔偿责任;五矿、六矿就其职工及家属排放生活污水造成的其余 60% 误工损失共同承担六成的赔偿责任。

——《最高人民法院公报》2014 年第 11 期

【链接:最高人民法院法官著述】

为了实现利益衡平的目的,有学者认为,应该对不同的主体以及不同证明对象适用不同的证明标准。具体而言，在环境侵权诉讼中，在因果关系、免责事由证明方面，对于原告适用较高程度盖然性标准，对于被告适用高度盖然性标准；而在其他证明对象方面，如污染行为损害事实等方面则对原被告适用相同的证明标准；在特殊情况下，甚至可以适用低度盖然性标准。

事实上，只有对原被告适用不同的证明标准，才能完成因果关系推定。在正向推定的情况下，原告方提出证据证明的事实推定因果关系成立，被告进行反证只要使事实处于真伪不明状态就可以推翻推定，这时对原被告采用的是同一证明标准。但是，在反向推定的情况下，被告进行反证必须排除存在因果关系的可能性，否则，因果关系就会被推定成立，这时，对于被告的证明要求明显要高于原告，适用的是相当于“排除合理怀疑”的高度盖然性标准。

——沈德咏主编，最高人民法院研究室、最高人民法院环境资源审判庭编著：《最高人民法院环境侵权责任纠纷诉讼司法解释理解与适用》，人民法院出版社 2016 年版，第 100～101 页。

编者说明

本案系多方排污导致地下水污染，危害饮用水水源，严重威胁聂胜等人的身心健康。被告的生产、生活污水排入地下，且不能举证证明其排污行为与聂胜等人的损害之间不存在因果关系，一、二审法院认定三被告污染环境，应当承担民事责任并无不当。根据《侵权责任法》第 65 条和第 66 条的规定，污染者应对其污染行为造成的损害承担无过错责任，即使三被告排放的污染物达标，造成损害的，仍不能免除其民事责任。涉案地下水污染系多个责任主体、多个排污行为叠加所致，二审法院根据鉴定报告和专家意见，厘清了不同排污行为产生的主次责任以及被告承担责任的比例划分，进而作出了相应判决。

295

环境损害鉴定的启动

关键词｜环境损害｜司法鉴定｜

【最高人民法院司法解释】

第八条　对查明环境污染案件事实的专门性问题，可以委托具备相关资格的司法鉴定机构出具鉴定意见或者由国务院环境保护主管部门推荐的机构出具检验报告、检测报告、评估报告或者监测数据。

——《最高人民法院关于审理环境侵权责任纠纷案件适用法律若干问题的解释》(2015 年 6 月 1 日，法释〔2015〕12 号)

第十四条 对于审理环境民事公益诉讼案件需要的证据，人民法院认为必要的，应当调查收集。

对于应当由原告承担举证责任且为维护社会公共利益所必要的专门性问题，人民法院可以委托具备资格的鉴定人进行鉴定。

——《最高人民法院关于审理环境民事公益诉讼案件适用法律若干问题的解释》(2015 年 1 月 6 日，法释〔2015〕1 号)

【链接：最高人民法院法官著述】

环境损害司法鉴定是具有资质的鉴定人对环境污染造成的损害进行因果关系认定并对环境损害鉴定量化，评估其损害数额的活动。环境损害鉴定的目的是为环境污染纠纷解决提供技术支撑。环境损害分为传统损害(人身损害和财产损害)与资源环境损害。环境损害鉴定就是以损害行为为逻辑判断的起点，结果为逻辑推理的核心，损害行为与损害结果之间的自然逻辑关系为逻辑推理的重点。由于环境资源案件具有很强的专业性、技术性，依据本条规定，对查明环境污染案件事实的专门性问题，可以委托具备相关资格条件的司法鉴定机构出具鉴定意见。根据民事诉讼法司法解释以及民事证据规定的要求，对人民法院依职权启动的，除依据本条规定属于"对查明环境污染案件事实的专门性问题"外，还应当符合可能损害国家利益、社会公共利益的事实，涉及身份关系的事实，涉及公益诉讼，当事人又恶意串通损害他人合法权益可能的，涉及依职权追加当事人、中止诉讼、终结诉讼、回避等程序性事项的情形。当然，上述情形外的"对查明环境污染案件事实的专门性问题"等其他问题，人民法院认为有必要委托司法鉴定的，也可以向当事人释明，由当事人申请启动司法鉴定程序。

——沈德咏主编，最高人民法院研究室、最高人民法院环境资源审判庭编著：《最高人民法院环境侵权责任纠纷诉讼司法解释理解与适用》，人民法院出版社 2016 年版，第 107～108 页。

296

专家辅助人出庭的适用

关键词｜环境损害｜专家辅助人｜

【最高人民法院司法解释】

第九条 当事人申请通知一至两名具有专门知识的人出庭,就鉴定意见或者污染物认定、损害结果、因果关系等专业问题提出意见的,人民法院可以准许。当事人未申请,人民法院认为有必要的,可以进行释明。

具有专门知识的人在法庭上提出的意见,经当事人质证,可以作为认定案件事实的根据。

——《最高人民法院关于审理环境侵权责任纠纷案件适用法律若干问题的解释》(2015 年 6 月 1 日,法释〔2015〕12 号)

第十五条 当事人申请通知有专门知识的人出庭,就鉴定人作出的鉴定意见或者就因果关系、生态环境修复方式、生态环境修复费用以及生态环境受到损害至恢复原状期间服务功能的损失等专门性问题提出意见的,人民法院可以准许。

前款规定的专家意见经质证,可以作为认定事实的根据。

——《最高人民法院关于审理环境民事公益诉讼案件适用法律若干问题的解释》(2015 年 1 月 6 日,法释〔2015〕1 号)

【链接:最高人民法院法官著述】

环境侵权责任纠纷案件中,当事人申请具备专门知识的人出庭的,应当注意以下问题:

1. 关于专家辅助人出庭程序的启动。专家辅助人出庭程序的启动需要由当事人申请,且应当在举证期限届满前提出申请。人民法院应当对当事人的申请进行审查,认为当事人申请的专家辅助人没有必要出庭的,可以驳回当事人的申请。对于当事人没有申请,人民法院认为有必要请专家辅助人出庭就专门问题作出说明的,可以向当事人释明,由当事人提出申请。

2. 专家辅助人的选定。与鉴定不同的是，对于当事人自行申请具备专门知识的人出庭就鉴定意见或者污染物认定、损害后果、因果关系等专业问题提出意见的，专家辅助人完全取决于当事人的选定，人民法院对专家辅助人的资格和能力不作审查。

3. 专家辅助人的任务。根据《民事诉讼法解释》第 123 条的规定，人民法院可以对出庭的具有专门知识的人进行询问。经法庭准许，当事人可以对出庭的具有专门知识的人进行询问，当事人各自申请的具有专门知识的人可以就案件中的有关问题进行对质。专家辅助人在诉讼中围绕专门性问题发表意见，例如对鉴定意见质证，回答对方当事人的提问，等等。同时，具有专门知识的人不得参与专门性问题之外的法庭审理活动。专家辅助人在法庭上的活动限于与专门性问题相关的范围，专门性问题之外的其他问题，专家辅助人不能参与。法庭对涉及专门性问题的事实调查结束后，专家辅助人应当退出审判区域。

4. 专家辅助人的诉讼地位。专家辅助人作为当事人的诉讼辅助人，专家辅助人在出席法庭审理时不是证人，还应在证人席上陈述意见，其在法庭上的活动视为当事人的活动，对专门性问题的陈述应当视为当事人的陈述。

5. 关于出庭费用。根据《民事诉讼法解释》的规定，专家辅助人的出庭费用不应纳入诉讼费用当中，应当由申请其出庭的当事人自行负担。

——沈德咏主编，最高人民法院研究室、最高人民法院环境资源审判庭编著：《最高人民法院环境侵权责任纠纷诉讼司法解释理解与适用》，人民法院出版社 2016 年版，第 117 ~ 118 页。

297

环境行政执法程序中公文书证的证据效力

关键词 | 环境行政执法 | 公文书证 | 证据效力 |

【最高人民法院司法解释】

第十条 负有环境保护监督管理职责的部门或者其委托的机构出具的环境污染事件调查报告、检验报告、检测报告、评估报告或者监测数据等，经当事人质证,可以作为认定案件事实的根据。

——《最高人民法院关于审理环境侵权责任纠纷案件适用法律若干问题的解释》(2015 年 6 月 1 日,法释〔2015〕12 号)

【链接:最高人民法院法官著述】

一、要注意与《刑事环境污染解释》相关规定的区分与衔接适用问题

考虑到我国各地经济社会发展不平衡的现状,不同层级、不同区域的环境保护主管部门及其所属监测机构的监测条件、水平不同,所出具的监测数据在准确性方面有一定的差异在所难免。而刑事案件的处理直接涉及被告人是否应受刑事制裁的严肃问题,为确保相关监测数据的客观、准确,确保相关案件公正处理,《刑事环境污染解释》第 11 条第 2 款规定:作为认定相关案件事实的证据使用的监测数据,必须是县级以上环保部门出具的,且经省级以上环境保护部门认可。这实际上将"经省级以上环境保护部门认可"作为赋予监测数据刑事证据资格的前提条件。省级环境保护主管部门对监测数据的认可,系《刑事环境污染解释》第 11 条第 2 款创设的程序性规定。在实务操作上,省级以上环境保护主管部门对报请认可的监测数据的审查并非单纯的形式审查,亦非实质审查,在属性上介于实质审查与形式审查之间本解释规定的内容范围显然要比《刑事环境污染解释》的上述内容要更加宽泛。对于有关环境侵权责任纠纷案件,无论是公益诉讼案件还是私益诉讼案件,对于符合本解释规定情形的环境污染事件调查报告、检验报告、检测报告、评估报告或者监测数据等,都应当具有民事诉讼证据的效力。当然,在有关刑事案件中,有关部门依据《刑事环境污染解释》的上述规定所取得的环境污染监测数据,当然可以依法作为民事诉讼中认定案件事实的依据。

二、要注意与本解释第 8 条规定的区别及衔接适用问题

有关检验报告、评估报告以及监测数据的问题,本解释第 8 条也有相关规定,该条规定:对案件所涉的环境污染专门性问题难以确定的,可以委托具备相关资格的司法鉴定机构出具鉴定意见或者由国务院环境保护主管部门推荐的机构出具检验、检测、评估报告或者监测数据。这一规定与本条内容的适用情形有着根本不同,主要表现在:

1. 第 8 条的适用前提是"对案件所涉的环境污染专门性问题难以确定的"的情形,即此时有关民事诉讼正在审理过程中,而有关检验、检测、评估报告或者

监测数据这时还没有存在,还处于“未然”状态;而本条规定的情形则是有关环境污染事件调查报告、检验报告、检测报告、评估报告或者监测数据等已经存在,处于“已然”状态。

2. 关于证据的提供或者获取,第 8 条规定的是委托有关部门出具,至于是依照当事人的申请还是人民法院依职权委托则在所不问;而本条规定的适用则属于当事人提供或者依法申请人民法院调查取证的情形。

3. 关于证据的范围,本条规定也要比第 8 条规定情形要宽泛,不仅增加了环境污染事件的调查报告,而且在出具机构层级上也没有国务院环境保护主管部门推荐的机构出具这一要求。

三、要注意与人民法院职权调查取证问题的衔接适用问题

本条规定的有关环境污染事件调查报告、检验报告、检测报告、评估报告或者监测数据,属于民事诉讼的证据范畴,有关证据的提供应当依据《民事诉讼法》《民事诉讼法解释》等的规定。根据“谁主张、谁举证”的原则,上述证据应当以当事人提供为原则。但是由于上述证据一般都是由行政机关或者其委托的机构掌握,当事人及其诉讼代理人往往因客观原因不能自行收集,故在符合《民事诉讼法解释》第 94 条且不属于第 95 条规定情形时,当事人可以申请人民法院调查收集该证据。在符合《民事诉讼法解释》第 96 条规定情形下,人民法院应当依职权主动调查收集上述证据。

——沈德咏主编,最高人民法院研究室、最高人民法院环境资源审判庭编著:《最高人民法院环境侵权责任纠纷诉讼司法解释理解与适用》,人民法院出版社 2016 年版,第 128 ~ 130 页。

298

环境侵权案件中的证据保全

关键词 | 环境侵权 | 证据保全 |

【最高人民法院司法解释】

第十一条 对于突发性或者持续时间较短的环境污染行为,在证据可能灭失或者以后难以取得的情况下,当事人或者利害关系人根据民事诉讼法第八十

一条规定申请证据保全的,人民法院应当准许。

——《最高人民法院关于审理环境侵权责任纠纷案件适用法律若干问题的解释》(2015年6月1日,法释〔2015〕12号)

【链接:最高人民法院法官著述】

本解释第11条规定的是根据当事人申请启动证据保全程序。而在证据可能灭失或者难以取得的情况下,为了查明案件事实,正确裁判,法院有权力也有责任固定、保存这些证据材料,以保障诉讼的顺利进行。否则,案件事实可能因相关证据材料的灭失而处于真伪不明的状态,从而影响诉讼的进行。

根据《民事诉讼法》第81条第3款的规定,证据保全的其他程序,参照适用《民事诉讼法》第9章保全的有关规定。民事诉讼法中的"保全"与证据保全具有相类似之处,《民事诉讼法》第9章对保全已经作了较为详细的规定。因此,本解释第11条所规定的证据保全可以参照适用《民事诉讼法》第9章的有关规定。比如,根据《民事诉讼法》第101条第3款的规定,诉前保全的,申请人在法院采取保全措施后30日内不依法提起诉讼或者申请仲裁的,法院应当解除保全。同样,对于诉前证据保全,提出申请的利害关系人在法院采取证据保全措施后30日内不依法提起诉讼或者申请仲裁的,法院也应当解除证据保全。

——沈德咏主编,最高人民法院研究室、最高人民法院环境资源审判庭编著:《最高人民法院环境侵权责任纠纷诉讼司法解释理解与适用》,人民法院出版社2016年版,第138~139页。

299

合同纠纷案件举证责任分配

关键词 | 合同纠纷 | 合同成立 | 合同履行 | 代理权 | 举证责任分配 |

【最高人民法院司法解释】

第五条 在合同纠纷案件中,主张合同关系成立并生效的一方当事人对合同订立和生效的事实承担举证责任;主张合同关系变更、解除、终止、撤销的一方当事人对引起合同关系变动的事实承担举证责任。

对合同是否履行发生争议的，由负有履行义务的当事人承担举证责任。

对代理权发生争议的，由主张有代理权一方当事人承担举证责任。

——《最高人民法院关于民事诉讼证据的若干规定》(2001 年 12 月 21 日，法释〔2001〕33 号)

【最高人民法院裁判文书】

唐兰与程永莉房屋买卖合同纠纷案

裁判要旨：在双方当事人就合同关系是否成立存在争议的情况下，应由主张合同关系成立的一方当事人承担举证责任。

最高人民法院再审认为：

涉案合同不涉及有效与无效的问题，而是是否成立的问题。在双方当事人就合同关系是否成立存在争议的情况下，根据法律规定，应由主张合同关系成立的一方当事人承担举证责任，在“唐兰”签名被证实并非唐兰本人所签的情况下，程永莉不能证明“唐兰”字样的私章为唐兰本人所有并加盖时，应当承担举证不能的诉讼后果。行政裁定书认定的事实只能证明房管部门行政行为的合规性，并不能证明民事行为的成立，且多方面证据均证明唐兰并未签订《房地产买卖合同》，唐兰与程永莉之间没有就涉案房屋成立房屋买卖合同关系。据此最高人民法院判决程永莉向唐兰返还房屋。

——《最高人民法院发布五起典型案例》，载《最高人民法院公报》2015 年第 8 期。

【链接：最高人民法院法官著述】

我国合同法未明文规定合同诉讼举证责任分配的一般规则，这是一大缺憾，该缺憾必须由证据法来填补。《证据规定》第 5 条是对合同法规定不足的弥补。我国合同法虽未明文规定合同法诉讼举证责任分配的一般规则，但有若干特别分配规范，如合同附条件附期限的证明、确认合同无效之诉中的证明、合同诉讼时效的证明等。实践中应结合合同法的条文来把握。如根据合同法第 45、46 条的规定，合同附件条、附期限的举证责任分配规则是：如主张合同权利的一方所主张的权利受停止条件或始期约束，则由其证明停止条件已成就或期限已届至；有关的合同权利受解除条件或终期约束时,则由相对方负责证明解除条件已成就或期限已届满。

确认合同无效之诉中,应由主张合同有效的一方当事人负责证明有关设立其所主张权利的事实。

关于合同诉讼时效的争议,应由主张诉讼时效已经的一方当事人负责证明,对方应就诉讼时效的中止、中断等情形负举证责任。

——李国光主编:《最高人民法院〈关于民事诉讼证据的若干规定〉的理解与适用》,中国法制出版社2002年版,第93~94页。

编者说明

在唐兰与程永莉房屋买卖合同纠纷案的合同效力形态上,当事人在有效与无效之间争议,原审法院也在合同有效与无效之间裁判,但最高人民法院经审理发现涉案合同仅涉及是否成立的问题,并在此基础上正确运用合同成立的举证规则,合理分配举证责任,从而做到对当事人实体权利的保护,对于民事判决中举证责任的适用方法具有指导意义。

300

交易习惯举证责任承担

关键词 | 交易习惯 | 举证责任 |

【最高人民法院司法解释】

第七条 下列情形,不违反法律、行政法规强制性规定的,人民法院可以认定为合同法所称"交易习惯":

(一)在交易行为当地或者某一领域、某一行业通常采用并为交易对方订立合同时所知道或者应当知道的做法;

(二)当事人双方经常使用的习惯做法。

对于交易习惯,由提出主张的一方当事人承担举证责任。

——《最高人民法院关于适用〈中华人民共和国合同法〉若干问题的解释(二)》(2009年4月24日,法释〔2009〕5号)

【链接:最高人民法院法官著述】

本条解释规定:"对于交易习惯,由提出主张的一方当事人承担举证责任。"

该举证责任的内容应按照本条规定中两个规则的具体要求来确定。如果当事人主张依据规则(一)确定的交易习惯,则其不仅需要证明地方习惯或行业习惯的存在,还需要证明对方当事人在订立合同时知道或者应当知道该习惯。如果当事人主张依据规则(二)确定的交易习惯,则其应证明在争议案件前双方已经通过经常使用建立了所主张的习惯做法。

另外,因为本条解释已经明确规定了对交易习惯的举证责任承担,根据《最高人民法院关于民事诉讼证据的若干规定》第2条和第7条的规定,法院在案件审理中应严格依照本条分配举证责任。

——最高人民法院研究室编著:《最高人民法院关于合同法司法解释(二)理解与适用》,人民法院出版社2009年版,第70页。

301

格式条款举证责任承担

关键词 | 格式条款 | 举证责任 |

【最高人民法院司法解释】

第六条 提供格式条款的一方对格式条款中免除或者限制其责任的内容,在合同订立时采用足以引起对方注意的文字、符号、字体等特别标识,并按照对方的要求对该格式条款予以说明的,人民法院应当认定符合合同法第三十九条所称“采取合理的方式”。

提供格式条款一方对已尽合理提示及说明义务承担举证责任。

——《最高人民法院关于适用〈中华人民共和国合同法〉若干问题的解释(二)》(2009年4月24日,法释〔2009〕5号)

【链接:最高人民法院法官著述】

格式条款提供方应当就自己已尽合理提示及说明义务承担举证责任。这一款也是格式条款特别说明义务的一个非常重要的问题。实践中双方当事人对于条款提供方是否已经尽到特别说明义务往往会各执一词,而这类事实法院通常很难查明。本条的这一款规定,有效地解决了实践中事实处于真伪不明状态时如何处理的问题。这样规定,无疑事实上加重了条款提供方的责任。这其实也对条款提供企业提出更高的商业竞争要求,既然条款提供方处于强势地位,并且欲享受格式条款的便利之益,要求其承担举证责任自然也是十分合理的。因此,条款提供者应当提高证据保留意识。最为常见的证据通常有两类:一类是特别签名,另一类是录音甚至录像。有的公司要求顾客在阅过合同之后,对于需要特别提示的内容表示已经阅读并且理解,然后签字认可。这是一个非常好的办法。还有的格式条款将免责和限责条款特别列出,集中(甚至另页)予以特别说明,然后由相对方签字认可。随着数字技术的普及,录音录像手段在实践中正越来越广泛地被运用。应当说,这也是比较好的一种方法。但要注意的是,录音录像证据比较容易出现的问题是对话往往缺乏前因后果,在事后呈递法庭作为证据时,时常会出现不知所云的现象。

——最高人民法院研究室编著:《最高人民法院关于合同法司法解释(二)理解与适用》,人民法院出版社 2009 年版,第 64~65 页。

302

追究合同违约责任案件的举证责任分配

关键词|举证责任分配|违约责任|船舶修理合同|

【《最高人民法院公报》案例】

荷属安的列斯·东方航运有限公司与中国·澄西船舶修造厂船舶修理合同纠纷案[最高人民法院(2007)民四监字第 27 号民事裁定书]

裁判要旨:船舶虽然在修理厂进行修理,但并非全船属于修理厂的修理范围,船员始终保持全编在岗状态。在此情况下发生火灾,船方主张修理厂对火灾损失承担违约责任的,应当对起火点位于船舶修理合同范围之内、修理厂存在不履行合同或者不按约定履行合同的违约行为、火灾损失的存在以及修理厂的违约行为与火灾损失的发生之间存在因果关系等问题承担举证责任。船方不能就上述问题举证的,人民法院对其诉讼请求不予支持。

最高人民法院认为:

“东方项目”轮虽然在澄西船厂修理,但并非全船属于澄西船厂的修理范围，船员一直保持全编在岗状态。作为船舶修理合同纠纷，东方航运就火灾损失向澄西船厂主张违约责任时，首先应举证证明起火点位于船舶修理合同范围之内，其次应证明澄西船厂存在不履行合同或者履行合同义务不符合约定的违约行为，再次应证明火灾损失的存在以及澄西船厂的违约行为与火灾的发生之间存在因果关系。但东方航运既未提交船舶修理合同，也未提交其他证据证明火灾发生在澄西船厂的作业区内，无法证明起火点在合同约定的修理范围内，因而也无法证明澄西船厂的行为违反了合同约定，东方航运主张适用《合同法》第一百零七条的依据不充分。东方航运提交的三份火灾事故鉴定报告对火灾事故原因的认定均不确定，使用的是“可能”“很可能”等词，且根据《消防法》并参照中华人民共和国公安部《火灾事故调查规定》的相关规定，对火灾事故进行调查的权力机关是公安消防机构，而出具上述鉴定报告的检验机构均非公安消防机构，故上述鉴定报告无法证明澄西船厂的行为与火灾的发生之间存在因果关系。此外，根据《消防法》第三十二条第一款的规定，任何人发现火灾时，都应当立即报警，报警并非是澄西船厂单方的义务，在火灾发生时，所有发现火灾的人，包括外方当事人均有义务报警，东方航运以澄西船厂未报警为由，认为应由澄西船厂承担举证不能的法律后果，没有充分的法律依据。关于法律适用问题，《民法通则》第一百二十三条是对侵权民事责任的规定，应适用于侵权纠纷，而非合同纠纷；《民事诉讼证据的若干规定》第四条已明确规定适用于侵权诉讼。此外，东方航运未举证证明具体的船舶修理项目，无充分证据证明此次船舶修理属于高度危险作业，故东方航运要求适用上述法律及司法解释的理由不成立。原审判决认定澄西船厂在本次火灾事故中不应承担赔偿责任，适用法律并无明显不当，判决结果正确。

——《最高人民法院公报》2008 年第 12 期

303

买卖合同成立的证明与认定

关键词 | 买卖合同成立 | 交货凭证 | 结算凭证 | 债权凭证 | 证明力 |

【最高人民法院司法解释】

第一条 当事人之间没有书面合同，一方以送货单、收货单、结算单、发票等主张存在买卖合同关系的，人民法院应当结合当事人之间的交易方式、交易习惯以及其他相关证据，对买卖合同是否成立作出认定。

对账确认函、债权确认书等函件、凭证没有记载债权人名称，买卖合同当事人一方以此证明存在买卖合同关系的，人民法院应予支持，但有相反证据足以推翻的除外。

——《最高人民法院关于审理买卖合同纠纷案件适用法律问题的解释》(2012 年 5 月 10 日，法释〔2012〕8 号)

【《最高人民法院公报》案例】

郭景忠诉天泰公司、蓝星公司买卖合同纠纷案(天津市第一中级人民法院二审民事判决书)

裁判要旨：在买卖合同中，被告以订立该买卖合同的经手人因涉嫌经济犯罪被刑事拘留为由，主张先中止审理买卖合同纠纷，等待刑事案件处理结果，但对其与原告之间的买卖合同关系，却不能用证据来否定真实存在，该诉讼主张不能成立。

天津市第一中级人民法院认为：

案外人李楠是凭盖有上诉人天泰公司公章的授权委托书，才与被上诉人郭景忠口头订立油品买卖合同；李楠交给郭景忠的提货单上，也有天泰公司的公章。天泰公司上诉虽称李楠无权代理该公司从事业务活动，但却不能提交相反证据否认授权委托书和提货单上公章的真实性，更对其法定代表人证实刘杰用该公司支票给郭景忠付购油款一事不做任何解释。故原审认定天泰公司与郭景忠之间的买卖合同关系成立，是正确的；判决天泰公司承担违约责任，并无不当。天泰公司的上诉理由因证据不足，不予支持。

——《最高人民法院公报》2006 年第 4 期

【链接：最高人民法院法官著述】

从对买卖合同成立的证明力上看，没有记载债权人名称的对账确认单、债权确认书等函件、凭证对买卖合同成立的证明力要大于送货单、收货单、结算单、发票等交货凭证和结算凭证。在没有书面买卖合同的情况下，主张合同成立的一方向人民法院提交的送货单、收货单、结算单、发票等交货凭证和结算凭证系孤证的，人民法院不能直接据此认定买卖合同成立；如要认定买卖合同成立，人民法院还要综合分析双方提交的其他证据及其证明力的大小。但主张合同成立的一方向法院提交的没有记载债权人名称的对账确认单、债权确认书等函件、凭证为孤证的，除债务人提出足以推翻该证据的相反证据外，人民法院可直接据此认定买卖合同成立。

——最高人民法院民事审判第二庭编著：《最高人民法院关于买卖合同司法解释理解与适用》，人民法院出版社 2012 年版，第 49 页。

304

交货凭证对买卖合同成立的证明力

关键词 | 买卖合同成立 | 交货凭证 | 证明力 |

【链接：最高人民法院法官著述】

司法解释起草小组经研究认为，送货单、收货单等交货凭证不能独立证明买卖合同的成立，人民法院应当从实际出发，根据个案情况，结合当事人之间的交易方式、交易习惯以及其他相关证据，对买卖合同成立的事实作出判断。主要理由在于：(1) 由相对人签署或者出具的送货单、收货单等交货凭证，可以证明相对人收到货物的事实，但仅有此类证书，不能排除送货人基于其他法律关系或者事实接收货物的可能。(2) 在市场经济实践中，没有书面合同的买卖交易大量存在。在建筑装修材料配送、超市物流配送及饭店食材配送等送货上门的买卖交易方式中，当事人之间的买卖协议多为口头达成，但口头协议大多难以举证，故送货单、收货单等书证遂成为出卖人证明其履行合同义务的最主要证据。如果相对人简单否认收货事实与买卖合同有关，后者以签收人非其工作人员、不认可签收人员有权代表其签字为由，否认买卖合同关系的存在，人民法院直接据此否定买卖合同成立的事实，不仅陷出卖人于不公境地，而且不利于鼓励买卖交易和引导买卖合同诚信履约行为，甚至可能引起整个行业的恐慌，导致买卖双方不得不采取更为稳妥乃至繁琐的方式来订立书面的买卖合同。其结果虽然使举证证明买卖合同的成立相对容易，却以牺牲市场交易的便捷和效率为代价。(3)在无书面买卖合同的情况下，就买卖合同成立的事实而言，主张合同成立的一方的举证能力较弱，否认合同成立的一方举证能力较强。就举证责任分配而言，一方当事人提出送货单、收货单等交货凭证，可视为其已经完成对合同成立并履行的举证责任。人民法院要求举证责任能力较强的相对人就否认买卖合同成立的事实承担举证责任，亦无不公。因此，根据本条解释第1款之规定，人民法院不能仅以交货凭证为据认定买卖合同成立或者否定买卖合同成立，而是要具体结合当事人之间的交易方式、交易习惯及其他相关证据，对买卖合同是否成立作出认定。

本条解释第1款中的“交易方式”是指某一类买卖合同缔结与履行所通行的共同方式。不同的交易方式，其合同的订立方式、履行方式有共同之处；不同的交易方式，其缔约方式、交付标的物的方式、支付价款的方式也有所不同。例如，在电话购物、电视购物中，大多采取电话订购、快递送货、电话支付或者货到付款、网上付款等方式；超市购物则采取货物自选、款台结账的方式。对不同的交易方式，证明合同成立的证据在内容、形式上也有所差异。例如，超市购物小票可以作为消费者与超市之间成立买卖合同的证据；而通过在线网络购物的，可能并无购物小票，此时则可通过提供系统自动生成的电子订单来作为买卖合同成立之证明。

本条解释第1款中的“交易习惯”是指在交易中的惯常做法。《合同法解释(二)》第7条对合同法上的“交易习惯”作出具体解释。交易习惯具体包括两种：(1)为行业惯例和地区惯例，即在交易行为当地或者某一领域、某一行业通常采用并为交易对方订立合同时所知道或者应当知道的做法。(2)为当事人之间经常使用的惯常做法。对于交易习惯，由提出主张的一方当事人承担举证责任。就买卖合同纠纷而言，主张合同成立的一方须证明地方习惯或行业习惯的存在，且对方在订立合同时知道或者应当知道。如果其主张系基于双方当事人之间的交易习惯，则尚应证明在争议案件发生前，双方已经以此方式完成了多笔买卖。交易习惯的有无及其内容，应由主张适用交易习惯的一方当事人举证。

本条解释第1款中的“其他相关证据”是指除了书面合同及本条解释所列举的书证以外的、能证明买卖合同成立的证据。例如,能证明双方当事人就买卖合同的主要内容达成一致的电话录音;与当事人无利害关系的第三人目睹买受人签收标的物的证人证言等。如果主张合同成立的当事人所提交的证据与送货单、收货单等交货凭证在时间、标的物名称及数量等方面能够相互印证,形成证明买卖合同成立及履行事实的证据链,则即使没有书面合同,人民法院也可以认定买卖合同成立。

——最高人民法院民事审判第二庭编著:《最高人民法院关于买卖合同司法解释理解与适用》,人民法院出版社2012年版,第41~43页。

305

结算凭证对买卖合同成立的证明力

关键词 | 买卖合同成立 | 结算凭证 | 证明力 |

【链接：最高人民法院法官著述】

在买卖合同纠纷案件中,原告提出据以证明买卖合同成立的证据仅有结算单或者被告开具的发票,人民法院能否据此认定买卖合同成立?我们认为,结算单、发票对买卖合同的成立具有证明力,但属于证明买卖合同成立的间接证据,人民法院应当结合当事人之间的交易方式、交易习惯以及其他相关证据,来对买卖合同成立的与否作出判断。具体理由在于:(1)结算单、发票是买卖双方的结算凭证,发票还是财务凭证和税收凭证,通常均以真实的买卖交易为基础,故结算单、发票对买卖交易之发生有一定的证明力。如果否认买卖合同成立的一方并无其他证据证明结算单、发票的内容与买卖合同关系相分离,则人民法院不应据此简单地否认买卖合同关系的存在。(2)结算单、发票本身并非买卖合同,现实生活中也确实存在结算单、发票与实际交易相分离的现象。例如,有的企业或个人为逃避相关税费,存在代开发票但并无实际买卖关系的情形;有的经营者为制造财务报表上的虚假繁荣,常以向业务单位虚开增值税专用发票的方式,虚构买卖交易,编造经营业绩。有鉴于此,人民法院不宜仅以结算单、发票为据认定当事人之间存在买卖合同关系。如果对方当事人通过其他证据证明结算单、发票并非基于买卖合同关系产生，而是基于其他法律关系或者事实关系而产生，则人民法院对买卖合同成立的主张不应支持。

——最高人民法院民事审判第二庭编著：《最高人民法院关于买卖合同司法解释理解与适用》，人民法院出版社 2012 年版，第 45～46 页。

306

债权凭证对买卖合同成立的证明力

关键词 | 买卖合同成立 | 债权凭证 | 证明力 |

【链接：最高人民法院法官著述】

司法解释起草小组经研究认为，此类债权凭证没有记载债权人的名称，并不影响其记载内容的真实性。债务人出具的对账确认函、债权确认书等函件和凭证足以证明债务人承认此债务存在的事实。按照常理，在无相反证据证明的情况下，债权人持有该债权凭证，即推定凭证持有人为合法的债权人，在当事人双方之间存在明确的债权债务关系。债务人未在该债权凭证上写明债权人抬头，既可能是债务人疏忽所致，也可能系债务人故意为之。没有完整写明债权凭证的所有内容，责任在于债务人。已经确定的债务人应当向谁偿还债务，是否存在债权转让等情形，并不影响债务人承担债务的事实及负担程度。债权人持有该债权凭证，即已完成证明其享有买卖合同中的合法债权的举证责任。如果债务人欲以否认债权凭证持有人系买卖合同相对方的途径来否定买卖合同关系的存在，则举证责任转移至债务人一方，债务人须另行举证证明债权凭证持有人并非该债权的合法债权人。质言之，债务人仅以该债权凭证未记载债权人名称来否认买卖关系存在的，人民法院不予支持。如果债务人提供了足以推翻该凭证持有人系买卖合同当事人的其他证据，例如债务人提出证据证明，其已向真正的买卖合同相对人履行了合同义务，且买卖合同相对人已就该债权证明遗失登报公告的，则人民法院可据此认定诉讼双方当事人之间并不存在买卖合同关系。

——最高人民法院民事审判第二庭编著：《最高人民法院关于买卖合同司法解释理解与适用》，人民法院出版社 2012 年版，第 48 页。

307

签收人的认定与买卖合同成立的证明

关键词｜买卖合同成立｜签收人认定｜举证责任｜

【链接：最高人民法院法官著述】

在审判实践中，被诉当事人通常以不认定签收人是其工作人员或者不认可签收人有权利代表其签字的方式，否认签字人与其有法律上的关联，进而否认买卖合同关系成立的事实。对此，人民法院应当如何认定？通常而言，否定事实无需举证。但考虑到签收人可能为被诉当事人临时聘用的工作人员，且常有变化之情况，人民法院也不宜据此简单否定买卖合同成立的事实。就签收人是否是被诉方的工作人员、是否有权代表其签字的事实而言，被诉方具有较强的举证责任能力，而主张合同成立的一方的举证能力较弱。《民事证据规定》第7条规定："在法律没有具体规定，依本规定及其他司法解释无法确定举证责任承担时，人民法院可以根据公平原则和诚实信用原则，综合当事人举证能力等因素确定举证责任的承担。"据此，人民法院可以根据当事人的申请，要求对签收人持有异议的当事人就否认的事实举证，或者要求其提交工作人员的花名册、工资表等文件。如果其拒绝提供或者提供的文件有重大瑕疵的，应当承担举证不利的后果。人民法院也可以根据一方当事人的申请或者依职权到劳动保障部门进行调查取证，以综合相关证据，认定签收人与被诉相对方之间是否存在雇佣关系或代理关系，在此基础上，就买卖合同是否成立作出认定。

——最高人民法院民事审判第二庭编著：《最高人民法院关于买卖合同司法解释理解与适用》，人民法院出版社2012年版，第49页。

308

违约金纠纷举证责任分配

关键词｜违约金纠纷｜举证责任｜

【最高人民法院司法政策】

8. 为减轻当事人诉累,妥当解决违约金纠纷,违约方以合同不成立、合同未生效、合同无效或者不构成违约进行免责抗辩而未提出违约金调整请求的,人民法院可以就当事人是否需要主张违约金过高问题进行释明。人民法院要正确确定举证责任,违约方对于违约金约定过高的主张承担举证责任,非违约方主张违约金约定合理的,亦应提供相应的证据。合同解除后,当事人主张违约金条款继续有效的,人民法院可以根据合同法第九十八条的规定进行处理。

——《最高人民法院关于当前形势下审理民商事合同纠纷案件若干问题的指导意见》(2009 年 7 月 7 日,法发〔2009〕40 号)

309

可得利益损失的举证责任分配

关键词 | 可得利益损失 | 可预见性规则 | 损益相抵规则 | 举证责任 |

【最高人民法院司法解释】

第二十九条　买卖合同当事人一方违约造成对方损失,对方主张赔偿可得利益损失的,人民法院应当根据当事人的主张,依据合同法第一百一十三条、第一百一十九条、本解释第三十条、第三十一条等规定进行认定。

第三十条　买卖合同当事人一方违约造成对方损失,对方对损失的发生也有过错,违约方主张扣减相应的损失赔偿额的,人民法院应予支持。

第三十一条　买卖合同当事人一方因对方违约而获有利益,违约方主张从损失赔偿额中扣除该部分利益的,人民法院应予支持。

——《最高人民法院关于审理买卖合同纠纷案件适用法律问题的解释》(2012 年 5 月 10 日,法释〔2012〕8 号)

【最高人民法院司法政策】

11. 人民法院认定可得利益损失时应当合理分配举证责任。违约方一般应当承担非违约方没有采取合理减损措施而导致损失扩大、非违约方因违约而获得利益以及非违约方亦有过失的举证责任；非违约方应当承担其遭受的可得利益损失总额、必要的交易成本的举证责任。对于可以预见的损失，既可以由非违约方举证，也可以由人民法院根据具体情况予以裁量。

——《最高人民法院关于当前形势下审理民商事合同纠纷案件若干问题的指导意见》（2009 年 7 月 7 日，法发〔2009〕40 号）

【最高人民法院审判业务意见】

可得利益损失的认定是买卖合同违约责任认定中的疑难问题。多年来，由于相关认定规则比较模糊并难以把握，致使审判实践口径不一，不少法官在判决中并不支持可得利益损失。为此，《解释》根据《合同法》的规定、民法原理以及审判实践经验，对可得利益损失的认定作出了具有可操作性的解释和规定。具体而言，买卖合同违约后可得利益损失计算通常运用四个规则，即《合同法》第 113 条规定的可预见规则、第 119 条规定的减损规则、混合过错规则以及损益相抵规则，《解释》通过三个条文对此进行明确规定。特别是《解释》第 30 条关于“混合过错规则”和第 31 条关于“损益相抵规则”的规定，填补了《合同法》在相关规则方面的空白和漏洞。值得注意的是，可得利益损失的计算和认定，与举证责任分配密切相关。最高人民法院于 2009 年发布《关于当前形势下审理民商事合同纠纷案件若干问题的指导意见》，该指导意见对可得利益损失认定提出举证责任的分配规则，即违约方一般应当承担非违约方没有采取合理减损措施而导致损失扩大、非违约方因违约而获得利益以及非违约方亦有过失的举证责任；非违约方应当承担其遭受的可得利益损失总额、必要的交易成本的举证责任。为了保障可得利益损失认定规则的实务操作性，人民法院在根据《解释》认定可得利益损失时，应当结合上述指导意见的规定予以正确适用。

——《最高人民法院民二庭庭长宋晓明就〈最高人民法院关于审理买卖合同纠纷案件适用法律问题的解释〉答记者问》，载《人民法院报》2012 年 6 月 6 日。

【链接：最高人民法院法官著述】

违约方是否预见到或者是否应当预见到，须由受害方承担举证责任。裁判者通常应当依据相对客观的标准进行判断，仅在例外情形下须依据主观标准进行判断。所谓依据相对客观标准进行判断，就是指以社会一般人的预见能力为标准进行判断，也就是说以一个抽象的"理性人""常人""善良家父"之类的标准进行判断。所谓在特定情形下需要依据主观标准进行判断，是在特定情形下也需要基于当事人的身份、职业及相互之间的了解情况等，考虑违约方的特殊预见能力。如果违约方的预见能力高于一般人的预见能力，就应当按照其实际的预见能力来确定损害赔偿的范围。不过对于违约方的特殊预见能力仍应由受害方承担举证责任。如果受害方不能举证证明违约方具备高于一般人的预见能力时，则应以社会一般人的预见能力为准。

——最高人民法院民事审判第二庭编著：《最高人民法院关于买卖合同司法解释理解与适用》，人民法院出版社 2012 年版，第 464～465 页。

由于《合同法》上的违约损害赔偿责任的一般归责原则是严格责任原则，即只要合同当事人有违约行为，其不能举证证明存在有法律规定的或者合同约定的免责事由时，对方当事人就可以按照约定或法律规定要求其进行损害赔偿责任的承担。但在确定具体赔偿数额时，若欲适用损益相抵规则来对损害赔偿数额进行限制，违约方就需要承担举证责任。首先其要证明因自己违约而给对方带来的利益，且该利益当属被扣除之列。这也是证据法上"谁主张、谁举证"要求的具体体现。

——最高人民法院民事审判第二庭编著：《最高人民法院关于买卖合同司法解释理解与适用》，人民法院出版社 2012 年版，第 484～485 页。

《指导意见》明确了可得利益损失认定时举证责任分配规则。违约方一般应当承担非违约方没有采取合理减损措施而导致损失扩大、非违约方因违约而获得利益，以及非违约方亦有过失的举证责任；非违约方应当承担其遭受的可得利益损失总额、必要的交易成本的举证责任。对于可以预见的损失，既可以由非违约方举证，也可以由人民法院根据具体情况予以裁量。

——最高人民法院民二庭负责人：《解读〈关于当前形势下审理民商事

合同纠纷案件若干问题的指导意见〉》，载《商事法律文件解读》（总第56辑），人民法院出版社2009年版，第88页。

310

构成表见代理行为的举证责任分配

关键词 | 表见代理 | 举证责任 |

【最高人民法院司法政策】

四、正确把握法律构成要件，稳妥认定表见代理行为

12. 当前在国家重大项目和承包租赁行业等受到全球性金融危机冲击和国内宏观经济形势变化影响比较明显的行业领域，由于合同当事人采用转包、分包、转租方式，出现了大量以单位部门、项目经理乃至个人名义签订或实际履行合同的情形，并因合同主体和效力认定问题引发表见代理纠纷案件。对此，人民法院应当正确适用合同法第四十九条关于表见代理制度的规定，严格认定表见代理行为。

13. 合同法第四十九条规定的表见代理制度不仅要求代理人的无权代理行为在客观上形成具有代理权的表象，而且要求相对人在主观上善意且无过失地相信行为人有代理权。合同相对人主张构成表见代理的，应当承担举证责任，不仅应当举证证明代理行为存在诸如合同书、公章、印鉴等有权代理的客观表象形式要素，而且应当证明其善意且无过失地相信行为人具有代理权。

14. 人民法院在判断合同相对人主观上是否属于善意且无过失时，应当结合合同缔结与履行过程中的各种因素综合判断合同相对人是否尽到合理注意义务，此外还要考虑合同的缔结时间、以谁的名义签字、是否盖有相关印章及印章真伪、标的物的交付方式与地点、购买的材料、租赁的器材、所借款项的用途、建筑单位是否知道项目经理的行为、是否参与合同履行等各种因素，作出综合分析判断。

——《最高人民法院关于当前形势下审理民商事合同纠纷案件若干问题的指导意见》（2009年7月7日，法发〔2009〕40号）

【链接：最高人民法院法官著述】

表见代理,又称表示代理,是指行为人虽没有代理权,但善意相对人客观上有充分理由相信行为人有代理权,而与其为民事法律行为,该民事法律行为的后果直接由被代理人承担。《合同法》第四十九条规定了表见代理制度:行为人没有代理权、超越代理权或者代理权终止后以被代理人名义订立合同,相对人有理由相信行为人有代理权的,该代理行为有效。表见代理的构成要件包括行为人没有代理权,行为人以被代理人的名义行为,行为人的行为符合民事法律行为构成要件,相对人有理由相信行为人有代理权。表见代理制度的立法宗旨是维护交易安全和善意相对人的利益。

《指导意见》明确了表见代理的认定标准。构成表见代理行为不仅要求代理人的无权代理行为在客观上形成具有代理权的表象,而且要求相对人在主观上有理由相信行为人有代理权。“有理由相信”是指合同相对人善意且无过失地相信行为人有代理权,即相对人在不知道行为人无代理权方面不存在疏忽或懈怠,并为此承担举证责任。在判断合同相对人主观上是否属于善意且无过失时,应当结合合同缔结与履行过程中的各种因素综合判断合同相对人是否尽到合理注意义务,此外还要考虑合同的出具时间、以谁的名义签字、是否盖有相关印章及印章真伪、标的物的交付方式与地点、购买的材料、租赁的器材、所借款项的用途、建筑单位是否知道项目经理的行为、是否参与合同履行等各种因素,作出综合分析判断。

——最高人民法院民二庭负责人:《解读〈关于当前形势下审理民商事合同纠纷案件若干问题的指导意见〉》,载《商事法律文件解读》(总第56辑),人民法院出版社2009年版,第88页。

311

劳动争议案件中用人单位决定不当的举证责任分配

关键词 | 用人单位决定 | 劳动争议 | 举证责任倒置 |

【最高人民法院司法解释】

第六条 在劳动争议纠纷案件中，因用人单位作出开除、除名、辞退、解除劳动合同、减少劳动报酬、计算劳动者工作年限等决定而发生劳动争议的，由用人单位负举证责任。

——《最高人民法院关于民事诉讼证据的若干规定》(2001 年 12 月 21 日，法释〔2001〕33 号）

第十三条 因用人单位作出的开除、除名、辞退、解除劳动合同、减少劳动报酬、计算劳动者工作年限等决定而发生的劳动争议，用人单位负举证责任。

——《最高人民法院关于审理劳动争议案件适用法律若干问题的解释》(2001 年 4 月 16 日，法释〔2001〕14 号）

【链接：最高人民法院法官著述】

1. 本条规定究竟系举证责任的分配，还是举证责任倒置？

在这个问题上，实践中有不同认识。1998 年上海市高级人民法院发布的《关于执行民事诉讼证据制度的研讨纪要》第 10 条第(9)项的规定①，是把此类诉讼明确作为举证责任倒置的类型来规定的，认为由用人单位来证明其行为的依据，与行政机关在诉讼中证明具体行政行为的合法性一样，都属于举证责任倒置的情形。本书也持此见解，同意倒置说。理由是：按照法律要件分类说，对于用人单位决定不当的举证责任，应由主张者——劳动者来举证，但用人单位证明其行为的正当性，则属于倒置举证责任的情况。

2. 用人单位负举证责任，是否意味着劳动者在这种诉讼中一概不负任何举证责任？

应当说，尽管本条规定用人单位应对其作出的开除、除名、辞退、解除劳动合同、减少劳动报酬、计算劳动者工作年限等决定之依据负举证责任，但在例外情

① 上海市高级人民法院《关于执行民事诉讼证据制度的研讨纪要》第 10 条第(9)项规定："劳动争议诉讼中，因用工单位处分、处罚或处置职工、试用工而发生的争议，用工单位对作出处分、处罚或处置的依据负举证责任。"

况下，劳动者也有可能承担一定的举证之责。例如，劳动法第29条规定："劳动者有下列情形之一的，用人单位不得依据本法第二十六条、第二十七条的规定解除劳动合同：(一)患职业病或者因工负伤并被确认丧失或者部分丧失劳动能力的；(二)患病或者负伤，在规定的医疗期内的；(三)女职工在孕期、产期、哺乳期内的；(四)法律、行政法规规定的其他情形。"依此条的规定，当用人单位已就其作出的开除、除名、辞退、解除劳动合同、减少劳动报酬、计算劳动者工作年限等之依据尽到了举证责任后，劳动者如想否定用人单位决定的正当性，可以主张用人单位的行为违反了第29条规定的情形之一，对于劳动者的这一主张，劳动者应举证证明之。

——李国光主编：《最高人民法院〈关于民事诉讼证据的若干规定〉的理解与适用》，中国法制出版社2002年版，第100~101页。

312

劳动者主张加班费案件的举证责任分配

关键词 | 追索加班费 | 劳动争议 | 举证责任分配 | 证明妨碍规则 |

【最高人民法院司法解释】

第九条 劳动者主张加班费的，应当就加班事实的存在承担举证责任。但劳动者有证据证明用人单位掌握加班事实存在的证据，用人单位不提供的，由用人单位承担不利后果。

——《最高人民法院关于审理劳动争议案件适用法律若干问题的解释(三)》(2010年9月13日，法释〔2010〕12号)

【最高人民法院审判业务意见】

举证责任就是当事人有义务提供证据证明其所主张的事实存在，否则就要承担对自己不利的法律后果。由于劳动者所能提供的加班证据极其有限，这类证据大都由用人单位持有，劳动者很难取得。在这种情况下，由劳动者举证证明其加班天数及加班费数额的多少，将置劳动者于不利之地。反之，若将加班费列入举证责任倒置的范围,由用人单位举证,当用人单位不提供加班证据或提供不出否认加班事实的证据,则推定劳动者所称的加班事实成立,这样既缺乏法律依据,也会诱使劳动者不顾客观实际随意主张加班费。

因《调解仲裁法》第6条规定了劳动争议适用“谁主张,谁举证”的原则,追索加班费案件也不应例外。劳动者主张加班费应当就加班事实举证。考虑到劳动者举证的实际困难,对劳动者的举证不能过于苛求,可适当减轻劳动者的举证责任。只要劳动者一方提出的基本证据或者说初步证据可以证明有加班的事实,即可视为其举证责任已经完成。劳动者提供的加班证据既可以是考勤表、交接班记录、加班通知,也可以是工资条、证人证言等,凡是能够证明其加班的证据都可以提供。同样,对于劳动者主张加班事实的证据由用人单位掌握管理的,劳动者仍然要对这一主张负举证责任,当劳动者举证证明了加班事实的证据属于单位掌握管理后,用人单位即应当提供;用人单位不提供的,就应当承担不利后果。只有这样,才能避免劳动者滥用举证责任分配而对用人单位造成极其不公正的后果。

——《依法维护劳动者权益,构建和发展和谐稳定的劳动关系——最高人民法院民一庭庭长杜万华就〈关于审理劳动争议案件适用法律若干问题的解释(三)〉答记者问》,载最高人民法院民事审判第一庭编:《民事审判指导与参考》(总第43集),法律出版社2011年版,第12页。

【链接:最高人民法院法官著述】

审判实践中,一种观点认为,既然《工资支付暂行条例》规定了用人单位保存工资支付凭证的义务至少为两年,则用人单位仅有义务提供两年工资支付凭证的证据。因此,如果有证据证明用人单位掌握加班事实存在的证据的,人民法院也只能判决两年的加班费。

我们认为上述观点难以成立。首先,从《工资支付暂行条例》的规定来看,工资支付凭证的最低保存年限为两年,但是,在解释上,并不限于两年。实际上,实践中有的地方已经作出了该时间长于两年的规定。其次,从实体权利来看,加班费请求权并不因用人单位不提供相应的证据而消灭。换言之,即使两年以前的工资支付凭证用人单位未提供,也不能作出劳动者就两年之前的加班费请求权就不存在的结论。最后,从前述关于证明妨碍的法律后果来看,只要劳动者提出证据证明用人单位掌握了两年之前加班事实存在的证据,用人单位不提供的,仍应承担加班事实被推定存在的不利后果,劳动者的加班费请求权仍应获得支持。

——姜强:《加班事实举证责任分配的若干问题探讨》,载最高人民法院民事审判第一庭编:《民事审判指导与参考》(总第43集),法律出版社2011年版,第43页。

313

劳动者主张提成工资案件举证责任分配

关键词 | 举证责任分配 | 提成工资 | 劳动争议 |

【链接:最高人民法院法官著述】

问题:张某与某公司签订了一年的劳动合同,约定合同期内按照该公司责任制实施办法设置提成奖,资金的计算方法为全年完成合同额减去工程成本和基本定额再乘以20%。后张某以该公司未按合同约定支付其提成工资为由诉至法院,对张某主张的提成工资应否支付以及如何计算,应当由张某还是由该公司承担举证责任?

《民事审判指导与参考》研究组认为:《民事诉讼法》第六十四条第一款规定:"当事人对自己提出的主张,有责任提供证据。"也就是说,原则上应当由主张权利存在的当事人,对该权利发生原因的事实承担证明责任,而主张权利不存在的当事人,对该权利消灭原因的事实承担证明责任。在法律没有对劳动者的提成工资明确规定举证责任倒置的情况下,劳动者所主张的提成工资,显然属于主张劳动报酬请求权,因此,应当由劳动者对提成工资发生的原因事实即双方约定的提成工资产生的事实承担举证责任。

在现实生活中,各行各业的提成工资的计算方法纷繁复杂,可能涉及比如合同额、工程成本、基本定额、人员成本等多种计算参数,这些计算参数的确定,是确认劳动者提成工资数额的关键因素,因而也往往成为案件中当事人的争议焦点。在确定这些具体参数时,不应机械地将举证责任全部加于劳动者一方。《劳动争议仲裁调解仲裁法》第六条规定:"发生劳动争议,当事人对自己提出的主张,有责任提供证据。与争议事项有关的证据属于用人单位掌握管理的,用人单位应当提供;用人单位不提供的,应当承担不利后果。"根据这一规定,在确定这些具体参数时，法院还应当考虑双方当事人的举证能力，即由距离争议内容较近的一方，也就是更容易取得证据的一方承担某一参数的具体举证责任。比如涉及用人单位经营管理状况或者法定的完税义务等方面的数字，用人单位更有能力也有义务向法院提供证据证明；而对于劳动者已经达到约定的提成工资的支付条件，以及具体完成的工作任务数量等，一般则应当由劳动者一方举证证明。

——最高人民法院民事审判第一庭编：《民事审判指导与参考》（总第47集），人民法院出版社2011年版，第247页。

314

拖欠农民工工资纠纷案件举证责任分配

关键词｜拖欠农民工工资｜举证责任｜

【最高人民法院司法政策】

3. 对农民工请求法院调查取证的申请，符合法定条件的，依法积极进行调查。同时根据双方当事人举证能力的强弱和距离证据的远近，根据诚实信用、公平原则合理分配举证责任，使农民工特别是弱势群体的合法权益得到应有的保护。

——《最高人民法院关于进一步加强拖欠农民工工资纠纷案件审判工作的紧急通知》（2010年2月8日，法〔2010〕43号）

315

涉及人民调解协议案件举证责任分配

关键词｜人民调解协议｜举证责任｜

【最高人民法院司法解释】

第三条 当事人一方起诉请求履行调解协议，对方当事人反驳的，有责任对反驳诉讼请求所依据的事实提供证据予以证明。

当事人一方起诉请求变更或者撤销调解协议，或者请求确认调解协议无效的，有责任对自己的诉讼请求所依据的事实提供证据予以证明。

当事人一方以原纠纷向人民法院起诉，对方当事人以调解协议抗辩的，应当提供调解协议书。

——《最高人民法院关于审理涉及人民调解协议的民事案件的若干规定》(2002 年 9 月 16 日，法释〔2002〕29 号)

316

虚假验资诉讼的归责原则及举证责任分配

关键词｜虚假验资｜举证责任分配｜

【最高人民法院司法解释】

第四条　会计师事务所因在审计业务活动中对外出具不实报告给利害关系人造成损失的，应当承担侵权赔偿责任，但其能够证明自己没有过错的除外。

会计师事务所在证明自己没有过错时，可以向人民法院提交与该案件相关的执业准则、规则以及审计工作底稿等。

——《最高人民法院关于审理涉及会计师事务所在审计业务活动中民事侵权赔偿案件的若干规定》(2007 年 6 月 11 日，法释〔2007〕12 号)

【链接：最高人民法院法官著述】

在过错责任原则方面，我们认为，过错责任原则包括一般的过错责任原则和过错推定原则两种形式。两者之区别主要在于认定过错的方式和举证责任分配不同：在一般过错原则下，奉行“谁主张，谁举证”的原则；在过错推定原则下，采取举证责任倒置的模式。本规定根据民法通则、公司法、证券法等法律规定，以最高人民法院发布的五个司法解释或司法解释性文件为基础，继续坚持以过错责任归责原则为基础，统一采用过错推定原则，并在本规定第四条第一款作出明确规定，该原则贯穿于本规定关于举证责任、过错认定指引、责任承担比例、责任承担顺位、不承担责任事由等相关条文之中。

在举证责任分配方面，我们认为，过错推定原则与举证责任倒置模式相辅相成，互为表里。在过错和因果关系是否存在的证明方面，应当采取举证责任倒置的分配模式。即在会计事务所出具的审计报告为不实的前提下，除非会计事务所能够证明其利害关系人的主张不成立，即严格尊重准则并尽到必要的职业谨慎，以及出具的不实报告与利害关系人所受损害之间没有因果关系，否则就推定会计事务所存在过错和存在因果关系。同时在本规定第四条第二款明确规定："会计事务所在证明自己没有过错时，应当向人民法院提交与该案件相关的准则、规则以及审计工作底稿。"

人民法院在审判实践中，应当注意一个与举证责任密切相关的重要问题：审计技术和过错鉴定制度问题，存在较大的争论。我们认为，成立专门的注册会计师执业责任鉴定委员会的实质，是建立过错鉴定机制。尽管该机制有利于人民法院正确、及时地审理案件，但目前还不宜采取这种方式，理由在于：

1. 鉴定委员会制度涉及专家鉴定人的选任、鉴定人名册制度、鉴定的标准、鉴定的程序、鉴定的主管部门、鉴定结论的复议及相应的鉴定责任等一系列问题，这不是一个司法解释所能决定和解决的，而且容易类似形成医疗事故鉴定制度中所出现的问题，操作起来困难较大。

2. 目前难以矫正鉴定机制的弊端。以目前的司法鉴定机制为例，我国具有鉴定权的机构就包括公安机关、国家安全机关、检察院和法院设立的鉴定机构，经司法行政机关批准设置在科研机构和政法院校的鉴定机构，非司法机关设立的鉴定机构，如医疗卫生委员会下设的医疗事故鉴定委员会、劳动局下设的工伤事故鉴定委员会，以及政法部门指定的医院等。其直接弊端就在于容易产生多次鉴定，致使诉讼成本增加，造成鉴定资源浪费；不同的鉴定结论的证明效力难以确定，鉴定程序、鉴定标准模糊不一，经常出现同一案件、同一问题出现多份差别很大，甚至相互矛盾的鉴定结论。而如何解决这个问题，目前尚无较好的办法。

3. 一旦实行会计师事务所责任鉴定委员会制度，则可能在实际操作中出现鉴定委员责任制度缺位问题。无论是医疗鉴定还是司法鉴定抑或是会计师责任鉴定，都是由鉴定人来进行专业鉴定。但实践证明，司法鉴定的鉴定过程缺乏必要的监督，因而容易出现道德风险和权力滥用的问题，导致鉴定结论效力下降。

4. 会计师事务所执业过错认定中的疑难，源于审计业务的高度专业性，因此可以通过“专家辅助人”制度予以解决。《最高人民法院关于民事诉讼证据的若干规定》第六十一条创设了“专家辅助人制度”,即“当事人可以向人民法院申请由一至二名具有专门知识的人员出庭就案件的专门性问题进行说明,人民法院准许其申请的,有关费用由提出申请的当事人负担。审判人员和当事人可以对出庭的具有专门知识的人员进行询问。经人民法院准许,可以由当事人各自申请的具有专门知识的人员就有案件中的问题进行对质。具有专门知识的人员可以对鉴定人进行询问”。该制度完全可以解决会计师事务所执业过错的鉴定问题。因此,在审理会计师事务所审计侵权民事赔偿案件中,案件所涉及的审计技术和审计方法等事项需要质证的,人民法院可以根据《最高人民法院关于民事诉讼证据的若干规定》第六十一条的规定进行。

——王闯、周伦军:《〈关于审理涉及会计师事务所在审计业务活动中民事侵权赔偿案件的若干规定〉的理解与适用》,载最高人民法院民事审判第二庭编:《民商事审判指导》(总第12辑),人民法院出版社2008年版,第131~138页。

317

委托理财案件举证责任分配

关键词|委托理财|过错推定|举证责任倒置|举证责任分配|

【链接:最高人民法院法官著述】

在委托理财案件审理中,是否应当适用过错推定原则和举证责任倒置规则以及如何倒置,是一个争论较大的重要问题。在我国民法上,违约责任归责原则体系由过失责任原则和严格责任原则构成;侵权责任归责原则体系由无过错责任原则、过错责任原则和公平责任原则构成。过错推定在本质上属于过错责任原则范畴,并主要适用各种特殊的违约和侵权行为场合;其与传统过错责任最为明显的区别在于:过错推定责任适用举证责任倒置原则。虽然《民事诉讼法》第六十四条规定“谁主张,谁举证”的证明责任分配原则,但委托理财的现实情况是:在证券、期货市场上,就受托人而言,委托人将资金等金融性资产交由受托人进行组合投资,通常是基于对受托人专业知识、技能和信息的信赖,对于资本如何运作和如何升值完全由受托人操作，委托人通常对受托人如何实行资本运作不加限制，受托人掌握委托人的资金和全部交易记录，在受托人为证券、期货公司的场合，更是如此。就监管人而言，委托人通常委托证券公司或期货公司进行监督，亦是出于对其金融专业知识和技能尤其是监管条件的信任；与委托人相较而言，受托人或监管人对于交易的信息、记录等情况，完全处于信息优势地位，对证券、期货业务具有更强的专业知识和技能；加之，委托人的资金等金融资产均存放于受托人或监管人账户内。因此可以说，在现代信息时代的委托理财领域，受托人或监管人具有更强的举证能力，要求委托人对受托人或监管人的主观过错及其与损害之间的因果关系承担举证责任，确显苛刻。此外，在股票、期货交易领域，多年来的民事诉讼实践大多采用举证责任倒置规则重新分配当事人之间的证明责任。综合考虑金融领域中委托理财活动的特殊性，以及举证责任倒置的“为避免在特定情形下受害人因举证不能而使权利得不到救济”的制度目的，我们倾向于认为，在委托理财案件中，在归责原则方面，应适用过错推定责任原则；在举证责任分配方面，应采用举证责任倒置规则。具体而言：

1. 举证责任倒置的主体：因受托人和监管人处于信息优势地位，故举证责任倒置的主体应是：委托理财合同或者委托监管合同中的受托人、监管人、证券公司、期货公司等。

2. 举证责任倒置的对象：虽然过错推定原则主要是针对过错的认定问题，而不应包含因果关系的推定，但由于过错推定原则的适用以及因果关系的存在为前提，“在因果关系不确定的情形下，因果关系本身也需要通过推定予以认定”，因此，举证责任倒置的对象亦应当包括过错和因果关系两个事实要件。

3. 举证责任倒置的分配：受托人应对其进行资产管理过程中不存在过错、其过错与委托资产损失之间不存在因果关系承担举证责任。

——高民尚：《关于审理证券、期货、国债市场中委托理财案件的若干问题》，载最高人民法院民事审判第二庭编：《民商事审判指导》（总第9辑），人民法院出版社2006年版，第28～29页。

318

期货纠纷案件举证责任分配

关键词 | 期货纠纷 | 举证责任分配 | 举证责任倒置 |

【最高人民法院司法解释】

第五十六条 期货公司应当对客户的交易指令是否入市交易承担举证责任。

确认期货公司是否将客户下达的交易指令入市交易，应当以期货交易所的交易记录、期货公司通知的交易结算结果与客户交易指令记录中的品种、买卖方向是否一致，价格、交易时间是否相符为标准，指令交易数量可以作为参考。但客户有相反证据证明其交易指令未入市交易的除外。

第五十七条 期货交易所通知期货公司追加保证金，期货公司否认收到上述通知的，由期货交易所承担举证责任。

期货公司向客户发出追加保证金的通知，客户否认收到上述通知的，由期货公司承担举证责任。

——《最高人民法院关于审理期货纠纷案件若干问题的规定》(2003年6月18日，法释〔2003〕10号)

【最高人民法院司法政策】

九、关于期货纠纷案件中的举证责任问题。会议认为，人民法院审理期货纠纷案件，一般应当贯彻民事诉讼法第六十四条规定的“谁主张，谁举证”的原则，但是如果客户主张经纪公司未入市交易，经纪公司否认的，应由经纪公司负举证责任。如果经纪公司提供不出相应的证据，就应当推定没有入市交易。

——《最高人民法院关于审理期货纠纷案件座谈会纪要》(1995年10月27日，法〔1995〕140号)

【《最高人民法院公报》案例】

王会文诉珠海市鑫光期货经纪有限公司期货代理纠纷案(广东省高级人民法院二审民事判决书)

裁判要旨：期货公司应当对客户的交易指令是否入市交易承担举证责任。

广东省高级人民法院经审理认为：

本案是国内商品期货纠纷，期货交易的各方主体符合法律规定，争议在于期货经纪公司的入市交易行为是否存在，是否合法有效。一审已经指明，上诉人鑫光公司提交的证据存在着一系列瑕疵。这些瑕疵充分表明，鑫光公司不仅没有按照上交所的规则进行操作，在纠纷发生后，也无法提交有效的证据证明其已将被上诉人王会文的指令入市交易。一审据此认定鑫光公司没有将王会文的指令入市交易，判决鑫光公司承担返还保证金和赔偿利息损失的民事责任，是正确的。期货的最终交易在上交所进行，交易行为是否规范应当按照上交所的规则评断。鑫光公司上诉称，“先入先出”、混仓操作等违规操作行为是该行业中普遍存在的正常现象，这一说法不能成为免责的理由。关于上诉称王会文的指令不是限价指令一节，既与事实不符，认定没有入市也不是仅凭有无限价为唯一依据，该上诉理由也不能成立。

——《最高人民法院公报》1999 年第 1 期

赵小妹诉金中富期货公司期货交易纠纷案（江苏省高级人民法院二审民事判决书）

裁判要旨：金中富公司主张改单行为符合国际期货交易惯例，但不能举证证明其主张的，应承担举证不能的结果责任。

江苏省高级人民法院认为：

一、上诉人金中富期货公司在被上诉人赵小妹账上的保证金符合美盘期货交易规则要求的情况下，却以实存保证金不足 100% 必须保证金，否则不能过夜为由，口头通知经纪人王勇采取措施。王勇作为赵小妹期货交易活动的委托代理人，未征得委托人的同意，且未核算赵小妹账上保证金的数额，即擅自下单平仓。上述事实说明，上诉人的行为违反了美盘期货交易规则，经纪人王勇超越了委托人的授权范围。

二、王勇作为上诉人的雇员，因其超越客户的授权范围的行为所产生的后果，依法应由上诉人承担。

三、上诉人既同意将被上诉人的四口平仓单保留，并将平仓单改为新单，而又不能提供证据证明改单的真实性与合法性，因此，上诉人对其改单行为所产生的后果，应承担法律责任。原审判决认定事实清楚，确定责任正确，判决并无不当。上诉人金中富期货公司的上诉理由不能成立。

——《最高人民法院公报》1994 年第 3 期

【链接：最高人民法院法官著述】

像我们审理的期货纠纷案件，绝大部分都是要采纳被告举证责任制度。如果对于交易法律关系，交易的真实性、通知的责任方式等，被告方特别是期货交易所要承担举证责任，要及时举证且要举出充分扎实的证据予以抗辩，否则，要承担败诉的后果。对于这一点要强调的是举证的时限要做出一些约束，不能听任当事人无限期的举证、拖延，同时，也应当给予当事人足够的举证时间，能够让其采取相应的措施，实现举证的目标。对于当事人提出的举证困难，或者是举证延期，人民法院应当根据实际情况确定如何处理。我们的司法解释中专门还规定了举证责任一部分，虽然内容不多，但是十分重要，这也关系到庭审当中举证、质证、认证的重要环节，当前我们正在进行证据立法的调研和起草工作，这实际上就是其中的一部分，其对于立法工作是有积极的参考意义的。

——吴庆宝：《期货纠纷案件司法解释规定的主要问题》，载《中国民商审判指导》（总第4集），人民法院出版社2003年版，第14～15页。

该司法解释直接明确了期货公司举证入市的标准（第56条）。有一种观点认为，该标准中的“买卖方向一致”包括开平仓方向一致，这是完全不同的两组概念，不应混为一谈。1. 买卖方向指对期货合约要求买进还是卖出，由于期货交易特有的作空机制，客户选择先买进或者先卖出都是允许的。当客户指令为买进，而期货公司在交易所的记录为卖出，则二者显然不对应，交易后果也完全不同，因此，入市标准中要求买卖方向一致比较容易理解。2. 开平仓方向指对期货合约要求建仓还是平仓，是一个结算概念，建仓则收取保证金，开始交易，平仓则退出保证金，结算盈亏。客户指令中的开平仓方向与期货公司在交易所中的开平仓方向能否完全对应一致的情况则比较复杂。按照我国一户一码的期货交易制度，期货客户给期货公司的交易指令中开平仓方向与期货公司给交易所的指令应该一致，但在实践中期货公司由于各种原因，大量存在着混码交易情况。而现阶段关于入市问题的期货纠纷也几乎都与混码交易相伴随，在混码交易情况下再来看开平仓方向能否完全一致，情况有所不同。

在英、美等发达国家的期货市场中，没有交易编码制度，客户向期货公司报单，只要报出买、卖某种合约、数量、价格要求即可，无须告知开仓还是平仓，对同一种合约，有买有卖的情况自然对冲，交易所也只按“净头寸”收取期货公司的保证金。由于期货公司代理的众多客户持仓方向不同，这样期货公司交给交易所的保证金要低于总体上收取客户的保证金。我国某些期货公司，出于节省保证金目的，混码交易，也参照上述“净头寸”结算模式，将不同客户买卖方向相反的建仓头寸在交易所中对冲；还有的期货公司在市场行情火爆时，为争取客户指令尽快成交，混码集中敲单，并利用交易所规则中“平仓优先”的规定，将客户指令一律敲入“平仓”，日后再作调整。上面两种情况都会造成客户成交记录与期货公司在交易所的成交记录中记载的开、平仓方向不一致。

期货公司的上述违规行为，直接后果是期货公司在交易所的持仓少于客户在期货公司的持仓，期货公司省了保证金，但在我国期货交易实行行纪代理制度（《期货交易管理暂行条例》第 24 条）以及交易所对期货公司结算、期货公司对客户结算的分级结算制度（《期货交易管理暂行条例》第 40 条）的前提下，期货公司的这种违规行为本身并不会造成交易、结算的紊乱。以上海期货交易所为例，其交易制度中规定：每日交易结束后，交易所按当日结算价结算所有合约的盈亏、交易保证金及手续费、税金等费用，对应收应付的款项实行净额一次划转，相应增加或减少会员的结算准备金（《上海期货交易所结算细则》第 39 条）。因此，只要期货公司将客户的每一笔指令真实入场成交，不论开平仓方向与交易所中记录是否一致，除期货公司在交易所中占用保证金与客户在期货公司占用保证金不一致外，对交易所的其他结算数据（会员盈亏、手续费、税金等）都没有影响，期货公司对每一个单独客户结算的盈亏、交易所费用、税金等之和与交易所对公司的结算数据能够完全对应。同时，在这些种违规情况下，由于期货公司实际将客户的每一笔买卖指令都如实报到场内，与其他交易对手真实成交，尽管客户开、平仓方向与场内记录有所不同，但不会影响客户真实的交易盈亏。这与期货交易国际惯例也是相通的。

上述情况与欺诈客户、未入市交易的私下对冲行为有本质不同。私下对冲是指期货公司将不同客户的买卖方向相反的交易指令不入场成交，在场外直接对冲。私下对冲是一种虚拟交易，客户并未产生真实盈亏。私下对冲就是不入市交易，期货公司就必然无法按照要求举证与客户记录相对应的交易所的成交记录。而上述期货公司出于节省保证金目的，采用规则所不允许的“净头寸”结算方式，将客户不同方向的持仓在交易所场内对冲的情况，期货公司仍然将客户的指令入场成交，完全可以按照司法解释要求举证要素一致的相对应的入场交易。

可见，期货公司上述混码交易、“净头寸”结算方式，尽管是入场交易，但却会造成期货公司对客户结算记录与交易所对期货公司结算记录中开平仓方向不一致，故开平仓方向一致不应作为判断入市的必要条件。反之，如果把开、平仓方向一致作为期货公司举证入市的必需标准，仅因开、平仓方向不一致就认定期货公司虚拟交易、欺诈客户，则无法覆盖上述按净头寸结算、期货公司已经入场成交的模式，在确认责任上明显对期货公司不公。同时采用“净头寸”结算方式时，开、平仓方向不一致情况可能涉及期货公司的众多客户，判决不慎就可能引发期货公司连锁诉讼，造成严重的市场危机。

司法解释同时规定，对混码交易行为，期货公司负有举证责任。第30条虽然规定期货公司进行混码交易的，客户不承担责任，这是在期货公司存有过错时，不能准确举证证明客户的对应交易部位，客户有足够理由予以否认。该条同时还规定，期货公司能够举证证明其已按照客户交易指令入市交易的，客户应当承担相应的交易结果，只不过加重了期货公司的举证责任，只要期货公司举出相关证据，客户即应自行承担交易后果。而在实法实践中，只要客户提出交易混码，期货公司就应承担举证责任。规定在期货合约无效的情况下，如交易真实，对于交易结果应由客户自行承担；在混码交易的情况下，经确认交易真实，应当认定交易结果由客户自行承担。

——吴庆宝：《期货司法解释对期货交易民事责任制度的创新与发展》，载《人民司法》2003年第7期。

编者说明

对入市交易存在与否的证明责任问题，最高人民法院的观点为，一般应当贯彻《民事诉讼法》第64条规定的“谁主张、谁举证”的原则，但是如果客户主张经纪公司未入市交易，经纪公司否认的，应由经纪公司负举证责任，即采用举证责任倒置的方法。

赵小妹诉金中富期货公司期货交易纠纷案中，赵小妹主张金中富期货公司1月6日改单的做法不符合期货公司的国际惯例，改单不具备真实性，金中富公司反驳称其保留了赵小妹被平的4口买单，并已在国际市场上交易，其将赵小妹的4口平仓单改为新单，改单行为符合国际期货交易惯例，改单和交易均是真实的，金中富期货公司应举出相应证据证明其主张。但金中富期货公司不能举证证明其主张，因此赵小妹主张的事实成立，金中富期货公司承担举证不能的结果责任，即承担不利的后果。

319

股票被盗卖侵权损害赔偿纠纷举证责任分配

关键词｜股票被盗卖｜侵权损害赔偿｜举证责任分配｜

【《最高人民法院公报》案例】

王高武诉云集路证券营业部股票纠纷案（宜昌市中级人民法院二审民事判决书）

裁判要旨：因股票被盗卖而引起的财产损害属于一般侵权范畴，对其归责应按民法通则规定的一般原则来确定，即应当适用过错责任原则，对于举证责任的分担应按“谁主张，谁举证”的原则来确定。

宜昌市中级人民法院认为：

本案双方争议的焦点是，清密、出卖股票和提取资金是否为上诉人王高武所为。《中华人民共和国民事诉讼法》第六十四条第一款规定：“当事人对自己提出的主张，有责任提供证据。”王高武向一审法院提交了不是本人签名、预约提款和取款之日本人都不在宜昌的证据，用以支持“非王高武所为”的主张。被上诉人云集路营业部提交了内部职工的证言，用以支持“是王高武所为”的主张；并以如果非王高武所为，则预约取款单和取款凭条上留下的身份证号码、股东代码怎么可能与王高武使用的一致来反驳对方。对双方提交的证据综合评判：王高武的证据与法院在审理过程中收集的公安机关笔迹《鉴定结论》能相互印证，因此，应当认为对“非王高武所为”的主张，王高武已经尽到举证责任。云集路营业部的证据，不仅因来源于与本案有利害关系的内部职工而不具有充分的证明力，且因与笔迹鉴定结论相矛盾而不能采信。即使身份证和股东代码卡从未丢失，身份证号码和股东代码也不是除本人以外其他人无法知晓的绝密信息。因此，取款预约单和取款凭条上填写的号码与王高武使用的一致，不能证明“是王高武所为”。云集路营业部要以此为由来反驳对方，还需提交确凿的证据。这个问题不是王高武的主张，不能倒置由王高武承担“为什么一致”的举证责任。云集路营业部没有充分的证据来证明“是王高武所为”，只能认定其主张不成立。

除此以外，按照被上诉人云集路营业部执行的《代理业务操作规程》的规定，客户办理清密，必须由客户持本人身份证及股东代码卡并填写清密申请书，由操作人员认真审核后方可办理。因此在办理清密手续后，客户填写的清密申请书就成了云集路营业部应当提供、也可以提供的证据。云集路营业部不能提供清密申请书来证明自己的主张,不仅再一次说明其主张不成立,还说明其未按规定的程序进行清密。密码是保障投资者权益的一种手段,清密涉及投资者利益。云集路营业部未按规定的程序进行清密,从而为王高武账户的资金被取走创造了条件。云集路营业部对此应承担过错责任。

《代理业务操作规程》还规定,客户支取保证金应持本人身份证及股东代码卡原件办理,提款人应在取款凭条上签名。据此应当认为,在取款凭条上签名的提款人就是客户本人,或者是持有客户委托手续的客户代理人。在被上诉人云集路营业部提交的8月9日取款凭条上,虽然签署的名字是“王高武”,但却不是上诉人王高武本人书写,而且取款凭条上既不附有王高武的委托书,也没有代理人的姓名和身份证号码。这个情节证明,云集路营业部在办理本案大额取款预约及取款业务过程中,存在着对证件审查不严的过错。

《中华人民共和国民法通则》第一百零六条第一款规定:“公民、法人违反合同或者不履行其他义务的,应当承担民事责任。”第一百一十七条第一款规定:“侵占国家的、集体的财产或者他人财产的,应当返还财产,不能返还财产的,应当折价赔偿。”第三款规定:“受害人因此遭受其他重大损失的,侵害人并应当赔偿损失。”证券法第一百九十二条也规定:“证券公司违背客户的委托买卖证券、办理交易事项,以及其他违背客户真实意思表示,办理交易以外的其他事项,给客户造成损失的,依法承担赔偿责任,并处以一万元以上十万元以下的罚款。”

被上诉人云集路营业部作为上诉人王高武的指定代理商,负有保障王高武账户股票及资金安全的义务。云集路营业部在经办代理业务的过程中违规操作,未经严格审查并履行相关手续,对王高武账户轻率办理清密、大额取款预约及取款业务,致王高武账户股票被卖、资金被取走,在没有充分证据证实“是王高武所为”或“是王高武委托他人所为”的情况下,应当赔偿王高武被取走的资金,并按同期银行存款利率年息2.25%承担利息损失。同时,对王高武因处理该纠纷的误工费及相关差旅费损失,云集路营业部也应酌情赔偿。

上诉人王高武认为被上诉人云集路营业部在《三峡晚报》上发表的言论对其造成了精神损害,主张云集路营业部应当给付其精神损害赔偿,这个诉讼请求与本案是两个不同的法律关系,不属本案审理范围。

综上所述,上诉人王高武的部分上诉有理,应予采纳。一审判决由于倒置了举证责任,从而错误地认定了事实,导致错判,应当撤销。

——《最高人民法院公报》2001年第5期

编者说明

因股票被盗卖而引起的财产损害属于一般侵权范畴，对其归责应按《民法通则》规定的一般原则来确定，即应当适用过错责任原则，对于举证责任的分担应按"谁主张，谁举证"的原则来确定。因此，本案原告应负证明自己没有清密、出卖股票和提取资金的举证责任。要求原告对自己没有实施的行为进行举证，这是一个理解上的逻辑错误：在本案中只有原告举证证明自己未实施上述行为，被告否认，举证责任才能转移到被告。本案二审确定的举证分配原则是正确的，对于举证责任的倒置，应严格依据《民法通则》规定的几种情况，不能任意地人为扩大。

320

票据纠纷举证责任

关键词｜票据纠纷｜举证责任｜

【最高人民法院司法解释】

第九条　票据诉讼的举证责任由提出主张的一方当事人承担。

依照票据法第四条第二款、第十条、第十二条、第二十一条的规定，向人民法院提起诉讼的持票人有责任提供诉争票据。该票据的出票、承兑、交付、背书转让涉嫌欺诈、偷盗、胁迫、恐吓、暴力等非法行为的，持票人对持票的合法性应当负责举证。

第十条　票据债务人依照票据法第十三条的规定，对与其有直接债权债务关系的持票人提出抗辩，人民法院合并审理票据关系和基础关系的，持票人应当提供相应的证据证明已经履行了约定义务。

第十一条　付款人或者承兑人被人民法院依法宣告破产的，持票人因行使追索权而向人民法院提起诉讼时，应当向受理法院提供人民法院依法作出的宣告破产裁定书或者能够证明付款人或者承兑人破产的其他证据。

第十二条　在票据诉讼中，负有举证责任的票据当事人应当在一审人民法院法庭辩论结束以前提供证据。因客观原因不能在上述举证期限以内提供的，应当在举证期限届满以前向人民法院申请延期。延长的期限由人民法院根据案件的具体情况决定。

票据当事人在一审人民法院审理期间隐匿票据、故意有证不举，应当承担相应的诉讼后果。

——《最高人民法院关于审理票据纠纷案件若干问题的规定》(2000 年 11 月 14 日,法释〔2000〕32 号)

【链接:最高人民法院法官著述】

票据诉讼属于民事诉讼的一种,因此,其举证责任原则上适用民事诉讼法第六十四条的规定,即谁主张,谁举证。同时,鉴于票据的时效性、流通性和票据欺诈违法行为的多样性、票据诈骗犯罪行为的复杂性,考虑到举证难易、诉讼成本、诉讼效率和司法公正等因素,《规定》依照票据法第四条、第十条、第十二条、第二十一条的规定,区别了持票人的举证责任与正常的单纯提示义务,要求特定情况下的持票人证明票据的有效性和持票的合法性。

票据是流通证券,流通是票据的基本特性,票据流通的快慢直接影响着商品交易的效率和频率,因此,票据法对票据权利作出了特别的规定。《规定》也相应作出了举证时效的规定,以提高诉讼效率,适应民事审判方式改革中完善证据规则的要求。

票据法第三十一条规定:"以背书转让的汇票,背书应当连续。持票人以背书的连续,证明其汇票权利;非经背书转让,而以其他合法方式取得汇票的,依法举证,证明其汇票权利。前款所称背书连续,是指在票据转让中,转让汇票的背书人与受让汇票的被背书人在汇票上的签章依次前后衔接。"背书是票据法规定的重要票据行为之一,也是票据转让的主要方式。背书行为将票据的流通特性和票据的信用功能密切结合在一起,交付方式将票据的流通特性和票据的支付功能密切结合在一起。通过背书取得票据的持票人对背书的连续性负举证责任,通过交付取得票据的持票人对交付方式的合法性负举证责任。

值得说明的是,《规定》第十二条第二款规定:"票据当事人在一审人民法院审理期间隐匿票据、故意有证不举,应当承担相应的诉讼后果。"对"相应的诉讼后果"如何理解?本条款旨在建立票据诉讼举证期限制度,其"相应的诉讼后果"是指票据当事人在一审人民法院审理期间隐匿或者故意不提供票据,在二审期间甚至再审期间提供的,人民法院可以不作为新证据加以认定,票据当事人在一审人民法院审理期间是否隐匿票据、故意有证不举,由对方当事人举证。

——曹守晔、王小能、汪治平、吕方:《〈关于审理票据纠纷案件若干问题的规定〉的理解与适用》,载《人民司法》2001 年第 4 期。

321

股东是否履行出资义务的举证责任承担

关键词｜股东出资义务｜举证责任｜

【最高人民法院司法解释】

第二十条　当事人之间对是否已履行出资义务发生争议，原告提供对股东履行出资义务产生合理怀疑证据的，被告股东应当就其已履行出资义务承担举证责任。

——《最高人民法院关于适用〈中华人民共和国公司法〉若干问题的规定（三）》（2011年1月27日，法释〔2011〕3号，2014年2月17日修正）

【链接：最高人民法院法官著述】

当事人之间对股东是否已履行出资义务发生争议，向人民法院提起诉讼的，不属于《最高人民法院关于民事诉讼证据的若干规定》明确规定的特殊情形，原则上应当按照举证责任分配的一般原则，由原告对被告股东未履行出资义务的事实承担举证责任。但是，在实践中，某股东是否履行出资义务，除公司董事或高管人员可能知道外，其他股东、公司债权人等可能均不知道。此时如果要求其他股东、公司债权人提出充分确定的证据来证明该股东未履行出资义务，将对其他股东及公司债权人提出过高的要求，也不利于调动这类主体的积极性以尽快实现资本充实。

基于上述考虑，按照《最高人民法院关于民事诉讼证据的若干规定》第7条规定的精神，在对股东是否已履行出资义务发生争议的案件中，法院可以根据公平原则和诚信原则，综合当事人举证能力等因素确定举证责任的承担。本条司法解释明确规定，原告对股东是否履行出资义务只需提供产生合理怀疑的证据，由被告股东举证证明其已履行出资义务的事实。如果被告股东不能提供充分证据证明其已履行出资义务，应当承担举证不能的法律后果。即在股东是否履行出资义务的举证责任上，一方面考虑权利人举证上的现实困难，将是否依法履行出资义务的举证责任分配给被告股东，另一方面为防止滥诉又未简单规定为举证责任倒置，而是要求原告提供能够产生合理怀疑的初步证据后再将举证责任倒置给被告股东。

关于原告的主体范围,一般认为,股东是否履行出资义务的争议发生于其他股东、公司债权人和被告股东之间,原告应为其他股东和公司债权人。然而,公司有时也可能因对于股东是否履行出资义务不甚明了而与相关股东产生争议,此时的公司作为一个独立的主体,当然也有权提起诉讼。因此,对于股东履行出资义务产生争议的原告应当包括公司、其他股东和公司债权人。不同的原告举证能力存在较大差异,一般来说,公司的举证能力最强,其他股东次之,债权人的举证能力最弱。法院在认定原告是否提供了产生合理怀疑的初步证据时,对公司、其他股东和公司债权人的要求应当有所区别。

——最高人民法院民事审判第二庭编著:《最高人民法院关于公司法解释(三)、清算纪要理解与适用》,人民法院出版社2014年版,第325页。

322

知识产权案件举证责任分配和证据审查认定

关键词 | 知识产权 | 举证责任 | 证据审查认定 |

【最高人民法院司法政策】

知识产权民事纠纷案件与其他民事纠纷案件一样,应当适用"谁主张,谁举证"的举证责任原则。在侵权案件中,原告应当证明自己享有的知识产权等民事权利及被告对其实施了法律所禁止的行为。原告完成举证义务后,由被告进行抗辩。被告提出的抗辩主张,可以是对原告所举事实与证据的否定,也可以提出其他主张,并且应当为此提供必要的证据,例如其主张没有过错不应承担责任时,应当举证证明其主观上没有过错。在举证过程中,人民法院应当注意举证责任的转移问题,即在当事人一方举证证明自己的主张时,对方对该项主张进行反驳的,应当提出充分的反证,这时,举证责任就转移到由对方承担。此外,人民法院对于当事人的某些主张,应当根据法律并从实际情况出发,实行"举证责任倒置"的原则,即一方对于自己的主张,由于证据被对方掌握而无法以合法手段收集证据时,人民法院应当要求对方当事人举证。例如,在方法专利和技术秘密侵权诉讼中的被告,应当提供其使用的方法的证据,被告拒不提供证据的,人民法院可以根据查明的案件事实,认定被告是否构成侵权。侵权行为证实后,权利人要求按照侵权人的获利额进行赔偿时，侵权人应当提供其经营额、利润等情况的全部证据，侵权人拒不提供其侵权获利证据的，人民法院可以查封有关财务账册，依法组织审计。

对证据的提交和审查认定，与会同志认为应当注意以下几个问题：

1. 证据一般应当在开庭前递交，并且应当给各方当事人留有交换证据的时间，交换证据可以通过开庭前组织各方当事人的方式进行。

2. 开庭后提交的证据，必须经过质证才能采信；经过庭审有待进一步查明的事实，可以给予当事人合理的举证期间，但以不影响在审限内结案为原则。

3. 对证据的审查，应当注意其真实性、合法性、关联性，认真审查其证明力。对违法取得的证据不得采信；对与证明案件事实无关的证据应予剔除；当争议双方提出相反证据时，应当结合其他关联证据确定采信哪方提供的证据。

4. 对能够证明案件事实的主要证据，必要时应当及时作出证据保全的裁定。

——《最高人民法院关于全国部分法院知识产权审判工作座谈会纪要》（1998 年 7 月 20 日，法〔1998〕65 号）

323

侵犯商业秘密举证责任分配

关键词 | 侵犯商业秘密 | 举证责任分配 |

【最高人民法院司法解释】

第十四条 当事人指称他人侵犯其商业秘密的，应当对其拥有的商业秘密符合法定条件、对方当事人的信息与其商业秘密相同或者实质相同以及对方当事人采取不正当手段的事实负举证责任。其中，商业秘密符合法定条件的证据，包括商业秘密的载体、具体内容、商业价值和对该项商业秘密所采取的具体保密措施等。

——《最高人民法院关于审理不正当竞争民事案件应用法律若干问题的解释》（2007 年 1 月 12 日，法释〔2007〕2 号）

【链接：最高人民法院法官著述】

侵犯商业秘密行为成立的条件包括三个方面：一是商业秘密符合法定条件；二是被告的信息与原告的信息相同或者实质相同；三是采用了不正当手段，即反不正当竞争法第十条第一款规定的手段。认定符合三个要件的事实（要件事实）都要提供相应的证据。根据“谁主张，谁举证”的原则，《解释》第十四条规定，原告应当对其拥有商业秘密、双方信息的相同性和被告采取的不正当手段负举证责任。对于是否拥有商业秘密，原告举出商业秘密的载体、具体内容、商业价值和采取的具体保密措施后，一般就可以认为其完成了此项举证责任。这里需要特别指出，与方法专利等中的法定举证责任倒置不同，反不正当竞争法对于侵犯商业秘密的有些要件事实的举证责任是否可以倒置并未作出规定，因此，《解释》未采纳有关商业秘密举证责任倒置制度的建议。这应当由立法解决。应当说，对于侵犯商业秘密案件的举证责任，应当按照民事诉讼法规定的“谁主张，谁举证”的原则和最高人民法院民事诉讼证据若干规定的有关举证责任的一般规定等办理。

——蒋志培等：《〈关于审理不正当竞争民事案件应用法律若干问题的解释〉的理解与适用》，载曹建明主编、最高人民法院民事审判第三庭编：《知识产权审判指导》（总第 8 辑），人民法院出版社 2007 年版，第 116～117 页。

324

对于混淆误认的举证证明

关键词 | 举证责任 | 混淆误认 |

【最高人民法院司法解释】

第四条 足以使相关公众对商品的来源产生误认，包括误认为与知名商品的经营者具有许可使用、关联企业关系等特定联系的，应当认定为反不正当竞争法第五条第（二）项规定的“造成和他人的知名商品相混淆，使购买者误认为是该知名商品”。

在相同商品上使用相同或者视觉上基本无差别的商品名称、包装、装潢，应当视为足以造成和他人知名商品相混。

认定与知名商品特有名称、包装、装潢相同或者近似，可以参照商标相同或者近似的判断原则和方法。

——《最高人民法院关于审理不正当竞争民事案件应用法律若干问题的解释》（2007 年 1 月 12 日，法释〔2007〕2 号）

【链接：最高人民法院法官著述】

对于混淆误认的举证证明，司法实践中也有不同的认识。有的认为，只要原告举证证明被告使用的商品名称、包装、装潢与自己的相同或者近似，就应当推定会造成混淆，如果被告认为不会造成混淆，则应当由被告负举证责任。也有的认为，造成混淆是构成反不正当竞争法第五条第（二）项规定的不正当竞争行为的独立条件，按照谁主张谁举证的原则，原告不仅要对被告使用的商品名称、包装、装潢与自己的相同或者近似承担举证责任，而且也应当对这种使用是否会造成混淆误认承担举证责任。《解释》第四条第二款基本上采纳了第二种观点。同时，对认定混淆误认的情形根据实际情况作了外延的解释，即在相同商品上使用相同或者视觉上基本无差别的商品名称、包装、装潢，应当视为足以造成和他人知名商品相混淆。除此之外，就需要根据案件的具体情况和有关证据进行认定，而不能简单推定。

——蒋志培等：《〈关于审理不正当竞争民事案件应用法律若干问题的解释〉的理解与适用》，载《人民司法》2007 年第 3 期。

325

出版者、制作者、发行者、出租者的举证责任

关键词｜著作权｜举证责任｜出版者｜制作者｜发行者｜出租者｜

【最高人民法院司法解释】

第十九条　出版者、制作者应当对其出版、制作有合法授权承担举证责任，

发行者、出租者应当对其发行或者出租的复制品有合法来源承担举证责任。举证不能的，依据著作权法第四十六条、第四十七条的相应规定承担法律责任。

——《最高人民法院关于审理著作权民事纠纷案件适用法律若干问题的解释》(2002 年 10 月 12 日，法释〔2002〕31 号)

【链接：最高人民法院法官著述】

著作权法第五十二条规定，复制品的出版者、制作者不能证明其出版、制作有合法授权的，复制品的发行者或者电影作品或者以类似摄制电影的方法创作的作品、计算机软件、录音录像制品的复制品的出租者不能证明其发行、出租的复制品有合法来源的，应当承担法律责任。著作权法的该条规定，与其说是对侵权行为追究法律责任的规定，倒不如说是对涉及出版等行为人的举证责任的一项重要规定。出版、制作、出租等行为人对自己所经营的业务应当负有不侵犯他人著作权的比一般人更强的注意义务，应当保证经营中所涉及的复制品等的合法授权或者来源合法。如果在经营中出现了侵权行为、侵权复制品，他们应当对其所尽的注意义务如涉及的复制品有合法授权、合法来源等进行举证，举证不能的推定未尽到注意义务。虽然原始的侵权复制品并不是最初来源于这些行为人，但他们应当承担侵权的法律责任。根据著作权法的这一规定，《若干解释》第十九条规定，出版者、制作者应当对其出版、制作有合法授权承担举证责任，发行者、出租者应当对其发行或者出租的复制品有合法来源承担举证责任。举证不能的，依据著作权法第四十六条、第四十七条的规定承担法律责任。这一规定对遏制市场中涉及出版、制作等中间环节的盗版等侵犯著作权行为具有重要意义。

——蒋志培：《如何理解和适用〈关于审理著作权民事纠纷案件适用法律若干问题的解释〉》，载《人民司法》2002 年第 12 期。

326

著作权与邻接权等的权利证明

关键词｜著作权｜举证责任｜邻接权｜权利证明｜

【最高人民法院司法解释】

第七条 当事人提供的涉及著作权的底稿、原件、合法出版物、著作权登记证书、认证机构出具的证明、取得权利的合同等，可以作为证据。

在作品或者制品上署名的自然人、法人或者其他组织视为著作权、与著作权有关权益的权利人，但有相反证明的除外。

——《最高人民法院关于审理著作权民事纠纷案件适用法律若干问题的解释》(2002 年 10 月 12 日，法释〔2002〕31 号)

【链接：最高人民法院法官著述】

根据著作权法的规定，著作权自作品完成时产生，著作权人可以自愿将其作品进行著作权权利登记。在侵权诉讼中，经过登记的著作权，权利人可以将登记文件及相应的作品提供法庭作为权利证明；没有经过登记的著作权，权利人应当提供何种证据来证明自己享有著作权，往往发生争议。作品在境外发表或者出版，作品的著作权人提起诉讼，在录音录像制作者等邻接权人起诉他人侵犯其与著作权有关权利等情形下，他们享有权利的证明问题更加复杂。实践中，有的同志想当然地要求著作权人一律提供其创作作品的原始手稿，要求图书出版者、录音录像制作者提供著作权人许可其出版、录音录像的原始证据，否则就不承认当事人享有相关的权利。这样做，不适当地加重了原告的负担，而未考虑被告是否对原告提交的有署名的图书、录音录像制品、软件等合法出版物等权利证据提出异议，是否举证反驳原告享有权利等因素。有的音乐光盘，可能汇集成百上千的作品，要求光盘制作者逐一将许可合同提交法庭，进行质证，很不现实，合同涉及的价格等商业秘密也可能因此被披露。考虑到著作权法关于"如无相反证据，在作品上署名的视为作者"的规定，《若干解释》第七条规定，当事人提起诉讼所提供涉及作品的底稿、原件、合法出版物、著作权登记证书、认证机构出具的证明以及取得权利的合同等，可以作为证据。这条规定，重点把"合法出版物"作为著作权以及与著作权有关的权利的证据形式予以承认，对解决著作权的证明问题具有重要的意义。当然，可以作为证据与作为定案的依据是不同的，人民法院对某一证据是否采信，还应当经过庭审质证确认无误后方能作为认定案件事实的依据。最近在广东佛山召开的全国知识产权审判工作座谈会也肯定了这样的精神：当事人向人民法院提起著作权等侵权诉讼，所提供的作品底稿、原件、合法出版物、著作权登记证书、认证机构出具的证明等，查证属实的，应当作为当事人享有著作权或者与著作权有关权利的证据，对方不能提供相反证据反驳的，人民法院应当确认其享有权利。对图书出版者、录音录像制作者等提供合法出版物作为享有与著作权有关权利的证据的，法院不得以当事人未提供其取得著作权人授权的证据，直接否定其权利人身份。

——蒋志培：《如何理解和适用〈关于审理著作权民事纠纷案件适用法律若干问题的解释〉》，载《人民司法》2002年第12期。

327

驰名商标认定的举证责任

关键词 | 驰名商标 | 举证责任 | 自认规则 |

【最高人民法院司法解释】

第五条 当事人主张商标驰名的，应当根据案件具体情况，提供下列证据，证明被诉侵犯商标权或者不正当竞争行为发生时，其商标已属驰名：

（一）使用该商标的商品的市场份额、销售区域、利税等；

（二）该商标的持续使用时间；

（三）该商标的宣传或者促销活动的方式、持续时间、程度、资金投入和地域范围；

（四）该商标曾被作为驰名商标受保护的记录；

（五）该商标享有的市场声誉；

（六）证明该商标已属驰名的其他事实。

前款所涉及的商标使用的时间、范围、方式等，包括其核准注册前持续使用的情形。

对于商标使用时间长短、行业排名、市场调查报告、市场价值评估报告、是否曾被认定为著名商标等证据，人民法院应当结合认定商标驰名的其他证据，客观、全面地进行审查。

第六条 原告以被诉商标的使用侵犯其注册商标专用权为由提起民事诉

讼，被告以原告的注册商标复制、摹仿或者翻译其在先未注册驰名商标为由提出抗辩或者提起反诉的，应当对其在先未注册商标驰名的事实负举证责任。

第七条 被诉侵犯商标权或者不正当竞争行为发生前，曾被人民法院或者国务院工商行政管理部门认定驰名的商标，被告对该商标驰名的事实不持异议的，人民法院应当予以认定。被告提出异议的，原告仍应当对该商标驰名的事实负举证责任。

除本解释另有规定外，人民法院对于商标驰名的事实，不适用民事诉讼证据的自认规则。

第八条 对于在中国境内为社会公众广为知晓的商标，原告已提供其商标驰名的基本证据，或者被告不持异议的，人民法院对该商标驰名的事实予以认定。

——《最高人民法院关于审理涉及驰名商标保护的民事纠纷案件应用法律若干问题的解释》(2009 年 4 月 23 日，法释〔2009〕3 号)

【最高人民法院审判业务意见】

驰名商标是被诉侵犯商标权或者不正当竞争行为是否成立的法律要件事实，一般按照“谁主张，谁举证”的原则，原告对其主张的商标驰名事实应负举证责任。

但是，考虑到认定驰名商标的举证一般较为复杂，对于曾被认定过的驰名商标等特殊情形，从有利于保护权利人的权利出发，司法解释第六条、第七条针对实践中反映的突出问题，作出了减轻举证责任等特殊规定，依法加强驰名商标保护。

考虑到商标驰名情况具有动态性，可能因时间和市场等情况的变化而变化，对于在其他案件中曾被法院认定过的驰名商标，或者曾被商标局、商标评审委员会认定的驰名商标，本条第一款规定，在对方当事人不持异议的情况下，人民法院应当予以认定。对于对方当事人提出异议的，原告仍要对商标驰名的事实负举证责任。我院于 2002 年 10 月公布实施的《最高人民法院关于审理商标民事纠纷案件适用法律若干问题的解释》第二十二条第三款规定：“当事人对曾经被行政主管机关或者人民法院认定的驰名商标请求保护的，对方当事人对涉及的商标驰名不持异议，人民法院不再审查。提出异议的，人民法院依照商标法第十四条的规定审查。”本司法解释实际上沿用了此规定。

为防止当事人在驰名商标认定中“串通”造假，司法解释的第七条第二款规定，除本解释另有规定外，人民法院对于商标驰名的事实，不适用民事诉讼证据的自认规则。对方当事人对于驰名商标的认可，并不免除原告的举证责任。

此外，不同的驰名商标的驰名程度是有差别的，有些“超级”驰名商标可能达到了家喻户晓、众所周知的程度，对于这些众所周知的商标，不应再要求进行繁琐的举证，应当有限度地引入司法认知，减轻权利人的举证责任。故司法解释第八条作出了相应规定。

——《最高人民法院知识产权庭负责人就公布〈最高人民法院关于审理涉及驰名商标保护的民事纠纷案件应用法律若干问题的解释〉答记者问》（2009年4月27日），载最高人民法院民事审判第三庭编：《知识产权审判指导》（总第14辑），人民法院出版社2009年版，第45～46页。

【链接：最高人民法院法官著述】

《商标法》第十四条规定了认定驰名商标应当考虑的五项因素，司法实践中对于这些因素的具体把握进行了较多的探索，积累了一些经验。但也存在一些问题，如有的法院要求各项因素全部具备，也有的法院将商标使用的具体年限、曾获取省级著名商标、行业排名的名次等作为认定驰名商标的必要条件，这种做法有些简单化和绝对化，也会给企业增加一些不必要的负担，因而有必要给予适当限制。在总结实践经验的基础上，《解释》从以下几个方面作出了规定：

（一）关于各因素之间的相互关系

在认定驰名商标时，对于《商标法》第十四条规定的因素通常都要进行综合考虑，但在一些特殊情况下，考虑部分因素即足以认定所涉商标驰名，而无需机械地一一考虑其全部因素。而且，《商标法》第十四条规定的一些因素之间也是相互重合的，如其第（一）项规定的“知晓程度”，恰恰需要通过其他各项规定的持续使用时间、宣传情况、受保护的记录等因素加以证明。因此，《解释》第四条规定：“法院认定商标是否驰名，应当以证明其驰名的事实为依据，综合考虑商标法第十四条规定的各项因素，但是根据案件具体情况无需考虑该条规定的全部因素即足以认定商标驰名的情形除外。”对如何处理这些因素之间的关系进行了规定。

（二）认定驰名商标的具体考虑因素

为便于审判实践中具体把握这些因素，《解释》第五条从举证的角度，对于认定驰名商标的具体考虑因素进行了细化规定。特别是，考虑到我国商标注册程序较为复杂和注册时间较长，该条第二款将注册前后的持续使用时间纳入了考虑范围。而且，考虑司法认定的实际和特点，对于实践中经常遇到的反映驰名程度的一些情形，需要具体情况具体分析和全面客观地对待，不能机械和简单化地处理，该条第三款规定："对于商标使用时间长短、行业排名、市场调查报告、市场价值评估报告、是否曾被认定为著名商标等证据，法院应当结合认定商标驰名的其他证据，客观、全面地进行审查。"

（三）如何正确处理曾被法院和商标行政主管机关认定过的驰名商标

驰名商标是被诉侵犯商标权或者不正当竞争行为是否成立的法律要件事实，一般按照"谁主张，谁举证"的原则，原告对其主张的商标驰名事实应负举证责任。但是，考虑到认定驰名商标的举证一般较为复杂，对于曾被认定过的驰名商标等特殊情形，从有利于保护权利人的权利出发，《解释》第七条规定："被诉侵犯商标权或者不正当竞争行为发生前，曾被法院或者国务院工商行政管理部门认定驰名的商标，被告对该商标驰名的事实不持异议的，法院应当予以认定。被告提出异议的，原告仍应当对该商标驰名的事实负举证责任。"这样规定的原因，主要是考虑商标驰名情况具有动态性，可能因时间和市场等情况的变化而变化，不同于其他经法定程序确认过的案件事实，且无论行政认定还是司法认定，均一直坚持个案认定、个案有效原则，故对于在其他案件中曾被法院认定过的驰名商标，或者曾被商标局、商评委认定的驰名商标，第七条第一款规定，在对方当事人不持异议的情况下，可以直接认定。对于对方当事人提出异议的，原告仍要对商标驰名的事实负举证责任。最高人民法院于 2002 年 10 月公布实施的《最高人民法院关于审理商标民事纠纷案件适用法律若干问题的解释》第二十二条第三款规定："当事人对曾经被行政主管机关或者法院认定的驰名商标请求保护的，对方当事人对涉及的商标驰名不持异议，法院不再审查。提出异议的，法院依照商标法第十四条的规定审查。"该条实际上沿用了此规定。

（四）关于不适用自认规则的规定

虽然《最高人民法院关于适用〈中华人民共和国民事诉讼法〉若干问题的意见》第七十五条、《最高人民法院关于民事诉讼证据的若干规定》第八条规定了一方当事人对另一方当事人陈述的案件事实和提出的诉讼请求明确表示承认的，当事人无需举证，但基于商标驰名属于动态事实的考虑，以及为防止当事人在驰名商标认定中"串通"造假，《解释》第七条第二款规定："除本解释另有规定外，法院对于商标驰名的事实，不适用民事诉讼证据的自认规则。"对方当事人对于驰名商标的认可，并不免除原告的举证责任。

（五）对社会公众广为知晓商标的减轻举证责任

不同的驰名商标的驰名程度是有差别的，有些“超级”驰名商标可能达到了家喻户晓、众所周知的程度，对于这些众所周知的商标，不应再要求进行繁琐的举证，应当有限度地引入司法认知，减轻权利人的举证责任。故《解释》第八条规定：“对于在中国境内为社会公众广为知晓的商标，原告已提供其商标驰名的基本证据，或者被告不持异议的，法院对该商标驰名的事实予以认定。”这里的“基本”证据，是指“初步”证据。

——夏君丽等：《〈最高人民法院关于审理涉及驰名商标保护的民事纠纷案件应用法律若干问题的解释〉的理解与适用》，载最高人民法院民事审判第三庭编：《知识产权审判指导》（总第 14 辑），人民法院出版社 2009 年版，第 98～100 页。

328

音像制品制作者对侵权行为的举证责任

关键词 | 音像制品制作者 | 侵权行为 | 举证责任 |

【最高人民法院审判业务意见】

36. 在佳和公司与天中文化公司等邻接权侵权案［（2008）民申字第 453 号］中，最高人民法院认为，被申请人提交了其与他人签订的两份《合作协议》、表演者的担保证明以及合法出版物，据此可以认定其享有录音制作者权。被申请人是否具有《音像制品制作许可证》，不影响其行使诉权。

——《最高人民法院知识产权案件年度报告（2009）》

329

互联网下载图片证据的认定和举证责任的分配

关键词 | 互联网下载图片 | 证据认定 | 举证责任分配 |

【最高人民法院审判业务意见】

39. 在华盖公司与重庆外运公司著作权侵权案[(2010)民提字第199号]中，最高人民法院再审采信了华盖公司提供的旨在证明涉案作品权属的互联网下载图片等证据，根据该下载图片上的署名，结合重庆外运公司未提交相反证据的事实等具体情况认定下载图片的署名人为作者；并以重庆外运公司未提交证据证明其对涉案作品的使用有合法依据为由，推定涉案作品在重庆外运公司使用之前已经公开发表，即认定了重庆外运公司已实际接触涉案作品的事实。

——《最高人民法院知识产权案件年度报告(2010)》

330

消极确认诉讼举证责任分配

关键词 | 消极确认诉讼 | 保证合同 | 举证责任分配 |

【最高人民法院裁判文书】

上诉人中国信达资产管理公司沈阳办事处与被上诉人中国中钢集团公司保证合同纠纷案[最高人民法院(2009)民二终字第119号民事判决书]

裁判要旨：消极确认之诉的举证责任仍应按照证明责任分配的一般原则进行分配，即由原告中钢集团对其提起不承担担保责任承担举证责任。

最高人民法院认为：

中钢集团提起诉讼请求判决其对本案所涉债务不承担担保责任，应当依法承担举证责任。作为一个主张消极事实的诉讼，其举证责任，一是要求作为原告的中钢集团应当履行举证证明不存在担保关系的义务；二是当双方是否存在担保关系的事实真伪不明、无法判断时，中钢集团应当承担举证不能的法律后果。在这种确认某种法律关系不存在的诉讼，对于原告而言，因其主张没有签订担保合同，其提供证据证明没有存在的事实有现实困难，因此，其行为意义上的举证责任因其客观上无法提供证据证明而完成。但是，这并不当然代表其结果意义上的举证责任亦已完成,而需要反观作为被告的信达公司沈阳办是否有证据证明中钢集团关于担保关系不存在的主张不成立。因信达公司沈阳办未在本案中提出反诉,因此,信达公司沈阳办的上述证明责任并不意味着其应承担担保关系确实存在的举证责任,而是通过信达公司沈阳办的抗辩和证明来判断中钢集团主张的事实是否成立。如果信达公司沈阳办没有提供任何存在担保关系可能性的证据,则中钢集团所主张的关于双方不存在担保法律关系的事实即可确认。但是,如果信达公司沈阳办提供了足以令人怀疑中钢集团关于双方不存在担保法律关系主张的有关证据,即使并不当然能够充分证明担保关系存在,因中钢集团无法进一步举证推翻信达公司沈阳办的有关证据并充分证明双方之间不存在担保关系的事实,即因中钢集团举证未达到证明标准以致事实真伪不明时,根据举证责任的分配原则,中钢集团应当承担败诉的法律后果。原审法院在信达公司沈阳办未提起反诉的情况下,将担保关系成立的举证责任分配给信达公司沈阳办,于法无据,本院依法予以纠正。

本案中钢集团诉讼中提供了信达公司沈阳办的催收函、辽宁日报公告、抚顺钢厂工商档案和中国中钢工贸集团公司更名的工商档案等证据,以此证明其与信达公司沈阳办之间不存在担保法律关系。而信达公司沈阳办提供了中国银行抚顺分行与抚顺钢厂于1994年12月19日签订的《关于抚顺钢厂改造“500”轧机建高精度模具扁钢生产线项目使用奥地利贴息贷款的转贷协议》(原件)、中国冶金进出口总公司于1994年7月7日向中国银行抚顺分行出具的《不可撤销的还款担保书》(复印件)等证据,以此证明双方之间存在担保法律关系。从上述双方提供的证据看,虽然信达公司沈阳办的上述证据能否充分证明双方之间存在担保法律关系尚存在一定的不确定因素,但由此可能认定担保关系成立的概率远大于中钢集团主张的双方不存在担保法律关系的概率。在目前双方是否存在担保法律关系的事实不清的情况下,应当依法驳回中钢集团关于其不承担担保责任的诉讼请求。鉴于信达公司沈阳办在本案中并未提出反诉,因此,关于信达公司沈阳办是否对中钢集团享有担保债权,本案不予审理。

——最高人民法院民事审判第二庭编:《商事审判指导》(总第23辑),人民法院出版社2011年版,第169~171页。

【链接:最高人民法院法官著述】

由于消极确认诉讼案件中原告主张的是某一事实不存在,如果按照“谁主张，谁举证”的一般举证责任分配原则，要求原告对于其认为根本不存在的某一事实举证予以证明，似乎不合情理，也正因此，才产生了对于消极确认诉讼举证责任分配的争论，这个问题也是本案中当事人争议的第二个主要问题。

我们认为，对于这种消极确认之诉的举证责任仍应按照证明责任分配的一般原则进行分配，即由原告中钢集团对其提起不承担担保责任承担举证责任。从诉讼法理论上看，举证责任既包括行为意义上的举证责任，也包括结果意义上的举证责任。行为意义上的举证责任，是指负有举证义务的一方当事人应当依法履行举证证明其主张的义务。结果意义上的举证责任，是指当负有举证义务的一方当事人所主张的事实真伪不明、无法判断时，其应当承担举证不能的法律后果。

本案中，对于负有举证责任的原告中钢集团而言，因其主张确认其与信达公司沈阳办之间不存在担保法律关系，双方没有签订担保合同，客观上其不可能提供证据证明没有存在的东西，这时候，其行为意义上的举证责任因其客观上无法提供证据证明其认为本身即不存在的东西而完成。但是，其行为意义上的举证责任的完成，并不当然代表其结果意义上的举证责任亦已完成。这时候就要反观作为被告的信达公司沈阳办是否有证据反证证明中钢集团关于担保关系不存在的主张不能成立。因信达公司沈阳办未在本案中提出反诉，因此，在消极确认诉讼中消极事实是否存在的举证虽然更多仰仗于否定消极事实存在的一方当事人提交的有关证据，但是这种事实状态不能在逻辑上推理出举证责任已经从原告一方转移到被告一方，即这种证明并不说明举证责任倒置给了被告信达公司沈阳办。这里的目的在于通过信达公司沈阳办的抗辩和证明来判断原告中钢集团所主张的消极事实是否成立。如果信达公司沈阳办没有提供任何令法官相信二者可能存在担保关系的证据，则中钢集团所主张的其与信达公司沈阳办之间不存在担保法律关系的事实应当说是明确的，人民法院可以结合“直接证据应当在被告手里”这样的经验法则，认定原告已经依法履行了举证责任，并判决支持原告的诉讼请求。但是，如果信达公司沈阳办提供了足以令法官怀疑原告主张不存在担保法律关系的有关证据，哪怕并不当然能够充分证明担保关系存在的，这种情况下，因原告中钢集团无法进一步举证推翻被告的有关证据，无法充分证明担保关系不存在的事实，即因原告举证未达到证明标准以致事实真伪不明时，根据举证责任分配的上述原则，这里更多强调的是结果意义上的举证责任，即应由原告中钢集团承担败诉的法律后果。

这里要强调的是，如果信达公司沈阳办在本案中对于中钢集团关于其不承担担保责任的诉讼请求提出了反诉,即其主张中钢集团应当承担担保责任的诉讼请求,则信达公司沈阳办应当依法承担举证责任,如果其无法证明双方之间存在担保法律关系的,则人民法院应当依法驳回其反诉请求,而支持中钢集团的诉讼请求。

——张勇健、刘敏:《消极确认诉讼案件的受理及举证责任分配问题》,载最高人民法院民事审判第二庭编:《商事审判指导》(总第20辑),人民法院出版社2010年版,第134~135页。

331

商品房买卖合同纠纷中恶意串通的举证责任

关键词|商品房买卖合同|恶意串通|举证责任分配|

【链接:最高人民法院法官著述】

出卖人与第三人恶意串通签订房屋买卖合同,对买受人及拆迁人来讲,属于侵权行为,但这种行为不属于《民事诉讼法》及《最高人民法院关于民事诉讼证据的若干规定》中规定的举证责任倒置的情况,因此应适用我国民事诉讼法"谁主张,谁举证"的举证责任分配的一般规则,买受人或被拆迁人应对出卖人与第三人恶意串通事实负有举证责任,即买受人或者被拆迁人提供证据证明出卖人与第三人恶意串通签订房屋买卖合同。由于恶意串通一般在出卖人与第三人之间进行,出卖人与第三人一般对恶意串通的事实予以保密,这样给买受人和被拆迁人提供证据带来困难。但我们对于举证责任倒置有明确的规定,恶意串通不属于举证责任倒置的情况,而且我国法律规定恶意串通合同无效,对于恶意串通当事人处罚较重,因此我们在认定恶意串通时还是要按照我国民事诉讼举证责任分配的一般原则,确定由主张人来承担举证责任,并要看所举证据是否能支持其主张。对于当事人确有困难无法提供证据的,法律及司法解释规定了补救办法。《民事诉讼法》第64条第2款规定,当事人及其诉讼代理人因客观不能自行收集的证据,或者人民法院认为审理案件需要的证据,人民法院应当调查收集。《最高人民法院关于民事诉讼证据的若干规定》第3条第2款规定,当事人因客观原因不能自行收集的证据,可申请人民法院调查收集。以上规定补救了当事人由于客观原因举证不能的情形,但是申请法院调查证据要符合一定的条件,

《最高人民法院关于民事诉讼证据的若干规定》第17条规定，当事人及其诉讼代理人申请人民法院调查收集证据应当符合下列条件之一：(1)申请调查收集的证据属于国家有关部门保存并须人民法院依职权调取的档案材料；(2)涉及国家秘密、商业秘密、个人隐私的材料；(3)当事人及其诉讼代理人确因客观原因不能自行收集的其他材料。

——最高人民法院民事审判第一庭编著：《商品房买卖合同司法解释问答》，法律出版社2003年版，第78页。

332

民间借贷纠纷举证责任和事实审查标准

关键词｜民间借贷｜证据认定｜举证责任分配｜

【最高人民法院司法解释】

第十六条 原告仅依据借据、收据、欠条等债权凭证提起民间借贷诉讼，被告抗辩已经偿还借款，被告应当对其主张提供证据证明。被告提供相应证据证明其主张后，原告仍应就借贷关系的成立承担举证证明责任。

被告抗辩借贷行为尚未实际发生并能作出合理说明，人民法院应当结合借贷金额、款项交付、当事人的经济能力、当地或者当事人之间的交易方式、交易习惯、当事人财产变动情况以及证人证言等事实和因素，综合判断查证借贷事实是否发生。

——《最高人民法院关于审理民间借贷案件适用法律若干问题的规定》(2015年8月6日，法释〔2015〕18号)

【最高人民法院司法政策】

问：民间借贷中，借款人向他人借钱时一般要出具欠条，相应地，出借人起诉时也要持有欠条作为证明借贷关系存在的证据。仅仅提供借据或者银行的转账凭证，是否能够认定借贷关系已经发生？《规定》就借贷关系成立的举证证明责任问题有哪些新的内容？

答：您提的这个问题很有针对性和专业性。民间借贷案件的事实审查，是民间借贷案件审理的难点和重点。民间借贷案件的基本事实,包括借贷合意是否形成、款项是否交付、本金数额、利息约定等多个方面,其中借贷事实是否真实发生是民间借贷案件的首要基本事实,也是全案展开的基本依据。

民间借贷案件的事实认定,大多是由法官根据经验法则,通过对证据材料的审查和其证明力的认定、判断、取舍,并对比各方当事人不同证据的证明力,推断当事人之间既往发生的法律关系的事实过程。这一过程中所涵盖的经验法则的选择与运用,证据证明力的判断等,都很难通过明确的法律规则来实现,更多的是依靠法官的自由心证。正因如此,司法实践中对于借贷关系是否发生的基本事实作出判断和认定的标准,存在一定程度的差异。虽然完全统一法官心证结果在客观上不可能实现,但通过更精细化的指引,规范事实认定的方向和进路,却是十分必要和可行的。

随着民间借贷市场的不断发展壮大,且游离于正规金融体系之外,容易伴生非法集资、非法吸收公众存款、金融欺诈等违法犯罪行为,危害借款人利益,冲击金融市场秩序。另外,民间借贷主体的法律意识淡薄,交易法律手续不完备,借贷行为隐秘性强,也容易引起法律纠纷。现实中,原告提起诉讼往往仅依据借据等债权凭证或者仅依据金融机构转账凭证作为证明借贷关系已经发生的证据,如果被告抗辩已经偿还借款,或者被告抗辩转账系偿还双方之前借款或其他债务,在此情况下,就存在着证明责任的承担问题,而不能仅仅依据借据、收据、欠条等,简单地认定借贷关系已经发生以及已经发生的借贷关系的内容。为此,《规定》提出了有关举证责任分配的要求,即被告应当对其抗辩的主张提出相应的证据加以证明,而不能仅仅一辩了之。如果被告提不出相应的证据,或者提供的证据不足以证明其主张的,则一般要认定借贷关系已经发生。当然,如果被告提供了证据证明其主张的,此时举证证明责任发生转移,应当由原告就借贷关系的成立承担举证证明责任。需要强调的是,对于当事人主张系现金交付的民间借贷,《规定》明确要求应当结合借贷金额、款项交付、当事人的经济能力、当地或者当事人之间的交易方式、交易习惯、当事人财产变动情况以及证人证言等事实和因素,综合判断查证借贷事实是否发生。这一规定也是近年来司法实践的经验总结,对于证据和事实认定起到了很好的指引作用,对广大法官甄别真实借贷关系,具有较强的针对性和可操作性,有利于实现维护借款人合法权益,遏制违法犯罪活动的法律效果。我们将这一经验进行修改与整合,吸收到司法解释中,作为民间借贷案件中事实审查的规定,从而明确了此类案件的举证责任、审查内容和审查标准。

——杜万华:《规范民间借贷、统一裁判标准——杜万华就〈最高人民法院关于审理民间借贷案件适用法律若干问题的规定〉答记者问》，载杜万华主编、最高人民法院民事审判第一庭编：《民事审判指导与参考》（总第63辑），人民法院出版社2016年版，第16～17页。

对于民间借贷纠纷案件的全部证据，应从各证据与案件事实的关联程度、各证据之间的联系等方面进行综合审查判断。对于存在借贷关系及借贷内容等事实，出借人应承担举证责任；对已经归还借款的事实，借款人应承担举证责任。对形式有瑕疵的“借条”，出借人应对交付款项给借款人承担举证责任。对形式有瑕疵的“欠条”或“收条”等，应结合其他证据认定是否存在借贷关系。对现金交付的借贷，可根据交付凭证、支付能力、交易习惯、借贷金额大小、当事人关系以及当事人陈述的交付细节经过等因素综合判断是否存在借贷关系。

——《最高人民法院全国民事审判工作会议纪要》（2011年10月9日，法办〔2011〕442号）

【最高人民法院审判业务意见】

第一，关于举证证明责任问题。要正确理解民事诉讼法司法解释第九十条的规定。负有举证责任的当事人要完成的是举证证明责任。在没有达到证明责任标准的情况下，不能认定其完成了举证证明责任。民间借贷纠纷中，尤其是出借人主张大额现金交付的，对于借贷事实是否发生，是出借人需要举证证明的重要内容，欠缺这个事实，只提供借据、欠条等债权凭证的，不能视为其完成了举证证明责任，需要当事人进一步提供证据来证明。对于这一点，自2011年以来，应该说我们的司法政策是一贯的，包括2011年《最高人民法院关于依法妥善审理民间借贷纠纷案件促进经济发展维护社会稳定的通知》、2011年杭州会议纪要和2015年的民间借贷司法解释。总体要求就是对借贷事实是否发生要结合借贷金额、款项交付、当事人的经济能力、当地或者当事人之间的交易方式、交易习惯、当事人财产变动情况以及当事人陈述、证人证言等事实进行综合判断。只有在贷款人提供的证据能够证明待证事实的发生具有高度可能性、足以使法官对现金交付的存在形成内心确信的标准时，才能被视为完成证明责任。实践中，要注意不宜以借款数额大小为标准来划分举证责任轻重。

——程新文：《关于当前民事审判工作中的若干具体问题》（2015年12

月24日),载杜万华主编、最高人民法院民事审判第一庭编:《民事审判指导与参考》(总第64辑),人民法院出版社2016年版,第68页。

【《最高人民法院公报》案例】

赵俊诉项会敏、何雪琴民间借贷纠纷案(上海市长宁区人民法院一审民事判决书)

裁判要旨:出借人仅提供借据佐证借贷关系的,应深入调查辅助性事实以判断借贷合意的真实性,如举债的必要性、款项用途的合理性等。出借人无法提供证据证明借款交付事实的,应综合考虑出借人的经济状况、资金来源、交付方式、在场见证人等因素判断当事人陈述的可信度。对于大额借款仅有借据而无任何交付凭证、当事人陈述有重大疑点或矛盾之处的,应依据证据规则认定"出借人"未完成举证义务,判决驳回其诉讼请求。

上海市长宁区人民法院认为:

原告赵俊自述其名下有多套房产,且从事经营活动,故其具有相应的现金出借能力。但其亦表示向被告项会敏出借200000元时,其本人因购房负担着巨额银行贷款。为此,法院给予原告合理的举证期限,要求其提供相应的证据证明其资产状况和现金出借能力,并释明逾期举证的法律后果。嗣后,原告明确表示拒绝提供相应的证据。法院认为,原告明确表示放弃继续举证权利,而其提供的现有证据亦并未能证明涉案借款的交付事实以及原告本人的资金出借能力,其陈述的借款过程亦不符合常理,故应承担举证不能的法律后果。对于原告的诉讼请求,法院依法不予支持。至于项会敏个人对涉案借款的认可,因其与原告之间对此并无争议,其可自行向原告清偿,法院对此不予处理。

——《最高人民法院公报》2014年第12期

【最高人民法院裁判文书】

长沙市雨花区韶山路农村信用合作社与长沙市天心区新开铺街道办事处新天村民委员会、长沙轴瓦设备厂借款担保合同纠纷案[最高人民法院(2005)民二提字第4号民事判决书]

裁判要旨:当事人以《借款申请书》和《保证担保借款合同》主张权益,对方当事人则以前述书证中的担保期间被涂改和添加处无其校正签章的事实为据,提出该变动内容未经其同意的抗辩。在此情形下，根据民事诉讼法第六十四条的规定，主张权益的当事人应就该证据外观形式存在的瑕疵部分系双方的共同意思表示，负继续举证责任，如至法庭调查结束，仍无充分证据证明其主张，将承担举证不能责任。

最高人民法院再审认为：

韶山路信用社与长沙轴瓦厂签订的《抵押借款合同》及韶山路信用社与长沙轴瓦厂、新天村委员会于 1996 年 3 月 25 日和 1997 年 1 月 1 日签订的《保证担保借款合同》，除担保期限的约定有争议外，均系各方当事人真实意思表示，内容合法有效，长沙轴瓦厂应当按照合同约定归还韶山路信用社借款本息。

由韶山路信用社提供的《借款申请书》“98”年处确有明显涂改痕迹，改动之处未有签章，对此事实各方均无异议。韶山路信用社虽主张该涂改经新天村委会同意，但其未提供相关证据证明。该申请书仅有一份。1996 年 3 月 25 日的《保证担保借款合同》由韶山路信用社提供，该合同是格式合同，未写明一式几份，故韶山路信用社要求新天村委会提供《保证担保借款合同》进行抗辩，没有依据。而且，如 1996 年 3 月 25 日的《保证担保借款合同》保证期限已约定至 1998 年 12 月 31 日，没有必要于 1997 年 1 月 1 日再签订《保证担保借款合同》及再约定保证期间从 1997 年 1 月 1 日起算。

1997 年 1 月 1 日《保证担保借款合同》的保证期间“1999”中，最后一个“9”确有明显涂改痕迹。改动之处未盖校正章，对此各方亦均无异议。长沙轴瓦厂证明合同第十一条手写的内容与保证期间有关的记载系添加，韶山路信用社经办人亦承认合同该条手写的是其填写，但对于担保期限何时、何地、何人参加修改说不清楚，韶山路信用社不能提供改动是经过各方协商一致的证据。该合同第十二条虽一式三份，但新天村委会提供了韶山路信用社同期没有向其他借款人退还保证合同的证明，湖南省高级人民法院再审本案时的调查笔录，也证实韶山路信用社存在合同不退还当事人的情形，两份合同都有签订后送主管部门审批的记载，这与庭审中韶山路信用社“合同无需上报，当天就给了对方”的陈述不一致，从而印证新天村委会关于涉案合同需要审批的抗辩，故韶山路信用社主张第十二条是签订合同时填写，证据不足。

据此，韶山路信用社提交的《借款申请书》及《保证担保借款合同》因证据材料外观形式存在缺陷，不能单独作为认定该涂改、添加后的担保期限是各方当事人协商一致意思表示的依据。因韶山路信用社以合同中涂改、添加的内容主张权益，应对该涂改、添加系各方合意负举证责任，并应承担举证不能的不利后果。

韶山路信用社向本院申请再审称：本案三方最初约定的保证期间等于主债务履行期间，故依法等于没有约定。本院认可韶山路信用社对担保法的理解。因1997年5月1日的《借款合同变更债权人补充协议》对担保期限未作另行约定，实为债权转让通知，且未实际履行，故本案主债务的履行期满要求新天村委会承担保证责任，但韶山路信用社应当在1998年12月28日才向法院提起诉讼。根据《中华人民共和国担保法》第二十六条的规定，新天村委会的保证责任应当免除。

——江必新主编、最高人民法院审判监督庭编：《审判监督指导》（总第26辑），人民法院出版社2009年版，第190～191页。

【链接：最高人民法院法官著述】

在民间借贷案件审理过程中，经常会遇到一些“特殊”证据的认定，比如存在一些书写瑕疵或者表述上存在歧义的借款凭证，以及完全没有书面证据的案件，等等。这时应当主要依靠法官的社会知识和审判经验，对证据进行甄别，以求去伪存真。在这一证据认定过程中，可以着重发挥证据之间相互印证的重要作用，对于缺乏必要书面证据的案件，可以通过要求当事人、证人反复陈述案件细节的方式提供当事人陈述和证人证言，在所述事实虚假的情况下，反复陈述细节则很容易出现前后矛盾或不同间相互矛盾的问题，从而有助于查清案件事实。同时，在案件整体审查思路上，还可以考虑区分生活需要的自然人之间借贷和经营需要的其他民间借贷，采取不同的认定思路和标准，对于前者考虑一般借贷金额较小，发生在熟人之间、双方均不以谋利为目的等特点，适当放宽审查的标准，更加看重当事人陈述和证人证言的证明作用。而对于商事主体间为经营需要而进行的资金拆借，则应考虑其借贷金额一般较大、可以发生在有中间人介绍或担保的陌生人之间、双方均以谋利为目的，以及商事交易主体相对法律知识更丰富，风险防范意识和防控能力更强等特点，严格审查相关证据，不能仅凭口头证据认定案件事实。

——杜万华主编、最高人民法院民事审判第一庭编：《最高人民法院民间借贷司法解释理解与适用》，人民法院出版社2015年版，第300页。

韶山路信用社诉请人民法院判令新天村委会承担连带保证责任，并提交了《信用社借款申请书》以及各当事人之间先后签订的数份《保证担保借款合同》，用以证明新天村委会依约负有保证责任，且尚未超过其履行保证责任期间。至此，如果新天村委会承认上述事实，或虽有抗辩却无充分证据支持其抗辩，韶山路信用社则完成了举证责任。但是，新天村委会辩称：在 1996 年 3 月 28 日的《信用社借款申请书》和 1997 年 1 月 1 日签订的《保证担保借款合同》中，有关保证期间的内容被明显涂改、添加，且均系韶山路信用社的单方变更行为所致，并以涂改、添加之处无其校正签章的事实作为其抗辩证据。由于双方对《信用社借款申请书》和《保证担保借款合同》中有关保证期间的内容被涂改和添加这一事实没有异议，从而使本案待证事实进一步深化为该涂改和添加的内容是否系双方的共同意思表示。因该证据由韶山路信用社提供，并以该瑕疵部分所表现的内容作为支持其诉讼主张的主要证据，故韶山路信用社关于其在法律上已完成举证责任的理由，不能成立，其对该证据在外观形式上存在的明显瑕疵的真实性、合法性负有继续举证的责任。

而后，韶山路信用社以发生该涂改和添加的原因是最初约定的保证期间与主债务履行期间相同，依法等于没有约定，为此，各当事人才在签约过程中协商变更了保证期间，且合同一式三份为由，主张新天村委会应以其持有的《信用社借款申请书》和《保证担保借款合同》，证明其关于该合同系单方变更的抗辩事实。对此，新天村委会以韶山路信用社贷款承办人自认有关保证期间的内容系其事后添加，而《信用社借款申请书》应由借款人提交，并未注明一式几份；村委会在《保证担保借款合同》上签字后，交韶山路信用社审批，此后其并未取得该合同，并提交了雨花区雨花亭乡五个村民委员会出具的书面证明，据以证明同期韶山路信用社存在不将保证担保借款合同退还担保人的情形。韶山路信用社否认以往存在不退还担保合同的情形，并称“合同无需上报，当天就给了对方”，但本案两份保证担保借款合同均有签订后送交其主管部门审批的记载，显然与该陈述不符，且其对涂改和添加的具体时间、地点、参加人也说不清楚。最高人民法院认为，韶山路信用社是以《信用社借款申请书》和《保证担保借款合同》中变更后的内容系双方共同的意思表示为据，主张新天村委会承担保证责任的，却未能提供足以证明该涂改和添加系双方合意的证据，故对韶山路信用社相关的诉讼主张以证据不足，不予支持。

本案双方当事人主张与抗辩的过程，反映出人们对民事诉讼法第六十四条“当事人对自己提出的主张，有责任提供证据”的理解程度不同，特别是一方当事人对自己的主张完成了初次举证责任后，对其证据中的瑕疵是否负有继续或补充举证责任，认识不尽一致。最高人民法院的本案判决表明，举证责任受主张责任的牵引,谁提出主张,就必然发生其应提供证据证明的责任。举证责任的分担既非固定不变,举证责任方的证明行为又非总是一蹴而就,而是随证明程度的延深或证明内容的变化,在当事人之间相互转移。如时至法庭调查结束,待证事实仍处于真伪不明状态时,谁主张该事实,谁就应承担于己不利的法律后果。

对外观形式存在瑕疵的证据材料的证明效力,不可一概而论,须根据瑕疵部分对该证据效力的影响程度、范围、补充或继续举证的效果等情况综合分析,作出判断。如虽有瑕疵,但瑕疵部分并不导致该证据材料整体丧失证明效力的,该证据仅瑕疵部分不具有证明力。由于本案双方当事人对签订了数份保证担保借款合同、借款已逾期,以及应归还的借款数额等事实没有争议,仅因有关保证期间的内容被涂改和添加,进而仅对保证期间发生争议,故三级法院均判决支持了韶山路信用社关于借款人偿还借款本息的诉讼请求。

——姜华:《持形式上有瑕疵的证据主张权益的当事人应承担继续举证责任》,载江必新主编、最高人民法院审判监督庭编:《审判监督指导》(总第26辑),人民法院出版社2009年版,第191~193页。

本案的焦点为:借款担保合同中的贷款数字涂改是否为建华村同意或者明知;该同意或者明知的证据应当由哪一方当事人承担举证责任,建华村是否应当对改动后的担保金额承担保证责任。分析如下:

案件中,副食品商场与保证人建华村协商由建华村为其贷款进行担保,后由建华村在贷款合同上加盖公章,副食品商场持合同到古荡支行请求贷款,贷款及担保是各方当事人的真实意思表示,符合有关法律规定,应认定为合法有效。该借款合同中,债权人为古荡支行,债务人为副食品商场及黄志富,保证人为建华村。

债权人古荡支行主张的三笔贷款金额为50万元、130万元、45万元,三份贷款合同上的贷款数额均有明显涂改痕迹,对涂改及添加汉字的事实,诉讼各方当事人均无异议。浙江省高级人民法院再审对此也已确认。在此情况下,古荡支行仍然主张建华村必须按照涂改后的借款金额承担保证责任。我们就应当从举证责任的角度分析判断一下古荡支行的举证是否充分、完全。证据是能够证明案件真实情况的一切事实。证据的这一概念已被付诸法律效力。根据谁主张谁举证的一般民事诉讼证据规则,案件中的主张人即债权人古荡支行所举的三份借款合同在关键环节上存在形式瑕疵,即贷款有明显涂改和添加,主张人的这一举证显然不符合法律对证据的要求,而且保证人对该瑕疵证据亦不予认可。此时,谁应当承担对该瑕疵证据的进一步说明义务,则是判断本案责任应当由谁承担的根本问题。一审法院和原再审法院将进一步举证的责任加于担保人建华村,犯了举证责任分配错误。其一,对于存在明显瑕疵的证据,举证人有义务对存在的瑕疵作出合理解释,该合理解释实质就是进一步举证说明。换句话说,就是第一次的举证尚未完成,需要再次举证从而完成其举证责任,即指明该涂改和添加贷款数字金额的行为是建华村同意或者认可的。其二,银行负责审核放贷。银行审核中最敏感也是最关键之处就是贷款数额,对于肉眼就可以识别的涂改理应按照行规提出质疑,澄清后再予以放款。案件中古荡支行未尽审查义务。

案件中,建华村主张借款数额一笔为5万元,另外两笔分别为10万元。由于合同中大写数额汉字的明显添加,足以证实肆拾万元中的“肆拾”是添加的、两个拾万元前面一个被加了“伍”字、一个被加了“壹佰叁”。合同现状足以证实建华村的主张,无须再令建华村举证。

《中华人民共和国担保法》第二十四条规定:“债权人与债务人协议变更主合同的,应当取得保证人书面同意,未经保证人书面同意的,保证人不再承担保证责任。保证合同另有约定的,按照约定。”《最高人民法院关于适用〈中华人民共和国担保法〉若干问题的解释》第三十条规定:“保证期间,债权人许可债务人对主合同数量、价款、币种、利率等内容作了变动,未经保证人同意的,如果减轻债务人的债务的,保证人对加重的部分不承担保证责任。”据此,贷款数字的改动就意味着贷款合同的实质变更。如果认定案件在保证期间古荡支行许可借款人副食品商场对合同主要内容作出变更,必须有保证人同意或者认可。案件合同中的保证条款并无特别约定,若无保证人的同意,保证人依法对加重部分不再承担保证责任。古荡支行至今未能提供保证人建华村对变更的贷款明知或者认可的证据。

综上,由于案件中债权人未能提供证据证明担保人对涂改后的贷款金额同意或认可的证据,担保人对其确认担保数额以外金额部分,应当免除担保责任。

——高榉:《借款担保合同金额被涂改以后的举证责任分配》,载苏泽林主编、最高人民法院立案庭编:《立案工作指导》(总第19辑),人民法院出版社2009年版,第87~88页。

333

欠缺借款合同案件举证责任

关键词｜欠缺借款合同｜举证责任｜

【最高人民法院司法解释】

第十七条 原告仅依据金融机构的转账凭证提起民间借贷诉讼,被告抗辩转账系偿还双方之前借款或其他债务,被告应当对其主张提供证据证明。被告提供相应证据证明其主张后,原告仍应就借贷关系的成立承担举证证明责任。

——《最高人民法院关于审理民间借贷案件适用法律若干问题的规定》(2015年8月6日,法释〔2015〕18号)

【最高人民法院审判业务意见】

关于原告仅依据付款凭证、没有借贷合同提起民间借贷诉讼,被告抗辩主张为其他法律关系时,如何对当事人的举证责任进行分配,实务界历来存在两种截然不同的观点:第一种观点认为,既然原告主张双方之间存在民间借贷关系,举证证明借贷合意、付款事实存在的责任就应当由原告承担;第二种意见认为,原告虽然未能举证证明借贷合意的存在,但其提供付款凭证已经完成了初步的举证责任,既然被告主张双方系其他法律关系,那么被告就应当就其抗辩主张承担举证责任,如果被告无法就此举证,则应当认定原告的主张成立。

我们认为第二种观点更为合理。理由如下:

第一,符合举证责任分配法理。关于民事诉讼的举证规则,目前,根据当前我国民事诉讼法所遵循的规范说理论,实体法律规范可分为对立的两大类:一类是能够产生某种权利的规范,被称为基本规范或请求权规范、主要规范、通常规范。另一类是与产生权利规范相对应的、妨碍权利产生或使已经产生的权利归于消灭的规范,被称为对立规范。对立规范又可再细分为三种:一是权利妨碍规范,即对权利的发生效果进行妨碍,使权利不能发生的规范;二是权利消灭规范,即能使已经存在的权利归于消灭的法律规范;三是权利限制规范,即能对权利的效果加以遏制和排除,使权利不能实现的法律规范。在对法律规范进行上述分类的基础上,确定的证明责任分配原则即是:主张权利存在的一方当事人,因为要求适用关于权利产生的规范,所以,应就权利产生的法律要件事实举证;相应地,否认权利存在的一方当事人,应就权利妨碍的法律要件事实、权利消灭的法律要件事实或权利限制的法律要件事实进行举证。本案二审法院援用的《最高人民法院关于民事诉讼证据的若干规定》第2条的法理基础即是规范说的理论。

该案中，原告主张其与被告之间系民间借贷关系，那么其应当就其对被告享有债权的要件事实进行举证，主要包括借贷合意、交付借款两项事实。与此相对，被告主张其与原告之间并非借贷关系，而是其他法律关系，那么被告亦应就此承担举证责任。虽然原告未能举证证明双方之间存在借贷合意，但是其已经就交付款项的事实进行举证，而被告却未能举证证明该款项系因双方之间的其他法律关系而发生。因此，被告的抗辩主张不能成立，其应当承担举证不能的不利法律后果。需要注意的是，尽管被告的抗辩主张不能成立，但是并不能据此认定原告的主张就可以成立，二者并不存在非此即彼的逻辑关系。在此，还应进一步进行论证。当事人的举证责任分为两个部分：一是提出证据的责任，即当事人一方对其主张或抗辩应当提供最低限度的证据，即可假定诉讼成立，案件就可以继续下去；二是说服责任，即指当事人一方有义务使事实审理者信服某个争点已经被证明并达到一定的证明标准，进而作出对该当事人有利的裁决。据此，说服责任涉及审判的最终问题，即对一个主张或抗辩的所有构成要件的合法、充分证明，对此而言，原告提交转账凭证，既是其履行提出证据的责任，又是其履行说服责任的体现。至于该转账凭证能否完成说服责任的任务，则属于证明标准的范畴。

第二，符合证明标准理论。关于民事诉讼的证明标准，目前学术界居于通说地位的主张认为，是指当事人为说服裁判者相信其主张，对其主张形成心证而必须达到的最低证明程度。所谓最低证明程度，是指当事人的证明只有达到了该程度之后，裁判者对该方当事人的主张才会形成心证，才会认定其主张。当前，包括我国在内的大陆法系各国民事诉讼主要采纳“高度盖然性”证明标准。所谓的高度盖然性，一方面是指在公开的法庭上通过证据的提示和检验以及当事人双方的辩论、对质而逐渐形成的证据在量和质上的客观状态，以及这种客观状态所反映出来的要证事实的明白性、清晰性。另一方面，高度盖然性也指法官对这种客观状态的认识。即证据的客观状态作用于法官的心理过程而使其达到确信境地。2001 年 12 月 21 日最高人民法院颁布的《关于民事诉讼证据的若干规定》第 73 条，即采纳了高度盖然性的证明标准。“双方当事人对同一事实分别举出相反的证据，但都没有足够的依据否定对方证据的，人民法院应当结合案件情况，判断一方提供证据的证明力是否明显大于另一方提供证据的证明力，并对证明力较大的证据予以确认。因证据的证明力无法判断导致争议事实难以认定的，人民法院应当依据举证责任分配的规则作出裁判。”本案中，原告虽然未能举证证明双方之间存在借贷合意，但是在被告亦未能举证证明双方之间存在其他法律关系的情况下，应当认定双方之间存在借贷关系的几率非常高，亦即，原告的举证已经达到高度盖然性的证明标准。按照债的分类,债的发生原因包括合同、侵权、无因管理、不当得利四种。本案中,被告主张双方之间系其他律关系,其范围无外乎以上四种。原告将款项转入被告账户显然不可能属于侵权或者无因管理,因此,双方当事人法律关系的性质只存在合同及不当得利两种可能性。合同关系与不当得利在性质上区别在于,前者是一种双务法律行为,以缔约当事人存在意思合致为基本特征;后者则是一种事实行为,不存在当事人之间的合意,体现的仅仅是一种一方当事人获益,一方当事人受损的事实状态。合同关系的存在并非以书面合同为唯一存在方式,口头合同亦是合同关系存在的形态之一。因此,即便现有证据无法证明双方曾经达成书面合同,亦不能排除双方曾经达成口头合同的可能。据此,在分辨合同关系抑或不当得利时,应当就双方当事人的身份,双方之间的关系,原告就借贷原因、达成借贷合意的时间、场合所作出的陈述是否合乎情理等因素进行综合考察,以此判断是否属于合同关系。本案中,原告虽然未能举证证明双方曾经达成借贷合意,但是其能够合理陈述借贷发生的原因、经过,再结合其向被告转账的事实可以认定,双方之间存在借贷关系的可能性非常大,原告的举证已达到高度盖然性的证明标准。

第三,符合诉讼经济原则。承前所述,如果采取比较严格的把握标准,本案中如果双方当事人互不相识、原告亦无法合理陈述借贷合意的产生以及经过,则应当认定双方之间构成不当得利关系。但是,在原告已经以借贷关系起诉的情形下,即便法院在审理中进行释明且原告变更诉求,被告仍须承担还款义务,也就是说,按照不当得利进行审理的结果与按照民间借贷关系审理的结果并无差别,不会影响任何一方当事人的利益。因此,从诉讼经济的角度出发,为避免当事人重新起诉,对此类案件可按照民间借贷关系案件进行审理。

——最高人民法院民事审判第一庭:《原告仅依据付款凭证提起民间借贷诉讼,被告抗辩主张为其他法律关系时应承担举证责任》,载杜万华主编、最高人民法院民事审判第一庭编:《民事审判指导与参考》(总第63辑),人民法院出版社2016年版,第149~151页。

【链接:最高人民法院法官著述】

从目前民间借贷案件的实际情况和民间借贷市场现状看,在审判中遇到原告仅凭金融机构的转账凭证起诉要求归还借款,而被告又对原告主张的借款事实直接予以认可的情形时,仍需按照司法解释第19条的规定,对借贷发生的原因、时间、地点、款项来源、交付方式、款项流向，以及借贷双方的关系、经济状况等事实予以关注和审查，在查明的事实与双方当事人的主张和自认存在明显矛盾时，根据《最高人民法院关于适用〈中华人民共和国民事诉讼法〉的解释》第 92 条第 3 款的规定，不应对相应借贷事实予以确认。在能够确认双方属于恶意制造、参与虚假诉讼的情况下，还应根据本司法解释第 20 条的规定，作出相应处理。

——杜万华主编、最高人民法院民事审判第一庭编著：《最高人民法院民间借贷司法解释理解与适用》，人民法院出版社 2015 年版，第 310 页。

334

大额现金交付事实的举证责任

关键词 | 民间借贷 | 大额现金交付 | 举证责任 | 证明标准 |

【最高人民法院审判业务意见】

民间借贷中，出借人对大额现金交付事实应承担举证证明责任，举证证明标准应达到《最高人民法院关于适用〈中华人民共和国民事诉讼法〉的解释》第一百零八条规定的“高度可能性”标准。在出借人提供的收据与借款合同载明金额一致，但借款人对出借人主张的现金交付事实不予认可的情况下，人民法院应当综合交付凭证、支付能力、交易习惯、借贷金额、当事人关系以及当事人陈述的交易细节经过等因素审查当事人的举证，以认定是否存在借贷关系，而不能简单依据优势证据原则认定大额现金交付事实存在。

——最高人民法院民事审判第一庭：《民间借贷中大额现金交付事实的举证责任与证明标准》，载杜万华主编、最高人民法院民事审判第一庭编：《民事审判指导与参考》（总第 63 辑），人民法院出版社 2016 年版，第 157 页。

335

负有举证义务的民间借贷案件原告无正当理由拒不到庭的法律后果

关键词 | 原告 | 举证义务 | 民间借贷 | 拒不到庭 |

【最高人民法院司法解释】

第十八条 根据《关于适用〈中华人民共和国民事诉讼法〉的解释》第一百七十四条第二款之规定，负有举证证明责任的原告无正当理由拒不到庭，经审查现有证据无法确认借贷行为、借贷金额、支付方式等案件主要事实，人民法院对其主张的事实不予认定。

——《最高人民法院关于审理民间借贷案件适用法律若干问题的规定》(2015 年 8 月 6 日，法释〔2015〕18 号)

【链接：最高人民法院法官著述】

适用本条时，应注意采用传票传唤的方式通知原告到庭，传票上应注明法律依据和不到庭的法律后果，传票应直接交给原告或邮寄给原告本人亲自签收。如按原告在诉讼过程中提供的地址邮寄传票后，原告未在指定的时间到庭，亦未向法庭说明理由的，应当视为拒绝出庭。

原告到庭后，应当按照《最高人民法院关于适用〈中华人民共和国民事诉讼法〉的解释》第 110 条的规定签署保证书，保证书应当载明据实陈述，如有虚假愿意接受处罚等内容，原告应当在保证书上签名或捺印。需要强调的是，负有举证证明责任的原告虽然到庭，但拒绝接受询问或者拒绝签署保证书的，应视为拒绝出庭，经审查现有证据无法确认借贷事实是否发生、借贷金额、支付方式等案件主要事实，人民法院对其主张的事实仍不予认定。

适用本条时应注意，人民法院只有在审查本案的全部证据后，对借贷事实是否发生、借贷金额、支付方式等案件主要事实仍处于真伪不明，方可适用本条要求原告到庭。不可随意适用本条要求原告出庭，增加当事人的诉讼成本和负担。

——杜万华主编、最高人民法院民事审判第一庭编著:《最高人民法院民间借贷司法解释理解与适用》，人民法院出版社 2015 年版，第 320 ~ 321 页。

336

以存单为表现形式的借贷纠纷案件举证责任分配

关键词 | 借贷纠纷 | 存单纠纷 | 举证责任分配 |

【链接：最高人民法院法官著述】

本案一、二审法院查明的事实是一致的。对同一事实之所以出现不同的判决结果，关键在一、二审法院对是谁“指定”的用资人这一关键事实的认定不同。依照《最高人民法院关于审理存单纠纷案件的若干规定》第6条规定，在以存单为表现形式的借贷纠纷案件的处理中，认定是由出资人还是由金融机构“指定用资人”是该类案件的一个重要情节。在本案中，如果是土产公司指定的用资人，土产公司就要承担主要责任，金融机构只承担与其过错相适应的次要责任；如果是德清中行指定的用资人，德清中行就要承担用资人不能清偿部分的全部连带赔偿责任。存单为表现形式的委托贷款纠纷案件中，由于此类案件具有违规、违法的性质，所以双方当事人在指定用资人时都较为谨慎、隐秘，在发生纠纷时往往难以提取有效的证据。在当事人双方都不能举证证明对方是指定用资人的情况下，法院应当根据案件事实，由控制和占有资金一方当事人承担举证责任。根据本案查明的事实，土产公司向德清中行交付的银行汇票注明本公司为收款人。德清中行收到银行汇票后，将汇票款划入收款人土产公司名下，记载在该行汇入款834科目，并给土产公司出具了定期储蓄存单，存单不得提前支取。由此可知，在存款到期之前，对该存款土产公司丧失了支配权，资金在德清中行的控制之下。在此前提下，德清中行主张是土产公司指定的用资人，那么，德清中行必须承担举证责任，证明其主张的真实性。但是，对将资金转入商会公司账户这一事实，德清中行不能举证证明土产公司对“指定用资人”做出过意思表示。而相反的证据证明德清中行是以银行内部使用的特种转账传票和违规用进账单的方式将款转入商会公司账户的。由此可以认定为是德清中行占有该资金后自行指定商会公司为用资人的。德清中行举证不能，应当承担由此产生的法律后果。原审法院在对该事实的认定上适用法律的错误，违反了《中华人民共和国民事诉讼法》第64条和《最高人民法院关于适用〈中华人民共和国民事诉讼法〉若干问题的意见》第74条的规定，将依法本应由德清中行承担的举证责任，倒置于土产公司。以致做出“因出资人土产公司不能提供证据证实，其汇入款项系由德清中行自行转给用资人商会公司使用的事实，可以认定本案用资人系出资人自行指定”的错误认定。

人民法院应当注意的是，在认定事实的问题上，要正确地判断运用证据，就必须要注意正确适用法律；不仅要正确适用实体法，还要注意正确适用程序法，才能作出正确的认定结论，作出客观公正的裁判结果。

——陈明焰：《析以存单为表现形式的借贷纠纷案件中的举证责任》，李国光主编、最高人民法院民事审判第二庭编：《民商审判指导与参考》（总第1卷），人民法院出版社2002年版，第190～191页。

337

夫妻债务案件举证责任分配

关键词 | 举证责任分配 | 夫妻债务 | 债权人 |

【最高人民法院司法解释】

在《最高人民法院关于适用〈中华人民共和国婚姻法〉若干问题的解释（二）》第二十四条的基础上增加两款，分别作为该条第二款和第三款：

夫妻一方与第三人串通，虚构债务，第三人主张权利的，人民法院不予支持。

夫妻一方在从事赌博、吸毒等违法犯罪活动中所负债务，第三人主张权利的，人民法院不予支持。

——《最高人民法院关于适用〈中华人民共和国婚姻法〉若干问题的解释（二）的补充规定》（2017年2月28日，法释〔2017〕6号）

第二十三条 债权人就一方婚前所负个人债务向债务人的配偶主张权利的，人民法院不予支持。但债权人能够证明所负债务用于婚后家庭共同生活的除外。

第二十四条 债权人就婚姻关系存续期间夫妻一方以个人名义所负债务主张权利的，应当按夫妻共同债务处理。但夫妻一方能够证明债权人与债务人明确约定为个人债务，或者能够证明属于婚姻法第十九条第三款规定情形的除外。

——《最高人民法院关于适用〈中华人民共和国婚姻法〉若干问题的解释（二）》（2003年12月25日，法释〔2003〕19号）

第十八条 婚姻法第十九条所称“第三人知道该约定的”，夫妻一方对此负有举证责任。

——《最高人民法院关于适用〈中华人民共和国婚姻法〉若干问题的解

释（一）》（2001年12月25日，法释〔2001〕30号）

【最高人民法院司法政策】

三、审查夫妻债务是否真实发生。债权人主张夫妻一方所负债务为夫妻共同债务的，应当结合案件的具体情况，按照《最高人民法院关于审理民间借贷案件适用法律若干问题的规定》第十六条第二款、第十九条规定，结合当事人之间关系及其到庭情况、借贷金额、债权凭证、款项交付、当事人的经济能力、当地或者当事人之间的交易方式、交易习惯、当事人财产变动情况以及当事人陈述、证人证言等事实和因素，综合判断债务是否发生。防止违反法律和司法解释规定，仅凭借条、借据等债权凭证就认定存在债务的简单做法。

在当事人举证基础上，要注意依职权查明举债一方作出有悖常理的自认的真实性。对夫妻一方主动申请人民法院出具民事调解书的，应当结合案件基础事实重点审查调解协议是否损害夫妻另一方的合法权益。对人民调解协议司法确认案件，应当按照《最高人民法院关于适用〈中华人民共和国民事诉讼法〉的解释》要求，注重审查基础法律关系的真实性。

——《最高人民法院关于依法妥善审理涉及夫妻债务案件有关问题的通知》（2017年2月28日，法〔2017〕48号）

【最高人民法院审判业务意见】

第一，关于夫妻共同债务的认定问题。这个问题已经引起社会的广泛关注，每年全国两会后，也总有一定数量全国人大代表、全国政协委员的建议、提案是针对此问题提出的，2015年尤其多。夫妻一方举债的情形在现实生活中非常复杂，不仅存在夫妻一方以个人名义在婚姻关系存续期间举债给其配偶造成损害的情况；也存在夫妻合谋以离婚为手段，将共同财产分配给一方，而将债务分配给另一方，借以达到逃避债务、损害债权人利益目的的情形。从我们了解的情况看，各地法院对这个问题争议也非常大，包括共同债务除借款外是否还包括侵权等其他债务；在夫妻共同债务的认定上，除“用于夫妻共同生活”的标准外，是否要考虑增加“为了家庭共同利益”的标准；在举债人配偶一方举证证明举债人所借债务明显超出日常生活及生产经营所需，或者举债人具有赌博、吸毒等不良嗜好的，举证证明责任能否转移等问题。这些问题目前争议都非常大，我们也正在研究中。总体意见是,处理这类纠纷一定要兼顾债权人信赖利益的保护和妇女儿童权益的维护两个方面。就婚姻关系存续期间夫妻一方以个人名义所负债务性质的考量,应区分规制不同的法律关系,分别适用婚姻法第四十一条和婚姻法司法解释(二)第二十四条予以解决。在涉及夫妻债务的内部法律关系时,应按照婚姻法第四十一条的规定进行认定,即在夫妻离婚时,由债务人举证证明所借债务是否基于夫妻双方合意或者是否用于夫妻共同生活,如举证不足,配偶一方不承担偿还责任。在涉及夫妻债务的外部法律关系时,应按照婚姻法司法解释(二)第二十四条的规定进行认定。但是,在该条"但书"规定的两种情形外,可以考虑增加一种情形,即如果配偶一方举证证明所借债务没有用于夫妻共同生活的,配偶一方也不承担偿还责任。切忌僵化机械理解举证证明责任,要注意根据不同案件事实,区分争议点是配偶双方内部关系还是与债权人之间的外部关系,合理分配举证证明责任,同时注意举证责任的转化。如果债权人对债务为夫妻共同债务提供初步证据后,举证证明责任就应转化为举债人的配偶一方,由举债人配偶一方对不属于夫妻共同债务的抗辩承担举证证明责任,当然如果举债人配偶一方举证证明举债人所借债务明显超出日常生活及生产经营所需,或者举债人具有赌博、吸毒等不良嗜好,或者所借债务发生在双方分居期间等情形的,举证证明责任就相应地转回到债权人一方。对此,我们主要担心的是因举证证明责任分担不当,导致极端个案发生,造成极其不好的社会影响。希望各高院民一庭庭长回去后对各自辖区的民事审判部门强调这个问题,尤其是要跟基层法院的法官讲清楚,防止极端个案出现。最高人民法院也将进一步加强对认定夫妻共同债务的指导,精选和发布相关指导性案例,明晰夫妻共同债务认定标准,统一司法裁判尺度。

——程新文:《关于当前民事审判工作中的若干具体问题》(2015 年 12 月 24 日),载杜万华主编、最高人民法院民事审判第一庭编:《民事审判指导与参考》(总第 64 辑),人民法院出版社 2016 年版,第 59 ~ 60 页。

【《最高人民法院公报》案例】

单洪远、刘春林诉胡秀花、单良、单译贤法定继承纠纷案(江苏省高级人民法院二审民事判决书)

裁判要旨:《最高人民法院关于适用〈中华人民共和国婚姻法〉若干问题的解释(二)》第 24 条的规定,本意在于加强对债权人的保护,一般只适用于对夫妻外部债务处理。人民法院在处理涉及夫妻内部财产关系的纠纷时，不能简单依据该规定将夫或妻一方的对外债务认定为夫妻共同债务，其他人民法院依据该规定作出的关于夫妻对外债务纠纷的生效裁判，也不能当然地作为处理夫妻内部财产纠纷的判决依据，主张夫或妻一方的对外债务属于夫妻共同债务的当事人仍负有证明该项债务确为夫妻共同债务的举证责任。

江苏省高级人民法院认为：

首先，一审判决对单业兵死亡后遗留的夫妻共同财产价值的认定，有评估报告等证据予以证明。上诉人胡秀花虽持异议，但未能举出确有证明作用的证据，故对其该项上诉主张不予支持。

其次，上诉人胡秀花虽主张单业兵生前遗留有债务，但未能举证证明这些债务真实存在，且属夫妻共同债务，故其该项上诉理由也不能成立。关于胡秀花向徐贵生的借款是否为夫妻共同债务的问题，胡秀花在二审时提交了江苏省南京市雨花台区人民法院（2005）雨民一初字第 28 号民事判决书（系在本案一审判决后作出），该判决书虽然载明“此案系民间借贷纠纷，因被告胡秀花经传票传唤无正当理由拒不到庭，法院遂依据原告徐贵生的陈述以及借条等证据认定该笔债务为夫妻共同债务，判决由胡秀花向徐贵生偿还人民币 20 万元”，亦不足以在本案中证明胡秀花向徐贵生的借款是夫妻共同债务。该判决为处理夫妻对外债务关系，将胡秀花对徐贵生的借款认定为单业兵与胡秀花的夫妻共同债务并无不当，也符合《最高人民法院关于适用〈中华人民共和国婚姻法〉若干问题的解释（二）》第 24 条之规定。但前述规定的本意是通过扩大对债权的担保范围，保障债权人的合法利益，维护交易安全和社会诚信，故该规定一般只适用于对夫妻外部债务关系的处理，在处理涉及夫妻内部财产关系的纠纷时，不能简单地依据该规定，将夫或妻一方的对外债务认定为夫妻共同债务，其他人民法院依据该规定作出的关于夫妻对外债务纠纷的生效裁判，也不能当然地作为处理夫妻内部财产纠纷的判决依据，主张夫或妻一方的对外债务属于夫妻共同债务的当事人仍负有证明该项债务确为夫妻共同债务的举证责任。本案中，由于单业兵已经死亡，该笔债务是否认定为夫妻共同债务会直接影响其他继承人的权益，胡秀花应就其关于该笔借款属夫妻共同债务的主张充分举证。根据现有证据，胡秀花提供的借条的内容不能证明该笔借款系夫妻共同债务，且在本案一审期间，亦即南京市雨花台区人民法院（2005）雨民一初字第 28 号民事判决作出之前，该借条不在债权人手中，反被作为债务人的胡秀花持有，有违常情。鉴于二审中胡秀花不能进一步举证证明该笔债务确系夫妻共同债务，故对其该项上诉主张不予支持。

——《最高人民法院公报》2006 年第 5 期

【链接：最高人民法院法官著述】

人民法院审理离婚案件时，夫妻间债权债务关系应当如何处理，一直是个比较突出且难以妥善解决的问题。《解释二》从以下几方面入手，就相关问题作出规定：夫妻中一方以个人名义所负债务的处理问题；离婚协议或者人民法院裁判文书中对夫妻之间债权债务分配问题的处理决定，与债权人之间的关系问题，以及夫妻双方因为离婚、配偶死亡等原因，对所负共同债务的处理问题。下面我们从不同的角度加以分析、研究。

(一)关于夫妻中一方以个人名义所负债务的处理问题

因为如果夫妻双方共同向外举债，无疑将被认定为双方的共同债务。审判实践中大量存在的纠纷中，多数是夫妻双方中仅以一方名义出面对外举债，事后涉及夫妻之间及其与债权人之间的关系不好处理的问题。所以，我们接下来都是针对夫妻双方中以一方名义举债的问题加以研究。

以一方名义所负债务应如何认定其性质，是夫妻共同债务还是一方个人债务？《解释二》第二十三条、第二十四条以债务形成时所处的时间阶段作为切入点，分成结婚前所欠债务和婚姻关系存续期间所欠债务两种情形进行规定。

首先，关于结婚前形成的、一方以个人名义所负债务的处理问题。根据《解释二》规定，一方婚前已经形成的债务，原则上认定为夫妻中一方的个人债务，有特殊情况的除外。作为例外情形，债权人能够证明所欠债务是为结婚所欠或者都已经用于婚后共同生活的，应当认定为共同债务，由夫妻双方共同偿还。此时的举证责任分配给了主张权利的债权人。

其次，婚姻关系存续期间，一方以个人名义所负债务的处理问题。根据《解释》规定，属于婚姻关系存续期间以一方名义所负债务，原则上应当认定为夫妻共同债务，但有特殊情形的除外。作为例外情形，夫妻这方要提供能够证明该债务确为欠债人个人债务，从而未欠债的婚姻关系当事人可以对抗债权人的请求。属于个人债务的情形主要有两种，一种是债权人与债务人明确约定该项债务属于个人债务，另一种是属于婚姻法第十九条第三项规定的情况。婚姻法第十九条第三款规定："夫妻对婚姻关系存续期间所得的财产约定归各自所有的，夫或妻一方对外所负的债务，第三人知道该约定的，以夫或妻一方所有的财产清偿。"

（二）有关举证责任的分配问题

《解释二》就前述第二十三条、第二十四条中但书性条款规定内容的举证责任分配问题，进行了规定。作为《解释二》第二十三条规定的例外情形，举证责任分配给了债权人。作为第二十四条规定的例外情形，举证责任分配给了夫妻这一方。

（三）当事人的离婚协议或者人民法院生效的裁判文书中对夫妻财产分割及债权债务负担问题作出的处理决定，与债权人之间的关系问题

处理好此类纠纷，必须要正确看待夫妻内部之间的关系及夫妻与其他债权人之间的关系问题。一方面，当事人的离婚协议或者人民法院生效的裁判文书中对夫妻财产分割及债权债务负担问题作出的处理决定，不能对抗善意第三人，《解释二》第二十五条对此问题作出了专门规定。作为夫妻关系之外的债权人，仍然有权就夫妻所负共同债务向夫或妻中的任何一方主张权利，离婚后的男女双方不得以夫妻之间已有协议或者法院已作出裁决为由加以对抗。

由于我国一直坚持婚姻关系案件的审理不允许第三人参加的原则，所以处理夫妻财产、特别是处理对外共同债务的负担问题时，真正的债权人往往处于不知情或者不能表达自己意见的地位。如果认为上述决定不仅对夫妻双方有法律拘束力，对债权人也同样适用的话，对债权人很不公平，在理论上也很难讲得通。我们知道，在婚姻关系存续期间，夫妻双方如无特别约定，则适用法定的所得共有制。夫妻对共同债务都有清偿的责任，且是一种连带责任。对于这种连带清偿责任，不经债权人同意，债务人之间无权自行改变其性质，否则对债权人而言是一种不利益。应当将共同债务人之间的这些约定，视为其内部约定，在内部对彼此有效，但是不能据此向外对抗其他债权人。同理，人民法院在作出这些生效法律文书时，只是为了解决婚姻关系当事人内部之间对于财产分割的处理、对债权债务的负担问题。这与婚姻关系之外的债权人无关，此时人民法院并未对债权人的权利进行审查处理，也没有改变婚姻关系当事人与其他债权人之间的关系。所以，债权人仍然有权就夫妻所负共同债务向其中任何一方主张求偿。

另一方面，当事人的离婚协议或者人民法院生效的裁判文书中对夫妻财产分割及债权债务负担问题作出的处理决定，对男女双方之间具有法律约束力，双方必须全面履行。

要正确认识夫妻因离婚而产生的一系列财产分割等问题，应当坚持从夫妻内部之间的关系及夫妻作为一方与外部其他人的关系两方面入手，分别加以考虑，才能得出一个全面的认识。对外部关系而言，已经在本条前款内容中有所表述，只要是对夫妻共同债务，通常任何一方都有先行向债权人偿还全部债务的义

务。从夫妻内部之间的关系而言,必须要遵守这些生效的裁判或者协议的内容。夫或妻在对外就共同债务承担连带清偿责任后,有权基于离婚协议或者人民法院生效的裁判文书向原配偶主张自己的权利。除了上面介绍的当事人离婚以外,发生配偶死亡情形的,生存一方配偶也仍然要对此前夫妻共同债务继续承担责任,《解释二》第二十六条对此作出明确规定。

——刘银春:《关于适用〈中华人民共和国婚姻法〉若干问题的解释(二)的理解与适用》,载最高人民法院执行工作办公室编:《强制执行指导与参考》(总第9集),法律出版社2004年版,第54~56页。

应当正确掌握"债权人与债务人明确约定为个人债务"的证明标准。在司法实践中,夫妻一方与债权人形成的个人债务同样具有"以个人名义所欠债务"的外部特征,但是,如何将这种债权人与债务人约定的个人债务与夫妻共同债务区别开来,关键要统一证明的标准。由于夫妻一方与债权人约定的个人债务发生纠纷后,这个债务到底是夫妻一方个人债务或是夫妻共同债务,就成为债权人与夫妻另一方争辩的焦点问题,也构成诉辩双方力争证明的证明对象。正是这种利益的高度对抗性,决定了判断真伪的标准主要是债权人与债务人在争议发生之前是否达成了关于"个人债务"的书面约定。如果仅有夫妻双方的陈述,而没有债权人的自认,"个人债务"的事实尚难以确认。总之,严格掌握夫妻一方"证明债权人与债务人明确约定为个人债务"的证明标准,对于保护债权人的合法权利,维护财产交易的安定性都具有十分重要的意义。

应当正确认识"第三人知道夫妻双方在婚姻关系存续期间的所得财产为各自所有"的证明标准。根据《婚姻法》第十九条第三款的规定,夫妻对婚姻关系存续期间所得的财产约定归各自所有的,夫或妻一方对外所负的债务,第三人知道该约定的,以夫或妻一方所有的财产清偿。据此,只要债权人知道夫妻双方对婚后所得实行约定财产制的,夫妻一方在婚姻关系存续期间所欠债务即为个人债务,另一方无法定清偿义务。所以,如何能够证明债权人知道夫妻双方实行约定财产制的这一事实,是夫妻双方在争议发生后所应当承担的证明责任。我们认为,"债权人知道夫妻双方实行约定财产制"的这一事实,可以通过以下几个要素来综合把握:(1)夫妻双方是否有约定财产制的事实,如婚姻登记机关的记载、书面约定、经过公证的协议等;(2)与债权人及夫妻双方无利害关系人的证言;(3)债权人与夫妻一方债权文书中的相关记载等。

——最高人民法院民事审判第一庭编著:《最高人民法院婚姻法司法

解释(二)的理解与适用》,人民法院出版社2004年版,第226~227页。

338

父母请求子女返还出资案件举证责任分配

关键词｜举证责任分配｜购房出资｜返还出资｜借贷｜赠与｜

【最高人民法院司法解释】

第七条　婚后由一方父母出资为子女购买的不动产,产权登记在出资人子女名下的,可按照婚姻法第十八条第(三)项的规定,视为只对自己子女一方的赠与,该不动产应认定为夫妻一方的个人财产。

由双方父母出资购买的不动产,产权登记在一方子女名下的,该不动产可认定为双方按照各自父母的出资份额按份共有,但当事人另有约定的除外。

——《最高人民法院关于适用〈中华人民共和国婚姻法〉若干问题的解释(三)》(2011年8月9日,法释〔2011〕18号)

【链接:最高人民法院法官著述】

现实生活中,由于父母与子女不和、子女离婚时父母为保全自己的出资等原因还经常会出现父母请求返还出资的情形。从司法实践反馈情况来看,父母请求返还出资所主张的基础法律关系往往为借贷而非赠与。基于父母子女之间密切的人身财产关系,父母出资时很少留下证据证明自己出资的性质。一旦涉讼,双方的主要证据均为当事人陈述。这使得审判实践中往往很难判断出资的性质。我们认为,对父母出资为子女购买房屋行为的法律性质,应着重把握以下几个方面:第一,应尊重双方意思自治。对父母出资行为的认定原则上应以父母的明确表示为标准。如果父母与子女之间约定为赠与或者父母明确表示为赠与,就是赠与关系。这里要注意,父母出资赠与的真实意思表示,一般应发生在出资的当时或在出资后。一旦父母在出资时或出资后作出意思表示,则意味着赠与关系已经成立生效。父母日后再主张借贷关系则一般不能得到支持。这里为了防止当子女婚姻关系有变或父母子女间关系恶化,父母违反诚信原则以所谓借贷关系为由要求返还出资。第二,对借贷关系是否成立应严格遵循"谁主张谁举证"原则。在现实生活中,基于彼此间密切的人身财产关系,父母的借贷往往没有借条,父母的赠与也往往没有明确的表示。此时应严格执行"谁主张、谁举证"原则。如果父母有关借贷的举证不充分,则应认定该出资为赠与行为。所谓举证责任又称证明责任,是指当事人对自己提出的主张有提供证据进行证明的责任。具体包含行为意义上的举证责任和结果意义上的举证责任两层含义:其一,行为意义上的举证责任,是指当事人对自己提出的主张有提供证据的责任。其二,结果意义上的举证责任,是指当待证事实真伪不明时由依法负有证明责任的人承担不利后果的责任。可见将举证责任分配给当事人中的任一方都会加大其败诉风险。因此,举证责任如何分配对当事人而言至关重要。

具体到父母出资情形中,在出资行为性质处于真伪不明状态时,将出资为借贷这一事实的证明责任分配给父母一方比将出资为赠与的证明责任分配给子女一方更符合上述证明责任分配原则。首先,赠与的单务行为属性决定了子女只需被动消极接受赠与的财产,无需作出其他积极行为。而借贷的双务行为属性,决定了借贷人要承担返还标的物的积极行为义务。因此,相对于证明借贷关系,赠与关系更难以被证明。其次,借贷关系中一般都立字为据,以借款人出具借条形式作为出借人请求返还的依据。故正常情况下,出借人都会妥善保管借条。而赠与关系中,赠与人是通过赠与方式放弃了赠与物的所有权,一般不存在事后受赠物的返还问题,故赠与人没有必要保留相关证据证明赠与关系的存在。因此,主张借贷关系的父母应比主张赠与关系的子女更接近证据并更容易保留证据。再次,父母子女间的亲缘关系决定了父母出资为赠与的可能性高于借贷。从中国现实国情来看,子女刚参加工作缺乏经济能力,无力独自负担买房费用。而父母基于对子女的亲情,往往自愿出资为子女购置房屋。绝大多数父母出资的目的是要解决或改善子女的居住条件,希望让子女生活得更加幸福,而不是日后要回这笔出资。因此,父母出资借贷给子女买房的概率远低于父母将出资赠与给子女买房。进而,由主张借贷关系这一低概率事件存在的父母来承担证明责任也与一般人日常生活经验感知保持一致。综上,在父母一方不能就出资为借贷提供充分证据的情形下,一般都应认定该出资为对子女的赠与。

——最高人民法院民事审判第一庭编著:《最高人民法院婚姻法司法解释(三)理解与适用》,人民法院出版社 2011 年版,第 127 ~ 128 页。

339

离婚损害赔偿举证责任分配

关键词 | 举证责任分配 | 离婚损害赔偿 |

【最高人民法院司法解释】

第十七条 夫妻双方均有婚姻法第四十六条规定的过错情形，一方或者双方向对方提出离婚损害赔偿请求的，人民法院不予支持。

——《最高人民法院关于适用〈中华人民共和国婚姻法〉若干问题的解释（三）》（2011 年 8 月 9 日，法释〔2011〕18 号）

【链接：最高人民法院法官著述】

离婚损害赔偿的举证在司法实践中是一个较为困难和复杂的问题。在审判实践中，有两个问题需要特别注意：

（一）举证责任人认定问题

离婚损害赔偿纠纷案件的举证同其他普通民事诉讼案件一样，在举证责任上都适用“谁主张，谁举证”的原则。从婚姻法第四十六条的规定中，我们不难看出，请求离婚损害赔偿的一方，如果要在离婚诉讼中获得赔偿，就必须证明离婚是因为对方的过错引起的，且还须进一步证明对方有婚姻法第四十六条规定的情形之一。简而言之，受害方也就是无过错方负有举证责任。在离婚损害赔偿的种种法定违法行为中，受害方无一不处于弱势地位，且大多数是妇女。婚姻关系的私密性决定了在婚姻存续过程中，刻意保存证据的不多。若收集到被侵害的证据，又怕恶化夫妻关系，以至于一发不可收拾；如果不收集保存证据，又怕将来自身权益受到侵害，求助无门。即使有知情人，也是亲属朋友或者邻居，与婚姻当事人日后都必存交往，一般不会出庭作证，特别是同居关系取证更难。所以，不管是涉家庭暴力还是同居的案件，要举出确凿证据和证人出庭都有一定困难。在此情况下，无过错配偶的合法权益难以得到有效的保护。

（二）离婚损害赔偿的证据形式

在离婚诉讼中，如要求过错方承担损害赔偿的责任，就需要主张方，即无过错方提交充足的证据来支持其主张，损害赔偿的证据主要包括：

1. 过错行为人承认错误的文字记录或口头陈述。

2. 由过错方所在居（村）委会或其所在单位出具的其与他人同居或与他人以夫妻名义相称共同生活的证明。

3. 由婚姻登记机关出具的其与他人结婚的证明。

4. 有关机构如医院出具的证明遭受家庭暴力的诊断或有关机关出具的伤情鉴定书。

5. 由人民法院作出的构成虐待罪、遗弃罪或其他关于家庭暴力犯罪的刑事判决书。

6. 左邻右舍的证词。

7. 能证明一方有过错事实或行为的照片。

8. 司法、行政、执法机关的相关记录等。

要注意的是：收集证据时应采取法律允许的方法、手段和途径向了解真相的单位、组织、人员询问、收取证词、记录、凭证等，如家庭暴力伤害后拍摄的照片、X 光片等，或者医疗机构诊断受害人因长期家庭压力患上忧郁症的病历；可能的话，也可以请有关证人出庭作证。

——最高人民法院民事审判第一庭编著：《最高人民法院婚姻法司法解释（三）理解与适用》，人民法院出版社 2011 年版，第 254～255 页。

340

善意取得举证责任分配

关键词 | 机动车所有权 | 善意取得 | 举证责任分配 |

【《最高人民法院公报》案例】

刘志兵诉卢志成财产权属纠纷案（浙江省绍兴市中级人民法院二审民事判决书）

裁判要旨：机动车虽然属于动产，但存在一些严格的管理措施使机动车不同于其他无需登记的动产。行为人未在二手机动车交易市场内交易取得他人合法所有的机动车，不能证明自己为善意并付出相应合理价格的，对其主张善意取得机动车所有权的请求，人民法院不予支持。

浙江省绍兴市中级人民法院认为：

无处分权人将他人所有的财产转让给受让人，所有权人原则上有权追回。但为了保护交易安全，民法上设置了善意取得制度，即在前述情形下，受让人受让该财产构成善意取得的，则受让人可以依法取得该财产的所有权，原所有权人无权向受让人追回该财产。善意取得应当符合以下条件：受让人受让该不动产或者动产时是善意的；以合理的价格转让；转让的不动产或者动产依照法律规定应当登记的已经登记，不需要登记的已经交付给受让人。根据本案事实，可以认定被上诉人卢志成取得涉案浙 DH3951 号金杯面包车的行为不属于善意取得。

首先，被上诉人卢志成取得涉案浙 DH3951 号金杯面包车时不是基于善意。善意取得制度中的"善意"，主要是指受让人不知让与人无所有权或处分权的事实。这是善意取得人取得财产所有权或其他权利的法律前提。明知让与人无处分权而仍受让该财产与无权处分人违反所有权人意志转让财产的行为，都属于故意侵犯他人所有权的行为。《二手车流通管理办法》第六条规定："二手车直接交易是指二手车所有人不通过经销企业、拍卖企业和经纪机构将车辆直接出售给买方的交易行为。二手车直接交易应当在二手车交易市场进行。"第十五条第一款规定："二手车卖方应当拥有车辆的所有权或者处置权。二手车交易市场经营者和二手车经营主体应当确认卖方的身份证明，车辆的号牌、《机动车登记证书》、《机动车行驶证》，有效的机动车安全技术检验合格标志、车辆保险单、交纳税费凭证等。"第十六条规定："出售、拍卖无所有权或者处置权车辆的，应承担相应的法律责任。"第十七条规定："二手车卖方应当向买方提供车辆的使用、修理、事故、检验以及是否办理抵押登记、交纳税费、报废期等真实情况和信息。买方购买的车辆如因卖方隐瞒和欺诈不能办理转移登记，卖方应当无条件接受退车，并退还购车款等费用。"本案中，被上诉人没有按照《二手车流通管理办法》规定的方式进行二手车交易，且在车辆转让时已明知车辆行驶登记证所登记的车主并非让与人。在此情况下，被上诉人没有进一步查明涉案车辆的来源，甚至连让与人的身份情况也一概不知，即在明知让与人不具有涉案车辆处分权的情况下进行了交易，显然不属于善意取得。

其次，被上诉人卢志成没有充分证据证明其在受让涉案浙 DH3951 号金杯面包车时，付出了合理的价格。善意取得是为保护交易安全而设定的，以有偿取得为前提，而且还应支付合理的价格。分析这一点实际上也可以从另一方面印证受让人是否基于善意取得财产，因为财产转让一般是有相应条件的，没有转让价格或者转让价格明显低于实际价格，足以引起受让人对让与人是否有处分权的合理怀疑。本案中被上诉人虽提供了其与案外人陈小波签订的协议书,但因为该协议并非按照《二手车流通管理办法》规定的方式在二手车交易市场内签订,让与人也未出庭作证。在此情况下,被上诉人应当举出其他充分证据证明自己已经为涉案车辆交易支付了合理的价款。但被上诉人并未完成这一举证义务,故不能认定其在受让涉案车辆时支付了合理的价款。

最后,善意取得要求转让的财产依照法律规定应当登记的已经登记,不需要登记的已经交付给受让人。机动车虽然属于动产,但具有一定的特殊性,车主需办理机动车登记证、车辆行驶证,这些严格的管理措施使车辆不同于其他无需登记的动产,也利于受让人审核车辆转让时的合法正当性。本案被上诉人卢志成无法办理涉案车辆过户手续的事实,也说明他明知让与人未取得涉案车辆处分权,进一步说明被上诉人取得涉案车辆不属于善意取得。

综上,被上诉人卢志成并未善意取得涉案车辆。上诉人刘志兵基于物权请求权要求被告返还涉案车辆,理应支持。上诉人以缺乏证据为由撤回赔偿损失这一诉讼请求,系其真实意思表示,理由正当,予以准许。

——《最高人民法院公报》2008 年第 2 期

341

交通事故形成原因举证责任分配

关键词｜交通事故形成原因｜举证责任分配｜

【最高人民法院司法政策】

人民法院在审理交通事故损害赔偿案件时,要正确对待公安交通管理部门的责任认定。公安交通管理部门的责任认定实际上是对交通事故因果关系的分析,是对造成交通事故原因的确认。要避免将公安交通管理部门的责任认定简单等同于民事责任的分担,应将其作为认定当事人承担责任或者确定受害人一方也有过失的重要证据材料。

——《全国民事审判工作座谈会材料》(2003 年 3 月 26 日),载最高人民法院民事审判第一庭编:《民事审判指导与参考》(总第 14 卷),法律出版社 2003 年版,第 18 页。

【最高人民法院审判业务意见】

最高人民法院民一庭意见:(1)公安交通管理部门出具的“交通事故认定书”是人民法院处理交通事故损害赔偿案件的重要证据之一,如当事人一方或者双方无相反的证据或者足以推翻其结论的理由,“交通事故责任认定书”应当成为人民法院认定案件事实的依据。(2)在因交通事故引发的损害赔偿案件中,当事人应当根据《道路交通安全法》的规定,对各自的主张分别承担举证责任,公安交通管理部门对交通事故中待证事实的真伪不承担举证责任。(3)当事人一方或者双方在民事诉讼中对“交通事故责任认定书”提出异议的,应当提供相反的证据或理由,并承担结果意义上的举证责任。

——贺小荣:《对交通事故形成原因的举证责任应由谁来承担》,载最高人民法院民事审判第一庭编:《中国民事审判前沿》(总第2集),法律出版社2005年版,第56页。

342

船舶碰撞纠纷案件的举证

关键词｜船舶碰撞纠纷｜举证｜

【最高人民法院司法解释】

第十条 审理船舶碰撞纠纷案件时,人民法院根据当事人的申请进行证据保全取得的或者向有关部门调查收集的证据,应当在当事人完成举证并出具完成举证说明书后出示。

第十一条 船舶碰撞事故发生后,主管机关依法进行调查取得并经过事故当事人和有关人员确认的碰撞事实调查材料,可以作为人民法院认定案件事实的证据,但有相反证据足以推翻的除外。

——《最高人民法院关于审理船舶碰撞纠纷案件若干问题的规定》(2008年5月19日,法释〔2008〕7号)

【链接：最高人民法院法官著述】

船舶碰撞案件尤其是碰撞后逃逸的案件,通常存在证据难以存留、直接证据少的特点,碰撞时间、碰撞海域都不易确定,多数情况下碰撞船舶互有过错,而当事人为减轻责任篡改证据材料的情况又屡见不鲜,从而直接影响了碰撞责任的认定。船舶碰撞案件的上述特点使民事诉讼法所规定的第一审普通程序审理船舶碰撞案件表现出了较大的不适应性,为了保证案件审理的公正和高效,海事诉讼特别程序法第八章第一节针对船舶碰撞案件的特点,专门制定了规范船舶碰撞案件的特殊的程序性规定。鉴于碰撞案件证据的特殊性和重要性,海事诉讼特别程序法规定双方当事人都必须如实填写海事事故调查表,并在开庭审理前完成全部举证。一旦出具完成举证说明书后,不能随意推翻原有陈述,而且只有在完成举证并出具完成举证说明书后,才可以申请查阅有关碰撞的事实证据材料。以上这些有关举证时限和禁止翻供的特殊规定,就是为了达到证据保密的目的,防止当事人作伪证,影响事故责任的正确认定,充分体现了船舶碰撞案件审理程序的特殊性。

由于船舶碰撞发生在海上,痕迹难以保留,证据难以取得,有关的航海日志、海图等证据材料也容易被篡改,故当事人可以依据海事诉讼特别程序法第五章的规定申请海事证据保全,也可以依据民事诉讼法第六十四条的规定申请向海事局等有关部门调查收集证据。虽然此类证据系当事人申请取得,但是为了避免此类证据被提出申请的当事人利用,在举证过程中作出对对方当事人不利的陈述,依据海事诉讼特别程序法第八章第一节中所确立的证据保密和禁止翻供的基本原则,此类证据只有在当事人完成举证并出具举证说明书后才可以出示。

碰撞事故发生后,海事主管机关为行使海上交通安全法赋予的对海上交通事故的行政管理权,会主动收集、制作相关碰撞事实的调查材料,其中包括航海日志、轮机日志以及海事事故调查笔录等。对于此类调查材料能否作为诉讼过程中的证据材料及其效力问题,审判实践中存在不同的认识。我们认为,海事主管机关作为海上安全监督管理主管机关,通常都在第一时间介入事故调查,获取第一手的事故资料,其中经事故当事人和有关人员在海事局进行事故调查时所确认的有关碰撞过程调查材料,相比当事人在其后的法院诉讼过程中填写的海事事故调查表而言,往往更加真实、直观,因此应当可以作为认定案件事实的证据材料,除非有其他相反证据否定其证据效力。这一规定可以防止此后事故当事人因外在原因任意改变调查事实，有利于查明案件事实，提高诉讼效率。

——胡方：《〈关于审理船舶碰撞纠纷案件若干问题的规定〉理解与适用》，载《人民司法》2008 年第 11 期。

343 船舶碰撞责任比例的举证责任

关键词 | 船舶碰撞 | 责任比例 | 举证责任 |

【最高人民法院司法解释】

第八条 碰撞船舶船载货物权利人或者第三人向碰撞船舶一方或者双方就货物或其他财产损失提出赔偿请求的，由碰撞船舶方提供证据证明过失程度的比例。无正当理由拒不提供证据的，由碰撞船舶一方承担全部赔偿责任或者由双方承担连带赔偿责任。

前款规定的证据指具有法律效力的判决书、裁定书、调解书和仲裁裁决书。对于碰撞船舶提交的国外的判决书、裁定书、调解书和仲裁裁决书，依照民事诉讼法第二百六十六条和第二百六十七条规定的程序审查。

——《最高人民法院关于审理船舶碰撞纠纷案件若干问题的规定》（2008 年 5 月 19 日，法释〔2008〕7 号）

【链接：最高人民法院法官著述】

船舶碰撞事故发生后，依据海商法第一百六十九条第二款的规定，互有过失的船舶碰撞造成当事船舶船载货物和其他的财产损失，受害人只能按照各船舶的过失比例分别向各加害船舶索赔，但应当由谁提交证据证明过失程度的比例，海商法和海事诉讼特别程序法都没有明确规定。“谁主张，谁举证”是民事诉讼法有关举证责任的基本。《最高人民法院关于适用〈中华人民共和国民事诉讼法〉若干问题的意见》中虽然对六种特殊侵权诉讼作出了举证责任倒置的规定，但是对船舶碰撞责任比例的举证显然不属于法定的举证责任倒置的范畴，那么对这种碰撞责任比例的举证责任应该由谁承担呢？我们认为，首先，受害人并不是船舶碰撞事故的直接当事人，无法就船舶碰撞过失程度比例进行举证；其次，按照过失程度比例承担赔偿责任是法律赋予碰撞船舶的抗辩理由，如果碰撞船舶主张按照过失程度比例承担赔偿责任，应当对其主张承担相应的举证责任；再次，互有过失的船舶碰撞造成船载货物或者第三人的财产损失，基于海商法第一百六十九条关于比例责任的特殊规定倾向于保护船舶所有人，受害人无法要求碰撞一方承担全额赔偿责任，如果再要求受害人承担过失程度比例的举证责任有悖于公平原则。因此，综合当事人双方的举证能力，根据公平原则和诚实信用原则，应当由碰撞船舶方承担举证责任。

当船载货物权利人或者第三人向碰撞一方船舶或者双方船舶就财产损失提出赔偿请求时，碰撞船舶一方或者双方如果抗辩按照过失比例承担赔偿责任，就应当提供相应的证据证明过失程度的比例。通常情况下，如果碰撞船舶双方当事人已经通过诉讼或者仲裁的方式确定了碰撞事故责任比例，可以用具有法律效力的判决、裁定或者仲裁裁决作为证明过失程度比例的证据向船载货物权利人或者第三人承担财产损失的赔偿责任。但是，司法实践中有时会出现碰撞船舶仅仅抗辩按照过失比例对船载货物权利人或者第三人承担赔偿责任，但却怠于用诉讼或者仲裁等方式确定碰撞责任比例的情况。如果碰撞责任比例不确定，碰撞船舶对受害人的赔偿可能就无法确定。当船载货物的权利人或者第三人向碰撞船舶提出财产损失赔偿请求时，按照过失比例承担赔偿责任是法律赋予碰撞船舶的抗辩权利，碰撞船舶对于该抗辩主张负有举证责任。如果碰船舶仅主张承担比例责任，即不提供具有法律效力的判决、裁决等证明过失程度比例，应当视为其主动放弃法律赋予的抗辩权，除非其向法院举证已经就船舶碰撞纠纷另行提起了诉讼或者仲裁但尚未审理终结。为了督促碰撞船舶就碰撞事故责任比例尽快提起诉讼或者仲裁，防止碰撞船舶规避责任，互相拖拉扯皮，迟迟不能确定碰撞比例，或者恶意串通拒不举证证明碰撞事故责任比例，使船载货物的权利人或者第三人的合法权益受到影响，也为了保障海商法第八章所确立的比例责任原则的具体实施，《规定》参照了《最高人民法院关于民事诉讼证据的若干规定》第二条第二款的规定，碰撞船舶拒不提供证据证明过失比例应承担的不利后果作出了规定。当权利人或第三人仅向一方碰撞船舶提出索赔，而该碰撞船舶既不提供证据证明过失程度比例，也不就碰撞纠纷另行提起诉讼或者仲裁，视为其无正当理由拒不提供证据证明责任比例，应当由其承担全部赔偿责任；权利人或第三人向碰撞双方船舶提出索赔，而双方船舶都拒不提供证据证明其责任比例的，依照民法通则第一百三十条的规定共同承担连带责任。

《规定》还进一步明确了证明过失责任比例的证据形式。该条款参照了海事诉讼特别程序法第一百一十三条、第一百一十五条以及《最高人民法院关于适用〈中华人民共和国海事诉讼特别程序法〉若干问题的解释》第八十八条有关债权证据的规定，并结合船舶碰撞纠纷的特点，将证明过失程度比例的证据形式限定为具有法律效力的判决书、裁定书、调解书和仲裁裁决书。考虑到碰撞船舶仅仅按照过失比例对船载货物的权利人或者第三人负赔偿责任是法定的赔偿原则，故只有法院或者仲裁机关作出的判决、裁定、调解书或者仲裁裁决中确定的碰撞船舶过失比例才应当成为确认碰撞船舶对外赔偿责任的依据。除此之外的其他证据，如碰撞船舶之间达成的和解协议等，只要请求人不予认可，都不能成为证明过失程度比例的证据。需要注意的是，碰撞船舶作为事故当事人，有权采用协议方式解决相互之间的碰撞纠纷，其自行达成的有关碰撞事故比例或者相互赔偿数额的协议在碰撞船舶之间是有效的。但是，船载货物权利人或者第三人并不是该协议的当事人，并不当然受该协议的约束，除非其同意接受该协议确定的责任比例，否则可能会导致碰撞船舶恶意串通损害权利人的合法权益。因此，碰撞船舶之间自行达成的协议与本规定中的法律文书作为证据的效力是不同的。在碰撞责任比例没有经过法院或仲裁机关审查确认的情况下，该协议不能直接作为碰撞船舶对外承担比例赔偿责任的依据，除非船载货物权利人或者第三人同意接受。

——胡方：《〈关于审理船舶碰撞纠纷案件若干问题的规定〉理解与适用》，载《人民司法》2008 年第 11 期。

344

金融不良债权转让案件举证责任分配和证据审查

关键词｜金融不良债权转让｜举证责任分配｜证据审查｜

【最高人民法院司法政策】

会议认为，人民法院在审查不良债权转让合同效力时，要加强对不良债权转让合同、转让标的、转让程序以及相关证据的审查，尤其是对受让人权利范围、受让人身份合法性以及证据真实性的审查。不良债权转让合同中经常存在诸多限制受让人权利范围的条款，人民法院应当要求受让人向法庭披露不良债权转让合同以证明其权利合法性和权利范围。受让人不予提供的,人民法院应当责令其提供;受让人拒不提供的,应当承担举证不能的法律后果。人民法院在对受让人身份的合法性以及是否存在恶意串通等方面存在合理怀疑时,应当根据《最高人民法院关于民事诉讼证据的若干规定》及时合理地分配举证责任;但人民法院不得仅以不良债权出让价格与资产账面额之间的差额幅度作为引起怀疑的证据,而应综合判断。对当事人伪造或变造借款合同、担保合同、借款借据、修改缔约时间和债务人还贷时间以及产生诉讼时效中断证据等情形的,人民法院应当严格依据相关法律规定予以制裁。

——《最高人民法院关于审理涉及金融不良债权转让案件工作座谈会纪要》(2009 年 3 月 30 日,法发〔2009〕19 号)

【链接:最高人民法院法官著述】

尽管《纪要》规定了诸种无效事由,但无效事由的最终认定有赖于相关证据审查和举证责任分配。在债务人提起转让合同无效之诉中,人民法院应当根据《最高人民法院关于民事诉讼证据的若干规定》及时合理地分配举证责任,重点加强对不良债权的可转让性、转让合同的内容、转让程序的公正合法性以及受让人资质的适格性等方面的审查。

(一)强化转让合同内容的审查

审判实践中普遍存在的问题是:受让人常以涉及商业秘密为由拒不提供其与金融资产管理公司等转让人之间的不良债权转让合同,而是仅向人民法院提供其从金融资产管理公司等转让人获得的有关债权凭证,但该凭证远远不能反映合同双方约定的具体内容,部分法官亦不深究。事实证明,不良债权转让合同中存在不少诸如禁止转售、禁止向国有银行、国家机关追偿等限制性条款,这在确定受让人权利范围方面非常重要。因此,《纪要》强调:不良债权转让合同应当成为法庭上必须披露的、用于证明受让人权利合法性和确切权利范围的必要法律文件。受让人不主动提供的,人民法院应当责令其提供;拒不提供的,应当承担举证不能的法律后果。

(二)强化转让合同效力的审查

人民法院在根据《纪要》规定审查转让合同效力时,应当注意三个具体问题:

1. 关于公告程序的审查

财政部、中国银监会联合发布的财金字〔2005〕47 号《金融资产管理公司资产处置公告管理办法》和财金字〔2008〕87号《金融资产管理公司资产处置公告管理办法（修订）》对转让公告的资产范围、公告载体、公告期限以及披露内容作出比较详细的规定。其目的无疑是为便于社会公众的监督，增强金融不良债权处置的透明度和提高不良债权的回收变现率等。因此，人民法院对资产处置公告合规性审查时，着重审查三点：其一，公告的载体是否合规。公告的媒体级别要求拟处置资产的规模是否相适应，发布公告的媒体是否已经在财政部在各地财政监察专员办事处和各地银监局备案。其二，审查公告的时限是否合规。其中，以整体"资产包"方式处置不良资产项目，应在资产处置审核机构审核至少22个工作日前刊登公告，以保障公众在知悉后有充分时间了解资产信息。其三，公告信息与资产信息内容是否一致。即实际转让的资产包内容与公告的整体"资产包"内容相比是否出现"掉包"或"加塞"情形。经审查，若出现不合规情形，根据《纪要》规定，人民法院在衡量公告违规对转让合同效力的影响时，应当参照两个标准。第一个标准是：该公告违规行为是否对依照公开、公平、公正、竞争、择优原则处置不良资产造成实质性影响。通常情形下，尽管金融资产管理公司存在一些不符合规定的公告行为，但如果不能证明受让人存在恶意或者与金融资产管理公司之间存在恶意串通行为的，或者尚未对依照公开、公平、公正、竞争、择优原则处置不良资产造成实质性影响的，人民法院不宜仅据此认定债权转让合同无效。第二个标准是：实际转让的资产包与转让前公告的资产包内容严重不符，且不符合《金融资产管理公司处置公告管理办法（修订）》规定的公告要求。如果金融资产管理公司转让债权公告违反《金融资产管理公司资产处置公告管理办法（修订）》规定，实际转让中存在"掉包"或者"加塞"等严重不符情形，可以认定构成公告信息虚假，人民法院应当根据合同法第五十二条第（二）项、第（四）项以及《纪要》的规定，认定不良债权转让合同无效。

2. 关于评估程序的审查

实践证明，在金融不良债权评估过程中的确存在由于对债务人资产低估、漏估等原因造成评估报告不真实的情形。根据《纪要》规定精神，人民法院对此应当区分情况予以处理：（1）如果由于无法全面掌握债务人资产状况或者因债务人企业形态发生变化等客观原因导致评估报告与实际不符的，只要金融资产管理公司或者评估机构尽到必要的审慎注意义务，仍然不能安全了解债务人资产真实状况的，应当属于金融不良债权处置过程中的自身风险，人民法院不宜据此认定转让合同无效。（2）如果根据国家有关规定应经合法、独立的评估机构评估，但未经评估的，则可以认为金融资产管理公司存在重大过失或者至少未尽谨慎义务，由此可能导致国有资产流失,应当认定转让合同无效。(3)如果有证据证明在评估过程中存在金融资产管理公司与评估机构相互勾结、恶意串通,故意低估、漏估而造成国有资产流失损害国家利益或社会公共利益的,应当认定转让合同无效。

3. 关于处置价格的审查

值得注意的是,国家允许金融资产管理公司通过"打包"的方式处置金融不良债权本身就蕴含着一个前提,就是金融资产管理公司与受让人对资产实际价值的认识和评价存在区别,这种区别的原因主要在于信息不对称。受让人通过充分调查和比较判断后,可能比金融资产管理公司更了解资产或资产包的具体价格信息,加之市场行情的变化等多种因素,经常出现受让人以较低的价格受让不良债权并获得高额回报的情形。仅就单笔债权而言,的确可能出现受让人以较低价格受让不良债权并获得高额回报的现象,但综观整体资产包全面状况,也完全存在其他资产无法获得清偿的可能。加之,关于不良债权如何合理定价,目前国家相关主管部门尚未形成定价机制,只能伪造市场竞争来形成价格。因此,人民法院不宜仅仅以金融不良债权的出让价格与资产账面额之间的差额幅度作为引起合理怀疑的证据,而应当综合判断。

(三)强化相关证据调查和审查

审判实践中,一些受让人为了达到诉讼时效中断的效果或者为了适用不同时期对自己最有利的法律或者司法解释,存在伪造、变造证据现象。其中,最为常见的是伪造或者变造借款合同、担保合同、借款借据,修改合同签订时间、债务人还贷时间以及产生诉讼时效中断的证据。人民法院要高度重视对证据真实性的审查,发现当事人伪造、变造证据的,要严格依照程序法的规定予以制裁。同时,鉴于此类案件年代久远,加之转让环节较多,对各方当事人而言均存在证据失散严重的问题,人民法院要适当加强以职权主动审查,尽可能地查清案件事实。

——高民尚:《关于审理涉及金融不良债权转让案件的若干政策和法律问题》,载最高人民法院民事审判第二庭编:《民商事审判指导》(总第17辑),人民法院出版社2009年版,第38~41页。

345

瑕疵出资举证责任分配

关键词 | 瑕疵出资 | 抽逃出资 | 举证责任 |

【最高人民法院审判业务意见】

股东以土地使用权出资后，记载相关财产权转移手续的原始凭证，构成了验资报告的基础资料。审查出资是否到位，应主要以这些相关的财务资料和验资文件为依据。如果债权人主张由控股公司对瑕疵出资承担责任，其应承担相应的举证责任。但由于上述证据材料掌握在控股公司手中，债权人难于取证，根据《最高人民法院民事诉讼证据规定》第75条“有证据证明一方当事人持有证据无正当理由拒不提供，如果对方当事人主张该证据的内容不利于证据持有人，可以推定该主张成立”的规定，在此情况下，债务人应对是否存在瑕疵出资承担举证责任。因此，对债权人的举证责任要求不宜过严，只要其能举出能使人对股东出资瑕疵产生合理怀疑的表面证据或者证据线索，法院应要求债务人提供相关证据证明其不存在虚假出资或抽逃出资的情形。

——宫邦友：《国有控股公司以其控股国有企业的划拨土地对外投资时构成抽逃出资，应当承担民事责任》，载江必新主编、最高人民法院民事审判第二庭编：《民商审判指导与参考》（总第3卷），人民法院出版社2003年版，第125页。

346

诉讼时效举证责任分配

关键词 | 诉讼时效 | 举证责任分配 |

【最高人民法院裁判文书】

中国农业银行新疆分行营业部、中国人民银行乌鲁木齐中心支行、乌鲁木齐市工银房地产开发公司与乌鲁木齐城市建设综合开发公司欠款纠纷上诉案［最高人民法院（2000）民终字第34号民事判决书］

裁判要旨：一般请求权的诉讼时效为2年，自知道或应当知道权利被侵害时计算，界定诉讼时效的起算点，依赖于当事人自己的举证。

最高人民法院认为：

新疆农行、乌市人行、工银公司与城建公司1993年4月8日签订的《联合投资开发建设马市住宅小区合同》，是当事人经过协商的真实意思表示，合同内容符合法律规定，应为有效合同。在联合投资开发过程中，双方当事人于1995年2月15日经协商达成《马市住宅小区联合开发建设第五次董事会纪要》，决定终止合作开发，将联合经营法律关系变更为债权债务法律关系，亦符合法律规定，双方在诉讼中对该纪要的真实性均没有异议，故该纪要应作为处理本案纠纷的依据。新疆农行、乌市人行、工银公司向原审法院起诉的请求亦是返还欠款，故三上诉人上诉主张本案属于联营清算纠纷，理由不成立。第五次董事会纪要约定由城建公司尽快还款，属于履行期限约定不明，1995年4月27日城建公司向乌市人行出具的《关于偿还乌市人行资金市场已投资金的几点意见》，承诺尽快归还投资款，仍属于履行期限约定不明，因此，新疆农行、乌市人行、工银公司随时可以向城建公司主张权利，城建公司亦可以随时要求履行义务。新疆农行、乌市人行、工银公司向一、二审法院提供的《中房集团乌鲁木齐公司债权单位协议书》，明确要求城建公司在1997年3月30日前清偿欠款和资金占用费，属于将履行期限不明的债务变更为有明确履行期限的债务，三上诉人主张该协议已于1996年12月18日送达给城建公司的法定代表人姜传明，城建公司以消极的行为予以拒绝，因此，三上诉人应当知道其权利自债务人拒绝履行义务时受到侵害，应在法律规定的诉讼时效期间内依法行使请求权，保护自己的合法权益。由于三上诉人对1996年12月18日以后城建公司拒绝履行义务的时间和自己是否还有以其他形式主张权利的行为不能举证，城建公司在诉讼中否认见到过上述协议书，因此，根据三上诉人的举证，应当认定城建公司拒绝履行义务的时间为1996年12月18日，本案的诉讼时效应从1996年12月19日开始起算。一审法院认定诉讼时效从1995年2月15日开始起算，缺乏依据，本院予以纠正。新疆农行、乌市人行分别在1999年3月24日和2月1日向乌鲁木齐市中级人民法院起诉，超过了法律规定的两年诉讼时效期间，其作为权利人的胜诉权依法不予保护。工银公司于1998年11月4日向乌鲁木齐市中级人民法院起诉，符合法律规定，其诉讼请求城建公司返还500万元并赔偿利息损失，证据充分，依法应予支持。

——最高人民法院民事审判第一庭编：《最高人民法院民事案件解析（建设工程）》（第3辑），法律出版社2010年版，第428～429页。

【链接：最高人民法院法官著述】

诉讼时效是本案当事人争议的核心问题之一。双方当事人在一、二审诉讼过程中分别举证加以说明。(1)1995 年 2 月 15 日第五次董事会纪要，是一审原告举出的证据，一审被告刚开始予以否认，后来又明确予以承认，应当肯定其真实性。该纪要约定由城建公司尽快还款，属于履行期限约定不明。1995 年 4 月 27 日城建公司向乌市人行出具的《关于偿还乌市人行资金市场已投资金的几点意见》，承诺尽快归还投资款，仍属于履行期限约定不明，因此，依照民法通则的有关规定，新疆农行、乌市人行、工银公司随时可以向城建公司主张权利，城建公司亦可以随时要求履行义务。一审法院认为时效应从 1995 年 2 月 15 日的第五次董事会纪要形成之日开始起算是错误的，应予纠正。(2)新疆农行、乌市人行、工银公司向一、二审法院提供的《中房集团乌鲁木齐公司债权单位协议书》，是涉及本案处理的最关键的证据，该证据明确要求城建公司在 1997 年 3 月 30 日前清偿欠款和资金占用费，属于将履行期限不明的债务变更为有明确履行期限的债务，三上诉人主张该协议已于 1996 年 12 月 18 日送达给城建公司的法定代表人姜传明，城建公司以消极的行为予以拒绝，因此，三上诉人应当知道其权利自债务人拒绝履行义务时受到侵害，应在法律规定的诉讼时效期间内依法行使请求权，保护自己的合法权益。由于三上诉人对 1996 年 12 月 18 日以后城建公司拒绝履行义务的时间和自己是否还有以其他形式主张权利的行为不能举证，城建公司在诉讼中否认见到过上述协议书，因此，根据三上诉人的举证，应当认定城建公司拒绝履行义务的时间为 1996 年 12 月 18 日，本案的诉讼时效应从 1996 年 12 月 19 日开始起算。(3)新疆农行、乌市人行分别在 1999 年 3 月 24 日和 2 月 1 日向乌鲁木齐市中级人民法院起诉，超过了法律规定的两年诉讼时效期间，其作为权利人的胜诉权依法不予保护。工银公司于 1998 年 11 月 4 日向乌鲁木齐市中级人民法院起诉，符合法律规定，其诉讼请求城建公司返还 500 万元并赔偿利息损失，证据充分，依法应予支持。(4)应当指出本案上诉人和被上诉人的举证，均存在各取所需、为己所用的心理。新疆农行、乌市人行、工银公司向一、二审法院提供的《中房集团乌鲁木齐公司债权单位协议书》，本意是为了证明发生了新的诉讼时效中断的事实，自己的起诉没有超过诉讼时效，而他们却忽视了该证据的内容和被上诉人的拒绝对时效的影响。尽管被上诉人否认见到过这份证据，目的是逃避债务，但是，根据谁主张谁举证的原则,原告的肯定主张,其必须积极举证,因其举证并不能满足其证明要求,被告的否定主张并不需要充分举证,故本案依据民事诉讼法规定的举证责任原则,判决原告承担举证不利的后果,应当说是原告自身造成的,也是符合法律的精神和客观实际的。

——最高人民法院民事审判第一庭编:《最高人民法院民事案件解析(建设工程)》(第3辑),法律出版社2010年版,第430~431页。

编者说明

《民法通则》第135条和第137条规定:向人民法院请求保护民事权利的诉讼期间为2年,诉讼时效期间从知道或者应当知道权利被侵害时起算。故此,当事人超过法律规定的诉讼时效期间向人民法院起诉的,其诉讼请求将得不到支持。界定诉讼时效的起算点,或者界定当事人"知道""应当知道"权利被侵害的事实,依赖于当事人自己的举证。从司法实践看,定期债权应当从约定的期限届满之日起算诉讼时效;不定期债权则债权人随时可以要求债务人履行义务,从债务人拒绝之日起算诉讼时效。债权人将不定期的债权变更为有明确履行期限的债权并通知债务人的,自期限届满之日起,无论债务人以明示的意思表示拒绝履行,还是以默示的方式表示拒绝履行义务,均应推定为债权人应当知道权利受到侵害,诉讼时效开始起算。如果债权人自己举出对己不利的证据,应自行承担不利的诉讼结果。值得注意的是,《民法总则》第188条将向人民法院请求保护民事权利的诉讼时效期间由2年改为3年。

347

债权人代位权诉讼举证责任

关键词 | 代位权诉讼 | 举证责任 |

【最高人民法院司法解释】

第十三条 次债务人(即债务人的债务人)不认为债务人有怠于行使其到期债权情况的,应当承担举证责任。

——《最高人民法院关于适用〈中华人民共和国合同法〉若干问题的解释(一)》(1999年12月19日,法释〔1999〕19号)

348

铁路运输人身损害赔偿纠纷案件举证责任

关键词｜铁路运输｜人身损害赔偿｜举证责任｜

【最高人民法院司法解释】

第五条 铁路运输中发生人身损害，铁路运输企业举证证明有下列情形之一的，不承担赔偿责任：

（一）不可抗力造成的；

（二）受害人故意以卧轨、碰撞等方式造成的。

——《最高人民法院关于审理铁路运输人身损害赔偿纠纷案件适用法律若干问题的解释》（2010年3月3日，法释〔2010〕5号）

【链接：最高人民法院法官著述】

《民法通则》第123条和《铁路法》第58条规定的免责条件是不同的，这是在以往的实践中形成意见分歧的根本原因。一种意见认为，铁路运输属于高危作业，应当贯彻无过错归责原则，应当以《民法通则》的规定作为铁路运输企业免责的条件，即仅有“受害人故意”的情形，才能免除铁路运输企业的侵权赔偿责任。另一种意见则强调应当严格适用《铁路法》第58条的规定，只要有该条中规定的受害人自身原因，则无须考虑其他任何条件，均应免除铁路运输企业的赔偿责任。起草小组研究认为，《铁路法》第58条体现了国家对铁路予以特别保护的目的，在司法中不能排除其适用。而《民法通则》作为民事基本法，亦当然应予适用。所以本《解释》综合纳入了《民法通则》第123条和《铁路法》第58条的规定，并在结合以往司法实践经验的基础上予以细化，以便于司法实践中具体操作，即本《解释》第5条规定：“铁路运输中发生人身损害，铁路运输企业举证证明有下列情形之一的，不承担赔偿责任：（一）不可抗力造成的；（二）受害人故意以卧轨、碰撞等方式造成的。”第7条第2款规定：“受害人不听从值守人员劝阻或者无视禁行警示信号、标志硬行通过铁路平交道口、人行过道，或者沿铁路线路纵向行走，或者在铁路线路上坐卧，造成人身损害，铁路运输企业举证证明已充分履行安全防护、警示等义务的，不承担赔偿责任。”另需注意的是，在铁路运输企业主张免除其赔偿责任的情形,应当就免责事由承担举证责任。这一点在本《解释》中虽然没有特别规定,但从诉讼的基本原理来讲,是不言而喻的。

——宫鸣、张代恩:《适用〈关于审理铁路运输人身损害赔偿纠纷案件适用法律若干问题的解释〉中的几个问题》,载最高人民法院民事审判第一庭编:《民事审判指导与参考》(总第41集),法律出版社2010年版,第16~17页。

349

保险人告知义务举证责任

关键词 | 保险人 | 说明义务 | 举证责任 | 询问证明的推翻 |

【最高人民法院司法解释】

第六条 投保人的告知义务限于保险人询问的范围和内容。当事人对询问范围及内容有争议的,保险人负举证责任。

——《最高人民法院关于适用〈中华人民共和国保险法〉若干问题的解释(二)》(2013年5月31日,法释〔2013〕14号)

编者说明

当投保人与保险人就是否履行了如实告知义务发生争议时,应当由投保人举证证明已经尽到义务,还是由保险人举证证明未履行相应义务,存在一定的分歧。我国采取的是询问告知的立法模式,投保人如实告知义务的范围直接取决于保险人提出询问的事项,而且保险实务操作中,投保单、投保申请书也要交由保险人审核、留存,所以由保险人举证证明就相关重要事项已经提出了询问且投保人未回答或者回答与事实不符更符合举证责任分配原则及保险实务。

350

保险人明确说明义务的举证责任及推翻

关键词 | 保险人 | 明确说明义务 | 举证责任 |

【最高人民法院司法解释】

第十三条 保险人对其履行了明确说明义务负举证责任。

投保人对保险人履行了符合本解释第十一条第二款要求的明确说明义务在相关文书上签字、盖章或者以其他形式予以确认的，应当认定保险人履行了该项义务。但另有证据证明保险人未履行明确说明义务的除外。

——《最高人民法院关于适用〈中华人民共和国保险法〉若干问题的解释(二)》(2013 年 5 月 31 日，法释〔2013〕14 号)

【链接：最高人民法院法官著述】

实践中，保险人通常提交经投保人签字确认的风险询问表来证明其已经进行询问以及询问的具体内容，并以风险询问表上投保人回答的内容作为投保人告知的情况。一般来说，只要投保人在风险询问表上签字确认，不管相关内容是其自己填写还是由他人代为填写，都应视为保险人已经进行询问、相关回答内容是其真实意思表示。当然，投保人可以提交其他证据来推翻该认定。从目前一些案例来看，以上认定被推翻主要存在以下两种情况：一是有保险业务人员证明，其在办理该业务时并未进行询问，投保人只是在其劝说下签字确认，而并未实际阅读风险询问表相关内容；二是保险业务人员代为填写风险询问表的情形。根据本解释第 3 条的内容，保险业务人员代为填写的内容经投保人签字确认的，应视为投保人的真实意思表示。但如有证据可以证明，保险业务人员在办理保险业务时，并未告知投保人需要回答风险询问表上的内容，就直接让投保人在风险询问表的尾部签字，其收回风险询问表代为补填相关内容的，此时，因投保人的签字形成于保险业务员代为填写相关内容之前，不能认为保险人已经进行询问，相关内容也不能认为是投保人真实意思表示。

——最高人民法院民事审判第二庭编著：《最高人民法院关于保险法司法解释(二)理解与适用》，人民法院出版社 2013 年版，第 174 ~175 页。

351

被保险人自杀时给付保险金责任要件成就的举证责任及分配

关键词｜被保险人自杀｜举证责任｜给付保险金｜

【最高人民法院司法解释】

第二十一条 保险人以被保险人自杀为由拒绝给付保险金的,由保险人承担举证责任。

受益人或者被保险人的继承人以被保险人自杀时无民事行为能力为由抗辩的,由其承担举证责任。

——《最高人民法院关于适用〈中华人民共和国保险法〉若干问题的解释(三)》(2015年11月25日,法释〔2015〕21号)

【链接:最高人民法院法官著述】

我们认为,被保险人的自杀作为积极事实,保险人要以此为由否认受益人要求其给付保险金责任的,由保险人对被保险人系自杀承担举证责任更为公平可行;当受益人或被保险人的继承人以被保险人自杀时无民事行为能力为由抗辩的,由其承担举证责任更为合理。保险人较被保险人家属而言,具有更强的调查取证能力,由其承担证明被保险人系自杀而亡的抗辩理由是合理的,也是符合举证责任分配的基本原理的。

——杜万华主编、最高人民法院民事审判第二庭编著:《最高人民法院关于保险法司法解释(三)理解与适用》,人民法院出版社2015年版,第520页。

352

因果关系存在是保险人承担保险责任的前提

关键词 | 因果关系 | 保险责任承担 | 举证责任 |

【最高人民法院司法解释】

第二十三条 保险人主张根据保险法第四十五条的规定不承担给付保险金责任的,应当证明被保险人的死亡、伤残结果与其实施的故意犯罪或者抗拒依法采取的刑事强制措施的行为之间存在因果关系。

——《最高人民法院关于适用〈中华人民共和国保险法〉若干问题的解

释(三)》(2015年11月25日,法释〔2015〕21号)

【链接：最高人民法院法官著述】

在保险法上,因果关系旨在解决保险人填补责任的有无,所以侧重于危险(承保危险和免责危险)与损害(金钱损害)之间的因果关系有无的判断。而有关被保险人所受损害、且应由保险人补偿的范围确定问题,则不属于因果关系解决的范畴。被保险人为防范可能发生的事故,弥补因不确定的事故发生而可能招致的不利益,向保险人投保;保险事故发生后,保险人对"因"承保的事故所产生的财产损失承担赔偿保险责任。因此《保险法》第二条规定:"……保险人对于合同约定的可能发生的事故因其发生所造成的财产损失承担赔偿保险金责任……"但是,所发生的事故是否是合同所约定的事故,或者说所发生的事故与损失之间是否有"因果关系",是在保险理赔中需要认定的一个重要问题。换言之,保险人承担保险金赔偿的前提是承保的事故与损失之间存在"因果关系",两者无因果关系时,保险人不负赔偿责任,这是保险法上因果关系意义最重要所在。

具体到我国《保险法》第四十五条,不能是只要被保险人有故意犯罪或者抗拒依法采取的刑事强制措施的行为,即使保险人赔付保险金的责任得以豁免,而是必须判断上述行为同被保险人的死亡、伤残之间是否存在因果关系,存在因果关系的,保险人无需承担保险责任,不存在因果关系的,保险人以被保险人存在上述行为的抗辩不能成立。

——杜万华主编、最高人民法院民事审判第二庭编著:《最高人民法院关于保险法司法解释(三)理解与适用》,人民法院出版社2015年版,第551～552页。

353 食品药品纠纷案件举证责任

关键词｜食品药品纠纷｜违约之诉｜侵权之诉｜举证责任｜

【最高人民法院司法解释】

第五条 消费者举证证明所购买食品、药品的事实以及所购食品、药品不符合合同的约定,主张食品、药品的生产者、销售者承担违约责任的,人民法院应予支持。

消费者举证证明因食用食品或者使用药品受到损害,初步证明损害与食用食品或者使用药品存在因果关系,并请求食品、药品的生产者、销售者承担侵权责任的,人民法院应予支持,但食品、药品的生产者、销售者能证明损害不是因产品不符合质量标准造成的除外。

——《最高人民法院关于审理食品药品纠纷案件适用法律若干问题的规定》(2013 年 12 月 23 日,法释〔2013〕28 号)

【链接:最高人民法院法官著述】

举证难是审理食品、药品纠纷案件中一个比较突出的问题。本《规定》第 5 条合理分配了消费者与经营者的举证责任,防止有理的消费者因举证不能而败诉。消费者在选择不同诉因进行诉讼时需依法承担相应的举证责任。在违约之诉与侵权之诉中,消费者承担的举证责任是不同的。选择违约之诉时,消费者仅对购买涉案商品的事实以及涉案商品不符合合同约定的或者法定的安全标准举证。而在侵权之诉中,消费者不仅要举证证明经营者有违法行为,并且注明其因购买商品受到损害,还要初步证明损害与食用食品或者使用药品之间存在因果关系。食品、药品的生产者、销售者能证明消费者的损害不是因产品不符合质量标准造成的可以不承担责任。

——张勇健、程新文、张进先、王毓莹:《〈最高人民法院关于审理食品药品纠纷案件适用法律若干问题的规定〉的理解与适用》,载最高人民法院民事审判第一庭编著:《最高人民法院关于食品药品纠纷司法解释理解与适用》,人民法院出版社 2014 年版,第 20 页。

一、如何区分违约之诉还是侵权之诉

实践操作中,在违约责任与侵权责任发生竞合时,应根据当事人请求权的选择分别依据违约责任或侵权责任处理。但当事人不能同时提起违约和侵权之诉,即当事人不能获得双倍赔偿。当事人的任何一项请求权(违约责任请求权或侵权责任请求权)满足后,另一项请求权因此而消灭。但当事人的任何一项请求权未能实现的(其原因可能是已过诉讼时效或败诉等),当事人仍可基于另一项请求权提起诉讼。当前应当特别注意不要混淆基于这两种责任而提起的两类诉讼的性质。为此,仅就法院的审判程序而言,应当注意下列几个问题:

1. 对当事人的诉讼请求进行审查。如果当事人的诉讼请求是要求对方承担违约金并赔偿损失，甚或是要求继续履行，则应判定当事人提起的是违约之诉而非侵权之诉。

2. 从当事人起诉的事实根据进行审查。看造成损害的原因是因当事人一方不适当履行合同义务造成的，还是因违反了法定禁止性的义务造成的。如是前者，当认定系违约之诉；如是后者，则系侵权之诉。

3. 从造成损害的结果上进行审查。看请求权人遭受的损失表现为财产消极的不增加或预期利益的难以实现，还是人身权利的损害或财产积极的减少。如是前者，应认定为违约之诉；如系后者，则为侵权之诉。

4. 从承担责任的范围上审查。如果请求权人诉讼请求中包含人身损害的损失或精神损害的损失又或名誉权、信誉权等的损失，那么不论当事人的陈述中有无主张违约的内容，则应定为侵权之诉。

5. 从承担责任的方式上审查。看承担责任是否仅能用赔偿损失的方式，如果承担责任不仅可以用赔偿损失的方式还可以用修理、重做、调换等方式的，或支付违约金足以弥补损失的，当应认定为违约之诉。

6. 从当事人起诉的对象上看。如请求权人所诉的被告不但包括特定的合同对方当事人，还包括其他相关的当事人，则应认定为侵权之诉。

二、如何理解法院告知当事人变更诉讼请求

对于相对欠缺法律专业知识的消费者来说，很难明确提出自己的主张，仅凭简单的生活逻辑来主张损害赔偿，甚至不知何为违约之诉与侵权之诉。当事人的损害赔偿的主张比较明确，但对于其提起的是违约之诉与侵权之诉的表述比较模糊。此时对于法官来讲，如何对于当事人的诉讼请求进行认定，就成为比较棘手的一个问题。应当特别注意不要混淆基于这两种责任而提起的两类诉讼的性质。为此，仅就法院的审判程序而言，应注意综合当事人的诉讼请求、当事人起诉的事实、造成损害的结果、承担责任的方式以及起诉的对象进行全面的考察与分析。

当事人选择何种请求权，法院如何确定案件性质，是责任竞合制度下所带来的实际问题。案件定性如何，直接关系到案件的处理结果，也即违法行为人所应承担的法律后果，更直接关系到受害人的切身利益，因此尤须慎重。要根据两种责任不同的性质、法律特征等综合起来进行分析，进而正确确定案件；如当事人诉请中明示以合同或侵权之法律关系的，则以当事人诉请之法律关系确定案由。在审判实践中，特别还要注意不能为了争管辖权而规避法律，以混淆两类案件。即使在诉讼程序开始之后、一审开庭之前，当事人又变更诉讼请求，从而导致管辖权移转的，只要对方当事人提出管辖权异议，受理法院应当移送管辖。另一方面，应充分理解《合同法》的立法精神，切实尊重当事人的意思自治。

——最高人民法院民事审判第一庭编著：《最高人民法院关于食品药品纠纷司法解释理解与适用》，人民法院出版社2014年版，第86~87页。

354

债权人申请破产的举证责任

关键词 | 申请破产 | 举证责任 |

【最高人民法院司法解释】

第六条 债权人申请债务人破产的，应当提交债务人不能清偿到期债务的有关证据。债务人对债权人的申请未在法定期限内向人民法院提出异议，或者异议不成立的，人民法院应当依法裁定受理破产申请。

受理破产申请后，人民法院应当责令债务人依法提交其财产状况说明、债务清册、债权清册、财务会计报告等有关材料，债务人拒不提交的，人民法院可以对债务人的直接责任人员采取罚款等强制措施。

——《最高人民法院关于适用〈中华人民共和国企业破产法〉若干问题的规定(一)》(2011年9月9日，法释〔2011〕22号)

【链接：最高人民法院法官著述】

我们必须厘清立法关于破产申请人等提交证据义务与法院受理破产申请标准之间的关系。过去一直存在一种误解，认为如破产申请人未能履行提交全部证据材料的义务，法院就可以不受理破产申请，这是不符合立法本意与法理逻辑的错误观点。当事人提出破产申请应提交有关证据，这是为法院审查应否受理破产申请以及顺利审理破产案件提供有利条件。但当事人未能依法提交全部有关证据材料，无论是债权人因客观条件所限无法提交，还是债务人拒不提交，如果能够根据债务人的外观行为（如未清偿依法成立的到期债务）判定债务人存在破产申请原因，法院也应当受理破产申请。而在司法实践中，申请人未提交全部有关证据材料，通常并不影响对破产申请原因存在的判定。在此需特别注意的是，法院判定应否受理破产申请的标准，不是申请人是否提交了法律规定的全部有关证据材料，而是债务人是否存在破产原因。《企业破产法》第 2 条第 1 款明确规定："企业法人不能清偿到期债务，并且资产不足以清偿全部债务或者明显缺乏清偿能力的，依照本法规定清理债务。"也就是说，只要债务人发生破产原因，法院就应当受理破产申请，与申请人等是否提交了完备的证据材料并无对应关系。

人民法院应当严格按照《企业破产法》及其司法解释规定的条件，审查债权人提出的破产申请，而不应对债权人的证明责任提出不切实际的要求，变相提高债权人提出破产申请的门槛。根据《企业破产法》第 11 条第 2 款以及本条司法解释规定，人民法院裁定受理债权人提出的破产申请后，债务人应当在法定期限内向人民法院提交相关财务凭证等材料。这些规定表明：(1) 债权人提出破产申请的，提交有关财务凭证材料的义务人为债务人，人民法院不应将此举证义务分配给债权人；(2) 即便债务人不提交上述材料，只要债权人对债务人提出的破产申请符合《企业破产法》及其司法解释规定的条件，人民法院也应予以受理，不应以此为由裁定不予受理或者驳回破产申请；(3) 人民法院裁定受理破产申请后，债务人不提交有关财务凭证等材料的，人民法院可以对债务人的直接责任人员依法采取罚款等强制措施。

——最高人民法院民事审判第二庭编著：《最高人民法院关于企业破产法司法解释理解与适用》，人民法院出版社 2013 年版，第 89 ~ 90 页。

355

依据生效裁判文书确认的事实直接作出判决并免除当事人的举证责任

关键词 | 生效裁判 | 确认事实 | 举证责任 | 免证事实 |

【最高人民法院司法解释】

第九十三条 下列事实，当事人无须举证证明：

（五）已为人民法院发生法律效力的裁判所确认的事实；

——《最高人民法院关于适用〈中华人民共和国民事诉讼法〉的解释》（2015 年 1 月 30 日，法释〔2015〕5 号）

第九条 下列事实当事人无需举证证明：

（四）已为人民法院发生法律效力的裁判所确认的事实；

——《最高人民法院关于民事诉讼证据的若干规定》（2001 年 12 月 21 日，法释〔2001〕33 号）

【最高人民法院审判业务意见】

最高人民法院民一庭倾向性意见认为：对于生效裁判中认定的事实，不宜从既判力的角度来理解，而应从生效裁判的事实证明效力的角度进行分析。凡人民法院生效裁判所确认的事实，具有免除后诉当事人举证责任的效力。在后诉当事人有相反证据足以推翻的情况下，后诉法院可以径行对有关事实进行确认，而不必等待前诉判决经过再审程序变更后再行认定。

——宋春雨：《生效裁判的事实证明效力》，载最高人民法院民事审判第一庭编：《中国民事审判前沿》（总第 2 集），法律出版社 2005 年版，第 70 页。

【《最高人民法院公报》案例】

徐州市路保交通设施制造有限公司与徐州市华建房地产开发有限公司、第三人尤娄庆房屋买卖合同纠纷案［最高人民法院（2005）民一终字第 65 号民事裁定书］

裁判要旨：当事人对已经发生法律效力的判决不服，或者人民法院发现已经发生法律效力的判决确有错误，只有通过依法启动审判监督程序撤销原审判决，才能对案件进行重新审判，否则均应受该已经发生法律效力的判决的拘束，当事人不得在以后的诉讼中主张与该判决相反的内容，人民法院也不得在以后的判决中作出与该判决冲突的认定和处理。

——《最高人民法院公报》2006 年第 6 期

【最高人民法院裁判文书】

内蒙古业成房地产开发有限责任公司与内蒙古三 A 家具有限公司《商品楼买卖合同》纠纷上诉案[最高人民法院(2007)民一终字第 68 号民事裁定书]

裁判要旨:生效裁判所确认的事实作为有效的民事诉讼证据,属于司法认知所适用的证据之一,即属于无可争执的不证自明的事实。

最高人民法院认为:

根据业成公司的上诉请求及三 A 公司的答辩,最高人民法院归纳二审双方当事人争议的焦点是:在最高人民法院(2003)民一终字第 59 号民事判决已生效的情况下,业成公司再行提起诉讼,请求解除双方签订的《商品楼买卖合同》,是否符合人民法院受理案件的条件。业成公司以请求解除其与三 A 公司签订的《商品楼买卖合同》为由再行提起诉讼,人民法院应否受理,应当结合业成公司诉请的依据以及行使诉讼权利的具体情况进行分析判断。

《中华人民共和国民事诉讼法》第 111 条第 5 项规定:“对判决、裁定已经发生法律效力的案件,当事人又起诉的,告知原告按照申诉处理,但人民法院准许撤诉的裁定除外。”依据该法律规定,本案业成公司起诉前,已经最高人民法院(2003)民一终字第 59 号民事判决确认:双方签订的《商品楼买卖合同》合法有效,继续履行,对于业成公司关于解除双方签订的《商品楼买卖合同》的请求予以驳回。2006 年 5 月 22 日,业成公司作为原告再次提起诉讼,仍请求解除双方签订的《商品楼买卖合同》,确认三 A 公司逾期付款的违约责任。该项诉讼请求除了迟延付款违约金数额有所增加和书写的“终止”与“解除”表述存在差异外,与最高人民法院(2003)民一终字第 59 号民事判决一案诉讼请求与事实理由均相同。因此,如果业成公司对最高人民法院生效的(2003)民一终字第 59 号民事判决不服,除依法启动审判监督程序对案件重新审理外,不能就同一事实和理由再行提起诉讼主张与生效判决相同的内容。故业成公司的起诉属于“重复起诉”,违反了“一事不再理”的民事诉讼原则,本院予以驳回。

——最高人民法院民事审判第一庭编:《最高人民法院民事案件解析(房屋买卖、租赁纠纷)》(第 4 辑),法律出版社 2010 年版,第 216 ~ 217 页。

【链接：最高人民法院法官著述】

双方二审争议的焦点为：在最高人民法院(2003)民一终字第59号民事判决已经生效的情况下，业成公司再行提起诉讼，请求解除双方签订的《商品楼买卖合同》，是否符合人民法院受理案件的条件。换句话说，如何正确理解与适用“已为人民法院发生法律效力的裁判所确认的事实”之证明力，则成为判断业成公司起诉是否为违反了“一事不再理”的民事诉讼原则，是否为“重复起诉”的关键。

本案业成公司起诉是否属于重复起诉，应当结合该公司诉请的依据以及行使诉讼权利的具体情况进行综合分析判断。

首先，业成公司是在最高人民法院(2003)民一终字第59号民事判决认定《商品楼买卖合同》有效，业成公司承担逾期交房的违约责任，案件进入执行程序的情况下，于2006年5月22日再次提起诉讼，该诉请除请求三A公司支付违约金数额有所增加外，与前述生效判决上诉诉请与理由均相同(即认为三A公司没有继续履行合同的基础与诚意，应予以解除)，也就是说，业成公司起诉的依据以及实体权利之诉求均是缘于双方签订的《商品楼买卖合同》约定。事实证明，业成公司再行提起诉讼请求解除合同的主张，已经第一次起诉之诉请所涵盖，并依法被驳回，非属新的诉讼请求。双方签订的《商品楼买卖合同》，依法继续履行，已是经国家最高审判机关通过法定程序确认的事实。

其次，在最高人民法院(2003)民一终字第59号民事判决生效后，业成公司自始未作出对该生效判决不服行使申请再审的意思表示，说明业成公司对该生效判决认定《商品楼买卖合同》有效，继续履行的判项认可无异议。

基于上述，最高人民法院针对双方该项争议焦点，于2007年9月11日作出(2007)民一终字第68号民事裁定：驳回上诉，维持裁定。该维持裁定的论证理由与一审裁定表述虽有不同，但均采用了司法认知的、无可置疑的、不证自明的最高人民法院(2003)民一终字第59号民事判决作为证据，并直接对后续业成公司再行提起诉讼是否违反了“一事不再理”的民事诉讼原则，是否为“重复起诉”之争议作出了判断。最高人民法院(2007)民一终字第68号民事裁定书，是对前述司法解释正确理解与适用的具体体现。

——最高人民法院民事审判第一庭编：《最高人民法院民事案件解析(房屋买卖、租赁纠纷)》(第4辑)，法律出版社2010年版，第217～220页。

编者说明

在民事诉讼活动中，当事人用另外一个案件的生效裁判文书作为证据支持其主张的情况经常发生。最高人民法院通过采纳生效的（2003）民一终字第59号民事判决认定的事实，确立了以下原则：第一，生效裁判所确认的事实作为有效的民事诉讼证据，属于司法认知所适用的证据之一，即属于无可争执的不证自明的事实，当事人可直接以生效裁判文书确认的事实作为证据证明自己的主张。如当事人不服，只能通过法律规定的审判监督程序予以纠正后，方可恢复诉讼。第二，生效裁判文书是国家审判机关依审判程序所确认的事实，这些事实预先确定了后续纠纷中同一待定事实的认定。因此，审判实践中，对于当事人所提供的生效裁判文书，人民法院可以依据生效裁判文书所确认的事实直接作出判断，并免除一方当事人的举证责任。

356

境外证据应履行的证明手续

关键词 | 境外证据 | 证明手续 |

【最高人民法院司法解释】

第十一条 当事人向人民法院提供的证据系在中华人民共和国领域外形成的，该证据应当经所在国公证机关予以证明，并经中华人民共和国驻该国使领馆予以认证，或者履行中华人民共和国与该所在国订立的有关条约中规定的证明手续。

当事人向人民法院提供的证据是在香港、澳门、台湾地区形成的，应当履行相关的证明手续。

——《最高人民法院关于民事诉讼证据的若干规定》（2001年12月21日，法释〔2001〕33号）

【最高人民法院司法政策】

（七）关于证据问题。去台人员和台胞在人民法院进行诉讼，应依大陆法律的规定，提供有关证明。对其提供的台湾公证机关或其他部门、民间组织出具的证明文书，可作为证据。但对以“中华民国”名义出具的证明文书，应通过适当途径变换名义。

——《最高人民法院处理涉台刑事申诉民事案件座谈会纪要》[1988年8月5日,法(办)发〔1988〕18号]

【最高人民法院答复】

安徽省高级人民法院:

你院民他字〔1992〕第13号《关于中国原驻苏联大使馆教育处出具证明效力问题的请示》收悉。经研究并征求外交部领事司的意见,现答复如下:

我国在国外行使涉外公证认证职能的机构,是我国外交代表机构和领事机构,即大使馆、总领事馆、领事馆等。在大使馆内,具体行使涉外公证认证职能的部门为领事部,大使馆内的其他部门如教育处、文化处、商务处等无权出具涉外公证认证文书。据此,我们同意你院请示中的第一种意见,即我国原驻苏联大使馆教育处对莫斯科大学学生耿纯要求离婚的书面意见和授权委托书的证明,不具有证明效力。

此复。

——《最高人民法院关于我原驻苏联使馆教育处出具的证明不具有证明效力的复函》(1992年9月22日,〔1992〕法民字第17号)

【《最高人民法院公报》案例】

陈明、徐炎芳、陈洁诉讼上海携程国际旅行社有限公司旅游合同纠纷案(上海市第一中级人民法院二审民事判决书)

裁判要旨:按照有关司法解释的规定,旅游经营者向人民法院提供的证据系在中华人民共和国领域外形成的,该证据应当按照法律规定完成公证、认证手续;在香港、澳门特区或台湾地区形成的,应当履行相关的证明手续。

上海市第一中级人民法院认为:

综观携程旅行社的证据材料,不论在证据的效力和证据的证明力上,以及直接证据、间接证据之间的相互印证上,都均无法形成令人信服的证据优势。携程旅行社为其酒店费用损失提供了相关证据,但"收费证明""取消政策"等境外证据未经公证、认证,部分证据无翻译件,形式上明显存有瑕疵,难以证明携程旅行社实际发生了酒店费用的支出;携程旅行社虽辩称其扣除的金额中还包括了已经支付的签证费和保险费，但其未提供支付凭证。法院在二审期间再次给予携程旅行社一个月的举证期限补充、补强相关证据，但其未能进一步有效举证，未提供经过公证、认证的境外证据，仅提供了与欧洲之星公司的邮件往来、报备文件，证明力较弱，难以印证损失已经实际产生并属合理，且均未得到陈明、徐炎芳、陈洁的认可；鉴于携程旅行社扣除相关费用欠缺证据证明，故陈明、徐炎芳、陈洁的上诉请求中部分内容应予以支持。

——《最高人民法院公报》2015 年第 4 期

【链接：最高人民法院法官著述】

按照本条第 1 款前段的规定，对于中华人民共和国领域外形成的证据进行的手续限制，有一般限制和特殊限制之分。一般情况下，当事人向人民法院提供中国境外所形成的证据的，该证据应当经所在国公证机关予以证明（有外文文字材料的，还应一并附有中文译本），并经中华人民共和国驻该国使领馆予以认证，才有效力。我国驻外使领馆，包括大使馆、总领事馆、领事馆等，是我国在国外行使涉外公证认证职能的机构。在我国驻外使领馆内，具体行使涉外公证认证职能的部门为领事馆，外使领馆内的其他部门，如教育处、文化处、商务处等，无权出具涉外公证认证文书（参见 1992 年 9 月《最高人民法院关于我原驻苏联使馆教育处出具的证明不具有证明效力的复函》）。

比如，外方当事人自中国境外寄交或者托交的委托中国律师为其诉讼代理人的"授权委托书"，即是证明代理人获得授权以及代理权限的证据。这种境外形成的证据要取得人民法院的认可，必须符合本条的规定。事实上，民事诉讼法第 242 条对此早有明文规定："在中华人民共和国领域内没有住所的外国人、无国籍人、外国企业和组织委托中华人民共和国律师或者其他人代理诉讼，从中华人民共和国领域外寄交或者托交的授权委托书，应当经所在国公证机关证明，并经中华人民共和国驻该国使领馆认证，或者履行中华人民共和国与该所在国订立的有关条约中规定的证明手续后，才具有效力。"可以看出，本条第 1 款规定与民事诉讼法第 242 条之间在内容上几乎完全一致。从某种意义上说，本条第一款直接来源于民事诉讼法第 242 条的规定，是对第 242 条的彻底贯彻。

在《最高人民法院关于适用〈中华人民共和国民事诉讼法〉若干问题的意见》第 59 条中，最高人民法院继续贯彻了民事诉讼法第 242 条规定的精神，规定"侨居在国外的中华人民共和国公民从国外寄交或者托交的授权委托书，必须经中华人民共和国驻该国的使领馆证明;没有使领馆的,由与中华人民共和国有外交关系的第三国驻该国的使领馆证明,再转由中华人民共和国驻该第三国使领馆证明,或者由当地的爱国华侨团体证明”。虽然侨居在国外的中国公民并非外国人,但他从国外寄交或者托交的授权委托书的行为在性质上仍属于在中国境外形成的证据,因此要履行与前项规定相同的手续,只不过针对行为人是中国公民这一特点,作了一点变通规定而已。

本条第 1 款后一段规定,对于中华人民共和国领域外形成的证据,还可以履行中华人民共和国与该所在国订立的有关条约中规定的证明手续,此即对境外形成的证据的特殊限制。民事诉讼法第 262 条规定:“根据中华人民共和国缔结或者参加的国际条约,或者按照互惠原则,人民法院和外国法院可以相互请求,代为送达文书、调查取证以及进行其他诉讼行为。”例如,代为询问当事人、证人、鉴定人,代为调取证据,以及代为进行鉴定和司法勘验。我国已于 1997 年加入 1970 年 3 月签署的海牙取证公约,对于国家之间的协助取证程序问题,主要依据该公约、民事诉讼法以及中国与有关国家签署的双边司法协助协定中的有关规定进行。根据中法、中波、中蒙等司法协助协定的要求,调查取证请求书的格式应与协定附录中的示范样本相符,空白部分用中法或中波或中蒙等国文字填写。调查取证请求书所付的文件必须有被请求一方文字的译本。调查取证的执行方式:一是由被请求一方的法院代为调查取证方式,适用本国法律,必要时可以实施本国法律规定的适当的强制措施。因此,我国法院在为被请求一方的法院代为调查取证的方式,就是依照我国民事诉讼法规定的调查取证方式,必要时可以适用我国民事诉讼规定的强制措施。二是缔约一方可以通过本国派驻缔约国另一方的外交代表或者领事代表机关,直接向另一方领域内的本国国民调查取证,但必须遵守缔约国另一方的法律,并不得采取任何强制措施。

被请求一方的法院如果无法按照请求一方指明的地址代为调查取证,应当主动采取必要的措施以确定地址,完成委托事项,必要时可以要求请求一方提供补充材料。如果经过努力,仍无法确定地址,被请求一方的法院应当通过其中央机关通知请求一方,并退还所附的一切文件。在完成调查取证后,被请求一方的法院,应通过双方的中央机关转送调查取证所取得的证据材料,必要时还应转送有关调查取证的执行情况。双方代为调查取证都不收取费用,但是有关鉴定人、翻译人员的报酬,应由请求一方负担。

这里的“中央机关”,是我国与其他签署双边协定的国家为司法协助目的而指定或建立的,统一负责对外转递有关司法文书和司法外文书的机关。各国指定或建立的情况不一致，大多数国家指定司法部为我国进行司法协助的“中央机关”。1987 年 6 月，我国国务院正式批准在司法部内设立司法协助局，从而确立了司法部为我国进行司法协助的“中央机关”。中国与比利时、意大利、西班牙有关民商事司法协助协定中指定我国司法部为中国方面的“中央机关”，《中蒙关于民事和刑事司法协助的协定》中同时指定司法部和最高人民法院为中国方面的“中央机关”。在实践中，究竟是以司法部还是以最高人民法院作为“中央机关”，主要是从工作方便的角度进行确定。根据本条第二款的规定，在港、澳、台形成的证据，应履行相关的证明手续。具体而言，港、澳居民从香港、澳门向人民法院提交证据，须按如下规定办理证明手续，才能发生效力：1. 我驻港、澳的机构（包括新华社香港分社、澳门分社等单位）的工作人员，由他们所在机构出具证明；2. 香港港九工会联合会、澳门工会联合会等社会团体的成员，由他们所在的团体出具证明；3. 其他港、澳居民可由我国司法部委托的香港律师办理证明。从 1981 年至 1993 年，我国司法部共委托 61 位香港律师办理香港同胞回内地处理民事经济法律事务所需要的公证。委托事项主要包括：(1) 凡发生在香港地区的法律行为、有法律意义的事实和文书的公证事项，均可由委托的香港律师办理。(2) 公证机关在受理内地与香港的一些公司、企业签订的“经济合同”时，如有需要，可要求港方当事人提供由司法部委托的香港律师出具的证明、该公司或企业登记注册的证明、银行资信情况证明、公司章程证明、委托代签“经济合同”的委托书的证明、公司或企业纳税的证明、银行担保证明，等等；(3) 香港公司、企业因“经济合同”纠纷在内地人民法院诉讼或在仲裁机构仲裁时，提交给人民法院或仲裁机构的法人登记注册证、委托书等有关材料的证明；……(5) 关于港澳同胞到内地申请收养子女等与其有关的证明。以上五个方面的委托事项，虽然是就委托香港律师为我方办理公证而言，但都包含有对在香港的当事人或在香港发生的事实和行为进行调查证明的内容，在一定程度上解决了内地人民法院在处理涉港澳民事案件时因无司法协助而碰到的调查取证方面的问题。并且，到目前为止，委托事项已扩大到送达文书、调查证据、催促执行等取证协助事务。除上述方式外，还存在着当事人及诉讼代理人赴对方法域取证、两岸律师事务所订立协议互相委托办理有关案件取证事宜等方式。

台湾居民从台湾向人民法院提交证据，如有台湾公证机关的证明，人民法院承认其效力。公证机关的公证书是人民法院审理涉台案件认定事实的重要依据。1988 年 6 月 5 日，《最高人民法院处理涉台刑事申诉民事案件座谈会纪要》还规定：“去台人员和台胞在人民法院进行诉讼，应依大陆法律规定提供有关证据,对其提供的台湾公证机关或其他部门、民间组织出具的证明文书,可作为证据。但对以'中华民国'名义出具的证明文书,应通过适当途径变换名义。"除公证机关或其他民间组织出具的证明文书外,涉台案件中,律师调查取证起到了特殊的作用。大陆的一些律师事务所与台湾的律师事务所订立协议、建立业务联系,可委托台湾律师调查取证,等等。如果没有这方面的证明人,对于书面材料,可由他们在大陆的亲友辨认笔迹,人民法院经审查无误后,确认其效力。关于香港、澳门地区出具的婚姻状况证明,民政部 1988 年 1 月曾发出过一个通知,通知规定,内地驻港澳可以为其工作人员出具婚姻状况的证明;港澳有关社会团体可以为其会员出具婚姻状况的证明;由香港婚姻注册处出具的《无婚姻记录证明书》和由当事人作出的在其他任何地方均无婚姻关系的声明书,须经司法部委托的香港律师辨认才能有效;澳门婚姻及死亡登记局可以出具《结婚资格证明书》或《无婚姻登记证明书》。

——李国光主编:《最高人民法院〈关于民事诉讼证据的若干规定〉的理解与适用》,中国法制出版社 2002 年版,第 159 ~ 163 页。

357

对外文书证或资料的审查

关键词 | 证据审查 | 外文书证 | 外文资料 |

【最高人民法院司法解释】

第十二条 当事人向人民法院提供外文书证或者外文说明资料,应当附有中文译本。

——《最高人民法院关于民事诉讼证据的若干规定》(2001 年 12 月 21 日,法释〔2001〕33 号)

【链接:最高人民法院法官著述】

一、注意民事诉讼法第 240 条规定的涉外当事人"要求提供翻译的权利",不能适用于本条。

按照民事诉讼法第240条的规定，当事人如需法院提供翻译的，只要当事人提出申请，法院应当为他提供，但为此而支出的费用，则应由提出要求的当事人负担。这里所说的“要求提供翻译”，只限于口头翻译，即法院审理和法庭辩论的翻译，不包括书面翻译。当事人提供外文书证或外文说明资料的，应由当事人自己找人翻译，并随同外文书证或外文说明资料一起办理相应的公证、认证或其他证明手续，并在向法院提供外文书证或外文说明资料时，一并附上中文译本。

二、注意附有中文译本的外文书证或外文说明资料，具有同一效力，除非当事人提出充分的证据以反证推翻。法院在审查涉外当事人提供的证据时，依据“使用中国通用的语言、文字原则”，只审查中文译本即可，不应当也没有必要对外文书证或外文说明资料进行审查。

——李国光主编：《最高人民法院〈关于民事诉讼证据的若干规定〉的理解与适用》，中国法制出版社2002年版，第167页。

编者说明

《民事诉讼法》第262条规定，人民法院审理涉外民事案件，应当使用中华人民共和国通用的语言、文字。当事人要求提供翻译的，可以提供，费用由当事人承担。

358

证据材料的编号及法院收据

关键词｜证据材料编号｜证据材料收据｜

【最高人民法院司法解释】

第十四条　当事人应当对其提交的证据材料逐一分类编号，对证据材料的来源、证明对象和内容作简要说明，签名盖章，注明提交日期，并依照对方当事人人数提出副本。

人民法院收到当事人提交的证据材料，应当出具收据，注明证据的名称、份数和页数以及收到的时间，由经办人员签名或者盖章。

——《最高人民法院关于民事诉讼证据的若干规定》（2001年12月21日，法释〔2001〕33号）

四、审判人员收到当事人或者其诉讼代理人递交的证据材料应当出具收据。

——《最高人民法院关于民事经济审判方式改革问题的若干规定》(1998 年 7 月 6 日,法释〔1998〕14 号)

第十条 人民法院收到诉状和有关证据,应当进行登记,并向原告或者自诉人出具收据。收据中应当注明证据名称、原件或复制件、收到时间、份数和页数,由负责审查起诉的审判人员和原告、自诉人签名或者盖章。对于不予立案或者原告、自诉人在立案前撤回起诉的,应当将起诉材料退还,并由当事人签收。

——《最高人民法院关于人民法院立案工作的暂行规定》(1997 年 4 月 21 日,法发〔1997〕7 号)

【链接:最高人民法院法官著述】

第一,当事人及其代理人提交证据资料较多时,是否有必要制作证据清单或证据目录?

在司法实践中,如果当事人提交的证据资料过多,除按本条规定要求其逐一分类编号外,法院经办人员还可以要求该当事人或其代理人编写证据目录或制作证据清单,经办人员在接收时应仔细核查当事人提交的证据资料是否与证据清单或证据目录相符。核实后,当事人和法院经办人员都应在证据清单上签名或盖章。证据清单或证据目录的编制,有利于经办人员核实和保管证据资料,也便于当事人双方的证据交换。

第二,人民法院接收收据时应注意的事项。

证据资料为书证的,应注明为原件或复印件。如当事人需要自留原件或提交原件确有困难的,可由提交人和经办人员分别在证据资料上签名后加以复印,将原件交还当事人保存,复印件归卷。对于当事人及代理人提交的实物证据,应采用拍照方式加以复制,将复制件归卷,并应在复制件上注明"复制件"字样。当事人向法院提交视听资料时,应同时提供录音整理的文字材料,当事人与经办人员对视听资料进行听看后,无异的,由当事人与经办人员共同在视听资料的说明和录音整理的文字材料上签字。经办人员接收证据资料时,应将复制件同原件核对无误后,在复制件上加盖"本件与原件核对无异"章或签此字样,并签名或盖章。

——李国光主编:《最高人民法院〈关于民事诉讼证据的若干规定〉的

理解与适用》，中国法制出版社2002年版，第174~175页。

编者说明

2012年《民事诉讼法》第66条规定："人民法院收到当事人提交的证据材料，应当出具收据，写明证据名称、页数、份数、原件或者复印件以及收到时间等，并由经办人员签名或者盖章。"上述有关人民法院签收当事人提供的证据材料的手续的规定是此次《民事诉讼法》修改新增加的。最高人民法院司法解释中有多处关于人民法院为当事人提交的证据材料出具收据的规定。《证据规定》第14条第2款同样肯定了这种做法。证据收据是在民事审判方式改革过程中出现的一种做法，经过多年的审判实践，被最高人民法院的司法解释吸收固定下来。本次修改《民事诉讼法》借鉴了审判实践中的成熟经验，以立法的方式确定下来。具体应用时，应当注意该条规定与司法解释的规定相比，证据收据的内容增加了证据"原件或复印件"的要求。

359

人民法院调查收集证据的范围和条件

关键词｜法院调查收集证据｜证据线索｜取证费用｜

【最高人民法院司法解释】

第九十四条　民事诉讼法第六十四条第二款规定的当事人及其诉讼代理人因客观原因不能自行收集的证据包括：

（一）证据由国家有关部门保存，当事人及其诉讼代理人无权查阅调取的；

（二）涉及国家秘密、商业秘密或者个人隐私的；

（三）当事人及其诉讼代理人因客观原因不能自行收集的其他证据。

当事人及其诉讼代理人因客观原因不能自行收集的证据，可以在举证期限届满前书面申请人民法院调查收集。

第九十五条　当事人申请调查收集的证据，与待证事实无关联、对证明待证事实无意义或者其他无调查收集必要的，人民法院不予准许。

第九十六条　民事诉讼法第六十四条第二款规定的人民法院认为审理案件需要的证据包括：

（一）涉及可能损害国家利益、社会公共利益的；

（二）涉及身份关系的；

（三）涉及民事诉讼法第五十五条规定诉讼的；

（四）当事人有恶意串通损害他人合法权益可能的；

（五）涉及依职权追加当事人、中止诉讼、终结诉讼、回避等程序性事项的。

除前款规定外，人民法院调查收集证据，应当依照当事人的申请进行。

——《最高人民法院关于适用〈中华人民共和国民事诉讼法〉的解释》（2015 年 1 月 30 日，法释〔2015〕5 号）

第十五条 《民事诉讼法》第六十四条规定的“人民法院认为审理案件需要的证据”，是指以下情形：

（一）涉及可能有损国家利益、社会公共利益或者他人合法权益的事实；

（二）涉及依职权追加当事人、中止诉讼、终结诉讼、回避等与实体争议无关的程序事项。

第十六条 除本规定第十五条规定的情形外，人民法院调查收集证据，应当依当事人的申请进行。

第十七条 符合下列条件之一的，当事人及其诉讼代理人可以申请人民法院调查收集证据：

（一）申请调查收集的证据属于国家有关部门保存并须人民法院依职权调取的档案材料；

（二）涉及国家秘密、商业秘密、个人隐私的材料；

（三）当事人及其诉讼代理人确因客观原因不能自行收集的其他材料。

第十八条 当事人及其诉讼代理人申请人民法院调查收集证据，应当提交书面申请。申请书应当载明被调查人的姓名或者单位名称、住所地等基本情况、所要调查收集的证据的内容、需要由人民法院调查收集证据的原因及其要证明的事实。

——《最高人民法院关于民事诉讼证据的若干规定》（2001 年 12 月 21 日，法释〔2001〕33 号）

三、下列证据由人民法院调查收集：

1. 当事人及其诉讼代理人因客观原因不能自行收集并已提出调取证据的申请和该证据线索的；

2. 应当由人民法院勘验或者委托鉴定的；

3. 当事人双方提出的影响查明案件主要事实的证据材料相互矛盾，经过庭审质证无法认定其效力的；

4. 人民法院认为需要自行调查收集的其他证据。

上述证据经人民法院调查，未能收集到的，仍由负有举证责任的当事人承担举证不能的后果。

——《最高人民法院关于民事经济审判方式改革问题的若干规定》（1998年7月6日，法释〔1998〕14号）

【最高人民法院审判业务意见】

《民事诉讼法》第六十四条第二款关于人民法院调查收集证据规定了两种情形，一是当事人及其诉讼代理人因客观原因不能自行收集的证据，二是人民法院认为审理案件需要的证据。由于法律没有对这两种情形的证据作出更加明确、具体的规定，实践中，受我国传统法律文化的影响，容易出现法官过多地依职权调查收集证据的现象，或者因缺乏有关规范对该调查而不予调查的现象，不利于发挥当事人在诉讼中的积极性，不利于当事人诉讼权利和实体权利的平等保护，也不利于法官保持中立地位和公正形象。强化当事人举证责任，弱化和规范人民法院调查收集证据的职能，是现阶段我国民事审判方式改革的要求。为此，《若干规定》第十五条在《民事诉讼法》第六十四条的基础上，将“人民法院认为审理案件需要的证据”的范围明确解释为两种情形：一是为保护国家利益、社会公共利益和诉讼外第三人的合法权益，对于涉及可能有损国家利益、社会公共利益或者他人合法权益的事实，人民法院应当依职权调查收集证据；二是对于如回避、依职权追加当事人等与当事人争议的实体权利不直接相关的诉讼程序事项，人民法院不依职权调查收集，民事诉讼程序无法推进，因此，应当由人民法院依职权调查收集。对于不属于第十五条规定的情形的，人民法院一般不得依职权而只能依当事人的申请调查收集证据。

关于当事人及其诉讼代理人因客观原因不能自行收集的证据，《若干规定》第十七条作了进一步解释，明确了当事人及其诉讼代理人申请人民法院调查收集证据的条件，这类情形，主要是指国家有关部门保存的档案材料或者涉及国家秘密、商业秘密、个人隐私的材料。符合《若干规定》第十七条规定的条件的，当事人及其诉讼代理人可以申请人民法院调查收集证据。

——《最高人民法院民一庭负责人就〈关于民事诉讼证据的若干规定〉

答记者问》,载沈德咏主编、最高人民法院研究室编:《最高人民法院民商事司法解释及审判适用指导》,中国法制出版社2006年版,第2090页。

【链接:最高人民法院法官著述】

第一,当事人申请法院调查收集证据,是否要提供证据线索?

本条并未明确指出当事人因客观原因申请调取证据,必须提供证据线索。但是,《最高人民法院关于民事经济审判方式改革问题的若干规定》第3条(1)规定:"当事人及其诉讼代理人因客观原因不能自行收集并已提出调取证据的申请和该证据线索的",法院可以调查收集。在这种情况下,能否简单地以本司法解释第82条为依据,认为"过去的司法解释与本规定不一致的,以本规定为准",从而直接认定当事人无需提供证据线索呢?

回答是:否。上述认识过于简单化了。当事人在因客观原因不能自行收集证据时,其证据收集能力虽有欠缺,但他对于所要调取证据的内容、能证明的事实、证据的位置、由谁掌控等情况,是比较了解的,法院依当事人的申请调取证据的行为,只不过是当事人举证行为的延伸,或者说是法院为弥补当事人收集证据能力的不足所作的变通性规定。就当事人而言,提供证据线索并不需要他具有特殊的举证能力,当事人完全能够办到;对法院而言,法院不可能对于无任何证据线索的当事人调查收集证据,这不仅出于时间上的考虑,还出于诉讼资源合理分配以求公正的要求。因此,当事人因客观原因申请法院调取证据时,有能力,也有必要提供证据线索。《最高人民法院关于民事经济审判方式改革问题的若干规定》第3条(1)关于提供证据线索的要求仍然有效,各地法院证据规则中提供证据线索的要求(如上海高院、湖南高院、广东高院、福建高院、河南高院、安徽高院、浙江高院、山东高院、合肥中院、宁波中院、天津二中院)仍然有效。实际上,在最高人民法院民一庭起草的证据规定草稿中,"有明确的调取线索"作为当事人及其诉讼代理人申请法院调取证据的条件之一。

第二,本条规定的申请调取证据的范围不同于本司法解释第16条的规定。

本条仅仅规定了当事人因客观原因不能自行收集证据时,向法院申请调取证据。此外,在需要鉴定、勘验,或者当事人提供的证据互相有矛盾、无法认定时,法院也可以根据申请调取证据。因此,确定当事人申请调查证据的范围时不能仅以本条为惟一依据,还应结合民事诉讼法第64条第2款、《最高人民法院关于适用〈中华人民共和国民事诉讼法〉若干问题的意见》第73条、《最高人民法院关于民事经济审判方式改革问题的若干规定》第3条以及本司法解释第16条来共同确定申请法院调取证据的范围。

第三，当事人申请法院调取证据时，是否应交纳法院调查取证的费用？

按照我国诉讼收费办法的规定，民事诉讼收费的范围可粗略分为6类：(1)案件受理费；(2)勘验、鉴定、公告、翻译费；(3)证人、鉴定人员出庭的交通费、住宿费、生活费和误工补贴费；(4)保全申请费和实际支出；(5)执行判决、仲裁和调解协议的费用；(6)人民法院认为应当由当事人负担的其他费用。最高人民法院在1999年的一个司法解释中，对于“其他费用”作了若干限定，主要包括：(1)非财产案件当事人应当负担勘验、鉴定、公告、翻译所实际支出的费用；(2)财产案件和行政案件的当事人自行收集提供有关证据确有困难，法院认为确有必要的异地调查取证和异地调解本案时按国家规定标准所支出的差旅。可见，该司法解释明确承认了法院进行异地调查取证时，由当事人负担所支出的差旅费用。

由诉讼中受益的当事人分担调查取证的部分费用，这是现代社会对讼事日增，甚或诉讼爆炸现实的一种反应，也是各国立法和诉讼实践的一种通例。毋庸置疑，司法者在程序中实施的诉讼行为并没有商业性质，在多数程序中的多数诉讼行为，是其审判职责的必然派生，因而不仅司法行为不能获得报偿，司法者开支也不应由当事人承受或分担。但是，这并不排斥司法机构对其实施的某些特别诉讼行为收取必要的费用如鉴定费、有关诉讼文书和资料的复制费用、调查取证费等。

另外还应注意的是，根据1989年7月《最高人民法院关于转发国家档案局〈关于为公、检、法部门办案调阅档案实行无偿服务的通知〉的通知》，和1989年8月《关于转发国家行政管理局〈关于为立即停止对法院办案取证收费的函〉的通知》之规定，法院处理诉讼案件时，需要查阅、复制档案材料，或者查询企业登记状况的，档案馆、工商局不得搞“有偿服务”，应实行无偿服务，停止收费行为。

——李国光主编：《最高人民法院〈关于民事诉讼证据的若干规定〉的理解与适用》，中国法制出版社2002年版，第190～193页。

编者说明

2007年《民事诉讼法》第64条第2款规定：“当事人及其诉讼代理人因客观原因不能自行收集的证据，或者人民法院认为审理案件需要的证据，人民法院应当调查收集。”这一条文对人民法院调查收集证据规定了原则，但没有明确“人民法院认为审理案件需要的证据”的范围和“当事人及其诉讼代理人因客观原因不能自行收集的证据”的范围与条件，操作上不易把握。

最高人民法院1998年《关于民事经济审判方式改革的若干规定》对人民法院调查收集“当事人及其诉讼代理人因客观原因不能自行收集的证据”的条件作了原则性规定，即当事人应当提出调取证据的申请和证据线索，但没有明确“人民法院认为审理案件需要的证据”的范围。为此，《证据规定》在总结审判实践经验的基础上，通过对《民事诉讼法》第64条“人民法院认为审理案件需要的证据”和“当事人及其诉讼代理人因客观原因不能自行收集的证据”的解释，对人民法院调查收集证据问题予以明确。《2015年解释》第94条是在总结审判实践经验的基础上，延续了《证据规定》的思路，于第17条的基础上，在表述和条文内容上略作修改和整合而成。

360

申请调取证据的期限和程序

关键词｜申请调取证据｜申请期限｜申请程序｜

【最高人民法院司法解释】

第十九条　当事人及其诉讼代理人申请人民法院调查收集证据，不得迟于举证期限届满前七日。

人民法院对当事人及其诉讼代理人的申请不予准许的，应当向当事人或其诉讼代理人送达通知书。当事人及其诉讼代理人可以在收到通知书的次日起三日内向受理申请的人民法院书面申请复议一次。人民法院应当在收到复议申请之日起五日内作出答复。

——《最高人民法院关于民事诉讼证据的若干规定》(2001年12月21日，法释〔2001〕33号)

【链接：最高人民法院法官著述】

在司法实践中，适用本条需要明确的一个问题是：对于法院准许调取证据申请的决定，是否允许对方当事人申请复议一次？由于申请法院调取证据是申请方当事人所为，法院所作决定只需通知申请方，而不必通知被申请方，并且法院在作出决定前，也不需征求被申请人的意见，因此，法院作出准许调取证据申请的决定后，被申请方未必知道这个决定，即便知道，也无权提出复议申请。

另一个应注意的问题是：法院作出不予准许申请调取证据的决定时，是否需要附具理由？实践中有的法院（如南京中院）规定，法院应向当事人说明不予调取的理由。从理论上说，既然当事人申请法院调取证据时，已在书面申请中表明了其申请的理由，那么法院拒绝调取证据，也相应地给申请人一个“说法”。比如，当事人申请调取的证据与本案无关联，不具备申请的条件；或者法院认为证据已足，不必要调查；或者法院认为当事人的申请是出于拖延诉讼的目的提出来的，等等。

——李国光主编：《最高人民法院〈关于民事诉讼证据的若干规定〉的理解与适用》，中国法制出版社2002年版，第200～201页。

361

证据保全的启动、适用条件、管辖

关键词 | 证据保全 | 管辖 |

【最高人民法院司法解释】

第九十八条 当事人根据民事诉讼法第八十一条第一款规定申请证据保全的，可以在举证期限届满前书面提出。

证据保全可能对他人造成损失的，人民法院应当责令申请人提供相应的担保。

——《最高人民法院关于适用〈中华人民共和国民事诉讼法〉的解释》（2015年1月30日，法释〔2015〕5号）

第二十三条 当事人依据《民事诉讼法》第七十四条的规定向人民法院申请保全证据，不得迟于举证期限届满前七日。

当事人申请保全证据的，人民法院可以要求其提供相应的担保。

法律、司法解释规定诉前保全证据的，依照其规定办理。

——《最高人民法院关于民事诉讼证据的若干规定》（2001年12月21日，法释〔2001〕33号）

【链接：最高人民法院法官著述】

审判实践中应当注意的是：其一，证据保全的范围，立法和司法解释均无限制性规定，原则上各种证据形式均可以成为证据保全的对象，只不过根据证据形式和具体情况的不同，采取不同的保全方法，如对于证人证言，可以采取提前询问或者制作笔录的方式进行保全。其二，保全的证据是用以证明双方当事人之间争议事实的证据，因此保全的证据并非仅供申请人在诉讼中作为支持自己事实主张的依据，双方当事人对保全的证据均可以加以利用。

——沈德咏主编、最高人民法院修改后民事诉讼法贯彻实施工作领导小组编著：《最高人民法院民事诉讼法司法解释理解与适用》，人民法院出版社 2015 年版，第 333 页。

二、证据保全的启动

证据保全程序的启动可以分为两种情况：(1)依当事人、利害关系人申请启动；(2)法院依职权启动。2007 年《民事诉讼法》规定可以向法院提出申请的是诉讼参加人，现行规定在原规定的基础上将诉讼参加人进一步限定为当事人，同时增加了利害关系人也可以向法院提出证据保全申请的规定。法院依职权启动证据保全程序，2007 年《民事诉讼法》已作了规定，2012 年《民事诉讼法》规定是对原有内容的保留。

三、证据保全适用的条件

证据保全的适用条件，是指法院裁定采取证据保全措施应具备何种条件。根据 2012 年《民事诉讼法》第 81 条规定，证据保全应当具备以下条件：(1)申请人应当是本案当事人、利害关系人，或者法院主动依职权采取；(2)申请人应提供存在紧急情况，证据可能灭失或者以后难以取得的证据；(3)当事人申请证据保全以及法院依职权启动证据保全程序均应在诉讼过程中，利害关系人申请证据保全应在诉前提出申请；(4)向有管辖权的法院提出申请；(5)人民法院要求申请人提供的，申请人应当提供担保。

四、证据保全的管辖

根据我国的海事诉讼立法和有关知识产权立法的规定，海事案件的诉前证据保全由证据所在地的海事法院管辖，知识产权案件的诉前证据保全由侵权行为地或被申请人住所地的法院管辖。根据 2012 年《民事诉讼法》第 81 条第 1 款规定,当事人可以在诉讼过程中向人民法院申请证据保全,管辖法院应当理解为对案件有管辖权的法院。根据该条第2款规定,利害关系人可以在提起诉讼或者申请仲裁前申请证据保全,管辖法院为证据所在地、被申请人住所地或者对案件有管辖权的人民法院。根据该规定,申请人享有选择权,更加便利当事人提出申请,更能充分保护当事人合法权益。其中,对于"对案件有管辖权的人民法院"的理解,是指对申请人与被申请人之间民事纠纷有管辖权的人民法院。例如,如果申请人基于被申请人侵害其专利权而提起诉前保全申请,其与被申请人的纠纷属于专利侵权纠纷,该纠纷应由侵权行为地或被申请人住所地法院管辖。此时,申请人可以在起诉或者申请仲裁前向侵权行为地法院提出保全申请。基于诉前保全的紧急性,由被保全证据所在地、被申请人住所地等法院管辖,能够及时有效地采取措施保护申请人利益。

——最高人民法院民事诉讼法修改研究小组编著:《〈中华人民共和国民事诉讼法〉修改条文理解与适用》,人民法院出版社2012年版,第204~206页。

编者说明

2007年《民事诉讼法》对证据保全仅作了原则性的规定,而且该法仅对诉讼中证据保全作出了明确的规定,而对诉前的证据保全则没有加以规定。对于诉前证据保全的规定,《证据规定》第23条作了有限的确立。该规定丰富了我国的证据保全制度,在解决海事纠纷和知识产权纠纷中取得了较好的实践效果。2012年《民事诉讼法》吸收了司法解释的合理部分和最高人民法院关于增加诉前证据保全的立法建议,进一步完善了证据保全制度。

《民事诉讼法》第81条规定了证据保全的适用条件和程序。司法实践中,需要注意该条与相关法律法规的衔接问题。(1)2012年《民事诉讼法》第9章规定了保全的程序、诉前保全的担保以及保全的解除等内容,证据保全亦应当参照适用;(2)《海事诉讼特别程序法》用第5章专章专门规定了海事诉讼中的证据保全,《商标法》第66条、《著作权法》第51条都对证据保全作了专门规定,以上特别规定应当适用于相关案件的证据保全;(3)《证据规定》第23条规定:"当事人依据《民事诉讼法》第七十四条的规定向人民法院申请保全证据,不得迟于举证期限届满前七日。当事人申请保全证据的,人民法院可以要求其提供相应的担保。法律、司法解释规定诉前保全证据的,依照其规定办理。"第24条规定了证据保全的方法。该司法解释与2012年《民事诉讼法》规定不冲突的,应当继续适用。

362

鉴定程序的启动与当事人的举证责任

关键词｜鉴定程序启动｜当事人举证｜举证时限｜

【最高人民法院司法解释】

第二十五条 当事人申请鉴定,应当在举证期限内提出。符合本规定第二十七条规定的情形,当事人申请重新鉴定的除外。

对需要鉴定的事项负有举证责任的当事人,在人民法院指定的期限内无正当理由不提出鉴定申请或者不预交鉴定费用或者拒不提供相关材料,致使对案件争议的事实无法通过鉴定结论予以认定的,应当对该事实承担举证不能的法律后果。

——《最高人民法院关于民事诉讼证据的若干规定》(2001年12月21日,法释〔2001〕33号)

【链接:最高人民法院法官著述】

(一)当事人申请鉴定与举证责任问题

在充分尊重当事人在民事诉讼中的主体地位的前提下,有关举证责任承担问题,对于鉴定程序的启动具有重要影响。这主要涉及以下三个问题:

1. 关于鉴定申请由哪方当事人提出的问题。在民事诉讼中,作为鉴定的事项也属于待证事实的一种,只是由于此涉及专门性问题,超出了法官专业知识范围而必须进行专业性的鉴定以查明有关事实真相。通常而言,这些专业性的事实与其他普通案件事实一样,同属于当事人举证责任范畴。除个别情形外,一般都应由当事人提出鉴定申请,提供检材及其他辅助性材料,并预付鉴定费用。法官处于中立地位,不宜代行当事人的诉讼权利,不宜直接介入鉴定事务当中。因当事人不提出鉴定或者提供检材不具备鉴定条件,导致无法作出鉴定意见,而使得待证事实仍处于真伪不明的状态,负有举证责任的一方当事人应当承担相应的不利后果。[①] 在司法实践中,提出鉴定申请的通常是负有举证责任的一方当事人。当然,为了降低或防止自身的败诉风险,非承担举证责任的一方当事人也

① 毕玉谦、谭秋桂、杨路:《民事诉讼研究及立法论证》,人民法院出版社2006年版,第409页。

可能会提出鉴定申请，比如可能承担赔偿责任的一方当事人申请鉴定以确定对方的实际损失金额的情形等。在有人主动申请鉴定的情形下，举证责任分配规则通常处于备而不用的状态。但在当事人都不提出鉴定申请，且双方当事人诉争的事实不经过鉴定又无法认定时，有关举证责任分配的规则就显得尤为重要，这可以直接督促负有举证责任的一方当事人申请鉴定。当然，在此情形下，人民法院有必要根据举证责任分配的要求，向负有举证责任的一方当事人释明，如果该当事人仍不提出鉴定申请，导致诉争事实无法查明真伪，则人民法院就可以适用举证责任分配规则确定由该当事人承担相应后果。

2. 关于鉴定费用由谁预交的问题。鉴定费一般由申请鉴定的一方预交，但是在申请鉴定一方预交鉴定费确有困难的情况下，尤其针对目前许多领域内鉴定费用居高不下的背景，有必要考虑灵活处理。比如《侵权责任法》第 54 条明确规定了医疗损害责任采取过错责任原则的背景下，在患者一方对医疗机构及其医务人员的诊疗行为是否有过错负有举证责任时，患者一方本就在经济上处于总体上的弱势地位，如果再由患者一方先行预交高额的鉴定费用，势必会影响其启动鉴定程序的能力，如果再因此导致无法启动鉴定程序而根据举证责任分配规则的要求，使其承担败诉后果，则无疑会使其难以接受判决结果，该判决结果会由于与实质正义的要求相去甚远而难以实现良好的法律效果和社会效果。此时，可以考虑由各方当事人共同预交鉴定费，或者由支付能力较强的一方先行预交可能效果更好。当然，对于这种情形，应该尽量本着意思自治的考虑，努力促成双方当事人以协商方式解决鉴定费的预交问题。对于当事人确实无法协商一致的情形，人民法院必须要根据举证责任分配规则来处理案件时，则要对此依法审慎处理。

3. 关于检材由谁提供的问题。检材是一种证据，适用于证据的规则同样适用于鉴材。但在检材的提供上，并不能严格按照举证责任分配的理论，由负有举证责任的一方当事人提供，因为很显然有时检材并不为他所掌握。对于这种情形，应当要求持有检材的一方当事人积极履行举证义务，全面收集和完整提供鉴定所需要的相关材料。同时，应当确定检材举证期限，可由当事人协商确定或由法院指定检材举证期限，促使当事人在合理期限内积极、全面、正确、诚实地完成举证，降低当事人的诉讼成本，提高诉讼效率。① 如有证据证明一方当事人持有

① 唐正洪、雷勇：《对民事审判鉴定问题的讨论》，载中国民商法律网，http://www.civillaw.com.cn/article/default.asp? id=43236。

某一检材而无正当理由拒不提供，如果对方当事人主张该检定的内容不利于检材持有人，在人民法院依法行使释明权后，其仍拒不提供检材时，人民法院就可以根据案情依法酌定相关案件事实。当然，对涉及身份关系或者依鉴定方法需要对方人身配合的鉴定，如亲子鉴定、法医精神病鉴定等，应当以双方自愿为原则，如果对方拒绝配合鉴定的，不得强制进行。同上。比如对亲子鉴定，如果非婚生子女以及与其共同生活的父母一方有充分证据证明被告为非婚生子女的生父或者生母，且非婚生子女本人尚未成年，亟须抚养和教育的，如果被告不能提供足以推翻亲子关系的证据，又拒绝做亲子鉴定的，可以考虑推定其亲子关系成立。

（二）当事人申请鉴定与举证时限问题

2012 年《民事诉讼法》对于当事人申请鉴定在内的举证时限未作规定，但对于当事人要及时提供证据有明确规定。依据《民事诉讼证据规定》第 25 条的规定，“当事人申请鉴定，应当在举证期限内提出。”“对需要鉴定的事项负有举证责任的当事人，在人民法院指定的期限内无正当理由不提出鉴定申请或者不预交鉴定费用或者拒不提供相关材料，致使对案件争议的事实无法通过鉴定结论予以认定的，应当对该事实承担举证不能的法律后果。”对于此条规定的把握，应当综合考虑具体案情，包括当事人不申请鉴定有无正当理由，预交鉴定费是否存在实际困难，案件处理结果的法律效果及社会效果以及司法公正与效率的平衡等因素。当事人应当在举证时限内申请鉴定是原则，但也并不能绝对化理解。在审判实践中，许多鉴定申请是针对另一方当事人在庭审中出示的证据而提出的，但在未组织证据交换的情况下，当事人并不知道对方当事人在庭审中将出示哪些证据，如果当事人对另一方出示的证据的真实性存有异议，只能在质证过程中提出鉴定申请。如果硬性要求申请人在庭审前的举证时限内提出上述鉴定申请，显然有些脱离诉讼正常进行的客观实际。由于案情的复杂性等原因，在司法实务中，超过举证期限进行鉴定的事例也多有发生，如果一味否定该鉴定意见的证据效力，可能会导致一方当事人因此败诉，但难以服判息诉、案结事了。①

我们认为，对于在举证时限届满前，当事人申请鉴定的事项属于提出反驳证据、相反证据、新的证据范围内的，另一方当事人需要对此问题有无必要进行鉴定有一定的考虑时间，硬性要求其在举证时限内申请鉴定可能会给其造成不必

---

① 毕玉谦、谭秋桂、杨路：《民事诉讼研究及立法论证》，人民法院出版社 2006 年版，第 405 页。

要的经济负担，有违诚实信用原则的要求。因此，对于这种情况，提出鉴定申请的时间应当不能受原来有关举证时限的限制。此外，对申请鉴定的事项涉及重大利益的，为了解决矛盾、平衡双方利益，也有必要由法院在法律规定的框架下，综合考量各种因素，对鉴定申请的时间做一灵活处理。

（三）法院依职权启动鉴定与举证责任分配的平衡问题

2012年《民事诉讼法》第76条对于法院依职权启动鉴定程序的情形作出了规定，但是对于法院启动鉴定程序的具体原因及如何选择鉴定人的程序则无明确规定。“对于鉴定机构的选择，在当事人难以达成一致意见时，法院究竟以何依据来指定鉴定机构，并无统一标准。这就会造成当事人对法院指定的鉴定机构缺乏信任，一旦鉴定结论对自己不利，就会猜疑和指责法院的公正性，影响法院最终裁判的公信力。”①我们认为，这一方面要做好法院依照职权启动鉴定程序与合理分配当事人举证责任的平衡问题。如上所述，申请鉴定与当事人的举证责任具有密切联系，不宜由法官依职权主动进行，这也是许多大陆法系国家的通行做法，更是英美法系国家的一贯做法。因此，对于属于当事人举证责任范畴的申请鉴定事项，应当尽量由当事人提出鉴定申请，这样既尊重了当事人的处分权，也避免了法院给一方当事人以帮助另一方当事人的不公正印象。对于“确有必要”由法院启动鉴定程序的情形，也要严格按照法院依职权调查取证的范围进行确定。依照《民事诉讼证据规定》关于依照职权调查取证的规定，综合考虑案件处理的法律效果和社会效果来进行，不可率性启动鉴定程序，给当事人造成不必要的负担，造成诉讼拖延。另一方面，有关法院选择鉴定人的方法也要做到程序合法和公正，要按照便民、利民原则的要求，通过公平、公正、公开的程序予以确定。

——最高人民法院民事诉讼法修改研究小组编著：《〈中华人民共和国民事诉讼法〉修改条文理解与适用》，人民法院出版社2012年版，第163～166页。

编者说明

2012年《民事诉讼法》修正对鉴定制度作了较大改动，具体如下：

1. 将“鉴定结论”改为“鉴定意见”

鉴定意见，是鉴定人运用专门的知识、经验和技能，对民事案件某些专门性问题进行分析、

① 毕玉谦、谭秋桂、杨路：《民事诉讼研究及立法论证》，人民法院出版社2006年版，第409页。

鉴别后所作出的意见。此次《民事诉讼法》修改将“鉴定结论”改为“鉴定意见”，使得鉴定意见回归到法定证据形式而非诉讼中认定事实的最终依据的本来面目。鉴定意见虽属于结论性意见，但在诉讼程序中，其毕竟不是结论，人民法院负有依法对有关证据进行审查和对事实进行认定的职责，鉴定意见没有经过质证不能作为定案的依据。只有在人民法院依法审查确认后，鉴定意见才能作为认定事实的依据。

2. 明确规定了当事人主义为主、法院职权主义为辅的鉴定程序启动模式

2012年《民事诉讼法》按照当事人主义与职权主义有机结合的指导思路，对于鉴定程序的启动作出了全面规定，其第76条规定：“当事人可以就查明事实的专门性问题向人民法院申请鉴定。当事人申请鉴定的，由双方当事人协商确定具备资格的鉴定人；协商不成的，由人民法院指定。当事人未申请鉴定，人民法院对专门性问题认为需要鉴定的，应当委托具备资格的鉴定人进行鉴定。”本条规定在《证据规定》第26条规定的基础上，进一步明确了鉴定程序启动问题上采取以当事人主义为主、以法院职权主义为辅的模式，即充分尊重双方当事人程序上的意思自治，先由双方当事人共同协商确定鉴定人，只有在双方协商不成时由人民法院指定。

3. 明确规定了鉴定人出庭作证义务及不出庭作证的相应法律后果

2012年《民事诉讼法》第78条规定：“当事人对鉴定意见有异议或者人民法院认为鉴定人有必要出庭的，鉴定人应当出庭作证。经人民法院通知，鉴定人拒不出庭作证的，鉴定意见不得作为认定事实的根据；支付鉴定费用的当事人可以要求返还鉴定费用。”依照本条规定，启动鉴定人出庭作证程序必须以当事人对鉴定意见有异议或者人民法院认为鉴定人有必要出庭为条件。此外，结合本条后半部分关于“经人民法院通知，鉴定人拒不出庭作证”的表述，以及2012年《民事诉讼法》第73条关于证人出庭作证的规定，要求鉴定人出庭作证，还必须以人民法院通知为条件。仅从2012年《民事诉讼法》第78条的文义上看，只要当事人对鉴定意见有异议而不问其异议是否成立或是否有正当理由，鉴定人均应出庭作证，此时人民法院并无关于鉴定人是否出庭的决定权；人民法院认为有必要，鉴定人也应当出庭作证，至于人民法院认为必要的理由则没有明确规定。

4. 增加了专家辅助人制度

2012年《民事诉讼法》第79条规定：“当事人可以申请人民法院通知有专门知识的人出庭，就鉴定人作出的鉴定意见或者专业问题提出意见。”2002年施行的《证据规定》即明确规定了专家辅助人制度，经过十余年司法实践，2012年《民事诉讼法》将这一实际效果非常好的制度吸收到法律当中。

363

法院应对鉴定必要性进行审查

关键词｜申请鉴定｜法院审查｜举证时限｜

【链接：最高人民法院法官著述】

我们认为，即使在当事人申请鉴定作为启动鉴定程序基本模式的情况下，人民法院对于是否启动鉴定程序要进行慎重审查。通常而言，当事人认为需要启动鉴定的，应当向法院提出申请及其理由，法院应当对此进行必要的审查。人民法院对是否必须进行鉴定进行审查时，不但要考虑有关鉴定的必要性问题，还要考虑有关案件的金额和重要性、系争事项的复杂度、快捷审理的要求、各方当事人的财力等。具体而言，要注意把握以下几点：

1. 对于申请鉴定的专门性问题与案件处理结果之间是否具有关联性的审查。《民事诉讼证据规定》第 66 条规定："审判人员对案件的全部证据，应当从各证据与案件事实的关联程度、各证据之间的联系等方面进行综合审查判断。"鉴定意见作为法定证据形式的一种，如果鉴定所要解决的问题与人民法院认定案件事实、依法作出判决并无关联，则此鉴定程序对于案件处理并无实际意义，这时鉴定程序就不宜启动，以免造成诉讼拖延，给恶意申请鉴定的当事人以可乘之机。

2. 对于申请鉴定的专门性问题，是否能够通过鉴定解决问题的审查。对于当前科学技术条件下无法通过鉴定解决的问题，不应启动鉴定程序。当然，这需要法官对当前科学技术水平发展的状况及相关鉴定机构的现状有所了解，或者通过必要的方式，咨询有关权威专家的意见后作出相应的判断。此外，对于不属于必须通过鉴定程序予以解决的事项，属于法官应当行使审判权对事实和证据的判断范围，也不应启动鉴定程序。

3. 对于当事人就某专门性问题坚持申请鉴定的处理。法官难以判断当事人的鉴定申请是否符合前述准许鉴定的条件和要求，或者合议庭内部对是否准许鉴定的意见分歧较大，而当事人又坚持申请鉴定的，为了保护当事人的举证权利，可以准许鉴定。但在这种情形下，法院应当做好有关审查工作，以免当事人恶意通过鉴定程序达到拖延诉讼的目的，也要做好相关释明工作，尽量减轻当事人的诉讼负担。

4. 关于法官释明权的问题。由于个案案情千差万别，法院基于妥善化解纠纷的职责，往往需要行使一定的释明权。在鉴定程序方面往往也会存在需要法官行使释明权的问题，比如前述当事人坚持申请鉴定的情况、当事人协商确定鉴定人等情形都可能需要法官能动地行使释明权。在一些具体程序中，由于当事人并非专业人员，其提出申请鉴定的事项可能不够具体、规范，或者与法院需要认定案件事实缺乏针对性，这时就需要法官进行必要的释明。此外，法院经审查认为不必启动鉴定程序的情况，也应当向双方当事人说明理由。

——最高人民法院民事诉讼法修改研究小组编著：《〈中华人民共和国民事诉讼法〉修改条文理解与适用》，人民法院出版社2012年版，第167～168页。

364

鉴定意见的审查要求

关键词｜鉴定意见｜法院审查内容｜

【最高人民法院司法解释】

第二十九条 审判人员对鉴定人出具的鉴定书，应当审查是否具有下列内容：

（一）委托人姓名或者名称、委托鉴定的内容；

（二）委托鉴定的材料；

（三）鉴定的依据及使用的科学技术手段；

（四）对鉴定过程的说明；

（五）明确的鉴定结论；

（六）对鉴定人鉴定资格的说明；

（七）鉴定人员及鉴定机构签名盖章。

——《最高人民法院关于民事诉讼证据的若干规定》（2001年12月21日，法释〔2001〕33号）

【最高人民法院司法政策】

鉴定结论作为民事诉讼法规定的证据形式之一，因其系由鉴定机构依据专业知识针对专业问题所作，对相关案件的实体处理往往具有重要意义，有时还起到决定性的作用。从我们调研情况看，当前主要应当解决的问题有三个：一是要认真审查作出鉴定结论的程序是否合法。主要包括，委托鉴定是否合法、鉴定机构和鉴定人员是否具备相关的资质资格、鉴定材料的采集是否合法、质证认证程序是否合法等。二是正确看待鉴定结论。鉴定结论是处理案件所依据的证据之一，如果鉴定结论明显依据不足，或者经过质证不能作为证据使用的，就不能将其作为定案依据。同时，作为一种专门性工作，鉴定结论的得出往往会因为鉴定人的不同有所差异，这本身也是专业技术领域必然存在的模糊地带，对此要有充分认识。三是下大力气解决当前存在的鉴定乱、鉴定滥的问题。实践中，我们经常遇到一个案件中经过了多次鉴定，不仅造成当事人情绪的严重对立，更给案件的妥善处理埋下无穷尽的隐患，并且损害了司法公信与权威。如果鉴定结论存在一定缺陷，只要可以通过补充鉴定、重新质证或者补充质证等方法解决的，必须严格执行《最高人民法院关于民事诉讼证据的若干规定》第二十七条规定，不得任意启动重新鉴定程序。

——杜万华：《在全国民事审判工作会议上的总结讲话》（2011 年 6 月 24 日），载最高人民法院民事审判第一庭编：《民事审判指导与参考》（总第 46 辑），法律出版社 2011 年版，第 30 页。

【最高人民法院裁判文书】

宁安市双龙实业有限公司与哈尔滨铁路局拆迁补偿合同纠纷上诉案（最高人民法院民事判决书）

裁判要旨：人民法院在委托鉴定过程中，应当注意区分鉴定权与人民法院审判权的界限，不能将审判权一起委托给鉴定机构行使，鉴定应当始终置于审判权的监控下进行，鉴定中应当注意保护当事人诉权。具体讲，审判组织应当将送鉴定的检材进行质证，只有经过法庭认证的证据才能送交鉴定机构鉴定；鉴定机构和鉴定人员应当具备法定资质；鉴定机构对当事人提出的异议，有义务答疑；有必要时，应当准许当事人聘请专家证人出庭作证；鉴定机构应当对鉴定使用的方法和标准做出说明；鉴定应当在人民法院委托鉴定的事项范围内进行；人民法院对鉴定结论应当进行审核，对其中在程序或实体上存在缺失部分，应不予采信。

——最高人民法院民事审判第一庭编：《民事审判指导与参考》（总第 35 集），法律出版社 2009 年版，第 190 ~ 191 页。

365

超出当事人约定范围的鉴定意见不能作为判决依据

关键词｜装饰工程合同｜鉴定范围｜判决依据｜

【最高人民法院裁判文书】

湛江市霞山金星房地产开发总公司与湛江市霞山华影装饰工程公司装饰工程合同纠纷案(最高人民法院民事判决书)

裁判要旨:在本装饰工程合同纠纷案中,因双方当事人对工程量的问题发生争议,一、二审人民法院根据当事人的申请,曾多次委托不同的鉴定机构对施工工程量进行鉴定。几次鉴定的结论不一致,其中一个主要原因,是鉴定的范围问题。对于委托鉴定的范围,应当按照合同的约定进行。鉴定结论超出当事人约定的鉴定范围的,不能作为判决的依据。

——江必新主编、最高人民法院审判监督庭编:《审判监督指导》(总第25辑),人民法院出版社2008年版,第192~193页。

366

存在瑕疵的质检鉴定意见不应予以采信

关键词｜鉴定意见｜证据采信｜

【最高人民法院裁判文书】

天津水利公司、水电十三局与庆云县水利局水库工程质量纠纷申请再审案

裁判要旨:本案的主要争议点在于对省检测中心站作出的质检鉴定结论是否应予采信。经审查,因检验方法违反合同约定及相关规定,该鉴定结论不能作为认定工程质量不合格的证据。原审法院据此确定再审申请人承担责任,没有事实和法律依据。

——苏泽林主编、最高人民法院立案庭编:《立案工作指导》(总第20辑),人民法院出版社2009年版,第116~117页。

367

鉴定意见超过载明的有效期时证明力的认定

关键词｜鉴定意见｜有效期｜

【链接：最高人民法院法官著述】

问：我们在审判实践中遇到以下问题存在争议：在一起A公司诉请B公司解除合同纠纷案件中，涉及对案涉房产价值进行评估，我们依法委托评估机构进行了评估。评估机构于2012年3月出具评估报告，报告载明有效期为半年，截至2012年9月30日。目前评估报告已经超过载明的有效期，对判决能否以该评估报告为依据确定B公司补偿A公司的数额，存在两种意见。

第一种意见认为，评估报告已经明确载明有效期，超过有效期，应视为评估报告失效，不能再作为定案依据。第二种意见认为，评估报告上标注的有效期限，是针对评估标的物在该时间点现状和现值的评估，本案就是解决解除合同当时案涉房产的价值问题，与何时作出判决没有关系，因此，评估报告超过其载明的有效期，仍可以作为证据使用。请问以上哪种意见正确？

答：1999年《国家标准房地产估价规范》第8.0.4条规定，估价报告应记载下列事项：……估价报告应用的有效期。该规范中还明确了估价时点的概念和原则。所谓估价时点是估价结果对应的日期。估价时点原则要求估价结果应是估价对象在估价时点的客观合理价格。因此，对于评估报告来说，更重要的是估价时点，而不是评估报告有效期。

房地产评估一般是针对评估标的物的现状和现值的评估，对于建筑物、土地等，由于时间经过导致的折旧、市场价格波动等，必定会影响其评估值，因此，对于评估报告尤其是评估现值的报告来说，以估价时点为依据确定一个有效期限体现了评估报告本身的科学性。但从诉讼程序中证据采信的角度看，该有效期并无实质意义。只要评估报告的估价时点在案件所需要的时点，其评估结论就可以作为证据使用。

该案是解除合同纠纷，法院要确定的是解除合同当时案涉房产的现值，因此，如果评估报告的估价时点为本案解除合同之时，评估结论就可以作为证据使用。综上，我们认为你们的第二种意见是正确的。

——《人民司法·应用》2013年第3期

368

准许重新鉴定的情形

关键词｜鉴定意见｜重新鉴定｜

【最高人民法院司法解释】

第二十七条 当事人对人民法院委托的鉴定部门作出的鉴定结论有异议申请重新鉴定、提出证据证明存在下列情形之一的,人民法院应予准许:

(一)鉴定机构或者鉴定人员不具备相关的鉴定资格的;

(二)鉴定程序严重违法的;

(三)鉴定结论明显依据不足的;

(四)经过质证认定不能作为证据使用的其他情形。

对有缺陷的鉴定结论,可以通过补充鉴定、重新质证或者补充质证等方法解决的,不予重新鉴定。

——《最高人民法院关于民事诉讼证据的若干规定》(2001年12月21日,法释〔2001〕33号)

【最高人民法院司法政策】

35. 当事人对鉴定人作出的鉴定意见的一部分提出异议并申请重新鉴定的,应当着重审查异议是否成立;如异议成立,原则上仅针对异议部分重新鉴定或者补充鉴定,并尽量缩减鉴定的范围和次数。

——《最高人民法院第八次全国法院民事商事审判工作会议(民事部分)纪要》(2016年11月30日)

会议认为,要进一步强化程序意识,注重程序公正。应严格依据民事诉讼法以及《关于民事诉讼证据的若干规定》的有关规定及精神,对鉴定结论进行审查,努力解决当前审判实践中不同程度存在的随意启动重新鉴定问题。当事人对人民法院委托的鉴定机构作出的鉴定结论有异议,申请重新鉴定的,应严格依照《关于民事诉讼证据的若干规定》第二十七条规定,决定是否准许。在诉讼中应严格执行《关于民事诉讼证据的若干规定》有关鉴定人应当出庭接受当事人质询的要求;鉴定人确因特殊原因无法出庭的，经人民法院准许，可以书面答复当事人的质询。

——《最高人民法院全国民事审判工作会议纪要》（2011年10月9日，法办〔2011〕442号）

【链接：最高人民法院法官著述】

对于一方当事人对鉴定意见有异议并提出重新鉴定申请，应作以下区别对待：

1. 对于鉴定机构或鉴定人不具备相关鉴定资质，鉴定程序严重违法，对鉴定依据的技术、理论、操作方法及其他专业知识等专门性问题提出异议且该鉴定意见明显意见不足，以及经过质证认定不能作为证据使用的其他情形，应认定该鉴定书缺乏生效要件和有效要件，视为该"鉴定书"自始不存在，[①]其鉴定意见也自然不能成立。此时，有异议的一方当事人申请重新鉴定，人民法院应当准许。但在其不申请重新鉴定的情况下，原对鉴定内容负举证责任的一方当事人应当承担继续举证的责任，否则就要承担相应的不利后果。这时为防止诉讼拖延和对司法资源的浪费，启动重新鉴定程序一定要审慎考虑该鉴定对象对全案事实认定的影响、案件处理的法律效果和社会效果、申请鉴定的当事人对《民事诉讼证据规定》第27条规定的四种情形的过错程度等因素，不宜随意再行重新鉴定。在该鉴定对象对于案件事实认定具有实质影响，原申请鉴定的当事人对鉴定人并无资质或鉴定程序违法等情形并无重大过错的情况下，不启动重新鉴定程序会导致双方利益严重失衡且无法实现良好的社会效果和法律效果时，原申请鉴定人申请重新鉴定，人民法院认为确有必要时，也可以启动重新鉴定程序。

2. 对于有缺陷、有瑕疵的鉴定意见，可以通过补充鉴定、重新质证或者补充质证等方法解决，不予重新鉴定。为节约司法资源，防止诉讼拖延，只有在《民事诉讼证据规定》第27条规定的四种情形下，才可以启动重新鉴定程序，对于仅存有瑕疵的鉴定意见，可以通过其他方式补救，不必重新启动鉴定程序。

3. 关于补充鉴定。补充鉴定是指在并不放弃原鉴定的条件下且在原鉴定的基础上对其中出现的缺乏可靠性、妥当性的个别问题予以复查、修正、充实

① 李晶、唐滔：《最高院〈证据的若干规定〉中的鉴定书审查、质证规则》，载《中国司法鉴定》2005年第2期。

或进一步加以论证,以便使原鉴定所得出的意见更加完备。[1] 补充鉴定实际上是作为原有鉴定的继续和延伸,通常仍由原鉴定人进行。在实践中,当人民法院对已作出的鉴定意见经审查如发现下列情形时,可以要求或依照当事人的申请进行补充鉴定:(1)原鉴定意见并未全部、彻底解决所有与待证事实有关的专门性问题;(2)法院在先前委托鉴定时本应提出需要解决的有关专门事项,但限于某种原因和疏忽大意而没有提出;(3)原鉴定意见不够明确、具体等情形。

4. 对于鉴定意见的采信与否也应适用非法证据排除规则。《民事诉讼证据规定》第68条将非法证据限定在"以侵害他人合法权益或者违反法律禁止性规定的方法取得的证据"的范围。鉴定意见作为法定证据形式的一种,也应该适用该条规定。按照非法证据排除规则的要求,若鉴定意见是"以侵害他人合法权益或者违反法律禁止性规定的方法取得的证据",则不能作为认定案件事实的依据。在这种情况下,由于该鉴定意见的取得具有非法性,可以直接排除在有效证据之外,可以不必启动重新鉴定程序。

——最高人民法院民事诉讼法修改研究小组编著:《〈中华人民共和国民事诉讼法〉修改条文理解与适用》,人民法院出版社2012年版,第184~186页。

369

对鉴定意见有异议但缺乏充分理由反驳时,可以认定鉴定意见的证明力

关键词|鉴定意见|证明力|

【《最高人民法院公报》案例】

金坛市建筑安装工程公司与大庆市庆龙房地产开发有限公司建设工程结算纠纷上诉案[最高人民法院(2004)民一终字第118号民事判决书]

裁判要旨:当事人对鉴定结论有异议,经二审庭审补充质证,当事人没有充

① 毕玉谦:《关于民事诉讼中鉴定人制度若干问题的探讨》,载《山东警察学院学报》2006年第3期。

分的理由反驳的,可以认定鉴定结论的证明力。

最高人民法院认为:

(3)关于鉴定机构资质问题。庆龙公司上诉提出,一审法院委托对1999年工程造价进行鉴定的中龙公司,其经营范围内工程造价咨询为乙级资质,而本案属于大型建设项目,理应由具有甲级资质的鉴定机构进行鉴定,据此认为一审法院采用该鉴定机构出具的结论系程序违法,申请重新鉴定。中龙公司虽然就工程造价咨询为乙级资质,但该鉴定机构经当地有关部门认定具有从事司法鉴定资格,且鉴定结论并非由中龙公司独立完成,是由鉴定中心和中龙公司联合作出,一审法院予以采信并无不当,亦不存在程序违法。庆龙公司在一审期间未就鉴定机构资质问题提出异议,现二审期间提出,加之鉴定所需要部分材料的原件已无法提供,不具备重新鉴定条件,故对庆龙公司的此项请求不予支持。

(4)关于1999年工程造价鉴定结论。根据当事人申请,鉴定中心及中龙公司共同对大庆商城超市工程造价进行鉴定,结论为大庆商城超市及高层工程造价为56103764.68元,待定部分合计3608045.76元(其中包括劳动保险基金1561292.73元、税金2046753.03元)。金坛公司主张一审判决认定工程造价56103764.68元中未包含劳动保险基金和税金,不符合行业惯例,少算了金坛公司应得的工程款,应予调整。劳动保险基金和税金是施工单位就其经营所得按规定比例应予上缴的,鉴定机构根据双方约定按定额取费而计算出的工程造价中已包含当事人的利润、税费等内容,只是未专项列出,故对金坛公司主张应在工程造价56103764.68元基础上再加入上述两笔款项,依法不予支持。

庆龙公司上诉提出,鉴定结论关于85万元冬施费的认定有误,实际仅应为58000元。此问题在一审法院组织鉴定机构就鉴定结论答疑时,庆龙公司就已明确提出过,鉴定机构答复冬施费实际发生,依据双方监理小结及实际情况所做,不存在计算错误。现庆龙公司就所提异议无新的理由和证据,故依法不予支持。

庆龙公司认为金坛公司2001年2月5日变更诉讼请求将工程进度款数额改为1386万元,而一审判决书中竟然认定为1836万元,比金坛公司主张的数额还多出450万元。经二审法院审理查明,金坛公司2001年2月5日变更诉讼请求的书面材料与一审判决认定一致,工程进度款数额为1836万元,庆龙公司所提主张与事实不符,不予支持。

此外,庆龙公司上诉提出其代交纳的工程水电费应由金坛公司承担,一审法院不予认定,属错判。庆龙公司在一审答辩和反诉请求及理由中,均未明确提及代交工程水电费问题,也未向一审法院提交任何专门证明水电费实际发生及应由金坛公司负担的证据。现二审期间提出又未充分举证证明,故依法不予支持。

——《最高人民法院公报》2007 年第 7 期

【最高人民法院裁判文书】

长春北希发展有限公司与吉林省第一建筑公司建筑工程承包合同纠纷上诉案[最高人民法院(2000)民终字第 132 号民事判决书]

裁判要旨:对于鉴定意见,当事人没有足够的证据和理由反驳的,应认定其证明力。对于有缺陷的鉴定意见,可以通过补充鉴定、重新质证或补充质证等方法解决。

最高人民法院认为:

北希公司与一建公司签订的《建设工程施工合同协议条款》,是双方当事人真实意思表示,不违反法律规定,应认定为有效。双方当事人在履行合同中,未就工程结算问题达成一致,没有进行工程的正式结算并形成结算报告。发生纠纷后,一审法院委托鉴定机构进行工程造价鉴定,双方当事人对鉴定程序及结论的合法性均无异议。鉴定结论中虽未包括双方签字的全部土方量价款,而是据实认定了一部分,也未认定预算外项目 491357 元。鉴定机构对此曾向一审法院予以说明。本案中,北希公司驻工地代表在结算书上签字时,明确表示"工程尚在进行之中",而工程结算应在工程竣工之后。同时,一建公司增加土方工程量,未经北希公司同意并予以确认。本案证据中缺乏现场施工过程中的经济技术签证,无法核定造价,且存在高估冒算问题,土方工程量已在鉴定结论中考虑了实际情况。鉴于鉴定机构已考虑了案件的实际情况,认定了增加施工部分的工程造价,经审理认为,鉴定机构根据本案的实际情况提出的增加施工部分的工程造价是适当的,予以确认,因此,本案不宜于在鉴定结论外,再增加工程造价款。一审法院将土方量差价 965641 元及预算外项目 491357 元计入工程造价不当,依法应予纠正。北希公司在施工过程中不断向一建公司提供施工图,几次会议形成的会议纪要,均未提及工期问题,且施工中增加了部分工程量,致使工期延误。一审法院认定北希公司要求一建公司承担违约责任的主张不能成立。工程未经验收,北希公司即实际使用,如有质量问题,依法应由其自行承担。北希公司主张一建公司赔偿因双方发生纠纷致人员、财产损失的请求,因与本案不属同一法律关系,一审法院未予处理是正确的。

——最高人民法院民事审判第一庭编:《最高人民法院民事案件解析(建设工程)》(第3辑),法律出版社2010年版,第488~489页。

370

当事人自行委托鉴定的效力认定

关键词 | 自行委托鉴定 | 重新鉴定 |

【最高人民法院司法解释】

第二十八条 一方当事人自行委托有关部门作出的鉴定结论,另一方当事人有证据足以反驳并申请重新鉴定的,人民法院应予准许。

——《最高人民法院关于民事诉讼证据的若干规定》(2001年12月21日,法释〔2001〕33号)

【链接：最高人民法院法官著述】

当事人自行委托鉴定在司法实践中多有发生。在人民法院受理案件日益纷繁复杂的背景下,当事人自行委托鉴定具有客观上的合理性和必要性,对于充分发挥当事人的主动性、促进诉讼进程顺畅进行、提高诉讼效率具有积极意义。而且随着我国诉讼模式当中更多地体现当事人主义的元素,当事人自行委托鉴定情形会越来越多。但是,当事人自行委托鉴定也存在着明显的弊端,“对于诉讼单方委托的举证鉴定,其鉴定人的中立性和送鉴材料的真实性、全面性难免受到质疑”。当事人自行委托鉴定的鉴定意见往往也会仅是对委托鉴定的一方当事人有利,其公正性也存在欠缺。正因如此,《民事诉讼证据规定》第28条明确规定:“一方当事人自行委托有关部门作出的鉴定结论,另一方当事人有证据足以反驳并申请重新鉴定的,人民法院应予准许。”对此,我们应当作以下理解:

1. 关于一方当事人自行委托鉴定后,另一方当事人享有的权利问题。一方当事人自行委托鉴定人作出的鉴定意见,另一方当事人有权提出异议,并对此进行质证,在其有证据足以反驳并申请重新鉴定的,人民法院应当予以准许。

2. 对于双方当事人共同自行委托鉴定情形的处理。通常而言,基于当事人的处分权原则,对此情形应当准许。但是人民法院对此应当结合案情进行必要的审查,以避免双方当事人通过虚假诉讼侵害第三人利益情形的出现。

3. 一方当事人自行委托鉴定后,另一方当事人无异议、未质证、质证不充分或者未重新申请鉴定情形的处理。我们认为,对于这种情形也不可轻易认定该自行委托鉴定的鉴定意见的证据效力。一方面,如上所述,要避免虚假诉讼情形的出现;另一方面,当事人是否基于正当理由没有申请鉴定,此案件是否具有启动鉴定程序的必要性以及人民法院是否有必要依照职权启动鉴定程序等问题都要考虑。对案件当中的专业性问题确有必要进行鉴定时,也不能在该当事人没有重新申请鉴定时就径行认定自行委托鉴定的鉴定意见效力,人民法院在此时应当根据案情依照职权启动鉴定程序。

——最高人民法院民事诉讼法修改研究小组编著:《〈中华人民共和国民事诉讼法〉修改条文理解与适用》,人民法院出版社 2012 年版,第 186 ~ 187 页。

371

鉴定人出庭作证的具体要求

关键词 | 鉴定人 | 出庭作证 |

【最高人民法院司法解释】

第十五条 鉴定人应当依法履行出庭接受质询的义务。人民法院司法鉴定机构应当协调鉴定人做好出庭工作。

——《人民法院对外委托司法鉴定管理规定》(2002 年 3 月 27 日,法释〔2002〕8 号)

【最高人民法院裁判文书】

中国建设银行新疆石油专业分行与深圳康源设计装饰工程有限公司、潘聪装饰工程结算纠纷上诉案[最高人民法院(2001)民一终字第 33 号民事判决书]

裁判要旨:关于工程造价的鉴定结论,鉴定机构应当接受当事人的质询并提出对异议的处理意见,在此基础上,法院依法作出处理。对工程造价进行鉴定,从而将鉴定结论作为确定工程款的依据,是司法实践中常用的做法。但对于鉴定结论,当事人往往会以各种理由提出异议。针对当事人提出的异议,应由鉴定机构作出解释并组织双方当事人及鉴定机构进行质证。鉴定机构应当接受当事人的质询并应提出对异议的处理意见,在此基础上,法院依法作出处理。

最高人民法院认为:

石油分行与康源公司签订的装饰设计委托书、建设施工合同及备忘录,是双方当事人真实意思表示,合同内容不违反法律规定,应认定为有效。由于双方在履行合同中均有违约行为,导致合同已终止履行。双方应依据实际完成的工作量及工程款支付情况,据实进行结算。一审法院委托鉴定机构对该工程进行造价鉴定,该鉴定机构资质合格,鉴定程序合法,石油分行请求重新对工程造价进行鉴定,理据不足,本院不予支持。但该鉴定结论中关于冬季施工费、流动施工津贴及超高费的计算,因双方当事人在合同中没有明确约定,且鉴定机构向一审法院提交鉴定报告时指出,流动施工津贴及冬季施工费需举证后,由法院予以确定。上述项目的取费是当事人约定以外的间接费,参照有关主管部门的意见及装饰行业惯例,没有双方明确约定的取费项目,不应计入工程造价之中,故一审法院将流动施工津贴 139331.12 元、冬季施工费 151027.37 元及超高费 1434250.79 元计入工程总造价之中,依据不足,应予纠正。在本院主持下,对鉴定机构作出的鉴定结论进行了补充质证和答疑,该鉴定机构经核对,确认计算错误共计 35.71 万元,上述款项应在总工程款中予以扣除。石油分行已付工程款 21765350 元,尚欠的 815132.26 元应支付康源公司。一审法院认定误工和夜间施工费损失的产生是由于石油分行土建工程交付装饰施工不及时,以及石油分行要求康源公司夜间施工所致,石油分行应承担相应赔偿责任;康源公司将误工签单交由石油分行工作人员签收后,石油分行应签署是否认可的意见但未签署,应视为认可;夜间施工事实存在但没有双方签证证实,属双方管理上的失误,根据康源公司统计数据及夜间施工的事实,该项费用由双方各负担一半经济损失,适用法律并无不当。双方当事人对制作家具虽未签订书面合同,但却口头约定了家具的制作数量及价款,康源公司亦实际制作家具并交付石油分行使用,一审法院以双方口头约定的最低价格计算该项费用,亦无不妥,石油分行要求按目前清点的家具数字支付价款,依据不足,不予支持。康源公司根据石油分行的要求进行设计变更,加大了建行大厦门面四根柱子的用料,与施工记录相符,其用料的增加值应由石油分行补偿。关于工程的设计费用,双方当事人已有明确合同约定,石油分行已支付40万元,所欠的10万元应由石油分行支付给康源公司。潘聪虽是康源公司的法定代表人和装饰工程的负责人,但不是签订和履行装饰合同的主体,其行为的法律后果应由康源公司承担,一审法院驳回石油分行对潘聪个人的起诉,并无不当,应予维持。康源公司认为,补充协议中约定按照每工日35元计算损失,不是其真实意思表示,违反公平原则,该协议应为无效。经审查,按照上述标准计算损失,是双方当事人签订书面合同加以认可的,康源公司主张该约定无效,依据不足,不予支持。康源公司系国家二级装饰资质企业,一审法院结合国家及新疆维吾尔自治区当地的具体规定,确认按照集体二级标准计算工程费用,并无不当。

——最高人民法院民事审判第一庭编:《最高人民法院民事案件解析(建设工程)》(第3辑),法律出版社2010年版,第465~466页。

【最高人民法院法官著述】

《管理规定》第十五条规定"鉴定人应当依法履行出庭接受质询"的义务,人民法院司法鉴定机构"应当协调鉴定人做好出庭工作"。协调鉴定人做好出庭工作,主要有以下几点:

要求鉴定人做好出庭前的准备工作:1. 熟记相关的法律、法规。2. 明确自己的诉讼参与人地位。3. 全面了解和熟悉案情,正确作出鉴定结论。4. 制作规范、科学的鉴定书。5. 准备有关材料:(1)鉴定人资格证明;(2)鉴定中的幻灯片及其他资料;(3)拟好答辩提纲;(4)反复检查鉴定书是否有问题;等等。

告诉鉴定人在法庭上可以拒绝回答下列问题:1. 不能公开的国家机密;2. 用保密性的技术手段显现的书证内容和物证特征;3. 涉及个人隐私的内容;4. 用秘密侦查手段获取的检材;5. 涉及公民人身权利和民主权利的敏感内容。鉴定书上出现"拒绝回答"的内容时,需另外拟写一份鉴定书,在法庭上宣读。而且事先与检察院公诉人和法院主审联系,交换意见,以得到理解和认同。

鉴定人不出庭的条件:1. 鉴定人被监禁,人身自由受到限制的;2. 鉴定人在特殊岗位不能离开的;3. 鉴定人年迈体弱或残疾而行动不便的;4. 由于自然灾害等不可抗力确实无法出庭的;5. 路途特别遥远,交通十分不便的;6. 鉴定人不出庭,双方当事人均无异议的;7. 具有其他确实无法出庭的特殊情况的。

——沈德咏主编、最高人民法院研究室编:《民事诉讼司法解释理解与适用》,法律出版社2009年版,第291~292页。

编者说明

1991 年《民事诉讼法》规定了鉴定制度，但是并没有关于鉴定人出庭作证的规定。依据其第 72 条第 2 款的规定，鉴定部门及其指定的鉴定人有权了解进行鉴定所需要的案件材料，必要时可以询问当事人、证人。但本款并没有规定必须在法庭上询问当事人和证人。该条第 3 款规定："鉴定部门和鉴定人应当提出书面鉴定结论，在鉴定书上签名或者盖章。鉴定人鉴定的，应当由鉴定人所在单位加盖印章，证明鉴定人身份。"对于鉴定人出庭作证义务也无要求。1992 年《民事诉讼法意见》第 72 条仅是规定："证据应当在法庭上出示，并经过庭审辩论、质证。依法应当保密的证据，人民法院可视具体情况决定是否在开庭时出示，需要出示的，也不得在公开开庭时出示。"依据该条规定，鉴定意见应当在法庭上出示并须经双方当事人质证，但是仍然没有要求鉴定人必须出庭作证。

鉴定人不出庭作证，会影响鉴定意见的权威性和公信力，也缺乏对鉴定机构及鉴定人的必要约束，容易导致轻率甚至随意鉴定的情形出现。当事人对鉴定意见的效力很难认同，导致了司法实践中多头鉴定、重复鉴定屡屡发生，不利于案件所涉矛盾纠纷的依法妥善化解。正因如此，《证据规定》对上述规定作了很大改进，明确规定了鉴定人出庭接受质询的义务。其第 59 条规定："鉴定人应当出庭接受当事人质询。鉴定人确因特殊原因无法出庭的，经人民法院准许，可以书面答复当事人的质询。"第 60 条第 1 款规定："经法庭许可，当事人可以向证人、鉴定人、勘验人发问。"此两条规定虽然明确了鉴定人出庭接受质询的义务和当事人可以询问鉴定人的权利，使得我国的鉴定制度更加符合程序正义的要求，但是在当时的背景下，由于体制的原因，在诉讼中鉴定人往往具有高于证人的特殊地位，因此，《证据规定》第 59 条才仅规定了鉴定人出庭接受质询而不是作证的义务，同时考虑到对鉴定人人身财产权益的保护，对鉴定人不出庭作证开了一个口子，规定了鉴定人因特殊原因无法出庭作证的，经人民法院准许，可以书面答复质询。该条规定的初衷是好的，但是后来的实践证明由于当时赋予鉴定人过高的法律地位，法律和司法解释又没有规定鉴定人不出庭作证的法律后果，使得鉴定人不出庭作证的口子越来越大。鉴定人出庭作证不仅会增加其成本，还会有受到打击报复的危险，其不出庭作证并不会导致其鉴定意见最终不被采信，人民法院也不能强制鉴定人出庭作证，而又必须依法（比如审限制度等）履行自身的裁判职责，使得《证据规定》第 59 条规定的鉴定人出庭接受质询的内容，在审判实践中没有得到很好的落实，鉴定人不出庭的情形依然普遍存在。

《全国人民代表大会常务委员会关于司法鉴定管理问题的决定》（以下简称《决定》）第 11 条规定："在诉讼中，当事人对鉴定意见有异议的，经人民法院依法通知，鉴定人应当出庭作证。"该条规定在明确规定了鉴定人应当出庭的同时，还第一次明确规定了鉴定人出庭作证义务而不是接受质询，宣示了鉴定人与证人同等的诉讼地位。在此基础上，《决定》第 13 条又进一步规定了鉴定人不出庭作证的法律责任，该条规定："鉴定人或者鉴定机构有违反本决定规定行为的，由省级人民政府司法行政部门予以警告，责令改正。鉴定人或者鉴定机构有下列情形之一的，由省级人民政府司法行政部门给予停止从事司法鉴定业务三个月以上一年以下的处罚；情节严重的，撤销登记：（一）因严重不负责任给当事人合法权益造成重大损失的；（二）

提供虚假证明文件或者采取其他欺诈手段，骗取登记的；（三）经人民法院依法通知，拒绝出庭作证的；（四）法律、行政法规规定的其他情形。鉴定人故意作虚假鉴定，构成犯罪的，依法追究刑事责任；尚不构成犯罪的，依照前款规定处罚。”即在鉴定机构或鉴定人不出庭作证时，省级人民政府司法行政部门予以警告，责令改正，给予停止从事司法鉴定业务三个月以上一年以下的处罚；情节严重的，撤销登记。《决定》明确规定鉴定人出庭作证及相应法律后果，不仅有助于增强鉴定人的责任心，减少鉴定的暗箱操作，保证鉴定意见的客观准确，而且使得对鉴定意见有不同意见的当事人能在法庭上与鉴定人质证，从而体现了程序的公正。但由于《决定》主要是关于司法鉴定管理活动的行政管理法，虽涉及了鉴定人不出庭作证的行政责任，对于其不出庭作证是否影响该鉴定意见的采信以及相应的民事责任问题则没有涉及。而且按照文义理解，依据《决定》第11条的规定，鉴定人实际上可以先不出庭，当诉讼中出现对鉴定意见有异议后，再让鉴定人出庭，这无疑会增加法院开庭的次数，增加当事人的讼累，也浪费了宝贵的司法资源。当然，《决定》的上述规定虽未达到尽善尽美的高度，但是仍然可以称得上完善我国鉴定人出庭作证制度的里程碑意义的规范。

2012年《民事诉讼法》在《决定》规定的基础上，对于鉴定人出庭作证制度作了进一步完善，明确规定了鉴定人出庭作证义务及拒不出庭作证的法律后果，为鉴定人出庭接受质证及鉴定意见的采信提供了明确的法律依据。这对于完善民事诉讼中的鉴定程序乃至案件事实认定的程序，增强鉴定意见的权威性和公信力，促进案件依法妥善审理，具有十分重要的积极意义。①

372

知识产权案件的专业鉴定问题

关键词 | 知识产权 | 专业鉴定 |

【最高人民法院司法政策】

认真慎重处理专业鉴定。专业鉴定是审理知识产权案件的重要问题。人民法院在处理专业鉴定问题时要注意：一是专业鉴定只能鉴定涉及案件事实的专业问题，而不能以技术鉴定代替法律适用。对于是否构成商业秘密、是否构成侵权等问题，不能作为专业鉴定的内容或者要求鉴定人做出结论；二是要认真审查当事人的鉴定要求，对于不属于鉴定解决的事项或者不需要鉴定解决的问题，要

① 最高人民法院民事诉讼法修改研究小组编著：《〈中华人民共和国民事诉讼法〉修改条文理解与适用》，人民法院出版社2012年版，第176～178页。

向当事人说明并依法予以处理；三是应当向鉴定机构或者鉴定人就鉴定的标准、方法、程序等做出明确交代，对鉴定的内容进行充分的研究和正确的判断；四是对于鉴定结论，除当事人无异议外，人民法院根据当事人的请求或依职权可以要求鉴定人出庭接受询问，并对拟作为定案依据的鉴定结论进行质证。

——李国光：《在全国民事审判工作会议上的讲话》（2000 年 10 月 28 日），载唐德华主编、最高人民法院民事审判庭编：《民事审判指导与参考》（总第 4 卷），法律出版社 2000 年版，第 48 页。

（四）专业鉴定问题

审理知识产权民事纠纷案件往往涉及对专业技术事实的审查认定，人民法院必须充分重视专业鉴定。不少同志介绍了组织专业鉴定的做法，主要有：

1. 人民法院可以根据审理案件的实际需要，决定是否进行专业鉴定。

2. 如果没有法定鉴定部门，可以由当事人自行协商选择鉴定部门进行鉴定；协商不成的，人民法院根据需要可以指定有一定权威的专业组织为鉴定部门，也可以委托国家科学技术部或各省（自治区、直辖市）主管部门组织专家进行鉴定，但不应委托国家知识产权局、国家工商行政管理局商标局、国家版权局进行专业鉴定。

3. 鉴定部门和鉴定人应当鉴定专业技术问题，对所提交鉴定的事实问题发表意见。

4. 人民法院应当就当事人争议的专业技术事实，向鉴定部门提出明确的鉴定事项和鉴定要求；应当将当事人提供的与鉴定事项有关的全部证据、材料提交给鉴定部门；对当事人提交并要求保密的材料，鉴定部门和鉴定人员负有保密义务。人民法院应当向当事人告知鉴定部门的名称以及鉴定人的身份，当事人有权对鉴定部门提出异议，也有权要求鉴定人回避。

5. 当事人有权就鉴定项目的有关问题向鉴定部门和鉴定人提出自己的意见，鉴定部门和鉴定人应当认真研究答复。

6. 人民法院应当监督鉴定部门和鉴定人在科学、保密、不受任何组织或者个人干预的情况下作出专业鉴定结论。

7. 鉴定部门和鉴定人应当将鉴定结论以及作出结论的事实依据和理由、意见以书面形式提交给人民法院。鉴定结论应当经过当事人质证后决定是否采信；当事人有权要求鉴定人出庭接受质询。未经当事人质证的鉴定结论不能采信。

——《最高人民法院关于全国部分法院知识产权审判工作座谈会纪要》（1998 年 7 月 20 日，法〔1998〕65 号）

【《最高人民法院公报》案例】

天津狗不理包子饮食(集团)公司诉哈尔滨天龙阁饭店、高渊侵犯商标专用权纠纷再审案(黑龙江省高级人民法院再审民事判决书)

裁判要旨:在知识产权案件审理过程中,针对技术问题或者当法官难以凭借自己的知识对相关专业问题作出判定时,可以委托相关"中介性机构"进行鉴定,但是这种鉴定意见从法理上来讲应属于证据,法官应组织双方当事人对鉴定意见的作出程序和内容进行质证。

黑龙江省高级人民法院再审查明:

原判认定的事实基本清楚。另查明下列有关事实:(1)天龙阁饭店店门上方悬挂的牌匾,中间为大字"天津狗不理包子",上为小字"正宗",下为小字"第四代传人高耀林、第五代传人高渊";未悬挂天龙阁饭店牌匾。(2)天龙阁饭店经营期间盈利44800元。(3)狗不理包子饮食公司的"狗不理"牌注册商标,于1993年3月1日又获续展10年。再审期间,经委托国家工商局商标局鉴定,认为两被告签订协议和制作、悬挂前述牌匾,已构成商标侵权行为。

黑龙江省高级人民法院认为:

"狗不理"牌商标是狗不理包子饮食公司在国家工商局注册的有效商标,依法享有专用权,并受法律保护。高渊虽系狗不理包子创始人的后代,但其不享有"狗不理"商标的使用权,亦无权与天龙阁饭店签订有关"狗不理"商标使用方面的协议。两被告制作并悬挂牌匾,是为了经营饭店,不是为了宣传"狗不理"包子的传人,其未经狗不理包子饮食公司的许可,擅自制作并使用"狗不理"商标,属于《中华人民共和国商标法》第三十八条第(一)项所述的商标侵权行为,构成对原告商标专用权的侵害。两被告应当停止侵害,赔偿因此给原告造成的经济损失。原判对两被告行为性质的认定,属适用法律不当,应予纠正。

——《最高人民法院公报》1995年第1期

编者说明

在知识产权案件审理过程中,针对技术问题或者当法官难以凭借自己的知识对相关专业问题作出判定时,可以委托相关"中介性机构"进行鉴定。但是,这种鉴定意见从法理上来讲应属于证据,法官应组织双方当事人对鉴定意见的作出程序和内容进行质证并应记录在案。法官在援用鉴定意见时,应阐述以鉴定意见为依据的理由;且在委托鉴定时,不应当在委托鉴定内容时要求鉴定单位直接认定"是否构成侵权",而应当是"相关技术方案是否相同或类似,相关图案等是否近似等",不能将本应由法官依裁判权作出的判断转交给鉴定单位。

373

企业资产评估问题

关键词|企业改制|资产评估|

【最高人民法院司法政策】

在审理与企业改制相关的案件中,资产评估是当事人争执的焦点之一。重复进行资产评估已经成为诉讼拖延或者缠诉不止的重要原因。在处理这类问题时,既要注意资产的规范性、合理性和公正性,又要重视评估报告的证据性。在一审阶段,法庭应当对一方当事人提交的资产评估报告进行质证,评估机构应当出庭。经过质证,对当事人没有异议的评估报告,应当作为定案的依据。如果另一方当事人对评估机构报告有异议,双方当事人可以协商委托资产评估机构进行评估,协商不成的,由人民法院指定符合法定条件的资产评估机构进行评估,该评估报告应当作为定案的依据。在二审阶段,一方当事人如再对评估报告提出异议的,一般不予采纳。总之对于资产评估的问题,要坚持由当事人主张的原则,人民法院不要自行委托机构对资产进行评估,更不要反复委托评估,以避免工作上的被动。

——李国光:《在全国民事审判工作会议上的讲话》(2000 年 10 月 28 日),载唐德华主编、最高人民法院民事审判庭编:《民事审判指导与参考》(总第 4 卷),法律出版社 2000 年版,第 42 ~ 43 页。

374

医疗事故技术鉴定委员会鉴定意见的司法审查

关键词|医疗事故鉴定|证据效力|

【最高人民法院裁判文书】

陈俊州诉右江民族医学院附属医院医疗损害赔偿纠纷申请再审案(最高人民法院驳回再审申请通知书)

裁判要旨:案件审理中,当事人对医疗事故技术鉴定委员会出具的鉴定结论提出质疑，法院在无法确认证据效力的前提下，有权依职权另行委托有关鉴定部门进行司法鉴定。司法鉴定中心所作的鉴定结论应作为认定事实的根据，法院据此确定责任适当。

最高人民法院认为：

陈俊州的再审申请不符合《中华人民共和国民事诉讼法》第一百七十九条第一款规定的再审条件。决定依照《中华人民共和国民事诉讼法》第一百七十九条第二款之规定，予以书面驳回。理由为：

本案一审期间，由于右江医院对广西壮族自治区医疗事故技术鉴定委员会出具的医疗事故鉴定结论提出质疑，该鉴定委员会亦未出庭接受质询，在此情况下，原审法院可委托有关机构进行司法鉴定。根据司法部司法鉴定中心所作鉴定，原审认为导致全小肠大部分被切除的主要原因系你自身疾病所致，右江医院在诊治中无明显过错，判令该院对你的经济损失承担25%的责任，并无不当。

——苏泽林主编、最高人民法院立案庭编：《立案工作指导》（总第15辑），人民法院出版社2008年版，第150页。

【链接：最高人民法院法官著述】

1. 本案涉及陈俊州伤残的原因问题，前后曾进行过三次鉴定。第一次广西医疗事故技术鉴定委员会〔99〕桂医鉴字第11号鉴定结论认为：构成二级甲等技术事故。后因陈俊州提出该委员会鉴定所依据的病历系院方修改过的病历，记录有伪造之嫌，右江医院亦认为其在治疗中不存在技术失误，双方同意由法院另行委托重新鉴定。百色中院遂委托北京市法庭科学技术鉴定研究所对右江医院的诊治是否属医疗事故进行鉴定。该所鉴定结论为：被鉴定人陈俊州全小肠扭转，系自身疾病所致。陈俊州坚持认为，送检的病历是院方改动过的。后经双方同意，百色中院再次委托司法部司法鉴定中心进行鉴定，此次的送检材料经过该院召集双方当事人认可。该鉴定中心于2001年10月14日作出司鉴中心〔2001〕活鉴字第693号鉴定书。结论为：本例急性小肠扭转的临床诊断可以成立。2002年4月24日，该中心陈俊州做出伤残等级鉴定，认定伤残等级为5级。

从三次鉴定的结果看，后两次意见基本一致，都认为陈俊州全小肠扭转致5级伤残系自身疾病所致，与第一次鉴定认为构成二级甲等技术事故之结论存在较大差异，这直接涉及了责任大小的划分及赔偿金的承担，故该问题成了双方争议的焦点。我们认为，第一次的鉴定结论系专门从事医疗事故技术鉴定的机构出具，其真实、权威性较高，结论对陈俊州也比较有利，如按该结论划分责任、确认赔偿标准，陈俊州能得到的赔偿金额会多一些。但问题在于，不仅右江医院不服该鉴定结论，陈俊州也对鉴定依据持异议，从而导致法院再次委托有关部门进行鉴定。

2. 原审法院另行委托进行司法鉴定的问题。这主要涉及医疗事故技术鉴定结论在民事诉讼中的证据效力。根据医疗事故处理办法第十二条、第十三条之规定，广西医疗事故技术鉴定委员会〔99〕桂医鉴字第 11 号鉴定结论为最终鉴定，是卫生行政部门对发生医疗事故的医疗机构和医务人员进行行政处理的依据，也是双方当事人进行协商的依据。但是，行政处理非同于民事审判，后者要求任何一种证据都必须依法定程序经司法人员审查或当事人提供经法庭质证后才可以作为判案的依据。本案中，鉴定结论系患者陈俊州作为损害赔偿案的重要证据向法庭提交，根据民事诉讼法第六十三条“证据有下列几种：……（六）鉴定结论；……以上证据必须查证属实，才能作为认定事实的根据”之规定，鉴定结论既然作为证据，法院就应该有查明的义务来认定其证据能力。而本案中，由于广西医疗事故技术鉴定委员会的鉴定结论系诉前由陈俊州单方委托而出具，结论出来后双方均提出质疑，特别是一审期间，法庭曾要求该鉴定委员会到庭作证遭拒绝，由于医疗事故技术鉴定的专业性较强，在此情况下，法庭无法对医疗事故鉴定人员、医疗事故鉴定组织、鉴定程序、鉴定依据、鉴定结论、鉴定书的格式等进行合法性审查，亦不能确保鉴定结论的合法性、真实性、关联性。原审法院在无法确认该证据的效力的前提下，有权依职权另行委托有关鉴定部门进行司法鉴定。特别是第三次鉴定，系双方同意经法院委托，且检材系双方查验认可封存后交鉴定机构进行鉴定。目前，该司法鉴定无论从程序上或实体上均未发现不妥之处，否认其结论，依据不足。另外，虽然陈俊州一直对院方所提供的病历非原始材料提出质疑，院方亦承认向法庭提交的病历系整理后的记录非原始证据，作为患者的陈俊州有理由怀疑院方伪造了病历以减轻或推卸责任，但因第三次鉴定所依据的检材包括三方即陈俊州、右江医院各自提供及广西卫生厅封存的病历，该鉴定中心在三方所提供的材料的基础上所做出的结论反映的应为治疗的客观真实情况。因此，原审法院将该鉴定作为认定事实的根据并无不当，陈俊州申诉要求按第一次鉴定结论裁决的依据不足。

——姚爱华：《对医疗事故技术鉴定委员会鉴定结论的司法审查》，载最高人民法院立案庭编、苏泽林主编：《立案工作指导》（总第 15 辑），人民法院出版社 2008 年版，第 150 ~ 152 页。

麦读
MyRead

THE COLLECTION OF
THE SUPREME PEOPLE'S COURT'S
JUDICIAL RULES

新 编 版

最高人民法院司法观点集成

民事诉讼卷

II

总主编 | 刘德权　本卷主编 | 陈裕琨　缪蕾

中国法制出版社

本卷总目

CONTENTS

本册细目

CONTENTS

（第四章　证　　据）

第五章　期间、送达

第六章 调 解

第七章　保全和先予执行

第八章　对妨害民事诉讼的强制措施

第九章 诉讼费用

第十章　第一审普通程序

本册关键词索引

INDEX

D

E

F

G

H

J

K

L

M

S

T

W

X

Y

Z

第四章 | CHAPTER 04

证据

375

举证时限及逾期举证的后果

关键词｜举证时限｜逾期举证｜证据失权｜延长举证期限｜

【最高人民法院司法解释】

第一百零一条 当事人逾期提供证据的，人民法院应当责令其说明理由，必要时可以要求其提供相应的证据。

当事人因客观原因逾期提供证据，或者对方当事人对逾期提供证据未提出异议的，视为未逾期。

第一百零二条 当事人因故意或者重大过失逾期提供的证据，人民法院不予采纳。但该证据与案件基本事实有关的，人民法院应当采纳，并依照民事诉讼法第六十五条、第一百一十五条第一款的规定予以训诫、罚款。

当事人非因故意或者重大过失逾期提供的证据，人民法院应当采纳，并对当事人予以训诫。

当事人一方要求另一方赔偿因逾期提供证据致使其增加的交通、住宿、就餐、误工、证人出庭作证等必要费用的，人民法院可予支持。

——《最高人民法院关于适用〈中华人民共和国民事诉讼法〉的解释》(2015 年 1 月 30 日，法释〔2015〕5 号)

第三十四条 当事人应当在举证期限内向人民法院提交证据材料，当事人在举证期限内不提交的，视为放弃举证权利。

对于当事人逾期提交的证据材料，人民法院审理时不组织质证。但对方当事人同意质证的除外。

当事人增加、变更诉讼请求或者提起反诉的，应当在举证期限届满前提出。

第三十六条 当事人在举证期限内提交证据材料确有困难的，应当在举证期限内向人民法院申请延期举证，经人民法院准许，可以适当延长举证期限。当事人在延长的举证期限内提交证据材料仍有困难的，可以再次提出延期申请，是否准许由人民法院决定。

——《最高人民法院关于民事诉讼证据的若干规定》(2001 年 12 月 21 日，法释〔2001〕33 号)

【最高人民法院司法政策】

六、关于当事人申请延长举证期限的问题。当事人申请延长举证期限经人民法院准许的，为平等保护双方当事人的诉讼权利，延长的举证期限适用于其他当事人。

——《最高人民法院关于适用〈关于民事诉讼证据的若干规定〉中有关举证时限规定的通知》(2008 年 12 月 11 日，法发〔2008〕42 号)

【最高人民法院审判业务意见】

《民事诉讼法》第一百二十五条规定："当事人可以在法庭上提出新的证据。"据此，理论界和实务界普遍认为，我国民事诉讼对当事人举证采取"证据随时提出主义"，当事人在法庭审理的各个阶段均可提出新的证据。我们认为，该规定的本意在于保障当事人发现新的证据时向法庭提出的权利，并不是鼓励当事人的任何证据随时向法庭提出。由于法律和司法解释一直对于哪些证据属于可以在法庭上提出的新的证据不明确。因此，审判实践中，一些当事人滥用诉讼权利，在庭审前不提供证据，在庭审中搞突然袭击，或者一审不提供证据，在二审或再审中提出证据，达到拖延诉讼的目的。这不仅违反了诚实信用原则，对于另一方当事人极不公平，而且严重干扰诉讼活动的正常进行，增加当事人的诉讼成本，也造成人民法院大量的重复劳动，浪费了有限的审判资源，是妨碍审判效率提高的重要原因。民事诉讼的目的是通过解决当事人之间的争议维护其合法权益，当事人不断变更诉讼请求、提供证据，争议的焦点问题就无法固定，人民法院难以进行正常的审理，对当事人的合法权益也无法给予及时的保护。同时，由于《民事诉讼法》对当事人的举证期限没有明确规定，对审理期限却有着严格的规定，当事人随时举证的情形导致人民法院部分案件难以在审限内审结，社会各界对此意见较大，影响了人民法院的威信和法律实施的效果。

事实上，我国民事诉讼制度并不排斥举证时限。《海事诉讼特别程序法》第八十四条规定，"当事人应当在开庭审理前完成举证"。人民法院要在法律规定的期限内审结案件，就应当根据不同案件的具体情况，对整个诉讼活动作出合理的安排。各个诉讼主体只有按照法律规定的期间和人民法院指定的期间完成自己的诉讼义务，才能确保案件的及时审结。因此，《规定》根据《民事诉讼法》第七十五条第一款关于“期间包括法定期间和人民法院指定的期间”的规定，在第三十三条中规定人民法院在送达案件受理通知书和应诉通知书时，可以根据案件情况指定举证期限以及逾期提供证据的法律后果。并在第三十四条中将其解释为“当事人在举证期限内不提交的，视为放弃举证权利”。为克服“证据随时提出主义”的弊端，充分保护当事人的诉讼权利，提高人民法院的审判效率，《若干规定》以与时俱进的精神，一方面对《民事诉讼法》第七十五条第一款人民法院指定期间作进一步解释，明确其法律效力，另一方面对《民事诉讼法》第一百二十五条第一款和第一百七十九条第一款第(一)项“新的证据”的内容予以明确，并对与举证时限关系密切的证据交换问题也作出规定，以实现庭前固定证据、固定争点的目的。

——《最高人民法院民一庭负责人就〈关于民事诉讼证据的若干规定〉答记者问》，载沈德咏主编、最高人民法院研究室编：《最高人民法院民商事司法解释及审判适用指导》，中国法制出版社 2006 年版，第 2090 页。

【《最高人民法院公报》案例】

江西圳业房地产开发有限公司与江西省国利建筑工程有限公司建设工程施工合同纠纷案[最高人民法院(2006)民一终字第 52 号民事判决书]

裁判要旨：根据《最高人民法院关于民事诉讼证据的若干规定》第三十四条的规定，当事人应当在举证期限内向人民法院提交证据材料，当事人在举证期限内不提交的，视为放弃举证权利，人民法院可以根据对方当事人提供的证据认定案件事实。但是，被视为放弃举证权利的一方当事人依法仍享有抗辩权，人民法院对其抗辩应当依法审查，抗辩有理的应当予以采纳、支持。

最高人民法院认为：

圳业公司虽主张已付清全部工程款，但不能提出有效证据加以证明。因此，一审法院只能以国利公司提供的证据作为计算工程款的依据。尽管圳业公司提出了通过鉴定确定工程款数额的请求，且这一请求因其未按期交纳鉴定费而未能得到支持，但在确定工程款数额问题上，圳业公司仍享有抗辩权。对于其抗辩，本院仍应进行审查。圳业公司提出因国利公司计算工程款有误，致使一审判决认定的工程款数额多了 1879343.98 元。本院二审期间，国利公司对误算工程款一事予以确认并明确表示放弃向圳业公司主张 1879343.98 元工程款的诉讼请求，本院对此依法予以确认。圳业公司关于一审判决多算上述工程款的抗辩有理,本院予以支持。

——《最高人民法院公报》2007 年第 6 期

【链接：最高人民法院法官著述】

1. 当事人因故意或者重大逾期提供的证据与案件基本事实有关的,人民法院在审查时应当审查该证据与案件的要件事实的关联性,即审查该证据对于要件事实的证明是否有价值,是否使要件事实的存在更有可能或者没有可能,而不能仅仅根据当事人的主张确定。

2. 人民法院对逾期提供证据的当事人处以罚款的,应当在民事诉讼法第一百一十五条规定的限额内,结合当事人逾期提供证据的主观状态、诉讼标的价额、当事人的举证能力等因素综合判断。

——沈德咏主编、最高人民法院修改后民事诉讼法贯彻实施工作领导小组编著:《最高人民法院民事诉讼法司法解释理解与适用》,人民法院出版社 2015 年版,第 345 页。

编者说明

2012 年《民事诉讼法》第 65 条规定:"当事人对自己提出的主张应当及时提供证据。人民法院根据当事人的主张和案件审理情况,确定当事人应当提供的证据及其期限。当事人在该期限内提供证据确有困难的,可以向人民法院申请延长期限,人民法院根据当事人的申请适当延长。当事人逾期提供证据的,人民法院应当责令其说明理由;拒不说明理由或者理由不成立的,人民法院根据不同情形可以不予采纳该证据,或者采纳该证据但予以训诫、罚款。"

举证时限在 2012 年修改之前的《民事诉讼法》上没有规定,其最初是由司法解释创设的制度。《证据规定》第一次对举证时限的内涵、后果、例外情形等作出比较系统的规定,从该规定十多年的实施情况来看,尽管广大审判人员和多数学者持肯定和赞同立场,但仍然存在一些弊端。一方面,由于和现行民诉法存在理念上的不同,这种以"证据适时提出主义"的理念和目标为基础的举证时限的规定,其适法性在民事诉讼实践中受到广泛质疑;另一方面,逾期提供证据的法律效果单一,在当事人取证手段缺乏保障的情况下,单纯的失权效果对当事人过于苛刻,不利于保障当事人的诉讼权利。同时,多年的审判实践表明,明确规定举证时限制度以及多元化的逾期举证责任措施,符合诉讼效率、诉讼程序的安定性要求,是程序正义和司法公正的题中应有之义。在这样的背景下,立法机关经过较长时间的调研,吸收《证据规定》的有益做法,第一次在立法上对举证时限制度作出了明确的规定。一方面,为民事诉讼当中适用举证时限的有关问题提供了基本法律依据,极大增强了举证制度的权威性和公信力,使得人民法院在裁判案件时科学运用举证时限有章可循;另一方面,通过规定多元化的逾期举证的法律后果,使得举证时限制度更加人性化,可以有效避免因逾期举证导致当事人之间实体权利义务严重失衡，体现了程序正义与实体正义的有机统一。

审判实践中应当注意，《民事诉讼法》的规定与此前最高人民法院司法解释的规定有比较大的变化。(1)对于逾期提供证据的，人民法院应当为逾期提供证据的当事人和对方当事人提供程序上的保障，使当事人对于逾期提供证据的原因有陈述和质疑机会。(2)只要当事人在举证期限内提供证据确有困难向人民法院申请延长举证期限的，人民法院就必须适当延长举证期限。人民法院对当事人申请的审查，限于是否存在期限内提供证据"确有困难"的情形，是否导致诉讼迟延，妨碍诉讼效率不再是人民法院是否延长举证期限的考量因素。这是本条规定相比司法解释规定的重大变化。(3)对于当事人逾期提供证据的理由，在理解上应当以是否存在客观原因作为理由是否正当的标准。(4)关于逾期举证的后果，应当根据逾期提供证据的当事人的主观过错程度，对应不同的后果，即过错程度轻微的，对应的后果较轻，反之亦然。(5)当事人逾期提供证据情节较轻的，人民法院可以合并适用本条规定的训诫、罚款的处罚措施，即当事人由于一般过失逾期提供证据的，人民法院在采纳该证据的同时可以对其并处训诫和罚款。但当事人由于故意或者重大过失逾期提供证据的，发生证据失权的后果，当事人提供的证据将不被采纳，此时当事人已经承担最为严厉的后果，无再适用训诫、罚款这些制裁措施的必要。

376

举证时限的确定方式

关键词 | 举证通知书 | 举证期限确定 |

【最高人民法院司法解释】

第九十九条 人民法院应当在审理前的准备阶段确定当事人的举证期限。举证期限可以由当事人协商，并经人民法院准许。

人民法院确定举证期限，第一审普通程序案件不得少于十五日，当事人提供新的证据的第二审案件不得少于十日。

举证期限届满后，当事人对已经提供的证据，申请提供反驳证据或者对证据来源、形式等方面的瑕疵进行补正的，人民法院可以酌情再次确定举证期限，该期限不受前款规定的限制。

——《最高人民法院关于适用〈中华人民共和国民事诉讼法〉的解释》(2015年1月30日，法释〔2015〕5号)

第三十三条 人民法院应当在送达案件受理通知书和应诉通知书的同时向当事人送达举证通知书。举证通知书应当载明举证责任的分配原则与要求、可以向人民法院申请调查取证的情形、人民法院根据案件情况指定的举证期限以及逾期提供证据的法律后果。

举证期限可以由当事人协商一致，并经人民法院认可。

由人民法院指定举证期限的，指定的期限不得少于三十日，自当事人收到案件受理通知书和应诉通知书的次日起计算。

——《最高人民法院关于民事诉讼证据的若干规定》(2001 年 12 月 21 日，法释〔2001〕33 号)

【最高人民法院司法政策】

一、关于第三十三条第三款规定的举证期限问题。《证据规定》第三十三条第三款规定的举证期限是指在适用一审普通程序审理民事案件时，人民法院指定当事人提供证据证明其主张的基础事实的期限，该期限不得少于三十日。但是人民法院在征得双方当事人同意后，指定的举证期限可以少于三十日。前述规定的举证期限届满后，针对某一特定事实或特定证据或者基于特定原因，人民法院可以根据案件的具体情况，酌情指定当事人提供证据或者反证的期限，该期限不受“不得少于三十日”的限制。

——《最高人民法院关于适用〈关于民事诉讼证据的若干规定〉中有关举证时限规定的通知》(2008 年 12 月 11 日，法发〔2008〕42 号)

【链接：最高人民法院法官著述】

1. 举证期限的起算时点在本解释中与《民事诉讼证据规定》不同，本解释对于举证期限的理解不包括答辩期在内，是在答辩期届满后确定、起算举证期限。

2. 人民法院可以再次酌情确定举证期限的情形，只发生于当事人需要提供反驳证据和补强证据的情形，虽然比《民事诉讼证据规定》有所放宽，但仍然不能任意扩大其适用范围。

——沈德咏主编、最高人民法院修改后民事诉讼法贯彻实施工作领导小组编著：《最高人民法院民事诉讼法司法解释理解与适用》，人民法院出版社2015年版,第338页。

377

当事人增加、变更诉讼请求及反诉时的举证期限

关键词|增加、变更诉讼请求|反诉|举证期限|

【最高人民法院司法解释】

第三十五条 诉讼过程中,当事人主张的法律关系的性质或者民事行为的效力与人民法院根据案件事实作出的认定不一致的,不受本规定第三十四条规定的限制,人民法院应当告知当事人可以变更诉讼请求。

当事人变更诉讼请求的,人民法院应当重新指定举证期限。

——《最高人民法院关于民事诉讼证据的若干规定》(2001年12月21日,法释〔2001〕33号)

【最高人民法院司法政策】

七、关于增加、变更诉讼请求以及提出反诉时的举证期限问题。当事人在一审举证期限内增加、变更诉讼请求或者提出反诉,或者人民法院依照《证据规定》第三十五条的规定告知当事人可以变更诉讼请求后,当事人变更诉讼请求的,人民法院应当根据案件的具体情况重新指定举证期限。当事人对举证期限有约定的,依照《证据规定》第三十三条第二款的规定处理。

——《最高人民法院关于适用〈关于民事诉讼证据的若干规定〉中有关举证时限规定的通知》(2008年12月11日,法发〔2008〕42号)

【链接:最高人民法院法官著述】

诉讼请求的固定是争点固定和证据固定的前提,诉讼请求不固定,争点和证据无法固定,法庭审理势必受到影响,限时举证的目的也无从实现。因此,《若干规定》第三十四条第二款规定,当事人增加、变更诉讼请求或者提起反诉的,

应当在举证期限届满前提出。但有些案件在审理过程中，当事人主张的法律关系的性质和民事行为的效力与人民法院根据案件事实作出的认定不一致，如合同纠纷案件，当事人主张合同有效要求继续履行，人民法院经审查认为合同无效，应当返还财产，这种情况下应当允许当事人在人民法院对法律关系性质和民事行为效力的认定基础上，变更诉讼请求。这种情况下人民法院也有告知当事人变更诉讼请求的义务。对于当事人变更诉讼请求的，人民法院应当重新指定举证期限。

——沈德咏主编、最高人民法院研究室编：《民事诉讼司法解释理解与适用》，法律出版社2009年版，第257页。

378

法官释明权的适用

关键词 | 变更诉讼请求 | 释明权 |

【最高人民法院司法解释】

第三十五条 诉讼过程中，当事人主张的法律关系的性质或者民事行为的效力与人民法院根据案件事实作出的认定不一致的，不受本规定第三十四条规定的限制，人民法院应当告知当事人可以变更诉讼请求。

当事人变更诉讼请求的，人民法院应当重新指定举证期限。

——《最高人民法院关于民事诉讼证据的若干规定》（2001年12月21日，法释〔2001〕33号）

【最高人民法院审判业务意见】

当事人主张的法律关系的性质或者民事行为的效力与人民法院根据案件事实作出的认定不一致的，应当向当事人释明并询问是否变更诉讼请求，以切实减轻当事人诉累、彻底解决当事人纠纷。

A公司与张某为解决双方之间的股权争议签订了《和解协议》，后因《和解协议》的履行发生争议。当事人争议焦点在于《和解协议》的效力，原审法院在以下三点未向当事人释明,导致并不能妥善解决纠纷。第一,根据《合同法》第五十四条的规定,欺诈及乘人之危情形下合同当事人有权请求变更或者撤销合同。第二,《和解协议》约定"期满张某未付清全款的,本协议无效",可见该协议的约束力还受张某是否付清款项的影响。原审法院应就该问题适时向当事人释明并作相应处理。第三,本案表面争议围绕《和解协议》,实质问题是双方的股权权益纠纷,A 公司依《和解协议》起诉之目的仍是解决双方股权争议。所以,如果认定前述失效约定导致《和解协议》失效,A 公司并不能获得《和解协议》中权利,这与该公司的订约目的及诉讼目的均有较大出入,原审法院应向 A 公司释明其是否变更诉讼请求。

——最高人民法院民事审判第二庭:《最高人民法院民二庭近两年发回重审、指令再审案件审理情况(2013 年 1 月)》,载最高人民法院民事审判第二庭编:《商事审判指导》(总第 32 辑),人民法院出版社 2013 年版,第 25 页。

【《最高人民法院公报》案例】

北京新中实经济发展有限责任公司、海南中实(集团)有限公司与华润置地(北京)股份有限公司房地产项目权益纠纷案[最高人民法院(2004)民一终字第 107 号民事裁定书]

裁判要旨:根据《最高人民法院关于民事诉讼证据的若干规定》的规定,一审诉讼中,当事人主张的法律关系的性质或民事行为的效力与法院根据案件事实作出的认定不一致的,法院应当告知当事人可以变更诉讼请求;当事人坚持不变更诉讼请求的,法院应当驳回其起诉,而不应作出实体判决;法院径行对当事人未予主张的法律关系作出裁判,既是代替当事人行使起诉权利,又剥夺了对方当事人的抗辩权利,构成程序违法。

最高人民法院认为:

一审期间,华润公司在起诉状、庭审陈述及所附证据材料中,均明确表示其主张项目转让款的依据为双方之间存在房地产项目转让的法律关系。一审法院基于审理查明的事实认为,华润公司诉请主张的"项目转让关系"不能成立,遂于庭审结束后至一审判决前,多次向华润公司行使释明权,告知其变更诉讼请求,否则自行承担诉讼风险,但华润公司拒绝对诉讼请求予以变更。

根据《最高人民法院关于民事诉讼证据的若干规定》的规定,一审诉讼过程中，当事人主张的法律关系的性质或民事行为的效力与一审法院根据案件事实作出的认定不一致，一审法院应当告知当事人可以变更诉讼请求。本案中，经一审法院告知后，华润公司仍未变更诉讼请求，由于华润公司主张的法律关系性质与一审法院根据案件事实认定的不一致，一审法院不应作出实体判决，而应驳回华润公司的起诉。一审法院在华润公司经释明仍未变更诉讼请求的情形下，径行对华润公司未予主张的法律关系予以裁判，既替行了华润公司的起诉权利，又剥夺了新中实公司和海南中实公司的抗辩权利，违反了人民法院审理民事案件的法定程序。

——《最高人民法院公报》2006 年第 8 期

【最高人民法院裁判文书】

许尚龙、吴娟玲与何健、张康黎、张桂平股权转让纠纷案［最高人民法院(2013)民二终字第 82 号民事判决书］

裁判要旨：在诉讼过程中，当事人主张的法律关系或者民事行为的效力与人民法院根据案件事实作出的认定不一致的，人民法院应当告知当事人可以变更诉讼请求。上述规定旨在有些情况下，当事人的诉讼请求因为人民法院的认定而发生改变，进而影响了当事人在本诉中实现相应的权利，受诉法院应当告知当事人变更诉讼请求，以避免增加当事人另诉的诉讼成本，以及人民法院违背应在当事诉讼请求范围内对案件进行审理的原则。

——中国裁判文书网，http://www. court. gov. cn/zgcpwsw/zgrmfy/。

海南新亚房地产开发公司上海公司与新疆邮政金融技术开发公司、新疆建筑工程公司、海南新亚房地产开发公司联建合同纠纷上诉案［最高人民法院(2002)民一终字第 71 号民事判决书］

裁判要旨：诉讼过程中，当事人主张的法律关系的性质与法院根据案件事实作出的认定不一致时，法院应当告知当事人可以变更诉讼请求。当事人坚持不变更诉讼请求的，法院依法予以驳回。

最高人民法院认为：

本案双方当事人签订的《协议书》，虽然约定了“有风险首先保证资本利息”的保底条款，但是，该《协议书》之名称、内容及双方当事人履行情况证明，该《协议书》符合联建合同共同投资、共同经营、共担风险的本质特征，非名为联营实为借贷的法律关系,不符合借款合同的要件。一审诉讼期间,一审法院根据《最高人民法院关于民事诉讼证据的若干规定》第35条的规定,向邮政公司行使了释明权,且上海公司亦对该《协议书》的性质提出抗辩理由,但是,邮政公司仍坚持双方签订的《协议书》为借款合同,因此,应当认定邮政公司起诉上海公司返还1700万元借款并支付500万元利息的主张,其请求与所依据的证据不符。邮政公司以双方签订《协议书》前存在借款意向为由,主张双方签订的《协议书》为借款合同性质,依据不足。邮政公司应对其选择的借款合同为诉讼请求的依据承担相应的风险。一审法院判决上海公司返还邮政公司的投资款及利息,依据不足,应予纠正。上海公司上诉双方签订的《协议书》为联建合同性质,应当驳回邮政公司坚持借款合同性质的主张,事实根据和法律依据充分,本院予以采纳。

——最高人民法院民事审判第一庭编:《最高人民法院民事案件解析(房地产开发)》(第2辑),法律出版社2010年版,第216页。

编者说明

《证据规定》第3条第1款规定:"人民法院应当向当事人说明举证的要求及法律后果,促使当事人在合理的期限内积极、全面、正确、诚实地完成举证。"第35条第1款规定:"诉讼过程中,当事人主张的法律关系的性质或者民事行为的效力与人民法院根据案件事实作出的认定不一致的,不受本规定第三十四条规定的限制,人民法院应当告知当事人可以变更诉讼请求。"在《证据规定》第8条第2款、第34条亦分别以人民法院"应当""告知""说明"等类似表述规定了法官行使释明权的情形。这是我国最高审判机关首次以司法解释的方式赋予法官行使释明权的一种法律制度。

释明权作为一种法律制度,在我国刚刚建立。《证据规定》关于释明权的规定过于原则,远不能涵盖释明权的全部内容和实践的需要。法官如何保持中立原则,在充分尊重当事人的处分权,不超过合理的限度向当事人释明,理论上均存在争议,以致审批实践中出现法官对释明权的适用范围、情形、程度、时机以及释明的效力等掌握不一,或由于释明不当损害当事人权益的现象。最高人民法院以该起终审判决为例,对上述问题作了探讨。

379

二审中新证据举证期限不受"不得少于30日"限制

关键词 | 举证期限 | 二审新证据 |

【最高人民法院司法解释】

第九十九条 人民法院确定举证期限,第一审普通程序案件不得少于十五日,当事人提供新的证据的第二审案件不得少于十日。

——《最高人民法院关于适用〈中华人民共和国民事诉讼法〉的解释》(2015 年 1 月 30 日,法释〔2015〕5 号)

【最高人民法院司法政策】

八、关于二审新的证据举证期限的问题。在第二审人民法院审理中,当事人申请提供新的证据的,人民法院指定的举证期限,不受“不得少于三十日”的限制。

——《最高人民法院关于适用〈关于民事诉讼证据的若干规定〉中有关举证时限规定的通知》(2008 年 12 月 11 日,法发〔2008〕42 号)

关于二审程序的举证期限,考虑到一审已经给了当事人提供证据的充分时间,当事人在二审中只存在提供新的证据情形。因此,二审的举证期限可以多采用在法院引导下,由当事人协商或者认可的办法,不一定都要按照不于 30 日确定举证期限。

——曹建明:《当前民事审判工作中的若干问题——在第七次全国民事审判工作会议上的讲话》,载最高人民法院民事审判第二庭编:《民商事审判指导》(总第 11 辑),人民法院出版社 2007 年版,第 35 ~ 36 页。

380

适用简易程序审理案件的举证期限

关键词 | 举证期限 | 指定期限 | 依职权调查收集 |

【最高人民法院司法政策】

二、关于适用简易程序审理案件的举证期限问题。适用简易程序审理的案件，人民法院指定的举证期限不受《证据规定》第三十三条第三款规定的限制，可以少于三十日。简易程序转为普通程序审理，人民法院指定的举证期限少于三十日的，人民法院应当为当事人补足不少于三十日的举证期限。但在征得当事人同意后，人民法院指定的举证期限可以少于三十日。

——《最高人民法院关于适用〈关于民事诉讼证据的若干规定〉中有关举证时限规定的通知》(2008 年 12 月 11 日，法发〔2008〕42 号)

381

当事人提出管辖权异议后的举证期限

关键词｜举证期限｜管辖权异议｜

【最高人民法院司法解释】

第三十三条　由人民法院指定举证期限的，指定的期限不得少于三十日，自当事人收到案件受理通知书和应诉通知书的次日起计算。

——《最高人民法院关于民事诉讼证据的若干规定》(2001 年 12 月 21 日，法释〔2001〕33 号)

【最高人民法院司法政策】

三、关于当事人提出管辖权异议后的举证期限问题。当事人在一审答辩期内提出管辖权异议的，人民法院应当在驳回当事人管辖权异议的裁定生效后，依照《证据规定》第三十三条第三款的规定，重新指定不少于三十日的举证期限。但在征得当事人同意后，人民法院可以指定少于三十日的举证期限。

——《最高人民法院关于适用〈关于民事诉讼证据的若干规定〉中有关举证时限规定的通知》(2008 年 12 月 11 日，法发〔2008〕42 号)

382

增加当事人时的举证期限

关键词｜举证期限｜增加当事人｜

【最高人民法院司法解释】

第三十三条 由人民法院指定举证期限的，指定的期限不得少于三十日，自当事人收到案件受理通知书和应诉通知书的次日起计算。

——《最高人民法院关于民事诉讼证据的若干规定》（2001 年 12 月 21 日，法释〔2001〕33 号）

【最高人民法院司法政策】

五、关于增加当事人时的举证期限问题。人民法院在追加当事人或者有独立请求权的第三人参加诉讼的情况下，应当依照《证据规定》第三十三条第三款的规定，为新参加诉讼的当事人指定举证期限。该举证期限适用于其他当事人。

——《最高人民法院关于适用〈关于民事诉讼证据的若干规定〉中有关举证时限规定的通知》（2008 年 12 月 11 日，法发〔2008〕42 号）

383

对人民法院依职权调查收集的证据提出相反证据的举证期限

关键词 | 举证期限 | 依职权调查收集 |

【最高人民法院司法政策】

四、关于对人民法院依职权调查收集的证据提出相反证据的举证期限问题。人民法院依照《证据规定》第十五条调查收集的证据在庭审中出示后，当事人要求提供相反证据的，人民法院可以酌情确定相应的举证期限。

——《最高人民法院关于适用〈关于民事诉讼证据的若干规定〉中有关举证时限规定的通知》（2008 年 12 月 11 日，法发〔2008〕42 号）

384

发回重审案件的举证期限

关键词｜发回重审｜举证期限｜

【最高人民法院司法政策】

九、关于发回重审案件举证期限问题。发回重审的案件,第一审人民法院在重新审理时,可以结合案件的具体情况和发回重审的原因等情况,酌情确定举证期限。如果案件是因违反法定程序被发回重审的,人民法院在征求当事人的意见后,可以不再指定举证期限或者酌情指定举证期限。但案件因遗漏当事人被发回重审的,按照本通知第五条处理。如果案件是因认定事实不清、证据不足发回重审的,人民法院可以要求当事人协商确定举证期限,或者酌情指定举证期限。上述举证期限不受“不得少于三十日”的限制。

——《最高人民法院关于适用〈关于民事诉讼证据的若干规定〉中有关举证时限规定的通知》(2008 年 12 月 11 日,法发〔2008〕42 号)

385

举证期限与证据交换程序的衔接

关键词｜证据交换｜举证期限｜

【最高人民法院司法解释】

第三十七条 经当事人申请,人民法院可以组织当事人在开庭审理前交换证据。

人民法院对于证据较多或者复杂疑难的案件,应当组织当事人在答辩期届满后、开庭审理前交换证据。

第三十八条 交换证据的时间可以由当事人协商一致并经人民法院认可,也可以由人民法院指定。

人民法院组织当事人交换证据的,交换证据之日举证期限届满。当事人申请延期举证经人民法院准许的，证据交换日相应顺延。

第三十九条 证据交换应当在审判人员的主持下进行。

在证据交换的过程中，审判人员对当事人无异议的事实、证据应当记录在卷；对有异议的证据，按照需要证明的事实分类记录在卷，并记载异议的理由。通过证据交换，确定双方当事人争议的主要问题。

第四十条 当事人收到对方交换的证据后提出反驳并提出新证据的，人民法院应当通知当事人在指定的时间进行交换。

证据交换一般不超过两次。但重大、疑难和案情特别复杂的案件，人民法院认为确有必要再次进行证据交换的除外。

——《最高人民法院关于民事诉讼证据的若干规定》（2001年12月21日，法释〔2001〕33号）

【链接：最高人民法院法官著述】

2012年民事诉讼法对于证据交换问题并没有具体规定，依据《最高人民法院关于民事诉讼证据的若干规定》的有关规定，经当事人申请，人民法院可以组织当事人在开庭审理前交换证据。同时，人民法院对于证据较多或者复杂疑难的案件，应当组织当事人在答辩期届满后、开庭审理前交换证据。至于交换证据的时间，可以由当事人协商一致并经人民法院认可，也可以由人民法院指定。人民法院组织当事人交换证据的，交换证据之日举证期限届满。当事人申请延期举证经人民法院准许的，证据交换日相应顺延。

证据交换应当在审判人员的主持下进行。在证据交换的过程中，审判人员对当事人无异议的事实、证据应当记录在卷；对有异议的证据，按照需要证明的事实分类记录在卷，并记载异议的理由。通过证据交换，确定双方当事人争议的主要问题。当事人收到对方交换的证据后提出反驳并提出新证据的，人民法院应当通知当事人在指定的时间进行证据交换。证据交换一般不超过两次。但重大、疑难和案情特别复杂的案件，人民法院认为确有必要再次进行证据交换的除外。

——最高人民法院研究室、最高人民法院民事诉讼法修改研究小组办公室编著：《〈中华人民共和国民事诉讼法〉修改条文适用解答》，人民法院出版社2012年版，第87～88页。

386

新证据认定及举证期限确定

关键词｜新证据｜举证期限｜

【最高人民法院司法解释】

第四十一条 《民事诉讼法》第一百二十五条第一款规定的“新的证据”,是指以下情形:

(一)一审程序中的新的证据包括:当事人在一审举证期限届满后新发现的证据;当事人确因客观原因无法在举证期限内提供,经人民法院准许,在延长的期限内仍无法提供的证据。

(二)二审程序中的新的证据包括:一审庭审结束后新发现的证据;当事人在一审举证期限届满前申请人民法院调查取证未获准许,二审法院经审查认为应当准许并依当事人申请调取的证据。

第四十二条 当事人在一审程序中提供新的证据的,应当在一审开庭前或者开庭审理时提出。

当事人在二审程序中提供新的证据的,应当在二审开庭前或者开庭审理时提出;二审不需要开庭审理的,应当在人民法院指定的期限内提出。

第四十三条 当事人举证期限届满后提供的证据不是新的证据的,人民法院不予采纳。

当事人经人民法院准许延期举证,但因客观原因未能在准许的期限内提供,且不审理该证据可能导致裁判明显不公的,其提供的证据可视为新的证据。

第四十四条 《民事诉讼法》第一百七十九条第一款第(一)项规定的“新的证据”,是指原审庭审结束后新发现的证据。

当事人在再审程序中提供新的证据的,应当在申请再审时提出。

第四十五条 一方当事人提出新的证据的,人民法院应当通知对方当事人在合理期限内提出意见或者举证。

第四十六条 由于当事人的原因未能在指定期限内举证,致使案件在二审或者再审期间因提出新的证据被人民法院发回重审或者改判的,原审裁判不属于错误裁判案件。一方当事人请求提出新的证据的另一方当事人负担由此增加的差旅、误工、证人出庭作证、诉讼等合理费用以及由此扩大的直接损失,人民法院应予支持。

——《最高人民法院关于民事诉讼证据的若干规定》(2001 年 12 月 21 日,法释〔2001〕33 号)

【最高人民法院司法政策】

十、关于新的证据的认定问题。人民法院对于“新的证据”,应当依照《证据规定》第四十一条、第四十二条、第四十三条、第四十四条的规定,结合以下因素综合认定:

(一)证据是否在举证期限或者《证据规定》第四十一条、第四十四条规定的其他期限内已经客观存在;

(二)当事人未在举证期限或者司法解释规定的其他期限内提供证据,是否存在故意或者重大过失的情形。

——《最高人民法院关于适用〈关于民事诉讼证据的若干规定〉中有关举证时限规定的通知》(2008 年 12 月 11 日,法发〔2008〕42 号)

证据规定中对新的证据作出了具体解释,有利于防止诉讼拖延,提高了审判效率,实现了对当事人诉讼权利的平等保护,同时,也有利于克服法律对法院、法官办案有期限要求,对当事人举证没有期限规定的弊端。在审判实践中,既要从兼顾公平与效率原则出发,正确理解“新发现”的涵义,将当事人因故意或者重大过失未能在期限内提供证据的情形排除在外,又要防止因理解或者把握不当而造成裁判结果明显不公。

——曹建明:《当前民事审判工作中的若干问题——在第七次全国民事审判工作会议上的讲话》,载最高人民法院民事审判第二庭编:《民商事审判指导》(总第 11 辑),人民法院出版社 2007 年版,第 35 ~ 36 页。

我国《民事诉讼法》虽然规定了当事人的举证责任制度,却未规定举证时限制度;最高人民法院适用《民事诉讼法》的司法解释第 76 条虽然规定了人民法院可以指定举证期间,但是对逾期举证的法律后果未作规定。在审判实践中,经常出现当事人持有证据但不主动向法院提交,而作为“秘密武器”当庭进行“突然袭击”,或者在一审中不提出却在二审中提出,以故意拖延诉讼,既导致对方当事人无从准备而处于不利的诉讼地位,也往往将法院推向被动境地。由于人民法院认定事实是以一定时间范围的证据体系为基础，证据时限未确定，不仅难以确定举证或者不能举证的法律后果，而且无法确定案件事实。因此，完善当事人举证时限制度势在必行。设置该制度的实质就在于限期举证。当事人对自己的主张，有责任在法律规定或者法院指定的举证期限内向人民法院提供证据，拒不提供证据的，视为放弃举证权利，承担举证不能的法律后果。

——李国光：《认清形势，提高认识，努力实践公正与效率世纪主题，开拓民商事审判工作新局面——在全国法院民商事审判工作会议上的讲话》，载李国光主编、最高人民法院民事审判第二庭编：《民商审判指导与参考》（总第 1 卷），人民法院出版社 2002 年版，第 23 页。

【最高人民法院审判业务意见】

全面理解和准确适用证据失权。

证据失权事关当事人根本诉讼利益和目的。最高人民法院《证据规定》就证据失权问题作出规定的本意，是约束那些有条件有能力却不诚信举证的当事人。决不能把它变成损害当事人合法权益，尤其是坑害弱势群体的工具。目前，大部分老百姓尤其是广大农民群众的法律水平、举证能力甚至是证据意识还不是很高，他们没能在举证时限内完成举证的原因多种多样，很多情况下并非出于故意或者重大过失。考虑到当事人在举证期限内提交证据材料确有困难的情形，《证据规定》第 36 条对申请延期举证的问题作出了规定。根据该条规定，当事人在举证期限内提交证据材料确有困难的，在举证期限内向人民法院申请延期举证，经人民法院准许，可以适当延长举证期限。当事人在延长的举证期限内提交证据材料仍有困难的，可以再次提出延期申请，是否准许由人民法院决定。如果当事人经人民法院准许延期举证，但因客观原因未能在准许的期限内提交证据材料，而不审理该证据有可能导致裁判明显不公的，《证据规定》第 43 条第 2 款又规定，当事人在举证期限届满后提交的证据，可以视为新的证据。针对这一类证据，应当排除《证据规定》第 34 条第 2 款规定的适用，人民法院应当根据《证据规定》第 45 条的规定，通知对方当事人在合理期限内提出意见或者举证。除此以外，《证据规定》在第 41 条和第 44 条对《民事诉讼法》第 125 条第 1 款、第 179 条第 1 款第（1）项规定的“新的证据”，分一审程序、二审程序和再审程序三个层面进行了解释，还在第 3 条、第 7 条对人民法院的举证指导以及特殊情形下举证责任的分配问题作出了规定。总之，一定要从“公正司法、一心为民”的高度,对《证据规定》的相关条文进行全面理解和把握,提高整体适用、正确适用《证据规定》的意识和水平。

——纪敏:《公正司法、一心为民、廉洁自律、一生平安——在全国法院民事审判工作会议上的讲话》,载最高人民法院民事审判第一庭编:《民事审判指导与参考》(总第30集),法律出版社2007年版,第66页。

《若干规定》在第四十一条和第四十二条针对一审、二审的不同情况,对《民事诉讼法》第一百二十五条第一款的"新的证据"和"在法庭上提出"作出解释。为保障《民事诉讼法》第七十五条第一款"人民法院指定的期间"的法律效果落到实处,避免人民法院指定或者认可的举证期间流于形式,防止恶意的当事人利用证据搞突然袭击,保障举证期限内因客观原因无法提供证据的当事人的诉讼权利,《若干规定》将一审程序的新的证据界定为一审举证期限届满后新发现的证据或者举证期限内因客观原因无法提供且在延长的期限内仍无法提供的证据。关于二审程序中新的证据,一方面考虑到时间上的衔接,将新发现证据的时间确定在一审庭审结束后,另一方面考虑到在当事人申请人民法院调查取证的情形下,一审未准许当事人的申请,二审认为应当准许并依当事人的申请调取的证据,也是当事人在一审期间因客观原因无法在举证期限内提交的证据,从保护当事人诉讼权利出发,应当视为二审程序中的新的证据。为防止一方当事人滥用诉讼权利损害对方当事人的合法权益,维护生效裁判的稳定性和权威性,《若干规定》将《民事诉讼法》第一百七十九条规定的"新的证据"解释为原审庭审结束后新发现的证据。当事人以新的证据申请再审的,应当在申请再审时提供该证据。

无论在一审程序、二审程序还是再审程序中,当事人主张有新的证据的,都应当对司法解释规定的相应的新的证据的情形承担举证责任。

——《最高人民法院民一庭负责人就〈关于民事诉讼证据的若干规定〉答记者问》,载沈德咏主编、最高人民法院研究室编著:《最高人民法院民商事司法解释及审判适用指导》,中国法制出版社2006年版,第2091~2092页。

新的证据如何判断,是《证据规定》在适用过程中争议比较大的问题。对于这一问题,《通知》从两个方面提出解决的思路:其一是通过对举证期限的理解,在一定程度上降低新的证据出现的几率,其二通过规定认定新的证据的指导性标准,为人民法院在适用中提供参考。对于新的证据如何判断,没有可供遵循的先例,其他国家也没有明确具体的标准可供参照,都是由审理案件的法官根据具体情况进行自由裁量。民事诉讼本身情况十分复杂,新的证据的判断只有结合案件的具体情况才能较好的平衡实体公正和程序公正的要求。因此,制定具体的操作性较强的标准是十分困难的。《通知》为此提出在期限内是否已经客观存在和未提交证据是否存在故意或者重大过失作为认定新的证据时的参考因素,能够在一定程度上减少人民法院在新的证据认定上的随意性,为人民法院在认定新的证据的过程中提供裁量的尺度。

——《最高人民法院民一庭负责人就〈关于民事诉讼证据的若干规定〉中有关举证时限规定的通知答记者问》,载中国法院网,http://old.chinacourt.org/htm/article/200812/17/336032.shtml。

【最高人民法院裁判文书】

兰州常柴西北车辆有限公司、宁夏常宁动力机械有限公司与中国农业银行银川市新市区支行等借款担保纠纷案(最高人民法院民事判决书)

裁判要旨:对于一审辩论之前就已经形成并客观存在的证据不属二审新证据。

最高人民法院认为:

上诉人兰州常柴公司二审中提交了十一份有关常柴股份有限公司、常柴银川公司及兰州常柴公司的有关任命决定及相关文件的证据,本院审理认为该部分证据资料不是新的证据。这十一份证据均是2000年至2003年期间的文件,不是新发现的证据,是在一审辩论之前就已经形成并客观存在的,如实反映一个公司的正常经营活动的证据资料。二审时上诉人兰州常柴公司也承认这些证据资料早已存在,只是当时认为所提交的五份证据,足以证明所要证明的事实,所以未予全部提交。根据《证据规定》第41条第(2)项"二审程序中的新的证据包括:一审庭审结束后新发现的证据;当事人在一审举证期限届满前申请人民法院调查取证未获准许,二审法院经审查认为应当准许并依当事人申请调取的证据"的规定,对兰州常柴公司在二审中提供的证据资料不再质证,不予采纳。因其证据对案件实体处理亦不产生实质性的影响,故不再审查。

——吴庆宝主编:《权威点评最高法院公司法指导案例》,中国法制出版社2010年版,第305页。

【链接：最高人民法院法官著述】

一是《证据规定》第43条第2款规定当事人经人民法院准许延期举证，但因客观原因未能在准许的期限内提供，且不审理该证据可能导致裁判明显不公的，其提供的证据可视为新的证据。这类证据与新的证据的法律效果等同必须是在一审程序中，尽管第43条并没有明确规定在一审程序中，但是从民事诉讼法及有关民事诉讼法的司法解释、《证据规定》的第41条等有关规定来看，只有在一审程序中才可能存在有法院准许延期举证的问题。二是该款的规定尽管也是对第41条第(1)项后段规定(一审程序中的新的证据包括当事人确因客观原因无法在举证期限内提供，经人民法院准许，在延长的期限内仍无法提供的证据)的进一步补充，两者相同之处是一审程序中当事人确因客观原因无法在举证期限内提供，经人民法院准许，在延长的期限内均没有提出该证据。但二者有着很大的区别：(1)第41条第(1)项后一段规定是在延长的期限内仍无法提供的证据，无论如何也不能提出该证据，也不是因自身客观原因，就是法院自己也无法为之，这里的无法提供比仅仅是因自身客观原因的理由更加充分，难度更大；这类证据提出就是新的证据，而不是视为新的证据；同时这类证据不论是否会引起导致裁判明显不公，均必须经过审理，也无须对该类证据附加不审理该证据可能导致裁判明显不公的条件。(2)第43条第2款规定当事人经人民法院准许延期举证，但因客观原因未能在准许的期限内提供，该证据本可以提供，但由于自身客观原因，如从深圳到北京取一份合同原件，时间一天，当事人又没有钱乘飞机去取，或者诉讼标的比乘飞机的钱还少，因而造成未能在准许的期限内提供该证据，同时还要具备不审理该证据可能导致裁判明显不公的，不审理也不可能导致裁判明显不公的证据也不属于这类证据；再者，其本来不是新的证据，但可以视为新的证据。

——李国光主编：《最高人民法院〈关于民事诉讼证据的若干规定〉的理解与适用》，中国法制出版社2002年版，第308～309页。

编者说明

证据失权如何判断，是争议比较大的问题。最高人民法院认为，法官应当全面理解和把握相关规定，提高整体适用、正确适用《证据规定》的意识和水平。在兰州常柴西北车辆有限公司、宁夏常宁动力机械有限公司与中国农业银行银川市新市区支行等借款担保纠纷案中，最高人民法院认为,当事人所举出的证据不是新证据,客观上已经存在一段时期了,而且即使按照新证据予以质证,也不会对案件处理结果产生实质性影响。也就是说,这些所谓证据对于诉讼请求的实现没有实质性帮助,如果在这样的问题上花费太多的功夫,无异于浪费诉讼资源。故而对兰州常柴公司在二审中提供的证据资料不再质证,也不予采纳。

实践中应当注意的是:(1)如果新证据确实刚刚发现,对于案件实体处理有直接影响的,应当组织质证,不能以质证程序已过而阻止;(2)如果发现了新的证据线索的,应当通知各方当事人,给予申请举证的当事人一定时间举证,如果当事人之间能够协商达成一致的,可根据协商结果确定举证时限;(3)对于所谓新证据对本案实体处理没有直接利害关系,但对于当事人权益确实有影响的,可以告知该方当事人以其他诉由,另行提起诉讼。比如在"东方公司广州办事处诉中山市工业原材料公司等借款担保合同纠纷案"中,最高人民法院就认为对于当事人在二审期间提供的证据,即使已超过举证期限,且对方当事人不同意质证,亦不影响法院根据个案情况对证据材料予以审查和采信,由法院决定是否予以质证。

387

当庭提出新证据的处理

关键词|当庭提出新证据|举证时限|

【最高人民法院司法解释】

第二百三十一条 当事人在法庭上提出新的证据的,人民法院应当依照民事诉讼法第六十五条第二款规定和本解释相关规定处理。

——《最高人民法院关于适用〈中华人民共和国民事诉讼法〉的解释》(2015年1月30日,法释〔2015〕5号)

【链接:最高人民法院法官著述】

1. 对于逾期提供证据的,人民法院应当为逾期提供证据的当事人和对方当事人提供程序上的保障,使当事人对于逾期提供证据的原因有陈述和质疑的机会。

2. 只要当事人在举证期限内提供证据确有困难向人民法院申请延长举证期限的,人民法院应当适当延长举证期限。人民法院对当事人申请的审查,限于是否存在期限内提供证据“确有困难”的情形，是否导致诉讼迟延。妨碍诉讼效率不再是人民法院是否延长举证期限的考量因素。

3. 对于当事人逾期提供证据的理由，在理解上应当以是否存在客观原因作为理由是否正当的标准。

4. 关于逾期举证的后果，应当根据逾期提供证据的当事人的主观过错程度，对应不同的后果，即过错程度轻微的，对应的后果较轻，反之亦然。

5. 当事人逾期提供证据情节较轻的，人民法院可以合并使用本条规定的训诫、罚款的处罚措施，即当事人由于一般过失逾期提供证据的，人民法院在采纳该证据的同时可以对其并处训诫和罚款；但当事人由于故意或者重大过失逾期提供证据的，发生证据失权的后果，当事人提供的证据将不被采纳，此时当事人已经承担最为严厉的后果，无再适用训诫、罚款措施的必要。

——沈德咏主编、最高人民法院修改后民事诉讼法贯彻实施工作领导小组编著：《最高人民法院民事诉讼法司法解释理解与适用》，人民法院出版社 2015 年版，第 607 页。

388

二审中提供的证据材料，法院根据个案情况决定主持质证

关键词 | 二审新证据 | 质证 | 举证期限 |

【《最高人民法院公报》案例】

中国东方资产管理公司广州办事处与中山市工业原材料公司等借款合同纠纷上诉案［最高人民法院（2004）民二终字第 207 号民事判决书］

裁判要旨：对于当事人在二审中提供的证据材料，法院可以根据个案情况决定主持质证。经质证后的证据可以作为认定事实的依据。

最高人民法院认为：

原审判决判令建设总公司对上述借款不承担担保责任的理由就是债权人没有在保证期间内向其主张权利。二审质证时，广州办事处向本院提交了两份载明时间为 1998 年 6 月 16 日，催款金额分别为 1611031.25 美元和 325 万美元的《催款通知书》，以此证明其向主债务人原材料公司和保证人建设总公司主张权

利没有超过 2 年诉讼时效和 2 年保证期间。虽然原材料公司和建设总公司不同意对上述证据材料进行质证,但也认可其曾分别以借款人和保证人的身份在该《催款通知书》上签字盖章。本院认为,由于本案系二审,对于当事人在二审中提供的证据材料,本院可以根据个案情况决定主持质证。原材料公司和建设总公司以广州办事处直至二审期间才提供上述证据材料,已超过举证期限为由,不同意质证,并不影响本院根据个案情况对上述证据材料予以审查和采信。因原材料公司和建设总公司对其在《催款通知书》上加盖公章一事予以认可,故应当认定该《催款通知书》是真实的。广州办事处向主债务人原材料公司和保证人建设总公司主张权利没有超过 2 年诉讼时效和 2 年保证期间。建设总公司应当对上述 325 万美元的借款本息承担连带责任。

——《最高人民法院公报》2005 年第 6 期

【链接:最高人民法院法官著述】

应当指出,建设总公司关于其不应当对上述 325 万美元借款本息承担担保责任的抗辩理由具有一定的代表性,即审判实践中经常会出现一方当事人以另外一方当事人直至二审期间才提交有关证据为由,对该证据不予以质证的情况。这实际涉及对新证据的理解问题。《民事诉讼法》第 125 条规定:“当事人在法庭上可以提出新的证据。”而对于什么是“新的证据”,则没有规定。《最高人民法院关于民事诉讼证据的若干规定》第 41 条“新的证据”是指以下情形:“(一)一审程序中的新的证据包括:当事人在一审举证期限届满后新发现的证据;当事人确因客观原因无法在举证期限内提供,经人民法院准许,在延长的期限内仍无法提供的证据;(二)二审程序中的新的证据包括:一审庭审结束后新发现的证据;当事人在一审举证期限届满前申请人民法院调查取证未获准许,二审法院审查认为应当准许并依当事人申请调取的证据。”本案广州办事处享有的债权是从中山中行承接而来的,由于管理上的原因,中山中行最初向广州办事处移交的档案材料中并没有上述《催款通知书》,故广州办事处在本案一审期间无法提供上述证据。由于广州办事处举证不能,原审判决遂认定债权人向担保人主张权利超过了 2 年保证期间,故判令担保人建设总公司对该笔借款不承担担保责任,并无不当。二审期间,广州办事处经多次查找,发现了上述《催款通知书》,并将其作为新证据提交给二审法院。最高人民法院二审经质证,采信了上述证据材料并作出建设总公司应当对上述借款承担连带责任的判决,同时根据《最高人民法院关于民事经济审判方式改革问题的若干规定》第38条的规定，对上述借款担保责任承担的改判，应不认定是原审判决错误。

——徐瑞柏：《运用新证据、间接证据认定主债权发生和判令担保人承担担保责任问题》，载最高人民法院民事审判第二庭编：《民商事审判指导》（总第6辑），人民法院出版社2005年版，第291～292页。

389

未在行政程序中提交的证据并非一概不予采纳

关键词 | 行政程序 | 新证据 |

【最高人民法院审判业务意见】

38. 在“国医”商标撤销复审行政案[（2010）知行字第28号]中，最高人民法院认为，在行政诉讼程序中，人民法院对于原告提交的新证据一般不予采纳，并非一概不予采纳，且不予采纳的前提条件是原告依法应当提供而拒不提供。

——《最高人民法院知识产权案件年度报告（2010）》

390

证据交换后提出的反驳新证据应再次进行交换质证

关键词 | 证据交换 | 反驳 | 新证据 |

【最高人民法院司法解释】

第四十条 当事人收到对方交换的证据后提出反驳并提出新证据的，人民法院应当通知当事人在指定的时间进行交换。

证据交换一般不超过两次。但重大、疑难和案情特别复杂的案件，人民法院认为确有必要再次进行证据交换的除外。

——《最高人民法院关于民事诉讼证据的若干规定》（2001年12月21

日，法释〔2001〕33号）

【最高人民法院裁判文书】

大连实德集团有限公司与中国农业银行股份有限公司沈阳和平支行、沈阳东鹏施工有限公司金融借款保证合同纠纷案[最高人民法院(2010)民二终字第63号民事判决书]

裁判要旨：证据交换过程实际上包括了庭审中质证的部分功能，质证的主要内容是双方当事人对对方提出的证据进行质辩，即一方当事人对对方提出证据的有效性和真实性进行攻击，另一方则对对方的攻击进行防御，无论是在证据攻击还是证据防御中都涉及新的用以攻击或者防御的证据的提出，这种新证据的提出恰恰是当事人在举证、进行证据交换以及质证中所必需的，法院应当对于当事人在证据交换后提出反驳并提出的新证据再次进行交换质证。

——最高人民法院民事审判第二庭编：《最高人民法院商事审判指导案例7·公司与金融卷》，中国法制出版社2013年版，第577~589页。

391

证据未经质证不可作为定案依据

关键词｜质证｜定案依据｜

【最高人民法院司法解释】

第一百零三条 证据应当在法庭上出示，由当事人互相质证。未经当事人质证的证据，不得作为认定案件事实的根据。

当事人在审理前的准备阶段认可的证据，经审判人员在庭审中说明后，视为质证过的证据。

涉及国家秘密、商业秘密、个人隐私或者法律规定应当保密的证据，不得公开质证。

第一百零四条 人民法院应当组织当事人围绕证据的真实性、合法性以及与待证事实的关联性进行质证，并针对证据有无证明力和证明力大小进行说明和辩论。

能够反映案件真实情况、与待证事实相关联、来源和形式符合法律规定的证据，应当作为认定案件事实的根据。

——《最高人民法院关于适用〈中华人民共和国民事诉讼法〉的解释》(2015 年 1 月 30 日，法释〔2015〕5 号)

第四十七条 证据应当在法庭上出示，由当事人质证。未经质证的证据，不能作为认定案件事实的依据。

——《最高人民法院关于民事诉讼证据的若干规定》(2001 年 12 月 21 日，法释〔2001〕33 号)

【最高人民法院裁判文书】

青岛市城阳区物资集团总公司与山东华港房地产开发有限公司、青岛市城阳物资贸易中心撤销权纠纷再审案[最高人民法院(2011)民提字第 25 号民事判决书]

裁判要旨：未经质证的证据不能作为认定案件事实的依据。

最高人民法院认为：

贸易中心法定代表人吕龙祥在《询问笔录》中的陈述，属于单方证言，且吕龙祥为本案被告贸易中心的法定代表人，并与物资集团和华港公司存在利害关系，物资集团法定代表人张志成对《询问笔录》内容不予认可。《最高人民法院关于民事诉讼证据的若干规定》第六十九条第(二)项规定："与一方当事人或其他代理人有利害关系的证人出具的证言"不能单独作为认定案件事实的依据；第七十六条规定："当事人对自己的主张，只有本人陈述而不能提供其他相关证据的，其主张不予支持。但对方当事人认可的除外。"据此，在作为物资集团是否知晓《终止协议》的《询问笔录》所证明的事实发生变化，客观事实不确定和物资集团法定代表人不予以认可的情况下，山东高院以此认定物资集团知道《终止协议》签订的事实，显然不妥。

——最高人民法院民事审判第一庭编：《民事审判指导与参考》(总第 47 辑)，人民法院出版社 2011 年版，第 169 ~ 170 页。

【链接：最高人民法院法官著述】

本案物资集团申请再审的另一个依据为《询问笔录》证明的“上述事实经张志成同意”的内容,非该集团法定代表人张志成所为,山东高院以此为据认定其知道《终止协议》订立的事实,没有依据。华港公司则认为,《询问笔录》来源于李沧区法院执行卷宗,其真实性与合法性无须置疑。《询问笔录》所载的:“上述事实经张志成同意”的内容,能够证明物资集团知道其与贸易中心订立《终止协议》的事实。由此,《询问笔录》的真实性、合法性以及与华港公司主张物资集团知道《终止协议》订立的事实之关联性如何,则成为判断物资集团行使《终止协议》撤销权,是否超过法定一年除斥期间的另一个主要事实依据。

当事人通过证据对事实进行证明,是民事诉讼事实证明的典型形态。一般而言,当事人向法庭提供证据,以证据为武器进行攻击与防御,在对证据的质辩中暴露彼此证据的不足与优势,最终由法官依自由心证法则对证据证明力及有关事实是否得到证明作出判断。这种经过当事人充分质证,最终由法院认定的案件事实,具有较高的可靠性。能够作为认定案件事实的依据。

涉案《询问笔录》,为青岛市中级人民法院对本案终审判决后,华港公司作为证明物资集团知道《终止协议》订立的事实,向再审法院提交的新证据。由于《询问笔录》是以文字、符号所表达的记载物资集团法定代表人张志成知道《终止协议》订立的书面材料,从证据种类上,可归类为书证,又由于贸易中心为本案一方诉讼当事人,《询问笔录》所载的“上述事实经张志成同意”的内容,为其法定代表人吕龙祥的陈述,《询问笔录》又属于当事人陈述的证据范畴。《民事诉讼法》第六十六条规定:“证据应当在法庭上出示,并由当事人相互质证。”《最高人民法院关于民事诉讼证据的若干规定》第四十七条亦规定:“证据应当在法庭上出示,由当事人质证。未经质证的证据,不能作为认定案件事实的依据。”上述规定表明,在民事诉讼活动中,当事人对自己提出的诉讼请求所依据的事实或者反驳对方诉讼请求所依据的事实,有责任提供证据加以证明。但无论当事人提供何种证据,也无论当事人于诉讼中何时、以何种方式提供,“证据应当在法庭上出示,由当事人质证。未经质证的证据,不能作为认定案件事实的依据”。

据此,本案《询问笔录》要作为认定物资集团知晓《终止协议》订立事实的证据,首先必须由与本案有利害关系的一方贸易中心法定代表人吕龙祥对《询问笔录》所载“上述事实经张志成同意”的事实,提供其他相关证据予以证明。其次,由于贸易中心为本案一方当事人,案件处理结果与其存在法律上的利害关系,诉讼中,其法定代表人吕龙祥基于胜诉目的,可能隐瞒对其不利的事实和证据,而夸大或编造有利于自己的事实和证据。在此情况下,山东高院再审应就《询问笔录》的真实性、合法性以及《询问笔录》与华港公司再审主张的关联性,组织双方当事人庭审中进行质证。惟有如此,法官才可以正确评价它的证据效力。

查明的案件事实已证明,贸易中心与华港公司2003年8月8日订立《终止协议》后,双方曾就《终止协议》解除与否互致信函。诉讼中,贸易中心法定代表人吕龙祥未就《询问笔录》载明的“上述事实经张志成同意”事实,提供其他证据加以证明,物质集团法定代表人张志成对其不予认可,华港公司亦认可《联营协议》为倒签。依据《最高人民法院关于民事诉讼证据的若干规定》之相关规定,民事诉讼证据所证明的案件事实,应当是不以人的意志为转移的客观存在的不可变更的事实,而不是由人的主观意识所决定的虚拟的事实。涉案《询问笔录》这一作为华港公司提供的用于证明物资集团知晓《终止协议》订立的事实之关键新证据,山东高院再审期间没有就《询问笔录》与物资集团是否知道《终止协议》这一待证事实之间的真实性、合法性与关联性组织双方当事人质证。在贸易中心法定代表人吕龙祥未能提供其他证据加以证明、物资集团法定代表人张志成予以否认,《询问笔录》所证明的事实已经发生变化,客观事实不确定的情况下,山东高院再审判决确认和采纳《询问笔录》的证明力,并以此作为认定物资集团知道《终止协议》订立以及物资集团行使《终止协议》撤销权已超过法定一年除斥期间的证据采信,该认定有悖于证据规则的客观性与逻辑性。

——张雅芬:《国有企业集团与所属关联公司的隶属关系,不能作为一方当事人请求关联公司向国有企业集团申报重大资产处置事项的依据》,载最高人民法院民事审判第一庭编:《民事审判指导与参考》(总第47辑),人民法院出版社2011年版,第172~174页。

编者说明

质证是指在法庭审理的过程中,由诉讼当事人就法庭上所出示的证据材料采取询问、辨认、质疑、说明、辩驳等方式,以在证据的证明力等问题上对法官的内心确信产生影响的一种诉讼活动。质证既是当事人的一项诉讼权利,也是当事人为实现胜诉目的的一项必要的手段,也是人民法院审查认定证据效力的必要前提,在证据制度中处于重要地位。《民事诉讼法》第68条规定:“证据应当在法庭上出示,并由当事人互相质证。”《民事诉讼法意见》《最高人民法院关于民事经济审判方式改革的若干规定》《最高人民法院关于严格执行公开审判制度的若干规定》等司法解释也对质证问题作出了原则规定。

《证据规定》主要是在《民事诉讼法》和最高人民法院原有的司法解释的基础上，就质证中的有关操作性问题作出进一步明确的解释。在解释的过程中，最高人民法院坚持以下原则：1. 当事人平等和法官中立的原则；2. 坚持直接原则和言词原则。

392

证人的适格性

关键词｜证人资格｜证人证言｜证明力｜直接利害关系｜

【最高人民法院司法解释】

第五十三条　不能正确表达意志的人，不能作为证人。

待证事实与其年龄、智力状况或者精神健康状况相适应的无民事行为能力人和限制民事行为能力人，可以作为证人。

第六十九条　下列证据不能单独作为认定案件事实的依据：

（一）未成年人所作的与其年龄和智力状况不相当的证言；

（二）与一方当事人或者其代理人有利害关系的证人出具的证言；

——《最高人民法院关于民事诉讼证据的若干规定》（2001年12月21日，法释〔2001〕33号）

二十七、判断数个证据的效力应当注意以下几种情况：

2. 证人提供的对与其有亲属关系或者其他密切关系的一方当事人有利的证言，其证明力低于其他证人证言。

4. 对证人的智力状况、品德、知识、经验、法律意识和专业技能等进行综合分析。

二十八、下列证据，不能单独作为认定案件事实的依据：

1. 未成年人所作的与其年龄和智力状况不相当的证言；

2. 与一方当事人有亲属关系的证人出具的对该当事人有利的证言；

——《最高人民法院关于民事经济审判方式改革问题的若干规定》（1998年7月6日，法释〔1998〕14号）

编者说明

2012年《民事诉讼法》在证人制度方面作出了大幅度的修改完善,无论在立法还是司法方面,都具有积极意义。具体而言,有以下几点:

1. 内容上更加充实,体系上更加合理,适用上更具可操作性。将2007年《民事诉讼法》中仅有的一条关于证人的规定改为三条内容,对于证人出庭作证义务、不能出庭作证的情形、替代性的作证方式以及证人作证的费用负担等问题都作出了明确规定,内容更加充实合理,而且在体系上既注重内容的全面性,也讲求条文之间的内在逻辑关系。同时,对于有关不能出庭作证的情形及证人出庭作证产生的合理费用如何承担问题,作出比较细致的规定,极大地增强了有关证人作证规则在法律适用方面的可操作性。

2. 充分吸收《证据规定》的先进成果,条文内容科学合理。针对2007年《民事诉讼法》对于证人制度规定过于原则以及司法实务中存在的证人作证难、证人出庭难及对证人缺乏保障等问题,《证据规定》对此进行了有益的探索。首先,《证据规定》第53条规定:"不能正确表达意志的人,不能作为证人。待证事实与其年龄、智力状况或者精神健康状况相适应的无民事行为能力人和限制民事行为能力人,可以作为证人。"对于证人资格作出了科学界定,避免了审判实务中对于无民事行为能力人和限制民事行为能力人不能成为证人的误解。其次,关于证人不能出庭作证的情形及有关现代化的替代作证方式,《证据规定》第56条明确规定:"《民事诉讼法》第七十条规定的'证人确有困难不能出庭',是指有下列情形:(一)年迈体弱或者行动不便无法出庭的;(二)特殊岗位确实无法离开的;(三)路途特别遥远,交通不便难以出庭的;(四)因自然灾害等不可抗力的原因无法出庭的;(五)其他无法出庭的特殊情况。前款情形,经人民法院许可,证人可以提交书面证言或者视听资料或者通过双向视听传输技术手段作证。"最后,对于证人出庭作证费用承担问题,《证据规定》第54条第3款也明确规定:"证人因出庭作证而支出的合理费用,由提供证人的一方当事人先行支付,由败诉一方当事人承担。"2012年《民事诉讼法》有关证人制度的条文正是在充分吸收《证据规定》的科学做法的基础上作出的规定,不仅使得证人制度的内容更加丰富,而且由于相关规则都是审判实践经验的结晶,其规则无疑更加科学合理,更能适用审判实践的需要。

3. 首次在法律层面确立重要的证人制度内容,为审判实践提供更加权威的法律依据。2012年《民事诉讼法》首次在法律层面对不能出庭作证的情形、替代性的现代化作证方式及证人费用负担问题作出了明确规定,避免了社会上对有关证人不出庭作证情形、替代性的现代化作证方式及证人费用负担规则的适法性的怀疑,对于深化证人出庭作证义务以及加强对证人的保证等方面的观念认识,具有积极的促进作用,为破解当前证人作证难、出庭难等难题提供了科学有力的法律依据。①

---

① 最高人民法院研究室、最高人民法院民事诉讼法修改研究小组办公室编著:《〈中华人民共和国民事诉讼法〉修改条文适用解答》,人民法院出版社2012年版,第92~93页。

393

证人的申请、传唤

关键词｜证人作证｜证人出庭｜传唤证人｜

【最高人民法院司法解释】

第一百一十七条 当事人申请证人出庭作证的,应当在举证期限届满前提出。

符合本解释第九十六条第一款规定情形的,人民法院可以依职权通知证人出庭作证。

未经人民法院通知,证人不得出庭作证,但双方当事人同意并经人民法院准许的除外。

——《最高人民法院关于适用〈中华人民共和国民事诉讼法〉的解释》(2015年1月30日,法释〔2015〕5号)

第五十四条 当事人申请证人出庭作证,应当在举证期限届满十日前提出,并经人民法院许可。

人民法院对当事人的申请予以准许的,应当在开庭审理前通知证人出庭作证,并告知其应当如实作证及作伪证的法律后果。

——《最高人民法院关于民事诉讼证据的若干规定》(2001年12月21日,法释〔2001〕33号)

编者说明

2012年《民事诉讼法》采用和《证据规定》相同的思路,即将人民法院通知的职权行为比照人民法院调查收集证据的行为,做同样的处理。在需要人民法院依职权主动调查收集证据的场合,人民法院可以依职权通知证人出庭作证。除此之外,证人出庭作证的,当事人应当向人民法院提出申请,人民法院根据当事人的申请通知证人出庭。而当事人申请证人出庭的行为本身可以视为当事人的举证行为,适用举证责任以及其他有关当事人举证的规范调整。

394
证人出庭作证费用的承担及请求权的实现方式

关键词 | 证人出庭作证 | 作证费用 |

【最高人民法院司法解释】

第一百一十八条　民事诉讼法第七十四条规定的证人因履行出庭作证义务而支出的交通、住宿、就餐等必要费用，按照机关事业单位工作人员差旅费用和补贴标准计算；误工损失按照国家上年度职工日平均工资标准计算。

人民法院准许证人出庭作证申请的，应当通知申请人预缴证人出庭作证费用。

第一百二十条　证人拒绝签署保证书的，不得作证，并自行承担相关费用。

——《最高人民法院关于适用〈中华人民共和国民事诉讼法〉的解释》(2015 年 1 月 30 日，法释〔2015〕5 号)

第五十四条　证人因出庭作证而支出的合理费用，由提供证人的一方当事人先行支付，由败诉一方当事人承担。

——《最高人民法院关于民事诉讼证据的若干规定》(2001 年 12 月 21 日，法释〔2001〕33 号)

【链接：最高人民法院法官著述】

《证据规定》在司法解释层面上对证人出庭作证的费用补偿机制专门作出了规定，其第五十四条第三款规定："证人因出庭作证而支出的合理费用，由提供证人的一方当事人先行支付，由败诉一方当事人承担。"这一规定无疑对于保护证人合法权益和激励证人出庭作证具有积极意义。2012 年民事诉讼法在这一规定的基础上，作了进一步的完善，其第七十四条规定："证人因履行出庭作证义务而支出的交通、住宿、就餐等必要费用以及误工损失，由败诉一方当事人负担。当事人申请证人作证的，由该当事人先行垫付；当事人没有申请，人民法院通知证人作证的，由人民法院先行垫付。"这一规定的施行，对于解决证人出庭难、作证难问题具有重要意义。依据该条规定，证人出庭作证费用的负担规则如下：

1. 申请证人出庭作证的一方当事人先行垫付为原则，法院垫付为例外的规则。对于证人出庭作证费用的负担问题，2012 年民事诉讼法沿用了《证据规定》的基本规则，由申请的一方当事人先行垫付，这一“谁申请、谁垫付”的做法同预交案件受理费或者鉴定费等一致，便于操作，也可以直接推动证人出庭作证。对于生活确有困难而无法先行垫付证人出庭费用的当事人，有必要考虑通过申请法律援助的方式予以解决。在当事人没有申请证人出庭作证，人民法院通知证人出庭作证的情况下，则由人民法院先行垫付。但在这里，必须注意人民法院通知证人出庭作证必须依法进行。原则上讲，应当属于人民法院需要依照职权调查取证范围的事项，才可以由人民法院通知证人出庭作证，对于非属人民法院依照职权调查取证范围的事项，则有必要依照举证责任的基本规则，由负有举证责任的一方当事人申请证人出庭作证，在经过必要释明后，其仍不申请证人出庭作证的，应当承担举证不能的败诉后果。这样做的目的在于维护法院的中立地位，避免造成法院帮一方当事人找证人的现象出现。

2. 败诉方最终承担的规则。败诉方最终承担证人出庭作证的合理费用，也是与案件受理费、鉴定费的处理方式相一致，便于实务操作，也符合人们的一般法律观念。有一种观点认为，证人制度的设立是为了帮助法官查出案件的真相，保证国家的司法公正和维护国家的司法秩序。[①] 证人由于履行其法定义务、帮助法院查明事实而出庭作证，有关费用由当事人负担不尽合理，也容易滋生收买证人的情况。因此，应当从立法层面建立证人出庭作证的费用补偿机制，由国家负担相应的费用。这一说法有一定道理，但是在民事诉讼中，证人出庭陈述证言乃法院实施证据调查行为的一部分，其对于法院作出正确的裁判以解决当事人之间的私权争执具有重要的作用，故证人因出庭作证而产生的费用理应作为诉讼费用的一部分由当事人承担。从本质上讲，证人出庭作证费用作为诉讼费用的一部分由当事人承担乃当事人请求国家依民事诉讼程序解决彼此之间的私权纷争所应尽之公法上的负担。由于民事诉讼与刑事诉讼存在本质不同，它毕竟属于解决双方当事人的纠纷，涉及双方当事人的利益冲突，最终会存在败诉的一方当事人，如果由法院最终承担证人出庭作证的费用，容易给人以法院帮一方当事人打官司的形象，有违法院的中立地位。而且在认定事实清楚、裁判结果正确的前提下，该纠纷诉至法院通常也是由于败诉方不履行相

① 丁影：《民事诉讼中证人经济补偿制度研究》，载《法制与经济（上半月）》2007 年第 1 期。

应的义务所导致，在诉讼中当事人申请证人出庭作证也是为查明案件事实所必需，如果后来败诉的一方当事人能够依法履行相应的义务，则就不会产生证人出庭作证费用的问题，因此，由败诉方承担证人出庭作证费用，也具有现实合理性。

3. 证人出庭作证费用的范围。依据2012年民事诉讼法第七十四条的规定，证人因履行出庭作证义务而支出费用包括交通、住宿、就餐等必要费用以及误工损失。交通、住宿、就餐等必要费用属于直接损失的范畴，而误工损失则属于间接损失的范畴。我们认为，对于上述费用范围的确定，有必要参照既有司法解释的规定或者确定统一的相对合理的标准来确定相应的补偿数额，以免一方当事人借支付证人出庭作证产生的合理费用为由，行变相收买证人之实。比如，对于直接损失范畴的交通、住宿、就餐等费用应当依据实际支出的票据为准，但是应不能超过"必要限度"。对此有必要考虑确定一个以普通自然人的住、行、食为基础的差旅费报销标准，根据证人的远近、交通状况、生活水平决定，不能过高也不宜过低。比如，证人的交通补偿费必须是从证人住所到要求出庭的法院之间最直接路径、乘坐公共交通工具所花费的费用。如果其路程的全部或一部分由公路、铁路和民航组成，其费用也应包括乘坐汽车、火车和飞机的费用。对于间接损失范畴的误工费，依据《最高人民法院关于审理人身损害赔偿案件适用法律若干问题的解释》（法释〔2003〕20号）的规定，误工费根据受害人的误工时间和收入状况确定。受害人有固定收入的，误工费按照实际减少的收入计算。受害人无固定收入的，按照其最近三年的平均收入计算；受害人不能举证证明其最近三年的平均收入状况的，可以参照受诉法院所在地相同或者相近行业上一年度职工的平均工资计算。对于证人出庭作证而产生的误工损失，可以参照上述规定予以认定。

4. 关于证人作伪证或出庭后拒绝作证时的证人出庭作证费用的承担问题。在证人作伪证的情况下，因此行为构成违法，其应当受到相应的法律制裁，这时证人就出庭作证产生的各项费用要求当事人承担，欠缺适法的原因，故此费用应当由其自行承担。对于证人出庭后拒绝作证的情形，理论界和实务界存有一定争议。一种意见认为，"作为接受补偿的主体，证人必须是愿意出庭的证人，拒绝出庭或者出庭后拒绝作证的证人无权得到补偿。"但另一种意见认为，建立证人经济补偿制度的目的是鼓励证人出庭作证，是为了解决证人不愿意（包括拒绝）出庭作证的难题。从一定意义上说，证人经济补偿制度调整的主要对象正是那些"拒绝出庭或者出庭后拒绝作证"的证人。对这部分证人，通过一定经济利益的刺激,或者是经过司法工作人员的说服教育,向他们陈明利害,试图使他们改变态度,从先前的“拒绝”转变为“愿意”,从而达到取证的目的。我们认为,上述意见都有一定道理,确定是否给予证人出庭作证必要补偿的基本前提就是证人履行出庭作证义务,只要证人最终在法庭上如实地履行了自己的作证义务,都应当获得相应的经济补偿。

——最高人民法院研究室、最高人民法院民事诉讼法修改研究小组办公室编著:《〈中华人民共和国民事诉讼法〉修改条文适用解答》,人民法院出版社2012年版,第101～104页。

编者说明

2012年《民事诉讼法》第74条规定:“证人因履行出庭作证义务而支出的交通、住宿、就餐等必要费用以及误工损失,由败诉一方当事人负担。当事人申请证人作证的,由该当事人先行垫付;当事人没有申请,人民法院通知证人作证的,由人民法院先行垫付。”在审判实践中适用该条时应当注意:(1)证人出庭作证而支出的必要费用,根据案件的具体情况,以满足证人正常生活状态和履行出庭作证义务所必需为限;(2)当事人申请证人作证时,所需垫付的费用应当缴付给人民法院,由人民法院支付给证人,当事人不能向证人直接支付费用;(3)证人不能向当事人请求支付出庭作证的费用,费用未及时支付的,证人应当基于其公法上的请求权向人民法院提出请求。

395

证人不能出庭作证的情形

关键词 | 证人出庭障碍 |

【最高人民法院司法解释】

第五十六条 《民事诉讼法》第七十条规定的“证人确有困难不能出庭”,是指有下列情形:

(一)年迈体弱或者行动不便无法出庭的;

(二)特殊岗位确实无法离开的;

(三)路途特别遥远,交通不便难以出庭的;

(四)因自然灾害等不可抗力的原因无法出庭的;

（五）其他无法出庭的特殊情况。

——《最高人民法院关于民事诉讼证据的若干规定》（2001 年 12 月 21 日，法释〔2001〕33 号）

编者说明

2012 年《民事诉讼法》第 73 条第 1 款规定："经人民法院通知，证人应当出庭作证。有下列情形之一的，经人民法院许可，可以通过书面证言、视听传输技术或者视听资料方式作证：（一）因健康原因不能出庭的；（二）因路途遥远，交通不便不能出庭的；（三）因自然灾害等不可抗力不能出庭的；（四）其他有正当理由不能出庭的。"该条针对证人无法出庭的客观障碍作出的规定是 2012 年《民事诉讼法》新增加的条文。

审判实践中应当注意的是：（1）证人存在本条规定的情形的，应当由证人或者申请证人出庭的当事人提出申请，经人民法院许可后，才可以不出庭作证，而以书面证言、视听资料或者视听传输技术作证；（2）证人可以通过其他方式作证的情形，均为存在客观原因致使证人无法出庭的情况，证人不能基于任何主观上的原因以其他方式替代出庭作证；（3）人民法院在审查证人是否存在本条规定的情形过程中，应当注意保障对方当事人的诉讼权利，给对方当事人陈述意见的机会；（4）证人以其他方式提供证言的，对于证言的审查应当根据提供证言的方式适用不同的规则。证人提供书面证言的，由于书面证言以其记载的内容来证明案件事实，本质上应当属于书证，人民法院应当依据书证的规则进行审查；证人以视听资料的方式提供证言的，证言是以视听资料的内容体现出来的，人民法院应当按照视听资料的审查方法进行审查；以视听传输技术作证的，由于具有即时性、互动性的优点，能够全面反映证人作证时的现场情况，使询问证人的程序及时展开，与证人出庭作证十分接近，在审查时仍然按照证人证言的审查规则进行。①

396

证人不能出庭作证时的替代作证方式

关键词｜证人证言｜不出庭作证｜替代作证方式｜

【最高人民法院司法解释】

第五十六条 前款情形，经人民法院许可，证人可以提交书面证言或者视听

① 最高人民法院民事诉讼法修改研究小组编著：《〈中华人民共和国民事诉讼法〉修改条文理解与适用》，人民法院出版社 2012 年版，第 150 页。

资料或者通过双向视听传输技术手段作证。

——《最高人民法院关于民事诉讼证据的若干规定》(2001 年 12 月 21 日,法释〔2001〕33 号)

【链接:最高人民法院法官著述】

为了保证人民法院发现案件事实,顺利进行案件审理工作,真正做到以事实为依据裁判案件,对于证人因为客观原因无法出庭作证的情形,《最高人民法院关于民事诉讼证据的若干规定》明确规定了书面证言、视听资料或者通过双向视听传输技术手段的替代性作证方式。2012 年民事诉讼法在此基础上规定了"书面证言、视听传输技术或者视听资料"三种替代的作证方式,尤其是在立法层面确立了视听传输技术的方式,充分体现了现代科技对法律制度的积极影响。

1. 关于视听传输技术。《最高人民法院关于民事诉讼证据的若干规定》将视听传输技术的作证方式界定为双向视听传输技术手段,"这种技术手段不仅要求具备双向传输的功能,而且必须是既可视又可听的手段。仅有可视或者仅有可听的功能,或者虽然既可视又可听,但只能单向传输的,都不属于司法解释要求的技术手段。"对于这种新出现的作证方式,《最高人民法院关于民事诉讼证据的若干规定》持一种较为谨慎的态度。后来的司法实践证明,这种视听技术作证的方式不仅有利于减轻当事人或证人的负担,节约成本,而且也可以及时高效地认定案件事实,保障庭审的顺利进行。但是对于双向"可视又可听"的要求,有过于苛刻之嫌。司法实务中也基于客观需要和现实条件所限,多在一定程度上放宽了"可视又可听"的要求。比如在双方当事人都认可的情况下,通过现场的双向传输电话系统所进行的质证。2002 年北京市房山区人民法院审理的葛某和郭某债务纠纷案,在庭审过程中,葛某向法院出示了其业务员金某签收的收货单据等证据,而被告郭某对两人之间存在的债务关系没有异议,但由于金某签收的收货单据字迹模糊,金某又远在外地无法亲自确认。房山法院创造性地采取了打电话的方式让证人作证,在双方当事人对证人的证言均无异议的情况下,认定了有关案件事实,从而快速审结了一起债务纠纷案,不但节约了诉讼成本,而且提高了诉讼效率,取得了良好的法律效果和社会效果。随着司法实践经验的积累,2012 年民事诉讼法也正式将这一优秀成果吸收到法律当中,明确规定了视听传输技术这一作证方式。对于视听传输技术的具体形式,不仅没有"双向"的硬性要求,对可视或可听的情况也没有特殊要求,这不仅有利于充分发挥视听传输技术在诉讼程序中的作用,而且便于在审判实践中根据客观条件因地制宜灵活把握。采用视听传输技术,创造出一个扩展性法庭空间,使得身处异地的证人的作证行为与法庭审理程序之间保持切实的实时性与虚拟的实地性。当然,对于证人运用视听传输技术的方式作证,也应该根据法庭审理案件的要求和双方当事人攻防辩论的需要,在人民法院的主持下,首先告知证人相关权利义务,然后让证人如实陈述,最后由当事人发表质证意见,必要时法官和双方当事人都可以询问证人。

2. 关于书面证言和视听资料。书面证言和视听资料是证人不能出庭作证时重要的替代方式。我们认为,在证人确因客观原因无法出庭作证的情况下,为发现案件事实,依法妥善处理案件,允许证人提供书面证言或者视听资料确实有其客观必要性,但是对于提供书面证言或者视听资料的方式不宜过度提倡,以免对它们使用过滥,而使得证人出庭作证义务被架空。即使确属证人无法出庭作证的情形,在可以通过视听传输技术进行作证的情况下,也应该采取视听传输技术方式作证,以便法官和双方当事人可以对证人进行必要的询问,对其证言进行充分质证。就书面证言或者视听资料本身而言,在庭审中也应该遵守相应的法律规则,由双方当事人发表质证意见。比如根据《最高人民法院第一审经济纠纷案件适用普通程序开庭审理的若干规定》(法发〔1993〕34 号)第 25 条的规定,证人确有困难不出庭的,其所提交的书面证言应当当庭宣读。当事人自己调查取得的证人证言,由当事人宣读后提交法庭,对方当事人可以质询;人民法院调查取得的证人证言,由书记员宣读,双方当事人可以质询。

——最高人民法院研究室、最高人民法院民事诉讼法修改研究小组办公室编著:《〈中华人民共和国民事诉讼法〉修改条文适用解答》,人民法院出版社 2012 年版,第 99 ~ 101 页。

397

证人具结及对证人证言的要求

关键词 | 证人具结 | 证人证言 | 传闻证据 | 意见证据 |

【最高人民法院司法解释】

第一百一十九条 人民法院在证人出庭作证前应当告知其如实作证的义务

以及作伪证的法律后果,并责令其签署保证书,但无民事行为能力人和限制民事行为能力人除外。

证人签署保证书适用本解释关于当事人签署保证书的规定。

——《最高人民法院关于适用〈中华人民共和国民事诉讼法〉的解释》(2015 年 1 月 30 日,法释〔2015〕5 号)

第五十七条 出庭作证的证人应当客观陈述其亲身感知的事实。证人为聋哑人的,可以其他表达方式作证。

证人作证时,不得使用猜测、推断或者评论性的语言。

——《最高人民法院关于民事诉讼证据的若干规定》(2001 年 12 月 21 日,法释〔2001〕33 号)

【链接:最高人民法院法官著述】

对证人证言的要求中,司法解释在本条也确立了有关证人证言的排除规则。

(1)关于传闻证据的排除规则

我国的《民事诉讼法》第七十条规定,凡是知道案件情况的单位和个人,都有义务出庭作证。审判实践中,由于对证人作证及证人证言的理解表面化,对《民事诉讼法》的这一规定往往作较为宽泛的解释,对有关传闻证言与亲身感知形成的证人证言并不加以认真地区分。这与审判实践中对证人证言这种重要的证据形式缺乏足够的重视有着密切关系。随着审判实践的发展和证据制度的完善,证人证言作为证明案件事实的重要手段,将发挥越来越重要的作用。这种情况下,为促使证人出庭作证,直接接受法庭调查,保障证人证言真实性的需要,有必要设置传闻证据的排除规则。《若干规定》在第五十七条确立了排除传闻证言适用的原则,即除聋哑人外,证人应当以言辞方式客观陈述其亲身感知的案件事实,证人出庭作证,不得宣读其事先准备好的书面证言。

(2)意见证据规则

《若干规定》在第五十七条规定了排除意见证据的原则,即证人作证时,不得使用猜测、推断或者评论性的语言。审判实践中需要注意的是,证人的表达方式往往与对证人的询问方式有关。因此,在询问证人上,审判人员应当注意方式方法,在当事人对证人询问时,应当注意对容易诱使证人陈述意见证言的询问方式予以及时制止和纠正。

——最高人民法院研究室编、沈德咏主编:《民事诉讼司法解释理解与适用》，法律出版社 2009 年版，第 269～271 页。

编者说明

关于证人具结，1992 年《民事诉讼法意见》没有规定，《证据规定》第 54 条也只规定了人民法院应当在证人作证之前告知其应当如实作证及作伪证的后果，并无具结的内容。《2015 年解释》在《证据规定》第 54 条的基础上，总结审判实践经验，作出具结的规定。

398

证人作伪证的处理

关键词 | 证人作伪证 | 妨害民事诉讼 |

【最高人民法院司法解释】

第八十条　当事人或者其他诉讼参与人伪造、毁灭证据，提供假证据，阻止证人作证，指使、贿买、胁迫他人作伪证，或者对证人、鉴定人、勘验人打击报复的，依照《民事诉讼法》第一百零二条的规定处理。

——《最高人民法院关于民事诉讼证据的若干规定》（2001 年 12 月 21 日，法释〔2001〕33 号）

【链接：最高人民法院法官著述】

针对这一问题，2007 年民事诉讼法及《最高人民法院关于民事诉讼证据的若干规定》通过明确证人作证的程序要求，依法加大对证人作伪证的制裁力度等方式，有效减少和抑制了证人作伪证情况的出现。在规范程序要求方面，《最高人民法院关于民事诉讼证据的若干规定》第五十四条第二款规定："人民法院对当事人的申请予以准许的，应当在开庭审理前通知证人出庭作证，并告知其应当如实作证及作伪证的法律后果"，使证人明确知晓法庭审理案件的严肃性和作伪证的相关法律后果，对其作伪证起到一定威慑作用。同时，对证人证言的形式也作出明确要求，依据《最高人民法院关于民事诉讼证据的若干规定》第五十七条的规定，出庭作证的证人应当客观陈述其亲身感知的事实。证人作证时，不得使用猜测、推断或者评论性的语言,以此确保证人证言的规范性,也可以间接防止证人作伪证。此外,基于证人出庭作证与作伪证之间存在的深层次的此消彼长关系,按照直接言词原则的要求,明确要求证人出庭接受质询,通过双方当事人的攻防辩论,询问证人,可以尽可能地发现案件事实,有效避免证人作伪证。依据《最高人民法院关于民事诉讼证据的若干规定》第五十八条的规定,审判人员和当事人可以对证人进行询问。证人不得旁听法庭审理;询问证人时,其他证人不得在场。人民法院认为有必要的,可以让证人进行对质。在法律制裁方面,《最高人民法院关于民事诉讼证据的若干规定》第八十条第二款规定:"当事人或者其他诉讼参与人伪造、毁灭证据,提供假证据,阻止证人作证,指使、贿买、胁迫他人作伪证,或者对证人、鉴定人、勘验人打击报复的,依照《民事诉讼法》第一百零二条的规定处理。"依据2007年民事诉讼法第一百零二条的规定,对于证人伪造证据,妨碍人民法院审理案件的情形以及以暴力、威胁、贿买方法阻止证人作证或者指使、贿买、胁迫他人作伪证的行为,人民法院可以根据情节轻重予以罚款、拘留;构成犯罪的,依法追究刑事责任。刑法虽并未规定民事诉讼中作伪证的行为构成犯罪,但也规定了妨害作证罪和帮助毁灭、伪造证据罪,其第三百零七条规定:"以暴力、威胁、贿买等方法阻止证人作证或者指使他人作伪证的,处三年以下有期徒刑或者拘役;情节严重的,处三年以上七年以下有期徒刑。帮助当事人毁灭、伪造证据,情节严重的,处三年以下有期徒刑或者拘役。司法工作人员犯前两款罪的,从重处罚。"刑法的这一规定无疑也对于预防和打击证人作伪证现象的发生具有威慑作用。

——最高人民法院研究室、最高人民法院民事诉讼法修改研究小组办公室编著:《〈中华人民共和国民事诉讼法〉修改条文适用解答》,人民法院出版社2012年版,第96~97页。

399

证人的隔离、退庭和对质

关键词 | 证人证言 | 询问证人 | 证人隔离 | 证人退庭 | 证人对质 |

【最高人民法院司法解释】

第五十八条 审判人员和当事人可以对证人进行询问。证人不得旁听法庭审理;询问证人时,其他证人不得在场。人民法院认为有必要的,可以让证人进行对质。

第六十条 经法庭许可,当事人可以向证人、鉴定人、勘验人发问。

询问证人、鉴定人、勘验人不得使用威胁、侮辱及不适当引导证人的言语和方式。

——《最高人民法院关于民事诉讼证据的若干规定》(2001 年 12 月 21 日,法释〔2001〕33 号)

【链接：最高人民法院法官著述】

实践中需要注意的,一是对证人进行的询问,应当限于与案件事实相关的问题。当事人提出与案件事实无关的询问的,法庭应当及时制止。二是当事人对证人询问时,可以进行适当的引导,但当事人干扰证人的意志,诱导证人的,法庭应当及时制止。

——沈德咏主编、最高人民法院研究室编:《民事诉讼司法解释理解与适用》,法律出版社 2009 年版,第 271 ~275 页。

400

民事诉讼证据种类

关键词 | 证据种类 |

【链接：最高人民法院法官著述】

我国对证据种类的划分深受前苏联诉讼法理论的影响。在前苏联的民事诉讼中存在以下各种证据:(1)证人陈述;(2)书证;(3)物证;(4)当事人本人的答辩;(5)勘验笔录;(6)鉴定人的意见。我国在 1982 年的民事诉讼法(试行)中首次规定了证据的种类,其内容效仿了前苏联的民事诉讼规定。1991 年的民事诉讼法将民事诉讼证据划分为七类。2012 年的民事诉讼法增加了电子数据这一新的证据种类,至此,我国民事诉讼中呈现出八类证据,分别是:当事人陈述、书证、物证、视听资料、电子数据、证人证言、鉴定意见和勘验笔录。

——最高人民法院研究室、最高人民法院民事诉讼法修改研究小组办公室编著:《〈中华人民共和国民事诉讼法〉修改条文适用解答》,人民法院出版社 2012 年版,第 71 页。

编者说明

2012 年《民事诉讼法》对 2007 年《民事诉讼法》的证据种类部分作了三个方面的调整:一是对证据种类进行了规范,增加了电子数据这一新的证据种类;二是对证据种类的排序进行了调整;三是将鉴定结论修改为鉴定意见。

1. 增加电子数据证据种类

2012 年《民事诉讼法》将电子数据作为新的证据种类增加了进去,明确规定电子数据是证据的一种。这不仅仅突出了电子数据的重要性,更重要的是满足了科技发展的实际需要。

在 2012 年《民事诉讼法》之前,我国专门规定电子数据问题的民事法律只有 2005 年 4 月 1 日起施行的《电子签名法》,该法专门规定了数据电文的书面形式、原件、保存要求以及可采性等问题,为今后的电子数据应用开辟了道路。尽管《电子签名法》可以作为这一时期法院审理民事案件的重要法律依据,但是《电子签名法》的立法目的毕竟是为了消除电子商务和电子政务发展过程中遇到的法律障碍,不能满足大量复杂的民事诉讼需要。虽然我国有关电子数据的立法还散见于《合同法》《道路交通安全法》《行政许可法》《最高人民法院关于民事诉讼证据的若干规定》等法律和司法解释中,但这些立法内容大多是关于电子数据收集和保全的,对于电子数据的证明资格和证明力几乎没有规定,并且它们对电子数据的表述也各不相同,有“电子记录”“数据电文”“电子数据交换”,等等。

2012 年《民事诉讼法》之前在证据种类中没有规定电子数据,但电子数据早已作为证明案件事实的证据大量地在诉讼中使用。一般情况下,当事人采取将电子数据经过公证进行“证据固定”的方法,再将这些电子数据套用为书证或者视听资料提交法院或仲裁机构。这些做法,虽然一定程度上解决了司法实践中电子数据的部分问题,但因缺乏电子数据法律规则,法院在应对电子数据问题时也困难重重。电子数据在现代市场经济和现代司法制度中的应有作用未能得到完全发挥。确定电子数据的证据地位,既是解决当前法院应对电子数据难题的迫切要求,也是现代科技和法治发展客观要求。2012 年《民事诉讼法》增加了电子数据这一新的证据种类,不仅突出表明了电子数据的重要性,还满足了当今科技发展和现代司法制度的实际需要。

2. 对证据种类重新排序

《民事诉讼法》既然规定了证据的种类,就必然涉及证据种类的排序问题。2007 年《民事诉讼法》将七类民事诉讼证据作了如下排序:(1)书证;(2)物证;(3)视听资料;(4)证人证言;(5)当事人的陈述;(6)鉴定结论;(7)勘验笔录。2012 年的《民事诉讼法》对原有的排序进行了较大调整,证据种类排序如下:(1)当事人的陈述;(2)书证;(3)物证;(4)视听资料;(5)电子数据;(6)证人证言;(7)鉴定意见;(8)勘验笔录。经比较可见,最大的变化是将原排在第五位的“当事人陈述”,改排在首位。

从审判实践分析，一些法官在庭审中对当事人陈述这类证据重视不够，表现为仅专注于对书证、物证、视听资料等其他证据的审查和质证，忽视了认真听取当事人陈述。特别是鉴于当事人陈述这一证据形式的特点，诉讼当事人的主观性陈述常常还与已经质证过的书证等证据相悖，故对当事人陈述这一证据基本上持否定态度。其实，虽然当事人陈述的证明力很弱，但如果我们重视不够，或者在应当重视的环节采取了轻视的态度，很可能酿成大错。实践中，因不重视、忽略了当事人陈述而造成冤、错案的情况时有发生。因此，为了吸取教训、转变审判观念，充分尊重当事人在庭审中发表意见的权利，2012 年《民事诉讼法》将当事人陈述这类证据排在了首位。

3. 将鉴定结论修改为鉴定意见

在 2007 年《民事诉讼法》中，鉴定意见称为鉴定结论。其实，鉴定意见是接受人民法院的委托的鉴定人，运用自己的专门知识或技能，借助一定的方法和仪器，根据案件事实材料，对有关的专门性问题进行分析、鉴别和判断后，得出的判断性意见，而不是结论性的意见。为了避免将鉴定结论误解为结论性的意见，2012 年 3 月 14 日，《刑事诉讼法修正案》正式将“鉴定结论”修改为“鉴定意见”。2012 年《民事诉讼法》也随之作出了相应的修改。

401

“法律真实”的证明要求

关键词｜证明要求｜法律真实｜

【最高人民法院司法解释】

第六十三条 人民法院应当以证据能够证明的案件事实为依据依法作出裁判。

——《最高人民法院关于民事诉讼证据的若干规定》（2001 年 12 月 21 日，法释〔2001〕33 号）

【最高人民法院审判业务意见】

《民事诉讼法》第七条规定：“人民法院审理民事案件必须以事实为根据，以法律为准绳。”事实是客观存在的反映，因此，诉讼活动应当把“客观真实”作为追求的最高目标。但是案件的事实是靠证据来证明的，《民事诉讼法》第六十三条规定“证据必须查证属实，才能作为认定事实的根据”。因此，人民法院根据法律规定的诉讼程序查明的事实，实质上是一种法律上的真实。作为民事诉讼的证明要求，应当努力追求“法律真实”与“客观真实”相一致，但民事诉讼的特点决定，在程序公正、公开的条件下，人民法院只能以通过依法审核认定证据所确认的案件事实，作为裁判的依据。也就是说，民事诉讼中查明的案件事实不可能每一个事实都与已经发生的客观事实完全一样。但民事纠纷是应当依法及时作出裁判的，因此，《若干规定》第六十三条进一步明确：人民法院应当以证据能够证明的案件事实为依据依法作出裁判。

——《最高人民法院民一庭负责人就〈关于民事诉讼证据的若干规定〉答记者问》，载沈德咏主编、最高人民法院研究室编：《最高人民法院民商事司法解释及审判适用指导》，中国法制出版社2006年版，第2092页。

【链接：最高人民法院法官著述】

《民事诉讼法》对于民事诉讼的证明要求没有明确规定。理论界多年来坚持“客观真实”的证明要求，排斥“法律真实”的证明要求，对案件事实的证明，要求达到反映案件事实的本来面目的程度，裁判案件也只能以真实的案件事实为依据。这种“客观真实”的证明要求对审判实践产生很大的影响。审判实践中，为保证证据证明的案件事实与真实的案件事实相一致，审判人员不得不花费大量精力调查取证，导致审判效率低下，浪费了有限的审判资源。在无法查明案件事实的情况下，审判人员不敢裁判甚至拒绝裁判，违背了“法官不得拒绝裁判”的司法理念。“客观真实”的证明要求也使审判人员调查取证和审核认定证据过程中容易先入为主，不利于保持人民法院居中裁判的中立地位。

事实上，“客观真实”与“法律真实”并不矛盾，两者存在辩证统一的关系。“客观真实”是司法证明活动所应追求的终极目标，司法证明活动应当努力追求“法律真实”与“客观真实”相一致。但人类对客观世界的认识常常受到人类自身所处的特定历史阶段的限制，人们对发生在过去的案件事实的认识往往不可能绝对反映案件事实的本来面目。民事诉讼的终极目的是实现社会正义，这决定了民事诉讼的证明活动应当以客观真实为追求的目标。但就具体的民事案件而言，诉讼的目的是公正及时地解决民事争议，这决定了法院只能以证据能够证明的案件事实为裁判的依据。民事诉讼的客观规律决定了民事诉讼的证明要求只能是“法律真实”。为此，《若干规定》在总结审判实践经验的基础上，根据民事诉讼的规律，在第六十三条明确了“法律真实”的证明要求。在程序公正、公开的条件下，人民法院通过依法审核认定证据所确认的案件事实，应当作为裁判的依据。

——最高人民法院研究室编、沈德咏主编：《民事诉讼司法解释理解与适用》，法律出版社 2009 年版，第 275 页。

402

法官审查判断证据原则

关键词｜审查判断证据｜自由心证｜日常经验法则｜

【最高人民法院司法解释】

第一百零五条 人民法院应当按照法定程序，全面、客观地审核证据，依照法律规定，运用逻辑推理和日常生活经验法则，对证据有无证明力和证明力大小进行判断，并公开判断的理由和结果。

——《最高人民法院关于适用〈中华人民共和国民事诉讼法〉的解释》(2015 年 1 月 30 日，法释〔2015〕5 号)

第六十四条 审判人员应当依照法定程序，全面、客观地审核证据，依据法律的规定，遵循法官职业道德，运用逻辑推理和日常生活经验，对证据有无证明力和证明力大小独立进行判断，并公开判断的理由和结果。

——《最高人民法院关于民事诉讼证据的若干规定》(2001 年 12 月 21 日，法释〔2001〕33 号)

【最高人民法院审判业务意见】

《若干规定》第六十四条确立了法官依法独立审查判断证据的原则。

《民事诉讼法》第六十四条规定“人民法院应当依照法定程序，全面客观审查判断证据”。由于该规定比较原则，法官在审查判断证据时容易产生裁量权过大的问题。为此，《若干规定》第六十四条在《民事诉讼法》第六十四条的基础上，进一步明确了法官依法独立审查判断证据的原则。即：“审判人员应当依照法定程序,全面、客观地审核证据,依据法律的规定,遵循法官职业道德,运用逻辑推理和日常生活经验,对证据有无证明力和证明力大小独立进行判断,并公开判断的理由和结果。"

——《最高人民法院民一庭负责人就〈关于民事诉讼证据的若干规定〉答记者问》,载沈德咏主编、最高人民法院研究室编:《最高人民法院民商事司法解释及审判适用指导》,中国法制出版社 2006 年版,第 2092 ~ 2093 页。

【《最高人民法院公报》案例】

姜建波与荆军噪声污染责任纠纷案(乌鲁木齐市中级人民法院二审民事判决书)

裁判要旨:依据日常经验法则和事实推定规则,经营者在生产活动中产生的声音已超出了一般公众的容忍程度、符合噪声污染的判定标准的,应认定该声音对相邻权人产生的损害已客观存在。在经营者不能出具相反证据证明相邻权人未因该声音造成损害的前提下,即使相邻权人受到的损害表观上不明显,亦应认定损害后果已出现,经营者应对相邻权人的身心损害承担相应的民事赔偿责任。

乌鲁木齐市中级人民法院认为:

钢铁制品在装卸、运送或者加工过程中产生的声音超出一般公众普遍可忍受的程度。本案中,荆军院落与姜建波居所一墙相隔,荆军在院落中放置工具、加工材料时所产生的声音势必能传入到其他居民的居室内,已成为干扰周围居民生活的环境噪声。噪声污染对人体健康可能造成损害,是为公众普遍认可的,姜建波称其因噪声无法休息导致精神受到伤害符合日常生活经验法则,应推定属实。荆军否认噪声污染给姜建波造成了实际损害,应举证证明,但荆军不能举出其院落中发出的噪声对姜建波的身体健康未产生损害的证据。一审判决根据荆军加工钢铁制品产生的噪声的时间、两家距离的远近、噪声的大小酌情支持 2000 元精神损害抚慰金并无不当。

——《最高人民法院公报》2014 年第 11 期

编者说明

就法院在民事诉讼中的活动而言,对证据的审核认定无疑是其中的重心。有关证据的审核认定,《民事诉讼法》第 64 条第 3 款确定了"人民法院应当依照法定程序,全面地、客观地审查核实证据"的原则。这种规定过于抽象,可操作性不强,实践中审判人员往往依靠直觉和经验对证据进行审查判断，证据法律效果的不确定，造成法律适用上的不统一，也容易滋生腐败。

从证据制度的历史发展来看，经历了从神明裁判到法定证据再到自由心证的发展过程。

我国学术界在很长一段时期内不承认自由心证，认为自由心证完全是主观主义、唯心主义的东西，它扩大了“资产阶级法官判断的任意性，助长了资产阶级法官的擅断”。事实上，法官对证据的判断过程，本身就是一个主观对客观的认识过程，在这个过程中，是无法排除法官的主观因素对证据审查判断的影响。虽然法律没有规定自由心证制度，但在审判实践中，人民法院的审判人员在审查判断证据时，都在一定程度上实践着自由心证的原则。因此，我们应当抛弃对自由心证原则的误解，借鉴现代自由心证原则的合理因素，并对其进行符合我国国情的改造，以此为基础建立符合我国国情的证据制度。①

1992 年《民事诉讼法意见》对于法官审查判断证据的原则没有规定，《证据规定》第 64 条第一次在司法解释中对此作出规定，《2015 年解释》第 105 条内容即移植自《证据规定》第 64 条。

上述公报案例中，荆军在装卸、运送、加工钢铁制品过程中产生的噪声，超过了一般人可容忍的程度，严重干扰了周边人群的正常生活，应承担停止侵害、排除妨碍及赔偿损失的民事责任。噪声污染给受害人身心健康造成的损害具有持续性和隐蔽性等特点，受害人的症状往往不明显且暂时无法用精确的计量方法反映。二审判决适用了日常生活经验法则及事实推定规则，认为钢铁制品加工、搬卸的噪声会比较严重地影响相邻院落居民正常的生活和休息，符合一般人的认知规律，而且噪声污染对身心健康造成损害，也是为公众普遍认可的。在荆军未举出反证证明其产生的噪声未对姜建波产生损害的情况下，即使姜建波尚未出现明显症状，其生活受到噪声侵扰而导致精神损害的事实也是客观存在的。二审法院系结合荆军加工钢铁制品产生噪声的时间、双方距离的远近、噪声的大小，酌情作出了由荆军赔偿姜建波精神损害抚慰金 2000 元的判决。

在民事诉讼证据的认定、采信过程中，出现了当事人提交的作为视听资料的录音证据和作为书证的收条在内容上互相矛盾时，应当从其来源、内容及与其他证据的关系确定其证据力高下，从而认定案件事实。

403

根据现场勘验笔录等证据确定当事人的民事责任

关键词 | 交通事故责任认定 | 现场勘验笔录 | 民事责任 |

① 沈德咏主编、最高人民法院研究室编著：《民事诉讼司法解释的理解与适用》，法律出版社 2009 年版，第 245 页。

【最高人民法院审判业务意见】

机动车发生交通事故,交警部门作出的交通事故认定书是人民法院确定事故发生的事实、原因并认定事故责任的重要证据。对于交警部门认为事实不清,双方的过错无法判明,也无法确定事故责任的,人民法院应当审查现场勘验笔录等交通事故案件的全部相关证据,按照《道路交通安全法》以及《道路交通安全法实施条例》的相关规定,综合运用逻辑推理和日常生活经验,对交通事故发生的事实以及各方当事人有无过错进行判断并作出认定,以确定各方当事人的民事责任。

——最高人民法院民事审判第一庭编:《民事审判指导与参考》(总第37集),法律出版社2009年版,第154页。

404

食品药品合格证明效力的认定

关键词 | 食品药品纠纷 | 食品药品合格证 | 证明效力 |

【最高人民法院司法解释】

第七条 食品、药品虽在销售前取得检验合格证明,且食用或者使用时尚在保质期内,但经检验确认产品不合格,生产者或者销售者以该食品、药品具有检验合格证明为由进行抗辩的,人民法院不予支持。

——《最高人民法院关于审理食品药品纠纷案件适用法律若干问题的规定》(2013年12月23日,法释〔2013〕28号)

【链接:最高人民法院法官著述】

审判实践中需要注意的是,本条司法解释"经检验确认为不合格产品"中的检验,是指在食品药品监督管理部门执法过程中作为执法依据的检验结论。对于当事人自行委托的检验报告,属于当事人的书证,应当根据《民事证据规定》

第28条的规定进行审查判断。

——最高人民法院民事审判第一庭编著:《最高人民法院关于食品药品纠纷司法解释理解与适用》,人民法院出版社2014年版,第112页。

405

行政管理部门制作的事故认定书的证明效力

关键词 | 事故认定书 | 证明效力 |

【最高人民法院司法解释】

第十八条 行政管理部门依据法律规定制作的交通事故认定书、火灾事故认定书等,人民法院应当依法审查并确认其相应的证明力,但有相反证据能够推翻的除外。

——《最高人民法院关于适用〈中华人民共和国保险法〉的解释(二)》(2013年5月31日,法释〔2013〕14号)

第二十七条 公安机关交通管理部门制作的交通事故认定书,人民法院应依法审查并确认其相应的证明力,但有相反证据推翻的除外。

——《最高人民法院关于审理道路交通事故损害赔偿案件适用法律若干问题的解释》(2012年11月27日,法释〔2012〕19号)

【链接:最高人民法院法官著述】

一、认定书的指向

《公安部关于印发公安消防行政法律文书(式样)及相关文件的通知》(公通字〔2009〕21号)规定的火灾事故调查法律文书(式样)有13种,包括:火灾现场勘验笔录、火灾痕迹物品提取清单、火灾事故简易调查认定书、火灾事故认定书、火灾事故认定复核申请材料收取凭证、火灾直接财产损失申报统计表、火灾损失统计表等。本条规定的"火灾事故认定书"仅指其中的火灾事故认定书和火灾事故简易调查认定书,并不包括其他11种文书。属于事故认定书的,适用本条规定认定其证明力,不属于事故认定书的不应作为公文书证和鉴定意见,但可以作为其他证据根据证据规则认定其证明力。交通事故认定书对于事故原因、责任等无法作出认定的,人民法院应当根据双方的举证认定。

二、有瑕疵的事故认定书的适用

公文证书的制作程序较私文书证严格,公文书证要具有一定的法定形式,这是公文书证比私文书证证明力强的部分原因。公文式样的意义在于,不符合公文式样的公文属于有瑕疵的公文,其作为公文书证的效力受到相应影响。如果事故认定书有轻微的瑕疵,例如,个别文字错误,认定事项有遗漏,则其瑕疵之处并不影响其作为公文书证使用,但是如果其形式要件有严重瑕疵,例如未标明交通事故认定书或者火灾事故认定书的,或者是未加盖公安机关交通管理部门或公安机关消防机构的公章,则不能作为事故认定书或者公文书证使用。

认定书是以公安机关交通管理部门或公安机关消防机构名义出具的,以行政机关的工作人员名义出具的证明或是其他材料,只能作为私文书证对待。

对于书证部分的内容,可以通过经验法则进行判断,例如道路交通事故认定书记载的撞击部位与实际的损害部位明显不符,但是对于鉴定意见部分判断,应以新生专业判断和行政权为原则。

三、严重违反程序、明显违背常理的认定书不得作为认定事实的依据

法律和行政法规对事故认定书的制作程序有严格的要求,但是,有少数事故认定书并未按照程序的要求制作。例如,现场勘查是道路交通事故处理的程序,如果未经现场勘查就出具了事故认定书,则属于严重违反程序,所出具的事故认定书不能作为认定事实的依据。还有个别的事故认定书责任认定部分明显违背常理,例如事故认定书认定两车发生碰撞,但保险人提供证据证明碰撞痕迹的位置不吻合,明显不符合常理。这样的事故认定书即不能作为认定事实的依据。

——最高人民法院民事审判第二庭编著:《最高人民法院关于保险法司法解释(二)理解与适用》,人民法院出版社2013年版,第420~422页。

406

无著作权认证资格的机构出具的著作权归属证明的证据资格及审查判断

关键词 | 著作权认证机构 | 著作权归属证明 | 证明力 |

【最高人民法院审判业务意见】

35. 在“《宫 S》”著作权侵权案[（2009）民申字第 127 号]中，最高人民法院认为，韩国著作权审议调停委员会北京代表处仅可从事著作权认证的联络活动，但其并不具有证明著作权归属的资格；确认境外作品著作权的归属，应结合合法出版物等其他证据综合判断。

——《最高人民法院知识产权案件年度报告（2009）》

407

间接证据的审查判断

关键词 | 间接证据 | 证据链 | 证据审查 |

【最高人民法院司法解释】

第六十六条 审判人员对案件的全部证据，应当从各证据与案件事实的关联程度、各证据之间的联系等方面进行综合审查判断。

——《最高人民法院关于民事诉讼证据的若干规定》（2001 年 12 月 21 日，法释〔2001〕33 号）

【最高人民法院裁判文书】

巴拿马易发航运公司、香港威林航业有限公司与钟孝源、珠海市政府打击走私办公室船舶碰撞损害赔偿纠纷案

裁判要旨：间接证据只有相互印证并构成完整证据链时，才能认定碰撞事实存在的基本原则。

最高人民法院认为：

钟孝源、珠海打私办主张“易发”轮是撞沉“汕尾 12138”船的肇事船，应承担相应的举证责任。由于“易发”轮船首没有碰撞痕迹和损伤，“易发”轮左舷提取的附着油漆与“汕尾 12138”船的油漆不完全相同，“易发”轮经过出事海域时没有大幅度向左转向和减速，钟孝源、珠海打私办主张的碰撞位置与沉船及落水人员被救起位置的相对态势不符合当时当地的潮流，在碰撞事故发生时还有一艘从香港出来的集装箱船经过出事海域向东航行等客观事实的存在，认定"易发"轮是肇事船的证据不足。

——《最高人民法院发布海事审判典型案例》，载《最高人民法院公报》2015 年第 9 期。

中国东方资产管理公司广州办事处与中山市工业原材料公司等借款合同纠纷上诉案［最高人民法院（2004）民二终字第 207 号民事判决书］

裁判要旨：间接证据之间形成完整的证据链条，就能获得较为可信的证明力。

最高人民法院认为：

关于 1611031.25 美元借款是否已经发放以及建设总公司应否承担担保责任问题。本案虽没有直接证据证明中山中行直接或通过案外人汕尾建行向原材料公司发放了 150 万美元贷款（后包括利息表述为 1611031.25 美元），但根据本院二审查明的事实，即原材料公司向中山中行申请贷款的报告、中山中行与汕尾建行签订的《拆借合同》《中山中行的报告》、中山中行向汕尾建行的还款凭证以及中山中行多次向原材料公司和建设总公司发出的《催收通知书》，上述间接证据已经环环相扣，形成了一个证据链条，足以证明中山中行已经发放了该笔贷款并享有该笔债权。故原材料公司应当对该笔贷款承担偿还责任，建设总公司应当承担连带责任。

——最高人民法院民事审判第二庭编：《民商事审判指导》（总第 6 辑），人民法院出版社 2005 年版，第 288 ~ 289 页。

编者说明

按照单个证明对象之间的关系，可以把证据分为直接证据和间接证据。直接证据，是指能够单独地、直接地证明待证事实的证据。间接证据，是指单个证据无法直接证明待证事实，而是通过与其他证据联合在一起，方有可能证明待证事实的证据。间接证据之间要形成完整的证明链条，才能获得较为可信的证明力。

上述公报案例是最高人民法院公开审理的第一起船舶碰撞纠纷案件。在海事审判中，缺乏认定碰撞事实的直接证据是审理船舶碰撞损害赔偿纠纷的难点。本案中所有指向"易发"轮是肇事船的证据均为间接证据，对此本案再审判决依照证据运用的规则，运用逻辑推理和经验法则，结合民事诉讼"高度盖然性"的证明标准，对所有证据综合判断，确立了间接证据只有相互印证并构成完整证据链时，才能认定碰撞事实存在的基本原则。这一原则对于如何运用间接证据认定船舶碰撞事实的审判实践具有指导意义。本案的再审庭审过程也极具亮点。为保证专家鉴定的客观性，技术鉴定报告由专家当庭宣读，当事人当庭予以质证。这一质证程序的运用对本案最终得到公正判决起到了积极的决定性作用。此外，本案再审时对经台湾地区法院确认的证据文件予以采信，在当时对于解决大陆与台湾地区法院之间证据采纳问题具有借鉴价值。

408

非法证据不得作为认定案件事实的根据

关键词 | 非法证据 | 录音资料 | 私自录制 |

【最高人民法院司法解释】

第一百零六条 对以严重侵害他人合法权益、违反法律禁止性规定或者严重违背公序良俗的方法形成或者获取的证据，不得作为认定案件事实的根据。

——《最高人民法院关于适用〈中华人民共和国民事诉讼法〉的解释》(2015 年 1 月 30 日，法释〔2015〕5 号)

第六十八条 以侵害他人合法权益或者违反法律禁止性规定的方法取得的证据，不能作为认定案件事实的依据。

——《最高人民法院关于民事诉讼证据的若干规定》(2001 年 12 月 21 日，法释〔2001〕33 号)

【最高人民法院答复】

河北省高级人民法院：

你院冀高法〔1994〕39 号请示收悉。经研究，答复如下：

证据的取得必须合法，只有经过合法途径取得的证据才能作为定案的根据。未经对方当事人同意私自录制其谈话，系不合法行为，以这种手段取得的录音资料，不能作为证据使用。

——《最高人民法院关于未经对方当事人同意私自录制其谈话取得的

资料不能作为证据使用的批复》(1995年3月6日,法复〔1995〕2号)

【最高人民法院审判业务意见】

《若干规定》在第六十八条确定了非法证据的判断标准和排除规则。

关于非法证据标准问题,最高人民法院曾经作出法复〔1995〕2号《关于未经对方当事人同意私自录制其谈话取得的资料不能作为证据使用的批复》,将录音资料的证据合法性标准限定在经对方当事人同意,未经对方同意私自录制的,不具有合法性,不能作为证据使用。从这几年审判实践的效果来看,采用这种非法证据的标准,虽然有它积极的一面,但是经过实践和理论上的进一步研究,许多人认为,未经对方当事人同意私自录制音像资料的情况是很复杂的,实践中一方当事人主张同意对方当事人录像其谈话的情形是极其罕见的。而依据这个《批复》,审判人员即使确信证据内容的真实性也无法对权利人予以保护,因此,对于这些证据材料应当根据不同情况区别对待。为此,《若干规定》第六十八条重新明确了非法证据的判断标准,即除以侵害他合法权益(如违反社会公共利益或者社会公德侵害他人隐私)或者违反法律禁止性规定的方法(如擅自将窃听器安装到他人住处进行窃听)取得的证据外,其他情形不得视为非法证据。

——《最高人民法院民一庭负责人就〈关于民事诉讼证据的若干规定〉答记者问》,载沈德咏主编、最高人民法院研究室编著:《最高人民法院民商事司法解释及审判适用指导》,中国法制出版社2006年版,第2093页。

409

“陷阱取证”合法性及正当性认定

关键词 | 陷阱取证 | 取证方式 |

【最高人民法院司法解释】

第八条 当事人自行或者委托他人以定购、现场交易等方式购买侵权复制品而取得的实物、发票等,可以作为证据。

公证人员在未向涉嫌侵权的一方当事人表明身份的情况下,如实对另一方当事人按照前款规定的方式取得的证据和取证过程出具的公证书，应当作为证据使用，但有相反证据的除外。

——《最高人民法院关于审理著作权民事纠纷案件适用法律若干问题的解释》(2002 年 10 月 12 日，法释〔2002〕31 号)

第六十八条 以侵害他人合法权益或者违反法律禁止性规定的方法取得的证据，不能作为认定案件事实的依据。

——《最高人民法院关于民事诉讼证据的若干规定》(2001 年 12 月 21 日，法释〔2001〕33 号)

【最高人民法院裁判文书】

北大方正集团有限公司、北京红楼计算机科学技术研究所诉北京高术天力科技有限公司等计算机软件著作权侵权纠纷案[最高人民法院(2006)民三提字第 1 号民事判决书]

裁判要旨：在侵犯计算机软件著作权纠纷案件中，因侵权行为隐蔽性较强，权利人取证难是众所周知的事实。本案涉及俗称的“陷阱取证”方式合法性及正当性的认定，再审判决对原告取证方式的合法性进行分析，同时又从利益衡量、价值取向的角度对其取证方式的正当性予以肯定。

最高人民法院认为：

(一)关于本案涉及的取证方式是否合法问题

根据民事诉讼法第六十七条的规定，经过公证程序证明的法律事实，除有相反证据足以推翻的外，人民法院应当作为认定事实的根据。高术天力公司安装盗版方正软件是本案公证证明的事实，因高术公司、高术天力公司无相反证据足以推翻，对于该事实的真实性应予认定。以何种方式获取的公证证明的事实，涉及取证方式本身是否违法，如果采取的取证方式本身违法，即使其为公证方式所证明，所获取的证据亦不能作为认定案件事实的依据。因为，如果非法证据因其为公证所证明而取得合法性，那就既不符合公证机关需审查公证事项合法性的公证规则，也不利于制止违法取证行为和保护他人合法权益。二审法院在否定北大方正公司取证方式合法性的同时，又以该方式获取的法律事实经过公证证明而作为认定案件事实的依据，是不妥当的。

在民事诉讼中，尽管法律对于违法行为作出了较多的明文规定，但由于社会关系的广泛性和利益关系的复杂性,除另有明文规定外,法律对于违法行为不采取穷尽式的列举规定,而存在较多的空间根据利益衡量、价值取向来解决,故对于法律没有明文禁止的行为,主要根据该行为实质上的正当性进行判断。就本案而言,北大方正公司通过公证取证方式,不仅取得了高术天力公司现场安装盗版方正软件的证据,而且获取了其向其他客户销售盗版软件,实施同类侵权行为的证据和证据线索,其目的并无不正当性,其行为并未损害社会公共利益和他人合法权益。加之计算机软件著作权侵权行为具有隐蔽性较强、取证难度大等特点,采取该取证方式,有利于解决此类案件取证难问题,起到威慑和遏制侵权行为的作用,也符合依法加强知识产权保护的法律精神。此外,北大方正公司采取的取证方式亦未侵犯高术公司、高术天力公司的合法权益。北大方正公司、红楼研究所申请再审的理由正当,应予支持。

据此,本案涉及的取证方式合法有效,对其获取证据所证明的事实应作为定案根据。二审法院关于"此种取证方式并非获取侵权证据的唯一方式,且有违公平原则,一旦被广泛利用,将对正常的市场秩序造成破坏"的认定不当。

——最高人民法院民事审判第三庭编:《知识产权审判指导》(总第9辑),人民法院出版社2007年版,第89页。

【链接:最高人民法院法官著述】

司法实践中,权利人为证明侵犯著作权行为而进行取证比较困难,取得的证据还要防止因难以证明来源于侵权人而被否定。因此,出现了对销售侵权复制品等侵权行为公证取证的取证方式。

所谓公证取证,是指权利人请公证处的公证人员现场取得证明侵权人实施发行、销售侵权物品证据的取证形式。由于计算机程序容易被复制和删除的特点,在计算机软件侵权案件中权利人经常采取这种取证形式。一般认为,公证人员在现场对当事人的取证活动进行公证,属于公证暂行条例规定的保全证据的情形。问题是,公证人员如果在公证过程中表明身份,则侵权人不可能现场销售侵权物品,不能取得侵权的证据;而如果不表明身份,则被告往往提出这种公证不具有保全证据的法律效力。对保全证据的程序和要求,公证暂行条例和其他有关公证的法律、法规乃至规章均无明确规定,民事诉讼法和最高法院以往的司法解释也没有明确的规定。考虑到著作权和其他知识产权案件取证的难度,以及目前知识产权保护力度仍有不足的实际情况,《若干解释》规定,当事人自行或者委托他人购买侵权复制品而取得的实物、发票等,可以作为证据。公证人员在未向涉嫌侵权的一方当事人表明身份的情况下,如实对另一方当事人按照前款规定的方式取得的证据和取证过程出具的公证书,应当作为证据,但有相反的证据除外。这样规定就解决了公证取证效力不明确的问题,对法院依法审查证据的合法性将产生积极的作用。对于欺诈、胁迫、利诱等不当方式取证无效问题,应当适用《最高人民法院关于民事诉讼证据的若干规定》第 68 条"以侵害他人合法权益或者违反法律禁止性规定的方法取得的证据,不能作为认定案件事实的依据"的规定,不予采信。

——蒋志培:《如何理解和适用〈关于审理著作权民事纠纷案件适用法律若干问题的解释〉》,载《人民司法》2002 年第 12 期。

410

鉴定意见的证明力规则

关键词 | 鉴定意见 | 证明力 |

【最高人民法院司法解释】

第七十一条　人民法院委托鉴定部门作出的鉴定结论,当事人没有足以反驳的相反证据和理由的,可以认定其证明力。

第七十七条　人民法院就数个证据对同一事实的证明力,可以依照下列原则认定:

(二)物证、档案、鉴定结论、勘验笔录或者经过公证、登记的书证,其证明力一般大于其他书证、视听资料和证人证言;

——《最高人民法院关于民事诉讼证据的若干规定》(2001 年 12 月 21 日,法释〔2001〕33 号)

【链接:最高人民法院法官著述】

涉及鉴定意见证明力规则的两个问题。

第一,鉴定意见同其他证据的证明力大小的比较。《民事诉讼证据规定》第 77

条规定，鉴定意见的证明力一般大于书证、视听资料和证人证言。其实质应当是对英美法系中最佳证据规则的借鉴。然而在实践中，法官和当事人往往对鉴定意见的证明力过于偏信，认为鉴定意见是优势证据，有预定的证明力。然而我们应当认识到，鉴定意见本质是言词证据，是个人对某事某物的看法，同其他证据享有同等的效力。这也是本次《民事诉讼法》修订时将“鉴定结论”改为“鉴定意见”的目的之一。

第二，针对同一问题不同鉴定意见观点不同时，证明力的大小比较。由于法律上对鉴定程序的启动并无严格限制，当事人既可以申请法院指定机构进行鉴定，也可以分别自行委托鉴定，导致实践中针对同一问题不同鉴定机构出具不同鉴定意见的情况屡见不鲜。通常情况下，大多数法官倾向于认为鉴定级别高的鉴定机构出具的鉴定意见的证明力高于鉴定级别低的鉴定机构；资历深的鉴定人出具的鉴定意见的证明力高于资历浅的鉴定人；同一级别鉴定机构的鉴定意见不一致的，以法官指定的鉴定机构出具的鉴定意见为准。然而，若仅仅依靠比较鉴定机构的级别和鉴定人的资历来判断证明力的大小，未免有些太过绝对化。影响鉴定意见科学性的因素颇多，例如鉴定者的中立性、鉴定者的专业性、针对具体案件的鉴定方法和学术观点、鉴定人是否出庭接受质询等，都应当一一考察。

——最高人民法院民事诉讼法修改研究小组编著：《〈中华人民共和国民事诉讼法〉修改条文理解与适用》，人民法院出版社 2012 年版，第 307 ~ 308 页。

411

不可因当事人放弃鉴定申请而否认证据的真实性

关键词｜证据鉴定｜证据真实性｜

【最高人民法院审判业务意见】

37. 在硕星公司与隆中公司专利实施许可及技术服务合同案[（2009）民申字第 1325 号]中，最高人民法院认为，在证据未经司法鉴定的情况下，仍然应该根据该证据的来源、形成情况、客观状态等，结合案件的其他证据，综合判断其真实性，不能直接以当事人放弃鉴定申请而否定该证据的真实性。

——《最高人民法院知识产权案件年度报告（2009）》

412
无独立请求权的第三人有权申请鉴定

关键词｜申请鉴定｜无独立请求权的第三人｜

【最高人民法院审判业务意见】

43. 在瓦房店市玉米原种场与赵劲霖、奥瑞金公司等植物新品种权权属纠纷案[（2011）民申字第10号]中，最高人民法院认为，根据案件需要，无独立请求权的第三人可以申请委托对植物新品种的同一性进行司法鉴定。

——《最高人民法院知识产权案件年度报告（2011）》

413
鉴定材料取样时未通知当事人到场不构成鉴定程序违法

关键词｜鉴定材料｜取样鉴定｜程序违法｜

【最高人民法院审判业务意见】

44. 在前述瓦房店市玉米原种场与赵劲霖、奥瑞金公司等植物新品种权权属纠纷案中，最高人民法院认为，不能基于鉴定检材取样时没有通知当事人到场而当然认定鉴定程序违法。

——《最高人民法院知识产权案件年度报告（2011）》

414
电子证据的审查判断

关键词｜电子证据｜原件识别｜完整性认定｜

【最高人民法院司法解释】

第一百一十六条　视听资料包括录音资料和影像资料。

电子数据是指通过电子邮件、电子数据交换、网上聊天记录、博客、微博客、手机短信、电子签名、域名等形成或者存储在电子介质中的信息。

存储在电子介质中的录音资料和影像资料,适用电子数据的规定。

——《最高人民法院关于适用〈中华人民共和国民事诉讼法〉的解释》(2015 年 1 月 30 日,法释〔2015〕5 号)

【链接:最高人民法院法官著述】

当事人通过电子合同从事电子商务过程中形成的电子证据如何固定、保全,系电子商务法中的疑难问题。所谓电子证据,是指在计算机或计算机系统运行过程中产生的以其记录的存储材料、数据等内容来证明案件事实的电磁记录物。它不同于传统证据,电子证据赖以存在的基础是磁性介质,具有易改动、易出差错、易泄露等特征。传统的证据收集手段很难保证其真实性、完整性、可靠性。在数据被隐藏或加密的情况下,不易提取电子证据。因此,确立搜集、固定、保全电子证据的标准程序,系目前电子实务法律领域中的一个重要问题。有观点认为,应突破传统的局限,采用高新技术的手段,制定出电子证据的有效收集规则。电子证据的收集、提取和保存,必须由通晓计算机知识的司法人员和专业技术人员承担,电子证据被提取之后,还应严格保证数据存储介质(硬盘、软盘、光盘等)和计算机系统的安全,以免数据丢失、破坏。还有观点认为,鉴于目前我国无电子证据方面的立法,现阶段可采用公证的方式对电子证据进行保全,以利于人民法院在审理相关案件时分配举证责任。

——宋晓明、叶晓青、张雪楳:《民商事审判若干疑难问题——票据法、企业改制、电子商务法》,载《人民法院报》2006 年 10 月 18 日。

编者说明

2012 年《民事诉讼法》增加了电子证据作为独立的证据形式。在此次《民事诉讼法》修改之前,电子证据在法律上如何定位存在争论。主流观点将电子证据作为视听资料对待,认为电子证据属于视听资料的一种形式。反对观点有将电子证据作为书证、物证、混合证据、独立证据等多重意见。鉴于电子证据在表现形式、真实性判断和证明力等认定上存在诸多不同于传统证据形式之处,其不宜归于任何一种传统证据类型,更不宜分解为任何其他证据形式之中,2012 年《民事诉讼法》将其作为独立的证据形式,有利于民事诉讼事实的查明,符合现代社会民事诉讼的要求。电子证据在实践中的类型很复杂,而且随着信息技术和网络信息产业的发展可能会不断出现新的电子证据形式。因此，对于《2015 年解释》没有列举的情形，要注意把握电子数据为存储在电子介质中的电子信息这一基本特征进行判断。

415

相反证据和反驳证据的证明力

关键词｜相反证据｜反驳证据｜证明力｜

【最高人民法院司法解释】

第七十二条 一方当事人提出的证据，另一方当事人认可或者提出的相反证据不足以反驳的，人民法院可以确认其证明力。

——《最高人民法院关于民事诉讼证据的若干规定》(2001 年 12 月 21 日，法释〔2001〕33 号)

【最高人民法院审判业务意见】

《最高人民法院关于民事诉讼证据的若干规定》第 72 条第 1 款规定："一方当事人提出的证据，另一方当事人认可或者提出的相反证据不足以反驳的，人民法院可以确认其证明力。"在一方当事人已经尽到举证义务，而另一方当事人提出的相反证据不足以反驳的情况下，人民法院可以据此认定案件事实。

——韩玫：《提出的相反证据不足以反驳对方证据的当事人应当承担对其不利的诉讼结果》，载最高人民法院民事审判第一庭编：《民事审判指导与参考》(总第 40 集)，法律出版社 2010 年版，第 119 页。

416

"高度盖然性"证明标准

关键词｜证明标准｜高度盖然性｜法律真实｜

【最高人民法院司法解释】

第一百零八条 对负有举证证明责任的当事人提供的证据,人民法院经审查并结合相关事实,确信待证事实的存在具有高度可能性的,应当认定该事实存在。

对一方当事人为反驳负有举证证明责任的当事人所主张事实而提供的证据,人民法院经审查并结合相关事实,认为待证事实真伪不明的,应当认定该事实不存在。

法律对于待证事实所应达到的证明标准另有规定的,从其规定。

——《最高人民法院关于适用〈中华人民共和国民事诉讼法〉的解释》(2015 年 1 月 30 日,法释〔2015〕5 号)

第七十三条 双方当事人对同一事实分别举出相反的证据,但都没有足够的依据否定对方证据的,人民法院应当结合案件情况,判断一方提供证据的证明力是否明显大于另一方提供证据的证明力,并对证明力较大的证据予以确认。

因证据的证明力无法判断导致争议事实难以认定的,人民法院应当依据举证责任分配的规则作出裁判。

——《最高人民法院关于民事诉讼证据的若干规定》(2001 年 12 月 21 日,法释〔2001〕33 号)

【最高人民法院审判业务意见】

实践中确实存在这种情况:双方当事人就同一事实分别提出相反证据,这些证据都能够在一定程度上支持其各自的主张,又都不足以否定对方的证据。这种情况下,对案件事实的认定,涉及证明标准的问题。

我国《民事诉讼法》没有明确民事诉讼的证明标准。实践中,在证明某一事实的证据无法达到确凿程度情况下如何处理,经常使很多审判人员感到困惑。根据审判实践经验,民事诉讼与刑事诉讼的证明标准是有差异的,不同案件证据证明所能达到的程度往往也是有差别的。由于法官是不能拒绝裁判的,所以,在民事诉讼证据无法达到确实充分,所证明的事实不能达到完全排除其他可能性的情况下,只有按照“高度盖然性”的证明标准作出判断。因此,《若干规定》第七十三条规定:在双方当事人对同一事实举出相反证据且都无法否定对方证据的情况下,由人民法院对当事人证据的证明力进行衡量。如果一方提供的证据的证明力明显大于另一方,则可以认为证明力较大的证据支持的事实具有高度盖然性,人民法院应当依据这一事实作出裁判。如果通过证明力的比较,仍无法对争议事实作出认定,争议事实仍处于真伪不明的状态,审判人员应当依据举证责任的分配规则作出裁判,由承担举证责任的一方当事人承担不利后果。这是民事诉讼的特点和规律决定的。这一司法解释公布后,有待于广大审判人员尽快掌握和熟练运用,也有待于社会各界对司法理念的理解与维护,才能在实施过程中取得良好的法律效果和社会效果。

——《最高人民法院民一庭负责人就〈关于民事诉讼证据的若干规定〉答记者问》,载沈德咏主编、最高人民法院研究室编:《最高人民法院民商事司法解释及审判适用指导》,中国法制出版社 2006 年版,第 2093 ~2094 页。

【《最高人民法院公报》案例】

福建三木集团股份有限公司与福建省泉州市煌星房地产发展有限公司商品房预售合同纠纷上诉案[最高人民法院(2004)民一终字第 104 号民事判决书]

裁判要旨:针对同一事实,双方当事人举出相反证据,但又没有足够的依据否定对方,人民法院应当运用优势证据原则,以能够证明的案件事实为依据依法作出判决。当事人向人民法院提供书证的,应当提供原件,并在人民法院指定的举证期限内积极、全面、正确地完成举证义务。因此,签订合同的一方当事人主张对方向法院提供的合同文本原件不真实,即应当向法院提供自己持有的合同文本原件及其他相关证据;如果不能向法院提供合同文本原件,亦不能提供其他确有证明力的证据以否定对方当事人提供的合同文本原件的真实性,人民法院应当依据优势证据原则,认定对方当事人提供的合同文本原件真实。

最高人民法院认为:

一、关于煌星公司是否隐瞒了三份《商品房合同》项下房产已作为投资投入南南公司,已构成对三木公司欺诈的问题

三木公司认可其与申达公司、南南公司三方签订《协议书》的事实,双方对此问题争议的焦点是:《协议书》第五条关于“由于三木公司所购的煌星大厦的房产为在建工程,已作为投资投入南南公司作为资本”的内容是否为煌星公司变造。即三方签订《协议书》时,煌星公司是否隐瞒了三份《商品房合同》项下房

产已作为投资投入南南公司的事实,已构成对三木公司欺诈。对这一争议的判定,应当依据三木公司的举证以及煌星公司的抗辩来确定。根据《最高人民法院关于民事诉讼证据的若干规定》第二条、第十条及第三十四条之规定,当事人对自己提出的诉讼请求所依据的事实或反驳对方诉讼请求所依据的事实有责任提供证据加以证明。当事人向人民法院提供书证的,应当提供原件,并在人民法院指定的举证期限内积极、全面、正确地完成举证义务。据此,三木公司作为《协议书》签约一方主体,对其主张的合同撤销权负有法律上履行提供《协议书》原件的义务,但三木公司自始未能提供《协议书》原件,也未能提供证据证明煌星公司的《协议书》原件非真实制作而成以及内容不是其真实意思表示。

关于三木公司提供的申达公司出具的《说明》是否具有证明力的问题。依据《中华人民共和国民事诉讼法》第七十条的规定,申达公司作为知晓案件事实的证人,有义务出庭作证,作为《协议书》签约一方亦应当出具《协议书》原件,以证实三木公司持有的《协议书》复印件与原件无异,但申达公司没有就三木公司与煌星公司争议的待证事实出庭或提供《协议书》原件,因此,申达公司出具的《证明》不具有证明力,不予采纳。

关于高德公司、华天公司为三木公司出具的《担保函》的证明力问题。如同一审法院查明的案件事实,三木公司提供的《协议书》内容没有南南公司作为担保人提供担保的约定,三木公司亦未能就南南公司知道并认可高德公司、华天公司为其履行《协议书》作担保的事实进行举证证明。且其《担保函》内容不能证明煌星公司对三木公司存在欺诈的事实是否存在或真实。因此,该《担保函》亦不能作为证据采纳。

在双方当事人对《协议书》的形式与内容主张不一,三木公司作为签约一方又不能提供《协议书》原件或相反证据证明煌星公司《协议书》原件不真实的情况下,一审法院依据优势证据原则认定煌星公司提供的《协议书》原件,能够证明《协议书》第五条关于"由于三木公司所购买的煌星大厦的房产为在建工程,并已作为投资投入南南公司作为资本"的内容,为三方当事人真实意思表示,并以此作为认定三木公司知道煌星公司已将三份《商品房合同》项下房产作为投资投入南南公司的证据采纳,并无不当。故对三木公司关于煌星公司持有的《协议书》原件内容为其变造,并对其隐瞒了该事实,已构成欺诈的主张,本院不予支持。

二、关于三木公司请求撤销的三份《商品房合同》是否真实合法的问题

三木公司认可三份《商品房合同》签约的事实及三份《商品房合同》上加盖

的公章及总裁陈维辉签名。双方对此问题争议的焦点是：双方签订三份《商品房合同》时，煌星公司是否隐瞒房产作为南南公司投资转让及没有预售资格的事实，导致其作出错误的意思表示，已构成对三木公司欺诈。对这一争议事实的判定，首先应当查明煌星公司是否实施了欺诈行为。根据《最高人民法院关于贯彻执行〈中华人民共和国民法通则〉若干问题的意见（试行）》第六十八条及《中华人民共和国合同法》第五十四条的规定，一方当事人故意告知对方虚假情况，或者故意隐瞒真实情况，诱惑对方当事人作出错误意思表示的，可认定为欺诈，受欺诈方才依法有权行使请求撤销权。本案"煌星公司经批准作为发起人之一，以其经批准开发建设的煌星大厦主楼 1 至 21 层、商场 3 至 4 层、地下室 1 层 80 个车位作为出资，于 2000 年 5 月 26 日发起设立南南公司"。"双方订立《商品房合同一、三》的时间为 2000 年 8 月 23 日之后，双方订立《商品房合同二》的时间为 2000 年 6 月 15 日之后"。上述事实，已经生效的(2002)闽民初字第 4 号、第 5 号民事判决查明认定，构成了本案煌星公司对双方争议的待证事实免予证明的举证义务，也证明三份《商品房合同》项下房产的客观现状及双方签约情况。对此，煌星公司能否履行交付 1. 3487 亿元房产的义务，南南公司能否保证煌星公司所取得的该笔售房款全额用于购买卓诚公司、高德公司及华天公司持有的三木公司股权，最终实现订立三份《商品房合同》的目的，三木公司明知且应当预见。三木公司自始未能举证证明双方订立三份《商品房合同》时，煌星公司有对三木公司存在故意隐瞒煌星大厦现状真实情况的行为。

本案诉讼中，三木公司自始认可双方订立三份《商品房合同》及该公司签章与法定代表人签名的事实。公章是机关、团体、企业、事业等单位确认其对外从事民事活动效力的法定凭证。法人的法定代表人是依据法律或者法人组织章程的规定代表法人行使职权的负责人，有权代表法人从事民事活动，其执行职务的行为所产生的一切法律后果应当由法人承担。因此，在双方对三份《商品房合同》上三木公司签章及法定代表人陈维辉签名之事实真实性无异议、三木公司不能举证证明三份《商品房合同》内容为煌星公司单方擅自填写及已依约履行 1. 3487 亿元购房款收付、股权转让行为已完成的情况下，三份《商品房合同》中所为的陈述内容应当认定是双方协商一致的结果，无据认定为属于受欺诈而订立的合同。三木公司提供的煌星公司填报的《商品房预售申请表》、泉州市房地产管理局出具的《证明》及第 2824 号《房屋所有权证》亦证明：煌星大厦预售总面积为 36039 平方米，而三份《商品房合同》项下房产总面积为 9061. 34 平方米。因此，一审法院依据煌星公司取得的煌星大厦《国有土地使用权证》及含三份

《商品房合同》项下房产的《房屋所有权证》,认定三份《商品房合同》项下房产已经获准预售,三份《商品房合同》真实、合法、有效,依据充分。三木公司以上述证据否认双方房屋买卖的真实交易关系,主张煌星公司隐瞒了煌星大厦房产真实情况及没有预售资格构成欺诈,请求撤销三份《商品房合同》于法无据。

关于三木公司主张三份《商品房合同》价格显失公平的问题。我国现行法律没有明确显失公平的具体标准。本案三份《商品房合同》明确约定了预售房屋的面积、价格、付款时间与支付方式、交房时间等主要内容,双方权利义务内容是完整和真实的,不存在三木公司因胁迫或缺乏经验而订立合同的情形,且1.3487亿元购房款已在三份《商品房合同》订立前的2000年6月1日三方签订的《协议书》中明确。即便三份《商品房合同》项下房产价格比当时当地的同类房屋交易价格有所上涨,亦属于三木公司应当预见的商业交易风险。三木公司以福建华兴会计师事务所出具的《资产评估报告书》为据,主张三份《商品房合同》约定的房产价格显失公平,请求予以撤销,亦不符合撤销的法定要件。

三、关于三木公司申请调查证据的权利是否受到损害的问题

三木公司申请人民法院对煌星公司取得的《商品房预售许可证》项下的房产进行调查,该《商品房预售许可证》不属于《最高人民法院关于民事诉讼证据的若干规定》第三条规定的"当事人因客观原因不能自行收集的证据"范围。本案一、二审诉讼中,三木公司亦认可煌星公司取得的《商品房预售许可证》的真实性及合法性。同时,二审庭审后,法院再次给三木公司延长举证期限,故三木公司的诉讼权利并未受损。

——《最高人民法院公报》2006年第5期

【最高人民法院裁判文书】

上海新华房地产发展公司、上海仲义建设实业有限公司、上海申马铜业科技股份有限公司与上海通海房地产实业有限公司、上海闵行房地产发展有限公司、上海莘闵房地产有限公司、上海闵行房地(集团)有限公司、上海闵行置业发展有限公司财产损害赔偿纠纷上诉案[最高人民法院(2005)民一终字第42号民事判决书]

裁判要旨:在双方当事人就同一事实提出了相反的证据,但都没有足够的依据否定对方证据时,人民法院应当结合案件具体情况,判断一方提供的证据的证明力是否明显大于对方提供的证据的证明力,并对证明力较大的证据予以确认。

本案中，在确实无法对原物进行鉴定的情况下，只能适用优势证据规则，以证明力强的证据作为认定当事人争议的事实的依据。

最高人民法院认为：

新华公司作为提起诉讼请求通海公司等赔偿损失的一方当事人，也是被拆除的房屋的投资建造方，根据“谁主张，谁举证”的原则，有义务就其是否投资建房及建造房屋的范围、造价承担举证责任。但新华公司在本案一审和二审期间所提供的建设工程合同及发票等，因大部分是复印件，在形式要件上存在重大瑕疵，大部分材料无法直接证明其投入讼争房屋的实际资金。此外，对拆除房屋委托第三方进行评估，也是有关各方在1999年1月11日《会议纪要》中商定的意见。一审法院在与之相比较的情况下，根据优势证据规则以通海公司、仲义公司、闵行公司、莘闵公司、申马公司、闵行集团公司、闵行置业公司所认可的上海亿人资产评估有限公司于1999年5月出具的《评估报告》的证明力，明显大于新华公司所提供证据的证明力，据此对《评估报告》的结论1482万元予以认定，并以此作为赔偿依据，在适用法律上并无不当。新华公司虽然认为根据《评估报告》遗漏了诸多实际投入，如桩基工程、设计、前期设施，遗漏了新华公司已经投资建设的13幢在建房屋，但就其主张遗漏的事项所提供的证据大部分是建设工程施工合同和票据的复印件，未能提供明确的合同和数额依据，且不能证明相关合同的实际履行情况。故新华公司主张不以该《评估报告》作为确定赔偿依据，要求根据其提供的有关建设工程施工合同和票据等予以确认赔偿数额的理由不充分，不予支持。

新华公司对吴泾二期项目的投入自1993年就已经开始，投入资金的利息也是新华公司的实际支出和损失，但在2002年7月讼争土地上的在建房屋被拆除之前，双方一直在协商有关事宜，对包括有关损失在内的问题一直没有达成协议，属于房地产开发经营过程中产生的经济负担问题。支付或者承担利息作为一种附随义务，与付款义务同时产生，基于违约则从违约时起，基于侵权则从侵权时起。本案中当事人之间形成的是侵权损害赔偿之债，一审判决以相关评估结论确定的评估时的房屋价值1482万元作为赔偿基数，确定按照中国人民银行同期同类贷款利率，自侵权行为发生时即2002年8月1日起计算利息，并无不当。新华公司要求自1999年投资之日起计算利息的主张，缺乏法律依据，不予支持。

——最高人民法院民事审判第一庭编：《最高人民法院民事案件解析（土地纠纷）》（第1辑），法律出版社2010年版，第73～74页。

陕西省宝鸡县文酒建筑工程公司与宝鸡石油机械厂建筑工程结算纠纷上诉案[最高人民法院(2001)民一终字第41号民事判决书]

裁判要旨:当事人对同一事实举出相反证据的,如果一方提供的证据的证明力明显大于另一方,则对证明力较大的证据予以确认。

最高人民法院认为:

(1)关于南厂家属楼工程停工损失补偿问题。由于宝石厂与当地政府有关部门协调不利,造成工程多次停工,确实给文酒公司造成一定损失,对此文酒公司无过错,宝石厂虽然同意补偿损失26439.31元,但与文酒公司以仅有梁凯一人签名且未经宝石厂认可的《停工损失清单》主张赔偿246965.08元相差悬殊,且二者主张均无事实依据,故不应予以支持。一审法院酌情判决由宝石厂向文酒公司赔偿损失10万元应予维持。(2)关于场地租赁费问题。文酒公司租赁场地生产建筑材料未经宝石厂同意和认可,系文酒公司单方与出租人发生的法律关系,而且文酒公司将生产的建筑材料用于宝石厂建筑工程,宝石厂已按定额计算了费用,不应再承担文酒公司租赁场地的费用。文酒公司该项请求缺乏事实依据,应予驳回。(3)关于管材楼问题。虽然双方当事人合同约定按乡镇级取费,但在合同履行中宝石厂基建负责人又批示同意按县级取费,另宝石厂《处理意见》《会议纪要》中亦同意按县级取费。故一审认定该工程按县级取费并无不当,应予维持。宝石厂上诉主张按乡镇级取费缺乏事实依据,不予支持。关于停工损失问题,一审判决宝石厂补偿文酒公司停工损失费197635.51元,1996年11月12日双方协议认定停工损失为197635.51元,且该协议写明双方对该工程损失补偿再无异议,文酒公司称其中有一笔是误算,请求改判,根据现有证据文酒公司提出的损失数额无法认定。因此对文酒公司上述主张不予支持。(4)关于内招楼工程问题。1996年10月23日双方达成协议,该项工程损失补偿数额为55133.90元。现文酒公司提出应按梁凯(仅有个人签名)1990年12月6日审算的129181.53元补偿损失,不能认定,文酒公司该项请求应予驳回。该项工程损失补偿费应按双方协议履行。(5)关于塔楼商店工程问题。虽然双方合同约定该项工程费用执行"陕西省建筑工程八三年预算定额单位估价表"及省市有关文件规定,但宝石厂在《处理意见》中对该项工程的处理意见是"塔楼工程取费标准按照市级标准取费;塔楼工程是85年开工的,在85年定额公布之日前施工的工程量按83定额清算,85定额公布之后施工的工程量按85定额结算。"商店塔楼工程虽于1985年7月1日前开始基础施工,但主体工程是在1986年3月之后,该工程系西北地区最高住宅建筑,文酒公司按宝石厂要求采用滑模技术施工,因施工难度大,文酒公司承担着技术上和经济上的风险,并为采用滑模施工新技术支付了外出学习、培训人员等费用,该项工程并非一次性包干工程,且质量无问题,并得到有关部门的奖励,因此,一审法院根据该项工程实际情况判决该工程按85定额、市级取费标准进行决算是正确的,宝石厂此项上诉请求事实依据不足,予以驳回。文酒公司上诉请求称该项工程的决算有漏项,缺乏事实依据,不予支持。(6)关于滑模摊销问题。该问题双方合同未作约定,事后又未达成一致意见,一审以文酒公司提供的滑模机具的购置材料费、加工费、管理费、税费1027426.70元,并扣除钢顶柱77250元后判决文酒公司负担665123.69元,宝石厂负担285053.01元并无不当,宝石厂提出已分摊了滑模费用,事实依据不足,不予支持。(7)关于塔吊费用问题。1996年11月12日双方协议,将塔吊作价50万元给文酒公司,系当事人的真实意思表示,一审判决将双方当事人达成协议并已实际履行的内容再予以判决不妥,应予纠正。宝石厂上诉请求有理,应予支持。(8)关于贷款利息与诉讼费问题。由宝石厂担保,文酒公司贷款100万元与30万元,已用于宝石厂工程,一审认定文酒公司已付的贷款利息、罚款及诉讼费用共计215994.80元,应由宝石厂承担是正确的。(9)关于钢窗损失问题。文酒公司在宝鸡钢厂钢窗分厂为宝石厂塔楼和管材楼生产钢窗的同时,还为宝鸡饮料啤酒厂订购了钢窗。一审期间,因文酒公司未提供宝鸡饮料啤酒厂在订货合同中所占数量及其价款的证据,因此一审判决未予支持。文酒公司上诉称,已查明啤酒厂糖化楼钢窗价款,但宝石厂不予认可,因此,文酒公司可对该项请求另行起诉。(10)关于材料差价问题。由于各项工程所适用的定额不一,各年的市场价格不一,双方对量差和价差争议较大,因此,一审酌情判决由宝石厂向文酒公司支付20万元材料差价并无不妥。文酒公司与宝石厂上诉主张无事实依据,应予驳回。(11)关于汽车互换协议、返还租赁物及租住费问题。汽车互换协议、返还租赁物及租住费等与本案不属同一法律关系,双方当事人可另行起诉。(12)关于欠款利息问题。工程全部结束后,双方对工程量的结算长期存有争议,文酒公司请求宝石厂支付未结算前的工程款利息无事实和法律依据,应予驳回。

——最高人民法院民事审判第一庭编:《最高人民法院民事案件解析(建设工程)》(第3辑),法律出版社2010年版,第480~482页。

【链接：最高人民法院法官著述】

审判实践中应当注意的是：第一，诉讼证明活动实际上是围绕本证展开的，反证由其性质决定，是用以挑战本证的证明效果。对于事实审理而言，核心是在即使有反证的情况下对本证是否达到高度盖然性的证明标准进行判断。第二，本证与反证的证明不同，反证只需要将本证使法官形成的内心确信拉低到高度盖然性证明标准之下即实现目的。第三，无论本证还是反证，对其证明效果的判断，都应当在法定程序和要求的所有证据均提供的情况下，结合全部证据所作出的综合评价。

——沈德咏主编、最高人民法院修改后民事诉讼法贯彻实施工作领导小组编著：《最高人民法院民事诉讼法司法解释理解与适用》，人民法院出版社2015年版，第23页。

编者说明

针对同一事实，双方当事人举出相反证据，但又没有足够的依据否定对方，人民法院应当运用优势证据原则，以能够证明的案件事实为依据依法作出判决。本案是一方当事人以现金及一定价值的房产通过股权转让等资产重组方式参股，另一方当事人以合作投资方式购买预售商品房，双方在履行《协议书》及《商品房购买合同书》过程中发生的纠纷。在针对一方当事人的行为是否构成欺诈这一事实上，双方当事人分别举出了相反的证据，但都没有足够的依据否定对方的证据。此种情况下，最高人民法院依据《证据规定》第2条、第34条之规定，运用优势证据原则，以一方当事人提供的合同文本原件及人民法院发生法律效力的裁判文书确认的事实作为定案依据。其意义在于：摒弃了以往“以事实为依据”之客观真实的诉讼理念，体现了“以能够证明的案件事实为依据”之法律真实的证明要求，为贯彻执行《证据规定》第63条“人民法院应当以能够证明的案件事实为依据依法作出裁判”的规定，提供了重要的诉讼理论基石。

417

提高证明标准的特殊情形

关键词｜提高证明标准｜特殊情形｜

【最高人民法院司法解释】

第一百零九条 当事人对欺诈、胁迫、恶意串通事实的证明，以及对口头遗嘱或者赠与事实的证明，人民法院确信该待证事实存在的可能性能够排除合理怀疑的，应当认定该事实存在。

——《最高人民法院关于适用〈中华人民共和国民事诉讼法〉的解释》(2015 年 1 月 30 日，法释〔2015〕5 号)

【链接：最高人民法院法官著述】

其一，本解释对提高证明标准的情形规定了三种，即欺诈、胁迫和恶意串通的事实，在实体法立法上使用"足以""显失公平"的表述的，均反映立法者有对此类待证事实拔高证明标准的意图。审判实践中对这些事实也应适用高于高度盖然性的证明标准。其二，降低证明标准的情形，本解释虽未规定，但对于程序性事实的证明，从民事诉讼法的表述上一般也可以推导出降低证明标准的结论，对这些事实的证明，应当适用低于高度盖然性的证明标准。

——沈德咏主编、最高人民法院修改后民事诉讼法贯彻实施工作领导小组编著：《最高人民法院民事诉讼法司法解释理解与适用》，人民法院出版社 2015 年版，第 362 页。

编者说明

《民事诉讼法司法解释》第 109 条是关于提高证明标准的特殊情形的规定。《民事诉讼法意见》和其他司法解释对此均无规定，为新增加的内容。

418 不得以刑事案件的高标准取代民事证明标准

关键词 | 刑事证明标准 | 赃款 |

【《最高人民法院公报》案例】

孙卫与南通百川面粉有限公司不当得利纠纷案（江苏省海安县人民法院一

审民事判决书)

裁判要旨:刑事判决认定的赃款数额并非等同于作案造成损失的范围,不能简单依据刑事判决认定赃款的数额确定损失范围。刑事案件与民事案件的证明标准不同,不应以刑事案件的高标准取代民事证明标准。

江苏省海安县人民法院认为,

当事人对自己提出的主张,有责任提供证据加以证明,除法律有特别规定外。否则,应承担不利后果。本案原告孙卫以不当得利提起民事诉讼,应就其单独和共同侵占被告百川公司造成的财产损失低于口头协议赔偿额400463.92元举证证明。从本案现有证据分析,孙卫所举证据并未达到证明标准,其理由如下:

第一,口头协议赔偿额400463.92元是双方当事人协商一致的产物,并不违反法律规定。2011年12月3日,海安县公安局经侦大队对孙卫讯问时,孙卫本人交代“邵俊兰替我出面到公司处理的,承认退赔四十万元”,该交代与本案庭审中双方当事人的诉、辩称相吻合。因而,口头协议赔偿额400463.92元是双方当事人合法自愿达成的,并无胁迫、欺诈等非法情形。至于是否报案问题,由于职务侵占罪系公诉案件,受害人无权决定法律应否和如何处理,不应成为认定协议效力的依据。

第二,审计报告经双方当事人认可,应作为本案证据认定损失范围。孙卫在上述讯问中交代,其系在审计报告出来后承认侵占犯罪事实的,且在刑事案件庭审中其对审计报告本身直接质证时并未提出异议,而本案庭审中其则认可承担审计费20000元。故而,尽管审计报告系百川公司单方委托,但在法律并未完全禁止单方委托鉴定报告作为证据使用情况下,孙卫作为对方当事人在刑事庭审中最终接受了报告,应认定报告可作为损失计算的依据。孙卫要求对审计报告重新鉴定,但未提供足以反驳审计报告的证据,法院对其申请不予准许。

第三,刑事判决认定的赃款数额并非等同于作案造成损失的范围,不能简单依据刑事判决认定赃款的数额确定损失范围。通常情况下,犯罪行为给受害人造成直接和间接损失的范围要大于作案人所直接获得的赃款。在处理刑事案件造成的民事损失赔偿纠纷时,赔偿所立足的依据是受害人的损失,而不是作案人所直接获得的赃款。孙卫诉讼中的主张,实质上是将刑事判决认定其所获赃款数额与受害人损失范围未加区分、混为一谈,不符合基本法律精神。

第四,刑事案件与民事案件的证明标准不同,不应以刑事案件的高标准取代民事证明标准。处理法律问题,应以现代法律思维和方式进行。随着时代的快速发展,民事证明标准已从刑事证明标准中脱离出来,建立了自己独立的体系,人们不应将刑事证明思维完全带入民事证明之中。刑事案件强调犯罪事实清楚,证据确凿充分,民事案件采行高度盖然性规则,可在一定证据基础上,根据日常生活经验综合判断“推定”。相对而言,民事证明标准一般要低于刑事证明标准。刑事案件认定孙卫侵占赃款时,从十几万元、十万余元逐渐压缩固定为十万元,体现了刑事案件严格的证据标准。本案中,双方当事人陈述、刑事案件中孙卫的供述、审计报告、证人证言等基本统按照高度盖然性标准,相关事实足以证明。即便不将麸皮损失计入,仅按照案发阶段面粉最低出厂价计算,孙卫担任仓库保管员期间不能合理解释的损失仅面粉一项即达 71 万余元[(141825 公斤 + 126775 公斤)÷1000 ×2680 元/吨],远高于口头协议赔偿额 400463. 92 元。

综上,本案原告孙卫所举证据不足以证明其单独和共同侵占被告百川公司造成的财产损失低于 400463. 92 元,其主张被告百川公司存在不当得利缺乏法律和事实依据,法院不予采纳。

——《最高人民法院公报》2015 年第 7 期

419

刑事卷中的笔录供述等证据可以作为民事证据使用

关键词 | 刑事笔录 | 民事证据 | 优势证据 | 证明标准 |

【最高人民法院审判业务意见】

刑事卷中的笔录供述等证据能否作为本案民事诉讼中的证据使用的问题,是本案中的典型问题,该问题亦属民事审判中常见问题。对该问题,审判长联席会议形成了倾向性意见:刑事证据与民事证据标准不同。刑事证据的认定标准要比民事证据的盖然性更高,真实性也更高。在刑事公正的前提下,因此除非有相反证据反证,当事人的供述可以作为民事案件的证据使用。尤其是在相关供述可以相互印证,相互吻合,形成了比较完整的证据链的情况下,更应当按照本《最高人民法院关于民事诉讼证据的若干规定》第七十三条所确立的“高度盖然性”证明标准即优势证据标准予以认定。当然,其应当根据《最高人民法院关于民事诉讼证据的若干规定》第四十七条的规定进行质证后方能作为民事诉讼证据使用。

——王闯:《刑事卷中的笔录供述等证据能否作为民事诉讼证据使用》,载最高人民法院民事审判第二庭编:《民商事审判指导》(总第 13 辑),人民法院出版社 2008 年版,第 34 页。

【链接:最高人民法院法官著述】

从证据学的角度看,“证据材料”不同于证据。无论是当事人举证时所称的“证据”,还是包括司法机关在内的有关机关调查收集或递交的“证据”,严格说来,只能称之为“证据材料”,而非证据。所有的“证据材料”都要经过质证以后,才能作为认定案件事实的根据,而能够作为认定案件事实根据的有关书证、物证、视听资料、证人证言、当事人陈述、鉴定结论、勘验笔录,才称之为证据。审判实践中经常会出现当事人在民事诉讼中举证时将有关侦查机关获取的证据材料,诸如证人证言、还款计划等递交给法院,作为支持自己诉请的证据或抗辩理由。人民法院对该证据材料是否予以采信?这涉及对证据材料的审查判断问题。我们认为,大体上要区分以下几种情况:(1)如侦查机关未经合法程序,在剥夺或变相剥夺当事人人身自由的情况下获取的口供、证人证言或还款计划等,当事人在民事诉讼中对此提出了异议,对该证据材料,人民法院应不予采信;(2)虽然当事人在刑事侦查程序中作出了还款承诺,但当事人在民事诉讼中对该还款承诺提出了异议,人民法院应当结合当事人之间是否存在基础关系、当事人对债务的发生是否存在事实上的联系等证据综合审查判断,决定对该还款承诺是否予以采信。

——徐瑞柏:《民商事纠纷与刑事犯罪交叉纵论》,载最高人民法院民事审判第二庭编:《中国民商审判》(总第 8 集),法律出版社 2005 年版,第 133 页。

420

民事诉讼采信公安机关的询问笔录应当适用民事证据规则

关键词 | 公安询问笔录 | 证据规则 | 证据采信 |

【最高人民法院裁判文书】

广州市商业银行越秀支行与中国农业银行岳阳市云溪支行、广州名鑫实业发展有限公司、珠海协利租赁有限公司侵权纠纷案[最高人民法院(2008)民二终字第3号民事判决书]

裁判要旨:民事案件的当事人或其工作人员被公安机关依法传唤,其在公安机关形成的询问笔录在民事诉讼中就其证据属性而言,仍为证人证言。不能认为"由公安机关依法根据一种比民事诉讼更为严肃的刑事诉讼程序获取的证人证言,只要取证程序合法,即具有证据能力"。询问笔录在民事诉讼中的采信同样应当适用证据规则的有关规定。根据证据规则,与一方当事人有利害关系的证人证言不能单独作为认定案件事实的依据。

最高人民法院认为:

为证明商行越秀支行曾经就本案争议的4500万元违规贴现向农行云溪支行作出过先贴现再开具承兑汇票的承诺,农行云溪支行在本案一审中向原审法院提交了时任农行云溪支行行长吴勇、副行长李艳辉、营业部主任周生云、分理处副主任李承的证人证言,有关公安机关提供的上述四人及本案"贴现业务"中间人金晓秋在湖南省岳阳市公安机关调查阶段的询问笔录。对此本院认为,本案公安机关并未作为刑事案件处理,以上证人证言虽然是在案件发生后有关公安机关询问有关经办人所形成,但就其证据属性而言,仍为证人证言,不能认为"询问笔录是由公安机关依法根据一种比民事诉讼更为严肃的刑事诉讼程序获取的证人证言,只要取证程序合法,即具有证据能力"。询问笔录在民事诉讼中的采信同样应当适用证据规则的有关规定。根据《证据规定》,与一方当事人有利害关系的证人证言不能单独作为认定案件事实的依据。证人吴勇、李艳辉、周生云、李承均系农行云溪支行内部职员,且为涉诉业务的实际执行人,本案的处理结果与其可能受到的行政处分和责任追究密切相关。上述四人的证言之间虽可相互印证,但就该组证言的整体而言,不具有单独的证明力,因未有其他的证据相佐证,故该四名证人的证言难以采信作为确定本案事实的依据。证人金晓秋的证言不具有稳定性,一审期间即向原审法院提交《情况说明》推翻了其在公安机关陈述的事实,在本院二审向其核实有关情况时表示:当时与岳阳公安局的谈话与事实有出入,没有反映实际情况,他的证言要以《情况说明》为准。故金晓秋在公安机关调查阶段的询问笔录、二审期间的《情况说明》,及本院二审中形成的询问证人笔录均不能作为本案的证据使用。由于在原审和本院二审过程中,农行云溪支行均未能提交其他相关证据与上述证人证言形成完整的证据链条,证明商行越秀支行就本案争议的4500万元违规贴现向农行云溪支行作出过先贴现再开具承兑汇票承诺的事实。故农行云溪支行提出的商行越秀支行的行为构成欺诈的事实证据不足。原审判决确认的以上事实本院二审不予确认。

——最高人民法院民事审判第二庭编:《民商事审判指导》(总第18辑),人民法院出版社2009年版,第259~270页。

421

伪造、变造签章时对合同文本是否为真实意思表示的认定

关键词｜伪造签章｜变造签章｜合同文本｜真实意思表示｜

【《最高人民法院公报》案例】

建行浦东分行诉中基公司等借款合同纠纷案[最高人民法院(2001)民二终字第155号民事判决书]

裁判要旨:有争议的合同文本经司法鉴定认定,一方当事人的签名系伪造,印章系变造,且经当事人举证和人民法院查证,均不能证明变造的印章为该当事人自己加盖或授意他人加盖,也不能证明该当事人有明知争议合同文本的存在而不予否认、或者在其他业务活动中使用过变造印章、或者明知他人使用变造印章而不予否认等情形,故不能认定或推定争议合同文本为该当事人真实意思的表示。

最高人民法院认为:

经本院委托司法鉴定认定建行浦东分行《不可撤销担保书》上中基公司法定代表人签名系伪造、公章系由其他公章变造盖印形成的,且经当事人举证和本院查证均不能证明该变造的中基公司章系中基公司自己加盖或者授意他人加盖的,不能证明中基公司明知该担保书的存在而不作否认表示,也不能证明中基公司自己在其他业务活动中使用了该变造的中基公司章或者明知他人使用该变造的中基公司章而不作否认表示,《不可撤销担保书》上的签名和变造的中基公司章均不能认定或者依法推定为中基公司真实意思表示,因此该《不可撤销担保

书》不成立，中基公司不应承担××公司对建行浦东分行450万美元借款本息的担保责任。中基公司关于其不应承担本案担保责任的上诉有理，本院依法予以支持。原审判决关于××公司应承担民事责任的判决事实清楚、适用法律正确，应予维持；但关于中基公司应承担连带保证责任的判决事实不清，适用法律错误，应予撤销。

——《最高人民法院公报》2004年第7期

422

不能仅以盖章与签字的先后认定合同真伪

关键词 | 签字 | 盖章 | 合同真伪 |

【最高人民法院裁判文书】

海南天雨国际投资控股有限公司、天源证券经纪有限公司为与西宁天行投资控股有限公司借款合同纠纷案［最高人民法院（2010）民二终字第134号民事判决书］

最高人民法院认为，关于借款协议的真实性及其效力问题，经相关鉴定部门鉴定，可以认定本案所涉《借款协议》加盖了双方当事人的真实印鉴。虽然前述鉴定结论证实《借款协议》上公章加盖在先，法定代表人签字在后，但是合同签订时盖章在前还签字在前，不同的当事人有不同的交易习惯，不能仅以盖章与签字的先后作为认定合同真伪的证据。

——最高人民法院民事审判第二庭编：《最高人民法院商事审判指导案例（合同与借贷担保卷）》（第6辑），中国法制出版社2013年版，第380～381页。

423

诉讼上的自认规则

关键词 | 自认规则 | 拟制自认 | 代理人自认 | 自认的撤回 | 证据交换 |

【最高人民法院司法解释】

第九十二条 一方当事人在法庭审理中,或者在起诉状、答辩状、代理词等书面材料中,对于己不利的事实明确表示承认的,另一方当事人无需举证证明。

对于涉及身份关系、国家利益、社会公共利益等应当由人民法院依职权调查的事实,不适用前款自认的规定。

自认的事实与查明的事实不符的,人民法院不予确认。

——《最高人民法院关于适用〈中华人民共和国民事诉讼法〉的解释》(2015 年 1 月 30 日,法释〔2015〕5 号)

第八条 诉讼过程中,一方当事人对另一方当事人陈述的案件事实明确表示承认的,另一方当事人无需举证。但涉及身份关系的案件除外。

对一方当事人陈述的事实,另一方当事人既未表示承认也未否认,经审判人员充分说明并询问后,其仍不明确表示肯定或者否定的,视为对该项事实的承认。

当事人委托代理人参加诉讼的,代理人的承认视为当事人的承认。但未经特别授权的代理人对事实的承认直接导致承认对方诉讼请求的除外;当事人在场但对其代理人的承认不作否认表示的,视为当事人的承认。

当事人在法庭辩论终结前撤回承认并经对方当事人同意,或者有充分证据证明其承认行为是在受胁迫或者重大误解情况下作出且与事实不符的,不能免除对方当事人的举证责任。

第四十七条 当事人在证据交换过程中认可并记录在卷的证据,经审判人员在庭审中说明后,可以作为认定案件事实的依据。

第七十四条 诉讼过程中,当事人在起诉状、答辩状、陈述及其委托代理人的代理词中承认的对己方不利的事实和认可的证据,人民法院应当予以确认,但当事人反悔并有相反证据足以推翻的除外。

——《最高人民法院关于民事诉讼证据的若干规定》(2001 年 12 月 21 日,法释〔2001〕33 号)

二十二、一方当事人提出的证据,对方当事人认可或者不予反驳的,可以确认其证明力。

——《最高人民法院关于民事经济审判方式改革问题的若干规定》

（1998 年 7 月 6 日，法释〔1998〕14 号）

【《最高人民法院公报》案例】

万通实业公司与兰州商业银行借款合同纠纷案［最高人民法院（2004）民二终字第 209 号民事判决书］

裁判要旨：诉讼过程中，一方当事人对另一方当事人陈述的案件事实明确表示承认的，另一方当事人无需举证。

最高人民法院认为：

商业银行与万通公司于 1999 年 8 月 12 日签订的《证券回购债务清偿合同》，系对此前双方发生的债权债务关系以及如何清偿等问题的确认和约定，系双方真实意思表示。该合同中除关于月息 11.49‰的利率约定违反了中国人民银行关于金融机构法定贷款利率相关规定应确认无效外，合同其他内容不违反国家法律和行政法规的禁止性规定，应认定为有效。原审关于该合同利息约定条款部分无效，不影响合同其他条款效力的认定正确，本院予以维持。万通公司二审上诉中虽提出原审原告商业银行起诉依据并非《证券回购债务清偿合同》，而是经原审法院委托鉴定，不能作为证据使用的甲字 99 第 003 号《流动资金借款合同》。但二审庭审质证中，万通公司承认该《证券回购债务清偿合同》系其提供，并认可合同约定的内容属实，商业银行对此也予以认可。根据《证据规定》第八条关于“诉讼过程中，一方当事人对另一方当事人陈述的案件事实明确表示承认的，另一方当事人无需举证”的规定，万通公司关于请求法院据此驳回商业银行诉讼请求因与事实不符，本院不予支持。万通公司认为双方在《证券回购债务清偿合同》中确认的债务数额，系依据双方签订的 97001 号合同中关于利息约定的无效条款计算而来。同时，对合同签订后万通公司所还款项未采取先息后本的原则计算，结果显失公平。因此，应确认《证券回购债务清偿合同》中债务数额的约定条款无效的上诉请求于法无据。鉴于该合同系双方协商一致的结果，故可认定万通公司明知并且认可合同中的一切内容。因此，在没有相反的证据证明该合同系违背其真实意思而签订的情况下，合同中关于债务数额的约定应视为当事人对自己权利的处分行为。万通公司放弃权利的行为并未损害公共利益，亦未违反国家法律或行政法规的禁止性规定，现提出要求确认无效，无相应法律根据。退而言之，对合同条款无效的认定，应当通过人民法院或国家仲裁机关裁决确定，当事人应当在其知道或应当知道权利受到损害时两年内，向上述机关提出主张,否则将不受国家法律强制力的保护。因上诉人万通公司不能举证证明其在法定期限内向人民法院主张要求确认合同条款无效,故其上述请求因丧失国家法律强制力的保护,本院不予支持。同时,万通公司如认为该合同所确认的结果显失公平,其依法享有申请法院对该行为予以撤销的权利。因万通公司并未在法定期间向人民法院主张行使撤销权,故根据《中华人民共和国合同法》第五十四条第一款第(二)项、第五十五条第一款第(一)项之规定,万通公司所依法享有的撤销权归于消灭。因此,万通公司关于欠款余额条款显失公平,应当重新计算的上诉请求亦缺乏法律依据,本院不予支持。

——《最高人民法院公报》2005 年第 9 期

【链接:最高人民法院法官著述】

第一,第 92 条是关于诉讼上自认的原则性规定,《民事诉讼证据规定》第 8 条有关拟制自认、代理人自认和撤销自认的内容,虽然没有移植到本条,但在新的有关证据的法律、司法解释公布实前,《民事诉讼证据规定》与本解释不矛盾的条款仍然适用,上述内容仍然应当按照《民事诉讼证据规定》适用。

第二,"自认的事实与查明的事实不符",是指当事人于诉讼上自认的事实,与法官依据法律、司法解释的规定已经形成内心确信的事实不符,且当事人的自认亦不能动摇法官的心证的情形。

——沈德咏主编、最高人民法院修改后民事诉讼法贯彻实施工作领导小组编著:《最高人民法院民事诉讼法司法解释理解与适用》,人民法院出版社 2015 年版,第 23 页。

该案举证责任应由谁承担?

问题:原告邱某和被告郑某等人合伙经营货运站,拆伙时引起纠纷。原告提出其投资 3.6 万元,但不能提供相应证据。被告方承认并同意给付原告投资款 1.8 万元。处理中,有两种意见:一种意见认为应驳回原告起诉,理由是原告方没有证据证明自己的事实主张,应承担不利后果;另一种意见认为,虽然原告方没有举证,但被告承认原告的投资款,应判决给付。请问哪种意见正确?

《人民司法》研究组认为:从民事诉讼举证责任分配角度而言,信中所述案件属于普通的民事纠纷,应适用一般举证责任分配规则,举证责任由主张权利的一方承担。原告邱某主张其出资 3.6 万元与郑某合伙经营,必须举证证明,否则，就要承担举证不能的法律后果。在诉讼过程中，被告郑某承认对方投资1.8万元并同意给付，属于对争议事实的自认。根据《最高人民法院关于民事诉讼证据的若干规定》第76条的规定，邱某可以基于郑某的自认行为，在其自认范围内免予承担举证责任，人民法院也可以据此支持邱某的一部分主张。不过，超出郑某自认范围的那部分请求，邱某的举证并不能免除，如果举证不能，人民法院对其请求将依法不予支持。

——《人民司法》2004年第4期

424

向法庭提交“情况说明”后又撤销的条件

关键词｜撤回承认｜免除举证责任｜

【最高人民法院司法解释】

第八条 当事人在法庭辩论终结前撤回承认并经对方当事人同意，或者有充分证据证明其承认行为是在受胁迫或者重大误解情况下作出且与事实不符的，不能免除对方当事人的举证责任。

——《最高人民法院关于民事诉讼证据的若干规定》（2001年12月21日，法释〔2001〕33号）

【最高人民法院裁判文书】

佛山市顺德区容星燃气用具有限公司与中国农业银行佛山顺德容桂支行、广州市东迅房地产发展有限公司、佛山市顺德区港德鞋业有限公司、中国农业银行股份有限公司佛山分行、佛山市顺德区迅发电线有限公司借款合同纠纷案［最高人民法院（2010）民提字第120号民事判决书］

裁判要旨：当事人在法庭辩论终结前撤回承认未经对方当事人同意，或者没有充分证据证明其承认行为是在受胁迫或是存在重大误解的情况下作出且与事实不符的，可以免除对方当事人的举证责任。佛山农行作出的第二次说明不足以推翻第一次说明的情况下，第二次说明不能采信，否则有违诚信原则。

——最高人民法院民事审判第二庭编:《最高人民法院商事审判指导案例(公司与金融卷)》(第7辑),中国法制出版社2013年版,第504~526页。

425

未采用自认规则认定的事实,当事人不能用自认规则予以否认

关键词 | 诉讼上自认 | 自认规则 |

【最高人民法院裁判文书】

商丘东方房地产发展有限公司与商丘市新联建筑有限公司建筑工程合同纠纷抗诉案[最高人民法院(2004)民二终字第209号民事判决书]

裁判要旨:根据《最高人民法院关于民事诉讼证据的若干规定》第七十四条关于对自认事实认定和处理的基本原则,诉讼中,当事人承认对其不利的事实和认可的证据,人民法院应当予以确认,但当事人反悔并有相反证据足以推翻的除外。当事人在诉讼中提供对己不利的证据属于自认,却在庭审中予以否认,人民法院依据相关证据对该事实予以认定,不属于采用自认规则予以的确认,当事人不能用自认规则予以否认。

最高人民法院认为:

本案所涉承建工程协议系当事人的真实意思表示,不违反法律、行政法规的强制性规定,应为有效。该协议书项下所约定信誉保证金的返还、质保金的支付等,本案各方当事人对原判决上述内容没有异议,本院予以维持。

商丘市建设工程造价咨询有限公司出具的《鉴定书》中关于主体工程的说明没有涉及框架结构的问题,且与2001年7月20日建设部发布的《建筑工程施工质量验收统一标准》(GB 50300—2001)不一致,故该《鉴定书》中关于主体工程的说明不能作为处理本案的依据;但双方当事人对该《鉴定书》中关于以主体结构完工为主体工程完工没有异议,可以作为本案认定主体完工的标准。鉴于本案争议的顺安苑3#楼一、二层主体结构为框架,所以完成该种结构承重体系的梁、板、柱就应认定主体工程完工。因卫生间墙体不属框架结构的承重体系,不是该种结构的主体工程,且双方当事人对2001年9月19日已完成一、二层的

梁、板、柱的施工没有异议，故原审法院认定顺安苑3#楼一、二层主体完工时间为2001年9月19日是正确的。东方房地产公司关于2001年9月19日后新联建筑公司仍在对一、二层内部分卫生间墙体砌筑，一、二层主体工程在2001年9月19日并未完工的主张，与事实不符，本院不予支持。东方房地产公司在一审庭审中否认一、二层主体完工时间为2001年9月19日，但一审法院根据相关的事实和证据，确认商丘市顺安苑3#楼一、二层主体工程完工日期为2001年9月19日。由此可以确定一审法院对该事实的认定不是以东方房地产公司自认为基础，而是根据所查明的事实和证据作出的认定。同时，一审判决后，东方房地产公司在河南省高级人民法院二审和再审时，不仅没有对一、二层主体完工时间提出异议，而且明确表示一审判决认定事实清楚，证据确实充分，这说明东方房地产公司对一审法院判决所认定事实的充分认同，不属于有相反证据足以推翻自认的情形。因此，东方房地产公司关于有相反证据足以推翻自认的一、二层主体工程完工时间，而二审、再审判决不予认定，违反了《最高人民法院关于民事诉讼证据的若干规定》第七十四条规定的理由不能成立，本院不予支持。

——最高人民法院审判监督庭编、江必新主编：《审判监督指导》（总第29辑），人民法院出版社2010年版，第86～87页。

426

调解或和解中的让步不构成自认

关键词 | 调解 | 让步 | 自认 | 证据 |

【最高人民法院司法解释】

第一百零七条 在诉讼中，当事人为达成调解协议或者和解协议作出妥协而认可的事实，不得在后续的诉讼中作为对其不利的根据，但法律另有规定或者当事人均同意的除外。

——《最高人民法院关于适用〈中华人民共和国民事诉讼法〉的解释》（2015年1月30日，法释〔2015〕5号）

第六十七条 在诉讼中，当事人为达成调解协议或者和解的目的作出妥协所涉及的对案件事实的认可,不得在其后的诉讼中作为对其不利的证据。

——《最高人民法院关于民事诉讼证据的若干规定》(2001 年 12 月 21 日,法释〔2001〕33 号)

【最高人民法院裁判文书】

东营市七色光房地产开发有限责任公司与中国工商银行股份有限公司东营西城支行房地产联合开发合同纠纷上诉案[最高人民法院(2006)民一终字第 16 号民事判决书]

裁判要旨:《最高人民法院关于民事诉讼证据的若干规定》第 67 条规定:“在诉讼中,当事人为达成调解协议或者和解的目的作出妥协所涉及的对案件事实的认可,不得在其后的诉讼中作为对其不利的证据。”

最高人民法院认为:

七色光公司认为,一审法院调解时双方并没有就七色光公司赔偿西城工行 580 万元达成一致意见,一审法院以调解时七色光公司曾经对该数额予以认可为据,判决七色光公司应该向西城工行支付 580 万元,违背了《最高人民法院关于民事诉讼证据的若干规定》第 67 条关于“在诉讼中,当事人为达成调解协议或者和解的目的作出妥协所涉及的对案件事实的认可,不得在其后的诉讼中作为对其不利的证据”的规定,应予撤销。西城工行认为,一审判决正确,应予维持。

一审法院根据调解时双方曾对 580 万赔偿款达成过一致意见、对付款形式没有达成一致意见为由,认为该数额基本反映了双方的真实意思,根据公平原则和诚实信用原则,对该数额应该确认为是西城工行的经济损失和盈余分成。最高人民法院认为,一审判决以七色光公司在调解中对损失的认可作为其承担赔偿责任的依据,明显违背了上述司法解释的规定,最高人民法院依法予以纠正。由于西城工行不得向非自用不动产投资,所以,其请求一审法院判令七色光公司支付收益分成的诉讼请求不能得到支持。其投资的 240 万只能视为用于解决职工的住房。现在西城工行不能从七色花园项目分得房屋,要求七色光公司赔偿其合理的经济损失,最高人民法院予以支持。在本案审理过程中,西城工行对讼争项目的建筑成本和销售价格,没有举出证据加以证明。西城工行举出的证据并不能直接证明讼争项目是盈利的,更没有举出直接证据证明该项目盈利了多少。但是,由于联合开发合同中关于为西城工行职工解决住房这部分合同内容有效,那么,七色光公司就有义务履行该合同。根据联合开发合同的约定,七色光公司应以每平方米900元的价格销售给西城工行职工。西城工行投资240万元,应购住宅2666.67平方米。联合开发合同没有约定七色光公司何时交付房屋,考虑到该合同签订于2001年11月,七色光公司于2003年5月开始发布售楼广告并与部分购房者签订了预订认购书,七色光公司于2003年5月向山东省东营市中级人民法院提出解除联合开发合同的诉讼,西城工行提出反诉,要求确认联合开发合同有效,最高人民法院推定西城工行要求七色光公司交付房屋的时间在2003年5月。山东省东营市2003年的房屋销售平均价格为每平方米1575.80元,比联合开发合同约定的销售价格每平方米900元高675.80元,那么,西城工行职工的损失为180.2136万元(675.80×2666.67)。七色光公司应赔偿西城工行的损失共为420.2136万元(240万元+180.2136万元),并应支付自2003年6月1日之后的利息。本案中,西城工行和七色光公司在履行合同中互有违约行为。西城工行违反了联合开发合同约定的投资义务,只投资了240万元。七色光公司违反了联合开发合同约定的不得擅自销售房屋的约定,对外擅自销售房屋。鉴于双方都有违约行为,其违约程度大致相当,最高人民法院认为双方的其他违约责任可以相互抵消。

——最高人民法院民事审判第一庭编:《最高人民法院民事案件解析(房地产开发)》(第2辑),法律出版社2010年版,第19~20页。

427

妨碍举证的推定

关键词|妨碍举证|推定举证|不能举证|

【最高人民法院司法解释】

第一百一十二条 书证在对方当事人控制之下的,承担举证证明责任的当事人可以在举证期限届满前书面申请人民法院责令对方当事人提交。

申请理由成立的,人民法院应当责令对方当事人提交,因提交书证所产生的费用,由申请人负担。对方当事人无正当理由拒不提交的,人民法院可以认定申请人所主张的书证内容为真实。

——《最高人民法院关于适用〈中华人民共和国民事诉讼法〉的解释》

(2015年1月30日,法释〔2015〕5号)

第七十五条 有证据证明一方当事人持有证据无正当理由拒不提供,如果对方当事人主张该证据的内容不利于证据持有人,可以推定该主张成立。

——《最高人民法院关于民事诉讼证据的若干规定》(2001年12月21日,法释〔2001〕33号)

【最高人民法院审判业务意见】

42. 在前述优他公司与万高公司等专利侵权案中,最高人民法院认为,根据现有证据,能够查明被诉侵权产品的完整生产工艺,无需根据《最高人民法院关于民事诉讼证据规则的若干规定》第七十五条的规定,以生产工艺不完整为由推定被诉侵权产品的生产工艺与专利等同;即使认为被诉侵权人没有按照现有证据载明的生产工艺生产被诉侵权产品,也应当依法进行证据保全,譬如现场勘验、查封扣押生产记录等,而不是简单地进行推定。

——《最高人民法院知识产权案件年度报告(2010)》

(九)海上交通事故发生后,逃逸船舶拒绝接受海事调查或者诉讼中拒绝承认发生碰撞事故,受害船舶当事人有证据证明逃逸船舶当事人持有证据可以证明事故发生的相关事实,逃逸船舶无正当理由拒不提供的,海事法院在案件审理中根据《最高人民法院关于民事诉讼证据的若干规定》第七十五条的规定,结合证明案件事实的有关证据,可以作出逃逸船舶妨碍举证的不利推定。

——《最高人民法院民事审判第四庭、中国海事局关于规范海上交通事故调查与海事案件审理工作的指导意见》(2006年1月19日,法民四〔2006〕第1号)

【《最高人民法院公报》案例】

石鸿林诉泰州市华仁电子资讯有限公司著作权侵权纠纷案(江苏省高级人民法院二审民事判决书)

裁判要旨:在计算机软件侵权纠纷中,判断是否存在侵权行为的主要方法之一是比较软件著作权人、被控侵权人双方的软件源程序之间是否相同或者构成实质性相同。《最高人民法院关于民事诉讼证据的若干规定》第七十五条规定："有证据证明一方当事人持有证据无正当理由拒不提供，如果对方当事人主张该证据的内容不利于证据持有人，可以推定该主张成立。"软件的源程序一般由开发者持有，在被控侵权人无正当理由拒绝提供软件源程序供直接比对，而因技术的限制无法从被控侵权产品中直接读出其软件的源程序的情形下，如果软件著作权人已经证明了被控侵权人的软件在软件设计缺陷等方面与著作权人的软件确实存在相同或相似之处，可以证明被控侵权人持有但拒不提供的源程序的内容不利于被控侵权人的，人民法院可以直接根据前述规定，判定双方软件之间构成实质性相同，由被控侵权人承担民事责任。

江苏省高级人民法院认为：

本案的核心问题在于比对涉案 HR－Z 型控制器计算机软件是否侵犯上诉人石鸿林享有著作权的 S 系列软件著作权。鉴于被上诉人华仁公司无正当理由拒绝提供软件源程序以供直接比对，因此石鸿林有关比对双方软件是否存在共同缺陷及运行特征的请求应予采纳。根据本案二审查明的事实，上诉人提供的 HX－Z 软件属于其对 S 系列软件的改版，而根据中国版权保护中心版权鉴定委员会作出的 HX－Z 软件源程序与 S 系列软件源程序实质性相同的鉴定结论，可以证明这两个系统软件本身也构成实质性相同，故 HX－Z 软件源程序可以作为石鸿林主张著作权的依据与被控侵权的 HR－Z 软件进行比对。《最高人民法院关于民事诉讼证据的若干规定》第二条第一款规定："当事人对自己提出的诉讼请求所依据的事实或者反驳对方诉讼请求所依据的事实有责任提供证据加以证明。"上诉人石鸿林主张被上诉人华仁公司侵犯其"S 型线切割机床单片机控制器系统软件 V1.0"著作权，应当举证证明双方计算机软件之间构成相同或实质性相同。要证明这一点，需要比对双方计算机软件的源程序或目标程序之间构成相同或实质性相同。根据本案查明的事实，HR－Z 软件的目标程序系加载于 HR－Z 型控制器中的内置芯片上，由于该芯片属于加密芯片，因此也无法从芯片中读出 HR－Z 软件的目标程序，并进而反向编译出源程序。因此，依靠现有技术手段无法从 HR－Z 型控制器中获得 HR－Z 软件源程序或目标程序。而由于被控侵权的 HR－Z 软件的源程序及目标程序由华仁公司持有并一直拒绝向法院提供，因此石鸿林实际无法提供 HR－Z 软件的源程序或目标程序以供直接对比。

根据本案查明的事实，运行安装 HX－Z 软件的 HX－Z 型控制器和安装

HR－Z 软件的 HR－Z 型控制器，即可发现二者存在如下相同的系统软件缺陷情况：(1)二控制器连续加工程序段超过 2048 条后，均出现无法正常执行的情况；(2)在加工完整的一段程序后只让自动报警两声以下即按任意键关闭报警时，在下一次加工过程中加工回复线之前自动暂停后，二控制器均有偶然出现蜂鸣器响声两声的现象。运行安装 HX－Z 软件的 HX－Z 型控制器和安装 HR－Z 软件的 HR－Z 型控制器，二者在加电运行时存在相同的特征性情况。HX－Z 和 HR－Z 型控制器的使用说明书基本相同。两者对控制器功能的描述及技术指标基本相同；两者对使用操作的说明基本相同；两者在段落编排方式和多数语句的使用上基本相同。HX－Z 和 HR－Z 型控制器的整体外观和布局基本相同，主要包括面板、键盘的总体布局基本相同等。

根据计算机软件设计的一般性原理，在独立完成设计的情况下，不同软件之间出现相同的软件缺陷几率极小，而如果软件之间存在共同的软件缺陷，则软件之间的源程序相同的概率较大。同时结合 HX－Z 和 HR－Z 型控制器两者在加电运行时存在相同的特征性情况、HX－Z 和 HR－Z 型控制器的使用说明书基本相同、HX－Z 和 HR－Z 型控制器的整体外观和布局基本相同等相关事实，上诉人石鸿林提供的现有证据能够初步证明 HX－Z 和 HR－Z 软件构成实质相同。同时，由于 HX－Z 软件是石鸿林对其 S 系列软件的改版，且 HX－Z 软件与 S 系列软件实质相同。因此，石鸿林提供的现有证据亦能够初步证明被控侵权的 HR－Z 软件与石鸿林的 S 系列软件亦构成实质相同。

《最高人民法院关于民事诉讼证据的若干规定》第七十五条规定："有证据证明一方当事人持有证据无正当理由拒不提供，如果对方当事人主张该证据的内容不利于证据持有人，可以推定该主张成立。"在上诉人石鸿林提供了初步证据证明其诉讼主张的情形下，完全可以证明被上诉人华仁公司持有但拒不提供的源程序的内容不利于华仁公司，经法院反复释明，华仁公司最终仍不提供被控侵权的 HR－Z 软件源程序以供比对，故依法应当承担举证不能的不利后果。

综上，在被上诉人华仁公司持有被控侵权的 HR－Z 软件源程序且无正当理由拒不提供的情形下，根据现有证据，可以认定被控侵权的 HR－Z 软件与上诉人石鸿林的 S 系列软件构成实质相同，华仁公司侵犯了石鸿林 S 系列软件著作权。

《中华人民共和国著作权法》第四十八条规定："侵犯著作权或者与著作权有关的权利的，侵权人应当按照权利人的实际损失给予赔偿；实际损失难以计算的，可以按照侵权人的违法所得给予赔偿。赔偿数额还应当包括权利人为制止侵权行为所支付的合理开支。权利人的实际损失或者侵权人的违法所得不能确定的，由人民法院根据侵权行为的情节，判决给予五十万元以下的赔偿。”本案中，上诉人石鸿林在一审诉讼中支付的诉讼代理费 8000 元、公证保全费用 1200 元，属于其为制止侵权行为所支付的合理开支，应予支持。因石鸿林并未举证证明其所受实际损失及被上诉人华仁公司侵权获利的准确数额，据此，法院根据华仁公司侵权行为的情节、侵权行为持续的时间、石鸿林为制止侵权行为所支付的合理开支等因素，酌情确定赔偿数额为 79200 元。因华仁公司侵权行为成立，本案二审鉴定费用 21282 元也应由华仁公司负担。

被上诉人华仁公司二审答辩要求判令上诉人石鸿林赔偿被上诉人的经济损失，被上诉人一审并未提出反诉，二审请求上诉人赔偿损失不符合法律规定，不予支持。

——《最高人民法院公报》2009 年第 3 期

黄颖诉美晟房产公司商品房预售合同纠纷案（北京市第一中级人民法院二审民事判决书）

裁判要旨：对所购房屋显而易见的瑕疵，业主主张已经在开发商收执的《业主入住验收单》上明确提出书面异议。开发商拒不提交有业主签字的《业主入住验收单》，却以业主已经入住为由，主张业主对房屋现状认可。根据《最高人民法院关于民事诉讼证据的若干规定》，可以推定业主关于已提出异议的主张成立。

北京市第一中级人民法院认为：

房屋是价值昂贵的不动产，日常生活经验法则说明，对所购房屋显而易见的瑕疵，业主收房时一般不会轻易忽视。上诉人黄颖在一审中一再陈述，收房时对窗外有装饰钢梁一事，其已在《业主入住验收单》上明确提出书面异议。《业主入住验收单》是被上诉人美晟房产公司单方保存的证据，经法院要求，美晟房产公司拒不提交。《最高人民法院关于民事诉讼证据的若干规定》第七十五条规定：“有证据证明一方当事人持有证据无正当理由拒不提供，如果对方当事人主张该证据的内容不利于证据持有人，可以推定该主张成立。”据此，可以推定黄颖关于收房时已对窗外有钢梁一事提出书面异议的主张成立。一审认定黄颖在交接房屋时未提出异议，不符合事实，应当纠正。

——《最高人民法院公报》2006 年第 2 期

【最高人民法院裁判文书】

广西运通房地产开发有限公司与南宁永嘉房地产开发有限公司、南宁市昌业贸易发展公司合作开发房地产合同纠纷上诉案［最高人民法院（2008）民申字第1364号民事裁定书］

裁判要旨：在一方当事人持有证据无正当理由拒不提供，且该证据不利于证据持有人，在法官行使释明权之后，可以依法推定待证事实成立。

最高人民法院认为：

本案双方当事人二审争议的焦点问题为：1.《终止合作合同书》及《补充协议》能否继续履行；2.永嘉公司是否违约并应承担违约赔偿责任；3.昌业公司是否足额缴清注册资金。

判断《终止合作合同书》及《补充协议》能否继续履行，需要审查上述协议是否具备继续履行的条件。《终止合作合同书》及《补充协议》约定，运通公司与永嘉公司终止合作，永嘉公司以2600万元收购运通公司在永嘉大厦中的权益，如未按约定期限支付收购款，则运通公司反收购永嘉公司拥有的永嘉大厦项目权益，返还永嘉公司投资。本案查明，永嘉公司未按约付清收购款，并擅自处分永嘉大厦房产，至运通公司提起诉讼时，永嘉大厦房产已销售完毕。永嘉公司已无法将双方签订上述协议时未销售的房产交付运通公司，由运通公司对其拥有的永嘉大厦权益进行反收购，并承担永嘉大厦项目全部权利义务。上述协议已丧失继续履行的条件，应当终止履行。运通公司继续履行合同的主张，缺乏事实依据，本院不予支持。

依照《中华人民共和国合同法》的规定，任何一方当事人违反有效合同所约定的义务均应承担违约责任。《终止合作合同书》及《补充协议》约定，永嘉公司如不能按约支付收购款，则由运通公司进行反收购。永嘉公司应本着诚实信用原则，按约支付收购款，并就永嘉大厦房产处理问题与运通公司协商一致，同时留存房产交易书面材料，以备其违约情况下，运通公司反收购的进行。但永嘉公司未按约付清收购款，擅自处分永嘉大厦资产，无正当理由不提供永嘉大厦相关财务资料，致使运通公司无法按照合同约定进行反收购，永嘉公司已构成违约，应承担违约责任。运通公司要求永嘉公司承担赔偿损失的违约责任，理由正当，应予支持。

永嘉公司承担损失赔偿责任，涉及对运通公司损失范围的认定及损害赔偿计算方法的确定。按照《终止合作合同书》和《补充协议》的约定,运通公司继续履行合同获得的收益应当为永嘉公司在《终止合作合同书》签订后出售房屋的收益扣减永嘉公司投资款数额及永嘉大厦的债务。由于永嘉公司无正当理由不提供永嘉大厦相关财务资料,无法确定永嘉公司的投资及永嘉大厦债务的具体数额,导致无法运用永嘉公司售房款扣减永嘉公司投资及永嘉大厦债务的方法计算运通公司的损失数额。在此情形下,依照《最高人民法院关于民事诉讼证据的若干规定》确定的妨碍举证推定的证据审核认定方法,可以推定运通公司认为其实际损失为45048190元的主张成立。考虑双方当事人2001年4月18日《会议纪要》记载内容及《补充合同书》约定内容所反映的永嘉大厦存在债务的事实,永嘉大厦债务由永嘉公司承担的实际情况,依照公平原则,在运通公司主张的45048190元损失基础上,扣减1000万元,余款作为运通公司的损失,由永嘉公司予以赔偿。

关于昌业公司是否足额缴清注册资金问题。本案查明的事实表明,昌业公司在公司开办时未缴清出资,但事后补足了出资,广西壮族自治区南宁市工商行政管理局外资科就此事实出具过证明。昌业公司未办理相关补资手续,并不影响其出资的有效性。运通公司认为昌业公司应承担出资不实的责任,缺乏事实及法律依据,本院不予支持。

——最高人民法院民事审判第一庭编:《最高人民法院民事案件解析(房地产开发)》(第2辑),法律出版社2010年版,第267~269页。

【链接:最高人民法院法官著述】

审判实践中应当注意的是:

1. 应当正确理解本条适用条件。并非书证在对方当事人控制之下,人民法院都可以根据承担举证责任的当事人申请,责令持有人提交。不承担举证责任的当事人控制书证,只是本条适用的充分条件,具体判断上还要结合待证事实是否因该证据不被提交而真伪不明、当事人是否有可以不提交的法定理由或者其他不可归责于己的客观情况,如书证因不可抗力而灭失。

2. 人民法院责令当事人提供证据,应当使用裁定。

3. 本条和《民事诉讼证据规定》中的证明妨害,都适用于诉讼中的妨害行为,对于诉讼之前的妨害行为不适用。

4. 书证持有人因提供书证而产生的费用,由申请人负担。持有书证的当事人基于承担举证责任的当事人的申请提供证据，使申请人能够有机会克服诉讼真伪不明的结果，增加胜诉的机会，由此而产生的费用，自然应当由申请人负担。

——沈德咏主编、最高人民法院修改后民事诉讼法贯彻实施工作领导小组编著：《最高人民法院民事诉讼法司法解释理解与适用》，人民法院出版社2015年版，第373页。

编者说明

1992年《民事诉讼法意见》对证明妨害规则没有规定，2015年《民事诉讼法司法解释》在《证据规定》的基础上进行修改，专门针对书证中适用证明妨害规则作出规定。

428

举证妨碍的规范对象包括不负有举证责任的当事人

关键词｜举证妨碍｜举证责任｜询证函｜

【最高人民法院裁判文书】

河北中储物流中心与北台钢铁（集团）有限责任公司买卖合同纠纷案［最高人民法院（2013）民提字第205号民事判决书］

裁判要旨：《询证函》作为证明性书证，并不具有直接证明所载内容的证据力，应由法院结合案件具体事实进行判断。对方当事人对于《询证函》所确认的数额有权直接提出异议，无需也不用行使撤销权。一方持有证据无正当理由拒不提供，构成举证妨碍，如果对方当事人主张该证据的内容不利于证据持有人，可以推定该主张成立。

最高人民法院认为：

从案涉《询证函》内容看，物流公司要求钢铁公司确认的是欠款数额，钢铁公司亦仅对欠款数额进行确认，不涉及当事人之间的权利义务，故应认为是证明性书证。作为证明性书证，其并不具有能直接证明所载内容的证据力，而应由法院结合案件具体事实进行判断。在此情况下，钢铁公司对于《询证函》所确认的数额有权直接提出异议，无需也不用行使撤销权。因物流公司向钢铁公司主张货款依据系钢铁公司签字确认的《询证函》，钢铁公司认为其代付款111.3万元应从《询证函》中扣除，但现有证据无法确定该款是否已实际抹账，而物流公司不同意审计，根据《最高人民法院关于民事诉讼证据的若干规定》第75条规定："有证据证明一方当事人持有证据无正当理由拒不提供，如果对方当事人主张该证据的内容不利于证据持有人，可以推定该主张成立。"本案中，钢铁公司主张的111.3万元并未抹账是一消极事实，其难以提供具体证据予以证明。根据双方认可事实，如双方以钢票抹账，双方会签订抹账协议，钢铁公司会向物流公司开具增值税发票，故如双方就该款已抹账，物流公司应持有相应的抹账协议及增值税发票。物流公司诉讼中认可存在抹账协议和相应发票，只是具体对应哪份协议或发票不清楚。在此情况下，111.3万元是否已经抹账只能通过对相关账目审计才能审查清楚，物流公司不提供账目进行审计，将导致该款是否已经抹账这一客观事实无法查清，其行为构成举证妨碍。举证妨碍的规范对象包括不负有举证责任的一方当事人，甚至可以说主要即是针对不负有举证责任的一方当事人，物流公司以其不承担举证责任为由主张其可以不同意审计，缺乏法律依据，应承担不利后果。诉争111.3万元应从《询证函》确认的款项中扣除，判决钢铁公司偿还物流公司90万余元及相应利息。

——最高人民法院民事审判第二庭编：《商事审判指导》（总第36辑），人民法院出版社2014年版，第189～190页。

429

商业秘密侵权认定中对不正当手段的事实推定

关键词｜商业秘密侵权｜不正当手段｜事实推定｜

【最高人民法院审判业务意见】

35. 在前述高辛茂与一得阁公司、传人公司侵犯商业秘密纠纷案中，最高人民法院认为，当事人基于其工作职责完全具备掌握商业秘密信息的可能和条件，为他人生产与该商业秘密信息有关的产品，且不能举证证明该产品系独立研发，根据案件具体情况及日常生活经验，可以推定该当事人非法披露了其掌握的商业秘密。

——《最高人民法院知识产权案件年度报告（2011）》

430

询问当事人的程序和其拒绝接受询问的后果

关键词｜询问当事人｜保证书｜

【最高人民法院司法解释】

第一百一十条 人民法院认为有必要的,可以要求当事人本人到庭,就案件有关事实接受询问。在询问当事人之前,可以要求其签署保证书。

保证书应当载明据实陈述、如有虚假陈述愿意接受处罚等内容。当事人应当在保证书上签名或者捺印。

负有举证证明责任的当事人拒绝到庭、拒绝接受询问或者拒绝签署保证书,待证事实又欠缺其他证据证明的,人民法院对其主张的事实不予认定。

——《最高人民法院关于适用〈中华人民共和国民事诉讼法〉的解释》(2015 年 1 月 30 日,法释〔2015〕5 号)

【链接:最高人民法院法官著述】

1. 第一百一十条规定具结的方式为签署保证书即具结书,但并不排斥被询问的当事人在签署具结书后进行口头具结。审判实践中,很多情况下口头具结对当事人如实陈述的保证、促进作用更明显,效果更好。人民法院可以在具体适用中,要求当事人朗读其签署的保证书的内容。

2. 该条只对负有举证责任接受询问作出规定,审判实践中出现不负有举证责任的当事人拒绝接受询问的,人民法院可以根据案件的具体情况,将其拒绝接受询问的行为视为妨碍举证的行为,根据《证据规定》第七十五条的规定处理。

——沈德咏主编、最高人民法院修改后民事诉讼法贯彻实施工作领导小组编著:《最高人民法院民事诉讼法司法解释理解与适用》,人民法院出版社 2015 年版,第 365 页。

431

当事人陈述的证明力

关键词 | 当事人陈述 | 认诺证据 |

【最高人民法院司法解释】

第七十六条 当事人对自己的主张,只有本人陈述而不能提出其他相关证据的,其主张不予支持。但对方当事人认可的除外。

——《最高人民法院关于民事诉讼证据的若干规定》(2001 年 12 月 21 日,法释〔2001〕33 号)

【链接:最高人民法院法官著述】

一、对事实主张的承认与对权利主张的承认不同

本条规定中,“当事人对自己的主张,只有本人陈述而不能提出其他相关证据的,其主张不予支持”的“主张”,指事实主张,而不是权利主张。一方当事人对对方当事人事实主张的认可,构成自认;如果是对对方当事人事实主张的权利的认可,则构成一项认诺。证据法规定“权利认诺”,应当特别有这样的字样,所以,这里显然不是认诺,而是自认。

认诺与自认的不同之处是:认诺是指越过对事实的承认而直接承认了对方当事人的全部或部分诉讼请求。根据当事人的认诺,法院可以直接判决一方当事人胜诉或部分胜诉。而事实的自认不同,事实得到自认,在法律效果上就免除了对方当事人对该事实的举证责任。

二、对方当事人的“认可”,指全部认可

如果对方当事人部分认可(而不是全部认可)一方当事人陈述的事实,该一方当事人无须就认可的事实举证。但是,在无其他证据的情况下,被认可的事实仍然未得到证明。对全部待证事实存在与否,裁判者仍然不能获得高度盖然性的心证。所以,只有当事人全部认可,法院可以对整个案件获得盖然性程度较大的心证时,才能支持陈述方当事人的主张。

——李国光主编:《最高人民法院〈关于民事诉讼证据的若干规定〉的理解与适用》,中国法制出版社 2002 年版,第 473 ~474 页。

432

禁反言的规制

关键词｜禁反言｜

【最高人民法院司法解释】

第二百二十九条 当事人在庭审中对其在审理前的准备阶段认可的事实和证据提出不同意见的，人民法院应当责令其说明理由。必要时，可以责令其提供相应证据。人民法院应当结合当事人的诉讼能力、证据和案件的具体情况进行审查。理由成立的，可以列入争议焦点进行审理。

——《最高人民法院关于适用〈中华人民共和国民事诉讼法〉的解释》(2015年1月30日，法释〔2015〕5号)

【《最高人民法院公报》案例】

中国进出口银行与光彩事业投资集团有限公司、四通集团公司借款担保合同纠纷案[最高人民法院(2006)民二终字第49号民事判决书]

裁判要旨：本案中，主债务人与银行签订贷款合同，保证人通过董事会决议的形式作出为股东主债务人提供连带责任保证的决定，并与银行签订《保证合同》，在贷款合同中约定保证条款。根据修改前的《公司法》第60条第3款的规定，保证人为股东提供担保的行为没有被认定为无效，故该保证行为有效。此后，主债务人未按合同约定偿还银行贷款，保证人应对主债务人的本案债务承担连带责任。保证人提出，根据公司章程，作出该担保行为决定的董事会决议应无效，该担保行为亦应无效。保证人对董事会的召开是否符合章程的规定负有举证责任，但其始终未提供董事会的纪要或原始记录，应承担举证不能的责任。且即使董事会决议有瑕疵，也属其公司内部行为，不能对公司的对外担保行为效力产生影响。故保证人提出的董事会决议无效，公司为其股东担保无效的主张没有事实和法律依据，且违反民事诉讼中的禁止反言规则，本院不予支持。

——《最高人民法院公报》2006年第7期

【最高人民法院裁判文书】

中国华西企业有限公司与深圳市基础工程公司拖欠工程款纠纷申请再审案(最高人民法院驳回再审申请通知书)

裁判要旨:总承包人在其与建设方的总包合同纠纷案中,一直未主张工程质量存在问题,且其已依据生效的总包纠纷案判决向发包人主张工程款,表明总承包人对工程质量是认可的;而总承包人在其分包合同纠纷案中,却以工程质量存在问题为由不支付拖欠的工程款,就同一工程质量总承包人在分包合同纠纷案中提出了与总包合同纠纷案截然相反的主张,显示不诚信的诉讼行为,其诉讼主张不予支持。

——苏泽林主编、最高人民法院立案庭编:《立案工作指导》(总第14辑),人民法院出版社2008年版,第107~109页。

【链接:最高人民法院法官著述】

一方当事人有义务从事对方所预期的一定行为,实际上实施的却是完全违背对方预期的行为时,这种行为就被认为是背信行为而应当受到禁止。禁反言主要防止一方当事人以及其他诉讼参与人出现前后相互矛盾的诉讼行为,从而损害对方当事人的利益,破坏民事诉讼的整体进展。构成禁反言,应当具备当事人及其他诉讼参与人实施了前后相互矛盾的诉讼行为,前一诉讼行为已经得到对方的承认或者信任,因为前后矛盾的诉讼行为损害了对方当事人的利益。当然,禁反言原则主要是从衡平法上发展来的,除了考虑对方当事人利益损害以外,还可以考虑到对诉讼程序完整性的影响程度。在适用时,还要考虑和平衡当事人之间的利益状态。2012年《民事诉讼法》还没有专门针对禁反言的规定,但《海事诉讼特别程序法》第85条已有规定:“当事人不能推翻其在《海事事故调查表》中的陈述和已经完成的举证,但有新的证据并有充分理由说明该证据不能在举证期间内提交的除外。”但该规定是否可以适用到一般的民事诉讼,还值得进一步研究。

——最高人民法院民事诉讼法修改研究小组编著:《〈中华人民共和国民事诉讼法〉修改条文理解与适用》,人民法院出版社2012年版,第23页。

433

最佳证据规则

关键词 | 最佳证据规则 |

【最高人民法院司法解释】

第一百一十四条 国家机关或者其他依法具有社会管理职能的组织，在其职权范围内制作的文书所记载的事项推定为真实，但有相反证据足以推翻的除外。必要时，人民法院可以要求制作文书的机关或者组织对文书的真实性予以说明。

——《最高人民法院关于适用〈中华人民共和国民事诉讼法〉的解释》(2015年1月30日，法释〔2015〕5号)

第七十七条 人民法院就数个证据对同一事实的证明力，可以依照下列原则认定：

(一)国家机关、社会团体依职权制作的公文书证的证明力一般大于其他书证；

(二)物证、档案、鉴定结论、勘验笔录或者经过公证、登记的书证，其证明力一般大于其他书证、视听资料和证人证言；

(三)原始证据的证明力一般大于传来证据；

(四)直接证据的证明力一般大于间接证据；

(五)证人提供的对与其有亲属或者其他密切关系的当事人有利的证言，其证明力一般小于其他证人证言。

——《最高人民法院关于民事诉讼证据的若干规定》(2001年12月21日，法释〔2001〕33号)

【《最高人民法院公报》案例】

福建三木集团股份有限公司与福建省泉州市煌星房地产发展有限公司商品房预售合同纠纷案[最高人民法院(2004)民一终字第104号民事判决书]

裁判要旨：当事人向人民法院提供书证的，应当提供原件，并在人民法院指定的举证期限内积极、全面、正确地完成举证义务。因此，签订合同的一方当事人主张对方向法院提供的合同文本原件不真实，即应当向法院提供自己持有的合同文本原件及其他相关证据；如果不能向法院提供合同文本原件，亦不能提供其他确有证明力的证据以否定对方当事人提供的合同文本原件的真实性，人民法院应当依据优势证据原则，认定对方当事人提供的合同文本原件真实。

——《最高人民法院公报》2006 年第 5 期

【最高人民法院裁判文书】

洪秀凤与昆明安钡佳房地产开发有限公司房屋买卖合同纠纷案［最高人民法院（2015）民一终字第 78 号民事判决书］

裁判要旨：民事诉讼中的案件事实，应为能够被有效证据证明的案件事实。书面合同是确定当事人法律关系性质的逻辑起点和基本依据，应当重视其相对于传来证据、间接证据所具有的较高证明力。仅应在确有充分证据证明当事人实际履行行为与书面合同文件表现的效果意思出现显著差异时，才可依前者确定其间接法律关系的性质。在没有充分证据佐证当事人之间存在隐藏法律关系且该隐藏法律关系真实并终局地对当事人产生约束力的场合，不宜简单否定既存外化法律关系对当事人真实意思的体现和反映，避免当事人一方不当摆脱既定权利义务约束的结果出现。

最高人民法院认为：

一、关于双方当事人之间法律关系的性质问题

民事法律关系是民事法律规范调整社会关系过程中形成的民事主体之间的民事权利义务关系。除基于法律特别规定，民事法律关系的产生、变更、消灭，需要通过法律关系参与主体的意思表示一致才能形成。判断民事主体根据法律规范建立一定法律关系时所形成的一致意思表示，目的在于明晰当事人权利义务的边界、内容。一项民事交易特别是类似本案重大交易的达成，往往存在复杂的背景，并非一蹴而就且一成不变。当事人的意思表示于此间历经某种变化并最终明确的情况并不鲜见。有些已经通过合同确立的交易行为，恰恰也经历过当事人对法律关系性质的转换过程。而基于各自诉讼利益考量，当事人交易形成过程中的细节并不都能获得有效诉讼证据的支撑。合同在性质上属于原始证据、直接证据。根据《最高人民法院关于民事诉讼证据的若干规定》第七十七条有关证据证明力认定原则的规定，其应作为确定当事人法律关系性质的逻辑起点和基本依据，应当重视其相对于传来证据、间接证据所具有的较高证明力。仅

可在确有充分证据证明当事人实际履行行为与书面合同文件表现的效果意思出现显著差异时,才可依前者确定其间法律关系的性质。亦即,除在基于特定法政策考量,有必要在书面证据之外对相关事实予以进一步查证等情形,推翻书面证据之证明力应仅属例外。民事诉讼中的案件事实,应为能够被有效证据证明的案件事实。此外,透过解释确定争议法律关系的性质,应当秉持使争议法律关系项下之权利义务更加清楚,而不是更加模糊的基本价值取向。在没有充分证据佐证当事人之间存在隐藏法律关系且该隐藏法律关系真实并终局地对当事人产生约束力的场合,不宜简单否定既存外化法律关系对当事人真实意思的体现和反映,避免当事人一方不当摆脱既定权利义务约束的结果出现。此外,即便在两种解读结果具有同等合理性的场合,也应朝着有利于书面证据所代表法律关系成立的方向作出判定,藉此传达和树立重诺守信的价值导向。综上,若要否定书面证据所体现的法律关系,并确定当事人之间存在缺乏以书面证据为载体的其他民事法律关系,必须在证据审核方面给予更为审慎的分析研判。

根据《最高人民法院关于适用〈中华人民共和国合同法〉若干问题的解释(二)》第七条规定,“交易习惯”是指,不违反法律、行政法规强制性规定的,在交易行为当地或者某一领域、某一行业通常采用并为交易对方订立合同时所知道或者应当知道的做法,或者当事人双方经常使用的习惯做法。《中华人民共和国合同法》针对“交易习惯”问题作出相关规定,其意旨侧重于完善和补充当事人权利义务的内容,增强当事人合同权利义务的确定性。而本案并不涉及运用交易习惯弥补当事人合同约定不明确、不完整所导致的权利义务确定性不足的问题。在前述立法意旨之外,运用“交易习惯”认定当事人交易行为之“可疑性”,应格外谨慎。首先,关于房屋交付时间问题。案涉房产存在违反规划超建楼层且尚未报批即行出售的事实,在此情况下,当事人约定在合同签订之日后近四个月时交付房产。而即便不考虑前述事实,在现房买卖情形中,如何约定交房期限方符合“交易习惯”,有无必要乃至是否形成“交易习惯”,同类一般交易判断是否已经形成普遍共识,尚存较大疑问。其次,关于房屋价格问题。抛开此节是否属于“交易习惯”的问题,对不合理低价的判断,亦须以当时当地房地产管理部门公布的同等房地产之价格信息为参考依据。虽安钡佳公司称对其法定代表人张晓霞与张琳婕是否为亲属关系不得而知,但其确认张琳婕同张传文(与张晓霞户籍迁移时间、原因,迁出及迁入地均相同)身份证号相同的事实。张琳婕与安钡佳公司《商品房购销合同》的备案登记,已于2014年4月22日(一审庭审时间为2014年9月23日)因退房原因被注销。一审法院未查明相关事实,亦未对安钡佳公司在一审庭审中所作陈述与前述合同约定单价出现明显差异的事实给予必要关注,径以双方当事人约定价格明显低于安钡佳公司与张琳婕在案涉合同签订之日近30个月前所订合同中约定价格为主要理由,否定本案双方当事人之间存在房屋买卖法律关系,理据不足。此外,至本案当事人签约时(2013年8月21日),昆明市进一步加强商品房预售管理实施意见已经在当地施行(2011年1月1日生效)。根据该意见的前述相关规定,可以认定洪秀凤所持本案交易价格符合合理区间的主张成立。再次,关于付款问题。案涉合同约定的购房款支付方式为分期支付,但在洪秀凤所为一次性支付及安钡佳公司受领给付的共同作用下,应当认定其属于合同履行之变更。将此种合同履行变更视作与正常买房人的付款习惯相悖,理据尚不充分。而洪秀凤向安钡佳公司法定代表人张晓霞付款1900万元,也符合该公司所出具付款委托书的要求。购房发票系当事人办理房地产变更登记过程中所必需,一审法院认定安钡佳公司此前先行开具购房款收据违背房屋买卖"交易习惯",并得出当事人之间不存在房屋买卖法律关系的结论,缺乏足够的事实和法律依据。对本案736万元款项性质,双方所述均无合同依据且无其他证据佐证。然据前所述及,也不宜基此通过解释和推断得出推翻书面证据所反映当事人法律关系存在的结论。最后,关于借贷法律关系问题。洪秀凤与安钡佳公司签订了房屋买卖合同且已经备案登记,在实际履行过程中,虽然有些事实可能引发不同认识和判断,但在没有任何直接证据证明洪秀凤与安钡佳公司之间存在民间借贷法律关系,且安钡佳公司对其所主张民间借贷法律关系诸多核心要素的陈述并不一致的情况下,认定双方当事人之间存在民间借贷法律关系,缺乏充分的事实依据。本案二审庭审时,当庭播放了沈汉卿与安钡佳公司法定代表人张晓霞于2014年11月10日(一审庭审之后)的通话录音。其时,安钡佳公司一审所持抗辩意见已经固定,但安钡佳公司法定代表人张晓霞在通话中对洪秀凤之购房人身份却是认可的。至于安钡佳公司主张支付吴基协的1840万元系其所归还的借款本金问题,因其未提供任何证据支持,本院难予采信。如有争议,当事人可另循法律途径解决。

证明标准是负担证明责任的人提供证据证明其所主张法律事实所要达到的证明程度。本案中,洪秀凤已经完成双方当事人之间存在房屋买卖法律关系的举证证明责任,安钡佳公司主张其与洪秀凤之间存在民间借贷法律关系。按照《最高人民法院关于适用〈中华人民共和国民事诉讼法〉的解释》第一百零八条规定,安钡佳公司之举证应当在证明力上足以使人民法院确信该待证事实的存在具有高度可能性。而基于前述,安钡佳公司为反驳洪秀凤所主张事实所作举证，没有达到高度可能性之证明标准。较之高度可能性这一一般证明标准而言，合理怀疑排除属于特殊证明标准。《最高人民法院关于适用〈中华人民共和国民事诉讼法〉的解释》第一百零九条对排除合理怀疑原则适用的特殊类型民事案件范围有明确规定。一审法院认定双方当事人一系列行为明显不符合房屋买卖的"交易习惯"，进而基于合理怀疑得出其间系名为房屋买卖实为借贷民事法律关系的认定结论，没有充分的事实及法律依据，也不符合前述司法解释的规定精神，本院予以纠正。

——杜万华主编、最高人民法院民事审判第一庭编：《民事审判指导与参考》(总第63辑)，人民法院出版社2016年版，第192～195页。

【链接：最高人民法院法官著述】

1. 一般情况下，民事诉讼中的公文书证的制作主体比较清楚。但我国历史上具有社会管理职能的组织较为复杂，特别是计划经济年代很多国有企业负担社会管理职能。因此对于一些待证事实涉及国有企业的文书的，应当结合其形成的时代背景作具体分析。

2. 国家机关和具有社会管理职能的只有在其职权内制作的文书才是公文书证，超出其职权，或者违反法定程序、不具有法定形式的文书，不能作为公文书证对待。

3. 对公文书证的反证需要达到推翻公文书证内容的程度，这意味着有争执的当事人需要对相反的事实承担本证证明责任。

——沈德咏主编、最高人民法院修改后民事诉讼法贯彻实施工作领导小组编著：《最高人民法院民事诉讼法司法解释理解与适用》，人民法院出版社2015年版，第377页。

434

信息网络传播权纠纷案件公证证据的审查

关键词｜信息网络传播权｜公证证据｜电子证据｜证据采信｜

【最高人民法院裁判文书】

新传在线(北京)信息技术有限公司与中国网络通信集团公司自贡市县级分公司信息网络传播权纠纷案[最高人民法院(2008)民申字第926号民事裁定书]

裁判要旨:对于当事人提供的相关公证证据,人民法院在必要时可以根据网络环境和网络证据的具体情况,审查公证证明的网络信息是否来自于互联网而不是本地电脑,并在此基础上决定能否作为定案依据。当公证行为在公证处以外的场所进行时,所用电脑及移动硬盘在公证之前不为公证员控制,且公证书没有记载是否对该电脑及移动硬盘的清洁性进行检查的情况下,认为此类公证书虽能证明在公证员面前发生了公证书记载的行为,但还不足以证明该行为发生于互联网环境之中。

——最高人民法院民事审判第三庭编:《知识产权审判指导》(总第12辑),人民法院出版社2008年版,第221~224页。

【链接：最高人民法院法官著述】

本案主要涉及互联网环境下公证证据的采信问题。因互联网信息的多变性及易删除、易修改性,涉及有关侵犯信息网络传播权等行为时,权利人为证明自己的主张,经常采取请公证人员公证其访问互联网并登录被控侵权人网站并播放涉案影片的过程,并以此作为被控侵权人侵犯其信息网络传播权的证据请求人民法院保护其信息网络传播权。一般来讲,如果上述取证是在公证机关进行,或者用的是公证机关的电脑,被控侵权人一般不会对该公证证据的真实性和客观性提出质疑。但是,有许多案例反映出上述取证并非在公证机关进行,有的是在权利人或其代理人的办公室、网吧或者其承租的宾馆房间,且取证所用的电脑并非公证机关的电脑,公证书亦未记载是否对所用电脑及其移动存储介质的清洁性进行检查。此时,被控侵权人经常以公证取证方式存在重大瑕疵并以技术上存在修改本机hosts文件,将特定域名与特定IP地址建立映射关系,从而使得输入该特定域名所打开的网页为权利人或其代理人预先设定好的页面的可能性,对此类证据的真实性和客观性提出质疑。在司法实践中相关法院对此问题的认识也不尽一致,有的法院,如本案四川省高级人民法院和自贡市中级人民法院认为,在电脑不为公证人员控制的情况下且未进行清洁度检查的情况下,不能确保公证书所记载内容的真实性、客观性,没有认定相关公证书具有证明效力。但多数法院均认为根据民事诉讼法第六十七条及《最高人民法院关于民事诉讼证据的若干规定》第九条、第七十七条的规定,认定被控侵权人的质疑只是一种推测,在其没有提供足够充分的相反证据的情况下,公证程序中的一些瑕疵不足以否定整个电子证据保全过程的真实性和准确性,认定相关公证书具有证明效力。在这种情况下,最高人民法院的裁判结果对统一全国法院执标准、规范公证取证方式具有重要意义。

本案的关键证据是两份公证书。关于是否采信第 22931 号公证书,涉及人民法院如何对网络环境下的公证证据进行认证的问题。在本案中,人民法院已经查明了由于互联网的特殊性及计算机技术的发展,在技术上确实存在可以预先在本地电脑中设置目标网页,通过该电脑访问互联网时,该虚拟的目标网页与其他真实的互联网页同时并存的可能性。因此,证明被控侵权网站上是否是在网络环境中了涉案影片就成了本案的关键问题。在司法实践中,有以 MSN 状态栏显示为登录状态即认为是在互联网环境之中,亦有以插上网线与互联网连接即认为是在互联网环境之中的。在人民法院查明的虚拟网络环境的新技术出现之前或者在公证机关进行前述操作,当事人对人民法院以此认定是在互联网环境之下并无太多的争议。但是,随着该新技术的出现,当取证方式不够规范的时候,特别是对方当事人对该证据提出异议的情况下,人民法院必须审查该公证证据是否是能反映互联网环境之中的情形,即必须审查公证证明的网络信息是否来自于互联网而不是本地电脑,并在此基础上决定能否作为定案依据。

本案中,根据原审法院查明的事实,第 22931 号公证书涉及的公证行为是在新传在线委托代理人提供的场所进行,公证所用的电脑及移动硬盘亦为该代理人提供,并由该代理人进行具体操作,该公证书没有记载是否对该电脑及移动硬盘的清洁性进行检查等内容,且在技术上确实存在可以预先在本地电脑中设置目标网页,通过该电脑访问互联网时,该虚拟的目标网页与其他真实的互联网页同时并存的可能性。因此,在未记载是否对公证所用的本地电脑进行清洁性检查的情况下,第 22931 号公证书虽能证明在公证员面前发生了公证书记载的行为,但还不足以证明该行为发生于互联网环境之中,即不足以证明自贡网通在网站上提供过《疯狂的石头》的在线播放服务。

关于第 110182 号公证书能否证明自贡网通在其网站上播放了涉案影片的问题。该公证书虽然记载了网通营业厅工作人员称自贡网通网站上有《疯狂的石头》并看过该片，但该公证证据仅能证明自贡网通工作人员在公证员面前作的陈述，其实质上是一份经过公证的证人证言，在没有其他证据佐证的情况下，尽管该证人是在公证人员面前做的，但公证本身还不足以证明其证言内容的真实性。如果人民法院在没有其他证据佐证的情况下，仅凭此份公证书认定自贡网通在网站播放了涉案影片，无疑是一个非常危险的倾向。

最高人民法院虽然在本案中没有采信新传在线的主张，但并非意图加重权利人的举证负担，只是在当前技术飞速发展的情况下，对如何采信互联网环境之下的证据，提出了最高人民法院的要求：人民法院在审查此类证据时，要按照民事诉讼法及最高人民法院证据规则的要求，审查证据的合法性、客观性和关联性，必须审查公证证明的网络信息是否来自于互联网而不是本地电脑，并在此基础上决定能否作为定案依据。当然，最高人民法院如此裁判，同时也提醒了相关权利人和公证机构在保全证据时应当规范取证，在客观上起到了规范此类案件公证取证、统一全国法院执法标准的效果，这也正是本案的意义所在。

——王艳芳：《信息网络传播权纠纷案件中公证证据的审查》，载最高人民法院民事审判第三庭编：《知识产权审判指导》（总第14辑），人民法院出版社2009年版，第218～220页。

编者说明

对于当事人提供的相关公证证据，人民法院在必要时可以根据网络环境和网络证据的具体情况，审查公证证明的网络信息是否来自于互联网，并在此基础上决定能否作为定案依据。因在技术上确实存在可以预先在本地电脑中设置目标网页，通过该电脑访问互联网时，该虚拟的目标网页与其他真实的网页同时并存的可能性，当公证行为是在公证处以外的场所进行，公证所用的电脑及移动硬盘在公证之前不为公证员控制，且公证书没有记载是否对该电脑及移动硬盘的清洁性进行检查的情况下，最高人民法院认为此类公证书虽能证明在公证员面前发生了公证书记载的行为，但还不足以证明该行为发生于互联网环境之中。

435

新产品制造方法专利侵权纠纷中被诉侵权人实施自有方法抗辩的审查

关键词｜新产品制造方法｜专利侵权纠纷｜证据审查｜

【最高人民法院审判业务意见】

43. 在前述张喜田与欧意公司等专利侵权案中,在鉴定机构依照被诉侵权人主张的自有方法无法制得被诉侵权产品,被诉侵权人主张其实施自有方法存在一定的技巧和诀窍的情况下,最高人民法院根据各方当事人的请求,对被诉侵权人制造相关产品的方法进行了现场试验,由被诉侵权人进行试验验证,试验结果与其他证据相互印证,证明被诉侵权人依照自有方法能够制得被诉侵权产品,故最高人民法院支持了被诉侵权人实施自有方法的抗辩主张。

——《最高人民法院知识产权案件年度报告(2010)》

436

直接证据的运用及司法推理的进行

关键词 | 直接证据 | 间接证据 | 司法推理 | 证据采信 |

【链接:最高人民法院法官著述】

(一)对于如何认定该两批货物加工人的分析

原一、二审法院均以艾德公司为远通公司开具了增值税发票,远通公司据此发票进行了退税,并未提出异议为由,认为该两批货物是艾德公司加工的,所以远通公司理应给付艾德公司加工费。而河北省高级人民法院以该两批货物的证货衔接整装备货单和集装箱配装明细表载明生产厂家为衡水顺时服装有限公司,认定服装的生产者应为顺时公司,只是由于有了顺时公司于 2001 年 8 月注销清算时明确该公司的债权由艾德公司享有这个债权转移过程,才对享德公司主张远通公司的加工费予以支持。因此两级法院虽然最终都认定艾德公司享有加工费的请求权,但过程和依据不同,进而造成认定性质上的不同。我们认为,对于各种证据要进行全面客观的分析,尽量采信能直接证明案件事实的直接证据,少采信或不采信掺杂推论成分的间接证据,才能得出最接近事实的结论。原审法院以远通公司接受了艾德公司的增值税发票为由认定服装是艾德公司加工的,舍弃了直接证据而认定了间接证据,显属证据运用不当,应予纠正。

（二）对于远通公司是否已付加工费的分析与认定

原一、二审法院均以 2000 年 2 月 28 日远通公司与华虎公司签订的发货协议书第 8 条和同日华虎公司、顺时公司、远通公司签订的协议第 5 条认定加工款远能公司未付与艾德公司。对于刘立新为远能公司所开盖有顺时公司公章的空白信笺，一、二审法院认为与以上两协议矛盾，因两协议时间在后，所以应以两协议为准。而再审法院依据 2000 年 1 月 3 日刘立新与远通公司及 2000 年 2 月 23 日远通公司与华虎公司的两次对账结果认定远通已将加工款按顺时公司刘立新的授意转给华虎公司，抵顶了顺时公司（即其债权享有人艾德公司）欠华虎公司的面料款。根据一、二审认定的证据无法直接判定远通未付加工款，因为其未付结论是由两协议中条款的含义推理得出的，难免给人主观臆断之嫌；且第二份协议顺时公司未签字，不能证明顺时公司已认可。而再审认定的证据是经三方分别对账认可的，能直接证明案件事实，避免了对协议条款认识上的争议。

综上所述，再审对证据的认定较一、二审更直接全面、更客观，因此判决的结果也趋于公正合理。

——《上海远通纺织品进出口有限公司与衡水艾德服装有限公司拖欠工料货款纠纷再审案——如何运用直接证据及进行司法推理》，载最高人民法院审判监督庭编、沈德咏主编：《审判监督指导与研究》（总第 9 卷），人民法院出版社 2003 年版，第 195～196 页。

437

确认亲子关系诉讼对亲子鉴定的处理

关键词 | 亲子鉴定 | 举证责任 | 举证妨碍 |

【最高人民法院司法解释】

第二条 夫妻一方向人民法院起诉请求确认亲子关系不存在，并已提供必要证据予以证明，另一方没有相反证据又拒绝做亲子鉴定的，人民法院可以推定请求确认亲子关系不存在一方的主张成立。

当事人一方起诉请求确认亲子关系，并提供必要证据予以证明，另一方没有相反证据又拒绝做亲子鉴定的，人民法院可以推定请求确认亲子关系一方的主张成立。

——《最高人民法院关于适用〈中华人民共和国婚姻法〉若干问题的解释(三)》(2011年8月9日,法释〔2011〕18号)

【最高人民法院司法政策】

对于非婚生子女的认领和抚养,试管婴儿、借腹生子、人工授精等所生子女的法律地位和父母子女关系的确定,要遵循婚姻法的基本原则,充分保护当事人的人格权和隐私权;一方当事人提出亲子鉴定的,一般应征得对方的同意,选择国家卫生行政主管部门批准或者认可的医疗鉴定机构进行鉴定,鉴定结论只能作为证据来源使用,只有经过法庭质证、认证的鉴定结论,才能作为定案的依据。

——李国光:《当前民事审判工作中应当注意的几个问题——在全国民事审判工作会议上的讲话》(2000年10月28日),载李国光主编、最高人民法院民事审判第二庭编:《经济审判指导与参考》(第4卷),法律出版社2001年版,第9页。

【最高人民法院答复】

在确认非婚生子女案件中,应当由原告承担举证责任,被告(男方)如果否认原告证明的结论,应提供相应的证据,若其不能证明自己不是非婚生子女的生父,法庭认为有必要的,可以要求其进行亲子鉴定。如果被告拒绝作亲子鉴定的,法庭可以根据查证属实并排除第三人为非婚生子女生父的证据,推定原告的诉讼请求成立。

——《最高人民法院关于确认非婚生子女生父中男方拒作亲子鉴定如何处理的答复》(法明传〔1998〕第208号)

【最高人民法院审判业务意见】

最高人民法院民一庭经过集体讨论形成如下倾向性意见:亲子鉴定因涉及身份关系,原则上应当以双方自愿为原则。但是如果非婚生子女以及与其共同生活的父母一方有相当证据证明被告为非婚生子女的生父或者生母,且非婚生子女本人尚未成年,亟须抚养和教育的,如果被告不能提供足以推翻关系的证据，又拒绝做亲子鉴定的，应当推定其亲子关系成立。

上述意见形成的理由：

第一，亲子鉴定应当以双方自愿为原则。亲子鉴定既涉及人与人之间亲情关系的变化，又关系到婚姻家庭关系的稳定。“因此，对要求做亲子关系鉴定的案件，应从保护妇女、儿童的合法权益，有利于增进团结和防止矛盾激化出发，区别情况，慎重对待。”对双方自愿要求做亲子鉴定的，依法应予支持。

第二，申请亲子鉴定的一方应当完成相当的证明义务。亲子鉴定关系到夫妻双方、子女和他人的人身关系和财产关系，因此，在一方拒绝做亲子鉴定的案件中，提出亲子鉴定主张的一方应当承担与其主张相适应的证明责任。只有申请人完成了行为意义上的举证责任，足以使法官产生内心确信的基础上，才能够请求进行亲子鉴定。在司法实践中，如何正确掌握申请亲子鉴定一方的证明责任，合理及时把握行为意义上举证责任转换的时机，是判定亲子鉴定中举证妨碍的重要条件。如果过分强调申请一方的证明责任，必将使申请人的实体权利难以得到保护；如果轻视或忽略申请一方的证明责任，则可能导致权利滥用，不利于家庭关系的稳定和被申请人隐私的保护。总之，亲子鉴定的随意化必将带来家庭关系的不稳定，从而引发诸多社会问题。

第三，举证妨碍的认定条件应当从严掌握。如果被申请人拒绝做亲子鉴定，导致亲子关系无法确认的，应当推定对其不利的事实成立，但应当严格掌握以下条件：首先，提出申请的一方应当是亟待抚养和教育的非婚生子女或与非婚生子女共同生活的父母一方；其次，提出申请的一方已经完成了与其请求相当的证明责任；再次，被申请人提不出足以推翻亲子关系存在的证据；最后，被申请人拒绝做亲子鉴定。只有同时具备上述条件，才能推定对其不利的事实成立。

第四，人民法院对亲子鉴定中涉及举证妨碍的案件应该从保护妇女儿童利益，维护家庭和谐稳定等原则出发区别对待。鉴于亲子鉴定中的情况异常复杂，目前尚难以确立统一的标准。各地法院在积极探索、慎重处理的基础上可以进一步积累经验，待时机成熟时，再由最高人民法院制定统一的司法解释。

——贺小荣：《亲子鉴定能否强制》，载最高人民法院民事审判第一庭编：《中国民事审判前沿》（总第1集），法律出版社2005年版，第50～51页。

【链接：最高人民法院法官著述】

借鉴国外相关规定以及总结审判实践的经验，婚姻法解释（三）规定了当事人拒绝做亲子鉴定的处理方法，即在处理有关亲子关系纠纷时，如果一方提供的证据能够形成合理的证据链条证明当事人之间可能存在或不存在亲子关系，另一方没有相反的证据又不坚决不同意做亲子鉴定的，人民法院可以按照《最高人民法院关于民事诉讼证据的若干规定》第七十五条的规定作出处理。

需要注意的是：

第一，提起婚生子女否认之诉的权利人只能是夫或妻。本着法律上的亲子关系原则应以真实血缘关系为基础，同时兼顾亲子关系的安定性，应将否认权人限制在较小的范围内。之所以没与赋予子女的否认权，是因为子女未成年时需要由其父母代理，而当子女成年后，即便父母与其没有血缘关系，但对付出心血将其抚养成人的父母而言，允许子女行使否认权则有失公允。

第二，由于兄弟姐妹之间鉴定的准确率在60%～80%，还不能达到准确认定的程度，故不能适用本条司法解释的推定原则。比如，一方请求确认与父亲的亲子关系，但其父亲死亡，无法进行亲子鉴定采样。一方要求与其同父异母的兄弟或姐妹之间进行血缘关系鉴定，对方如果不配合做鉴定，在缺乏必要证据的情况下，法院不能推定一方的主张成立。

第三，一方私自带子女去做亲子鉴定，并没有提供其他证据相印证，诉讼中对方拒绝做亲子鉴定的，因无法确定一方私自鉴定的采样是否真实，法院不宜适用本条的推定规则。

——杜万华、程新文、吴晓芳：《关于适用〈中华人民共和国婚姻法〉若干问题的解释（三）的理解与适用》，载最高人民法院民事审判第一庭编：《民事审判指导与参考》（总第47集），人民法院出版社2011年版，第19页。

人民法院在审判实践中适用《婚姻法司法解释（三）》第二条，应当注意以下几个问题：

1. 由于我国至今没有亲属法，现行法律中也没有关于婚生子女否认之诉与认领非婚生子女之诉的诉讼主体的规定。因此，应注意本条两款司法解释的适用范围。由于本司法解释是针对适用婚姻法所产生的问题所作，故对提起婚生子女否认之诉的主体的表述为“夫妻一方”。但在现实生活中，确实存在原来具有夫妻关系的一方于离婚后提起婚生子女否认之诉的情形。起诉的目的既可能是变更子女抚养权且不承担支付抚育费的义务，也可能另有原因。对于当事人民事权利的限制，应当由法律而不是司法解释作出规定。因此，虽然本条解释中出现了婚生子女否认之诉主体的表述，但不应机械地理解为提起诉讼的权利主体只能是夫妻一方，当事人离婚后或者子女成年后就没有权利提起婚生子女否认之诉。

2. 提起非婚生子女认领诉讼当事人应当是诉讼时该子女法律意义上父母之外的自然人。需要注意的是，并非只要原告完成了举证，人民法院均要适用本条司法解释第二款之规定，支持其主张。

尽管我国法律中缺少有关认定亲子关系之标准的规定，但婚姻关系存续期间出生的子女一般应认定为婚生子女是人民法院在审判实践中掌握的一项不成文的办案规则。相对于婚生子女否认之诉而言，非婚生子女认领之诉的情况更为复杂。首先，诉讼不限于夫妻或曾经的夫妻之间。其次，非婚生子女的认领之诉既有出于抚育未成年子女的迫切需要，由该子女的母亲代子女主张其曾经的丈夫或者同居者与子女之间具有亲子关系的，也有未成年子女的父或母（也可能是父母一起）主张与别人收养的子女具有亲子关系的。甚至是曾经遗弃自己妻子或怀孕女友的男人在女方带未成年子女再婚重组家庭后，提起非婚生子女认领之诉。在不同情况下，人民法院支持提起非婚生子女认领诉讼一方当事人的主张的标准，不仅是审判实践中存在的一个难题，在理论上也仍然存在争议。确认亲子关系，实质上是人们追求血缘真实的需要。自然血缘关系与法律上的亲子关系相一致是现代社会中人们公认的一种理想状态。“生父母因为与子女具有天然的血缘联系，是最适合抚养教育子女的人，夫妻也因抚育共同的子女而增进夫妻感情，增强婚姻的凝聚力，从而促进家庭的和谐稳定。”但由于种种原因，这种血缘关系与法律上的亲子关系的不一致经常出现在人们的生活中。对于提起非婚生子女认领之诉的当事人的主张是否予以支持，不能简单地认为当事人提供了必要的证据、对方当事人没有证据亦拒绝做鉴定，就一概要适用本条司法解释的第二款推定主张确认亲子关系一方的请求成立。应当根据案件的具体情况，决定是否需要推定亲子关系成立，支持原告的诉讼请求。对于有迫切抚育需要的未成年人，则应果断适用本条司法解释第二款之规定，判决确认亲子关系，以保护未成年人的合法权益。对于请求认领已经跟随母亲另组家庭生活的未成年人为其婚生子女的当事人，人民法院在具备当事人所举证据已经形成较为完整的证据链，只是需要通过亲子鉴定进一步加以印证的情况下，还应权衡支持其诉讼请求对未成年子女的影响，该子女是否已经被继父通过法律程序收养、子女是否因年幼适宜随母亲生活以及主张认领非婚生子女的一方是否曾因虐待、遗弃子女被判刑等情况，这些均应成为人民法院综合考量是否适用本条司法解释支持其主张的因素。对于成年子女请求确认亲子关系，由于不涉及其父或母的抚养义务，对于亲子鉴定应当严格掌握。如果其提供的证据不足以令裁判者相信可能确有其事，而对方当事人没有证据或证据不够充分但拒绝亲子鉴定，则人民法院应当在真实血缘联系与当事人身份关系及家庭的和谐、稳定以及自然人的名誉权之间进行衡量，以决定是否要通过推定确认亲子关系。

3. 子女利益最大化原则在审判实践中的体现。1989 年联合国《儿童权利公约》第七条规定：子女有“尽可能知道谁是父母并受其父母照料的权利”。这一权利不仅关系到子女获得确切的生活保障，而且关系其人格的健康发展。我国是《儿童权利公约》的签约国，国家的司法审判活动应当贯彻公约的上述精神。在审理涉及亲子关系的婚姻家庭案件中，未成年子女利益最大化原则是人民法院考量衡平各方当事人利益时不能忽略的一个原则。但对于具体案件中，如何看待未成年人的意思表示，则始终存在不同认识。民法通则将 10 周岁以上的未成年人规定为限制民事行为能力人。限制民事行为能力人可以进行与他的年龄、智力相适应的民事活动；其他民事活动由他的法定代理人代理，或者应征得他的法定代理人同意。正是因为亲子鉴定必须有未成年人的配合，因此，对于 10 周岁以上的未成年人，人民法院不能简单地强制其进行亲子鉴定，而应当对其意思给予一定的重视。在决定是否进行亲子鉴定的问题上，要考虑其对事件的理解程度和态度，通过其监护人做好工作，避免极端事件的发生。如果 10 周岁以上的未成年人了解情况后，坚决抵制亲子鉴定，人民法院不能简单地认定未成年人的监护人没有证据而又拒绝亲子鉴定，进而判决支持提起身份确认之诉的当事人胜诉。

——最高人民法院民事审判第一庭著：《最高人民法院关于婚姻法司法解释(三)理解与适用》，人民法院出版社 2011 年版，第 58 ~ 60 页。

在确认亲子关系的诉讼中，一方申请做亲子鉴定，另一方不予配合，亲子鉴定能否强制？一方申请做亲子鉴定，另一方不予配合的，能否直接推定对其不利的事实成立？第一种观点：亲子鉴定涉及人身，不能强制；但是如果一方申请做亲子鉴定，另一方无正当理由拒不同意做亲子鉴定的，依据《最高人民法院关于民事诉讼证据的若干规定》第 73 条第 2 款、第 75 条，可以推定对其不利的事实成立。第二种观点：《最高人民法院关于人民法院在审判工作中能否采用人类白细胞抗原作亲子鉴定问题的批复》中规定亲子鉴定应双方自愿，因此，亲子鉴定不能强制,而且不能根据《最高人民法院关于民事诉讼证据的若干规定》第75条的规定,进行推定。因为适用推定,事实上就是强迫另一方必须接受亲子鉴定,违反了自愿原则,有可能侵犯人身权。

上述两种观点均有失偏颇,应当根据保护妇女儿童的合法权益、维护家庭关系的稳定、有利于社会发展等原则来综合判定:1.如子女在婚姻关系存续中出生,无论是否婚前受胎,而只要出生时,父母有合法婚姻关系,子女则推定为婚生。如一方对亲子关系提出异议,应当在自愿的基础上进行鉴定;如子女年龄偏小不能表达其意愿时,应当征得父母中另一方的同意。2.如子女在父母婚姻关系存续期间受胎(从子女出生日回溯第181日起至第302日止),则不论子女出生时父母婚姻关系是否消灭,不影响其亲子关系的成立。如一方对亲子关系提出异议,应当在双方愿意的基础上进行鉴定;如子女偏小不能表达其意愿时,应当征得父母中另一方的同意。3.非婚生子女请求确认亲子关系,且有相关证据能够证明被告为其生父或者生母,而父母一方或者双方否认亲子关系,又拒绝亲子鉴定的,在没有其他相反证据的前提下,可以推定其亲子关系成立。4.非婚生子女的父母一方请求确认亲子关系,应当征得非婚生子女本人的同意;如非婚生子女年龄偏小不能表达其意愿时,应当征得与非婚生子女共同生活的(法定代理人)父母一方或者双方的同意。

——贺小荣:《亲子鉴定能否强制》,载最高人民法院民事审判第一庭编:《中国民事审判前沿》(总第1集),法律出版社2005年版,第50～51页。

离婚案件的一方当事人拒绝做亲子鉴定,人民法院应如何处理?

《人民司法》研究组认为:由于亲子鉴定关系到夫妻双方、子女及他人的利益,必须严肃、慎重地加以处理。目前,法律对此类问题无明文规定,最高人民法院曾以法(研)复〔1987〕20号文件对个案进行批复,其总的指导方针是“从保护妇女、儿童的合法权益,有利于增进团结和防止矛盾激化出发,区别情况,慎重对待”。实践中的通常做法是:如果双方当事人均同意做亲子鉴定的,应予准许;如果只是单方提出要求而另一方不同意,或者子女较大(已超过3周岁)的,则从严掌握。来信所述民事案件中,离婚时男方以孩子非其亲生为由而拒付抚养费,并要求鉴定。此案中首先应看孩子的大小,若孩子较大的话,不宜做亲子鉴定。如果女方拒绝做鉴定,也不能强求。所以从保护妇女、儿童权益的角度出发,法院力求用其他方法查明案情,而不能为做亲子鉴定采取强制措施。

——《人民司法》2001 年第 4 期

438

涉灾案件证据处理

关键词 | 涉灾案件 | 原件灭失 | 证据保全 |

【最高人民法院司法政策】

六、当事人在诉讼中提交给法院的证据如系原件,在未经质证的情况下在地震中灭失,待证事实或者损毁灭失的证据内容又不能通过其他证明办法正面的,人民法院应当通过调解等办法妥善处理。

——《最高人民法院关于处理涉及汶川地震相关案件适用法律问题的意见(一)》(2008 年 7 月 14 日,法发〔2008〕21 号)

对于起诉到人民法院的民事案件,当事人提出证据保全申请的,有关法院要依法采取保全措施。对于因地震毁损和灭失相关证据,带来当事人举证困难的,可以放宽举证期限,并加强依职权调查取证。要主动推出便民利民措施,为灾区当事人诉讼提供便利。要加大缓、减、免诉讼费用的力度,保证灾区群众不因缴不起诉讼费用而无法打官司。

——《最高人民法院关于依法做好抗震救灾恢复重建期间民事审判和执行工作的通知》(2008 年 6 月 6 日,法〔2008〕164 号)

439

申请人无证据证明侵犯商业秘密时,不可以证据保全形式取得并作为判断侵权依据

关键词 | 侵犯商业秘密 | 保密档案 | 证据保全 |

【链接：最高人民法院法官著述】

问题：甲公司传闻乙公司以不正当竞争手段获得甲公司保密的专有技术后，经调查收集到一些乙公司涉嫌侵犯甲公司商业秘密的证据。甲公司将调查情况及相关证据制成保密档案交给律师事务所提出法律意见，并要求律师事务所保密。乙公司得到这些情况后，以甲公司非法调查、侵犯乙公司的商业秘密为由向法院起诉，要求追究甲公司的侵权责任。同时，乙公司还以不能收集且可能灭失为由申请法院查封该律师事务所的相关档案。尽管律师事务所以“与客户签订过保密协议，未经客户同意，律师不得将该材料交与任何人”及《律师法》规定的律师有为客户保密义务为由，申请法院复议已作出的证据保全裁定，但最终法院还是查封提取了该律师事务所有关此案的全部档案，并将该档案作为法院依职权调取的证据在本案诉讼中使用。法院可否要求对当事人承担保密义务的律师所提交当事人的保密档案？

《人民司法》研究组认为：《民事诉讼法》第 74 条规定：“在证据可能灭失或者以后难以取得的情况下，诉讼参加人可以向人民法院申请保全证据，人民法院也可以主动采取保全措施。”本条只规定了证据保全的条件，没有规定证据保全的对象，因而，原则上人民法院在民事诉讼中可以依据当事人的申请或依职权对任何证据采取保全措施。但在来函所述案例中，法院可否要求对当事人承担保密义务的律师事务所提交当事人的保密档案并作为依职权调取的证据在诉讼中使用，值得研究。在本案中，甲公司的行为是否构成侵权应由乙公司举证，如乙公司没有其他证据，则不得通过法院查封提取甲公司保存在律师事务所的保密档案，更不应当将甲公司的档案材料作为判断甲公司对乙公司侵权的依据。

——《人民司法》2002 年第 12 期

440

消费民事公益诉讼证据保全

关键词｜消费民事公益诉讼｜证据保全｜

【最高人民法院司法解释】

第八条 有权提起消费民事公益诉讼的机关或者社会组织,可以依据民事诉讼法第八十一条规定申请保全证据。

——《最高人民法院关于审理消费民事公益诉讼案件适用法律若干问题的解释》(2016年4月24日,法释〔2016〕10号)

【链接:最高人民法院法官著述】

本条规定了消费民事公益诉讼中的两种证据保全类型,分别是诉中证据保全和诉前证据保全。在司法实践中适用本条解释时应当注意以下几点:

诉中证据保全可以由消费民事公益诉讼原告向受案法院提出申请启动,也可以由法院根据案件的实际情况依职权主动启动。消费民事公益诉讼原告提出诉中证据保全申请的时间应当是起诉时或者起诉之后举证期限届满之前。

诉前证据保全只能通过具有消费民事公益诉讼发起资格的主体在起诉之前向相关法胺提出申请的方式启动。消费民事公益诉讼的诉前证据保全申请不受"利害关系人"的限制,具有消费民事公益诉讼发起资格的机关和社会组织,作为非利害关系人,也有权申请诉前证据保全。有权受理消费民事公益诉讼诉前证据保全申请的法院只有证据所在地、被申请人住所地或者对消费公益诉讼案件有管辖权的人民法院。具有消费民事公益诉讼发起资格的机关和社会组织向人民法院提出诉前证据保全申请,人民法院经审查同意,裁定采取保全措施的,申请人应当在人民法院采取保全措施后三十日内依法提起消费公益诉讼,否则人民法院应当在期满后解除保全措施。

人民法院在消费民事公益诉讼中,有权决定申请证据保全的主体是否需要提供担保。如果证据保全可能导致被申请人财产受损,则人民法院应当责令申请人提供担保,否则,申请证据保全的消费民事公益诉讼发起主体可以不提供担保。基于担保的金额,应当以可能给被申请人造成的实际损失额为基础确定。

——杜万华主编、最高人民法院民事审判第一庭编著:《最高人民法院消费民事公益诉讼司法解释理解与适用》,人民法院出版社2016年版,第184页。

441 消费民事公益诉讼对原告自认的限制

关键词｜消费民事公益诉讼｜原告自认｜处分原则｜

【最高人民法院司法解释】

第十二条 原告在诉讼中承认对己方不利的事实，人民法院认为损害社会公共利益的，不予确认。

——《最高人民法院关于审理消费民事公益诉讼案件适用法律若干问题的解释》(2016年4月24日，法释〔2016〕10号)

【链接：最高人民法院法官著述】

一、对原告自认事实的审查判断标准

如前所述，公益诉讼主要目的是维护社会公共利益，因此，在公益诉讼中涉及基本事实一般都会对社会公共利益造成影响，应严格把握，但也不能因噎废食，否认原告的所有自认行为。实践中，对己方不利的事实一般是涉及责任认定的基本事实，比如，商品或服务本身是否具有危及消费者人身、财产安全的危害性以及危害性大小；是否对提供的商品或者服务作出真实的说明、明确警示、标明正确使用商品或接受服务的方法的事实；是否对提供的商品或服务的质量、性能、用途、有效期限等信息作虚假或引人误解的宣传的事实；对提供的商品或者服务消费者损害的影响范围、广度和深度的事实等。上述自认事实有可能导致相关侵权事实无法查清，或者影响被告承担损害赔偿数额的认定，导致损害社会公共利益。

鉴于消费民事公益诉讼本质上属于民事诉讼的范畴，如果原告自认的事实并不涉及社会公共利益，不影响对社会公共利益的保护，则应当适用当事人意思自治原则，充分尊重当事人自己的意志。比如，被告在诉讼中陈述其已经对造成损害的消费者进行一定数量的损失赔偿的事实；其已经采取召回、下架、清查等尽量降低商品或服务危害性的措施的事实等。原告在诉讼中予以承认或认可的，原告的自认应当得到尊重，并可以作为法院确认案件事实的依据。对于消费者组织在依法履行公益性职责过程中查明的对被告有利的事实，如果涉及社会公共利益的，是否适用自认规则的问题，我们倾向认为，从《民诉法司法解释》规定的表述看，只要涉及社会公共利益的事实，即不适用自认的规定，因此，仍应当由被告承担举证证明责任，不适用自认规则。

二、自认需要所有原告全部同意

根据《消费民事公益诉讼司法解释》第 7 条规定，在已经受理的消费民事公益诉讼案件中，依法可以提起诉讼的其他机关或者社会组织，依法申请参加诉讼的，其诉讼地位为原告身份，而对被告提出的所谓“对己方不利的事实”，是指对原告所代表的社会公共利益而言存在不利。如果存在多个原告的情况下，各个原告所代表的利益具有同一性，它们之间没有自己各自的私益，因此，在部分原告自认，部分原告不同意的情况下，既不能以该自认部分对自认的原告有效，更不能就此认定所有原告均自认。对于该事实，不能适用自认规则进行处理，被告仍应当对该事实承担举证证明责任。

三、对部分事实的自认

当事人的自认往往来源于对方当事人的陈述，而对其陈述的事实，如果是有所附加或限制的承认，一般不能适用自认规则，分割出一部分认定为是自认，这是自认效力不可分割性的体现。但是，如果陈述的事实可以分割，且可以相对独立的，则对该自认的部分事实，对方当事人也可以免除相应的举证责任。

四、当事人以自认损害社会公共利益为由申请再审的

一般来讲，自认具有不可撤销性。即自认对当事人具有拘束力，作出自认的当事人在其后的诉讼程序中也不得主张与自认相反的事实。但是，如果在再审审查中查明作为原裁判依据的自认事实确实存在损害社会公共利益的情况，则也应当依法提审并予以改判。

——杜万华主编、最高人民法院民事审判第一庭编著：《最高人民法院消费民事公益诉讼司法解释理解与适用》，人民法院出版社 2016 年版，第 233 ~234 页。

442

消费民事公益诉讼生效裁判对私益诉讼的影响

关键词 | 消费民事公益诉讼 | 消费者 | 既判力 |

【最高人民法院司法解释】

第十六条 已为消费民事公益诉讼生效裁判认定的事实，因同一侵权行为受到损害的消费者根据民事诉讼法第一百一十九条规定提起的诉讼，原告、被告均无需举证证明，但当事人对该事实有异议并有相反证据足以推翻的除外。

消费民事公益诉讼生效裁判认定经营者存在不法行为，因同一侵权行为受到损害的消费者根据民事诉讼法第一百一十九条规定提起的诉讼，原告主张适用的，人民法院可予支持，但被告有相反证据足以推翻的除外。被告主张直接适用对其有利认定的，人民法院不予支持，被告仍应承担相应举证证明责任。

——《最高人民法院关于审理消费民事公益诉讼案件适用法律若干问题的解释》（2016 年 4 月 24 日，法释〔2016〕10 号）

【链接：最高人民法院法官著述】

本条解释仅适用于消费民事公益诉讼裁判生效后，消费者针对经营者的同一侵权行为而提起私益诉讼的情形。关联私益诉讼的原告必须是消费者，即消费者针对经营者提起的维权私益诉讼，如果是经营者作为原告的情形则不能适用本条解释。

消费民事公益诉讼生效裁判确认的事实对于其后关联私益诉讼的原告和被告均具有免予举证的效力。此外，双方当事人对该预决事实都有提出异议并举反证推翻的权利。消费民事公益诉讼生效裁判的既判力扩张是单向的，即仅对于私益诉讼原告有利的扩张。在客体范围上，消费民事公益诉讼生效裁判中仅“经营者存在不法行为”这一认定可以进行既判力扩张。前面已经提到，生效裁判既判力扩张的正当性基础是当事人的正当程序权利在前诉中已经获得充分保障，由于作为私益诉讼原告的消费者没有参与消费公益诉讼程序，没有在前诉中获得正当程序权利保障，因此，若消费公益诉讼生效裁判就经营者是否存在不法行为作出对消费者不利的认定，则该裁判既判力不得扩张于关联私益诉讼的原告，关联私益诉讼的被告仍然应当就其主张承担举证责任。如果消费民事公益诉讼生效裁判就经营者是否存在不法行为作出对消费者有利的认定，则作为关联私益诉讼原告的消费者可以主张适用。经营者对这一认定有异议的，应当承担举证证明责任。简言之，对经营者是否存在不法行为这一争点问题，无论消费民事公益诉讼作出怎样的认定，在关联私益诉讼中经营者均要承担举证证明责任。

——杜万华主编、最高人民法院民事审判第一庭编著：《最高人民法院消费民事公益诉讼司法解释理解与适用》，人民法院出版社 2016 年版，第 320 ~ 321 页。

第五章 — CHAPTER 05

期间、送达

443

期间不包括在途时间

关键词｜期间｜时日计算｜在途时间｜

【最高人民法院司法解释】

第一百二十五条　依照民事诉讼法第八十二条第二款规定,民事诉讼中以时起算的期间从次时起算;以日、月、年计算的期间从次日起算。

——《最高人民法院关于适用〈中华人民共和国民事诉讼法〉的解释》(2015年1月30日,法释〔2015〕5号)

【链接:最高人民法院法官著述】

期间不包括在途时间。诉讼文书在期满前交邮的,不算过期。所谓的在途时间,是指人民法院邮寄诉讼文书,或者当事人邮寄诉讼文书在旅途中所用去的时间。正因为期间不包括在途时间,所以诉讼文书在期满前交邮的不算过期。如上诉状只要在法定期间届满前交邮,即使人民法院收到时已逾上诉期限,也不能认为逾期上诉。确定诉讼文书是否于期间届满前交邮,不是以诉讼文书到达地邮局邮戳上的时间为标准,而是以诉讼文书邮寄地邮局邮戳上的时间为标准,并且以时为标准。

——沈德咏主编、最高人民法院修改后民事诉讼法贯彻实施工作领导小组编著:《最高人民法院民事诉讼法司法解释理解与适用》,人民法院出版社2015年版,第402页。

444

台湾同胞起诉追索中华人民共和国成立前公民之间债务的予以受理

关键词｜台湾同胞｜追索债务｜授权委托书｜受理｜

【最高人民法院答复】

上海市高级人民法院：

你院1985年7月12日〔85〕沪高法办字第102号报告请示的问题，经研究，答复如下：

（一）台湾同胞汪浩然为追索他于1949年去台湾前存放于王云珍丈夫处的三件宣纸，向人民法院提起诉讼，人民法院是否受理的问题，我们同意你院意见，即由于台湾同大陆长期隔绝，台湾同胞无法行使诉权，为维护其权益，对他们追索建国前公民之间债务的起诉，应予受理。

（二）对汪浩然从台湾寄来的授权委托书和诉讼中意思表示的文书，如何确认问题，根据我院1980年8月28日〔80〕法民字第九号批复精神，汪浩然所提文书，经当地公证机关、律师或所在工作单位证明，可在查证后予以确认。如取得上述证明有困难，可由汪浩然在大陆的亲属辨认，并与过去来信笔迹核对无误后予以确认。

——《最高人民法院关于台湾同胞为追索建国前公民之间债务的起诉，人民法院是否受理问题的批复》（1995年8月8日）

445

立案庭将案卷移送审判庭的期限

关键词｜立案庭｜移送期限｜

【最高人民法院司法解释】

第七条 立案机构应当在决定立案的三日内将案卷材料移送审判庭。

——《最高人民法院关于严格执行案件审理期限制度的若干规定》（2000年9月22日，法释〔2000〕29号）

【最高人民法院答复】

江苏省高级人民法院：

你院苏立函字第10号《关于执行〈最高人民法院关于严格执行案件审理期

限制度的若干规定〉中有关问题的请示》收悉。经研究，答复如下：

立案庭承担有关法律文书送达、对管辖权异议的审查、诉讼保全、庭前证据交换等庭前程序性工作的，向审判庭移送案卷材料的期限可不受《最高人民法院关于严格执行案件审理期限制度的若干规定》（以下简称《若干规定》）第七条“立案机构应当在决定立案的3日内将案卷材料移送审判庭”规定的限制，但第一审案件移送案卷材料的期限最长不得超过20日，第二审案件最长不得超过15日。

立案庭未承担上述程序性工作的，仍应执行《若干规定》第七条的规定。

——《最高人民法院关于执行〈最高人民法院关于严格执行案件审理期限制度的若干规定〉中有关问题的复函》（2001年8月20日，法函〔2001〕46号）

446

法院专递适用范围

关键词｜法院专递｜

【最高人民法院司法解释】

第一条 人民法院直接送达诉讼文书有困难的，可以交由国家邮政机构（以下简称邮政机构）以法院专递方式邮寄送达，但有下列情形之一的除外：

（一）受送达人或者其诉讼代理人、受送达人指定的代收人同意在指定的期间内到人民法院接受送达的；

（二）受送达人下落不明的；

（三）法律规定或者我国缔结或者参加的国际条约中约定有特别送达方式的。

——《最高人民法院关于以法院专递方式邮寄送达民事诉讼文书的若干规定》（2004年9月17日，法释〔2004〕13号）

【链接：最高人民法院法官著述】

我们认为，“直接送达诉讼文书是否有困难”应当由受理案件的法院根据自己的人员、经费、装备等条件来具体判定，不宜在司法解释中作出统一、具体的规定。近年来，各地法院的物质装备条件虽有不同程度的改善，但要完全适应当前人民法院案多人少的现状尚有一定困难，因此，大力拓展邮寄送达特别是法院专递的范围，是解决人民法院“送达难”的重要举措。

——沈德咏主编、最高人民法院研究室编著：《民事诉讼司法解释理解与适用》，法律出版社 2009 年版，第 310 ~ 311 页。

编者说明

1991 年《民事诉讼法》规定了直接送达、留置送达、邮寄送达、委托送达、转交送达及公告送达六种送达方式。此六种送达方式的顺序安排隐含立法者对送达方式优先性选择的倾向性意见。送达应以直接送达为最主要、最一般的形式。直接送达时当事人拒绝在送达回证上签字，送达人员可以通过见证人证明或视听资料证明的形式，使直接送达转化为留置送达。一般情况下，只有在直接送达与留置送达均无法实现时，才可以用邮寄送达。公告送达因其时间长、当事人很少真正注意到公告内容、严重影响效率等原因，应严格限制其使用。但在目前司法实践中，邮寄送达逐渐成为首先采用的送达方式。很多法院只有在邮寄送达无法完成的情况下，才会采用直接送达或留置送达的方式。2005 年最高人民法院出台《关于以法院专递方式邮寄送达民事诉讼文书的若干规定》，确立了“法院专递”的送达方式。这种方式可视为人民法院委托邮寄送达诉讼文书，与人民法院送达具有同等的法律效力。目前，各级法院已经普遍采用“法院专递”方式进行送达。

447

当事人确认的送达地址的效力

关键词 | 当事人确认 | 送达地址 | 法院专递 | 一审程序 |

【最高人民法院司法解释】

第一百三十七条 当事人在提起上诉、申请再审、申请执行时未书面变更送达地址的，其在第一审程序中确认的送达地址可以作为第二审程序、审判监督程序、执行程序的送达地址。

——《最高人民法院关于适用〈中华人民共和国民事诉讼法〉的解释》(2015 年 1 月 30 日，法释〔2015〕5 号)

第三条 当事人起诉或者答辩时应当向人民法院提供或者确认自己准确的送达地址,并填写送达地址确认书。当事人拒绝提供的,人民法院应当告知其拒不提供送达地址的不利后果,并记入笔录。

第四条 送达地址确认书的内容应当包括送达地址的邮政编码、详细地址以及受送达人的联系电话等内容。

当事人要求对送达地址确认书中的内容保密的,人民法院应当为其保密。

当事人在第一审、第二审和执行终结前变更送达地址的,应当及时以书面方式告知人民法院。

第五条 当事人拒绝提供自己的送达地址,经人民法院告知后仍不提供的,自然人以其户籍登记中的住所地或者经常居住地为送达地址;法人或者其他组织以其工商登记或者其他依法登记、备案中的住所地为送达地址。

——《最高人民法院关于以法院专递方式邮寄送达民事诉讼文书的若干规定》(2004 年 9 月 17 日,法释〔2004〕13 号)

【链接:最高人民法院法官著述】

关于当事人在一案件中提供的送达地址确认书可否适用于同一时期的其他案件,《简易程序规定》和《法院专递邮寄送达文书规定》均未对此作出规定,导致审判实践中对此有不同意见。实践中遇到的情况是,当事人在同一时期的甲案是原告,在乙案是被告,但在乙案中却避而不见;另外还有的当事人在同一时期,在不同级别或相同级别的法院参与了多起诉讼,在对其有利的案件审理中积极提供了送达地址确认书,而在同一时期审理的对其不利的其他案件中却不予应诉或者拒绝提供有效的送达地址,以规避法律或者拒绝履行相应义务,达到拖延诉讼的目的。有观点认为,送达地址确认书是当事人向人民法院作出的一种承诺,即承诺该地址为有效的送达地址,具有契约性的特点,基于这种契约性,在特定的相同时期,在不同的案件当中应当均为有效。我们认为基于法律的规范性要求,同一当事人在同一时期不同案件提供的送达地址确认书不能在其他案件中使用,只能作为人民法院明确当事人直接送达或留置送达地址的参考。

——沈德咏主编、最高人民法院修改后民事诉讼法贯彻实施工作领导小组编著:《最高人民法院民事诉讼法司法解释理解与适用》,人民法院出版社 2015 年版,第 421 页。

448 邮寄送达的签收

关键词｜法院专递｜邮寄送达｜

【最高人民法院司法解释】

第七条　受送达人指定代收人的，指定代收人的签收视为受送达人本人签收。

邮政机构在受送达人提供或确认的送达地址未能见到受送达人的，可以将邮件交给与受送达人同住的成年家属代收，但代收人是同一案件中另一方当事人的除外。

第八条　受送达人及其代收人应当在邮件回执上签名、盖章或者捺印。

受送达人及其代收人在签收时应当出示其有效身份证件并在回执上填写该证件的号码；受送达人及其代收人拒绝签收的，由邮政机构的投递员记明情况后将邮件退回人民法院。

第九条　有下列情形之一的，即为送达：

（一）受送达人在邮件回执上签名、盖章或者捺印的；

（二）受送达人是无民事行为能力或者限制民事行为能力的自然人，其法定代理人签收的；

（三）受送达人是法人或者其他组织，其法人的法定代表人、该组织的主要负责人或者办公室、收发室、值班室的工作人员签收的；

（四）受送达人的诉讼代理人签收的；

（五）受送达人指定的代收人签收的；

（六）受送达人的同住成年家属签收的。

——《最高人民法院关于以法院专递方式邮寄送达民事诉讼文书的若干规定》（2004 年 9 月 17 日，法释〔2004〕13 号）

【链接：最高人民法院法官著述】

经过长达十余年司法实践的检验，如何判断和掌握“负责收件的人”成为送达是否有效的重要标准。由于企业内部到底由谁负责收件只能由企业自己说明，无法由送达人自行判定，导致许多企业事后否认签收人的现象屡有发生。《规定》总结了现行送达制度中的缺陷和不足，规定了法人或其他组织的办公室、收发室或值班室工作人员签收即为送达的制度，避免了因签收人资格和权利而引发新的矛盾和冲突。

——沈德咏主编、最高人民法院研究室编著：《民事诉讼司法解释理解与适用》，法律出版社2009年版，第313～314页。

449

邮寄送达的核对制度

关键词 | 法院专递 | 邮寄送达 | 核对制度 |

【最高人民法院司法解释】

第十条 签收人是受送达人本人或者是受送达人的法定代表人、主要负责人、法定代理人、诉讼代理人的，签收人应当当场核对邮件内容。签收人发现邮件内容与回执上的文书名称不一致的，应当当场向邮政机构的投递员提出，由投递员在回执上记明情况后将邮件退回人民法院。

签收人是受送达人办公室、收发室和值班室的工作人员或者是与受送达人同住成年家属，受送达人发现邮件内容与回执上的文书名称不一致的，应当在收到邮件后的三日内将该邮件退回人民法院，并以书面方式说明退回的理由。

——《最高人民法院关于以法院专递方式邮寄送达民事诉讼文书的若干规定》（2004年9月17日，法释〔2004〕13号）

【链接：最高人民法院法官著述】

如何核对邮件内容是邮寄送达实践中较为复杂的问题，也是最容易发生争议的问题。由于邮寄送达以“回执”代替了“送达回证”，人民法院单凭“回执”只能确定受送达人是否已经收到了邮件，而无法确认受送达人已经实际收了邮件中的诉讼文书。因此，要求受送达人当场核对邮件内容既是受送达人应当承担的一项重要义务，同时又是送达人享有的一项重要权利。

在送达实践中，有权签收邮件的人并不一定有权启封文书，如收发室、值班室工作人员有权签收邮件，但无权开启邮件，当然也就无法当场核对邮件内的诉讼文书。因此，《规定》第十条第二款规定："签收人是受送达人办公室、收发室和值班室的工作人员或者是与受送达人同住成年家属，受送达人发现邮件内容与回执上的文书名称不一致的，应当在收到邮件后的三日内将该邮件退回人民法院，并以书面方式说明退回的理由。"

——沈德咏主编、最高人民法院研究室编著：《民事诉讼司法解释理解与适用》，法律出版社 2009 年版，第 314～315 页。

450

禁止盲目滥用公告送达

关键词｜公告送达｜适用条件｜

【最高人民法院司法解释】

第一百三十八条　公告送达可以在法院的公告栏和受送达人住所地张贴公告，也可以在报纸、信息网络等媒体上刊登公告，发出公告日期以最后张贴或者刊登的日期为准。对公告送达方式有特殊要求的，应当按要求的方式进行。公告期满，即视为送达。

人民法院在受送达人住所地张贴公告的，应当采取拍照、录像等方式记录张贴过程。

第一百三十九条　公告送达应当说明公告送达的原因；公告送达起诉状或者上诉状副本的，应当说明起诉或者上诉要点，受送达人答辩期限及逾期不答辩的法律后果；公告送达传票，应当说明出庭的时间和地点及逾期不出庭的法律后果；公告送达判决书、裁定书的，应当说明裁判主要内容，当事人有权上诉的，还应当说明上诉权利、上诉期限和上诉的人民法院。

第一百四十条　适用简易程序的案件，不适用公告送达。

——《最高人民法院关于适用〈中华人民共和国民事诉讼法〉的解释》（2015 年 1 月 30 日，法释〔2015〕5 号）

【最高人民法院司法政策】

68. 人民法院在送达诉讼文书时,应鼓励运用现代科技手段送达。在征得当事人同意的情况下,可以采用传真、电子邮件等更方便、更快捷的方式送达……

69. 人民法院只有在民事诉讼法第八十四条规定的受送达人下落不明,穷尽其他方式无法送达的情况下,才可以采用公告送达方式。坚决杜绝随意采用公告送达方式的错误做法,充分维护当事人的诉讼权利和实体权利。

——《最高人民法院全国民事审判工作会议纪要》(2011 年 10 月 9 日,法办〔2011〕442 号)

要规范送达方式,避免未穷尽其他法定送达手段时,盲目采用公告送达,导致当事人难以知晓的情形发生。

——《全国民事审判工作会议材料》(2011 年 6 月 23 日),载最高人民法院民事审判第一庭编:《民事审判指导与参考》(总第 46 辑),人民法院出版社 2011 年版,第 14 ~ 15 页。

【最高人民法院审判业务意见】

最高人民法院民一庭意见:应严格执行《民事诉讼法》的规定,杜绝随意采用公告送达方式的错误做法,充分维护当事人的诉讼权利和实体权利。只有在受送达人下落不明,穷尽其他方式无法送达的情况下,才可以采用公告送达的方式。在送达诉讼文书时,在征得当事人同意的情况下,可以采用传真、电子邮件等方便、快捷的方式送达。

——最高人民法院民事审判第一庭:《民事诉讼中的送达问题》,载最高人民法院民事审判第一庭编:《民事审判前沿》(第 1 辑),人民法院出版社 2014 年版,第 387 ~ 390 页。

按照《民事诉讼法》第八十四条的规定,只有受送达人下落不明,或者通过法律规定的其他送达方式仍无法送达的时候,才能采用公告送达方式。在这个问题上,首先,要严格执行《民事诉讼法》有关公告送达适用条件的规定,未穷尽其他送达手段,不得采用公告送达方式。其次,在婚姻等类型案件中,必须慎用公告送达，坚决排除少数当事人利用公告送达制度恶意离婚、损害另一方当事人合法权益的现象。再次，要在征得当事人同意的情况下，充分运用现代科技手段提高送达的质量和效率，最大限度解决送达难以及由此导致的诉讼拖延问题。最后，对少数恶意回避送达的当事人，我们也要多做说服教育工作，引导其理性对待诉讼。在送达问题上，我们要多做一些工作，虽然会给工作带来一定不便，但却可以给案件的妥善处理带来好处，也可以有效提升民事裁判的公信力和权威性。

——杜万华：《在全国民事审判工作会议上的总结讲话》（2011 年 6 月 24 日），载最高人民法院民事审判第一庭编：《民事审判指导与参考》（总第 46 辑），人民法院出版社 2011 年版，第 30～31 页。

【链接：最高人民法院法官著述】

问题：最近，我院受理一起民事纠纷案件。在送达副本材料的过程中，发现被告不知去向。我院法官便向其父母作了一份谈话笔录，询问被告的情况及下落。该谈话笔录反映出被告已外出务工一段时间，具体下落不明，也不知其任何联系方式。对于该案采取公告送达，我院无意见分歧，但在公告送达所依据的材料方面则产生两种意见。一种意见认为，该谈话笔录就可以作为公告送达的依据；另一意见认为，该谈话笔录不能作为依据，而应由当地基层组织出具证明。请问：对被告亲属所作的该份笔录可否作为公告送达的依据？哪些材料又可以成为公告送达的依据？

《人民司法》研究组认为：根据《民事诉讼法》第 84 条的规定，受送达人下落不明，或者用直接送达、留置送达、委托送达、转交送达、邮寄送达五种送达方式都无法送达的，适用公告送达。该条同时规定，公告送达的，应当在案卷中记明原因和经过。一般情况下，公告送达无须以当地基层组织出具证明为前提，而对受送人亲属作的谈话笔录则属于记述公告送达的原因和经过，只要人民法院能查明被送达人下落不明或者采用其他方式均无法送达，便可适用公告送达程序。另外，有一点需要注意，直接送达中有一种情况是向与受送达人同住的成年家属送达，如果成年家属拒收的，可以留置送达。法律作此规定，是为了防止受送达人避而不见以逃避诉讼。来信中提到了受送达人的，应注意查明受送达人是否与父母同住，如果属实，人民法院可以向其父母直接送达或留置送达相关诉讼文书。因此，我们认为，只要符合公告送达的条件，在案卷中记明原因和经过即可，不存在必须以什么为依据的问题。

——《人民司法·应用》2009 年第 1 期

451

民事调解书适用公告送达的情形

关键词｜民事调解书｜公告送达｜

【链接：最高人民法院法官著述】

问题：最近在《人民法院报》上看到，有的民事调解书是采用公告送达方式进行的。请问，民事调解书能够公告送达吗？

《民事审判指导与参考》研究组认为：根据《民事诉讼法》第 84 条第 1 款的规定，受送达人下落不明，或者适用《民事诉讼法》第七章第二节规定的直接送达、留置送达、邮寄送达等方式无法送达的，公告送达。自发出公告之日起，经过 60 日，即视为送达。从该条款的规定来看，并没有规定民事调解书不能够公告送达。

《最高人民法院关于适用简易程序审理民事案件的若干规定》第 15 条规定，调解达成协议并经审判人员审核后，双方当事人同意该调解协议经双方签名或者捺印生效的，该调解协议自双方签名或者捺印之日起发生法律效力。据此，在适用简易程序审理的案件中，生效的调解书也可能存在用直接送达、留置送达、邮寄送达等方式不能送达的情况，这时就需要采用公告送达的方式进行送达。

在采用普通程序审理的民事案件中，参照上述司法解释的规定，调解达成协议并经审判人员审核后，双方当事人同意该调解协议经双方签名或者捺印之日起发生法律效力，发生法律效力的调解书也存在需要公告送达的情形。

有的案件一审时，人民法院对该当事人采用公告送达的方式送达判决书。根据生效判决书的主文，该当事人不承担民事责任。其他当事人上诉，最后二审法院调解结案。根据调解书的内容，该当事人不承担民事责任。这样，对该当事人也应当用公告送达的方式送达调解书。

如果调解书中没有“双方当事人同意该调解协议经双方签名或者捺印生效”或者类似表述的，那么，按照《民事诉讼法》第 89 条第 3 款的规定，该调解书还不具有法律效力。这类没有生效的调解书就不能采用公告送达的方式送达。

——最高人民法院民事审判第一庭编:《民事审判指导与参考》(总第34集),法律出版社2008年版,第235页。

452

在送达前已生效的民事调解书适用留置送达

关键词 | 民事调解书 | 留置送达 |

【最高人民法院司法解释】

第一百三十三条 调解书应当直接送达当事人本人,不适用留置送达。当事人本人因故不能签收的,可由其指定的代收人签收。

——最高人民法院《关于适用〈中华人民共和国民事诉讼法〉的解释》(2015年1月30日,法释〔2015〕5号)

【链接:最高人民法院法官著述】

问题:对于调解书是否适用留置送达,实践中有较大争议。一些当事人也以是留置送达调解书为由,欲申请再审。最高人民法院《民事诉讼法若干意见》第84条规定“调解书应当直接送达当事人本人,不适用留置送达”。笔者认为,据2003年12月1日起施行的最高人民法院《简易程序规定》第15条之规定,法院送达的调解书是生效的调解书,是一份调解内容的证明及申请法院强制执行的法律依据。因此,调解书可以适用留置送达。请问何种意见正确?

《人民司法》研究组认为:根据《民事诉讼法》第89条第3款的规定,调解书必须经双方当事人签收后,才具有法律效力。当事人拒绝签收的,调解书不生效。基于此最高人民法院《民事诉讼法若干意见》才在第84条规定调解书不适用留置送达。但随着最高人民法院2003年《简易程序规定》和2004年《调解工作规定》的颁布,司法解释又规定了一类新的民事调解书,这类民事调解书在送达当事人之前就已经生效。在案件的审理过程中,如果双方当事人同意调解协议经双方签名或者捺印生效的,该调解协议自双方签名或者捺印之日起发生法律效力。这时人民法院应当根据已生效的调解协议另行制作民事调解书，调解书中载明“双方当事人同意该调解协议经双方签名或者捺印生效的”或者类似表述，此时调解书已经是生效的裁判文书，当事人拒收调解书的，不影响调解协议的效力。调解协议生效后一方拒不履行的，另一方可以持民事调解书申请强制执行。不难看出，这类新规定的调解书不经送达当事人就已经发生法律效力，当事人拒绝签收该调解书的，不影响该调解书的效力，所以，从这个角度上说，对此类的调解书可以适用留置送达。而对于没有“双方当事人同意该调解协议经双方签名或者捺印生效的”或者类似表述的调解书，按照《民事诉讼法》第 89 条第 3 款的规定，该调解书还不具有法律效力。这类没有生效的调解书是不能适用留置送达的。因此，我们认为，根据现行法律和司法解释的规定，调解书在送达之前可以分为已生效调解书和未生效调解书，对于已生效调解书可以适用留置送达，而对于未生效调解书则不适用留置送达。

——《人民司法·应用》2008 年第 15 期

编者说明

根据《最高人民法院关于适用简易程序审理民事案件的若干规定》（以下简称《简易程序规定》）和《最高人民法院关于人民法院民事调解工作若干问题的规定》（以下简称《调解工作规定》），调解书在送达之前可以分为已生效调解书和未生效调解书。在案件审理过程中，双方当事人同意调解协议经双方签名或者捺印生效的，该调解协议是已生效的裁判文书，即不经送达当事人就已生效。所以，此类调解书可以适用留置送达。而对于未生效调解书则不适用留置送达。

453

留置送达的证明方式

关键词｜留置送达｜视听资料｜见证方式｜

【最高人民法院司法解释】

第一百三十条　向法人或者其他组织送达诉讼文书，应当由法人的法定代表人、该组织的主要负责人或者办公室、收发室、值班室等负责收件的人签收或者盖章，拒绝签收或者盖章的，适用留置送达。

民事诉讼法第八十六条规定的有关基层组织和所在单位的代表，可以是受送达人住所地的居民委员会、村民委员会的工作人员以及受送达人所在单位的工作人员。

第一百三十一条 人民法院直接送达诉讼文书的，可以通知当事人到人民法院领取。当事人到达人民法院，拒绝签署送达回证的，视为送达。审判人员、书记员应当在送达回证上注明送达情况并签名。

人民法院可以在当事人住所地以外向当事人直接送达诉讼文书。当事人拒绝签署送达回证的，采用拍照、录像等方式记录送达过程即视为送达。审判人员、书记员应当在送达回证上注明送达情况并签名。

——《最高人民法院关于适用〈中华人民共和国民事诉讼法〉的解释》（2015 年 1 月 30 日，法释〔2015〕5 号）

【链接：最高人民法院法官著述】

留置送达具体又可以通过两种形式完成：一是 2007 年民事诉讼法规定的见证人证明；二是 2012 年民事诉讼法修改所增加的视听资料记录证明。

（1）见证人证明。见证人包括有关基层组织或所在单位的代表。基层组织是指村民委员会、居民委员会等。所在单位是指受送达人工作、学习的单位。送达人应向见证人说明情况。送达人应当将其向受送达人送达法律文书，以及受送达人拒绝接收文书的事由向见证人详细说明；送达人在送达回证上记明拒收事由和日期，以备日后查证。送达人、见证人签名或者盖章，证明送达人所记载情况属实。

（2）视听资料记录证明。本次民事诉讼法修改在送达问题上的一大亮点是承认并推动电子科技手段的广泛应用，用以提高送达效率，推动民事诉讼送达方式科技化的趋势。修改前的民事诉讼法对于留置送达仅规定了一种见证人证明的方式，但由于法律没有规定基层组织或所在单位代表有义务帮助人民法院在送达程序中履行见证职责，基层组织或所在单位代表不配合法院工作时，送达人无法采取见证人证明的方式进行留置送达。为避免此种情况出现，民事诉讼法修改时增加了一种留置送达方式，即视听资料记录证明。视听资料记录证明适用的前提条件与见证人证明基本相同，一是受送达人或其同住成年家属拒绝接收诉讼文书，二是有证据证明留置地系受送达人住所或居住地。实际上，多数情况下视听资料本身就能起到证明受送达人居住于留置地的作用。

视听资料记录的方式包括拍照、录像等形式。民事诉讼法中没有规定录音方式，从视听资料本身而言，理应包含录音。但因录音本身不如影像资料直观，而且在受送达人持异议时,录音资料还需借助声音鉴定等证明其真实性,反而增加送达程序繁琐性,故民事诉讼法并没有规定录音留置送达方式。视听资料需要记录的送达过程包括以下几方面内容:一是受送达人或其同住成年家属确实居住于此地;二是送达人已经向受送达人或其同住成年家属交付送达文书,但受送达人或其同住成年家属拒绝接收或拒绝在文书上签字盖章的情况;三是送达人将文书留置于受送达人或其同住成年家属的居住地。视听资料方式简便易行,能够完整记录送达过程,因直接保留下受送达人拒绝接收文书的影像情形,故真实性较高,实践中应逐渐推广其应用。

——最高人民法院研究室、最高人民法院民事诉讼法修改研究小组办公室编著:《〈中华人民共和国民事诉讼法〉修改条文适用解答》,人民法院出版社 2012 年版,第 134 ~ 135 页。

编者说明

2012 年《民事诉讼法》规定,留置地点是受送达人的住所,最高人民法院认为,对此应当采取扩大解释原则。因改革开放以后,人口流动性大幅增强,以户籍地为认定标准的住所其意义极大削弱,公民与住所地之间的联系不断削弱,离开原住所地长年在外务工者数量庞大。因此,留置送达地点应不限于住所地,在有证据证明受送达人确实居住于某地,某地为其居所时,也可以将文书留置于受送达人的居住地。另外,2012 年《民事诉讼法》在原见证人证明的基础上又增加了视听资料记录证明的方式。《2015 年解释》新增了法院向当事人直接送达诉讼文书时,当事人到达法院,拒绝签署送达回证即视为送达的规定。

454

数个企业法定代表人为同一人时可只送达至其一

关键词 | 送达 | 法定代表人 | 留置送达 |

【《最高人民法院公报》案例】

中国长城资产管理公司昆明办事处与昆明新人人海鲜有限责任公司、昆明新人人金实酒楼有限责任公司借款合同纠纷案[最高人民法院(2007)民二终字第 210 号民事判决书]

裁判要旨:数个企业之法定代表人为一人,且权利义务基本相同,法院送达传票时可只送达至其一，而对其他采取留置或转交送达方式，此程序不违法。

最高人民法院认为：

海鲜酒楼与金实酒楼的法定代表人为同一人，两个公司法定代表人的法定职权与义务基本相同。因此，原审法院通过向海鲜酒楼送达开庭传票等法律文书后转交金实酒楼或者留置送达，并不影响当事人的诉讼权利，更未造成当事人实体权利的损害，上诉人关于"审判程序违法"的上诉理由不能成立，本院予以驳回。

——《最高人民法院公报》2008 年第 9 期

455

适用电子送达应注意的问题

关键词 | 电子送达 | 送达日期 |

【最高人民法院司法解释】

第一百三十五条 电子送达可以采用传真、电子邮件、移动通信等即时收悉的特定系统作为送达媒介。

民事诉讼法第八十七条第二款规定的到达受送达人特定系统的日期，为人民法院对应系统显示发送成功的日期，但受送达人证明到达其特定系统的日期与人民法院对应系统显示发送成功的日期不一致的，以受送达人证明到达其特定系统的日期为准。

第一百三十六条 受送达人同意采用电子方式送达的，应当在送达地址确认书中予以确认。

——《最高人民法院关于适用〈中华人民共和国民事诉讼法〉的解释》(2015 年 1 月 30 日，法释〔2015〕5 号)

第六条 原告起诉后，人民法院可以采取捎口信、电话、传真、电子邮件等简便方式随时传唤双方当事人、证人。

——《最高人民法院关于适用简易程序审理民事案件的若干规定》(2003 年 9 月 10 日，法释〔2003〕15 号)

【链接：最高人民法院法官著述】

2012年民事诉讼法首次以基本法律形式对电子送达制度正式加以确认，未来适用中还会面临许多问题，电子送达制度也需要随着实践的发展不断加以丰富和完善。目前在审判实践中应当严格按照民事诉讼法修正案规定的条件加以适用。具体应注意以下几方面问题：

一、充分保证受送达人的知情权和自愿选择权

电子信息技术虽然已经比较成熟和完善，但因其以到达对方系统为送达完成，而且缺乏有效的送达回执，信息系统由于可能受到硬件设备以及人为原因或病毒等因素影响，存在不能正确及时接受信息的可能性。因此，采用电子送达方式仍具有一定的风险，送达人应当向受送达人对此进行充分的说明和提示，保证受送达人对送达中可能存在的技术性问题有所了解并愿意承担这种风险。

二、接受送达的电子信息数据系统的确认无误

因为一般以传真或电子邮件形式送达诉讼文书，目前尚无有效的回执形式，受送达人是否真实接收到诉讼文书不得而知。以数据电文到达对方系统即视为送达完成。因此，事先必须取得受送达人对传真号码或电子邮箱地址的有效确认证明。如同司法实践中普遍采用的送达地址确认书一样，电子送达中也应要求受送达人自行提供并签字确认能够收到诉讼文书的数据系统地址。送达人只要将诉讼文书传送到该地址或号码，就视为送达。当事人不得再就该地址本身以及是否接收到诉讼文书产生争议。

三、送达日期的准确认定

传统送达过程中，都需要取得相应的送达证明，以表示送达已经完成，并记载送达日期，决定送达效力开始的时间。但《民事诉讼法》对电子送达并未规定应采取何种证明方式，因此，关于送达日期只能以诉讼文书到达受送达人特定系统的日期来加以确定，而如前文所述，信息数据传输受硬件设备、服务器系统的运行状态影响，可能会出现故障情形，导致数据电文不能正确及时传输到达对方系统，因此，需要探索如何证明诉讼文书已经传输到对方信息系统中，也即电子送达的送达证明问题。司法实践中应保存好诉讼文书已经发出及到达对方系统的相关证据，以备在当事人对送达提出异议时进行回应。

四、严格遵守送达文书的范围

民事诉讼法修正案规定了不能采用电子送达的三种文书类型，即判决书、裁

定书和调解书。对于调解书比较好理解，不能仅以送达作为调解书生效的节点。根据《民事诉讼法》规定，即使人民法院已经制作了调解书，当事人仍有权决定是否签收，当事人在签收前有权利反悔，如当事人不签收调解书，调解书不发生法律效力，人民法院应当依法及时作出判决。对于判决书和裁定书，因其是直接影响当事人诉讼和实体权利的裁判文书，对当事人权利和诉讼程序的顺利进行影响重大，故在判决书和裁定书的送达过程中，要侧重保障司法的公信和权威以及当事人的权利，司法效率要服从于上述价值目标。因此，对于判决书、裁定书和调解书只能采用传统的六种送达方式之一，人民法院在审判实践中必须严格遵守《民事诉讼法》规定，不能将电子送达方式适用范围任意扩大。

——最高人民法院民事诉讼法修改研究小组编著：《〈中华人民共和国民事诉讼法〉修改条文理解与适用》，人民法院出版社 2012 年版，第 215 ~ 217 页。

编者说明

2012 年《民事诉讼法》在传统的六种送达方式基础上，又确立了一种新的送达方式——电子送达，可谓是对送达制度的又一项重要突破。在我国司法实践中曾经进行过有关电子送达的有益尝试。2003 年 12 月 1 日，最高人民法院施行的《简易程序规定》中即规定："原告起诉后，人民法院可以采取捎口信、电话、传真、电子邮件等简便方式随时传唤双方当事人、证人。"送达制度属于民事诉讼中的一项重要制度，应由民事诉讼法规范，但 2007 年《民事诉讼法》中并未规定电子送达制度，最高人民法院在司法解释中规定的电子送达，引起了理论界和实务界对其合法性和有效性的质疑。该规定颁布后，并未在我国司法实践中得到普遍推行，但有关电子送达的理论和实践探索并未停止，为解决"送达难"问题，理论界和实务界中一直存在以立法形式肯定电子送达制度的声音。2012 年《民事诉讼法》正式以立法形式将电子送达制度提升到基本法律的层面，就是对这种观点和现实发展需要的回应。

2012 年《民事诉讼法》列举了电子送达的两种主要途径，即传真和电子邮件，但并未将电子送达方式限制于这两种，而是采用了兜底条款，即"能够确认其收悉的方式"都可以用来送达特定法律文书，为未来电子送达方式的发展预留了空间。《民事诉讼法》在电子送达适用的诉讼文书范围中采用了一般加排除法，将判决书、裁定书和调解书排除在可电子送达的文书范围外。原因是判决书、裁定书和调解书可统称为裁判文书，是人民法院经过对案件的审理后，对案件实体法律关系或重大程序问题进行的终局认定，直接确定当事人之间的利益分配，与当事人权利义务关系密切。虽然电子送达方式更为方便，但其送达的只能是体现为复印件的传真和电子邮件的文书信息，其真实性、可靠性毕竟不如直接送达等传统方式。裁判文书作为国家公权力对公民间法律关系的最终确定，具有较高的权威性，只有加盖法院印章的正本，才能发生相应的法律效力。因此，裁判文书不宜采用电子送达方式。

《2015年解释》新增了关于《民事诉讼法》第87条有关电子送达媒介和送达日期的规定。

456

因受送达人自己提供的地址无法送达的后果

关键词 | 送达不能 | 不利后果 |

【最高人民法院司法解释】

第十一条 因受送达人自己提供或者确认的送达地址不准确、拒不提供送达地址、送达地址变更未及时告知人民法院、受送达人本人或者受送达人指定的代收人拒绝签收,导致诉讼文书未能被受送达人实际接收的,文书退回之日视为送达之日。

——《最高人民法院关于以法院专递方式邮寄送达民事诉讼文书的若干规定》(2004年9月17日,法释〔2004〕13号)

【链接:最高人民法院法官著述】

送达不能的法律后果是起草《规定》过程中争议最大的问题。多数基层法院的同志认为,对于因当事人自己的过错导致送达不能的后果一定要由负责提供送达地址的当事人自己承担不利后果。只有这样,才能彻底解决"送达难"的问题。按照诚实信用原则,当事人应当对自己在民事诉讼过程中陈述、认诺的真实性承担法律责任。当前,隐藏在"送达难"背后的其实就是"恶意诉讼",因此,对于那些严重违背诚信、意图逃废债务的当事人而言,由其承担送达不能的不利后果,符合民事诉讼中的诚实信用原则。《规定》采纳了上述意见,即"因受送达人自己提供或者确认的送达地址不准确、拒不提供送达地址、送达地址变更未及时告知人民法院、受送达人本人或者受送达人指定的代收人拒绝签收,导致诉讼文书未能被受送达人实际接收的,文书退回之日视为送达之日"。

在司法实践中,"送达不能"形成的原因是多元的。当前,因邮政机构工作人员疏忽大意或严重不负责任导致送达不能的情形也客观存在，因此，如果受送达人能够证明“送达不能”不是由于自己的原因导致的，受送达人可以不承担“送达不能”的不利后果。

——沈德咏主编、最高人民法院研究室编著：《民事诉讼司法解释理解与适用》，法律出版社2009年版，第315页。

457

涉灾案件当事人下落不明时的送达

关键词｜涉灾案件｜当事人下落不明｜送达｜

【最高人民法院司法政策】

八、正在审理中的案件当事人在地震灾害中下落不明的，人民法院在核实当事人的身份、下落等有关情况后可以公告送达法律文书。

利害关系人申请宣告下落不明人失踪的，人民法院作出宣告失踪判决后，应当变更财产代管人为当事人，相关法律文书向财产代管人送达。

——《最高人民法院关于处理涉及汶川地震相关案件适用法律问题的意见（一）》（2008年7月14日，法发〔2008〕21号）

458

离婚诉讼穷尽其他送达方式后才可采取公告送达方式

关键词｜离婚诉讼｜公告送达｜

【最高人民法院审判业务意见】

无法送达法律文书既有社会人口流动导致原告无法提供被告准确地址的客观原因，也有当事人不诚信故意拒收法律文书的情形。法院在无奈之下只能采取公告送达的方式，导致法律文书生效后被告提出“被离婚”的问题。根据江苏高院的调研报告，江苏镇江京口法院曾经统计，缺席判决离婚的案件占 2012 年以来该地区受理离婚案件总数的 18%。

面对法律文书难以送达被告的离婚案件，我们应强调在穷尽其他送达方式都无法送达时才能采取公告送达的方式。审理案件的法官应尽量与被告的近亲属取得联系，向其释明法院审理该类案件的法律程序以及缺席审理的法律后果。在缺席审理离婚案件过程中，法官应严格把握夫妻感情确已破裂的认定标准。

——最高人民法院民一庭第二合议庭：《关于 2012 ~ 2014 年离婚案件相关情况的调查分析报告》，载杜万华主编、最高人民法院民事审判第一庭编：《民事审判指导与参考》（总第 64 辑），人民法院出版社 2016 年版，第 99 页。

第六章 | CHAPTER 06

调 解

459

民事诉讼调解原则

关键词 | 民事调解 | 自愿性 | 合法性 | 及时性 |

【最高人民法院司法解释】

第一百四十五条 人民法院审理民事案件,应当根据自愿、合法的原则进行调解。当事人一方或者双方坚持不愿调解的,应当及时裁判。

——《最高人民法院关于适用〈中华人民共和国民事诉讼法〉的解释》(2015年1月30日,法释〔2015〕5号)

【最高人民法院审判业务意见】

调解应当合法。调解合法原则包括程序合法与实体合法两个方面。《规定》对调解启动、调解方式、调解组织、调解协议内容、调解协议的确认、调解协议和调解书的生效、调解书的执行等程序方式作了较详细的规定,以切实保障当事人的诉讼权利能够充分行使。调解在实体上合法就是要求调解协议的内容不得违反法律、行政法规的禁止性规定。《规定》明确规定,对调解协议的内容是否违反法律、行政法规的禁止性规定,是否有损害当事人之外的他人的合法权益,是否侵害国家利益、社会公共利益等违法情形,以及是否违反当事人自愿原则等,由法院负责审查,并对调解协议的合法性予以确认。

保密原则也是诉讼调解应当遵从的重要原则之一。调解成功的基本前提是要消除当事人的一切后顾之忧,给当事人创造一个和谐可信赖的环境和氛围。调解当事人主要通过谈判协商来解决争议,往往涉及各自各方面的商业秘密和个人隐私,即使构不成商业秘密和个人隐私的一些情况,当事人通常也不愿意对外公开。各国司法实践中,均采取多种措施来保障调解内容在保密的条件下进行。

灵活性原则是指调解活动在法律规定的程序范围内可以灵活安排。调解活动本身是非强制的,因此,创造一个和谐、信任、宽松的气氛有利于调解的成功。《规定》规定对调解启动的时间、调解的方式、调解的地点、主持调解的人员、调解协议生效的方式、是否制作调解书等当事人可以自由选择。

——《最高人民法院负责人就〈关于人民法院民事调解工作若干问题

的规定〉答记者问》，载沈德咏主编、最高人民法院研究室编著：《最高人民法院民商事司法解释及审判适用指导》，中国法制出版社 2006 年版，第 2147 ~ 2148 页。

【《最高人民法院公报》案例】

武汉中联证券劳动服务公司与澳门祥庆实业返还财产纠纷案[最高人民法院(2005)民四提字第 1 号民事判决书]

裁判要旨：根据《民事诉讼法》第八十五条的规定，人民法院审理民事案件，根据当事人自愿进行调解的，也必须在事实清楚的基础上分清是非。

最高人民法院认为：

湖北省高级人民法院(1996)鄂经初字第 73 号民事调解书并不存在违法的情形，澳门祥庆的申诉理由不能成立。湖北省高级人民法院在未指明(1996)鄂经初字第 73 号调书存在何种错误的情况下即决定再审，对该案进行的再审缺乏事实和法律依据，且其经再审后作出的(2001)鄂高法监二民再字第 10 号民事调解书，在实质上确认了(1996)鄂经初字第 73 号民事调解书中曾经确认的内容后，在被告澳门祥庆未提出反诉的情况下，又对原告中联公司向被告澳门祥庆返还因执行(1996)鄂经初字第 73 号民事调解书所取得的执行款的内容予以确认，违背了《民事诉讼法》第八十五条应该在分清是非的基础上进行调解的规定，亦违反了民事诉讼中不告不理这一基本原则。同时，湖北省高级人民法院在调解书中明确表述该院在执行(1996)鄂经初字第 73 号民事调解书时所作裁定视为撤销，违反法律规定，超出了调解书的适用范围。湖北省高级人民法院虽作出(2002)鄂高法监二民字第 54 号民事裁定书决定对(2001)鄂高法监二民再字第 10 号案进行再审，但其再审后并未对案件实体问题进行处理，而又作出(2003)鄂高法监二民再字第 5 号民事裁定书撤销了(2002)鄂高法监二民字第 54 号民事裁定书，程序上存在问题。

——《最高人民法院公报》2007 年第 5 期

【链接：最高人民法院法官著述】

自愿的调解协议超出当事人的诉讼请求是否准许。只要当事人自愿，调解协议内容超出诉讼请求的，人民法院可以准许。当事人之间可能会有多个纠纷，在协商解决其中一个纠纷时,他们也会对各项法律关系的解决一并予以考虑和协商,以达成"一揽子协议"。这样"一揽子协议"的内容可能就会超出当事人的诉讼请求范围,只要出于当事人的自愿而达成,且超出诉讼请求范围的调解协议内容经人民法院审查不侵害国家、集体和他人合法权益,不违反法律强制性规定,就可以确认该调解协议合法有效。

——沈德咏主编、最高人民法院修改后民事诉讼法贯彻实施工作领导小组编著:《最高人民法院民事诉讼法司法解释理解与适用》,人民法院出版社2015年版,第437页。

编者说明

根据《民事诉讼法》的规定,人民法院审理民事案件,根据当事人自愿进行调解,应当在事实清楚的基础上分清是非。

460

民事诉讼调解保密原则的例外情形

关键词|民事调解|保密性|

【最高人民法院司法解释】

第一百四十六条　人民法院审理民事案件,调解过程不公开,但当事人同意公开的除外。

调解协议内容不公开,但为保护国家利益、社会公共利益、他人合法权益,人民法院认为确有必要公开的除外。

主持调解以及参与调解的人员,对调解过程以及调解过程中获悉的国家秘密、商业秘密、个人隐私和其他不宜公开的信息,应当保守秘密,但为保护国家利益、社会公共利益、他人合法权益的除外。

——《最高人民法院关于适用〈中华人民共和国民事诉讼法〉的解释》(2015年1月30日,法释〔2015〕5号)

【链接:最高人民法院法官著述】

调解保密并不是绝对的,调解如果存在下列情形,当然没有保密的义务:

(1)双方当事人均同意的。调解是合意型纠纷解决方式,当事人可以自由处分自己的权利,放弃调解保密性的保护未尝不可。(2)第三人主张的信息。调解协议约束双方当事人,但是对案外第三人不产生约束力。一旦第三人在诉讼过程中提出这些信息,法官就不受调解保密性的约束而可采纳为证据。(3)先前存在的调解信息。调解过程中经常会出示事先存在的事实、声明、文件以及其他证据,这些调解信息不经过调解程序也可以获悉,特别是信息是公共记录或者公共文件,此时就没有保密的必要。(4)为保护国家利益、社会公共利益、案外人合法权益,人民法院认为确有必要的,那么调解的保密应当予以解除。比如调解信息涉及当事人意图犯罪或者做出有害行为或者正在进行犯罪或有害行为,如果仍然适用调解保密性,就会纵容犯罪或者有害行为的发生,导致公共利益受到侵蚀。法官可以将关涉公共利益的信息采纳作为证据。(5)法律另有明确规定。

——沈德咏主编、最高人民法院修改后民事诉讼法贯彻实施工作领导小组编著:《最高人民法院民事诉讼法司法解释理解与适用》,人民法院出版社2015年版,第442~443页。

461

委托代理人参加调解应有具体授权

关键词 | 民事调解 | 委托代理人 | 全权代理 |

【最高人民法院司法解释】

第一百四十七条 人民法院调解案件时,当事人不能出庭的,经其特别授权,可由其委托代理人参加调解,达成的调解协议,可由委托代理人签名。

离婚案件当事人确因特殊情况无法出庭参加调解的,除本人不能表达意志的以外,应当出具书面意见。

——《最高人民法院关于适用〈中华人民共和国民事诉讼法〉的解释》(2015年1月30日,法释〔2015〕5号)

【链接:最高人民法院法官著述】

当事人向人民法院提交的授权委托书或者在开庭时口头委托的。授权委托书仅写“全权代理”而无具体授权的,诉讼代理人无权代为承认、放弃、变更诉讼请求,进行和解,提起反诉或者上诉。口头委托记入笔录的应当明确授权事项。特别是(1)代为承认部分或全部诉讼请求;(2)代为放弃、变更或增加诉讼请求;(3)代为和解;(4)代为反诉;(5)代为提出或申请撤回上诉授权事项的代理,必须有明确的授权列举,如果仅仅笼统地在委托代理合同中写上“全权代理”而无具体授权内容,则法律上只认为系一般授权代理,而无权代理参加和解调解活动。

——沈德咏主编、最高人民法院修改后民事诉讼法贯彻实施工作领导小组编著:《最高人民法院民事诉讼法司法解释理解与适用》,人民法院出版社2015年版,第444页。

462

损害国家、集体、第三人利益的调解无效

关键词 | 调解协议 | 损害他人利益 | 案外人利益 |

【最高人民法院司法解释】

第一百四十四条 人民法院审理民事案件,发现当事人之间恶意串通,企图通过和解、调解方式侵害他人合法权益的,应当依照民事诉讼法第一百一十二条的规定处理。

——《最高人民法院关于适用〈中华人民共和国民事诉讼法〉的解释》(2015年1月30日,法释〔2015〕5号)

【最高人民法院裁判文书】

太原市尖草坪区阳曲农村信用合作社与山东通盛房地产有限公司、山西东民集团有限公司房屋买卖合同纠纷申诉案[最高人民法院(2009)民监字第225号]

裁判要旨:调解应建立在事实清楚、分清是非的基础之上。法院在调解过程中,应对调解协议中处分的标的物上是否有案外人利益,即当事人是否对标的物享有完整的处分权进行审查,防止当事人采用调解方式损害第三人利益或国家、集体利益。

最高人民法院认为：

根据《民事诉讼法》第85条的规定，对于涉及第三人利益的案件，法官应对调解是否会损害第三人利益这一事实进行必要的审查，否则就会使调解成为某些当事人互相损害第三人利益甚至国家和集体利益的一种方式。未对案件事实进行审查即根据所有权人间的调解协议制作了调解书，导致调解书中处分了已被查封的房产的，违反《最高人民法院关于人民法院民事执行中查封、扣押、冻结财产的规定》第26条的规定，应认定调解无效。

——苏泽林主编、最高人民法院立案庭编：《立案工作指导》（总第24辑），人民法院出版社2010年版，第103～106页。

【链接：最高人民法院法官著述】

1. 正确把握实践中常见的几种虚假和解调解的情形。当事人间恶意串通，通过和解、调解侵害他人的利益的情形中，"他人"不仅包括本案的案外人，还可以包括本案的当事人本人。"恶意"应当仅指故意，而不包括主观上的重大过失和过失。"受侵害的利益"不仅包括实体利益，而且包括程序利益。在实践中一般对下列情形应当重点把握：（1）案件双方当事人恶意串通，虚构民事法律关系、捏造案件事实，达成虚假协议，骗取法院调解书，侵害他人权益；（2）双方当事人恶意串通，在诉讼中对相关事实做出虚假自认，进行虚假和解或者骗取法院调解书，侵害他人权益；（3）夫妻假离婚，利用离婚和解、调解转移财产、逃避债务，侵害债权人利益；（4）在普通债务诉讼过程中，一方当事人与亲友串通，以假借条等形式虚构夫妻关系存续期间的共同债务，侵害另案离婚诉讼中对方当事人利益；（5）当事人利用现有证据，虚构法律事实及法律关系提起诉讼或重复诉讼进行和解、调解，导致另案的诉讼拖延，而侵害他人在另案诉讼中的权益；（6）非实体权利主体的当事人（如破产管理人、失踪人财产管理人）与对方当事人串通，损害实际受和解调解约束的实体权利主体；（7）委托代理人、代表人等实施诉讼行为的人员与对方当事人恶意串通，假借和解调解损害委托人、推举人、其他共同诉讼人或所在单位等名义当事人的利益；（8）行为人伪造代理手续，冒充他人名义提起或参加诉讼而进行和解调解；（9）行为人假借案外人员或单位在明知或应知的情况下，为行为人出具虚假证明或鉴定、评估，而进行和解调解等。

2. 实践中较多发生虚假和解调解的案件类型。主要集中在民间借贷案件，涉离婚案件财产纠纷，破产企业或已经资不抵债的其他组织的财产纠纷案件，交通事故损害赔偿案件，保险理赔案件，个人为被告的财产纠纷案件，拆迁区划范围内的自然人作为诉讼主体的分家析产、继承、房屋买卖合同纠纷案件，国有、集体企业，尤其是正在改制中的国有、集体企业为被告的财产纠纷案件，驰名商标认定案件，等等。在这些案件的调解和解中，尤其要防止侵害他人权益状况的发生。

3. 人民法院应当依职权对和解调解结果进行审查。实践中一般认为，和解调解争议的最终解决取决于当事人双方的合意，是以当事人放弃部分权利来实现的，是否查清事实、分清是非，与调解方案的达成，以及案件的顺利结案，并无必要的关联。也正因为如此，造成法官在调解过程中审查意识的普遍缺乏，不注意依职权对当事人之间的和解调解方案是否侵害他人合法权益予以审查，使一些当事人有可乘之机，通过和解调解的合法形式掩盖非法目的。同时，和解调解的隐蔽性与合意性使其公开性不足，和解调解的过程与结果不易为外部所知，关联案件之间缺乏信息，更易造成对案外第三方利益的侵害。

4. 通过调解规范来发现、识别、认定虚假和解调解。民事诉讼法第一百二十二条规定的是对妨害民事诉讼行为的强制措施，那如何发现、识别、认定虚假诉讼？首先，要在调解中加强程序审查与实体审查。如在程序上要注意审查当事人身份情况；注意审查原告起诉的事实、理由是否明显不合常理；加强对委托权限的审查及对当事人地址及联系方式的审核。在实体上要注意案件事实的审查，特别是对“无争议诉讼”的审查；对双方当事人身份及利害关系的审核；达成和解调解协议的，要注意和解调解协议是否为当事人真实意思表示及合法性的审核。其次，要充分利用信息平台实现防控资源共享。有条件的法院可在内网信息平台上建设“当事人核查”功能，可以核查当事人在其他法院是否有相关案件，使法官能迅速审查当事人和解调解协议的合法性，防止当事人借和解调解恶意侵害第三方合法利益。这可以避免因信息沟通不及时等情况给虚假诉讼的行为人造成可乘之机，也可以在一定范围内遏制恶意诉讼案件的发生。最后，要加强对和解调解中恶意行为的追责与惩罚力度。对认定为恶意的案件，可视情节对行为人进行训诫、责令具结悔过、拘留或处以一定数额的罚款，对于情节严重者要从严惩处。可以考虑将和解调解中严重的恶意行为纳入刑法打击范围，并加强法院与公安、检察机关的协调配合，与公安、检察机关就查处、移送等达成统一规定。对律师帮助当事人从事恶意诉讼行为的，及时向司法行政部门发出司法建议；对当事人恶意制造虚假诉讼的行为，加强与征信部门的沟通，定期将当事人不良信息输入征信系统。和解调解不仅仅是一个结果，更是一个过程，在整个过程中不仅要关注当事人是否有诚意、能否达成调解协议，更要关注对证据材料的认真审核，以及认真记录调解笔录和细心制作调解书，让调解过程更多地留下明晰的印记。这样不仅是对当事人负责，也是对调解人员自身负责，因为日后一旦出现问题，这些工作都可以起到让事实再现、让过程重复的作用，对于纠纷的良好解决无疑是大有裨益的。

——沈德咏主编、最高人民法院修改后民事诉讼法贯彻实施工作领导小组编著：《最高人民法院民事诉讼法司法解释理解与适用》，人民法院出版社2015年版，第435页。

东民集团虽是讼争房产的所有权人，但在房产处于执行过程中，即在查封状态下时，其能否处分房产，与通盛公司达成调解协议，将讼争房产返还给通盛公司？对于这一问题，一种观点认为，通盛公司将房产出售给东民集团但没有取得全部房款，通盛公司对房产仍享有权利，现房产只是被查封状态，尚未执行给阳曲信用社，阳曲信用社只是债权意义上的第三人，而不是物权意义上的第三人。通盛公司主张自己的权利，要回房产是合法的。

《最高人民法院关于人民法院民事执行中查封、扣押、冻结财产的规定》第二十六条规定："被执行人就已经查封、扣押、冻结的财产所作的移转、设定权利负担或者其他有碍执行的行为，不能对抗申请执行人。"东民集团对其所有但处于执行程序中的房产所作处分行为不能对抗善意第三人阳曲信用社。调解协议具有双方当事人之间民事合同的性质，一般对第三人不具有效力，但调解书是人民法院出具的正式法律文书，具有强制力，这就使通盛公司与东民集团之间的调解协议中约定的内容实际上取得了对抗第三人阳曲信用社的效力。

调解书对双方转移查封财产的行为予以确认，内容违法。查封是指人民法院将被执行人的财产贴上封条，就地封存或易地封存，不准任何人转移和处理的执行措施。为保证生效判决的顺利执行，维护人民法院查封行为和国家机关行使公权力的权威，法院通过查封剥夺被执行人的处分权，被执行人无权处分查封财产。最高人民法院在〔1997〕经他字第8号复函中明确指出，被执行人擅自将已查封财产转卖给他人是违法的，买卖房屋的合同无效。本案中东民集团将查封房产返还通盛公司的做法，与买卖房屋有着共同的属性即都是对查封财产的处分行为。结合查封本身的含义及最高人民法院复函，可以认定东民集团无权将自己公司名下已被查封房产擅自处分给通盛公司，东民集团与通盛公司所达成的调解协议违反法律规定，应属无效。

——张志弘、张娜：《所有权人以调解方式处分被查封财产的行为无效》,载苏泽林主编、最高人民法院立案庭编:《立案工作指导》(总第24辑),人民法院出版社2010年版,第109页。

编者说明

本题中裁判意见表明了最高人民法院对涉及第三人利益的调解案件的态度:调解应建立在事实清楚、分清是非的基础之上。法院在调解过程中,应对调解协议中处分的标的物上是否有案外人利益,即当事人是否对标的物享有的处分权这一基本事实进行审查。在大力倡导以调解方式结案、促进司法和谐的背景下,应注意防止当事人采用调解方式损害第三人利益或国家、集体利益。

463

不能进行调解的案件范围

关键词 | 民事调解 | 不得调解 | 不予调解 |

【最高人民法院司法解释】

第一百四十三条 适用特别程序、督促程序、公示催告程序的案件,婚姻等身份关系确认案件以及其他根据案件性质不能进行调解的案件,不得调解。

——《最高人民法院关于适用〈中华人民共和国民事诉讼法〉的解释》(2015年1月30日,法释〔2015〕5号)

第二条 对于有可能通过调解解决的民事案件,人民法院应当调解。但适用特别程序、督促程序、公示催告程序、破产还债程序的案件,婚姻关系、身份关系确认案件以及其他依案件性质不能进行调解的民事案件,人民法院不予调解。

——《最高人民法院关于人民法院民事调解工作若干问题的规定》(2004年9月16日,法释〔2004〕12号)

【链接:最高人民法院法官著述】

1. 婚姻关系等身份关系确认案件不得调解,但非婚姻、身份确认外的其他类型案件除法律另有明确规定外，可以进行调解。比如民事诉讼法第九十八条调解维持收养关系；第二百零二条解除婚姻关系是可以调解的。

2. 对“其他根据案件性质不能进行调解”的把握。这里包括不能进行调解和不宜进行调解的情形。不能进行调解的是一种客观情形，主要是指其他法律的明确规定，比如申请宣告婚姻无效等依案件性质不能进行调解的民事案件和当事人的实际情况不能调解的案件。不宜调解的是一种主观情形。当前，我国利益格局的调整使各种矛盾问题交织，人民法院内部矛盾呈现主体多元、诉求多样的特征。纠纷的多元化相应地也要求解决纠纷的渠道和形式的多元。不宜进行调解的情形包括：(1)当事人均坚决反对调解，没有调解意愿和诚意，或者双方意见差别悬殊；(2)调解之后效果不好，比如一方当事人假调解之名行转移、变卖和隐匿财产之实，企图侵害对方当事人实体权益或借故拖延诉讼，侵害当事人程序利益的；(3)社会关注需要发挥司法的评价、教育、预测等功能，需要为社会公众确立行为规则和行为导向的案件，特别是在有利于形成新的市场交易规则、规范商事行为、倡导诚信经营的商事案件中，调解就消解了司法本应发挥的示范性功效。诸如此类的情况，就应坚持摒弃调解，而采取判决等其他解纷方式。

——沈德咏主编、最高人民法院修改后民事诉讼法贯彻实施工作领导小组编著：《最高人民法院民事诉讼法司法解释理解与适用》，人民法院出版社2015年版，第430～431页。

464

先行调解的案件范围

关键词 | 先行调解 |

【最高人民法院司法解释】

第十四条 下列民事案件，人民法院在开庭审理时应当先行调解：

(一)婚姻家庭纠纷和继承纠纷；

(二)劳务合同纠纷；

(三)交通事故和工伤事故引起的权利义务关系较为明确的损害赔偿纠纷；

(四)宅基地和相邻关系纠纷；

(五)合伙协议纠纷;

(六)诉讼标的额较小的纠纷。

但是根据案件的性质和当事人的实际情况不能调解或者显然没有调解必要的除外。

——《最高人民法院关于适用简易程序审理民事案件的若干规定》(2003 年 9 月 10 日,法释〔2003〕15 号)

【最高人民法院司法政策】

4. 进一步强化民事案件调解工作。各级法院特别是基层法院要把调解作为处理民事案件的首选结案方式和基本工作方法。对依法和依案件性质可以调解的所有民事案件都要首先尝试通过运用调解方式解决,将调解贯穿于民事审判工作的全过程和所有环节。

对《最高人民法院关于适用简易程序审理民事案件的若干规定》第十四条规定的婚姻家庭纠纷、继承纠纷、劳务合同纠纷、交通事故和工伤事故引起的权利义务关系较为明确的损害赔偿纠纷、宅基地和相邻关系纠纷、合伙协议纠纷、诉讼标的额较小的民事纠纷,在开庭审理时应当先行调解。但是根据案件的性质和当事人的实际情况不能调解或者显然没有调解必要的除外。

——《最高人民法院关于进一步贯彻"调解优先、调判结合"工作原则的若干意见》(2010 年 6 月 7 日,法发〔2010〕16 号)

编者说明

2012 年《民事诉讼法》第一次在立法上确立了先行调解制度。在审判实践中应当注意严格把握适用先行调解的三项条件,对适用特别程序、督促程序、公示催告程序、破产还债程序的案件,婚姻关系、身份关系确认案件以及其他依案件性质不能进行调解或者显然没有调解必要的民事案件,人民法院不予调解。对于当事人拒绝调解的民事纠纷,人民法院不得进行先行调解,应当依法予以及时裁判。总之,对于起诉到人民法院的民事纠纷,除了依照法律规定不得调解、其他依案件性质不能进行调解或者显然没有调解必要的,以及当事人拒绝调解的民事纠纷之外,人民法院应当首先适用调解这一处理案件的方式,按照自愿合法原则进行调解,努力促成当事人达成协议,实现案结事了。

465

先行调解与相关调解制度的关系

关键词 | 先行调解 | 诉前调解 | 立案调解 | 委托调解 | 庭前调解 |

【链接：最高人民法院法官著述】

先行调解是社会矛盾纠纷化解体系中的一环，实践中要把握好与其他调解制度的关系。

1. 与诉前调解的关系

依据《最高人民法院关于进一步贯彻“调解优先、调判结合”工作原则的若干意见》第八条的规定，诉前调解是指人民法院在收到当事人起诉状或者口头起诉之后、正式立案之前，对于未经人民调解、行政调解、行业调解等非诉讼纠纷解决方式调处的案件，引导当事人先行就近、就地选择非诉讼调解组织解决纠纷，力争将矛盾纠纷化解在诉前的一种调解方式。对于当事人选择非诉讼调解的，应当暂缓立案；当事人不同意选择非诉讼调解的，或者经非诉讼调解未达成协议，坚持起诉的，经审查符合相关诉讼法规定的受理条件的，应当及时立案。目前各地法院进行诉前调解的通常做法是，在法院立案环节设立非诉讼调解或和解程序，由法院委托社会力量担任调解员主持调解，其中多为具有一定法律知识和调解经验的退休法官、基层干部、律师和人民调解员，在特定案件中还可以寻求有关专家、地方权威人士和政府主管行政官员的参与。在征得当事人同意的前提下，为其提供调解服务。如果双方在立案前达成和解或调解协议，就无需立案；在立案后、答辩期满前达成和解，则可以撤诉；同时，诉前调解可根据当事人的选择与诉讼调解进行衔接，和解或调解协议经审判组织审核后可制作为诉讼调解书。

由此可见，诉前调解与先行调解具有很大的相似点：在时间节点上都是可以在当事人起诉之后、立案受理之前；都体现了诉讼与非诉讼纠纷解决方式有机结合的理念等，从某种意义上讲，二者在本质上应当是一致的。只是诉前调解更加侧重于发挥社会力量在调解方面的优势来化解纠纷，而本条规定先行调解相对比较概括，包容性更强，参与调解的主体范围可以更广，而且理念上更能鲜明体现“调解优先”的价值取向。

2. 与立案调解的关系

立案调解是指在案件受理后至移送审理前，人民法院组织双方当事人自愿平等协商、达成调解协议,及时解决纠纷的诉讼活动。立案调解与先行调解都属于立案阶段的调解,但是二者也存在明显不同:立案调解属于立案受理后的调解,而先行调解,2012年民事诉讼仅要求当事人起诉后,至于是立案前还是审理前在所不问;在性质上,立案调解属于诉讼调解的重要组成部分,而先行调解则体现的是诉讼调解与非诉讼调解的结合。在调解主体上,立案调解虽然可以通过委托调解的方式导入社会力量参与,但主要还是由立案庭的法官及法官助理等审判辅助人员进行,而先行调解则不限于此范围,可以由社会力量来主持调解。

3. 与委托调解的关系

委托调解是指在案件受理后裁判作出前,经双方当事人申请或者同意,人民法院委托有利于促成调解的人民调解、行政调解、行业调解等有关组织或者个人等主持调解,或者邀请有关单位或者技术专家、律师等协助人民法院进行调解,及时化解民商事纠纷的调解方式。《最高人民法院关于人民法院民事调解工作若干问题的规定》(法释〔2004〕12号)第三条规定:"根据民事诉讼法第八十七条的规定,人民法院可以邀请与当事人有特定关系或者与案件有一定联系的企业事业单位、社会团体或者其他组织,和具有专门知识、特定社会经验、与当事人有特定关系并有利于促成调解的个人协助调解工作。经各方当事人同意,人民法院可以委托前款规定的单位或者个人对案件进行调解,达成调解协议后,人民法院应当依法予以确认。"由此可见,先行调解与委托调解都属于诉讼调解与非诉讼调解有机结合的多元化纠纷解决方式的典型形式,都是将某些社会力量引入到调解程序当中,通过发挥他们所具有的独特优势,来实现纠纷的及时妥善化解。二者也有不同点:其一,在时间节点上,先行调解发生在当事人起诉后,至于是立案前还是审理前在所不问,而委托调解发生在立案后至裁判作出前;其二,在性质上,先行调解更多地体现了诉讼与非诉讼结合的纠纷解决方式,而委托调解属于诉讼调解当中的有机组成部分。

4. 与庭前调解的关系

一般而言,庭前调解是指在案件移送审判业务庭后、开庭审理之前,由承办法官或者指导审判辅助人员主持进行的调解。2012年民事诉讼法第一百三十三条也明确规定了庭前调解制度,该条第(二)项规定:"开庭前可以调解的,采取调解方式及时解决纠纷。"庭前调解体现的是全程调解及全员调解的理念,属于诉讼调解的范畴,与先行调解存在一定区别。

——最高人民法院研究室、最高人民法院民事诉讼法修改研究小组办公室编著:《〈中华人民共和国民事诉讼法〉修改条文适用解答》,人民法院出版社2012年版,第186~187页。

466

做好诉前调解工作

关键词 | 诉前调解 |

【最高人民法院司法政策】

8. 进一步做好诉前调解工作。在收到当事人起诉状或者口头起诉之后、正式立案之前,对于未经人民调解、行政调解、行业调解等非诉讼纠纷解决方式调处的案件,要积极引导当事人先行就近、就地选择非诉讼调解组织解决纠纷,力争将矛盾纠纷化解在诉前。

当事人选择非诉讼调解的,应当暂缓立案;当事人不同意选择非诉讼调解的,或者经非诉讼调解未达成协议,坚持起诉的,经审查符合相关诉讼法规定的受理条件的,应当及时立案。

要进一步加强与人民调解组织、行政调解组织以及其他调解组织的协调与配合,有条件的基层法院特别是人民法庭应当设立诉前调解工作室或者"人民调解窗口",充分发挥诉前调解的案件分流作用。

——《最高人民法院关于进一步贯彻"调解优先、调判结合"工作原则的若干意见》(2010年6月7日,法发〔2010〕16号)

467

立案调解制度

关键词 | 立案调解 | 先行调解 |

【最高人民法院司法解释】

第一百四十二条 人民法院受理案件后,经审查,认为法律关系明确、事实清楚，在征得当事人双方同意后，可以径行调解。

——《最高人民法院关于适用〈中华人民共和国民事诉讼法〉的解释》(2015 年 1 月 30 日，法释〔2015〕5 号)

【最高人民法院司法政策】

9. 进一步强化立案调解工作。在案件立案之后、移送审判业务庭之前，要充分利用立案窗口“第一时间接触当事人、第一时间了解案情”的优势，积极引导当事人选择调解方式解决纠纷。

对事实清楚、权利义务关系明确、争议不大的简单民事案件，在立案后应当及时调解；对可能影响社会和谐稳定的群体性案件、集团诉讼案件，敏感性强、社会广泛关注的案件，在立案后也要尽可能调解。对当事人拒绝调解的，无法及时与当事人及其委托代理人取得联系的，或者案情复杂、争议较大的案件，以及法律规定不得调解的案件，应当在立案后及时移送审理。对在调解过程中发现案件涉及国家利益、社会公共利益和第三人利益的，案件需要审计、评估、鉴定的，或者需要人民法院调查取证的，应当终结调解程序，及时移送审理。

立案阶段的调解应当坚持以效率、快捷为原则，避免案件在立案阶段积压。适用简易程序的一审民事案件，立案阶段调解期限原则上不超过立案后 10 日；适用普通程序的一审民事案件，立案阶段调解期限原则上不超过 20 日，经双方当事人同意，可以再延长 10 日。延长的调解期间不计入审限。

——《最高人民法院关于进一步贯彻“调解优先、调判结合”工作原则的若干意见》(2010 年 6 月 7 日，法发〔2010〕16 号)

10. 人民法院应当进一步完善立案阶段的调解制度。立案后并经当事人同意后，人民法院可以在立案阶段对案件进行调解。对于案情复杂并且当事人不同意调解的，或者找不到当事人的案件，应当及时移送审判庭审理。立案阶段的调解应当坚持以效率、快捷为原则，避免案件在立案阶段积压。适用简易程序的一审案件，立案阶段调解期限原则上不超过立案后 10 日；适用普通程序的一审案件，立案阶段调解期限原则上不超过 20 日。二审案件原则上不搞立案调解，或者对二审案件规定更为合理的调解期限。

——《最高人民法院关于进一步发挥诉讼调解在构建社会主义和谐社会中积极作用的若干意见》(2007 年 3 月 1 日，法发〔2007〕9 号)

468

答辩期满前的调解

关键词｜答辩期满前｜调解｜

【最高人民法院司法解释】

第六条 在答辩期满前人民法院对案件进行调解,适用普通程序的案件在当事人同意调解之日起15天内,适用简易程序的案件在当事人同意调解之日起7天内未达成调解协议的,经各方当事人同意,可以继续调解。延长的调解期间不计入审限。

——《最高人民法院关于人民法院民事调解工作若干问题的规定》(2004年9月16日,法释〔2004〕12号)

【最高人民法院司法政策】

10.积极探索和加强庭前调解工作。在案件移送审判业务庭、开庭审理之前,当事人同意调解的,要及时进行调解。要进一步加强庭前调解组织建设,有条件的人民法院可以探索建立专门的庭前调解组织。要进一步优化审判资源配置,有条件的人民法院可以探索试行法官助理等审判辅助人员开展庭前调解工作,提高调解工作效率,减轻审判人员的工作负担。

——《最高人民法院关于进一步贯彻"调解优先、调判结合"工作原则的若干意见》(2010年6月7日,法发〔2010〕16号)

【链接:最高人民法院法官著述】

对在案件受理后,人民法院在答辩期满前能否对案件进行调解,《民事诉讼法》没有明确规定。实践中有的法院采取这种做法,效果很好,所以《规定》第一条对此作了明确的规定,"在征得当事人各方同意后,人民法院可以在答辩期满前进行调解"。这一阶段调解只能在当事人同意的情况下才可以进行,不会影响当事人的诉讼权利。答辩期满前的调解有两种启动的方式:一是当事人申请调解的,可以立即进入调解程序;二是由法院主动征得各方当事人同意后也可以进行调解。但在答辩期满前法院不得以职权主动启动调解程序。同时,为避免答辩期满前的调解时间过长会拖延诉讼,《规定》第六条对这一阶段的调解时间作了限制。《规定》对答辩期满前的调解规定相对简单,对庭前主持调解的法官与庭审的审判组织是否应当分离问题,《规定》本着灵活、务实的态度,不要求全国法院统一单设独立庭前调解组织,准许有条件的法院进行调判组织适度分离的尝试,待实践一段时间后再总结经验。应当强调的是,《规定》确立的答辩期满前的调解是指在立案后答辩期届满前的调解,是诉讼进行中的调解,而不是诉前调解,与人民调解及以前的经济纠纷调解中心的调解完全不同。一些法院在立案之前对案件当事人进行的劝说协调工作,是诉外调解,不属于答辩期满前的调解。

——沈德咏主编、最高人民法院研究室编著:《民事诉讼司法解释理解与适用》,法律出版社 2009 年版,第 335 ~336 页。

469

上诉期间法院不能另行组织调解并出具民事调解书

关键词 | 上诉期间 | 调解 |

【链接:最高人民法院法官著述】

问题:我院在审理甲公司(房地产开发公司)与乙某(自然人)房屋买卖不当得利纠纷一案中,已判决乙某归还甲公司不当得利款。但在上诉期间内,双方又申请法院调解,请求法院出具调解书。一种意见认为,诉讼调解贯穿于审判的始终,在判决书尚未生效前,仍属一审法院审理中,故法院可以出具调解书,以实现化解纠纷,案结事了之目的。另一种意见认为,法院判决宣判日期为结案时间,即一审法院法官宣判权已行使终止,不应再有任何审判活动。同时根据最高人民法院《民事调解若干规定》第 1 条的规定,人民法院对受理的第一审民事案件,可以在答辩期满后裁判作出前进行调解。本案裁判已经作出,故不应再调解,否则同一法院对同一案件作出两种实体处理,有违程序公正。请问以上哪种意见正确?

《人民司法》研究组认为:最高人民法院《民事诉讼法若干意见》第 163 条规

定:“一审宣判后,原审人民法院发现判决有错误,当事人在上诉期内提出上诉的,原审人民法院可以提出原判决有错误的意见,报送第二审人民法院,由第二审人民法院按照第二审程序进行审理;当事人不上诉的,按照审判监督程序处理。”由此可见,一审法院即使认为一审判决有错误,也不能随意更改,必须经由二审程序或审判监督程序加以改正。这是因为人民法院的判决具有确定性,不管是一审判决还是二审判决,一旦作出并已送达情况下,没有法定事由,不得随意变更。而且一审的诉讼活动到判决书送达当事人时已经结束,当事人如果上诉,则案件进入二审程序;当事人如果均不上诉,则上诉期满之后,一审判决发生效力,案件进入执行阶段。关于本案,当事人如果在一审判决作出后申请调解或是和解已属判决的执行问题,当事人可以自行和解,也可以在法院执行部门的主持下达成和解,当然也可以根据最高人民法院《民事诉讼法若干意见》第 191 条规定,上诉后由二审法院主持达成和解协议并制作调解书。所以,我们同意你院的第二种意见。

——《人民司法 · 应用》2008 年第 9 期

470

调解协议内容的开放性

关键词｜调解协议｜诉讼请求范围｜

【最高人民法院司法解释】

第九条 调解协议内容超出诉讼请求的,人民法院可以准许。

——《最高人民法院关于人民法院民事调解工作若干问题的规定》(2004 年 9 月 16 日,法释〔2004〕12 号)

【链接:最高人民法院法官著述】

《规定》规定,调解协议的内容超出诉讼请求范围的,人民法院可以准许。当事人之间可能会有多个纠纷,在协商解决其中一个纠纷时,他们通常也会对各项法律关系的解决一并予以考虑和协商,以达成“一揽子协议”。这样,“一揽子协议”的内容通常就会超出当事人诉讼请求的范围。如果不承认这种协议，当事人之间的纠纷就很难解决，而且相关问题也会随之诉诸法院，增加诉累。《民事诉讼法》虽然对调解协议是否可以超出诉讼请求范围没有明确的规定，但《民事诉讼法》强调了调解应当遵从自愿、合法的原则，可以理解为只要在自愿、合法前提下达成的调解协议即使超出诉讼请求和本案诉争的法律关系也是符合《民事诉讼法》精神的，人民法院应认可其效力。因此，《规定》第九条规定："调解协议内容超出诉讼请求的，人民法院可以准许。"当然，并不是调解协议中任何超出诉讼请求范围的内容人民法院都应确认，而应当对当事人达成的调解协议超出诉讼请求的情形依法予以审查，只有不违反法律、行政法规的禁止性规定，不侵害国家、社会和他人的合法权益的协议，才可以确认其有效。

——沈德咏主编、最高人民法院研究室编著：《民事诉讼司法解释理解与适用》，法律出版社 2009 年版，第 336～337 页。

471

案外人可以为当事人担保履行调解协议

关键词 | 民事调解 | 调解履行 | 担保 |

【最高人民法院司法解释】

第十条 人民法院对于调解协议约定一方不履行协议应当承担民事责任的，应予准许。

调解协议约定一方不履行协议，另一方可以请求人民法院对案件作出裁判的条款，人民法院不予准许。

第十一条 调解协议约定一方提供担保或者案外人同意为当事人提供担保的，人民法院应当准许。

案外人提供担保的，人民法院制作调解书应当列明担保人，并将调解书送交担保人。担保人不签收调解书的，不影响调解书生效。

当事人或者案外人提供的担保符合担保法规定的条件时生效。

——《最高人民法院关于人民法院民事调解工作若干问题的规定》(2004 年 9 月 16 日，法释〔2004〕12 号)

【最高人民法院司法政策】

20. 进一步规范调解协议督促条款、担保履行条款的适用。在调解过程中，要关注义务履行人的履行能力和履行诚意，在确保调解协议内容具体、明确并具有可执行性的同时，注重引导当事人适用《最高人民法院关于人民法院民事调解工作若干问题的规定》第十条、第十一条规定的督促条款和担保履行条款，提高调解协议的自动履行率。对原告因质疑被告履行调解协议的诚意而不愿调解的案件、争议标的额较大的案件，以及调解协议确定的履行期限较长或者分期履行的案件，可以通过适用督促条款、担保履行条款，促进调解协议的达成，促使义务履行人自动履行调解协议。要注意总结调解经验，制定规范性的表述方式，明确条款的生效条件，防止调解结案后双方当事人对协议条款内容的理解产生歧义。

——《最高人民法院关于进一步贯彻“调解优先、调判结合”工作原则的若干意见》（2010 年 6 月 27 日，法发〔2010〕16 号）

【《最高人民法院公报》案例】

本溪市人民政府诉沈阳化工建设总公司、本溪热电厂、本溪市集中供热公司建设工程施工合同纠纷上诉案［最高人民法院（2004）民一终字第 98 号民事调解书］

裁判要旨：在诉讼调解中，案外人可以为当事人担保履行调解协议。

经最高人民法院主持调解，案外人本溪市供热总公司表示愿意参与本案调解，为热电厂、供热公司向化建公司提供债务履行担保并向本院出具了保证合同。根据《最高人民法院关于人民法院民事调解工作若干问题的规定》第十一条之规定，本院予以准许。

——《最高人民法院公报》2005 年第 3 期

【链接：最高人民法院法官著述】

调解协议约定的民事责任，不是指调解协议约定的给付内容本身，而是指不履行协议约定的给付内容而承担的额外的民事责任。通常当事人可以在调解协议中约定两种民事责任：一是替代责任，如约定一方向另一方赔礼道歉，如果到时不赔礼道歉则应当支付赔款 1 万元，赔款是替代赔礼道歉的民事责任。二是加重责任，如约定一方应当于 10 月 1 日前清偿另一方借款本金 100 万元，如果到期没有清偿完 100 万元则应当一并再支付所欠利息 25 万元。

对于替代性的民事责任，只要发生届期不履行调解协议的情形，原本的履行即替换为新的一种履行，因此，不存在《民事诉讼法》第二百三十二条规定的迟延履行责任问题。对于加重性的民事责任，加重的责任本身就是对不履行调解协议或者调解书一方的惩罚，因此，《民事诉讼法》第二百三十二条规定的迟延履行责任与当事人在调解协议中约定的加重责任是竞合关系，当事人只能选择其中一种行使，不得同时行使两种权利。基于约定优先于法定之原则，当事人的约定可以优先行使，不得以法律已经有迟延履行责任的规定而认定当事人的约定无效。

当事人可以为调解协议的履行设定担保。第一种方式是当事人自行设定担保。当事人自行担保也分两种形式：一是当事人为自己的债务提供担保，只能是提供物的担保，如抵押、质押；二是当事人为他人债务担保，则可以是保证，也可以是抵押或者质押。第二种方式是当事人之外的案件人提供担保。案外人提供担保的形式可以是保证，也可以是抵押或者质押。对调解协议的履行设定的担保，符合《担保法》规定的生效条件时产生法律效力。设定的担保要记入调解协议，制作调解书的应当记入调解书。案外人提供担保的，人民法院应当在制作的调解书中列明担保人，并将调解书送交担保人。设定的担保依照当事人的约定或者法律的规定已经生效的，即使担保人未在调解协议上签字或者盖章，或者担保人不签收调解书的，不影响调解协议或者调解书生效，也不影响担保的成立生效。

——沈德咏主编、最高人民法院研究室编著：《民事诉讼司法解释理解与适用》，法律出版社 2009 年版，第 337 ~ 338 页。

472

调解书的生效时间

关键词 | 调解书 | 生效时间 |

【最高人民法院司法解释】

第一百四十九条 调解书需经当事人签收后才发生法律效力的，应当以最后收到调解书的当事人签收的日期为调解书生效日期。

——《最高人民法院关于适用〈中华人民共和国民事诉讼法〉的解释》(2015年1月30日，法释〔2015〕5号)

【链接：最高人民法院法官著述】

1. 调解书的签收日与生效日。调解书的签收日既可以是生效日期，也可以不是调解书的生效日期。人民法院可以当庭告知当事人到人民法院领取民事调解书的具体日期，在领取日签收调解书为调解书生效日期。依照民事诉讼法第九十八条第一款第四项规定，在当事人达成调解协议的次日起十日内将民事调解书发送给当事人，达成调解协议的日期为调解书的生效日期，而发送调解书的日期或者收到调解书的日期并不是生效日期。如果当事人以民事调解书与调解协议的原意不一致为由提出异议，人民法院审查后认为异议成立的，应当根据调解协议裁定补正民事调解书的相关内容。调解协议达成时为调解书生效日期，而作出补正民事调解书的裁定或送达该补正裁定的日期不是生效日期。

2. 未经当场协商，而采取书面传阅形式达成的调解协议制作调解书的生效日期认定。当事人通常情形下是通过当场协商达成一致的调解意见，但也存在部分当事人因特定情形未到场协商，而事后予以追认的，如果符合民事诉讼法第九十八条第一款第四项规定，参照本条规定，应当以最后一位当事人签字落款时间为调解协议的生效日。当事人申请制作调解书的，调解书的送交日不是生效日期。如果需要送达调解书的，应当以最后一位承担权利义务的当事人签收调解书的时间为调解书生效时间。

3. 当事人在空白送达回证上签收调解书的生效日期确定。实务中存在当事人达成调解协议，而申请人民法院制作调解书，但调解书制作需要经过一定程序，而当事人因紧急原因，不能等待领取正式制作的调解书，而在空白送达回证上签字的情形。因为当事人已经达成调解协议，其在空白送达回证上签名的行为，应当视为已经签收调解书，而达成调解协议的时间为调解生效日期。

4. 调解书送达排除电子送达。人民法院依照民事诉讼法第八十七条第一款的规定,对调解书不能采取电子送达方式进行送达。当事人"电子签收"调解书在法律上还有待进一步研究。

5. 调解书可以向特别代理人送达。调解书送达给特别授权的代理人的,视为当事人签收,发生法律效力。

6. 调解书送达排除留置送达。因为留置送达是一种拟制"本人"知悉诉讼文书的制度,与当事人接受自愿调解的真实意思并不符合,故调解书不适用留置送达,而认定当事人"签收"。

——沈德咏主编、最高人民法院修改后民事诉讼法贯彻实施工作领导小组编著:《最高人民法院民事诉讼法司法解释理解与适用》,人民法院出版社 2015 年版,第 447 ~448 页。

473

当事人可以自愿选择调解协议的生效方式

关键词 | 调解协议 | 生效方式 |

【最高人民法院司法解释】

第一百五十一条 根据民事诉讼法第九十八条第一款第四项规定,当事人各方同意在调解协议上签名或者盖章后即发生法律效力的,经人民法院审查确认后,应当记入笔录或者将调解协议附卷,并由当事人、审判人员、书记员签名或者盖章后即具有法律效力。

前款规定情形,当事人请求制作调解书的,人民法院审查确认后可以制作调解书送交当事人。当事人拒收调解书的,不影响调解协议的效力。

——《最高人民法院关于适用〈中华人民共和国民事诉讼法〉的解释》(2015 年 1 月 30 日,法释〔2015〕5 号)

第十三条 根据民事诉讼法第九十条第一款第(四)项规定,当事人各方同意在调解协议上签名或者盖章后生效,经人民法院审查确认后,应当记入笔录或者将协议附卷,并由当事人、审判人员、书记员签名或者盖章后即具有法律效力。当事人请求制作调解书的,人民法院应当制作调解书送交当事人。当事人拒收调解书的,不影响调解协议的效力。一方不履行调解协议的,另一方可以持调解书向人民法院申请执行。

——《最高人民法院关于人民法院民事调解工作若干问题的规定》(2004年9月16日,法释〔2004〕12号)

【链接:最高人民法院法官著述】

再审程序中,当事人不申请制作调解书的处理方式。再审案件经调解达成的调解协议并经当事人、法官、书记员签名或者盖章后生效的,当事人不申请制作调解书的,人民法院应当裁定终结再审程序。

依据民事诉讼法第九十八条第一款第四项规定,人民法院送达调解书的生效时间,与不依此条而制作调解书送达生效时间是不一致的,注意前者是“送交”,而后者是“送达”。送交不产生效力问题,以调解协议达成一致为生效时间,而送达时间则是调解书生效的时间。

——沈德咏主编、最高人民法院修改后民事诉讼法贯彻实施工作领导小组编著:《最高人民法院民事诉讼法司法解释理解与适用》,人民法院出版社2015年版,第437页。

474

达成调解协议后无须再撤诉

关键词 | 调解协议 | 撤诉 |

【链接:最高人民法院法官著述】

问题:某法院适用简易程序审理了陶某诉丁某离婚一案。原、被告当庭达成调解协议,并注明了协议经双方签名后即具有法律效力。调解书送达后,原告申请撤诉。对于法院应否允许当事人撤诉,存在两种不同意见。第一种意见认为可以准许撤诉,理由是《民事诉讼法》第89条第3款规定:“调解书经双方当事人签收后，即具有法律效力。”原、被告达成离婚协议，未签收调解书，虽然注明了双方签收后具有法律效力但不符合《民事诉讼法》规定，因此，可以准许撤诉。第二种意见认为不应准许撤诉，根据最高人民法院《简易程序规定》第15条第1款规定：“双方当事人同意该调解协议经双方签名或者捺印生效的，该调解协议自双方签名或者捺印之日起发生法律效力。”原、被告达成离婚协议，并同意协议经双方签字后即具有法律效力，其实质内容符合《民事诉讼法》规定的调解原则。至于协议什么时间生效，《民事诉讼法》规定可以理解为一般情况下调解书签收后。最高人民法院的司法解释规定为经双方同意签名或者捺印生效的，任免或者捺印之日起生效，与《民事诉讼法》的规定并无冲突，以当事人自愿约定为准，不影响当事人依法行使诉讼权利。因此，原、被告达成协议并已生效，不存在准许不准许撤诉的问题。

《人民司法》研究组认为：最高人民法院《调解工作规定》第13条规定：“根据民事诉讼法第九十条第一款第（四）项规定，当事人各方同意在调解协议上签名或者盖章后生效，经人民法院审查确认后，应当记入笔录或者将协议附卷，并由当事人、审判人员、书记员签名或者盖章后即具有法律效力。当事人请求制作民事调解书的，人民法院应当制作调解书送达当事人，当事人拒收调解书的，不影响调解协议的效力。”另，最高人民法院《简易程序规定》第15条规定：“调解达成协议并经审判人员审核后，双方当事人同意该调解协议经双方签名或者捺印生效的，该调解协议自双方签名或者捺印之日起发生法律效力。调解协议符合前款规定的，人民法院应当另行制作民事调解书。”根据上述司法解释的规定，原、被告当庭达成调解协议，并且在协议中明确双方签名后即具有法律效力的情况下，双方签字后，该离婚协议已经生效。也就是说该离婚案件已经审结，诉讼程序已经终结，不存在是否准许撤诉的问题。因此，我们认为来信中的第二种意见是正确的。

——《人民司法》2007年第3期

475

原告撤回对一方当事人起诉与另一方当事人达成调解协议时调解书的制作

关键词｜调解协议｜撤诉｜当事人｜

【链接：最高人民法院法官著述】

问题：甲向乙借款10万元，丙为甲担保，甲逾期未还，乙向法院起诉甲和丙。在庭审过程中，乙自愿撤回对丙的起诉，主审法院当庭口头裁定予以准许。随后甲与乙也达成了调解协议。在制作调解书时有三种不同意见：第一种意见认为，调解书为反映案件审理的全过程，丙应该被列为调解书的当事人，并且在调解书中说明丙不承担责任的理由。第二种意见认为，甲与乙未达成调解协议之前，乙已经撤回起诉，主审法官当庭裁定予以准许，故丙不应当被列为调解书的当事人。第三种意见认为，裁定书是程序处理问题，调解书是实体处理问题，两者不能混同，故对丙应该制定民事裁定书，对甲应该制作民事调解书。

《人民司法》研究组认为：我国《民事诉讼法》第131条对原告申请撤诉问题有明确规定，来信所述案件中原告乙申请撤回对担保人丙的起诉，决定权在法院。至于法院准许原告撤诉最终采取书面裁定形式还是口头裁定形式，《民事诉讼法》第140条已有规定。因法院已准许其撤诉，故接下来实体审理阶段，将围绕原告乙与被告甲之间展开。本案后来在法院主持下达成的调解协议，是主债权人乙与主债务人甲就彼此之间实体民事权利义务进行的相关处分，与丙无关，制作民事调解书时，无需将丙列为当事人。

——《人民司法》2006年第4期

476

虚假陈述证券民事赔偿案件应当着重调解

关键词｜虚假陈述｜证券民事赔偿｜调解｜

【最高人民法院司法解释】

第四条 人民法院审理虚假陈述证券民事赔偿案件，应当着重调解，鼓励当事人和解。

——《最高人民法院关于审理证券市场因虚假陈述引发的民事赔偿案件的若干规定》（2003年1月9日，法释〔2003〕2号）

【最高人民法院司法政策】

《规定》强调了诉讼调解在审理虚假陈述证券民事赔偿案件中的作用。在第四条规定:“人民法院审理虚假陈述证券民事赔偿案件,应当着重调解,鼓励当事人和解。”该条内容虽然是民事诉讼的通行程序和方式,但《规定》突出和强调了通过诉讼调解和当事人和解解决讼争的目的。对证券市场侵权民事赔偿诉讼,不论设计何种诉讼方式、确定什么样的赔偿范围和标准,都是为找到一个合法合理的途径,以解决可能人数众多的纠纷。证券市场上发生的侵权赔偿之诉,即便在美国能够完整走完诉讼程序的也仅为诉讼总量的2% ~3%,而大量纠纷是以法庭调解或者以当事人和解的方式得到解决的。《通知》和《规定》的出台,虽然启动了投资人提起赔偿诉讼的权利,但毕竟这类案件的诉讼成本较高,周期较长,实体判决的预期效果难以确定,人民法院在审判活动中着重鼓励当事人以和解方式息诉或者在法院主持下达成调解协议解决讼争,这对投资人和虚假陈述行为人都是有利的。

——李国光:《在公布最高人民法院〈关于审理证券市场因虚假陈述引发的民事赔偿案件的若干规定〉新闻发布会上的讲话》(2003 年 1 月 9 日),载李国光主编、最高人民法院民事审判第二庭编著:《最高人民法院关于审理证券市场虚假陈述案件司法解释的理解与适用》,人民法院出版社 2003 年版,第 14 页。

477

股东间接诉讼的和解

关键词 | 股东间接诉讼 | 案外和解 | 撤诉 |

【链接:最高人民法院法官著述】

一般的民事诉讼中适用充分原则,原告可以处分自己的实体权利,可以和被告和解。通过和解的方式来解决股东间接诉讼的实体问题,是符合诉讼经济原则的;然而,股东间接诉讼的和解与一般的民事和解不甚相同,由于股东个人的利益有可能与间接诉讼中被代表的公司利益发生冲突，若原告股东在间接诉讼中与被告达成和解或自动撤诉，从而在诉讼之外得到个人的不正当利益（例如由公司高价收购其股票等），则完全背离了间接诉讼的制度目的。有鉴于此，为防止股东滥用诉权而损害公司利益，确保其和解内容的公正性和合理性，人民法院应当以是否损害公司和其他股东的利益为标准，严格审查股东与被告公司签订的案外和解协议或者撤诉请求。凡未经法院批准的和解协议或者撤诉均不具有约束力。日后公司仍然可以间接诉讼中的同一事实和理由向人民法院提起直接诉讼，或者公司其他股东以同一事实和理由而提起间接诉讼。人民法院"在审查和解协议时，应当综合考虑协议中同意赔偿公司损失的金额在公司应当获赔金额中的比例、原告股东胜诉的可能性以及被告的偿付能力等因素。若人民法院认为，和解协议明显侵害公司和其他股东的利益，严重违背诚信原则和公序良俗，则有权否定和解协议之效力"。同时，原告股东应将和解内容通知公司，并对受到影响的其他股东进行通知或者公告。其他股东对和解提出异议，经法院许可，可以向人民法院提供证据而要求撤销和解。

——李国光、王闯：《审理公司诉讼案件的若干问题》，载最高人民法院民事审判第二庭编：《民商事审判指导》（总第8辑），人民法院出版社2006年版，第76页。

478

股东请求解散公司诉讼应注重调解

关键词｜解散公司诉讼｜调解｜

【最高人民法院司法解释】

第五条 人民法院审理解散公司诉讼案件，应当注重调解。当事人协商同意由公司或者股东收购股份，或者以减资等方式使公司存续，且不违反法律、行政法规强制性规定的，人民法院应予支持。当事人不能协商一致使公司存续的，人民法院应当及时判决。

经人民法院调解公司收购原告股份的，公司应当自调解书生效之日起六个月内将股份转让或者注销。股份转让或者注销之前，原告不得以公司收购其股份为由对抗公司债权人。

——《最高人民法院关于适用〈中华人民共和国公司法〉若干问题的规定(二)》(2008 年 5 月 12 日,法释〔2008〕6 号,2014 年 2 月 17 日修正)

【链接:最高人民法院法官著述】

1. 有限责任公司股权收购后所有权归于一人时应如何处理。在有限责任公司原告股东提起的公司解散诉讼中,人民法院调解公司其他股东或公司收购原告股东股权,公司全部股权归于一个股东时,应当考虑公司是否符合一人有限责任公司的条件。如果公司对此情形作出了适当安排的,人民法院可以予以支持,并在调解中作出说明。如果公司与原告股东达成股权收购协议,但未作出适当安排的,人民法院不予支持,原告股东申请撤诉的,人民法院应当准许。公司对于股权集中于一个股东情形的安排,应当根据具体情况进行处理。第一,如果符合一人有限责任公司的设立条件,该股东可申请将公司变更为一人有限责任公司。第二,不符合一人有限责任公司的设立条件的,如果是因为主体资格不符,可以通过股权分散的方式,由该股东将一部分股权转让给他人,以符合普通有限责任公司的设立条件,使公司存续;如果是因为注册资本不足的,可以由该股东补缴出资,并申请变更为一人有限责任公司。

2. 有限责任公司股东以外的人收购原告股东股权时其他股东的优先购买权问题。公司法规定有限责任公司股东向股东以外的第三人转让股权时,其他股东享有优先购买权。一般情况下,调解的结果不会出现由股东之外的人购买股权的情形,但是一旦出现,就要保护其他股东的优先购买权。如果所有的股东参加了诉讼,并参加了调解,调解结果是向股东以外的人出售股权,其他的股东在调解中未明确表示购买,就不存在再给予一定期间作出是否行使优先购买权的问题。如果有部分股东未参加调解,原告股东或者人民法院应当通知其股权收购情况,并给予其一定合理期限作出是否行使优先购买权的明确表示。未参加调解的股东明确放弃优先购买权或者未在合理期限内行使优先购买权的,股权收购协议生效。

——最高人民法院民事审判第二庭编著:《最高人民法院关于公司法司法解释(一)、(二)理解与适用》,人民法院出版社 2008 年版,第 177 ~ 178 页。

479 以判决形式对案件部分当事人达成的调解协议内容予以确认，对未到庭参与调解协议当事人的利益作出裁判

关键词 | 调解协议 | 判决形式确认 |

【最高人民法院司法解释】

第一百四十八条 当事人自行和解或者调解达成协议后，请求人民法院按照和解协议或者调解协议的内容制作判决书的，人民法院不予准许。

第四百一十二条 部分当事人到庭并达成调解协议，其他当事人未作出书面表示的，人民法院应当在判决中对该事实作出表述；调解协议内容不违反法律规定，且不损害其他当事人合法权益的，可以在判决主文中予以确认。

——《最高人民法院关于适用〈中华人民共和国民事诉讼法〉的解释》(2015年1月30日，法释〔2015〕5号)

第十八条 当事人自行和解或者经调解达成协议后，请求人民法院按照和解协议或者调解协议的内容制作判决书的，人民法院不予支持。

——《最高人民法院关于人民法院民事调解工作若干问题的规定》(2004年9月16日，法释〔2004〕12号)

【最高人民法院裁判文书】

四川省国际信托投资公司与自贡市建筑陶瓷总厂、四川省大西洋集团有限责任公司贷款担保合同纠纷抗诉案[最高人民法院(2006)民二抗字第21号民事判决书]

裁判要旨：案件部分当事人自愿达成的调解协议内容不违反法律规定，也不损害其他当事人及案外人利益的，法院可对此予以确认；对于涉及未到庭参与该调解协议当事人利益的问题应该依法作出裁判。在同一案件中可对上述情况一并以判决的形式作出裁判。《最高人民法院关于人民法院民事调解工作若干问题的规定》第十八条“当事人自行和解或者经调解达成协议后，请求人民法院按照和解协议或者调解协议的内容制作判决书的，人民法院不予支持”的规定并

不适用该类情况。

——江必新主编、最高人民法院审判监督庭编:《审判监督指导》(总第25辑),人民法院出版社2008年版,第226~228页。

湖南石油实业股份有限公司与中国海外经济合作总公司广州公司、珠海经济特区康民有色金属公司借款合同纠纷抗诉案[最高人民法院(2002)民二抗字第31号民事判决书]

裁判要旨:《最高人民法院关于人民法院民事调解工作若干问题的规定》第十八条规定:"当事人自行和解或者经调解达成协议后,请求人民法院按照和解协议或者调解协议的内容制作判决书的,人民法院不予支持。"本案却以判决的形式确认了其中两方当事人在诉讼过程中达成协议的事项,这是因为本案的侵权人无正当理由未到庭,到庭的当事人达成协议的事项并没有损害他人利益,若不以判决的形式对其予以确认,该协议将难以产生强制执行力,也不能使该案的其他责任得到确认,无法彻底解决纠纷。故本案不适用上述规定。

——苏泽林主编、最高人民法院审判监督庭编:《审判监督指导》(总第17辑),人民法院出版社2008年版,第111~112页。

【链接:最高人民法院法官著述】

本案在再审审理中,虽由石油公司与广东公司就双方的权利义务自愿达成协议,但由于另一方当事人康民公司未到庭应诉,因而给调解解决本案纠纷造成法律上的障碍。如果采用调解书的形式,康民公司的义务难以在调解书中确定,因为石油公司和广州公司的协议未经其同意,对其不具有约束力。对于康民公司与石油公司的债权债务,原再审的判决并没有问题。本案实际上要解决两个问题:一是康民公司与石油公司的债权债务问题;二是广州公司与康民公司是否构成对石油公司的共同侵权问题。第一个问题与广州公司无关。但第二个问题,如果广州公司与康民公司构成共同侵权,则广州公司应该对康民公司给石油公司造成的损失承担连带赔偿责任。广州公司员工提供空白进仓单给康民公司,使康民公司伪造虚假进仓单欺骗石油公司,当石油公司去广州公司仓库查看康民公司所存货物时,广州公司的员工未经核实,就想当然地认为,原来康民公司存入的货物依然属于康民公司,而实际上,该批货物已经被康民公司转让给他人。

由于广州公司的员工实施的这些行为是在康民公司将所有存于广州公司仓库的货物提走或转让他人之后，且石油公司本身不是该批货物的货主，故广州公司未侵犯石油公司的财产权。石油公司也未提供相应的证据证明，广州公司与康民公司恶意串通，侵害其财产权。广州公司员工的行为最多起到了帮助康民公司拖延实现石油公司的债权的作用。但在这以后，石油公司又与康民公司达成还款协议，要求康民公司在协议签订后一个月之内还款，康民公司随后已经返还了部分欠款。基于解决纠纷的目的，合议庭主持双方对其权利义务进行协调，双方愿意调解解决纠纷，广州公司对其员工的错误行为也予以认可，愿意作出适当的让步，故双方当事人就其之间的纠纷达成协议。经法院审查，协议内容是双方当事人的真实意思表示，内容不违反法律法规的规定，故予以认可。以双方当事人达成的和解内容作为事实予以认定，以判决的形式予以明确。既达到了调解解决当事人纠纷的效果，又避免了因为另一方当事人未到庭应诉，不能用调解书的形式结案的困惑，取得了比较满意的效果。这样做，为解决再审案件一方当事人名存实亡，调解另两方当事人之间的纠纷探索出一条新路。

——何抒：《湖南石油实业股份有限公司与中国海外经济合作总公司广州公司、珠海经济特区康民有色金属公司借款合同纠纷抗诉案——如何以判决的形式而确认当事人调解达成的事项》，载苏泽林主编、最高人民法院审判监督庭编：《审判监督指导》（总第 17 辑），人民法院出版社 2008 年版，第 114 ~ 115 页。

编者说明

上述案例以判决的形式确认了其中两方当事人在诉讼过程中达成协议的事项，到庭的当事人达成协议的事项并没有损害他人利益，若不以判决的形式对其予以确认，该协议将难以产生强制执行力，也不能使该案的其他责任得到确认，无法彻底解决纠纷。故本案不适用《最高人民法院关于人民法院民事调解工作若干问题的规定》第 18 条的规定。

480

当事人就部分诉讼请求达成调解协议、部分未达成的，法院可以一并以判决书形式作出裁判

关键词 | 诉讼请求 | 调解协议 |

【最高人民法院裁判文书】

黑龙江辰能投资集团有限公司与深圳发展银行股份有限公司深圳罗湖支行、佳木斯造纸股份有限公司、黑龙江华夏造纸有限公司借款、担保合同纠纷案[最高人民法院(2009)民二终字第96号民事判决书]

裁判要旨:深发罗湖支行与电力公司签署的协议,及深发罗湖支行附条件放弃上诉请求和部分诉讼请求的申请,系深发罗湖支行和电力公司对于自身权利的处置,属于双方真实的意思表示,且不违反国家法律法规的规定,不损害他人权益,应予认可。

——最高人民法院民事审判第二庭编:《最高人民法院商事审判指导案例5·下》,中国法制出版社2011年版,第815~830页。

481

法院应确认诉讼中当事人达成的调解协议合法性

关键词 | 调解协议 | 合法性 | 土地使用权 | 变更登记 | 出让金 |

【最高人民法院裁判文书】

华天房地产开发(贵州)有限公司与贵州经贸粮油食品股份有限公司合建房屋纠纷上诉案[最高人民法院(2000)民终字第14号民事调解书]

裁判要旨:诉讼中,双方当事人经平等协商、互谅互让,自愿达成调解协议,不违反有关法律规定,对此调解协议,法院应予以确认。

二审期间,在最高人民法院主持下,双方当事人经平等协商、互谅互让,自愿达成如下调解协议:协议内容为双方当事人于2000年3月29日达成的和解协议书及附件。法院认为:调解协议是双方当事人的真实意思表示,不违反法律规定,予以确认。

——最高人民法院民事审判第一庭编:《最高人民法院民事案件解析(房地产开发)》(第2辑),法律出版社2010年版,第176~178页。

【链接：最高人民法院法官著述】

1. 关于双方当事人签订《联营协议》的性质及效力

双方当事人1995年8月6日、同年11月11日就联合开发辉华商贸大厦写字楼签订的《联营协议》及其1996年4月1日与被拆迁单位修配厂签订的《拆迁补偿协议》，均属于房地产开发经营性质，且发生在1995年1月1日起施行的《中华人民共和国城市房地产管理法》（以下简称房地产法）后，故应当适用该法的相关规定认定双方当事人签订的《联营协议》效力。该法第38条规定："以出让方式取得土地使用权的，转让房地产时，应当符合下列条件：（一）按照出让合同约定已支付全部土地出让金，并取得土地使用权证书。"第39条规定："以划拨方式取得土地使用权的，报有批准权的人民政府审批，有审批权的人民政府准予转让的，应当由受让方办理土地使用权出让手续，并依照国家有关规定缴纳土地使用权出让金。"这就是说，在我国取得土地使用权为出让和政府行政划拨两种形式，无论哪种形式的房地产转让，均应当依照上述法律规定足额向国家支付土地使用权出让金，受让人才能进行下一步开发转让，即以缴纳土地出让金的方式取得土地使用权。1990年5月国务院颁布实施的《中华人民共和国城镇国有土地使用权出让与转让暂行条例》第25条亦明确规定，土地使用权分割转让应到土地管理部门办理审批手续。国家以立法的形式，确认了受让人依法取得土地使用权的法定形式，目的在于使国有土地不流失，规范我国房地产开发市场，禁止违法交易。本案华天公司与经贸公司签订《联营协议》时，华天公司尚未取得该建设项目用地使用权证书，未办理土地使用权变更登记手续。1998年5月15日，该公司取得土地使用权预登记证，仍未依法足额向国家支付土地使用权出让金，未获得国家颁发的国有土地使用权证书，其行为损害了国家利益，一审法院认定双方当事人所签订《联营协议》为房屋合建的性质，为无效合同，适用法律正确。对无效合同的处理，《中华人民共和国经济合同法》第16条、《中华人民共和国民法通则》第61条均有明确规定，（一）依无效合同取得的财产应予返还。（二）因无效合同造成的损失由双方当事人按过错比例分担。本案依法应当将该项目用地及已建起的辉华商贸大厦主体工程返还给原土地使用权人修配厂。

2. 双方当事人达成的调解协议是否平等自愿合法，双方当事人认为该调解协议确为彼此反复平等自愿协商一致的结果双方当事人签订的《联营协议》因违反国家强制性法律、法规而无效。最高人民法院(2000)民终字第14号民事调解书,确认了双方当事人达成的调解协议的合法性。理由:

第一,该调解协议内容确认了双方所签《联营协议》无效,依据无效协议,经贸公司已支付的873万元投资款,由华天公司返还经贸公司,并支付占用该笔款项的法定利息;鉴于华天公司经济困难,经贸公司同意华天公司以该大厦五至八层房屋抵偿,并提出协商装修标准;华天公司出卖该大厦全部,应事先征得经贸公司的同意。上述调解协议内容不损害国家利益。

第二,本案的实际情况:修配厂原址进行房地产开发是贵阳市政府批准的,华天公司已取得了《建设用地规划许可证》《建设用地许可证》《国有土地使用权预登记证》,缴纳了大部分土地出让金,支付了修配厂征地补偿费,该厂已经政府批准迁建新址,经贸公司已支付华天公司投资款873万元,合同已实际履行。如作各方返还处理,对投资方经济会造成重大损失,因此,调解书中没有作返还处理。

——最高人民法院民事审判第一庭编:《最高人民法院民事案件解析(房地产开发)》(第2辑),法律出版社2010年版,第177~179页。

482

案外人对生效调解书提出异议应申请再审

关键词 | 调解书 | 恶意串通 |

【最高人民法院审判业务意见】

一方当事人在案件审理过程中,以恶意串通为由,对其作为案外人的已经生效的调解书提出异议的,人民法院不能就调解书的内容在本案中再行审查,可告知提出异议的当事人另行就调解书申请再审。

——于蒙:《已生效调解书的案外人在另案审理过程中以恶意串通为由对调解书内容提出异议的司法应对》,载最高人民法院民事审判第一庭编:《民事审判指导与参考》(总第47集),法律出版社2011年版,第141页。

483

无民事行为能力人离婚案件可以调解

关键词｜无民事行为能力人｜离婚案件｜调解｜

【最高人民法院司法解释】

第一百四十八条　无民事行为能力人的离婚案件，由其法定代理人进行诉讼。法定代理人与对方达成协议要求发给判决书的，可根据协议内容制作判决书。

——《最高人民法院关于适用〈中华人民共和国民事诉讼法〉的解释》(2015年1月30日，法释〔2015〕5号)

【链接：最高人民法院法官著述】

一般离婚案件在审理过程中，都要经过调解环节，开庭前可以组织当事人庭前调解，开庭时双方当事人都到庭的情况下，予以当庭调解，当庭调解不成功的还可以庭后调解。而涉及无民事行为能力人的离婚案件在审理过程中，无论是庭前、开庭时还是庭后调解，主持调解过程中都存在这样的障碍：至少有一方当事人无法表达其真实意思。此类离婚案件中，对双方当事人之间婚姻问题的调解是否能在法定代理人之间进行？民事诉讼法规定，在离婚案件的代理中，离婚或者不离婚的意见，只能由当事人自己向法院表达，而不能由诉讼代理人代为表达，即使当事人对诉讼代理人有特别授权也不行。这是对“具有人身属性的意思表示不能代理”的一种强制性规定，但这一规定只是针对当事人是完全行为能力人的情况。对于当事人一方或双方属于无民事行为能力人的案件来说，这个规定是不合时宜的，因为当事人本身根本不能进行意思表达，如果不顾客观存在的法律事实，硬是死搬硬套地由无民事行为能力人来表达是否离婚的意见，将不利于案件的审结。因此，无民事行为能力人的离婚案件也可以适用调解。尤其是关于财产分配问题，调解更有利于案结事了。

——最高人民法院民事审判第一庭编著：《最高人民法院关于婚姻法司法解释(三)理解与适用》，人民法院出版社2011年版，第143页。

484 委托合同中限制委托人行使调解等诉讼权利的约定不受保护

关键词 | 委托合同 | 限制行使 | 调解权 |

【最高人民法院司法政策】

在诉讼活动中，委托人同对方当事人进行调解或者达成和解是其依法享有的诉讼权利，有利于及时解决冲突，有效化解社会矛盾。对委托人同代理律师在委托合同中限制委托人行使调解等诉讼权利的约定，应不予保护。

——《最高人民法院全国民事审判工作会议纪要》(2011年10月9日，法办〔2011〕442号)

【《最高人民法院公报》案例】

上海市弘正律师事务所诉中国船舶及海洋工程设计研究院服务合同纠纷上诉案(上海市第二中级人民法院二审民事判决书)

裁判要旨：当事人在诉讼过程中自愿接受调解、和解，是对自身权益的处分，是当事人依法享有的诉讼权利。律师事务所及其律师作为法律服务者，在接受当事人委托代理诉讼事务中，应当尊重委托人关于接受调解、和解的自主选择，即使认为委托人的选择不妥，也应当出于维护委托人合法权益的考虑提供法律意见，而不能为实现自身利益的最大化，基于多收代理费的目的，通过与委托人约定相关合同条款限制委托人接受调解、和解。上述行为不仅侵犯委托人的诉讼权利，加重委托人的诉讼风险，同时也不利于促进社会和谐，违反社会公共利益，相关合同条款亦属无效。

——《最高人民法院公报》2009年第12期

编者说明

在诉讼活动中，委托人同对方当事人进行调解或者达成和解是其依法享有的诉讼权利，有利于及时解决冲突，有效化解社会矛盾。对委托人同代理律师在委托合同中限制委托人行使调解等诉讼权利的约定，应不予保护。

485

所有权人以调解方式处分被查封财产的行为无效

关键词｜调解无效｜处分查封产权｜

【最高人民法院裁判文书】

上海市弘正律师事务所诉中国船舶及海洋工程设计研究院服务合同纠纷上诉案(上海市第二中级人民法院二审民事判决书)

裁判要旨:调解应建立在事实清楚、分清是非的基础之上。法院在调解过程中,应对调解协议中处分的标的物上是否有案外人利益,即当事人是否对标的物享有完整的处分权这一基本事实进行审查。在大力倡导以调解方式结案,促进司法和谐的背景下,应注意防止当事人采用调解方式损害第三人利益或国家、集体利益。

——江必新主编、最高人民法院执行局编:《执行工作指导》(总第41辑),人民法院出版社2012年版,第77页。

486

以房抵债调解书的审查

关键词｜以房抵债｜调解｜

【最高人民法院司法政策】

16. 当事人达成以房抵债协议,并要求制作调解书的,人民法院应当严格审查协议是否在平等自愿基础上达成;对存在重大误解或显失公平的,应当予以释明;对利用协议损害其他债权人利益或者规避公共管理政策的,不能制作调解书;对当事人行为构成虚假诉讼的,严格按照民事诉讼法第一百一十二条和《最高人民法院关于适用〈中华人民共和国民事诉讼法〉的解释》第一百九十条、第一百九十一条的规定处理;涉嫌犯罪的,移送刑事侦查机关处理。

——《最高人民法院第八次全国法院民事商事审判工作会议(民事部分)纪要》(2016年11月30日)

第七章 — CHAPTER 07

保全和先予执行

487

不要求提供担保的财产保全情形

关键词｜财产保全｜担保｜

【最高人民法院司法解释】

第九条 当事人在诉讼中申请财产保全,有下列情形之一的,人民法院可以不要求提供担保:

(一)追索赡养费、扶养费、抚育费、抚恤金、医疗费用、劳动报酬、工伤赔偿、交通事故人身损害赔偿的;

(二)婚姻家庭纠纷案件中遭遇家庭暴力且经济困难的;

(三)人民检察院提起的公益诉讼涉及损害赔偿的;

(四)因见义勇为遭受侵害请求损害赔偿的;

(五)案件事实清楚、权利义务关系明确,发生保全错误可能性较小的;

(六)申请保全人为商业银行、保险公司等由金融监管部门批准设立的具有独立偿付债务能力的金融机构及其分支机构的。

法律文书生效后,进入执行程序前,债权人申请财产保全的,人民法院可以不要求提供担保。

——《最高人民法院关于人民法院办理财产保全案件若干问题的规定》(2016年11月7日,法释〔2016〕22号)

488

提供财产保全担保的数额

关键词｜财产保全｜担保｜担保数额｜

【最高人民法院司法解释】

第五条 人民法院依照民事诉讼法第一百条规定责令申请保全人提供财产保全担保的,担保数额不超过请求保全数额的百分之三十;申请保全的财产系争议标的的，担保数额不超过争议标的的价值的百分之三十。

利害关系人申请诉前财产保全的，应当提供相当于请求保全数额的担保；情况特殊的，人民法院可以酌情处理。

财产保全期间，申请保全人提供的担保不足以赔偿可能给被保全人造成的损失的，人民法院可以责令其追加相应的担保；拒不追加的，可以裁定解除或者部分解除保全。

——《最高人民法院关于人民法院办理财产保全案件若干问题的规定》(2016 年 11 月 7 日，法释〔2016〕22 号)

第一百五十二条 利害关系人申请诉前保全的，应当提供担保。申请诉前财产保全的，应当提供相当于请求保全数额的担保；情况特殊的，人民法院可以酌情处理。申请诉前行为保全的，担保的数额由人民法院根据案件的具体情况决定。

在诉讼中，人民法院依申请或者依职权采取保全措施的，应当根据案件的具体情况，决定当事人是否应当提供担保以及担保的数额。

——《最高人民法院关于适用〈中华人民共和国民事诉讼法〉的解释》(2015 年 1 月 30 日，法释〔2015〕5 号)

489

财产保全担保的形式

关键词 | 财产保全 | 担保 | 担保形式 |

【最高人民法院司法解释】

第六条 申请保全人或第三人为财产保全提供财产担保的，应当向人民法院出具担保书。担保书应当载明担保人、担保方式、担保范围、担保财产及其价值、担保责任承担等内容，并附相关证据材料。

第三人为财产保全提供保证担保的，应当向人民法院提交保证书。保证书应当载明保证人、保证方式、保证范围、保证责任承担等内容，并附相关证据材料。

对财产保全担保，人民法院经审查，认为违反物权法、担保法、公司法等有关法律禁止性规定的，应当责令申请保全人在指定期限内提供其他担保；逾期未提供的，裁定驳回申请。

第七条 保险人以其与申请保全人签订财产保全责任险合同的方式为财产保全提供担保的，应当向人民法院出具担保书。

担保书应当载明，因申请财产保全错误，由保险人赔偿被保全人因保全所遭受的损失等内容，并附相关证据材料。

第八条 金融监管部门批准设立的金融机构以独立保函形式为财产保全提供担保的，人民法院应当依法准许。

——《最高人民法院关于人民法院办理财产保全案件若干问题的规定》(2016 年 11 月 7 日，法释〔2016〕22 号)

【链接：最高人民法院法官著述】

当事人可以提供的担保形式主要有以下几种：

1. 现金担保。现金担保仅要求申请人将一定数额的现金划入法院代管账户或者冻结相应的账户即可，是最为稳妥、审查力度最弱，但是最不受申请人青睐的形式。前面也探讨了现金担保形式存在的缺陷，现在经济纠纷案件标的额动辄上百上千万，如果按照等额现金担保，那么中小企业或者个人都是难以接受的，在银根紧缩的特殊时期，更是很难会有当事人选择现金担保形式。

2. 信用担保。目前实践中有三类信用担保：担保公司信用担保、银行信用担保、企业法人信用担保。有的法院在信用担保审查时，要求注册资本等于或大于保全金额的企业提交当年年检资料的营业执照副本以及加盖公司公章的担保书，银行等金融机构无需担保。这样比较符合司法效率价值目标，申请人比较乐于接受，但是法院在审查担保主体的担保能力时困难重重：第一，无论是专业的担保公司还是一般的企业法人，能成为担保人的基础就在于其良好的资产信用，但是案件诉讼一般要经历几个月的时间，法院又无法对企业的运行状况进行监测，这个期间内企业发生倒闭、破产等状况会使企业信用担保风险加剧。有的法院收到的案件中绝大部分是企业法人的信用担保，没有金融机构的信用担保。第二，当前经济活动极为复杂，各个经济主体之间有着千丝万缕的关系，关联企业担保有多大风险、到底是否可行的问题对于法院审查是个难题。第三，信用担保的企业法人多次为他人提供担保，其提供担保的份额超过其能力范围，而目前我们还没有统一的企业对外担保数额的信息共享平台,无法对此情况进行审查,造成担保的风险增加。特别是良莠不齐的担保公司的信用担保,其本身以此为生存,多次担保额度肯定会大于其注册资本,这样是否意味着不具备担保能力呢?第四,当前很多申请人提供外省市企业的信用担保,从方便申请人的角度当然应当接受,但是如何来评断其资质信用状况是否良好是最大障碍。目前有的法院基本上不接受外省市企业信用担保。因此,对于信用担保形式,各法院应当制定出更为严格的审查标准,否则财产保全制度会沦为部分当事人的“打压”工具从而失去其应有价值。

3. 实物担保。主要有房产、车辆、机器设备等动产或不动产担保。首先,尽管房产是众多担保形式中比较多的,其价值大、易于审查、不易灭失,申请人一般只需提供房产权属正本和无权利瑕疵证明即可,很多法院和申请人都比较乐于接受,但其估价困难,实践中操作比较复杂、困难。其次,车辆虽易于审查,易于冻结,但是手续繁琐,存在灭失的可能,且折旧率比较高,比如,在宁波、温州都不接受车辆担保形式。最后,机器设备的折旧率高,且生产经营性物品的纠纷较多,所以少有法院接受此类担保。

4. 权利担保,如股票、债券等。此种是担保财产的浮动较大的权利价值物,基本上没有法院接受这类形式的担保。

——最高人民法院研究室、最高人民法院民事诉讼法修改研究小组办公室编著:《〈中华人民共和国民事诉讼法〉修改条文适用解答》,人民法院出版社 2012 年版,第 158 ~ 159 页。

问题:在审判实践中发现,有的人民法院对于申请财产保全或解除财产保全的当事人以保证的方式提供的信用担保一概不予接受,要求其必须以存单质押或者不动产抵押的方式提供物权担保,这种做法是否符合法律规定?

《民事审判指导与参考》研究组认为:我国《担保法》第 2 条规定的担保方式为保证、抵押、质押、留置和定金。我国《海事诉讼特别程序法》第 73 条第 2 款规定:“担保的方式为提供现金或者保证、设置抵押或者质押。”显然,将保证作为担保的方式之一不仅符合法律规定,也与国际上的通行做法相一致。

对于担保的方式,法律和相关司法解释并未明确限定为物的担保。担保可以分为物的担保和人的担保。物的担保可以表现为抵押、质押,人的担保主要表现为保证,是凭借人的信用进行的担保。物的担保与人的担保在本质上并无优劣之分,只要能够实现担保日后生效裁判的执行即应认可。现代市场经济的发展的要求必然追求物的便捷流转。从某种意义上来说,人的担保方式更为灵活。这一点在民事诉讼程序中的财产保全解除中表现得比较突出。如果被申请人能够提供财力雄厚、信誉度良好的大公司的担保,并不损害申请人的利益,法院应当予以准许。根据以往实践,对申请人提供的由我国的商业银行、船东保赔协会、保险公司、大型担保公司和大型生产企业出具的书面担保,或者申请人认可的书面担保,通常予以接受。

由此可见,当事人以保证方式提供担保,申请财产保全或解除财产保全,人民法院不应不区分情况一概加以拒绝。对于当事人提供的保证人,法院应严格审查其信誉度。对于企业来讲,主要是审查其注册资产情况、运营情况及其商业信誉。经审查,如果保证人不具备保证能力,甚至濒临破产的,法院可以让申请人另行提供担保或不予准许其申请,坚决防止被担保人逃避债务;如果保证人经济实力雄厚、信誉良好,法院应当准许其申请,不要简单地把书面担保拒之门外,但要从严掌握。

——最高人民法院民事审判第一庭编:《民事审判指导与参考》(总第34集),法律出版社2008年版,第180页。

490

被采取保全措施的财产保管

关键词 | 财产保全 | 财产保管 |

【最高人民法院司法解释】

第一百五十四条 人民法院在财产保全中采取查封、扣押、冻结财产措施时,应当妥善保管被查封、扣押、冻结的财产。不宜由人民法院保管的,人民法院可以指定被保全人负责保管;不宜由被保全人保管的,可以委托他人或者申请保全人保管。

查封、扣押、冻结担保物权人占有的担保财产,一般由担保物权人保管;由人民法院保管的,质权、留置权不因采取保全措施而消灭。

——《最高人民法院关于适用〈中华人民共和国民事诉讼法〉的解释》(2015年1月30日,法释〔2015〕5号)

【链接：最高人民法院法官著述】

第一，该条与《92 年意见》第 100 条规定的情形有很大的变化，不仅保全措施增加了冻结，而且增加了对保全财产保管的规定。第二，关于保管费用的负担，该费用属于其他诉讼费用，应在案件作出处理时一并处理。第三，查封、扣押、冻结担保物权人占有的担保财产，由人民法院保管的，质权、留置权不因转移占有而消灭，也就是说，只有人民法院基于保全措施对质物、留置物占有时，不同于物权法对动产占有的性质，不改变动产占有的优先权，即质权人、留置权人的优先权不消灭。

——沈德咏主编、最高人民法院修改后民事诉讼法贯彻实施工作领导小组编著：《最高人民法院民事诉讼法司法解释理解与适用》，人民法院出版社 2015 年版，第 437 页。

491

被采取保全措施的财产的使用

关键词 | 财产保全 | 使用财产 |

【最高人民法院司法解释】

第十三条　人民法院对厂房、机器设备等生产经营性财产进行保全时，指定被保全人保管的，应当允许其继续使用。

——《最高人民法院关于人民法院办理财产保全案件若干问题的规定》（2016 年 11 月 7 日，法释〔2016〕22 号）

第一百五十五条　由人民法院指定被保全人保管的财产，如果继续使用对该财产的价值无重大影响，可以允许被保全人继续使用；由人民法院保管或者委托他人、申请保全人保管的财产，人民法院和其他保管人不得使用。

——《最高人民法院关于适用〈中华人民共和国民事诉讼法〉的解释》（2015 年 1 月 30 日，法释〔2015〕5 号）

【链接：最高人民法院法官著述】

本条规定了“死封”变“活封”的内容，实践中应当注意发挥物的效用，对于被保全人保管的财产继续使用不会对价值造成损害的，允许被保全人继续使用，但人民法院保管或者人民法院委托他人、申请保全人保管时，不论是否对财产价值造成影响，保管人和人民法院都不得对保管的财产进行使用。

——沈德咏主编、最高人民法院修改后民事诉讼法贯彻实施工作领导小组编著：《最高人民法院民事诉讼法司法解释理解与适用》，人民法院出版社2015年版，第459页。

492

对担保物的保全不影响担保物权人的优先受偿权

关键词 | 诉讼保全 | 担保物权 | 优先受偿 |

【最高人民法院司法解释】

第一百五十七条 人民法院对抵押物、质押物、留置物可以采取财产保全措施，但不影响抵押权人、质权人、留置权人的优先受偿权。

——《最高人民法院关于适用〈中华人民共和国民事诉讼法〉的解释》(2015年1月30日，法释〔2015〕5号)

【最高人民法院答复】

上海市高级人民法院：

华创公司为履行对慈溪公司的债务，将500万元存款存单交付慈溪公司的行为符合权利质押法律关系的特征。虽然当事人之间未订立书面质押合同，但在审理中均承认交付存单是为了担保慈溪公司债权的实现，慈溪公司取得存单为合法占有，没有损害第三人的利益。因此，同意你院倾向性意见，即认定存单质押成立。上海市第一中级人民法院在受理家电公司诉华创公司票据纠纷案后,根据家电公司的诉讼保全申请,冻结了华创公司700余万元存单项下的存款。由于该存款使用权仍属华创公司及对于存单质押是否成立尚未经审理确认,故该诉讼保全措施并无不当。

——《最高人民法院关于未订立书面质押合同的存单质押是否成立和存单为非存款人合法占有后能否将存单项下存款作为原存款人财产进行诉讼保全问题的请示答复》

【链接：最高人民法院法官著述】

对于质押是否成立这一问题,具体就是研究在当事人未签订质押合同情况下,交付了权利凭证,能否认定质押成立。理论界有一种观点认为,虽然《担保法》第64条规定出质人和质权人应当以书面形式订立质押合同,但这是对当事人的要求,而不是法院审理案件中掌握合同是否成立和有效的唯一标准。

1. 华创公司交付存单不仅包含了在存款到期转让存款所有权、进行结算的意思,更包含了在存款到期前已放弃对存单的控制,用于担保慈溪公司的债权这一层意思。交付存单并表示"冲抵货款",即保证存款到期后慈溪公司债权能够优先实现,这正符合权利质押关系的特征。

2. 慈溪公司占有存单并不是非法取得,应属合法占有,如认定质押成立,符合当事人意思表示,处理结果也更合理。如按上海一中院判决,华创公司700余万元将用于偿付家电公司7836146元欠款和利息,慈溪公司虽已合法占有权利凭证,结果却分文不得。但应当注意的是,以权利凭证质押但不签书面质押合同的行为是存在很大的风险的,不值得提倡。如果本案出质人和质权人就质押一节说法不一,又无合同予以证明,质权人就不能就存单项下的存款取得优先受偿权。

由于当事人对法律制度并不详细了解,其行为不完全符合法律规定的形式要件。在这种情况下,对其行为意思只能由法院进行合理解释。本案当事人交付存单的行为,应考虑存单交付人确实有担保的意思表示,应认定存单质押成立。慈溪公司应优先受偿3289687.50元,其余部分作为华创公司财产履行其他债务。

关于诉讼保全是否得当的问题。由于上述存单是整存整取定期存单,对该存单质押是否成立尚未经另案审理确认,且在存款到期前,其所有权仍属存款人华创公司,因此,在家电公司诉华创公司票据纠纷中,对该项存款采取保全措施是可以的,但质权人的优先受偿权不受影响。

——毛端稚:《关于未订立书面质押合同的存单质押是否成立和存单为非存款人合法占有后能否将存单项下存款作为原存款人财产进行诉讼保全问题的请示答复》,载李国光主编、最高人民法院经济审判庭编:《经济审判指导与参考》(总第3卷),法律出版社2000年版,第15页。

493

上诉期间保全措施的衔接

关键词 | 财产保全 | 上诉期间 |

【最高人民法院司法解释】

第一百六十一条 对当事人不服一审判决提起上诉的案件,在第二审人民法院接到报送的案件之前,当事人有转移、隐匿、出卖或者毁损财产等行为,必须采取保全措施的,由第一审人民法院依当事人申请或者依职权采取。第一审人民法院的保全裁定,应当及时报送第二审人民法院。

——《最高人民法院关于适用〈中华人民共和国民事诉讼法〉的解释》(2015年1月30日,法释〔2015〕5号)

【最高人民法院答复】

黑龙江省高级人民法院:

你院《关于傅世良申请确认黑龙江省双鸭山市尖山区人民法院保全措施违法申诉案的请示》收悉。经研究,答复如下:

确认申请人傅世良虽然是原审被告,且没有依法提出反诉,但是一审法院已经判决其胜诉,依照我院《关于适用〈中华人民共和国民事诉讼法〉若干问题的意见》第一百零三条的规定,其作为当事人一方有权依据判决结果在对方当事人上诉期间提出财产保全申请。

——《最高人民法院关于傅世良申请确认黑龙江省双鸭山市尖山区人民法院保全措施违法申诉案的请示的答复》(〔2003〕确他字第3号)

【链接：最高人民法院法官著述】

民事诉讼法对可以申请财产保全的当事人并没有加以限定。人民法院在诉讼中决定是否采取财产保全的强制措施的法定事由为在诉讼中是否存在可能因当事人一方的原因，或者其他原因而导致人民法院最终作出的裁决不能执行或难以执行。只要存在该法定事由，人民法院就可以依据当事人的申请，按照法定程序采取诉讼保全措施，而不论申请保全的当事人所处的诉讼地位。因此，将可以申请财产保全的主体仅仅限定为案件原告或者反诉原告，没有法律依据。但是，在给付之诉中，由于给付请求系由原告提出，被告在没有反诉的情况下，一般只能对应否给付、给付多少进行抗辩，而不享有请求给付的权利。因此，对被告而言，虽然法律没有明确规定其无权申请财产保全，但由于不存在可能因对方的原因导致判决不能或难以执行的情形，即使其申请财产保全，也不可能获得人民法院的支持。但是，本案的特殊之处在于一审判决结果是裁决由原告对被告负有给付义务。虽然在傅世良申请财产保全时，该判决尚没有发生法律效力，但是，该一审判决的存在，使傅世良取得了一审判决王金梅应给付他的债权的期待权。在此情形下，王金梅可能会由于其一审败诉而转移财产，使一审判决一旦生效而不能或难以执行。因此，傅世良在一审判决后具备了申请财产保全的条件。《最高人民法院关于适用〈中华人民共和国民事诉讼法〉若干问题的意见》第一百零三条显然是为了解决在一审判决后上诉期内的财产保全问题。因此，傅世良在一审判决后向尖山区法院提出财产保全申请，在申请人资格上并不存在问题。至于尖山区法院在傅世良作为给付之诉被告且没有提起反诉的情况下，判决王金梅给付傅世良款项，是否存在错误，属于审判监督程序解决的问题，不因此影响傅世良基于一审判决而享有的申请财产保全的资格。

——董华：《关于傅世良申请确认黑龙江省双鸭山市尖山区人民法院保全措施违法申诉案的请示与答复》，载苏泽林主编、最高人民法院审判监督庭编：《审判监督指导》（总第18辑），人民法院出版社2010年版，第78～79页。

494

二审、再审程序保全措施的衔接

关键词 | 财产保全 | 二审 | 再审 |

【最高人民法院司法解释】

第十九条 再审审查期间,债务人申请保全生效法律文书确定给付的财产的,人民法院不予受理。

再审审理期间,原生效法律文书中止执行,当事人申请财产保全的,人民法院应当受理。

——《最高人民法院关于人民法院办理财产保全案件若干问题的规定》(2016年11月7日,法释〔2016〕22号)

第一百六十二条 第二审人民法院裁定对第一审人民法院采取的保全措施予以续保或者采取新的保全措施的,可以自行实施,也可以委托第一审人民法院实施。

再审人民法院裁定对原保全措施予以续保或者采取新的保全措施的,可以自行实施,也可以委托原审人民法院或者执行法院实施。

——《最高人民法院关于适用〈中华人民共和国民事诉讼法〉的解释》(2015年1月30日,法释〔2015〕5号)

【链接:最高人民法院法官著述】

第一,在二审程序或再审程序中当事人申请保全,因为一审或原生效的卷宗材料在二审法院或再审法院,二审法院或再审法院根据具体案件情况作出裁定,也就是二审期间或再审期间的裁定由二审法院或再审法院制作,不同于上诉期间的裁定均由一审法院制作。

第二,案件在二审或再审法院审理期间需要办理续封、续冻手续时,为避免有关金融机构、国土、房地产管理部门误将其视为轮候查封,在办理保全措施的续封、续冻手续时,尽可能委托原作出保全裁定的法院办理续封、续冻手续。当然,对于二审或再审法院无论是自行办理续封、续冻手续,还是委托第一审人民法院实施或委托原审法院以及执行法院实施，都不能将其作为轮候查封对待，即使有另案法院在前轮候查封，也不能将其作为轮候查封对待。

——沈德咏主编、最高人民法院修改后民事诉讼法贯彻实施工作领导小组编著：《最高人民法院民事诉讼法司法解释理解与适用》，人民法院出版社 2015 年版，第 469～470 页。

495

申请执行前可以申请财产保全

关键词 | 申请执行 | 财产保全 | 担保 |

【最高人民法院司法解释】

第一百六十三条 法律文书生效后，进入执行程序前，债权人因对方当事人转移财产等紧急情况，不申请保全将可能导致生效法律文书不能执行或者难以执行的，可以向执行法院申请采取保全措施。债权人在法律文书指定的履行期间届满后五日内不申请执行的，人民法院应当解除保全。

——《最高人民法院关于适用〈中华人民共和国民事诉讼法〉的解释》（2015 年 1 月 30 日，法释〔2015〕5 号）

第三条 作为执行依据的法律文书生效后至申请执行前，债权人可以向有执行管辖权的人民法院申请保全债务人的财产。人民法院可以参照民事诉讼法第九十二条的规定作出保全裁定，保全裁定应当立即执行。

——《最高人民法院关于人民法院民事执行中查封、扣押、冻结财产的规定》（2004 年 11 月 4 日，法释〔2004〕15 号）

【链接：最高人民法院法官著述】

本条规定采取保全措施，由于是在法院裁判作出之后才由债权人主动提起，债权人交纳保全费用后，该费用由谁承担？可根据公平原则，由实施该项保全的法院根据案件的实际情况作出书面决定，该保全费用由债务人承担，或债权人承担,或债务人和债权人共同承担,对此决定,当事人不可提起上诉。

——沈德咏主编、最高人民法院修改后民事诉讼法贯彻实施工作领导小组编著:《最高人民法院民事诉讼法司法解释理解与适用》,人民法院出版社 2015 年版,第 473 页。

这里有两个问题需要说明:一是申请财产保全是否需要提供担保。根据《民事诉讼法》九十二条的规定,人民法院采取财产保全措施,可以责令申请人提供担保,申请人不提供担保的,驳回申请。该规定赋予了人民法院视案情决定是否责令申请人提供担保的裁量权。在申请执行前的财产保全中,一般情况下是无需由申请人提供担保的。因为此时双方的权利义务关系已经生效,法律文书确定,当事人之间的债权债务关系已经明确,不存在因申请错误给被申请人造成损失的情况。二是债权人申请财产保全应向立案部门还是执行部门提出。这个问题并没有明确规定。财产保全贵在迅速,只有这样才能达到及时控制被执行人财产的目的。从这个角度考虑,我们认为以直接向执行部门申请为宜。申请人应当在申请财产保全后尽快向人民法院提出执行申请,人民法院采取保全措施后,申请人在法定申请执行期限内没有向人民法院申请执行的,人民法院应当裁定解除保全措施。债权人在申请执行前向人民法院申请财产保全的,应当依照有关规定缴纳费用。

——沈德咏主编、最高人民法院研究室编著:《民事诉讼司法解释理解与适用》,法律出版社 2009 年版,第 508 页。

496

采取行为保全的条件

关键词 | 行为保全 |

【链接:最高人民法院法官著述】

根据我国民事诉讼法和相关法律及司法解释的规定,并借鉴国外的经验,行为保全制度的实质条件应当包括:

1. 当事人之间存在民事权利义务的争议。申请人应当证明其合法权益正在或者将要受到侵犯和损害。因此,申请人须为本案的适格当事人,具有保全的请求资格。

2. 有作出行为保全的必要。申请人应证明,“如法院不采取行为保全措施,将来的判决或裁定将难以执行或者申请人将遭受难以弥补的损害”。需要强调的是,如果被申请人的行为不影响将来判决或裁定的执行或者虽然影响但不会导致无法执行或难以执行,以及造成的损害日后可以挽回的,法院则不能作出行为保全的裁定。

3. 原告的胜诉可能。保全措施是相对独立的诉讼程序,且更多关注的是对权利人利益的保护,但还是应当在原告和被告的利益之间保持适当的平衡,防止申请人利用保全制度阻止被申请人的正当行为的目的,因此要求法院对原告胜诉的可能性应有所考虑。毕竟行为保全相对于财产保全是更为严厉的强制措施,一旦错误对被申请人的损害更大,且很难恢复原状。

4. 对原告和被告是否公平。在双方胜败难以确定的情况下,还应当考虑采取行为保全措施对于被申请人的损害与不采取保全措施对申请人造成的损害之间的大小。

5. 对公共利益的保护。在涉及公共利益的案件中,法院应当更多考虑对公共利益的促进。例如环境污染案件,法院在裁定是否作出禁止企业继续排放污染物的行为保全时,由于企业的经济效益是可以测量的,而对环境的污染则难以测算,两者之间应当如何裁量?法院还是应当从更有效保护社会公共利益的立场出发作出裁量。

——最高人民法院研究室、最高人民法院民事诉讼法修改研究小组办公室编著:《〈中华人民共和国民事诉讼法〉修改条文适用解答》,人民法院出版社 2012 年版,第 147 ~ 148 页。

编者说明

2012 年《民事诉讼法》第 100 条规定:“人民法院对于可能因当事人一方的行为或者其他原因,使判决难以执行或者造成当事人其他损害的案件,根据对方当事人的申请,可以裁定对其财产进行保全、责令其作出一定行为或者禁止其作出一定行为;当事人没有提出申请的,人民法院在必要时也可以裁定采取保全措施。人民法院采取保全措施,可以责令申请人提供担保,申请人不提供担保的,裁定驳回申请。人民法院接受申请后,对情况紧急的,必须在四十八小时内作出裁定;裁定采取保全措施的,应当立即开始执行。”

该条修改的主要变化是增设行为保全制度。2007 年《民事诉讼法》并无明确的行为保全的规定，但是该项制度在特别法中已有规定，例如，《海事诉讼特别程序法》第51条关于海事强制令的规定以及《专利法》第66条、《商标法》第57条、《著作权法》第50条关于诉前责任停止有关行为的规定等。这些规定与2007年《民事诉讼法》关于民事保全制度的财产保全与先予执行的两分框架形成了制度紧张，无法找到其适当位置。设立行为保全制度，使我国的民事保全制度进一步完善，并为已有的特别法规定提供了正当性依据。

497

需要采取行为保全措施的情形

关键词｜行为保全｜

【链接：最高人民法院法官著述】

从当前司法实践看，需要通过行为保全措施保护当事人利益的情形主要有以下几种：

1. 抚养权纠纷等亲属关系纠纷中，有时需要对当事人的行为实施保全，比如强制一方当事人移交子女、禁止一方当事人带子女出境，等等。

2. 家庭暴力侵害等纠纷案件中，有时需要立即停止一方当事人实施对另一方当事人可能造成危害的行为。

3. 侵犯肖像权、隐私权、名誉权等损害精神权利的纠纷中，常常需要立即停止损害，这种损害无法以金钱弥补。

4. 相邻纠纷案件中，经常需要立即停止正在实施或将要实施的危害，比如强制一方当事人立即拆除危险建筑，或者强制一方当事人立即停止建设尚未完工的危险建筑，等等。

5. 环境危害侵权纠纷中，往往需要立即停止正在发生的环境危害，以降低环境污染对人体健康的损害程度。

6. 租赁合同纠纷等案件中，有时需要强制出租人立即交付关键设备，有时需要强制承租人立即停止损害建筑物行为，甚至立即退出建筑物，等等。

7. 股东争议、企业经营等纠纷中，当事人提出扣押、查封公章、营业执照等财产保全请求，其实属于对企业经营行为进行监管的行为保全请求；而另有一些当事人，希望法院强制公司召开股东会或者禁止公司召开股东会，等等。

8. 特定物、特殊物买卖等纠纷中，同样存在上述需要对特定物、特殊物(如饲养物、种植物)实施监管的行为保全要求。

9. 金钱债务纠纷案件中，有时需要禁止债务人为恶意逃债实施的转让财产、转让权利等行为。

10. 仲裁程序中，当事人基于前面提到的某些原因而需要法院采取行为保全。

——最高人民法院研究室、最高人民法院民事诉讼法修改研究小组办公室编著：《〈中华人民共和国民事诉讼法〉修改条文适用解答》，人民法院出版社2012年版，第149～150页。

498

行为保全与财产保全的区别

关键词 | 行为保全 | 财产保全 |

【链接：最高人民法院法官著述】

财产保全和行为保全虽然均属于民事诉讼保全的范畴，具有共通之处，但是，它们各自又具有特定的含义，二者不能混同。因此，要确定行为保全的法律地位就要先了解财产保全和行为保全的主要区别：

1. 设立的目的不同。财产保全的目的是使将来判决得以顺利执行。而行为保全的目的不仅包括使将来判决顺利执行，而且还包括防止不法行为继续进行、防止损失扩大或者造成不可挽回的损失。其中，后者还是行为保全的最主要的目的。

2. 保全的对象不同。财产保全的对象是被申请人可供执行的财产。行为保全的对象则是被申请人的行为，包括作为和不作为。

3. 是否需要被申请人答辩不同。在财产保全中，为了防止“打草惊蛇”，需在保全裁定送达被申请人之前采取保全措施。在行为保全中，因为保全的对象是被申请人的行为，所以，在采取保全措施之前，一般需要双方进行听证。

4. 保全的措施不同。财产保全一般采取查封、扣押、冻结等方式，而行为保全的措施则为停止侵害、排除妨碍、限制活动等。

5. 后果不同。财产保全后,诉讼一般仍将继续进行。而行为保全措施的采取,往往导致当事人或者利害关系人之间和解,已无必要再起诉或者继续诉讼,因此,可以说,法院关于行为保全的裁定往往预示着案件的最终结局。

由此可见,行为保全与财产保全之间存在很大的区别,不可能简单地依靠将财产保全扩大化解释的方法,来达到行为保全的目的。财产保全并不能涵盖行为保全,行为保全应当是一个相对独立的制度。

——最高人民法院研究室、最高人民法院民事诉讼法修改研究小组办公室编著:《〈中华人民共和国民事诉讼法〉修改条文适用解答》,人民法院出版社 2012 年版,第 148 ~ 149 页。

499

行为保全的申请人

关键词 | 行为保全 | 申请人 |

【链接:最高人民法院法官著述】

根据 2012 年《民事诉讼法》的规定,行为保全申请人必须具备请求行为保全的主体资格。无论是诉前的保全请求还是诉中的保全请求,申请人必须适格。诉前保全的申请人可以是利害关系人。利害关系人可以理解为,与需要保全的行为结果之间具有利害关系的公民、法人或者其他组织。例如,《最高人民法院关于诉前停止侵犯注册商标专用权行为和保全证据适用法律问题的解释》第一条规定:根据商标法第五十七条、第五十八条的规定,商标注册人或者利害关系人可以向人民法院提出诉前责令停止侵犯注册商标专用权行为或者保全证据的申请。提出申请的利害关系人,包括商标使用许可合同的被许可人、注册商标财产权利的合法继承人。注册商标使用许可合同被许可人中,独占使用许可合同的被许可人可以单独向人民法院提出申请;排他使用许可合同的被许可人在商标注册人不申请的情况下,可以提出申请。在本条司法解释中,给了利害关系人明确的解释和限定,即提出申请的利害关系人,包括商标使用许可合同的被许可人、注册商标财产权利的合法继承人。其中,商标使用许可合同的被许可人又细分为独占使用许可合同的被许可人和排他使用许可合同的被许可人。独占使用许可合同的被许可人可以单独向人民法院提出申请;排他使用许可合同的被许可人在商标注册人不申请的情况下,可以提出申请。

利害关系人只有在紧急情况下即不立即申请保全将会使其合法权益受到难以弥补的损害的情况下可以提起保全的请求。

在诉中提起行为保全请求的请求人为当事人,一方当事人只要是适格的当事人即可以请求对对方的行为进行保全。

——最高人民法院研究室、最高人民法院民事诉讼法修改研究小组办公室编著:《〈中华人民共和国民事诉讼法〉修改条文适用解答》,人民法院出版社 2012 年版,第 150 ~ 151 页。

500

诉前保全的程序

关键词｜诉前财产保全｜解除诉前保全｜

【最高人民法院司法解释】

第一百五十二条 人民法院依照民事诉讼法第一百条、第一百零一条规定,在采取诉前保全、诉讼保全措施时,责令利害关系人或者当事人提供担保的,应当书面通知。

利害关系人申请诉前保全的,应当提供担保。申请诉前财产保全的,应当提供相当于请求保全数额的担保;情况特殊的,人民法院可以酌情处理。申请诉前行为保全的,担保的数额由人民法院根据案件的具体情况决定。

——《最高人民法院关于适用〈中华人民共和国民事诉讼法〉的解释》(2015 年 1 月 30 日,法释〔2015〕5 号)

【链接：最高人民法院法官著述】

四、诉前保全的程序

(一)诉前保全的启动

由于利害关系人尚未起诉,人民法院不可能依职权主动采取措施,因此诉前保全只能由利害关系人申请启动。

(二)是否需要提供担保

由于诉前保全的紧急性,难以通过辩论程序听取双方当事人意见,与诉中保全相比,其与终局判决不一致的可能性更大。为保障被申请人的利益,同时也为促使申请人慎重申请诉前保全措施,通常要求申请人提供担保。根据本条第1款的规定,申请人提供担保是人民法院支持其诉前保全裁定的必要条件,当事人不提供担保的,裁定驳回申请。

(三)诉前保全申请的处理

由于诉前保全仅在紧急情况下才能提起,人民法院在接受诉前保全申请后,必须在较短的时间内及时作出裁定。根据本条第2款的规定,人民法院接受申请后,必须在48小时内作出裁定;裁定采取保全措施的,应当立即开始执行。

五、诉前保全的解除

由于诉前保全都是在紧急情况下提起的,一般没有经过辩论程序听取双方当事人的意见,人民法院采取保全措施后,申请人应当及时将其与被申请人的实体争议提起诉讼或者申请仲裁,以便人民法院或者仲裁机构能够对该实体争议尽早作出处理。因此,根据本条第3款的规定,申请人应该在人民法院采取保全措施后30日内依法提起诉讼或者申请仲裁;逾期提出的,人民法院将解除保全。

需要说明的是,2012年《民事诉讼法》修改不仅增加了申请仲裁作为申请人在人民法院采取保全措施后可以选择的纠纷解决方式,还将申请人在人民法院采取保全措施后提起诉讼或者申请仲裁的期限由原来的15日延长为30日。这一修改实际上统一了一般民事诉讼程序和涉外民事诉讼程序的诉前保全制度。因此,2012年《民事诉讼法》修改还删除了2007年《民事诉讼法》涉外民事诉讼程序的特别规定编中关于财产保全一章的规定。

——最高人民法院民事诉讼法修改研究小组编著:《〈中华人民共和国民事诉讼法〉修改条文理解与适用》,人民法院出版社2012年版,第230~231页。

编者说明

在2012年《民事诉讼法》之前,我国只有诉前财产保全制度,而无诉前行为保全制度。《民事诉讼法》第101条修改的主要变化在于增设诉前行为保全。诉前行为保全制度的主要目的在于,在等待利害关系人起诉或者申请仲裁则可能由于时间的滞后而使其合法权益遭受难以弥补的损害的紧急情况下,给利害关系人提供及时便利的救济手段。诉前行为保全制度的设立，使《民事诉讼法》形成了诉前财产保全和诉前行为保全并立的完善的诉前保全制度。同时，2012 年《民事诉讼法》增加了关于诉前保全的管辖法院的规定，进一步完善了诉前保全的管辖制度；增加了申请仲裁作为申请人在人民法院采取保全措施后可以选择的纠纷解决方式，统一了一般民事诉讼和涉外民事诉讼中采取诉前保全措施后申请人提起诉讼或者申请仲裁的期限，将一般民事诉讼程序中该期限由原来的 15 日延长为 30 日。

501

诉前行为保全的管辖法院为被申请人所在地法院

关键词｜诉前行为保全｜管辖法院｜

【链接：最高人民法院法官著述】

诉讼中申请保全的管辖法院是对案件有管辖权的法院。那么，诉前保全的管辖法院如何确定呢？2012 年《民事诉讼法》第一百零一条给予了明确的规定：利害关系人因情况紧急，不立即申请保全将会使其合法权益受到难以弥补的损害的，可以在提起诉讼或者申请仲裁前向被保全财产所在地、被申请人住所地或者对案件有管辖权的人民法院申请采取保全措施。由于行为保全针对的是被申请人的行为，因此，对于诉前申请行为保全的，其管辖法院应当为被申请人所在地法院。

——最高人民法院研究室、最高人民法院民事诉讼法修改研究小组办公室编著：《〈中华人民共和国民事诉讼法〉修改条文适用解答》，人民法院出版社 2012 年版，第 150 页。

502

行为保全裁定的效力期限

关键词｜行为保全裁定｜效力期限｜

【链接：最高人民法院法官著述】

2012 年《民事诉讼法》修改并未规定行为保全裁定效力期限。一般认为，行为保全措施的效力一般延续到当事人之间的判决生效时为止。《最高人民法院关于对诉前停止侵犯专利权行为适用法律问题的若干规定》第14条规定,停止侵犯专利权行为裁定的效力,一般应维持到终审法律文书生效时止。人民法院也可以根据案情,确定具体期限;期限届满时,根据当事人的请求仍可作出继续停止有关行为的裁定。该解释虽系针对诉前停止侵犯专利权行为裁定的规定,但其精神完全可以类推适用于所有行为保全裁定。

——最高人民法院民事诉讼法修改研究小组编著:《〈中华人民共和国民事诉讼法〉修改条文理解与适用》,人民法院出版社2012年版,第229页。

503

环境侵权案件中的行为保全

关键词|环境侵权|行为保全|

【最高人民法院司法解释】

第十二条 被申请人具有环境保护法第六十三条规定情形之一,当事人或者利害关系人根据民事诉讼法第一百条或者第一百零一条规定申请保全的,人民法院可以裁定责令被申请人立即停止侵害行为或者采取污染防治措施。

——《最高人民法院关于审理环境侵权责任纠纷案件适用法律若干问题的解释》(2015年6月1日,法释〔2015〕12号)

【链接:最高人民法院法官著述】

本条指引到《环境保护法》第63条的规定,审判实践中应当注意本条规定的适用与刑法规定的破坏环境资源保护罪的关系。人民法院在受理当事人或者利害关系人的行为保全申请时,发现环境违法行为涉嫌犯罪的,应当移送有关机关处理。

法官应根据具体案情不同,区别对待申请人要求被申请人采取污染防治措施或立即停止侵害行为的不同请求,判断申请人提出行为保全是否需要提供担保。对此,有以下考量标准:(1)进行行为保全的紧迫性;(2)保全行为可能给被申给被申请人带来的损失程序;(3)申请人受到损害的程序;(4)涉及的利益包括哪些,是否包括公共利益;(5)申请人可能胜诉的几率;(6)申请人的经济情况,等等。

——沈德咏主编,最高人民法院研究室、最高人民法院环境资源审判庭编著:《最高人民法院环境侵权责任纠纷诉讼司法解释理解与适用》,人民法院出版社2016年版,第147~148页。

504

诉前财产保全的管辖

关键词｜诉前保全｜财产所在地｜管辖｜

【最高人民法院司法解释】

人民法院受理当事人诉前财产保全申请后,应当按照诉前财产保全标的金额并参照《中华人民共和国民事诉讼法》关于级别管辖和专属管辖的规定,决定采取诉前财产保全措施。

——《最高人民法院关于诉前财产保全几个问题的批复》(1998年11月27日,法释〔1998〕29号)

【最高人民法院答复】

江西省高级人民法院:

你院赣法明传〔1992〕95号《关于黎川县人民法院对江苏省宜兴市堰头工业联合公司采取诉前财产保全措施执行情况的报告》收悉。经审查,提出以下意见:

黎川县人民法院在本案的诉前保全中既不是财产所在地法院,也不是被申请人所在地法院,无权受理诉前保全申请。

——《最高人民法院关于黎川县人民法院对江苏省宜兴市堰头工业联合公司采取诉前财产保全措施执行情况报告的有关问题的复函》(1992年12月4日,法函〔1992〕150号)

【链接：最高人民法院法官著述】

根据本条第1款的规定，诉前保全申请应由被保全财产所在地、被申请人住所地或者对案件有管辖权的人民法院管辖。本条赋予了申请人选择权，更加便利利害关系人提出申请，更能充分保护利害关系人合法权益。对案件有管辖权的法院是指对申请人与被申请人之间民事纠纷有管辖权的人民法院。例如，如果申请人基于被申请人侵害其专利权而提起诉前保全申请，其与被申请人的纠纷属于专利侵权纠纷，该纠纷应由侵权行为地和被告住所地法院管辖。此时，申请人可以在起诉或者申请仲裁前向侵权行为地法院提出保全申请。

——最高人民法院民事诉讼法修改研究小组编著：《〈中华人民共和国民事诉讼法〉修改条文理解与适用》，人民法院出版社2012年版，第230～231页。

编者说明

2012年《民事诉讼法》第101条第1款规定，利害关系人因情况紧急，不立即申请保全将会使合法权益受到难以弥补的损害的，可以在提起诉讼或者申请仲裁前向被保全财产所在地、被申请人住所地或者对案件有管辖权的人民法院申请采取保全措施。该条相比1992年《关于适用〈中华人民共和国民事诉讼法〉若干问题的意见》第31条，赋予了申请人对申请法院的选择权。

505

诉前保全申请的管辖不受当事人之间管辖协议或者仲裁协议约束

关键词｜诉前保全管辖｜管辖协议｜仲裁协议｜

【链接：最高人民法院法官著述】

2012年《民事诉讼法》第101条规定了诉前保全申请的管辖。如果申请人与被申请人对于双方纠纷订有管辖协议或者仲裁协议，该管辖协议或者仲裁协议对于诉前保全申请的管辖是否具有影响，本条并未明确规定。基于诉前保全的紧急性，由被保全财产所在地、被申请人住所地等法院管辖，能够及时有效地采取措施保护申请人利益。如果诉前保全申请的管辖要受制于管辖协议或仲裁协议，则不可避免地会出现协议约定的管辖地可能与被保全财产所在地或者被申请人住所地没有关联的情况，难以真正发挥诉前保全制度的效用，也难以有效保护申请人的利益。因此，原则上诉前保全申请的管辖不受当事人之间的管辖协议或者仲裁协议的约束，仍应依照本条第1款的规定确定管辖。

——最高人民法院民事诉讼法修改研究小组编著：《〈中华人民共和国民事诉讼法〉修改条文理解与适用》，人民法院出版社2012年版，第231～232页。

506

受诉法院不因采取诉前财产保全而取得案件管辖权

关键词 | 诉前保全 | 起诉 | 管辖 |

【最高人民法院司法解释】

山西省高级人民法院：

你院晋高法〔1996〕148号关于对《最高人民法院〈关于适用《中华人民共和国民事诉讼法》若干问题的意见〉第31条第2款如何理解的请示》收悉。经研究，答复如下：

《最高人民法院关于适用〈中华人民共和国民事诉讼法〉若干问题的意见》第31条第2款的规定是指：在人民法院采取诉前财产保全后，申请人起诉的，应当向有管辖权的人民法院提起。采取诉前财产保全的人民法院对该案有管辖权的，应当依法受理；没有管辖权的，应当及时将采取诉前财产保全的全部材料移送有管辖权的受诉人民法院。

——《最高人民法院关于如何理解〈关于适用《中华人民共和国民事诉讼法》若干问题的意见〉第31条第2款的批复》（1998年4月17日，法释〔1998〕5号）

【最高人民法院司法政策】

6. 人民法院在审理国内经济纠纷案件中，如受诉人民法院对该案件没有管辖权，不能因对非争议标的物或者对争议标的物非主要部分采取诉前财产保全措施而取得该案件的管辖权。

——《最高人民法院关于在经济审判工作中严格执行〈中华人民共和国民事诉讼法〉的若干规定》(1994 年 12 月 22 日，法发〔1994〕29 号)

【最高人民法院答复】

山东省高级人民法院：

你院鲁高法函〔1994〕65 号请示收悉，经研究，答复如下：

同意你院倾向性意见。本院《关于适用〈中华人民共和国民事诉讼法〉若干问题的意见》第 31 条第 2 款虽规定了诉前保全申请人可以向采取诉前保全措施的人民法院提起诉讼，但受理该案件，仍应当符合有关级别管辖的规定。申请人向采取诉前保全措施的人民法院起诉的案件，如果其诉讼标的金额超过了该院级别管辖的权限，则应当告知原告向有管辖权的上级人民法院提起诉讼。

——《最高人民法院关于采取诉前保全措施的法院可否超越其级别管辖权限受理诉前保全申请人提起的诉讼问题的复函》(1995 年 3 月 7 日，法经〔1995〕64 号)

【链接：最高人民法院法官著述】

《最高人民法院关于适用〈中华人民共和国民事诉讼法〉若干问题的意见》第 31 条第 2 款规定是对《民事诉讼法》第 93 条的补充和延伸。《民事诉讼法》第 93 条虽然根据实际需要对诉前财产保全作出了规定，但没有具体规定利害关系人申请诉前财产保全时向哪个人民法院申请；也没有具体规定利害关系人申请财产保全措施后，如要提出诉讼，应当向作出诉前财产保全的法院起诉，还是《民事诉讼法》规定的有管辖权的法院起诉。《最高人民法院关于适用〈中华人民共和国民事诉讼法〉若干问题的意见》第 31 条对此进行了补充。其第 1 款规定："诉前财产保全，由当事人向财产所在地的人民法院申请。"这解决了诉前财产保全的管辖问题。

第2款规定为:“在人民法院采取诉前财产保全后,申请人起诉的,可以向采取诉前财产保全的人民法院或者其他有管辖权的人民法院提起。”该款规定在执行时引起了歧义。即采取诉前财产保全的法院是否因采取诉前财产保全措施即对当事人所起诉的案件取得了当然的管辖权。该批复对这一问题进行了明确。人民法院对案件的管辖,不因是否有诉前财产保全措施的存在而舍弃对《民事诉讼法》关于管辖的有关规定的适用。当事人起诉的,仍应向有管辖权的法院提起。采取诉前财产保全的法院对案件有管辖权的,应当依法受理;没有管辖权的,应当及时将采取诉前财产保全的全部材料,移送有管辖权的受诉法院。在审判实务中,可能还会遇到这样的情况,即采取诉前财产保全的法院对案件有管辖权,但当事人向另一个有管辖权的法院提起诉讼。该批复虽未对此种情况进行明确表述,然根据批复关于“采取诉前财产保全的人民法院对案件有管辖权的,应当依法受理”的规定,应当由当事人选择受诉法院,这应是“依法受理”的应有之意。也就是说,即使采取诉前财产保全的法院对案件有管辖权,只要当事人依法向另一有管辖权的法院起诉的,采取诉前财产保全的法院也因此而不能取得对案件的管辖权。遇此情况,应当及时将采取诉前财产保全的全部材料,移送已依法取得管辖权的受诉法院。

——沈德咏主编、最高人民法院研究室编著:《民事诉讼司法解释理解与适用》,法律出版社2009年版,第204~206页。

507

保全措施与执行中查封、扣押、冻结措施的衔接

关键词 | 财产保全措施 | 执行措施 |

【最高人民法院司法解释】

第二十一条 保全法院在首先采取查封、扣押、冻结措施后超过一年未对被保全财产进行处分的,除被保全财产系争议标的外,在先轮候查封、扣押、冻结的执行法院可以商请保全法院将被保全财产移送执行。但司法解释另有特别规定的,适用其规定。

保全法院与在先轮候查封、扣押、冻结的执行法院就移送被保全财产发生争议的,可以逐级报请共同的上级法院指定该财产的执行法院。

共同的上级法院应当根据被保全财产的种类及所在地、各债权数额与被保全财产价值之间的关系等案件具体情况指定执行法院，并督促其在指定期限内处分被保全财产。

——《最高人民法院关于人民法院办理财产保全案件若干问题的规定》(2016 年 11 月 7 日，法释〔2016〕22 号)

第一百六十八条 保全裁定未经人民法院依法撤销或者解除，进入执行程序后，自动转为执行中的查封、扣押、冻结措施，期限连续计算，执行法院无需重新制作裁定书，但查封、扣押、冻结期限届满的除外。

——《最高人民法院关于适用〈中华人民共和国民事诉讼法〉的解释》(2015 年 1 月 30 日，法释〔2015〕5 号)

【链接：最高人民法院法官著述】

第一，法院在裁定书中应写明保全措施的期限，并说明保全裁定在超过保全期限后就失去法律效力，以提示申请人到时是否申请续行保全。

第二，注意续行保全期限的变化，《查封、扣押、冻结财产规定》第 29 条规定，人民法院未能在查封、扣押、冻结期限内执结的，申请人可以申请续行查封、扣押、冻结，续行期限不得超过法律规定查封、扣押、冻结期限的二分之一。可见，上述司法解释对续行次数未作规定，法院可以考虑案件的复杂性和执行标的物变价的艰难等因素，决定续行次数，注意不应限制次数。本司法解释第 487 条对查封、扣押、冻结续行期限进行了调整。修改了 2004 年规定的每次续行期限不得超过法律规定查封、扣押、冻结期限的二分之一，明确续行期限冻结被执行人的银行存款的期限不得超过一年，查封、扣押动产的期限不得超过两年，查封不动产、冻结其他财产权的期限不得超过三年。

——沈德咏主编、最高人民法院修改后民事诉讼法贯彻实施工作领导小组编著：《最高人民法院民事诉讼法司法解释理解与适用》，人民法院出版社 2015 年版，第 437 页。

1. 本条的保全既指诉前保全，也指诉讼保全；既指诉讼程序中采取的保全，也指仲裁程序中采取的保全。此外，由于本条表述为“自动转为执行中的查封、扣押、冻结措施”，可以得出主要适用于财产保全的情形，因为行为保全的措施一般并非表现为查封、扣押、冻结的形式。但是根据本条文“加强诉讼保全与执行程序衔接”的精神，应扩大解释为也适用于行为保全。

2. 进入执行程序后，保全措施自动转为执行程序中的控制性措施。对此，无需重新作出裁定。但是对于保全期限届满的，应作出续封或续冻的裁定。

——杜万华主编、《最高人民法院民事诉讼法司法解释实务指南》编写小组编著：《最高人民法院民事诉讼法司法解释实务指南》，中国法制出版社2015年版，第293页。

508

采取诉前财产保全措施的法院与受理案件法院不一致的处理

关键词｜诉前财产保全｜受理案件法院｜移送管辖｜

【最高人民法院司法解释】

第一百六十条　当事人向采取诉前保全措施以外的其他有管辖权的人民法院起诉的，采取诉前保全措施的人民法院应当将保全手续移送受理案件的人民法院。诉前保全的裁定视为受移送人民法院作出的裁定。

——《最高人民法院关于适用〈中华人民共和国民事诉讼法〉的解释》（2015年1月30日，法释〔2015〕5号）

二、采取财产保全措施的人民法院受理申请人的起诉后，发现所受理的案件不属于本院管辖的，应当将案件和财产保全申请费一并移送有管辖权的人民法院。

案件移送后，诉前财产保全裁定继续有效。

因执行诉前财产保全裁定而实际支出的费用，应由受诉人民法院在申请费中返还给作出诉前财产保全的人民法院。

——《最高人民法院关于诉前财产保全几个问题的批复》（1998年11月27日，法释〔1998〕29号）

【链接：最高人民法院法官著述】

1. 诉前保全后，如果存在多个对案件具有管辖权的法院，申请人可以选择其一作为起诉法院。

2. 当事人起诉的法院与诉前保全法院不一致的,采取诉前保全的法院应将相关采取诉前保全措施的手续、材料、保全费以及担保金等予以移送。

3. 移送法院视为作为诉前保全裁定的法院,因此也应注意保全的期限及续行保全的问题。

——杜万华主编、《最高人民法院民事诉讼法司法解释实务指南》编写小组编著:《最高人民法院民事诉讼法司法解释实务指南》,中国法制出版社2015年版,第280~281页。

根据《人民法院诉讼收费办法》第八条等规定,向人民法院申请诉前财产保全应当缴纳诉讼费用。这种费用实际上包括两部分:申请费和采取诉前财产保全措施而实际支出的费用。申请费与案件受理费性质相同,属于国家规费,是当事人要求法院采取诉讼活动的意思表示的具体体现。诉前保全的费用无论是申请费还是采取诉前保全措施实际支出的费用,按照人民法院诉讼收费办法的规定,都由案件败诉一方当事人负担(当然如果申请人未在法定期限内向法院提起诉讼则由申请人负担)。因此,当采取诉前财产保全措施的法院将案件移送给有管辖权的法院时,应当将案件一并移送,以便审理法院在最终的裁判中决定这笔费用应当由哪一方当事人负担。另外,由于案件移送是在一审期内,因而案件审理法院既是一审法院也是执行法院,只有将诉前保全的费用一并移送,才方便将来生效裁判中有关诉讼费用的执行。

按照《民事诉讼法》的规定,诉前保全财产裁定一经作出应当立即执行,因而法院在执行诉前财产保全裁定即采取诉前财产保全措施时不可避免地支出或多或少的费用。这种费用应当由当事人负担。所以,《批复》最后规定,因执行诉前财产保全裁定而实际支出的费用由案件审理法院在申请费中返还,当然,如果实际支出的费用远远高于申请人缴纳的申请费,采取诉前保全措施的法院可以向案件审理法院提出,要求有关当事人支付。

——沈德咏主编、最高人民法院研究室编著:《民事诉讼司法解释理解与适用》,法律出版社2009年版,第347~350页。

509

因诉前财产保全造成损失引起诉讼的管辖

关键词｜诉前财产保全｜损失赔偿｜管辖｜

【最高人民法院司法解释】

第二十七条　当事人申请诉前保全后没有在法定期间起诉或者申请仲裁，给被申请人、利害关系人造成损失引起的诉讼，由采取保全措施的人民法院管辖。

当事人申请诉前保全后在法定期间内起诉或者申请仲裁，被申请人、利害关系人因保全受到损失提起的诉讼，由受理起诉的人民法院或者采取保全措施的人民法院管辖。

——《最高人民法院关于适用〈中华人民共和国民事诉讼法〉的解释》(2015年1月30日，法释〔2015〕5号)

【链接：最高人民法院法官著述】

因申请诉前保全造成损失提起的诉讼不同于一般意义上的侵权之诉，属于因一方当事人提起保全措施申请后造成了损害后果，从便于被害人起诉、便于法院审理的角度，在区分解除申请诉前保全后是否起诉或仲裁，作出了不同规定，规定了特殊的地域管辖。

——杜万华主编、《最高人民法院民事诉讼法司法解释实务指南》编写小组编著：《最高人民法院民事诉讼法司法解释实务指南》，中国法制出版社2015年版，第39页。

510

先予执行后的执行回转

关键词｜先予执行｜执行回转｜

【最高人民法院司法解释】

第一百七十三条 人民法院先予执行后,根据发生法律效力的判决,申请人应当返还因先予执行所取得的利益的,适用民事诉讼法第二百三十三条的规定。

——《最高人民法院关于适用〈中华人民共和国民事诉讼法〉的解释》(2015 年 1 月 30 日,法释〔2015〕5 号)

【链接:最高人民法院法官著述】

执行回转中的折价赔偿问题。《92 年意见》第 284 条规定,对特定物执行程序中,原物不存在时,可予以折价赔偿。《执行规定》第 110 条亦规定:“执行回转时,已执行的标的物系特定物的,应当退还原物。不能退还原物的,可以折价抵偿。”本解释第 494 条修改了《92 年意见》第 284 条、《执行规定》第 110 条的规定,改为:原物不存在时,如果双方当事人同意,可予以折价赔偿;如果当事人不能就折价赔偿达成一致的,人民法院应当终结执行程序,申请执行人可以另行起诉。这一修改体现了“审执分离”的要求,本条在适用时,也应受到本解释第 494 条规定的限制。

——杜万华主编、《最高人民法院民事诉讼法司法解释实务指南》编写小组编著:《最高人民法院民事诉讼法司法解释实务指南》,中国法制出版社 2015 年版,第 299 页。

511

被保全人提供其他等值担保财产的处理

关键词 | 变更保全标的物 | 财产保全 | 等值担保 |

【最高人民法院司法解释】

第一百六十七条 财产保全的被保全人提供其他等值担保财产且有利于执行的,人民法院可以裁定变更保全标的物为被保全人提供的担保财产。

——《最高人民法院关于适用〈中华人民共和国民事诉讼法〉的解释》

（2015 年 1 月 30 日，法释〔2015〕5 号）

【链接：最高人民法院法官著述】

保全是否可以因被申请人提供担保而解除，需要根据具体案情、区分不同保全请求作出处理。涉及人身权争议的，由于保全措施对于当事人的人身利益影响甚巨，即使被申请人提供担保，一般也不宜解除保全；对于财产争议，由于通常仅涉及财产利益，如果被申请人提供的担保足以弥补申请人的损失，继续采取保全措施已经失去意义，应该解除保全。本条区分了这两类情形。对于财产纠纷案件，被申请人提供担保的，人民法院应该裁定解除保全。

民事诉讼法对被申请人提供担保的条件未作规定。通常认为，确定被申请人提供的担保是否适格，可以考虑两个要素：一是担保的数额，被申请人提供的担保应该相当于申请人请求保全的数额；二是担保对将来判决执行的影响，被申请人提供的担保应便于将来判决的执行。当然，如果申请人对被申请人提供的担保表示同意的，可以不考虑上述因素。只有被申请人提供了符合条件的担保的，人民法院才应当解除保全。

——最高人民法院研究室、最高人民法院民事诉讼法修改研究小组办公室编著：《〈中华人民共和国民事诉讼法〉修改条文适用解答》，人民法院出版社 2012 年版，第 154～155 页。

编者说明

2012 年《民事诉讼法》第 104 条规定："财产纠纷案件，被申请人提供担保的，人民法院应当裁定解除保全。"本条明确规定了保全因被申请人提供担保可以解除，但是对于所提供的担保并无明确要求，实践中对此存在争议。为了实现保全制度的目的，平衡双方当事人之间的利益，《2015 年解释》明确被申请人提供物之担保的标准，并且规定，人民法院在解除原保全的同时，应裁定保全担保财产。

512

知识产权侵权案件行为保全不因被申请人提供担保而解除

关键词 | 行为保全 | 被申请人 | 担保 | 解除保全 |

【最高人民法院司法解释】

第八条 停止侵犯注册商标专用权行为裁定所采取的措施，不因被申请人提供担保而解除，但申请人同意的除外。

——《最高人民法院关于诉前停止侵犯注册商标专用权行为和保全证据适用法律问题的解释》(2002年1月9日，法释〔2002〕2号)

第八条 停止侵犯专利权行为裁定所采取的措施，不因被申请人提出反担保而解除。

——《最高人民法院关于对诉前停止侵犯专利权行为适用法律问题的若干规定》(2001年6月7日，法释〔2001〕20号)

【链接：最高人民法院法官著述】

在财产纠纷案件中，既可能发生财产保全，也可能发生行为保全。在特定类型的财产纠纷案件中，被申请人提供担保后，已经采取的行为保全措施是否一律解除，似需进一步研究。例如，在知识产权侵权纠纷中，申请人提出诉前或者诉中责令对方当事人停止侵权行为的行为保全申请。人民法院在采取行为保全措施之后，如果该行为保全因被申请人提供了担保而解除，则申请人的知识产权将受到损害，其运用知识产权进行市场竞争的能力也将被削弱。而且，此种做法实际上认为被申请人的侵害行为给申请人造成的损害是可以弥补的，这与行为保全本身的原因条件似有冲突之处。因此，《最高人民法院关于诉前停止侵犯注册商标专用权行为和保全证据适用法律问题的解释》第8条和《最高人民法院关于对诉前停止侵犯专利权行为适用法律问题的若干规定》第8条都明确规定，停止侵犯注册商标专用权行为或者停止侵犯专利权行为裁定所采取的措施，不因被申请人提供担保而解除，但申请人同意的除外。

——最高人民法院民事诉讼法修改研究小组编著：《〈中华人民共和国民事诉讼法〉修改条文理解与适用》，人民法院出版社2012年版，第234页。

513

金融资产管理公司申请财产保全可以不提供担保

关键词 | 金融资产管理公司 | 担保财产 | 保全 |

【最高人民法院司法解释】

第五条 人民法院对金融资产管理公司申请财产保全的，如金融资产管理公司与债务人之间债权债务关系明确，根据《中华人民共和国民事诉讼法》第九十二条第二款的规定，可以不要求金融资产管理公司提供担保。

——《最高人民法院关于审理涉及金融资产管理公司收购、管理、处置国有银行不良贷款形成的资产的案件适用法律若干问题的规定》(2001 年 4 月 11 日，法释〔2001〕12 号)

514

对案外人财产不能采取保全措施

关键词 | 财产保全 | 案外人财产 | 到期债权 |

【最高人民法院司法解释】

第一百五十九条 债务人的财产不能满足保全请求，但对他人有到期债权的，人民法院可以依债权人的申请裁定该他人不得对本案债务人清偿。该他人要求偿付的，由人民法院提存财物或者价款。

——《最高人民法院关于适用〈中华人民共和国民事诉讼法〉的解释》(2015 年 1 月 30 日，法释〔2015〕5 号)

湖北省高级人民法院：

你院鄂高院〔1996〕191 号《关于对案外人的财产能否进行诉讼财产保全的请示》收悉。经研究，答复如下：

最高人民法院法发〔1994〕29 号《关于在经济审判工作中严格执行〈中华人

民共和国民事诉讼法〉的若干规定》第十四条的规定与最高人民法院法发〔1992〕22号《关于适用〈中华人民共和国民事诉讼法〉若干问题的意见》一百零五条的规定精神是一致的，均应当严格执行。

对于债务人的财产不能满足保全请求，但对案外人有到期债权的，人民法院可以依债权人的申请裁定该案外人不得对债务人清偿。该案外人对其到期债务没有异议并要求偿付的，由人民法院提存财物或价款。但是，人民法院不应对其财产采取保全措施。

——《最高人民法院关于对案外人的财产能否进行保全问题的批复》(1998年5月26日，法释〔1998〕10号)

【最高人民法院司法政策】

14. 人民法院采取财产保全措施时，保全的范围应当限于当事人争议的财产，或者被告的财产。对案外人的财产不得采取保全措施。对案外人善意取得的与案件有关的财产，一般也不得采取财产保全措施；被申请人提供相应数额并有可供执行的财产作担保的，采取措施的人民法院应当及时解除财产保全。

——《最高人民法院关于在经济审判工作中严格执行〈中华人民共和国民事诉讼法〉的若干规定》(1994年12月22日，法发〔1994〕29号)

【链接：最高人民法院法官著述】

为什么对案外人善意取得的与案件有关的财产，一般也不得采取财产保全措施呢？这是现代物权法要求的内容，目的是保护善意第三人的利益，维护交易的安全。如果在交易中善意取得的财产总处在被他人的追夺状态之中，则基本的交易秩序就不能保护，整个社会的经济秩序也将会大乱。如果案外人取得财产属恶意取得，或其取得财产的目的在于侵犯债权，则需由债权人调整当事人后对有关财产采取财产保全措施。但此时第三人已不是案外人，而是整个案件狭义或广义上的当事人。关于债的代位权及第三人侵犯债权等问题，我国现行法律尚无规定，但理论界认识一致。

对《最高人民法院关于适用〈中华人民共和国民事诉讼法〉若干问题的意见》第一百零五条规定，有人曾错误理解为，“裁定”本身即属财产保全。这种理解是不正确的。裁定第三人不得对本案债务人清偿其所欠债务，对债权人的债权实现仅仅是提供了可能性，即起到了保护作用。这种裁定只能防止债务人得到第三人偿还的财产后私自转移从而妨碍债权人利益的实现，但不能防止第三人向其他债权人清偿债务，也不能对抗其他法院因另外的债权债务关系而对第三人的财产采取财产保全措施。可能因“不能对债务人清偿”的裁定从第三人的财产中得到债的清偿。债权人权利的实现，有赖于第三人的实力和态度。第三人在法院作出“不得对债务人清偿”的裁定后要求偿付的，人民法院应提存财物或价款。这时债权人债权的实现才有了基本的保证。

通过对前两条规定的内容进行解释，本批复的基本精神即可明确为：(1) 人民法院不应对案外人的财产采取财产保全措施；(2) 依债权人的申请人民法院可以裁定案外人不得对债务人清偿；(3) 案外人对其到期债务没有异议并要求偿付的，由人民法院提存财物或价款。

——沈德咏主编、最高人民法院研究室编著：《民事诉讼司法解释理解与适用》，法律出版社 2009 年版，第 340 ~ 342 页。

515

财产保全错误造成案外人损失应承担赔偿责任

关键词 | 财产保全错误 | 案外人损失 | 赔偿责任 |

【最高人民法院司法解释】

近来，一些法院就当事人申请财产保全错误造成案外人损失引发的赔偿纠纷案件应如何适用法律问题请示我院。经研究，现解释如下：

根据《中华人民共和国民法通则》第一百零六条、《中华人民共和国民事诉讼法》第九十六条等法律规定，当事人申请财产保全错误造成案外人损失的，应当依法承担赔偿责任。

——《最高人民法院关于当事人申请财产保全错误造成案外人损失应否承担赔偿责任问题的解释》(2005 年 8 月 15 日，法释〔2005〕11 号)

第十三条　申请人不起诉或申请错误造成被申请人损失的，被申请人可以向有管辖权的人民法院起诉请求申请人赔偿，也可以在商标注册人或者利害关系人提起的侵犯注册商标专用权的诉讼中提出损害赔偿请求,人民法院可以一并处理。

——《最高人民法院关于诉前停止侵犯注册商标专用权行为和保全证据适用法律问题的解释》(2002 年 1 月 9 日,法释〔2002〕2 号)

第十三条 申请人不起诉或者申请错误造成被申请人损失,被申请人可以向有管辖权的人民法院起诉请求申请人赔偿,也可以在专利权人或者利害关系人提起的专利权侵权诉讼中提出损害赔偿的请求,人民法院可以一并处理。

——《最高人民法院关于对诉前停止侵犯专利权行为适用法律问题的若干规定》(2001 年 6 月 7 日,法释〔2001〕20 号)

【链接:最高人民法院法官著述】

财产保全申请错误造成案外人损失的法律适用问题。一是《民事诉讼法》第九十六条规定:“申请有错误的,申请人应当赔偿被申请人因财产保全所遭受的损失。”从该条规定来看,只是对申请错误造成被申请人损失的,申请人应当承担赔偿责任的规定,而没有对因申请错误对案外人造成损失的后果进行处理。该规定也确定了一项原则:因申请财产保全错误造成损失的,应当承担赔偿责任。该原则可以推广适用于案外人受到损失的情形。《民法通则》第一百零六条作为承担损害赔偿责任的一般原则性规定,可以适用于财产保全申请错误造成案外人损失的情形。因此,《解释》规定,《民法通则》第一百零六条和《民事诉讼法》第九十六条作为对因财产保全错误造成案外人损失的赔偿责任的法律依据。

——沈德咏主编、最高人民法院研究室编著:《民事诉讼司法解释理解与适用》,法律出版社 2009 年版,第 370 ~ 372 页。

516

对债务人到期应得收益可以采取诉讼保全措施

关键词 | 债权保全 | 到期应得收益 |

【最高人民法院司法解释】

第一百五十八条 人民法院对债务人到期应得的收益,可以采取财产保全措施,限制其支取,通知有关单位协助执行。

——《最高人民法院关于适用〈中华人民共和国民事诉讼法〉的解释》(2015 年 1 月 30 日,法释〔2015〕5 号)

【链接：最高人民法院法官著述】

对分期履行的债权的保全。人民法院在采取保全措施时,只能保全已到期部分,对未到期债权原则上不得保全,但可以在保全之前征求第三人的意见,如果第三人同意一次性保全的,可以一次性保全;如果第三人只同意对已到期部分保全的,法院只能分期保全,不得一次性将未到期部分予以保全。

——沈德咏主编、最高人民法院修改后民事诉讼法贯彻实施工作领导小组编著:《最高人民法院民事诉讼法司法解释理解与适用》,人民法院出版社 2015 年版,第 463 页。

517

知识产权案件严格依法适用财产保全和先予执行

关键词 | 知识产权 | 财产保全 | 先予执行 |

【最高人民法院司法政策】

人民法院采取财产保全或先予执行措施应当严格按照民事诉讼法的有关规定慎重进行。在采取财产保全或先予执行措施前,应当严格审查当事人是否提出了财产保全或者先予执行的申请并提供了可靠足够的担保;申请人享有的知识产权是否具有稳定的法律效力;被申请人的侵权事实是否明显;保全的范围是否合理,保全的方式是否适当,先予执行是否必要,被申请人是否有偿付能力等。对于不必要保全或者先予执行的,或者保全或先予执行结果会给被申请人的合法权益造成无法挽回的重大损失的,人民法院不应当采取财产保全或先予执行措施。

——《最高人民法院关于全国部分法院知识产权审判工作座谈会纪要》(1998 年 7 月 20 日,法〔1998〕65 号)

518

慎用诉前停止侵权措施

关键词 | 知识产权 | 诉前临时措施 |

【最高人民法院司法政策】

严格把握法律条件，慎用诉前停止侵权措施。采取诉前停止侵权措施既要积极又要慎重，既要合理又要有效，要妥善处理有效制止侵权与维护企业正常经营的关系。诉前停止侵权主要适用于事实比较清楚、侵权易于判断的案件，适度从严掌握认定侵权可能性的标准，应当达到基本确信的程度。在认定是否会对申请人造成难以弥补的损害时，应当重点考虑有关损害是否可以通过金钱赔偿予以弥补以及是否有可执行的合理预期。担保金额的确定既要合理又要有效，主要考虑禁令实施后对被申请人可能造成的损失，也可以参考申请人的索赔数额。严格审查被申请人的社会公共利益抗辩，一般只有在涉及公众健康、环保以及其他重大社会利益的情况下才予考虑。诉前停止侵权涉及当事人的重大经济利益和市场前景，要注意防止和规制当事人滥用有关权利。应考虑被诉企业的生存状态，防止采取措施不当使被诉企业生产经营陷入困境。特别是在专利侵权案件中，如果被申请人的行为不构成字面侵权，其行为还需要经进一步审理进行比较复杂的技术对比才能作出判定时，不宜裁定责令诉前停止侵犯专利权；在被申请人依法已经另案提出确认不侵权诉讼或者已就涉案专利提出无效宣告请求的情况下，要对被申请人主张的事实和理由进行审查，慎重裁定采取有关措施。根据案件进展情况，注意依法适时解除诉前停止侵权裁定。加强在诉前停止侵权措施申请错误时对受害人的救济，申请人未在法定期限内起诉或者已经实际构成申请错误，受害人提起损害赔偿诉讼的，应给予受害人应有的充分赔偿。对于为阻碍他人新产品上市等重大经营活动而恶意申请诉前停止侵权措施，致使他人的市场利益受到严重损害的情形，要注意给予受害人充分保护。

——《最高人民法院关于当前经济形势下知识产权审判服务大局若干问题的意见》(2009 年 4 月 21 日，法发〔2009〕23 号)

519

强制清算案件中的财产保全

关键词 | 强制清算案件 | 财产保全 |

【最高人民法院司法政策】

27. 人民法院受理强制清算申请后，公司财产存在被隐匿、转移、毁损等可能影响依法清算情形的，人民法院可依清算组或者申请人的申请，对公司财产采取相应的保全措施。

——《最高人民法院关于审理公司强制清算案件工作座谈会纪要》（2009 年 11 月 4 日，法发〔2009〕52 号）

520

解散公司诉讼可以申请财产保全或证据保全

关键词 | 解散公司诉讼 | 财产保全 | 证据保全 |

【最高人民法院司法解释】

第三条 股东提起解散公司诉讼时，向人民法院申请财产保全或者证据保全的，在股东提供担保且不影响公司正常经营的情形下，人民法院可予以保全。

——《最高人民法院关于适用〈中华人民共和国公司法〉若干问题的规定（二）》（2008 年 5 月 12 日，法释〔2008〕6 号，2014 年 2 月 17 日修正）

【链接：最高人民法院法官著述】

1. 人民法院在解散公司之诉中依原告的申请采取财产保全和证据保全要保持审慎的态度。首先，解散公司之诉中的财产保全或证据保全一定要依原告的申请来确定，人民法院不能主动依职权采取相关保全；其次，即使股东提出了财产保全或证据保全的请求，人民法院未必要完全支持，法院要根据实际情况来考量采取财产保全和证据保全的必要性与合理性，因为此诉进行的过程中，公司是否该解散还有待于进一步的审理和判决，在此阶段对公司采取保全措施可能会影响公司的正常经营，带来不必要的后果；最后，人民法院对公司进行相关保全时，要以保持公司正常经营为原则，尽量采取一些特殊的安排来实现方便清算的目的，同时又能保证公司的正常运行，如果不能保证公司正常经营活动的，人民法院可不予保全。

2. 在股东请求解散公司诉讼的案件中，法院不应采取诉前财产保全和依职权实施诉中保全。我国的《民事诉讼法》规定的财产保全包括诉前保全和诉中保全，其中诉中保全包括依申请的诉中保全和法院依职权的诉中保全。本条司法解释指的是股东请求解散公司之诉中依申请的诉中保全，该诉讼属于变更之诉，财产保全主要是为了便于下一步清算程序的顺利实施，该诉中的财产保全本身属于本条司法解释的特殊例外规定。故在立法没有明确允许的情况下，在股东请求解散公司的诉讼中不应该采取诉前财产保全，法院也不宜依职权实施财产保全。

3. 关于解散之诉保全措施的财产数额。实务过程中，公司进入清算程序后，原告股东应得的财产只能是公司的部分财产，故有人主张原告请求保全的财产范围应限于原告投入公司的财产或者限于其股份所占比例相对应的公司财产；另外，也有人认为，该诉的财产保全不同于普通诉讼的财产保全，普通诉讼财产保全的数额是相应的争议财产数额，而在该诉进行过程中的财产保全主要是为了将来公司的整体清算之便，其判决的法律效力将导致公司整体进入清算程序，所以该诉财产保全应针对公司的全部财产。考虑到本诉的特殊情况，一方面对于原告股东而言，其最终在清算程序中所得的利益并非一定是其申请保全的财产本身，因为该保全的财产要纳入公司财产在清算程序中依法公平分配；另一方面，一概要求对全部财产进行保全，也会增加原告的担保负担及相应的费用负担，对公司的经营也容易造成影响。故我们认为，具体的财产应该以当事人申请的数额为准，人民法院应就具体案情进行综合考虑定夺。

——最高人民法院民事审判第二庭编著：《最高人民法院关于公司法司法解释(一)、(二)理解与适用》，人民法院出版社2008年版，第148～149页。

521

证券交易部、证券业务部不具有独立法人资格，应对证券公司、信托投资公司采取保全措施

关键词｜证券交易部｜证券业务部｜独立法人资格｜保全措施｜

【最高人民法院答复】

湖北省国际信托投资公司证券营业部：

你部“关于请求解除诉讼保全的申请”收悉。经研究，通知如下：

关于你部系独立法人应否承担上级主管部门湖北省国际信托投资公司的民事责任的问题，中国人民银行条法司在答复中国人民银行重庆市分行的请示中，明确指出：根据《金融机构管理规定》第三十三条和《关于清理人民银行各级分行越权批设证券机构有关问题的通知》第二条第（2）项的规定，证券交易部、证券业务部作为证券公司、信托投资公司的全资附属营业机构，不具有独立法人资格，其民事责任由申请设置该证券交易营业部、证券业务部的金融机构承担。你部虽然领取了企业法人营业执照，但是属于中国人民银行《关于清理人民银行各级分行越权批设证券机构有关问题的通知》中规定的清理范围，应于1994年10月底以前清理完毕。你部应为湖北省国际信托投资公司的全资附属营业机构。四川省高级人民法院在审理重庆融资中心诉湖北省国际信托投资公司拆借合同纠纷一案时，根据重庆融资中心的申请，对湖北省国际信托投资公司及其全资附属营业机构的财产采取保全措施并无不妥。

——《最高人民法院关于湖北省国际信托投资公司证券营业部申请解除四川省高级人民法院财产保全措施问题的通知》（1995年7月5日，法函〔1995〕90号）

522

劳动争议案件中合理采取财产保全措施

关键词｜劳动争议｜财产保全｜

【最高人民法院司法政策】

合理采取财产保全措施。对受到金融危机影响较为严重的企业,在处理财产保全申请时,要充分考虑企业的生存发展、劳动者的生计保障和社会的和谐稳定,灵活采取财产保全措施,既要注意确保劳动者的合法权益将来能够实现,又要防止因采取财产保全措施不当,给用人单位造成生产经营困难。对有转移财产、逃避债务迹象的企业,要加大财产保全力度,及时采取查封、扣押、冻结等措施,防止因企业资产流失导致劳动者权益受损;对暂时资金周转困难、尚有经营发展前景的负债企业,采用"活扣""活封"等诉讼保全方式,慎用冻结、划拨流动资金,不拍卖、变卖厂房设备,避免因保全措施不当影响企业的生产经营或导致企业倒闭停业。

——《最高人民法院关于当前形势下做好劳动纠纷案件审判工作的指导意见》(2009 年 7 月 6 日,法发〔2009〕41 号)

523

欠薪案件劳动者申请诉讼保全应当减轻或免除担保义务

关键词|劳动争议|欠薪纠纷|财产保全|减免担保义务|

【最高人民法院司法解释】

第十四条 在诉讼过程中,劳动者向人民法院申请采取财产保全措施,人民法院经审查认为申请人经济确有困难,或有证据证明用人单位存在欠薪逃匿可能的,应当减轻或者免除劳动者提供担保的义务,及时采取保全措施。

——《最高人民法院关于审理劳动争议案件适用法律若干问题的解释(二)》(2006 年 8 月 14 日,法释〔2006〕6 号)

【最高人民法院审判业务意见】

对欠薪逃匿的问题,我们在解释的第 14 条规定,劳动者有证据证明用人单位存在欠薪逃匿可能的,人民法院接受其财产保全申请时,应当减轻或者免除劳动者提供担保的义务，及时采取保全措施。这就给广大的劳动者提供了一个简便高效的保护手段。

——《保护劳动者合法权益促进劳动关系和谐稳定——最高人民法院负责人就〈关于审理劳动争议案件适用法律若干问题的解释（二）〉答记者问》，载最高人民法院民事审判第一庭编：《民事审判指导与参考》（总第27集），法律出版社2006年版，第10～11页。

【链接：最高人民法院法官著述】

诉讼保全是指为了及时有效地保护当事人、利害关系人的合法权益，人民法院根据当事人、利害关系人的申请，或者依据职权，采取的限制有关财产处分或者转移的强制性措施。就劳动争议案件来讲，从当事人申请仲裁到人民法院作出判决需要经过一段时间，在这段时间内，可能会因当事人一方的行为或者其他原因造成将来判决不能执行或者难以执行，为了防止这种情况发生，有必要对当事人的财产采取一定的强制措施。《民事诉讼法》第92条规定："人民法院采取财产保全措施，可以责令申请人提供担保；申请人不提供担保的，驳回申请。"但是对欠薪纠纷案件来说，劳动者本身已经身陷困境，要求劳动者一律提供担保，显然是勉为其难，如果欠薪者属于恶意拖欠准备逃匿，则更需要及时采取措施，以免造成"老板发财、工人受害、政府买单"的被动局面。所以解释第14条规定："在诉讼过程中，劳动者向人民法院申请财产保全措施，人民法院经审查认为申请人经济确有困难，或者有证据证明用人单位存在欠薪逃匿可能的，应当减轻或者免除劳动者提供担保的义务，及时采取保全措施。"这就给广大的劳动者提供了一个简便高效的保护手段。

——胡仕浩：《〈关于审理劳动争议案件适用法律若干问题的解释（二）〉的理解与适用》，载最高人民法院民事审判第一庭编：《民事审判指导与参考》（总第27集），法律出版社2006年版，第41页。

524

离婚诉讼的财产保全措施

关键词 | 离婚诉讼 | 财产保全 |

【最高人民法院司法解释】

第二十八条 夫妻一方申请对配偶的个人财产或者夫妻共同财产采取保全措施的，人民法院可以在采取保全措施可能造成损失的范围内，根据实际情况，确定合理的财产担保数额。

——《最高人民法院关于适用〈中华人民共和国婚姻法〉若干问题的解释(二)》(2003年12月25日，法释〔2003〕19号)

【链接：最高人民法院法官著述】

诉讼财产保全应当具备的条件：

1. 在离婚诉讼过程中，一方当事人可能实施某种行为或发生其他原因，致使人民法院作出的判决不能执行或者难以执行。如占有财产的一方当事人在诉讼中准备转移财产，或者将财产隐匿甚至损毁，都会使人民法院的判决不能执行或难以执行。有些案件的审理需要较长的时间，而争议的财产有的易于变质腐烂，在此情况下，人民法院应当依当事人的申请或职权采取保全措施，处理变卖，折价保存。

2. 诉讼财产保全主要适用于给付之诉，单纯的确认之诉或变更之诉，判决不具有给付内容时，一般不发生判决不能执行的危险，不适用诉讼财产保全制度。但是，在确认之诉或变更之诉中兼有给付之诉的内容，可以适用诉讼财产保全制度。离婚案件是解除夫妻关系的变更之诉，同时兼有分割夫妻财产的给付内容时，当然可以适用诉讼财产保全制度。

——最高人民法院民事审判第一庭编著：《最高人民法院婚姻法司法解释(二)的理解与适用》，人民法院出版社2004年版，第252页。

525

拖欠农民工工资纠纷应及时裁定先予执行

关键词 | 拖欠农民工工资 | 先予执行 |

【最高人民法院司法政策】

2. 对案件事实清楚、法律关系明确的拖欠农民工工资或者劳务报酬纠纷，以及有财产给付内容的涉及农民工的劳动争议纠纷，要着力提高司法保护的效率，在确保公正的前提下，务必做到快立、快审、快结。符合先予执行法定条件的，应当及时裁定先予执行。

——《最高人民法院关于进一步加强拖欠农民工工资纠纷案件审判工作的紧急通知》（2010 年 2 月 8 日，法〔2010〕43 号）

526

利害关系人对保全或先予执行裁定不服的救济途径

关键词｜保全｜先予执行｜申请复议｜审查机构｜

【最高人民法院司法解释】

第一百七十二条　利害关系人对保全或者先予执行的裁定不服申请复议的，由作出裁定的人民法院依照民事诉讼法第一百零八条规定处理。

——《最高人民法院关于适用〈中华人民共和国民事诉讼法〉的解释》（2015 年 1 月 30 日，法释〔2015〕5 号）

【链接：最高人民法院法官著述】

人民法院对保全裁定和先予执行裁定的异议、复议应与对保全、先予执行实施行为的异议相区分。根据《执行权意见》第 16 条和第 17 条规定，保全裁定和先予执行裁定的制作由审判机构适用民事诉讼法有关保全和先予执行的规定；保全和先予执行的实施由执行机构负责，适用民事诉讼法执行程序的相关规定。同时，对于当事人的权利救济途径也分别适用不同的法律程序。基于当事人是对保全裁定或先予执行裁定不服申请复议与对保全、先予执行的实施行为不服提出执行异议之间存在差异，人民法院在处理此类问题时，应对当事人的请求进行区分。如果当事人、案外人对保全、先予执行的裁定不服申请复议的，由作出裁定的立案机构或者审判机构按照民事诉讼法规定的复议程序进行审查;如果当事人、案外人、利害关系人对保全、先予执行的实施行为提出异议的,由执行机构根据异议事项的性质按照程序异议和实体异议进行审查。如果当事人、案外人的异议既指向保全、先予执行的裁定,又指向实施行为的,由作出裁定的立案机构或者审判机构一并分别按照民事诉讼法关于保全裁定、先予执行裁定的复议程序,以及执行异议或案外人异议的相关规定审查。

——沈德咏主编、最高人民法院修改后民事诉讼法贯彻实施工作领导小组编著:《最高人民法院民事诉讼法司法解释理解与适用》,人民法院出版社2015年版,第437页。

527

破产案件的财产保全

关键词 | 破产程序 | 财产保全 |

【最高人民法院司法解释】

第六条 破产申请受理后,对于可能因有关利益相关人的行为或者其他原因,影响破产程序依法进行的,受理破产申请的人民法院可以根据管理人的申请或者依职权,对债务人的全部或者部分财产采取保全措施。

——《最高人民法院关于适用〈中华人民共和国企业破产法〉若干问题的规定(二)》(2013年9月5日,法释〔2013〕22号)

【链接:最高人民法院法官著述】

本条司法解释对破产程序中的财产保全进行了规定,主要从以下几个方面进行了界定:

(一)时间上的适用条件

对债务人全部或者部分财产进行保全在时间上的适用条件以破产案件受理后为宜。

(二)实质上的适用条件

可能潜在或者现实发生的来自于破产程序利益相关人的对债务人财产的重

大威胁或现实侵害，是判断是否应当对债务人全部或者部分财产进行保全的实质适用条件。

（三）经管理人申请或人民法院依职权作出

（四）保全范围和措施

保全的范围为债务人的全部或者部分财产。根据《企业破产法》第30条的规定，债务人财产包括破产申请受理时属于债务人的全部财产，以及破产申请受理后至破产程序终结前债务人取得的财产。

对债务人全部或者部分财产的保全措施应当参照《民事诉讼法》的相关规定，采取查封、扣押、冻结措施或者法律规定的其他方法。

——最高人民法院民事审判第二庭编著：《最高人民法院关于企业破产法司法解释理解与适用》，人民法院出版社2013年版，第166～168页。

528

破产申请受理后应及时解除对债务人财产的保全措施

关键词 | 受理破产申请 | 解除保全 |

【最高人民法院司法解释】

第七条 对债务人财产已采取保全措施的相关单位，在知悉人民法院已裁定受理有关债务人的破产申请后，应当依照企业破产法第十九条的规定及时解除对债务人财产的保全措施。

——《最高人民法院关于适用〈中华人民共和国企业破产法〉若干问题的规定（二）》（2013年9月5日，法释〔2013〕22号）

【链接：最高人民法院法官著述】

此处的"知悉人民法院已裁定受理有关债务人的破产申请"，既可以是裁定受理债务人破产申请的人民法院通知，亦可以是管理人通知或者是已采取保全措施的相关单位因公告得知。

——最高人民法院民事审判第二庭编著：《最高人民法院关于企业破产法司法解释理解与适用》，人民法院出版社2013年版，第175页。

第八章 — CHAPTER 08

对妨害民事诉讼的强制措施

529

异地拘留执行程序

关键词｜异地拘留｜妨害民事诉讼｜

【最高人民法院司法解释】

第一百七十九条 被拘留人不在本辖区的,作出拘留决定的人民法院应当派员到被拘留人所在地的人民法院,请该院协助执行,受委托的人民法院应当及时派员协助执行。被拘留人申请复议或者在拘留期间承认并改正错误,需要提前解除拘留的,受委托人民法院应向委托人民法院转达或者提出建议,由委托人民法院审查决定。

——《最高人民法院关于适用〈中华人民共和国民事诉讼法〉的解释》(2015 年 1 月 30 日,法释〔2015〕5 号)

【链接:最高人民法院法官著述】

审判实践中,作出拘留决定的人民法院需要跨辖区实施拘留措施时,不能将被拘留人带离其所在地进行拘留,而要按照本条文规定办理委托执行手续。受委托人民法院也应当积极予以协助和配合,不应推诿或者拖延。

——杜万华主编、《最高人民法院民事诉讼法司法解释实务指南》编写小组编著:《最高人民法院民事诉讼法司法解释实务指南》,中国法制出版社 2015 年版,第 307 ~ 308 页。

530

不服罚款、拘留决定申请复议的期间

关键词｜妨害民事诉讼｜罚款｜拘留｜申请复议｜期间｜

【最高人民法院司法解释】

第一百八十五条 被罚款、拘留的人不服罚款、拘留决定申请复议的,应当自收到决定书之日起三日内提出。上级人民法院应在收到复议申请后五日内作出决定，并将复议结果通知下级人民法院和当事人。

——《最高人民法院关于适用〈中华人民共和国民事诉讼法〉的解释》(2015 年 1 月 30 日，法释〔2015〕5 号)

【最高人民法院答复】

广东省高级人民法院：

你院《关于对因妨害民事诉讼被罚款拘留的人不服决定申请复议的期间如何确定问题的请示》收悉。经研究，同意你院意见，即不服人民法院作出的罚款、拘留决定的人，可在接到决定书之次日起 3 日内，向作出决定的人民法院提出书面申请，要求上一级人民法院复议，或直接向上一级人民法院申请复议。对提出书面申请有困难的，可以口头申请。当事人的口头申请，应当记入笔录，由当事人签名或者盖章。

——《最高人民法院关于对因妨害民事诉讼被罚款拘留的人不服决定申请复议的期间如何确定的批复》(1993 年 2 月 23 日，〔93〕法民字第 7 号)

531

支付令送达未满十五日不可拘禁债务人

关键词 | 送达支付令 | 拘禁债务人 |

【最高人民法院答复】

江西省高级人民法院：

你院经济审判庭赣法(经)函〔1991〕5 号及转来的《上饶市人民法院关于依法拘留郭琳的情况报告》收悉。经审查，提出以下意见：

一、上饶市人民法院制作的支付令，委托濮阳市中级人民法院送达，濮阳市中级人民法院又移至濮阳市市区人民法院送达。濮阳市市区人民法院经济庭证明，该院是 1991 年 8 月 3 日送达被申请人的。上饶市人民法院所派人员于 1991 年 7 月 25 日向债务人送达支付令后，于 8 月 3 日即拘留了债务人的委托代理人、副经理郭琳。根据《民事诉讼法》第一百九十一条第二款的规定:“债务人应当自收到支付令之日起十五日内清偿债务,或者向人民法院提出书面异议。”上饶市人民法院的支付令送达后未满十五日,就将郭琳拘禁至上饶市,是违反法律规定的。

二、在《上饶市人民法院关于依法拘留郭琳的情况报告》中,没有提供足够的证据证明郭琳妨害诉讼的行为已达到应当拘留的程度。

鉴于上述情况,上饶市人民法院违反《民事诉讼法》规定剥夺被申请人自动清偿债务或提出书面异议的权利,拘留郭琳是错误的,应立即释放。如果债务人对支付令提出异议,应终止督促程序,由债权人向有管辖权的人民法院提起诉讼。请你院迅速责成上饶市人民法院纠正错误,并妥善处理有关事宜。全部情况及处理结果望告。

——《最高人民法院经济审判庭对上饶市人民法院关于依法拘留郭琳的情况报告的有关问题的复函》(1992 年 1 月 7 日,法经〔1992〕5 号)

532

不得逐级变更对行为人的上级机构采取民事强制措施

关键词|民事强制措施|变更被执行人|金融机构|过错责任原则|

【最高人民法院司法政策】

各省、自治区、直辖市高级人民法院,解放军军事法院,新疆维吾尔自治区高级人民法院生产建设兵团分院:

近一个时期,一些地方法院在执行银行和非银行金融机构(以下简称金融机构)作为被执行人或者协助执行人的案件中,在依法对该金融机构采取民事强制措施,作出罚款或者司法拘留决定后,又逐级对其上级金融机构直至总行、总公司采取民事强制措施,再次作出罚款或者司法拘留决定,造成不良影响。为纠正这一错误,特通知如下:

一、人民法院在执行程序中,对作为协助执行人的金融机构采取民事强制措施,应当严格依法决定,不得逐级变更由其上级金融机构负责。依据我院与中国人民银行于 2000 年 9 月 4 日会签下发的法发〔2000〕21 号即《关于依法规范人民法院执行和金融机构协助执行的通知》第八条的规定，执行金融机构时逐级变更其上级金融机构为被执行人须具备五个条件：其一，该金融机构须为被执行人，其债务已由生效法律文书确认；其二，该金融机构收到执行法院对其限期十五日内履行偿债义务的通知；其三，该金融机构逾期未能自动履行偿债义务，并经过执行法院的强制执行；其四，该金融机构未能向执行法院提供其可供执行的财产；其五，该金融机构的上级金融机构对其负有民事连带清偿责任。金融机构作为协助执行人因其妨害执行行为而被采取民事强制措施，不同于金融机构为被执行人的情况，因此，司法处罚责任应由其自行承担；逐级变更由其上级金融机构承担此责任，属适用法律错误。

二、在执行程序中，经依法逐级变更由上级金融机构为被执行人的，如该上级金融机构在履行此项偿债义务时有妨害执行行为，可以对该上级金融机构采取民事强制措施。但人民法院应当严格按照前述通知第八条的规定，及时向该上级金融机构发出允许其于十五日内自动履行偿债义务的通知，在其自动履行的期限内，不得对其采取民事强制措施。

三、采取民事强制措施应当坚持过错责任原则。金融机构的行为基于其主观上的故意并构成妨害执行的，才可以对其采取民事强制措施；其中构成犯罪的，也可以通过法定程序追究其刑事责任。这种民事强制措施和刑事惩罚手段只适用于有故意过错的金融机构行为人，以充分体现国家法律对违法行为的惩罚性。

四、金融机构对执行法院的民事强制措施即罚款和司法拘留的决定书不服的，可以依据《民事诉讼法》第一百零五条的规定，向上一级法院申请复议；当事人向执行法院提出复议申请的，执行法院应当立即报送上一级法院，不得扣押或者延误转交；上一级法院受理复议申请后，应当及时审查处理；执行法院在上一级法院审查复议申请期间，可以继续执行处罚决定，但经上一级法院决定撤销处罚决定的，执行法院应当立即照办。

以上通知，希望各级人民法院认真贯彻执行。执行过程中有什么情况和问题，应当及时层报我院执行工作办公室。

——《最高人民法院关于采取民事强制措施不得逐级变更由行为人的上级机构承担责任的通知》（2004 年 7 月 9 日，法〔2004〕127 号）

533

对恶意诉讼的强制措施

关键词｜恶意诉讼｜妨害民事诉讼｜强制措施｜他人合法权益｜

【最高人民法院司法解释】

第一百九十条 民事诉讼法第一百一十二条规定的他人合法权益，包括案外人的合法权益、国家利益、社会公共利益。

第三人根据民事诉讼法第五十六条第三款规定提起撤销之诉，经审查，原案当事人之间恶意串通进行虚假诉讼的，适用民事诉讼法第一百一十二条规定处理。

——《最高人民法院关于适用〈中华人民共和国民事诉讼法〉的解释》(2015 年 1 月 30 日，法释〔2015〕5 号)

【链接：最高人民法院法官著述】

关于滥用诉权行为的构成要件。滥用诉权行为的构成要件包括主观和客观两个方面。(1)滥用诉权人存在主观上的故意。即原告明知不具备诉权行使要件或者明知没有事实证据，而行使"诉权"以达到非法目的。在判断当事人主观过错要件时，一定要严格掌握和规定，否则，可能会阻碍当事人正常行使诉权，所以将"故意"作为滥用诉权的主观要件。关于确定或证明"过错"的标准，许多国家原则上采取客观标准，即英美法中的"合理人"标准；同时，也规定了一些例外情形，采取主观标准。我们赞同以上做法。在确定或证明"故意"时，为尽可能地公正和合理，法官在运用客观标准时，还应当考虑到行为人的具体情况，比如对于法律专家和没有接受过法律教育的人，确定和衡量他们的过错就存在差异。(2)滥用诉权人实施了滥用诉权行为。"实施了滥用诉权行为"，首先，是指明知不具有起诉要件或诉讼要件，仍然行使诉权。例如，就当事人方面来说，由于民事诉讼以民事利害关系相互对立的当事人存在为必要前提，因此，一个人对自己提起诉讼、对于虚构的人和死者提起诉讼、冒名诉讼(不适格原告冒用适格原告的姓名提起的诉讼)等，都属于滥用诉权的范畴。其次，是指"原告"伪造事实证据或在毫无根据时实施了起诉行为。事实上，为达到滥用诉权的非法目的，许多滥用诉权的诉讼是多种非法手段的综合运用：虚构当事人，以满足当事人适格要件；虚设侵权事实或违约事实或争议事实以及案情证据，以期具备诉的利益和胜诉事实理由，等等。例如，为使违法收益合法化，虚设当事人和债务关系而就违法收益提起诉讼，通过法院的判决或强制执行，将违法收益由“败诉方”交给“胜诉方”，但是实际上，违法收益仍在违法收益所得人之手。再如，债务人虚设一个债权人为原告，而债务人自己为被告，抢先在真正的债权人之前提起履行债务之诉，诉讼中，债务人通过提供虚假证据和自认等，使虚假原告胜诉，妄图使真正债权人的债权无法实现。

关于滥用诉权行为的表现形式。根据实践中反映的情况，比较典型的滥用诉权行为有以下三类：第一，当事人串通或单独提出虚假诉讼。主要包括：(1)案件双方当事人恶意串通，虚构民事法律关系、捏造案件事实，达成虚假协议，骗取法院调解书，侵害他人权益；(2)双方当事人恶意串通，在诉讼中对相关事实作出虚假自认，骗取法院判决书，侵害他人权益；(3)夫妻假离婚，利用离婚诉讼转移财产，逃避债务，侵害债权人利益；(4)在离婚诉讼过程中，一方当事人与亲友串通，以假借条等形式虚构夫妻关系存续期间的共同债务，侵害对方利益；(5)当事人利用现有证据，虚构法律事实及法律关系提起诉讼或重复诉讼。第二，当事人在诉讼中实施诉讼欺诈行为。主要包括：(1)在诉讼担当的情况下，非实体权利主体的当事人（如破产管理人、失踪人财产管理人）与对方当事人串通，诈害实际受判决约束的实体权利主体；(2)当事人故意提供虚假居住证明或主要经营地证明，意图改变诉讼管辖系属地，骗取法院对管辖权的错误认定；(3)当事人进行虚假陈述，隐瞒事实真相，故意提出虚假的事实主张，或虚构事实以对抗对方的真实主张；(4)当事人故意提供伪证，包括伪造印章或签名、伪造公文书、涂改书证、提供虚假视听资料等。第三，诉讼中其他诉讼参与人的诉讼欺诈行为。主要包括：(1)委托代理人、代表人等实际实施诉讼行为的人员与对方当事人恶意串通，损害委托人、推举人、其他共同诉讼人或所在单位等名义当事人的利益；(2)行为人伪造代理手续，冒充他人名义提起或参加诉讼；(3)案外人员或单位在明知或应知的情况下，为当事人出具虚假证明；(4)证人在诉讼中故意作出虚假陈述，向法院提供伪证；(5)鉴定人故意作出错误的鉴定结论。

——最高人民法院研究室、最高人民法院民事诉讼法修改研究小组办公室编著：《〈中华人民共和国民事诉讼法〉修改条文适用解答》，人民法院出版社2012年版，第159～160页。

编者说明

2012年《民事诉讼法》第112条增加了打击民事诉讼欺诈行为的规定,即"当事人之间恶意串通,企图通过诉讼、调解等方式侵害他人合法权益的,人民法院应当驳回其请求,并根据情节轻重予以罚款、拘留;构成犯罪的,依法追究刑事责任"。

第113条"被执行人与他人恶意串通,通过诉讼、仲裁、调解等方式逃避履行法律文书确定的义务的,人民法院应当根据情节轻重予以罚款、拘留;构成犯罪的,依法追究刑事责任"为打击民事执行欺诈行为的规定,其与第112条的立法本意基本相同,故在条文的理解和适用上有所相通。不同之处在于,一是此处恶意串通的双方当事人其中之一必有一方为其他生效裁判的被执行人,而且该被执行人往往也是与其亲朋好友转移本可以被强制执行的相应财产以及其他权益。二是被执行人逃避债务,与他人恶意串通,除通过人民法院的诉讼、调解方式,还有仲裁等其他方式。三是被执行人主要在于逃避生效裁判确定的义务,而民事诉讼欺诈行为是想通过取得人民法院的裁判文书,侵害他人的合法权益。

534

对拒不协助执行行为人的制裁

关键词 | 拒不协助执行 | 妨害诉讼 | 强制措施 |

【最高人民法院司法解释】

第一百九十二条 有关单位接到人民法院协助执行通知书后,有下列行为之一的,人民法院可以适用民事诉讼法第一百一十四条规定处理:

(一)允许被执行人高消费的;

(二)允许被执行人出境的;

(三)拒不停止办理有关财产权证照转移手续、权属变更登记、规划审批等手续的;

(四)以需要内部请示、内部审批,有内部规定等为由拖延办理的。

——《最高人民法院关于适用〈中华人民共和国民事诉讼法〉的解释》(2015年1月30日,法释〔2015〕5号)

【链接:最高人民法院法官著述】

为了确保协助执行的顺利进行,2007年民事诉讼法和有关司法解释规定了拒绝协助执行的法律责任。其中，2007 年民事诉讼法规定了对拒绝协助执行行为的司法制裁措施，《最高人民法院关于人民法院执行工作若干问题的规定（试行）》规定了拒绝协助执行的单位和个人应当承担的民事责任。（1）司法制裁。2012 年民事诉讼法第一百一十四条规定，有义务协助调查、执行的单位拒绝协助执行的，人民法院除责令其履行协助义务外，并可以对该单位及其主要负责人或者直接责任人员予以罚款；对仍不履行协助义务的，可以予以拘留；并可以向监察机关或者有关机关提出予以纪律处分的司法建议。具体来说，人民法院可以采取司法制裁措施的拒绝协助执行行为包括：有关单位拒绝或者妨碍人民法院调查取证的；有关单位接到人民法院协助执行通知书后，拒不协助查询、扣押、冻结、划拨、变价财产的；有关单位接到人民法院协助执行通知书后，拒不协助扣留被执行人的收入、办理有关财产权证照转移手续、转交有关票证、证照或者其他财产的；其他拒绝协助执行的。需要注意的是，本次修改民事诉讼法，增加了对拒不协助执行行为罚款的数额。对个人的罚款金额，为人民币十万元以下；对单位的罚款金额，为人民币五万元以上一百万元以下。这一修改，加大了对拒不协助执行行为的处罚力度，有利于保障协助执行及时、全面地进行。（2）民事责任。《最高人民法院关于人民法院执行工作若干问题的规定（试行）》规定了不履行协助执行义务、协助债务人转移财产或者擅自向债务人支付已被冻结款项等行为的民事责任。具体而言，协助执行人有下列情形之一的，人民法院有权责令其限期追回已被转移、支付款项或者已被处分的财产，在限期内未能追回的，协助执行人应当在已转移或者支付的款项或者已处分的财产范围内，以自己的财产向债权人承担责任：金融机构擅自解冻被人民法院冻结的款项，致冻结款项被转移的；有关单位收到人民法院协助执行被执行人收入的通知后，擅自向被执行人或其他人支付的；协助执行人擅自处分已被查封、扣押、冻结财产的；有关企业收到人民法院发出的协助冻结通知后，擅自向被执行人支付股息或红利，或擅自为被执行人办理已冻结股权的转移手续，造成已转移的财产无法追回的。

——最高人民法院研究室、最高人民法院民事诉讼法修改研究小组办公室编著：《〈中华人民共和国民事诉讼法〉修改条文适用解答》，人民法院出版社 2012 年版，第 169 ~ 170 页。

535

逃避执行行为的表现形式及制裁

关键词 | 逃避执行 | 妨害诉讼 | 强制措施 |

【最高人民法院司法解释】

第一百八十八条 民事诉讼法第一百一十一条第一款第六项规定的拒不履行人民法院已经发生法律效力的判决、裁定的行为,包括:

(一)在法律文书发生法律效力后隐藏、转移、变卖、毁损财产或者无偿转让财产、以明显不合理的价格交易财产、放弃到期债权、无偿为他人提供担保等,致使人民法院无法执行的;

(二)隐藏、转移、毁损或者未经人民法院允许处分已向人民法院提供担保的财产的;

(三)违反人民法院限制高消费令进行消费的;

(四)有履行能力而拒不按照人民法院执行通知履行生效法律文书确定的义务的;

(五)有义务协助执行的个人接到人民法院协助执行通知书后,拒不协助执行的。

——《最高人民法院关于适用〈中华人民共和国民事诉讼法〉的解释》(2015年1月30日,法释〔2015〕5号)

【链接:最高人民法院法官著述】

被执行人逃避执行的形式多种多样,而且,随着经济社会的发展和法律制度的完善,逃避执行还呈现出花样不断翻新、手段愈加隐蔽等新特点。根据各地反映的情况,主要有以下几种表现形式:

1. 通过转移、隐匿、处分财产逃避执行。一些被执行人为了规避执行,在债务产生期间或者在诉讼、仲裁阶段,就将财产转移、隐匿;有的被执行人化名存款,公款私存;有的被执行人将企业的经营性资金存入专门账户;有的被执行人在公司设立后即将注册资金抽逃;有的被执行人将自己所有的房屋、车辆等财产登记到案外人名下;有的将财产转移给亲朋好友或者隐匿到上级部门、下属企业、关联公司；还有的被执行人将财产低价转让、出租给案外第三人，以转让、出租合同这种合法形式掩盖规避执行的非法目的。

2. 通过外出躲藏逃避执行。一些被执行人为逃避执行，经常变换住所或办公地点，有的被执行人长期外出躲藏、打工；一些皮包公司或信誉较差的中小企业，一年一开张，一年一废业，打一枪换一个地方，与执行人员打“游击战”。由于被执行人下落不明，导致许多案件执行程序难以启动，法律文书难以送达，财产状况难以查明，执行行为难以实施。对于那些必须由被执行人本人履行的不可替代行为，则根本无法执行。随着我国经济社会的发展和人口流动日益频繁，因被执行人长期外出下落不明导致的规避执行问题有逐渐增多的趋势。

3. 通过企业改制逃避执行。近年来，大量国有企业按照现代企业制度进行了改制，对建立我国现代企业制度发挥了重要作用。但企业改制也给一些企业逃废债务提供了可乘之机，许多案件的执行因此受到影响。比如，有的企业将优良资产从原企业剥离，另行组建新公司；或者将优良资产剥离出去与他人合资组建新公司，导致原企业债务悬空；有的企业在企业出售中与资产评估机构串通，低估资产价值，使原企业出售价格大大降低，成为“空壳企业”；还有的通过承包、租赁等形式掏空企业财产，最终达到规避执行、逃废债务的目的。

4. 通过分立、关联企业等方式逃避执行。有的被执行人为了逃避执行，将公司化整为零，分立成两个或多个公司，搞“脱壳经营”，悬空债务；有的采取“一套人马，多块牌子”或设立多个关联公司等形式，使资金在不同公司间流动，逃避法院的冻结、扣划；还有的被执行人利用联营方式，将本公司的设备、资金、专业人员全部转入到与其他企业的联营体中，组建新的具备法人资格的联营企业，而原企业继续空壳运行，导致法院无法执行。

5. 通过假诉讼逃避执行。实践中，某些债务人通过恶意提起诉讼的方式逃避执行，有的债务人与第三人恶意串通，在进入执行程序之前事先制造一个假的诉讼案件，通过保全程序将自己的财产查封、扣押、冻结，给其他案件的执行设置障碍；有的被执行人在财产被法院查封、扣押、冻结后，与案外第三人恶意串通，由案外第三人到其他法院另行提起确权诉讼，然后再以另外一个法院的生效判决或者调解书，对抗执行法院的执行；还有的债务人与第三人恶意串通，由第三人虚构假债权提起诉讼，获得胜诉判决后再申请参与分配，导致其他债权人受偿数额减少，从而达到逃避执行的目的。

6. 通过假破产逃避执行。根据有关法律规定，人民法院受理破产案件后，对该被执行人的执行程序即应中止。一些被执行人为了逃避执行，与有关部门恶意串通制造假的破产案件，并通过低价评估等方式，形成破产资产不足清偿破产费用的假相，宣告破产程序终结，然后再成立新公司，从而实现“金蝉脱壳”，彻底逃废债务。

7. 利用执行和解、执行救济等制度逃避执行。司法实践中，民事诉讼法规定的一些法律制度也成为被执行人逃避执行的有力武器。一些被执行人利用执行和解迫使债权人妥协或让步；有的利用执行和解拖延履行，为拉关系、找后门赢得时间；还有的被执行人以执行和解之名，行转移、隐匿财产之实，最终达到逃避执行的目的。

8. 通过假离婚、假析产逃避执行。司法实践中，对夫妻共同债务，生效法律文书中通常仅将夫妻一方列为当事人。债务人为了逃避执行，往往在执行前或者执行中通过假离婚、假析产的方式，将财产全部分给夫妻另一方，由于夫妻另一方不是生效法律文书明确列明的当事人，加之双方已经“离婚”，导致法院对原夫妻另一方的执行出现法律障碍，特别是在债务人通过法院判决离婚、析产的情况下，更使执行程序处于尴尬境地。在涉及家庭共同债务的执行案件中，同样存在利用上述方式逃避执行的问题。

9. 利用更正登记、异议登记、预告登记等制度逃避执行。物权法第十九条规定了更正登记和异议登记制度。更正登记是对不动产登记簿上的瑕疵记载进行改正补充而进行的登记；异议登记是权利人或利害关系人对不动产物权登记的正确性有异议而向不动产登记机关提出申请，并将其异议记载于不动产登记簿。更正登记和异议登记是针对错误登记的补救制度，但实践中某些债务人为了逃避执行，往往与第三人恶意串通，由第三人对登记在债务人名下的不动产申请更正登记、异议登记，从而影响法院对这些财产权属的判断和执行。物权法第二十条还规定了预告登记制度，预告登记可以限制现实登记的权利人行使处分权，并赋予预告登记的请求权以物权的效力。司法实践中，有些债务人与第三人恶意串通签订虚假的转让协议，并进行预告登记，导致法院无法及时采取执行处分措施，从而达到规避执行的目的。

10. 利用特殊身份或背景逃避执行。实践中，一些政府机关、社会团体，往往利用其特殊的地位和权力，对法院执行设置种种障碍；一些原上述机关、部门、团体开办的企业也常常利用其特殊背景对法院执行施加种种压力；一些被执行企业的法定代表人、主要负责人则利用其人大代表、政协委员等身份作掩护，对抗法院执行；一些医院、学校等公益单位或者地方重点企业也往往利用其特殊地位干扰执行，逃废债务。

除上述十种情形外，司法实践中还有其他各种各样的逃避执行的行为。2012年民事诉讼法采取了列举形式规定了被执行人恶意诉讼、仲裁、调解等几种典型的逃避执行的行为，同时规定了兜底条款，给日后出台司法解释留下了余地。

关于对逃避执行行为的处罚。逃避执行行为的存在是多方面原因造成的，法律责任追究的力度不够也是原因之一。《最高人民法院关于依法制裁规避执行行为的若干意见》规定了一系列制裁逃避执行行为的措施，包括：要加大民事强制措施的适用；对构成犯罪的逃避执行行为要加大刑事制裁力度；人民法院与公安、检察机关的沟通和协调，要探索建立快捷、便利、高效的协作配合机制，细化拒执罪和妨害公务罪的适用条件；人民法院要注意加强证据的收集，为公安和检察机关查处犯罪做好前期的证据收集工作；对于检察机关提起公诉的拒不执行和妨害公务案件，人民法院要抓紧审理，快速结案，加大判后宣传力度，充分发挥刑罚手段对逃避执行行为的制裁力度。这些措施在实践中实施效果较好，但普遍反映对逃避执行的规定缺少明确的法律依据。为此，2012年民事诉讼法充分总结实践经验，充分运用民事和刑事制裁手段，依法加大对规避执行行为的刑事处罚力度，在第一百一十三条规定："被执行人与他人恶意串通，通过诉讼、仲裁、调解等方式逃避履行法律文书确定的义务的，人民法院应当根据情节轻重予以罚款、拘留；构成犯罪的，依法追究刑事责任。"需要注意的是，罚款、拘留的适用没有先后顺序，可以单独适用，也可以并用，由人民法院根据被执行人逃避执行行为的情节轻重决定。罚款的金额，对个人为人民币十万元以下，对单位为人民币五万元以上一百万元以下。适用罚款必须经院长批准，并出具罚款决定书。被罚款的人不服罚款决定的，可以向上一级人民法院申请复议一次，复议期间不停止执行。采取拘留措施可由合议庭或者独任审判员提出，提请法院院长批准，并制作拘留决定书。拘留的期限为十五日以下。被拘留人对拘留决定不服的，可以向上一级人民法院申请复议一次，复议期间不停止执行。被拘留的人，由人民法院交由公安机关看管。在拘留期间，被拘留人承认并改正错误的，人民法院可以决定提前解除拘留。被执行人隐匿财产、虚构债务或者以其他方法隐藏、转移、处分可供执行的财产，拒不交出或者隐匿、销毁、制作虚假财务会计凭证或资产负债表等相关资料，以虚假诉讼或者仲裁手段转移财产、虚构优先债权或者申请参与分配，中介机构提供虚假证明文件或者提供的文件有重大失实，被执行人、担保人、协助义务人有能力执行而拒不执行或者拒不协助执行等，损害申请执行人或其他债权人利益，依照刑法的规定构成犯罪的，应当依法追究行为人的刑事责任。这一规定,将有利于遏制和扭转逃避执行行为造成的恶劣影响和严重后果,最大限度地实现申请执行人的合法权益,维护法律尊严和司法权威。

——最高人民法院研究室、最高人民法院民事诉讼法修改研究小组办公室编著:《〈中华人民共和国民事诉讼法〉修改条文适用解答》,人民法院出版社2012年版,第163~167页。

问题:被执行人在确有履行能力的情况下,未按生效法律文书的要求履行义务,其行为已符合《民事诉讼法》第102条第1款第6项的规定,但是不属于《执行规定》第100条列举的10种情形时,人民法院能否对其罚款、拘留?对此,我们有两种意见。一种意见认为:由于被执行人不履行法院生效法律文书的行为不属于该司法解释列举的10种情形,故不应对被执行人罚款、拘留。另一种意见认为:被执行人不履行法院生效法律文书确定的义务,虽然不属于该司法解释列举的10种情形,但是其行为已经符合《民事诉讼法》第102条第1款第6项的规定,故人民法院可以对被执行人罚款、拘留。请问上述意见哪种正确?

《人民司法》研究组认为:最高人民法院《执行规定》第100条不是对《民事诉讼法》第102条第1款第6项的否定,而是对其作出的补充性规定,以便于执行人员在实践中准确把握妨害执行行为的类型。因此,我们认为,来信中的另一种意见符合司法解释的本意,是正确的。

——《人民司法·应用》2011年第9期

536

伪造证据妨碍法院审理可采取强制措施

关键词｜妨害民事诉讼｜伪造证据｜罚款｜

【最高人民法院司法解释】

第一百八十九条 诉讼参与人或者其他人有下列行为之一的,人民法院可以适用民事诉讼法第一百一十一条的规定处理:

（一）冒充他人提起诉讼或者参加诉讼的；

（二）证人签署保证书后作虚假证言，妨碍人民法院审理案件的；

（三）伪造、隐藏、毁灭或者拒绝交出有关被执行人履行能力的重要证据，妨碍人民法院查明被执行人财产状况的；

（四）擅自解冻已被人民法院冻结的财产的；

（五）接到人民法院协助执行通知书后，给当事人通风报信，协助其转移、隐匿财产的。

——《最高人民法院关于适用〈中华人民共和国民事诉讼法〉的解释》（2015年1月30日，法释〔2015〕5号）

【《最高人民法院公报》案例】

海口南兴实业有限公司伪造重要证据妨碍法院审理案件被罚款案

裁判要旨：海口南兴实业有限公司故意实施伪造汽车转让证明日期的行为阻碍了该案诉讼的正常进行，属伪造重要证据的妨害民事诉讼的行为，法院可对其采取罚款的强制措施。

秀英区人民法院认为：

在审理中，双方对汽车转让单是11月2日出具还是11月12日出具，各执一词。为进一步查清事实，正确审理案件，秀英区人民法院将海口南兴实业有限公司提供的陈东坡、周玉萍"11月12日"出具的汽车转让证明，送海南省交通厅进行技术鉴定。鉴定结论为"11月12日"中"12"的"1"字为后加。由此查明，南兴实业有限公司编造了全部车款已于1991年11月12日一次付清后，才拿到汽车转让证明的伪证。在事实面前，南兴实业有限公司虽然无言以对，但拒不承认错误。秀英区人民法院在对该案判决后，对海口南兴实业有限公司伪造重要证据——汽车转让证明日期，妨害诉讼顺利进行的行为，依照《中华人民共和国民事诉讼法》第一百零二条第一款第（一）项、第一百零四条第一款第（一）项的规定，经院长批准，于1992年1月13日作出罚款决定：对海口南兴实业有限公司罚款人民币10000元。

——《最高人民法院公报》1992年第3期

537

涂改、损毁、抽取案件材料的处罚

关键词｜当事人｜诉讼代理人｜案件材料｜妨害诉讼｜强制措施｜

【最高人民法院司法解释】

第九条 诉讼代理人查阅案件材料时不得涂改、损毁、抽取案件材料。

人民法院对修改、损毁、抽取案卷材料的诉讼代理人，可以参照民事诉讼法第一百零二条第一款第（一）项的规定处理。

——《最高人民法院关于诉讼代理人查阅民事案件材料的规定》（2002年11月15日，法释〔2002〕39号）

【链接：最高人民法院法官著述】

当事人及其诉讼代理人查阅案件材料时，应当保持案件材料完整性，不得涂改或以其他方式修改、损毁、抽取案件材料。否则，人民法院可以依照《民事诉讼法》第102条第（1）项对“伪造、毁灭重要证据，妨碍人民法院审理案件的”行为的处罚措施予以处罚。另外，案件材料中涉及国家秘密、商业秘密和个人隐私的内容，当事人及其诉讼代理人应当依法保密。

“法释〔2002〕39号规定”的名称虽叫《关于诉讼代理人查阅案件材料的规定》，但按本规定第10条的规定，当事人查阅案件的有关材料参照本规定处理。由于民事诉讼法对当事人及其诉讼代理人查阅案件有关材料的范围和办法都要求最高人民法院作出规定，因而有人提出，最高人民法院可以就当事人和诉讼代理人查阅案件材料的范围和办法分别作出规定。只是考虑到当事人及其诉讼代理人在查阅案件材料的范围和办法上不应当有所差别，而且以前最高人民法院与有关部门就律师阅卷问题作出过规定，故“法释〔2002〕39号规定”将诉讼代理人作为规定的主体。

——汪治平：《〈最高人民法院关于诉讼代理人查阅民事案件材料的规定〉的理解与适用》，载最高人民法院民事审判第一庭编：《民事审判指导与参考》（总第13集），法律出版社2004年版，第112页。

538

上诉期间可以转让未经诉讼保全的涉案标的物

关键词｜转让涉案标的物｜上诉期间｜诉讼保全｜

【链接：最高人民法院法官著述】

问题：甲将自己的房子卖给乙，后又高价卖给丙，房屋尚未过户，乙起诉甲，一审法院判令甲将房屋过户给乙，涉案房屋并没有办理财产保全，甲不服上诉，上诉期间又将房屋卖给了丁，并办理了过户。甲的行为是否构成妨害民事诉讼的行为，能否对甲的行为进行处罚？

《民事审判指导与参考》研究组认为：甲的行为并不构成妨害民事诉讼的行为，并不能对甲进行处罚。理由是对于公民不论实施何种处罚，必须有严格的法律依据。民事诉讼法第一百零二条规定：诉讼参与人或者其他人有下列行为之一的，人民法院可以根据情节轻重予以罚款、拘留；构成犯罪的，依法追究刑事责任：(1)伪造、毁灭重要证据，妨碍人民法院审理案件的；(2)以暴力、威胁、贿买方法阻止证人作证或者指使、贿买、胁迫他人作伪证；(3)隐藏、转移、变卖、毁损已被查封、扣押的财产，或者已被清点并责令其保管的财产，转移已被冻结的财产的；(4)对司法工作人员、诉讼参加人、证人、翻译人员、鉴定人、勘验人、协助执行的人，进行侮辱、诽谤、诬陷、殴打或者打击报复的；(5)以暴力、威胁或者其他方法阻碍司法工作人员执行职务的；(6)拒不履行人民法院已经发生法律效力的判决、裁定的。人民法院对有前款规定的行为之一的单位，可以对其主要负责人或者直接责任人员予以罚款、拘留；构成犯罪的，依法追究刑事责任。

依据上述规定，由于涉案财产并未办理诉讼保全，甲的转让行为并不构成妨害民事诉讼的行为，不能对其处罚。但乙可以要求甲赔偿损失。

——本书研究组：《上诉期间将涉案标的物转让不构成妨害民事诉讼的行为》，载最高人民法院民事审判第一庭编：《民事审判指导与参考》(总第52集)，人民法院出版社2013年版，第248~249页。

第九章 | CHAPTER 09

诉讼费用

539

鉴定费用的负担

关键词 | 鉴定费用 |

【链接：最高人民法院法官著述】

问题:2008 年 8 月,李某驾车将原告王某撞伤。事故发生后,王某自行委托鉴定机构对其伤残程度进行了鉴定,鉴定结论为五级伤残。鉴定费用为 800 元,由原告王某先行支付给鉴定机构。交警部门对事故责任作出认定,被告负主要责任,原告负次要责任。原告王某诉讼请求中的一项要求被告负担鉴定费用 800 元。本案在处理时就鉴定费的负担问题存在不同意见。第一种意见认为,根据国务院《诉讼费用交纳办法》第 29 条的规定,诉讼费用应由败诉方负担,因此,根据原告、被告双方的过错程序,在判决时确定原告、被告应负担该费用的比例。第二种意见认为,根据《诉讼费用交纳办法》第 6 条、第 12 条的规定,鉴定费用不属于诉讼费用的范围,而该费用的负担原则是"谁主张、谁负担"。因此鉴定费用应由原告自行负担,对原告的该项请求应不予支持。请问哪种意见正确?

《民事审判指导与参考》研究组认为:《诉讼费用交纳办法》第二章规定的是"诉讼费用交纳范围",关于鉴定费的交纳规定在该章的第 12 条,属于诉讼参与人辅助诉讼的费用,显然鉴定费属于诉讼费用的范畴。这里的"谁主张、谁负担"只是说,一方当事人为维持自己的利益,在诉讼过程中引入第三方主体证明自己诉讼请求的合法性,并期望据此使法官形成有利于自己的心证。此时法院判决还未作出,对于请求鉴定一方当事人的诉讼请求能否得到支持还处于不确定状态,此时当然应先由申请方交纳鉴定费用。但是根据《诉讼费用交纳办法》第 29 条,诉讼费用由败诉方,胜诉方自愿负担的除外。部分胜诉的,人民法院可以根据案件的具体情况决定当事人各自负担的诉讼费用数额。因鉴定费用属于诉讼费用,当然也应根据第 29 条的规定确定最终由谁来负担。因此,我们认为,第一种意见是正确的。

——最高人民法院民事审判第一庭编:《民事审判指导与参考》(总第 41 集),法律出版社 2011 年版,第 292 页。

540

发回重审后上诉应预交二审案件受理费

关键词｜发回重审｜二审受理费｜

【链接：最高人民法院法官著述】

问题：案件被发回重审后没有申请退还二审案件受理费的，在上诉时是否可以不再预交二审案件受理费？

《民事审判指导与参考》研究组认为：答案是肯定的。根据国务院《诉讼费用交纳办法》第22条第2款之规定："上诉案件的案件受理费由上诉人向人民法院提交上诉状时预交。双方当事人都提起上诉的，分别预交。上诉人在上诉期内未预交诉讼费用的，人民法院应当通知其在7日内预交。"该办法第27条第1款规定："第二审人民法院决定将案件重审的，应当退还上诉人已交纳的第二审案件受理费。"因此，已经交纳过第二审案件受理费的案件被发回重审后，预交第二审案件受理费的当事人即可以向人民法院申请退费。如果案件经重审后，当事人不服提起上诉，则应当再次预交第二审案件受理费。

有的当事人之所以在这个问题上产生误解，是因为2007年4月1日以前施行的《人民法院诉讼收费办法》第17条规定："第二审人民法院发回重审的案件，预交的上诉案件受理费，不予退还；重审后又上诉的，不再预交案件受理费。"应该注意的是，自2007年4月1日《诉讼费用交纳办法》施行后，已经交纳过第二审案件受理费的案件被发回重审后，人民法院要向当事人退费。当事人再次上诉时，应按照要求重新交纳第二审案件受理费。

——最高人民法院民事审判第一庭编：《民事审判指导与参考》（总第42集），法律出版社2011年版，第242页。

541

对反诉部分判决不服上诉，减半收取二审案件受理费

关键词｜反诉｜二审受理费｜

【链接：最高人民法院法官著述】

问题：《诉讼费用交纳办法》第十八条规定了对于合并审理的反诉请求，应当减半收取案件受理费。当事人对反诉部分的判决不服提起上诉的，二审案件受理费是否还应当减半收取呢？

《民事审判指导与参考》研究组认为：《诉讼费用交纳办法》第十八条规定，被告提起反诉、有独立请求权的第三人提出与本案有关的诉讼请求，人民法院决定合并审理的，分别减半交纳案件受理费。第十七条规定，对财产案件提起上诉的，按照不服一审判决部分的上诉请求数额交纳案件受理费。从上诉规定的措辞上看，对于二审案件，没有特别规定是否应区分是不是对反诉或者其他人民法院决定合并审理的请求上诉的情况，按照不同标准收取案件受理费。从规定表面看，似应对当事人的上诉请求，直接按照其请求数额计算二审案件受理费，而不涉及减半的问题，因此此时一审中的反诉请求已经转变为当事人的上诉请求了。但是，从探究《诉讼费用交纳办法》第十八条的立法本意看，我们认为，规定对人民法院决定合并审理的反诉或其他诉讼请求减半收取案件受理费，主要是考虑到人民法院在合并审理的情况下，办案成本比分别审理低，为了减轻当事人的诉讼负担，对案件受理费予以减半收取。因此，我们认为，二审案件受理费应当采取与一审案件受理费一致的收取标准，即在二审中对当事人针对一审中的反诉部分提出的上诉请求，仍应减半收取案件受理费。

——本书研究组：《当事人对反诉部分的判决不服提出上诉的，二审案件受理费亦应当减半收取》，载最高人民法院民事审判第一庭编：《民事审判指导与参考》（总第54集），人民法院出版社2013年版，第243页。

542

抗诉案件上诉应交纳二审案件受理费

关键词｜抗诉｜上诉｜诉讼费｜

【链接：最高人民法院法官著述】

问题：对于一审判决生效的民事案件，人民检察院提出抗诉以后，再审一审维持原一审判决。申请抗诉的当事人不服再审一审判决，提起上诉，请问是否应当支付上诉费？请予解答。

《人民司法》研究组认为：来信所提到的案件中，申请抗诉的当事人不服一审判决，提起上诉，是正常的二审程序，并且是第一次二审程序，理应交纳诉讼费用。而且，本案中，人民检察院抗诉的是原一审，而不是针对二审提起的抗诉，此二审程序是当事人启动的，从这个角度上说，交纳诉讼费用也是应有之义。

——《人民司法·应用》2009年第17期

543

抗诉再审案件不收取诉讼费

关键词 | 抗诉 | 再审 | 诉讼费 |

【最高人民法院答复】

内蒙古自治区高级人民法院：

你院《关于一审判决后不上诉，直接申请人民检察院抗诉的案件是否收取诉讼费的请示》收悉。经研究，答复如下：

依照《诉讼费用交纳办法》第九条的规定，适用民事诉讼法和行政诉讼法规定的审判监督程序审理的案件，当事人不交纳案件受理费。但是，下列两种情形除外：一是当事人有新的证据，足以推翻原判决、裁定，向人民法院申请再审，人民法院经审查决定再审的案件；二是当事人对人民法院第一审判决或者裁定未提出上诉，第一审判决、裁定或者调解书发生法律效力后又申请再审，人民法院经审查决定再审的案件。对于一审判决后当事人不上诉，而申请人民检察院抗诉再审的案件不属于上述两种例外情形，故人民法院受理此类案件不应收取诉讼费。

此复。

——《最高人民法院研究室关于一审判决后当事人不上诉而申请人民检察院抗诉再审的案件人民法院是否收取诉讼费问题的答复》（2012年9月4日，法研〔2012〕122号）

544

强制清算案件申请费的收取

关键词｜强制清算案件｜申请费｜

【最高人民法院司法政策】

20. 参照《诉讼费用交纳办法》第十条、第十四条、第二十条和第四十二条关于企业破产案件申请费的有关规定，公司强制清算案件的申请费以强制清算财产总额为基数，按照财产案件受理费标准减半计算，人民法院受理强制清算申请后从被申请人财产中优先拨付。因财产不足以清偿全部债务，强制清算程序依法转入破产清算程序的，不再另行计收破产案件申请费；按照上述标准计收的强制清算案件申请费超过30万元的，超过部分不再收取，已经收取的，应予退还。

21. 人民法院裁定受理强制清算申请前，申请人请求撤回申请，人民法院准许的，强制清算案件的申请费不再从被申请人财产中予以拨付；人民法院受理强制清算申请后，申请人请求撤回申请，人民法院准许的，已经从被申请人财产中优先拨付的强制清算案件申请费不予退回。

——《最高人民法院关于审理公司强制清算案件工作座谈会纪要》(2009年11月4日，法发〔2009〕52号)

【链接：最高人民法院法官著述】

对于公司清算案件的受理费，《诉讼费用交纳办法》未作规定，但是该《办法》第14条第6项规定“破产案件依据破产财产总额，按照财产案件受理费标准减半交纳，但是，最高不超过30万元”。公司清算案件与破产案件基本类似，都是财产案件，都是非讼程序，都是请求对公司全部财产进行清算。二者的最大区别在于公司清算案件中公司仍然具有偿债能力，无须为了平衡国家利益与当事人利益而限制案件受理费的最高数额。因此，我们认为公司清算案件的受理费可以按公司财产总值，依照财产案件收费标准减半收取。

——最高人民法院民事审判第二庭编著：《最高人民法院关于公司法司法解释(一)、(二)理解与适用》，人民法院出版社2008年版，第443～444页。

545

股东解散公司诉讼案件受理费

关键词 | 股东 | 解散公司 | 受理费 |

【链接：最高人民法院法官著述】

对于民事诉讼案件受理费，《诉讼费用交纳办法》区分财产案件和非财产案件规定了不同的收取标准。解散公司诉讼案件虽然无给付内容，但性质上是系当事人对财产关系的争议，应为财产案件。不过，原告的诉讼请求是解散其与公司之间出资与被出资的关系，而股东对公司的出资即为公司的注册资本，所以该种案件诉讼请求时价额应为公司的注册资本而非公司的财产总额。因此，我们认为解散公司诉讼案件的受理费可以按公司注册资本，参照《诉讼费用交纳办法》第13条第1款第1项财产案件收费标准分段累计收取。

——最高人民法院民事审判第二庭编著：《最高人民法院关于公司法司法解释（一）、（二）理解与适用》，人民法院出版社2008年版，第443～444页。

546

不良资产案件诉讼费用的交纳

关键词 | 不良资产案件 | 诉讼费 |

【最高人民法院司法政策】

各省、自治区、直辖市高级人民法院，新疆维吾尔自治区高级人民法院生产建设兵团分院：

为支持国有银行和国有企业改革发展，支持东方、华融、长城、信达四家金融资产管理公司继续做好收购、管理和处置国有银行不良资产工作，现将《最高人民法院关于国有金融资产管理公司处置国有商业银行不良资产案件交纳诉讼费用的通知》（法〔2001〕156号）的有效期延长3年。2006年3月1日至2009年2月28日期间，各级人民法院在受理以上四家金融资产管理公司处置国有商业银行案件时，诉讼费用的收取仍然按照《最高人民法院关于国有金融资产管理公司处置国有商业银行不良资产案件交纳诉讼费用的通知》(法〔2001〕156号)的各项规定执行。

——《最高人民法院关于延长国有金融资产管理公司处置国有商业银行不良资产案件减半缴纳诉讼费用期限的通知》(2006年4月13日，法〔2006〕100号)

各省、自治区、直辖市高级人民法院，新疆维吾尔自治区高级人民法院生产建设兵团分院：

近来，各级人民法院陆续依法受理了一批华融、长城、信达、东方等四家国有金融资产管理公司处置国有商业银行剥离的不良资产的案件。据国务院有关部门反映，涉及四家国有资产管理公司的此类案件数量多、标的大，所需交纳的诉讼费用数额也很大，要求适当给予减免。为了支持国家金融体制改革，防止国有资产流失，减轻国有资产管理公司在处置国有商业银行不良资产过程中的费用负担，使这部分不良资产得以尽快依法处置，现对审理此类案件交纳的诉讼费用等问题通知如下：

一、凡属上述金融资产管理公司为处置国有商业银行不良资产提起诉讼(包括上诉和申请执行)的案件，其案件受理费、申请执行费和申请保全费，按照《人民法院诉讼收费办法》的规定计算，减半交纳。

二、上述案件中，金融资产管理公司申请财产保全的，依照《最高人民法院关于审理涉及金融资产管理公司收购、管理、处置国有银行不良贷款形成的资产的案件适用法律若干问题的规定》(法释〔2001〕12号)第五条的规定执行。

三、对于诉讼过程中所实际支出的诉讼费用，以及按照《〈人民法院诉讼收费办法〉补充规定》的规定应向当事人收取的差旅费等费用，各级人民法院要严格按照实际发生的项目和金额收取。

四、各级人民法院要严格执行上述规定，不得擅自提高收费标准，改变计费方式以及违反规定加收诉讼活动费、执行活动费等其他费用。

五、本通知规定的事项自下发之日起实行，至2006年2月28日废止。本通知下发之前已经受理的案件，所收取的诉讼费用不予退回。人民法院过去处理这类案件，已决定同意当事人缓交的，超出本通知规定限额的部分不再追收。

——《最高人民法院关于国有金融资产管理公司处置国有商业银行不良资产案件交纳诉讼费用的通知》(2001年10月25日，法〔2001〕156号)

547 涉农、涉军案件诉讼费的缓、减、免

关键词 | 涉农案件 | 涉军案件 | 司法救助 | 诉讼费 |

【最高人民法院司法政策】

对经济困难的军人军属，请求给付赡养费、抚养费、扶养费、抚恤金、优待金、社会保险金、劳动报酬和经济补偿金、人身损害赔偿等案件，依法决定诉讼费的缓、减、免交。

——《最高人民法院关于进一步加强人民法院涉军案件审判工作的通知》(2010 年 7 月 28 日，法〔2010〕254 号)

八、认真贯彻《诉讼费用交纳办法》，继续加大对农村贫困群众的司法救助力度，强化诉讼提示和指导。对经济上确有困难的农民当事人，特别是特殊困难群体，要积极采取缓、减、免交诉讼费的措施，确保符合救助条件的农民当事人打得起官司。

——《最高人民法院关于当前形势下进一步做好涉农民事案件审判工作的指导意见》(2009 年 6 月 19 日，法发〔2009〕37 号)

548 知识产权案件受理费的合理分担

关键词 | 知识产权 | 案件受理费 |

【最高人民法院审判业务意见】

在前述“手提箱”专利侵权案中，对于案件受理费的负担，斯博汀公司在上诉中附带提出应按照原告请求额与法院支持额之间的比例确定。为此，最高人民法院在该案中明确了案件受理费的分担需要考虑的因素。

最高人民法院认为，无论是原《人民法院诉讼收费办法》还是现行的《诉讼

费用交纳办法》对于诉讼费用负担的原则是一致,即由败诉的当事人负担;部分胜诉、部分败诉的,由人民法院根据案件的具体情况决定当事人各自负担的数额。尤其是在侵权案件中,案件受理费的分担不仅要考虑原告的诉讼请求额得到支持的比例,更要考虑原告主张的侵权行为本身是否成立,同时还可以考虑原告的其他诉讼请求得到支持的程度以及当事人各自行使诉权的具体情况如有无明显过错等因素,不能仅按照原告请求额与判决支持额之间的比例确定。

——《最高人民法院知识产权案件年度报告(2009)》

549

诉讼费用承担不能作为诉讼请求中的一项内容

关键词 | 诉讼费用 | 诉讼请求 |

【最高人民法院裁判文书】

芦文喜与安阳市天利房地产开发有限公司赔偿逾期交工损失案[最高人民法院(2013)民申字第1456号民事裁定书]

裁判要旨:当事人不服人民法院对于诉讼费用负担的决定,可以依照有关法律法规向人民法院申请复核,但不得单独对人民法院关于诉讼费用的决定提起上诉。当事人在二审再审程序中提出变更诉讼费用负担请求的,人民法院可依职权予以审查,决定是否需要变更以及如何变更。

最高人民法院认为:

国务院《诉讼费用交纳办法》第四十三条规定:"当事人不得单独对人民法院关于诉讼费用的决定提起上诉。"根据上述原理可知,诉讼费用负担是人民法院依职权决定的行为。芦文喜主张原审判决决定诉讼费用负担部分错误,本院不予支持。

——景汉朝主编:《最高人民法院审判监督指导案例解析》,人民法院出版社2015年版,第521页。

【链接:最高人民法院法官著述】

问题:在审理案件过程中,发现很多民事诉状都把诉讼费用承担作为一种诉讼请求提出。法院在处理时有两种意见:第一种意见认为不能作为一项诉讼请求,因为人民法院诉讼收费办法第29条规定当事人不得单独就人民法院关于诉讼费用的决定提起上诉,可见其不是诉讼请求的范围。第二种意见认为可以作为一项诉讼请求,因《民事诉讼法》及其司法解释和人民法院诉讼收费办法对诉讼费用承担都有专门性规定,且诉讼费用承担与当事人有切身的利害关系。

《人民司法》研究组认为:一般来说,诉讼所要解决的是当事人实体权利方面的争议,诉讼费用的负担不是单独的诉讼权利,把诉讼费作为诉讼请求,人民法院是不应该受理的。按照诉讼收费原则,诉讼费用负担是与诉讼后果相联系的,诉讼费用的最后负担并不是应当事人的请求,而是依法院的实体判决和诉讼收费规定由法院作出的。因此,我们同意第一种意见。

——《人民司法》2006年第7期

550

有正当理由未在指定期限交纳上诉费不按撤诉处理

关键词｜正当理由｜上诉费｜按撤诉处理｜

【最高人民法院司法解释】

第二百一十三条 原告应当预交而未预交案件受理费,人民法院应当通知其预交,通知后仍不预交或者申请减、缓、免未获批准而仍不预交的,裁定按撤诉处理。

——《最高人民法院关于适用〈中华人民共和国民事诉讼法〉的解释》(2015年1月30日,法释〔2015〕5号)

【最高人民法院司法政策】

第三条 一审法院报送的上诉案件,当事人已交纳诉讼费的,立案庭予以立案,并将案件卷宗移送相关审判庭。

一审法院报送的案卷中未附诉讼费交款收据,也未附上诉人缓交、减交、免交诉讼费申请的,立案庭向上诉人发出预交诉讼费通知,待收齐诉讼费后,立案庭予以立案,并将案卷移送相关审判庭。

第四条 上诉人自收到我院预交诉讼费通知的次日起七日内,既不交纳诉讼费,又不提出缓交、减交、免交诉讼费申请,且无其他正当理由的,立案庭裁定按撤回上诉处理。

——《最高人民法院关于本院各类案件诉讼费收交办法》(2003年8月27日,法发〔2003〕15号)

【最高人民法院裁判文书】

首都机场集团公司与广联(南宁)投资股份有限公司委托合同纠纷案[最高人民法院(2011)民二终字第63号民事判决书]

裁判要旨:有正当理由未在指定期限交纳上诉费不按撤诉处理。

最高人民法院认为,现行有效的《最高人民法院关于本院各类案件诉讼费收交办法》(法发〔2003〕15号)第三条第二款规定,一审法院报送的案卷中未附诉讼费交款收据,也未附上诉人缓交、减交、免交诉讼费申请的,立案庭向上诉人发出预交诉讼费通知,待收齐诉讼费后,立案庭予以立案,并将案卷移送相关审判庭。法发〔2003〕15号文件第四条规定,上诉人自收到我院预交诉讼费通知的次日起七日内,既不交纳诉讼费,又不提出缓交、减交、免交诉讼费申请,且无其他正当理由的,立案庭裁定按撤回上诉处理。可见,上诉人在上诉期内未预交上诉费的,人民法院应当通知其在7日内预交,当事人逾期不交纳上诉费又未提出司法救助申请,或者申请司法救助未获批准,在人民法院指定期限内仍未交纳上诉费的,人民法院按照当事人自动撤诉处理。文联公司认为根据《民事诉讼法意见》第一百四十三条的规定和法函〔1994〕48号文件,本案应按首都机场自动撤诉处理,但是《民诉法意见》第一百四十三条是对原告预交案件受理费的规定,不适用于本案。与法函〔1994〕48号文件相比,法发〔2003〕15号文件属于新文件,且规定更为明确,故本案应当适用法发〔2003〕15号文件审查首都机场预交上诉费的问题。本案原审判决书载明的本院收交诉讼费账号与实际账号不符,造成了首都机场交纳上诉费的延误,但其在接获新的账户号码的当日即交纳了上诉费。故首都机场未在一审判决书指定的期限交纳上诉费,不应按照自动撤回上诉处理。

——最高人民法院民事审判第二庭编:《最高人民法院商事审判指导案例6·合同与借贷担保卷》,中国法制出版社2013年版,第165~173页。

551

破产案件诉讼费不需预交

关键词 | 破产案件 | 诉讼费用交纳 |

【最高人民法院司法解释】

第八条 破产案件的诉讼费用，应根据企业破产法第四十三条的规定，从债务人财产中拨付。相关当事人以申请人未预先交纳诉讼费用为由，对破产申请提出异议的，人民法院不予支持。

——《最高人民法院关于适用〈中华人民共和国企业破产法〉若干问题的规定（一）》（2011 年 9 月 9 日，法释〔2011〕22 号）

【链接：最高人民法院法官著述】

根据《诉讼费用交纳办法》第 1 条的规定，当事人依法向人民法院申请破产，应当交纳申请费。但其第 20 条又规定，破产申请费不由申请人预交，在清算后从破产财产中交纳。同时，依据其第 14 条第 6 款规定，破产案件申请费依据破产财产总额计算，按照财产案件受理费标准减半交纳，但是，最高不超过 30 万元。据此，人民法院不得要求申请人预先交纳案件受理费或者其他费用，不得以申请人未交纳上述费用为由裁定不予受理破产申请。本条司法解释则进一步规定，相关当事人以申请人未预先交纳诉讼费用为由，对破产申请提出异议的，法院不予支持。

——最高人民法院民事审判第二庭编著：《最高人民法院关于企业破产法司法解释理解与适用》，人民法院出版社 2013 年版，第 101～102 页。

552

申请撤销监护人资格案件不收取诉讼费用

关键词 | 撤销监护人资格 | 诉讼费 |

【最高人民法院司法政策】

31. 人民法院受理撤销监护人资格案件,不收取诉讼费用。

——《最高人民法院、最高人民检察院、公安部、民政部印发〈关于依法处理监护人侵害未成年人权益行为若干问题的意见〉的通知》(2014年12月18日,法发〔2014〕24号)

553

当事人胜诉后所预交的案件受理费应予退还

关键词 | 案件受理费 | 胜诉 |

【链接:最高人民法院法官著述】

问题:审判实践中经常遇到胜诉的当事人申请退还预交的案件受理费的情况。有观点认为,案件受理费问题可在执行程序中一并解决,当事人预交的案件受理费不必退还,这种观点是否正确?

《民事审判指导与参考》研究组认为:此种观点不正确。《诉讼费用交纳办法》第29条第1款规定,诉讼费用由败诉方负担。所谓诉讼费用由败诉方负担,应理解为胜诉方不应支出诉讼费用。既然如此,如果案件受理费是由胜诉方预交的,就应退回。《最高人民法院关于适用〈诉讼费用交纳办法〉的通知》规定:"诉讼费用由败诉方负担,胜诉方自愿承担的除外。对原告胜诉的案件,诉讼费用由被告负担,人民法院应当将预收的诉讼费用退还原告,再由人民法院直接向被告收取,但原告自愿承担或者同意被告直接向其支付的除外。当事人拒不交纳诉讼费用的,人民法院应当依法强制执行。"《最高人民法院关于适用〈中华人民共和国民事诉讼法〉的解释》第207条规定:"判决生效后,胜诉方预交但不应负担的诉讼费用,人民法院应当退还,由败诉方向人民法院交纳,但胜诉方自愿承担或者同意败诉方直接向其支付的除外。当事人拒不交纳诉讼费用的,人民法院可以强制执行。"因此,当事人胜诉后申请退还其预交的案件受理费,法院应予退还。

——杜万华主编、最高人民法院民事审判第一庭编:《民事审判指导与参考》(总第63辑),人民法院出版社2016年版,第240~241页。

第十章 | CHAPTER 10

第一审普通程序

554

改革立案审查制为立案登记制

关键词｜案件受理｜立案审查｜立案登记｜

【最高人民法院司法解释】

第一条 人民法院对依法应该受理的一审民事起诉、行政起诉和刑事自诉，实行立案登记制。

第二条 对起诉、自诉，人民法院应当一律接收诉状，出具书面凭证并注明收到日期。

对符合法律规定的起诉、自诉，人民法院应当当场予以登记立案。

对不符合法律规定的起诉、自诉，人民法院应当予以释明。

第三条 人民法院应当提供诉状样本，为当事人书写诉状提供示范和指引。

当事人书写诉状确有困难的，可以口头提出，由人民法院记入笔录。符合法律规定的，予以登记立案。

第四条 民事起诉状应当记明以下事项：

（一）原告的姓名、性别、年龄、民族、职业、工作单位、住所、联系方式，法人或者其他组织的名称、住所和法定代表人或者主要负责人的姓名、职务、联系方式；

（二）被告的姓名、性别、工作单位、住所等信息，法人或者其他组织的名称、住所等信息；

（三）诉讼请求和所根据的事实与理由；

（四）证据和证据来源；

（五）有证人的，载明证人姓名和住所。

第六条 当事人提出起诉、自诉的，应当提交以下材料：

（一）起诉人、自诉人是自然人的，提交身份证明复印件；起诉人、自诉人是法人或者其他组织的，提交营业执照或者组织机构代码证复印件、法定代表人或者主要负责人身份证明书；法人或者其他组织不能提供组织机构代码的，应当提供组织机构被注销的情况说明；

（二）委托起诉或者代为告诉的，应当提交授权委托书、代理人身份证明、代为告诉人身份证明等相关材料；

（三）具体明确的足以使被告或者被告人与他人相区别的姓名或者名称、住所等信息；

（四）起诉状原本和与被告或者被告人及其他当事人人数相符的副本；

（五）与诉请相关的证据或者证明材料。

第七条 当事人提交的诉状和材料不符合要求的，人民法院应当一次性书面告知在指定期限内补正。

当事人在指定期限内补正的，人民法院决定是否立案的期间，自收到补正材料之日起计算。

当事人在指定期限内没有补正的，退回诉状并记录在册；坚持起诉、自诉的，裁定或者决定不予受理、不予立案。

经补正仍不符合要求的，裁定或者决定不予受理、不予立案。

第八条 对当事人提出的起诉、自诉，人民法院当场不能判定是否符合法律规定的，应当作出以下处理：

（一）对民事、行政起诉，应当在收到起诉状之日起七日内决定是否立案；

（三）对第三人撤销之诉，应当在收到起诉状之日起三十日内决定是否立案；

（四）对执行异议之诉，应当在收到起诉状之日起十五日内决定是否立案。

人民法院在法定期间内不能判定起诉、自诉是否符合法律规定的，应当先行立案。

第九条 人民法院对起诉、自诉不予受理或者不予立案的，应当出具书面裁定或者决定，并载明理由。

第十条 人民法院对下列起诉、自诉不予登记立案：

（一）违法起诉或者不符合法律规定的；

（二）涉及危害国家主权和领土完整的；

（三）危害国家安全的；

（四）破坏国家统一和民族团结的；

（五）破坏国家宗教政策的；

（六）所诉事项不属于人民法院主管的。

第十三条 对立案工作中存在的不接收诉状、接收诉状后不出具书面凭证，不一次性告知当事人补正诉状内容，以及有案不立、拖延立案、干扰立案、既不立案又不作出裁定或者决定等违法违纪情形，当事人可以向受诉人民法院或者上级人民法院投诉。

人民法院应当在受理投诉之日起十五日内,查明事实,并将情况反馈当事人。发现违法违纪行为的,依法依纪追究相关人员责任;构成犯罪的,依法追究刑事责任。

第十六条 人民法院依法维护登记立案秩序,推进诉讼诚信建设。对干扰立案秩序、虚假诉讼的,根据民事诉讼法、行政诉讼法有关规定予以罚款、拘留;构成犯罪的,依法追究刑事责任。

第十八条 强制执行和国家赔偿申请登记立案工作,按照本规定执行。

上诉、申请再审、刑事申诉、执行复议和国家赔偿申诉案件立案工作,不适用本规定。

——《最高人民法院关于人民法院登记立案若干问题的规定》(2015年4月15日,法释〔2015〕8号)

【最高人民法院司法政策】

二、登记立案范围

有下列情形之一的,应当登记立案:

(一)与本案有直接利害关系的公民、法人和其他组织提起的民事诉讼,有明确的被告、具体的诉讼请求和事实依据,属于人民法院主管和受诉人民法院管辖的;

(四)生效法律文书有给付内容且执行标的和被执行人明确,权利人或其继承人、权利承受人在法定期限内提出申请,属于受申请人民法院管辖的;

有下列情形之一的,不予登记立案:

(一)违法起诉或者不符合法定起诉条件的;

(二)诉讼已经终结的;

(三)涉及危害国家主权和领土完整、危害国家安全、破坏国家统一和民族团结、破坏国家宗教政策的;

(四)其他不属于人民法院主管的所诉事项。

三、登记立案程序

(一)实行当场登记立案。对符合法律规定的起诉、自诉和申请,一律接收诉状,当场登记立案。对当场不能判定是否符合法律规定的,应当在法律规定的期限内决定是否立案。

(二)实行一次性全面告知和补正。起诉、自诉和申请材料不符合形式要件的,应当及时释明,以书面形式一次性全面告知应当补正的材料和期限。在指定期限内经补正符合法律规定条件的，人民法院应当登记立案。

（三）不符合法律规定的起诉、自诉和申请的处理。对不符合法律规定的起诉、自诉和申请，应当依法裁决不予受理或者不予立案，并载明理由。当事人不服的，可以提起上诉或者申请复议。禁止不收材料、不予答复、不出具法律文书。

（四）严格执行立案标准。禁止在法律规定之外设定受理条件，全面清理和废止不符合法律规定的立案"土政策"。

四、健全配套机制

（一）健全多元化纠纷解决机制。进一步完善调解、仲裁、行政裁决、行政复议、诉讼等有机衔接、相互协调的多元化纠纷解决机制，加强诉前调解与诉讼调解的有效衔接，为人民群众提供更多纠纷解决方式。

（二）建立完善庭前准备程序。完善繁简分流、先行调解工作机制。探索建立庭前准备程序，召集庭前会议，明确诉辩意见，归纳争议焦点，固定相关证据，促进纠纷通过调解、和解、速裁和判决等方式高效解决。

（三）强化立案服务措施。加强人民法院诉讼服务中心和信息化建设，实现公开、便捷立案。推行网上立案、预约立案、巡回立案，为当事人行使诉权提供便利。加大法律援助、司法救助力度，让经济确有困难的当事人打得起官司。

五、制裁违法滥诉

（一）依法惩治虚假诉讼。当事人之间恶意串通，或者冒充他人提起诉讼，企图通过诉讼、调解等方式侵害他人合法权益的，人民法院应当驳回其请求，并予以罚款、拘留；构成犯罪的，依法追究刑事责任。

（二）依法制裁违法行为。对哄闹、滞留、冲击法庭等不听从司法工作人员劝阻的，以暴力、威胁或者其他方法阻碍司法工作人员执行职务的，或者编造事实、侮辱诽谤审判人员，严重扰乱登记立案工作的，予以罚款、拘留；构成犯罪的，依法追究刑事责任。

（三）依法维护立案秩序。对违法围攻、静坐、缠访闹访、冲击法院等，干扰人民法院依法立案的，由公安机关依照治安管理处罚法，予以警告、罚款、行政拘留等处罚；构成犯罪的，依法追究刑事责任。

（四）健全相关法律制度。加强诉讼诚信建设，规范行使诉权行为。推动完善相关立法，对虚假诉讼、恶意诉讼、无理缠诉等滥用诉权行为，明确行政处罚、司法处罚、刑事处罚标准，加大惩治力度。

——《最高人民法院关于印发〈关于人民法院推行立案登记制改革的意见〉的通知》（2015 年 4 月 15 日，法发〔2015〕6 号）

【最高人民法院审判业务意见】

记者：与现行的立案审查制相比，立案登记制有什么特点？

负责人：立案审查制，是指当事人向法院提起诉讼时，法院对诉讼要件进行实质审查后，决定是否受理。其审查内容主要包括主体资格、法律关系、诉讼请求以及管辖权等。立案登记制，是指法院对当事人的起诉不进行实质审查，仅仅对形式要件进行核对。除了意见规定不予登记立案的情形外，当事人提交的诉状一律接收，并出具书面凭证。起诉状和相关证据材料符合诉讼法规定条件的，当场登记立案。两者的区别：一是诉讼起点不同。立案审查制下，诉讼起点是法院决定立案时。立案登记制下，诉状提交给法院时，诉讼就开始了。二是立案条件不同。立案审查制下，各级法院对当事人起诉能否立案的审查尺度存在标准不一的问题。立案登记制下，当事人只要提供符合形式要件的诉状，法院应当一律接收，并在规定期限内依法处理。三是对当事人起诉权的保障不同。立案登记制下，法院一律接收诉状，当事人依法无障碍行使诉权，体现了对当事人起诉权的充分保护。

记者：哪些案件属于登记立案的范围？

负责人：登记立案针对的是初始案件，包括民事起诉、行政起诉、刑事自诉、强制执行和国家赔偿申请。对上诉、申请再审、申诉等，法律另有规定，不适用登记立案的规定。目前，《民事诉讼法》《行政诉讼法》《刑事诉讼法》《国家赔偿法》等法律和司法解释已经对民事起诉、行政起诉、刑事自诉、强制执行申请和国家赔偿申请的受理条件作出明确规定。意见中也对应当登记立案的具体情形作出了详细规定。此外，对违法起诉和不符合起诉条件的，涉及危害国家主权和领土完整、危害国家安全、破坏国家统一和民族团结、破坏国家宗教政策的，以及其他不属于人民法院主管的所诉事项，不在登记范围之内。比如，当事人起诉的事项按规定应当由其他机关处理的争议，法院应当及时释明，告知当事人向有关机关申请解决。如果当事人坚持起诉，法院应当裁定不予受理或者裁定不予立案。

记者：在登记立案程序是否有时间上的硬性要求，来防止案件“久拖不立”？

负责人：老百姓到法院起诉、自诉或者申请强制执行、国家赔偿，法院要一律接受诉状。当场能够判定起诉、自诉和申请符合法律规定条件的，当场登记立案。当场不能判定是否符合法律规定条件的，应当在法律规定期限内决定是否立案。这种要求是明确的，时效性是很强的，要求是很高的。如起诉应当在收到之日起七日内决定是否立案；刑事自诉应当在收到次日起十五日内决定是否立案；对于执行异议之诉，应当在收到之日起十五日内决定是否立案。在法律规定期限内，认为起诉、自诉和申请不符合法律规定的条件，应当依法裁决不予受理或不予立案，并载明理由。无法判定是否符合法律规定条件的，先行立案。这主要是为了更充分地保障当事人的诉权，也对法院立案工作提出了更高的要求。对当事人而言，起诉、自诉应当提供必要的材料，法院如果认为申请材料不符合形式要件的，当场应当及时释明，以书面形式一次性全面告知应当补正的材料和期限。这里要明确的是，首先是书面形式告知，防止口头表达不清或者事后是否告知了说不清楚；其次是一次性全面告知，不能反反复复，让当事人来回跑路。当事人在指定期限内经补正达到法律规定条件的，应当登记立案。在指定期限内没有补正的，退回诉状并记录在册；当事人坚持起诉、自诉的，裁决不予受理或者不予立案。经补正仍不符合形式要件的，裁决不予受理或不予立案。登记立案后，法院应当及时将案件材料转给相关业务庭。对登记立案后移送的案件，相关部门不得随意以起诉材料不齐全、诉讼证据有缺失或者案件难以审理执行等为由，退回立案部门。为了进一步规范登记立案的程序，最高人民法院将颁发登记立案的规范性文件。

记者：法院如何应对实行登记立案后，可能出现的案件数量增加等问题？

负责人：实行登记立案制，法院各类案件数量预计会出现不同程度增长，涉诉信访等方面的任务也可能增加。从法院自身而言，要大力提升诉讼服务水平。我们将继续抓好诉讼服务中心建设工作，完善便民服务机制，特别是运用信息技术手段，大力推行网上登记立案平台建设，让当事人更加方便地行使诉权。加大法律援助、司法救助力度，让经济确有困难的当事人打得起官司。要改革审判执行机制，完善先行调解机制，探索庭前准备程序。积极稳妥推进司法体制改革，包括完善主审法官和合议庭办案责任制，法官员额制改革、司法辅助人员制度改革、司法人员分类管理等。大力开展案件分流、促进和解、指导调解、诉调对接和案件速裁工作。探索建立民事庭前准备程序，组织当事人交换证据，归纳争议焦点，促进双方和解，强化审前案件管理和程序管控，让更多的案件解决在审前。同时，法院要在发挥审判功能的同时，进一步完善调解、仲裁、行政裁决、行政复议、诉讼等有机衔接、相互协调的多元化纠纷解决机制。通过建设功能强大、资源充足的诉调对接平台和形式多样、运行规范的诉调对接机制，尊重当事人的选择，减轻当事人诉累，有效化解矛盾纠纷。在诉讼服务中心为商事调解组织、行业调解组织或者其他具有调解职能的组织开展调解工作搭建平台，落实人民调解协议司法确认制度，充分发挥行政调解、人民调解、行业调解的作用。完善仲裁与诉讼的衔接机制，引导更多纠纷通过仲裁程序解决。

记者：对于可能出现的虚假诉讼、恶意诉讼、无理缠诉行为，法院如何规制？

负责人：起诉是当事人的基本权利，应当予以充分保障。但同时要引导当事人依法行使诉权，理性表达诉求，诚信维护权益。如果诉权被滥用，不仅没有让有限的司法资源用在“刀刃”上，给更有需要的人以司法救济，而且会损害司法权威。对当事人之间恶意串通，或者冒充他人提起诉讼，企图通过诉讼、调解等方式侵害他人合法权益的虚假诉讼，人民法院一经发现，都将驳回其请求，并给予司法处罚。情节严重构成犯罪的，还将依法追究其刑事责任。对扰乱法庭、阻碍司法工作人员执行职务以及编造事实、侮辱诽谤审判人员的，依法进行处罚。对聚众围攻、缠访闹访、冲击法院等干扰人民法院审判工作的行为，人民法院将加大与公安机关的协调配合力度，依法予以制裁，维护正常立案秩序。

记者：法院将如何加大立案监督力度，确保立案登记制改革得到全面落实？

负责人：意见专门对加强立案监督，强化责任追究进行了规定。从规定的立案监督方式看，涉及党委纪检监督、人大权力机关的监督、政府监察监督、政协和民主党派民主监督、法院内部上级法院对下级法院的监督、检察机关的法律监督、社会和公众监督、媒体舆论监督、系统内的制度监督等，可以说是非常严的。具体来说，一是加强法院内部监督。包括法院加强自查和上级人民法院依法进行监督。如果发现有案不立、拖延立案、人为控制立案、“年底不立案”、干扰依法立案等违法行为，对有关责任人员和主管领导，依法依纪严肃追究责任。造成严重后果或者恶劣社会影响，构成犯罪的，依法追究刑事责任。二是依靠人大、政协、检察机关的监督。三是自觉接受社会监督。通过全面推行立案公开，将立案活动晒在阳光下，规范立案行为，接受社会监督。

——《最高人民法院有关负责人就〈关于人民法院推行立案登记制改革的意见〉答记者问》(2015 年 4 月 15 日)，载新华网，http://news.xinhuanet.com。

编者说明

2015 年 4 月 1 日，中央全面深化改革领导小组第十一次会议审议通过了《关于人民法院推行立案登记制改革的意见》(以下简称《意见》)。《意见》自 2015 年 5 月 1 日起施行，总体精神是充分保障当事人诉权，切实解决人民群众反映的“立案难”问题，改革法院案件受理制度，变立案审查制为立案登记制。《意见》为立案登记制改革确立了三个指导思想：1. 坚持正确政治方向。深入贯彻党的十八届四中全会精神，坚持党的群众路线，坚持司法为民、公正司法，通过立案登记制改革，推动加快建设公正、高效、权威的社会主义司法制度。2. 坚持以宪法和法律为依据。依法保障当事人行使诉讼权利，方便当事人诉讼，做到公开、透明、高效。3. 坚持有案必立、有诉必理。对符合法律规定条件的案件，法院必须依法受理，任何单位和个人不得以任何借口阻挠法院受理案件。2015 年 4 月 15 日，最高人民法院颁布《关于人民法院登记立案若干问题的规定》（法释〔2015〕8 号），进一步明确了同年 5 月 1 日起开始施行的立案登记制的具体操作规范。

555

立案阶段“有明确的被告”的认定

关键词 | 起诉条件 | 被告明确 |

【最高人民法院司法解释】

第二百零九条 原告提供被告的姓名或者名称、住所等信息具体明确，足以使被告与他人相区别的，可以认定为有明确的被告。

起诉状列写被告信息不足以认定明确的被告的，人民法院可以告知原告补正。原告补正后仍不能确定明确的被告的，人民法院裁定不予受理。

——《最高人民法院关于适用〈中华人民共和国民事诉讼法〉的解释》（2015 年 1 月 30 日，法释〔2015〕5 号）

近来，一些高级人民法院就人民法院依据民事案件的原告起诉时提供的被告住址无法送达应如何处理问题请示我院。为了正确适用法律，保障当事人行使诉讼权利，根据《中华人民共和国民事诉讼法》的有关规定，批复如下：

人民法院依据原告起诉时所提供的被告住址无法直接送达或者留置送达，应当要求原告补充材料。原告因客观原因不能补充或者依据原告补充的材料仍不能确定被告住址的，人民法院应当依法向被告公告送达诉讼文书。人民法院不得仅以原告不能提供真实、准确的被告住址为由裁定驳回起诉或者裁定终结诉讼。

因有关部门不准许当事人自行查询其他当事人的住址信息，原告向人民法院申请查询的，人民法院应当依原告的申请予以查询。

——《最高人民法院关于依据原告起诉时提供的被告地址无法送达应如何处理问题的批复》(2004 年 11 月 25 日，法释〔2004〕17 号)

【链接：最高人民法院法官著述】

只要原告能够提供可以识别的被告的信息，即使其不能提供被告的住所，或者提供的被告的住所并非客观、准确的住所，人民法院也应予以受理。在此情况下，当被告的住所并不明确，且法院查证不能的情况下，人民法院应当向当事人释明通过公告方式向被告送达。

另外，在今后人民法院立案采取登记制的情况下，对于案件的实体审理属于立案之后的处理，因此，在立案阶段，无论原告与被告是否实质上具有某种法律关系，即被告是否是适格的被告，均不影响人民法院受理该案。至于人民法院在立案后，经过实体审理，认定原告所起诉的被告不适格，则应裁定驳回原告的起诉，在此情况下则属于人民法院实体审理之后的处理问题。

——沈德咏主编、最高人民法院修改后民事诉讼法贯彻实施工作领导小组编著：《最高人民法院民事诉讼法司法解释理解与适用》，人民法院出版社 2015 年版，第 560 页。

编者说明

2003 年 12 月 1 日起施行的《简易程序规定》第 8 条第(2)项规定："原告不能提供被告准确的送达地址，人民法院经查证后仍不能确定被告送达地址的，可以被告不明确为由裁定驳回原告的起诉。"该规定要求原告必须提供能够送达的被告的地址，不利于保护原告的诉权。因此，2004 年 12 月 2 日起施行的《关于依据原告起诉时提供的被告地址无法送达应如何处理问题的批复》(法释〔2004〕17 号)对上述规定进行了修正，规定人民法院依据原告起诉时所提供的被告地址无法直接送达或者留置送达，应当要求原告补充材料。原告因客观原因不能补充或者依据原告补充的材料仍不能确定被告住址的，人民法院应当依法向被告公告送达诉讼文书。人民法院不得仅以原告不能提供真实、准确的被告住址为由裁定驳回起诉或者裁定终结诉讼。《2015 年解释》规定，即使被告不能够适用直接送达或者留置送达，只要原告能提供可以识别被告的信息，人民法院也应该受理，对于保护原告的诉权明显是一种进步。

556

民间借贷案件起诉条件

关键词｜民间借贷｜起诉条件｜

【最高人民法院司法解释】

第二条 出借人向人民法院起诉时，应当提供借据、收据、欠条等债权凭证以及其他能够证明借贷法律关系存在的证据。

当事人持有的借据、收据、欠条等债权凭证没有载明债权人，持有债权凭证的当事人提起民间借贷诉讼的，人民法院应予受理。被告对原告的债权人资格提出有事实依据的抗辩，人民法院经审理认为原告不具有债权人资格的，裁定驳回起诉。

——《最高人民法院关于审理民间借贷案件适用法律若干问题的规定》（2015年8月6日，法释〔2015〕18号）

【最高人民法院审判业务意见】

问：我们注意到，《规定》特别强调，出借人向人民法院起诉时，应当提供债权凭证或者能够证明借贷关系存在的证据。这一规定是否与立案登记制相矛盾？

答：这一规定不仅与立案登记制不矛盾，而且还相辅相成。从司法实践情况看，民间借贷纠纷案件中，当事人为证明存在借贷关系所提交的证据多为借据、收据、欠条等债权凭证，这些大都属于书证范畴。当然，债权凭证的表现形式不仅限于本《规定》已列明的“借据、收据、欠条”等形式，还包括能够证明借贷关系存在的其他证据，如短信、微信、博客、网上聊天记录等电子数据以及录音录像等视听资料。总之，原告向法院起诉，必须提供相应的证据证明，这是民事诉讼的基本要求。只要符合民事诉讼法第119条规定的起诉条件的，人民法院都要受理。对于不符合法定起诉条件的，即使已经进行了立案登记，也不能进入实体程序，人民法院应当通知当事人补交相关证据材料。上述规定也有利于防止当事人滥用诉权。

——杜万华：《规范民间借贷、统一裁判标准——杜万华就〈最高人民法院关于审理民间借贷案件适用法律若干问题的规定〉答记者问》,载杜万华主编、最高人民法院民事审判第一庭编:《民事审判指导与参考》(总第63辑),人民法院出版社2016年版,第15~16页。

557 金融不良债权转让案件的受理

关键词 | 金融不良债权转让 | 国有银行 | 受案范围 |

【最高人民法院司法政策】

会议认为,为确保此类案件得到公正妥善的处理,凡符合民事诉讼法规定的受理条件及《纪要》有关规定精神涉及的此类案件,人民法院应予受理。不良债权已经剥离至金融资产管理公司又被转让给受让人后,国有企业债务人知道或者应当知道不良债权已经转让而仍向原国有银行清偿的,不得对抗受让人对其提起的追索之诉,国有企业债务人在对受让人清偿后向原国有银行提起返还不当得利之诉的,人民法院应予受理;国有企业债务人不知道不良债权已经转让而向原国有银行清偿的,可以对抗受让人对其提起的追索之诉,受让人向国有银行提起返还不当得利之诉的,人民法院应予受理。

受让人在对国有企业债务人的追索诉讼中,主张追加原国有银行为第三人的,人民法院不予支持;在《纪要》发布前已经终审或者根据《纪要》作出终审的,当事人根据《纪要》认为生效裁判存在错误而申请再审的,人民法院不予支持。

案件存在下列情形之一的,人民法院不予受理:

(一)金融资产管理公司与国有银行就政策性金融资产转让协议发生纠纷起诉到人民法院的;

(二)债权人向国家政策性关闭破产的国有企业债务人主张清偿债务的;

(三)债权人向已列入经国务院批准的全国企业政策性关闭破产总体规划并拟实施关闭破产的国有企业债务人主张清偿债务的;

(四)《纪要》发布前,受让人与国有企业债务人之间的债权债务关系已经履行完毕,优先购买权人或国有企业债务人提起不良债权转让合同无效诉讼的;

(五)受让人自金融资产管理公司受让不良债权后,以不良债权存在瑕疵为由起诉原国有银行的；

（六）国有银行或金融资产管理公司转让享受天然林资源保护工程政策的国有森工企业不良债权而引发受让人向森工企业主张债权的（具体详见《天然林资源保护区森工企业金融机构债务免除申请表》名录）；

（七）在不良债权转让合同无效之诉中，国有企业债务人不能提供相应担保或者优先购买权人放弃优先购买权的。

——《最高人民法院印发〈关于审理涉及金融不良债权转让案件工作座谈会纪要〉的通知》（2009 年 3 月 30 日，法发〔2009〕19 号）

558

金融不良债权转让案件中的不当得利之诉应予受理

关键词｜金融不良债权｜不当得利之诉｜受案范围｜

【最高人民法院司法政策】

会议认为，为确保此类案件得到公正妥善的处理，凡符合民事诉讼法规定的受理条件及《纪要》有关规定精神涉及的此类案件，人民法院应予受理。不良债权已经剥离至金融资产管理公司又被转让给受让人后，国有企业债务人知道或者应当知道不良债权已经转让而仍向原国有银行清偿的，不得对抗受让人对其提起的追索之诉，国有企业债务人在对受让人清偿后向原国有银行提起返还不当得利之诉的，人民法院应予受理；国有企业债务人不知道不良债权已经转让而向原国有银行清偿的，可以对抗受让人对其提起的追索之诉，受让人向国有银行提起返还不当得利之诉的，人民法院应予受理。

——《最高人民法院印发〈关于审理涉及金融不良债权转让案件工作座谈会纪要〉的通知》（2009 年 3 月 30 日，法发〔2009〕19 号）

【链接：最高人民法院法官著述】

1. 受让人的不当得利返还请求权

当受让人受让金融不良债权后，债务人因故仍向原国有银行清偿的，受让人的利益如何保护值得探讨。《纪要》秉承了合同的相对性原理,区分债务人的主观情形,分别赋予受让人不同的救济方式,可供选择适用。

但不无疑问的是,当债务人恶意向原国有银行清偿债务,致使其责任财产减少,受让人向债务人主张债权而无法实现时,受让人可否选择国有银行为被告请求返还不当得利?一般而言,返还不当得利的请求权应由给付者向受领给付者行使,在不良资产转让案件中,即应由债务人向原国有银行主张返还不当得利。但由于不良债权的特殊性,实践当中,债务人怠于行使权利,甚至资不抵债、人去楼空的情形时有发生,此时,依据类似代位权的原理,赋予受让人以不当得利返还请求权,使银行获得的不当得利直接用以填补受让人因债务人的恶意清偿而遭受的损失,可能更为公平。所以,对前述受让人直接起诉国有银行返还不当得利之诉,若受让人的起诉符合民事诉讼法第一百零八条规定的条件,且先前受让人已通过诉讼或仲裁方式向债务人主张了债权但却无法受偿的,人民法院应予受理。

2. 受让人受让"虚假债权"时的救济

"虚假债权"是指根本不存在或虽曾存在,但在转让时已消灭的债权。"虚假债权"不同于无法实现的债权。虽然从经济效果上看,受让人受让"虚假债权"与无法实现的债权并无二致,但在主观过错的认定和不利后果的承担上二者却有明显的不同。鉴于金融不良债权的"不良"特性,受让人必然面临债权无法实现的商业风险。对此,受让人在交易时是可以预判并具有选择是否参与交易的权利的。如其自甘冒险,与转让人进行了交易,只能由其自担不利后果,这是意思自治原则的应有之义。对转让人而言,此时是无过错也无责任的。但转让"虚假债权"则不同。出让人转让"虚假债权",一般主观上是有过错的。从受让人方面看,在"虚假债权"交易发生之前,就注定任何人参与此项交易都确定无疑要承担标的不能的后果,只是因为不可归咎于受让人自身的原因而使其陷于认识错误,才从事了此项交易。对于一个心智健全的正常受让人而言,如不受蒙蔽,均不会选择进行此项交易。此时,为体现法律的公平正义,应对受让人予以保护。受让人可以选择两种救济方式:第一,受让人可以根据合同法第五十四条第二款的规定,以转让人存在欺诈为由,请求人民法院或仲裁机构撤销不良债权转让合同。第二,受让人可以合同标的自始不能导致合同目的落空为由,依据合同法第 94 条第 4 款的规定主张解除合同。

比较上述两种救济方式,相同点在于均可发生转让合同溯及既往不具有法律约束力的法律后果。不同之处在于:第一,从行使方式上看,合同的撤销需由当事人诉请人民法院或仲裁机构行使，而合同解除则由解除权人单方作出，解除通知到达对方当事人时即生解除效力。正是由于合同解除行使上的便捷性，如何通过设置合理程序防止当事人滥诉就值得进一步研究。第二，从时效上看，撤销权的行使受合同法第 55 条一年除斥期间的限制，而解除权的期限可由法律规定或当事人约定，没有规定或约定的，经对方催告后在合理期限内不行使，该权利消灭。第三，在举证责任方面，受让人以欺诈为由主张撤销合同的，需承担举证责任，证明转让方存在欺诈的故意。如果其不能证明转让方具有故意，转让方对于陈述虚假事实或者没有告知真实情况只是出于过失或者完全没有过失，则不构成欺诈。此时，相对人仍可依重大误解主张撤销合同。而受让人主张解除合同的，则仅需证明符合法定解除的情形、具有解除权，无需另行举证。

——王富博：《金融不良债权转让中发生的不当得利纠纷人民法院应当受理》，载最高人民法院民事审判第二庭编：《商事审判指导》（总第 21 辑），人民法院出版社 2010 年版，第 160～162 页。

559

涉及非国有企业债务人案件亦适用《纪要》规定的不良债权受让人以国有银行为被告请求返还不当得利之诉

关键词 | 金融不良债权 | 非国有企业 | 不当得利 | 受案范围 |

【最高人民法院答复】

广东省高级人民法院：

你院粤高法〔2010〕95 号《关于原告广州中谷投资有限公司诉被告中国银行股份有限公司茂名分行、第三人中国东方资产管理公司广州办事处、第三人顺威联合资产管理有限公司不当得利纠纷一案的请示》收悉。经研究，答复如下：

我院于 2009 年 4 月 3 日发布的法发〔2009〕19 号《关于审理涉及金融不良债权转让案件工作座谈会纪要》（以下简称《纪要》）的主要目的在于规范金融不良债权转让行为，维护企业和社会稳定，防止国有资产，保障国家金融安全。根据《纪要》的精神和目的，涉及非国有企业债务人的金融不良债权纠纷案件，亦应参照适用《纪要》的规定。

根据《纪要》关于“国有企业债务人不知道不良债权已经转让而向原国有银行清偿的,可以对抗受让人对其提起的追索之诉。受让人向国有银行提起返还不当得利之诉的,人民法院应予受理”的规定及精神,你院请示案件所涉不良债权受让人应先行向债务人提起债权债务追索之诉,经人民法院生效判决认定债务人或担保人已向原国有银行清偿的,方可对国有银行提起返还不当得利之诉。

——《最高人民法院关于广州中谷投资有限公司与中国银行股份有限公司茂名分行、中国东方资产管理公司广州办事处、顺威联合资产管理有限公司不当得利纠纷一案请示的答复》(2010 年 6 月 25 日,〔2010〕民二他字第 11 号)

【链接:最高人民法院法官著述】

最高人民法院民二庭研究认为,本案涉及如下两个问题:

1.《会议纪要》中规定的不良债权受让人以国有银行为被告请求返还不当得利之诉,能否适用于债务人为非国有企业的场合。我们认为,作为司法政策的《会议纪要》,其总体精神是规范金融市场、防范金融风险、维护金融稳定,在诉讼上的明显特征是其仅规定在国有银行构成不当得利的情况下,受让人、债务人可对其提起诉讼。这主要是尽量防止不良债权转让后,国有银行还被广泛地作为被告而使其利益受到损害。此外,也意味着国有银行不应获得不当得利,其获得不当得利时,利害关系人可以要求其返还。《会议纪要》虽规定国有企业债务人不知道不良债权已转让而向原国有银行清偿时,不良债权受让人可以不当得利起诉国有银行,法院应当受理,但本着民商法平等保护当事人的理念,在债务人为非国有企业时,如果国有银行构成不当得利,也不应有所差别。而且,民二庭在〔2009〕民二他字第 21 号对云南省高级人民法院的请示答复中表明“根据《纪要》的精神和目的,涉及非国有企业债务人的金融不良债权转让纠纷案件,亦应参照适用《纪要》的规定”。所以,即使债务人为非国有企业,当其不知道不良债权已转让而向原国有银行清偿后,其可以对抗受让人追索之诉,此时受让人仍可以向国有银行提起返还不当得利之诉,法院也应当受理。故最高人民法院在该答复中称“涉及非国有企业债务人的金融不良债权转让纠纷案件,亦应参照适用《纪要》的规定”。

2. 本案中中谷公司直接对茂名中行提起诉讼,法院应否受理。《会议纪要》第二部分“关于案件的受理”中可以看出,法院受理受让人对国有银行诉讼的前提是国有银行获得清偿(即构成不当得利)。之所以如此规定,是因为《会议纪要》力图维护国家金融稳定和安全,原则上避免国有银行在因不良债权转让引发的纠纷中被广泛地作为被告。所以,其在制度设计上使国有银行一般不作为被告,只有在国有银行构成《会议纪要》所规定的不当得利时,其才可以作为被告,此时其做被告的意义在于返还获得的不当得利。司法实践中应当紧紧围绕这一精神,坚决防止受让人以不当得利为由规避上述原则从而将国有银行拖入诉讼。所以,对因不良债权转让引发的相关案件,受让人起诉国有银行返还不当得利时,法院在立案过程中就必须先判断国有银行是否构成《会议纪要》所规定的不当得利,只有国有银行构成该不当得利时,受让人的起诉才能被受理。

至于本案中法院如何确定银行构成不当得利,我们认为受让人中谷公司应当先向债务人保盛公司提起诉讼,该诉讼就是解决“债务人是否实际清偿了债务的问题”。具体而言:(1)《会议纪要》“关于案件的受理”中的上述规定都是针对债务人已经清偿了债务的情形。即如果债务人向原债权人国有银行清偿了债务,无论债权转让发生在何时,原债权人都构成不当得利,都应当返还不当得利,此时只是涉及原债权人国有银行向谁返还(即谁可以做原告)的问题。在债务人“不知道(不良债权已转让)而向原债权人清偿”时,就免除债务人的再次清偿责任,让受让人请求原债权人返还不当得利。在债务人“知道或者应当知道(不良债权已转让)而仍向原债权人清偿”时,债务人存在过错,就不能免除其再次清偿责任,其就不能对抗受让人的请求,仍要向受让人清偿,然后再向原债权人请求返还不当得利。(2)《会议纪要》没有直接规定债务人未向任何人清偿债务时的责任承担问题,那么根据民法一般原理,此时没有人构成不当得利,受让人由于受让了债权,其就仍应当起诉债务人,要求债务人清偿债务,其不能起诉原债权人国有银行。

但是问题恰恰在于,债务人是否已实际清偿,这一事实对于受让人来讲并不清楚,即受让人在受让债权后意欲实现债权时其不知道债务人是否已经(向原债权人)作出了清偿,尽管债务人可能声称其已经向原债权人国有银行作出了清偿(甚至声称其“不知道已转让而向原债权人清偿”),但这只是债务人的一面之词,很可能是债务人为了避免被诉而向受让人作出的虚假陈述,如果受让人仅凭债务人的单方陈述就可以转而向原债权人提起诉讼的话,那么这既会助长债务人的不诚实行为,更会使得原债权人国有银行被经常地拖入诉讼,即只要受让人“听说”甚至“推测”债务人已向原债权人国有银行清偿的,受让人不待确认债务人是“知道”或者“不知道”,就会直接向原债权人国有银行提起不当得利返还之诉。而经过审理可能发现债务人作出的是虚假陈述，债务人根本没有清偿债务，原债权人不存在不当得利。此时虽然原债权人不承担责任，但其已经被拖入了诉讼，诉累已经增加，这不利于保护银行的利益。而且，此时受让人要实现其利益，仍然要再向债务人提起诉讼，这样看来，这种情形下，受让人向债务人的诉讼其实无法避免。

当然，如果债务人向受让人作出“不知道已转让而清偿”的陈述是真实的情况下，受让人直接起诉原债权人不当得利就可能会获得法院支持，其利益就可以得到补偿，就无需在后来再起诉债务人，这时受让人向债务人的诉讼可以避免。但是，尽管如此，我们的制度不能总是建立在假定债务人是诚实的、正直的基础之上，而是应当从一般的逻辑出发来设计。债务人是否已实际清偿，是平衡各方利益的第一步，需要由相应的制度和客观证据来解决，而不能将这一问题的回答交由债务人自身。而这里所谓的制度就是单独的诉讼，即受让人应当向债务人提起诉讼，要求债务人清偿债务，债务人是否已清偿，应在该诉讼中解决。此时，(债权)受让人是新的债权人，其直接向债务人提起诉讼，也符合债的相对性原理，其如果凭借债务人的一般陈述而向原债权人国有银行提起诉讼，既未遵守债的相对性，也有绕近求远之嫌。

另外，如前述(2)所述，如果债务人并未向原债权人清偿，而且其也认可其未清偿，那么受让人向债务人提起诉讼更合理。《会议纪要》中“(债务人)不得对抗受让人对其提起的追索之诉”“可以对抗受让人对其提起的追索之诉”的表述，在一定程度上也表明事先应有“(受让人向债务人的)追索之诉”，受让人向债务人提起追索之诉是“不当得利之诉”提起的前提，如果没有受让人向债务人的追索之诉，不当得利之诉不能提起。另外，一般来讲，受让人向债务人提起的追索之诉还可以带来一个“附产品”，即可以同时解决“债务人向国有银行偿还时是否知道债权已转让”的问题。因为如果债务人知道已转让，说明债权转让已对其生效，如果其还向银行清偿，按照债权转让规则，其就不能对抗受让人，应当继续向受让人(新债权人)清偿，这解决了受让人利益保护问题；而如果债务人不知道债权已转让，说明债权转让未对其生效，其向银行清偿后，就无需再向受让人清偿，法院也不会判决其再向受让人清偿。所以，只要在该追索之诉中，法院判决债务人不必向受让人清偿，就意味着债务人在向银行清偿时不知道债权已转让。受让人既可以据此判决来证明债务人已清偿债务且国有银行构成不当得利，还可以附带地证明《会议纪要》所要求的“债务人不知道”的要件。

本案中，茂名中院在立案中应对茂名中行是否构成《会议纪要》所规定的不当得利进行审查。从广东高院请示报告介绍的情况看，虽然茂名中行以顺泰公司财产拍卖后的部分款项受偿其保有的对保盛公司50万美元的债权,但是由于茂名中行用顺泰公司的剩余财产清偿的似不是前述300万美元的债务(而是保盛公司对茂名中行的其他债务),债务人保盛公司也没有向原债权人茂名中行清偿前述300万美元的债务,所以原债权人茂名中行对该300万美元的债权是否构成不当得利并不确定,需要进一步通过债务追索之诉来确定,然后法院才能确定是否受理受让人对银行提起的诉讼。所以,最高人民法院在本案答复中要求本案“所涉不良债权受让人应先行向债务人提起债权债务追索之诉,经人民法院生效判决认定债务人或担保人已向原国有银行清偿的,方可对国有银行提起返还不当得利之诉”。

——杜军:《金融不良债权转让〈会议纪要〉在非国企债务人情形下的适用及不良债权受让人不当得利请求权的行使》,载最高人民法院民事审判第二庭编:《商事审判指导》(总第24辑),人民法院出版社2010年版,第48~51页。

560

破产债权核销后追偿之诉的受理

关键词｜金融不良债权｜破产债权核销｜追偿之诉｜不予受理｜

【最高人民法院司法政策】

案件存在下列情形之一的,人民法院不予受理:

(二)债权人向国家政策性关闭破产的国有企业债务人主张清偿债务的;

(三)债权人向已列入经国务院批准的全国企业政策性关闭破产总体规划并拟实施关闭破产的国有企业债务人主张清偿债务的;

——《最高人民法院印发〈关于审理涉及金融不良债权转让案件工作座谈会纪要〉的通知》(2009年3月30日,法发〔2009〕19号)

【链接:最高人民法院法官著述】

国有企业债务人属于国家政策性破产或者被纳入政策性破产并拟实施破产情形,债权人向债务人或担保人提起追偿之诉的,人民法院应否受理?该问题可谓司法政策制定过程中相关主管部门之间争议最大的问题。一种观点认为，根据国务院关于国有企业政策性关闭破产工作的政策精神，如果政策性关闭破产企业的债权已被核销，则意味着债权已经消灭，债权人不能再起诉债务人或担保人。对列入经国务院批准的全国企业政策性关闭破产总体规划的拟实施关闭破产的企业，债权人亦不得追讨债权及担保责任。另一种观点认为，虽然政策性关闭破产企业的债权已经核销，但该债权核销仅仅是债权人在内部对债权进行的账面处理而已，债权处于"账销案存"状态，不意味着债权已经消灭，因此，债权人仍然有权向债务人和担保人进行追偿。

经过充分沟通和协调之后，根据中央的精神并结合部委间的共识，《纪要》对此区分两种情形处理：其一，对于国有企业债务人已经实施国家政策性关闭破产或者被列入经国务院批准的全国企业政策性关闭破产总体规划并拟实施关闭破产的，因相关部委就此政策精神达成共识即同意有限地放弃权利，故债权人向担保人追偿债权的，人民法院不予受理。其二，在上述情形中，债权人向担保人追偿债权的，因相关部委没有达成共识，故《纪要》对此不作规定，应继续按照国务院国办发〔2006〕3 号等文件精神办理。

——高民尚：《关于审理涉及金融不良债权转让案件的若干政策和法律问题》，载最高人民法院民事审判第二庭编：《民商事审判指导》（总第 17 辑），人民法院出版社 2009 年版，第 28 页。

561

政策性金融资产转让协议发生纠纷不予受理

关键词｜政策性金融资产转让｜国有商业银行｜不予受理｜

【最高人民法院司法政策】

案件存在下列情形之一的，人民法院不予受理：

（一）金融资产管理公司与国有银行就政策性金融资产转让协议发生纠纷起诉到人民法院的；

——《最高人民法院印发〈关于审理涉及金融不良债权转让案件工作座谈会纪要〉的通知》（2009 年 3 月 30 日，法发〔2009〕19 号）

【最高人民法院答复】

湖北省高级人民法院：

你院鄂高法〔2004〕378号《关于中国农业银行武汉市汉口支行与中国长城资产管理公司武汉办事处债权转让合同纠纷上诉案法律适用问题的请示》收悉。经研究，答复如下：

金融资产管理公司接收国有商业银行的不良资产是国家根据有关政策实施的，具有政府指令划转国有资产的性质。金融资产管理公司与国有商业银行就政策性金融资产转让协议发生纠纷起诉到人民法院的，人民法院不予受理。同意你院审判委员会第二种意见。

——《最高人民法院关于人民法院是否受理金融资产管理公司与国有商业银行就政策性金融资产转让协议发生的纠纷问题的答复》（2005年6月17日，〔2004〕民二他字第25号）

各省、自治区、直辖市高级人民法院，解放军军事法院：

近年来，在地方政府及其所属主管部门对一些企业国有资产以改变隶属关系或者分设新企业等方式进行调整、划转之后，出现了企业不服政府及其所属主管部门的决定，要求收回已被调整、划转资产的纠纷。一些高级人民法院就人民法院是否应当受理因这类纠纷提起的诉讼问题，向我院请示，现答复如下：

一、因政府及其所属主管部门在对企业国有资产调整、划转过程中引起相关国有企业之间的纠纷，应由政府或所属国有资产管理部门处理。国有企业作为当事人向人民法院提起民事诉讼的，人民法院不予受理。

二、当事人不服政府及其所属主管部门依据有关行政法规作出的调整、划转企业国有资产决定，向人民法院提起行政诉讼，凡符合法定起诉条件的，人民法院应当受理。

——《最高人民法院关于对因政府调整划转企业国有资产引起的纠纷是否受理问题的批复》（1996年4月2日，法复〔1996〕4号）

【最高人民法院裁判文书】

中国农业银行揭阳市分行、揭阳市区农村信用社联社与中国农业银行四川省分行华兴支行、四川省农村信托投资公司债权转让纠纷案[最高人民法院(1998)经终字第203号民事判决书]

裁判要旨:受让人依政府命令承接存单形式的债权后,该存单的权利已随存单本身转移于其,其无权再以存单债权转让为由对转让人提起民事诉讼。

最高人民法院认为:

1996年2月9日,信托公司下属分支机构深圳证券部在信用联社处存入人民币1000万元。根据国务院国发〔1995〕11号和中国人民银行复〔1996〕148号文件精神,以及信托公司董事会1996年12月20日的决定,信托公司予以撤销。1997年4月23日,中国人民银行四川省分行下发川人行银〔1997〕106号文件,决定由本案一审原告华兴支行承接其债权债务,本案人民币1000万元存单属于移交债权之一,已列入移交清单之中。华兴支行接受上述债权,此时该存单的权利已随存单本身转移给华兴支行,华兴支行无权再以存单债权转让为由对信托公司提起民事诉讼。原审法院认定"信托公司承诺保证将前述存款取出交给华兴支行,华兴支行遂接受了信托公司的1000万元债权",并无证据可资为凭,原审法院予以采纳是不当的。华兴支行向原审法院请求判令信托公司承担人民币1000万元存款及利息的保兑责任,由第三人信用联社承担连带责任等请求不能成立,应予以驳回;原审判由信用联社赔偿华兴支行人民币1000万元本息,揭阳农行承担连带责任不当,应予以纠正。华兴支行应依据存单向有管辖权的人民法院提起诉讼,向信用联社主张存单项下的权利。信用联社关于信托公司已被撤销,华兴支行依行政命令接受信托公司的债权,其无权对信托公司提起民事诉讼的上诉理由成立,本院予以支持。原审法院认定事实不清,适用法律不当,且对本存单纠纷案无管辖权,该判决应予以撤销。

——李国光主编、最高人民法院经济审判庭编:《经济审判指导与参考》(总第2卷),法律出版社2002年版,第320~321页。

【链接:最高人民法院法官著述】

需要注意的是,政策性不良债权转让与商业性不良债权转让的区分对人民法院受案范围的影响，只存在于不良债权转让的最初环节，即国有商业银行与金融资产管理公司之间的债权转让环节。对于资产管理公司受让政策性不良债权后再行转让的，受让人与资产管理公司之间的纠纷不适用上述排除受理规则。

——王富博：《金融不良债权转让中发生的不当得利纠纷人民法院应当受理》，载最高人民法院民事审判第二庭编：《商事审判指导》（总第21辑），人民法院出版社2010年版，第160～162页。

对于湖北省高级人民法院请示的问题，最高人民法院民二庭在参考国务院有关部委、院内有关部门及湖北省高级人民法院意见基础上，经研究认为，为防范和化解金融风险，提高国有商业银行竞争力，2000年国务院成立四家金融资产管理公司，对口收购、管理、处置四大国有商业银行的不良贷款。国家在不良资产剥离规模、范围、条件和完成时间等方面有严格的政策规定。国有商业银行与资产管理公司之间的资金清算采取以银行省级分行和资产管理公司驻各地办事处为基本清算单位，在规定时间分次完成。国有商业银行按不良资产的账面价值和表内利息从国家财政全额取得转让对价。故不良资产剥离实质上是根据国家政策而实施的，具有政府指令划转国有资产的性质。双方签订的资产转让协议虽然形式上表现为民事合同，但其具有深刻的政策背景，承载着一定宏观经济目标，与民事关系当事人基于自身利益的考虑进行的民事交易行为不同，并没有体现出民事活动“自愿、公平和等价有偿”的原则。本案应适用我院法复〔1996〕4号《关于因政府调整划转企业国有资产引起的纠纷是否受理问题的批复》第一条规定。金融资产管理公司与国有商业银行就政策性金融资产转让协议产生的纠纷不属人民法院的受案范围，人民法院不应予以受理。应特别强调的是，近年来商业银行不良资产处置方式的变化，许多银行不良资产的处置已不再采用指令性划拨的方式，而是采取招标等方式，这类处置方式运用的是民事交易的规则，与政策性的资产剥离是有区别的，上述不予受理的案件范围应严格限定在政策性资产转让范围内。

——张树明：《人民法院是否受理金融资产管理公司与国有商业银行就政策性金融资产转让协议发生的纠纷》，载最高人民法院民事审判第二庭编：《民商事审判指导》（总第7辑），人民法院出版社2005年版，第47～48页。

编者说明

《最高人民法院印发〈关于审理涉及金融不良债权转让案件工作座谈会纪要〉的通知》(以下简称《纪要》)以定义的方式对政策性不良债权与商业性不良债权作了区分。政策性不良债权转让是与商业性不良债权转让相对应的不良债权处置方式。两者的根本区别在于,在符合国家金融规定的前提下,不良债权转让行为是否遵循了意思自治原则。认定政策性不良债权转让的实际意义,在于据以确定人民法院不予受理的金融不良债权转让案件的范围。根据《纪要》及《最高人民法院关于人民法院是否受理金融资产管理公司与国有商业银行就政策性金融资产转让协议发生的纠纷问题的答复》的规定,当金融资产管理公司与国有银行之间因不良债权转让发生纠纷时,如属政策性不良债权转让,人民法院不予受理。

562

违反约定未经相关部门调解而直接起诉的驳回其起诉

关键词 | 未经调解 | 驳回起诉 |

【最高人民法院裁判文书】

中国长城资产管理公司大连办事处与中国工商银行股份有限公司辽宁省分行债权转让合同纠纷案[最高人民法院(2009)民申字第1205号民事裁定书]

裁判要旨:在本案涉及国家政策调整的民事法律关系中,当事人明确约定如发生纠纷应提交主管行政机关调解解决,如调解不成,当事人可以起诉。本案虽属商业性金融不良资产剥离转让,但国家政策对转让主体、转让程序和方式均有相关规定,与平等市场主体按照意思自治和等价有偿原则进行的交易行为还是有所区别,涉案资产管理公司违反约定,未将本案纠纷提交人民银行和财政部进行调解而直接向人民法院起诉,人民法院应当驳回其起诉。

——最高人民法院民事审判第二庭编:《最高人民法院商事审判指导案例(下)》,中国法制出版社2011年版,第766~767页。

563

占有使用国家基本建设经营性基金而发生的借款合同纠纷属于法院受案范围

关键词｜国家基本建设经营性基金｜受案范围｜国有资产｜

【《最高人民法院公报》案例】

峰峰集团有限公司与中国节能投资公司借款合同纠纷案［最高人民法院(2007)民二终字第19号民事判决书］

裁判要旨：当事人因占有、使用国家基本建设经营性基金而发生的借款合同纠纷是人民法院的受案范围，不是国有资产调整中国有企业之间的纠纷，不应由国有资产管理部门处理。

最高人民法院认为：

本案纠纷性质是对因占有使用国家基本建设经营性基金而发生的借款关系引起的争议纠纷案件，而并非本院1996年4月2日法复〔1996〕4号《关于因政府调整划转企业国有资产引起的纠纷是否受理问题的批复》第一条所明确的因政府及其所属主管部门在对企业国有资产调整、划转过程中引起相关国有企业之间的纠纷，应由政府或所属国有资产管理部门处理，国有企业作为当事人向人民法院提起民事诉讼的，人民法院不予受理的情形，亦不应直接适用1993年12月21日国家国有资产管理局国资法规发〔1993〕68号《国有资产产权界定和产权纠纷处理暂行办法》有关国有资产产权纠纷处理程序的规定。峰峰集团有限公司关于2005年6月30日河北省国资委以冀国资呈〔2005〕97号文件《关于协调中国节能投资公司与峰峰集团资本金纠纷一案的请示》，请求国务院国资委就本案争议的国家资本金纠纷予以调处，以及有关部委领导批复协调调处的上诉理由，峰峰集团有限公司并没有提供相关证据予以佐证，本院亦不予支持。

——《最高人民法院公报》2007年第10期

564

企业经营者依承包经营合同要求保护合法权益案件应予受理

关键词 | 企业承包经营合同 | 受案范围 |

【最高人民法院答复】

新疆维吾尔自治区高级人民法院：

你院新法经字〔1991〕第2号《关于企业经营者依企业承包经营责任制合同要求保护其合法权益的起诉法院应否受理的请示报告》收悉。经研究，答复如下：

根据《全民所有制工业企业承包经营责任制暂行条例》的规定，承包经营合同的发包方是人民政府指定的有关部门，承包方是实行承包经营的企业。企业经营者通过公开招标或者国家规定的其他方式确定之后，即成为企业的厂长（经理）、企业的法定代表人，对企业全面负责。企业经营者因政府有关部门免去或变更其厂长（经理）职务而向人民法院起诉，要求继续担任厂长（经理）的，属于人事任免争议，人民法院不予受理；企业经营者请求兑现承包经营合同规定的收入而向人民法院起诉的，属于合同纠纷，人民法院应予受理。

——《最高人民法院关于企业经营者依企业承包经营合同要求保护其合法权益的起诉人民法院应否受理的批复》[1991年8月13日，法（经）复〔1991〕4号]

565

企业内部承包合同纠纷应予受理

关键词 | 企业内部承包合同 | 受案范围 | 挂靠经营 |

【链接：最高人民法院法官著述】

1. 第四工程队虽为振兴公司组建成立的内部施工队伍，双方之间具有隶属性，该工程队对外不具有法人主体资格。但本案诉争的《工程施工责任制承包协议》系双方为实现一定的经济利益在自愿的基础上通过协商所形成的权利义务关系的合同,合同的内容体现出平等互利、双务有偿等特点。因此,双方在法律上的地位具有平等性,均为合同平等主体一方。

2. 本案中,金某以第四工程队的名义与振兴公司订立《工程施工责任制承包协议》,对内取得了承包合同约定的权利和义务,对外则以振兴公司(发包人)的名义从事履行承包合同并与他人发生法律关系。金某提供的证据已证实第四工程队系其为承接蔬菜综合楼项目,以平湖市南桥建筑装潢工程队为班底所成立,第四工程队与振兴公司之间实系挂靠关系。因此,诉争承包协议调整的实为两个平等主体之间的法律关系,由此产生的纠纷应属人民法院受理的范围。

3. 本案双方之间的责、权、利均是通过所订立的《工程施工责任制承包协议》来约束,金某作为第四工程队队长代表该队以协议为据要求振兴公司履行给付工程款之义务,与一般的劳动合同有很大差别。因此,金某所代表的第四工程队不可能通过行政救济的方法解决其与振兴公司之间的工程款纠纷。如法院将本案当事人之诉请排斥在民事受案范围之外,将使原告通过司法程序获得司法救济的途径被堵死,必然导致原告的合法利益得不到保护。另外,本案涉及众多农民工,如其合法权益不能及时、有效得到保护,极易引发群体上访,不利于社会稳定。

——曹巍、姚爱华:《企业内部承包合同纠纷属法院受理民事案件的范畴》,载苏泽林主编、最高人民法院立案庭编:《立案工作指导》(总第18辑),人民法院出版社2009年版,第26~27页。

编者说明

农民工组建工程队与施工企业签订承包合同挂靠经营,双方之间所订立的承包协议内容体现了平等互利、双务有偿等特点。若履行合同中发生纠纷诉至人民法院,人民法院应作为民事案件予以受理。

566

因邮电部门电报稽延产生的赔偿诉讼应予受理

关键词 | 电报稽延 | 服务合同 | 受案范围 |

【最高人民法院司法解释】

西藏自治区高级人民法院：

你院〔1998〕藏法研请字第1号《关于邮电部门电报稽延产生的赔偿诉讼是否仍按法（经）复〔1986〕38号批复办理的请示》收悉。经研究，答复如下：

一、因邮电部门电报稽延发生的纠纷，当事人向人民法院起诉的，只要符合民事诉讼法第一百零八条的规定，人民法院应当受理。

二、最高人民法院在此之前发布的有关司法解释与本批复不一致的，以本批复为准。

此复。

——《最高人民法院关于人民法院是否受理因邮电部门电报稽延纠纷提起诉讼问题的批复》（1999年6月9日，法释〔1999〕11号）

【链接：最高人民法院法官著述】

1. 受理电报稽延纠纷的法律依据

发报人提出拍发电报服务请求，邮电部门授受，两者之间就形成民事服务合同关系。因这种合同关系产生的纠纷属于平等主体之间的财产权益纠纷。依照《民事诉讼法》第3条的规定，这种财产权益纠纷属于人民法院受理民事诉讼的范围。因此，电报人因邮电部门电报稽延引起纠纷而诉至法院时，只要符合《民事诉讼法》第108条的规定，人民法院没有不受理的法律依据。

2.《电报须知》的法律属性

《电报须知》是邮电部门单方拟定，其内容包含了拍发电报应当注意的事项，也包含了一些类似服务合同条款的内容。《电报须知》中约定："电报在传递、处理过程中，由于邮电局的原因，造成电报稽延或错误，以致失效的，邮电局应按规定退还报费，但不承担其他赔偿责任。"该内容就是合同条款，这是一种对一方当事人的免责条款。依照《合同法》的规定，这种合同条款就是格式条款。《合同法》第40条规定，提供格式条款一方免除其责任的条款为无效条款。法释〔1999〕11号批复贯彻了《合同法》这一规定的精神。

3. 邮电部门公益属性是否可以成为免除其过错的理由

邮电部门属公益属性，公益事业不以牟利为主要目的。但是，公益事业单位在为公众提供服务时，如果不对自己的过错承担责任，既违背了公益事业的性质，又难以保证公益事业的正常发展。《批复》的出台，除有利于保护发报人的合法权益外，还有利于促进邮电部门加强管理，提高服务质量，严格各种规章制度，加强其工作人员的责任心。本批复对其他公益事业单位的经营管理也有借鉴意义，各种公益事业不可以公益为由免除自己应当承担的法律责任。

4.《批复》的效力

《批复》第 2 条规定："最高人民法院在此之前发布的有关司法解释与本批复不一致的，以本批复为准。"本条规定就是针对"法(经)复〔1986〕38 号批复"，《批复》施行后，"法(经)复〔1986〕38 号批复"的效力即予废止。《批复》虽然只提及因电报稽延产生的纠纷，人民法院应依法受理，但因电报错误产生的纠纷与因电报稽延产生的纠纷的性质相同，因而，人民法院也应当依法受理因电报错误产生的纠纷。

5. 对电报纠纷的处理

人民法院依法受理因电报产生稽延或错误产生的纠纷后，应当依法公正处理。在判决邮电部门承担赔偿责任时，应当充分考虑邮电部门的公益性和国际惯例。

——沈德咏主编、最高人民法院研究室编著：《民事司法解释理解与适用》，法律出版社 2009 年版，第 141 ~ 144 页。

编者说明

《最高人民法院关于人民法院是否受理因邮电部门电报稽延纠纷提起诉讼问题的批复》是对《最高人民法院关于邮电部门造成电报稽延、错误是否承担赔偿责任问题的批复》[法(经)复〔1986〕38 号]的修正。1986 年 12 月 30 日，最高人民法院对江西省高级人民法院作出了法(经)复〔1986〕38 号批复。该批复称："邮电部门自 1985 年起，在电报稿纸背面的《电报须知》中说明：'电报在传递、处理过程中，由于邮电局的原因，造成电报稽延或错误，以致失效的，邮电局应按规定退还报费，但不承担其他赔偿责任。'发报人使用电报稿纸发报，应视为接受该项条件。因此，在有关电信的法律、法规另有规定之前，凡是由于电报稽延、错误受到损失的人向人民法院起诉，要求邮电部门赔偿的，人民法院不予受理，并应告知其找邮电部门解决。"该批复出台后，招致不少批评。批评的主要理由有两项：一是认为邮电部门在电报纸背面所印《电报须知》属"霸王合同"，最高人民法院对如此不公平的约定还以司法解释的形式予以确认。经营电报业的只有邮电部门一家，发报人只要存在使用电报的需要就别无选择，只能求助于邮电部门，因而只能接受邮电部门的免责条件。二是剥夺了发报人的诉权，将发报人与邮电部门的纠纷排除在法院受理案件的范围之外。

567

联营合同纠纷案件的受理

关键词 | 联营合同 | 受案范围 |

【最高人民法院司法政策】

(一)联营各方因联营合同的履行、变更、解除所发生的经济纠纷,如联营投资、盈余分配、违约责任、债务承担、资产清退等纠纷向人民法院起诉的,凡符合民事诉讼法(试行)第八十一条规定的起诉条件的,人民法院应予受理。

(二)联营各方因联营体内部机构设置、人员组成等管理方面的问题发生纠纷向人民法院起诉的,人民法院不予受理。

——《最高人民法院关于印发〈关于审理联营合同纠纷案件若干问题的解答〉的通知》[1990 年 11 月 12 日,法(经)发〔1990〕27 号]

【最高人民法院裁判文书】

内蒙古天富房地产股份有限公司与内蒙古自治区医院、内蒙古达康医疗保健用品总公司、内蒙古自治区医院保健分院侵权、联营合同纠纷上诉案[最高人民法院(2002)民一终字第 23 号民事判决书]

裁判要旨:联建和联营在形式上有牵连和相似,但是行为的内容和目的是有差别的。天富公司请求判令内蒙医院停止侵权、恢复保健分院董事会和领导班子、赔偿损失的主张不属于平等主体之间的民事争议。

最高人民法院认为:

天富公司与达康总公司签订的联建协议,约定将内蒙医院划拨取得的土地用于建设病房楼,虽然没有办理土地使用权出让转让的法律手续,但双方兴建的病房楼实际用于公益事业单位保健分院的医疗服务,该病房楼是由内蒙医院和达康总公司申请建设批准手续兴建的,故达康总公司经内蒙医院同意在其院内划拨土地上建设保健分院病房楼的行为不属于商品房的开发建设,而是联营保健分院的手段,划拨土地并未进入市场,天富公司对病房楼的投资实际上已经转化为对联营保健分院的出资,因此,双方当事人签订的联建协议、补充协议没有违反法律和行政法规的强制性规定,应为有效合同。上述合同中关于内蒙医院出资的约定,实际上是内蒙医院对达康总公司的出资,并非对保健分院的直接投资。保健分院章程是天富公司和达康总公司的法定代表人签订的,不能证明内蒙医院是保健分院的直接投资主体,该章程虽然没有加盖双方当事人单位的印章,但其中关于出资额的约定是双方当事人真实意思表示,亦为有效。依据有效合同,对双方当事人关于联营出资的约定依法应予保护,对病房楼的造价没有必要鉴定,内蒙医院和达康总公司在二审中申请对病房楼的造价进行重新鉴定,理由不成立,予以驳回。因保健分院并非是天富公司和达康总公司依照国务院《医疗机构管理条例》的规定独立申请开办的医疗机构,故双方当事人签订的保健分院章程中关于保健分院管理体制和董事会职权的约定未经行政主管部门批准,不能产生对抗内蒙古自治区卫生厅和内蒙古自治区编制委员会行政批复的效力。根据内蒙古自治区卫生厅和内蒙古自治区编制委员会的批复以及双方当事人在保健分院章程中的约定,内蒙医院是保健分院的行政主管部门,有权决定保健分院的负责人和经营管理机构,双方之间因此产生的争议不是平等民事主体之间的争议,不属于人民法院民事侵权案件的受理范围,根据《最高人民法院关于审理联营合同纠纷案件若干问题的解答》第 1 条第(2)项的规定,因联营体内部机构设置、人员组成等管理方面的问题发生纠纷向人民法院起诉的,人民法院不予受理,故一审法院对天富公司请求判令内蒙医院停止侵权、恢复保健分院董事会和领导班子、赔偿损失的主张予以驳回是正确的,依法应予维持。天富公司以内蒙医院解散保健分院董事会构成侵权为由请求对保健分院经营至 1999 年 8 月 31 日的账面收益进行分配,不符合本案实际,亦不符合联营的性质和要求,因内蒙医院虽然解散了保健分院董事会,但并未妨碍天富公司作为股东行使分享保健分院经营利润的权利,联营关系仍继续存在,1998 年 12 月 27 日,保健分院还书面通知天富公司开会研究保健分院年终分红问题,天富公司自己放弃权利,对不存在妨碍其行使股东权利的联营体请求为司法判决强制分配利润,并要求判令联营合同继续履行,既缺乏事实上之必要性,也缺乏法律依据,本院不予支持。天富公司上诉主张其对保健分院的投资额为 5701328 元,依据是内蒙古中证联合会计师事务所〔1999〕第 75 号审计报告,因该报告依据的又是天富公司 1996 年单方委托内蒙古自治区审计事务所采用建筑物重置成本法对保健分院病房楼的评估价格,该评估的目的是用于天富公司工商注册增资,并非是其对保健分院的原始出资核验,未经对方当事人确认,亦未实际计入保健分院的实收资本账内,故其关于投资额的上诉主张,与其同时主张为有效合同的补充协议和保健分院章程中约定的内容不符,证据不充分,本院不予采纳。达康总公司二审主张天富公司以自己的名义领取保健分院病房楼的房产证并予以抵押的行为构成侵权，属于另一性质的争议，双方可另行解决，本案二审不予审理。

——最高人民法院民事审判第一庭编：《最高人民法院民事案件解析（房地产开发）》（第2辑），法律出版社2010年版，第50~52页。

【链接：最高人民法院法官著述】

1. 关于纠纷的性质

本案原告天富公司开始的起诉仅仅是对内蒙医院提出侵权之诉，一审法院应当针对这一请求及时作出判决。由于一审法院对原告的诉请是否含有财产权被侵犯的内容把握不准，造成庭审后未及时判决，原告在庭审之后又增加了诉讼请求，对增加的请求，不仅涉及与达康总公司的不动产联建合同，并且涉及由这一合同成立的新的联营体——保健分院，联建合同的当事人达康总公司和利害关系人保健分院均应当作为诉讼主体。一审法院未经开庭审理就一并作出了判决，并且涉及案外人的利益，因此，二审法院予以发回重审。侵权与联建纠纷是两个不同性质的问题，主体不同，行为不同，本来应当分别立案审理，但是一审法院已经把它们纠合在一块，为了方便当事人诉讼，二审只好继续围绕这两个问题进行审理。至于达康总公司二审主张天富公司单方领取保健分院病房楼的房产证并抵押的行为构成侵权，属于另一性质的争议，双方可另行解决，本案二审不予审理。

2. 关于天富公司起诉的民事侵权之诉是否成立的问题

本案当事人争议所涉的保健分院，虽然在天富公司和达康总公司之间有合同，但保健分院成立的法律手续实际上是内蒙医院申请成立的隶属于该院的二级事业单位法人，并非是天富公司和达康总公司依照国务院《医疗机构管理条例》的规定独立申请开办的医疗机构，根据内蒙古自治区卫生厅和内蒙古自治区编委的批复以及双方当事人在保健分院章程中的约定，内蒙医院是保健分院的行政主管部门，有权决定保健分院的负责人和经营管理机构，二者之间是管理与被管理的关系。双方当事人签订的保健分院章程中虽然有关于保健分院管理体制和董事会职权的约定，但这一约定未经行政主管部门批准，不能产生对抗内蒙古自治区卫生厅和内蒙古自治区编委行政批复的效力。故天富公司主张内蒙医院解散保健分院董事会的行为构成侵权，请求对保健分院行使监督权、知情权、经营权，根据《最高人民法院关于审理联营合同纠纷案件若干问题的解答》

第一条第(二)项的规定,因联营体内部机构设置、人员组成等管理方面的问题发生纠纷向人民法院起诉的,人民法院不予受理。天富公司请求判令内蒙医院停止侵权、恢复保健分院董事会和领导班子、赔偿损失的主张,不属于平等主体之间的民事争议,一审法院予以驳回是正确的。

——最高人民法院民事审判第一庭编:《最高人民法院民事案件解析(房地产开发)》(第2辑),法律出版社2010年版,第52~53页。

568

保证人以免除保证责任为由对债权人提起诉讼应予受理

关键词|免除保证责任|债权人|受理|

【最高人民法院裁判文书】

中国信达资产管理公司沈阳办事处与中国中钢集团公司保证合同纠纷案[最高人民法院(2009)民二终字第119号民事判决书]

裁判要旨:保证人以免除保证责任为由,以债权人为被告提起诉讼,因该诉符合民事诉讼法第108条规定的受理条件,故应受理。

最高人民法院认为:

诉权是当事人请求法院行使审判权保护其民事权益的权利,当事人行使诉权需要具备当事人之间存在现实争议和诉的利益两个要件。本案信达公司沈阳办向中钢集团发出《关于尽快履行担保责任的催收函》后,双方之间就中钢集团是否应当承担担保责任的争议已经存在,而且中钢集团存在通过诉讼尽早明确其法律地位的确认利益,由此避免由于争议所导致的不确定性,因此,中钢集团提起要求确认其不承担担保责任的诉讼,符合法律规定,原审法院受理此案并无不当。

——最高人民法院民事审判第二庭编:《商事审判指导》(总第23辑),人民法院出版社2011年版,第169页。

569

仅以《婚姻法》第4条为依据起诉不予受理

关键词 | 忠实义务 | 不予受理 |

【最高人民法院司法解释】

第三条 当事人仅以婚姻法第四条为依据提起诉讼的，人民法院不予受理；已经受理的，裁定驳回起诉。

——《最高人民法院关于适用〈中华人民共和国婚姻法〉若干问题的解释（一）》（2001年12月25日，法释〔2001〕30号）

【链接：最高人民法院法官著述】

《婚姻法》第4条规定："夫妻应当互相忠实，互相尊重；家庭成员间应当敬老爱幼，互相帮助，维护平等、和睦、文明的婚姻家庭关系。"这是在《婚姻法》修改过程中新增的条款，是关于婚姻家庭道德规范的法律化，是倡导性条款，体现了我国以德治国方略在婚姻家庭关系中的贯彻执行。其目的在于倡导男女平等、尊老爱幼，建立和维护平等、和睦、文明的婚姻家庭关系。

基于该条款的立法背景和立法本意，我们认为，该条款只是以立法形式明确告知社会，我国所提倡的一种婚姻家庭关系，体现的是德治结果，而非法治之标。既然夫妻应相互忠实、相互尊重不是一项法定的权利义务，那么夫妻间一方单独以他方违反该条款为由提起诉讼的，人民法院就不能予以受理，已经受理的，裁定驳回起诉。当然，如果夫妻一方违反其他法定条款，对他方实施暴力，或有虐待、遗弃等行为，或与他人同居的，他方可以依据其他法定条款和《婚姻法》第4条，合并提起诉讼。

——最高人民法院民事审判第一庭编著：《婚姻法司法解释的理解与适用》，中国法制出版社2002年版，第18～19页。

570

就探望权问题可以单独起诉

关键词 | 离婚判决 | 探望权 | 受理 |

【最高人民法院司法解释】

第二十四条 人民法院作出的生效的离婚判决中未涉及探望权，当事人就探望权问题单独提起诉讼的，人民法院应予受理。

——《最高人民法院关于适用〈中华人民共和国婚姻法〉若干问题的解释（一）》（2001 年 12 月 25 日，法释〔2001〕30 号）

【链接：最高人民法院法官著述】

关于对探望权能否单独提起诉讼的问题，我们认为，探望权是《婚姻法》新增加的一项实体权利，当事人可以独立行使。以前判决离婚的案件，当时法律尚无探望权的规定，所以就探望权问题的判决也无从谈起。现在既然法律赋予当事人享有该项权利，当事人主张行使该权利的，人民法院应当依法予以受理，所以本条对此作了规定。

由于探望权问题在《婚姻法》修改之前并无相关规定，所以在实施之前已经过诉讼程序并判决离婚的大量案件中并无探望权问题的判决，实践中许多因子女探望问题屡屡发生纠纷。现在《婚姻法》修改并实施后，之前已经离婚的，现在就未成年子女的探望问题发生争议而无法解决，诉至法院的，如何处理？我们认为，探望权是现行法律赋予当事人的一项实体权利，只要是符合规定情形的父母都应依法享有该项权利，其权利的行使应受法律的保护。法律对此项权利的规定不溯及既往，只能是在其规定之后还符合条件的，才可加以适用。所以，对这些单独以探望权的行使为由向人民法院提起诉讼，要求保护其今后探望权的依法行使，人民法院依法应予以受理。

按照法律的有关规定，当发生探望权纠纷的时候，首先应该先由当事人双方协商解决。在人民法院审理期间，也应该让双方尽量化解矛盾，从有利于子女成长的角度出发，对探望的时间、方式等具体问题，争取双方当事人能够协商解决。只有当双方当事人最终无法达成一致意见时，才由人民法院依法酌情进行判决。

对于人民法院已经就探望权行使的时间、方式依法作出判决，事后当事人又向人民法院请求变更的，如何处理？《婚姻法》及《解释》对此并无直接规定。对此目前有不同看法，一种意见认为，人民法院应该受理，因为当事人的情况发生变化，对探望权行使的时间、方式有新的需求，属于有新的理由，应予受理。另一种意见认为，探望权行使的时间、方式问题是个容易发生变动的事情，立法规定也是先由当事人就此问题尽量协商，无法达成一致时才由法院作出判决。如果当事人就具体细节问题发生争议，仅依此个别问题就再次或数次诉诸法院，不断地进行变更的话，会造成司法资源的极大浪费，也不利于当事人之间矛盾的真正解决。由于对此意见不一致，有待于实践中进一步加以考查，目前还是不予受理为宜。另外，为了避免当事人之间再次发生纠纷，在就探望权问题进行判决时，应该尽量作出原则性规定，而不宜判得过于细致。诸如，可以判决其每周探望子女一次，或者也可以具体到每周六或周日，而不要判决“于每周周六的下午 2 点至 6 点，由原告某某去被告某某家带孩子或于某某地点被告交孩子”，像这种对时间、地点在判决中限制规定得过于详细的做法，是非常不利于实践中始终顺利履行判决的。因为实际生活中随时可能会有情况发生变化，许多问题的出现是事先无法预知的，诸多因素可能导致无法丝毫不差地按详细的判决来履行。这时当事人之间关系处理得不好，而单纯机械地要求以判决规定的方式进行履行，稍有出入都不允许变通的话，很容易导致矛盾的激化。

——最高人民法院民事审判第一庭编著：《婚姻法司法解释的理解与适用》，中国法制出版社 2002 年版，第 86 ~ 88 页。

571

祖父母、外祖父母的探望权可以通过诉讼获得保护

关键词 | 祖父母 | 探望权 | 诉讼 |

【最高人民法院司法政策】

3. 祖父母、外祖父母对父母已经死亡或父母无力抚养的未成年孙子女、外孙子女尽了抚养义务，其定期探望孙子女、外孙子女的权利应当得到尊重，并有权通过诉讼方式获得司法保护。

——《最高人民法院第八次全国法院民事商事审判工作会议(民事部分)纪要》(2016 年 11 月 30 日)

572

请求解除同居关系案件的受理

关键词 | 解除同居关系 | 不予受理 | 财产分割 | 子女抚养 |

【最高人民法院司法解释】

第一条 当事人起诉请求解除同居关系的,人民法院不予受理。但当事人请求解除的同居关系,属于婚姻法第三条、第三十二条、第四十六条规定的“有配偶者与他人同居”的,人民法院应当受理并依法予以解除。

当事人因同居期间财产分割或者子女抚养纠纷提起诉讼的,人民法院应当受理。

——《最高人民法院关于适用〈中华人民共和国婚姻法〉若干问题的解释(二)》(2003 年 12 月 25 日,法释〔2003〕19 号)

【链接：最高人民法院法官著述】

对于单纯的同居关系的确认解除等纠纷,人民法院一律不予受理。但此时有唯一的例外情形,就是当事人请求解除属于有配偶者与他人形成的同居关系的,人民法院应当受理并依法一律解除。另外,对于因同居关系产生的财产分割及子女抚养纠纷诉讼至人民法院的,人民法院要依法受理。

本条第 2 款的规定,体现了审判实践对同居关系本身和因这种同居关系导致的财产分割及子女抚养问题处理时的不同态度。离婚案件作为一个复合之诉,人民法院受理离婚案件的时候,如果当事人提出关于财产分割及子女抚养问题的请求的,通常会一并审理,方便当事人、节省诉讼资源。审理同居关系案件,其实主要就是对同居关系导致的财产分割及子女抚养问题的争议,按一般普通民事案件审理即可。对同居期间为共同生产、生活而形成的债权、债务,可按共同债权、债务处理。如果一方在共同生活期间患有严重疾病未治愈的,分割财产时，应予以适当照顾，或者由另一方给予一次性的经济帮助。

——最高人民法院民事审判第一庭编著：《最高人民法院婚姻法司法解释(二)的理解与适用》，人民法院出版社2004年版，第31～32页。

573

离婚案件无过错方损害赔偿请求的受理条件

关键词 | 损害赔偿请求 | 无过错方 | 受理条件 |

【最高人民法院司法解释】

第二十九条 承担婚姻法第四十六条规定的损害赔偿责任的主体，为离婚诉讼当事人中无过错方的配偶。

人民法院判决不准离婚的案件，对于当事人基于婚姻法第四十六条提出的损害赔偿请求，不予支持。

在婚姻关系存续期间，当事人不起诉离婚而单独依据该条规定提起损害赔偿请求的，人民法院不予受理。

——《最高人民法院关于适用〈中华人民共和国婚姻法〉若干问题的解释(一)》(2001年12月25日，法释〔2001〕30号)

【链接：最高人民法院法官著述】

对于本条规定，可以从以下几个方面进行理解：

1. 该项请求只能向自己的配偶提出，而不能向合法婚姻关系以外的其他人提起。现在实践中需要解决的问题是：无过错方能否向婚姻关系以外的其他人提出此条的损害赔偿请求？由于我国《婚姻法》没有明文规定配偶权，所以告第三者或者被包的二奶等人没有充分的法律依据。而且第46条规定的损害赔偿请求问题，正如我们将在后面介绍的那样，原则上是在处理离婚诉讼过程中，而且必须以离婚为前提的情况下才予以考虑的，这种与婚姻案件审理有密切联系的问题，并不应该将婚姻关系以外的那些本应由道德规范调整的内容纳入进去。综合各方面的因素，《解释》规定承担责任的主体是配偶中的过错方。

2. 如果当事人的离婚诉讼请求没有被法院支持,则该项请求权也将得不到法律的保护。

3. 无过错方不起诉离婚而仅想主张第46条所规定的损害赔偿,法院亦不支持。

应该指出的是,这里所说的无过错方是相对于自己有过错的配偶而言的,换句话说,其配偶是有过错方。我们认为这里还是应该将“过错”作狭义理解更合适,即仅指第46条规定的四种情况,除此之外,不能再以其他事项主张属于有过错,从而要求基于第46条提出损害赔偿请求。

——最高人民法院民事审判第一庭编著:《婚姻法司法解释的理解与适用》,中国法制出版社2002年版,第103~105页。

574

办理离婚登记后提出损害赔偿请求的受理条件

关键词 | 离婚登记 | 离婚损害赔偿 | 受理 |

【最高人民法院司法解释】

第二十七条 当事人在婚姻登记机关办理离婚登记手续后,以婚姻法第四十六条规定为由向人民法院提出损害赔偿请求的,人民法院应当受理。但当事人在协议离婚时已经明确表示放弃该项请求,或者在办理离婚登记手续一年后提出的,不予支持。

——《最高人民法院关于适用〈中华人民共和国婚姻法〉若干问题的解释(二)》(2003年12月25日,法释〔2003〕19号)

【链接:最高人民法院法官著述】

在审判实践中应当注意的问题是:

1. 有权在登记离婚后再提出损害赔偿请求的主体必须是无过错一方。因为修订后的《婚姻法》第四十六条规定得很明确,只有无过错方才有权利、有资格提起离婚损害赔偿请求。如果双方都有过错,比如一方与他人婚外同居,而另一方在家里实施家庭暴力,一方在外"包二奶",另一方在外"包二爷",这种情形下谁也没有资格请求离婚损害赔偿。《婚姻法》第四十六条规定的离婚损害赔偿与一般的民事赔偿毕竟不能完全等同,不存在区分过错大小的问题。

2. 一方在登记离婚后又提起损害赔偿的请求,经法院审查其原配偶不构成重婚及与他人婚外同居,但与他人通奸并生育子女的证据是充分的,能否据此判决通奸一方承担赔偿责任呢?对于这个问题,我们认为,既然一方当事人提供的证据不能证明配偶一方重婚或与他人婚外同居,仅凭通奸并生育子女的事实是不能支持其离婚损害赔偿请求的。因为法律的侧重点在于重婚及与他人婚外同居的行为,即制裁的是挑战一夫一妻制的行为。而界定与他人婚外同居行为的客观标准是"以夫妻名义持续、稳定地共同居住",这里既要求共同居住的证据,还要求时间上的持续、稳定,当事人举证之难也就可想而知了。就通奸行为而言,通奸一次也有可能生育子女,不能因为生育了子女就把通奸行为硬性认定为与他人婚外同居的行为,这里还是有个尺度和界限的问题。《婚姻法》规定的离婚损害赔偿范围是比较严格的,它仅仅适用于因一方重婚或与他人婚外同居或实施家庭暴力或虐待、遗弃家庭成员而导致离婚的几种情形,并不涉及其他情形,例如通奸、卖淫嫖娼、一夜情等行为。另外,需要注意的问题是,并不是非要构成虐待遗弃罪才能请求赔偿,只要一方存在虐待遗弃家庭成员的行为,无过错方就可以请求离婚损害赔偿。

3. 请求离婚损害赔偿的前提是双方具有合法婚姻关系,如果双方的婚姻被宣告为无效婚姻或者双方仅仅是同居关系,则无权提出离婚损害赔偿的请求。

——最高人民法院民事审判第一庭编著:《最高人民法院婚姻法司法解释(二)的理解与适用》,人民法院出版社2004年版,第247~249页。

575

以结婚登记程序存在瑕疵提起民事诉讼不予受理

关键词 | 结婚登记 | 程序瑕疵 | 撤销结婚登记 | 行政诉讼 |

【最高人民法院司法解释】

第一条 当事人以结婚登记程序存在瑕疵为由提起民事诉讼,主张撤销结婚登记的,告知其可以依法申请行政复议或者提起行政诉讼。

——《最高人民法院关于适用〈中华人民共和国婚姻法〉若干问题的解释(三)》(2011 年 8 月 9 日,法释〔2011〕18 号)

【链接：最高人民法院法官著述】

1. 一方当事人在离婚诉讼中以结婚登记程序存在瑕疵为由,对民政部门颁发的结婚证效力提出异议,认为彼此之间不存在夫妻关系,对此应如何处理为宜?

我们认为,当事人提起离婚诉讼,其前提应是双方存在合法的婚姻关系,诉讼时应向法院提供证明婚姻关系的结婚证或《夫妻关系证明书》。如果一方对配偶身份提出异议,首先要解决的就是结婚登记的效力问题,这里还涉及民政部门。从民事审判角度来讲,应当裁定驳回当事人的起诉,同时进行释明,告知其可以找民政部门解决,或者直接提起行政诉讼。

2. 他人代理或冒名顶替进行结婚登记的认定和处理。

我们认为,一方或双方没有亲自到场办理结婚登记手续,而是由他人代理甚至冒名顶替进行结婚登记,这里又可以分为两种不同的情况:

(1)当事人明知他人代理其进行结婚登记,且对此不持异议,虽未亲自到场办理结婚登记手续,但有公开举行婚礼、共同以配偶身份生活、凭结婚证办理准生证或申报子女户口等行为,表明双方缔结婚姻是其真实的意思表示。法律规定婚姻行为不得代理,而要求当事人双方亲自办理,其宗旨在于保障当事人系完全自愿地结为夫妻关系,这是婚姻成立的本质特征,但法律并没有规定当事人未亲自到场办理结婚登记,其缔结的婚姻一律无效。换句话说,即便双方当事人亲自到场申请办理结婚登记,如果一方或双方不符合结婚的实质要件,婚姻登记部门也会拒绝为其办理结婚登记手续。因此,只要查明当事人双方自愿结婚,并完成了结婚的形式要件,其结婚登记中的瑕疵是不足以影响婚姻效力的。

(2)一方当事人不同意结婚,他人冒名顶替与另一方当事人进行结婚登记。我们认为,由他人冒名顶替登记结婚,不仅严重违反结婚程序,也违背了当事人的结婚意志,如果被冒名的当事人请求撤销结婚证的,人民法院应予支持。

3. 借用他人身份证件进行结婚登记,结婚证上载明的主体与实际共同生活者不一致时,应如何处理为妥。我们认为,实际生活中,因一方未达法定婚龄而借用他人身份证件登记结婚的情形并不少见。如果结婚证上载明的主体对结婚证效力提出异议的,可以请求民政部门撤销结婚登记或直接提起行政诉讼;如果实际共同生活的当事人请求离婚的,法院应对当事人进行释明,告知因其结婚登记存在瑕疵,请求离婚的双方与结婚证上载明的主体不符,无法判断双方是否存在婚姻关系。若当事人坚持自己的诉讼请求,则应当裁定驳回起诉;若经过法院释明后,当事人变更诉讼请求,主张解决同居期间的财产分割、子女抚养等问题时,法院可以依法继续进行审理。值得注意的是,如果当事人系在1994年2月1日之前以夫妻名义共同生活,可按照事实婚姻处理。

结婚证的效力是具体行政行为的结果。针对的对象是特定的,只对结婚证上载明的主体有约束力,而不应及于他人。我国对婚姻关系确立形式只有一种,即采取的是登记主义模式,记载于结婚证上的申请人才是行政机关许可缔结婚姻并承认婚姻关系的当事人。行政机关颁发的结婚证,实际是确立被借用身份证件之人与持有真实身份证件之人夫妻关系的有效法律文件,具有公示公信的效力,是形式合法的婚姻关系,在未经法定机关通过法定程序撤销前,不能直接否认其效力。基于行政行为的相对性,该结婚证的效力不应及于实际共同生活的当事人,当事人之间不存在法律所承认的婚姻关系。

4. 一方使用虚假身份证件,以骗取钱财为目的与另一方登记结婚,婚后不久即下落不明。经公安机关查证,一方的身份证件系伪造,另一方起诉离婚被法院裁定驳回,理由是没有明确的被告,此种情况有什么救济途径。我们认为,如果一方当事人向婚姻登记机关提供虚假身份证等证明材料,骗取了结婚证,其目的是为了骗取钱财,婚姻登记机关是在受欺骗的情况下作出的婚姻登记发证行为,该行政行为形式上虽已经存在,但因具有重大、明显的瑕疵,且显然不符合婚姻法和《婚姻登记条例》有关结婚登记的条件,该行政行为属于无效行政行为,应当确认该行政行为无效。根据有关规定,对无效行政行为的认定,主要有行政主体进行认定和法院在行政诉讼中进行认定两种方式。现鉴于婚姻登记机关一般不受理此类问题,根据《最高人民法院关于执行〈中华人民共和国行政诉讼法〉若干问题的解释》第57条规定,被诉具体行政行为依法不成立或无效的,人民法院应当作出确认被诉具体行政行为违法或者无效的判决。因此,受骗一方的救济途径是提起行政诉讼,请求撤销结婚登记。

5. 涉及结婚登记程序是否完成的纠纷。

当事人双方申请结婚登记,婚姻登记机关经过审查,认为双方符合结婚条件,在结婚登记申请表审查一栏签署"经审查情况属实,准予登记",并加盖了公章,但因故当时没有发放结婚证。后双方举行了婚礼,不久一方因病去世。去世一方与原配偶生育的子女在继承纠纷中主张其父与另一方不存在婚姻关系。

从审判实践来看，有些当事人进行结婚登记时，因欠缺相关材料，婚姻登记机关登记后，暂时不发放结婚证书，待当事人补齐相关材料后再发放，在这种情况下，结婚登记实际上并没有完成。另外，也有因为婚姻登记机关自身的原因未及时发放结婚证的情形。结婚登记的程序依法应包括三个方面的内容：一是双方当事人应亲自到婚姻登记机关办理结婚登记；二是应提交必要的证件或材料；三是由婚姻登记人员进行审核准予登记后，领取结婚证。领取结婚证是婚姻登记的关键环节，由此确立夫妻关系。如果当事人因种种因素最后未领取结婚证，其结婚登记程序没有完成，法院应认定当事人双方之间不存在婚姻关系。

6. 婚姻登记机关越权管辖发放结婚证的效力。

我们认为，现实生活中，违反规定跨地区办理结婚登记的情况时有发生，主要表现为：擅自为双方均非本地常住户口居民办理婚姻登记，没有得到办理涉外、涉港澳台等婚姻登记的授权而违规办理上述登记。当事人往往为了图方便或者在原地登记受到阻挠，抑或因欠缺结婚登记材料而托关系找熟人，对于这种情况应如何认定婚姻的效力？

我们认为，《婚姻登记条例》第 4 条规定："内地居民结婚，男女双方应当共同到一方当事人常住户口所在地的婚姻登记机关办理结婚登记。"《婚姻登记工作暂行规范》第 5 条规定："婚姻登记机关不得违反上述规定办理婚姻登记。"但其并没有规定违反婚姻登记管辖规定的婚姻登记无效，婚姻登记管辖规定，重点是明确婚姻登记机关内部职权范围，也是为了方便申请结婚登记的当事人及便于监督管理。只要办理结婚登记时没有违反其他规定，双方当事人系完全自愿结婚，完成了结婚登记程序，并符合结婚的实质要件，法院应当认定婚姻登记机关发放的结婚证有效。

7. 甲某与乙某结婚时，因怕麻烦双方没有去登记，而是托熟人代领了结婚证，双方以夫妻身份共同生活了十几年，后来发现此结婚证在民政部门没有登记存根，甲某遂诉至法院要求确认该婚姻关系无效。我们认为，应当判决驳回甲某关于确认婚姻无效的申请。结婚证的产生是婚姻登记机关审核登记的结果，审核登记是颁发结婚证的前提，至于是什么原因导致应有的审核登记行为没有载明于主管机关的登记簿，完全是登记机关的责任。登记机关颁发了结婚证，就代表了国家认可这一婚姻的成立，该婚姻应该受到法院的保护。登记是民政部门的法定职责，由于登记机关工作人员疏忽没有进行登记或者登记错误而颁发了结婚证,法律责任应由登记机关承担,而不应转嫁给当事人。

——最高人民法院民事审判第一庭编著:《最高人民法院婚姻法司法解释(三)理解与适用》,人民法院出版社 2011 年版,第 45 ~48 页。

576

离婚时未处理的夫妻共同财产可另行起诉

关键词 | 离婚后财产纠纷 | 夫妻共同财产 | 案由 |

【最高人民法院司法解释】

第十八条 离婚后,一方以尚有夫妻共同财产未处理为由向人民法院起诉请求分割的,经审查该财产确属离婚时未涉及的夫妻共同财产,人民法院应当依法予以分割。

——《最高人民法院关于适用〈中华人民共和国婚姻法〉若干问题的解释(三)》(2011 年 8 月 9 日,法释〔2011〕18 号)

第二十一条 离婚时双方对尚未取得所有权或者尚未取得完全所有权的房屋有争议且协商不成的,人民法院不宜判决房屋所有权的归属,应当根据实际情况判决由当事人使用。

当事人就前款规定的房屋取得完全所有权后,有争议的,可以另行向人民法院提起诉讼。

——《最高人民法院关于适用〈中华人民共和国婚姻法〉若干问题的解释(二)》(2003 年 12 月 25 日,法释〔2003〕19 号)

【链接:最高人民法院法官著述】

1. 正确界定诉讼离婚后财产纠纷只能申请再审的情形

在离婚诉讼中,双方当事人提及了某些夫妻共同财产,可能是由于法院认为没有证据或者其他原因在判决时未涉及这些财产,或者是法院在调解时未对该部分财产进行调解,调解书中未处理这些财产。离婚后,双方当事人对这些财产发生纠纷的只能申请法院对分割夫妻共同财产部分再审,以纠正生效判决书、调解书的错误。这是因为根据“一事不再理原则”,这些财产在离婚诉讼中已经被主张并经过审理且判决书或调解书已生效。原审法院对这些财产应进行处理,没有处理或者处理不当都属于法院判决或者调解的问题,应通过审判监督的程序予以解决,而不能再行直接向法院提起诉讼。《民事诉讼法意见》第二百零九条的规定,是受理审查离婚时未涉及的财产纠纷的直接程序性依据。离婚时“已经处理的”夫妻共同财产,与“未处理”是相对应的。对该等情形予以正确界定,有助于进一步认识离婚时“未处理”的夫妻共同财产。

2. 关于离婚案件被实际拆分的相关问题

有的当事人在离婚案件的审理过程中,已经对部分重大财产达成一致意见,但出于节省诉讼费用的考虑,双方可能会故意隐瞒一些重大财产。这种情况下,人民法院只能根据当事人的主张,就已查明的财产作出裁判。这确实为当事人对未涉及财产的分割发生争议埋下了伏笔,往往会给对方以“离婚时隐藏、转移财产”为由提起诉讼。在案件进入诉讼时应注意告知当事人这种行为的风险,不应为减少诉讼费用而故意漏报部分财产。夫妻共同财产未分割的,与夫妻关系终结之后的财产分割不同,不应按一般财产收费,对该类案件的管辖问题也一样,仍然是基于夫妻之间权利义务而引发的诉讼。我们倾向于,基于婚姻关系产生的离婚时的离婚财产分割事宜,仍是离婚纠纷的延续,为此对财产分割不服而提起的诉讼,应适用婚姻法等相关规定。依法确定案由是正确审理查明案件事实,准确适用法律的前提。若案由确定不当,则会导致应查明的事实没有查明和适用法律不当,最终导致裁判错误。应根据当事人诉争的法律关系的性质,查明该法律关系涉及的是何种纠纷。

3. 本条解释规定了在离婚时未处理的夫妻共同财产的分割原则,其中关于共同共有财产分割处理的适用情形,要与本司法解释第四条的规定结合考虑

对离婚之前,一方有婚姻法第四十七条规定的隐藏、转移、变卖、毁损、挥霍夫妻共同财产或伪造夫妻共同债务等严重损害夫妻共同财产利益行为的,本司法解释在第四条“关于婚姻关系存续期间能否请求分割夫妻共同财产”的规定,提供了夫妻任何一方在婚姻关系存续期间保护自己在夫妻共同财产中的权利的救济途径。

——最高人民法院民事审判第一庭编著:《最高人民法院婚姻法司法解释(三)理解与适用》,人民法院出版社 2011 年版,第 269～271 页。

577

办理离婚登记后因财产、子女抚养产生纠纷可起诉

关键词｜离婚登记｜财产纠纷｜子女抚养｜受理｜

【最高人民法院司法解释】

第八条 离婚协议中关于财产分割的条款或者当事人因离婚就财产分割达成的协议,对男女双方具有法律约束力。

当事人因履行上述财产分割协议发生纠纷提起诉讼的,人民法院应当受理。

第九条 男女双方协议离婚后一年内就财产分割问题反悔,请求变更或者撤销财产分割协议的,人民法院应当受理。

人民法院审理后,未发现订立财产分割协议时存在欺诈、胁迫等情形的,应当依法驳回当事人的诉讼请求。

——《最高人民法院关于适用〈中华人民共和国婚姻法〉若干问题的解释(二)》(2003年12月25日,法释〔2003〕19号)

【链接:最高人民法院法官著述】

1. 在审查当事人起诉时应当把握住的有:(1)原告应当是在婚姻登记机关办理离婚登记手续并已经取得离婚证的自然人;(2)离婚证上载明的签发时间距离起诉的日期不足一年;(3)起诉符合《民事诉讼法》第一百零八条的规定,其中诉讼请求应当是改变离婚时男女双方签署的有关财产分割问题的协议或者是离婚协议中有关财产分割的内容;(4)当事人由于受文化水平和法律知识的限制,有可能提出请求人民法院确认该协议无效,对当事人在法律认知上的错误不应当苛求,只要当事人诉讼请求的实质是要求变更离婚时所签订的有关分割财产的协议或者离婚协议中涉及财产分割的条款的效力,人民法院即应当予以立案。

2. 如果当事人请求的是变更或者撤销离婚时所签订的有关分割财产的协议或者离婚协议中涉及财产分割的条款,但人民法院经审理认为该协议中有的部分属于无效,则应当行使释明权,将上述情况告知当事人并根据当事人的请求继续进行审理。

——最高人民法院民事审判第一庭编著:《最高人民法院婚姻法司法解释(二)的理解与适用》,人民法院出版社2004年版,第88~89页。

编者说明

关于离婚登记后，一方反悔要求人民法院给予重新处理的，人民法院是否受理的问题，最高人民法院在认识上有一个发展过程。最高人民法院1985年公布的《关于男女登记离婚后一方翻悔，向人民法院提出诉讼，人民法院是否应当受理的批复》中规定："男女双方自愿离婚，并对子女和财产问题已有适当处理，在婚姻登记机关办理了离婚登记，领取了离婚证的，其婚姻关系即正式解除。一方对这种已经发生法律效力的离婚，及子女和财产问题的处理翻悔，在原婚姻登记机关未撤销离婚登记的情况下，向人民法院提出诉讼的，人民法院不应受理……告知当事人向原婚姻登记机关申请解决。"但到了1986年，最高人民法院又以〔1986〕民他字第45号批复规定："男女双方经婚姻登记机关办理离婚登记后，因对财产、子女抚养引起纠纷，当事人向人民法院起诉的，可直接由有关法院依法受理。"《最高人民法院关于适用〈中华人民共和国婚姻法〉若干问题的解释（二）》中，最高人民法院进一步明确，男女双方自愿在婚姻登记机关办理了离婚登记手续，即实际领取离婚证的次日起一年以内，因财产分割问题反悔向法院起诉的，人民法院应当予以受理。

578

判决维持收养关系后再次起诉作为新案受理

关键词 | 解除收养关系 | 再次起诉 | 新案 |

【最高人民法院答复】

湖北省高级人民法院：

你院鄂法〔86〕民行字第10号请示报告收悉。

何品善诉何建业解除收养关系一案，终审判决维持收养关系，半年后，何品善再次起诉要求解除，人民法院是否作为新案受理的问题。经研究，同意你院审判委员会的意见，如终审判决并无不当，判决后，双方关系继续恶化，当事人又起诉要求解除收养关系的，可作为新案受理。

——《最高人民法院关于原判决维持收养关系后当事人再次起诉，人民法院是否作新案受理的批复》（1987年2月11日）

579

可以分给适当遗产的人权利受侵犯提起诉讼的条件

关键词 | 继承纠纷 | 受理 |

【最高人民法院司法解释】

32. 依继承法第十四条规定可以分给适当遗产的人,在其依法取得被继承人遗产的权利受到侵犯时,本人有权以独立的诉讼主体的资格向人民法院提起诉讼。但在遗产分割时,明知而未提出请求的,一般不予受理;不知而未提出请求,在二年以内起诉的,应予受理。

——《最高人民法院关于贯彻执行〈中华人民共和国继承法〉若干问题的意见》[1985 年 9 月 11 日,法(民)发〔1985〕22 号]

580

被告作为无过错方提出离婚损害赔偿的请求不构成反诉

关键词 | 离婚损害赔偿 | 无过错方 | 反诉 | 诉讼请求合并 |

【最高人民法院审判业务意见】

最高人民法院民一庭经过讨论后形成的倾向性意见是:被告作为无过错方提出离婚损害赔偿请求不构成反诉,而是属于诉讼请求的合并。

——吴晓芳:《被告作为无过错方提出离婚损害赔偿的请求是否构成反诉》,载最高人民法院民事审判第一庭编:《中国民事审判前沿》(总第 1 集),法律出版社 2005 年版,第 30 页。

编者说明

在离婚案件中,无过错方作为被告提起离婚诉讼损害赔偿请求是否构成反诉的问题,审判实践中存在不同的看法。最高人民法院认为,离婚案件是一种复合之诉,解除婚姻关系是主诉,子女抚养、财产分割及离婚损害赔偿都是牵连之诉。无过错方作为被告提起离婚损害赔偿请求,必须以解除婚姻关系为先决条件,故被告的离婚损害赔偿请求不能吞并或抵销原告关于离婚的诉讼请求，从民事诉讼法理论上来讲，不构成反诉，但对被告提起的离婚损害赔偿请求可以进行合并审理。

581

名誉权纠纷案件的受理

关键词 | 名誉权纠纷 | 受理 |

【最高人民法院司法解释】

二、问：有关机关和组织编印的仅供领导部门内部参阅的刊物、资料等刊登来信或者文章引起的名誉权纠纷，以及机关、社会团体、学术机构、企事业单位分发本单位、本系统或者其他一定范围内的一般内部刊物和内部资料所载内容引起的名誉权纠纷，人民法院是否受理？

答：有关机关和组织编印的仅供领导部门内部参阅的刊物、资料等刊登的来信或者文章，当事人以其内容侵害名誉权向人民法院提起诉讼的，人民法院不予受理。

机关、社会团体、学术机构、企事业单位分发本单位、本系统或者其他一定范围内的内部刊物和内部资料，所载内容引起名誉权纠纷的，人民法院应当受理。

三、问：新闻媒介和出版机构转载作品引起的名誉权纠纷，人民法院是否受理？

答：新闻媒介和出版机构转载作品，当事人以转载者侵害其名誉权向人民法院提起诉讼的，人民法院应当受理。

四、问：国家机关、社会团体、企事业单位等部门依职权对其管理的人员作出的结论引起的名誉权纠纷，人民法院是否受理？

答：国家机关、社会团体、企事业单位等部门对其管理的人员作出的结论或者处理决定，当事人以其侵害名誉权向人民法院提起诉讼的，人民法院不予受理。

五、问：因检举、控告引起的名誉权纠纷，人民法院是否受理？

答：公民依法向有关部门检举、控告他人的违法违纪行为，他人以检举、控告侵害其名誉权向人民法院提起诉讼的，人民法院不予受理。如果借检举、控告之名侮辱、诽谤他人,造成他人名誉损害,当事人以其名誉权受到侵害向人民法院提起诉讼的,人民法院应当受理。

十一、问:名誉权纠纷与其他民事纠纷交织在一起的,人民法院应如何审理?

答:名誉权纠纷与其他民事纠纷交织在一起的,人民法院应当按当事人自己选择的请求予以审理。发生适用数种请求的,人民法院应当根据《中华人民共和国民事诉讼法》的有关规定和案件的实际情况,可以合并审理的合并审理;不能合并审理的,可以告知当事人另行起诉。

——《最高人民法院关于审理名誉权案件若干问题的解释》(1998 年 8 月 31 日,法释〔1998〕26 号)

一、问:人民法院对当事人关于名誉权纠纷的起诉应如何进行审查?

答:人民法院收到有关名誉权纠纷的起诉时,应按照《中华人民共和国民事诉讼法》(以下简称民事诉讼法)第一百零八条的规定进行审查,符合条件的,应予受理。对不符合起诉条件的,应裁定不予受理;对缺乏侵权事实坚持起诉的,应裁定驳回起诉。

二、问:当事人在公共场所受到侮辱、诽谤,经公安机关依照《中华人民共和国治安管理处罚条例》(以下简称治安管理处罚条例)处理后,又向人民法院提起民事诉讼的,人民法院是否受理?

答:当事人在公共场所受到侮辱、诽谤,以名誉权受侵害为由提起民事诉讼的,无论是否经公安机关依照治安管理处罚条例处理,人民法院均应依法审查,符合受理条件的,应予受理。

——《最高人民法院关于审理名誉权案件若干问题的解答》(1993 年 8 月 7 日,法发〔1993〕15 号)

【链接:最高人民法院法官著述】

为了便于对同一类问题集中进行研究,《最高人民法院关于审理名誉权案件若干问题的解答》形成中曾经列有小标题。其中,1 ~4 属于名誉权案件的受理问题。由案件的性质决定,侵害名誉权的行为与《中华人民共和国刑法》(以下简称《刑法》)中规定的侮辱诽谤罪、《中华人民共和国治安管理处罚条例》(以下简称《治安管理处罚条例》)中规定的在公共场所侮辱妇女、捏造或者歪曲事实、故意散布谣言扰乱社会秩序的行为往往表现形式相同,受害人在有关部门追究行为人刑事责任或依《治安管理处罚条例》对其作出处罚的同时，向人民法院起诉，请求追究其民事责任，各地人民法院对于可否作为民事案件受理，做法不一。最高人民法院经研究认为：在公共场所公然侮辱、诽谤他人、扰乱社会治安的行为，既违反了《治安管理处罚条例》，又违反了《民法通则》有关保护公民名誉权的规定，但依照《治安管理处罚条例》的规定所作出的处罚，是一种行政制裁，属于行政责任方式。处罚权也就只能由行政主管部门即负有治安管理职责的国家公安机关行使，因此，对在公共场所公然侮辱、诽谤他人，扰乱社会治安，侵害他人名誉权，受害人要求人民法院对其进行制裁的，人民法院应告知其向公安部门申请处理；如果受害人以名誉权受到侵害为由向人民法院起诉，要求追究对方的民事责任，无论公安机关是否依《治安管理处罚条例》对侵害人作出处罚，人民法院都应当依法受理，就当事人之间的民事权益之争作出处理。之所以作出这样的规定，主要是考虑到因民事权益之争向人民法院提起诉讼是法律赋予公民的权利，非经法定程序任何个人和单位都无权对当事人的民事诉权加以限制。人民法院也不能以公安机关对行为人在公共场所公然侮辱、诽谤他人、扰乱社会治安的行为已经或正在进行处理为由拒绝受理受害人提起的民事诉讼。

——韩玫：《〈最高人民法院关于审理名誉权案件若干问题的解答〉的理解与适用》，载中国人大网，http://www.npc.gov.cn。

582

民事侵权精神损害赔偿范围

关键词｜民事侵权｜精神损害赔偿｜赔偿范围｜

【最高人民法院司法解释】

第一条 自然人因下列人格权利遭受非法侵害，向人民法院起诉请求赔偿精神损害的，人民法院应当依法予以受理：

（一）生命权、健康权、身体权；

（二）姓名权、肖像权、名誉权、荣誉权；

（三）人格尊严权、人身自由权。

违反社会公共利益、社会公德侵害他人隐私或者其他人格利益，受害人以侵权为由向人民法院起诉请求赔偿精神损害的，人民法院应当依法予以受理。

——《最高人民法院关于确定民事侵权精神损害赔偿责任若干问题的解释》（2001年3月8日，法释〔2001〕7号）

【《最高人民法院公报》案例】

王春生诉张开峰、江苏省南京工程高等职业学校、招商银行股份有限公司南京分行、招商银行股份有限公司信用卡中心侵权纠纷案（南京市江宁区人民法院一审民事判决书）

裁判要旨：根据《中华人民共和国民法通则》第九十九条的规定，姓名权是指公民自由决定、使用和依照规定改变自己的姓名，并禁止他人干涉、盗用、假冒自己姓名的一项民事权利。未经他人同意，盗用他人身份证、以他人的姓名申办信用卡的行为，即属于盗用、假冒他人姓名，侵犯他人姓名权的民事侵权行为。以上述方式办理信用卡后透支消费，导致他人姓名被银行列入不良信用记录，给他人造成名誉损失的，属于侵犯他人姓名权行为造成的损害后果，不属于侵犯他人名誉权的行为。

当事人因他人盗用、冒用自己姓名申办信用卡并透支消费的侵犯姓名权行为，导致其在银行征信系统存有不良信用记录，对当事人从事商业活动及其他社会、经济活动具有重大影响，给当事人实际造成精神痛苦，妨碍其内心安宁，降低其社会评价，当事人就此提出精神损害赔偿诉讼请求的，人民法院应予支持。

南京市江宁区人民法院认为：

一、本案中，被告张开峰侵犯了原告王春生的姓名权。

《中华人民共和国民法通则》第九十九条规定："公民享有姓名权，有权决定、使用和依照规定改变自己的姓名，禁止他人干涉、盗用、假冒。"据此，姓名权是指公民自由决定、使用和依照规定改变自己的姓名，并禁止他人干涉、盗用、假冒自己姓名的一项民事权利。姓名权与其他人格权相比，具有基础权利的特征。姓名权被侵犯，可能会随之导致其他权利，诸如名誉权等人格权受到损害。因此，在现代经济活动中，姓名权越来越受到人们的重视。

根据本案事实，被告张开峰在拣到原告王春生遗失的身份证后，既未将身份证归还原告，也未征得原告同意，而是擅自使用原告的身份证，以原告的姓名申请办理信用卡，其行为即属于盗用、假冒他人姓名、侵犯他人姓名权的民事侵权行为。尽管从结果来看，张开峰的上述行为还导致王春生的姓名被列入中国人民银行征信系统（即中国人民银行负责组织商业银行建立的个人信用信息基础数据库）的不良信用记录，而该不良信用记录在王春生与其他商业银行发生信贷活动时，其他商业银行均可查阅。必然造成王春生的信用污点，增大王春生从事商业交易活动和社会活动的成本，影响社会对王春生作出公正的评价，实际导致王春生的名誉受到损害，但结合案情全面分析，这一结果仍是张开峰侵犯王春生姓名权的行为所导致的损害后果，张开峰的行为不属于以虚构事实或其他侮辱、诽谤、贬损他人人格的手段侵犯他人名誉权的行为。

三、关于原告王春生因本案侵权行为所遭受的损失。

原告王春生提出的赔偿请求包括名誉损失 8000 元、精神损害抚慰金 5000 元、失业保险金 5400 元、交通费 964 元，以上总计 19364 元。原告同时要求撤销其在银行的不良信用记录。就本案而言，王春生因被告张开峰、信用卡中心的侵权行为，导致其在银行征信系统存有不良信用纪录，该不良信用记录对王春生从事商业活动及其他社会、经济活动具有重大不良影响。虽然在查清事实后，信用卡中心已经把王春生的不良信用记录删除，但损害已经实际发生，给王春生实际造成了精神上的痛苦，妨碍了其内心的安宁，其社会评价也必然因此而降低。因此，根据《最高人民法院关于确定民事侵权精神损害赔偿责任若干问题的解释》的有关规定，王春生在姓名权受到侵犯、导致名誉受损的情况下，提出精神损害赔偿的诉讼请求，应予支持。参照《最高人民法院关于审理名誉权案件若干问题的解释》的相关规定，综合考虑侵权人的过错程度、侵权行为的具体情节、给受害人造成精神损害后果以及本地区的平均生活水平等情况，酌定王春生的精神损害抚慰金为 2000 元；关于王春生主张的交通费损失，考虑到王春生为解决本案纠纷必然支出一定的交通费用，根据其相应的乘车次数和路线，酌定其交通费损失为 164 元；王春生主张的其他经济损失没有事实依据，故其相关诉讼请求不予支持，鉴于信用卡中心已经将其姓名从银行征信系统不良信用记录中删除，故王春生关于撤销其银行不良信用记录的诉讼请求已经得到满足。不必再行判决。

——《最高人民法院公报》2008 年第 10 期

583

违约损害不属于精神损害赔偿范围

关键词｜违约损害赔偿｜精神损害赔偿｜

【链接：最高人民法院法官著述】

关于违约损害赔偿,国外有因违反合同而被法院判决赔偿精神损害的若干判例,但一般限于以提供安宁的享受或解除痛苦和烦恼等期待精神利益为目的的合同。例如,旅游度假服务合同、摄影录像服务合同等。国内对美容整形服务合同未能达到预期目的并造成不良后果的,也有判决违约方赔偿精神损害的若干判例,包括洗印照片被丢失的案例。有意见认为应从违约损害赔偿的角度来观察和理解,理由是期待精神利益损失可以类推适用《合同法》第 113 条规定中的可得利益损失,因为期待精神利益损失符合该条规定中的"可预见性"特征,即违反合同一方订立合同时预见到或者应当预见到的因违反合可能造成的损失,因而具有直接损失的性质;如因债务人一方违约而使合同目的落空,债权人可以向人民法院起诉要求赔偿精神损失,但以合同不能继续履行为限。《解释》未采纳违反合同也应承担精神损害赔偿责任的观点,而将精神损害赔偿的范围限制在上述侵权案件类型中。

——陈现杰:《最高人民法院〈关于确定民事侵权精神损害赔偿责任若干问题的解释〉的理解与适用》,载唐德华主编、最高人民法院民事审判第一庭编:《民事审判指导与参考》(总第 5 集),法律出版社 2001 年版,第 76 ~82 页。

584

特定身份权利受到侵害可以请求赔偿精神损害

关键词|特定身份权利|精神损害赔偿|

【最高人民法院司法解释】

第二条 非法使被监护人脱离监护,导致亲子关系或者近亲属间的亲属关系遭受严重损害,监护人向人民法院起诉请求赔偿精神损害的,人民法院应当依法予以受理。

——《最高人民法院关于确定民事侵权精神损害赔偿责任若干问题的解释》(2001 年 3 月 8 日,法释〔2001〕7 号)

【链接：最高人民法院法官著述】

审判实践中，因身份权遭受侵害造成受害人精神痛苦之"非财产上损害"后果的，以监护权遭受侵害的情形较为典型和普遍。一种观点认为，监护系为被监护人的利益而设，因此监护只是一项职责而非权利。但在近亲属范围内，实际上兼有身份权利的性质。非法使被监护人脱离监护，导致亲子关系或近亲属间的亲属关系遭受严重损害的，可以认定为侵害他人监护权，监护人请求赔偿精神损害的，人民法院应当依法予以受理。《解释》将精神损害赔偿范围从单纯的人格权利延伸到内涵特定人格和精神利益的特定身份权利，是对人格权司法保护的又一发展。与此相关的是，目前正在修订过程当中的《婚姻法》（修正草案）第46条规定："因一方重婚或即使不以夫妻名义但形成婚外同居关系，实施家庭暴力或以其他行为虐待家庭成员或遗弃家庭成员而导致离婚的，无过失方有权请求损害赔偿。"据了解，此处所谓"损害赔偿"也是针对"非财产上损害"即精神损害的赔偿。如果该条规定最后审议通过，表明立法直接确认了因婚姻关系纠纷造成的精神损害赔偿，但其性质是否涉及对身份权利的侵害，以及涉及对何种身份权利的侵害，需要进一步研究。

——陈现杰：《最高人民法院〈关于确定民事侵权精神损害赔偿责任若干问题的解释〉的理解与适用》，载唐德华主编、最高人民法院民事审判第一庭编：《民事审判指导与参考》（总第5集），法律出版社2001年版，第81～82页。

585

对死者人身权益的延伸保护

关键词｜死者人身权益｜精神损害赔偿｜

【最高人民法院司法解释】

第三条　自然人死亡后，其近亲属因下列侵权行为遭受精神痛苦，向人民法院起诉请求赔偿精神损害的，人民法院应当依法予以受理：

（一）以侮辱、诽谤、贬损、丑化或者违反社会公共利益、社会公德的其他方式，侵害死者姓名、肖像、名誉、荣誉；

（二）非法披露、利用死者隐私，或者以违反社会公共利益、社会公德的其他方式侵害死者隐私；

（三）非法利用、损害遗体、遗骨，或者以违反社会公共利益、社会公德的其他方式侵害遗体、遗骨。

——《最高人民法院关于确定民事侵权精神损害赔偿责任若干问题的解释》（2001 年 3 月 8 日，法释〔2001〕7 号）

【链接：最高人民法院法官著述】

理解本条解释的三项内容还应该注意两个带有共性的问题：第一，既然司法解释的本意是对自然人生前享有的人身权利益给予延伸保护，死者的近亲属享有的是什么权利？应该说死者近亲属享有的是一种请求权，是为了保护死者人身权利益必备的一种请求权。之所以规定由死者近亲属行使这种请求权，是考虑到由于近亲属与死者具有在共同生活中形成的感情或特定的身份关系，最关心死者人身权利益的延伸保护问题；另外，以往最高人民法院的司法解释已经对近亲属的内涵作了明确的规定，又因为近亲属的存活年限有一般的规律存在，可以作为对死者人身权利益的保护期限。明确这一点，对于审判实践最直接的意义是，当死者的人身权利益受损的事实发生后，无论其亲属有多少人同时提起诉讼，都不影响人民法院判令侵权人支付精神损害抚慰金的数额；一个损害事实只能引起一次诉讼，死者的其他近亲属就同一侵权事实提起的请求精神损害赔偿的诉讼，人民法院不能因为提起诉讼的主体不同而予以支持。第二，在本条的（3）项中，除列举式地写明了侵害死者人身权益的几种方式外，均使用了“违反社会公共利益、社会公德的其他方式”来描述侵权行为的构成要件之一——行为违法性。究竟如何概括本条中涉及的几种侵权行为的违法性，在司法解释的起草中曾经引起争议。由于这几种侵权行为在法律中没有直接规定，所以，不宜简单地将其归纳为“违法行为”，而是需要在本司法解释中确认这类行为的违法性，指明其违反了什么性质的法律。多数人认为，这几种侵权行为的一个共同特征是对公序良俗的违反。公序良俗是指公共秩序和社会善良风俗，公序良俗具有相对固定的含义，违反公序良俗的行为即可被认定为民事违法行为。较之公共道德和公共利益的违反，更能准确地反映这类侵权行为的违法性特征。例如：擅自在他人的新房里布置灵堂、在他人新房中偷偷安装录像机的行为，可能根本损害不到社会公共利益和公共道德,但却明显违反了社会的善良风俗。这种观点是很有道理的。考虑到我国现行法律毕竟没有将公序良俗违反作为侵权行为的违法性要件加以确认,所以,解释中仍然采取了违反公共道德和公共利益的写法。

——唐德华主编、最高人民法院民事审判第一庭编著:《最高人民法院〈关于确定民事侵权精神损害赔偿责任若干问题的解释〉的理解与适用》,人民法院出版社2001年版,第44~45页。

586

与精神利益有关的特定财产权利受侵害属于赔偿范围

关键词｜特定财产权利｜精神损害赔偿｜

【最高人民法院司法解释】

第四条　具有人格象征意义的特定纪念物品,因侵权行为而永久性灭失或者毁损,物品所有人以侵权为由,向人民法院起诉请求赔偿精神损害的,人民法院应当依法予以受理。

——《最高人民法院关于确定民事侵权精神损害赔偿责任若干问题的解释》(2001年3月8日,法释〔2001〕7号)

【链接：最高人民法院法官著述】

精神损害赔偿原则上限于人格权和身份权受到侵害的情形,但并不排除在特殊情形下,财产权受到侵害时也可以请求赔偿精神损害。例如,一位在地震中失去双亲的孤儿,将父母生前唯一的一张遗照送到照相馆翻拍时被相馆丢失,因业主只同意退赔洗印费,受害人向法院起诉要求赔偿精神损害,法院判决予以支持。类似情形,多有发生。但审判实践中对其构成要件应从严掌握。首先,侵害的客体应当是以精神利益为内容的纪念物品,其本身负载重大感情价值且具有人格象征意义;其次,该纪念物品因侵权行为而永久性灭失或毁损,其损失具有不可逆转的性质。不具备以上构成要件的,仍应当按照损害赔偿法的一般原理赔偿受害人的实际财产损失。因为精神损害赔偿的固有含义是对人身非财产损害的赔偿,在侵权的或侵害的对象是财产而不是人身的情况下,精神损害具有间接损害的性质,且客观上往往难以预料。按照损害赔偿的法理,对客观上难以预料同时也难以确定其范围和大小的间接损失不在赔偿之列。此外,《解释》第4条涉及违约与侵权的竞合,鉴于违约责任不包括精神损害赔偿,因此本条强调,必须是物品所有人"以侵权为由"起诉,才能请求赔偿精神损害。为防止滥用诉权,如以宠物被伤害要求赔偿精神损害,本条加上"具有人格象征意义"作为限制。

——陈现杰:《最高人民法院〈关于确定民事侵权精神损害赔偿责任若干问题的解释〉的理解与适用》,载唐德华主编、最高人民法院民事审判第一庭编:《民事审判指导与参考》(总第5集),法律出版社2001年版,第81页。

587

侵权诉讼终结后再就精神损害赔偿提起诉讼不予受理

关键词 | 民事侵权 | 精神损害赔偿 | 诉讼终结 | 不予受理 |

【最高人民法院司法解释】

第六条 当事人在侵权诉讼中没有提出赔偿精神损害的诉讼请求,诉讼终结后又基于同一侵权事实另行起诉请求赔偿精神损害的,人民法院不予受理。

——《最高人民法院关于确定民事侵权精神损害赔偿责任若干问题的解释》(2001年3月8日,法释〔2001〕7号)

【链接:最高人民法院法官著述】

刑事附带民事诉讼中的精神损害赔偿,是一个存在较大争议的问题。2000年12月19日法释〔2000〕47号《最高人民法院关于刑事附带民事诉讼范围问题的规定》第1条第2款规定:"对于被害人因犯罪行为遭受精神损失而提起附带民事诉讼的,人民法院不予受理。"而依据《关于确定民事侵权精神损害赔偿责任若干问题的解释》的规定，侵害他人人身权益造成严重后果的，应当承担精神损害赔偿责任。同时，《解释》第6条规定："当事人在侵权诉讼中没有提出赔偿精神损害的诉讼请求，诉讼终结后又基于同一侵权事实另行起诉请求赔偿精神损害的，人民法院不予受理。"这样，受害人既不在刑事附带民事诉讼中提出精神损害赔偿的诉讼请求，在刑事附带民事诉讼终结以后，也不能另行提起民事诉讼请求赔偿精神损害，这对受害当事人明显不公平。有鉴于此，《解释》第12条规定："在本解释公布施行之前已经生效施行的司法解释，其内容有与本解释不一致的，以本解释为准。"其理由在于：第一，法释〔2000〕47号的规定是依据《刑法》第36条和《刑事诉讼法》第77条。《刑事诉讼法》第77条规定："被害人由于被告人的犯罪行为而遭受物质损失的，在刑事诉讼过程中，有权提起附带民事诉讼。"该条规定属于授权性规范，其着重点在于刑事附带民事诉讼的程序设置，而非将精神损害赔偿的诉讼请求排除在该程序设置之外。第二，在因道路交通事故致人死亡提起的刑事附带民事诉讼中，人民法院依据《道路交通事故处理办法》第37条第(8)项的规定判决赔偿受害人亲属的死亡补偿费，其性质属于精神损害抚慰金，法释〔2000〕47号的规定与审判实践不符，也与《道路交通事故处理办法》的规定相悖。第三，刑事附带民事诉讼的程序设置，是为了简化诉讼程序，提高诉讼效率。但其附带民事诉讼所审理的案件，本质上仍是民事案件，与独立的民事诉讼程序审理的同类民事案件应遵循共同的实体法律规范，否则，因为追求效率的程序设计牺牲实体公正，与人民法院努力实现公正、效率的司法价值目标不符，也违反基本的社会正义观念，将难以取得良好的法律效果和社会效果。

——陈现杰：《最高人民法院〈关于确定民事侵权精神损害赔偿责任若干问题的解释〉的理解与适用》，载唐德华主编、最高人民法院民事审判第一庭编：《民事审判指导与参考》(总第5集)，法律出版社2001年版，第86~87页。

588

人事档案被丢失要求补办及赔偿经济损失应予受理

关键词 | 身份档案纠纷 | 人事档案丢失 | 补办档案 | 赔偿损失 |

【最高人民法院司法政策】

应当注意,保存档案的企事业单位,违反关于妥善保存档案的法律规定,丢失他人档案的,应当承担相应的民事责任。档案关系人起诉请求补办档案、赔偿损失的,人民法院应当作为民事案件受理。

——苏泽林:《在党的十六届六中全会精神指引下开创人民法院审判工作新局面——在全国法院立案审判实务座谈会上的讲话》(2006 年 11 月 21 日),载苏泽林主编、最高人民法院立案庭编:《立案工作指导》(总第 13 辑),人民法院出版社 2007 年版,第 10 页。

【最高人民法院答复】

安徽省高级人民法院:

你院〔2004〕皖民一他字第 19 号《关于人事档案被原单位丢失后当事人以补办人事档案并赔偿经济损失的诉请起诉原单位法院是否受理的请示》收悉。经研究,答复如下:

同意你院第一种意见。保存档案的企事业单位,违反关于妥善保存档案的法律规定,丢失他人档案的,应当承担相应的民事责任。档案关系人起诉请求补办档案、赔偿损失的,人民法院应当作为民事案件受理。

——《最高人民法院关于人事档案被原单位丢失后当事人起诉原用人单位补办人事档案并赔偿经济损失是否受理的复函》(2006 年 6 月 13 日,〔2004〕民立他字第 47 号)

【链接:最高人民法院法官著述】

档案纠纷属于侵权纠纷,应当作为普通民事案件受理。2004 年 5 月,最高人民法院立案庭在四川省成都市召开了全国法院民商事案件立案受理问题座谈会,会议形成的《全国法院民商事案件受理问题座谈会纪要》(讨论稿)亦认为:学生或教师因学校迟转、误转、遗失档案材料,向人民法院提起赔偿诉讼的,人民法院应作为民事案件受理。

在审判实践中,要充分注意以下几个问题:

1. 实践中，丢失档案的单位多是国有企业、事业单位，也包括人才交流机构。根据《流动人员人事档案管理暂行规定》第七条第(三)项的精神，还应包括丢失学生档案的学校。国家党政机关丢失人事档案的纠纷比较少见，如其丢失人事档案也应当承担赔偿责任，但是该责任系民事赔偿责任还是国家赔偿责任，有待研究，故目前不宜按照民事案件受理。

2. 实践中，人事档案丢失纠纷比较常见，工人档案、学生档案丢失纠纷有上升趋势。由于后者在档案性质上都属于身份档案，故不宜厚此薄彼，人民法院也应当依法受理。对于非身份档案如医疗档案(病历)的丢失引发的诉讼，该如何受理，也值得研究。

3. 由于丢失有可能造成劳动者与用人单位发生有关工资保险、福利等劳动争议，因此将档案丢失纠纷作为普通民事案件受理，即与劳动争议案件竞合。于此场合，当事人可以选择直接以档案丢失纠纷起诉，也可以选择按照相关的劳动争议处理程序申请仲裁。

4. 补办档案的请求应当支持。补办档案的请求，属于《民法通则》第一百一十一条规定的“采取补救措施”范畴，也可视为第一百三十四条规定的“恢复原状”的承担民事责任的方式。大多数当事人起诉的目的，主要是补办档案，其次才是赔偿损失。如果不受理补办的诉讼请求，只受理赔偿请求，则难以充分保护当事人的合法利益，更可能纵容了侵权者的违法行为。审判实践中，如果能够补办的，人民法院应当支持补办档案的诉讼请求；至于补办的内容是否真实、全面，则属于单位内部行政管理范畴。对此类社会自治领域问题，司法不宜介入；确实无法补办的，则属于履行不能，人民法院不应支持补办档案的诉讼请求，但可以判决加重赔偿数额，以平衡当事人的利益。

——王胜全：《关于人事档案被原单位丢失后当事人起诉原用人单位补办人事档案并赔偿经济损失是否受理的请示与答复》，载苏泽林主编、最高人民法院立案庭编《立案工作指导》(总第12辑)，人民法院出版社2006年版，第58～62页。

589

被强制拍卖财产的权益人可以对拍卖机构提起侵权之诉

关键词 | 强制拍卖 | 拍卖机构 | 侵权之诉 |

【最高人民法院裁判文书】

上海泰瑞物业发展公司不服最高人民法院不予受理申请再审案[最高人民法院(2009)民再字第6号民事裁定书]

裁判要旨:人民法院强制拍卖中,被拍卖财产的财产权益人以拍卖机构侵害其财产权益为由向人民法院提起民事诉讼,请求确认拍卖无效并重新拍卖,人民法院应该立案受理。

最高人民法院认为:

根据《中华人民共和国民事诉讼法》第一百零八条的规定,确认泰瑞公司是否为本案适格的原告,需审查泰瑞公司的起诉是否属于人民法院受理民事诉讼的范围及泰瑞公司是否与本案有直接的利害关系。首先,泰瑞公司向上海市高级人民法院提起一审民事诉讼的主张是,上海市东方国际拍卖有限公司等五家拍卖公司接受人民法院的委托,对泰瑞公司和城南公司合作建房的沙家浜地块和在建工程进行拍卖,五家拍卖公司的拍卖行为违反了《中华人民共和国拍卖法》的规定,侵犯了泰瑞公司的合法权益。泰瑞公司认为五家拍卖公司的拍卖行为违反了《中华人民共和国拍卖法》的规定,侵害了其合法权益,属于平等主体之间的民事纠纷,应该接受民事法律的调整,故泰瑞公司起诉拍卖公司侵害了其财产权益,属于人民法院受理民事诉讼的范围。其次,泰瑞公司与城南公司在《合作建房合同》中约定,泰瑞公司负责建房费用且建房面积的60%归其所有的事实表明,泰瑞公司对五家拍卖公司拍卖的在建工程享有财产权益,故泰瑞公司请求人民法院保护其在与城南公司联合建房中的民事权益,其以原告的身份提起诉讼,与本案有直接的利害关系。所以,泰瑞公司的起诉符合《中华人民共和国民事诉讼法》第一百零八条规定的条件,其原告主体适格。原审裁定认为泰瑞公司不是适格的原告,属适用法律错误。

——江必新主编、最高人民法院审判监督庭编:《审判监督指导》(总第31辑),人民法院出版社2010年版,第101页。

【链接:最高人民法院法官著述】

根据民事诉讼法第108条关于起诉必须符合的条件的规定,本案的核心问题在于泰瑞公司起诉拍卖公司是否属于人民法院受理民事诉讼的范围;泰瑞公司作为原告是否与本案有直接的利害关系。

泰瑞公司起诉拍卖公司是否属于人民法院受理民事诉讼的范围问题。关于拍卖机构在接受人民法院委托拍卖活动中应遵守的一些特殊规则，最高人民法院作出了《关于人民法院民事执行中拍卖、变卖财产的规定》（法释〔2004〕16号），拍卖机构违反上述规定侵害当事人或利害关系人权益的，当事人或利害关系人可以通过执行程序解决。但拍卖机构违反《中华人民共和国拍卖法》规定的一般拍卖规则侵害利害关系人的合法权益以及拍卖活动产生的实体法律效果，属于民事法律调整范畴，拍卖机构在拍卖活动中违反上述规定，给权利人造成损失的，权利人有权提起侵权之诉。本案中，泰瑞公司作为与城南公司合作建房的利害关系人，认为五家拍卖机构违反拍卖法的一般拍卖规则，侵害了其合法权益，属于民事法律调整范畴，可以通过民事诉讼途径解决，泰瑞公司有权提起侵权之诉。故泰瑞公司起诉拍卖公司侵权，属于人民法院受理民事诉讼的范围。

泰瑞公司作为原告是否与本案有直接的利害关系。原告是否与本案有直接的利害关系是判断原告是否适格的主要标准。一般认为，民事诉讼法上的“与本案有直接的利害关系”主要是指请求法院保护的民事权益属于自己或受自己管理、支配。但在审查阶段对这种利害关系是作形式上的审查还是作适度审查，尚存争议。就本案来说，不管是作形式审查还是作适度审查，泰瑞公司提起诉讼时提交了其与城南公司的联合建房协议，用以证明其在被拍卖的沙家浜地块和在建工程中享有60%的份额，泰瑞公司完成了证明请求法院保护的民事权益属于自己或受自己管理、支配的证明义务，至于泰瑞公司与城南公司联合建房及泰瑞公司享有60%的份额这个事实是否真实，以及泰瑞公司从法律上对于被拍卖的财产是否真正具备财产权利人身份，应待案件受理后在实体审理中予以审查。所以，泰瑞公司作为原告起诉拍卖公司属于与本案有直接的利害关系。

泰瑞公司认为其合法权益受到侵害，先后向执行法院提出过执行异议和国家赔偿确认申请，执行法院答复泰瑞公司此不属于执行异议，也裁定不予确认违法。如果对泰瑞公司的起诉不予受理，那么泰瑞公司应该寻找哪一条司法救济途径，也是本案应该考虑的问题。

综上，泰瑞公司以侵权之诉起诉拍卖公司，其原告主体是适格的，泰瑞公司的再审申请应予支持，本案应该裁定撤销一、二审不予受理的裁定，指令上海市高级人民法院立案受理。

——张华：《人民法院强制拍卖中，被拍卖财产的权益人可否对拍卖机构提起侵权之诉》，载江必新主编、最高人民法院审判监督庭编：《审判监督指导》(总第31辑),人民法院出版社2010年版,第101~102页。

编者说明

最高人民法院在上述案例中认为,人民法院强制拍卖中,被拍卖财产的财产权益人以拍卖机构侵害其财产权益为由向人民法院提起民事诉讼,请求确认拍卖无效并重新拍卖的,人民法院应该立案受理。

590

就公证书效力不可单独提起民事诉讼

关键词 | 公证书效力 | 不予受理 |

【最高人民法院司法解释】

第二条 当事人、公证事项的利害关系人起诉请求变更、撤销公证书或者确认公证书无效的,人民法院不予受理,告知其依照公证法第三十九条规定可以向出具公证书的公证机构提出复查。

——《最高人民法院关于审理涉及公证活动相关民事案件的若干规定》(2014年5月16日,法释〔2014〕6号)

【链接:最高人民法院法官著述】

本解释最终采纳了不受理仅以请求撤销或更正公证书或确认公证书无效提起的民事诉讼,主要理由在于:其一,将公证书效力的认定作为一个单独的民事诉讼无法律依据。国外没有立法例,我国《民事诉讼法》也没有规定。全国人大法工委编写的《中华人民共和国公证法释义》一书也持该观点。其二,公证书仅是对原已存在的法律关系或法律事实采用公证的形式所进行的固定,只是一项证据,不需要单独对其效力进行认定。如果没有相反证据足以推翻公证书所认定的事实,人民法院应依据该证据对相关事实予以认定,公证书在该案件中不具有证明效力。当事人、公证事项的利害关系人可以依据人民法院生效裁判文书向公证机构申请撤销或变更公证书。其三,人民法院受理民事纠纷,是通过对法律事实真伪的确认，解决当事人之间的民事权利义务争议，而不是对争议涉及的某个证据进行客观事实真伪的确认。其四，民事诉讼确认的仅是证据证明的案件事实，即使可以作出撤销或更正公证书的裁决，也不能解决当事人、公证事项的利害关系人之间的争议，以公证机构为被告而请求人民法院解决公证书效力问题之后，仍须再提起一个以当事人为被告的诉讼才能最后解决争议，两次诉讼亦不符合诉讼经济原则。因此，人民法院可以综合案件审理情况，对公证书所证明的事实是否存在作出分析认定，但不应直接作出变更、撤销公证书或者确认公证书无效的判决。其五，当事人、公证事项的利害关系人对公证书内容产生争议，实际是对他们之间的权利义务有争议。从公证事项的办理实际来讲，当事人对自己申请的公证事项，还可以提出相关依据再申请一个新的公证书来推翻有错误的公证书。

——胡云腾、孙佑海主编，最高人民法院研究室、司法部律师公证工作指导司、中国公证协会编著：《最高人民法院审理涉公证民事案件司法解释理解与适用》，人民法院出版社 2014 年版，第 60 ~ 61 页。

591

公证机构作出的复查决定不具有可诉性

关键词 | 撤销公证书 | 复查决定 | 可诉性 |

【链接：最高人民法院法官著述】

对存在错误的公证书，当事人、公证事项利害关系人的申请人可向出具该公证书的公证机构提出复查申请，对当事人、公证事项利害关系人的申请，有两种可能性：一是公证机构拒绝撤销公证书；二是公证机构作出了撤销公证书的决定，但其他当事人、公证事项的利害关系人对公证机构作出的上述决定持有异议。

针对上述两种情况当事人是否可以提起民事诉讼问题，在《公证法》之后相继出台的《公证程序规则》第六十七条规定：“当事人、公证事项的利害关系人对公证机构作出的撤销公证书的决定有异议的，可以向地方公证协会投诉。投诉的处理办法，由中国公证协会制定。”该条文的指引性非常明确，即旨在明确：对公证机构作出的撤销公证书的决定有异议的，当事人、公证事项的利害关系人只能向地方公证协会投诉，不具有起诉的权利。

我们认同该观点。相应的条款内容有一个前提条件，即“公证书有错误”，对于公证书存在的这一“错误”，显然是不容置疑的，已经没有探讨的必要。至于认定“错误”存在的依据，或来自于当事人的自认，或来自于人民法院生效裁判对相关事实作出的分析认定，或来自于当事人重新申请制作的公证书，该公证书已足以推翻原公证书既有内容，或来自于足以推翻公证书所证明事项的其他相反证据，等等。故而，在“公证书有错误”这一前提下，经当事人、公证事项利害关系人提出复查申请，公证机构再次作出的撤销决定书，再次出现问题的概率是近乎于零的，对撤销决定书持有异议的概率也同样是近乎于零的。据此，没有必要再浪费资源单设一个给予法律救济途径的条款。

——胡云腾、孙佑海主编，最高人民法院研究室、司法部律师公证工作指导司、中国公证协会编著：《最高人民法院审理涉公证民事案件司法解释理解与适用》，人民法院出版社 2014 年版，第 68 ~ 70 页。

592

以公证机构行使职责不当造成损失起诉应以民事案件受理

关键词 | 公证 | 损害赔偿 | 证据保全 | 侵权责任 |

【最高人民法院司法解释】

第一条 当事人、公证事项的利害关系人依照公证法第四十三条规定向人民法院起诉请求民事赔偿的，应当以公证机构为被告，人民法院应作为侵权责任纠纷案件受理。

——《最高人民法院关于审理涉及公证活动相关民事案件的若干规定》(2014 年 5 月 16 日，法释〔2014〕6 号)

【链接：最高人民法院法官著述】

案例：1995 年 9 月，中国人民解放军六九一三工厂与程天保共同出资，成立中国人民解放军六九一三魔带总公司，生产经营过程中，双方发生争议。2002年12月4日，六九一三工厂以“防止国有资产流失”为由，申请公证处对魔带总公司的物品清点、整理、摄像拍照，进行证据保全。对企业法人营业执照、账本、单据、现金、印章等进行查封。魔带总公司向天水市秦城区人民法院提起行政诉讼，请求撤销公证处非法查封扣押行为，归还被强行拉走的全部财产，恢复生产经营原状并请求法院证据保全。

天水市秦城区人民法院审理认为，被告是代表国家行使证明权力的公证机关，执行的是国家的公证权，受司法行政机关领导，具有机关法人资格，其在本案中实施的行为涉及当事人权利、义务，符合人民法院行政诉讼受案范围。

天水市中级人民法院二审认为，天水市公证处是代表国家行使国家公证职权的法律授权的组织，其不具有国家行政管理职能，实施证据保全中所做的封签行为，不是具体行政行为，其不具备行政诉讼被告主体资格。据此，以本案不属行政诉讼案件受案范围，撤销了天水市秦城区人民法院〔2003〕秦行初字第1号行政判决，并驳回中国人民解放军六九一三魔带公司的起诉。

甘肃高院就本案是否应以行政案件受理请示。

结论：根据公证法第六条的规定，公证机构是依法设立，不以营利为目的，依法独立行使公证职能、承担民事责任的证明机构。据此，公证机构承担的是民事责任，而非行政责任，以公证机构行使职责不当造成损失起诉的，不能以行政案件受理。

理由：对于公证机构的性质，长期以来存在模糊认识。由于以往公证机构受司法行政部门领导，故不少观点认为公证机构属于行政机关，其公证行为属于行政行为。在本案原审过程中，根据国务院批复及司法部《关于深化公证工作改革的方案》，公证处正处于改制当中，对此类问题无明确定论。司法部律师公证工作指导司〔99〕司律公函91号《关于公证处办理证据保全公证中对物证能否采用封签进行封存的请示》的复函，认为公证机构实施证据保全行为，不具有行政机关查封性质。2005年8月28日公布，2006年3月1日施行的《公证法》第六条规定，公证机关是依法设立，不以营利为目的，依法承担民事责任的证明机构。从这一规定看，公证机构承担的是民事责任，而非行政责任。因此，天水市中级人民法院裁定本案不属于行政诉讼受案范围并无不当。

——阿依古丽、王胜全、李伟、刘小飞：《新型疑难民商事案件受理问题（下）》，载苏泽林主编、最高人民法院立案庭编：《立案工作指导》（总第13辑），人民法院出版社2007年版，第61～62页。

593

对公证书内容有争议可以提起民事诉讼

关键词｜公证书｜民事诉讼｜

【最高人民法院司法解释】

第三条 当事人、公证事项的利害关系人对公证书所公证的民事权利义务有争议的,可以依照公证法第四十条规定就该争议向人民法院提起民事诉讼。

——《最高人民法院关于审理涉及公证活动相关民事案件的若干规定》(2014年5月16日,法释〔2014〕6号)

【链接:最高人民法院法官著述】

当事人、公证事项的利害关系人对公证事项所涉及的实体权利义务有争议,才可以提起民事诉讼,不是实体性的权利义务争议,不能提起民事诉讼。比如,当事人、公证事项的利害关系人对公证的程序有异议,可以请求公证机构予以改正,或者请求司法行政管理部门进行处理。再如,当事人、公证事项的利害关系人对公证书的文字表述有异议,认为确有错误的,可以请求公证机构更正。这些都没有必要提起民事诉讼。如果一项公证违背事实与法律,给当事人、公证事项的利害关系人造成损失,则当事人、公证事项的利害关系人可以起诉至法院,请求公证机构承担赔偿责任。这种情况适用《公证法》第四十三条的规定,不是本解释第三条所要解决的问题。

当事人依据本条提起民事诉讼,与一般的民事诉讼相同,都必须符合下列条件:原告是与本案有直接利害关系的公民、法人和其他组织;有明确的被告;有具体的诉讼请求和事实、理由;属于人民法院受理民事诉讼的范围和受诉人民法院管辖。在这四个条件中,如何确定被告是处理此类案件的难点问题。我们认为,此类诉讼解决的是当事人、公证事项的利害关系人之间的民事实体权利义务争议,对公证证据的认定仅仅是人民法院在处理此类诉讼案件过程中需要审查的一项内容,公证机构在诉讼中不享有民事权利、负担义务。因此,应以其他当事人或者公证事项的利害关系人为被告。实践中,当事人、公证事项的利害关系人依据本条规定以公证机构为被告提起诉讼的,人民法院应当裁定驳回原告对公证机构的起诉。

当事人、公证事项的利害关系人依据本条规定提起民事诉讼，人民法院在审理案件过程中不可避免地要审查各类证据，其中包括公证书。公证书具备了诉讼证据的基本特征，具有不同于一般证据的特殊证明力。即只要没有“相反证据”或者虽有相反证据但不能“足以推翻”公证机构的公证证明，人民法院就应当将其作为一项有效的证据。但是，如果有相反证据推翻公证书认定的事实，则对公证书的证明不能采纳，公证书自然失去证据效力。

——胡云腾、孙佑海主编，最高人民法院研究室、司法部律师公证工作指导司、中国公证协会编著：《最高人民法院审理涉公证民事案件司法解释理解与适用》，人民法院出版社2014年版，第82～87页。

594

具有强制执行效力的公证债权文书的可诉性

关键词｜公证债权文书｜强制执行力｜可诉性｜

【最高人民法院司法解释】

第三条 当事人、公证事项的利害关系人对具有强制执行效力的公证债权文书的民事权利义务有争议直接向人民法院提起民事诉讼的，人民法院依法不予受理。但是，公证债权文书被人民法院裁定不予执行的除外。

——《最高人民法院关于审理涉及公证活动相关民事案件的若干规定》(2014年5月16日，法释〔2014〕6号)

根据《中华人民共和国民事诉讼法》第二百一十四条和《中华人民共和国公证法》第三十七条的规定，经公证的以给付为内容并载明债务人愿意接受强制执行承诺的债权文书依法具有强制执行效力。债权人或者债务人对该债权文书的内容有争议直接向人民法院提起民事诉讼的，人民法院不予受理。但公证债权文书确有错误，人民法院裁定不予执行的，当事人、公证事项的利害关系人可以就争议内容向人民法院提起民事诉讼。

——《最高人民法院关于当事人对具有强制执行效力的公证债权文书

的内容有争议提起诉讼人民法院是否受理问题的批复》(2008年12月22日,法释〔2008〕17号)

【最高人民法院审判业务意见】

具有强制执行效力的公证债权文书的范围确定以及能否再据此提起诉讼的问题,涉及公证程序和诉讼程序的衔接。民事诉讼法第二百一十四条规定具有强制执行效力的公证债权文书为申请强制执行的依据。我院法释〔2008〕17号《关于当事人对具有强制执行效力的公证债权文书的内容有争议提起诉讼人民法院是否受理问题的批复》(以下简称《批复》)规定:债权人或者债务人对该债权文书的内容有争议直接向人民法院提起民事诉讼的,人民法院不予受理。但公证债权文书确有错误,人民法院裁定不予执行的,当事人、公证事项的利害关系人可以就争议内容向人民法院提起民事诉讼。结合我们征求的我院有关部门的意见,我们对这一问题谈谈以下意见。

第一,在认定具有强制执行效力的公证债权文书时应严格把握认定标准,不能作扩大解释,以防不当限制当事人的诉权。其一,并非对所有公证文书内容发生争议时均不能向法院提起诉讼。对不具强制执行效力的公证债权文书,由于其非执行依据,所以当事人因对其产生争议向法院提起诉讼的,法院应当受理。其二,对不能向法院提起诉讼的公证债权文书,应当具备两个条件,一是该债权文书必须以给付为内容,二是必须载明债务人愿意接受强制执行的承诺。对没有给付内容,或者没有载明债务人愿意接受强制执行承诺的债权文书,不得适用《批复》。实践中关于是否为载明债务人愿意接受强制执行承诺的债权文书认定,应注意结合当事人间的债权文书、公证申请书、进行公证时的谈话笔录、公证书上载明的内容等进行综合认定。

第二,在当事人能否提起诉讼的问题上,司法实践中还存在争议,需要进一步研究解决。其一,《批复》中规定的公证债权文书"确有错误"需要明确,尤其是如何协调当事人对该公证债权文书内容有争议和该公证债权文书确有错误的关系。而且公证债权文书确有错误时,是否必须全部经法院的执行机构裁定不予执行后才可以向法院起诉。其二,申请执行期限经过后,债权人起诉法院应否受理的问题,目前存有两种观点。一种观点认为,应严格依据《批复》的规定,只有公证债权文书确有错误,法院裁定不予执行时法院才应受理。另一种观点认为,《批复》制定的初衷是为了简化程序而非否定当事人的实体权利。从有利于债权人的角度看,即使其未在申请执行期间内申请执行,也不应认定当事人放弃了诉讼权利。因此,该期间经过后债权人提起诉讼的,人民法院应予受理。否则,债权人本来为保护自己的债权申请办理了具有强制执行效力的公证,最终却因此丧失诉讼权利,这是不合理的。其三,申请强制执行期间经过后当事人对公证债权文书中的给付内容重新达成协议的,一方依据该协议向法院提起诉讼法院应否受理的问题也存在两种观点。一种观点认为,应认定该公证债权文书重新恢复了强制执行效力,当事人可以向法院申请强制执行但不能向法院提起诉讼。另 ·种观点认为,应参照最高人民法院民立他字〔2001〕第34号《最高人民法院关于当事人对人民法院生效法律文书所确定的给付事项超过申请执行期限后又重新就其中的部分给付内容达成新的协议的应否立案的批复》规定的精神,视为当事人之间形成了新的民事法律关系,只要符合起诉条件,人民法院就应当受理。这些意见如何取舍,需要我们进一步研究。

——宋晓明:《商事审判若干疑难问题的探讨——在全国法院商事审判工作会议上的讲话(摘录)》,载最高人民法院民事审判第二庭编:《商事审判指导》(总第23辑),人民法院出版社2011年版,第32~33页。

【链接:最高人民法院法官著述】

在司法实务中,还应注意正确理解“对债权文书有争议”和“公证债权文书确有错误”的关系问题。《批复》规定,债权人或者债务人对该债权文书的内容有争议直接向法院提起诉讼的,法院不予受理。但公证债权文书确有错误的,即可以受理。这引发相关质疑,认为,既然是存在争议,那么一般而言,公证债权文书载明的债权也应为确有错误,既然确有错误向人民法院起诉后应予受理,那么,为何要对“有争议”和“确有错误”的情形下是否受理进行不同规定呢?关于该问题,有两种观点。一种观点认为,正如前文所述,申请具有强制执行效力的公证债权文书具有相关条件限制,其中之一便是当事人对债权债务关系没有争议。因此,如果具有强制执行效力的公证债权文书并无错误,而当事人又以其对债权文书的内容有争议为由提起诉讼的,则无疑将具有强制执行效力的公证文书制度置于虚设。当然,在当事人事后对债权文书的内容确有争议,而且有证据证明属于公证债权文书确有错误的情形,应否定该公证债权文书的强制执行力,允许当事人提起诉讼。由此可见,两者并非完全对立的关系,在有争议且确有错误的情形下存在交叉和重合。另一种观点认为,两者规定的是两种情形,不存在交叉适用的问题。

关于债权人放弃具有强制执行效力的公证书提起诉讼的，人民法院应否受理问题也值得深入研究，现主要有三种观点。第一种观点认为，法律规定，具有强制执行效力的公证书是执行依据，债权人放弃该公证文书所具有的强制执行力而提起诉讼的，系其自动放弃具有强制执行效力的执行依据，而选择另行获得强制执行依据的诉讼程序，其有权自由处分自己的程序权利，如果不损害社会、国家和他人利益，则应认可其效力。一般而言，在债务人不提出异议的情形下，应予受理。这与当事人签订了仲裁协议后又提起诉讼的道理相同，如果对方当事人不提出异议的，应视为双方当事人对采用诉讼的方式解决争议达成了一致意见，法院应予受理。第二种观点认为，无论债务人是否同意，只要债权人放弃该具有强制执行效力的公证文书，即可以提起诉讼。因为规定具有强制执行效力的公证债权文书具有强制执行效力，是为了给予债权人一个简便实现债权的方式，同时也避免债务人在申请了具有强制执行效力的公证债权文书的情形下仍然提起诉讼、恶意拖延偿债时间。简言之，具有强制执行效力的公证债权文书制度的设立，主要是为了保护债权人的债权实现。基于这一立法目的，如果债权人愿意放弃该实现债权的方式而选择诉讼的话，法院应予支持，债务人同意与否，并不重要。这样理解，对于弥补《批复》对债权人的债权保护不力的不足具有意义。但为了不给债务人增加诉讼负担和诉讼成本，应对债权人在该情形下提起诉讼的权利进行一定的限制，即在申请强制执行期限内，债权人放弃具有强制执行效力的公证债权文书提起诉讼的，除非债务人同意，否则不予支持。在申请强制执行期限经过后，债权人提起诉讼的，应予支持。第三种观点认为，债权人放弃具有强制执行效力的公证文书与放弃仲裁并不相同。前者已经获得了强制执行依据，后者只是确定了纠纷的解决方法，而尚未取得强制执行依据。换言之，已经取得了具有强制执行效力的公证文书的法律效力是已经取得了具有强行执行力的法律依据，其效力相当于已经通过了仲裁的方式取得了仲裁裁决，在取得了仲裁裁决这一具有强制执行效力的依据后，是不可能再放弃已经生效的仲裁裁决另行提起诉讼的，这违反了一事不再理的原则。因此，无论强制执行期限是否经过，债权人放弃具有强制执行效力的公证文书而提起诉讼的，均不应予以支持，当然，债务人同意的情形除外。尽管本观点与第一种观点的结果相同，但理由并不相同。如果债权人放弃具有强制执行效力的公证的申请，且债务人同意的，其法理才与放弃仲裁协议另行起诉的法理相同。

应予指出的是，尽管《批复》作出上述规定，但在司法实务中，如果严格按照其规定进行裁决,可能存在由于当事人可能对具有强制执行效力的公证债权文书的效力认识不清而没有及时申请强制执行,申请强制执行期限经过后其诉权以及实体权利得不到保护,与该制度保护债权人债权的设定目的相悖问题的发生。当然,我们并不否认,债权人在其中具有过错,但是否因其具有过错就不会给予相应的救济措施?在诉讼程序中,因规定了两审终审制以及审判监督程序,对当事人的权利救济较为充分。在仲裁程序中,虽然规定的是一裁终局制,但其有较为复杂的仲裁程序,且民众一般对其法律效力理解和认识较为清晰。但在司法实务中,具有强制执行效力的公证书作出程序相对于法院裁判文书以及仲裁裁决文书的作出程序较为简单,致使当事人产生其与法院裁判文书和仲裁裁决文书并非具有同等裁决效力的错误印象。也易使民众产生对其公正性、合法性的质疑。而且,由于采用具有强制执行效力的公证书获得强制执行依据的行为较之提起诉讼或申请仲裁为少,致使一般民众对其法律效力没有充分的了解和认识。再有,民众对公证机关为司法行政机关而非司法裁决机关的性质认识也导致其对具有强制执行效力的公证债权文书的法律效力认识不够。此外,在司法实务中,使用较多的公证为具有证明效力的公证而非具有强制执行效力的公证,这也使一般民众对具有强制执行效力的公证债权文书的效力认识出现偏差。正因为此,在对《批复》的适用进行讨论时,有观点认为,从有利于债权人的角度进行解释,在申请强制执行期限内,债权人没有申请执行,不应认定放弃诉讼权利。《批复》制定的初衷应当是为了简化程序,但不应当由此否定当事人的实体权利。为兼顾两个方面的因素,对于《批复》可否进一步解释为:第一,在公证文书规定的申请期内,当事人直接向法院起诉的,法院不予受理——此种处理方式,主要是为了简化程序,将债务人的纠缠起诉挡在法院门外,也督促债权人及时申请执行。第二,在公证文书规定的申请期外如果债权人没有申请执行而提起诉讼的,法院应当受理——此种处理方式的理由在于,放弃申请执行权(无论是主动,还是因疏忽而未申请执行),不等于放弃诉讼权利,否则就会产生极不合理的结果。本来债权人为了保证自己的债权,已经采取了相应的措施,包括公证催收等,反倒因为多设了一道方便执行的公证强制执行程序,最终丧失诉讼的权利。此结果难谓公平,也有违该制度的最初设定目的。但也有观点对此观点提出质疑,认为,依据该观点,可能存在权利人故意拖延申请执行,待申请强制执行期限过后再向人民法院起诉问题。

综上,我们认为,公证债权文书制度的存在有其合理性,其为债权人提供了一种快捷、简易实现其债权的方式,对于保护债权具有积极意义,但其适用中也存在不良法律效果。因此,在现有的法律制度框架内,较好的解决方法是我们应结合其立法目的,既要维持现有司法解释的基本观点,同时也增加衔接诉讼的多种途径以及放宽适用条件。具体而言,在适用上应坚持两个原则:一是不宜扩大适用;二是坚持做有利于债权人的理解,防止其成为债务人恶意逃债及不诚信行为的保护伞。此外,应继续加强对《批复》相关问题的研究,以期完善。

——张雪楳:《当事人对具有执行效力的公证债权文书的内容有争议提起诉讼,人民法院应否受理——兼论公证程序与诉讼程序的衔接以及法释〔2008〕17号批复的理解与适用》,载最高人民法院民事审判第二庭编:《商事审判指导》(总第23辑),人民法院出版社2011年版,第72~78页。

595

商标权纠纷案件的受理

关键词|商标专用权|收案范围|

【最高人民法院司法解释】

第一条 人民法院受理以下商标案件:

1. 不服国务院工商行政管理部门商标评审委员会(以下简称商标评审委员会)作出的复审决定或者裁定的案件;
2. 不服工商行政管理部门作出的有关商标的具体行政行为的案件;
3. 商标专用权权属纠纷案件;
4. 侵犯商标专用权纠纷案件;
5. 商标专用权转让合同纠纷案件;
6. 商标许可使用合同纠纷案件;
7. 申请诉前停止侵犯商标专用权案件;
8. 申请诉前财产保全案件;
9. 申请诉前证据保全案件;
10. 其他商标案件。

——《最高人民法院关于审理商标案件有关管辖和法律适用范围问题的解释》(2002年1月9日,法释〔2002〕1号)

【最高人民法院审判业务意见】

35. 在酒业公司与湘西公司等确认商标申请权权属案[（2010）民监字第407号]中，最高人民法院认为，当事人在商标注册申请过程中因申请权权属发生的争议，属于民事纠纷，只要符合民事诉讼法第一百零八条规定的条件，人民法院即应予以受理。

——《最高人民法院知识产权案件年度报告（2010）》

【《最高人民法院公报》案例】

广东省轻工业品进出口集团公司与TMT贸易公司商标权属纠纷上诉案[最高人民法院（1998）知终字第8号民事判决书]

裁判要旨：商标权属纠纷属于民事确认之诉，应当属于法院民事诉讼收案范围。

最高人民法院认为：

商标权是一项民事财产权，虽然法律对商标权的取得、期限、转让等方面有特殊的规定，但未将权属的确认权授予行政机关。从商标权的性质看，权属诉讼属于民事确认之诉，应当属于人民法院民事诉讼收案范围。上诉人轻工业品公司关于商标权属纠纷不属于人民法院收案范围的上诉理由不能成立。

——《最高人民法院公报》2000年第4期

编者说明

本案中，TMT公司以轻工业品公司违背双方的委托约定，意图侵吞TMT公司委托其在国内注册的商标，阻止TMT公司定牌加工产品的进出口，造成其经济损失为由，向广东省高级人民法院起诉，请求判令终止其委托轻工业品公司在国内注册和管理TMT、TMC、SMT商标的关系，也就是请求将广东省轻工业品进出口（集团）公司在国内注册的TMT、TMC、SMT文字及文字与图形组合商标的商标专用权判归TMT贸易有限公司所有。本案一审法院将此案定性为商标权属纠纷是正确的，但对于商标权属纠纷法院能否受理问题，由于在审理本案时我国的法律法规及司法解释没有作出明确规定，存在两种观点：一种观点认为，商标权属纠纷应该由商标评审委员会处理；另一种观点认为法院有权受理商标权属纠纷。第一种观点的依据是1993年《商标法》第27条第1、2款的规定，这两款的内容实际上是确定了由商标评审委员会裁定处理的几种情形：一是违反《商标法》第8条规定的；二是以欺骗手段或其他不正当手段取得注册的;三是除前两种情形外,对已经注册的商标有争议的。其中,第一种和第二种情形的内容确定,解决的是应否核准注册或注册是否得当的问题,都不是商标权属争议,第三种情形内容不确定,是否指商标权属纠纷,法律、法规没有进一步明确。因此,应该说当时的《商标法》并没有对此问题作出明确规定。第二种观点的理由是,商标专用权作为一种知识产权,是一项民事财产权,依照2007年《民事诉讼法》第108条的规定,符合该条规定的民事诉讼法院都应当受理,并未将商标专用权排斥在外。而且,著作权和专利权的权属纠纷法律和司法解释明确规定由法院管辖,商标权属纠纷也应该由法院管辖。本案一、二审法院所持都是第二种观点,均认为商标权属纠纷应当属于人民法院民事诉讼收案范围,只是在理由阐述上有所不同。本案审结后,最高人民法院出台了自2002年1月21日起施行的《关于审理商标案件有关管辖和法律适用范围问题的解释》,该解释的第1条明确规定商标专用权属纠纷案件由人民法院受理,该解释肯定了本案一、二审法院对本案纠纷的管辖问题所作的认定。

596

低价倾销不正当竞争纠纷案件的受理

关键词 | 低价倾销 | 不正当竞争 | 受理 |

【最高人民法院答复】

辽宁省高级人民法院:

你院〔2010〕辽立二民申字第00254号《关于申请再审人华润雪花啤酒(辽宁)有限公司与被申请人北方绿色食品股份有限公司清河墨尼啤酒分公司不正当竞争、垄断纠纷一案的请示报告》收悉。经研究,批复如下:

依据《中华人民共和国反不正当竞争法》第二十条第二款的规定,凡经营者的合法权益因不正当竞争行为受到损害的,都可以向人民法院提起民事诉讼。因此,经营者依据《中华人民共和国反不正当竞争法》第十一条的规定以低价倾销不正当竞争纠纷向人民法院提起民事诉讼的,人民法院应当依法受理,并可以参照《最高人民法院关于审理不正当竞争民事案件应用法律若干问题的解释》第十八条的规定确定管辖。如果原告同时依据《中华人民共和国反垄断法》的有关规定以垄断纠纷提出诉讼请求的,则全案宜由省会市或者计划单列市中级人民法院管辖。

此复。

——《最高人民法院关于人民法院应否受理低价倾销不正当竞争纠纷及其管辖确定问题的批复》(2010 年 10 月 15 日,〔2010〕民三他字第 13 号)

597

票据纠纷案件的受理

关键词 | 票据纠纷 | 受理 |

【最高人民法院司法解释】

第一条 因行使票据权利或者票据法上的非票据权利而引起的纠纷,人民法院应当依法受理。

第二条 依照票据法第十条的规定,票据债务人(即出票人)以在票据未转让时的基础关系违法、双方不具有真实的交易关系和债权债务关系、持票人应付对价而未付对价为由,要求返还票据而提起诉讼的,人民法院应当依法受理。

第三条 依照票据法第三十六条的规定,票据被拒绝承兑、被拒绝付款或者汇票、支票超过提示付款期限后,票据持有人背书转让的,被背书人以背书人为被告行使追索权而提起诉讼的,人民法院应当依法受理。

第四条 持票人不先行使付款请求权而先行使追索权遭拒绝提起诉讼的,人民法院不予受理。除有票据法第六十一条第二款和本规定第三条所列情形外,持票人只能在首先向付款人行使付款请求权而得不到付款时,才可以行使追索权。

——《最高人民法院关于审理票据纠纷案件若干问题的规定》(2000 年 11 月 14 日,法释〔2000〕32 号)

【链接：最高人民法院法官著述】

依照民事诉讼法第 27 条的规定,因票据纠纷提起的诉讼,由票据支付地或者被告住所地人民法院管辖。一案当前,什么纠纷属于票据纠纷,法院是否应当受理,这是需要首先解决的问题。《规定》第 1 条即明确规定了何为票据纠纷。

所谓票据纠纷,是指因行使票据权利或者票据法上的非票据权利而引起的纠纷。当事人因此类纠纷而向人民法院提起诉讼,凡符合民事诉讼法第 108 条规定条件的，人民法院都应当受理。最高人民法院在前不久发布的《民事案件案由规定（试行）》中确定票据纠纷的案由时，以此为基点，确定了票据付款请求权纠纷、票据追索权纠纷、票据交付请求权纠纷、票据返还请求权纠纷、票据损害赔偿纠纷、票据利益返还请求权纠纷、汇票回单签发请求权纠纷七种案由。

依照票据法第4条的规定，票据权利是指持票人向票据债务人请求支付票据金额的权利，包括付款请求权和追索权。付款请求权是持票人享有的第一顺序权利，付款请求权实现之日亦即追索权消灭之时；追索权是持票人享有的第二顺序权利，唯有在付款请求被拒绝或者法定情形出现时才可以行使。因此，持票人不先行使付款请求权而先行使追索权遭拒绝提起诉讼的，人民法院一般不予受理，除非有票据法第61条第2款和《规定》第3条所列情形之一。付款是付款人按照票据文义支付票据所载金额，以消灭票据关系的行为。汇票付款请求权纠纷的当事人一般是持票人与承兑人或者付款人，本票付款请求权纠纷的当事人一般是持票人与出票人，支票付款请求权纠纷的当事人一般是持票人与办理支票存款业务的银行。追索权纠纷的当事人一般是持票人与票据的出票人、背书人、承兑人、保证人等。票据法上的非票据权利，是指基于票据法的规定产生的但不是由票据行为直接产生的权利，是票据价款以外的债权关系，譬如票据交付请求权（票据法第55条）、票据返还请求权（票据法第10条、第12条）、票据损害赔偿请求权（票据法第105条至第107条）、票据利益返还请求权（票据法第18条）和汇票回单签发请求权（票据法第41条）。

——曹守晔、王小能、汪治平、吕方：《〈关于审理票据纠纷案件若干问题的规定〉的理解与适用》，载《人民司法》2001年第4期。

598

与证券交易所监管职能相关的诉讼案件范围

关键词 | 证券交易所 | 受案范围 |

【最高人民法院司法解释】

二、与证券交易所监管职能相关的诉讼案件包括：

（一）证券交易所根据《中华人民共和国公司法》、《中华人民共和国证券

法》、《中华人民共和国证券投资基金法》、《证券交易所管理办法》等法律、法规、规章的规定，对证券发行人及其相关人员、证券交易所会员及其相关人员、证券上市和交易活动做出处理决定引发的诉讼；

（二）证券交易所根据国务院证券监督管理机构的依法授权，对证券发行人及其相关人员、证券交易所会员及其相关人员、证券上市和交易活动做出处理决定引发的诉讼；

（三）证券交易所根据其章程、业务规则、业务合同的规定，对证券发行人及其相关人员、证券交易所会员及其相关人员、证券上市和交易活动做出处埋决定引发的诉讼；

（四）证券交易所在履行监管职能过程中引发的其他诉讼。

三、投资者对证券交易所履行监管职责过程中对证券发行人及其相关人员、证券交易所会员及其相关人员、证券上市和交易活动做出的不直接涉及投资者利益的行为提起的诉讼，人民法院不予受理。

——《最高人民法院关于对与证券交易所监管职能相关的诉讼案件管辖与受理问题的规定》（2005 年 1 月 25 日，法释〔2005〕1 号）

【最高人民法院司法政策】

各省、自治区、直辖市高级人民法院，解放军军事法院，新疆维吾尔自治区高级人民法院生产建设兵团分院：

为正确、及时地管辖、审理与中国证券登记结算有限责任公司履行职能相关的诉讼案件，特作如下通知：

一、根据《中华人民共和国民事诉讼法》第三十七条和《中华人民共和国行政诉讼法》第二十二条的有关规定，指定中国证券登记结算有限责任公司及其分支机构所在地的中级人民法院分别管辖以中国证券登记结算有限责任公司或其分支机构为被告、第三人的下列第一审民事和行政案件：

1. 中国证券登记结算有限责任公司或其分支机构根据法律、法规、规章的规定，进行证券登记、存管、结算业务或对结算参与人及其他相关单位和人员作出处理决定引发的诉讼；

2. 中国证券登记结算有限责任公司或其分支机构根据法律、法规的授权和国务院证券监督管理机构的依法授权，进行证券登记、存管、结算业务或对结算参与人及其他相关单位和人员作出处理决定引发的诉讼；

3. 中国证券登记结算有限责任公司或其分支机构根据其章程、业务规则的规定以及相关业务合同、协议、备忘录的约定,进行证券登记、存管、结算业务或对结算参与人及其他相关单位和人员作出处理决定引发的诉讼;

4. 中国证券登记结算有限责任公司或其分支机构在履行证券登记、存管、结算职能过程中引发的其他诉讼。

二、其他人民法院在本通知下发之日前受理的上述案件,已经开庭审理的,继续审理;尚未开庭审理的,移送指定法院审理。

——《最高人民法院关于中国证券登记结算有限责任公司履行职能相关的诉讼案件指定管辖问题的通知》(2007 年 6 月 20 日,法〔2007〕177 号)

【最高人民法院答复】

上海市高级人民法院:

你院沪高法〔2001〕236 号《关于上海水仙电器股份有限公司股票终止上市后引发的诉讼应否受理等问题的请示》收悉。经研究,答复如下:

一、水仙公司作为上市公司,虽已被证监会终止上市,但其作为独立法人的资格并不因此受到影响,对债权人以水仙公司为被告提起的民事诉讼,只要符合《民事诉讼法》第一百零八条规定的起诉条件,人民法院以受理为宜。

二、根据《公司法》和《证券法》的规定,证监会是依法具有行政职权的证券市场的监督管理者。证监会按照其法定职权针对特定的上市公司作出的退市决定,属于在《行政诉讼法》中可诉的具体行政行为,股东对证监会作出的退市决定提起诉讼的,人民法院应依法受理。

三、关于正在审理、执行的民事案件是否中止审理、执行的问题,法律已有明确规定,不属请示的范围,可由你院根据案件的具体情况依法视情而定。

以上意见供参考。

——《最高人民法院关于上海水仙电器股份有限公司股票终止上市后引发的诉讼应否受理等问题的复函》(2001 年 7 月 17 日,〔2001〕民立他字第 32 号)

【链接：最高人民法院法官著述】

登记结算公司日常从事的行为很多，有履行职能的行为，还有普通的民事行为，这些行为都可能引发诉讼。如何在《最高人民法院关于中国证券登记结算有限责任公司履行职能相关的诉讼案件受理与管辖问题的通知》中界定哪些属于履行职能的行为，并实行指定管辖呢？《通知》根据登记结算公司履行职能行为的法律渊源将所有的行为概括为三类，又在每一类中进行细化，第一类是登记结算公司或其分支机构根据法律、法规、规章的规定，进行证券登记结算业务或对登记结算参与人及其相关人员作出处理决定引发的诉讼；第二类是登记结算公司或其分支机构根据法律、法规的授权和国务院证券监督机构的依法授权，进行证券登记结算业务或对登记结算参与人及其相关人员作出处理决定引发的诉讼；第三类是登记结算公司或其分支机构根据其章程、业务规则的规定以及相关业务合同、协议、备忘录的约定，进行证券登记结算业务或对登记结算参与人及其相关人员作出处理决定引发的诉讼。除列举以上三大类外，《通知》还作了一款兜底性的概括规定，即登记结算公司或其分支机构在履行证券登记结算职责过程中引发的其他诉讼。

——最高人民法院立案庭编、苏泽林主编：《立案工作指导》（总第15辑），人民法院出版社2008年版，第57~58页。

599

证券回购纠纷案件的受理

关键词 | 证券回购纠纷 | 受理 |

【最高人民法院司法政策】

1995年10月27日，中国人民银行、财政部、中国证监会《关于认真清偿证券回购到期债务的通知》（银传〔1995〕80号）规定对同属一家金融机构的分支机构，分别以会员资格参加市场交易，发生证券回购纠纷应由其共同所属金融机构协调解决。

目前,有些交易场所为解决金融债务链,对部分相互拖欠的证券回购资金,通过交易场所作了对冲。如果以当事人协议的方式对冲的,因其债权债务关系已经合法转移而应予承认,如当事人反悔而向法院起诉的,不予受理。如果以其他方式强行对冲的,由于变更、转移债权债务关系是当事人的权利,有的债权人或者债务人不同意对冲而起诉至法院的,人民法院应依法受理。

对已经人民法院判决或调解的证券回购案件,因政策调整而当事人申请再审的,人民法院不再重新处理。

——《最高人民法院召开审理证券回购纠纷案件座谈会纪要》(1997年1月9日)

600

关于被风险处置证券公司相关案件的受理

关键词 | 被风险处置 | 证券公司 | 托管受理 |

【最高人民法院司法政策】

1. 为统一、规范证券公司风险处置中个人债权的处理,保持证券市场运行的连续性和稳定性,中国人民银行、财政部、中国银行业监督管理委员会、中国证券监督管理委员会联合制定发布了《个人债权及客户证券交易结算资金收购意见》。国家对个人债权和客户交易结算资金的收购,是国家有关行政部门和金融监管机构采取的特殊行政手段。相关债权是否属于应当收购的个人债权或者客户交易结算资金范畴,系由中国人民银行、金融监管机构以及依据《个人债权及客户证券交易结算资金收购意见》成立的甄别确认小组予以确认的,不属人民法院审理的范畴。因此,有关当事人因上述执行机关在风险处置过程中甄别确认其债权不属于国家收购范围的个人债权或者客户证券交易结算资金,向人民法院提起诉讼,请求确认其债权应纳入国家收购范围的,人民法院不予受理。国家收购范围之外的债权,有关权利人可以在相关证券公司进入破产程序后向人民法院申报。

2. 托管是相关监管部门对高风险证券公司的证券经纪业务等涉及公众客户的业务采取的行政措施,托管机构仅对被托管证券公司的经纪业务行使经营管理权，不因托管而承继被托管证券公司的债务。因此，有关权利人仅以托管为由向人民法院提起诉讼，请求判令托管机构承担被托管证券公司债务的，人民法院不予受理。

——《最高人民法院关于依法审理和执行被风险处置证券公司相关案件的通知》（2009 年 5 月 26 日，法发〔2009〕35 号）

【最高人民法院裁判文书】

东北证券股份有限公司与江苏东恒国际集团有限公司投资顾问分公司、东北证券股份有限公司南京瑞金证券营业部侵权纠纷案［最高人民法院（2009）民提字第 136 号民事判决书］

裁判要旨：证券公司风险处置过程中，国家对客户交易结算资金的收购，是国家有关行政机关和金融机构采取的特殊行政措施，账户内的资金是否属于应当由国家收购的客户交易结算资金范畴，系由中国人民银行、金融监管机构以及依据《收购意见》成立的甄别确认小组予以确认的，不属于人民法院审理的范围。

——最高人民法院民事审判第二庭编：《最高人民法院商事审判指导案例 5 · 下》，中国法制出版社 2011 年版，第 681 ~693 页。

601

存单纠纷案件的范围和案由

关键词 | 存单纠纷 | 受案范围 | 案由 |

【最高人民法院司法解释】

第一条 存单纠纷案件的范围

（一）存单持有人以存单为重要证据向人民法院提起诉讼的纠纷案件；

（二）当事人以进帐单、对帐单、存款合同等凭证为主要证据向人民法院提起诉讼的纠纷案件；

（三）金融机构向人民法院起诉要求确认存单、进帐单、对帐单、存款合同等凭证无效的纠纷案件；

（四）以存单为表现形式的借贷纠纷案件。

第二条 存单纠纷案件的案由

人民法院可将本规定第一条所列案件，一律以存单纠纷为案由。实际审理时应以存单纠纷案件中真实法律关系为基础依法处理。

——《最高人民法院关于审理存单纠纷案件的若干规定》（1997年12月11日，法释〔1997〕8号）

【链接：最高人民法院法官著述】

《若干规定》限制适用于存单纠纷案件。存单纠纷案件的概念和范围是从当前出现的众多存单纠纷中抽象出来的，有存单持有人诉金融机构的，也有金融机构诉存单持有人的，这些都包括在存单纠纷案件中。另外，由于目前金融机构在开展存款活动中不一定都给存款人开具存单，有的只给相对人出具进账单、对账单、存款合同，不开存单，故《若干规定》将持进账单、对账单、存款合同提起诉讼的纠纷案件，也视为存单纠纷案件。统一将存单纠纷案件以存单纠纷为案由，避免了各地法院在案由确定上的不一致，也避免因案由不同影响案件的管辖。

——曹士兵：《对〈关于审理存单纠纷案件的若干规定〉的理解与适用》，载《人民司法》1998年第2期。

602

存款人依储蓄合同可提起民事诉讼

关键词 | 骗取存款 | 储蓄合同 | 刑事犯罪 | 受案范围 |

【最高人民法院司法解释】

四川省高级人民法院：

你院《关于存款人泄露银行储蓄卡密码导致存款被他人骗取引起的纠纷应否作为民事案件受理的请示》收悉。经研究，答复如下：

因银行储蓄卡密码被泄露，他人伪造银行储蓄卡骗取存款人银行存款，存款人依其与银行订立的储蓄合同提起民事诉讼的,人民法院应当依法受理。

——《最高人民法院关于银行储蓄卡密码被泄露导致存款被他人骗取引起的储蓄合同纠纷应否作为民事案件受理问题的批复》(2005年7月25日,法释〔2005〕7号)

【链接：最高人民法院法官著述】

虽然银行储蓄卡密码被泄露,他人伪造储蓄卡而骗取了银行存款,其中已经涉及刑事犯罪,但存款人依据存款合同主张其存款权利的,可以向人民法院提起民事诉讼。其主要理由如下：

1. 当事人是基于民事关系提起的诉讼,起诉本身符合《民事诉讼法》有关民事案件受理的规定。存款合同是存款人与银行签订的民事合同,并不因为刑事犯罪的存在,而致使存款合同消灭。因此,当事人根据存款合同提起存款之诉,符合《民事诉讼法》关于民事案件受理的规定条件。

2. 人民法院不受理此类案件,势必以受理前对案件实体审理为前提,不符合案件受理的规定。民事案件的受理应当以《民事诉讼法》第108条规定的条件为审查的根据,如果人民法院以该案涉及犯罪为由而不予受理,实际上是以刑事犯罪已经致使该存款合同发生了变更或者消灭作了实体上的判断,这显然不符合《民事诉讼法》的规定。

3. 当事人请求银行支付存款与银行存款被骗是两个独立的法律事实。银行存款被人骗取的事实可以作为刑事案件处理,存款人请求银行支付存款是以存款合同存在为基础的民事诉讼,应当单独作为民事案件处理。存款被骗取只能是银行对抗存款人支付请求的事由,而不是否认存款人与银行之间存款合同关系的理由。此类案件与合同诈骗是不同的,如果是合同诈骗,则该合同就不能作为民事行为处理。如果该合同作为民事法律行为对待就不能认定为合同诈骗,两者之间是竞合关系。

4. 作为民事案件受理,不会影响刑事犯罪的处理。存款关系和骗取存款的事实之间并不冲突,其处理后果也不会发生矛盾。如果法院不支持存款人的请求,则骗取存款的人应当向存款人承担民事赔偿的责任;如果法院支持存款人的请求,则骗取存款的人应当向银行承担民事赔偿责任。

5. 有利于保护当事人的民事权益。虽然涉及经济犯罪,但该种犯罪行为最终能够确定的对象通常只是一方当事人。因此,对双方当事人之间的民事关系的单独处理,不受经济犯罪的影响,有利于保护当事人的民事权益。否则,一个案件因涉及经济犯罪就不作为民事案件受理,或者移交刑事机关民事案件不再处理,当事人的民事权益就很难得到充分及时的保护。《最高人民法院关于在审理经济纠纷案件中涉及经济犯罪嫌疑若干问题的规定》也是根据经济犯罪与经济行为是否属于同一法律事实来判断是刑事案件或者是民事案件,而不是只要涉及刑事犯罪就不再作为民事案件处理,目的就在于充分保护当事人的合法民事权益。

——沈德咏主编、最高人民法院研究室编:《民事诉讼司法解释理解与适用》,法律出版社2009年版,第153~154页。

603

公司与股东间的财产权益纠纷应予受理

关键词 | 合资企业股东 | 追索欠款 | 财产权益纠纷 | 受案范围 |

【最高人民法院裁判文书】

(香港)太平洋制罐有限公司与健力宝太平洋包装制品有限公司追索欠款纠纷管辖权异议案

裁判要旨:合资企业的股东以追索欠款为由起诉合资企业系平等主体之间的财产权益纠纷,属于人民法院受理民事诉讼的范围。

最高人民法院认为:

健力宝公司虽然是由太平洋公司和其他两家公司共同出资成立的合资企业,但太平洋公司与健力宝公司均系独立的法人。太平洋公司以健力宝公司为被告,以追索欠款纠纷为由,向北京市高级人民法院提起诉讼,因此,本案纠纷是平等主体之间的财产权益纠纷,属于人民法院受理民事诉讼的范围。太平洋公司的起诉,有明确的被告,有具体的诉讼请求和事实、理由,且被告在北京市有住所,其起诉符合《中华人民共和国民事诉讼法》第一百零八条规定的起诉条件,北京市高级人民法院作为被告住所地的法院,对本案应予立案受理。北京市高级人民法院所作裁定将合资企业经营期间股东与合资企业之间的关系认定为非平等民事主体关系不当,所作裁定应予以撤销。

——李国光主编、最高人民法院经济审判庭编:《经济审判指导与参考》（第 2 卷），法律出版社 2002 年版，第 172～173 页。

【链接：最高人民法院法官著述】

本案中，太平洋公司以健力宝公司为被告，以追索欠款纠纷为由，向北京高院提起诉讼，并提供了相应的证据材料。太平洋公司及健力宝公司均系独立的法人，本案纠纷从性质上讲应该属于平等主体之间的财产权益纠纷，属于人民法院受理民事诉讼的范围。太平洋公司亦提出了明确的被告，提出了具体的诉讼请求和事实、理由，且本案被告在北京市有住所，太平洋公司的起诉符合《中华人民共和国民事诉讼法》第一百零八条规定的起诉条件，北京高院作为被告住所地的法院，依照《中华人民共和国民事诉讼法》第二十二条第二款的规定，应予立案受理。至于太平洋公司的诉讼请求能否得到支持，应该由人民法院立案后，经过实体审查予以确定。北京高院所作裁定将本应为平等主体之间的财产权益纠纷，认定为合资企业内部之间的权益纠纷，在认识上存在不当。主要体现在以下两点：首先，原审裁定认为"在合营企业经营期间，股东与合资企业之间不是平等法律关系的民事主体"是错误的。在合营企业经营期间，作为一方股东的法人与作为合资企业的法人，是可以平等地进行交易、签订合同，产生债权债务关系的。其次，原审裁定中称《中外合资经营企业法》及其实施条例规定，"只有合营各方之间的争议，可以提请仲裁或司法解决"。而实际上，《中外合资经营企业法》及其实施条例只是规定合营各方之间的争议，可以提请仲裁或司法解决，而并未规定只有合营企业各方之间的争议才可提请仲裁或司法解决，而股东和合资企业之间的争议不能提请仲裁或司法解决。

——任雪峰：《关于公司与其股东之间的财产权益纠纷是否属于平等主体之间的财产权益纠纷》，载李国光主编、最高人民法院经济审判庭编：《经济审判指导与参考》（第 2 卷），法律出版社 2002 年版，第 173～174 页。

604

提起决议撤销之诉和请求公司收购股权之诉超过法定期限的不予受理

关键词 | 决议撤销 | 请求公司收购股权 | 起诉期限 | 不予受理 |

【最高人民法院司法解释】

第三条 原告以公司法第二十二条第二款、第七十四条第二款规定事由,向人民法院提起诉讼时,超过公司法规定期限的,人民法院不予受理。

——《最高人民法院关于适用〈中华人民共和国公司法〉若干问题的规定(一)》(2006年4月28日,法释〔2006〕3号,2014年2月17日修正)

【最高人民法院审判业务意见】

《中华人民共和国公司法》第22条2款规定:"股东会或者股东大会、董事会的会议召集程序、表决方式违反法律、行政法规或者公司章程,或者决议内容违反公司章程的,股东可以自决议作出之日起六十日内,请求人民法院撤销。"第75条第2款规定:"自股东会会议决议通过之日起六十日内,股东与公司不能达成股权收购协议的,股东可以自股东会会议决议通过之日起九十日内向人民法院提起诉讼。"从上述规定看,公司法分别对股东因规定事由提起诉讼的期限作出了限制性规定,但对超过该期间后提起诉讼的人民法院如何处理的问题,公司法没有规定,需要通过司法解释的方式予以明确。在起草过程中,我们对这两条涉及的期间性质进行了充分的论证,学术界和实务界多数意见认为,这两个期间既不是诉讼也不是除斥期间,并且我国行政法规中也大都有向法院提起诉讼的时间限制,对这个期限亦没有定性。因此,无论对该期间性质如何认定,目前均缺乏法理依据,且目前法院的制度采取的是审查制,从有利于维护交易安全,保护当事人合法权益,节约司法成本的角度综合考量,对起诉超过上述规定期限的,人民法院应当不予受理。故《规定(一)》采纳了这种意见。

——《最高人民法院民二庭负责人对〈关于适用《中华人民共和国公司法》若干问题的规定(一)〉答记者问》,载最高人民法院民事审判第一庭编:《民事审判指导与参考》(总第26集),法律出版社2006年版,第18页。

【链接:最高人民法院法官著述】

1.《公司法》明确规定"决议作出(通过)之日"为法定期限的起算之日,实践中应当如何确定决议作出之日,需要区分不同的情形:其一,以会议(股东会、股东大会、董事会)形式通过决议。此时可能出现两个日期,召开会议通过决议之日和与会人员在决议文件上签名之日。通常情况下,这两个日期是统一的,即与会人员表决通过决议并同时在会议记录等决议文件上签名。但实践中也可能出现两个日期不一致的情况:决议通过的时间与参会人员在文件上的署名日期不同,此时应当以会议通过决议的日期为准,作为期限的起算日。除非公司无法证明会议通过决议的时间,并因此与股东所认定的"在文件上签署的日期"有争议,则认定股东在决议上签章之日为决议通过之日。其二,传签书面文件通过决议。此时最后一个应当参加表决的股东或者董事在传签的决议上签章的日期,为该决议通过之日。

2. 我国 2005 年《公司法》对决议撤销之诉和请求公司收购股权之诉的起诉期间规定较为严格:规定"决议作出(通过)之日"为期间的起点,而不允许股东以其不知道或不应当知道该决议通过为抗辩理由;同时将期限限定在短短的"六十日"(决议撤销之诉)和"九十日"(请求公司收购股权之诉)内,且没有任何中止、中断或延长的事由;本条司法解释中又作出了超过期限,人民法院不予受理的规定。为了在已有法律框架下尽可能地保护中小股东的利益,在出现当事人对会议通过决议的时间或者股东在决议上签章的时间有争议、但根据双方提供的证据无法确定期间起算日期的情形时,人民法院应当推定股东的起诉没有超过法定期间,并予以受理。

——最高人民法院民事审判第二庭编著:《最高人民法院关于公司法司法解释(一)、(二)理解与适用》,人民法院出版社 2008 年版,第 58 ~ 59 页。

605

股东请求解散公司诉讼的受理条件

关键词｜股东｜请求解散公司｜受理条件｜

【最高人民法院司法解释】

第一条 单独或者合计持有公司全部股东表决权百分之十以上的股东,以下列事由之一提起解散公司诉讼,并符合公司法第一百八十二条规定的,人民法院应予受理：

（一）公司持续两年以上无法召开股东会或者股东大会，公司经营管理发生严重困难的；

（二）股东表决时无法达到法定或者公司章程规定的比例，持续两年以上不能做出有效的股东会或者股东大会决议，公司经营管理发生严重困难的；

（三）公司董事长期冲突，且无法通过股东会或者股东大会解决，公司经营管理发生严重困难的；

（四）经营管理发生其他严重困难，公司继续存续会使股东利益受到重大损失的情形。

股东以知情权、利润分配请求权等权益受到损害，或者公司亏损、财产不足以偿还全部债务，以及公司被吊销企业法人营业执照未进行清算等为由，提起解散公司诉讼的，人民法院不予受理。

——《最高人民法院关于适用〈中华人民共和国公司法〉若干问题的规定（二）》（2008 年 5 月 12 日，法释〔2008〕6 号，2014 年 2 月 17 日修正）

【链接：最高人民法院法官著述】

股东请求解散公司诉讼案件作为特殊类型的公司诉讼案件，《公司法》第 183 条对案件的提起做出了特别的规定，即当公司经营管理发生严重困难，继续存续会使股东利益受到重大损失，通过其他途径不能解决的，持有公司全部股东表决权 10% 以上的股东，可以请求人民法院解散公司。这里实际上包括三个内容：一是公司在什么情况下股东有权提起解散公司诉讼；二是具备什么资格的股东有权提起该类诉讼；三是提起该类诉讼需要有一定的前置条件。

1. 股东提起解散公司诉讼，除必须满足《民事诉讼法》第 108 条规定的起诉条件外，尚需要求其据以起诉的理由必须归结为“公司经营管理出现严重困难，继续存续会使股东利益受到重大损失”的事由，对此，《公司法司法解释（二）》第 1 条列举了四种情形，即公司持续两年以上无法召开股东会或者股东大会，公司经管理发生严重困难的；股东表决时无法达到法定或者公司章程规定的比例，持续两年以上不能做出有效的股东会或者股东大会决议，公司经营管理发生严重困难的；公司董事长期冲突，且无法通过股东会或者股东大会解决，公司经营管理发生严重困难的；经营管理发生其他严重困难，公司继续存续会使股东利益受到重大损失的情形。这四种情形主要体现的是股东僵局和董事僵局所造成的公司治理结构完全失灵，不能正常进行经营活动，如果任其继续存续下去，将会造成公司实质利益即股东利益的损失。在这种情形下，应当赋予股东提起解散公司诉讼、保护其合法权益的救济渠道。如果股东在提起解散公司诉讼时，其起诉理由仅仅为知情权、利润分配请求权受到损害，或者公司经营严重亏损、财产不足以偿还全部债务，或者公司吊销企业法人营业执照后未进行清算等的，因不属于《公司法》第 183 条规定的解散公司诉讼案件提起的事由，因此，在受理环节即应将之拒之门外，即不能按解散公司诉讼案件予以受理，有关权利人应当通过提起知情权或利润分配请求权等股东权益诉讼，或者提出破产清算、强制清算申请等其他途径寻求司法救济。如果股东提起的事由按照《公司法》笼统表述为“公司经营管理出现严重困难，继续存续会使股东利益受到重大损失”，只要符合《民事诉讼法》案件受理条件和下面所述两个条件的，人民法院应予以受理。至于其所述的事实和理由是否足以证明“公司经营管理出现严重困难，继续存续会使股东利益受到重大损失”，是否可以据此判决解散公司等，则属实体审理的范畴，不影响公司解散诉讼案件的受理。应当明确，本条列举的四项事由，一方面是解散公司诉讼案件受理时形式审查的法律依据，另一方面也是判决是否解散公司时实体审查的法律依据。

2. 对于提起解散公司诉讼案件的原告资格问题，《公司法》第 183 条之所以规定“持有公司全部股东表决权百分之十以上的股东”尚有权提起解散公司诉讼，系出于防止个别股东恶意诉讼（滥诉）损害其他股东和公司利益的目的，以期通过对股东所持股份比例的限制，在起诉股东和其他股东之间寻求一种利益上的平衡，并无他意。《公司法司法解释（二）》从立法本意理解，认为上述规定中的“持有”应当包括“单独持有”和“合计持有”两种情形，即单独持有公司全部股东表决权的 10% 以上的股东可以独自提起解散公司诉讼；合计持有公司全部股东表决权 10% 以上的多个股东，亦可作为共同原告向人民法院提起解散公司诉讼。

3.《公司法》第 183 条规定的“通过其他途径不能解决”这个前置性条件，系基于对公司永久存续性特征的考虑，即当公司经营管理发生严重困难，继续存续会使股东利益受到重大损失时，还是寄希望于公司能够通过公司自治等方式解决股东、董事之间的僵局，从而改变公司瘫痪的状态，而不轻易赋予股东通过司法程序解散公司的权利。因此，人民法院在受理解散公司诉讼案件时，还是有必要审查这个条件是否成就。当然，对于何为“通过其他途径不能解决”，人民法院可能更多地是形式审查，对于起诉股东而言其声明应归结为其已经采取了能够采取的其他方法而不能得到解决,“不得不”寻求司法的途径,该前置性条件的意义更多在于其导向性。《公司法司法解释(二)》虽然没有再做具体解释,但在所列提起该类诉讼的事由中已经有所体现,如“股东会或者股东大会持续两年以上无法召开”、“持续两年以上不能做出有效的股东会或者股东大会决议”(“两年”的规定意在给股东以相对充分的时间自行解决矛盾)、“无法通过股东会或者股东大会解决”(董事僵局首先考虑通过股东会、股东大会更换董事等方式解决)等。

——宋晓明、张勇健、刘敏:《〈关于适用《中华人民共和国公司法》若干问题的规定(二)〉的理解与适用》,载最高人民法院民一庭编:《民事审判指导与参考》(总第35集),法律出版社2009年版,第27~29页。

1. 关于受理过程中原告资格的审查。第一,“单独或合计持有公司全部股东表决权百分之十以上”,是指股东向人民法院“起诉时”所持有的表决权比例,受理过程中,法院只要审查“起诉时”原告所持有的表决权比例状况,只要原告在起诉时“单独或合计持有公司全部股东表决权百分之十以上”,即视为符合原告条件,对于起诉前的原告持有该比例股份的持续时间没有限制;第二,法院只对原告股东所持有股份事实进行形式审理,只要股东能够依工商登记、股东名册等资料证明其所持股份情况即可,在受理案件时不必对原告股东缴资是否真实、出资是否存在瑕疵等实质情况进行积极审查;第三,法院受理了股东请求解散公司诉讼之后,在案件审理的过程中,如果原告股东的持股比例发生了变化,比如原告丧失了股东资格或实际享有的表决权达不到公司全部股东表决权10%的,人民法院应裁定驳回起诉。

2. 关于原告起诉的表述事由。在实际的案件受理过程中,如果股东提起本诉的事由仅仅笼统表述为“公司经营管理出现严重困难,继续存续会使股东利益受到重大损失”,而非本条司法解释中所列举的具体事由的,只要其有具体的诉讼请求和事实、理由,符合《民事诉讼法》案件受理条件的,人民法院即应予以受理。至于其所述的事实和理由是否足以证明“公司经营管理出现严重困难,继续存续会使股东利益受到重大损失”,是否可以据此判决解散公司等,则属实体审理的范畴,不影响公司解散诉讼案件的受理。

3. 关于原告以“股东压迫”为起诉表达事由的处理。如果股东起诉的理由仅仅是受到其他股东的压迫使其无法直接参与公司的经营管理、无法得知公司的经营状况等,但是公司的实际经营管理正常运行,该种情形不能认定为“经营管理发生严重困难”；如果股东起诉的理由是其受到其他股东的压迫，同时也指出公司的经营管理发生严重困难，继续存续会使股东利益受到重大损失的，人民法院可以受理该案件。

——最高人民法院民事审判第二庭编著：《最高人民法院关于公司法司法解释（一）、（二）理解与适用》，人民法院出版社2008年版，第116～117页。

606

股东提起解散公司诉讼同时要求对公司进行清算的处理

关键词 | 解散公司诉讼 | 公司清算 |

【最高人民法院司法解释】

第二条 股东提起解散公司诉讼，同时又申请人民法院对公司进行清算的，人民法院对其提出的清算申请不予受理。人民法院可以告知原告，在人民法院判决解散公司后，依据公司法第一百八十三条和本规定第七条的规定，自行组织清算或者另行申请人民法院对公司进行清算。

——《最高人民法院关于适用〈中华人民共和国公司法〉若干问题的规定（二）》（2008年5月12日，法释〔2008〕6号，2014年2月17日修正）

【链接：最高人民法院法官著述】

实践中，股东在公司出现僵局，向人民法院起诉请求解散公司时，往往同时申请人民法院对该公司进行清算。《公司法司法解释（二）》之所以规定对这两个诉讼进行分离，原因在于：一是两个诉讼的种类截然不同，股东请求解散公司诉讼是变更之诉，公司清算案件是非讼案件，审判程序不同，无法合并审理。二是在股东提起解散公司诉讼时，公司解散的事实并未发生，公司是否解散尚需人民法院的生效判决予以确定；且即使人民法院判决解散后，按照《公司法》第184条的规定，原则上仍应由公司在解散事由出现之日起15日内成立清算组自行清算，只有在公司逾期不成立清算组进行清算时，方可向人民法院申请强制清算。

故如果股东向人民法院提起诉讼请求解散公司时，同时申请人民法院对公司进行清算的，人民法院对其提出的清算申请不应予以受理。而应当告知原告，在人民法院判决解散公司后，可依据《公司法》第184条或者本规定第7条，自行清算或者另行申请人民法院对公司进行清算。

——宋晓明、张勇健、刘敏：《〈关于适用《中华人民共和国公司法》若干问题的规定(二)〉的理解与适用》，载最高人民法院民一庭编：《民事审判指导与参考》(总第35集)，法律出版社2009年版，第29页。

1. 关于股东请求解散公司诉讼应采用的诉讼程序。股东请求解散公司之诉在程序上应适用普通诉讼程序，不能适用简易程序。解散公司的案件往往是公司内部的矛盾或者经营管理困境到达一定程度之后，股东在用尽其他救济手段之后的无奈之举，这是一种以终止公司法人资格为目标的诉讼案件。该诉往往关系到公司、股东、债权债务人等多方主体的利益，法律关系一般较为复杂，法院应当按照普通案件的审理要求，依法开庭审理，充分听取各方的意见，给各方以充足的辩论和解释机会，在充分了解情况、科学鉴别证据的基础上，依法作出准确的判断。故，本诉应适用普通诉讼程序，不能适用民事简易程序。

2. 关于股东请求解散公司诉讼的结案形式及相关表述。股东请求解散公司之诉应当以"判决"的形式结案，而不应该使用"裁定"的书面形式。在解散公司的判决书中不能一并判决在法定期限内进行清算，但可以在判决书中将公司应当在法定期限内进行清算及逾期不清算的后果等内容叙明，作为向当事人告知权利与义务的内容予以明示。写明公司应当在法定期限内成立清算组开始清算，实际上也就是向相关当事人"告知"其应当自觉履行的法定义务。

——最高人民法院民事审判第二庭编著：《最高人民法院关于公司法司法解释(一)、(二)理解与适用》，人民法院出版社2008年版，第134页。

607

驳回解散公司诉讼请求判决生效后以同一事实和理由再次提起解散公司诉讼的不予受理

关键词｜解散公司诉讼｜民事判决｜既判力｜一事不再理｜

【最高人民法院司法解释】

第六条 人民法院关于解散公司诉讼作出的判决，对公司全体股东具有法律约束力。

人民法院判决驳回解散公司诉讼请求后，提起该诉讼的股东或者其他股东又以同一事实和理由提起解散公司诉讼的，人民法院不予受理。

——《最高人民法院关于适用〈中华人民共和国公司法〉若干问题的规定（二）》（2008 年 5 月 12 日，法释〔2008〕6 号，2014 年 2 月 17 日修正）

【链接：最高人民法院法官著述】

1.“同一事实和理由”如何理解。本条规定中的“同一事实和理由”系指“同一个”事实和理由，而非“同类”事实和理由。如股东第一次提起解散公司诉讼请求时系以本规定第 1 条第 1 款第（1）项“公司持续两年以上无法召开股东会或者股东大会，公司经营管理出现严重困难”为由提起的，在人民法院驳回其诉讼请求后，过了一年，其又以同样的表述提起，而此时的两年和第一次起诉时的两年在起止点上有所不同，则这两次起诉的事实和理由不属于本规定所言的“同一事实和理由”，人民法院不应以此为由不予受理。

2.“人民法院判决驳回解散公司诉讼请求后，提起该诉讼的股东或者其他股东又以同一事实和理由提起解散公司诉讼的，人民法院不予受理”是否有时间限制。例如在离婚诉讼等人身关系诉讼中，法律规定没有新情况、新理由，原告在 6 个月内又起诉的，不予受理。但是，6 个月之后原告再次起诉的，人民法院可以受理。然而在解散公司诉讼中，如果仍然是“同一事实和理由”，而不是由于时间的变化造成事实和理由不同，那么无论什么时间之后再次重复诉讼，法院都应当不予受理。但是，如果由于时间的变化而导致事实和理由发生变化，则可以再次起诉。

3. 关于未参与诉讼的股东对人民法院作出的判决是否具有上诉权。由于未参与诉讼的股东不是解散公司诉讼案件的当事人，因此，其不具有对该判决的上诉权利。如果未参与诉讼的股东认为公司的解散与否与其有利害关系，尤其认为其对原告股东和公司争议的诉讼标的有独立的请求权或者与原告股东有共同诉请的，其当时应当通过申请参加诉讼的方式，依法行使其作为公司股东的权利。

——最高人民法院民事审判第二庭编著:《最高人民法院关于公司法司法解释(一)、(二)理解与适用》,人民法院出版社2008年版,第191~192页。

608

强制清算案件的案号管理

关键词 | 强制清算案件 | 案号 |

【最高人民法院司法政策】

3. 人民法院立案庭收到申请人提交的对公司进行强制清算的申请后,应当及时以"(××××)××法×清(预)字第×号"立案。立案庭立案后,应当将申请人提交的申请等有关材料移交审理强制清算案件的审判庭审查,并由审判庭依法作出是否受理强制清算申请的裁定。

4. 审判庭裁定不予受理强制清算申请的,裁定生效后,公司强制清算案件应当以"(××××)××法×清(预)字第×号"结案。审判庭裁定受理强制清算申请的,立案庭应当以"(××××)××法×清(算)字第×号"立案。

5. 审判庭裁定受理强制清算申请后,在审理强制清算案件中制作的民事裁定书、决定书等,应当在"(××××)××法×清(算)字第×号"后依次编号,如"(××××)××法×清(算)字第×-1号民事裁定书"、"(××××)××法×清(算)字第×-2号民事裁定书"等,或者"(××××)××法×清(算)字第×-1号决定书"、"(××××)××法×清(算)字第×-2号决定书"等。

——《最高人民法院关于审理公司强制清算案件工作座谈会纪要》(2009年11月4日,法发〔2009〕52号)

【最高人民法院审判业务意见】

我们参照企业破产案件案号的管理,将公司强制清算案件的案号确定为"清"字号。而且,考虑到申请人向法院提交强制清算申请后至法院裁定受理强制清算申请前,法院要进行大量的质证审查工作,因此,又将"清"字号案件区分阶段确立为"清(预)"字和"清(算)"字两种。这样,一是在案件进展阶段上即受理还是没有受理做了区分,二是在程序逻辑上进行明确,以此保障法院受理前听证程序的顺利进行,三是在工作量统计上也更加客观准确。

——《规范公司退出行为,维护市场运行秩序——最高人民法院民二庭负责人就审理公司强制清算案件工作座谈会纪要答记者问》,载最高人民法院民事审判第一庭编:《民事审判指导与参考》(总第39集),法律出版社2010年版,第58~59页。

609

强制清算案件的申请与受理

关键词｜强制清算案件｜申请｜受理｜

【最高人民法院司法解释】

第七条 公司应当依照公司法第一百八十三条的规定,在解散事由出现之日起十五日内成立清算组,开始自行清算。

有下列情形之一,债权人申请人民法院指定清算组进行清算的,人民法院应予受理:

(一)公司解散逾期不成立清算组进行清算的;

(二)虽然成立清算组但故意拖延清算的;

(三)违法清算可能严重损害债权人或者股东利益的。

具有本条第二款所列情形,而债权人未提起清算申请,公司股东申请人民法院指定清算组对公司进行清算的,人民法院应予受理。

——《最高人民法院关于适用〈中华人民共和国公司法〉若干问题的规定(二)》(2008年5月12日,法释〔2008〕6号,2014年2月17日修正)

【最高人民法院司法政策】

7.公司债权人或者股东向人民法院申请强制清算应当提交清算申请书。申请书应当载明申请人、被申请人的基本情况和申请的事实和理由。同时，申请人应当向人民法院提交被申请人已经发生解散事由以及申请人对被申请人享有债权或者股权的有关证据。公司解散后已经自行成立清算组进行清算，但债权人或者股东以其故意拖延清算，或者存在其他违法清算可能严重损害债权人或者股东利益为由，申请人民法院强制清算的，申请人还应当向人民法院提交公司故意拖延清算，或者存在其他违法清算行为可能严重损害其利益的相应证据材料。

12. 人民法院应当在听证会召开之日或者自异议期满之日起十日内，依法作出是否受理强制清算申请的裁定。

13. 被申请人就申请人对其是否享有债权或者股权，或者对被申请人是否发生解散事由提出异议的，人民法院对申请人提出的强制清算申请应不予受理。申请人可就有关争议单独提起诉讼或者仲裁予以确认后，另行向人民法院提起强制清算申请。但对上述异议事项已有生效法律文书予以确认，以及发生被吊销企业法人营业执照、责令关闭或者被撤销等解散事由有明确、充分证据的除外。

15. 人民法院受理强制清算申请后，经审查发现强制清算申请不符合法律规定的，可以裁定驳回强制清算申请。

16. 人民法院裁定不予受理或者驳回受理申请，申请人不服的，可以向上一级人民法院提起上诉。

——《最高人民法院关于审理公司强制清算案件工作座谈会纪要》(2009 年 11 月 4 日，法发〔2009〕52 号)

【最高人民法院审判业务意见】

公司强制清算案件与一般民商事案件不同，在是否受理的审查中涉及很多内容，在这点上类似于企业破产案件的受理。因此，《纪要》一方面明确了申请人向法院申请强制清算时应当提交的有关材料，包括清算申请书、申请人对被申请人享有债权或者股权，被申请人已经发生解散事由的有关证据以及公司故意拖延清算，或者存在其他违法清算行为可能严重损害其利益的相关证据材料；另一方面，又对法院应当仅仅围绕申请人提交的上述证据材料进行听证审查予以明确，目的在于依法裁定是否受理公司强制清算申请。对于申请人具备了公司法及公司法司法解释二所规定的债权人或者股东资格，公司确实已经发生了解散事由，且公司应当自行清算而没有自行清算或者违法清算的，人民法院应当及时作出受理强制清算申请的裁定。反之则应裁定不予受理。

这里要特别强调两点，一是被申请人就申请人对其是否享有债权或者股权，或者对被申请人是否发生解散事由存在异议的，原则上应当另案予以解决，解决后再行决定是否受理强制清算申请，对于已有生效法律文书或者明确解散事由的除外。二是申请人以其为公司实际出资人为由申请强制清算，但不能提供公司股东名册记载其为股东等证据材料的，其不符合申请强制清算主体资格，人民法院应当告知其另行诉讼或者通过其他途径确认其股东身份后再行申请强制清算，其坚持申请的，人民法院应当裁定不予受理。

——《规范公司退出行为，维护市场运行秩序——最高人民法院民二庭负责人就审理公司强制清算案件工作座谈会纪要答记者问》，载最高人民法院民事审判第一庭编：《民事审判指导与参考》（总第 39 集），法律出版社 2010 年版，第 58 ~ 59 页。

【链接：最高人民法院法官著述】

被吊销营业执照的公司的清算。公司的营业执照是工商部门签发的公司注册登记的法定证书，公司自成立时起取得法人资格，但公司的成立以其取得营业执照为其标志。因此，公司营业执照是公司合法存在的身份证明，是诉讼活动中证明公司主体资格和当事人身份的主要证据。吊销营业执照作为一种严厉的行政处罚，实质是工商管理机关依法取消存在违法活动的经济组织的营业资格。依据 2005 年《公司法》规定，公司被吊销营业执照、责令关闭或者被撤销而解散的，应当清算。在清算期间，公司存续，但不得开展与清算无关的经营活动。公司清算结束后，清算组应当制作清算报告并经确认，报送公司登记机关，申请注销公司登记，公告公司终止。从上述相关规定可知，公司依法被吊销营业执照只是公司解散和清算的法定事由，公司只有在清算完毕、办理注销登记之后才能正式终止。由此可知，公司经营资格与法人资格并不一定同时丧失。吊销营业执照只是取消公司的营业资格，不允许公司继续进行新的经营活动而已，但这并不是禁止公司的清算活动，被吊销执照的公司的法人资格仍然存在。因此，被吊销营业执照后，该公司首先应当自行组织清算。当出现特定事由后，债权人或者股东可以申请人民法院指定清算（债权人申请是股东申请的前置条件）。有权主体申请法院指定清算组进行清算时，法院不得以公司被吊销营业执照为由否认公司的主体资格而不予指定清算。

——最高人民法院民事审判第二庭编著：《最高人民法院关于公司法

司法解释(一)、(二)理解与适用》,人民法院出版社 2008 年版,第 206 页。

610

民办学校被终止而向法院申请清算的应予受理

关键词|组织清算|民办学校|受理|

【最高人民法院司法解释】

贵州省高级人民法院:

你院《关于遵义县中山中学被终止后人民法院如何受理"组织清算"的请示》(〔2010〕黔高研请字第 1 号)收悉。经研究,答复如下:

依照《中华人民共和国民办教育促进法》第九条批准设立的民办学校因资不抵债无法继续办学被终止,当事人依照《中华人民共和国民办教育促进法》第五十八条第二款规定向人民法院申请清算的,人民法院应当依法受理。人民法院组织民办学校破产清算,参照适用《中华人民共和国企业破产法》规定的程序,并依照《中华人民共和国民办教育促进法》第五十九条规定的顺序清偿。

——《最高人民法院关于对因资不抵债无法继续办学被终止的民办学校如何组织清算问题的批复》(2010 年 12 月 29 日,法释〔2010〕20 号)

【最高人民法院答复】

广东省高级人民法院:

人民法院根据民办教育促进法第五十八条的规定对因资不抵债无法继续办学而被终止的民办学校组织清算时,如果该民办学校不属于企业法人,则可以参照民事诉讼法中的破产还债程序进行清算。其债务清偿顺序应当适用民办教育促进法第五十九条规定。

——《最高人民法院关于深圳市宝安区教育局申请华茂学校、建华职院终止清算一案的请示的复函》(2006 年 4 月 20 日)

【链接：最高人民法院法官著述】

一、民办学校破产清算的适用范围

1. 民办学校的性质

民办学校的性质，决定了民办学校的清算主体和清算程序。民办学校的性质，是指民办学校是否具备法人资格的民事主体地位。由于法律规定不明确，一直颇具争议。根据民办教育促进法第九条规定，民办学校应当具备法人条件。民办教育促进法第三十五条规定，民办学校对举办者投入民办学校的资产、国有资产、受赠的财产以及办学积累，享有法人财产权。实践中，民办学校大多依照《民办非企业单位登记管理暂行条例》的规定，登记为“民办非企业单位”，对于其法律属性未进行明确。

民法通则以法人设立的宗旨和所从事的活动性质为标准，将法人区分为企业法人和非企业法人。企业法人是指依法设立的具有法人资格、营利性的经济组织。民办学校不得以营利为目的，因此，民办学校不应成为企业法人。非企业法人指企业法人以外、具有法人资格的组织。非企业法人又分为机关法人、事业单位法人和社会团体法人。民办教育事业属于公益性事业，民办学校具有公益性。教育法第三十一条规定，具备法人条件的学校，自批准设立或者登记注册之日起取得法人资格，学校在民事活动中依法享有民事权利，承担民事责任。由此可见，民办学校从其依法设立时起，就具备了法人资格，是事业单位法人，其法律性质属于非企业法人。因此，《批复》规定民办学校破产清算的主体范围是“依照民办教育促进法第九条批准设立的民办学校”。

2. 民办学校的破产能力

企业法人破产能力，是指企业法人得以申请破产程序，被人民法院宣告破产的资格。没有破产能力的企业法人，不能申请或被申请破产程序。这种资格来源于破产法或者其他法律的特别规定。1986 年制定的企业破产法（试行）（已失效）只赋予全民所有制企业具有破产能力，1991 年民事诉讼法第十九章“企业破产还债程序”规定具有法人资格的非全民所有制企业具有破产能力。

民办学校作为非企业法人，企业破产法（试行）、1991 年民事诉讼法均未赋予其破产清算资格，不具有破产能力。民办教育促进法第五十八条第二款虽然规定了民办学校资不抵债而被终止的由人民法院组织清算，但对于如何清算没有具体的程序性规定。2007 年 6 月 1 日施行的企业破产法，在立法理念和制度设计上有了很大的创新与突破,其中之一是扩大了破产法的适用范围。该法第一百三十五条规定:“其他法律规定企业法人以外的组织的清算,属于破产清算的,参照适用本法规定的程序。”该规定成为企业法人以外的组织具备破产能力,可以适用破产清算程序的法律依据。据此,《批复》明确民办学校“参照适用企业破产法规定的程序”,享有破产清算的资格,具备破产能力。

二、民办学校破产清算的适用条件

破产原因是破产程序开始的前提,其存在与否是判断破产申请能否成立、法院能否受理申请的法定依据。破产原因一般表现为债务人的债务状况和财产状况。企业破产法第二条第一款规定:“企业法人不能清偿到期债务,并且资产不足以清偿全部债务或者明显缺乏清偿能力的,依照本法规定清理债务。”根据该条,破产原因由不能清偿、资不抵债、明显缺乏清偿能力等要件构成。

民办教育促进法第五十六条第一款第(三)项规定,民办学校资不抵债无法继续办学的,应当终止。资不抵债,是指债务人全部资产总额不足以偿付其所负全部债务总额。该债务不以已届清偿期为限,还包括未到期的债务。虽然企业破产法与民办教育促进法对破产原因的规定不同,但根据立法法第八十三条规定,特别法优于一般法,民办教育促进法是特别法,应当优先企业破产法适用于民办学校的破产清算。因此,《批复》明确民办学校资不抵债无法继续办学被终止的,即可申请破产清算。

——孙佑海、吴兆祥、孙茜:《〈关于对因资不抵债无法继续办学被终止的民办学校如何组织清算问题的批复〉的理解与适用》,载《人民司法》2011年第5期。

编者说明

坚持依法清算,是民办学校有序退出市场的程序保障,也是民办教育事业可持续性发展的重要前提。《民办教育促进法》第58条规定:“民办学校终止时,应当依法进行财务清算。民办学校自己要求终止的,由民办学校组织清算;被审批机关依法撤销的,由审批机关组织清算;因资不抵债无法继续办学而被终止的,由人民法院组织清算。”该法规定的第一、二种情形属于普通清算,由民办学校或审批机关进行清算;第三种情形属于特别清算,即破产清算,由人民法院组织清算,但对于破产清算的申请主体以及清算程序等问题未作进一步的明确。

2003年,安徽省人大常委会向全国人大常委会法工委请示:一是民办学校因资不抵债无法继续办学的,由哪个机关作出终止决定?是由法院决定还是由审批机关或政府决定?二是法院组织清算的操作程序依据什么规定来进行?全国人大常委会法工委答复:从法律角度说,中学的终止及清算问题涉及对该校性质的认定,如果该中学是个人独资企业,可适用《个人独资企业法》关于个人独资企业的解散和清算的规定。

2005年8月，广东省高级人民法院向最高人民法院就深圳市宝安区教育局申请华茂学校、建华职院终止清算案请示，最高人民法院答复："人民法院根据《民办教育促进法》第58条的规定对因资不抵债无法继续办学而被终止的民办学校组织清算时，如果该民办学校不属于企业法人，则可以参照《民事诉讼法》中的破产还债程序进行清算。其债务清偿顺序应当适用《民办教育促进法》第59条规定。"

上述两个答复适用范围不尽相同。全国人大常委会法工委的答复适用于未取得法人资格的民办独资学校，最高人民法院的答复适用于不属于企业法人的民办学校。2007年《民事诉讼法》修正，删除破产还债程序的相关内容，民办学校破产清算的法律适用再次出现困难。2010年5月，贵州省高级人民法院提交《关于遵义县中山中学被终止后人民法院如何受理组织清算的请示》，对民办学校因资不抵债无法继续办学被终止的人民法院如何受理、组织清算问题，向最高人民法院请示，最高人民法院就相关问题作出司法解释。

611

外商投资企业特别清算程序中，当事人以侵权为由要求返还财产或物品的诉讼可以受理

关键词 | 外商投资企业 | 清算程序 | 侵权诉讼 | 受理 |

【最高人民法院答复】

河南省高级人民法院：

你院"关于外商投资企业特别清算程序中法院应否受理当事人以侵权为由要求返还财产或物品诉讼请求问题的请示报告"收悉。经研究，答复如下：

《中华人民共和国中外合资经营企业法实施条例》、《外商投资企业清算办法》，均未限制外商投资企业在清算过程中，清算组织可以以自己的名义提起侵权诉讼。本院法释〔1998〕1号批复虽然明确人民法院组织清算没有法律依据，但本案人民法院受理清算委员会以游溪霖为被告提起的侵权诉讼，并非属于人民法院介入外商投资企业的清算活动，更非由人民法院组织清算。本案中清算委员会的起诉，从性质上讲是请求人民法院保护其在清算过程中所应享有的民事权利，并非请求人民法院介入清算。人民法院受理的该案件，性质上为侵权纠纷，其具体所要解决的仅仅是原、被告之间的返还财产等纠纷，而并非决定清算

如何进行。因此,只要清算委员会的起诉符合《中华人民共和国民事诉讼法》规定的起诉条件,人民法院即应受理。同意你院请示报告中的第二种意见即你院倾向性意见。

此复。

——《最高人民法院关于外商投资企业特别清算程序中法院应否受理当事人以侵权为由要求返还财产或物品诉讼请求问题的请示的复函》(2003年9月30日,〔2003〕民四他字第13号)

612

税务机关就破产企业欠缴税款产生的滞纳金提起的债权确认之诉应予受理

关键词 | 欠缴税款 | 滞纳金 | 债权确认之诉 |

【最高人民法院司法解释】

青海省高级人民法院:

你院《关于税务机关就税款滞纳金提起债权确认之诉应否受理问题的请示》(青民他字〔2011〕1号)收悉。经研究,答复如下:

税务机关就破产企业欠缴税款产生的滞纳金提起的债权确认之诉,人民法院应依法受理。依照企业破产法、税收征收管理法的有关规定,破产企业在破产案件受理前因欠缴税款产生的滞纳金属于普通破产债权。对于破产案件受理后因欠缴税款产生的滞纳金,人民法院应当依照《最高人民法院关于审理企业破产案件若干问题的规定》第六十一条规定处理。

此复。

——《最高人民法院关于税务机关就破产企业欠缴税款产生的滞纳金提起的债权确认之诉应否受理问题的批复》(2012年6月26日,法释〔2012〕9号)

613

劳动争议案件的受案范围

关键词｜劳动争议｜受案范围｜

【最高人民法院司法解释】

第一条 劳动者与用人单位之间发生的下列纠纷，属于《劳动法》第二条规定的劳动争议，当事人不服劳动争议仲裁委员会作出的裁决，依法向人民法院起诉的，人民法院应当受理：

（一）劳动者与用人单位在履行劳动合同过程中发生的纠纷；

（二）劳动者与用人单位之间没有订立书面劳动合同，但已形成劳动关系后发生的纠纷；

（三）劳动者退休后，与尚未参加社会保险统筹的原用人单位因追索养老金、医疗费、工伤保险待遇和其他社会保险费而发生的纠纷。

——《最高人民法院关于审理劳动争议案件适用法律若干问题的解释》（2001 年 4 月 16 日，法释〔2001〕14 号）

【链接：最高人民法院法官著述】

劳动争议案件的受理范围：

根据《中华人民共和国劳动法》（以下简称《劳动法》）第二条的规定，《解释》第一条明确将人民法院受理劳动争议案件的范围限制在用人单位和与之建立劳动合同关系或形成劳动关系的劳动者之间。作为劳动争议的案件，应同时具备以下条件：

（1）争议的主体必须适格。即《劳动法》第二条规定的，劳动争议的主体应是我国境内的企业、个体经济组织（一般雇工在 7 人以下的个体工商户）、国家机关、事业组织、社会团体及与之形成劳动关系或建立劳动合同关系的劳动者；《中华人民共和国企业劳动争议处理条例》第三条规定的“企业职工为劳动争议案件的当事人”。依照劳动部《关于贯彻执行〈中华人民共和国劳动法〉若干问题的意见》（1995 年 8 月 4 日）第四条规定，“公务员和比照实行公务员制度的事业组织和社会团体的工作人员，以及农村劳动者（乡镇企业职工和进城务工、经商的农民除外)、现役军人和家庭保姆等不适用《劳动法》”。

(2)争议的主体之间订立有合法、有效的劳动合同或者双方虽未订立书面劳动合同,但意思表示明确,有口头约定或其他现实表现的。《劳动法》第十六条规定“建立劳动关系应订立劳动合同”;劳动部《关于贯彻执行〈中华人民共和国劳动法〉若干问题的意见》(1995 年月 8 月 4 日)第二条规定,“中国境内的企业、个体经济组织与劳动者之间,只要形成劳动关系即劳动者事实上已成为企业、个体经济组织的成员,并为其提供有偿劳动适用《劳动法》”;第八十二条规定,“用人单位与劳动者发生劳动争议不论是否订立合同,只要存在事实劳动关系,并符合劳动法的适用范围和《中华人民共和国企业劳动争议处理条例》的受案范围,劳动争议仲裁委员会均应受理”。

(3)双方履行了劳动权利和义务,劳动者事实上已成为企业、个体经济组织的成员,为用人单位工作,提供有偿劳动,获得了劳动报酬、劳动保护等权利,同时接受用人单位的管理、遵守用人单位的内部劳动规章制度。

(4)争议的内容和事项必须属于劳动法及其法规调整的范围。另外,结合实际情况,《解释》还对劳动者退休后与尚未参加社会保险统筹的原用人单位因追索养老金、医疗费、工伤保险待遇和其他社会保险费而发生的争议,明确规定人民法院应予以受理。这主要是考虑劳动者退休后虽与原用人单位已不存在劳动关系,但他们所享有的养老金、医疗费、工伤保险待遇和其他社会保险费是以过去在劳动岗位上履行的劳动义务为前提条件的,因此,由此发生的争议视为劳动争议。至于原用人单位所以限定为是尚未参加社会保险统筹的,是因社会保险统筹的征缴和管理根据国务院发布的《社会保险费征缴暂行条例》(1999 年月 1 月 21 日国务院令第 259 号发布)第二、三、五、六、七条和《劳动法》第七十二条、第一百条等规定,缴费单位和个人是国有企业、城镇集体企业、外商投资企业、城镇私营企业和其他城镇企业等单位及其职工,并由税务机构和劳动保障行政部门设立的社会保险经办机构征收,这属于行政管理行为,由此发生的争议为行政诉讼,争议双方是社会保险征收机构和企业或劳动者,不属于《劳动法》规定的劳动争议范围。但因目前我国尚有少数地区和单位未参加社会统筹保险,因追索社会保险费发生争议的当事人仍是用人单位和劳动者,属于劳动合同关系中发生的劳动争议。所以,将追索社会保险费发生的争议主体限定为尚未参加社会保险统筹的企业和劳动者。

受理劳动争议案件的程序:

《解释》所确立的劳动仲裁为人民法院受理劳动争议案件的前置程序的原

则，是根据《劳动法》第七十九条“劳动争议发生后，当事人也可以直接向人民法院提起诉讼”的规定而确定的。它不仅要求人民法院在受理劳动争议案件时，要执行劳动仲裁为诉讼的前置程序的规定，而且还要符合《中华人民共和国民事诉讼法》（以下简称《民事诉讼法》）第一百零八条规定的四个起诉条件。

——韩延斌：《最高人民法院〈关于审理劳动争议案件适用法律若干问题的解释〉的理解与适用》，载唐德华主编、最高人民法院民事审判第一庭编：《民事审判指导与参考》（总第 6 集），法律出版社 2001 年版，第 72 ~ 76 页。

614

劳动争议仲裁委员会逾期不作出仲裁裁决或者作出不予受理的裁决、决定、通知，人民法院应予受理

关键词｜逾期不作劳动仲裁｜不予受理｜受案范围｜

【最高人民法院司法解释】

第二条 劳动争议仲裁委员会以当事人申请仲裁的事项不属于劳动争议为由，作出不予受理的书面裁决、决定或者通知，当事人不服，依法向人民法院起诉的，人民法院应当分别情况予以处理：

（一）属于劳动争议案件的，应当受理；

（二）虽不属于劳动争议案件，但属于人民法院主管的其他案件，应当依法受理。

第三条 劳动争议仲裁委员会根据《劳动法》第八十二条之规定，以当事人的仲裁申请超过六十日期限为由，作出不予受理的书面裁决、决定或者通知，当事人不服，依法向人民法院起诉的，人民法院应当受理；对确已超过仲裁申请期限，又无不可抗力或者其他正当理由的，依法驳回其诉讼请求。

第四条 劳动争议仲裁委员会以申请仲裁的主体不适格为由，作出不予受理的书面裁决、决定或者通知，当事人不服，依法向人民法院起诉的，经审查，确属主体不适格的，裁定不予受理或者驳回起诉。

——《最高人民法院关于审理劳动争议案件适用法律若干问题的解

释》(2001 年 4 月 16 日，法释〔2001〕14 号)

四川省高级人民法院：

你院川高法〔1998〕52 号"关于未经劳动仲裁的劳动争议案件，当事人向法院起诉人民法院应否受理的请示"收悉。经研究，答复如下：

根据《中华人民共和国劳动法》第七十九条规定的精神，劳动争议案件经劳动争议仲裁委员会仲裁是提起诉讼的必经程序。劳动争议仲裁委员会逾期不作出仲裁裁决或者作出不予受理的决定，当事人不服向人民法院提起行政诉讼的，人民法院不予受理；当事人不服劳动争议仲裁委员会作出的劳动争议仲裁裁决，可以向人民法院提起民事诉讼。

——《最高人民法院关于劳动仲裁委员会逾期不作出仲裁裁决或者作出不予受理通知的劳动争议案件人民法院应否受理的批复》(1998 年 9 月 2 日，法释〔1998〕24 号)

【最高人民法院司法政策】

认真贯彻执行《中华人民共和国劳动争议调解仲裁法》和相关司法解释的规定，加强与劳动、人事争议等仲裁机构的沟通和协调，根据劳动、人事争议案件的特点采取适当的审理方式，支持和鼓励仲裁机制发挥作用。对劳动、人事争议仲裁机构不予受理或者逾期未作出决定的劳动、人事争议事项，申请人向人民法院提起诉讼的，人民法院应当依法受理。

——《最高人民法院关于建立健全诉讼与非诉讼相衔接的矛盾纠纷解决机制的若干意见》(2009 年 7 月 24 日，法发〔2009〕45 号)

要积极探讨劳动争议诉讼程序和仲裁程序的有效衔接。要建立与劳动争议仲裁委员会的沟通协调机制，及时交流劳动争议处理的新情况、新问题，积极探索和创建诉讼程序与仲裁程序有效衔接的新规则、新制度。要准确把握劳动合同法和劳动争议调解仲裁法的新规定和新精神，严格审查仲裁时效，合理把握仲裁审理时限超期的认定标准，对于仲裁委员会确有正当理由未能在规定时限内作出受理决定或仲裁裁决，劳动者以此为由向人民法院起诉的，人民法院应告知劳动者等待仲裁委员会的决定或裁决。要妥善解决劳动者不服仲裁裁决提起诉讼的同时，用人单位又申请撤销仲裁裁决出现的有关问题，切实规范仲裁委员会逾期未作出受理决定和仲裁裁决的相关程序。

——《最高人民法院关于当前形势下做好劳动纠纷案件审判工作的指导意见》(2009 年 7 月 6 日,法发〔2009〕41 号)

仲裁机构对劳动争议纠纷迟迟不作受理与否的决定,人民法院是否可以受理。在一般情况下,人民法院受理劳动争议案件应当将仲裁作为前置条件,未经仲裁机构仲裁的,人民法院不能直接受理。但是,对当事人提出申请后,仲裁机构以某种理由不予受理的,为了及时保障当事人的权利,人民法院可以受理当事人的起诉。

——李国光:《在全国民事审判工作会议上的讲话》(2000 年 10 月 28 日),载唐德华主编、最高人民法院民事审判庭编:《民事审判指导与参考》(总第 4 卷),法律出版社 2000 年版,第 38 页。

【链接:最高人民法院法官著述】

劳动争议仲裁委员会逾期不作出仲裁裁决或者作出不予受理的决定问题的处理

当事人不服劳动争议仲裁委员会作出的劳动争议仲裁裁决,向人民法院提起民事诉讼是《劳动法》赋予当事人的诉讼权利。虽然劳动争议仲裁委员会设立在各级劳动行政管理部门,但其本身不是行政机关,因而劳动争议仲裁委员会逾期不作出仲裁裁决或者作出不予受理的决定时,当事人向人民法院提起行政诉讼就没有法律依据。

《批复》的标题为"关于劳动仲裁委员会逾期不作出仲裁裁决或者作出不予受理通知的劳动争议案件人民法院应否受理的批复",并且根据《劳动法》第七十九条的规定,认为人民法院受理劳动争议诉讼以劳动仲裁为前置,因而似可得出结论:劳动仲裁委员会逾期不作出仲裁裁决或者作出不予受理通知的劳动争议案件人民法院不予受理。从表面上看,这种做法体现了严格适用《劳动法》的精神,也减轻了人民法院的工作量。但是,这是对《劳动法》的片面理解,其结果是造成当事人特别是劳动者告状无门,其合法权益无法得到保障。这与《劳动法》的立法宗旨和人民法院审理劳动争议以保护劳动者利益原则的精神相违背。

2001 年《最高人民法院关于审理劳动争议案件适用法律若干问题的解释》(法释〔2001〕14 号)规定,对劳动争议仲裁委员会作出不予受理通知、决定或者裁决的劳动争议案件，人民法院应当依法受理。

——沈德咏主编、最高人民法院研究室编：《民事诉讼司法解释理解与适用》，法律出版社2009年版，第730~732页。

审判实践中，人民法院受理劳动争议案件也一般将劳动仲裁作为前置条件，对未经劳动仲裁委员会仲裁的劳动争议案件，不能直接受理。但对劳动仲裁委员会未实质处理的劳动争议案件，当事人不服，依法向人民法院起诉的，人民法院是否应当受理的问题，因无明确规定，所以对此有不同意见，各地人民法院也有不同做法。最高人民法院唐德华副院长在1999年10月于武汉召开的《全国民事案件审判质量工作座谈会》上，针对劳动争议案件的受理问题提出，"为了使劳动争议能够及时有效得到解决，对于劳动争议仲裁委员会作出不予受理的通知或决定、裁决的，可视为劳动争议仲裁机构已对该劳动争议作出处理，当事人对该不予受理的通知不服，向人民法院起诉的，人民法院应予受理"，明确了人民法院受理劳动争议案件的原则，并形成会议纪要下发全国。李国光副院长在2000年月10月26日召开的《全国民事审判工作会议》上再次提出，"在一般情况下，人民法院受理劳动争议案件应当将仲裁作为前置条件，未经仲裁机构仲裁的，人民法院不能直接受理。但是，对当事人提出申请后，仲裁机构以某种理由不予受理的，为了及时保障当事人的权利，人民法院可以受理当事人的起诉"。据此原则，在《解释》的第二、三、四条中，针对实践中劳动争议仲裁委员会对当事人的仲裁申请作出不予受理的书面裁决、决定或者通知，当事人不服向人民法院起诉的三种情况分别予以了规定。同时，为便于严格执行劳动仲裁为诉讼前置程序的原则和对是否确已先行申请劳动仲裁事实的查证，《解释》规定了当事人向人民法院起诉时，必须有劳动仲裁委员会作出的书面裁决、决定或者通知。

——韩延斌：《最高人民法院〈关于审理劳动争议案件适用法律若干问题的解释〉的理解与适用》，载唐德华主编、最高人民法院民事审判第一庭编：《民事审判指导与参考》（总第6集），法律出版社2001年版，第72~76页。

615 劳动争议仲裁机构逾期受理或作出裁决，当事人不能直接向法院起诉的特殊情形

关键词｜劳动争议仲裁｜逾期受理｜逾期裁决｜受案范围｜

【最高人民法院司法解释】

第十二条 劳动人事争议仲裁委员会逾期未作出受理决定或仲裁裁决，当事人直接提起诉讼的，人民法院应予受理，但申请仲裁的案件存在下列事由的除外：

（一）移送管辖的；

（二）正在送达或送达延误的；

（三）等待另案诉讼结果、评残结论的；

（四）正在等待劳动人事争议仲裁委员会开庭的；

（五）启动鉴定程序或者委托其他部门调查取证的；

（六）其他正当事由。

当事人以劳动人事争议仲裁委员会逾期未作出仲裁裁决为由提起诉讼的，应当提交劳动人事争议仲裁委员会出具的受理通知书或者其他已接受仲裁申请的凭证或证明。

——《最高人民法院关于审理劳动争议案件适用法律若干问题的解释（三）》（2010年9月13日，法释〔2010〕12号）

【最高人民法院审判业务意见】

我国目前的劳动争议处理实行的是“一调一裁两审”制度。仲裁是诉讼前置程序，不经仲裁，当事人不能直接向人民法院提起诉讼。案件通过调解和仲裁，有利于劳动争议能够尽可能在比较平和的气氛中得到解决，尽量减少打官司。所以，如果仲裁机构因为有正当事由而不能在法定期限内作出处理决定的，应当尽可能从时间上给予一定宽限，使劳动争议能够在最初阶段予以化解，而不必继续漫长的诉讼程序。这种做法有利于维护“一调一裁两审”制度的稳定，避免了该制度流于形式，从而防止大量劳动争议案件未经仲裁便径行进入审判程序。总结审判经

验,本司法解释规定仲裁程序存在下列事由即为正当事由,即使逾期当事人也不能直接向法院起诉:(1)移送管辖的;(2)正在送达或送达延误的;(3)等待诉讼、评残结论的;(4)启动鉴定程序,或委托其他部门调查取证的;(5)因正当理由,案件正在劳动人事争议仲裁委员会等待仲裁的;(6)其他正当事由。

需要特别说明的是,不论申请人基于不予受理决定还是未作出决定或逾期作出仲裁向人民法院提起诉讼,均应当自收到不予受理的决定或者逾期之日起15日内向人民法院提起诉讼。这是《劳动法》第83条的要求。除此之外,还须符合人民法院受理劳动争议案件的其他条件,比如《民事诉讼法》第108条第(4)项属于人民法院受理民事诉讼的范围和受诉人民法院管辖。当然,对于不存在上述事由的,当事人向人民法院直接起诉,人民法院应当受理。人民法院决定受理劳动者申请的,应当在受理之日起5日内书面通知劳动争议仲裁委员会终结有关案件的仲裁,以免产生冲突。

——《依法维护劳动者权益,构建和发展和谐稳定的劳动关系——最高人民法院民一庭庭长杜万华就〈关于审理劳动争议案件适用法律若干问题的解释(三)〉答记者问》,载最高人民法院民事审判第一庭编:《民事审判指导与参考》(总第43集),法律出版社2011年版,第13~14页。

616

不属于劳动争议的纠纷

关键词 | 非劳动争议 | 受案范围 |

【最高人民法院司法解释】

第七条 下列纠纷不属于劳动争议:

(一)劳动者请求社会保险经办机构发放社会保险金的纠纷;

(二)劳动者与用人单位因住房制度改革产生的公有住房转让纠纷;

(三)劳动者对劳动能力鉴定委员会的伤残等级鉴定结论或者对职业病诊断鉴定委员会的职业病诊断鉴定结论的异议纠纷;

(四)家庭或者个人与家政服务人员之间的纠纷;

(五)个体工匠与帮工、学徒之间的纠纷;

（六）农村承包经营户与受雇人之间的纠纷。

——《最高人民法院关于审理劳动争议案件适用法律若干问题的解释（二）》（2006年8月14日，法释〔2006〕6号）

第七条 劳动争议仲裁委员会仲裁的事项不属于人民法院受理的案件范围，当事人不服，依法向人民法院起诉的，裁定不予受理或者驳回起诉。

——《最高人民法院关于审理劳动争议案件适用法律若干问题的解释》（2001年4月16日，法释〔2001〕14号）

【最高人民法院司法政策】

企业职工下岗、整体拖欠职工工资是在企业制度改革和劳动用工制度改革中出现的特殊现象，不是履行劳动合同中的问题，由此引发的纠纷，应当由政府有关部门按照企业改制的政策规定统筹解决，不属于劳动争议，不应以民事案件立案受理。人民法院要多做当事人的教育引导工作，尽力缓解矛盾，防止把群体性纠纷引向诉讼。对于因职工下岗引发的婚姻家庭纠纷案件，要依法妥善处理。

——李国光：《在全国民事审判工作会议上的讲话》（2000年10月28日），载唐德华主编、最高人民法院民事审判庭编：《民事审判指导与参考》（总第4集），法律出版社2000年版，第39页。

【链接：最高人民法院法官著述】

理论上说，劳动法调整的是劳动关系以及与劳动关系密切相连的其他社会关系。但在实践中，并非一切的劳动关系都由劳动法调整，并非一切的劳动争议都是可以仲裁和诉讼的，劳动仲裁和诉讼手段调整的对象是依附有劳动合同或者事实上存在的劳动关系，只有劳动合同履行过程中所产生的争议，人民法院才予以受理。劳动法第77条规定："用人单位与劳动者发生争议，当事人可以依法申请调解、仲裁、提起诉讼，也可以协商解决。"最高人民法院法释〔2001〕14号提出，人民法院审查当事人的起诉，分别两种情况予以处理：其一，属于劳动争议案件的，应当受理；其二，虽不属于劳动争议案件，但属于人民法院主管的其他案件，应当依法受理。哪些案件不属于劳动争议案件，但属于其他性质的案件？

《解释(二)》第7条就是要给当事人提供一个这样的诉讼指引。

1. 关于发放社会保险金的纠纷

这里的社会保险金是一个概括的称谓,实际上包括养老金、伤残补助金、伤残津贴、工亡补助金、供养亲属抚恤金、生活护理费等社会保障待遇中各种应当给付的费用。最高人民法院法释〔2001〕14号规定,劳动者退休以后与尚未参加社会保险统筹的原用人单位因追索养老金、医疗金、工伤保险待遇和其他社会保险待遇发生的纠纷,属于人民法院应当受理的劳动争议案件。按照有关社会保险行政法规、规章的规定,养老保险、医疗保险、失业保险这三大险种的保险费的缴纳既是用人单位的法定义务,也是行政法规赋予劳动行政部门(社保经办机构)、税务部门的行政职责,保险金的发放则属于社会保险经办机构受托行使行政职能的法定义务。劳动者认为用人单位没有依法缴纳社会保险费的,可以向行政主管部门投诉,通过行政途径解决争议,行政机关可以强制征缴并申请人民法院强制执行。劳动者认为社保经办机构没有依法发放社会保险金的,可以通过行政诉讼的渠道解决争议。鉴于这一规定在实践中执行时因为很多老百姓区分不清,所以司法解释这次作出细化的解释,以便于掌握。

2. 关于公有住房制度改革中的住房转让纠纷

因住房制度改革发生的公有住房转让纠纷,表面上是劳动者与用人单位之间的涉及住房福利争议,但是由于公有住房转让实际上是属于产权归属争议,从性质上讲是不动产物权的法律关系,不属于劳动法律关系,所以也就不是劳动争议案件。公有住房在房改过程中产生的权属纠纷主要是指出售公有住房而产生的纠纷。大致有以下几种情况:在履行劳动合同过程中,劳动者依照有关城市公有住房出售规定,与用人单位签订城市公有住房出售合同将单位自管房屋出售给劳动者,但尚未变更产权登记的,原告劳动者起诉要求解除合同、返还房屋的纠纷;职工认为符合购房条件,但是单位不售房的纠纷;职工未在规定期限购房,单位不允许其购房的纠纷;已签合同尚未办过户时一方反悔的纠纷;职工取得产权证后辞职调离单位要求收回房屋或补足房款的纠纷;公有住房进行房改,原承租代表人与产权人签订了出售公有住房协议并取得产权,或者原承租代表人死后,原房屋共同承租人中的一人与产权单位重新建立承租关系,并进行房改取得产权,其他共同承租人或原承租代表人的继承人起诉要求确认房改协议无效的纠纷;等等。这些纠纷本质上还是平等主体之间财产关系的权利义务争议,一些地方法院在实践中已经明确不作为劳动争议案件处理。

3. 关于劳动能力鉴定结论和职业病诊断鉴定结论的异议纠纷

关于劳动能力鉴定委员会的伤残等级鉴定结论和职业病诊断鉴定结论的异议纠纷，与本条第一项情况相似，法律关系主体是劳动者与劳动能力鉴定委员会或者职业病诊断鉴定委员会，争议焦点其实是伤残等级鉴定、职业病诊断鉴定的具体行为，而不是劳动争议。

劳动能力鉴定是劳动能力鉴定委员会组织专家，依据劳动能力鉴定标准，对工伤职工劳动功能障碍程度和生活自理障碍程度进行鉴定。劳动能力鉴定结论是工伤职工享受工伤保险待遇的依据。劳动能力鉴定委员会由劳动保障行政部门、人事行政部门、卫生行政部门、工会组织、经办机构代表以及用人单位代表组成，他们不是行政主体，不能作为行政诉讼的被告。同时，他们与被鉴定对象及鉴定结论涉及的利害关系人又不属于民事法律关系，不能作为民事诉讼的被告，如果职工或者鉴定结论涉及的利害关系人认为伤残情况发生变化的，鉴定结论作出 1 年后，可以申请复查鉴定。职业病诊断鉴定的情况也与此类似，所以解释稿最后确定这类纠纷不属于劳动争议。在征求意见时，还有人提出劳动能力鉴定与工伤认定很容易混淆，希望解释对工伤认定问题加以明确。经过研究，有关工伤认定的争议，劳动和社会保障部于 2003 年 9 月 23 日发布的《工伤认定办法》第 19 条规定，职工或者其直系亲属、用人单位对工伤认定决定不服的，可以依法申请行政复议或者提起行政诉讼。所以，本解释亦无必要再作重复。

4. 关于雇佣、帮工、学徒纠纷

《解释（二）》第 7 条第（4）、（5）、（6）项把貌似劳动关系实际是民事劳务关系的情形进行了列举。也就是把保姆、帮工、学徒、农业雇工等提供劳务者与劳动法上的劳动者进行了区分。

家庭雇佣劳动关系是否列入劳动法的调整范围，各国规定不同。有的国家规定家庭保姆适用劳动法，但我国将家庭保姆的雇佣劳动关系归入民法的调整范围，未列入劳动法的范围，因而家庭或者个人与家政服务人员之间的纠纷不属于劳动争议。虽然也有人主张现在有关劳动规章已经肯定了小时工等家政服务灵活就业的形式，应当把这种就业形式纳入劳动法保护更为合适，但是从现行法律规定的等次上看，家庭保姆的合法权益还是纳入民法保护更为妥切。

我国农村目前主要实行以家庭为单位的联产承包责任制，农业劳动多以家庭的组织形式进行，农村劳动者通过家庭联产承包合同、土地承包合同确定其权利义务，农民与村民委员会之间不属于劳动关系，国家对家庭内的劳动关系也不予干预，一般人对此并无异议。但是，现在农村的种植业、养殖业有了较大发展，依托农业科技开发搞集约化经营的模式越来越多,农村承包经营户也有雇工的现象,这样的劳动用工关系是否可以纳入劳动法调整？鉴于劳动法确定的一项原则就是不调整农业生产的社会关系,劳动法确认的合法用工主体"个体经济组织",劳动部解释为城镇中雇工7人以下的个体工商户。所以,只有作为乡镇企业的职工,或者进城务工经商的农民与相应的企业雇主之间形成的劳动关系才属于劳动法的调整范围。

在本解释征求意见的过程中,还有一些人提出,个体工匠带的学徒工,一些非个体经济组织的个体户、个体自由职业者或者临时演艺组织请的帮工、雇的临时演员等是否属于劳动关系,希望界定。经过研究,大家倾向认为,这类就业形式久已有之,还是按照民法的规定和审判实践的惯常做法予以处理比较合适,故本条第(5)项界定上述纠纷不属于劳动争议。

——胡仕浩:《〈关于审理劳动争议案件适用法律若干问题的解释(二)〉的理解与适用》,载最高人民法院民事审判第一庭编:《民事审判指导与参考》(总第27集),法律出版社2006年版,第44~46页。

由于用人单位和劳动者法律意识的提高及企业改制、用工制度的改革,在劳动纠纷解决过程中出现了虽经劳动争议仲裁委员会仲裁但不属于人民法院受理范围的劳动争议。如,用人单位对职工进行劳动行政管理而与劳动者发生的争议和因职工下岗引发的争议等,不是因履行劳动合同发生的争议,不属于人民法院受理的劳动争议案件。李国光副院长在全国民事审判工作会议上的讲话中,也曾提到"企业职工下岗、整体拖欠职工工资是在企业制度改革和劳动用工制度改革中出现的特殊现象,不是履行劳动合同中的问题,由此引发的纠纷,应当由政府有关部门按照企业改制的政策规定统筹解决,不属于劳动争议,不应以民事案件立案审理"。因此,《解释》的第七条规定了"劳动争议仲裁委员会仲裁的事项不属于人民法院受理的案件范围,当事人不服,依法向人民法院起诉的,裁定不予受理或者驳回起诉"。

——韩延斌:《最高人民法院〈关于审理劳动争议案件适用法律若干问题的解释〉的理解与适用》,载唐德华主编、最高人民法院民事审判第一庭编:《民事审判指导与参考》(总第6集),法律出版社2001年版,第72~76页。

617

复转军人与安置单位之间就安置问题发生纠纷不属劳动争议

关键词｜复转军人安置｜劳动争议｜

【最高人民法院审判业务意见】

最高人民法院民一庭于2004年7月5日对本案进行了讨论，一致同意作者就本案提出的分析处理意见，认为：李某某等10人在亳州市烟草专卖局稽查队工作期间，因工资福利待遇与该局发生的纠纷，属于劳动争议，人民法院应当依法受理。李某某等10人因安置问题与亳州市烟草专卖局之间发生的争议，不属于劳动争议案件，人民法院不应受理。根据这一意见，2004年7月21日，最高人民法院以〔2004〕民一他字第15号函答复安徽省高级人民法院如下：

你院《关于李向阳等十人与亳州市烟草专卖局劳动争议纠纷一案的请示报告》收悉。据你院报告查明的事实：李向阳等人为退伍士兵安置问题与亳州市烟草专卖局发生争议，并集体到有关部门上访，该局为解决李向阳等人的生活困难遂临时安排其在局机关所属的稽查队工作。此后，李向阳等人向劳动争议仲裁委员会申诉，请求裁决亳州市烟草专卖局与其签订无固定期限的劳动合同，并支付其在稽查队工作期间的工资及保险福利待遇。经研究认为：

1. 依据《中华人民共和国兵役法》、国务院《退伍义务兵安置条例》的规定，安置单位与退伍义务兵就安置问题建立的关系是安置与被安置的关系，不是《中华人民共和国劳动法》第17条规定的在“平等自愿、协商一致”基础上建立的劳动关系，双方发生的争议是安置争议，不是《中华人民共和国劳动法》调整的劳动争议。如果亳州市烟草专卖局将李向阳等人临时安排在稽查队工作，不是对他们的安置，当然不发生与之签订无固定期限的劳动合同的义务，按照《最高人民法院关于审理劳动争议案件适用法律若干问题的解释》第1条的规定，李向阳等人与亳州市烟草专卖局之间的安置争议，不符合人民法院受理劳动争议案件的条件。

2. 李向阳等人就其被临时安排在稽查队工作期间的工资及保险福利待遇问题与亳州市烟草专卖局之间发生争议，由于双方当事人之间存在事实劳动关系，符合上述司法解释第1条第(2)项之规定，劳动争议仲裁委员会作裁决后，当事人依法诉至人民法院的，人民法院应当作为劳动争议案件受理。

——韩玫:《复转军人与安置单位之间就安置问题发生的纠纷是否属于劳动争议》,载最高人民法院民事审判第一庭编:《中国民事审判前沿》(总第1集),法律出版社2005年版,第251~252页。

618

因执行国家有关工资规定发生的争议属于劳动争议

关键词 | 劳动争议 | 执行工资规定 | 受案范围 |

【最高人民法院答复】

安徽省高级人民法院:

本案属于因执行相关工资规定产生的劳动争议,该争议已经劳动争议仲裁委员会仲裁,许隆富不服又向人民法院提起诉讼,人民法院应予受理。关于许隆富请求芜湖长江轮船公司赔偿其因该公司诬告、报复造成人身、名誉权被侵害而产生的各项直接经济损失和精神损害赔偿,属于一般民事侵权纠纷。因此,同意你院请示报告中的少数人意见,人民法院对许隆富的起诉应予受理。

——《最高人民法院复函》(1989年8月10日,〔2006〕民立他字第119号)

【链接:最高人民法院法官著述】

人民法院对许隆富的起诉应予受理。理由是:

一是程序方面。许隆富与芜湖长江轮船公司的争议已经劳动争议仲裁委员会裁决。

二是主体方面。许隆富刑满释放后法院改判其无罪,芜湖长江轮船公司按有关政策规定恢复了其固定工身份,许隆富后来在芜湖长江轮船公司退休,因此,许隆富与芜湖长江轮船公司之间是劳动者和用人单位的关系,争议双方是劳动争议的适格主体,自无疑问。

三是受案范围方面。安徽高院请示案中,许隆富提出的诉讼请求包括两个内容:一是追索劳动报酬,请求芜湖长江轮船公司按国家有关政策规定补发“三个序号”工资;二是请求芜湖长江轮船公司赔偿许隆富因人身、名誉权被侵害而造成各项直接经济损失共115000元。上述两项诉讼请求在性质上是不同的。

就第一个诉讼请求而言，许隆富主张"三个序号"工资的依据主要是，原劳动人事部工资局《关于受处分人员工资待遇问题的复文》、原劳动部办公厅《关于企业单位对错判人员工资如何补发的复函》以及芜湖长江轮船公司的"三个序号"工资的内部规定。也就是说，许隆富追索劳动报酬的请求，是对以有关政策和用人单位内部劳动规则为依据产生的劳动权利进行主张。而劳动争议不能限于就劳动合同约定的权利义务所发生的争议，也不能限于因订立、履行、变更、解除或者终止劳动合同而发生的争议，劳动法律、法规、政策、集体劳动合同和内部劳动规则都可以作为劳动权利义务的依据，劳动者对依上述规定产生的权利义务发生的争议，也属于劳动争议的范围。此外，许隆富的这一诉讼请求也属于《处理条例》第二条第（二）项关于"因执行国家有关工资的规定发生的争议"。因此，对许隆富的第一项诉讼请求，应认定为劳动争议。

就第二项诉讼请求而言，许隆富请求芜湖长江轮船公司赔偿其因被该公司诬告、陷害而给其人身、名誉权造成侵害产生的各项直接经济损失，不是因劳动权利义务而产生的争议，属于一般民事侵权纠纷，仍然属于人民法院受理民事案件的范围。

——潘杰：《劳动争议的界定与受理审查》，载苏泽林主编、最高人民法院立案庭编：《立案工作指导》（总第15辑），人民法院出版社2008年版，第85～88页。

编者说明

通过该答复，最高人民法院明确，对劳动争议的界定应立足于争议主体和劳动权利义务两个方面，人民法院在对劳动争议进行立案审查时，应限于形式审、程序审，不能将实体审理前置。

619

"空挂资质"的个人与单位之间的纠纷不属于劳动争议

关键词 | 劳动争议 | 空挂资质 | 受案范围 |

【最高人民法院审判业务意见】

在劳动争议案件中，不能仅以存在书面劳动合同就认定双方当事人存在劳动关系。认定劳动关系是否存在,不仅应审查其主体是否适格、是否有书面劳动合同,还应审查当事人之间是否符合劳动关系的实质要件、是否发生实际用工、劳动者是否提供有偿劳动并接受用人单位管理等。“空挂资质”的个人与单位之间不存在实际用工关系,由此发生的纠纷不属于劳动争议,应按一般民事纠纷案件处理。

——最高人民法院民事审判第一庭编:《民事审判指导与参考》(总第46集),法律出版社2011年版,第103页。

620

劳动争议仲裁裁决的生效时间

关键词|劳动争议|仲裁裁决|生效时间|

【最高人民法院司法解释】

第十七条 劳动争议仲裁委员会作出仲裁裁决后,当事人对裁决中的部分事项不服,依法向人民法院起诉的,劳动争议仲裁裁决不发生法律效力。

——《最高人民法院关于审理劳动争议案件适用法律若干问题的解释》(2001年4月16日,法释〔2001〕14号)

为正确适用法律审理劳动争议案件,对人民法院裁定准予撤诉或驳回起诉后,劳动争议仲裁裁决从何时起生效的问题解释如下:

第一条 当事人不服劳动争议仲裁裁决向人民法院起诉后又申请撤诉,经人民法院审查准予撤诉的,原仲裁裁决自人民法院裁定送达当事人之日起发生法律效力。

第二条 当事人因超过起诉期间而被人民法院裁定驳回起诉的,原仲裁裁决自起诉期间届满之次日起恢复法律效力。

第三条 因仲裁裁决确定的主体资格错误或仲裁裁决事项不属于劳动争议,被人民法院驳回起诉的,原仲裁裁决不发生法律效力。

——《最高人民法院关于人民法院对经劳动争议仲裁裁决的纠纷准予撤诉或驳回起诉后劳动争议仲裁裁决从何时起生效的解释》(2000年7月

10 日，法释〔2000〕18 号）

【最高人民法院司法政策】

26. 劳动人事仲裁机构作出仲裁裁决，当事人在法定期限内未提起诉讼但再次申请仲裁，劳动人事仲裁机构作出不予受理裁决、决定或通知，当事人不服提起诉讼，经审查认为前后两次申请仲裁事项属于不同事项的，人民法院予以受理；经审查认为属于同一事项的，人民法院不予受理，已经受理的裁定驳回起诉。

27. 当事人在仲裁阶段未提出超过仲裁申请期间的抗辩，劳动人事仲裁机构作出实体裁决后，当事人在诉讼阶段又以超过仲裁时效期间为由进行抗辩的，人民法院不予支持。

当事人未按照规定提出仲裁时效抗辩，又以仲裁时效期间届满为由申请再审或者提出再审抗辩的，人民法院不予支持。

——《最高人民法院第八次全国法院民事商事审判工作会议（民事部分）纪要》（2016 年 11 月 30 日）

【链接：最高人民法院法官著述】

用人单位不服劳动仲裁提起诉讼未获支持的处理

问题：林某为某建筑公司务工时受伤致残，双方经劳动仲裁后，建筑公司须赔偿林某相关费用 20 万元。建筑公司在法定期限内提起诉讼，认为双方不存在事实劳动关系，请求法院判决其不承担赔偿责任。法院认为双方存在事实劳动关系，建筑公司应该承担赔偿责任，但对案件的判决形式，存在不同的认识。一种意见认为，应该判决驳回建筑公司的诉讼请求，因为其诉讼请求是要求不承担赔偿责任，驳回其请求后，应该判决建筑公司承担具体的赔偿责任，而无须考虑是否与建筑公司的诉讼请求相符合。

《人民司法》研究组认为：劳动争议诉讼，是指人民法院对不服劳动争议仲裁而提起诉讼的劳动争议，依法进行审判并作出判决的劳动争议处理方式。人民法院受理的劳动争议案件，目前统一由民事审判庭按照《民事诉讼法》规定的程序进行审查，实行二审终审制。劳动争议仲裁只是劳动争议诉讼的前置程序，进行诉讼后，意味着劳动仲裁裁决自然失效，法院应该对劳动争议进行实体审查，并作出实体判决。对于本案，法院应判决建筑公司具体的赔偿责任。因此，我们认为后一种意见是正确的。

——《人民司法》2007年第23期

当事人起诉后又申请撤诉，经人民法院审查准予撤诉以及人民法院裁定驳回当事人起诉这两种情形，从法律效力确认的角度来看，应区别三种类型，相应确定仲裁裁决的法律效力。以下分别说明：

1. 当事人不服劳动争议仲裁委员会的仲裁裁决起诉到人民法院后又申请撤诉，经人民法院审查准予撤诉的，原仲裁裁决应自人民法院裁定送达当事人之日起发生法律效力。理由是：按现行有关法律规定，劳动争议仲裁是诉讼的前置程序。劳动争议当事人对仲裁裁决不服可以自收到裁决书之日起15日内向人民法院起诉。人民法院受理后，当事人又申请撤诉的，表明当事人愿意服从仲裁裁决。经人民法院审查，撤诉系出于自愿，且不违反法律规定，人民法院应裁定予以准许。在此情况下，仲裁裁决书当然自人民法院裁定送达当事人之日起发生法律效力。

2. 当事人起诉已超过法定的15日起诉期间，且无正当理由，法院裁定驳回起诉。在此情况下，原仲裁裁决自起诉期间届满之次日起依法已经发生法律效力，虽因起诉而致其法律效力在事实上暂时被中止，经人民法院审查确认起诉已超过起诉期间从而裁定驳回起诉后，原仲裁裁决自应恢复其法律效力。

3. 因仲裁裁决确定的主体资格错误或仲裁裁决事项不属于劳动争议，被人民法院裁定驳回起诉的，原仲裁裁决不发生法律效力。例如，毕有德与青海轧钢厂劳动争议纠纷案，即属此种类型。该案用人单位对劳动者作出行政记大过一次、下浮一级工资一年及罚款140元的处理。劳动者申请仲裁，仲裁机关根据劳动部劳办发〔1997〕17号文件关于“职工对用人单位作出的行政处分不服，可以向劳动仲裁委员会申请仲裁”的规定，作出仲裁裁决。当事人起诉到法院后，人民法院根据国务院颁发的《企业劳动争议处理条例》确认，行政处分中只有开除才属于劳动争议案件的受理范围，故毕有德一案性质上不属于应由人民法院受理的劳动争议案件。人民法院据此裁定驳回起诉。又如，某外资企业对劳动者作出下岗分流的决定，并参照国有企业对下岗职工的待遇规定发给待业救济金。劳动者以其在生病期间不应解除劳动合同关系为由申请仲裁，用人单位则以下岗不属解除劳动合同作为抗辩。仲裁裁决后，当事人不服起诉到人民法院，人民法院确认此种情形不属人民法院应当受理的劳动争议案件范围，而裁定驳回起诉。法院驳回起诉后，如仲裁裁决即发生或“恢复”法律效力，有违劳动争议仲裁作为诉讼前置程序的立法本意，也使当事人难以获得适当途径的司法救济和其他救济手段，同时，这还与人民法院生效裁判的既判力的本质相违背。

——唐德华主编、最高人民法院民事审判庭编：《民事审判指导与参考》(总第3集)，法律出版社2000年版，第71～75页。

编者说明

《劳动法》第83条规定："劳动争议当事人对仲裁裁决不服的，可以自收到仲裁裁决书之日起十五日内向人民法院提起诉讼。一方当事人在法定期限内不起诉又不履行仲裁裁决的，另一方当事人可以申请人民法院强制执行。"该条规定实际上明确了以下三个方面的内容：第一，劳动争议仲裁作为劳动争议诉讼的前置程序，与商事仲裁不同，不实行"一裁终局"，当事人不服劳动争议仲裁裁决，可以向人民法院起诉。第二，不服劳动争议仲裁裁决提起诉讼的起诉期间为十五日，自当事人收到仲裁裁决书之日起计算。第三，当事人在法定期限内不起诉的，原仲裁裁决即发生法律效力，履行义务方不履行仲裁裁决的，对方当事人即可向人民法院申请强制执行。该条规定对作为前置程序的劳动争议仲裁如何与劳动争议诉讼相互衔接作了初步规定，但却遗漏了两个重要情形，即当事人起诉后又申请撤诉，经人民法院审查准予撤诉以及人民法院裁定驳回当事人起诉的情形。由此引起法律适用上的两个问题：第一，在上述情形下，应当如何确定劳动争议仲裁裁决的法律效力。第二，在上述情形下，当事人可否依据仲裁裁决向人民法院申请强制执行。

立法的疏漏最终影响到劳动争议仲裁机关的执法和人民法院的司法，为此，劳动和社会保障部劳动工资司以《关于人民法院准予撤诉或驳回起诉后劳动仲裁裁决书应恢复法律效力的商函》(劳社劳资函〔1999〕40号)向最高人民法院民事审判庭提出了解决上述问题的意见。鉴于该问题对劳动争议纠纷的解决具有普遍意义，最高人民法院作出法释〔2000〕18号司法解释。

621

持续拖欠工资不得以超过60日申请仲裁期限抗辩拒付

关键词｜拖欠工资｜申请仲裁期限｜起诉｜

【最高人民法院司法解释】

第二条　拖欠工资争议，劳动者申请仲裁时劳动关系仍然存续，用人单位以劳动者申请仲裁超过六十日为由主张不再支付的，人民法院不予支持。但用人单位能够证明劳动者已经收到拒付工资的书面通知的除外。

——《最高人民法院关于审理劳动争议案件适用法律若干问题的解释（二）》（2006年8月14日，法释〔2006〕6号）

【最高人民法院审判业务意见】

本解释第2条规定，在劳动关系存续期间，用人单位连续拖欠工资但以60日仲裁时效进行抗辩拒付的，人民法院不予支持。作出这一解释的依据是，虽然劳动法有工资应当按月发放的规定，但要求劳动者在劳动关系存续期间，每月都要通过仲裁或者诉讼的手段讨要工资，不符合立法本意，也不符合人情伦理。因为从劳动关系的社会伦理上讲，劳动者对用人单位由于经营困难等原因造成的一时不能及时发放工资要有一个合理的容忍度，不应当每个月都要运用仲裁等强硬手段讨要工资，而且现阶段社会就业形势严峻，要求劳动者既要运用法律救济手段解决工资问题，又要保住"饭碗"，显然也不合情理，因此，对拖欠工资的时效保护要从宽。

——《保护劳动者合法权益促进劳动关系和谐稳定——最高人民法院负责人就〈关于审理劳动争议案件适用法律若干问题的解释（二）〉答记者问》，载最高人民法院民事审判第一庭编：《民事审判指导与参考》（总第27集），法律出版社2006年版，第10～11页。

【链接：最高人民法院法官著述】

1. 关于该条规定的拖欠工资

对于无故拖欠工资的行为，一旦出现，职工就可以要求用人单位补发。如果用人单位不补发，职工就可以向劳动争议仲裁委员会申请仲裁，以维护其合法权益。

2. 关于该条规定的"六十日"

拖欠工资争议，劳动者申请仲裁时劳动关系仍然存续的，劳动者申请仲裁之日视为"劳动争议发生之日"。劳动者申请仲裁之前，视为双方没有发生拖欠工资争议。这样规定，不仅符合劳动法第82条的立法原意，也符合充分保护劳动者的合法权益的劳动法立法精神。因此，凡是劳动者就支付拖欠工资申请仲裁时劳动关系仍然存续的，用人单位以劳动者申请劳动争议仲裁超过60日为由主张不再支付的，人民法院不予支持。

3. 关于该条规定的但书

如果用人单位能够证明劳动者已经收到拒付工资书面通知的，那么劳动者收到书面通知的时间即为劳动法第82条规定的“劳动争议发生之日”。劳动者就应该自收到拒付工资书面通知之日起60日内向劳动争议仲裁委员会申请仲裁。如果劳动者没有在此期间内向劳动争议仲裁委员会申请仲裁，那么其支付拖欠工资的请求将得不到劳动争议仲裁委员会和人民法院的支持。本条但书规定的理论依据仍然是劳动法第82条的规定。

拖欠工资争议的关键是看劳动者申请劳动争议仲裁时劳动关系是否仍然存在。如果仍然存在，则视为劳动者与用人单位在申请仲裁前没有发生劳动争议，劳动法第82条规定的“六十日”就没有适用的前提。如果已经不存在了，则应该结合《最高人民法院关于审理劳动争议案件适用法律若干问题的解释（二）》第1条对“劳动争议发生之日”的理解，正确适用劳动法第82条规定的“六十日”。另外，还要注意该条规定的但书。根据但书的规定，即使劳动者申请仲裁时劳动关系仍然存续，但如果用人单位能够证明劳动者已经收到拒付工资的书面通知，表明劳动争议已经发生，则仍应该适用劳动法第82条的规定处理劳动争议案件。

——杨永清：《劳动者以工资欠条起诉，人民法院能否直接受理》，载最高人民法院民事审判第一庭编：《民事审判指导与参考》（总第27集），法律出版社2006年版，第90～92页。

622

劳动者凭工资欠条可以直接向法院起诉

关键词 | 拖欠工资 | 工资欠条 | 起诉 |

【最高人民法院司法解释】

第三条 劳动者以用人单位的工资欠条为证据直接向人民法院起诉，诉讼请求不涉及劳动关系其他争议的，视为拖欠劳动报酬争议，按照普通民事纠纷受理。

——《最高人民法院关于审理劳动争议案件适用法律若干问题的解释(二)》(2006 年 8 月 14 日,法释〔2006〕6 号)

【最高人民法院审判业务意见】

这个解释主要的新意就是明确劳动者以单位的工资欠条作为证据可以直接向人民法院起诉。这项措施也是方便广大农民工依法追索工资的举措。如果劳动者愿意将此类纠纷申请劳动仲裁,通过仲裁处理纠纷也是可以的。

——《保护劳动者合法权益促进劳动关系和谐稳定——最高人民法院负责人就〈关于审理劳动争议案件适用法律若干问题的解释(二)〉答记者问》,载最高人民法院民事审判第一庭编:《民事审判指导与参考》(总第 27 集),法律出版社 2006 年版,第 10 页。

【链接:最高人民法院法官著述】

关于工资欠条

该条规定的工资欠条,是指用人单位向劳动者出具的用人单位拖欠劳动者多少工资的书面证据。不一定非得有"欠条"二字。只要该书面证据的实质内容是用人单位欠劳动者多少工资就足以认定是工资欠条。

关于诉讼请求不涉及劳动关系的其他争议

也就是说,劳动者以用人单位的工资欠条为证据起诉时,其诉讼请求是只要求用人单位支付拖欠的工资,并不涉及劳动关系其他争议,如要求继续履行劳动合同,或者要求支付经济补偿金,或者要求福利待遇等。如果诉讼请求还涉及劳动关系的其他争议,那么这样的纠纷就必须先经过劳动争议仲裁。对仲裁裁决不服的,才能向人民法院起诉。

关于按照普通民事纠纷受理

按照普通民事纠纷受理,即按照普通民事案件受理,不需要仲裁前置。这里的"普通民事纠纷",是与"劳动争议"或者"劳动纠纷"相对的。如是劳动争议,则是特殊民事纠纷,须先经劳动争议仲裁后才能进入诉讼程序。因为在我国,劳动争议仍然是民事纠纷的一种,只是其比较特殊。其特殊性表现在,这类纠纷必须先经仲裁后,对仲裁裁决不服的,才能向人民法院起诉。但起诉后,仍然由人民法院的民事审判庭审理。

原告以工资欠条为证据直接起诉，人民法院是否受理的关键是看原告起诉时，其诉讼请求是否涉及劳动关系的其他争议。如果涉及，则该纠纷属于劳动争议，必须先经过劳动争议仲裁，对仲裁裁决不服的，才能向人民法院起诉。如果不涉及，则不需要仲裁前置，人民法院应该直接按照普通民事纠纷受理。

——杨永清：《劳动者以工资欠条起诉，人民法院能否直接受理》，载最高人民法院民事审判第一庭编：《民事审判指导与参考》（总第 27 集），法律出版社 2006 年版，第 86～90 页。

623

劳动者起诉返还证件、档案、押金的应予受理

关键词 | 返还证件、档案、押金 | 起诉 |

【最高人民法院司法解释】

第五条 劳动者与用人单位解除或者终止劳动关系后，请求用人单位返还其收取的劳动合同定金、保证金、抵押金、抵押物产生的争议，或者办理劳动者的人事档案、社会保险关系等移转手续产生的争议，经劳动争议仲裁委员会仲裁后，当事人依法起诉的，人民法院应予受理。

——《最高人民法院关于审理劳动争议案件适用法律若干问题的解释（二）》（2006 年 8 月 14 日，法释〔2006〕6 号）

【最高人民法院审判业务意见】

禁止用人单位向劳动者收取保证劳动合同订立和履行的定金、保证金、抵押金、抵押物，禁止扣押劳动者的身份证件、工资档案、人事档案、社会保险档案。这些是国家劳动和社会保障行政主管部门有明确规定的，但在实践中，还是有一些用人单位不依法办事，违法收取保证金等。劳动者为了就业，不敢在劳动关系存续期间向劳动监察部门投诉，直到解除劳动关系时寄希望于通过仲裁或者诉讼手段给予救济；也有的用人单位出于义愤，对劳动者提出解除劳动合同的，以

扣押丢弃人事档案、社保档案等手段予以制裁，导致劳动者再就业困难，利益受损。这个司法解释在向社会公开征求意见时，很多网民和读者向我院反映，希望对上述两个问题从司法解释上也加以规制。我们经过研究认为，这些要求是符合立法本意的。劳动法规定因履行劳动合同产生的争议可以诉讼到法院，劳动合同解除和解除合同后产生的附随义务纠纷也应属于劳动合同履行争议的延伸，应当扩大在上述情况下对劳动者的救济渠道。所以，解释第 5 条规定：劳动者与用人单位解除或者终止劳动关系后，请求用人单位返还其收取的劳动合同定金、保证金、抵押金、抵押物产生的争议，或者办理劳动者的人事档案、社会保险关系等移转手续产生的争议，经劳动争议仲裁委员会仲裁后，当事人依法起诉的，人民法院应予受理。

——《保护劳动者合法权益促进劳动关系和谐稳定——最高人民法院负责人就〈关于审理劳动争议案件适用法律若干问题的解释（二）〉答记者问》，载最高人民法院民事审判第一庭编：《民事审判指导与参考》（总第 27 集），法律出版社 2006 年版，第 11～12 页。

624

限期调离纠纷为劳动争议案件

关键词 | 限期调离 | 劳动争议 | 受理 |

【最高人民法院答复】

安徽省高级人民法院：

你院《关于安徽省高级人民法院丁辉、陈建与中国银行安徽省分行限期调离纠纷案的请示》收悉。经研究，答复如下：

中国银行安徽省分行对丁辉、陈建作限期调离处理是对劳动合同期限的变更，双方对此发生的争议属于因履行劳动合同发生的争议。根据《中华人民共和国企业劳动争议处理条例》第 2 条第 3 项和第 6 条第 1 款的规定，对于因限期调离劳动争议纠纷，当事人对仲裁裁决不服，起诉到人民法院的，人民法院应当受理，并对劳动者工资等问题作出处理。

——《最高人民法院〈关于安徽省高级人民法院丁辉、陈建与中国银行

安徽省分行限期调离纠纷案的请示〉的答复》(2005 年 6 月 7 日,〔2004〕民监他字第 6 号)

【链接：最高人民法院法官著述】

安徽省高级人民法院上报的是对整个案件不同的实体审理意见,在具体的分歧意见中符合请示条件的有以下两个问题:第一,银行对职工作出限期调离处理后双方发生纠纷,经过仲裁对仲裁裁决仍然不服,一方起诉到法院的,人民法院是否应当受理;第二,在变更劳动合同履行期限的案件中,是否应当一并调整工资补发数额等问题。

关于第一个问题,现行法律法规确实没有把限期调离纠纷明确规定为属于人民法院应当受理的劳动争议范围,但法律也没有穷尽属于人民法院应当受理的劳动争议种类。对于企业来讲,根据《中华人民共和国企业劳动争议处理条例》的规定,不仅开除、除名、除退、辞职、自动离职和因执行国家有关工资、保险、福利、培训、劳动保护的规定发生的争议,其他因履行劳动合同发生的争议等情况,当事人对仲裁裁决不服的,也都可以向人民法院起诉。这就有效地弥补了法律规定的滞后性弱点,更加适应现实经济生活的复杂性,有利于充分保护劳动者及用人单位的合法权利。所以,法院受理的依据不仅是导致争议的具体处理措施的种类是法律明确列举的项目,而且还要看是否符合法律规定的受理的实质要件。

限期调离是中国人民银行 1993 年在“教育、清理、整顿”活动中以 47 号文规定的对于金融系统严重违纪、已经不适合再在单位工作但又不够开除条件的职工的一项处罚措施,即要求本单位严重违纪职工在一定期限内调离,由职工自己或单位协助联系到金融系统以外的单位去工作,在期限内本单位仍然发给职工基本生活费。被限期调离的职工可能有两种结果,要么在期限内联系不到金融系统以外的接收单位,被单位辞退;要么在期限内联系到金融系统以外的接收单位,与原单位解除劳动关系。虽然最终的结果一般都是职工与原来工作的金融单位解除劳动关系,但就限期调离本身来讲,并非马上解除劳动关系。限期调离实质上是用人单位对劳动合同履行期限的变更,把原来与职工的劳动合同履行期限变更为限制职工另行寻找工作单位的期限,双方就此发生争议的性质应属于在履行劳动合同过程中发生的争议,根据《中华人民共和国企业劳动争议处理条例》第二条第(三)项和第六条第一款的规定,对于省中行提起的诉讼,人民法院应当受理。

关于第二个问题，在劳动争议中，劳动者与用人单位之间可能仅就工资问题诉至法院，这时工资争议可以成为独立的一种纠纷。但本案的情况有所不同，停发工资是在限期调离的基础上作出的，是金融单位对职工作出限期调离处分的期限届满后采取的进一步处理，并不是完全独立的纠纷，限期调离是原因，停发工资是结果，两者成为了一个有机整体，统属于因限期调离引发的争议内容，共同构成了这个劳动争议纠纷案。人民法院审判活动的目的在于解决纠纷，不对这些问题作出处理，等于没有彻底解决纠纷。再要求当事人对工资等具体措施另行起诉，仅仅是毫无实际意义地增加当事人讼累而已，无法达到定纷止争、案结事了的效果。所以，对劳动合同履行期限争议的调整，必须同时解决工资争议等纠纷，两者在性质上不可分割，从社会效果上考虑也不宜分割处理。

——王云飞：《关于安徽省高级人民法院丁辉、陈建与中国银行安徽省分行限期调离纠纷案的请示与答复》，载苏泽林主编、最高人民法院审判监督庭编：《审判监督指导》（总第18辑），人民法院出版社2006年版，第74～75页。

编者说明

企业对本单位的职工作出限期调离的处理是对劳动合同履行期限的变更，双方对此发生的争议属于因履行劳动合同发生的争议。该争议经劳动仲裁后起诉到人民法院的，人民法院应当受理。

625

自收到解除劳动合同书面通知之日起计算劳动争议仲裁申请期限

关键词 | 解除劳动合同 | 劳动争议仲裁 | 申请期限 |

【最高人民法院司法解释】

云南省高级人民法院：

你院云高法〔2004〕256号《关于审理劳动争议案件的当事人申请劳动争议仲裁期限应如何起算的请示》收悉。经研究，答复如下：

用人单位依据《中华人民共和国劳动法》第二十五条第（四）项的规定解除劳动合同，与劳动者发生争议的，劳动者向劳动争议仲裁委员会申请仲裁的期限应当自收到解除劳动合同书面通知之日起计算。

——《最高人民法院关于解除劳动合同的劳动争议仲裁申请期限应当如何起算问题的批复》（2004年7月29日，法释〔2004〕8号）

626

社会保险争议的受案范围

关键词｜社会保险争议｜劳动争议｜受案范围｜

【最高人民法院司法解释】

第一条 劳动者以用人单位未为其办理社会保险手续，且社会保险经办机构不能补办导致其无法享受社会保险待遇为由，要求用人单位赔偿损失而发生争议的，人民法院应予受理。

——《最高人民法院关于审理劳动争议案件适用法律若干问题的解释（三）》（2010年9月13日，法释〔2010〕12号）

第七条 下列纠纷不属于劳动争议：

（一）劳动者请求社会保险经办机构发放社会保险金的纠纷；

——《最高人民法院关于审理劳动争议案件适用法律若干问题的解释（二）》（2006年8月14日，法释〔2006〕6号）

第一条 劳动者与用人单位之间发生的下列纠纷，属于《劳动法》第二条规定的劳动争议，当事人不服劳动争议仲裁委员会作出的裁决，依法向人民法院起诉的，人民法院应当受理：

（三）劳动者退休后，与尚未参加社会保险统筹的原用人单位因追索养老金、医疗费、工伤保险待遇和其他社会保险费而发生的纠纷。

——《最高人民法院关于审理劳动争议案件适用法律若干问题的解释》（2001年4月16日，法释〔2001〕14号）

【最高人民法院答复】

甘肃省高级人民法院：

你院〔2010〕甘民申字第416号《关于对王某与某公司劳动争议纠纷申请再审一案的请示》收悉。经研究，答复如下：

原则同意你院审委会的第一种意见，即根据《中华人民共和国劳动法》、《社会保险费征缴暂行条例》的有关规定，征缴社会保险费属于社会保险费征缴部门的法定职责，不属于人民法院受理民事案件的范围。另，建议你院可结合本案向有关社会保险费征缴部门发出司法建议，建议其针对当前用人单位与劳动者之间因社会保险引发争议所涉及的保险费征缴问题，加强调查研究，妥善处理类似问题，依法保护有关当事人的合法权益。

——《最高人民法院研究室关于王某与某公司劳动争议纠纷申请再审一案适用法律问题的答复》（2011年3月9日，法研〔2011〕31号）

【最高人民法院审判业务意见】

虽然《调解仲裁法》确定了社会保险争议属于劳动争议，但是否应把所有的社会保险争议不加区别地纳入人民法院的受案范围，确是一个在实践中争议广泛的问题，需要司法解释进一步明确。鉴于《社会保险费征缴暂行条例》和《劳动保障监察条例》及一些地方法规都赋予了劳动行政部门对用人单位为劳动者办理社会保险的专属管理权、监察权或处罚权，因此，在界定社会保险争议范围和管辖分工上，人民法院既不能越俎代庖，又不能敷衍塞责，必须从合法、务实的角度加以明确和界定。我们研究认为，用人单位、劳动者和社保机构就欠费等发生争议，是征收与缴纳之间的纠纷，属于行政管理的范畴，带有社会管理的性质，不是单一的劳动者与单位之间的社保争议。因此，对于那些已经由单位办理了社保手续，但因单位欠缴、拒缴社会保险费或者因缴费年限、缴费基数等发生的争议，应由社保管理部门解决处理，不应纳入人民法院的受案范围。对于因用人单位没有为劳动者办理社会保险手续，且社会保险经办机构不能补办导致劳动者不能享受社会保险待遇，要求用人单位赔偿损失的，则属于典型的社保争议纠纷，人民法院应依法受理。

——《依法维护劳动者权益，构建和发展和谐稳定的劳动关系——最高人民法院民一庭庭长杜万华就〈关于审理劳动争议案件适用法律若干问题的解释(三)〉答记者问》,载最高人民法院民事审判第一庭编:《民事审判指导与参考》(总第43集),法律出版社2011年版,第7~8页。

【链接：最高人民法院法官著述】

在理解和适用本条规定时,应当注意以下几个问题:

1.如果用人单位已经为劳动者办理了社保手续,但用人单位不按规定为劳动者交纳社会保险金,无论是欠缴社保费还是拒缴社保费,社保管理部门均可依法强制征缴。由此可见,社保管理部门与缴费义务主体之间是一种管理与被管理的行政法律关系,因用人单位欠缴或者拒绝缴纳社会保险费引发的纠纷,不宜列入人民法院民事案件的受案范围。

2.如果用人单位已经为劳动者办理了社保手续,只是因为双方对缴费基数、缴费年限发生争议,这种争议归根结底还是征收与缴纳之间的纠纷,属于行政管理的范畴,而不是单一的劳动者与用人单位之间的社保争议,不宜纳入民事审判的范围。

3.《最高人民法院关于审理劳动争议案件适用法律若干问题的解释》曾对社会保险争议作出规定,劳动者退休后,与尚未参加社会保险统筹的原用人单位因追索养老金、医疗费、工伤保险待遇和其他社会保险费发生的纠纷,属于劳动争议,人民法院应予受理。而《解释三》则对该规定作了适当调整,在适用范围上有所扩大,以更好地保护劳动者的合法权益:一是适用主体上有所变化。《解释三》突破了原司法解释限于退休的劳动者的主体范畴,尚在职的劳动者如果因为社会保险手续无法补办的,与用人单位发生社会保险争议后人民法院应予受理。二是适用时间上有所变化。《解释三》在对劳动者的保护上不限于劳动者退休之后,只要发生了符合《解释三》规定的社会保险争议,劳动者即可申请仲裁和提起诉讼,而不必等到退休。

——杜万华、王林清:《最高人民法院〈关于审理劳动争议案件适用法律若干问题的解释(三)〉的理解与适用》,载最高人民法院民事审判第一庭编:《民事审判指导与参考》(总第43集),法律出版社2011年版,第55~57页。

1.在涉及社会保险争议案件的受案范围上,《最高人民法院关于审理劳动

争议案件适用法律若干问题的解释》与本司法解释的相关规定之间有所区别

作出这一变化的主要原因是上述司法解释是在 2001 年制定的，而 2008 年施行的《劳动争议调解仲裁法》明文规定了用人单位与劳动者之间因社会保险发生的争议属于劳动争议，因此，有必要根据立法的变化相应地对人民法院受理社会保险争议范围作出新的调整和规定。概括而言，人民法院应当受理社会保险纠纷案件的受案范围不限于劳动者是否退休，只要用人单位没有为劳动者办理社会保险手续，且社会保险经办机构不能办理补交手续从而导致劳动者无法享受社会保险待遇产生的赔偿损失纠纷，人民法院就应予受理。

2. 应当正确理解“社会保险经办机构不能补办”的举证责任分配

《劳动争议调解仲裁法》第 6 条规定，“发生劳动争议，当事人对自己提出的主张，有责任提供证据。与争议事项有关的证据属于用人单位掌握管理的，用人单位应当提供；用人单位不提供的，应当承担不利后果”。这一条作为专门规定劳动争议案件举证责任的条文，阐释了两层含义：其一，发生劳动争议，当事人对自己提出的主张，有责任提供证明材料，这就以明确的表述肯定了“谁主张，谁举证”的举证责任“规范说”的观点。也就是劳动争议案件的处理中不论是劳动者和用人单位，对自身提出的主张负有举证责任。若劳动者或用人单位提出主张但未能提供证据证明，则原则上承担不利的法律后果。其二，与争议事项有关的证明材料属于用人单位掌握的，用人单位应当提供；用人单位不提供的，应当承担不利后果。在争议处理中，如果能够证明待证事实的证据属于用人单位掌握管理的，不论该证据能够证明的事实有利于提出主张的用人单位还是有利于劳动者，用人单位均有义务提供该证据；若用人单位拒不提供，则其承担不利的法律后果。对于用人单位承担举证责任，2001 年《最高人民法院关于审理劳动争议案件适用法律若干问题的解释》第 13 条规定：“因用人单位作出的除名、辞退、解除劳动合同、减少劳动报酬、计算劳动者工作年限等决定而发生的劳动争议，用人单位负举证责任。”

就本规定的举证责任而言，社保经办机构不能补办社保手续是一种法律事实，对于这一法律事实的举证责任，按照有关法理应由劳动者一方承担。但劳动者欲证明这一事实，只有向社保管理部门申领书面证据，而社保管理部门由于种种原因一般不会出具这样的书面材料。如果就此对劳动者加以苛刻的要求，甚至于以此作为不予受案的理由，则不利于保护劳动者的合法权益。因此，在这种情况下，只要劳动者能够证明用人单位没有为其办理社会保险手续导致其损失即可，至于社保经办机构是否能够补办的举证责任，则不应作为是否受案的标准。如果用人单位能够证明社保经办机构还能够补办，人民法院应不予受理该劳动争议案件，而应告知劳动者向劳动行政部门申请解决。

——王林清：《社会保险争议案件受理范围问题研究》，载最高人民法院民事审判第一庭编：《民事审判指导与参考》（总第43集），法律出版社2011年版，第29～33页。

627

因住房公积金发生争议不属于劳动争议

关键词 | 劳动争议 | 住房公积金 | 受案范围 |

【链接：最高人民法院法官著述】

住房公积金制度是我国住房制度改革、实行住房分配货币化的一项重要制度。对此，国务院《关于进一步深化城镇住房制度改革住房建设的通知》第2条第5项和第8条第30项，规定了“房委会决策，中心运作，银行专户，财政监督”的住房公积金管理原则及由国务院责成建设部会同监察部等有关部门监督检查贯彻执行情况的制度。国务院《住房公积金管理条例》第37条规定，违反本条例的规定，单位不办理住房公积金缴存登记或者不为本单位职工办理住房公积金账户设立手续的，由住房公积金管理中心责令限期办理；逾期不办理的，处1万元以上5万元以下罚款。第38条规定，不缴或少缴住房公积金的，由住房公积金管理中心责令限期缴存；逾期仍不缴存的，可以申请人民法院执行。由此可见，劳动者与用人单位因住房公积金发生的争议，应当由住房公积金管理中心负责处理。尽管《最高人民法院关于审理劳动争议案件适用法律若干问题的解释（二）》第7条列举了不属于劳动争议的六种情况，但并未明确除此之外的劳动争议均属于人民法院审理民事案件的范围。因此，劳动者与用人单位因住房公积金发生的争议，不属于劳动争议。

——王林清：《社会保险争议案件受理范围问题研究》，载最高人民法院民事审判第一庭编：《民事审判指导与参考》（总第43集），法律出版社2011年版，第32～33页。

628

劳动者要求用人单位支付加付赔偿金的应予受理

关键词｜加付赔偿金｜劳动争议｜受案范围｜

【最高人民法院司法解释】

第三条 劳动者依据劳动合同法第八十五条规定，向人民法院提起诉讼，要求用人单位支付加付赔偿金的，人民法院应予受理。

——《最高人民法院关于审理劳动争议案件适用法律若干问题的解释(三)》(2010年9月13日，法释〔2010〕12号)

【最高人民法院审判业务意见】

加付赔偿金问题规定在《劳动合同法》第85条，但对于加付赔偿金纠纷，司法实践中处于主流地位的观点却是应当去司法化，即不属于人民法院受案范围。对于《劳动合同法》第85条正确的理解应当是：对于用人单位拖欠劳动者劳动报酬、加班费或者经济补偿的，劳动者可以向法院起诉，要求用人单位支付劳动报酬、加班费或者经济补偿，同时也可以主张加付的赔偿金。但其加付的赔偿金如果想要获得法院的支持，必须有一个前提，即劳动者必须就用人单位拖欠其劳动报酬、加班费或者经济补偿的违法行为先向劳动行政部门投诉，劳动行政部门在责令用人单位限期支付后，用人单位仍未支付，此种情况下才存在加付赔偿金，如果未经过这一前提程序，劳动者直接主张加付赔偿金，人民法院是不予支持的。

——《依法维护劳动者权益，构建和发展和谐稳定的劳动关系——最高人民法院民一庭庭长杜万华就〈关于审理劳动争议案件适用法律若干问题的解释(三)〉答记者问》，载最高人民法院民事审判第一庭编：《民事审判指导与参考》(总第43集)，法律出版社2011年版，第13页。

【链接：最高人民法院法官著述】

在理解和适用本条规定时，应当注意以下几个问题：

1. 适用加付赔偿金的案件,仅限于《劳动合同法》第 85 条规定的四种情形:(1)未按照劳动合同的约定或者国家规定及时足额支付劳动者劳动报酬的;(2)低于当地最低工资标准支付劳动者工资的;(3)安排加班不支付加班费的;(4)解除或者终止劳动合同,未依照本法规定向劳动者支付经济补偿的。符合上述情形的,用人单位应当依照《劳动合同法》第 47 条的规定,根据劳动者在本单位工作的年限,按每满一年支付 1 个月工资的标准向劳动者支付经济补偿。6 个月以上不满 1 年的,按照 1 年计算;不满 6 个月的,向劳动者支付半个月工资的经济补偿。经济补偿金由用人单位一次性付给劳动者。

2.《劳动合同法》第 85 条规定的加付赔偿金的计算标准是 50% 以上 100% 以下的一个区间,在具体案件中如何确定支付标准,本条解释并没有给出明确规定。我们认为,这一标准应当根据案件的具体情况,由法官自由裁量决定。但在确定具体标准时应着重考虑这样几个因素:一是用人单位的违法行为的严重性及其过错程度;二是劳动者因用人单位的违法行为所受损害的大小;三是用人单位因违法行为的获利情况;四是用人单位接受其他处罚的情况。总之,在适用加付赔偿金时要因时制宜,不能追求惩罚过度,否则不利于用人单位的健康发展。毕竟只有推动培育健康文明的用工环境,才是对劳动者的最大保护,也才能对社会经济的发展起到积极的促进作用。

3. 由于《劳动合同法》实施之后,法院大多对劳动者要求用人单位按照第 85 条加付赔偿金的诉讼请求不予受理,因此,在本司法解释实施后,有劳动者要求适用该解释,对之前的案件重新审理或单独就支付加倍赔偿金进行起诉。按照法不溯及既往的原则,本司法解释应当仅对施行后人民法院尚未审结的一审、二审案件适用,本司法解释施行前已经审结的案件,不能依据新的司法解释进行再审。对于劳动者单独以要求用人单位支付加倍赔偿金作为诉讼请求起诉的,应当认为加倍赔偿金是依附于支付拖欠的劳动报酬、经济补偿金的一项请求,因而不属于独立的诉讼请求;按照一事不再理的原则,人民法院应当不予受理。

——杜万华、王林清:《最高人民法院〈关于审理劳动争议案件适用法律若干问题的解释(三)〉的理解与适用》,载最高人民法院民事审判第一庭编:《民事审判指导与参考》(总第 43 集),法律出版社 2011 年版,第 59 ~ 60 页。

629

对劳动争议仲裁调解书反悔起诉的不予受理

关键词｜劳动争议｜仲裁调解书｜受案范围｜

【最高人民法院司法解释】

第十一条 劳动人事争议仲裁委员会作出的调解书已经发生法律效力，一方当事人反悔提起诉讼的，人民法院不予受理；已经受理的，裁定驳回起诉。

——《最高人民法院关于审理劳动争议案件适用法律若干问题的解释（三）》（2010年9月13日，法释〔2010〕12号）

【链接：最高人民法院法官著述】

1. 劳动人事争议仲裁委员会作出的调解书与民间调解组织作出的调解协议的不同。根据《调解仲裁法》第10条规定，发生劳动争议，当事人可以到企业劳动争议调解委员会，依法设立的基层人民调解组织，在乡镇、街道设立的具有劳动争议调解职能的组织申请调解。在这些组织的主持下经调解达成协议的，应当制作调解协议书，调解协议书由双方当事人签名或者盖章，经调解员签名并加盖调解组织印章后生效，对双方当事人具有约束力，当事人应当履行。但是，一方当事人在协议约定期限内不履行调解协议的，另一方当事人可以依法申请仲裁。而劳动人事争议仲裁委员会作出的调解书，一方不履行的，另一方可以向法院申请强制执行。

2. 如果劳动人事争议仲裁委员会作出的调解书确有错误，其救济途径只能按照《最高人民法院关于审理劳动争议案件适用法律若干问题的解释》第21条有关不予执行的程序进行。该条规定，发生法律效力的调解书有下列情形之一，并经审查核实的，裁定不予执行：裁决的事项不属于劳动争议仲裁范围，或者劳动争议仲裁机构无权仲裁的；适用法律确有错误的；仲裁员仲裁该案时，有徇私舞弊、枉法裁决行为的；人民法院认定执行该劳动争议仲裁裁决违背社会公共利益的。当然，人民法院裁定不予执行仲裁调解书时，应就整个仲裁调解书裁定不予执行，而不能裁定部分不予执行。仲裁裁决不予执行的，当事人可以在收到裁决书次日起30日内，就该劳动争议事项向人民法院起诉。

——杜万华、王林清：《最高人民法院〈关于审理劳动争议案件适用法律若干问题的解释(三)〉的理解与适用》，载最高人民法院民事审判第一庭编：《民事审判指导与参考》(总第43集)，法律出版社2011年版，第69～70页。

630

劳动争议终局裁决的认定

关键词｜劳动争议仲裁｜终局裁决｜受案范围｜

【最高人民法院司法解释】

第十三条 劳动者依据调解仲裁法第四十七条第(一)项规定，追索劳动报酬、工伤医疗费、经济补偿或者赔偿金，如果仲裁裁决涉及数项，每项确定的数额均不超过当地月最低工资标准十二个月金额的，应当按照终局裁决处理。

——《最高人民法院关于审理劳动争议案件适用法律若干问题的解释(三)》(2010年9月13日，法释〔2010〕12号)

【最高人民法院审判业务意见】

一裁终局制度是《调解仲裁法》的最大亮点。遗憾的是，该条第(一)项是以"不超过当地月最低工资标准十二个月金额"作为认定一裁终局标准的限制条件，但是，这一金额是以劳动者仲裁请求数额还是以仲裁机构最终裁决数额为依据？此外，如果仲裁裁决涉及数项，是以数项之和为依据进行判断还是以分项计算数额为依据进行判断？在立法没有规定的情况下，需要司法解释作出明确规定，以统一裁判尺度，更好地发挥一裁终局制度的作用。

首先，当劳动者申请的数额与仲裁机构裁决的数额不一致时，应以劳动人事争议仲裁委员会作出最终裁决的数额作为标准，判断是否超过当地月最低工资标准十二个月金额。如果以劳动者申请的数额作为判断标准，由于劳动仲裁案件不收费用，很容易出现劳动者漫天要价，超过当地月最低工资标准十二个月金额现象，这将使一裁终局制度形同虚设。

其次,如果仲裁裁决涉及数项,每一项均不超过当地月最低工资标准十二个月金额,不论数项之和是否超过,该仲裁裁决为终局裁决。

——《依法维护劳动者权益,构建和发展和谐稳定的劳动关系——最高人民法院民一庭庭长杜万华就〈关于审理劳动争议案件适用法律若干问题的解释(三)〉答记者问》,载最高人民法院民事审判第一庭编:《民事审判指导与参考》(总第43集),法律出版社2011年版,第14~15页。

631

终局裁决事项和非终局裁决事项同时存在的按照非终局处理

关键词 | 劳动争议仲裁 | 终局裁决 | 非终局裁决 |

【最高人民法院司法解释】

第十四条 劳动人事争议仲裁委员会作出的同一仲裁裁决同时包含终局裁决事项和非终局裁决事项,当事人不服该仲裁裁决向人民法院提起诉讼的,应当按照非终局裁决处理。

——《最高人民法院关于审理劳动争议案件适用法律若干问题的解释(三)》(2010年9月13日,法释〔2010〕12号)

【最高人民法院审判业务意见】

为统一全国法院裁决尺度和认定标准,本着简便实用、易于操作和保护劳动者合法权益的处理原则,本司法解释规定,对于在同一仲裁中劳动者请求既有终局事项又有非终局事项的,应统一按照非一裁终局的原则处理,不能按终局事项和非终局事项分别处理。当事人(不论是劳动者还是用人单位)如不服本裁决,均可自收到裁决书之日起十五日内向人民法院起诉。

——《依法维护劳动者权益,构建和发展和谐稳定的劳动关系——最高人民法院民一庭庭长杜万华就〈关于审理劳动争议案件适用法律若干问题的解释(三)〉答记者问》,载最高人民法院民事审判第一庭编:《民事审判指导与参考》(总第43集),法律出版社2011年版,第15~16页。

632 起诉与撤裁发生矛盾时优先适用起诉程序

关键词 | 劳动争议 | 撤销仲裁裁决 | 起诉 |

【最高人民法院司法解释】

第十五条 劳动者依据调解仲裁法第四十八条规定向基层人民法院提起诉讼，用人单位依据调解仲裁法第四十九条规定向劳动人事争议仲裁委员会所在地的中级人民法院申请撤销仲裁裁决的，中级人民法院应不予受理；已经受理的，应当裁定驳回申请。

被人民法院驳回起诉或者劳动者撤诉的，用人单位可以自收到裁定书之日起三十日内，向劳动人事争议仲裁委员会所在地的中级人民法院申请撤销仲裁裁决。

第十六条 用人单位依照调解仲裁法第四十九条规定向中级人民法院申请撤销仲裁裁决，中级人民法院作出的驳回申请或者撤销仲裁裁决的裁定为终审裁定。

——《最高人民法院关于审理劳动争议案件适用法律若干问题的解释（三）》（2010 年 9 月 13 日，法释〔2010〕12 号）

【最高人民法院审判业务意见】

对于一裁终局的仲裁裁决，按照《调解仲裁法》的规定，劳动者不服的，可在收到仲裁裁决之日起 15 日内向人民法院提起诉讼；用人单位不服的，可在收到仲裁裁决 30 日内向人民法院申请撤销。但是，如果劳动者向人民法院提起诉讼的同时，用人单位也向中级人民法院申请撤销，即上述两类异议程序同时启动时，是否应同时进行，还是由某一程序吞并另一程序，或者在处理顺序上存在一定的先后关系，《调解仲裁法》没有明确规定。另外，根据人民法院管辖第一审民事案件的有关规定，用人单位申请撤销仲裁裁决应向劳动争议仲裁委员会所在地的中级人民法院提出，两类程序的管辖分属不同法院也增加了协调两类程序的难度。对于此种情况，本司法解释作出了如下规定，以解决上述问题：

1. 因用人单位申请撤销仲裁裁决的目的就是使纠纷进入诉讼，所以在两类程序关系的处理上，以采取诉讼程序吞并仲裁裁决撤销程序为宜。也就是劳动者就终局裁决向基层人民法院起诉，而用人单位向中级人民法院申请撤销仲裁裁决的，中级人民法院应不予受理。已经受理的，应裁定终结诉讼。基层人民法院审理案件时，对用人单位的抗辩应一并处理。因为当劳动者向基层法院起诉后，仲裁裁决即失去法律效力，而用人单位申请撤销仲裁裁决是以生效仲裁裁决为前提的，因此，撤销销仲裁裁决案件此时即成为无源之水，失去审理的法律基础，应当予以终结。

2. 劳动者起诉后又撤诉的，经征询用人单位一方意见，用人单位要求继续审理的，人民法院可不予准许撤诉并仍对整个案件进行审理；用人单位也认为不需要继续审理的，可以准许劳动者撤诉。

3. 劳动者因超过起诉期间被驳回起诉的，用人单位自收到裁定书之日起 30 日内可以向仲裁委员会所在地的中级人民法院申请撤销仲裁裁决。当然，中级人民法院在受理用人单位撤销仲裁裁决的申请后，或基层人民法院在受理劳动者对于终局裁决不服的案件后，均应在开庭审理前审查是否同时存在撤销仲裁之诉和劳动者不服终局裁决的起诉，以便两级法院就有关案件进行协调和沟通。

——《依法维护劳动者权益，构建和发展和谐稳定的劳动关系——最高人民法院民一庭庭长杜万华就〈关于审理劳动争议案件适用法律若干问题的解释(三)〉答记者问》，载最高人民法院民事审判第一庭编：《民事审判指导与参考》(总第 43 集)，法律出版社 2011 年版，第 16～17 页。

633

因企业改制引发的劳动争议应予受理

关键词 | 企业改制 | 劳动争议 | 受案范围 |

【最高人民法院司法解释】

第二条　因企业自主进行改制引发的争议，人民法院应予受理。

——《最高人民法院关于审理劳动争议案件适用法律若干问题的解释(三)》(2010 年 9 月 13 日，法释〔2010〕12 号)

【最高人民法院审判业务意见】

针对企业改制过程中出现的特殊情况，特别是政府行为主导的企业改制，我们一直认为，企业职工下岗、整体拖欠职工工资是企业制度改革和劳动用工制度改革中出现的特殊现象，不是履行劳动合同中的问题。由此引发的纠纷，应当由政府有关部门按照企业改制的政策规定统筹解决，不属于劳动争议案件，不应以民事案件立案审理。随着我国经济体制改革的逐步深入，不论是国有企业还是民营企业，其改制已越来越呈现出多元化特征，而不局限于政府或相关部门主导。对于企业自主改制引发的争议处理，完全是在法律规定的层面上进行，因此，对于这部分劳动争议案件，人民法院责无旁贷，应依法予以受理。

企业改制会引起原企业和其职工之间的劳动法律关系的重大调整，是一个系统而又复杂的命题。首先，它涉及原来签订的劳动合同的效力问题；其次，它涉及企业职工身份转换中新的劳动法律关系的创设问题；再次，它涉及职工劳动保险和工资拖欠等的负担问题；最后，它还涉及企业改制过程引发的劳动纠纷解决问题；等等。由于这类案件多数具有群体性、对抗性、集中性、社会性等特点，矛盾激化，很容易造成职工不满，甚至引发群体性上访。如何妥善作出正确审理，成为影响社会稳定的主要因素，也是民事审判中的难点问题。人民法院对于与企业改制相关的劳动关系纠纷案件的审理将对企业改制行为起到正确的法律导向作用；不仅对相关的案件能实现依法调整的目的，而且对今后的企业改制行为也将起到法律的示范和导向作用。

——《依法维护劳动者权益，构建和发展和谐稳定的劳动关系——最高人民法院民一庭庭长杜万华就〈关于审理劳动争议案件适用法律若干问题的解释(三)〉答记者问》，载最高人民法院民事审判第一庭编：《民事审判指导与参考》(总第43集)，法律出版社2011年版，第8页。

【链接：最高人民法院法官著述】

在理解和适用本条规定时，应当注意以下几个问题：

1. 因企业改制活动引发的纠纷，必须是建立在企业“自主改制”基础上，即可以归纳为人民法院主管范围的民事纠纷，人民法院才依法予以受理。本条规定，明确了人民法院关于此类案件的受理原则和受理范围。人民法院仅受理企业改制中基于平等民事主体关系而发生的民事纠纷，当事人因此发生的争议才可以提起民事诉讼，否则不能启动民事诉讼程序，这是人民法院受理民事案件的通则。人民法院受理因企业产权制度改造而发生的民事纠纷，是指平等的民事主体因改造企业产权制度而发生的民事权益纠纷。企业产权制度改造是通过企业发生民事行为，设立民事法律关系实现的，如出售企业资产、企业兼并与分立、债权转股。企业产权制度改造不仅涉及参与企业改制的相关当事人的利益，而且还涉及原企业利害关系人的利益。因此，凡是平等的民事主体之间因参与企业改制而发生的民事纠纷和因企业改制涉及他人民事权益而引发的民事纠纷，均属于与企业改制相关的民事纠纷，人民法院应当受理。

2. 对于由政府及其所属部门主导的企业改制引发的民事纠纷，人民法院不予受理。对于政府主管部门在对企业国有资产进行行政性调整、划转中发生的纠纷是否应当受理的问题，早在 1996 年《最高人民法院关于因政府调整划转企业国有资产引起的纠纷是否受理问题的批复》（法复〔1996〕4 号）中，表明对此类纠纷不予受理的态度。2000 年 10 月，全国民事审判工作会议指出“企业职工下岗、整体拖欠职工工资是企业制度改革和劳动用工制度改革中出现的特殊现象，不是履行劳动合同中的问题，由此引发的纠纷，应当由政府有关部门按照企业改制的政策规定统筹解决，不属于劳动争议，不应以民事案件立案审理”。2003 年，最高人民法院出台《关于审理与企业改制相关的民事纠纷案件若干问题的规定》，其第 3 条规定“政府主管部门在对企业国有资产进行行政性调整、划转过程中发生的纠纷，当事人向人民法院提起民事诉讼的，人民法院不予受理”。以上内容突出表明了最高人民法院对于由政府主管部门主导的企业改制视为不属于平等主体之间的民事行为，因而提起民事诉讼，人民法院一直不予受理的基本态度。

3. 人民法院在决定由企业改制引发的纠纷是否受理时，不再根据企业性质作出不同划分。无论是国有企业、集体企业，还是民营企业，只要是建立在自主改制基础之上的，改制过程中引发的纠纷，人民法院都予以受理。反之，无论是何种性质的企业，如果其改制是在政府主导下进行的，由于其不属于人民法院主管民事案件的范围，都不作为民事案件受理。目前，我国的企业改制已经步入最后阶段，该阶段的显著特点就是企业改制已经不限于国有企业，其他性质的企业只要存在权责不分、分配体制滞后等情形的，都将纳入改制范畴。因此，本司法解释根据现阶段改制企业的实际情况，适时地对改制企业的性质问题不再作出限制性规定，意在增强其对审判实践的指导作用，有利于纠纷从根本上得到妥善解决。

——杜万华、王林清：《最高人民法院〈关于审理劳动争议案件适用法律若干问题的解释（三）〉的理解与适用》，载最高人民法院民事审判第一庭编：《民事审判指导与参考》（总第43集），法律出版社2011年版，第58～59页。

634

事业单位人事争议仲裁时效的计算

关键词 | 事业单位 | 人事争议 | 仲裁时效 |

【最高人民法院司法解释】

四川省高级人民法院：

你院《关于事业单位人事争议仲裁时效如何计算的请示》（川高法〔2012〕430号）收悉。经研究，批复如下：

依据《中华人民共和国劳动争议调解仲裁法》第二十七条第一款、第五十二条的规定，当事人自知道或者应当知道其权利被侵害之日起一年内申请仲裁，仲裁机构予以受理的，人民法院应予认可。

——《最高人民法院关于人事争议申请仲裁的时效期间如何计算的批复》（2013年9月12日，法释〔2013〕23号）

635

劳务输出合同担保纠纷的受理

关键词 | 劳务输出合同 | 担保合同 | 受案范围 |

【最高人民法院答复】

黑龙江省高级人民法院：

你院〔2000〕黑监级复字第2号《关于金龙万、金龙哲与黑龙江省国际经济技术合作公司出国劳务合同纠纷案是否适用我院“法(经)函〔1990〕73号”复函的请示》收悉。经研究认为,金龙万和金龙哲与黑龙江省国际经济技术合作公司之间形成的劳务关系及担保关系是平等主体之间基于合同而建立的民事法律关系,属民法调整的范围,人民法院应予受理。我院法(经)函〔1990〕73号复函不适用于本案。

——《最高人民法院关于金龙万、金龙哲与黑龙江省国际经济技术合作公司出国劳务合同纠纷案是否适用最高人民法院[法(经)函〔1990〕73号]复函的答复》(2001年2月19日,〔2001〕民立他字第3号)

浙江省高级人民法院:

你院〔1990〕浙法经字10号请示报告收悉。关于浙江省宁波市国际经济技术合作公司诉单威祥劳务输出合同的担保纠纷,人民法院应否受理的问题,经研究,答复如下:

本案浙江省宁波市国际经济技术合作公司(下称“宁波公司”)与单洁囡及其担保人单威祥(单洁囡之父)签订的出国劳务人员保证书,是派出单位宁波公司为保证与美国佛罗里达州奥兰多大中集团劳务输出合同的顺利实施,而依其行政职权要求派出人员单洁囡对在出国期间遵守所在国法律和所在国公司各项行政规章及出国纪律等方面作出的行为保证。这是派出单位对派出人员进行管理的一种行政措施。因此,单威祥为其女单洁囡提供的担保,不属于民法和经济合同法调整范畴。目前,这类纠纷尚无法律规定可以向人民法院起诉。故依照民事诉讼法(试行)第八十四条第(二)项规定,应当告知原告宁波公司向有关行政部门申请解决。

此复。

——《最高人民法院关于劳务输出合同的担保纠纷人民法院应否受理问题的复函》[1990年10月9日,法(经)函〔1990〕73号]

【链接:最高人民法院法官著述】

上述复函确定的法院应予受理的劳务输出担保纠纷案件,具有以下特点:

1. 劳务合同之外不存在劳动合同关系

单女案中,劳务输出担保合同之外存在劳动合同关系;而本案合同当事人之间,除劳务输出合同关系外,不存在劳动合同关系。东方公司是经工商登记有权经营劳务外派业务的企业，被派出人员戴某是东方公司在社会上选派的，不是东方公司本单位职工，与东方公司之间没有隶属关系，当事人双方是平等民事主体。

2. 违反合同产生的责任是违约责任

单女案中，单女因违反合同要受到政纪和经济处分，其责任属于劳动法律责任；本案东方公司与戴某签订的劳务输出担保合同，是平等民事主体之间的民事合同。戴某未按合同约定按期回国，构成违约，向东方公司承担10万元违约金的责任，是平等主体之间的财产关系，可以由他人代偿。

3. 担保内容是金钱债务

单女案中，单父所提供的保证，不是对债务关系提供担保。本案赵某作为保证人，保证担保的范围是戴某向东方公司承担的10万元违约金。根据外经贸部1997年颁布的《对外经济合作企业外派人员工资管理办法的补充规定》第十条的规定，这10万元违约金，是被派出人员向派出企业提供的履约保证金，其性质是一种附成就条件的金钱债务，即当被派出人员不按期回国时，此金钱债务成就。赵某对此金钱债务提供担保，与东方公司之间形成平等民事主体之间的财产关系。

从上述案件特点可知，〔2001〕民立他字第3号、〔2003〕民立他字第51号等函确立的案件受理标准是：劳务合同之外，外派人员和外派企业之间不存在劳动合同关系；担保人为外派人员所负的金钱债务提供担保。因此，人民法院应区别情况确定是否受理劳务输出合同担保纠纷，正确适用最高法院个案答复意见。

——潘杰：《劳务输出合同担保纠纷受理问题研究》，载苏泽林主编、最高人民法院立案庭编：《立案工作指导》（总第12辑），人民法院出版社2006年版，第88～90页。

最高人民法院经研究认为，本院法（经）函〔1990〕73号复函，是针对浙江省宁波市国际经济技术合作公司诉单威祥劳务输出合同的担保纠纷法院可否受理的问题作出的答复。该案所涉及的担保，主要是保证出国劳务人员在纪律、回国等行为上的担保，不是平等主体之间的财产关系。出国劳务人员保证书是宁波国际经济技术合作公司基于行政管理权要求其派出人员作出的保证，签约是双方基于行政权力支配关系，不是平等主体之间的合同关系。单威祥不是就一种债务关系作出担保，而是对单洁囡是否按期回国等带有人身关系性质的问题作出担保,不属民法调整的范围,因此,本院批复此案不应由人民法院作为民事案件受理,应由有关部门依行政管理规定处理。而在本案中金龙万与国际公司已明确签订《外派渔工聘用合同》并经公证,合同有效,是平等主体之间的民事关系。金龙哲与国际公司签订的担保合同也明确规定了保证范围,保证对金龙万在外期间违反招聘人与被担保人所签订的《外派渔工聘用合同》而给招聘人造成的全部经济损失承担连带责任,并自愿将自己价值15000元的房屋抵押给招聘人,这一担保是平等主体之间的财产担保。国际公司作为招聘人起诉保证人金龙哲承担保证责任,法院应予受理。因此,黑龙江省高级人民法院审判讨论认为本案不适用最高人民法院法(经)函〔1990〕73号批复的意见是正确的。

——高豫武:《关于金龙万、金龙哲与黑龙江省国际经济技术合作公司出国劳务合同纠纷案是否适用最高人民法院[法(经)函〔1990〕73号]复函的请示与答复》,载沈德咏主编、最高人民法院立案庭编:《立案工作指导与参考》(总第1卷),人民法院出版社2002年版,第163~165页。

编者说明

从形式上看,最高人民法院法(经)函〔1990〕73号复函和〔2001〕民立他字第3号答复一样,都涉及出国劳务合同担保,但两案实有本质不同。前者涉及的是保证人对被保证人在出国期间遵守所在国法律和所在国公司各项行政规章及出国纪律等方面作出的行为保证,不属民法调整范围,法院不应受理;后者当事人之间形成的劳务关系和担保关系是基于合同建立的民事法律关系,属民法调整的范围。故最高人民法院同意黑龙江省高级人民法院审判委员会的意见,后一案不适用法(经)函〔1990〕73号复函。

636

工伤赔偿案件的受理

关键词 | 工伤赔偿 | 受理 |

【最高人民法院司法解释】

第六条 劳动者因为工伤、职业病,请求用人单位依法承担给予工伤保险待遇的争议,经劳动争议仲裁委员会仲裁后,当事人依法起诉的,人民法院应予受理。

——《最高人民法院关于审理劳动争议案件适用法律若干问题的解释（二）》（2006 年 8 月 14 日，法释〔2006〕6 号）

【链接：最高人民法院法官著述】

相关法律法规给因工伤残的职工设置的救济渠道有两个：一是已经建立工伤保险关系的，由用人单位和社保经办机构分别承担给付相应的工伤保险待遇；二是还没有给职工建立工伤保险关系的，由用人单位依照工伤保险的法定标准给予一次性赔偿。

在司法实践中有个问题屡有争议，就是因用人单位以外的第三人的侵权行为造成劳动者工伤的如何处理，是否可以在得到民事侵权赔偿后享受工伤待遇。最高人民法院于 2003 年 12 月 26 日发布的《关于审理人身损害赔偿案件适用法律若干问题的解释》第 12 条规定："依法应当参加工伤保险统筹的用人单位的劳动者，因工伤事故遭受人身损害，劳动者或者其近亲属向人民法院起诉请求用人单位承担民事赔偿责任的，告知其按《工伤保险条例》的规定处理。因用人单位以外的第三人侵权造成劳动者人身损害，赔偿权利人请求第三人承担民事赔偿责任的，人民法院应予支持。"对于此条规定，是否可以理解为劳动者因用人单位以外的第三人侵权行为造成工伤的，只能请求侵权人赔偿，不可以按照劳动争议处理的模式寻求救济？有观点认为，该条规定即是意在排除。我们认为，这种理解不符合上述解释的本意。在制定该司法解释时，之所以作出该条第 2 款的表述，是因为该解释并非针对工伤赔偿所作，故没有必要作出过多规定，上述规定不能得出以上结论。第三人侵权赔偿与工伤赔偿在法律上并行不悖，从学理上理解，受害人可以得到双份赔偿，给予受害人享受双重赔偿的权利，不违背社会公平原则，也不违背工伤保险的制度目的。理由是：(1)第三人的侵权赔偿是普通民事赔偿，属于"私法"领域的赔偿，工伤保险赔偿是社会保险待遇的赔偿，属于"公法"（社会法）领域的赔偿，二者性质不同，不可替代。(2)第三人侵权赔偿并没有加重用人单位的赔偿责任，因为用人单位为劳动者投保是其法定的义务，也是劳动者应得的劳动待遇，第三人的赔偿是其依法应当承担的民法上的侵权责任，这也是法律规定的责任，不存在有损社会公平的问题。(3)目前法律上并没有明确规定受害人只能得到一份赔偿，司法解释限制受害人的权利，依据不足。如果基于人的生命和健康是无价的观点，双重赔偿恰恰是有力地保护了劳动者的生命权和健康权。(4)从实际情况来看，侵权人的赔偿能力往往不足以弥补受害人的实际损失,如果规定受害人只能择一选择,反而难以掌握公平。上述观点在这个司法解释的讨论过程中虽然得到了基本一致的认同,但考虑到民事权利的实现主要依赖于民事主体的请求,所以《解释(二)》第6条只是从程序上明确,劳动者因为工伤、职业病,请求用人单位依法承担给予工伤保险待遇的争议,经劳动争议仲裁委员会仲裁后,当事人依法起诉的,人民法院应予受理。也就是说,不论是什么原因造成的工伤,受伤职工(包括工亡职工的近亲属)都可以依法享受工伤待遇。

——胡仕浩:《〈关于审理劳动争议案件适用法律若干问题的解释(二)〉的理解与适用》,载最高人民法院民事审判第一庭编:《民事审判指导与参考》(总第27集),法律出版社2006年版,第43~44页。

637

职工非因自身原因未进行工伤认定的,请求侵权人承担民事赔偿责任应予受理

关键词 | 工伤认定 | 民事赔偿责任 | 受理 |

【最高人民法院司法政策】

职工遭受工伤事故后非因自身原因未进行工伤认定,赔偿权利人请求侵权人承担民事赔偿责任的,应予受理。

——《最高人民法院全国民事审判工作会议纪要》(2011年10月9日,法办〔2011〕442号)

638

事业单位人事争议案件的受理

关键词 | 人事争议 | 适用法律 | 受理 |

【最高人民法院司法解释】

第一条 事业单位与其工作人员之间因辞职、辞退及履行聘用合同所发生

的争议，适用《中华人民共和国劳动法》的规定处理。

第三条 本规定所称人事争议是指事业单位与其工作人员之间因辞职、辞退及履行聘用合同所发生的争议。

——《最高人民法院关于人民法院审理事业单位人事争议案件若干问题的规定》（2003 年 8 月 27 日，法释〔2003〕13 号）

【最高人民法院答复】

北京市高级人民法院：

你院《关于审理事业单位人事争议案件如何适用法律及管辖的请示》（京高法〔2003〕353 号）收悉。经研究，答复如下：

一、《最高人民法院关于人民法院审理事业单位人事争议案件若干问题的规定》（法释〔2003〕13 号）第一条规定，“事业单位与其工作人员之间因辞职、辞退及履行聘用合同所发生的争议，适用《中华人民共和国劳动法》的规定处理”。这里“适用《中华人民共和国劳动法》的规定处理”是指人民法院审理事业单位人事争议案件的程序运用《中华人民共和国劳动法》的相关规定。人民法院对事业单位人事争议案件的实体处理应当适用人事方面的法律规定，但涉及事业单位工作人员劳动权利的内容在人事法律中没有规定的，适用《中华人民共和国劳动法》的有关规定。

二、事业单位人事争议案件由用人单位或者聘用合同履行地的基层人民法院管辖。

三、人民法院审理事业单位人事争议案件的案由为“人事争议”。

——《最高人民法院关于事业单位人事争议案件适用法律等问题的答复》（2004 年 4 月 30 日，法函〔2004〕30 号）

【链接：最高人民法院法官著述】

问题：一名高校教师，多次参与评定副教授的职称都未获得通过。该教师认为，和其具有同样条件的同事都已经获得通过好几年了，其现在以单位为被告，向人民法院起诉要求解决此类人事争议，人民法院应该受理吗？

《民事审判指导与参考》研究组认为：近年来，教师与学校之间的人事争议逐步增多，对于该类纠纷的受理问题，经历了不同的认识阶段。1993 年颁布的

《教师法》规定，教师对学校或者其他教育机构侵犯其合法权益的，或者对学校或者其他教育机构作出的处理不服的，可以向教育行政部门提出申诉。根据该规定，法院不宜受理此类纠纷。2003 年最高人民法院发布的《关于人民法院审理事业单位人事争议案件若干问题的规定》认为，事业单位与其工作人员之间因辞职、辞退及履行聘用合同所发生的争议，适用劳动法规定处理，当事人对人事争议仲裁裁决不服，可以向人民法院提起诉讼，人民法院应当依法受理。据此，对于教师与事业编制学校之间的人事争议应严格按照最高人民法院的规定处理，即仅受理教师与事业编制学校之间因辞职、辞退及履行聘用合同所发生的争议，对教师与事业编制学校之间因职级、职称、职务或者岗位调动等产生的争议，法院仍不应受理。因此，对于您所提问的情况，人民法院不应受理。

——最高人民法院民事审判第一庭编：《民事审判指导与参考》（总第 43 集），法律出版社 2011 年版，第 235 页。

639

国家机关非在编聘用干部与国家机关因解除聘用关系发生争议不予受理

关键词 | 解除聘用关系 | 劳动争议 | 受案范围 |

【链接：最高人民法院法官著述】

国家机关非在编聘用干部与国家机关因解除聘用关系发生争议，能否作为劳动争议案件受理

案例：曾凡元等人 1996 年与花溪镇政府签订招聘干部合同，该合同约定：受聘期间，享受受聘单位同职级国家公务员政治待遇，工资待遇参照川人工〔1998〕2 号文件和《国家公务员暂行条例》的有关规定执行等。2002 年 1 月 31 日巴南区花溪政府作出《关于清退非在编人员的实施意见》，决定清退花溪镇机关非在编的在职人员，书面通知曾凡元等 8 人被清退后可获得一次性补偿金。曾凡元等人在 2002 年至 2004 年先后多次向法院起诉，请求被告花溪镇政府履行干部合同、计算工龄和办理社保等。重庆市两级法院认为该案不属于人民法院管辖范围，对曾凡元的起诉多次作出不予受理通知、驳回上诉。此外，曾凡元等先后申请劳动争议仲裁和人事争议仲裁。巴南区人事争议仲裁委员会和劳动争议仲裁委员会相继作出不予受理通知书。重庆市高院就该案是否应受理请示。

结论：国家机关非在编干部因清退发生的争议，既不属于人民法院受理劳动争议的范围，也不属于事业单位与其工作人员之间的人事争议，人民法院不予受理。

理由：

1. 按照《劳动部关于贯彻执行〈中华人民共和国劳动法〉若干问题的意见》第一条第三款"国家机关、事业组织、社会团体实行劳动合同制度的以及按规定应实行劳动合同制度的工勤人员；实行企业化管理的事业组织的人员；其他通过劳动合同与国家机关、事业组织、社会团体建立劳动关系的劳动者，适用劳动法"的规定，曾凡元等 8 人与花溪镇政府签订的是招聘干部合同，镇政府按照国家公务员暂行条例的规定进行管理和使用，实际上曾凡元等人在解聘前还担任了镇政府职能部门的职务，不属于国家机关实行劳动合同制度以及按规定应实行劳动合同制度的工勤人员，故曾凡元等人与镇政府之间不属于劳动法和劳动部规章规定的劳动关系。

2. 按照《最高人民法院关于人民法院审理事业单位人事争议案件若干问题的规定》第一条，"事业单位与其工作人员之间因辞职、辞退及履行聘用合同所发生的争议，适用《中华人民共和国劳动法》的规定处理"，由于镇政府系国家机关而非事业单位，故因解除该聘用合同发生的争议也不属于该规定范围的事业单位与其工作人员之间因辞职、辞退及履行聘用合同所发生的争议。

——阿依古丽、王胜全、李伟、刘小飞：《新型疑难民商事案件受理问题（下）》，载苏泽林主编、最高人民法院立案庭编：《立案工作指导》（总第 13 辑），人民法院出版社 2007 年版，第 60～61 页。

640

医疗事故争议案件的受理

关键词 | 医疗事故鉴定 | 医疗事故处理决定 | 赔偿损失 | 受理 |

【最高人民法院答复】

四川省高级人民法院：

你院川法研〔1990〕41 号请示收悉。经研究，同意你院审判委员会的倾向性意见，即：当事人对医疗事故鉴定结论虽有异议，但不申请重新鉴定，而以要求医疗单位赔偿经济损失为由向人民法院起诉的，如符合《中华人民共和国民事诉讼法（试行）》第八十一条规定，人民法院应作为民事案件受理。

——《最高人民法院关于当事人对医疗事故鉴定结论有异议又不申请重新鉴定而以要求医疗单位赔偿经济损失为由向人民法院起诉的案件应否受理的复函》（1990 年 11 月 7 日，〔1990〕民他字第 44 号）

四川省高级人民法院：

你院川法研〔1989〕23 号的请示经研究并征求有关部门意见，答复如下：

医疗事故技术鉴定委员会所作的医疗事故鉴定结论，系卫生行政部门认定和处理医疗事故的依据。病员及其亲属如果对医疗事故鉴定结论有异议，可以向上一级医疗事故技术鉴定委员会申请重新鉴定；如因对鉴定结论有异议向人民法院起诉的，人民法院不予受理。如果当事人对卫生行政机关做出的医疗事故处理决定不服，依法向人民法院提起行政诉讼的，人民法院应当受理。当事人仅要求医疗单位赔偿经济损失向人民法院提起诉讼的，应依照《中华人民共和国民事诉讼法（试行）》的规定，按民事案件立案受理。

此复。

——《最高人民法院关于对医疗事故争议案件人民法院应否受理的复函》［1989 年 10 月 10 日，法（行）函〔1989〕63 号］

【链接：最高人民法院法官著述】

适用本条规定应当注意，当原告就医疗事故赔偿向人民法院提起诉讼，同时也对医疗鉴定结论提出异议，人民法院应当以损害赔偿之诉受理立案。因为鉴定书是认定损害事实的证据，当事人为了解决赔偿，对任何证据都有异议的权利。人民法院应当在审理中，根据《民事诉讼法》及《适用意见》中有关证据的规定，全面地、客观地审查证据，包括鉴定结论。如果因为当事人的请求是医疗事故赔偿，同时又对鉴定结论有意见，人民法院就拒绝受理，显然剥夺当事人的诉权。

——姜启波、李玉林：《案件受理》，人民法院出版社 2008 年版，第 124 页。

卫生部门进行处理和人民法院进行司法裁判都是解决医疗事故争议的合法途径。依据《医疗事故处理条例》的规定，行政处理程序和司法诉讼程序不能同时进行。二者之间的关系是：

1. 当事人可以自主选择其一。发生医疗事故争议后，当事人可以根据自己的意愿选择解决的途径。这是当事人的权利，任何单位或个人都不得限制，也不能利用各种手段或对当事人施加压力强迫当事人选择或不选择某一个解决争议的途径。

2. 当事人不能同时选择两种程序。发生医疗事故争议，如果当事人既向卫生行政部门提出医疗事故处理申请，又向人民法院提起民事诉讼的，卫生行政部门应不予受理当事人的申请，由法院依司法程序处理民事争议。虽然当事人不能同时选择两种解决争议的程序，但并非全都属于“择一而终”的，要分不同的情况来处理：（1）当事人选择了行政程序，在这种情况下，当事人还仍有选择司法程序的权利。在行政程序的任何阶段，当事人均可以撤回申请而选择司法诉讼程序，这时行政程序终止处理，司法程序开始启动。如果经行政程序，医患双方争议被确诊为不属于医疗事故或当事人不接受卫生行政部门对争议的调解的，也可以再提起诉讼由法院审理裁决。（2）当事人直接选择了向法院起诉，在这种情况下，案件进入民事诉讼程序，就不能再进行行政处理了，因为司法程序是解决医疗事故争议的最终途径，当事人一旦选择了向法院起诉，就丧失了再请求行政处理的权利。

此外，民事诉讼程序解决的是对受害方的赔偿问题，即便当事人选择司法程序解决医患争议，卫生部门对发生医疗事故的医疗机构和有关责任人员仍可进行行政处罚。

——姜启波、李玉林：《案件受理》，人民法院出版社 2008 年版，第 239 页。

641

妇幼保健院在提供计划生育技术服务过程中产生的纠纷应当予以受理

关键词｜妇幼保健院｜医疗服务合同｜受理｜

【链接：最高人民法院法官著述】

案例：王某到某妇幼保健院要求终止妊娠。妇幼保健院对王某进行了手术后，王某产出一男活婴。王某以其并不愿违反计划生育政策，主动到妇幼保健院处终止妊娠，且已有一子，双方均无收入，对因妇幼保健院的过错造成对引产活婴王毛毛无力抚养为由，于2003年11月8日向法院提起诉讼，要求妇幼保健院支付王某被征收的社会抚养费、生活费、抚养费、义务教育费、健康补偿费等。

结论：妇幼保健院在提供计划生育技术服务过程中产生的纠纷属于医疗服务合同纠纷，适用《医疗事故处理条例》的有关规定，符合《中华人民共和国民事诉讼法》第108条的有关规定，人民法院应当予以受理。

理由：本案应作为民事案件受理。妇幼保健院对王某实施终止妊娠手术，属于医疗服务。王某到妇幼保健院要求终止妊娠，妇幼保健院同意并实施了妊娠手术，表明双方之间已形成医疗服务合同，本案属于医疗服务合同纠纷。一方提供医疗服务，另一方接受医疗服务的过程中，双方均是自愿的，不存在行政上的隶属关系，也不具有管理与被管理的关系，在法律上系平等的主体，人民法院应作为民事案件受理。

另外，《计划生育技术服务管理条例》第十六条规定："从事计划生育技术服务的机构包括计划生育技术服务机构和从事计划生育技术服务的医疗、保健机构。"妇幼保健院领有《医疗机构执行许可证》和《中华人民共和国母婴保健技术服务执业许可证》。《医疗事故处理条例》第六十条规定，"本条例所称医疗机构，是指依照《医疗机构管理条例》的规定取得《医疗机构执业许可证》的机构。县级以上城市从事计划生育技术的机构依照《计划生育技术服务管理条例》的规定开展与计划生育有关的临床医疗服务，发生的计划生育技术服务事故，依照本条例的有关规定处理"。可见本案妇幼保健院在提供计划生育技术服务过程中产生的纠纷，适用《医疗事故处理条例》的有关规定，而《医疗事故处理条例》第四十六条明确规定："发生医疗事故的赔偿等民事责任争议，医患双方可以协商解决；不愿意协商或者协商不成的，当事人可以向卫生行政部门提出调解申请,也可以直接向人民法院提起民事诉讼。”

——姜启波、王胜全、李伟、刘小飞:《新型疑难民商事案件受理问题(上)》,载苏泽林主编、最高人民法院立案庭编:《立案工作指导》(总第12辑),人民法院出版社2006年版,第70~71页。

642

部队向地方开放的医疗单位发生的医疗赔偿纠纷由有管辖权的法院受理

关键词｜部队医院｜医疗赔偿纠纷｜管辖｜

【最高人民法院答复】

广西壮族自治区高级人民法院:

你院法申民字〔90〕第49号“关于黄理权诉武警河池支队医疗纠纷案管辖问题的请示报告”收悉。经研究并征求有关部门意见,答复如下:

一、中国人民解放军和中国人民武警部队向地方开放的医疗单位,在医治地方伤病员过程中发生的医疗事故,当事人起诉要求医疗单位赔偿经济损失的,应按照我院1989年10月10日法(行)函〔1989〕63号复函的规定精神,由有管辖权的人民法院作为民事案件受理,军事法院无管辖权。

二、你院请示的黄理权诉武警河池支队医疗事故赔偿纠纷一案,由河池市人民法院管辖。

——《最高人民法院关于中国人民解放军和武警部队向地方开放的医疗单位发生的医疗赔偿纠纷由有管辖权的人民法院受理的复函》(1990年6月4日,〔1990〕民他字第15号)

643

债权人对人员下落不明或者财产状况不清的债务人申请破产清算案件的处理

关键词｜债权人｜下落不明｜财产状况不清｜申请破产｜清算｜

【最高人民法院司法解释】

贵州省高级人民法院：

你院《关于企业法人被吊销营业执照后，依法负有清算责任的人未向法院申请破产，债权人是否可以申请被吊销营业执照的企业破产的请示》（〔2007〕黔高民二破请终字1号）收悉。经研究，批复如下：

债权人对人员下落不明或者财产状况不清的债务人申请破产清算，符合企业破产法规定的，人民法院应依法予以受理。债务人能否依据企业破产法第十一条第二款的规定向人民法院提交财产状况说明、债权债务清册等相关材料，并不影响对债权人申请的受理。

人民法院受理上述破产案件后，应当依据企业破产法的有关规定指定管理人追收债务人财产；经依法清算，债务人确无财产可供分配的，应当宣告债务人破产并终结破产程序；破产程序终结后二年内发现有依法应当追回的财产或者有应当供分配的其他财产的，债权人可以请求人民法院追加分配。

债务人的有关人员不履行法定义务，人民法院可依据有关法律规定追究其相应法律责任；其行为导致无法清算或者造成损失，有关权利人起诉请求其承担相应民事责任的，人民法院应依法予以支持。

——《最高人民法院关于债权人对人员下落不明或者财产状况不清的债务人申请破产清算案件如何处理的批复》（2008年8月7日，法释〔2008〕10号）

【最高人民法院司法政策】

申请人提供被申请人自行清算中故意拖延清算，或者存在其他违法清算可能严重损害债权人或者股东利益的相应证据材料后，被申请人未能举出相反证据的，人民法院对申请人提出的强制清算申请应予受理。债权人申请强制清算，被申请人的主要财产、账册、重要文件等灭失，或者被申请人人员下落不明，导致无法清算的，人民法院不得以此为由不予受理。

——《最高人民法院关于审理公司强制清算案件工作座谈会纪要》（2009年11月4日，法发〔2009〕52号）

【最高人民法院审判业务意见】

这种非诚信现象在现实社会中确实存在，对此，我院《公司法司法解释（二）》第十八条和第二十条，以及法释〔2008〕10号《关于债权人对人员下落不明或者财产状况不清的债务人申请破产清算案件如何处理的批复》已作出相应规定，我们在《纪要》中对此又做了进一步明确和补充。在审理这类案件时，应当注意以下几个方面：

1. 对于债权人申请债务人破产清算或者强制清算的案件，人民法院不能因为被申请人的主要财产、账册、重要文件等灭失或者被申请人人员下落不明无法进行清算为由不予受理。申请破产清算的，人民法院也不能以债权人无法举证债务人出现了不能清偿到期债务并且资产不足以清偿全部债务，或者不能清偿到期债务并且明显缺乏清偿能力的破产原因为由，不受理债权人的申请。

2. 人民法院依法受理破产清算申请或强制清算申请后，应当依据企业破产法和公司法有关规定，要求被申请人的法定代表人、企业的财务管理人员和其他经营管理人员，有限责任公司的股东、股份有限公司的董事、控股股东，以及公司的实际控制人等有关人员提交企业真实的财产状况说明、债务清册、债权清册、财务会计报告以及职工工资的支付情况和社会保险费用的缴纳情况。经过法院释明以及采取拘留、罚款等强制措施后，被申请人的有关人员仍然不提交上述材料或提交的材料明显不真实、不全面，导致根本无法清算或无法全面清算的，对于尚有部分财产、账册、重要文件等可以进行部分清偿的，法院应当就现有财产进行公平清偿，然后以无法全面依法清算为由终结清算程序；对于没有任何财产、账册、重要文件，被申请人人员下落不明的，法院应当以无法清算为由终结清算程序。

3. 因无法清算或者无法依法全面清算而终结清算程序，与依照企业破产法的规定依法清算，债务人确无财产可供分配而终结破产清算程序，其法律后果是截然不同的。因依法清算，债务人确无财产可供分配时终结破产清算程序的结果，是剩余债务不再清偿；债务人仅以其破产财产为限承担责任，债务人破产清算程序终结后，除破产程序终结之日起二年内发现有依法应当追回的财产或者债务人有应当供分配的其他财产的，可以追加分配外，对于债务人未能依破产程序清偿的债务，原则上不再予以清偿。而因债务人的清算义务人怠于履行义务，导致债务人主要财产、账册、重要文件等灭失无法清算而终结的，虽然债务人的法人资格因清算程序终结而终止,但其既有的民事责任并不当然消灭,而是应当由其清算义务人承担偿还责任。

鉴于此,《纪要》明确,人民法院以无法清算或者无法全面清算为由裁定终结强制清算程序的,应当根据申请人的不同在终结裁定中分别载明,债权人可以另行依据公司法司法解释二第十八条的规定,要求被申请人的股东、董事、实际控制人等清算义务人对其债务承担偿还责任;股东可以向控股股东等实际控制公司的主体主张有关权利。这里,债权人因债务人的清算义务人怠于履行义务导致无法清算或者无法全面清算时向债务人的清算义务人主张权利的范畴是明确的,因此,债务人的清算义务人的责任范畴也是确定的。但是,因控股股东等实际控制公司的主体原因导致无法清算或者无法全面清算,股东因无法获得应有的剩余财产分配而向控股股东等实际控制公司的主体主张有关权利时,其权利范畴的界定是个问题。对此,我们考虑可以通过举证责任倒置来解决中小股东利益的保护问题,即在控股股东控制公司的前提下该清算不清算,或者不依法提交有关财产状况说明、债务清册、债权清册、财务会计报告以及职工工资的支付情况和社会保险费用的缴纳情况,导致无法清算或者无法全面清算,其他股东起诉请求控股股东等实际控制公司的主体返还出资并承担损失的,除非控股股东等实际控制公司的主体能够充分证明公司已经资不抵债没有剩余财产进行分配或者不能返还出资,或者虽然公司有剩余财产可供分配但数额低于权利人主张的数额,人民法院应当依法支持其诉请。

——《规范公司退出行为,维护市场执行秩序——最高人民法院民二庭负责人就审理公司强制清算案件工作座谈会纪要答记者问》,载最高人民法院民事审判第一庭编:《民事审判指导与参考》(总第39集),法律出版社2010年版,第59~61页。

644

以进入破产程序的债务人为被告的债务纠纷案件不予受理

关键词|破产程序|债务人|不予受理|

【最高人民法院司法解释】

第二十三条 破产申请受理后,债权人就债务人财产向人民法院提起本规定第二十一条第一款所列诉讼的，人民法院不予受理。

——《最高人民法院关于适用〈中华人民共和国企业破产法〉若干问题的规定(二)》(2013 年 9 月 5 日，法释〔2013〕22 号)

【最高人民法院裁判文书】

潍坊市坊子区人民法院山东坊子酒厂破产还债清算组与潍坊市商业银行借款担保合同纠纷上诉案[最高人民法院(2004)民一终字第 45 号民事裁定书]

裁判要旨：在人民法院受理破产案件以后，破产企业的债权人应当依法向受理破产案件的人民法院申报债权，其他法院不应再受理并审理以破产企业为债务人的其他民事纠纷案件。

最高人民法院认为：

坊子酒厂破产清算组与潍坊商业银行之间讼争的问题，是如何确定受理破产案件的法院与其他法院在处理以破产企业作为债务人的民事纠纷案件的关系问题。根据《中华人民共和国企业破产法(试行)》和《最高人民法院关于审理企业破产案件若干问题的规定》的有关规定精神，受理破产案件的法院应审理所有以破产企业为债务人的其他民事纠纷案件，债权人到受理破产案件的人民法院申报债权。对于以债务人为被告的其他债务纠纷案件，尚未审结且无其他被告和无独立请求权的第三人的，应当中止诉讼，由债权人向受理破产案件的人民法院申报债权；待企业被宣告破产后再终结诉讼。根据《最高人民法院关于贯彻执行〈中华人民共和国民事诉讼法〉若干问题的意见》第 186 条规定，对于不属于人民法院作为普通民事案件受理的案件，一审法院已经受理并经审理作出判决的，二审法院可以直接裁定撤销一审判决，驳回当事人的起诉。在人民法院受理破产案件之后，破产企业的债权人应当依法向受理破产案件的人民法院申报债权，其他法院依法不应再受理并审理以破产企业为债务人的其他民事纠纷案件，在债权人起诉时应当裁定不予受理；已经受理的，应当裁定驳回起诉。本案中，潍坊商业银行与坊子酒厂于 2002 年达成的以房地产抵顶贷款本息以及租赁费等费用的协议，是一种具有庭外和解性质的协议，也是一种约定双方权利义务关系的民事行为，至于是否属于别除权和取回权范围以及是否属于破产财产等，都需要受理破产案件的人民法院进行认定，纳入破产案件的审理范围。潍坊商业银行作为债权人应向受理破产案件的人民法院申报债权。事实上潍坊商业银行已经向山东省潍坊市坊子区人民法院破产清算组申报了债权。本案属于一审法院受理的以坊子酒厂破产清算组为债务人的民事纠纷案件,当坊子酒厂破产清算组在一审中提出已经进入破产程序时,一审法院应当裁定不予受理或者驳回起诉,由潍坊商业银行作为债权人向受理破产案件的山东省潍坊市坊子区人民法院成立的坊子酒厂破产清算组申报债权。在坊子酒厂已经依法向山东省潍坊市坊子区人民法院申请宣告破产并进入破产程序后,潍坊商业银行又以坊子酒厂破产清算组作为被告提起普通民事诉讼,一审法院受理潍坊商业银行请求判令办理房地产过户手续的民事案件并作出实体判决,不符合民事诉讼法规定的受理民事案件的条件,依法应予撤销;潍坊商业银行的起诉应予驳回。

——最高人民法院民事审判第一庭编:《最高人民法院民事案件解析(房屋买卖、租赁纠纷)》(第4辑),法律出版社2010年版,第249~250页。

【链接:最高人民法院法官著述】

关于如何确定受理破产案件的法院与其他法院在处理以破产企业作为债务人的民事纠纷案件的关系问题。

这是本案当事人双方争议的焦点问题。对于类似问题如何处理,破产法和民事诉讼法中都没有作出明确规定。最高人民法院虽然在历来的司法解释中没有明确规定,但处理类似问题的基本精神是一贯的。如对于在破产企业申请破产并进入破产程序后,债权人以该破产企业作为被告起诉的纠纷案件如何处理的问题,最高人民法院法(经)发〔1991〕35号《关于贯彻执行〈中华人民共和国企业破产法(试行)〉若干问题的意见》(以下简称《意见》)中虽没有明确具体规定,但有所涉及,可以推导出受理破产案件的法院应审理所有以破产企业为债务人的其他民事纠纷案件,债权人到受理破产案件的人民法院申报债权这一结论的。《意见》中关于破产案件的受理部分第12条规定:"人民法院受理破产案件后,以破产企业为债务人的其他经济纠纷案件,根据下列不同情况分别处理:(1)已经审结但未执行的,应当中止执行,由债权人凭生效的法律文书向受理破产案件的人民法院申报债权;(2)尚未审结且另无连带责任人的,应当终结诉讼,由债权人向受理破产案件的人民法院申报债权;(3)尚未审结且另有连带责任人的,应当中止诉讼,由债权人向受理破产案件的人民法院申报债权。待破产程序终结后,恢复审理。"这里规定的是,在有关法院受理破产案件之前,其他法院已经受理并正在审理但尚未审结的以破产企业为债务人的其他民事纠纷案件,在无连带责任人即没有共同被告的情况下,应当终结诉讼,由债权人向受理破产案件的人民法院申报债权。对于在法院受理破产案件之后，其他法院又受理并正在审理但尚未审结的以破产企业为债务人的其他民事纠纷案件，如何处理虽然没有明确规定，但从上述司法解释规定即使在申报破产之前其他法院已经受理的民事案件都要终结诉讼并由债权人向受理破产案件的法院申报债权的精神看，可以推导出除受理破产案件的法院外，其他法院无权受理以破产企业为债务人的其他民事纠纷案件；已经受理的，应当终结诉讼，有关债权人应当向受理破产案件的法院或者清算组申报债权。应当说这是上述司法解释相关条款中的应有之义。根据上述《意见》第 12 条、第 13 条和第 14 条规定精神，人民法院受理破产案件后，以破产企业为债务人的其他民事纠纷案件，应当终结诉讼，由债权人向受理破产案件的法院申报债权；以破产企业为债权人的其他民事纠纷案件，受诉人民法院不能在 3 个月以内审结的，应当移送受理破产案件的人民法院。关于类似本案如何确定受理破产案件的法院与其他法院在处理破产企业与其债权人民事纠纷案件关系的问题，《中华人民共和国企业破产法（试行）》和《最高人民法院关于审理企业破产案件若干问题的规定》（法释〔2002〕23 号）（以下简称《规定》）作了进一步补充和完善，虽仍然没有明确具体规定，但涉及的问题更多、更接近。对于以债务人为被告的其他债务纠纷案件，《规定》中关于破产申请与受理部分第 20 条第 2 款第（2）项规定："尚未审结且无其他被告和无独立请求权的第三人的，应当中止诉讼，由债权人向受理破产案件的人民法院申报债权。在企业被宣告破产后，终结诉讼。"这里规定的是，在有关法院受理破产案件之前，其他法院已经受理并正在审理但尚未审结的以破产企业为债务人的其他民事纠纷案件，在没有其他被告和无独立请求权的第三人的情况下，应当中止诉讼，由债权人向受理破产案件的人民法院申报债权。待企业被宣告破产后再终结诉讼。对于在法院受理破产案件之后，其他法院又受理并正在审理但尚未审结的以破产企业为债务人的其他民事纠纷案件，如何处理虽然没有明确规定，但从上述司法解释规定即使在申报破产之前其他法院已经受理的民事案件都要中止诉讼并由债权人向受理破产案件法院申报债权的精神看，可以推导出除受理破产案件的法院外，其他法院在破产企业进入破产程序后无权再受理以破产企业为债务人的其他民事纠纷案件，在立案阶段应当裁定不予受理；已经受理的，应当驳回起诉，有关债权人应当向受理破产案件的法院或者清算组申报债权。从上述法律规范性文件中，可以推导出受理破产案件的法院应审理所有以破产企业为债务人（在程序上是被告）的其他民事纠纷案件，债权人应到受理破产案件的人民法院申报债权这一结论。应当说，这是上述司法解释相关条款所规定的内容中的应有之义。

本案属于一审法院受理的以坊子酒厂破产清算组为债务人的其他民事纠纷案件,当坊子酒厂破产清算组在一审中提出已经宣告进入破产程序时,一审法院就应当裁定不予受理或者驳回起诉,由潍坊商业银行作为债权人向受理破产案件的山东省潍坊市坊子区人民法院组成的坊子酒厂破产清算组申报债权。在坊子酒厂已经依法向山东省潍坊市坊子区人民法院申请宣告破产并进入破产程序,潍坊商业银行又在山东省高级人民法院以成为破产企业的坊子酒厂作为被告提起普通民事诉讼,一审法院受理潍坊商业银行请求判令办理房地产过户手续的民事案件并作出实体判决,不符合民事诉讼法规定的受理民事案件的条件,依法应当予以撤销;潍坊商业银行的起诉当然应予驳回。

——最高人民法院民事审判第一庭编:《最高人民法院民事案件解析(房屋买卖、租赁纠纷)》(第4辑),法律出版社2010年版,第250~253页。

编者说明

本案涉及如何确定受理破产案件的法院与其他法院在处理以破产企业作为债务人的房地产纠纷案件的关系问题,实际上是涉及一审法院在程序上该不该受理并进行审理的问题。根据《企业破产法(试行)》和《最高人民法院关于审理企业破产案件若干问题的规定》的有关规定精神,在涉及企业破产案件审理问题上,其他法院作为普通民事案件受理或者审理的所有与破产企业有关的案件,对于以债务人为被告、尚未审结且无其他被告和无独立请求权的第三人的,应当中止诉讼,由债权人向受理破产案件的人民法院申报债权,待企业被宣告破产后再终结诉讼,其他法院无权对涉及破产企业的案件进行审理并作出裁决。在债权人起诉时应当裁定不予受理;已经受理的,应当裁定驳回起诉;在二审阶段发现上述情况的,可以直接驳回债权人以破产企业作为被告的起诉。

645

借用国际金融组织和外国政府贷款偿还任务尚未落实的企业破产申请的受理

关键词 | 企业破产申请 | 国际金融组织 | 外国政府贷款 | 受理 |

【最高人民法院司法政策】

各省、自治区、直辖市高级人民法院,解放军军事法院,新疆维吾尔自治区高级人民法院生产建设兵团分院：

近来，部分地方人民法院向我院请示是否受理借用国际金融组织和外国政府贷款偿还任务尚未落实的企业破产申请的问题，经研究，现就有关问题通知如下，请遵照执行。

自2007年6月1日起，借用国际金融组织和外国政府贷款或转贷款的有关企业申请或者被申请破产的，人民法院应依照《中华人民共和国企业破产法》的有关规定依法受理。

上述企业在2007年6月1日之前已签署转贷协议但偿还任务尚未落实的，应继续适用《最高人民法院关于当前人民法院审理企业破产案件应当注意的几个问题的通知》（法发〔1997〕2号）第三条的规定和《最高人民法院关于贯彻执行法发〔1997〕2号文件第三条应注意的问题的通知》（法函〔1998〕74号）的有关规定。

——《最高人民法院关于受理借用国际金融组织和外国政府贷款偿还任务尚未落实的企业破产申请问题的通知》（2009年12月3日，法〔2009〕389号）

【链接：最高人民法院法官著述】

我们认为，在新的企业破产法生效以后，关于借用国际金融组织和外国政府贷款偿还任务尚未落实的企业破产申请问题应当根据法律和现实情况的变化予以调整，理由如下：（1）2007年6月1日生效的新的企业破产法对于上述企业能否申请破产并未作出限制性规定。该法第二条规定，企业法人不能清偿到期债务，并且资产不足以清偿全部债务或明显缺乏清偿能力的，依照本法规定清理债务。由此可见，新的企业破产法规定的破产申请的受理条件主要是企业法人不能清偿到期债务。债务人如具有法定的破产原因，人民法院就应当依法受理而不能驳回破产申请。（2）债务人的偿债能力是企业的既有能力，并不会因为其没有进入破产程序而发生改观。相反，债务人陷入经营困境，如果长期不能进入破产程序，将造成财产损失进一步扩大，对债权人的保护更为不利。（3）原来的限制性政策是建立在当时政策性破产为集中的特殊环境和条件基础之上的，由于国有企业政策性破产本身具有一定的优惠条件，故对于其申请破产条件进行了相应限制，尤其强调债务人破产申请需取得债权银行的同意。现在事隔十年之久，法律政策环境和条件都发生变化。国有企业政策性破产范围逐步缩小，债权银行对于债务人破产申请的谈判权实践中很难起到债权保护的作用。(4)企业破产针对的是债务人的偿债责任问题,未涉及其他主体的民事责任。债务人破产并不妨碍其他主体承担相应的民事或行政责任。综上,在新的企业破产法生效以后,人民法院应当依法受理借用国际金融组织和外国政府贷款偿还任务尚未落实的企业破产申请。最高人民法院法发〔1997〕2 号文第三条和法函〔1998〕74 号文原则上不再适用。

新的企业破产法生效以后,财政部出台了财金〔2008〕176 号《外国政府贷款管理规定》,该文件第三十八条规定,在贷款债务偿清前,项目单位拟实行资产重组、企业改制或者申请破产的,省级财政部门应当督促项目单位落实新的债务偿还安排,并征得转贷银行和财政部同意,必要时还应征得贷款方同意。鉴于此类贷款项目由财政部归口管理,故最高人民法院此次政策调整时与财政部进行了充分的沟通。经征求财政部的意见,最终形成"老人老办法,新人新办法"的处理原则,即按新的企业破产法生效时间进行划段调整。

——杨征宇:《解读〈最高人民法院关于借用国际金融组织和外国政府贷款偿还任务尚未落实的企业破产申请问题的通知〉》,载最高人民法院民事审判第二庭编:《商事审判指导》(总第 20 辑),人民法院出版社 2010 年版,第 39 ~40 页。

编者说明

由于涉及敏感的国家外债管理制度和中央财政政策,人民法院对于借用国际金融组织和外国政府贷款偿还任务尚未落实的企业破产申请问题一直较为谨慎。最高人民法院法发〔1997〕2 号文第 3 条和法函〔1998〕74 号文规定,借用外国政府贷款的企业或转贷款偿还任务尚未落实的企业,因属于政府外债,其借入和转贷过程均为政府行为,由政府承担最终还款责任,故不论项目单位是何种性质的企业,在偿还此类任务尚未落实前,人民法院均暂不受理其破产申请,也暂不受理债权人申请破产的案件。在《企业破产法》生效后,对于借用国际金融组织和外国政府贷款偿还任务尚未落实的企业破产申请问题是否继续加以限制,是一个亟待解决的问题。2009 年 12 月 3 日,最高人民法院下发《关于借用国际金融组织和外国政府贷款偿还任务尚未落实的企业破产申请问题的通知》(法〔2009〕389 号),对于人民法院受理借用国际金融组织和外国政府贷款偿还任务尚未落实的企业破产条件进行了调整。

646

保险人行使代位请求赔偿权应提交实际支付保险赔偿凭证

关键词 | 保险人 | 代位请求赔偿权 | 海事诉讼 |

【最高人民法院司法解释】

第十三条 保险人在行使代位请求赔偿权利时，未依照海事诉讼特别程序法的规定，向人民法院提交其已经向被保险人实际支付保险赔偿凭证的，人民法院不予受理；已经受理的，裁定驳回起诉。

——《最高人民法院关于审理海上保险纠纷案件若干问题的规定》(2006年11月23日，法释〔2006〕10号)

【链接：最高人民法院法官著述】

保险人在依据保险合同赔付被保险人后，依法取得向造成保险事故的第三人追偿的权利。海商法第252条规定：保险标的发生保险责任范围内的损失是由第三人造成的，被保险人向第三人要求赔偿的权利，自保险人支付赔偿之日起，相应转移给保险人。为保障海商法规定的具体实施，海诉法对海上保险人行使代位赔偿请求权也作了具体的规定：因第三人造成的保险事故，保险人向被保险人支付保险赔偿后，在保险赔偿范围内可以代位行使被保险人对第三人请求赔偿的权利。被保险人未向造成保险事故的第三人提起诉讼的，保险人应当以自己的名义向该第三人提起诉讼。该法第96条则明确要求保险人依法提起诉讼或者申请参加诉讼的，应当向受理该案的海事法院提交其支付保险赔偿的凭证以及参加诉讼应当提交的其他文件，即保险人在实际赔付被保险人后，才取得代位赔偿请求权。实务中，对于保险人尚未依照海商法和海诉法的规定，取得实际赔付被保险人的凭证即向法院提起对第三人追偿诉讼的，法院的做法不统一。有的法院以裁定的方式，驳回保险人的起诉。有的法院以判决的方式，驳回保险人的诉讼请求。

依照民事诉讼法的规定，原告应当是与本案有利害关系的人。保险人在支付保险赔偿前，尚未取得代位赔偿请求权，其起诉不符合受理条件，应当裁定不予受理。已经受理的，不应作出实体判决，而应从程序上驳回其起诉。如果将来保险人实际赔偿付了被保险人，还可以向第三人提起追偿诉讼。如果以判决驳回诉讼请求,根据一事不再理的原则,保险人难以再向第三人追偿。因此有必要规范法院在审理此类案件中的做法,即明确规定保险人在行使代位赔偿请求权时,未依照海诉法的规定,向法院提交已经向被保险人实际支付保险赔偿凭证的,法院不予受理;已经受理的,裁定驳回起诉。

——王淑梅:《〈关于审理海上保险纠纷案件若干问题的规定〉的理解与适用》,载《人民司法》2006 年第 12 期。

647

因政府主管部门对企业国有资产调整、划转引发的纠纷不予受理

关键词|国有资产|受案范围|

【最高人民法院司法解释】

第三条 政府主管部门在对企业国有资产进行行政性调整、划转过程中发生的纠纷,当事人向人民法院提起民事诉讼的,人民法院不予受理。

——《最高人民法院关于审理与企业改制相关的民事纠纷案件若干问题的规定》(2003 年 1 月 3 日,法释〔2003〕1 号)

【最高人民法院司法政策】

人民法院受理与企业改制相关的案件,应当坚持依法积极慎重的原则。凡是平等主体之间发生的企业买卖、合并、分立、资产转让或者涉及债务承担的法律纠纷,并符合民事诉讼法第 108 条规定的起诉条件的,人民法院应当受理。但是,对政府及其所属主管部门进行的企业国有资产调整、划转过程中引发的纠纷,政府参与或者依据政府指令而发生的政策性“债转股”纠纷,因改制过程中违反民主议定原则或者因企业改制而引起的职工安置问题而提起的民事诉讼,要告知当事人向政府有关部门反映,由政府有关部门统筹解决。

——李国光:《在全国民事审判工作会议上的讲话》(2000 年 10 月 28 日),载唐德华主编、最高人民法院民事审判庭编:《民事审判指导与参考》(总第 4 卷),法律出版社 2000 年版,第 41 页。

【《最高人民法院公报》案例】

耀县水泥厂与中国建材集团公司、陕西省建材总公司债权转出资纠纷上诉案[最高人民法院(2005)民二终字第53号民事裁定书]

裁判要旨:中央级“拨改贷”“特种拨改贷”及“基本建设经营性基金”转为国家对企业的出资,系分别根据原国家计委和财政部相关实施办法,通过用款单位申请、原国家计委和财政部批复的方式进行的,并未体现代行国家资本金出资人职能的单位和被出资单位的意志,不同于普通债权人和债务人之间发生的债权转出资,其性质属于政策性债权转出资。故上述债务能否转为国家出资、由谁代行国家资本金出资人职能、转为对谁的出资等问题,均属于国家有关行政主管机关行使行政职权的内容,不属于人民法院受理民事诉讼的范围。当事人之间因上述问题发生纠纷,应当通过有关行政主管机关协调解决;对有关行政主管机关协调解决的具体行政行为存在异议的,可以根据行政法的有关规定寻求救济。

最高人民法院认为:

本案集团公司起诉要求确认其为耀县水泥厂的出资人,并由耀县水泥厂和建材总公司办理相应的登记手续,而非要求耀县水泥厂偿还本案所涉三笔债务,故本案争议的焦点是集团公司是否为耀县水泥厂的出资人问题而不是债权债务纠纷,耀县水泥厂是否为所涉三笔资金的债务主体非为本案审理的范畴。原审法院将耀县水泥厂是否为本案所涉三笔资金借款的债务人问题作为案件审理的关键,并以确认耀县水泥厂为该三笔借款的债务人为前提,认定集团公司为耀县水泥厂的出资人不当。

本案三笔债务转为国家对企业的出资,系分别根据国家计委和财政部关于中央级“拨改贷”资金、“特种拨改贷”资金和“基本建设经营性”基金本息余额转为国家资本金的实施办法,通过用款单位申请、国家计委和财政部批复的方式转化的,并未体现代行国家资本金出资人职能的集团公司和被出资人耀县水泥厂或秦达水泥厂的意志,不同于普通债权人和债务人之间的债权转出资,性质上属于政策性债权转出资。故对于企业的债务是否可以转为国家对其的出资、具体由谁代行国家资本金出资人职能,以及究竟转为对哪个企业的出资等问题,均属于国家有关行政主管机关行政权力行使的内容,而非人民法院受理民事诉讼的范围。故对于本案三笔债务转为国家资本金过程中存在的争议,应当通过有关行政主管机关协调解决。如果对于有关行政机关的具体行政行为存在异议的,可以根据行政法的有关规定寻求救济。由于本案集团公司提起的诉请不属于人民法院受理民事诉讼的范围,原审法院按照民事案件受理本案不当,本院依法予以纠正。

——《最高人民法院公报》2006 年第 10 期

【链接:最高人民法院法官著述】

司法解释第 3 条是关于因政府行政行为产生纠纷提起的民事诉讼人民法院不予受理的规定。政府主管部门对企业国有资产进行行政性调整、划转,指的是在国有企业之间,因管理体制和组织机构调整,政府主管部门依据行政命令将属于一家国有企业的资产划转到另一家国有企业中。这种调整和划转,不是企业自身意志所能决定的,而是政府意志的体现,是政府对国有企业实施的行政管理行为。在调整和划转中,政府主管部门与被调整的企业不处于平等地位,所调整、划转的企业资产也是无偿的,不是等价交换的市场交易。因此,在政府主管部门对企业国有资产进行行政性调整和划转中发生的纠纷,不能适用民事诉讼程序获得司法救济。如企业认为政府主管部门的行政行为侵害了企业的合法权益,可以通过行政诉讼来解决。

而企业改制是根据民商事法律、行政法规及相关政策,对企业产权制度予以改造,是在政府指导下进行的。尤其是国有企业改制,需经有审批权的地方人民政府审批后才能进行。政府对企业改制的指导与审批,不是政府对企业行为的非法干预,而是国家为了保证国有企业改制的正常进行赋予政府的行政职权。政府对企业改制的指导与审批,并不改变企业改制行为的本质,企业改制行为本质上仍是民事法律行为。因为企业进行改制,必须是当事人的真实意思表示,而非政府干预的结果;改制行为发生在平等民事主体之间,而非行政部门与被改制企业之间;企业改制带来的企业自身资产的调整、企业债权债务的归属以及当事人权利义务的行使等,受民事法律调整及当事人签订的民事合同制约。因此,在企业改制中发生的民事纠纷,诸如企业公司制改造中发生的民事纠纷、企业股份合作制改造中发生的民事纠纷、债权转股权纠纷、国有小型企业出售合同纠纷、企业兼并合同纠纷等,均属于人民法院受理民事纠纷案件的范围。凡当事人就上述纠纷提起民事诉讼,并符合民事诉讼法第 108 条规定的起诉条件的,人民法院均应予以受理。

由此可见,政府主管部门在对企业国有资产进行行政性调整、划转过程中发生的纠纷与企业改制中发生的民事纠纷，有着本质的不同。前者属于行政行为，当事人以民事纠纷诉至人民法院的，人民法院不予受理。而后者属于民事行为，由此发生的纠纷，属于人民法院受理的民事纠纷案件的范围。正确理解和适用司法解释第3条精神，正是我们区分上述两种纠纷，正确把握哪些纠纷属于人民法院受理的关键。

举例说明：某省、市两级政府通过会议纪要、下文等形式，决定将甲公司对乙公司享有的股权全部无偿划转给丙公司享有；甲公司对两家银行的债务，由省政府财政解决；甲公司对一信用社的债务，由市政府出面协调减免。之后，甲公司与丙公司签订了股权转让协议，约定：双方根据省、市两级政府的会议纪要和相关文件精神达成股权转让协议。股权转让后，市政府没有出面协调减免甲公司对信用社的债务。信用社起诉到法院，请求撤销当事人双方签订的股权转让协议。

一、二审法院均裁定驳回了该信用社的起诉。

从上述案情看，本案争议的焦点是，无偿划转股权是民事行为还是行政行为。对此，我们认为，行政性的资产调整、划转方式与企业改制中的资产转移存在着根本区别。政府主管部门的调整、划转企业资产的行为在资产转移的决定方面，通常是由政府主管部门作出的，而不是由企业根据自由意志决定的；在资产转移的对价方面，通常是无须支付对价的无偿转让行为，而不是企业改制中按照等价有偿原则所进行的资产转移行为；在资产调整、划转法律关系方面，决定调整、划转的政府主管部门与被调整、划转的资产的各方当事人的地位是不平等的，具有从属关系。本案事实足以表明，甲公司与丙公司之间的股权转让行为，不是双方按照意思自治、等价有偿原则进行的民事法律行为，而是按照政府主管部门的决定进行的企业国有资产行政性划转行为。不同性质的法律纠纷有不同的解决机制或者程序，企业改制司法解释调整和解决的是平等民事主体之间在企业产权制度改造过程中发生的民事法律关系及其纠纷案件，而国有资产管理部门等政府主管部门对所属企业资产进行的行政性调整、划转行为，不是平等主体间的民事法律行为。因此，在这种行政性调整、划转过程中发生的纠纷不能适用民事诉讼程序获得司法救济，而应按照相应的机制予以解决。

如果信用社以借款纠纷起诉甲公司，同时，根据资产转移到丙公司的情况，能否要求追加丙公司为被告。我们认为，信用社以借款合同纠纷起诉甲公司的，人民法院应当受理。因为当事人双方存在着借款民事法律关系，两者之间的纠纷属于民事纠纷，不属于行政纠纷。但能否同时向丙公司主张权利，值得研究。

因为这里有个政府行政性划转股权的问题。甲公司与丙公司之间不存在资产交易,甲公司的股权是依据政府行政命令无偿划转到丙公司中的。丙公司取得该股权也没有支付相应的对价。因此,如果要将丙公司列为本案被告,让股权回转,就需要撤销政府作出的并已实施的行政命令。这必然要涉及两个诉讼,一个是民事诉讼,解决债权人的问题;另一个是行政诉讼,解决股权无偿划转的问题。行政命令不撤,股权也无法回转。因此,在本借款合同纠纷案件中追加丙公司为共同被告,缺乏事实和法律依据。司法解释中涉及的债务随企业财产变动原则,仅适用于平等民事主体之间发生的资产交易情况。

——曹士兵:《〈最高人民法院关于审理与企业改制相关的民事纠纷案件若干问题的规定〉有关条款的理解和适用问题》,载李国光主编、最高人民法院民事审判第二庭编:《民商审判指导与参考》(总第4卷),人民法院出版社2004年版,第7~10页。

648

旅游纠纷案件受案范围

关键词|旅游纠纷|受案范围|

【最高人民法院司法解释】

第一条 本规定所称的旅游纠纷,是指旅游者与旅游经营者、旅游辅助服务者之间因旅游发生的合同纠纷或者侵权纠纷。

“旅游经营者”是指以自己的名义经营旅游业务,向公众提供旅游服务的人。

“旅游辅助服务者”是指与旅游经营者存在合同关系,协助旅游经营者履行旅游合同义务,实际提供交通、游览、住宿、餐饮、娱乐等旅游服务的人。

旅游者在自行旅游过程中与旅游景点经营者因旅游发生的纠纷,参照适用本规定。

——《最高人民法院关于审理旅游纠纷案件适用法律若干问题的规定》(2010年10月26日,法释〔2010〕13号)

【最高人民法院审判业务意见】

旅游纠纷司法解释包括旅游者与旅游经营者、旅游辅助服务者之间因旅游发生的合同纠纷与侵权纠纷。制定该司法解释的目的在于解决旅游过程中旅游者权益受到侵害时，由谁来承担责任及承担何种责任的问题。旅游景点经营者与旅游者之间发生的旅游纠纷，可参照该司法解释处理。

——《关于最高人民法院〈关于审理旅游纠纷案件适用法律若干问题的规定〉的新闻发布稿》，载最高人民法院民事审判第一庭编：《民事审判指导与参考》（总第44集），人民法院出版社2011年版，第38页。

649

农村土地承包纠纷案件的受案范围

关键词｜农村土地承包｜受案范围｜

【最高人民法院司法解释】

第一条　下列涉及农村土地承包民事纠纷，人民法院应当依法受理：

（一）承包合同纠纷；

（二）承包经营权侵权纠纷；

（三）承包经营权流转纠纷；

（四）承包地征收补偿费用分配纠纷；

（五）承包经营权继承纠纷。

集体经济组织成员因未实际取得土地承包经营权提起民事诉讼的，人民法院应当告知其向有关行政主管部门申请解决。

集体经济组织成员就用于分配的土地补偿费数额提起民事诉讼的，人民法院不予受理。

——《最高人民法院关于审理涉及农村土地承包纠纷案件适用法律问题的解释》（2005年7月29日，法释〔2005〕6号）

【最高人民法院司法政策】

在审理土地补偿费用分配纠纷中涉及界定相关权利主体范围的,要在现行法律规定框架内,综合考虑当事人生产、生活状况、户口登记状况以及农村土地对农民的基本生活保障功能等因素予以认定。要以当事人是否获得其他替代性基本生活保障为重要考虑因素,慎重认定其权利主体资格的丧失,依法保护妇女、儿童以及农民工等群体的合法权益。

——《最高人民法院全国民事审判工作会议纪要》(2011 年 10 月 9 日,法办〔2011〕442 号)

农村土地补偿和集体收益分配诉讼受理问题。近年来,随着改革开放的进一步深化和城市化进程的加快,农村集体土地被大量征用,涉及农村集体土地征用补偿的纠纷日渐增多。

目前此类案件主要包括:因土地补偿费分配发生的纠纷,因安置补助费分配发生的纠纷,因集体资产经营等收益和其他收益分配发生的纠纷。最高人民法院 2005 年通过的《关于审理涉及农村土地承包纠纷案件适用法律问题的解释》,对案件的受理和审理作了明确规定,各地法院要认真贯彻执行。要全面落实《最高人民法院关于人民法院为建设社会主义新农村提供司法保障的意见》,对符合受理条件的各类涉农纠纷案件,要依法及时受理。要正确把握法律界限,对经过民主程序确认的村民资格、收益分配方案或分配决议提起的诉讼,应当告知其向有关行政主管部门申请解决,对行政主管部门的处理决定不服的,当事人可以提起行政诉讼。对 1999 年 1 月 1 日新修订的土地管理法实施以前,农村集体经济组织成员与农村集体经济组织因土地补偿费、安置补助费分配发生的纠纷,人民法院不予受理。农村集体经济组织成员因违反计划生育政策而产生的收益分配纠纷,应告知当事人向当地政府部门申请解决。

——苏泽林:《在党的十六届六中全会精神指引下开创人民法院审判工作新局面——在全国法院立案审判实务座谈会上的讲话》,载苏泽林主编、最高人民法院立案庭编:《立案工作指导》(总第 13 辑),人民法院出版社 2007 年版,第 1 ~ 17 页。

【《最高人民法院公报》案例】

陈清棕诉亭洋村一组、亭洋村村委会征地补偿款分配纠纷案(福建省厦门市中级人民法院二审民事判决书)

裁判要旨:依照土地管理法第十四条和土地承包法第二十六条的规定,承包土地的农民到小城镇落户后,其土地承包经营权可以保留或者依法流转;该土地如果被征用,承包土地的农民有权获得征地补偿款。

厦门市中级人民法院认为:

2002 年 1 月 21 日以前,上诉人陈清棕及其家人居住在亭洋村,是被上诉人亭洋村村委会和亭洋村一组的村民。《土地承包经营权证》证明,陈清棕一家在亭洋村一组承包了土地,承包期至 2028 年 12 月 31 日。陈清棕签字同意的《新乡村征地表决书》,不仅可以证明陈清棕承包的部分土地在此次征地范围内,还可以证明在该土地被征用前,亭洋村村委会和亭洋村一组承认陈清棕对这部分土地享有承包经营权。在承包期内,陈清棕一家的土地承包经营权,依法应当受到保护。2002 年 1 月 22 日至 7 月 24 日期间,陈清棕一家的户口虽然迁离亭洋村并转为非农业户,但其不是迁往设区的市,而是小城镇。在此期间,陈清棕一家在亭洋村承包的土地,应当按照其意愿保留土地承包经营权,或者允许其依法进行土地承包经营权的流转。亭洋村村委会和亭洋村一组没有证据证明陈清棕承包的旱地已经在征用前被调整给其他村民,即使能证明此事属实,这种做法也由于不符合土地管理法第十四条第二款和土地承包法第二十六条第一、第二款的规定,不能受到法律保护。因此,陈清棕诉请比照其他村民的标准获得征地补偿款(即每亩 1.5 万元 ×1.16 亩 =17400 元),符合法律规定,应当支持。一审判决认定事实不清,适用法律错误,依法应当改判。

——《最高人民法院公报》2005 年第 10 期

650

农村集体经济组织收益分配纠纷属于民事争议

关键词｜农村集体经济组织｜收益分配纠纷｜受案范围｜

【最高人民法院答复】

广东省高级人民法院：

你院粤高法〔2000〕25 号《关于对农村集体经济所得收益分配的争议纠纷，人民法院是否受理的请示》收悉。经研究，答复如下：

农村集体经济组织与其成员之间因收益分配产生的纠纷，属于平等民事主体之间的纠纷。当事人就该纠纷起诉到人民法院，只要符合《中华人民共和国民事诉讼法》第 108 条的规定，人民法院应当受理。

——《最高人民法院研究室关于人民法院对农村集体经济所得收益分配是否受理问题的答复》(2001 年 7 月 9 日，法研〔2001〕51 号)

【最高人民法院审判业务意见】

有关部门就农村土地补偿费分配纠纷是否受理问题征求最高人民法院研究室意见。我室经研究认为：

农村集体经济组织与其成员因已经收到的土地补偿费，在成员之间就具体分配比例产生的纠纷，属于平等民事主体之间的纠纷。当事人就该纠纷起诉到人民法院，只要符合《民事诉讼法》第一百零八条的规定，人民法院就应当受理。

——张军主编、最高人民法院研究室编：《司法研究与指导》(总第 1 辑)，人民法院出版社 2012 年版，第 133 ~ 134 页。

【最高人民法院裁判文书】

郝紫悦诉邯郸县户村镇酒务楼村村民委员会侵犯集体经济组织成员权益纠纷案(最高人民法院民事判决书)

裁判要旨：集体经济组织与其成员之间因集体土地收益产生的纠纷，兼涉集体经济组织成员资格的认定及村民自治问题。该类纠纷系平等民事主体之间的纠纷，属人民法院民事诉讼的受案范围。

最高人民法院认为：

本案申诉人郝紫悦诉至法院要求分配的 50 元“福利款”，来源为邯钢等企业因在酒务楼村使用土地而支付给该村的土地租金，属集体收益。根据法研

〔2001〕51 号答复，土地收益分配纠纷属于人民法院民事诉讼的受案范围。二审法院以本案争议属村民自治事项，再审法院以本案涉及集体经济组织成员资格确认问题，认定案件不属于人民法院民事诉讼受案范围，对郝紫悦的起诉予以驳回，适用法律不当。

——苏泽林主编、最高人民法院立案庭编：《立案工作指导》（总第 27 辑），人民法院出版社 2011 年版，第 124 页。

【链接：最高人民法院法官著述】

（一）本案郝紫悦集体经济组织成员资格的认定

首先，本案案由应确定为侵犯集体经济组织成员权益纠纷。其次，关于集体经济组织成员资格的认定问题，我国现行法律、司法解释均未做出明确规定，且该问题涉及村民的户籍、农村生产生活中长期形成的村规民俗等多方面因素，具有特殊性和复杂性。因此，法院在认定时应谨慎对待综合考虑，可以是否具有依法登记的集体经济组织所在地常住户口为基本判断标准，并结合与所在村组形成的生产、生活联系进行认定。结合本案案件事实，郝紫悦的母亲郝建英系酒务楼村村民，户籍在本村，离婚后仍在本村居住生活，郝紫悦一直随母生活且也具有本村户籍，应认定郝紫悦属于该村的地权主体，具有集体经济组织成员资格，应享有与其他村民同等的待遇。

（二）从必要性、案件法律关系性质及法律依据角度分析，人民法院对集体收益分配纠纷应予受理

1. 法院受理该类纠纷具有必要性。是否具有集体经济组织成员资格是解决集体收益分配纠纷必然涉及的一个问题，对该问题我国尚无法律法规的明确规定，实践中是否受理各地法院也做法不一。具体到本案，虽涉及集体经济组织成员资格的认定，但案件重点是对原告郝紫悦要求分配集体收益的诉讼请求进行审查，实质是对集体收益分配权、土地补偿费分配权等财产性权利的保护，而非单一对是否具备成员资格进行认定。这类案件中，成员资格的认定仅为当事人诉讼请求最终是否得到支付的一个前提。土地是村民赖以生存的生产生活资料，集体土地收益作为一种财产权利，应受法律保护，人民法院对这类案件如仅以案件涉及成员资格的认定，不属人民法院受案范围为由简单驳回，将使集体成员的合法财产权利失去法律层面的救济。这与法律保护权利、维护社会秩序的目的相悖，也不利于农村社会的稳定，因此，人民法院受理这类案件是必要的。

2. 集体收益分配纠纷的法律关系性质决定案件应属法院受理。

首先，集体收益权实质是公民的一项财产权利。农村土地本身系属于农民集体所有，土地出租的收益也应属农民集体共有。村民享有的集体收益、土地补偿款分配权等权利是公民的财产权，性质上属于民事财产权利，应受民事法律的调整和保护。

其次，集体经济组织与成员间分配土地收益纠纷的实质是平等民事主体之间的纠纷。集体土地收益形式上虽集中在集体经济组织手中，但因其实质属集体成员共有，最终仍然是体现为每个村民的个人利益，而个人利益之间有可能存在冲突，如本案所反映的即为多数村民与少数村民的利益冲突。其实质仍然是个人利益之间的冲突，即平等民事主体之间的纠纷，该类纠纷应受民事法律调整。

再次，此类纠纷不应通过村民自治解决。公民财产权本身是法律已经确定的权利，这种法定财产权含有对抗其他人的权能，如果该权利可以通过村民自治这种票选表决的方式决定，结果必然会导致公民在法律上已确定的财产权利陷于一种不确定状态，不利于权利的保护。因此，虽然我国法律赋予了村民对相关事项的自治权，但自治并不能对抗宪法、物权法等法律确认的公民财产权，不能侵犯村民的基本财产权利。因此，集体经济组织可以通过村民会议讨论决定用于分配的集体收益、土地征用补偿费的数额，但享有集体收益分配权是每一位成员的法定权利，不宜通过村民表决、投票等村民自治的方式议定和处分。

3. 人民法院受理集体收益分配纠纷案件具有法律依据。《最高人民法院研究室关于人民法院对农村集体经济所得收益分配纠纷是否受理问题的答复》(法研〔2001〕51 号)、最高人民法院 2005 年《关于审理涉及农村土地承包纠纷案件适用法律问题的解释》第 24 条也均有相关规定。本案争议的款项系村集体出租土地的租金，属集体收益，郝紫悦与酒务楼村委会因收益分配产生的纠纷，属平等主体之间的民事纠纷；申诉人郝紫悦在争议款项分配前已经落户酒务楼村并在该村生活，应确认其在土地租金分配方案确定时已经具有本集体经济组织成员资格，依法应享有与其他村民同等的集体收益分配权，其诉讼请求于法有据，应予支持。

——史光磊：《集体经济组织与其成员之间的集体收益分配纠纷应属人民法院民事诉讼的受案范围》，载苏泽林主编、最高人民法院立案庭编：《立案工作指导》(总第 27 辑)，人民法院出版社 2011 年版，第 124 ~ 126 页。

无论采取何种形式，农村集体经济都具有以下重要特点：一是以村民委员会形式出现的农村集体经济组织是自然形成的，只要合法地居住在本村且属农业户口即为本村集体经济组织的成员；二是农村集体经济组织的财产属于全体成员所有，例如我国乡镇企业法第十条第一款规定“农村集体组织投资设立的乡镇企业，其企业属于设立该企业的全体农民集体所有”；三是村民对土地等自然资源享有平等的权利，例如我国土地管理法第八条第二款规定“农村和城市郊区的土地，除由法律规定属于国家所有的以外，属于农民集体所有”。所以，农村集体经济组织“人合”的特点非常明显。即使以农村集体财产成立的各种“资合”经济组织形式，该集体所有成员都是该“资合”组织的出资人。

现行各种法律对农村集体经济组织的规定非常原则，对有关农村集体经济的收益分配问题更是鲜有具体的规定。我们认为，根据现有的法律规定，农村集体经济组织的收益分配因组织形式不同而不同：农村集体经济组织实行承包经营制，则依农业承包合同约定分配收益；各种形式的合作经济组织（如农业生产合作社、农村供销合作社、农村信用社等）的收益分配依本合作社的章程规定；以集体财产出资成立的各种“资合”组织的收益属于该集体全体成员，除法律另有特别规定外，应在全体成员间平均分配；来源于农村集体所有的土地等自然资源的收益属于全体村民，如果法律没有特别规定应属于全体村民共有。不过，应当注意的是，这里所提的“收益分配”是指集体经济组织的收益在集体经济组织成员间的分配，不是指村民作为劳动者应得劳动报酬问题。

基于以上分析，法研〔2001〕51 号答复认为农村集体经济组织收益分配争议属于民事争议。

——汪治平：《对〈关于村民因土地补偿费、安置补助费问题与村民委员会发生纠纷人民法院应否受理问题的答复〉的理解与适用》，载中国法院网，http://www.chinacourt.org。

651

征地补偿费分配纠纷属于民事争议

关键词 | 征地补偿费 | 分配纠纷 | 受案范围 |

【最高人民法院答复】

浙江省高级人民法院：

你院《关于徐志君等十一人诉龙泉市龙渊镇第八村村委会土地征用补偿费分配纠纷一案的请示》收悉。经研究，答复如下：

根据《中华人民共和国土地管理法》第四十七条第二款，《中华人民共和国土地管理法实施条例》第二十五条、第二十六条及我院有关司法解释的规定，国家征用农民耕地的补偿费包括土地补偿费、安置补助费以及地上附着物和青苗的补偿费。土地补偿费归农村集体经济组织所有，只能用于发展生产和安排就业，不能挪用和私分。农村集体经济组织成员与农村集体经济组织因土地补偿费发生的争议，不属于平等主体之间的民事法律关系，不属于人民法院受理民事诉讼的范围。对此类争议，人民法院依法不予受理，应由有关行政部门协调解决。

至于因安置补助费发生的争议应否由人民法院受理，则应具体分析。需要安置的人员由农村集体经济组织安置的，安置补偿费支付给农村集体经济组织，由农村集体经济组织管理和使用。因此发生的争议，也不属于人民法院受理民事诉讼的范围，人民法院不应作为民事案件受理。对于不需要由农村集体经济组织安置的人员，安置补偿费应直接支付给有关人员。因此发生的纠纷，属于平等主体之间的民事权利义务争议，人民法院应作为民事案件受理。

地上附着物与青苗补偿费应归地上附着物及青苗的所有者所有。地上附着物与青苗的所有者因该项补偿费与集体经济组织发生的争议属于平等主体之间的民事权利义务争议，属于人民法院受理民事案件的范围，此类争议人民法院应当作为民事案件受理。

以上意见供参考。

——《最高人民法院关于徐志君等十一人诉龙泉市龙渊镇第八村村委会土地征用补偿费分配纠纷一案的批复》（2002 年 8 月 19 日，〔2002〕民立他字第 4 号）

陕西省高级人民法院：

你院陕高法〔2001〕234 号《关于村民因土地补偿费、安置补助费问题与村民委员会发生纠纷人民法院应否受理的请示》收悉。经研究，我们认为，此类问题可以参照我室给广东省高级人民法院法研〔2001〕51号《关于人民法院对农村集体经济所得收益分配纠纷是否受理问题的答复》（略）办理。

——《最高人民法院研究室关于村民因土地补偿费、安置补助费问题与村民委员会发生纠纷人民法院应否受理问题的答复》（2001年12月31日，法研〔2001〕116号）

【最高人民法院审判业务意见】

最高人民法院民一庭认为：非本集体经济组织的土地承包人在国家征收土地后，有权就其承包土地上的青苗和地上附着物获得补偿。如果承包人未能获得上述补偿，可以向人民法院起诉，请求司法救济。其请求权指向的对象根据具体情况有所不同：如果相关行政机关在征地过程中，没有给予补偿，可以向有权复议机关申请行政复议，当事人对复议决定不服的，有权以相关行政机关为被告，提起行政诉讼，也可以向人民法院直接提起行政诉讼。如果相关行政机关已经确定了补偿标准和具体补偿办法，土地使用权人已经与被征收土地的原土地使用权人签订合同确定了补偿的具体办法，但却拖欠补偿费的，承包人可以土地使用权人为被告提起民事诉讼；如果土地使用权人已经按照合同支付了青苗和地上附着物的补偿款，而该款项被集体经济组织扣留的，则该集体经济组织应当作为民事诉讼的被告。

——韩玫：《土地承包人因政府征地引发的赔偿纠纷应如何处理》，载最高人民法院民事审判第一庭编：《中国民事审判前沿》（总第2集），法律出版社2005年版。

【链接：最高人民法院法官著述】

依据我国土地管理法规定，征用土地的，按照被征用土地的原用途给予补偿。征用耕地的补偿费用包括土地补偿费、安置补助费以及地上附着物和青苗的补偿费。土地管理法实施条例对征地补偿费的用途作了明确规定：土地补偿费归农村集体经济组织所有；地上附着物及青苗补偿费归地上附着物及青苗的所有者所有。征用土地的安置补助费必须专款专用，不得挪作他用。需要安置的人员由农村集体经济组织安置的，安置补助费支付给农村集体经济组织，由农村集体经济组织管理和使用；由其他单位安置的，安置补助费支付给安置单位；

不需要统一安置的,安置补助费发放给被安置人员个人或者征得被安置人员同意后用于支付被安置人员的保险费用。另外,有的地方法规,如《广东省征用农村集体所有土地各项补偿费用管理办法》规定:征地补偿费也可分配给村民。因此,对征地补偿费的分配争议包括对土地补偿费及其收益的分配争议、安置补助费的分配争议和地上附着物及青苗补偿费分配争议。集体经济组织和村民如因安置补助费和地上附着物及青苗补偿费分配发生的争议是典型的民事争议。对于土地补偿费,如按照地方法规规定可以分配,因分配产生的争议也属于民事争议;如土地补偿费不能分配,但因其产生的收益分配争议仍属民事争议。

法研〔2001〕51 号答复适用于任何农村集体经济收益分配争议,不限于因农村土地被征用而产生的征地补偿费用的分配争议。所以,当陕西省高级人民法院向最高人民法院报送《关于村民因土地补偿费、安置补助费问题与村民委员会发生纠纷人民法院应否受理的请示》后,最高人民法院研究室经研究并报主管院领导同意,认为农村村民因土地补偿费、安置补助费问题与村民委员会发生纠纷人民法院的受理问题可以参照法研〔2001〕51 号答复办理。

经 1998 年 12 月全国人大常委会修改后的土地管理法及国务院根据修改后土地管理法所制定的土地管理法实施条例对征地补偿费有了新的规定,因而《最高人民法院关于王翠兰等六人与庐山区十里乡黄土岭村六组土地征用费分配纠纷一案的复函》(〔94〕民他字第 28 号)在法律和行政法规有新规定的情况下,不宜再适用。从广东省高级人民法院所反映的情况看,如果当事人因土地征用费用的处理发生争议,人民法院不受理,有关机关也难以解决。无论是因为村集体经济组织的土地征用费产生了争议,还是村内的集体经济组织因土地征用费发生了争议,乡(镇)政府或县政府都不应当用行政手段进行处理。因为集体经济组织收益分配争议不属于行政职权管辖范围内的事务。

——汪治平:《对〈关于村民因土地补偿费、安置补助费问题与村民委员会发生纠纷人民法院应否受理问题的答复〉的理解与适用》,载中国法院网,http://www.chinacourt.org。

652

因土地补偿费分配方案实行差别待遇侵害特定人群合法权益引发的纠纷应予受理

关键词 | 土地补偿费 | 分配纠纷 | 差别待遇 |

【最高人民法院司法政策】

23. 审理土地补偿费分配纠纷时，要在现行法律规定框架内，综合考虑当事人生产生活状况、户口登记状况以及农村土地对农民的基本生活保障功能等因素认定相关权利主体。要以当事人是否获得其他替代性基本生活保障为重要考量因素，慎重认定其权利主体资格的丧失，注重依法保护妇女、儿童以及农民工等群体的合法权益。

——《最高人民法院第八次全国法院民事商事审判工作会议（民事部分）纪要》（2016 年 11 月 30 日）

按照物权法、《最高人民法院关于审理涉及农村土地承包纠纷案件适用法律问题的解释》等法律、司法解释的相关规定，妥善处理好征地补偿费用分配等纠纷。在审理因土地补偿费分配方案实行差别待遇，侵害当事人利益引发的纠纷案件中，要依法充分保护农村集体成员特别是妇女、儿童以及农民工等群体的合法权益。

——《最高人民法院关于当前形势下进一步做好涉农民事案件审判工作的指导意见》（2009 年 6 月 19 日，法发〔2009〕37 号）

【链接：最高人民法院法官著述】

问题：实践中，有观点认为，如何确定土地补偿费在农村集体经济组织内部的分配办法，是均等分配还是实行差别待遇，属于村民自治范畴内的事项，司法权无权干涉。《最高人民法院关于审理涉及农村土地承包纠纷案件适用法律问题的解释》（以下简称《农村土地承包司法解释》第 1 条第 3 款规定，集体经济组织成员就用于分配的土地补偿费数额提起民事诉讼的，人民法院不予受理。该条规定正式体现了此种考虑，所以，按照该规定，农村集体经济组织成员因受到差别待遇提起的诉讼,人民法院应当不予受理。这种理解正确吗?

《民事审判指导与参考》研究组认为:这种理解是不正确的,《农村土地承包司法解释》第1条第3款规定,是针对土地补偿费发放到农村集体经济组织后,该集体经济组织按照民主议定原则,确定拟在集体成员范围内进行分配的数额后,农村集体经济组织成员针对该数额提出异议的情形。比如,集体土地被征收后,集体经济组织获得土地补偿费200万元,经民主议定,该集体经济组织决定将其中的150万元用于分配,余留50万元用于村集体公益事业。如果特定农村集体经济组织成员认为,应当把全部的200万元都用于分配并提起诉讼,人民法院应当按照前述规定不予受理。司法解释作出这种规定的原因在于,该决定是集体经济组织综合考虑本组织的实际情况,经由民主议定而确定的,属于村民自治的事项,并未超出村民自治的合理界限。对此,司法权无须也无权进行评价乃至审查,否则即属于对村民自治的过度干预。就纠纷性质看,其与因土地补偿费分配方案实行差别待遇侵害特定人群合法权益而引发的纠纷全然不同。土地补偿费是对经由征收消灭的集体土地所有权的补偿,而集体土地所有权的权利主体是农民集体,据此,土地补偿费的受益主体也只能是农民集体。只要具有该集体经济组织的成员资格,就应具有相应的分配权。同时,一般来讲,集体土地所有权的替代物价值(即土地补偿费的数额)大小与农村集体经济组织成员的劳动没有关系,也并非集体经济组织的经营收益。按照成员权理论,就土地补偿费分配而言,每个集体经济组织成员的分配权应当是均等的。因此,对特定人群实行差别待遇没有法律和法理依据。虽然该分配方案系经民主议定,但对权利受到侵害的特定人群来说,显然构成"多数人的暴政"。村民自治决议并不是绝对不容任何司法审查和评价,其效力应受法律保护的前提是,该决议不违反法律规定。如果该决议侵害了集体经济组织成员的合法权益,受侵害人当然有权提起民事诉讼寻求救济。对此,《物权法》第63条第2款已有明确规定,即集体经济组织、村民委员会或者其负责人作出的决定侵害集体成员合法权益的,受侵害的集体成员可以请求人民法院予以撤销。

根据《农村土地承包司法解释》第1条第3款规定不予受理因土地补偿费分配方案侵害集体经济组织成员合法权益引发的纠纷,是对司法解释规定的错误适用。该类纠纷属于《农村土地承包司法解释》第1条第1款第4项规定的"承包地征收补偿费用分配纠纷",人民法院应当依法受理。对其如何处理,《农村土地承包司法解释》第24条也做了明确规定。

——最高人民法院民事审判第一庭编:《民事审判指导与参考》(总第

43 集），法律出版社 2011 年版，第 235 页。

当前，因土地补偿费分配方案实行差别待遇侵害特定人群合法权益而引发的纠纷不断增多。集体土地所有权的权利主体是农民集体，所以土地补偿费的受益主体也只能是农民集体。只要具有该集体经济组织的成员资格，就应具有相应的分配权。

同时，一般来讲，集体土地所有权的替代物价值（即土地补偿费的数额）大小与农村集体经济组织成员的劳动没有关系，也并非集体经济组织的经营收益。按照成员权理论，就土地补偿费分配而言，每个集体经济组织成员的分配权应当是均等的。因此，对特定人群实行差别待遇没有法律和法理依据。虽然该分配方案系经民主议定，但对权利受到侵害的特定人群来说，已经构成“多数人的暴政”。村民自治决议应受法律保护的前提是，该决议不违反法律规定。如果该决议侵害了集体经济组织成员的合法权益，受侵害的人当然有权提起民事诉讼寻求救济。对此，物权法和《最高人民法院关于审理涉及农村土地承包纠纷案件适用法律问题的解释》等法律、司法解释已有明确规定。

为依法维护农村集体经济组织成员的土地补偿费分配权益，《意见》提出，要妥善处理好征地补偿费用分配等纠纷。在审理因土地补偿费分配方案实行差别待遇，侵害当事人利益引发的纠纷案件中，要依法充分保护农村集体成员特别是妇女、儿童以及农民工等群体的合法权益。

——最高人民法院民一庭负责人：《解读〈最高人民法院关于当前形势下进一步做好涉农民事案件审判工作的指导意见〉》，载万鄂湘、张军主编：《民事法律文件解读》（总第 55 辑），人民法院出版社 2008 年版，第 26 ~ 27 页。

653

土地承包经营权取得纠纷不属法院受案范围

关键词 | 土地承包经营权 | 受案范围 |

【最高人民法院司法解释】

第一条 集体经济组织成员因未实际取得土地承包经营权提起民事诉讼

的，人民法院应当告知其向有关行政主管部门申请解决。

——《最高人民法院关于审理涉及农村土地承包纠纷案件适用法律问题的解释》(2005年7月29日，法释〔2005〕6号)

【最高人民法院审判业务意见】

按照《民法通则》第2条关于“中华人民共和国民法调整平等主体的公民之间、法人之间、公民和法人之间的财产关系和人身关系”的规定，农村集体经济组织成员与农村集体经济组织在依法签订土地承包合同之前，土地承包关系尚未建立，土地承包经营权也尚未取得。在此情况下，当事人向人民法院提起的土地承包经营权取得之诉的，因当事人与集体经济组织之间的关系不是平等民事主体之间的关系，其争议不属于人民法院主管民事案件的范围，人民法院应当告知其向有关行政主管部门申请解决。

——辛正郁：《土地承包经营权取得纠纷不属于人民法院民事案件主管范围》，载最高人民法院民事审判第一庭编：《民事审判指导与参考》(总第35集)，法律出版社2009年版，第174～175页。

【链接：最高人民法院法官著述】

问题：实践中，有些农户在一轮承包时已经分得承包土地，但在二轮承包时，该承包土地被发包给本集体经济组织的其他农户，原享有承包土地的农户要求返还该承包土地。这一类争议是否属于土地承包经营权取得纠纷，有不同观点，对此应当如何把握？

《民事审判指导与参考》研究组认为：虽然二轮承包是依据当时的政策在一轮承包基础上的延包，但作为一项用益物权，土地承包经营权的创设应当具备法定的形式。农户在一轮承包中享有了承包经营土地的权利，但这项权利并不必然延伸至二轮承包。《农村土地承包法》和《物权法》均规定，土地承包经营权自土地承包经营权合同生效时设立。现该承包土地在二轮承包时已经被发包给该农村集体经济组织内部的其他农户，应当认定原农户并未依法取得相应承包土地的土地承包经营权。因其要求返还原承包土地所产生的纠纷，仍然属于土地承包经营权取得纠纷。《最高人民法院关于审理涉及农村土地承包纠纷案件适用法律问题的解释》第1条第2款规定：集体经济组织成员因未实际取得土地承包经营权提起民事诉讼的，人民法院应当告知其向有关行政主管部门申请解决。根据该规定，土地承包经营权取得纠纷不属于民事受案范围。

——最高人民法院民事审判第一庭编:《民事审判指导与参考》(总第37集)，法律出版社2009年版，第306页。

案例：纪素玉是闫珂珂、闫米庆的母亲。纪素玉、闫珂珂、闫米庆诉称：1991年春天，北潘村委会为纪素玉划分了宅基地，当年纪素玉在该块宅基地上建起了房屋，后全家搬进居住。1991年年底，纪素玉、闫珂珂二人的户口迁入了北潘居委会第七居民组的辖区。1995年闫米庆出生，随后即将户口落入北潘村委会第七居民组。几年来，纪素玉三人多次向第七居民组要求分得责任田，可是，第七居民组却以种种理由予以拒绝。为此双方发生纠纷，纪素玉、闫珂珂、闫米庆于2001年9月诉至济源市人民法院，要求人民法院判令北潘村委会第七居民组给其划分责任田。

结论：集体经济组织成员与集体经济组织之间的土地承包经营权纠纷，因成因比较复杂，不是一般意义上平等主体之间的民事权利义务纠纷，应当由有关部门解决，人民法院不应受理。

理由：本案不宜作为民事案件受理。类似本案的外来迁入人口所在农村集体经济组织不给其分配土地，不让其享有土地承包经营权，集体经济组织不给上门女婿以及户口没有迁出的出嫁女及其所生子女分配土地引起的纠纷，在农村普遍存在。特别是经济条件比较好的城乡结合部，出嫁女的户口不愿迁出，上门女婿不断迁入，导致这些地方地多人少的矛盾，资源不足与人口过剩的矛盾日益突出，由此引起的纠纷更为普遍。这些纠纷不是一些简单的、孤立的民事纠纷，而是一类社会矛盾的集中反映，既有执行农村经济政策，又有家庭、宗族势力介入，土地、资源的不足与人口过剩的矛盾等各种复杂因素，是农村社会矛盾的一种具体反映，不是一般意义上平等主体之间的民事权利义务纠纷。而且这种纠纷都涉及群体的利益，处理不好往往会引起群体上访，是造成农村社会不稳定的因素之一。这类纠纷不是法院一判就能了之的，即使判决了也难以执行，应由基层人民政府以相应手段进行综合治理，予以调处。法院受理这类案件不仅不能从根本上解决矛盾和纠纷，反而把现有司法资源不能解决的矛盾吸引到法院来，可能引发新的涉法集体上访，成为影响社会稳定的隐患，法院无力解决，又使其他部门对法院产生依赖，影响其他主管部门对矛盾的解决，有百弊而无一益。2005年9月1日施行的《最高人民法院关于审理涉及农村土地承包纠纷案件适用法律问题的解释》第1条第2款明确规定:“集体经济组织成员因未实际取得土地承包经营权提起民事诉讼的,人民法院应当告知其向有关行政主管部门申请解决。”

——姜启波、王胜全、李伟、刘小飞:《新型疑难民商事案件受理问题(上)》,载苏泽林主编、最高人民法院立案庭编:《立案工作指导》(总第12辑),人民法院出版社2006年版,第63~64页。

编者说明

农村集体经济组织成员与农村集体经济组织在依法签订土地承包合同之前,土地承包关系尚未确立,土地承包经营权也尚未取得,此时提起土地承包经营权之诉,由于当事人之间不是平等的民事主体关系,其争议不属于人民法院民事案件的管辖范围。

654

村民与乡政府、村民委员会因管理、使用征地补偿安置费引起的争议,不属于民事争议

关键词 | 征地补偿费 | 安置费 | 受案范围 |

【最高人民法院裁判文书】

张文秀等163人与贵阳市黔灵乡东山村村民委员会、贵阳市黔灵乡人民政府侵权纠纷上诉案[最高人民法院(1999)民终字第113号民事裁定书]

裁判要旨:根据现行法律规定,安置补助费可以视情况确定支付的相关对象。当事人对安置补助费标准产生的争议,不属于民法调整的平等主体之间的民事纠纷,对此提起的诉讼,人民法院应裁定予以驳回。

最高人民法院认为:

国家建设征用土地上的附着物和青苗补偿费应当支付给个人,征地补偿费、安置补助费属于农民集体所有。本案乡政府、村民委员会对征地补偿费及安置补助费的安排和使用属于行政管理权的行为。张文秀等163人与乡政府、村民委员会管理使用因征地产生的补偿费及安置补助费引起的争议,不属于平等主体之间的民事纠纷,不应当由人民法院作为民事案件受理。张文秀等163人以

其具备本案原告诉讼主体资格，人民法院应当受理为由，请求判令乡政府及村民委员会返还被侵占的安置补助费，理由不充分，本院不予支持。

——最高人民法院民事审判第一庭编：《最高人民法院民事案件解析（土地纠纷）》（第1辑），法律出版社2010年版，第5~6页。

【链接：最高人民法院法官著述】

本案双方当事人争议的焦点是：张文秀等163人是否系被征土地产生的安置补助费的权利人，其起诉是否符合《中华人民共和国民事诉讼法》（以下简称《民事诉讼法》）第108条规定的受理条件。

1. 关于安置补助费的权属问题

依据《中华人民共和国土地管理法》（以下简称《土地管理法》）第47条、《中华人民共和国土地管理法实施条例》（以下简称《土地管理法实施条例》）第26条的规定，国家征地所产生的土地补偿费、安置补助费属于农民集体经济组织所有。被征土地所产生的附着物和青苗补偿费，属于附着物及青苗的所有者所有。1994年12月30日、1995年1月16日，最高人民法院曾就征地补偿费、安置补助费的权属如何认定批复江西省高级人民法院，进一步明确征地补助费、安置补偿费属于农民集体组织所有，由该组织管理、经营，用于发展生产和安排就业，不得分给个人挪作他用或平调。本案原东新村民组建制被撤销，仍保留村民委员会机构，安置补助费应归该农民集体经济组织所有。因此，一审法院裁定张文秀等163人非被征土地产生的安置补助费的权利人，适用法律正确。

2. 关于张文秀等163人起诉是否符合《民事诉讼法》第108条规定的受理条件问题

《土地管理法》第25条、《土地管理法实施条例》第49条，赋予了市、县、乡、镇、村对安置补偿费安排、使用、管理的权利，同时上述单位如何安排、使用、管理该笔费用，该法律亦作了相应的规定：上述单位应当就征地补偿费、安置补助费的收支状况向集体经济组织的成员公布，接受监督，禁止侵占、挪用。本案乡政府、村民委员会未就征地单位支付的1626466元征地补偿费、安置补助费的收支状况向东新村民组的村民公布，其行为违反了上述法律规定。依据《土地管理法》《土地管理法实施条例》的有关规定，对补偿费标准有争议的，由县级以上地方人民政府协调；协调不成，由批准征用土地的人民政府裁决。因此，张文秀等163人与乡政府、村民委员会管理、使用因征地产生的征地补偿费及安置补助费引起的争议,不属于平等主体之间的民事纠纷,不应当由人民法院作为民事案件受理。一审法院以张文秀等163人不具备本案原告诉讼主体资格为由,裁定驳回其起诉,认定事实清楚,适用法律正确。

——最高人民法院民事审判第一庭编:《最高人民法院民事案件解析(土地纠纷)》(第1辑),法律出版社2010年版,第6页。

编者说明

安置补助费,是国家征收集体土地后,安置被征单位由于征地造成的多余劳动力的补偿费用。国家通过支付安置补助费的方式,保障以土地为主要生产资料的失地农民的基本生活。关于安置补助费的归属,1995年1月16日,最高人民法院给江西省高级人民法院的法经〔1995〕13号复函确定:“安置补偿费应归被征地单位所有。”1999年1月1日施行的《土地管理法实施条例》第26条第2款规定:“征收土地的安置补助费必须专款专用,不得挪作他用。需要安置的人员由农村集体经济组织安置的,安置补助费支付给农村集体经济组织,由农村集体经济组织管理和使用;由其他单位安置的,安置补助费发放给安置单位;不需要统一安置的,安置补助费发放给被安置人员或者征得被安置人员同意后用于支付被安置人员的保险费用。”可见,根据现行法律的规定,安置补助费可以视情况确定支付相关的对象。

655

土地承包人请求发包人支付征地补偿费及损失属于民事案件受理范围

关键词|土地承包合同|征地补偿费|受案范围|

【最高人民法院裁判文书】

赵继承与巴彦淖尔市五原县防沙林场财产权属纠纷抗诉案[最高人民法院(2010)民抗字第29号]

裁判要旨:土地承包经营人因承包经营的土地被依法征用,要求发包方支付有关补偿费的纠纷属于民事案件,人民法院应当予以受理。

最高人民法院认为:

李振华承包林场土地后,根据合同允许转包的约定,将其承包的土地转包给赵继承。赵继承是涉案林地的实际承包人。一审时,林场承认涉案土地转包给赵继承的事实，并称赵继承承包的部分土地因国家修路而被依法征用，补偿款由林场取得。故因土地承包合同部分终止，赵继承依据承包合同要求发包方林场支付补偿款的纠纷属于民事纠纷。赵继承的起诉符合《最高人民法院关于审理农业承包合同纠纷案件若干问题的规定(试行)》第12条确定的民案件受理范围。

——江必新主编、最高人民法院审判监督庭编:《审判监督指导》(总第32辑),人民法院出版社2010年版,第116~117页。

【链接：最高人民法院法官著述】

当事人的主诉内容是认定案件是否属于人民法院民事案件管辖范围的依据。涉案土地属于林场管理的国有土地，根据《中华人民共和国土地管理法》第十五条规定，国有土地可以由单位或者个人承包经营，从事种植业、林业、畜牧业、渔业生产。发包方和承包方应当订立承包合同，约定双方的权利和义务，林场将涉案林地发包给李振华近2年，对李振华向赵继承转包涉案林地经营权的行为予以认可，故赵继承的承包行为对林场有效，应视为赵继承与林场建立了承包关系，赵继承享有对涉案林地的承包经营权。国家征收林场管理的国有土地系行政强制征收，不属于市场交易行为，对征收的补偿行为，亦不属于市场交易行为。从法理上讲，征地补偿应当同时针对土地所有者和承包经营者，如赵继承向人民法院起诉要求国家有关征地部门向其支付征地补偿款，由于国家有关征地部门不属于平等的民事主体，则赵继承的请求不属于人民法院民事案件管辖范围。但在目前的法律制度下，征地补偿只针对土地所有人或管理人，并不直接向承包经营者补偿，承包经营权人不能基于物权请求权，只能基于承包合同向土地的所有人或管理人即发包方提出补偿和损失赔偿。因此，赵继承作为涉案林地的承包经营人，所享有的只能是基于承包合同的债权请求权。赵继承和林场之间的承包经营合同是各方当事人合意的结果，签约时亦给付了对价，合同约定赵继承在承包期内，对承包土地享有占有、使用、管理、收益等权利。由此看出，林场与赵继承属平等民事主体，双方权利义务受承包合同的约束。赵继承向一审法院主诉的核心为因征地导致其与林场承包合同不能继续履行，要求林场承担补偿费用。此诉请属于当事人因土地承包合同部分终止产生的有关财产纠纷，根据《最高人民法院关于审理农业承包合同纠纷案件若干问题的规定(试行)》第十二条关于“承包方因承包经营的土地被依法征用或者被依法批准使用后，要求发包方按照有关法律、法规的规定给予补偿或者要求发包方对其为改良土地的实际投入给予适当补偿的,人民法院应当予以支持”的规定,该案属于民事纠纷,由民事法律规范调整。因此,对赵继承的起诉,人民法院应当按民事纠纷予以管辖。巴彦淖尔市中级人民法院以该案不属于人民法院民事案件受理范围,裁定驳回赵继承的起诉不符合法律规定。内蒙古自治区高级人民法院裁定维持一审驳回赵继承起诉不当。据此,最高人民法院再审后裁定将该案发回巴彦淖尔市中级人民法院重新审理。

——贺禔:《关于土地承包人请求发包人支付征地补偿费及损失纠纷性质的认定——赵继承与巴彦淖尔市五原县防沙林场财产权属纠纷抗诉案》,载江必新主编、最高人民法院审判监督庭编:《审判监督指导》(总第32辑),人民法院出版社2010年版,第116~117页。

656

有关村民福利待遇案件应予受理

关键词 | 村民福利待遇 | 受案范围 |

【最高人民法院答复】

广东省高级人民法院:

你院粤高法〔2000〕25号《关于对农村集体经济所得收益分配的争议纠纷,人民法院是否受理的请示》收悉。经研究,答复如下:

农村集体经济组织与其成员之间因收益分配产生的纠纷,属平等民事主体之间的纠纷。当事人就该纠纷起诉到人民法院,只要符合《中华人民共和国民事诉讼法》第一百零八条的规定,人民法院应当受理。

——《最高人民法院研究室关于人民法院对农村集体经济所得收益分配纠纷是否受理问题的答复》(2001年7月9日,法研〔2001〕51号)

【链接:最高人民法院法官著述】

1. 有关村民福利待遇的案件纠纷表现形式分析

此类纠纷主要基于以下情况:(1)农村集体经济组织或农民集体所有的土

地被征收取得补偿款等，但集体经济组织或村民委员会未对征地补偿款等予以分配或处理等导致纠纷；(2)农村集体经济组织或农民集体所有的土地被征收取得补偿款等，集体经济组织或村民委员会对征地补偿款的分配或使用做出了决议，如对参军、入学、出嫁女以及长年进城打工的集体经济组织成员不分或者少分，该集体经济组织成员认为决议侵害了其合法权益因而诉讼到法院；(3)农村集体经济组织因近年来加入本集体经济组织的成员逐年增多，侵害了长年居住于此的居民的权益，遂做出决议重新调整农村土地承包方案，对后来的集体经济组织成员不分或少分，以及对村民的其他福利待遇不分或者少分，类似于本案的情况；(4)个人诉讼到法院，要求确认其农村集体经济组织成员资格，或同时要求基于其农村集体经济组织成员资格的确认享有相应同等的村民待遇，如集体所有的土地承包经营权、集体所有的土地被征收取得补偿款的分配权以及其他村民福利待遇等。综合各地情况看，各地法院的处理标准不尽统一。有的法院认为属于民事案件，予以受理并相应作出了裁判；有的法院认为不属于民事案件，裁定不予受理，或者虽没有给起诉人下裁定，但仍然没有作为民事案件受理。司法不统一，不利于维护当事人的合法权益，也不利于树立司法权威。

2. 有关村民福利待遇权属定性的法律分析

在农村集体经济组织内部，每一个村民享有的权利应当定位为社员权，即社团的成员（社员）基于其社员资格所享有的权利。基于社员资格所享有的社员权，可以分为两类：第一类是参与社团意思的形成，属于这一类的权利包括出席社员大会和表决，以及担任社团职务等，人们把这样的权利称为“机关形成权”，或者叫作“参与管理权”，社员行使这些权利不完全是为了自己获利，同时也为了社团的利益；另一类权利称为“受益权”，是社员为自己谋利益的权利，包括使用社团财产的权利、接受社团提供服务的权利以及社团收益的分配权利等。社员权利的取得与行使同社员资格密不可分，具体的权利内容由社团章程规定；章程没有规定的，由法律规定。但是，我国农村集体经济组织成员的社员权又不同于公司股东的社员权。公司股东的社员权是一种完全商法意义上的权利，虽然具有社员的商业利益，但一般不涉及民生问题。公司在不违反法律的强制性规定的前提下，享有高度的自治权利，司法一般不予以干涉。但是，农村集体经济组织成员的社员权则关系民生，而不仅仅是经济上的利益。因此，法律不能允许社团的章程或者社团全体成员（代表成员）做出剥夺或者限制社员权的规定或决议。农村集体经济组织的自治应当在法律规定的框架之下，不得以村民自治之名行危及民生之实。对于违反法律规定制定的章程或者决议引起的纠纷，属于平等民事主体之间产生的有关人身权益和财产权益纠纷,需要给予社员以司法救济的权利。

3. 本案的法律适用问题

我们认为,2007 年 10 月 1 日施行的物权法第 63 条第 2 款规定:“集体经济组织、村民委员会或者其负责人作出的决定侵害集体成员合法权益的,受侵害的集体成员可以请求人民法院予以撤销。”该条对于本案的情况已经作出了明确的规定,即集体经济组织成员认为集体经济组织、村民委员会或其负责人作出的决定侵害其合法权益的,可以向人民法院提起民事诉讼。该条规定与我院法研〔2001〕51 号答复相比较,进一扩大了类似案件的适用范围,从“收益分配”产生的纠纷扩大到“合法权益”纠纷,虽然物权法在本案二审裁定生效以后施行,根据法不溯及既往的法律适用原则,本案不能直接适用物权法的规定。但是,对于平等民事主体之间产生的有关人身权益和财产权益纠纷,人民法院应当作为民事案件予以受理,不应当以法律没有明确规定为由不予受理。

——李延忱:《有关村民福利待遇的司法保护问题探讨》,载苏泽林主编、最高人民法院立案庭编:《立案工作指导》(总第 27 辑),人民法院出版社 2011 年版,第 119 ~ 121 页。

657

村民与村委会之间因村委会实施管理集体财产等民事行为发生的纠纷不属平等民事主体之间的纠纷

关键词 | 村民委员会 | 集体财产 | 受案范围 |

【最高人民法院裁判文书】

唐山市路北区果园乡张大里村吴宝印等 318 名村民与唐山市路北区果园乡张大里村村民委员会、唐山市兴盛房地产开发公司侵权赔偿纠纷上诉案[最高人民法院(2001)民一终字第 66 号民事裁定书]

裁判要旨:村民与村委会之间因村委员会实施管理集体财产的民事行为发生的纠纷不属于平等民事主体之间的纠纷,村民以村委会超越职权对外签订合同侵害其合法权益为由提起的诉讼,不属于人民法院受理民事案件范围,人民法院应当裁定予以驳回。

最高人民法院认为：

《中华人民共和国村民委员会组织法》第2条、第5条第3款规定，村民委员会是基层群众性自治组织，办理本村的公共事务和公益事业，依照法律规定管理本村属于村农民集体所有的土地和其他财产。因此，村民委员会是本村农民集体财产的管理人，有权处分其管理的集体财产。上诉人吴宝印等318名村民认为张大里村村委会为实施本村“平改楼”工程而与兴盛公司签订的建房协议违背民主程序，侵害村民利益，违反了《中华人民共和国村民委员会组织法》第19条的规定，可按照该法第22条的规定向乡、镇人民政府或者县级人民政府及其有关主管部门反映。《关于建设经济适用型住宅和村民自住房的合同书》及合同附件是兴盛公司与张大里村村委会签订的，其内容并未直接涉及上诉人吴宝印等村民，因此，兴盛公司与上诉人吴宝印等村民没有法律上的权利义务。上诉人吴宝印等村民不能证明其与本案有直接的利害关系。村民与村委会之间因村委会实施管理集体财产等民事行为违反《中华人民共和国村民委员会组织法》的规定所发生的纠纷，不是平等民事主体之间的民事纠纷，不属于人民法院受理民事案件的范围，一审法院的裁定认定事实清楚，适用法律正确，应予维持。

——最高人民法院民事审判第一庭编：《最高人民法院民事案件解析（土地纠纷）》（第1辑），法律出版社2010年版，第16～17页。

【链接：最高人民法院法官著述】

1. 本案的核心问题是村民能否起诉村委会，双方是否是平等民事主体间的纠纷

根据《中华人民共和国村民委员会组织法》第2条的规定，“村民委员会是村民自我管理、自我教育、自我服务的基层群众性自治组织，实行民主选举、民主决策、民主管理、民主监督”。该法第5条第3款还规定，“村民委员会依照法律规定管理本村属于村农民集体所有的土地和其他财产，教育村民合理利用自然资源，保护和改善生态环境”。农村集体的土地是由村委会管理的，村委会有权对外管理本村农民集体的财产、有权处分其管理的集体财产，利用自然资源，对外签订合同，同时还办理本村的公共事务。从这个意义上讲，村委会与村民之间不是简单的民事平等主体之间的关系，它是农民集体财产的管理人。村民如认为村委会的行为违反了《中华人民共和国村民委员会组织法》第19条的规定，

可按照该法第22条的规定向乡、镇人民政府或者县级人民政府及其有关主管部门反映。村委会是村民的自治性组织,对外签订合同属于它职权范围之内的事情,所以,村民对村委会对外签订合同之事无起诉权。即使村民认为是侵权,也是对签订合同的行为本身侵权。对于基层自治组织来说,双方不是平等主体之间的民事纠纷,不属于人民法院受理民事案件的范围。实际上,除向上级政府及其主管部门反映之外,村民应善于运用其选举权影响村委会,使之更好地服务于村民,因为村委会是由村民直接选举产生的。

2. 关于兴盛公司是否侵权的问题

此案的案由是侵权纠纷,兴盛公司与张大里村村委会签订了《关于建设经济适用型住宅和村民自住房的合同书》及合同附件,其内容并未涉及上诉人,因此,兴盛公司与上诉人没有法律上的权利义务关系。上诉人也未能举证证明其与本案有直接的利害关系,直接侵犯了上诉人的利益,故一审法院的裁定认定事实清楚。

——最高人民法院民事审判第一庭编:《最高人民法院民事案件解析(土地纠纷)》(第1辑),法律出版社2010年版,第17~18页。

编者说明

村民能否起诉村委会,双方之间是否属于民法调整的平等主体间的民事纠纷是本案的核心问题。《村民委员会组织法》规定,村民委员会是村民的自治性组织,有权处分其管理的财产。可见,依据现行法律的规定,此类纠纷不属于《民事诉讼法》规定的"属于人民法院受理的民事诉讼范围"。本案村民以村民委员会超越职权对外签订合同,侵害其合法权益为由提起的诉讼,应当裁定予以驳回。

658

教育纠纷案件的受理

关键词 | 教育纠纷 | 受案范围 |

【最高人民法院答复】

安徽省高级人民法院:

你院〔2011〕皖民二终字第00093号《关于上诉人安徽省黄山市歙州学校、

洪献忠与被上诉人洪文琴、洪绍轩，原审第三人方建成、洪善华、方爱香确认民办学校举办者、出资纠纷一案的请示》收悉。经研究，答复如下：

依据《民事诉讼法》第一百零八条、《民办教育促进法》第五十四条及《民办非企业单位登记管理暂行条例》第十五条之规定，确认或否定（变更）民办学校举办者纠纷包含有对举办者身份（资格）行政许可内容，该纠纷不属于人民法院民事诉讼受理的范围。

依据《民办教育促进法》第三条、第五十一条之规定，民办学校举办者对民办学校的出资份额不能继承，但因该出资所形成的财产权益，可以依据《民办教育促进法》和《继承法》的规定依法继承。

——《最高人民法院关于安徽省黄山市歙州学校、洪献忠与洪文琴、洪绍轩、方建成、洪善华、方爱香确认民办学校举办者、出资纠纷一案请示的答复》（2011 年 12 月 8 日，〔2011〕民二他字 21 号）

【链接：最高人民法院法官著述】

关于教育纠纷案件的受理应注意以下问题：

1. 学生认为他人以侵犯姓名权的手段侵犯其受教育的基本权利，向人民法院提起诉讼的，人民法院应作为民事案件受理。

2. 学生以教师体罚学生或学校监管不力致其人身伤亡而提起赔偿诉讼的，人民法院应作为民事案件受理。

3. 因委培教育（非学历教育）合同的签订、履行而发生纠纷，向人民法院提起诉讼的，人民法院应作为民事案件受理。

4. 学生或教师因学校迟转、误转、遗失档案材料等，向人民法院提起赔偿诉讼的，人民法院应作为民事案件受理。

5. 学生因对学校或其他教育机构勒令退学、注销学籍，向人民法院提起诉讼要求撤销处分的，人民法院应当作为行政案件受理。

6. 学生因对学校或其他教育机构不向其颁发学位证书、学历证书的决定不服提起诉讼的，人民法院应作为行政案件受理。

7. 学生因不服学校或其他教育机构对其所作的处分，以学校侵害其名誉权为由向人民法院提起诉讼的，人民法院不予受理。

8. 教师因不服学校或其他教育机构对其职称评定，向人民法院起诉的，人民法院不予受理。

9. 当事人向人民法院起诉要求学校或其他教育机构退还学杂费、管理费、择校费、赞助费、捐赠费的,应向该学校或其他教育机构所在地教育行政部门反映,教育行政部门应进行调查和处理。教育行政部门认定学校或其他教育机构应退费用,该学校或其他教育机构拒不退还,当事人向人民法院起诉的,人民法院应予受理。

——姜启波、李玉林:《案件受理》,人民法院出版社 2008 年版,第 113 ~ 115 页。

659

集资纠纷不属法院受案范围

关键词 | 集资纠纷 | 破产还债程序 | 受案范围 |

【最高人民法院答复】

广西壮族自治区高级人民法院:

你院法经字〔1991〕第 16 号《关于南宁市金龙车辆配件厂集资纠纷是否由人民法院受理的请示报告》收悉,经研究,答复如下:

南宁市金龙车辆配件厂集资纠纷,已经南宁市人民政府调查组、自治区乡镇企业局和南宁市人民政府联合工作组的查处,历经四年,政府及主管部门已做了大量工作。在此情况下如果将此纠纷交法院处理,将会拖延时间,不利于及时解决。而且,集资纠纷案件不属于人民法院经济审判庭的收案范围。因此,该纠纷仍由有关人民政府及主管部门处理为妥。但是,如果集资人作为债权人坚持以《民事诉讼法》中的"企业法人破产还债程序"向人民法院提出破产还债申请,或者南宁市金龙车辆配件厂作为债务人向人民法院申请宣告破产还债的,法院则应依法予以受理。

以上意见供参考。

——《最高人民法院经济审判庭关于对南宁市金龙车辆配件厂集资纠纷是否由人民法院受理问题的答复》(1991 年 9 月 29 日,法经〔1991〕121 号)

660
食品药品纠纷案件的受理

关键词｜食品药品纠纷｜受理｜

【最高人民法院司法解释】

第一条 消费者因食品、药品纠纷提起民事诉讼，符合民事诉讼法规定受理条件的，人民法院应予受理。

——《最高人民法院关于审理食品药品纠纷案件适用法律若干问题的规定》（2013年12月23日，法释〔2013〕28号）

【最高人民法院审判业务意见】

婴幼儿奶粉事件是一起特大突发性公共事件，党中央、国务院高度重视相关民事赔偿工作，并拟定了积极稳妥的处置工作思路。人民法院对于相关案件的受理审查，必须与中央的方针政策保持一致，认真做好释明工作，积极引导当事人走政府协调的途径，以利于及时有效地解决纠纷。对于起诉到人民法院的民事赔偿纠纷，要尽可能做好协调工作，严格按照法律规定和最高人民法院的要求审查诉讼主体、诉由、管辖权以及证据资料，保障案件受理质量。案件在正式立案后，要及时逐级向最高人民法院报告。

因婴幼儿奶粉事件引发的民事赔偿案件，首先要由卫生部提供的患儿名单所在地的人民法院管辖，以防止案件过于集中冲击有关企业破产审查程序的正常推进；以卫生行政管理部门、质量监督管理部门等行政机关为被告提起的行政诉讼案件，要暂缓立案并逐级上报，等最高人民法院研究后统一答复处理，保证整个处置工作稳妥有序。

——刘学文：《在第二次全国立案审判工作会议上的总结讲话》（2009年1月15日），载苏泽林主编、最高人民法院立案庭编：《立案工作指导》（总第20辑），人民法院出版社2009年版，第18页。

【链接：最高人民法院法官著述】

实践中发生食品、药品纠纷时，消费者无论是否已经向有关行政机关进行投诉,及有关行政机关是否进行处理,均不影响人民法院对其起诉的依法受理。具体来说,消费者在发生食品、药品纠纷时,其直接向人民法院起诉的,人民法院应依法受理;其已经向有关行政机关投诉,但有关行政机关尚未出具处理意见的,人民法院也应依法受理;其已经向有关行政机关投诉,而有关行政机关已经出具处理意见,而消费者对该行政机关的处理意见仍然不服向人民法院起诉的,人民法院也应依法受理。

至于在实践中有些法院所存在的要求消费者先向相关行政机关投诉,经行政机关作出食品、药品是否合格的结论及进行相应的处理后,消费者对行政机关的处理不服的,才能向人民法院提起民事诉讼的做法,鉴于消费者因食品、药品所产生的纠纷属于典型消费者同相关食品、药品生产者、经营者等平等主体之间的民事纠纷,《民事诉讼法》及其他相关法律均未对消费者提起食品、药品纠纷案件的民事诉讼设置任何行政前置的程序和条件,故只要消费者的起诉符合法律、法规规定的起诉条件,人民法院均应予以受理,人民法院应对上述不当做法予以纠正。

——最高人民法院民事审判第一庭编著:《最高人民法院关于食品药品纠纷司法解释理解与适用》,人民法院出版社2014年版,第41~42页。

661

食品药品纠纷案件消费者的诉权

关键词 | 食品药品纠纷 | 消费者诉权 |

【最高人民法院司法解释】

第二条 因食品、药品存在质量问题造成消费者损害,消费者可以分别起诉或者同时起诉销售者和生产者。

消费者仅起诉销售者或者生产者的,必要时人民法院可以追加相关当事人参加诉讼。

——《最高人民法院关于审理食品药品纠纷案件适用法律若干问题的规定》(2013年12月23日,法释〔2013〕28号)

【链接：最高人民法院法官著述】

1. 为了充分救济被侵权人权益，使其获得足额赔偿，又防止其获得重复赔偿，应认定销售者与生产者在外部关系上承担连带责任。在消费者同时起诉销售者和生产者时，应尽量采用诉的合并的方式进行处理，即使是在不同地方起诉，也应该尽量通过移送管辖等方式进行合并审理。如果消费者先后起诉了销售者和生产者，则在销售者或生产者某一主体承担责任或不构成民事责任的判决作出后，另一主体即可依此判决进行抗辩而不再向消费者承担责任。这种做法在客观上不会给销售者或生产者造成讼累，因为销售者和生产者之间通常也要发生追偿关系，他们三者的关系能够在一案中一并处理对于各方而言都是较为便利的方式。

2. 对于法院在必要时追加当事人参加诉讼，在司法实践中可区分不同情况加以处理。法律、司法解释对是否应当追加当事人有明确规定的，则应根据法律、司法解释的规定加以处理。没有明确规定的，则可以区分以下情形：(1) 如果终局责任人被单独起诉，并且案件事实无需追加当事人即可查明，则一般无需追加当事人参加诉讼。(2) 如果非终局责任人被单独起诉，由于追加终局责任人有利于案件事实的查明和最终责任的认定，也有利于非终局责任人追偿权的行使和纠纷的一次性解决，法院可以追加终局责任人参加诉讼。(3) 如果非终局责任人被单独起诉，若追加其他非终局责任人有利于查明案件事实又不影响消费者利益实现的，可以追加其他非终局责任人参加诉讼。至于是追加为共同被告还是第三人问题，法院应进行释明，如果原告不愿将其追加为被告，基于“不告不理”之考虑，一般不宜将其追加为共同被告，而是可以考虑将非终局责任人追加列为第三人。

——最高人民法院民事审判第一庭编著：《最高人民法院关于食品药品纠纷司法解释理解与适用》，人民法院出版社 2014 年版，第 53 页。

662

食品药品纠纷案件知假买假者主体资格的认定

关键词 | 食品药品纠纷 | 知假买假 | 主体资格 |

【最高人民法院司法解释】

第三条 因食品、药品质量问题发生纠纷，购买者向生产者、销售者主张权利，生产者、销售者以购买者明知食品、药品存在质量问题而仍然购买为由进行抗辩的，人民法院不予支持。

——《最高人民法院关于审理食品药品纠纷案件适用法律若干问题的规定》(2013年12月23日，法释〔2013〕28号)

【链接：最高人民法院法官著述】

知假买假在食品、药品买卖中经常出现，其中包括两种情况：一种是消费者在购买食品、药品前已知食品不合格(如过期食品)而故意购买；另一种是具有一定专业知识的职业打假人，以营利为目的故意购买不安全食品，然后以消费者身份主张权利。审判实践中，对知假买假者的主体资格有的法院认可，有的法院则不予认可，造成了同案不同判。我们认为，应确认知假买假者的消费者主体资格。这种知假买假者客观上是在为消费者维权，对于打击无良商家，维护消费者权益具有积极意义，而且受到人民群众普遍欢迎。虽然知假买假者主观上存在谋取私利的企图，但是从社会效果看，其行为客观上能够有效抑制制假售假，有利于弥补消费者维权的不足。因此，《规定》第3条对购买者知假买假的，认定其具有消费者主体资格。然而，对于职业打假人或者打假组织来说，虽然其打假行为客观上有利于抑制制售假冒伪劣食品、药品，但考虑到职业打假通常是有组织的、经常化的活动，对其消费者主体资格有待进一步探索。

——张勇健、程新文、张进先、王毓莹：《〈最高人民法院关于审理食品药品纠纷案件适用法律若干问题的规定〉理解与适用》，载最高人民法院民事审判第一庭编著：《最高人民法院关于食品药品纠纷司法解释理解与适用》，人民法院出版社2014年版，第16～17页。

663

挂靠生产经营食品损害纠纷案件可以追加当事人

关键词 | 挂靠生产经营 | 共同诉讼人 |

【最高人民法院司法解释】

第五十四条 以挂靠形式从事民事活动,当事人请求由挂靠人和被挂靠人承担民事责任的,该挂靠人和被挂靠人为共同诉讼人。

——《最高人民法院关于适用〈中华人民共和国民事诉讼法〉的解释》(2015 年 1 月 30 日,法释〔2015〕5 号)

第十条 未取得食品生产资质与销售资质的个人、企业或者其他组织,挂靠具有相应资质的生产者与销售者,生产、销售食品,造成消费者损害,消费者请求挂靠者与被挂靠者承担连带责任的,人民法院应予支持。

消费者仅起诉挂靠者或者被挂靠者的,必要时人民法院可以追加相关当事人参加诉讼。

——《最高人民法院关于审理食品药品纠纷案件适用法律若干问题的规定》(2013 年 12 月 23 日,法释〔2013〕28 号)

【链接:最高人民法院法官著述】

根据"谁主张,谁举证"的民事诉讼原则,在消费者主张食品经营者存在挂靠关系,应承担连带责任时,应当由消费者举证证明双方的挂靠关系。但作为消费者,一般只有通过向当地的消费者权益保护协会和食品监督管理主管部门投诉,由这些部门协助取证来完成自己的举证责任。由于挂靠行为的违法性,越来越多的经营者通过变通的方式,规避主管部门的监管,使得挂靠行为越来越隐蔽,在发生纠纷时的证明难度也随之增大。

实践中一般认为,食品挂靠经营是指食品的生产者、销售者在一定时期内允许其他组织或个人使用其经营资质对外从事食品经营业务的行为。其基本特征表现为:(1)被挂靠方对挂靠方缺乏有效的、统一的管理。挂靠方与被挂靠方之间往往是平等的合同关系,没有直接的领导关系,相关管理制度无法到达挂靠方,故没有形成统一的企业文化,没有品牌建设支持,没有统一的人事管理制度。(2)挂靠方采取单独的财务制度,其与被挂靠方之间通过合同约定"管理费"等方式结算。(3)挂靠方单独开展组织、招徕和接待业务,在经营中独立核算、自设账户、自持公章和财务章,成为非独立法人的经济实体。

——最高人民法院民事审判第一庭编著:《最高人民法院关于食品药品纠纷司法解释理解与适用》,人民法院出版社 2014 年版,第 139 ~ 140 页。

664

债权人超过申请执行期限后又重新达成新协议的应当受理

关键词 | 借款合同 | 申请执行期限 | 受理 |

【最高人民法院答复】

四川省高级人民法院:

你院报送的川高法〔2001〕144 号《关于当事人对人民法院生效法律文书所确定的给付事项超过申请执行期限后又重新就其中的部分给付内容达成新的协议的应否立案的请示》收悉。经研究,同意你院审判委员会多数人意见。当事人就人民法院生效裁判文书所确定的给付事项超过执行期限后又重新达成协议的,应当视为当事人之间形成了新的民事法律关系,当事人就该新协议向人民法院提起诉讼的,只要符合民事诉讼法立案受理的有关规定,人民法院应当受理。

——《最高人民法院关于当事人对人民法院生效法律文书所确定的给付事项超过申请执行期限后又重新就其中的部分给付内容达成新的协议的应否立案的批复》(2002 年 1 月 30 日,〔2001〕民立他字第 34 号)

【最高人民法院裁判文书】

中国工商银行股份有限公司沈阳和平支行、沈阳市建设投资有限公司与沈阳和光集团股份有限公司、沈阳建设投资资产经营有限公司借款担保合同纠纷上诉案[最高人民法院(2010)民二终字第 11 号民事判决书]

裁判要旨:经过公证具有强制执行效力的债权文书公证书、借款合同中均有申请执行期限的特别约定,债权人超过约定的申请执行期限又向人民法院提起诉讼,对此提起的借款合同纠纷案件不应受理。但由于债权人后又进行了公证催收,应视为重新达成了还款协议,故应予准许债权人提起诉讼。

最高人民法院认为：

关于本案存在具有强制执行效力的债权文书公证书及合同中均有相应特别约定的情况下，人民法院对工行和平支行提起诉讼的借款合同纠纷案件是否应当受理的问题，涉及对最高人民法院〔2008〕17号批复应否适用及如何适用的问题。本案公证债权文书出具时间是2003年4月24日，〔2008〕17号批复的施行时间是2008年12月22日，但由于〔2008〕17号批复是对《中华人民共和国民事诉讼法》和《中华人民共和国公证法》的解释，且该批复出台时，本案尚在一审中，该批复应当适用于本案。但是，本案中债权文书公证书载明："申请执行期限，自合同到期之日起，乙方（指工行和平支行）债权未受清偿六个月内，乙方有权向本公证处申请出具《执行证书》。并持该《执行证书》向有管辖权的人民法院申请执行。"到期后，工行和平支行并未申请强制执行，根据〔2008〕17号批复的规定，对工行和平支行提起的诉讼，人民法院本不应受理。但由于工行和平支行于2005年8月25日分别向和光集团和建投公司进行了公证催收，应视为各方当事人重新达成了还款协议，故当事人实体权利以及寻求司法救助的诉讼权利不应因此遭到否定或者限制，工行和平支行就本案债权的实现提起诉讼，应予准许。

——最高人民法院民事审判第二庭编：《商事审判指导》（总第24辑），人民法院出版社2011年版，第257页。

665

共同诉讼案件的受理

关键词 | 共同诉讼 | 受理 |

【最高人民法院司法政策】

一、当事人一方或双方人数众多的共同诉讼，依法由基层人民法院受理。受理法院认为不宜作为共同诉讼受理的，可分别受理。

在高级人民法院辖区内有重大影响的上述案件，由中级人民法院受理。如情况特殊，确需高级人民法院作为一审民事案件受理的，应当在受理前报最高人民法院批准。

法律、司法解释对知识产权，海事、海商，涉外等民事纠纷案件的级别管辖另有规定的，从其规定。

——《最高人民法院关于人民法院受理共同诉讼案件问题的通知》（2005年12月30日，法〔2005〕270号）

666

众多债权人向同一债务企业集中发动系列诉讼案件的处理

关键词 | 众多债权人 | 同一债务企业 | 系列诉讼 | 大要案报告 |

【最高人民法院司法政策】

建立系列案件审判执行统一协调机制。对于众多债权人向同一债务企业集中发动的系列诉讼案件，受理案件的不同地区、不同审级法院之间以及同一法院的不同审判部门之间要加强信息沟通，在上级法院的统一指导下集中协调、集中判决，协调执行，避免各地法院针对同一债务企业的同类案件出现裁判标准不统一，以及针对同一债务企业的多个案件在执行中出现矛盾和冲突的现象，依法平等保护各地债权人的合法权益。

建立涉及社会稳定案件和大要案报告制度。对于众多债权人向同一债务企业集中发动的系列诉讼案件、企业破产清算案件、集团诉讼案件、群体性案件等可能存在影响社会和谐稳定因素的案件，各级人民法院立案、审判、执行及相关业务部门要及时向本院院长、审判委员会报告；特别重大的案件要及时向上级人民法院报告。

——《最高人民法院印发〈关于为维护国家金融安全和经济全面协调可持续发展提供司法保障和法律服务的若干意见〉的通知》（2008年12月3日，法发〔2008〕38号）

667

涉军案件的范围

关键词 | 军事法院 | 涉军案件 | 受案范围 |

【最高人民法院司法解释】

第一条 下列民事案件，由军事法院管辖：

（一）双方当事人均为军人或者军队单位的案件，但法律另有规定的除外；

（二）涉及机密级以上军事秘密的案件；

（三）军队设立选举委员会的选民资格案件；

（四）认定营区内无主财产案件。

第二条 下列民事案件，地方当事人向军事法院提起诉讼或者提出申请的，军事法院应当受理：

（一）军人或者军队单位执行职务过程中造成他人损害的侵权责任纠纷案件；

（二）当事人一方为军人或者军队单位，侵权行为发生在营区内的侵权责任纠纷案件；

（三）当事人一方为军人的婚姻家庭纠纷案件；

（四）民事诉讼法第三十四条规定的不动产所在地、港口所在地、被继承人死亡时住所地或者主要遗产所在地在营区内，且当事人一方为军人或者军队单位的案件；

（五）申请宣告军人失踪或者死亡的案件；

（六）申请认定军人无民事行为能力或者限制民事行为能力的案件。

——《最高人民法院关于军事法院管辖民事案件若干问题的规定》(2012 年 8 月 28 日，法释〔2012〕11 号)

【最高人民法院司法政策】

依法确定涉军案件范围。涉军案件是指人民法院受理的以军队单位和军人军属为一方当事人的刑事、民事、行政等案件。军队单位是指中国人民解放军现役部队和预备役部队、中国人民武装警察部队及其编制内的企业事业单位。军人是指现役军（警）官、文职干部、士兵及具有军籍的学员。军队中的文职人员、非现役工勤人员、在编职工，由军队管理的离退休人员，以及执行军事任务的预备役人员和其他人员，按军人对待。军属是指军人的配偶、子女、父母以及其他与军人有法定扶养关系的亲属。

——《最高人民法院关于进一步加强人民法院涉军案件审判工作的通知》(2010 年 7 月 28 日，法〔2010〕254 号)

668

对乡（镇）人民政府就民间纠纷作出的调处决定不服起诉的处理

关键词 | 乡(镇)人民政府 | 民间纠纷 | 调处决定 | 受理 |

【最高人民法院答复】

浙江省高级人民法院:

你院浙高法〔2000〕201 号《关于一方当事人对乡(镇)人民政府就民间纠纷作出的调处决定不服而起诉的,人民法院应以何种案件受理的请示》收悉。经研究,答复如下:

乡(镇)人民政府对民间纠纷作出调处决定,当事人不服并就原争议标的向人民法院起诉的,应当按照《最高人民法院关于如何处理经乡(镇)人民政府调处的民间纠纷的通知》的规定,由人民法院作为民事案件受理。但乡(镇)人民政府在调解民间纠纷时违背当事人的意愿,强行作出决定,当事人以乡(镇)人民政府为被告提起诉讼的,由人民法院作为行政案件受理。

——《最高人民法院研究室关于当事人对乡(镇)人民政府就民间纠纷作出的调处决定不服而起诉人民法院应以何种案件受理的复函》(2001 年 2 月 19 日,法研〔2001〕26 号)

669

职工执行公务在单位借款挂账发生纠纷法院不予受理

关键词 | 执行公务 | 借款挂账 | 受理 |

【最高人民法院答复】

吉林省高级人民法院:

你院吉高法〔1998〕144 号《关于职工执行公务在单位借款长期挂账发生纠纷法院是否受理问题的请示》收悉。经研究,同意你院审判委员会倾向性意见,即刘坤受单位委派,从单位预支 15000 元处理一起交通事故是职务行为,其与单位之间不存在平等主体间的债权债务关系，人民法院不应作为民事案件受理。刘坤在受托事项完成后，因未及时报销冲账与单位发生纠纷，应由单位按其内部财会制度处理。

——《最高人民法院关于职工执行公务在单位借款长期挂账发生纠纷法院是否受理问题的答复》(1999 年 4 月 5 日，〔1999〕民他字第 4 号)

670

因证据不足撤诉后在诉讼时效内可再次起诉

关键词 | 证据不足 | 撤诉 | 诉讼时效 | 再次起诉 |

【最高人民法院司法解释】

第二百一十四条 原告撤诉或者人民法院按撤诉处理后，原告以同一诉讼请求再次起诉的，人民法院应予受理。

——《最高人民法院关于适用〈中华人民共和国民事诉讼法〉的解释》(2015 年 1 月 30 日，法释〔2015〕5 号)

【最高人民法院答复】

上海市高级人民法院：

你院〔89〕沪高民他字第 5 号关于张珠英诉彭绍安债务纠纷案撤诉后能否再立案受理的请示报告收悉。

经研究，我们同意你院审判委员会的意见。原告张珠英以暂因证据不足为由申请撤诉，在第一审人民法院裁定准许其撤诉后，张珠英在诉讼时效期间内又提出新的证据再行起诉，人民法院应予受理。

——《最高人民法院关于民事诉讼当事人因证据不足撤诉后在诉讼时效内再次起诉人民法院应否受理问题的批复》[1990 年 3 月 10 日，法(民)复〔1990〕3 号]

671

行政处理程序不排除当事人提起民事损害赔偿诉讼的权利

关键词｜行政处理｜人身损害赔偿｜受理｜

【最高人民法院答复】

湖北省高级人民法院：

你院鄂高法〔2003〕109号《湖北省高级人民法院关于陈贵松等27人诉竹山县交通局、竹山县公路段人身损害赔偿纠纷一案的请示》收悉。经研究，答复如下：

根据国务院《特别重大事故调查程序暂行规定》第十六条、第二十六条规定，政府授权部门对重大事故的调查处理，属于行政处理程序，但不能因此而排除当事人向人民法院提起损害赔偿诉讼的权利。只要当事人提起的民事诉讼，符合《中华人民共和国民事诉讼法》第一百零八条规定，人民法院就应当受理。至于本案所述的灾害事故是否属于《中华人民共和国民法通则》第一百零七条规定的不可抗力，是当事人的抗辩事由，不应当作为案件是否受理的条件。

——《最高人民法院关于陈贵松等27人诉竹山县交通局、竹山县公路段人身损害赔偿纠纷一案受理问题的复函》(2003年6月19日，〔2003〕民一他字第9号)

672

落实政策问题不属法院受案范围

关键词｜落实政策｜民事赔偿｜受案范围｜

【最高人民法院答复】

江苏省高级人民法院：

你院〔87〕民他字第3号《关于邹树文先生金珠首饰赔偿案的请示报告》收悉。

据报告述称，邹树文夫妇在“文革”中怕再次被抄家，将一盒金珠首饰“上交”给南京市抗大附中红卫兵总部负责人王自力(高三学生)和张登舟(初二学生)。1973年以来,邹树文及其家属多次向有关部门提出要求落实政策,清退财物。你院就上述问题请示我院能否作为民事赔偿案件由人民法院受理。

经研究,我们认为:邹树文夫妇要求清退“文革”中“上交”的金珠首饰,根据中央有关文件的规定,属于落实政策的问题,不应按一般民事赔偿案件由人民法院受理。

——《最高人民法院关于邹树文金珠首饰在“文革”中下落不明,人民法院能否作为民事赔偿案件受理的批复》[1987年11月6日,法(行)函〔1989〕63号]

673

涉及军队房地产腾退、拆迁安置而引起纠纷的受理

关键词 | 军队房地产 | 房地产腾退 | 拆迁安置 | 受案范围 |

【最高人民法院答复】

辽宁省高级人民法院:

你院辽高法疑字〔2003〕5号《关于涉及军队房地产的腾退、拆迁安置纠纷案件人民法院应否受理的请示》收悉。经研究,答复如下:

根据最高人民法院1992年11月25日下发的《最高人民法院关于房地产案件受理问题的通知》的精神,因涉及军队房地产腾退、拆迁安置而引起的纠纷,不属于人民法院主管工作的范围,当事人为此而提起诉讼的,人民法院应当依法不予受理或驳回起诉,并可告知其向有关部门申请解决。

——《最高人民法院研究室关于人民法院是否受理涉及军队房地产腾退、拆迁安置纠纷案件的答复》(2003年8月8日,法研〔2003〕123号)

北京市高级人民法院:

你院京高法〔2002〕13号《关于中国人民解放军北京军区房地产管理局请求法院受理军队家属住房清退案有关问题的请示》收悉。经研究,答复如下:

军队转业人员、遗属及退休干部子女与军队单位之间因部队住房清退而发

生的纠纷，在双方没有达成住房清退协议的情况下，属于军队和地方在干部转业、死亡以及离退休干部移交地方管理过程中历史遗留问题，中国人民解放军北京军区房地产管理局所采取的住房清退和借房安置的具体办法具有军队行政管理性质。依据我院1991年1月30日《关于军队离退休干部腾退军产房纠纷法院是否受理的复函》的精神，此类纠纷应由军队和地方通过行政手段解决，人民法院不宜受理。

——《最高人民法院关于中国人民解放军北京军区房地产管理局请求法院受理军队家属住房清退案有关问题请示的复函》(2002年7月2日，〔2002〕民立他字第8号)

北京市高级人民法院：

你院京高法〔2002〕12号《关于中国人民解放军北京军区空军司令部诉吕全修等人腾退军产房是否受理的请示》收悉。经研究，答复如下：

同意你院审委会的第二种意见。本案中吕全修与中国人民解放军北京军区空军司令部(简称司令部)在签订腾房协议时，已经退休并转入地方，此时吕全修与司令部之间已经不存在行政隶属关系，是平等民事主体之间的合同关系，因此，司令部要求吕全修及其子女腾房符合《中华人民共和国民事诉讼法》第一百零八条的规定，人民法院应予以受理。

——《最高人民法院关于中国人民解放军北京军区空军司令部诉吕全修等人腾退军产房是否受理的答复意见》(2002年7月1日，〔2002〕民立他字第7号)

天津市高级人民法院：

你院津高法〔1990〕68号《关于中国人民解放军某部队诉林学华等五人军产腾房案是否受理的请示报告》收悉。经研究认为，因军队离退休干部安置、腾迁、对换住房等而发生的纠纷，属于军队离退休干部转由地方安置管理工作中的遗留问题，由军队和地方政府通过行政手段解决为妥。故我们同意你院审判委员会的倾向性意见，即此类纠纷人民法院不宜受理。

——《最高人民法院关于军队离退休干部腾退军产房纠纷法院是否受理的复函》(1991年1月31日)

674

不属于人民法院主管的房地产权属纠纷

关键词｜历史遗留问题｜房地产权属｜受案范围｜

【最高人民法院司法政策】

凡不符合民事诉讼法、行政诉讼法有关起诉条件的属于历史遗留的落实政策性质的房地产纠纷，因行政指令而调整划拨、机构撤并分合等引起的房地产纠纷，因单位内部建房、分房等而引起的占房、腾房等房地产纠纷，均不属于人民法院主管工作的范围，当事人为此而提起的诉讼，人民法院应依法不予受理或驳回起诉，可告知其找有关部门申请解决。

——《最高人民法院关于房地产案件受理问题的通知》(1992 年 11 月 25 日，法发〔1992〕38 号)

【最高人民法院答复】

海南省高级人民法院：

你院琼高法(民)他字 2 号《关于机械电子工业部第五研究所诉中国人民解放军 38002 部队后勤部土地、房屋、财产纠纷一案的请示报告》收悉。经研究并征求有关部门意见后认为：双方讼争的海南省三亚市榆林天然暴露试验站房屋、土地纠纷是因机械电子工业部第五研究所体制变动引起的，应由有关部门解决，不应由人民法院作为民事案件受理。据此，本案应由二审法院撤销一审判决，驳回原告起诉。

——《最高人民法院关于因体制变动引起的房地产纠纷案法院不应受理的函复》(1992 年 4 月 9 日，〔1991〕民他字第 49 号)

湖南省高级人民法院：

你院〔89〕民上字第 1 号关于湖南省供销社、湖南省食品饮食服务公司与湖南省肉食水产公司房屋纠纷一案的情况报告收悉。对该案应否由人民法院受理问题，经我们研究认为：该案是由行政主管机关进行机构调整所引起的房产纠纷，是行政法律关系，不是平等主体间的民事纠纷，同时，本案也不属“必要时可通过法院予以裁决”的案件。因此应由行政部门处理。特此函告你院，请你院认真研究，并将研究结果函报我院。

——《最高人民法院关于湖南省供销社等单位与省肉食水产公司房屋纠纷一案应否受理的复函》(1990 年 3 月 6 日，〔89〕民监字第 600 号)

【最高人民法院裁判文书】

西安市大兴善寺与西安歌舞剧院、西安儿童艺术剧院确认房地产产权纠纷上诉案[最高人民法院(1998)民终字第 162 号民事裁定书]

裁判要旨：因历史遗留问题产生的房地产权属纠纷不属于人民法院主管。

最高人民法院认为：

歌舞剧院、儿艺剧院进驻、使用大兴善寺的土地、房屋，是经原西安市人民委员会批准、决定的，西安市人民政府行政主管部门作出过对这一历史遗留问题的处理决定，但是至于如何具体落实这一决定，以及歌舞剧院、儿艺剧院迁往何处，如何安置等属于决定的善后工作，仍应由政府主管部门继续解决。本案纠纷不属于人民法院民事案件的受理范围。

——最高人民法院民事审判第一庭编：《最高人民法院民事案件解析(房屋买卖、租赁纠纷)》(第 4 辑)，法律出版社 2010 年版，第 242 页。

【链接：最高人民法院法官著述】

一、二审法院裁定不予受理西安大兴善寺与西安歌舞剧院、西安儿童艺术剧院的房地产纠纷，不予受理的根本理由是本案纠纷不属于人民法院主管。不由人民法院主管的案件，大致可以分为两类：一类是当事人之间的争议不是平等主体之间的民事纠纷，人民法院不能作为民事案件处理；另一类是当事人之间的争议虽然是民事纠纷，但是因为这类纠纷的特殊性，法律规定不由人民法院受理。这是因为在我国现行法律制度下，处理民事纠纷采取两种方式：一是民事审判方式；二是非民事审判方式，例如近些年发生的非法集资案件，金融机构债权债务案件以及非法传销案件，就不是采用民事审判的方式处理的，而是由有关部门依法处理的。

西安大兴善寺与西安歌舞剧院、西安儿童艺术剧院的房地产纠纷由来已久，现争议的房地产原属于西安大兴善寺，在“文革”以前，当时的西安市人民委员会批准西安歌舞剧院、西安儿童艺术剧院使用，因此本案纠纷属于历史遗留问题，由于经历的时间比较长，在这段时间里我国社会政治经济文化的发展经历了不同的历史阶段，国家政策变化比较大，西安歌舞剧院、西安儿童艺术剧院使用争议房地产是由当时政策调整的，解决本案纠纷应由市人民政府根据现行的政策处理。市人民政府处理本案纠纷的过程，也就是落实政策的过程。这些特点表明，本案属于法律、法规、司法解释规定的应由有关机关处理的纠纷。此外，本案还有一个特点，就是市人民政府行政主管部门对本案纠纷做了处理，向西安大兴善寺颁发了争议房地产的土地使用证和房屋产权证。双方的争议是否解决完了？一、二审法院认为没有处理完，争议的房地产归西安大兴善寺所有，西安歌舞剧院、儿童艺术剧院应向西安大兴善寺归还其占有使用的房地产，但二剧院履行上述义务的前提是其有迁往、安置的地方，市人民政府没有解决二剧院迁往何处、如何安置的问题，同时也导致其对西安大兴善寺房地产的处理意见不能贯彻落实。这说明本案争议市人民政府没有处理完，仍在处理中。对于人民政府只处理了一部分问题的争议，仍不属于人民法院主管。因此，一、二审法院驳回西安大兴善寺的起诉、上诉是正确的。最后，必须指出的是，如果人民政府已将争议处理完，双方当事人又为此发生纠纷，或者一方不执行人民政府的处理意见而引起的纠纷，人民法院应该受理。

——最高人民法院民事审判第一庭编：《最高人民法院民事案件解析（房屋买卖、租赁纠纷）》（第 4 辑），法律出版社 2010 年版，第 242 ~ 243 页。

根据相关的政策规定和最高人民法院司法解释精神，人民法院对涉及私房社会主义改造问题的起诉裁定不予受理是正确的。根据最高人民法院、城乡建设环境保护部于 1987 年 10 月 22 日作出的法（研）发〔1987〕30 号《关于复查历史案件中处理私人房产有关事项的通知》的规定，该案不属于法院主管。《通知》第二条明确指出：人民法院在审理房屋案件中，遇到有关落实私房政策的案件，如私房因社会改造遗留问题，“文革”期间被挤占、没收的私人房产问题，建国初期代管的房产问题，落实华侨、港澳台胞私房问题等，应移送当地落实私房政策部门办理。

1988 年 3 月 21 日，最高人民法院研究室又针对司法实践中具体贯彻执行《通知》第二条出现的几个问题，作出了三点电话答复。在此电话答复的第三点中指出：在《通知》下达后，按照《通知》第二条规定，已移送落实私房政策部门处理的房屋案件，当事人对处理不服，或者认为政府主管部门在执行落实私房政策和管理房屋方面侵犯了其合法权益，经申请未予纠正，向人民法院起诉，法院是否受理？对此，我们的意见是，人民法院不予受理。但应向当事人讲明道理，告知其向原处理部门或其上一级政府主管部门申请解决。

从通知和电话答复精神，结合本案的实际情况看，由于绍兴市越城区房管处已将讼争的房屋纳入了社会主义改造中，而王雅珍虽以原房产证和刑事判决书为依据起诉，但实际是对私房社会主义改造提出了异议。因此，根据相关的政策规定和最高人民法院司法解释精神，此案房产属于政府主管部门解决的范围，原审法院裁定不予受理是正确的。

——苏泽林主编、最高人民法院立案庭编：《立案工作指导》(总第17辑)，人民法院出版社2008年版，第78页。

编者说明

2012年《民事诉讼法》第124条第(3)项规定"依照法律规定，应当由其他机关处理的争议，告知原告向有关机关申请解决"，即应该由有关机关处理的争议，不属于人民法院主管。1987年10月22日最高人民法院与城乡环境建设保护部《关于复查历史案件中处理私人房产有关事项的通知》、1992年11月25日《最高人民法院关于房地产案件受理问题的通知》均对此作出相关规定。

西安大兴善寺与西安歌舞剧院等确认房地产产权纠纷案当事人争议的是房地产权属，这类民事纠纷的处理法律有专门规定。《土地管理法》第16条规定，土地所有权和使用权争议，由当事人协商解决，协商不成的，由人民政府处理。这一规定排斥了人民法院用司法手段处理民事纠纷，因此该案不属于人民法院主管。该案当事人的房地产权属争议，是双方都有对房地产主张权利的法律依据，需要由地方政府重新确定讼争的房地产主张权利的法律依据，并由地方政府重新确定讼争的房地产属于一方或者双方。如果是一方当事人有房地产权利的法律依据，另一方没有，这样的权属纠纷是侵权纠纷，人民法院可以依据一方的房地产权利的法律依据作出判决。

675

涉及房改房政策的房屋买卖合同纠纷应结合诉讼请求判断是否受理

关键词 | 房改房政策 | 诉讼请求 | 受理 |

【最高人民法院审判业务意见】

最高人民法院民一庭在讨论本案例时多数人认为，涉及房改房政策的房屋买卖合同纠纷人民法院是否受理,应当结合当事人提出来的诉讼请求作出判断。如果当事人争议的核心是房屋买卖,属于平等主体之间民事权益纠纷,处理时涉及房改房政策的,人民法院应当受理;如果当事人争议的核心为是否适用房改房政策以及如何适用该政策的,不属于民事权益纠纷,不符合《民事诉讼法》第108条规定的起诉条件,人民法院不宜作为民事案件受理。

——冯小光:《涉及房改政策的房屋买卖合同纠纷人民法院是否应当受理》,载最高人民法院民事审判第一庭编:《中国民事审判前沿》(总第1集),法律出版社2005年版,第10～11页。

676

合作化运动中的遗留问题不应作为民事案件受理

关键词 | 合作化运动 | 遗留问题 | 受案范围 |

【最高人民法院答复】

江西省高级人民法院:

你院赣法(民)发〔1991〕17号《关于上饶县缪定海诉东山村委会油榨水碓产权纠纷案的请示》收悉。经我们研究并征求有关部门意见认为:此案双方讼争的水碓油榨房屋入社的产权及补偿,均系合作化运动中的遗留问题,应由政府部门处理,不属人民法院主管范围。据此,应由二审法院裁定撤销一审判决,驳回原告起诉。

——《最高人民法院关于合作化运动中的遗留问题不应由人民法院作为民事案件受理的函复》(1992年4月14日)

677

履行行政机关对土地争议的处理决定发生争议不可提起民事诉讼

关键词 | 行政处理决定 | 土地争议 | 受案范围 |

【最高人民法院答复】

河北省高级人民法院：

你省《关于人民政府对土地所有权和使用权争议做出处理决定后，一方当事人不服而又不向法院起诉，也不执行，期满后对方当事人可否以侵权案向人民法院起诉，以及如何处理的请示报告》收悉。经研究认为：行政机关对土地争议的处理决定生效后，一方当事人不履行的，对方当事人不应以民事侵权案向法院起诉，可向行政机关提出申请执行，该行政机关依照行政诉讼法第六十六条的规定，可以申请人民法院强制执行，或依法强制执行。

——《最高人民法院关于行政机关对土地争议的处理决定生效后一方不履行另一方不应以民事侵权向法院起诉的批复》(1991 年 7 月 24 日，〔90〕法民字第 2 号)

678

就未经原始确权的土地发生权属争议不属于法院民事诉讼受理范围

关键词 | 土地权属争议 | 借用协议 | 原始确权 | 受案范围 |

【最高人民法院裁判文书】

中国人民解放军南京军区空军装备部与江苏省南京市下关区幕府山街道办事处、江苏南京长途汽车客运集团有限责任公司土地借用合同纠纷上诉案(最高人民法院民事裁定书)

裁判要旨：根据《土地管理法》的规定，对土地进行原始确权属于政府的行政管理部门的职责范围，在土地未经原始确权且又存在权属争议的情况下，当事人应当根据《土地管理法》的规定，要求政府的行政管理部门解决，而不能通过民事诉讼的途径主张权利。

最高人民法院认为：

根据《中华人民共和国民事诉讼法》第 108 条的规定，当事人的起诉必须属于人民法院受理民事诉讼的范围。一审法院向南京市国土资源局土地信息中心查询的结果表明,土地管理部门未就本案讼争土地颁发过土地使用权证,讼争土地的使用权存在争议。根据《中华人民共和国土地管理法》第16条第1款“土地所有权和使用权争议,应当由当事人协商解决;协商不成的,由人民政府处理”的规定,本案不属于人民法院受理民事诉讼的范围。

——最高人民法院民事审判第一庭编:《民事审判指导与参考》(总第34集),法律出版社2008年版,第174~175页。

【链接:最高人民法院法官著述】

本案南京空军装备部虽以土地借用合同纠纷提起诉讼,但双方当事人实质争议的是土地权属问题,土地权属的确认是解决当事人之间存在的争议的前提。从南京空军装备部提供的证据来看,第一,南京市人民政府颁发的《房屋所有权证(公有房屋)》虽有“房屋所有权证/土地使用证”的标记,但该证书记载的主要是房屋状况,且在“使用国有土地情况”一栏“土地来源及取得日期”项下载明“土地使用范围及面积以土地使用证所示为准”。而根据一审法院查询南京市国土资源局土地信息中心的情况,讼争地块未颁发土地使用证。因此,《房屋所有权证(公有房屋)》不能作为讼争地块的土地权利的依据。第二,南京空军装备部提供的1997年3月绘制的《空军南京军械仓库营区地界图》的说明中也明确记载讼争地块存在权属争议。上述证据均表明,土地管理部门未对讼争地块进行原始确权。根据《土地管理法》第十六条的规定,土地所有权和使用权争议,由当事人协商解决;协商不成的,由人民政府处理。对土地进行原始确权属于政府的行政管理部门的职责范围,在土地未经原始确权且权属又存在争议的情况下,当事人应当根据《土地管理法》的规定,要求政府的行政管理部门解决,而不能通过民事诉讼的途径主张权利。根据《民事诉讼法》第一百零八条的规定,当事人的起诉应当属于人民法院受理民事诉讼的范围。鉴于本案不属于人民法院受理民事诉讼的范围,一审法院驳回空军装备部的起诉是正确的,最高人民法院二审予以维持。

——宋春雨:《就未经原始确权的土地发生的权属争议不属于人民法院受理民事诉讼的范围》,载最高人民法院民事审判第一庭编:《民事审判指导与参考》(总第34集),法律出版社2008年版,第175页。

679

重复起诉的判断标准

关键词 | 重复起诉 | 既判力 | 一事不再理 |

【最高人民法院司法解释】

第二百四十七条 当事人就已经提起诉讼的事项在诉讼过程中或者裁判生效后再次起诉,同时符合下列条件的,构成重复起诉:

(一)后诉与前诉的当事人相同;

(二)后诉与前诉的诉讼标的相同;

(三)后诉与前诉的诉讼请求相同,或者后诉的诉讼请求实质上否定前诉裁判结果。

当事人重复起诉的,裁定不予受理;已经受理的,裁定驳回起诉,但法律、司法解释另有规定的除外。

——《最高人民法院关于适用〈中华人民共和国民事诉讼法〉的解释》(2015年1月30日,法释〔2015〕5号)

【最高人民法院司法政策】

按照既判力规则的要求,它不仅原则上禁止当事人就同一案件进行重复诉讼,而且也禁止法院对已经作出生效裁判的同一案件进行重复而矛盾的审判。遵循既判力的要求,完全是出于对司法权威维护的必要。当前,对人民法院作出的生效裁判可以无限申诉、无限抗诉、无限再审的现象,已严重损害了既判力规则,违背了诉讼终局原则,对司法权威产生较大冲击。当然,司法权威的核心前提,是司法公正,没有司法公正为基础的司法权威,是没有生命力的。对一项生效裁判,我们应当尊重其既判效力,是因为这项裁判是公正的,对那些缺乏公正的生效裁判,强求服从其所谓的既判效力,只能适得其反,最终只会损害司法权威。因此,各级人民法院也必须正确面对当事人对生效裁判提出的申诉,从中探寻制约司法权威树立和维护的各种因素,及时改正缺乏司法公正的生效裁判,让尽可能多的判决最终以其公正取信于民,赢得权威。

——肖扬:《建设公正高效权威的民事审判制度,为构建社会主义和谐社会提供有力司法保障——在第七次全国民事审判工作会议上的讲话》(2007年1月5日),载最高人民法院民事审判第一庭编:《民事审判指导与参考》(总第29辑),法律出版社2007年版,第17页。

【最高人民法院审判业务意见】

当事人就已经提起诉讼的事项在裁判生效后再次起诉,后诉的诉讼请求实质上系否定前诉裁判结果的,即使当事人起诉的请求权基础不同,仍应认定该后诉的请求实质上违反了一事不再理原则,构成重复起诉。人民法院应根据民事诉讼法第一百二十四条第(五)项"对判决、裁定、调解书已经发生法律效力的案件,当事人又起诉的,告知原告申请再审"的规定,告知当事人对已经提起诉讼的裁判申请再审。

——最高人民法院民事审判第一庭:《构成一事不再理的判断》,载杜万华主编、最高人民法院民事审判第一庭编:《民事审判指导与参考》(总第63辑),人民法院出版社2016年版,第167页。

在黄金假日公司与携程公司不正当竞争裁定上诉案[(2007)民三终字第4号]中,最高人民法院认为,判断是否属于重复诉讼,关键要看是否是同一当事人基于同一法律关系、同一法律事实提出的同一诉讼请求;对于已为在先生效裁判确认其合法性的行为,在生效裁判之后的继续实施,仍属于生效裁判的既判力范围,应当受到法律的保护而不能够再次被诉。

——《最高人民法院知识产权案件年度报告(2009)》

【《最高人民法院公报》案例】

王贺春、张福才等六人与卢继先、华宸建设集团股份有限公司债权转让合同纠纷案[最高人民法院(2012)民提字第44号民事裁定书]

裁判要旨:判断当事人在同一法院或不同法院分别起诉所形成的案件是否属于同一案件,应当从案件的当事人、案件的性质(法律关系)、案件的事实以及当事人的诉讼请求等方面是否同一进行综合考量。基于相同的当事人、同一事实、同一法律关系以及主要诉讼请求相同,在不同地方法院分别提起诉讼所形的案件,可以认定属于同一案件。

最高人民法院认为：

一、关于王贺春等人在两地的诉讼是否属于同一案件的问题。判断当事人在同一法院或不同法院分别起诉所形成的案件是否属于同一案件，应当从案件的当事人、案件的性质（法律关系）、案件的事实以及当事人的诉讼请求等方面是否同一进行综合考量。基于相同的当事人、同一事实、同一法律关系以及主要诉讼请求相同，在不同地方法院分别提起诉讼所形成的案件，可以认定属于同一案件。本案中，王贺春等人以华宸公司、卢继先为被告，以合作确认书和债权转让协议等为基本事实，在河北省保定市中级人民法院提起的债权转让合同纠纷诉讼，与其在北京市丰台区人民法院提起的债权转让合同纠纷诉讼进行比较，可以得出两地诉讼的被告相同、事实相同、法律关系相同，虽然诉讼请求有所差异，但主要诉讼请求即诉请确认债权转让协议无效相同，故可以认定在两地所形成的诉讼为同一诉讼。

——《最高人民法院公报》2012 年第 11 期

大连远东房屋开发有限公司与辽宁金利房屋实业公司、辽宁澳金利房地产开发有限公司国有土地使用权转让合同纠纷上诉案［最高人民法院（2005）民一终字第 95 号民事裁定书］

裁判要旨：当事人的起诉被法院裁定驳回且裁定生效的，如果当事人对该裁定不服，除依法通过启动审判监督程序对案件重新审理外，不得在以后的诉讼中主张与该生效裁定相反的内容，亦不能就同一诉讼标的重复起诉。

最高人民法院认为：

根据查明的事实，在一审法院受理本案之前，澳金利公司于 2002 年 9 月 23 日向辽宁省大连市中级人民法院提起诉讼，请求确认远东公司与金利公司签订的《联合开发协议》无效并要求远东公司返还投资款 1350 万元及相应利息。该案由辽宁省高级人民法院以（2003）辽民一房终字第 310 号民事裁定，驳回了澳金利公司的起诉。

2004 年 4 月 6 日，澳金利公司作为原告提起本案诉讼，仍然要求确认《联合开发协议》无效并由远东公司返还投资款 1350 万元及相应利息，除了利息数额有所增加以外，与（2003）辽民一房终字第 310 号民事裁定驳回起诉案件的诉请和理由均相同。利息数额因时间推移而增加，并不属于《最高人民法院关于适用〈中华人民共和国民事诉讼法〉若干问题的意见》第 142 条规定中具备符合起诉条件应予受理的情形，故对澳金利公司就同一诉讼标的重复提起的本案诉讼，应当驳回其起诉。当事人对已经发生法律效力的判决不服，除依法通过启动审判监督程序对案件重新审理外，不得在以后的诉讼中主张与已生效判决相反的内容，亦不能就同一诉讼标的重复起诉。因此，澳金利公司如认为其有权向远东公司主张权利，应当另循法律途径解决。

——《最高人民法院公报》2006 年第 12 期

威海鲲鹏投资有限公司与威海西港房地产开发有限公司、山东省重点建设实业有限公司土地使用权纠纷管辖权异议案［最高人民法院（2005）民一终字第 86 号民事裁定书］

裁判要旨：判断基于同一纠纷而提起的两次起诉是否属于重复起诉，应当结合当事人的具体诉讼请求及其依据，以及行使处分权的具体情况进行综合分析。如果两次起诉的当事人不同，具体诉讼请求也不同，相互不能替代或涵盖，则人民法院不能简单地因两次起诉基于同一纠纷而认定为重复起诉，并依照“一事不再理”的原则对后一起诉予以驳回。

最高人民法院认为：

本案是否构成重复起诉，应当结合当事人诉讼请求的依据及行使处分权的具体情况进行综合判断。鲲鹏公司在 2005 年 8 月 24 日的《追加被告、变更诉讼请求申请书》中，已将重点建设公司变更为被告，故本案与第 5 号民事案件的当事人并不相同。鲲鹏公司在第 5 号民事案件中的诉讼请求为确认之诉与给付之诉的合并之诉，但该案诉讼请求中的给付内容与本案鲲鹏公司于 2005 年 7 月 25 日提起的给付之诉的内容并不相同。鲲鹏公司在第 5 号民事案件中的诉讼请求不能涵盖本案中鲲鹏公司的诉讼请求，且鲲鹏公司在《追加被告、变更诉讼请求申请书》中，已将本案诉讼请求变更为“请求判令西港公司与重点建设公司之间的《合作协议书》无效，并由西港公司与重点建设公司承担连带赔偿责任”，故本案与第 5 号民事案件诉讼请求亦不相同。

——《最高人民法院公报》2006 年第 5 期

奉化步云公司与上海华源公司商标所有权转让纠纷不予受理上诉案［最高人民法院（2003）民二终字第 169 号民事裁定书］

裁判要旨：人民法院经依法审判民事案件，作出发生法律效力的民事判决后，该案的被告又就同一事实向人民法院起诉的，虽然不属于重复起诉，但依据“一事不再理”的原则，人民法院仍应当作出不予受理的裁定。

最高人民法院认为：

上诉人奉化步云工贸有限公司与被上诉人上海华源企业发展股份有限公司有关服饰类“步云”系列商标的归属问题虽争议多年，并经多家法院的不同诉讼程序审理，但终由（2003）浙民再字第22号民事判决确定，双方对无偿转让商标的协议有效，奉化步云工贸有限公司应履行与上海华源企业发展股份有限公司签订的将原奉化市步云集团有限公司注册的用于服饰类的“步云”系列商标（注册号为第721602号、第590714号、第1106546号）专用权无偿转让给奉化华源步云西裤有限公司所有的协议，并于判决规定期限内共同向国家商标管理局提出申请，办理注册商标所有权转移的核准手续。至此，双方有关商标权的归属问题已有定论。在所述再审案件一审阶段本案上诉人虽非起诉的原告，本案中其作为原告起诉虽不属于重复起诉，但其诉讼请求实质上仍属于商标权归属问题，显然与（2003）浙民再字第22号民事判决内容重复。按照“一事不再理”原则，人民法院不宜再作审理，上诉人的上诉理由不能成立。

——《最高人民法院公报》2006年第6期

美国EOS工程公司诉新绛发电公司等侵权纠纷案上诉案［最高人民法院（2003）民四终字第2号民事裁定书］

裁判要旨：当事人在提起的民事诉讼已获得人民法院终审判决后，又基于同一标的和相同的被告，再次向人民法院提起民事诉讼的，应按不符合受理条件裁定驳回起诉。

最高人民法院认为：

本案原审原告EOS工程公司基于同一事实，以相同的当事人为被告，向原审法院先后提起“不当得利”返还之诉和“侵权”损害赔偿之诉。尽管前后的诉讼理由不同，但实质的诉讼标的是相同的，即EOS工程公司是为了解决其于1995年向山西省新绛县电厂筹建处汇付100万美元产生的纠纷而向人民法院提起诉讼的。就此诉讼标的，EOS工程公司先以“不当得利”为由请求被告返还100万美元及其利息，原审法院对此作出了（2001）晋民一初字第2号民事判决，EOS工程公司不服提起上诉后，又撤回了该上诉，（2001）晋民一初字第2号民事判决即发生法律效力。EOS工程公司如果仍不服该实体判决，只能通过申诉或者申请再审途径获得救济。现EOS工程公司以“侵权”为由，就同一诉讼标的再次提起诉讼，违反了“一事不再理”的原则。根据我国《民事诉讼法》第111条第（5）项的规定，“对判决、裁定已经发生法律效力的案件，当事人又起诉的，告知原告按照申诉处理,但人民法院准许撤诉的除外”,对于EOS工程公司基于同一事实、相同的被告又以“侵权”为由提起的诉讼,人民法院不应予以受理。对此,原审法院认定正确。然而,根据《最高人民法院关于适用〈中华人民共和国民事诉讼法〉若干问题的意见》第139条的规定,“起诉不符合受理条件的,人民法院应当裁定不予受理。立案后发现起诉不符合受理条件的,裁定驳回起诉”,本案原审法院在已经立案的情况下,不应再裁定不予受理,而应当裁定驳回起诉。

——《最高人民法院公报》2004年第10期

【最高人民法院裁判文书】

吴凤海采区诉遵化市承唐高速公路建设指挥部等承包地征收费用分配不予受理再审改判案[最高人民法院(2013)民提字第10号民事裁定书]

裁判要旨:重复起诉是指案件的同一当事人基于同样的事实、理由就同一诉讼标的再次向法院提起诉讼。判断基于同一纠纷而提起的两次起诉是否属于重复起诉,应当结合当事人的具体诉讼请求、事实依据以及其行使处分权的具体情况进行综合分析。

——中国裁判文书网,http://wenshu.court.gov.cn。

陕西艺林实业有限责任公司与山东大学齐鲁医院建设工程施工合同纠纷申请再审案[最高人民法院(2012)民提字第44号民事裁定书]

裁判要旨:1.法律事实是从司法裁判过程中抽象出来的,有别于客观事实。本案的基本法律事实是合同履行中一方当事人存在违约行为。当事人在两次起诉中分别提出的对方当事人继续履行合同与撤销合同,追究对方当事人违约责任,并不能得出本案基本法律事实不同的结论。2.当事人的诉讼请求不同,应当是指诉讼请求相互不能替代或涵盖,以及请求权的属性不同,两次诉讼的裁判结果也应当不会相互影响。如果当事人的诉讼请求只是主张支付款项数额增加或者减少,则不能视为诉讼请求不同。

最高人民法院认为:

山东省济南市历下区人民法院于2009年3月13日立案受理齐鲁医院与艺林公司建设工程施工合同纠纷案。同年3月26日,艺林公司提出反诉。此后,艺林公司于2009年6月23日以齐鲁医院为被告,向山东高院提起诉讼,艺林公司提起诉讼的案件与山东省济南市历下区人民法院已经受理的案件,基于同一法律事实,且当事人相同、讼争的法律关系相同,只是艺林公司向山东高院起诉的请求数额与其在山东省济南市历下区人民法院提出反诉的主张有所扩大。艺林公司关于两个诉讼虽是基于同一法律关系,但并非同一法律事实,且两个诉讼中艺林公司的诉讼请求是不同的理由,最高人民法院不予支持。

艺林公司在历下区法院的诉讼中提起反诉,历下区人民法院受理了该反诉,该诉讼正在审理中。艺林公司事实上已经接受了历下区人民法院对该案的管辖。其后,艺林公司基于同一法律关系,同一事实,将在历下区法院的诉讼中提出的反诉,又以历下区人民法院无级别管辖权为由向山东高院提起诉讼。原裁定不予支持正确。原审对这一事实的认定清楚,艺林公司提出原裁定认定的基本事实缺乏证据证明的理由不能成立。

——景汉朝主编:《最高人民法院审判监督指导案例解析》,人民法院出版社2015年版,第503页。

【链接:最高人民法院法官著述】

1. 当事人相同,不受当事人在前诉与后诉中的诉讼地位的影响,即使前后诉原告和被告地位完全相反,仍然应当认定当事人为同一。例如,甲起诉乙要求确认房屋所有权,乙又起诉甲同样要求就房屋使用权进行确认,两诉之间的当事人是相同的。

2. 在前诉与后诉当事人相同、诉讼标的同一的情形下,后诉提起与前诉相反的诉讼请求的,如甲起诉乙要求确认法律关系有效、乙又起诉甲请求确认法律关系无效的,构成一事不再理。

3. 一般而言,给付之诉中隐含确认之诉的内容,如果甲起诉乙要求依法律关系进行给付、乙又起诉甲请求确认法律关系无效的,属于后诉的请求实质上否定前诉裁判结果的情形。

——沈德咏主编、最高人民法院修改后民事诉讼法贯彻实施工作领导小组编著:《最高人民法院民事诉讼法司法解释理解与适用》,人民法院出版社2015年版,第635页。

编者说明

通过上述《最高人民法院公报》案例可以看出,最高人民法院观点十分明确,对于"重复起诉”的当事人，人民法院不能一概驳回起诉或者不加分析一概予以受理。如当事人两次起诉的具体诉讼请求相互不能涵盖和替代，则应当认定为不属于“重复起诉”。总之，应当受理的不予受理，剥夺了当事人的诉讼权利，属于违法行为；不应当受理的予以受理，超出了人民法院受理的民事诉讼范围，同样属于违法行为。因此，对于审判实践中遇到当事人“重复起诉”的情形，应当依据法律规定的原则结合具体案件具体分析，以确保当事人正当行使诉讼权利和人民法院依法正确行使审判权。

680

发生新的事实，当事人可以再次起诉

关键词｜重复起诉｜新的事实｜

【最高人民法院司法解释】

第二百一十八条　赡养费、扶养费、抚育费案件，裁判发生法律效力后，因新情况、新理由，一方当事人再行起诉要求增加或者减少费用的，人民法院应作为新案受理。

第二百四十八条　裁判发生法律效力后，发生新的事实，当事人再次提起诉讼的，人民法院应当依法受理。

——《最高人民法院关于适用〈中华人民共和国民事诉讼法〉的解释》(2015年1月30日，法释〔2015〕5号)

【最高人民法院司法政策】

18. 子女要求增加抚育费有下列情形之一，父或母有给付能力的，应予支持。

(1)原定抚育费数额不足以维持当地实际生活水平的；

(2)因子女患病、上学，实际需要已超过原定数额的；

(3)有其他正当理由应当增加的。

——《最高人民法院关于人民法院审理离婚案件处理子女抚养问题的若干具体意见》(1993年11月3日，法发〔1993〕30号)

【最高人民法院答复】

新疆维吾尔自治区高级人民法院：

你院1981年6月6日关于处理抚养纠纷中两个问题的请示收悉。

第一个问题。据你院来文所述，男女当事人在民政部门登记离婚，对孩子抚养问题，当时以一方抚养孩子，另一方不负担抚养费达成协议，过若干时间（如一两年）后，抚养孩子的一方以新婚姻法第三十条为依据，向法院提起要求对方负担抚养费用的诉讼，另一方则据原协议拒绝这种要求，人民法院应如何处理？

我们认为：根据婚姻法第二十九条："父母与子女间的关系，不因父母离婚而消除。离婚后，子女无论由父方或母方抚养，仍是父母双方的子女。""离婚后，父母对子女仍有抚养和教育的权利和义务"和第三十条"关于子女生活费和教育费的协议或判决，不妨碍子女在必要时向父母任何一方提出超过协议或判决原定数额的合理要求"的规定，抚养孩子的一方向法院提起要求对方负担抚养费用的诉讼，人民法院应予受理，并根据原告申述的理由，经调查了解双方经济情况有无变化，子女的生活费和教育费是否确有增加的必要，从而作出变更或维持原协议的判决。

第二个问题。当事人邓森，因双方和孩子的情况发生了较大变化，要求改变原来对孩子抚养费部分的判决。我们同意你院的下述意见：即"邓森所提不是基于对原判不服的申诉，而是依据新情况提出诉讼请求。"因此，可由你院发交基层法院作新案处理。

此复。

——《最高人民法院关于离婚时协议一方不负担子女抚养费，经过若干时间他方提起要求对方负担抚养费的诉讼，法院如何处理的复函》（1981年7月30日）

【链接：最高人民法院法官著述】

当事人就探望权纠纷再次提起诉讼，人民法院应当受理，不适用"一事不再理"原则。

首先，不构成"一事不再理"情形。民事诉讼法中"一事不再理"原则包括两个方面的含义：第一，当事人不得就已经向法院起诉的案件再次起诉；第二，裁判生效后产生既判力，当事人不得就双方争议的法律关系再行起诉，从法院角度讲，就是不得再受理，避免作出相互矛盾的判决，也避免当事人纠缠不清，造成讼累。而本案所涉情形为，随着未成年人的成长和当事人情况的改变，探视权行使方式的基础于生效裁判文书作出后发生了变化，当事人对探望权行使的时间、方式产生了新的需求，形成超出原有生效裁判之外的新的事实。该项新的事实为既判力基准之后发生，并未被生效裁判所确认，不在诉讼系属中，不应受既判力的约束，其性质属于新的事实、新的理由构建下的新诉。民事诉讼法司法解释第二百四十八条规定："裁判发生法律效力后，发生新的事实，当事人再次提起诉讼的，人民法院应当依法受理。"由此，当事人以新的事实、新的理由再次起诉要求变更探望权的方式及时间的，不适用"一事不再理"原则，法院对此应予受理。

其次，符合立法精神。民事诉讼法第一百二十四条第（七）项规定，判决不准离婚和调解和好的离婚案件，判决、调解维持收养关系的案件，没有新情况、新理由，原告在六个月内又起诉的，不予受理。该款明确了判决不准离婚的案件和维持收养关系的案件，不受"一事不再理"原则的限制。婚姻法第三十七条第二款规定：关于子女生活费和教育费的协议或判决，不妨碍子女在必要时向父母任何一方提出超过协议或判决原定数额的合理要求。《最高人民法院关于人民法院审理离婚案件处理子女抚养问题的若干具体意见》第十五条规定：离婚后，一方要求变更子女抚养关系的，或者子女要求增加抚育费的，应另行起诉。以上规定，明确了变更抚养关系和增加抚育费的案件，可以再次起诉，不受"一事不再理"原则的限制。婚姻法第三十八条规定：行使探望权利的方式、时间由当事人协议；协议不成时，由人民法院判决。父或母探望子女，不利于子女身心健康的，由人民法院依法中止探望的权利；中止的事由消失后，应当恢复探望的权利。《最高人民法院关于适用〈中华人民共和国婚姻法〉若干问题的解释（一）》第二十五条规定：当事人在履行生效判决、裁定或者调解书的过程中，请求中止行使探望权的，人民法院在征询双方当事人意见后，认为需要中止行使探望权的，依法作出裁定。中止探望的情形消失后，人民法院应当根据当事人的申请通知其恢复探望权的行使。以上规定，明确了探望权的中止和恢复不受"一事不再理"原则的限制。探望权是一种基于身份关系派生的亲权，对未成年子女的健康成长具有重要意义，其性质和重要性与抚养权、抚育费相同，在诉讼中理应具有相同的地位。

再次，符合儿童最大利益原则。未成年人的健康成长，除了需要经济支持，更需要父母亲情关爱。探望权是离异父母子女的亲权组成部分，是父母子女之间接触、交流的自然情感需求,能够使子女得到相对完整的父母关爱,增进父母子女之间的感情,减少离婚对未成年子女的不良影响,促进未成年子女的健康成长。可以说,探望权对未成年人及其父母具有重要意义。法院作出有关探望权的裁判后,随着时间推移、未成年人成长以及其他情况变化等,原来确定的探望时间和方式,可能不能满足父母子女的交流需要,不能实现未成年人的最大利益。如果不允许再次起诉,则有可能会妨碍未成年人和当事人亲情权益的实现。因此,从情理上讲,应当赋予当事人再次起诉的权利。

最后,符合立案登记制的要求。探望权纠纷案件能否再次起诉的问题,涉及维护法院判决稳定性和保障当事人诉讼权利之间的选择。从有利于当事人的角度出发,选择保障当事人的诉权,明确探望权纠纷案件可以再次起诉,既符合法理和情理,有利于未成年人子女的健康成长即子女利益最大化原则的实现。同时,对此类案件依法予以受理,亦有利于贯彻落实四中全会关于立案审查制改为立案登记制的决定要求,体现对当事人诉权的保护,统一司法实践。

——杜万华主编、最高人民法院民事审判第一庭编:《民事审判指导与参考》(总第62辑),人民法院出版社2016年版,第143~144页。

实务中,在裁判发生法律效力后,当事人以发生新的事实为由,再次向法院提起诉讼的,人民法院对原告的起诉应当依法受理。但当事人的起诉应符合民事诉讼法规定的起诉和受理的条件,人民法院对此也应当依法进行审查。人民法院的审查仅是一种形式审查,仅审查“新的事实”是否有证据。至于该“新的事实”是否属实,在起诉的受理阶段无需审查,而有待于受理后进行审查处理。当事人主张的新的事实不成立的,人民法院应裁定驳回起诉。

——沈德咏主编、最高人民法院修改后民事诉讼法贯彻实施工作领导小组编著:《最高人民法院民事诉讼法司法解释理解与适用》,人民法院出版社2015年版,第637页。

681

当事人恒定和诉讼承继原则

关键词 | 权利义务转移 | 诉讼地位 | 无独立请求权第三人 |

【最高人民法院司法解释】

第二百四十九条 在诉讼中，争议的民事权利义务转移的，不影响当事人的诉讼主体资格和诉讼地位。人民法院作出的发生法律效力的判决、裁定对受让人具有拘束力。

受让人申请以无独立请求权的第三人身份参加诉讼的，人民法院可予准许。受让人申请替代当事人承担诉讼的，人民法院可以根据案件的具体情况决定是否准许；不予准许的，可以追加其为无独立请求权的第三人。

第二百五十条 依照本解释第二百四十九条规定，人民法院准许受让人替代当事人承担诉讼的，裁定变更当事人。

变更当事人后，诉讼程序以受让人为当事人继续进行，原当事人应当退出诉讼。原当事人已经完成的诉讼行为对受让人具有拘束力。

——《最高人民法院关于适用〈中华人民共和国民事诉讼法〉的解释》（2015 年 1 月 30 日，法释〔2015〕5 号）

【链接：最高人民法院法官著述】

实务中，应注意区分受让人以何种身份申请参加诉讼。该身份影响到法院准许其参加诉讼的方式。对受让人申请以无独立请求权第三人身份参加诉讼，人民法院决定准许的，实践中的做法多为书面通知或笔录告知的形式。应当注意的是，对受让人申请替代当事人承担诉讼，人民法院决定准许的，应当作出裁定。

对受让人申请替代当事人承担诉讼的，人民法院应对受让人的申请进行审查。人民法院审查的主要内容为诉讼标的转移是否存在，必要时可询问当事人、第三人。

本解释第 249 条所规定的诉讼承继，其内涵要比日本民事诉讼法上的民事诉讼承继范围更窄。该条规定的诉讼承继原因，仅限于“受让人申请替代当事人”的情形，并不包括原当事人的承担申请。也就是说，人民法院作出变更当事人的裁定，针对的是受让人提出的替代当事人承担诉讼的申请，在人民法院和对方当事人对权利义务的转移不知情，且受让人（特定继受人）未提出替代当事人承担诉讼的申请时，仍应由原当事人（让与人）进行诉讼并终结。即使原当事人（让与人）提出了诉讼权利义务转移的，但受让人（特定继受人）不申请续行诉讼的，人民法院不得裁定变更当事人。

受让人申请替代当事人承担诉讼，并非必然导致当事人变更，是否准许应由法院审查决定。人民法院应综合考虑受让人替代当事人承担诉讼是否影响对方当事人的预期、是否符合诉讼经济原则、是否有利于判决的执行等因素，决定是否裁定变更当事人。

——沈德咏主编、最高人民法院修改后民事诉讼法贯彻实施工作领导小组编著：《最高人民法院民事诉讼法司法解释理解与适用》，人民法院出版社2015年版，第642、646页。

682

合同一方当事人追索设备款纠纷与对方当事人产品责任纠纷不属于重复起诉

关键词｜追索设备款｜产品责任｜重复起诉｜

【最高人民法院裁判文书】

山东省郯城县金富建筑设备租赁有限公司与泰安岳首工程机械集团有限公司产品质量纠纷抗诉案

裁判要旨："一事不再理"原则作为民事诉讼的基本原则之一，在我国民事诉讼、合同法及最高人民法院的相关司法解释中都有所体现。其意义在于，保护积极之诉、减少消极诉累、避免裁判矛盾、合理分配诉讼资源。但是，审判中如果不能正确、合理地运用"一事不再理"原则，则会适得其反，造成剥夺当事人诉权、妨碍当事人依法维护身权益的情形。这其中的主要问题集中在于对何为"一事"的认定。

最高人民法院认为：

《中华人民共和国民事诉讼法》第一百二十六条规定："原告增加诉讼请求、被告提出反诉、第三人提出与本案有关的诉讼请求，可以合并审理。"从条文可见，反诉是可以独立提起的诉讼，在此前提下，才存在同一案件中提出反诉后与本诉合并审理的状态。当事人可以在法律、司法解释规定的诉讼阶段选择提出反诉，也可以选择另行提起诉讼，这是法律赋予当事人处分自己的诉讼权利的一部分，应当受到尊重。本案中，山东省高级人民法院（2008）鲁民监字第105－1

号民事裁定,认可郯城金富公司对产品质量问题具有提出反诉的权利,即表明在产品质量问题上存在一个可以提起的诉讼,这就意味着当事人拥有提出诉或者提出反诉的权利。郯城金富公司对产品质量问题选择另行提起本案之诉,是行使对诉的处分权,依法应予保护。另外,在本案一、二审诉讼中,泰安岳首公司参加了诉讼,接受了受诉法院的管辖,并同意在受诉法院组织下对产品质量进行鉴定,亦表明本案之诉的独立性。故此,在前发生的拖欠货款纠纷之诉与本案产品质量纠纷之诉是“两事”,而并非“一事”。山东省高级人民法院再审以郯城金富公司的起诉违反“一事不再理”原则、起诉不符合民事案件受理条件裁定予以驳回,没有事实和法律依据,依法应予纠正。

——景汉朝主编:《最高人民法院审判监督指导案例解析》,人民法院出版社 2015 年版,第 485 页。

【链接：最高人民法院法官著述】

案例:东方锅炉厂工业锅炉分厂(以下简称锅炉分厂)诉云南省江川磷化学工业总公司(以下简称工业总公司)承揽合同纠纷一案,自贡市贡井区人民法院于 2002 年 11 月 6 日立案受理。在诉讼中,工业总公司于 2002 年 11 月 10 日向贡井区法院提出反诉,请求退赔锅炉及配套设备款 278629.41 元及其他损失 30000 元。该院于 2002 年 11 月 25 日立案受理。2003 年 3 月 14 日,自贡市贡井区人民法院作出(2002)贡民二初字第 208 号民事判决。工业总公司不服提出上诉。四川省自贡市中级人民法院于 2003 年 6 月 12 日作出(2003)自民三终字第 49 号民事判决。

2003 年 9 月 15 日,云南省江川县法院审理了云南省江川磷化学工业总公司诉东方锅炉厂工业锅炉分厂产品责任纠纷一案,并作出(2003)江民一初字第 536 号民事判决。

四川高院认为,云南省江川县法院受理并判决云南省江川磷化学工业总公司诉讼东方锅炉厂工业锅炉分厂产品责任纠纷一案违反了民事诉讼法第 111 条第五项的规定,属于“一事两诉”。云南高院认为不构成“一事两诉”。两地法院无法协商一致,向最高法院请示。

结论:判断案件是否属于重复受理,应当以诉的要素为标准。

理由:从四川审理的案件看,有本诉和反诉两个诉,云南审理的案件只有一个诉。四川审理的案件的本诉与云南审理的案件的诉在诉的主体上是一样的,但在诉的标的、诉的理由方面是不一样的，故二者不是同一个诉。四川审理的反诉与云南审理的诉在诉的主体、诉的标的、诉的理由方面都是一样的，属于同一个诉。诉的主体方面，当事人是工业总公司和锅炉厂；诉的标的方面，都是基于DG3/0.8－1的质量问题产生的法律关系；诉的理由方面，是锅炉厂加害给付造成工业总公司损失。

——阿依古丽、王胜全、李伟、刘小飞：《新型疑难民商事案件受理问题（下）》，载苏泽林主编、最高人民法院立案庭编：《立案工作指导》（总第13辑），人民法院出版社2007年版，第63～65页。

683

原告因借款人无力偿还借款而起诉借款人的开办单位未实际出资责任不属于重复起诉

关键词 | 借款合同 | 开办单位 | 出资责任 | 重复起诉 |

【链接：最高人民法院法官著述】

案例：原告城区联合社起诉十堰农行和金穗公司称：经湖北省高级人民法院判决，金皇公司应偿还城区联合社借款本金1038万元及利息。金皇公司被十堰市中级法院强制执行利息155万元后已无财产可供执行。金皇公司由金穗公司开办，其实际无注册资金。金穗公司由十堰农行工会开办，注册资金仅有4万元。金穗公司、金皇公司成立时注册资金均未达到法定最低限额，应不具备法人资格，其开办人应对其债务承担民事责任。请求判令被告连带赔偿原告本金1038万元及利息并承担本案诉讼费用。经查明，金皇公司由金穗公司申请开办，1993年3月3日经核准登记为企业法人，其工商登记资料中的资信证明文件系虚假的，可以认定金皇公司无注册资金。金穗公司系由十堰农行工会开办的金穗服务部变更而来，十堰农行工会因不具备法人资格，相当于十堰农行的内设机构。金穗公司于1992年11月13日经核准登记为企业法人，注册资金为4万元。湖北省高级人民法院就城区联合社可否提起本案诉讼的问题向最高人民法院请示。

结论：原告起诉借款人偿还借款并胜诉，但借款人无力履行，原告又基于借款人的开办单位未实际出资应承担民事责任而提起诉讼的，两案属于不同的诉讼主体、不同的法律事实、不同的法律关系，不属于一案两诉，法院应予受理。此类案件也不属于审判监督程序解决的问题。如果原告主张借款人无法人资格而要求其开办单位承担连带责任，则该案也不属于执行阶段解决的问题，亦应通过诉讼解决。

理由：最高人民法院研究认为，此案符合《中华人民共和国民事诉讼法》第一百零八条的有关规定，人民法院应当予以受理。

城区联合社起诉金穗公司、十堰农行，是基于其作为开办单位未实际出资而应承担的民事责任，之前两级法院审理的以金皇公司为被告的借款合同纠纷案，二者属于不同的诉讼主体、不同的法律事实、不同的法律关系。故十堰农行关于城区联合社的起诉是重复诉讼的辩解不能成立，本案不属于一案两诉，法院应予受理。本案也不属于审判监督程序解决的问题，在审理金皇公司借款合同纠纷一案时，双方都没有涉及金皇公司的注册资金是否到位的问题，法院根据当事人的诉求和已有的证据，仅就借款一事进行审理并作出判决，并无不当。现城区联合社因发现金穗公司和十堰农行出资未到位和金融机构出具虚假证明的事实，从而提起诉讼要求金穗公司和十堰农行承担民事责任，属于新的诉讼，而不能以原借款合同纠纷一案中遗漏事实和当事人为由，就原判决申请再审。

原告在诉讼请求内容中包括对所列被告法人资格的认定，而法人资格应当由审判机构审理认定。根据《关于人民法院执行工作若干问题的规定（试行）》的精神和执行实践中要求掌握的原则，执行程序中不对企业的法人资格进行实质性审查，只以工商行政管理所作的企业登记为准，至于企业是否具有法人资格，要通过审判机构审理确定，以保障公平地实现当事人的诉权。本案原告在诉状中对所列被告的法人资格提出质疑，认为被告不具有法人资格，一审法院在审理中也对此进行了实际审理，并否定了被告金穗公司的法人资格。这个问题实际上是原告追加被告承担连带赔偿责任的前提，是原、被告争议的焦点，也是确定被告之间债务关系和清偿责任大小的关键所在，因此，必须给当事人公平诉讼的机会，而不能简单地在执行程序中解决。另外，本案原告诉讼请求所列被告承担的连带赔偿责任及数额，超出执行机构裁定变更被执行主体应当承担的责任范围和债务份额，应当由审判机构审理确定。根据《关于人民法院执行工作若干问题的规定（试行）》第八十、八十二、八十三条的规定，被执行人无财产清偿债务，如果其开办单位对其开办时投入的注册资金不实或抽逃注册资金，可以裁定变更或追加其开办单位为被执行人，在注册资金不实或抽逃资金的范围内，对申请人承担责任。被执行人的开办单位已经在注册资金范围内或接受财产的范围内向其他债权人承担了全部责任,人民法院不得裁定开办单位重复承担责任。就本案而言,在执行程序中,执行机构可以直接裁定开办单位为被执行人,但执行机构只能裁定开办单位就注册资金不实或抽逃资金的数额承担补偿责任,不是就全部债务承担连带赔偿责任。而原告在诉讼中请求确认的民事责任形式和争议数额,已经超出原执行依据所能扩张保护的范围,故原告的请求应当通过诉讼另案处理。

——阿依古丽、王胜全、李伟、刘小飞:《新型疑难民商事案件受理问题(下)》,载苏泽林主编、最高人民法院立案庭编:《立案工作指导》(总第13辑),人民法院出版社2007年版,第65~66页。

684

合同纠纷案件胜诉后判决无法执行，原告又向第三人提出侵权诉讼的，不属于重复起诉

关键词|合同纠纷|无法执行|侵权诉讼|重复起诉|

【链接：最高人民法院法官著述】

案例:1999年5月31日,交通银行昆明分行(以下简称交通银行)与策裕集团公司签订了7份《交通银行承兑契约》,交通银行为策裕集团共开具了总金额为1400万元的承兑汇票八张,约定策裕集团于15天内将上述汇票签发后划入其在交通银行开具的结算账户,为保证策裕集团还款,张行、张锦(策裕集团公司法定代表人张策的弟弟)自愿提供其所有的滨江大厦房屋作为抵押担保。昆明市产权监理处并以未实际办理、发放的七本房产证为张行、张锦办理了抵押登记。该房屋系1999年5月策裕集团公司以6500余万元向昆明大达利屋业有限公司(以下简称大达利公司)购买,大达利公司并按策裕集团公司的要求,将房屋产权申报为张行、张锦私人名下。因双方约定付款方式为分期付款,并办理产权转让手续,大达利公司在仅收到策裕集团公司355万元房款的情况下,就开具了5000余万元发票给张行、张锦到昆明市产权监理处办理产权登记手续,昆明市产权监理处为此出具了收件收据。因策裕集团在承兑期届满后未履行还款义务,交

通银行就该1400万元的承兑汇票事宜起诉，云南高院于2001年7月19日作出了（2001）云高民二终字第116号民事判决。除维持昆明中院的判决内容外，由张行、张锦对策裕集团应赔款项承担连带赔偿责任。后交通银行申请执行116号判决书，昆明中院于2002年5月13日作出（2002）昆民执字第225号民事裁定书载明："查明上述执行人（策裕集团、张行、张锦）均已无财产可供执行，被执行人策裕集团的财产已被我院在此之前的其他案件中执行完毕。权利人交通银行尚有1400万元本金及利息未能得到清偿，根据权利人的申请，本院决定对这笔未能得到清偿的债权发放债权凭证。今后，权利人发现被执行人有财产可供执行，可随时依债权凭证申请执行。"2002年5月15日昆明中院以（2002）执证字第A34号债权凭证确认"债权人交通银行、债务人策裕集团及张行、张锦"。此后，交通银行于2003年7月以侵权为由向昆明中院起诉大达利公司，请求法院判令大达利公司承担侵权赔偿责任。云南高院就交通银行有无诉权的问题向最高人民法院请示。

结论：当事人通过合同纠纷案件胜诉后，因判决未能执行，胜诉一方又向第三人提出侵权诉讼，不属于重复起诉，亦不属于请求权竞合，人民法院应当予以受理。

理由：

第一，本案不属于重复起诉。根据民事诉讼"禁止重复起诉原则"，判断一个诉讼是否构成重复起诉，主要从当事人和诉讼标的两个角度来分别予以分析，首先是当事人相同，其次是诉讼标的相同与近似。反观本案，云南高院（2001）云高民二终字第116号判决中的被告是策裕集团和张行、张锦，本案的被告是大达利公司，当事人不同。至于诉讼标的，云南高院（2001）云高民二终字第116号判决由于被告无财产可供执行而执行终结，完全可以看成是原告所遭受的损失，原告就此损失向被告主张权利，和（2001）云高民二终字第116号判决中原告要求归还贷款的诉讼标的不同。

第二，本案不属于请求权竞合。根据合同法第122条的规定："因当事人一方的违约行为，侵害对方人身、财产权益的，受损害方有权选择依照本法要求其承担违约责任或者依照其他法律要求其承担侵权责任。"责任竞合的前提是当事人之间存在合同关系。本案原被告双方无合同关系，因此谈不上责任竞合的问题。

第三，关于双重赔偿的问题。如果本案最终判决大达利公司承担责任，并且大达利公司也依判决承担了责任，在将来策裕集团和张锦、张行有被执行能力的情况下，会不会出现双重赔偿的问题。我们认为，这个问题可以在执行程序中解决，即在策裕集团和张锦、张行认为交通银行的执行请求超过其所遭受的损失时，可以提出执行异议；或者在被执行之后，发现交通银行获得了额外利益，可以要求执行回转。就本案而言，策裕集团和张锦、张行恢复被执行能力的希望微乎其微。即使其恢复被执行能力，由于终审法院和执行法院都是同一家法院，对两案的情况都很了解，应当说出现超额执行和双重赔偿的可能性不大。

第四，从法律追求公平、正义的理念看，如果本案中大达利公司虚开发票的行为确实给交通银行造成了损害，仅仅因为交通银行向策裕集团和张锦、张行主张过债权，即使得不到赔偿，也丧失了对大达利公司索赔的诉权，对交通银行来说显失公正，大达利公司就此也缺乏令人信服的理由。

——阿依古丽、王胜全、李伟、刘小飞：《新型疑难民商事案件受理问题（下）》，载苏泽林主编、最高人民法院立案庭编：《立案工作指导》（总第13辑），人民法院出版社2007年版，第67～68页。

685

“一事不再理”中的“一事”指当事人要求法院处理的法律关系相同

关键词｜诉讼请求｜重复起诉｜

【最高人民法院裁判文书】

河北南宫市乐凯感光材料供应站与清河县杨清绒毛厂合同纠纷申诉案

裁判要旨：两案审理的法律关系不同、诉讼标的不同的，不违反“一事不再理”规定。

最高人民法院认为：

本案并不违反一事不再理的原则。在深圳中院342号判决中以乐凯供应站与翔盈公司之间不存在直接的买卖关系为由，驳回乐凯供应站要求翔盈公司支付货款的诉讼请求。该判决并未对乐凯供应站与杨清绒毛厂之间的法律关系进行审理。而本案的诉讼标的是乐凯供应站与杨清绒毛厂之间的买卖法律关系。故两案审理的并非同一法律关系，诉讼标的并不同一，因而并不违反“一事不再理”的规定。

——苏泽林、景汉朝主编，最高人民法院立案一庭、立案二庭编：《立案工作指导》（总第28辑），人民法院出版社2011年版，第102页。

【链接：最高人民法院法官著述】

1.“一事不再理”原则中的“一事”为何内涵

综合学界、实务中的主流观点，并基于现行民事诉讼规范的解释，“一事不再理”原则下的“一事”指当事人要求法院处理同一法律关系，而并非前后两诉涉及同一事实关系。这二者必须作出明确区分。

2. 乐凯供应站在深圳法院起诉与在河北法院起诉是否系属“一事”

首先，从深圳中院342号判决本身来看，其基本推理线索，系在认定乐凯供应站与翔盈公司之间不存在直接的买卖关系的基础上，驳回乐凯供应站要求翔盈公司支付货款的诉讼请求。此即该判决的核心与主旨。至于其提及“乐凯供应站与杨清绒毛厂存在买卖关系，杨清绒毛厂与翔盈公司存在买卖关系”，系为“乐凯供应站与翔盈公司之间不存在直接的买卖关系”之附带性说明，并非当事人要求法院处理的基本法律关系，亦非法院作出判决的直接根据。故深圳中院342号判决，处理的是乐凯供应站与翔盈公司间法律关系，其虽提及“乐凯供应站与杨清绒毛厂存在买卖关系”，但未就此法律关系进行判决，更未处理此法律关系中当事人间的具体权利义务，故其既判力亦不能拘束乐凯供应站与杨清绒毛厂间买卖法律关系。而在本案中，所涉及的法律关系恰恰是乐凯供应站与杨清绒毛厂之间的买卖法律关系。由此，两个案件处理的并非同一法律关系，针对的并非同一诉讼标的，前诉既判力不能拘束后诉，因而不适用“一事不再理”的规定。

其次，从本案的诉讼参与人的地位来看，杨清绒毛厂作为被告，而翔盈公司与物资公司仅仅作为第三人。而在深圳中院342号判决中，翔盈公司与物资公司作为被告参加诉讼。因此，两案诉讼参与人的诉讼地位明显不同。表面上表明两案诉讼所涉并非同一当事人，本质上表明的则是两案诉讼所涉法律关系之主体不同，进而两案所涉法律关系也各不相同，故亦表明本案不适用“一事不再理”之规定。

最后，本案中乐凯供应站将翔盈公司和物资公司列为第三人，主张其应承担连带责任。或有意见认为，前诉判决已认定翔盈公司对乐凯供应站无还款责任，本诉当事人仍作此主张，故本案应适用“一事不再审”之原则。但必须注意的是：其一，翔盈公司和物资公司是否应当承担连带责任，是实体审理解决的问题，将其列为无独立请求权第三人起码可以起到查明乐凯供应站与杨清绒毛厂之间法律关系的作用；其二，即使认为本案中乐凯供应站关于翔盈公司承担连带责任之具体诉讼请求，与前诉既判力相悖，属重复起诉，也仅仅发生法院驳回该项具体诉讼请求之结果，而不会导致全案适用“一事不再理”之规定。

综上，从两诉处理的基本法律关系差异、两诉当事人地位差异角度判断，本案和前诉并非“一事”，不适用“一事不再理”的原则。原审法院混淆了“同一法律关系”与“同一事实关系”，所作裁判实属不当。

——梁曙明、肖磊：《“一事不再理”原则的司法适用》，载苏泽林、景汉朝主编，最高人民法院立案一庭、立案二庭编：《立案工作指导》（总第28辑），人民法院出版社2011年版，第102～104页。

编者说明

最高人民法院认为，必须区分诉讼所涉“法律关系”与“事实关系”。“一事不再理”中的“一事”指向的是当事人要求法院处理的法律关系，存在当事人、争议事实、诉讼标的三个判断要素。立案审查中必须综合把握，不能笼统地仅因诉讼涉及同一事实关系，而适用“一事不再理”。从保护当事人诉权的角度看，应当慎重适用“一事不再理”原则，特别是在前诉认定当事人诉讼请求存在法律关系认识错误（如起诉对象不当、请求权基础不当等）而判决其败诉后，当事人调整了诉讼请求再为新诉时，更应严格把握“一事不再理”原则的适用范围，以避免损害当事人的诉权。

686

两次起诉之诉讼请求相互不能涵盖，不属于“重复起诉”

关键词 | 诉讼请求 | 重复起诉 |

【最高人民法院审判业务意见】

32. 在李昌奎与超星数图公司、贵州大学等著作权侵权案[（2010）民提字第159号]中，最高人民法院认为，权利人针对数字图书馆运营商及不同用户提起的侵权诉讼，因被诉侵权主体不完全相同，诉讼请求不能互相涵盖，故不构成重复诉讼，但对权利人赔偿损失的请求能否予以支持，应当进行综合考量；若权利人在以前诉讼中获得的赔偿足以补偿其因本案侵权行为所遭受的实际损失，本案被告不应再向权利人承担赔偿责任。

——《最高人民法院知识产权案件年度报告（2010）》

【最高人民法院裁判文书】

中国农业银行重庆市分行与重庆雨田房地产有限公司房屋买卖合同纠纷上诉案[最高人民法院(2004)民一终字第8号民事判决书]

裁判要旨：当事人两次起诉之具体诉讼请求相互不能涵盖，不属于“重复起诉”。

最高人民法院认为：

1996年3月16日，雨田公司与农行市分行签订的《联合建房协议》，农行市分行不享有对其购买的大厦负一层选择位置的权利，但是，雨田公司与农行营业部1996年1月20日签订的《联合建房协议》关于“农行营业部投资2000万元给雨田公司参与建房，分得大厦负一层1000平方米。房屋分配时，农行营业部有权在负一层内优先选定位置”的约定证明，大厦负一层符合农行市分行与雨田公司1996年1月8日签订的《联建总协议》中“负一层分为两部分进行核算”之约定。1997年12月17日，农行营业部依据《联合建房协议》约定，优先选择大厦负一层9—J—11轴线范围房屋后，双方又以签订《核定单》的方式，确认“属农行市分行房屋是负一层1—9轴线范围”。至此，农行营业部与农行市分行购买的大厦负一层房屋位置已经确定。第118号民事判决之判项，解决了雨田公司请求农行市分行支付首期购房款2960万元以及当事人之间应承担的各自违约责任，没有解决农行市分行与农行营业部购买大厦负一层位置的争议。第118号民事判决认定的“负一楼均属于由农行市分行与农行营业部购买，不存在分割”的事实亦证明，《核定单》虽然已将农行市分行与农行营业部购买的房屋位置划分明确，农行营业部接收了大厦负一层1000平方米房屋。但是，大厦负一层的另一部分1996.53平方米的房屋，由于雨田公司将其中部分出租，农行市分行无法实现合同约定购买1996.53平方米房屋产权的目的。在双方对《核定单》真实性、合法性无异议，农行市分行与农行营业部购买大厦负一层房屋位置已确定，雨田公司未履行交房义务的情况下，农行市分行起诉请求雨田公司向其交付大厦负一层1—9轴线房屋，目的是通过诉讼使雨田公司不履行交房义务成为法律上的一种责任，农行市分行该项请求虽然源于双方签订的《联建总协议》《联合建房协议》以及《核定单》，但属于一项独立的诉讼，一审法院受理并作出“雨田公司于判决生效后立即将雨田大厦负一层房屋1—9轴线范围的1903.83平方米产权面积交付农行市分行并办理房屋产权登记手续”之判决，依据充分。

雨田公司以第118号民事判决认定"大厦负一楼均由农行市分行与农行营业部所购买,不存在分割"的事实以及双方签订的《联建总协议》《联合建房协议》《置换协议》均未明确房屋划分位置等理由,抗辩双方已认可的房屋划分位置,认为农行市分行属于"重复起诉",违反了"不告不理"的民事诉讼原则无据,一审法院受理农行市分行的起诉,并作出实体判决,事实根据及法律依据充分,应予维持。

——最高人民法院民事审判第一庭编:《最高人民法院民事案件解析(房屋买卖、租赁纠纷)》(第4辑),法律出版社2010年版,第189~190页。

【链接:最高人民法院法官著述】

涉案第118号民事判决所确认的案件事实,理应构成双方无须举证的法定免责事由。但本案的具体情况是,第118号民事判决的依据是雨田公司作为原告起诉请求法院判令农行市分行向其支付首期购房款,或者说是请求法院判令农行市分行履行支付一定价金的民事义务行为。依据传统的民事诉讼理论,该诉讼请求为给付之诉。本案是农行市分行作为原告起诉请求法院判令雨田公司向其交付大厦负一层房屋的行为,或者说是请求法院判令雨田公司对其购买的房屋位置予以明确,最终作出肯定或者否定的裁判,该诉讼请求为确认之诉。两案原告主体,诉讼请求依据的事实与理由不同,双方诉讼请求涵盖的主张内容亦不相同。本案如果一审法院不予受理,其法律后果是,农行市分行购买雨田公司房屋的位置将长期处于一种不确定的状态,其购买房屋使用房屋的合法权益就不能得到有效保护。

对此,一审判决没有简单采纳第118号民事判决确认的事实,而是根据案件事实进行了具体分析,在确认第118号民事判决没有涵盖农行市分行请求明确房屋位置的情况下,受理农行市分行的起诉,并针对其诉讼请求范围,判令雨田公司向该行交付大厦负一层1—9轴线范围1903.83平方米房屋,认定事实及适用法律均无不当。有鉴于此,二审法院对双方该项争议焦点作出了维持的判决。

综上分析,不难看出,一、二审法院对此焦点的审理与判决,确立了如下裁判原则:判断基于同一纠纷而提起的两次起诉是否属于重复起诉,应当结合当事人的具体诉讼请求及其依据,以及行使处分权的具体情况进行综合分析。如果两次起诉的主体不同,具体诉讼请求也不同,相互不能代替或者涵盖,则人民法院不能简单地因两次起诉基于同一纠纷而认定为"重复起诉",并依照"一事不再理”的原则对后一起诉予以驳回。该原则对于人民法院审理此类案件准确认定与掌握受理民事纠纷案件的范围与界限，有效保障当事人的诉讼权利和人民法院正确行使审理权，具有非常重要的意义。

——最高人民法院民事审判第一庭编：《最高人民法院民事案件解析（房屋买卖、租赁纠纷）》（第4辑），法律出版社2010年版，第194～196页。

687

同一起交通事故中受害人可基于不同法律关系向不同相对人提起赔偿诉讼

关键词 | 交通事故 | 人身损害赔偿 | 运输合同 |

【链接：最高人民法院法官著述】

问题：出租车在运营中，与一辆货车相撞，致使乘客受伤。货车负全责。乘客起诉货车，要求其承担损害赔偿责任，法院判决货车方赔偿10万元。但在执行时，货车方无力支付全部赔偿款，只支付了2万元。在此情况下，乘客能否以出租车方违约为由，要求出租车方承担赔偿责任？

《民事审判指导与参考》研究组认为：在这起交通事故中，涉及了两个法律关系，即人身损害赔偿关系和运输合同关系。这两个法律关系涉及的当事人不同，人身损害赔偿关系发生在乘客与货车方之间，而运输合同关系发生在乘客与出租车方之间；法律关系的性质不同，乘客与货车方之间是侵权法律关系，乘客与出租车方之间是运输合同关系；诉讼标的不同，乘客与货车方的诉讼标的是要求损害赔偿，乘客与出租车之间的诉讼标的是要求承担违约责任。基于上述不同，三当事人之间可以形成两个独立的诉讼，不能产生“一事不再理”的法律后果。如果乘客分别提起两个诉讼，不违反《民事诉讼法》第108条的规定。但应注意，《侵权责任法》所确立的损害赔偿原则是填补原则，即有损害才有赔偿，且损害实际发生多少，赔偿就偿付多少。这起交通事故给乘客造成的损失是10万元，并且生效民事判决已经对该损失的赔偿义务主体和数额作出了判决，在法律意义上，乘客的损害已经得到了赔偿。如果乘客再提起违约诉讼，其诉讼请求的赔偿额不应包括其侵权诉讼中已经判赔的数额，否则，其诉讼请求可能不会被支持。

——本书研究组:《在一起交通事故中,受害人能否基于不同的法律关系向不同的相对人分别提起诉讼要求赔偿》,载最高人民法院民事审判第一庭编:《民事审判指导与参考》(总第 48 集),法律出版社 2011 年版,第 258～259 页。

688

对履行民事调解书产生的新争议事实有权提起新的诉讼

关键词 | 履行调解书 | 诉讼请求 | 重复起诉 | 另行起诉 |

【最高人民法院裁判文书】

江苏省建工集团有限公司与苏州市相城区国际服装城开发有限公司建设工程施工合纠纷上诉案[最高人民法院(2007)民一终字第 9 号民事裁定书]

裁判要旨:对于调解协议已经作出处理的再提起诉讼属于重复起诉,人民法院不应予以受理。对于就调解协议后发生的纠纷而提起的诉讼,人民法院应予以受理。

最高人民法院认为:

江苏建工在本案诉讼中,其提出的诉讼请求既有人民法院作出调解协议以后发生的纠纷,又有调解协议以前发生的纠纷,对于调解协议之前双方当事人发生的纠纷,因已经调解协议作出处理,依据《中华人民共和国民事诉讼法》第 111 条第(五)项之规定,江苏建工的该项诉讼请求属于重复起诉。故人民法院不应予以受理。对于江苏建工就调解协议后发生的纠纷而提起的诉讼,人民法院本应予以受理,但是由于江苏建工所提出的诉讼请求是将调解协议前后所发生的纠纷混合于一体起诉的,而且所请求的工程款、违约金等数额均是合并计算的,诉讼请求不具体、不明确,其不符合法定的起诉条件。人民法院不予受理。江苏建工可就调解协议后发生的纠纷依照《中华人民共和国民事诉讼法》第 108 条的规定另行起诉。

——最高人民法院民事审判第一庭编:《民事审判指导与参考》(总第 39 集),法律出版社 2008 年版,第 204～205 页。

【链接：最高人民法院法官著述】

问题：在案件审理过程中，双方当事人达成调解协议，经民事调解书确认并已经发生法律效力，当事人又起诉的，法院是否应当依据“一事不再理”原则对此不予受理？

《民事审判指导与参考》研究组认为：“一事不再理”原则是民事诉讼的一项基本原则，即当事人不得就已经起诉的案件，在诉讼过程中再行起诉，即使起诉，人民法院也不得受理。对此原则，我国《民事诉讼法》中并没有直接规定，通常被作为法律依据的是《民事诉讼法》第111条第(5)项：“对判决、裁定已经发生法律效力的案件，当事人又起诉的，告知原告按照申诉处理，但人民法院准许撤诉的裁定除外。”但其只明确规定了对生效判决、裁定不得再诉，并未明确是否适用于调解发生法律效力的案件。

根据民事诉讼法理论，“一事不再理”原则包含了两个方面的含义：一是诉讼系属效力，即某一诉已经提起或正在诉讼中，该诉就不得再次提起；二是裁判的既判力，即民事裁判生效后，当事人不得就已经裁判确定的同一案件再行起诉。

民事调解书虽然是依据当事人依法自愿达成的调解协议制作的，但法院调解是人民法院行使审判权的方式之一，民事调解书记载了诉讼请求、案件的事实和调解结果，是在诉讼程序中形成的法院制作的法律文书，其一经生效，即产生与生效判决相同的法律效力。在程序方面，它和判决一样，都是正常结束诉讼程序的方式；在实体方面，调解生效后，即表明当事人之间实体权利义务的争议已经得到了法院的解决和确认。因此，就既判力而言，当事人和人民法院都应该受到生效裁判内容的约束，当事人不得就同一诉讼标的和同一诉讼理由再向人民法院提起诉讼，人民法院也不得再行审理和另行裁判。故从目的解释的角度而言，《民事诉讼法》第111条第(5)项的规定可以扩展解释为已经生效的裁判文书。

因此，人民法院制作的调解书发生法律效力后，如果当事人就同一诉讼标的、同一理由再行提起诉讼的，人民法院可以参照适用《民事诉讼法》第111条第(5)项的规定予以处理。

——本书研究组：《民事诉讼“一事不再理”原则是否适用于调解发生法律效力的案件》，载最高人民法院民事审判第一庭编：《民事审判指导与参考》(总第51辑),人民法院出版社2012年版,第237~238页。

履行调解书中超出原审原告诉讼请求部分内容的新的争议事实,如不能通过执行程序或审判监督程序救济,且符合《民事诉讼法》第108条规定的案件受理条件,权利人有权向有管辖权的人民法院另行提起诉讼。

——冯小光:《当事人对履行民事调解书中产生的新争议事实有权提起新的诉讼》,载最高人民法院民事审判第一庭编:《民事审判指导与参考》(总第39集),法律出版社2010年版,第168页。

689

法院判决没有处理仲裁裁决内容的不违反“一事不再理”原则

关键词 | 仲裁裁决 | 法院判决 | 一事不再理 |

【最高人民法院裁判文书】

华建电子有限责任公司、华建机器翻译有限公司与被申请人广州科技风险投资有限公司、谢雄平、张贺平、仇绍明、黄若浩合作协议纠纷再审案[最高人民法院(2010)民提字第10号民事判决书]

裁判要旨:在生效仲裁裁决依据的合同与人民法院处理争议案件依据的合同不同,人民法院审理的内容也不涉及仲裁条款约定事项的情形下,一方当事人以“一事不再理”为由主张人民法院不应重复处理的,人民法院不予支持。

最高人民法院认为:

一审法院股权恢复原状的判决并没有违反“一事不再理”的原则。理由是:由于“重组上市未果”,华建电子公司、华建翻译公司请求根据《合作协议》第三条第15项的规定就旷世公司股权结构恢复原状的纠纷与双方根据《股权转让协议》就旷世公司股权转让款项支付的纠纷系不同法律关系,是各方基于不同的法律事实提出的不同请求。从《合作协议》的约定来看,该协议的履行分为两个阶段,第一阶段是为了华建电子公司的海外子公司重组上市成功,进行旷世公司股权转让并支付股权转让款;第二阶段是如果“重组上市未果”,则恢复旷世公司股权结构并返还转让款。为履行第一阶段的约定事项,各方又签订了《股权转让协议》,并约定了仲裁条款,排除了人民法院的管辖权。该纠纷已经过北京仲裁委员会仲裁。但为履行第二阶段的约定事项,即“如因各种原因甲方重组上市未果,则终止本协议、双方签订的股权转让协议和 VC 投资协议。对已经履行的部分,双方同意尽可能地恢复原状,包括(但不限于)返还协议价格,恢复旷世科技股权架构、重新进行相应工商变更等,对由此给双方带来的损失,双方同意按照公平原则各自承担”,华建电子公司依据该约定提起诉讼,本案解决的正是履行《合作协议》第二阶段发生的纠纷。由于一审法院处理本案的依据并不是《股权转让协议》,而是《合作协议》第三条第 15 项,而仲裁所依据的是《股权转让协议》,并不是《合作协议》第三条第 15 项,基于仲裁裁决所依据的协议与一审法院处理本案所依据的协议不同,即一审法院并没有处理双方履行《股权转让协议》所发生的争议,仲裁裁决也明确表示不将《合作协议》纳入仲裁范围,也就是说,仲裁裁决所处理的“一事”即《股权转让协议》所发生的纠纷,人民法院并没有处理,所以一审法院股权恢复原状的判决并没有违反“一事不再理”的原则。

在一审法院股权恢复原状的判决并没有违反“一事不再理”的原则的情况下,就谈不上判决与仲裁裁决是否矛盾的问题。即使仲裁裁决的结果是履行《股权转让协议》,而判决的结果是恢复旷世公司的股权结构,判决是根据《合作协议》第三条第 15 项的约定作出的,该约定仍然是双方当事人包括科技公司及张贺平、谢雄平、仇绍明、黄若浩的真实意思表示。也就是说,一审判决与仲裁裁决都是根据当事人的真实意思表示做出的,都是当事人履行双方协议的必然结果。换言之,当事人的真实意思表示就是,为了重组上市,先要进行旷世公司的股权变更,而且实际上也进行了股权变更。但是,如果上市未果,已经变更的股权就应恢复原状。在上市未果的情况下,一审法院判决恢复旷世公司的股权架构,依法应予维持。

——最高人民法院民事审判第一庭编:《民事审判指导与参考》(总第 43 集),法律出版社 2011 年版,第 161 ~ 164 页。

690

已经生效判决认定的事实再行提起诉讼应予以驳回

关键词 | 生效裁判 | 认定事实 | 举证责任 | 证据效力 |

【最高人民法院审判业务意见】

最高人民法院民一庭倾向性意见认为：对于生效裁判中认定的事实，不宜从既判力的角度来理解，而应从生效裁判的事实证明效力的角度进行分析。凡人民法院生效裁判所确认的事实，具有免除后诉当事人举证责任的效力。在后诉当事人有相反证据足以推翻的情况下，后诉法院可以径行对有关事实进行确认，而不必等待前述判决经过再审程序变更后再行认定。

——宋春雨：《生效裁判的事实证明效力》，载最高人民法院法院民事审判第一庭编：《中国民事审判前沿》（总第2集），法律出版社2005年版，第70页。

【最高人民法院裁判文书】

内蒙古业成房地产开发有限责任公司与内蒙古三A家具有限公司房屋买卖合同纠纷上诉案［最高人民法院（2007）民一终字第68号民事裁定书］

裁判要旨：人民法院经依法审判民事案件，作出发生法律效力的民事判决后，该案的被告又就同一事实向人民法院起诉的，依据“一事不再理”的原则，人民法院仍应当作出不予受理的裁定。

最高人民法院认为：

业成公司以请求解除其与三A公司签订的《商品楼买卖合同》为由再行提起诉讼，人民法院应否受理，应当结合业成公司诉请的依据以及行使诉讼权利的具体情况进行分析判断。本案业成公司起诉前，已经最高人民法院（2003）民一终字第59号民事判决确认：双方签订的《商品楼买卖合同》合法有效，继续履行，对于业成公司关于解除双方签订的《商品楼买卖合同》的请求予以驳回。2006年5月22日，业成公司作为原告再次提起诉讼，仍请求解除双方签订的《商品楼买卖合同》，确认三A公司逾期付款的违约责任。该项诉讼请求除了迟延付款违约金数额有所增加和书写的“终止”与“解除”表述存在差异外，与最高人民法院（2003）民一终字第59号民事判决一案诉讼请求与事实理由均相同。因此，如果业成公司对最高人民法院生效的（2003）民一终字第59号民事判决不服，除依法启动审判监督程序对案件重新审理外，不能就同一事实和理由再行提起诉讼主张与生效判决相同的内容。故业成公司的起诉属于“重复起诉”，违反了“一事不再理”的民事诉讼原则，本院予以驳回。

——最高人民法院民事审判第一庭编：《最高人民法院民事案件解析（房屋买卖、租赁纠纷）》（第4辑），法律出版社2010年版，第217页。

【链接：最高人民法院法官著述】

本案业成公司起诉是否属于重复起诉，应当结合该公司诉请的依据以及行使诉讼权利的具体情况进行综合分析判断。

首先，业成公司是在最高人民法院（2003）民一终字第59号民事判决认定《商品楼买卖合同》有效，业成公司承担逾期交房的违约责任，案件进入执行程序的情况下，于2006年5月22日再次提起诉讼，该诉请除请求三A公司支付违约金数额有所增加外，与前述生效判决上诉诉请与理由均相同（即认为三A公司没有继续履行合同的基础与诚意，应予以解除），也就是说，业成公司起诉的依据以及实体权利之诉求均是缘于双方签订的《商品楼买卖合同》约定。事实证明，业成公司再行提起诉讼请求解除合同的主张，已经第一次起诉之诉请所涵盖，并依法被驳回，非属新的诉讼请求。双方签订的《商品楼买卖合同》，依法继续履行，已是经国家最高审判机关通过法定程序确认的事实。

其次，在最高人民法院（2003）民一终字第59号民事判决生效后，业成公司自始未作出对该生效判决不服行使申请再审的意思表示，说明业成公司对该生效判决认定《商品楼买卖合同》有效，继续履行的判项认可无异议。

——最高人民法院民事审判第一庭编：《最高人民法院民事案件解析（房屋买卖、租赁纠纷）》（第4辑），法律出版社2010年版，第219~220页。

编者说明

在民事诉讼活动中，当事人用另外一个案件的生效裁判文书作为证据支持其主张的情况经常发生。本裁判意见中，最高人民法院通过采纳生效的（2003）民一终字第59号民事判决认定事实确立了以下原则：第一，生效裁判所确认的事实作为有效的民事诉讼证据，属于司法认知所适用的证据之一，即属于无可争执的不证自明的事实，当事人可直接以生效裁判文书确认的事实作为证据证明自己的主张。如当事人不服，只能通过法律规定的审判监督程序予以纠正后，方可恢复诉讼。第二，生效裁判文书是国家审判机关依审判程序所确认的事实，这些事实预先确定了后续纠纷中同一待定事实的认定。因此，审判实践中，对于当事人所提供的生效裁判文书，人民法院可以依据生效裁判文书所确认的事实直接作出判断，并免除一方当事人的举证责任。①

691

原告以实际争议标的额超出原诉讼请求为由另行提起诉讼的不应予以支持

关键词 | 争议标的额 | 一事不再理 |

【《最高人民法院公报》案例】

河源市劳动服务建筑工程公司与龙川县人民政府建设工程施工合同纠纷案[最高人民法院(2011)民再申字第68号民事裁定书]

裁判要旨:原告提出诉讼请求并经人民法院作出生效裁判后,又以实际争议标的额超出原诉讼请求为由,就超出的数额另行提起诉讼,系对同一争议事实再次起诉,违反一事不再理的民事诉讼原则,人民法院不应予以支持。

——《最高人民法院公报》2013年第6期

692

同一案件在先立案法院撤回起诉,后立案法院予以审理不存在障碍

关键词 | 同一案件 | 撤回诉讼 |

【《最高人民法院公报》案例】

王贺春、张福才等六人与卢继先、华宸建设集团股份有限公司债权转让合同纠纷案[最高人民法院(2012)民提字第44号民事裁定书]

裁判要旨:人民法院口头准许撤诉记入笔录,履行相关通知义务后,其与书面准许撤诉裁定具有同等法律效力。当事人撤诉后,除法律有禁止性规定外,可

① 最高人民法院民事审判第一庭编:《最高人民法院民事案件解析(房屋买卖、租赁纠纷)》(第4辑),法律出版社2010年版,第213页。

另行起诉。

最高人民法院认为：

当事人在不同时间分别向有管辖权的不同地方人民法院提起诉讼，先立案的人民法院不得将案件移送给另一个有管辖权的人民法院，人民法院在立案前发现其他有管辖权的人民法院已立案的，不得重复立案；立案后发现其他有管辖权的人民法院已先立案的，应当裁定将案件移送给先立案的人民法院。后立案的人民法院在移送前，当事人在先立案的人民法院撤回诉讼并获得准许的，后立案的人民法院予以审理不存在法律程序上的障碍。

——《最高人民法院公报》2012 年第 11 期

693

政府未履行“引资奖励”承诺引发纠纷属于受案范围

关键词 | 追索奖励费 | 悬赏广告 | 引资奖励政策 | 受案范围 |

【最高人民法院答复】

山东省高级人民法院：

你院请示收悉，经研究，答复如下：

平阴镇政府于 1996 年 6 月 6 日下发的平镇政发〔1996〕7 号《关于在工业园内引办项目、引进资金、技术和人才的优惠政策》中第七条关于引资奖励的内容属于悬赏广告。镇政府承诺“对引进独资（外资、合资、内资）项目的任何单位和个人给予奖励”，该悬赏广告未对引资人的主体资格作出限制。张树东作为引资人，完成了引资项目，享有奖励请求权。镇政府未履行承诺引发的纠纷，系平等主体之间的民事纠纷，属于人民法院民事案件的受理范围。张树东完成招商引资的行为不是经营活动，不适用《国家公务员暂行条例》所禁止的“其他营利性经营活动”的规定。

故原则上同意你院审判委员会的倾向性意见，即张树东要求镇政府履行承诺的主张应予支持。原一、二审判决适用法律不当，应依法再审改判。

——《最高人民法院关于张树东与平阴县平阴镇人民政府追索奖励费纠纷一案的复函》（2003 年 7 月 24 日，〔2003〕民监他字第 14 号）

【链接：最高人民法院法官著述】

我国法律对于悬赏广告尚未作出具体规定，但审判实践中由于悬赏广告引发的纠纷时有发生。悬赏广告是指广告人以广告形式声明对完成悬赏广告中所指定行为的任何人给付广告中约定报酬的意思表示行为。悬赏广告具有以下几个特点：(1)悬赏广告是由广告人向不特定人发出的；(2)悬赏广告中所规定完成的行为应明确具体，且为法律、法规所不禁止；(3)悬赏广告发布人给付报酬的意思表示真实自愿。悬赏广告归于民事法律行为的范畴，从悬赏广告的要素可以看出，悬赏广告对于广告发布主体及发布形式没有硬性限制，我国法律也未对悬赏广告的发布形式作出禁止性规定。具体到本案，平阴镇政府以文件形式下发引资优惠政策，虽然发布人是政府，发布形式是政府文件。但从其内容上看，不属于政府实施的具体行政行为，其中的引资奖励内容是对社会公众公布的，鼓励社会上任何单位和个人引资进镇，并按引资比例给予相应奖励，其性质属于民事行为，应归为悬赏广告的范畴。

审判实践中应将悬赏广告与行政奖励区分开来。悬赏广告属于民事法律行为的范畴，是平等主体之间发生的民事行为，适用民法调整。行政奖励属于具体行政行为的范畴，是行政机关对于做出突出贡献的工作人员，根据有关法律、法规、规章，按照规定的程序，给予奖励的行政行为，例如《国家科学技术奖励条例》等，适用行政法调整。

本案中平阴镇政府的引资奖励政策应定性为悬赏广告，适用民法调整，属于人民法院受案范围。

——《关于张树东与平阴县平阴镇人民政府追索奖励费纠纷一案的请示与答复——政府以文件形式公布的“引资奖励”内容是否属于悬赏广告》，载沈德咏主编、最高人民法院审判监督庭编：《审判监督指导》（总第13集），人民法院出版社2004年版，第35页。

694

政府招商引资优惠政策引发的纠纷不属民事争议

关键词 | 政府招商引资 | 民事争议 |

【《最高人民法院公报》案例】

大庆市振富房地产开发有限公司与大庆市人民政府债务纠纷上诉案[最高人民法院(2006)民一终字第47号民事裁定书]

裁判要旨:根据《中华人民共和国合同法》第二条的规定,合同是平等主体的自然人、法人、其他组织之间设立、变更、终止民事权利义务关系的协议。法人响应政府号召,以向政府书面请示报告并经政府审批同意的形式介入市政建设,政府在不通知法人参加的情况下单方就法人介入市政建设而享有的优惠政策作出决定,法人只能按照政府决定执行的,法人与政府之间并非民法意义上的平等主体关系,双方亦没有就此形成民事合同关系。因此发生纠纷的,尽管双方之间的纠纷具有一定的民事因素,亦不属于人民法院受理民事案件的范围。

最高人民法院认为:

第一,本案双方当事人在优惠政策制定和履行中地位不平等,不属于民法意义上的平等主体。本案振富公司是响应"大庆市委五届三次全委(扩大会议)提出把城市基础设施建设、环境建设和招商引资作为今后工作重点"的号召,以向市政府书面请示报告和市政府主要领导批示同意的形式介入讼争供热工程建设的。以后,市政府在不通知振富公司参加的情况下,单方召开市政府办公会议决定由振富公司承建讼争项目并在市政府办公会议纪要(二)中制定了优惠政策明细,振富公司接受政府办公会议决定后,其职责是按照政府行政文书确定的权利义务履行,并无与市政府平等协商修订市政府优惠政策文件的余地。讼争供热项目建成后,市政府优惠政策使用不足部分能否以现金抵顶,也是由市政府单方决定的,是由政府审计、计划、建设、开发等行政管理单位按照市政府领导行政命令单方审核确定下来的。讼争供热建设项目优惠政策的确定、振富公司介入的形式以及讼争工程结算款的确定等诸多方面都是市政府单方决定的。尽管双方当事人之间在本案讼争建设项目上不存在领导关系、隶属关系,但上述案件事实表明,市政府在制定和执行优惠政策方面居于支配和主导地位。振富公司虽然具有是否承担讼争项目建设的决定权,以及对优惠政策如何理解、如何执行的建议权,但从整体上讲,在介入方式、优惠政策制定及如何履行优惠政策等方面,振富公司居于次要和服从的地位,双方当事人尚未形成民法意义上的平等主体之间的民事关系。

第二,本案双方当事人之间没有形成民事合同关系。《中华人民共和国合同法》第二条规定:本法所称合同是平等主体的自然人、法人、其他组织之间设立、变更、终止民事权利义务关系的协议。合同是双方或者多方当事人在平等自愿基础上形成的意思表示一致的民事法律行为,是以设立、变更、终止民事法律关系为目的的协议。市政府制定的办公会议纪要(二)明确了优惠政策原则和优惠政策方案,是本案讼争供热建设项目得以执行的主要依据,但该优惠政策是市政府单方制定的,未邀请振富公司参加市政府办公会议并与之平等协商,也未征得振富公司同意,市政府作出的单方意思表示,没有振富公司的意思配合。因此,市政府办公会议纪要等相关文件不是双方平等协商共同签订的民事合同。

——《最高人民法院公报》2007 年第 4 期

编者说明

政府制定的招商引资的优惠政策,究竟是民事合同还是行政政策,实践中有不同观点。从上述公报案例可以看出,最高人民法院认为,此类纠纷不属于民事案件的范畴。在此类纠纷中,双方当事人的地位不平等,优惠政策是在投资者不参加的情况下,由政府有关部门单方研究作出的。优惠政策的载体——相关行政文件不是民事合同,是政府行使国家公权力的体现,将此作为民事合同显然与《合同法》规定的"合同是平等主体的自然人、法人、其他组织之间设立、变更、终止民事权利义务关系的协议"的定义不符。优惠政策的核心内容是政府为投资者减免投资建设项目规费,投资者投资。规费是接受政府管理的相对人按照行政法规、规章等行政规范性文件规定应当缴纳的费用,减免规费是政府行使行政权的结果,优惠政策更像是行政决定,而不是民事合同。在此,优惠政策是政府单方面作出的,不是双方当事人平等自愿协商的协议,从形式到实体上来看,都不具备民事合同的特征,是附着在行政权力之下的行政文件。目前,各地政府为了招商引资制定了种类繁多的优惠政策,许多内容还包括就业、升职、户籍管理等诸多方面的内容。因为政府没有兑现优惠政策引起的纠纷都作为民事案件审理,显然法院是消化不了的,社会效果不好。依人民法院目前所处的地位和作用,在目前审理条件尚不成熟的时候,人民法院对涉及招商引资优惠政策引发的纠纷,应当谨慎对待,以不受理为宜。①

该裁判意见的关键在于对民事合同与行政合同的正确判断,这一问题在下一题中予以详细阐述。

---

① 冯小光:《未实施到位的人民政府招商引资优惠政策额度能否转化为债权以现金方式支付——大庆市振富房地产开发有限公司与大庆市人民政府债务纠纷上诉案》,载最高人民法院民事审判第一庭编:《民事审判指导与参考》(总第 30 集),法律出版社 2007 年版,第 171 ~ 174 页。

695

民事合同与行政合同的判断

关键词 | 民事合同 | 行政合同 | 受案范围 |

【最高人民法院审判业务意见】

实务中经常遇到当事人之间争议的合同属于民事合同还是行政合同、是否能够依据民事诉讼程序解决争议的问题。行政合同是指行政机关为履行职责与公民、法人或其他组织通过协商而形成的公法上的协议。从形式要件来看，行政合同的当事人必定有一方是行使国家行政权的行政机关，行政合同的内容是行政机关与相对人共同协商、双方意思表示达成一致的结果。从实质要件来看，行政合同主要涉及履行行政机关的职能、公共利益、行政权力以及公民的平等参与，其有严格的程序规制。行政合同与民事合同的区分标准主要包括主体标准、目的标准与行政优益权标准三种：(1)主体标准，即主体之一是否为行政机关。(2)目的标准，即签订合同的目的是为公共利益还是签约主体的个体私利。行政合同的目的是实现行政机关的行政职责，完成行政任务，为公共利益；而民商事合同签订的目的是为了合同主体的个体利益。(3)行政优益权标准，即从合同主体是否享有行政优益权进行判断。换言之，在合同的签订、履行、解除、终止过程中，行政机关是否居于主导地位，行政职权是否在合同履行中起主导作用，行政主体是否享有合同的发起权、合同履行的监督权和指挥权、单方面变更合同权、单方面解除合同权等。在其权利义务的约定上，是否体现行政管理关系，是否具有不对等性。行政机关享有行政优益权，合同内容体现出不平等的行政管理关系，则为行政合同；反之，则为民商事合同。

——宋晓明：《加强调查研究，探索解决之道——就在全国民商事审判工作会议中提出的若干疑难问题答记者问》，载最高人民法院民事审判第二庭编：《民商事审判指导》(总第11辑)，人民法院出版社2007年版，第84~85页。

【最高人民法院裁判文书】

广西壮族自治区兴安县溶江农村信用合作社与中国建设银行股份有限公司

兴安支行债权转让合同纠纷抗诉案[最高人民法院(2005)民二抗字第5号民事判决书]

裁判要旨:人民银行依法撤销金融机构的行为,并不排斥金融机构为处理其债权债务与其他平等主体设立民事行为,该民事行为也不因人民银行的督促而改变民事法律关系性质。

最高人民法院认为:

兴安建行撤销其下属机构溶江分理处的申请得到人民银行的批准后,兴安建行有义务妥善处置溶江分理处未尽的事务。其中,对溶江分理处未履行完毕的债务和尚未实现的债权,可以依法转移或转让,即与其他平等民事主体通过合同行为实现,亦可以采取其他方式处理之。本案兴安建行与溶江信用社所签订协议书的内容显示,兴安建行选择了在平等民事主体间签订债权债务转让和转移协议的形式,对溶江分理处尚未处分的债权债务作出处理。本案有争议的对大凸村、黄茅坝村农户贷款债权的转让,系以溶江信用社支付250余万元为对价的有偿转让。该协议书是双方当事人经过协商一致后达成的,意思表示真实,内容不违反我国法律法规的规定,协议应认定有效。桂林人行在批准撤销溶江分理处的批复中曾明确要求兴安县人行,应督促兴安建行做好机构撤销后的相关工作,兴安县人行在本案协议书上以"监交单位"的身份签章,即为履行督促之责。人民银行依法撤销金融机构的行为,并不排斥兴安建行为处理被撤销的溶江分理处的债权债务与其他平等主体设立民事法律关系;兴安建行与溶江信用社所达成的债权债务转让与转移协议,也不因人民银行的督促而改变民事法律关系性质。溶江信用社就该民事法律关系提起的本案诉讼,人民法院应当审理。广西壮族自治区高级人民法院再审,以该债权转让合同是在银行机构改革过程中,在中国人民银行及其二级分行的有关文件指导下进行的,并须履行有关的审批手续,认定该协议具有行政性质,应由行政主管部门自行处理,故而驳回溶江信用社的起诉没有法律依据。最高人民检察院的抗诉理由成立,应予以支持。

——苏泽林主编、最高人民法院审判监督庭编:《审判监督指导》(总第19辑),人民法院出版社2007年版,第75页。

【链接:最高人民法院法官著述】

原再审因兴安建行与溶江信用社所签订的债权转让协议具有行政性质而驳回了溶江信用社的起诉,虽然原审裁判理由中没有使用"行政合同"一词,但实际上已经将此协议定性为行政合同。所谓行政合同,一般指行政主体以实施行政管理为目的,与行政相对人就有关事项经协商一致而达成的协议。行政合同应具有行政性,即行政合同的主体一方恒定为行政机关或法律、法规授权的其他组织;行政合同的目的是行政主体为了社会公共利益实施行政管理,而非为行政主体自身经济利益;行政主体对行政合同的履行享有行政优益权,即对合同履行的监督权、指挥权、单方变更权和合同解除权。但不能因为合同签订和履行过程中有行政主体参与便一概将此类合同认定为行政合同,如民事合同中往往有行政机关对有关事项进行登记,行政机关的登记却只是为了使民事行为获得公信力,并不因此改变其民事属性。本案中桂林人行和兴安县人行撤销建行溶江分理处属于典型的行政行为,但该行政性不能成为后来兴安建行和溶江信用社债权转让协议的直接属性。债权转让的双方当事人都是平等民事主体的金融机构,彼此不享有行政管理权,兴安县人行只是合同的监督见证人,不是合同当事人。因此,兴安县人行的批准行为虽然是其依法履行行政管理职能,但同其他许多民事合同都需要审批一样,批准行为还是合同当事人的行为,不能改变债权转让协议的民事属性。

——陈佳、王朝辉:《广西壮族自治区兴安县溶江农村信用合作社与中国建设银行股份有限公司兴安支行债权转让合同纠纷抗诉案》,载苏泽林主编、最高人民法院审判监督庭编:《审判监督指导》(总第19辑),人民法院出版社2007年版,第77~78页。

编者说明

该裁判意见明确,不能因为合同签订和履行过程中有行政主体参与就将此类合同认定为行政合同。如民事合同中往往有行政机关对有关事项进行登记,但行政机关的登记只是为了使民事行为获得公信力,并不因此改变其民事属性,因此只要符合民事诉讼起诉条件即应予以受理。

696

请求确认违法建筑权利归属及内容的不予受理

关键词｜违法建筑｜确权｜不予受理｜

【最高人民法院司法政策】

21. 对于未取得建设工程规划许可证或者未按照建设工程规划许可证规定内容建设的违法建筑的认定和处理,属于国家有关行政机关的职权范围,应避免通过民事审判变相为违法建筑确权。当事人请求确认违法建筑权利归属及内容的,人民法院不予受理;已经受理的,裁定驳回起诉。

——《最高人民法院第八次全国法院民事商事审判工作会议(民事部分)纪要》(2016 年 11 月 30 日)

697

业主请求撤销业主大会决定的诉讼应予受理

关键词|业主大会决定|受理|

【最高人民法院审判业务意见】

业主以违反法定程序为由请求撤销业主大会所作决定的,人民法院应当受理并对业主大会所作决定是否符合法定程序进行审理。

——辛正郁:《部分业主以违反法定程序为由请求撤销大会决定,人民法院应否受理》,载最高人民法院民事审判第一庭编:《民事审判指导与参考》(总第 34 集),法律出版社 2008 年版,第 103 页。

698

土地行政主管部门与竞得人签署国有土地使用权竞得成交确认书的行为属于民事行为

关键词|国有土地使用权|竞得成交确认书|民事行为|

【最高人民法院审判业务意见】

土地行政主管部门与竞得人签署国有土地使用权竞得成交确认书的行为,

是土地行政主管部门代表国有土地所有权人与国有土地使用权受让人,对双方民事权利义务的约定,其性质属于民事行为,由此引起纠纷诉至人民法院的,属于民事案件范畴。

——沈丹丹:《土地行政主管部门与竞得人签署国有土地使用权竞得成交确认书的行为属于民事行为》,载最高人民法院民事审判第一庭编:《民事审判指导与参考》(总第45辑),法律出版社2011年版,第152页。

699

消极确认诉讼的受理

关键词 | 消极确认诉讼 | 受理 |

【最高人民法院裁判文书】

上诉人中国信达资产管理公司沈阳办事处与被上诉人中国中钢集团公司保证合同纠纷案[最高人民法院(2009)民二终字第119号民事判决书]

裁判要旨:保证人以免除保证责任为由、以债权人为被告提起诉讼,因该诉符合民事诉讼法第一百零八条规定的受理条件,故应受理。

最高人民法院认为:

诉权是当事人请求法院行使审判权保护其民事权益的权利,当事人行使诉权需要具备当事人之间存在现实争议和诉的利益两个要件。本案信达公司沈阳办向中钢集团发出《关于尽快履行担保责任的催收函》后,双方之间就中钢集团是否应当承担担保责任的争议已经存在,而且中钢集团存在通过诉讼尽早明确其法律地位的确认利益,由此避免由于争议所导致的不确定性,因此,中钢集团提起要求确认其不承担担保责任的诉讼,符合法律规定,原审法院受理此案并无不当。

——最高人民法院民事审判第二庭编:《商事审判指导》(总第23辑),人民法院出版社2011年版,第169页。

【链接:最高人民法院法官著述】

确认之诉分为积极的确认之诉与消极的确认之诉。消极确认之诉系对消极事实,如主张某一法律行为或者某一法律事实不存在而提起的有关诉讼。本案原审原告中钢集团提起诉讼请求法院认定其与信达公司沈阳办之间不存在担保法律关系,属于对消极事实的确认诉讼。本案当事人争议的首要问题是人民法院是否应当受理当事人提起的消极确认之诉。之所以对此类案件是否应予受理存在争议,主要是考虑有关当事人是否会借此无端甚至恶意挑起诉讼,一方面给对方当事人造成讼累,另一方面给法院造成司法资源的浪费。我们认为,人民法院对于消极确认之诉既不能一概予以受理,亦不能一概拒之于门外,而是要从诉讼权利行使的基本要件上作出合理判断。

本案中,一方面,信达公司沈阳办向中钢集团发出《关于尽快履行担保责任的催收函》,认为中钢集团应为抚顺特殊钢集团有限责任公司16600万奥地利先令的贷款承担担保责任,而中钢集团认为其不应承担上述债务的担保责任,双方就是否存在担保法律关系已经存在了现实的争议。另一方面,在上述争议的基础上中钢集团产生了消除动摇其法律地位因素的确认利益,需要通过诉讼尽早明确自己在这一争议中的法律地位,从而避免由于争议导致的不确定性而导致经济上和精神上的不安定状态,包括信誉损失、精神损失和可能的经济损失,因此,中钢集团在诉讼中享有了法律上的诉的利益。信达公司沈阳办抗辩中提到的其发函催收行为没有也不可能对中钢集团造成不利后果,中钢集团的民事权利没有受到侵害,系指实际上的利益损害,而作为诉权行使要件的诉的利益强调的是法律上的利益而非事实上的利益,因此,对信达公司沈阳办的上述抗辩,最高人民法院未予支持。综上,本案中钢集团提起要求确认其不承担担保责任的诉讼,符合法律规定,人民法院应予受理。

——张勇健、刘敏:《消极确认诉讼案件的受理及举证责任分配问题》,载最高人民法院民事审判第二庭编:《商事审判指导》(总第20辑),人民法院出版社2010年版,第133~134页。

700

基层供销社产权整体转让纠纷可予受理

关键词 | 供销社 | 产权转让 | 社员财产权 | 侵权行为 | 受理 |

【最高人民法院答复】

甘肃省高级人民法院：

你院甘高法〔2007〕18 号《关于对基层供销社产权整体转让纠纷能否受理的请示》收悉。我院经研究认为，基层供销社是集体经济组织，财产属社员集体所有，上级供销社违反国家政策的有关规定，未征得社员同意而将基层供销社整体转让给私人的行为，侵害了社员的财产权，属于民事侵权行为，人民法院受理这类案件符合国家有关保护农民合法财产利益的政策精神。故同意你院请示的第二种意见，即邢作明等 1988 户社员诉甘州区供销合作联社转让行为无效一案，符合《中华人民共和国民事诉讼法》第一百零八条规定的起诉条件，人民法院可予受理。

——《最高人民法院关于对基层供销社产权整体转让纠纷能否受理请示的答复》（2007 年 12 月 7 日，〔2007〕民立他字第 15 号）

【链接：最高人民法院法官著述】

对本案能否受理的问题，应从法律和政策两个层面予以考虑。

一、从法律层面看，本案属于平等民事主体之间发生的侵权纠纷，符合法定受理条件

1. 供销合作社具备法人地位，是民事主体

供销合作社是计划经济时代产生的一类特殊组织，是农村合作社的一个典型类型，其宪法地位为农村集体经济组织。在经济体制由计划经济向社会主义市场经济转轨的过程中，供销合作社也在中央的指导下进行了体制转轨。《中共中央、国务院关于深化供销合作社改革的决定》（中发〔1995〕5 号）明确规定，要坚持供销合作社集体所有制性质，各级供销合作社是自主经营、自负盈亏、独立核算、照章纳税、由社员民主管理的群众性经济组织，具有独立法人地位，依法享有独立进行经济、社会活动的自主权。上述规定肯定了供销合作社的法人地位，同时还规定按照政社分开原则，各级供销合作社退出政府行政机构序列。依据民法通则第三十六条第一款“法人是具有民事权利能力和民事行为能力，依法独立享有民事权利和承担民事义务的组织”的规定，供销合作社具备民事主体资格毋庸置疑。

2. 供销合作社与社员之间是平等民事主体

新中国成立之初的合作社以生产联合为主，改革开放后出现了多种形式联合的合作经济，目前农村的主要形式是社区经济合作型和专业经济合作型两种类型。经济合作型是一定区域内（一般为行政村）全体农民参与的合作经济组织。现有的经济合作组织是人民公社解体后形成的，这种合作经济中集体产权模糊，呈现出两种发展趋势：一是已名存实亡或不再是经济实体，二是朝股份合作制方向发展。社区股份合作制将村集体财产折股量化为全体社员，社员既是劳动者又是所有者。

本案大满供销合作社是1950年成立的农村集体经济供销企业，从起诉时的情况看属于进行了股份合作制改造的供销合作社，社员与合作社的关系是财产所有者、劳动者与合作社企业的关系，二者之间属于平等民事主体。

3. 各级供销社之间是自上而下的经济联合关系，是平等民事主体

供销合作社分基层社，县市联合社，省、自治区、直辖市联合社，全国总社。依据《中共中央、国务院关于深化供销合作社改革的决定》第三条第四款的规定，各级供销社之间是自上而下的经济联合关系，内部实行联合社为成员社服务、各级联合社为基层社服务的原则。由于实行了政社分开，这种经济联合关系不同于行政管理关系，各级供销社之间属于平等民事主体。

本案被起诉人甘州区供销合作联社与被出售的大满供销社是联合社与基层社的关系，二者属于平等民事主体，不存在行政管理关系或行政隶属关系。

4. 联合社违法转让基层社产权的行为超出了政府主导范围，属民事侵权行为

在体制转轨过程中，供销社虽然实行政社分开，但可以根据需要承担政府委托的任务，行使政府授权的某些职能。政府依照法律和政策，对其进行指导、协调、扶持、监督。也就是说，供销社的改制，受到政府主导的作用很大。对政府主导范围的事项，我们认为应由政府来解决，人民法院不宜介入。但作为上级联社的甘州区供销合作联社出售大满供销社的行为，是否属于政府主导事项或是否超过了政府主导的范围，值得考虑。

不可否认，大满供销合作社的企业改制是依据张掖市委、市政府出台的有关文件进行的，政府发挥了指导、协调的作用。但是，《中共中央、国务院关于深化供销合作社改革的决定》明文规定，必须坚持供销合作社集体所有制性质，保证入社农民共同拥有财产，共同享受收益，共同承担责任和义务。甘州区供销联社将大满供销社的产权转让给个人，显然违反中央有关政策，也与甘肃省委、省政

府的文件精神相悖，其在未经民主程序获得社员同意的情况下将大满供销社整体转让给私人的行为，不属于政府主导改制的范围，超出了上级联社承担的政府委托职能，侵害了邢作明等 1998 户社员的财产所有权，构成民事侵权行为。

5. 物权法为受理供销社产权转让纠纷提供了实体法依据

邢作明等人提起的诉讼，一是请求确认甘州区供销合联社出售大满供销社产权的行为无效，属于确认之诉；二是请求判令被起诉人返还不当得利的社员的股息损失，属于给付之诉。这两个诉讼性质不同但相互关联，均是因集体出资的企业的所有权变动产生的纠纷。物权法第五十九条第一款明确规定："农民集体所有的不动产和动产，属于本集体成员集体所有。"该条第二款第（四）项还规定"集体出资的企业的所有权变动等事项"属于应当依照法定程序经本集体成员决定的事项，这在实体法上为此类民事纠纷的受理提供了依据。

综上所述，从法律层面讲，本案邢作明等人的起诉符合《中华人民共和国民事诉讼法》第一百零八条规定的起诉条件，人民法院应予受理。

二、从政策层面来看，对超出政府主导范围的事项，人民法院应为农民提供司法救济，并加强与党委、政府的沟通协调

该案是甘肃省第一起社员诉供销社产权转让纠纷。据了解，这类案件在甘肃并不普遍，主要集中在对供销社改制力度较大的张掖地区，矛盾并不突出，社会波及面也不大。至今，政府对大满供销社因产权转让产生的问题未介入处理，农民的合法权益还未通过有效途径获得救济。2006 年 10 月 31 日，农民专业合作社法颁布实施，在立法上明确了"国家保护农民专业合作社及其成员的合法权益，任何单位和个人不得侵犯"的指导精神。因此，供销社改制过程中超出政府主导范围，且属于民事法律关系调整范围的纠纷，人民法院应为农民提供司法救济途径以保护其合法权益，同时，又要加强与地方党委、政府的沟通协调，妥善处理纠纷。

——潘杰：《解读〈最高人民法院关于对基层供销社产权整体转让纠纷能否受理请示的答复〉》，载苏泽林主编、最高人民法院立案庭编：《立案工作指导》（总第 18 辑），人民法院出版社 2009 年版，第 21 ~ 23 页。

701

当事人提出诉讼请求与事实理由不相符的处理

关键词 | 诉讼请求 | 驳回起诉 |

【最高人民法院裁判文书】

广西南宁伟基房地产有限责任公司、唐超强与肖汉金、广西吉宇房地产有限责任公司、广西中骏房地产有限责任公司侵权纠纷上诉案［最高人民法院(2006)民一终字第15号民事裁定书］

裁判要旨:民事审判实践中,经常发生原告提出的诉讼请求所对应的侵权主体与所陈述的事实理由的侵权主体不一致的情形,其所诉当事人不是本案适格当事人,根据《最高人民法院关于民事诉讼证据若干规定》第1条"原告向人民法院起诉或者被告提出反诉,应当附有符合起诉条件的相应证据材料"的规定,对于原告起诉不符合起诉条件的,应予以驳回。

最高人民法院认为:

关于起诉的条件,民事诉讼法第108条第3项规定:"有具体的诉讼请求和事实、理由。"伟基公司向法院起诉提出的诉讼请求为,判令吉宇公司、肖汉金停止对伟基公司、唐超强在第三人中骏公司名下的第0413291号宗地土地使用权的侵权行为。而伟基公司对侵权的事实和理由陈述为,伟基公司没有与中骏公司签订《房地产开发合同书》,该合同是中骏公司伪造的,伟基公司未同意将争议土地使用权变更至中骏公司名下,吉宇公司与肖汉金依据中骏公司伪造合同借中骏公司的名义侵占、使用土地构成侵权。本案的事实是,双方当事人争议的第0413291号宗地土地使用权,原登记在伟基公司名下,但后变更在中骏公司的名下,中骏公司取得该宗地土地使用权。中骏公司系独立的法人机构。根据伟基公司在本案中所陈述的侵权事实和理由,其针对的侵权起诉的被告应当是中骏公司。如果吉宇公司、肖汉金以本案土地为对象有侵权行为,则侵害的是中骏公司的土地使用权,应由中骏公司通过司法程序提出主张。在土地使用权登记在中骏公司的情况下,伟基公司提出的所谓事实和理由,不能表明吉宇公司、肖汉金侵害了伟基公司、唐超强的土地使用权。根据《最高人民法院关于民事诉讼证据若干规定》第1条"原告向人民法院起诉或者被告提出反诉,应当附有符合起诉条件的相应证据材料"的规定,伟基公司、唐超强在土地使用权没有解决之前,以吉宇公司、肖汉金为被告提起的侵权之诉,不符合民事诉讼法第108条第3项之规定。

——最高人民法院民事审判第一庭编:《民事审判指导与参考》(总第27集),法律出版社2006年版,第211~212页。

702

执行拍卖合同不具有可诉性

关键词 | 执行程序 | 拍卖行为 | 民事可诉性 |

【链接：最高人民法院法官著述】

本案争议的焦点问题是执行程序中的拍卖行为是否具有可诉性，分析如下：

1. 执行拍卖的性质：具有公法性质的强制拍卖

执行拍卖有以下特征：第一，拍卖是法院在执行程序中采取的一种执行措施；第二，拍卖物是被法院查封、扣押或冻结的被执行人的财产；第三，法院是拍卖委托人；第四，法院对拍卖享有监督的权力。执行拍卖的上述特征，决定了其与一般民事拍卖有着本质区别。一般民事拍卖是一种特殊的买卖合同，属于私法性质。它指的是以公开竞价的方法，将标的物的所有权转移给最高应价者。一般民事拍卖适用拍卖法和合同法的有关规定。按照我国拍卖法和合同法的规定，一般民事拍卖的拍卖物所有权人与拍卖机构之间系委托合同关系，拍卖机构与买受人之间系买卖合同关系。一般民事拍卖的委托人和拍卖机构对拍卖物均负有瑕疵担保义务，买受人对拍卖物则享有瑕疵担保请求权。而执行程序中的拍卖，虽然从拍卖过程看和一般民事拍卖没有两样，但是其本质是完全不同的。第一，执行拍卖系强制拍卖，是法院对被执行人财产采取的一种执行措施和处分执行行为，其法律渊源是民事诉讼法和其他司法解释等程序法。而一般民事拍卖，是物的所有人对自己财产的一种处分行为，其法律渊源系合同法、拍卖法等实体法。第二，在执行拍卖中，作为拍卖物所有权人的被执行人与拍卖机构之间，并不像一般民事拍卖那样存在委托关系，拍卖机构是受法院而非被执行人的委托进行拍卖的。第三，法院与拍卖机构之间也并非平等民事主体之间的委托合同关系。由于拍卖是法院执行活动的组成部分，拍卖机构的拍卖是在司法授权下进行的，因此，拍卖机构实际上是法院的辅助人。执行法院与拍卖机构之间的法律地位并不平等。而一般民事拍卖中委托人与拍卖机构之间系平等民事主体之间的委托合同关系。第四，在执行拍卖中，法院享有审查拍卖机构的选定、予以监督、确定公告范围、决定中止拍卖等权力，这些权力对于一般民事拍卖的委托人来说是不可能享有的。第五，在强制拍卖成交的确认方式上，是以人民法院的成交裁定作为强制成交的标志，而不像一般民事拍卖那样以拍卖机构与买受人签订成交确认书为准。因此,在执行拍卖中,被执行人、法院、拍卖机构以及买受人四者之间的关系,均不再是一般民法意义上的民事主体之间的平等关系。执行拍卖与一般民事拍卖的上述不同之处,正是执行拍卖公法属性的具体表现。

2. 民事诉讼对于公法行为的非民事主管性

根据我国民事诉讼法第 3 条的规定,法院受理民事案件的范围包括:公民之间、法人之间、其他组织之间以及他们相互之间因财产关系和人身关系提起的民事诉讼。从这一规定可以看出,法院受理的民事诉讼,只能涉及平等民事主体之间在民事领域内的财产关系和人身关系。执行拍卖中虽然常常表现为拍卖机构与被执行人及买受人之间的关系,也发生所有权转移的法律后果,看似民事行为,但是,由于其发生在法院执行程序中,拍卖机构实际上是法院的辅助人,所以拍卖行为实际是司法行为的组成部分,并非一般民事领域中出现的问题。而对于法院司法行为本身引发的纠纷,是不应该作为民事案件受理的。另外,从程序法角度讲,执行程序是审判程序之后的程序,是依据公权力实现法院生效裁判所界定的私权利的程序。如果将此程序中由于法院执行行为引发的纠纷重新纳入诉讼程序,重新进行审理并判决,就等于法院在民事程序中审判自己的执行行为,这是违反民事诉讼程序设置的基本逻辑的。所以,我国法院民事诉讼的主管范围不包括执行拍卖纠纷,对于被执行人对执行拍卖合同提起的民事诉讼,法院应裁定不予受理或裁定驳回起诉。本案中,烟酒总公司以拍卖人东方拍卖公司在拍卖过程中虚构马延波的竞买人资格,与唯一的竞买人顺达房地产公司恶意串通损害其利益为由,请求法院确认拍卖无效、确认其享有诉争土地使用权并返还土地。由于东方拍卖公司的拍卖行为是受法院委托进行的,属于执行程序中的强制拍卖,因此,一、二审法院裁定对本案不予受理是正确的。烟酒总公司申请再审时还认为,本案起诉符合最高人民法院法发〔2008〕11 号《民事案件案由规定》中的拍卖合同纠纷,人民法院应立案受理。对此应该明确的是,最高人民法院法发〔2008〕11 号《民事案件案由规定》中的拍卖合同纠纷,指的是一般民事拍卖纠纷,并不包括本案所涉强制拍卖问题。

3. 执行拍卖纠纷的救济渠道

对于不具有民事可诉性的执行拍卖,如果由于法院或拍卖机构的原因致被执行人或其他人遭受损失,那么有无其他救济渠道?我们认为,如果出现此类情况,在民事诉讼法修改后,有关当事人可以按照修改后的民事诉讼法第 202 条的规定提出执行异议,即"当事人、利害关系人认为执行行为违反法律规定的,可以向负责执行的人民法院提出书面异议。当事人、利害关系人提出书面异议的，人民法院应当自收到书面异议之日起十五日内审查，理由成立的，裁定撤销或者改正；理由不成立的，裁定驳回。当事人、利害关系人对裁定不服的，可以自裁定送达之日起十日内向上一级人民法院申请复议”。这是民事诉讼法修改时新增加的一条规定，明确赋予了当事人、利害关系人对违法执行行为提出异议和申请复议的权利。当事人也可以按照最高人民法院法释〔2004〕16 号《关于人民法院民事执行中拍卖、变卖财产的规定》，请求法院进行执行监督。《关于人民法院民事执行中拍卖、变卖财产的规定》确立了较为完善的执行监督制度。执行监督制度与民事诉讼法中规定的上述执行救济制度，在具体适用时可以并行不悖。对违法执行行为提出异议进而申请复议，是当事人、利害关系人享有的一项法定权利，异议或复议申请符合法定条件的，执行法院和上一级人民法院就必须进行审查处理，并作出裁定，裁定应当送达当事人和有关法院。而执行监督作为法院内部的一种监督纠错制度，其具体程序更多的是在法院内部运行，法院处理后一般只向有关法院下发内部函文，在特殊情况下才制作正式的裁定或决定。因此，尽管二者都可能会达到纠正执行错误的实际效果，但纠错的途径、启动程序、审查处理程序、法律文书、法律效力等并不相同，可以作为两种不同的纠错机制同时存在。由于本案发生时，民事诉讼法还没有修改，尚没有赋予当事人提出执行异议的权利，最高人民法院法释〔2004〕16 号《关于人民法院民事执行中拍卖、变卖财产的规定》尚未施行，这就引发了下一个问题，即本案的法律适用问题。

4. 本案的适用法律问题

虽然根据执行拍卖的性质，法院对执行拍卖合同纠纷不应该作为民事案件受理，本案一、二审法院都认为烟酒总公司如认为人民法院执行程序及拍卖行为违法，可通过执行监督予以解决，但是，二审法院裁定适用的法律依据是最高人民法院法释〔2004〕16 号《关于人民法院民事执行中拍卖、变卖财产的规定》，而该规定自 2005 年 1 月 1 日生效，东方拍卖公司进行拍卖的时间是 2003 年 8 月 20 日，即本案发生时，上述司法解释尚未生效。烟酒总公司申请再审时，也是将这一问题作为申请再审理由予以提出。对此问题，我们认为，最高人民法院的观点是正确的，即虽然本案发生时最高人民法院法释〔2004〕16 号《关于人民法院民事执行中拍卖、变卖财产的规定》尚未施行，但是，对于执行拍卖系由人民法院委托进行，属于人民法院执行工作组成部分这一问题，1998 年 7 月 18 日起施行的《最高人民法院关于人民法院执行工作若干问题的规定（试行）》第 46 条已作了规定。而且，石家庄市中级人民法院也是依据《最高人民法院关于人民法院执行工作若干问题的规定(试行)》关于执行监督的规定作出一审裁定的。因此,如果确实存在东方拍卖公司虚构竞买人资格、导致被执行人烟酒总公司受损害的情形,当事人认为人民法院对拍卖活动监督不力的,应当由人民法院通过执行监督程序予以纠正,而不能由被执行人烟酒总公司通过对拍卖人等提起民事诉讼的方式解决。

——张国明:《执行拍卖不具有民事可诉性》,载苏泽林主编、最高人民法院立案庭编:《立案工作指导》(总第19辑),人民法院出版社2009年版,第57~61页。

编者说明

就我国目前司法实践来看,普遍认为执行拍卖为法院的司法处分行为,是人民法院对被执行人财产采取的一种执行措施和处分执行行为。基于执行拍卖具有公法性质,执行拍卖合同不具有可诉性。针对执行拍卖中的纠纷,当事人或者利害关系人应当通过执行监督方式解决。

703

涉灾案件的受理

关键词 | 涉灾案件 | 受理 |

【最高人民法院司法政策】

在灾后重建期间,对于当事人起诉到人民法院的案件,符合立案条件的起诉,尤其是宣告失踪、宣告死亡等案件,应当及时立案,切实保障当事人诉权的实现。

对于灾民被异地安置、投亲靠友后,因纠纷起诉到人民法院的,由于目前居住地发生了变化,在管辖问题上,由青海省高级人民法院依照民事诉讼法等有关法律规定,从方便灾民、有利稳定的原则出发,统筹安排。对属于人民法院收案范围的纠纷,人民法院受理案件后,要切实加强涉灾民事案件的诉讼指导和法律释明,注重对当事人进行诉讼风险的提示;对不属于或不宜由人民法院处理的纠纷,应认真做好群众思想疏导工作,引导当事人选择其他有效途径和方式解决争议。

——《最高人民法院关于依法做好抗震救灾和恢复重建期间审判工作切实维护灾区社会稳定的通知》(2010年4月19日,法〔2010〕178号)

对于可能影响灾后恢复重建工作顺利进行、群体性以及社会比较敏感的案件，对于有关部门已经协调处理过的案件，要慎重审查立案。

——《最高人民法院印发〈关于处理涉及汶川地震相关案件适用法律问题的意见（二）〉的通知》（2009年3月23日，法发〔2009〕17号）

一、对于涉及灾区群众人身、财产关系的婚姻家庭、继承、宣告死亡、宣告失踪等案件，人民法院要依法积极受理，尽快解决因地震造成相关人身和财产权利义务关系变化而带来的问题。

三、农村承包地因地震灾害导致不能耕种、边界不明，当事人起诉要求进行调整、边界划定或重新确权的，人民法院应当告知当事人向有关政府行政主管部门申请解决。

——《最高人民法院关于处理涉及汶川地震相关案件适用法律问题的意见（一）》（2008年7月14日，法发〔2008〕21号）

失踪、宣告死亡以及对灾区输出农民工追讨劳动报酬等纠纷，应当及时立案，切实保障当事人诉权的实现。对于灾民被异地安置、投亲靠友后，因纠纷起诉到人民法院的，由于目前居住地发生了变化，在管辖问题上，由相关高级人民法院依照民事诉讼法等有关法律规定，从方便灾民、有利稳定的原则出发，统筹安排。对属于人民法院收案范围的纠纷，人民法院受理案件后，要切实加强涉灾民事案件的诉讼指导和法律释明，注重对当事人进行诉讼风险的提示；对不属于或不宜由人民法院处理的纠纷，应认真做好群众思想疏导工作，引导当事人选择其他有效途径和方式解决争议。

——《最高人民法院关于依法做好抗震救灾恢复重建期间民事审判和执行工作的通知》（2008年6月6日，法〔2008〕164号）

各级人民法院特别是灾区人民法院要坚持在党委、政府的统一领导下，及时化解抗震救灾和灾后重建过程中的各种矛盾纠纷，鼓励、支持人民调解等组织化解纠纷，积极支持行政机关运用行政手段解决纠纷。对于起诉到人民法院的民事等案件，要区分不同情况办理：对于涉及灾区群众基本生活保障、恢复生活生产的案件，要依法快立、快审、快执；对于可能影响抗震救灾和灾后重建工作顺利进行、群体性以及社会比较敏感的案件，要积极与有关部门进行协调，慎重审查立案。在审理过程中，特别要注意进行诉前调解，多做当事人的调解、协调工作，尽可能通过调解或者和解撤诉的方式化解纠纷,切实做到“案结事了”。在审判和执行过程中,要特别注意保护灾区的未成年人、孤寡老人、因地震伤残人员的合法民事权益。要积极主动地推出便民利民措施,加大司法救助的力度,扩大对地震灾区群众司法救助范围,建立抗震救灾司法救助绿色通道,简化受理手续,努力做到应助尽助。

——《最高人民法院关于依法做好抗震救灾期间审判工作切实维护灾区社会稳定的通知》(2008 年 5 月 26 日,法〔2008〕152 号)

704

对非法经营行为的查处认定不属民事诉讼范畴

关键词 | 知识产权 | 非法经营行为 | 受案范围 | 法院主管 |

【最高人民法院审判业务意见】

在黄金假日公司与携程公司不正当竞争裁定上诉案中,最高人民法院认为,携程计算机公司是否构成非法经营增值电信业务,属于是否违反相关行政管理法律、法规并应当承担相关行政责任的问题,应当依法由行政主管部门查处认定,不属于人民法院民事诉讼审查范畴。

——《最高人民法院知识产权案件年度报告(2009)》

705

拆迁补偿安置争议案件的受理

关键词 | 拆迁补偿安置 | 行政裁决 | 受案范围 |

【最高人民法院司法解释】

浙江省高级人民法院:

你院浙高法〔2004〕175 号《关于双方未达成拆迁补偿安置协议当事人就补

偿安置争议向法院起诉,法院能否以民事案件受理的请示》收悉。经研究,答复如下:

拆迁人与被拆迁人或者拆迁人、被拆迁人与房屋承租人达不成拆迁补偿安置协议,就补偿安置争议向人民法院提起民事诉讼的,人民法院不予受理,并告知当事人可以按照《城市房屋拆迁管理条例》第十六条的规定向有关部门申请裁决。

此复。

——《最高人民法院关于当事人达不成拆迁补偿安置协议就补偿安置争议提起民事诉讼人民法院应否受理问题的批复》(2005 年 8 月 1 日,法释〔2005〕9 号)

【最高人民法院答复】

辽宁省高级人民法院:

你院向我院报送的《关于沈阳金法石油化工制品有限公司和平分公司与沈阳市和平区长白地区管理委员会、沈阳土地储备中心长白分中心拆迁安置土地补偿费纠纷是否受理的请示》收悉,经研究,答复如下:

由于双方当事人已经签订《城市房屋拆迁补偿安置协议(货币补偿)》,因此原审裁定依照《最高人民法院关于当事人达不成拆迁补偿安置协议就补偿安置争议提起民事诉讼人民法院应否受理问题的批复》,认定在双方未达成土地补偿协议的情况下,法院不应受理此案,裁定驳回原告的起诉,属适用法律不当。上诉人的起诉符合民诉法第一百零八条规定的属于人民法院受理民事诉讼范围条件,应予受理。

——《最高人民法院关于当事人之间达成了拆迁补偿安置协议仅就协议内容发生争议的,人民法院应予受理问题的复函》(2007 年 1 月 1 日,〔2007〕民立他字第 54 号)

各省、自治区、直辖市高级人民法院:

近来,有些高级人民法院就有关受理房屋拆迁、补偿、安置等案件的问题向我院请示。经研究,答复如下:

一、公民、法人或者其他组织对人民政府或者城市房屋主管行政机关依职权作出的有关房屋拆迁、补偿、安置等问题的裁决不服,依法向人民法院提起诉讼的,人民法院应当作为行政案件受理。

二、拆迁人与被拆迁人因房屋补偿、安置等问题发生争议,或者双方当事人达成协议后,一方或者双方当事人反悔,未经行政机关裁决,仅就房屋补偿、安置等问题,依法向人民法院提起诉讼的,人民法院应当作为民事案件受理。

三、本批复发布之日起,最高人民法院〔1993〕法民字第9号《关于适用〈城市房屋拆迁管理条例〉第十四条有关问题的复函》同时废止。

——《最高人民法院关于受理房屋拆迁、补偿、安置等案件问题的批复》(1996年7月24日,法复〔1996〕12号)

【最高人民法院审判业务意见】

最高人民法院民一庭对此问题进行了研究,并就正确处理房屋拆迁纠纷案件的重要性进行了充分的讨论,形成了如下意见:拆迁人与被拆迁人没有达成拆迁安置协议的拆迁纠纷,当事人提起诉讼的,人民法院不应当作为民事案件受理。

——张雅芬:《拆迁人与被拆迁人没有达成拆迁安置协议的拆迁纠纷,人民法院是否作为民事案件受理》,载最高人民法院民事审判第一庭编:《中国民事审判前沿》(总第1集),法律出版社2005年版,第21页。

【最高人民法院裁判文书】

沈阳市大东区人民政府与沈阳市华通服装有限公司、沈阳市华通服装有限公司华通招待所侵权损害赔偿纠纷案[最高人民法院(2010)民提字第81号民事判决书]

裁判要旨:本案各方当事人之间未能达成拆迁补偿协议,本案纠纷未经沈阳市房屋拆迁管理部门行政裁决,大东区政府强制拆除涉案房屋行为致华通公司、华通招待所的民事权益受到损害,已构成《民法通则》第一百二十一条所规定的侵权行为,其既要承担违法行政行为的行政责任,又要承担损害赔偿的侵权责任。故华通公司、招待所向人民法院提起民事诉讼,人民法院应当受理。

——最高人民法院民事审判第二庭编:《最高人民法院商事审判指导案例(下)》,中国法制出版社2011年版,第746~756页。

【链接：最高人民法院法官著述】

1991 年《城市房屋拆迁管理条例》和〔1996〕12 号《批复》规定当事人就补偿安置协议不能达成协议的，可以选择民事诉讼和申请裁决；2001 年《城市房屋拆迁管理条例》规定当事人就补偿安置不能达成协议的，只能先申请裁决。〔2005〕9 号《批复》只是重申了 2001 年《城市房屋拆迁管理条例》的规定，使拆迁补偿安置纠纷解决的法律救济途径更加明确。我们认为〔1996〕12 号《批复》是建立在 1991 年《城市房屋拆迁管理条例》的基础上，该批复第二款在 2001 年《城市房屋拆迁管理条例》实施后因失去法律依据而自动失效。而且〔2005〕9 号《批复》虽然是司法解释，但并不是立法性、设定性的，而是重申 2001 年《城市房屋拆迁管理条例》的内容，属于重申性的规定。所以〔2005〕9 号《批复》应适用于 2001 年 10 月 1 日《城市房屋拆迁管理条例》实施以后的行为。

——王达：《拆迁纠纷诉讼案件处理的职权法定和正当程序问题》，载万鄂湘、张军主编，最高人民法院《最新法律文件解读》编辑委员会编：《最新执行与司法程序法律文件解读》（总第 6 辑），人民法院出版社 2007 年版，第 268～269 页。

关于《拆迁条例》和最高人民法院法复〔1996〕12 号批复适用问题：

第一，从时间上来看，我院批复是 1996 年制订的，《拆迁条例》是 2001 年实施的。批复在先，条例在后。按照新优于旧的原则，宜优先适用条例规定。

第二，从效力上看，批复是司法解释，《拆迁条例》是行政法规。行政法规与司法解释的效力关系有三种：（1）行政法规是全国人大及其常委会没有立法，先授权国务院制定的情形，行政法规与法律具有同等效力，司法解释不得与之抵触。（2）行政法规属于对《宪法》第八十九条规定的行政职权事项的规范，则此类行政法规规范是司法解释不能涉及的范畴。（3）为执行法律而制定的行政法规，除法律明确规定由国务院负责解释之外，与我院的司法解释具有同等效力。两者发生冲突时，应当提请有权机关解决。《拆迁条例》是属于全国人大及其常委会没有立法的行政法规，一般认为属于全国人大授权制定之范畴，因此，《拆迁条例》应具有法律的效力。司法解释与之抵触时，宜以行政法规为优先适用。

因此，在审理拆迁类案件时，应当优先适用《拆迁条例》，条例不明确的，或者没有规定的，适用我院的司法解释。

当事人达不成拆迁补偿安置协议的首先应当由行政机关依法裁决处理。

对当事人达不成拆迁补偿安置协议，就补偿安置争议向人民法院起诉，人民法院能否受理问题的两种不同意见，争议点主要集中在对《拆迁条例》第十五条和第十六条规定的理解上，即此类案件是否必须以行政裁决为必经程序。从《拆迁条例》第十五条的规定来看，对于拆迁补偿安置协议订立后，被拆迁人或者房屋承租人在搬迁期限内拒绝搬迁的，拆迁人可以依法向仲裁委员会申请仲裁，也可以依法向人民法院起诉。此类案件，人民法院是可以直接作为民事案件受理的。《拆迁条例》第十六条则对未达成拆迁补偿安置协议的争议处理另行作了规定，即拆迁人与被拆迁人或者拆迁人、被拆迁人与房屋承租人达不成拆迁补偿安置协议的，经当事人申请，由房屋拆迁管理部门裁决。当事人对裁决不服的，可以自裁决书送达之日起3个月内向人民法院起诉。可见，《拆迁条例》将拆迁类纠纷作了两类划分：一类是已经签订了拆迁补偿安置协议的纠纷，即不履行协议的纠纷；另一类是未签订拆迁补偿安置协议的纠纷。对于达成了拆迁补偿安置协议和未达成拆迁补偿安置协议的纠纷，《拆迁条例》设计了两种不同的解决途径。对于前者，当事人就履行拆迁补偿安置协议引发的纠纷，可以作为民事案件由人民法院直接受理。对于后者，就补偿安置协议的成立问题，交由行政机关裁决，当事人对裁决不服，可以就裁决向人民法院起诉，此类诉讼只能是行政诉讼。有人认为从《拆迁条例》第十六条第一款的字面来看，行政裁决是否为解决此类纠纷的必经程序，并不明确，即是否已经排除了当事人直接向人民法院就补偿安置协议缔结问题提起民事诉讼，尚需进一步明确。经研究，我们认为，应当理解为是必经程序，理由是：首先，拆迁补偿安置并不是平等主体之间的民事行为，多数情况下是按照国家和地方政策来实施的。尽管拆迁补偿安置问题突出，拆迁户的利益应当加强保护，这必须依靠中央和地方权力、行政、司法机关共同努力，人民法院单独难以承担此重任。其次，此类纠纷在未达成补偿安置协议前进入司法程序，人民法院将处于代替当事人签订协议的地位。此类案件中，拆迁户数量往往较大，未经行政裁决即进入诉讼程序会引发此类案件的连锁反应。再次，从《拆迁条例》第十五条、第十六条规定来看，是将达成协议的纠纷和未达成协议的纠纷分别适用不同程序处理，否则第十五条就可以涵盖第十六条规定。最后，反对行政裁决作为必要程序的意见中提出行政裁判并不能否认当事人的诉权是有道理的，但诉权存在的目的就是使纠纷有解决的途径，给予权利以救济的渠道。当事人依法提起诉讼是解决纠纷的一种有效的方式，但并不是唯一的纠纷解决途径，行政裁决也是一种重要的权利救济方法。在当前中国社会，构筑多元化纠纷解决机制是适应社会纠纷解决实际需要的必然要求，诉讼作为纠纷解决机制的一种，其作用是有限的，应当准确地将诉讼定位于维护社会正义的最后一道防线而不是第一道防线。因此，由行政机关依法就当事人之间的拆迁补偿安置协议进行裁决，是人民法院受理此类案件的必经程序。

——吴兆祥：《解读〈最高人民法院关于当事人达不成拆迁补偿安置协议就补偿安置争议提起民事诉讼人民法院应否受理问题的批复〉》，载万鄂湘、张军主编，最高人民法院《最新法律文件解读丛书》编辑委员会编：《最新司法与行政程序法律文件解读》（总第5辑），人民法院出版社2005年版，第81～83页。

拆迁当事人就拆迁补偿安置裁决提起行政诉讼，法院是否受理？

问题：我院在处理拆迁案件时，遇到被拆迁人就拆迁补偿安置裁决向人民法院提起行政诉讼，法院是否受理的问题。有观点认为法释〔2005〕9号《最高人民法院关于当事人达不成拆迁补偿安置协议就补偿安置争议提起民事诉讼人民法院应否受理问题的批复》规定拆迁人与被拆迁人或者拆迁人、被拆迁人与房屋承租人达不成拆迁补偿安置协议，就补偿安置争议向人民法院提起民事诉讼的，人民法院不予受理，并告知当事人可以按照《城市房屋拆迁管理条例》第十六条的规定向有关部门申请裁决。因此，当事人对补偿安置裁决不服向人民法院起诉的，人民法院也不受理。请问上述观点正确吗？

《人民司法》研究组认为：法释〔2005〕9号《最高人民法院关于当事人达不成拆迁补偿安置协议就补偿安置争议提起民事诉讼人民法院应否受理问题的批复》明确规定："拆迁人与被拆迁人或者拆迁人、被拆迁人与房屋承租人达不成拆迁补偿安置协议，就补偿安置争议向人民法院提起民事诉讼的，人民法院不予受理，并告知当事人可以按照《城市房屋拆迁管理条例》第十六条的规定向有关部门申请裁决。"不言而喻，拆迁当事人不服补偿安置裁决向人民法院提起行政诉讼的，人民法院应当受理。《城市房屋拆迁管理条例》第十六条规定，拆迁人与被拆迁人或者拆迁人、被拆迁人与房屋承租人达不成拆迁补偿安置协议的，经当事人申请，由房屋拆迁管理部门裁决。当事人对裁决不服的，可以自裁决书送达之日起3个月内向人民法院起诉。

——《人民司法》2006年第2期

公民诉请市政府拆迁房屋,法院应如何处理?

问题:徐某1987年购买距省级公路路边沟外缘7米处房屋一座。1998年5月该公路涉及徐某房屋路段需拓宽,边沟已扩至徐某房前6米处。徐某以房前只剩1米间距不能生活为由,以市政府为被告向人民法院提起诉讼,要求市政府拆迁其房屋并赔偿损失。对此案是否属于民事案件受理范围出现了三种意见:第一种意见认为,根据民事诉讼法第108条第四项和第111条第三项的规定,此案不属于人民法院受理的民事案件范围,应当由其他机关处理,告知原告向有关机关申请解决,法院应发出不予受理的裁定;第二种意见认为,本案不能适用告知的规定,不应发出不予受理裁定;第三种意见认为,本案属于人民法院受理的民事案件范围,不能适用告知规定,也不能裁定不予受理,应予立案。请问哪种意见正确?

《人民司法》研究组认为:根据民事诉讼法的规定,人民法院受理的民事诉讼范围,是指公民之间、法人之间、其他组织之间以及他们相互之间因财产关系和人身关系而发生的纠纷。一些政府部门在履行各种行政职能过程中与公民、法人和其他组织之间发生的纠纷,依照有关行政管理法规的规定,属于由有关行政机关处理的争议,当事人向人民法院起诉的,人民法院应当依照民事诉讼法第111条第三项的规定,告知当事人向有关行政机关申请解决。对于此种情形,人民法院负责立案的审判人员采用口头形式告知即可,不需采用书面告知形式,更无需作出不予受理的裁定。至于对来信中提及的具体案件,人民法院是否受理以及是作为民事案件还是行政案件受理问题,应当根据最高人民法院法复〔1996〕12号《关于受理房屋拆迁、补偿、安置等案件的批复》的规定办理。

——《人民司法》1999年第6期

706

适用《民事案件案由规定》应注意的问题

关键词 | 民事案件案由 | 诉权 | 法律关系性质 |

【最高人民法院司法政策】

1. 第一审法院立案时应当根据当事人诉争法律关系的性质,首先应适用修改后的《民事案件案由规定》列出的第四级案由；第四级案由没有规定的，适用相应的第三级案由；第三级案由没有规定的，适用相应的第二级案由；第二级案由没有规定的，适用相应的第一级案由。地方各级人民法院对审判实践中出现的可以作为新的第三级民事案由或者应当规定为第四级民事案由的纠纷类型，可以及时报告最高人民法院。最高人民法院将定期收集、整理、筛选，及时细化、补充相关案由。

2. 各级人民法院要正确认识民事案件案由的性质与功能，不得将修改后的《民事案件案由规定》等同于《中华人民共和国民事诉讼法》第一百零八条规定的受理条件，不得以当事人的诉请在修改后的《民事案件案由规定》中没有相应案由可以适用为由，裁定不予受理或者驳回起诉，影响当事人行使诉权。

3. 同一诉讼中涉及两个以上的法律关系的，应当依当事人诉争的法律关系的性质确定案由，均为诉争法律关系的，则按诉争的两个以上法律关系确定并列的两个案由。

4. 在请求权竞合的情形下，人民法院应当按照当事人自主选择行使的请求权，根据当事人诉争的法律关系的性质，确定相应的案由。

5. 当事人起诉的法律关系与实际诉争的法律关系不一致的，人民法院结案时应当根据法庭查明的当事人之间实际存在的法律关系的性质，相应变更案件的案由。

6. 当事人在诉讼过程中增加或者变更诉讼请求导致当事人诉争的法律关系发生变更的，人民法院应当相应变更案件案由。

7. 对于案由名称中出现顿号（即“、”）的部分案由，应当根据具体案情，确定相应的案由，不应直接将该案由全部引用。如“生命权、健康权、身体权纠纷”案由，应根据侵害的具体人格权益来确定相应的案由；如“海上、通海水域货物运输合同纠纷”案由，应当根据纠纷发生的具体水域来确定相应的案由；如“擅自使用知名商品特有名称、包装、装潢纠纷”案由，应当根据具体分割对象来确定相应的案由。

——《最高人民法院关于印发修改后的〈民事案件案由规定〉的通知》（2011年2月18日，法〔2011〕42号）

707

原告起诉之诉因与诉讼请求必须具有因果关系

关键词 | 诉因 | 诉讼请求 | 受理条件 |

【最高人民法院裁判文书】

临沂市罗庄区人民政府与临沂鑫圣园公墓管理处土地使用权纠纷上诉案[最高人民法院(2002)民一终字第18号民事裁定书]

裁判要旨:当原告起诉之诉因与诉讼请求不具有因果关系,不符合法律规定的起诉和受理条件时,审查起诉和受理案件的法官应准确地判断并揭示出当事人所争议的法律关系之核心焦点所在。

最高人民法院认为:

区政府与调剂中心签订投资兴建鑫圣园公墓的《协议书》之后,经区民政局报请省政府、省民政厅批准成立了公墓管理处,但是,区政府与调剂中心签订《协议书》后,因调剂中心没有足额支付投资款,区政府不予办理向其交付鑫圣园公墓项目手续,以及办理该项目用地的《国有土地使用证》,双方产生纠纷,已进入仲裁程序,公墓管理处亦未依法取得鑫圣园公墓项目用地的合法手续,其持有的是临沂市土地管理局发给公墓管理处的《国有土地使用证》,因此,公墓管理处在其没有获得鑫圣园公墓项目用地《国有土地使用证》、不是该项目用地的合法使用权人、与区政府之间没有任何合同关系的情况下提起诉讼,请求人民法院确认其对鑫圣园公墓500亩土地拥有合法使用权,确认区政府与区民政局之间发生的土地使用权交易行为无效,没有事实根据,不具备本案原告的诉讼主体资格。一审法院认为其对本案有管辖权,驳回区政府对本案提出的管辖异议,属于适用法律错误,应当予以纠正。区政府上诉主张一审法院受理公墓管理处的起诉,不符合《中华人民共和国民事诉讼法》第108条规定的起诉和受理条件,理由充分,本院予以支持。

——最高人民法院民事审判第一庭编:《最高人民法院民事案件解析(土地纠纷)》(第1辑),法律出版社2010年版,第238页。

【链接:最高人民法院法官著述】

1. 本案之法律关系的性质问题

审判实践中,原告向人民法院提起诉讼的原因与其诉讼请求,应当具有因果关系，并符合相关法律规定的起诉和受理条件。但是，同一法律关系，可能产生多种争议，因此，原告起诉之诉因与诉讼请求不具有因果关系、不符合法律规定的起诉和受理条件的情形也会发生，这就要求审查起诉和受理案件的法官能够准确地判断并找出该案件所蕴含的民事法律关系的性质，即揭示出当事人所争议的法律关系之核心焦点所在。本案原告公墓管理处以区政府将其所有的土地使用权拟另行转让区民政局，侵害了其合法权益为由提起诉讼，请求法院确认区政府与区民政局就鑫圣园公墓500亩土地使用权发生的交易无效，确认其对公墓500亩土地拥有合法的使用权，即发生了起诉依据的事实理由与最终请求法院确认500亩土地使用权的归属之主张不符。区政府则认为，其与区民政局不存在土地使用权交易；500亩土地使用权已经确认在公墓管理处的名下，鑫圣园公墓的投资者分别为瑞德公司及调剂中心，鉴于其与调剂中心公墓开发经营合同争议已经临沂市仲裁委员会立案，请求人民法院驳回公墓管理处的起诉。由此应当确认：鑫圣园公墓500亩土地使用权的确权归属，是双方当事人争议的核心焦点。一审法院没有审查清楚本案到底为何种法律关系性质、原告请求是侵权之诉，还是确认之诉，而简单以“本案不存在又裁又审为由，驳回区政府对本案的管辖权异议”。由于判断案件法律关系性质错误，使查证的案件事实与确定的土地使用权纠纷性质相悖。

2. 本案为民事诉讼还是行政诉讼问题

《土地管理法》第11条第3款规定：“单位和个人依法使用的国有土地，由县级以上人民政府登记造册，核发证书，确认使用权。”第16条规定：“土地所有权和使用权争议，由当事人协商解决；协商不成的，由人民政府处理。单位之间的争议，由县级以上人民政府处理，当事人对有关人民政府的处理不服的，可以自接到处理决定通知之日起30日内，向人民法院起诉。”该两条法律规定明确了当事人取得土地使用权的合法途径，划清了土地使用权争议与民事案件土地使用权出让、转让纠纷的主管部门界限。依据上述规定，本案讼争的鑫圣园公墓500亩土地使用权到底归谁所有，作为原告的公墓管理处首先应当与区政府协商，协商不成，应当向当地人民政府的土地管理部门申请解决，对人民政府土地管理部门处理不服，可以在接到处理决定通知之日起30日内，向当地人民法院提起行政诉讼。一审法院没有依据《民事诉讼法》第108条规定的起诉和受理条件审查该纠纷性质，将一起行政纠纷（包括行政诉讼）纳入人民法院受理的民事诉讼范围，从根本上混淆了行政纠纷与民事纠纷、行政诉讼与民事诉讼的概念，其结果必然导致适用法律错误。

综上,最高人民法院依据《民事诉讼法》第108条、第154条及《最高人民法院关于适用〈中华人民共和国民事诉讼法〉若干问题的意见》第186条之规定,裁定撤销山东省高级人民法院(2001)鲁民一字第2号民事裁定,驳回公墓管理处的起诉。

——最高人民法院民事审判第一庭编:《最高人民法院民事案件解析(土地纠纷)》(第1辑),法律出版社2010年版,第238~239页。

编者说明

本案涉及对《民事诉讼法》第119条关于起诉与受理规定的理解与适用。起诉权,是当事人依法享有的一项重要的诉讼权利。原告起诉与人民法院受理的行为相结合,诉讼才能成立,人民法院才有权对这一具体案件进行审判。但是,审判实践中往往发生原告起诉之诉因与诉讼请求不具有因果关系或者起诉依据的事实与理由和其最终请求人民法院确认的权利主张不相符的情形。此种情况下,法官正确理解与适用《民事诉讼法》第119条规定的起诉与受理条件,从中找出案件蕴含的民事法律关系性质,即提示当事人所争议的法律关系核心所在,就显得尤为重要。

本案原告临沂鑫圣园公墓管理处起诉请求人民法院依法确认区政府与区民政局就500亩土地使用权交易行为无效,确认其拥有该土地的合法使用权。但区政府没有为公墓管理处办理鑫圣园项目用地的相关手续,该500亩土地使用权尚不在公墓管理处名下。也就是说,其诉请人民法院予以确认和保护的、发生争议或受到损害的民事权益,不是公墓管理处依法应当受保护的民事权益,不符合《民事诉讼法》第119条第(1)项规定的"原告是与本案有直接利害关系的公民、法人和其他组织"的情形。基于一审裁定认定事实与适用法律方面的错误,二审法院裁定驳回原告公墓管理处的起诉。

708

以存在仲裁协议为由提出管辖权异议非管辖问题

关键词 | 仲裁协议 | 管辖权异议 | 受理 |

【最高人民法院司法解释】

第二百一十六条 在人民法院首次开庭前,被告以有书面仲裁协议为由对受理民事案件提出异议的,人民法院应当进行审查。

经审查符合下列情形之一的,人民法院应当裁定驳回起诉:

(一)仲裁机构或者人民法院已经确认仲裁协议有效的;

(二)当事人没有在仲裁庭首次开庭前对仲裁协议的效力提出异议的;

(三)仲裁协议符合仲裁法第十六条规定且不具有仲裁法第十七条规定情形的。

——《最高人民法院关于适用〈中华人民共和国民事诉讼法〉的解释》(2015 年 1 月 30 日,法释〔2015〕5 号)

【链接:最高人民法院法官著述】

当事人以存在仲裁协议为由提出管辖权异议,这在实践中非常多见。这类异议性质是不是管辖权异议,颇有争议。对仲裁协议提出管辖权异议最早的法律依据是《最高人民法院关于适用〈中华人民共和国民事诉讼法〉若干问题的意见》第 147 条的规定,“因仲裁条款或协议无效、失效或者内容不明确,无法执行而受理的民事诉讼,如果被告一方对人民法院的管辖权提出异议的,受诉人民法院应就管辖权作出裁定”。自此,当事人以存在仲裁协议为由抗辩法院管辖权,便以提出管辖权异议的方式行使,各级人民法院均将此类异议作为管辖权异议对待。在审判实务中,允许被告提出管辖权异议的期间则按照仲裁法的规定,放宽到首次开庭审理前,而不是 15 天的答辩期间。但究其本质,仲裁协议的存在,对于法院而言属于诉讼障碍问题,是人民法院有无审判权的受理问题,而非受诉法院有无管辖权的问题。

——王胜全:《从合同约定仲裁时案件管辖如何确定》,载苏泽林主编、最高人民法院立案庭编:《立案工作指导》(总第 15 辑),人民法院出版社 2008 年版,第 92 ~95 页。

709

人民法院委托作出的司法鉴定意见不具有可诉性

关键词 | 鉴定意见 | 受案范围 | 可诉性 |

【《最高人民法院公报》案例】

自贡市自流井区国有资产经营投资有限责任公司诉四川廉正工程咨询有限公司服务合同纠纷案(成都市金牛区人民法院一审民事裁定书)

裁判要旨:人民法院委托鉴定机构作出的司法鉴定意见,仅是诉讼证据之一,其不具有可诉性。当事人对鉴定意见存在异议,直接向人民法院提起诉讼请求确认鉴定意见无效的,不属于人民法院民事诉讼受案范围,应当依法裁定驳回起诉。

——《最高人民法院公报》2013 年第 2 期

710

法院主持下达成的调解协议不能重新起诉

关键词 | 调解协议 | 重新起诉 |

【链接:最高人民法院法官著述】

在实践中会产生一方当事人对调解协议反悔的情形,在拒收调解书的情形下,人民法院应当依照 2012 年《民事诉讼法》第 99 条的规定及时判决。对于签订调解协议并记录在案的调解协议当事人有异议的,不得重新起诉,应当向人民法院提出再审申请。

——最高人民法院民事诉讼法修改研究小组编著:《〈中华人民共和国民事诉讼法〉修改条文理解与适用》,人民法院出版社 2012 年版,第 283 页。

711

被保险人实际获赔不足部分可再诉保险人

关键词 | 实际获赔不足 | 再诉保险人 | 财产保险事故 |

【最高人民法院司法解释】

第十九条 财产保险事故发生后，被保险人就其所受损失从第三者取得赔偿后的不足部分提起诉讼，请求保险人赔偿的，人民法院应予依法受理。

——《最高人民法院关于适用〈中华人民共和国保险法〉若干问题的解释（二）》（2013 年 5 月 31 日，法释〔2013〕14 号）

【链接：最高人民法院法官著述】

因第三者的原因导致保险事故发生后，被保险人或者其相关权利人可以选择向第三者或者保险人请求赔偿，但行使请求权并不等于实际获得赔偿，或者获得的实际赔偿不能完全弥补被保险人的损失。被保险人未能获得实际赔偿的损失如果在保险责任范围内或者第三者的赔偿责任范围内，被保险人可以就其未能获得实际赔偿部分向保险人或者第三者请求赔偿。但是根据保险的损失补偿原则，应以未获实际赔偿或者保险合同约定为限，所以被保险人只能就其未获得赔偿部分请求保险人予以赔偿。至于被保险人先向保险人请求赔偿而未能弥补其全部损失的，《保险法》第 60 条第 3 款已经明确："保险人依照本条第一款规定行使代位请求赔偿的权利，不影响被保险人就未取得赔偿的部分向第三者请求赔偿的权利。"

——最高人民法院民事审判第二庭编著：《最高人民法院关于保险法司法解释（二）理解与适用》，人民法院出版社 2013 年版，第 437 页。

712

无民事行为能力人离婚诉讼，法定代理人应到庭

关键词 | 无民事行为能力人 | 离婚诉讼 | 法定代理人 |

【最高人民法院司法解释】

第二百三十四条 无民事行为能力人的离婚诉讼，当事人的法定代理人应

当到庭;法定代理人不能到庭的,人民法院应当在查清事实的基础上,依法作出判决。

——《最高人民法院关于适用〈中华人民共和国民事诉讼法〉的解释》(2015年1月30日,法释〔2015〕5号)

【链接:最高人民法院法官著述】

在离婚案件中,无民事行为能力人无论是作为原告还是被告,其第一顺序监护人系配偶,如果其作为法定代理人参加诉讼,就会出现配偶的代理人身份和诉讼主体身份相冲突的情况,即配偶自己和自己打离婚官司的情况,此为法律所禁止。故在审判实践中,可由其第二顺序监护人代为起诉或应诉,以维护无民事行为能力人的婚姻权、财产权及其他合法权益。

——沈德咏主编、最高人民法院修改后民事诉讼法贯彻实施工作领导小组编著:《最高人民法院民事诉讼法司法解释理解与适用》,人民法院出版社2015年版,第613页。

713

法庭辩论终结后原告撤诉的限制

关键词 | 原告撤诉 | 法庭辩论终结 | 被告同意 |

【最高人民法院司法解释】

第二百三十八条 法庭辩论终结后原告申请撤诉,被告不同意的,人民法院可以不予准许。

——《最高人民法院关于适用〈中华人民共和国民事诉讼法〉的解释》(2015年1月30日,法释〔2015〕5号)

【链接:最高人民法院法官著述】

司法实践中,在原告证据不足情况下,法官有时会鼓励原告撤诉;原告为了避免败诉的后果，也愿意申请撤诉。根据现行法律规定，原告撤诉后其实体权利并不受影响，其仍可以搜集证据再次提起诉讼。但是被告参加诉讼的成本得不到弥补，且面临重新被起诉的风险，造成诉累。因此，法院应询问被告是否同意原告撤诉，避免原告滥用权利损害被告的利益。

——沈德咏主编、最高人民法院修改后民事诉讼法贯彻实施工作领导小组编著：《最高人民法院民事诉讼法司法解释理解与适用》，人民法院出版社 2015 年版，第 617 页。

714

本诉撤诉对反诉的影响

关键词｜本诉撤诉｜反诉撤诉｜被告同意｜

【最高人民法院司法解释】

第二百三十九条 人民法院准许本诉原告撤诉的，应当对反诉继续审理；被告申请撤回反诉的，人民法院应予准许。

——《最高人民法院关于适用〈中华人民共和国民事诉讼法〉的解释》（2015 年 1 月 30 日，法释〔2015〕5 号）

【链接：最高人民法院法官著述】

1. 本诉原告未撤诉，被告申请撤回反诉的处理

实践中，除原告申请撤诉，被告申请撤回反诉的情形外，还有本诉原告不撤诉而反诉原告撤回反诉的情形。对于被告撤回反诉的申请，人民法院不能直接准许，仍然应当按照本司法解释第 238 条规定审查被告撤回反诉是否存在违法行为而不应准许撤诉的情形。如果不存在违法行为，则应当准许被告撤回反诉；如果经审查存在违法行为，则应当裁定不予准许撤诉。人民法院裁定不准撤诉的，反诉原告经传票传唤，无正当理由拒不到庭的，可以缺席判决。

2. 反诉继续审理的案号问题

法院审理案件，当事人及其律师查询案件，最主要的识别依据即为该案的案

号,故我国法院的案号编制规则极为重要。司法实践中案号编制的规则主要是“四个一”的编制规则,即一个案件一个法院一个程序一个编号,具体而言,就是每一个民事案件在同一个受理的法院在一个特定的诉讼程序(一审、二审、再审)中会编制一个唯一的案号。案号一般由受理年份、受理法院简称、具体办案部门(或案件类型)、所处诉讼程序、年内编号共五个部分组成。本诉立案后,人民法院即给该案编制一个案号,因反诉并没有经过起诉程序,法院也没有对反诉编一个案号,反诉后,本诉与反诉合并审理,本诉与反诉共同使用一个案号,共同使用一个案由,双方互为原、被告,本诉与反诉在程序上相互牵连。本诉撤诉后,人民法院应当以该案号作出撤诉裁定。由于本诉的撤回不影响反诉的审理,而反诉又没有独立的案号,这要求反诉的审理仍然继续使用本诉的案号,并作出判决,不必另行更换案号。

——沈德咏主编、最高人民法院修改后民事诉讼法贯彻实施工作领导小组编著:《最高人民法院民事诉讼法司法解释理解与适用》,人民法院出版社2015年版,第621页。

715

当事人缺席案件的审理

关键词 | 缺席审理 |

【最高人民法院司法解释】

第二百四十一条 被告经传票传唤无正当理由拒不到庭,或者未经法庭许可中途退庭的,人民法院应当按期开庭或者继续开庭审理,对到庭的当事人诉讼请求、双方的诉辩理由以及已经提交的证据及其他诉讼材料进行审理后,可以依法缺席判决。

——《最高人民法院关于适用〈中华人民共和国民事诉讼法〉的解释》(2015年1月30日,法释〔2015〕5号)

【链接:最高人民法院法官著述】

审判实践中,尽量避免在缺席审理的判决书中有“被告经传票传唤无正当理由未到庭，放弃质证的权利，应视为对原告起诉的认可”“因被告未到庭，放弃质证权利，法院对原告提供的证据应予以认定”等类似内容的表述。这种表述是不正确的。被告经传票传唤无正当理由未到庭，可以视为其放弃了当庭陈述、举证和质证的权利，但并不能视为其对原告的诉讼请求或主张的事实的承认，也不能视为对自己实体权利的处分，法院不能当然地据此对原告提供的证据予以认定，完全按照原告的主张来判决，仍要结合到庭当事人和双方已经提交的证据及其他诉讼材料进行审理。

——沈德咏主编、最高人民法院修改后民事诉讼法贯彻实施工作领导小组编著：《最高人民法院民事诉讼法司法解释理解与适用》，人民法院出版社 2015 年版，第 627 页。

716

强制清算案件的审判组织

关键词 | 强制清算案件 | 审判组织 |

【最高人民法院司法政策】

因公司强制清算案件在案件性质上类似于企业破产案件，因此强制清算案件应当由负责审理企业破产案件的审判庭审理。有条件的人民法院，可由专门的审判庭或者指定专门的合议庭审理公司强制清算案件和企业破产案件。公司强制清算案件应当组成合议庭进行审理。

——《最高人民法院关于审理公司强制清算案件工作座谈会纪要》（2009 年 11 月 4 日，法发〔2009〕52 号）

717

涉军案件合议庭组成

关键词 | 涉军案件 | 合议庭 | 人民陪审员 |

【最高人民法院司法政策】

相关业务庭应有相对固定的合议庭、独任审判员负责审理涉军案件。受理涉军案件较多的中级、基层人民法院可设立专门合议庭或审判庭。在各级人民法院尤其是基层人民法院,可选任现役军人、退役军人、军属担任陪审员,参与涉军案件审判。

——《最高人民法院关于进一步加强人民法院涉军案件审判工作的通知》(2010 年 7 月 28 日,法〔2010〕254 号)

718

法院不主动审理当事人没有请求的法律关系

关键词|不告不理|当事人请求|

【《最高人民法院公报》案例】

重庆雨田房地产开发有限公司与中国农业银行股份有限公司重庆市分行房屋联建纠纷案[最高人民法院(2011)民抗字第 48 号民事判决书]

裁判要旨:当事人在法律规定的范围内处分自己的民事、诉讼权利和“不告不理”是民事诉讼的重要原则,人民法院处理民商事纠纷时,只能对已诉至法院的民事权利义务关系作出判断,除涉及国家和公共利益外,其审理和判决应以当事人请求、主张的范围为限。

——《最高人民法院公报》2012 年第 5 期

崂山国土局与南太置业公司国有土地使用权出让合同纠纷案[最高人民法院(2004)民一终字第 106 号民事判决书]

裁判要旨:解除权在实体方面属于形成权,在程序方面则表现为形成之诉。在没有当事人依法提出该诉讼请求的情况下,人民法院不能依职权径行裁判。

——《最高人民法院公报》2007 年第 3 期

【最高人民法院裁判文书】

山西省中阳荣欣焦化有限公司与山西省中阳兴瑞煤化有限公司、汾西矿业(集团)有限责任公司、汾西矿业(集团)有限责任公司煤炭经销公司债务纠纷上诉案[最高人民法院(2001)民一终字第23号民事判决书]

裁判要旨：在双方当事人之间可能存在几个民事法律关系，在确定案件纠纷性质时，要根据当事人的诉讼请求(包括反诉请求)来界定。根据民事诉讼法规定的人民法院审理民事案件"不告不理"的原则，在民事案件中即使涉及当事人之间的其他法律关系，当事人没有请求，人民法院不主动审理。本案中双方之间的法律关系由联合经营变为偿还煤款的债权债务关系。因此，本案民事纠纷的性质是债务纠纷，不是联合经营合同纠纷。

最高人民法院认为：

本案双方当事人围绕精煤生产、销售先后签订的协议、合同，从实际履行情况看，双方当事人之间发生的是煤款的结算及企业借款的法律关系，兴瑞公司上诉主张为联营的法律关系，依据不足，一审法院判决认定为债务性质正确，应当予以维持。兴瑞公司依据双方2000年8月2日签订《协议书》的约定，主张荣欣公司未依约向其借款500万元，并提起反诉，因该《协议书》约定的内容，实际为企业间的相互借贷，违反了国家金融法规关于非金融机构之间不得从事借贷经营活动的禁止性规定，因此，一审法院判决对兴瑞公司的反诉不予支持正确，兴瑞公司主张对其反诉应予支持的理由不足，本院不予采纳。双方当事人2000年8月2日签订的《后期处理意见》，约定了荣欣公司发出精煤的数额、兴瑞公司发送的期限及此后发送不出的违约责任，应当视为双方对前期履行合同、协议权利义务的终结行为，且一审期间，荣欣公司依据《后期处理意见》的约定，主张兴瑞公司承担违约责任，对一审法院依据《后期处理意见》的约定，判决兴瑞公司承担其56万元的违约金未提出上诉，应当予以确认。在荣欣公司明确以《后期处理意见》的约定，追究兴瑞公司违约责任，未主张兴瑞公司其他违约事实的情况下，一审法院判决兴瑞公司再承担3491060元违约金不当，将4051060元的违约金一并计算在煤款之中，适用法律错误，应当予以纠正。双方当事人二审期间确认并认可的18065326元款项，应当作为兴瑞公司支付荣欣公司款项的依据。汾西集团公司、汾西集团经销公司与荣欣公司虽未签订书面合同，但是，双方当事人之间就精煤结算而形成的授权结算通知书已经送达汾西集团经销公司，且在

2000 年 5 月以后兴瑞公司给荣欣公司在汾西集团经销公司的转款均是依据授权结算通知书进行结算的，因此，汾西集团公司、汾西集团经销公司上诉主张其与荣欣公司没有合同关系，不应当支付荣欣公司的煤款，依据不足。该集团公司与该集团经销公司在二审庭审中明确表示不与审计人员就审计报告提出质疑，应当认定为其放弃了质证的权利。

——最高人民法院民事审判第一庭编：《最高人民法院民事案件解析（公司、证券、票据纠纷）》（第 5 辑），法律出版社 2010 年版，第 227 ~ 228 页。

【链接：最高人民法院法官著述】

辩论主义是大陆法系国家和地区的民事诉讼法及其理论中的一项基本原则，即法院裁判必须建立在由当事人提出诉讼资料的基础之上，只能以当事人提出的并经过充分质证的资料为基础进行裁判。主要包括三个方面：（1）直接决定法律效果发生或消灭的主要事实必须在当事人的辩论中出现，法院不能以当事人没有主张过的事实作为判决的事实依据；（2）对双方当事人都没有争议的事实，法院应当作为判决的依据；（3）法院对证据的调查，原则上仅限于当事人提出的证据，而不允许法院依职权主动调查收集证据。因此，从诉权和裁判请求权的角度来看，辩论主义从事实和证据角度划定了当事人诉讼权利与法院的审判权力的范围；从判决结果和理由来看，基于民事诉讼的权利本位、私权自治和程序公正等基本诉讼理念，诉讼请求的变更、追加等必须征得当事人的同意，法官的判决结果和理由不得超出当事人请求的范围。

——最高人民法院民事诉讼法修改研究小组编著：《〈中华人民共和国民事诉讼法〉修改条文理解与适用》，人民法院出版社 2012 年版，第 313 页。

编者说明

按照最高人民法院关于民事案件案由的规定，民事案件纠纷的性质就是民事案件所反映的当事人之间的法律关系。当事人之间如果有纠纷，但是他们之间没有民事法律关系，这个纠纷就不是民事案件。双方当事人之间可能存在几个民事法律关系，在确定案件纠纷性质时，要根据当事人的诉讼请求（包括反诉请求）来界定。根据《民事诉讼法》规定的人民法院审理民事案件“不告不理”的原则，在民事案件中即使涉及当事人之间的其他法律关系，只要当事人没有请求，人民法院就不应主动审理，这个民事法律关系不能成为界定民事案件纠纷性质的依据。本案当事人之间的欠款争议，是双方在履行《精煤联合经营协议之二》中发生的，后来，双方签订了《关于结束精煤合作的后期处理意见》，达成了新的取代前一协议的合同。双方之间的法律关系由联合经营变为偿还煤款的债权债务关系。本案民事纠纷的性质是债务纠纷，不是联合经营合同纠纷。

719

离婚案件及无效婚姻宣告案件的审理顺序

关键词 | 离婚案件 | 宣告婚姻无效 | 审理顺序 |

【最高人民法院司法解释】

第七条 人民法院就同一婚姻关系分别受理了离婚和申请宣告婚姻无效案件的，对于离婚案件的审理，应当待申请宣告婚姻无效案件作出判决后进行。

前款所指的婚姻关系被宣告无效后，涉及财产分割和子女抚养的，应当继续审理。

——《最高人民法院关于适用〈中华人民共和国婚姻法〉若干问题的解释（二）》（2003 年 12 月 25 日，法释〔2003〕19 号）

【链接：最高人民法院法官著述】

适用本条司法解释特别应当注意的是：（1）受理离婚案件的人民法院，在审理中，无论从当事人的陈述中还是从其所递交的材料中发现就同一婚姻关系有婚姻关系当事人或者利害关系人向本院或者其他人民法院申请宣告婚姻无效，就应当主动查明这一情况，一旦确认了这一事实，即应以《民事诉讼法》第一百三十六条第一款第（五）项和本条司法解释为依据，作出裁定，中止对离婚案件的审理。如果受理当事人宣告婚姻无效申请案件的是其他人民法院，还应当主动致函与该院联系，告知本院已经受理了就同一婚姻关系提起的离婚诉讼的情况，请该院待作出判决后将有关婚姻效力的判决书抄送本院，以便根据情况决定是否继续对离婚案件的审理。（2）受理了申请宣告婚姻无效案件的人民法院在审理中得知同一婚姻关系当事人在本院或者其他人民法院已经提起离婚诉讼的情况下,也应当主动、及时地将本院已经受理了申请无效婚姻宣告案件的情况告知本院审理离婚案件的合议庭或独任审判员,或者正式函告受理离婚案件的人民法院。人民法院间的正式通知和相互配合,是避免就同一婚姻关系作出两种完全不同的处理的最佳途径,而托当事人捎口信、打电话等办法往往是靠不住的。(3)收到兄弟法院通知后,受理离婚案件的法院应当及时确认自己已经受理离婚案件的事实并以适当的方式及时告知就同一婚姻关系受理了申请宣告婚姻无效案件的人民法院。(4)人民法院一旦就婚姻效力问题作出判决,应当将判决书副本抄送受理了同一婚姻关系的离婚案件的人民法院,或者通知本院负责审理该离婚案件的合议庭或者独任审判员。收到判决书副本的人民法院或者本院的合议庭、独任审判员应当根据判决确定的婚姻效力,及时作出驳回当事人离婚的起诉的裁定。

——最高人民法院民事审判第一庭编著:《最高人民法院婚姻法司法解释(二)的理解与适用》,人民法院出版社 2004 年版,第 31 ~ 32 页。

720

侵权之诉和合同之诉具有关联性应予合并审理

关键词 | 国债 | 托管合同 | 侵权之诉 | 合并审理 |

【链接:最高人民法院法官著述】

1. 本案案由的确定

(1)一审法院可以根据当事人诉讼请求确定案由

根据《最高人民法院关于印发〈民事案件案由规定〉(试行)》的通知规定,第一审法院立案时可根据当事人的起诉确定案由。

本案中,闽发证券公司未依约返还无锡庆丰公司的国债,既侵犯了无锡庆丰公司的财产权又违反了合同义务,属于违约与侵权的竞合。根据《合同法》第 122 条关于"因当事人一方的违约行为,侵害对方人身、财产权益的,受损害方有权选择依照本法要求其承担违约责任或者依照其他法律要求其承担侵权责任"的规定,当事人可以选择诉由。本案中,无锡庆丰公司依协议管辖的约定向江苏省高级人民法院起诉的事实表明其选择的是合同之诉,一审法院根据其主张将本案定性为国债托管合同纠纷并无不当。因此,闽发证券公司关于本案应是侵权纠纷的主张不能成立。

(2)无锡庆丰公司对证券登记结算公司提起的诉讼是侵权之诉

本案中,无锡庆丰公司与证券登记结算公司上海分公司及证券登记结算公司并无合同关系,其因证券登记结算公司上海分公司将其持有的国债非交易过户、侵害其合法权益向江苏省高级人民法院提起诉讼,要求证券登记结算公司返还其国债,其对证券登记结算公司及其上海分公司提起的是侵权之诉。

综上,尽管本案中无锡庆丰公司将闽发证券公司和证券登记结算公司及其上海分公司作为共同被告起诉,但其对三被告的诉由是不同的,即对前者提起的是合同之诉,对后二者提出的是侵权之诉。

2. 本案应否合并审理

一般而言,是否应予合并审理,主要审查两个或两个以上的诉是否具有关联性。如果两个或两个以上的诉具有事实和法律上的关联性,分开审理不利于全面查清案情、分清责任,甚至会出现矛盾判决,造成诉累,则应将其合并审理。

本案中,无锡庆丰公司因证券登记结算公司及其上海分公司的侵权行为及闽发证券的违约行为而致损害,其对三被告同时提起诉讼,其提起的侵权之诉和合同诉之虽然性质不同,但因其具有事实和法律上的关联性,故应合并审理。但这种合并审理并非我国现行《民事诉讼法》及其司法解释规定的合并审理。具体分析如下:

本案中,无锡庆丰公司因中国登记结算公司的侵权行为及闽发证券的违约行为而至损失,其对两被告同时提起诉讼,属于同一原告对不同被告提出的不同的诉。正如前文所述,诉讼标的不是指法律关系指向的标的物或诉讼请求,而是指当事人间争议的法律关系或权利,而闽发证券公司与无锡庆丰公司之间的诉讼标的为合同法律关系,无锡庆丰公司与登记结算公司之间的诉讼标的为侵权法律关系,两诉的诉讼标的并不相同,故本案不属于诉的主体的合并。本案诉讼主体的一方(原告)相同,其不是单一原告对单一被告提出的不同诉讼标的合并,而是单一原告对不同被告提出的不同诉讼标的的合并,因此也不属于单纯的诉的客体合并情形。其也不属于我国《民事诉讼法》规定的特殊合并情形。因此,本案合并审理不属于我国《民事诉讼法》第 53 条、第 126 条规定的合并审理情形,而属于一种新的合并审理情形,该情形在英美法系国家被称为交叉合并。

——张雪楳:《本案侵权之诉和合同之诉具有关联性,应予合并审理》,载最高人民法院民事审判第二庭编:《民商事审判指导》(总第 6 辑),人民法院出版社2005年版,第78~79页。

编者说明

《民事诉讼法》规定的合并审理分为三种情形:

1. 诉的主体合并。诉的主体合并,又称为主观的诉的合并,是指因同一诉讼标的或同一类诉讼标的引起的不同诉讼,人民法院进行合并审理。《民事诉讼法》第53条规定的共同诉讼即为诉的主体合并。共同诉讼分为两种情况:一种是必要共同诉讼,一种是普通共同诉讼。必要共同诉讼是指当事人一方或双方为二人以上,诉讼标的是共同的,人民法院必须合并审理而引起的诉的合并。所谓诉讼标的是共同的,是指不同的被告针对同一个标的实施行为。应予注意的是,我们这里所指的诉讼标的不是指法律关系或权利。对于必要共同诉讼,人民法院只能合并审理,不能分开审理。普通共同诉讼引起的诉的合并,是指当事人一方或双方为二人以上,诉讼标的是同一种类,人民法院认为可以合并审理而引起的诉的合并。对这种诉讼,人民法院既可以合并审理,又可以分开审理。

2. 诉的客体合并。诉的客体合并,又称为诉的标的合并、客观的诉的合并,是指在同一诉讼程序中,同一方当事人向对方当事人提出了两个或两个以上的诉的标的(非诉讼请求),人民法院予以合并审理。

3. 特殊合并。该类合并审理不同于单纯的诉的主体合并,也不同于单纯的诉的客体合并。主要指有独立请求权的第三人参加的诉讼的合并审理和反诉与本诉的合并。

上述三种诉的合并形式,除了必要的共同诉讼的合并必须合并审理外,其他情况引起的诉的合并,《民事诉讼法》只是规定可以合并审理,而没有规定必须合并审理,是否需要合并审理,人民法院应以是否符合合并审理的目的和条件来决定。①

721

将诉讼客体合并审理不需当事人同意

关键词 | 共同诉讼 | 诉讼客体合并 |

【最高人民法院司法解释】

第二百二十一条 基于同一事实发生的纠纷,当事人分别向同一人民法院

① 张雪楳:《本案侵权之诉和合同之诉具有关联性,应予合并审理》,载最高人民法院民事审判第二庭编:《民商事审判指导》(总第6辑),人民法院出版社2005年版,第78~79页。

起诉的,人民法院可以合并审理。

——《最高人民法院关于适用〈中华人民共和国民事诉讼法〉的解释》(2015 年 1 月 30 日,法释〔2015〕5 号)

【《最高人民法院公报》案例】

吉庆公司、华鼎公司与农行西藏分行营业部抵押借款合同纠纷案[最高人民法院(2005)民二终字第 186 号民事判决书]

裁判要旨:我国法律并无客体合并审理必须经当事人同意的强制性规定,债务人就两笔到期债务一并提起诉讼的,人民法院可以决定合并审理。

最高人民法院认为:

虽然农行西藏分行营业部本案中所主张的 4700 万元债务原系两份借款合同形成,但鉴于其向西藏自治区高级人民法院提起诉讼时,该两笔借款均已到期,其一并提起诉讼并不违反法律强制性规定。《中华人民共和国民事诉讼法》第五十三条规定的须经当事人同意人民法院尚可合并审理的共同诉讼系指主体合并的情形,其前提是当事人一方或者双方主体必须为二人以上。而本案当事人一方或者双方主体均为一人,故不存在主体合并的问题,而应是事实上的客体合并。因我国法律并未规定因客体合并审理的共同诉讼亦须以当事人同意为前提条件,故原审法院根据农行西藏分行营业部的诉请将基于两个合同形成的债务合并审理并做出一份判决并无不当。吉庆公司关于原审法院违反法定程序应当发回重审的上诉请求,本院不予支持。

——《最高人民法院公报》2006 年第 8 期

【最高人民法院裁判文书】

河北长天集团公司、天津首方投资管理有限公司等借款合同纠纷案[最高人民法院(2011)民二终字第 42 号民事裁定书]

裁判要旨:1. 诉的主体完全相同,原告为债权人首方公司,两被告分别为债务人刘伶醉公司和保证人长天集团,诉讼标的为不同的《人民币资金借款合同》及其从属的《保证合同》,属于诉的客体合并的范畴,人民法院决定合并审理,不违反法律规定。2. 诉的客体合并,应将原告就不同诉讼标的提出的诉讼请求额累加计算出案件的诉讼标的额。

——中国裁判文书网,http://www.court.gov.cn/zgcpwsw/zxhz/。

【链接:最高人民法院法官著述】

在案件审理过程中,应注意如下问题:(1)做好释明工作,发现存在相互关联的案件,及时向当事人释明是否申请合并案件。(2)注意审查需要合并的案件是否属于同一诉讼程序。如果发现当事人申请合并的诉讼不能适用同一诉讼程序,法院应分别审理。例如,股东请求解散公司诉讼属于诉讼案件中的变更之诉,适用普通程序;公司清算属于非诉案件。公司解散案件和公司清算案件不能合并审理。(3)合并审理的方式。对于合并审理的内涵,学理上有不同的认识,一般包括共同开庭,适用同一诉讼程序,由同一审判组织审理,共同调解、宣判等。我们认为,诉的合并可以是两个诉合并为一个案件,如本诉、反诉的合并;也可以由同一审判组织审理,而仍为两个独立的案件。合并审理的本质内容应为由同一审判组织审理,一般应共同开庭,共同调解和判决。在两个诉合并为一个案件时,可以做合一的判决。如果一个案件对另一个案件有先决效力,可以对有先决效力的案件先行宣判。(4)法院在决定是否合并多个诉讼时应从立法目的出发,审查合并诉讼是否有利于查清案件事实、厘定当事人具体责任,防止相互矛盾的事实认定和裁判结果;如果诉的合并无法实现上述程序功能和价值,则应避免将缺乏牵连性的诉讼合并,导致不必要的诉讼拖延。

——沈德咏主编、最高人民法院修改后民事诉讼法贯彻实施工作领导小组编著:《最高人民法院民事诉讼法司法解释理解与适用》,人民法院出版社2015年版,第576~577页。

722

原告在起诉状直接列写第三人的处置

关键词 | 起诉状 | 追加第三人 |

【最高人民法院司法解释】

第二百二十二条 原告在起诉状中直接列写第三人的,视为其申请人民法院追加该第三人参加诉讼。是否通知第三人参加诉讼，由人民法院审查决定。

——《最高人民法院关于适用〈中华人民共和国民事诉讼法〉的解释》（2015 年 1 月 30 日，法释〔2015〕5 号）

【链接：最高人民法院法官著述】

我们认为，根据现行法律规定及为了提高诉讼效率，如果无独立请求权的第三人符合参加诉讼的条件，且不存在管辖障碍，法院可以依职权通知第三人参加诉讼。但是法院应准确甄别无独立请求权的第三人，防止错误通知，给案外人造成诉累，甚至损害案外人的诉讼权利。在判决时，应以债的相对性为基本原则，避免不当地判决无独立请求权的第三人直接承担民事责任。司法实践中有的原告起诉时对法律关系的判断不准确，将其他诉讼参与人列为第三人，如在企业单位系签约主体情况下，将实际签约或者收付款项的工作人员列为第三人，该工作人员并不符合法律规定的第三人条件，应作为证人。有的当事人为了规避管辖规定，将真正的被告作为无独立请求权的第三人追加到虚构的诉讼中，法院应注意识别。

——沈德咏主编、最高人民法院修改后民事诉讼法贯彻实施工作领导小组编著：《最高人民法院民事诉讼法司法解释理解与适用》，人民法院出版社 2015 年版，第 580 页。

723

据以提起诉讼的基础法律关系涉及多份独立借款合同的，合并审理需当事人同意并经法院许可

关键词 | 基础法律关系 | 借款合同 | 合并审理 |

【《最高人民法院公报》案例】

瑞华投资控股公司与山东鲁祥铜业集团有限公司、山东省嘉祥景韦铜业有限公司、陈中融、高学敏等借款担保合同纠纷案［最高人民法院（2007）民四终字第 28 号民事裁定书］

裁判要旨：原告据以提起诉讼的基础法律关系涉及多份借款合同，虽然借款

人为同一主体，但是，为多份借款合同提供担保的担保人均系多人，各担保人所提供担保的对象、金额、方式也不相同。根据《民事诉讼法》第53条的规定，此类诉讼的合并需要当事人同意并经人民法院许可，否则人民法院对此类案件不予合并审理。

——《最高人民法院公报》2008年第12期

编者说明

原告瑞华公司在提出的诉讼中，共涉及多笔数额不同的借款合同，各笔借款合同中，虽然借款人是同一主体，但各借款合同中的担保主体和担保方式不同，既有法人又有自然人，既有保证又有抵押，其各自是独立的借款合同，涉及不同的法律关系，不属于合并审理的共同诉讼，应根据每个借款合同分别起诉，各自分开审理。故原告瑞华公司在担保主体和担保方式不同的情况下，将多笔借款合同合并起诉，不符合《民事诉讼法》第53条规定的必要共同诉讼的条件。

724

同一原告对同一被告提起的基于不同民事法律关系提出的复数请求，都属于受诉人民法院管辖且适用同一诉讼程序的，可以合并审理

关键词 | 解除合同效力 | 股权转让 | 合同纠纷 | 合并审理 |

【最高人民法院裁判文书】

刘聿与金守红股权转让合同纠纷管辖权异议上诉案[最高人民法院(2010)民二终字第85号民事裁定书]

裁判要旨：同一原告对同一被告提起的基于不同民事法律关系提出的复数请求，如果都属于受诉人民法院管辖且适用同一诉讼程序审理的，人民法院可以进行合并审理。

最高人民法院认为：

同一原告对同一被告提起的基于不同民事法律关系提出的复数请求，都属于受诉人民法院管辖且适用同一诉讼程序审理的，可以进行合并审理。诉的合并对于减轻当事人诉累、节省司法资源、尽量一次性解决纠纷、避免出现矛盾裁

判有重要意义，尽管未为民事诉讼法明文规定，但为审判实践中所允许。金守红对刘聿所提出的10项诉讼请求中，第1项、第2项、第3项、第4项、第5项、第9项均为围绕《股权转让框架合同》是否要解除而展开。第6项、第8项诉讼请求分别为确认刘聿无权使用津通公司共管印章文件、判令解除《共管协议书》，均系基于《共管协议书》所提出。从《共管协议书》的内容看，其开头部分即载明其签订目的是基于《股权转让框架合同》的约定，因而也属基于《股权转让框架合同》这一框架合同而提出的具体诉讼请求，将其合并审理并无不当。

——苏泽林、景汉朝主编，最高人民法院立案一庭、立案二庭编：《立案工作指导》（总第30辑），人民法院出版社2012年版，第197～198页。

725

不符合共同诉讼条件的委托付款与买卖纠纷不应合并审理

关键词｜委托付款｜买卖纠纷｜共同诉讼｜合并审理｜

【最高人民法院裁判文书】

中国农业银行股份有限公司平山县支行与林州市中升钢铁有限公司、中国农业银行股份有限公司林州市支行、河北省平山县北马冢村选矿厂委托付款及买卖合同纠纷案[最高人民法院(2010)民提字第77号民事裁定书]

裁判要旨：委托付款与买卖法律关系的主体和权利义务均有差异，又非属于同一种类，且不属于同一法院管辖，不符合《民事诉讼法》第五十三条第一款规定的共同诉讼的条件，人民法院不应合并审理。

——最高人民法院民事审判第二庭编：《最高人民法院商事审判指导案例（下）》，中国法制出版社2011年版，第772～775页。

726

不具有专属管辖权的法院不能将专属管辖案件与其他案件合并审理

关键词｜专属管辖权｜合并审理｜

【最高人民法院裁判文书】

广东省惠州市惠湖实业公司与中国工商银行巢湖分行、广东省惠州市皖惠实业发展公司等借款纠纷案[最高人民法院(2001)民二提字第14号民事判决书]

裁判要旨:对房屋买卖合同纠纷的管辖属于专属管辖,应由房屋所在地人民法院管辖。受理其他纠纷案件的法院,将房屋买卖合同纠纷合并审理属于程序违法。

——肖扬总主编、最高人民法院审判监督庭编:《中华人民共和国最高人民法院判案大系》(审判监督卷-2001年~2002年卷),人民法院出版社2003年版,第169~172页。

编者说明

《民事诉讼法》明确规定:对不动产提起的诉讼,由不动产所在地人民法院管辖。本案原审将房屋买卖合同纠纷与借款纠纷合并审理,并将房屋买卖合同的一方作第三人,试图规避《民事诉讼法》对于专属管辖的规定,这种做法明确违反了法律、司法解释的有关规定。因此,原审在程序上存在严重错误,最高人民法院再审予以了纠正。

727

原告依不同法律关系诉不同被告，两诉讼标的有关联的可以合并审理

关键词 | 买卖合同纠纷 | 诉讼标的 | 合并审理 |

【最高人民法院裁判文书】

天津中能星光实业有限公司与上海兰生国际贸易有限公司、宁波保税区明正国际贸易有限公司买卖合同纠纷再审案[最高人民法院(2009)民提字第111号民事判决书]

裁判要旨:原告起诉两个被告,虽然涉及的诉讼标的不同,但该两诉的诉讼

标的有关联的，从方便当事人诉讼的角度，将该两种诉讼合并审理，不违反民事诉讼法的规定。法律关系不同并非案件不能合并审理的当然情形。

最高人民法院认为：

星光公司为原审原告，兰生公司与明正公司为共同被告，原告起诉涉及的诉讼标的不同，星光公司诉兰生公司拖欠买卖合同货款，星光公司同时又诉明正公司受让兰生公司持有的上投置业公司股权未支付对价，损害兰生公司利益，导致兰生公司无能力返还其货款，直接侵犯了星光公司的利益。该两诉的诉讼标的是有关联的，一审法院从方便当事人诉讼的角度，将该两种诉讼合并审理，不违反《民事诉讼法》的规定。

——最高人民法院民事审判第二庭编：《商事审判指导》（总第 24 辑），人民法院出版社 2011 年版，第 149 页。

【链接：最高人民法院法官著述】

本案主要是由于星光公司与兰生公司签订买卖合同引起的纠纷。星光公司依约给付了货款，但兰生公司基本未提供货物，给星光公司造成损失。星光公司依买卖合同对兰生公司提起诉讼，属于给付之诉。但星光公司认为兰生公司将其在苏州的上投置业公司股权转让给明正公司，而明正公司未实际给付股权转让款，双方的行为属虚假转让，实为逃债。故星光公司对明正公司提起的诉讼系损害赔偿纠纷，属侵权之诉。明正公司始终坚持认为两个诉所涉法律关系不同，其不应作为本案被告。最高人民法院在审理此问题时有不同意见。一种意见认为合同纠纷与侵权纠纷属不同的法律关系，纠纷不仅仅在星光公司与兰生公司之间，合并审理似乎有些牵强。另一种意见认为，原告起诉两个被告，涉及的诉讼标的不同，星光公司诉兰生公司拖欠买卖合同货款，星光公司同时又诉明正公司受让兰生公司持有的上投置业公司股权未支付对价，损害兰生公司利益，导致兰生公司无能力返还其货款，直接侵犯了星光公司的利益。这说明该两诉的诉讼标的是有关联的，星光公司对兰生公司与明正公司均是有诉权的，一审法院从方便当事人诉讼的角度，将该两种诉讼合并审理，不违反民事诉讼法的规定，法律关系不同并非案件不能合并审理的当然情形。合议庭认为本案至今已进入再审程序，合并审理与否不能影响当事人的实体权利，故一致意见依然是合并审理，不再调整。

——李京平：《原告能否依不同法律关系诉不同被告，人民法院判决不应对案外人的民事权利义务作出决断》,载最高人民法院民事审判第二庭编:《商事审判指导》(总第 24 辑),人民法院出版社 2011 年版,第 150 ~ 151 页。

728

技术合同案件审理中发现存在合同无效事由的法院应通知利害关系人

关键词 | 技术合同 | 合同无效 | 有独立请求权第三人 |

【最高人民法院司法解释】

第四十四条 一方当事人以诉讼争议的技术合同侵害他人技术成果为由请求确认合同无效,或者人民法院在审理技术合同纠纷中发现可能存在该无效事由的,人民法院应当依法通知有关利害关系人,其可以作为有独立请求权的第三人参加诉讼或者依法向有管辖权的人民法院另行起诉。

利害关系人在接到通知后 15 日内不提起诉讼的,不影响人民法院对案件的审理。

——《最高人民法院关于审理技术合同纠纷案件适用法律若干问题的解释》(2004 年 12 月 16 日,法释〔2004〕20 号)

【链接:最高人民法院法官著述】

关于在技术合同案件审理中发现侵害他人技术成果的合同无效事由时的处理:

对此,起草过程中有三种意见。第一种意见认为,一方当事人以诉讼争议的技术合同侵害他人技术成果为由主张合同无效或者人民法院在审理技术合同纠纷中发现可能存在该无效事由时,应当依法通知有关利害关系人,其可以作为有独立请求权的第三人提起诉讼或者依法向有管辖权的人民法院另行起诉。接到通知的利害关系人在通知后一定期限内(如 15 日)不提起诉讼的,不影响人民法院对案件的审理和作出判决。第二种意见认为,不宜规定一个统一的期限,只写明“在指定的期限内”，这样法院可以灵活掌握。第三种意见认为，法院不应当承担通知利害关系人的责任，只以利害关系人是否实际提出侵权诉讼主张为依据，判断是否应当中止本案合同诉讼。为能够及时查明案件事实，保障利害关系人的合法权益，保证诉讼活动的顺利进行，《解释》第 44 条规定基本采纳了第一种意见，也参照了《最高人民法院关于适用〈中华人民共和国民事诉讼法〉若干问题的意见》第 58 条关于共同诉讼追加的原告不参加诉讼的规定，并特别规定一个利害关系人主张权利的明确期限，这有利于法院及时处理本案合同纠纷，避免无限期地等待利害关系人的法律行动。《解释》还就案外人主张权利时的合并审理与中止诉讼等问题，依据民事诉讼法第 136 条第 1 款第(5)项作出了进一步的规定，其中关于专利实施许可合同诉讼中出现宣告专利权无效事由时可不中止诉讼的规定，主要是考虑这种纠纷不同于专利侵权诉讼，合同当事人在订约定时应当对专利权的稳定性已有合理预见，专利权是否会被宣告无效一般也不会根本影响被许可人对技术的实施。当然，“可以不中止诉讼”的意思是指原则上不中止诉讼，但根据具体案情也不排除可以中止诉讼。

——郃中林：《〈关于审理技术合同纠纷案件适用法律若干问题的解释〉理解与适用》，载《人民司法》2005 年第 2 期。

729

强制清算申请的撤回

关键词 | 强制清算 | 撤回申请 |

【最高人民法院司法政策】

17. 人民法院裁定受理公司强制清算申请前，申请人请求撤回其申请的，人民法院应予准许。

18. 公司因公司章程规定的营业期限届满或者公司章程规定的其他解散事由出现，或者股东会、股东大会决议自愿解散的，人民法院受理强制清算申请后，清算组对股东进行剩余财产分配前，申请人以公司修改章程，或者股东会、股东大会决议公司继续存续为由，请求撤回强制清算申请的，人民法院应予准许。

19. 公司因依法被吊销营业执照、责令关闭或者被撤销，或者被人民法院判决强制解散的,人民法院受理强制清算申请后,清算组对股东进行剩余财产分配前,申请人向人民法院申请撤回强制清算申请的,人民法院应不予准许。但申请人有证据证明相关行政决定被撤销,或者人民法院作出解散公司判决后当事人又达成公司存续和解协议的除外。

——《最高人民法院关于审理公司强制清算案件工作座谈会纪要》(2009年11月4日,法发〔2009〕52号)

730

法院适用先予执行裁定解除合同后,不得再准许当事人撤诉

关键词 | 先予执行 | 解除合同 | 撤诉 | 解除保全 |

【最高人民法院裁判文书】

甘肃省经济技术协作总公司代销经营部与兰州市第四中学联建纠纷上诉案[最高人民法院(2000)民终字第51号民事裁定书]

裁判要旨:法院适用先予执行裁定解除合同后,不得再准许当事人撤诉;法院不应将解除保全的内容写在准许撤诉的裁定中。

最高人民法院认为:

兰州市七里河区人民法院(1994)七经初字第143号民事裁定书已生效,如当事人对该裁定内容不服应按审判监督程序申请再审。兰州市七里河区人民法院裁定准许四中撤诉后,当事人认为其实体权利未能实现而以同一诉讼请求再次起诉的,人民法院应予受理;一审法院驳回经营部起诉不当,应予撤销。一审法院作出的撤销保全并解除查封命令的裁定,是一审法院依法定职权作出的发生法律效力的裁定。

——最高人民法院民事审判第一庭编:《最高人民法院民事案件解析(房地产开发)》(第2辑),法律出版社2010年版,第202页。

【链接:最高人民法院法官著述】

首先,兰州市七里河区人民法院根据原告四中的申请在诉讼中裁定解除双

方签订的联建协议及补充协议，该先予执行的裁定书是生效的法律文书，对该裁定不服应按审判监督程序申请再审。七里河区人民法院在裁定解除合同后，不应允许原告四中撤诉，否则对解除合同的后果未作处理使双方当事人的权利义务处于不确定的状况，不仅双方原本存在的纠纷未得到解决，而且增加了新的不稳定因素，故七里河区人民法院裁定允许原告四中撤诉不当。

其次，一审裁定书撤销保全并解除查封命令不当。理由有二：第一，解除保全与驳回起诉是完全不同的两个内容，应分别制作裁定书；第二，解除保全的裁定书是一审法院依法定职权作出的发生法律效力的法律文书，不允许当事人上诉，将解除保全的内容写在驳回起诉的裁定书主文中会产生允许当事人上诉的法律后果，违反了民事诉讼法第 140 条允许上诉裁定适用范围的规定，属适用法律不当。

最后，《最高人民法院关于适用〈中华人民共和国民事诉讼法〉若干问题的意见》第 144 条规定：当事人撤诉或人民法院按撤诉处理后，当事人以同一诉讼请求再次起诉的，人民法院应予受理。根据这一规定，四中自七里河区人民法院撤诉后双方当事人均有权以同一诉讼请求再次起诉，受诉法院应当受理，一审法院裁定驳回经营部起诉不当，应当撤销一审裁定，指令一审法院对本案进行实体审理。

——最高人民法院民事审判第一庭编：《最高人民法院民事案件解析（房地产开发）》（第 2 辑），法律出版社 2010 年版，第 203 页。

731

开庭审理内容与案件争议焦点之间的关系

关键词｜庭审内容｜争议焦点｜

【最高人民法院司法解释】

第二百二十八条　法庭审理应当围绕当事人争议的事实、证据和法律适用等焦点问题进行。

——《最高人民法院关于适用〈中华人民共和国民事诉讼法〉的解释》（2015 年 1 月 30 日，法释〔2015〕5 号）

【链接：最高人民法院法官著述】

由于本条为新增规定，并对之前的庭审传统改动较大，故在适用本条时，应注意加强对当事人的释明工作。具体而言，应注意以下几点：第一，开庭时告知当事人，庭审只会围绕审理前准备阶段所确定的争议焦点进行，其余问题一般不再审理，故当事人的意见应在庭前准备阶段提出，不能抱有突袭的心态而有所保留。第二，对于当事人所提出的事实争议焦点，法官应释明属于哪一类事实争点，如当事人就“是否尽了注意义务”争辩，那么此事实可能属于间接事实，而主要事实则是“是否有过失”，人民法院应提示当事人围绕主要事实提供证据材料、发表意见。第三，法官要引导当事人围绕争议焦点来陈述或辩论。首先，若当事人重复陈述争点以外的事实，法官可以打断其并令其围绕争议焦点陈述。比如，当事人一直在陈述对方的动机的恶劣性，或者重复强调自己受到损害后的悲惨境遇，或其他无法律意义的事实，此时法官应引导当事人陈述有法律意义的事实。其次，如果法庭在审理某一确定争点，但是当事人在陈述过程中又提到了对另外的争点的意见，此时为了避免混乱，法官应将其打断，引导其按正确的争点顺序陈述意见，当然如果两争点联系紧密，或者从属于同一主要事实争点，法官也可视情况允许。第四，如果当事人在辩论中对某些争点没有提到，法官可询问当事人对该争点是否发表意见，比如被忽略的法律适用争点。第五，开庭审理时，对双方当事人在庭前准备阶段已经确认无异议的事实，在作出说明后，一般可不再审理，但涉及身份关系、国家利益、社会公共利益等的除外。

——沈德咏主编、最高人民法院修改后民事诉讼法贯彻实施工作领导小组编著：《最高人民法院民事诉讼法司法解释理解与适用》，人民法院出版社2015年版，第597～598页。

732

发回重审案件当事人变更、增加诉讼请求或提出反诉的期限

关键词 | 二审 | 发回重审 | 变更、增加诉讼请求 | 反诉 |

【最高人民法院司法解释】

第二百五十一条 二审裁定撤销一审判决发回重审的案件，当事人申请变更、增加诉讼请求或者提出反诉，第三人提出与本案有关的诉讼请求的，依照民事诉讼法第一百四十条规定处理。

——《最高人民法院关于适用〈中华人民共和国民事诉讼法〉的解释》（2015年1月30日，法释〔2015〕5号）

【链接：最高人民法院法官著述】

增加诉讼请求或者提出反诉，第三人提出与本案有关的诉讼请求的期限。对此，《92年意见》第156条规定的是在案件受理后，法庭辩论结束前。而《民事诉讼证据规定》第三十五条规定的是举证期限届满前。《行政诉讼法解释》第四十五条规定："起诉状副本送达被告后，原告提出新的诉讼请求的，人民法院不予准许，但有正当理由的除外。"可见，三者之间存在不一致。我们认为，首先，根据新法优于旧法、特别法优于一般法的法律适用原则，既然本司法解释仍保留了《92年意见》第156条规定的内容，那么就应仍坚持在案件受理后、法庭辩论结束前的立场；其次，在《民事诉讼证据规定》没有废止前，变更诉讼请求一般应在举证期限届满前提出。从目前司法实务来看，在立案后，法院一般都会向当事人送达举证通知书，该通知书上一般会明确载明"申请鉴定，增加、变更诉讼请求或者提出反诉，应当在举证期限届满前提出"。可见，法院在实践中都是以举证期限届满为提出变更诉讼请求的截止点。另外，鉴于《合同法司法解释（一）》第三十条规定，一审开庭前变更诉讼请求的，人民法院应当准许，以及司法解释在关于庭前会议部分规定庭前会议不审查当事人增加、变更诉讼请求的申请，我们认为，至少在庭审开庭前，应已固定当事人的诉讼请求。当然，为最大限度避免法律适用上无谓的争执与风险，作为原告方代理人，最好是按照《民事诉讼法证据规定》在举证期限届满前提出变更诉讼请求的申请。

——沈德咏主编、最高人民法院修改后民事诉讼法贯彻实施工作领导小组编著：《最高人民法院民事诉讼法司法解释理解与适用》，人民法院出版社2015年版，第649页。

733

国有企业债务人另行提起不良债权转让合同无效诉讼的诉讼程序

关键词 | 金融不良债权转让 | 国有企业 | 债务人 | 诉讼程序 |

【最高人民法院司法政策】

会议认为,为避免当事人滥用诉权,在受让人向国有企业债务人主张债权的诉讼中,国有企业债务人以不良债权转让行为损害国有资产等为由,提出不良债权转让合同无效抗辩的,人民法院应告知其向同一人民法院另行提起不良债权转让合同无效的诉讼;国有企业债务人不另行起诉的,人民法院对其抗辩不予支持。国有企业债务人另行提起不良债权转让合同无效诉讼的,人民法院应中止审理受让人向国有企业债务人主张债权的诉讼,在不良债权转让合同无效诉讼被受理后,两案合并审理。国有企业债务人在二审期间另行提起不良债权转让合同无效诉讼的,人民法院应中止审理受让人向国有企业债务人主张债权的诉讼,在不良债权转让合同无效诉讼被受理且做出一审裁判后再行审理。

国有企业债务人提出的不良债权转让合同无效诉讼被受理后,对于受让人的债权系直接从金融资产管理公司处受让的,人民法院应当将金融资产管理公司和受让人列为案件当事人;如果受让人的债权系金融资产管理公司转让给其他受让人后,因该受让人再次转让或多次转让而取得的,人民法院应当将金融资产管理公司和该转让人以及后手受让人列为案件当事人。

——《最高人民法院印发〈关于审理涉及金融不良债权转让案件工作座谈会纪要〉的通知》(2009 年 3 月 30 日,法发〔2009〕19 号)

【链接:最高人民法院法官著述】

国有企业债务人另行提起不良债权转让合同无效诉讼后的程序问题主要涉及两个方面:其一,合并审理;其二,当事人列置。

1. 关于合并审理问题

《纪要》规定:“人民法院应中止审理受让人向国有企业债务人主张债权的诉讼,在不良债权转让合同无效诉讼被受理后,两案合并审理。国有企业债务人在二审期间另行提起不良债权转让合同无效诉讼的,人民法院应中止审理受让人向国有企业债务人主张债权的诉讼，在不良债权转让合同无效诉讼被受理且做出一审裁判后再行审理。”如此规定的目的在于便于查明事实，一次性解决纠纷。

2. 关于当事人列置问题

《纪要》规定：“国有企业债务人提出的不良债权转让合同无效诉讼被受理后，对于受让人的债权系直接从金融资产管理公司处受让的，人民法院应当将金融资产管理公司和受让人列为案件当事人；如果受让人的债权系金融资产管理公司转让给其他受让人后，因该受让人再次转让或多次转让而取得的，人民法院应当将金融资产管理公司和该转让人以及后手受让人列为案件当事人。”需要指明的是，金融资产管理公司和受让人应当作为共同被告参加诉讼，而不是第三人。理由在于：其一，通常是诉讼必须有原告和被告。国有企业债务人提起转让合同无效诉讼，其理由是转让合同损害国家利益或社会公共利益等，因此，被告必然是转让合同当事人。其二，如果转让合同被认定无效，那么金融资产管理公司和受让人应当承担合同无效后的相互返还和赔偿责任等。若其作为第三人参加诉讼，则面临其是有独立请求权第三人还是无独立请求权第三人的争论，在诉讼权利行使方面存在模糊之处。

此外，关于其他被转让债权的债务人尤其是整体资产包中未提起债权转让合同无效诉讼的债务人是否应当参加诉讼的问题，我们认为，基于不告不理之原则并考虑转让合同是否有效与其是否履行债务并无实际影响，故没有必要追加其他债务人为诉讼当事人。

——高民尚：《关于审理涉及金融不良债权转让案件的若干政策和法律问题》，载最高人民法院民事审判第二庭编：《民商事审判指导》（总第17辑），人民法院出版社2009年版，第33页。

734

虚假陈述民事赔偿案件的诉讼方式

关键词 | 证券市场 | 虚假陈述 | 民事赔偿 | 共同诉讼 | 诉讼代表 |

【最高人民法院司法解释】

第十二条 本规定所涉证券民事赔偿案件的原告可以选择单独诉讼或者共

同诉讼方式提起诉讼。

第十三条 多个原告因同一虚假陈述事实对相同被告提起的诉讼,既有单独诉讼也有共同诉讼的,人民法院可以通知提起单独诉讼的原告参加共同诉讼。

多个原告因同一虚假陈述事实对相同被告同时提起两个以上共同诉讼的,人民法院可以将其合并为一个共同诉讼。

第十四条 共同诉讼的原告人数应当在开庭审理前确定。原告人数众多的可以推选二至五名诉讼代表人,每名诉讼代表人可以委托一至二名诉讼代理人。

第十五条 诉讼代表人应当经过其所代表的原告特别授权,代表原告参加开庭审理,变更或者放弃诉讼请求、与被告进行和解或者达成调解协议。

第十六条 人民法院判决被告对人数众多的原告承担民事赔偿责任时,可以在判决主文中对赔偿总额作出判决,并将每个原告的姓名、应获得赔偿金额等列表附于民事判决书后。

——《最高人民法院关于审理证券市场因虚假陈述引发的民事赔偿案件的若干规定》(2003 年 1 月 9 日,法释〔2003〕2 号)

【最高人民法院司法政策】

为了方便当事人诉讼和人民法院对案件的审理,及时有效地保护投资人合法权益,《规定》针对我国证券市场现状和实际国情,在第三部分对证券民事赔偿诉讼明确规定了原告可以选择单独诉讼或者共同诉讼方式提起诉讼。根据民事诉讼法第五十四条和相关司法解释的规定,《规定》确定的共同诉讼是人数固定的代表人诉讼方式,即原告人数应当在开庭审理前确定。共同诉讼的原告人数众多的可以推选二至五名诉讼代表人,每名诉讼代表人可以委托一至二名诉讼代理人。由于目前证券市场投资人以自然人为主,一旦发生侵权行为,受侵害的投资人不仅数量众多,而且诉讼请求各不相同,情况相当复杂。在没有民事诉讼前置程序和当事人诉讼请求意愿不明的情况下,人民法院对人数不确定的权利人发出公告、通知登记参加诉讼,不仅与“不告不理”诉讼原则相悖,而且使得诉讼周期拖长,人民法院难以进行审理,投资人合法权益难以及时有效得到保护。应当说,《规定》对诉讼方式作出的安排是符合证券市场实际情况的。

——李国光:《在公布最高人民法院〈关于审理证券市场因虚假陈述引发的民事赔偿案件的若干规定〉新闻发布会上的讲话》(2003 年 1 月 9 日),载李国光主编、最高人民法院民事审判第二庭编著:《最高人民法院关于审理证券市场虚假陈述案件司法解释的理解与适用》，人民法院出版社2003年版，第13～14页。

对于虚假陈述民事赔偿案件，人民法院应当采取单独或者共同诉讼的形式予以受理，不宜以集团诉讼的形式受理。

——《最高人民法院关于审理证券市场因虚假陈述引发的民事侵权纠纷案件的有关问题的通知》（2002年1月15日，法明传〔2001〕43号）

【最高人民法院审判业务意见】

第二，依法受理和审理虚假陈述、内幕交易和市场操纵行为引发的民事赔偿案件，维护证券交易市场上投资者的合法权益。根据立案登记司法解释规定，因虚假陈述、内幕交易和市场操纵行为引发的民事赔偿案件，立案受理时不再以监管部门的行政处罚和生效的刑事判决认定为前置条件。面对这一变化，在证券案件的审理中应当注意两方面问题：（1）在审理程序方面要注意：在诉讼方式上，根据案件具体情况，有的可以单独立案、分别审理，有的可以依据民事诉讼法第五十四条实践代表人诉讼制度。在调查取证上，除了法官到现场调查取证外，还可以积极探索利用调查令、书面通知持有证据的单位提供证据等多种手段，补强查明案件事实所需要的证据。另外要充分发挥专家辅助人作用，以利形成司法判断。（2）在实体方面要正确理解证券侵权民事责任的构成要件。要在传统民事侵权责任的侵权行为、过错、损失、因果关系四个构成要件中研究证券侵权行为重大性、交易因果关系特殊的质的规定性。重大性，是指违法行为对投资者决定的可能影响，其主要衡量指标可以通过违法行为对证券交易价格和交易量的影响来判断。交易因果关系是指违法行为影响了投资者的交易决定。重大性、交易因果关系是为了限制或减轻行为人责任的制度安排。侵权行为不具有重大性或者侵权行为与投资者的交易决定没有因果关系时，行为人不负赔偿责任。

——杨临萍：《关于当前商事审判工作中的若干具体问题》（2015年12月24日），载杜万华主编、最高人民法院民事审判第一庭编：《民事审判指导与参考》（总第64辑），人民法院出版社2016年版，第73页。

【链接：最高人民法院法官著述】

所谓单独诉讼，是指诉讼当事人各方主体是单一的诉讼方式。在单独诉讼中，原告与被告的人数都是单一的，这也是民事诉讼中的通常形态。由于证券市场虚假陈述行为是针对不特定的众多投资人作出的，因而受害的投资人不可能是单个投资人，被侵害权益的投资人，根据目前市场的实际情况，少则几百人，多则几十万人；虚假陈述行为人往往也不是单数，所以单独诉讼方式能够运用的可能性极小。所谓共同诉讼，是指当事人一方或双方为二人以上的诉讼。证券市场投资人如是因同一侵权行为而受到侵害，基于同一事实而共同产生民事赔偿请求，众多投资人完全可以同一种类标的进行共同诉讼。故《规定》根据民事诉讼法第53、54条，《最高人民法院关于适用〈中华人民共和国民事诉讼法〉若干问题的意见》第59～62条，以四个条文就如何共同诉讼作了较为明确的规定。确立的是人数固定的代表人诉讼，而不是不确定的代表人诉讼。这样规定，是因为证券市场一旦发生侵权行为，受侵害的投资人过于庞大，且侵权行为和侵权行为人往往不是单一的，投资人也不可能起诉完全相同的被告人；每个投资人受到侵害的情况和实际损失很难相同；还因为目前我国没有类似美国的中介机构对数以万计的投资人进行登记和计算，仅依靠人民法院完成公告、对权利人登记以及权利人选择加入诉讼和适用裁判等工作，是不现实的。故对证券市场人数众多的赔偿诉请，分离出若干个原告人数确定的以代表人方式进行的共同诉讼，是符合人民法院和证券市场现有条件的。

——贾纬：《证券市场虚假陈述民事赔偿制度——〈关于审理证券市场因虚假陈述引发的民事赔偿案件的若干规定〉的理解与说明》，载江必新主编、最高人民法院民事审判第二庭编：《民商审判指导与参考》（总第3卷），法律出版社2003年版，第64～65页。

735

虚假陈述民事赔偿案件的诉讼中止、终结

关键词 | 证券市场 | 虚假陈述 | 民事赔偿 | 诉讼中止 | 诉讼终结 |

【最高人民法院司法解释】

第十一条　人民法院受理虚假陈述证券民事赔偿案件后，受行政处罚当事人对行政处罚不服申请行政复议或者提起行政诉讼的，可以裁定中止审理。

人民法院受理虚假陈述证券民事赔偿案件后，有关行政处罚被撤销的，应当裁定终结诉讼。

——《最高人民法院关于审理证券市场因虚假陈述引发的民事赔偿案件的若干规定》(2003 年 1 月 9 日，法释〔2003〕2 号)

【链接：最高人民法院法官著述】

前置程序设置的必要性和现实性，我们已在 2002 年《人民司法》第 2 期《〈关于受理证券市场因虚假陈述引发的民事侵权纠纷案件有关问题的通知〉的理解与适用》一文中作了较为充分的论述。《规定》丰富和发展了《通知》关于前置程序的原则性规定。首先，增加了刑事处罚的前置程序。证券市场虚假陈述行为人行政责任与刑事责任的承担是并行不悖的（当然也包括民事责任承担），关键是要根据其行为违法性质和程度而确定。既然设定了虚假陈述民事责任承担的行政处罚前置程序，那么触犯刑律的虚假陈述，这种远比受到行政处罚严重得多的行为，如构成提供虚假财务报告罪、编造并传播证券交易虚假信息罪的虚假陈述行为，更应是民事责任的前置条件，其行为人应当附带承担民事责任。《规定》第 5 条、第 6 条规定，投资人依据人民法院作出的认定有罪的刑事裁判文书，对虚假陈述行为人提起民事赔偿诉讼，人民法院应当受理。其次，对行政处罚主体作了扩大规定。对证券市场的行政监管，主要是中国证监会及其派出机构。但对市场参与主体从行业上具有行政管理权的部门，还有财政部等其他行政机关，或者经授权的机构。故《规定》第 5 条第 2 项规定了财政部或者其他行政机关以及有权作出行政处罚的机构所作出的行政处罚，均构成民事责任承担的前置条件。最后，对前置程序不确定状态给予了规定。第 11 条规定，人民法院受理虚假陈述证券民事赔偿案件后，受行政处罚当事人对行政处罚不服申请行政复议或者提起行政诉讼的，可以裁定中止审理。有关行政处罚被撤销的，应当裁定终结诉讼。

——贾纬：《证券市场虚假陈述民事赔偿制度——〈关于审理证券市场

因虚假陈述引发的民事赔偿案件的若干规定〉的理解与说明》,载江必新主编、最高人民法院民事审判第二庭编:《民商审判指导与参考》(总第3卷),法律出版社2003年版,第66页。

736

宣告专利权无效行政诉讼对侵犯专利权民事诉讼的影响

关键词 | 宣告专利权无效 | 侵犯专利权 | 中止诉讼 |

【最高人民法院审判业务意见】

在张保忠与黔江电器厂等专利侵权案[(2010)民申字第1038号]中,在二审判决被告承担侵犯专利权责任,但专利权已经于二审判决之前被宣告无效且无效宣告请求审查决定被提起行政诉讼的情况下,最高人民法院认为,国家知识产权局专利复审委员会作出的宣告专利权无效决定还处于行政诉讼程序,而本申请再审案的审查以该行政诉讼的审理结果为依据,因此,在上述行政诉讼审结之前,应中止本案诉讼,并中止原审判决的执行。

——《最高人民法院知识产权案件年度报告(2010)》

737

破产受理前基于债务人财产诉讼应中止审理

关键词 | 破产受理 | 债务人 | 中止诉讼 |

【最高人民法院司法解释】

第二十一条 破产申请受理前,债权人就债务人财产提起下列诉讼,破产申请受理时案件尚未审结的,人民法院应当中止审理:

(一)主张次债务人代替债务人直接向其偿还债务的;

(二)主张债务人的出资人、发起人和负有监督股东履行出资义务的董事、高级管理人员，或者协助抽逃出资的其他股东、董事、高级管理人员、实际控制人等直接向其承担出资不实或者抽逃出资责任的；

（三）以债务人的股东与债务人法人人格严重混同为由，主张债务人的股东直接向其偿还债务人对其所负债务的；

（四）其他就债务人财产提起的个别清偿诉讼。

债务人破产宣告后，人民法院应当依照企业破产法第四十四条的规定判决驳回债权人的诉讼请求。但是，债权人一审中变更其诉讼请求为追收的相关财产归入债务人财产的除外。

债务人破产宣告前，人民法院依据企业破产法第十二条或者第一百零八条的规定裁定驳回破产申请或者终结破产程序的，上述中止审理的案件应当依法恢复审理。

——《最高人民法院关于适用〈中华人民共和国企业破产法〉若干问题的规定（二）》（2013年9月5日，法释〔2013〕22号）

【链接：最高人民法院法官著述】

在不涉及债务人破产程序的情形下，人民法院将判决次债务人直接向债权人承担偿还责任，或者判决出资人就公司债务不能清偿的部分，在其未出资本息或者抽逃出资本息范围内直接向债权人承担民事责任。但是，如果在人民法院作出生效判决前，债务人进入了破产程序，则人民法院需要考虑债务人已经进入破产程序这一特殊事由。这是因为债务人进入破产程序后人民法院对上述诉讼的判决不仅关乎个别债权人的利益，而且直接影响全体债权人的利益。毕竟无论是债务人怠于行使的债权还是出资人未履行的出资义务等，均应归属于债务人财产，如果债务人被宣告破产，应按照破产财产分配方案的规定向全体债权人进行分配。如果受理诉讼的人民法院判决次债务人代替债务人直接向起诉的债权人承担偿还责任，或者判决出资人在未出资本息或者抽逃出资本息范围内直接向起诉的债权人承担补充赔偿责任，则无异于在破产程序启动后，债务人以其财产对个别债权人进行了债务清偿，有违《企业破产法》公平清偿债权人的基本原理。

若因债务人破产而简单地驳回债权人的诉讼请求会产生一定问题。如果债务人在破产申请受理后被宣告破产，则驳回债权人的诉讼请求不会引发其他问题，提起诉讼的债权人可以通过破产程序获得清偿，债权人利益不会受到实质损害。但是人民法院受理破产申请并不必然会宣告破产,在破产宣告前,经审查发现债务人有法定情形的,可以裁定驳回破产申请或者终结破产程序。如果债权人此时已被驳回诉讼请求,为了维护自身权益,只得再次提起代位权诉讼或者出资人补充赔偿诉讼,徒增债权人的诉累。另外,债务人或与债务人具有关联关系的债权人还可能利用这一规定继续恶意申请破产,从而使上述诉讼的功能无法正常发挥,债权人的利益无法得到保护。因此,本条司法解释第1款规定,受理代位权及出资人补充赔偿诉讼的人民法院先中止案件的审理,视本条第2款、第3款不同情形分别处理。

——最高人民法院民事审判第二庭编著:《最高人民法院关于企业破产法司法解释理解与适用》,人民法院出版社2013年版,第275~276页。

738

无效婚姻案件涉及财产分割和子女抚养的分别制作裁判文书

关键词 | 无效婚姻 | 裁判文书 | 财产分割 | 子女抚养 | 诉的合并与分离 |

【最高人民法院司法解释】

第四条 人民法院审理无效婚姻案件,涉及财产分割和子女抚养的,应当对婚姻效力的认定和其他纠纷的处理分别制作裁判文书。

——《最高人民法院关于适用〈中华人民共和国婚姻法〉若干问题的解释(二)》(2003年12月25日,法释〔2003〕19号)

【链接:最高人民法院法官著述】

婚姻关系当事人或利害关系人在申请宣告婚姻无效时,是否应当一并提起财产与子女权益问题?人民法院对于申请宣告婚姻无效案件与基于此无效婚姻所涉及的财产和子女权益问题,是否应当分案审理?在征求意见过程中,关于《婚姻法司法解释》第九条的规定,有人提出该解释仅对审理宣告婚姻无效并涉及其他民事权益的案件的适用程序作了规定,但对实践中以什么方式来审理却不明确。人民法院审理无效婚姻案件,涉及财产分割和子女抚养纠纷等情况时,实际涉及的是两个诉,一个是无效婚姻关系的确认之诉,一个是财产分割之诉。当事人提起的这两个诉具有相对独立性,基于不同的事实而产生,每一个事实都能够独立地支持原告具体的诉讼请求。只是审理因申请宣告婚姻无效所涉及的财产纠纷与子女权益纠纷,应以审理宣告婚姻无效案件为前提,这与两个诉讼请求是分开审理还是一起审理并无必然的因果关系。程序不同在合并审理时就会带来许多不便,有的就根本不能融合。诉的合并是指将各自独立的诉合并在一个案件中审理,诉的分离则是指将一个案件中各自独立的诉分别进行审理。诉的合并与分离原则,一是取决于不同法律关系之间是否有牵连,或者是什么样的牵连;二是决定于是否便于人民法院审理,便于当事人进行诉讼。依照法律规定,申请宣告婚姻无效案件与由于无效婚姻所引发的财产侵害与子女抚养案件可以合并审理。但我们认为一般不宜合并审理,对于裁判文书,则主张必须分开制作。诉是当事人因民事权益发生争议而向人民法院提出司法保护的一种请求。只要有诉讼标的和诉讼理由,即可成为诉。从法律强调保护当事人和利害关系人合法权益的目的以及原告诉讼请求产生的事实的不同出发,应当允许原告在以其中一个权利为据起诉后,以另一个权利为据另行起诉,而不构成重复起诉。从诉的分离与合并原则来看,适用程序不同的案件,应当将可分之诉分案进行审理。我们认为,这两个诉相对独立,将两个诉分开,分别制作裁判文书后,身份关系可以得到及时的解决,不影响当事人再婚。如果两个诉不分开,财产分割不清,将干扰当事人的再婚,所以分别制作两个裁判文书将有利于解决此类婚姻关系案件。

——最高人民法院民事审判第一庭编著:《最高人民法院婚姻法司法解释(二)的理解与适用》,人民法院出版社 2004 年版,第 54 ~ 55 页。

739

在民事判决书中增加加倍支付迟延履行期间债务利息的内容

关键词 | 民事判决 | 加倍支付 | 迟延履行 | 债务利息 | 告知当事人 |

【最高人民法院司法政策】

全国地方各级人民法院、各级军事法院、各铁路运输中级法院和基层法院、各海事法院,新疆生产建设兵团各级法院:

根据《中共中央关于构建社会主义和谐社会若干重大问题的决定》有关“落实当事人权利义务告知制度”的要求，为使胜诉的当事人及时获得诉讼成果，促使败诉的当事人及时履行义务，经研究决定，在具有金钱给付内容的民事判决书中增加向当事人告知民事诉讼法第二百三十二条规定的内容。现将在民事判决书中具体表述方式通知如下：

一、一审判决中具有金钱给付义务的，应当在所有判项之后另起一行写明：如果未按本判决指定的期间履行给付金钱义务，应当依照《中华人民共和国民事诉讼法》第二百三十二条之规定，加倍支付迟延履行期间的债务利息。

二、二审判决作出改判的案件，无论一审判决是否写入了上述告知内容，均应在所有判项之后另起一行写明第一条的告知内容。

三、如一审判决已经写明上述告知内容，二审维持原判的判决，可不再重复告知。

——《最高人民法院关于在民事判决书中增加向当事人告知民事诉讼法第二百三十二条规定内容的通知》(2007 年 2 月 7 日，法〔2007〕19 号)

编者说明

2012 年《民事诉讼法》没有修改上述条文内容，但将原第 232 条条文序号改为第 253 条。因此，自 2013 年 1 月 1 日《民事诉讼法》施行之日起，在制作民事判决书该项内容时，应注意将条文序号改为第 253 条。

740

当庭宣判案件的裁判文书送达

关键词｜当庭宣判｜裁判文书送达｜

【最高人民法院司法解释】

第二百五十三条 当庭宣判的案件，除当事人当庭要求邮寄发送裁判文书的外，人民法院应当告知当事人或者诉讼代理人领取裁判文书的时间和地点以及逾期不领取的法律后果。上述情况，应当记入笔录。

——《最高人民法院关于适用〈中华人民共和国民事诉讼法〉的解释》(2015 年 1 月 30 日，法释〔2015〕5 号)

【链接：最高人民法院法官著述】

第一，人民法院应将逾期不领取的法律后果明确告知当事人。从本条起草的目的是解决送达难角度来看，该逾期不领取的法律后果应是裁判文书视为送达。也就是说，人民法院应主动告知当事人，在指定期间内未领取的，指定领取裁判文书期间届满之日即为送达之日，当事人的上诉期从人民法院指定领取裁判文书期间届满之日起开始计算。

第二，人民法院不得通过电子送达方式送达裁判文书。在2012年民事诉讼法修改之前，部分地方法院在适用简易程序审理案件时，为进一步简化送达程序，提高诉讼效率，创新性采用短信、微博、QQ、电子邮件、传真等方式向当事人送达裁判文书。但根据2012年民事诉讼法第八十七条的规定，不管当事人是否同意或人民法院是否能够确认当事人收悉，人民法院都不能通过上述方式送达裁判文书。

——沈德咏主编、最高人民法院修改后民事诉讼法贯彻实施工作领导小组编著：《最高人民法院民事诉讼法司法解释理解与适用》，人民法院出版社2015年版，第654～655页。

741

引用法律条款时的表述

关键词｜引用法律条文｜法律条款｜

【链接：最高人民法院法官著述】

（1）引用“法条原文”。“法条原文”，即法律条文的内容，它是作出判决的法律依据。民事判决书的可信性是依靠判决的说理实现的。当事人之所以愿将纠纷诉诸法院，是因为相信法律，相信法官会以中立、公正的立场对双方的辩论进行分析、判断，并依法律规定作出正当判决。因此，需要将“法条原文”写进判决并对其进行充分解释和说理。引用时应当准确完整写明规范性法律文件的名称、条款序号，需要引用具体条文的，应当整条引用。

（2）关于法律条文条、款、项、目的引用。法律条文是按照条、款、项、目等顺序来称谓的。引用法律等的条款应当写明条、款、项、目。条是指特定数目下整个条文;款是指一个完整的条文分为若干自然段的,每一自然段为一款;项则是指在某款条文下的若干个并列规定;目则相应的是指项下的若干并列规定。因此,在援引法律条文的过程中,如果直接援引到每个条文的款、项或目的,应当直接指明"根据某某法第某条第某款第某项第某目的规定",不能混淆称谓。

(3)关于条文计数的表述方式。援引的法律条文是条、款、项、目等,其计数方式以"一、二、三"等中文表述,不能使用阿拉伯数字或其他计数方式表述。

(4)关于对项的援引要求。对于条的援引可直接援引为"第某条";对于款的援引,可援引为"第某条第某款"。但对于项的援引则与前二者不同。在我国法律的正式文本中,关于项的规定是以中文加圆括号的形式出现的。因此,在援引到法律条文的某项时,应当依照正式法律文本的表述方式,以"第(一)项、第(二)项"等方式援引。

在法律条文仅有一款,且在该款下分为若干项的,可以直接援引为"第某条第(某)项"即可。

——最高人民法院研究室、最高人民法院民事诉讼法修改研究小组办公室编著:《〈中华人民共和国民事诉讼法〉修改条文适用解答》,人民法院出版社2012年版,第203页。

问题:《立法法》第54条规定,法律根据内容需要,可以分编、章、节、条、款、项、目,款不编序号。对于条下分列几款的法律条文,引用时有两种不同的意见。一种意见认为,根据《立法法》第54条的规定,引用法律条文时,只引用条的序号,不具体分款。另一种意见认为,条下分款的,仍按过去的习惯具体引用条款,款虽不编序号,习惯上抬行的即为1款。如果引用法律不分条、款,将会涉及法律适用是否准确、正确的问题。

《人民司法》研究组认为:《立法法》第54条第1款、第2款分别规定"法律根据内容需要,可以分编、章、节、条、款、项、目"。"编、章、节、条的序号用中文依次表述,款不编序号,项的序号用中文数字加括号依次表述,目的序号用阿拉伯数字依次表述"。根据这些规定我们可知,条下为款,款下为项,项下为目;款是指条中没有用中文数字或阿拉伯数字表述的各自然段,第一自然段为第1款,第二自然段为第2款,条中各款规定的内容各有不同。人民法院在引用法律条文时,如果条下分款,应当根据需要引用某一款或某几款,而不能只引用到条为止;如果某一条下面没有分款而直接分列几项的,就不要加"第1款",而是根据需要直接引用某一项或某几项。

——《人民司法》2002 年第 11 期

742

诉讼阶段被告履行了义务但原告坚持诉讼的处理

关键词 | 诉讼阶段 | 履行义务 | 坚持诉讼 |

【链接：最高人民法院法官著述】

被告在诉讼审理阶段履行了义务，但原告仍坚持诉讼，如何处理？

问题：2005 年 12 月 12 日，被告王某、钱某向原告工商银行领用牡丹贷记卡，并签订了牡丹贷记卡领用合同。之后，两被告使用牡丹贷记卡透支人民币 4000 元，后经原告工商银行多次催讨拒不归还。2007 年 1 月 10 日，工商银行向法院起诉，要求两被告归还透支款。然而法院立案受理后，两被告即向银行归还了全部透支款，但银行坚持诉讼，要求两被告承担诉讼费。我院对如何处理该案形成三种意见：第一种意见认为本案两被告已归还了原告的全部透支款，双方争议的标的已不存在，依照《民事诉讼法》第 108 条第 3 款规定，法院直接以裁定方式驳回原告起诉，诉讼费由原告承担。第二种意见认为本案两被告已归还了原告的全部透支款，双方争议的标的已不存在，应判决驳回原告的诉讼请求，但因被告违约过错，诉讼费由被告承担。第三种意见认为虽然被告已归还了原告的全部透支款，但在原告起诉后支付，应判决被告支付全部透支款，同时在判决主文后注明已支付，诉讼费由被告承担。请问哪种意见正确？

《人民司法》研究组认为：我国《民事诉讼法》第 108 条规定的是起诉时必须符合的条件，其中第 3 款的规定，是指当事人在起诉时必须有具体的诉讼请求和事实、理由，而不是指在诉讼过程的任何一个阶段必须有具体的诉讼请求和事实、理由。本案中，银行起诉时，被告王某、钱某并未归还透支款，银行有具体的诉讼请求和事实、理由，符合该法第 108 条规定的起诉条件。驳回起诉是对于受理后才发现不符合起诉条件的案件，应裁定驳回原告的起诉，所以，本案不宜适用驳回起诉。能否判决驳回原告的诉讼请求，取决于原告是否享有实体权利，显然，诉讼开始后，原告的实体权利不仅包括要求被告支付透支款权利，还包括要求被告承担诉讼费的权利。本案中,被告只是在诉讼过程中迫于败诉的压力才归还了透支款,承担诉讼费则是其另一项未履行的义务。如果法院判决驳回原告的诉讼请求,意味着原告不享有实体权利,当然,诉讼费应由原告承担,这对原告来说是不公平的。故第二种意见欠妥。鉴于本案的具体情况,在原告部分诉讼请求即要求被告归还全部透支款已经实现的情况下,仍可以判决被告支付全部透支款,并注明已支付,同时判决诉讼费由被告承担。因此,我们认为你院第三种意见是可行的。

——《人民司法·应用》2008 年第 3 期

743

驳回起诉与驳回诉讼请求的区别

关键词｜驳回起诉｜驳回诉讼请求｜

【最高人民法院裁判文书】

唐山市中信大酒店有限公司与中国工商银行股份有限公司唐山新华支行、中国华融资产管理公司石家庄办事处、中国华融资产管理公司北京办事处侵权纠纷案[最高人民法院(2010)民二终字第 45 号民事裁定书]

裁判要旨:当事人的诉讼请求只要符合《民事诉讼法》第一百零八条关于“起诉条件”的相关规定,人民法院应当受理,并进行实体审查。经审理后发现存在应驳回诉讼请求的情形,应当在受理后驳回当事人的诉讼请求,而不应当直接驳回起诉。

——最高人民法院民事审判第二庭编:《最高人民法院商事审判指导案例(下)》,中国法制出版社 2011 年版,第 762 ~765 页。

【链接:最高人民法院法官著述】

问题:某法院在审理一起案件中,经审查原、被告之间无实体上的法律关系,而原告误以为存在这种关系且不更换的,对这类被告主体有误的案件的处理有两种意见。第一种意见认为:因原告的起诉符合《民事诉讼法》第 108 条的条件，经审理查明，原告所主张的事实不存在或理由不成立，对此应按原告主张无事实根据而判决驳回原告诉讼请求。第二种意见认为：裁定解决的是程序上的问题，而判决解决的是实体上的问题，因此被告主体问题属程序问题，应当适用裁定驳回原告起诉。

《人民司法》研究组认为：驳回起诉和驳回诉讼请求在《民事诉讼法》上有明确的区别。驳回起诉是指人民法院受理案件以后发现不属于人民法院受理的条件，用裁定驳回起诉。驳回起诉是对诉权有无的判断。驳回诉讼请求是指经人民法院审理，当事人的诉讼请求不能给予支持，则以判决驳回诉讼请求，实际上该当事人承担了败诉的结果。驳回起诉应当以起诉是否符合民事案件受理条件为判断标准。驳回诉讼请求是以人民法院应当受理为前提，在实体上进行审理后的判断结果。被告主体有误不属于人民法院不予受理案件的情形，原告拒不变更被告的，人民法院经审理后，应当依法驳回其诉讼请求。

——《人民司法 · 应用》2004 年第 11 期

744

被告主体有误的应驳回起诉

关键词 | 驳回起诉 | 被告主体有误 |

【链接：最高人民法院法官著述】

问题：对甲诉乙相邻采光、通风、排水纠纷一案，法院在庭审中发现被告主体不合格，侵权的房屋实属被告乙之子所有。一种意见认为，本案应变更被告主体，让与本案没有权利、义务关系的乙退出诉讼，通知有权利、义务关系的乙之子参加诉讼。另一种意见认为，被告主体有误，应裁定驳回原告起诉，由甲另行起诉乙之子。因为变更被告主体没有法律规定，《民事诉讼法》只规定诉讼请求可变更，而没有规定被告主体可变更。

《人民司法》研究组认为：人民法院受理案件后，经审查发现被告主体不适格，是否应当告知原告变更被告，我国法律没有做出明确规定，因此实务中的做法也不尽一致。我们认为，一般情况下变更被告缺少法律依据，应当裁定驳回起诉，可告知其另行起诉，故原则上同意信中的第二种意见。另外，需要说明的是，相邻关系纠纷案件的被告并非必须是相邻不动产的所有权人,也可以是不动产的占有人、使用人,能否作为被告,要视原告的具体请求而定。

——《人民司法》2003 年第 8 期

745

依据原告起诉时提供的被告地址无法送达的处理

关键词 | 被告身份 | 被告不明确 | 被告下落不明 | 被告地址无法送达 |

【最高人民法院司法解释】

近来,一些高级人民法院就人民法院依据民事案件的原告起诉时提供的被告住址无法送达应如何处理问题请示我院。为了正确适用法律,保障当事人行使诉讼权利,根据《中华人民共和国民事诉讼法》的有关规定,批复如下:

人民法院依据原告起诉时所提供的被告住址无法直接送达或者留置送达,应当要求原告补充材料。原告因客观原因不能补充或者依据原告补充的材料仍不能确定被告住址的,人民法院应当依法向被告公告送达诉讼文书。人民法院不得仅以原告不能提供真实、准确的被告住址为由裁定驳回起诉或者裁定终结诉讼。

因有关部门不准许当事人自行查询其他当事人的住址信息,原告向人民法院申请查询的,人民法院应当依原告的申请予以查询。

——《最高人民法院关于依据原告起诉时提供的被告住址无法送达应如何处理问题的批复》(2004 年 11 月 25 日,法释〔2004〕17 号)

第八条 人民法院按照原告提供的被告的送达地址或者其他联系方式无法通知被告应诉的,应当按以下情况分别处理:

(一)原告提供了被告准确的送达地址,但人民法院无法向被告直接送达或者留置送达应诉通知书的,应当将案件转入普通程序审理;

(二)原告不能提供被告准确的送达地址,人民法院经查证后仍不能确定被告送达地址的,可以被告不明确为由裁定驳回原告起诉。

——《最高人民法院关于适用简易程序审理民事案件的若干规定》

(2003年9月10日,法释〔2003〕15号)

【链接:最高人民法院法官著述】

依照最高人民法院2003年12月1日起施行的《关于适用简易程序审理民事案件的若干规定》第8条第(2)项“原告不能提供被告准确的送达地址,人民法院经查证后仍不能确定被告送达地址的,可以被告不明确为由裁定驳回原告起诉”的规定,原告起诉时,不能提供被告准确的送达地址的,经人民法院查证后仍不能确定被告送达地址的,人民法院可以以被告不明确裁定驳回原告的起诉。

最高人民法院2004年12月2日起施行的《关于依据原告起诉时提供的被告住址无法送达应如何处理问题的批复》(法释〔2004〕17号)指出:人民法院依据原告起诉时所提供的被告住址无法直接送达或者留置送达,应当要求原告补充材料。原告因客观原因不能补充或者依据原告补充的材料仍不能确定被告住址的,人民法院应当依法向被告公告送达诉讼文书。人民法院不得仅以原告不能提供真实、准确的被告住址为由裁定驳回起诉或者裁定终结诉讼。因有关部门不准许当事人自行查询其他当事人的住址信息,原告向人民法院申请查询的,人民法院应当依原告的申请予以查询。

根据2012年修改的《民事诉讼法》可以解读出“明确的被告”包含两个层面的含义:一是在形式上被告要明确,原告通过身份和空间处所两个要素把相对方固定成为明确的被告;二是在实质上被告也要明确,即不仅要明确原告起诉相对方形式上的身份(姓名、年龄、性别等),而且要明确相对方与原告之间的法律关系、法律事实。被告不明确是指被告的身份不明确。在被告的身份情况中,被告的姓名或名称是否准确或正确,被告的住址或住所地都是确定被告的必要条件。当被告是公民的,以派出所的户籍登记为依据确定其家庭住址,公民被告的住所地与经常居住地不一致的,除写明住所地外,还应写明经常居住地。当被告是企业法人或其他组织的,以工商档案或有关登记、备案部门的登记、备案材料(党委、政府除外)为依据确定其住所地。其中,企业法人或非企业法人以营业场所为住所地,而其他组织如学校、机关等则以办公场所为住所地。上述基本信息是将被告区别于他人和其他法人、其他组织的必要要件。如果根据原告提供的情况足以使被告明确,只是不知被告的现在居住地或被告下落不明的,仍应认为被告信息是明确的,不应以被告信息不明确为由不予受理或驳回起诉。

——最高人民法院民事诉讼法修改研究小组编著:《〈中华人民共和国民事诉讼法〉修改条文理解与适用》,人民法院出版社2012年版,第255页。

原告提供的被告居住地不真实,法院能否裁定驳回起诉?

问题:某法院近年受理的离婚和民间借贷等案件中,有相当一部分原告在向法院起诉时提供的被告居住地不实,致使法院无法向被告送达。对此类案件,我们在立案时虽然严格审查把关,但仍避免不了上述问题的出现。由于此类案件的被告大部分属于无固定职业的社会闲散人员,有的户籍所在地属空挂户,并无房产或住处,原告起诉时所提供的居住地有的也只是被告曾经住过的临时居住地。对此类案件的处理,目前法院一般是依照《民事诉讼法》第84条公告送达。但公告送达后在审理上仍有难以解决的问题,如法律文书上如何确定被告真实居住地。另外,公告送达给后期执行工作也带来很多不便,因为居住地不真实,致使案件难以执行。请问此类案件,能否适用《民事诉讼法》第108条第2项、第140条第1款第11项的规定,以没有明确的被告为由,裁定驳回原告的起诉?

《人民司法》研究组认为:信中所述原告没有向人民法院提供被告的真实地址,人民法院能否适用《民事诉讼法》第108条第2项的规定,以没有明确的被告为由裁定驳回起诉的问题,我们认为不能适用该项规定,因为所谓没有明确的被告,是指原告对自己提出诉讼请求的对象找不到适格的主体,即无法确定具体要向谁主张权利,对于这种没有讼争主体的情况,定纷止争也就无从谈起,所以人民法院才要依法予以驳回。而本案中并非被告主体不明确,原告向人民法院提供的被告住所地不真实可能会导致人民法院无法通知被告应诉或送达法律文书的后果,但这对于被告作为诉讼主体没有影响。

——《人民司法》2003年第7期

编者说明

2012年修改前的民事诉讼立法对原告和被告采用不同的确认标准。对于原告的确认,采用"适格说"的标准,要求原告必须与本案有直接的利害关系。对于被告的确认,则采用"表示说"的标准,要求被告明确,即提出了适度的"适格说"要求:原告提交的起诉状要有明确的被告身份信息,必须提供被告姓名、性别、工作单位、住所、联系方式等能够确定其身份的信息,被告系法人或其他组织的也应列明其名称、住所、主要负责人、联系方式等信息。如果根据原告提供的情况足以使被告明确,只是不知被告的现在居住地或被告下落不明的,仍应认为被告信息是明确的,不应以被告信息不明确为由不予受理或驳回起诉。

746

民事判决主文中罚息计算方法的表述

关键词｜判决主文｜罚息计算方法｜

【链接：最高人民法院法官著述】

近年来，最高人民法院民二庭在审理二审案件时，发现各省、自治区、直辖市作出的民事判决主文对罚息计算方法的表述极不规范，主要存在两个方面的问题：其一，在判决书主文中将罚息表述为一个绝对数，该表述方式既未体现罚息的计算依据，又漏算了原审计算罚息的截止之日至二审判决确定的罚息付清之日的罚息；其二，无论罚息发生在哪个时期，均判令债务人按日万分之五或日万分之四支付罚息。自 1996 年以来，中国人民银行已四次调整逾期罚息计算标准，即依次调整为日万分之五、日万分之四、日万分之三、日万分之二点三。如果不考虑罚息发生的时期，一律按日万分之五或日万分之四计算，是不符合中国人民银行关于逾期罚息计算标准的规定的。

上述在逾期罚息表述方式方面存在的问题，不仅是一个技术性问题，还关系到当事人的实体权利。因此，往往二审法院经审理认为原审判决认定事实清楚，适用法律正确，但因罚息表述或计算方法有误，不得不对原判决主文判项进行变更。目前，最高人民法院对原审判决的改判，因罚息计算方法表述存在问题而改判的占一定的比例。有鉴于此，有必要对罚息计算方法的表述进行规范。最高人民法院民二庭经研究认为，罚息计算方法的正确表述方式为：

逾期罚息自 × ×之日起至付清之日止，按中国人民银行规定的的同期逾期罚息计算标准计付。

——刘贵祥：《在民事判决主文中如何表述罚息的计算方法》，载李国光主编、最高人民法院民事审判第二庭编：《民商事审判指导与参考》（总第 1 卷），人民法院出版社 2002 年版，第 87 页。

747

借款纠纷案件判决主文中利息计算

关键词｜判决主文｜借款纠纷｜利息计算｜

【链接：最高人民法院法官著述】

《人民司法》研究组认为：关于借款纠纷案件中判决主文对于有关利息应计算至何时止的表述，判决立即支付的，利息应计算至判决生效之日止；判决有一定履行期限的，利息应计算至判决确定的履行期届满之日止。逾期未支付的，则根据《民事诉讼法》第232条关于"被执行人未按判决、裁定和其他法律文书指定的期间履行给付金钱义务的，应当加倍支付迟延履行期间的债务利息"之规定，由债务人加倍支付迟延履行期间的债务利息。这样有利于保护债权人的合法权益，同时督促债务人尽快执行法院的生效判决。

——《人民司法》2001年第5期

748

判决书落款日期以签发之日为准

关键词 | 判决书 | 落款日期 | 签发之日 |

【链接：最高人民法院法官著述】

问题：在审判实践中，我们就判决书落款日期产生三种意见：第一种认为应是合议庭或审委会讨论日期，第二种认为应是院长或庭长签发之日期，第三种认为应以宣判之日为判决书落款之日期。请问哪种意见正确？

《人民司法》研究组认为：根据我国《民事诉讼法》有关规定精神，判决书的落款日期是指判决确定的日期，即判决具有法律效力的起始之日，应以院长、庭长或其他有权签发裁判文书的人员签发之日为准。因此，我们认为，你院第二种意见是正确的。

——《人民司法·应用》2008年第9期

749

用人单位不服劳动仲裁提起诉讼未获支持应实体判决

关键词｜劳动仲裁｜实体判决｜

【链接：最高人民法院法官著述】

问题：林某为某建筑公司务工时受伤致残，双方经劳动仲裁后，建筑公司须赔偿林某相关费用 20 万元。建筑公司在法定期限内提起诉讼，认为双方不存在事实劳动关系，请求法院判决其不承担赔偿责任。法院认为双方存在事实劳动关系，建筑公司应该承担赔偿责任，但对案件的判决形式存在不同的认识。一种意见认为，应当判决驳回建筑公司的诉讼请求，因为其诉讼请求是要求不承担赔偿责任，驳回其请求后，劳动仲裁裁决书自然生效，伤者可依仲裁裁决书申请执行。另一种意见认为，应当判决建筑公司承担具体的赔偿责任，而无须考虑是否与建筑公司的诉讼请求相符合。

《人民司法》研究组认为：劳动争议诉讼，是指人民法院对不服劳动争议仲裁裁决而提起诉讼的劳动争议，依法进行审判并作出判决的劳动争议处理方式。人民法院受理的劳动争议案件，目前统一由民事审判庭按照《民事诉讼法》规定的程序进行审查，实行二审终审制。劳动争议仲裁只是劳动争议诉讼的前置程序，进行诉讼后，意味着劳动仲裁裁决自然生效，法院应该对劳动争议进行实体审查，并作出实体判决。对于本案，法院应判决建筑公司具体的赔偿责任。因此，我们认为后一种意见是正确的。

——《人民司法 · 应用》2007 年第 23 期

750

审理经济纠纷案件中发现经济犯罪的处理

关键词｜经济纠纷｜经济犯罪｜刑民交叉｜

【最高人民法院司法解释】

第五条　人民法院立案后，发现民间借贷行为本身涉嫌非法集资犯罪的，应当裁定驳回起诉,并将涉嫌非法集资犯罪的线索、材料移送公安或者检察机关。

公安或者检察机关不予立案,或者立案侦查后撤销案件,或者检察机关作出不起诉决定,或者经人民法院生效判决认定不构成非法集资犯罪,当事人又以同一事实向人民法院提起诉讼的,人民法院应予受理。

——《最高人民法院关于审理民间借贷案件适用法律若干问题的规定》(2015 年 8 月 6 日,法释〔2015〕18 号)

第十一条 人民法院作为经济纠纷受理的案件,经审理认为不属经济纠纷案件而有经济犯罪嫌疑的,应当裁定驳回起诉,将有关材料移送公安机关或检察机关。

第十二条 人民法院已立案审理的经济纠纷案件,公安机关或检察机关认为有经济犯罪嫌疑,并说明理由附有关材料函告受理该案的人民法院的,有关人民法院应当认真审查。经过审查,认为确有经济犯罪嫌疑的,应当将案件移送公安机关或检察机关,并书面通知当事人,退还案件受理费;如认为确属经济纠纷案件的,应当依法继续审理,并将结果函告有关公安机关或检察机关。

——《最高人民法院关于在审理经济纠纷案件中涉及经济犯罪嫌疑若干问题的规定》(1998 年 4 月 21 日,法释〔1998〕7 号)

【最高人民法院答复】

山东省高级人民法院、江苏省高级人民法院:

公安部五局以公刑〔1997〕1293 号致函本院经济审判庭,反映山西省太原市公安局侦查西山矿务局荣晋煤焦联运站(以下简称联运站)张彬涉嫌诈骗犯罪,山东省淄博市临淄区、江苏省徐州市泉山区人民法院分别受理了以联运站为被告的经济纠纷案件。本院审查了太原市公安局和山东省、江苏省高级人民法院的报告及有关材料。经研究认为:

张彬虽系西山矿务局晋深实业发展公司(以下简称晋深公司,不具备企业法人资格)的承包人,但张彬承包该公司后,未经其上级主管单位西山矿务局生活服务总公司(不具备企业法人资格)及西山矿务局的授权或同意,以出具虚假的资产调拨单、虚假的场地证明等,非法成立了联运站,任命自己为企业法人代表,并经有关工商行政管理部门办理了《企业法人营业执照》。此后,张彬以联运站的公章和伪造的《煤炭要车计划表》先后同淄博市临淄区供销社大厦(以下简称供销社大厦）、徐州矿务局华美公司（以下简称华美公司）等多个单位签订煤炭购销合同、贷款合同，骗取货款、贷款等计500万余元，其中大部分款项被其用于赌博或挥霍。据此，太原市公安局对张彬以涉嫌诈骗犯罪进行侦查是正确的。鉴于山东省淄博市临淄区人民法院受理的供销社大厦诉联运站购销合同纠纷一案、江苏省徐州市泉山区人民法院受理的华美公司诉联运站购销合同纠纷一案的法律事实均与公安机关侦查的事实相同，该案应按经济犯罪案件处理为宜。请山东省、江苏省高级人民法院监督有关法院在收到本函之日起10日内依法撤销对以上案件所作的判决和裁定，并将上述案件移送太原市公安局依法处理。

——《最高人民法院关于山西省太原市公安局侦查张彬涉嫌诈骗犯罪与山东省淄博市临淄区、江苏省徐州市泉山区人民法院受理经济纠纷案件争议的处理意见》（1998年3月4日，法经〔1998〕88号）

【最高人民法院审判业务意见】

第二，关于刑民交叉问题。司法解释用多个条文对民间借贷中涉及的刑民交叉问题进行规定，对指导司法实践起到了重要作用。当然，我们也了解到，这个问题非常复杂，从各地审理的案件情况看，合法的民间借贷与集资诈骗、非法吸收公众存款等经济犯罪之间的界限多有交织。如何划定合法与非法之间的合理界限，需要进一步探索。要准确适用司法解释第五条的规定，不能机械地将所有涉嫌非法集资犯罪的民间借贷案件，一律以驳回起诉处理，对先刑后民原则要严格审慎适用。举个例子，只有在借贷行为本身可能认定为非法吸收公众存款或集资诈骗犯罪的，才能适用该解释第五条的规定，但是如果吸收非法公众存款或集资诈骗后又转贷的，对这种转贷产生的纠纷虽然与犯罪行为有牵连，也要按照民间借贷纠纷案件进行审理。

——程新文：《关于当前民事审判工作中的若干具体问题》（2015年12月24日），载杜万华主编、最高人民法院民事审判第一庭编：《民事审判指导与参考》（总第64辑），人民法院出版社2016年版，第68页。

【链接：最高人民法院法官著述】

处理本案争议主要应注意以下三点：1. 张彬对外签订经济合同的行为是个

人行为,还是职务行为?从本案反映的事实看,应认定张彬的行为是个人行为。一是张彬以非法手段成立了联运站。张彬通过出具虚假的资产调拨单、场地证明,骗得了验资证明,进而骗取了工商登记;二是张彬在有关虚假证明上虽然加盖了晋深公司的公章,但成立联运站并未经晋深公司的授权或同意;三是张彬对外签订经济合同加盖的是非法成立的联运站的公章。鉴于张彬的行为系个人行为,所以,由此造成的法律后果应由张彬个人承担,有关主管单位不应承担民事责任。2. 张彬的行为是民事法律行为还是已涉嫌犯罪?本案中,张彬的行为已涉嫌诈骗犯罪。一是非法成立联运站后,又采取欺骗手段同其他单位签订经济合同;二是张彬没有货源,没有履行合同的能力;三是张彬具有诈骗他人财物的目的。张彬骗取供销社等单位的货款后,将大部分货款挪作他用,且携款潜逃。3. 诉讼程序问题。鉴于本案的上述两方面事实,有关人民法院以经济纠纷案件受理本案不当,应当依法予以纠正,并将全案移送有关公安机关予以侦查。值得一提的是,解决审理经济纠纷案件中遇到的经济犯罪的诉讼程序问题,应当根据具体案件的具体情况区别处理,刑事优于民事的原则的提法是没有法律根据的。

——李淑琴:《关于山西省太原市公安局侦查张彬涉嫌诈骗犯罪与山东省淄博市临淄区、江苏省徐州市泉山区人民法院受理经济纠纷案件争议的处理》,载李国光主编、最高人民法院经济审判庭编:《经济审判指导与参考》(总第2卷),法律出版社2002年版,第162~163页。

751

分别涉及经济纠纷与经济犯罪应当分别审理

关键词 | 经济纠纷 | 经济犯罪 | 刑民交叉 | 分别审理 |

【最高人民法院司法解释】

第六条 人民法院立案后,发现与民间借贷纠纷案件虽有关联但不是同一事实的涉嫌非法集资等犯罪的线索、材料的,人民法院应当继续审理民间借贷纠纷案件,并将涉嫌非法集资等犯罪的线索、材料移送公安或者检察机关。

——《最高人民法院关于审理民间借贷案件适用法律若干问题的规定》(2015年8月6日,法释〔2015〕18号)

第一条 同一公民、法人或其他经济组织因不同的法律事实，分别涉及经济纠纷和经济犯罪嫌疑的，经济纠纷案件和经济犯罪嫌疑案件应当分开审理。

第十条 人民法院在审理经济纠纷案件中，发现与本案有牵连，但与本案不是同一法律关系的经济犯罪嫌疑线索、材料，应将犯罪嫌疑线索、材料移送有关公安机关或检察机关查处，经济纠纷案件继续审理。

——《最高人民法院关于在审理经济纠纷案件中涉及经济犯罪嫌疑若干问题的规定》(1998 年 4 月 21 日，法释〔1998〕7 号)

【最高人民法院答复】

云南省高级人民法院：

你院〔1993〕法经复字第 3 号《关于云南省金马机械总厂与昆明铁路分局、昆明地区联运公司货物运输合同纠纷申诉案的请示》收悉。经研究，答复如下：

根据铁道部运输局《严防伪造领货凭证冒领货物的紧急通知》第五条的规定，昆明地区联运公司(下称联运公司)在领货人(冒领人)出具的“证明”对货物的有关内容填写不全、领货人与“证明”上的被委托人身份不符的情况下，将货物付给领货人，造成收货人的货物被冒领，应当承担过错责任。联运公司与昆明铁路分局昆明东站订有《联运协议》。据此，本案以经济合同纠纷处理并无不当。本案的经济合同纠纷与冒领人的经济犯罪行为，是两种不同性质的法律关系，责任主体也不同。因此，经济合同纠纷与经济犯罪应当分别审理。

——《最高人民法院关于云南金马机械总厂与昆明铁路分局昆明车站、昆明地区联运公司货物运输合同纠纷是否必须先处理完经济犯罪才能作为经济合同纠纷处理的复函》(1993 年 11 月 15 日，法经〔1993〕226 号)

【《最高人民法院公报》案例】

吴国军诉陈晓富、王克祥及德清县中建房地产开发有限公司民间借贷、担保合同纠纷案(浙江省湖州市中级人民法院二审民事判决书)

裁判要旨：民间借贷涉嫌或构成非法吸收公众存款罪，合同一方当事人可能被追究刑事责任的，并不当然影响民间借贷合同以及相对应的担保合同的效力。如果民间借贷纠纷案件的审理并不必须以刑事案件的审理结果为依据，则民间借贷纠纷案件无须中止审理。

原告吴国军根据借款协议给被告陈晓富200万元后,其对陈晓富的债权即告成立。至于陈晓富可能涉及非法吸收公众存款的犯罪,与本案合同纠纷属于两个法律关系,公安部门立案侦查、检察院起诉以及法院判决构成刑事犯罪,并不影响法院依据民事诉讼法审理本案当事人间的民事合同纠纷。对合同效力进行判断和认定属于民商事审判的范围,判断和认定的标准也应当是民事法律规范。非法吸收公众存款罪和合同的效力问题是两个截然不同的法律问题。判定一个合同的效力问题,应从民事法律的角度去考虑,从有效合同的三个要件来考察:(1)行为人是否具有相应的民事行为能力;(2)意思表示是否真实;(3)是否违反法律或者社会公共利益。且本案涉嫌的是非法吸收公众存款罪,涉嫌犯罪的当事人单个的借贷行为不构成犯罪,只有达到一定量后才发生质变,构成犯罪,即犯罪行为与合同行为不重合,故其民事行为应该有效。鉴于此,法院受理、审理可以"刑民并行"。"先刑后民原则"并非法定原则,任何一部法律并未对这一原则作出明确规定。实行"先刑后民"有一个条件:只有符合《民事诉讼法》第一百三十六条规定,即"本案必须以另一案的审理结果为依据。而另一案尚未审结的",才"先刑后民"。不符合《民事诉讼法》第一百三十六条规定的,应"刑民并行"审理。先刑后民并非审理民刑交叉案件的基本原则,而只是审理民刑交叉案件的一种处理方式。据此,对于被告王克祥和被告中建公司提出本案在未确定本案借款的性质时应该中止审理的诉讼主张,法院不予支持。

——《最高人民法院公报》2011年第11期

广东黄河实业集团有限公司与北京然自中医药科技发展中心一般股权转让侵权纠纷上诉案[最高人民法院(2008)民二终字第62号民事判决书]

裁判要旨:担任法人之法定代表人的自然人,以该法人的名义,采取欺诈手段与他人订立民事合同,从中获取的财产被该法人占有,由此产生的法律后果,是该自然人涉嫌合同诈骗犯罪,同时该法人与他人之间因合同被撤销而形成债权债务关系。人民法院应当依照《最高人民法院关于在审理经济纠纷案件中涉及经济犯罪嫌疑若干问题的规定》第十条的规定,将自然人涉嫌犯罪部分移交公安机关处理,同时继续审理民事纠纷部分。

最高人民法院认为:

黄河公司向原审法院提起诉讼,请求撤销其与然自中心签订的《股权转让协议书》，理由是该协议系受然自中心的法定代表人刘先其欺诈而为，违背了黄河公司的真实意思表示。为查明该事实，原审法院向侦查刘先其涉嫌犯罪的朝阳公安分局进行了调查。朝阳公安分局根据刘先其的供述以及对相关部门的调查，确认刘先其在为然自中心与黄河公司签订《股权转让协议书》时，虚构身份和事实。原审法院依据现有证据，作出关于刘先其以虚假身份采用欺诈的手段骗取了黄河公司的信任，签订了协议书，使然自中心从黄河公司获得1000万元股权转让款的认定，并无不当。然自中心上诉主张认为本案认定事实证据不足，但其并不能提供否定上述事实的证据，故其上诉主张不能成立，本院不予支持。根据本案查明的事实，刘先其作为然自中心的法定代表人，以然自中心的名义，采取欺诈手段与黄河公司签订民事合同，所获取的款项被然自中心占有。上述事实产生的法律后果是除刘先其个人涉嫌诈骗犯罪外，然自中心与黄河公司之间亦因合同被撤销形成了债权债务关系，然自中心依法应当承担相应的民事责任。故原审法院依据本院《关于在审理经济纠纷案件中涉及经济犯罪嫌疑若干问题的规定》第十条的规定，将刘先其涉嫌犯罪的部分移送公安机关，而继续审理本案民事纠纷部分并无不当，本院予以维持。然自中心以本案与公安机关认为的犯罪嫌疑基于同一法律关系，应当裁定驳回黄河公司起诉的上诉理由没有法律依据，本院不予支持。

——《最高人民法院公报》2009年第1期

新疆维吾尔自治区农村社会养老保险基金管理中心与中国银行新疆分行、乌鲁木齐华侨旅游侨汇服务公司存单纠纷案［最高人民法院（2004）民二终字第151号民事判决书］

裁判要旨：根据民法通则第一百零六条第二款的规定，商业银行对所属工作人员作出除名处理后，未收缴其工作证件，致使其继续使用该证件并利用原单位加盖业务专用章的存款票证骗取他人存款，造成他人经济损失的，商业银行应承担相应的民事责任。

最高人民法院认为：

本案涉及民事纠纷与刑事犯罪交叉的问题。本院将本案发回重审时，原审法院尚未作出刑事判决。重审期间，原审法院查清了本案的有关事实并已作出刑事附带民事判决。根据该判决所认定的基本事实，蒋景树伙同张朝钧、韩凯采取伪造进账单和定期存款证实书的办法，骗取社保中心的款项，其行为构成金融凭证诈骗罪。原审法院在判处上述张朝钧等人无期徒刑或有期徒刑的同时，还判决将追缴的赃款70万元以及一辆海南马自达轿车发还给社保中心。处理本案民事纠纷应当考虑刑事判决中所认定的基本事实。原审判决认定社保中心与新疆中行之间不存在真实的存款关系并无不当。但是,社保中心与新疆中行之间不存在真实的存款关系,只能说明双方之间不存在合同关系以及新疆中行不存在应当承担合同责任的问题,凭此并不能必然得出新疆中行对本案不应当承担任何民事责任的结论。

基于蒋景树、张朝钧、韩凯的犯罪行为,侨汇公司占有本案8170200元款项,没有合法依据,其应当将该款项返还给社保中心。原审判决侨汇公司向社保中心返还8170200元及利息并无不当,且侨汇公司亦未提起上诉,故对该判项应予维持。至于新疆中行是否应当对本案承担民事责任,涉及新疆中行对于张朝钧等人的诈骗得逞是否存在过错问题。有过错就应当承担民事责任,这是民法中过错责任原则的基本内涵。从本案基本事实看,在本案行为发生以前,张朝钧虽于1998年3月27日被乌市中行予以开除,但新疆中行并未收缴张朝钧的工作证,以至于张朝钧仍以乌市中行天山办事处副主任的身份并持该行工作证到社保中心揽储;特别是张朝钧交给社保中心一张加盖有乌市中行黑龙江分理处业务专用章的定期存款证实书,对于该证实书上加盖的公章的真伪问题,原审法院委托该院技术室所作的鉴定结论以及新疆维吾尔自治区人民检察院委托公安部物证鉴定中心所作的鉴定结论是基本吻合的,上述两次鉴定结论与张朝钧的供述也基本一致,故应当认定定期存款证实书上加盖的乌市中行黑龙江分理处业务专用章是真实的。既然张朝钧在被乌市中行开除公职以后还能够使用加盖单位公章的定期存款证实书,这说明乌市中行在管理上存在过错,而且这种过错是导致张朝钧等人诈骗得逞的重要原因。故新疆中行应对其过错承担相应的民事责任。社保中心未到银行柜台办理存款手续,其轻信张朝钧等人的所为也说明其有过错,应当自行承担相应的民事责任。

综上,原审判决认定事实基本清楚,在适用法律方面,除判令侨汇公司向社保中心返还8170200元及利息外,判决驳回社保中心对新疆中行的诉讼请求不当,本院应予纠正。社保中心关于新疆中行应当对本案承担民事责任的上诉理由成立,本院应予支持。

——《最高人民法院公报》2004年第11期

【最高人民法院裁判文书】

重庆市九龙坡区华岩农村信用合作社与重庆大鹏实业发展公司借款合同纠纷案[最高人民法院(2003)民二终字第22号民事裁定书]

裁判要旨:单位直接负责的主管人员和其他直接责任人员,以该单位的名义对外签订经济合同,将取得的财物部分或全部占为己有构成犯罪的,除依法追究行为人的刑事责任外,该单位对行为人因签订、履行该经济合同造成的后果,依法应当承担民事责任,因此对单位提起民事诉讼的应予受理。

最高人民法院认为:

大鹏公司法定代表人刘绮年以单位名义与华岩信用社签订抵押借款合同和房地产抵押合同等,骗取华岩信用社贷款。根据本院《关于在审理经济纠纷案件中涉及经济犯罪嫌疑若干问题的规定》第三条之规定,单位直接负责的主管人员和其他直接责任人员,以该单位的名义对外签订经济合同,将取得的财物部分或全部占为己有构成犯罪的,除依法追究行为人的刑事责任外,该单位对行为人因签订、履行该经济合同造成的后果,依法应当承担民事责任。刘绮年在犯罪过程中均以大鹏公司名义对外签订经济合同,其本人因犯罪行为受到刑事制裁,并不能免除大鹏公司依法应当承担的民事责任。华岩信用社与大鹏公司签订抵押借款合同和房地产抵押合同,并在重庆市房地产交易所办理房地产抵押登记和变更手续,向大鹏公司发放贷款,支付了相应的对价,其抵押权依法应当受到保护。重庆市高级人民法院(1998)渝高法经一初字第52号民事判决判令大鹏公司向华岩信用社归还借款本息、华岩信用社有权以抵押物优先受偿并无不当。本案双方当事人对该判决均未提出异议且已实际履行,其法律效力依法应予维持。重庆市高级人民法院(2001)渝高法民再初字第161号民事裁定以刘绮年犯合同诈骗罪为由,驳回华岩信用社关于抵押借款合同起诉,缺乏相应的法律依据,应予纠正。华岩信用社关于其向大鹏公司而不是向刘绮年发放贷款,后者犯罪行为不影响大鹏公司民事责任承担的上诉请求于法有据,本院予以支持。综上,原审裁定认定事实部分不清,适用法律错误。

——最高人民法院民事审判第二庭编:《中国民商审判》(总第8辑),法律出版社2005年版,第124~131页。

武汉赛迪尔经济发展有限责任公司与武汉市东西湖区国债服务部、武汉市国债服务部回购国库券合同纠纷案[最高人民法院(1999)经终字第14号民事裁定书]

裁判要旨:黄汉东作为东西湖代理处的工作人员,其行为是否是职务行为,东西湖代理处应否承担民事责任,应通过实体审理才能依法决定,不能以涉嫌犯罪,将案件移送公安机关处理为由裁定驳回赛迪尔公司的起诉。

最高人民法院认为:

赛迪尔公司于1995年7月28日与东西湖代理处签订了一份《有价证券回购交易成交合同》,按该合同约定,赛迪尔公司将购券款1000万元汇到了东西湖代理处,东西湖代理处也向赛迪尔公司出具了《国债代保管凭证》。该合同到期后,因多次催款未果,赛迪尔公司向湖北省高级人民法院提起诉讼。赛迪尔公司的起诉符合《中华人民共和国民事诉讼法》第一百零八条规定的受理条件,原审法院应予受理。黄汉东作为东西湖代理处的工作人员,其行为是否是职务行为,东西湖代理处应否承担民事责任,应通过实体审理才能依法决定。原审法院裁定驳回赛迪尔公司的起诉,并将本案移送公安机关处理,属适用法律不当,应予纠正。赛迪尔公司关于本案应由原审法院进行实体审理的上诉主张有理,应予支持。

——最高人民法院民事审判第二庭编:《中国民商审判》(总第8辑),法律出版社2005年版,第124~131页。

咸阳市中陆城市信用社处置领导小组清算组与西安新业工贸有限责任公司、西安市第三奶牛场抵押借款合同纠纷申请再审案

裁判要旨:因无任何司法机关经合法程序认定在抵押贷款和担保过程中有犯罪嫌疑,本案法律关系应定性为经济纠纷,即使涉嫌犯罪,也属于个人以单位名义进行,应将民事案件与刑事案件分开审理和裁判,或者遵循先刑后民原则,中止民事案件的审理

最高人民法院认为:

新业公司向中陆信用社出具《贷款申请报告》,并出具了西安市计划委员会有关批准投资项目的文件,并对项目的收益、偿还借款的可行性进行了论证,中陆信用社有理由相信新业公司贷款用途的正当性、合法性;没有证据证明中陆信用社、第三奶牛场李瑞峰与新业公司恶意串通、欺诈、胁迫第三奶牛场提供担保。中陆信用社对新业公司贷款后将款项挪作他用无法遇见,其不存在过错。由此

应当认定，中陆信用社与新业公司签订的借款抵押合同，符合法律规定，当事人意思表示真实，应为合法有效。中陆信用社依约向新业公司发放了贷款，其合同义务已经履行，新业公司负有偿付义务。即使认定新业公司的法定代表人涉嫌经济犯罪，根据《最高人民法院关于在审理经济纠纷案件中涉及经济犯罪嫌疑若干问题的规定》第3条关于"单位直接负责的主管人员和其他责任人员，以该单位的名义对外签订经济合同，将取得的财物部分或全部占为己有构成犯罪的，除依法追究行为人的刑事责任外，该单位对行为人因签订、履行该经济合同造成的后果，依法应当承担民事责任"的规定，在担保借款的民事法律关系中，新业公司应当承担民事责任。

西安市计划委员会以市计农发〔1996〕244号《关于西安绿宝蔬菜花卉实验中心工厂化蔬菜生产建设项目立项的批复》，批复同意西安绿宝蔬菜花卉实验中心在西安市现代农业综合开发区内建设工厂化蔬菜生产项目，说明新业公司向中陆信用社证明的贷款用途是明确的。至于新业公司贷到款后未投资于申请时所称的项目，仅仅说明新业公司未按照贷款用途使用贷款，违反了合同约定，但不能由此得出新业公司向中陆信用社申请贷款时所称的投资兴建绿色食品项目、投资改建西安市李家村服装商城、在西安市投资建设自选商场连锁店申请贷款的用途为虚假的结论；新业公司投资的绿色食品项目已部分履行，也不能因该项目实施失败而认定项目为虚假；1997年以后，新业公司再没有进行年检，但不能因此而否定其民事主体资格的存在，也不应影响其作为民事主体承担民事责任。陕西省高级人民法院(2004)陕民再字第26号民事裁定认定新业公司以虚假的项目向中陆信用社申请贷款，新业公司在成立的一年两个月有效期限内没有经营活动，从而认定新业公司以虚假的项目巨额贷款、本案不属于经济纠纷案件，与上述新业公司存续期间申报项目、部分履行项目的经营活动的事实不符，应当予以纠正。

西安市房地产交易管理中心于1996年1月24日出具了评估报告，西安市国有资产管理局于同年5月15日作出《资产评估确认通知》，对评估报告予以确认。1996年7月18日，新业公司与中陆信用社签订抵押贷款合同时，未另行对抵押物第三奶牛场的土地进行评估，而是使用了为奶研所贷款抵押所作的评估结论。虽然评估所指向的贷款抵押的抵押人不同，但因评估报告和552亩土地使用权证的原件存放于西安市房地产交易管理中心，从抵押所必须履行的法定程序的角度分析，评估结论对新业公司向中陆信用社的贷款抵押同样具有法律意义。

第三奶牛场在新业公司向中陆信用社《贷款申请书》上明确表示："上述借

款我单位情愿担保,借款单位如不能按期偿还时,由我单位始终负责偿还或在我账户内由开户银行代扣",并出具了《房地产抵押登记委托书》附《证明书》,证明李瑞峰当时任第三奶牛场场长,并授权委托洪振中代表其办理房地产抵押登记事宜。同时,第三奶牛场出具了一份《房地产抵押担保书》,载明该场"自愿以自有房地产为抵押物为新业公司提供银行贷款担保,并委托洪振中办理相关抵押登记、担保事宜。如果被担保方不能按期归还借款,自愿将该宗房地产拍卖,所获价款银行优先受偿"。上述事实表明,第三奶牛场以书面形式向债权人中陆信用社出具担保以及提供抵押担保,该场为新业公司向中陆信用社贷款提供担保、抵押担保的意思表示真实、明确。陕西省高级人民法院(2004)陕民再字第26号民事裁定关于"新业公司以抵押人的名义直接与中陆信用社签订抵押合同,第三奶牛场没有与中陆信用社签订抵押合同"的认定,与本案事实不符,也应当予以纠正。

在审理本案时,如发现与本案有牵连,但与本案不是同一法律关系的犯罪嫌疑线索、材料,根据《最高人民法院关于在审理经济纠纷案件中涉及经济犯罪嫌疑若干问题的规定》第10条关于"人民法院在审理经济纠纷案件中,发现与本案有牵连,但与本案不是同一法律关系的犯罪嫌疑线索、材料,应将犯罪嫌疑线索、材料移送有关公安机关或检察机关查处,经济纠纷案件继续审理"的规定,本案应当继续审理。陕西省高级人民法院(2004)陕民再字第26号民事裁定,以本案涉嫌经济犯罪为由,撤销原一、二审判决,驳回中陆清算组的起诉,违反了上述最高人民法院司法解释的规定,直接剥夺了当事人的诉讼权利,应当予以纠正。

——苏泽林主编、最高人民法院立案庭编:《立案工作指导》(总第20辑),人民法院出版社2009年版,第85~87页。

752

民间借贷案件与刑事案件发生关联时,对民事程序予以中止处理的条件

关键词 | 民间借贷 | 先刑后民 | 中止诉讼 |

【最高人民法院司法解释】

第七条 民间借贷的基本案件事实必须以刑事案件审理结果为依据,而该

刑事案件尚未审结的，人民法院应当裁定中止诉讼。

——《最高人民法院关于审理民间借贷案件适用法律若干问题的规定》(2015年8月6日，法释〔2015〕18号)

【链接：最高人民法院法官著述】

三、裁定中止民事审理前，是否必须经过开庭程序

开庭是查明案件事实的重要形式，案件一般只有经过当事人在庭上陈述、答辩、法庭调查中的举证、质证等，基本事实才能进一步明确，民事诉讼法也规定所有证据必须经过法庭出示、质证才能采信为定案的根据。所以，对需要中止的诉讼一般需经过开庭，但开庭不是法院查明案件事实的唯一途径，尤其是二审审理中，二审法院经过阅卷、调查和询问当事人，对没有提出新的事实、证据和理由，合议庭认为不需要开庭的，可以不开庭审理。因此，不宜强调涉刑事案件的民事案件中止审理一律须经开庭审理的程序。

四、民事案件裁定中止后，当事人补充提供了新的证据能够证明案件基本事实的是否还要继续中止审理

民事案件中止审理的前提是，因案件基本事实不清须待刑事案件的审理结果，如果在中止中，当事人通过自己的取证能够解决民事诉讼中的基本事实问题，我们认为应继续审理，而不需继续等待刑事案件的审理结果。

五、民间借贷审理中因刑民交叉确需中止的有关刑事案件的审理材料如何取得问题

民间借贷审理中，当事人虽提出审理的部分已有刑事告诉或刑事案件的审理，但因民事案件与刑事案件的审理法院常非同一，当事人虽提出其他法院正在进行刑事案件的审理，但有时却无法取得有关部门的证明材料，因此，需民事审理法院根据案件审理的情况需要按照当事人提供线索与有关法院取得联系获得中止裁定的有关事实情况，依据《民事诉讼法》第64条的规定，上述情况属于人民法院应当依职权调查收集的证据。

——杜万华主编、最高人民法院民事审判第一庭编著：《最高人民法院民间借贷司法解释理解与适用》，人民法院出版社2015年版，第152～153页。

753

经济犯罪案件移送公安部门后原查封措施应予解除

关键词 | 经济犯罪 | 诉前财产保全 | 查封措施 | 刑民交叉 |

【最高人民法院答复】

海南省高级人民法院：

你院《关于上海电视机一厂就本院对海南南方信托投资公司诉广东中山汇丰工贸集团有限公司借款合同纠纷一案诉前保全财产提出异议情况的报告》收悉。从你院报告看，本案涉嫌经济犯罪，已从案移送海南省公安厅查处，并将所查封的财产一并移交，但对有关财产的查封措施并未解除。我们认为，人民法院对已经受理的经济纠纷案件，经审查认为确属经济犯罪全案移送公安机关，并将所查封的财产一并移交，且公安机关又对该财产采取查封措施后，原来采取的查封措施即应解除。因此，请你院收到本函后立即解除你院对储存于广州市对外储运公司的彩色电视机的查封。至于该批彩电是否属于赃物，应否发还上海电视机一厂，应由公安机关查明情况后，依法处理。

——《最高人民法院经济庭关于经济犯罪案件已移送公安机关后原来采取的查封措施应予解除的函》（1993年6月23日，法经〔1993〕121号）

754

经济纠纷和经济犯罪案件一并移送后的处理

关键词 | 经济纠纷 | 经济犯罪 | 刑民交叉 | 一并移送 |

【最高人民法院答复】

江西省高级人民法院：

你院赣法经〔1988〕18号请示收悉。关于经济纠纷和经济犯罪案件一并移送后，“受移送的检察院和法院未按刑事附带民事诉讼审理，又未将纠纷部分退回法院处理，移送法院是否仍可对纠纷进行审理”的问题，经研究认为：经济纠纷和经济犯罪案件一并移送后，受诉法院即不再有案件，如受移送的机关未退回,原受诉法院不存在继续审理的问题。移送后或刑事案件审结后,经济纠纷当事人仍请求原受诉法院审理经济纠纷的,应告知当事人可以向受诉法院另行起诉,向受移送的机关催案。如受移送的机关既不处理经济纠纷,又不将经济纠纷部分退回,至于是否追加第三人,是否合并审理的问题,请按民事诉讼法(试行)的有关规定和本院的有关解答,结合案件的具体情况办理。

——《最高人民法院经济审判庭关于经济纠纷和经济犯罪案件一并移送后受移送的检察院和法院未按刑事附带民事诉讼审理又未将纠纷部分退回法院处理移送法院是否仍可对纠纷进行审理问题的电话答复》(1988 年 10 月 14 日)

755

经济纠纷案件涉及经济犯罪嫌疑的诉讼程序

关键词 | 经济纠纷 | 经济犯罪 | 刑民交叉 | 诉讼程序 |

【最高人民法院司法解释】

第八条 根据《中华人民共和国刑事诉讼法》第七十七条第一款的规定,被害人对本《规定》第二条因单位犯罪行为造成经济损失的,对第四条、第五条第一款、第六条应当承担刑事责任的被告人未能返还财物而遭受经济损失提起附带民事诉讼的,受理刑事案件的人民法院应当依法一并审理。被害人因其遭受经济损失也有权对单位另行提起民事诉讼。若被害人另行提起民事诉讼的,有管辖权的人民法院应当依法受理。

——《最高人民法院关于在审理经济纠纷案件中涉及经济犯罪嫌疑若干问题的规定》(1998 年 4 月 21 日,法释〔1998〕7 号)

【链接：最高人民法院法官著述】

从审判实践看,对经济纠纷与经济犯罪交叉案件有以下几种审理方式:

1. 分开审理。本院法释〔1998〕7 号第一条规定:“同一公民、法人或其他组织因不同的法律事实,分别涉及经济纠纷与经济犯罪的,经济纠纷和经济犯罪嫌疑案件应当分开审理。"确定是否分开审理的标准,是正确认定是否为不同的法律事实。如以签订合同的方法进行贪污的犯罪,即属个人以单位的名义对外签订合同与其非法占用、使用或处分取得的公共财产形成了两个紧密联系但又相互独立的法律事实:一是以单位名义发生的民事法律事实;二是个人犯罪的刑事法律事实。在这种情况下,经济纠纷案件与经济犯罪案件应当分开审理。

2. 先刑后民。从司法实践中看,有的经济纠纷与经济犯罪交叉案件的情况很复杂。对经济纠纷案件与经济犯罪案件应当分开审理,而先审理经济纠纷不利于经济犯罪案件及时侦破的,人民法院可裁定中止经济纠纷案件的审理,待不影响经济犯罪案件侦查或经济犯罪案件侦查终结后,再恢复经济纠纷案件的审理。

3. 先民后刑。在改革开放的新形势下,经济领域出现了许多新的情况和问题。司法实践中也存在着经济犯罪的侦查应当以人民法院认定事实为依据,而侦查机关需要等待经济纠纷案件审理结果的情况。如,涉及财产所有权确认或者产权界定的案件,公安、检察机关无法通过侦查手段解决。又如,涉及当事人之间有无债权债务关系的案件,如果刑事侦查遇到障碍,则需要通过先审理经济纠纷案件,查明双方是否存在债权债务关系,以确认债权人是否存在非法占有他人财物的目的等事实,为经济犯罪案件的侦查创造必要的条件。

4. 终结民事或刑事诉讼。人民法院、公安、检察机关在审理案件过程中,认为案件性质属于经济纠纷或经济犯罪,不属自己主管的,应当将全案移送有关司法机关,终结案件的审理或侦查。司法实践中也存在着经济犯罪案件在人民法院审判阶段,因与有关人民法院审理的经济纠纷案件交叉而发生的争议。人民法院审理经济犯罪案件,如经审判认定构不成经济犯罪的,有关人民法院应当按经济纠纷案件继续审理。

5. 经济犯罪嫌疑线索和材料。人民法院在审理经济纠纷案件过程中,发现与本案有牵连,但与本案不是同一法律关系的经济犯罪嫌疑线索和材料,应将经济犯罪嫌疑线索和材料移送公安、检察机关,移送经济犯罪嫌疑线索和材料不应影响经济纠纷案件的审理。

——李淑琴:《处理经济纠纷与经济犯罪嫌疑交叉案件应当注意的几个问题》,载李国光主编、最高人民法院经济审判庭编:《经济审判指导与参考》(总第3卷),法律出版社2000年版,第192~194页。

756
财产犯罪受害人起诉财产侵权赔偿应予受理

关键词 | 刑事附带民事诉讼 | 仓储保管合同 | 受案范围 |

【最高人民法院答复】

湖南省高级人民法院：

你院湘法民请字〔1989〕第17号《关于广东省连县工贸总公司诉怀化市工商银行侵权一案的请示报告》收悉。经研究认为：广东省连县工贸总公司的预付货款被骗，在诈骗犯杨爱秀受刑事处罚并追回部分赃款后，该公司对造成货款被骗负有直接责任的湖南省怀化市农业银行榆树信用社和怀化市工商银行，均有权提起民事诉讼，并要求其承担相应的民事责任。怀化市工商局在本案鉴证工作中的错误，可建议行政部门追究有关人员的行政责任。

——《最高人民法院关于广东省连县工贸总公司诉怀化市工商银行侵权一案的复函》(1990年7月19日，〔1989〕民他字第44号)

【最高人民法院裁判文书】

长治钢铁(集团)有限公司与山西省机电设备仓库仓储保管合同纠纷申请再审案[最高人民法院(2005)民二提字第15号民事裁定书]

裁判要旨：受害人因刑事附带民事的理由和请求不属于刑事附带民事诉讼范围而被人民法院予以驳回，不能以此认为其所遭受的财产损失不应受到法律的保护，其另行提起民事诉讼，符合起诉条件的应予以受理。

最高人民法院认为：

本案长钢集团与机电仓库之间形成的是仓储保管合同关系，应受民事法律关系调整，该民事法律关系因不属刑事附带民事诉讼范围，原生效的(2000)晋刑二终字第75号刑事附带民事裁定并未涉及双方的民事合同关系。山西省高级人民法院(2003)晋立民再字第211号裁定认为，本案所涉事实和诉讼标的，已经法院生效的裁判认定和处理，基于同一事实和理由，重复起诉的，法院不予受理不当。本案系仓储保管合同纠纷，长钢集团基于仓储保管合同向机电仓库提起诉讼，符合《民事诉讼法》的规定，人民法院对其起诉应当依法受理，并进行审理。依照《中华人民共和国民事诉讼法》第一百七十七条第二款、第一百零八条、第一百四十条第一款第(十一)项、第三款之规定,以(2005)民二提字第15号民事裁定撤销原山西高院(2003)晋立民再字第211号裁定,维持山西高院(2002)晋立民终字第68号民事裁定。

——苏泽林主编、最高人民法院立案庭编:《立案工作指导》(总第11辑),人民法院出版社2008年版,第190~191页。

编者说明

对财产犯罪受害人起诉财产侵权赔偿这一问题,最高人民法院的司法态度演变过程如下:最开始是一律追赃、退赃,不作为民事案件受理。该观点主要见于最高人民法院1989年7月18日给甘肃省高级人民法院的复函;1989年10月有关未成人盗窃财物被劳动教养,受害人提起民事诉讼,要求其监护人承担赔偿责任,法院应否受理问题的复函;1990年10月13日《最高人民法院关于诈骗罪的被害人起诉要求诈骗过程中的保证人代偿"借款"应如何处理问题的复函》。之后,演变为可单独提起民事侵权赔偿诉讼。该观点见前述《关于广东省连县工贸总公司诉怀化市工商银行侵权一案的复函》,该复函确认了财产犯罪受害人的民事诉权,确认了侵权行为人的侵权民事责任,在适用法律的指导思想上有了一个重要的突破。具体表现在:

(1)从一律追赃的指导思想到有条件地可以单独提起民事侵权赔偿诉讼。

(2)本案在刑事诉讼中,就所获赃款的清退,是采取附带民事诉讼处理的,对附带民事诉讼不能使受害人的财产损失全部受偿的部分,又准许受害人提起民事诉讼。

(3)准许对财产犯罪被告人以外的其他连带责任人提起民事诉讼。

757

名誉权纠纷案件民刑交叉问题

关键词 | 名誉权纠纷 | 民刑交叉 |

【最高人民法院司法解释】

三、问:当事人提起名誉权诉讼后,以同一事实和理由又要求追究被告人的刑事责任的,应如何处理?

答:当事人提起名誉权诉讼后,以同一事实和理由又要求追究被告刑事责任的,应中止民事诉讼,待刑事案件审结后,根据不同情况分别处理:对于犯罪情节轻微,没有给予被告人刑事处罚的,或者刑事自诉已由原告撤回或者被驳回的,应恢复民事诉讼;对于民事诉讼请求已在刑事附带民事诉讼中解决的,应终结民事案件的审理。

——《最高人民法院关于审理名誉权案件若干问题的解答》(1993 年 8 月 7 日,法发〔1993〕15 号)

【最高人民法院答复】

江苏省高级人民法院:

你院〔1991〕民请字第 10 号《关于刊登侵害他人名誉权小说的出版单位在作者已被判刑后还应否承担民事责任的请示》收悉。经研究认为:出版单位刊登侮辱、诽谤他人的小说,原告多次向出版单位反映,要求其澄清事实、消除影响,出版单位未予置理。在作者为此被以诽谤罪追究刑事责任后,出版单位仍不采取措施,为原告消除影响,致使该小说继续流传于社会,扩大了不良影响,侵害了原告的名誉权。因此,出版单位应当承担民事责任。

——《最高人民法院关于刊登侵害他人名誉权小说的出版单位在作者已被判刑后还应否承担民事责任的复函》(1992 年 8 月 14 日,〔1992〕民他字第 1 号)

【链接:最高人民法院法官著述】

名誉权案件受理中遇到的另一个问题是当事人提起民事诉讼后,以同一事实和理由又要求追究被告刑事责任的,人民法院应如何处理。根据我国《刑法》的规定,侮辱、诽谤罪属于刑事自诉案件,因此,受害人有权作为原告人向人民法院起诉,要求追究被告人的刑事责任,同时,根据刑事诉讼法的规定,刑事自诉案件的原告人还有权提起刑事附带民事诉讼。对于这种以同一事实和理由在提起民事诉讼后又提起刑事诉讼的,应当根据先刑后民的原则,中止民事案件的审理。这样规定,主要是考虑如果行为人的行为后果严重,可能就不仅给受害人造成伤害,而且触犯国家的刑事法律,使追究其刑事责任成为更加迫切需要解决的问题,同时,法律又规定了受害人有权在刑事诉讼中提起附带民事诉讼,以保护受害人的民事权益,故遇到这种情况,人民法院应当中止民事案件的审理,待刑事案件审结后再根据不同情况分别处理。刑事责任和民事责任是独立的、两种不能相互替代的法律责任,无论刑事案件的被告人是否被判令承担刑事责任,只要他与受害人之间的民事权益之争没有得到解决,民事案件就应当继续审理。

——韩玫:《〈最高人民法院关于审理名誉权案件若干问题的解答〉的理解与适用》,载中国人大网,http:www.npc.gov.cn。

758

存单纠纷案件涉及刑事犯罪的处理

关键词 | 存单纠纷 | 刑事犯罪 | 刑民交叉 |

【最高人民法院司法解释】

第三条 存单纠纷案件的受理与中止

存单纠纷案件当事人向人民法院提起诉讼,人民法院应当依照《中华人民共和国民事诉讼法》第一百零八条的规定予以审查,符合规定的,均应受理。

人民法院在受理存单纠纷案件后,如发现犯罪线索,应将犯罪线索及时书面告知公安或检察机关。如案件当事人因伪造、变造、虚开存单或涉嫌诈骗,有关国家机关已立案侦查,存单纠纷案件确须待刑事案件结案后才能审理的,人民法院应当中止审理。对于追究有关当事人的刑事责任不影响对存单纠纷案件审理的,人民法院应对存单纠纷案件有关当事人是否承担民事责任以及承担民事责任的大小依法及时进行认定和处理。

——《最高人民法院关于审理存单纠纷案件的若干规定》(1997年12月11日,法释〔1997〕8号)

【链接:最高人民法院法官著述】

《若干规定》将存单纠纷案件的受理和中止作为单独一条,是针对有的人民法院在遇到存单纠纷案件时所采取的不当处理方法的。有的法院对存单纠纷案件采取不予受理、随意中止、随意移送的处理方法,对存单纠纷案件中的民事纠纷和民事责任不作认定,使当事人的合法权益得不到及时的保护,造成损失的进一步扩大。《若干规定》要求人民法院对存单纠纷案件在符合民事诉讼法的前提下均应受理，中止审理必须有《若干规定》所列情形，发现犯罪线索应及时书面告知有关国家机关，案件不全案移送。这样规定有审理指南的性质，尽量使各级法院在存单纠纷案件的审理上做到统一，这是司法统一的内在要求。存单纠纷案件按照《若干规定》第五、六、七、八条规定的内容，一般都可以得到解决。如案件审理确实须以他案的审结为前提的，可以中止审理。全案移送本来就没有民事诉讼法上的依据，没有得到这次规定的认可。存单纠纷案件的中止审理，《若干规定》要求有严格的要件，这是防止随意中止搞地方保护主义。《若干规定》要求的要件是：(1)存单有伪造、变造、虚开情形；(2)有关当事人涉嫌犯罪已被公安或检察机关侦查；(3)存单纠纷案件非待刑事案件结案后无法确认当事人民事责任。三个要件缺一不可。

——曹士兵：《最高人民法院〈关于审理存单纠纷案件的若干规定〉的解释与适用》，载李国光主编、最高人民法院经济审判庭编：《经济审判指导与参考》(总第1卷)，法律出版社1999年版，第60~61页。

759

检察机关不起诉决定不影响法院对民事纠纷的审理

关键词 | 不起诉决定 | 刑民交叉 |

【最高人民法院答复】

重庆市高级人民法院：

你院《关于方烈炬与重庆国际信托有限公司返还财产纠纷一案法律适用问题的请示》收悉。经研究，答复如下：

同意你院的意见。检察机关对方烈炬作出不起诉决定后，不影响人民法院对涉及平等主体之间民事纷争的受理。

——《最高人民法院关于方烈炬与重庆国际信托有限公司返还财产纠纷一案的法律适用问题的复函》(2004年9月30日，〔2004〕民立他字第23号)

【链接：最高人民法院法官著述】

《民法通则》第110条规定："对于承担民事责任的公民、法人需要追究行政责任的，应当追究行政责任；构成犯罪的，对公民、法人的法定代表人应当依法追究刑事责任。"由此可见，一种行为由于受到不同法律部门的调整，可能涉及不止一种法律关系，应当依法分别承担不同的责任。在司法实践中，行为人对其行为既承担刑事责任，又承担民事责任的情况是常见的，刑事附带民事赔偿就是最好的说明。不能因为检察机关作出不起诉的决定，就认定本案属于刑事法律关系而非民事法律关系。民事法律关系是指平等主体之间的以权利义务为内容的社会关系，主要包括人身关系和财产关系。在本案中，方烈炬以付货款名义通过转账支用了62万元，通过提取现金方式支用了30万元，有支票和检察机关的询问笔录为证。方烈炬辩称其用公司的钱炒股等行为都经过领导同意，而且将该款项的大部陆续交给了徐志勇，属于职务行为。但从现有的证据来看，这些行为既没有领导的书面签字批准，又没有直接的人证（方烈炬称这些行为都经过原公司总经理徐志勇同意，因徐志勇已死亡，故无法印证）。由于方烈炬没有法律依据，将重庆国际信托有限公司的财产据为己有，侵犯了公司的财产权。该公司为此提起的诉讼，是法人与公民个人平等主体之间的财产损害赔偿纠纷，属于民法的调整范围，人民法院应当作为民事案件处理，使当事人的合法权益通过民事诉讼获得救济。

——于金陵：《最高人民法院关于方烈炬与重庆国际信托有限公司返还财产纠纷一案法律适用问题的复函》，载苏泽林主编、最高人民法院立案庭编：《立案工作指导》（总第8辑），法律出版社2004年版，第78～79页。

760

刑事生效裁判可以作为判定民事行为的依据

关键词｜刑事生效裁判｜民事判决｜刑民交叉｜

【最高人民法院裁判文书】

沈阳市松园实业公司与深圳亨联工贸公司、沈阳圣兰德装饰材料有限公司借款合同纠纷案［最高人民法院（2007）民二提字第21号民事判决书］

裁判要旨：当事人以内部工作人员涉及刑事犯罪为由，要求免除民事责任的，应当对其主张进行严格审查，既要考虑当事人自身对于犯罪行为防范不周所具有的过错，也要考虑对方当事人在交易中是否是正常的交易行为及有无过错。刑事生效裁判可以作为判定当事意人思表示是否真实、善意的重要依据，但不是决定民事行为是否合法、有效的唯一依据。

——江必新主编、最高人民法院审判监督庭编著：《全国法院优秀再审裁判文书精选》，法律出版社2010年版，第542～553页。

761

法官向原告释明增加有关保护社会公共利益的诉讼请求

关键词 | 消费民事公益诉讼 | 法官释明 | 增加诉请 |

【最高人民法院司法解释】

第五条 人民法院认为原告提出的诉讼请求不足以保护社会公共利益的，可以向其释明变更或者增加停止侵害等诉讼请求。

——《最高人民法院关于审理消费民事公益诉讼案件适用法律若干问题的解释》（2016年4月24日，法释〔2016〕10号）

【链接：最高人民法院法官著述】

法官释明权的行使应符合以下要求：释明权行使应符合公平正义原则；释明权行使应符合法律规定和遵循合法原则，不可随意扩大释明范围；释明权行使应遵循公开原则；释明权行使应遵循有限原则，否则法官释明就容易转变为诉讼指导甚至成为诉讼代理，影响法官应有的中立性和居中裁判；释明权行使应充分尊重当事人的处分权。在消费民事公益诉讼中，法官释明权的行使应以保护社会公共利益为界限，既要尊重原告的处分权，又要尊重被告的诉讼权利，可以依双方当事人的专业程度、诉讼能力强弱、是否有专业的诉讼代理人等因素综合分析、评判是否需要行使释明权，以及释明权行使的程度。如果在向原告释明后，原告不变更或者增加诉讼请求的，应当按照其提出的诉讼请求进行审理，不得就当事人未请求的事项进行审理，作出裁判。

——杜万华主编、最高人民法院民事审判第一庭编著:《最高人民法院消费民事公益诉讼司法解释理解与适用》,人民法院出版社 2016 年版,第 131 页。

762

消费民事公益诉讼的公告和告知程序

关键词 | 消费民事公益诉讼 | 公告 | 告知 |

【最高人民法院司法解释】

第六条 人民法院受理消费民事公益诉讼案件后,应当公告案件受理情况,并在立案之日起十日内书面告知相关行政主管部门。

——《最高人民法院关于审理消费民事公益诉讼案件适用法律若干问题的解释》(2016 年 4 月 24 日,法释〔2016〕10 号)

【链接:最高人民法院法官著述】

关于人民法院内部负责公告的主体是立案庭还是民事审判庭的问题。由于本《解释》规定的公告期间为受理案件后到一审开庭前,没有采用环境公益诉讼司法解释"公告之日起三十日内"的方式,故似由相关民事审判庭进行较为适宜,各法院亦可根据本院各部门工作情况和分工灵活掌握。但无论具体由哪一部门负责公告,受理后公告的落款,应为××人民法院并加盖院印,无需注明具体庭室部门。

对于公告文书的内容和格式,最高人民法院可以制作全国统一的内容要素和格式模板,供各级法院使用。对于告知文书的内容和格式,全国地方各级法院可以按照公文函件的有关要求自行制作。

公告费用的问题,各法院可以根据公告的具体形式和当地情况,根据前述原则自行制定具体收取办法。

——杜万华主编、最高人民法院民事审判第一庭编著:《最高人民法院消费民事公益诉讼司法解释理解与适用》,人民法院出版社 2016 年版,第 150 页。

编者说明

公告程序和告知程序的设置是由消费民事公益诉讼的本质及其独有的若干特点决定的，它们充分体现了消费民事公益诉讼“公益性”的根本特征。公告程序旨在面向全体社会成员广而告之；告知程序则将社会公共利益的司法保护程序和行政保护程序紧密衔接。

763

消费民事公益诉讼参加诉讼制度

关键词 | 消费民事公益诉讼 | 其他适格主体 |

【最高人民法院司法解释】

第七条 人民法院受理消费民事公益诉讼案件后，依法可以提起诉讼的其他机关或者社会组织，可以在一审开庭前向人民法院申请参加诉讼。

人民法院准许参加诉讼的，列为共同原告；逾期申请的，不予准许。

——《最高人民法院关于审理消费民事公益诉讼案件适用法律若干问题的解释》（2016 年 4 月 24 日，法释〔2016〕10 号）

【链接：最高人民法院法官著述】

在实务中，法院在确定开庭时间时适宜给其他适格主体以充足的时间申请参加诉讼。《环境公益诉讼司法解释》第 10 条第 2 款规定，有权提起诉讼的其他机关和社会组织在公告之日起三十日内申请参加诉讼。本《解释》原拟采用相同规定，但是有关人员建议遵循《民诉法司法解释》第 287 条的规定。本《解释》采纳了该意见。民事诉讼当事人通常在接到受理通知、应诉通知后有 30 天的举证期间，此后法院才会安排开庭，而法院受理消费民事公益诉讼案件后，即应公告案件受理情况（本《解释》第 6 条），因此开庭时间通常会在公告 30 天之后。开庭的时间更为灵活，法院可以根据具体的侵权行为涉及的地域、消费者数量确定。

对于本条规定，有关人员建议增加 1 款，“人民法院自公告之日起三十日内暂缓处理消费公益诉讼案件,但原告申请证据保全、财产保全、行为保全、先予执行的,人民法院应当依法及时处理”。即对在公告期内是否暂缓处理案件作出明确的规定,其目的是为了保障其他适格原告的程序参与权。该意见的初衷是对的,虽然本《解释》未作出明确规定,但是在公告期内除上述必须处理的诉讼行为外,法院不宜安排交换证据、开庭等行为。这一方面保障了其他适格主体的参与权,另一方面节省了司法资源,避免在当事人参加诉讼后再重新进行证据交换等。

——杜万华主编、最高人民法院民事审判第一庭编著:《最高人民法院消费民事公益诉讼司法解释理解与适用》,人民法院出版社2016年版,第168～169页。

764

其他机关和组织另行提起消费民事公益诉讼问题

关键词 | 消费民事公益诉讼 | 另行起诉 | 既判力 |

【最高人民法院司法解释】

第十五条 消费民事公益诉讼案件的裁判发生法律效力后,其他依法具有原告资格的机关或者社会组织就同一侵权行为另行提起消费民事公益诉讼的,人民法院不予受理。

——《最高人民法院关于审理消费民事公益诉讼案件适用法律若干问题的解释》(2016年4月24日,法释〔2016〕10号)

【链接:最高人民法院法官著述】

如果人民法院已经在一个案件之中受理了原告的起诉,其他具有原告诉讼主体资格的机关或者组织另行提起民事消费公益诉讼的,人民法院不予受理。但是可以告知其向已经受理的人民法院申请参加诉讼,此时适用本司法解释第7条的规定。对于已经受理且案件处理结果已经生效的,则适用本条规定。从本条的体系解释上,应结合第7条的规定适用:(1)如果依法可以提起诉讼的其他机关或者社会组织，在一审开庭前向受理案件的人民法院申请参加诉讼的，人民法院则可以根据本《解释》第 7 条的规定，决定是否准许参加诉讼；如果准许参加诉讼的，列为共同原告。(2)如果逾期申请的，则人民法院不予准许参加诉讼，此种情况下只有等待已经受理案件的审理结果。如果裁判结果生效之后，则其他适格的机关和组织就同一经营者的同一违法行为不能另行提起消费民事公益诉讼；如果裁判结果生效之后，但是符合本条规定的不予受理、驳回起诉或者因撤诉终结诉讼的情形，则人民法院应予受理并进行审查。

关于消费民事公益诉讼适格原告另行提起消费公益诉讼应予受理的情形。实践中，遇有消费民事公益诉讼适格原告针对同一被告再次提起诉讼，在以下情况下应予受理：(1)适格原告针对同一被告实施的前案消费公益诉讼被诉行为以外损害消费领域公共利益的行为而提起消费民事公益诉讼。(2)消费民事公益诉讼前案是以裁定不予受理、裁定驳回起诉的方式结案，适格原告针对经营者的同一违法行为另行提起消费公益诉讼且新诉符合案件受理条件的。(3)消费民事公益诉讼前案是以裁定准许撤诉的方式结案，适格原告针对经营者的同一违法行为另行提起消费公益诉讼且新诉符合案件受理条件的。以调解书结案的消费民事公益诉讼案件，因经过公告程序和法院的强制职权审查程序，其他消费民事公益诉讼的适格发起主体再行就同一经营者的同一不当经营行为提起消费公益诉讼的，人民法院也不应受理。

——杜万华主编、最高人民法院民事审判第一庭编著：《最高人民法院消费民事公益诉讼司法解释理解与适用》，人民法院出版社 2016 年版，第 297 ~ 298 页。

765

消费民事公益诉讼与私益诉讼的审理顺序

关键词 | 消费民事公益诉讼 | 私益诉讼 | 审理顺序 | 中止诉讼 |

【最高人民法院司法解释】

第九条 人民法院受理消费民事公益诉讼案件后，因同一侵权行为受到损害的消费者申请参加诉讼的，人民法院应当告知其根据民事诉讼法第一百一十九条规定主张权利。

第十条 消费民事公益诉讼案件受理后,因同一侵权行为受到损害的消费者请求对其根据民事诉讼法第一百一十九条规定提起的诉讼予以中止,人民法院可以准许。

——《最高人民法院关于审理消费民事公益诉讼案件适用法律若干问题的解释》(2016年4月24日,法释〔2016〕10号)

【链接:最高人民法院法官著述】

我们认为,消费民事公益诉讼与私益诉讼在案件事实的认定和法律适用方面,存在较大的共通性。考虑消费者个人的经济能力、专业知识和举证能力等因素,公益诉讼先行的方式,可以有效降低私益诉讼消费者的维权成本,一旦消费民事公益诉讼生效裁判对相关事实作出认定,而这一认定对消费者有利,则在后续进行的私益诉讼中,消费者可以直接主张适用。因此,以公益诉讼先行作为基本模式,是较为科学合理的。但是,在一些特定情况下,消费者个人受到的损害可能比较严重,亟需损害赔偿等权利救济,特别是在人身受到伤害的情况下,如果强制规定消费民事公益诉讼先行模式,而相关适格主体没有及时提起诉讼,或者诉讼中遇到公共性问题一时难以认定和裁断,则会给个别消费者获得更为方便快捷的权利救济造成障碍。因此,我们认为,在消费民事公益诉讼与私益诉讼之间,采取更为灵活的审理顺序,应当更为科学合理。实践中,可以通过赋予消费私益诉讼的当事人以申请中止诉讼的权利来实现合理调节,即如果当事人希望通过时间成本换取诉讼上的举证便利等,可以向法院申请中止审理私益诉讼,以等待相关公益诉讼的结果。对此,人民法院应当根据案件具体情况审查决定是否准许。

——杜万华主编、最高人民法院民事审判第一庭编著:《最高人民法院消费民事公益诉讼司法解释理解与适用》,人民法院出版社2016年版,第191~192页。

766

消费民事公益诉讼不予受理反诉

关键词 | 消费民事公益诉讼 | 反诉 |

【最高人民法院司法解释】

第十一条 消费民事公益诉讼案件审理过程中，被告提出反诉的，人民法院不予受理。

——《最高人民法院关于审理消费民事公益诉讼案件适用法律若干问题的解释》（2016年4月24日，法释〔2016〕10号）

【链接：最高人民法院法官著述】

根据本条司法解释的规定，人民法院仅对被告在消费民事公益诉讼中所提的反诉不予受理，如果被告另行提起诉讼符合《民事诉讼法》第119条规定的起诉条件，人民法院应当及时受理。

我们倾向于后一种观点，即另行起诉的性质仍然是一种民事诉讼。公益诉讼的有关组织和消费者协会代表众多消费者提起诉讼是对公众民事权利的维护，并非以行政机关的身份行使行政管理职能。因此如果产生纠纷，也不涉及国家赔偿。需要说明的是，在消费民事公益诉讼之外，经营者可能会另行提起名誉权侵权诉讼，或认为自己被迫应诉产生的诉讼费用，形成了经济负担，要求公益诉讼的原告赔偿损失。公益诉讼中，即便原告败诉，事实上造成被告名誉损害的可能性非常小，因为通过诉讼结果能够反映出作为被告的企业并不存在诉讼中所列的民事违法行为，其实是对企业形象的正面宣传，只会为其带来更好的影响和更多的商机；对于应诉的必要费用，由于被告胜诉无需承担案件受理费，其他必要的差旅费通常对其不会构成过重的经济负担。在此种情况下是选择再进行一次胜诉挽回该损失，还是放弃诉讼更好地专心经营，促进企业发展，结论显而易见。

——杜万华主编、最高人民法院民事审判第一庭编著：《最高人民法院消费民事公益诉讼司法解释理解与适用》，人民法院出版社2016年版，第217～218页。

767

民事消费公益诉讼请求权类型

关键词｜消费民事公益诉讼｜请求权类型｜不公平格式条款｜

【最高人民法院司法解释】

第十三条 原告在消费民事公益诉讼案件中，请求被告承担停止侵害、排除妨碍、消除危险、赔礼道歉等民事责任的，人民法院可予支持。

经营者利用格式条款或者通知、声明、店堂告示等，排除或者限制消费者权利、减轻或者免除经营者责任、加重消费者责任，原告认为对消费者不公平、不合理主张无效的，人民法院可予支持。

——《最高人民法院关于审理消费民事公益诉讼案件适用法律若干问题的解释》(2016 年 4 月 24 日，法释〔2016〕10 号)

【链接：最高人民法院法官著述】

本条规定消费民事公益诉讼中经营者应当承担的民事责任有四种，可分为两类：一是预防性责任，包括停止侵害、排除妨碍、消除危险；二是人格恢复性责任，即赔礼道歉。消费民事公益诉讼的原告可以提起给付之诉，也可以针对不公平格式条款提起确认和形成之诉。审判实践中应当注意：

一是消费民事公益诉讼中，经营者基于侵权行为承担侵权责任，本条所列被告承担的民事责任均来源于《侵权责任法》规定的侵权责任。《侵权责任法》第 15 条列明的八种责任方式并非全部可以适用于消费民事公益诉讼。返还财产、恢复原状属于物权的范畴，主要适用于财产被他人非法占有或者损害的情形，鉴于消费民事公益诉讼中，原告与损害结果没有直接的利害关系，并非财产的实际权利人，在受害消费者没有明确授权也没有法律明确赋权的情况下，其不能行使物权请求权，故侵权责任法中返还财产和恢复原状的责任方式，在没有明确法律依据的情况下，本司法解释没有规定，在审判实践中暂时不能适用，需待有明确的法律依据以后再行考虑。至于赔偿损失责任，前面已经分析过，由于操作难度大，欠缺法律依据和配套制度，本司法解释也没有规定，在审判实践中同样暂时不能适用，需待有明确的法律依据以后再行考虑。由于消除影响、恢复名誉的民事责任属于人格权范畴，主要适用于对名誉权造成侵害的情形，消费民事公益诉讼中无用武之地，故这两种民事责任也被排除在消费公益诉讼之外。另外，消费民事公益诉讼中可以要求经营者承担赔礼道歉的责任。赔礼道歉主要用于人身权益被侵害的情形，针对对受害人精神造成伤害的侵权行为，是上升到法律层面的道德责任，目的是弥补受害人的精神损失。在消费民事公益诉讼中，不存在对特定消费者赔礼道歉的问题，经营者不当行为对不特定消费者造成的精神损害是对社会公众享有正常、有序、安全消费环境精神利益的损失，从这个角度而言，应当将赔礼道歉纳入消费公益诉讼的责任方式，履行的形式应当以在有相应影响力的公开媒体上进行书面道歉为主。

二是消费民事公益诉讼中确认不公平格式条款无效的形成判决具有形成力，这是一种对世效力，可及于一般第三人。有资格的消费民事公益诉讼发起主体并非唯一，其实体请求权独立存在，这些主体可能会针对同一被告的同一行为先后或者同时在相同或者不同的法院提起若干个公益诉讼。为了避免重复诉讼的堆积，浪费司法资源，加重企业负担，也为了更有力地保护消费者，在不公平格式条款的确认之诉中，法院确认案涉不公平格式条款无效的判决具有广泛的形成效力。即如果在消费公益诉讼中法院对案涉不公平格式条款作出无效确认判决，这一判决的效力不仅仅约束双方当事人，还约束一般第三人。该被确认无效的不公平格式条款，自始无效，对之前和将来的消费者而言，均无效。这也属于公益诉讼判决既判力的绝对扩张。在司法实践中，如果法院已经就某一经营者使用的某一不公平格式条款作出确认无效的判决，又有相关主体针对同一经营者使用的同一不公平格式条款提起确认无效之诉的，人民法院应当不予受理，即使受理，也应当驳回起诉。

三是消费民事公益诉讼的一项重要功能是针对经营者的不当经营行为预防损害后果的发生和扩大，这一功能面向将来。也就是说，在司法实践中如果消费民事公益诉讼原告针对经营者的某一不正当经营行为向法院提起诉讼，但这一经营行为在起诉时仅造成很少的消费者受损，甚至尚未导致消费者受损，但可以合理地预见该行为必然对众多消费者的合法权益和消费领域公共利益造成妨害或损害，则法院应当受理该案，并依法支持原告要求该经营者承担相应责任的诉讼请求。

——杜万华主编、最高人民法院民事审判第一庭编著：《最高人民法院消费民事公益诉讼司法解释理解与适用》，人民法院出版社 2016 年版，第 542 ~ 553 页。

768

保理合同的案由

关键词｜保理合同｜其他合同纠纷｜案由｜

【最高人民法院审判业务意见】

第一,关于保理合同的案由问题。相对于传统合同类案件而言,保理合同案件属于新的案件类型。由于合同法未就保理合同作出专门规定,其属于无名合同,加之现行的案由规定中尚无“保理合同”的专门案由,所以有的法院直接将保理合同的案由确定为借款合同。需要指出的是,保理法律关系的实质是应收账款债权转让,涉及三方主体和两个合同,这与单纯的借款合同有显著区别,故不应将保理合同简单视为借款合同。在保理合同纠纷对应的案由方面,最高人民法院已将此纳入到新修订的案由规定中予以考虑,在新的案由规定尚未出台之前,可将其归入“其他合同纠纷”中。应注意的是,实务中确实有部分保理商与交易相对人虚构基础合同,以保理之名行借贷之实。对此,应查明事实,从是否存在基础合同、保理商是否明知虚构基础合同、双方当事人之间实际的权利义务关系等方面审查和确定合同性质。如果确实是名为保理、实为借贷的,仍应当按照借款合同确定案由并据此确定当事人之间的权利义务。

——杨临萍:《关于当前商事审判工作中的若干具体问题》(2015 年 12 月 24 日),载杜万华主编、最高人民法院民事审判第一庭编:《民事审判指导与参考》(总第 64 辑),人民法院出版社 2016 年版,第 77 页。

769

保兑仓交易纠纷的审理程序

关键词｜保兑仓交易纠纷｜审理程序｜

【最高人民法院审判业务意见】

保兑仓交易下,不同法律关系中当事人发生的纠纷一般可以分别审理。但是,如果债权人同时向债务人、担保人、仓储方主张承担相应责任的,应一并进行审理,以便正确区分各自的权利和义务,依法认定各自的责任顺位,避免出现重复受偿;如果当事人分别向同一法院起诉的,按照民事诉讼法司法解释第二百二十一条的规定可以合并审理;如果案件的处理结果同保兑仓交易中的其他当事人有法律上利害关系,应根据民事诉讼法第五十六条的规定通知其作为第三人参加诉讼;如果保兑仓交易中的其他当事人参加诉讼有利于案件事实的查明,可依据民事诉讼法第七十二条及民事诉讼法司法解释第一百一十七条的规定通知其出庭作证。

——杨临萍:《关于当前商事审判工作中的若干具体问题》(2015 年 12 月 24 日),载杜万华主编、最高人民法院民事审判第一庭编:《民事审判指导与参考》(总第 64 辑),人民法院出版社 2016 年版,第 82～83 页。

770

商事审判与刑事、行政诉讼等交叉的正当法律程序

关键词 | 民刑交叉 | 民行交叉 | 正当法律程序 |

【最高人民法院审判业务意见】

商事案件中的有关事实有时会涉及刑事犯罪问题,或者涉及行政管理或行政诉讼问题。同时,刑事诉讼、行政诉讼或行政管理中有时也会牵连商事案件的审判。处理这类案件就涉及民刑交叉、民行交叉的正当法律程序问题。在处理时应当注意以下问题。

第一,要注意区分商事案件法律事实与刑事诉讼所涉法律事实是否相同。如果商事案件法律事实与刑事案件法律事实不同,那么原则上商事案件应当与刑事案件分别审理。在这方面,1998 年《最高人民法院关于在审理经济纠纷案件中涉及经济犯罪嫌疑若干问题的规定》第一条即作了明确规定。审理商事案件的法院不能以涉嫌刑事犯罪为由当然中止对案件的审理。但是,如果法院在商事审判中发现犯罪线索的,应将掌握的犯罪线索材料移送给公安、检察等机关。此时的移送是犯罪线索材料的移送,而不是全案移送。移送后商事案件也不能中止审理。对此,民间借贷司法解释第六条进一步强调了民事、商事案件继

续审理的原则。

第二，要注意区分商事案件与刑事诉讼涉及相同法律事实下的不同处理。(1)商事案件与刑事诉讼涉及的法律事实完全相同时的处理。如果商事案件与刑事诉讼所涉事实完全相同，而且案件事实在根本上也属于刑事案件，那么在立案阶段就应不予受理商事案件。受理后在商事审判中发现的，应当裁定驳回起诉。在这方面，2014 年最高人民法院、最高人民检察院、公安部颁布的《关于办理非法集资刑事案件适用法律若干问题的意见》规定，法院审理民事案件中发现有非法集资犯罪嫌疑的，应当裁定驳回起诉，并将有关材料移送公安、检察等机关。这就说明，法院发现非法集资犯罪时，已经启动的普通借款纠纷诉讼不能继续进行。另一方面，如果商事案件与刑事诉讼所涉事实完全相同，并且同时存在民事责任和刑事责任的，商事审判应当尊重已经启动的刑事附带民事诉讼程序。未启动附带民事诉讼程序的，商事案件可以与刑事案件分别审理。(2)商事案件与刑事诉讼涉及的法律事实存在部分关联时的处理。商事案件与刑事诉讼涉及的法律事实部分相关时，判断商事案件是否继续审理的标准应当是民事诉讼法第一百五十条第一款第(五)项“本案必须以另一案的审理结果为依据”的规定。据此，如果审理商事案件必须以另一刑事案件审理结果为依据，那么在刑事案件尚未审结时，应当中止商事案件审理。反之，如果商事案件审理无需以刑事案件审理结果为依据，则商事案件不得中止审理。实践中要切实防止以涉及刑事案件为由对商事案件一律中止或拖延审理的做法。

第三，要妥善处理商事案件和行政诉讼等交叉的问题。(1)要遵循基础法律关系先行处理的思路。商事审判在调查案件事实、认定合同效力等方面与行政管理、行政诉讼相互牵连的，应当先解决基础法律关系问题。如果商事审判必须以具体行政行为内容或者行政诉讼查明的事实来认定法律行为要件事实，在具体行政行为作出前或行政诉讼裁判作出前，商事案件应中止审理。具体行政行为作出后或行政诉讼裁判作出后，商事案件应及时恢复审理。尤其要注意，法律、行政法规明确规定应由行政机关专门处理或先行处理的纠纷，在行政机关处理前，对当事人提起的民事诉讼应裁定不予受理。如果行政行为、行政诉讼必须以商事审判结果为依据，商事审判应及时作出裁判。在一些复杂案件的审判中，必要时可以研究探索商事审判或行政审判等对部分问题依法先行裁判或处理。(2)要正确理解行政机关批准、登记行为与合同效力的关系。法律、行政法规明确规定行政机关批准或登记后合同才生效的，在行政机关批准或登记前，应认定合同未生效。(3)要准确识别行政行为合法性与民事证据合法性问题。行政机关实施行政行为中作出的批准文件、权利凭证等行政文书，商事审判中可将其作为证据并按照民事诉讼证据的规定进行审查，但商事审判无权对作出行政文书的行政行为进行合法性审查。商事审判中法院发现行政机关明显超越职权作出行政文书或者有相反证据足以推翻行政文书记载内容的，应否定其作为证据的合法性，不予采信。

——杨临萍：《关于当前商事审判工作中的若干具体问题》（2015 年 12 月 24 日），载杜万华主编、最高人民法院民事审判第一庭编：《民事审判指导与参考》（总第 64 辑），人民法院出版社 2016 年版，第 84 ~ 86 页。

771

家事诉讼程序构建

关键词 | 家事诉讼 | 依职权调查取证 | 不公开审理 | 亲自到庭 | 调解优先 | 放宽审限 |

【最高人民法院司法政策】

当前，学术界和司法实务界均已开始关注和研究家事诉讼程序构建，我就此问题谈五点认识，供大家参考：第一，家事诉讼应当强化法官职权干预。对抗制诉讼的刚性容易使当事人遭受二次伤害，故家事诉讼应当以法官职权探知主义为原则，加大法官依职权调查取证力度，尤其是对于一方当事人转移、变卖、隐匿财产或者与他人同居、重婚等重要案件事实，当事人难于举证又影响案件审理结果的，人民法院应当根据当事人的申请及提供的线索，依职权向有关单位调查取证，查清案件事实。第二，家事诉讼应当以不公开审理为原则，以公开审理为例外。民事诉讼法虽将离婚案件是否公开审理的决定权交给当事人，但实践中鲜有当事人申请不公开审理。除离婚案件外，亲子、收养关系同样涉及当事人和家庭生活隐私，涉及未成年子女的切身利益，在不公开审理的情形下，方便当事人对相关隐私事实充分质证，方便法院全面掌握案情和探求当事人内心真意，有利于保障参加庭审的未成年人的身心健康。第三，家事诉讼实行当事人亲自到庭原则。身份关系具有不可替代性，当事人本人亲自到庭，有利于法院兼听则明准确裁判，也有助于当事人消除误会，恢复感情，修复婚姻，促成当事人和解、调解及纠纷的顺利解决。除本人不能表达意思及就特殊情况无法出庭向人民法院提交书面意见获得准许的情形外,家事案件的当事人原则上应当亲自到庭参加诉讼。第四,家事诉讼应当贯彻调解优先原则。强制性的判决刚性有余,柔性不足,简单以权威性的裁判处理家事案件,不一定有利于当事人恢复情感、消除对立。人民法院在家事案件登记立案的过程中,除婚姻关系、亲子关系、收养关系的认定等案件之外,家事案件原则上都应当进行调解,调解不成的再交由法官审判。第五,家事诉讼应当适当放宽审限。对涉及家庭暴力等受害人身处困境急需解决的案件,应当优先审结,实现当事人利益的最大保护。其他争议财产较多、矛盾较深、当事人情绪激烈的家事案件,则应适当放宽审限的限制。对于原告要求离婚而被告坚决不同意的离婚案件,经当事人同意可以设置一定的冷静期,防止冲动离婚。冷静期间不计入审限。除以上程序制度之外,人民法院还可研究探索审前家庭财产申报制度、离婚证明书制度、家事案件立案受理制度等。

——杜万华:《积极探索家事审判工作体制机制改革 切实维护婚姻家庭稳定与社会和谐——在全国法院家事审判改革工作座谈会上的讲话》(2015年12月3日),载杜万华主编、最高人民法院民事审判第一庭编:《民事审判指导与参考》(总第64辑),人民法院出版社2016年版,第90~91页。

772

审查基础关系或确认权属属于民事受案范围

关键词 | 不动产登记基础关系 | 确认权属 | 受案范围 |

【最高人民法院司法解释】

第一条 因不动产物权的归属,以及作为不动产物权登记基础的买卖、赠与、抵押等产生争议,当事人提起民事诉讼的,应当依法受理。当事人已经在行政诉讼中申请一并解决上述民事争议,且人民法院一并审理的除外。

——《最高人民法院关于适用〈中华人民共和国物权法〉若干问题的解释(一)》(2016年2月22日,法释〔2016〕5号)

【链接：最高人民法院法官著述】

一、审查不动产登记的基础关系或确认物权权属诉讼的审理程序

本条解释规定，对此类案件应予受理，然则受理之后的审理程序应作何处处理？尤其是在一方当事人对案件所涉不动产登记行为提起了行政诉讼的情形下，出现了传统上认为的所谓民事、行政交叉案件，此时民事诉讼和行政诉讼何者应先行，是否应对民事或行政诉讼中止审理？对此问题，前述"条文理解"部分已经作出部分阐述。在此简明归纳如下：涉不动产登记民事诉讼的诉讼标的是不动产物权的归属或原因行为（基础法律关系）；涉不动产登记行政诉讼的诉讼标的是登记行为，行政诉讼审查的是登记行为的合法性。民事诉讼与行政诉讼应当按照各自的审查标准完成案件的受理及审理，即民事诉讼对涉及不动产物权变动的民事法律关系进行审查，作出关于物权变动原因行为效力、物权归属的判断；行政诉讼对登记行为的合法性进行审查并作出判断。通过民事诉讼解决当事人之间的不动产物权权属争议或原因行为争议并不涉及对登记行为合法性的审查，民事审判权无须应对行政行为的公定力，所以也不存在行政诉讼先行的问题，并不需要中止审理等待对方审理的结果。

二、当事人已经申请在行政诉讼中解决民事争议并被受理，另行提起民事诉讼的处理

根据《行政诉讼法》第 61 条之规定，例如，根据《物权法》第 19 条的规定，权利人可以请求不动产登记机构进行更正登记，如果登记机构不作为，则权利人可以依法提起行政诉讼，此时，如果当事人之间就权属产生争议的，可以通过申请一并解决，也可以另行提起民事诉讼加以解决。这与本条规定并不矛盾。当然，两条规定之间其实隐含一个前提，即尚没有在行政诉讼程序中申请一并解决民事争议的。如果当事人已经申请在行政诉讼中解决民事争议并被受理，此时如再另行提起民事诉讼，则因违反一事不再理原则而不应被受理。

三、一方当事人提起了行政诉讼，并申请一并确认物权并被受理，另一方另行提起了主张认定原因行为无效，或者请求撤销、解除该原因行为的民事诉讼，对于该民事诉讼是否应予受理

我们认为，由于行政诉讼中审理的民事纠纷与另行提起的民事诉讼在诉讼标的上并非同一，故对此应依法受理，但在审理中发现已经存在行政诉讼中解决民事权属争议的，应注意两个诉之间的协调，可以通过中止其中一个诉讼，或者

移送合并审理的方式加以解决。

——杜万华主编、最高人民法院民事审判第一庭编著:《最高人民法院物权法司法解释(一)理解与适用》,人民法院出版社2016年版,第56~57页。

773

确权争议受理不受异议登记失效影响

关键词 | 异议登记失效 | 确认物权归属 |

【最高人民法院司法解释】

第二条 异议登记因物权法第十九条第二款规定的事由失效后,当事人提起民事诉讼,请求确认物权归属的,应当依法受理。异议登记失效不影响人民法院对案件的实体审理。

——《最高人民法院关于适用〈中华人民共和国物权法〉若干问题的解释(一)》(2016年2月22日,法释〔2016〕5号)

【链接:最高人民法院法官著述】

三、异议登记的利害关系人的范围限定

异议登记的利害关系人在提起异议登记时,其需要进一步提起民事诉讼,就此而言异议登记的利害关系人和提起诉讼的当事人是统一的。对于异议登记的利害关系人的范围究竟如何限定,似不应作扩大的解释,而应限于《物权法》第19条规定的"认为不动产登记簿记载的事项错误"的当事人,也就是说如果不动产登记簿记载的事项并无错误,则不能适用异议登记这种过渡性救济方法。至于何种当事人能归入到"认为不动产登记簿记载的事项错误"的当事人,需要审判实践的进一步经验积累。但是,就目前而言,似乎以下几种当事人应排除在异议登记的利害关系人之外:其一,不动产买卖的受让人。不动产买卖的受让人可以请求履行买卖合同,办理权属变更登记手续,而不能在该权属未完成变更登记手续之前即以登记错误而请求记载异议登记。其二,以不动产抵债的债权人。以不动产抵债的债权人欲满足的是其债权,而非《物权法》第19条所规定的物权归属和内容争议的当事人,故其似并无权申请记载异议登记。其三,主张不动产登记系借名登记的利害关系人。实践中,存在很多不动产登记权利人系借名登记的权利人,在产生争议时,借名人主张其系实际的不动产权利人,请求确认该不动产归其所有,并在提起诉讼之前申请异议登记,对此种由于借名而导致的记载内容错误非登记机构的记载错误,故此种情况下不应予以异议登记。

——杜万华主编、最高人民法院民事审判第一庭编著:《最高人民法院物权法司法解释(一)理解与适用》,人民法院出版社2016年版,第107页。

774

环境民事公益诉讼的公告程序

关键词 | 环境民事公益诉讼 | 公告 |

【最高人民法院司法解释】

第十条 人民法院受理环境民事公益诉讼后,应当在立案之日起五日内将起诉状副本发送被告,并公告案件受理情况。

有权提起诉讼的其他机关和社会组织在公告之日起三十日内申请参加诉讼,经审查符合法定条件的,人民法院应当将其列为共同原告;逾期申请的,不予准许。

公民、法人和其他组织以人身、财产受到损害为由申请参加诉讼的,告知其另行起诉。

——《最高人民法院关于审理环境民事公益诉讼案件适用法律若干问题的解释》(2015年1月6日,法释〔2015〕1号)

【链接:最高人民法院法官著述】

环境民事公益诉讼具有跨地区、跨流域的特点,有权提起诉讼的原告与被告不一定在同一区域活动。因此,应尽量扩大公告的范围,方便公众和其他有权提起诉讼的主体知晓,一般应在全国有影响力的媒体和互联网络上发出公告。公告作为人民法院的具体工作范畴,各地法院可以根据自身实际情况确定公告的形式和范围。

——最高人民法院环境资源审判庭编著:《最高人民法院关于环境民

事公益诉讼司法解释理解与适用》,人民法院出版社2015年版,第152页。

775

环境民事公益诉讼起诉提交的材料

关键词 | 环境民事公益诉讼 | 起诉材料 |

【最高人民法院司法解释】

第八条 提起环境民事公益诉讼应当提交下列材料:

(一)符合民事诉讼法第一百二十一条规定的起诉状,并按照被告人数提出副本;

(二)被告的行为已经损害社会公共利益或者具有损害社会公共利益重大风险的初步证明材料;

(三)社会组织提起诉讼的,应当提交社会组织登记证书、章程、起诉前连续五年的年度工作报告书或者年检报告书,以及由其法定代表人或者负责人签字并加盖公章的无违法记录的声明。

——《最高人民法院关于审理环境民事公益诉讼案件适用法律若干问题的解释》(2015年1月6日,法释〔2015〕1号)

【链接:最高人民法院法官著述】

关于"初步证明材料"在理解上有以下两点需要注意:

第一,在初步证明材料的证明内容方面,考虑到环境民事公益诉讼与私益诉讼最大的区别在于:前者是为保护环境公共利益而提起的,具有"主观为公益"的特点,虽然私益诉讼中也可能涉及公共利益事项,如受害人请求污染者对其财产损失予以赔偿的同时还请求其停止排污,客观上起到了维护环境公共利益的作用,但实质仍然是"主观为私益"。本司法解释第一条即明确规定:原告只有针对"已经损害社会公共利益或者具有损害社会公共利益重大风险的污染环境、破坏生态的行为",才可以提起环境民事公益诉讼,这在明确环境民事公益诉讼受案范围的同时,也决定了原告在提起环境民事公益诉讼时,应向法院提交被告的行为已经损害社会公共利益或者具有损害社会公共利益重大风险的初步证明材料,否则即被视为不具备起诉条件,法院应裁定不予受理。司法解释起草过程中,有观点认为,应当对公共利益以及重大风险等概念进行明确界定,否则过于模糊,既不利于法官在实践中准确判断,也赋予其过大的自由裁量权,可能不利于发挥环境民事公益诉讼的功能。但考虑到目前在包括民事法律法规在内的我国立法中,尚无对“公共利益”这一概念的正面界定,《物权法》对“公共利益”有或多或少的说明,但既无概念性的规定也无列举性事项,仅有2011年新修订的《国有土地上房屋征收与补偿条例》对在征收中的“公共利益”作了具体的列举性规定。鉴于是否应正面界定以及能否正面界定“公共利益”是学界讨论的热点与难点问题,且即使规定也可能发生挂一漏万的情形,故本解释未对公共利益进行明确界定。基于同样的理由,对重大风险亦未进行明确界定,而是需要在司法实践中进一步探索,通过相关案例的积累和类型化逐步形成裁判规则。

第二,在初步证明材料的具体要求方面,司法解释起草过程中,曾规定原告起诉时应提交“被告的行为已经损害社会公共利益或者具有损害社会公共利益重大风险的证据材料”。我们的本意是采用“证据材料”的表述,主要在于区分“证据”和“证据材料”,重点也在于“材料”。具体而言,仅要求原告在起诉时提交相关的材料,法院在受理该类案件时也只是对原告提交的证据材料作形式审查,而不作实质审查,只要原告提交了相关材料即应受理,至于其提交的证据能否达到证明目的,是否会被法院采信并作为认定事实的依据,则应在审理程序中解决,这样规定有助于解决公益诉讼“受理难”的问题。但在征求意见过程中,很多意见认为,该规定从表面上看是要求原告在起诉时的证明程度就要和庭审中提交的证据一样,这无异于将案件受理的门槛大大提高了。虽然可以防止滥诉,但毕竟将证据的证明标准提高到庭审时才要达到的标准是不妥当的。我们最终将“证据材料”修改为“初步证明材料”,明确了原告提交证据材料的程度上的要求。实践中,适用该条时仍应遵循原来的解释目的,即本项规定属于立案审查阶段的规定,因案件尚未进入实体审理阶段,法院原则上不应对原告提交的证明材料进行实质审查,原告所提交的证明材料也不需要达到确切证明的程度。只要原告提交了初步证明材料,法院即应受理,防止以本条规定为由将原告提起的符合合理性标准的公益诉讼拒之门外。

——最高人民法院环境资源审判庭编著:《最高人民法院关于环境民事公益诉讼司法解释理解与适用》,人民法院出版社2015年版,第152页。

麦读

MyRead

THE COLLECTION OF
THE SUPREME PEOPLE'S COURT'S
JUDICIAL RULES

新编版

最高人民法院司法观点集成

民事诉讼卷

Ⅲ

总主编｜刘德权　本卷主编｜陈裕琨　缪蕾

中国法制出版社

本卷总目

CONTENTS

本册细目

CONTENTS

第十一章　简易程序

第十二章　公益诉讼

第十三章　第三人撤销之诉

第十四章　执行异议之诉

第十五章　第二审程序

第十六章　特别程序

第十七章 审判监督程序

第十八章　督促程序

本册关键词索引

INDEX

A

B

C

D

E

F

G

H

J

K

L

M

P

Q

R

S

Z

第十一章 | CHAPTER 11

简易程序

776

民事简易程序的适用范围

关键词｜民事简易程序｜

【最高人民法院司法解释】

第二百五十六条 民事诉讼法第一百五十七条规定的简单民事案件中的事实清楚，是指当事人对争议的事实陈述基本一致，并能提供相应的证据，无须人民法院调查收集证据即可查明事实；权利义务关系明确是指能明确区分谁是责任的承担者，谁是权利的享有者；争议不大是指当事人对案件的是非、责任承担以及诉讼标的争执无原则分歧。

第二百五十七条 下列案件，不适用简易程序：

（一）起诉时被告下落不明的；

（二）发回重审的；

（三）当事人一方人数众多的；

（四）适用审判监督程序的；

（五）涉及国家利益、社会公共利益的；

（六）第三人起诉请求改变或者撤销生效判决、裁定、调解书的；

（七）其他不宜适用简易程序的案件。

——《最高人民法院关于适用〈中华人民共和国民事诉讼法〉的解释》（2015年1月30日，法释〔2015〕5号）

第一条 基层人民法院根据《中华人民共和国民事诉讼法》第一百四十二条规定审理简单的民事案件，适用本规定，但有下列情形之一的案件除外：

（一）起诉时被告下落不明的；

（二）发回重审的；

（三）共同诉讼中一方或者双方当事人人数众多的；

（四）法律规定应当适用特别程序、审判监督程序、督促程序、公示催告程序和企业法人破产还债程序的；

（五）人民法院认为不宜适用简易程序进行审理的。

——《最高人民法院关于适用简易程序审理民事案件的若干规定》（2003年9月10日，法释〔2003〕15号）

第十一条 基层人民法院及其派出的人民法庭审理涉及人民调解协议的民事案件，一般应当适用简易程序。

——《最高人民法院关于审理涉及人民调解协议的民事案件的若干规定》（2002年9月16日，法释〔2002〕29号）

【链接：最高人民法院法官著述】

审判实践中，关于本条的适用还应注意以下几点：第 ·，对于简单的民事案件并非必须适用简易程序。对于新类型案件、辖区内类似案件较多需要统一裁量标准的案件等，即便案情简单，人民法院也可以依据本条第七项之规定，适用普通程序进行审理。第二，起诉后原告下落不明的，一般可以适用简易程序审理。本条并未对起诉后原告下落不明是否仍可适用简易程序作出规定。司法实践中，原告向人民法院起诉，都会填写送达地址确认书。其中明确，如果提供的地址不确切或不及时告知变更后的地址，使诉讼文书无法送达或未及时送达，原告将自行承担由此可能产生的法律后果。因此，原告起诉后下落不明时，一般不需要进行公告送达，不会因此造成诉讼迟延，可以适用简易程序进行审理。第三，被告收到开庭传票后下落不明的，可以适用简易程序。本条规定了起诉时被告下落不明的，不应适用简易程序。其理由是公告送达会造成审理拖延，不符合简易程序的快审快结特点。但被告收到了开庭传票后下落不明的，已不存在公告送达开庭时间的问题，人民法院可以适用简易程序进行审理。

——沈德咏主编、最高人民法院修改后民事诉讼法贯彻实施工作领导小组编著：《最高人民法院民事诉讼法司法解释理解与适用》，人民法院出版社2015年版，第665页。

编者说明

1982年《民事诉讼法（试行）》第124条规定："基层人民法院和它派出的法庭审理简单的民事案件，可以适用本章规定的简易程序。"该规定首次在立法上界定了民事简易程序的概念和适用范围。1991年《民事诉讼法》第142条将简易程序适用的案件范围确定为"事实清楚、权利义务关系明确、争议不大的简单的民事案件"。《1992年意见》第168条对该条规定的简易程序适用标准作了进一步阐释。该司法解释第169条、174条规定，起诉时被告下落不明的案件，以及发回重审和按照审判监督程序再审的案件，不得适用简易程序审理。2003年《简易程序规定》对简易程序的适用作了较为全面、明确的规定。该司法解释第1条将不得适用简易程序的案件范围进一步扩大到共同诉讼中一方或者双方当事人人数众多的案件、适用特别程序、督促程序、公示催告程序和企业法人破产还债程序的案件。同时规定“人民法院认为不宜适用简易程序进行审理的”不得适用简易程序,强化了人民法院的程序引导权。

2012 年《民事诉讼法》对简易程序的适用范围进行以下三处修改:一是在 2007 年《民事诉讼法》第 142 条的基础上增加了 1 款,作为第 2 款,规定:“基层人民法院和它派出的法庭审理前款规定以外的民事案件,当事人双方也可以约定适用简易程序。”将简易程序的适用由法定范围进一步扩大到双方当事人合意选择的范围。其中,简易程序法定适用范围针对的对象是事实清楚、权利义务关系明确、争议不大的简单案件;而对其他民事案件则不区分类型,一律可由当事人自主选择是否适用简易程序。二是建立小额诉讼制度。2012 年《民事诉讼法》第 162 条规定:“基层人民法院和它派出的法庭审理符合本法第一百五十七条第一款规定的简单的民事案件,标的额为各省、自治区、直辖市上年度就业人员年平均工资百分之三十以下的,实行一审终审。”由于小额诉讼程序实行一审终审,其审理方式可以更为简便,不仅减轻了基层人民法院的案件压力,也减少了二审案件数量,提高了两级法院的审判效率。三是规定了简易程序向普通程序的转化。2012 年《民事诉讼法》单独增加一条,作为第 163 条:“人民法院在审理过程中,发现案件不宜适用简易程序的,裁定转为普通程序。”对于该法第 157 条第 1 款规定的法定适用简易程序范围内案件、第 2 款规定的合意选择适用简易程序案件以及第 162 条规定适用小额诉讼程序审理案件,第 163 条均可以适用,根据该条由人民法院裁定转为普通程序进行审理。

2012 年《民事诉讼法》实施以来,司法实践中对一些特殊类型案件是否适用简易程序仍存在争议。为此,《2015 年解释》在《简易程序规定》第 1 条基础上作了修改。

777

当事人可以约定适用民事简易程序

关键词｜民事简易程序｜程序选择权｜

【最高人民法院司法解释】

第二百六十四条　当事人双方根据民事诉讼法第一百五十七条第二款规定约定适用简易程序的,应当在开庭前提出。口头提出的,记入笔录,由双方当事人签名或者捺印确认。

本解释第二百五十七条规定的案件,当事人约定适用简易程序的,人民法院不予准许。

——《最高人民法院关于适用〈中华人民共和国民事诉讼法〉的解释》(2015 年 1 月 30 日，法释〔2015〕5 号）

第二条 基层人民法院适用第一审普通程序审理的民事案件，当事人各方自愿选择适用简易程序，经人民法院审查同意的，可以适用简易程序进行审理。

人民法院不得违反当事人自愿原则，将普通程序转为简易程序。

——《最高人民法院关于适用简易程序审理民事案件的若干规定》(2003 年 9 月 10 日，法释〔2003〕15 号）

【链接：最高人民法院法官著述】

程序选择权的行使必须坚持自愿原则，任何违背当事人意志、强迫当事人选择简易程序的做法，都将背离程序选择权设立的初衷。为了保证当事人正确行使程序选择权，《规定》第二条对程序选择权行使的条件、范围等予以必要和合理的限制。首先，当事人行使程序选择权必须双方一致同意。诉讼契约是当事人行使程序选择权的基础和前提，缺少当事人的合意，任何具有处分当事人诉讼权利性质的程序转换，都将危害当事人依法享有的诉讼权利。其次，当事人行使程序选择权必须经人民法院同意。为了防止当事人双方在民事诉讼中恶意串通，损害他人的合法权益，《规定》将“人民法院审查同意”设立为当事人行使程序选择权的必要条件。最后，未经当事人一致同意，人民法院不得以职权将普通程序转为简易程序。诉讼程序的转换直接关系到当事人依法享有的诉讼权利，因此，凡涉及当事人诉讼权利的程序转换，应当由当事人双方协商一致后方可启动。

——沈德咏主编、最高人民法院研究室编著：《最高人民法院民商事司法解释及审判适用指导》，中国法制出版社 2006 年版，第 2237 ~ 2238 页。

编者说明

虽然最高人民法院在《简易程序规定》第 2 条规定了基层人民法院适用第一审普通程序审理的民事案件，当事人各方自愿选择适用简易程序，经人民法院审查同意的，可以适用简易程序进行审理，但司法解释毕竟不是法律，在权威性方面存在欠缺。为了填补这一立法缺漏，

2012年《民事诉讼法》单独增加一款规定了基层人民法院和它派出的法庭审理前款规定以外的民事案件，当事人双方也可以约定适用简易程序。

778

民事简易程序与普通程序的转换

关键词｜民事简易程序｜程序转换｜普通程序｜举证期限｜

【最高人民法院司法解释】

第二百五十八条 人民法院发现案情复杂，需要转为普通程序审理的，应当在审理期限届满前作出裁定并将合议庭组成人员及相关事项书面通知双方当事人。

案件转为普通程序审理的，审理期限自人民法院立案之日计算。

第二百六十条 已经按照普通程序审理的案件，在开庭后不得转为简易程序审理。

第二百六十九条 当事人就案件适用简易程序提出异议，人民法院经审查，异议成立的，裁定转为普通程序；异议不成立的，口头告知当事人，并记入笔录。

转为普通程序的，人民法院应当将合议庭组成人员及相关事项以书面形式通知双方当事人。

转为普通程序前，双方当事人已确认的事实，可以不再进行举证、质证。

——《最高人民法院关于适用〈中华人民共和国民事诉讼法〉的解释》（2015年1月30日，法释〔2015〕5号）

第三条 当事人就适用简易程序提出异议，人民法院认为异议成立的，或者人民法院在审理过程中发现不宜适用简易程序的，应当将案件转入普通程序审理。

第二十六条 审判人员在审理过程中发现案情复杂需要转为普通程序的，应当在审限届满前及时作出决定，并书面通知当事人。

——《最高人民法院关于适用简易程序审理民事案件的若干规定》（2003年9月10日，法释〔2003〕15号）

【链接：最高人民法院法官著述】

关于简易程序与普通程序之间的转化问题，主要表现为简易程序转为普通程序和普通程序转为简易程序两种情形。下面分述之：

（一）简易程序转为普通程序的情形

在本次修法前，司法实践中存在的简易程序转为普通程序主要表现为两种情况：(1)法院在适用简易程序审理案件过程中，发现案情复杂的可以转为普通程序审理。由于案件是否简单，适宜适用简易程序，在立案阶段不能完全加以区分，故不排除适用简易程序的案件事实上却很复杂。从确保当事人的程序利益出发，应将案件转入普通程序进行审理。具体可细分为两种情况：①人民法院主动将案件转为普通程序。根据《关于适用〈中华人民共和国民事诉讼法〉若干问题的意见》第170条及《关于适用简易程序审理民事案件的若干规定》第26条规定，人民法院在审理过程中发现案情复杂，则可以在审限届满前将案件转为普通程序。②当事人异议成立，将案件转为普通程序。根据《关于适用简易程序审理民事案件的若干规定》第3条及第13条规定，当事人就适用简易程序提出异议，人民法院认为异议成立的，应当将案件转入普通程序审理，并将合议庭的组成人员及相关事项以书面形式通知双方当事人。(2)人民法院适用简易程序审理案件，在3个月的审理期限内不能结案的，转入普通程序继续审理。这种情况并无法律条文规定，却是基层人民法院一种较为普遍的做法。

（二）普通程序转为简易程序的情形

关于普通程序转为简易程序的情形，2007年《民事诉讼法》没有作出正面规定，只是在最高人民法院出台的司法解释中有所涉及。根据1992年颁布实施的《关于适用〈中华人民共和国民事诉讼法〉若干问题的意见》第171条“已经按照普通程序审理的案件，在审理过程中无论是否发生了情况变化，都不得改用简易程序审理”可知，已经按照普通程序审理的案件，一律不得改用简易程序。随着程序主体性原则理论研究的深入，司法实务界开始逐步接受当事人具有程序选择权这一观点。与之相适应，2003年颁行的《关于适用简易程序审理民事案件的若干规定》第2条规定，当事人各方自愿选择适用简易程序，经人民法院审查同意的，可以适用简易程序进行审理。虽然给予当事人程序选择权已在司法实践中取得了积极成效，但立法层面一直未作出正面回应。直到本次《民事诉讼法》的修改，才在本条新增第2款中明确作出规定，允许当事人约定适用简易程序。这为普通程序转为简易程序奠定了坚实的立法基础。因此,从全面贯彻落实程序主体性原则、尊重当事人诉讼处分权角度而言,本条新增第2款的规定可谓意义重大。

——最高人民法院民事诉讼法修改研究小组编著:《〈中华人民共和国民事诉讼法〉修改条文理解与适用》,人民法院出版社2012年版,第338~339页。

779

简易程序中被告的辩解和提供的证据可作为普通程序判决依据

关键词 | 简易程序 | 普通程序 | 判决依据 | 证据 |

【最高人民法院司法解释】

第二百六十九条 转为普通程序前,双方当事人已确认的事实,可以不再进行举证、质证。

——《最高人民法院关于适用〈中华人民共和国民事诉讼法〉的解释》(2015年1月30日,法释〔2015〕5号)

【链接:最高人民法院法官著述】

问题:我院受理了一起道路交通事故损害赔偿案件,适用简易程序时,原、被告均到庭参加了诉讼。后因案情复杂转为普通程序,被告未参加开庭。对此案如何判决有两种意见:一种意见认为,简易程序中被告参加了开庭,提出辩解意见并提供了证据,虽然案件转为普通程序后被告未到庭,但原来所作的辩解和提供的证据均有效,应作为判决的依据;另一种意见认为,被告虽参加了简易程序的开庭,但普通程序中增加了审判人员,而未参加简易程序审理的审判人员并不知晓被告的辩解和提供的证据,因此不能作为判决的依据。请问以上哪种意见正确?

《人民司法》研究组认为:简易程序转为普通程序使人民法院在审理案件时适用的程序更加严格,对当事人权利的保障更为充分,而且简易程序和普通程序也不是完全割裂开来的，此时的普通程序是简易程序基础上的普通程序，是以简易程序为前提的。具体涉及来信提到的情况，反过来论证，就不难看出法院是否应审查被告在简易程序中所作的辩解和提供的证据。因为在普通程序中，被告未到庭，案件将缺席判决，如果不审查被告在简易程序中所作的辩解和提供的证据，判决的结果将完全依据原告的主张和证据，这显然对被告是不公平的。因此，简易程序中被告所作的辩解和提供的证据，人民法院在普通程序中应予审查，如果合法有效应作为判决的依据。所以，我们认为，你院第一种意见是正确的。

——《人民司法 · 应用》2011 年第 7 期

780

适用简易程序案件可以口头起诉

关键词｜民事简易程序｜口头起诉｜

【最高人民法院司法解释】

第二百六十五条 原告口头起诉的，人民法院应当将当事人的姓名、性别、工作单位、住所、联系方式等基本信息，诉讼请求，事实及理由等准确记入笔录，由原告核对无误后签名或者捺印。对当事人提交的证据材料，应当出具收据。

——《最高人民法院关于适用〈中华人民共和国民事诉讼法〉的解释》(2015 年 1 月 30 日，法释〔2015〕5 号)

第四条 原告本人不能书写起诉状，委托他人代写起诉状确有困难的，可以口头起诉。

原告口头起诉的，人民法院应当将当事人的基本情况、联系方式、诉讼请求、事实及理由予以准确记录，将相关证据予以登记。人民法院应当将上述记录和登记的内容向原告当面宣读，原告认为无误后应当签名或者捺印。

——《最高人民法院关于适用简易程序审理民事案件的若干规定》(2003 年 9 月 10 日，法释〔2003〕15 号)

【链接：最高人民法院法官著述】

在司法实践中，如何正确理解“书写起诉状确有困难”是建立和完善口头起诉制度的基础和前提。根据《规定》第四条的规定，口头起诉应当具备下列三个条件：第一，原告必须是自然人。我国法律对口头起诉的主体虽未作明确限制，但根据口头起诉制度设立的初衷和目的，应当将口头起诉的主体限定在自然人的范畴之内。因为法人和其他组织应当是依法设立并从事一定商务或其他社会活动的组织，它们较个人具有更强的诉讼能力，也可以聘请具有专业知识的律师参加诉讼活动。第二，原告本人不能书写起诉状。原告本人不能书写起诉状主要有以下两种情形：其一，原告本人是文盲或半文盲，不能亲自书写诉状。半文盲是指那些只能识字而不能写字的人，他们很难用文字形式表达自己的诉讼请求及理由。其二，原告本人因肢体残疾不能书写诉状。在司法实践中，有些原告文化水平不高，担心诉状写不好而要求口头起诉；有的原告因不愿花钱打印起诉状而要求口头起诉；还有的原告因字写得不好而要求口头起诉等。上述因素均不能成为原告要求口头起诉的理由。第三，委托他人代写确有困难。原告本人不能书写起诉状并不能成为口头起诉的充分条件，因为原告本人不能书写时可以委托家人、同事或者朋友代写，也可以委托律师或其他法律工作者有偿代写。只有当原告不能委托家人或朋友代写，又因经济困难不能委托法律服务机构有偿代写时，方可具备口头起诉的条件。在起草《规定》的过程中，东部沿海地区部分法院的同志建议取消口头起诉制度，因为口头起诉制度常常被一些“开着大奔(奔驰轿车)的文盲大款”所利用，而真正需要救助的人却很少利用。为此，《规定》将“委托他人代写确有困难”视为口头起诉的一个重要条件，将一些经济条件较好但文化水平较低的人从口头起诉的主体范围内分流出去，使有限的司法资源能够被真正需要司法救助的人所利用，建立一种科学而又合理的口头起诉制度。

——沈德咏主编、最高人民法院研究室编著：《民事司法解释理解与适用》，法律出版社 2009 年版，第 399 ~ 401 页。

781

邮寄送达与适用简易程序没有必然联系

关键词｜民事简易程序｜邮寄送达｜普通程序｜

【链接：最高人民法院法官著述】

问题：某法院近年来受理了多起被告住址在外省的民商事案件。案件受理后，我院为节省诉讼成本，均以特快专递的形式送达诉讼材料。针对此类案件中的事实比较清楚且被告应诉的案件是否可以适用简易程序，产生了两种意见。第一种意见认为，最高人民法院《简易程序规定》第 8 条第 1 款规定："原告提供了被告准确的送达地址，但人民法院无法向被告直接送达或留置送达应诉通知书的，应当将案件转入普通程序审理。"因此类案件没有通过直接送达、留置送达的方式送达应诉通知书，所以不能适用简易程序。第二种意见认为，此类案件，被告地址明确，法院通过直接送达、留置送达的方式也可以送达诉讼材料，但为了节省诉讼成本才适用邮寄送达的方式，不属于上述司法解释中所说的"无法送达"，因此可以适用简易程序。

《人民司法》研究组认为：最高人民法院《简易程序规定》第 8 条规定的是原告对被告送达地址的证明义务，明确了按照原告提供的被告的送达地址或者其他联系方式无法通知被告应诉（即无法送达）时的处理方式。只要能够采取一定方式通知被告，并且被告按时应诉的，就不影响案件适用简易程序审理。一般情况下，针对一具体案件，法院在第一次开庭前向当事人送达相关诉讼材料（如应诉通知书、传票、合议庭组成通知书等）时，就已经确定了是采用普通程序还是简易程序。根据《简易程序规定》第 2 条和第 3 条，如果采用简易程序审理，以特快专递的方式送达了诉讼材料，并且被告应诉，在诉讼过程中，当事人双方均未就适用简易程序提出异议，或者虽然当事人一方或者双方提出异议，但人民法院审查后，认为异议不成立的，则可以继续适用简易程序。如果已决定适用普通程序审理的案件，以特快专递的方式送达了诉讼材料，并且被告应诉后，当事人双方自愿选择适用简易程序，经人民法院审查同意的，也可以适用简易程序进行审理。所以，邮寄送达与是否可以适用简易程序并没有必然联系，只要被告能按时到庭应诉，就不属于《简易程序规定》第 8 条所说的"无法送达的"情形。我们基本同意来信中的第二种意见。

——《人民司法》2006 年第 10 期

782

适用简易程序受 15 天答辩期的限制

关键词 | 民事简易程序 | 答辩期 |

【最高人民法院司法解释】

第二百六十六条 ……被告要求书面答辩的,人民法院可在征得其同意的基础上,合理确定答辩期间。

当事人双方均表示不需要举证期限、答辩期间的,人民法院可以立即开庭审理或者确定开庭日期。

——《最高人民法院关于适用〈中华人民共和国民事诉讼法〉的解释》(2015 年 1 月 30 日,法释〔2015〕5 号)

【链接:最高人民法院法官著述】

问题:某法院在适用简易程序审理案件中,对是否应给被告 15 天的答辩期才能开庭的问题有两种意见。一种意见认为,根据《民事诉讼法》和相关司法解释的规定,适用简易程序审理案件,人民法院应当将起诉内容用口头或书面方式告知被告,用口头或者其他简便方式随时传唤当事人、证人,当事人双方到法院的可以当即审理,也可以另定日期审理。故认为适用简易程序审理的案件,不一定要受 15 天答辩期的限制。另一种意见认为,《民事诉讼法》没有规定适用简易程序审理的案件不受 15 天答辩的限制。所以,必须给够 15 天的答辩期限方能开庭,否则属程序违法。

《人民司法》研究组认为:根据《民事诉讼法》规定,事实清楚、权利义务关系明确、争议不大的简单的民事案件,可以适用简易程序审理。如,原告可以口头起诉,双方当事人同时到基层法院的,法院可以当即审理,也可以另定日期审理。又如,审理中,可以不受开庭 3 日前通知诉讼参与人等规定的限制。但是,如果双方当事人不是同时到法院请求解决民事纠纷的,被告人根据《民事诉讼法》第 113 条的规定享有在 15 日内提出答辩的权利,人民法院不得因适用简易程序而不遵守该条的规定。《民事诉讼法》和有关司法解释并没有规定人民法院适用简易程序审理案件时,不适用《民事诉讼法》第 113 条的规定,而且人民法院遵守该条的规定，也不影响在3个月内审结适用简易程序审理的民事案件。

——《人民司法》2002年第7期

783

简易程序适当放宽当事人举证期限

关键词 | 民事简易程序 | 法院调查 | 证人出庭 | 举证期限 |

【最高人民法院司法解释】

第二百六十六条 适用简易程序案件的举证期限由人民法院确定，也可以由当事人协商一致并经人民法院准许，但不得超过十五日……

——《最高人民法院关于适用〈中华人民共和国民事诉讼法〉的解释》（2015年1月30日，法释〔2015〕5号）

第十二条 适用简易程序审理的民事案件，当事人及其诉讼代理人申请人民法院调查收集证据和申请证人出庭作证，应当在举证期限届满前提出，但其提出申请的期限不受《最高人民法院关于民事诉讼证据的若干规定》第十九条第一款、第五十四条第一款的限制。

——《最高人民法院关于适用简易程序审理民事案件的若干规定》（2003年9月10日，法释〔2003〕15号）

【最高人民法院司法政策】

关于适用简易程序审理案件的举证期限问题。适用简易程序审理的案件，人民法院指定的举证期限不受《证据规定》第三十三条第三款规定的限制，可以少于三十日。简易程序转为普通程序审理，人民法院指定的举证期限少于三十日的，人民法院应当为当事人补足不少于三十日的举证期限。但在征得当事人同意后，人民法院指定的举证期限可以少于三十日。

——《最高人民法院关于适用〈关于民事诉讼证据的若干规定〉中有关举证时限规定的通知》（2008年12月11日，法发〔2008〕42号）

784

适用简易程序开庭审理阶段的简便

关键词｜简易程序｜开庭审理｜

【最高人民法院司法解释】

第二百五十九条 当事人双方可就开庭方式向人民法院提出申请，由人民法院决定是否准许。经当事人双方同意，可以采用视听传输技术等方式开庭。

——《最高人民法院关于适用〈中华人民共和国民事诉讼法〉的解释》（2015年1月30日，法释〔2015〕5号）

【链接：最高人民法院法官著述】

在普通民事一审程序中，开庭审理大致包括开庭准备、法庭调查、法庭辩论、案件评议和宣告判决几个环节。在适用简易程序开庭审理案件时，至少可从以下几个方面加以简化：首先，设立调解前置程序。为了化解矛盾，彻底实现案结事了，《最高人民法院关于适用简易程序审理民事案件的若干规定》第14条将(1)婚姻家庭纠纷和继承纠纷、(2)劳务合同纠纷、(3)交通事故和工伤事故引起的权利义务关系较为明确的损害赔偿纠纷、(4)宅基地和相邻关系纠纷、(5)合伙协议纠纷、(6)诉讼标的额较小的纠纷六类纠纷确定为调解前置程序。并确立了以当事人在调解协议上签名、盖印为生效条件的诉讼调解制度。我国《民事诉讼法》赋予了当事人在民事调解书送达前有反悔权，对于保障当事人的诉讼权利有积极的意义。但是，民事简易程序是以简便、迅速处理民事简单案件为目的的，民事调解书在送达双方当事人后才发生法律效力，此前，当事人不受调解协议的约束，可以任意反悔，既有违诚实信用原则，也不利于简单民事案件的快速解决。[①] 因此，《最高人民法院关于适用简易程序审理民事案件的若干规定》第15条规定了调解达成协议并经审判人员审核后，双方当事人同意该调解协议经双方签名或者捺印生效的，该调解协议自双方签名或者捺印之日起发生

① 徐胜萍：《民事简易程序研究》，中国书籍出版社2005年版，第139页。

法律效力。其次,法庭调查和法庭辩论合二为一。案件的简单性决定了双方当事人可出示的证据及对证据的争议不可能多,无需在庭审中单独划分一个法庭调查阶段对证据进行质证。而案件权利义务关系清楚的基本属性则决定了当事人在法庭上出现长时间辩论的可能性也不大。故人民法院在适用简易程序审理民事案件时,可以不区分法庭调查阶段和法庭辩论阶段,直接根据当事人的诉讼请求和答辩意见归纳出争议焦点,经当事人确认后,由当事人围绕争议焦点举证、质证和辩论。当事人对案件事实无争议的,审判人员可以在听取当事人就适用法律方面的辩论意见后径行判决、裁定。最后,裁判文书可以适当简化。由于适用简易程序审理的案件,双方当事人对事实认定和法律适用争议不大,故裁判文书的内容亦不复杂,不需要依据通常诉讼程序有关判决书制作方式的规定进行制作。具体来说,根据《最高人民法院关于适用简易程序审理民事案件的若干规定》第32条之规定,适用简易程序审理的民事案件如出现下列情形,人民法院在制作裁判文书时对认定事实或者判决理由部分可以适当简化:(1)当事人达成调解协议并需要制作民事调解书的;(2)一方当事人在诉讼过程中明确表示承认对方全部诉讼请求或者部分诉讼请求的;(3)当事人对案件事实没有争议或者争议不大的;(4)涉及个人隐私或者商业秘密的案件,当事人一方要求简化裁判文书中的相关内容,人民法院认为理由正当的;(5)当事人双方一致同意简化裁判文书的。

——最高人民法院民事诉讼法修改研究小组编著:《〈中华人民共和国民事诉讼法〉修改条文理解与适用》,人民法院出版社2012年版,第344~346页。

785

民事调解书的补正

关键词 | 民事简易程序 | 民事调解书补正 |

【最高人民法院司法解释】

第十七条 当事人以民事调解书与调解协议的原意不一致为由提出异议,

人民法院审查后认为异议成立的,应当根据调解协议裁定补正民事调解书的相关内容。

——《最高人民法院关于适用简易程序审理民事案件的若干规定》(2003 年 9 月 10 日,法释〔2003〕15 号)

【链接:最高人民法院法官著述】

在贯彻、执行规定的过程中,应当注意下列问题:第一,正确判定民事调解书表述的内容与调解协议的原意之间的差异。民事调解书是人民法院依照法定程序制作的法律文书,它在文字和语言表述上不可能完全照搬调解协议的全部内容。因此,判断民事调解书与调解协议的原意是否一致,主要看民事调解书表述的内容与调解协议的内容相比是否足以影响当事人实体权利义务关系的变化。如果仅仅是文字表述方法上的差异,当事人的异议将不能成立。第二,人民法院应当对当事人提出的异议进行审查。当事人以民事调解书与调解协议内容不一致为由提出的异议,人民法院应当予以审查。第三,当事人异议成立的,人民法院应当根据调解协议的内容裁定补正民事调解书的相关内容。民事调解书必须以当事人在自愿条件下达成的调解协议为根据,如果民事调解书与调解协议发生冲突和矛盾,当然应当以调解协议的内容为准。由于民事调解书是人民法院依照法定程序制作的,因此,只能用裁定形式予以补正。

——沈德咏主编、最高人民法院研究室编著:《民事司法解释理解与适用》,法律出版社 2009 年版,第 405 ~410 页。

786

民事简易程序对法庭记录的特别规定

关键词|民事简易程序|法官裁量权|法庭笔录|

【最高人民法院司法解释】

第二十四条 书记员应当将适用简易程序审理民事案件的全部活动记入笔录。对于下列事项,应当详细记载:

（一）审判人员关于当事人诉讼权利义务的告知、争议焦点的概括、证据的认定和裁判的宣告等重大事项；

（二）当事人申请回避、自认、撤诉、和解等重大事项；

（三）当事人当庭陈述的与其诉讼权利直接相关的其他事项。

——《最高人民法院关于适用简易程序审理民事案件的若干规定》（2003年9月10日，法释〔2003〕15号）

【链接：最高人民法院法官著述】

在适用简易程序审理民事案件的过程中，程序可简，文书可简，但法庭笔录不能简。这是因为：第一，民事简易程序中涉及大量当事人处分自己民事权利的诉讼行为，这些行为均会产生相应的法律后果。如果法庭笔录因简化而忽略了对这些行为的记载，司法判决的依据将不复存在。第二，在民事简易程序中，人民法院有大量涉及当事人诉讼权利义务的事项需要当庭向当事人告知。如果法庭笔录因简化而忽略了对上述内容的记录，诉讼程序的正当性将无法体现。第三，在民事简易程序中，当事人当庭陈述的与其诉讼权利直接相关的事项是否被法庭记录在卷，常常是当事人能否接受一审判决的重要原因，是反映程序独立价值的重要依据，也是当事人亲身感受司法是否公正的重要标准。因此，对法庭审理活动中一切涉及当事人诉讼权利义务的事项予以详细记载，既有利于上级法院对下级法院审判活动进行监督，又有利于当事人对人民法院审判活动进行监督。

——沈德咏主编、最高人民法院研究室编著：《最高人民法院民商事司法解释及审判适用指导》，中国法制出版社2006年版，第2241～2242页。

787

适用小额诉讼程序的案件类型

关键词｜小额诉讼程序｜案件类型｜

【最高人民法院司法解释】

第二百七十一条 人民法院审理小额诉讼案件，适用民事诉讼法第一百六十二条的规定,实行一审终审。

第二百七十四条 下列金钱给付的案件,适用小额诉讼程序审理:

(一)买卖合同、借款合同、租赁合同纠纷;

(二)身份关系清楚,仅在给付的数额、时间、方式上存在争议的赡养费、抚育费、扶养费纠纷;

(三)责任明确,仅在给付的数额、时间、方式上存在争议的交通事故损害赔偿和其他人身损害赔偿纠纷;

(四)供用水、电、气、热力合同纠纷;

(五)银行卡纠纷;

(六)劳动关系清楚,仅在劳动报酬、工伤医疗费、经济补偿金或者赔偿金给付数额、时间、方式上存在争议的劳动合同纠纷;

(七)劳务关系清楚,仅在劳务报酬给付数额、时间、方式上存在争议的劳务合同纠纷;

(八)物业、电信等服务合同纠纷;

(九)其他金钱给付纠纷。

——《最高人民法院关于适用〈中华人民共和国民事诉讼法〉的解释》(2015年1月30日,法释〔2015〕5号)

【最高人民法院司法政策】

六、建立和完善民事案件繁简分流机制,减轻涉诉群众讼累

各级人民法院要严格执行《最高人民法院关于适用简易程序审理民事案件的若干规定》,依法高效、快捷地审理民事案件,提高诉讼效率。对简单的民事案件适用简易程序速裁,减轻涉诉群众的讼累。要规范简易程序的操作规程,方便当事人诉讼,充分保护当事人的诉讼权利。要尊重当事人的程序选择权,充分体现诉讼民主和当事人意思自治的原则,合理配置司法资源,全面提高司法效率,建立和完善公正高效的审判运行机制。

——《最高人民法院关于落实23项司法为民具体措施的指导意见》(2003年12月2日)

【链接：最高人民法院法官著述】

(一)关于小额诉讼程序的案件范围问题。小额诉讼程序是简易程序的再简化,适用的对象是事实清楚,权利义务关系明确,争议不大,标的额为各省、自治区、直辖市上年度就业人员年平均工资百分之三十以下的民事案件。我们认为,对符合这一要求的下列单一金钱给付案件应当适用小额诉讼程序:(1)买卖合同纠纷、借款合同纠纷、租赁合同纠纷和服务合同纠纷案件;(2)身份关系清楚,仅在给付的数额、时间上存在争议的抚养费、赡养费、扶养费纠纷案件;(3)责任明确,原告主张的损失金额确定的机动车交通事故责任纠纷和其他人身损害责任纠纷案件;(4)供用水、电、气、热力合同纠纷案件;(5)银行卡纠纷案件;(6)劳动关系清楚,仅在劳动报酬、工伤医疗费、经济补偿金或者赔偿金等案件的给付数额和给付时间上存在争议的劳动合同纠纷案件;(7)劳务关系清楚,仅在劳务报酬的给付数额和给付时间上存在争议的劳务合同纠纷案件;(8)其他金钱给付纠纷。同时,对于下列案件,暂时可不适用小额诉讼程序:(1)涉及人身关系争议、财产确权争议的案件;(2)追加当事人或者提起反诉的案件;(3)涉及知识产权的案件。

(二)关于小额诉讼程序的标的金额问题。由于民事诉讼法第一百六十二条并未明确各省、自治区、直辖市上年度就业人员年平均工资未出台时如何确定受理案件标的金额上限,故只能参照最近年度标准执行。我们建议,新修改的民事诉讼法 2013 年 1 月 1 日开始施行后,在各省、自治区、直辖市 2012 年度城镇单位就业人员年平均工资数额公布前,按已公布的各省、自治区、直辖市 2011 年度城镇单位就业人员年平均工资数额作为当地小额诉讼程序适用案件标的金额。各省、自治区、直辖市 2012 年度城镇单位就业人员年平均工资数额公布后,按 2012 年标准计算。2014 年及其以后年度依此类推。至于 2013 年 1 月 1 日前已适用简易程序审理但尚未审结的案件,基于程序的安定性考虑,在新民事诉讼法施行后可适用简易程序继续进行审理。

——高民智:《贯彻实施新民事诉讼法(一)——关于小额诉讼程序的理解与适用》,载《人民法院报》2012 年 12 月 6 日。

编者说明

虽然我国民事诉讼立法中并没有对小额诉讼程序作出明文规定,但在司法政策上早有涉及。2003年12月2日,最高人民法院在《关于落实23项司法为民具体措施的指导意见》中已经指出:"对简单的民事案件适用简易程序速裁,减轻涉诉群众的讼累。"最高人民法院在《人民法院第二个五年改革纲要(2004~2008)》中也将"在民事简易程序的基础上建立速裁程序制度,规范审理小额债务案件的组织机构、运行程序、审理方式、裁判文书样式等",作为人民法院2004年至2008年司法改革的一个主要内容。近年来,部分地方法院在上述规范性文件的指导下,结合本地情况,对小额诉讼程序进行了有益探索。这些法院的审判实践为小额诉讼程序的构建积累了宝贵经验。最高人民法院在全国90个基层人民法院开展小额速裁试点工作。试点工作既是对前一时期小额速裁的探索进行归纳、总结,同时也能为目前小额诉讼程序立法工作积累经验、提供素材。2012年《民事诉讼法》中增加了小额诉讼程序,实行一审终审。司法实践中,对小额诉讼程序是否应强制适用仍存在争议,为此《2015年解释》第271条明确了符合《民事诉讼法》第162条规定条件的简单民事案件应当适用小额诉讼程序审理,并实行一审终审。

788

不适用小额诉讼程序的案件类型

关键词｜小额诉讼程序｜案件类型｜

【最高人民法院司法解释】

第二百七十五条 下列案件,不适用小额诉讼程序审理:
(一)人身关系、财产确权纠纷;
(二)涉外民事纠纷;
(三)知识产权纠纷;
(四)需要评估、鉴定或者对诉前评估、鉴定结果有异议的纠纷;
(五)其他不宜适用一审终审的纠纷。

——《最高人民法院关于适用〈中华人民共和国民事诉讼法〉的解释》(2015年1月30日,法释〔2015〕5号)

【链接:最高人民法院法官著述】

第一,现行法律、司法解释已经明确规定不适用简易程序的案件,不应适用小额诉讼程序,一审终审。例如,本司法解释已经规定下列案件不适用简易程序:(1)起诉时被告下落不明的;(2)发回重审的;(3)当事人一方人数众多的;(4)适用审判监督程序的;(5)涉及国家利益、社会公共利益的;(6)第三人起诉请求改变或者撤销生效判决、裁定、调解书的。

第二,设立海事赔偿责任限制基金程序中的相关确权案件不适用小额诉讼程序。一方面,海事诉讼特别程序法对这类案件明确规定了实行一审终审,不论标的大小和争议类型;另一方面,这类案件一般都以组成合议庭的方式审理,这点也有别于小额诉讼程序。

第三,责任不明确的人身损害的赔偿纠纷以及涉及是否有劳动关系、劳务关系存在争议的纠纷,不适用小额诉讼程序,一审终审。人身损害赔偿纠纷中,被告是否承担侵权责任取决于是否符合侵权责任构成要件或法定承担责任情形。而这往往需要结合案件事实进行综合判断,必要时还需要依职权调查取证。相应地,案件审理周期就会延长,不符合小额诉讼程序快审快结的特点。劳动关系、劳务关系中存在的争议,往往都是在没有书面劳动合同、劳务合同的情形下发生的。此时,法院在作出认定时需要结合款项给付情况、证人证言、工作职责、工作任务是否独立完成,是否对单位有人身依附性等相关间接证据综合进行判断。此时,案件性质已不简单,甚至都不具备适用简易程序的条件。因此,上述案件目前亦不宜适用小额诉讼程序进行审理。

——沈德咏主编、最高人民法院修改后民事诉讼法贯彻实施工作领导小组编著:《最高人民法院民事诉讼法司法解释理解与适用》,人民法院出版社2015年版,第724页。

789

诉讼请求包括利息主张时，对适用小额诉讼程序的判断

关键词 | 小额诉讼程序 | 主张利息 |

【链接：最高人民法院法官著述】

原告的诉讼请求包括利息时,应如何判断案件是否属于小额诉讼程序。例如,部分案件中,原告的诉讼请求包括有对利息的主张。由于利息的计算具有不

确定性,如何在立案之初判断包括利息在内的案件标的金额在民事诉讼法第一百六十二条规定的范围之内则是一个问题。具体而言:(1)利息金额总额固定的,案件标的以本金、利息和其他诉请金额的总和认定(注:利息金额总额固定还包括利息计息的起止日及标准明确的,此时,应要求原告计算出利息具体金额);(2)计息起止日不确定或计息标准不明确的,利息不计入案件标的金额。之所以不计入,主要是因为适用小额诉讼程序的案件本身标的金额就较小,相应地,利息就更少,两者相加不会对总的标的金额产生实质影响。但加上利息很可能超过小额诉讼案件法定标准的,可不适用小额诉讼程序,但应向当事人进行告知,并记入笔录。这是因为,如果本金加上其他诉讼请求标的金额的总额已很接近法定上限标准,如再加上利息,则很可能会超过法定上限标准,此时,可不适用小额诉讼程序。

——沈德咏主编、最高人民法院修改后民事诉讼法贯彻实施工作领导小组编著:《最高人民法院民事诉讼法司法解释理解与适用》,人民法院出版社2015年版,第708~709页。

790

适用小额诉讼程序的案件标准中"上年度就业人员年平均工资百分之三十"的确定

关键词 | 小额诉讼程序 | 上年度平均工资 |

【最高人民法院司法解释】

第二百七十二条 民事诉讼法第一百六十二条规定的各省、自治区、直辖市上年度就业人员年平均工资,是指已经公布的各省、自治区、直辖市上一年度就业人员年平均工资。在上一年度就业人员年平均工资公布前,以已经公布的最近年度就业人员年平均工资为准。

——《最高人民法院关于适用〈中华人民共和国民事诉讼法〉的解释》(2015年1月30日,法释〔2015〕5号)

【链接：最高人民法院法官著述】

是否以已公布的最近年度就业人员年平均工资为标准，取决于人民法院在决定适用何种程序审理案件时，所在省、自治区、直辖市上一年度就业人员年平均工资。如果人民法院在决定案件适用程序的时间点，所在省、自治区、直辖市上一年度就业人员年平均工资尚未公布，就只能以已公布的最近年度就业人员平均工资作为标准判断案件标的金额是否符合适用要求。一旦根据已公布的最近年度就业人员年平均工资标准决定案件适用小额诉讼程序审理后，即便案件审理过程中，所在省、自治区、直辖市公布了上一年度就业人员年平均工资数额且该数额的百分之三十低于案件标的金额，也不宜再将案件裁定转为普通程序或简易程序一般性规定审理。

——沈德咏主编、最高人民法院修改后民事诉讼法贯彻实施工作领导小组编著：《最高人民法院民事诉讼法司法解释理解与适用》，人民法院出版社2015年版，第712页。

791

海事法院派出法庭适用小额诉讼程序的案件标的额

关键词 | 小额诉讼程序 | 上年度平均工资 | 派出法庭所在地 |

【最高人民法院司法解释】

第二百七十三条 海事法院可以审理海事、海商小额诉讼案件。案件标的额应当以实际受理案件的海事法院或者其派出法庭所在的省、自治区、直辖市上年度就业人员年平均工资百分之三十为限。

——《最高人民法院关于适用〈中华人民共和国民事诉讼法〉的解释》（2015年1月30日，法释〔2015〕5号）

上海市高级人民法院：

你院《关于海事法院适用小额诉讼程序的请示》（沪高法〔2013〕5号）收悉。经研究，批复如下：

2012年修订的《中华人民共和国民事诉讼法》简易程序一章规定了小额诉讼程序,《中华人民共和国海事诉讼特别程序法》第九十八条规定海事法院可以适用简易程序。因此,海事法院可以适用小额诉讼程序审理简单的海事、海商案件。

适用小额诉讼程序的标的额应以实际受理案件的海事法院或其派出法庭所在的省、自治区、直辖市上年度就业人员年平均工资百分之三十为限。

——《最高人民法院关于海事法院可否适用小额诉讼程序问题的批复》(2013年6月19日,法释〔2013〕16号)

【链接:最高人民法院法官著述】

我们认为,民事诉讼法立法之所以对适用小额诉讼程序审理的民事案件不规定全国统一标准,而以各省、自治区、直辖市为标准,就是要让适用小额诉讼程序的案件因地制宜,符合各地实际情况。因此,我们认同第二种观点,最终以实际受理案件的派出法庭所在的省、自治区、直辖市为标准。也即本司法解释规定的案件的标的额应当以实际受理案件的派出法庭所在省、自治区、直辖市上年度就业人员年平均工资百分之三十为限。

——沈德咏主编、最高人民法院修改后民事诉讼法贯彻实施工作领导小组编著:《最高人民法院民事诉讼法司法解释理解与适用》,人民法院出版社2015年版,第716页。

792

法院适用小额诉讼程序的告知义务

关键词|小额诉讼程序|告知义务|

【最高人民法院司法解释】

第二百七十六条 人民法院受理小额诉讼案件,应当向当事人告知该类案件的审判组织、一审终审、审理期限、诉讼费用交纳标准等相关事项。

——《最高人民法院关于适用〈中华人民共和国民事诉讼法〉的解释》(2015年1月30日,法释〔2015〕5号)

【链接：最高人民法院法官著述】

我们认为，在确定适用小额诉讼程序审理案件后，一般可在开庭前以书面《小额诉讼须知》等方式向当事人告知小额诉讼程序的适用条件、审判组织、审理方式、一审终审、申请再审权利等重大事项，并要求当事人对上述书面《小额诉讼须知》进行签收。对当事人提出适用小额诉讼程序的异议，如果异议成立，可以裁定按简易程序的一般性规定处理或将案件转入普通程序。异议不成立的，裁定驳回其异议申请。

——高民智：《贯彻实施新民事诉讼法（一）——关于小额诉讼程序的理解与适用》，载《人民法院报》2012年12月6日。

793

适用小额诉讼程序的答辩期和举证期

关键词 | 小额诉讼程序 | 答辩期 | 举证期限 |

【最高人民法院司法解释】

第二百七十七条 小额诉讼案件的举证期限由人民法院确定，也可以由当事人协商一致并经人民法院准许，但一般不超过七日。

被告要求书面答辩的，人民法院可以在征得其同意的基础上合理确定答辩期间，但最长不得超过十五日。

当事人到庭后表示不需要举证期限和答辩期间的，人民法院可立即开庭审理。

——《最高人民法院关于适用〈中华人民共和国民事诉讼法〉的解释》（2015年1月30日，法释〔2015〕5号）

【链接：最高人民法院法官著述】

第一，特殊情形下，当事人协商确定的举证期可以超过七日，但不得超过十五日。从尊重当事人程序的主体性角度和小额诉讼程序高效、简便特性出发，本条对当事人协商确定举证期作了一般不超过七日的规定。有一般即不排除特殊,这意味着人民法院可以对个案中当事人协商确定举证期限超过七日的情形予以准许。至于本条中举证期限的上限,本司法解释简易程序部分规定了当事人对适用简易程序的案件,可以在协商一致并经人民法院准许后约定不超过十五日的举证期限。由于小额诉讼程序目前仍属于简易程序范畴,故以此类推,小额诉讼案件当事人协商一致举证期也不得超过十五日。

第二,当事人双方在到庭前已明确表示口头答辩的,人民法院可以立即开庭审理或者确定开庭日期。本条第三款规定了当事人到庭后表示放弃答辩期间的,人民法院可立即开庭审理。对本款不能狭义理解为只有当事人到庭后表示放弃答辩期间的,人民法院才可以立即开庭审理。事实上,早在 1998 年《审判方式改革规定》第七条就规定了当事人明确表示不提交答辩状、在答辩期届满前已经答辩、同意在答辩期内开庭三种情形下可以在答辩期满前开庭。这三种情形均未要求到庭后才发生。事实上,即使当事人未到庭时也可以在收到起诉状后,通过电话、传真、电子邮件等方式向人民法院表示放弃答辩期。这里的表示放弃也可通过明确表示不提交答辩状、在答辩期届满前已经答辩、同意在答辩期内开庭等形式间接作出。

——沈德咏主编、最高人民法院修改后民事诉讼法贯彻实施工作领导小组编著:《最高人民法院民事诉讼法司法解释理解与适用》,人民法院出版社 2015 年版,第 730 ~ 731 页。

794

适用小额诉讼程序案件的管辖权异议

关键词 | 小额诉讼程序 | 管辖异议 | 举证期限 |

【最高人民法院司法解释】

第二百七十八条 当事人对小额诉讼案件提出管辖异议的,人民法院应当作出裁定。裁定一经作出即生效。

——《最高人民法院关于适用〈中华人民共和国民事诉讼法〉的解释》(2015 年 1 月 30 日,法释〔2015〕5 号)

【链接：最高人民法院法官著述】

第一，关于当事人提出管辖权异议后的举证期限问题。根据《举证时限规定通知》，当事人在一审答辩期间内提出管辖权异议的，人民法院应当在驳回当事人管辖权异议的裁定生效后，依照《证据规定》第三十三条第三款的规定，重新指定不少于三十日的举证期限。但在征得当事人同意后，人民法院可以指定少于三十日的举证期限。我们认为，类推上述规定的精神，小额诉讼案件中，人民法院在作出驳回当事人管辖权异议的裁定后，应重新询问当事人是否需要重新指定举证期限。

第二，驳回管辖权异议裁定作出后但生效判决尚未作出前，发现原审法院确无管辖权的处理。一种观点认为，应根据民事诉讼法第一百九十八条第一款的规定，并参照《最高人民法院关于上级法院对下级法院就当事人管辖权异议的终审裁定确有错误时能否纠正问题的复函》的精神，在原审法院驳回当事人管辖异议裁定已发生法律效力但未作出生效判决前，发现原审法院确无地域管辖权，原审法院可以依职权裁定撤销该错误裁定并将案件移送有管辖权的人民法院。我们认为，在民事诉讼法已经将管辖错误这一再审事由删除的情形下，不宜再对该管辖权异议裁定通过再审方式撤销。

——沈德咏主编、最高人民法院修改后民事诉讼法贯彻实施工作领导小组编著：《最高人民法院民事诉讼法司法解释理解与适用》，人民法院出版社2015年版，第734页。

795

小额诉讼案件受理后发现不符合起诉条件的裁定驳回起诉

关键词 | 小额诉讼程序 | 管辖异议 | 举证期限 |

【最高人民法院司法解释】

第二百七十九条　人民法院受理小额诉讼案件后，发现起诉不符合民事诉讼法第一百一十九条规定的起诉条件的,裁定驳回起诉。裁定一经作出即生效。

——《最高人民法院关于适用〈中华人民共和国民事诉讼法〉的解释》(2015 年 1 月 30 日,法释〔2015〕5 号)

【链接:最高人民法院法官著述】

第一,符合民事诉讼法第一百二十四条规定的情形的,人民法院也可裁定驳回起诉。第二,未经劳动仲裁的劳动争议案件或虽经仲裁但不属于人民法院受理的劳动争议案件,人民法院可以裁定驳回起诉。第三,关于驳回起诉裁定的形式。我们认为在小额诉讼案件审理中,驳回起诉裁定意味着审理进程的终结,与当事人程序利益休戚相关,理应通过书面形式彰显其权威性。理由在于,虽然本条司法解释规定驳回起诉的裁定一经作出,立即生效,但并未限制当事人就该裁定申请再审。本司法解释已经规定,当事人认为发生法律效力的驳回起诉的裁定错误的,可以申请再审。申请再审自然需要有原审裁定书作为依据。显然,如果允许人民法院通过口头裁定形式驳回起诉,那么当事人申请再审时就只能提交记载口头裁定的笔录复印件,这显然是不妥当的,也是不严肃的。

——沈德咏主编、最高人民法院修改后民事诉讼法贯彻实施工作领导小组编著:《最高人民法院民事诉讼法司法解释理解与适用》,人民法院出版社 2015 年版,第 736 ~ 737 页。

796

适用小额诉讼程序审理的案件的审理程序

关键词 | 小额诉讼程序 | 审理程序 |

【链接:最高人民法院法官著述】

我们认为,适用小额诉讼程序审理的案件,通知当事人开庭可以不必传票传唤,但通知原告、被告开庭时间、地点应有已通知当事人的具体书面材料入卷。在通知开庭时,可要求当事人在开庭时携带所有证据并通知证人出庭,争取做到一次开庭,当庭宣判,当庭送达裁判文书。

庭审中，当事人有正当事由不能到庭时，经对方当事人同意，可利用视频技术开庭审理。庭审可不受法庭调查、法庭辩论、最后陈述以及法庭调解的顺序限制，可以灵活地安排询问证人的时间。当事人申请利用视频技术等方式询问证人理由正当的，可予准许。

另外，适用小额诉讼程序公开审理案件，可不必在开庭三日前公布当事人姓名、案由、开庭时间和地点。至于开庭时间，则可以根据当事人的共同申请并经人民法院同意后，在晚间、休息日或法定节假日进行开庭。适用小额诉讼程序审理的案件还可到当事人工作场所所在地、住所地或争议发生地等进行开庭。

——高民智：《贯彻实施新民事诉讼法（一）——关于小额诉讼程序的理解与适用》，载《人民法院报》2012 年 12 月 6 日。

797

小额诉讼程序向其他程序的转化

关键词｜小额诉讼程序｜程序转化｜

【最高人民法院司法解释】

第二百八十条　因当事人申请增加或者变更诉讼请求、提出反诉、追加当事人等，致使案件不符合小额诉讼案件条件的，应当适用简易程序的其他规定审理。

前款规定案件，应当适用普通程序审理的，裁定转为普通程序。

适用简易程序的其他规定或者普通程序审理前，双方当事人已确认的事实，可以不再进行举证、质证。

第二百八十一条　当事人对按照小额诉讼案件审理有异议的，应当在开庭前提出。人民法院经审查，异议成立的，适用简易程序的其他规定审理；异议不成立的，告知当事人，并记入笔录。

——《最高人民法院关于适用〈中华人民共和国民事诉讼法〉的解释》（2015 年 1 月 30 日，法释〔2015〕5 号）

【链接：最高人民法院法官著述】

我们认为，考虑到适用小额诉讼程序审理的民事案件比适用简易程序普通规定审理的案件更为简单,故建议在立案之日起一个月内审结案件。在一个月内不能审结的,可区分下列情形进行处理:如因案件排期等原因导致一个月内不能审结的,经批准,可以延长审限至三个月;如经审理发现当事人诉请涉及人身关系争议、财产确权争议等金钱给付之外的争议,案情复杂,不宜适用小额诉讼程序的,经批准,可裁定按简易程序的一般性规定处理或将案件转入普通程序。按简易程序一般性规定处理的,如双方均未提供新证据且案件已经开庭审理,无须另行开庭;案件转入普通程序的,应组成合议庭,重新开庭,继续审理。

——高民智:《贯彻实施新民事诉讼法(一)——关于小额诉讼程序的理解与适用》,载《人民法院报》2012 年 12 月 6 日。

798

小额诉讼程序的裁判文书

关键词|小额诉讼程序|裁判文书|

【最高人民法院司法解释】

第二百八十二条 小额诉讼案件的裁判文书可以简化,主要记载当事人基本信息、诉讼请求、裁判主文等内容。

——《最高人民法院关于适用〈中华人民共和国民事诉讼法〉的解释》(2015 年 1 月 30 日,法释〔2015〕5 号)

【链接:最高人民法院法官著述】

我们认为,适用小额诉讼程序审理的案件,可简化裁判文书,在裁判文书中只记载当事人姓名、案件事实要点、裁判基本理由、给付金额及期限等。在条件成熟时,还可以直接将裁判文书要素填充到统一制作的表格,或制作只记载诉讼参加人基本情况和裁判主文的令状等方式进一步简化裁判文书。为了确保裁判文书简化落到实处,各高级人民法院可以因地制宜,制作各类关于适用小额诉讼程序的法律文书样式,下发辖区内基层人民法院及其派出法庭参照使用,以增加司法活动的权威性和稳定性。

——高民智:《贯彻实施新民事诉讼法(一)——关于小额诉讼程序的理解与适用》,载《人民法院报》2012年12月6日。

799

小额诉讼程序案件的申请再审

关键词 | 小额诉讼程序 | 申请再审 |

【链接：最高人民法院法官著述】

我们认为,如果当事人对适用小额诉讼程序所作的裁判不服申请再审,可从将矛盾“化解在基层、化解在当地”出发,通过主动释明、积极引导等方式,尽量让当事人选择向原审人民法院申请再审,实现“为大局服务”与“为人民司法”的和谐统一。

——高民智:《贯彻实施新民事诉讼法(一)——关于小额诉讼程序的理解与适用》,载《人民法院报》2012年12月6日。

第十二章 | CHAPTER 12

公益诉讼

800

大力推进环境民事公益诉讼

关键词 | 环境民事公益诉讼 |

【最高人民法院司法政策】

8. 依法审理环境资源民事案件。畅通司法救济渠道,完善司法便民措施,依法及时受理环境资源保护民事案件。妥善审理与土地、矿产、草场、林场、渔业、水、电、气、热力以及海洋等环境资源保护相关的物权、合同和侵权案件,特别要加强对污染土壤、污染水源等环境侵权案件的审理。对于涉及矿业权、林权及其他自然资源权属的股权转让、承包、联营、出租、抵押等案件,要将保护生态环境和自然资源作为裁判的重要因素予以综合考量。充分发挥保全和先予执行措施的预防和减损作用,对于保全和先予执行申请,要及时受理、迅速审查、依法裁定、立即执行。依法确定当事人举证责任,对于因污染环境、破坏生态发生的纠纷,原告应当就存在污染行为和损害承担举证责任,并提交污染行为和损害之间可能存在因果关系的初步证据,被告应当就法律规定的不承担责任或者减轻责任的情形及其行为与损害之间不存在因果关系承担举证责任。

11. 充分保障法律规定的机关和有关组织的环境民事公益诉权。依照民事诉讼法、环境保护法和海洋环境保护法等有关法律规定,充分保障环境公益诉讼原告诉权,及时受理符合条件的公益诉讼。对于负有监督、管理、保护环境公共利益职责的海洋环境监督管理部门等机关依法提起的公益诉讼,以及符合环境保护法第五十八条规定的社会组织提起的公益诉讼,应当依法受理。同一污染环境、破坏生态行为既损害社会公共利益,又损害公民、法人和其他组织民事权益的,有关机关和组织提起公益诉讼,不影响受害人另行提起民事诉讼。

12. 依法确定环境民事公益诉讼的管辖法院。环境公益诉讼一般由侵权行为地或者被告住所地的中级人民法院管辖。同一原告或者不同原告对同一行为分别向两个或者两个以上有管辖权的人民法院提起环境公益诉讼的,由最先受理的人民法院管辖。共同上级人民法院也可以在有管辖权的法院中指定一个法院集中管辖。

13. 探索完善环境民事公益诉讼的审判程序。探索立案沟通协调机制,及时将环境公益诉讼起诉情况通报环境资源保护行政执法机关。探索建立受理公告制度，及时公告环境公益诉讼受理情况。对于审理案件需要的涉及社会公共利益的证据原告因客观原因无法取得的，可以依职权调取。对于原告承担举证责任的涉及社会公共利益的事实需要鉴定的，可以依职权委托鉴定。对于当事人达成的调解协议或者和解撤诉申请，应当特别注重审查是否损害国家利益、社会公共利益或者他人合法权益。对于需要采取强制执行措施的生效判决，可以依法移送执行。

14. 依法确定环境民事公益诉讼的责任方式和赔偿范围。人民法院审理环境公益诉讼案件，可以根据原告请求判令被告停止侵害、排除妨碍、消除危险、返还财产、恢复原状、赔偿损失。探索研究环境公益诉讼的赔偿范围及其与私益诉讼赔偿范围的关系。环境公益诉讼的原告请求被告赔偿预防损害发生或恢复环境费用、破坏自然资源等生态环境造成的损失以及合理的律师费、调查取证费、鉴定评估费等诉讼支出的，可以根据案件审理情况予以支持。探索设立环境公益诉讼专项基金，将环境赔偿金专款用于恢复环境、修复生态、维护环境公共利益；尚未设立基金的地方，可以与环境资源保护行政执法机关、政府财政部门等协商确定环境赔偿金的交付使用方式。

15. 探索构建合理的诉讼成本负担机制。加大对环境公益诉讼原告的司法救助力度，法律规定的机关和有关组织向人民法院依法申请缓交、减交或者免交案件受理费、保全申请费的，可以予以准许。合理确定诉讼费用的负担主体，在原告胜诉时，原告支出的合理的律师费、调查取证费、鉴定评估费等费用可以判令由被告承担。鼓励从环境公益诉讼基金中支付原告环境公益诉讼费用的做法，充分发挥环境公益诉讼主体维护环境公共利益的积极作用。

——《最高人民法院关于全面加强环境资源审判工作为推进生态文明建设提供有力司法保障的意见》（2014 年 6 月 23 日，法发〔2014〕11 号）

各省、自治区、直辖市高级人民法院、民政厅（局）、环境保护厅（局）、新疆维吾尔自治区高级人民法院生产建设兵团分院、民政局、环境保护局：

为正确实施《中华人民共和国民事诉讼法》《中华人民共和国环境保护法》《最高人民法院关于审理环境民事公益诉讼案件适用法律若干问题的解释》，现就贯彻实施环境民事公益诉讼制度有关事项通知如下：

一、人民法院受理和审理社会组织提起的环境民事公益诉讼，可根据案件需要向社会组织的登记管理机关查询或者核实社会组织的基本信息，包括名称、住所、成立时间、宗旨、业务范围、法定代表人或者负责人、存续状态、年检信息、从事业务活动的情况以及登记管理机关掌握的违法记录等，有关登记管理机关应及时将相关信息向人民法院反馈。

二、社会组织存在通过诉讼牟取经济利益情形的，人民法院应向其登记管理机关发送司法建议，由登记管理机关依法对其进行查处，查处结果应向社会公布并通报人民法院。

三、人民法院受理环境民事公益诉讼后，应当在十日内通报对被告行为负有监督管理职责的环境保护主管部门。环境保护主管部门收到人民法院受理环境民事公益诉讼案件线索后，可以根据案件线索开展核查；发现被告行为构成环境行政违法的，应当依法予以处理，并将处理结果通报人民法院。

四、人民法院因审理案件需要，向负有监督管理职责的环境保护主管部门调取涉及被告的环境影响评价文件及其批复、环境许可和监管、污染物排放情况、行政处罚及处罚依据等证据材料的，相关部门应及时向人民法院提交，法律法规规定不得对外提供的材料除外。

五、环境民事公益诉讼当事人达成调解协议或者自行达成和解协议的，人民法院应当将协议内容告知负有监督管理职责的环境保护主管部门。相关部门对协议约定的修复费用、修复方式等内容有意见和建议的，应及时向人民法院提出。

六、人民法院可以判决被告自行组织修复生态环境，可以委托第三方修复生态环境，必要时也可以商请负有监督管理职责的环境保护主管部门共同组织修复生态环境。对生态环境损害修复结果，人民法院可以委托具有环境损害评估等相关资质的鉴定机构进行鉴定，必要时可以商请负有监督管理职责的环境保护主管部门协助审查。

七、人民法院判决被告承担的生态环境修复费用、生态环境受到损害至恢复原状期间服务功能损失等款项，应当用于修复被损害的生态环境。提起环境民事公益诉讼的原告在诉讼中所需的调查取证、专家咨询、检验、鉴定等必要费用，可以酌情从上述款项中支付。

八、人民法院应将判决执行情况及时告知提起环境民事公益诉讼的社会组织。

各级人民法院、民政部门、环境保护部门应认真遵照执行。对于实施工作中存在的问题和建议，请分别及时报告最高人民法院、民政部、环境保护部。

——《最高人民法院、民政部、环境保护部关于贯彻实施环境民事公益诉讼制度的通知》（2014 年 12 月 26 日，法〔2014〕352 号）

801

环境民事公益诉讼的适用范围

关键词｜环境民事公益诉讼｜

【最高人民法院司法解释】

第一条　法律规定的机关和有关组织依据民事诉讼法第五十五条、环境保护法第五十八条等法律的规定，对已经损害社会公共利益或者具有损害社会公共利益重大风险的污染环境、破坏生态的行为提起诉讼，符合民事诉讼法第一百一十九条第二项、第三项、第四项规定的，人民法院应予受理。

第二条　依照法律、法规的规定，在设区的市级以上人民政府民政部门登记的社会团体、民办非企业单位以及基金会等，可以认定为环境保护法第五十八条规定的社会组织。

——《最高人民法院关于审理环境民事公益诉讼案件适用法律若干问题的解释》(2015年1月6日，法释〔2015〕1号)

【最高人民法院司法政策】

对于公益诉讼，在现阶段要从严掌握可以提起公益诉讼的主体范围和案件类型，根据消费者权益保护法等有关法律的修改情况，逐步放宽公益诉讼的原告范围和受案范围，在总结审判实践经验的基础上逐步厘清可以提起公益诉讼的“有关组织”的范围和提起公益诉讼的条件。

——《全国法院贯彻实施民事诉讼法修改决定座谈会材料》(2012年9月19日)，载江必新主编、最高人民法院研究室编：《司法研究与指导》(总第3辑)，人民法院出版社2013年版，第40页。

为使公益诉讼制度既能在我国适度开展，又能有序进行，要按照立法机关限制案件范围、限定原告范围、先行先试、逐步推开的立法思路，严格把握四点：一是要从严掌握诉讼受案范围，目前仅限于法律明确规定的污染环境和侵害众多消费者权益两类案件，其他案件原则上不予受理，待有关法律修改明确后，或结合今后的司法实践，再逐步放宽。

——贺荣:《在全国法院贯彻实施民事诉讼法修改决定座谈会上的总结讲话》(2012 年 9 月 19 日),载江必新主编、最高人民法院研究室编:《司法研究与指导》(总第 3 辑),人民法院出版社 2013 年版,第 47 页。

五是公益诉讼受理问题。目前在一些地方,以维护公共利益为名的小额公益诉讼时有发生,其中有一些确实具有公益性。对于这类诉讼,受理审查中要注意当事人诉讼的真实目的,同时要充分考虑司法保护的有效性和现实性问题。此外,近年来出现了作为国家法律监督机关的人民检察院以原告身份提起的民事诉讼。对于此类诉讼,目前人民法院尚无受理的法律依据。

——苏泽林:《在党的十六届六中全会精神指引下开创人民法院审判工作新局面——在全国法院立案审判实务座谈会上的讲话》(2006 年 11 月 21 日),载苏泽林主编、最高人民法院立案庭编:《立案工作指导》(总第 13 辑),人民法院出版社 2007 年版,第 10 ~ 11 页。

【链接:最高人民法院法官著述】

新民事诉讼法第五十五条规定民事公益诉讼的适用范围是:“污染环境、侵害众多消费者合法权益等损害社会公共利益的行为。”这种列举加概括式的规定,主要有两层意思:一是污染环境、侵害众多消费者合法权益的行为只有在损害公共利益时,才可基于维护社会公共利益提起公益诉讼。如果针对污染环境、侵害消费者合法权益的行为,直接请求保护个体利益,则不属于本条公益诉讼的范围,而属于一般普通民事诉讼即私益诉讼。公共利益的核心在于公共性,涉及不特定多数人的利益。尽管代表人诉讼涉及众多当事人,但受害人可以确定,诉讼目的是为维护个人利益,故仍然属于私益诉讼。二是可以提起民事公益诉讼的案件包括但不限于“污染环境”“侵害众多消费者合法权益”两类案件,公益诉讼的适用范围还可以根据实践的发展稳步拓展。鉴于民事公益诉讼还处于初步施行阶段,目前的适用范围应暂限于污染环境、侵害众多消费者合法权益这两类情形为宜。

——高民智:《贯彻实施新民事诉讼法(二)——关于民事公益诉讼的理解与适用》,载《人民法院报》2012 年 12 月 7 日。

编者说明

2012 年《民事诉讼法》首次规定了公益诉讼制度。最高人民法院审判业务部门在《人民法院报》上刊登《关于民事公益诉讼的理解与适用》，对公益诉讼的适用范围、起诉主体、管辖法院、受理条件、原告诉讼请求、诉讼调解、诉讼费用等做了研究和探讨，在相关司法解释出台之前，该文对涉及消费者权益保护的公益诉讼案件的审理具有指导意义。

802

民事公益诉讼的起诉主体

关键词 | 民事公益诉讼 | 起诉主体 |

【最高人民法院司法解释】

第二条 依照法律、法规的规定，在设区的市级以上人民政府民政部门登记的社会团体、民办非企业单位以及基金会等，可以认定为环境保护法第五十八条规定的社会组织。

——《最高人民法院关于审理环境民事公益诉讼案件适用法律若干问题的解释》(2015 年 1 月 6 日，法释〔2015〕1 号)

【最高人民法院司法政策】

二是要从严掌握公益诉讼的原告范围，目前也限于法律明确规定的机关，法律没有明确规定的机关提起诉讼的，不予受理。至于有关组织，目前也应严格掌握，除法律明确规定的组织外，还有哪些组织可以提起公益诉讼，需要全国法院统一把握，各地不要轻易放开。三是公益诉讼应当是侵害社会公共利益的公损案件，如果受害人个人或其他法人单位提起的相关诉讼，应当作为普通民事案件受理，不能按照公益诉讼案件处理。四是公益诉讼程序应以现有程序为基础，除法定起诉主体不受现行民诉法第一百零八条一般起诉条件规定的“与本案有直接利害关系”的限制外，应尽可能按照民诉法的一般规定执行，有关管辖问题、案由问题、诉讼费用收取问题和裁判方式问题等需进一步研究规范，并在实践中逐步探索完善。

——贺荣:《在全国法院贯彻实施民事诉讼法修改决定座谈会上的总结讲话》(2012年9月19日),载江必新主编、最高人民法院研究室编著:《司法研究与指导》(总第3辑),人民法院出版社2013年版,第47页。

【最高人民法院答复】

黑龙江省高级人民法院:

你院《关于鸡西市梨树区人民政府与鸡西市化工局、沈阳冶炼厂环境污染赔偿一案的请示》收悉。经研究认为,依照《中华人民共和国民事诉讼法》第一百零八条的规定,梨树区人民政府有权作为原告提起民事诉讼。

——《最高人民法院关于黑龙江省鸡西市梨树区人民政府与鸡西市化工局、沈阳冶炼厂环境污染纠纷案的复函》(1999年11月2日,〔1999〕民他字第31号)

【链接:最高人民法院法官著述】

目前提起公益诉讼的主体不宜过宽。民诉法第五十五条规定"法律规定的机关和有关组织"可以向人民法院提起公益诉讼。2015年民诉法解释考虑到其他法律以及司法解释已对或者将对公益诉讼的起诉主体资格作出进一步解释,故直接延续了民事诉讼法的表述。

关于环境公益诉讼的起诉主体,包括法律规定的机关和有关组织。其中,法律规定的机关是指提起公益诉讼的机关,要有明确的法律依据。对于提起环境公益诉讼的"有关组织",根据修改后的环境保护法以及《环境公益诉讼解释》,应当符合下列条件:

(1)依法在设区的市级以上人民政府民政部门登记的社会团体、民办非企业单位以及基金会等。"设区的市级以上人民政府民政部门",包括设区的市,自治州、盟、地区,不设区的地级市,直辖市的区以上人民政府民政部门。

(2)专门从事环境保护公益活动连续五年以上且无违法记录。对于该条件,应准确把握以下两点:第一,社会组织章程确定的宗旨和主要业务范围是维护社会公共利益,且从事环境保护公益活动的,可以认定为"专门从事环境保护公益活动"。需要注意的是,社会组织提起的诉讼所涉及的社会公共利益,应与其宗旨和业务范围具有关联性。第二,社会组织在提起诉讼前五年内未因从事业务活动违反法律、法规的规定受过行政、刑事处罚的，可以认定为“无违法记录”。因此，社会组织提起环境公益诉讼的，应当提交社会组织登记证书、章程、起诉前连续五年的年度工作报告书或者年检报告书，以及由其法定代表人或者负责人签字并加盖公章的无违法记录的声明。

关于消费者公益诉讼的起诉主体，也包括法律规定的机关和有关组织。至于对“有关组织”的界定，有待将来的司法解释进一步规定。

——沈德咏主编、最高人民法院修改后民事诉讼法贯彻实施工作领导小组编著：《最高人民法院民事诉讼法司法解释理解与适用》，人民法院出版社2015年版，第755～756页。

803

数个原告提起民事公益诉讼的处理

关键词｜公益诉讼｜合并审理｜

【最高人民法院司法解释】

第二百八十七条　人民法院受理公益诉讼案件后，依法可以提起诉讼的其他机关和有关组织，可以在开庭前向人民法院申请参加诉讼。人民法院准许参加诉讼的，列为共同原告。

——《最高人民法院关于适用〈中华人民共和国民事诉讼法〉的解释》（2015年1月30日，法释〔2015〕5号）

【链接：最高人民法院法官著述】

如果超过申请参加公益诉讼的期限后，原告能否另行提起公益诉讼？

解决这一问题的核心在于原告的起诉权是否会受其他原起诉权的行使而受影响。集中管辖的规定，原告分别向不同的人民法院对同一损害社会公共利益的行为提起公益诉讼的，由最先立案的人民法院管辖，这主要依据民事诉讼法第三十五规定，“两个以上人民法院都有管辖权的诉讼，原告可以向其中一个人民法院起诉；原告向两个以上有管辖权的人民法院起诉的，由最先立案的人民法院管辖”。该条规定适用私益诉讼时,由于诉讼的当事人完全相同,因此,分别向两个以上法院起诉的,案件已经受理的,后一起诉可以按照一事不再理的规定处理,即后诉人民法院可以裁定不予受理。但公益诉讼如果是不同原告分别起诉的,则无法适用一事不再理原则,按照重复起诉而不受理后诉公益案件。

本解释第二百九十一条和《环境公益诉讼解释》第二十八条第一款,只是对公益诉讼案件作出生效判决后,依法有权对同一损害社会公共利益提起诉讼的机关和有关组织再提起公益诉讼的,人民法院一般不予受理,并没有规定在公益诉讼审理过程中,其他有权提起公益诉讼的原告是否可以提起诉讼。

我们认为,鉴于我国现行法律和司法解释均未明确规定后诉原告起诉时不予受理,为保护原告的诉权,特别是考虑到各原告的诉讼请求不一定完全相同的情况,人民法院不宜作严格的限制。本解释起草过程中,曾经专门针对该问题,在本条中规定了第三款,原告另行提起公益诉讼的,根据诉讼请求的情况,可以合并审理。但应当注意,按照本解释集中管辖的规定,其他适格原告再行提起诉讼的,应当向受理公益诉讼的法院提起,向其他人民法院起诉的,其他人民法院不能受理。

——沈德咏主编、最高人民法院修改后民事诉讼法贯彻实施工作领导小组编著:《最高人民法院民事诉讼法司法解释理解与适用》,人民法院出版社2015年版,第764~765页。

804

民事公益诉讼的管辖法院

关键词 | 公益诉讼 | 管辖法院 |

【最高人民法院司法解释】

第二百八十五条　公益诉讼案件由侵权行为地或者被告住所地中级人民法院管辖,但法律、司法解释另有规定的除外。

因污染海洋环境提起的公益诉讼,由污染发生地、损害结果地或者采取预防污染措施地海事法院管辖。

——《最高人民法院关于适用〈中华人民共和国民事诉讼法〉的解释》(2015年1月30日,法释〔2015〕5号)

第六条　第一审环境民事公益诉讼案件由污染环境、破坏生态行为发生地、损害结果地或者被告住所地的中级以上人民法院管辖。

中级人民法院认为确有必要的，可以报请高级人民法院批准后，裁定将本院管辖的第一审环境民事公益诉讼案件交由基层人民法院审理。

——《最高人民法院关于审理环境民事公益诉讼案件适用法律若干问题的解释》（2015 年 1 月 6 日，法释〔2015〕1 号）

【链接：最高人民法院法官著述】

1. 关于公益诉讼案件的管辖权转移

公益诉讼案件一般由中级人民法院管辖。但是，根据民事诉讼法第三十八条关于管辖权转移的规定，上级人民法院可以将本院管辖的第一审公益诉讼案件交下级人民法院审理，以及下级人民法院对它所管辖的第一审公益诉讼案件，认为需要由上级人民法院审理的，报请上级人民法院审理。《环境公益诉讼解释》已对此作出明确规定：中级人民法院认为确有必要的，可以在报请高级人民法院批准后，裁定将本院管辖的第一审环境民事公益诉讼案件交由基层人民法院审理。之所以这样规定，主要是考虑到贵州省清镇市人民法院等有些开展公益诉讼较早的基层人民法院已经积累了一定审判经验，取得了较好的效果。但是，需要注意的是，中级人民法院在交由基层人民法院管辖时，必须履行一案一授权的报批程序，事先报请高级人民法院批准。

另外，虽然本条规定公益诉讼案件由中级人民法院审理，但这并不排斥各基层法院已经设立的环境法庭正常开展工作，其仍然可以依法受理环境民事私益诉讼案件以及环境污染行政、刑事案件等。

2. 关于环境民事公益诉讼案件跨行政区划集中管辖的问题

由于环境资源固有的整体性，其往往和行政区划人为的分割性存在着天然的冲突，一旦发生区域性、流域性的污染，提起环境公益诉讼程序，首先面临的是管辖权冲突的问题。《环境公益诉讼解释》贯彻十八届四中全会决定、中央司法改革和我院四五改革纲要精神，根据环境公益诉讼案件跨区域、跨流域的特点，规定经最高人民法院批准，高级人民法院可以根据本辖区环境和生态保护的实际情况，在辖区内确定部分中级人民法院受理第一审环境民事公益诉讼案件，并确定各中级法院的辖区。另外，关于最高人民法院直接对跨省、跨流域案件指定管辖问题，因法律对此未进行限制，不需专门规定，最高人民法院可以根据实际需要直接指定管辖法院。

——沈德咏主编、最高人民法院修改后民事诉讼法贯彻实施工作领导小组编著:《最高人民法院民事诉讼法司法解释理解与适用》,人民法院出版社2015年版,第758~759页。

805

民事公益诉讼的受理条件

关键词 | 公益诉讼 | 受理条件 |

【最高人民法院司法解释】

第二百八十四条 环境保护法、消费者权益保护法等法律规定的机关和有关组织对污染环境、侵害众多消费者合法权益等损害社会公共利益的行为,根据民事诉讼法第五十五条规定提起公益诉讼,符合下列条件的,人民法院应当受理:

(一)有明确的被告;

(二)有具体的诉讼请求;

(三)有社会公共利益受到损害的初步证据;

(四)属于人民法院受理民事诉讼的范围和受诉人民法院管辖。

——《最高人民法院关于适用〈中华人民共和国民事诉讼法〉的解释》(2015年1月30日,法释〔2015〕5号)

【链接:最高人民法院法官著述】

确定公益诉讼案件的受理条件,首先,要准确把握民事公益诉讼的定位。民事公益诉讼是司法行为,要与行政行为相区分。对属于行政管理职权范围内的事项,人民法院不宜受理,当事人可向有关机关申请解决。行政机关提起民事公益诉讼,人民法院要审查其是否已经用尽了法律法规规定的行政执法措施,如果行政机关还可以通过行使行政权力来制裁违法行为、维护社会公共利益,则人民法院不宜受理。其次,民事诉讼法规定的公益诉讼属于民事诉讼,要与行政诉讼相区分。当事人因行政机关不作为或对其处理决定不服等事宜提起的诉讼，系行政诉讼，人民法院不能作为民事诉讼受理。

为了防止当事人滥诉，人民法院审查受理民事公益诉讼时，除审查起诉人是否具备新民事诉讼法第一百一十九条第（二）至（四）项规定的条件外，还应当注意根据新民事诉讼法第一百二十一条关于起诉状的规定，要求起诉人提供初步证据证明环境污染或者侵害众多消费者合法权益等侵权行为及其对社会公共利益的危害性，并说明其诉讼请求的合理性。对不具备起诉条件的，应裁定不予受理。

——高民智：《贯彻实施新民事诉讼法（二）——关于民事公益诉讼的理解与适用》，载《人民法院报》2012 年 12 月 7 日。

806

民事公益诉讼与私益诉讼的关系

关键词｜公益诉讼｜私益诉讼｜

【最高人民法院司法解释】

第二百八十八条　人民法院受理公益诉讼案件，不影响同一侵权行为的受害人根据民事诉讼法第一百一十九条规定提起诉讼。

——《最高人民法院关于适用〈中华人民共和国民事诉讼法〉的解释》（2015 年 1 月 30 日，法释〔2015〕5 号）

【链接：最高人民法院法官著述】

1. 关于公益诉讼和私益诉讼并行时程序的处理问题

对于就同一侵权行为，法规写的主机关和有关组织提起公益诉讼，受害人提起公益诉讼，两个程序之间必须进行协调，不能分别各自进行，否则可能会出现同一行为作出不同判决的矛盾。实践中，可以考虑依当事人的申请而对两个案件能够先后处理。私益诉讼的原告以公益诉讼已经提起为由申请中止审理的，人民法院可以准许。公益诉讼的原告申请中止诉讼，人民法院可以先待私益诉讼审理完再恢复审理。另一个可以考虑的因素是，在先受理的案件的审理阶段，如果先诉已经开完庭，即将作出裁判的，原则上人民法院不宜再中止诉讼。

2.关于私益诉讼能否与公益诉讼合并审理问题

解释起草过程中，一直对在公益诉讼中能否合并对私益诉讼一并予以处理，同时实现公益和私益的保护问题，有很大的争议，最终没有规定。《环境公益诉讼解释》第十条第三款规定："公民、法人和其他组织以人身、财产受到损害为由申请参加诉讼的，告知其另行起诉。"排除了私益诉讼并入公益诉讼一并处理的可能。

——沈德咏主编、最高人民法院修改后民事诉讼法贯彻实施工作领导小组编著：《最高人民法院民事诉讼法司法解释理解与适用》，人民法院出版社2015年版，第766~767页。

807

民事公益诉讼的特别程序

关键词 | 公益诉讼 | 特别程序 |

【链接：最高人民法院法官著述】

（一）依法严格执行公益诉讼规定

目前在现有法律制度下，进行民事公益诉讼，应当注意三点：（1）公益诉讼的案件范围限于针对损害公共利益的案件；（2）公益诉讼的起诉主体必须是其他法律规定的机关或者有关组织；（3）在目前还没有其他公益诉讼特别规定的情况下，公益诉讼的程序，除法定起诉主体不受2012年《民事诉讼法》第119条第（1）项的限制外，均尽可能遵照《民事诉讼法》的一般规定（如关于管辖、受理、举证、保全、开庭审理乃至执行等规定）。

（二）探索建立一套民事公益诉讼的特别程序

公益诉讼具有其特殊性，完全执行一般民事诉讼的规定并不科学合理。立足我国公益诉讼的实际，探索一套特别程序，制定民事公益诉讼的具体实施性规定，是十分必要的。我们在前期调研公益诉讼过程中，对公益诉讼的特别程序做了初步梳理，这里权作为建设性意见简述如下：（1）（合理性受理标准）原告起诉，应当就所依据的事实充分举证，并说明其请求的合理性。(2)(集中管辖)公益诉讼由损害行为地人民法院管辖。损害行为在多个人民法院辖区的，有关人民法院都有管辖权；但后立案的人民法院应将案件移送先立案的人民法院。最高人民法院、高级人民法院可以指定下级人民法院集中管辖特定类型的公益诉讼案件。(3)(诉讼费用)公益诉讼的案件受理费，不需原告预交，在结案后由败诉的被告直接负担。原告败诉的，可以申请减交、免交案件受理费，但恶意起诉的除外。(4)(财产保全担保)原告申请财产保全，无需提供担保。(5)(处分原则的严格限制)对原告放弃诉讼请求、承认对方请求、和解、撤诉等诉讼行为进行严格限制。(6)(法院调查与审理范围)人民法院应当依职权调查收集证据，调查范围不限于当事人申请调查的范围。对双方当事人自认的事实、当事人不主张的事实，如果涉及公共利益的保护，人民法院应当主动审理，并可不受当事人诉讼请求的限制自由裁量。(7)(裁判效力)人民法院对公益诉讼作出的判决、裁定生效后，其他当事人在诉讼时效期间又以相同事实提起相同请求的，适用该判决、裁定。另一种意见认为，公益诉讼判决仅具有单向的既判力，即公益原告胜诉的，判决有既判力；否则，不具有既判力。(8)(裁判的主动执行)人民法院对公益诉讼作出的判决、裁定生效后，当事人拒绝履行的，由审判员移送执行员执行。当然，这些建设性的意见还比较粗糙，需要结合实践进一步论证完善。在民事公益诉讼的特别规定出台前，民事公益诉讼的程序仍应基本遵循民事诉讼的一般规定。

——最高人民法院民事诉讼法修改研究小组编著：《〈中华人民共和国民事诉讼法〉修改条文理解与适用》，人民法院出版社 2012 年版，第 95 ~96 页。

808

民事公益诉讼的调解

关键词 | 民事公益诉讼 | 调解 | 撤诉 |

【最高人民法院司法解释】

第二百八十九条 对公益诉讼案件，当事人可以和解，人民法院可以调解。

当事人达成和解或者调解协议后，人民法院应当将和解或者调解协议进行公告。公告期间不得少于三十日。

公告期满后，人民法院经审查，和解或者调解协议不违反社会公共利益的，应当出具调解书；和解或者调解协议违反社会公共利益的，不予出具调解书，继续对案件进行审理并依法作出裁判。

——《最高人民法院关于适用〈中华人民共和国民事诉讼法〉的解释》(2015 年 1 月 30 日，法释〔2015〕5 号)

【链接：最高人民法院法官著述】

关于公益诉讼的当事人达成和解协议或者调解协议后，申请撤诉的，人民法院是否准许问题。

依照民事诉讼法第一百四十五条规定，判决宣告前，原告申请撤诉的，是否准许，由人民法院裁定。普通案件，当事人申请撤诉的，一般人民法院会予以准许。特别是当事人达成和解协议或者调解协议的，通过撤诉结案的比例还是非常高的。但对于公益诉讼案件当事人达成调解协议或者和解协议后能否撤诉的问题，司法解释起草过程中曾有争议。环境民事公益诉讼司法解释草案中曾明确规定，于此情形下，当事人申请撤诉的，人民法院可以准许。但经研究，认为因和解或者调解达成协议后申请撤回公益诉讼，人民法院不宜准许。主要理由是：公益诉讼是为了保护社会公共利益，原告与该社会公共利益之间并无利害关系，一旦和解或者达成调解协议后撤诉的，则社会公共利益的实现将处于诉讼程序之外，即使不了了之，人民法院也没有程序可以予以纠正。私益诉讼则不会存在这个问题，当事人可以自由处分其权利，能否实现，人民法院不需要干预。另外，按照本解释第二百九十一条规定，一旦作出生效判决，其他提起公益诉讼机关或者有关组织再行起诉的，人民法院不再受理，那么社会公共利益因此前诉撤销可能得不到任何保护。当然如果将撤销处理作为重复起诉的例外情况，允许其他再行起诉，仍然有重复诉讼、浪费司法资源的弊端。因此，《环境公益诉讼解释》删除了准许因和解或者调解达成协议准许撤销的规定。

——沈德咏主编、最高人民法院修改后民事诉讼法贯彻实施工作领导小组编著：《最高人民法院民事诉讼法司法解释理解与适用》，人民法院出版社 2015 年版，第 770 页。

809

民事公益诉讼的诉讼费用

关键词 | 民事公益诉讼 | 诉讼费用 |

【链接：最高人民法院法官著述】

有观点认为人民法院应当准许民事公益诉讼的原告免交案件受理费、保全申请费等诉讼费用，以鼓励人民维护公共利益；也有观点认为民事公益诉讼的原告仍需预交诉讼费用，以防止滥诉。诉讼费用的交纳（包括缓减免）是由国务院统一规定的，目前执行国务院于 2006 年 12 月 19 日发布的《诉讼费用交纳办法》。关于民事公益诉讼的诉讼费用的交纳，需要进一步研究，由国家行政主管部门决定是否作出特别规定。在国家没有出台特别规定之前，民事公益诉讼的诉讼费用仍应统一执行国务院《诉讼费用交纳办法》等一般规定。

——高民智：《贯彻实施新民事诉讼法（二）——关于民事公益诉讼的理解与适用》，载《人民法院报》2012 年 12 月 7 日。

810

公益诉讼裁判效力

关键词 | 公益诉讼 | 诉讼代表人 | 裁判效力 |

【最高人民法院司法解释】

第二百九十一条 公益诉讼案件的裁判发生法律效力后，其他依法具有原告资格的机关和有关组织就同一侵权行为另行提起公益诉讼的，人民法院裁定不予受理，但法律、司法解释另有规定的除外。

——《最高人民法院关于适用〈中华人民共和国民事诉讼法〉的解释》（2015 年 1 月 30 日，法释〔2015〕5 号）

【链接：最高人民法院法官著述】

一是前诉确认的事实,后诉无须再举证的效力。本解释第九十三条对此有明确的规定。

二是前诉生效判决对后诉讼当事人片面扩张适用的效力。原则上公益诉讼裁判不具有扩张效力,不能直接适用到其他案件,包括受害人的损害赔偿诉讼。为了加强对消费者权益的保护,各国多承认消费者援引公益诉讼裁判支持自己请求的做法,事实上承认了公益诉讼裁判的效力的片面扩张。同时,对被告援引公益诉讼裁判反驳消费者损害赔偿请求,不予准许。从其效果上看,有利于受害人的权益保护,有利于对违法行为的制裁。民事诉讼法对不特定多数人代表诉讼的生效裁判也规定了其对代表人诉讼未登记的当事人后提起的诉讼,直接适用代表人诉讼生效裁判的规定。基于上述两点,《环境公益诉讼解释》对公益诉讼生效裁判规定了片面扩张适用的效力。如此规定并不会对被告造成不公平。因为前述案件,被告已经参加并依法行使了相应的诉讼权利,前述案件对于事实的认定和裁判是被告充分进行了辩论的,所以,受害人援引生效的裁判支持其损害赔偿请求显然没有损害被告权益。相反,由于受害人未参加前诉案件的审理,未对被告的主张及证据进行相应的攻击和防御,因此,把受害人未参与的情形下得出的前诉判断作为证据提交后诉,对受害人已经构成显著的不利,这对受害人的诉讼程序保障有所欠缺。该规定可以适用到全部公益诉讼案件。

——沈德咏主编、最高人民法院修改后民事诉讼法贯彻实施工作领导小组编著:《最高人民法院民事诉讼法司法解释理解与适用》,人民法院出版社2015年版,第773～774页。

811

消费者公益诉讼

关键词 | 食品药品纠纷 | 消费者协会 | 公益诉讼 |

【最高人民法院司法解释】

第十七条 消费者协会依法提起公益诉讼的,参照适用本规定。

——《最高人民法院关于审理食品药品纠纷案件适用法律若干问题的规定》(2013年12月23日,法释〔2013〕28号)

【链接：最高人民法院法官著述】

1.在起诉受理阶段,消费者公益诉讼案件中,由于其牵涉面较大且涉及众多复杂专业知识与技能,原告即便履行其较轻的举证责任也需花费极为昂贵的诉讼成本,往往为一般组织与个人难以承受。如果仅因诉讼费用就拒原告于法院大门之外,这无异于迫使民众放弃对消费者公众利益的保护请求。所以,应适当减轻消费者协会提起消费者公益诉讼所需费用,认真对待消费者协会对于诉讼费的缓、减、免的要求。

2.在审判阶段,由于公益诉讼的目的是为了维护国家利益和社会公众利益,因此,当事人自由处分权将受到较多限制。例如:公益诉讼的原告如果要求撤诉,除因证据不足,被告承认错误并接受处罚外,凡事实清楚,证据确凿,被告明显违反法律,侵害国家利益,扰乱社会秩序的案件一般不允许撤诉。又如,原、被告间的自行和解应当允许,但要符合法律规定的条件。

3.在执行阶段,公益诉讼的裁判发生法律效力后,同刑事诉讼一样,人民法院直接交付执行机关执行。同民事裁判明显不同的是,民事裁判发生法律效力后,当事人愿意自动履行的,不需要由人民法院直接执行。只有义务人拒不履行义务,权利人才可申请人民法院强制执行。

——最高人民法院民事审判第一庭编著:《最高人民法院关于食品药品纠纷司法解释理解与适用》,人民法院出版社2014年版,第245~246页。

812

检察机关以保护国有资产等为由提起民事诉讼不予受理

关键词｜检察机关｜保护国有资产｜不予受理｜

【链接：最高人民法院法官著述】

案例:张某在承包该市农资公司加油站期间,获取期初存货已征税金和留抵税金的资料两套。张某调任市石油公司经理期间，该市石油公司租赁了农资公司加油站。此后，张某将两套抵扣税资料交石油公司，从石油公司账上获取资金13万元。后经调查，原经税务机关核定的两套抵扣税资料实际不能实现抵扣，故张某应返还已被其占有的国有资产13万元。此款经人民检察院多次催促，市石油公司不主张权利，故迟迟不能追回。市人民检察院遂以返还国有资产为由提起民事诉讼。

结论：检察机关以保护国有资产和公共利益为由，以原告身份代表国家提起民事诉讼，没有法律依据，不应受理；如已受理，应当驳回起诉。

理由：

1. 检察机关为保护国有资产和公共利益，以原告身份提起民事诉讼，目前缺少法律依据，也超出了《人民检察院组织法》规定的检察机关的职责，与我国宪法确立的检察机关是法律监督机关的原则不符。如果赋予检察机关代为起诉的职权，同时，该机关又具有法律监督的职能，将导致民事诉讼中当事人诉讼地位和诉讼权利的不平等，违反民事诉讼的基本原则，造成民事诉讼秩序混乱。

2.《民事诉讼法》第十五条规定："机关、社会团体、企业事业单位对损害国家、集体或者个人民事权益的行为，可以支持受损害的单位或者个人向人民法院起诉。"这虽是检察机关支持民事起诉的法律依据，但这里的"支持起诉"应理解为仅指检察机关向人民法院申明支持态度，或向受害单位、个人提供必要帮助，而不应扩大理解为支持起诉与提起诉讼两种方式。因为，从字义解释，"支持起诉"为支持他人起诉，"提起诉讼"为本人向法院起诉。

3. 按照《民事诉讼法》第一百零八条规定，提起诉讼的"原告是与本案有直接利害关系的公民、法人和其他组织"。本案可能存在张某侵占公有资产，有关单位怠于行使权力而使国家利益受到损害的情况。但与案件有直接利害关系的应是国家，而非某一具体的公民、法人或者组织，亦非某市人民检察院。因此，其并非适格的原告。除非法律规定，此情况下，国家即检察机关，检察机关即国家；或者检察机关可代表国家提起民事诉讼。

4. 为保持司法统一，人民法院必须严格依法受理案件，以免引起司法秩序混乱。近年来，地方人民法院受理、审理检察机关为原告的"民事案件"屡见报端。法院受理这类案件的动机应当是好的，据反映，社会效果也是好的。但重要的一点是有无法律依据，这是关系法律统一实施的重大原则问题。

——姜启波、王胜全、李伟、刘小飞：《新型疑难民商事案件受理问题（上）》，载苏泽林主编、最高人民法院立案庭编：《立案工作指导》（总第12辑），人民法院出版社2006年版，第65~66页。

813

天然渔业资源遭受侵害时渔政处可作为侵权诉讼的原告

关键词 | 渔政处 | 侵权诉讼 | 原告 |

【最高人民法院审判业务意见】

根据《物权法》第45、46条和《渔业法》第6条的规定，天然渔业资源属于国家所有，县级以上地方人民政府渔业行政主管部门是渔业资源所有权具体的行使者和管理者。在渔业资源因环境污染等侵权行为遭受损害后，县级以上地方人民政府渔业行政主管部门以自己的名义提起民事诉讼，符合《民事诉讼法》第108条的规定，人民法院应当依法予以受理。

——姜强：《天然渔业资源遭受侵害时渔政处可否作为侵权诉讼的原告》，载最高人民法院民事审判第一庭编：《民事审判指导与参考》（总第38集），法律出版社2009年版，第193页。

814

侵权行为导致身份不明的受害人死亡，民政部门无权提起民事诉讼

关键词 | 身份不明 | 侵权赔偿 | 民政部门 | 诉权 |

【最高人民法院司法政策】

鉴于侵权责任法只明确规定被侵权人死亡，其近亲属有权请求侵权人承担侵权责任，没有赋予有关机关或者单位提起请求的权利，故侵权行为造成身份不明人死亡时，如果没有赔偿权利人或者赔偿权利人不明，有关机关或者单位提起民事诉讼主张死亡赔偿金的，应不予受理；已经受理的，应驳回起诉。

——《最高人民法院全国民事审判工作会议纪要》（2011年10月9日，法办〔2011〕442号）

【最高人民法院审判业务意见】

因侵权行为导致流浪乞讨人员等身份不明人员死亡,无赔偿权利人或者赔偿权利人不明,在法律未明确授权的情况下,民政部门等行政部门或机构向人民法院提起民事诉讼的,人民法院不予受理;已经受理的,驳回起诉。

——姜强:《侵权行为导致身份不明的受害人死亡,民政部门等行政部门或其他机构是否有权提起民事诉讼》,载最高人民法院民事审判第一庭编:《民事审判指导与参考》(总第46集),人民法院出版社2011年版,第118页。

【《最高人民法院公报》案例】

高淳县民政局诉王昌胜、吕芳、天安保险江苏分公司交通事故人身损害赔偿纠纷案(南京市中级人民法院二审民事裁定书)

裁判要旨:高淳县民政局不是本案适格诉讼主体,无权就被害无名男子的死亡向王昌胜、吕芳、天安保险江苏分公司主张交通事故人身损害赔偿。第一,人身损害赔偿案件中,受害人死亡的,赔偿权利人是依法由死亡受害人承担扶养义务的被扶养人以及死亡受害人的近亲属。高淳县民政局显然不属于该司法解释规定的“赔偿权利人”。第二,民政部门及救助站对城市生活无着的流浪乞讨人员实施的救助,是一种临时性的救助措施,救助的内容是暂时帮助流浪乞讨人员解决基本生活需要,其工作职责并不包括代表或代替上述人员提起民事诉讼。第三,尚不能排除赔偿权利人客观存在的可能。赔偿权利人在知悉本案有关情况后,依法仍然可以要求赔偿义务人承担民事赔偿责任,王昌胜、吕芳、天安保险江苏分公司依法应当承担的民事赔偿责任并未彻底免除。

南京市中级人民法院认为:

上诉人高淳县民政局不是本案适格诉讼主体,无权就本案被害无名男子的死亡向被上诉人王昌胜、吕芳、天安保险江苏分公司主张交通事故人身损害赔偿。

第一,《中华人民共和国民事诉讼法》(以下简称民事诉讼法)第一百零八条规定:“起诉必须符合下列条件:(一)原告是与本案有直接利害关系的公民、法人和其他组织……”这里规定的“与本案有直接利害关系”,即指民事权利义务关系。高淳县民政局是否与本案存在民事权利义务关系,必须根据法律规定加以确定。首先,根据《最高人民法院关于审理人身损害赔偿案件适用法律若干问题的解释》的规定,受害人死亡的,赔偿义务人应当赔偿丧葬费、死亡赔偿金等。该司法解释同时规定,赔偿权利人“是指因侵权行为或者其他致害原因直接遭受人身损害的受害人、依法由受害人承担扶养义务的被扶养人以及死亡受害人的近亲属”。据此,人身损害赔偿案件中,受害人死亡的,赔偿权利人是依法由死亡受害人承担扶养义务的被扶养人以及死亡受害人的近亲属。高淳县民政局显然不属于该司法解释规定的“赔偿权利人”,不具备就本案被害无名男子的死亡要求被上诉人王昌胜、吕芳、天安保险江苏分公司向其承担人身损害赔偿责任的主体资格。其次,高淳县民政局在一、二审期间均未能提供其支付了本案被害无名男子丧葬善后费用的证据,不能认定高淳县民政局与被上诉人王昌胜、吕芳、天安保险江苏分公司之间存在民事权利义务关系。因此,高淳县民政局与本案不存在直接利害关系,其起诉不符合民事诉讼法第一百零八条第(一)项的规定。

第二,根据《城市生活无着的流浪乞讨人员救助管理办法》第二条、第四条第一款、第六条第二款、第七条的规定,县级以上城市人民政府应当根据需要设立流浪乞讨人员救助站。救助站对流浪乞讨人员的救助是一项临时性社会救助措施。县级以上人民政府民政部门负责流浪乞讨人员的救助工作,并对救助站进行指导、监督。救助站对属于救助对象的求助人员,应当及时提供救助,不得拒绝。救助站应当根据受助人员的需要提供下列救助:(一)提供符合食品卫生要求的食物;(二)提供符合基本条件的住处;(三)对在站内突发急病的,及时送医院救治;(四)帮助与其亲属或者所在单位联系;(五)对没有交通费返回其住所地或者所在单位的,提供乘车凭证。从上述规定可以看出,民政部门及救助站对城市生活无着的流浪乞讨人员实施的救助,是一种临时性的救助措施,救助的内容是暂时帮助流浪乞讨人员解决基本生活需要,其工作职责并不包括代表或代替上述人员提起民事诉讼。上诉人高淳县民政局认为其依法负有的救助职责中包括代替社会流浪乞讨人员提起民事诉讼的上诉理由,没有法律依据。民事诉讼形成于平等民事主体之间,高淳县民政局作为行政机关,在没有法律授权的情况下介入民事诉讼,有悖于我国法律基本原则。

第三,根据《最高人民法院关于审理人身损害赔偿案件适用法律若干问题的解释》的规定,本案的赔偿权利人应当是依法由被害无名男子承担扶养义务的被扶养人以及该无名男子的近亲属。本案中,虽然经公安部门在报纸上刊发启事后直至本案一、二审期间,被害无名男子的赔偿权利人尚未出现,但尚不能排除赔偿权利人客观存在的可能。赔偿权利人在知悉本案有关情况后,依法仍然可以要求赔偿义务人承担民事赔偿责任,被上诉人王昌胜、吕芳、天安保险江苏分公司依法应当承担的民事赔偿责任并未彻底免除。

——《最高人民法院公报》2007 年第 6 期

815

税务机关不宜成为确认合同无效之诉的适格原告

关键词 | 税务机关 | 确认合同无效 | 适格原告 |

【最高人民法院答复】

广西壮族自治区高级人民法院:

你院〔2008〕桂民二终字第 121 号《关于广西金秀瑶族自治县国家税务局与广西金秀炉料经营部、周雪清、广西金秀宏军矿业有限公司、广西八一铁合金(集团)有限责任公司确认债权转让合同无效纠纷一案有关问题的请示》收悉。经研究,答复如下:

民事诉讼是国家为解决平等民事主体之间的纠纷而设定的法定程序。广西金秀瑶族自治县国家税务局与广西金秀炉料经营部之间因行政处罚所产生的债权债务关系并不是平等民事主体之间的纠纷。广西金秀瑶族自治县国家税务局参与民事诉讼仅应以《税收征收管理法》第五十条规定的情形为限。故同意你院审委会第一种意见。

——《最高人民法院关于广西金秀瑶族自治县国家税务局与广西金秀炉料经营部、周雪清、广西金秀宏军矿业有限公司、广西八一铁合金(集团)有限责任公司确认债权转让合同无效纠纷一案有关问题的答复》(2009 年 9 月 27 日,〔2009〕民二他字第 12 号)

编者说明

《税收征收管理法》第 50 条规定了税务机关可以依照《合同法》第 73 条、74 条的规定行使代位权、撤销权,但对于税收征收过程中发生的纠纷,税务机关能否以原告身份提起确认无效之诉，通过民事诉讼程序向欠税人追收税款问题，并无明确规定。而该问题又是此类案件能否进入民事诉讼程序的前提和基础。鉴于该问题具有一定的典型性，最高人民法院认为因税收征收而产生的债权债务关系并不是平等民事主体之间的纠纷。税务机关对此债权债务关系通过民事诉讼加以解决的，仅应以《税收征收管理法》第 50 条规定的情形为限，税务征收机关不宜成为确认合同无效之诉的适格原告。

第十三章 | CHAPTER 13

第三人撤销之诉

816

第三人撤销之诉的立法目的

关键词 | 第三人撤销之诉 |

【最高人民法院司法政策】

设立第三人撤销之诉制度,立法目的主要是防止当事人通过恶意诉讼等手段侵害他人合法权益。第三人撤销之诉作为一种非常救济制度,主要以撤销错误的生效裁判为目的。既要充分认识设立第三人撤销之诉制度对于保护案外人第三人权益的积极意义,更要高度重视这项新设制度对法院生效裁判稳定性带来的重大影响,慎重把握第三人撤销之诉的适用条件和审理程序。

——贺荣:《在全国法院贯彻实施民事诉讼法修改决定座谈会上的总结讲话》(2012 年 9 月 19 日),载江必新主编、最高人民法院研究室编:《司法研究与指导》(总第 3 辑),人民法院出版社 2013 年版,第 47 页。

【链接:最高人民法院法官著述】

近年来,在我国民事诉讼的司法实践中,当事人通过恶意诉讼、虚假诉讼等手段,侵害他人合法权益的情况时有发生。在调解案件中,一些当事人利用调解进行诉讼欺诈,损害案外人的现象尤其突出。根据修改前民事诉讼法的规定,对受到侵害的案外人的合法权益实行救济,主要是依靠《民事诉讼法》第二百零四条以及最高人民法院《审判监督解释》第五条、第四十二条规定的执行异议制度以及案外人申请再审制度。为了更加有力地打击虚假诉讼,保护案外人合法权益,新民事诉讼法在第十三条中增加诚实信用原则,在第一百一十二条中规定对违反诚实信用原则、恶意串通的当事人予以民事制裁,实际打击的范围已不限于修改前《民事诉讼法》第二百零四条以及《审监程序司法解释》所指向的物权受损。与此同时,为权利受到侵害的案外人提供救济途径,新民事诉讼法在第五十六条第三款中增加规定:“前两款规定的第三人,因不能归责于本人的事由未参加诉讼,但有证据证明发生法律效力的判决、裁定、调解书的部分或者全部内容错误,损害其民事权益的,可以自知道或者应当知道其民事权益受到损害之日起六个月内,向作出该判决、裁定、调解书的人民法院提起诉讼。人民法院经审理,诉讼请求成立的，应当改变或者撤销原判决、裁定、调解书；诉讼请求不成立的，驳回诉讼请求。”据此，该制度对于打击虚假诉讼，为案外人提供权利救济，推进民事诉讼的诚实信用原则具有重要意义。

对于案外人权利救济问题，在起草立法条文时，立法机关曾有案外人申请再审、案外人另诉、案外人撤销之诉三种方案备选，最终选择了撤销之诉制度。撤销之诉作为一种非常救济制度，其主要立法目的旨在遏制侵害案外人利益的虚假诉讼行为，并以撤销之诉取代案外人申请再审制度，对未能参加诉讼获得程序保障的案外人，在判决、裁定、调解书的效力可能影响其权利时提供的一种救济渠道。司法实践中，考虑到生效法律文书一般不宜轻易更改以及法律的稳定性，我们必须要高度重视该新设制度对生效裁判稳定性可能带来的冲击和重大影响，慎重把握撤销之诉的适用条件和审理程序。

——高民智：《贯彻实施新民事诉讼法（六）——关于案外人撤销之诉制度的理解与适用》，载《人民法院报》2012 年 12 月 11 日。

编者说明

2012 年《民事诉讼法》第 56 条是关于第三人和第三人撤销之诉的规定。第三人撤销之诉为此次《民事诉讼法》修改新增加的内容。最高人民法院在 2012 年《民事诉讼法》修改过程中，曾建议参照我国台湾地区“民事诉讼法”的做法，将该规定移至审判监督程序，作为最后一条，并增加可以参照再审程序规定。但立法机关没有采纳，坚持规定第三人撤销之诉，并坚持放在《民事诉讼法》第 56 条，作为第 3 款。该条规定在民事诉讼法体系中的当事人部分，从形式上看第三人撤销之诉是全新的独立诉讼制度，与公益诉讼有异曲同工之妙，但就其内容来看，以生效裁判错误作为实体条件，与再审的条件一致，因此，从实质上看第三人撤销之诉是再审并列的纠错程序。《2015 年解释》将第三人撤销之诉规定在第一审程序后面，作为单独一节，未特别规定的，适用普通程序的规定。但在具体程序设定上，充分考虑了第三人撤销之诉与审判监督程序之间的共性，确立了审判监督程序优先适用的原则，凡是能够通过审判监督程序解决的，原则上按照审判监督程序走，不能按照审判监督程序走的，适用第三人撤销之诉程序，第三人撤销之诉程序作为最后的司法救济程序。

817

法院未通知第三人参加诉讼不能作为有独立请求权的第三人未参加诉讼无过错的事由

关键词｜第三人撤销之诉｜参加诉讼｜

【链接：最高人民法院法官著述】

从实践情况来看,人民法院未通知第三人参加诉讼,是第三人最为经常提出的其未参加诉讼没有过错的事由。但由人民法院通知第三人参加诉讼,只适用无独立请求权的第三人,不适用于有独立请求权的第三人参加诉讼情形,有独立请求权的第三人以此为证明其无过错,不能成立。无独立请求权的第三人参加诉讼,可以由人民法院通知其参加诉讼,也可以申请参加诉讼,仅以人民法院未通知其参加诉讼为由即认定其无过错也不妥当。通常情况下,无独立请求权的第三人在人民法院未通知其参加诉讼时,可以作为其无过错的初步标准,同时,还要看无独立请求权的第三人对诉讼的了解情况以及其参加诉讼的必要性。如果能够证明无独立请求权的第三人对诉讼非常清楚,对诉讼结果与其利害关系能够作出判断,其未参加诉讼的,应当视为其有明显过错。

——沈德咏主编、最高人民法院修改后民事诉讼法贯彻实施工作领导小组编著:《最高人民法院民事诉讼法司法解释理解与适用》,人民法院出版社 2015 年版,第 792 页。

818

第三人撤销之诉的诉讼主体称谓

关键词｜第三人撤销之诉｜诉讼主体｜

【最高人民法院司法解释】

第二百九十八条　第三人提起撤销之诉,人民法院应当将该第三人列为原告,生效判决、裁定、调解书的当事人列为被告,但生效判决、裁定、调解书中没有承担责任的无独立请求权的第三人列为第三人。

——《最高人民法院关于适用〈中华人民共和国民事诉讼法〉的解释》(2015 年 1 月 30 日,法释〔2015〕5 号)

【最高人民法院司法政策】

在当事人问题上,要把原诉讼当事人列为案件的被告。

——贺荣:《在全国法院贯彻实施民事诉讼法修改决定座谈会上的总结讲话》(2012 年 9 月 19 日),载江必新主编、最高人民法院研究室编:《司法研究与指导》(总第 3 辑),人民法院出版社 2013 年版,第 47 页。

【链接:最高人民法院法官著述】

一些学者主张,由于撤销之诉是新诉,故应将撤销之诉的提出人称为原告,以原诉原、被告为被告。我们认为,如称为原告、被告,遇到的问题是应否对新诉的双方当事人赋予上诉权,如果不服上诉的是否可以申请再审。从这一角度推导出去,撤销之诉将被运用得非常复杂。因此,应当将撤销之诉回归其原本之意,让撤销之诉主要行撤销之实,至于撤销相关判项之后仍有争议问题的,可通过其他方式救济和补充。撤销之诉是对生效裁判提起的新诉,与审判监督程序中的申请再审制度有类似之处,两者均是请求对原生效裁判错误的纠正。从我国台湾地区"民事诉讼法"的经验看,对该项制度未作规定的可以准用再审程序的一些规定处理。两者的区别在于,再审之诉目的在于申请人请求得到支持时须调整原审当事人之间的权利和义务,撤销之诉目的在于申请人请求得到支持时须撤销原判中损害案外人合法权益的判项。因此,我们建议在案外人提出撤销之诉时,将诉讼主体称为撤销申请人与被申请人,在诉讼文书中予以列明。

——高民智:《贯彻实施新民事诉讼法(六)——关于案外人撤销之诉制度的理解与适用》,载《人民法院报》2012 年 12 月 11 日。

819

第三人撤销之诉的立案受理条件

关键词｜第三人撤销之诉｜受理条件｜

【最高人民法院司法解释】

第二百九十二条 第三人对已经发生法律效力的判决、裁定、调解书提起撤销之诉的，应当自知道或者应当知道其民事权益受到损害之日起六个月内，向作出生效判决、裁定、调解书的人民法院提出，并应当提供存在下列情形的证据材料：

（一）因不能归责于本人的事由未参加诉讼；

（二）发生法律效力的判决、裁定、调解书的全部或者部分内容错误；

（三）发生法律效力的判决、裁定、调解书内容错误损害其民事权益。

第二百九十七条 对下列情形提起第三人撤销之诉的，人民法院不予受理：

（一）适用特别程序、督促程序、公示催告程序、破产程序等非讼程序处理的案件；

（二）婚姻无效、撤销或者解除婚姻关系等判决、裁定、调解书中涉及身份关系的内容；

（三）民事诉讼法第五十四条规定的未参加登记的权利人对代表人诉讼案件的生效裁判；

（四）民事诉讼法第五十五条规定的损害社会公共利益行为的受害人对公益诉讼案件的生效裁判。

——《最高人民法院关于适用〈中华人民共和国民事诉讼法〉的解释》（2015年1月30日，法释〔2015〕5号）

【最高人民法院司法政策】

从严把握立案标准。第三人撤销之诉是依据事实提起的新诉，法院应当依法受理，但在立案时要相对严格地审查，特别在起诉主体的资格、提供的证据材料等方面要严格把握，如应当提交证明生效判决、裁定或调解书的内容部分或全部错误的证据，损害其合法民事权益的证据，非因本人原因未参加原诉讼的理由和证据等，在这些问题上，应不同于普通案件的一般性形式审查，要适度进行实质审查。

——贺荣：《在全国法院贯彻实施民事诉讼法修改决定座谈会上的总结讲话》（2012年9月19日），载江必新主编、最高人民法院研究室编：《司法研究与指导》（总第3辑），人民法院出版社2013年版，第47页。

【链接：最高人民法院法官著述】

案外人依据新的事实提起撤销之诉，人民法院应当依法受理。但为了避免对原生效裁判的不当冲击，较之一般新诉的立案受理，应相对严格地予以审查。我们认为，至少应当包括以下几个条件：

第一，提出主体。包括两类：一是因不归责于本人的事由未参加原审诉讼，有证据证明原审当事人之间恶意串通、进行虚假诉讼，损害其合法权益的。也就是说，该主体需有证明上述内容的证据。二是有证据证明其应当参加原审诉讼，因不归责于本人的事由未参加，原审裁判损害其合法权益，且无法直接通过另诉方式解决争议的。遗漏的必要共同诉讼人应当成为撤销之诉的提出主体，这类案外人起诉时应当提交共有关系的证据。

第二，提出事由。主要是案外人认为原审裁判的部分或全部内容损害其合法权益的，该裁判对案外人实现合法权益形成障碍，案外人对此有不可分割的利益，且无法通过另诉方式解决。

第三，提出期限。民事诉讼法第五十六条第三款规定，案外人可以自知道或者应当知道其民事权益受到生效裁判侵害之日起六个月内提出。这里，“知道或者应当知道”的时间起算点，需案外人提交证据加以证明。

第四，撤销诉讼的具体请求。这是案外人提交给人民法院、明确其起诉所要解决的问题，即请求撤销哪些内容或判项，以使自己的合法权益不受生效裁判侵害。

第五，管辖法院。新民事诉讼法第五十六条第三款规定，案外人应当向作出该生效判决、裁定、调解书的人民法院提起诉讼。也就是说，向该案的终审法院提起诉讼。一审后裁判生效的，向一审法院提起；二审后裁判生效的，向二审法院提起。

此外，在对此类案件立案审查时，还应将上述条件与新民事诉讼法第一百一十九条规定的立案条件结合起来。至于以什么案号立案，立案后由法院内部哪个庭实质审查,是具体操作中的问题,有待进一步明确。

五、诉讼费用收取以及相关制裁措施

案外人提出撤销之诉属于新诉。既然是新诉,根据《诉讼费用交纳办法》第二条的规定,应当缴纳相关诉讼费用。但是,该《办法》尚未根据新民事诉讼法的修改而作相应修改,因此,具体交纳诉讼费用可根据一般规定计算。有观点认为,撤销申请人应当根据原生效裁判的诉讼费用标准交纳。我们认为,根据诉讼费用交纳办法的一般规定,应当根据案外人提出的撤销请求范围涉及的金额或价款为基数计算缴纳数额,具体而言,可比照该《办法》第十三条的规定办理。另外,为了防止案外人滥用权利以及避免撤销之诉形成新的虚假诉讼,需要明确的是,在撤销申请人的主张未得到法院支持的情况下,撤销申请人应当承担诉讼费用。在此情况下,被申请人还有要求撤销申请人赔偿损失的权利,可就不当提出撤销之诉的案外人提起侵权责任之诉。

——高民智:《贯彻实施新民事诉讼法(六)——关于案外人撤销之诉制度的理解与适用》,载《人民法院报》2012 年 12 月 11 日。

820

参与过案件审判工作的审判人员，不得再参与针对该案的第三人撤销之诉案件的审判

关键词 | 第三人撤销之诉 | 审判人员 |

【最高人民法院司法解释】

第三条 凡在一个审判程序中参与过本案审判工作的审判人员,不得再参与该案其他程序的审判。但是,经过第二审程序发回重审的案件,在一审法院作出裁判后又进入第二审程序的,原第二审程序中合议庭组成人员不受本条规定的限制。

——《最高人民法院关于审判人员在诉讼活动中执行回避制度若干问题的规定》(2011 年 6 月 10 日,法释〔2011〕12 号)

【最高人民法院审判业务意见】

基于第三人撤销之诉产生的案件,应当理解为《最高人民法院关于审判人员在诉讼活动中执行回避制度若干问题的规定》第三条规定所规定的“本案”,第三人撤销之诉应认定为该条司法解释所称的“该案其他审判程序”。参与过案件审判工作的审判人员,应当严格执行司法解释确定的审判人员回避制度,不得再参与针对该案的第三人撤销之诉案件的审判。

——最高人民法院民一庭:《参与过案件审判工作的审判人员,不得再参与针对该案的第三人撤销之诉案件的审判》,载杜万华主编、最高人民法院民事审判第一庭编:《民事审判指导与参考》(总第 64 辑),人民法院出版社 2016 年版,第 153 页。

821

第三人撤销之诉的撤销对象

关键词｜第三人撤销之诉｜撤销对象｜

【最高人民法院司法解释】

第二百九十六条　民事诉讼法第五十六条第三款规定的判决、裁定、调解书的部分或者全部内容,是指判决、裁定的主文,调解书中处理当事人民事权利义务的结果。

——《最高人民法院关于适用〈中华人民共和国民事诉讼法〉的解释》(2015 年 1 月 30 日,法释〔2015〕5 号)

【链接:最高人民法院法官著述】

1. 可撤销判决主文内容问题

(1)并非判决主文的所有内容都可以成为第三人撤销之诉撤销的对象。判决主文包括两部分:一是判决结果内容;二是诉讼费用负担内容。前者成为判决确定当事人民事权利义务的内容,具有实体法上的确定性,可以成为第三人撤销之诉的对象无疑问。而后者,虽然属于当事人应当承担之民事义务内容,但诉讼费用仅为程序上发生之事项,仅在当事人之间有法律效力,不会对案外人的利益产生影响,因此,不宜作为第三人撤销之诉的撤销对象。

(2)并非所有类型的判决都可以作为第三人撤销之诉的撤销对象。确认判决和给付判决具有实体法上的确定性,判决结果产生既判力,因此,可以作为第三人撤销之诉的对象。形成判决其目的在于变更某一法律关系,此种判决不具有既判力,因此,不宜作为第三人撤销之诉的撤销对象。

2. 关于裁定能否作为第三人撤销之诉的对象问题

从我国第三人撤销之诉救济第三人实体权益的立法目的和司法实务来看,裁定不宜作为撤销之诉的对象。

——沈德咏主编、最高人民法院修改后民事诉讼法贯彻实施工作领导小组编著:《最高人民法院民事诉讼法司法解释理解与适用》,人民法院出版社 2015 年版,第 794 ~ 795 页。

822

第三人撤销之诉的裁判

关键词｜第三人撤销之诉｜

【最高人民法院司法解释】

第三百条 对第三人撤销或者部分撤销发生法律效力的判决、裁定、调解书内容的请求,人民法院经审理,按下列情形分别处理:

(一)请求成立且确认其民事权利的主张全部或部分成立的,改变原判决、裁定、调解书内容的错误部分;

(二)请求成立,但确认其全部或部分民事权利的主张不成立,或者未提出确认其民事权利请求的,撤销原判决、裁定、调解书内容的错误部分;

(三)请求不成立的,驳回诉讼请求。

对前款规定裁判不服的,当事人可以上诉。

原判决、裁定、调解书的内容未改变或者未撤销的部分继续有效。

——《最高人民法院关于适用〈中华人民共和国民事诉讼法〉的解释》(2015 年 1 月 30 日，法释〔2015〕5 号)

【链接：最高人民法院法官著述】

原诉讼当事人对被撤销或者改变的内容是否可以另行提起诉讼问题。从本解释第三款规定来看，未撤销或者未改变的内容对原当事人继续有效，撤销或者改变的内容失去效力。如此就会带来一个问题：如果原诉当事人对被撤销或者改变的内容仍有民事争议，如何予以救济？是否允许另行提起诉讼？《审监解释》第 42 条规定，因案外人申请再审，人民法院“撤销原判决相关判项的，应当告知案外人以及再审当事人可以提起新的诉讼解决相关争议”。该规定是在民事诉讼法规定第三人撤销之诉之前作出的，其适用条件与第三人撤销之诉基本相同。我们认为，对于第三人撤销之诉判决撤销的部分，如果因撤销判决而使其失去效力，当事人之间就该部分内容涉及的民事权利义务，符合民事诉讼法第 119 条规定条件的，可以另行提起诉讼解决，不受一事不再诉原则的限制。如果不符合民事起诉条件的，如原诉当事人恶意损害第三人合法权益的，原本即不存在可诉之利益，自无从再另行起诉。对于第三人撤销之诉判决改变的内容，对第三人与原诉讼当事人具有法律上的效力，仅于原诉当事人之间也无法再行起诉。

——杜万华主编、《最高人民法院民事诉讼法司法解释实务指南》编写小组编著：《最高人民法院民事诉讼法司法解释实务指南》，中国法制出版社 2015 年版，第 513～514 页。

823

第三人撤销之诉与案外人执行异议的关系

关键词 | 第三人撤销之诉 | 案外人 | 申请再审 | 执行异议 |

【最高人民法院司法解释】

第三百零三条 第三人提起撤销之诉后，未中止生效判决、裁定、调解书执行的，执行法院对第三人依照民事诉讼法第二百二十七条规定提出的执行异议，应予审查。第三人不服驳回执行异议裁定，申请对原判决、裁定、调解书再审的，人民法院不予受理。

案外人对人民法院驳回其执行异议裁定不服，认为原判决、裁定、调解书内容错误损害其合法权益的，应当根据民事诉讼法第二百二十七条规定申请再审，提起第三人撤销之诉的，人民法院不予受理。

——《最高人民法院关于适用〈中华人民共和国民事诉讼法〉的解释》(2015年1月30日，法释〔2015〕5号)

【链接：最高人民法院法官著述】

民事诉讼法第二百二十七条规定，在执行程序中，案外人对执行标的提出书面异议，对人民法院驳回其异议的裁定不服，认为原判决、裁定错误的，依照审判监督程序办理；明确规定了此种情况下，案外人享有申请再审的权利。如果该案外人又符合民事诉讼法第五十六条关于第三人撤销之诉的规定条件时，案外人是走第三人撤销之诉程序还是走再审程序？本条解释明确规定按照启动程序的先后，当事人只能选择一种相应的救济程序，不能同时启动两种程序，一旦选定则不允许再审变更。先启动执行异议程序的，对驳回其执行异议裁定不服的，按照民事诉讼法第二百二十七条的规定通过审判监督程序救济；先启动第三人撤销之诉程序的，即使第三人又在执行程序中提出执行异议，第三人撤销之诉继续进行，第三人不能再按照民事诉讼法第二百二十七条规定申请再审，以提高诉讼效率，也便于当事人诉讼和法院审理案件。

——沈德咏主编、最高人民法院修改后民事诉讼法贯彻实施工作领导小组编著：《最高人民法院民事诉讼法司法解释理解与适用》，人民法院出版社2015年版，第809~810页。

第十四章 | CHAPTER 14

执行异议之诉

824

案外人执行异议之诉的管辖

关键词｜案外人｜执行异议之诉｜管辖｜

【最高人民法院司法解释】

第三百零四条 根据民事诉讼法第二百二十七条规定，案外人、当事人对执行异议裁定不服，自裁定送达之日起十五日内向人民法院提起执行异议之诉的，由执行法院管辖。

——《最高人民法院关于适用〈中华人民共和国民事诉讼法〉的解释》(2015年1月30日，法释〔2015〕5号)

第十八条 案外人依照民事诉讼法第二百零四条规定提起诉讼的，由执行法院管辖。

——《最高人民法院关于适用〈中华人民共和国民事诉讼法〉执行程序若干问题的解释》(2008年11月3日，法释〔2008〕13号)

【最高人民法院司法政策】

9. 严格执行关于案外人异议之诉的管辖规定。在执行阶段，案外人对人民法院已经查封、扣押、冻结的财产提起异议之诉的，应当依照《中华人民共和国民事诉讼法》第二百零四条和《最高人民法院关于适用民事诉讼法执行程序若干问题的解释》第十八条的规定，由执行法院受理。

案外人违反上述管辖规定，向执行法院之外的其他法院起诉，其他法院已经受理尚未作出裁判的，应当中止审理或者撤销案件，并告知案外人向作出查封、扣押、冻结裁定的执行法院起诉。

——《最高人民法院关于依法制裁规避执行行为的若干意见》(2011年5月27日，法〔2011〕195号)

【链接：最高人民法院法官著述】

1. 本条解释既包含了级别管辖,也包含了地域管辖

根据本条解释规定,执行异议之诉由执行法院管辖。由于执行法院是确定的,因此管辖法院也是确定的,无须与其他管辖规则配合来确定具体的管辖法院。在审判实践中,曾有一些中院以执行异议之诉争议标的金额达不到中院级别管辖的标准为由,将案件指定到基层人民法院审理,导致执行异议之诉管辖法院和执行法院相分离。这种做法是不正确的。

2. 委托执行时专属管辖法院的确定

本条解释所称的执行法院,是具体实施强制执行行为的法院。在委托执行的情况下,执行异议之诉由采取执行措施的受托人民法院管辖。案外人或者当事人向委托人民法院提起执行异议之诉的,委托人民法院应当告其向受托人民法院起诉。受托人民法院收到案外人或者当事人的起诉材料后,不能再转委托法院处理。在指定执行的情况下,执行异议之诉也应由受指定法院管辖。

——沈德咏主编、最高人民法院修改后民事诉讼法贯彻实施工作领导小组编著:《最高人民法院民事诉讼法司法解释理解与适用》,人民法院出版社2015年版,第816页。

825

案外人执行异议之诉的程序

关键词 | 案外人 | 执行异议之诉 | 审查程序 |

【最高人民法院司法解释】

第三百零五条 案外人提起执行异议之诉,除符合民事诉讼法第一百一十九条规定外,还应当具备下列条件:

(一)案外人的执行异议申请已经被人民法院裁定驳回;

(二)有明确的排除对执行标的执行的诉讼请求,且诉讼请求与原判决、裁定无关;

（三）自执行异议裁定送达之日起十五日内提起。

人民法院应当在收到起诉状之日起十五日内决定是否立案。

——《最高人民法院关于适用〈中华人民共和国民事诉讼法〉的解释》（2015年1月30日，法释〔2015〕5号）

第十九条 案外人依照民事诉讼法第二百零四条规定提起诉讼的，执行法院应当依照诉讼程序审理。经审理，理由不成立的，判决驳回其诉讼请求；理由成立的，根据案外人的诉讼请求作出相应的裁判。

第二十条 案外人依照民事诉讼法第二百零四条规定提起诉讼的，诉讼期间，不停止执行。

案外人的诉讼请求确有理由或者提供充分、有效的担保请求停止执行的，可以裁定停止对执行标的进行处分；申请执行人提供充分、有效的担保请求继续执行的，应当继续执行。

案外人请求停止执行、请求解除查封、扣押、冻结或者申请执行人请求继续执行有错误，给对方造成损失的，应当予以赔偿。

——《最高人民法院关于适用〈中华人民共和国民事诉讼法〉执行程序若干问题的解释》（2008年11月3日，法释〔2008〕13号）

【链接：最高人民法院法官著述】

依照民事诉讼法第二百零四条的规定，案外人对裁定不服，与原判决、裁定无关的，可以自裁定送达之日起15日内向人民法院提起诉讼。《解释》起草过程中，对案外人提起的诉讼如何认识存在分歧。有意见认为，应当将该诉讼理解为传统意义上的确认、给付或变更之诉。另一种意见则认为，应当将该诉讼解释为执行程序中派生的一种特殊类型的诉讼，主要理由是：其一，如果将该诉讼解释为普通诉讼，则应当以被执行人为被告，这种制度设计，极易导致被执行人与案外人恶意串通，通过获取法院裁判的方式对抗执行。而且，在大多数情况下，被执行人与案外人之间就执行标的不存在争议，将其作为被告显然不妥。其二，如果将该诉讼解释为普通诉讼，则案外人在诉讼时效期间内可以随时提起诉讼。而依照民事诉讼法第二百零四条的规定，案外人必须先对执行标的提出异议，对法院所作裁定不服的，才可以起诉，而且起诉还要受15日期间的限制，这显然不同于普通诉讼。其三，案外人提起诉讼的目的不是单纯主张对执行标的的实体权利,其最直接的目的是排除法院对异议标的的执行。从德、日、韩以及我国台湾地区法例来看,为给案外第三人提供相应的救济途径,都规定了第三人异议之诉制度,在案外人对执行标的有足以阻止、排除执行的权利时,赋予其提起异议之诉的权利,以资救济。司法解释最终采纳了第二种意见,将案外人提起的诉讼按照案外人(第三人)异议之诉的思路进行设计。考虑到"案外人异议之诉"的表述不易被接受,故条文中未明确使用该术语。但司法解释明确将案外人的诉讼请求表述为"对执行标的主张实体权利,并请求对执行标的停止执行",从而将该诉讼与普通诉讼区别开来。

案外人异议之诉的目的在于排除对异议标的的执行,而执行的目的是为了实现申请执行人的债权,因此,案外人异议之诉应当以申请执行人为被告;如果被执行人也反对案外人的请求,否认其有排除强制执行的权利的,应当以被执行人为共同被告,以通过该诉讼一揽子解决纠纷。

案外人异议之诉的管辖法院如何确定,司法解释起草过程中也存在分歧。有意见认为,案外人异议之诉的管辖法院应当按照民事诉讼法总则中关于管辖的规定确定,该类案件如果规定由执行法院专属管辖,案外人、当事人可能会产生不公正的疑问。主流意见则认为,案外人异议之诉应由执行法院管辖,主要理由是:第一,案外人异议之诉并非传统意义上的诉讼,由于该类诉讼直接影响到执行程序的进行,因此,由执行法院进行审理,更有利于沟通信息,提高效率,也有利于方便当事人和案外人诉讼,减少讼累。第二,从法院内部各部门的职能分工和执行的趋势看,案外人异议之诉由执行法院的审判机构审理,而且案外人、当事人对执行法院的判决、裁定不服的,还可以向上一级法院提起上诉,因此,不用过分担心由执行法院管辖可能出现的判决不公问题。第三,如果按照普通诉讼确定案外人异议之诉的管辖法院,许多案外人异议之诉往往由执行法院的下级法院管辖,一旦上诉到执行法院,同样会出现由同一法院作出判决的情形。相反,如果由执行法院管辖该类案件,案外人、当事人不服,还可以向执行法院的上级法院上诉,从而可以有效消除案外人、当事人对判决不公的担心。此外,从大陆法系国家和地区立法例来看,案外人异议之诉大都由执行法院管辖。司法解释最终采纳了第二种意见,《解释》第十八条规定,案外人依照民事诉讼法第二百零四条规定提起诉讼的,由执行法院管辖。

案外人异议之诉本质上是一种诉,人民法院应当依照通常诉讼程序审理,并作出相应的裁判。一审判决作出后,当事人不服的还可以依法提起上诉。案外人异议之诉作为本次民事诉讼法修改确立的新类型诉讼,在审理和判决中必然会遇到不同于传统诉讼的新问题,有待于审判实践中不断积累总结经验。我们认为,案外人异议之诉从根本上说是为了解决异议标的能否执行的问题,因此,异议之诉判决中应当对该问题作出裁判;同时,因案外人主张的实体上的法律关系是异议标的应否执行的前提,因此,异议之诉中也应对该实体上的法律关系进行审理并作出裁判。从域外经验看,在异议之诉的判决中,似乎多将实体权利的判断作为判决理由,加之有所谓既判力仅及于判决主文而不及于判决理由的理论,从而会导致实践中出现第三人异议之诉判决生效后,当事人就前诉中已作出判断的实体法律关系另行诉讼的问题,既有违诉讼经济,也难以防止不同判决中就同一法律关系作出相互矛盾的判断。对此,虽有学者提出争点效、既判力向判决理由中的判断扩张等理论予以补救,但随之也出现了一系列更为复杂的理论问题。我们认为,应当将异议之诉讼作为一种特殊类型的诉讼看待,从实践看,案外人的诉讼请求并不是单一的,既包括对异议标的主张实体权利,也包括请求法院对异议标的停止执行,与此相应,应当把案外人所主张的实体权利的判断和异议标的是否应予执行的判断,均作为异议之诉判决的主文,以充分体现诉讼经济原则,彻底防止不同裁判可能出现的分歧和矛盾。

案外人异议之诉审理期间,同样会遇到执行程序如何进行的问题。如前所述,在案外人异议审查期间,人民法院不得对执行标的进行处分。也就是说,在案外人异议审查期间,司法解释已经通过停止对执行标的进行处分,给予了案外人一定的救济。任何救济都应当适度,在执行法院驳回案外人异议,案外人不服又提起诉讼的情况下,如果执行法院继续停止对异议标的进行处分,对案外人的救济就有过度之嫌。而且,诉讼一般历时较长,诉讼期间停止执行将导致债权实现过分拖延,不利于充分保护债权人的利益,也难以防止被执行人与案外人串通,利用提起异议之诉拖延执行。鉴于此,《解释》第二十条规定,案外人异议之诉审理期间,原则上不停止执行。另一方面,为避免案外人的诉讼请求确有理由,或者提供充分有效担保请求停止对执行标的进行处分的情况下,执行法院可以根据案件的具体情况,审查决定是否准许;但是申请执行人提供充分有效的担保请求继续执行的,应当继续执行。

——俞灵雨、王飞鸿、赵晋山:《关于适用〈中华人民共和国民事诉讼法〉执行程序若干问题的解释的理解与适用》,载江必新主编、最高人民法院执行工作办公室编:《执行工作指导》(总第33辑),人民法院出版社2010年版,第68~70页。

826
案外人执行异议之诉、案外人申请再审之诉和第三人撤销之诉的起诉条件区别

关键词 | 案外人 | 执行异议之诉 | 申请再审之诉 | 第三人撤销之诉 | 起诉条件 |

【《最高人民法院公报》案例】

孙昌明与江苏威特集团有限公司、盐城经济开发区祥欣农村小额贷款有限公司案外人执行异议纠纷案[最高人民法院(2013)民提字第207号民事裁定书]

裁判要旨：

一、执行过程中，案外人对执行标的提出的书面异议被驳回后，应当根据其权利主张与原判决、裁定之间的关系，依法选择通过审判监督程序或者执行异议之诉维护其合法权益。

二、执行异议之诉是对案外人权利保护提供的司法救济途径，针对的是执行行为本身，核心在于以案外人是否对执行标的具有足以阻却执行程序的正当权利为前提，就执行程序应当继续还是应该停止做出评价和判断。如案外人权利主张所指向的民事权利义务关系或者其诉讼请求所指向的标的物，与原判决、裁定确定的民事权利义务关系或者该权利义务关系的客体具有同一性，执行标的就是作为执行依据的生效裁判确定的权利义务关系的特定客体，其则属于“认为原判决、裁定错误”的情形，应依照审判监督程序办理。

最高人民法院认为：

《民事诉讼法》第二百二十七条规定，执行过程中，案外人对执行标的提出书面异议的，人民法院应当自收到书面异议之日起十五日内审查，理由成立的，裁定中止对该标的的执行；理由不成立的，裁定驳回。案外人、当事人对裁定不服，认为原判决、裁定错误的，依照审判监督程序办理；与原判决、裁定无关的，可以自裁定送达之日起十五日内向人民法院提起诉讼。根据该规定，执行过程中，案外人对执行标的提出的书面异议被驳回后，应当根据其权利主张与原判决、裁定之间的关系，依法选择通过审判监督程序或者执行异议之诉维护其合法权益。作为法律对执行程序启动后，就案外人权利保护提供的司法救济途径，执行异议之诉针对的是执行行为本身。其核心在于以案外人是否对执行标的具有足以阻却执行程序的正当权利为前提，就执行程序应当继续还是应该停止做出评价和

判断。但如案外人权利主张所指向的民事权利义务关系或者其诉讼请求所指向的标的物，与原判决、裁定确定的民事权利义务关系或者该权利义务关系的客体具有同一性，执行标的就是作为执行依据的生效裁判确定的权利义务关系的特定客体，则属于“认为原判决、裁定错误”的情形。本案中，孙昌明在其对执行标的提出的书面异议被裁定驳回后，向一审法院提起案外人执行异议之诉，一审、二审法院亦以此为案由对本案进行了实体审理。但是，盐城中院对包括案涉房产在内的登记在威特公司名下且已经为祥欣公司办理抵押登记的财产采取的执行措施，有该院业已发生法律效力的相关民事判决作为依据，而该生效民事判决确认祥欣公司享有抵押权并有权优先受偿的财产范围亦包括案涉房产。孙昌明在诉讼理由中也明确就祥欣公司与威特公司之间贷款行为以及其抵押权的效力问题提出异议，其所提诉讼请求意在否定盐城中院前述生效民事判决作为执行依据的合法性，在此情况下，本案应当属于《民事诉讼法》第二百二十七条有关“案外人、当事人对裁定不服，认为原判决、裁定错误的，依照审判监督程序处理”的规定情形，孙昌明通过案外人执行异议之诉解决本案争议，没有法律依据。在本案诉讼中，不能解决生效裁判是否存在错误的问题。一审、二审法院在本案中对相关争议进行实体审理，不符合法律规定，本院予以纠正。

——《最高人民法院公报》2015 年第 7 期

【链接：最高人民法院法官著述】

案外人执行异议之诉发生在执行过程中，以案外人执行异议被裁定驳回为前提，如果案外人没有对执行标的提起书面异议、书面异议未被驳回或者执行程序已经终结，案外人就不能提起执行异议之诉。而案外人申请再审之诉和第三人撤销之诉则没有此限制。案外人执行异议之诉所针对的是对特定执行标的的执行行为，案外人对作为执行依据的生效判决、裁定、调解书并无异议，只是对执行行为所指向的执行标的有异议，目的是排除对特定执行标的强制执行行为。而案外人申请再审之诉和第三人撤销之诉所针对的是生效的判决、裁定、调解书，目的是推翻生效的判决、裁定、调解书。当然，推翻生效的判决、裁定、调解书后，由于执行依据被撤销，相应的执行行为也应停止、撤销或者变更。

——沈德咏主编、最高人民法院修改后民事诉讼法贯彻实施工作领导小组编著：《最高人民法院民事诉讼法司法解释理解与适用》，人民法院出版社 2015 年版，第 820 页。

827

当事人异议之诉的要件及程序

关键词 | 当事人 | 异议之诉 | 起诉要件 | 审查程序 |

【最高人民法院司法解释】

第三百零六条 申请执行人提起执行异议之诉，除符合民事诉讼法第一百一十九条规定外，还应当具备下列条件：

（一）依案外人执行异议申请，人民法院裁定中止执行；

（二）有明确的对执行标的继续执行的诉讼请求，且诉讼请求与原判决、裁定无关；

（三）自执行异议裁定送达之日起十五日内提起。

人民法院应当在收到起诉状之日起十五日内决定是否立案。

第三百零七条 案外人提起执行异议之诉的，以申请执行人为被告。被执行人反对案外人异议的，被执行人为共同被告；被执行人不反对案外人异议的，可以列被执行人为第三人。

第三百零八条 申请执行人提起执行异议之诉的，以案外人为被告。被执行人反对申请执行人主张的，以案外人和被执行人为共同被告；被执行人不反对申请执行人主张的，可以列被执行人为第三人。

——《最高人民法院关于适用〈中华人民共和国民事诉讼法〉的解释》（2015年1月30日，法释〔2015〕5号）

第二十二条 申请执行人依照民事诉讼法第二百零四条规定提起诉讼的，由执行法院管辖。

第二十三条 人民法院依照民事诉讼法第二百零四条规定裁定对异议标的的中止执行后，申请执行人自裁定送达之日起十五日内未提起诉讼的，人民法院应当裁定解除已经采取的执行措施。

第二十四条 申请执行人依照民事诉讼法第二百零四条规定提起诉讼的，执行法院应当依照诉讼程序审理。经审理，理由不成立的，判决驳回其诉讼请求；理由成立的，根据申请执行人的诉讼请求作出相应的裁判。

——《最高人民法院关于适用〈中华人民共和国民事诉讼法〉执行程序

若干问题的解释》(2008 年 11 月 3 日,法释〔2008〕13 号)

【链接:最高人民法院法官著述】

依照民事诉讼法第二百零四条的规定,在法院裁定中止异议标的执行的情况下,如果申请执行人对裁定不服,也可以通过提起诉讼寻求救济。与案外人提起诉讼的目的相反,申请执行人提起诉讼旨在恢复对异议标的的执行,因此其诉讼请求为"对执行的许可执行",为表述方便,可将该诉讼称为"许可执行之诉"。基于与案外人异议之诉类似的理由,我们认为,许可执行之诉也是执行程序中派生出来的一种特殊类型的诉讼,该诉讼主要是解决申请执行人与案外人之间就执行标的能否执行的争议,故应当以案外人为被告。如果被执行人也否认申请执行人请求的,应当以被执行人为共同被告,以使相关争议一并解决。关于许可执行之诉的管辖法院及审理和判决,司法解释大致按照案外人异议之诉的思路进行设计,在此不赘。

提起许可执行之诉是申请执行人的一项法定权利,然而,实践中可能会出现这样一种情况:案外人对执行标的提出异议,执行法院经初步审查对异议标的作出中止执行的裁定后,申请执行人也认为案外人的异议有理由,因担心败诉而采取消极等待的做法,不向法院提起诉讼。对此,如果不采取相应对策,异议标的将一直处于终止执行状态,显然不利于案外人合法权益的保护。因此,《解释》第二十三条规定,人民法院依照民事诉讼法第二百零四条规定裁定对异议标的的中止执行后,申请执行人自裁定送达之日起 15 日内未提起诉讼的,人民法院应当裁定解除已经采取的执行措施。

——俞灵雨、王飞鸿、赵晋山:《关于适用〈中华人民共和国民事诉讼法〉执行程序若干问题的解释的理解与适用》,载江必新主编、最高人民法院执行工作办公室编:《执行工作指导》(总第 33 辑),人民法院出版社 2010 年版,第 70 ~ 71 页。

828

申请执行人异议之诉的起诉条件

关键词|申请执行人|异议之诉|起诉条件|

【最高人民法院司法解释】

第三百零六条 申请执行人提起执行异议之诉，除符合民事诉讼法第一百一十九条规定外，还应当具备下列条件：

（一）依案外人执行异议申请，人民法院裁定中止执行；

（二）有明确的对执行标的继续执行的诉讼请求，且诉讼请求与原判决、裁定无关；

（三）自执行异议裁定送达之日起十五日内提起。

人民法院应当在收到起诉状之日起十五日内决定是否立案。

——《最高人民法院关于适用〈中华人民共和国民事诉讼法〉的解释》（2015年1月30日，法释〔2015〕5号）

【链接：最高人民法院法官著述】

虽然民事诉讼法第二百二十七条规定，案外人、当事人均有权提起执行异议之诉，从文义上理解，被执行人似也可以提起执行异议之诉。但是，由于被执行人在执行异议之诉中无诉讼利益，其无权提起执行异议之诉。

——沈德咏主编、最高人民法院修改后民事诉讼法贯彻实施工作领导小组编著：《最高人民法院民事诉讼法司法解释理解与适用》，人民法院出版社2015年版，第824页。

829

案外人执行异议之诉的当事人

关键词 | 案外人 | 执行异议之诉 | 当事人 |

【最高人民法院司法解释】

第三百零七条 案外人提起执行异议之诉的，以申请执行人为被告。被执行人反对案外人异议的，被执行人为共同被告；被执行人不反对案外人异议的，可以列被执行人为第三人。

——《最高人民法院关于适用〈中华人民共和国民事诉讼法〉的解释》(2015 年 1 月 30 日,法释〔2015〕5 号)

第十七条 案外人依照民事诉讼法第二百零四条规定提起诉讼,对执行标的主张实体权利,并请求对执行标的停止执行的,应当以申请执行人为被告;被执行人反对案外人对执行标的所主张的实体权利的,应当以申请执行人和被执行人为共同被告。

——《最高人民法院关于适用〈中华人民共和国民事诉讼法〉执行程序若干问题的解释》(2008 年 11 月 3 日,法释〔2008〕13 号)

【最高人民法院裁判文书】

中国东方资产管理公司天津办事处与天津嘉和泰投资管理有限公司案外人异议纠纷案(最高人民法院〔2010〕民二终字第 20 号民事判决书)

裁判要旨:案外人异议之诉的适格原告,应当符合两个方面的条件:一是程序条件,即案外人主张权利所指向的标的物必须是执行程序中的标的物;二是实体条件,即案外人对该执行标的物主张的权利必须是所有权或者有其他足以阻止执行标的物转让、交付的实体权利。案外人对执行标的物享有担保物权等相关权利,属于“其他足以阻止执行标的物转让、交付的实体权利”。

——最高人民法院民事审判第二庭编:《最高人民法院商事审判指导案例 5 · 下》,中国法制出版社 2011 年版,第 790 ~ 802 页。

【链接:最高人民法院法官著述】

1. 人民法院对被执行人的通知义务

在案外人执行异议之诉中,人民法院应当将案外人提起执行异议之诉的事实告知被执行人,以便于其作出是否反对案外人异议的表示,保护其诉讼权利和实体权益。案外人异议之诉所指执行标的涉及多个被执行人的,应当征求每一位相关被执行人的意见。

2. 无法通知被执行人时,其诉讼地位的确定

在无法通知被执行人的情况下,是应当将被执行人列为被告、第三人还是不

将其列为当事人呢？有人认为，应当将被执行人列为共同被告。理由是，案外人执行异议之诉必然要对案外人与执行债务人之间围绕执行标的物的实体法律关系作出判断，这是法院决定对执行标的物的执行是否撤销的前提和基础。在执行债务人由于下落不明或者故意使其态度不能探明的情况下，根据纠纷一次性解决和防止前后判决矛盾的原则要求，法院对第三人关于执行标的的权利主张的裁判具有既判力，第三人和执行债务人日后不能再就执行标的物根据同一法律关系再次起诉。该观点值得商榷，对于这一问题，应当区别情形对待。如果案外人在提出排除对执行标的执行的诉讼请求的同时，还提出了对执行标的进行确权的诉讼请求，就应当将被执行人列为被告，以保护其诉讼权利。因为这种情况下，执行法院必然要对执行标的的权属作出裁判，被执行人与案外人对执行标的的权属纠纷受到生效裁判拘束，被执行人不能再另行提起确权诉讼，应当将其列为被告，以保护其诉讼权利。被告知道执行异议之诉后，可以参加诉讼，即使执行异议之诉的裁判已经生效，被执行人作为当事人也可以通过审判监督程序获得救济。如果案外人并未提出对执行标的确权的诉讼请求，则应当将被执行人列为第三人。因为这种情况下人民法院并不对执行标的权属作出判决，即使人民法院在执行异议之诉判决书的事实认定和说理部分对执行标的的权属作了分析认定，该分析认定也只具有证明效力，而不具有既判力，被执行人仍可就执行标的权属纠纷另行起诉。

3. 申请执行人为数人时其诉讼地位的确定

实践中，申请执行人为两人或者两人以上的，应当将多个申请执行人作为共同被告。案外人提起执行异议之诉的目的是排除对特定标的的执行行为，数个申请执行人的债权不论是依据同一执行依据还是数个执行依据，在诉讼中应当合一确定。因此，该种诉讼应当属于必要共同诉讼。

——沈德咏主编、最高人民法院修改后民事诉讼法贯彻实施工作领导小组编著：《最高人民法院民事诉讼法司法解释理解与适用》，人民法院出版社2015年版，第827～828页。

830

执行异议之诉当事人

关键词 | 申请执行人 | 执行异议之诉 | 当事人 |

【最高人民法院司法解释】

第三百零八条 申请执行人提起执行异议之诉的，以案外人为被告。被执行人反对申请执行人主张的，以案外人和被执行人为共同被告；被执行人不反对申请执行人主张的，可以列被执行人为第三人。

——《最高人民法院关于适用〈中华人民共和国民事诉讼法〉的解释》(2015 年 1 月 30 日，法释〔2015〕5 号)

【链接：最高人民法院法官著述】

申请执行人提起执行异议之诉被人民法院驳回后，被执行人可以就执行标的确权另行起诉。因为申请执行人对执行标的不享有排他性权利，无权在提起对继续执行的诉讼请求的同时，提起对执行标的确权诉讼。人民法院不能在申请执行人执行异议之诉中对执行标的权属作出判决。被执行人就执行标的权属另行起诉的，不违反一事不再理原则。

——沈德咏主编、最高人民法院修改后民事诉讼法贯彻实施工作领导小组编著：《最高人民法院民事诉讼法司法解释理解与适用》，人民法院出版社 2015 年版，第 830 页。

831

执行异议之诉由审判部门适用普通程序审理

关键词 | 执行异议之诉 | 普通程序 |

【最高人民法院司法解释】

第三百一十条 人民法院审理执行异议之诉案件，适用普通程序。

——《最高人民法院关于适用〈中华人民共和国民事诉讼法〉的解释》(2015 年 1 月 30 日，法释〔2015〕5 号)

【链接：最高人民法院法官著述】

1. 执行异议之诉应由审判部门审理

执行异议之诉案件是由审判部门审理还是由执行部门审理，民事诉讼法没有作出明确的规定。执行异议之诉应由执行法院的审判部门负责审理，而不应由执行部门审理。这符合审执分离原则，有利于保护执行异议之诉中各方当事人合法权益，促进司法公正。

2. 执行异议之诉案件不能实行一审终审

在审判实践中，人民法院审理执行异议之诉案件时，有些案件的诉讼标的额在各省、自治区、直辖市上年度就业人员年平均工资百分之三十以下，不能将其作为小额诉讼案件审理，实行一审终审。

——沈德咏主编、最高人民法院修改后民事诉讼法贯彻实施工作领导小组编著：《最高人民法院民事诉讼法司法解释理解与适用》，人民法院出版社 2015 年版，第 834 页。

832

执行异议之诉举证责任分配

关键词 | 执行异议之诉 | 举证责任分配 |

【最高人民法院司法解释】

第三百一十一条 案外人或者申请执行人提起执行异议之诉的，案外人应当就其对执行标的享有足以排除强制执行的民事权益承担举证证明责任。

——《最高人民法院关于适用〈中华人民共和国民事诉讼法〉的解释》（2015 年 1 月 30 日，法释〔2015〕5 号）

【最高人民法院裁判文书】

河南华宸工程建设有限公司与郑州市市郊农村信用合作联社齐礼闫信用

社、郑州豫东置业有限公司案外人执行异议之诉纠纷申请再审案

裁判要旨：判断案外人对执行标的有无权利以及该种权利与申请执行人据以申请执行的权利相比，哪一个应当得到优先保护，是案外人执行异议之诉案件在审理过程中的核心问题暨难点问题。在被执行人名下房屋作为执行标的的情形下，若案外人主张其为该房屋买受人，对于案外人所提交的《房屋买卖协议》或者《以房抵债协议》，即使案外人与申请执行人均认可其真实性，因直接影响到申请执行人的利益，也为防范虚假诉讼，人民法院仍应就其真实性进行审查，要求案外人提交证据证明。

最高人民法院认为：

关于2006年6月1日以房抵债协议的真实性。华宸公司和豫东公司虽然对该协议的真实性予以认可，但华宸公司的诉讼请求为阻却执行已生效的民事判决，故在信用社对该协议的真实性提出异议的情形下，华宸公司应提交充足证据证明该协议的真实性。对于华宸公司在一审中提交的证据，二审法院依据《最高人民法院关于民事诉讼证据的若干规定》的相关规定，结合华宸公司项目经理赵振峰到庭接受询问情况以及二审法院实地查看情况，作出相关认定，符合《中华人民共和国民事诉讼法》关于认定证据证明力的相关规定。在本案审查再审申请期间，华宸公司提交的《郑州市房屋登记信息查询证明》可证明澳丽名苑4号楼东1单元9层西户房屋和澳丽名苑1号楼1单元8层西户房屋这两套房屋的权利状态，但不能证明华宸公司在这两套房屋买卖过程中所起的作用，即无法直接印证以房抵债协议的真实性，故华宸公司关于此点的申请再审的理由不成立。

——杜万华主编、最高人民法院民事审判第一庭编：《民事审判指导与参考》(总第63辑)，人民法院出版社2016年版，第208~209页。

【链接：最高人民法院法官著述】

被执行人承认案外人对执行标的享有足以排除强制执行的实体权益并不能免除案外人的举证证明责任。

在执行异议之诉中，利益和主张相对的双方首先是案外人和申请执行人，被执行人对案件事实的承认可以作为认定案件事实的证据，但并不能据此当然免除案外人的举证证明责任。因此，只要从执行标的权利外观判断，被执行人对执行标的享有实体权益，该执行标的可以作为执行对象，即使被执行人对案外人的权利主张表示承认,亦不能免除案外人的举证证明责任。这里还要特别注意防止被执行人与案外人恶意串通、逃避执行,妨害申请执行人权利实现的情况发生。

人民法院在执行程序和执行异议中调取的证据可以作为执行异议之诉中的证据。

执行异议之诉的诉讼标的与执行程序的执行标的具有很强的关联性,执行异议之诉与执行行为和对执行标的的异议紧密相关。因此,人民法院执行程序中取得的证据材料和双方当事人在执行异议中提交的证据材料可在执行异议之诉中交由双方当事人质证并作为认定案件事实的依据。

——沈德咏主编、最高人民法院修改后民事诉讼法贯彻实施工作领导小组编著:《最高人民法院民事诉讼法司法解释理解与适用》,人民法院出版社2015年版,第836～837页。

833

案外人执行异议之诉的审查

关键词｜案外人｜执行异议之诉｜

【最高人民法院司法解释】

第三百一十二条 对案外人提起的执行异议之诉,人民法院经审理,按照下列情形分别处理:

(一)案外人就执行标的享有足以排除强制执行的民事权益的,判决不得执行该执行标的;

(二)案外人就执行标的不享有足以排除强制执行的民事权益的,判决驳回诉讼请求。

案外人同时提出确认其权利的诉讼请求的,人民法院可以在判决中一并作出裁判。

——《最高人民法院关于适用〈中华人民共和国民事诉讼法〉的解释》(2015年1月30日,法释〔2015〕5号)

【链接：最高人民法院法官著述】

在审判实践中，即使从权利外观看，案外人就执行标的享有足以排除强制执行的民事权益，但申请执行人证明存在下列两种情形之一的，人民法院应当判决驳回诉讼请求：第一，被执行人与案外人恶意串通，逃避执行。即案外人之所以对执行标的享有实体权益，是因为被执行人为逃避执行将其财产转移给案外人。这种故意妨害和阻止民事裁判执行的行为不仅不能支持，反而应当根据民事诉讼法的相关规定对案外人和被执行人进行处罚。第二，案外人根据同一执行依据也承担给付该标的的义务。例如，案外人与被执行人是共同债务人，或者连带责任人。出于诉讼经济和执行效率的考虑，这种情况下应当判决驳回诉讼请求。如果人民法院判决停止对该执行标的执行，申请执行人也有权随时申请人民法院强制执行案外人的财产，其效果仍然是继续对该执行标的强制执行。

——沈德咏主编、最高人民法院修改后民事诉讼法贯彻实施工作领导小组编著：《最高人民法院民事诉讼法司法解释理解与适用》，人民法院出版社2015年版，第839～840页。

834

案外人执行异议之诉审理期间不能处分执行标的

关键词｜案外人｜执行异议之诉｜执行标的｜

【最高人民法院司法解释】

第三百一十五条 案外人执行异议之诉审理期间，人民法院不得对执行标的进行处分。申请执行人请求人民法院继续执行并提供相应担保的，人民法院可以准许。

被执行人与案外人恶意串通，通过执行异议、执行异议之诉妨害执行的，人民法院应当依照民事诉讼法第一百一十三条规定处理。申请执行人因此受到损害的，可以提起诉讼要求被执行人、案外人赔偿。

——《最高人民法院关于适用〈中华人民共和国民事诉讼法〉的解释》（2015 年 1 月 30 日，法释〔2015〕5 号）

【链接：最高人民法院法官著述】

1. 根据本条解释第一款规定，案外人执行异议之诉审理期间，人民法院不得对执行标的进行处分。对此应注意两点：一是只要案外人执行异议之诉被受理后，人民法院即应停止对执行标的的处分，既不需审查案外人的诉讼请求是否确有理由，也无需案外人申请停止执行并提供充分、有效的担保。二是人民法院仅不得对执行标的进行处分，本条解释并不禁止人民法院采取查封、扣押、冻结等非处分性执行措施。

2. 人民法院不仅在案外人执行异议之诉审理期间不得处分执行标的，根据本解释第四百六十五条第二款规定，人民法院驳回案外人执行异议裁定送达案外人之日起十五日内，也不得对执行标的进行处分。即如果案外人提起执行异议之诉，人民法院在立案审查期间，不得处分执行标的；如果案外人没有提起执行异议之诉，人民法院在驳回案外人执行异议裁定送达案外人之日起十五日内，也不得处分执行标的。此外，根据《执行程序解释》第十六条第一款规定，案外人异议审查期间，人民法院不得对执行标的进行处分。虽然人民法院不能处分执行标的，但已采取的查封扣押等保全性执行措施不受影响。

——沈德咏主编、最高人民法院修改后民事诉讼法贯彻实施工作领导小组编著：《最高人民法院民事诉讼法司法解释理解与适用》，人民法院出版社 2015 年版，第 846 页。

835

通过案外人执行异议之诉解决作为执行依据的生效裁判的错误无法律依据

关键词｜案外人｜执行异议｜生效裁判｜

【最高人民法院裁判文书】

孙昌明与江苏威特集团有限公司、盐城经济开发区祥欣农村小额贷款有

限公司案外人执行异议纠纷案[最高人民法院(2013)民提字第207号民事裁定书]

最高人民法院认为:

《民事诉讼法》第二百二十七条规定,执行过程中,案外人对执行标的提出书面异议的,人民法院应当自收到书面异议之日起十五日内审查,理由成立的,裁定中止对该标的的执行;理由不成立的,裁定驳回。案外人、当事人对裁定不服,认为原判决、裁定错误的,依照审判监督程序办理;与原判决、裁定无关的,可以自裁定送达之日起十五日内向人民法院提起诉讼。根据该规定,执行过程中,案外人对执行标的提出的书面异议被驳回后,应当根据其权利主张与原判决、裁定之间的关系,依法选择通过审判监督程序或者执行异议之诉维护其合法权益。作为法律对执行程序启动后,就案外人权利保护提供的司法救济途径,执行异议之诉针对的是执行行为本身。其核心在于以案外人是否对执行标的具有足以阻却执行程序的正当权利为前提,就执行程序应当继续还是应该停止作出评价和判断。但如案外人权利主张所指向的民事权利义务关系或者其诉讼请求所指向的标的物,与原判决、裁定确定的民事权利义务关系或者该权利义务关系的客体具有同一性,执行标的就是作为执行依据的生效裁判确定的权利义务关系的特定客体,则属于"认为原判决、裁定错误"的情形。本案中,孙昌明在其对执行标的提出的书面异议被裁定驳回后,向一审法院提起案外人执行异议之诉,一审、二审法院亦以此为案由对本案进行了实体审理。但是,盐城中院对包括案涉房产在内的登记在威特公司名下且已经为祥欣公司办理抵押登记的财产采取的执行措施,有该院业已发生法律效力的相关民事判决作为依据,而该生效民事判决确认祥欣公司享有抵押权并有权优先受偿的财产范围亦包括案涉房产。孙昌明在诉讼理由中也明确就祥欣公司与威特公司之间贷款行为以及其抵押权的效力问题提出异议,其所提诉讼请求意在否定盐城中院前述生效民事判决作为执行依据的合法性,在此情况下,本案应当属于《民事诉讼法》第二百二十七条有关"案外人、当事人对裁定不服,认为原判决、裁定错误的,依照审判监督程序处理"的规定情形,孙昌明通过案外人执行异议之诉解决本案争议,没有法律依据。在本案诉讼中,不能解决生效裁判是否存在错误的问题。一审、二审法院在本案中对相关争议进行实体审理,不符合法律规定,本院予以纠正。

——中国裁判文书网,http://www.court.gov.cn/zgcpwsw/zxhz/。

836

被执行人签约将股权转让给案外人，但未完成股权变更登记情形下，案外人有关停止执行案涉股权的主张缺乏依据

关键词｜案外人异议｜股权转让｜停止执行｜

【最高人民法院裁判文书】

百福地产有限公司与广州宏峰投资咨询有限公司、广东建设实业有限公司案外人执行异议之诉案[最高人民法院(2013)民申字第438号民事裁定书]

裁判要旨:虽然案外人与被执行人约定将被执行人所有的公司全部股权转让给案外人,但是该协议并未履行完毕,案外人实际尚未取得股权,也未能享有股东权益。案外人对被执行人是否享有合同请求权,并不能影响债权人申请执行案涉股权的权利。案外人有关停止执行案涉股权的主张,缺乏事实和法律依据。

——中国裁判文书网,http://www.court.gov.cn/zgcpwsw/zgrmfy/。

837

案外人实体异议、程序异议救济途径的区别

关键词｜案外人异议｜实体异议｜程序异议｜

【最高人民法院答复】

云南省高级人民法院:

云南齐宝酒店(以下简称齐宝酒店)不服你院〔2006〕云高执字第25－2号民事裁定向我院提起复议一案,我院已审查完毕。经研究,答复如下:

本案中,齐宝酒店对执行标的物上享有租赁权的主张一旦被确认,按照我院《关于人民法院民事执行中拍卖、变卖财产的规定》第三十一条的规定,该租赁权负担应当由买受人承受,最终会导致执行法院无法将所拍卖房产向买受人交付占有。齐宝酒店所提起的异议从性质上应为实体异议。因此,齐宝酒店对于

你院驳回其实体权利异议的裁定不服，根据《中华人民共和国民事诉讼法》第二百零四条之规定应当向执行法院提起异议之诉，或者按审判监督程序处理，而不能向我院提起复议。你院(2006)云高执字第25－2号民事裁定错误将齐宝酒店的实体异议视为程序异议，并根据《中华人民共和国民事诉讼法》第二百零二条之规定赋予其向我院提起复议的权利，属于适用法律错误。

综上，请你院自行撤销(2006)云高执字第25－2号民事裁定，对齐宝酒店的异议依法重新作出新的民事裁定。

——《最高人民法院执行局〔2008〕执复字第2号函》(2008年12月16日，〔2008〕执复字第2号)

【链接：最高人民法院法官著述】

新修订的民事诉讼法将案外人异议区分为程序异议和实体异议，对于不同性质的异议采用不同的救济程序。程序异议是对执行行为本身提出的异议。对于程序异议，按照现行民事诉讼法第二百零二条的规定，是通过向执行法院提起异议的方式进行，对于执行法院所作出的异议裁定不服的，异议人有权向上一级法院提起复议。而实体异议是对执行标的物主张所有权或者其他足以阻止让与、交付的实体权利。对于实体异议，按照民事诉讼法第二百零四条的规定，应当由权利人先向执行法院提起异议，如果执行法院驳回其异议，权利人不服的，只能在裁定送达之日起15日内向执行法院提起案外人异议之诉。

本案中，齐宝酒店对云南高院主张在执行标的物上享有租赁权，该权利一旦被确认，由于按照《最高人民法院关于人民法院民事执行中拍卖、变卖财产的规定》第三十一条的规定，租赁权负担应当由拍定人承受，则必然导致执行法院无法向拍定人交付占有，齐宝酒店所提起的异议应为实体异议。齐宝酒店对于云南高院驳回其实体权利异议的裁定不服，只能按照民事诉讼法第二百零四条的规定向执行法院提起异议之诉。云南省高级人民法院在作出(2006)云高执字第25－2号民事裁定时，没有注意到当事人实体异议与程序异议救济途径的区别，本应依据民事诉讼法第二百零四条的规定告知当事人通过提起第三人异议之诉来维护自己的合法权利，却错误依据民事诉讼法第二百零二条有关程序异议的规定，告知当事人向上一级人民法院提起复议，该裁定属于适用法律不当，依法应予撤销。至于齐宝酒店的实体异议是否成立，因不属于上一级人民法院复议程序的判断范围,不予审查。

——范向阳:《实体异议与程序异议的不同救济途径——云南齐宝酒店复议案》,载江必新主编、最高人民法院执行局编:《执行工作指导》(总第28辑),人民法院出版社2009年版,第109~110页。

第十五章 | CHAPTER 15

第二审程序

838

当事人没有上诉的应视为其对权利的放弃，二审法院不再予以保护

关键词｜二审程序｜审理范围｜

【最高人民法院司法解释】

第三百二十三条 第二审人民法院应当围绕当事人的上诉请求进行审理。

当事人没有提出请求的,不予审理,但一审判决违反法律禁止性规定,或者损害国家利益、社会公共利益、他人合法权益的除外。

——《最高人民法院关于适用〈中华人民共和国民事诉讼法〉的解释》(2015 年 1 月 30 日,法释〔2015〕5 号)

三十五、第二审案件的审理应当围绕着当事人上诉请求的范围进行,当事人没有提出请求的,不予审查。但判决违反法律禁止性规定、侵害社会公共利益或者他人利益的除外。

三十六、被上诉人在答辩中要求变更或者补充第一审判决内容的,第二审人民法院可以不予审查。

——《最高人民法院关于民事经济审判方式改革问题的若干规定》(1998 年 7 月 6 日,法释〔1998〕14 号)

【《最高人民法院公报》案例】

中国农业银行哈尔滨市太平支行与哈尔滨松花江奶牛有限责任公司、哈尔滨工大集团股份有限公司、哈尔滨中隆会计师事务所有限公司借款合同纠纷案［最高人民法院(2007)民二终字第 178 号民事判决书］

裁判要旨:上诉权是法律赋予当事人的一项诉讼权利,当事人可以行使,也可以放弃。根据《中华人民共和国民事诉讼法》第一百五十一条的规定,第二审人民法院审理上诉案件,应当针对当事人上诉请求的有关事实和适用法律问题进行审查。当事人未在法定期间内提起上诉,而在二审中对一审判决提出异议的,第二审人民法院不予审查。

最高人民法院认为:

三、对于上诉人提出的工大集团不应当承担责任的理由与请求是否属于二审审理范围。第二审程序因当事人提起上诉而开始,上诉权是法律赋予当事人的一项诉讼权利,当事人既可以行使也可以放弃。第一审判决后当事人不上诉,表明当事人服从第一审人民法院对他们之间民事权利义务的处理。本案中作为原审被告的工大集团并未在法定期间内向本院提起上诉,只是在向合议庭提交的代理词中表示工大集团不应承担奶牛公司不能清偿太平农行债务时的清偿责任。根据《民事诉讼法》第一百五十一条的规定,第二审人民法院审理上诉案件,应当对当事人上诉请求的有关事实和适用法律进行审查。因此对于工大集团提出的请求二审应不予审查。奶牛公司在上诉状中提出工大集团不承担责任的主张,因工大集团是独立的企业法人,奶牛公司无权就工大集团是否承担责任提出上诉请求,因此,对奶牛公司提出的工大集团不应当承担责任的请求本院不予审查。

——《最高人民法院公报》2008 年第 9 期

【最高人民法院裁判文书】

合浦县工商行政管理局与严富和借款合同纠纷抗诉案[最高人民法院(2004)民一抗字第 23 号民事判决书]

裁判要旨:债务人在二审判决前没有向法院主张因与所办市场脱钩使所涉债务发生转移,二审法院没有对此加以审理,不存在程序错误。

最高人民法院认为:

根据合浦县工商局提交的其与合浦县国有资产管理局签订的“合浦县市场办脱钩移交协议”的约定,合浦县工商局是为了贯彻落实《国务院办公厅转发工商总局关于工商行政管理机关限期与所办市场彻底脱钩有关问题意见的通知》和《文本兰州自治区人民政府办公厅转发自治区工商行政管理局关于做好工商行政管理所办市场彻底脱钩工作的实施意见的通知》的文件精神,将其所属的合浦县市场开发服务中心的资产、债权债务和人员移交给合浦县国有资产管理局。该“脱钩协议”签订的时间为 2001 年 12 月 5 日。双方在“脱钩协议”中约定在 30 天内完成资产、债权债务和人员的交接手续。北海市中级人民法院作出本案二审判决的时间为 2001 年 12 月 25 日,即在合浦县工商局与有关部门签订上述“脱钩协议”之后、办理资产及债权债务转移手续期间。在本院再审期间,合浦县工商局不能提供证据证明其在本案二审法院作出判决前曾向法庭陈述了上述债权债务及资产转移的事实,以及提交了证明本案所涉债务因此发生了转移的证明和请求变更债务承担主体的申请。由于合浦县工商局在本案二审期间没有向法院提出相关主张,北海市中级人民法院没有对本案所涉债务是否发生转移,以及债务承担主体是否应发生变更等事项作出审理并加以裁决,在程序上并不存在错误。因此,合浦县工商局向广西壮族自治区高级人民法院申请再审中提出的本案所涉债务已经根据有关文件要求转移给有关部门,其不应承担本案债务的偿还责任的请求事项不属于本案一、二审法院遗漏审理的事项,且其所主张的债务转移的发生原因也不属于一、二审判决承担责任的主体在判决后发生了合并、分立等法定情形而依法必须在再审中将责任承担主体变更为新的债权债务承受人的情形,合浦县工商局的法定主体身份至今依然存在。

——苏泽林主编、最高人民法院审判监督庭编:《审判监督指导》(总第19辑),人民法院出版社2007年版,第129~130页。

839

一审诉讼请求与二审上诉请求的关系

关键词 | 诉讼请求 | 诉讼理由 |

【最高人民法院司法解释】

第三百二十八条 在第二审程序中,原审原告增加独立的诉讼请求或者原审被告提出反诉的,第二审人民法院可以根据当事人自愿的原则就新增加的诉讼请求或者反诉进行调解;调解不成的,告知当事人另行起诉。

双方当事人同意由第二审人民法院一并审理的,第二审人民法院可以一并裁判。

——《最高人民法院关于适用〈中华人民共和国民事诉讼法〉的解释》(2015年1月30日,法释〔2015〕5号)

【最高人民法院裁判文书】

河北省石家庄市佛教协会与南京大地建设集团股份有限公司工程款纠纷上诉案[最高人民法院(2000)民终字第112号民事判决书]

裁判要旨:在二审中增加诉讼请求或提出反诉的,若当事人不能达成调解协议，则需另行起诉。

最高人民法院认为：

1999 年 4 月 13 日，大地公司与佛教协会签订《甲乙双方材料账结算协议》，对佛教协会提供的部分钢材、水泥、黄沙、石子，佛教协会凭大地公司收料单按当时佛教协会签证的材料价格扣除。佛教协会没有大地公司的收料单，也没有其他证据证明其向大地公司提供了 1127.5 吨水泥。一审法院对佛教协会主张的 299418 元材料款不予认定是正确的。按照双方当事人 1997 年 1 月 16 日《关于玉佛殿工程竣工及结算事宜的协议》的约定：双方经协商同意该工程竣工，将玉佛殿工程交付佛教协会，少量收尾工程由大地公司委托佛教协会施工，从大地公司的决算中将收尾工程扣除。因此，工程竣工、交付问题是双方当事人经协商一致作出处理的。佛教协会未对工程交付和工程质量问题提出过反诉主张权利，佛教协会的该项上诉主张本院不予支持。关于大地公司出具承诺书，承诺冲减玉佛殿工程的费用问题，佛教协会作为一审被告，就此问题没有提出反诉，可由佛教协会依法另行解决。

——最高人民法院民事审判第一庭编：《最高人民法院民事案件解析（建设工程）》（第 3 辑），法律出版社 2010 年版，第 493 ~ 494 页。

【最高人民法院审判业务意见】

最高人民法院民一庭认为：当事人上诉可以改变一审所持的诉讼理由，但不得改变一审所提出的诉讼请求。审判实践中要严格区分上诉时，当事人变更的是一审诉讼请求，还是一审的诉讼理由。当事人可以放弃一审的部分诉讼请求，但不得改变一审的诉讼请求。

——胡华军、张书华：《二审中当事人能否变更一审诉讼理由和请求》，载最高人民法院民事审判第一庭编：《中国民事审判前沿》（总第 2 集），法律出版社 2005 年版，第 43 页。

【链接：最高人民法院法官著述】

一审时的起诉请求或反诉请求确定了一个具体案件的审理范围。如果当事人在上诉审理阶段主张了权利，并没有在一审的起诉请求或反诉请求中提出，实际上就是在二审中增加其诉讼请求。按照《最高人民法院关于适用〈中华人民共和国民事诉讼法〉若干问题的意见》第184条的规定,在二审程序中增加诉讼请求或提出反诉的,如双方当事人不能达成调解协议,则应告知当事人另行起诉。这就是本案中对于佛教协会主张根据《承诺书》冲减工程费用的诉讼请求不纳入二审案件审理范围的原因。

——最高人民法院民事审判第一庭编:《最高人民法院民事案件解析(建设工程)》(第3辑),法律出版社2010年版,第493~494页。

编者说明

关于一审诉讼请求与二审诉讼请求的关系,最高人民法院认为,一审的诉讼请求确定了一个具体案件的审理范围。如果当事人在上诉审理阶段主张的权利,并没有在一审阶段提出,实际上就在二审中增加了诉讼请求。按照《2015年解释》第328条的规定,在二审程序中增加诉讼请求或提出反诉的,如双方当事人不能达成调解协议,则应告知当事人另行起诉。因此,二审中可以改变一审所持诉讼理由或者放弃一审部分诉讼请求,但不得增加诉讼请求。

840

二审法院径行判决的情形

关键词 | 二审法院 | 不开庭审理 | 径行判决 |

【最高人民法院司法解释】

第三百三十三条 第二审人民法院对下列上诉案件,依照民事诉讼法第一百六十九条规定可以不开庭审理:

(一)不服不予受理、管辖权异议和驳回起诉裁定的;

(二)当事人提出的上诉请求明显不能成立的;

(三)原判决、裁定认定事实清楚,但适用法律错误的;

(四)原判决严重违反法定程序,需要发回重审的。

——《最高人民法院关于适用〈中华人民共和国民事诉讼法〉的解释》(2015年1月30日,法释〔2015〕5号)

编者说明

对于二审法院的径行判决，2007 年《民事诉讼法》规定：对于上诉案件，第二审人民法院经过阅卷和调查，询问当事人，在事实核对清楚后，合议庭认为不需要开庭审理的，也可以径行判决、裁定。而 2012 年《民事诉讼法》将原来的“在事实核对清楚后”修正为“没有提出新的事实、证据或者理由”。也就是说，对于上诉案件第二审法院经过阅卷、调查和询问当事人后，“对没有提出新的事实、证据或者理由”的，才可以径行判决，而不能笼统地“在事实核对清楚后”就径行判决。这样修正更加符合民事审判的基本逻辑。此次《民事诉讼法》修改对径行判决的适用范围进行限定，主要目的在于倡导尽可能地公开审判，最大限度地保障当事人在诉讼程序中的权利，并提高二审裁判的透明度。《2015 年解释》第 333 条对 2012 年《民事诉讼法》第 169 条规定的可以不开庭审理的情形作出了解释。

841

二审法院依法改判、撤销或者变更原判决、裁定的情形

关键词 | 二审改判 | 撤销、变更原裁判 |

【链接：最高人民法院法官著述】

我国二审法院依法改判、撤销或者变更原审判决、裁定的，主要有以下两种情形：

1. 原审判决、裁定认定事实错误或者认定事实不清的，二审法院可以依法改变原审判决或裁定。“案件事实”是指通过证据的证明并经审判组织依法认定的事实，是审判机关审理案件、分清是非、确定责任的依据，也是正确适用法律的前提。只有将案件的事实认定清楚，也才能据此分清是非，确定各自的法律责任。“认定事实错误”主要是指以虚假的事实或者伪造的事实作为定案依据的；“认定事实不清”主要是指对事实的认定不真实、不够准确或者是没有将案件事实调查清楚的。在“认定事实错误”或者“认定事实不清”的情形下，二审法院应该在查清事实的基础上，依法对于原判决、裁定予以改判、撤销或者变更。只有在查清事实的基础上进行改判、撤销或者变更，才能使案件的裁判公平公正。

2. 原审判决、裁定适用法律错误的。适用法律错误主要是指原审判决、裁定认定事实正确，仅适用法律存在错误。“适用法律错误”主要有三种表现形式：(1)应该适用甲法却适用了乙法；(2)适用了已经失效的法律；(3)适用的法条不

正确。对于适用法律错误的，二审人民法院可以直接以一审法院认定的事实为根据，重新适用法律作出改变原审判决、撤销或变更原裁定的处理。

2007年《民事诉讼法》第153条第1款第（2）项规定了“原判决适用法律错误的，依法改判”。而本次修改，不但将“原判决适用法律错误的”作为“改判”的事项外，还新增加了“认定事实错误的”情形，即“认定事实错误的”也可以改判。该项内容与2007年《民事诉讼法》的内容相比，对于“事实认定错误”和“适用法律错误的”，二审法院除了可以依法进行改判外，还可以“撤销或者变更”。那么，何种情形下应该采用“撤销或者变更”呢？“撤销或者变更”主要是针对“裁定”提起的上诉。对于提起上诉的一审裁定，如果二审法院认为原裁定“认定事实错误”或者“适用法律错误”的，依法对原审裁定进行撤销或者变更。

——最高人民法院民事诉讼法修改研究小组编著：《〈中华人民共和国民事诉讼法〉修改条文理解与适用》，人民法院出版社2012年版，第373页。

842

原裁判认定事实不清、适用法律虽有瑕疵，但裁判结果正确的可予以维持

关键词 | 认定事实 | 适用法律 | 裁判结果正确 |

【最高人民法院司法解释】

第三百三十四条 原判决、裁定认定事实或者适用法律虽有瑕疵，但裁判结果正确的，第二审人民法院可以在判决、裁定中纠正瑕疵后，依照民事诉讼法第一百七十条第一款第一项规定予以维持。

——《最高人民法院关于适用〈中华人民共和国民事诉讼法〉的解释》（2015年1月30日，法释〔2015〕5号）

【链接：最高人民法院法官著述】

司法实践中遇到的问题是，原判决、裁定认定事实不清，或者部分事实认定不清，或者适用法律错误，或者适用法律不全面、欠妥当，但判决或者裁定结果正

确，应可维持。对此情形，直接适用本条款予以维持似不妥帖。我们认为，对于这类判决结果正确的原判决、裁定，首先，不宜以事实不清为由发回重审，毕竟事实不清并非是必须发回重审的理由，从诉讼经济的角度看，更不宜发回重审；其次，二审判决在维持原判决、裁定主文的同时，应当指出原审关于事实和法律适用方面的错误或者失当之处；第三，在维持原判决、裁定的法律适用上，可考虑参照适用本条第一款第一项的规定。

——最高人民法院民事诉讼法修改研究小组编著：《〈中华人民共和国民事诉讼法〉修改条文理解与适用》，人民法院出版社2012年版，第375页。

843

一审违反法定程序但双方当事人同意由二审直接审理的处理

关键词 | 二审程序 | 违反法定程序 | 发回重审 |

【链接：最高人民法院法官著述】

对于虽然违反了法定程序，如果双方当事人不同意发回重审，而同意由二审法院直接作出处理的，该如何处理？对此问题，我国台湾地区的规定是，如果一审严重违反了程序性规定，但双方当事人并不愿意将案件发回重审，而是同意由二审法院对此审理时，也可以不将案件发回重审。我国台湾地区“民事诉讼法”第451条规定：“第一审之诉讼程序有重大之瑕疵者，第二审法院得废弃原判决，而将该事件发回原法院。但以因维持审级制度认为必要时为限。前项情形，应予当事人陈述意见之机会，如两造同意愿由第二审法院就该事件为裁判者，应自为判决。依第一项之规定废弃原判决者，其第一审诉讼程序有瑕疵之部分，视为亦经废弃。”所以，该款规定的内容是否过于严厉，还有待于进一步的研究。但根据修改后的民事诉讼法第一百七十条第一款第（四）项的规定，即使双方当事人均表示不愿意将案件发回重审，二审法院也不能因此违反该条规定继续审理案件，除非双方当事人通过调解依法达成协议，实现纠纷解决。

——最高人民法院民事诉讼法修改研究小组编著：《〈中华人民共和国民事诉讼法〉修改条文理解与适用》，人民法院出版社2012年版，第375页。

编者说明

2012 年《民事诉讼法》第 170 条第(4)项规定:“原判决遗漏当事人或者违法缺席判决等严重违反法定程序的,裁定撤销原判决,发回原审人民法院重审。”根据该条规定,只要严重违反法定程序的,就要撤销原判,发回重审。对于虽然违反了法定程序,但双方当事人不同意发回重审,而同意由二审法院直接作出处理的,最高人民法院认为按照现行《民事诉讼法》规定,除非当事人通过调解依法达成协议,否则还是应发回重审。

844

《民事诉讼法》对发回重审的限制

关键词 | 二审法院 | 发回重审 |

【链接:最高人民法院法官著述】

2012 年民事诉讼法对 2007 年民事诉讼法关于第二审人民法院审理上诉案件的处理情况作出了修改,特别是集中在发回重审的适用条件上和发回重审的次数上作出了限制。

主要是重新规定了发回重审的适用情形,其中第(3)项可以看作是对实体救济型发回重审适用条件的适当限制,2007 年民事诉讼法中要求“原判决认定事实错误,或者原判决认定事实不清,证据不足”才能撤销判决,发回原审法院重审。2012 年民事诉讼法则将适用条件限制为“原判决认定基本事实不清的”,才能发回重审。以“认定事实错误”作为发回重审的实体性事由并不适当,立法上规定二审法院对原判认定事实错误发回重审,可能考虑的是这样既给予一审法院在新的审理中纠正自己认定事实错误的机会,又保障了当事人的上诉权利。但这一规定不符合诉讼效益原则。根据 2007 年民事诉讼法第 151 条规定,二审审查的对象既包括适用法律又包括认定事实。二审法院要判断原审法院所认定的事实是否错误就需要审查这个案件正确的事实是什么,并把两者进行比较,才能得出结论。如果二审法院已经查明原审法院认定的事实错误,又基于上级法院对下级法院的监督关系,那么,二审法院就应该在此基础上去纠正错误,而不应再发回重审。二审法院将案件发回原审法院重审,由原审法院另行组成合议庭对案件重新审理,原审法院和当事人不可避免地需增加时间及人力和物力。

不仅如此，案件审结后又可能回到二审，而法律对于二审法院发回重审的次数并没有限制性规定，这种立法上的不足，无形中给多次发回重审提供了适宜的条件和空间，客观上造成了诉讼无时限的延长。以“认定事实不清，证据不足”作为发回重审事由也不适当。二审法院如果发现原判“认定事实不清或者证据不足”，撤销原判决，发回重审，其目的是将案件回转到原审法院后，由原审法院在查清事实的基础上作出相应的裁判。该规定也缺乏正当性，与民事诉讼证明责任理论和证据法则相关规定相冲突。按照证明责任理论，在一般情况下，民事诉讼中待证事实应由主张该事实的当事人负责证明，并在该事实举证不能或举证后事实仍然真伪不明时由其承担败诉的风险。即在当事人主张的事实未能证明到法定的证明程度和标准时，法院应当作出对其不利的裁判，而不是发回重审。《最高人民法院关于民事诉讼证据的若干规定》第 2 条第 1 款规定了行为证明责任，即“当事人对自己提出的诉讼请求所依据的事实或者反驳对方诉讼请求所依据的事实有责任提供证据加以证明”。该条第 2 款又规定了结果意义上的证明责任，即“没有证据或者证据不足以证明当事人的事实主张的，由负有举证责任的当事人承担不利后果”。二审法院与一审法院还应将结果证明责任的观念贯彻到司法实践中，成为认定事实的统一裁判尺度。2012 年民事诉讼法已经将民事案件的发回重审限定在最小的范围和限度内，是对发回重审适用的有效控制。

对民事诉讼法第 170 条第 1 款第（4）项的修改则可以看作是对程序救济型发回重审适用条件的适当限制。2012 年民事诉讼法将违反程序要求发回重审的情况大大限缩，主要列举了遗漏当事人和违法缺席判决两种情况才适用发回重审。由于 2007 年民事诉讼法只规定了“可能影响案件正确判决的”这种模糊条件，没有规定适用于发回重审的具体情形，而违反法定程序的行为是否“可能影响案件正确判决”，赋予了二审法院极大的自由裁量权，这样容易导致实践中种种弊端。二审人民法院对有些没有发回重审必要的、完全可以自行调查后改判的案件，如果原判决存在违反法定程序的问题，二审法院想发回则不难找出理由，而且不同的法官往往有不同的判断标准，甚至有的法官借自由裁量之机而滥用程序权力，导致发回重审存在不确定性和随意性。这样既严重影响了程序的安定性，也降低了诉讼效率，更加大了当事人的诉讼成本。

2012 年民事诉讼法第 170 条第 1 款第（4）项内容是借鉴和吸纳了《最高人民法院关于适用〈中华人民共和国民事诉讼法〉若干问题的意见》第 181 条和第

183 条内容的结果。2012 年民事诉讼法第 170 条第 1 款第(4)项与 2007 年民事诉讼法第 153 条第 1 款第(4)项所规定的内容最大的不同在于:其一,明确规定了两种严重程序违法情形,即原判决遗漏当事人和违法缺席判决;其二,将引起发回重审的程序违法限定为严重违反法定程序,在立法语言的表达上还在这两种情形后加了一个"等"字,这种处理既把已有明确共识的两种严重程序违法明确地纳入了发回重审的范围,又使得发回重审的范围具有了相对的开放性和更大的容纳性,为将来因重大程序瑕疵引起的发回重审适用范围的扩大留下了余地和空间。

——最高人民法院研究室、最高人民法院民事诉讼法修改研究小组办公室编著:《〈中华人民共和国民事诉讼法〉修改条文适用解答》,人民法院出版社 2012 年版,第 233~236 页。

问题:2001 年 6 月,某法院受理一起买卖合同纠纷案,此案一审作出判决后,被告不服一审判决上诉到二审法院,二审法院经审理后维持了一审判决。但被告仍不服,向检察机关提出申诉,检察机关建议二审法院再审,二审法院经再审后作出裁定,并依据《民事诉讼法》第 153 条第 1 款第(3)项,以原审认定事实不清、证据不足将此案发回原审法院重审。原审法院经重审后作出判决,被告仍不服,再次提起上诉。二审法院经对此案再次审理后,再一次依据《民事诉讼法》第 153 条第 1 款第(3)项的规定,以原判决认定事实不清、证据不足为由,将此案再次发回原审法院重审。对此案的适用程序问题涉及如何执行《最高人民法院关于人民法院对民事案件发回重审和指令再审有关问题的规定》,该规定第 1 条明确规定:第二审人民法院根据《民事诉讼法》第 153 条第 1 款第(3)项的规定将案件发回原审人民法院重审的,对同一案件,只能发回重审一次。此案在适用程序上,二审法院是否违背了该规定?

《人民司法》研究组认为:《民事诉讼法》第 153 条第 1 款第(3)项之规定应理解为,第二审法院认为原判认定事实错误,或者认定事实不清、证据不足的,既可以发回重审,也可以查清事实后改判,二审法院可以选择其一作为案件的处理方式,这两种处理方式不仅是二审法院的权力,也是责任。但是如果二审法院一味地选择发回重审,则就规避了自己的另外一项责任——"查清事实后改判"。而且,多次发回重审也不利于减少诉累,节约诉讼成本。在法律没有明确二审法院发回重审次数的情况下,司法解释可以针对实践中存在的问题,为正确适用法律作出规定。正是基于此,最高人民法院才出台了《关于人民法院对民事案件发回重审和指令再审有关问题的规定》，并明确规定："第二审人民法院根据《民事诉讼法》第153条第1款第(3)项的规定将案件发回原审人民法院重审的，对同一案件，只能发回重审一次。第一审人民法院重审后，第二审人民法院认为原判决认定事实仍有错误，或者原判决认定事实不清、证据不足的，应当查清事实后依法改判。"基于此，我们认为，对同一案件依《民事诉讼法》第153条第1款第(3)项规定两次发回重审是不合适的，违背了该规定。

——《人民司法》2006年第11期

编者说明

2012年《民事诉讼法》第170条第2款明确规定："原审人民法院对发回重审的案件作出判决后，当事人提起上诉的，第二审人民法院不得再次发回重审。"该条规定限定了发回重审的条件和次数，明确二审法院只能发回重审一次，不得以任何理由再次发回重审，即使严重违反法定程序也不能二次发回重审。即对于不服原审人民法院对发回重审的案件作出判决后又提起上诉的，第二审人民法院不得再次发回重审。这有利于避免多次发回重审，保障当事人诉讼权利，减少诉讼负担，节约司法资源，提高诉讼效率。同时，也对一、二审法院加强发回重审案件的管理、提高发回重审案件的审判质量提出了新的更高要求。二审法院发回重审时应当明确指出一审审理中存在的各类问题，便于一审重审时全面加以纠正；同时，应当完善一、二审法院沟通协调机制，加强发回重审案件的监督管理，确保发回重审案件的审判质量。

845

调离后仍以合议庭成员名义在判决书上署名属程序存在重大瑕疵

关键词｜合议庭组成｜程序重大瑕疵｜发回重审｜

【最高人民法院审判业务意见】

原审违反法定程序，案件应当发回重审。

一审法院作出一审判决前，审理该案的合议庭审判长已被同级人大常委会免去其审判职务。当事人上诉明确提出一审合议庭审判长在调离后仍以合议庭成员名义在判决书上署名。本案一审程序存在重大瑕疵，违反了《民事诉讼法》的相关规定，应当发回重审。

——最高人民法院民事审判第二庭：《最高人民法院民二庭近两年发

回重审、指令再审案件审理情况(2013年1月)》,载最高人民法院民事审判第二庭编:《商事审判指导》(总第32辑),人民法院出版社2013年版,第23~24页。

846

原审判决与关联案件的判决认定形成根本冲突,导致当事人利益严重失衡,案件应发回重审

关键词 | 关联案件 | 发回重审 |

【最高人民法院审判业务意见】

仅以本案事实认定和法律适用考量,原审判决虽无明显不当,但与关联案件的判决认定将形成根本冲突,导致当事人利益严重失衡。为协调案件处理、平衡当事人利益,案件应发回重审。

欠款纠纷案件,所涉债务绝大部分是建设热电厂的项目资金。该项目是以甲公司借款给乙公司的形式,由乙公司组织建设。后双方以《热电厂资产收购合同》约定以资抵债,但收购合同被本案一审认定为未生效,故原审判决乙公司向甲公司清偿欠款。本案二审期间,一审法院在另案中作出终审判决,对热电厂归属于甲公司作出了明确认定,从而本案原审事实认定及处理结果将发生根本性转变。为防止两案判决发生根本冲突,导致当事人利益严重失衡,本案应发回原审法院重新审理,由原审法院在重审中协调两案处理。

——最高人民法院民事审判第二庭:《最高人民法院民二庭近两年发回重审、指令再审案件审理情况(2013年1月)》,载最高人民法院民事审判第二庭编:《商事审判指导》(总第32辑),人民法院出版社2013年版,第25页。

847

原审判决认定基本事实不清的处理

关键词｜二审法院｜基本事实不清｜发回重审｜依法改判｜

【最高人民法院司法解释】

第三百三十五条 民事诉讼法第一百七十条第一款第三项规定的基本事实，是指用以确定当事人主体资格、案件性质、民事权利义务等对原判决、裁定的结果有实质性影响的事实。

——《最高人民法院关于适用〈中华人民共和国民事诉讼法〉的解释》(2015 年 1 月 30 日，法释〔2015〕5 号)

【链接：最高人民法院法官著述】

对于原审判决认定基本事实不清楚的，二审法院是“查清事实后改判”还是“发回重审”的问题。该问题是长期困扰着司法实践的一个主要问题。我们认为，从诉讼经济的原则来看，如果二审法院能查清的，则宜依法直接改判。因为，二审法院在审理上诉案件后直接行使审判权调整一审裁判内容，其所花费的成本相对而言要比发回重审的成本要低，符合诉讼经济的原则，有助于提高诉讼效率。正是因为依法改判相对于发回重审有较多的优势，目前在大陆法系国家出现了由“发回重审”向“依法改判”转变的趋势。在这种转变的过程中，许多国家通过立法规定，除非有特殊情形，二审法院对一审法院的判决，在审核后通常以“维持原判”和“依法改判”两种方法加以处理，尽量限制“发回重审”的适用率。特别是针对适用法律错误的裁判上，更是如此。如德国、意大利等国家都采取措施，强化了二审法院在通常情况下自行改判的责任，以减少发回重审导致诉讼成本的增加。如果二审法院难以“查清事实”或者“查清事实”的诉讼成本较大的，才可以将案件发回原审法院重审。因为按照诉讼法理和人对客观事物的认知原理，离案件发生的事实时点越近，其查证的准确度就会越高。按此原理，第二审法院对案件事实的调查比第一审法院的调查更加远离事实发生的时点，故第二审法院重新认定事实的结果未必较第一审法院所认定查证的事实更加正确可靠。所以，对于一些基于基本事实方面的原因而提出上诉的，如果由第一审法院调查核实该证据或者事实更有效率和经济等情形,才应当将案件发回重审。否则,二审法院应在自行查清事实的基础上进行改判。

——最高人民法院民事诉讼法修改研究小组编著:《〈中华人民共和国民事诉讼法〉修改条文理解与适用》,人民法院出版社 2012 年版,第 376 ~ 377 页。

848

二审程序中当事人分立合并的处理

关键词 | 二审程序 | 当事人分立 | 当事人合并 | 发回重审 |

【最高人民法院司法解释】

第三百三十六条 在第二审程序中,作为当事人的法人或者其他组织分立的,人民法院可以直接将分立后的法人或者其他组织列为共同诉讼人;合并的,将合并后的法人或者其他组织列为当事人。

——《最高人民法院关于适用〈中华人民共和国民事诉讼法〉的解释》(2015 年 1 月 30 日,法释〔2015〕5 号)

【链接:最高人民法院法官著述】

首先,应明确仅在第二审程序中作为法人或者其他组织的当事人发生分立、合并的,才得以适用本条直接变更相应当事人,若在原审中当事人已经发生合并分立而未予变更的,则应属于遗漏当事人之情形,需将案件发回重审。其次,第二审程序中因法人或其他组织分立、合并发生当事人变更的,应充分保障变更后当事人的各项诉讼权利,且需将当事人变更情况及时通知对方当事人。再次,本条系对二审程序中作为当事人的法人或其他组织分立、合并情形下其诉讼地位的处理意见,其实体权利义务的承担必然需经审理方可明确,尤其在分立情形下,需特别注意分立前债权人与分立当事人间是否另有约定。同时,虽相较于《92 年意见》删除了“不必将案件发回原审人民法院重审”之明确规定,但并非表示在当事人分立合并时可将案件发还原审人民法院重审,其标准需严格依照民事诉讼法第一百七十条第一款第四项及本解释第三百二十五条执行。

——沈德咏主编、最高人民法院修改后民事诉讼法贯彻实施工作领导小组编著:《最高人民法院民事诉讼法司法解释理解与适用》,人民法院出版社2015年版,第888页。

849

一审遗漏诉讼请求的，二审经调解不成，应发回重审

关键词 | 遗漏诉讼请求 | 发回重审 |

【最高人民法院司法解释】

第三百二十六条 对当事人在第一审程序中已经提出的诉讼请求,原审人民法院未作审理、判决的,第二审人民法院可以根据当事人自愿的原则进行调解;调解不成的,发回重审。

——《最高人民法院关于适用〈中华人民共和国民事诉讼法〉的解释》(2015年1月30日,法释〔2015〕5号)

【最高人民法裁判文书】

交通银行股份有限公司齐齐哈尔分行与深圳市淞江投资担保集团有限公司、深圳市淞江爱地实业有限公司借款合同纠纷案[最高人民法院(2011)民二终字第35号民事裁定书]

裁判要旨:当事人在一审法定期间内增加诉讼请求,且已缴纳相应诉讼费,一审法院对增加部分的诉讼请求未作审理、判决,二审经调解不成,发回重审。

——最高人民法院民事审判第二庭编:《最高人民法院商事审判指导案例7·公司与金融卷》,中国法制出版社2013年版,第633～634页。

850

二审程序中为调解之需要可以追加第三人

关键词 | 侵犯著作权 | 调解 | 追加第三人 |

【《最高人民法院公报》案例】

北京华企多媒体制作有限公司、中国录音录像出版总社诉山东电视台侵犯著作权纠纷案(北京市第一中级人民法院二审民事调解书)

裁判要旨:二审法院可以根据当事人自愿的原则予以调解,为调解之需要,可以追加第三人。

最高人民法院认为:

北京市第一中级人民法院在二审中将宏智公司追加为本案第三人,经审理认为,依照著作权法第四十四条的规定,电视台播放他人的电影、电视和录像,应当取得电影、电视制片者和录像制作者的许可。电视台虽然可以从代理人那里取得播放许可权,但这时必须负有了解该代理人获得代理权的经过以及代理权限范围的义务。上诉人山东电视台和第三人宏智公司在签订合同时都对此注意不够,以至发生侵权,依法应当承担侵权责任。在此基础上,该院依照《中华人民共和国民事诉讼法》第八十五条的规定,经调解双方当事人于1998年8月27日自愿达成如下协议:

宏智公司给华企公司、中录总社支付人民币72万元。

该调解协议已经执行。

——《最高人民法院公报》1999年第2期

编者说明

民事诉讼中的第三人,是指对他人之间的诉讼标的有独立的请求权,或者虽然没有独立的请求权,但同案件处理结果有法律上的利害关系,而参加他人之间正在进行的诉讼的人。第三人在诉讼中具有独立的地位,或者作为第三方当事人,与本诉的双方当事人进行诉讼,或者加入到其中一方当事人,辅助该当事人与另一方当事人进行诉讼。即使辅助一方进行诉讼,其目的也是为维护自身的利益。其诉讼行为的独立性实质区别于共同诉讼人中的共同原告或共同被告。为了保证各方当事人均有平等的诉讼权利,追加当事人应在一审程序,二审法院原则上不追加当事人。但是二审法院可以根据当事人自愿的原则予以调解。本案中,二审法院为调解之需要,追加宏智公司为本案第三人。

851

一审判决于二审维持原判的判决书送达当事人后生效

关键词｜一审判决｜判决生效时间｜维持原判｜

【链接：最高人民法院法官著述】

问题：某法院在审理某银行与某公司借款合同纠纷一案中，对该案依法作出判决，某银行不服提起上诉。二审法院经开庭审理，当庭作出维持原判的判决。对于一审法院的判决何时发生法律效力，存在不同意见。一种意见认为：二审法院当庭作出维持原判的判决时，一审判决即发生法律效力。另一种意见认为：二审法院的判决书送达之日，一审法院的判决才生效。

《人民司法》研究组认为：在民事诉讼中，当事人不服一审判决提起上诉的，如果二审法院判决维持原判，二审法院判决生效时原一审法院判决生效。按照《民事诉讼法》和有关司法解释的规定，法院判决于判决书送达当事人后对当事人产生法律效力。因此，一审法院的判决于二审法院维持原判的判决书送达当事人后生效。

——《人民司法》2005 年第 5 期

852

上诉人申请撤回上诉的处理

关键词｜二审程序｜撤回上诉｜撤回起诉｜

【最高人民法院司法解释】

第三百三十八条 在第二审程序中，原审原告申请撤回起诉，经其他当事人同意，且不损害国家利益、社会公共利益、他人合法权益的，人民法院可以准许。准许撤诉的，应当一并裁定撤销一审裁判。

原审原告在第二审程序中撤回起诉后重复起诉的，人民法院不予受理。

——《最高人民法院关于适用〈中华人民共和国民事诉讼法〉的解释》

（2015 年 1 月 30 日，法释〔2015〕5 号）

【链接：最高人民法院法官著述】

第一审程序中撤回起诉与第二审程序中撤回起诉之异同。

撤回起诉的基本原理适用于任何审级，只是在第二审程序中撤回的制度设计上更多考量各方利益权衡及诉讼效益原则，具体表现为：其一，第一审程序中撤回起诉仅为原告对自身权利的处分，而案件进入第二审程序，一审中人民法院已经作出的审理和裁判，势必对案涉相关当事人的权利义务产生影响，若相关当事人只能对原告的起诉、撤诉被动接受而无任何提出异议的权利，双方权益显然有所失衡，故在第二审程序中原审原告申请撤回起诉应经其他当事人同意。其二，第一审程序中人民法院准许原告撤回起诉仅就该申请作出裁定即可，第二审程序则需一并裁定撤销一审裁判。其三，第一审程序中原告撤回起诉后可得以再行起诉，而在第二审程序中，第一审法院已经进行审理及裁判，若允许当事人自由地因撤诉而使该判决无效，进而使此前所有程序归于无效，无疑有悖诉讼效益原则，故在尊重当事人撤诉自由的前提下，亦应对其撤诉后的再诉权利作出必要的限制，原审原告在第二审程序中撤回起诉后重复起诉的，人民法院不予受理。值得注意的是，在原告无正当理由撤回起诉其后又再诉显然在本条第二款的规制范围之内，但同时为保障当事人的诉权，避免不当剥夺当事人接受裁判的权利，必须对重复起诉作出更为明确的解释，一般而言，该重复系指诉的同一性，即当事人及作为诉讼标的的权利关系是相同的，且诉的利益也应当相同。

——沈德咏主编、最高人民法院修改后民事诉讼法贯彻实施工作领导小组编著：《最高人民法院民事诉讼法司法解释理解与适用》，人民法院出版社 2015 年版，第 896 页。

853

一审程序中当事人所作行为在二审程序中对当事人仍具有拘束力

关键词 | 二审程序 | 推翻诉讼行为 | 自认 |

【最高人民法院司法解释】

第三百四十二条 当事人在第一审程序中实施的诉讼行为,在第二审程序中对该当事人仍具有拘束力。

当事人推翻其在第一审程序中实施的诉讼行为时,人民法院应当责令其说明理由。理由不成立的,不予支持。

——《最高人民法院关于适用〈中华人民共和国民事诉讼法〉的解释》(2015 年 1 月 30 日,法释〔2015〕5 号)

【链接：最高人民法院法官著述】

1. 应对民事法律行为与诉讼行为予以区分,明确系当事人在第一审程序中实施的诉讼行为才具有拘束力,若双方在诉讼程序之外达成的合意契约则不属规制范围之内。

2. 实践中出现较多的情形应表现为当事人的自认,应注意的是,一般而言,自认是当事人在诉讼的口头辩论或辩论程序中做出的与对方当事人主张一致且于己不利的陈述。诉讼中一旦成立自认,则法院应受该自认的拘束。作出自认的当事人也受自认的拘束,进而不能自由地撤回该自认。

3. 人民法院对当事人推翻其诉讼行为的理由具有审查权,经审查认为其违反诚实信用原则,违背诉讼行为的合法性、合理性及有效性,理由不成立的,不予支持。

——沈德咏主编、最高人民法院修改后民事诉讼法贯彻实施工作领导小组编著:《最高人民法院民事诉讼法司法解释理解与适用》,人民法院出版社 2015 年版,第 906 页。

第十六章 | CHAPTER 16

特别程序

854

无主财产价值不大，收归无实际意义的，可以判决归尽主要扶养义务的被继承人以外的人

关键词｜认定财产无主｜收归无意义｜特别程序｜

【《最高人民法院公报》案例】

陈益锡申请认定财产无主案(上海市杨浦区人民法院民事判决书)

裁判要旨:本应收归国家或集体的无主财产价值不大,收归无实际意义的,可以判决归尽主要抚养义务的被继承人以外的人。

上海市杨浦区人民法院认为:位于该市河间路323弄12号前半间约7平方米房屋确属无主财产,依法应收归国家或者集体所有。鉴于申请人陈益锡对原房屋所有人陈小妹生前尽了主要扶养义务,依照《中华人民共和国继承法》第十四条关于"继承人以外的对被继承人扶养较多的人,可以分给他们适当的遗产"的规定,应当从该无主财产中分给陈益锡适当的财产。但是,该无主财产价值不大,收归国家或集体所有无多大实际意义。因而,申请人陈益锡要求将上述无主财产归其所有,符合法律规定,对此应予支持。据此,该院于1995年8月4日判决如下:

上海市河间路323弄12号前半间房屋归陈益锡所有。

——《最高人民法院公报》1995年第4期

855

申请宣告死亡案件

关键词｜申请宣告死亡｜特别程序｜

【最高人民法院司法解释】

第三百四十五条 人民法院判决宣告公民失踪后,利害关系人向人民法院申请宣告失踪人死亡,自失踪之日起满四年的,人民法院应当受理,宣告失踪的

判决即是该公民失踪的证明，审理中仍应依照民事诉讼法第一百八十五条规定进行公告。

——《最高人民法院关于适用〈中华人民共和国民事诉讼法〉的解释》(2015年1月30日，法释〔2015〕5号)

【《最高人民法院公报》案例】

张月英申请宣告陈炎死亡案（江苏省淮阴县人民法院民事判决书）

裁判要旨：我国民法通则和民事诉讼法分别从实体上和程序上相应规定了宣告公民死亡。这是指公民离开自己的住所下落不明，或因意外事故等情况下落不明，经过一定的期间仍然没有音讯，利害关系人依法申请人民法院宣告其死亡。宣告死亡与自然人死亡产生相同的法律后果，如被宣告死亡的人民事权利能力终结、婚姻关系消灭、继承开始等。

江苏省淮阴县人民法院认为：

被申请人陈炎从家出走之日至今10年时间没有音讯，虽经申请人张月英多方寻找，法院在报纸上公告查寻，仍下落不明。张月英系陈炎之妻，现申请宣告陈炎死亡，符合《中华人民共和国民法通则》第二十三条关于“公民下落不明满四年的”“利害关系人可以向人民法院申请宣告他死亡”的规定，遂于1996年5月15日判决：宣告陈炎死亡。

——《最高人民法院公报》1996年第3期

856

涉灾案件当事人死亡或失踪的处理

关键词｜涉灾案件｜死亡失踪｜

【最高人民法院司法政策】

五、人民法院正在审理的刑事案件、民事案件、行政案件以及执行案件中，当事人死亡或失踪的，要依法分别处理。刑事案件被告人死亡的，终止审理。民事案件、行政案件和执行案件当事人死亡或者失踪的，裁定中止审理、执行，待灾区安置及恢复重建工作进行到一定阶段,经法定程序对涉案人身、财产关系明确后,人民法院依法决定是否恢复审理、执行,或者按撤诉处理、终结诉讼、终结执行,或者变更主体等。

——《最高人民法院关于处理涉及汶川地震相关案件适用法律问题的意见(一)》(2008 年 7 月 14 日,法发〔2008〕21 号)

857

选民资格处理决定案

关键词 | 选民资格 | 不予登记 | 特别程序 |

【《最高人民法院公报》案例】

吴少晖不服选民资格处理决定案(福建省屏南县人民法院民事判决书)

裁判要旨:村民进行选民登记后,对村民委员会候选人也有提名权。但是,对其他选民提名的候选人,如果没有正当理由,不得要求取消、调整或者变更。

屏南县人民法院认为:

选举权与被选举权,是宪法规定公民享有的一项基本政治权利。1998 年 11 月 4 日第九届全国人民代表大会常务委员会第五次会议修订通过的《中华人民共和国村民委员会组织法》第十二条第一款规定:“年满十八周岁的村民,不分民族、种族、性别、职业、家庭出身、宗教信仰、教育程度、财产状况、居住期限,都有选举权和被选举权;但是,依照法律被剥夺政治权利的人除外。”起诉人吴少晖现年 33 岁,依照法律规定,其具有选民资格。

《中华人民共和国村民委员会组织法》第十四条第四款规定,村民委员会的“具体选举办法由省、自治区、直辖市的人民代表大会常务委员会规定”。2000 年 7 月 28 日福建省第九届人民代表大会常务委员会第二十次会议修订的《福建省村民选举委员会选举办法》第十一条规定:“凡具有选民资格的村民可以在户籍所在地的村民选举委员会进行选民登记。”起诉人吴少晖的户籍已于 2003 年 6 月 12 日迁入路下村,而路下村的选举日是 7 月 12 日。根据上述规定,选举日前,吴少晖有权在户籍所在地即路下村的选举委员会进行选民登记。

《福建省村民委员会选举办法》第十二条规定："经登记确认的选民资格长期有效。每次选举前应当对上届选民登记以后新满十八周岁的、新迁入本村具有选民资格的和被剥夺政治权利期满后恢复政治权利的选民，予以补充登记。对选民登记后迁出本村、死亡和依照法律被剥夺政治权利的人，从选民名单上除名。"具有选民资格的起诉人吴少晖，以前的户籍虽然不在路下村，但一直在路下村居住；路下村历届村民委员会换届选举时，其都在该村进行选民登记；吴少晖的选民资格已经得到路下村历届村民选举委员会的登记确认，应当长期有效，非因迁出、死亡或依法被剥夺政治权利等特殊原因，不能从选民名单上除名。因此，吴少晖请求在路下村进行选民登记，于法有据，应予支持。福建省民政厅下发的《村民委员会选举规程》中，有关"户籍在本村管理的其他非农业户籍性质人员不作选民资格登记"的规定，与《福建省村民委员会选举办法》的规定相抵触，是无效的。路下村村民选举委员会 2003 年 6 月 29 日依据该规程作出的处理决定，是错误的，应当撤销。

《中华人民共和国村民委员会组织法》第十四条第一款规定："选举村民委员会，由本村有选举权的村民直接提名候选人。"《福建省村民委员会选举办法》第十五条规定："村民委员会成员候选人，由有选举权的村民以单独或者联合的方式直接提名。每一选民提名的人数不得多于应选人数。对选民依法直接提出的候选人或者依法确定的正式候选人，任何组织或者个人非经法定程序不得取消、调整或者变更。"路下村村民委员会成员的候选人，是由有选举权的村民直接提名产生的。起诉人吴少晖在该村进行选民登记后，对候选人也有提名权。但是，对其他选民提名的候选人，吴少晖如果没有正当理由，不得要求取消、调整或者变更。吴少晖起诉请求确认本届村民委员会的候选人提名无效，没有法律依据，不予支持。

综上，屏南县人民法院依照《中华人民共和国民事诉讼法》第一百六十四条、第一百六十五条的规定，于 2003 年 7 月 8 日判决：

撤销屏南县路下乡路下村村民选举委员会作出的对起诉人吴少晖选民资格不予登记的决定。

宣判后，该判决依法立即发生法律效力。

——《最高人民法院公报》2003 年第 6 期

858

司法确认调解协议范围

关键词｜人民调解委员会｜调解协议范围｜司法确认｜

【最高人民法院司法解释】

第一条 当事人根据《中华人民共和国人民调解法》第三十三条的规定共同向人民法院申请确认调解协议的，人民法院应当依法受理。

——《最高人民法院关于人民调解协议司法确认程序的若干规定》（2011 年 3 月 23 日，法释〔2011〕5 号）

第三条 根据民事诉讼法第八十七条的规定，人民法院可以邀请与当事人有特定关系或者与案件有一定联系的企业事业单位、社会团体或者其他组织，和具有专门知识、特定社会经验、与当事人有特定关系并有利于促成调解的个人协助调解工作。

经各方当事人同意，人民法院可以委托前款规定的单位或者个人对案件进行调解，达成调解协议后，人民法院应当依法予以确认。

——《最高人民法院关于人民法院民事调解工作若干问题的规定》（2004 年 9 月 16 日，法释〔2004〕12 号）

【最高人民法院司法政策】

11. 经《中华人民共和国劳动争议调解仲裁法》规定的调解组织调解达成的劳动争议调解协议，由双方当事人签名或者盖章，经调解员签名并加盖调解组织印章后生效，对双方当事人具有合同约束力，当事人应当履行。双方当事人可以不经仲裁程序，根据本意见关于司法确认的规定直接向人民法院申请确认调解协议效力。人民法院不予确认的，当事人可以向劳动争议仲裁委员会申请仲裁。

20. 经行政机关、人民调解组织、商事调解组织、行业调解组织或者其他具有调解职能的组织调解达成的具有民事合同性质的协议，经调解组织和调解员签字盖章后，当事人可以申请有管辖权的人民法院确认其效力。当事人请求履行调解协议，请求变更、撤销调解协议或者请求确认调解协议无效的，可以向人民法院提起诉讼。

——《最高人民法院关于建立健全诉讼与非诉讼相衔接的矛盾纠纷解决机制的若干意见》(2009 年 7 月 24 日,法发〔2009〕45 号)

【链接：最高人民法院法官著述】

实践中,当事人之间的纠纷经由人民调解组织、行政调解组织、商事调解组织、行业调解组织及其他调解组织处理后达成的调解协议,申请法院进行司法确认的,大致可以分为以下四种情形：

第一种情形,当事人的纠纷经诉讼外的各种调解组织调解并达成协议后,到法院申请确认。对于这一类案件,法院应当通知双方当事人同时到场并当面进行询问。

第二种情形,立案前人民法院委派有关调解组织进行调解达成协议的,当事人申请法院确认。这主要是当前法院主导推动的“委派调解”,也称为“诉前调解”。它通常是当事人到法院起诉时,人民法院在收到起诉状或者口头起诉之后、正式立案之前,可以依职权或者经当事人申请后,委派行政机关、人民调解组织、商事调解组织、行业调解组织或者其他具有调解职能的组织进行调解,达成协议后,当事人可以向法院申请司法确认。这类案件由于法院前期指导得比较到位,审查程序可以相应简化。实践中,有的法院建立了“诉调对接中心”、“诉讼服务中心”等组织机构,由法院邀请的人民调解组织、特邀调解员等进驻法院立案窗口,专门处理法院分流出来的适宜调解的民事案件。2009 年《若干意见》对此作出了明确规定。

第三种情形,立案后法院再把案件委托给相关调解组织进行调解达成协议的,当事人申请法院司法确认。这种情形称为“委托调解”。针对这类案件,2009 年《若干意见》规定当事人达成调解协议后,有三种处理方式:一是当事人同意调解后申请撤诉;二是当事人申请法院确认委托调解后达成的调解协议的效力;三是当事人达成调解协议,申请法院审查后制作调解书。在这需要注意的是,立案前已经委派给相关调解组织调解的案件,立案后不宜再委托调解,以免使当事人认为法院推延诉讼,但当事人同意委托调解的除外。

无论是立案前的委派调解,还是立案后的委托调解,尊重当事人的意愿和选择至关重要。对于立案前,当事人不同意调解或者在商定、指定时间内不能达成调解协议的,人民法院应当依法及时立案。对于立案后委托调解结束后,有关机关或者组织应当将调解结果告知法院,调解不成的,法院应当及时审判,不得拖延诉讼。

第四种情形,立案后由审判组织指派法院专职调解员对当事人的纠纷主持调解。法院专职调解员可以是法官,也可以是有调解经验的司法辅助人员,也可以是退休法官。法院专职调解员对当事人之间的纠纷调解达成协议后,可以转交原先的审判组织进行司法确认。这是目前有些法院在诉调对接改革中探索的一种新机制,可以通过这种方式分流大量民事纠纷案件。

——最高人民法院民事诉讼法修改研究小组编著:《〈中华人民共和国民事诉讼法〉修改条文理解与适用》,人民法院出版社2012年版,第398~399页。

关于人民法院特邀调解组织和特邀调解员调解达成协议后的司法确认问题。

近年来,各地基层人民法院及人民法庭积极聘请乡村、社区一些德高望重、热心服务、能力较强的人民群众担任司法调解员,或邀请人民调解员、司法行政部门、行业组织等协助化解社会矛盾纠纷,取得了良好效果。有的法院,由退休法官、退休检察官、人民陪审员、高校老师、律师、街道人民调解员、行业专业人士进行调解,及时有效化解了大量的矛盾纠纷。2009年《若干意见》规定,有条件的地方人民法院可以按照一定标准建立调解组织名册和调解员名册。2012年4月,最高人民法院发布了《关于扩大诉讼与非诉讼相衔接的矛盾纠纷解决机制改革试点总体方案》,规定试点人民法院和有条件的人民法院建立特邀调解组织名册和特邀调解员名册制度。名册中的特邀调解组织和特邀调解员调解达成协议后,当事人申请司法确认的,人民法院应当受理。目前,经行政机关、人民调解组织、商事调解组织、行业调解组织或者其他具有调解职能的组织,以及人民法院特邀调解组织和特邀调解员调解达成的具有民事合同性质的协议,经调解组织和调解员签字盖章后,当事人可以申请有管辖权的人民法院确认其效力。

——最高人民法院民事诉讼法修改研究小组编著:《〈中华人民共和国民事诉讼法〉修改条文理解与适用》,人民法院出版社2012年版,第410页。

编者说明

2012年《民事诉讼法》第194条规定:"申请司法确认调解协议,由双方当事人依照人民调解法等法律,自调解协议生效之日起三十日内,共同向调解组织所在地基层人民法院提出。"

对于申请确认的调解协议范围的问题通常有两种理解：一种理解是，只有《人民调解法》和其他由全国人大常委会通过的法律明确规定可以申请司法确认的调解协议才能申请确认；另一种理解是，除了《人民调解法》规定可以申请确认的以外，其他法律、行政法规、地方性法规、行政规章以及中央批准的司法改革方案中明确规定可以确认的调解协议，均属于《民事诉讼法》第194条规定的申请确认范围。最高人民法院认为，在当前我国深入推进社会管理体制改革、为社会管理提供充分司法保障的形势下，特别是多元纠纷解决机制改革迅速推进的大背景下，第二种理解更符合《民事诉讼法》的立法原意。

859

不属于法院受理的司法确认案件

关键词｜人民调解协议｜司法确认｜受案范围｜

【最高人民法院司法解释】

第三百五十七条 当事人申请司法确认调解协议，有下列情形之一的，人民法院裁定不予受理：

（一）不属于人民法院受理范围的；

（二）不属于收到申请的人民法院管辖的；

（三）申请确认婚姻关系、亲子关系、收养关系等身份关系无效、有效或者解除的；

（四）涉及适用其他特别程序、公示催告程序、破产程序审理的；

（五）调解协议内容涉及物权、知识产权确权的。

人民法院受理申请后，发现有上述不予受理情形的，应当裁定驳回当事人的申请。

——《最高人民法院关于适用〈中华人民共和国民事诉讼法〉的解释》（2015年1月30日，法释〔2015〕5号）

第四条 有下列情形之一的，人民法院不予受理：

（一）不属于人民法院受理民事案件的范围或者不属于接受申请的人民法院管辖的；

（二）确认身份关系的；

(三)确认收养关系的;

(四)确认婚姻关系的。

——《最高人民法院关于人民调解协议司法确认程序的若干规定》(2011年3月23日,法释〔2011〕5号)

【链接:最高人民法院法官著述】

一是不予受理裁定。人民法院受理申请后,发现有上述不予受理情形的,应当在三日内作出不予受理裁定,并及时向当事人送达;决定受理的,应当编立"调确字"案号,并及时向当事人送达受理通知书。对不属于人民法院受理民事案件范围的,应当告知当事人按照相应的程序解决纠纷;对不属于本院管辖的,人民法院应告知当事人向有管辖权的人民法院提出申请。

二是司法确认案件的案由。根据民事诉讼法和本司法解释的规定,案由应当确定为"申请确认调解协议效力"。这类案件应当在特别程序中单独列出,便于人民法院掌握处理此类案件的基本情况。

——沈德咏主编、最高人民法院修改后民事诉讼法贯彻实施工作领导小组编著:《最高人民法院民事诉讼法司法解释理解与适用》,人民法院出版社2015年版,第935页。

860

司法确认案件的管辖

关键词 | 人民调解协议 | 司法确认 | 管辖 |

【最高人民法院司法解释】

第三百五十三条 申请司法确认调解协议的,双方当事人应当本人或者由符合民事诉讼法第五十八条规定的代理人向调解组织所在地基层人民法院或者人民法庭提出申请。

第三百五十四条 两个以上调解组织参与调解的,各调解组织所在地基层人民法院均有管辖权。

双方当事人可以共同向其中一个调解组织所在地基层人民法院提出申请；双方当事人共向两个以上调解组织所在地基层人民法院提出申请的，由最先立案的人民法院管辖。

——《最高人民法院关于适用〈中华人民共和国民事诉讼法〉的解释》(2015 年 1 月 30 日，法释〔2015〕5 号)

第二条 当事人申请确认调解协议的，由主持调解的人民调解委员会所在地基层人民法院或者它派出的法庭管辖。

人民法院在立案前委派人民调解委员会调解并达成调解协议，当事人申请司法确认的，由委派的人民法院管辖。

——《最高人民法院关于人民调解协议司法确认程序的若干规定》(2011 年 3 月 23 日，法释〔2011〕5 号)

【最高人民法院司法政策】

21. 当事人可以在书面调解协议中选择当事人住所地、调解协议履行地、调解协议签订地、标的物所在地基层人民法院管辖，但不得违反法律对专属管辖的规定。当事人没有约定的，除《中华人民共和国民事诉讼法》第三十四条规定的情形外，由当事人住所地或者调解协议履行地的基层人民法院管辖。经人民法院委派或委托有关机关或者组织调解达成的调解协议的申请确认案件，由委派或委托人民法院管辖。

——《最高人民法院关于建立健全诉讼与非诉讼相衔接的矛盾纠纷解决机制的若干意见》(2009 年 7 月 24 日，法发〔2009〕45 号)

【链接：最高人民法院法官著述】

关于司法确认案件的管辖问题，根据《若干意见》和《最高人民法院关于人民调解协议司法确认程序的若干规定》(以下简称《若干规定》)规定，当事人可以在书面调解协议中选择当事人住所地、调解协议履行地、调解协议签订地、标的物所在地基层人民法院管辖，但不得违反专属管辖的规定。人民法院在立案前委派人民调解委员会等调解组织调解并达成调解协议，当事人申请司法确认的，由委派的人民法院管辖。通常情况下，司法确认案件都由调解组织所在地基层人民法院管辖。新民事诉讼法基本上吸收了司法改革的这些成果,明确规定司法确认案件的管辖法院为调解组织所在地基层人民法院。当然,这种规定并不排除双方当事人在不违反专属管辖的前提下进行协议管辖。在个别情况下出现委派法院与管辖法院不一致的,法院也可以通过先立案、后委托、再转化为法院调解书的方式,避免不方便管辖问题的出现。

——高民智:《贯彻实施新民事诉讼法(三)——关于调解协议司法确认程序的理解与适用》,载《人民法院报》2012年12月8日。

861

司法确认案件的申请与受理

关键词|人民调解协议|司法确认|申请受理|

【最高人民法院司法解释】

第三百五十五条 当事人申请司法确认调解协议,可以采用书面形式或者口头形式。当事人口头申请的,人民法院应当记入笔录,并由当事人签名、捺印或者盖章。

第三百五十六条 当事人申请司法确认调解协议,应当向人民法院提交调解协议、调解组织主持调解的证明,以及与调解协议相关的财产权利证明等材料,并提供双方当事人的身份、住所、联系方式等基本信息。

当事人未提交上述材料的,人民法院应当要求当事人限期补交。

——《最高人民法院关于适用〈中华人民共和国民事诉讼法〉的解释》(2015年1月30日,法释〔2015〕5号)

第三条 当事人申请确认调解协议,应当向人民法院提交司法确认申请书、调解协议和身份证明、资格证明,以及与调解协议相关的财产权利证明等证明材料,并提供双方当事人的送达地址、电话号码等联系方式。委托他人代为申请的,必须向人民法院提交由委托人签名或者盖章的授权委托书。

第四条 人民法院收到当事人司法确认申请,应当在三日内决定是否受理。人民法院决定受理的,应当编立"调确字"案号,并及时向当事人送达受理通知书。双方当事人同时到法院申请司法确认的，人民法院可以当即受理并作出是否确认的决定。

——《最高人民法院关于人民调解协议司法确认程序的若干规定》(2011年3月23日，法释〔2011〕5号)

【最高人民法院司法政策】

22. 当事人应当共同向有管辖权的人民法院以书面形式或者口头形式提出确认申请。一方当事人提出申请，另一方表示同意的，视为共同提出申请。当事人提出申请时，应当向人民法院提交调解协议书、承诺书。人民法院在收到申请后应当及时审查，材料齐备的，及时向当事人送达受理通知书。双方当事人签署的承诺书应当明确载明以下内容：

（一）双方当事人出于解决纠纷的目的自愿达成协议，没有恶意串通、规避法律的行为；

（二）如果因为该协议内容而给他人造成损害的，愿意承担相应的民事责任和其他法律责任。

——《最高人民法院关于建立健全诉讼与非诉讼相衔接的矛盾纠纷解决机制的若干意见》(2009年7月24日，法发〔2009〕45号)

862

司法确认案件的审查

关键词 | 调解协议 | 司法确认 |

【最高人民法院司法解释】

第三百五十八条 人民法院审查相关情况时，应当通知双方当事人共同到场对案件进行核实。

人民法院经审查，认为当事人的陈述或者提供的证明材料不充分、不完备或者有疑义的，可以要求当事人限期补充陈述或者补充证明材料。必要时，人民法院可以向调解组织核实有关情况。

——《最高人民法院关于适用〈中华人民共和国民事诉讼法〉的解释》(2015年1月30日,法释〔2015〕5号)

第五条 人民法院应当自受理司法确认申请之日起十五日内作出是否确认的决定。因特殊情况需要延长的,经本院院长批准,可以延长十日。

在人民法院作出是否确认的决定前,一方或者双方当事人撤回司法确认申请的,人民法院应当准许。

第六条 人民法院受理司法确认申请后,应当指定一名审判人员对调解协议进行审查。人民法院在必要时可以通知双方当事人同时到场,当面询问当事人。当事人应当向人民法院如实陈述申请确认的调解协议的有关情况,保证提交的证明材料真实、合法。人民法院在审查中,认为当事人的陈述或者提供的证明材料不充分、不完备或者有疑义的,可以要求当事人补充陈述或者补充证明材料。当事人无正当理由未按时补充或者拒不接受询问的,可以按撤回司法确认申请处理。

——《最高人民法院关于人民调解协议司法确认程序的若干规定》(2011年3月23日,法释〔2011〕5号)

【最高人民法院司法政策】

23. 人民法院审理申请确认调解协议案件,参照适用《中华人民共和国民事诉讼法》有关简易程序的规定。案件由审判员一人独任审理,双方当事人应当同时到庭。人民法院应当面询问双方当事人是否理解所达成协议的内容,是否接受因此而产生的后果,是否愿意由人民法院通过司法确认程序赋予该协议强制执行的效力。

24. 有下列情形之一的,人民法院不予确认调解协议效力:

(一)违反法律、行政法规强制性规定的;

(二)侵害国家利益、社会公共利益的;

(三)侵害案外人合法权益的;

(四)涉及是否追究当事人刑事责任的;

(五)内容不明确,无法确认和执行的;

(六)调解组织、调解员强迫调解或者有其他严重违反职业道德准则的行为的;

(七)其他情形不应当确认的。

当事人在违背真实意思的情况下签订调解协议,或者调解组织、调解员与案件有利害关系、调解显失公正的,人民法院对调解协议效力不予确认,但当事人明知存在上述情形,仍坚持申请确认的除外。

——《最高人民法院关于建立健全诉讼与非诉讼相衔接的矛盾纠纷解决机制的若干意见》(2009 年 7 月 24 日,法发〔2009〕45 号)

【链接：最高人民法院法官著述】

司法确认案件的审查可由审判人员独任进行,审判人员如果具有民事诉讼法规定的回避情形的,参照民诉法有关回避的规定执行。

本司法解释没有明确具体由哪个部门的审判人员负责对调解协议的司法审查和确认工作。按照"立审分离"的原则,最高人民法院 2012 年 4 月发布的《诉讼与非诉讼相衔接机制试点方案》要求各试点法院建立诉调对接中心,由诉调对接中心的审判业务人员办理司法确认案件。对于没有设立诉调对接中心的法院,可以由立案部门专门审查办理司法确认案件。同时,从方便当事人的角度以及使得与调解组织联系的角度,也可以由人民法庭受理当事人的司法确认申请案件,这也符合《最高人民法院关于全面加强人民法庭工作的决定》第 9 条关于"经基层人民法院同意,人民法庭可以直接受理案件"的规定。

——沈德咏主编、最高人民法院修改后民事诉讼法贯彻实施工作领导小组编著:《最高人民法院民事诉讼法司法解释理解与适用》,人民法院出版社 2015 年版,第 940 页。

863

司法确认案件审查后的法律后果

关键词｜人民调解协议｜司法确认｜审查后果｜

【最高人民法院司法解释】

第三百六十条　经审查,调解协议有下列情形之一的,人民法院应当裁定驳

回申请:

(一)违反法律强制性规定的;

(二)损害国家利益、社会公共利益、他人合法权益的;

(三)违背公序良俗的;

(四)违反自愿原则的;

(五)内容不明确的;

(六)其他不能进行司法确认的情形。

——《最高人民法院关于适用〈中华人民共和国民事诉讼法〉的解释》(2015 年 1 月 30 日,法释〔2015〕5 号)

第八条 人民法院经审查认为调解协议符合确认条件的,应当作出确认决定书;决定不予确认调解协议效力的,应当作出不予确认决定书。

第九条 人民法院依法作出确认决定后,一方当事人拒绝履行或者未全部履行的,对方当事人可以向作出确认决定的人民法院申请强制执行。

——《最高人民法院关于人民调解协议司法确认程序的若干规定》(2011 年 3 月 23 日,法释〔2011〕5 号)

【最高人民法院司法政策】

25. 人民法院依法审查后,决定是否确认调解协议的效力。确认调解协议效力的决定送达双方当事人后发生法律效力,一方当事人拒绝履行的,另一方当事人可以依法申请人民法院强制执行。

——《最高人民法院关于建立健全诉讼与非诉讼相衔接的矛盾纠纷解决机制的若干意见》(2009 年 7 月 24 日,法发〔2009〕45 号)

【链接:最高人民法院法官著述】

人民法院受理司法确认案件的申请,审查后产生两种不同的法律后果。第一种法律后果是产生强制执行力。法院经审查后认为申请确认的调解协议符合法律规定的,裁定调解协议有效。如果一方当事人拒绝履行或者未全部履行的,对方当事人可以向人民法院申请执行。在这里,需要明确的是执行依据是法院作出的确认裁定书,调解协议不能直接作为执行依据。

第二种法律后果是调解协议经审查后不符合法律规定的，裁定驳回当事人申请，又回到当事人纠纷未达成协议的初始状态。针对这种情况，当事人可以有两种选择。一是当事人可以通过调解组织重新对纠纷进行调解，在当事人自愿的基础上变更原调解协议或者就有关争议达成新的调解协议，然后再申请法院确认变更后的或者新达成的调解协议。二是当事人可以向法院提起诉讼。这里的诉讼通常是指当事人之间就调解协议的履行或者调解协议的内容发生争议，一方当事人请求履行调解协议、请求变更、撤销调解协议或者请求确认调解协议无效的情形。2002年《最高人民法院关于审理涉及人民调解协议的民事案件的若干规定》对上述有关调解协议的诉讼案件的审理做出了具体规定。《人民调解法》、2009年《若干意见》以及2011年《若干规定》再次重申了“当事人之间就调解协议的履行或者调解协议的内容发生争议的，当事人可以向法院提起诉讼”的规定。至此，关于调解协议的非诉和诉讼程序的制度框架初步建立，分别对应当事人合意后的确认程序和当事人存在争议后的诉讼程序两种不同情形。

——最高人民法院民事诉讼法修改研究小组编著：《〈中华人民共和国民事诉讼法〉修改条文理解与适用》，人民法院出版社2012年版，第402～403页。

编者说明

关于司法确认案件裁定后的法律后果，最高人民法院认为，人民法院作出确认裁定后，主要产生两种不同的法律后果：一种后果是人民法院作出的确认调解协议有效的裁定具有强制执行力。如果一方当事人拒绝履行或者未全部履行的，对方当事人可以向人民法院申请执行。在这里，需要明确的是执行依据是法院作出的确认有效裁定书，而不是调解协议书。另一种后果是调解协议经审查后不符合法律规定的，裁定驳回当事人申请。

对此，当事人有两种救济途径可供选择：一种是当事人可以通过调解组织重新对纠纷进行调解，在当事人自愿的基础上变更原调解协议或者就有关争议达成新的调解协议，然后再申请法院确认变更后的或者新达成的调解协议。另一种是当事人可以向法院提起诉讼。这里的诉讼一般是指当事人之间就原纠纷向法院提起的诉讼。

864

司法确认案件的收费

关键词 | 人民调解协议 | 司法确认 |

【链接：最高人民法院法官著述】

民事诉讼法和本司法解释对人民法院办理司法确认案件是否收取费用均没有作出规定。但《人民调解协议司法确认程序规定》第十一条对人民调解协议的司法确认案件是否收费的问题作出了规定，即“人民法院办理人民调解协议司法确认案件，不收取费用”。随着多元化纠纷解决机制的发展，该条规定适用的范围可以拓展到人民调解协议之外的其他所有非诉讼的调解协议。司法确认案件不收费的主要目的是鼓励当事人通过非诉讼方式解决纠纷，这体现了司法确认程序便民利民和降低成本的特点。

——沈德咏主编、最高人民法院修改后民事诉讼法贯彻实施工作领导小组编著：《最高人民法院民事诉讼法司法解释理解与适用》，人民法院出版社2015年版，第954页。

865

司法确认裁定书具有既判力

关键词 | 调解协议 | 司法确认 | 法律效力 | 既判力 |

【链接：最高人民法院法官著述】

一般认为，司法确认裁定书应当具有消极意义的既判力，即法院对调解协议内容作出确认裁定书后，当事人不得就同一事实再行起诉，法院也不得受理。主要理由在于：一方面，司法确认制度设立的根本目的在于起到替代性解决纠纷的作用，方便民众快捷和彻底地解决纠纷，同时促进非诉讼调解的发展，使其在纠纷解决方面发挥更大作用。如果当事人在司法确认程序结束后，依然可以就同一事实再行起诉，就意味着当事人之间的纠纷经过司法确认程序并未得到彻底解决，这无疑会使司法确认制度的功能价值大打折扣，也会徒增当事人的纠纷解决成本，这显然与设立司法确认制度的目的相去甚远。另一方面，司法确认所具有的法律效力来源于当事人之间的合意和人民法院行使裁判权的公信力。既然当事人自愿达成调解协议，并共同自愿地选择将协议交由人民法院确认，人民法院作为国家审判机关依法对调解协议作出的确认裁定书，当事人应当接受该司法确认的拘束。

——最高人民法院研究室、最高人民法院民事诉讼法修改研究小组办公室编著：《〈中华人民共和国民事诉讼法〉修改条文适用解答》，人民法院出版社2012年版，第253～254页。

编者说明

关于司法确认裁定的效力，最高人民法院认为作出确认有效裁定书或者驳回申请裁定书，送达双方当事人后发生法律效力。当事人收到确认有效裁定书或驳回申请裁定书后，不得上诉，也不能申请复议，也不能申请再审。这主要是因为确认申请是当事人自愿提出的，没有必要在人民法院予以司法确认后再设置上诉、复议或者再审程序；对于驳回申请的，当事人可以再次通过调解、诉讼等途径解决纠纷，其权利的行使并没有受到限制。另外，司法确认程序属于特别程序，不应像一般程序那样设置上诉、再审的程序。

866

司法确认裁定错误的救济途径

关键词 | 调解协议 | 司法确认裁定 |

【最高人民法院司法解释】

第三百七十四条　适用特别程序作出的判决、裁定，当事人、利害关系人认为有错误的，可以向作出该判决、裁定的人民法院提出异议。人民法院经审查，异议成立或者部分成立的，作出新的判决、裁定撤销或者改变原判决、裁定；异议不成立的，裁定驳回。

对人民法院作出的确认调解协议、准许实现担保物权的裁定，当事人有异议的，应当自收到裁定之日起十五日内提出；利害关系人有异议的，自知道或者应当知道其民事权益受到侵害之日起六个月内提出。

——《最高人民法院关于适用〈中华人民共和国民事诉讼法〉的解释》（2015年1月30日，法释〔2015〕5号）

第十条　案外人认为经人民法院确认的调解协议侵害其合法权益的，可以自知道或者应当知道权益被侵害之日起一年内，向作出确认决定的人民法院申请撤销确认决定。

——《最高人民法院关于人民调解协议司法确认程序的若干规定》(2011 年 3 月 23 日，法释〔2011〕5 号)

【最高人民法院答复】

湖北省高级人民法院：

根据民事诉讼法的规定，司法确认调解协议案件为非诉讼案件，适用特别程序，不适用针对诉讼案件的程序。人民法院发现确认调解协议的裁定(决定)错误的，可以由本院依法组成合议庭重新作出，撤销原裁定(决定)，并驳回当事人的确认申请。人民法院亦可告知案外人，依照《最高人民法院关于人民调解协议司法确认程序的若干规定》第十条之规定，其可以自知道或者应当知道权益被侵害之日起一年内，向作出确认裁定(决定)的人民法院申请撤销。

——《最高人民法院审判监督庭函》(2013 年 10 月 29 日，〔2013〕民监他字第 10 号)

【链接：最高人民法院法官著述】

生效的确认裁定书如果确有错误，当事人或者案外人应当如何救济。2012 年《民事诉讼法》中对此没有作出明确规定。2011 年《若干规定》第 10 条仅规定了案外人在确认裁定错误时的救济途径，而没有规定当事人的救济途径。结合有关法律、司法解释的精神和司法实践中的做法，我们认为确认裁定错误的救济有以下三种途径：

一是案外人认为法院确认裁定错误，确认的调解协议侵害其合法权益，可以申请法院撤销确认裁定。这种方式在 2011 年《若干规定》中有明确规定。首先必须明确的是，案外人向法院申请撤销对他人之间达成的调解协议而作出的司法确认裁定，只能以调解协议侵害了自身的合法权益作为申请事由。实践中通常有两种情形：(1)案外人是与确认的调解协议中处理的涉案财物具有直接利害关系的人。绝大多数是调解协议的双方当事人恶意串通，在损害第三人利益的基础上谋取自身不正当或者非法利益，属于“恶意调解”的情形。受损害的案外人可以选择的救济途径有两种：一种是直接针对确认的调解协议中涉及的财物，提出确认之诉或给付之诉，如果获得胜诉判决，案外人可以此直接对抗和否决确认裁定书的效力。法院应据此胜诉判决撤销确认裁定书中对案外人不利的部分。另一种是依《若干规定》第 10 条，案外人认为经人民法院确认的调解协议侵害其合法权益的，可以自知道或者应当知道权益被侵害之日起一年内，向作出确认决定的人民法院申请撤销确认裁定。(2) 在调解过程中第三人并未参与或者参与表达意愿，当事人之间达成的调解协议实质上却涉及甚至处分了其利益。法院在收到案外人主张调解协议侵害其合法权益并申请撤销的书面材料之后，应当告知案外人和双方当事人共同到法院接受询问。如果双方当事人均对案外人的主张无异议，法院则可以撤销原来的司法确认裁定。如果双方当事人对案外人的主张有异议，或者案外人一开始即以调解协议双方当事人通谋侵害自身合法权益作为申请事由的，法院应当告知案外人作为原告，以调解协议的双方当事人作为共同被告，按照诉讼程序处理他们三方之间的争议。在这里，需要强调的是，案外人提起撤销申请的期限为确认裁定作出后一年内，必须向作出裁定的人民法院提出。

二是当事人确有证据证明原确认裁定存在错误的，可以申请法院撤销原确认裁定。虽然该项救济途径在以往的司法解释或相关文件中没有规定，但从赋予案外人救济途径的规定和司法实践中做法，也应当赋予当事人申请撤销错误裁定的救济途径。申请期限可以参照案外人申请救济的规定，可以在裁定作出后一年内向作出确认裁定的人民法院申请撤销。

三是人民法院发现确认裁定确有错误的，可以启动审判监督程序进行再审。2012 年《民事诉讼法》规定司法确认案件适用裁定书的形式，也就隐含了裁定书如果错误，可以通过再审程序进行救济的目的。按照 2012 年《民事诉讼法》第十六章审判监督程序的有关规定处理。

——最高人民法院民事诉讼法修改研究小组编著：《〈中华人民共和国民事诉讼法〉修改条文理解与适用》，人民法院出版社 2012 年版，第 411 ~ 412 页。

867

当事人撤回司法确认申请的处理

关键词｜调解协议｜司法确认｜撤回申请｜

【最高人民法院司法解释】

第三百五十九条 确认调解协议的裁定作出前，当事人撤回申请的，人民法院可以裁定准许。

当事人无正当理由未在限期内补充陈述、补充证明材料或者拒不接受询问的，人民法院可以按撤回申请处理。

——《最高人民法院关于适用〈中华人民共和国民事诉讼法〉的解释》（2015年1月30日，法释〔2015〕5号）

【链接：最高人民法院法官著述】

在人民法院作出是否确认的裁定前，一方或者双方当事人撤回司法确认申请的，人民法院应当准许，并出具终结确认程序通知书。撤回确认申请的，双方当事人仍可在协议生效30日内向有管辖权的人民法院重新申请司法确认。

当事人无正当理由未按时补充证明材料、拒不接受询问或者拒绝签收确认裁定书或驳回申请裁定的，可以按撤回司法确认申请处理。

——最高人民法院民事诉讼法修改研究小组编著：《〈中华人民共和国民事诉讼法〉修改条文理解与适用》，人民法院出版社2012年版，第410页。

868

同时提起诉讼及申请确认调解协议的处理

关键词｜调解协议｜司法确认｜同时起诉｜

【链接：最高人民法院法官著述】

在人民法院受理确认申请后、作出是否确认的裁定前，一方当事人就调解协议的履行或者调解协议的内容另行提起诉讼的，人民法院应当告知当事人可以选择确认程序或诉讼程序主张权利，但不能同时启动两种程序；如果当事人坚持起诉的，人民法院可以按撤回司法确认申请处理。

《人民调解法》第32条和第33条分别赋予了调解协议当事人两种救济途

径，即向人民法院提起诉讼或申请确认调解协议的效力。实践中存在着当事人同时选择两种程序的可能。由于这两种程序存在着重复和冲突的可能，因此，人民法院在当事人申请司法确认时，应当告知当事人不能够同时使用这两种救济方式，如果当事人坚持同时采取两种救济方式的，可以视为双方当事人并未就申请司法确认事宜达成一致意见，人民法院可以按撤回司法确认申请处理。

——最高人民法院民事诉讼法修改研究小组编著：《〈中华人民共和国民事诉讼法〉修改条文理解与适用》，人民法院出版社2012年版，第410页。

869

对瑕疵调解协议的处理

关键词｜瑕疵调解协议｜司法确认｜

【链接：最高人民法院法官著述】

对于调解协议内容存在瑕疵的，人民法院应当进行必要释明。当事人同意修改瑕疵内容的，应该在修改的调解协议书或补正的调解条款上签字后，由调解组织及调解员依照相关规定盖章或签名，人民法院按照修改或补正的调解协议进行确认。

如果仅是原调解协议存在语言不规范的问题，人民法院可以在征得当事人同意后，在不改变协议实质内容的情况下对原调解协议进行修改，以提高调解协议的规范性、明确性和可执行性。调解协议修改后交当事人签字认可，并将相关情况记入笔录，人民法院可以按照修改后的调解协议进行确认，这也符合司法确认便民、高效解决纠纷的要求。但对于除用语规范以外的其他内容瑕疵，还是应该由当事人进行修改后到原调解组织履行相应的程序。基于诉讼调解与非诉讼调解的本质区别，对于申请司法确认的调解协议若双方当事人协议进行实质内容更改的情形，人民法院应该不能径行进行确认，否则无异于人民法院主持下的司法调解。对此，人民法院可以建议当事人撤回申请，由相应的调解组织依法重新调解，或者向人民法院提起诉讼后进行诉讼调解。

——最高人民法院研究室、最高人民法院民事诉讼法修改研究小组办公室编著：《〈中华人民共和国民事诉讼法〉修改条文适用解答》，人民法院出版社2012年版，第254页。

870

实现担保物权案件的申请主体应暂以《物权法》的规定为准

关键词｜实现担保物权｜申请主体｜物权法｜

【最高人民法院司法解释】

第三百六十一条 民事诉讼法第一百九十六条规定的担保物权人，包括抵押权人、质权人、留置权人；其他有权请求实现担保物权的人，包括抵押人、出质人、财产被留置的债务人或者所有权人等。

——《最高人民法院关于适用〈中华人民共和国民事诉讼法〉的解释》(2015年1月30日，法释〔2015〕5号)

【链接：最高人民法院法官著述】

依据新民事诉讼法第一百九十六条的规定，实现担保物权案件的申请人包括"担保物权人"以及"其他有权请求实现担保物权的人"。实践中，如何理解"担保物权人"和"其他有权请求实现担保物权的人"适用范围？考虑到该程序的设立主要是针对物权法等实体法中对担保物权实现而作出的程序性规定，对于"担保物权人"和"其他有权请求实现担保物权的人"适用范围应当以物权法等实体法为依据来确定。根据我国物权法相关规定，有权向人民法院申请实现担保物权的主体仅限于"抵押权人"、"出质人"和"财产被留置的债务人"。新民事诉讼法第一百九十六条规定的"担保物权人"主要就是指物权法第一百九十五条规定的"抵押权人"，物权法第二百二十条规定的"出质人"和物权法第二百三十七条规定的"财产被留置的债务人"就是"其他有权请求实现担保物权的人"。我们认为，民事诉讼法的上述规定仅是对物权法等实体法中规定的实体权利的实现作出的程序性规定，该程序规定的依据来源于实体法，应当按照实体法的规定来确定实现担保物权的申请主体。因此，对于实现担保物权的申请主体应暂以物权法的规定为准，不宜做扩大性的解释。至于抵押人、质权人、留置权人是否可以成为实现担保物权的申请主体，留待今后的审判实践逐渐探索。

此外，申请实现担保物权是否仅以物权法为依据，换言之，物权法之外的其他实体法是否也可以作为申请实现担保物权的依据？我们认为，根据新民事诉讼法立法本意,除了物权法规定的三类申请主体外,我国合同法第二百八十六条规定的建设工程承包人也可以作为申请主体。另外,我国的海商法、民用航空器法等法律中规定的船舶抵押权人、民用航空器抵押权人等,也可以作为实现担保物权案件的申请人。

——高民智:《贯彻实施新民事诉讼法(四)——关于实现担保物权案件程序的理解与适用》,载《人民法院报》2012 年 12 月 9 日。

编者说明

《物权法》没有认可担保物权的私力救济途径,虽然在公力救济途径中规定可以直接申请拍卖、变卖担保财产,但在民事执行法上,担保合同无法作为执行根据,在现有的制度框架下,人民法院也无法根据当事人的申请直接作出许可拍卖、变卖担保财产的裁定。2012 年《民事诉讼法》设专节规定实现担保物权案件,弥补了这个缺陷,实现了与《物权法》的衔接。其中,2012 年《民事诉讼法》增加第 196 条规定:“申请实现担保物权,由担保物权人以及其他有权请求实现担保物权的人依照物权法等法律,向担保财产所在地或者担保物权登记地基层人民法院提出。”该条规定了担保物权案件当事人的范围是担保物权人和其他有权请求实现担保物权的人,而该类案件的管辖地点是担保财产所在地或者担保物权登记地基层人民法院,具体的选择参照《物权法》等法律关于不同担保物权生效成立要件的规定。2012 年《民事诉讼法》还增设第 197 条:“人民法院受理申请后,经审查,符合法律规定的,裁定拍卖、变卖担保财产,当事人依据该裁定可以向人民法院申请执行;不符合法律规定的,裁定驳回申请,当事人可以向人民法院提起诉讼。”该条规定为担保物权的实现提供了更为便捷的方式。

871

申请实现抵押权不以抵押权人与抵押人就抵押权的实现方式先行协商且未达成协议为前提

关键词｜实现抵押权｜先行协商｜

【链接：最高人民法院法官著述】

我们认为,抵押权人申请实现抵押权,不必以物权法第一百九十五条第二款规定的“抵押权人与抵押人未就抵押权的实现方式达成协议”为前提。主要理由是:无论抵押权人与抵押人协议,还是抵押权人向人民法院申请通过非讼程序实现担保物权,都是物权法赋予抵押权人的权利,而不是物权法施加给抵押权人的义务。抵押权人即使不与抵押人协商,亦可以直接向人民法院申请拍卖、变卖抵押财产,以实现其抵押权。通过确定非讼程序实现担保物权的主要目的是便捷、经济地实现担保物权。如果将协商作为通过非讼程序实现担保物权的前提,就与通过非讼程序实现担保物权的主要目的相悖。

——沈德咏主编、最高人民法院修改后民事诉讼法贯彻实施工作领导小组编著:《最高人民法院民事诉讼法司法解释理解与适用》,人民法院出版社2015年版,第960页。

872

被申请人下落不明的可不经公告送达,依法酌情作出裁定

关键词 | 实现担保物权 | 下落不明 | 公告送达 | 酌情裁定 |

【链接:最高人民法院法官著述】

关于被申请人下落不明的是否可以公告送达,我们倾向于认为人民法院可不经公告送达,依法酌情作出裁定。主要理由为:首先,采取耗时较长的公告送达方式有悖于实现担保物权特别程序快速实现权利的立法本意。其次,对于实践中被申请人明显恶意逃避而担保法律关系又十分清楚的案件,如果简单地以被申请人下落不明为由一律裁定驳回申请,可能会导致该程序的设立目的落空,为不诚信的被申请人提供了恶意逃避、拖延义务的途径。再次,法院在特别程序中采职权主义审查,有权在形成心证判断的基础上进行自由裁量。当然,如果在被申请人下落不明的情况下,法院经过审查后对于申请人的申请能否成立不能确信,则应该驳回申请,告知申请人另行起诉。总之,对于下落不明的申请人是否公告送达,应由法院经过审查后根据案件事实和具体情况决定,以防止被申请人以下落不明为由而一律驳回申请导致被申请人恶意逃避义务。

——沈德咏主编、最高人民法院修改后民事诉讼法贯彻实施工作领导小组编著:《最高人民法院民事诉讼法司法解释理解与适用》,人民法院出版社2015年版,第960~961页。

873

实现担保物权案件的管辖

关键词 | 实现担保物权 | 管辖 |

【最高人民法院司法解释】

第三百六十二条 实现票据、仓单、提单等有权利凭证的权利质权案件，可以由权利凭证持有人住所地人民法院管辖；无权利凭证的权利质权，由出质登记地人民法院管辖。

第三百六十三条 实现担保物权案件属于海事法院等专门人民法院管辖的，由专门人民法院管辖。

第三百六十四条 同一债权的担保物有多个且所在地不同，申请人分别向有管辖权的人民法院申请实现担保物权的，人民法院应当依法受理。

——《最高人民法院关于适用〈中华人民共和国民事诉讼法〉的解释》(2015 年 1 月 30 日，法释〔2015〕5 号)

【链接：最高人民法院法官著述】

(一)地域管辖

申请实现担保物权，由担保物权人以及其他有权请求实现担保物权的人向担保财产所在地或者担保物权登记地基层人民法院提出，兼采担保财产所在地和担保物权登记地两种地域管辖标准。对此规定，应从如下方面加以理解与适用：

第一，不动产抵押权，其担保财产所在地与担保物权登记地是重合的。按照《物权法》第 187 条的规定，不动产抵押权实行登记要件主义，即不动产抵押权应当办理抵押登记，抵押权自登记时设立。而按照现行的不动产登记相关规定，不动产登记由不动产所在地相关登记部门进行。比如，《土地登记办法》第 3 条规定，土地登记实行属地登记原则，申请人应当向土地所在地的县级以上人民政府国土资源行政主管部门提出土地登记申请，跨县级行政区域使用的土地，应当报土地所跨区域各县级以上人民政府分别办理土地登记。又如，《房屋登记办法》第 4 条规定，房屋登记由房屋所在地的房屋登记机构办理。

第二,权利质权,其权利标的为所有权以外的可让与的财产权利,不是有形财产,因此严格而言无所谓"所在地"问题。按照《物权法》的相关规定,对于没有权利凭证的财产权利,其质权均需进行相应登记后方可设立。《物权法》第224条规定,以汇票、支票、本票、债券、存款单、仓单、提单出质的,质权自权利凭证交付质权人时设立;没有权利凭证的,质权自有关部门办理出质登记时设立。《物权法》第226条规定,以基金份额、证券登记结算机构登记的股权出质的,质权自证券登记结算机构办理出质登记时设立;以其他股权出质的,质权自工商行政管理部门办理出质登记时设立。《物权法》第227条规定,以注册商标专用权、专利权、著作权等知识产权中的财产权出质的,质权自有关主管部门办理出质登记时设立。《物权法》第228条规定,以应收账款出质的,质权自信贷征信机构办理出质登记时设立。对于上述权利质权,只存在登记地。当然,对于有权利凭证的汇票、支票、本票、债券、存款单、仓单、提单等证券化权利,质权自权利凭证交付质权人时设立,可以理解为权利凭证持有人住所地即为担保财产所在地。

第三,留置权作为法定担保物权,其设立以债权人留置已经合法占有的债务人的动产为要件,无需办理标的动产的登记,属于非登记物权。因此,对于留置权而言,无所谓担保物权登记地。

第四,对于可以登记但不以登记为成立要件的担保物权类型,比如动产抵押权或浮动抵押权,可能存在担保财产所在地与担保物权登记地并非同一地的情况。按照《物权法》的规定,生产设备、原材料、半成品、产品,正在建造的船舶、航空器,交通运输工具抵押的,抵押权自抵押合同生效时设立;未经登记,不得对抗善意第三人。此外,企业、个体工商户、农业生产经营者以现有的以及将有的生产设备、原材料、半成品、产品等动产抵押的,应当向抵押人住所地的工商行政管理部门办理登记,抵押权自抵押合同生效时设立;未经登记,不得对抗善意第三人。按本条规定,当担保财产所在地与担保物权登记地不一致时,应允许担保物权人选择一处法院提出申请。当然,实务中应注意一些具体情况。比如船舶、航空器、机动车的物权变动也实行登记对抗主义,即非经登记不得对抗善意第三人,因此船舶、航空器、机动车拍卖、变卖导致所有权发生变动时,也需要相应登记机关的协助。至于生产设备、原材料、半成品、产品,虽由抵押人住所地的工商行政管理部门办理抵押登记,但其经拍卖、变卖导致的所有权变动并不需要办理登记。实践中,担保物权人可以结合具体情况,选择对担保物的变现以及担保物权的实现更为便利的管辖法院。

如果担保物为多个物，且分散在数个法院辖区内，则各个法院都有管辖权，申请人有权选择其中一个法院提出申请。

（二）级别管辖

申请实现担保物权，由申请人向基层人民法院提出。

——最高人民法院民事诉讼法修改研究小组编著：《〈中华人民共和国民事诉讼法〉修改条文理解与适用》，人民法院出版社2012年版，第418～420页。

一旦申请人依照本条规定，向担保财产所在地或者担保物权登记地基层人民法院提出了申请并被受理，此后虽然发生了担保财产所在地的变化等事宜，也不得以此变更管辖法院。此即管辖恒定原则，即确定案件管辖权以起诉时为标准，起诉时对案件享有管辖权的法院，不因确定管辖的事实在诉讼过程中发生变化而影响其管辖权。这一原则可以避免因管辖变动而造成司法资源浪费，减少当事人的讼累，推动程序迅速、便捷进行。我国《民事诉讼法》并未明确规定管辖恒定原则，但《最高人民法院关于适用〈中华人民共和国民事诉讼法〉若干问题的意见》第34条规定："案件受理后，受诉人民法院的管辖权不受当事人住所地、经常居住地变更的影响"；第35条规定："有管辖权的人民法院受理案件后，不得以行政区域变更为由，将案件移送给变更后有管辖权的人民法院"。

——最高人民法院民事诉讼法修改研究小组编著：《〈中华人民共和国民事诉讼法〉修改条文理解与适用》，人民法院出版社2012年版，第420～421页。

874

人保与物保并存时申请实现担保物权受理的规定

关键词 | 实现担保物权 | 人保与物保并存 |

【最高人民法院司法解释】

第三百六十五条 依照物权法第一百七十六条的规定，被担保的债权既有物的担保又有人的担保，当事人对实现担保物权的顺序有约定，实现担保物权的申请违反该约定的，人民法院裁定不予受理；没有约定或者约定不明的，人民法院应当受理。

——《最高人民法院关于适用〈中华人民共和国民事诉讼法〉的解释》（2015 年 1 月 30 日，法释〔2015〕5 号）

【链接：最高人民法院法官著述】

当实现担保物权案件完结后，债权人能否就担保财产拍卖、变卖后不足清偿债务部分再起诉债务人及保证人？我们认为，应予准许。即通过担保物权实现程序拍卖、变卖担保物仍不足以清偿债务的，债权人对债务人和保证人仍有求偿权，可再行通过普通诉讼程序主张权利。

此外，当人保与物保并存而实现担保案件尚未完结时，对于保证部分可否同时提起民事诉讼？实践中，有个别法院在实现担保物权案件未完结之前，以“由于保证人需要承担多少债务尚无法确定，故不能在此时就对保证人同时提起诉讼，需等实现担保物权案件处理完毕后，方可起诉保证人”为由，拒绝受理债权人对承担连带保证责任的保证人的诉讼。我们认为，实现担保物权案件作为一种特别程序，其最终目的与诉讼程序基本相同，即取得执行依据。当连带责任保证和物保并存时，债权人可选择行使物保或人保，抵质押人提起实现担保物权程序，可同时对承担连带责任保证的保证人提起民事诉讼，人民法院对于既申请实现担保物权又同时对保证部分提起诉讼的，都应该受理，但对于诉讼部分可先行中止审理，待担保物权实现程序结束后再行恢复。

——沈德咏主编、最高人民法院修改后民事诉讼法贯彻实施工作领导小组编著：《最高人民法院民事诉讼法司法解释理解与适用》，人民法院出版社 2015 年版，第 972 页。

875

实现担保物权案件的审判组织

关键词｜实现担保物权｜审判组织｜独任审理｜

【最高人民法院司法解释】

第三百六十九条 实现担保物权案件可以由审判员一人独任审查。担保财产标的额超过基层人民法院管辖范围的，应当组成合议庭进行审查。

——《最高人民法院关于适用〈中华人民共和国民事诉讼法〉的解释》（2015年1月30日，法释〔2015〕5号）

【链接：最高人民法院法官著述】

关于人民法院审理申请实现担保物权的案件是独任审理还是组成合议庭审理问题，我们认为，基于实现担保物权案件设在新民事诉讼法第十五章特别程序中，对于第十五章中的“一般性的规定”当然适用该程序。新民事诉讼法第一百七十八条规定：“依照本章程序审理的案件，实行一审终审。选民资格案件或者重大、疑难的案件，由审判员组成合议庭审理；其他案件由审判员一人独任审理。”因此，对于人民法院受理的申请实现担保物权的案件，原则上采用独任审理的方式进行审理，但对于重大、疑难案件，则应当由审判员组成合议庭进行审理。关于审限，应当适用新民事诉讼法第一百八十条关于人民法院适用特别程序审理的案件审限的规定，即应当在立案之日起三十日内审结，有特殊情况需要延长的，须经本院院长批准。

——高民智：《贯彻实施新民事诉讼法（四）——关于实现担保物权案件程序的理解与适用》，载《人民法院报》2012年12月9日。

876

实现担保物权案件的审查标准

关键词 | 实现担保物权 | 审查标准 |

【最高人民法院司法解释】

第三百七十一条 人民法院应当就主合同的效力、期限、履行情况，担保物权是否有效设立、担保财产的范围、被担保的债权范围、被担保的债权是否已届清偿期等担保物权实现的条件，以及是否损害他人合法权益等内容进行审查。

被申请人或者利害关系人提出异议的，人民法院应当一并审查。

——《最高人民法院关于适用〈中华人民共和国民事诉讼法〉的解释》(2015年1月30日，法释〔2015〕5号)

【链接：最高人民法院法官著述】

我们认为，人民法院应当审核申请人提供的相应材料，如担保物权是否成立的证明文件(包括主合同、担保合同、抵押权登记证明或者他项权利证书等)、担保的债务是否已经届满、担保物的现状等事实，必要时可以依职权调查相关事实并询问相关当事人。审查符合法律规定的，人民法院即可裁定对抵押财产进行拍卖或变卖；不符合法律规定的，则驳回实现担保物权申请人的申请。依据新民事诉讼法第一百九十七条的规定，申请被驳回的，当事人可以向人民法院提起诉讼。

如果被申请人提出异议，人民法院又应如何处理？对此，在民事诉讼法修改过程中曾有两种意见：一种意见认为，只要被申请人提出异议，人民法院就应该裁定驳回申请；另一种意见认为，对于被申请人提出异议的，人民法院应该对其异议是否成立进行审查，而不应只要被申请人提出异议就驳回申请。我们认为，对于被申请人提出异议的，人民法院应该进行审查，不能单单依据被申请人提出的异议就驳回申请人的申请，否则有违新民事诉讼法设立该程序的目的。经审查，被申请人的异议确实成立的，则裁定驳回申请。

——高民智：《贯彻实施新民事诉讼法(四)——关于实现担保物权案件程序的理解与适用》，载《人民法院报》2012年12月9日。

877

实现担保物权案件的收费

关键词｜实现担保物权｜

【链接：最高人民法院法官著述】

由于实现担保物权案件是此次民事诉讼法修改后的新增内容，现行的《诉讼费用交纳办法》对如何收费并未有明确规定。我们认为,实现担保物权的案件增设在新民事诉讼法第十五章特别程序中,故应当参照《诉讼费用交纳办法》的相关规定按件收取申请费,而不应以申请实现抵押物权标的额为依据收取。人民法院作出拍卖、变卖担保物的裁定后,申请人向人民法院申请强制执行的,则应按执行金额收取执行申请费,并由被执行人负担。

——高民智:《贯彻实施新民事诉讼法(四)——关于实现担保物权案件程序的理解与适用》,载《人民法院报》2012 年 12 月 9 日。

878

担保物不足以清偿的，申请人应另行通过诉讼取得对剩余债权的执行依据后再行申请强制执行

关键词 | 实现担保物权 | 不足以清偿 | 强制执行 |

【链接：最高人民法院法官著述】

如果人民法院裁定准许拍卖、变卖担保财产后,被申请人没有自动履行该义务的,申请人可向人民法院申请强制执行。在执行过程中,担保物被人民法院拍卖或变卖后,不足于清偿本案申请执行标的额,对于不足部分如何处理,是由人民法院继续执行被申请人的其他财产,还是申请人另行诉讼后再进入执行程序?我们认为,在经执行不足以清偿本案申请执行标的额的,申请人应该另行通过诉讼等取得对于剩余债权的执行依据后再行申请强制执行。

——沈德咏主编、最高人民法院修改后民事诉讼法贯彻实施工作领导小组编著:《最高人民法院民事诉讼法司法解释理解与适用》,人民法院出版社 2015 年版,第 986 ~987 页。

第十七章 | CHAPTER 17

审判监督程序

879

申请再审案件的管辖

关键词｜申请再审｜管辖法院｜

【最高人民法院司法解释】

第三百七十六条 民事诉讼法第一百九十九条规定的人数众多的一方当事人，包括公民、法人和其他组织。

民事诉讼法第一百九十九条规定的当事人双方为公民的案件，是指原告和被告均为公民的案件。

——《最高人民法院关于适用〈中华人民共和国民事诉讼法〉的解释》(2015 年 1 月 30 日，法释〔2015〕5 号)

第一条 当事人在民事诉讼法第一百八十四条规定的期限内，以民事诉讼法第一百七十九条所列明的再审事由，向原审人民法院的上一级人民法院申请再审的，上一级人民法院应当依法受理。

——《最高人民法院关于适用〈中华人民共和国民事诉讼法〉审判监督程序若干问题的解释》(2008 年 11 月 25 日，法释〔2008〕14 号)

【最高人民法院司法政策】

1. 当事人一方人数众多或者当事人双方为公民的案件，当事人申请再审的，应当向原审人民法院提交申请再审材料，原审人民法院应当及时接收。当事人向原审人民法院提交申请再审材料时间为其申请再审时间。

原审人民法院接收上述案件材料后，区分下列情形处理：

(1)当事人选择向原审人民法院申请再审的，依法受理；

(2)当事人选择向上一级人民法院申请再审，经释明，当事人同意向原审人民法院申请再审的，依法受理；

(3)当事人选择向上一级人民法院申请再审，经释明，当事人不同意向原审人民法院申请再审的，在一个月内将申请再审材料、案件全部卷宗和释明情况一并报送上一级人民法院。

对于原审人民法院报送的申请再审案件材料，上一级人民法院认为符合法定条件的，应当及时受理。

2. 原告或者被告一方为三人以上的案件，为民事诉讼法第一百九十九条规定的当事人一方人数众多的案件原审人民法院受理的三件以上的劳动争议、物业服务合同纠纷等一方当事人相同且诉讼标的是同一种类的案件，其中三件以上案件当事人申请再审的，可以作为当事人一方人数众多的案件。

3. 原告和被告均为公民的案件，为民事诉讼法第一百九十九条规定的当事人双方为公民的案件。

——《最高人民法院办公厅关于印发〈全国法院民事再审审查工作座谈会纪要〉的通知》（2013年3月29日，法办〔2013〕36号）

要建立科学有效的工作机制，充分发挥原审人民法院化解两类案件的职能作用。对于当事人一方人数众多和双方当事人为公民的案件，应当坚持分级负责、将矛盾化解在基层的立法精神，引导当事人选择向原审人民法院申请再审。原审人民法院要切实承担起化解矛盾纠纷的责任，增强当事人对人民法院自我监督、自我纠错的信心。当事人坚持向上一级人民法院申请再审的，应当由原审人民法院接收申请材料后报送上一级人民法院。同时，要积极探索上下两级法院受理民事申请再审案件的工作衔接机制，统筹兼顾保障当事人诉权和解决人民法院案多人少矛盾的关系。

——苏泽林：《以党的十八大精神为指引，努力开创民事再审审查工作新局面——在全国法院民事再审审查工作座谈会上的总结讲话》（2013年1月6日），载苏泽林、景汉朝主编，最高人民法院立案一庭、立案二庭编：《立案工作指导》（总第35辑），人民法院出版社2013年版，第8页。

这次民事诉讼法修改对于申请再审的管辖法院一律“上提一级”的现行规定开了口子，即当事人一方人数众多或者当事人双方为公民的两类案件，可以向原审人民法院申请再审。这对学界和立法部门主张的再审应一律由上一级法院审理的理论是个突破，对于将矛盾化解在基层，减轻当事人讼累也具有积极意义。适用时要注意：一是这两类案件当事人申请的，一般由原审人民法院受理，当事人选择上一级法院的，可以引导当事人向原审法院申请再审；二是这两类经过二审终审的、调解结案的以及一审后放弃上诉权的案件，当事人坚持向上级人民法院申请再审的，上一级人民法院应当依法审查，决定再审的，一般情况下可以指定原审人民法院审理;三是案件系经原审人民法院审判委员会讨论过的,经审查决定再审的,一般由上级人民法院提审或指定其他法院审理。

——贺荣:《在全国法院贯彻实施民事诉讼法修改决定座谈会上的总结讲话》(2012 年 9 月 19 日),载江必新主编、最高人民法院研究室编:《司法研究与指导》(总第 3 辑),人民法院出版社 2013 年版,第 47 页。

第七条 申请再审人向原审法院申请再审的,原审法院应针对申请再审事由并结合原裁判理由作好释明工作。申请再审人坚持申请再审的,告知其可以向上一级法院提出。

第八条 申请再审人越级申请再审的,有关上级法院应告知其向原审法院的上一级法院提出。

——《最高人民法院关于受理审查民事申请再审案件的若干意见》(2009 年 4 月 27 日,法发〔2009〕26 号)

【链接:最高人民法院法官著述】

一、关于申请再审管辖法院

新民事诉讼法第一百九十九条在坚持"申请再审上提一级"规定的基础上,增加规定当事人一方人数众多和当事人双方为公民的案件也可以向原审人民法院申请再审,从而改变了申请再审一律由上一级法院管辖的原则。

据统计,当事人一方人数众多和当事人双方为公民的案件约占高级法院受理民事申请再审案件总量的 30%。如何实现将这两类纠纷矛盾化解在基层,解决在当地的立法意图,同时又避免发生多头重复申请的情况,是适用再审审查新规定的首要问题。我们认为,解决这个问题,可以借鉴上诉案件的移送方法,探索建立向原审法院提交申请再审材料,区分不同情况,由原审法院受理或由原审法院向上一级法院报送案件的申请再审案件受理工作新机制。具体设想为:

(一)当事人一方人数众多和当事人双方为公民的案件,当事人申请再审的,应向原审法院提交再审申请书等材料。当事人向原审法院提交申请再审材料的时间为其申请再审时间。

当事人一方人数众多和当事人双方为公民的案件大多为劳动争议、损害赔偿、婚姻家庭、民间借贷、邻里纠纷等案件,一般争议标的额不大,法律关系简单,甚至诉讼标的额小于到上一级法院申请再审的费用。为贯彻立法便于当事人申请再审的目的，进一步减轻其申请再审的诉讼成本，这两类案件当事人申请再审的，应向原审法院提交再审申请书，由原审法院统一接收当事人申请再审材料。建立通过原审法院提交申请再审材料的受理工作机制，一是便于当事人申请再审，减轻当事人讼累；二是统一案件入口，避免发生上下级法院重复审查，裁判矛盾的问题；三是便于原审法院掌握本院生效裁判申请再审动态，及时发现问题改进审判质效；四是便于原审法院开展判后释明化解矛盾。通过原审法院对生效判决认定事实、采信证据、适用法律等方面的释明，使当事人理解和接受生效裁判，避免当事人因不理解裁判而盲目申请再审。当事人向原审法院提交再审申请书的时间为其申请再审时间。

（二）上述案件当事人选择向原审法院申请再审，原审法院经审查符合申请再审条件的，应依法受理。

原审法院收到再审申请书后，按照当事人是否选择向原审法院申请再审，对案件进行第一次分流。当事人选择向原审法院申请再审的，原审法院应审查申请再审的主体、事由、期间等是否符合法定条件以及申请再审的材料是否符合要求。再审申请符合法定条件，但申请再审材料不符合要求的，应一次性告知当事人需要补正的材料，待当事人补正后，及时受理审查。

（三）上述案件当事人选择向上一级法院申请再审，经原审法院释明，当事人同意向原审法院申请再审的，原审法院应依法受理；当事人坚持向上一级法院申请再审的，原审法院应在一个月内将当事人申请再审材料、案件卷宗和释明情况一并报送上一级法院。

对于当事人在再审申请书中明确选择向上一级法院申请再审的，原审法院应做好以下几方面的工作：一是开展判后释明。围绕当事人申请再审理由就生效裁判的事实认定、证据采信、法律适用、审判程序等问题，做好深入的释明和进一步的和解工作，并告知当事人享有向原审法院申请再审的选择权。具体的释明程序和要求可以由各高级法院根据本地实际予以细化。二是对案件进行二次分流。经释明，当事人撤回再审申请的，将申请再审材料退回当事人；当事人达成和解协议的，可以依申请出具再审裁定和调解书；当事人同意向原审法院申请再审，经审查符合受理条件且材料齐备的，应及时受理；当事人坚持向上一级法院申请再审的，应尊重当事人的选择权，及时将案件报送上一级法院。三是及时上报案件材料。对于需要向上一级法院报送的案件，原审法院应及时调齐案件卷宗，写明释明情况报告，随同当事人再审申请书等材料一并报送上一级法院。原审法院原则上要在一个月内完成上述工作。

二、关于“当事人一方人数众多和当事人双方为公民的案件”范围

立法赋予一方人数众多和双方为公民的案件当事人选择申请再审法院权利的主要目的，一是便利当事人参加诉讼；二是便利法院查明事实，就地解决纠纷。实现这一立法目的，要求在具体适用中尽量扩大享有选择权的当事人范围，充分尊重当事人选择原审法院申请再审的意愿。我们认为，可以按照以下标准界定两类案件范围：

（一）当事人一方人数众多的案件范围

原告、被告或者第三人一方为三人以上的案件可以作为当事人一方人数众多的案件。以一方当事人为三人以上为标准界定当事人一方人数众多的案件范围，既有利于保障当事人选择权，实现立法目的，又明确了原审法院接收案件材料及享有管辖权的案件范围，避免上下级法院重复受理案件，可以在一段时期内探索试行。值得注意的是，原审法院受理的三件以上的劳动争议、物业服务合同纠纷等一方当事人相同且诉讼标的是同一种类的案件，更适于就地查明事实，解决纠纷，本身也具备普通共同诉讼的特点，可以作为当事人一方人数众多的案件。

（二）当事人双方为公民的案件范围

我们认为，符合以下三种情况之一的案件应属当事人双方为公民的案件：

1. 一审原告和被告均为公民。原告和被告是本诉双方当事人，是民事诉讼两造对审模式的基本诉讼参加人，应以原告和被告为准划定此类案件范围。主要包括两种情况：一是一审生效的裁判，原告和被告均为公民的；二是二审生效的裁判，其一审阶段的原告和被告均为公民的。

2. 二审上诉人和被上诉人均为公民。二审的审理范围是当事人上诉请求范围，上诉人和被上诉人是二审争议的双方当事人，上诉人和被上诉人均为公民的，应属于此类案件。主要包括两种情况：一是一审原告和被告以及二审上诉人和被上诉人均为公民的；二是一审原告和被告有一方是公民，第三人是公民，第三人提出上诉或者是被上诉人，二审上诉人或者被上诉人均为公民的。

3. 再审申请人和再审被申请人均为公民。再审审查的范围是当事人主张的再审事由，再审申请人和再审被申请人是再审审查阶段的双方当事人，不论一审或者二审当事人是否均为公民，只要在申请再审阶段，其再审申请人和再审被申请人双方均为公民的，亦应属于此类案件。

——高民智：《贯彻实施新民事诉讼法（七）——关于再审审查程序的理解与适用》，载《人民法院报》2012年12月12日。

编者说明

1991 年《民事诉讼法》第 178 条规定，当事人可以向原审人民法院或者上一级人民法院申请再审，既未明确上下级法院就申请再审发生管辖权冲突的解决规则，也未明确当事人只能在原审人民法院和上一级人民法院之间选择其一提起再审申请，这一立法的选择性规定在司法实践中引发了诸多弊端。

为改变申请再审管辖的无序状态，解决“申诉难”问题，2007 年《民事诉讼法》将 1991 年《民事诉讼法》第 178 条中当事人可以向原审人民法院申请再审的内容删去，仅规定当事人可以向上一级人民法院申请再审，明确了申请再审案件的管辖法院是作出生效裁判法院的上一级法院，有利于改变当事人向不同级别法院重复申请的现象，防止上下级法院之间对于申请再审案件相互推诿，对于切实保障当事人申请再审权，解决“申诉难”问题具有积极意义。同时，也不可避免地带来了上级法院特别是高级人民法院和最高人民法院的申请再审案件数量大幅上升，审查质量效率难以充分保证，当事人申请再审成本增加等问题。

2012 年《民事诉讼法》在 2007 年《民事诉讼法》第 178 条基础上，对于“申请再审上提一级”的申请再审管辖制度进行了调整，增加当事人一方人数众多以及当事人双方为公民的案件也可以向原审人民法院申请再审的规定。由于《民事诉讼法》未规定当事人一方人数众多和当事人双方为公民的案件的具体认定标准，为引导当事人依法行使权利，便于各级法院准确把握申请再审案件管辖规定，《2015 年解释》予以了明确。

880

当事人分别向原审法院和上一级法院申请再审的处理

关键词 | 申请再审 | 管辖法院 | 原审法院 |

【最高人民法院司法解释】

第三百七十九条 当事人一方人数众多或者当事人双方为公民的案件，当事人分别向原审人民法院和上一级人民法院申请再审且不能协商一致的，由原审人民法院受理。

——《最高人民法院关于适用〈中华人民共和国民事诉讼法〉的解释》（2015 年 1 月 30 日，法释〔2015〕5 号）

【链接：最高人民法院法官著述】

第一，当事人分别向原审人民法院和上一级人民法院申请再审，这里的"分别"，指的是在没有收到对方当事人的再审申请书副本的情况下，向有管辖权的人民法院申请再审。换言之，在一方当事人已经向有管辖权的法院之一申请再审，法院已经受理并向对方当事人发送再审申请书副本，对方当事人已经收到该副本的情况下，还向另一具有管辖权的法院申请再审，这种情况属于规避已经受理的法院管辖，不属于本条规定的情况，应由已经受理的法院审查。

第二，当事人分别向原审人民法院和上一级人民法院申请再审，两受理法院应及时征求双方当事人意见，由当事人协商确定管辖权。协商不成的，由原审人民法院受理。

——沈德咏主编、最高人民法院修改后民事诉讼法贯彻实施工作领导小组编著：《最高人民法院民事诉讼法司法解释理解与适用》，人民法院出版社 2015 年版，第 1006 ~ 1007 页。

881

已依法立案审查的再审申请案件不可再报请移送上级法院审理

关键词 | 申请再审 | 立案审查 |

【最高人民法院审判业务意见】

在二审判决已经生效后，当事人已依据民事诉讼法第二百零五条规定经向二审法院申请再审，且二审法院已对当事人的再审申请立案进行审查的情况下，当事人不能再向二审法院的上级法院申请再审，二审法院亦不能将该案移送其上级法院进行再审审查。对于二审法院的报请移送，上级法院不应立案审查；已经立案审查的，则应根据民事诉讼法第一百九十九条的规定，裁定终结审查当事人提出的再审申请。二审法院并应同时要求原再审审查法院继续对当事人的再审申请进行审查。

——最高人民法院民一庭：《人民法院不能将其已依法立案审查的再

审申请案件报请移送上级人民法院审理》，载杜万华主编、最高人民法院民事审判第一庭编：《民事审判指导与参考》（总第64辑），人民法院出版社2016年版，第159页。

882

双方当事人一并申请再审的处理

关键词 | 双方当事人 | 一并申请再审 | 诉讼地位 |

【最高人民法院司法解释】

第三百九十八条 审查再审申请期间，被申请人及原审其他当事人依法提出再审申请的，人民法院应当将其列为再审申请人，对其再审事由一并审查，审查期限重新计算。经审查，其中一方再审申请人主张的再审事由成立的，应当裁定再审。各方再审申请人主张的再审事由均不成立的，一并裁定驳回再审申请。

——《最高人民法院关于适用〈中华人民共和国民事诉讼法〉的解释》（2015年1月30日，法释〔2015〕5号）

第二十二条 在审查再审申请过程中，对方当事人也申请再审的，人民法院应当将其列为申请再审人，对其提出的再审申请一并审查。

第二十六条 人民法院审查再审申请期间，人民检察院对该案提出抗诉的，人民法院应依照民事诉讼法第一百八十八条的规定裁定再审。申请再审人提出的具体再审请求应纳入审理范围。

——《最高人民法院关于适用〈中华人民共和国民事诉讼法〉审判监督程序若干问题的解释》（2008年11月25日，法释〔2008〕14号）

【最高人民法院司法政策】

7. 人民法院在审查申请再审案件过程中，被申请人或者其他当事人提出符合条件的再审申请的，应当将其列为申请再审人，对于其再审事由一并审查，审查期限重新计算。经审查，其中一方申请再审人主张的再审事由成立的，人民法院即应裁定再审。部分当事人主张的再审事由成立,其余当事人主张的再审事由不成立的,在裁定书中载明部分当事人主张的再审事由成立,对于其余当事人主张的再审事由是否成立不作结论。各方申请再审人主张的再审事由均不成立的,一并裁定驳回。

一方当事人申请再审经人民法院裁定再审后,被申请人或其他当事人在再审审理期间提出再审申请的,不再进行审查,移送再审审理机构处理。被申请人或其他当事人在前案再审结束后对原裁判申请再审的,告知其可针对新作出的再审裁判主张权利。

——《最高人民法院关于印发〈第一次全国民事再审审查工作会议纪要〉的通知》(2011 年 4 月 21 日,法〔2011〕159 号)

第二十二条 人民法院在审查申请再审案件过程中,被申请人或者原审其他当事人提出符合条件的再审申请的,应当将其列为申请再审人,对于其申请再审事由一并审查,审查期限重新计算。经审查,其中一方申请再审人主张的再审事由成立的,人民法院即应裁定再审。各方申请再审人主张的再审事由均不成立的,一并裁定驳回。

——《最高人民法院关于受理审查民事申请再审案件的若干意见》(2009 年 4 月 27 日,法发〔2009〕26 号)

【最高人民法院审判业务意见】

最高人民法院民一庭认为,对于一方当事人提出的再审申请,人民法院裁定提审后,被申请人在再审审理过程中也提出再审申请且未超过两年的再审申请期间的,应当一并审理。

——姜强:《人民法院已经提审的案件,被申请人在再审审理过程中提出不同的再审申请的,人民法院应否一并审理》,载最高人民法院民事审判第一庭编:《民事审判指导与参考》(总第 45 辑),人民法院出版社 2011 年版,第 147 页。

【链接:最高人民法院法官著述】

第一,关于当事人的诉讼地位问题。在审查过程中,被申请人或者其他当事人也提出符合条件的再审申请的，也应列为再审申请人，从而使一个案件存在多方再审申请人。相应地，一旦案件裁定再审，各方再审申请人提出的再审请求均应纳入再审审理范围。

第二，关于在部分当事人申请再审理由成立，案件应当裁定再审情况下，是否应在裁定书中驳回申请再审理由不成立的再审申请人的再审申请问题。该问题在本司法解释起草过程中存在一定争议，主要有两种观点：一种观点认为既然申请再审的理由不成立，该方当事人就不能作为再审申请人，裁定书中应当明确驳回其再审申请，其再审请求也不应纳入再审审理范围。另一种观点认为，再审审查的目的在于确定裁判是否存在再审事由，是否应当裁定再审，一旦案件进入再审审理阶段，各方已经提出再审申请的当事人均应享有平等的诉讼权利，对其诉讼请求应当一并审理，以利于纠纷的一次性解决。因此，案件存在再审事由，进入再审程序的，应当将各方再审申请人提出的再审请求一并纳入再审审理范围。在此前提下，裁定书中不宜直接驳回申请再审理由不成立的再审申请，以避免与再审审理结果相矛盾。根据《第一次全国民事再审审查工作会议纪要》第7条的规定，在多方当事人申请再审的情况下，经审查，部分当事人主张的再审事由成立，其余当事人主张的再审事由不成立的，在裁定书中载明部分当事人主张的再审事由成立，对于其余当事人主张的再审事由是否成立不作结论。实践中可以予以参照。

——沈德咏主编、最高人民法院修改后民事诉讼法贯彻实施工作领导小组编著：《最高人民法院民事诉讼法司法解释理解与适用》，人民法院出版社2015年版，第1053～1054页。

883

申请再审期间检察院提出抗诉的处理

关键词 | 申请再审 | 抗诉 |

【最高人民法院司法解释】

第二十六条 人民法院审查再审申请期间，人民检察院对该案提出抗诉的，人民法院应依照民事诉讼法第一百八十八条的规定裁定再审。申请再审人提出的具体再审请求应纳入审理范围。

——《最高人民法院关于适用〈中华人民共和国民事诉讼法〉审判监督程序若干问题的解释》(2008 年 11 月 25 日,法释〔2008〕14 号)

【最高人民法院审判业务意见】

人民法院审查再审申请期间,人民检察院对该案提出抗诉的处理问题。对此,《解释》明确,人民检察院基于本方当事人或对方当事人的申请对该案提出抗诉的,人民法院应当在接到抗诉书后,依照民事诉讼法第一百八十八条的规定裁定再审。对于申请再审人提出的具体再审请求,应纳入已经启动的再审审理的范围中一并予以审理。同时规定,上一级人民法院经审查认为申请再审事由成立的,一般由本院提审。最高人民法院、高级人民法院也可以指定与原审法院同级的其他法院再审,或指令原审法院再审。

——最高人民法院审判监督庭负责人:《就〈关于适用《民事诉讼法》审判监督程序若干问题的解释〉答记者问》,载万鄂湘、张军主编:《商事法律文件解读》(总第 48 辑),人民法院出版社 2008 年版,第 25 页。

884

离婚案件一方当事人二审过程中死亡,法院判决后对方当事人可以申请再审

关键词 | 申请再审 | 离婚案件 |

【链接:最高人民法院法官著述】

案例:原告刘某与被告宋某于 1994 年在郑州市中原区民政局登记结婚,婚后感情一般,双方均系再婚,无婚生子女。原告刘某起诉要求离婚,郑州市中原区人民法院于 2003 年 12 月 23 日作出(2003)中民初字第 2588 号民事判决,判决离婚。宣判后,被告宋某不服,向郑州市中级人民法院提出上诉。2004 年 3 月 23 日在郑州市中级人民法院二审开庭过程中,被上诉人刘某死亡,法院当庭宣判驳回上诉,维持原判。宋某不服,多次向郑州市中院申请再审。就此案能否

立案再审，向河南省高级人民法院请示。

结论：本案表面上是就解除婚姻关系的判决申请再审，实质上并非针对该判决，而是要求纠正原审重大程序违法，按照民事诉讼法的规定终结诉讼，因此，该案当事人的再审申请应予受理。

理由：有一种意见认为，宋某申请再审的是解除婚姻关系的判决，对此，《中华人民共和国民事诉讼法》第一百八十一条明确规定，当事人不得申请再审。且婚姻关系的一方当事人死亡的，婚姻关系自然结束。人民法院二审判决解除双方婚姻关系与当事人一方死亡后的婚姻关系状态并不矛盾，再审无实际意义。但我们研究认为，本案不能简单理解为就解除婚姻关系的判决申请再审，如果不保护当事人申请再审的权利，将造成明显的不公平。

第一，本案判决作出的基础是严重违反法定程序的。民事诉讼法第一百三十七条第三项规定：离婚案件一方当事人死亡的，应当终结诉讼。该案二审开庭过程中，一方当事人死亡，生效判决尚未作出，诉讼并未结束，法院应当终结诉讼，而不应再下达判决。本案判决作出的程序是根本违法的，应当承认当事人申请撤销该判决的权利。

第二，虽然婚姻关系一方当事人死亡与判决解除婚姻关系，均产生婚姻关系消灭的后果，但在财产继承方面是根本不同的。在前一种情况下，配偶是法定第一顺序继承人，在分割夫妻共同财产后，仍有权继承对方的遗产；在后一种情况下，配偶只能按照判决确定的份额分割，并不享有遗产继承权。本案中，刘某在二审开庭时死亡，根据继承法关于继承从被继承人死亡时开始的规定，在生效判决作出前，继承已经开始，如果二审法院依法终结诉讼，则宋某仍能以刘某配偶身份享有继承权。由于二审法院违反民事诉讼法关于离婚案件一方当事人死亡，应当终结诉讼的规定，判决宋某与已经死亡的刘某解除婚姻关系，间接剥夺了宋某的继承权。

第三，从立法本意来讲，民事诉讼法规定当事人对已经发生法律效力的解除婚姻关系的判决，不得申请再审，其理由是：夫妻关系是以爱情为基础的，不能靠强制的方法使已经解除婚姻关系的男女再结合在一起。况且，进行再审，还可能出现再审判决与现实婚姻冲突等一系列无法解决的问题。本案一方当事人于诉讼过程中死亡，当事人所申请的是依法撤销判决，而并非改变该判决内容，完全不存在立法所担忧的上述问题。

——阿依古丽、王胜全、李伟、刘小飞：《新型疑难民商事案件受理问题（下）》，载苏泽林主编、最高人民法院立案庭编：《立案工作指导》（总第13辑），人民法院出版社2007年版，第62～63页。

885

案外人就生效的判决、裁定、调解书申请再审的情形

关键词｜案外人｜申请再审｜执行异议｜

【最高人民法院司法解释】

第四百二十二条 必须共同进行诉讼的当事人因不能归责于本人或者其诉讼代理人的事由未参加诉讼的,可以根据民事诉讼法第二百条第八项规定,自知道或者应当知道之日起六个月内申请再审,但符合本解释第四百二十三条规定情形的除外。

第四百二十三条 根据民事诉讼法第二百二十七条规定,案外人对驳回其执行异议的裁定不服,认为原判决、裁定、调解书内容错误损害其民事权益的,可以自执行异议裁定送达之日起六个月内,向作出原判决、裁定、调解书的人民法院申请再审。

——《最高人民法院关于适用〈中华人民共和国民事诉讼法〉的解释》(2015 年 1 月 30 日,法释〔2015〕5 号)

第五条 案外人对原判决、裁定、调解书确定的执行标的物主张权利,且无法提起新的诉讼解决争议的,可以在判决、裁定、调解书发生法律效力后二年内,或者自知道或应当知道利益被损害之日起三个月内,向作出原判决、裁定、调解书的人民法院的上一级人民法院申请再审。

在执行过程中,案外人对执行标的提出书面异议的,按照民事诉讼法第二百零四条的规定处理。

——《最高人民法院关于适用〈中华人民共和国民事诉讼法〉审判监督程序若干问题的解释》(2008 年 11 月 25 日,法释〔2008〕14 号)

【最高人民法院司法政策】

8. 案外人对判决、裁定、调解书确定的执行标的物主张权利,且无法提起新的诉讼解决争议而申请再审的,应予受理。

——《最高人民法院关于印发〈第一次全国民事再审审查工作会议纪要〉的通知》(2011 年 4 月 21 日,法〔2011〕159 号)

【最高人民法院审判业务意见】

案外人申请再审的,不予受理。为遏制侵害案外人利益的虚假诉讼行为,新民事诉讼法规定了案外人撤销之诉制度。案外人认为生效裁判侵害其合法权益的,应当依法向原审人民法院提起撤销之诉,不再享有申请再审权利。据此,案外人申请再审的,不予受理。

——郑学林:《在全国法院民事再审审查工作座谈会上的总结讲话》(2013 年 1 月 7 日),载苏泽林、景汉朝主编,最高人民法院立案一庭、立案二庭编:《立案工作指导》(总第 35 辑),人民法院出版社 2013 年版,第 12 页。

一方当事人在案件审理过程中,以恶意串通为由,对其作为案外人的已经生效的调解书提出异议的,人民法院不能就调解书的内容在本案中再行审查,可告知提出异议的当事人另行就调解书申请再审。

——于蒙:《已生效调解书的案外人在另案审理过程中以恶意串通为由对调解书内容提出异议的司法应对》,载最高人民法院民事审判第一庭编:《民事审判指导与参考》(总第 47 辑),人民法院出版社 2011 年版,第 141 页。

【《最高人民法院公报》案例】

深圳市佩厅进出口贸易有限公司与湖北银行股份有限公司宜昌南湖支行、华诚投资管理有限公司破产债权确认纠纷案[最高人民法院(2012)民申字第 386 号民事裁定书]

裁判要旨:案外人不能依据《中华人民共和国民事诉讼法》第一百七十九条的规定申请再审,因为该条适用对象仅限于生效判决列明的当事人及其权利义务的概括继承人。依据《中华人民共和国民事诉讼法》第二百零四条和最高人民法院《关于适用〈中华人民共和国民事诉讼法〉审判监督程序若干问题的解释》第五条的规定,案外人申请再审的构成要件之一是对原判决、裁定或者调解书确定的执行标的物能够主张权利,此处所称的对执行标的物能够主张权利并不包括对执行标的物享有债权这一情形。

——《最高人民法院公报》2012 年第 12 期

【链接：最高人民法院法官著述】

1. 如何列明当事人

我们初步认为，在案外人申请再审的审查案件中，案外人应当称为申请再审人，原判决、裁定和调解书中的当事人可以称为被申请人。按照一审程序再审审理中追加案外人的，可以称为原告，对方当事人为被告。按照二审程序再审的调解过程中，可以直接称为案外人。

2. 案外人申请再审是否必须经过执行程序中的民事裁定

根据2007年修正后的《民事诉讼法》第204条规定，案外人申请再审，似乎需要以取得执行程序中的裁定为前提。其实，立法条文对案外人是否直接有申请再审的权利的表述比较含糊，也就是全国人大常委会法工委到民事诉讼立法修正最后阶段试图以立法形式直接赋予案外人申请再审权利的原因。从本条文第1款来讲，并没有要求以取得执行程序中的裁定为前提，但是强调了对原判决、裁定、调解书确定的执行标的物上主张权利，实际上是作了适当的扩张解释。本条文第2款明确：案外人对执行标的提出书面异议的，按照《民事诉讼法》第204条的规定处理，这里则需要有执行阶段的中止裁定为前提。另外，需要明确的是，执行标的物与执行标的是不同的。执行标的物指向的是物，执行标的则是指执行对象，既包括物以及其他可转让权利，还包括要求履行一定的行为。

3. 关于案外人提出异议的事由

我们认为，案外人申请再审与当事人申请再审是有区别的，主要有以下两点：一是案外人申请再审仅为撤销之诉，当事人申请再审则不限于此；二是当事人申请再审需要按照《民事诉讼法》第179条规定的法定再审事由进行，案外人申请再审的事由则一般不适用列举的事由，而仅为其与原审裁判及调解书存在不可分的诉的利益或权利。本条第1款规定“案外人对原判决、裁定、调解书确定的执行标的物主张权利”事由，主要是指物权。第2款中的“执行标的”应当理解为既包括主张所有权，又包括其他可转让的权利；既包括有形的财产权利，又包括无形的财产权利，如知识产权。

4. 关于案外人申请时应当提交的材料

除了需要提交再审申请书，原审法院的发生法律效力的判决书、裁定书、调解书，以及身份证明以外，还应当提交证明自己对执行标的物享有实体权利的证据，这在司法解释条文中无法一一列明，但却是案外人申请再审的题中应有之义。

——江必新主编、最高人民法院审判监督庭编著:《最高人民法院关于适用民事诉讼法审判监督程序司法解释理解与适用》,人民法院出版社2008年版,第66~67页。

编者说明

案外人对于人民法院生效判决、裁定不服,提出再审申请的依据是《最高人民法院关于适用〈中华人民共和国民事诉讼法〉审判监督程序若干问题的解释》第5条第1款之规定,如果可以通过提起新的诉讼解决争议的,一般应另行起诉。

关于案外人申请再审与第三人撤销之诉之间的关系见“第三人撤销之诉”专题。

886

案外人不能以调解书约定债权人有权申请采取强制执行措施为由申请启动再审程序

关键词 | 民事调解书 | 案外人 | 申请再审 | 审判监督程序 |

【最高人民法院裁判文书】

国浩房地产(中国)有限公司就深圳发展银行与北京东华广场置业有限公司、北京城建东华房地产开发有限责任公司撤销权纠纷申请再审案

裁判要旨:民事调解书确定的执行标的仅为金钱给付内容的债权,没有将某项财产直接确定为执行标的物;只是明确债务人未按约定履行付款义务,债权人有权申请强制执行,依法拍卖该财产并从中受偿。不能因民事调解书明确约定了债权人有权申请采取强制执行措施,就认定民事调解书损害了案外人的利益,从而根据案外人的再审申请启动再审程序。

最高人民法院认为:

案外人申请再审应当符合法律明确的规定,即案外人对法律文书确定的执行标的物主张权利,且无法提起新的诉讼解决争议的,方可在法定期限内向人民法院申请再审。

1. 民事调解书明确的执行标的物不是特定物

该调解书确定的执行标的仅为金钱给付内容的债权,即北京城建东华公司向深圳发展银行支付现金10亿元人民币以清偿其债务，没有将东直门项目直接确定为执行标的物；与此同时，只是明确北京城建东华公司未按约定履行付款义务，深圳发展银行有权申请强制执行，依法拍卖该项目并从中受偿。即使生效民事调解书不对上述强制执行措施作出明确约定，依据法律的相关规定，债权人深圳发展银行亦有权申请人民法院对到期债权予以强制执行；执行法院根据深圳发展银行的申请，同样可依法对东直门项目等被执行人名下的财产采取拍卖等强制执行措施。故不能因民事调解书明确约定了深圳发展银行有权申请采取强制执行措施，就认定民事调解书损害了案外人国浩公司的利益。

2. 案外人国浩公司不是东直门项目权利所有主体

根据案件一、二审法院审理查明的事实以及案件当事人提供的证据，北京市发展计划委员会及北京市建设委员会京计基字〔2000〕第1072号《关于开发建设东直门交通枢纽暨地区改造工程项目建议书的批复》、北京市规划委员会向北京城建东华公司出具的2001－规意字－0227规划意见书、北京市东城区房屋土地管理局发给北京城建东华公司东拆许字〔2001〕第13号和第16号至第20号房屋拆迁许可证、北京市规划委员会向北京城建东华公司颁发的2001－规地字－0058建设用地规划许可证、北京市人民政府京政房地字〔2001〕14号《关于对北京城建东华公司申请划拨东城区东直门外大街北侧国有土地使用权的批复》、北京市国土资源和房屋管理局向北京城建东华公司核准颁发的京国土房管划〔批〕字〔2001〕第014号北京市城镇建设用地批准书、北京城建东华公司与北京市国土资源局签订的《北京市国有土地使用权出让合同》、北京城建东华公司缴纳地价款专用收据和契税缴款书以及中华人民共和国京东国用〔2005〕出第A00572号国有土地使用证等证据证实北京城建东华公司是东直门项目的所有者。国浩公司提供的北京市人民政府〔2008〕90008号、90055号《签报》和交接东直门综合交通枢纽工程的有关材料，不是产权登记部门出具的变更权属登记的凭证，不是对在建工程和土地使用权等予以确权的根据，不能证明国浩公司已取得东直门项目的物权。案外人国浩公司拟通过海南京灏公司受让北大青鸟公司等公司持有东直门项目的北京城建东华公司90%股权，因约定股权转让以工商登记为准，案外人国浩公司没有提供证据证明海南京灏公司所持股权已过户至国浩公司或其控股的公司名下，也未提供办理股权转让与之相应的工商变更登记手续。故无证据证明案外人国浩公司是东直门项目的所有者。

3. 有关纠纷仍可通过提起新的诉讼方式予以解决

如果案外人国浩公司认为因与其他公司受让股权而支付价款或对东直门项

目建设投入资金等使其利益受到损害,可以通过相应的诉讼方式予以解决。实际上,国浩公司及其控股北京江盛房地产开发有限公司与海南京灏公司股权转让纠纷案已向北京市第一中级人民法院提起诉讼,人民法院正在审理,并非案外人国浩公司无法提起新的诉讼解决争议。

4. 民事调解书的内容并不违反法律强制性规定

该调解书的当事人均明确表示达成和解协议是自愿行为,且通过一、二审法院的审理查明深圳发展银行与北京城建东华公司等当事人之间存在借贷的客观事实,案外人国浩公司亦未提供相应证据予以否认。由于国浩公司没有提供证据证明其对海南京灏公司或北京城建东华公司享有股权,故不能确定国浩公司是北京城建东华公司的实际控制人。北京城建东华公司作为独立的法人主体,有权以法人的财产对外承担民事责任,且北大青鸟公司、北京东华置业公司愿承担连带保证责任。因此,北京城建东华公司向深圳发展银行承担债务的行为并不损害国浩公司向北京城建东华公司或其他公司主张债权。故民事调解书的内容不存在恶意串通损害第三人利益和侵害案外人利益的情形。

——江必新主编、最高人民法院审判监督庭编:《审判监督指导》(总第32辑),人民法院出版社2010年版,第135~147页。

887

当事人权利义务承继者及债权受让人申请再审的资格

关键词 | 权利义务承继者 | 债权受让人 | 申请再审资格 |

【最高人民法院司法解释】

第三百七十五条 当事人死亡或者终止的,其权利义务承继者可以根据民事诉讼法第一百九十九条、第二百零一条的规定申请再审。

判决、调解书生效后,当事人将判决、调解书确认的债权转让,债权受让人对该判决、调解书不服申请再审的,人民法院不予受理。

——《最高人民法院关于适用〈中华人民共和国民事诉讼法〉的解释》(2015年1月30日,法释〔2015〕5号)

海南省高级人民法院：

你院《关于海南长江旅业有限公司、海南凯立中部开发建设股份有限公司与交通银行海南分行借款合同纠纷一案的请示报告》(〔2009〕琼民再终字第16号)收悉。经研究，答复如下：

判决生效后当事人将判决确认的债权转让，债权受让人对该判决不服提出再审申请的，因其不具有申请再审人主体资格，人民法院应依法不予受理。

——《最高人民法院关于判决生效后当事人将判决确认的债权转让债权受让人对该判决不服提出再审申请人民法院是否受理问题的批复》(2010年1月7日，法释〔2011〕2号)

【最高人民法院司法政策】

8. 判决生效后当事人将判决确认的债权转让，债权受让人对该判决不服申请再审的，不予受理。

——《最高人民法院关于印发〈第一次全国民事再审审查工作会议纪要〉的通知》(2011年4月21日，法〔2011〕159号)

【最高人民法院审判业务意见】

最高人民法院民一庭认为，依法就生效判决享有申请再审的权利主体应为原审当事人及其权利义务承受人、法定案外人。生效判决确认债权的受让人并非原审当事人，不是适格的申请再审人。

——关丽：《生效判决确认债权的受让人是否享有对生效判决的申请再审权》，载最高人民法院民事审判第一庭编：《民事审判指导与参考》(总第45辑)，人民法院出版社2011年版，第129页。

【《最高人民法院公报》案例】

中国太平洋保险(集团)股份有限公司与中国东方资产管理公司青岛办事处、王志刚、胡建君船舶保险合同纠纷再审案[最高人民法院(2011)民提字第249号民事判决书]

裁判要旨：案外人已将其债权转让给他人，又基于已转让的债权，对涉及该债权的生效民事调解书申请再审，没有法律依据，应予以驳回。合同双方当事人在损失能够基本得到补偿的情况下，各自出于对诉讼风险等因素的考虑而自愿达成调解协议，不宜认定为恶意串通放弃债权损害第三人利益。

——《最高人民法院公报》2012 年第 11 期

【最高人民法院裁判文书】

王磊与民生投资管理股份有限公司借款纠纷申诉案［最高人民法院（2011）民提字第 127 号民事判决书］

裁判要旨：判决生效后当事人将判决确认的债权转让，债权受让人对该判决不服提出再审申请的，因其不具有申请再审人主体资格，人民法院应依法不予受理。

最高人民法院认为：

鲁萌公司认为，其从东方资产公司受让债权合法有效，具有申请再审人主体资格。民生公司则认为，鲁萌公司申请再审，违反了最高人民法院法释〔2011〕2 号批复的规定，不具有申请再审人主体资格。最高人民法院认为，鲁萌公司的债权系从东方资产公司受让取得，该债权系经青岛中院再审生效判决确认给东方资产公司后转让的。鲁萌公司受让该债权后不再具有申请再审人主体资格，不能行使申请再审的权利。依据包括两个司法解释：（1）依照最高人民法院法释〔2011〕2 号《关于判决生效后当事人将判决确认的债权转让债权受让人对该判决不服提出再审申请人民法院是否受理问题的批复》的规定，这类债权受让人不具有申请再审人主体资格，对其再审申请人民法院依法不予受理。该批复于 2011 年 2 月 1 日施行。尽管本院裁定提审本案时该批复尚未施行，但程序性司法解释适用于正在审理的案件，结合相关审判实践，本案应适用该批复，对鲁萌公司的申请再审人主体资格应予否定。（2）依照最高人民法院法释〔2008〕14 号《关于适用〈中华人民共和国民事诉讼法〉审判监督程序若干问题的解释》第四十一条的规定，民事再审案件的当事人应为原审案件的当事人。原审案件当事人死亡或者终止的，其权利义务承受人可以申请再审并参加再审诉讼。本条解释规定在两种情形当事人以外的权利义务承受人可申请再审，而本案中的鲁萌公司并不在上述两种情形之列，不具有申请再审人主体资格。

——最高人民法院民事审判第一庭编：《民事审判指导与参考》（总第 47 辑），人民法院出版社 2011 年版，第 156 页。

【链接：最高人民法院法官著述】

审判实践中应当注意以下问题：

第一，生效判决、裁定、调解书列明的当事人以外的其他主体申请再审的，应当注意审查其与当事人和案件之间的关系，区分不同情况判断是否应予认可其申请再审主体地位。主要有以下四种情况：一是本条第一款规定的原审案件当事人的权利义务承继者申请再审；二是本条第二款规定的债权受让人申请再审；三是本司法解释第四百二十二条规定的被遗漏的必要共同诉讼人申请再审；四是本司法解释第四百二十三条规定的执行异议被裁定驳回后的案外人申请再审。上述第一种情况，人民法院应当要求再审申请人提交原审案件当事人死亡或者终止，以及其系当事人继承人或者权利义务承受人的证据材料，审查属实的应予受理。上述第二种情况，人民法院应当根据本条第二款的规定告知不予受理。上述第三种和第四种情况，应当根据本司法解释第四百二十二条和第四百二十三条的规定对于申请再审资格以及是否符合受理条件进行审查。

第二，作为当事人的自然人死亡的，除非部分继承人明确放弃权利，应当由其全部继承人作为共同申请人提出再审申请。案件裁定再审后，也应当由全部继承人共同参加再审诉讼。

第三，民事诉讼法第一百五十条关于中止诉讼的规定适用于再审审查程序。人民法院在再审审查过程中查明一方当事人死亡，需要等待继承人表明是否参加诉讼的，或者作为一方当事人的法人或者其他组织终止，尚未确定权利义务承受人的，可以依照民事诉讼法第一百五十条的规定裁定中止审查。

——沈德咏主编、最高人民法院修改后民事诉讼法贯彻实施工作领导小组编著：《最高人民法院民事诉讼法司法解释理解与适用》，人民法院出版社2015年版，第994～995页。

《最高人民法院关于判决生效后当事人将判决确认的债权转让债权受让人对该判决不服提出再审申请人民法院是否受理问题的批复》适用于判决生效后当事人将判决确认的债权转让的情形，那么悬而未决的问题是，对于在判决生效前的诉讼过程中，当事人将作为诉讼标的法律关系的债权转让的，判决生效后，债权受让人有无申请再审人资格？

1. 诉讼过程中发生债权转让后，债权受让人参与了诉讼的情形。这种情形下，债权受让人代替了原诉讼当事人的地位参与了诉讼，是生效判决确定的当事人，直接受判决既判力所及，自然有再审申请人资格。对在处理涉及金融不良资产的诉讼中发生债权转让的，《最高人民法院关于审理涉及金融资产管理公司收购、管理、处置国有银行不良贷款形成的资产的案件适用法律若干问题的规定》第2条规定："金融资产管理公司受让国有银行债权后，人民法院对于债权转让前原债权银行已经提起诉讼尚未审结的案件，可以根据原债权银行或者金融资产管理公司的申请将诉讼主体变更为受让债权的金融资产管理公司。"此外，《最高人民法院关于金融资产管理公司收购、处置银行不良资产有关问题的补充通知》第3条也规定："金融资产管理公司转让、处置已经涉及诉讼、执行或者破产等程序的不良债权时，人民法院应当根据债权转让协议和转让人或者受让人的申请，裁定变更诉讼或者执行主体。"可见在处理涉及金融不良资产的案件过程中，发生债权转让的，通常是变更诉讼主体参与诉讼，而且经历了从"可以变更"到"应当变更"的司法政策上的变化。但对由于各种原因未作诉讼主体变更的，会产生哪些诉讼法律后果，则未作出规定。

2. 诉讼过程中发生债权转让，债权受让人没有参与诉讼的情形。债权受让人没有参与诉讼的原因可能有多种：一是知道诉讼系属的事实，但不愿意参加诉讼而未参加诉讼。债权受让人明知诉讼发生的事实而不愿意参加诉讼，表明其主观上放任诉讼结果的发生，判决结果在其合理预期以内。不赋予其动摇原审裁判结果的机会，不会损害其预期利益。二是由于债权让与人不告知或者法院未通知等非由于自己的原因，致使债权受让人不知道诉讼系属的事实而未能参加诉讼。例如，某资产管理公司起诉债务人归还借款，诉讼过程中又将该不良金融债权转让给张三，张三未被告知该债权已经诉讼的事实。其后资产管理公司在诉讼中消极诉讼，致使获得败诉判决。从法理上讲，由于案外人非由于自己的原因而未参加原审程序，未能充分行使攻击防御方法，既然未受事前的程序保障，就不应当受生效裁判既判力的拘束，就特定类型事件，有时需要将判决的效力扩张及于当事人以外的第三人。在上述案例中，张三尽管未参加诉讼，但其作为权利义务承受人仍然受该不利判决既判力所及，不能另行起诉债务人归还借款，法院受"一事不再理"原则约束亦不能重复审理。

再审程序为原审程序的再开或续行，因此再审程序的当事人原则上应当与原审程序的当事人保持同一。从平衡各方当事人利益及维护诉讼顺利进行的立场出发，应当不允许特定继受人有申请再审人主体资格。主要理由是：(1)保护了债务人的诉讼信赖利益。当事人之间的诉讼系基于一定的法律关系，双方当事人在原审诉讼中的诉讼主张和请求、攻击防御方法为双方所知晓，如果更换他人为当事人再行诉讼，将使得法律关系变得不确定，从而损害债务人的诉讼利益。(2)不损害债权让与人、受让人的正当利益。如果作为原审一方当事人的债权让与人对生效裁判不服，其应当先行对该裁判申请再审，待再审裁判作出后再行转让。由于债权让与人转让的是判决确定的债权，对判决结果已经认知，因此，不赋予债权受让人通过申请再审改变原审裁判的机会，在其正常的诉讼预期之内，并不损害其正当利益。(3)若对方当事人提出债权转让无效的抗辩，因该项事实系原判后新发生的事实，不属原判既判力基准时之内，不是审查程序再审审理程序能够解决的事项，因此，若允许债权受让人提出申请再审，再审程序或恐难以正常进行。

——刘学文、姜启波、王胜全：《债权受让人的申请再审人资格认定》，载《人民司法·应用》2011年第7期。

888

申请再审的案件范围

关键词 | 申请再审 | 案件范围 |

【最高人民法院司法解释】

第三百八十条 适用特别程序、督促程序、公示催告程序、破产程序等非讼程序审理的案件，当事人不得申请再审。

第三百八十一条 当事人认为发生法律效力的不予受理、驳回起诉的裁定错误的，可以申请再审。

第三百八十二条 当事人就离婚案件中的财产分割问题申请再审，如涉及判决中已分割的财产，人民法院应当依照民事诉讼法第二百条的规定进行审查，符合再审条件的，应当裁定再审；如涉及判决中未作处理的夫妻共同财产，应当告知当事人另行起诉。

——《最高人民法院关于适用〈中华人民共和国民事诉讼法〉的解释》(2015年1月30日，法释〔2015〕5号)

【最高人民法院司法政策】

6. 当事人对地方各级人民法院作出的已经发生法律效力的一审、二审民事判决、裁定、调解书，以及再审改变原审结果的民事判决、裁定、调解书，认为有法定再审事由，向上一级人民法院申请再审的，上一级人民法院应当受理。

当事人对不予受理、管辖权异议、驳回起诉以及按自动撤回上诉处理的裁定不服申请再审的，上一级人民法院应当受理。

——《最高人民法院关于印发〈第一次全国民事再审审查工作会议纪要〉的通知》（2011 年 4 月 21 日，法〔2011〕159 号）

【最高人民法院审判业务意见】

要准确把握可以申请再审的案件范围。根据《民事诉讼法》和有关司法解释的规定，当事人对地方各级人民法院作出的已经发生法律效力的一审、二审民事判决、调解书，以及再审改变原审结果的民事判决、调解书，认为有法定再审事由，向上一级人民法院申请再审的，应予受理。当事人对不予受理的裁定，对管辖权异议作出的裁定、驳回起诉的裁定以及按自动撤回上诉处理的裁定，向上一级人民法院申请再审的，应予受理。当事人对最高人民法院作出的二审判决向最高人民法院申请再审的，应予受理。对已经发生法律效力的解除婚姻关系的判决，按照督促程序、公示催告程序、破产程序审理案件以及再审维持原判的案件申请再审的，不作为申请再审案件处理。同时，要注意审申请再审的裁判是否生效，是否案件尚在诉讼程序中或者原审裁判已被再审撤销，必要时应当向原审法院核实。

——郑学林：《在第一次全国民事再审审查工作会议上的总结讲话》，载苏泽林主编、最高人民法院立案庭编：《立案工作指导》（总第 27 辑），人民法院出版社 2011 年版，第 19 ~ 20 页。

889

涉及身份关系的案件一般不得申请再审

关键词 | 身份关系 | 申请再审 |

【链接：最高人民法院法官著述】

在司法实践中，除了解除婚姻关系的裁判文书之外，还有其他关于身份关系的裁判文书，如解除收养关系的裁判文书。有的地方法院在制定本地区的规范性文件中也规定，不得申请再审。我们认为，涉及身份关系的案件，由于涉及一些伦理的问题，在理论上一般不得申请再审。

——最高人民法院民事诉讼法修改研究小组编著：《〈中华人民共和国民事诉讼法〉修改条文理解与适用》，人民法院出版社2012年版，第472页。

890

申请检察监督而不作为申请再审案件受理的情形

关键词 | 检察监督 | 申请再审 |

【最高人民法院司法解释】

第三百八十三条 当事人申请再审，有下列情形之一的，人民法院不予受理：

（一）再审申请被驳回后再次提出申请的；

（二）对再审判决、裁定提出申请的；

（三）在人民检察院对当事人的申请作出不予提出再审检察建议或者抗诉决定后又提出申请的。

前款第一项、第二项规定情形，人民法院应当告知当事人可以向人民检察院申请再审检察建议或者抗诉，但因人民检察院提出再审检察建议或者抗诉而再审作出的判决、裁定除外。

——《最高人民法院关于适用〈中华人民共和国民事诉讼法〉的解释》（2015年1月30日，法释〔2015〕5号）

【最高人民法院司法政策】

4. 有下列情形之一的，告知当事人依据民事诉讼法第二百零九条向人民检察院申请检察建议或者抗诉，不作为申请再审案件受理：

(1)再审申请人在人民法院驳回其再审申请后又向人民法院申请再审的；

(2)当事人认为再审判决、裁定有错误，向人民法院申请再审的。

5. 有下列情形之一的，为民事诉讼法第二百零九条第三项规定的再审判决、裁定：

(1)第一审人民法院对于生效第一审判决、裁定，由本院再审后作出的、当事人未在法定期间内上诉的判决、裁定；

(2)第二审人民法院对于生效第二审判决、裁定，由本院再审后作出的判决、裁定；

(3)上级人民法院对于生效判决、裁定提审后作出的判决、裁定。

——《最高人民法院办公厅关于印发〈全国法院民事再审审查工作座谈会纪要〉的通知》(2013 年 3 月 29 日，法办〔2013〕36 号)

【最高人民法院审判业务意见】

第一，对再审裁判申请再审的，不予受理，告知当事人依法申请检察监督。根据新《民事诉讼法》第二百零九条确立的“申请再审先行，检察监督在后”的程序机制，对于再审裁判，应当告知当事人依法申请检察监督，不作为申请再审案件受理，具体包括以下两种情况：

一是当事人认为再审裁判有错误向人民法院申请再审的案件。已经适用再审程序作出生效裁判的案件，无论是改判还是维持原判，任何一方当事人申请再审的，不予受理，告知其依法申请检察监督。

二是再审发回重审后作出的裁判，当事人又申请再审的案件。这个问题讨论中有不同意见。多数意见认为，再审发回重审后作出的裁判与再审后直接由再审法院作出的裁判，当事人都已获得了一次由法院对生效裁判再次审理的救济机会，其实质是相同的。因此，不论重审后的结果是改判还是维持原判，任何一方当事人申请再审的，不予受理，告知其依法申请检察监督。对此问题，我们将进一步研究。

第二，再审申请被裁定驳回后再次申请的，不予受理，告知再审申请人依法申请检察监督。一方当事人在人民法院驳回其再审申请后又申请再审的，告知其依法申请检察监督，不作为申请再审案件受理，但为平等保护双方当事人权利，对方当事人在申请再审期间内申请再审的，应予受理。

——郑学林:《在全国法院民事再审审查工作座谈会上的总结讲话》(2013 年 1 月 7 日),载苏泽林、景汉朝主编,最高人民法院立案一庭、立案二庭编:《立案工作指导》(总第 35 辑),人民法院出版社 2013 年版,第 12 页。

【链接:最高人民法院法官著述】

新民事诉讼法第二百零九条赋予当事人申请检察监督的权利,确立了申请再审先行,检察监督在后的程序。根据该条规定,我们认为,在以下两种情况下,应当告知当事人向检察院申请检察建议或者抗诉,不应作为申请再审案件受理:

一是再审申请人在人民法院驳回其再审申请后又向人民法院申请再审的。但为平等保障双方当事人权利,对方当事人在法定申请再审期限内申请再审的,应予受理。

二是当事人认为再审判决、裁定有错误向人民法院申请再审的。在案件已经适用再审程序作出生效裁判的情况下,依照新民事诉讼法第二百零九条的规定,全体当事人只能针对再审裁判申请检察监督。据此,目前适用于不服再审判决申请再审的"民再申字"案号不应继续适用。

——高民智:《贯彻实施新民事诉讼法(七)——关于再审审查程序的理解与适用》,载《人民法院报》2012 年 12 月 12 日。

891

撤回再审申请后再次申请再审的处理

关键词|撤回再审申请|再次申请再审|

【最高人民法院司法解释】

第四百零一条 人民法院准许撤回再审申请或者按撤回再审申请处理后,再审申请人再次申请再审的,不予受理,但有民事诉讼法第二百条第一项、第三项、第十二项、第十三项规定情形,自知道或者应当知道之日起六个月内提出的除外。

——《最高人民法院关于适用〈中华人民共和国民事诉讼法〉的解释》(2015 年 1 月 30 日,法释〔2015〕5 号)

【最高人民法院审判业务意见】

第三,撤回再审申请后再次申请再审的,原则上不予受理。当事人撤回再审申请后又申请再审的,有悖诚实信用的民事诉讼基本原则,增加对方当事人讼累,原则上应不予受理。

——郑学林:《在全国法院民事再审审查工作座谈会上的总结讲话》(2013 年 1 月 7 日),载苏泽林、景汉朝主编,最高人民法院立案一庭、立案二庭编:《立案工作指导》(总第 35 辑),人民法院出版社 2013 年版,第 15 页。

【链接:最高人民法院法官著述】

申请撤回再审申请或按撤回再审申请处理,申请再审人能否以同一事由再次申请再审的问题。

对该问题,司法解释没有作出具体规定。我们认为,申请再审权利是法律赋予当事人在生效裁判发生法律效力后一定期间内享有的权利。按现行法律规定,只要在申请再审期间内,当事人可以依法行使其申请再审权利。因此,在民事诉讼法对申请再审人撤回再审申请后,或按撤回再审申请是否导致失权没有规定的前提下,司法解释不能作限制当事人权利的解释,这也符合诉的基本原理。且从司法实践分析,申请再审人撤回再审申请的原因很复杂,有的可能是基于证据准备的不充分等原因。如果因此导致申请再审权利的丧失,显然不利于对当事人申请再审权利的充分保护。因此,申请再审人撤回再审申请或按撤回再审申请处理后又以相同事由申请再审的,只要在法定申请再审期间内再次提出,人民法院不应以申请人曾撤回再审申请或按撤回再审申请处理为理由,拒绝接受当事人的再审申请。

——江必新主编、最高人民法院审判监督庭编著:《最高人民法院关于适用民事诉讼法审判监督程序司法解释理解与适用》,人民法院出版社 2008 年版,第 217 页。

892

对按自动撤回上诉处理案件一审判决的再审

关键词｜按自动撤回上诉处理｜一审判决｜再审｜

【最高人民法院司法解释】

河南省高级人民法院：

你院豫高法〔1997〕129号《关于再审案件中若干问题的请示》收悉。经研究，答复如下：

在民事诉讼中，上诉人不依法预交上诉案件受理费，或者经传唤无正当理由拒不到庭，由第二审人民法院裁定按自动撤回上诉处理后，第一审判决自第二审裁定确定之日起生效。当事人对生效的第一审判决不服，申请再审的，第一审人民法院及其上一级人民法院可以依法决定再审，上一级人民法院的同级人民检察院也可以依法提出抗诉。对第二审裁定不服申请再审的，由第二审人民法院或其上一级人民法院依法决定是否再审。

——《最高人民法院关于第二审法院裁定按自动撤回上诉处理的案件第一审法院能否再审问题的批复》（1998年8月10日，法释〔1998〕19号）

【链接：最高人民法院法官著述】

第二审人民法院依法作出按自动撤回上诉处理的裁定后，一经送达即发生法律效力。该裁定发生法律效力产生两个法律效果：一是该裁定的内容得以"确定"；一审判决生效。一审判决生效后，当事人不服，申请再审的，司法实践中产生两个问题：一是原一审法院可否决定再审；二是原一审法院的上一级人民检察院可否对一审判决提出抗诉。对这两个问题，有两种意见：一种意见认为这类案件经过了二审程序，一审判决的生效是基于二审的裁定，再审必然涉及二审裁定，故对该一审判决，原一审法院无权决定再审，该法院的上一级人民检察院也无权提出抗诉。另一种意见认为，原一审法院可以决定再审，该法院的上一级检察院也可以提出抗诉。这种意见的基本理由是：第二审法院作出的按自动撤回上诉处理的裁定仅仅是处理上诉人未依法交纳上诉案件诉讼费或者经传票传唤拒不到庭两种情况，并不涉及一审判决的正确与否。二审法院裁定按自动撤回上诉处理，其法律后果与当事人不上诉的法律后果相同：当事人在上诉期内未上诉或者上诉期满后提出上诉，依照法律规定，一审判决自动生效；二审裁定按自动撤回上诉处理时，一审判决依照法律规定也是自动生效。因而，当事人对一审判决不服申请再审的，原一审法院有权决定再审，该法院的上一级检察院也有权提出抗诉。只有当事人对第二审法院作出的按自动撤回上诉处理的裁定不服申请再审或者对该裁定提出抗诉，才应由原二审法院或者其上级法院决定再审。

《关于第二审法院裁定按自动撤回上诉处理的案件第一审法院能否再审问题的批复》规定与上述第二种意见基本相同。但批复中明确指出，人民检察院只可对第一审法院的判决依法提出抗诉，不可以对第二审法院作出的按自动撤回上诉处理的裁定提出抗诉。

按自动撤回上诉处理的裁定适用于上诉人不依法交纳费用或者经传票传唤无正当理由拒不到庭两种情况。但这种情况的法律后果仍然有细微差别：上诉人不交纳上诉费时，二审程序尚未调动，其法律后果与当事人未上诉相同；上诉人经合法传唤拒不到庭时，二审程序实际上已经启动，至少第二审人民法院认为除审查当事人提交的材料和一审卷宗外，尚需要上诉人到庭。最高人民法院印发的《关于适用〈中华人民共和国民事诉讼法〉若干问题的意见》第一百九十条规定：“在第二审程序中，当事人申请撤回上诉，人民法院经审查认为一审判决确有错误，或者双方当事人串通损害国家和集体利益、社会公共利益及他人合法权益的，不应准许。”由于主动撤回上诉与“被动”撤回上诉行为性质相同，只是行为人作为的方式不同，因此，第二审法院对上诉人经合法传唤拒不到庭作出按自动撤回处理的裁定前，第二审法院应当按照最高人民法院的上述“意见”进行审查。只有经审查，一审判决没有错误或者不存在双方当事人串通损害国家和集体利益、社会公共利益及他人合法权益的情况下，才能作出按自动撤回上诉的处理的裁定。

按自动撤回上诉处理时，对一审判决的再审由一审法院再审还存在以下两个特点：一是给当事人增加一次上诉机会、一审法院对一审判决再审适用一审程序，对再审结果，当事人可依法上诉。二是便于一审法院纠正原一审判决中可能存在的错误。

——沈德咏主编、最高人民法院研究室编：《最高人民法院民商事司法解释及审判适用指导》，中国法制出版社 2006 年版，第 2252～2253 页。

893

对按自动撤回上诉处理的裁定申请再审的处理

关键词｜按自动撤回上诉处理｜申请再审｜

【最高人民法院司法解释】

吉林省高级人民法院：

你院吉高法〔2001〕20号《关于当事人对按撤回上诉处理的裁定不服申请再审，人民法院经审查认为该裁定确有错误应如何进行再审问题的请示》收悉。经研究，答复如下：

当事人对按自动撤回上诉处理的裁定不服申请再审，人民法院认为符合《中华人民共和国民事诉讼法》第一百七十九条规定的情形之一的，应当再审。经再审，裁定确有错误的，应当予以撤销，恢复第二审程序。

——《最高人民法院关于当事人对按自动撤回上诉处理的裁定不服申请再审人民法院应如何处理问题的批复》(2002年7月19日，法释〔2002〕20号)

【最高人民法院答复】

安徽省高级人民法院：

你院皖高法〔1999〕282号《关于第二审法院裁定按自动撤回上诉处理的案件，二审裁定确有错误的，如何适用程序问题的请示》收悉。经研究，答复如下：

第二审法院裁定按自动撤回上诉处理的案件，二审裁定确有错误的，应当按审判监督程序再审。

——《最高人民法院关于当事人对按自动撤回上诉处理的裁定不服申请再审人民法院应如何处理问题的批复》(2000年5月29日，法研〔2000〕39号)

【链接：最高人民法院法官著述】

三、对《批复》的理解

一审法院依法作出判决、裁定后，当事人提起上诉，案件即进入二审程序。

如果上诉人不依法预交上诉费,或者经传唤无正当理由拒不到庭,第二审法院即可依法按自动撤回上诉处理并作出相应的裁定。该裁定为终审裁定,一经送达即发生法律效力,并且一审法院的判决或者裁定同时生效。当事人对二审法院所作的按自动撤回上诉处理的裁定不服申请再审,如果符合《民事诉讼法》第一百七十九条的规定,人民法院应当裁定进行再审并中止原一审判决、裁定的执行。经再审,按自动撤回上诉处理的裁定确有错误,应当裁定予以撤销。这一撤销按自动撤回上诉处理裁定的裁定是依照二审程序作出的,故一经送达即生效。这一裁定的法律后果是:原支持一审判决或者裁定发生法律效力的依据便不存在了,上诉人的上诉有效,一审判决或者裁定重新处于效力待定状态,案件自然应当恢复二审程序。

上述"另一种意见"认为不仅应对按自动撤回上诉处理的裁定再审,而且应对上诉案件的全案按二审程序进行再审。这种意见未被采纳,是因为"对上诉案件的全案按二审程序进行再审"的意见,一是表述上存在逻辑上的矛盾,既然是上诉案件,就不应当适用再审程序;二是没有认识到按自动撤回上诉处理的裁定被撤销后,原一审判决或者裁定重新处于效力待定状态,而不是一个生效的判决或者裁定,或者认为按自动撤回上诉处理的裁定被撤销后并不必然导致一审判决或者裁定的效力待定。按自动撤回上诉处理的裁定被撤销后,其效力虽然及于一审判决或者裁定,但实际上一审判决、裁定的效力并不因按自动撤回上诉处理的裁定被撤销而简单地处于效力待定状态,还涉及一审判决的执行中止问题。当然,从结果上看,"恢复二审程序"与"按再审程序"没有本质上的不同,只在《最高人民法院关于人民法院对民事案件发回重审和指令再审有关问题的规定》(法释〔2002〕24 号)出台后,对法院发回重审和当事人申请再审的次数的影响大为不同。

《批复》规定:"经再审,裁定确有错误的,应当予以撤销,恢复第二审程序。"这里,对确有错误的按自动撤回上诉处理的裁定"予以撤销",应当以院长的名义作出再审裁定,具体工作可由立案庭承办,也可由其他审理二审案件的审判庭承办,但不应由审判监督庭承办。因为对这种裁定再审虽然适用审判监督程序,但仅仅是对程序性问题的审理,尚不涉及案件的实体问题。"恢复二审程序"是指案件重新进入上诉审程序,但二审法院是否需要另行组成合议庭则值得研究。虽然恢复二审程序,但也应当另行组成合议庭。第一,按自动撤回上诉处理裁定之所以应当撤销在于原合议庭对两项简单事实之一作出了错误判断,这样的合议庭如进行实体审理,当然让当事人有所疑虑。第二,按照法释〔1998〕19 号批复,当事人对按自动撤回上诉处理的裁定不服申请再审的,“由第二审人民法院或其上一级人民法院依法决定是否再审”。如果上一级法院决定再审,无论是提审还是指令再审,第二审人民法院恢复上诉审程序时,都应当另行组成合议庭,以示对案件审理的重视。第三,另行组成合议庭审理也仍然是上诉审程序。按《民事诉讼法》的规定,另行组成合议庭并不是审判监督程序独有的特性,如一审法院对发回重审的案件也应当另行组成合议庭。《批复》将二审裁定与实体审理分开,似乎产生诉讼不经济的问题。但这是目前法院内部体制或职能分工所造成的,而且考虑到对二审裁定的审理只是程序性的审理,分工审理对法院和当事人并不会产生过重的负担。

——沈德咏主编、最高人民法院研究室编:《最高人民法院民商事司法解释及审判适用指导》,中国法制出版社2006年版,第2259~2261页。

894

对破产程序中的财产拍卖确认裁定和破产程序终结裁定的再审申请应不予受理

关键词 | 破产程序 | 再审申请 |

【最高人民法院裁判文书】

陈雪芳不服破产案件民事裁定申诉案[最高人民法院(2010)民监字第728号民事裁定书]

裁判要旨:破产程序作为清理债权债务关系的非诉讼程序,不涉及对实体权利的裁判问题,当事人对实体权利存在争议的应当通过另行起诉解决,故破产程序中除不予受理和驳回申请的裁定外,不存在上诉或申诉程序。本案申诉人不服法院在破产程序中作出的确认裁定和破产程序终结裁定,要求对康美思公司破产清算案进行再审,缺乏法律依据,本院不予支持。

——最高人民法院民事审判第二庭编:《最高人民法院商事审判指导案例5·上》,中国法制出版社2011年版,第608~612页。

895

以管辖错误为由申请再审的处理

关键词 | 管辖权异议裁定 | 申请再审 | 移送管辖 |

【最高人民法院答复】

山东省高级人民法院：

你院〔2008〕鲁立函字第3号《关于当事人以管辖错误为由申请再审审查处理方式等问题的请示》收悉。经研究，答复如下：

同意你院关于当事人以管辖错误为由申请再审审查处理方式等问题的处理意见。

——《最高人民法院立案庭关于当事人以管辖错误为由申请再审审查处理方式等问题的复函》（2008年3月20日，〔2008〕民立他字第25号）

【最高人民法院审判业务意见】

第五，关于管辖权异议裁定是否允许申请再审的问题。目前比较一致的意见是违反级别管辖、专属管辖和专门管辖规定的管辖权异议裁定可以申请再审。其他管辖权异议裁定是否可以申请再审还有不同的认识，最高人民法院有关部门正在组织研究。

——郑学林：《在全国法院民事再审审查工作座谈会上的总结讲话》（2013年1月7日），载苏泽林、景汉朝主编，最高人民法院立案一庭、立案二庭编：《立案工作指导》（总第35辑），人民法院出版社2013年版，第12页。

【链接：最高人民法院法官著述】

对管辖权异议裁定，是否允许申请再审，实务上做法不一，大致可分为三个阶段：

第一个阶段，实务界有持反对态度的倾向。民事诉讼法第一百四十条规定，对不予受理、驳回起诉和管辖权异议的裁定不服，当事人可以上诉。但上述最高人民法院的司法解释,只是提“对不予受理、驳回起诉的裁定,当事人可以申请再审”,未提管辖权异议的裁定,是否表明排除当事人对管辖权异议裁定申请再审的权利?据参与起草该司法解释的人员讲,当时就是有这个意思。但由于毕竟未明确予以排除,所以未形成共识。

第二个阶段,审判实务上通常持肯定态度,其法律依据是最高人民法院法(经)复〔1990〕10号批复和法经〔1993〕14号复函。两个函件的精神是,下级法院对当事人提出的管辖权异议作出裁定且发生法律效力而对案件尚未作出判决前,上级法院如果发现该管辖权异议的终审裁定确有错误时,可以依照审判监督程序撤销该裁定,并将案件移送有管辖权的人民法院受理。法院对案件进行实体审理作出的判决发生法律效力后,如果当事人对管辖权异议的裁定和判决一并申诉的,法院经审查,发现管辖权虽有错误,但判决正确的,不再复查,以减轻当事人的诉累。如经审查,认为裁定和判决均有错误,应通过再审程序,撤销原判决和裁定,将案件移送有管辖权的法院审理。

第三个阶段,肯定“驳回管辖权异议的裁定”可申请再审。民事诉讼法修改决定通过后,最高人民法院坚持原来的肯定态度。最高人民法院民事诉讼法修改研究小组编著的《民事诉讼法修改的理解和适用》一书中,认为申请再审的对象包括“驳回管辖权异议的裁定”。反言之,移送管辖的裁定,不可申请再审。最高人民法院审监庭主持起草的《关于审理民事再审案件若干问题的规定》建议稿的规定是:“下列裁定可以申请再审:1.对起诉不予受理的裁定;2.驳回起诉的裁定;3.驳回管辖权异议的裁定。”在肯定“驳回管辖权异议的裁定”可申请再审的同时,似乎是将其他裁定排除在申请再审范围之外。

对管辖裁定是否申请再审问题,不可一概而论,应当区分几种情况:

1.移送管辖的裁定,即便有错,也对受移送法院产生拘束力,基于程序的不可逆性,不可申请再审。受移送法院认为移送错误的,也只能依据民事诉讼法第三十六条的规定报请其上级法院指定管辖,不可再行移送或者退回原移送法院。这一点已经取得共识。

2.管辖异议成立但不能移送情形下,只能作出驳回起诉的裁定。此种裁定,如上所述,应当允许申请再审。

3.至于驳回管辖权异议的裁定,不少人认为不应当允许申请再审。主要理由是:(1)大陆法系各国均未将管辖错误作为再审理由。虽依德、日理论,就管辖所作的裁判有既判力,但《德国民事诉讼法》第281条第2项有所谓“关于法院管辖的申请和说明可以向书记官为之,裁判可以不经言词辩论为之,对此项裁定不得声明不服”的规定。所谓不得声明不服，当然包括不得申请再审。我国台湾地区“办理民事诉讼事件应行注意事项”规定，被告抗辩法院无管辖权，法院如认其抗辩为不当时，得为中间判决或于终局判决内说明其理由。既为中间判决，自无允许申请再审之理，因为再审之诉的对象只能是终局判决。通说认为，终局判决中的理由无既判力，亦无允许申请再审之理。(2)管辖裁定不是涉及实体保护的重大问题，且有上诉救济途径。(3)即便管辖裁定确有错误，依据民事诉讼法修改决定仍然可以作为不服判决的事由，对判决仍然有救济途径。就本请示件而言，鉴于民事诉讼法修改决定的趣旨和最高人民法院的倾向性态度，应当允许申请再审。

——王胜全：《关于当事人以管辖错误为由申请再审审查处理方式问题的请示与答复》，载苏泽林主编、最高人民法院立案庭编：《立案工作指导》(总第16辑)，人民法院出版社2008年版，第164～166页。

896

对人民法院就仲裁裁决作出的裁定不可申请再审

关键词｜撤销仲裁裁决｜驳回裁定｜申请再审｜

【最高人民法院司法解释】

陕西省高级人民法院：

你院陕高法〔2004〕225号《关于当事人不服人民法院驳回其申请撤销仲裁裁决的裁定申请再审，人民法院是否受理的请示》收悉。经研究，答复如下：

根据《中华人民共和国仲裁法》第九条规定的精神，当事人对人民法院驳回其申请撤销仲裁裁决的裁定不服而申请再审的，人民法院不予受理。

——《最高人民法院关于当事人对驳回其申请撤销仲裁裁决的裁定不服而申请再审，人民法院不予受理问题的批复》(2004年7月26日，法释〔2004〕9号)

陕西省高级人民法院：

你院陕高法〔1998〕78号《关于当事人对人民法院撤销仲裁裁决的裁定不服

申请再审是否应当受理的请示》收悉。经研究,答复如下:

根据《中华人民共和国仲裁法》第九条规定的精神,当事人对人民法院撤销仲裁裁决的裁定不服申请再审的,人民法院不予受理。

——《最高人民法院关于当事人对人民法院撤销仲裁裁决的裁定不服申请再审人民法院应否受理问题的批复》(1999 年 1 月 29 日,法释〔1999〕6 号)

【最高人民法院答复】

四川省高级人民法院:

你院川高法〔1995〕198 号《关于当事人认为人民法院对仲裁裁决作出的不予执行的裁定有错误而申请再审,人民法院应否受理的请示》收悉。经研究,答复如下:

依照《中华人民共和国民事诉讼法》第二百一十七条的规定,人民法院对仲裁裁决依法裁定不予执行,当事人不服而申请再审的,没有法律依据,人民法院不予受理。

——《最高人民法院关于当事人因对不予执行仲裁裁决的裁定不服而申请再审人民法院不予受理的批复》(1996 年 6 月 26 日,法复〔1996〕8 号)

897

对人民法院作出的确认仲裁协议效力的裁定不可申请再审

关键词｜确认仲裁协议效力｜申请再审｜

【最高人民法院答复】

北京市高级人民法院:

你院《关于对申请确认仲裁协议效力的裁定能否申请再审问题的请示》(京高法〔2011〕119 号)收悉。经研究,答复如下:

1. 当事人根据《中华人民共和国仲裁法》第二十条的规定申请确认仲裁协议效力的,人民法院应当依照《中华人民共和国民事诉讼法》第十五章关于特别程序的规定进行审理。

2. 根据《中华人民共和国民事诉讼法》第一百六十一条的规定，依照特别程序审理的案件，实行一审终审。因此对确认仲裁条款效力的裁定，当事人不服向上级人民法院申请再审的，人民法院不予受理。

——《最高人民法院关于当事人对人民法院作出的确认仲裁协议效力的裁定不服提出再审申请人民法院是否受理问题的复函》（2010年12月14日，〔2010〕民立他字第36号）

【链接：最高人民法院法官著述】

（一）申请人民法院确认仲裁协议效力，在审理程序上应当依照特别程序审理

根据仲裁法第二十条及仲裁法司法解释的规定，当事人可以向有关人民法院申请确认仲裁协议的效力，但对申请确认应适用的法律程序，民事诉讼法、仲裁法均未作明确规定。我院颁布的《民事案件案由规定》第十部分第342项明确规定："申请确认仲裁协议效力"属于"适用特殊程序案件案由"，首次明确了申请确认仲裁协议效力的特殊程序性质（民事诉讼法则称为特别程序）。

（二）依特别程序审理的案件，不应当有普通程序审理的民事案件所存在的上诉和再审两个程序

民事诉讼法第一百六十一条规定，依照特别程序审理的案件，实行一审终审。可见，对这类案件没有上诉、再审程序，与普通程序审理的案件相比，在审级上有其特殊性。通说认为，在非讼程序中，非讼裁定的羁束力被排除或缓和，法院可依原裁定时已存在或事后发生的违法或不当事由，将该裁定予以撤销或变更，无需依再审程序动摇原裁定。

（三）有关仲裁司法解释的一贯宗旨，对该类裁定不允许申请再审

根据法复〔1997〕5号《关于人民法院裁定撤销仲裁裁决或驳回当事人申请后当事人能否上诉问题的批复》、法释〔1999〕6号《关于当事人对人民法院撤销仲裁裁决的裁定不服申请再审人民法院是否受理问题的批复》、法释〔2000〕17号《关于人民检察院对撤销仲裁裁决的民事裁定提起抗诉人民法院应如何处理问题的批复》、法释〔2000〕46号《关于人民检察院对不撤销仲裁裁决的民事裁定提出抗诉人民法院应否受理问题的批复》、最高人民法院〔2003〕民立他字第71号《关于对驳回申请撤销仲裁裁决的裁定能否申请再审问题的复函》等文件的

规定，对于法院撤销仲裁裁决的裁定，当事人无上诉权和申请再审权，检察院不能抗诉；对于法院驳回撤销申请和不撤销仲裁裁决的裁定，当事人无上诉权和申请再审权，检察院亦不得抗诉。另外，依照《最高人民法院关于规范人民法院再审立案的若干意见（试行）》第十四条规定，对于人民法院裁定不予执行仲裁裁决的，当事人也无申请再审权。这一系列有关仲裁的司法解释都遵循了一个宗旨，即人民法院就仲裁事项作出的裁定，既不能上诉，也不能申请再审。参照这些司法解释内含的法理精神，当事人对申请确认仲裁协议效力的裁定不可以申请再审。

——王胜全：《解读〈最高人民法院关于当事人对人民法院作出的确认仲裁协议效力的裁定不服提出再审申请人民法院是否受理问题的复函〉》，载苏泽林、景汉朝主编，最高人民法院立案一庭、立案二庭编：《立案工作指导》（总第28辑），人民法院出版社2011年版，第78～79页。

898

申请再审期间的把握

关键词 | 申请再审期间 | 调解书 |

【最高人民法院司法解释】

第三百八十四条 当事人对已经发生法律效力的调解书申请再审，应当在调解书发生法律效力后六个月内提出。

——《最高人民法院关于适用〈中华人民共和国民事诉讼法〉的解释》（2015年1月30日，法释〔2015〕5号）

第二条 民事诉讼法第一百八十四条规定的申请再审期间不适用中止、中断和延长的规定。

——《最高人民法院关于适用〈中华人民共和国民事诉讼法〉审判监督程序若干问题的解释》（2008年11月25日，法释〔2008〕14号）

【最高人民法院裁判文书】

深圳市即达行国际投资有限公司与上海龙仓置业有限公司、深圳市德易投资有限公司、上海瑞证投资有限公司、深圳市国盛担保投资有限公司股权转让侵权纠纷案[最高人民法院(2010)民提字第34号民事判决书]

裁判要旨：民事诉讼法规定的申请再审期间属不变期间，但只要申请再审人在法定期间内向人民法院提出过再审申请，此后无论是哪个法院最终受理，都应认定为未超过法律规定的期间，人民法院可以受理。

——最高人民法院民事审判第二庭编：《最高人民法院商事审判指导案例5·上》，中国法制出版社2011年版，第156～166页。

【链接：最高人民法院法官著述】

司法实践中，有的当事人在向人民法院递交再审申请书时已经超过上述二年和三个月的申请期间，便将提交的再审申请书署具日期“倒签”，使得其再审申请看上去未超出法定申请再审期间。对此，我们认为申请再审期间届满日期应当以向人民法院提出之日计算，而不是仅凭再审申请书署具的日期。

——江必新主编、最高人民法院审判监督庭编著：《最高人民法院关于适用民事诉讼法审判监督程序司法解释理解与适用》，人民法院出版社2008年版，第44～45页。

编者说明

2007年《民事诉讼法》第184条规定：“当事人申请再审，应当在判决、裁定发生法律效力后二年内提出；二年后据以作出原判决、裁定的法律文书撤销或者变更，以及发现审判人员在审理该案件时有贪污受贿、徇私舞弊、枉法裁判行为的，自知道或者应当知道之日起三个月内提出。”2012年《民事诉讼法》修改了三方面内容：一是将2年的申请再审期限规定为6个月；二是将起算点从知道或者应当知道之日开始的事由由两种增加为四种；三是将知道或者应当知道之日开始起算3个月规定为6个月。由于《民事诉讼法》仅规定了当事人不服判决、裁定申请再审的期限，未明确调解书申请再审的期限，对此《2015年解释》作出了规定。

899

新旧《民事诉讼法》对申请再审期限规定不一致的衔接

关键词 | 申请再审期限 | 新旧法衔接 |

【最高人民法院司法政策】

7. 2013 年 1 月 1 日之前生效的裁判,适用修改前民事诉讼法第一百八十四条的规定计算申请再审期限。上述裁判申请再审期限在 2013 年 1 月 1 日前已届满,当事人在 2013 年 1 月 1 日后申请再审的,不予受理;申请再审期限在 2013 年 1 月 1 日至 6 月 30 日之间届满的,计算至届满之日。

上述裁判申请再审期限在 2013 年 6 月 30 日后届满的,计算至 2013 年 6 月 30 日。但下列情形仍适用修改前民事诉讼法第一百八十四条的规定:

(1) 当事人以有新的证据,足以推翻原判决、裁定为由申请再审的,应当在裁判生效后两年内提出;

(2) 当事人以原判决、裁定认定事实的主要证据系伪造为由申请再审的,应当在裁判生效后两年内提出;

(3) 裁判生效两年后,当事人以据以作出原裁判的法律文书被撤销或者变更为由申请再审的,应当自知道或者应当知道之日起三个月内提出;

(4) 裁判生效两年后,当事人以审判人员在审理该案件时有贪污受贿,徇私舞弊,枉法裁判行为为由申请再审的,应当自知道或者应当知道之日起三个月内提出。

——《最高人民法院办公厅关于印发〈全国法院民事再审审查工作座谈会纪要〉的通知》(2013 年 3 月 29 日,法办〔2013〕36 号)

【链接:最高人民法院法官著述】

(一) 新旧法的衔接

关于 2013 年 1 月 1 日之前生效的裁判申请再审期限如何计算的问题,我们认为,原则上应以按照 2007 年民事诉讼法的规定计算的申请再审期限为基础,具体应以申请再审期限至 2013 年 1 月 1 日是否届满为标准,区分为两种情况处理:一是申请再审期限至 2013 年 1 月 1 日已经届满的案件,在 2013 年 1 月 1 日后申请再审的，应不予受理；二是申请再审期限至2013年1月1日尚未届满的案件，应按照以下规则确定：

1. 剩余申请再审期限少于六个月的，不论依据何种事由申请再审，申请再审期限一律按照2007年民事诉讼法第一百八十四条的规定计算。

2. 剩余申请再审期限超过六个月的，除依据新民事诉讼法第二百条第一项和第三项申请再审的以外，申请再审期限计算至2013年6月30日。

3. 剩余申请再审期限虽然超过六个月，但是依据新民事诉讼法第二百条第一项和第三项申请再审的案件，申请再审期限按照2007年民事诉讼法第一百八十四条的规定从裁判生效之日起计算两年。

（二）受理阶段对于申请再审期限的审查标准

关于在受理阶段如何审查申请再审期限的问题，我们认为，对于2013年1月1日以后生效的裁判，当事人在裁判生效之日起六个月内申请再审的，不必区分所依据的事由，均符合法定申请再审期限规定。如果当事人在裁判生效之日起六个月后申请再审，则应当符合以下要求：

1. 须依据新民事诉讼法第二百条第一项、第三项、第十二项、第十三项申请再审。

2. 应书面说明所依据再审事由的发现时间，并提交相应证据，以便审查当事人知道或者应当知道该事由是否超过六个月。

3. 应提交支持再审事由的新证据材料并说明该新证据材料足以推翻原裁判的理由、证明原审主要证据系伪造的证据、原审依据的裁判文书被撤销或者变更的证据，或者审判人员枉法裁判的刑事判决或者纪律处分决定。

——高民智：《贯彻实施新民事诉讼法（七）——关于再审审查程序的理解与适用》，载《人民法院报》2012年12月12日。

900

超过期限申请再审的处理

关键词 | 申请再审期限 | 逾期申请 | 驳回再审申请 |

【最高人民法院司法政策】

6. 当事人在裁判文书发生法律效力六个月后申请再审，符合以下条件的，应予受理：

(1)依据民事诉讼法第二百条第一项、第三项、第十二项或者第十三项申请再审；

(2)书面说明知道或者应当知道所依据再审事由的时间，并提交相应证据；

(3)提交支持再审事由的证据材料，并书面说明该证据材料证明再审事由成立的理由。

——《最高人民法院办公厅关于印发〈全国法院民事再审审查工作座谈会纪要〉的通知》(2013 年 3 月 29 日，法办〔2013〕36 号)

第九条 人民法院认为再审申请不符合民事诉讼法第一百八十四条规定的期间要求的，应告知申请再审人。申请再审人认为未超过法定期间的，人民法院可以限期要求其提交生效裁判文书的送达回证复印件或其他能够证明裁判文书实际生效日期的相应证据材料。

——《最高人民法院关于受理审查民事申请再审案件的若干意见》(2009 年 4 月 27 日，法发〔2009〕26 号)

【链接：最高人民法院法官著述】

申请再审期限属于再审之诉的诉讼要件，欠缺该诉讼要件，再审之诉的提起不合法。法院受理民事申请再审案件时应当对申请再审期限进行审查，如果发现当事人的申请已经超过申请再审期限的，应当予以释明，告知其逾期申请再审将被裁定驳回的风险，劝其不要提起再审申请。如果当事人坚持申请再审的，人民法院经审查认定当事人申请再审超过法律规定的期限的，应当裁定驳回再审申请。

——最高人民法院民事诉讼法修改研究小组编著：《〈中华人民共和国民事诉讼法〉修改条文理解与适用》，人民法院出版社 2012 年版，第 482 页。

901

申请再审应提交的材料

关键词 | 再审申请书 |

【最高人民法院司法解释】

第三百七十七条 当事人申请再审，应当提交下列材料：

（一）再审申请书，并按照被申请人和原审其他当事人的人数提交副本；

（二）再审申请人是自然人的，应当提交身份证明；再审申请人是法人或者其他组织的，应当提交营业执照、组织机构代码证书、法定代表人或者主要负责人身份证明书。委托他人代为申请的，应当提交授权委托书和代理人身份证明；

（三）原审判决书、裁定书、调解书；

（四）反映案件基本事实的主要证据及其他材料。

前款第二项、第三项、第四项规定的材料可以是与原件核对无异的复印件。

第三百七十八条 再审申请书应当记明下列事项：

（一）再审申请人与被申请人及原审其他当事人的基本信息；

（二）原审人民法院的名称，原审裁判文书案号；

（三）具体的再审请求；

（四）申请再审的法定情形及具体事实、理由。

再审申请书应当明确申请再审的人民法院，并由再审申请人签名、捺印或者盖章。

——《最高人民法院关于适用〈中华人民共和国民事诉讼法〉的解释》（2015 年 1 月 30 日，法释〔2015〕5 号）

第三条 当事人申请再审，应当向人民法院提交再审申请书，并按照对方当事人人数提出副本。

人民法院应当审查再审申请书是否载明下列事项：

（一）申请再审人与对方当事人的姓名、住所及有效联系方式等基本情况；法人或其他组织的名称、住所和法定代表人或主要负责人的姓名、职务及有效联系方式等基本情况；

（二）原审人民法院的名称，原判决、裁定、调解文书案号；

（三）申请再审的法定情形及具体事实、理由；

（四）具体的再审请求。

——《最高人民法院关于适用〈中华人民共和国民事诉讼法〉审判监督程序若干问题的解释》（2008 年 11 月 25 日，法释〔2008〕14 号）

【最高人民法院司法政策】

第三条 申请再审人申请再审，除应提交符合前条规定的再审申请书外，还应当提交以下材料：

（一）申请再审人是自然人的，应提交身份证明复印件；申请再审人是法人或其他组织的，应提交营业执照复印件、法定代表人或主要负责人身份证明书。委托他人代为申请的，应提交授权委托书和代理人身份证明；

（二）申请再审的生效裁判文书原件，或者经核对无误的复印件；生效裁判系二审、再审裁判的，应同时提交一审、二审裁判文书原件，或者经核对无误的复印件；

（三）在原审诉讼过程中提交的主要证据复印件；

（四）支持申请再审事由和再审诉讼请求的证据材料。

第四条 申请再审人提交再审申请书等材料的同时，应提交材料清单一式两份，并可附申请再审材料的电子文本，同时填写送达地址确认书。

——《最高人民法院关于受理审查民事申请再审案件的若干意见》（2009 年 4 月 27 日，法发〔2009〕26 号）

【链接：最高人民法院法官著述】

1. 当事人未提供符合本解释规定的再审申请书如何处理

当事人申请再审，应当提交再审申请书，而不是申诉材料或者无法获得有效信息的信访材料，这是《民事诉讼法》的要求。如果当事人提交的再审申请书不符合本解释规定的形式要件，应当根据本司法解释第 6 条的规定，要求当事人补正或改正。

2. 再审申请书未载明申请再审人与对方当事人“有效联系方式”如何处理

本条规定“有效联系方式”是根据我国经济社会变迁巨大，为保障和方便当事人依法行使诉讼权利，缓解人民法院直接送达诉讼文书困难等实际情况所作的努力。其实，最高人民法院对于送达问题已经专门作过数个司法解释。比如，2005 年 1 月 1 日起施行的《关于以法院专递方式邮寄送达民事诉讼文书的若干规定》（法释〔2004〕13 号）第 11 条规定：“因受送达人自己提供或者确认的送达地址不准确、拒不提供送达地址、送达地址变更未及时告知人民法院、受送达人本人或者受送达人指定的代收人拒绝签收，导致诉讼文书未能被受送达人实际接收的，文书退回之日视为送达之日。”“受送达人能够证明自己在诉讼过程中没有过错的，不适用前款规定。”因此，如果申请再审人没有提供有效联系方式，导致人民法院无法送达诉讼文书，则可能会产生一定法律后果。在上述司法解释颁布后不久，最高人民法院发布《关于依据原告起诉时提供的被告住址无法送达应如何处理问题的批复》（法释〔2004〕17 号），该批复指出：“人民法院依据原告起诉时提供的被告住址无法直接送达或者留置送达，应当要求原告补充材料。原告因客观原因不能补充或者依据原告补充的材料仍不能确定被告住址的，人民法院应当依法向被告公告送达诉讼文书。人民法院不得仅以原告不能提供真实、准确的被告住址为由裁定驳回起诉或者裁定终结诉讼。”“因有关部门不准许当事人自行查询其他当事人的住址信息，原告向人民法院申请查询的，人民法院应当依原告的申请予以查询。”因此，按照上述批复精神，申请再审人提供对方当事人有效联系方式应当尽量准备，以提高诉讼效率。但是，申请再审人确实无法提供对方当事人有效联系方式的，人民法院不能以此为由让申请再审人承担一定法律后果。综上，再审申请书未载明申请再审人与对方当事人“有效联系方式”，实际上应当作区别对待。

3. 关于申请再审期间计算与再审申请书“倒签”署具日期

我们认为，再审申请书署具日期不应作为二年与三个月申请再审期间终点的效力，而应当以向人民法院提交再审申请书之日作为时间点。

4. 当事人未指明法定再审事由如何处理

《民事诉讼法》第 179 条规定的法定再审事由，是结合我国目前的政治、经济、文化和法治发展水平等现实国情，兼顾了我国传统以及国外先进立法例，按照程序与实体并重的原则，针对司法实践中容易发生错误的因素和环节，较为宽泛地予以设计和列举。它们被认为是原裁判存在重大瑕疵以及作为判决基础的资料存在异常缺陷，正是因为原裁判存在着无法治愈的瑕疵，所以才导致通过再审，宣告原裁判的无效。人民法院审查再审申请主要针对当事人提出的再审事由，因而再审事由又被视为打开再审程序之门的钥匙。由于当事人对于自己的权利义务有着最直接的感知，由他们在再审申请书中指明存在某一或几个法定再审事由，不仅便于人民法院审查处理，更重要的是便于当事人行使权利，使合法权益得到迅速、及时的保障。因此，当事人未在再审申请书中指明法定再审事由的，应当告知其指明。

——江必新主编、最高人民法院审判监督庭编著：《最高人民法院关于适用民事诉讼法审判监督程序司法解释理解与适用》,人民法院出版社2008年版,第51~53页。

902

申请再审人补充或改正申请材料仍不符合条件的处理

关键词｜申请再审｜申请材料｜

【最高人民法院司法解释】

第六条 申请再审人提交的再审申请书或者其他材料不符合本解释第三条、第四条的规定,或者有人身攻击等内容,可能引起矛盾激化的,人民法院应当要求申请再审人补充或改正。

——《最高人民法院关于适用〈中华人民共和国民事诉讼法〉审判监督程序若干问题的解释》(2008年11月25日,法释〔2008〕14号)

【最高人民法院司法政策】

第五条 申请再审人提交的再审申请书等材料不符合上述要求,或者有人身攻击等内容,可能引起矛盾激化的,人民法院应将材料退回申请再审人并告知其补充或改正。

再审申请书等材料符合上述要求的,人民法院应在申请再审人提交的材料清单上注明收到日期,加盖收件章,并将其中一份清单返还申请再审人。

——《最高人民法院关于受理审查民事申请再审案件的若干意见》(2009年4月27日,法发〔2009〕26号)

【链接:最高人民法院法官著述】

在审判实践中,对于人民法院要求申请再审人补充或改正,申请再审人未予以补充或改正以及补充或改正仍不符合条件的,应当如何处理?我们认为,人民法院要求申请再审人补充或改正,申请再审人未予以补充或改正的,如果是缺乏再审申请书的，应当要求当事人提供，未予提供的，可以暂不作申请再审案件处理；如果是其他申请材料未予提供的，人民法院应当予以受理审查。根据人民法院的要求，申请再审人补充或改正申请材料后仍不符合条件的，人民法院不宜以材料不合格拒绝受理审查。

——江必新主编、最高人民法院审判监督庭编著：《最高人民法院关于适用民事诉讼法审判监督程序司法解释理解与适用》，人民法院出版社 2008 年版，第 69 页。

903

人民法院对再审申请的审查标准

关键词｜申请再审｜审查标准｜

【最高人民法院司法解释】

第三百八十六条　人民法院受理申请再审案件后，应当依照民事诉讼法第二百条、第二百零一条、第二百零四条等规定，对当事人主张的再审事由进行审查。

——《最高人民法院关于适用〈中华人民共和国民事诉讼法〉的解释》（2015 年 1 月 30 日，法释〔2015〕5 号）

第九条　人民法院对再审申请的审查，应当围绕再审事由是否成立进行。

——《最高人民法院关于适用〈中华人民共和国民事诉讼法〉审判监督程序若干问题的解释》（2008 年 11 月 25 日，法释〔2008〕14 号）

【最高人民法院司法政策】

8. 人民法院在审查申请再审案件过程中，再审申请人变更或者增加再审事由，符合民事诉讼法第二百零五条规定的期间要求的，人民法院应当向被申请人及原审其他当事人发送变更后的再审申请书副本，审查期限重新计算，必要时可再次组织询问；不符合民事诉讼法第二百零五条规定的，不予审查。

9. 上一级人民法院审查并裁定再审的案件，一般应当提审。

10. 基层人民法院作出生效裁判的案件，当事人依据民事诉讼法第一百九十九条的规定选择向基层人民法院申请再审，再审事由成立的，基层人民法院应裁定由本院再审；当事人选择向中级人民法院申请再审，再审事由成立的，中级人民法院应裁定由本院提审。

11. 对于追索赡养费、抚养费、抚育费、抚恤金、医疗费用、劳动报酬案件的裁判裁定再审的，可以不中止执行。对于不予受理、驳回起诉或者驳回当事人全部诉讼请求等没有执行内容的裁判裁定再审的，可以不中止执行。对于其他裁判裁定再审不中止执行的，应当从严把握。

12. 人民法院审查民事申请再审案件所作的裁定书由审判人员、书记员署名，加盖人民法院印章。

13. 2013 年 1 月 1 日之前受理的未结案件，当事人申请再审所依据的再审事由在民事诉讼法第二百条和第二百零一条中有相应再审事由的，在裁定书中引用该再审事由在民事诉讼法中的条文序号。上述案件当事人依据修改前民事诉讼法第一百七十九条第一款第七项“违反法律规定，管辖错误的”情形申请再审，区分下列情形处理：

(1)对生效判决申请再审且未主张其他再审事由的，可以该情形不属于法定再审事由为由，裁定驳回；

(2)对管辖权异议裁定申请再审，案件尚未作出生效裁判且该裁定确有错误的，依照民事诉讼法第二百条第六项的规定裁定再审；

(3)对管辖权异议裁定申请再审，案件已经作出生效裁判的，告知当事人依法对生效判决申请再审，裁定终结审查。

上述案件当事人依据修改前民事诉讼法第一百七十九条第二款“违反法定程序可能影响案件正确判决、裁定的情形”申请再审，其主张的违反法定程序情形在民事诉讼法第二百条和第二百零一条中有相应再审事由的，可以在裁定书中引用该再审事由在民事诉讼法中的条文序号，事由成立的，裁定再审；不属于法定再审事由的，裁定驳回。

14. 人民法院应当自受理申请再审案件之日起三个月内审查完毕，但公告期间、调卷期间、双方当事人申请调解期间等不计入审查期限。有特殊情况需要延长的，由本院院长批准。

——《最高人民法院办公厅关于印发〈全国法院民事再审审查工作座谈会纪要〉的通知》(2013 年 3 月 29 日，法办〔2013〕36 号)

要正确认识再审审查的审判特点,进一步提升工作规范化水平。

要进一步统一“事由成立”的裁判尺度。民事再审审查以“事由成立”作为裁定再审标准。目前,审判实践中仍然对裁定再审标准存在争议,既有司法理念存在差异的原因,也有对“事由成立”标准理解不同的原因,还有对“事由成立”标准的掌握宽严不一的原因。针对调研中各高级人民法院提出的问题,我就如何把握“事由成立”这一再审标准,谈四点意见:第一,要正确区分违反法定程序事由与实体性事由的不同。民事诉讼法规定违反法定程序事由,系对原审的程序违法问题进行监督,体现了程序正义的要求。对于这类事由,只要存在法定情形,即应裁定再审,不需考虑裁判的证据或法律适用是否有误,与是否改判没有必然联系。实际上,审判实践中以违反法定程序为由裁定再审的案件是极个别的。对于涉及事实认定、法律适用等实体性事由的判断,应当审查原生效裁判在证据采信、事实认定、法律适用等方面是否存在影响基本事实、案件性质、裁判结果等情形。第二,要注意同类案件适用统一的裁判标准。民事申请再审案件涉及民商事审判各个领域,各地各级人民法院裁判标准不统一的情况客观存在。人民法院审查民事申请再审案件,应注意加强对民商事案件的类型化研究,加强与审理部门和上级人民法院的沟通,同类案件要适用相对统一的裁判标准。第三,要注意把握好实体性事由成立的宽严标准。对于法律适用错误而结果正确的案件,通过再审程序予以纠正对此类案件适用法律具有指引作用的,则应当启动再审;对于法律适用存在争议,或者法律适用的瑕疵不影响结果公平的,则应当衡量再审价值,做好当事人的释明工作,慎重启动再审。对于事实认定有问题的案件,要区分基本事实和次要事实,综合考虑是否对当事人的权利义务造成实质影响等因素,具体问题具体分析。第四,要统一提审案件和指令再审案件的再审标准。提审案件改判率高于指令再审案件改判率是民事再审审查工作中存在的普遍现象。造成这种现象的原因是多方面的,不排除指令再审标准宽于提审标准的因素。各级人民法院应当高度重视这一问题,采取切实有效的措施,使提审和指令再审的标准都统一到“事由成立”上来。

——苏泽林:《以党的十八大精神为指引,努力开创民事再审审查工作新局面——在全国民事再审审查工作座谈会上的讲话》(2013 年 1 月 6 日),载苏泽林、景汉朝主编,最高人民法院立案一庭、立案二庭编:《立案工作指导》(总第 35 辑),人民法院出版社 2013 年版,第 7 页。

5. 应当正确认识民事再审审查和再审审理的关系。民事再审审查和再审审理是审判监督程序的不同阶段。民事再审审查的主要任务是依据再审审查程序对再审申请是否符合法定再审事由进行审查,决定是否裁定再审。民事再审审理的主要任务是依据再审审理程序对裁定再审的案件进行审理,确定生效裁判是否确有错误,依法作出再审裁判。两个阶段具有不同的功能和裁判标准,不能简单地以再审改判率评判再审审查工作的质量。

12. 人民法院审查民事申请再审案件,应当围绕当事人主张的再审事由是否成立进行,当事人未主张的事由不予审查。当事人主张的再审事由与其依据的事实和理由不一致的,可以向当事人释明。

20. 人民法院审查民事申请再审案件,应当区分再审事由类型,结合案件具体情况,准确掌握再审事由成立的条件。

原判决、裁定存在民事诉讼法第一百七十九条第一款第(七)项至第(十三)项以及该条第二款规定情形的,应当认定再审事由成立。

当事人依据民事诉讼法第一百七十九条第一款第(一)项至第(六)项申请再审的,人民法院判断再审事由是否成立,应当审查原判决、裁定在证据采信、事实认定、法律适用方面是否存在影响基本事实、案件性质、裁判结果等情形。

——《最高人民法院关于印发〈第一次全国民事再审审查工作会议纪要〉的通知》(2011 年 4 月 21 日,法〔2011〕159 号)

第十一条 人民法院审查申请再审案件,应当围绕申请再审事由是否成立进行,申请再审人未主张的事由不予审查。

——《最高人民法院关于受理审查民事申请再审案件的若干意见》(2009 年 4 月 27 日,法发〔2009〕26 号)

要注意区分民事再审审查和再审审理两个不同阶段,民事再审审查阶段的任务是确定法定的再审事由是否成立,再审审理阶段的任务是确定生效裁判是否应予改判。因此,要纠正以“确有错误”作为启动再审标准的做法,转变简单依据再审改判率来评判再审审查质量的观点。

——苏泽林:《在党的十六届六中全会精神指引下开创人民法院审判工作新局面——在全国法院立案审判实务座谈会上的讲话》(2006 年 11 月 21 日),载苏泽林主编、最高人民法院立案庭编:《立案工作指导》2006 年第 2 辑(总第 13 辑),人民法院出版社 2007 年版,第 9 页。

【最高人民法院审判业务意见】

我们以为,以法定再审事由成立作为裁定再审的标准,是《民事诉讼法》的明确规定。要正确理解立法精神,不应把保障当事人申请再审权利与维护生效裁判既判力对立起来。将原判确有错误作为启动再审程序的标准,不符合《民事诉讼法》的规定,不利于保护当事人申请再审权,不利于发挥再审审查独立的程序功能。在处理具体案件时,可以适当兼顾裁判结果的妥当性。另外,审查过程中,如果发现当事人主张的再审事由不成立,但原判确有错误,且涉及国家利益或社会公共利益的,应当依据《民事诉讼法》第 177 条依法裁定再审。

——郑学林:《在第一次全国民事再审审查工作会议上的总结讲话》,载苏泽林主编、最高人民法院立案庭编:《立案工作指导》(总第 27 辑),人民法院出版社 2011 年版,第 19 页。

【链接：最高人民法院法官著述】

1. 审查不同于复查

长期以来,申诉与复查两个概念惯性很大,申诉复查与审查再审申请混为一谈。前文已经试图比较详细地厘清申请再审与申诉的区别,总体上认为当事人欲行使民事诉讼法意义上的申请再审权利,应当起码提交符合形式要件的再审申请书。对于当事人的再审申请,人民法院应当依法予以审查。审查是与复查截然不同的两个概念。以前形成的惯例是,复查往往是对原审裁判予以全面核对,查看原审裁判是否认定事实清楚,适用法律正确,具有鲜明的职权主义风格和监督色彩。从各地调研反馈的情况看,各地法院不少法官依然沿袭复查方式,审查申请再审案件中做了许多不属于审查阶段应当做的事,这并不符合本次《民事诉讼法》立法修正的精神和意图。审查与复查,虽然只有一字之差,但实质含义却不同。审查区别于复查重要一点在于,审查是为了弄清楚某一事实是否存在或判断某情形是否正确,目的是审视申请再审人宣称的再审事由是否存在,不是证实原审裁判的对与错,因而无需对全案进行审查。如果对全案进行审查,那么再审程序就变成了事实上的第三审程序,实际上是废除了我国民事诉讼法上的二审终审制,而这不是立法的本意。立法本意是,由于再审事由是列举的重要裁判错误,只要经审查认为申请再审案件中当事人宣称的法定再审事由存在的话，就应当再审。至于案件的实质公平正义，应当留待再审审理后作出评判。因此，正确认识审查与复查的异同，对于进一步推进申请再审诉权化改造，对于提高审查申请再审案件的效率，解决当事人由于申请再审管辖上提一级带来的案多人少状况，意义十分重大。

2. 为什么围绕再审事由成立与否而不是再审请求审查

前文已述，再审事由是启动再审程序的钥匙，因而审查再审申请应当围绕再审事由存在与否进行。再审请求是再审事由经审查认为存在后，在再审审理中需要考虑的问题，故没有在此规定应当围绕当事人的再审请求进行。

——江必新主编、最高人民法院审判监督庭编著：《最高人民法院关于适用民事诉讼法审判监督程序司法解释理解与适用》，人民法院出版社2008年版，第76～77页。

对申请再审事由是否成立的判断标准，不以裁判结果是否存在错误为原则，而是以是否存在法定应当再审的情形为是否裁定驳回或裁定再审的依据。比如当事人以《民事诉讼法》第179条第1款第11项未经传票传唤缺席判决为申请再审事由的，人民法院在审查中，只需要审查该事由是否成立，即审查原审是否是在申请人未参加庭审的情形下缺席裁判，是否没有给申请人发出传票，或者没有依法将传票送达申请人的。如果该情形存在，则构成《民事诉讼法》第179条规定的应当再审的情形。如果当事人主张的情形不存在，则应裁定驳回再审申请。至于原审裁判结果是否正确，则不属于审查范畴。这与《民事诉讼法》修订前人民法院对申请再审事由是否成立的审查判断标准不同。审判实践中应加以注意，避免将审查范围扩大或复杂化。

——江必新主编、最高人民法院审判监督庭编著：《最高人民法院关于适用民事诉讼法审判监督程序司法解释理解与适用》，人民法院出版社2008年版，第223页。

904

再审审查的期限

关键词 | 再审审查 | 审查期限 |

【最高人民法院司法政策】

18. 人民法院应当自受理申请再审案件之日起 3 个月内审查完毕，但公告期间、鉴定期间、双方当事人申请调解期间以及调卷期间等不计入审查期限。有特殊情况需要延长的，由本院院长批准。

——《最高人民法院关于印发〈第一次全国民事再审审查工作会议纪要〉的通知》（2011 年 4 月 21 日，法〔2011〕159 号）

【链接：最高人民法院法官著述】

2012 年《民事诉讼法》第 204 条规定："人民法院应当自收到再审申请书之日起三个月内审查。"这里的 3 个月虽未明确是开始审查期间还是审查完毕期间，但结合明确审查期限要求，提高审查效率的立法目的，应理解为人民法院应当在该期限内审查完毕并作出裁定。关于再审审查期限的起算点，本条规定为"收到再审申请书之日"，对此，存在不同理解，一种理解为应自人民法院接到当事人再审申请书之日起算，另一种理解为应自人民法院接到当事人符合要求的申请再审材料并立案受理之日起算。从本条文意而言，第一种理解有其道理，但从人民法院审判工作的实际流程来看，人民法院需对受理的全部案件进行受理登记后才能开始审判，同时因当事人对再审审查程序不够了解，有不少再审申请书和材料还需一定时间补正，因此，目前司法实务中一般是从当事人提交符合条件的申请再审材料，人民法院受理申请再审案件之日起计算 3 个月的审查期限，后一种理解更为符合客观情况。3 个月的期间设置虽能基本满足普通申请再审案件的审查需要，但是对于一些存在特殊情况，在 3 个月之内无法审查完毕的案件，本条规定经院长批准可以延长审理期限。对特殊情形如何界定以及可以延长的审理期限的长度限制，本条并没有具体规定，需要根据案件具体情况决定是否延长审限，如案情特别复杂，新类型案件，当事人双方申请调解，原审卷宗因特殊原因无法审阅等情形，人民法院可据情作出是否符合特殊情形的认定，并决定是否延长审查期限以及延长的具体期间。

——最高人民法院民事诉讼法修改研究小组编著：《〈中华人民共和国民事诉讼法〉修改条文理解与适用》，人民法院出版社 2012 年版，第 456 ~ 457 页。

905

审查再审申请的合议庭组成

关键词｜再审申请｜合议庭成员｜审判员｜

【最高人民法院司法解释】

第八条 人民法院受理再审申请后,应当组成合议庭予以审查。

——《最高人民法院关于适用〈中华人民共和国民事诉讼法〉审判监督程序若干问题的解释》(2008年11月25日,法释〔2008〕14号)

【链接:最高人民法院法官著述】

在审判实践中,应当注意的问题是,审查再审申请的合议庭是否可以由审判员与陪审员组成?《民事诉讼法》第41条第3款规定:"审理再审案件,原来是第一审的,按照第一审程序另行组成合议庭;原来是第二审的或者是上级人民法院提审的,按照第二审程序另行组成合议庭。"据此,再审案件的审判组织应当采取合议庭的形式,也就是说,再审是按照第一审程序的,可以由审判员与陪审员共同组成,也可以全部由审判员组成合议庭;再审是按照第二审程序进行的,只能由审判员组成合议庭,并且须另行组成。由于申请再审案件审查法院的上提一级管辖,审查再审申请的合议庭是中级人民法院以上的合议庭,是否可以由审判员与陪审员组成,法律没有明确规定。我们倾向认为,一般应当全部由审判员组成。

——江必新主编、最高人民法院审判监督庭编著:《最高人民法院关于适用民事诉讼法审判监督程序司法解释理解与适用》,人民法院出版社2008年版,第73页。

906

再审审查的裁定结果

关键词｜再审审查｜裁定再审｜裁定驳回再审申请｜

【最高人民法院司法解释】

第三百九十五条 当事人主张的再审事由成立，且符合民事诉讼法和本解释规定的申请再审条件的，人民法院应当裁定再审。

当事人主张的再审事由不成立，或者当事人申请再审超过法定申请再审期限、超出法定再审事由范围等不符合民事诉讼法和本解释规定的申请再审条件的，人民法院应当裁定驳回再审申请。

——《最高人民法院关于适用〈中华人民共和国民事诉讼法〉的解释》(2015 年 1 月 30 日，法释〔2015〕5 号)

第二十四条 人民法院经审查认为申请再审事由不成立的，应当裁定驳回再审申请。

驳回再审申请的裁定一经送达，即发生法律效力。

——《最高人民法院关于适用〈中华人民共和国民事诉讼法〉审判监督程序若干问题的解释》(2008 年 11 月 25 日，法释〔2008〕14 号)

【链接：最高人民法院法官著述】

(一)裁定再审

对生效判决、裁定应当再审的法定情形，是 2012 年《民事诉讼法》第 200 条规定的 13 项再审事由，对生效调解书应当再审的法定情形，是《民事诉讼法》第 201 条规定的调解违反自愿原则或者调解协议的内容违反法律。人民法院对当事人提出的再审事由相关证据采信、事实认定、法律适用和审判程序方面的问题进行实质审查后，认为原判决、裁定、调解书存在当事人主张的再审事由的，应当裁定再审，从而进入再审审理程序就原判决、裁定、调解书是否需要改判进行审理。根据是由上一级法院提审、指令原审法院再审，还是指定其他同级法院再审，提起再审的裁定可分为提审裁定、指令再审裁定和指定再审裁定。

提审、指令再审和指定再审裁定包括以下几部分：(1)申请再审人、被申请人及原审其他当事人基本情况；(2)原审法院名称、申请再审的生效裁判文书名称、案号；(3)裁定再审的法律依据；(4)裁定结果。因此类裁定主要效力在于启动再审程序，为避免与再审审理的认定发生矛盾，可以适当简化说理。但是因启动再审关系到生效裁判的稳定性和执行力，对于拟再审的案件应当严格依据法定程序和标准进行审查，切实做到依法监督，维护当事人合法权益。

人民法院在审查申请再审案件过程中，被申请人或者其他当事人提出符合条件的再审申请的，应当将其列为申请再审人，对于其再审事由一并审查，审查期限重新计算。经审查，其中一方申请再审人主张的再审事由成立的，人民法院即应裁定再审。部分当事人主张的再审事由成立，其余当事人主张的再审事由不成立的，在裁定书中载明部分当事人主张的再审事由成立，对于其余当事人主张的再审事由是否成立不作结论。各方申请再审人主张的再审事由均不成立的，一并裁定驳回。

（二）裁定驳回再审申请

上一级人民法院经审查认为申请再审人主张的再审事由不符合法定再审事由或其他法定条件的，应当裁定驳回再审申请，明确告知当事人对生效裁判不启动再审。这不仅是维护生效裁判的稳定性和既判力的需要，更是通过审查工作确认生效裁判在当事人所主张的认定事实、适用法律和审判程序方面处理正确，达到令当事人服判息诉、定分止争目的的需要。此外，对于不符合法定条件的再审申请，在查明确实不具备依据法定事由提出申请、申请再审期间等法定申请再审条件的，也应当裁定驳回再审申请。驳回裁定是对申请再审的终结，分析说理应当充分、透彻、清晰，应简要、准确、全面归纳申请再审事由和被申请人意见。如在审查过程中查明了与申请再审事由相关的新的事实，以及当事人诉讼主体资格变化的，应当在裁定书中写明。对原审查明且当事人无异议的事实，一般不必写明。驳回再审申请的裁定书应对申请再审事由逐一评判，避免漏审事由。

驳回再审申请的裁定书，应当包括以下内容：(1)申请再审人、被申请人及原审其他当事人基本情况；(2)原审法院名称、申请再审的生效裁判文书名称、案号；(3)申请再审人主张的再审事由和被申请人的意见；(4)驳回再审申请的理由、法律依据；(5)裁定结果。裁定书由审判人员、书记员署名，加盖人民法院印章。

（三）其他裁定

除本条规定的再审裁定和驳回裁定外，在司法实务中，对于申请再审人撤回再审申请的案件，适用准予撤回再审申请裁定。对于当事人经传票传唤，无正当理由不参加询问或者未经许可中途退出询问的案件，适用按照自动撤回再审申请裁定。对于审查过程中发现的申请再审人死亡或者终止，无权利义务继受人或者继受人放弃申请的；负有给付义务的被申请人死亡，无权利义务继受人，且无可供执行财产的；当事人达成和解协议且履行完毕的；当事人之间的争议可以另诉解决的；无代理权人代理当事人申请再审的；人民检察院对该案提出抗诉的；原审人民法院对该案裁定再审的等审查程序没有必要续行的情况，适用终结审查程序的裁定。上述裁定均需载明当事人基本情况，原审法院名称，申请再审的生效裁判文书名称、案号，裁定理由及结果，并由审判人员、书记员署名。

——最高人民法院民事诉讼法修改研究小组编著：《〈中华人民共和国民事诉讼法〉修改条文理解与适用》，人民法院出版社 2012 年版，第 457～460 页。

907

径行裁定审查方式的适用

关键词 | 申请再审 | 径行裁定 | 审查方式 |

【最高人民法院司法解释】

第十九条 人民法院经审查再审申请书等材料，认为申请再审事由成立的，应当径行裁定再审。

当事人申请再审超过民事诉讼法第一百八十四条规定的期限，或者超出民事诉讼法第一百七十九条所列明的再审事由范围的，人民法院应当裁定驳回再审申请。

——《最高人民法院关于适用〈中华人民共和国民事诉讼法〉审判监督程序若干问题的解释》（2008 年 11 月 25 日，法释〔2008〕14 号）

【最高人民法院司法政策】

第十四条 人民法院经审查申请再审人提交的再审申请书、对方当事人提交的书面意见、原审裁判文书和证据等材料，足以确定申请再审事由不能成立的，可以径行裁定驳回再审申请。

第十五条 对于以下列事由申请再审，且根据当事人提交的申请材料足以确定再审事由成立的案件，人民法院可以径行裁定再审：

（一）违反法律规定，管辖错误的；

（二）审判组织的组成不合法或者依法应当回避的审判人员没有回避的；

（三）无诉讼行为能力人未经法定代理人代为诉讼，或者应当参加诉讼的当事人因不能归责于本人或者其诉讼代理人的事由未参加诉讼的；

（四）据以作出原判决、裁定的法律文书被撤销或者变更的；

（五）审判人员在审理该案件时有贪污受贿、徇私舞弊、枉法裁判行为，并经相关刑事法律文书或者纪律处分决定确认的。

——《最高人民法院关于受理审查民事申请再审案件的若干意见》（2009年4月27日，法发〔2009〕26号）

【链接：最高人民法院法官著述】

1. 本条规定的径行裁定的审查方式是基于人民法院审查申请再审案件的特点，参照《民事诉讼法》第二审程序中关于径行判决、裁定的概念，确立了径行裁定的审查方式。但必须清楚本解释中的径行裁定的审查方式与《民事诉讼法》第二审程序中径行判决、裁定的审理方式的涵义是不一致的。第二审程序中的径行裁判是指在二审程序中，基于案件的情况，通过阅卷、询问的方式可以查清事实的情形下所采取的审判方式，相对的是开庭审理方式。本解释中的径行裁定是指人民法院依照审判监督程序对再审申请进行审查中采取的方式，是相对于调阅原审卷宗和询问的方式，指仅审查当事人提交的书面材料即作出裁定的审查方式。

2. 本条规定的径行裁定的审查方式，不是作为一种常规审查方式加以规定，而是作为一种在特殊情形下适用的审查方式。申请再审案件在审判实践中的情形很复杂，径行裁定的审查方式主要是针对申请再审事由是否成立的事实比较清楚的情形下才可以采取的审查方式。通过本条规定显示了对径行裁定审查方式适用中所采取的慎重态度。审判实践中根据本条规定的原则，并结合案件具体情况，只有在通过审查当事人提交的书面材料可以得出确切结论的情形下才可以适用径行裁定的审查方式，否则应进一步采取其他方式进行审查。另外需要注意这一审查方式与审查结果相连。因人民法院对申请再审案件的审查，通常都是先对当事人提交的申请再审材料进行审查，再进一步确定是否继续采取其他方式进行审查，如果经审查认为需要调卷审查的，则不属于采取了径行裁定的审查方式。只有仅审查当事人申请再审材料并作出裁定的情形，才属于适用径行裁定的审查方式。

3. 对径行裁定驳回的情形，是否仅限于本解释规定的两种情形。对此，司法解释没有作出明确规定。我们认为，本解释确立的这一原则是从充分保障当事人申请再审权利，规范和防止法院滥用径行裁定审查方式而作出的规定。但是，审判实践中的情形很复杂，如果将本条完全理解为除规定的两种情形外不得采取径行驳回再审申请的审查方式，过于严格，也不现实。应该理解为，解释对可以采取径行裁定驳回再审申请的其他情形未作出明确规定，也没有设立禁止性规定。负责审查的人民法院可以根据个案情况，结合本条确立的慎重适用的原则来决定。如果有的案件申请再审事由是否成立可以一目了然的，应当可以采取径行裁定的方式驳回再审申请。也就是说，通过审查申请再审材料可以确定无异认定申请再审人不享有申请再审权利或者再审事由不成立的，即使不属于本条第 2 款列明的两种情形的，也应该采取径行裁定驳回再审申请的审查方式。

4. 径行驳回再审申请的审查方式是否适用案外人申请再审。本条第 1 款规定径行裁定再审中并没有将申请再审人仅限定在当事人范围内，因此可以理解案外人作为申请再审人时也可以适用径行裁定再审的审查方式。但是，在第 2 款径行裁定驳回再审申请中仅列明当事人，是否意味着对案外人申请再审，不适用径行裁定驳回的审查方式。我们认为，案外人申请再审的事由已经《民事诉讼法》及本解释明确规定为是案外人认为生效裁判确定的执行标的物有错误，或者对执行标的提出异议并应按审判监督程序解决的情形下享有申请再审权利，对该事由是否成立的审查涉及原审的事实认定问题，通常不应该采取径行裁定驳回的方式。但是，实践中也存在案外人不是以法定事由申请再审，或者案外人没有在本解释第 5 条规定的申请再审期间内提出再审申请，也就是案外人不享有申请再审权利的情形。对上述情形是以裁定的方式驳回案外人再审申请，还是以不予以受理的方式解决，本司法解释没有规定，还有待今后逐步完善，如果采取与当事人同等对待的原则，即一律受理后经审查采取裁定的方式解决，则对案外人也可以参照本条第 2 款的规定，采取径行裁定的方式驳回再审申请。但是，按照我们的理解，法律及司法解释已经将案外人享有申请再审权利的情形特定，除认为裁判确立的执行标的物错误或对执行标的有异议应按审判监督程序处理外，案外人对生效裁判不享有申请再审权利，因此对其以该法定事由以外的事由主张权利的，则不属于行使申请再审权利，应属于申诉，不应按申请再审案件受理。对案外人是否超过申请再审期限的审查，因本解释第 5 条规定的期限的起算点实质上是从案外人知道或应当知道其权益被生效裁判所损害时起，因此仅凭对申请再审材料的审查作出是否超过申请再审期限的认定，也过于简单。因此，我们认为对案外人申请再审的审查，一般不应采取径行裁定驳回的方式。

——江必新主编、最高人民法院审判监督庭编著：《最高人民法院关于适用民事诉讼法审判监督程序司法解释理解与适用》，人民法院出版社2008年版，第194～195页。

908

提起再审裁定的署名

关键词｜提起再审裁定｜署名｜

【链接：最高人民法院法官著述】

关于提起再审裁定的署名问题，本次立法修改删除了2007年《民事诉讼法》第185条中关于决定再审的裁定由院长署名的规定，并改变一律中止执行的规定，规定追索赡养费、扶养费、抚育费、抚恤金、医疗费用、劳动报酬等案件，可以不中止执行。据此，再审裁定的署名与驳回再审申请的裁定相一致，均由审判人员、书记员署名，同时根据案件具体情况决定是否中止执行。

——最高人民法院民事诉讼法修改研究小组编著：《〈中华人民共和国民事诉讼法〉修改条文理解与适用》，人民法院出版社2012年版，第459页。

909

再审法院的确定

关键词｜再审审查｜再审法院｜提审｜指令再审｜

【最高人民法院司法解释】

第二十七条　上一级人民法院经审查认为申请再审事由成立的，一般由本院提审。最高人民法院、高级人民法院也可以指定与原审人民法院同级的其他人民法院再审,或者指令原审人民法院再审。

第二十八条 上一级人民法院可以根据案件的影响程度以及案件参与人等情况,决定是否指定再审。需要指定再审的,应当考虑便利当事人行使诉讼权利以及便利人民法院审理等因素。

接受指定再审的人民法院,应当按照民事诉讼法第一百八十六条第一款规定的程序审理。

——《最高人民法院关于适用〈中华人民共和国民事诉讼法〉审判监督程序若干问题的解释》(2008 年 11 月 25 日,法释〔2008〕14 号)

【最高人民法院司法政策】

第二十八条 最高人民法院、高级人民法院审查的下列案件,可以指令原审法院再审:

(一)依据民事诉讼法第一百七十九条第一款第(八)至第(十三)项事由提起再审的;

(二)因违反法定程序可能影响案件正确判决、裁定提起再审的;

(三)上一级法院认为其他应当指令原审法院再审的。

——《最高人民法院关于受理审查民事申请再审案件的若干意见》(2009 年 4 月 27 日,法发〔2009〕26 号)

【链接:最高人民法院法官著述】

(一)因当事人申请裁定再审的案件,应由中级人民法院以上的人民法院审理

1. 以中级人民法院以上的人民法院再审为一般原则,但当事人依照本法第一百九十九条的规定选择向基层人民法院申请再审的除外

2012 年《民事诉讼法》第 199 条确定了“申请再审上提一级”的管辖原则,即一般情况下,当事人可以向原审人民法院的上一级人民法院申请再审,即绝大多数申请再审案件应由中级人民法院以上的人民法院受理审查。从 2007 年《民事诉讼法》施行以来的司法统计情况看,未上诉生效的一审案件当事人申请再审的数量较少,中级人民法院再审审查的压力不大,没有必要为减轻中级人民法院

的再审案件压力而允许中级人民法院将裁定再审的案件交由基层人民法院审理。同时对于基层人民法院一审生效的案件当事人向中级人民法院申请再审的,规定由中级人民法院再审,也可以避免案件由基层人民法院按照一审程序再审后继续上诉至中级人民法院,有利于减少当事人诉累,节约司法资源,因此,本条明确了由中级以上人民法院审理因当事人申请再审而启动再审的案件。

2. 以当事人选择向基层人民法院申请再审的案件由基层人民法院再审为例外情况

本条对于当事人依据第 199 条选择向基层人民法院申请再审案件的再审法院作出了例外规定,即可以由该基层人民法院再审。作出这一例外规定的主要考虑有:

一是避免法条之间的矛盾。本次立法修改对于 2007 年《民事诉讼法》第 178 条规定的“申请再审上提一级”进行了调整,在第 199 条增加规定了当事人一方人数众多或者当事人双方为公民的案件,也可以向原审人民法院申请再审。根据这一规定,如果申请再审的裁判是基层人民法院审理的一审未上诉而生效的裁判,则原审人民法院为基层人民法院,当事人可以选择向基层人民法院申请再审。根据 2007 年《民事诉讼法》第 181 条第 2 款的规定,因当事人申请裁定再审的案件由中级人民法院以上的人民法院审理,则若该基层人民法院裁定再审,需裁定由中级人民法院审理,从而与人民法院审级监督的基本要求相悖。因此,本条根据“申请再审上提一级”的修改,增加了当事人向基层人民法院申请再审案件的例外规定,避免产生基层人民法院审查的案件裁定由中级人民法院再审的问题。

二是在当事人享有可以向上一级法院申请再审,也可以向原审法院申请再审的选择权情况下,增加例外规定并未损害当事人的诉讼权利。若基层人民法院一审裁判未上诉生效,且该案件为当事人一方人数众多或者双方为公民的案件,当事人可以选择向基层人民法院申请再审,也可以选择向中级人民法院申请再审。当事人选择向基层人民法院申请再审的,案件启动再审后仍由该院再审,当事人选择向中级人民法院申请再审的,则仍由中级人民法院再审,因保障了当事人的程序选择权,并不损害当事人诉讼权利。

三是这一例外规定对于司法实践影响面有限。司法实践中由基层人民法院审理后当事人不上诉而生效的案件,当事人申请再审率较低。据调研,目前各地中级人民法院受理的民事申请再审案件数量较少,少数受案量大的发达地区中级人民法院年受理民事申请再审案件可能为 200 件以上,大多数中级人民法院不超过 100 件甚至只有十余件。因此,为协调法条之间的矛盾而在本条增加当事人向基层人民法院申请再审可由该基层人民法院再审的例外规定，影响面有限，并未改变此类再审案件由中级人民法院以上人民法院再审的一般原则。

在具体适用本条时，基层人民法院应注意审查当事人申请再审的案件是否属于第 199 条规定的允许当事人选择向原审人民法院申请再审的案件，若符合该条规定且再审事由成立的，则可以裁定由本院再审。

（二）最高人民法院、高级人民法院裁定再审的案件，由本院再审或者交其他人民法院再审，也可以交原审人民法院再审

为适度减轻因“申请再审上提一级”带来的最高人民法院和高级人民法院的审判压力，本条允许最高人民法院和高级人民法院将部分启动再审的案件交由下级人民法院审理，据此，对于这两级法院裁定再审的案件，可以由本院提审、指令原审法院再审、指定其他同级法院再审，具体采用何种方式需要根据具体案情确定。

1. 由上一级人民法院提审

虽然《民事诉讼法》对于再审法院规定了由上一级法院提审、指定其他同级法院再审和指令原审法院再审三种选择，但从本条第 2 款表述的顺序来看，由上一级法院提审是确定再审审理法院的第一选择。由上一级法院对当事人的再审请求进行重新审理，与“申请再审上提一级”的立法取向一致，有利于提高再审裁判的公信力和纠正原审错误，减少当事人不服再审裁判继续申诉或者申请再审的问题。只有在上一级法院不便再审情形下，才能选择其他两种再审法院。如果单纯为减轻上级法院审判压力而将案件大量指定下级法院和其他法院再审，则可能引发对于再审裁判的再次申请再审，不利于当事人服判息诉，也造成司法资源的浪费。从实践情况看，相对于原审法院审理再审案件，由上一级法院提审的案件改变原审结果率和服判息诉率较高，纠错监督力度较大。对于哪些案件应由上一级法院提审，本条没有明确规定。司法实践中，应当以上一级法院提审为原则，逐步提高上一级法院提审的案件比例。对于经原审法院审判委员会研究的案件、因法律适用确有错误再审的案件、原审法院已经再审过的案件，一般应由上一级法院提审。当事人在审查过程中达成和解协议，申请上一级法院出具调解书，经审查不违反自愿、合法原则的，上一级法院可以提审后制作调解书。

2. 指令原审人民法院再审

根据本条第 2 款的规定，最高人民法院、高级人民法院裁定再审的案件，也可以交原审人民法院再审，并把这一再审方式列于可选择的再审法院最后，体现

了适度限制指令原审法院再审的立法取向。通常情况下,原审法院最接近当事人所在地,方便当事人诉讼,但也容易受到干扰,当事人往往对原审法院能否公正再审案件并纠正错误持怀疑态度,一定程度上可能影响再审裁判的权威性。但实务中,指令原审法院再审仍是一种适用较为普遍的做法,原因在于原审法院更易于查明案件事实,更接近纠纷发生地和当事人所在地,在保证公正审理的情况下,指令原审法院再审有利于及时救济当事人,降低当事人诉讼成本。为保证案件公正审理,对于审判人员在审理该案件时有贪污受贿、徇私舞弊、枉法裁判行为的案件,原判决、裁定系经原审法院审判委员会讨论作出的案件,一般不应指令原审法院再审。对于需要进一步查明事实、调取证据的案件,以及因法定程序性事由启动再审的案件,可以指令原审法院再审,以便于查明事实,保障当事人基本程序权利。此外,上一级法院经审查认为指令原审法院再审能够查清案件事实,更能充分利用当地各种社会资源协调配合解决纠纷,做好当事人服判息诉工作,从而使案件得到妥善解决,保护当事人合法权益的,则可裁定指令原审法院再审,如群体性纠纷、当事人不方便到上一级法院诉讼的案件、需重新鉴定的案件、对生效民事调解书裁定再审需要进一步查明事实的案件等。

3. 指定其他同级人民法院再审

依据本条规定,对最高人民法院、高级人民法院裁定再审的案件,可以指定原审人民法院的其他同级人民法院再审。对于指定其他同级法院再审的案件范围,本条没有明确规定。实务中,从案件的影响程度、案件参与人数、便利当事人行使诉讼权利以及便利人民法院审理等因素考虑,在不便提审和指令原审人民法院再审的情况下,可考虑裁定指定其他同级人民法院再审。因指定其他同级法院再审存在一些难以解决的程序问题,最主要的就是同级法院是否有权撤销另一同级法院的生效裁判,再审需要发回重审的存在程序障碍,再审案件引发的后续申诉问题相互推诿等,该裁定方式在审查实务中较少适用。再审审查工作中应确立以提审为主,以指令再审为补充,以指定再审为例外的工作原则。

——最高人民法院民事诉讼法修改研究小组编著:《〈中华人民共和国民事诉讼法〉修改条文理解与适用》,人民法院出版社 2012 年版,第 460 ~ 463 页。

910

适用二审程序审理的民事再审案件裁定发回重审，应发回一审法院重审

关键词 | 再审案件 | 发回重审 | 一审法院 |

【链接：最高人民法院法官著述】

问题：某民事案件，经两级人民法院一审、二审之后，当事人向上级人民法院申请再审，上级人民法院裁定提审，经审理后拟裁定发回重审，此时应发回一审法院还是二审法院重审？

《审判监督指导》研究组认为：此种情形下应发回一审法院重审。根据《中华人民共和国民事诉讼法》第一百八十六条的规定，上级人民法院按照审判监督程序提审的案件，按照第二审程序审理；同时根据该法第一百五十三条第一款第（三）、（四）项的规定，在符合法定情形时，第二审人民法院可以裁定撤销原判，发回原审人民法院重审；而《最高人民法院关于适用〈中华人民共和国民事诉讼法〉若干问题的意见》第210条第（2）项亦针对《中华人民共和国民事诉讼法》第一百五十三条第一款第（四）项在再审程序中的适用作出规定，人民法院提审或者按照第二审程序再审的案件，在审理中发现原一、二审判决违反法定程序，可能影响案件正确裁判的，应裁定撤销一、二审判决，发回原审人民法院重审。《中华人民共和国民事诉讼法》第一百五十三条第一款第（四）项在再审程序中的理解与适用，应当与同一条款中第（三）项具有一致性，因此，《中华人民共和国民事诉讼法》第一百五十三条第一款第（三）项中的“原审人民法院”亦应理解为“第一审人民法院”。

——江必新主编、最高人民法院审判监督庭编：《审判监督指导》（总第37辑），人民法院出版社2012年版，第256页。

911

不得指令原审法院再审的情形

关键词 | 指令再审 | 原审法院 |

【最高人民法院司法解释】

第三条 虽然符合本规定第二条可以指令再审的条件，但有下列情形之一的，应当提审：

（一）原判决、裁定系经原审人民法院再审审理后作出的；

（二）原判决、裁定系经原审人民法院审判委员会讨论作出的；

（三）原审审判人员在审理该案件时有贪污受贿，徇私舞弊，枉法裁判行为的；

（四）原审人民法院对该案无再审管辖权的；

（五）需要统一法律适用或裁量权行使标准的；

（六）其他不宜指令原审人民法院再审的情形。

——《最高人民法院关于民事审判监督程序严格依法适用指令再审和发回重审若干问题的规定》（2015年2月16日，法释〔2015〕7号）

第二十九条 有下列情形之一的，不得指令原审人民法院再审：

（一）原审人民法院对该案无管辖权的；

（二）审判人员在审理该案件时有贪污受贿，徇私舞弊，枉法裁判行为的；

（三）原判决、裁定系经原审人民法院审判委员会讨论作出的；

（四）其他不宜指令原审人民法院再审的。

——《最高人民法院关于适用〈中华人民共和国民事诉讼法〉审判监督程序若干问题的解释》（2008年11月25日，法释〔2008〕14号）

【链接：最高人民法院法官著述】

上级人民法院能否将裁定再审的案件交原审人民法院再审，在本次《民事诉讼法》修订中争议较大。虽然通过指令再审的方式将申请再审案件交回原审人民法院审理的程序始终存在，但是，修订前《民事诉讼法》确立的指令再审制度，是以原审人民法院与上级法院对申请再审均有管辖权的基础上，上级法院在一定情形下将案件指令原审法院再审。司法实践中通常将原审没有再审过的，或涉及事实问题的申请再审案件指令原审人民法院再审。本次立法修订将当事人申请再审管辖上提一级，取消了原审人民法院对申请再审案件的管辖权，是顺应社会的要求。取消原审人民法院对申请再审案件管辖权是基于当事人及社会公众对原审人民法院管辖的不信任及原审人民法院再审中可能存在的诸多不利因素的影响。如果过多地将案件交原审人民法院进行再审审理，可能冲淡了申请再审管辖上提一级的意义。但是，从另一个方面考虑，《民事诉讼法》第179条规定的申请再审事由既包括裁判实体错误，还包括大量程序性错误情形，有些错误是基于法院审判工作的疏忽造成的，当事人对原审的成见或矛盾并不激烈，且原审人民法院毕竟了解案件具体情况，如果立法一律不允许将案件交原审人民法院再审，也不符合及时救济和便利诉讼的原则。因此，《民事诉讼法》修订中，在考虑诸多解决方案后，最终依然允许上级人民法院将裁定再审的案件交原审人民法院审理。根据立法的背景，对什么样的案件可以交原审人民法院审理，经研究认为，立法机关对原审审理的担心，实际上是考虑原审继续审理的公信力和权威性问题。司法解释应着重考虑那些可能影响原审公正裁判或影响当事人对原审的信任的情形，也就是原审人民法院应回避的情形规定为不应该指令再审，应由上一级人民法院提审或指定其他人民法院再审。由于在指定再审相关条款中对原审可能存在的影响公正裁判或影响当事人对原审的信任的情形，作为衡量是否应交其他人民法院再审的原则加以规定，这在一定程度上将交原审人民法院审理的案件已经作了限缩。因此，本条从不得指令再审的角度，将上述在提审及交其他人民法院再审中不能包含在内的，不适合原审人民法院再审的情形，从不得交原审法院再审的角度，作了规定。

——江必新主编、最高人民法院审判监督庭编著：《最高人民法院关于适用民事诉讼法审判监督程序司法解释理解与适用》，人民法院出版社2008年版，第248～249页。

912

再审审查中当事人达成和解协议的处理

关键词｜再审审查｜和解协议｜裁定再审｜申请撤诉｜

【最高人民法院司法政策】

16. 人民法院审查民事申请再审案件，可以根据案件情况组织当事人进行调解。当事人经调解达成协议或自行达成和解协议，需要出具调解书的，应当裁定提审。提审后，由审查该申请再审案件的合议庭制作调解书。

当事人经调解达成协议或自行达成和解协议，申请撤回再审申请，经审查不违反法律规定的，应当裁定准许。当事人经调解达成协议或自行达成和解协议且已履行完毕，未申请撤回再审申请的，可以裁定终结审查。

——《最高人民法院关于印发〈第一次全国民事再审审查工作会议纪要〉的通知》(2011 年 4 月 21 日，法〔2011〕159 号)

第二十四条 审查过程中，申请再审人、被申请人及原审其他当事人自愿达成和解协议，当事人申请人民法院出具调解书且能够确定申请再审事由成立的，人民法院应当裁定再审并制作调解书。

——《最高人民法院关于受理审查民事申请再审案件的若干意见》(2009 年 4 月 27 日，法发〔2009〕26 号)

【链接：最高人民法院法官著述】

《民事诉讼法》及相关司法解释对于再审审查期间当事人达成和解协议的处理程序没有规定。实务中，对于当事人达成和解协议的申请再审案件，可以区分以下三种情况分别处理：

第一，当事人达成和解协议请求人民法院出具调解书的，可先裁定提审，由上级法院审查该申请再审案件的合议庭制作调解书，将提审裁定和调解书一并送达当事人。由同一合议庭裁定提审后出具调解书，有利于把握调解时机、提高调解效率，也是目前普遍采用的做法。此外，处分原则是《民事诉讼法》基本原则，当事人有权处分自己的权利，在这种情况下裁定提审的原因是当事人达成了和解协议而非当事人申请再审的事由成立，故提审裁定不必写明再审事由。

第二，当事人达成和解协议后撤回再审申请，人民法院经审查不违反法律禁止性规定的，应制发准予撤回再审申请裁定，不必制发调解书。

第三，当事人达成和解协议且履行完毕，未申请撤回再审申请的，可以裁定终结审查。

——最高人民法院民事诉讼法修改研究小组编著：《〈中华人民共和国民事诉讼法〉修改条文理解与适用》，人民法院出版社 2012 年版，第 463 ~ 464 页。

913

对调解书裁定再审的条件

关键词 | 和解协议 | 调解书 | 再审条件 |

【最高人民法院裁判文书】

关凯旋与吴南芬、江西明岚控股有限公司、明岚控股有限公司民间借贷纠纷案[最高人民法院(2013)民申字第500号民事裁定书]

裁判要旨:对于发生法律效力的调解书裁定再审,应当符合下列两个条件之一:一是调解违反自愿原则,二是调解协议内容违法。

——中国裁判文书网,http://www.court.gov.cn/zgcpwsw/zgrmfy/。

914

调解协议履行完毕后再以违背真实意愿为由申请再审的应予驳回

关键词 | 申请再审 | 和解协议 | 违背真实意愿 |

【《最高人民法院公报》案例】

杨培康与无锡活力保健品有限公司侵犯发明专利权纠纷案[最高人民法院(2008)民申字第1185号民事裁定书]

裁判要旨:诉讼和解协议是案件当事人为终止争议或者防止争议再次发生,通过相互让步形成的合意,和解协议的内容不限于当事人的诉讼请求事项。当事人具有较高的文化程度,并有代理律师一同参与诉讼、调解、和解活动。在此情形下,当事人在和解协议上签字同意并收取了对方当事人按照和解协议支付的款项,此后又以调解违背其真实意愿为由申请再审的,其再审申请不符合《中华人民共和国民事诉讼法》第一百八十二条规定的情形,应予驳回。

最高人民法院认为:

诉讼和解协议是案件当事人通过相互让步以终止其争议或防止争议再发生而形成的合意,和解协议的内容不限于当事人的诉讼请求事项。本案中,杨培康具有较高的文化程度，其代理律师亦与杨培康一起参加了庭审及和解、调解活动，杨培康本人在和解协议上签字，并接收了活力公司按照协议约定支付的款项。因此，本案并不存在杨培康所称的“调解违背其真实意愿”及违反调解自愿原则的情形。另外，该和解协议的内容亦不违反法律。二审法院根据双方当事人签订的和解协议依法制作调解书，并无不当。

——《最高人民法院公报》2009 年第 11 期

915

“显失公平”不能作为再审撤销民事调解书的理由

关键词｜调解书｜申请再审｜显失公平｜

【最高人民法院裁判文书】

四川(西藏)华西普济医院、西藏藏丰实业有限公司与中国第五冶金建设有限公司建设工程施工合同纠纷上诉案

裁判要旨：调解书只有在违反自愿原则或者内容违反法律时，才可以再审。显失公平不能作为再审的理由。

最高人民法院认为：

根据《民事诉讼法》第 182 条“当事人对已经发生法律效力的调解书，提出证据证明调解违反自愿原则或者调解协议的内容违反法律的，可以申请再审。人民法院审查属实的，应当再审”的规定，综合当事人上诉理由和答辩意见，当事人二审争议的焦点是，如何确认四川高院(2003)川民初字第 31 号民事调解书的效力，具体可以分为：(1)四川高院的调解是否违反自愿原则。(2)该调解书的内容是否违反法律、行政法规的禁止性规定。

关于本案调解是否违反自愿原则的问题。最高人民法院认为，四川高院(2003)川民初字第 31 号民事调解书是在普济医院、藏丰公司与五冶公司的和解协议基础上制作的，是对三方和解协议的确认。2005 年 10 月 20 日，普济医院、藏丰公司和五冶公司达成和解协议后，即共同向四川高院申请“依据三方达成的和解协议，制作民事调解书，对和解协议的内容予以确认”，同日，四川高院依据三方签订的和解协议，制作了(2003)川民初字第 31 号民事调解书。由此可见，调解书的内容即是普济医院、藏丰公司和五冶公司在原一审中通过自行协商达成的和解协议的内容，而非四川高院主持调解的结果，因而，不存在四川高院强行调解，违反自愿原则的情况。普济医院和藏丰公司认为四川高院的调解违反自愿原则的另外两点理由：一是四川高院超标的查封普济医院、藏丰公司的财产，并拖延案件审理，使普济医院、藏丰公司在面临支付巨额违约金的不利情形下，被迫接受调解；二是五冶公司以虚假的15份结算书欺诈普济医院、藏丰公司，使其在受欺诈的情况下签订和解协议。本院认为，普济医院、藏丰公司的上述理由均不成立。首先，原一审期间，四川高院根据五冶公司提出的财产保全申请，查封了普济医院、藏丰公司的相关财产，属于依法采取的诉讼保全措施，目的是为了保证生效判决能够顺利执行，而不是为了调解结案。如果普济医院、藏丰公司认为四川高院所采取的财产保全措施不当，有权依法申请复议；如果认为五冶公司申请保全有错误，还可以请求五冶公司赔偿损失。四川高院所采取的财产保全措施属于司法行为，普济医院、藏丰公司认为该司法行为是迫使其接受调解，进而导致调解违反自愿原则的观点缺少事实和法律依据，本院不予采信。其次，在原一审诉讼期间，普济医院、藏丰公司曾申请造价鉴定；普济医院、藏丰公司与五冶公司分别申请延期举证；普济医院、藏丰公司和五冶公司又于2004年6月8日共同向四川高院申请延期审理，以便三方协商和解。四川高院根据当事人的申请和案件审理的需要，延长案件审理期限，并无不当。因此，普济医院、藏丰公司主张(2003)川民初字第31号调解书是四川高院拖延审限，使其被迫接受调解的结果，缺乏事实和法律依据。最后，如前所述，四川高院(2003)川民初字第31号民事调解书是依据普济医院、藏丰公司和五冶公司在原一审中自行达成的和解协议制作的，而并非四川高院以五冶公司提供的15份结算书为基础进行调解的结果。原一审期间，四川高院已经根据普济医院和藏丰公司的申请，委托了鉴定机构对涉案工程已完成部分的造价进行鉴定，而三方当事人不待鉴定结果作出即自行达成和解协议并共同请求法院以调解书的形式赋予和解协议以法律效力。在原一审法院从未依据上述15份结算书对本案当事人之间的争议作出调解和裁判的情况下，普济医院和藏丰公司以五冶公司提供虚假的15份结算书对其进行欺诈为由，主张四川高院的调解违反自愿原则，缺少事实和法律依据。对其主张，最高人民法院不予支持。

关于调解书的内容是否违反法律的禁止性规定的问题。最高人民法院认为，(2003)川民初字第31号调解书是对普济医院、藏丰公司和五冶公司在诉讼中自行达成的和解协议的确认。而和解协议又是普济医院、藏丰公司和五冶公司自愿协商签订的,和解协议的内容不损害国家和他人的利益,也没有违反法律和行政法规的禁止性规定。因此,四川高院依据该和解协议制作的民事调解书,确认和解协议内容,亦不存在违反法律、行政法规禁止性规定的情况。普济医院和藏丰公司认为调解书内容违反法律禁止性规定,主要理由是认为调解书掩盖了五冶公司出借、非法分包获利的事实,因而其内容违反了《建筑法》的禁止性规定。普济医院和藏丰公司该理由不能成立。因为普济医院和藏丰公司所述五冶公司出借资质、分包获利问题,是普济医院、藏丰公司和五冶公司之间履行双方签订的建筑工程施工合同的问题。签订和履行建筑工程施工合同时是否存在出借资质和违法分包获利的情况与调解书内容是否违反法律、行政法规的禁止性规定并无关系。故普济医院和藏丰公司以五冶公司在签订和履行建筑工程施工合同时存在出借资质、分包获利行为,主张本案调解书内容违反法律、行政法规的禁止性规定,最高人民法院不予支持。

——最高人民法院民事审判第一庭编:《最高人民法院民事案件解析(建设工程)》(第 3 辑),法律出版社 2010 年版,第 502 ~ 504 页。

编者说明

2012 年《民事诉讼法》第 201 条规定:“当事人对已经发生法律效力的调解书,提出证据证明调解违反自愿原则或者调解协议的内容违反法律的,可以申请再审。人民法院审查属实的,应当再审。”该条规定不仅是人民法院对当事人不服民事调解书的申请再审作出是否再审裁定的依据,也是人民法院于再审中判断是否应当撤销民事调解书,对当事人之间的争议重新作出实体判决的依据。

916

股东代表诉讼中达成的调解协议损害公司利益的,人民法院应依公司申请启动再审

关键词 | 再审申请 | 和解协议 | 损害第三人利益 |

【最高人民法院司法政策】

按照《民事诉讼法》第 177 条的规定,上级法院对下级法院已经发生法律效

力的判决、裁定，发现确有错误的，可以依职权进行再审程序；法院院长发现本院已经发生法律效力的判决、裁定确有错误并需要再审的，应提交审判委员会讨论决定。该条赋予了上级法院和本级法院院长依职权提起再审的权力，但是，这里规定的可以再审的对象仅仅是“判决、裁定”，不包括调解书。

这并不意味着只要当事人在诉讼中达成了调解书，就不能对该案件进行再审。实践中，案件当事人间的调解可能是“手拉手”调解，即当事人间希望通过调解达到案件之外的其他目的，而该目的会损害第三人利益或社会公共利益。比如在第三人损害公司利益时，为了防止公司日后向自己要求赔偿，该第三人让公司某股东提起股东代表诉讼，然后在诉讼中与该股东进行调解，达成调解协议，调解书中载明公司免除该第三人的责任。这种调解书表面上当事人达成了协议，但实际上损害了公司的利益。这类调解书的效力应予否定。在法律程序上，应依照《民事诉讼法》第 182 条“当事人对已经发生法律效力的调解书，提出证据证明调解违反自愿原则或者调解协议的内容违反法律的，可以申请再审。经人民法院审查属实的，应当再审”的规定，在作为当事人的公司（原告或第三人）申请再审时，法院发现违反当事人意思或违法损害当事人利益的，应当进行再审。但是，应当明确，这里的再审仍然是依当事人的申请而启动。在当事人不申请再审，如果该调解又没有损害国家利益或社会公共利益，上级法院或本级法院院长能否依职权提起再审，则需要立法来释明。

——宋晓明：《商事审判若干疑难问题的探讨——在全国法院商事审判工作会议上的讲话（摘录）》，载最高人民法院民事审判第二庭编：《商事审判指导》（总第 23 辑），人民法院出版社 2011 年版，第 34 页。

917

再审申请超出原审诉讼请求时的处理

关键词 | 再审申请 | 原审诉讼请求 |

【最高人民法院司法解释】

云南省高级人民法院：

你院云高法〔2001〕8 号《关于再审民事案件能否超原判诉讼请求判决的请

示》收悉。经研究,答复如下:

根据《中华人民共和国民事诉讼法》第一百七十九条的规定,民事损害赔偿案件当事人的再审申请超出原审诉讼请求,或者当事人在原审判决,裁定执行终结前,以物价变动等为由向人民法院申请再审的,人民法院应当依法予以驳回。

——《最高人民法院关于民事损害赔偿案件当事人的再审申请超出原审诉讼请求,人民法院是否应当再审问题的批复》(2002 年 7 月 18 日,法释〔2002〕19 号)

【最高人民法院裁判文书】

王哲忠诉云南天宝饮料有限公司股权纠纷案

裁判要旨:超出了原审范围的再审申请不属于人民法院再审审查的范围,以股东未实际出资为由要求否定股东资格,于法无据,应予驳回。

最高人民法院认为:

王哲忠在原一审时的诉讼请求是确认其为天宝公司的股东,占 22.2% 的股份,原审法院依据天宝公司注册资本的数额及王哲忠的出资数额支持了其诉讼请求。现王哲忠以该鉴定咨询意见书作为新证据要求再审改判其占天宝公司注册资本总额 100% 的股份,超出了原审范围。根据最高人民法院《审判监督解释》第 33 条规定,王哲忠的该项再审申请不属于人民法院再审审查范围,应予驳回。综上所述,原审判决认定事实清楚,适用法律正确。王哲忠的申请不符合民事诉讼法第一百七十九条规定的情形,依照民事诉讼法第一百八十一条第一款之规定,裁定驳回王哲忠的再审申请。

——《商事法律文件解读》(总第 57 辑),人民法院出版社 2009 年版,第 118 页。

【链接:最高人民法院法官著述】

当事人对已有生效裁判的民事案件享有申请再审的权利。当事人申请再审的目的是要求法院撤销已有的生效裁判并作出有利于自己的裁判。当事人在再审申请时可否提出超出原审诉讼请求,民事诉讼法没有明确。为了解决这一问题,2002 年 7 月 18 日最高人民法院公布了《关于民事损害赔偿案件当事人的再审申请超出原审诉讼请求,人民法院是否应当再审问题的批复》(法释〔2002〕19

号）。《民事诉讼法》规定，原告向人民法院提起诉讼时，必须有具体的诉讼请求；当事人提出上诉时，应当在上诉状中写明上诉请求。诉讼请求既是当事人的诉讼目的，也是法院据以裁判的基础。没有具体的诉讼请求，人民法院无从裁判；所有的法院裁判都是针对当事人的诉讼请求，法院的裁判终极结果无非表明对当事人的诉讼请求支持与否或者在多大程度上予以支持，法院的裁判不能超出当事人诉讼请求。因而，当事人在提出诉讼请求时，必须进行多方面的考量。例如，既要全面又不失于宽泛、过高的诉讼请求，难以得到法院的全面支持；过低或过窄的诉讼请求，不利于自己合法权益的保护。又如，在涉及将来的给付之诉特别是将来的多次给付之诉案件中，原告既要基于现实的法律、事实条件，又应当有一定的预见性。过于囿于现实情形，固然容易得到满足，但如对损害所造成的损失估计不足及将来发展的预期不够，则不符合长远利益。给付之诉，根据当事人请求给付的时间不同，可分为现在的给付之诉和将来的给付之诉。将来给付之诉又可分为从现在开始至将来的多次给付之诉和将来的一次性给付之诉。将来之诉的案件通常包括：基于婚姻家庭关系产生的生活费用的诉讼和人身损害赔偿诉讼。法释〔2002〕19 号批复是针对人身损害赔偿案件的解释，其与最高人民法院以前司法解释精神是一致的。《最高人民法院关于贯彻执行民事政策法律若干问题的意见》（1984 年 8 月 30 日）第二十三条规定："子女由于生活和受教育的需要，或者父母一方的经济情况有较大的变化，因而提出改变原定抚养费数额的，应由当事人双方先行协议，协议不成时，根据实际情况判决。父母对子女的抚养义务到子女独立生活时止。"这一解释没有明确"根据实际情况判决"是指对已有生效裁判的涉及抚养费的案件的再审判决还是当事人要求改变原定抚养费数额的新案件的判决。《最高人民法院关于人民法院审理离婚案件处理子女抚养问题的若干具体意见》（1993 年 11 月 3 日）第十五条规定："离婚后，一方要求变更子女抚养关系的，或者子女要求增加抚育费的，应另行起诉。"这里明确了提出增加抚育费的子女必须另行起诉，而不是对已有生效裁判的案件申请再审。抚养费（包括抚育费、扶养费、赡养费）是其于婚姻家庭关系而产生的责任，是法律赋予父母、配偶、子女等的义务。这种义务与婚姻家庭关系同时存在，只要义务人不依法履行自己的义务，权利人就可以请求法院强制义务人履行。但人民法院作出判决时，不能脱离当事人的现实情况，例如子女生活和受教育的需要、父母一方的经济情况，父母或配偶的生活需要、子女或配偶的经济情况等。人民法院依据当事人现时的状况依法作出的判决生效后，当事人应当自觉履行。如果因为情况的变化，如子女受教育费用的增加或者父母一方经济情况的显著恶化,子女或父母一方要求改变生效判决所确定的数额,只能另行起诉,不能申请法院再审已有生效判决的案件。根据《民事诉讼法》的规定,再审的前提是生效裁判可能确有错误,而要求改变生效裁判中所确定的抚养费只是因为当事人的实际情况发生了变化,生效裁判并没有错误。人身损害赔偿的赔偿范围较宽,包括医疗费、误工费、受害人及依法由其扶养的人的生活费、残疾用具费、精神损害赔偿费用等。这些费用既包括实际发生的费用,如误工费等,也包括将来才发生的费用,如残疾用具费。既有规定应当一次性支付的,也有规定较为灵活的支付方式。前者如《医疗事故处理条例》第五十二条规定:“医疗事故赔偿费用,实行一次性结算,由承担医疗事故责任的医疗机构支付。”后者如《最高人民法院关于审理触电人身损害赔偿案件若干问题的解释》第五条规定:“依照前条规定计算的各种费用,凡实际发生和受害人急需的,应当一次性支付;其他费用,可以根据数额大小、受害人需要程度、当事人的履行能力等因素确定支付时间和方式。如果采用定期金赔偿方式,应当确定每期的赔偿额并要求责任人提供适当的担保。”无论法院判决确定一次性支付还是将来多次给付,法院既会考虑当事人现时的诉讼请求也会考虑当事人的未来需要,还应当考虑物价变动、银行利率变化、科学技术的发展对产品的影响等。当事人在判决履行过程中,仅以当时对损失估计不足或者现时费用的增加要求法院再审,不符合《民事诉讼法》有关再审的规定。因此,当事人的再审申请超出原审诉讼请求是不能得到法院的支持。《民事诉讼法》规定发生法律效力的民事判决、裁定,当事人必须履行;当事人申请再审,不停止判决、裁定的执行。因而,再审申请既可能在生效裁判执行完毕之后,也可能在生效裁判执行完毕之前。在生效裁判执行完毕之前,当事人提出再审申请的理由可能是物价变动。物价变动,无论物价上涨还是物价下跌,都会影响当事人的利益。物价上涨,影响执行申请人的利益,物价下跌影响被执行人的利益。我国的市场经济体制早已建立,虽然尚未达到完善的程度,但人们通过国家公布的物价指数对物价的变化可以作出合理预见,那种物价飞涨或急剧下跌的境况自改革开放以来没有发生过。因此,在生效裁判执行完毕之前,当事人以物价变动为由申请再审,也不会得到法院的支持。如果考虑到物价变动等不是《民事诉讼法》规定的申请再审法定事由,从法释〔2002〕19号批复还可以推导出,生效裁判执行完毕之后,当事人仅以物价变动等为由,向法院申请再审,法院同样应当驳回当事人的再审申请。法释〔2002〕19号批复中“以物价变动等为由”应指包括物价变动及其类似的情形,诸如利率变动、汇率变动等,甚至进而可以理解为凡是《民事诉讼法》第一百七十九条规定之外的事由都不可作为再审的理由。当然，如果物价发生了剧烈波动，例如战争、金融危机等引起的物价变动，则应当允许当事人以情势变更为由另行起诉。法释〔2002〕19号批复中“执行终结”应不是指《民事诉讼法》第二百三十五条规定的执行终结，而是指生效判决、裁定确定的内容全部执行完毕或者当事人之间达到和解协议并已履行完毕。

——王艳彬：《最高人民法院〈关于民事损害赔偿案件当事人的再审申请超出原审诉讼请求，人民法院是否应当再审问题的批复〉的理解与适用》，载姜兴长主编、最高人民法院立案庭编：《立案工作指导与参考》（总第5卷），人民法院出版社2004年版，第4～8页。

918

放弃原审程序中诉讼权利而申请再审的处理

关键词 | 申请再审 | 放弃诉讼权利 |

【最高人民法院司法解释】

第三百九十九条　审查再审申请期间，再审申请人申请人民法院委托鉴定、勘验的，人民法院不予准许。

——《最高人民法院关于适用〈中华人民共和国民事诉讼法〉的解释》（2015年1月30日，法释〔2015〕5号）

【最高人民法院司法政策】

21. 申请再审人申请人民法院委托鉴定、勘验，并请求以鉴定结论、勘验笔录作为新证据申请再审的，不予支持。

申请再审人在原审中依法申请鉴定、勘验，原审人民法院应当准许而未予准许，且未经鉴定、勘验可能影响案件基本事实认定的，可以依据民事诉讼法第一百七十九条第一款第（二）项的规定审查处理。

——《最高人民法院关于印发〈第一次全国民事再审审查工作会议纪要〉的通知》（2011年4月21日，法〔2011〕159号）

【最高人民法院审判业务意见】

《民事诉讼法》第179条规定的部分再审事由,涉及当事人在一审、二审程序中的诉讼权利,包括提出管辖权异议、申请回避、申请调查取证、申请鉴定勘验、申请复议、质证、辩论等。当事人在原审程序中放弃、怠于或拒绝行使这些诉讼权利,而在申请再审时提出的,是否应予支持。我们倾向认为,审判监督程序是特殊的补救程序,民事诉讼制度应当鼓励当事人运用一审、二审程序中的诉讼权利,当事人放弃或者不积极行使一审、二审中享有的诉讼权利又据此申请再审的,原则上不予支持。根据上述意见,会议纪要就相关事由作了规定。

——郑学林:《在第一次全国民事再审审查工作会议上的总结讲话》,载苏泽林主编、最高人民法院立案庭编:《立案工作指导》(总第27辑),人民法院出版社2011年版,第21页。

919

当事人变更申请再审理由的审查

关键词|变更理由|申请再审|

【最高人民法院审判业务意见】

当事人申请再审时,提出原审没有提出过的理由,是否应予审查,是实践中反映较多的问题。对此,应根据该理由的性质,区别对待。如果该理由属于当事人抗辩事项,如诉讼时效问题,因当事人未在原审提出,不予审查。如果是法院应依职权查明事项,如涉及国家和社会公共利益的合同效力、当事人是否适格、是否违反了专属管辖规定等,应当进行审查,理由成立的,裁定再审。

——郑学林:《在第一次全国民事再审审查工作会议上的总结讲话》,载苏泽林主编、最高人民法院立案庭编:《立案工作指导》(总第27辑),人民法院出版社2011年版,第21页。

920

裁定终结再审审查的情形

关键词｜终结再审审查｜

【最高人民法院司法解释】

第四百零二条　再审申请审查期间，有下列情形之一的，裁定终结审查：

（一）再审申请人死亡或者终止，无权利义务承继者或者权利义务承继者声明放弃再审申请的；

（二）在给付之诉中，负有给付义务的被申请人死亡或者终止，无可供执行的财产，也没有应当承担义务的人的；

（三）当事人达成和解协议且已履行完毕的，但当事人在和解协议中声明不放弃申请再审权利的除外；

（四）他人未经授权以当事人名义申请再审的；

（五）原审或者上一级人民法院已经裁定再审的。

（六）有本解释第三百八十三条第一款规定情形的。

——《最高人民法院关于适用〈中华人民共和国民事诉讼法〉的解释》(2015 年 1 月 30 日，法释〔2015〕5 号）

第二十五条　有下列情形之一的，人民法院可以裁定终结审查：

（一）申请再审人死亡或者终止，无权利义务承受人或者权利义务承受人声明放弃再审申请的；

（二）在给付之诉中，负有给付义务的被申请人死亡或者终止，无可供执行的财产，也没有应当承担义务的人的；

（三）当事人达成执行和解协议且已履行完毕的，但当事人在执行和解协议中声明不放弃申请再审权利的除外；

（四）当事人之间的争议可以另案解决的。

——《最高人民法院关于适用〈中华人民共和国民事诉讼法〉审判监督程序若干问题的解释》(2008 年 11 月 25 日，法释〔2008〕14 号）

【最高人民法院司法政策】

19. 审查过程中,出现下列情形之一的,裁定终结审查:

(1)申请再审人死亡或者终止,无权利义务承受人或者权利义务承受人声明放弃再审申请的;

(2)在给付之诉中,负有给付义务的被申请人死亡或者终止,无可供执行的财产,也没有应当承担义务的人的;

(3)当事人达成执行和解协议且已履行完毕的,但当事人在执行和解协议中声明不放弃申请再审权利的除外;

(4)他人未经授权,以委托代理人名义代理当事人提出再审申请的;

(5)人民检察院对该案提出抗诉的;

(6)原审人民法院对该案裁定再审的。

——《最高人民法院关于印发〈第一次全国民事再审审查工作会议纪要〉的通知》(2011年4月21日,法〔2011〕159号)

【链接:最高人民法院法官著述】

1. 终结审查不同于《民事诉讼法》第一审程序中规定的终结诉讼。按第一审程序规定诉讼终结时,人民法院对当事人实体权利义务关系不作结论评判,不存在约束当事人的裁判文书。终结审查并非终结整个诉讼程序,而是仅起到终结人民法院按照审判监督程序启动的审查程序,不因此改变或影响生效裁判的既判力及执行程序的进行。

2. 本条第1款第(2)项规定的情形仅在给付之诉中适用,在确认之诉中不适用。在确认之诉中,即使相对人死亡或终止,因涉及权利人的权利的界定,如果对生效裁判存在错误情形不予以纠正,仍然可能影响到权利人的合法权利。因此,在确认之诉中,即使相对人死亡或终止,不应发生终结审查的法律后果。

3. 本条对终结审查没有兜底性条款规定,是参照《民事诉讼法》确立的终结诉讼制度,考虑到终结审查程序也关系到当事人申请再审权利能否得到充分保障,为防止司法实践中滥用终结审查损害当事人合法权益,通过列举的方式规定了四种情形,而没有设立兜底性条款规定。这就意味着只有在该第四种情形发生时,人民法院才可以终结审查程序。

——江必新主编、最高人民法院审判监督庭编著:《最高人民法院关于适用民事诉讼法审判监督程序司法解释理解与适用》,人民法院出版社2008年版,第227页。

921

达成执行和解协议并履行完毕的应裁定终结审查

关键词 | 执行和解 | 申请再审 | 裁定驳回 |

【最高人民法院司法解释】

第四百零二条 再审申请审查期间,有下列情形之一的,裁定终结审查:

(三)当事人达成和解协议且已履行完毕的,但当事人在和解协议中声明不放弃申请再审权利的除外;

——《最高人民法院关于适用〈中华人民共和国民事诉讼法〉的解释》(2015年1月30日,法释〔2015〕5号)

第二十五条 有下列情形之一的,人民法院可以裁定终结审查:

(三)当事人达成执行和解协议且已履行完毕的,但当事人在执行和解协议中声明不放弃申请再审权利的除外;

——《最高人民法院关于适用〈中华人民共和国民事诉讼法〉审判监督程序若干问题的解释》(2008年11月25日,法释〔2008〕14号)

【最高人民法院审判业务意见】

人民法院在立案审查阶段未发现双方当事人已经达成执行和解协议并履行完毕的事实,再审中进行实体审理后发现了该问题,应当根据《中华人民共和国民事诉讼法》第186条、第157条的规定,以及《关于适用〈中华人民共和国民事诉讼法〉若干问题的意见》第186条、《关于适用〈中华人民共和国民事诉讼法〉审判监督程序若干问题的解释》第25条第3项之规定,裁定驳回当事人的再审申请之诉。

——王毓莹:《再审审理时发现当事人已经达成执行和解协议并履行完毕的,应裁定驳回当事人的申请再审之诉》,载最高人民法院民事审判第一庭编:《民事审判指导与参考》(总第44集),法律出版社2011年版,第202页。

【最高人民法院裁判文书】

中国农业银行股份有限公司双辽市支行与双辽市农村信用合作联社借款合同纠纷案[最高人民法院(2011)民提字第85号民事裁定书]

裁判要旨:最高人民法院《审判监督解释》第二十五条第一款第(三)项规定,对于当事人申请再审的案件存在"当事人达成执行和解协议且已履行完毕的"情形的,人民法院可以裁定终结审查。

——最高人民法院民事审判第二庭编:《商事审判指导》(总第30辑),人民法院出版社2012年版,第213~215页。

王同乐与桦南县农村信用合作联社借款纠纷再审案(最高人民法院民事裁定书)

裁判要旨:执行和解协议是双方当事人创设新的权利义务关系的协议。从实体法角度而言,执行和解协议的达成实质变动了生效所确定的实体内容。当事人已经达成执行和解协议并履行完毕,人民法院已经无权对原判决进行监督,只能对执行和解协议进行监督。即使原判决实体上确有错误,原来的判决已经被当事人达成的执行和解协议所替代,在本质上这不属于审判阶段解决的问题,应属于执行环节解决的问题,当事人应在执行环节寻求救济。

——最高人民法院民事审判第一庭编:《民事审判指导与参考》(总第48辑),人民法院出版社2011年版,第163~173页。

922

不服中止审理裁定向上一级法院申请再审应予驳回

关键词|中止审理裁定|申请再审|

【最高人民法院审判业务意见】

最高人民法院民一庭意见：中止审理裁定是人民法院作出的暂时中止案件审理的程序性处置，是人民法院对正在审理中的案件作出的阶段性处理，并非诉讼程序的终结；而审判监督程序是对实体权利裁决或者对直接影响当事人实体权利的程序性裁决的救济程序。当事人不服人民法院作出的中止审理裁定，向人民法院申请再审的，不属于《民事诉讼法》第一百七十九条规定的再审事由，应予驳回。

——王友祥、仲伟珩：《当事人不服人民法院作出的中止审理裁定向上一级人民法院申请再请的，应予驳回》，载最高人民法院民事审判第一庭编：《民事审判指导与参考》（总第50辑），人民法院出版社2012年版，第97页。

923

原判确有错误但当事人已达成和解协议的申请再审案件的处理

关键词 | 知识产权 | 原判错误 | 和解协议 | 申请再审 |

【最高人民法院审判业务意见】

43. 避风塘公司与东涌公司不正当竞争纠纷案［（2007）民三监字第21－1号］中，最高人民法院尝试创新对申请再审案件的审查处理方式，对于原判确有错误，但当事人达成和解协议的，在准予撤回再审申请裁定中一并对原判错误之处作出明确的审查认定，既避免了为改正原判错误认定而提起再审产生的程序不经济，也体现了鼓励和便于当事人和解解决民事争议的司法政策取向。

——《最高人民法院知识产权案件年度报告（2009）》

【最高人民法院裁判文书】

上海避风塘美食有限公司与上海东涌码头餐馆管理有限公司不正当竞争纠纷申请再审案［最高人民法院（2007）民三监字第21－1号民事裁定书］

最高人民法院认为：

上述和解协议系双方当事人自愿达成，不具有侵害国家利益、社会公共利益或者侵害案外人利益的情形，不违背当事人真实意思，也并不违反法律、行政法规禁止性规定。其中，对于协议中当事人一致认可“避风塘”已成为上诉人知名服务的特有名称的问题，虽与原审法院的有关认定不同，但根据本案现有证据和原审法院以及本院查明的有关事实，本院予以认可。首先，本案可以认定申诉人提供的餐饮服务在上海地区属于知名服务，对此双方当事人在原审以及本院审查中也均无实质性争议。其次，本案中“避风塘”一词除了具有地理概念上的“船舶避风港湾”的本意之外，还被餐饮业经营者为表明特色风味菜肴的名称与菜肴原料组合起来作为特定菜品的通用名称使用，如“避风塘炒蟹”“避风塘炒虾”“避风塘茄子”等；同时，经过申诉人在其企业名称中的长期使用和在商业标识意义上的广泛宣传，在上海地区的餐饮服务业中，“避风塘”一词同时具有识别经营者身份的作用，能够表明特定餐饮服务的来源。此外，二审法院有关“避风塘”已成为了一种独特烹调方法以及由该种烹调方法制成的特色风味菜肴的名称的认定，并无充分证据支持。因此，本案可以认定“避风塘”一词在上海地区也是申诉人提供的知名餐饮服务的特有名称。再次，被申诉人曾在店招牌匾和户外广告牌中使用“东涌码头避风塘料理”和“避风塘料理”字样以及在菜单中使用“走进渔家铜锣湾享受原味避风塘”的广告语，这些使用方式实际上都是在突出使用“避风塘”一词，既不是作为地理概念来使用，也并不是在作为特定菜肴名称的意义上使用，而是作为一种身份标识意义上的使用，容易造成消费者对其与申诉人的混淆、误认，已经超出了对“避风塘”一词的合理使用范畴。因此，被申诉人已经实际停止并在和解协议中承诺不再以上述方式使用“避风塘”一词，也确实体现了对申诉人有关民事权益的尊重。

——《最高人民法院知识产权案件年度报告(2009)》，载《最高人民法院公报》2010 年第 10 期。

924

申请再审期间不得受理反诉请求

关键词 | 反诉 | 申请再审 |

【链接：最高人民法院法官著述】

当事人对人民法院作出的民事判决不服，可以就生效判决认定的事实与适用法律的问题提出申诉，但不能在申诉期间提出反诉。因此，甘肃省高级人民法院在再审时，收取义乌市公司的案件反诉费，受理该公司的反诉请求，并以此作为将案件发回的一个理由不当。兰海公司关于原审法院在再审程序中受理义乌市公司的反诉，违反了法定程序的申诉理由成立。但是，甘肃省高级人民法院认为该院（1999）甘民终字第53号民事判决以及兰州市中级人民法院（1998）兰法房字第084号民事判决认定事实不清，有权予以撤销，将案件发回兰州市中级人民法院重新审理。在案件发回兰州市中级人民法院重新审理时，双方当事人均可以重新主张，也可以增加或变更诉讼请求。义乌市公司在案件重审时也可以提出反诉请求。

自兰海公司向人民法院提起诉讼，义乌市公司向兰州市中级人民法院提交了因兰海公司延迟办理有关手续，导致义乌市公司非法施工，被罚款及停工的证明始，至兰海公司向甘肃省高级人民法院提出上诉和向该院提出申诉，以及在兰州市中级人民法院重新审理期间，义乌市公司始终没有放弃兰海公司应当承担违约责任、赔偿给其造成的经济损失的主张；兰海公司向人民法院提起诉讼、义乌市公司向兰州市中级人民法院提交了因兰海公司延迟办理有关手续，导致义乌市公司非法施工，被罚款及停工的证明，其权利主张和所主张的标的额大大超出了原告兰海公司的诉讼请求，虽然具有反诉的内容，但由于其反诉的意思表示并不明确，不能认定为反诉；义乌市公司不服兰州市中级人民法院1998年12月30日作出的（1998）兰法房字第084号民事判决，向甘肃省高级人民法院提出上诉，其权利主张和所主张的标的额大大超出了原审范围。根据《最高人民法院关于适用〈中华人民共和国民事诉讼法〉若干问题的意见》第184条之规定，对义乌市公司上诉请求中超出原审范围的部分，甘肃省高级人民法院应告知其另行起诉。甘肃省高级人民法院1999年5月25日作出的（1999）甘民终字第53号民事判决关于“根据双方分家协议第二条四项之规定，兰海公司只依据国家有关规定为义乌市公司办理土地使用权变更登记手续（土地使用权转让手续）。并没有规定兰海公司为义乌市公司办理‘规划许可证’、‘施工许可证’、‘消防许可证’。因此，造成消防罚款及停工损失应由义乌市公司自行承担”的论述，属于在二审程序中，对上诉人义乌公司提出的超出原审范围部分的反诉请求直接作出了实体上的处理，违反了法律的有关规定。之后，甘肃省高级人民法院于2000年8月4日作出的(1999)甘民再字第67号民事裁定关于义乌市公司请求依据的证据又与对本诉的反驳交织一起，应合并审理的认定，既是对该院(1999)甘民终字第53号民事判决中存在错误的纠正，也是对义乌市公司在该案中上诉提交的证据具有对本诉的反驳以及反诉内容的主张的重新确认。由此，义乌市公司的反诉请求的提出之日，不应从该公司向甘肃省高级人民法院申诉之日起开始计算，而应当自该公司不服兰州市中级人民法院1998年12月30日作出的(1998)兰法房字第084号民事判决，向甘肃省高级人民法院提起上诉之日起算。义乌市公司的反诉请求并没有超过法律规定的诉讼时效。所以，对兰海公司关于义乌市公司的反诉请求已经超过诉讼的申诉理由，本院不予支持。

综上所述，甘肃省高级人民法院(2002)甘民终字第16号民事判决以及兰州市中级人民法院(2000)兰法民初字第144号民事判决认定事实清楚，在实体处理方面，唯对工程延误造成损失的分担问题上处理欠当，应予纠正；兰海公司的申诉主张，部分有理，最高人民法院予以支持。

——于松波：《当事人申请再审期间，人民法院不得受理其反诉请求，但在案件发回重新审理后，原审法院可以受理当事人的反诉请求》，载苏泽林主编、最高人民法院审判监督庭编：《审判监督指导》(总第23辑)，人民法院出版社2008年版，第79~81页。

编者说明

当事人在申请再审期间提出反诉请求，人民法院予以受理，违反了《民事诉讼法》的有关规定。但是，在案件发回重新审理期间，当事人变更或增加诉讼请求，原审法院应予受理。

925

撤回再审申请的处理

关键词｜撤回再审申请｜

【最高人民法院司法解释】

第四百条 审查再审申请期间，再审申请人撤回再审申请的，是否准许，由人民法院裁定。

再审申请人经传票传唤，无正当理由拒不接受询问的，可以按撤回再审申请处理。

——《最高人民法院关于适用〈中华人民共和国民事诉讼法〉的解释》(2015年1月30日，法释〔2015〕5号)

第二十三条 申请再审人在案件审查期间申请撤回再审申请的，是否准许，由人民法院裁定。

申请再审人经传票传唤，无正当理由拒不接受询问，可以裁定按撤回再审申请处理。

——《最高人民法院关于适用〈中华人民共和国民事诉讼法〉审判监督程序若干问题的解释》(2008年11月25日，法释〔2008〕14号)

【链接：最高人民法院法官著述】

不准许撤回再审申请时，诉讼程序如何进行。本条虽然没有规定人民法院依法不准许撤回再审申请时，诉讼程序如何进行，但是，可以参照民事诉讼法第一百四十五条的规定，即人民法院裁定不准许撤回再审申请的，应依照民事诉讼法第二百零四条的规定及时审查；经传票传唤，再审申请人无正当理由拒不接受询问的，可以径行作出裁定。

按撤回再审申请处理需要满足的条件。人民法院在再审审查程序中作出按撤回再审申请处理的规定，应当同时满足以下条件：一是人民法院依法向申请再审人送达了传票；二是再审申请人未在传票确定的时间接受询问；三是再审申请人缺席询问没有正当的理由。

——沈德咏主编、最高人民法院修改后民事诉讼法贯彻实施工作领导小组编著：《最高人民法院民事诉讼法司法解释理解与适用》，人民法院出版社2015年版，第1057～1058页。

926

新证据再审事由的认定

关键词｜再审新证据｜证明力｜再审期间起算点｜

【最高人民法院司法解释】

第三百八十七条 再审申请人提供的新的证据，能够证明原判决、裁定认定基本事实或者裁判结果错误的，应当认定为民事诉讼法第二百条第一项规定的情形。

对于符合前款规定的证据，人民法院应当责令再审申请人说明其逾期提供该证据的理由；拒不说明理由或者理由不成立的，依照民事诉讼法第六十五条第二款和本解释第一百零二条的规定处理。

第三百八十八条 再审申请人证明其提交的新的证据符合下列情形之一的，可以认定逾期提供证据的理由成立：

（一）在原审庭审结束前已经存在，因客观原因于庭审结束后才发现的；

（二）在原审庭审结束前已经发现，但因客观原因无法取得或者在规定的期限内不能提供的；

（三）在原审庭审结束后形成，无法据此另行提起诉讼的。

再审申请人提交的证据在原审中已经提供，原审人民法院未组织质证且未作为裁判根据的，视为逾期提供证据的理由成立，但原审人民法院依照民事诉讼法第六十五条规定不予采纳的除外。

第三百九十九条 审查再审申请期间，再审申请人申请人民法院委托鉴定、勘验的，人民法院不予准许。

——《最高人民法院关于适用〈中华人民共和国民事诉讼法〉的解释》（2015年1月30日，法释〔2015〕5号）

第十条 申请再审人提交下列证据之一的，人民法院可以认定为民事诉讼法第一百七十九条第一款第（一）项规定的“新的证据”：

（一）原审庭审结束前已客观存在庭审结束后新发现的证据；

（二）原审庭审结束前已经发现，但因客观原因无法取得或在规定的期限内不能提供的证据；

（三）原审庭审结束后原作出鉴定结论、勘验笔录者重新鉴定、勘验，推翻原结论的证据。

当事人在原审中提供的主要证据，原审未予质证、认证，但足以推翻原判决、裁定的，应当视为新的证据。

第三十九条 新的证据证明原判决、裁定确有错误的,人民法院应予改判。

申请再审人或者申请抗诉的当事人提出新的证据致使再审改判,被申请人等当事人因申请再审人或者申请抗诉的当事人的过错未能在原审程序中及时举证,请求补偿其增加的差旅、误工等诉讼费用的,人民法院应当支持;请求赔偿其由此扩大的直接损失,可以另行提起诉讼解决。

——《最高人民法院关于适用〈中华人民共和国民事诉讼法〉审判监督程序若干问题的解释》(2008 年 11 月 25 日,法释〔2008〕14 号)

【最高人民法院司法政策】

21. 申请再审人申请人民法院委托鉴定、勘验,并请求以鉴定结论、勘验笔录作为新证据申请再审的,不予支持。

申请再审人在原审中依法申请鉴定、勘验,原审人民法院应当准许而未予准许,且未经鉴定、勘验可能影响案件基本事实认定的,可以依据民事诉讼法第一百七十九条第一款第(二)项的规定审查处理。

——《最高人民法院关于印发〈第一次全国民事再审审查工作会议纪要〉的通知》(2011 年 4 月 21 日,法〔2011〕159 号)

十、关于新的证据的认定问题。人民法院对于“新的证据”,应当依照《证据规定》第四十一条、第四十二条、第四十三条、第四十四条的规定,结合以下因素综合认定:

(一)证据是否在举证期限或者《证据规定》第四十一条、第四十四条规定的其他期限内已经客观存在;

(二)当事人未在举证期限或者司法解释规定的其他期限内提供证据,是否存在故意或者重大过失的情形。

——《最高人民法院关于适用〈关于民事诉讼证据的若干规定〉中有关举证时限规定的通知》(2008 年 12 月 11 日,法发〔2008〕42 号)

【最高人民法院审判业务意见】

问:再审新的证据的认定和对待一直是司法实践中的热点、难点,修改后民事诉讼法仍然沿袭修改前的“有新的证据,足以推翻原判决、裁定的”,司法解释用两个条文解决该立法规定是出于何种考虑?

答:《解释》用两个条文对此加以明确。一方面,在明确再审事由的相关关键词中对何为再审“新的证据”予以界定。该条文第一款将原审庭审结束前已客观存在庭审结束后新发现的证据;原审庭审结束前已经发现,但因客观原因无法取得或在规定的期限内不能提供的证据;原审庭审结束后原作出鉴定结论、勘验笔录者重新鉴定、勘验,推翻原结论的证据等三种情形,明确为“新的证据”。对于当事人在原审中提供的主要证据,原审未予质证、认证,但又属于足以推翻原判决、裁定的,该条第二款中将其规定为应当视为新的证据的情形。这里主要考虑的因素是,一些当事人反映,其在超出举证时限后提供了重要的证据材料,另一方当事人以超出举证时限不予质证,原审法院在未质证情况下未在判决、裁定中加以认证,即不将该证据作为认定事实的依据。但由于该证据足以证明作出的判决、裁定有错误,当事人以该证据申请再审得不到支持,便到党政机关上访申诉,形成党政机关、立法机关以及社会各界比较强烈的反应。因此,兼顾现实国情和解决申请再审难,《解释》作出视为新的证据的规定。

另一方面,在新的证据对待的条款中,《解释》在该条第一款中规定新的证据证明原判决、裁定确有错误的,法院应予改判。在该条第二款中,《解释》明确,申请再审人或申请抗诉的当事人因自身原因即自身过错,在原审程序中未能在指定的举证期限内举证的,法院可根据被申请人请求,要求提出新的证据的当事人承担一定的民事责任。《解释》用诉费制裁和损害赔偿请求权的方式,促使当事人在原审程序中应当遵循举证时限的有关规定。与以前的相关规定不同的是,《解释》将被申请人主张由此增加的差旅、误工等费用,归为诉讼费用,法院一旦作出决定,当事人不能对此提出上诉救济;将被申请人主张由此扩大的直接损失予以赔偿,归为侵权损害赔偿纠纷,被申请人可以另行提起诉讼解决。

——最高人民法院审判监督庭负责人:《就〈关于适用《中华人民共和国民事诉讼法》审判监督程序若干问题的解释〉答记者问》,载万鄂湘、张军主编:《商事法律文件解读》(总第48辑),人民法院出版社2008年版,第26~27页。

【最高人民法院裁判文书】

蚌埠住房储蓄银行与河南德亿房地产开发有限公司、河南德亿建筑装饰工程有限公司贷款担保合同纠纷案[最高人民法院(2005)民二提字第1号民事判决书]

裁判要旨:对于当事人以新的证据申请再审的,应当依据最高人民法院颁布的证据规则，结合案件的具体情况，进行审查和判断。应当着重审查新的证据没有在原审提交的原因。

最高人民法院认为：

1999 年 5 月 5 日，河南德亿公司向蚌埠银行出具的两份信函，清楚地表达了河南德亿公司承诺对蚌埠德亿公司所借蚌埠银行 800 万元款项中的 600 万元本金和利息代为清偿的意思表示，该两份信函具有债务转移的性质，在债权人蚌埠银行未作拒绝表示，一经送达即发生法律效力，自此确立了河南德亿公司与蚌埠银行之间 600 万元本金和利息的债权债务关系。1999 年 5 月 6 日，蚌埠银行在与河南德亿公司签订 600 万元贷款合同的当天，即将该笔贷款 600 万元转入河南德亿公司账户。河南德亿公司取得贷款后，随即用于偿还蚌埠德亿公司原欠蚌埠银行的贷款，以新贷偿还了旧贷本金。依据该贷款合同河南德亿公司已经履行了代偿蚌埠德亿公司 600 万元本金的债务，但该 600 万元项下的利息未予偿还，河南德亿公司仍然继续负有偿还的法律义务。因此，河南德亿公司关于 1999 年 5 月 5 日向蚌埠银行出具的信函只是意向函，不发生债务转移的法律效力，1999 年 5 月 6 日借款合同未实际履行的主张不能成立。

关于河南德亿公司申请再审时提交的“1999 年 5 月 26 日贷款合同”。如果该“合同”所记载的全部内容在 1999 年 5 月 26 日即已客观存在的话，在随后进行的诉讼中，将对河南德亿公司抗辩债权人的请求提供强有力的支持，但河南德亿公司在一、二审诉讼中不仅未提供且根本未提及该“合同”。河南德亿公司与蚌埠德亿公司的董事长同为刘锦鸿一人，参加诉讼的河南德亿公司应当知道该“合同”在 1999 年 5 月 26 日是否客观存在。其在申请再审时对在一、二审诉讼中未提供、未提及该“合同”的解释难以成立；河南德亿公司所述在 1999 年 5 月 6 日借款合同签订并履行后的当月，债权人又与原债务人蚌埠德亿公司签订“1999 年 5 月 26 日贷款合同”，而将 1999 年 5 月 6 日借款合同项下的债务再转移给已经失去还债能力的蚌埠德亿公司，亦违反常理；“1999 年 5 月 26 日贷款合同”另一个重要条款是蚌埠德亿公司向蚌埠银行借款 600 万元，但河南德亿公司没有提供证据证明该合同项下的款项已经发生，该条款设定的债权人亦否认该债权的存在；对于“1999 年 5 月 26 日贷款合同”签订的具体时间、地点、人员等详细情况以及该合同为什么没有编号，河南德亿公司亦不能作出清楚解释；而且，2000 年 3 月 14 日河南德亿公司给蚌埠银行出具的《关于请求延期偿还贷款报告》和《关于申请减免贷款利息报告》中仍认可 1999 年 5 月 6 日借款合同项下的义务，以及对蚌埠德亿公司原欠蚌埠银行 600 万元项下的利息的代偿义务；

2000 年 8 月 15 日河南德亿公司在给蚌埠银行《询证函》的回函中继续对 1999 年 5 月 6 日贷款合同项下 600 万元本金的义务予以确认;2001 年 7 月 3 日二审期间,双方当事人对 1999 年 5 月 6 日借款合同 600 万元项下的利息和蚌埠德亿公司原欠蚌埠银行 600 万元项下的利息进行对账,对于经过对账确认的两项利息的计算数字,河南德亿公司亦予以认可签字;二审开庭时,河南德亿公司当庭承认已经履行了与蚌埠银行签订的 1999 年 5 月 6 日借款合同。河南德亿公司现以“1999 年 5 月 26 日贷款合同”主张其与蚌埠银行签订的 1999 年 5 月 6 日贷款合同已解除和废止,自己陷入举证上的逻辑矛盾。因此,“1999 年 5 月 26 日贷款合同”不能证明河南德亿公司的前述主张,本院不予采信。综上,河南德亿公司申请再审所提出的否定原审已确认的债权债务关系的主张,因无事实根据和法律依据,最高人民法院不予支持。原审判决认定事实清楚、适用法律正确,应予维持。

——江必新主编、最高人民法院审判监督庭编著:《最高人民法院关于适用民事诉讼法审判监督程序司法解释理解与适用》,人民法院出版社 2008 年版,第 88 ~ 89 页。

【链接:最高人民法院法官著述】

第一,对再审新证据实质性要件的判断,和对再审申请人未在原审提供证据所作理由的判断,孰先孰后?民事诉讼法第六十五条所确立的证据失权制度并非一概否定逾期提交的证据,而是根据逾期提交理由的正当性区分处理。因此,对于当事人在申请再审阶段才提供的,也应以未在原审提供的理由是否正当作为是否采纳的重要标准,而不应轻易以其未在原审提供为由否定其证据资格。但由于再审新证据事由的实质要件为足以推翻原判决、裁定,只有符合这一实质要件,才有进一步判断当事人未在原审提供理由正当性的必要,因此,对于当事人申请再审阶段提交的证据,应当先判断其是否足以推翻原判决、裁定,然后对于足以推翻原判决、裁定的证据,再判断再审申请人未在原审提供证据的理由是否成立。

第二,再审申请人以新证据事由申请再审的,在案件受理时要注意适度审查。实务中,一些当事人明知申请再审期限已过,却在众多事由中加上新证据事由,以规避申请再审期限。因此,在当事人以新证据事由申请再审,特别是在判决、裁定发生法律效力六个月后提出再审申请的,在受理案件时就应对新证据作适度审查。一般应要求再审申请人书面说明知道或者应当知道该新证据的时间,并书面说明该证据为新证据的理由。在案件受理阶段,不宜对新证据审查得过严,否则会损害当事人申请再审的权利;但也不能不审查,否则会使法律关于申请再审期限的规定成为一纸空文。对于当事人与新证据事由一并提出的其他已经超过申请再审期限的事由不予审查。

第三,在再审审查阶段如何把握“足以推翻”的标准。我们认为,申请再审审查阶段的主要目的是审查生效裁判是否具备法定的再审事由,不能用再审审理的功能取代再审审查的功能,不能用再审审理的目的取代再审审查的目的。因此,在再审审查阶段,对足以推翻的把握,宜以高度盖然性为标准,而不能要求新证据必须推翻原裁判,否则很可能导致应该再审的案件没有进入再审或者再审审理程序形式化。

——沈德咏主编、最高人民法院修改后民事诉讼法贯彻实施工作领导小组编著:《最高人民法院民事诉讼法司法解释理解与适用》,人民法院出版社 2015 年版,第 1023 ~ 1024 页。

审判实践中应当注意,再审申请人以有新证据为由申请再审,但未提交新证据,而是申请人民法院委托鉴定、勘验的,不予支持。但如果当事人在原审中依法申请鉴定、勘验,原审法院应当准许而未予准许,且未经鉴定、勘验可能影响案件基本事实认定的,说明原判决、裁定认定的基本事实缺乏证据证明,可以依据民事诉讼法第二百条第二项的规定审查处理。

——沈德咏主编、最高人民法院修改后民事诉讼法贯彻实施工作领导小组编著:《最高人民法院民事诉讼法司法解释理解与适用》,人民法院出版社 2015 年版,第 1055 页。

927

“基本事实缺乏证据证明”的认定

关键词 | 基本事实 | 缺乏证据证明 | 再审事由 |

【最高人民法院司法解释】

第十一条 对原判决、裁定的结果有实质影响、用以确定当事人主体资格、案件性质、具体权利义务和民事责任等主要内容所依据的事实,人民法院应当认定为民事诉讼法第一百七十九条第一款第(二)项规定的“基本事实”。

——《最高人民法院关于适用〈中华人民共和国民事诉讼法〉审判监督程序若干问题的解释》(2008 年 11 月 25 日,法释〔2008〕14 号)

【最高人民法院裁判文书】

安徽省江淮建设劳务有限公司与广州天力建筑工程有限公司、天津富力城房地产开发有限公司建设工程施工合同纠纷申请再审案[最高人民法院(2011)民申字第 1297 号民事裁定书]

裁判要旨:争议工程款是否结清的事实,直接关系到当事人民事责任的承担,该事实对判决结果有实质影响,属于案件的基本事实。

最高人民法院认为:

争议工程款是否结清的事实,直接关系到当事人民事责任的承担,该事实对原审判决结果有实质影响,属于案件的基本事实。原判决对于江淮公司与天力公司之间的工程劳务款应当结算总数是多少,天力公司已支付数是否属于总工程劳务款,是否包含四份补充协议确定的增补款和 2008 年 11 月 13 日所形成会议纪要的内容等事实未予审查和认定,故原判决确定为工程款已结清,缺乏证据证明。

——江必新主编、最高人民法院审判监督庭编:《审判监督指导》(总第 39 辑),人民法院出版社 2012 年版,第 183 页。

中国工商银行海南省分行营业部与海南正兴产业投资有限公司等联营开发房地产合同纠纷案[最高人民法院(2003)民一再字第 7 号民事判决书]

裁判要旨:虽然海南工行为收回贷款,同意华琼公司以查封的土地与正兴公司“联营”,并以“联营”收取的转让款偿还借款,但由于没有证据证明海南工行与华琼公司有共同向正兴公司隐瞒土地被查封的事实的合意,不能认定海南工行与华琼公司对正兴公司构成共同侵权。但是,海南工行对正兴公司的损害负有一定的过错责任,故应在过错范围内承担赔偿责任。

最高人民法院认为:

本案主要争议问题有三:一是海南工行提供的“新证据”能否证明正兴公司在合作初期知道土地被查封的事实;二是该土地是否被实际查封以及是否影响

合同效力；三是海南工行与华琼公司是否构成共同侵权。

关于海南工行提供的“新证据”能否证明正兴公司在合作初期知道土地被查封的事实，最高人民法院经查证认为，海南工行在申请再审中提供的用以证明正兴公司在签订联营合同时知道土地被查封的“新证据”，主要是证人证言及海南省琼山县政府有关部门的文件等。经审查，为其提供证言的证人与华琼公司均有利害关系，而华琼公司与海南工行在主张该事实方面利益一致。海南工行提交的有关文件内容没有涉及土地查封事宜。因此，海南工行在申请再审中提交的证据不足以证明正兴公司在签订合同时已经知道“爵士乐园”项目用地被查封的事实，并以此为依据主张正兴公司起诉超过诉讼时效的主张不成立。

关于土地是否被实际查封以及是否影响合同效力问题，最高人民法院审理认为，虽然根据海南工行在再审中提供的相关证据显示，海南省海南中级人民法院 1992 年 8 月 3 日查封涉案 36. 2 亩土地时，该土地仍处于包括华琼公司在内的五家征用该土地的单位名下，但 1993 年 4 月 23 日，华琼公司取得了该 36. 2 亩土地的《国有土地使用权证》。因此，海南工行主张因该土地在海南省海南中级人民法院查封时不是华琼公司的财产而导致查封裁定错误的理由不成立。且查封裁定一经作出，即发生法律效力，对双方当事人具有法律约束力。即使本案所涉 36. 2 亩土地被查封后进行了确权发证、分宗、抵押贷款的事实存在，也并不能改变该土地已经被法院查封的事实。由于正兴公司与华琼公司确立的是以联营为表现方式的土地使用权转让关系，华琼公司向正兴公司隐瞒受让土地被查封的事实，足以导致正兴公司联营的意思表示不真实，对正兴公司构成欺诈。一、二审法院依据《民法通则》的有关规定，判令正兴公司与华琼公司签订的相关合同无效，华琼公司返还正兴公司依据无效合同支付的土地转让款和该项目中的投入及利息并无不妥。

关于海南工行与华琼公司是否构成共同侵权的问题，最高人民法院审理认为，海南工行同意华琼公司以查封的土地联营的事实虽然存在，但同意联营并不等于同意华琼公司向正兴公司隐瞒土地被查封的事实。本案没有证据证明华琼公司是在海南工行的授意，或经与海南工行协商同意向正兴公司隐瞒用于联营的土地已经被查封的事宜，也没有证据证明海南工行明知华琼公司向正兴公司隐瞒了土地被查封的事实。且海南工行没有约定或法定的告知正兴公司土地被查封的义务。本案一、二审判决认定海南工行与华琼公司恶意串通、共同向正兴公司隐瞒土地被查封的事实，并因此构成共同侵权缺乏事实和法律依据，应予以纠正。但是,海南工行为了收回贷款,同意华琼公司通过以查封土地联营的方式变相转让土地,并直接划转正兴公司给付的土地转让款偿还贷款,同时没有及时申请解除基于其申请而在该土地上设立的财产保全措施,在华琼公司偿还了部分款项后,对华琼公司要求其同意解封土地的申请仍置之不理,并对华琼公司是否向正兴公司隐瞒了土地被查封的事实以及正兴公司的合法权益可能因此受到的损害采取放任态度,因此,海南工行在本案中对正兴公司财产权益的损害负有一定过错责任,应在其过错范围内,对正兴公司的财产损失承担补充赔偿责任。

——江必新主编、最高人民法院审判监督庭编著:《最高人民法院关于适用民事诉讼法审判监督程序司法解释理解与适用》,人民法院出版社2008年版,第106~107页。

编者说明

2012年《民事诉讼法》第200条第(2)项规定:"原判决、裁定认定的基本事实缺乏证据证明的",人民法院应当再审。最高人民法院认为,对原判决、裁定的结果有实质影响、用于确定当事人主体资格、案件性质、具体权利义务和民事责任的主要内容所依据的事实属于基本事实。判断本项事由是否成立应从两方面入手:一是缺乏证据证明的事实是否构成案件"基本事实";二是所缺乏的证据是否是认定该基本事实必须的证据。

928

"主要证据伪造"的认定

关键词 | 认定事实 | 伪造证据 | 再审事由 |

【链接:最高人民法院法官著述】

判断该事由是否成立,必须同时满足两个要件:一是有充分证据证明原审证据系伪造;二是该被伪造的证据是认定案件基本事实所必不可少的主要证据。

1. 关于伪造证据

伪造证据是指为达到掩盖、扭曲案件事实的目的而故意制造虚假证据材料的行为。"伪造"包括伪造、虚假和变造三种情形,即模仿真实证据而制造假证据,或者凭空捏造虚假的证据,以及对真实证据通过涂改、添加、挖补等变更改造,使其失却、减弱或增强证明作用的情形。对于证明原审主要证据系伪造的证据,要审查该证据来源合法性和证明力,同时要将该证据与新证据事由中的新证据区分开来,两类证据证明目的不同,构成要件和审查标准均有区别。

2. 关于主要证据

主要证据是指对认定案件基本事实必不可少、具有足够证明力的证据,没有该主要证据,案件基本事实就不能认定,或者有和该证据证明内容相反的证据,案件事实就会相反,裁判结果也会不同。主要证据既包括直接证据,也包括间接证据。与主要证据相对应的是次要证据或补强证据。证明主要事实之外的其他事实的证据为次要证据,补强证据是指不能单独作为认定案件事实的依据,用于补充主要证据以加强和确认其证明力的证据。因补强证据不是认定案件基本事实的依据,不会直接影响裁判的结果,《民事诉讼法》没有将补强证据系伪造的情形作为申请再审的事由。司法实践中,案件事实千差万别,当事人之间的纠纷复杂多样,故法律和司法解释对何为主要证据未作规定,需要法官根据案件的性质和当事人争议的焦点把握。

3. 再审期间的特殊起算点

根据2012年《民事诉讼法》第205条的规定,依据本事由申请再审的,从知道或者应当知道之日起6个月内提出,而不是从判决、裁定发生法律效力之日起计算6个月申请再审期间。

——最高人民法院民事诉讼法修改研究小组编著:《〈中华人民共和国民事诉讼法〉修改条文理解与适用》,人民法院出版社2012年版,第444~445页。

编者说明

2012年《民事诉讼法》第200条第(3)项规定:"原判决、裁定认定事实的主要证据是伪造的",人民法院应当再审。最高人民法院认为,判断该事由是否成立,必须同时满足两个要件:一是有充分证据证明原审证据系伪造;二是该被伪造的证据是认定案件基本事实所必不可少的主要证据。

929

"主要证据未经质证"的认定

关键词 | 主要证据 | 质证 | 再审事由 |

【最高人民法院司法解释】

第三百八十九条 当事人对原判决、裁定认定事实的主要证据在原审中拒绝发表质证意见或者质证中未对证据发表质证意见的,不属于民事诉讼法第二百条第四项规定的未经质证的情形。

——《最高人民法院关于适用〈中华人民共和国民事诉讼法〉的解释》(2015年1月30日,法释〔2015〕5号)

【最高人民法院司法政策】

23.人民法院可以根据原审卷宗中的庭审笔录、证据交换笔录、答辩意见、代理词等材料判断原判决、裁定认定事实的主要证据是否未经质证。

申请再审人对原判决、裁定认定事实的主要证据在原审拒绝发表质证意见,又依照民事诉讼法第一百七十九条第一款第(四)项申请再审的,不予支持。

——《最高人民法院关于印发〈第一次全国民事再审审查工作会议纪要〉的通知》(2011年4月21日,法〔2011〕159号)

【链接:最高人民法院法官著述】

第一,《证据规定》第三十四条第二款关于"对于当事人逾期提交的证据材料,人民法院审理时不组织质证。但对方当事人同意质证的除外"的规定,与民事诉讼法第六十五条第二款的规定存在矛盾,应不再适用。

第二,民事诉讼法第二百条第四项规定的是认定事实的"主要证据"未经质证,如果不是认定事实的主要证据,即使未经质证,也不属于本项规定的再审事由,不应当再审。

——沈德咏主编、最高人民法院修改后民事诉讼法贯彻实施工作领导小组编著:《最高人民法院民事诉讼法司法解释理解与适用》,人民法院出版社2015年版,第1029页。

编者说明

2012年《民事诉讼法》第200条第(4)项规定:"原判决、裁定认定事实的主要证据未经质证的"，人民法院应当再审。最高人民法院认为，判断该事由的判断标准有二：一是证据未经质证；二是未经质证的证据是认定案件基本事实所需的主要证据。

930 "当事人申请调查收集证据而法院未予调查收集"的认定

关键词 | 再审事由 | 法院调查收集证据 | 申请复议 |

【最高人民法院司法解释】

第十二条 民事诉讼法第一百七十九条第一款第（五）项规定的"对审理案件需要的证据"，是指人民法院认定案件基本事实所必须的证据。

——《最高人民法院关于适用〈中华人民共和国民事诉讼法〉审判监督程序若干问题的解释》（2008年11月25日，法释〔2008〕14号）

【链接：最高人民法院法官著述】

本项是关于当事人申请调查收集证据而法院未予调查收集事由的规定。本条增加了"主要"证据的限制，进一步明确只有主要证据具有本项规定情形的，始构成再审事由。本项事由的成立要件有以下几方面：

1. 申请调查收集的应是主要证据

根据2012年《民事诉讼法》第64条和《民事诉讼证据规定》第17条的规定，我国民事诉讼中当事人可以申请法院调查收集的证据包括以下三类：（1）申请调查收集的证据属于国家有关部门保存并须人民法院依职权调取的档案材料；（2）涉及国家秘密、商业秘密、个人隐私的材料；（3）当事人及其诉讼代理人确因客观原因不能自行收集的其他材料。当事人享有申请法院调查收集的权利，法院同时也要对当事人申请调查收集的证据是否是审理案件所必须的证据进行判断。构成本事由的证据必须是认定案件基本事实必须的主要证据，对于次要证据、补强证据或者与案件事实并无关联性的证据材料，即使未予收集，亦不构成本项事由。本次立法修改进一步明确了本项事由涵盖证据的范围仅限于主要证据。关于主要证据的界定与其他涉及主要证据的再审事由相同，即应为认定案件基本事实必不可少,具有足够证明力的证据。

2. 当事人因客观原因不能自行调查收集

当事人不能自行收集证据的客观原因包括证据本身的特点导致的当事人客观上收集不能和当事人自身原因导致的其客观上收集不能。前者包括证据属于国家有关部门保存并须人民法院依职权调取的档案材料,证据涉及国家秘密、商业秘密、个人隐私的材料等客观原因,后者包括当事人年老体迈、因病住院等自身存在的特殊情形。正是由于上述情形可能导致当事人客观上难以调查收集证据,我国《民事诉讼法》等相关法律和司法解释将其列为当事人可以申请法院调取证据的情形。当事人非因客观原因自行收集的证据,即使法院未依申请调取,亦不构成本项事由。

3. 当事人应提交书面申请

当事人书面申请法院调查收集证据是本项事由成立的一个形式要件。申请书应当载明被调查人的姓名或者单位名称、住所地等基本情况;所要调查收集的证据的内容;需要由人民法院调查收集证据的原因及其要证明的事实。如果当事人无书写能力,经当事人提出申请,办案人员记入笔录,也可视为提出了书面申请。当事人申请法院调查收集证据应当提供证据线索。

4. 人民法院未调查收集

人民法院在接到当事人书面申请后,对于调查收集该证据的必要性进行评判,若认为该证据并非审理案件必须的主要证据,不予调查收集的,在符合上述三个条件的前提下,构成本项事由,应予启动再审。

——最高人民法院民事诉讼法修改研究小组编著:《〈中华人民共和国民事诉讼法〉修改条文理解与适用》,人民法院出版社 2012 年版,第 445 ~ 446 页。

编者说明

2012 年《民事诉讼法》第 200 条第(5)项规定:“对审理案件需要的主要证据,当事人因客观原因不能自行收集,书面申请人民法院调查收集,人民法院未调查收集的”,人民法院应当再审。该项在 2007 年《民事诉讼法》规定的基础上增加了“主要”证据的限制,进一步明确只有主要证据具有本项规定情形的,始构成再审事由。最高人民法院认为,本项事由的成立要件为:1. 申请调查收集的应是主要证据;2. 当事人因客观原因不能自行调查收集;3. 当事人应提交书面申请;4. 人民法院未调查收集。

931
“适用的法律与案件性质明显不符”的认定

关键词|再审事由|适用法律|

【最高人民法院司法解释】

第三百九十条 有下列情形之一,导致判决、裁定结果错误的,应当认定为民事诉讼法第二百条第六项规定的原判决、裁定适用法律确有错误:

(一)适用的法律与案件性质明显不符的;

——《最高人民法院关于适用〈中华人民共和国民事诉讼法〉的解释》(2015年1月30日,法释〔2015〕5号)

第十三条 原判决、裁定适用法律、法规或司法解释有下列情形之一的,人民法院应当认定为民事诉讼法第一百七十九条第一款第(六)项规定的“适用法律确有错误”:

(一)适用的法律与案件性质明显不符的;

——《最高人民法院关于适用〈中华人民共和国民事诉讼法〉审判监督程序若干问题的解释》(2008年11月25日,法释〔2008〕14号)

【最高人民法院裁判文书】

交通银行武汉分行前进支行、交通银行武汉分行与西南证券有限责任公司证券回购纠纷案[最高人民法院(2003)民二提字第11号民事裁定书]

裁判要旨:双方当事人同期签订了《国债回购合同》和《委托存贷款协议书》,两个合同约定的款额均为2000万元,但合同签订后当事人仅支付了一笔2000万元款项。法院应根据合同内容、案件事实及相关交易习惯等,客观地揭示当事人签订、履行合同的真实意思。

最高人民法院认为:

本案当事人签订《回购合同》《委托存贷款协议书》和《交通银行委托贷款单项协议书》的真实意思是西南证券委托前进支行向案外人贷款。

关于双方当事人各自持有的《回购合同》。本案双方各自持有的《回购合同》是同一合同的两个文本,在两个文本上除合同签订时间、开户行和账号填写不同外,记载的主要内容一致。西南证券持有的文本上记载的签订时间为1月16日,且开户行和账号等内容虚假。前进支行持有的文本上记载的签订时间为1月17日,并无虚假内容。前进支行因此主张应采信该支行持有的文本,认定合同签订时间为1月17日。但合同存在虚假内容,并不能否认合同文本的真实性。西南证券持有的合同文本的其他内容,包括签订时间和签章等并无涂改和伪造,该文本亦属真实。在《回购合同》两个文本均属真实,所记载的签订时间略有不同的情况下,原审以双方在前签订的时间作为合同成立的时间并无不当。

关于《回购合同》与《委托存贷款协议书》的关系。《委托存贷款协议书》约定:"甲方委托乙方发放贷款时,首先应在乙方开立委托存款账户,将委托贷款的资金以证券回购的方式汇入乙方并存入该户",表明双方当事人具有以证券回购的形式实施委托贷款的合意。因双方并无其他证券业务关系,且《回购合同》和《委托存贷款协议书》约定的标的相同,故应认定双方约定的"证券回购的方式"特指《回购合同》的内容。虽然《委托存贷款协议书》签订在《回购合同》之后,与通常的交易习惯不符,但因双方当事人对合同内容的真实性并无异议,先签订《回购合同》,再签订《委托存贷款协议书》并不违背当事人的意思表示。西南证券并未依照《回购合同》约定的时间向前进支行划款;前进支行收到2000万元款项后,也未按《回购合同》约定向西南证券提交证券代保管单,表明西南证券向前进支行划款并非购买债券。案外人湖北京林公司总经理张儒林亦证明西南证券委托前进支行已向其放贷2000万元的事实。故应认定,《回购合同》并非独立的合同,仅是当事人履行《委托存贷款协议书》的一种方式。

关于《委托存贷款协议书》和《交通银行委托贷款单项协议书》的关系。1月30日双方又与案外人深圳京林公司共同签订《交通银行委托贷款单项协议书》,载明该协议书系依据甲乙双方1995年1月30日签订的总协议订立,与本案《委托存贷款协议书》的合同名称及签订日期不符。但该单项协议书有"根据甲乙双方于95年1月30日交通银行委托贷款总协定,现甲方委托乙方向丙方(深圳京林公司)发放委托贷款"的内容,故不是独立的委托贷款合同,应另有委托贷款总协议。双方当事人均否认实际签订过1995年1月30日的总协议,西南证券也不能举证双方签订过其他委托贷款总协议,且《交通银行委托贷款单项协议书》约定的借款人、借款金额等主要内容与《委托存贷款协议书》一致,故前进支行关于《交通银行委托贷款单项协议书》中有关内容填写错误,"95年1

月30日交通银行委托贷款总协定”应为1月17日的《委托存贷款协议书》的主张证据更为充分。《委托存贷款协议书》和《交通银行委托贷款单项协议书》的部分内容如贷款时间、贷款期限等不尽相同，应以在后签订的《交通银行委托贷款单项协议书》为准。西南证券关于《交通银行委托贷款单项协议书》是另一委托贷款合同的主张，因无证据证明，不予支持。

关于案由的认定。因本案《回购合同》《委托存贷款协议书》和《交通银行委托贷款单项协议书》共同构成同一委托贷款关系，且双方约定委托贷款的资金“以证券回购的方式履行”，故西南证券按《回购合同》约定的时间、方式划款，是履行委托贷款合同义务的行为。本案性质应认定为委托贷款合同纠纷。原再审判决以重庆证券公司实际履行《回购合同》为由，认定本案是证券回购合同纠纷与本案事实不符，最高人民法院予以纠正。

——江必新主编、最高人民法院审判监督庭编著：《最高人民法院关于适用民事诉讼法审判监督程序司法解释理解与适用》，人民法院出版社2008年版，第131～132页。

932

“违反法律溯及力规定”的认定

关键词｜再审事由｜法律溯及力｜

【最高人民法院司法解释】

第三百九十条 有下列情形之一，导致判决、裁定结果错误的，应当认定为民事诉讼法第二百条第六项规定的原判决、裁定适用法律确有错误：

（四）违反法律溯及力规定的；

——《最高人民法院关于适用〈中华人民共和国民事诉讼法〉的解释》（2015年1月30日，法释〔2015〕5号）

第十三条 原判决、裁定适用法律、法规或司法解释有下列情形之一的，人民法院应当认定为民事诉讼法第一百七十九条第一款第（六）项规定的“适用法律确有错误”：

（四）违反法律溯及力规定的；

——《最高人民法院关于适用〈中华人民共和国民事诉讼法〉审判监督程序若干问题的解释》（2008年11月25日，法释〔2008〕14号）

【最高人民法院裁判文书】

广西投资集团有限公司与中国信达资产管理公司南宁办事处保证合同纠纷案［最高人民法院（2004）民二提字第20号民事裁定书］

裁判要旨：债权人与保证人签订保证合同之后，最高人民法院发布了《关于审理经济合同纠纷案件有关保证的若干问题的规定》，赋予了保证人可以对债权人行使的催告免责权。此后，《中华人民共和国担保法》又取消了关于此项权利的规定。人民法院在审理案件时应当遵循法不溯及既往的基本原则适用法律，当事人依法取得的权利不能因为新法的不同规定而取消；同时当事人也应当遵循诚实信用的原则，必须以明确、而不是隐晦的方式行使催告免责权，否则就可能达不到免除保证责任的法律效果。

——江必新主编、最高人民法院审判监督庭编著：《最高人民法院关于适用民事诉讼法审判监督程序司法解释理解与适用》，人民法院出版社2008年版，第141页。

933

“违反法律适用规则”的认定

关键词｜再审事由｜违反法律适用规则｜

【最高人民法院司法解释】

第三百九十条　有下列情形之一，导致判决、裁定结果错误的，应当认定为民事诉讼法第二百条第六项规定的原判决、裁定适用法律确有错误：

（五）违反法律适用规则的；

——《最高人民法院关于适用〈中华人民共和国民事诉讼法〉的解释》（2015年1月30日，法释〔2015〕5号）

第十三条 原判决、裁定适用法律、法规或司法解释有下列情形之一的,人民法院应当认定为民事诉讼法第一百七十九条第一款第(六)项规定的"适用法律确有错误":

(五)违反法律适用规则的;

——《最高人民法院关于适用〈中华人民共和国民事诉讼法〉审判监督程序若干问题的解释》(2008年11月25日,法释〔2008〕14号)

【最高人民法院裁判文书】

北戴河金山宾馆与秦皇岛市商业银行股份有限公司、秦皇岛海源实业有限公司借款合同担保纠纷案[最高人民法院(2004)民二再字第1号]

裁判要旨:担保人为债务人连续提供了借款担保,但在最后一次担保合同中对担保免责条款作出了特别约定,被债权人接受。当借款合同不能继续履行时,出现了担保合同中担保人可以免责事由,担保人依合同约定应当免除担保责任。

最高人民法院认为:

信用社、海源公司与金山宾馆签订的95-6号、95-12号、95-21号、95-26号四份借款合同和95-26号保证合同,是当事人的真实意思表示,合同内容不违反法律、法规规定,应认定有效。海源公司使用了合同项下的资金,其负有返还信用社贷款本息的义务。金山宾馆在前三份借款合同里,作为保证人在担保人栏内加盖了法定代表人名章和单位公章,应按其承诺对海源公司的债务承担连带责任。在签订95-26号借款合同时,三方签有95-26号保证合同。而本案发生的担保责任解除之争议,即起因于此份保证合同约定的内容。金山宾馆作为保证人是根据主合同的内容及债务人的实际情况作出判断,进而决定是否提供担保,主合同的变化对保证人的利益会产生重大的影响,债权人与债务人协商对主合同内容进行变更,应当征得保证人的同意。当主合同发生变化,加重了保证人的保证责任时,保证人对加重部分的债务不承担保证责任。而本案的情况是保证人为了降低担保的风险,对自己保证的范围、内容、期限作出了特别约定,告知债权人与债务人,保证人在什么情况下可以免除担保责任,债权人如果接受特别约定,保证人可以选择同意担保,债权人如果不接受,保证人可以选择不为债务人担保,在保证合同中如果有特别约定,特别约定又被债权人和债务人接受,且不违反法律、法规及社会公共利益时,就应当尊重当事人的约定。95-26号保证合同第五条规定:"本合同生效后,甲方(海源公司)和乙方(信用社)如需延长主合同项下借款期限或者变更主合同其他条款,应征得丙方(金山宾馆)同意,由甲、乙、丙方达成书面协议。”第10条违约责任第4款规定:“甲方和乙方违反本合同第五条的约定,未经丙方同意擅自延长主合同项下借款期限或者变更主合同其他条款,丙方可以自行解除担保义务。”该份保证合同的条款是信用社自己拟定的,借贷双方和保证人均加盖了法定代表人签章和单位公章,说明海源公司与信用社对金山宾馆在什么情况下可以免除担保责任的条件是清楚和明知的,然而,信用社不仅对免责条款没有提出异议,接受了95-26号保证合同,随后,又用95-26号借款合同项下的款项偿还了95-6号、95-12号借款合同到期的借款,变更了95-26号借款合同约定的借款用途系“购煤”,信用社明知改变贷款用途会免除金山宾馆的保证责任而仍为之,构成了金山宾馆在保证合同中的免责条件的成就,因此,金山宾馆提出应当免除其担保责任的理由成立,信用社应自行承受该笔贷款不能收回的后果。95-6号、95-12号借款合同与95-26号借款合同是不同的法律关系,法律关系不同,承担的法律后果也不同。金山宾馆虽然为这四份合同都作了担保,但是,担保人对自己在哪一份合同中有免责权利约定得很明确,一、二审及再审查明的事实证明,金山宾馆并不知道海源公司要用95-26号借款合同的款项偿还95-6号、95-12号借款合同的到期借款,即便95-26号借款合同没有加重其保证责任,也因免责条件的成就而免除保证责任。二审判决仅以是否加重了其担保责任来确定保证人是否承担保证责任,得出保证人不承担95-6号、95-12号借款合同的保证责任,就要承担95-26号借款合同的保证责任的结论,违背了金山宾馆在保证合同中的真实意思表示,应予纠正。金山宾馆在免除对95-26号借款合同的保证责任之后,对95-6号、95-12号借款合同项下借款的保证责任也应免除。因为,海源公司已用95-26号借款合同项下的款项偿还了上述两份合同的借款,这两份合同确立的债权债务关系已归于消灭,主债务消灭后,保证责任自然消灭。而造成这三个法律关系消灭的法律事实,是债权人与债务人双方改变95-26号借款合同的借款用途的行为引起,实施该行为是由债权人与债务人双方协商认可的,因此,在实施改变合同借款用途的行为后,债权人与债务人理应对由此产生的法律后果承担责任。

——江必新主编、最高人民法院审判监督庭编著:《最高人民法院关于适用民事诉讼法审判监督程序司法解释理解与适用》,人民法院出版社2008年版,第148~149页。

编者说明

信用社、海源公司与金山宾馆签订95－6号、95－12号、95－21号、95－26号四份借款合同和95－26号保证合同，本案的争议焦点是金山宾馆对95－26号借款合同是否要承担担保责任。前三份合同金山宾馆在借款合同上盖章签字，担保责任不能免除，这一点没有分歧，而对95－26号借款合同的担保，一种意见认为，本案是以新还旧的借款合同，担保也是滚动式的，95－26号担保合同担保的还是原来1100万元债务，没有增加担保人的负担，因此金山宾馆应当承担担保责任。另一种意见认为，95－26号担保合同是一个独立的担保合同，担保人对自己免责条款作出了明示，且债权人和债务人均知道免责内容，合同是当事人达成的合意，应当充分尊重。在发生纠纷后，应当按照合同的约定处理。仅以没有加重担保人的负担为由让担保人承担责任，既不符合合同约定，亦显失公平。最高人民法院审委会最后采纳了第二种意见。①

934

“明显违背立法本意”的认定

关键词｜再审事由｜违背立法本意｜

【最高人民法院司法解释】

第三百九十条 有下列情形之一，导致判决、裁定结果错误的，应当认定为民事诉讼法第二百条第六项规定的原判决、裁定适用法律确有错误：

（六）明显违背立法原意的。

——《最高人民法院关于适用〈中华人民共和国民事诉讼法〉的解释》（2015年1月30日，法释〔2015〕5号）

第十三条 原判决、裁定适用法律、法规或司法解释有下列情形之一的，人民法院应当认定为民事诉讼法第一百七十九条第一款第（六）项规定的“适用法律确有错误”：

（六）明显违背立法本意的。

---

① 江必新主编、最高人民法院审判监督庭编著：《最高人民法院关于适用民事诉讼法审判监督程序司法解释理解与适用》，人民法院出版社2008年版，第150页。

——《最高人民法院关于适用〈中华人民共和国民事诉讼法〉审判监督程序若干问题的解释》(2008年11月25日,法释〔2008〕14号)

【最高人民法院裁判文书】

中国工商银行上海市虹桥开发区支行与上海国货房地产开发有限公司借款担保纠纷案[最高人民法院(2003)民二提字第2号民事判决书]

裁判要旨:《担保法》第30条规定:"有下列情形之一的,保证人不承担民事责任:(一)主合同当事人双方串通,骗取保证人提供保证的;(二)主合同债权人采取欺诈、胁迫等手段,使保证人在违背真实意思的情况下提供保证的。"抵押合同的抵押人也可依此规定主张抵押无效。

最高人民法院认为:

虹桥工行与装饰公司签订本案讼争的900万元借款时,装饰公司已处于歇业状态,虹桥工行明知该企业"信用等级为3B。企业信誉状况不佳,贷款不归还",为转嫁贷款风险,促成国货公司为装饰公司贷新款作担保。国货公司在为装饰公司提供900万元抵押担保,虹桥工行与装饰公司未告知国货公司关于装饰公司在该行有逾期贷款900万元这一事实,也未告知"本笔贷款本属化解风险"的贷款,银行拟作借新贷还旧贷处理,构成欺诈。国货公司知道其为装饰公司抵押担保的借款900万元被虹桥工行扣划作归还逾期贷款,先后于1998年1月22日,3月6日书面向虹桥工行申请,要求撤保,理由正当。虹桥工行改变主合同约定的流动资金周转的借款用途以及还贷资金来源,用新贷还旧贷,改变了主合同的内容,未征得保证人的同意。综上,保证人不应承担民事责任。《民法通则》第58条第1款第(3)项规定:"一方以欺诈、胁迫的手段或有乘人之危,致对方在违背真实意思的情况下所为的"民事行为无效。《担保法》第30条规定的虽然是关于保证人免责的情形,但立法精神与《民法通则》相一致,依据其一致性的原则,本院认为:《担保法》第30条规定保证人免责的情况,也适用于本案抵押担保合同的担保人。原判认定本案抵押担保合同有效,并判令国货公司承担900万元的抵押担保责任,适用法律错误。

——江必新主编、最高人民法院审判监督庭编著:《最高人民法院关于适用民事诉讼法审判监督程序司法解释理解与适用》,人民法院出版社2008年版,第161~162页。

编者说明

本案虹桥工行将900万元借款作借新贷还旧贷处理的有关事实足以认定其构成欺诈。但是，对于抵押担保构成欺诈，该抵押的效力如何认定，《担保法》并没有规定。最高人民法院再审裁判根据《民法通则》的规定探求《担保法》第30条的立法本意，认为抵押担保可以参照适用《担保法》关于保证人免责的规定，即"有下列情形之一的，保证人不承担民事责任：（一）主合同当事人双方串通，骗取保证人提供保证的；（二）主合同债权人采取欺诈、胁迫等手段，使保证人在违背真实意思的情况下提供保证的"。迄今为止，包括在本案二审后才出台的《最高人民法院关于适用〈中华人民共和国担保法〉若干问题的解释》在内，依然没有对本案涉及的该法律问题作出明确规定，对此需要在以后的法律、司法解释中加以完善。

935
"审判组织不合法或者应当回避的审判人员没有回避"的认定

关键词 | 再审事由 | 审判组织 | 审判人员回避 |

【最高人民法院司法政策】

25. 有下列情形之一的，应当认定为民事诉讼法第一百七十九条第一款第（八）项规定的审判组织的组成不合法的情形：

（1）人民陪审员独任审理的；

（2）应当组成合议庭审理的案件采用独任制审理的；

（3）合议庭成员曾参加同一案件一审、二审或者再审程序审理的；

（4）参加开庭的审判组织成员与参加合议、在判决书、裁定书上署名的审判组织成员不一致的，但依法变更审判组织成员的除外；

（5）变更审判组织成员未依法告知当事人的；

（6）其他属于审判组织不合法的情形。

——《最高人民法院关于印发〈第一次全国民事再审审查工作会议纪要〉的通知》（2011年4月21日，法〔2011〕159号）

【链接：最高人民法院法官著述】

1. 关于审判组织的组成不合法

关于本项规定的"审判组织的组成不合法"的情形主要包括：（1）陪审员进

行了独任审判;(2)应当组成合议庭进行审理的案件,由法官一人进行了独任审判;(3)应当全部由法官组成合议庭进行审理的案件,却有陪审员参加了合议庭;(4)应当依法另行组成合议庭的,却有参加过原审合议庭的法官或者陪审员参加了新组成的合议庭;(5)合议庭组成人员未参加原审庭审或者独任法官、合议庭组成人员不具有法官资格的,以及合议庭组成人员确定且告知当事人后,未经合法手续变更合议庭成员或者在法律文书上署名的法官并非告知当事人的合议庭组成人员等情形。

2. 关于违反回避制度

关于“依法应当回避的审判人员没有回避”的情形主要包括:(1)审判人员应当主动回避而没有回避的;(2)当事人申请审判人员回避,经人民法院审查后决定相关审判人员回避,但该审判人员仍然参与了案件审判的;(3)开庭审理时,法庭应当告知当事人有提出回避申请的权利而未告知的。

当事人提出回避申请,人民法院依法审查后作出了驳回回避申请的决定的,一般不能再以本项事由提出再审申请,除非申请再审人能够提供充分的证据证明被申请回避的审判人员确实具有应当回避的情形而没有依法回避。

——最高人民法院民事诉讼法修改研究小组编著:《〈中华人民共和国民事诉讼法〉修改条文理解与适用》,人民法院出版社2012年版,第448~449页。

936

无诉讼行为能力人和应当参加诉讼的当事人未合法参加诉讼的再审事由的认定

关键词 | 再审事由 | 无诉讼行为能力人 | 未合法参加诉讼 |

【链接:最高人民法院法官著述】

本项是关于无诉讼行为能力人和应当参加诉讼的当事人未合法参加诉讼的再审事由认定规定,包含了无诉讼行为能力人未经法定代理人代为诉讼和应当参加诉讼的当事人,因不能归责于本人或者其诉讼代理人的事由,未参加诉讼两种情形。

1. 关于无诉讼行为能力人应当由法定代理人代为诉讼的问题。诉讼行为能力是指当事人能够自己实施或者通过自己委托的代理人实施有效诉讼行为的能力，即诉讼法律关系主体以自己的行为实现诉讼权利和履行诉讼义务的能力。当事人具有诉讼行为能力是其亲自实施有效诉讼行为的必要条件，否则必须由其法定代理人代为实施诉讼行为。民事诉讼中的法定代理，即专门为无诉讼行为能力的当事人进行诉讼而设立的一种代理制度。诉讼法上的无诉讼行为能力人通常意义上指的是民法上的无民事行为能力人和限制民事行为能力人。鉴于他们尚未具备或者已经丧失辨别自己行为的能力，无法意识诉讼行为将要产生的法律后果，因此，法律不允许其本人进行诉讼，必须由法定代理人代为参加诉讼，代为实施诉讼行为。根据2012年《民事诉讼法》第57条的规定，无诉讼行为能力人由他的监护人作为法定代理人代为诉讼，故法定代理人的范围一般情况下与民法上的监护人范围相一致。因此对于本项事由的适用，需要首先着重审查案件的当事人是否属于无诉讼行为能力人；继而确定是否由其适格法定代理人代为参加诉讼。如果无诉讼行为能力人无法定代理人代为诉讼，或者代其诉讼的代理人并非适格法定代理人，则构成本项事由。

2. 关于应当参加诉讼的当事人问题。“应当参加诉讼的当事人”这一概念来源于诉讼法上必要共同诉讼的规定，主要是指基于法律的规定，当事人必须一并提起诉讼或必须一并作为被告参加诉讼，如果相关当事人未参加诉讼，则法院必须依职权予以追加，否则将构成诉讼程序的不合法。对于本项事由的适用，需要着重审查未参加诉讼的当事人是否是必要共同诉讼人，人民法院是否向应当参加诉讼的当事人发出了参加诉讼的通知，或人民法院对案件当事人的追加申请是否进行了必要的审查并作出了适当的处理。

关于“因不能归责于本人或者其诉讼代理人的事由，未参加诉讼”，一般包括以下情形：(1)对于必须共同进行诉讼的当事人没有参加诉讼的，人民法院有义务通知其参加诉讼但未履行通知义务的。(2)对于当事人向人民法院申请追加必须共同进行诉讼但没有参加诉讼的当事人时，人民法院经审查裁定驳回当事人的追加申请错误的。构成本项事由，必须是必要共同诉讼人因不可归责于本人或者其诉讼代理人的原因未参加诉讼，在下列情况下，相关当事人不参加诉讼并不构成本项事由规定的情形：当事人并非必要共同诉讼人；当事人明确表示放弃自己的实体权利；当事人选择只向部分责任主体主张权利，且该选择并不违反相关法律规定的，人民法院无需依职权追加相关当事人参加诉讼；由于当事人本人或其诉讼代理人的过错导致其未能参加诉讼的其他情形等。

——最高人民法院民事诉讼法修改研究小组编著：《〈中华人民共和国

民事诉讼法〉修改条文理解与适用》，人民法院出版社 2012 年版，第 449 ~ 450 页。

编者说明

2012 年《民事诉讼法》第 200 条第（8）项规定："无诉讼行为能力人未经法定代理人代为诉讼或者应当参加诉讼的当事人，因不能归责于本人或者其诉讼代理人的事由，未参加诉讼的"，人民法院应当再审。

937

"管辖错误"的认定

关键词｜再审事由｜管辖错误｜

【最高人民法院司法解释】

第十四条　违反专属管辖、专门管辖规定以及其他严重违法行使管辖权的，人民法院应当认定为民事诉讼法第一百七十九条第一款第（七）项规定的"管辖错误"。

——《最高人民法院关于适用〈中华人民共和国民事诉讼法〉审判监督程序若干问题的解释》（2008 年 11 月 25 日，法释〔2008〕14 号）

【链接：最高人民法院法官著述】

实践中，案件仍在一、二审程序审理过程中，一方当事人以管辖错误再审事由申请再审的，是否中止实体继续审理？我们倾向于不中止案件的实体审理。

——江必新主编、最高人民法院审判监督庭编著：《最高人民法院关于适用民事诉讼法审判监督程序司法解释理解与适用》，人民法院出版社 2008 年版，第 168 页。

938

“剥夺当事人辩论权利”的认定

关键词 | 再审事由 | 剥夺辩论权利 |

【最高人民法院司法解释】

第三百九十一条 原审开庭过程中有下列情形之一的,应当认定为民事诉讼法第二百条第九项规定的剥夺当事人辩论权利:

（一）不允许当事人发表辩论意见的;

（二）应当开庭审理而未开庭审理的;

（三）违反法律规定送达起诉状副本或者上诉状副本,致使当事人无法行使辩论权利的;

（四）违法剥夺当事人辩论权利的其他情形。

——《最高人民法院关于适用〈中华人民共和国民事诉讼法〉的解释》(2015 年 1 月 30 日,法释〔2015〕5 号)

第十五条 原审开庭过程中审判人员不允许当事人行使辩论权利,或者以不送达起诉状副本或上诉状副本等其他方式,致使当事人无法行使辩论权利的,人民法院应当认定为民事诉讼法第一百七十九条第一款第（十）项规定的“剥夺当事人辩论权利”。但依法缺席审理,依法径行判决、裁定的除外。

——《最高人民法院关于适用〈中华人民共和国民事诉讼法〉审判监督程序若干问题的解释》(2008 年 11 月 25 日,法释〔2008〕14 号)

【链接:最高人民法院法官著述】

根据民诉法的规定,人民法院只有在受送达人下落不明或者采取其他方式都无法送达时,才能采用公告送达方式。因此,如果再审申请人提交的证据足以证明原审法院在不符合公告送达条件时直接采用公告方式送达起诉状副本或上诉状副本的,应当认定为送达违反法律规定。但是,对于因当事人自身原因,如当事人离开工商登记的住所地到新的住所地营业,应到工商登记机关办理变更登记,若其怠于履行申请变更登记义务致使其未获送达的,则应自行承担相应的法律后果,其依据本项事由申请再审的,不予支持。

——沈德咏主编、最高人民法院修改后民事诉讼法贯彻实施工作领导小组编著:《最高人民法院民事诉讼法司法解释理解与适用》,人民法院出版社2015年版,第1036页。

编者说明

2012年《民事诉讼法》第200条第(9)项规定:"违反法律规定,剥夺当事人辩论权利的",人民法院应当再审。《2015年解释》吸收了《最高人民法院关于适用〈中华人民共和国民事诉讼法〉审判监督程序若干问题的解释》第15条的规定,明确了"违反法律规定,剥夺当事人辩论权利的"再审事由,并增加了应当开庭审理而未开庭审理的情形。

939

未依法回避以及枉法裁判再审事由所涵盖的审判人员范围

关键词|再审事由|未依法回避|枉法裁判|

【最高人民法院司法政策】

26. 民事诉讼法第一百七十九条第一款第(八)项、第二款规定的"审判人员"包括参加一审、二审、再审程序审理的审判人员。

——《最高人民法院关于印发〈第一次全国民事再审审查工作会议纪要〉的通知》(2011年4月21日,法〔2011〕159号)

【链接:最高人民法院法官著述】

对于未依法回避以及枉法裁判再审事由所涵盖的审判人员的范围,实践中争议较大,我们认为,本条规定的"审判人员"包括参加一审、二审、再审程序的审判人员。主要理由是:(1)未依法回避或审判人员在审理本案时有贪污受贿、徇私舞弊、枉法裁判行为是因审判人员过错造成的,对于此类错误,不管发生在哪一次审理程序中,均应纠正,以强化上级法院审判监督力度,消除当事人疑虑,彻底解决纠纷。(2)二审判决可能会以当事人未提出上诉为由对一审法院的程序性错误不予纠正,且当事人也有可能在二审之后才发现一审审判组织存在的问题。如果对上述问题不严格审查,不利于保护当事人合法权益。

——最高人民法院民事诉讼法修改研究小组编著:《〈中华人民共和国民事诉讼法〉修改条文理解与适用》,人民法院出版社 2012 年版,第 454 页。

940

“未经传票传唤、缺席判决”的认定

关键词 | 再审事由 | 未经传票传唤 | 缺席判决 |

【链接：最高人民法院法官著述】

我国现行的缺席判决制度的内容主要体现在 2012 年《民事诉讼法》第 143 至 145 条有关开庭审理的规定及相关的司法解释中,即:(1)在被告反诉情况下,原告经传票传唤,无正当理由拒不到庭或者未经法庭许可中途退庭的;(2)被告经传票传唤,无正当理由拒不到庭或者未经法庭许可中途退庭的;(3)宣判前,原告申请撤诉,人民法院裁定不准许撤诉,原告经传票传唤,无正当理由拒不到庭或者未经法庭许可中途退庭的;(4)无诉讼行为能力的被告的法定代理人,经传票传唤,无正当理由拒不到庭或者未经法庭许可中途退庭的,法院可以缺席判决。

本项事由主要是针对案件未经传票传唤,或者传票因特殊原因未能送达给当事人,致使当事人未能按时参加庭审、依法行使诉讼权利,法院缺席作出判决的情形。为了充分保护当事人参与庭审、质证、辩论等诉讼权利,如果当事人以此理由申请再审,经审查确实存在未经传票传唤缺席判决情形的,不论是按照普通程序审理的案件,还是按照简易程序审理的案件,都应裁定再审。

——最高人民法院民事诉讼法修改研究小组编著:《〈中华人民共和国民事诉讼法〉修改条文理解与适用》,人民法院出版社 2012 年版,第 454 页。

未经传票传唤,缺席判决的案件是否都应当再审?

问题:2008 年 4 月 1 日开始实施的《民事诉讼法》第 179 条第 1 款第(11)项将“未经传票传唤,缺席判决的”规定为人民法院应当再审的情形,司法实践中,由于近年来人口流动性的加大,基层法院根据该法第 84 条“受送达人下落不明,或者用本节规定的其他方式无法送达的,公告送达"且采取公告送达的案件越来越多,请问:经公告送达,未经传票传唤,缺席判决的案件都应当再审吗?如果应当再审,那么再审案件数量将大幅度增多,是否有违《民事诉讼法》修改的初衷呢?

《人民司法》研究组认为:《民事诉讼法》中的送达,是指人民法院依照法定的方式和程序,将诉讼文书送交给当事人和其他诉讼参与人的行为。送达主要有6种方式,直接送达、留置送达、邮寄送达、委托送达、转交送达、公告送达。送达的对象是各类诉讼文书,包括传票、起诉状副本、答辩状副本、上诉状副本、通知书、判决书、裁定书、调解书、决定书、支付令等。《民事诉讼法》第179条规定的应当再审情形之一"未经传票传唤,缺席判决的",指的是人民法院违反法定程序,在未采取以上6种方式中的任何一种方式送达传票以通知当事人出席应诉的情况下,缺席判决的,法院应当再审。如果一个案件已经公告送达了传票,就意味着已经按照法定程序传票传唤了当事人,不属于未经传票传唤的情形。因此,我们认为,当事人仅以"人民法院采取公告送达方式送达,缺席判决"违反《民事诉讼法》的规定为由申请的,不符合《民事诉讼法》规定的应当再审条件。

——《人民司法·司法》2008年第11期

编者说明

2012年《民事诉讼法》第200条第(10)项规定:"未经传票传唤,缺席判决的",人民法院应当再审。

941

"遗漏或超出诉讼请求"的认定

关键词|遗漏诉讼请求|超出诉讼请求|再审事由|

【最高人民法院司法解释】

第三百九十二条 民事诉讼法第二百条第十一项规定的诉讼请求,包括一审诉讼请求、二审上诉请求,但当事人未对一审判决、裁定遗漏或者超出诉讼请求提起上诉的除外。

——《最高人民法院关于适用〈中华人民共和国民事诉讼法〉的解释》(2015 年 1 月 30 日,法释〔2015〕5 号)

【最高人民法院司法政策】

27. 民事诉讼法第一百七十九条第一款第(十二)项规定的原判决、裁定遗漏或超出诉讼请求的情形,包括遗漏或超出一审原告的诉讼请求、被告的反诉请求,二审上诉人的上诉请求,申请再审人的再审请求。

28. 当事人同时提出确认之诉和给付之诉,且确认之诉是给付之诉前提条件的,原判决在主文里仅对给付之诉作出判定,但在判决理由中对确认之诉进行了分析认定的,不属于遗漏诉讼请求的情形。

——《最高人民法院关于印发〈第一次全国民事再审审查工作会议纪要〉的通知》(2011 年 4 月 21 日,法〔2011〕159 号)

【链接:最高人民法院法官著述】

应根据当事人诉讼请求的性质是确认之诉、给付之诉,还是变更之诉区别对待。对于单纯的确认之诉、给付之诉或变更之诉,原裁判没有在判项里裁判的,应视为遗漏了当事人的诉讼请求。而如果当事人同时提出确认之诉和给付之诉,且确认之诉是给付之诉的前提条件的,原裁判在判项里仅对给付之诉进行了裁判,但在裁判文书理由中对确认之诉进行了分析认定的,可视为没有遗漏诉讼请求。

——沈德咏主编、最高人民法院修改后民事诉讼法贯彻实施工作领导小组编著:《最高人民法院民事诉讼法司法解释理解与适用》,人民法院出版社 2015 年版,第 1038 ~ 1039 页。

本条规定的遗漏或超出诉讼请求事由的认定标准也存在较大争议,争议焦点在于遗漏或者超出诉讼请求是否包括生效裁判之前审理程序中的问题,该问题是否为法院应当依职权审理的事项。我们倾向于认为原判决、裁定遗漏或超出诉讼请求的情形,包括遗漏或超出一审原告的诉讼请求、被告的反诉请求,二审上诉人的上诉请求,申请再审人的再审请求。主要考虑是:(1)一审判决是否遗漏或超出诉讼请求应属人民法院依据职权审查事项,如果一审判决遗漏或超出诉讼请求，即使当事人未就该问题提起上诉，二审法院也应依照法定程序予以审理和纠正；(2)二审判决以一审判决为基础，二审判决对一审判决遗漏或超出诉讼请求的错误没有进行纠正，也是错误的；(3)第一种意见有利于强化再审审查对于一审、二审程序的监督纠错作用，督促一审、二审法院避免发生超出或者遗漏诉讼请求的情形。

——最高人民法院民事诉讼法修改研究小组编著：《〈中华人民共和国民事诉讼法〉修改条文理解与适用》，人民法院出版社2012年版，第454～455页。

编者说明

2012年《民事诉讼法》第200条第(11)项规定："原判决、裁定遗漏或者超出诉讼请求的"，人民法院应当再审。

942

"据以作出原判决、裁定的法律文书被撤销或者变更"的认定

关键词｜再审事由｜撤销、变更法律文书｜

【最高人民法院司法解释】

第三百九十三条 民事诉讼法第二百条第十二项规定的法律文书包括：

(一)发生法律效力的判决书、裁定书、调解书；

(二)发生法律效力的仲裁裁决书；

(三)具有强制执行效力的公证债权文书。

——《最高人民法院关于适用〈中华人民共和国民事诉讼法〉的解释》(2015年1月30日，法释〔2015〕5号)

第十六条 原判决、裁定对基本事实和案件性质的认定系根据其他法律文书作出，而上述其他法律文书被撤销或变更的，人民法院可以认定为民事诉讼法第一百七十九条第一款第(十三)项规定的情形。

——《最高人民法院关于适用〈中华人民共和国民事诉讼法〉审判监督

程序若干问题的解释》(2008 年 11 月 25 日,法释〔2008〕14 号)

【链接：最高人民法院法官著述】

适用本项事由,需要注意以下问题:(1)适用本项事由需要具备两个条件:一是只有原判决、裁定认定的案件基本事实和案件性质是根据其他法律文书作出的,才可能以此为由申请再审;二是据以作出判决、裁定的法律文书被撤销或者变更,导致认定案件基本事实或案件性质的法律依据丧失。(2)当事人以“据以作出原判决、裁定的法律文书被撤销或者变更的”事由申请再审的,适用特殊的申请再审期间起算点,即应从知道或者应当知道之日六个月内申请再审。

——最高人民法院民事诉讼法修改研究小组编著:《〈中华人民共和国民事诉讼法〉修改条文理解与适用》,人民法院出版社 2012 年版,第 450 页。

编者说明

2012 年《民事诉讼法》第 200 条第(12)项规定:“据以作出原判决、裁定的法律文书被撤销或者变更的”,人民法院应当再审。

943

“审判人员枉法裁判”的认定

关键词｜再审事由｜枉法裁判｜

【最高人民法院司法解释】

第三百九十四条 民事诉讼法第二百条第十三项规定的审判人员审理该案件时有贪污受贿、徇私舞弊、枉法裁判行为,是指已经由生效刑事法律文书或者纪律处分决定所确认的行为。

——《最高人民法院关于适用〈中华人民共和国民事诉讼法〉的解释》(2015 年 1 月 30 日,法释〔2015〕5 号)

第十八条 民事诉讼法第一百七十九条第二款规定的“审判人员在审理该

案件时有贪污受贿,徇私舞弊,枉法裁判行为",是指该行为已经相关刑事法律文书或者纪律处分决定确认的情形。

——《最高人民法院关于适用〈中华人民共和国民事诉讼法〉审判监督程序若干问题的解释》(2008年11月25日,法释〔2008〕14号)

【链接:最高人民法院法官著述】

"审判人员在审理该案件时有贪污受贿,徇私舞弊,枉法裁判行为",是指该行为已经相关刑事法律文书或者纪律处分决定确认。本项再审事由的构成要件包括:(1)适用的对象必须是审判人员;(2)审判人员实施了贪污受贿,徇私舞弊,枉法裁判行为;(3)审判人员是在审理案件的过程中实施了上述行为。上述三个构成要件缺一不可。

——最高人民法院民事诉讼法修改研究小组编著:《〈中华人民共和国民事诉讼法〉修改条文理解与适用》,人民法院出版社2012年版,第454页。

编者说明

2012年《民事诉讼法》第200条第(13)项规定:"审判人员审理该案件时有贪污受贿,徇私舞弊,枉法裁判行为的",人民法院应当再审。

944

人民法院依职权启动再审的标准

关键词 | 依职权再审 | 信访申诉 |

【最高人民法院司法解释】

第三十条 当事人未申请再审、人民检察院未抗诉的案件,人民法院发现原判决、裁定、调解协议有损害国家利益、社会公共利益等确有错误情形的,应当依照民事诉讼法第一百七十七条的规定提起再审。

——《最高人民法院关于适用〈中华人民共和国民事诉讼法〉审判监督程序若干问题的解释》(2008年11月25日,法释〔2008〕14号)

【链接：最高人民法院法官著述】

区别于当事人申请再审以及检察机关抗诉再审的标准为是否具有法定再审事由，人民法院依职权再审是以"确有错误"为启动再审的标准。确有错误的启动标准，在理论和实务界被认为过于笼统、概括，缺乏具体的掌握尺度与可操作性，带有浓厚的主观色彩，在实践中也被认为难以掌握。不少人认为，究竟什么是"确有错误"，不同的地区和法院、不同的主体和法官自然会从不同的认识角度与立场出发，将可能产生多种看法，得出多种答案。并且，当事人认为生效裁判"确有错误"而申请再审，而法院却坚持认为原裁判正确而不予启动再审，可能产生判断不一致引发的尴尬境地。为此，2007 年《民事诉讼法》修改时，将当事人申请再审的标准细化为 13 项加 1 款的再审事由，2012 年《民事诉讼法》又将 13 项加 1 款的再审事由，改为 13 项事由。也就是说立法将裁判中常见的重要错误予以明细化、类型化，不再沿用"确有错误"标准。但是，由于人民法院依职权再审启动渠道没有根据有关建议予以删除，故"确有错误"标准依然是依职权再审的标准。我们认为，在依职权提起再审中的"确有错误"标准，应当接近或者等同于再审改判的标准。因此，这里对于"确有错误"的把握，应当接近或符合再审改判的标准。

——最高人民法院民事诉讼法修改研究小组编著：《〈中华人民共和国民事诉讼法〉修改条文理解与适用》，人民法院出版社 2012 年版，第 467 ~ 468 页。

945

人民法院对当事人未申请再审的民事调解书可以依职权再审

关键词 | 民事调解书 | 依职权再审 |

【最高人民法院答复】

江苏省高级人民法院：

你院苏高法〔1992〕第 174 号《关于人民法院发现确有错误的民事调解书，

当事人并未申请再审，人民法院是否可以提出再审问题的请示》收悉。经研究，答复如下：

对已经发生法律效力的调解书，人民法院如果发现确有错误，而又必须再审的，当事人没有申请再审，人民法院根据民事诉讼法的有关规定精神，可以按照审判监督程序再审。

——《最高人民法院关于民事调解书确有错误当事人没有申请再审的案件人民法院可否再审问题的批复》(1993年3月3日，〔93〕民他字第1号)

【最高人民法院审判业务意见】

按照民事诉讼法第一百七十七条的规定，上级法院对下级法院已经发生法律效力的判决、裁定，发现确有错误的，可以依职权启动再审程序；法院院长发现本院已经发生法律效力的判决、裁定确有错误并需要再审的，应提交审判委员会讨论决定。该条赋予了上级法院和本级法院院长依职权提起再审的权力，但是，这里规定的可以再审的对象仅仅是“判决、裁定”，不包括调解书。

这并不意味着只要当事人在诉讼中达成了调解书，就不能对该案件进行再审。实践中，案件当事人间的调解可能是“手拉手”调解，即当事人间希望通过调解达到案件之外的其他目的，而该目的会损害第三人利益或社会公共利益。比如在第三人损害公司利益时，为了防止公司日后向自己要求赔偿，该第三人让公司某股东提起股东代表诉讼，然后在诉讼中与该股东进行调解，达成调解协议，调解书中载明公司免除该第三人的责任。此时表面上当事人达成了调解协议，但实际上损害了公司的利益。这类调解书的效力应予否定。在法律程序上，应依照民事诉讼法第一百八十二条“当事人对已经发生法律效力的调解书，提出证据证明调解违反自愿原则或者调解协议的内容违反法律的，可以申请再审。经人民法院审查属实的，应当再审”的规定，在作为当事人的公司(原告或第三人)申请再审时，法院发现违反当事人意思或违法损害当事人利益的，应当进行再审。但是，应当明确，这里的再审仍然是依当事人的申请而启动。在当事人不申请再审，但调解书确有可能损害他人利益或社会公共利益时上级法院或本级法院院长能否依职权提起再审，需要立法来释明。

——宋晓明：《商事审判若干疑难问题的探讨——在全国法院商事审判工作会议上的讲话(摘录)》，载最高人民法院民事审判第二庭编：《商事审判指导》(总第23辑)，人民法院出版社2011年版，第34页。

【《最高人民法院公报》案例】

武汉中联证券劳动服务公司与港澳祥庆实业返还财产纠纷案［最高人民法院(2005)民四提字第1号民事判决书］

裁判要旨：对于已经发生法律效力的调解书，当事人虽然没有申请再审，但损害了案外人的合法权益，人民法院发现确有错误，必须进行再审的，人民法院可以按照审判监督程序进行再审。

最高人民法院认为：

湖北省高级人民法院一审作出(1996)鄂经初字第73号民事调解书后，在执行过程中，老富昌地产依法取得了原澳门祥庆在内地合作企业的股权，并办理了相关的审批、变更登记手续，成为了合作企业的股东。老富昌地产的持牌人翁文雄于1998年去世，老富昌地产已经于1998年4月结束营业。新富昌地产于2001年4月成立，持牌人为翁德慧。新富昌地产未能提供充分的证据证明其在法律上承接了老富昌地产的权利义务，故不能认定新富昌地产与本案存在法律上的利害关系。老富昌地产因(1996)鄂经初字第73号调解书的执行参与到本案中来，本案的再审结果特别是执行措施的采取，与老富昌地产存在法律上的利害关系。老富昌地产已经结束营业，其持牌人翁文雄去世。根据翁文雄之妻(翁德慧之母)余彩婵的声明书、相关的身份证明材料、在澳门初级法院的遗产管理人声明笔录等，可以认定翁文雄之女翁德慧系翁文雄的合法继承人，且其接受其他继承人的委托暂管相关财产，故翁德慧是与本案有利害关系的案外人，有权就老富昌地产的相关权益向人民法院反映有关情况。且即使案外人与本案无利害关系，但根据其反映的情况，上级人民法院发现下级人民法院作出的法律文书确实存在错误，仍须予以纠正。根据本院〔93〕民他字第1号《关于民事调解书确有错误当事人没有申请再审的案件人民法院可否再审的批复》的规定，对已经发生法律效力的调解书，人民法院如果发现确有错误，而又必须再审的，当事人没有申请再审，人民法院根据民事诉讼法的有关规定精神，可以按照审判监督程序再审。

——《最高人民法院公报》2007年第5期

946

上级法院裁定驳回再审申请后，原审法院认为需要依职权再审的，应报请上级法院同意，但原驳回再审申请裁定不必撤销

关键词｜驳回再审申请｜依职权再审｜报请上级法院｜

【最高人民法院司法政策】

四是关于申请再审驳回裁定如何处理的问题。司法实践中,很多同志纠结于当事人申请再审被上一级法院驳回了,但下级法院依职权启动或因检察院抗诉而进入再审程序,那之前的驳回裁定如何处理,再审判决书上应否撤销该驳回裁定,如应撤销则下级法院如何撤销上级法院的裁定等,这个问题现在是有结论的,就是无需撤销。简单地说,原因有这样几个:一是驳回再审申请的裁定是非诉讼的审查程序作出的裁定,一般说来,非诉讼程序的结论不约束诉讼程序;二是已经依法进入再审程序,就不用去纠结不允许进入再审程序的文书,它已经不构成进入再审程序的障碍;三是客观上此类撤销是无法做到的,若真以此理类推,可能涉及多级法院和多份裁定,不具有可操作性。

——贺荣:《在全国法院审判监督工作座谈会暨审判监督理论专业委员会第三届年会上的总结讲话》(2012 年 9 月 27 日),载景汉朝主编、最高人民法院审判监督庭编:《审判监督指导》(总第 41 辑),人民法院出版社 2013 年版,第 12 页。

29. 上级人民法院裁定指令再审的案件,原审人民法院应当及时将再审结果反馈给上级人民法院。

上级人民法院裁定驳回再审申请后,原审人民法院依照民事诉讼法第一百七十七条的规定决定再审的,应当报请上级人民法院同意。

——《最高人民法院印发〈第一次全国民事再审审查工作会议纪要〉的通知》(2011 年 4 月 21 日,法〔2011〕159 号)

【最高人民法院审判业务意见】

我们倾向认为,为避免上下级法院之间就同一案件的处理发生冲突,上级人

民法院已经裁定驳回的案件，原审人民法院经审判委员会研究认为需要依职权启动再审的，应报请上级人民法院原审查部门审查。上级人民法院同意的，原审人民法院可以根据《民事诉讼法》第177条的规定，依职权裁定再审。原驳回再审申请的裁定与依职权启动再审的裁定是依据不同的程序做出，审查标准不同，不必撤销。

——郑学林：《在第一次全国民事再审审查工作会议上的总结讲话》，载苏泽林主编、最高人民法院立案庭编：《立案工作指导》（总第27辑），人民法院出版社2011年版，第21页。

947

人民法院不可依职权对撤销仲裁裁决的裁定提起再审

关键词｜撤销仲裁裁决｜依职权再审｜

【最高人民法院答复】

黑龙江省高级人民法院：

你院2003年8月18日〔2003〕黑立民他字第1号《关于下级法院撤销仲裁裁决后又以院长监督程序进行再审应如何处理的请示》收悉。经研究，答复如下：

黑龙江国祥房地产开发有限公司与黑龙江省九利建筑工程公司欠款纠纷一案，经哈尔滨市中级人民法院裁定撤销仲裁裁决后，当事人可以依据《中华人民共和国仲裁法》第九条的规定重新达成仲裁协议申请仲裁，也可以向人民法院提起诉讼。哈尔滨市中级人民法院不应以院长发现撤销仲裁裁决的裁定确有错误为由提起再审。已经再审的，你院应当通知该院予以纠正。

——《最高人民法院关于下级人民法院撤销仲裁裁决后又以院长监督程序提起再审应如何处理问题的复函》（2004年8月27日，〔2003〕民立他字第45号）

【链接：最高人民法院法官著述】

案例：2002年4月22日，甲公司诉至哈尔滨市中级人民法院，申请撤销哈尔滨仲裁委员会(2002)哈仲裁字第174号仲裁裁决书。2002年6月20日,哈尔滨市中级人民法院以(2002)哈民一初字第69号民事裁定撤销该仲裁裁决。乙公司不服申请再审,哈尔滨市中级人民法院立案复查,于2002年9月24日依据最高人民法院有关规定,该类型案件申请再审,法院不应受理的精神,以(2002)哈民监字第676号驳回乙公司的再审申请。后乙公司多次到哈尔滨市中级人民法院申诉。哈尔滨市中级人民法院按院长监督程序以(2003)哈民一监字第248号民事裁定对本案进行再审,于2003年4月8日以(2003)哈民一再字第69号民事裁定撤销(2002)哈民一初字第69号民事裁定。

结论:本案经哈尔滨市中级人民法院裁定撤销仲裁裁决后,当事人可以依据《仲裁法》第九条的规定重新达成仲裁协议申请仲裁,也可以向人民法院提起诉讼。哈尔滨市中级人民法院不应以院长发现撤销仲裁裁决的裁定确有错误为由提起再审,已经再审的,应当予以纠正。

理由:

1. 从《仲裁法》规定的当事人享有的法律救济途径而言,不应允许以院长发现确有错误为由对撤销仲裁裁决的裁定提起再审。《仲裁法》第九条第二款规定:“裁决被人民法院依法裁定撤销或者不予执行的,当事人就该纠纷可以根据双方重新达成的仲裁协议申请仲裁,也可以向人民法院起诉。”据此,仲裁裁决被人民法院裁定撤销的,当事人之间的纠纷即恢复到尚未解决的状态,当事人既可以重新达成仲裁协议申请仲裁,也可以直接向人民法院起诉,从而享有选择解决纠纷方式的权利。允许法院以院长发现确有错误为由,对于撤销仲裁裁决的裁定进行再审,实质上是否定纠纷已恢复到未解决的状态,试图恢复原有仲裁裁决的法律效力,与《仲裁法》上述规定直接冲突,剥夺了当事人依据《仲裁法》享有的纠纷解决方式选择权。

2. 从减少对当事人意思自治的职权干预,坚持仲裁司法监督有限原则而言,不应允许以院长发现确有错误为由对撤销仲裁裁决的裁定提起再审。根据最高法院法释〔1999〕6号《关于当事人对人民法院撤销仲裁裁决的裁定不服申请再审人民法院是否受理问题的批复》、法复〔1997〕5号《关于人民法院裁定撤销仲裁裁决或驳回当事人申请后当事人能否上诉问题的批复》、法释〔2000〕17号《关于人民检察院对撤销仲裁裁决的民事裁定提起抗诉人民法院应如何处理问题的批复》、法释〔2000〕46号《关于人民检察院对不撤销仲裁裁决的民事裁定提出抗诉人民法院应否受理问题的批复》的规定,对于法院撤销仲裁裁决的裁定,当事人无上诉权和申请再审权,检察院抗诉的,人民法院不予受理;对于法院驳回撤销申请和不撤销仲裁裁决的裁定，当事人无上诉权，检察院抗诉的，人民法院亦不予受理。另外，对于人民法院裁定不予执行仲裁裁决的，当事人也无申请再审权。这一系列批复表明，仲裁司法监督有限性是最高人民法院坚持的一贯原则。将仲裁司法监督限制在一定范围内，避免审判权对于仲裁的干预过大，体现了对当事人意思自治的保护，有利于仲裁事业的发展。允许以院长监督程序提起再审有悖于这一原则，与当事人的意思自治根本违背。

3. 从防止无限再审，简化程序，迅速解决纠纷而言，应当对院长提起再审进行限制，不应允许对撤销仲裁裁决的裁定提起再审。仲裁是当事人自治性解决纠纷的制度，其立法意旨在于充分尊重当事人的意思自治，简化程序，迅速、快捷地解决纠纷，遵循一裁终局原则。根据《民事诉讼法》《仲裁法》和有关司法解释，法院就仲裁所作出的各类裁定均不允许当事人上诉和申请再审。根据诉讼程序设置的一般原理，上诉审是针对未生效裁判的普通救济程序，再审是针对已生效裁判的特别救济程序，相对于上诉审程序而言，再审程序的启动应当更为慎重，对于法律未赋予上诉审救济的裁判，不应允许通过启动再审程序予以变更。尽管《民事诉讼法》第一百七十七条未明确限定院长提起再审的案件范围，但如果允许以院长发现确有错误为由对于撤销仲裁裁决的裁定提起再审，显然违背了这一原理，使程序复杂化，不利于纠纷的迅速解决。

——姜启波、王胜全、李伟、刘小飞：《新型疑难民商事案件受理问题（上）》，载苏泽林主编、最高人民法院立案庭编：《立案工作指导》（总第12辑），人民法院出版社2006年版，第72～73页。

948

驳回申请撤销仲裁裁决的裁定法院不能依职权启动再审

关键词 | 驳回再审申请 | 撤销仲裁裁决 | 依职权再审 |

【最高人民法院审判业务意见】

有关部门就驳回申请撤销仲裁裁决的裁定法院能否依职权启动再审问题征求最高人民法院研究室意见。我室经研究认为：

人民法院不应依职权对驳回申请撤销仲裁裁决的裁定启动再审。

——最高人民法院研究室:《关于驳回申请撤销仲裁裁决的裁定法院能否依职权启动再审问题的研究意见》,载沈德咏主编、最高人民法院研究室编:《司法研究与指导》(总第4辑),人民法院出版社2014年版,第143~147页。

949

检察监督的方式

关键词|检察监督|提出抗诉|检察建议|

【最高人民法院司法解释】

第四百一十三条 人民检察院依法对损害国家利益、社会公共利益的发生法律效力的判决、裁定、调解书提出抗诉,或者经人民检察院检察委员会讨论决定提出再审检察建议的,人民法院应予受理。

——《最高人民法院关于适用〈中华人民共和国民事诉讼法〉的解释》(2015年1月30日,法释〔2015〕5号)

【链接:最高人民法院法官著述】

人民检察院对民事诉讼实行法律监督的方式主要包括以下几方面内容:

1. 提起公诉

对审判人员在民事诉讼过程中有滥用职权、玩忽职守、贪污受贿、徇私舞弊等犯罪行为,人民检察院可以依照刑事诉讼法立案侦查,提起公诉。

2. 提出抗诉

对人民法院发生法律效力的判决和裁定,损害国家利益、社会公共利益的调解书,可以依法提出抗诉。2012年民事诉讼法第二百零八条第一、二款规定,最高人民检察院对各级人民法院已经发生法律效力的判决、裁定,上级人民检察院对下级人民法院已经发生法律效力的判决、裁定,发现有本法第二百条规定情形之一的,或者发现调解书损害国家利益、社会公共利益的,应当提出抗诉。地方各级人民检察院对同级人民法院已经发生法律效力的判决、裁定,损害国家利益、社会公共利益的调解书，可以提请上级人民检察院向同级人民法院提出抗诉。

3. 提出再审检察建议

本次民事诉讼法修改增加规定了检察建议制度，将检察建议分为再审检察建议和审判人员违法行为检察建议。民事再审检察建议，是指检察机关在办理民事抗诉案件中，认为人民法院已经生效的民事判决、裁定及调解书确有错误，以书面形式依法向同级人民法院提出监督意见，建议同级人民法院启动再审程序自行纠正的一种法律监督方式。2001 年 9 月 30 日，最高人民检察院通过的《人民检察院民事行政抗诉案件办案规则》第四十七条第（一）项规定，原判决、裁定符合抗诉条件，人民检察院与人民法院协商一致，人民法院同意再审的，人民检察院可以向人民法院提出检察建议。2001 年 11 月，最高人民法院下发《全国审判监督工作座谈会关于当前审判监督工作若干问题的纪要》第十七条规定，人民检察院对人民法院的审判工作提出检察建议书的，人民法院应认真研究以改进工作；经与同级人民法院协商同意，对个案提出检察建议书的，如符合再审立案条件，可依职权启动再审程序。“两高”的上述文件是最早规定人民检察院适用再审检察建议制度启动再审的司法依据。2011 年 3 月 10 日，最高人民法院和最高人民检察院联合发布的《关于对民事审判活动与行政诉讼活动实行法律监督的若干意见（试行）》第五条、第六条、第七条规定，地方各级人民检察院对符合民事诉讼法第一百七十九条和行政诉讼法第六十四条规定情形的已经发生法律效力的民事判决裁定，以及已经发生法律效力的民事调解、行政赔偿调解损害国家利益、社会公共利益的，经检委会决定，可以向同级人民法院提出再审检察建议。此次民事诉讼法修改将再审检察建议以立法形式固定下来，使再审检察建议有了法律依据。这里需要说明的是，最高人民检察院不能对最高人民法院提出再审检察建议。因为，依据 2012 年民事诉讼法第二百零八条的规定，向同级人民法院提出检察建议的，必须同时报上级人民检察院备案。最高人民检察院已是最高法律监督机关，无法向上级人民检察院备案。此时，就只能通过抗诉方式实施法律监督。

4. 对审判人员违法行为提出检察建议

根据 2012 年民事诉讼法第二百零八条第三款的规定，审判人员违法行为检察建议，是指各级人民检察院对审判监督程序以外的其他审判程序中审判人员的违法行为，有权向同级人民法院提出检察建议。司法实践中，检察机关的民事检察建议至少有三类：一是民事再审民事检察建议，2012 年民事诉讼法第二百零八条规定了再审检察建议;二是民事诉讼中检察机关对人民法院的其他检察建议;三是因民事诉讼而对其他单位的检察建议。检察建议是人民检察院履行法律职责和参与综合治理的一种形式,目前检察建议的规定却散见于不同的法律法规中,没有统一明确的规定,此次民事诉讼法修改对检察机关这种常用的工作方式以立法形式固定下来。但是,在审判监督程序中规定对审判人员违法行为提出检察建议的内容,我们认为不符合体例的要求:该条前两款规定的是审判监督程序中人民检察院实行法律监督的方式。而这款规定是对审判监督程序以外的规定,不属于审判监督的内容。第二次审议稿时规定:"地方各级人民检察院对审判监督程序以外的其他审判程序中审判人员的违法行为,有权向同级人民法院提出检察建议。"最终通过时删除了"地方各级人民检察院"中的"地方",表明最高人民检察院也可以对最高人民法院的审判人员的违法行为提出检察建议。

——最高人民法院研究室、最高人民法院民事诉讼法修改研究小组办公室编著:《〈中华人民共和国民事诉讼法〉修改条文适用解答》,人民法院出版社2012年版,第26~27页。

950

人民检察院抗诉的范围

关键词 | 抗诉范围 |

【最高人民法院司法解释】

第四百一十四条 人民检察院对已经发生法律效力的判决以及不予受理、驳回起诉的裁定依法提出抗诉的,人民法院应予受理,但适用特别程序、督促程序、公示催告程序、破产程序以及解除婚姻关系的判决、裁定等不适用审判监督程序的判决、裁定除外。

——《最高人民法院关于适用〈中华人民共和国民事诉讼法〉的解释》(2015年1月30日,法释〔2015〕5号)

【链接：最高人民法院法官著述】

抗诉范围，即指可以成为检察机关提起抗诉对象的民事裁判。根据民事诉讼法的规定，检察机关可以对已经发生法律效力的判决、裁定提起抗诉。但在民事诉讼过程中，往往会出现多个裁判，民事诉讼法第一百八十七条规定的判决、裁定到底包括哪些裁判，司法实践中产生了争议。

我们认为，一般情况下，人民检察院对民事调解提出抗诉的，人民法院可以不予受理。最高人民法院在相关批复中（法释〔1999〕4号）也明确了这一点。但我们同时认为可将损害国家利益、社会公共利益的调解纳入抗诉范围。由于该类调解缺乏直接且明确的利益受损人，如果绝对地将此类调解排除在抗诉范围之外，不利于公益的保护。法律之所以将不予受理裁定和驳回起诉裁定规定为可以上诉的对象，在于该两类裁定涉及当事人的诉权，属于与实体权利密切相关的重大程序性权利。而对管辖权有异议的裁定对实体审理具有前提性意义，必须要先行确定，诉讼程序方能进行；也正是基于此考虑，《最高人民法院关于适用〈中华人民共和国民事诉讼法〉审判监督程序若干问题的解释》（以下简称《审监解释》）将关于管辖权的法定再审事由限制在“违反专属管辖、专门管辖以及其他严重违法行使管辖权”的范围内。故此类裁定也可成为抗诉对象。其他法律没有明确规定可以上诉的判决、裁定均不能成为再审对象，也就不属于抗诉范围。这些不能成为抗诉对象的判决、裁定，有的是法律规定了一裁终局的，连普通救济途径的上诉都没有，只是规定了出现新情况时，法院可以依职权撤销原裁判或者自动失效等，如依照特别程序、督促程序等作出的裁判；有的是单纯程序性问题，对当事人实体权利的实现并没有实质性影响，如诉讼保全裁定等；有的是不适用抗诉程序进行监督的，如执行程序中的裁定等。如果检察机关对不能抗诉的裁判提起了抗诉，人民法院可以通知检察机关不予受理，并将抗诉材料退回。

——王朝辉：《民事抗诉案件典型疑难程序问题评析》，载江必新主编、最高人民法院审判监督庭编：《审判监督指导》（总第35辑），人民法院出版社2011年版，第199～200页。

编者说明

1991年《民事诉讼法》中关于检察院抗诉问题仅有4条规定，即规定了抗诉条件、抗诉效果、抗诉书和抗诉再审问题。对检察机关提起抗诉范围、次数以及审级等方面的问题,《民事诉讼法》并没有明确规定。2007 年《民事诉讼法》细化了检察机关提起抗诉条件,统一了检察机关启动抗诉程序和人民法院启动再审程序的标准。然而,2007 年修改也仅是对 1991 年《民事诉讼法》第 185 条的规定作了微调,而对上述其他问题,依然维持 1991 年《民事诉讼法》的规定。由于缺乏法律规定,司法实践中,高级人民法院就特殊类型的案件能否提起抗诉问题不断向最高人民法院请示。为统一法律适用,最高人民法院先后就检察院抗诉范围等问题制定了一批司法解释。这些司法解释主要分为以下几类:

1. 对不属于人民法院审判活动的提起抗诉不予受理。例如,执行活动不属于审判活动,对执行程序中的裁定抗诉的,人民法院不予受理;人民法院决定当事人负担诉讼费用的行为属于司法行政行为,不是对当事人民事权利义务争议的裁判,不属于审判活动,因此,单独就诉讼费用提起抗诉的,人民法院不予受理。这类司法解释主要包括:《最高人民法院关于对执行程序中的裁定的抗诉不予受理的批复》(法复〔1995〕5 号)、《最高人民法院关于人民法院不予受理人民检察院单独就诉讼费负担裁定提出抗诉问题的批复》(法释〔1998〕22 号)。

2. 对不属于已经生效的判决、裁定提起抗诉的不予受理。例如,《最高人民法院关于人民检察院对民事调解书提出抗诉,人民法院应否受理问题的批复》(法释〔1999〕4 号)。

3. 对人民法院尚未审理终结的案件提起抗诉的不予受理。按照审判监督程序的规定,能够提起审判监督程序的案件,必须是在程序上和实体上均已审理终结、发生法律效力的案件。就程序上的裁定,由于案件仍在审理过程之中,不能成为审判监督程序的对象。例如,人民法院在审理案件过程中作出的先予执行的裁定,并未对实体问题作出处理,案件尚未审结不涉及再审问题,人民检察院提出抗诉没有法律依据。因此,先予执行、诉前保全、财产保全等裁定是为解决诉讼中某些阶段性的程序问题,虽然一经作出就发生法律效力,但它并不是最终裁定。当事人如果不服,可以提出复议申请,即使错误没有得到及时纠正,也可以通过终审裁定确定的内容,在执行程序或者从当事人提供的财产担保中予以纠正,无需通过抗诉进入再审解决。这类司法解释包括:《最高人民法院关于检察机关对先予以执行的民事裁定提出抗诉人民法院应当如何审理的批复》(法复〔1996〕13 号)、《最高人民法院关于人民法院发现本院作出的诉前保全裁定和执行程序中作出的裁定确有错误以及人民检察院对人民法院作出的诉前保全裁定提出抗诉人民法院应当如何处理的批复》(法释〔1998〕17 号)。

4. 对特别程序的裁定提出抗诉,且抗诉的内容是当事人不得上诉或不得申请再审的裁定,人民法院不予受理。这类司法解释包括:《最高人民法院关于对企业法人破产还债程序终结的裁定的抗诉应否受理问题的批复》(法释〔1997〕2 号)、《最高人民法院关于在破产程序中当事人或人民检察院对人民法院作出的债权人优先受偿的裁定申请再审或抗诉应如何处理问题的批复》(法释〔1996〕14 号)、《最高人民法院关于人民检察院对撤销仲裁裁决的民事裁定提出抗诉人民法院应如何处理问题的批复》(法释〔2000〕17 号)、《最高人民法院关于人民检察院对不撤销仲裁裁决的民事裁定提出抗诉人民法院应否受理问题的批复》(法释〔2000〕46 号)。

5. 抗诉后将无法审理的案件人民法院不予受理。例如,《最高人民法院对山东省高级人民法院关于〈人民检察院对人民法院再审裁定终结诉讼的案件能否提出抗诉的请示〉的复函》(〔2001〕民立他字第19号)。

2012年《民事诉讼法》修改后,最高人民法院有必要对就抗诉问题作出的司法解释进行清理,以确定其效力。依据2012年《民事诉讼法》,人民检察院有权对人民法院的诉讼活动、执行活动及调解活动进行监督,监督的范围主要包括:

1. 生效判决、裁定。根据《民事诉讼法》第208条的规定,对已经发生法律效力的判决、裁定提出的抗诉。

2. 调解书。根据《民事诉讼法》第208条的规定,最高人民检察院、上级人民检察院发现调解书损害国家利益、社会公共利益的,应当提出抗诉。

3. 执行活动。根据《民事诉讼法》第235条的规定,人民检察院有权对民事执行活动实行法律监督。

4. 审判人员的违法行为。根据《民事诉讼法》第208条第3款的规定,各级人民检察院对审判监督程序以外的其他审判程序中审判人员的违法行为,有权向同级人民法院提出检察建议。

951

管辖权异议裁定不可以申请再审、抗诉或提再审检察建议

关键词 | 管辖权异议裁定 | 申请再审 | 抗诉 | 检察建议 |

【链接：最高人民法院法官著述】

2007年修改民事诉讼法时将管辖错误作为再审事由。在立法过程中以及法律表决通过后,该事由分歧和争议较大。为了防止该事由在实践中被滥用,经征得全国人大法工委同意,最高人民法院对"违反法律规定,管辖错误的"再审事由作了限缩性司法解释。《审判监督程序解释》第十四条规定:"违反专属管辖、专门管辖规定以及其他严重违法行使管辖权的,人民法院应当认定为民事诉讼法第一百七十九条第一款第七项规定的管辖错误。"2012年修改民事诉讼法时,各界普遍认为,管辖制度本质上是一种分配制度,过分强调管辖错误事由,因其理论前提是"司法保护假定",实际上是对司法公正性的彻底否定。故在2012年修法过程中,立法机关删除了管辖错误事由。从立法本意以及本条"等"字出

发，可以排除管辖权异议裁定可以申请再审以及抗诉或提再审检察建议。

——沈德咏主编、最高人民法院修改后民事诉讼法贯彻实施工作领导小组编著：《最高人民法院民事诉讼法司法解释理解与适用》，人民法院出版社2015年版，第1096页。

952

人民检察院就诉讼费负担的裁定不可提出抗诉

关键词 | 诉讼费负担 | 抗诉 |

【最高人民法院司法解释】

河南省高级人民法院：

你院豫高法〔1998〕131号《关于人民检察院单独就诉讼费负担的裁定进行抗诉能否受理的请示》收悉。经研究，同意你院意见，即：人民检察院对人民法院就诉讼费负担的裁定提出抗诉，没有法律依据，人民法院不予受理。

——《最高人民法院关于人民法院不予受理人民检察院单独就诉讼费负担裁定提出抗诉问题的批复》(1998年8月31日，法释〔1998〕22号)

953

检察机关针对非发生效力的最终判决抗诉不应再审

关键词 | 抗诉 | 非最终判决 |

【最高人民法院裁判文书】

广州市海珠区凤阳街五凤村民委员会、广州市海珠区凤阳街五凤沙溪第二经济合作社与广东省丝绸进出口集团金业物业发展有限公司、广州市华鼎房地产物业租赁有限公司合资、合作开发房地产合同纠纷抗诉案[最高人民法院(2011)民抗字第25号民事裁定书]

裁判要旨：检察机关抗诉所针对的民事判决已非发生效力的最终判决，属于抗诉不当，依法不应再审，人民法院对此种抗诉不予受理。

最高人民法院认为：

广东省高级人民法院(2008)粤高法民一终字第188号民事判决发生法律效力后，因当事人申请再审，本院已于2010年2月11日作出(2009)民申字第765号民事裁定，指令广东省高级人民法院再审本案，该院已于2010年10月22日作出(2010)粤高法审监民再字第38号民事判决。因此，最高人民检察院抗诉所针对的广东省高级人民法院(2008)粤高法民一终字第188号民事判决已非发生法律效力的最终判决，属于抗诉不当，依法不应再审。鉴于检察机关未撤回抗诉，经本院审判委员会讨论决定，依照《中华人民共和国民事诉讼法》第一百八十七条第一款、第一百四十条第一款第(一)项的规定，裁定如下：

对最高人民检察院就广东省高级人民法院(2008)粤高法民一终字第188号民事判决提出的抗诉，本院不予受理。

——江必新主编、最高人民法院审判监督庭编：《审判监督指导》(总第36辑)，人民法院出版社2011年版，第203页。

954

执行程序中的裁定不可抗诉

关键词 | 执行程序 | 抗诉 |

【最高人民法院答复】

广东省高级人民法院：

你院粤高法〔1995〕37号《关于人民法院在执行程序中作出的裁定检察院是否有权抗诉的请示》收悉。经研究，答复如下：

根据《中华人民共和国民事诉讼法》的有关规定，人民法院为了保证已发生法律效力的判决、裁定或者其他法律文书的执行而在执行程序中作出的裁定，不属于抗诉的范围。因此，人民检察院针对人民法院在执行程序中作出的查封财产裁定提出抗诉，于法无据，人民法院不予受理。

——《最高人民法院关于对执行程序中的裁定的抗诉不予受理的批复》(1995年8月10日，法复〔1995〕5号)

955

检察机关无权对人民法院发回重审裁定提出抗诉

关键词｜发回重审｜抗诉｜

【最高人民法院审判业务意见】

有关部门就检察机关能否对人民法院发回重审的民事裁定提出抗诉问题征求最高人民法院研究室意见。最高人民法院研究室经研究认为：

检察机关对人民法院发回重审的民事裁定提出抗诉的法律依据不足，不宜提出抗诉。

——《最高人民法院研究室关于检察机关能否对人民法院发回重审的民事裁定提出抗诉问题的研究意见》，载张军主编、最高人民法院研究室编：《司法研究与指导》(总第2辑)，人民法院出版社2012年版，第95~98页。

【链接：最高人民法院法官著述】

问：检察机关能否对人民法院发回重审裁定提出抗诉？

答：发回重审是二审的一种裁判方式，与依法改判、维持原判并列。但依法改判、维持原判是确定的、终局的判决，是与纠纷得到最终解决相联系的，维持原判与依法改判都具有既判力，对当事人而言，就同一事项，讼争当事人不得再予起诉；对法院而言，既判力表现为"一事不再理"，法院一旦查明当事人就同一事项再行起诉的，应当驳回起诉。而发回重审的目的则在于使既有的诉讼活动，包括双方当事人以及法院所为的一切诉讼行为归于零，失去效力，并开始新的诉讼程序。发回重审裁定有其独特的拘束力，此种拘束力只是否定了既有判决，并没有作出肯定性的裁判，并没有最终解决纠纷，其所具有的效力并非既判力。

人民检察院作为我国的法律监督机关，其监督范围囊括整个司法领域，作为司法领域重要组成部分的审判程序无疑也必须直面人民检察院的监督。人民检察院对审判程序监督，主要通过事后监督的途径进行，针对生效的判决、裁定进行抗诉提请再审，《民事诉讼法》第187条规定，人民检察院对人民法院已经发生法律效力的判决、裁定发现符合法定抗诉事由的，应当依法向人民法院提出抗诉。无论是理论界还是实务界都认为检察机关对于发生法律效力的判决发现符合法定抗诉事由的，是可以提出抗诉的。但对于所有的裁定能否提起抗诉，则产生了不同的认识，这实际上涉及抗诉的客体。从法理上讲，主要从裁定有无实体上的既判力来考虑，如果该裁定在实体上发生实质上确定力，就应当给予再审救济，当然所有的诉讼事项都可能涉及当事人的实体权利，但必须强调是直接涉及当事人实体权利事项。如为解决诉讼中某些阶段的程序性问题，虽然人民法院时常也会作出一些发生法律效力的裁定，如先予执行、诉前保全、财产保全的裁定等，但因这些裁定并不是最终裁定，如果当事人不服，可以通过申请复议的方式提出，由所作出裁定的法院或上级法院决定；即使当事人提出的错误未及时得到纠正，也可以通过终审裁判予以纠正，无需通过抗诉进入再审来解决。基于发回重审裁定的法律效力分析，发回重审裁定将双方当事人以及法院所为的一切诉讼行为归于失去效力，是一种纯程序性裁定，不具有诉的内容，不能适用再审程序进行审理，故检察机关对人民法院发回重审的民事裁定提出抗诉没有法律依据，不应对人民法院发回重审裁定提出抗诉的意见。检察机关对人民法院发回重审民事裁定提出抗诉的，人民法院应当商请检察机关撤回抗诉。

——载江必新主编、最高人民法院审判监督庭编：《审判监督指导》（总第 40 辑），人民法院出版社 2012 年版，第 242 ~ 243 页。

956

检察机关无权对诉前财产保全裁定提出抗诉

关键词 | 财产保全 | 抗诉 |

【最高人民法院司法解释】

二、人民检察院对人民法院作出的诉前保全裁定提出抗诉，没有法律依据，人民法院应当通知其不予受理。

——《最高人民法院关于人民法院发现本院作出的诉前保全裁定和在执行程序中作出的裁定确有错误以及人民检察院对人民法院作出的诉前保全裁定提出抗诉人民法院应当如何处理的批复》（1998 年 7 月 30 日，法释〔1998〕17 号）

【链接：最高人民法院法官著述】

《民事诉讼法》第一百八十五条虽然规定了人民检察院对生效判决、裁定可以提出抗诉，但是并非所有裁定都应当提出抗诉而进入再审。诉前保全裁定就是一种不应当被抗诉而进入审判监督程序的裁定。诉前保全裁定确有错误应当予以纠正。但是，对于诉前保全裁定的错误应当进行分析。这种错误要么是当事人的原因造成的，要么是法院造成的。如果是当事人自身的原因引起的，由当事人承担且不影响对方当事人的利益。按照《民事诉讼法》第九十三条第一款的规定，申请诉前保全必须提供担保，不提供担保的，驳回诉前保全申请。由于诉前保全裁定是在诉前仅根据申请人的申请作出的，因而这种裁定的错误，绝大多数情况下，可归之于当事人。如果确因法院造成的，也无须通过抗诉的途径处理，主要理由是：第一，由于诉前保全裁定是一种临时措施，因而在诉讼过程中的任何时候，法院自己都可以纠正。只要法院发现诉前保全裁定确有错误，按照《民事诉讼法》第一百七十七条第一款的规定处理即可。第二，如果采取抗诉的程序，则面临如下困难：由于抗诉是一种事后监督，因而按照现行法院内部分工，对抗诉案件的审理是由审判监督庭处理，这样同一案件同时在同一法院两个部门处理甚至上下级法院对同一案件同时进行审理，对当事人、对法院都有不便。另外，按照《民事诉讼法》的规定，检察院的抗诉实际上只对审判活动进行监督，而诉前保全属于诉讼前的活动。抗诉于法无据。因此，《批复》第二条规定人民法院不受理人民检察院对诉前保全的抗诉。这也是有关法院受理民事抗诉范围的单项规定之一。

《批复》一方面认为对于确有错误的诉前裁定可以通过院长发现程序予以纠正，另一方面又认为检察院对这种裁定的抗诉没有法律依据，因而有人认为在逻辑上存在矛盾。因为院长发现程序与抗诉都是对生效裁判提起再审的两种方式，只不过一种是法院内部提起，一种是法院外部提起的。但是，这种矛盾并不存在。理由如下：第一，批复中所规定的通过院长提交审判委员会讨论决定使诉前保全裁定进入再审，前已述及，这是一简化的审判监督程序，不是案件审结后的再审，不另行组成合议庭，也不由法院的专门从事审判监督的部门审理。如果因抗诉而进入再审则完全不同。第二，诉前保全措施的采取行政性强于司法性，更多是一种临时手段，且是根据一方申请人的申请进行的，法院形式审查重于实质审查。虽然因法院自身过错而采取诉前保全措施也难以避免，但因为诉前保全措施的错误责任承担更多在申请人即当事人自己，因而对这种错误的纠正需要更为迅速和简便的程序。第三，现行《民事诉讼法》规定的审判监督程序过于原则，进入再审程序的途径过于广泛且过于容易，因而如果本批复存在某种逻辑上的冲突也是现行再审制度的必然结果，这当然不符合审判规律。《批复》正是本着减少法律本身的矛盾而采取的变更办法。

——沈德咏主编、最高人民法院研究室编：《民事司法解释理解与适用》，法律出版社 2009 年版，第 343 ~ 346 页。

957

按照企业法人破产还债程序审理的案件不得申请再审或抗诉

关键词 | 破产程序 | 申请再审 | 抗诉 |

【最高人民法院司法解释】

第一百零四条 最高人民法院发现各级人民法院，或者上级人民法院发现下级人民法院破产程序中作出的裁定确有错误的，应当通知其纠正；不予纠正的，可以裁定指令下级人民法院重新作出裁定。

——《最高人民法院关于审理企业破产案件若干问题的规定》（2002 年 7 月 30 日，法释〔2002〕23 号）

江苏省高级人民法院：

你院〔1996〕苏申经复字第 16 号《关于对宣告企业法人破产还债程序终结裁定的抗诉应否受理问题的请示》收悉。经研究，答复如下：

检察机关对人民法院作出的企业法人破产还债程序终结的裁定提出抗诉没有法律依据。检察机关对前述裁定提出抗诉的，人民法院应当通知其不予受理。

——《最高人民法院关于对企业法人破产还债程序终结的裁定的抗诉应否受理问题的批复》（1997 年 7 月 31 日，法释〔1997〕2 号）

四川省高级人民法院：

你院川高法〔1994〕119 号请示收悉。经研究，答复如下：

在破产程序中，债权人根据人民法院已发生法律效力的用抵押物偿还债权人本金及利息的判决书或调解书行使优先权时，受理破产案件的人民法院不能以任何方式改变已生效的判决书或调解书的内容，也不需要用裁定书加以认可。如果债权人据以行使优先权的生效法律文书确有错误，应由作出判决或调解的人民法院或其上级人民法院按照审判监督程序进行再审。如果审理破产案件的人民法院用裁定的方式变更了生效的法律文书的内容，人民法院应当依法予以纠正。但当事人不能对此裁定申请再审，亦不涉及人民检察院抗诉的问题，对于人民检察院坚持抗诉的，人民法院应通知不予受理。

——《最高人民法院关于在破产程序中当事人或人民检察院对人民法院作出的债权人优先受偿的裁定申请再审或抗诉应如何处理问题的批复》(1996 年 8 月 13 日，法复〔1996〕14 号)

958

检察机关对有关仲裁裁决效力的裁定不可提起抗诉

关键词 | 仲裁裁决效力 | 抗诉 |

【最高人民法院司法解释】

内蒙古自治区高级人民法院：

你院〔2000〕内法民再字第 29 号《关于人民检察院能否对人民法院不予撤销仲裁裁决的民事裁定抗诉的请示报告》收悉。经研究，答复如下：

人民检察院对发生法律效力的不撤销仲裁裁决的民事裁定提出抗诉，没有法律依据，人民法院不予受理。

——《最高人民法院关于人民检察院对不撤销仲裁裁决的民事裁定提出抗诉人民法院应否受理问题的批复》(2000 年 12 月 13 日，法释〔2000〕46 号)

陕西省高级人民法院：

你院陕高法〔1999〕183 号《关于下级法院撤销仲裁裁决的民事裁定确有错误，检察机关抗诉应如何处理的请示》收悉。经研究，答复如下：

检察机关对发生法律效力的撤销仲裁裁决的民事裁定提起抗诉，没有法律依据，人民法院不予受理。依照《中华人民共和国仲裁法》第九条的规定，仲裁裁决被人民法院依法撤销后，当事人可以重新达成仲裁协议申请仲裁，也可以向人民法院提起诉讼。

——《最高人民法院关于人民检察院对撤销仲裁裁决的民事裁定提起抗诉，人民法院应如何处理问题的批复》（2000 年 7 月 10 日，法释〔2000〕17 号）

【链接：最高人民法院法官著述】

依《仲裁法》的规定，人民法院可对以下问题作出民事裁定：一是根据《仲裁法》第二十条的规定，裁定当事人达成的仲裁协议效力问题；二是根据《仲裁法》第二十八条的规定，作出有关财产保全的裁定；三是根据《仲裁法》第五十八、六十条的规定，作出是否撤销仲裁裁决的裁定；四是根据《仲裁法》第六十三、六十四条的规定，作出有关仲裁裁决执行问题的裁定；五是根据《仲裁法》第七章的规定，作出有关证据保全、撤销涉外仲裁裁决、不予执行涉外仲裁裁决等裁定。这些裁定生效后，《仲裁法》和《民事诉讼法》都没有规定检察院可以向法院提出抗诉，除有关仲裁协议效力的裁定外，对其他四种裁定是否可以抗诉，法释〔2000〕46 号、法释〔2000〕17 号司法解释以及 1998 年 8 月 5 日实施的《关于人民法院发现本院作出的诉前保全裁定和在执行程序中作出的裁定确有错误以及人民检察院对人民法院作出的诉前保全裁定提出抗诉人民法院应当如何处理的批复》等司法解释作了明确的回答。根据上述解释和本批复，可以得出结论：法院依法作出的有关仲裁协议效力的裁定，检察院也不可提出抗诉。

有人提出，如果法院作出的驳回撤销仲裁裁决申请的民事裁定确有错误，如何处理。本批复没有回答这一问题。因为：（1）民事裁定确有错误，人民法院应当依法纠正，但本批复只解决检察院对驳回撤销仲裁裁决申请的民事裁定的抗诉是否有法律依据的问题。（2）如果驳回撤销仲裁裁决申请的民事裁定确有错误，人民法院应当依据实事求是的原则依法纠正。人民法院可以根据《民事诉讼法》第一百七十七条的规定启动审判监督程序，对确有错误的裁定予以再审。实际上，某一民事裁决是否确有错误必须经过再审才能确定，在再审之前，只是推定该裁判有错误。

——沈德咏主编、最高人民法院研究室编：《民事司法解释理解与适用》,法律出版社2009年版,第765~767页。

959

对人民法院再审裁定终结诉讼的案件不可提起抗诉

关键词 | 再审裁定 | 终结诉讼 | 抗诉 |

【最高人民法院答复】

山东省高级人民法院:

你院〔2001〕鲁立经发字第8号《关于人民检察院对人民法院再审裁定终结诉讼的案件能否提出抗诉的请示》收悉。经研究,答复如下:

你院请示涉及的山东省东阿县大李乡人民政府与东阿县水泵厂借款纠纷一案,属于再审中发现申请人主体不合格而裁定终结诉讼的案件,人民检察院对该裁定提起抗诉,缺乏法律依据,人民法院不予受理。

——《最高人民法院对山东省高级人民法院关于〈人民检察院对人民法院再审裁定终结诉讼的案件能否提出抗诉的请示〉的复函》(2003年5月15日,〔2001〕民立他字第19号)

【链接:最高人民法院法官著述】

上述答复意见主要基于以下几点考虑:

第一,本案系法院在案件的审理过程中,以终结诉讼的方式裁定结案。所谓的终结诉讼,是指在诉讼进行中,由于出现了特定情况,使诉讼程序的继续进行成为不可能或者失去了意义,从而结束诉讼程序,它是诉讼程序的非正常结束,解决的是审判过程中的程序问题,其性质属于法院在审判活动进行中对程序问题所作的"事中"裁决。而法律赋予人民检察院对民事审判活动的监督权属于"事后监督"权,因此,人民检察院无权对人民法院在审判活动进行中对程序问题所作的"事中"裁决提起抗诉。

第二,决定人民法院是否受理人民检察院对终结诉讼的裁定提出抗诉的关键在人民法院终结诉讼的裁定是否属于人民检察院抗诉的范畴。民事诉讼的诉是一种请求，抗诉也是一种诉，只是有其特殊性而已。就发动诉讼程序而言，抗诉与起诉、上诉、申诉有相同的属性。《民事诉讼法》第一百四十条列举的十一种适用裁定的情况中，只允许三种裁定即不予受理、管辖权异议、驳回起诉裁定的当事人可以上诉，其他八种裁定均属于一经送达即生效，一律不得上诉，不得申请复议的，终结诉讼包括在八种裁定之列。故人民检察院无权对人民法院终结诉讼的裁定提起抗诉。

第三，人民检察院对法院民事审判活动实施法律监督，其实质就是以检察权（或监督权）对法院的审判权进行干预，目的是通过这种干预影响法院的裁判，带有强烈的“职权主义”的色彩。在我国市场经济体制下，提倡民事主体意思自治和民事行为自由，提倡现代民事诉讼结构下倡导的当事人平等抗辩，减少和弱化国家对民事领域的干预，应该是民事诉讼立法的趋势。因此，人民法院对检察机关抗诉的案件，除法院有明确规定的外，应一律不予受理。

——姚爱华：《关于检察院对人民法院裁定终结诉讼的案件能否提出抗诉的请示与答复》，载沈德咏主编、最高人民法院立案庭编：《立案工作指导与参考》（总第3卷），人民法院出版社2003年版，第84～85页。

960

民事调解书可以成为法院再审或者检察院抗诉的对象

关键词 | 申请再审 | 民事调解书 | 抗诉 |

【链接：最高人民法院法官著述】

2007年民事诉讼法仅规定当事人对生效调解书有申请再审的权利，并未规定人民法院可以依职权主动对生效调解书决定再审、提审、指令再审，也未规定人民检察院可以对生效调解书提出抗诉。2012年民事诉讼法第一百九十八条规定：“各级人民法院院长对本院已经发生法律效力的判决、裁定、调解书，发现确有错误，认为需要再审的应当提交审判委员会讨论决定。最高人民法院对地方各级人民法院已经发生法律效力的判决、裁定、调解书，上级人民法院对下级人民法院已经发生法律效力的判决、裁定、调解书，发现确有错误的，有权提审或者指令下级法院再审。”第二百零八条规定：“最高人民检察院对各级人民法院已经发生法律效力的判决、裁定,上级人民检察院对下级人民法院已经发生法律效力的判决、裁定,发现有本法第二百条规定情形之一的,或者发现调解书损害国家利益、社会公共利益的,应当提出抗诉。地方各级人民检察院对同级人民法院已经发生法律效力的判决、裁定,发现有本法第二百条规定情形之一的,或者发现调解书损害国家利益、社会公共利益的,可以向同级人民法院提出检察建议,并报上级人民检察院备案;也可以提请上级人民检察院向同级人民法院提出抗诉……"据此,人民法院已经发生法律效力的调解书,同生效裁判一样可以成为人民法院决定再审、提审、指令再审或者人民检察院抗诉的对象。上述规定,意在确保调解协议的自愿合法性。需要特别注意的是,根据 2012 年民事诉讼法第二百零二条的规定,当事人对已经发生法律效力的解除婚姻关系的调解书,不得申请再审。

——最高人民法院研究室、最高人民法院民事诉讼法修改研究小组办公室编著:《〈中华人民共和国民事诉讼法〉修改条文适用解答》,人民法院出版社 2012 年版,第 261 页。

961

对业经检察机关抗诉再审维持原裁判的案件再次提出抗诉的处理

关键词 | 抗诉 | 再审 | 维持原判 |

【最高人民法院答复】

四川省高级人民法院:

你院关于人民检察院提出抗诉,人民法院按照审判监督程序再审维持原裁判的民事、经济、行政案件,人民检察院再次提出抗诉,人民法院应否受理的请示收悉。经研究,同意你院第一种意见,即上级人民检察院对下级人民法院已经发生法律效力的民事、经济、行政案件提出抗诉的,无论是同级人民法院再审还是指令下级人民法院再审,凡作出维持原裁判的判决、裁定后,原提出抗诉的人民检察院再次提出抗诉的,人民法院不予受理;原提出抗诉的人民检察院的上级人民检察院提出抗诉的,人民法院应当受理。

——《最高人民法院关于人民检察院提出抗诉按照审判监督程序再审维持原裁判的民事、经济、行政案件,人民检察院再次提出抗诉应否受理问

题的批复》(1995 年 10 月 6 日,法复〔1995〕7 号)

962

驳回申请再审裁定与抗诉的关系

关键词 | 驳回申请 | 再审抗诉 |

【最高人民法院答复】

青海省高级人民法院：

一、青海省高级人民法院第一种意见中关于“检察机关可以针对原生效判决而不是针对驳回申请再审裁定提起抗诉”的认识正确。人民法院对再审申请审查作出的驳回裁定,既不是原审程序作出的生效裁判,也不是按原审程序进行审理作出的再审裁判。

二、人民法院裁定驳回当事人再审申请后,检察机关就下级法院原生效判决,无论是否以当事人向人民法院申请再审相同的事由又提出抗诉的,只要其抗诉符合《中华人民共和国民事诉讼法》第一百八十七条、第一百七十九条的规定,人民法院应当受理,并应裁定再审。

——《最高人民法院关于人民法院裁定驳回当事人再审申请后,检察机关就原生效判决又提起抗诉的,人民法院应否受理问题的请示的答复》(2009 年 10 月 19 日,〔2009〕民他字第 5 号)

【链接：最高人民法院法官著述】

当事人的再审申请被法院裁定驳回后,检察机关又对原生效裁判提出抗诉的,或者当事人在向人民法院申请再审的同时,又通过向检察机关申诉获得支持而进入抗诉程序,在抗诉再审中出现了驳回再审申请裁定的,法院如何处理该驳回裁定与抗诉再审案件？这一问题可以具体分为以下几个程序性问题：第一,法院裁定驳回当事人再审申请后,检察机关就下级法院原生效裁判又提起抗诉的,法院应否受理;第二,上级法院受理同级检察机关的抗诉后,能否指令原审人民法院再审;第三,若上级法院指令原审法院再审后,上级法院或原审法院发现存在或者出现上级法院裁定驳回申请再审情形的，应如何处理。

一种意见认为，驳回再审申请的裁定也是“原审生效裁判”。法院裁定驳回当事人的再审申请后，只有其上级检察院可以进行抗诉（包括对原审生效裁判进行的抗诉和对驳回再审申请的裁定进行的抗诉），并由作出驳回裁定的法院或其上级法院进行再审。

另一种意见认为，驳回再审申请的裁定不能成为检察机关的抗诉对象，检察机关对原审生效裁判的抗诉不受驳回再审申请裁定的影响。但由于驳回裁定一般都已经对原审生效裁判在认定事实或适用法律等方面是否有错作了评价，为避免下级法院评判上级法院所作裁判，接受抗诉的法院即作出驳回裁定的法院应当提审此类案件。如果接受抗诉的法院指令原审法院再审后，才发现或者出现本院驳回裁定的，应当撤销驳回裁定及指令再审裁定，由本院提审。

我们认为，首先，驳回再审申请裁定是2008年民事诉讼法修改后新出现的一类裁判，其既不是原审程序作出的生效裁判，也不是经再审程序审理作出的再审裁判，不能成为抗诉的对象。理由在于：第一，因当事人申请再审而进行的审查程序和因检察机关抗诉而进行的再审程序是两个并行的程序，法律没有规定当事人的申请再审权和检察机关的抗诉权存在着相互排斥的关系，法律也没有限制在该情形下的检察机关对原生效裁判的抗诉权；第二，生效裁判的既判力可以分为形式既判力和实质既判力，只有实质既判力才能约束后来的裁判，驳回再审申请的裁定仅具有程序功能，不能产生实质既判力，确定当事人实体权利义务的仍然是原生效裁判；第三，根据现行关于审判监督程序的立法精神，在当事人申请再审案件中，人民法院审查其法定再审事由是否存在，并不审查原生效裁判是否应当改判，而抗诉再审案件则需要对原生效裁判是否改判作出结论，两者针对的内容不一样，其裁判结果也不会产生矛盾；第四，检察机关就原生效裁判提出抗诉已经能够充分行使其法律监督职能，若还能对驳回再审申请的裁定提出抗诉，不但无法律依据，而且极易造成实际操作中的程序混乱。

其次，上级法院受理检察机关的抗诉案件后，如果知道本院正在审查同一案件当事人的再审申请，或者存在本院驳回裁定，应当尽量提审。这样做，不但符合再审上提一级的立法本意，而且能够将两案合并审理，避免给下级法院和当事人造成不必要的麻烦。对于提审案件而言，再审法院则可以不撤销本院驳回裁定，而直接以再审裁判确定最终效力。理由在于：第一，就确定当事人实体权利义务而言，实体性裁判的效力大于程序性裁判效力；第二，较之作出驳回裁定的审查程序，经审理程序作出的裁判具有更强的程序正当性和裁判效力，能够覆盖驳回裁定的效力。

最后，原审人民法院在再审过程中才发现或出现上级法院的驳回裁定的，一般情况下，下级法院应当不受驳回裁定影响，继续审理，独立依法作出裁判。理由在于：第一，驳回裁定性质上仍然属于程序性裁判，其功能在于评价当事人的再审申请事由是否符合法律规定，其对案件事实和法律适用的表述并不能约束后来的实体裁判；第二，驳回裁定是经审查程序作出的，再审裁判是经审理程序作出的，审理程序应当具有更强的程序正当性。但反过来说，尽管驳回裁定没有实质既判力，但考虑到法院再审时的实际操作情况以及再审的社会效果，当驳回裁定与再审裁判形成明显矛盾，构成再审裁判的重大障碍时，原审法院可以报请上级法院撤销驳回裁定。实际上，要求下级法院不受上级法院驳回裁定的影响，继续独立作出再审裁判，就意味着上级法院在指令再审时，可能会有意无意地忽略是否存在本院驳回裁定的情况，从而使对该类案件应当提审的规范软化。因此，上级法院应当加强对抗诉案件的审查，以确定是否存在本院驳回裁定的情况，并提高对此类案件提审的自觉性。

——王朝辉：《民事抗诉案件典型疑难程序问题评析》，载江必新主编、最高人民法院审判监督庭编：《审判监督指导》（总第 35 辑），人民法院出版社 2011 年版，第 201 ~ 202 页。

问题：某民事案件的判决生效后，当事人向作出生效判决的上级法院申请再审，上级法院经审查后，作出驳回再审申请的裁定。当事人又向检察机关申诉，检察机关经审查向作出驳回再审申请裁定的法院提出抗诉。请问法院应否受理抗诉？如受理后，能否指令原审法院再审？再审结果能否改变生效判决？

《民事审判指导与参考》研究组认为：根据民事诉讼法的规定，人民法院对当事人再审申请审查作出的驳回裁定不能上诉，不能成为当事人申请再审或检察机关抗诉的对象。上级法院已经裁定驳回当事人的再审申请，检察机关就下级法院的生效判决提出抗诉的，无论抗诉事由与当事人申请再审事由是否一致，人民法院应依法受理。

如检察机关抗诉事由与当事人申请再审事由实质一致，基于以下因素考虑，上级法院应当提审此案：第一，尽管驳回裁定不具有实质性的既判力，但驳回裁定毕竟是上级法院经过再审审查这一法定程序作出的结论，后程序不能无视前程序的存在；第二，当事人申请再审事由大多集中于案件事实认定和法律适用两方面，故驳回裁定表述往往涉及对实体问题的评价，若将此案指令原审法院再审，必将使原审法院面对驳回裁定而难以真正独立作出裁判；第三，再审案件上提一级是立法本意的要求。因此，对此类案件要求上级法院受理抗诉后，在三十日的法定审查期限内，要了解本院对同一案件是否已作出驳回裁定或正在审查当事人的再审申请，以决定提审还是指令再审。

上级法院提审此案后，可以依法维持原审判决，也可以依法改判。理由在于：第一，就程序而言，作出判决的再审程序效力应大于作出驳回裁定的审查程序效力；第二，就文书形式而言，对于案件的实体效力，判决的效力应高于裁定；第三，就裁判作出的时间而言，后裁判可以覆盖前裁判的效力。需要说明的是，2011 年 3 月 10 日《最高人民法院、最高人民检察院关于对民事审判活动与行政诉讼实行法律监督的若干意见（试行）》第八条规定："抗诉事由与被驳回的当事人申请再审事由实质相同的，可以判决维持原判。"这一规定应理解为价值导向性的条款，并非禁止改判。

——江必新主编、最高人民法院审判监督庭编：《审判监督指导》（总第 35 辑），法律出版社 2011 年版，第 236 页。

问题：二审法院驳回当事人的再审申请后，上一级人民检察院向其同级人民法院提起抗诉，该院是否应当依照《民事诉讼法》的规定在 30 日内裁定再审。如果原来驳回当事人再审申请的裁定是由作出终审判决法院的上一级人民法院作出的，检察院抗诉后，是否应当由接受抗诉的该上一级人民法院提审？

《民事审判指导与参考》研究组认为：关于作出终审判决的人民法院驳回当事人的再审申请后，上一级人民检察院向同级人民法院提出抗诉，该院是否应当依照《民事诉讼法》的规定在 30 日内裁定再审的问题。我国《民事诉讼法》授权人民检察院对民事案件进行抗诉的立法目的，就是以国家公权力介入的方式，纠正人民法院审理民事案件出现的程序性、实体性错误，以维护当事人的合法权益。因此，《民事诉讼法》第 188 条规定，人民法院接受人民检察院的抗诉后，应当在 30 日内裁定再审；也就是说，检察院抗诉后，人民法院进入再审程序是必须的、无条件的。不能以任何一级人民法院曾经驳回过同一案件当事人的再审申请为理由，拒绝再审，当然，也无须考量人民检察院抗诉的事由与当事人的申请再审理由是否一致。因为人民检察院提起抗诉时，无须考虑当事人的再审申请是否曾经被人民法院裁定驳回，因此，也不能要求检察院对法院作出的驳回裁定一并抗诉。

——最高人民法院民事审判第一庭编：《民事审判指导与参考》（总第 43 集），法律出版社 2011 年版，第 231～232 页。

963
裁定准许撤回上诉后，检察机关可对一审判决提出抗诉

关键词｜准许撤回上诉｜一审判决｜抗诉｜

【最高人民法院答复】

湖北省高级人民法院：

你院鄂高法〔2004〕474号《关于裁定准许撤回上诉后，第二审人民法院的同级人民检察院能否对一审判决提出抗诉的请示》收悉。经研究，答复如下：

原则同意你院审判委员会第二种意见。武汉市中级人民法院裁定准许撤回上诉后，武汉市洪山区人民法院作出的第一审判决即发生法律效力。根据《中华人民共和国民事诉讼法》第一百八十五条的规定，武汉市人民检察院对武汉市洪山区人民法院已经发生法律效力的判决，发现有法律规定的情形的，有权按照审判监督程序提出抗诉。

——《最高人民法院关于裁定准许撤回上诉后，第二审人民法院的同级人民检察院能否对一审判决提出问题的复函》（2004年12月22日，〔2004〕民立他字第59号）

【链接：最高人民法院法官著述】

案例：武汉市洪山区法院作出（1999）洪民初字第377号民事判决。宣判后，被告不服，上诉于湖北省武汉市中级人民法院，后又申请撤诉。武汉市中院作出（2000）武民终字第438号民事裁定，准许被告撤回上诉，双方均按原判决执行。

裁定、判决发生法律效力后，武汉市人民检察院作出武检民行抗字（2001）第65号民事抗诉书，对武汉市洪山区人民法院（1999）洪民初字第377号民事判决，向武汉市中院提出抗诉。湖北省武汉市中院函交武汉市洪山区人民法院再审。武汉市洪山区人民法院作出（2001）洪民监字第21号民事裁定，裁定对本案进行再审，并作出再审判决。

再审判决宣判后，原告不服，上诉于武汉市中院。武汉市中院作出（2002）武民再终字第31号民事裁定。认为，本案原已经过该院二审并作出民事裁定，根据民事诉讼法第一百八十五条的规定，地方各级人民检察院对同级人民法院

已经发生法律效力的判决、裁定,如符合法律规定的应当提起抗诉的情形的,应当提请上级检察院按照原审判监督程序提出抗诉。故本案由武汉市检察院提出抗诉,违反了法律规定。武汉市洪山区人民法院根据其抗诉作出的决定再审裁定和再审民事判决不当,应予撤销。据此裁定撤销武汉市洪山区人民法院(2001)洪民监字第21号民事裁定和(2001)洪民再字第9号民事判决。

湖北省人民检察院作出鄂检民行抗(2003)号民事抗诉书,对湖北省武汉市中院(2002)武民再终字第31号民事裁定向湖北省高级人民法院提出抗诉,理由是该裁定适用法律错误。根据最高人民法院(法释〔1998〕19号)《关于第二审法院裁定按自动撤回上诉处理的案件第一审人民法院能否再审问题的批复》的精神,在民事诉讼中,上诉人不依法预交上诉案件受理费,或者经传唤无正当理由拒不到庭的,由第二审人民法院裁定按自动撤回上诉处理后,第一审判决自第二审人民法院裁定生效之日起生效。当事人对生效的第一审判决不服,申请再审的,第一审人民法院及其上一级人民法院可以依法决定再审,上一级人民法院的同级人民检察院也可以依法提起抗诉。对第二审裁定不服申请再审的,由第二审人民法院或者其上一级人民法院依法决定是否再审。原告对一审判决不服,向武汉市人民检察院提起申诉,武汉市人民检察院经审查依法提出抗诉,符合法定程序,不违反法律规定。

结论:裁定准许撤回上诉后,第二审人民法院的同级检察院按照审判监督程序对一审判决提出抗诉的,应予受理。

理由:二审法院准予以撤诉的裁定并不具有实体内容,不涉及对于一审判决正确性的评判,其法律效果仅在于终结二审程序,不发生实体法上的效力。本案存在两个生效法律文书,一审生效判决确定的是本案的实体权利义务,发生实体法上的效力,二审生效裁定发生终结本案审理程序的程序法效力。二者是两个具有不同内容和法律效果的独立的裁判文书。一个案件可以同时有数份生效裁判,只有针对同一事项作出的裁判,才具有法律效力上的可比性,上级法院才是作出生效裁判的法院。以二审法院需对撤回上诉申请进行一定实体审查为由,认为二审法院才是作出生效裁判的法院,混淆了裁定和判决的法律效果。因此,应当按照民事诉讼法第一百八十五条第二款的规定,由作出生效裁判的法院的同级人民检察院提请上级人民检察院抗诉即针对本案一审生效判决提出抗诉,应由武汉市人民检察院提起,针对二审生效裁定提出抗诉,应由湖北省人民检察院提起。武汉市检察院对于洪山区法院作出的一审生效判决有权向武汉市中院提出抗诉。

——阿依古丽、王胜全、李伟、刘小飞:《新型疑难民商事案件受理问题

（下）》，载苏泽林主编、最高人民法院立案庭编：《立案工作指导》（总第13辑），人民法院出版社2007年版，第69～70页。

964

上级人民检察院向同级人民法院撤回抗诉后又决定支持抗诉的效力

关键词｜撤回抗诉｜支持抗诉｜

【最高人民法院答复】

湖北省高级人民法院：

你院鄂高法〔2009〕282号《关于上级人民检察院向同级人民法院撤回抗诉后又决定支持抗诉的效力问题的请示》收悉。经研究，答复如下：

抗诉期满后第二审人民法院宣告裁判前，上级人民检察院认为下级人民检察院的抗诉不当，向同级人民法院撤回抗诉，而后又重新支持抗诉的，应区分不同情况处理：如果人民法院未裁定准许人民检察院撤回抗诉的，原抗诉仍然有效；如果人民法院已裁定准许撤回抗诉的，对同级人民检察院重新支持抗诉不予准许。

——《最高人民法院研究室关于上级人民检察院向同级人民法院撤回抗诉后又决定支持抗诉的效力问题的答复》（2009年12月23日，法研〔2009〕226号）

965

人民法院不可判决驳回人民检察院的抗诉

关键词｜判决｜驳回抗诉｜

【最高人民法院答复】

黑龙江省高级人民法院：

你院〔1999〕黑监经再字第236号《关于下级人民法院能否对上级人民检察

院就民事案件提起的抗诉判决驳回的请示》收悉。经研究,答复如下:

人民法院将同级人民检察院提出抗诉的民事案件转交下级人民法院再审,再审法院依法再审后,认为应当维持原判的,可以在判决、裁定中说明抗诉的理由不能成立。判决、裁定作出后,再审法院应当将裁判文书送达提出抗诉的人民检察院。

——《最高人民法院研究室关于人民法院可否驳回人民检察院就民事案件提出的抗诉问题的答复》(2001 年 4 月 20 日,法研〔2001〕36 号)

966

检察机关有限的调查核实权

关键词 | 抗诉 | 调查核实权 |

【最高人民法院司法解释】

第四百二十一条 人民法院开庭审理抗诉案件,应当在开庭三日前通知人民检察院、当事人和其他诉讼参与人。同级人民检察院或者提出抗诉的人民检察院应当派员出庭。

人民检察院因履行法律监督职责向当事人或者案外人调查核实的情况,应当向法庭提交并予以说明,由双方当事人进行质证。

——《最高人民法院关于适用〈中华人民共和国民事诉讼法〉的解释》(2015 年 1 月 30 日,法释〔2015〕5 号)

【链接:最高人民法院法官著述】

二、有限的调查核实权

在本条起草阶段,有人认为,根据立法机关的初步方案,提出既然按照两高会签文件《关于对民事审判活动与行政诉讼活动实行法律监督的若干意见(试行)》的规定来,就不应突破两高会签文件的相关规定。两高会签文件只是赋予检察机关在审查决定是否再审中的有限的调查核实权。故建议在 2007 年《民事诉讼法》第 190 条后增加两款分别为:“人民检察院对于已经发生法律效力的判决、裁定，有下列情形之一的，可以向当事人或者案外人调查核实：(一)可能损害国家利益、社会公共利益的；(二)当事人在原审中因客观原因不能自行收集证据，书面申请人民法院调查收集，人民法院应当调查收集而未调查收集的；(三)违反法定程序，可能影响案件正确判决、裁定的。”“人民检察院调查取得的证据应当提交法庭质证后方可作为定案的根据。”立法机关认为以上为操作性意见，未在立法条文上予以规定。

三、关于可以向当事人或案外人调查核实权

要理解本条规定的调查核实权规定，有必要回顾一下两高会签文件中相关规定出台的背景。在检察机关起草的两高会签文件前几次征求意见稿中，曾赋予检察机关对有损害国家利益和社会公共利益、人民法院怠于行使调查权、违反法定程序、证据存在虚构或伪造、法官违法行使职权等情况下的调查取证权。最高人民法院在会谈中指出，检察机关在办理民事申诉案件中，不能将调查取证权与刑事侦查权混为一谈；并强调检察机关调查权必须予以限制，检察机关无限制地行使调查权将导致当事人之间取证手段的不对等，易造成民事诉讼两造的失衡。另一方面，考虑到司法实践中存在的调查取证难，对于检察机关依法取得的证据，有利于案件公正处理的，人民法院应当接受。从“两高”会签文件总体上看，检察机关行使调查核实权须具备四个要件：一是根据会签文件第3条规定，检察机关仅对生效裁判确定的事实有一定调查权；二是仅限于损害国家利益和社会公共利益、人民法院怠于行使调查权、违反法定程序等三种情形；三是检察机关仅可对当事人和案外人调查核实证据，不得向原审审判人员进行调查取证；四是根据会签文件第13条规定，检察机关行使调查权取得的证据，应在法庭上出示，并回答当事人的质疑。只有经过质证的证据，才能作为人民法院认定事实的依据。

——最高人民法院民事诉讼法修改研究小组编著：《〈中华人民共和国民事诉讼法〉修改条文理解与适用》，人民法院出版社2012年版，第497页。

967

检察机关抗诉与当事人申请启动审查程序并存的处理

关键词｜申请再审｜抗诉｜

【最高人民法院司法解释】

第二十六条 人民法院审查再审申请期间，人民检察院对该案提出抗诉的，人民法院应依照民事诉讼法第一百八十八条的规定裁定再审。申请再审人提出的具体再审请求应纳入审理范围。

——《最高人民法院关于适用〈中华人民共和国民事诉讼法〉审判监督程序若干问题的解释》(2008 年 11 月 25 日，法释〔2008〕14 号)

【最高人民法院司法政策】

19. 审查过程中，出现下列情形之一的，裁定终结审查：

(5)人民检察院对该案提出抗诉的；

——《最高人民法院关于印发〈第一次全国民事再审审查工作会议纪要〉的通知》(2011 年 4 月 21 日，法〔2011〕159 号)

【链接：最高人民法院法官著述】

检察机关抗诉后当事人又申请再审的，申请再审人提出的具体再审请求应否纳入审理范围

问题：某房地产开发有限责任公司因与公民乙房屋拆迁补偿纠纷一案，不服 A 省 B 市中级人民法院的终审判决，向 A 省人民检察院申诉。A 省人民检察院以原判决适用法律确有错误为由向 A 省高级人民法院提起抗诉，接受抗诉的 A 省高级人民法院在作出再审裁定前，公民乙向该院申请再审，针对公民乙提出的再审请求是否应纳入审理范围，A 省高级人民法院内部出现了不同观点，有的认为不应纳入审理范围，有的认为应当纳入。请问，A 省高级人民法院在审理抗诉案件的过程中，是否应当将公民乙提出的再审请求一并审理？

《审判监督指导》研究组认为：这一问题涉及对人民检察院抗诉与人民法院基于当事人申请启动审查程序并存的情形下如何处理的问题。民事诉讼法既没有对检察机关提出抗诉作出任何时间或期间上的限制，也没有以当事人穷尽自身享有的诉讼权利为前提。实践中则可能形成当事人既向人民法院申请再审，也向人民检察院申诉，或者一方当事人向人民法院申请再审，对方当事人向人民检察院申诉的情形。因而存在着人民法院与人民检察院对当事人的申请同时进行审查的可能,也存在着人民法院启动的审查或再审程序与检察机关启动的抗诉程序冲突的问题。

这一问题主要表现为:一是在当事人申请审查期间,检察机关对该案提起抗诉,人民法院应当如何确定审理范围;二是在检察机关抗诉至人民法院,人民法院在审查期间当事人对该案提出申请,人民法院应当如何确定审理范围。对于前者,《最高人民法院关于适用〈中华人民共和国民事诉讼法〉审判监督程序若干问题的解释》第二十六条已经作出了明确的规定,而对于后者,司法实践中的认识则不尽相同。

进一步分析,检察机关抗诉与当事人申请再审虽然是民事诉讼法审判监督程序中规定的启动再审的两个途径,但其效力显然不同。检察机关抗诉是国家公权力对民事纠纷的介入,因此,立法上对检察机关的抗诉采取的是人民法院应当再审的原则。而当事人申请再审,应当是人民法院经审查认为事由成立的,裁定再审,事由不成立的,驳回再审申请,立法上对当事人申请再审采取的是人民法院独立裁量的原则。在民事诉讼中,平等主体的公民、法人以及其他组织之间基于民事纠纷而依法请求法院予以裁判,是一种平等主体间的诉讼法律行为。但由于检察机关的介入,加大了其中一方的筹码,打破了民事诉讼主体地位平等的格局,检察机关的抗诉给了一方当事人借助公权力进行救济的机会。因此,从如何平衡双方当事人权利的角度出发,为维护当事人在诉讼中的平等地位,在人民检察院基于一方当事人的申请启动抗诉程序的情形下,申请人在审理过程又提出申请抗诉之外的其他事由,或者另一方当事人在抗诉审查期间向人民法院申请再审时,如何保护当事人诉讼权利的问题。

我们认为,检察机关提起抗诉后,案件已经基于抗诉而进入再审,申请抗诉的当事人又以其部分诉请未得到检察机关的支持或以新理由在再审阶段再审法院申请再审的,对此必须平衡好检察监督权和申请抗诉的当事人处分权之间的关系。既然申请人已经向检察机关提出申诉,检察机关在对其申诉进行审查的基础上向人民法院提起抗诉,说明申请人的申请已经得到检察机关的支持,并启动了再审程序,如果在再审过程中再向法院提出抗诉之外的其他事由,人民法院对其再审申请一般应不予合并审查;如果检察机关提起抗诉后,并非向检察机关申诉的案件另一方当事人(被申诉人)向人民法院申请再审,此时,该方当事人在抗诉启动的再审程序中应处于申请再审人的诉讼地位。对其提出的具体诉讼请求,人民法院应纳入再审审理范围,与抗诉支持的当事人的具体诉讼请求一并进行审理并作出裁判。严格而言,在业已开始的抗诉审查程序中,也应当对抗诉案件被申诉人的申请事由进行审查,但由于抗诉案件实行应当再审的原则,从有利于纠纷的及时、全面解决出发,没有必要单独对被申诉人的申请再审作出处理决定。在抗诉再审程序处理中,诉讼称谓上仍作为被申诉人,诉讼地位上应当作为申请再审人。

就本案而言,在某房地产开发有限责任公司向A省人民检察院申诉从而抗诉后,公民乙向人民法院申请再审,此时,公民乙在抗诉启动的再审程序中应处于申请再审人的诉讼地位。对其提出的具体诉讼请求,人民法院应纳入再审审理范围,与抗诉支持的甲房地产开发有限责任公司的具体诉讼请求一并进行审理并作出裁判。

——江必新主编、最高人民法院审判监督庭编:《审判监督指导》(总第33集),人民法院出版社2011年版,第222~223页。

本条明确规定:在人民法院对当事人的再审申请正在审查期间,人民检察院对该案提出抗诉的,人民法院应基于人民检察院的抗诉,依法裁定再审。因当事人申请再审而启动的审查程序,由于人民法院已经基于人民检察院对该案提出的抗诉而裁定对该案进行再审,对申请再审人提出的申请再审事由是否成立则没有继续审查的必要。人民法院应依照《民事诉讼法》第188条的规定对该案裁定再审的同时,终结因当事人申请再审而启动的审查程序。但是,人民法院在收到人民检察院抗诉书后不应马上终结审查程序,应通过形式审查确定可以依法裁定再审的情形下,才应在裁定再审的同时,终结对申请再审的审查程序。

——江必新主编、最高人民法院审判监督庭编著:《最高人民法院关于适用民事诉讼法审判监督程序司法解释理解与适用》,人民法院出版社2008年版,第232~233页。

968

再审检察建议的办理

关键词 | 再审 | 检察建议 |

【最高人民法院司法解释】

第四百一十九条 人民法院收到再审检察建议后,应当组成合议庭,在三个月内进行审查，发现原判决、裁定、调解书确有错误，需要再审的，依照民事诉讼法第一百九十八条规定裁定再审，并通知当事人；经审查，决定不予再审的，应当书面回复人民检察院。

——《最高人民法院关于适用〈中华人民共和国民事诉讼法〉的解释》(2015 年 1 月 30 日，法释〔2015〕5 号)

【链接：最高人民法院法官著述】

第一，对再审检察建议应当编立专门案号，可以编“民建”号，以与其他案件相区别；第二，答复检察院的复函可根据再审检察建议内容，有针对性地展开简要论述；第三，办理再审检察建议的期限为三个月，但可参照民事诉讼法对案件审限的规定，对疑难复杂案件通过扣除、延长审限，予以适当放宽；第四，人民法院要组成合议庭办理再审检察建议案件，无论是否采纳再审检察建议，均要有评议环节。

——沈德咏主编、最高人民法院修改后民事诉讼法贯彻实施工作领导小组编著：《最高人民法院民事诉讼法司法解释理解与适用》，人民法院出版社 2015 年版，第 1109 页。

969

再审立审分立的界限

关键词｜再审程序｜立审分立｜

【最高人民法院司法政策】

第一条 各级人民法院、专门人民法院对本院或者上级人民法院对下级人民法院作出的终审裁判，经复查认为符合再审立案条件的，应当决定或裁定再审。

——《最高人民法院关于规范人民法院再审立案的若干意见(试行)》(2002 年 9 月 10 日，法发〔2002〕13 号)

【链接：最高人民法院法官著述】

再审分立的界限为再审决定或裁定的下达，再审决定或裁定的下达是法律意义上的再审立案。确定这一界限的根据是再审程序的特殊性。再审程序不同于一、二审程序，在程序的性质和目的、审理的对象和理由、程序的启动以及程序的设置上都有其特殊性。

我国诉讼法规定的再审程序，包括两个阶段的内容，即启动再审的程序和进行再审的程序。启动再审的程序，规定了人民法院、当事人、人民检察院发现或确认终审裁判、调解书符合再审条件时，提起再审、申请再审或提起抗诉的条件、方式等内容；进行再审的程序，则规定了人民法院如何对再审案件进行审理的有关内容。这两个阶段的内容相互衔接，缺一不可，共同构成了我国的再审程序。实践中再审程序也是依此两个环节运作的。当事人申请再审或申诉的，启动再审的程序通常被称为申诉复查阶段，进行再审的程序则由另行组成的合议庭按相关审级的审判程序进行。两个阶段的界限是再审决定或裁定的下达，此前为复查阶段，此后为庭审阶段。因此，所谓再审启动程序，就是审查当事人的申请再审或申诉材料，以决定是否受理的过程，从方法和目的上看，符合立案的应有之义，是一种决定是否审理再审案件的审判活动，即再审立案的过程。再审案件以此为起点进入实体审理，进行再审审理的程序方为启动。

——梁曙明、李伟：《〈关于规范人民法院再审立案的若干意见（试行）〉的理解与适用》，载《人民司法》2002 年第 11 期。

970

再审立案的管辖

关键词 | 再审立案 | 管辖法院 |

【最高人民法院司法政策】

第二条 地方各级人民法院、专门人民法院负责下列案件的再审立案：

（一）本院作出的终审裁判，符合再审立案条件的；

（二）下一级人民法院复查驳回或者再审改判，符合再审立案条件的；

（三）上级人民法院指令再审的；

（四）人民检察院依法提出抗诉的。

第三条 最高人民法院负责下列案件的再审立案：

（一）本院作出的终审裁判，符合再审立案条件的；

（二）高级人民法院复查驳回或者再审改判，符合再审立案条件的；

（三）最高人民检察院依法提出抗诉的；

（四）最高人民法院认为应由自己再审的。

第四条 上级人民法院对下级人民法院作出的终审裁判，认为确有必要的，可以直接立案复查，经复查认为符合再审立案条件的，可以决定或裁定再审。

——《最高人民法院关于规范人民法院再审立案的若干意见（试行）》（2002年9月10日，法发〔2002〕13号）

编者说明

分级负责处理申诉和申请再审，是最高人民法院一贯奉行的原则，这一原则对于维护正常的信访、防止当事人大量越级上访具有重要意义。最高人民法院对再审立案的分工也体现了这一原则。

971

再审立案阶段、审理阶段民事案件编号

关键词 | 申请再审 | 指令再审 | 抗诉 | 案件编号 |

【最高人民法院司法政策】

一、再审立案阶段民事案件编号

1. 当事人不服生效一审或者二审判决、裁定、调解书，向上一级人民法院申请再审，且符合申请再审受理条件的案件，编立“民申字”案号；

2. 当事人不服生效再审判决、裁定、调解书，向上一级人民法院申请再审，且符合申请再审受理条件的案件，编立“民再申字”案号；

3. 人民法院依据民事诉讼法第一百七十七条依职权进行审查的案件，编立

"民监字"案号；

4. 人民检察院依法提出抗诉的案件，编立"民抗字"案号。

二、再审审理阶段民事案件编号

1. 上级人民法院提审的再审案件，编立"民提字"案号；

2. 下列案件，编立"民再字"案号：

（1）各级人民法院依据民事诉讼法第一百七十七条第一款对于本院生效判决、裁定决定再审的案件；

（2）最高人民法院对地方各级人民法院生效判决、裁定，上级人民法院对下级人民法院生效判决、裁定，依据民事诉讼法第一百七十七条第二款指令再审的案件；

（3）最高人民法院、高级人民法院依据民事诉讼法第一百八十一条第二款指令原审人民法院再审的案件；

（4）最高人民法院、高级人民法院依据民事诉讼法第一百八十一条第二款指令其他人民法院再审的案件；

（5）上级人民法院对于人民检察院提出抗诉的案件，依据民事诉讼法第一百八十八条指令下一级人民法院再审的案件。

——《最高人民法院关于统一再审立案阶段和再审审理阶段民事案件编号的通知》（2008年4月7日，法〔2008〕127号）

【链接：最高人民法院法官著述】

该案案号应如何确定？

问题：原告胡某以吴某为被告起诉至某县法院，该院一审判决后，被告吴某不服提起上诉，二审法院维持原判，被告吴某提出申诉。再审法院（系原二审法院）再审裁定撤销一、二审判决，发回原一审法院重审。对经重审生效的新判决，被告吴某仍不服，向检察机关申诉，检察机关则向二审法院提出抗诉，该案再次交由原一审法院再审。对再审作出的新判决，原告胡某不服，提起上诉，二审法院维持了一审法院的判决。原告胡某遂向所属的省高级人民法院提出申诉，高院裁定撤销前述全部判决、裁定，指令我院审理。

《人民司法》研究组认为：经研究，我们同意来信中的第二种意见，本案应立"初"字案号。

本案的程序较为复杂，可以分为几个阶段：

(1)第一次一审，应立“初”字案号；(2)第一次二审，应立“终”字案号；(3)二审法院启动的本案再审程序，应立“再”字案号；(4)再审撤销一、二审判决，发回原一审法院重审，案件回复到最初立案状态，应立“初”字案号；(5)检察机关向二审法院抗诉，二审法院指令一审法院再审，一审法院按照一审程序再审本案案件应立“再初”字案号；(6)按照一审程序再审作出的再审判决当事人上诉的，二审法院应立“再终”字案号；(7)二审法院维持再审一审判决后，省高级法院裁定提审的案件，应立“提”字案号；(8)省高级法院再审后裁定撤销前述全部判决、裁定，指定你院审理，案件回复到没有任何生效裁判的情况，处于一次全新的一审程序中，且你院也从未审理过该案件，故应立“初”字案号。

——《人民司法 · 应用》2009 年第 17 期

972

再审撤销一、二审判决发回重审的案件应由审监庭审理

关键词｜发回重审｜审监庭｜

【链接：最高人民法院法官著述】

问题：某法院民庭审理的一起民事案件判决后，当事人不服提起上诉，中级法院维持了原判。当事人仍不服，向中级法院申请再审。中级法院再审后，裁定撤销了一、二审判决，发回一审法院重审。现该法院对该案应由民庭审理还是由审判监督庭审理有两种不同的意见。第一种意见认为，该案系当事人申请再审的案件，发回重审后应由审判监督庭审理。第二种意见认为，中院裁定撤销一、二审判决，发回重审，使该案的审理重新回到原一审程序之中，应由民庭进行审理。

《人民司法》研究组认为：再审程序撤销一、二审判决发回重审的案件属于再审案件，应当适用再审程序。因为再审发回重审不同于二审发回重审，再审发回的案件已经有过生效判决，一审法院对该案进行重审在性质上只能是再审，如果理解为一审案件，有违“一事不再理”的诉讼原则。由哪个庭来审理该类案件并不能决定案件的性质和应当适用的程序，但根据职能分工，审判监督庭可以审理该类案件。该类案件作为适用一审程序的再审案件，应当以“再初”字立案。

根据《最高人民法院关于人民法院对民事案件发回重审和指令再审有关问题的规定》,本院对再审案件只能再审一次,所以,此类案件若一审重审生效后,一审法院就不能对其进行再审。若案件确有错误,只能由上级法院进行再审。

——《人民司法》2005 年第 5 期

973

有独立请求权的第三人可以申请参加再审诉讼

关键词 | 有独立请求权第三人 | 再审 |

【链接:最高人民法院法官著述】

问题:某法院在审理检察机关抗诉、上级法院指令再审的一房屋转让纠纷案中,案外人王某对本诉标的物房屋主张独立请求权,要求起诉参加到本案再审中来。对享有独立请求权的第三人王某能否参加本案再审诉讼,存在以下不同意见:第一种意见认为,王某可以参加诉讼,因为再审适用一审程序;第二种意见认为,再审属于审判监督程序,适用一审程序,但不是一审程序,王某起诉属于一审程序的案件,两种案件不能合并审理;第三种意见认为,若本案必须以王某之诉的结果为依据,不合并审理就不能依法查清事实,为保护当事人的合法权益,应当裁定撤销原审判决,决定重审,然后接受王某作为独立请求权的第三人提起的诉讼,与本诉合并审理。

《人民司法》研究组认为:第三人可以参加再审的一审。有独立请求权的第三人是指对于原、被告之间争议的诉讼标的主张独立请求权的当事人,其地位相当于原告。本案是因检察院抗诉、上级法院指令再审而启动再审程序的,这说明原审可能有错误,有独立请求权的第三人申请参加诉讼,就应当对其诉讼权利予以保护。因为虽然启动再审程序是为了纠正原审裁定的错误,但是有独立请求权的第三人提起的诉讼与原审是有密切联系的,合并审理既有利于查事实,正确认定实体问题,又不影响当事人上诉权的行使。这样处理,不但符合诉讼经济的原则,而且该第三人在执行中也不会再次提出案外人异议。

——《人民司法》2004 年第 2 期

974

民事案件发回重审和指令再审的规定

关键词｜发回重审｜指令再审｜

【最高人民法院司法解释】

为了及时有效维护各方当事人的合法权益，维护司法公正，进一步规范民事案件指令再审和再审发回重审，提高审判监督质量和效率，根据《中华人民共和国民事诉讼法》，结合审判实际，制定本规定。

第一条 上级人民法院应当严格依照民事诉讼法第二百条等规定审查当事人的再审申请，符合法定条件的，裁定再审。不得因指令再审而降低再审启动标准，也不得因当事人反复申诉将依法不应当再审的案件指令下级人民法院再审。

第二条 因当事人申请裁定再审的案件一般应当由裁定再审的人民法院审理。有下列情形之一的，最高人民法院、高级人民法院可以指令原审人民法院再审：

（一）依据民事诉讼法第二百条第（四）项、第（五）项或者第（九）项裁定再审的；

（二）发生法律效力的判决、裁定、调解书是由第一审法院作出的；

（三）当事人一方人数众多或者当事人双方为公民的；

（四）经审判委员会讨论决定的其他情形。

人民检察院提出抗诉的案件，由接受抗诉的人民法院审理，具有民事诉讼法第二百条第（一）至第（五）项规定情形之一的，可以指令原审人民法院再审。

人民法院依据民事诉讼法第一百九十八条第二款裁定再审的，应当提审。

第三条 虽然符合本规定第二条可以指令再审的条件，但有下列情形之一的，应当提审：

（一）原判决、裁定系经原审人民法院再审审理后作出的；

（二）原判决、裁定系经原审人民法院审判委员会讨论作出的；

（三）原审审判人员在审理该案件时有贪污受贿，徇私舞弊，枉法裁判行为的；

（四）原审人民法院对该案无再审管辖权的；

（五）需要统一法律适用或裁量权行使标准的；

（六）其他不宜指令原审人民法院再审的情形。

第四条 人民法院按照第二审程序审理再审案件，发现原判决认定基本事实不清的，一般应当通过庭审认定事实后依法作出判决。但原审人民法院未对基本事实进行过审理的，可以裁定撤销原判决，发回重审。原判决认定事实错误的，上级人民法院不得以基本事实不清为由裁定发回重审。

第五条 人民法院按照第二审程序审理再审案件，发现第一审人民法院有下列严重违反法定程序情形之一的，可以依照民事诉讼法第一百七十条第一款第（四）项的规定，裁定撤销原判决，发回第一审人民法院重审：

（一）原判决遗漏必须参加诉讼的当事人的；

（二）无诉讼行为能力人未经法定代理人代为诉讼，或者应当参加诉讼的当事人，因不能归责于本人或者其诉讼代理人的事由，未参加诉讼的；

（三）未经合法传唤缺席判决，或者违反法律规定剥夺当事人辩论权利的；

（四）审判组织的组成不合法或者依法应当回避的审判人员没有回避的；

（五）原判决、裁定遗漏诉讼请求的。

第六条 上级人民法院裁定指令再审、发回重审的，应当在裁定书中阐明指令再审或者发回重审的具体理由。

第七条 再审案件应当围绕申请人的再审请求进行审理和裁判。对方当事人在再审庭审辩论终结前也提出再审请求的，应一并审理和裁判。当事人的再审请求超出原审诉讼请求的不予审理，构成另案诉讼的应告知当事人可以提起新的诉讼。

第八条 再审发回重审的案件，应当围绕当事人原诉讼请求进行审理。当事人申请变更、增加诉讼请求和提出反诉的，按照《最高人民法院关于适用〈中华人民共和国民事诉讼法〉的解释》第二百五十二条的规定审查决定是否准许。当事人变更其在原审中的诉讼主张、质证及辩论意见的，应说明理由并提交相应的证据，理由不成立或证据不充分的，人民法院不予支持。

第九条 各级人民法院对民事案件指令再审和再审发回重审的审判行为，应当严格遵守本规定。违反本规定的，应当依照相关规定追究有关人员的责任。

第十条 最高人民法院以前发布的司法解释与本规定不一致的，不再适用。

——《最高人民法院关于民事审判监督程序严格依法适用指令再审和发回重审若干问题的规定》（2015年2月16日，法释〔2015〕7号）

第一条 第二审人民法院根据民事诉讼法第一百五十三条第一款第（三）

项的规定将案件发回原审人民法院重审的,对同一案件,只能发回重审一次。第一审人民法院重审后,第二审人民法院认为原判决认定事实仍有错误,或者原判决认定事实不清、证据不足的,应当查清事实后依法改判。

第二条 各级人民法院依照民事诉讼法第一百七十七条第一款的规定对同一案件进行再审的,只能再审一次。

上级人民法院根据民事诉讼法第一百七十七条第二款的规定指令下级人民法院再审的,只能指令再审一次。上级人民法院认为下级人民法院作出的发生法律效力的再审判决、裁定需要再次进行再审的,上级人民法院应当依法提审。

上级人民法院因下级人民法院违反法定程序而指令再审的,不受前款规定的限制。

第三条 同一人民法院根据民事诉讼法第一百七十八条的规定,对同一案件只能依照审判监督程序审理一次。

前款所称"依照审判监督程序审理一次"不包括人民法院对当事人的再审申请审查后用通知书驳回的情形。

——《最高人民法院关于人民法院对民事案件发回重审和指令再审有关问题的规定》(2002 年 7 月 31 日,法释〔2002〕24 号)

【最高人民法院司法政策】

第六条 第一审人民法院已经查清事实的案件,第二审人民法院原则上不得以事实不清、证据不足为由发回重审。

第二审人民法院作出发回重审裁定时,应当在裁定书中详细阐明发回重审的理由及法律依据。

第七条 第二审人民法院因原审判决事实不清、证据不足将案件发回重审的,原则上只能发回重审一次。

——《最高人民法院关于规范上下级人民法院审判业务关系的若干意见》(2010 年 12 月 28 日,法发〔2010〕61 号)

1. 各级人民法院对本院已经发生法律效力的民事判决、裁定,不论以何种方式启动审判监督程序的,一般只能再审一次。

2. 对于下级人民法院已经再审过的民事案件,上一级人民法院认为需要再审的,应当依法提审。提审的人民法院对该案件只能再审一次。

3. 人民检察院按照审判监督程序提起抗诉的民事案件，一般应当由作出生效裁判的人民法院再审；作出生效裁判的人民法院已经再审过的，由上一级人民法院提审，或者指令该法院的其他同级人民法院再审。

4. 各级人民法院院长发现本院发生法律效力的再审裁判确有错误依法必须改判的，应当提出书面意见请示上一级人民法院，并附全部案卷。上一级人民法院一般应当提审，也可以指令该法院的其他同级人民法院再审。

人民法院对行政案件进行再审的，参照上述原则执行。

——《最高人民法院关于正确适用〈关于人民法院对民事案件发回重审和指令再审有关问题的规定〉的通知》(2003 年 11 月 13 日，法〔2003〕169 号)

【最高人民法院审判业务意见】

问：2002 年 7 月 31 日下发了《最高人民法院关于正确适用〈关于人民法院对民事案件发回重审和指令再审有关问题的规定〉的通知》，该《通知》发布后，得到了广泛的关注。能请你谈谈有关发布《通知》的一些背景情况吗？

答：《规定》自 2002 年 7 月 31 日执行以来，对于规范人民法院的民商事案件的再审工作，改善再审诉讼秩序，提高审理再审案件的质量和效率，确保公正、及时维护当事人的合法权益等方面均取得了良好的效果。现在发布《通知》主要是继续贯彻执行《规定》的要求，进一步加强审监工作，推进审监改革。肖扬院长多次指出：要严格按照法定程序加强审判监督工作，提高一、二审裁判质量，减少申诉和申请再审。多次倡导：要探索审判监督制度改革。不能无限申诉、无限再审。对此，《规定》确定了在同一法院对同一案件再审一次的原则。各级人民法院在学习、实践的过程中，对《规定》的理解发生歧义，甚至有的理解可以再审多次，这就对我们正确适用《规定》提出要求，否则就会产生混乱。因此，最高人民法院审判委员会第 1285 次会议讨论决定发布正确适用《规定》的《通知》。这就是发布《通知》的目的。

问：《规定》确定的各级人民法院对同一案件进行再审的只能再审一次的原则，与《通知》第一条规定的一般只能再审一次的要求，有何区别？

答：原则上是一致的。《通知》在坚持同一法院对同一案件再审一次精神的基础上，将该原则予以进一步的明确。长期以来，人们都认为提起审判监督程序的方式有四种。一是本院的院长提交审判委员会讨论决定再审的。二是最高人民法院和上级人民法院提审或者指令再审的。三是当事人申请再审的。四是人民检察院按照审判监督程序提出抗诉再审的。如果以这一认识来理解《规定》，就会得出一个结论，即同一案件本院可以决定再审一次，上级人民法院可以指令再审一次，当事人可以申请再审一次，人民检察院可以抗诉再审一次。由此当事人就可以以不同渠道反复申请再审，人民法院则反复再审。无限申诉、无限再审也就不可避免。对《规定》的这种认识和理解不是我院审判委员会制定这一司法解释的本意，也不符合解决无限再审的审监改革宗旨。所以《通知》明确规定各级人民法院对本院生效的民事裁判，不论以何种方式启动再审程序的，一般只能再审一次。

问：一般只能再审一次是否可以理解为并不是绝对的再审一次。

答：一般只能再审一次，也就是原则上只能再审一次。只能再审一次的原则，既包括人民法院对本院的生效裁判只能再审一次，也包括上级人民法院只能提审一次、指令再审一次。一句话，同一人民法院对同一案件只能再审一次。《通知》之所以规定为"一般"，主要考虑在特殊情况下，例如当上级人民法院发现再审该案的人民法院在再审中违反了法定程序的，虽然该人民法院已经对该案进行过再审，但上级人民法院仍可指令再审等情形。

问：《通知》对于同一人民法院对同一案件只能再审一次原则的进一步明确，确实有利于再审立案的正确适用。但是，只能再审一次的原则会不会限制或者架空法律赋予上级人民法院指令再审的职能呢？

答：不会的。这个原则是同一人民法院对同一案件只能再审一次，并不是同一案件只能再审一次。对于下级人民法院已经再审过的案件，如果发现再审裁判确有错误时，并不影响上级人民法院依法行使指令再审的职权。《通知》在第三条、第四条分别规定了上级人民法院可以指令再审过该案的人民法院的其他同级人民法院再审的两种情形。

这实际上是让上级人民法院用足指令再审的职权。当然指令其他同级人民法院再审，也要严格把握，不能滥用。

问：同一人民法院对同一案件只能再审一次的原则，对于改变无限申诉、无限再审的现象确实会起到非常积极的作用。但是会不会产生负面作用？比如案件质量、效率受到影响。

答：不必担心。坚持"三个代表"重要思想，践行"公正与效率"的世纪主题，落实司法为民的执法理念，保障社会稳定，促进经济发展，是人民法院全部司法活动的出发点和落脚点，也是发布《规定》和《通知》的前提，更是深入推进民事再审制度改革的举措之一。同一人民法院对同一案件只能再审一次的原则，不仅不会影响办案质量和效率的提高，反而能够促进负责再审的人民法院努力提高案件的审判质量和效率，确保合法、及时地把再审案件办成经得起检验的"精品"。如果办成"次品"，上级人民法院则可以通过提高审级进行监督或者由其他同级人民法院实行相互监督的途径及时补救。

问：如果有的再审案件在《通知》发布之前又被再审过该案的人民法院立案并作出了再审裁定书的，应当怎么办？

答：实践中确有你说的这种情形。对于这种情形应当将该案审结。如果没有作出再审裁定书的，则应当严格按照《通知》的要求执行。

问：还有一个问题。从再审立案和再审的实际情况来看，发生法律效力的行政、刑事裁判，也存在着无限申诉或再审的情况，那么同一法院对同一案件只能再审一次的原则是否适用于行政和刑事案件呢？

答：不错。在再审立案的实践中，无论民事案件，还是行政、刑事案件同样存在着无限申诉、无限再审的情况。因此，不管是民事、行政，还是刑事申诉案件，在解决该问题上都是我们审判监督改革的内容，这个方针是一以贯之的，是不会改变的。但本着应当在法律框架内和先易后难进行改革的原则与方法，先对民事再审案件予以规范。

需要指出的是：《规定》的精神与原则，并不是只适用于民事再审案件，《通知》同时明确对行政案件进行再审的，也应当参照同一法院对同一案件只能再审一次的原则执行。

对于刑事申诉、再审案件，也应在加强调查研究的基础上，适时予以规范。

——沈德咏主编、最高人民法院研究室编著：《最高人民法院民商事司法解释及审判适用指导》，中国法制出版社2006年版，第2267～2269页。

【链接：最高人民法院法官著述】

一、发回重审次数

《民事诉讼法》第一百五十三条规定："第二审人民法院对上诉案件，经过审理，按照下列情形，分别处理：(一)原判决认定事实清楚，适用法律正确的，判决驳回上诉，维持原判决；(二)原判决适用法律错误的，依法改判；(三)原判决认定事实错误，或者原判决认定事实不清，证据不足，裁定撤销原判决，发回原审人民法院重审，或者查清事实后改判；(四)原判决违反法定程序，可能影响案件正确判决的，裁定撤销原判决，发回原审人民法院重审。当事人对重审案件的判决、裁定，可以上诉。”根据本条的规定，第二审人民法院可以发回原审人民法院重审的情形包括两种：一是原判决事实认定存在问题，二是原判决违反法定程序并可能影响案件正确判决的。原判决违反法定程序且可能影响案件正确判决的情形包括：审理本案的审判人员、书记员应当回避未回避、未开庭审理而作出判决、适用普通程序审理的案件当事人未经传票传唤而缺席判决以及其他严重违反法定程序的情况。原判决存在这些事由时，为保证依法保障当事人享有两次公正审判的机会，二审法院必须发回重审。否则，不但不能纠正原审法院的错误，而且使当事人丧失了一次受到公正审判的机会。但是，原判决事实存在问题，第二审人民法院既可以发回重审，也可以查清事实后改判，并非一律必须发回重审。依现行《民事诉讼法》规定，第二审人民法院并非仅进行法律审，而是应当对上诉请求的有关事实和适用法律一并审查。《民事诉讼法》第一百五十一条规定：“第二审人民法院应当对上诉请求的有关事实和适用法律进行审查。”《最高人民法院关于适用〈中华人民共和国民事诉讼法〉若干问题的意见》（以下简称《民事诉讼法适用意见》）第一百八十条规定：“第二审人民法院依照民事诉讼法第一百五十一条的规定，对上诉人上诉请求的有关事实和适用法律进行审查时，如果发现在上诉请求以外原判确有错误的，也应予以纠正。”

当第二审人民法院以原判决认定事实存在问题而发回重审，原审法院重审后，第二审人民法院发现仍然存在事实问题时，应当自行查清事实。如果再次发回重审，不但原审法院作出的判决因为主观或者客观原因（如审判任务重等）仍可能存在事实问题，而且更为严重的是，因为审理次数的增加，必然给当事人增加不必要的负担，从而影响诉讼效率。实际上，人民法院认定的事实，并非与客观存在的案件事实完全一致，而是指证据能够证明的事实。案件证据主要应当由负有举证责任的当事人提供，也包括法院依职权调取的证据。因此，对案件事实的认定，二审法院与一审法院相比，并不存在客观上的障碍或者主观认识能力的差异，完全有能力正确认定案件事实。

二、本院决定再审与指令再审次数

《民事诉讼法》第一百七十七条规定：“各级人民法院院长对本院已经发生法律效力的判决、裁定，发现确有错误，认为需要再审的，应当提交审判委员会讨论决定。最高人民法院对地方各级人民法院已经发生法律效力的判决、裁定，上级人民法院对下级人民法院已经发生法律效力的判决、裁定，发现确有错误的，有权提审或者指令下级人民法院再审。”本条规定了法院自己发动再审程序的两种途径,即:根据本条第一款的规定,人民法院对本院作出的生效裁判经过审判委员会讨论决定予以再审;根据本条第二款的规定,最高法院对各级法院、上级法院对下级法院的生效裁判可以提审或指令再审。法院自己发动再审包括法院完全自行发动,即由本院审判委员会决定再审,也包括上级法院提审和指令再审这种非本院发动的再审。根据《民事诉讼法》的规定,再审程序的启动方式共有三种:一是法院自行发动,也叫主动发动;二是当事人申请再审;三是检察院抗诉。法院完全自行发动再审程序是在当事人没有提出再审申请,检察院也没有提出抗诉的情况下的职权行为,一方面,充分体现了人民法院贯彻“实事求是、有错必纠”的原则,反映了人民法院敢于面对错误的精神;另一方面,也有利于充分保护当事人的合法权益。但是,《民事诉讼法》规定当事人依法有权处分自己诉讼权利和民事权利,同时,当事人在民事诉讼活动中有充分表达其意愿的自由,各种诉讼结果与当事人民事活动和诉讼活动密切相关。因此,当人民法院依法作出的各种裁判生效后,当事人有权决定是服从裁判并自觉履行生效裁判中确定的义务,还是申请法院对生效裁判进行再审。为了尊重当事人的意愿,为了保持生效裁判所确立的法律关系的稳定,人民法院尽可能不主动对本院作出的生效裁判提起再审。本院自行发动再审的情形,一般应当是:(1)生效裁判违反社会公共利益或国家利益或第三人的利益;(2)当事人民事行为能力欠缺且其法定代理人怠于履行职责,致使当事人的民事权益受到严重损害。对存在这两种情形的生效裁判,通过一次再审完全纠正。即使再审后仍可能存在严重错误,如可能违反社会公共利益时,作出生效裁判的法院可以提请上级法院改正。

最高人民法院发现地方各级法院、上级法院发现下级法院的生效裁判确有错误时,或者提审或者指令再审。通常情况下,最高法院和上级法院应当给予下级法院自行纠正错误的机会,即首先可以指令下级法院再审。尽管多数法院接受上级法院指令后,经过一次再审即能纠正生效裁判中存在的错误。但是,下级法院因指令而再审生效裁判并非主动行为,可能因某种原因,不易或不能改正自己的错误。如果下级法院虽经指令再审仍未改正生效裁判的错误,或者上级法院坚持认为下级法院的再审裁判有错误时,上级法院重复多次指令再审,不但使当事人之间的法律关系总是处于不确定状态,而且大大增加当事人的诉讼负担,增加上、下级法院的工作负担。如果下级法院对同一案件经过两次审理,在裁判中仍然存在错误,再增加审理的次数未必取得理想的效果。上级法院如对下级法院因指令而再审的结果认为仍有错误需要再审的,应当提审以确定生效裁判是否存在错误。因此,最高法院和上级法院指令下级法院再审,对同一案件指令同一法院再审一次即可。

指令再审是因为生效裁判可能确实存在错误。这种错误产生的原因多种多样，违反法定程序是其中的一种。违反法定程序除前面提到的几种情况外，还包括审理了不符合《民事诉讼法》规定的受理条件的案件。违反法定程序既存在于一审程序，也存在于二审程序。人民法院在二审程序中，发现原审法院违反法定程序且可能影响案件公正审理的，发回重审。人民法院提审或者按照第二审程序再审案件，在审理中发现原一、二审判决违反法定程序的，则按《民事诉讼法适用意见》第二百一十条的规定处理，即“(1)认为不符合《民事诉讼法》规定的受理条件的，裁定撤销一、二审判决，驳回起诉。(2)具有本意见第一百八十一条规定的违反法定程序的情况，可能影响案件正确判决、裁定的，裁定撤销一、二审判决，发回原审人民法院重审”。最高人民法院或上级法院依审判监督程序，发现经过二审终审的案件，仅是原二审法院存在违反法定程序的情形，则只能指令原二审法院再审，并且这种指令不受次数的限制。

司法实践中，人民检察院抗诉的，都是向与其同级的法院提出。接受抗诉的人民法院通常指令作出生效裁判的法院再审。这种指令再审与人民法院根据《民事诉讼法》第一百七十七条第二款的指令再审虽然形式相同但有本质上的区别。由于现行《民事诉讼法》规定检察院提出抗诉的案件，人民法院应当再审，所以因抗诉而产生的指令再审并不是法院自行发动再审的情形。《规定》不涉及检察院抗诉问题，也不应当适用于因抗诉而产生的指令再审情形。因此，《规定》中“只能指令再审一次”仅指法院自己发现了生效裁判可能存在错误而指令下级法院再审的情形，不包括因抗诉而产生的指令再审次数。

三、当事人申请再审的次数

《民事诉讼法》第一百七十八条规定：“当事人对已经发生法律效力的判决、裁定，认为有错误的，可以向原审人民法院或者上一级人民法院申请再审，但不停止判决、裁定的执行。”根据本条规定，当事人对生效裁判享有申请再审的权利。虽然《民事诉讼法》对当事人申请再审的次数未作限制，但也没有规定当事人可以无限制申请再审，更未规定同一人民法院应当多次再审。依司法实践和《民事诉讼法适用意见》第二百零五条及其他司法解释，当事人对生效裁判申请再审，原审法院应当首先再审。原审法院认为当事人的再审申请符合《民事诉讼法》第一百七十九条第一款规定的条件，应当再审。如果原审法院再审后，当事人仍不服，可以向上一级法院申请再审。所以，《规定》第三条第一款，同一人民法院根据当事人的再审申请，对同一案件只能再审一次。

《规定》在《民事诉讼法适用意见》基础上进一步完善了当事人再审申请问题。《民事诉讼法适用意见》第二百零七条规定:“按照督促程序、公示催告程序、企业法人破产还债程序审理的案件以及依照审判监督程序审理后维持原判的案件,当事人不得申请再审。”依本条规定,不仅同一法院依当事人再审申请只能审理一次,而且如果依审判监督程序维护原判的案件,当事人不能向再审法院再次申请再审。《规定》一方面限制了法院再审的次数;另一方面,也要求上级法院积极履行自己的审判监督职责。当原审法院依当事人的再审申请对某一案件再审后,当事人依照《民事诉讼法》第一百七十八条和第一百七十九条向上一级法院申请再审时,上一级法院就应当依法再审。

《规定》中“依照审判监督程序审理”包括以下含义:一是应当依照《民事诉讼法》第一百八十三条的规定作出决定再审、中止原判决的裁定;二是再审后应当作出再审裁判或者经过再审后制作调解书。如果认为当事人的再审申请不符合《民事诉讼法》第一百七十九条的规定,依《民事诉讼法适用意见》第二百零六条的规定,用通知书的形式驳回当事人的再审申请,不能认为“依照审判监督程序审理”过一次。

四、《规定》的时效问题

《规定》是一项正式的司法解释,但与一般的民事司法解释时效有所不同。一般民事司法解释,除解释有特殊规定外,自公布之日起施行,即适用于解释施行后法院受理的一审、二审案件。《规定》不适用于一审、二审案件,只适用于再审案件,即适用于本规定施行后当事人申请再审或申诉的案件,但不适用于法院已经决定审查处理的申请再审或者申诉案件。也就是说,如果法院已经按照《关于各级人民法院处理民事和经济纠纷案件申诉的暂行规定》第七条的规定决定立卷审查或者按照上级法院的意见决定再审审查的案件,不得再以《规定》为由停止审查或者不予再审立案。

依照法院组织法和三大诉讼法的规定,人民法院审判案件实行两审终审制。法律还规定,二审判决、裁定以及最高人民法院一审判决、裁定都是终审的判决和裁定,也就是发生法律效力的判决和裁定。但是,现行《民事诉讼法》又规定了只有中国仅有的“无限再审”制度,即申请再审次数无限、申请再审的审级无限。这种不正常现象不仅增加了当事人不必要的诉讼负担,使当事人之间的法律关系处于不确定状态,而且极大地影响了终审裁判的稳定性和既判力,严重损害法制权威。为解决这一难题,最高人民法院在现行法律框架下,已经采取了一些措施,《规定》只是其中的一项。

——沈德咏主编、最高人民法院研究室编著:《最高人民法院民商事司法解释及审判适用指导》,中国法制出版社2006年版,第2262~2266页。

对同一案件两次发回重审是否违背《关于人民法院对民事案件发回重审和指令再审有关问题的规定》?

问题:2001年6月,某法院受理一起买卖合同纠纷案,此案一审作出判决后,被告不服一审判决上诉到二审法院,二审法院经审理后维持了一审判决。但被告仍不服,向检察机关提出申诉,检察机关建议二审法院再审,二审法院经再审后作出裁定,并依据《民事诉讼法》第153条第1款第3项,以原审认定事实不清、证据不足将此案发回原审法院重审。原审法院经重审后作出判决,被告仍不服,再次提起上诉。二审法院经对此案再次审理后,再一次依据《民事诉讼法》第153条第1款第3项的规定,以原判决认定事实不清、证据不足为由,将此案再次发回原审法院重审。对此案的适用程序问题涉及如何执行《最高人民法院关于人民法院对民事案件发回重审和指令再审有关问题的规定》,该规定第1条明确:第二审人民法院根据《民事诉讼法》第153条第1款第3项的规定将案件发回原审人民法院重审的,对同一案件,只能发回重审一次。此案在适用程序上,二审法院是否违背了该规定?

《人民司法》研究组认为:《民事诉讼法》第153条第1款第3项之规定应理解为,第二审法院认为原判认定事实错误,或者认定事实不清、证据不足的,既可以发回重审,也可以查清事实后改判,二审法院可以选择其一作为案件的处理方式,这两种处理方式不仅是二审法院的权力,也是责任。但是如果二审法院一味地选择发回重审,则就规避了自己的另外一项责任——"查清事实后改判"。而且,多次发回重审也不利于减少诉累,节约诉讼成本。在法律没有明确二审法院发回重审次数的情况下,司法解释可以针对实践中存在的问题,为正确适用法律作出规定。正是基于此,最高人民法院才出台了《关于人民法院对民事案件发回重审和指令再审有关问题的规定》,并明确:"第二审人民法院根据民事诉讼法第153条第1款第3项的规定将案件发回原审人民法院重审的,对同一案件,只能发回重审一次。第一审人民法院重审后,第二审人民法院认为原判决认定事实仍有错误,或者原判决认定事实不清、证据不足的,应当查清事实后依法改判。"基于此,我们认为,对同一案件依《民事诉讼法》第153条第1款第3项规定两次发回重审是不合适的,违背了规定。

——《人民司法》2006年第11期

编者说明

对生效裁判只能再审一次的原则,既包括人民法院对本院的生效裁判只能再审一次,也包括上级人民法院只能提审一次,指令再审一次。接受指令再审的其他同级人民法院进行再审的过程中,认为原一审事实不清,也不能再发回原一审法院再审,只能直接作出判决。

975

指令其他同级法院再审的案件发回原一审法院重审

关键词|指令再审|发回重审|

【最高人民法院答复】

吉林省高级人民法院:

你院吉高法〔2004〕150号《关于指令其他同级法院再审的案件能否再发回原一审法院重审以及重审后如当事上诉应由哪个上级法院审理的请示》收悉。经研究,答复如下:

你院根据《最高人民法院关于正确适用〈关于人民法院对民事案件发回重审和指令再审有关问题的规定〉的通知》的规定,已指令长春市中级人民法院对吉林敦化丹峰林业有限公司与鞠爱涛、敦化市供电公司侵权纠纷一案再审。根据《中华人民共和国民事诉讼法》第153条之规定,长春市中级人民法院可以撤销原判,发回重审;也可以查清事实后改判。但从本案实际情况看,应当由长春市中级人民法院查清事实后改判,不宜再发回原审人民法院审判。故同意你院的倾向性意见。

——《最高人民法院关于吉林敦化丹峰林业有限公司与鞠爱涛、敦化市供电公司侵权赔偿纠纷一案的请示的答复》(2005年1月10日,〔2005〕民监他字第1号)

【链接:最高人民法院法官著述】

1. 从民事诉讼法关于第二审程序的一般性规定看,在是否可以发回重审的问题上存有选择性。本案前由延边朝鲜族自治州中级人民法院作出了(2002)延州民再终字第50号民事判决。再审判决发生法律效力后,当事人又申请再审。吉林省高院审查认为符合法定再审条件,即指令长春市中级人民法院再审该案。显然,长春市中级人民法院应当依照第二审程序对本案进行再审。依照二审程序审理的,则应当根据《中华人民共和国民事诉讼法》第一百五十三条的规定进行裁判。在涉及发回重审的问题上,该条第一款第(三)项规定:“原判决认定事实错误,或者原判决认定事实不清,证据不足,撤销原判决,发回原审人民法院重审,或者查清事实后改判。”第(四)项规定:“原判决违反法定程序,可能影响案件正确判决的,裁定撤销原判决,发回原审人民法院重审。”两项规定从执行的要求来看,第(四)项规定是没有选择余地的刚性规定,而第(三)项规定则是可选择性的规定。长春市中级人民法院在对本案进行再审的过程中,认为原一审事实不清,属于第(三)项所规定的情形,而不属于第(四)项规定的情形。所以从原则上看,不能直接得出非此即彼的结论。

2. 从再审程序的特殊性规范看,同一人民法院对同一案件一般只能再审一次。2003年11月13日《最高人民法院关于正确适用〈关于人民法院对民事案件发回重审和指令再审有关问题的规定〉的通知》(以下简称《通知》)第一条规定:“各级人民法院对本院已经发生法律效力的民事判决、裁定,不论以何种方式启动审判监督程序的,一般只能再审一次。”一般只能再审一次,也就是原则上只能再审一次。只能再审一次的原则,既包括人民法院对本院的生效裁判只能再审一次,也包括上级人民法院只能提审一次、指令再审一次。《通知》之所以规定为“一般”主要考虑在特殊情况下,例如当上级人民法院发现再审该案的人民法院在再审中违反了法定程序的,虽然该人民法院已经对该案进行过再审,但上级人民法院仍可指令再审等情形。除此以外对于有的依法必须纠正的生效再审裁判如何再审的问题,《通知》也作了明确规定。《通知》第四条规定:“各级人民法院院长发现本院发生法律效力的再审裁判确有错误依法必须改判的,应当提出书面意见请示上一级人民法院,并附全部案卷。上一级人民法院一般应当提审,也可以指令该法院的其他同级人民法院再审。”这就是说对于原再审的人民法院所作出的生效裁判需要再审的,可以由异地相同级别的人民法院再审。长春市中级人民法院在依照第二审程序再审的过程中,发现本案事实不清时,应当执行2002年7月31日《最高人民法院关于人民法院对民事案件发回重审和指令再审有关问题的规定》第一条“第二审人民法院根据《民事诉讼法》第一百五十三条第一款第(三)项的规定,将案件发回原审人民法院重审的,对同一案件,只能发回重审一次”和《通知》第一条的规定。倘若再将本案发回原审人民法院重新审判,则与一般只能再审一次的原则要求相悖。

3.从及时维护当事人合法权益,确保再审案件的办案质量和效率的要求出发,也不宜将本案再发回原审人民法院审判。长春市中级人民法院审理的是同级别的延边朝鲜族自治州中级人民法院再审过的案件,作为上级法院的吉林高院将已经再审过的,依法又必须改判的案件指令同级别的其他法院再审,是在坚持同一法院对同一案件一般只能再审一次原则的同时,确保案件能够合法、及时、公正审理。因此,长春市中级人民法院应当自行查明事实直接作出判决,不宜再发回原审人民法院审判。

——张新民:《吉林敦化丹峰林业有限公司与鞠爱涛、敦化市供电公司侵权赔偿纠纷一案的请示与答复》,载沈德咏主编、最高人民法院审判监督庭编:《审判监督指导》(总第16辑),人民法院出版社2005年版,第77~79页。

976

上一级法院提审后裁定发回重审的案件,重审后所作的一、二审裁判不属于再审裁判

关键词|提审|发回重审|

【最高人民法院裁判文书】

武汉市华福房地产开发有限公司与招商银行武汉分行承兑汇票担保合同纠纷一案再审管辖权案

裁判要旨:高级人民法院裁定提审后将案件发回原审法院重审,后对当事人不服重审后作出一审判决提起上诉的案件进行审理,适用的是第二审程序,这不能视为高级人民法院对案件再审。最高人民法院立案庭虽然通知驳回当事人的再审申请,但高级人民法院仍应在收到最高人民法院依据最高人民检察院抗诉作出的指令再审函后另行组成合议庭对案件进行再审。

最高人民法院认为:

关于武汉华福公司与武汉分行承兑汇票担保合同纠纷一案,湖北省高级人

民法院作出(2004)鄂民二终字第103号民事判决后,于2005年6月21日驳回武汉华福公司的再审申请,并未对该案进行过再审。根据《中华人民共和国民事诉讼法》第一百八十六条的规定,最高人民检察院向最高人民法院提起抗诉,最高人民法院指令湖北省高级人民法院另行组成合议庭对该案予以再审。

——张绳祖:《上一级法院提审后裁定发回重审的案件,重审后所作的一、二审裁判不属于再审裁判》,载苏泽林主编、最高人民法院立案庭编:《立案工作指导》(总第20辑),人民法院出版社2009年版,第65页。

【链接:最高人民法院法官著述】

确定湖北省高级人民法院能不能对本案进行再审的关键有三点:一是湖北省高级人民法院是否对本案进行过再审;二是最高人民法院先后两个法律文书的内容和效力问题;三是湖北省高级人民法院对本案再审是否有违《最高人民法院关于正确适用〈关于人民法院对民事案件发回重审和指令再审有关问题的规定〉的通知》。

1. 湖北省高级人民法院并未对本案进行过再审。关于湖北省高级人民法院并未对本案进行过再审的理由有:第一,湖北省高级人民法院所谓的已经对本案进行过再审,是指在2003年1月3日湖北省人民检察院向湖北省高级人民法院提起抗诉后,湖北省高级人民法院裁定提审本案。随后,湖北省高级人民法院裁定撤销湖北省汉江中级人民法院(1999)汉经初字第008号判决,发回重审。根据湖北省人民检察院的抗诉,湖北省高级人民法院并未对本案进行实体审理,而法律规定的再审应理解为对案件进行的实体审理。第二,湖北省高级人民法院对本案的实体审理并不是再审而是上诉审。武汉分行不服汉江中级人民法院的重审判决,向湖北省高级人民法院提起上诉,湖北省高级人民法院于2004年11月15日作出(2004)鄂民二终字第103号判决。后武汉华福公司不服向湖北省高级人民法院申诉,湖北省高级人民法院于2005年6月21日驳回其再审申请。因此,湖北省高级人民法院并未对其作出的二审判决进行过再审。

武汉华福公司向湖北省高级人民法院提出再审管辖权异议认为,湖北省高级人民法院收到最高人民法院函近半年后,拟对该抗诉案进行再审。湖北省高级人民法院曾于2003年6月12日以湖北省人民检察院(2003)鄂民行抗字第1号民事抗诉书,以(2003)鄂民监一再字第28号民事裁定书进行过再审程序的提审,而且该院还在2004年11月对该案进行过再审性质的二审并由该院审判委员会作过决定而作出判决。该再审管辖权异议不能成立。理由如下：第一，湖北省高级人民法院依据湖北省人民检察院的抗诉，裁定对本案提审后发回重审，对此抗诉案并未进行实体审理。汉江中级人民法院重审后所作出的判决是一审判决，当事人可以上诉。第二，第二审程序和审判监督程序分别规定在《中华人民共和国民事诉讼法》第十四章和第十六章中，二审和再审是两个不同的程序，就本案而言，武汉分行不服汉江中级人民法院作出的重审判决提起上诉，湖北省高级人民法院对其上诉进行审理，适用的是第二审程序，所作出的判决是终审判决。该判决虽经湖北省高级人民法院审判委员会讨论后作出，但仍然属于二审判决，不属于再审判决。武汉华福公司提出的再审管辖权异议混淆了二审与再审是两个程序，不能成立。

2. 最高人民法院两个法律文书的内容和效力问题。湖北省高级人民法院认为，最高人民法院已用通知驳回武汉华福公司的再审申请。按照有关法律规定和《最高人民法院关于正确适用〈关于人民法院对民事案件发回重审和指令再审有关问题的规定〉的通知》精神，武汉华福公司提出的再审管辖权异议是成立的，该院不能对本案进行再审。

我们不同意湖北省高级人民法院的上述意见。理由如下：第一，本院立案庭于2006年11月29日作出的（2005）民二监字第203－1号通知只是通知当事人，其向最高人民法院递交的再审申请不符合民事诉讼法第一百七十九条的规定，最高人民法院决定不对本案提起再审，并不等于通知湖北省高级人民法院不能对本案提起再审。民事诉讼法第十六章规定的审判监督程序的提起有以下几种情况：一是院长发现；二是上级法院发现；三是当事人申请；四是检察院抗诉。当事人申请再审的事由不符合民事诉讼法的规定，上级法院不对本案提起再审，并不等于原审法院不能对本案进行再审，也不等于检察院不能抗诉。第二，检察院依法提起抗诉的案件，人民法院应当再审。根据《中华人民共和国民事诉讼法》（修正前）第一百八十六条“人民检察院提出抗诉的案件，人民法院应当再审”的规定，最高人民检察院根据湖北省检察院的提请就本案向最高人民法院提起抗诉，最高人民法院以（2007）民二抗字第4号函指令湖北省高级人民法院另行组成合议庭对本案予以再审，依据民事诉讼法的规定，湖北省高级人民法院应当对该案进行再审。第三，从最高人民法院前后两个法律文书的内容和时间顺序来看，（2005）民二监字第203－1号通知是针对当事人的，而（2007）民二抗字第4号指令再审函在后，是针对湖北省高级人民法院的。前后两个法律文书并不矛盾。基于上述理由，湖北省高级人民法院认为不能对本案再审的理由不能成立。

3. 关于湖北省高级人民法院对本案再审是否有违《最高人民法院关于正确适用〈关于人民法院对民事案件发回重审和指令再审有关问题的规定〉的通知》的问题。上述最高人民法院关于重申和指令再审的通知第一条规定："各级人民法院对本院已经发生法律效力的民事判决、裁定，不论以何种方式启动审判监督程序的，一般只能再审一次。"具体到本案，湖北省高级人民法院并未对其作出的(2004)鄂民二终字第103号二审案件进行过再审。湖北省高级人民法院对武汉华福公司的再审申请予以驳回的通知和最高人民法院的不予提起再审通知，均未进入再审程序。因此，本案由湖北省高级人民法院再审，从程序上并不违反《最高人民法院关于正确适用〈关于人民法院对民事案件发回重审和指令再审有关问题的规定〉的通知》精神。

综上所述，可以得出以下结论：第一，武汉华福公司提出的再审管辖权异议不能成立。第二，湖北省高级人民法院认为不能对本案再审的理由不能成立。第三，湖北省高级人民法院对本案进行再审，符合《最高人民法院关于正确适用〈关于人民法院对民事案件发回重审和指令再审有关问题的规定〉的通知》精神。

——张绳祖：《上一级法院提审后裁定发回重审的案件，重审后所作的一、二审裁判不属于再审裁判》，载苏泽林主编、最高人民法院立案庭编：《立案工作指导》(总第20辑)，人民法院出版社2009年版，第74～76页。

977

申请再审审查中询问所确认的事实在再审中的效力

关键词｜申请再审｜询问当事人｜确认事实｜

【最高人民法院司法解释】

第二十一条　人民法院可以根据案情需要决定是否询问当事人。

以有新的证据足以推翻原判决、裁定为由申请再审的，人民法院应当询问当事人。

——《最高人民法院关于适用〈中华人民共和国民事诉讼法〉审判监督

程序若干问题的解释》(2008 年 11 月 25 日,法释〔2008〕14 号)

【链接:最高人民法院法官著述】

在征求意见中,经常有法院的同志提出审查中的询问所确认的事实在再审中的效力问题。也就是对已经询问了解的事项,在案件进入再审审理程序后是否可以直接作为定案依据。对该问题本解释中没有明确规定。我们认为,审查和再审程序是两个不同程序,虽然同属于审判监督程序,但审查是启动再审的前置程序,审查阶段是当事人对原审生效裁判是否应当再审的对抗阶段,再审阶段则是对当事人具体诉讼请求所给予的再次审理的机会,对当事人之间的权利义务关系重新作出裁判的程序。审查程序中认定的是再审事由是否成立,支持或否定的是申请人启动再审的请求。再审审理的是当事人基于证据及法律规定,对应认定的事实和应适用的法律的争议,并进而对申请人的具体诉讼请求是否成立作出裁判,并因此确立双方之间的实体权利义务。再审程序属于审判程序,必须按照第一、二审审判程序的要求,原则上通过开庭审理的方式,查明事实,分清是非,对当事人的实体权利义务作出裁判。因此,从程序和审理范围而言,二者应独立存在,各司其责。因而我们认为,审查程序中人民法院通过询问情况通常与再审审理范围不相重复,即使存在重复的情形,也只能作为再审审理中的证据加以考虑,不应认为审查程序中已经查证的事实,在再审程序中就可以不查证而直接作为定案依据。比如,根据《民事诉讼法》第 179 条规定的应当再审的情形分析,通常情况下,因程序性错误裁定再审的,除第 2 款规定的程序性事由与裁判结果发生联系外,其他事由与裁判结果不发生联系,因而因程序性事由申请再审的,审查程序中询问的事项一般与再审审理事项不发生重合。以《民事诉讼法》第 179 条第 1 款前 4 项、第(6)项及第 2 款规定的程序性错误情形申请再审的,审查事项与再审审理范围存在一定重合。但是,审查中的询问目的在于认定原审裁判是否存在法定错误情形,再审审理则是通过审判程序对当事人各方证据能够认定的事实及在此基础上应如何适用法律作出裁判。因此,审查与审理解决的问题不同,适用的程序不同,裁量的角度不同,审查程序中询问的事项因没有通过审判程序加以审理认定,只能作为再审程序中的证据之一,与其他证据一同通过审判程序审理认定。

——江必新主编、最高人民法院审判监督庭编著:《最高人民法院关于适用民事诉讼法审判监督程序司法解释理解与适用》,人民法院出版社

2008 年版，第 206 ~ 207 页。

978

再审裁定发回原一审人民法院重审中对新施行的司法解释的适用

关键词｜再审｜发回重审｜司法解释｜溯及力｜

【链接：最高人民法院法官著述】

问题：某民事案件，经两级人民法院一审、二审之后，当事人向上级人民法院申请再审，上级人民法院提审后作出发回重审的裁定，该案现在原一审人民法院重审中。本案二审判决作出之后，有与本案法律适用问题密切相关的某民事实体法司法解释施行，该司法解释溯及力条款的表述为“本解释施行后，案件尚在一审或者二审阶段的，适用本解释；本解释施行前已经终审的案件，人民法院进行再审时，不适用本解释”。请问一审法院能否适用该司法解释？

《审判监督指导》研究组认为：“法不溯及既往”是法律适用的原则之一，即法律文件的规定仅适用于该文件生效以后的事件和行为，对于该文件生效以前的事件和行为不适用。《中华人民共和国立法法》第八十四条“法律、行政法规、地方性法规、自治条例和单行条例、规章不溯及既往，但为了更好地保护公民、法人和其他组织的权利和利益而作的特别规定除外”的表述也体现了这一法律原则的精神。

一个民事案件，在人民法院作出生效裁判之后，当事人不能依据新施行的法律、司法解释以原裁判适用法律错误为由向人民法院申请再审，且若案件因新证据等其他事由进入再审后，当事人亦不得主张适用新法处理案件。具体到本案，虽然目前在一审审理之中，但此种一审系再审适用二审程序后发回重审的一审，因此，不属于该司法解释溯及力条款中所称的“案件尚在一审或二审阶段的”，而是属于该司法解释溯及力条款所称的“人民法院进行再审时”，也就是说，该案件上级人民法院的提审、发回后的一审、一审重审后的二审均属于该案广义上再审的一部分。

当然，若该司法解释和本案法律适用有关的条款与之前的司法解释不相抵触，即系填补法律空白的规定，则人民法院可参照该司法解释的有关规定处理本案。

——江必新主编、最高人民法院审判监督庭编:《审判监督指导》(总第34辑),人民法院出版社2011年版,第250页。

979

适用二审程序审理的民事再审案件裁定发回重审应发回一审法院

关键词 | 再审 | 发回重审 | 一审法院 |

【链接:最高人民法院法官著述】

问:某民事案件,经两级人民法院一审、二审之后,当事人向上级人民法院申请再审,上级人民法院裁定提审,经审理后拟裁定发回重审,此时应发回一审法院还是二审法院重审?

答:此种情形下应发回一审法院重审。根据《民事诉讼法》第一百八十六条的规定,上级人民法院按照审判监督程序提审的案件,按照第二审程序审理;同时根据该法第一百五十三条第一款第(三)、(四)项的规定,在符合法定情形时,第二审人民法院可以裁定撤销原判决,发回原审人民法院重审;而《最高人民法院关于适用〈中华人民共和国民事诉讼法〉若干问题的意见》第210条第(2)项亦针对《民事诉讼法》第一百五十三条第一款第(四)项在再审程序中的适用作出规定,人民法院提审或者按照第二审程序再审的案件,在审理中发现原一、二审判决违反法定程序,可能影响案件正确裁判的,应裁定撤销一、二审判决,发回原审人民法院重审。《民事诉讼法》第一百五十三条第一款第(四)项在再审程序中的理解适用,应当与同一条款中第(三)项具有一致性,因此,《民事诉讼法》第一百五十三条第一款第(三)项中的"原审人民法院"亦应理解为"第一审人民法院"。

——江必新主编、最高人民法院审判监督庭编:《审判监督指导》(总第37集),人民法院出版社2012年版,第256页。

980

经一审法院审委会讨论的案件，再审法院提审审理后不能指令原一审法院重审

关键词｜提审｜指令重审｜

【链接：最高人民法院法官著述】

问：原告张某与被告李某损害赔偿纠纷一案，经A县人民法院判决，张某与李某均不服，向B市中级人民法院提起上诉，B市中级人民法院经审理后，以原判决事实不清，发回A县人民法院重审。A县人民法院重审并经审判委员会讨论后作出判决，张某不服提起上诉，B市中级人民法院经审理后作出驳回上诉，维持原判的判决。张某不服，向C省高级人民法院申请再审，C省高级人民法院提审后，发现原一、二审判决遗漏了当事人、案件事实不清，在此基础上，一种观点认为该案应裁定指令A县人民法院重审，另一种观点认为该案已经A县人民法院审判委员会讨论，故C省高级人民法院不能指令A县人民法院再审。本案程序处理上应采何种观点为妥？

答：我国实行两审终审的民事审级制度，再审程序是第一审程序和第二审程序之外的，不增加审级的一种例外、非常之司法救济程序。根据《民事诉讼法》第一百七十八条规定，当事人对已经发生法律效力的判决、裁定，认为有错误的，可以向上一级人民法院申请再审。张某不服B市中级人民法院作出的终审判决，有权向C省高级人民法院申请再审。同时，根据该法第一百八十一条规定，因当事人申请裁定再审的案件由中级人民法院以上的人民法院审理。最高人民法院、高级人民法院裁定再审的案件，由本院再审或者交其他人民法院再审，也可以交原审人民法院再审。C省高级人民法院对该案可以提审，也可以指令原审人民法院再审，一般情况下，以提审为主。从上述介绍的情况看，C省高级人民法院对该案进行了提审，在程序上是正确的。但C省高级人民法院对该案进行提审后，若再裁定指令A县人民法院重审，是不对的。因为裁定提审后，C省高级人民法院就应对该案作出实质性处理，不能再交由下级法院审理，而应当适用《最高人民法院关于适用〈中华人民共和国民事诉讼法〉若干问题的意见》第210条的规定，人民法院提审或按照第二审程序再审的案件，在审理中发现原一、二审判决违反法定程序的，具有本意见第181条规定的违反法定程序的情

况,可能影响案件正确判决、裁定的,裁定撤销一、二审判决,发回原审人民法院重审。C 省高级人民法院提审后,经过审理后认为原审判决遗漏了当事人、案件事实不清的,应当撤销原审判决,发回原审人民法院重审。法律和司法解释并未规定原判决、裁定系经原审人民法院审判委员会讨论作出的就不能发回重审,本案也不符合最高人民法院《审判监督解释》第二十九条第三项中"原判决、裁定系经原审人民法院审判委员会讨论作出的,不得指令原审人民法院再审"规定的情形。综上,问题中所提到的两种观点都是不正确的。

——江必新主编、最高人民法院审判监督庭编:《审判监督指导》(总第41辑),人民法院出版社 2013 年版,第 258 ~259 页。

981

再审案件的审理范围

关键词 | 再审审理范围 |

【最高人民法院司法解释】

第四百零五条 人民法院审理再审案件应当围绕再审请求进行。当事人的再审请求超出原审诉讼请求的,不予审理;符合另案诉讼条件的,告知当事人可以另行起诉。

被申请人及原审其他当事人在庭审辩论结束前提出的再审请求,符合民事诉讼法第二百零五条规定的,人民法院应当一并审理。

人民法院经再审,发现已经发生法律效力的判决、裁定损害国家利益、社会公共利益、他人合法权益的,应当一并审理。

——《最高人民法院关于适用〈中华人民共和国民事诉讼法〉的解释》(2015 年 1 月 30 日,法释〔2015〕5 号)

第三十三条 人民法院应当在具体的再审请求范围内或在抗诉支持当事人请求的范围内审理再审案件。当事人超出原审范围增加、变更诉讼请求的,不属于再审审理范围。但涉及国家利益、社会公共利益,或者当事人在原审诉讼中已经依法要求增加、变更诉讼请求,原审未予审理且客观上不能形成其他诉讼的除外。

经再审裁定撤销原判决，发回重审后，当事人增加诉讼请求的，人民法院依照民事诉讼法第一百二十六条的规定处理。

——《最高人民法院关于适用〈中华人民共和国民事诉讼法〉审判监督程序若干问题的解释》(2008 年 11 月 25 日，法释〔2008〕14 号)

【最高人民法院司法政策】

民诉法审监程序司法解释规定，抗诉案件的审理范围，就是检察机关支持的当事人的诉讼请求。这句话是很科学的，民事诉讼是当事人平等主体之间的诉讼，检察机关不是诉讼主体，只能支持当事人的诉讼请求。因此，审理范围应该是当事人的诉讼请求。需要注意的是，被申诉人一方其实也有合理诉求。比如前面所举的例子，我们要争取达到再审案件的案结事了。实践中，经常会发生抗诉支持的诉讼请求与当事人实际主张的诉讼请求不一致的情况。在这种情况下，如果当事人的诉讼请求大于检察机关抗诉书上的诉讼请求，那应该审理的是抗诉书中的诉讼请求；如果当事人的请求小于检察机关所支持的请求，除涉及国家利益、社会公共利益的之外，法院审理的应该是当事人的诉讼请求。

——贺荣：《在全国法院审判监督工作座谈会暨审判监督理论专业委员会第三届年会上的总结讲话》(2012 年 9 月 27 日)，载景汉朝主编、最高人民法院审判监督庭编：《审判监督指导》(总第 41 辑)，人民法院出版社 2013 年版，第 12 页。

要准确把握申请再审案件的审查范围，避免不适当地全面复查。要针对法定再审事由是否存在、与此相关的申请理由是否成立进行审查。既要突出审查审理的重点，也要防止审查审理的片面性。抗诉案件的审理，应当在抗诉支持申诉人再审诉讼请求的范围内进行，超越抗诉范围的再审诉讼请求明显成立的，也应一并审理。因案外人申请而启动再审的案件，应重点审理案外人的请求是否成立，撤销原判决相关判项或者驳回请求，原当事人利益因此失衡的，也可作相应调整。只有把握好审查审理的范围，才能确保纠错的公正和高效，才能赢得当事人的信服。

——江必新：《不断深化审监制度改革最大限度提升司法公信力——在全国法院审判监督工作座谈会暨审判监督理论专业委员会第二届年会上

的讲话》(2011 年 8 月 25 日),载江必新主编、最高人民法院审判监督庭编:《审判监督指导》(总第 37 辑),人民法院出版社 2012 年,第 7 页。

【最高人民法院答复】

山东省高级人民法院:

你院鲁高法〔2011〕109 号《关于检察机关抗诉案件审理范围问题的请示》收悉,经研究,答复如下:

一、我院《关于适用〈中华人民共和国民事诉讼法〉审判监督程序若干问题的解释》第三十三条“在抗诉支持当事人请求的范围内审理再审案件”的规定,主要基于两个因素:一是尊重当事人的选择权。若当事人申请抗诉而放弃申请再审的,应当沿着抗诉的渠道来处理,这也是当事人处分原则的一个重要体现;二是尊重抗诉机关的法律监督权。《民事诉讼法》第一百八十七条规定,检察机关认为当事人的申诉符合第一百七十九条列举的再审事由,可以向人民法院提出抗诉。当事人的选择权导致了在再审后,其请求应受到抗诉书内容的限制。

二、再审事由与具体理由存在着区别。再审事由仅指能够引发再审、《民事诉讼法》第一百七十九条所规定的十五种法定情形。具体理由则是指当事人提出的、支持其再审事由和请求的、带有主观色彩的说明性内容。请求即诉讼请求,这里仅指再审请求,是向法庭提出的案件如何处理的主张。事由、理由、请求三者实质是再审之“诉”的三要素。再审请求作为当事人要求法庭保护其实体权益的主张,需要通过指明存在某项(或几项)再审事由来启动再审,再审请求和再审事由均依赖于当事人在诉讼中陈述的事实根据即具体理由。当前一些民事抗诉书没有分清事由、理由、请求。因此,对于再审法庭来说,是要找到申诉人的请求与抗诉支持部分事由及其理由的对应关系,协调好抗诉事由及其支持的理由,确定抗诉支持申诉的请求,然后在抗诉的范围内作出最终的裁判。

建议你院在分清再审请求与理由后,依法作出处理。

——《最高人民法院对山东省高级人民法院〈关于检察机关抗诉案件审理范围问题的请示〉的答复》(2003 年 5 月 15 日,〔2001〕民立他字第 19 号)

【《最高人民法院公报》案例】

湖北金华实业有限公司与苏金水等商品房买卖合同纠纷案[最高人民法院(2012)民抗字第24号民事判决书]

裁判要旨:人民法院审理检察机关抗诉的再审案件一般应以原审审理范围为限。当事人的诉讼请求不同于支持其提出请求的理由和依据,如当事人提出请求的理由和依据不同于检察机关抗诉所提出的理由和依据,并不意味其申请抗诉的请求未获得检察机关抗诉支持;当事人的再审请求未超出原审审理范围的,人民法院再审中应予审理。

最高人民法院认为:

关于再审审理范围的问题。苏金水再审中提出因抗诉并未支持金华公司的申诉请求,应根据本院《关于适用〈中华人民共和国民事诉讼法〉审判监督程序若干问题的解释》第三十三条规定,金华公司的观点不应纳入再审范围。苏金水该项主张的基础系其认为抗诉理由与金华公司对两份购房合同效力认识理由存在不同,但当事人的诉讼请求不同于支持当事人提出请求的理由和依据,金华公司对合同效力认识所提出的理由和依据不同于抗诉所提出的理由和依据,并不意味其申诉请求未获得抗诉支持,且金华公司的再审请求并未超出本案原审的审理范围,因此对苏金水的该项主张,本院不予支持。苏金水再审中还提出此前湖北省武汉市中级人民法院撤销本案仲裁裁决、一审判决结果和执行行为均存在违法情形,因本院再审此案系基于最高人民检察院对湖北省高级人民法院二审判决所提出的抗诉,其审理范围一般应以原审审理范围为限,苏金水的前述主张并未在原审中主张,显然不属于本案再审审理范围,本院不予处理。

——《最高人民法院公报》2014年第1期

安徽省福利彩票发行中心与北京德法利科技发展有限责任公司营销协议纠纷案[最高人民法院(2008)民提字第61号民事判决书]

裁判要旨:根据《最高人民法院关于适用〈中华人民共和国民事诉讼法〉审判监督程序若干问题的解释》第三十三条的规定,人民法院应当在具体的再审请求范围内或在抗诉支持当事人请求的范围内审理再审案件。当事人超出原审范围增加、变更诉讼请求的,不属于再审审理范围。但涉及国家利益、社会公共利益,或者当事人在原审诉讼中已经依法要求增加、变更诉讼请求,原审未予审理且客观上不能形成其他诉讼的除外。

最高人民法院认为:

综上,《宣传营销协议书》及《补充协议》是双方当事人真实意思表示,不违反法律、行政法规的效力性禁止性规定,应认定有效。安徽彩票中心单方终止合同的履行,已构成根本违约,合同应予解除。德法利公司在一审提起反诉,请求安徽募办继续履行协议,以及依协议给付宣传营销提成费用。其虽在本院再审期间变更诉讼请求,但由于该变更的诉讼请求超出了原审审理范围,且不属于应作为再审审理范围的特殊情形,故对其再审变更的请求,本院不予支持,其可另案解决。安徽省高级人民法院二审判决认定事实清楚,适用法律准确,应予维持。安徽省高级人民法院的再审判决适用法律错误,应予纠正。

——《最高人民法院公报》2009 年第 9 期

中国有色金属工业长沙勘察设计研究院与海南省汇富房地产开发公司长沙公司、海南省汇富房地产开发公司、湖南雄新建筑有限公司合作建房合同纠纷案[最高人民法院(2006)民一终字第 28 号民事判决书]

裁判要旨:诉讼标的是当事人基于其实体权利义务关系而向法院提出的裁判请求。对于再审案件的审理而言,由于原案件的诉讼标的是原审裁判的基础,基于再审纠正错误裁判的功能,再审案件的审理应当围绕原案件的诉讼标的进行,以符合再审程序纠正原审裁判不合法和不正当的目的。再审案件的审理范围应当以原案件的诉讼标的为限,否则,即背离再审的目的和功能。

最高人民法院认为:

本案一审程序系湖南省高级人民法院基于审判监督程序提起,因此,本案的审理范围应当受原审审理范围的限制。由于原审调解协议达成前,雄新公司受让的抵押权已经湖南省长沙市天心区人民法院(1997)天经初字第 354 号和第 367 号生效民事判决确认,基于抵押权的追及效力,该项抵押权已经获得可以在执行程序中实现的法律依据。原审中,长勘院与汇富公司、汇富长沙公司之间的合作建房合同纠纷并不涉及土地抵押权的内容。故一审判决在维持原审调解协议的同时,对抵押权作出处理,超出了原审的审理范围。

由于雄新公司是基于其申请,由一审法院通知参加诉讼,根据《中华人民共和国民事诉讼法》第 56 条的规定,其诉讼地位为无独立请求权第三人。一审判决判令一审原告长勘院向无独立请求权第三人雄新公司承担责任,违反了民事诉讼"不告不理"原则。

关于长勘院二审期间提出的“申请追加中国国民党革命委员会海南省委员会等为本案第三人、请求判决对汇富公司、汇富长沙公司、长沙高新技术开发区金海股份有限公司海口公司的法人人格予以否认,判决汇富公司、汇富长沙公司的债务由中国国民党革命委员会海南省委员会清偿,中国建设银行海南省分行、海南从信会计师事务所、湖南高新实业股份有限公司对汇富公司、汇富长沙公司的债务承担连带清偿责任”的主张,亦超出了本案审理范围。

——《最高人民法院公报》2006 年第 11 期

【最高人民法院裁判文书】

黄桃华与李绍彬股权转让合同纠纷案[最高人民法院(2011)民提字第 308 号民事判决书]

裁判要旨:再审案件的审理范围应在原审诉讼请求之内。黄桃华在再审中提出返还股权的请求与其在原审中确认的要求李绍彬支付股权转让款的诉讼请求不符;李绍彬在再审中提出黄桃华应返还多支付的股权转让款的主张已经超出了原审反诉诉讼请求,且其未申请再审,对黄桃华和李绍彬超出本案再审审理范围的请求不予审理,当事人如有纠纷,可另行解决。

——最高人民法院民事审判第二庭编:《最高人民法院商事审判指导案例·公司与金融卷》,中国法制出版社 2013 年版,第 635 ~644 页。

镇雄县天源建筑建材有限责任公司与中国农业银行镇雄县支行、镇雄县天源建筑建材有限责任公司南台水泥厂贷款合同纠纷案

裁判要旨:民事抗诉再审案件的审理范围,应在抗诉支持当事人申诉请求的范围内审理,当事人认为其他请求也应考虑的,人民法院可告知当事人向抗诉机关提出补充请求。

最高人民法院认为:

根据《最高人民法院关于适用〈中华人民共和国民事诉讼法〉审判监督程序若干问题的解释》第三十三条的规定,人民法院应当在具体的再审请求范围内或在抗诉支持当事人请求的范围内审理再审案件。因此,本案的争议焦点是双方当事人确认天源公司在兼并水泥厂后代水泥厂还款 3875517.50 元是否应当在天源有限公司应付镇雄农行的本息中扣除。

本案在二审期间,天源有限公司与镇雄农行对乌峰镇镇政府与天源公司签订《南台水泥厂有偿兼并合同书》及其内容没有异议，对水泥厂至今尚欠镇雄农行借款本金1258.20万元及天源公司代水泥厂偿还镇雄农行3875517.50元没有异议。在本院再审期间，对天源公司在兼并水泥厂后代水泥厂偿还镇雄农行12笔共计3875517.50元天源有限公司与镇雄农行均无异议。双方当事人的争执点在于还款中本金多少、利息多少。镇雄农行主张3875517.50元中本金为31万元，为诉讼期间归还，余款3875517.50元均为利息，其中2000年6月21日起诉前还利息四笔共计709276.75元，起诉后还利息八笔共计2856240.75元。天源有限公司认为，镇雄农行收款后均出具了相关银行回单，当时并没有提出异议，因为没有想到要承担借款的利息，一直以为所还款项均为本金。最高人民法院认为，银行收回贷款本金与利息的凭证不同，注明的用途也不一样，天源公司承认收到银行回单之时并未提出异议，故天源公司认为还款均为本金的抗辩理由，最高人民法院不予支持。但是，在天源有限公司给付镇雄农行的本金1258.20万元中应当扣除其在诉讼中已经支付的31万元本金。由于天源有限公司在诉讼中支付的利息已经超过了镇雄农行在一审中主张的利息2447780.11元。该部分应当在应付利息中予以扣除。二审法院在认定天源公司代水泥厂还款本息共计3875517.50元的同时却在判决中没有作相应的扣除，存在不当，应予纠正。在昭通市中级人民法院再审一审期间，镇雄农行于2003年3月31日向法院递交诉状，变更诉讼请求，主张判决由天源有限公司承担本案诉讼期间的利息，原审法院未予准许，并无不当。

——江必新主编、最高人民法院审判监督庭编：《审判监督指导》（总第32辑），人民法院出版社2010年版，第123页。

【链接：最高人民法院法官著述】

审判实践中应当注意以下几点：第一，当事人的再审请求超出原审诉讼请求的，合议庭可以进行调解，调解不成的，依法不予审理；第二，要注意区分被申请人的抗辩和再审请求，不能将抗辩作为再审请求予以裁判；第三，对于被申请人出于诉讼技巧考虑，明显不成立的再审请求，合议庭可以予以适度释明，引导其从抗辩角度进行主张；第四，对被申请人提出再审请求的情况应在裁判文书中予以说明；第五，再审中发现生效裁判损害“两益”的，人民法院应依法改判，维护“两益”；第六，损害他人合法权益的，人民法院可根据具体情况，通过中止再审审理，将撤销之诉并入本案再审，裁定发回重审等方式处理。第七，当事人未对生效裁判的某些判项提出再审请求的,再审法院可不予审理。

——沈德咏主编、最高人民法院修改后民事诉讼法贯彻实施工作领导小组编著:《最高人民法院民事诉讼法司法解释理解与适用》,人民法院出版社 2015 年版,第 1074 页。

982

再审发回重审后，当事人可以增加、变更诉讼请求

关键词 | 再审发回重审 | 增加、变更诉讼请求 |

【最高人民法院司法解释】

第二百五十二条 再审裁定撤销原判决、裁定发回重审的案件,当事人申请变更、增加诉讼请求或者提出反诉,符合下列情形之一的,人民法院应当准许:

(一)原审未合法传唤缺席判决,影响当事人行使诉讼权利的;

(二)追加新的诉讼当事人的;

(三)诉讼标的物灭失或者发生变化致使原诉讼请求无法实现的;

(四)当事人申请变更、增加的诉讼请求或者提出的反诉,无法通过另诉解决的。

——《最高人民法院关于适用〈中华人民共和国民事诉讼法〉的解释》(2015 年 1 月 3 日,法释〔2015〕5 号)

第三十三条 经再审裁定撤销原判决,发回重审后,当事人增加诉讼请求的,人民法院依照民事诉讼法第一百二十六条的规定处理。

——《最高人民法院关于适用〈中华人民共和国民事诉讼法〉审判监督程序若干问题的解释》(2008 年 11 月 25 日,法释〔2008〕14 号)

【链接:最高人民法院法官著述】

第一,再审发回重审的情形与发回重审后准许当事人增加、变更诉讼请求,提出反诉的情形有重叠,但两者性质有别,并不完全相同。第二,根据诉讼诚信

原则,再审发回重审案件的当事人在之前程序中的诉讼主张、质证及辩论意见等仍然有效;当事人反悔的,应说明理由并提交相应的证据,但因审判组织的组成不合法或者依法应当回避的审判人员避而发回重审的案件除外。第三,按一审程序再审的案件和发回重审的案件有所区别,但都可以作为上诉或再审对象。第四,接受再审发回重审案件的人民法院,应当将重审后的结案裁判文书,在送达当事人的同时报送上级人民法院。第五,对再审发回重审案件的重审结果可能与原审一致,但不能以维持原判形式下判,必须重新作出判项。

——沈德咏主编、最高人民法院修改后民事诉讼法贯彻实施工作领导小组编著:《最高人民法院民事诉讼法司法解释理解与适用》,人民法院出版社 2015 年版,第 652 页。

问:再审发回重审后,当事人可否增加、变更诉讼请求?

答:再审发回重审是指案件经再审审理程序后,再审法院裁定撤销原审裁判,发回一审人民法院重新审理。此时,原审诉讼程序所作的裁判已经被全部撤销,一审法院对当事人之间的纠纷进行重新审理,原审原告的起诉地位恢复,当事人可以按照第一审程序的规定享有权利义务。最高人民法院《审判监督解释》第三十三条第二款规定,“经再审裁定撤销原判决,发回重审后,当事人增加诉讼请求的,人民法院依照《民事诉讼法》第一百二十六条(根据 2012 年全国人大常委会修改民事诉讼法的决定,条文序号调整为第一百四十条,编者注)的规定处理。”现行《民事诉讼法》第一百四十条规定,“原告增加诉讼请求,被告提出反诉,第三人提出与本案有关的诉讼请求,可以合并审理。”由此可知,上述司法解释明确认可了再审发回重审后,当事人可以增加、变更诉讼请求。同时应当看到,按照一审程序再审的案件和再审发回重审的案件有所不同,该司法解释第三十三条第一款规定,“当事人超出原审范围增加、变更诉讼请求的,不属于再审审理范围”,因此,不能将再审发回重审与按照一审程序再审相混淆。并且,仅就重审时当事人是否可以增加、变更诉讼请求而言,再审发回重审与二审发回重审在法律规定上没有区别。

——景汉朝主编、最高人民法院审判监督庭编:《审判监督指导》(总第 42 辑),人民法院出版社 2013 年版,第 246 页。

983

再审案件应围绕当事人争议的法律关系性质进行审理

关键词｜再审审理范围｜法律关系性质｜诉讼请求｜

【最高人民法院裁判文书】

海南港中湖娱乐商城有限公司与洪劲松承包经营协议纠纷再审案［最高人民法院（2010）民提字第102号民事判决书］

裁判要旨：在民事诉讼活动中，诉讼主体因为不同的诉讼原因进入诉讼程序，依法享有诉讼权利，承担诉讼义务，进而形成民事诉讼法律关系。人民法院按照审判监督程序再审的案件，不能背离特定的民事诉讼主体、当事人争议的法律关系性质以及原审原告的诉讼请求范围进行审理。

最高人民法院认为：

对该争议焦点的认定与处理，应结合涉案《承包协议》的名称、内容、当事人履行情况、纠纷起因以及双方当事人争议的法律关系性质等方面综合分析认定。

涉案《承包协议》为双方当事人平等协商一致的意思表示，内容不违反法律及行政法规的强制性规定，应认定合法有效。1997年4月，港中湖公司依据《承包协议》约定，将龙湖酒店经营权交付洪劲松承包经营。1998年4月27日，双方当事人以往来函件的方式达成解除《承包协议》，终止合同履行的意思表示，该事实已经生效的海南省高级人民法院（2003）琼民一终字第46号民事判决认定。

涉案《承包协议》解除后，洪劲松作为承包人理应依约履行向发包人港中湖公司退还财产以及证照等合同义务。洪劲松未履行，其行为已构成违约。港中湖公司在向洪劲松请求退还龙湖酒店经营权未果的情况下，于2001年12月10日提起本案诉讼。港中湖公司诉讼主张的事实根据为其与洪劲松之间签订的《承包协议》所形成的权利义务关系，即请求洪劲松于《承包协议》解除后，归还龙湖酒店经营权。因此，从涉案《承包协议》的名称、内容、当事人履行情况、纠纷起因以及港中湖公司提起诉讼的意思表示，不难看出，本案双方当事人争议的法律关系性质是《承包协议》约定的龙湖经营权的归属。

港中湖公司作为具有企业法人资格的有限公司，有其独立的民事主体资格与诉讼主体资格，其主张涉案《承包协议》标的物龙湖酒店的经营权，源于其对公司财产权与经营权的合法拥有，与公司股东澳海公司与佳美公司股权转让协议效力和履行与否无关。至于1994年2月5日海口港与澳海公司签订的《协议书》以及1998年8月28日澳海公司与佳美公司签订的股权转让协议之效力、履行等事宜，属另外法律关系，不属本案审理范围。《承包协议》解除后，港中湖公司享有的请求洪劲松退还其龙湖酒店经营权的权利，应当受到法律保护。

海南省高级人民法院再审判决，没有围绕涉案《承包协议》订立的民事主体、双方当事人争议的法律关系性质进行审理，且该判决是在澳海公司、海口港与佳美公司未参加本案诉讼、洪劲松未提供证据证明股权转让协议已履行的情况下，以海口港与澳海公司签订的协议书、澳海公司与佳美公司签订的股权转让协议及龙湖酒店演变过程为依据，认定澳海公司已将其持有的港中湖公司55%的股权转让给佳美公司，洪劲松夫妇设立的悦信公司取代了龙湖酒店公司，港中湖公司请求洪劲松退还龙湖酒店经营权的基础已不存在，即对龙湖酒店的财产所有权进行确认，进而否定港中湖公司在《承包协议》终止后，享有向洪劲松请求退还龙湖酒店经营权的权利。该认定超出了当事人讼争的法律关系性质以及港中湖公司的请求范围，适用法律错误，本院予以纠正。

如前所述，港中湖公司与洪劲松是涉案《承包协议》特定的民事法律关系主体，双方当事人依据《承包协议》约定享有权利，承担义务。因此，在本案再审程序中，港中湖公司申请追加案外人澳海公司为本案第三人以及洪劲松申请追加案外人佳美公司与海口港为本案第三人，均没有法律依据，本院不予支持。

关于案外人澳海公司与佳美公司签订的股权转让协议是否履行、澳海公司在龙湖酒店的投资和其持有的55%股权价值以及洪劲松未能履行退还龙湖酒店经营权给港中湖公司造成的经济损失等纠纷，不属于本案的审理范围，当事人可以另行主张，本院不予审理。

综上，洪劲松在涉案《承包协议》解除后，未能依约履行合同终止后向港中湖公司退还龙湖酒店经营权的义务，其行为已构成违约。一审、二审法院判决洪劲松于判决生效1个月内退还龙湖酒店，将该酒店交还港中湖公司（含酒店所有财产及证照），并无不妥。海南省高级人民法院再审判决，适用法律错误，本院予以纠正。

——最高人民法院民事审判第一庭编：《民事审判指导与参考》（总第44集），法律出版社2011年版，第229~231页。

984

再审期间撤回再审申请或按撤回再审申请处理的标准

关键词 | 撤回再审申请 | 按撤回再审申请处理 |

【最高人民法院司法解释】

第四百零六条 再审审理期间，有下列情形之一的，可以裁定终结再审程序：

（一）再审申请人在再审期间撤回再审请求，人民法院准许的；

（二）再审申请人经传票传唤，无正当理由拒不到庭的，或者未经法庭许可中途退庭，按撤回再审请求处理的；

（三）人民检察院撤回抗诉的；

（四）有本解释第四百零二条第一项至第四项规定情形的。

因人民检察院提出抗诉裁定再审的案件，申请抗诉的当事人有前款规定的情形，且不损害国家利益、社会公共利益或者他人合法权益的，人民法院应当裁定终结再审程序。

再审程序终结后，人民法院裁定中止执行的原生效判决自动恢复执行。

——《最高人民法院关于适用〈中华人民共和国民事诉讼法〉的解释》（2015 年 1 月 30 日，法释〔2015〕5 号）

第三十四条 申请再审人在再审期间撤回再审申请的，是否准许由人民法院裁定。裁定准许的，应终结再审程序。申请再审人经传票传唤，无正当理由拒不到庭的，或者未经法庭许可中途退庭的，可以裁定按自动撤回再审申请处理。

人民检察院抗诉再审的案件，申请抗诉的当事人有前款规定的情形，且不损害国家利益、社会公共利益或第三人利益的，人民法院应当裁定终结再审程序；人民检察院撤回抗诉的，应当准予。

终结再审程序的，恢复原判决的执行。

——《最高人民法院关于适用〈中华人民共和国民事诉讼法〉审判监督程序若干问题的解释》（2008 年 11 月 25 日，法释〔2008〕14 号）

【链接：最高人民法院法官著述】

第一,要注意再审申请人撤回再审请求和一审原告撤回起诉的区别,分别按不同程序处理;第二,其他当事人同意一审原告撤回起诉的,再审法院要向各方当事人释明裁定撤回起诉的法律效果;第三,对原告撤回起诉的,再审法院既要尊重当事人对其诉讼权利的处分,又使得原告的撤诉权受到公权力的一定制约;第四,是否准许原告撤回起诉,再审法院要结合案情考虑撤诉的动机是否正当,即使满足本条规定的条件,法院也可不予准许;第五,本条没有规定对调解书启动再审后,如何对待原告撤诉的问题,审判实践中,这种情况较少,但也可以参照判决的情况处理;第六,再审发回一审法院重审后,原告申请撤回起诉的,重审法院应当掌握比普通一审案件撤诉更严的标准。

——沈德咏主编、最高人民法院修改后民事诉讼法贯彻实施工作领导小组编著:《最高人民法院民事诉讼法司法解释理解与适用》,人民法院出版社2015年版,第1084页。

985

抗诉案件当事人和解或撤诉的处理

关键词 | 抗诉 | 和解 | 撤诉 |

【最高人民法院司法解释】

第四百零六条 因人民检察院提出抗诉裁定再审的案件,申请抗诉的当事人有前款规定的情形,且不损害国家利益、社会公共利益或者他人合法权益的,人民法院应当裁定终结再审程序。

——《最高人民法院关于适用〈中华人民共和国民事诉讼法〉的解释》(2015年1月30日,法释〔2015〕5号)

第三十四条 人民检察院抗诉再审的案件,申请抗诉的当事人有前款规定的情形,且不损害国家利益、社会公共利益或第三人利益的,人民法院应当裁定终结再审程序；人民检察院撤回抗诉的，应当准予。

终结再审程序的，恢复原判决的执行。

——《最高人民法院关于适用〈中华人民共和国民事诉讼法〉审判监督程序若干问题的解释》（2008年11月25日，法释〔2008〕14号）

【最高人民法院指导性案例】

牡丹江市宏阁建筑安装有限责任公司诉牡丹江市华隆房地产开发有限责任公司、张继增建设工程施工合同纠纷案（最高人民法院指导案例第7号）

裁判要点：人民法院接到民事抗诉书后，经审查发现案件纠纷已经解决，当事人申请撤诉，且不损害国家利益、社会公共利益或第三人利益的，应当依法作出对抗诉案终结审查的裁定；如果已裁定再审，应当依法作出终结再审诉讼的裁定。

最高人民法院认为：对于人民检察院抗诉再审的案件，或者人民法院依据当事人申请或依据职权裁定再审的案件，如果再审期间当事人达成和解并履行完毕，或者撤回申诉，且不损害国家利益、社会公共利益的，为了尊重和保障当事人在法定范围内对本人合法权利的自由处分权，实现诉讼法律效果与社会效果的统一，促进社会和谐，人民法院应当根据《最高人民法院关于适用〈中华人民共和国民事诉讼法〉审判监督程序若干问题的解释》第三十四条的规定，裁定终结再审诉讼。

本案中，申诉人华隆公司不服原审法院民事判决，在向最高人民法院申请再审的同时，也向检察机关申请抗诉。在本院提审期间，当事人达成和解，华隆公司向本院申请撤诉。由于当事人有权在法律规定的范围内自由处分自己的民事权益和诉讼权利，其撤诉申请意思表示真实，已裁定准许其撤回再审申请，本案当事人之间的纠纷已得到解决，且本案并不涉及国家利益、社会公共利益或第三人利益，故检察机关抗诉的基础已不存在，本案已无按抗诉程序裁定进入再审的必要，应当依法裁定本案终结审查。

——《最高人民法院关于发布第二批指导性案例的通知》（2012年4月9日，法〔2012〕172号）

编者说明

该指导性案例的裁判要点涉及《民事诉讼法》第188条和第140条第1款第（11）项规定的理解和适用问题，不仅充分尊重了当事人在法律规定范围内对自己民事权益和诉讼权利的自由处分权，节约了司法资源，而且有利于实现办理案件法律效果和社会效果的统一，达到案结事了和促进社会和谐稳定。它对于明确和完善民事抗诉案件的审查程序,进一步规范和统一民事抗诉案件的审理,具有重要意义。否则,如果人民法院对于不当的抗诉,不论抗诉对象是否正确,都不加审查径行作出再审的裁定,不仅浪费了司法资源,损害了司法机关的公信力和生效裁判的稳定性,而且会出现当事人不满意的尴尬局面。

986

再审中准许当事人撤回起诉的标准

关键词 | 再审 | 撤回起诉 |

【最高人民法院司法解释】

第四百一十条 一审原告在再审审理程序中申请撤回起诉,经其他当事人同意,且不损害国家利益、社会公共利益、他人合法权益的,人民法院可以准许。裁定准许撤诉的,应当一并撤销原判决。

一审原告在再审审理程序中撤回起诉后重复起诉的,人民法院不予受理。

——《最高人民法院关于适用〈中华人民共和国民事诉讼法〉的解释》(2015 年 1 月 30 日,法释〔2015〕5 号)

第三十五条 按照第一审程序审理再审案件时,一审原告申请撤回起诉的,是否准许由人民法院裁定。裁定准许的,应当同时裁定撤销原判决、裁定、调解书。

——《最高人民法院关于适用〈中华人民共和国民事诉讼法〉审判监督程序若干问题的解释》(2008 年 11 月 25 日,法释〔2008〕14 号)

【链接:最高人民法院法官著述】

对按一审程序审理再审案件时是否准许当事人撤回起诉的标准,本解释没有具体规定,我们认为与一审撤回起诉的标准不应完全相同。即除要考虑是否违反法律禁止性规定,或损害公益性质或他人利益外,还要考虑撤诉的动机是否正当,是否损害相对人的合法权益。如果申请再审人是一审被告,在再审中原审认为生效裁判可能要推翻,因而申请撤回起诉,以期逃避败诉的结果。在这种情形下是否要允许,需要由法院进行审查决定。因此,对一审原告申请撤回起诉的审查,在涉及当事人之间权益分配的事项中对撤诉仅进行形式审查,审查撤诉是否是原告的真实意思表示。在实体方面,应考虑撤诉是否损害相对方当事人的诉讼利益和实体权益,是否有规避法律,或损害国家、集体和他人的合法利益的情形,也就是综合对方当事人的权益、撤回再审申请的后果、撤回再审的目的或动机等考虑是否允许撤诉。

——江必新主编、最高人民法院审判监督庭编著:《最高人民法院关于适用民事诉讼法审判监督程序司法解释理解与适用》,人民法院出版社 2008 年版,第 282 页。

987

原审遗漏必要共同诉讼人的再审案件处理

关键词 | 再审调解 | 遗漏必要共同诉讼人 |

【最高人民法院司法解释】

第四百二十二条 必须共同进行诉讼的当事人因不能归责于本人或者其诉讼代理人的事由未参加诉讼的,可以根据民事诉讼法第二百条第八项规定,自知道或者应当知道之日起六个月内申请再审,但符合本解释第四百二十三条规定情形的除外。

人民法院因前款规定的当事人申请而裁定再审,按照第一审程序再审的,应当追加其为当事人,作出新的判决、裁定;按照第二审程序再审,经调解不能达成协议的,应当撤销原判决、裁定,发回重审,重审时应追加其为当事人。

——《最高人民法院关于适用〈中华人民共和国民事诉讼法〉的解释》(2015 年 1 月 30 日,法释〔2015〕5 号)

【最高人民法院裁判文书】

中国农业银行昆明市官渡区支行与昆明策裕集团有限公司等借款担保合同纠纷再审案[最高人民法院(2003)民一监字第 369 号民事裁定书]

裁判要旨:申诉人为本案所涉抵押房屋的原产权人,其与本案抵押人的房屋买卖合同已经仲裁裁决确定为无效。一、二审法院未允许其作为本案第三人参加诉讼,属于遗漏了应当参加诉讼的当事人,程序违法,依法应撤销一、二审判决,发回一审法院重审。

——苏泽林主编、最高人民法院审判监督庭编:《审判监督指导》(总第20辑),人民法院出版社2007年版,第87~89页。

【链接:最高人民法院法官著述】

当事人的诉讼地位主要是由其在实体法律关系中的地位决定的,一般来说,在民事诉讼中进行调解,应当在各方当事人之间进行,就案件所涉权利义务关系进行协商并达成协议。但是再审程序在此问题上有其特殊之处。当原审程序遗漏了必要的共同诉讼人的情况下,而再审程序又是按照第二审程序审理的时候,该被遗漏者参加了再审程序,如能够与其他当事人达成调解协议的,该再审案件也可以以调解方式结案。

——江必新主编、最高人民法院审判监督庭编著:《最高人民法院关于适用民事诉讼法审判监督程序司法解释理解与适用》,人民法院出版社2008年版,第287~288页。

988

再审调解的特殊表现形式

关键词 | 再审调解 | 调解协议 |

【最高人民法院司法解释】

第三十六条 当事人在再审审理中经调解达成协议的,人民法院应当制作调解书。调解书经各方当事人签收后,即具有法律效力,原判决、裁定视为被撤销。

——《最高人民法院关于适用〈中华人民共和国民事诉讼法〉审判监督程序若干问题的解释》(2008年11月25日,法释〔2008〕14号)

【最高人民法院司法政策】

12.大力做好再审案件调解工作。对历时时间长、认识分歧较大的再审案件，当事人情绪激烈、矛盾激化的再审案件，改判和维持效果都不理想的再审案件，要多做调解、协调工作，尽可能促成当事人达成调解、和解协议。对抗诉再审案件，可以邀请检察机关协助人民法院进行调解；对一般再审案件，可以要求原一、二审法院配合进行调解；对处于执行中的再审案件，可以与执行部门协调共同做好调解工作。

——《最高人民法院关于进一步贯彻“调解优先、调判结合”工作原则的若干意见》(2010年6月7日，法发〔2010〕16号)

【链接：最高人民法院法官著述】

再审案件往往有部分当事人不能或不到庭参加诉讼，例如，主债务人规避再审，而债权人却与担保人就担保债务达成了处置协议。由于主债务人未参加再审诉讼，因此该案不能以调解方式结案，仍需要通过判决的方式予以解决，这就产生了再审案件调解的特殊形式问题，即对于调解的案件，不出具民事调解书，而是通过民事判决书的方式，一方面对于调解协议予以确认，另一方面对于调解以外的法律关系进行判决，具体可以包括以下几种情况：

第一，一方或者多方当事人没有参加再审诉讼的情况下，其他参加再审诉讼的当事人达成调解协议的，可以作出判决，维持原审裁判中与未参加再审诉讼的当事人有关的部分，撤销与再审中调解协议有关的部分，并对达成调解协议的当事人之间的调解协议予以确认。

仍以上面所举的借款担保纠纷案件为例，保证人对于保证责任提出异议并申请再审的，如债务人不能参加诉讼，债权人和保证人又就保证责任达成调解协议的，应当先判决维持原判决中判令债务人向债权人偿还债务及利息的部分，再撤销判令保证人承担或者免除保证责任的部分，最后写明债权人与保证人之间达成的调解协议并加以确认。

在适用此种判决方式的时候，应当注意此时维持原判的基础，不是原审裁判相关部分是正确的，而是该部分不在申请再审范围和再审审理范围之内，故原审裁判中相关部分因未受质疑而当然有效。但是这一理由在某些时候仍需加以变通,即当法律关系之间存在主从关系的时候,从法律关系因调解而发生变化,不影响主法律关系的维持原判,但是主法律关系因调解而发生变化的,相应的可能影响从法律关系的内容。仍以上述借款担保纠纷为例,如果是债务人对于债务承担提出异议并申请再审,但是保证人没有申请再审,在再审中债权人与债务人就债权数额达成调解协议,债权人放弃原审已经享有的部分债权的,则应相应减少保证人承担保证责任的数额,即先行撤销与主债权有关的判项并对再审中就主债权达成的调解协议予以确认,再将原审裁判中保证人承担保证责任的判项按照新的债权数额予以变更。这种例外的理由是:当事人是否申请再审,其权利义务是否纳入再审审理范围,属于程序法律关系,虽然程序法律关系对于实体法律关系能够产生一定的影响,但是这种影响不是绝对的,在借款担保法律关系中,担保债权是依附于主债权存在的,因此当债权人与债务人达成降低主债权的调解协议时,就意味着债权人放弃了相应部分的主债权,主债权因放弃而消灭,依附于主债权的担保债权作为从权利,自然也随之消灭。从另一个角度说,担保债权所担保的只是实际发生的主债权,则在主债权减少的情况下,原判确定的担保债权所保证的对象有一部分不再实际发生,自然也不应当要求保证人按照原判确定的债权数额承担责任。

但是,如果诉辩双方颠倒过来,即债权人申请再审,双方达成的调解协议内容是增加主债权的数额,则此种增加对于保证人不生效力,再审法院仍应在原审裁判确定保证人承担保证责任的数额内维持原判。

第二,如果有关当事人都参加再审诉讼活动,且所争议的法律关系也均在再审审理范围之内,但只有部分当事人之间能够达成调解协议,而其他当事人对上述调解协议不能同意的,应当对不能达成协议的当事人及其相关法律关系进行判决,并对能够达成调解协议的当事人及其法律关系,依法审查确认调解协议的效力。

需要指出的是,虽然本文所列的两种方式,均是以判决方式部分作出判决,部分维持调解,但是二者所依据的法理基础是不同的:第一种方式中,判决部分不在再审审理范围之内,一般情况下,再审判决只能对其予以维持,对此前文已经论述。而第二种方式中,判决部分属于再审审理范围,因此再审判决可以根据审查认定的事实对该部分作出裁判,其结果并不限于维持原判。

由此引发的还有此种判决的送达问题,一般说来,调解书必须是当事人的真实意思表示,而且当事人在达成调解协议乃至制作完成调解书后可以反悔,因此调解书只有经各方当事人均签收后才能发生法律效力,这也就排除了以公告送达的方式送达民事调解书的可能。但是如果是以判决方式确认调解的案件，由于判决部分不需要取得当事人的同意，因此也就可以适用公告送达。由此产生的问题是，公告送达尚未期满，但是达成调解协议的各方当事人均已签收判决书时，该判决书却未生效，那么达成调解协议的当事人是否可以以判决书尚未生效为由对调解事项反悔？我们认为，以判决确认调解，只是在形式上取得的统一，不能影响其中判决和调解两部分各自的根本性质，因此达成调解协议的当事人签收民事判决书的，应当视为其签收了民事调解书，民事调解书所具有的确定力已经具备，只是其整体上所具有的既判力和强制力因为判决部分的有关当事人尚未送达而没有发生而已，因此，此时达成调解协议的当事人要求反悔的，不应予以支持。

——江必新主编、最高人民法院审判监督庭编著：《最高人民法院关于适用民事诉讼法审判监督程序司法解释理解与适用》，人民法院出版社2008年版，第288～289页。

989

因抗诉而再审达成和解的处理

关键词 | 抗诉 | 再审调解 | 终结再审诉讼 |

【最高人民法院裁判文书】

牡丹江市华隆房地产开发有限责任公司与牡丹江市宏阁建筑安装有限责任公司、张继增建设工程施工合同纠纷抗诉案［最高人民法院（2011）民抗字第29号民事裁定书］

裁判要旨：申诉人不服原审法院民事判决，在向检察机关申请抗诉的同时，也向上一级人民法院申请再审。在上级法院提审后，因当事人达成和解并向人民法院申请撤诉，上级法院裁定准许其撤回再审申请，当事人之间的纠纷已圆满解决，且案件并不涉及国家利益和社会公共利益，故检察机关抗诉的基础已不存在。对此种抗诉案件，人民法院应终结审查。

最高人民法院认为：

华隆公司不服原审法院民事判决，在向检察机关申请抗诉的同时，也向本院申请再审。在本院提审期间,当事人达成和解,华隆公司向本院申请撤诉,本院经审查认为当事人有权在法律规定的范围内处分自己的民事权益和诉讼权利,其撤诉申请意思表示真实,已裁定准许其撤回再审申请,本案当事人之间的纠纷已圆满解决,且本案并不涉及国家利益和社会公共利益,故检察机关抗诉的基础已不存在。经本院审判委员会讨论决定,依照《中华人民共和国民事诉讼法》第一百四十条第一款第(十一)项之规定,裁定如下:

本案终结审查。

——江必新主编、最高人民法院审判监督庭编:《审判监督指导》(总第36辑),人民法院出版社2011年版,第205页。

【链接:最高人民法院法官著述】

检察机关提出抗诉之前或者之后,在法院裁定再审之前,当事人和解或者撤诉的如何处理,相关规范性司法文件已有规定。如最高人民检察院2001年发布的《人民检察院民事行政抗诉案件办案规则》(以下简称《办案规则》)第22条规定:"有下列情形之一的,人民检察院应当终止审查:(一)申诉人撤回申诉,且不损害国家利益和社会公共利益的;(二)人民法院已经裁定再审的;(三)当事人自行和解的;(四)应当终止审查的其他情形。"该《办案规则》对于检察机关向人民法院提出抗诉之后,出现上述情况该如何处理,没有明确规定。又如,2003年5月22日,为了规范"部分人民检察院出现了随意撤回或执意不撤回抗诉等情形",最高人民检察院民事行政检察厅发布了《关于人民检察院办理民事行政案件撤回抗诉的若干意见》(以下简称《若干意见》)。该《若干意见》第(2)项规定:"人民检察院向人民法院提出抗诉后,人民法院裁定再审之前,申诉人书面申请撤回申诉或者确认涉案当事人已达成和解协议并提交该协议,经人民检察院审查,认为涉案当事人达成的和解协议不损害国家、集体和第三人利益的,人民检察院应当撤回抗诉。"可见,出现上述情形后,不论是否已提出抗诉,只要在人民法院裁定再审之前,检察机关应当终止审查或者撤回抗诉。

《最高人民法院关于适用〈中华人民共和国民事诉讼法〉审判监督程序若干问题的解释》(以下简称《审监程序解释》)第25条对当事人申请再审中出现四种情形时,规定人民法院可以裁定终结审查。该司法解释第34条对抗诉再审后出现相关情形时可以裁定终结再审诉讼作出了规定:"申请再审人在再审期间撤回再审申请的,是否准许由人民法院裁定。裁定准许的,应终结再审程序。申请再审人经传票传唤，无正当理由拒不到庭的，或者未经法庭许可中途退庭的，可以裁定按自动撤回再审申请处理。人民检察院抗诉再审的案件，申请抗诉的当事人有前款规定的情形，且不损害国家利益、社会公共利益或第三人利益的，人民法院应当裁定终结再审程序；人民检察院撤回抗诉的，应当准予。"但是，该司法解释对受理审查抗诉案件时，遇到前述情形，检察机关出于种种原因不撤回抗诉的，如何处理没有规定。

我们认为，当事人有权在法律规定的范围内处分自己的民事权益和诉讼权利。申请抗诉的当事人在人民法院审查期间请求撤诉，其撤诉申请意思表示真实，且不损害国家利益、社会公共利益或第三人利益的，应当依法准许。鉴于检察机关提出抗诉的目的是启动再审程序，而申请抗诉的当事人已明确表示放弃继续通过再审程序主张权利，故已无裁定进入再审的必要，可依照2012年《民事诉讼法》第154条规定，裁定终结审查。

最高人民法院指导案例7号牡丹江市宏阁建筑安装有限责任公司诉牡丹江市华隆房地产开发有限责任公司、张继增建设工程施工合同纠纷案中，牡丹江市华隆房地产开发有限责任公司（以下简称华隆公司）曾于2009年6月15日向最高人民法院申请再审，最高人民法院于同年12月8日裁定再审，后华隆公司请求撤回再审申请，最高人民法院于2010年12月15日以（2010）民提字第63号民事裁定准许其撤回再审申请。最高人民检察院向最高人民法院提出抗诉后，在最高人民法院审查期间，申诉人华隆公司于2011年4月13日向最高人民法院提交撤诉申请书。因申请抗诉的当事人已明确表示放弃继续通过再审程序主张权利，在不损害国家利益、社会公共利益以及第三人利益的情况下，检察机关提出抗诉的基础已不存在，故本案已无裁定进入再审的必要，应依法裁定终结审查。

——最高人民法院民事诉讼法修改研究小组编著：《〈中华人民共和国民事诉讼法〉修改条文理解与适用》，人民法院出版社2012年版，第501～502页。

编者说明

最高人民法院指导案例7号中，华隆公司在申请再审中因达成和解协议后申请撤诉，问题在于和解协议履行完毕、纠纷被解决后，华隆公司向人民法院申请撤回再审申请的请求，能否及于后来的抗诉案件。对此，最高人民法院倾向于持认可态度。也就是说，即便华隆公司在抗诉案件的审查时未再提交撤诉申请，由于抗诉的发动也是基于华隆公司的申诉权，在申请再审时的撤诉申请也可以作为终结审查程序的依据。理由在于，"当事人是否起诉或者终结诉讼，何时或以何种内容、范围对何人起诉，原则上由当事人自由决定"。

就同一个纠纷，当事人已经处分了自己的权利，况且本案纠纷也已在申请再审阶段得到了实质性的最终解决，因抗诉而再审已无必要。

990

维持瑕疵裁判时法律条文引用及效力起算时间

关键词 | 维持瑕疵裁判 | 法律条文引用 |

【最高人民法院司法解释】

第四百零七条 人民法院经再审审理认为，原判决、裁定认定事实清楚、适用法律正确的，应予维持；原判决、裁定认定事实、适用法律虽有瑕疵，但裁判结果正确的，应当在再审判决、裁定中纠正瑕疵后予以维持。

——《最高人民法院关于适用〈中华人民共和国民事诉讼法〉的解释》(2015 年 1 月 30 日，法释〔2015〕5 号)

第三十七条 人民法院经再审审理认为，原判决、裁定认定事实清楚、适用法律正确的，应予维持；原判决、裁定在认定事实、适用法律、阐述理由方面虽有瑕疵，但裁判结果正确的，人民法院应在再审判决、裁定中纠正上述瑕疵后予以维持。

——《最高人民法院关于适用〈中华人民共和国民事诉讼法〉审判监督程序若干问题的解释》(2008 年 11 月 25 日，法释〔2008〕14 号)

【链接：最高人民法院法官著述】

1. 引用法律条文问题

本条司法解释遇到的适用法律的主要问题是：在维持瑕疵裁判的时候，能否适用《民事诉讼法》第 153 条第 1 款第(1)项的规定。造成这一问题的原因在于：对于瑕疵裁判的维持，本应是立法层面解决的问题，也就是说，此种判决的维持，原本应在立法上有直接适用的裁判依据，但是由于我国民事诉讼立法并未注意到正确裁判与可维持裁判之间的联系与区别，因此在法律中没有为瑕疵裁判的维持提供规范依据，反而在有关条款的文字表述上限制了对瑕疵判决的维持。因此，不得不在司法解释中通过扩张解释的方法将维持判决扩展至有瑕疵判决的维持。所以在裁判文书中引用法条的时候，对于瑕疵裁判，应当同时引用《民事诉讼法》第 153 条第 1 款第（1）项和本司法解释本条的规定予以维持。

2. 瑕疵裁判的效力起算时间

这一问题是瑕疵裁判所特有的，因为对于正常的维持原裁判案件而言，再审程序并未否定原审裁判的效力，因此对于原审裁判的效力起算时间并无实际影响。对于改判或者发回重审的案件而言，原生效裁判已经被新的裁判所取代，原生效裁判的效力及其起算时间也就没有意义了。而对于瑕疵裁判而言，虽然原审裁判存在瑕疵，但是前文已经说明，此种裁判属于不可改判的裁判，因此原审生效裁判的效力仍然被再审裁判所确认和维持，其效力起算时间仍然应当从原生效时间开始计算。

考虑这一问题的另一个因素是：生效裁判是执行行为的依据，依据有效的判决作出的执行行为才可能是正当的，如果作为执行行为依据的生效裁判被撤销，那么就必然涉及执行行为问题，因为申请执行人取得执行标的的原因已经因再审被撤销，其因此失去继续享有相关权利的基础。如果认为瑕疵裁判和错误裁判一样是无效的，那么自然就意味着在此之前的执行行为是错误的，但是该执行行为随即又得到新的同一内容的再审判决的再次确认，由此可见，否认瑕疵裁判自身的效力，无效在理论上还是在实务上只能人为地制造不便。

——江必新主编、最高人民法院审判监督庭编著：《最高人民法院关于适用民事诉讼法审判监督程序司法解释理解与适用》，人民法院出版社 2008 年版，第 295 ~ 296 页。

991

未在原审程序中及时举证导致改判的责任承担

关键词 | 未及时举证 | 再审改判 |

【最高人民法院司法解释】

第四百一十一条 当事人提交新的证据致使再审改判，因再审申请人或者申请检察监督当事人的过错未能在原审程序中及时举证，被申请人等当事人请求补偿其增加的交通、住宿、就餐、误工等必要费用的，人民法院应予支持。

——《最高人民法院关于适用〈中华人民共和国民事诉讼法〉的解释》(2015 年 1 月 30 日，法释〔2015〕5 号)

第三十九条 新的证据证明原判决、裁定确有错误的，人民法院应予改判。

申请再审人或者申请抗诉的当事人提出新的证据致使再审改判，被申请人等当事人因申请再审人或者申请抗诉的当事人的过错未能在原审程序中及时举证，请求补偿其增加的差旅、误工等诉讼费用的，人民法院应当支持；请求赔偿其由此扩大的直接损失，可以另行提起诉讼解决。

——《最高人民法院关于适用〈中华人民共和国民事诉讼法〉审判监督程序若干问题的解释》(2008 年 11 月 25 日，法释〔2008〕14 号)

【链接：最高人民法院法官著述】

第一，其他当事人要求提交新证据的当事人补偿必要费用的，但这是作为诉讼费用处理的，再审裁判并不会超出原审诉讼请求；第二，要求补偿的当事人应当有相应的证据证明其支出交通、住宿、就餐、误工等必要费用；第三，人民法院支持当事人补偿必要费用请求的，应在裁定文书予以阐明，并在裁判主文后，作为案件受理费、鉴定费等的一项诉讼费用，载明由提供新证据的当事人负担；第四，因当事人在再审审理中提交新证据，其他当事人要求延长举证期限的，人民法院应当准许；第五，检察机关调查取得的证据导致再审改判的，不适用本条规定；第六，其他当事人请求提交新证据的当事人赔偿损失的，可以另行诉讼解决，本条只涉及费用问题。

——沈德咏主编、最高人民法院修改后民事诉讼法贯彻实施工作领导小组编著：《最高人民法院民事诉讼法司法解释理解与适用》，人民法院出版社 2015 年版，第 437 页。

992

对调解书提起再审后发现再审事由不成立的处理

关键词｜调解书｜提起再审｜再审事由不成立｜

【最高人民法院司法解释】

第四百零九条 人民法院对调解书裁定再审后，按照下列情形分别处理：

（一）当事人提出的调解违反自愿原则的事由不成立，且调解书的内容不违反法律强制性规定的，裁定驳回再审申请；

（二）人民检察院抗诉或者再审检察建议所主张的损害国家利益、社会公共利益的理由不成立的，裁定终结再审程序。

前款规定情形，人民法院裁定中止执行的调解书需要继续执行的，自动恢复执行。

——《最高人民法院关于适用〈中华人民共和国民事诉讼法〉的解释》（2015年1月30日，法释〔2015〕5号）

第四十条 人民法院以调解方式审结的案件裁定再审后，经审理发现申请再审人提出的调解违反自愿原则的事由不成立，且调解协议的内容不违反法律强制性规定的，应当裁定驳回再审申请，并恢复原调解书的执行。

——《最高人民法院关于适用〈中华人民共和国民事诉讼法〉审判监督程序若干问题的解释》（2008年11月25日，法释〔2008〕14号）

【链接：最高人民法院法官著述】

在适用本条来处理案件时，已经不必再对案件实体处理本身进行过多的考虑了。也就是说，本条规定本质上是一种程序性的处理方式。所以，应当注意在裁定书中重点叙述有关申请再审人提出的调解违反自愿原则事由不成立的内容；在终结再审的裁定中，要对调解书不损害国家利益、社会公共利益的情况作说明。另外，不需要专门在裁定主文中写明“恢复调解书的执行”的内容，符合本条规定的调解书的执行力是自动恢复的。

——沈德咏主编、最高人民法院修改后民事诉讼法贯彻实施工作领导小组编著：《最高人民法院民事诉讼法司法解释理解与适用》，人民法院出版社2015年版，第1082页。

人民法院经再审驳回对一审调解结案民事案件再审申请的裁定，当事人无上诉权

问题：我院审理的一起以调解方式结案的民事案件，当事人的再审申请经审委会讨论裁定进入再审程序后，经审理发现申请再审人提出的调解违反自愿原则的事由不成立，且调解协议的内容不违反法律强制性规定，应当裁定驳回再审申请，并恢复原调解书的执行。但对该裁定当事人是否享有上诉权存在不同认识。一种意见认为不享有上诉权。理由为：按照最高人民法院《审判监督解释》第24条规定："人民法院经审查认为申请再审事由不成立的，应当裁定驳回再审申请。驳回再审申请的裁定一经送达，即发生法律效力。"另一种意见认为当事人应享有上诉权。理由为：再审申请是一种诉权，在审查阶段驳回再审申请的裁定无上诉权无争议，但经审查裁定进入再审程序后，按照一审程序审理发现应驳回再审申请，这与审查阶段的性质不同，且司法解释无明确规定。以上两种意见哪种正确？请解答。

《人民司法》研究组认为：最高人民法院《审判监督解释》第40条规定："人民法院以调解方式审结的案件裁定再审后，经审理发现申请再审人提出的调解违反自愿原则事由不成立，且调解协议的内容不违反法律强制性规定的，应当裁定驳回再审申请，并恢复原调解书的执行。"根据该条规定，裁定驳回再审申请的同时，已经恢复原调解书的执行，显然该裁定一经送达即发生法律效力，不属于可以上诉的情形。该条是关于以调解方式审结的案件再审后如何处理问题的特别规定。因此，我们认为，你院第一种意见是正确的，但不是以该解释第24条为依据，应以该解释第40条为依据。

——《人民司法·应用》2010年第17期

993

因案外人申请而裁定再审案件的处理

关键词｜案外人｜申请再审｜审判监督程序｜

【最高人民法院司法解释】

第四百二十三条 根据民事诉讼法第二百二十七条规定，案外人对驳回其执行异议的裁定不服，认为原判决、裁定、调解书内容错误损害其民事权益的，可以自执行异议裁定送达之日起六个月内，向作出原判决、裁定、调解书的人民法院申请再审。

第四百二十四条 根据民事诉讼法第二百二十七条规定，人民法院裁定再审后，案外人属于必要的共同诉讼当事人的，依照本解释第四百二十二条第二款规定处理。

案外人不是必要的共同诉讼当事人的，人民法院仅审理原判决、裁定、调解书对其民事权益造成损害的内容。经审理，再审请求成立的，撤销或者改变原判决、裁定、调解书；再审请求不成立的，维持原判决、裁定、调解书。

——《最高人民法院关于适用〈中华人民共和国民事诉讼法〉的解释》（2015 年 1 月 30 日，法释〔2015〕5 号）

第四十二条 因案外人申请人民法院裁定再审的，人民法院经审理认为案外人应为必要的共同诉讼当事人，在按第一审程序再审时，应追加其为当事人，作出新的判决；在按第二审程序再审时，经调解不能达成协议的，应撤销原判，发回重审，重审时应追加案外人为当事人。

案外人不是必要的共同诉讼当事人的，仅审理其对原判决提出异议部分的合法性，并应根据审理情况作出撤销原判决相关判项或者驳回再审请求的判决；撤销原判决相关判项的，应当告知案外人以及原审当事人可以提起新的诉讼解决相关争议。

——《最高人民法院关于适用〈中华人民共和国民事诉讼法〉审判监督程序若干问题的解释》（2008 年 11 月 25 日，法释〔2008〕14 号）

【链接：最高人民法院法官著述】

第一，案外人申请再审程序，是案外人认为执行行为依据的裁判文书错误，而不是认为执行行为本身错误，要求予以救济。第二，案外第三人只能就第三人撤销之诉与案外人申请再审择一而行。该当事人不能一条救济途径结束后，再走另一条道路寻求救济。第三，原审人民法院应当注意查询。由于案外人申请再审和第三人撤销之诉均设定为原审人民法院受理，为了避免重复立案处理，故应注意查询和识别。第四，司法解释对案外人申请再审仅作了比较原则的规定，其他事项，如案外人提交再审申请书等材料、案外人申请再审的理由成立与否以及对案外人再审申请的审查处理等,依照人民法院对当事人申请再审的具体规定执行。至于案外人申请再审中的少数个性问题,应当运用民事诉讼的相应原则和原理,具体问题具体对待。

——沈德咏主编、最高人民法院修改后民事诉讼法贯彻实施工作领导小组编著:《最高人民法院民事诉讼法司法解释理解与适用》,人民法院出版社2015年版,第1124页。

994

因抗诉裁定再审后，申诉人死亡或终止的裁定终结再审诉讼

关键词｜抗诉｜裁定再审｜申诉人死亡或终止｜终结再审诉讼｜

【最高人民法院司法解释】

第四百零二条 再审申请审查期间,有下列情形之一的,裁定终结审查:

(一)再审申请人死亡或者终止,无权利义务承继者或者权利义务承继者声明放弃再审申请的;

(二)在给付之诉中,负有给付义务的被申请人死亡或者终止,无可供执行的财产,也没有应当承担义务的人的;

(三)当事人达成和解协议且已履行完毕的,但当事人在和解协议中声明不放弃申请再审权利的除外;

(四)他人未经授权以当事人名义申请再审的;

(五)原审或者上一级人民法院已经裁定再审的;

(六)有本解释第三百八十三条第一款规定情形的。

第四百零六条 再审审理期间,有下列情形之一的,可以裁定终结再审程序:

(一)再审申请人在再审期间撤回再审请求,人民法院准许的;

(二)再审申请人经传票传唤,无正当理由拒不到庭的,或者未经法庭许可中途退庭,按撤回再审请求处理的;

(三)人民检察院撤回抗诉的;

(四)有本解释第四百零二条第一项至第四项规定情形的。

因人民检察院提出抗诉裁定再审的案件，申请抗诉的当事人有前款规定的情形，且不损害国家利益、社会公共利益或者他人合法权益的，人民法院应当裁定终结再审程序。

再审程序终结后，人民法院裁定中止执行的原生效判决自动恢复执行。

——《最高人民法院关于适用〈中华人民共和国民事诉讼法〉的解释》(2015 年 1 月 30 日，法释〔2015〕5 号)

995

驳回起诉理由不当应通过审判监督程序解决

关键词 | 审判监督 | 驳回起诉 |

【链接：最高人民法院法官著述】

问题：某法院在审理一起财产权属纠纷案件中，审理后裁定驳回了原告的起诉。裁定书生效后，原告提出申诉，经审查认为原审裁定驳回原告起诉的理由不当，应予撤销。但对再审案件的处理上出现了两种不同意见，一种意见认为，应由审判监督庭下达撤销原裁定的裁定书一并判决；另一种意见认为，由审判监督庭下达撤销原裁定的裁定书，由本院另行组成合议庭对本案进行审理。

《人民司法》研究组认为：最高人民法院《民诉法意见》第 142 条规定，裁定驳回起诉的案件，原告再次起诉符合起诉条件的，法院应当受理。故如果被驳回起诉的原告符合该规定的，法院应当告知其另行提起民事诉讼。如信中所述原告的诉讼请求、理由等情况未发生任何变化，只是已经生效的原裁定认定事实和适用法律错误，则应当通过审判监督程序解决。此时对再审案件应如何处理，目前法律没有明文规定，审判实务中做法也不完全一致。我们倾向于来信中的第二种观点，即撤销原裁定，另行组成合议庭就案件按照一审程序进行实体审理。

——《人民司法》2005 年第 12 期

996

抗诉案件进入再审程序后检察机关调查取得的证据在庭审中的质证

关键词 | 抗诉 | 检察机关取证 | 质证 |

【链接：最高人民法院法官著述】

问:民事、行政抗诉案件进入再审程序后,检察机关调查取得的证据在庭审中如何质证?

答:《最高人民法院关于民事诉讼证据的若干规定》和《最高人民法院关于行政诉讼证据若干问题的规定》对当事人所举证据和人民法院调查取得的证据,在庭审中如何进行举证、质证作出了规定。但对检察机关就民事、行政案件是否享有调查取证权、调查取得的证据在庭审中如何质证,人民法院对该证据能否采用等情形未作规定。鉴于司法实践中存在调查取证难的问题,检察机关就民事、行政案件进行抗诉,依法取得的证据,有利于案件的公正处理,人民法院应当接受。根据《最高人民法院、最高人民检察院关于对民事审判活动与行政诉讼实行法律监督的若干意见(试行)》第三条规定:"人民检察院对于已经发生法律效力的判决、裁定、调解,有下列情形之一的,可以向当事人或者案外人调查核实:(一)可能损害国家利益、社会公共利益的;(二)民事诉讼的当事人或者行政诉讼的原告、第三人在原审中因客观原因不能自行收集证据,书面申请人民法院调查收集,人民法院应当调查收集而未调查收集的;(三)民事审判、行政诉讼活动违反法定程序,可能影响案件正确判决、裁定的。"从上述规定可见,检察机关享有调查核实权,但行使调查核实权须具备三个方面要件:一是检察机关仅对生效判决、裁定、调解确定的事实有一定调查权;二是仅限于可能损害国家利益和社会公共利益,人民法院怠于行使调查权以及违反法定程序可能影响案件正确判决、裁定等三种情形;三是检察机关仅可对当事人或案外人调查核实证据,不得向原审审判人员取证。同时,《最高人民法院、最高人民检察院关于对民事审判活动与行政诉讼实行法律监督的若干意见(试行)》第十三条第二款第(二)项规定:"对人民检察院依职权调查收集的、包括有利于和不利于申诉人的证据予以出示,并对当事人提出的问题予以说明。"可见,检察机关行使调查权取得的证据,出于居中监督,不仅要提供有利于申诉人的证据,还应提供不利于申诉人的证据,而且检察机关应在法庭上出示相关证据,并回答对方当事人的质疑。只有经过质证的证据，才能作为人民法院认定事实的依据。

——江必新主编、最高人民法院审判监督庭编：《审判监督指导》（总第39辑），人民法院出版社2012年版，第248页。

997

一方当事人针对二审判决申请再审，法院作出再审判决后，另一方当事人不服的，不能向法院申请再审

关键词 | 申请再审 | 再审判决 | 检察建议 | 抗诉 |

【链接：最高人民法院法官著述】

问：一方当事人针对二审判决申请再审，人民法院作出再审判决后，另一方当事人不服的，能否向人民法院申请再审？

《民事审判指导与参考》研究组认为：《中华人民共和国民事诉讼法》第一百九十九条规定所称的当事人是案件的全部当事人，也就是说，上诉人和被上诉人等案件当事人针对已经发生法律效力的一审或二审判决、裁定，均依法享有申请再审的权利。一方当事人在法定期间内申请再审，另一方当事人在法定期间内未提出再审申请的，在审判监督程序终结后，所有当事人针对该已经发生法律效力的一审或二审判决、裁定申请再审的诉讼程序权利已经消灭，并不会因另一方未在法定期间内行使申请再审的权利而为其另行保留一次向作出再审裁判法院申请再审的权利。具体到问题所涉及的情形，人民法院针对一方当事人的再审申请，经过审查，裁定进入再审程序的，虽然再审程序是按照第二审程序审理的，但所形成的法律文书并非二审判决，而是再审判决，两者因所处的诉讼程序不同而性质有别。此时，由于当事人相应诉讼权利所指向的对象是再审判决而非二审判决，故根据民事诉讼法第二百零九条第一款第（三）项的规定，当事人可以“再审判决、裁定有明显错误的”为法定事由，向人民检察院申请检察建议或者抗诉。

——杜万华主编、最高人民法院民事审判第一庭编：《民事审判指导与参考》（总第62辑），人民法院出版社2016年版，第291页。

998

经一审法院再审作出驳回起诉裁定，当事人上诉后二审法院作出维持原裁定的生效裁定可以申请再审

关键词 | 再审 | 抗诉 | 上诉 |

【链接：最高人民法院法官著述】

问：对一审判决生效后，经一审法院启动再审程序作出驳回起诉的民事裁定，当事人提起上诉，二审法院经审理作出维持原裁定的生效民事裁判，是否属于《中华人民共和国民事诉讼法》第二百零九条第一款第（三）项规定的当事人可以向检察机关申请抗诉的“再审判决、裁定”？

《民事审判指导与参考》研究组认为：对此，司法实务中存在两种意见：第一种意见认为，虽经一审法院再审并作出再审裁判，但因当事人提起上诉启动二审程序，二审法院经审理作出的终审裁判，不属于民事诉讼法第二百零九条第一款第三项规定的再审裁判；第二种意见认为，一审判决生效后，原审法院依照审判监督程序启动再审后作出的一、二审裁判，应属于再审裁判范畴。我们认为，2012 年民事诉讼法修改增加第二百零九条的目的是解决当事人不断申请再审、重复申诉的问题，总的立法精神就是因当事人针对生效裁判申请再审，就启动一次。如果当事人不服再审裁判则可寻求检察监督。就一审判决生效后，经一审法院启动再审程序作出驳回起诉的裁定，当事人提起上诉，二审作出维持原裁定的生效民事裁判而言，该二审生效裁定并未经过再审程序。故当事人有权就此裁定向法院申请再审。

——杜万华主编、最高人民法院民事审判第一庭编：《民事审判指导与参考》（总第 62 辑），人民法院出版社 2016 年版，第 295 页。

第十八章 | CHAPTER 18

督促程序

999

基层人民法院受理支付令案件应当不受级别管辖限制

关键词 | 支付令 | 督促程序 | 管辖权 |

【最高人民法院司法解释】

第二十三条 债权人申请支付令，适用民事诉讼法第二十一条规定，由债务人住所地基层人民法院管辖。

第四百二十七条 两个以上人民法院都有管辖权的，债权人可以向其中一个基层人民法院申请支付令。

债权人向两个以上有管辖权的基层人民法院申请支付令的，由最先立案的人民法院管辖。

——《最高人民法院关于适用〈中华人民共和国民事诉讼法〉的解释》(2015 年 1 月 30 日，法释〔2015〕5 号)

第一条 基层人民法院受理债权人依法申请支付令的案件，不受争议金额的限制。

第二条 共同债务人住所地、经常居住地不在同一基层人民法院辖区，各有关人民法院都有管辖权的，债权人可以向其中任何一个基层人民法院申请支付令；债权人向两个以上有管辖权的人民法院申请支付令的，由最先立案的人民法院管辖。

——《最高人民法院关于适用督促程序若干问题的规定》(2001 年 1 月 8 日，法释〔2001〕2 号)

【链接：最高人民法院法官著述】

督促程序的级别管辖在《民事诉讼法》第一百八十九条中已经作出明确规定，即由基层人民法院管辖。但是，基层人民法院受理债权人依法申请支付令的案件，是否应受标的金额的限制，存在不同意见。我们认为，基层人民法院受理支付令案件应当不受级别管辖的限制，主要有以下理由：

其一，从法律上讲，《民事诉讼法》第一百八十九条已经作出明确规定，督促程序由基层人民法院管辖。这就排除了除基层人民法院之外的其他人民法院对适用督促程序的案件有管辖权。其二,《民事诉讼法》规定督促程序时,并没有将一定数量的标的金额作为适用条件。因此,人为地对适用督促程序的标的数量进行限制,没有法律依据。其三,虽然债权人申请支付令的标的金额较大,但只要该案件事实简单、清楚,债权债务关系没有争议,且债权人与债务人之间没有其他债权债务纠纷,支付令也能够送达债务人,基层人民法院没有理由拒绝受理。其四,由基层人民法院受理标的金额较大的支付令案件,既可以快捷方便地保护债权人的合法权益,又能使债务人的合法权益不受到损害。这是因为适用督促程序的案件事实清楚、简单,不必经过复杂的普通程序,基层人民法院可以在很短时间内结案。如果受理申请后,债务人对该案件事实有异议,可以向受理法院提出书面异议,要求终结适用督促程序。终结督促程序后,当事人愿意提起诉讼的,应按级别管辖原则,由有管辖权的人民法院按简易程序或者普通程序对此案继续进行审理。其五,由基层人民法院受理支付令案件,与支付令的执行级别并不矛盾。《最高人民法院关于人民法院执行工作若干问题的规定(试行)》第十条第二款规定:“……案件的级别管辖,参照各地法院受理诉讼案件的级别管辖的规定确定。”这一规定表明:适用督促程序的案件由基层人民法院管辖,支付令的执行也就可以由基层人民法院管辖。

关于督促程序地域管辖的问题,应当按照《民事诉讼法》第二十二条规定的精神办理。据此,《规定》第二条中明确规定:“共同债务人住所地、经常居住地不在同一基层人民法院辖区,各有关人民法院都有管辖权的,债权人可以向其中任何一个基层人民法院申请支付令;债权人向两个以上有管辖权的人民法院申请支付令的,由最先立案的人民法院管辖。”

——王艳彬:《最高人民法院〈关于适用督促程序若干问题的规定〉的理解与适用》,载唐德华主编、最高人民法院民事审判第一庭编:《民事审判指导与参考》(总第6卷),法律出版社2001年版,第92~93页。

编者说明

1982年《民事诉讼法(试行)》中并没有规定督促程序,直到1991年《民事诉讼法》第十七章中第189条至第192条才新增设了这一审判程序。为了在审判工作中正确适用督促程序,2001年1月8日,最高人民法院出台了《关于适用督促程序若干问题的规定》,进一步对督促程序案件适用中的争议问题进行了规定。2007年《民事诉讼法》只是对督促程序规定的条文序号作了相应调整,内容上并无任何变动。2012年《民事诉讼法》在内容上通过增加第133条第 1 款规定、将 2007 年《民事诉讼法》第 194 条改为第 217 条这两种方式，进一步完善了督促程序。

1000

法院受理支付令申请后发现无管辖权的，裁定驳回申请

关键词 | 支付令 | 督促程序 | 管辖权 | 驳回申请 |

【链接：最高人民法院法官著述】

当人民法院受理支付令申请后发现本法院无管辖权时，应当如何处理？是驳回申请，还是移送管辖？我们认为，根据民事诉讼法关于移送管辖的规定，"人民法院发现受理的案件不属于本院管辖的，应当移送有管辖权的法院"，"受移送的人民法院认为受移送的案件依照规定不属于本院管辖的，应当报请上级人民法院指定管辖，不得自行移送"。由于移送、报请、指定程序将花费大量时间，与督促程序简单便捷的特点不符，故移送管辖不应适用于督促程序。结合民事诉讼法第二百一十六条的规定，"人民法院受理申请后，经审查债权人提供的事实、证据，对债权债务关系明确、合法的，应当在受理之日起十五日内向债务人发出支付令；申请不成立的，裁定予以驳回"，结合《92 年意见》第 216 条"人民法院受理申请后，由审判员一人进行审查。经审查申请不成立的，应当在十五日内裁定驳回申请，该裁定不得上诉"的规定，人民法院无管辖权，应为申请不成立的情形之一。因此，我们认为，一旦受理申请的人民法院发现自己无管辖权，应当裁定驳回申请。

——沈德咏主编、最高人民法院修改后民事诉讼法贯彻实施工作领导小组编著：《最高人民法院民事诉讼法司法解释理解与适用》，人民法院出版社 2015 年版，第 1134 页。

1001

适用督促程序案件的受理

关键词 | 督促程序 | 支付令 | 限期补正 | 受理 |

【最高人民法院司法解释】

第四百二十八条 人民法院收到债权人的支付令申请书后，认为申请书不符合要求的，可以通知债权人限期补正。人民法院应当自收到补正材料之日起五日内通知债权人是否受理。

——《最高人民法院关于适用〈中华人民共和国民事诉讼法〉的解释》（2015 年 1 月 30 日，法释〔2015〕5 号）

第三条 人民法院收到债权人的书面申请后，认为申请书不符合要求的，人民法院可以通知债权人限期补正。补正期间不计入民事诉讼法第一百九十条规定的期限。

——《最高人民法院关于适用督促程序若干问题的规定》（2001 年 1 月 8 日，法释〔2001〕2 号）

【链接：最高人民法院法官著述】

第一，"可以通知债权人限期补正"，此处应当注意其中"限期补正"的含义。所谓"限期补正"，顾名思义即在规定的期限内进行补正，但司法解释并未对补正的期限进行具体规定，主要是考虑到不同地区的司法环境下当事人诉讼能力的差异，但是未规定期限，不等于不限制期限，此处"限期"二字的另一层含义则是需要当事人尽快补正申请书的内容，这主要是考虑到支付令程序简单、便捷、高效的特点。而设立支付令程序的目的，就在于方便群众诉讼、提高办案效率、完善债权制度、及时解决债权债务纠纷，加快民事流转，稳定社会主义经济秩序。因此，在司法实践中，对于当事人补正支付令申请书的期限不宜规定过长。

第二，对于人民法院提出的限期补正的要求，债权人不予补正的，实践中应当如何处理？对此，一般认为，债权人在人民法院充分行使阐明权后，仍然对支付令申请书拒绝补正的,则应当根据民事诉讼法第二百一十六条的规定,按照支付令"申请不成立的,裁定予以驳回"的要求予以处理。

第三,对支付令申请书的审查是形式审查,而非实体审查。对于债权人的申请,法院仅根据债权人提供的证据进行审查,不进行直接调查,也不会询问当事人,仅仅是通过形式上对支付令申请书的审查来确认债权债务在形式上是否合法、明确。如果债权债务合法、明确,就依据督促程序的规定签发支付令,否则裁定驳回债权人的申请。

第四,诉状补正的问题。基于督促程序的特点,支付令所载明的事实、证据必定非常简单,如果债务人提出异议,引发了普通审判程序,债权人的支付令申请可视为起诉,则可能会出现申请书记载的事项不符合民事诉讼法关于起诉书要求的情况。如果在一审程序中,将债权人关于督促程序的申请直接作为起诉状,显然不符合起诉的条件,降低了对起诉的要求。为了解决这一矛盾,可在督促程序转为普通程序之后,由受理的法院通知申请人在一定的时间内补充有关内容,过期不补充的,视为撤诉。

——沈德咏主编、最高人民法院修改后民事诉讼法贯彻实施工作领导小组编著:《最高人民法院民事诉讼法司法解释理解与适用》,人民法院出版社 2015 年版,第 1139 页。

1002

督促程序不适用于请求给付外国货币

关键词 | 督促程序 | 请求给付外国货币 |

【链接:最高人民法院法官著述】

督促程序是否适用于请求给付外国货币,我国民事诉讼法没有作出明确的规定。根据我国的外汇管理法规,外汇在我国的流通受到严格的限制,因此我们对支付令是否可以请求给付外国货币的理解应与此相一致,既然我国民事诉讼法未对支付令是否可以请求给付外国货币做出明确规定,就应当理解为主要适用人民币。但由于我国已经加入 WTO,对外交流和商务往来频繁,势必要求外国货币在我国的一定领域内具有流通性。因此,我国督促程序应当在一定领域内允许给付外国货币。

——沈德咏主编、最高人民法院修改后民事诉讼法贯彻实施工作领导小组编著:《最高人民法院民事诉讼法司法解释理解与适用》,人民法院出版社2015年版,第1148页。

1003

设有担保的债务案件对督促程序的适用

关键词｜设有担保的债务｜支付令｜督促程序｜

【最高人民法院司法解释】

第四百三十六条 对设有担保的债务的主债务人发出的支付令,对担保人没有拘束力。

债权人就担保关系单独提起诉讼的,支付令自人民法院受理案件之日起失效。

——《最高人民法院关于适用〈中华人民共和国民事诉讼法〉的解释》(2015年1月30日,法释〔2015〕5号)

第四条 对设有担保的债务案件主债务人发出的支付令,对担保人没有拘束力。债权人就担保关系单独提起诉讼的,支付令自行失效。

——《最高人民法院关于适用督促程序若干问题的规定》(2001年1月8日,法释〔2001〕2号)

【链接:最高人民法院法官著述】

1.对于保证人能否作为支付令申请的被申请人以及将其列为被申请人后,程序应该如何具体运作,存在三种理解:一是认为保证人可以列为被申请人;二是认为保证人不能列为被申请人;三是认为是否对保证人适用督促程序要针对一般保证人和连带保证人这两种不同的保证类型区别对待。从本条规定的原意来看,保证人不能列为督促程序中的被申请人,原因就在于该保证人作为“被申请人”，与民事诉讼法第二百一十四条所规定的条件不符，因此，债权人如果对设有担保的债务申请适用支付令，只能对主债务人适用，不得对担保人适用支付令；当然，这不妨碍债权人通过诉讼程序将债务人与担保人作为被告主张诉讼权利。

2. 关于同时向主债务人和担保人主张适用支付令的问题。当债权人同时对设有担保关系的主债务人和担保人申请发出支付令时，人民法院不能适用督促程序。原因是该申请不符合民事诉讼法第二百一十四条的规定，即申请支付令时，由于与债务关系同时还存在着担保关系，不符合“债权人与债务人没有其他债务关系”的前提条件，而不能适用支付令。因此，债权人同时向主债务人和担保人主张适用支付令时，主债务人或担保人可以异议，以终结督促程序。需要说明的是，督促程序不是诉前程序或起诉前的先行程序，也不是普通程序的附属程序。如果选择诉讼方式，债权人可以对设有担保的债务的债务人和担保人同时提起诉讼的，支付令自人民法院受理案件之日起失效。

3. 关于债权人另行起诉问题。督促程序并非处理设有担保的债务标的案件的必经程序，法律并没有强制规定这类案件必须适用督促程序，对于选择何种方式来解决纠纷，根据民事诉讼中的程序选择权理论，当事人享有程序选择权，即可以选择诉讼程序或督促程序来解决。同时，当事人选择了督促程序之后也并不意味着丧失了通过普通诉讼程序保障其债权实现的权利，如果债权人就担保关系单独提起诉讼的，督促程序因当事人选择了诉讼程序，支付令自人民法院受理案件之日起失去效力。

——沈德咏主编、最高人民法院修改后民事诉讼法贯彻实施工作领导小组编著：《最高人民法院民事诉讼法司法解释理解与适用》，人民法院出版社 2015 年版，第 1164～1165 页。

1004
人民法院对债务人提出的支付令异议的审查

关键词 | 督促程序 | 支付令 | 债务人异议 |

【最高人民法院司法解释】

第四百三十三条 债务人在收到支付令后，未在法定期间提出书面异议，而向其他人民法院起诉的，不影响支付令的效力。

债务人超过法定期间提出异议的，视为未提出异议。

第四百三十四条 债权人基于同一债权债务关系，在同一支付令申请中向债务人提出多项支付请求，债务人仅就其中一项或者几项请求提出异议的，不影响其他各项请求的效力。

第四百三十五条 债权人基于同一债权债务关系，就可分之债向多个债务人提出支付请求，多个债务人中的一人或者几人提出异议的，不影响其他请求的效力。

第四百三十七条 经形式审查，债务人提出的书面异议有下列情形之一的，应当认定异议成立，裁定终结督促程序，支付令自行失效：

（一）本解释规定的不予受理申请情形的；

（二）本解释规定的裁定驳回申请情形的；

（三）本解释规定的应当裁定终结督促程序情形的；

（四）人民法院对是否符合发出支付令条件产生合理怀疑的。

第四百三十八条 债务人对债务本身没有异议，只是提出缺乏清偿能力、延缓债务清偿期限、变更债务清偿方式等异议的，不影响支付令的效力。

人民法院经审查认为异议不成立的，裁定驳回。

债务人的口头异议无效。

——《最高人民法院关于适用〈中华人民共和国民事诉讼法〉的解释》（2015 年 1 月 30 日，法释〔2015〕5 号）

第七条 债务人对债权债务关系没有异议，但对清偿能力、清偿期限、清偿方式等提出不同意见的，不影响支付令的效力。

第八条 债权人基于同一债权债务关系，向债务人提出多项支付请求，债务人仅就其中一项或几项请求提出异议的，不影响其他各项请求的效力。

第九条 债权人基于同一债权债务关系，就可分之债向多个债务人提出支付请求，多个债务人中的一人或几人提出异议的，不影响其他请求的效力。

——《最高人民法院关于适用督促程序若干问题的规定》（2001 年 1 月 8 日，法释〔2001〕2 号）

【链接：最高人民法院法官著述】

适用督促程序的给付之债包括单个之债和多数之债。在债务人只对债权人请求的一部分提出异议时,异议的效力范围如何确定,在审判实践中应区别对待:(1)债权人基于同一债权债务关系,向债务人提出单一支付请求,债务人就数量上有争议的,只对一部分提出异议,在这种情况下,异议的效力不应及于全部,不影响其他各项请求的效力;(2)债权人基于数个债权债务关系请求统一给付,债务人只对一部分债权债务关系提出异议,效力应及于全部;(3)债权人基于不同的债权债务关系,向债务人提出多项相互独立的请求,各请求之间无牵连关系,债务人只对其中一项或几项请求提出异议,则异议对其他给付请求无效。

——沈德咏主编、最高人民法院修改后民事诉讼法贯彻实施工作领导小组编著:《最高人民法院民事诉讼法司法解释理解与适用》,人民法院出版社2015年版,第1158页。

1005

督促程序的终结及后续诉讼

关键词 | 督促程序 | 支付令失效 |

【最高人民法院司法解释】

第四百三十二条 有下列情形之一的,人民法院应当裁定终结督促程序,已发出支付令的,支付令自行失效:

(一)人民法院受理支付令申请后,债权人就同一债权债务关系又提起诉讼的;

(二)人民法院发出支付令之日起三十日内无法送达债务人的;

(三)债务人收到支付令前,债权人撤回申请的。

——《最高人民法院关于适用〈中华人民共和国民事诉讼法〉的解释》(2015年1月30日,法释〔2015〕5号)

第六条 人民法院受理支付令申请后，债权人就同一债权关系又提起诉讼，或者人民法院发出支付令之日起三十日内无法送达债务人的，应当裁定终结督促程序。

——《最高人民法院关于适用督促程序若干问题的规定》(2001 年 1 月 8 日，法释〔2001〕2 号)

【链接：最高人民法院法官著述】

1. 关于债务人提出的书面异议的法律效力问题。此次修改在“应当裁定终结督促程序”之前增加了“经审查，异议成立的”的表述，这一表述无疑对债务人提出的书面异议的法律效力进行了明确界定，即只有经过人民法院审查、理由成立的书面异议才能导致终结督促程序的法律后果，而不是以前理解的当事人提出书面异议就意味着终结督促程序、支付令失效这一法律后果。实践中，人民法院收到债务人提出的书面异议后，应当进行审查，异议成立的，应当裁定终结督促程序，支付令自行失效；异议不成立的，应当裁定驳回，督促程序继续进行，支付令继续有效。

2. 关于人民法院审查债务人提出的书面异议的标准问题。人民法院审查债务人提出的书面异议是否成立，应当根据结合债务人所提书面异议中的理由，根据民事诉讼法第二百一十四条、第二百一十六条第一款的规定来综合分析、审查。具体而言应当审查：债权人请求债务人给付的是金钱、有价证券，向有管辖权的基层人民法院申请了支付令，且符合下列条件：(1) 债权人与债务人没有其他债务纠纷的；(2) 支付令能够送达债务人的；(3) 债权债务关系明确、合法、有效。

3. 关于终结督促程序的法律后果。2007 年民事诉讼法第一百九十四条规定：“人民法院收到债务人提出的书面异议后，应当裁定终结督促程序，支付令自行失效，债权人可以起诉。”2012 年民事诉讼法第二百一十七条则修改为：“人民法院收到债务人提出的书面异议后，经审查，异议成立的，应当裁定终结督促程序，支付令自行失效。支付令失效的，转入诉讼程序，但申请支付令的一方当事人不同意提起诉讼的除外。”据此，从方便当事人诉讼、节省诉讼成本出发，2012 年民事诉讼法规定了督促程序终结的，可以直接转入诉讼程序，而不需申请支付令的一方当事人另行起诉。但是否转入诉讼程序，取决于申请支付令的一方当事人的意愿，即申请支付令的一方当事人不同意提起诉讼的除外。

——最高人民法院研究室、最高人民法院民事诉讼法修改研究小组办公室编著:《〈中华人民共和国民事诉讼法〉修改条文适用解答》,人民法院出版社 2012 年版,第 193 ~ 194 页。

2012 年《民事诉讼法》第 217 条的规定,人民法院收到债务人提出的书面异议后,经审查,异议成立的,应当裁定终结督促程序,支付令自行失效。支付令失效的,转入诉讼程序。诉讼管辖法院如何确定?我国《民事诉讼法》没有进一步规定。我们认为,诉讼管辖法院在级别管辖上应当是基层法院,在地域管辖上应当是原受理支付令申请的法院。

在人民法院转入诉讼程序,法庭辩论结束以前,债务人申请撤销异议的,是否允许?我国民事诉讼法没有规定。一种观点认为,债务人提出合法异议后,支付令失效,督促程序无条件终结,在此之后,债务人又申请撤销异议,已无法使原支付令再行生效,恢复督促程序。因此,不宜同意其撤回异议。① 从尊重当事人意思自治出发,根据私权处分和诉权处分原则,似应当允许撤销异议,终止诉讼,恢复支付令的效力。《德国民事诉讼法》第 697 条第 4 项规定,债务人可以在本案言辞辩论开始前,撤回其对支付令异常的异议,但对其于缺席判决宣示后,不得撤回异议。②

督促程序后续诉讼的费用是否还要交纳?我们倾向于不再预先交纳。审理结果债务人败诉的,若债权人请求判决由债务人负担申请费和其他诉讼费的,应由债务人负担申请费和其他诉讼费用。因为,债务人不履行债务,滥用异议权,在费用承担上应当承担相应的法律责任。

——最高人民法院民事诉讼法修改研究小组编著:《〈中华人民共和国民事诉讼法〉修改条文理解与适用》,人民法院出版社 2012 年版,第 514 ~ 515 页。

编者说明

根据 2012 年《民事诉讼法》第 217 条的规定,人民法院收到债务人提出的书面异议后,经审查,异议成立的,应当裁定终结督促程序,支付令自行失效。该条款增加了人民法院在裁定

① 马原主编:《民事诉讼法的修改与适用》,人民法院出版社 1991 年版,第 186 页。

② 常怡主编:《比较民事诉讼法》,中国政法大学出版社 2002 年版,第 676 页。这一规定,似可参照。

终结督促程序以前异议审查的内容，切中法律实施中的时弊，是很具有针对性的修改与完善。人民法院对债务人提出的异议是否成立加以审查，不仅与督促程序的性质、特点和目的并不矛盾，而且与2012年《民事诉讼法》总则新增加的诚实信用原则遥相呼应——具体体现了“民事诉讼应当遵循诚实信用原则”，有利于遏制债务人滥用异议权的现象。

1006

支付令生效后发现确有错误的处理

关键词 | 督促程序 | 撤销支付令 |

【最高人民法院司法解释】

第四百四十三条　人民法院院长发现本院已经发生法律效力的支付令确有错误，认为需要撤销的，应当提交本院审判委员会讨论决定后，裁定撤销支付令，驳回债权人的申请。

——《最高人民法院关于适用〈中华人民共和国民事诉讼法〉的解释》（2015年1月30日，法释〔2015〕5号）

第十一条　人民法院院长对本院已发生法律效力的支付令，发现确有错误，认为需要撤销的，应当提交审判委员会讨论决定后，裁定撤销支付令，驳回债权人的申请。

——《最高人民法院关于适用督促程序若干问题的规定》（2001年1月8日，法释〔2001〕2号）

【最高人民法院答复】

山东省高级人民法院：

你院鲁高法函〔1992〕35号请示收悉。经研究，答复如下：

一、债务人未在法定期间提出书面异议，支付令即发生法律效力，债务人不得申请再审；超过法定期间债务人提出的异议，不影响支付令的效力。

二、人民法院院长对本院已经发生法律效力的支付令，发现确有错误，认为需要撤销的，应当提交审判委员会讨论通过后，裁定撤销原支付令，驳回债权人的申请。

——《最高人民法院关于支付令生效后发现确有错误应当如何处理问题的复函》(1992 年 7 月 13 日，法函〔1992〕98 号)

【链接：最高人民法院法官著述】

督促程序因其有方便快捷的特点，一些当事人愿意使用这一程序及时维护自己的合法权益。有一些人却利用这一特点，钻督促程序的空子，损害合法债权人的合法权益。例如，在某基层法院受理的一件标的为 500 万美元的支付令案件中，该案申请人与被申请人恶意串通，订立假合同后，由申请人向法院提出支付令申请。法院经审查发出了支付令，被申请人的财产被转移到申请人处。被申请人的财产被转移后，另一案件的债权人的胜诉判决不能执行，其合法权益受到损害。在这一案件中，支付令的合法形式成为保护被申请人非法转移财产的工具。为了维护支付令的严肃性，使确有错误的支付令能够通过一定的救济措施及时得到纠正，《规定》第十一条规定："人民法院院长对本院已发生法律效力的支付令，发现确有错误，认为需要撤销的，应当提交审判委员会讨论决定后，裁定撤销支付令，驳回债权人的申请。"1992 年 7 月 13 日，最高人民法院曾对山东省高级人民法院作出了《关于支付令生效后发现确有错误应当如何处理问题的复函》(法函〔1992〕98 号)，现在的《规定》以司法解释的形式重申了法函〔1992〕98 号的内容，再次强调了支付令的合法使用。这对防止一些当事人利用支付令损害国家或他人的合法权益，纠正错误的支付令裁定，无疑会起到很好的作用。

——沈德咏主编、最高人民法院研究室编：《民事诉讼司法解释理解与适用》，法律出版社 2009 年版，第 465～466 页。

1007

拖欠劳动报酬可申请支付令

关键词｜拖欠劳动报酬｜支付令｜督促程序｜

【最高人民法院司法解释】

第十七条 劳动者依据劳动合同法第三十条第二款和调解仲裁法第十六条规定向人民法院申请支付令，符合民事诉讼法第十七章督促程序规定的，人民法院应予受理。

依据劳动合同法第三十条第二款规定申请支付令被人民法院裁定终结督促程序后，劳动者就劳动争议事项直接向人民法院起诉的，人民法院应当告知其先向劳动人事争议仲裁委员会申请仲裁。

依据调解仲裁法第十六条规定申请支付令被人民法院裁定终结督促程序后，劳动者依据调解协议直接向人民法院提起诉讼的，人民法院应予受理。

——《最高人民法院关于审理劳动争议案件适用法律若干问题的解释（三）》（2010 年 9 月 13 日，法释〔2010〕12 号）

【最高人民法院司法政策】

因支付拖欠劳动报酬、工伤医疗费、经济补偿或者赔偿金事项达成调解协议，用人单位在协议约定期限内不履行的，劳动者可以持调解协议书依法向人民法院申请支付令。

——《最高人民法院关于建立健全诉讼与非诉讼相衔接的矛盾纠纷解决机制的若干意见》（2009 年 7 月 24 日，法发〔2009〕45 号）

编者说明

《劳动争议调解仲裁法》第 16 条规定："因支付拖欠劳动报酬、工伤医疗费、经济补偿或者赔偿金事项达成调解协议，用人单位在协议约定期限内不履行的，劳动者可以持调解协议书依法向人民法院申请支付令。人民法院应当依法发出支付令。"《劳动合同法》第 30 条第 2 款规定："用人单位拖欠或者未足额支付劳动报酬的，劳动者可以依法向当地人民法院申请支付令，人民法院应当依法发出支付令。"

1008

追缴工会经费的支付令案件

关键词 | 追缴工会经费 | 支付令 | 管辖 |

【最高人民法院司法解释】

第三条 基层工会或者上级工会依照工会法第四十三条规定向人民法院申请支付令的,由被申请人所在地的基层人民法院管辖。

第四条 人民法院根据工会法第四十三条的规定受理工会提出的拨缴工会经费的支付令申请后,应当先行征询被申请人的意见。被申请人仅对应拨缴经费数额有异议的,人民法院应当就无异议部分的工会经费数额发出支付令。

人民法院在审理涉及工会经费的案件中,需要按照工会法第四十二条第一款第(二)项规定的"全部职工"、"工资总额"确定拨缴数额的,"全部职工"、"工资总额"的计算,应当按照国家有关部门规定的标准执行。

第五条 根据工会法第四十三条和民事诉讼法的有关规定,上级工会向人民法院申请支付令或者提起诉讼,要求企业、事业单位拨缴工会经费的,人民法院应当受理。基层工会要求参加诉讼的,人民法院可以准许其作为共同申请人或者共同原告参加诉讼。

——《最高人民法院关于在民事审判工作中适用〈中华人民共和国工会法〉若干问题的解释》(2003 年 6 月 25 日,法释〔2003〕11 号)

【链接:最高人民法院法官著述】

建立工会组织的企业、事业单位、机关依法向工会组织拨缴的经费是工会组织经费的重要来源之一。应缴工会经费的企业、事业单位、机关无正当理由拖延或者拒不缴纳工会经费时,工会组织可以依法向人民法院申请支付令。支付令程序是《民事诉讼法》规定的一种特别程序,又称为督促程序,是在债务人不履行支付金钱、有价证券等债务,债权人向法院提起的追债程序。支付令程序简便快捷,成本又低,是保护债权的重要方式。工会经费是金钱债务,企业、事业单位、机关应当缴纳的工会经费有明确的计算标准,与工会组织之间一般不存在其他纠纷,所以一般都符合《民事诉讼法》规定的申请支付令的条件。追缴工会经费的支付令案件应当适用《民事诉讼法》的相关规定和最高人民法院于2001年发布的法释〔2001〕2号《关于适用督促程序若干问题的规定》有关规定。此外，《解释》对追缴工会经费的支付令案件的三个问题做了进一步明确：(1)支付令案件的地域管辖问题；(2)对支付令提出异议的问题；(3)上级工会申请支付令问题。

1. 支付令案件的管辖。工会要向法院申请支付令，首先应当确定受理支付令申请的法院，即工会应当向哪一级哪一个法院申请支付令。《解释》明确规定了支付令应当向被申请人所在地的基层人民法院申请受理。不管拖欠的工会经费数额多大，申请支付令的工会是基层工会，还是其上级工会，也不论被申请人是企业、事业单位，还是机关，均由拖欠工会经费的企业、事业单位、机关所在地的基层人民法院受理。这主要考虑两个因素：(1)遵守民事诉讼原告就被告确定管辖的原则，所以《解释》规定由被申请人住所地的人民法院管辖；(2)支付令案件属于事实清楚、争议不大的案件，基层人民法院审理案件符合《民事诉讼法》规定的确定级别管辖的原则。

2. 签发支付令前的询问程序。支付令异议程序在《民事诉讼法》中有明确规定，即在支付令发出后，债务人在收到支付令后15天内可以对支付令提出异议，即使异议没有说明任何理由，支付令也会自行失效，人民法院应当裁定支付令程序终结。支付令程序终结后，债权人只能依照《民事诉讼法》的规定，向有管辖权的人民法院起诉，进入普通诉讼程序。为避免拖欠工会经费的企业、事业单位、机关滥用对支付令的异议权，以达到拖延支付工会经费的目的，增加工会组织的诉讼负担，影响工会组织的正常工作，损害广大职工的利益，在不违反法律规定的前提下，根据拖欠工会经费案件中应拨缴的工会经费数额明确的计算标准，对于拖欠工会经费的事实双方争议往往不大，多数只对工会经费的部分金额有异议的普遍特点，《解释》规定了人民法院签发支付令前的询问程序。具体做法是：人民法院受理工会经费支付令案件后，经审查认为符合签发支付令条件的，在签发支付令之前，应当先询问被申请人对申请人要求支付的工会经费事实及金额有没有异议。签发支付令前的询问程序，是人民法院受理工会组织就拖欠工会经费申请支付令案件的必经程序。人民法院询问被申请人所占用时间可以不计算在民事诉讼法规定的审理支付令案件的法定期间内，但人民法院应当严格控制，不宜过长，更不得以此拖延案件的审理。经询问，如果被申请人对拖欠经费的事实没有异议，仅对应缴工会经费的部分金额有异议的，人民法院应当及时告知申请人，申请人同意的，可以仅对被申请人没有异议的金额部分签发支付令,而不是对申请人申请的全部金额签发支付令;如果被申请人对债务事实及数额均没有异议,但提出没有清偿能力或者不同意拨缴经费的,人民法院应当就申请的全部数额签发支付令;如果被申请人对债务关系提出异议的,人民法院可以通知申请人撤回支付令申请,申请人不同意撤回申请的,人民法院仍应就全部申请工会经费签发支付令。另外,如果被申请人仅对拖欠的工会经费的部分数额有异议,申请人不同意人民法院仅就没有异议的数额签发支付令,又不愿意撤回申请的,人民法院也应当就全部数额签发支付令。例如,工会提出应拨缴的工会经费是12万元,而被申请人认为实际只应拨缴10万元,对其他2万元提出异议,法院即可先对10万元的经费金额签发支付令。但申请人不同意仅就10万元签发支付令的,人民法院应当就全部12万元工会经费签发支付令。在适用询问程序时,人民法院应当尊重当事人的真实意愿。询问程序不影响支付令异议期的适用,即并非因签发支付令前被申请人已经提出过异议或者没有提出异议而导致支付令签发后即发生法律效力,《民事诉讼法》规定的异议期仍然适用。人民法院要保护被申请人在异议期内异议的权利,该种异议不受询问程序的影响。

人民法院就被申请人没有异议的工会经费金额签发的支付令,被申请人往往不会再提出异议,一般能够得到履行。但如果在异议期内,被申请人又提出异议的,人民法院应当允许并对异议进行审查,异议符合《民事诉讼法》规定的条件的,支付令失去效力。签发支付令前询问程序可以大大地提高诉讼的效率,既符合支付令程序简便快捷的本质特征,又有效地遏制债务人滥用异议权,使当事人的权益早日得以实现,还可以减少诉讼,降低诉讼成本、节约司法资源。

3. 上级工会可以以自己的名义申请支付令或者起诉。对于《工会法》第四十三条规定的上级工会可以就企业、事业单位、机关拖欠下级工会的经费向人民法院申请支付令或者提起诉讼的案件,对于上级工会的诉讼地位及其下级工会之间的关系,《解释》做了明确的规定。此时,上级工会可以自己的名义申请支付令或者起诉。上级工会不是下级工会的代理人,不必经下级工会组织委托;上级工会此时也不是行使代位权,而是直接以自己的名义起诉。上级工会是案件的当事人,享有民事诉讼法规定的当事人的权利并承担相应的诉讼义务。上级工会申请支付令时,应当以自己的名义单独申请。上级工会也可以与下级工会共同申请或者起诉,人民法院应当将上级工会与下级工会列为共同申请人或者共同原告。对于申请支付令或者提起诉讼的上级工会也没有级别的限制，只要是上级工会即具备诉讼主体的资格，不受与下级工会组织之间级别关系的限制。

——吴兆祥：《关于在民事审判工作中适用〈中华人民共和国工会法〉若干问题的解释的理解与适用》，载姜兴长主编、最高人民法院立案庭编：《立案工作指导与参考》（总第4卷），人民法院出版社2003年版，第35～38页。

1009

具有债权内容的人民调解协议可以申请支付令

关键词 | 人民调解协议 | 支付令 |

【最高人民法院司法解释】

第十条 具有债权内容的调解协议，公证机关依法赋予强制执行效力的，债权人可以向被执行人住所地或者被执行人的财产所在地人民法院申请执行。

——《最高人民法院关于审理涉及人民调解协议的民事案件的若干规定》（2002年9月16日，法释〔2002〕29号）

【最高人民法院司法政策】

对于具有合同效力和给付内容的调解协议，债权人可以根据《中华人民共和国民事诉讼法》和相关司法解释的规定向有管辖权的基层人民法院申请支付令。申请书应当写明请求给付金钱或者有价证券的数量和所根据的事实、证据，并附调解协议原件。

——《最高人民法院关于建立健全诉讼与非诉讼相衔接的矛盾纠纷解决机制的若干意见》（2009年7月24日，法发〔2009〕45号）

第十九章 | CHAPTER 19

公示催告程序

1010

超过付款提示期限的票据丧失的可申请公示催告

关键词｜公示催告程序｜超过付款提示期限｜

【链接：最高人民法院法官著述】

超过付款提示期限的票据丧失以后，持票人并未完全丧失票据权利，票据主债务人并未免除票据债务。因此，在其票据丧失以后，也存在被他人取得，行使票据权利的可能性，需要对合法失票人进行权利救济，故因该类票据丧失而申请公示催告的，人民法院也应依法受理。正因为此，《票据若干规定》第二十八条规定："超过付款提示期限的票据丧失以后，失票人申请公示催告的，人民法院应当依法受理。"

——沈德咏主编、最高人民法院修改后民事诉讼法贯彻实施工作领导小组编著：《最高人民法院民事诉讼法司法解释理解与适用》，人民法院出版社2015年版，第1195页。

1011

记载"不得转让"字样的票据丧失的可申请公示催告

关键词｜公示催告程序｜

【链接：最高人民法院法官著述】

我国票据法第三十四条对禁止转让背书票据进行了规定，即"背书人在汇票上记载'不得转让'的票据"。对于该票据丧失后能否适用公示催告程序，现存争议。一种观点认为，不能适用，理由在于：既然公示催告程序适用的条件是可以背书转让的票据丧失，由于该票据不具有可背书性，故不应适用公示催告程序。另一种观点认为，尽管禁止转让背书票据在法理上不具有可背书性，但在原背书人的后手违反规定进行背书的情形下，并非完全不发生票据背书的效力，只是原背书人对进行背书转让背书人的后手不承担票据责任，但不影响其他票据债务人的票据责任。《票据若干规定》第五十一条即规定:“依照票据法第三十四条和第三十五条的规定,背书人在票据上记载‘不得转让’……字样,其后手再背书转让……的,原背书人对后手的被背书人不承担票据责任,但不影响出票人、承兑人以及原背书人之前手的票据责任。”因此,该票据丧失,仍可能存在利害关系人,故应可进行公示催告。

——沈德咏主编、最高人民法院修改后民事诉讼法贯彻实施工作领导小组编著:《最高人民法院民事诉讼法司法解释理解与适用》,人民法院出版社2015年版,第1196页。

1012

依照法律规定可以申请公示催告的其他事项

关键词｜公示催告程序｜

【链接：最高人民法院法官著述】

“依照法律规定可以申请公示催告的其他事项”有哪些呢?我们认为,记名股票以及提单丢失,均可适用公示催告程序。具体而言,我国公司法第一百四十三条规定:记名股票被盗、遗失或者灭失,股东可以依照《中华人民共和国民事诉讼法》规定的公示催告程序,请求人民法院宣告该股票失效。人民法院宣告该股票失效后,股东可以向公司申请补发股票。海事诉讼特别程序法第一百条规定:“提单等提货凭证持有人,因提货凭证失控或者灭失,可以向货物所在地海事法院申请公示催告。”

——沈德咏主编、最高人民法院修改后民事诉讼法贯彻实施工作领导小组编著:《最高人民法院民事诉讼法司法解释理解与适用》,人民法院出版社2015年版,第1201页。

1013

公示催告申请人应否提供担保问题

关键词｜公示催告程序｜担保｜

【链接：最高人民法院法官著述】

关于公示催告申请人在申请公示催告时应否提供担保问题，存在争议。我们认为，公示催告程序在救济合法失票人权利的同时确实也存在着被恶意申请人利用，成为损害合法持票人权利工具的问题。不同观点争论的实质问题是，我们的立法导向，究竟是偏重于对合法失票人权利的及时保护还是偏重于对伪报票据损失、恶意申请公示催告行为的防止？这实质有赖于我们认为综合考量对真正失票人的适时保护以及防止伪报票据丧失、申请人欺诈申请公示催告两种因素，根据个案情况作出决定。因此，应否由申请人提供担保以及担保的数额，应由人民法院根据案件的具体情况决定。

——沈德咏主编、最高人民法院修改后民事诉讼法贯彻实施工作领导小组编著：《最高人民法院民事诉讼法司法解释理解与适用》，人民法院出版社2015年版，第1220～1221页。

1014

利害关系人起诉按票据纠纷适用普通程序审理

关键词｜利害关系人｜票据纠纷｜普通程序｜

【最高人民法院司法解释】

第四百五十九条　依照民事诉讼法第二百二十三条的规定，利害关系人向人民法院起诉的，人民法院可按票据纠纷适用普通程序审理。

——《最高人民法院关于适用〈中华人民共和国民事诉讼法〉的解释》（2015年1月30日，法释〔2015〕5号）

【链接：最高人民法院法官著述】

1. 关于提起撤销之诉的条件。根据民事诉讼法第二百二十三条的规定，利害关系人提起撤销之诉，应具备以下两个条件：第一，因正当理由不能在判决前向人民法院申报权利；第二，自知道或者应当知道判决公告之日起一年内提起诉讼。

2. 关于管辖法院的确定。根据民事诉讼法第二百二十三条的规定，利害关系人应向作出除权判决的人民法院起诉。根据民事诉讼法第二百一十八条的规定，申请人可以向票据支付地的基层人民法院申请公示催告，因此，作出除权判决的法院为票据支付地的基层人民法院。

——沈德咏主编、最高人民法院修改后民事诉讼法贯彻实施工作领导小组编著：《最高人民法院民事诉讼法司法解释理解与适用》，人民法院出版社2015年版，第1225～1226页。

1015

因不知晓伪报票据丧失而未申报权利的属于正当理由

关键词｜未申报权利｜正当理由｜

【最高人民法院司法解释】

第四百六十条　民事诉讼法第二百二十三条规定的正当理由，包括：

（三）不属于法定申请公示催告情形的；

——《最高人民法院关于适用〈中华人民共和国民事诉讼法〉的解释》（2015年1月30日，法释〔2015〕5号）

【链接：最高人民法院法官著述】

本条第（三）项规定，申请公示催告的事项不属于法定申请公示催告的情形，申报人未及时申报的，应认定为具有正当理由。近年来，伪报票据丧失的情形增多，关于该情形是否属于正当理由，也是司法实务中讨论较多的问题。我们认为，由于票据并未丧失，故其不属于法定申请公示催告的情形。合法持票人基于合理注意义务，不会审查公告是否存在的事实，因此，其不知晓公告的存在以及未在判决作出前申报权利并未违反其注意义务，没有过错，属于正当理由。

——沈德咏主编、最高人民法院修改后民事诉讼法贯彻实施工作领导小组编著：《最高人民法院民事诉讼法司法解释理解与适用》，人民法院出版社2015年版，第1228页。

1016

因意外事件或不可抗力未申报权利的属于正当理由

关键词｜公示催告程序｜意外事件｜不可抗力｜正当理由｜

【最高人民法院司法解释】

第四百六十条 民事诉讼法第二百二十三条规定的正当理由，包括：

（一）因发生意外事件或者不可抗力致使利害关系人无法知道公告事实的；

——《最高人民法院关于适用〈中华人民共和国民事诉讼法〉的解释》（2015年1月30日，法释〔2015〕5号）

【链接：最高人民法院法官著述】

关于因发生意外事件或者不可抗力致使利害关系人虽知晓公告事实的，但未能自己在判决作出前申报权利或者委托他人申报权利的，是否属于正当理由问题。如前所述，民事诉讼法第二百二十三条规定的“不能在判决前向人民法院申报的”，既包括因不知晓公告事实而未申报权利的情形，也包括虽知晓公告事实，而无法申报权利的情形。因此，尽管本条第一项仅规定因发生意外事件或者不可抗力致使利害关系人未能知晓公告事实的，属于正当理由，但在审判实务中，对于利害关系人虽知道公告事实，但由于发生意外事件或者不可抗力致使其不能在判决作出前申报权利或者委托他人申报权利的，也应认定属于正当理由。

——沈德咏主编、最高人民法院修改后民事诉讼法贯彻实施工作领导小组编著:《最高人民法院民事诉讼法司法解释理解与适用》,人民法院出版社 2015 年版,第 1228 页。

1017

撤销之诉的被告列明及对除权判决效力的认定

关键词｜公示催告程序｜撤销除权判决｜

【最高人民法院司法解释】

第四百六十一条 根据民事诉讼法第二百二十三条的规定,利害关系人请求人民法院撤销除权判决的,应当将申请人列为被告。

利害关系人仅诉请确认其为合法持票人的,人民法院应当在裁判文书中写明,确认利害关系人为票据权利人的判决作出后,除权判决即被撤销。

——《最高人民法院关于适用〈中华人民共和国民事诉讼法〉的解释》(2015 年 1 月 30 日,法释〔2015〕5 号)

【最高人民法院审判业务意见】

第三,关于票据公示催告程序适用问题。近年来,伪报票据丧失事实而申请公示催告的案件明显增多,法院在适用该程序时应审慎判断。(1)公示催告程序的适格申请人应是票据丧失前的最后合法持票人。尽管票据法及其司法解释、民事诉讼法及其司法解释界定公示催告申请人的文义表述不尽一致,但两者内涵和外延相同,公示催告申请人应为“最后合法持票人”。法院应结合票据存根、丧失票据的复印件、出票人关于签发票据的证明、申请人合法取得票据的证明、银行挂失止付通知书、报案证明等证据,综合判定申请人是否为适格申请人。(2)要准确把握公示催告期间。关于国内票据公示催告的期间,民事诉讼法司法解释第四百四十九条已对票据法司法解释进行了修改。因此,法院确定的公示催告期间不得少于六十日,且期间届满日不得早于票据付款日后十五日。

(3)要正确理解和适用除权判决撤销之诉。法院在公示催告程序中作出的除权判决并未对权利争议作实质审查。所以,除权判决在客观效果上只是恢复了申请人作为持票人的形式资格,而并未将申请人确定为实质票据权利人。如果利害关系人对除权判决认定的事实提出异议,其有权向法院起诉请求确认其为票据权利人并撤销除权判决。需要注意的是,利害关系人只诉请确认其为票据权利人而未请求撤销除权判决的,法院应当在判决书写明:确认利害关系人为票据权利人的判决作出后除权判决即被撤销。

——杨临萍:《关于当前商事审判工作中的若干具体问题》(2015年12月24日),载杜万华主编、最高人民法院民事审判第一庭编:《民事审判指导与参考》(总第64辑),人民法院出版社2016年版,第75页。

【链接:最高人民法院法官著述】

1.关于释明权的行使问题。在利害关系人诉请确认自己为票据权利人而没有请求撤销除权判决的情况下,人民法院可以采取两种方式处理案件。第一种方式是按照本条第二款的规定,在确认利害关系人为票据权利人的诉请的情形下,在本院认为部分直接写明,确认利害关系人为票据权利人的判决作出后,除权判决即撤销。第二种方式是法院可以就是否撤销除权判决对原告方进行释明,原告方增加撤销除权判决的诉讼请求的,法院可以在判项中直接判决撤销除权判决,原告方不增撤销除权判决诉讼请求的,则仍按照本条第二款规定处理。

2.关于申请人虚构票据丧失事实,申请公示催告,法院作出除权判决后给利害关系人造成损失的,利害关系人如何救济自己权利问题。该情形下,申请人利用票据法的规定伪报票据丧失、申请公示催告,该行为给利害关系人造成损害,故该行为实质属于侵权行为,利害关系人可以以侵权为由请求申请人赔偿损失。

3.关于恶意申请公示催告者采取强制措施问题。申请人伪报票据丧失、申请公示催告,恶意利用法院的非讼程序损害了利害关系人权利,浪费了司法资源,扰乱了司法执行,应予制裁。因此,本条规定,申请人恶意申请公示催告的,人民法院可以参照民事诉讼法第一百一十二条的规定予以制裁。民事诉讼法第一百一十二条是对民事诉讼欺诈行为的规定。该条规定:“当事人之间恶意串通,企图通过诉讼、调解等方式侵害他人合法权益的,人民法院应当驳回其请求，并根据情节轻重予以罚款、拘留；构成犯罪的，依法追究刑事责任。”

——沈德咏主编、最高人民法院修改后民事诉讼法贯彻实施工作领导小组编著：《最高人民法院民事诉讼法司法解释理解与适用》，人民法院出版社2015年版，第1230～1231页。

1018

遗失金融债券不可按公示催告程序办理

关键词｜公示催告程序｜金融债券遗失｜

【最高人民法院答复】

中国银行：

你行中银综〔1992〕59号《关于对遗失债券有关法律问题的请示》收悉。经研究，答复如下：

我国民事诉讼法第一百九十三条规定：“按照规定可以背书转让的票据持有人，因票据被盗、遗失或者灭失，可以向票据支付地的基层人民法院申请公示催告。依照法律规定可以申请公示催告的其他事项，适用本章规定。”这里的票据是指汇票、本票和支票。你行发行的金融债券不属于以上几种票据，也不属于“依照法律规定可以申请公示催告的其他事项”。而且你行在“发行通知”中明确规定，此种金融债券“不计名、不挂失，可以转让和抵押”。因此，对你行发行的金融债券不能适用公示催告程序。

——《最高人民法院关于对遗失金融债券可否按“公示催告”程序办理的复函》（1992年5月8日，法函〔1992〕60号）

1019

股票遗失可以申请公示催告

关键词｜公示催告｜股票遗失｜

【《最高人民法院公报》案例】

黎传雄股票灭失申请公示催告案(上海市静安区人民法院一审民事判决书)

裁判要旨:股票遗失的可以参照民事诉讼法关于票据公示催告程序的规定申请公示催告。

上海市静安区人民法院根据上海市高级人民法院的指定,参照《中华人民共和国民事诉讼法》第一百九十三条的规定,决定受理黎传雄的申请。经向上海证券交易所登记部查验,申请人黎传雄名下确有上海真空电子器件股份有限公司A股股票60股(每股面值人民币100元)。该院在案件受理后三日内,即1993年6月12日发出公告,并将公告内容刊登在6月15日的《上海证券报》上,催促利害关系人在六十日内申报权利。公示催告期间,无人申报权利。期满后,黎传雄于同年8月18日向静安区人民法院申请判决。

根据申请人黎传雄的申请,上海市静安区人民法院参照《中华人民共和国民事诉讼法》第一百九十七条之规定,于1993年9月22日作出判决:

一、宣告申请人黎传雄灭失的上海真空电子器件股份有限公司A股股票60股(每股面值人民币100元,股票号码9115至9174)无效。

二、自本判决公告之日起,申请人黎传雄有权向股票发行公司上海真空电子器件股份有限公司申请补发。

——《最高人民法院公报》1993年第4期

第二十章 CHAPTER 20

执行程序

1020

被执行人与他人勾结，倒签合同、虚构房产买卖事实规避执行的防范

关键词｜倒签合同｜虚构房产买卖｜规避执行｜

【链接：最高人民法院法官著述】

问题：最高人民法院《查封规定》第十七条，在执行实践中具体适用时，是否要对房产的性质进行判断，是仅对住宅类房产予以此类保护还是对所有房产包括商业投资的商铺等也予以此类保护？如果是后者，那么在如此宽泛的保护范围内，如何防范被执行人与他人勾结，倒签合同、虚构房产买卖事实，规避执行？

主要观点：最高人民法院《查封规定》第十七条规定："被执行人将其所有的需要办理过户登记的财产出卖给第三人，第三人已经支付部分或者全部价款并实际占有该财产，但尚未办理产权过户登记手续的，人民法院可以查封、扣押、冻结；第三人已经支付全部价款并实际占有，但未办理过户登记手续的，如果第三人对此没有过错，人民法院不得查封、扣押、冻结。"该条文既适用于住宅类房产，也应适用于商业投资的商铺等房产。该条规定是在执行程序中对债权人、债务人和第三人利益的平衡。在适用该规定时，要注意如下两点：

一是对"第三人对此没有过错"的把握，要区分是被执行人不予协助、办理登记存在客观障碍、登记机关原因等案外人意志以外的原因造成的，还是案外人为规避法律、行政法规规定或逃避债务，故意将财产登记在被执行人名下的情形；

二是要注意对案外人与被执行人之间是否存在真实的买卖关系、付款凭证是否真实、案外人是否已经支付全部价款并实际占有等事实的严格审查，防范被执行人与他人勾结，倒签合同、虚构房产买卖事实等规避执行的情形。

主要理由：

第一，物权的变动要获得社会和法律的认可，公示原则发挥着核心作用。公示的方式，一般为不动产登记和动产的交付。在不动产登记效力问题上，存在不同的立法体例：一种是登记生效主义，即登记是不动产物权变

动的生效要件，如果不依法进行登记就不产生物权变动的效力；另一种是登记对抗主义，即认为当事人之间只要意思表示一致达成合意就能发生不动产物权的变动，但是不经登记不能对抗善意第三人。我国采取的是登记生效主义，通常规定未经登记不发生效力（参见《城市房地产管理法》第六十条、第六十一条，《物权法》第九条）。而《查封规定》第十七条的规定，是在人民法院民事执行工作实践经验的基础上，对债权人、债务人和第三人利益平衡的结果。

第二，“第三人对此没有过错”的适用问题。“第三人对此没有过错”，是指案外人（第三人）未办理产权过户登记手续是由于被执行人不予协助、办理登记存在客观障碍、登记机关原因等案外人意志以外的原因造成的。这些由于登记部门的原因或者其他非第三人所能控制的原因导致的未办理过户手续，应当认定为第三人对此没有过错。

第三，适用《查封规定》第十七条，应注意与《民事诉讼法》第二百二十七条的衔接问题。如果执行法院适用该条决定解除查封、扣押、冻结的，申请执行人可以依照《民事诉讼法》第二百二十七条的规定提起诉讼；如果执行法院认为不具备该条适用的条件而决定继续执行争议财产的，主张权利的第三人可以依照《民事诉讼法》第二百二十七条的规定提起诉讼。

第四，《查封规定》第十七条只是调整案外购房人与执行债权人之间利益关系的一种情形，不是全部情形。例如，预告登记或者预售登记备案也应考虑作为保护买房人的一种情形。《最高人民法院关于建设工程价款优先受偿权问题的批复》（法释〔2002〕16号）规定：“消费者交付购买商品房的全部或者大部分款项后，承包人就该商品房享有的工程价款优先受偿权不得对抗买受人。”该规定中所提到的消费者购房权优先保护的精神应当适用。在消费者购买房屋自住、交付了大部分房款的情况下，应当优先保护其取得房屋产权的利益。

——高执研：《执行疑难问题问答（二）》，载最高人民法院执行局编：《执行工作指导》（总第46辑），人民法院出版社2013年版，第51页。

1021

涉军民事案件的执行

关键词 | 涉军民事案件 | 执行 |

【最高人民法院司法政策】

10.确保生效裁判的及时执行。切实加强涉军案件执行工作,保障当事人合法权益。在向军队一方当事人送达裁判文书时,要释明有关法律规定,指导其及时申请执行;军队一方为申请执行人的,要加大执行力度,必要时可请上级人民法院提级执行;军队一方为被执行人的,可通过部队组织督促被执行人履行法定义务,必要时可以请部队所在地的军事法院协助执行。

——《最高人民法院关于进一步加强人民法院涉军案件审判工作的通知》(2010年7月28日,法〔2010〕254号)

1022

变更申请执行人的情形

关键词 | 变更申请执行人 |

【最高人民法院司法解释】

第一条 执行过程中,申请执行人或其继承人、权利承受人可以向人民法院申请变更、追加当事人。申请符合法定条件的,人民法院应予支持。

第二条 作为申请执行人的公民死亡或被宣告死亡,该公民的遗嘱执行人、受遗赠人、继承人或其他因该公民死亡或被宣告死亡依法承受生效法律文书确定权利的主体,申请变更、追加其为申请执行人的,人民法院应予支持。

作为申请执行人的公民被宣告失踪,该公民的财产代管人申请变更、追加其为申请执行人的,人民法院应予支持。

第三条 作为申请执行人的公民离婚时,生效法律文书确定的权利全部或部分分割给其配偶,该配偶申请变更、追加其为申请执行人的,人民法院应予支持。

第四条 作为申请执行人的法人或其他组织终止，因该法人或其他组织终止依法承受生效法律文书确定权利的主体，申请变更、追加其为申请执行人的，人民法院应予支持。

第五条 作为申请执行人的法人或其他组织因合并而终止，合并后存续或新设的法人、其他组织申请变更其为申请执行人的，人民法院应予支持。

第六条 作为申请执行人的法人或其他组织分立，依分立协议约定承受生效法律文书确定权利的新设法人或其他组织，申请变更、追加其为申请执行人的，人民法院应予支持。

第七条 作为申请执行人的法人或其他组织清算或破产时，生效法律文书确定的权利依法分配给第三人，该第三人申请变更、追加其为申请执行人的，人民法院应予支持。

第八条 作为申请执行人的机关法人被撤销，继续履行其职能的主体申请变更、追加其为申请执行人的，人民法院应予支持，但生效法律文书确定的权利依法应由其他主体承受的除外；没有继续履行其职能的主体，且生效法律文书确定权利的承受主体不明确，作出撤销决定的主体申请变更、追加其为申请执行人的，人民法院应予支持。

——《最高人民法院关于民事执行中变更、追加当事人若干问题的规定》(2016年11月7日，法释〔2016〕21号)

18. 人民法院受理执行案件应当符合下列条件：

(2)申请执行人是生效法律文书确定的权利人或其继承人、权利承受人；

20. 申请执行，应向人民法院提交下列文件和证件：

(4)继承人或权利承受人申请执行的，应当提交继承或承受权利的证明文件。

——《最高人民法院关于人民法院执行工作若干问题的规定(试行)》(1998年7月8日，法释〔1998〕15号)

【链接：最高人民法院法官著述】

申请执行人的变更主要有以下两种情况：

1. 作为自然人的权利人死亡的，其继承人可以因申请执行而成为执行案件中的申请执行人。享有权利的自然人死亡后，其民事法律后果包括申请执行的权利由其继承人继承,因此,其继承人可以成为申请执行人。如果继承人放弃申请执行的权利的,执行程序应予终结。但是,追索赡养费、抚育费、扶养费等的权利人死亡的,则不会发生申请执行人的变更,这是由这些权利与其身份的特定性决定的。

2. 作为法人或其他组织的权利人终止、合并、分立的,继受其权利的法人或其他组织可以因申请执行而成为执行案件的申请执行人。

我们认为,司法实践中,下列人可以申请执行或者申请继续已经开始的执行程序:

(1)死亡或者被宣告失踪的,其继承人、受遗赠人、遗嘱执行人、遗产管理人或者财产代管人。

(2)债权人与其配偶离婚的,按照离婚协议或者生效法律文书取得执行名义所确定的债权的配偶。

(3)作为债权人的法人依法分立的,分立协议中确定继受该债权的法人;依法合并的,合并后存续的法人。

(4)债权人姓名或者名称变更的,变更姓名或者名称后的人。

(5)作为债权人的其他组织被撤销的,设立该组织的公民或者法人。

(6)作为债权人的法人依法进入清算程序的,其清算人或者负有清算义务的人。

(7)作为债权人的机关法人被撤销的,继续行使其权利的机关。

(8)执行名义确定的债权依法转让的受让人。

(9)债权人被另一生效法律文书确定为义务人的,该另一生效法律文书确定的权利人。

——江必新主编:《民事执行新制度理解与适用》,人民法院出版社2010年版,第74页。

1023

人民法院可以依据债权转让合同变更执行主体

关键词 | 变更申请执行人 | 金融不良债权转让 |

【最高人民法院司法解释】

第九条 申请执行人将生效法律文书确定的债权依法转让给第三人,且书面认可第三人取得该债权，该第三人申请变更、追加其为申请执行人的，人民法院应予支持。

——《最高人民法院关于民事执行中变更、追加当事人若干问题的规定》(2016年11月7日，法释〔2016〕21号)

【最高人民法院指导性案例】

李晓玲、李鹏裕申请执行厦门海洋实业(集团)股份有限公司、厦门海洋实业总公司执行复议案(最高人民法院指导案例34号)

裁判要点：生效法律文书确定的权利人在进入执行程序前合法转让债权的，债权受让人即权利承受人可以作为申请执行人直接申请执行，无须执行法院作出变更申请执行人的裁定。

最高人民法院认为：

一、变更申请执行主体是在根据原申请执行人的申请已经开始了的执行程序中，变更新的权利人为申请执行人。根据《执行规定》第18条、第20条的规定，权利承受人有权以自己的名义申请执行，只要向人民法院提交承受权利的证明文件，证明自己是生效法律文书确定的权利的承受人的，即符合受理执行案件的条件。这种情况不属于严格意义上的变更申请执行主体，但二者的法律基础相同，故也可以理解为广义上的申请执行主体变更，即通过立案阶段解决主体变更问题。1号答复的意见是，《执行规定》第18条可以作为变更申请执行主体的法律依据，并且认为债权受让人可以视为该条规定中的权利承受人。本案中，生效判决确定的原权利人2234公司在执行开始之前已经转让债权，并未作为申请执行人参加执行程序，而是权利受让人李晓玲、李鹏裕依据《执行规定》第18条的规定直接申请执行。因其申请已经法院立案受理，而受理的方式不是通过裁定而是发出受理通知，债权受让人已经成为申请执行人，故并不需要执行法院再作出变更主体裁定，然后才发出执行通知，而应当直接发出执行通知。实践中有的法院在这种情况下也先作出变更主体裁定，因其只是增加了执行法院的工作量，而并无实质性影响，故并不被认为程序上存在问题。但不能反过来认为没有作出变更主体裁定是程序错误。

——《最高人民法院关于发布第八批指导性案例的通知》(2014年12月18日，法〔2014〕327号)

【最高人民法院司法政策】

会议认为,金融资产管理公司转让已经涉及诉讼、执行或者破产等程序的不良债权的,人民法院应当根据债权转让合同以及受让人或者转让人的申请,裁定变更诉讼主体或者执行主体。在不良债权转让合同被认定无效后,金融资产管理公司请求变更受让人为金融资产管理公司以通过诉讼继续追索国有企业债务人的,人民法院应予支持。人民法院裁判金融不良债权转让合同无效后当事人履行相互返还义务时,应从不良债权最终受让人开始逐一与前手相互返还,直至完成第一受让人与金融资产管理公司的相互返还。后手受让人直接对金融资产管理公司主张不良债权转让合同无效并请求赔偿的,人民法院不予支持。

——《最高人民法院印发〈关于审理涉及金融不良债权转让案件工作座谈会纪要〉的通知》(2009 年 3 月 30 日,法发〔2009〕19 号)

三、金融资产管理公司转让、处置已经涉及诉讼、执行或者破产等程序的不良债权时,人民法院应当根据债权转让协议和转让人或者受让人的申请,裁定变更诉讼或者执行主体。

——《最高人民法院关于金融资产管理公司收购、处置银行不良资产有关问题的补充通知》(2005 年 5 月 30 日,法〔2005〕62 号)

【最高人民法院答复】

湖北省高级人民法院:

你院鄂高法〔2009〕21 号请示收悉。经研究,答复如下:

《最高人民法院关于人民法院执行工作若干问题的规定(试行)》,已经对申请执行人的资格予以明确。其中第十八条第一款规定:“人民法院受理执行案件应当符合下列条件:……(2)申请执行人是生效法律文书确定的权利人或其继承人、权利承受人。”该条中的“权利承受人”,包含通过债权转让的方式承受债权的人。依法从金融资产管理公司受让债权的受让人将债权再行转让给其他普通受让人的,执行法院可以依据上述规定,依债权转让协议以及受让人或者转让人的申请,裁定变更申请执行主体。

《最高人民法院关于金融资产管理公司收购、处置银行不良资产有关问题的补充通知》第三条虽只就金融资产管理公司转让金融不良债权环节可以变更申请执行主体作了专门规定，但并未排除普通受让人再行转让给其他普通受让人时变更申请执行主体。此种情况下裁定变更申请执行主体，也符合该通知及其他相关文件中关于支持金融不良资产债权处置工作的司法政策，但对普通受让人不能适用诉讼费用减半收取和公告通知债务人等专门适用金融资产管理公司处置不良债权的特殊政策规定。

——《最高人民法院关于判断确定的金融不良债权多次转让人民法院能否裁定变更申请执行主体请示的答复》（2009 年 6 月 16 日，〔2009〕执他字第 1 号）

【链接：最高人民法院法官著述】

近年来，在实践中出现了一种新的情况，那就是权利人试图通过债权转让甚至拍卖的方式将生效法律文书确定的权利转让给他人，但是法律和司法解释并没有明确此种情况下的受让人是否可申请执行，以致于受让人因担心无法申请执行而使此种债权转让事实上极少能够成交。我们认为，生效法律文书确定的权利人转让其权利，从实质上看，是权利人对其权利的处分，只要该处分不违反法律的禁止性规定，不损害国家、集体或者他人的合法权益，就应当得到尊重。同时，根据我国《合同法》的规定，只要债权具有可让与性，只要不改变债权内容且不损害债务人利益的条件下，债权人可将其享有的债权转移给第三人，且不需要征求债务人的同意。债权转让的，受让人成为债务人的新债权人，并取得与该债权有关的从权利。生效法律文书确定的权利人享有的可执行的权利，在本质上是权利人对义务人享有的债权，应当可以依法转让。因此，权利人应当有权转让经生效法律文书确定的权利，第三人合法受让该权利后，应当可以申请执行而成为民事执行程序中的当事人。由此可见，生效法律文书确定的权利的转让，也应当成为申请执行人变更的一种事由。

——江必新主编：《民事执行新制度理解与适用》，人民法院出版社 2010 年版，第 74 ~ 75 页。

法院判决确认的债权转让他人，他人是否享有申请强制执行的权利？

问题：李某欠王某 1 万元，王某向法院主张权利，法院判决李某承担给付义务。判决生效后，王某因欠黄某 1 万元，故通知李某将法院判决确认的债权转让给黄某。债务履行期到后，黄某依据王某的转让债权协议向法院申请强制执行，要求李某履行给付义务。执行法院针对上述的债权转让行为，产生以下两种意见：一种意见认为，法院判决确认的债权如同公证机关公证生效的债权，黄某通过受让取得该债权后，可以依法向法院申请强制执行；另一种意见认为，申请执行的权利是王某对李某享有债权基础上通过诉讼程序产生的，该权利专属于王某自身，在王某依法转让给黄某时，王某享有的申请执行权利即消灭，故受让人黄某不能自然取得对李某申请强制执行的权利。在债权转让后，黄某与李某形成的新的债权债务关系应另行起诉解决。请问以上哪种意见正确？

《人民司法》研究组认为：依据我国现行法律的规定，执行程序中的当事人是执行依据的生效法律文书所确定的民事权利义务关系的主体，一方享有权利，而另一方负有义务。不是法律文书中确定的权利主体或义务主体的，不能作为执行当事人，没有申请执行的权利或者履行执行的义务。一般来说，执行当事人就是执行依据上写明的权利人和义务人，其中，申请执行人是执行依据确立的权利人，而被执行人则是执行依据确立的义务履行人。因此，申请执行人在执行程序中转让法律文书所确定的债权的行为，对执行程序而言，并不产生受让人当然取代申请执行人的地位而加入执行程序的法律后果。非执行当事人持生效法律文书申请强制执行的，不符合人民法院受理执行案件的条件，人民法院应不予受理。

——《人民司法》2002 年第 6 期

1024

有限责任公司在执行程序中被撤销设立登记的由清算组行使权利

关键词｜有限责任公司｜撤销设立登记｜申请执行人｜清算组｜

【最高人民法院答复】

北京市高级人民法院：

你院《关于恢复执行北京正合坊企划有限公司诉北京万通股份有限公司、北京星辰投资咨询公司房产中介合同的报告》收悉。经研究，答复如下：

一、本案诉讼程序中，北京正合坊企划有限公司具备民事主体资格，我院(1997)民终字第 135 号民事判决并无不当，应予执行。在执行程序中，虽然北京正合坊企划有限公司被工商部门撤销设立登记,但不影响其在此前所进行的正常交易活动,更不能以此否定二审判决的效力。故对北京万通实业股份有限公司和北京星辰投资咨询公司申诉的北京正合坊企划有限公司自始不具备法人资格的理由不予支持。

二、北京正合坊企划有限公司被撤销设立登记,即丧失了作为市场主体进行经营活动的权利,也失去了对本案的判决申请执行的主体资格。但是,公司法人人格并不因被工商行政管理机关吊销营业执照当然终止,其法人资格必须经清算后才可终止。因此,根据《公司法》第一百九十一条的规定,本案应当对北京正合坊企划有限公司进行清算,由原股东组成的清算组作为其法人机关代表行使权利。

——《最高人民法院执行工作办公室〔2002〕执监字第 81 - 1 号函》(2003 年 6 月 5 日)

【链接:最高人民法院法官著述】

(一)本案在一、二审审理时,正合坊公司具备民事主体资格。正合坊公司依法领取了企业法人营业执照,其经营范围包括房地产信息咨询,并取得房地产经纪机构资质证书,具备从事房地产中介活动的资格。正合坊公司与万通公司、星辰公司所签订的《协议书》当事人意思表示真实且不违反法律规定,应认定合法有效。二审终结后,进入执行程序中,北京正合坊企划有限公司被撤销设立登记,不影响其在此前所进行的正常交易活动,更不能以此否定二审判决的效力。故对万通公司和星辰公司向本院申诉的北京正合坊企划有限公司自始不具备法人资格的理由不予支持。因此,我院(1997)民终字第 135 号民事判决并无不当,应予执行。

(二)正合坊公司虽然被撤销设立登记,但其股东仍然存在,根据我国《公司法》的精神和有限责任公司的规定,该公司的权利义务应由股东承受。主要规定有:《公司法》第 33 条规定,有限责任公司的股东有权按照出资比例分取红利;《公司法》第 195 条规定,公司财产在按照法律规定清偿公司债务后有剩余的,有限责任公司股东按照出资比例分配该剩余财产。但在公司财产未按照法律规定清偿公司债务前,股东无权请求分配。具体讲,有限责任公司的股东享有红利分配请求权、剩余财产分配请求权以及对公司的诉讼权等多项权利。因此,正合坊公司在执行程序当中被有关部门撤销设立登记后,可根据《公司法》第 191 条关于有限责任公司的清算组由股东组成,股东是清算主体的规定,由正合坊公司的股东承受权利,承担义务。

——裴莹硕:《北京万通实业股份有限公司、北京星辰投资咨询公司与北京正合坊企划有限责任公司中介合同纠纷执行案》,载最高人民法院执行工作办公室编:《强制执行指导与参考》(总第5辑),法律出版社2003年版,第261~262页。

1025

被执行人死亡时的处理

关键词｜变更被执行人｜遗产继承人｜

【最高人民法院司法解释】

第十条 作为被执行人的公民死亡或被宣告死亡,申请执行人申请变更、追加该公民的遗嘱执行人、继承人、受遗赠人或其他因该公民死亡或被宣告死亡取得遗产的主体为被执行人,在遗产范围内承担责任的,人民法院应予支持。继承人放弃继承或受遗赠人放弃受遗赠,又无遗嘱执行人的,人民法院可以直接执行遗产。

——《最高人民法院关于民事执行中变更、追加当事人若干问题的规定》(2016年11月7日,法释〔2016〕21号)

第四百七十五条 作为被执行人的公民死亡,其遗产继承人没有放弃继承的,人民法院可以裁定变更被执行人,由该继承人在遗产的范围内偿还债务。继承人放弃继承的,人民法院可以直接执行被执行人的遗产。

——《最高人民法院关于适用〈中华人民共和国民事诉讼法〉的解释》(2015年1月30日,法释〔2015〕5号)

【链接:最高人民法院法官著述】

作为被执行人的自然人死亡,其财产权转移给遗产继承人的,应将被执行人变更为遗产继承人。我国法律作出如此规定是因为在执行阶段,当事人的权利义务关系已经确定,原被执行人死亡并不影响其所承担的法律责任。而且,强制执行的标的一般是财产，原被执行人存在与否并不影响人民法院对其财产的执行。因此，只要继承人继承了财产，就必须在其所继承的遗产范围内履行原被执行人生前所负的债务。

但是，继承人放弃继承的，人民法院不得变更继承人为被执行人，只能直接执行被执行人的遗产。此时法院应将谁列为被执行人？对此，《民事诉讼法》《民诉法意见》均没有规定。根据民法理论，此时应将遗产管理人、遗嘱执行人或财产代管人列为被执行人。

综上所述，在被执行人死亡的情况下，若遗产已被继承完毕，对已经继承遗产的继承人，可裁定变更其为被执行人，由其在继承遗产的范围内承担清偿责任。遗产尚未继承，可以区分一个继承人和数个继承人的情况分别处理：(1)只有一个继承人，该继承人既不明确表示接受继承，又不明确表示放弃继承的，依据《继承法》第25条第1款的规定，视为接受继承，可以裁定变更其为被执行人，由其在遗产范围内承担清偿责任；该继承人明确表示放弃继承的，可以直接执行遗产。(2)有数个继承人的，继承人既不明确表示接受继承，又不明确表示放弃继承的，法院可以限令继承人在指定期限内作出接受继承或者放弃继承的表示。对在指定期限内表示接受继承或者不作任何表示的继承人，法院可以裁定变更其为被执行人，由其在应得遗产份额内承担清偿责任；在指定期限内表示放弃继承的继承人，不承担清偿责任。所有继承人均放弃继承的，可以直接执行遗产。对有数个继承人接受继承或视为接受继承，需要确定各自应得遗产份额的，如经协商或调解，各继承人就遗产份额问题达成协议的，法院可按协议内容确定各继承人承担清偿责任的份额；如不能达成协议的，则属继承纠纷，应由继承人通过诉讼解决，法院执行机构不得依职权确定各继承人的应得遗产份额。

——江必新主编：《民事执行新制度理解与适用》，人民法院出版社2010年版，第75～76页。

1026

被执行人分立、合并时的执行

关键词 | 变更被执行人 | 法人分立、合并 |

【最高人民法院司法解释】

第十一条 作为被执行人的法人或其他组织因合并而终止，申请执行人申请变更合并后存续或新设的法人、其他组织为被执行人的，人民法院应予支持。

第十二条 作为被执行人的法人或其他组织分立，申请执行人申请变更、追加分立后新设的法人或其他组织为被执行人，对生效法律文书确定的债务承担连带责任的，人民法院应予支持。但被执行人在分立前与申请执行人就债务清偿达成的书面协议另有约定的除外。

——《最高人民法院关于民事执行中变更、追加当事人若干问题的规定》(2016 年 11 月 7 日，法释〔2016〕21 号)

第四百七十二条 依照民事诉讼法第二百三十二条规定，执行中作为被执行人的法人或者其他组织分立、合并的，人民法院可以裁定变更后的法人或者其他组织为被执行人；被注销的，如果依照有关实体法的规定有权利义务承受人的，可以裁定该权利义务承受人为被执行人。

——《最高人民法院关于适用〈中华人民共和国民事诉讼法〉的解释》(2015 年 1 月 30 日，法释〔2015〕5 号)

79. 被执行人按法定程序分立为两个或多个具有法人资格的企业，分立后存续的企业按照分立协议确定的比例承担债务；不符合法定程序分立的，裁定由分立后存续的企业按照其从被执行企业分得的资产占原企业总资产的比例对申请执行人承担责任。

——《最高人民法院关于人民法院执行工作若干问题的规定(试行)》(1998 年 7 月 8 日，法释〔1998〕15 号)

【链接：最高人民法院法官著述】

作为被执行人的法人或其他组织合并、分立的，因其权利义务已由变更后的法人或其他组织承受，所以人民法院可以裁定变更合并、分立后的法人或其他组织为被执行人。法人或其他组织的分立符合法定程序的，由分立后存续的企业按照分立协议确定的比例承担债务；不符合法定程序分立的，裁定由分立后存续的企业按照其从被执行企业分得的资产占原企业总资产的比例对申请执行人承担责任。

但是在实践中还存在这样两个问题：(1)该规定隐含的前提是执行法院在执行前必须对被执行企业的分立程序及达成的协议进行审查，认定其是否合法。然而，根据审执分立的原则及现行法律的规定，执行机关并不具备此种审查的职权和职能。(2)依分立协议或依分得资产占原企业总资产的比例执行，被执行人易借此逃避债务。例如，按分立协议约定的，容易造成被执行人“脱壳经营”，将优质资产转移以逃避执行；按分立后企业分得资产占原企业总资产的比例执行，可能造成分得少量优质资产的分立主体负担少部分债务，分得大额劣质资产(或账面资产)的分立主体却负担大部分债务。这些情况都会损害债权人的利益。因此，此时参照《合同法》第90条的规定进行处理更为妥善。依该条规定，当事人订立合同后分立的，除债权人和债务人另有约定的以外，由分立的法人或者其他组织对合同的权利和义务享有连带债权，承担连带债务。参照这一精神，作为被执行人的企业(法人或者其他组织)在判决生效后分立的，不管分立程序是否合法，也不管分立后企业从被执行企业分得多少资产，执行法院均可按连带责任执行分立后存续的企业。《最高人民法院关于变更和追加执行当事人的若干规定(征求意见稿)》第6条(未经法定程序分立的法人债务的处理)规定，被执行人未依法定程序分立，且其对企业分立前债务的处理未经债权人同意，侵害债权人利益的，分立后存续的企业应当按照其从被执行企业分得的资产占原企业总资产的比例，对被执行人的债务向申请执行人承担连带责任。

作为被执行人的法人将其资产分解，成立两个或多个具备法人资格的新企业，其本身法人资格并未消失，但不再经营，仅存少量资产或不留资产，不能清偿债务的，应将其分立后的企业追加为被执行人并在所受资产范围内承担责任。

——江必新主编：《民事执行新制度理解与适用》，人民法院出版社2010年版，第76页。

1027

被执行人名称变更的，应将被执行人变更为更名后的法人或其他组织

关键词｜变更被执行人｜名称变更｜

【最高人民法院司法解释】

第二十七条 执行当事人的姓名或名称发生变更的,人民法院可以直接将姓名或名称变更后的主体作为执行当事人,并在法律文书中注明变更前的姓名或名称。

——《最高人民法院关于民事执行中变更、追加当事人若干问题的规定》(2016年11月7日,法释〔2016〕21号)

第四百七十四条 在执行中,作为被执行人的法人或者其他组织名称变更的,人民法院可以裁定变更后的法人或者其他组织为被执行人。

——《最高人民法院关于适用〈中华人民共和国民事诉讼法〉的解释》(2015年1月30日,法释〔2015〕5号)

【链接:最高人民法院法官著述】

如果被执行人在名称变更的同时,还在其他事项上发生了变化,如分立、合并甚至改制等,不能仅仅依据该条规定简单地以名称变更为由变更被执行人,而应依据相关法律规定确定当事人及实体责任的承担人。

——沈德咏主编、最高人民法院修改后民事诉讼法贯彻实施工作领导小组编著:《最高人民法院民事诉讼法司法解释理解与适用》,人民法院出版社2015年版,第1263页。

1028

被执行人被撤销、注销或歇业后,其上级主管部门或开办单位在接受财产范围内承担责任

关键词 | 追加被执行人 | 上级主管部门 | 开办单位 |

【最高人民法院司法解释】

第二十二条 作为被执行人的法人或其他组织,被注销或出现被吊销营业

执照、被撤销、被责令关闭、歇业等解散事由后，其股东、出资人或主管部门无偿接受其财产，致使该被执行人无遗留财产或遗留财产不足以清偿债务，申请执行人申请变更、追加该股东、出资人或主管部门为被执行人，在接受的财产范围内承担责任的，人民法院应予支持。

——《最高人民法院关于民事执行中变更、追加当事人若干问题的规定》（2016 年 11 月 7 日，法释〔2016〕21 号）

81. 被执行人被撤销、注销或歇业后，上级主管部门或开办单位无偿接受被执行人的财产，致使被执行人无遗留财产清偿债务或遗留财产不足清偿的，可以裁定由上级主管部门或开办单位在所接受的财产范围内承担责任。

——《最高人民法院关于人民法院执行工作若干问题的规定（试行）》（1998 年 7 月 8 日，法释〔1998〕15 号）

【最高人民法院答复】

青海省高级人民法院：

你院 2005 年 3 月 22 日的请示收函。经研究，答复如下：

鉴于在执行过程中，被执行人在机构改革中被撤销，其上级主管部门无偿接受了被执行人的财产，致使被执行人无遗留财产清偿债务，按照《最高人民法院关于适用〈中华人民共和国民事诉讼法〉若干问题的意见》（法发〔92〕22 号）第 271 条和《最高人民法院关于人民法院执行工作若干问题的规定（试行）》（法释〔1998〕15 号）第 81 条的规定，可以裁定变更本案的被执行人主体为被执行人的上级主管部门，由其在所接受财产价值的范围内承担民事责任。

——《最高人民法院关于机关法人作为被执行人在执行程序中变更问题的复函》（2005 年 8 月 3 日，法函〔2005〕65 号）

贵州省高级人民法院、四川省高级人民法院：

四川省高级人民法院川高法执〔1992〕字第 8 号关于重庆市中级人民法院执行中华人民共和国贵州进出口商品检验局开办的振环公司债务一案，如何适用国务院国发〔1990〕68 号通知的请示报告和贵州省高级人民法院黔法执〔1992〕011 号关于中国粮油食品进出口公司重庆分公司诉重庆饲料公司菜籽粕购销合同货款纠纷是否适用国发〔1990〕68 号、法（经）发〔1991〕10 号文件进行

统一清偿问题的请示报告均收悉。经研究,答复如下:

贵州振环贸易公司(下称振环公司)原系中华人民共和国贵州进出口商品检验局(下称商检局)投资开办的政企不分的公司。商检局虽于1985年向当地工商局申请与该公司脱钩,但对该公司人事任免和经营管理方面仍有决定权。1990年2月18日,振环公司被撤销后的债权债务由商检局负责清理。因此,重庆市中级人民法院1990年12月7日依据国发〔1985〕102号、中发〔1986〕6号文件有关规定,判决由商检局清偿振环公司所欠饲料公司货款并无不当。鉴于振环公司撤销后有多个债权人,且资不抵债;重庆市中级人民法院(1990)经上字第169号民事判决书在国发〔1990〕68号通知发布时尚未执行。故本案应依据本院法(经)发〔1991〕10号文件第四条之规定,"应当委托被撤销公司所在地的人民法院,依照该《通知》第六条的规定执行"。对此,贵州省高级人民法院认为原振环公司的债务应依照国发〔1990〕68号、法(经)发〔1991〕10号文件的有关规定统一清偿的理解是正确的。在统一执行中,受委托执行的贵阳市中级人民法院应将原振环公司收回的债权和商检局对其开办的振环公司债务应在注册资金范围内承担责任的数额,按债权比例进行清偿。

——《最高人民法院关于对重庆市中级人民法院执行贵州进出口商品检验局开办的振环公司债务一案如何适用国发〔1990〕68号、法(经)发〔1991〕10号文件的请示的复函》(1992年8月14日,法函〔1992〕111号)

山西省高级人民法院:

你院晋法经函字〔1990〕第3号《关于行政单位开办的公司已无资产偿付应由谁承担民事责任的请示报告》收悉。经研究,答复如下:

吉林省白城地区石油开发总公司是1988年4月4日由白城地区工商行政管理局登记注册的全民预算外企业。企业的主管部门和批准机关均为白城地区行政公署。企业登记的资金总额为380万元。根据民法通则和国发〔1990〕68号《国务院关于在清理整顿公司中被撤并公司债权债务清理问题的通知》规定,如果白城地区石油开发总公司无力偿还债务,而其注册资金的来源是贷款,或者根本没有资金以及实有资金与注册资金不符的,应由其主管机关和开办单位白城地区行政公署在其注册资金范围内承担清偿责任。

——《最高人民法院经济审判庭关于行政单位开办的公司已无资产偿付应由谁承担民事责任问题的电话答复》(1991年1月4日)

西藏自治区高级人民法院:

你院1990年11月8日的请示报告收悉。关于在执行程序中,被执行人(公司)资不抵债,人民法院能否直接裁定被执行人(公司)的申报单位对被执行人的债务承担连带责任的问题,经研究,答复如下:

本院法(经)复〔1987〕42号批复已对这个问题作过答复。你院请示的西藏自治区对外贸易综合服务公司与尼泊尔籍商人索朗羊毛换购呢子合同纠纷案进入执行程序后,该服务公司资不抵债,如根据规定和事实其申报单位确应对该服务公司的债务承担责任,则应按本院法(经)复〔1987〕42号批复办理。国务院已于1990年12月12日发出《国务院关于在清理整顿公司中被撤并公司债权债务清理问题的通知》(国发〔1990〕68号)。现在处理本案中的有关问题,应适用这个通知的规定。

——《最高人民法院经济审判庭关于在执行程序中被执行人资不抵债人民法院能否直接裁定被执行人的申报单位对被执行人的债务承担连带责任问题的电话答复》(1990年12月31日)

【最高人民法院裁判文书】

石家庄常山纺织集团有限责任公司不服河北省高级人民法院裁定追加其为被执行人申请复议案[最高人民法院(2012)执复字第9号执行裁定书]

最高人民法院认为:

1. 东方石办将债权转让给相宜公司后发布债权转让公告,可以认定其已依法履行了对债务人的通知义务。河北高院依据相宜公司的申请,裁定变更其为申请执行人,符合《最高人民法院关于金融资产管理公司收购、处置银行不良资产有关问题的补充通知》第3条关于"金融资产管理公司转让、处置已经涉及诉讼、执行或者破产等程序的不良债权时,人民法院应当根据债权转让协议和转让人或者受让人的申请,裁定变更诉讼或者执行主体"的规定。2. 虽然被执行人棉二锦宏公司被注销的事实发生在本院审判阶段,但是,棉二锦宏公司及其主管单位没有向本院报告相关情况,致使本院仍以棉二锦宏公司为当事人作出终审判决并送达,对此棉二锦宏公司及其主管单位自身存在过错。对此种情况,法律和司法解释并未明确要求必须通过审判程序处理,由执行法院在执行程序中予以处理并不违反法定程序。3. 现行法律和司法解释对变更追加执行主体并未要求必须进行听证。且河北高院为确定被执行主体,已于2002年10月举行了听证会，常山集团及常山股份均委托代理人参加了听证。相宜公司申请追加常山集团为被执行人后，河北高院对双方当事人提交的证据进行了交换，常山集团对相关证据内容的真实性及河北高院裁定所依据的事实并无实质异议。故对常山集团以河北高院未组织听证而追加其为被执行人违反法定程序的主张不予支持。4. 常山集团在发起设立常山股份时，将棉二持有的棉二锦宏公司50%的股权以自己名义投入到常山股份，成为常山股份的股东。此做法实际上是将棉二所持有的棉二锦宏公司的股权从原棉二持有收归自己持有后，再投入给常山股份。如棉二锦宏公司法人资格仍存续，则应由该公司以自己的财产清偿本案债务。在棉二锦宏公司注销后，其剩余资产即因常山集团持有其股权而转为由常山集团取得，不存在棉二继受取得棉二锦宏公司债务的法定理由。棉二锦宏公司的注销与常山股份的设立基本是同时进行的，故应认定常山集团实际上是以棉二锦宏公司的全部剩余资产投入常山股份的。常山集团的行为，已构成最高人民法院《执行规定》第81条规定的上级主管部门无偿接收被执行人财产，属于《民事诉讼法》第209条规定的权利义务承受人。故，河北高院以常山集团无偿接收棉二锦宏公司资产、应继受棉二锦宏公司义务为由，追加常山集团为被执行人，在棉二锦宏公司解散时50%股权代表的资产(8192万元)范围内承担责任正确。

——中国裁判文书网，http://www.court.gov.cn/zgcpwsw/。

【链接：最高人民法院法官著述】

在执行中，被执行人已长期歇业或已被撤销、注销，其上级主管部门、开办单位或清算组、留守机构已无偿接受其财产的，应该将接受财产单位变更为被执行人。被执行人被撤销、注销或者歇业后，上级主管部门、开办单位被追加为被执行人的前提条件是：(1)上级主管部门或开办单位无偿接受被执行人的财产。如果没有无偿接受其财产，或者是有偿接受其财产，则不应变更被执行人。(2)接受其财产的结果致使被执行人无遗留财产清偿债务或遗留财产不足清偿。上级主管部门或开办单位无偿接受了被执行人的财产但是没有导致被执行人无遗留财产清偿或者遗留财产不足清偿的，上级主管部门或开办单位也不能承担责任。(3)必须在所接受的财产范围内承担责任，不能超出所接受的财产范围。清算组、留守机构变更为被执行人的，只在其接受的财产范围内承担履行义务。但是，有人提出，按照实体法的规定，企业被撤销、注销或歇业后，上级主管部门或开办单位的身份是清算责任人，只是清算而不是接收企业的财产，如其在清算结束前无偿接收企业的财产，必然是不合法的，故其不属一般继受人。其占有财产的非法性也决定了其不属特定继受人。执行力向其扩张缺乏基础。有人进而认为，应以侵害债权理论为基础，即上级主管部门或开办单位无偿接收企业财产的行为，实为侵害执行债权人合法债权之行为，执行债权人就其所受损失可向该单位主张损害赔偿。由此，将该行为界定为变更、追加被执行人的事由，不符合执行力主观范围的基本理论。

——江必新主编：《民事执行新制度理解与适用》，人民法院出版社2010年版，第77页。

执行程序中可否追加未履行清算义务的上级单位为被执行人？

问题：我们在办理债权人李某某申请执行益隆公司一案中，发现益隆公司的企业法人营业执照已经于1998年被市工商行政管理部门吊销，其财产去向不明，其上级主管单位市自来水公司始终没有对益隆公司进行清算。请问：我们能否以自来水公司不履行清算义务而导致被执行人财产流失为由，追加其为本案被执行人？

《人民司法》研究组认为：依照有关规定，被执行人的上级主管部门在执行程序中承担债务的情形有两种：一是被执行人被撤销、注销、歇业后，上级主管部门无偿接受被执行人财产导致被执行人无履行能力的；二是主管部门对被执行人出资不到位。除此之外，除非有法定理由，一般不能直接追加被执行人的上级主管部门为被执行人。就本案而言，市自来水公司仅负有对益隆公司进行清算的行为义务，并无财产履行义务。如果市自来水公司怠于履行清算义务，李某某可诉请人民法院强制其履行财产清算义务，而不能追加其为被执行人，代益隆公司偿还金钱债务。

——《人民司法》2007年第1期

1029

公司未经依法清算即被注销导致无法清算时，被执行人的追加及变更

关键词 | 追加被执行人 | 公司清算 | 注销 | 变更被执行人 |

【最高人民法院司法解释】

第二十一条 作为被执行人的公司，未经清算即办理注销登记，导致公司无法进行清算，申请执行人申请变更、追加有限责任公司的股东、股份有限公司的董事和控股股东为被执行人，对公司债务承担连带清偿责任的，人民法院应予支持。

第二十三条 作为被执行人的法人或其他组织，未经依法清算即办理注销登记，在登记机关办理注销登记时，第三人书面承诺对被执行人的债务承担清偿责任，申请执行人申请变更、追加该第三人为被执行人，在承诺范围内承担清偿责任的，人民法院应予支持。

——《最高人民法院关于民事执行中变更、追加当事人若干问题的规定》(2016 年 11 月 7 日，法释〔2016〕21 号)

【链接：最高人民法院法官著述】

主要观点：如果公司股东在公司法人被注销时在工商登记材料中承诺对公司债务承担责任的，经听证程序后可追加其为被执行人。除此之外，公司法人未经依法清算即被注销的，债权人可以通过诉讼要求公司股东等责任主体承担相应赔偿责任。

主要理由：第一，实体法基础。《公司法解释(二)》第二十条规定："公司解散应当在依法清算完毕后，申请办理注销登记。公司未经清算即办理注销登记，导致公司无法进行清算，债权人主张有限责任公司的股东、股份有限公司的董事和控股股东，以及公司的实际控制人对公司债务承担清偿责任的，人民法院应依法予以支持。公司未经依法清算即办理注销登记，股东或者第三人在公司登记机关办理注销登记时承诺对公司债务承担责任，债权人主张其对公司债务承担相应民事责任的，人民法院应依法予以支持。"第二，执行效率与权利保障的平衡。在执行程序中变更追加被执行人显然有利于提高执行效率，但是可能会危及被变更追加人的权利。两种价值权衡的结果是，应将被执行人的变更与追加严格限定于权利义务关系清晰，责任容易认定的情形。就本问题来说，公司股东在公司法人被注销时在工商登记材料中承诺对公司债务承担责任，是较为容易判断的事实，据此追加股东为被执行人，不易引起争议。出于效率的考虑，在经过听证程序保障被追加人申辩权的基础上，可以追加股东为被执行人。除此之外，公司法人未经依法清算即被注销的，债权人可以通过诉讼要求公司股东等责任主体承担相应赔偿责任。

——高执研：《执行疑难问题问答（二）》，载最高人民法院执行局编：《执行工作指导》（总第46辑），人民法院出版社2013年版，第46页。

1030

公司无财产可供执行又无财务账目或拒不提供财务账目的，可追加股东为被执行人

关键词 | 追加被执行人 | 股东 |

【链接：最高人民法院法官著述】

主要观点：公司无财务账目或拒绝提供财务账目，经听证程序后，可以追加股东为被执行人。

主要理由：公司没有财务账目或者拒不提供公司财务账目，且不能提供相反证据证明不存在财产混同情况的，可以视为公司法人与公司股东之间存在财产混同的情形。《公司法》第二十条规定："公司股东应当遵守法律、行政法规和公司章程，依法行使股东权利，不得滥用股东权利损害公司或者其他股东的利益；不得滥用公司法人独立地位和股东有限责任损害公司债权人的利益。公司股东滥用股东权利给公司或者其他股东造成损失的，应当依法承担赔偿责任。公司股东滥用公司法人独立地位和股东有限责任，逃避债务，严重损害公司债权人利益的，应当对公司债务承担连带责任。"该条规定表明了有限责任公司的法理基础就在于股东的财产与公司的财产分离，股东以其出资为限对公司的债务承担有限责任，股东与公司的财产一旦混同，自然不能得到有限责任的保护，执行法院可以变更追加公司股东为被执行人。

——高执研：《执行疑难问题问答（二）》，载最高人民法院执行局编：《执行工作指导》（总第46辑），人民法院出版社2013年版，第46页。

1031

投资人承担无限责任的企业倒闭或解散的，变更企业投资人为被执行人

关键词 | 变更被执行人 | 投资人 | 承担无限责任 |

【最高人民法院司法解释】

第十三条 作为被执行人的个人独资企业，不能清偿生效法律文书确定的债务，申请执行人申请变更、追加其投资人为被执行人的，人民法院应予支持。个人独资企业投资人作为被执行人的，人民法院可以直接执行该个人独资企业的财产。

个体工商户的字号为被执行人的，人民法院可以直接执行该字号经营者的财产。

第十四条 作为被执行人的合伙企业，不能清偿生效法律文书确定的债务，申请执行人申请变更、追加普通合伙人为被执行人的，人民法院应予支持。

作为被执行人的有限合伙企业，财产不足以清偿生效法律文书确定的债务，申请执行人申请变更、追加未按期足额缴纳出资的有限合伙人为被执行人，在未足额缴纳出资的范围内承担责任的，人民法院应予支持。

——《最高人民法院关于民事执行中变更、追加当事人若干问题的规定》(2016年11月7日，法释〔2016〕21号)

【链接：最高人民法院法官著述】

在执行中，作为被执行人的投资人承担无限责任的企业（如个人独资企业、合伙企业等等）已倒闭或解散的，应将该企业的投资人变更为被执行人。我国《个人独资企业法》第28条规定：“个人独资企业解散后，原投资人对个人独资企业存续期间的债务仍应承担偿还责任。”我国《合伙企业法》也有类似的规定。因此，应将被执行主体变更为投资人，由其承担清偿企业所欠债务的责任。

——江必新主编：《民事执行新制度理解与适用》，人民法院出版社2010年版，第77页。

1032

不可执行被执行人投资兴办的企业法人的财产

关键词｜被执行人｜

【最高人民法院答复】

广东省高级人民法院：

你院1990年7月2日《关于执行深圳市儿童福利中心诉中国农村能源协会一案的情况报告》及8月27日转来的深圳市中级人民法院《关于能否扣划被执行人的投资款以偿还债务的请示报告》均收悉。经研究，答复如下：

在深圳市儿童福利中心诉中国农村能源协会一案中，被执行人应当是发生法律效力的民事判决中的义务承担人，即中国农村能源协会。强制执行的财产只能是被执行人所有或能够处分的财产。被执行人投资兴办的企业既经注册登记为企业法人，则其投资已成为该企业法人的注册资金，属于该企业法人经营管理的财产，作为投资人的被执行人已无权随意处分。即使可以用投资款偿还投资人的债务，也只能依法转让股权或以所得收益偿还，而不能直接扣划。因此，深圳中院以正大科技贸易总公司是中国农村能源协会投资兴办的为由，扣划正大科技贸易总公司的存款，冻结广东鸿大国际科技中心的账户，用以偿还中国农村能源协会的债务是不妥当的。

此复。

——《最高人民法院关于能否扣划被执行单位投资开办的企业法人的资金偿还被执行单位债务问题的复函》[1991年4月29日，法（经）函〔1991〕94号]

1033

其他组织作为被执行人时的执行

关键词｜其他组织｜变更被执行人｜追加被执行人｜

【最高人民法院司法解释】

第十六条 个人独资企业、合伙企业、法人分支机构以外的其他组织作为被执行人,不能清偿生效法律文书确定的债务,申请执行人申请变更、追加依法对该其他组织的债务承担责任的主体为被执行人的,人民法院应予支持。

——《最高人民法院关于民事执行中变更、追加当事人若干问题的规定》(2016 年 11 月 7 日,法释〔2016〕21 号)

第四百七十三条 其他组织在执行中不能履行法律文书确定的义务的,人民法院可以裁定执行对该其他组织依法承担义务的法人或者公民个人的财产。

——《最高人民法院关于适用〈中华人民共和国民事诉讼法〉的解释》(2015 年 1 月 30 日,法释〔2015〕5 号)

【链接:最高人民法院法官著述】

第一,人民法院通常应先执行其他组织的财产,其他组织财产不足清偿的,再执行对该其他组织依法应承担义务的法人或者公民个人的财产。

第二,《执行规定》第 76 至 78 条对常见情形作了更明确的规定,司法实践中处理该类问题时,应结合本条及相关司法解释的规定确定如何变更追加被执行人。

——沈德咏主编、最高人民法院修改后民事诉讼法贯彻实施工作领导小组编著:《最高人民法院民事诉讼法司法解释理解与适用》,人民法院出版社 2015 年版,第 1262 页。

1034

无法人资格的私营独资企业无能力履行义务时,可追加该独资企业业主为被执行人

关键词 | 追加被执行人 | 私营独资企业 | 独资企业业主 |

【最高人民法院司法解释】

76. 被执行人为无法人资格的私营独资企业，无能力履行法律文书确定的义务的，人民法院可以裁定执行该独资企业业主的其他财产。

——《最高人民法院关于人民法院执行工作若干问题的规定（试行）》（1998 年 7 月 8 日，法释〔1998〕15 号）

【链接：最高人民法院法官著述】

无法人资格的个人独资企业无能力履行法律文书确定的义务的，应将该私营企业主（投资人）追加为被执行人。我国《个人独资企业法》第 31 条规定：“个人独资企业的财产不足以清偿债务的，投资人应当以其个人的其他财产予以清偿。”在这里，个人独资企业是指没有取得法人资格的私营独资企业。因此，在执行中，当私营独资企业的财产不足以执行时，应当裁定追加该私营企业主即该企业的投资人作为被执行人承担不足范围内的清偿责任。

——江必新主编：《民事执行新制度理解与适用》，人民法院出版社 2010 年版，第 77 ~ 78 页。

1035

个人合伙组织或合伙型联营企业无能力履行义务时被执行人的追加

关键词｜追加被执行人｜个人合伙组织｜合伙型联营企业｜

【最高人民法院司法解释】

77. 被执行人为个人合伙组织或合伙型联营企业，无能力履行生效法律文书确定的义务的，人民法院可以裁定追加该合伙组织的合伙人或参加该联营企业的法人为被执行人。

——《最高人民法院关于人民法院执行工作若干问题的规定（试行）》（1998 年 7 月 8 日，法释〔1998〕15 号）

【链接：最高人民法院法官著述】

个人合伙组织或合伙型联营企业无能力履行生效法律文书确定的义务，应将该合伙组织的全体合伙人或参加该联营企业的法人追加为被执行人。我国《民法通则》第52条规定，企业之间联营，不具备法人条件的，由联营各方以各自所有的或经营管理的财产承担民事责任。我国1997年《合伙企业法》第39条规定："合伙企业对其债务，应先以其全部财产进行清偿。合伙企业财产不足清偿到期债务的，各合伙人应当承担无限连带清偿责任。"第40条规定："以合伙企业财产清偿合伙企业债务时，其不足的部分，由各合伙人按照本法第三十二条第一款规定的比例，用其在合伙企业出资以外的财产承担清偿责任。"因此，如果个人合伙组织或合伙型联营企业无能力履行债务时，全体合伙人或联营各方都应承担无限连带责任。但是，如果合伙组织或合伙型联营企业有能力履行生效法律文书确定的义务，则不能将合伙人（公民或法人）或联营各方追加为被执行人。

——江必新主编：《民事执行新制度理解与适用》，人民法院出版社2010年版，第74~75页。

1036

企业法人的分支机构不能清偿债务时的执行

关键词 | 追加被执行人 | 企业法人分支机构 |

【最高人民法院司法解释】

第十五条 作为被执行人的法人分支机构，不能清偿生效法律文书确定的债务，申请执行人申请变更、追加该法人为被执行人的，人民法院应予支持。法人直接管理的责任财产仍不能清偿债务的，人民法院可以直接执行该法人其他分支机构的财产。

作为被执行人的法人，直接管理的责任财产不能清偿生效法律文书确定债务的，人民法院可以直接执行该法人分支机构的财产。

——《最高人民法院关于民事执行中变更、追加当事人若干问题的规定》（2016年11月7日，法释〔2016〕21号）

78. 被执行人为企业法人的分支机构不能清偿债务时,可以裁定企业法人为被执行人。企业法人直接经营管理的财产仍不能清偿债务的,人民法院可以裁定执行该企业法人其他分支机构的财产。

若必须执行已被承包或租赁的企业法人分支机构的财产时,对承包人或承租人投入及应得的收益应依法保护。

——《最高人民法院关于人民法院执行工作若干问题的规定(试行)》(1998 年 7 月 8 日,法释〔1998〕15 号)

【最高人民法院答复】

辽宁省高级人民法院:

你院 1996 年 6 月 18 日《关于中国人民保险公司分支机构没有履行能力能否执行中国人民保险公司问题的请示》一文收悉。经研究答复如下:

中国人民保险公司营口市支公司不能履行你院(1995)辽民初字第 47 号民事调解书确定的义务,又无财产可供执行,即其已不能单独承担民事责任。依据我国《保险法》第七十九条第二款关于"保险公司分支机构不具有法人资格,其民事责任由保险公司承担"的规定,你院可在执行程序中裁定变更中国人民保险公司为该案的被执行主体,即同意你院的请示意见。

——《最高人民法院关于中国人民保险公司营口市支公司的债务可否由中国人民保险公司承担的函》(1996 年 8 月 19 日,〔1996〕经他字第 21 号)

辽宁省高级人民法院:

你院〔1990〕经执字第 20 号"关于企业法人无力偿还债务时,可否执行其分支机构财产的请示报告"收悉。经研究,答复如下:

据来文看,本案被执行人本溪化工塑料总厂(下称"总厂")的管理体制、经营方式,在案件执行期间与案件审理期间相比,尽管发生了很大变化,但总厂与其分支机构的关系及各自的性质并未改变,总厂的经营活动仍由其分支机构的经营行为具体体现,分支机构经营管理的财产仍是总厂经营管理的财产或者属总厂所有的财产,仍为总厂对外承担民事责任的物质基础。因此,在总厂经济体制改革后,不应视其为无偿付能力。鉴于本案的具体情况,对总厂的债务，同意你院的意见，第二审法院可以裁定由总厂的分支机构负责偿还。

——《最高人民法院关于企业法人无力偿还债务时可否执行其分支机构财产问题的复函》[1991 年 4 月 2 日，法(经)函〔1991〕38 号]

【链接：最高人民法院法官著述】

作为被执行人的企业法人的分支机构不能履行生效法律文书确定的义务时，应将企业法人或该企业法人的其他分支机构追加为被执行人。《民诉法意见》第 272 条规定："其他组织在执行中不能履行法律文书确定的义务的，人民法院可以裁定执行对该其他组织依法承担义务的法人或者公民个人的财产。"因为法人的分支机构不是法人，它只是法人的一个组成部分，与法人的权利义务具有同一性。法人的分支机构在法律上没有独立的财产，其财产本质上是企业法人财产的一部分。因此，企业法人的分支机构不能履行生效法律文书确定的义务时，人民法院可以裁定企业法人为被执行人。这时可以先执行企业法人直接经营管理的财产，若企业法人直接经营管理的财产仍不能清偿债务的，法院可以裁定执行企业其他分支机构的财产。但是必须注意，执行已被承包或租赁的企业法人分支机构的财产时不得执行承包人或出租人的投入及应得的收益。

——江必新主编：《民事执行新制度理解与适用》，人民法院出版社 2010 年版，第 78 页。

1037

商业银行分支机构不具有法人资格，由总行承担其民事责任

关键词｜商业银行分支机构｜追加被执行人｜

【最高人民法院裁判文书】

齐鲁投资管理有限公司、济南中银实业有限公司不服变更申请执行人异议裁定申请复议案[最高人民法院(2009)执复字第 1 号执行裁定书]

裁判要旨：根据《商业银行法》第 22 条的规定，商业银行对其分支机构实行

全行统一核算，统一调度资金，分级管理的财务制度。商业银行分支机构不具有法人资格，在总行授权范围内依法开展业务，其民事责任由总行承担。

——江必新主编、最高人民法院执行局编：《执行工作指导》（总第35辑），人民法院出版社2010年版，第88～92页。

编者说明

针对齐鲁公司、中银公司申请复议的理由，即本案诉讼主体是建行济南市中区支行，不能与建行山东省分行、中国建设银行混同，建行山东省分行没有资格以自己的名义向山东高院直接主张变更申请执行人。最高人民法院依据上述分析，认定复议申请人请求复议的理由不能成立。

1038

执行程序中确立的担保人可追加为被执行人

关键词 | 追加被执行人 | 担保人 |

【链接：最高人民法院法官著述】

在执行中，被执行人不能履行法律文书规定的义务，第三人提供担保的，应将第三人追加为被执行人。我国《民事诉讼法》第208条规定："在执行中，被执行人向人民法院提供担保，并经申请执行人同意的，人民法院可以决定暂缓执行及暂缓执行的期限。被执行人逾期仍不履行的，人民法院有权执行被执行人的担保财产或者担保人的财产。"因此，当被执行人不能履行法律文书规定的义务，应当裁定追加提供担保的第三人为被执行人，承担连带责任。

——江必新主编：《民事执行新制度理解与适用》，人民法院出版社2010年版，第78页。

问题：某法院在执行一起道路交通事故人身损害赔偿纠纷案件过程中，案外人何某为被执行人严某就部分赔偿款提供担保，该案依法暂缓执行。逾期后，被执行人严某无履行能力，何某拒绝履行担保责任。在执行时有两种意见：一种意见认为裁定追加何某为被执行人；另一种意见认为，不能追加何某为被执行人，只能依照《民事诉讼法》第 212 条和最高人民法院《执行规定》第 85 条规定，裁定执行担保人何某在保证责任范围内的财产。

《人民司法》研究组认为：第二种意见正确。《民事诉讼法》第 212 条规定："在执行中，被执行人向人民法院提供担保，并经申请执行人同意的，人民法院可以决定暂缓执行及暂缓执行的期限。被执行人逾期仍不履行的，人民法院有权执行被执行人的担保财产或者担保人的财产。"最高人民法院《民诉法意见》第 270 条规定："被执行人在人民法院决定暂缓执行的期限届满后仍不履行义务的，人民法院可以直接执行担保财产，或者裁定执行担保人的财产，但执行担保人的财产以担保人应当履行义务部分的财产为限。"因此，在执行程序中，如果被执行人无财产可供执行或者财产不足以清偿债务，则可直接裁定执行担保人的财产，但应当限制在其担保责任范围内。在法律和司法解释没有明确规定的情况下，不宜直接在执行程序中裁定追加担保人为被执行人。

——《人民司法》2004 年第 1 期

1039

单位或者个人拒不交出或毁损灭失法律文书指定的特定物的可追加为被执行人

关键词 | 追加被执行人 | 持有特定物 |

【最高人民法院司法解释】

第四百九十四条 执行标的物为特定物的，应当执行原物。原物确已毁损或者灭失的，经双方当事人同意，可以折价赔偿。

双方当事人对折价赔偿不能协商一致的，人民法院应当终结执行程序。申请执行人可以另行起诉。

第四百九十五条 他人持有法律文书指定交付的财物或者票证，人民法院依照民事诉讼法第二百四十九条第二款、第三款规定发出协助执行通知后，拒不转交的，可以强制执行，并可依照民事诉讼法第一百一十四条、第一百一十五条规定处理。

他人持有期间财物或者票证毁损、灭失的，参照本解释第四百九十四条规定处理。

他人主张合法持有财物或者票证的，可以根据民事诉讼法第二百二十七条规定提出执行异议。

——《最高人民法院关于适用〈中华人民共和国民事诉讼法〉的解释》(2015 年 1 月 30 日，法释〔2015〕5 号)

【链接：最高人民法院法官著述】

在执行特定物时，持有法律文书指定的特定物的有关单位或者个人拒不交出或造成毁损灭失的，应将有关单位或者个人追加为被执行人。《民诉法意见》第 290 条规定："法人或其他组织持有法律文书指定交付的财物或者票证，在人民法院发出协助执行通知后，拒不转交的，强制执行，并可依照民事诉讼法第一百零三条的规定处理。"因此，对于持有法律文书指定的特定物的有关单位或者个人拒不交出或造成毁损灭失的，应当裁定追加有关单位或者个人为被执行人，并可依照《民事诉讼法》第 103 条的规定作出罚款的处理。

——江必新主编：《民事执行新制度理解与适用》，人民法院出版社 2010 年版，第 74 ~ 75 页。

1040

股东过分控制公司的，可追加其为被执行人

关键词 | 追加被执行人 | 财产混同 |

【最高人民法院司法解释】

第二十条 作为被执行人的一人有限责任公司，财产不足以清偿生效法律文书确定的债务，股东不能证明公司财产独立于自己的财产，申请执行人申请变更、追加该股东为被执行人，对公司债务承担连带责任的，人民法院应予支持。

——《最高人民法院关于民事执行中变更、追加当事人若干问题的规定》(2016 年 11 月 7 日，法释〔2016〕21 号)

【链接：最高人民法院法官著述】

公司法人作为被执行人，如果该公司已经被股东过分控制，成为其手中的工具，或者成为股东从事非法行为的外衣，就应变更该公司股东（既可以是个人，也可以是母公司）为被执行人。根据我国《公司法》的有关规定，如果股份有限公司和有限责任公司的债务是以公司的名义发生的，公司的债务无需公司的股东以个人的财产来偿还，还是由公司来清偿。但是，在实践中常常会出现股东出于个人利益任意干涉公司的运作，控制公司的各种事务，或以公司作外衣从事侵权行为而不承担任何的法律责任的情形。针对这种情况，美国公司法规定了三种例外情形：一是如果股东控制公司的各种事务，并且任意干涉公司的运作，公司实际成了股东的代理或工具；二是公司事实上成为股东个人躲在幕后操纵经营管理机构的“傀儡公司”，就是说公司成为股东的替身或外壳；三是股东以公司作外衣从事侵权行为。如果上述事实发生，公司股东就不得受公司法规定的有限责任的保护，法院就要“揭开公司面纱”，裁定变更公司众股东为被执行人，让股东对公司的债务承担个人责任。因此，在我国已成为世界贸易组织的成员，我国经济已经开始融入世界经济之中的今天，在我国引入这种制度是我国经济发展的必然要求。

——江必新主编：《民事执行新制度理解与适用》，人民法院出版社2010年版，第79页。

1041

应追加被执行人挂靠的国有企业和集体企业为被执行人

关键词｜追加被执行人｜挂靠｜

【链接：最高人民法院法官著述】

作为被执行人的企业名为集体实为个体的，应当追加挂靠的国有企业和集体企业为被执行人，以降低债权人的交易风险，维护其合法的财产权益。近年来，为了方便经营，拓宽交易渠道和空间，有些个体企业挂靠到国有企业或集体企业名下,由这些被挂靠企业出具资信证明,到工商行政管理部门登记成集体企业,然后被挂靠单位按一定比例收取一定的所谓管理费。当然期间也存在工商行政管理部门错误登记的情况。这些企业领取营业执照不能真实反映企业的所有制性质,常常使相对人上当受骗,蒙受损失。在执行过程中,如果经审查确认被执行人确属名为集体实为个体的个体工商户或个人合伙,就应行使司法权中的法人人格否定权,认定真实的个体性质,裁定追加被挂靠企业为被执行人,并责令其在收取的管理费范围内承担民事责任。

——江必新主编:《民事执行新制度理解与适用》,人民法院出版社2010年版,第79~80页。

1042

执行程序中不能直接引用实体裁判规则追加配偶为被执行人

关键词 | 追加被执行人 | 夫妻共同债务 |

【最高人民法院裁判文书】

上海瑞新恒捷投资有限公司与保定市满城振兴化工厂、王宝军合同纠纷、申请承认与执行法院判决、仲裁裁决案[最高人民法院(2015)执申字第111号执行裁定书]

裁判要旨:执行程序中不能以被执行人所负债务属夫妻共同债务为由追加配偶为被执行人。

最高人民法院认为,执行程序中追加被执行人,意味着直接通过执行程序确定由生效法律文书列明的被执行人以外的人承担实体责任,对各方当事人的实体和程序权利将产生极大影响。因此,追加被执行人必须遵循法定主义原则,即应当限于法律和司法解释明确规定的追加范围,既不能超出法定情形进行追加,也不能直接引用有关实体裁判规则进行追加。从现行法律和司法解释的规定看,并无关于在执行程序中可以追加被执行人的配偶或原配偶为共同被执行人的规定,申请执行人根据婚姻法及婚姻法司法解释等实体裁判规则,以王宝军前妻吴金霞应当承担其二人婚姻关系存续期间之共同债务为由,请求追加吴金霞为被执行人,甘肃高院因现行法律或司法解释并未明确规定而裁定不予追加,并无不当，申请执行人的申诉请求应予驳回。但是，本院驳回申请执行人的追加请求，并非对王宝军所负债务是否属于夫妻共同债务或者吴金霞是否应承担该项债务进行认定，申请执行人仍可以通过其他法定程序进行救济。

——中国裁判文书网，http://www.court.gov.cn/zgcpwsw/。

【最高人民法院司法政策】

为什么社会对婚姻法解释（二）第24条反响这么大？一个原因是，在执行阶段直接认定夫妻共同债务。实践中确实出现过这样的情况，债权人拿到法院判决直接向法院申请强制执行，有的基层法院直接引用婚姻法解释（二）第24条，把未参加诉讼的配偶一方直接追加为被执行人，这显然不合适。

我们当时制定这个司法解释本身就是司法审判的裁判标准，夫妻共同债务的认定只能在审判阶段不能在执行阶段。在2015年12月召开的第八次全国法院民事商事审判工作会议上，我们专门强调，夫妻共同债务应当通过审判程序来认定，不能由执行程序认定。因为如果夫妻共同债务可以通过执行程序认定，那没有参加诉讼的配偶一方就失去了利用一审、二审和审判监督程序维护自己合法权益的机会，这是不公平的。

我们认为，在执行过程中，被追加为被执行人的夫妻一方认为不能执行自己的财产，有权依法提出执行异议；如果该执行异议被驳回，被追加为被执行人的夫妻一方认为执行依据有错误，有权依法提起案外人申请再审之诉；对此再审申请，人民法院应当立案审查，鉴于夫妻一方没有参加原审诉讼，法院可以提审或者指令再审；进入再审后，鉴于原审诉讼遗漏当事人，人民法院可以依法撤销原审判决，发回重审。

——《家事审判改革为相关立法提供实践依据——专访最高人民法院审判委员会专职委员杜万华》，载《人民法院报》2016年3月3日。

【链接：最高人民法院法官著述】

主要观点：对此应区分两种情况。第一种情况，执行依据明确债务为夫妻一方个人债务的，除能执行债务人的个人财产外，可以执行夫妻共同财产中的一半份额。配偶对于执行共同财产有异议的，可以根据《民事诉讼法》第227条的规定进行救济。第二种情况，执行依据未明确债务为夫妻一方个人债务的，如果债务发生在夫妻关系存续期间，配偶不能证明非夫妻共同债务的，可以推定为夫妻共同债务，并可以直接执行夫妻共同财产、配偶（包括已离婚的原配偶）的个人财产。配偶有异议的，可以根据《民事诉讼法》第 227 条的规定进行救济。

主要理由：执行依据明确确定为夫妻一方的个人债务的，不能执行配偶个人财产的道理不言自明。但是对于夫妻共有财产，能否执行及如何执行则存在分歧。根据《物权法》的规定，夫妻一方对于夫妻共有财产并不按照份额享有权利，所以严格依照法律逻辑，对于夫妻共同财产的执行，应当先按照《物权法》第 99 条的规定对共同财产分割，然后再执行分割后债务人的个人财产。但是由于实践中涉夫妻共同财产执行案件数量众多，全部以此程序处理，会导致债权人诉累与司法成本的大量增加。借鉴地方法院的经验，我们认为，执行程序中可以先执行夫妻共同财产中的一半，配偶对此有异议的，赋予其通过案外人异议和案外人异议之诉救济的权利，以平衡执行效率与权利救济。

执行依据未明确债务为夫妻一方个人债务的，我们认为，可以在保障救济权的基础上推定为夫妻共同债务并直接执行夫妻共同财产、配偶个人财产。理由在于：第一，实体法基础。根据《婚姻法》及相关司法解释的规定，对于婚姻关系存续期间的个人所负债务，推定为夫妻共同债务。第二，审判实践现状的考虑。我国的审判实践中对于起诉夫妻一方欠债的，不追加配偶，也不判断是否为夫妻共同债务。基于这一审判现状，如果执行中不处理夫妻共同债务的问题，实体法的相关规定将难以实现。（也有人主张，执行中不做夫妻共同债务的推定，从而倒逼审判去处理这一问题，但是这一观点在内部讨论时未成为多数观点。）第三，兼顾执行效率与权利救济。要不要在执行程序中做夫妻共同债务的推定，主要是一个执行效率与权利救济平衡的问题。推定为夫妻共同债务并直接执行共同财产与配偶财产，显然有利于提高执行效率。但是由于存在将夫妻关系存续期间一方所负债务推定为共同债务的例外情形，所以应当赋予配偶举证与抗辩的权利，以及通过诉讼救济的权利。

必须说明的是，执行夫妻共同财产与配偶财产的问题，涉及执行程序与审判程序的衔接，是执行实践中的一个常见问题，各地有不同做法。上述处理仅是在目前法律框架下一种较为妥当的办法，该办法不排除各地法院对于该问题的继续探索，而最终处理方案也有待关于当事人变更、追加的司法解释予以确定。

——高执研：《执行疑难问题问答（二）》，载最高人民法院执行局编：《执行工作指导》（总第 46 辑），人民法院出版社 2013 年版，第 47 页。

1043

主债务人的财产无法变现时，可以执行一般保证人的财产

关键词｜追加被执行人｜一般保证人｜

【链接：最高人民法院法官著述】

问题：某商业银行申请执行主债务人星光厂、一般保证人松花江公墓管理公司（以下简称管理公司）一案，因星光厂无其他财产可供执行，执行法院查封了该厂的一批仪器，由于该批仪器已经陈旧，经多次拍卖因无人竞买而流拍，某商业银行不同意以物抵债，并且对一般保证人管理公司提出执行申请。执行法院冻结了管理公司的银行存款后，管理公司提出异议，认为该公司承担的仅仅是补充义务，星光厂的仪器价值已经足以满足商业银行的债权，现商业银行不同意抵债，则该公司就不应再承担责任。请问：管理公司的异议是否成立？

《执行工作指导》研究组认为：在执行程序中，一般保证人享有先执行抗辩权，也就是说只有在主债务人没有可供执行的财产时，法院才能执行一般保证人的财产。但是，应当注意，主债务人所具有的财产必须是方便法院执行的财产。本案中，星光厂的仪器经多次拍卖而流拍，说明该财产无法变现，债权人又不愿意以物抵债，只能视为主债务人无方便法院执行的财产。还应当注意的是，接受债务人的财产以抵偿债务是债权人的权利而非义务，一般保证人不得以此为由拒绝履行债务。综上，管理公司的异议理由不能成立，人民法院可以执行其财产。

——江必新主编、最高人民法院执行局编：《执行工作指导》（总第28辑），人民法院出版社2009年版，第204页。

1044

被执行人股东变更不影响执行

关键词｜股东｜变更被执行人｜追加被执行人｜

【最高人民法院答复】

广西壮族自治区高级人民法院：

你院桂高法〔2001〕294 号《关于股份有限公司转让其正在被执行的独资开办的企业能否追加该股份有限公司为被执行人的请示》，收悉，经研究，答复如下：

一、中国四川国际合作股份有限公司（以下简称四川公司）转让北海中川国际房地产开发公司（以下简称北海公司）的股权，收取受让人支付的对价款不属抽逃北海公司的注册资金，即不能以抽逃资金为由追加四川公司为广西城乡房地产开发北海公司申请执行北海公司一案的被执行人。

二、四川公司转让北海公司股权的行为，是依据《公司法》的规定合法转让的行为。因该转让既不改变北海公司的独立法人地位；也未造成北海公司资产的减少；且四川公司转让北海公司而获益的 1000 万元，是四川公司通过转让股权获得的对价款，该对价款也不是四川公司在北海公司获得的投资权益或投资收益；至于四川公司与北海公司的并表财务报告等，并不表明四川公司对北海公司的债权债务有继受关系或者属法人格滥用行为。因此，北海市中级人民法院追加四川公司为被执行人没有事实依据和法律依据。

——《最高人民法院执行工作办公室关于股份有限公司转让其正在被执行的独资开办的企业能否追加该股份有限公司为被执行人问题的复函》（2003 年 7 月 30 日，〔2002〕执他字第 2 号）

【链接：最高人民法院法官著述】

在执行过程中，经常遇到作为被执行人的公司的股东发生变更的情况，这种变更对执行会产生影响吗？比如某公司为被执行人，其有 3 个股东。执行中，其中一个股东将其持有的股份转让给另外一个股东或其他非股东，其转让是否影响执行？从理论上讲，股东的变更并不影响作为被执行人的公司的民事主体的地位，也不引起其财产状况的变动，公司的财产一点也没有减少。因此，股东的变更不影响法院执行程序的进行，亦不存在被执行主体的变更和追加问题。

——王飞鸿：《〈最高人民法院关于人民法院执行工作若干问题的规定（试行）〉第九部分的理解与适用——申请执行人的变更与被执行人的变更和追加》，载最高人民法院执行工作办公室编：《强制执行指导与参考》（总第 1 辑），法律出版社 2002 年版，第 219 页。

1045

不可追加被执行人享有到期债权的第三人的开办单位为被执行人

关键词｜到期债权｜开办单位｜追加被执行人｜

【最高人民法院答复】

湖北省高级人民法院：

你院鄂高法〔2004〕470号《关于在执行程序中能否将被执行人享有到期债权的第三人的开办单位裁定追加为被执行主体的请示》一案收悉。经研究，答复如下：

同意你院第二种意见。我们认为，人民法院在执行程序中不得裁定追加被执行人享有到期债权的第三人的开办单位，因该第三人的法律地位不同于被执行人，其本身不是案件的当事人，裁定追加第三人的开办单位于法无据。且本案中，黄石市中级人民法院于2003年8月18日裁定追加第三人长岭黄河集团有限公司时，该公司已根据陕西省人民政府的决定实施资产分离，分离后原长岭黄河集团有限公司更名为陕西长岭集团有限公司，故黄石市中级人民法院裁定追加长岭黄河集团有限公司缺乏事实依据。因此，上述裁定依法应予纠正。

——《最高人民法院关于在执行程序中能否将被执行人享有到期债权的第三人的开办单位裁定追加为被执行主体的请示的答复》(2005年1月25日，〔2004〕执他字第28号)

【链接：最高人民法院法官著述】

我们同意湖北高院第二种意见，即少数人意见：执行法院在执行程序中不得裁定追加被执行人享有到期债权的第三人的开办单位。具体理由如下：

1. 因被执行人享有到期债权的第三人的法律地位不同于被执行人，他本身不是案件的当事人，更不是案件的被执行人，且现行法律也没有明文规定可以执行到期债权。只是为了有利于实现债权，保护债权人的利益。我院司法解释即《关于人民法院执行工作若干问题的规定(试行)》(以下简称《执行规定》)对被执行人到期债权的执行作出规定，但这类执行具有严格的限制，即只能就第三人现有财产予以执行，且必须是第三人对该执行无异议的。《执行规定》第六十三条明确，第三人提出异议的，不得对第三人强制执行，执行法院也不对该异议进行审查。第六十八条还进一步明确不得对第三人对他人享有的到期债权强制执行。这里我们认为，虽然《执行规定》没有明确是否可对第三人的开办单位追加执行，但基于上述规定的精神，我们认为，黄石中院不得追加第三人的开办单位为被执行人，因为这种追加于法无据。

2. 黄石中院在本案中裁定追加陕西省国资局于法无据，且又继续裁定追加陕西省财政厅及财政厅的分支机构更属执法不当；而陕西省财政厅向黄石中院提出异议后，黄石中院驳回异议的做法显属错误，应依法予以纠正。黄石中院扣划陕西省财政厅在金融机构的存款于法无据，也应依法予以纠正。对《执行规定》第八十条的适用范围，我们认为应严格限定在生效法律文书确定的被执行人的范围内，而不得扩大适用到第三人的范围。

——张小林：《在执行程序中能否将被执行人享有到期债权的第三人的开办单位裁定追加为被执行主体的请示案》，载最高人民法院执行工作办公室编：《强制执行指导与参考》（总第 11 辑），法律出版社 2005 年版，第 43 页。

1046

到期债权执行中第三人超过法定期限提出异议等问题的处理

关键词｜执行到期债权｜执行异议｜

【最高人民法院答复】

辽宁省高级人民法院：

你院《关于开原市农村信用社、开原市农村信用合作社联合社申请执行辽宁华银实业开发总公司一案的疑请报告》收悉。经研究，答复如下：

一、本案执行法院在向第三人送达履行到期债务通知书的同时，即裁定将第三人列为被执行人，并查封其财产，在程序上是错误的，应予纠正。

二、第三人在收到履行到期债务通知书后，未在法定期限内提出异议，并不发生承认债务存在的实体法效力。第三人在法院开始强制执行后仍有异议的，应当得到司法救济。

三、考虑到目前我国尚无第三人异议之诉的法律制度，为公平保护各方当事人的合法权益，根据本案中已经责令双方兑账及当事人提出审计要求的实际情况，可在执行程序中通过对被执行人与第三人双方的全部往来账目进行逐笔核对，或者委托有关单位进行审计并经三方共同认可，最终审核确认后，决定是否继续执行。鉴于该案各方反映强烈，审核确认宜由你院组织进行。

四、参照《最高人民法院关于人民法院执行工作若干问题的规定(试行)》第六十四条第二款的规定，审核确认应以被执行人与第三人均认可的法律关系和一致记载的账目为准。经核对确认，如双方账目记载一致的部分说明不欠款，则应撤销对第三人的执行程序；如说明欠款，则可以在执行标的额范围内，予以执行。对第三人与被执行人之间的法律关系，可按第三人占有被执行人所投入的本金应予以返还的原则把握。

——《最高人民法院执行工作办公室关于到期债权执行中第三人超过法定期限提出异议等问题如何处理的请示的答复》(2006 年 3 月 13 日，〔2005〕执他字第 19 号)

1047

不得追加母公司为被执行人

关键词 | 追加被执行人 | 母公司 |

【链接：最高人民法院法官著述】

问题：某运输总公司所属具有独立法人资格的子公司于 1990 年 5 月 3 日设立时的注册资金为 100 余万元。自 1990 年 7 月至 1996 年 7 月，该总公司先后以运输设备等固定资产形式调拨 700 余万元资金及 10 余亩土地使用权归子公司经营管理。在此期间，总公司先后从子公司收取近千万元的资金。1997 年 1 月 4 日，子公司在用总公司调拨的吊机、拖车为某装饰材料公司吊装设备(价值 103 万美元)时致该设备坠地损毁，经一、二审法院判决，该子公司应赔偿某装饰材料公司主机设备款 103 万美元、其他经济损失人民币 8 万余元。在法院执行期间，总公司又将其调拨给子公司经营管理的上述财产调回。法院能否执行该总公司从子公司收取的资金和总公司拨给子公司经营管理的财产(运输设备和土地使用权益)？

《人民司法》研究组认为：人民法院在执行程序中变更和追加被执行人应当严格依照《民事诉讼法》及其司法解释和《最高人民法院关于人民法院执行工作若干问题的规定（试行）》的有关条款进行。从本案情况看，母公司拨付了一定财产给子公司经营，并从子公司收取了近千万元资金，在子公司涉案后又将拨付的现金和实物收回。必须明确：母公司提供财产只是供子公司经营管理，不是投资，子公司对该财产不具有所有权和处分权。子公司具有独立法人资格，仅应以自己的财产承担民事责任。对母公司从子公司收取的款项是否违反双方的合同或法律规定，人民法院在执行程序中无权认定，当事人如果对此有异议，应通过诉讼程序解决。因此，本案不能追加母公司为被执行人而执行上述财产。

——《人民司法》2002 年 8 期

1048

金融机构为企业出具不实或者虚假验资报告、资金证明，未经审理不得追加其为被执行人

关键词｜金融机构｜不实验资报告｜侵权赔偿纠纷｜追加被执行人｜

【最高人民法院司法政策】

各省、自治区、直辖市高级人民法院，新疆维吾尔自治区高级人民法院生产建设兵团分院：

近年来，我院陆续发布了一些关于验资单位承担民事责任的司法解释，对各级人民法院正确理解和适用民法通则、注册会计师法，及时审理关于验资单位因不实或者虚假验资承担民事责任的相关案件，起到了积极作用。但是，也有一些法院对有关司法解释的理解存在偏差。为正确执行我院的司法解释，规范金融机构不实或者虚假验资案件的审理和执行，现就有关问题通知如下：

一、出资人未出资或者未足额出资，但金融机构为企业提供不实、虚假的验资报告或者资金证明，相关当事人使用该报告或者证明，与该企业进行经济往来而受到损失的，应当由该企业承担民事责任。对于该企业财产不足以清偿债务的，由出资人在出资不实或者虚假资金额范围内承担责任。

二、对前项所述情况，企业、出资人的财产依法强制执行后仍不能清偿债务

的，由金融机构在验资不实部分或者虚假资金证明金额范围内，根据过错大小承担责任，此种民事责任不属于担保责任。

三、未经审理，不得将金融机构追加为被执行人。

四、企业登记时出资人未足额出资但后来补足的，或者债权人索赔所依据的合同无效的，免除验资金融机构的赔偿责任。

五、注册会计师事务所不实或虚假验资民事责任案件的审理和执行中出现类似问题的，参照本通知办理。

——《最高人民法院关于金融机构为企业出具不实或者虚假验资报告资金证明如何承担民事责任问题的通知》(2002 年 2 月 9 日，法〔2002〕21号)

1049

不能以行政审批文件追加外资企业股权受让人为被执行人

关键词｜追加被执行人｜行政审批｜股权转让｜

【链接：最高人民法院法官著述】

问题：甲市红星公司是一合资法人企业，股东为普瑞公司和远东公司。后远东公司将股权转让给甲市燃气公司，并办理了合资企业股权转让审批和登记手续。因红星公司拖欠中海公司债务，乙市人民法院在执行程序中以甲市外经贸局在有关批准股权转让的文件中有“甲市燃气公司承担红星公司的债权债务”的文字表述，追加燃气公司为被执行人。经燃气公司向外经贸局反映，外经贸局承认有关文件表述错误并对审批文件进行了修正，删除了让燃气公司承担红星公司债务的文字表述。燃气公司据此向乙市人民法院提出异议。法院在讨论中存在两种意见：第一种意见认为，乙市人民法院以外经贸局在人民法院追加燃气公司后才对有关文件进行修正，目的是为了帮助燃气公司逃避债务，应当裁定驳回异议。第二种意见认为，甲市外经贸局让燃气公司承担红星公司的债权债务，实际上是让股东承担无限责任，违背了有关法律规定，并且外经贸局的有关文件也已经撤销，燃气公司异议成立。请问：哪种意见是正确的？

《执行工作指导》研究组认为：按照我国中外合资经营企业法和公司法的有

关规定，除法律规定的情形外，股东仅仅以出资为限对所投资的企业债务承担责任，外经贸管理机关的权限只是对有关合资企业股权转让协议是否符合法定条件进行审查，无权要求股权受让方承担所投资企业的债权债务，不管外经贸局的文件是否修正，人民法院均不得据此要求股东承担无限责任。人民法院在执行程序中追加股东为被执行人，必须符合《最高人民法院关于执行工作若干问题的规定（试行）》所设定的条件，而本案显然不符合在执行程序中追加的法定情形。债权人中海公司如认为作为股东的燃气公司应对红星公司的债务承担连带责任，应通过诉讼程序解决。

——江必新主编、最高人民法院执行局编：《执行工作指导》（总第28辑），人民法院出版社2009年版，第201页。

1050

不可因政策性托管直接追加被执行人

关键词 | 政策性托管 | 追加被执行人 |

【最高人民法院答复】

海南省高级人民法院：

你院《关于信达公司政策性托管银泰公司应如何承担相应法律责任的请示》收悉。经研究，答复如下：

鉴于本案中中国信达资产管理公司是否接受了海南银泰置业有限责任公司的财产，是基于托管、清理接受（代为管理、处置）的财产，还是非法侵占海南银泰置业有限责任公司法人财产等事实，仅凭执行听证程序，不利于保护当事人的合法权益，故海南中级人民法院在执行程序中直接追加中国信达资产管理公司为被执行人不当。可以告知海南明海投资公司、海南日森置业公司，如果认为中国信达资产管理公司在托管期间损害了其合法权益，可以通过诉讼程序解决。

——《最高人民法院关于信达公司政策性托管银泰公司是否为其债务承担责任问题请示一案的复函》（2008年6月27日，〔2007〕执他字第6号）

1051

执行中抵押物被转让的，可以追加抵押物的受让人为被执行人

关键词｜抵押物受让人｜追加被执行人｜

【最高人民法院答复】

山东省高级人民法院：

你院《关于执行程序中被执行人无偿转让抵押财产人民法院应如何处理的请示》收悉。经研究，答复如下：

作为执行标的物的抵押财产在执行程序中被转让的，如果抵押财产已经依法办理了抵押登记，则不论转让行为是有偿还是无偿，也不论是否通知了抵押权人，只要抵押权人没有放弃抵押权，人民法院均可以直接对该抵押物进行执行。因此，你院可以直接对被执行人已经设定抵押的财产采取执行措施，必要时，可以将抵押财产的现登记名义人列为被执行人。

——《最高人民法院执行工作办公室〔2006〕执他字第13号函》（2006年10月27日）

【链接：最高人民法院法官著述】

问题：债权人甲银行与债务人乙、丙公司借款纠纷一案，某高级人民法院终审判决乙公司偿还借款500万元及利息，丙公司作为抵押人对500万元借款在抵押物的价值范围内承担责任。后在执行程序中，丙公司在没有通知甲银行的情况下，将涉案抵押物无偿转让于丁公司并办理了抵押物过户登记。请问，能否在执行程序中追加丁公司为本案被执行人？

《执行工作指导》研究组认为：抵押权具有物上追及效力，作为执行标的物的抵押财产在执行程序中被转让的，如果抵押财产已经依法办理了抵押登记，则不论该转让行为是有偿还是无偿，也不论是否通知了抵押权人，只要抵押权人没有放弃抵押权，人民法院均可以直接对该抵押物进行执行，执行时将抵押财产的现登记名义人丁公司列为被执行人。

——江必新主编、最高人民法院执行局编：《执行工作指导》（总第28辑），人民法院出版社2009年版，第196页。

1052

不能追加被执行人的合作人为被执行人

关键词 | 追加被执行人 | 被执行人合作人 |

【链接：最高人民法院法官著述】

问题：本院在执行甲公司申请执行乙公司一案中发现，被执行人乙公司与丙公司曾于2000年5月4日和2000年5月8日签订了合作建房协议，丙公司于2002年3月26日擅自将联合开发的价值100余万元某公寓作为对丁公司的投资，导致乙公司无力清偿债务。请问：我们能否以丙擅自转移财产为由，直接追加其为被执行人？

《执行工作指导》研究组认为：追加丙公司为本案被执行人没有法律依据。丙公司擅自处分共有物的行为侵犯了乙公司的合法权益，如果乙公司怠于对丙公司提起诉讼，甲公司可代位提起，待取得对丙公司的执行依据后方可对其执行。如果有证据证明乙公司、丙公司在执行程序中通谋转移财产，可以追究乙公司、丙公司妨害执行的民事责任。

——最高人民法院执行工作办公室编：《执行工作指导》（总第17辑），人民法院出版社2006年版，第269～270页。

1053

未经诉讼程序，执行程序中不可直接追加主债务人为被执行人

关键词 | 追加被执行人 | 主债务人 |

【链接：最高人民法院法官著述】

问题：某法院在执行原告汪某与被告谢某担保借贷纠纷一案中，被告谢某为债务人刘某的担保人。因起诉时刘某无履行能力，汪某仅以担保人谢某为被告提起诉讼。案件进入执行程序后却发现刘某有一辆货车，此时可否直接执行债务人刘某？执行中有两种意见：第一种意见认为可直接执行刘某，因为刘某是本

案理所当然的债务人;第二种意见认为不能直接执行刘某,因有新的事实,应另案起诉刘某,另案执行。

《人民司法》研究组认为:该案所涉及的问题实际上是指不经诉讼程序,在执行程序中能否直接追加主债务人为本案被执行人。我们认为,在执行程序中追加案外人为被执行人,应当限于《民事诉讼法》第213条、最高人民法院《民诉法意见》第271条至第274条及最高人民法院《执行规定》第76条至第83条规定的情形。本案中,据以执行的生效法律文书并没有确定主债务人刘某承担民事责任,刘某也不属于法院以及司法解释规定可以直接追加为被执行人的案外人。汪某只有通过诉讼程序,取得对刘某的执行依据后,方可申请人民法院对刘某的财产进行执行。因此,来信第二种意见是正确的。

——《人民司法》2004年第6期

1054

可追加、变更未履行出资义务的公司股东或对该出资承担连带责任的发起人为被执行人

关键词 | 追加被执行人 | 变更被执行人 | 未履行出资义务 |

【最高人民法院司法解释】

第十九条 作为被执行人的公司,财产不足以清偿生效法律文书确定的债务,其股东未依法履行出资义务即转让股权,申请执行人申请变更、追加该原股东或依公司法规定对该出资承担连带责任的发起人为被执行人,在未依法出资的范围内承担责任的,人民法院应予支持。

——《最高人民法院关于民事执行中变更、追加当事人若干问题的规定》(2016年11月7日,法释〔2016〕21号)

80. 被执行人无财产清偿债务,如果其开办单位对其开办时投入的注册资金不实或抽逃注册资金,可以裁定变更或追加其开办单位为被执行人,在注册资金不实或抽逃注册资金的范围内,对申请执行人承担责任。

82. 被执行人的开办单位已经在注册资金范围内或接受财产的范围内向其

他债权人承担了全部责任的，人民法院不得裁定开办单位重复承担责任。

——《最高人民法院关于人民法院执行工作若干问题的规定(试行)》(1998年7月8日，法释〔1998〕15号)

【最高人民法院答复】

江西省高级人民法院：

你院赣高法报〔2006〕3号、4号、20号报告收悉。经研究并征求我院有关庭室意见，现答复如下：

由于赣州市章贡区农村信用合作联合社(以下简称赣州农信社)、赣州市商业银行(以下简称赣州商行)与昆仑证券有限责任公司(以下简称昆仑证券)的债权债务关系发生在西宁特殊钢铁(集团)有限公司(以下简称西钢集团)和青海省企业技术创新投资管理有限责任公司(以下简称青海创投)对昆仑证券增资扩股之前，因此赣州市中级人民法院(以下简称赣州中院)直接追加西钢集团和青海创投为被执行人不符合法律规定，应予纠正。

此外，在我院〔2005〕497号明传通知对涉昆仑证券案件实行“三暂缓”的情况下，如果只对赣州农信社和赣州商行与西钢集团和青海创投案强制执行，将损害其他债权人的合法权益，故赣州中院执行西钢集团和青海创投违反了我院上述明传通知精神。

请你院监督纠正赣州中院的执行错误，并将处理结果于10月底前报告我院。

——《最高人民法院执行工作办公室关于西钢集团执行申诉一案的复函》(2006年9月12日，〔2005〕执他字第32号)

江苏省高级人民法院：

你院〔2002〕苏执监字第171号《关于南通开发区富马物资公司申请执行深圳龙岗电影城实业有限公司一案的请示报告》收悉，经研究，答复如下：

我们认为，公司增加注册资金是扩张经营规模、增强责任能力的行为，原股东约定按照原出资比例承担增资责任，与公司设立时的初始出资是没有区别的。公司股东若有增资瑕疵，应承担与公司设立时的出资瑕疵相同的责任。但是，公司设立后增资与公司设立时出资的不同之处在于，股东履行交付资产的时间不同。正因为这种时间上的差异，导致交易人(公司债权人)对于公司责任能力的预期是不同的。股东按照其承诺履行出资或增资的义务是相对于社会的一种法定的资本充实义务,股东出资或增资的责任应与公司债权人基于公司的注册资金对其责任能力产生的判断相对应。本案中,南通开发区富马物资公司(以下简称富马公司)与深圳龙岗电影城实业有限公司(以下简称龙岗电影城)的交易发生在龙岗电影城变更注册资金之前,富马公司对于龙岗电影城责任能力的判断应以其当时的注册资金500万元为依据,而龙岗电影城能否偿还富马公司的债务与此后龙岗电影城股东深圳长城(惠华)实业企业集团(以下简称惠华集团)增加注册资金是否到位并无直接的因果关系。惠华集团的增资瑕疵行为仅对龙岗电影城增资注册之后的交易人(公司债权人)承担相应的责任,富马公司在龙岗电影城增资前与之交易所产生的债权,不能要求此后增资行为瑕疵的惠华集团承担责任。

——《最高人民法院执行工作办公室关于股东因公司设立后的增资瑕疵应否对公司债权人承担责任问题的复函》(2003年12月11日,〔2003〕执他字第33号)

浙江省高级人民法院:

你院浙高法执字〔1993〕16号关于乐清县二轻供销公司诉煤炭部华盛水文地质勘察工程公司(以下简称“华盛公司”)购销合同纠纷一案的执行问题的报告收悉。现答复如下:

《中华人民共和国民法通则》第四十八条规定的国家授予企业法人经营管理并用以承担责任的财产,既包括国家已授予企业且已由企业经营管理的财产,也包括国家在开办企业时应当投入而一直欠付企业的资金。在企业现有财产不足清偿债务的情况下,开办单位欠付的注册资金应用以偿还企业债务。因此,你院在执行中查明华盛公司的注册资金如确实未投足,在华盛公司不能清偿债务的情况下,可以裁定其开办单位中国煤田地质总局水文局对注册资金不实部分承担责任。河北省邯郸市两级人民法院必须依法协助浙江省有关人民法院执行。

——《最高人民法院关于开办单位欠付企业的注册资金应用以承担企业债务的函》(1993年11月13日,经他〔1993〕22号)

【最高人民法院审判业务意见】

有关部门就在执行程序中能否以公司法第二十条规定直接裁定追加股东对公司应补缴的拍卖价差款承担连带责任的问题征求最高人民法院研究室意见。我室经研究认为：

股东应在抽逃出资本息范围内对公司应补缴的拍卖价差款承担补充赔偿责任。

——《最高人民法院研究室关于执行程序中能否直接裁定追加股东对公司债务承担连带责任的研究意见》，载沈德咏主编、最高人民法院研究室编著：《司法研究与指导》（总第4辑），人民法院出版社2014年版，第135～138页。

【链接：最高人民法院法官著述】

主要观点：股东未完全履行出资义务即转让股权，致公司无财产可供执行的，应依法追加原股东为被执行人；除有证据证明新股东不知道或不应当知道原股东未完全履行出资义务的外，也可以追加新股东为被执行人。上述情形下追加被执行人应经过听证程序。

主要理由：公司注册资金是公司正常运营的物质基础，是独立承担民事责任的物质保障。原股东未履行或未全面履行出资义务即转让股权的，对公司债务仍要承担相应清偿责任，此时，申请执行人请求人民法院追加原股东为被执行人的，应予支持。

股权转让行为完成后，转受让双方会通过公司章程、股东名册的变更登记完成股权变动公示。此时，第三人有理由相信股权公示的股东即为真实的股东，如第三人有证据证明新股东明知或应知老股东出资不实仍受让该股权，请求追加该新股东为被执行人的，根据受让权利应同时承担相应义务的原则，人民法院应予支持。对此，《公司法解释（三）》第十九条规定：“有限责任公司的股东未履行或者未全面履行出资义务即转让股权，受让人对此知道或者应当知道，公司请求该股东履行出资义务、受让人对此承担连带责任的，人民法院应予支持；公司债权人依照本规定第十三条第二款向该股东提起诉讼，同时请求前述受让人对此承担连带责任的，人民法院应予支持。”可见，根据该条规定，被执行人未履行出资义务即变卖股权，且新股东知道或者应当知道的，新股东亦应当对债务承担清偿责任。

如果工商行政机关登记的材料显示股权交易时注册资金到位，且新股东有证据证明其确不知情，亦支付了合理对价的，则不宜追加新股东为被执行人。

——高执研：《执行疑难问题问答(二)》，载最高人民法院执行局编：《执行工作指导》(总第46辑)，人民法院出版社2013年版，第49页。

问题：甲公司有乙、丙两个股东，某政府批准甲公司成立的批文中曾经明确：注册资本以总投资为准。该公司总投资在2000万元，但最后注册资本却为1200万元，注册资本不实为800万元。甲公司的债权人丁公司认为乙、丙两公司虚假出资，请求追加两公司为被执行人，并在差额范围内承担责任。经查，乙、丙两公司1200万元的出资已经到位。

《人民司法》研究组认为：依照公司法的规定，对有限责任公司来说，注册资本为在公司登记机关登记的全体股东认缴的出资额。对股份有限公司来说，如果采取发起设立的，注册资本就是在公司登记机关登记的全体发起人认购的股本总额；采取募集方式设立的，注册资本为在公司登记机关登记的实收股本总额。可见，注册资本无论是发行资本也好，实收资本也好，均以在公司登记机关登记的为准。至于实际投资，则是公司股东对公司最终投入的资金总额。公司股东投入公司的资金往往并非认缴的资本这一块，可能还会多投，对于多投的部分，企业可以作为向股东的负债而存在，因此，企业实际投资总是大于或者等于注册资本。丁公司认为应以实际投资额为由计算注册资本，混淆了注册资本与实际投资之间的区别，不应支持。

——《人民司法·应用》2013年第9期

作为被执行人的法人的主管部门或开办单位或其他投资人开办时投入的注册资金不实，出具虚假验资证明骗取企业登记，抽逃注册资金，隐匿财产逃避债务，致使被执行人无财产清偿债务或不足以清偿债务的，应当裁定追加其主管部门或开办单位或其他投资人为被执行人，在其虚假验资、注册资金不实或者抽逃注册资金的范围内承担责任。公司中股东的地位与开办单位相同，应当对股东的出资瑕疵行为适用这一规定。执行人员通过调查查明公司股东具有出资瑕疵的情形，应当作出裁定追加该股东为被执行人，令其承担债务清偿责任。直接作出裁定的条件是：(1)公司无财产履行债务或者其财产不足以履行债务；(2)有证据证明股东出资瑕疵的事实；(3)股东承担清偿责任的范围是公司财产不足以清偿债务的余额且不超过其出资瑕疵的数额。但是，我们应该注意，如果主管部门或开办单位或其他投资人在开办时没有虚假验资，投入了足额的注册资金或者没有抽逃资金，就不能承担偿债义务。即使主管部门或开办单位或其他投资人在承担偿债义务的情况下也只能在虚假验资、注册资金不实或者抽逃注册资金范围内承担责任，不能承担无限责任。作为被执行主体的主管部门或开办单位或其他投资人已经在注册资金范围内或接受财产的范围内向其他债权人承担了全部责任的，人民法院不得裁定主管部门或开办单位或其他投资人重复承担责任。

——江必新主编：《民事执行新制度理解与适用》，人民法院出版社2010年版，第74～75页。

1055

执行程序中认定被执行人的开办单位承担出资不实责任的条件和程序

关键词｜开办单位｜出资不实｜

【最高人民法院答复】

广东省高级人民法院：

你院〔2007〕粤高法执督字第47号《关于上海亚通股份有限公司申请追加新产业投资股份有限公司为被执行人一案的报告》收悉。经研究，我们认为，你院在监督过程中应考虑以下问题：

一、关于新产业投资股份有限公司（以下简称新产业公司）在设立商友商务有限责任公司（以下简称商务公司）时出资是否到位的问题。我院专门征求了国家工商总局的意见。该局答复，股东（发起人）出资是否到位，应当依据《中华人民共和国公司法》和《公司登记管理条例》以及公司章程的相关规定认定，不符合上述规定的出资形式均不能认定为合法出资。如果本案当事人相关各方不能就出资到位问题达成一致意见，你院应通过听证、审计的形式，在查清事实的基础上，依据相关法律和司法解释的规定加以认定。

二、关于你院报告中提到的新产业公司对商务公司出资的事实涉及你院（2002）粤高法民二终字第337号民事判决书中"……上述注册资本金经中通会计事务所完成验资手续”的表述问题。我们认为，判决中的只能说明该判决将此“验资手续”作为证据使用，并未对其内容的真实性、投资人是否存在虚假投资等进行实体审理。注册资本金的认定是一个专业性较强的事实问题，应当通过委托专业机构依法进行审计后确认。

请你院接此函后，认真研究，并妥善处理。

——《最高人民法院关于如何认定开办单位投入注册资金的复函》(2007年9月20日，〔2007〕执监字第14－1号)

北京市高级人民法院、江苏省高级人民法院：

关于北京市第二中级人民法院和江苏省张家港市人民法院重复执行国家计委产业经济与技术经济研究所(下称计委所)对下属企业债务承担注册资金30万元的责任一事，我院于1997年2月24日以法经〔1997〕14号函，要求你们两院对有关案件进行复查并暂缓执行。最近，计委所又向我院反映：北京市宣武区法院在执行北京建化金属材料公司诉北京万兴技术经济开发咨询公司(以下简称万兴公司)购销合同纠纷一案的生效判决中，也裁定由计委所承担注册资金30万元不实的责任。

根据投资者对其开办的法人企业债务承担有限责任的原则，计委所对万兴公司的全部债务承担责任应以其未投入的注册资金30万元为限，各有关债权人应在此范围内按其债权数额所占比例受偿。现请你们两院互相通报前次案件复查核实情况，由北京市高级人民法院主持，处理万兴公司的各债权人受偿分配及执行事宜。

——《最高人民法院关于开办单位对企业注册资金不实承担责任范围问题的复函》(1997年12月1日，经他〔1997〕30号)

【链接：最高人民法院法官著述】

湖北省高级人民法院的一个执行案件引发了三个复议案件，三个案件既各自独立，又有内在联系，争议焦点逐案分别为：宝鸡市财政局申请复议案的争议问题有二：一是财政局是否履行了出资义务；二是财政局的复议申请是否超范围。宝鸡市人民政府申请复议案的争议问题是：被冻结账户内资金的实际所有人及该资金的性质。宝鸡农发行申请复议案的争议问题是：对该行不予协助执行的行为应否进行罚款以及罚款的幅度。下面逐案进行分析：

（一）宝鸡市财政局申请复议案

首先，宝鸡市财政局是否履行了出资义务，是引发三个案件的基础事实，也是所有争议的核心和焦点。湖北省高级人民法院裁定认为宝鸡市财政局出资为零，故应承担出资不实之责；而财政局的抗辩理由是其出资已到位且代替财政证券公司清偿的债务已远远超过注册资金范围。这个问题又分为两个方面：

1. 财政局对财政证券公司的出资是否足额到位

双方对于1992年财政证券公司成立时宝鸡市财政局的出资并未足额到位基本没有争议，但对于其后是否补足出资则存在较大分歧。湖北省高级人民法院认为财政局出资不到位的依据是湖北大公司法鉴定所出具的司法鉴定结论，该鉴定结论是："宝鸡市财政局申请开办财政证券公司时注册资金为零，注册资金不到位。"宝鸡市财政局对该鉴定报告提出质疑后，大公司法鉴定所出具了说明，认为"注册资金不到位有一个时点，即公司开业时"，故对此后财政局是否陆续投入了资金或以利润转增资本不予审计认定。湖北省高级人民法院也认为，补足出资与该公司章程不一致，故没有对是否补足出资的情况作出认定。

我们认为，执行程序中应当按照现行法律和司法解释的规定严格审查和认定开办单位的出资不实之责，因为这既直接影响开办单位的实体权利，也涉及到对其程序权利的保护。目前为止，在执行程序中认定开办单位承担责任的依据是《最高人民法院关于人民法院执行工作若干问题的规定（试行）》第80条的规定，该条所说的"开办单位"实际上是指企业的投资人（股东），强调股东出资义务的意义在于，公司在登记机关登记的注册资本，是交易相对人判断公司偿债能力的合理依据，在公司不能清偿债务时，债权人可以请求未尽出资义务的股东在出资不实范围内承担民事责任。当然，上述司法解释的规定来源于实体法的规定，公司法的修改将股东的出资义务从实收资本制变为认缴资本制，即允许股东在法定期间内缴足出资额。这种变化必然要求执行程序中对股东出资义务的审查不能简单以公司成立时股东出资不到位作为认定其承担责任的唯一理由，对于股东在公司成立后是否补足出资也应予以审查。那么，这个时点应以何时为准呢？我们认为，应以要求股东承担出资不实责任时为审查其出资是否到位的截止时间。换言之，在执行程序中认定开办单位的出资不实之责应与追加时开办单位的出资情况存在因果关系。因为，股东出资不实损害的是公司债权人的利益，只有当公司债权人要求其承担责任时，才存在判断股东责任的必要和前提。

就本案而言，湖北省高级人民法院于2003年2月24日作出1－2号裁定书裁定宝鸡市财政局在注册资金500万元不到位的范围内承担责任,2007年10月26日作出1－4号裁定书驳回财政局的异议。但1－2号裁定书依据的鉴定结论没有对财政局是否补足了注册资金进行审计,而在财政局向湖北省高级人民法院提出异议后,该院对财政局在异议中主张的已补足注册资金的事实并未作出认定,故我们认为湖北省高级人民法院驳回异议的理由不当。鉴于注册资金是否到位涉及事实认定和程序保护问题,故在撤销湖北省高级人民法院驳回异议裁定的同时,要求其对财政局的异议重新进行审查,并根据审查结论对其他相关裁定书作出审查处理。这个处理意见相当于发回重审,旨在保护各方当事人的实体和程序权利。

2. 财政局代财政证券公司清偿回购债务和兑付国债的性质

这个问题是有争议的。第一种意见认为,财政局代财政证券公司清欠证券回购债务的行为可以认定为民事代偿行为,因为财政证券公司是作为民事主体进行证券回购业务产生的债务,虽然清欠工作是根据国务院及财政部的有关文件统一进行的,但行为的主体应是财政证券公司,债务的主体也是财政证券公司,在财政证券公司无力支付欠款时,财政局代偿债务的行为应视为民事行为,并产生补足注册资金的法律后果。

第二种意见认为,财政局代财政证券公司偿还证券回购债务及兑付国债,属于地方政府履行行政管理职能的行为,不产生补足注册资金的法律后果。最高人民法院最终采纳了第二种意见。因为,证券回购债务清欠工作是根据中央的统一部署、由各级政府负责具体落实的专项活动。在责任主体上,各级政府和财政部门作为国债中介机构整顿的实施主体;在内容上,证券回购债务清欠工作是国债中介机构整顿工作的重要内容之一;在责任分担上,明确了财政国债中介机构回购债务过程中出现的资金缺口,原则上由地方政府自行解决。故财政局代财政证券公司偿还2448万元债务的行为,是落实上级行政机关政策的行为,两者之间可以根据合同的约定产生其他的法律后果,但财政局如有出资不实的责任则不能因此被免除。同样,财政局代证券公司兑付国债的行为,也属于地方政府履行行政管理职能的行为。

其次,宝鸡市财政局的复议申请是否超范围。宝鸡市财政局对湖北省高级人民法院作出的四份裁定均提出异议,其中后两份裁定(冻结750万元裁定及驳回异议裁定)的作出时间是2009年,依照民事诉讼法第二百零二条的规定可以申请复议。前两份裁定(在注册资金不到位的500万元范围内承担责任裁定和驳回异议裁定)均生效于2008年4月1日之前,按照《最高人民法院关于执行工作中正确适用修改后民事诉讼法第 202 条、204 条规定的通知》，只能提出申诉。

最高人民法院认为，这四份裁定在事实上和法律上存在密切联系，后两份裁定是建立在前两份裁定的基础上的，不审查前两份裁定的合法性就无法判断财政局应否承担责任及承担责任的范围。况且，申请复议是民事诉讼法修改后新增的救济途径，复议和申诉都是法律赋予当事人的救济途径，也是解决执行异议纠纷的监督手段，二者并无本质区别。如果将申诉案件和复议案件人为割裂开来处理，将造成当事人的讼累，不利于保护当事人的合法权益。故最高人民法院对宝鸡市财政局提出的异议合并审查处理。

综上，对于财政局的复议申请，最高人民法院从实体和程序上分别进行了审查，并依据相关实体法和程序法的规定作出了裁决。

（二）宝鸡市人民政府申请复议案

此案的争议焦点是，被冻结账户内资金性质和实际所有人是谁。根据宝鸡市人民政府提供的相关证据，可以证明 2902 账户内的资金是粮食风险配套基金，属于特殊性质的专项资金，该基金由地方政府筹措，专门用于对种粮农民的直接补贴、地方储备粮油的利息费用补贴等专项用途，该资金归属于宝鸡市政府。由于各级人民政府没有组织机构代码证，无法在银行开户，且财政局是政府的相关职能部门，根据国务院的有关规定，粮食基金由财政局拨付和决算，故资金拨付时直接拨到财政局账户，但调配和使用权归人民政府，财政局只负责办理手续，而无权使用，更不能用于清偿财政局的债务。复议申请人也向湖北省高级人民法院提供了上述证据，湖北省高级人民法院仅按照中国人民银行《支付结算办法》规定的“谁的钱进谁的账，由谁支配”的规定，回避复议申请人提出的事实和相关证据，是不妥当的，最高人民法院认为，该账户内的资金形式上属于财政局，但实际所有人应为同级政府，人民法院在执行中应当根据国家有关政策执行，不能强制扣划专款专用的专项资金，故依法应予以解除冻结。

（三）宝鸡农发行申请复议案

此案的争议焦点是对于宝鸡农发行的不予协助扣划行为应否进行罚款处罚及处罚的幅度。这里面又分了三个层次：

第一，湖北省高级人民法院事先制作罚款决定书是否存在不当。最高人民法院认为，湖北省高级人民法院的罚款决定虽然是以或然将发生的情形为据预先制作的，但在送达前已经发生了决定所认定的事实，故不能以预先制作而认为该决定缺乏事实依据。第二，应否对宝鸡农发行的行为给予处罚。最高人民法院认为，协助人民法院执行是金融机构的法定义务，金融机构作为协助执行人无权对人民法院的相关法律文书进行实质审查。本案中,湖北省高级人民法院对已被冻结的2902账户内的存款进行扣划,扣划手续与冻结裁定指向的对象是相符的,扣划义务人是明确的,宝鸡农发行应当予以协助,其拒不协助扣划违反法律规定,构成妨害民事诉讼的行为,故应给予处罚。第三,处罚的幅度。虽然应给予处罚,但鉴于宝鸡市人民政府向最高人民法院申请复议的理由成立,即被冻结账户内的资金系宝鸡市人民政府所有的专项资金,宝鸡农发行不予协助扣划是为了保证该笔专项资金的安全,且是在宝鸡市人民政府已经提出异议的情况下发生的,也没有造成资金流失等严重后果,故应当酌情减轻处罚。

——于泓:《执行程序中认定被执行人的开办单位承担出资不实责任的条件和程序——宝鸡市财政局、宝鸡市人民政府、中国农业发展银行宝鸡市分行申请复议案》,载江必新主编、最高人民法院执行局编:《执行工作指导》(总第32辑),人民法院出版社2010年版,第97~101页。

人民法院能否在执行程序中以出资不实为由将已经转让股权的原开办单位追加为被执行人?

问题:债权人某饲料公司与债务人华艺公司购销合同纠纷一案,华艺公司无可供执行的财产,经执行法院查明,华丰公司为华艺公司开办单位之一,其对华艺公司的4000万元出资没有实际到位。于是,执行法院以出资不实为由,裁定华丰公司在出资不实的数额范围内对债权人承担偿付义务。华丰公司提出抗辩认为,在某饲料公司与华艺公司发生购销业务之前,华丰公司已经将自己的股权转让给海达公司,自己已经不是华艺公司的开办单位,不应再承担开办单位出资不实的责任,并且海达公司一直没有付清转让款,应当由海达公司承担责任。请问:华丰公司的抗辩理由是否成立?

《执行工作指导》研究组认为:依据我国有关法律规定,开办单位对其所开办的企业负有足额出资的义务。应当指出,只要没有补足资本,开办单位华丰公司足额出资的义务,就不会因其股权转让而消灭。至于股权受让单位海达公司是否付款,产生的只能是华丰公司与海达公司股权转让纠纷,属于另外一个法律关系,不影响执行法院按照《最高人民法院关于人民法院执行工作若干问题的规定(试行)》第八十条之规定,裁定其在出资不实的范围内承担责任。综上,华丰公司的抗辩不能成立。

——江必新主编、最高人民法院执行局编:《执行工作指导》(总第28辑),人民法院出版社2009年版,第200页。

1056
街道办事处开办的企业的债务承担

关键词 | 街道办事处 | 债务承担 |

【最高人民法院司法解释】

四川省高级人民法院：

你院《关于城市街道办事处能否独立承担民事责任的请示》(川高法〔1996〕117号)收悉。经研究,答复如下：

街道办事处开办的企业具有法人资格的,街道办事处只在收取管理费范围内承担民事责任;其开办的企业不具有法人资格的,应先由企业承担相应的民事责任,不足部分由街道办事处在企业注册资金范围内独立承担。街道办事处财产不足以承担时,不能由设立该街道办事处的市或区人民政府承担民事责任。街道办事处进行自身民事活动产生纠纷的,应当独自承担民事责任。

——《最高人民法院关于城市街道办事处是否应当独立承担民事责任的批复》(1997年7月14日,法释〔1997〕1号)

【最高人民法院答复】

山东省高级人民法院：

你院《关于临沂市罗庄区人民政府应否对罗庄街道办事处的债务承担责任问题的请示》收悉。经研究,答复如下：

同意你院审判委员会少数人意见,根据山东省人民政府鲁政函民字〔2000〕36号批复,“以原罗庄镇的行政区域设立罗庄街道办事处。办事处机关驻原罗庄镇人民政府驻地”。鉴于罗庄街道办事处设立的区域及机关驻地与原罗庄镇政府完全一致,且罗庄区人民政府在《关于设立罗庄、傅庄、盛庄、汤庄街道办事处的请示》报告中亦明确表示,新设立的街道办事处“财政体制执行原财政体制,原镇政府的债权债务由设立后的相应办事处承担”,我们认为,新设立的街道办事处与原镇政府在行政区域和财产上具有承继关系,此案可参照我院法释〔1997〕1号批复的精神,由新设立的街道办事处承担原镇政府的债务。

——《最高人民法院关于临沂市罗庄区人民政府应否对罗庄街道办事处的债务承担责任问题的请示的复函》(2004年7月8日,〔2004〕执他字第15号)

【链接：最高人民法院法官著述】

本案争议的分歧点在于为什么不让罗庄区政府承担此案的债务，而是让新设立的罗庄街道办事处承担原罗庄镇政府的债务。如上所述，我们没有同意山东高院请示的第一种意见，而是同意山东高院请示的第二种意见，即少数人意见，主要基于两点考虑：一是根据本案的事实情况，二是法律依据。事实情况的核心是新设立的街道办事处与原镇政府在行政区域和财产上具有承继关系，如山东省政府的〔2000〕36 号批复确定“以原罗庄镇的行政区域设立罗庄街道办事处。办事处机关驻原罗庄镇人民政府驻地”。罗庄区人民政府在《关于设立罗庄、傅庄、盛庄、汤庄街道办事处的请示》中明确，新设立的街道办事处“财政体制执行原财政体制，原镇政府的债权债务由设立后的相应办事处承担”。以上事实也说明新设立的街道办事处与原镇政府在法律上具有承继关系。另从我院法释〔1997〕1 号批复的精神看，此案也应当由新设立的街道办事处承担原镇政府的债务。该批复的主要内容为：街道办事处开办的企业具有法人资格的，街道办事处只在收取管理费范围内承担民事责任；其开办的企业不具有法人资格的，应先由企业承担相应的民事责任，不足部分由街道办事处在企业注册资金范围内独立承担。街道办事处财产不足以承担时，不能由设立该街道办事处的市或区人民政府承担民事责任。街道办事处进行自身民事活动产生纠纷的，应当独自承担民事责任。应当说，上述批复明确了街道办事处承担民事责任的条件和范围。由于罗庄街道办事处与罗庄镇政府具有法律意义上的承继关系，因此，对于罗庄镇政府的债务，当罗庄镇政府被撤销后我们就将该债务视为是罗庄街道办事处自身承继的债务，故可参照适用我院法释〔1997〕1 号批复。鉴于罗庄区人民政府与本案没有债权债务关系，也与罗庄热电厂没有直接的财产关系，根据上述我院批复的精神，即使街道办事处的财产不足以承担债务时，也不能由设立该街道办事处的市或区人民政府承担民事责任。因此，罗庄区人民政府在本案中不应当承担债务责任，济宁市中院和邹城市法院裁定变更罗庄区人民政府为本案被执行人均属错误。

——张小林：《临沂市罗庄区人民政府应否为罗庄街道办事处的债务承担责任问题请示案》，载最高人民法院执行工作办公室编：《强制执行指导与参考》（总第 10 辑），法律出版社 2004 年版，第 108～109 页。

1057

企业开办的其他企业被撤销或者歇业后民事责任的承担

关键词 | 企业开办的其他企业 | 撤销 | 歇业 |

【最高人民法院答复】

广东省高级人民法院：

你院《关于审理企业开办的其他企业被撤并后的经济纠纷案件是否适用国发〔1990〕68号文规定的请示》收悉。经研究，答复如下：

一、企业开办的其他企业被撤销、歇业或者依照《中华人民共和国企业法人登记管理条例》第二十二条规定视同歇业后，其民事责任承担问题应根据下列不同情况分别处理：

1. 企业开办的其他企业领取了企业法人营业执照并在实际上具备企业法人条件的，根据《中华人民共和国民法通则》第四十八条的规定，应当以其经营管理或者所有的财产独立承担民事责任。

2. 企业开办的其他企业已经领取了企业法人营业执照，其实际投入的自有资金虽与注册资金不符，但达到了《中华人民共和国企业法人登记管理条例施行细则》第十五条第（七）项或者其他有关法规规定的数额，并且具备了企业法人其他条件的，应当认定其具备法人资格，以其财产独立承担民事责任。但如果该企业被撤销或者歇业后，其财产不足以清偿债务的，开办企业应当在该企业实际投入的自有资金与注册资金差额范围内承担民事责任。

3. 企业开办的其他企业虽然领取了企业法人营业执照，但实际没有投入自有资金，或者投入的自有资金达不到《中华人民共和国企业法人登记管理条例施行细则》第十五条第（七）项或其他有关法规规定的数额，或者不具备企业法人其他条件的，应当认定其不具备法人资格，其民事责任由开办该企业的企业法人承担。

二、人民法院在审理案件中，对虽然领取了企业法人营业执照，但实际上并不具备企业法人资格的企业，应当依据已查明的事实，提请核准登记该企业为法人的工商行政管理部门吊销其企业法人营业执照。工商行政管理部门不予吊销的，人民法院对该企业的法人资格可不予认定。

三、从本批复公布之日起，本院法（研）复〔1987〕33号《关于行政单位或企业单位开办的企业倒闭后债务由谁承担的批复》第二条中关于如果企业开办的分支机构是公司，不论是否具备独立法人资格，可以根据国发〔1985〕102 号通知处理的规定和法（经）发〔1991〕10 号通知第六条的规定，即行废止。

——《最高人民法院关于企业开办的其他企业被撤销或者歇业后民事责任承担问题的批复》（1994 年 3 月 30 日，法复〔1994〕4 号）

1058

被执行人未履行和解协议，恢复执行后可以直接裁定由和解协议中的担保人代为履行

关键词｜执行和解｜恢复执行｜担保人｜代为履行｜

【链接：最高人民法院法官著述】

问题：某法院在执行某信用社诉董某借款一案时，双方当事人自行和解达成协议，案外人王某作为担保人在记载协议内容的执行笔录上签名。后董某未履行和解协议，信用社申请恢复执行。法院恢复执行后，对是否能直接裁定由王某代为履行有两种意见。一种意见认为不能直接裁定由王某代为履行。理由是：恢复执行后据以执行的是原法律文书，王某不是原法律文书中的当事人，且王某的担保不是执行担保。另一种意见认为可以直接裁定由王某代为履行。理由是：王某已在执行笔录中承诺担保，王某的担保应视为执行担保。

《人民司法》研究组认为：《民事诉讼法》第 212 条规定了执行担保制度的基本内容："在执行中，被执行人向人民法院提供担保，并经申请执行人同意的，人民法院可以决定暂缓执行及暂缓执行的期限。被执行人逾期仍不履行的，人民法院有权执行被执行人的担保财产或者担保人的财产。"最高人民法院《民诉法意见》第 269 条规定："执行担保可以由被执行人向人民法院提供财产作担保，也可以由第三人出面作担保。以财产作担保的，应提交保证书；由第三人担保的，应当提交担保书。"该条明确了第三人作为保证人，应以信用承诺自己会为被担保人承担责任的执行担保形式。根据本案的情况，要确认王某的担保是否执行担保，关键在于其在记载执行和解协议的执行笔录上签名担保是否符合"应当提交担保书"的要求。本条规定的宗旨在于执行担保要采用书面形式。而依据《担保法》和《合同法》及其解释的有关规定，书面形式是当事人以书面文

字表达协议内容订立合同的形式，它表现为合同书、信件和数据电文等可以有形地表现所载内容的形式，在主合同上明示愿意为主合同承担责任的签名符合书面形式的要求。而且从执行担保的性质上看，执行程序中的担保虽是经申请执行人同意的，但担保人却是向人民法院作担保，人民法院依法维护申请执行人的合法权益。此时，如能认定担保人为被执行人承担责任的意思表示真实，且用书面形式予以确认，这种担保便是合法的，人民法院可以认定其担保是执行担保。因此，我们认为来信中后一种意见是正确的。

——《人民司法》2002 年第 10 期

1059

委托执行后，变更被执行人的裁定由受托法院作出

关键词 | 委托执行 | 变更被执行人 |

【链接：最高人民法院法官著述】

问题：最高人民法院《执行规定》第 121 条规定："受托法院在执行中，认为需要变更被执行人的，应当将有关情况函告委托法院，由委托法院依法决定是否作出变更被执行人的裁定。"最高人民法院法释〔2000〕9 号规定：委托执行后，遇有下列情况，由受托法院依照法律和司法解释的规定处理：1. 需要变更或追加被执行主体的……案件委托后，变更或追加被执行主体的裁定由委托法院还是受托法院作出？

《人民司法》研究组认为：该问题涉及对最高人民法院法释〔2000〕9 号《关于加强和改进委托执行工作的若干规定》（以下简称《若干规定》）第 9 条如何理解。关于委托执行后委托法院和受托法院的权限划分问题，《执行规定》第 121 条规定"受托法院在执行中，认为需要变更被执行人的，应当将有关情况函告委托法院，由委托法院依法决定是否作出变更被执行人的裁定"，把相当一部分案件执行权赋予了委托法院，而《若干规定》则把绝大部分执行权都转移给了受托法院，委托法院只保留极少的权力。依据《若干规定》第 9 条的规定，案件委托执行后，变更或追加被执行主体的裁定应由受托法院作出。

——《人民司法》2003 年第 2 期

1060

被执行人将债权人享有优先受偿权的资产变更至新组建公司名下而侵犯优先债权人合法权益的，执行法院有权裁定追加其他人和新组建公司为被执行人

关键词 | 资产转移 | 优先债权 | 追加被执行人 |

【《最高人民法院公报》案例】

吉林中城建中大房地产开发有限公司申诉案[最高人民法院(2011)执监字第15号驳回申诉通知书]

裁判要旨:被执行人与其他人以复杂的出资组建新公司、收购股份及并购的名义,将债权人享有优先受偿权的工程及相关土地等主要资产变更至新组建的公司名下,而其他人控制新组建公司多数股权、新组建公司不承担工程价款的债务的,该情形可以认定为被执行人和其他人及新组建的公司之间转移资产,侵犯工程价款优先债权人的合法权益,其他人和新组建公司应当作为被执行人的权利义务承受人对该优先债权人承担责任。执行法院有权裁定追加其他人和新组建的公司为被执行人。

——《最高人民法院公报》2012年第2期

1061

《关于依法制裁规避执行行为的若干意见》第20条并未增设执行程序中直接裁定变更被执行人的法定情形

关键词 | 委托执行 | 变更被执行人 |

【最高人民法院司法政策】

20. 依法变更追加被执行主体或者告知申请执行人另行起诉。有充分证据证明被执行人通过离婚析产、不依法清算、改制重组、关联交易、财产混同等方式恶意转移财产规避执行的,执行法院可以通过依法变更追加被执行人或者告知

申请执行人通过诉讼程序追回被转移的财产。

——《最高人民法院关于依法制裁规避执行行为的若干意见》(2011 年 5 月 27 日，法〔2011〕195 号)

【最高人民法院裁判文书】

利害关系人厦门阜承建筑工程有限公司不服福建高院异议裁定执行复议案[最高人民法院(2012)执复字第 30 号执行裁定书]

最高人民法院认为：执行程序中追加被执行主体，应当符合《民事诉讼法》第 209 条、最高人民法院《民诉法意见》第 271 条至 274 条以及最高人民法院《执行规定》第 76 条至第 82 条规定的情形。《最高人民法院关于依法制裁规避执行行为的若干意见》第 20 条是指被执行人恶意转移财产规避执行的，执行法院可以依法变更追加被执行人，并未增设执行程序中直接裁定变更被执行人的法定情形。本案中，阜承公司收受繁荣公司的财产，并受让“二轻大厦”49% 的权益，均不符合执行机构直接裁定追加被执行人的法定条件，福建高院在(2012)闽执异字第 2 号执行裁定中援引《最高人民法院关于依法制裁规避执行行为的若干意见》第 20 条，追加阜承公司为被执行人，认定事实不清，适用法律程序不当。

——中国裁判文书网，http://www.court.gov.cn/zgcpwsw/。

1062

与工商联脱钩的企业案件的执行

关键词｜与工商联脱钩的企业｜开办单位｜

【最高人民法院司法解释】

第十五条　人民法院在审理有关移交、撤销、脱钩的企业的案件时，认定开办单位应当承担民事责任的，不得对开办单位的国库款、军费、财政经费账户、办公用房、车辆等其他办公必需品采取查封、扣押、冻结、拍卖等保全和执行措施。

第十六条　人民法院在执行涉及开办单位承担民事责任的生效判决时，只能用开办单位财政资金以外的自有资金清偿债务。如果开办单位没有财政资金以外自有资金的,应当依法裁定终结执行。

——《最高人民法院关于审理军队、武警部队、政法机关移交、撤销企业和与党政机关脱钩企业相关纠纷案件若干问题的规定》(2001 年 3 月 20 日,法释〔2001〕8 号)

【最高人民法院答复】

天津市高级人民法院:

你院《关于对被执行人河北省工商联(又称河北省总商会)欠款案执行情况的报告》收悉。经研究,答复如下:

一、各级工商联是党领导下的具有统战性质的人民团体。其与挂靠企业脱钩时,是按照中央文件的要求执行的。因此人民法院在执行与其脱钩企业的案件时,也应比照适用最高人民法院法释〔2001〕8 号《关于审理军队、武警部队、政法机关移交、撤销企业和与党政机关脱钩企业相关纠纷案件若干问题的规定》。根据该司法解释第十五条、第十六条的规定,开办单位应当承担民事责任的,人民法院不得对开办单位的国库款、财政经费账户、办公用房、车辆等其他办公必需品采取查封、扣押、冻结、拍卖、变卖等执行措施。开办单位只能用其财政资金以外的自有资金清偿债务。如果开办单位没有财政资金以外自有资金的,应当依法裁定终结执行。请你院监督南开区人民法院在执行河北省工商联时,严格按照上述规定执行。

二、河北省工商联和河北省总商会是两个独立的法人单位。河北省工商联是党委领导下的具有统战性质的人民团体,列入省编委编制序列,为财政预算拨款单位。而河北省总商会是在省民政厅单独注册的社团法人,经费由会员的会费构成。南开区人民法院将河北省工商联与河北省总商会视为同一个单位,将河北省总商会列为被执行人并扣划其银行存款是错误的,你院应监督该院立即纠正。

你院将督办结果报告我院。

——《最高人民法院执行工作办公室关于河北省工商联、河北省总商会申诉案的复函》(2003 年 3 月 8 日,〔2003〕执他字第 3 号)

【链接：最高人民法院法官著述】

(一)关于工商联作为开办单位承担民事责任时，是否适用法释〔2001〕8号《最高人民法院关于审理军队、武警部队、政法机关移交、撤销企业和与党政机关脱钩企业相关纠纷案件若干问题的规定》

我们认为工商联作为人民团体，应比照法释〔2001〕8号的精神处理其作为开办单位承担民事责任的案件。理由如下：

1. 中共中央办公厅、国务院办公厅关于转发国家经贸委《关于党政机关与所办经济实体脱钩的规定》的通知(中办发〔1993〕17号)，转发至各人民团体，要求遵照执行。说明该文件有关脱钩的规定涉及人民团体。而河北省工商联作为党委领导下的具有统战性的人民团体确实依照中央文件与所办企业进行了脱钩。我院法释〔2001〕8号司法解释的适用范围是：仅适用于审理此次军队、武警部队、政法机关移交、撤销企业和与党政机关脱钩的企业所发生的债务纠纷案件和破产案件。虽然我院司法解释未指明与人民团体脱钩的情况，但中央文件要求脱钩的精神不仅只限于党政机关，对人民团体也是如此。因此，最高人民法院司法解释对人民团体也应适用。

2. 中共中央统战部给最高人民法院的统函〔2003〕(五)9号《关于各级工商联作为统战性人民团体应按党政机关掌握的函》明确表明：全国工商联和各级工商联组织是党领导下的具有统战性的人民团体，纳入各级政府的行政编制，为财政预算拨款单位，经费由各级财政全额拨付。在执行中央的各项政策规定时，一直参照党政机关执行，特别是在与挂靠企业脱钩时，也是按照中央文件要求执行的。所以，牵扯到脱钩企业的相关纠纷时，亦应适用最高人民法院法释〔2001〕8号文规定。

3. 最高人民法院法释〔2001〕8号司法解释第15条、第16条规定："人民法院在审理有关移交、撤销、脱钩的企业的案件时，认定开办单位应当承担民事责任的，不得对开办单位的国库款、军费、财政经费账户、办公用房、车辆等其他办公必需品采取查封、扣押、冻结、拍卖等保全措施和执行措施。""人民法院在执行涉及开办单位承担民事责任的生效判决时，只能用开办单位财政资金以外的自有资金清偿债务。如果开办单位没有财政资金以外自有资金的，应当依法裁定终结执行。"从这两条规定可看出：开办单位不能用财政资金为脱钩企业清偿债务，法院不能执行开办单位财政资金，不能执行办公车辆等。因此，本案中，河北省工商联作为财政拨款单位,也不能用财政资金为脱钩企业偿还债务,其办公车辆不能被执行。

(二)关于河北省工商联与河北省总商会是否能作为同一个单位执行的问题

河北省委统战部出具证明如下:

1. 河北省工商联是党委领导下的具有统战性质的人民团体,列入省编委编制序列,是独立的法人机构,接受省委统战部指导,其党组接受省委统战部领导。活动和事业费全部纳入省财政预算,人员参照国家公务员管理。

2. 河北省总商会是河北省工商界统战人士自愿组成的社会团体,是在省民政厅单独注册的独立社团法人,其经费来源全部由会员交纳的会费构成,人员实行聘用制。

3. 河北省工商联与河北省总商会是两个独立承担民事责任的不同的法人单位,两单位的性质不同,职能不同,经费的构成和来源截然不同。

从河北省统战部出具的证明看,河北省工商联与河北省总商会应是两个独立的法人单位,以设立登记为准,而不能因实行一套人马、两块牌子即视为河北省总商会是河北省工商联的变更,作为一个单位来执行。因此,南开区人民法院在执行中追加河北省总商会错误,应予纠正。

——刘涛:《人民法院在执行与工商联脱钩企业的案件时是否适用最高人民法院法释〔2001〕8号文的请示与答复》,载最高人民法院执行工作办公室编:《强制执行指导与参考》(总第6辑),法律出版社2003年版,第276~278页。

1063

执行程序中我国领域外出具的授权委托书需办理证明手续

关键词 | 域外 | 出具授权委托书 | 执行程序 |

【最高人民法院答复】

安徽省高级人民法院:

你院〔2009〕皖执字第00002号《关于百事达(美国)企业有限公司申请执行

中美合资安徽饭店有限公司清算委员会侵权纠纷一案的请示报告》收悉。经研究，我院认为：

执行程序亦属广义的诉讼程序的范畴，因此，《中华人民共和国民事诉讼法》第二百四十条在执行程序中亦应予以适用。本案中，百事达（美国）企业有限公司在案件进入执行程序后，另外委托信永中和会计师事务所有限责任公司对中美合资安徽饭店有限公司就有关公司清算的财务会计进行特别审计，如果该授权委托书是从中华人民共和国领域外寄交或者托交的，应当经所在国公证机关证明，并经中华人民共和国驻该国使领馆认证，或者履行中华人民共和国与该所在国订立的有关条约中规定的证明手续后，才具有效力。

——《最高人民法院〔2010〕执他字第5号函》（2010年4月23日）

【链接：最高人民法院法官著述】

该案焦点问题是：外国企业在执行程序中委托律师或者其他人代理查账行为是否适用《中华人民共和国民事诉讼法》第二百四十条规定。民事诉讼法第二百四十条规定："在中华人民共和国领域内没有住所的外国人、无国籍人、外国企业和组织委托中华人民共和国律师或者其他人代理诉讼，从中华人民共和国领域外寄交或者托交的授权委托书，应当经所在国公证机关证明，并经中华人民共和国驻该国使领馆认证，或者履行中华人民共和国与该所在国订立的有关条约中规定的证明手续后，才具有效力。"第二百四十条的立法本意是基于国外当事人的特殊性，确保诉讼中主体的合法性和意思表示的真实性。适用该条文应当同时具备两个条件，一是在中华人民共和国领域内没有住所的外国人、无国籍人、外国企业和组织委托中华人民共和国律师或者其他人代理诉讼；二是委托书是从中华人民共和国领域外寄交或者托交的。只有同时具备这两个条件，授权委托书才应当经所在国公证机关证明，并经中华人民共和国驻该国使领馆认证，或者履行中华人民共和国与该所在国订立的有关条约中规定的证明手续后，才具有效力。对于上述规定中的"诉讼"的含义应作广义的理解，民事诉讼法第三编对执行程序作出了相关的规定，因此，执行程序亦应属于广义的"诉讼"程序的范畴，故上述规定在执行程序中亦应予以适用。

具体涉及本案中美国公司出具的委托书是否需要办理公证认证手续问题，百事达（美国）企业有限公司在案件进入执行程序后，另外委托信永中和会计师事务所有限责任公司对中美合资安徽饭店有限公司就有关公司清算的财务会计进行特别审计，亦应当履行这一程序要求，但还需考察委托书出具的地点。如果委托书是在我国"领域外寄交或者托交"的，即委托书不是在我国境内出具的，则需依照上述规定办理公证认证手续。如果委托书是在我国境内出具的，则无需再按照上述规定办理公证认证手续，但按照最高人民法院第二次涉外商事海事审判工作会议纪要确定的原则，仍需办理一定的证明手续。此时存在两种情况：一种情况是当事人直接到人民法院签署授权委托书，即外国法人、其他组织的法定代表人或者负责人代表该法人、其他组织在人民法院办案人员面前签署的授权委托书，无需办理公证、认证或者其他证明手续，但在签署授权委托书时，外国法人、其他组织的法定代表人或者负责人除了向人民法院办案人员出示自然人身份证明和入境证明外，还必须提供该法人或者其他组织出具的能够证明其有权签署委托书的证明文件，且该证明文件必须办理公证、认证或者其他证明手续。人民法院办案人员应在授权委托书上注明相关情况并要求该法定代表人或者负责人予以确认。另一种情况是外国法人、其他组织的法定代表人或者负责人代表该法人、其他组织在我国境内签署的授权委托书，经我国公证机关公证，证明该委托书是在我国境内签署，且该法定代表人或者负责人向人民法院提供了外国法人、其他组织出具的办理了公证、认证或者其他证明手续的能够证明其有权签署委托书的证明文件，该委托书无需在外国当事人的所在国办理公证、认证或者其他证明手续。

——李海军：《民事诉讼法第二百四十条在执行程序中的适用》，载江必新主编、最高人民法院执行局编：《执行工作指导》（总第34辑），人民法院出版社2010年版，第102~103页。

1064

向被执行人财产所在地法院申请执行应当提供该法院辖区有可供执行财产的证明材料

关键词 | 地域管辖 | 财产所在地 |

【最高人民法院司法解释】

第一条 申请执行人向被执行的财产所在地人民法院申请执行的，应当提供该人民法院辖区有可供执行财产的证明材料。

——《最高人民法院关于适用〈中华人民共和国民事诉讼法〉执行程序若干问题的解释》(2008 年 11 月 3 日，法释〔2008〕13 号)

【链接：最高人民法院法官著述】

依照修改后民事诉讼法第二百零一条的规定，发生法律效力的民事判决、裁定，以及刑事判决、裁定中的财产部分，申请执行人可以选择向第一审法院以外的被执行的财产所在地法院申请执行。如果申请执行人选择向一审法院以外的法院申请执行，该法院在收到执行申请后，必须先查明本辖区是否有可供执行的财产，才能确定本院是否有管辖权。为方便法院审查判断，同时为防止申请执行人随意向没有管辖权的法院申请执行，《解释》第一条规定，申请执行人向第一审人民法院以外的被执行的财产所在地人民法院申请执行时，应当提供该人民法院辖区有可供执行财产的证明材料。需要说明的是，考虑到申请执行人调查财产的途径有限，本条并没有要求申请执行人必须向法院提供被执行人明确的财产，而仅要求其提供该法院辖区有可供执行财产的证明材料，法院可以基于这些证明材料作进一步的调查、核实，以判断本院有无管辖权。

——沈德咏主编、最高人民法院研究室编：《民事诉讼司法解释理解与适用》，法律出版社 2009 年版，第 549 页。

1065

向两个以上有管辖权的法院申请执行的由最先立案的法院管辖

关键词 | 选择管辖 | 最先立案 |

【最高人民法院司法解释】

第二条 对两个以上人民法院都有管辖权的执行案件，人民法院在立案前发现其他有管辖权的人民法院已经立案的，不得重复立案。

立案后发现其他有管辖权的人民法院已经立案的，应当撤销案件；已经采取执行措施的,应当将控制的财产交先立案的执行法院处理。

——《最高人民法院关于适用〈中华人民共和国民事诉讼法〉执行程序若干问题的解释》(2008 年 11 月 3 日,法释〔2008〕13 号)

【链接:最高人民法院法官著述】

《民诉法意见》第 256 条规定:"其他法律文书由被执行人住所地或者被执行人的财产所在地人民法院执行;当事人分别向上述人民法院申请执行的,由最先接受申请的人民法院执行"。而《执行规定》第 15 条规定:"两个以上人民法院都有管辖权的,当事人可以向其中一个人民法院申请执行;当事人向两个以上人民法院申请执行的,由最先立案的人民法院管辖。"这两个同属最高人民法院的司法解释间存在矛盾之处。但从时间上看,《民诉法意见》颁布在前,《执行规定》颁布在后,应以《执行规定》为准。而且,《执行规定》第 18 条规定:"人民法院对符合申请执行条件的申请,应当在 7 日内予以立案。""接受申请"与"立案"是两个不同的概念。相比较而言,用"最先立案的人民法院管辖"代替"最先接受申请的人民法院执行"较为合理,因为,最先接受申请不见得就最先立案,从理论上讲,接受申请并不产生执行"系属"的问题,而只有立案才产生"系属"问题。因此,申请执行人向两个以上的法院申请执行的,应由最先立案的法院管辖。为此,《最高人民法院关于适用〈中华人民共和国民事诉讼法〉执行程序若干问题的解释》第 2 条作出相关规定。

——江必新主编:《民事执行新制度理解与适用》,人民法院出版社 2010 年版,第 104 页。

1066

执行管辖异议的审查

关键词 | 执行管辖异议 | 执行程序 |

【最高人民法院司法解释】

第三条 人民法院受理执行申请后,当事人对管辖权有异议的,应当自收到执行通知书之日起十日内提出。

人民法院对当事人提出的异议,应当审查。异议成立的,应当撤销执行案件,并告知当事人向有管辖权的人民法院申请执行;异议不成立的,裁定驳回。当事人对裁定不服的,可以向上一级人民法院申请复议。

管辖权异议审查和复议期间,不停止执行。

——《最高人民法院关于适用〈中华人民共和国民事诉讼法〉执行程序若干问题的解释》(2008 年 11 月 3 日,法释〔2008〕13 号)

【链接:最高人民法院法官著述】

民事诉讼法修改后,因确定管辖的连接点增多,法院之间因管辖权发生争议的现象也将相应增加,特别是在被执行财产分布在多个法院辖区的情况下,由于法院之间对被执行人在某地是否有可供执行的财产等问题认识不一,客观上将导致在管辖权问题上存在不同认识。因此,《解释》第三条专门对执行管辖权异议问题作了规定:一是明确了管辖权异议应当自收到执行通知之日起十日内提出;二是规定了法院对管辖权异议的审查处理,即异议成立的,应当撤销执行案件,并告知当事人向有管辖权的人民法院申请执行;异议不成立的,裁定驳回;三是赋予当事人对管辖权异议裁定向上一级法院申请复议的权利。根据民事诉讼法第一百四十条的规定,当事人对管辖权异议裁定不服的,可以上诉。因该条规定在"第一审普通程序"一章,一般认为仅适用于诉讼案件,而不能直接适用于执行案件。在司法解释起草过程中,主流意见认为,当事人对执行案件管辖权异议裁定不服的,确实有必要赋予其一定的救济途径。鉴于民事诉讼法对可以上诉的裁定的范围有明确限制,司法解释不能突破该范围,因此,本条赋予当事人向上一级人民法院申请复议的权利,以资救济。此外,为了提高执行效率,防止当事人利用提出管辖权异议阻碍执行,加之考虑到管辖问题主要是解决法院内部的分工和权限,《解释》第三条明确规定,管辖权异议和复议审查期间,不停止执行。

——沈德咏主编、最高人民法院研究室编:《民事诉讼司法解释理解与适用》,法律出版社 2009 年版,第 550 页。

1067

具有强制执行效力的公证债权文书的执行管辖

关键词 | 公证债权文书 | 强制执行力 | 执行管辖 |

【最高人民法院司法解释】

10. 仲裁机构作出的国内仲裁裁决、公证机关依法赋予强制执行效力的公证债权文书,由被执行人住所地或被执行的财产所在地人民法院执行。

前款案件的级别管辖,参照各地法院受理诉讼案件的级别管辖的规定确定。

——《最高人民法院关于人民法院执行工作若干问题的规定(试行)》(1998年7月8日,法释〔1998〕15号)

【最高人民法院答复】

河南省高级人民法院:

关于湖北省安陆市政府向我院反映焦作市中级人民法院执行湖北三鹏化工股份有限公司一案的有关问题,经研究,现提出如下处理意见:

经核查,焦作市中级人民法院立案执行的依据是河南省修武县公证处〔2001〕修证经字第18号"具有强制执行效力的债权文书公证书"。该公证书认定湖北三鹏化工股份有限公司如不能在约定的期限内履行还款义务,申请人丁慈咪有权向申请人所在地人民法院申请强制执行。

本院认为,关于此类执行管辖问题,《中华人民共和国民事诉讼法》第207条第2款、《最高人民法院关于适用〈中华人民共和国民事诉讼法〉若干问题的意见》第256条和《最高人民法院关于人民法院执行工作若干问题的规定(试行)》第10条均已有明确规定,即公证机关依法赋予强制执行效力的公证债权文书,由被执行人住所地或被执行人的财产所在地人民法院执行。据此,当事人无权约定执行管辖,公证机关也无权确认当事人约定执行管辖,焦作市中级人民法院更不能依据当事人的约定予以立案执行。请你院监督焦作市中级人民法院依法撤销案件及相关法律文书,并告知申请人依法向有管辖权的人民法院申请执行。

——《最高人民法院执行工作办公室关于湖北安陆市政府反映河南焦作中院"错误裁定"、"错误执行"案及河南高院反映焦作中院在执行安陆市政府时遭到暴力抗法案的复函》(2002年12月25日,〔2002〕执监字第262号)

【链接：最高人民法院法官著述】

本案中，争议双方当事人在具有强制执行效力的债权文书中约定了申请执行人住所地人民法院为强制执行的管辖法院，我们认为这一约定是违反现行法律规定的，不应予以支持。理由如下：

1.《最高人民法院关于适用〈中华人民共和国民事诉讼法〉若干问题的意见》第256条、《民事诉讼法》第207条第2款规定的由人民法院执行的其他法律文书，包括仲裁裁决书、公证债权文书，由被执行人住所地或者被执行人的财产所在地人民法院执行；当事人分别向上述人民法院申请执行的，由最先接受申请的人民法院执行。《最高人民法院关于人民法院执行工作若干问题的规定（试行）》第10条规定，仲裁机构作出的国内仲裁裁决、公证机关依法赋予强制执行效力的公证债权文书，由被执行人住所地或被执行的财产所在地人民法院执行。

我们认为，上述规定明确了公证债权文书属于“由人民法院执行的其他法律文书”，而且明确了这类文书应由被执行人住所地或者由被执行人的财产所在地人民法院执行。

2. 与上述法律规定和我们观点可能有冲突的是《民事诉讼法》第25条规定，“合同的双方当事人可以在书面合同中协议选择被告住所地、合同履行地、合同签订地、原告住所地、标的物所在地人民法院管辖”。

有观点认为，《公证暂行条例》第24条的规定没有明确“有管辖权”的基层人民法院都包括哪些，而结合《民事诉讼法》第25条的规定，申请人所在地似乎可以类比为原告住所地。因此得出结论，公证债权文书可以协议管辖，本案中三鹏公司与丁慈咪约定强制执行的法院为丁慈咪所在地法院，即后来的焦作中院，是合法的。

关于此点，我们认为，《民事诉讼法》第25条的规定由于处在总则部分，应属原则规定。具体到执行问题上，《民事诉讼法》第207条、《民诉法意见》第256条及《最高人民法院关于人民法院执行工作若干问题的规定（试行）》第10条都作了非常明确的规定。我们认为法律这样的规定应按“特别法优于普通法”的原则来进行理解。也就是说在民事诉讼中，如果分则或特别法中没有规定的，可以按总则规定或按总则所体现的法律精神来处理，但是一旦分则及特别法中有了规定的，就必须依法律规定处理。

另外《公证暂行条例》第24条规定的级别管辖与《最高人民法院关于人民

法院执行工作若干问题的规定(试行)》第 10 条第 2 款规定也不一致。因为前者规定"向有管辖权的基层人民法院申请",而后者规定,"……的级别管辖,参照各地法院受理诉讼案件的级别管辖的规定确定"。这里涉及司法解释与行政法规的矛盾。我们认为,级别管辖在人民法院司法活动中,人民法院可依职权进行调整,故在本案中仍应以司法解释为工作准则。

——吴宪光:《湖北安陆市政府反映河南焦作中院"错误裁定"、"错误执行"案及河南高院反映焦作中院在执行安陆市政府时遭到暴力抗法案》,载最高人民法院执行工作办公室编:《强制执行指导与参考》(总第 5 辑),法律出版社 2003 年版,第 220 ~221 页。

1068

股权发行公司住所地为上市公司财产所在地

关键词 | 公司住所地 | 上市公司 | 财产所在地 | 执行管辖 |

【最高人民法院答复】

广东省高级人民法院:

关于唐山钢铁集团有限责任公司执行申诉一案,你院《关于深圳中院执行中华乐业有限公司与唐山钢铁集团有限责任公司仲裁裁决一案的情况报告》收悉。经研究,答复如下:

经核查,唐山钢铁集团有限责任公司作为上市公司,其持有的证券在上市交易前存管于中国证券登记结算有限责任公司深圳分公司,深圳市中级人民法院(以下简称深圳中院)以此认定深圳市为被执行人的财产所在地受理了当事人一方的执行申请。本院认为,证券登记结算机构是为证券交易提供集中登记、存管与结算服务的机构,但证券登记结算机构存管的仅是股权凭证,不能将股权凭证所在地视为股权所在地。由于股权与其发行公司具有最密切的联系,因此,应当将股权的发行公司住所地认定为该类财产所在地,深圳中院将证券登记结算机构所在地认定为上市公司的财产所在地予以立案执行不当。

请你院监督深圳中院依法撤销案件及相关法律文书,并告知申请人依法向有管辖权的人民法院申请执行。同时,鉴于深圳中院对被执行人的股权已采取冻结措施，为防止已冻结财产被转移，请你院监督深圳中院做好已控被执行人财产与新的执行法院的衔接工作，避免申请执行人的权益受到损害。

——《最高人民法院执行局〔2010〕执监字第16号函》（2010年7月15日）

【链接：最高人民法院法官著述】

（一）证券登记结算地的性质

证券登记结算机构是为证券交易提供集中登记、存管与结算服务的机构，其所在地即为证券登记结算地。证券登记结算机构通过证券登记，可以确认证券合法持有人和处分权人的资格。证券登记结算公司根据证券发行人、上市公司或证券经营机构提供的股东名册及其持股资料，将股东名册与其持股情况作出统一性认定，借此确认特定股东及持券情况，将其记载于法定表册中。证券托管，有时也称“存管”或“保管”，指托管委托人将其名下持有或受托保管的实物证券，交存给托管人实行代保管的活动。证券结算是将买卖双方及证券公司之间的证券买卖数量和金额分别予以抵销，计算应收应付证券和款项的特殊程序，以实现证券和款项的最少实际交割数量，通过上述分析可以看出，证券登记结算地实际上是证券登记结算机构对股票进行记载、对实物证券进行存放以及对证券买卖数量进行结算的地点。

（二）公司股权所在地的确定

股权有广义及狭义之分，广义的股权，泛指股东得以向公司主张的各种权利；狭义的股权，则仅指股东基于股东资格而享有的、从公司获取经济利益并参与公司经营管理的权利。从这个意义上讲，股权是指股东因出资而取得的、依法定或者公司章程的规定和程序参与事务并在公司中享受财产利益的、具有可转让性的权利。被执行人享有的股权构成被执行人的财产，股权财产价值的实现只能在该股权发行公司获得，股权的发行、转让等行为的效果实质上都是发生在发行公司的住所地。由此可知，发行公司的住所地与股权具有最密切的联系，故应将股权的发行公司住所地认定为该类财产所在地。

（三）如何以财产所在地为连接点确定管辖

股票是财产权（股权）的凭证。通过以上分析可知，权证所在地与财产所在地不是一个概念。股票所代表的财产所在地应当是该股票的发行公司的住所地，而不能是股票的托管地。否则，如将证券登记结算机构所在地视为上市公司的财产所在地,全国执行上市公司股权的案件,深圳或上海中院都将取得管辖权。这也违反了管辖的一般原则。

(四)案涉仲裁裁决是否具备可执行性的问题

81号裁决的第二、三项内容是具体明确的,完全可以执行。81号裁决的第一项内容是:"被申请人按照609合同与补充协议书的规定继续履行其未履行的合同义务。"我们认为,民事判决主文中关于"继续履行"的内容具有执行力。但应如何具体执行,存在以下几个难点问题:

1. 81号裁决第一项主文确认被申请人唐钢公司按照609合同与补充协议书的规定继续履行其未履行的合同义务。而609合同与补充协议书中约定中乐公司与唐钢公司双方需要分阶段分步骤履行若干相对应的复杂义务,因为原协议中约定的交货期限、交货批次、交货数量、付款时间均已时过境迁,那么在现阶段的履行中,上述履约内容应如何确定?由谁确定?是否应当由执行人员根据原合同约定内容按照原批次、数量、单价要求唐钢公司履行出卖钢坯的义务,并相应调整唐钢公司的交货时间及中乐公司的付款期限?如对上述给付内容不予明确,客观上会造成执行困难。

2. 如执行法院按照原合同内容对该第一项强制执行,面临的一大难题就是执行成本过高的问题。执行人员是否有足够的能力与精力监督及促使唐钢公司按原合同及协议履行约定?尤其本案涉及双方互负分阶段分步骤若干相对应的复杂义务,如何取得良好的执行效果,是个非常棘手的难题。

解决继续履行类判决执行中的问题需要进一步积累实践经验,所以最高人民法院答复函文中对这一问题未予明确表态,留由执行法院审查处理。

——朱燕:《中华乐业有限公司与唐山钢铁集团有限责任公司仲裁裁决执行案——法院能否以公司证券登记结算地为财产所在地获得管辖权》,载江必新主编、最高人民法院执行局编:《执行工作指导》(总第39辑),人民法院出版社2012年版,第62~63页。

编者说明

在本案审查过程中,合议庭成员一致认为,首先必须要解决管辖权的问题,下一步才能解决案涉仲裁裁决是否具有可执行性的问题。而对于深圳中院对本案是否具有管辖权,形成了不同的意见。合议庭就此问题向最高人民法院民一庭、民二庭、研究室征求意见,三个庭室的意见一致,均认为证券登记结算机构所在地不能被认为是上市公司的财产所在地之一,深圳中院不能以此为连接点取得对执行案件的管辖权。结合上述意见,合议庭经讨论后一致认定深圳中院将证券登记结算机构所在地认定为上市公司的财产所在地予以立案执行不当，决定发函广东高院，监督深圳中院依法撤销案件及相关法律文书，并告知申请人依法向有管辖权的人民法院申请执行。同时，为防止已冻结财产被转移，监督深圳中院做好已控被执行人财产与新的执行法院的衔接工作，避免申请执行人的权益受到损害。对于案涉仲裁裁决是否具有可执行性的问题，待确定新的执行法院后再由其进行审查。

1069

执行法院有权处分其他法院保全的财产

关键词｜终局执行｜财产保全｜

【最高人民法院司法解释】

第四条 对人民法院采取财产保全措施的案件，申请执行人向采取保全措施的人民法院以外的其他有管辖权的人民法院申请执行的，采取保全措施的人民法院应当将保全的财产交执行法院处理。

——《最高人民法院关于适用〈中华人民共和国民事诉讼法〉执行程序若干问题的解释》（2008 年 11 月 3 日，法释〔2008〕13 号）

【链接：最高人民法院法官著述】

执行管辖修改后，实践中难免会出现以下情形：诉讼前或者诉讼、仲裁过程中，甲法院对债务人的某项财产采取了财产保全措施，法律文书生效后，债权人未向采取财产保全措施的甲法院申请执行，而向被执行人其他财产所在地的乙法院申请执行，乙法院受理案件后对甲法院保全的财产能否执行，应当有明确的解决思路。这一问题，实际上是财产保全程序与终局执行程序如何衔接的问题。对此，《解释》第四条采取了较简易的做法，规定在上述情况下，采取保全措施的人民法院应当将保全的财产交执行法院处理，也就是说，执行法院最终有权力处分其他法院保全的财产，采取保全措施的法院有义务予以配合。

——沈德咏主编、最高人民法院研究室编：《民事诉讼司法解释理解与适用》，法律出版社 2009 年版，第 550 页。

1070

逾期申请执行的处理

关键词｜逾期申请执行｜

【最高人民法院司法解释】

第四百八十三条 申请执行人超过申请执行时效期间向人民法院申请强制执行的,人民法院应予受理。被执行人对申请执行时效期间提出异议,人民法院经审查异议成立的,裁定不予执行。

被执行人履行全部或者部分义务后,又以不知道申请执行时效期间届满为由请求执行回转的,人民法院不予支持。

——《最高人民法院关于适用〈中华人民共和国民事诉讼法〉的解释》(2015 年 1 月 30 日,法释〔2015〕5 号)

【最高人民法院答复】

安徽省高级人民法院:

你院法民他字(86)第 8 号《关于黄仁义与张宗铭房屋买卖申请执行案的请示报告》收悉。

据你院报告称,申请执行人黄仁义之夫吴发亮(已故)与被申请执行人张宗铭及其父张德甫(已故)的房屋买卖纠纷一案,自解放初期皖北人民法院判决生效后,张宗铭父子因无经济支付能力,始终未按判决履行义务;而吴发亮也从未行使申请执行的权利。事隔多年后,吴发亮之妻黄仁义于 1984 年 10 月向合肥市中级人民法院提出申请,要求法院按原判决强制张宗铭执行。

经研究,我们同意你院审判委员会的意见:该案已经终审判决 30 多年,原告吴发亮一直没有向人民法院申请执行,原告之妻黄仁义提出申请执行是在我国民事诉讼法(试行)颁布实施两年以后,根据该法第一百六十九条的规定,已超过了申请执行的法定期限。如果黄仁义自民事诉讼法颁布后,逾期提出的申请执行没有特殊理由,人民法院则对其申请执行的请求依法不予支持。

——《最高人民法院关于民事诉讼法(试行)实施前已经生效的判决当事人申请执行超过法定期限的无特殊理由依法不予支持问题的批复》(1987 年 8 月 25 日,〔1987〕民他字第 20 号)

【最高人民法院裁判文书】

中国长城资产管理公司沈阳办事处与沈阳东北蓄电池有限公司等借款合同纠纷申请执行案[最高人民法院(2011)执复字第12号执行裁定书]

裁判要旨:被执行人认为债权人向法院申请执行超过法定期限的,其异议应当在合理期限内提出。被执行人对超过申请执行期限问题长期不提出异议,且其提出异议时,《民事诉讼法》已经过2007年修改的情况下,对申请执行期限问题的异议审查,应当参照法律修改后延长申请执行期限的精神处理,对于被执行人以申请执行超过原法定期限为由提出的异议,应不予支持。

最高人民法院认为:

因彭胜利具有代铁西支行参加调解和接收法律文书的有效授权,故本案调解书于2004年3月22日向铁西支行的委托代理人彭胜利送达应为有效送达,该行申请执行的期限应自该日起算。但经人民法院生效法律文书确定的义务,债务人应当履行。债务人认为申请执行超过法定期限的异议应当在合理期限内提出。本案执行立案后,辽宁高院在2005年3月30日即向被执行人蓄电池有限公司送达了执行通知书,责令该公司在2005年4月7日前履行其义务,该公司一直没有履行,而直至2010年7月28日才向辽宁高院提出申请执行超过法定期限的异议,其长期不提出超过申请执行期限的异议,足以使债权人形成其已经放弃期限抗辩的合理预期,且其提出异议时《民事诉讼法》已经修改,该法第二百一十五条将申请执行的期限改为二年。这种情况下,对申请执行期限问题的异议审查,应当参照法律修改后延长申请执行期限这一保护债权人利益的精神处理,被执行人以申请执行超过原法定期限为由提出异议的,应不予支持。

——江必新主编、最高人民法院执行局编:《执行工作指导》(总第45辑),人民法院出版社2013年版,第126~127页。

【链接:最高人民法院法官著述】

第一,人民法院对申请执行时效期间不应当主动进行审查。当事人未提出申请执行时效抗辩,人民法院不应对申请执行期间问题进行释明及主动适用时效期间的规定进行裁判。其理由在于,时效期间届满,义务人可以抛弃时效利益,如前所述,义务人不行使时效抗辩而是依照生效法律文书履行其义务是诚实信用原则的根本要求,不但不会给义务人造成不公平的后果,反而有利于在全社会形成自觉履行生效法律文书的良好氛围。而义务人未进行时效抗辩法院却对其予以释明,无异于鼓励义务人逃避履行义务,因此,在申请执行时效期间的适用方面,执行法院不但不能主动适用时效期间规定进行审查,甚至不应当向义务人释明执行时效期间的问题。

第二,探索多种告知途径。在执行案件中,被执行人未提出时效抗辩,执行法院不应当针对个案进行主动释明,但为了当事人能正确运用法律保护自己的合法权益,实践中可以探索多种告知方式,告知当事人不履行生效法律文书应承担的后果及申请强制执行的方式、期间及法律后果等内容,以免权利人不知道积极地申请人民法院强制执行,却将逾期未申请执行归罪于法院未明确告知。执行实践中,各地法院推行便利民众行使诉讼权利的措施中,可以探索建立一审法院告知当事人裁判文书已经发生法律效力的制度及注意规范申请执行期间时效告知制度,以利于债权人及时申请法院强制执行。

——沈德咏主编、最高人民法院修改后民事诉讼法贯彻实施工作领导小组编著:《最高人民法院民事诉讼法司法解释理解与适用》,人民法院出版社2015年版,第1286~1287页。

1071

对申请执行期限问题的异议审查应当参照法律修改后延长申请执行期限的精神处理

关键词|逾期申请执行|申请执行期限|

【最高人民法院裁判文书】

中国长城资产管理公司沈阳办事处与沈阳东北蓄电池有限公司等借款合同纠纷申请执行案[最高人民法院(2011)执复字第12号执行裁定书]

裁判要旨:被执行人认为债权人向法院申请执行超过法定期限的,其异议应当在合理期限内提出。被执行人对超过申请执行期限问题长期不提出异议,且其提出异议时,《民事诉讼法》已经过2007年修改的情况下,对申请执行期限问题的异议审查,应当参照法律修改后延长申请执行期限的精神处理,对于被执行人以申请执行期限为由提出的异议,应不予支持。

——江必新主编、最高人民法院执行局编:《执行工作指导》(总第45辑),人民法院出版社2013年版,第124～127页。

1072

申请执行时效期间的计算

关键词 | 申请执行期限 | 时效中止 | 时效中断 | 不作为义务 |

【最高人民法院司法解释】

第二十七条 在申请执行时效期间的最后六个月内,因不可抗力或者其他障碍不能行使求权的,申请执行时效中止。从中止时效的原因消除之日起,申请执行时效期间继续计算。

第二十八条 申请执行时效因申请执行、当事人双方达成和解协议、当事人一方提出履行要求或者同意履行义务而中断。从中断时起,申请执行时效期间重新计算。

第二十九条 生效法律文书规定债务人负有不作为义务的,申请执行时效期间从债务人违反不作为义务之日起计算。

——《最高人民法院关于适用〈中华人民共和国民事诉讼法〉执行程序若干问题的解释》(2008年11月3日,法释〔2008〕13号)

【链接:最高人民法院法官著述】

《民事诉讼法》第二百一十五条在借鉴大陆法系国家将消灭时效一体适用于执行程序的立法例,明确将申请执行期间定性为申请执行时效,规定申请执行时效的中止、中断,适用法律有关诉讼时效中止、中断的规定。针对《民事诉讼法》关于申请执行期限的修改,司法解释对以下三个问题作了规定:

(一)申请执行时效的中止。《解释》第二十七条参照《民法通则》第一百三十九条的有关内容明确规定,在申请执行时效期间的最后六个月内,因不可抗力或者其他障碍不能行使请求权的,申请执行时效中止。关于"其他障碍"如何把握,实践中可以参考《最高人民法院关于贯彻执行〈中华人民共和国民法通则〉若干问题的意见(试行)》(以下简称《民通意见》)第一百七十二条规定,即在诉讼时效期间的最后六个月内,权利被侵害的无民事行为能力人、限制民事行为能力人没有法定代理人,或者法定代理人死亡、丧失代理权,或者法定代理人本人丧失行为能力的,可以认定为因其他障碍不能行使请求权。申请执行时效中止的法律效果与诉讼时效中止的法律效果相同,即申请执行时效中止期间,申请执行时效期间停止计算。从中止时效的原因消除之日起,申请执行时效期间继续计算。

(二)申请执行时效的中断。《解释》第二十八条参照《民法通则》的规定,将申请执行时效中断的事由概括为申请执行、当事人双方达成和解协议、当事人一方提出履行要求或者同意履行义务四种。实践中应注意的是,最高人民法院审委会于2008年8月11日通过的《关于审理民事案件适用诉讼时效制度若干问题的规定》第十条和第十六条对"当事人一方提出要求"和"同意履行义务"的认定作出了规定,在把握申请执行时效中断的相应事由时,应当参照该司法解释的有关规定。申请执行时效中断的法律效果,则与诉讼时效中断的法律效果相同,即申请执行时效期间重新计算。参照《民通意见》第一百七十三条的规定,申请执行时效因权利人主张权利或者义务人同意履行义务而中断后,权利人在新的时效期间内,再次主张权利或者义务人再次同意履行义务的,可以认定为申请执行时效再次中断。

(三)不作为义务执行案件的申请执行期间。不作为义务执行案件的申请执行期间问题有一定的特殊性,比如,法院判决某公司不得向某处排放污水,判决生效后两年内该公司一直未违反判决确定的义务,但两年后开始排放污水。如果仍然像其他执行案件那样从法律文书生效之日或法律文书规定的履行期间最后一日起开始计算申请执行期间,显然已经超过了两年的申请执行期间,对申请执行人有失公平,也会增加不必要的讼累。鉴于此,《解释》第二十九条对不作为义务执行案件的申请执行期间的起算点作了特殊规定,即从债务人违反不作为义务之日起计算。

此外,依照《最高人民法院关于认真学习和贯彻〈全国人民代表大会常务委员会关于修改〈中华人民共和国民事诉讼法〉的决定〉的通知》中的要求,依照《决定》施行(2008年4月1日)前民事诉讼法的有关规定,当事人申请执行的期间到《决定》施行之日尚未届满的,可以自法律文书规定履行期间的最后一日起二年的期间以内合并计算。

——沈德咏主编、最高人民法院研究室编:《民事诉讼司法解释理解与适用》,法律出版社2009年版,第560~562页。

1073

抵押权受主债权强制执行申请期限的限制

关键词｜申请执行期限｜抵押权｜主债权｜

【最高人民法院答复】

广东省高级人民法院：

你院《关于对超过执行期限的抵押权在另案中是否准予优先受偿问题的请示》收悉，经研究，答复如下：

同意你院审判委员会多数人意见。抵押权从属于主债权，与其担保的主债权同时存在，抵押权的成立、转移和消灭从属于主债权的发生、移转和消灭。现行法律并未赋予抵押权独立的强制执行申请权，其强制执行力从属于担保的主债权的强制执行力，受主债权强制执行申请期限的限制。《最高人民法院关于适用〈中华人民共和国担保法〉若干问题的解释》第十二条第二款规定延长两年保护的期限是指抵押权的诉讼时效，并非强制执行申请期限，故该条款不适用对抵押权强制执行申请权的保护。主债权因超过强制执行申请期限而丧失强制执行力的保护及于抵押权，不能以参与另案执行的方式而重新赋予其强制执行力，因此，丧失强制执行力保护的抵押权在另案中主张优先受偿的请求不予支持。

——《最高人民法院〈关于对超过执行期限的抵押权在另案中是否准予优先受偿问题的请示〉的复函》(2007 年 12 月 12 日，〔2007〕执他字第 10 号)

1074

赋予强制执行效力的公证债权文书申请执行期限的起算

关键词｜公证债权文书｜申请执行期限｜

【最高人民法院答复】

贵州省高级人民法院：

关于中国工商银行贵阳市万东支行申请执行贵州豪力房地产开发有限公

司、贵州华新房地产开发有限公司借款担保合同纠纷一案,你院〔2006〕黔高执字第1号报告收悉。经研究,现就本案涉及的有关法律适用问题答复如下:

根据最高人民法院与司法部《关于公证机关赋予强制执行效力的债权文书执行有关问题的联合通知》(下称《联合通知》)的精神,原公证书和执行证书一起构成人民法院强制执行的依据。但该《联合通知》并未明确规定执行证书应在什么期限内出具。虽然司法部《公证程序规则》第五十五条明确了执行证书应当在法律规定的执行期限内出具,但该《公证程序规则》自2006年7月1日起施行,对本案不具有溯及力。故在司法部《公证程序规则》施行前,债权人申请执行的期限可理解为从公证机关签发执行证书后起算。

——《最高人民法院执行工作办公室赋予强制执行效力的公证债权文书申请执行期限如何起算问题的函》(〔2006〕执监字第56-1号)

【链接:最高人民法院法官著述】

第一,《联合通知》第七条明确规定,债权人凭原公证书及执行证书可以向有管辖权的人民法院申请执行。也就是说,债权人必须取得执行证书才能申请执行,法院也才能受理。从广义上说,执行证书与原公证书一起构成法院强制执行的依据。但是,二者是有区别的。其一,赋予强制执行效力的公证债权文书是《民事诉讼法》和《最高人民法院关于执行工作若干问题的规定(试行)》规定的六种执行依据之一,其作为人民法院负责执行的生效法律文书是由法律和司法解释明文规定的。而执行证书是《联合通知》规定的,并不能单独作为向法院申请执行的依据。其二,从内容上看,赋予强制执行效力的公证债权文书是符合条件的合同、协议、借据、欠单等债权文书,即债务人负有给付义务,且承诺在其不履行或不完全履行义务时接受强制执行的债权文书。而执行证书是在债务人不履行或不完全履行的事实已经发生后,公证机关根据债权人的申请签发的、注明被执行人、执行标的和申请执行期限的证书,相当于公证机关对原公证书作出之后发生的事实及债务人具有给付义务的再确认。

第二,在赋予强制执行效力的公证债权文书作为执行依据时,公证机关签发执行证书并不构成对申请执行期限的变更。关于这个问题,《联合通知》中没有明确规定,《公证程序规则》中也没有明确规定。司法部《关于如何适用〈公证程序规则〉第三十五条第二款规定的批复》(司复〔2005〕18号)中曾经涉及这个问题。该批复全文如下:"西藏自治区司法厅:你厅关于如何理解和掌握《公证程序规则》第三十五条第二款的请示（藏司字〔2004〕123号）收悉。经研究，批复如下：债权人根据《公证程序规则》第三十五条第二款申请公证机构签发执行证书的，应当在《民事诉讼法》第二百一十九条规定的期限内提出；逾期的，公证机构不予受理。公证机构在办理符合赋予强制执行条件和范围的债权文书公证，依法赋予该债权文书具有强制执行效力时，应当告知或者注明《民事诉讼法》第二百一十九条规定的期限为申请签发执行证书的期限，同时也是凭原公证书及执行证书向有管辖权的人民法院申请执行的期限。”2006年7月1日施行的《公证程序规则》第五十五条明确规定：“……执行证书应当在法律规定的执行期限内作出。”对赋予强制执行效力的公证债权文书的申请执行期限的起算点问题的解答就有了明确的依据。即公证机构应该在法律规定的执行期限内签发执行证书，债权人应当在法律规定的执行期限内申请强制执行。

首先，就本案而言，新的《公证程序规则》自2006年7月1日起实施，故对本案不具有溯及力。司法部司复〔2005〕18号批复也不适用，因为该批复规定了公证机构在办理具有强制执行效力的公证债权文书时，负有告知或注明债权人应在什么期限内申请签发执行证书的义务，该批复应自作出之日（2005年10月14日）起对公证机构具有约束力。本案公证债权文书在2004年作出，当时公证机关并没有注明或告知的义务。

其次，根据《联合通知》第6条的规定，“公证机关签发执行证书应当注明被执行人、执行标的和申请执行的期限。债务人已经履行的部分，在执行证书中予以扣除。因债务人不履行或不完全履行而发生的违约金、利息、滞纳金等，可以列入执行标的”，说明申请执行的期限应按照执行证书中的期限掌握。之所以这样规定，本意应该是告知债权人应在什么期限内行使申请执行权，避免因超过期限未申请而导致强制执行请求权的丧失。如果在执行证书中的申请执行期限在签发执行证书前已经开始起算甚至超期，则在逻辑上存在悖论，对债权人无疑是不公平的。

所以，在《联合通知》和旧的《公证程序规则》没有明确规定执行证书应在什么期限内作出的情况下，对申请执行期限问题应作出有利于债权人的解释，即申请执行的起算点应从公证机关签发执行证书开始计算。

——于泓：《关于赋予强制执行效力的公证债权文书申请执行期限如何起算问题的监督案》，载最高人民法院执行工作办公室编：《执行工作指导》（总第20辑），人民法院出版社2007年版，第65～66页。

1075

担保人的追偿权已经判决书主文判明的无须另行诉讼

关键词 | 担保人追偿权 | 另行诉讼 |

【最高人民法院答复】

四川省高级人民法院：

你院〔2008〕川执监字第34号《关于成都达义物业有限责任公司申请执行西藏华西药业集团有限责任公司借款合同纠纷一案的请示》收悉。经研究，答复如下：

原则同意你院倾向性意见中无须另行诉讼的意见。即对人民法院的生效判决已确定担保人承担担保责任后，可向主债务人行使追偿权的案件，担保人无须另行诉讼，可以直接向人民法院申请执行。但行使追偿权的范围应当限定在抵押担保责任范围内。

——《最高人民法院关于判决书主文已经判明担保人承担担保责任后有权向被担保人追偿，该追偿权是否须另行诉讼问题请示的答复》(2009年5月8日，〔2009〕执他字第4号)

【链接：最高人民法院法官著述】

连带保证人承担保证责任后不能依据原执行依据直接申请对被保证人进行执行

问题：我院受理的李某玉诉李某能、唐某勇、唐某良人身损害赔偿纠纷一案，判决李某能赔偿李某玉2万元，唐某勇、唐某良负连带责任，并在判决中注明："唐某勇、唐某良在承担连带责任后有权向李某能追偿。"执行中，唐某勇、唐某良承担了连带责任，向李某玉支付了赔偿款。后二人依据原判决书向我院申请执行，要求李某能给付他们二人垫支的赔偿款项。请问：对于唐某勇、唐某良的申请执行，我院能否受理？

《执行工作指导》研究组认为：连带责任人与主债务人之间因承担赔偿责任所产生的纠纷属于独立的民事实体法律关系，连带责任人在承担赔偿义务后应当通过审判程序确定应向主债务人追偿的数额，不经审判程序执行机构无权确定。但是,如果人民法院已经对主债务人与连带责任人之间的纠纷进行了一并审理,执行依据对追偿的数额具体并且确定,则连带责任人在承担责任后可直接向人民法院申请对追偿额的执行。

——最高人民法院执行工作办公室编:《执行工作指导》(总第 17 辑),人民法院出版社 2006 年版,第 270 页。

1076

抵押登记的效力不宜在执行程序中直接裁定

关键词 | 抵押登记效力 |

【最高人民法院答复】

广东省高级人民法院:

你院〔1999〕粤高法执督字第 57 号函收悉,经研究,答复如下:

三、中奥(珠海)塑料包装有限公司将位于珠海拱北湾二路排洪沟北侧的 10853 平方米土地使用权及地上附着物 5878 平方米建筑物抵押给中国银行珠海分行的抵押登记时间是 1999 年 12 月 26 日,而此时依(1998)珠法执字第 62－1号民事裁定书,珠海王子实业有限公司尚欠中奥(珠海)塑料包装有限公司 3493025.13 元人民币,故不能认定中奥(珠海)塑料包装有限公司为逃避债务恶意抵押。珠海市中级人民法院在执行程序中裁定登记机关的抵押登记行为失当,应予纠正。

请你院按照上述意见予以办理。

——《最高人民法院执行工作办公室关于中奥(珠海)塑料包装有限公司执行申诉一案的复函》(2002 年 1 月 17 日,〔2001〕执监字第 80 号)

【链接:最高人民法院法官著述】

本案中,可以从两个方面认定中奥公司的抵押不是恶意的:首先,中奥公司欠中国银行珠海分行的贷款是真实的,1996 年 8 月 13 日至 1997 年 8 月 28 日间中奥公司共贷了 1200 万元。其次,在 1999 年 12 月 26 日抵押时,中奥公司并不欠王子公司的债务,相反,此时依据珠海中院1999年10月25日的执行裁定,中奥公司还是王子公司的债权人,债权人肯定不会存在逃避债务的问题。因此,珠海市中级人民法院认定该抵押行为系在执行中转移财产、逃避债务是缺乏依据的。另外,中奥公司将土地及附着物抵押给中国银行珠海市分行的抵押合同本身是否有效,中国银行珠海市分行是否对该抵押物享有优先受偿权均应通过民事诉讼解决,登记机关的登记行为的效力也应通过行政复议或行政诉讼来解决,珠海市中级人民法院在执行中直接认定房地产登记管理中心的登记行为无效的做法是不当的。

——黄年:《中奥(珠海)塑料包装有限公司执行申诉案》,载最高人民法院执行工作办公室编:《强制执行指导与参考》(总第9集),法律出版社2004年版,第93~94页。

执行法院能否保护抵押权人未经审判程序确定的抵押权?

问题:我院在办理农业银行某甲分理处、工商银行某乙营业部、建设银行某丙分理处申请执行某工贸公司一案中,对某工贸公司的财产整体拍卖得款600万元人民币。在执行款分配时,某甲分理处主张工贸公司在贷款时已用全部财产作贷款抵押并到有关部门办理抵押登记手续,就借款合同起诉时虽然没有主张抵押权,但是优先受偿权仍然存在。但是某乙营业部、某丙分理处认为农行某甲分理处在诉讼阶段要求审理借款合同,而没有主张抵押权,应视为对抵押物优先受偿权的放弃,三债权人应当按比例进行分配。请问:执行法院能否保护抵押权人未经审判程序确定的抵押权?

《执行工作指导》研究组认为:抵押权人虽然在人民法院审理合同时没有主张抵押权,但是只要在诉讼时效期间内,抵押权人仍然有权单独就抵押合同主张抵押权,人民法院在处理抵押物时也有义务保障抵押权人对抵押物变现价值的优先受偿权。但是,人民法院对抵押权是否存在只能进行形式审查,如果其他人对于抵押权人是否享有抵押权存有实体异议,则抵押权人的抵押权应通过诉讼程序确认后才能在执行程序中得到保护。

——最高人民法院执行工作办公室编:《执行工作指导》(总第17辑),人民法院出版社2006年版,第270~271页。

编者说明

2012年《民事诉讼法》第196条、第197条就"实现担保物权"作了专门规定,由担保物权人以及其他有权请求实现担保物权的人依照物权法等法律，向担保财产所在地或者担保物权登记地基层人民法院提出，人民法院经审查，符合法律规定的，裁定拍卖、变卖担保财产，当事人依据该裁定可以向人民法院申请执行；不符合法律规定的，裁定驳回申请，当事人可以向人民法院提起诉讼。

1077

判决中已确定承担连带责任的一方向其他连带责任人追偿数额的，可直接执行

关键词｜连带责任｜追偿程序｜直接执行｜

【最高人民法院答复】

陕西省高级人民法院：

你院陕高法〔1995〕93 号请示收悉。经研究，答复如下：

基本同意你院报告中的第二种意见。我院法经〔1992〕121 号复函所指的追偿程序，针对的是判决后连带责任人依照判决代主债务人偿还了债务或承担的连带责任超过自己应承担的份额的情况。而你院请示案件所涉及的生效判决所确认的中国机电设备西北公司应承担的连带责任已在判决前履行完毕，判决主文中已判定该公司向其他连带责任人追偿的数额，判决内容是明确的，可执行的。据此，你院可根据生效判决和该公司的申请立案执行，不必再作裁定。

——《最高人民法院关于判决中已确定承担连带责任的一方向其他连带责任人追偿数额的可直接执行问题的复函》（1996 年 3 月 20 日，经他〔1996〕4 号）

1078

确认判决不具给付内容不予执行

关键词｜确认判决｜给付内容｜不予执行｜

【最高人民法院答复】

广东省高级人民法院：

你院〔2002〕粤高法执字第6号《关于深圳总利投资有限公司申请执行其在金利华广场权益一案的请示》收悉，经研究，答复如下：

我院（2001）民一终字第88号民事判决书根据当事人诉讼请求的范围，依法确认了当事人之间订立合同的性质与合同的效力，该合同为合作建房合同，合同有效；对原审确认的上华广场权益分配比例予以撤销。至于金利华广场的权益分配问题，应当由当事人根据合同的约定以及当事人继续履行合同的情况协商确定，协商不成时，可以依法另行起诉解决。

——《最高人民法院〈关于深圳总利投资有限公司申请执行其在金利华广场权益一案的请示〉的答复》（2004年5月20日，〔2003〕执监字第2－1号）

1079

执行依据必须具有给付内容且具体确定

关键词｜执行依据｜给付内容｜

【最高人民法院司法解释】

第四百六十三条 当事人申请人民法院执行的生效法律文书应当具备下列条件：

（一）权利义务主体明确；

（二）给付内容明确。

法律文书确定继续履行合同的，应当明确继续履行的具体内容。

——《最高人民法院关于适用〈中华人民共和国民事诉讼法〉的解释》（2015年1月30日，法释〔2015〕5号）

【链接：最高人民法院法官著述】

能否强制执行劳动仲裁裁决中“其他请求事项，根据该企业有关规定办理”的内容？

问题：申请执行人刘某某申请执行沈阳市某防爆器材厂劳动争议仲裁一案，沈阳市甲区劳动争议仲裁委员会裁决：一、撤销防爆器材厂对刘某某作出的除名决定，防爆器材厂在15日内恢复刘某某的职工身份；二、其他请求事项，根据该企业有关规定办理；三、防爆器材厂承担申诉人预交的案件受理费。案件进入执行程序后，防爆器材厂按照法院的要求履行了仲裁裁决的第一项和第三项内容，但第二项内容，企业认为该企业所有需要补发工资和报销药费的职工均未解决，不能为刘某某单独解决，待企业有钱时统一解决。请问：能否强制执行仲裁裁决书中“其他请求事项，根据该企业有关规定办理”的内容？

《执行工作指导》研究组认为：执行依据所确定的判项如付诸执行，必须具备这样两个要件：(1)须有给付内容；(2)须给付内容具体确定。而本案中劳动仲裁裁决的第二项，企业是否应该为刘某某补发工资和报销医药费，仲裁裁决只是给出了“应当适用企业有关规定”这样的大前提，但是刘某某的请求是否适用该企业的有关规定，能够支持的具体请求数额是多少，仲裁裁决都没有给出明确的判断。也就是说该判项并没有完成大前提(法律规定)——小前提(案件事实)——结论(判项)这一逻辑判断过程，没有具体明确的给付内容，执行机构无法执行。因此，执行法院应当定对该判项不予执行，告知申请人请求仲裁机关补充仲裁。

——江必新主编、最高人民法院执行局编：《执行工作指导》(总第28辑)，人民法院出版社2009年版，第208页。

1080

岩矿经营权的执行

关键词｜执行依据｜

【最高人民法院答复】

河北省高级人民法院：

你院《关于刘振树与隆化县郭家屯镇人民政府、姜凤春承包合同纠纷执行一案的请示报告》收悉。经研究，答复如下：

一、关于执行依据中具体执行内容的判断。具体执行内容应主要根据执行依据主文进行判断。必要时，应结合执行依据的其他部分，比如判决书的说理、当事人诉讼请求等内容综合判断。

本案判决的具体内容为“交付岩矿经营权”，该判决能够强制执行。理由如下：第一，本案执行依据的终审判决主文表述为：“……岩矿自××年××月××日起归原告经营”，体现了在规定时间交付经营权的意思；第二，上述终审判决在“本院认为”部分也体现了协议期限届满后，涉案岩矿的经营应恢复到协议前由原告经营状态的意思；第三，当事人的诉讼请求也是要求交还岩矿（包括手续变更）。

二、关于“岩矿经营权”与采矿权证办理的关系。采矿权是一种经行政许可的权利，对于采矿权的执行涉及司法权与行政权的界限。作为本案执行依据的终审判决谨慎地处理了“岩矿经营权”与采矿权证的关系。该判决在“本院认为”部分一方面认定原告享有“岩矿经营权”，同时认为采矿权资格的审查、采矿权属的变更都属于行政机关的职权范围。基于这一判断，判决书在主文中确认了岩矿在规定时间归原告经营，同时撤销了一审主文关于“被告协助原告办理过户手续”的内容。忠实遵照执行依据进行执行，是执行程序的基本原则。由于作为本案执行依据的终审判决已经明确区分了“岩矿的经营权”与“采矿权证的许可”，并将判决的内容限定在前者的范围内，所以执行程序应当严格依判决内容执行。

三、关于“交付岩矿经营权”的具体执行。由于占有是经营的基础，所以在执行程序中应当移交涉案岩矿的占有；由于执行依据区分了“岩矿经营权”与采矿权证的办理，所以执行程序中不能要求行政机关办理采矿权过户手续。如果岩矿经营的权利人因采矿权的许可发生了争议，应当通过其他途径进行救济。

请你院根据上述意见，结合案件具体情况，依法妥善处理相关案件。

——《最高人民法院〔2014〕执他字第35号函》（2014年10月28日）

1081

行政文件不能作为法院强制执行的依据

关键词 | 行政文件 | 执行依据 |

【最高人民法院答复】

广东省高级人民法院：

你院〔1999〕粤高法执督字第57号函收悉，经研究，答复如下：

二、珠海市中级人民法院根据珠海市人民政府的协调安排意见，裁定由中奥（珠海）塑料包装有限公司承担11套职工住房转让款及租金，缺乏法律依据，且改变了（1996）粤高法审监经字第4号民事判决的内容，应予纠正。

——《最高人民法院执行工作办公室关于中奥（珠海）塑料包装有限公司执行申诉一案的复函》（2002年1月17日，〔2001〕执监字第80号）

【链接：最高人民法院法官著述】

1998年7月8日生效的《关于人民法院执行工作若干问题的规定（试行）》第2条明确规定了人民法院执行机构据以强制执行的生效法律文书的种类，珠海市中级人民法院将珠海市政府的办公会议纪要和协调安排意见作为执行依据，显然缺乏法律依据。何况，该争议的事项在再审判决中已明确判定“此13套房应由中技公司与住户另行解决”，珠海市政府办公会议纪要和珠海市政府办公室给珠海中院指令函要求中奥公司支付该款项不属法院执行内容，珠海中院在执行中以行政文件作为执行依据，没有法律根据，应予纠正。

——黄年：《中奥（珠海）塑料包装有限公司执行申诉案》，载最高人民法院执行工作办公室编：《强制执行指导与参考》（总第9集），法律出版社2004年版，第93页。

1082

依《合同法》第286条作出的许可拍卖建设工程的裁定可作为执行名义

关键词 | 裁定许可 | 拍卖建设工程 | 执行依据 |

【链接：最高人民法院法官著述】

问题：建设工程优先受偿权的行使是否受合同效力的影响？

《民事审判指导与参考》研究组认为：建设工程优先受偿权的行使是否受合同效力的影响，这一问题理论界存在很大争议。一种观点认为，根据担保物权的权利特性来看，建筑工程款优先受偿权作为担保物权之一种，仍然具有对主债权——建筑工程款的依附性，建筑工程款是否依法存在决定了该优先受偿权的存在与否。若建筑施工合同无效，发包方应当支付工程款的约定也应无效。虽然承包人付出了相应的劳动，应当获得相应的报酬，否则有违民法的公平观念，但施工合同无效后，承包人获得报酬的权利性质发生了改变，不再是依据合同享有的约定之债，而成为依法享有的获得损失赔偿的权利，该项权利是法定的权利。就建筑工程款优先受偿权的立法目的而言，是法律为了保障承包人约定债权的实现设置的担保物权，施工合同无效后，承包人约定债权亦不存在，对约定债权担保的优先受偿权亦不应当继续存在；另一种观点认为，建设工程施工合同无效，但工程质量合格的，承包人可以依照建设工程施工合同纠纷司法解释第二条的规定，主张工程款，故其当然享有工程价款优先受偿权。我们认为，建设工程施工合同无效，不应影响优先受偿权的行使。建筑工程款优先受偿的立法目的是保护劳动者的利益。因为在发包人拖欠承包人的工程款中，有相当部分是承包人应当支付给工人的工资和其他劳务费用。根据最高人民法院批复第三条的规定，建筑工程款包括了承包人为建设工程应当支付的工作人员的报酬、材料款等实际支付的费用。在无效建筑工程合同中，上述有关费用也已实际发生，应当由发包人予以支付。结合其立法目的来看，我们认为，即使合同无效，该笔费用亦应享有优先受偿权。

——杜万华主编、最高人民法院民事审判第一庭编：《民事审判指导与参考》(总第63辑)，人民法院出版社2016年版，第238～239页。

《合同法》第286条规定："发包人未按照约定支付价款的，承包人可以催告发包人在合理期限内支付价款。发包人逾期不支付的，除按照建设工程的性质不宜折价、拍卖的以外，承包人可以与发包人协议将该工程折价，也可以申请人民法院将该工程依法拍卖。建设工程的价款就该工程折价或者拍卖的价款优先受偿。"对于该条规定的权利性质，是留置权、优先权还是法定抵押权？民事实体法学界争论得异常激烈。但从程序上看，承包人在没有向法院起诉或申请仲裁以获得生效法律文书作为执行名义的情况下，能否直接根据该条规定，申请人民法院实施拍卖行为？从《合同法》第286条的规定看，承包人有权直接申请法院许可执行。当然基于正当程序的要求，承包人对工程折价或者拍卖的，应当遵循一定的程序：由承包人向法院申请，提出证明法定抵押权存在及法定抵押权具备执行条件的证据；法院受理申请后，应当通知发包人，发包人就法定抵押权是否成立没有提出异议的，法院依特别确认程序作出许可执行的裁定，该裁定即为执行名义。如果发包人提出异议的，法院应终止确认程序，转入普通诉讼程序审理，以确认法定抵押权的成立及数额，待获得生效胜诉判决后，申请法院依法拍卖。承包人不得委托拍卖公司或自行将工程予以拍卖。

——江必新主编：《民事执行新制度理解与适用》，人民法院出版社2010年版，第123页。

1083

判决理由不能作为执行依据

关键词｜判决理由｜执行依据｜

【最高人民法院答复】

辽宁省高级人民法院：

你院〔2003〕辽监字第157号《关于营口市鲅鱼圈区海星建筑工程公司与营口东方外国语专修学校建筑工程欠款纠纷执行一案的疑请报告》收悉，经研究，答复如下：

同意你院审判委员会少数人意见。判决主文是人民法院就当事人的诉讼请求作出的结论，而判决书中的"本院认为"部分，是人民法院就认定的案件事实和判决理由所作的叙述，其本身并不构成判项的内容。人民法院强制执行只能依据生效判决的主文，而"本院认为"部分不能作为执行依据。但在具体处理上，你院可根据本案的实际情况，依法保护各方当事人的合法权益。

——《最高人民法院执行工作办公室关于以判决主文或判决理由作为执行依据的请示的复函》(〔2004〕执他字第 19 号)

【链接：最高人民法院法官著述】

执行名义必须具体表明应当执行的事项，人民法院才能依照执行名义执行，否则人民法院将无法执行。实践中，应表明的事项包括，交付财物、给付金钱、其他作为或不作为等。应当执行的事项以法律文书中标明的事项为准。需要注意的是，对于判决理由能否作为执行名义，最高人民法院执行办公室在给辽宁省高级人民法院的〔2004〕执他字第 19 号复函中指出，判决主文是人民法院就当事人的诉讼请求作出的结论，而判决书中的"本院认为"部分，是人民法院就认定的案件事实和判决理由所作的叙述，其本身不构成判项的内容。人民法院强制执行只能依据生效判决的主文，而"本院认为"部分不能作为执行名义。

——江必新主编：《民事执行新制度理解与适用》，人民法院出版社 2010 年版，第 115 页。

1084

具有强制执行效力的公证债权文书的执行

关键词｜公证债权文书｜强制执行力｜执行依据｜

【《最高人民法院公报》案例】

光大银行北京营业部与仟村百货购物中心、仟村科工贸开发公司公证债权文书执行案

裁判要旨：公证机关赋予强制执行效力的债权文书可以用于向法院申请强制执行。

1996 年 10 月 11 日、11 月 12 日，申请执行人中国光大银行北京营业部(原名中国光大银行北京前门营业部，以下简称营业部）与被执行人北京仟村百货购物中心（以下简称购物中心）签订了两份人民币借款合同，约定营业部向购物中心分别贷款流动资金人民币2000万元、1500万元，并约定了期限和利息。合同还约定：如购物中心不按约还款，自愿接受司法机关的强制执行。这两份人民币借款合同经北京市公证处审查，出具了公证文书，并依法分别赋予强制执行效力。

1996年11月12日，申请执行人营业部还与被执行人北京仟村科工贸开发公司（原名北京亚细亚达技贸发展公司，以下简称开发公司）签订"房地产抵押合同"及"补充协议"各一份，约定开发公司以其享有土地使用权及房产所有权的仟村商务大楼写字楼第2、5、7层（土地面积465.5平方米，房屋面积6087.5平方米）为抵押物，抵押担保上述两份人民币借款合同项下的借款本金、利息和违约金等费用。合同约定：如被执行人购物中心和开发公司届时不履行还款义务，自愿接受司法机关的强制执行。抵押合同及补充协议经北京市公证处审查，出具了公证文书，并依法赋予强制执行效力。此后，营业部还与开发公司在北京市朝阳区房屋土地管理局办理了不动产抵押登记手续，抵押合同正式生效。

申请执行人营业部在与被执行人购物中心、开发公司分别签订了上述人民币借款合同、不动产抵押合同以后，依约向购物中心贷款3500万元，但是直至1997年9月16日最后还款期限，被执行人购物中心没有履行还本付息的义务，被执行人开发公司也未依约履行担保义务。为此，营业部依照《中华人民共和国民事诉讼法》第二百一十八条第一款的规定，向北京市第二中级人民法院申请强制执行。

北京市第二中级人民法院对申请执行人提交的公证机关依法赋予强制执行效力的债权文书审查后，认为应当执行，遂依照民事诉讼法第二百二十条的规定，向被执行人购物中心和开发公司先后发出执行通知书，责令其在指定的期间内履行公证债权文书确定的义务，又在《北京晚报》等报刊上发布了敦促所有被执行人在1998年9月20日前履行义务的公告。但是两被执行人仍未履行义务。为实现申请人的债权，北京市第二中级人民法院决定强制拍卖开发公司用于抵押担保的房产。

1998年10月31日，北京市第二中级人民法院委托鼎丰国际拍卖有限公司对被执行人开发公司的部分房产公开拍卖，最后以4218万元（高于底价18万元）成交，以拍卖所得清偿了被执行人所欠申请执行人的债务。至此，该案执行完毕。

——《最高人民法院公报》1999年第5期

1085

赋予强制执行效力的公证债权文书在签发执行证书时，当事人无须到场

关键词 | 公证债权文书 | 签发执行证书 | 当事人到场 |

【最高人民法院答复】

陕西省高级人民法院：

你院〔2005〕陕执复字第02号报送的《关于西安国际投资有限公司依据公证债权文书申请执行陕西东隆投资有限公司、西部信用担保有限公司、宋胜广借款担保的六起案件的请示报告》收悉。经研究，答复如下：

最高人民法院经研究认为，对最高人民法院和司法部于2000年9月21日会签联合发布的《关于公证机关赋予强制执行效力的债权文书执行有关问题的联合通知》第五条相关内容应理解为：公证机关在作出赋予强制执行效力的公证债权文书时，已要求当事人到场接受询问或作出承诺，因此，公证机关在签发执行证书时，只要依照上述联合通知的规定进行审查即可，并未有要求债务人、担保人再次接受询问的明确规定。至于请示中所涉的案件，请陕西省高级人民法院依照法律和上述联合通知的精神予以处理。对担保人申诉中提出的一些问题，也请陕西省高级人民法院认真予以审查并依法妥善处理。

——《最高人民法院执行工作办公室关于赋予强制执行效力的公证债权文书在签发执行证书时当事人应否到场问题的请示的答复》

【链接：最高人民法院法官著述】

本案请示问题的核心内容是，公证机关在签发执行证书时是否必须通知借款人和担保人到场，以及是否再次征询借款人和担保人是否愿意接受强制执行的意见。上述问题涉及对最高人民法院和司法部2000年9月21日共同发布的《关于公证机关赋予强制执行效力的债权文书执行有关问题的联合通知》第五条相关内容的理解。该《联合通知》第五条规定："公证机关签发执行证书时应当注意审查以下内容：(一)不履行或不完全履行的事实确实发生；(二)债权人履行合同义务的事实和证据，债务人依照债权文书已经部分履行的事实；

(三)债务人对债权文书规定的履行义务有无疑义。”我们认为,最高人民法院和司法部的上述通知第五条规定内容实质应为在签发执行证书时应审查不履行或不完全履行的事实是否确已发生,合同确定的数额是否已部分履行,债权债务是否真实存在。该审查应为形式审查,也即对公证债权文书进行审查,并不要求必须通知债务人和担保人到场接受审查。应当指出,办理赋予强制执行效力的债权文书,据我们了解,最高人民法院和司法部会签联合通知时只强调在办理公证时债权人、债务人及担保人应当到场,并未要求签发执行证书时还要到场。只要债权债务真实存在,并已办理了赋予强制执行的公证文书,当债务人未履行债务或未完全履行债务即可依法申请强制执行。

——张小林:《关于赋予强制执行效力的公证债权文书在签发执行证书时当事人应否到场问题的请示案》,载最高人民法院执行工作办公室编:《执行工作指导》(总第18辑),人民法院出版社2006年版,第76页。

1086

含担保协议的公证债权文书的执行

关键词｜公证债权文书｜担保协议｜

【最高人民法院答复】

山东省高级人民法院:

你院《关于公证机关赋予强制执行效力的包含担保协议的公证债权文书能否强制执行的请示》(〔2014〕鲁执复议字第47号)收悉。经研究,答复如下:

原则同意你院执行复议审查意见。人民法院对公证债权文书的执行监督应从债权人的债权是否真实存在并合法,当事人是否自愿接受强制执行等方面进行审查。《中华人民共和国民事诉讼法》第二百三十八条第二款规定,公证债权文书确有错误的,人民法院裁定不予执行,并将裁定书送达双方当事人和公证机关。现行法律、司法解释并未对公证债权文书所附担保协议的强制执行作出限制性规定,公证机构可以对附有担保协议债权文书的真实性与合法性予以证明,并赋予其强制执行效力。

本案当事人泰安志高实业集团有限责任公司、淮南志高动漫文化科技发展有限责任公司、江东廷、岳洋、江焕溢等,在公证活动中,提交书面证明材料,认可本案所涉《股权收益权转让及回购合同》、《支付协议》、《股权质押合同》、《抵押合同》、《保证合同》等合同的约定,承诺在合同、协议不履行或不适当履行的情况下,放弃诉权,自愿直接接受人民法院强制执行。但当债权人申请强制执行后,本案担保人却主张原本由其申请的公证事项不合法,对公证机构出具执行证书提出抗辩,申请人民法院不予执行,作出前后相互矛盾的承诺与抗辩,有违诚实信用原则,不应予以支持。公证机构依法赋予强制执行效力的包含担保协议的公证债权文书,人民法院可以强制执行。

此复

——《最高人民法院〔2014〕执他字第25号函》(2014年10月9日)

海南省高级人民法院:

你院〔1998〕琼高法执字第26-8号《关于执行海口管道燃气股份有限公司750万股权的报告》收悉,经研究,答复如下:

依据最高人民法院和司法部于1985年4月9日作出的《关于已公证的债权文书依法强制执行问题的答复》,公证机关能够证明有强制执行效力的,仅限于《公证暂行条例》第四条第(十)项规定的"追偿债款、物品的文书";即使此后的司法解释扩大了公证管辖的范围,仍不包括担保协议。海南省第二公证处于1997年11月26日对本案《抵押协议》作出的〔97〕琼二证字1527号并注明具有强制执行的法律效力的公证书,不符合法律规定。不予执行。

——《最高人民法院执行工作办公室关于中国银行海南省分行质押股权异议案的复函》(2003年8月26日,〔2000〕执监字第126号)

【链接:最高人民法院法官著述】

从法理看,公证活动属民事法律行为。《中华人民共和国公证法》将公证定义为一种证明活动,公证纠纷本身也属民事纠纷,适用民事诉讼程序解决,公证机构承担民事责任,因此,公证法律关系就其实质仍属民事法律关系范畴。相对行政法律关系的"法无许可即禁止"原则,民事法律关系采用"法无禁止即许可"原则。所以,不能因为没有法律、法规的明确规定,就将担保合同排除在公证程序之外,否定公证程序对其适用,降低赋予强制执行效力公证债权文书的作用。

从立法看,现行法律并未单独对公证债权文书所附担保协议的强制执行作出限制性规定。合法有效的公证债权文书及其强制执行公证书作为人民法院执行依据之一，其执行效力所及的范围应当与判决书、调解书、仲裁裁决书等其他执行依据相同，如果单独对附担保协议的公证债权文书执行效力作出限制，显然缺乏法律规定。根据《中华人民共和国物权法》和《中华人民共和国民事诉讼法》，担保物权人可以依据抵押合同、质押合同直接申请人民法院强制执行，担保物权实现方式呈现更多样、更便捷、更效率的立法价值取向。据此，未经公证的担保合同可以通过非讼程序，直接申请人民法院强制执行，那么当事人认可的担保协议，经过公证机构确认并出具执行证书后，当然具有强制执行效力，否则有违立法精神。

从实践看，人民法院关于债权所附担保协议能否公证并赋予强制执行效力的司法观点产生变化。《海南中行股权质押复函》所涉案情是公证机构单独针对担保协议的公证，这种单独针对从合同所作的公证债权文书，其事实与本案差别很大，而且函文所引《中华人民共和国公证暂行条例》和《最高人民法院、司法部关于已公证的债权文书依法强制执行问题的答复》均被废止。随着社会经济的发展，现实中，前述观点没有获得认可，部分省份出台地方规范性文件，没有采纳《海南中行股权质押复函》观点，实践中大量担保债权经公证后，进入执行程序。最高人民法院官方微博和裁判文书公开网相继发布的两个案例均支持附担保协议的公证债权文书可以被赋予强制执行效力，体现出司法观点因社会发展而产生新的变化。

从合同看，借款合同所附的担保协议具备成为公证债权文书的特点。第一，内容特定性。无担保的商业性借贷属高风险的融资行为，绝大多数的商业性借贷都有担保，而债权文书中最重要的类型就是借款合同。担保合同作为借款合同的从合同，其内容也表现为以货币、物品、不动产、有价证券以及财产性权益等偿付债务，符合公证债权文书特点。第二，债权确定性。担保方式中保证、抵押、质押等法律关系均具有担保债权内容明确具体，各方当事人无异议的特点。至于留置、定金两种担保方式：根据留置权的定义与特征，留置物为债权人直接占用，不涉及强制执行；而且留置权的行使一般不会事先约定，极少出现留置合同申请公证的情形。定金通常出现在当事人双方存在对待给付义务的双务合同中，由于公证仅对给付义务由一方债务人承担，债权债务关系已明确的债权文书予以公证，并赋予强制执行效力。因此，对定金这种担保方式而言，主合同不符合公证赋予强制执行效力的条件，也就不会产生担保协议是否具有强制执行效力的争议。第三，当事人自愿性。如果担保是由债务人提供，担保义务与债务履行主体合一，担保人与债务人意思表示也是一致的，在自愿申请公证的前提下，担保人肯定属于自愿。如担保合同是由第三人提供的担保，公证机构则应当取得担保人的同意，即担保人同意赋予附担保协议债权文书强制执行效力，并同意在债务人不履行的情况下接受人民法院强制执行。

从执行看，附担保协议的债权文书被公证机构赋予强制执行效力后，担保合同的执行效力具有独立性。根据《中华人民共和国担保法》第五条和《中华人民共和国物权法》第一百七十二条规定，主合同无效担保合同无效；反之即使担保合同无效，主合同仍然有效。前述规定的意义在于明确了担保合同的相对独立性和主合同的完全独立性，因此，在有担保协议的债权文书中，主合同与从合同分别存在的。此时的从合同，既可能是单独订立的书面合同；也可能是包括主合同中的担保条款，当事人之间具有担保性质的信函、传真等。既然合同有主从之分，当附担保协议的债权文书进入公证程序发生强制执行效力时，担保合同的执行效力也应与主合同有所区分。根据《联合通知》第一条之规定，债权文书具备“债权债务关系明确，债权人和债务人对给付内容无疑议，债务人有接受强制执行意思表示”的情况下，公证机构有权赋予其强制执行效力。此时，主合同具有强制执行效力，在没有取得担保人（仅指第三人担保情形）明示同意的情况下，担保合同没有强制执行效力，公证机构亦不能对担保人出具执行证书；执行法院对担保人财产也不能采取强制执行措施。此外，根据《联合通知》，债权债务关系是否“明确”是公证机构对债权文书赋予强制执行效力的法定条件。虽然，有担保的债权合同相对于无担保的债权合同，待证事实有可能会更复杂，但其债权债务的法律关系并不一定含糊不清，有无担保不应成为衡量债权债务是否明确的标准；更不能将有担保的债权债务关系认定为法律关系不明确，进而拒绝对担保合同予以公证。在担保合同内容真实、合法、明确，且担保人明示若债务人不履行或不适当履行给付义务，自愿接受强制执行的情况下，公证机构据此公证并赋予强制执行效力并无不当，人民法院依法应予立案执行。

——刘少阳：《含担保协议的公证债权文书是否应予执行的法律问题》，载江必新、刘贵祥主编，最高人民法院执行局编：《执行工作指导》（总第53辑），国家行政学院出版社2015年版，第139～141页。

编者说明

《联合通知》中没有明确公证效力是否及于担保人、担保物。2003年最高人民法院执行局《海南中行股权质押复函》认为，担保协议不属于公证管辖范围。此后，关于公证机构赋予强制执行效力包含担保协议的公证债权文书能否强制执行的法律适用问题产生争议，长期困扰公证机构和执行部门，实践中各地做法不统一，亟待予以规范。2014年最高人民法院司法观点因社会发展而产生新的变化，在对山东省高级人民法院的回函中，最高人民法院明确肯定了公证机构依法赋予强制执行效力的公证债权文书包含担保协议。

1087

不予执行公证债权文书案件的审查对象

关键词｜公证债权文书｜

【最高人民法院司法解释】

第四百八十条 有下列情形之一的，可以认定为民事诉讼法第二百三十八条第二款规定的公证债权文书确有错误：

（一）公证债权文书属于不得赋予强制执行效力的债权文书的；

（二）被执行人一方未亲自或者未委托代理人到场公证等严重违反法律规定的公证程序的；

（三）公证债权文书的内容与事实不符或者违反法律强制性规定的；

（四）公证债权文书未载明被执行人不履行义务或者不完全履行义务时同意接受强制执行的。

人民法院认定执行该公证债权文书违背社会公共利益的，裁定不予执行。

——《最高人民法院关于适用〈中华人民共和国民事诉讼法〉的解释》（2015年1月30日，法释〔2015〕5号）

【《最高人民法院公报》案例】

重庆德艺房地产开发有限公司不服执行裁定复议案［最高人民法院（2011）执复字第2号民事裁定书］

裁判要旨：人民法院在审查处理不予执行公证债权文书的案件时，应当全面审查公证债权文书的内容是否确有错误，包括审查程序问题和实体问题；实体审查的对象原则上应限定于被赋予强制执行效力的公证债权文书本身，而不涉及公证债权文书形成的基础事实。

最高人民法院认为：

依照《中华人民共和国民事诉讼法》第二百一十四条以及《最高人民法院关于当事人对具有强制执行效力的公证债权文书的内容有争议提起诉讼人民法院是否受理问题的批复》精神，人民法院在执行程序中，因被执行人提出不予执行抗辩的，应当对公证债权文书的内容是否确有错误进行审查，该审查应当包括公证债权文书的程序和实体问题。重庆高院的裁定内容表明其实际上已对公证债权文书即《还款协议》的内容进行了实体审查，本院确认其审查意见是正确的。至于该院将实体审查的范围限于本案所公证的债权文书《还款协议》，而未涉及《还款协议》的基础事实《借款合同》是否存在违法高息等问题，本院认为，除非涉及明显违背当事人真实意愿以及损害社会公共利益或第三人利益的问题，执行程序中将实体审查的对象限定于被赋予强制执行效力的债权文书本身，是适当的。本案《还款协议》项下的债权源于德艺公司与和平路商行于2003年签订的《借款合同》项下的本金、利息，该合同又是以新贷款偿还1997年至1998年间形成的贷款本金和利息，在《还款协议》签订前以及执行程序开始之前，德艺公司既未向债权人提出异议，也未向国家机关寻求救济，而在2008年与国地公司就欠款的本金和利息的数额在《还款协议》中进行了确认，并明确表示自愿偿还。《还款协议》的内容并不涉及损害社会公共利益或第三人合法权益问题，也无证据表明违背德艺公司和担保人的真实意愿。德艺公司所谓《还款协议》因涉及被“诱迫”而属于非真实意思表示的主张，也无证据证明，应不予支持。而且该《还款协议》系以解决或防止三方当事人之间就欠款及数额等的争执为目的而达成，债务人不得再行就此前的基础法律关系提出主张。因此，重庆高院不对《还款协议》形成之前的《借款合同》实体问题进行审查，并无不当。

——《最高人民法院公报》2011年第11期

【最高人民法院裁判文书】

北京安鼎信用担保有限公司与无锡亿仁肿瘤医院有限公司等公证债权文书执行异议申诉案[最高人民法院(2011)执监字第180号执行裁定书]

最高人民法院认为，人民法院对公证债权文书的监督主要应围绕两个方面：一是债权人的债权是否真实存在并且合法。二是当事人是否自愿接受强制执行。只要公证债权文书能够反映债权合法存在，债权的数额和种类确定，当事人自愿接受强制执行的意思表示清楚，人民法院就应当予以执行。就本案而言，则涉及三个焦点问题，即：（一）《委托贷款合同》和《还款协议》是否违反金融管理的强制性规定；（二）是否只能对三方当事人之间的《委托贷款借款合同》进行公证；（三）执行证书的签发程序是否存在足以不予执行的违法情形。分析如下：

（一）关于《委托贷款合同》和《还款协议》是否违反金融管理的强制性规定

企业委托银行进行贷款的行为，根据银行业管理部门的有关规定，并不违法。从本案当事人双方所签合同中，无论是《委托贷款合同》还是《还款协议》均明确指出，双方的借贷款是通过杭州银行北京分行进行委托贷款，其后在履行合同时也通过杭州银行北京分行发放了贷款，说明《委托贷款合同》和《还款协议》指向的标的是委托贷款法律关系。622 号裁定割裂《委托贷款合同》《还款协议》与通过杭州银行北京分行进行的委托贷款之间的联系，抛开委托贷款关系的实质，将《委托贷款合同》和《还款协议》等同于资金拆借行为，显属不当。

（二）关于是否只能对三方当事人之间的《委托贷款借款合同》进行公证

本案当事人之间存在多个合同，其中《委托贷款合同》《还款协议》《委托贷款借款合同》之间关于委托贷款事项的约定，除关于违约金数额的计算标准不同外，利率、期限等核心条款均不存在冲突。根据《委托贷款借款合同》，在委托贷款关系的三方当事人中，杭州银行北京分行仅负有通知、提醒和监管职责，不承担任何实体义务，所有的违约责任均由安鼎公司和无锡亿仁自行承担。故安鼎公司作为实际权利人和委托人，与借款人另行签订《还款协议》，与委托贷款业务的性质并无不合。在当事人之间对同一笔债权存在多个合同时，公证哪一个合同属于当事人意思自治的范围，人民法院不应当干预。安鼎公司和无锡亿仁选择最有利于债权实现的《委托贷款合同》和《还款协议》进行公证，不违反法律的禁止性规定。107 号裁定以当事人之间的债权债务的基础法律关系是委托贷款关系，就必须公证《委托贷款借款合同》的结论没有法律依据。

（三）关于执行证书的签发程序是否存在足以不予执行的违法情形

第一，关于未对安鼎公司违约放款的事实核查的问题。根据三方签订的《委托贷款借款合同》第四条约定，借款实际放款日和到期日以借款借据为准，说明该期限是可变期限。安鼎公司在申请执行证书时，已经将第二笔款项的到期日按照实际放款日相应予以顺延，对第二笔贷款的计息日也按照实际放款日进行计算。同时，如果安鼎公司确实存在违约情形，无锡亿仁应当对违约放款的问题提出异议，但直至安鼎公司申请执行，该公司始终未对第二笔款项放款的期限提出异议，而且一直在使用该笔借款。北京一中院仅仅依据双方当事人之间合同的某一个条款就判断安鼎公司违约放款，显然没有对当事人之间的合同约定进行全面审查。622号裁定关于此点的认定事实有误。

第二,关于未询问债务人的问题。中信公证处除对担保人济南亿仁的核实在执行证书签发之后,其他时间均是在执行证书签发当天。而且当天接受询问的债务人提出的数额问题,安鼎公司在申请时已经认可。对济南亿仁的核实虽在执行证书签发之后,但是,由于其是从债务人,在主债务人对债权债务关系并无异议的情况下,对其是否核实并不构成对执行证书签发程序的重大影响,且其在事后的核实程序中也并无异议。因此,622号裁定关于此点的事实认定亦属错误。

第三,关于执行证书多计算债权数额的问题。执行证书是否多计算债权数额,不能构成人民法院不予执行的理由。如果确实存在多计算债权数额的问题,人民法院查实后在执行程序中可以进行核减。

另外,关于被执行人在北京一中院审查时所提出的违约金数额过高的问题,由于违约金数额是否过高不能构成不予执行公证债权文书的理由,且北京一中院和北京高院对此问题均未审查,本院在执行监督程序中亦不予审查。

——中国裁判文书网,http://www.court.gov.cn/zgcpwsw/。

【链接:最高人民法院法官著述】

人民法院对不予执行公证债权文书申请的审查范围。关于这个问题,存在两种不同的观点。一种观点认为,人民法院在执行程序中审查被赋予强制执行效力的公证债权文书是否确有错误时,不仅要审查公证债权文书本身,而且要审查公证债权文书形成的基础法律关系;另一种观点认为,人民法院在执行程序中审查被赋予强制执行效力的公证债权文书是否确有错误时,原则上仅限于审查公证债权文书本身。

在公证过程中,涉及以下三个要素:公证债权文书形成的基础法律关系;具有强制执行效力的公证债权文书;公证机关出具的执行证书。《民事诉讼法》第238条、《公证法》第37条以及《批复》关于裁定公证债权文书不予执行的条件都限定为公证债权文书确有错误,并不包括公证债权文书形成的基础法律关系确有错误和执行证书确有错误的情形。对于形成公证债权文书所依据的基础法律关系或者执行证书确有错误时,人民法院是否需要审查,可否因其实体错误或不法而裁定不予执行,现行法律未作出规定。

我们认为,根据《最高人民法院、司法部关于公证机关赋予强制执行效力的债权文书执行有关问题的联合通知》的规定,公证机关赋予强制执行效力的债权文书应当具备以下条件:债权文书具有给付货币、物品、有价证券的内容;债权债务关系明确,债权人和债务人对债权文书有关给付内容无疑义;债权文书中载明债务人不履行义务或不完全履行义务时,债务人愿意接受依法强制执行的承诺。也就是说,公证机关在签发具有强制执行效力的公证债权文书时,已经对双方的债权债务关系进行了审查,并且双方当事人对债权文书确定的数额和还款期限等问题进行了确认。在此之前,或许双方当事人对债权债务关系存在争执,对债权数额有争议,但这些争议或者争执都因公证债权文书的签发而得以确定,其性质类似于双方当事人订立的“和解合同”。即双方当事人在不违背社会公共利益以及第三人利益的情况下,在私法自治容许的范围内,双方作出让步,自行协议确认终止争议或者排除不明确的法律关系,并且通过公证债权文书的形式赋予其法律效力,以拘束和解当事人。即使一方因此受到不利益,也属于让步的当然结果,不得反悔,更不能就和解前的法律关系再行主张权利。因此,除非涉及明显违背当事人真实意愿以及损害社会公共利益或者第三人利益的问题,人民法院的审查范围原则上应限定于公证债权文书,而不必审查形成公证债权文书所依据的基础法律关系。

此外,实践中还可能出现公证债权文书没有错误而执行证书确有错误的情况。笔者认为,从公证债权文书作出之时到债权人提出强制执行申请期间,存在很多可变因素,如给付的部分完成、当事人变更履行期限等。可变性的存在使公证债权文书的强制执行变得复杂化。只有在当事人不履行或者不完全履行公证债权文书时,执行标的才得以确定。在此情形下,公证机关有必要依据当事人提交的材料进行初步审查后签发执行证书,以节约司法资源,快速实现执行。但执行证书毕竟是一种由公证迈向执行的过渡性审查,执行证书本身所载明的审查结果对人民法院没有必然的约束力。人民法院可以根据当事人提出的异议,根据事实和法律对执行证书的内容进行变更,并对变更后的给付内容予以执行。因此,人民法院有权对公证机关出具的执行证书进行审查,具有强制执行效力的公证债权文书原本和执行证书共同构成执行依据。执行证书确有错误意味着执行依据错误,执行法院可以裁定不予执行。

——司艳丽:《驳回申请不予执行公证债权文书裁定的救济方式与审查范围》,载最高人民法院执行局编:《执行工作指导》(总第46辑),人民法院出版社2013年版,第75页。

编者说明

公证与诉讼相比,简单易行,实现权利的成本低,受到越来越多的当事人重视和应用。但因现行立法及其相关司法解释规定不完善,造成诸多理解上的混乱和实务中的操作困难。本案涉及的公证债权文书的执行问题,当事人如何向人民法院寻求救济以及人民法院如何进行审查,立法和司法解释均未给出明确意见。本案裁判对同类案件的处理具有指导作用。

1088

当事人不服驳回不予执行公证债权文书申请裁定的救济

关键词 | 不予执行 | 公证债权文书 |

【最高人民法院司法解释】

第十条 当事人不服驳回不予执行公证债权文书申请的裁定的,可以自收到裁定之日起十日内向上一级人民法院申请复议。上一级人民法院应当自收到复议申请之日起三十日内审查,理由成立的,裁定撤销原裁定,不予执行该公证债权文书;理由不成立的,裁定驳回复议申请。复议期间,不停止执行。

——《最高人民法院关于人民法院办理执行异议和复议案件若干问题的规定》(2015 年 5 月 5 日,法释〔2015〕10 号)

第四百八十条 公证债权文书被裁定不予执行后,当事人、公证事项的利害关系人可以就债权争议提起诉讼。

——《最高人民法院关于适用〈中华人民共和国民事诉讼法〉的解释》(2015 年 1 月 30 日,法释〔2015〕5 号)

【链接:最高人民法院法官著述】

对于人民法院裁定不予执行公证债权文书后当事人能否提出执行异议及复议以资救济的问题,实践中也曾有争议,有观点主张将执行法院对公证债权文书的审查作为执行行为,适用民事诉讼法第二百二十五条规定的程序,即人民法院裁定不予执行公证债权文书或驳回不予执行公证债权文书的申请后,当事人对该裁定不服的,可以向法院提出异议,对法院驳回异议的裁定还可以向上一级法院提起复议。然而,执行法院对具有强制执行效力的公证债权文书的审查是对执行依据的司法监督，是法院执行工作的一部分，但并非执行行为，因此，对因公证债权文书错误导致法院裁定不予执行的，不能适用民事诉讼法第二百二十五条的规定采用执行异议和复议的程序解决。是否可以参照这一程序解决，目前理论与实践中还存在很大争议，需要不断总结实践经验，加强研究后慎重决定。

目前，法院因具有强制执行效力的公证债权文书确有错误，裁定不予执行的，当事人、公证事项的利害关系人的救济方式是就债权争议向人民法院提起诉讼。

——沈德咏主编、最高人民法院修改后民事诉讼法贯彻实施工作领导小组编著：《最高人民法院民事诉讼法司法解释理解与适用》，人民法院出版社 2015 年版，第 1277 ~ 1278 页。

1089

未经实体判决判定的约定在执行程序中采信属于以执代审

关键词 | 以执代审 | 执行依据 |

【最高人民法院答复】

广东省高级人民法院：

你院〔1999〕粤高法执督字第 57 号函收悉，经研究，答复如下：

一、珠海王子实业有限公司在执行程序中提供的汇率结算协议书，未经实体判决认定，在执行程序中不能采信。债务人应按生效判决之判定以美元给付债权人。若给付美元不能的，应按实际给付之日的国家外汇牌价汇率予以折算成人民币给付。

——《最高人民法院执行工作办公室关于中奥（珠海）塑料包装有限公司执行申诉一案的复函》（2002 年 1 月 17 日，〔2001〕执监字第 80 号）

【链接：最高人民法院法官著述】

中奥公司由申请执行人变成被执行人的关键证据就是 1990 年 4 月 27 日中奥公司与王子公司在结算文件中对美元汇率的换算约定，该函的真实性及是否采信是各方争议的焦点之一。从证据法的一般原理和有关证据规则看，广东省高级人民法院确认该函真实有效的两个证据明显不充分，对中奥公司提出否定汇率折算函效力的几个证据没有进一步查证，即在确认该函效力的《执行意见函》中认为"本案判决书未提及美元兑换人民币的汇率问题，当事人双方在1990年4月约定按汇率13.7216将美元折算成人民币来结算双方的债权债务，执行中应尊重当事人的约定"并以此作为执行的依据。既然要尊重当事人的约定，那在执行程序中就只能依靠当事人的自觉履行，而不能进入法院的强制执行程序，因为作为有实体权利义务内容的自由约定只有依赖于法院的实体判决判定后才能有强制执行力，在执行程序中通过裁定予以采信，实质上是以执行程序中的裁定替代审判程序中的判决，这种以执代审是在执行程序中易犯的错误。

美元作为给付的判项，在强制执行时如何折算成人民币来执行也是我们经常遇到的问题。美元本身作为判决书判定给付的特定标的物，是有确定的给付内容，也是可实际执行的，在执行程序中一般应严格按照判项的内容来执行，只有确实在该类标的物给付不能时，才能按实际给付之日的国家外汇牌价折算成人民币后予以给付。

——黄年：《中奥(珠海)塑料包装有限公司执行申诉案》，载最高人民法院执行工作办公室编：《强制执行指导与参考》(总第9辑)，法律出版社2004年版，第93页。

1090

执行法院在执行程序中无权变更执行依据所确定的债务数额

关键词 | 执行依据 |

【链接：最高人民法院法官著述】

原判决确定的债权人死亡后，执行法院还应否执行判决确定的护理费？

问题：周某诉被告马某损害赔偿一案，某法院于2005年12月8日判令马某赔偿周某护理费以及其他费用共计75824.91元。执行过程中，原告周某死亡，法院对执行存在争议：一种意见认为，执行数额应为判决数额，理由为该判决为生效判决，在没有其他判决改变原判决时，应执行原判决。原告死亡后，应由他的法定继承人来继承,属遗产。另一种意见认为,申请执行人死亡后,护理费就不再发生,再继续执行护理费对债务人不公平,应扣除护理费数额。请问:哪种意见正确?

《执行工作指导》研究组认为:人民法院在执行程序中只能根据确定的内容进行执行,如果在执行过程中发生可能导致执行依据内容发生变动的事实,应当由相关利害关系人通过相关审判监督程序进行变动。执行法院在执行程序中无权变更执行依据所确定的债务数额。因此,第一种意见是正确的。

——江必新主编、最高人民法院执行局编:《执行工作指导》(总第28辑),人民法院出版社2009年版,第205页。

1091

诉讼中的和解协议不具有阻止执行的效力

关键词 | 诉讼和解 | 执行依据 |

【链接:最高人民法院法官著述】

问题:刘某诉甲公司承揽合同纠纷一案,某县人民法院一审判决甲公司向刘某支付工程款若干。甲公司不服,提起上诉。后在法官主持下,双方在该案二审期间达成和解协议,甲公司遂撤回上诉。和解协议履行过程中,刘某向某县法院申请执行一审生效判决。对刘某的执行申请,有两种意见:第一种意见认为,双方和解协议未经法院依法确认,甲公司撤回上诉,一审判决即生效,刘某的执行申请应予支持。第二种意见认为,双方在二审期间达成和解协议,即意味着不再执行一审判决,而应按和解协议执行。和解协议虽未经法院确认,但依据《合同法》规定:“依法成立的合同,对当事人具有法律约束力。当事人应当按照约定履行自己的义务,不得擅自变更或者解除合同。依法成立的合同,受法律保护。”据此,人民法院对刘某的执行申请应裁定不予执行,双方应继续按和解协议履行各自义务。请问哪种意见正确?

《人民司法》研究组认为:人民法院所作出的给付判决,一旦生效便具有执行力,债权人一旦提出申请,除执行力处于中止状态或者执行依据本身无法付诸执行的情形,人民法院必须执行。而能够导致执行力中止的情形,按照现行法律规定只有两种,即:原执行依据处于再审状态;当事人在执行程序中达成和解协议。应当指出,诉讼中的和解协议不具有阻止执行的效力。当然,本案中执行一审生效判决,并非就意味着诉讼中的和解协议对当事人没有约束力。甲公司可以以刘某违反和解协议约定为由另行提起诉讼,要求刘某承担违约责任。

——《人民司法·应用》2009 年第 13 期

1092

死亡赔偿金不能作为执行财产

关键词 | 执行标的 | 死亡赔偿金 |

【链接:最高人民法院法官著述】

问题:在一起债务纠纷案件中,被告婚前欠原告 2.2 万元货款,已经进入执行程序,执行了 2000 元。后来,被告与他人结婚,在婚姻关系存续四年后,一次,被告骑摩托车上山采集山产品回家的途中,被某林场在道路上设置的检查栏杆撞死,该林场与死者家属协商并给付死者家属死亡赔偿金 22 万元。被告死亡后,留下的财产不足清偿原告的债务,且被告没有任何抚养人和赡养的人。

请问,这笔死亡赔偿金能否作为执行款给付原告?法律依据是什么?

《人民司法》研究组认为:根据最高人民法院《人身损害赔偿解释》的规定,死亡赔偿金是对受害人死亡导致的财产损失的赔偿,应当以家庭整体收入的减少为标准进行计算。也就是说死亡赔偿金是对于具有经济性同一体性质的受害人家庭未来收入损失的赔偿,其前提当然是受害人因侵权事件而死亡。从时间顺序来看,应当是死亡事件发生在先,对由此产生的各项财产损失的损害赔偿请求权发生在后。死亡赔偿金在内容上是对构成经济性同一体的受害人近亲属未来收入损失的赔偿,其法律性质为财产损害赔偿,其赔偿请求权人为具有“钱袋共同”关系的近亲属,是受害人近亲属具有人身专属性质的法定赔偿金。因此,死亡赔偿金不是遗产,不能作为遗产继承,死亡人的债权人也不能主张受害人近亲属在获赔死亡赔偿金的范围内清偿受害人生前所欠债务。因此,我们认为,来信提到的案件中,该笔死亡赔偿金不能作为执行款给付原告。

——《人民司法·应用》2010 年第 11 期

1093

劳务作为执行标的的条件

关键词｜执行标的｜劳务抵债｜

【链接：最高人民法院法官著述】

(一)劳务抵债的条件

执行实践中适用劳务抵债应该严格掌握,决不能滥用。适用劳务抵债应当同时符合以下条件:

1. 被执行人确实无力偿还申请执行人的债务,这是劳务抵债适用的前提。被执行人有履行能力的,必须按裁判的要求清偿债务,不允许被执行人借以劳务抵债规避其应履行的法定义务。只有被执行人确无有效可供执行的财产而具有相应专长时,才能考虑采用劳务抵债的方式。无偿付能力,是指经人民法院执行人员查实,被执行人无任何财产可供执行,并且没有隐藏、转移财产的行为,此种情况下人民法院可裁定中止执行,经双方当事人同意可用劳务清偿的方式抵销债务。

2. 被执行人提供的劳务必须对申请执行人产生劳务价值,这是劳务抵债能否适用的关键。任何商品都具有价值和使用价值,劳动力商品也不例外。劳动力商品必须对社会具有使用价值,在市场中适销对路,即为用人方所需要,才能实现其价值。被执行人出卖的劳动力同样必须具有使用价值,即被执行人必须具有一定的专长和技术可为申请执行人提供某种特定的劳务,如承揽加工、建筑安装、交通运输等方面的一技之长。申请执行人需要被执行人提供这种劳务。申请执行人愿意接受被执行人为其提供的服务,或者被执行人自愿应申请执行人的要求为其提供某种特定服务。

3. 被执行人必须能提供适应劳务需要的劳动能力、劳动技能和生产工具,这是劳务抵债适用的基础。被执行人提供的劳务必须符合申请执行人的要求,即能产生申请执行人所期望的劳动成果。

4. 劳务抵债必须双方完全自愿,这是对劳务抵债合法性的要求。以劳务抵债是双方当事人在执行中合意变更履行方式的一种手段,所以,这种做法要基于双方的完全自愿,不能有外人包括执行人员的勉强说合或引诱逼迫,否则,被执行人极有可能反悔或不能自觉履行劳务抵债的协议。

5. 劳务抵债的内容不能违反法律的规定,不得损害国家、集体和其他公民、法人的合法利益,申请执行人不得要求被执行人提供违背法律规定、社会道德和其意愿的劳务。申请执行人应向被执行人支付合理报酬,被执行人从中留下必需的基本生活费用外,其余用于清偿债务。

——江必新主编:《民事执行新制度理解与适用》,人民法院出版社2010年版,第159~160页。

1094

诉讼费用不可作为执行标的

关键词 | 执行标的 | 诉讼费用 |

【最高人民法院司法政策】

三、关于诉讼费用的负担

《办法》第二十九条规定,诉讼费用由败诉方负担,胜诉方自愿承担的除外。对原告胜诉的案件,诉讼费用由被告负担,人民法院应当将预收的诉讼费用退还原告,再由人民法院直接向被告收取,但原告自愿承担或者同意被告直接向其支付的除外。

当事人拒不交纳诉讼费用的,人民法院应当依法强制执行。

——《最高人民法院关于适用〈诉讼费用交纳办法〉的通知》(2007年4月20日,法发〔2007〕16号)

【链接:最高人民法院法官著述】

从诉讼费用的结算方式看,当事人向法院预交的诉讼费用在案件审结时,可向法院办理退回或补交手续;而在原、被告当事人之间不存在给付诉讼费用的关系。同时,《执行规定》第18条明确规定了执行机构受理执行案件的条件之一是据以执行的法律文书具有给付内容。因而,如果案件的一方当事人以要求对方当事人向其负担诉讼费用为由而向法院申请强制执行的,该申请不符合受理条件,执行法院可不予受理。作为已预交了诉讼费用而判决或裁定确定由对方当事人负担的一方当事人,根据《最高人民法院关于适用〈诉讼费用交纳办法〉

的通知》的规定，诉讼费用由被告交纳的，当事人可凭交款收据和相应的裁判文书，向人民法院办理结算手续。同时，人民法院对应由一方当事人负担而其未交纳的案件诉讼费用，可向本院执行机构移送以强制执行。

——江必新主编：《民事执行新制度理解与适用》，人民法院出版社2010年版，第161~162页。

1095

人身作为执行标的不可强制执行

关键词 | 人身强制执行 | 执行标的 |

【最高人民法院答复】

湖北省高级人民法院：

你院鄂高法〔1998〕107号《关于刘满枝诉王义松、赖烟煌、陈月娥等解除非法收养关系一案执行中有关问题的请示》报告收悉。经研究，答复如下：

武汉市青山区人民法院(1996)青民初字第101号民事判决书已经发生法律效力，依法应予执行。但必须注意执行方法，不得强制执行王斌的人身。可通过当地妇联、村委会等组织在做好养父母的说服教育工作的基础上，让生母刘满枝将孩子领回。对非法干预执行的人员，可酌情对其采取强制措施。请福建高院予以协助执行。

——《最高人民法院执行工作办公室关于人身可否强制执行问题的复函》(1999年10月15日，〔1999〕执他字第18号)

江苏省高级人民法院：

你院关于季素梅、张勇诉泰兴县人民医院确认血亲关系一案执行问题的请示报告收悉。经研究，同意你院审判委员会意见。即根据医院发生的错换手牌的事实以及血液足印鉴定结论，可以认定季素梅现抚养的孩子是马兆霞的，而马兆霞现抚养之子不是马兆霞的，所以，马兆霞应当将她抚养的孩子交出来。如果马兆霞不交出孩子，对其拒不交出孩子的行为，则可以按照民事诉讼法第七十七条的规定采取强制措施。如果有刑法一百五十七条规定的行为，也可适用一百五十七条的规定。但要充分做好当地党政等有关部门的工作,取得他们的支持,以防矛盾激化。

——《最高人民法院关于季素梅、张勇诉泰兴县人民医院(第三人马兆霞、生炳林)确认血亲关系一案执行问题的电话答复》(1989 年 3 月 21 日)

【链接:最高人民法院法官著述】

(一)关于人身能否成为执行标的问题

人民法院执行的对象只能是财物或行为,人身是不能作为执行标的而强制执行的。本案中,青山区法院执行的标的实际上是一种行为,即必须由被执行人履行生效法律文书确定的交付子女的行为,该种行为在法律上称之为不可替代履行行为,非由被执行人实施则权利人的权利不能实现或不能完全实现,他人代为履行在法律或事实上是不可能的。最高人民法院在给湖北省高院的答复中称“不得强制执行王斌人身”,也主要是基于下面两点原因:一是将王斌人身作为执行标的进行强制执行缺乏法律依据。目前,法律及其相关司法解释明确规定了人民法院执行案件的标的只能是财物或行为,对交付子女这类必须由被执行人完成一定交付行为案件的执行,我国法律并没有给予明确规定。二是对人身强制执行会带来一些副作用。本案被收养人王斌未满 8 周岁,自 3 岁起就同养父母一起在福建生活,他们之间已经产生了一定的感情,如果法院强制将王斌带回武汉交给其生母,势必会给王斌身心造成伤害。从保护未成年人的身心健康的角度考虑,法院也不应该对王斌人身采取强制措施。

人身作为执行标的时不能强制执行,但当其成为妨害司法行为的载体时,人身是可以被采取强制措施的,比如:对债务人实施拘留、限制出境等限制其人身自由的行为,其目的是对债务人造成一定的心理压力,迫使其履行生效法律文书确定的义务,而不是用限制人身自由的方法来抵偿其所付的债务。限制自由只是一种手段,迫使其偿还债务才是目的。对此,《民诉法意见》第 283 条和《最高人民法院关于人民法院执行工作若干问题的规定(试行)》(以下简称《执行规定》)第 60 条规定,对于只能由被执行人完成的行为,经教育,被执行人仍拒不履行的,人民法院应当按照妨害执行行为的有关规定处理。法律、司法解释虽然赋予了人民法院在执行案件时可以对被执行人的人身采取强制措施,但还应防止另一种倾向,就是“以拘代执”“以罚代执”等简单、粗暴的执行方法,在限制人身自由时一定要严格依据事实和法律程序进行。

（二）对不可替代履行行为执行方法探讨

不可替代行为的执行，是指当生效法律文书指定的行为不可替代时，所实施的关于行为请求权的执行。不可替代行为因与被执行人的个人身份等有着密切关系，被执行人的法律意识和履行义务的态度，对案件的执行会产生巨大影响，非由被执行人本人实施，则债权人的权利不能实现或不能完全实现，第三人代为履行虽可能，但其效果与被执行人亲自履行有着较大差异。比如：要求演员进行表演，或者要求某人完成一项特殊机械工程设计，或者要求某人完成一部作品，或者离婚父母一方满足另一方对子女的探视权，或者未成年人的抚养关系被依法解除后，其抚养、监护权利的转移等。通过对上述不可替代行为执行方法的研究，或许能够为人民法院在今后执行该类案件时提供一些有益的帮助。

1. 对于不可替代行为的执行应注重以教育为主的原则

《执行规定》第 60 条第 3 款规定："对于只能由被执行人完成的行为，经教育，被执行人仍拒不履行的，人民法院应当按照妨害执行行为的有关规定处理。"这里教育是优先采用的措施，通过有关人员和单位对被执行人进行思想教育，这既使我国民事诉讼法要求强制执行与教育相结合的原则得到了体现，也是因为这类案件中，被执行人一般思想顽固，对抗情绪严重，常常以消极的不作为的方式对抗法院的执行，只有通过说服教育才能取得良好的社会效果。方法简单、粗暴则容易使矛盾激化。比如：青山区法院执行交付子女的案件，就是一个典型的不可替代行为的执行案件，虽然赖烟煌、陈月娥与王斌的收养关系已经被法院解除，继续维持抚养关系已经失去了法律依据，但是，由于被执行人采取消极不配合的方法，加之被收养人王斌年幼不愿随其生母回武汉生活等原因，致使法院的执行陷入了僵局。如果执行法院采取直接执行的方法，将王斌强制带回武汉交给其生母，那么，可能会遇到一些棘手的问题，比如：法律依据问题；被执行人不配合法院工作，找不到王斌下落；以及强制带回给王斌身心是否造成伤害等。如果采用说服教育的方法，通过当地妇联等部门耐心做好被执行人的说服教育工作，使其认识到履行生效法律文书确定的交付行为是其应尽的法律义务，如果不履行将会产生的法律后果等，从而达到由被执行人积极配合法院执行的目的。因此，法院在执行该类不可替代行为案件时，执行人员在执行中一定要总结经验，摸透被执行人的心态，打消被执行人存有的任何侥幸心理，找出被执行人不履行的原因，然后对症下药。

2. 由直接执行转化为间接强制执行

对生效法律文书的执行，一般采取以下几种执行方法，即直接执行、间接执行、代替执行和损害赔偿执行。

直接执行，是指对债务人的财产直接采取强制措施，从而实现生效法律文书所确定的给付内容。

间接执行，是指执行机关一般不采取直接强制力实现给付内容，而是通过对被执行人实施强制措施，比如拘留、罚款等方法，给被执行人造成一定的心理压力，迫使其自动履行债务。

代替执行，是指当债务人不履行债务时，可以通过债权人或第三人代替债务人履行，因履行债务所发生的费用由债务人承担。该种执行方式适用于可以替代执行的债务。

损害赔偿执行，是指当被执行人不履行指定行为，给债权人造成了损害后果时，由被执行人承担赔偿责任的执行方法。

对不可替代行为的执行方法，一般采用间接强制，也有的适用损害赔偿的方法，或者两者兼而适用。总之，世界各国在不可替代行为执行案件中采用的方法也不尽相同。

我国《民事诉讼法》关于不可替代行为的执行，一般采用间接强制执行的方法。《民事诉讼法》第231条规定："对判决、裁定和其他法律文书指定的行为，被执行人未按执行通知履行的，人民法院可以强制执行或者委托有关单位或者其他人完成，费用由被执行人承担。"这是《民事诉讼法》关于行为请求权执行的一般规定。对于可以委托其他人完成的行为，适用于可替代行为的执行。对不可替代行为的执行，只能是由人民法院强制执行。由于该规定过于笼统，因此，《民诉法意见》第283条和《执行规定》第60条第3款对此做出了明确的规定，即对于只能由被执行人完成的行为，如果被执行人不履行该义务，人民法院可以适用《民事诉讼法》第102条第1款第(6)项的规定处理。这实际上明确了执行法院对拒不履行行为的被执行人可以采取罚款、拘留等间接强制执行措施。

对不可替代行为的执行，法院可以采用间接执行措施，但这些措施的实施往往对债权人实现债权帮助不大，那么能否在债务人不履行义务时，采用给债权人以经济补偿的方法来弥补其损失呢？对此，我国《民事诉讼法》第232条规定，被执行人未按判决、裁定和其他法律文书指定的期间履行非金钱给付义务的，应当支付迟延履行金。支付迟延履行金不以给债权人造成实际损失为前提条件，对已经造成损失的，应当双倍赔偿。据此，人民法院在执行不可替代行为的案件时，可以比照该条款的有关规定，决定由被执行人支付一定的迟延履行金给债权人。该迟延履行金既不同于罚款，也不同于损害赔偿金。因为罚款要上缴国库，损害赔偿金是以造成一定损失为前提。因此，处以缴纳一定数额的迟延履行金兼有间接强制和损害赔偿的双重功能。它能够更好地保护债权人的合法权益。

3. 血亲与非血亲未成年子女交付问题的执行

在血亲和非血亲案件中，经常遇到一方将未成年子女交于另一方抚养的问题，对这类交付子女的案件中，如果一方当事人不按照法律文书确定的内容交付，法院能否进行强制执行，在理论和实践中一直存在争议。

《民事诉讼法》及其司法解释和《执行规定》中提到的可以强制执行，实际上指的是一种间接强制执行的措施。血亲和非血亲交付子女的案件中，当一方当事人拒绝履行交付义务时，法院可以对其进行罚款、拘留或处以一定数额的迟延履行金，迫使其履行法律文书确定的义务。这种执行方法在理论上和司法实践中基本上是行得通的。但是，当被执行人缺乏经济能力，对其采取间接强制执行措施后，债权人的权利仍不能实现时，对未成年了女的交付是否可以像我国台湾地区"强制执行法"规定的那样采用直接执行的办法，将未成年子女从被执行人处强行领走或抱走的方式，我们认为，特殊情况下还是可以的，其理由是：(1)该类案件的未成年人一般是年龄较小，对事物缺乏准确判断和识别力，且多为无民事行为能力或限制民事行为能力的人，法院在执行过程中将其直接抱走并不违背其意志。(2)法院直接将子女领走并非是对该子女人身简单的强制执行，而是为了实现法律文书确定的交付内容。随着未成年子女年龄的增长和其世界观、人生观、价值观的形成，他一定会有一个正确的认识，更何况他与权利人之间有特殊关系。(3)如果不将该子女直接领走，势必会放纵被执行人的违法行为，给权利人造成损失。例如：本案王斌与收养人之间的收养关系已经被解除，其与收养人之间的权利义务关系已经不存在，如果收养人继续收养王斌，没有法律依据，将是一种违法。(4)从执行的效果上看，如果法院采取直接强制领走或抱走的方式，既可以及时实现债权人的权利，提高这类案件的执行效力和质量，又可以避免因案件久拖不决而带来的社会负面影响。

——董志强：《人身可否强制执行问题请示案》，载最高人民法院执行工作办公室编：《强制执行指导与参考》（总第 3 辑），法律出版社 2003 年版，第 233 ~ 239 页。

1096

对行为请求权的执行

关键词｜拆除行为｜请求权｜

【最高人民法院答复】

四川省高级人民法院：

你院〔1998〕川协字第5－1号和第38－1号《关于四川石油管理局勘察设计研究院与成都广视房地产开发公司拆迁安置合同纠纷一案执行情况的报告》收悉。经研究答复如下：

你院在执行本院(1997)民终字第47号民事判决书过程中，于1999年9月裁定四川石油管理局勘察设计研究院(以下简称石油研究院)申请执行成都广视房地产开发公司(以下简称广视公司)一案中止执行。根据全国人大代表的反映，我办以〔1999〕执监字第231－1号函，要求你院恢复执行。你院报告认为，申请执行人石油研究院提不出可供执行的财产线索，你院依职权也找不到被执行人广视公司有可供执行的财产，故该案尚无恢复执行的条件。

我办认为，本院(1997)民终字第47号民事判决书，判决广视公司"将尚未拆迁安置的9户及其他未拆除的房屋予以拆迁安置和拆除"。该拆迁安置和拆除行为，属可替代行为的执行，你院应委托有关单位完成该行为，费用由被执行人承担。为了确保被执行人支付替代完成行为的费用，你院应对广视公司的注册资金是否属实予以调查，若注册资金不实，应追加投资者注册资金不实的责任；同时，你院还应对本案执行中先前执行的拆迁安置款流失情况予以核查，追回流失款项，并对有关责任人员追究相应责任。

鉴于此案系全国人大代表多次反映的案件，请你院充分认识到本案执行的重要性。在接到本函后立即恢复执行，加大执行力度，并在三个月内执行结案。

——《最高人民法院执行工作办公室〔1999〕执监字第231－2号函》(2002年1月20日)

【链接：最高人民法院法官著述】

本案争议的核心问题是：执行标的如何理解？四川高院认为应该执行广视

房地产的财产,最高人民法院认定,该案的执行标的是“拆迁安置和拆除”的行为。

对行为请求权的执行,在相当长的时间里,理论上的研究和实践上的适用都是不充分的,主要原因在于此类案件数量占案件总数比例相对来说比较小,容易被执行人员所忽视。行为请求权的执行是指执行法院采取一定措施迫使被执行人依照生效法律文书规定履行行为义务,使债权人的行为请求权得到实现。行为请求权是债权的一种,指债权人可以请求债务人为或不为一定行为的权利。为一定行为的属于积极的行为,又称作为;不得为一定行为或容忍他人为行为的属于消极行为,又称不作为。

对行为的执行,执行标的不是财产,而是行为。对金钱债权和物之交付请求权的执行往往采取突然袭击的方式,但它是在正式严格的法律程序保证下完成的,被执行人被赋予了相当多的救济权利。对行为的执行涉及对被执行人人格尊严、自我决定权利甚至人身自由等基本权利的干预,从保护人权的法治观点出发,对行为的执行应该有较为详尽的规定。

首先,行为的执行要求有确定的执行名义。

如果执行名义不是非常清晰或过于笼统,可能导致不同的理解,就不是合适的执行名义,不能作为执行的基础。对此,要求债权人必须尽到必要注意。我国民事诉讼法第 108 条规定,债权人起诉必须有具体的诉讼请求和事实、理由,也就是说必须在诉讼请求中非常明确地描述将来的执行行为,使法院在裁决时有非常明确的框架。比如,债权人请求被执行人修理损害的汽车,只是说明修理汽车是不够的,必须明确指出要修理的部位,如更换右前灯。同时,法院的判决应当在当事人申请范围之内,不能超越,这也是不告不理原则的一个方面。

为实现债权人的请求,法院判决被执行人履行义务,但如何完成该义务不是判决需要明确的,而取决于被执行人的情况。法院可以根据情况的不同采取相应的执行措施。对于作为请求权的执行,有不同于金钱债权的特点。作为请求权的执行,指执行名义规定被执行人为一定行为时,为实现申请执行人的行为请求权而实施的执行。作为属于积极行为,分为可替代行为和不可替代行为。可替代行为是指,行为的主体不属于特定的主体,当义务人不为该行为时,可以由其他人代为完成。如让被执行人修理某东西,拆除某东西,或提供某种担保。不可替代行为是指,行为主体属于特定之人,只能由义务人亲自进行而不能由他人完成的行为。如制作只有被执行人了解的报表,让被执行人继续任用某个人等。判断某项行为是否可替代,由人民法院根据案件具体情况来决定。本案涉及的拆迁安置和拆除行为从性质上看当属可替代行为。对于可替代行为的执行，民事诉讼法第231条规定："对判决、裁定和其他法律文书指定的行为，被执行人未按执行通知履行的，人民法院可以强制执行或者委托有关单位或者其他人完成，费用由被执行人承担。"《执行规定》第60条第2款规定："对于可以替代履行的行为，可以委托有关单位或他人完成，因完成上述行为发生的费用由被执行人承担。"上述规定是关于可替代行为执行的一般方法。

可替代行为的实质在于，行为由被执行人或由第三人实施，对于债权人在经济上或法律上的效果并无不同。因而，其基本执行方法是代替履行，即在被执行人不履行执行名义指定的可替代行为时，执行法院可以委托第三人代为完成，代为履行的费用由被执行人负担；被执行人拒绝负担时，该费用按照关于金钱债权的执行程序对被执行人强制执行。

对可替代行为的执行方式上可由他人代为履行。因为这类案件没有执行标的物，不能适用直接强制的方法；在代为履行可实现申请人权利的情况下，不需要间接强制的方法。直接强制、间接强制和替代履行是世界各国通行的执行方式。直接强制是指对债务人的财产，直接以强制力实现执行名义所确定的给付内容。如执行机关查封、扣押、变卖实现债权人金钱债权的行为，执行机关强制解除被执行人或第三人对物的占有，交付给债权人实现申请执行人物之交付请求权的行为等。间接强制指的是执行机关通过采取一定的强制措施对被执行人施加压力，迫使被执行人实施执行名义指定的行为。拘留和罚款是间接强制的基本手段。从上述法条的规定可以看出，我国法律还是强调人民法院的主动调查、行使强制权力，对不配合、不协助的被执行人多采取直接或间接强制的方法，而对替代执行的具体方式、程序和有关责任没有作详细的规定，这也是法院在实践中对可替代行为不善于委托他人实行的一个重要原因。

由他人代为完成被执行人应为的行为，可以是法院直接依职权委托有关单位或者个人完成，也可以由债权人委托有关单位或者个人完成，还可以是债权人自己完成。替代履行依据法院或其性质决定必须有专门的机构来完成或者需要非常特殊的技能的，应该委托有资质的部门完成，法院需要对资格进行考察。通过这样的方式，替代履行的质量能够得到一定保证。具体采取何种方式，由执行法院决定。如果债权人想要自行完成或委托他人完成可替代行为，应向执行法院提出申请。根据债权人的请求，法院也可以允许其自己完成代履行义务再要求被执行人偿还费用。

债权人在执行申请中不需要证明被执行人没有履行行为。如果在执行当中，被执行人提出已经履行债务或债务履行与否尚有争议，法院可以要求被执行人提供债务已经履行的证据。被执行人提出完成了行为，要核实是否达到要求，需要债权人提出申请。

如果对法院关于委托的第三人、申请执行人履行该行为情况的决定不服，被执行人能否向执行法院提出异议或通过执行异议之诉来解决，法律需要进一步明确。同时，债权人对第三人履行质量瑕疵的请求是在执行程序中完成，还是通过损害赔偿等程序解决，需要继续讨论，在实践中执行机构实际上行使着这样的权力。

他人代为完成行为的费用依法由被执行人承担。执行法院可责令由被执行人在他人完成后按实际费用支付，也可以责令被执行人预付一定费用。由被执行人预交替代履行费用可能效果会好一些，可以促使被执行人自动履行，也使其他人履行时更为方便。因而，在有限的案例实践中，法院基本上都是要求由被执行人预交履行费用，这在客观上造成了这种做法被误以为是他人替代履行的前提。

替代行为执行完毕，如果被执行人预交费用有余或不够，双方可以计算或追加费用。费用是为完成执行行为而发生，应该是通常状况下完成该行为所需要的合理花费。奢侈的行为或不必要的费用不应计算在内。如果被执行人认为债权人提出的费用过高，应该向法院提供估价机构作出的评估。法院也可以通过专门计算费用的专家或部门来确认。

在没有预收或预收费用不够的情况下，对替代履行费用的执行和金钱债权执行是一样的。如果被执行人对于法院决定的要先支付的费用不服，可以持专门机构的报价向执行法院申请撤销，其他费用应通过诉讼来解决。

对不可替代行为的执行，在此也稍作探讨。不可替代行为因与被执行人本身常识、专业技能、个人身份等有关，非由本人实施则申请执行人的权利不能实现或不能完全实现，第三人代为履行在法律或事实上是不可能的，或虽可能但其效果与被执行人亲自履行不同。因而其履行方法一般是间接强制和损害赔偿相结合的方法。通过一定的强制措施给被执行人心理压力，迫使其实施履行行为，不能达到执行目的的，由执行法院根据债权人受损害的情况确定一个合理的数额，由被执行人赔偿或补偿。

最高人民法院民事诉讼法适用意见第 283 条规定：“依照民事诉讼法第二百三十一条规定，当事人不履行法律文书确定的行为义务，如果该项行为只能由被执行人完成的，人民法院可以依照民事诉讼法第一百零三条第一款第（六）的规定处理。"这实际上是规定执行法院可以采用罚款、拘留的方法迫使被执行人履行行为。《执行规定》第 60 条第 3 款规定:"对于只能由被执行人完成的行为,经教育,被执行人仍拒不履行的,人民法院应当按照妨害执行行为的有关规定处理。"民事诉讼法第 232 条规定,被执行人未按判决、裁定和其他法律文书指定的期间履行非金钱给付义务的,应当支付迟延履行金。这种迟延履行金,有间接强制和损害赔偿的双重功能,在对于申请执行人已受到的损失范围内,具有赔偿的作用,在没有造成损失和迟延履行金超出实际损失的时候,具有处罚的作用。

四、关于费用问题

执行法院称,此案中止执行后,一直未能继续执行的原因在于广视房地产要完成拆迁、安置、拆除行为,需要一定资金,广视房地产现在经营状况不好。这个问题要综合考虑到相关情况。由于最高法院终审判决实际上确认了双方当事人对待给付的义务(广视房地产履行可替代行为从广义上也是一种给付行为),只是履行义务期限稍有差距,这种关系,类似于合同法上的不安抗辩权。而且相对只有私权约束力的合同关系,执行程序中的这种对待给付往往由人民法院监督处理,从理论上讲应该更有保证。四川高院根据当事人的前后申请,对此案分别立案是可以的。但是,对于这种同一判决确认的对待履行,在执行过程中,应该有一个统筹的安排,不能完全割裂开来,分别执行。否则,很显而易见的后果是,首先接受履行的一方当事人很容易找到各种理由,拒绝履行接下来应该由自己履行的义务,或者将本应用于对待给付的款项,用于其他用途,致使本案履行不能,案件执行陷入困境。这对先行履行的一方实在是有失公平。执行法院不应该给当事人留下这样一个明显的法律漏洞。本案中,石油研究院在首先给付 188 万余元的同时提出,由法院监督执行,该笔款项由广视公司用于拆迁安置行为,作为拆迁安置款。这种要求,是合理的,法院理应支持。

在本案目前面临的情况下,执行法院对有关问题可以进一步深究。四川高院报告中认定广视房地产自成立后除了与石油研究院的交易行为,没有其他的业务往来;并且"成都广电局投入注册资金 300 万元",公司只有 4 名职工。那么基于此案以外的经济纠纷或职工工资福利方面的债务应该很少或没有。经营期间还欠税 50 余万元,也就是说,该笔款项并没有用于偿还国家税款。那么,广视房地产注册资金实际到位的情况、如果到位了其流向何方,石油研究院给付的 188 万元具体用来还了哪些债务及流向等问题,值得追究。这就涉及广视房地产注册资金是否属实和拆迁安置款是否流失等情况,执行法院应该依照《执行规定》中变更和追加被执行人的有关规定,进一步核实追查,如果存在违法的情况，应当及时追回，用于承担相关的费用。

即使执行费用没有落实，执行法院也可以有所为。虽然当事人预交费用是法院在实践中通行的做法，但这并不意味着被执行人履行费用困难，案件就只能停滞不前。《执行规定》第60条明确了费用由被执行人负担。负担方式，人民法院可以要求被执行人预付，也可以在委托他人代被执行人完成执行行为后，裁定由被执行人按他人完成后的实际费用支付。并非一定要被执行人预付才能完成该行为，如果一定要等到被执行人支付费用才能展开执行行为，在被执行人故意制造条件混淆事实难以查明财产状况、转移财产或直接拒不支付的情况下，人民法院如果只能束手无策，对行为替代履行存在的价值就不大了。在法律规定的范围内，人民法院不应该禁锢于通常的行为方式而不去探索更好的变通的做法。本案中，被执行人要履行的拆迁、安置行为，如果其不愿意支付费用，执行法院可以和有关部门联系，委托专门负责拆迁安置的单位或公司完成该行为。被执行人如果还是拒绝支付，受委托单位可以向人民法院起诉，按照金钱债权的执行方式对被执行人强制执行。执行法院还可以尝试与申请执行人协商或由申请执行人自行申请，由申请执行人垫付一定的费用，将该行为先行完成，再向被执行人追讨相应费用。

——黄文艺：《四川省石油管理局勘察设计研究院与成都广视房地产开发公司拆迁安置合同纠纷执行案》，载最高人民法院执行工作办公室编：《强制执行指导与参考》（总第5辑），法律出版社2003年版，第238～244页。

编者说明

最高人民法院（1997）民终字第47号民事判决书，判决广视房地产“将尚未拆迁安置的9户及其他未拆除的房屋予以拆迁安置和拆除”，该案执行标的是可替代行为。此监督案是一个比较典型的将可替代行为的执行和金钱债权的执行相混淆的案件。对于费用问题，执行法院应根据不同的情况，在法律规定的范围内，运用多种形式、多种方法灵活地实施执行行为。

目前人民法院承担了一定数量的“拆迁和安置”行为的执行，尤其是执行行政机关行政决定的案件绝对数量不少。在大多数情况下，作出了行政决定书的拆迁和安置案件的情况非常复杂，往往政府、开发公司和拆迁户的矛盾对立相当严重。对此类案件的执行，不能简单地以直接强制的方式，强行地拆房赶人，应该从拆迁、安置行为的可替代性角度出发多探索变通的执行方法，否则往往造成难以预料的后果。

1097

人民法院不能直接变更被执行人的企业名称

关键词 | 变更企业名称 | 执行标的 |

【链接：最高人民法院法官著述】

问题：甲企业诉乙企业侵犯其名称权，县法院判决乙企业在一个月内变更企业名称并赔偿损失，判决生效后，乙企业拒不履行生效判决所确定的义务。请问：执行法院能否直接裁定变更乙企业的名称？

《执行工作指导》研究组认为：行为作为执行标的时可以分为替代行为的履行以及不可替代行为的履行。对于前者，被执行人拒不履行时，人民法院可以通过自行或者指派第三人代替履行的方法而实现执行依据所确定的执行内容，由此产生的费用由被执行人承担。比如命令被执行人拆除妨害通行的障碍物而被执行人拒不拆除时，人民法院即可指派第三人予以拆除，由被执行人负担拆除的费用。而对于不可替代行为的履行，比如命某画家完成绘画合同等，则因其行为具有不可替代性，只能由被执行人完成。被执行人拒不履行的，只能追究其拒不履行生效判决的法律责任。就本案而言，生效判决虽然确定乙企业变更名称，但变更为何种名称，则只能由乙企业自己决定，他人不可代替。因此，人民法院只能对乙企业拒不履行人民法院判决的行为进行制裁，而不能直接裁定变更乙企业的名称。

——最高人民法院执行工作办公室编：《执行工作指导》（总第17辑），人民法院出版社2006年版，第269页。

1098

判决交付的特定物灭失后的处理

关键词 | 替代履行 | 特定物灭失 |

【最高人民法院司法解释】

第四百九十四条 执行标的物为特定物的，应当执行原物。原物确已毁损或者灭失的，经双方当事人同意，可以折价赔偿。

双方当事人对折价赔偿不能协商一致的，人民法院应当终结执行程序。申请执行人可以另行起诉。

——《最高人民法院关于适用〈中华人民共和国民事诉讼法〉的解释》（2015 年 1 月 30 日，法释〔2015〕5 号）

【最高人民法院答复】

山东省高级人民法院：

你院鲁高法函〔1999〕78 号《关于判决交付的特定标的物灭失后如何折价问题的请示》收悉。经研究，答复如下：

山东省聊城地区中级人民法院（1993）聊中法民终字第 166 号民事判决，系判决交付可替代的种类物的执行案件而不是判决交付特定物的执行案件。如被执行人有该种类物，执行法院直接执行即可；如被执行人无该种类物，应发出履行通知书要求被执行人依判决购买该种类物偿还债务；被执行人拒不购买交付的，执行法院可以该种类物的现时市场价格及运费确定其债务数额，命被执行人预行交付；拒不交付的，可裁定强制执行被执行人的其他财产。

鉴于本案的特殊情况，可就执行标的问题征求申请执行人意见，或按上述关于执行可替代物的有关原则办理；或直接裁定转入金钱代偿执行。对本案的迟延履行金，应当按照《最高人民法院关于适用〈中华人民共和国民事诉讼法〉若干问题的意见》第二百九十五条的规定办理。

——《最高人民法院执行工作办公室关于判决交付的特定物灭失后如何折价问题的复函》（2000 年 12 月 25 日，〔2000〕执他字第 31 号）

1099

债务人涉嫌诈骗所得并登记在自己名下的房产可以执行

关键词 | 物权登记 | 执行程序 |

【链接：最高人民法院法官著述】

问题：刘某于2005年通过社会拍卖合法取得厂房及土地一处，后对该厂房进行了扩建，并委托原租赁该厂房的战某办理有关房产登记手续。战某却采取欺骗手段将该厂房登记在自己名下，又办理了一份假房产证迷惑刘某。后因战某欠债不还，谢某诉至法院并申请对战某名下的上述房产进行了保全。法院判决谢某胜诉后，谢某即请求拍卖该房产。而刘某也向公安机关报案，要求追究战某的刑事责任，公安机关对战某立案并予以通缉。问：执行法院能对战某名下的该处房产执行吗？

《执行工作指导》研究组认为：物权登记具有公示效力，除非经过法定程序撤销登记以及法定情形外，执行程序中对财产所有权人的认定一般以登记为准。涉案的房产既然登记在债务人战某名下，就应当作为战某的责任财产来履行对谢某的债务。至于刘某与战某之间因委托代理关系所产生的民事和刑事法律关系，则属于另案解决的范畴，不影响本案的执行。刘某如认为法院涉案房产所有权属于自己所有，可以通过向执行法院提起第三人异议之诉的方式维护自己的合法权利。

——江必新主编、最高人民法院执行局编：《执行工作指导》（总第28辑），人民法院出版社2009年版，第209页。

1100

涉执行标的仲裁裁决对执行的影响

关键词｜仲裁裁决｜给付裁决｜形成裁决｜确认裁决｜

【最高人民法院答复】

新疆维吾尔自治区高级人民法院：

你院《关于新疆建工集团建设工程有限责任公司与新疆宝亨房地产开发有限公司一案中有关问题的请示》收悉。经研究，现对有关法律问题答复如下：

在人民法院已经查封的财产又被仲裁裁决确权给案外人的情况下，执行法院可以依照《民事诉讼法》第 213 条第 3 款的规定对仲裁裁定进行审查。如果认定当事人恶意串通进行仲裁裁决损害其他债权人利益，妨害执行秩序，执行法院应当依法将该裁决视为有违背社会公共利益的情形而裁定不予执行。同时，还应将此种行为视为妨害人民法院执行的行为，依法予以制裁。

——《最高人民法院〔2007〕执他字第 9 号函》(2009 年 4 月 16 日)

【链接：最高人民法院法官著述】

在仲裁裁决将人民法院正在执行的标的物确权给案外人以后，人民法院能否在执行程序中对仲裁裁决效力进行程序和实体审查，根据审查的结果予以确认或者不予确认其效力？应该说这个问题触及了法律的空白点。法律上的难点在于，就债权人而言，其对被执行人与案外人之间形成的损害其利益的仲裁裁决即使存在异议也无法启动审查程序。按照我国《仲裁法》第 58 条的规定，能够提起撤销裁决司法审查程序的主体只能是仲裁当事人，债权人并不在此列。同样，按照我国《民事诉讼法》第 213 条第 2 款规定，能够提起不予执行仲裁裁决审查程序的仅限于仲裁裁决的被申请人，而确权法律文书的被申请人都是被执行人，债权人同样无法推动此程序的启动。可见，《民事诉讼法》也好，《仲裁法》也好，在保护仲裁裁决以外的第三人的合法权益方面存在明显的疏漏。当然，《民事诉讼法》第 213 条第 3 款也规定了人民法院可以依职权对有关仲裁裁决裁定进行审查，但是该款规定的条件十分苛刻，仅限于“该裁决违背社会公共利益的”。那么题述请示案件所列情形属于人民法院依职权审查的职权范围吗？我们认为，在目前有关法律没有给予债权人对损害其利益的仲裁裁决以救济渠道的情况下，人民法院有权依职权对仲裁裁决的效力从程序和实体上进行审查。理由是：1.《民事诉讼法》第 213 条第 3 款规定了人民法院有依职权对仲裁裁决进行监督的权力；2. 仲裁程序的特点决定了债权人不可能介入被执行人与案外人之间的仲裁程序；3. 现有法律的疏漏导致债权人对损害其利益的仲裁裁决没有救济渠道，应当将恶意串通损害债权人利益的仲裁裁决纳入到“违背社会公共利益”的范围，由人民法院依职权裁定不予确认，以防止被执行人逃避执行；4. 如果执行法院对仲裁结果无条件确认，将使执行程序遭受严重损害。

——范向阳：《关于人民法院在执行程序中依职权对确认执行标的物权属的仲裁裁决效力进行审查的请示案——兼谈妨害执行秩序的公共利益的属性》，载江必新主编、最高人民法院执行局编：《执行工作指导》（总第30辑），人民法院出版社2009年版，第131～133页。

1101

民事调解书不能移送执行

关键词｜民事调解书｜移送执行｜

【最高人民法院司法解释】

19. 生效法律文书的执行，一般应当由当事人依法提出申请。

发生法律效力的具有给付赡养费、扶养费、抚育费内容的法律文书、民事制裁决定书，以及刑事附带民事判决、裁定、调解书，由审判庭移送执行机构执行。

——《最高人民法院关于人民法院执行工作若干问题的规定（试行）》（1998年7月8日，法释〔1998〕15号）

【链接：最高人民法院法官著述】

《民事诉讼法》第212条规定，发生法律效力的民事判决、裁定，当事人必须履行。一方拒绝履行的，对方当事人可以向人民法院申请执行，也可以由审判员移送执行员执行。调解书和其他应当由人民法院执行的法律文书，当事人必须履行。一方拒绝履行的，对方当事人可以向人民法院申请执行。对于该条的规定，有人认为调解书是不能移送执行的，而《执行规定》第19条规定刑事附带民事调解书可移送执行已超出了立法规定，是不妥当的。但最高人民法院参与起草执行规定的人士认为，《执行规定》第19条规定刑事附带民事调解书可移送执行并不是对民事诉讼法的突破。因为《民事诉讼法》第212条从整体看，其“调解书”指民事调解书，也就是说对于民事调解书，一方拒绝履行的，对方当事人只能申请执行，审判庭不能依职权移送。而对于刑事附带民事调解书移送执行，符合保护受害者权利的宗旨。

——江必新主编：《民事执行新制度理解与适用》，人民法院出版社2010年版，第170页。

1102

立即执行需要发出执行通知

关键词 | 立即执行 | 执行通知 |

【最高人民法院司法解释】

第三十条 执行员依照民事诉讼法第二百一十六条规定立即采取强制执行措施的，可以同时或者自采取强制执行措施之日起三日内发送执行通知书。

——《最高人民法院关于适用〈中华人民共和国民事诉讼法〉执行程序若干问题的解释》（2008年11月3日，法释〔2008〕13号）

【链接：最高人民法院法官著述】

执行前先发出执行通知往往会导致被执行人转移、隐匿财产，逃避执行。鉴于此，民事诉讼法第二百一十六条增加了第二款，规定在例外情况下可以立即采取执行措施，即被执行人不履行法律文书确定的义务，并有可能隐匿、转移财产的，执行员可以立即采取强制执行措施。但是根据该规定，执行法院在立即采取执行措施时是否还应当发出执行通知，却存在不同理解：有观点认为，上述规定是该条第一款的例外，执行员在立即采取执行措施时，无需再发送执行通知书。另一种观点则认为，该条第一款是原则要求，第二款规定应理解为在例外情况下可以不事先发出执行通知，但并不意味着可以不发送执行通知书。考虑到民事诉讼法第二百一十七条至第二百二十条中都有关于执行通知的规定，为使上下条文间能衔接呼应，防止实际操作中出现分歧，《解释》第三十条明确规定，在被执行人不履行生效法律文书确定的义务，并有可能隐匿、转移财产的情况下，执行员立即采取强制执行措施的，应当在立即采取执行措施的同时或者自采取强制执行措施之日起3日内发送执行通知书。

——俞灵雨、王飞鸿、赵晋山:《关于适用〈中华人民共和国民事诉讼法〉执行程序若干问题的解释的理解与适用》,载江必新主编、最高人民法院执行局编:《执行工作指导》(总第33辑),人民法院出版社2010年版,第74页。

1103

执行通知与强制执行

关键词 | 执行通知 | 强制执行 |

【最高人民法院司法解释】

第四百八十二条 人民法院应当在收到申请执行书或者移交执行书后十日内发出执行通知。

执行通知中除应责令被执行人履行法律文书确定的义务外,还应通知其承担民事诉讼法第二百五十三条规定的迟延履行利息或者迟延履行金。

——《最高人民法院关于适用〈中华人民共和国民事诉讼法〉的解释》(2015年1月30日,法释〔2015〕5号)

【链接:最高人民法院法官著述】

第一,发送执行通知书是执行程序启动中的必经程序,可以在发送执行通知书同时采取强制执行措施,但不能在采取强制措施后补送执行通知书。

第二,虽然法律对执行通知没有要求采用书面形式,但是书面形式既能体现民事执行的严肃性,提高执行通知的震慑力,有利于促使民事执行机关依法实施执行,又有利于切实维护被执行人的知情权,因此执行通知应当采取书面形式,制作正式法律文书。

——沈德咏主编、最高人民法院修改后民事诉讼法贯彻实施工作领导小组编著:《最高人民法院民事诉讼法司法解释理解与适用》,人民法院出版社2015年版,第1283页。

编者说明

从2012年《民事诉讼法》第240条修改的历史可以看出，根据1991年《民事诉讼法》关于执行通知制度的规定，未在执行通知指定的期间内履行法定义务是采取强制执行措施的前提。2007年与2012年两次《民事诉讼法》的修改，实质性地改变了该制度关于执行通知与强制执行措施的关系，而执行措施部分的条文并未相应变更，条文之间的冲突问题由此产生。问题的彻底解决需要将相关条文根据本法条的变化作出相应的修改，但在目前情况下，为了《民事诉讼法》体系内部的协调，应该根据执行通知制度的设立目的与修改情况，对于2012年《民事诉讼法》第241～244条作扩大解释，将采取相关执行措施的前提条件扩大为2012年《民事诉讼法》第240条的"接到申请执行书或移交执行书"。当然，由于财产申报制度本身需要以执行通知为前提，未发出执行通知，无法实施该强制执行措施。

由于2012年《民事诉讼法》第240条的重大修改，在实践中应注意，相关司法解释中凡是以执行通知中的履行期限及履行期限内不能采取强制措施为基础的条文都不得再予适用。但是那些有关执行通知的时间要求、内容要求（除履行期限外）等内容的司法解释条文仍然是现行执行通知制度的重要组成部分，仍应予以严格遵守。①

1104

实现担保物权案件无须发出执行通知

关键词｜执行通知｜实现担保物权｜

【链接：最高人民法院法官著述】

民事诉讼法第一百九十七条规定，人民法院受理申请实现担保物权的案件，经审查，符合法律规定的，裁定拍卖、变卖担保财产，当事人依据该裁定可以向人民法院申请执行；不符合法律规定的，裁定驳回申请，当事人可以向人民法院提起诉讼。因此，对于符合法律规定的申请，法院直接作出拍卖、变卖担保财产的裁定后，申请人持该裁定，可以申请强制执行，不需要再提出拍卖、变卖申请。法院立案后，应当直接进入拍卖、变卖程序，无需向被执行人发出执行通知书。这样有利于实现担保物权的案件迅速执行，使物权法等多部实体法和民事诉讼法

---

① 最高人民法院民事诉讼法修改研究小组编著：《〈中华人民共和国民事诉讼法〉修改条文理解与适用》，人民法院出版社2012年版，第545～547页。

为迅速实现担保物权所作出的特殊设计,得以最终实现。

——沈德咏主编、最高人民法院修改后民事诉讼法贯彻实施工作领导小组编著:《最高人民法院民事诉讼法司法解释理解与适用》,人民法院出版社2015年版,第1233~1234页。

1105

被执行人强制报告财产制度

关键词 | 强制报告财产 |

【最高人民法院司法解释】

第三十一条 人民法院依照民事诉讼法第二百一十七条规定责令被执行人报告财产情况的,应当向其发出报告财产令。报告财产令中应当写明报告财产的范围、报告财产的期间、拒绝报告或者虚假报告的法律后果等内容。

第三十二条 被执行人依照民事诉讼法第二百一十七条的规定,应当书面报告下列财产情况:

(一)收入、银行存款、现金、有价证券;

(二)土地使用权、房屋等不动产;

(三)交通运输工具、机器设备、产品、原材料等动产;

(四)债权、股权、投资权益、基金、知识产权等财产性权利;

(五)其他应当报告的财产。

被执行人自收到执行通知之日前一年至当前财产发生变动的,应当对该变动情况进行报告。

被执行人在报告财产期间履行全部债务的,人民法院应当裁定终结报告程序。

第三十三条 被执行人报告财产后,其财产情况发生变动,影响申请执行人债权实现的,应当自财产变动之日起十日内向人民法院补充报告。

第三十四条 对被执行人报告的财产情况,申请执行人请求查询的,人民法院应当准许。申请执行人对查询的被执行人财产情况,应当保密。

第三十五条 对被执行人报告的财产情况,执行法院可以依申请执行人的申请或者依职权调查核实。

——《最高人民法院关于适用〈中华人民共和国民事诉讼法〉执行程序若干问题的解释》(2008 年 11 月 3 日,法释〔2008〕13 号)

【最高人民法院审判业务意见】

(二)强化被执行人的财产报告义务

被执行人报告财产是财产调查的重要途径,能够全面反映被执行人的财产状况和履行能力,有利于减少人民法院寻找被执行人财产的盲目性。但实践中,由于存在核实不及时、惩罚不到位等问题,该制度的功能一直没有得到充分发挥。为强化被执行人报告财产义务,《财产调查规定》具体规定了报告财产令的内容、报告财产的范围、补充报告义务、核实程序、不履行报告义务的法律责任等问题,进一步完善了被执行人财产报告制度。

例如,为解决当事人敷衍申报,人民法院处罚不力的问题,《财产调查规定》专门规定了对财产报告的调查核实程序;细化了被执行人不履行报告义务的处罚措施,尤其强调法院对不履行报告义务的被执行人应当依法实施信用惩戒。以便构筑多层次惩戒机制,形成强大威慑力,确保财产报告制度长出“牙齿”。

——《最高人民法院负责人关于民事执行中财产查明若干问题的规定等三个执行司法解释及规范性意见答记者问》,载中国法院网,http://www.chinacourt.org。

【链接:最高人民法院法官著述】

被执行人强制报告财产制度是本次民事诉讼法修改确立的一项新的法律制度。依照民事诉讼法第二百一十七条的规定,报告财产是被执行人应当履行的一项法定义务,但报告程序如何启动,民事诉讼法未作明确规定。司法解释起草过程中,有意见认为,为更加有效地督促被执行人履行报告财产义务,使法院对拒绝报告或虚假报告的被执行人的处罚更具正当性,报告程序的启动应当明确、正式,即人民法院在启动报告财产这一程序时,有必要向被执行人发出正式的法律文书,明确告知被执行人负有报告财产的义务以及报告财产的范围、报告财产的期限要求以及拒绝报告和虚假报告的法律后果等内容。司法解释采纳了该意见。报告程序的启动旨在命令被执行人依法履行报告义务,故司法解释将这种法律文书确定为“报告财产令”。

依照民事诉讼法的规定，被执行人应当报告的财产范围非常广泛，从理论上说，不论是动产、不动产或者其他财产性权利，被执行人都有义务向法院报告。为了增强财产报告制度的可操作性，避免实践中就报告财产的范围问题出现分歧，《解释》第三十二条第一款通过列举的方式将被执行人需要报告的财产范围作了细化。依照民事诉讼法的规定，被执行人不仅要报告当前的财产情况，还要报告自收到执行通知之日前一年内的财产情况。这一期间的财产情况，实际上是财产的变动情况，比如被执行人在一年内是否将财产转让、赠与他人等。通过要求被执行人报告一定期间内的财产变动情况，可以使执行法院及时了解被执行人是否有低价转让财产或者隐匿、转移财产逃避执行等行为，从而有利于更好地调查被执行人的财产情况。

责令被执行人报告财产的目的是实现债权，因此，如果被执行人在报告财产期间已经履行了全部债务，债权已经实现的，要求被执行人继续报告财产已经超出了实现债权这一正当性目的，不仅对债权实现没有实际意义，而且还会侵害被执行人的合法权益。因此，在这种情况下，人民法院应当裁定终结报告程序。从理论上说，被执行人的财产一直处于变动状态，被执行人根据财产报告令指定的期限向法院报告之后，其财产仍然可能出现减少或增加的情况。为及时掌握被执行人财产变动的信息，特别是在被执行人依照法院指定的期限报告后，其财产又有较大增加的情况下，为确保及时有效地控制财产，提高执行的实际效果，《解释》第三十三条规定了补充报告制度，即被执行人报告财产后，其财产情况发生变动，影响申请执行人债权实现的，被执行人应当自财产变动之日起十日内将该财产变动的有关情况向人民法院作补充报告。这里应当注意的是，财产变动情况是否影响申请执行人债权的实现，不应由被执行人自己判断，而应当看将来债权是否要靠执行这些新增加的财产实现，或者债权是否因为财产减少而难以得到实现。

被执行人对其财产情况作出报告后，执行法院是否应当将被报告的财产情况告知申请执行人，司法解释起草过程中有不同意见。一种意见认为，将报告情况告知申请执行人不利于保护被执行人的隐私权，特别是随着经济社会的发展，公民隐私权的保护越来越受到重视，企业的商业秘密对企业的生存和发展也日益重要，因此对此应持慎重态度。另一种意见则认为，被执行人有财产而不履行债务的，其隐私权的保护应受到一定限制，在这种情况下，执行法院应当将财产报告的副本发送申请执行人，以便申请执行人能够全面了解被执行人报告的财产情况，判断被执行人的报告是否真实，同时也有利于监督法院及时启动财产申报程序。《解释》第三十四条兼顾了正反两方面的意见，规定对被执行人报告的财产情况，申请执行人有权向执行法院请求查询，同时要求申请执行人对查询的被执行人财产情况依法保密。

民事诉讼法虽然规定被执行人有报告财产的义务，但实践中被执行人为逃避债务，对其财产情况往往会进行虚假报告。因此，《解释》第三十五条明确规定执行法院有权对被执行人财产报告的真实情况进行调查核实。被执行人报告财产后，申请执行人根据自己掌握的情况，如果认为被执行人虚假报告的，可以向执行法院申请对报告进行调查核实；执行法院认为被执行人的报告可能存在虚假的，也可以依职权进行调查核实。至于调查核实的具体方式，执行法院可以根据案件的具体情况灵活把握，比如向有关单位调查、举行听证、委托审计部门审计等均无不可。

——沈德咏主编、最高人民法院研究室编：《民事诉讼司法解释理解与适用》，法律出版社2009年版，第563～565页。

1106

人民法院搜查时可以适用强制开启

关键词 | 搜查 | 强制开启 |

【最高人民法院司法解释】

第十四条　被执行人隐匿财产、会计账簿等资料拒不交出的，人民法院可以依法采取搜查措施。

人民法院依法搜查时，对被执行人可能隐匿财产或者资料的处所、箱柜等，经责令被执行人开启而拒不配合的，可以强制开启。

——《最高人民法院关于民事执行中财产调查若干问题的规定》（2017年2月28日，法释〔2017〕8号）

31. 人民法院依法搜查时，对被执行人可能存放隐匿的财物及有关证据材料的处所、箱柜等，经责令被执行人开启而拒不配合的，可以强制开启。

——《最高人民法院关于人民法院执行工作若干问题的规定（试行）》（1998年7月8日，法释〔1998〕15号）

【链接：最高人民法院法官著述】

我国《民事诉讼法》没有规定强制开启，但《最高人民法院关于人民法院执行工作若干问题的规定（试行）》第31条作出相关规定，由该条规定可见，强制开启与搜查密不可分。

强制开启是搜查的辅助性措施，只能在搜查中适用。被执行人拒不履行生效法律文书确定的义务时，执行人员在未经批准搜查之前，不得实施强制开启行为，否则是违法行为。强制开启在搜查中适用，也就是说在采取其他民事强制执行措施时一般也不能采用强制开启，即在实施查封、扣押、拍卖、变卖、交付、转交等的强制执行措施时不能同时适用强制开启。

强制开启适用于被执行人可能隐藏财产及有关证据材料这一特定情况。强制开启既然依附搜查而适用，那么其适用的原因就必须与搜查相同。被执行人可能隐匿财产和有关证据材料既是搜查的原因，又是强制开启的原因。没有这个原因，既不能搜查又不能强制开启。

以责令被执行人自行开启为前置程序。为了方便搜查，避免不必要的损失，执行人员事先应当责令被执行人或者其成年家属自行开启，被执行人或其成年家属自行开启的，就不需要强制开启，若经责令仍拒不开启的，方可强制开启。如果被执行人和其成年家属均不在场的，不可能以责令自行开启为前置程序，可以直接强制开启。

强制开启的范围仅限于被执行人可能存放隐匿财物及有关证据材料的处所、箱柜等，强制开启的对象一般是门窗、箱柜等。

强制开启是搜查措施的组成部分，因而不需另行制作裁定、决定等法律文书，执行人员在搜查时用口头宣布强制开启后即可实施。

强制开启必然会造成一定的财产损失，如房屋的门窗、箱柜的钥匙的损坏等，虽价值不高，但责任仍要有归属，对被执行人住所、箱柜强制开启，由此造成的损失不论搜查有无结果，均由被执行人自行承担。因为被执行人本身就负有履行法律文书确定的义务的责任。但是，强制开启第三人的房门、箱柜等所造成的正常损失，是否予以赔偿，则要具体情况具体分析。如果搜查成功，证明该第三人确有协助隐匿行为，此时，该第三人负有协助执行义务而不自行开启，所造成的损失由其本人承担；如果强制开启后搜查无果，第三人又说自己没有协助被执行人隐匿财产，又无证据证实其协助隐匿，这说明执行法院搜查错误，应当承担强制开启所造成损失的赔偿责任。因此，对第三人进行搜查必须重视有关证据，慎重行事。

——江必新主编：《民事执行新制度理解与适用》，人民法院出版社2010年版，第200～201页。

1107

暂缓执行的适用情形

关键词 | 执行担保 | 暂缓执行 |

【最高人民法院司法解释】

84. 被执行人或其担保人以财产向人民法院提供执行担保的，应当依据《中华人民共和国担保法》的有关规定，按照担保物的种类、性质，将担保物移交执行法院，或依法到有关机关办理登记手续。

——《最高人民法院关于人民法院执行工作若干问题的规定(试行)》(1998年7月8日，法释〔1998〕15号)

【最高人民法院司法政策】

第三条 有下列情形之一的，经当事人或者其他利害关系人申请，人民法院可以决定暂缓执行：

(一)执行措施或者执行程序违反法律规定的；

(二)执行标的物存在权属争议的；

(三)被执行人对申请执行人享有抵销权的。

第七条 有下列情形之一的，人民法院可以依职权决定暂缓执行：

(一)上级人民法院已经受理执行争议案件并正在处理的；

(二)人民法院发现据以执行的生效法律文书确有错误，并正在按照审判监督程序进行审查的。

人民法院依照前款规定决定暂缓执行的，一般应由申请执行人或者被执行人提供相应的担保。

——《最高人民法院关于正确适用暂缓执行措施若干问题的规定》(2002 年 9 月 28 日，法发〔2002〕16 号)

编者说明

暂缓执行也称延缓执行，是指民事执行程序启动后，经当事人合意约定或者由人民法院依职权决定，暂缓实施执行措施而导致的执行程序的暂时停止。2002 年 9 月 28 日，最高人民法院制定了《关于正确适用暂缓执行措施若干问题的规定》。该规定对暂缓执行的适用情形、期限等均予以具体规定。暂缓执行这一概念，在《民事诉讼法》第 231 条的规定中提到，该条规定："在执行中，被执行人向人民法院提供担保，并经申请执行人同意的，人民法院可以决定暂缓执行及暂缓执行的期限。被执行人逾期仍不执行的，人民法院有权执行被执行人的担保财产或者担保人的财产。"通常，该条的规定被认为确立了执行担保制度，暂缓执行则作为执行担保法律效力的直接表现。此外，《2015 年解释》第 469、470 条和《最高人民法院关于人民法院执行工作若干问题的规定(试行)》第 130、133、134 条对委托执行、审判监督和执行协调中适用暂缓执行的几种情形分别作了规定。

1108

暂缓执行的期限

关键词 | 暂缓执行期限 | 执行担保 |

【最高人民法院司法解释】

第四百六十九条 人民法院依照民事诉讼法第二百三十一条规定决定暂缓执行的，如果担保是有期限的，暂缓执行的期限应当与担保期限一致，但最长不得超过一年。被执行人或者担保人对担保的财产在暂缓执行期间有转移、隐藏、变卖、毁损等行为的，人民法院可以恢复强制执行。

——《最高人民法院关于适用〈中华人民共和国民事诉讼法〉的解释》(2015 年 1 月 30 日，法释〔2015〕5 号)

135. 上级法院通知暂缓执行的，应同时指定暂缓执行的期限。暂缓执行的期限一般不得超过三个月。有特殊情况需要延长的,应报经院长批准,并及时通知下级法院。

暂缓执行的原因消除后,应当及时通知执行法院恢复执行。期满后上级法院未通知继续暂缓执行的,执行法院可以恢复执行。

——《最高人民法院关于人民法院执行工作若干问题的规定(试行)》(1998 年 7 月 8 日,法释〔1998〕15 号)

【最高人民法院司法政策】

第十条 暂缓执行的期间不得超过三个月。因特殊事由需要延长的,可以适当延长,延长的期限不得超过三个月。

暂缓执行的期限从执行法院作出暂缓执行决定之日起计算。暂缓执行的决定由上级人民法院作出的,从执行法院收到暂缓执行决定之日起计算。

——《最高人民法院关于正确适用暂缓执行措施若干问题的规定》(2002 年 9 月 28 日,法发〔2002〕16 号)

【链接:最高人民法院法官著述】

根据《民诉法意见》第 268 条的规定,暂缓执行的期限应当与执行担保的期限一致,最长不得超过 1 年(2015 年《民诉法解释》第 469 条保留了该条规定)。《执行工作规定》第 135 条则规定,上级法院通知暂缓执行的,暂缓执行的期限一般不得超过 3 个月,有特殊情况需要延长的,应当报经院长批准,但对延长次数未予以明确。《暂缓执行规定》第 10 条则对暂缓执行期间作了进一步明确的规定,不得超过 3 个月,因特殊事由需要延长的,可以适当延长,但延长的期限不得超过 3 个月。即最长暂缓执行期间为 6 个月,若超过 6 个月,执行法院可以恢复执行。暂缓执行的期限从执行法院作出暂缓执行决定之日起计算。暂缓执行的决定由上级人民法院作出的,从执行法院收到暂缓执行决定之日起计算。

——江必新主编:《民事执行新制度理解与适用》,人民法院出版社 2010 年版,第 208 ~209 页。

1109

暂缓执行事由消灭后执行程序的恢复

关键词 | 暂缓执行 | 恢复执行 |

【最高人民法院司法解释】

第四百七十一条 被执行人在人民法院决定暂缓执行的期限届满后仍不履行义务的,人民法院可以直接执行担保财产,或者裁定执行担保人的财产,但执行担保人的财产以担保人应当履行义务部分的财产为限。

——《最高人民法院关于适用〈中华人民共和国民事诉讼法〉的解释》(2015年1月30日,法释〔2015〕5号)

【最高人民法院司法政策】

第十三条 暂缓执行期限届满后,人民法院应当立即恢复执行。

暂缓执行期限届满前,据以决定暂缓执行的事由消灭的,如果该暂缓执行的决定是由执行法院作出的,执行法院应当立即作出恢复执行的决定;如果该暂缓执行的决定是由执行法院的上级人民法院作出的,执行法院应当将该暂缓执行事由消灭的情况及时报告上级人民法院,该上级人民法院应当在收到报告后十日内审查核实并作出恢复执行的决定。

——《最高人民法院关于正确适用暂缓执行措施若干问题的规定》(2002年9月28日,法发〔2002〕16号)

【链接:最高人民法院法官著述】

暂缓执行的期限届满后,被执行人尚未履行执行名义确定的义务的,民事执行机关应当继续执行,申请执行人也可申请继续执行。暂缓执行的继续执行的具体条件,因暂缓执行的具体情形不同而不同。

因执行担保而暂缓执行的,继续执行应当具备以下条件之一:(1)被执行人逾期不履行义务;(2)被执行人或者担保人在暂缓执行期间隐匿、转移、变卖、毁损用于担保的财产。

《最高人民法院关于适用〈中华人民共和国民事诉讼法〉若干问题的意见》第268条规定，被执行人或担保人对担保的财产在暂缓执行期间有转移、隐藏、变卖、毁损等行为的，人民法院可以恢复强制执行。第270条规定，被执行人在人民法院决定暂缓执行的期限届满后仍不履行义务的，人民法院可以直接执行担保财产，或者裁定执行担保人的财产，但执行担保人的财产以担保人应当履行义务部分的财产为限。

对于委托执行中的暂缓执行，因受委托的人民法院认为需要中止执行或者终结执行而暂缓执行，委托的人民法院经审查认为不需要中止执行或者终结执行的，受委托的人民法院应当继续执行。

对于执行或者审判监督中的暂缓执行，其继续执行的条件因暂缓执行的原因不同而不同。其中，因上级人民法院认为在执行中作出的裁定、决定、通知或者具体执行行为不当或者有错误而被通知暂缓执行的，上级人民法院认为该裁定、决定、通知或者具体执行行为适当或者没有错误的，受通知的民事执行机关应当继续执行；因上级人民法院认为据以执行的生效法律文书确有错误而被通知暂缓执行的，经审查，据以执行的生效法律文书没有错误的，受通知的民事执行机关应当继续执行；因案件在申诉复查期间而被通知暂缓执行的，待复查完毕认为案件没有错误而不应当再审的，受通知的人民法院应当继续执行。

根据我国现行法律和司法解释的规定，因执行担保而暂缓执行的，继续执行时，既可执行原来查封的财产，也可执行被执行人用于担保的财产或者担保人的财产。执行担保人的财产时，人民法院应当作出由担保人承担义务的裁定，并以担保财产为限，不能超出担保人担保的范围。因其他原因而暂缓执行，继续执行时，既可执行原已采取执行措施的财产，也可对被执行人的其他财产采取执行措施。

——江必新主编：《民事执行新制度理解与适用》，人民法院出版社2010年版，第209～210页。

1110

人民检察院建议生效民事判决暂缓执行无法律依据

关键词 | 暂缓执行 | 检察建议 |

【最高人民法院司法解释】

广东省高级人民法院：

你院粤高法民〔1998〕186号《关于检察机关对法院生效民事判决建议暂缓执行是否采纳的请示》收悉。经研究，答复如下：

根据《中华人民共和国民事诉讼法》的规定，人民检察院对人民法院生效民事判决提出暂缓执行的建议没有法律依据。

——《最高人民法院关于如何处理人民检察院提出的暂缓执行建议问题的批复》(2000年7月10日，法释〔2000〕16号)

【链接：最高人民法院法官著述】

1. 检察机关认为暂缓执行建议是一种监督方式。检察机关所提暂缓执行建议属于检察建议的一种，是针对人民法院执行工作而提出的建议。本来依通常理解，所谓建议就是一种主张，检察建议就是检察机关的主张。但有人认为，检察建议是检察机关对人民法院在民事审判和行政诉讼活动中存在的一般的程序性错误，或者是人民法院在民事审判、行政诉讼活动中应当予以改进的问题，提出纠正意见或者改进意见，这是一种监督方式。这种观点将检察建议定位于监督层面上，与建议的本来意义似不相符。也有人认为，依照《宪法》第四十一条的规定，中华人民共和国公民对于任何国家机关和国家工作人员，有提出批评和建议的权利，作为国家机关的检察机关也可以对法院的执行工作提出任何建议。但是，这种建议不是检察机关对法院进行监督的一种方式。出于帮助法院改进执行工作，完善执行方法，全面保护当事人的合法权益考虑，任何人包括检察机关提出的建议，法院都会认真研究。

2. 暂缓执行建议是在抗诉前提出的。司法实践中，检察机关一般是在受理当事人不服人民法院生效裁判而提出申诉时，未决定抗诉即向人民法院发出暂缓执行生效民事判决的建议函。这就是检察机关所提的暂缓执行建议。实际上，如果检察机关认为法院生效裁判符合《民事诉讼法》第一百八十五条的规定，可以依法向人民法院提出抗诉。依照《民事诉讼法》的现行规定，只有检察机关依法向人民法院提出抗诉，人民法院即应再审。法院再审时，即中止原生效判决的执行。检察机关在抗诉前即提出暂缓执行的建议，如果法院采纳这一建议，检察机关又不依法提出抗诉或者迟迟不决定抗诉，或者经自行审查后认为原裁判正确，对于暂缓执行的决定，法院无法向当事人解释，当事人因暂缓执行而遭受的损失，检察院不愿也无法弥补。

依据《民事诉讼法》等法律的规定，发生法律效力的法律文书应当得到及时的执行。只有如此，才能保护当事人的合法权益，维护法律的尊严和社会的正常秩序。暂缓执行的适用必须严格按照《民事诉讼法》和有关司法解释的规定进行，没有法律依据的暂缓执行，既有损当事人的合法利益，也给本就存在困难的执行工作带来更大的困难。

法释〔2000〕16 号批复精神也适用于检察机关对法院生效裁定提出暂缓执行建议的情形。

——沈德咏主编、最高人民法院研究室编：《最高人民法院民商事司法解释及审判适用指导》，中国法制出版社 2006 年版，第 2333～2335 页。

1111

中止执行的适用情形

关键词｜中止执行｜

【最高人民法院司法解释】

第五条 破产申请受理后，有关债务人财产的执行程序未依照企业破产法第十九条的规定中止的，采取执行措施的相关单位应当依法予以纠正。依法执行回转的财产，人民法院应当认定为债务人财产。

——《最高人民法院关于适用〈中华人民共和国企业破产法〉若干问题的规定（二）》（2013 年 9 月 5 日，法释〔2013〕22 号）

102. 有下列情形之一的，人民法院应当依照民事诉讼法第二百三十四条第一款第五项的规定裁定中止执行：

（1）人民法院已受理以被执行人为债务人的破产申请的；

（2）被执行人确无财产可供执行的；

（3）执行的标的物是其他法院或仲裁机构正在审理的案件争议标的物，需要等待该案件审理完毕确定权属的；

(4)一方当事人申请执行仲裁裁决，另一方当事人申请撤销仲裁裁决的；

(5)仲裁裁决的被申请执行人依据民事诉讼法第二百一十七条第二款的规定向人民法院提出不予执行请求，并提供适当担保的。

103. 按照审判监督程序提审或再审的案件，执行机构根据上级法院或本院作出的中止执行裁定书中止执行。

——《最高人民法院关于人民法院执行工作若干问题的规定(试行)》(1998 年 7 月 8 日，法释〔1998〕15 号)

【最高人民法院司法政策】

各省、自治区、直辖市高级人民法院，解放军军事法院：

鉴于中国人民银行已决定对中银信托投资公司进行接管，凡涉及中银信托投资公司作为被执行人的案件，在接管、清理期间，有关执行法院应根据《中华人民共和国民事诉讼法》第二百三十四条第一款第(五)项之规定，对生效的法律文书，裁定中止执行。

请各高级法院、军事法院接通知后，立即告知所辖中级法院、基层法院及专门法院按本通知认真执行。

——《最高人民法院关于中银信托投资公司作为被执行人的案件应中止执行问题的通知》(1995 年 12 月 21 日，法〔1995〕209 号)

【链接：最高人民法院法官著述】

引起执行中止的法定情形有多种，除《民事诉讼法》第 232 条规定的情形外，《最高人民法院关于人民法院执行工作若干问题的规定(试行)》第 102、103 条也规定了若干情形。归纳起来，有以下几种：

1. 申请执行人同意延期执行的

申请执行人表示可以延期执行，是其对自己权利的处分，执行法院应充分尊重，不能随便剥夺该权利。但应该注意的是，在执行实践中，有些申请执行人表示可以延期执行，并非出于自己的本意，而是在被执行人暴力威胁逼迫等情况下无奈做出的。因此，人民法院在收到权利人的书面申请后，既要尊重保护好权利人的权利，还要做好必要的调查工作，对那些恶意阻挠权利人行使权利的人，应以妨害民事执行行为论处。另一方面，为了防止申请执行人滥用延期执行权利，导致本可及时履行的债权错失执行良机，最终得不到实现，使得法院背上“执行难”的包袱，故执行法院应对延期执行的申请进行必要的审查。

也有学者提出，从法理上讲，申请执行人“表示可以延期执行”，应是暂缓执行的情形而不是中止执行的情形。中止执行和暂缓执行的最大区别在于是否必须经过申请执行人同意。必须经申请执行人同意的，是暂缓执行；不必经申请执行人同意的，是中止执行。暂缓执行体现了对当事人意思自治的尊重，所以，只要申请执行人同意，就可暂缓执行，不必经执行机关裁定。

2. 案外人对执行标的提出确有理由的异议

《民事诉讼法》第204条规定：“执行过程中，案外人对执行标的提出书面异议的，人民法院应当自收到书面异议之日起15日内审查，理由成立的，裁定中止对该标的的执行；理由不成立的；裁定驳回。案外人、当事人对裁定不服，认为原判决、裁定错误的，依照审判监督程序办理；与原判决、裁定无关的，可以自裁定送达之日起15日内向人民法院提起诉讼。”这里的执行标的更多指的是执行标的物，案外人对该标的物提出异议，导致对该具体的执行标的物的执行措施暂时停止，执行程序因对某一具体标的物的暂停执行而停止。

3. 作为一方当事人的公民死亡，需要等待继承权利或者承担义务

这里的“一方当事人的公民死亡”，包括申请执行人死亡和被执行人死亡两种情况。执行过程中，作为接受义务人履行义务的权利主体死亡，需要中止执行，以等待继承人继承权利后再恢复执行，如果权利人没有继承人或继承人放弃继承权利的，人民法院应终结执行。

有学者对此提出质疑。因为实践中，往往在等待继承人继承权利而中止执行过程中，被执行人接到中止执行裁定后转移财产，致使错失执行良机，造成恢复执行后执行不能，损害了权利人的合法权益。因此，申请执行人死亡不应中止执行，而应将执行所得由执行机关提存。如有继承人继承权利，则将执行所得交付继承人；如继承人放弃继承的，则将执行所得返还债务人。另外，在债权人死亡时中止执行，还可能损害第三人的利益（如在拍卖时中止执行，就有可能损害竞买人的利益）。

作为被执行人的公民死亡的，以其遗产偿还债务。据此，只要被执行人有遗产可供执行的，人民法院就应当执行其遗产，而不应中止执行。此时无论被执行人是否有继承人或继承人是否表示愿意承担义务，都不影响人民法院对遗产的执行。若被执行人没有继承人的，人民法院可直接按该条规定执行。若被执行

人有继承人且没有放弃继承的，人民法院则可依《最高人民法院关于适用〈中华人民共和国民事诉讼法〉若干问题的意见》第274条的规定，裁定变更继承人为被执行人，由其在继承的遗产范围内偿还债务。若继承人放弃继承的，人民法院可以直接依法执行被执行人的遗产。这是各国立法的通常做法。

4. 作为一方当事人的法人或者其他组织终止，尚未确定权利义务承受人的

这里的一方当事人，包括申请执行人和被执行人。法人或其他组织因某种原因而终止的，其原有的权利和义务并不丧失法律效力，而应由新的法人或其他组织承受。法人或其他组织因被依法撤销、解散而终止的，其权利义务由法律规定的组织承受；因分立合并而终止的，由分立或合并后存续的法人或其他组织承受。在执行过程中，无论是作为申请人还是被执行人的法人或其他组织终止的，在实体权利义务的承受人尚未确定时，人民法院都裁定中止执行。这与作为被执行人的公民死亡不应中止执行不同，因为《民事诉讼法》第209条明确规定："作为被执行人的法人或者其他组织终止的，由其权利义务承受人履行义务。"故而，在其权利义务承受人尚未确定时，人民法院应裁定中止执行。

5. 人民法院已受理以被执行人为债务人的破产申请的

《企业破产法》第19条规定："人民法院受理破产申请后，有关债务人财产的保全措施应当解除，执行程序应当中止。"因而，被执行人申请破产后，对被执行人的执行程序应当中止。

6. 被执行人确无财产可供执行的

这类案件适用中止执行的，要对是否确无财产可供执行进行严格的审查，在对被执行人财产未做充分调查的情况下，随意以被执行人确无财产可供执行为由将案件中止执行，将严重侵害债权人的合法权益。因此，对这类案件裁定执行中止前应进行严格审查，查明财产调查手段是否已做到了"穷尽"，是否符合"确无财产可供执行"的法定条件等。审查后，如果被执行人确无履行能力，应依法中止执行或终结执行。当然，在界定自然人确无财产可供执行时，应根据《民事诉讼法》第219条和第220条规定，适当保留被执行人及其所扶养家属的生活必需费用和生活必需品。在扣除必需费用和必需品之外，才能算可供执行的财产。对其他经营组织可供执行财产的界定，应区分不同情况。对有经营能力的，应保留最低经营的费用和设备。对无经营能力的，应将其所有资产列入执行财产。

7. 执行标的物是其他法院或仲裁机构正在审理的案件争议标的物，需要等待该案件审理完毕确定权属的

这里的"执行标的物"，是指执行过程中，执行人员自行确定的标的物，而不

是法律文书指定交付的标的物。因为后者，法律文书已确定了标的物的权属，无须再行确权。而执行中自行确定的标的物，其所有权可能并不属于被执行人。若执行中该标的物的权属发生争议且正在审理，说明该标的物的权属仍处于不确定状态，人民法院应中止对该标的物的执行。但对该标的物可以采取查封等控制性措施，待案件审理完毕后，再决定是否继续执行。也就是说，此时的中止执行应是人民法院对个别执行行为的中止，而不妨碍执行法院对被执行人其他财产的执行。

8. 一方当事人申请执行仲裁裁决，另一方当事人申请撤销仲裁裁决的

这是《仲裁法》第 64 条的明文规定。法律对这种情况的执行中止没有附加任何条件。在执行中出现这种情况，一般都是被执行人申请撤销仲裁裁决。此时，只要申请撤销仲裁裁决的被执行人向执行法院提供其已向有关法院申请撤销仲裁裁决，有关法院已经立案受理的证据材料，执行法院就应当裁定中止执行仲裁裁决。

9. 仲裁裁决的被执行人依据《民事诉讼法》第 213 条第 2 款的规定向人民法院提出不予执行请求，并提供适当担保的

这是《最高人民法院关于人民法院执行工作若干问题的规定（试行）》第 102 条第 5 项的规定，这里的仲裁裁决仅是国内案件的仲裁，而不包括涉外仲裁裁决。被执行人在向人民法院书面提出不予执行申请，并提供切实的担保后，执行法院应当裁定中止执行。根据《最高人民法院关于适用〈中华人民共和国民事诉讼法〉若干问题的意见》第 315 条规定，人民法院强制执行涉外仲裁机构的仲裁裁决时，如被执行人申辩有《民事诉讼法》第 258 条第 1 款规定的情形之一的，在其提供了财产担保后，可以中止执行。人民法院应当对被执行人的申辩进行审查，并根据审查结果裁定不予以执行或驳回申辩。这里应当注意，对涉外仲裁裁决是“可以”中止执行，而根据《民事诉讼法》及《最高人民法院关于人民法院执行工作若干问题的规定（试行）》第 102 条规定，对国内仲裁裁决是“应当”中止执行。

10. 据以执行的生效法律文书确有错误，执行法院决定按审判监督程序再审或上级法院提审的

《最高人民法院关于人民法院执行工作若干问题的规定（试行）》第 103 条对此做出明确规定，案件的提审或再审，均会引起案件执行的中止程序。执行中，执行员如果发现据以执行的法律文书确有错误的，应当提出书面意见，经院长批准，即可引起再审程序，从而中止案件的执行。

11. 人民法院认为应当中止执行的其他情况

实践中，执行案件的情况十分复杂，对执行中可能出现的中止执行事由，法律和司法解释不可能穷尽。因而，需要根据立法意图，在实践中不断总结完善。当前，不少法院对执行过程中出现的下列情形，也裁定中止执行：(1)被执行人下落不明，暂无财产可供执行的；(2)被执行人正在监狱服刑或被劳动教养，且暂无财产可供执行的；(3)被执行人仅有的财产无法拍卖或变卖，申请执行人又不同意将该财产作价抵债的；(4)被执行人长期生病住院，家庭生活困难的；(5)被执行人遭遇自然灾害或意外事故的。

——江必新主编：《民事执行新制度理解与适用》，人民法院出版社2010年版，第211~214页。

编者说明

2012年《民事诉讼法》第256条规定："有下列情形之一的，人民法院应当裁定中止执行：(一)申请人表示可以延期执行的；(二)案外人对执行标的提出确有理由的异议的；(三)作为一方当事人的公民死亡，需要等待继承人继承权利或者承担义务的；(四)作为一方当事人的法人或者其他组织终止，尚未确定权利义务承受人的；(五)人民法院认为应当中止执行的其他情形。中止的情形消失后，恢复执行。"

1112

中止执行案件恢复执行不需要重新立案

关键词 | 中止执行 | 恢复执行 | 重新立案 |

【链接：最高人民法院法官著述】

问题：某法院在对中止执行案件恢复执行立案上存在两种不同的意见。一种意见认为，中止执行案件恢复执行不需要重新立案，依据是《最高人民法院关于人民法院执行工作若干问题的规定(试行)》第104条之规定。另一种意见是，中止执行的案件恢复执行应当重新立案，理由是中止执行的案件已做结案处理，若对已做结案处理的中止执行案件恢复执行不新立案号，执行效率难以体现。

《人民司法》研究组认为：第一种意见是正确。《民事诉讼法》第234条第2

款规定："中止执行的情形消灭后，恢复执行。"《最高人民法院关于人民法院执行工作若干问题的规定(试行)》第104条规定："中止执行的情形消失后，执行法院可以根据当事人的申请或依职权恢复执行。"恢复执行是对原已中止的执行程序的继续，不需要重新立案，也不需要另外制作裁定撤销原中止执行的裁定。从恢复执行程序开始，原中止执行的裁定就失去了效力，以前所进行的一切执行活动仍然有效。

——《人民司法》2002年第12期

1113

因再审而中止执行，当事人申请恢复执行不受申请执行期限限制

关键词 | 再审 | 中止执行 | 恢复执行 | 申请执行期限 |

【链接：最高人民法院法官著述】

问题：某法院1999年元月受理的茹甲申请执行刘乙建筑材料购销纠纷一案，1999年11月因上级法院作出再审裁定而中止执行，后上级法院于2001年4月28日作出再审裁定维持原生效判决并于当日送达双方当事人。2003年2月，茹甲向本院申请恢复原生效判决的执行。按照最高人民法院《民事诉讼法若干意见》第267条的规定，申请恢复执行原生效法律文书，适用《民事诉讼法》第219条关于申请执行期限的规定，那么茹甲的申请是否超过了期限？

《人民司法》研究组认为：根据《民事诉讼法》第234条的规定，中止的情形一旦消失，应由人民法院恢复执行，并无申请恢复执行期限的限制。至于最高人民法院《民事诉讼法若干意见》第267条所指的期限，是指因一方当事人不履行执行和解协议时，另一方当事人申请恢复执行原生效法律文书时的期限。本案中，在上级法院再审维持原生效判决后，人民法院应及时恢复执行，茹甲的执行申请不存在期限的问题。

——《人民司法》2006年第2期

1114

应待和解协议履行完毕后再予结案

关键词 | 执行和解 | 执行结案 |

【最高人民法院司法解释】

86. 在执行中,双方当事人可以自愿达成和解协议,变更生效法律文书确定的履行义务主体、标的物及其数额、履行期限和履行方式。

和解协议一般应当采取书面形式。执行人员应将和解协议副本附卷。无书面协议的,执行人员应将和解协议的内容记入笔录,并由双方当事人签名或盖章。

87. 当事人之间达成的和解协议合法有效并已履行完毕的,人民法院作执行结案处理。

——《最高人民法院关于人民法院执行工作若干问题的规定(试行)》(1998 年 7 月 8 日,法释〔1998〕15 号)

【最高人民法院司法政策】

7. 努力做好执行案件和解工作。要进一步改进执行方式,充分运用调解手段和执行措施,积极促成执行和解,有效化解执行难题。

对被执行财产难以发现的,要充分发挥执行联动威慑机制的作用,通过限制高消费措施、被执行人报告财产制度,以及委托律师调查、强制审计、公安机关协查等方式方法,最大限度地发现被执行人的财产,敦促被执行人提出切实可行的还款计划。

对被执行人系危困、改制、拟破产企业的,要协调有关部门和被执行人,综合运用执行担保、以物抵债、债转股等方式,促成双方当事人达成执行和解协议。

——《最高人民法院关于进一步贯彻“调解优先、调判结合”工作原则的若干意见》(2010 年 6 月 7 日,法发〔2010〕16 号)

【《最高人民法院公报》案例】

桂林同德房地产开发有限公司申请执行重庆金山酒店有限公司等经营权案

裁判要旨:当事人达成和解协议后,执行程序中止,但法院不得立即作结案处理,应待和解协议履行完毕后再予结案。

广西壮族自治区高级人民法院经审理认为:

上诉人酒店公司、集团公司分别与被上诉人同德公司签订的借款协议均指的是同一笔5000万元借款,因此应视酒店公司、集团公司为共同借款人;酒店公司和上诉人物业公司用其拥有的金山酒店财产为借款作抵押,酒店公司和物业公司应为借款抵押人;上诉人王成书以个人名义保证还款,应为借款保证人。酒店公司、集团公司与同德公司的借款合同,属企业之间的借贷行为,违反国家金融法规,应认定为无效合同,对此双方均有责任。主合同无效,担保合同也无效。酒店公司、集团公司依无效借款合同取得的借款应返还给同德公司;物业公司、王成书明知企业间不能相互借贷,仍为借款合同作担保,应对酒店公司、集团公司的债务承担连带赔偿责任。据此,该院于1997年11月27日作出终审判决:酒店公司、集团公司在判决书送达之日起5日内还款3500万元,1997年12月30日前还清余款1500万元;物业公司在向同德公司抵押的财产范围内对酒店公司、集团公司的本案债务承担连带赔偿责任;王成书对酒店公司、集团公司的本案债务承担连带赔偿责任。该判决生效后,上述四被执行人未能自觉履行判决所确定的给付义务。申请执行人同德公司向广西壮族自治区高级人民法院申请执行。鉴于被执行人和需要执行的财产均在重庆市,依照《中华人民共和国民事诉讼法》第二百一十条第一款之规定,广西壮族自治区高级人民法院于1998年2月17日委托重庆市高级人民法院代为执行。

重庆市高级人民法院于1998年2月23日立案,同时,向四被执行人送达了执行通知书,责令其于同年3月3日前向申请执行人同德公司履行(1997)桂经终字第325号判决书所确定的义务,但被执行人仍逾期未予履行。该院经查得知:

被执行人集团公司由物业公司、酒店公司、三亚惠成酒店公司、三亚金山假日饭店、三亚乐上娱乐公司等5家企业组成,注册资金6000万元,但至今仍未真正组建;被执行人物业公司系1993年3月13日经批准成立的合资企业,注册资金3000万元,其主要资产为重庆金山商务大厦;被执行人酒店公司主要以租赁金山商务大厦附2~10层进行装修后从事酒店经营;被执行人王成书为上述各公司法人代表,个人资产不明。同时,全国其他法院受理对物业公司讼案30多件,诉讼标的4亿多元。现可供执行的财产只有重庆金山商务大厦和重庆金山酒店和汽车及设备。金山商务大厦除被物业公司用作贷款抵押外,另一联建方——重庆华俐物业公司也将其拥有的26%份额向深圳工商银行抵押贷款1200万美元。

重庆市高级人民法院委托审计部门对金山酒店进行司法审计,从中发现金山酒店注册资金早已被抽走，就连同德公司的5000万元借款除用于装修和开业等外亦已大都流失，已无资金可供法院执行。为了维护法制的统一和法律的尊严，依法平等保护本地和外地债权人的合法权益，该院依据所有权和经营权分离的原则，在本着既保证国有资产不流失，又兼顾各债权人利益不受损失的前提下，提出了“强制执行金山酒店，将其经营权交付同德公司使用，以收益冲抵债权”的方案。按此方案执行，经测算，金山酒店在交纳租金、扣除成本后，每年净现金流入额应为517万元；金山酒店经营权交同德公司后，以每年517万元额定数额冲抵债权，直至冲抵完毕。申请执行人同德公司与被执行人酒店公司均同意这一执行方案。同德公司还向法院书面承诺：接管金山酒店经营权后，保持酒店员工队伍稳定，维持酒店良好经营，按期缴纳租用金山商务大厦的租金和应付税款。同时承诺在法院处理金山商务大厦时，在同等条件下优先购买金山商务大厦涉及金山酒店的相应楼层。

至此，本案以执行和解结案。重庆高级人民法院依照民事诉讼法第二百一十条第一款之规定，已将执行情况函告广西壮族自治区高级人民法院。

——《最高人民法院公报》1999年第5期

编者说明

本案中，同德公司和金山公司达成和解协议后，该执行程序中止，但法院不得立即作结案处理，应待和解协议履行完毕后再予结案。因为，在当事人不履行和解协议的情形下，债权人还有申请恢复执行的权利，如果一达成和解协议就终结执行或结案，则将来再恢复执行时，就与法律规定、法律原则相矛盾。根据《民事诉讼法》的规定，只有中止执行的情形消失后，才可恢复执行；执行终结的事由，均为将来无法恢复执行的情况，只要将来还有可能继续执行的，则该案不能终结。否则，就违反了民事诉讼中一事不再理的原则。因此，本案执行法院在同德公司和金山公司达成和解协议后，应当中止执行案件，而不应作结案处理。

1115

执行和解后申请执行人请求中止或终结执行的处理

关键词 | 执行和解 | 中止执行 | 终结执行 | 解除执行措施 |

【最高人民法院司法解释】

第四百六十六条　申请执行人与被执行人达成和解协议后请求中止执行或

者撤回执行申请的，人民法院可以裁定中止执行或者终结执行。

——《最高人民法院关于适用〈中华人民共和国民事诉讼法〉的解释》(2015 年 1 月 30 日，法释〔2015〕5 号)

【链接：最高人民法院法官著述】

在和解协议达成后，申请执行人申请中止或者终结执行的，执行法院对已采取的查封、扣押、冻结等强制执行措施应当如何处理？我们认为，申请执行人申请中止执行的，法院不应解除已采取的强制执行措施。这样不仅有利于促进当事人积极履行和解协议，也为将来恢复执行原生效法律文书提供了可能。当然，依《查封、扣押、冻结财产规定》关于查封期限及续行查封的有关规定，查封措施期限届满，当事人不申请续行查封的，法院可不继续查封，执行措施自然解除。对于申请执行人申请终结执行的情况，申请本身就是对执行程序全部终结的意思表示，人民法院认为可以终结执行的，应作出裁定，终结本案的执行程序，并解除强制执行措施。

——沈德咏主编、最高人民法院修改后民事诉讼法贯彻实施工作领导小组编著：《最高人民法院民事诉讼法司法解释理解与适用》，人民法院出版社 2015 年版，第 1249 页。

1116

诉讼外自行达成的和解协议不具强制执行力

关键词 | 诉讼外和解 | 不履行和解协议 | 强制执行力 |

【最高人民法院指导性案例】

吴梅诉四川省眉山西城纸业有限公司买卖合同纠纷案(最高人民法院指导案例 2 号)

裁判要点：民事案件二审期间，双方当事人达成和解协议，人民法院准许撤回上诉的，该和解协议未经人民法院依法制作调解书，属于诉讼外达成的协议。一方当事人不履行和解协议，另一方当事人申请执行一审判决的，人民法院应予支持。

法院认为：西城纸业公司对于撤诉的法律后果应当明知，即一旦法院裁定准予其撤回上诉,眉山市东坡区人民法院的一审判决即为生效判决,具有强制执行的效力。虽然二审期间双方在自愿基础上达成的和解协议对相关权利义务做出约定,西城纸业公司因该协议的签订而放弃行使上诉权,吴梅则放弃了利息,但是该和解协议属于双方当事人诉讼外达成的协议,未经人民法院依法确认制作调解书,不具有强制执行力。西城纸业公司未按和解协议履行还款义务,违背了双方约定和诚实信用原则,故对其以双方达成和解协议为由,主张不予执行原生效判决的请求不予支持。

——《最高人民法院关于发布第一批指导性案例的通知》(2011 年 12 月 20 日,法〔2011〕354 号)

【链接:最高人民法院法官著述】

对"当事人不履行和解协议"的理解,还应明确以下两个问题:

一是和解协议订立的程序。本条所称的"和解协议"是指当事人不履行在执行程序中所达成的和解协议,而非执行程序外所达成的和解协议。本条所称的执行和解作为执行的方式之一,无论其程序效力或是实体效力,不仅及于当事人双方,而且还及于行使执行权的人民法院,因此,和解行为应产生在执行程序之中。当事人在执行程序开始前的和解以及强制执行程序终结后的和解,均非本条所规定的执行和解,不能适用本条有关和解效力的规定,进行认定和实施权利救济。如果是当事人在强制执行程序终结后所进行的和解,此时由于强制执行的失权,和解所约定的债务已归为自然债务,非经法定程序确认,不具有强制执行的效力,无法恢复执行原生效法律文书。如果是当事人在执行程序开始前所达成的和解,则要看当事人是否提交人民法院予以确认,如果业经人民法院确认并制作了调解书,在当事人不自动履行时,权利人可以申请人民法院强制执行调解书所确认的法律关系,如果仅是当事人之间的一纸协议,并未经人民法院确认并制作了调解书,在当事人不予履行的情况下,申请执行人可在法定时效内申请人民法院依法强制执行原生效法律文书。在最高人民法院发布的"吴梅诉四川省眉山西城纸业有限公司买卖合同纠纷案"(最高人民法院审判委员会讨论通过,2011 年 12 月 20 日发布)中,最高人民法院就认为,民事案件二审期间,双方当事人达成和解协议,人民法院准许撤回上诉的,该和解协议未经人民法院依法制作调解书,属于诉讼外达成的协议。一方当事人不履行和解协议,另一方当事人申请执行一审判决的,人民法院应予支持。虽然二审期间双方在自愿基础上达成的和解协议对相关权利义务做出约定,西城纸业公司因该协议的签订而放弃行使上诉权,吴梅则放弃了利息,但是该和解协议属于双方当事人诉讼外达成的协议,未经人民法院依法确认制作调解书,不具有强制执行力。西城纸业公司未按和解协议履行还款义务,违背了双方约定和诚实信用原则,故对其以双方达成和解协议为由,主张不予执行原生效判决的请求不予支持。

二是和解协议的履行程度。本条所称的"当事人不履行和解协议的",是指当事人不履行或不依约全面履行和解协议的内容。相应的,如果当事人依约全面履行和解协议,和解协议就能够产生终结执行程序的程序效力和终结双方由生效法律文书所确认的权利义务关系的实体效力,只要和解协议非因申请执行人受到欺诈、胁迫而与被执行人达成,申请执行人不得再申请人民法院恢复对原生效法律文书的执行,否则,既不符合诚实信用的民事法律原则,也不利于执行和解制度的建立和发展。

——最高人民法院民事诉讼法修改研究小组编著:《〈中华人民共和国民事诉讼法〉修改条文理解与适用》,人民法院出版社 2012 年版,第 523 ~ 524 页。

1117

债务人超过执行和解协议约定期限履行但债权人接受的,原生效法律文书不能恢复执行

关键词|和解协议|恢复执行|

【最高人民法院司法解释】

第四百六十七条 一方当事人不履行或者不完全履行在执行中双方自愿达成的和解协议,对方当事人申请执行原生效法律文书的,人民法院应当恢复执行,但和解协议已履行的部分应当扣除。和解协议已经履行完毕的,人民法院不予恢复执行。

——《最高人民法院关于适用〈中华人民共和国民事诉讼法〉的解释》(2015 年 1 月 30 日,法释〔2015〕5 号)

【最高人民法院答复】

四川省高级人民法院：

关于云南江川龙翔实业有限责任公司(下称龙翔公司)申请执行四川省烟草公司资阳分公司简阳卷烟营销管理中心(下称烟草公司)债务纠纷一案，你院以〔2004〕川执请字第1号答复资阳市中级人民法院，认为龙翔公司申请恢复执行并无不当。烟草公司不服你院的答复，向我院提出申诉。

我院经调卷审查认为，根据我国民事诉讼法和我院司法解释的有关规定，执行和解协议已履行完毕的，人民法院不予恢复执行。本案执行和解协议的履行尽管存在瑕疵，但和解协议确已履行完毕，人民法院应不予恢复执行。至于当事人对延迟履行和解协议的争议，不属执行程序处理，应由当事人另诉解决。请你院按此意见妥善处理该案。

——《最高人民法院执行工作办公室关于当事人对迟延履行和解协议的争议应当另诉解决的复函》(2005年6月24日，〔2005〕执监字第24-1号)

【链接：最高人民法院法官著述】

根据我院适用民诉法意见的第266条、我院执行规定第87条规定，可以认为：申请恢复执行的前提条件是一方当事人不履行或不完全履行和解协议，也就是和解协议没有履行或没有履行完毕，而一旦和解协议履行完毕，当事人就丧失了申请法院恢复执行原生效裁判文书的权利。本案中，龙翔公司在烟草公司最后一笔付款超过约定期限两个多月的情况下，一直没有向法院申请恢复执行原调解书，而且还接受了烟草公司的最后一笔付款，应视为龙翔公司已默认了烟草公司迟延付款的行为，其不主张权利和接受迟延付款的行为，致使该和解协议已履行完毕，申请人此时已丧失了请求法院恢复执行的权利。尽管其接受最后一笔付款后的第二天就提出了恢复执行的申请，但已改变不了和解协议已履行完毕这一事实。

关于违反执行和解协议的后果。执行和解协议实际上是当事人行使私权所达成的新的合同，其并不具有执行依据的效力，完全依赖于当事人的自觉履行。在程序上，当事人不履行或不完全履行，另一方当事人可以请求法院恢复执行原法律文书，此时并不涉及对实体权利义务的重新处理；如果和解协议已经履行完毕，即使其履行存在一定的瑕疵，当事人请求恢复执行原裁判文书，人民法院应不予支持。至于对履行过程中瑕疵的争议，属实体上的争议，应由当事人另诉解决。我院适用民诉法意见第303条已经规定了执行程序和实体赔偿责任另诉分开处理的原则,本案所涉及的问题可参照此条规定办理。

我院适用民诉法意见的第267条规定了申请恢复执行原法律文书的期限,适用民诉法第219条申请执行期限的规定,即个人为一年,法人为半年。本案中,龙翔公司在最后一次付款期限到期后两个多月就提出了恢复执行申请,其当然没有超过申请期限。为什么在法定期限内提出申请还不予支持呢?因为设置这一期限的前提条件是在一方当事人不履行或不完全履行和解协议的情况下,也就是和解协议没有履行或者没有履行完毕的情况下,而一旦和解协议履行完毕,当事人就丧失了申请法院恢复执行原生效裁判文书的权利,这一期限的规定就没有任何意义了。

综上,答复意见认为,对于本案,和解协议已经履行完毕,不应再恢复执行原法律文书。因逾期履行造成的后果,应另诉解决。

——刘立新:《简阳烟草公司执行异议案》,载最高人民法院执行工作办公室编:《强制执行指导与参考》(总第13辑),法律出版社2005年版,第44~45页。

债务人超过执行和解协议约定期限履行但债权人接受的,原生效法律文书能否恢复执行?

问题:某甲申请执行某乙借款纠纷一案,双方当事人在执行程序中达成和解协议,约定:某乙分三期偿还借款,前两期某乙如约履行,在给付第三期借款时,超过和解协议约定的期限5天,但是某甲仍然接受了该笔款项。后某甲以某乙没有完全履行双方达成的和解协议为由,向执行法院申请恢复执行原生效法律文书。请问:某甲的申请能否得到支持?

《执行工作指导》研究组认为:执行中的和解协议实际是民事合同的一种,经过当事人同意可以对合同内容予以变更。本案中,某甲在偿还第三期借款时虽然违反了合同约定,但是某乙已经接受了该笔借款的履行,应当视为某乙对该笔履行期限的默示延展,执行和解协议实际上也已经履行完毕。依据《最高人民法院关于适用〈中华人民共和国民事诉讼法〉若干问题的意见》第二百六十六条的规定:"和解协议已经履行完毕的,人民法院不予恢复执行",某甲要求恢复执行的请求不能得到支持。如果某甲认为某乙在履行执行协议中有违约行为的,可以向有管辖权的人民法院提起民事诉讼。

——最高人民法院执行工作办公室编:《执行工作指导》(总第17辑),人民法院出版社2006年版,第274页。

1118

不履行执行和解协议的救济程序

关键词｜不履行和解协议｜另行起诉｜恢复执行｜

【最高人民法院司法解释】

第四百六十七条 一方当事人不履行或者不完全履行在执行中双方自愿达成的和解协议，对方当事人申请执行原生效法律文书的，人民法院应当恢复执行，但和解协议已履行的部分应当扣除。和解协议已经履行完毕的，人民法院不予恢复执行。

——《最高人民法院关于适用〈中华人民共和国民事诉讼法〉的解释》(2015年1月30日，法释〔2015〕5号)

【最高人民法院答复】

四川省高级人民法院：

关于云南江川龙翔实业有限责任公司(下称龙翔公司)申请执行四川省烟草公司资阳分公司简阳卷烟营销管理中心(下称烟草公司)债务纠纷一案，你院以〔2004〕川执请字第1号答复资阳市中级人民法院，认为龙翔公司申请恢复执行并无不当。烟草公司不服你院的答复，向我院提出申诉。

我院经调卷审查认为，根据我国民事诉讼法和我院司法解释的有关规定，执行和解协议已履行完毕的，人民法院不予恢复执行。本案执行和解协议的履行尽管存在瑕疵，但和解协议确已履行完毕，人民法院应不予恢复执行。至于当事人对迟延履行和解协议的争议，不属执行程序处理，应由当事人另诉解决。请你院按此意见妥善处理该案。

——《最高人民法院〔2005〕执监字第24-1号函》(2005年6月24日)

山东省高级人民法院：

当事人之间在执行前达成的和解协议，具有民事合同的效力。但协议本身并不当然影响债权人申请强制执行的权利。债权人在法定的申请执行期限内申请执行的，人民法院应当受理。但你院请示的案件中，负有担保责任的被执行人提出，因债权人与主债务人等四方达成和解协议(以下简称“四方协议”)，并且在其向人民法院申请解除保全查封时，明确表示调解书中确定的债务已经全部履行完毕，因此本案不能强制执行。鉴于我国目前尚无债务人异议之诉制度，执行法院应当在实际开始执行前对此予以审查核实。如果“四方协议”确实已经履行了，则说明原调解书确定的债务已经消灭，不能再以该调解书为依据强制执行；否则可以强制执行。

——《最高人民法院执行工作办公室〔2003〕执他字第4号函》(2003年12月1日)

编者说明

2012年《民事诉讼法》第230条规定，只要一方不履行和解协议，按协议履行的另一方就可申请恢复原生效法律文书的执行。执行法院在恢复执行后，应当根据不履行一方不履行行为的情形，确定继续执行原生效法律文书的具体内容。和解协议已经履行完毕后，申请执行人反悔，要求恢复执行的，人民法院不予恢复执行。对被执行人按照和解协议已经履行的部分，应当从继续执行的标的额中扣除。对于是否不履行协议，应当按照《合同法》有关合同不履行的条款进行判断，对给付数额、给付方式、履行时间等合同主要条款反悔的，应认定为不履行合同，对方申请恢复执行的，应当允许；由此造成协议没有履行的，按照原生效法律文书确定的执行标的额执行。对于迟延履行和解协议所造成的损失，在执行程序中一般不予处理。最高人民法院在给四川省高级人民法院的〔2005〕执监字第24－1号函中指出：“本案执行和解协议的履行尽管存在瑕疵，但和解协议确已履行完毕，人民法院应不予恢复执行。至于当事人对迟延履行和解协议的争议，不属执行程序处理，应由当事人另诉解决。”

1119

执行和解协议约定由案外人履行义务，案外人不履行时的处理

关键词 | 和解协议 | 案外人履行 |

【链接：最高人民法院法官著述】

问题：当事人在执行和解协议中约定由案外人履行生效判决书所确定的义务，后案外人未按协议履行。对于此案应如何处理，存在三种不同的意见。第一种意见认为，应恢复对原判决的执行；第二种意见认为，应告知申请执行人对和解协议变更后的义务主体重新起诉，取得执行依据后，再申请执行；第三种意见认为，人民法院可以直接裁定追加案外人为被执行人，要求其在和解协议确定的

义务范围内承担责任。

《人民司法》研究组认为：在执行程序中，一方当事人不履行执行和解协议的，对方当事人有两种救济渠道：首先，依据我国《民事诉讼法》第211条的规定，可以申请人民法院恢复对生效法律文书的执行；其次，执行和解协议本身也是民事合同的一种，如果一方当事人不按约定履行的，对方当事人可以以合同约定的义务一方为被告，向人民法院提起民事诉讼，取得新的执行依据后再向人民法院申请执行。

——《人民司法》2004年第11期

1120

执行和解中的担保与执行担保的不同效力

关键词 | 不履行和解协议 | 执行担保 |

【链接：最高人民法院法官著述】

执行和解协议中的担保是被执行人或担保人向申请人提供的，法院并不参与其中，担保人的法律地位和责任未经法定程序确认，因此，法院不能直接追加担保人为被执行人并强制其承担责任，否则势必会剥夺担保人的诉讼权利。另外，执行和解协议中的担保条款，依附的是和解协议，法律已经规定"当事人不履行和解协议的，人民法院可以根据当事人的申请，恢复对原生效法律文书的执行"，也就是说，和解协议履行未果的后果只能是"恢复对原生效法律文书的执行"，而非去强制执行和解协议本身，在具有主合同性质的和解协议没有执行效力的情况下，从属和解协议的担保协议自然无执行的基础。

——最高人民法院民事诉讼法修改研究小组编著：《〈中华人民共和国民事诉讼法〉修改条文理解与适用》，人民法院出版社2012年版，第526～527页。

被执行人未履行和解协议，恢复执行后可否直接裁定由和解协议中的担保人代为履行？

问题：某法院在执行某信用社诉董某借款一案时，双方当事人自行和解达成协议，案外人王某作为担保人在记载协议内容的执行笔录上签名。后董某未履行和解协议,信用社申请恢复执行。法院恢复执行后,对是否能直接裁定由王某代为履行有两种意见。一种意见认为:不能直接裁定由王某代为履行。理由是:恢复执行后据以执行的是原法律文书,王某不是原法律文书中的当事人,且王某的担保不是执行担保。另一种意见认为可以直接裁定由王某代为履行。理由是:王某已在执行笔录中承诺担保,王某的担保应视为执行担保。

《人民司法》研究组认为:《民事诉讼法》第212条规定了执行担保制度的基本内容:“在执行中,被执行人向人民法院提供担保,并经申请执行人同意的,人民法院可以决定暂缓执行及暂缓执行的期限。被执行人逾期仍不履行的,人民法院有权执行被执行人的担保财产或者担保人的财产。”最高人民法院《民诉法意见》第269条规定:“执行担保可以由被执行人向人民法院提供财产作担保,也可以由第三人出面作担保。以财产作担保的,应提交保证书;由第三人担保的,应当提交担保书。”该条明确了第三人作为保证人,应以信用承诺自己会为担保人承担责任的执行担保形式。根据本案的情况,要确认王某的担保是否是执行担保,关键在于其在记载执行和解协议的执行笔录上签名担保是否符合“应当提交担保书”的要求。本条规定的宗旨在于执行担保要采用书面形式。而依据《担保法》和《合同法》及其解释的有关规定,书面形式是当事人以书面文字表述协议内容订立合同的形式,它表现为合同书、信件和数据电文等可以有形地表现所载内容的形式,在主合同上明示愿意为承担责任的签名符合书面形式的要求。而且从执行担保的性质上看,执行程序中的担保虽是经申请执行人同意的,但担保人却是向人民法院作担保,人民法院依法维护申请执行人的合法权益。此时,如能认定担保人为被执行人承担责任的意思表示真实,且用书面形式予以确认,这种担保便是合法的,人民法院可以认定其担保是执行担保。因此,我们认为来信中后一种意见是正确的。

——《人民司法》2002年第10期

1121

债权人出具收据是对债务人的一项附随义务，债权人不履行该义务的，债务人比照提存的有关规定进行提存并无不当

关键词 | 附随义务 | 出具收据 | 提存 |

【最高人民法院裁判文书】

北京中科恒基投资有限公司与内蒙古太西煤集团股份有限公司借款合同纠纷执行案[最高人民法院(2011)执复字第22号执行裁定书]

最高人民法院认为:一、关于中科恒基公司申请执行的主体资格问题。信达呼办于2006年8月18日通过《资产买卖协议》将本案债权转让给中科恒基公司的事实是存在的,信达呼办以自己的名义对债务人太西煤公司提起诉讼及与之达成和解,属于履行《资产买卖协议》中约定可由信达呼办代中科恒基公司行使权利的义务。债权转让事项是否早已通知太西煤公司或者为其所明知,无证据证明,但2007年12月31日信达呼办发给太西煤公司的信函可以视为正式通知,此后中科恒基公司即正式继受信达呼办的债权人地位,有权以自己的名义对太西煤公司主张权利,有权继续坚持信达呼办此前对太西煤公司是否按约履行和解协议问题的立场,并以自己的名义向法院申请执行。二、关于申请执行期限问题。双方当事人在二审期间达成和解协议,并因此撤回上诉,虽然生效法律文书是一审判决,但申请执行该一审判决应当以债务人不履行和解协议为前提,申请执行的期限应当自和解协议约定的最后一笔款项付款期限,即2007年12月30日届满时起算。中科恒基公司2008年3月11日申请执行,未超过法定期限。三、关于提存问题。太西煤公司提存和解协议约定的最后一笔款项是以清偿债务为目的的,虽然法定提存条件中没有提到是否可因债权人不出具收款收据而予以提存,但付出款项的债务人要求债权人出具收据,符合一般交易习惯,并未增加债权人的负担,债权人出具收据是对债务人的一项附随义务,债权人不履行该义务的,债务人比照提存的有关规定进行提存,并无不当。故太西煤公司的提存行为应认定为具有消灭债务的效力,双方和解协议约定的第三期付款已经履行完毕。尽管中科恒基可能实际参与和解协议履行的事宜,但在债权转让正式通知太西煤公司之前,仍应由名义权利人信达呼办提取该提存款,并出具收据。在明确通知债权已经转让后,应由中科恒基公司领取该款项,并出具收据,而不能要求法院按照一审判决执行。

——中国裁判文书网,http://www.court.gov.cn/zgcpwsw/。

1122

执行担保须经申请执行人同意

关键词 | 执行担保 |

【链接：最高人民法院法官著述】

关于执行担保是否需要申请执行人同意问题，目前有两种不同的意见，主要是对《民事诉讼法》第208条“在执行中，被执行人向人民法院提供担保，并经申请执行人同意的，人民法院可以决定暂缓执行及暂缓执行的期限”的不同理解。我们认为，需要申请执行人同意。因为未征得申请执行人同意的做法违反了《民事诉讼法》第208条的规定，漠视申请执行人依法享有的非因法定事由执行权运行间断的权利要求，损害了申请执行人在执行过程中的知情权。其后果是：如因被执行人、担保人或其他客观原因导致申请执行人权利不能实现或不能完全实现，其责任由谁承担？上述情况又不属国家赔偿的范畴，则无疑将责任风险转嫁到申请执行人身上，这显然是不公平的。因此，在设立执行担保时，最终的决定权应由申请执行人来行使，由此带来的风险也由申请执行人自行承担，才体现出权利、义务相一致原则和当事人意思自治原则。

——江必新主编：《民事执行新制度理解与适用》，人民法院出版社2010年版，第230～231页。

1123

执行担保中的保证

关键词 | 执行担保 | 保证 |

【最高人民法院司法解释】

第四百七十条 他人提供执行保证的，应当向执行法院出具保证书，并将保证书副本送交申请执行人。被执行人或者他人提供财产担保的，应当参照物权法、担保法的有关规定办理相应手续。

——《最高人民法院关于适用〈中华人民共和国民事诉讼法〉的解释》（2015年1月30日，法释〔2015〕5号）

【链接：最高人民法院法官著述】

执行担保中的保证是指保证人经申请执行人同意,向执行法院保证,当被执行人不履行生效法律文书确定的义务时由其代为清偿的行为。

执行担保中的保证,总体上适用《担保法》及其司法解释的有关规定,但在具体执行过程中,要注意以下几个问题:

(1)执行担保中的保证人,必须出具意思表示明确、内容合法的书面保证

没有书面保证的,一般不予认可,这样可减少不必要的争执,以使案件能够顺利执行。

有人认为,执行担保中的保证与一般民事关系中的保证人的范围不同。《担保法》中的保证必须由第三人提供,而执行担保中的保证人可以是第三人,也可以是被执行人本人。我们认为,这是对执行担保的一种曲解。其一,从执行担保设立的目的看,其旨在保证被执行人或第三人有可供执行财产时,因一时困难允许被执行人延期履行的制度,这种担保方式较之担保法中的担保应更为严格,因这是司法程序中的担保,而非一般民事法律关系中的担保。民事关系中的保证人尚且必须是非债务人本人,即由第三人作为保证人,更何况作为执行程序中被执行人向法院的保证,更需要可靠、充分,允许被执行人本人作保证人,有违执行担保制度的性质和目的。其二,《最高人民法院关于人民法院执行工作若干问题的规定(试行)》第84条规定,被执行人或其担保人以财产向人民法院提供执行担保,应当……可见,被执行人提供的担保仅限于物保,没有人保这一担保形式,即使是最早确定执行担保的《民事诉讼法》第208条,也是规定:"在执行中,被执行人向人民法院提供担保,并经申请执行人同意的……被执行人逾期仍不履行的,人民法院有权执行被执行人的担保财产或者担保人的财产",因此,没有可供担保之财产,执行担保是不能成立的。执行担保成立的基础就在于有一定的担保财产作为延缓强制执行的保障,而这种担保财产或是来自被执行人自身提供或是来自第三人提供。《最高人民法院关于适用〈中华人民共和国民事诉讼法〉若干问题的意见》第269条规定,第三人可出面作担保,并应提交担保书,第三人出面担保时,可以是人保。但被执行人提供担保,只能是物保。

(2)保证效力及期间

《担保法》对担保的期间及诉讼时效作了规定,但执行担保因是在执行程序中提出的,应适用《民事诉讼法》及相关司法解释的规定。《最高人民法院关于

适用〈中华人民共和国民事诉讼法〉若干问题的意见》第268条规定："人民法院依照民事诉讼法第二百零八条的规定决定暂缓执行的，如果担保是有期限的，暂缓执行的期限应与担保期限一致，但最长不超过一年。"由此可见，这种担保的期限可以约定，但超过1年的，超过部分无效。因为其并没有根据担保的具体形式而对担保期间作规定，可见，无论是抵押、质押还是保证均可以约定担保期间。

《最高人民法院关于人民法院执行工作若干问题的规定（试行）》第84条规定："被执行人或其担保人以财产向人民法院提供执行担保的，应当依据《中华人民共和国担保法》的有关规定，按照担保物的种类、性质，将担保物移交执行法院，或依法到有关机关办理登记手续。"即无论对担保期间是否有约定，这种担保的效力一直持续到执行程序，与《担保法》的担保期间不一样，直到担保人在担保范围内履行了担保义务为止。

执行担保中的保证，一经成立，即得到国家公权力即国家司法权的确认，当被执行人在保证期满仍未履行义务时，无须通过诉讼程序就可以直接处分保证人的财产。保证期间，只要是被执行人没有履行生效法律文书所确定的债务，就永远依附于债务的存在而存在，不存在保证期间届满的问题。

（3）关于保证人的责任形式

《担保法》规定了担保人有一般保证和连带担保两种责任形式，关于执行担保中保证人的责任形式，即执行担保是提供连带责任保证还是提供一般责任保证，学者间有不同意见。第一种意见认为保证人承担执行担保责任的方式为一般保证责任，应首先执行被执行人的财产，只有当被执行人财产包括一切能够用于还债的财产全部抵债后仍不足还债的，或者被执行人下落不明时，才能就保证人的财产进行执行。另一种意见认为执行担保中的保证，不适用一般责任保证，而只能采取连带责任保证的方式。因为一般保证的保证人享有先诉抗辩权，在执行中，只有对被执行人的财产依法强制执行仍不能履行债务的，才能对承担一般保证责任的保证人的财产采取强制执行。若在执行担保中保证人享有先诉抗辩权，就违背了设立执行担保制度的本意。

根据《民事诉讼法》第208条的规定，执行担保中，在人民法院规定的暂缓执行期限届满，被执行人仍不履行的，人民法院有权执行担保人的财产。这里的保证人是不享有先诉抗辩权的，所以，执行担保中的保证方式只能采取连带责任担保这一种方式。否则就会有损于申请执行人的利益，使执行担保的保证变得毫无意义。根据《最高人民法院关于适用〈中华人民共和国民事诉讼法〉若干问题的意见》第270条规定，被执行人在人民法院决定暂缓执行的期限届满后仍不履行义务的,人民法院可以直接执行担保财产,或者裁定执行担保人的财产,但执行担保人的财产以担保人应当履行义务部分的财产为限。由此可见,人民法院对担保人或担保财产裁定予以执行的条件,以人民法院决定暂缓执行的期限届满后被执行人仍不履行义务为满足,除此之外,法律及司法解释未规定其他条件,据此,在执行担保中只能提供连带责任保证。

执行保证只能是连带责任保证,无论是否有约定,因为这种担保以生效法律文书亦即权利人利益的实现为目的,如果允许存在一般担保,在被执行人确无可供执行的财产或者财产不足以清偿的情况下才能执行担保人的财产,就失去了执行担保存在的意义。但基于平等原则,担保人也有其需要保护的权益,被执行人才是生效裁判确定的义务人,执行担保中只有在被执行人逾期不履行义务的情况下,法院才能执行担保人的财产。

《最高人民法院关于人民法院执行工作若干问题的规定(试行)》第85条对诉讼中的执行担保作了如下规定:“案件审结后如果被执行人无财产可供执行或其财产不足清偿债务时,即使生效法律文书中未确定保证人承担责任,人民法院有权裁定执行保证人在保证责任范围内的财产。”这种执行担保直接起到的作用是法院放弃或者解除了财产保全措施,而财产保全的目的是保证将来生效裁判得到充分的执行,那么,这种执行担保的财产理应被置于与被保全财产相同的地位,执行担保也应承担起与财产保全相同的作用,在将来被执行人逾期不履行生效裁判确定的义务时,法院可以直接对其采取执行措施,而不需要先确定被执行人是否确无可供执行的财产或者财产不足以清偿债务。否则,就可能出现这样的情况:被执行人在诉讼中用案外第三人提供担保的方式使法院解除或放弃了对其财产的保全措施,在执行中案外第三人又以自己是一般保证为理由要求法院首先强制执行被执行人的财产,这是对法院的执行和债权人利益实现的一种侵犯,是一种对法院的规避。因此该条的规定只是为法院执行提供一种选择,法院可以选择执行被执行人的财产,在没有财产可供执行或财产不足以清偿债务时才执行保证人的担保财产,也可以选择直接执行担保人的财产。

综上,保证的性质属连带责任保证而非一般责任保证,执行法院可以执行被执行人的财产,也可以执行保证人在其保证范围内的财产。

(4)执行保证人的财产的程序

对保证人的财产是直接执行,还是作出裁定后执行,法律及司法解释没有规定,但从法理上讲,应先裁定追加保证人为被执行人,然后按执行被执行人的执行程序强制执行保证人的财产。

——江必新主编:《民事执行新制度理解与适用》,人民法院出版社2010年版,第232~235页。

1124

执行担保中的抵押和质押

关键词 | 执行担保 | 抵押 | 质押 |

【最高人民法院司法解释】

第四百七十条 根据民事诉讼法第二百三十一条规定向人民法院提供执行担保的,可以由被执行人或者他人提供财产担保,也可以由他人提供保证。担保人应当具有代为履行或者代为承担赔偿责任的能力。

他人提供执行担保的,应当向执行法院出具保证书,并将保证书副本送交申请执行人。被执行人或者他人提供财产担保的,应当参照物权法、担保法的有关规定办理相应手续。

——《最高人民法院关于适用〈中华人民共和国民事诉讼法〉的解释》(2015年1月30日,法释〔2015〕5号)

第一百三十二条 在案件审理或者执行程序中,当事人提供财产担保的,人民法院应当对该财产的权属证书予以扣押,同时向有关部门发出协助执行通知书,要求其在规定的时间内不予办理担保财产的转移手续。

——《最高人民法院关于适用〈中华人民共和国担保法〉若干问题的解释》(2000年12月8日,法释〔2000〕44号)

84.被执行人或其担保人以财产向人民法院提供执行担保的,应当依据《中华人民共和国担保法》的有关规定,按照担保物的种类、性质,将担保物移交执行法院,或依法到有关机关办理登记手续。

——《最高人民法院关于人民法院执行工作若干问题的规定(试行)》(1998年7月8日,法释〔1998〕15号)

【链接：最高人民法院法官著述】

执行担保中的抵押，是指被执行人或第三人以不转移《担保法》第 34 条所列财产的占有，将该财产作为被执行人履行生效法律文书所确定的债务的担保，被执行人逾期不履行义务的，执行法院有权将该财产折价或者以拍卖、变卖该财产的价款优先清偿给申请人。

执行担保中的抵押不需要依照《担保法》第 41 条和《最高人民法院关于人民法院执行工作若干问题的规定（试行）》第 84 条的规定办理，而应当依照《最高人民法院关于适用〈中华人民共和国担保法〉若干问题的解释》第 132 条的规定办理，即“在案件审理或者执行程序中，当事人提供财产担保的，人民法院应当对该财产的权属证书予以扣押，同时向有关部门发出协助通知书，要求其在规定的时间内不予办理担保财产的转移手续”。执行担保中的抵押不需要按《担保法》的规定办理任何登记手续，执行法院只要接受了抵押并将抵押财产的权利证书予以扣押，执行担保中的抵押即告成立。

执行担保中的质押，是指被执行人或第三人将其动产或财产权利移交法院占有，以该动产或财产权利作为被执行人履行生效法律文书确定的义务的担保。当被执行人在暂缓期届满后仍不履行生效法律文书确定的义务，执行法院可以直接以该动产或财产权利折价或者以拍卖、变卖动产或财产权利的价款优先清偿给申请人。

执行担保中的质押与抵押一样，根据《最高人民法院关于执行〈中华人民共和国担保法〉若干问题的解释》第 132 条的规定，在适用担保法及其司法解释时，应当注意：

（1）用动产作执行担保的质押的，该动产如果有明确的权属证书，执行法院只要将动产的权属证书予以扣押，质押即成立，不适用《担保法》第 64 条的规定。对那些没有权属证书的动产，需适用《担保法》第 64 条的规定，将质押物移交执行法院。

（2）用财产权利作执行担保中的质押的，同样不适用《担保法》第 76、78、79 条的规定，而应根据《最高人民法院关于适用〈中华人民共和国担保法〉若干问题的解释》第 132 条的规定，对质押的财产权利的权属证书予以扣押，同时向有关部门发出协助执行通知书，要求其在规定的时间内不予办理担保财产权利的转移手续。

执行中的抵押与质押一样，担保的成立以执行法院决定接受或同意为标志，不需要依照《担保法》的有关规定办理任何登记手续，但必须向有关部门发出协助执行通知书，要求其在规定的时间内不予办理该财产的转移手续，以确保财产的安全、方便处理，确保当事人的合法权益。

（3）抵押物的登记。《担保法》规定了有些物的抵押必须进行登记，否则抵押合同不生效。但是执行担保因其双重性质，不应以是否登记来决定抵押是否生效，只要执行抵押担保的提出没有诸如违背担保人真实意思及其他法律规定的违法情形，就可以认定抵押有效，但因未登记而不能产生公示的效力，这种抵押担保的效力不能对抗第三人，债权人对抵押物不享有优先受偿权。

——江必新主编：《民事执行新制度理解与适用》，人民法院出版社2010年版，第235～236页。

1125

执行程序中可直接执行为财产保全提供担保的保证人的财产

关键词｜财产保全｜执行担保｜

【最高人民法院司法解释】

第四百七十一条　被执行人在人民法院决定暂缓执行的期限届满后仍不履行义务的，人民法院可以直接执行担保财产，或者裁定执行担保人的财产，但执行担保人的财产以担保人应当履行义务部分的财产为限。

——《最高人民法院关于适用〈中华人民共和国民事诉讼法〉的解释》（2015年1月30日，法释〔2015〕5号）

85. 人民法院在审理案件期间，保证人为被执行人提供保证，人民法院据此未对被执行人的财产采取保全措施或解除保全措施的，案件审结后如果被执行人无财产可供执行或其财产不足清偿债务时，即使生效法律文书中未确定保证人承担责任，人民法院有权裁定执行保证人在保证责任范围内的财产。

——《最高人民法院关于人民法院执行工作若干问题的规定（试行）》（1998年7月8日，法释〔1998〕15号）

【链接：最高人民法院法官著述】

对2015年《民诉法解释》第471条可作进一步理解，即在第三人提供保证或是财产作为担保的，执行中，应先作出裁定，追加第三人作为被执行人。但在裁定中应当明确，应执行的是作为担保物的财产或者被执行人应当承担义务部分的财产。

强化对案件审理期间提供保证的执行。《执行规定》第85条规定："人民法院在审理案件期间，保证人为被执行人提供保证，人民法院据此未对被执行人的财产采取保全措施或解除保全措施的，案件审结后如果被执行人无财产可供执行或其财产不足清偿债务时，即使生效法律文书中未确定保证人承担责任，人民法院有权裁定执行保证人在保证责任范围内的财产。"实践中，法院通常根据保证书将诉讼阶段的保证人追加为被执行人，对其采取执行措施，但对第三人保证责任承担责任的方式和范围并没有明确的规定。我们认为，应该参照本条规定执行。

——沈德咏主编、最高人民法院修改后民事诉讼法贯彻实施工作领导小组编著：《最高人民法院民事诉讼法司法解释理解与适用》，人民法院出版社2015年版，第1258～1259页。

1126

撤销申请而裁定终结的执行案件，申请人在法定期限内再次申请的，应予以立案执行

关键词 | 立案执行 | 撤销执行申请 | 终结执行 |

【最高人民法院司法解释】

第五百二十条 因撤销申请而终结执行后，当事人在民事诉讼法第二百三十九条规定的申请执行时效期间内再次申请执行的，人民法院应当受理。

——《最高人民法院关于适用〈中华人民共和国民事诉讼法〉的解释》（2015年1月30日，法释〔2015〕5号）

【链接：最高人民法院法官著述】

问题:关于申请执行人撤销申请而裁定终结的案件,我们在实践中存在两种做法:一种是只要申请人申请撤销的,法院依法裁定终结后,申请人就不能就原申请的事项重新申请,法院更不能予以立案;第二种做法是只要申请人不放弃实体上的权利而撤销执行申请的,法院依法裁定终结后,申请人在法定期限内还可以重新申请,法院应予立案执行。

《人民司法》研究组认为:第二种意见是正确的。根据《民事诉讼法》第235条的规定,申请人撤销申请的,人民法院应当裁定终结执行。申请人撤销申请是对自己权利的处分,只要不损害国家、集体或者他人的合法权益,人民法院应当允许。申请人撤销申请后,在法定的申请执行期限内仍享有申请执行权,可以再次申请执行,有管辖权的法院应当受理该执行申请,并予以立案执行。

——《人民司法》2002年第12期

1127

尚在执行程序中的判决可以因专利权被宣告无效而裁定终结执行

关键词｜专利权宣告无效｜终结执行｜

【最高人民法院审判业务意见】

张保忠与黔江电器厂等专利侵权案[(2010)民申字第1038号]中,在二审判决被告承担侵犯专利权责任,但专利权已经于二审判决之前被宣告无效且无效宣告请求审查决定被提起行政诉讼的情况下,最高人民法院认为,国家知识产权局专利复审委员会作出的宣告专利权无效决定还处于行政诉讼程序,而本申请再审案的审查以该行政诉讼的审理结果为依据,因此,在上述行政诉讼审结之前,应中止本案诉讼,并中止原审判决的执行。

——《最高人民法院知识产权案件年度报告(2010)》

在天津高院请示案[(2009)民三他字第13号]中,最高人民法院批复认为,在认定专利侵权成立的裁判文书虽未被撤销,但该文书所认定的受侵害的专利权已被依法宣告无效的情况下,可以对民事诉讼法规定的终结执行作出适当解释,以便执行法院在当事人以专利权已经全部无效为由申请终结执行时,直接裁定终结执行,不需等待原执行依据的撤销;同时,终结执行不影响原侵权判决的被告另行通过审判监督程序申请撤销原侵权判决。

——《最高人民法院知识产权案件年度报告(2009)》

1128

无财产可供执行案件的处理

关键词｜无财产可供执行｜终结执行｜

【最高人民法院司法解释】

第五百一十九条 经过财产调查未发现可供执行的财产,在申请执行人签字确认或者执行法院组成合议庭审查核实并经院长批准后,可以裁定终结本次执行程序。

依照前款规定终结执行后,申请执行人发现被执行人有可供执行财产的,可以再次申请执行。再次申请不受申请执行时效期间的限制。

——《最高人民法院关于适用〈中华人民共和国民事诉讼法〉的解释》(2015年1月30日,法释〔2015〕5号)

【最高人民法院司法政策】

三、对有财产可供执行的案件,应依法按规定结案;对无财产可供执行的案件,可按下列条件和方式结案。

1. 符合法律或司法解释规定的终结执行情形的,可依法结案。仲裁裁决、公证债权文书被裁定不予执行的,可依法结案。

2. 被执行人可供执行的财产执行完毕后,申请执行人书面表示放弃剩余债权的,可依法结案。

3. 案件执行标的款全部执行到执行款专户，因申请执行人下落不明无法领取或不愿领取，执行法院已依法予以提存的，可以作结案处理。

4. 委托执行的案件，受托法院可以按照新收执行案件办理，委托法院不得作结案处理。待受托法院将案件依法结案后，委托法院的案件一并依法结案。

5. 中止执行的案件，不得作结案处理。

6. 提级执行或指定执行的案件，提级执行的法院或被指定执行的法院应当按照新收执行案件办理，原执行法院可作销案处理，不得作结案处理。

7. 因重复立案移送管辖的案件，原执行法院应作销案处理，不得作结案处理。

8. 无财产可供执行的案件，执行程序在一定期间无法继续进行，且有下列情形之一的，经合议庭评议，可裁定终结本次执行程序后结案：

(1) 被执行人确无财产可供执行，申请执行人书面同意人民法院终结本次执行程序的；

(2) 因被执行人无财产而中止执行满两年，经查证被执行人确无财产可供执行的；

(3) 申请执行人明确表示提供不出被执行人的财产或财产线索，并在人民法院穷尽财产调查措施之后对人民法院认定被执行人无财产可供执行书面表示认可的；

(4) 被执行人的财产无法拍卖变卖，或者动产经两次拍卖、不动产或其他财产权经三次拍卖仍然流拍，申请执行人拒绝接受或者依法不能交付其抵债，经人民法院穷尽财产调查措施，被执行人确无其他财产可供执行的；

(5) 作为被执行人的企业法人被撤销、注销、吊销营业执照或者歇业后既无财产可供执行，又无义务承受人，也没有能够依法追加变更执行主体的；

(6) 经人民法院穷尽财产调查措施，被执行人确无财产可供执行或虽有财产但不宜强制执行，当事人达成分期履行和解协议的；

(7) 被执行人确无财产可供执行，申请执行人属于特困群体，执行法院已经给予其适当救助资金的。

9. 裁定终结本次执行程序的，应当符合下列要求：

(1) 裁定书中应当载明执行标的总额、已经执行的债权数额和剩余的债权数额，并写明申请执行人在具备执行条件时，可以向有管辖权的人民法院申请执行剩余债权。

(2) 执行法院终结本次执行程序，在下达裁定前应当告知申请执行人。申请执行人对终结本次执行程序有异议的，执行法院应当另行派员组织当事人就被执行人是否有财产可供执行进行听证;申请执行人提供被执行人财产线索的,执行法院应当就其提供的线索重新调查核实,发现被执行人有财产可供执行的,应当继续执行。

10. 裁定终结本次执行程序后,如发现被执行人有财产可供执行的,申请执行人可以再次提出执行申请。申请执行人再次提出执行申请不受申请执行期间的限制。

申请执行人申请或者人民法院依职权恢复执行的,应当重新立案。

——《中央政法委、最高人民法院关于规范集中清理执行积案结案标准的通知》(2009 年 3 月 19 日,法发〔2009〕15 号)

1129

破产和解协议执行完毕应裁定执行终结

关键词 | 破产和解 | 终结执行 |

【最高人民法院答复】

湖南省高级人民法院:

关于黑龙江省牡丹江市中级人民法院受理黑龙江圣方科技股份有限公司(简称圣方科技公司)破产案件后,你院继续执行中科软件集团有限公司(简称中科软件公司)诉圣方科技公司一案问题,我院曾向你院发出法(执)明传〔2006〕48 号明传,要求你院撤销执行裁定。后你院又报来《关于执行黑龙江圣方科技股份有限公司欠款纠纷一案的情况汇报》,认为应当继续执行,并请求我院进行协调。经研究,答复如下:

牡丹江中院破产案件终结,是因为债权人会议通过了和解协议并执行完毕,债务人圣方科技公司按照和解协议规定的条件清偿了债务,破产原因消除。经破产法院裁定认可的和解协议,对债务人和全体债权人均有约束力。中科软件公司参加了破产程序,依法应当受该和解协议的约束。破产和解是债务人破产再生程序,和解协议执行完毕后,其法人资格仍存续,但不再承担协议规定以外的债务的清偿责任。对此,当时法律虽无明文规定,但参照新企业破产法,应作此理解。此种情况下圣方科技公司未被宣告破产,并保留主体资格,这一点不能成为你院恢复执行的理由。在牡丹江中院裁定终结破产程序后，你院应当裁定对圣方科技公司的执行终结。关于中科软件公司权益的保护问题。首先，依和解协议中科软件公司应当受偿的款项，据反映现由长沙中院为执行以中科软件公司为债务人的案件，而予以冻结。如该款项解冻，则可通过破产清算组领取。其次，终结对圣方科技公司的执行，并不妨碍其按照你院判决第二项，对同案中另外二被告质押给中科软件公司的共1.8亿元股权行使优先受偿权。至于中科软件公司对牡丹江中院在破产程序中涉及其权益处理的异议，应当通过对破产裁定的申诉或其他适当途径解决，而不应由你院再启动执行程序解决。

——《最高人民法院执行工作办公室（执）明传〔2007〕10号（节录）》（2007年3月9日）

编者说明

因圣方科技股份有限公司破产案件处理过程中实现破产和解后，湖南高院继续执行以该公司为被执行人的案件，该公司向最高人民法院申诉。最高人民法院认为，破产和解是债务人破产再生程序，和解协议执行完毕后，其法人资格仍存续，但不再承担和解协议规定以外的债务的清偿责任。在牡丹江中院裁定终结破产程序后，湖南高院应当裁定对圣方科技公司的执行终结。至于中科软件公司对牡丹中院在破产程序中涉及其权益处理的异议，应当通过对破产裁定的申诉或其他适当途径解决，而不应启动执行程序解决。

1130

人民法院终结本次执行的条件

关键词 | 终结本次执行 |

【最高人民法院司法解释】

第十六条 人民法院在执行涉及开办单位承担民事责任的生效判决时，只能用开办单位财政资金以外的自有资金清偿债务。如果开办单位没有财政资金以外自有资金的，应当依法裁定终结执行。

——《最高人民法院关于审理军队、武警部队、政法机关移交、撤销企业和与党政机关脱钩企业相关纠纷案件若干问题的规定》（2001年3月20日，法释〔2001〕8号）

105. 在执行中,被执行人被人民法院裁定宣告破产的,执行法院应当依照民事诉讼法第二百三十五条第六项的规定,裁定终结执行。

——《最高人民法院关于人民法院执行工作若干问题的规定(试行)》(1998年7月8日,法释〔1998〕15号)

【最高人民法院司法政策】

为严格规范终结本次执行程序,维护当事人的合法权益,根据《中华人民共和国民事诉讼法》及有关司法解释的规定,结合人民法院执行工作实际,制定本规定。

第一条 人民法院终结本次执行程序,应当同时符合下列条件:

(一)已向被执行人发出执行通知、责令被执行人报告财产;

(二)已向被执行人发出限制消费令,并将符合条件的被执行人纳入失信被执行人名单;

(三)已穷尽财产调查措施,未发现被执行人有可供执行的财产或者发现的财产不能处置;

(四)自执行案件立案之日起已超过三个月;

(五)被执行人下落不明的,已依法予以查找;被执行人或者其他人妨害执行的,已依法采取罚款、拘留等强制措施,构成犯罪的,已依法启动刑事责任追究程序。

第二条 本规定第一条第一项中的"责令被执行人报告财产",是指应当完成下列事项:

(一)向被执行人发出报告财产令;

(二)对被执行人报告的财产情况予以核查;

(三)对逾期报告、拒绝报告或者虚假报告的被执行人或者相关人员,依法采取罚款、拘留等强制措施,构成犯罪的,依法启动刑事责任追究程序。

人民法院应当将财产报告、核实及处罚的情况记录入卷。

第三条 本规定第一条第三项中的"已穷尽财产调查措施",是指应当完成下列调查事项:

(一)对申请执行人或者其他人提供的财产线索进行核查;

(二)通过网络执行查控系统对被执行人的存款、车辆及其他交通运输工具、不动产、有价证券等财产情况进行查询;

（三）无法通过网络执行查控系统查询本款第二项规定的财产情况的，在被执行人住所地或者可能隐匿、转移财产所在地进行必要调查；

（四）被执行人隐匿财产、会计账簿等资料且拒不交出的，依法采取搜查措施；

（五）经申请执行人申请，根据案件实际情况，依法采取审计调查、公告悬赏等调查措施；

（六）法律、司法解释规定的其他财产调查措施。

人民法院应当将财产调查情况记录入卷。

第四条 本规定第一条第三项中的“发现的财产不能处置”，包括下列情形：

（一）被执行人的财产经法定程序拍卖、变卖未成交，申请执行人不接受抵债或者依法不能交付其抵债，又不能对该财产采取强制管理等其他执行措施的；

（二）人民法院在登记机关查封的被执行人车辆、船舶等财产，未能实际扣押的。

第五条 终结本次执行程序前，人民法院应当将案件执行情况、采取的财产调查措施、被执行人的财产情况、终结本次执行程序的依据及法律后果等信息告知申请执行人，并听取其对终结本次执行程序的意见。

人民法院应当将申请执行人的意见记录入卷。

第六条 终结本次执行程序应当制作裁定书，载明下列内容：

（一）申请执行的债权情况；

（二）执行经过及采取的执行措施、强制措施；

（三）查明的被执行人财产情况；

（四）实现的债权情况；

（五）申请执行人享有要求被执行人继续履行债务及依法向人民法院申请恢复执行的权利，被执行人负有继续向申请执行人履行债务的义务。

终结本次执行程序裁定书送达申请执行人后，执行案件可以作结案处理。人民法院进行相关统计时，应当对以终结本次执行程序方式结案的案件与其他方式结案的案件予以区分。

终结本次执行程序裁定书应当依法在互联网上公开。

第七条 当事人、利害关系人认为终结本次执行程序违反法律规定的，可以提出执行异议。人民法院应当依照民事诉讼法第二百二十五条的规定进行审查。

第八条 终结本次执行程序后，被执行人应当继续履行生效法律文书确定的义务。被执行人自动履行完毕的，当事人应当及时告知执行法院。

第九条 终结本次执行程序后，申请执行人发现被执行人有可供执行财产的，可以向执行法院申请恢复执行。申请恢复执行不受申请执行时效期间的限制。执行法院核查属实的，应当恢复执行。

终结本次执行程序后的五年内，执行法院应当每六个月通过网络执行查控系统查询一次被执行人的财产，并将查询结果告知申请执行人。符合恢复执行条件的，执行法院应当及时恢复执行。

第十条 终结本次执行程序后，发现被执行人有可供执行财产，不立即采取执行措施可能导致财产被转移、隐匿、出卖或者毁损的，执行法院可以依申请执行人申请或依职权立即采取查封、扣押、冻结等控制性措施。

第十一条 案件符合终结本次执行程序条件，又符合移送破产审查相关规定的，执行法院应当在作出终结本次执行程序裁定的同时，将执行案件相关材料移送被执行人住所地人民法院进行破产审查。

第十二条 终结本次执行程序裁定书送达申请执行人以后，执行法院应当在七日内将相关案件信息录入最高人民法院建立的终结本次执行程序案件信息库，并通过该信息库统一向社会公布。

第十三条 终结本次执行程序案件信息库记载的信息应当包括下列内容：

（一）作为被执行人的法人或者其他组织的名称、住所地、组织机构代码及其法定代表人或者负责人的姓名，作为被执行人的自然人的姓名、性别、年龄、身份证件号码和住址；

（二）生效法律文书的制作单位和文号，执行案号、立案时间、执行法院；

（三）生效法律文书确定的义务和被执行人的履行情况；

（四）人民法院认为应当记载的其他事项。

第十四条 当事人、利害关系人认为公布的终结本次执行程序案件信息错误的，可以向执行法院申请更正。执行法院审查属实的，应当在三日内予以更正。

第十五条 终结本次执行程序后，人民法院已对被执行人依法采取的执行措施和强制措施继续有效。

第十六条 终结本次执行程序后，申请执行人申请延长查封、扣押、冻结期限的，人民法院应当依法办理续行查封、扣押、冻结手续。

终结本次执行程序后，当事人、利害关系人申请变更、追加执行当事人，符合法定情形的，人民法院应予支持。变更、追加被执行人后，申请执行人申请恢复执行的，人民法院应予支持。

第十七条 终结本次执行程序后，被执行人或者其他人妨害执行的，人民法院可以依法予以罚款、拘留；构成犯罪的，依法追究刑事责任。

第十八条 有下列情形之一的，人民法院应当在三日内将案件信息从终结本次执行程序案件信息库中屏蔽：

（一）生效法律文书确定的义务执行完毕的；

（二）依法裁定终结执行的；

（三）依法应予屏蔽的其他情形。

第十九条 本规定自2016年12月1日起施行。

——《最高人民法院印发〈关于严格规范终结本次执行程序的规定（试行）〉的通知》（2016年10月29日，法〔2016〕373号）

编者说明

2012年《民事诉讼法》第257条规定："有下列情形之一的，人民法院应当裁定终结执行：（一）申请人撤销申请的；（二）据以执行的法律文书被撤销的；（三）作为被执行人的公民死亡，无遗产可供执行，又无义务承担人的；（四）追索赡养费、扶养费、抚育费案件的权利人死亡的；（五）作为被执行人的公民因生活困难无力偿还借款，无收入来源，又丧失劳动能力的；（六）人民法院认为应当终结执行的其他情形。"

1131

对交付标的物的债权请求权和普通债权在同一房屋上竞合的处理

关键词 | 交付标的物 | 债权请求权 | 普通债权 | 执行竞合 |

【链接：最高人民法院法官著述】

主要观点：买卖房屋合同诉讼判决被执行人应限期过户给申请人的执行案件，从性质上讲是债权请求权的执行案件，与没有优先受偿权的金钱债权的执行案件是属于同一类性质的执行案件。因此，对这两个在同一房屋上竞合的执行案件，我们认为，原则上根据人民法院对房屋采取查封措施的先后顺序执行，但符合《最高人民法院关于人民法院民事执行中查封、扣押、冻结财产的规定》第十七条情形的，应根据该条规定处理。人民法院拍卖房屋优先实现金钱债权后，房屋限期过户案件申请执行人客观上已经不能取得标的物，可以根据《最高人民法院关于人民法院执行工作若干问题的规定（试行）》第57条规定的精神处理，即裁定折价赔偿或者按标的物的价值强制执行被执行人的其他财产。

主要理由：本问题涉及终局执行过程中，物之交付请求权和金钱债权的执行竞合。执行程序中，不同的申请执行人依据不同的生效法律文书，对同一房屋申请执行，且不同的权利之间相互排斥，即产生执行竞合问题。本问题涉及交付标的物的债权请求权和普通金钱债权在同一房屋上的竞合，属于执行竞合的情形之一。

物之交付请求权的执行，包括物权请求权的执行和债权请求权的执行。执行程序中，除了原物的返还请求权，例如，申请执行人所有的房屋被执行人侵占，申请执行人通过提起诉讼，请求被执行人返还自己所有的房屋，法院判决返还，这类交付标的物的请求权属于物权请求权。其他请求交付物的权利通常属于债权请求权，例如，申请执行人基于租赁合同，请求被执行人向其交付标的物供其使用；再如，申请执行人基于买卖合同，请求被执行人向其交付买受物。金钱债权也分为普通金钱债权和优先受偿的金钱债权。优先受偿的金钱债权通常包括有担保物权担保的债权和法定优先权，具体到房屋来说，常见的是有抵押担保的金钱债权和建设工程款优先受偿权。物之交付请求权和金钱债权的执行竞合主要有以下情形：

第一，物权请求权与普通金钱债权的执行竞合。即基于物权的返还原物请求权和没有优先受偿性质的普通金钱债权就同一执行标的物的竞合。这种情况下，物权请求权应优先于普通金钱债权执行。房屋作为不动产以登记为物权公示方式，登记在被执行人名下的房屋，在权属上应为被执行人所有。判决要求被执行人将房屋过户给申请执行人，多数情况下涉及债权请求权的执行。但在某些特殊情况下（如房屋权属登记状况不明确、登记错误等所有权存在争议的情形），法院生效判决确认房屋属于申请执行人所有，并责令被执行人限期过户的，则属于物权请求权的执行。此时，房屋过户的执行应优先于普通金钱债权的执行。

第二，物权请求权与优先受偿的金钱债权的竞合。即基于物权的返还原物请求权和具有优先受偿性质的金钱债权就同一执行标的物的竞合。例如，基于所有权的返还原物请求权和有抵押权担保的金钱债权，或者建设工程款优先受偿权的竞合。担保物权和建设工程款优先受偿权都是法律规定应当优先实现的权利。如果债权人的抵押权或者工程款优先受偿权合法有效，就应当保护债权人就涉案房屋的价值优先受偿的权利，构成对其他相关主体返还原物请求权的限制。这种情况下，优先受偿权的实现优于物权请求权。

第三，交付标的物的债权请求权与优先受偿的金钱债权的竞合。即债权性质的物之交付请求权与具有优先受偿性质的金钱债权就同一执行标的物的竞合。例如,基于买卖合同交付标的物的请求权和有担保物权担保的金钱债权或建设工程款优先受偿权的竞合。通常情况下,由于优先受偿权本身的权利属性,具有优先受偿性质的金钱债权优先于交付物的债权请求权。但在法律、司法解释另有明确规定的情况下,优先受偿权也存在不能对抗交付物的债权请求权的情形。例如,《最高人民法院关于建设工程价款优先受偿权问题的批复》第 2 条规定:“消费者交付购买商品房的全部或者大部分款项后,承包人就该商品房享有的工程价款优先受偿权不得对抗买受人。”这是司法解释在商品房买卖问题上,对作为消费者的买受方和工程承包人利益平衡作出的特别规定。

第四,交付标的物的债权请求权与普通金钱债权的竞合。这种情况下如何处理,实践中有不同意见。竞合的两种权利都属于债权,且均无优先受偿的属性,基于债权的平等性,在权利的属性上,两者难分先后。我们认为,一般应根据人民法院对争议标的采取控制性措施的先后顺序执行。但是,在某些情况下,可以有条件地承认交付标的物的债权请求权优先执行。例如,根据《最高人民法院关于建设工程价款优先受偿权问题的批复》第 2 条规定:“消费者交付购买商品房的全部或者大部分款项后,承包人就该商品房享有的工程价款优先受偿权不得对抗买受人。”在消费者购买商品房的问题上,连工程款优先受偿权都不能对抗买受人,何况普通的金钱债权?因此,在这种情况下,可以承认消费者请求交付商品房的债权优先执行。再如,如果金钱债权的执行案件中,被执行人还有其他财产可以清偿债权,该案的债权人不一定非要就查封的房屋价值受偿,可以将房屋交给物之交付请求权案件的申请执行人,金钱债权案件的申请执行人可以通过执行其他财产得以受偿。这种方式可以同时满足两个债权人的请求,不一定严格按照采取执行措施的先后顺序受偿。

交付标的物的债权请求权与普通金钱债权的竞合,目前没有司法解释明确规定如何处理。人民法院在处理具体的案件过程中,如果有能够保障各方债权人利益的执行方式可供选择的,也可以进行尝试和探索,以求最大限度地维护各方权利人的利益。

人民法院在金钱债权案件的执行中,查封房屋并予以拍卖的,要求交付房屋案件的债权人权利应如何保障?人民法院将房屋拍卖后,物之交付请求权人客观上已经不能合乎本旨地实现债权,标的物被法院另案执行,已经不可能再完整的交付给债权人。这种情况,可以根据《最高人民法院关于人民法院执行工作若干问题的规定(试行)》第 57 条规定的精神处理,即原物确已变质、损坏或者灭失的,应当裁定折价赔偿或者按标的物的价值强制执行被执行人的其他财产。

这就是执行法学理论上所称的“本旨执行转化为赔偿执行”。如果符合参与分配条件的,债权人可以就该债权申请参与分配。

金钱债权执行案件查封房屋在先,另有其他权利主体依据生效法律文书要求向其交付该房屋的,还有一种较为特殊和典型的情况,需要在此一并说明。这就是,执行法院已经查封被执行人的房屋,案外人对该房屋主张实体权利,却不通过案外人异议程序提出,而是采取另案诉讼或仲裁进行确权或分割房产的情形。这种情形已经超出执行竞合的范畴,属于案外人异议程序和另案诉讼或仲裁的关系问题。人民法院将被执行人房屋查封后,该房屋即处于非正常状态。执行过程中,案外人对该房屋主张足以阻止执行的实体权利的,应当依法通过案外人异议程序提出,不得直接另案起诉或申请仲裁,对争议房屋进行确权或责令被执行人向其交付,防止被执行人和案外人恶意串通,通过诉讼或仲裁等方式损害申请执行人利益。对这种情况,应注意区分处理。根据《最高人民法院关于执行权合理配置和科学运行的若干意见》第 26 条规定,审判机构在审理确权诉讼时,应当查询所要确权的财产权属状况,发现已经被执行局查封、扣押、冻结的,应当中止审理;当事人诉请确权的财产被执行局处置的,应当撤销确权案件;在执行局查封、扣押、冻结后确权的,应当撤销确权判决或者调解书。根据《最高人民法院关于依法制裁规避执行行为的若干意见》第 11 条规定,案外人违反案外人异议和案外人异议之诉管辖规定,向执行法院之外的其他法院起诉,并取得生效裁判文书将已被执行法院查封、扣押、冻结的财产确权或者分割给案外人,执行法院认为该生效法律文书系恶意串通规避执行损害执行债权人利益的,可以向作出该裁判文书的人民法院或者其上级人民法院提出书面建议,有关法院应当依照《民事诉讼法》和有关司法解释的规定决定再审。

——高执研:《执行疑难问题问答(一)》,载最高人民法院执行局编:《执行工作指导》(总第 45 辑),人民法院出版社 2013 年版,第 107 ~111 页。

1132

债权人作为债务人所持有的在案外人公司股权的质权人,对该股权变价款享有优先受偿权

关键词 | 质权 | 股权变价款 | 优先受偿权 |

【最高人民法院裁判文书】

中房集团昆明房地产有限责任公司与(澳门)锡荣贸易地产有限公司担保合同纠纷执行复议案[最高人民法院(2013)执复字第1号执行裁定书]

最高人民法院认为,云南高院(2003)云高执字第30－4号执行裁定及相关执行措施,与(2003)云高执字第30号附2号民事裁定相关联,该院对相关裁定一并进行审查,并无不当。根据(2002)云高执字第1号民事判决,中房集团作为锡荣公司所持有的在玉荣公司股权的质权人,对该股权变价款享有优先受偿权。根据公司法和担保法有关规定,在玉荣公司完成清算并注销的情况下,如果经清算后确实有剩余资产,则锡荣公司的股权就转化为其对公司剩余资产的分配请求权,质权人中房集团对质押股权项下应分配的剩余资产应享有优先受偿权,即中房集团可以优先于被赠与人体育公司取得锡荣公司应分配的剩余资产。但该剩余资产分配请求权及相关的优先受偿权,应以玉荣公司清偿了全部公司债务后存在实际剩余资产为前提。本案事实表明,在玉荣公司合资合同规定的经营期限届满后,锡荣公司与体育公司虽然启动了清算程序,双方所签订的清算及产权移交协议亦确认了玉荣公司的净资产数额以及锡荣公司按照调整后的股权比例17.93%应当占有净资产数额780.8万元,但这仅是以审计和评估报告为基础,对玉荣公司的账面净资产及锡荣公司所持股份应占账面净资产数额的确认,而不是在实际处分公司资产并清偿了全部债务的基础上,对玉荣公司实际剩余资产和锡荣公司应分配的实际剩余资产的确认。在这种情况下,如果由玉荣公司直接以自己的资产向中房集团承担780.8万元的清偿责任,将损害玉荣公司债权人的合法权益。结合清算及产权移交协议签订后,玉荣公司未办理注销登记手续而继续运营,公司股东未进行变更登记等事实,可以认定玉荣公司进行的所谓清算并非法律意义上的解散清算,而只是实现了合资外方锡荣公司退出玉荣公司,由中方投资方继续经营的目的。而以这种形式结束合资经营关系、维持公司的存续,并不违反公司法及有关外商投资法律的禁止性规定,在没有证据证明玉荣公司或体育公司已将原玉荣公司账面资产,特别是锡荣公司应分配的账面剩余财产转移他处,公司总资产不变的情况下,亦不损害公司债权人及其他利益相关者的合法权益。因股权的赠与以公司继续运营为前提,玉荣公司结束合资经营后的继续存续,进一步说明清算及产权移交协议所约定的锡荣公司拟向体育公司无偿赠送的,应当是其所拥有的玉荣公司17.93%的股权,因此协议中关于锡荣公司将780.8万元剩余资产赠送给体育公司的说法实际上不能成立。鉴于合资双方所约定的股权赠与不能对抗锡荣公司的质押债权人，目前该部分股权仍登记在锡荣公司名下，且云南高院一直对该股权采取冻结措施，虽然锡荣公司实际上退出了玉荣公司，但为保护锡荣公司债权人的合法权益，可以视为其股权继续存在，该院按照生效判决对该股权采取执行措施并不存在法律和事实上的障碍。故本案仍应以锡荣公司的 17.93% 的股权作为执行标的、以玉荣公司作为协助执行人继续执行，而不具备将玉荣公司作为被执行人直接执行其 780.8 万元财产的法定条件。

——中国裁判文书网，http://www.court.gov.cn/zgcpwsw/zgrmfy/。

1133

法院查封物被留置后，留置权人可以优先受偿

关键词｜查封｜留置权｜优先受偿权｜

【链接：最高人民法院法官著述】

问题：洪某申请法院强制执行杨某拖欠款 30 万元。法院立案执行后，查封了杨某的奥迪轿车 1 辆（允许其继续使用，但不得转移、隐匿、毁损、变卖、抵押），并在车管所进行了查封登记。在执行过程中，洪某与杨某经协商达成和解协议，在签订协议时先付 10 万元，余款 20 万元在 3 个月内付清。协议达成后不久，杨某因酒后驾车，车损人伤。车被拉到修理厂修理后花去修理费 4 万元。由于杨某未能支付修理费，修理厂即将该车留置。3 月期满后，因杨某未能向洪某支付余款 20 万元，故洪某要求法院继续执行。执行人员即到修理厂扣押查封该奥迪车，修理厂提出要先付清 4 万元修理费。那么修理厂的主张是否合法呢？

《人民司法》研究组认为：查封的效力在于禁止债务人对已查封的不动产予以处分，债务人丧失了处分权，但仍有所有权。经执行法院许可，债务人可为必要的管理和使用。《最高人民法院关于人民法院执行工作若干问题的规定（试行）》第 42 条规定："被查封的财产，可以指令由被执行人负责保管。如继续使用被查封的财产对其价值无重大影响，可以允许被执行人继续使用。因被执行人保管或使用的过错造成的损失，由被执行人承担。"据此，本案被执行人在使用被查封的车辆致该车辆发生损失后，应就该车辆的损失额向申请执行人承担赔偿责任，同时应向修理厂支付修车的费用；被执行人无其他财产可供执行时，

可以该车的变价款承担责任。依据《中华人民共和国合同法》第二百六十四条关于“定作人未向承揽人支付报酬或者材料费等价款的，承揽人对完成的工作成果享有留置权，但当事人另有约定的除外”的规定，修车厂作为修理该车的承揽人，对该车享有留置权，即对该车拍卖或变卖后所得的价款应当优先受偿。

——《人民司法》2002 年第 4 期

1134

财产保全的申请人不享有优先受偿权

关键词 | 财产保全 | 优先受偿权 |

【链接：最高人民法院法官著述】

问题：李某因做生意分别向刘某、王某、钟某借款 6 万元。李某有商品房一套。刘某在李某的借款期限届满后向法院起诉，要求李某归还借款 6 万元，同时向法院申请查封李某的商品房。法院在刘某提供担保后，依法查封了该商品房。此后，王某、钟某相继向法院起诉，要求李某归还借款 6 万元。在刘某、王某、钟某诉李某的借款纠纷案的执行过程中，对拍卖李某商品房所得 6 万元如何分配存在两种意见：第一种意见认为，该价款应归刘某所有。其理由是：李某的商品房因刘某申请财产保全而查封，其目的是保证刘某诉李某的借款纠纷案能顺利执行。刘某提供了相应价款的担保，因此，刘某取得了优先受偿的权利。第二种意见认为，该价款应由刘某、王某、钟某三人平均分配，理由是：刘某、王某、钟某是李某的合法债权人，其合法权益应受法律保护，因此，应当按照刘某、王某、钟某的债权份额的比例分配该价款。

《人民司法》研究组认为：根据《民事诉讼法》第 92 条的规定，财产保全只是防止可能因当事人一方的行为或者其他原因使判决不能执行或者难以执行时所采取的一种强制措施。这种措施并非对措施申请人的权利的担保，因而当被申请人有多个债权人且其财产不足以清偿其全部债务时，申请保全的当事人并不对被保全的财产享有优先受偿权，被申请人被保全的财产应当由全体债权人公平受偿。保全申请人因申请保全而受到损失的，受到清偿的其他债权人应当给予相应补偿。

——《人民司法》2002 年第 9 期

THE COLLECTION OF
THE SUPREME PEOPLE'S COURT'S
JUDICIAL RULES

新编版

最高人民法院司法观点集成

民事诉讼卷

Ⅳ

总主编｜刘德权　本卷主编｜陈裕琨　缪蕾

中国法制出版社

本卷总目

CONTENTS

本册细目

CONTENTS

（第二十章　执行程序）

第二十一章 涉外民事诉讼程序的特别规定

第二十二章 仲　　裁

第二十三章　附　　则

本册关键词索引

INDEX

D

E

F

G

H

J

K

L

M

N

P

T

W

X

Y

Z

第二十章 | CHAPTER 20

执行程序

1135

关于多债权人对同一被执行人申请执行和参与分配

关键词 | 多债权人 | 同一被执行人 | 参与分配 |

【最高人民法院司法政策】

在金钱债权的执行案件中,多个债权人对同一被执行人申请执行的,如果财产不足以清偿全部债务,就必然面临多个债权人之间如何进行分配的问题。这类案件本来就比单一主体的执行案件复杂,加之有关法律、司法解释的规定不明确,导致实践中许多问题做法各异,亟待规范。当前,在以下几个问题上应尽快统一思路:

第一,关于分配顺序问题。在被执行人的财产不足清偿时,总体思路是区分被执行人有没有法人资格,对于有法人资格的被执行人,同一顺位的金钱债权按照法院采取执行措施的先后顺序受偿。作为例外,在企业法人未经清理或清算即撤销、注销或歇业的,按各债权额的比例进行分配。为提高执行效率,执行机构应直接对是否存在未经清理或清算即撤销、注销、歇业等事实进行审查认定。对不具备法人资格的被执行人,如公民和其他组织,则不区分采取执行措施的先后,同一顺位的金钱债权一律按照各债权额的比例进行分配。

第二,关于分配程序的主持法院。根据司法解释的规定,分配程序由最先查封的法院主持。司法实践中,如果最先的查封是保全查封,分配程序就要延迟到该案审结后才能启动,从而导致已取得执行依据或有优先受偿权的债权人迟迟无法受偿。遇到上述情况,执行法院要积极与诉讼法院协调,争取由执行法院主持分配;协调不成的,可以报请共同的上级法院指定执行法院主持分配。但要注意依法留存与讼争债权数额相应的款项。

第三,关于分配程序中的救济问题。2008 年执行程序司法解释第二十六条增加了分配方案异议之诉制度,对分配程序中有关争议的解决提供了一种新途径。对这一规定应注意两点:一是诉讼程序相对复杂,执行机构要尽量协调各方形成一致意见,尽快形成分配方案,避免分配程序过分拖延。二是要区分程序争议和实体争议。对于受偿顺序、受偿数额等实体问题,应通过参与分配异议之诉解决;而对于分配方案是否送达等程序性问题,仍应通过《民事诉讼法》第 225 条规定的执行行为异议和复议程序解决。

第四,关于执行程序与破产程序的衔接问题。参与分配程序与破产程序有不同功能，参与分配是一种个别执行，解决的是特定债权的受偿问题；而破产程序是一种概括执行，解决的是全部债权的公平受偿问题。从实践看，在多个债权人申请执行的案件中，有相当一部分案件被执行人确已资不抵债，但由于债权人和债务人均不申请破产，导致破产程序无法启动，许多本应通过破产程序清理的债权债务却迟迟停留在执行程序中。鉴于此，在办理执行案件过程中，要注意积极引导当事人申请破产，以便更好地通过破产程序确保各债权人公平受偿。

——《全国高级法院执行局长座谈会暨执行指挥中心试点推进会材料》，载最高人民法院执行局编：《执行工作指导》（总第 47 辑），人民法院出版社 2013 年版，第 14 ~ 15 页。

【链接：最高人民法院法官著述】

在执行程序中，同一被执行人有多个债权人时，依据实体法享有优先受偿权的债权人应优先受偿，在理论和实践中均无争议。问题是，多个普通债权人之间如何分配，理论上有不同的观点，实践中掌握的尺度不一，迫切需要进一步研究。

一、分歧与现状

对于多个普通债权人如何取得执行中所得的财产，世界上存在着两种极端的做法。根据采取执行措施的先后确定优先劣后顺序，先查封者优先满足的，称为优先主义；不分执行的先后顺序而实行平等分配的，则称为平等主义。优先主义实质上赋予了在先申请查封的债权以优先于其他普通债权人受偿的地位（此优先地位能否延伸到破产程序，各国有所不同，我国与英国类似，不能延伸），而彻底的平等主义则是在先查封的债权人除了执行费用以外，没有任何优先地位。在这两极之间也有折中的做法，称为团体优先主义。具体是划分执行的时间节点，节点之前的债权人成为一个团体，优先于节点之后的债权人团体受偿，团体内债权人之间平等分配。

我国目前争议最大的主要是，被执行人为企业法人时能否例外实行平等分配原则。这一争论，除涉及平等主义和优先主义的一般性争论之外，主要涉及平等分配能否真正实现债权人之间公平受偿、强制执行与破产程序的职能分工。

二、对司法解释相关条文的重新审视

按照自 1998 年 7 月 8 日起施行的最高人民法院《执行规定》第 96 条的规定，在企业撤销、注销或歇业的情况下，财产无人清理，既不进行清算，又不启动破产程序，在执行程序中采取类似破产程序的平等主义分配制度。该规定沿用了1990年国务院《关于在清理整顿公司中被撤并公司债权债务清理问题的通知》中关于“公司财产不足清偿同一顺序的清偿请求时，按照比例分配”的规定以及最高人民法院发布的相关通知的精神。这一规定当时面临的实际情况，一方面是在执行程序中多个债权人要求对债务人剩余的有限财产平等分配，而另一方面破产制度不能有效运行。因此以强制执行程序承载了破产制度的功能。应该说，当时的执行实践关注到了债权人之间的公平受偿问题，对于在特定历史条件下，解决权利人之间的冲突、化解社会矛盾、维护社会稳定，发挥了积极的作用。

但是，在我国破产法不断完善，破产制度、公司制度日臻成熟的情况下，再坚持《执行规定》第96条的规定，其合理性愈来愈受到质疑甚至诟病。笔者亦认为，如果说在当时的历史条件下执行程序中特殊情况下的平等分配制度弥补了破产制度运行不畅的缺陷，那么在现有条件下再坚持这一规定，则有弱化我国破产法律制度、越俎代庖之嫌。必须对这一制度的合理性重新审视：

其一，强制债务人公平有序清偿债务的目标，需要靠不同的法律制度的分化组合运用来实现，采用执行优先主义与破产制度分工衔接配合，是理想的选择。强制执行程序应当以尽快实现裁判确定的债权人权利为价值取向，更适合遵循积极先行行使权利者先得的自然法则。

其二，因为在认定歇业问题上的困难，以及有破产制度备用等因素，执行平等分配制度在实践中也没有得到很好的贯彻。由于判定标准的模糊性，导致是否适用参与分配程序成为了法官自由裁量的范畴。在具体制度设计上没有通知债权人申请参与分配的要求等，导致事实上很多案件按照优先主义原则进行了处理，并没有真正实现债权人之间的公平受偿。

其三，以破产制度取代执行中的平等分配制度，不仅有利于实现债权人之间的公平，也有利于终结消化大量执行案件，以及能为债权人和债务人提供更多的救济途径。参与分配的终结并不能消灭被执行人的主体资格，尚未(完全)受偿的债权人仍不断对已经名存实亡的债务人申请执行，导致大量的执行案件仍滞留在执行程序中，形成没有实际意义的积案，浪费司法资源。而破产程序则能够彻底解决针对债务人的全部执行彻底终结的问题。

目前，《执行规定》第96条确定的平等分配，使债权人更多地选择执行程序来实现较多的清偿，影响了其提起破产程序的积极性。如果执行中实行优先主义，在一定程度上可以刺激后顺位债权人提起破产程序。因其在执行程序中可能一无所获,那么,申请破产将是最佳选择。当然,执行与破产制度最好的衔接,是在执行中法院依职权启动破产程序,执行机构发现有破产情况,移送破产法院实施破产分配。但苦于法律依据不足,法院对此种方式启动破产程序只能持慎重态度。

三、对企业法人执行分配的特殊因素考量

在企业法人作为被执行人的情况下,原则上应坚持优先主义,但是实践中的特殊情况应作为例外:

一是各债权人基于相同事由对债务人享有的权利,本来可构成集团诉讼的情况。这种情况下区分先后顺序受偿,明显不公。《执行规定》第88条第3款规定的一份裁判确定的多个债权人按比例分配,涵盖一部分这种情况。《民事诉讼法》规定的不确定人数的集团诉讼中,已经作出的判决裁定适用于参加登记的权利人,也应属于这种情况。

二是无法区分执行先后顺序的情况。如债权人基本同时申请执行,无人在先发现财产并申请查封,法院依职权所采取的执行措施一般是为了多个债权人共同实施的,则多个案件的债权人之间应当平等分配。

三是债权人协议平等分配的。如果执行程序中的债权人为迅速实现债权,坚持不申请破产,而是达成了一个分配协议,只要该协议不违法,不侵害第三人的合法权益,法院应予支持。因为执行程序的目的是保护取得执行依据的债权人的利益,除非法律明确规定,否则难以要求执行机构以保护执行程序以外的债权人利益为主要职能。此与不能禁止一个债权人在执行取得全部执行所得财产的原理相同。当然,如果这种协议确实发生在破产开始前的撤销权期限内,在破产程序中被撤销,另当别论。

四是对特殊主体在执行程序中应优先保护。实践中存在一些直接涉及民生的案件,如执行扶养费、抚育费、赡养费、职工工资、劳动保险费、人身伤害赔偿等债权。为保护弱势群体利益,应当在执行中根据具体案情,优先予以清偿。

——刘贵祥、黄金龙:《平等分配制度与破产制度的分工》,载《人民法院报》2014年4月30日。

1136

参与分配的适用条件

关键词 | 参与分配 |

【最高人民法院司法解释】

第五百零八条 被执行人为公民或者其他组织,在执行程序开始后,被执行人的其他已经取得执行依据的债权人发现被执行人的财产不能清偿所有债权的,可以向人民法院申请参与分配。

对人民法院查封、扣押、冻结的财产有优先权、担保物权的债权人,可以直接申请参与分配,主张优先受偿权。

——《最高人民法院关于适用〈中华人民共和国民事诉讼法〉的解释》(2015 年 1 月 30 日,法释〔2015〕5 号)

90. 被执行人为公民或其他组织,其全部或主要财产已被一个人民法院因执行确定金钱给付的生效法律文书而查封、扣押或冻结,无其他财产可供执行或其他财产不足清偿全部债务的,在被执行人的财产被执行完毕前,对该被执行人已经取得金钱债权执行依据的其他债权人可以申请对该被执行人的财产参与分配。

——《最高人民法院关于人民法院执行工作若干问题的规定(试行)》(1998 年 7 月 8 日,法释〔1998〕15 号)

【链接:最高人民法院法官著述】

参与分配的适用条件为:

(一)被执行人为公民或其他组织

我国现行破产制度实行的是有限破产主义,公民或其他组织不具有破产能力,所以当一般公司或其他组织资不抵债时,参与分配制度为各债权人提供了一条平均受偿的途径。需要注意的是,在特殊情况下,被执行人也可以是企业法人。《最高人民法院关于人民法院执行工作若干问题的规定(试行)》第 96 条规定:“被执行人为企业法人,未经清理或清算而撤销、注销或歇业,其财产不足清偿全部债务的,应当参照本规定 90 条至 95 条的规定,对各债权人的债权按比例清偿。”可见,《最高人民法院关于人民法院执行工作若干问题的规定(试行)》在某种程度上扩大了《最高人民法院关于适用〈中华人民共和国民事诉讼法〉若干问题的意见》中有关参与分配适用范围的规定,将特定的企业法人纳入参与分配的适用范围之中。

(二)被执行人已经不能清偿所有到期债权

被执行人的财产不能清偿所有债权,是指被执行人的财产持续地不能清偿所有应即时清偿的债权。所谓被执行人应即时清偿的债权,系指债权清偿期已届满,且债权人已提出清偿要求的债权。被执行人与债权人在设定债权债务关系时,在未设定担保的情况下,是以被执行人的全部财产作为债务的一般担保的,因此一般担保并不针对某项特定的债务,而是面向被执行人的全部债务。在某一债权人取得执行名义,向人民法院申请强制的情况下,如果被执行人的财产除了足以清偿申请执行人的债权外,还可以清偿其他债权人的债权,则其他债权人不能参加已经开始的执行程序,即此时不存在适用参与分配的可能;如果被执行人不能清偿申请执行的债权或虽可清偿执行的债权,但不足以清偿所有债权的,此时,为了使各债权人得到公平受偿,才可实行参与分配。

(三)可申请参与分配的债权一般限于金钱债权

强制执行,以执行名义所载债权之性质为准,可分为金钱执行和非金钱执行两种。可申请参与分配的债权只能是金钱债权,非金钱债权不能进入参与分配程序。只有关于金钱债权的执行是用执行所得的金钱在各债权人之间按比例公平分配,而且只有对金钱才能做到按比例公平分配,因此,只有在关于金钱债权的执行中才能实行参与。换句话说,实行参与分配的各债权,即已经开始执行程序的债权人的债权和请求参与分配的债权,必须都是金钱债权。首先,先前开始执行的债权是交付标的物或其他行为的非金钱债权,其他金钱债权不能参与进来要求分配,应当根据物权优先的原则处理。其次,先行执行的是金钱债权,后来请求执行的是非金钱债权的,也不能参与分配。因为,如果后来请求执行的非金钱债权是请求交付标的物,同样应当按照物权优先的原则处理;如果后来请求执行的非金钱债权是要求债务人作为或不作为,除非该行为具有可替代性且由他人代替完成或者债务人应当支付迟延履行金而转化为金钱债权执行,则根本不会产生执行竞合,更不必参与分配。由他人代替完成所产生的费用和迟延履行金,不属于金钱债权,而是执行程序必须支出的费用,应当优先受偿,故不能申请参与分配。

(四)可申请参与分配的债权人

根据《最高人民法院关于适用〈中华人民共和国民事诉讼法〉若干问题的意见》的规定,可申请参与分配的债权人分为两类:一是已经取得执行名义的债权人;二是已经起诉的债权人。《最高人民法院关于人民法院执行工作若干问题的规定(试行)》将可申请参与分配的债权人仅限于已经取得金钱债权执行名义的其他债权人,而将已经起诉的债权人排斥在外。

债权人已请求对债务人的财产采取执行措施以后,只有已取得执行名义的其他债权人才能请求参与分配,如果其他债权人尚未取得执行名义,就不能参与分配。这是关于参与分配的债权人资格的条件。在这一条件下,《最高人民法院关于人民法院执行工作若干问题的规定(试行)》作出了较《最高人民法院关于适用〈中华人民共和国民事诉讼法〉若干问题的意见》更为严格的规定。《最高人民法院关于人民法院执行工作若干问题的规定(试行)》缩小了可请求参与分配的债权人的范围,规定只有已经取得执行名义的债权人才能申请参与分配。

《最高人民法院关于人民法院执行工作若干问题的规定(试行)》对参与债权人的范围作出更为严格的规定,目的在于体现执行程序与破产程序在功能上的区别,并提高执行程序的效率。但是,我们认为,这种做法与现有法制并不协调。因为我国目前实行的是有限的商人破产主义,参与分配制度在一定程度上必须承担破产法的职能(当然这绝不意味着参与分配是一种"小破产程序"),以保护所有债权人的利益。如果只有已经取得执行名义的债权人才参与分配,对于未取得执行名义的债权人来说显然是不公平的,因为他们的债权无法获得债务人所有财产的担保。我们认为,在实行一般破产主义之前,仍应允许未取得执行名义但已起诉的债权人参与分配,但其分配所得应由人民法院提存。如果该债权人胜诉并获得最终执行名义,提存的款项由人民法院交付于该债权人;如果该债权人败诉,提存的款项由人民法院平均分配给已分配完毕的债权人。此外,我们甚至认为,对债务人的财产享有优先权的债权人,即使没有起诉也可主张优先权并申请参与分配。

(五)已实施民事执行措施

这是关于参与分配的启动程序的条件。所谓参与,必须有先行的执行程序存在,否则就不能谓之"参与"和"分配"。"参与"是参加已经开始的执行程序,"分配"是对债务人的财产已经执行的所得金额进行分配。只有当债务人的全部财产或主要财产已经被人民法院采取民事执行措施,如被查封、冻结等,其他债权人才能请求参与分配。这也就是说,其他债权人提出参与分配的请求只能在人民法院开始执行程序之后,如果人民法院尚未实施民事执行措施,其他债权人可以请求发动执行程序,而不是请求参与分配。

(六)其他债权人应在债务人的财产执行完毕前提出请求

这是关于参与分配申请的期限的条件。其他债权人必须在人民法院将执行所得金额交付于债权人之前提出请求,才能进行参与分配。参与分配制度只能做有限的公平,如果人民法院已将执行所得交付债权人,执行程序已经终结,其他债权人提出参与分配显然已失去了意义,其债权无法受偿,所以不能再提出参与分配请求。

——江必新主编:《民事执行新制度理解与适用》,人民法院出版社2010年版,第266～268页。

1137

参与分配的程序

关键词｜参与分配｜

【最高人民法院司法解释】

第五百零九条 申请参与分配,申请人应当提交申请书。申请书应当写明参与分配和被执行人不能清偿所有债权的事实、理由,并附有执行依据。

参与分配申请应当在执行程序开始后,被执行人的财产执行终结前提出。

第五百一十条 参与分配执行中,执行所得价款扣除执行费用,并清偿应当优先受偿的债权后,对于普通债权,原则上按照其占全部申请参与分配债权数额的比例受偿。清偿后的剩余债务,被执行人应当继续清偿。债权人发现被执行人有其他财产的,可以随时请求人民法院执行。

第五百一十一条 多个债权人对执行财产申请参与分配的,执行法院应当制作财产分配方案,并送达各债权人和被执行人。债权人或者被执行人对分配方案有异议的,应当自收到分配方案之日起十五日内向执行法院提出书面异议。

第五百一十二条 债权人或者被执行人对分配方案提出书面异议的,执行法院应当通知未提出异议的债权人、被执行人。

未提出异议的债权人、被执行人自收到通知之日起十五日内未提出反对意见的,执行法院依异议人的意见对分配方案审查修正后进行分配;提出反对意见的,应当通知异议人。异议人可以自收到通知之日起十五日内,以提出反对意见的债权人、被执行人为被告,向执行法院提起诉讼;异议人逾期未提起诉讼的,执行法院按照原分配方案进行分配。

诉讼期间进行分配的,执行法院应当提存与争议债权数额相应的款项。

——《最高人民法院关于适用〈中华人民共和国民事诉讼法〉的解释》(2015 年 1 月 30 日,法释〔2015〕5 号)

91. 对参与被执行人财产的具体分配,应当由首先查封、扣押或冻结的法院主持进行。

首先查封、扣押、冻结的法院所采取的执行措施如系为执行财产保全裁定,具体分配应当在该院案件审理终结后进行。

92. 债权人申请参与分配的,应当向其原申请执行法院提交参与分配申请书,写明参与分配的理由,并附有执行依据。该执行法院应将参与分配申请书转交给主持分配的法院,并说明执行情况。

95. 被执行人的财产被分配给各债权人后,被执行人对其剩余债务应当继续清偿。债权人发现被执行人有其他财产的,人民法院可以根据债权人的申请继续依法执行。

——《最高人民法院关于人民法院执行工作若干问题的规定(试行)》(1998 年 7 月 8 日,法释〔1998〕15 号)

【链接：最高人民法院法官著述】

执行过程中,往往会存在多个债权人对同一被执行人申请执行或者对拍卖、变卖所得执行款申请参与分配的情况,《最高人民法院关于人民法院执行工作若干问题的规定(试行)》中虽然对该问题作了规定,但仍不够完善,特别是在当事人认为法院制作的分配方案不公平甚至有错误的情况下,法律、司法解释未规定相应的救济途径,当事人的合法权益难以得到充分的保护。本次民事诉讼法修改的一个重要特点是强化了对当事人、利害关系人的救济,但鉴于本次民事诉讼法仅为局部修改,对参与分配中的救济问题未予涉及,由于民事诉讼法第 202 条增加了执行异议制度,执行异议的适用范围较宽,实践中必然会遇到的问题是如果当事人对分配方案有异议,可否按照民事诉讼法第 202 条的规定提出异议、申请复议。鉴于该问题较为普遍,司法解释有必要作出明确规定。

在多个债权人对同一被执行人申请执行或者参与分配的案件中,执行法院作出分配方案后,如果债权人或者被执行人对分配方案中所确定的债权是否存在、数额多少、受偿顺序等问题有异议的,这种异议不单纯是一种程序上的异议,而涉及实体争议。因此,应当通过诉讼程序解决。但是诉讼程序毕竟过于复杂,如果所有的争议都直接进入诉讼,将导致参与分配程序过于复杂。因此,司法解释采取了较为灵活的做法,即债权人或者被执行人对分配方案有异议的,应当先向执行法院提出。执行法院受理异议申请后,应当将有关情况通知未提出异议的债权人或被执行人。未提出异议的债权人、被执行人在收到通知后10日内对有关异议不提出反对意见的,执行法院即可依异议人的意见对分配方案进行调整,并根据调整后的方案进行分配,这种做法既体现了对当事人意思自制的尊重,也有利于提高执行的效率。

如果其他当事人提出反对意见的,说明各方当事人之间就执行财产如何分配的问题还存在争议,对这种实体上的争议,执行法院不作实质审查,而应通过诉讼程序解决。因此,《最高人民法院关于适用〈中华人民共和国民事诉讼法〉执行程序若干问题的解释》第26条规定,异议人可以自收到通知之日起15日内,以提出反对意见的债权人、执行人为被告,向执行法院提起诉讼。在域外立法例中,这种诉讼被称为分配方案异议之诉,通过分配方案异议之诉,可以一揽子解决与分配有关的问题。实践中应注意的是,如果不涉及分配方案中实体问题的争议,而是法院在分配程序中实施的执行行为违反有关程序性规定,应当适用民事诉讼法第202条的规定提出异议、申请复议。

——俞灵雨、王飞鸿、赵晋山:《关于适用〈中华人民共和国民事诉讼法〉执行程序若干问题解释理解与适用》,载江必新主编、最高人民法院执行工作办公室编:《执行工作指导》(总第33辑),人民法院出版社2010年版,第71~72页。

1138

分配程序中的异议和分配方案异议之诉

关键词 | 分配方案异议 | 分配方案异议之诉 |

【链接:最高人民法院法官著述】

问题:《最高人民法院关于适用〈中华人民共和国民事诉讼法〉执行程序若干问题的解释》第26条创立了分配方案异议和分配方案异议之诉。请问,分配方案异议和执行行为异议有什么区别?审判机构和执行机构在处理分配方案异议以及审理分配方案异议之诉时如何划分职权？

《人民司法》研究组认为：分配程序中的异议有程序异议和实体异议之分。程序异议是指债权人或者债务人认为执行法院在分配程序中存在违法或者不当，向执行法院请求救济的情形。例如，认为执行法院不应当适用参与分配程序而适用，债权人的债权应当列入分配方案而没有列入等程序违法情形。此类异议，异议人应当依据民事诉讼法第225条的规定提出执行行为异议，由执行法院进行审查并作出裁定。对执行法院的裁定不服的，可以请求上一级人民法院复议。实体异议是指债权人或者债务人对于分配方案所载各个债权人债权的真实性存有异议，或者对应当分配的债权数额、分配顺位不同意，而向执行法院声明的情形。对于实体异议，执行法院不作审查，而是通知有利害关系的其他债权人、债务人。如果相关债权人或者债务人反对异议，则由异议人以反对异议的债权人或者债务人为被告直接向执行法院提起分配方案异议之诉。

需要注意的是，该类诉讼只能审查债权人之间的实体争议，对于法院的执行行为是否合法，例如是否应该适用参与分配程序等公权力职责范围内的事项，不能进行审查。至于该类诉讼的判决主文如何表述，考虑到审执分立已经被确立为我国执行权配置的原则，该类判决应当遵守这一原则。同时，执行机构熟悉全部债权情况，且很可能还有后续的债权加入，审判机构不宜直接通过判决修正分配方案。因此，如果原告的诉求成立，判决主文宜包括两项内容：（一）确认原告的债权数额和分配顺位，或者确认某项债权不存在或者实体上丧失分配资格（根据诉讼请求不同而不同）；（二）责成执行机构重新制作分配方案。

——《人民司法·应用》2013年第9期

1139

两个法院执行同一个被执行人，当财产拍卖款不能清偿全部债务时的处理

关键词 | 参与分配 | 资不抵债 | 破产 |

【链接：最高人民法院法官著述】

问题：某法院执行局在执行一金钱债权案件中，查封了被执行人的财产，其

财产没有担保物权，拍卖款不能清偿全部债务。某法院也有以该被执行人为债务人的金钱债权执行案件。在执行中对应适用《最高人民法院关于人民法院执行工作若干问题的规定（试行）》的哪一条有两种意见：一种意见是债务人的财产已被我院查封，应按《执行规定》第 88 条第 1 款规定，按执行法院采取执行措施的先后顺序受偿，另一种意见是债务人的财产拍卖款不能清偿全部债务，应按《执行规定》第 90 条规定参与分配。

《人民司法》研究组认为：《执行规定》第 88 条至第 96 条关于参与分配制度的规定，针对被执行人主体性质的不同，区分了不同的处理方式：在执行过程中遇到资不抵债的情况，被执行人是法人的，原则上按破产程序解决债权人之间的公平受偿问题；被执行人是公民或其他组织的，因为没有相应的破产程序，适用债权人参与分配受偿的制度。根据本案情况，如果被执行人是法人，在其资不抵债的情况下，如果有申请其破产主张的，适用《执行规定》第 89 条的规定，按破产程序处理，如果无申请其破产主张的，适用《执行规定》第 88 条第 1 款的规定，在查明各债权人对执行标的物均无担保物权时，按照执行法院采取执行措施的先后顺序受偿。如果本案的被执行人是公民或其他组织，在其资不抵债的情况下，适用《执行规定》第 90 条的规定，在被执行人的财产被执行完毕前，其他债权人可以持已经取得的金钱债权执行依据，申请对该被执行人的财产参与分配。

——《人民司法》2003 年第 4 期

1140

建设工程款债权与请求交付房产的债权冲突的处理

关键词｜工程款债权｜受偿顺序｜

【最高人民法院司法解释】

上海市高级人民法院：

你院沪高法〔2001〕14 号《关于合同法第 286 条理解与适用问题的请示》收悉。经研究，答复如下：

一、人民法院在审理房地产纠纷案件和办理执行案件中，应当依照《中华人民共和国合同法》第二百八十六条的规定，认定建筑工程的承包人的优先受偿权优于抵押权和其他债权。

二、消费者交付购买商品房的全部或者大部分款项后，承包人就该商品房享有的工程价款优先受偿权不得对抗买受人。

三、建筑工程价款包括承包人为建设工程应当支付的工作人员报酬、材料款等实际支出的费用，不包括承包人因发包人违约所造成的损失。

四、建设工程承包人行使优先权的期限为六个月，自建设工程竣工之日或者建设工程合同约定的竣工之日起计算。

五、本批复第一条至第三条自公布之日起施行，第四条自公布之日起六个月后施行。

——《最高人民法院关于建设工程价款优先受偿权问题的批复》(2002年6月20日，法释〔2002〕16号)

【最高人民法院答复】

青海省高级人民法院：

你院《关于青海量具刃具有限责任公司申请执行青海华峰房地产有限公司土地使用权转让合同纠纷及浙江东阳三建执行异议一案法律适用问题的请示》收悉。经研究，答复如下：

浙江省东阳第三建筑公司(以下简称东阳三建)请求青海华峰房地产有限公司(以下简称华峰公司)支付建筑工程款的权利以及青海量具刃具有限责任公司(以下简称量具公司)请求华峰公司交付房产权利均为债权。依据《物权法》第九条、第三十条之规定，争议房产仍然属于华峰公司所有，应当作为华峰公司的责任财产由有关债权人按照法定的顺序受偿。依据《合同法》第二百八十六条以及本院《关于建设工程价款优先受偿权问题的批复》第一条之规定，应当对相应的争议房产进行变价，变价款由东阳三建优先受偿。东阳三建受偿后，剩余价款及未变价处理的房产应当交付量具公司。如无法按照执行依据确定的数量和质量执行实物，对量具公司非金钱债权的差额部分，应当依照本院《关于人民法院执行工作若干问题的规定(试行)》第57条之规定，折价后执行华峰公司的其他财产。

——《最高人民法院执行局关于如何处理建设工程款债权与请求交付房产的债权冲突问题的复函》(2008年11月5日，〔2008〕执他字第8号)

广东省高级人民法院：

你院〔2007〕粤高法执督字第45号《关于对人民法院调解书中未写明建设工程款有优先受偿权应如何适用法律问题的请示》收悉。经研究，答复如下：

建设工程款优先受偿权是一种法定优先权，无需当事人另外予以明示。《最高人民法院关于建设工程价款优先受偿权问题的批复》第四条明确规定，建设工程承包人行使优先权的期限为六个月。依据该条规定，建设工程承包人行使优先权的期限为六个月，且为不变期间，不存在中止、中断或延长的情形。

——《最高人民法院〈关于对人民法院调解书中未写明建设工程款有优先受偿权应如何适用法律问题的请示〉的复函》（2008年2月29日，〔2007〕执他字第11号）

广东省高级人民法院：

你院〔2004〕粤高法执督字第384号《关于康永贤等13人执行异议请示案》收悉，经研究，现答复如下：

《最高人民法院关于建设工程价款优先受偿权问题的批复》（法释〔2002〕16号）第二条关于已交付购买商品房的全部或者大部分款项的消费者权利应优先保护的规定，是为了保护个人消费者的居住权而设置的，即购房应是直接用于满足其生活居住需要，而不是用于经营，不应作扩大解释。

——《最高人民法院关于康永贤等13人执行异议请示案的复函》（2005年12月25日，〔2005〕执他字第16号）

1141

《合同法》实施之前的工程款债权与有抵押的债权在执行中的受偿顺序

关键词 | 工程款债权 | 抵押权 | 受偿顺序 |

【最高人民法院司法政策】

关于合同法第286条的适用问题，如果建设工程于1999年10月1日之前已竣工或停工，1999年10月1日之后人民法院对这类案件还没有审结的，不应适用合同法第286条。如果建设工程施工于1999年10月1日之前,竣工或停工于1999年10月1日之后,承包人的工程价款是否享有优先权,应分情况处理:在1999年10月1日之前,该工程上没有设定抵押权的,承包人的工程价款享有优先权;该工程上设定有抵押权的,承包人就工程价款享有的优先权不得对抗已设定的抵押权。

——《全国民事审判工作座谈会材料》,载最高人民法院执行工作办公室编:《强制执行指导与参考》(总第7辑),法律出版社2003年版,第52页。

【最高人民法院答复】

广东省高级人民法院:

你院〔2004〕粤高法执督字第65号《关于深圳中院执行瑞京隆房地产开发(深圳)有限公司的情况报告》收悉。经研究,提出以下处理意见:

一、同意你院督促汕尾中院依法抓紧执结深圳市苏一建实业有限公司(以下简称苏一建公司)与瑞京隆房地产开发(深圳)有限公司建设工程合同的铝合金门窗及幕墙工程纠纷一案的意见。

二、关于苏一建公司主张工程款优先受偿问题。鉴于该案合同成立于《合同法》实施之前,当时法律没有工程款优先受偿制度,因此,根据我院《关于适用〈中华人民共和国合同法〉若干问题的解释(一)》第一条的规定,当时没有法律规定的,可以适用《合同法》的有关规定。请你院接此函后,监督深圳中院尽快依法执结此案。

——《最高人民法院执行工作办公室〔2004〕执监字第62-1号函》(2005年7月9日)

广西壮族自治区高级人民法院、山西省高级人民法院:

广西高院〔2001〕桂法执协字第16-2号《关于请求最高法院对北海市中级人民法院与山西省太原市尖草坪区人民法院执行争议进行协调的报告》和山西高院〔2003〕晋法执函字第12号《关于与广西高院就我省尖草坪区法院与北海市中院执行案件问题进行协调的情况报告》均收悉。经研究,现答复如下:

一、北海市中级人民法院(1996)北民初字第95号民事判决作出时,《中华人民共和国合同法》(以下简称《合同法》)尚未颁布。根据法不溯及既往的原则,北海市中院判决的相关案件只能适用当时的《中华人民共和国经济合同法》

和《建筑安装工程承包合同条例》的有关规定，而不能适用《合同法》第二百八十六条的规定。

二、鉴于太原市尖草坪区法院先于北海市中院对华新实业集团坐落于北海市华新苑、华馨小区商品住宅楼四栋及70亩土地和两套涉案住宅采取了诉讼保全措施，如果华新实业集团确已歇业，其财产又不足清偿全部债务，根据我院《关于人民法院执行工作若干问题的规定（试行）》第91条、第92条、第96条的规定，北海市中院执行案件的债权人可以在太原市尖草坪区法院执行财产时申请参与分配。

——《最高人民法院执行工作办公室〈关于广西北海市中级人民法院与太原市尖草坪区人民法院因工程款能否优先执行争议协调案〉的复函》（2003年9月24日，〔2003〕执协字第6号）

福建省高级人民法院：

你院闽高法〔2002〕265号《关于执行中国建设银行厦门市分行诉远华集团有限公司、厦门东盛建设发展公司借款合同纠纷一案中涉及几个相关法律、政策问题的请示》收悉。经研究，答复如下：

关于该案执行中涉及的工程款优先权问题，根据法律不溯及既往的原则和物权法定原则，如果作为执行标的的建设工程竣工或者停工于《中华人民共和国合同法》实施之前，则工程承包人从该建设工程价款中受偿的权利不得对抗已经在该工程上的抵押权。

——《最高人民法院〔2002〕执他字第21号函》（2003年8月28日）

【链接：最高人民法院法官著述】

我们认为，本案中，苏一建公司对系争的财产享有建筑工程价款的优先受偿权，理由如下：

第一，深圳中院的（2000）深中法经一初字第255号判决确认，中国工商银行深圳分行的抵押权因发生在《合同法》实施之后（办理抵押登记的时间是1999年12月22日），而苏一建公司承建的“京隆苑”工程竣工决算签字时间是2000年6月9日，工程款利息起算时间为2000年2月25日；深圳中院、广东高院认定“京隆苑”工程竣工的时间为1999年2月1日。从上述时间来看，苏一建承建“京隆苑”合同的实施跨越了《合同法》生效的时间，苏一建公司关于工程款优先受偿的主张应当予以支持。

第二，就苏一建公司工程款优先权的主张，也可考虑按《最高人民法院关于适用〈中华人民共和国合同法〉若干问题的解释（一）》第1条规定的精神办理，即"《合同法》实施以后成立的合同发生纠纷起诉到人民法院的，适用《合同法》的规定；《合同法》实施以前成立的合同发生纠纷起诉到人民法院的，除本解释另有规定的以外，适用当时的法律规定，当时没有法律规定的，可以适用《合同法》的有关规定"。鉴于《合同法》颁布前确实没有关于工程款优先受偿的法律规定，故苏一建公司工程款优先权的主张当根据《合同法》第286条规定而予以支持。

此外，综观全案，苏一建公司所承建的"京隆苑"工程在深圳市两级法院（福田区法院和深圳中院）出现了就同一工程的两个诉讼，福田区法院就铝合金门窗及幕墙工程作出的判决明确苏一建公司主张的工程款享有优先受偿权，而深圳中院就工程建设合同纠纷作出的判决则对工程款是否应当优先受偿未予明确。我们认为，从适用法律的角度来看，前者适用《合同法》的规定，后者又未适用《合同法》的规定，无论就本案的实际情况还是法律规定的精神都是欠妥当的。从工程款优先权的立法本意来看，其核心意义是要从法治的角度来保护工程施工方的合法利益，避免因拖欠工程款、农民工工资情形的屡屡发生而危及社会稳定。

——张小林：《深圳市苏一建实业有限公司主张工程款优先受偿执行申诉案》，载最高人民法院执行工作办公室编：《强制执行指导与参考》（总第15辑），法律出版社2004年版，第74～75页。

1142

被执行人欠缴的税款可以参与分配

关键词 | 税款 | 参与分配 |

【链接：最高人民法院法官著述】

问题：我院的一起执行案件进入参与分配程序时，被执行人所在的国家税务机关发函要求执行被执行人欠缴的增值税1385136元并主张优先受偿。对该笔税款的处理，我院在审查中形成了两种意见：第一种意见认为，法院参与分配程序不同于企业破产程序，税务机关要求执行被执行人欠缴的税款缺乏生效执行依据，不予支持。第二种意见认为，税收属于国家公债权，该笔税款可以参与分配并根据《税收征收管理法》的有关规定享有优先受偿权。请问以上哪种意见正确？

《人民司法》研究组认为：根据《税收征收管理法》第 45 条的规定，税收债权享有法定优先权，除了法律另有规定的以外，优先于无担保债权和税款产生之后的担保物权。同时，根据《最高人民法院关于人民法院执行工作若干问题的规定（试行）》第 93 条"对人民法院查封、扣押或冻结的财产有优先权、担保物权的债权人，可以申请参加参与分配程序，主张优先受偿权"的规定，优先权参与分配并不以存在执行依据为前提，可见，税务机关可以就被执行人欠缴的税款参与分配并主张优先权。因此，我们认为第二种意见是正确的。

——《人民司法 · 应用》2012 年第 3 期

1143

法院已判决确权的财产不应列入破产财产

关键词 | 判决确权 | 破产财产 |

【最高人民法院答复】

江苏省高级人民法院、天津市高级人民法院：

江苏省高级人民法院报送的〔2005〕苏执他字第 5 号《关于请求协调江阴市人民法院执行案件与天津市高级人民法院破产案件产生争议的报告》和天津市高级人民法院津高法〔2005〕117 号《关于天津金铭发展有限公司破产还债一案的紧急报告》及补充报告和有关材料均已收悉。经本院审查研究，提出处理意见如下：

经查明，1993 年 2 月 8 日，天津市河北区百货公司（以下简称百货公司）与珠海金铭发展公司（以下简称珠海金铭公司）签订《合作协议书》，约定合作项目为中山商厦（现名金铭广场），珠海金铭公司向百货公司交付前期费用补偿后，可独立进行 7 ~ 30 层商品房的工程管理及销售，并约定所得利润在交付有关费用后归珠海金铭公司所有。同年 6 月，该项目正式开工建设。截止 1996 年底，该项目在建工程经委托评估价值为2.7亿元人民币。

1995年6月16日，珠海金铭公司与江阴第二纺织厂等债权人分别签订《还款协议》，约定珠海金铭公司于同年12月底偿还欠款，逾期不付则用其在天津开发的中山商厦商品房按每平方米4000元的价格抵偿债务。该还款协议经江阴市公证处公证。因珠海金铭公司未按协议履行，江阴第二纺织厂等债权人分别向江阴市人民法院起诉。1997年12月12日、12月18日，江阴市人民法院分别作出(1996)澄郊民初字第141、142、191号民事判决书，确认上述还款协议合法有效；珠海金铭公司应归还欠款，逾期则以中山商厦A栋13层、14层、B栋13层、14层共计12套商品房按照每平方米4000元的价格抵债，产权归债权人所有；珠海金铭公司应在中山商厦竣工后6个月交房等。

1996年12月3日、1997年1月13日，百货公司分别与天津金铭发展有限公司(以下简称天津金铭公司)、珠海金铭公司签订了基本内容相同的两份《项目转让合同书》，约定百货公司退出该项目，将该项目全部转让给对方独立开发经营，并占有全部股份。天津市河北区政府以北政复〔1997〕5号批复同意百货公司与珠海金铭公司所签订的《项目转让合同书》。

2004年5月27日，天津市高级人民法院受理天津金铭公司破产案，同年8月11日裁定宣告破产。经债权人会议表决同意，清算组委托拍卖机构于2005年1月将金铭广场项目公开拍卖，上海金龙科技投资有限公司以1.98亿元人民币竞买成功。

上述事实，均有两高级人民法院报送的证据材料为证。

经本院协调，江阴市人民法院已将2004年9月9日查封的金铭广场30套商品房解封，天津市高级人民法院同意预留部分拍卖价款，待本院作出最终处理意见后依法处理。

本院认为，珠海金铭公司作为金铭广场的前期开发商，在天津金铭公司未参与金铭广场项目开发之前，依照合同约定有权处理其独立开发销售的部分房产。在金铭广场项目破产之前，珠海金铭公司自愿以其独立开发销售的部分房产抵偿所欠债务，是其真实意思表示，并不违反法律规定，也不损害第三方的利益，且天津金铭公司此后对以房抵债的事实也予以认可。该以房抵债协议经公证机关公证，并经江阴市人民法院决确认合法有效，12套商品房的产权应自判决生效之日起即视为转移给江阴第二纺织厂等债权人，不属于破产财产。天津市高级人民法院在明知金铭广场部分房屋尚有争议的情况下，将金铭广场项目整体拍卖的做法不妥。鉴于金铭广场已经在破产程序中被整体拍卖，故江阴第二纺织厂等债权人可依据判决确定的12套房屋，按照拍卖价格在拍卖预留中折价受偿。不足清偿债权的部分可向破产清算组申报债权。

——《最高人民法院执行工作办公室〔2005〕执协字第19－1号函》

1144

破产案件受理之前已被执行的债务人银行存款不应列入破产财产

关键词｜银行存款｜破产财产｜执行程序｜

【最高人民法院答复】

安徽省高级人民法院、吉林省高级人民法院：

关于吉林市中级人民法院与合肥市中级人民法院就合肥无线电二厂89万元存款争议一案，根据你们两院的报告及相关材料，经研究，答复如下：

吉林市中级人民法院在执行吉林省高级人民法院（1996）吉经终字第274号民事判决书中，依法将被执行人合肥无线电二厂的银行存款89万元扣划给申请执行人吉林北方电子供销公司，银行根据法院协助执行通知书办理完电汇手续，将电汇凭证回单加盖转讫章交给执行法院后，按照《银行结算办法》第二十条规定，应视为该款权属已经转移，已不是被执行人的款项。在此情况下，合肥市中级人民法院再通知银行将此款追回列入破产财产并将此款作为破产费用扣划至法院，不符合《中华人民共和国破产法（试行）》第二十八条之规定。因此，请安徽省高级人民法院立即通知合肥市中级人民法院在接到本通知10天内将该89万元汇至吉林市中级人民法院，由吉林市中级人民法院将该款划转给申请执行人吉林北方电子供销公司。

——《最高人民法院关于破产案件受理之前已被执行的债务人银行存款不应列入破产财产问题的复函》（1998年8月19日，〔2005〕执协字第19－1号）

1145

已执行完毕的财产不应作为破产财产处理

关键词｜执行完毕｜破产财产｜

【最高人民法院答复】

山西省高级人民法院、广东省高级人民法院：

山西省高级人民法院晋高法执字〔1994〕第65号和广东省高级人民法院粤高法经一行字〔1995〕第66号报告均已收悉。经研究，答复如下：

1994年4月20日，山西省太原市中级人民法院对山西省物资贸易中心诉深圳市罗湖对外经济发展公司购销合同纠纷案做出判决，双方当事人均未上诉。同年7月21日太原市中级人民法院开始执行。10月7日，该院裁定将深圳市罗湖对外经济发展公司座落在深圳市莲塘第一工业小区135栋总建筑面积为6326平方米的六层厂房以物抵债给山西省物资贸易中心。11月4日，双方当事人在太原市、深圳市中级人民法院的监督下，对该厂房进行了交接。因该厂房所在地莲塘工业区属深圳市土地未清理区域，所以深圳市规划国土局暂不办理房地产权证。同年12月8日深圳市人民政府给山西省物资贸易中心发了产权代用证。本院认为，虽然深圳市中级人民法院于1994年11月3日受理了罗湖对外经济发展公司申请破产案，但是考虑到上述实际情况，应认定山西省太原市中级人民法院已执行完毕，以物抵债的厂房所有权已经转移。深圳市中级人民法院不应再将该厂房作为破产财产处理。如果该房产的价值超过山西省物资贸易中心所享有的债权，超过部分可作为破产财产。

——《最高人民法院关于山西省太原市中级人民法院执行深圳市罗湖对外经济发展公司房产问题的复函》（1996年5月26日，法函〔1996〕89号）

1146

已转移的债权不可列入破产财产范围

关键词 | 债权转移 | 破产财产 |

【最高人民法院答复】

江苏省高级人民法院、山东省高级人民法院：

江苏省高级人民法院〔1993〕苏法执请字第17号文和山东省高级人民法院

鲁高法函〔1993〕192号文均已收悉。关于烟台自行车厂已转移的债权可否列入该厂破产财产范围的问题，现一并答复如下：

根据你两院提供的有关事实情况，经本院研究认为：在法律上债权与所有权不能混同。南通市自行车链罩厂与烟台自行车厂经南通市港闸区人民法院调解达成的协议所确定的财产转移，其实质应属债权转移，而不是所有权转移，即烟台自行车厂将其对中国轻工物质供销总公司的334.8万元债权中的210万元及其孳息转移给南通市自行车链罩厂。自该调解协议生效之日起，烟台自行车厂对该项债权已不再享有；中国轻工物资供销总公司自接到该项债权转移的通知并认可后，南通市港闸区人民法院的调解书对烟台自行车厂来说应当视为已执行完毕。因此，不应当将该项债权再列入烟台自行车厂破产财产范围；如已列入，应由审理破产案件的烟台市中级人民法院予以纠正。

——《最高人民法院关于已转移的债权可否列入破产财产范围问题的复函》（1994年5月20日，〔1994〕经他字第4号）

1147

破产申请受理后债务人财产的执行中止及执行回转财产

关键词 | 破产程序 | 中止执行 | 执行回转 |

【最高人民法院司法解释】

第五条 破产申请受理后，有关债务人财产的执行程序未依照企业破产法第十九条的规定中止的，采取执行措施的相关单位应当依法予以纠正。依法执行回转的财产，人民法院应当认定为债务人财产。

——《最高人民法院关于适用〈中华人民共和国企业破产法〉若干问题的规定（二）》（2013年9月5日，法释〔2013〕22号）

【链接：最高人民法院法官著述】

依据法理，在同一财产之上不能同时并存两种性质冲突的执行程序，故破产程序启动后，有关债务人财产的其他执行程序应当中止。新、旧破产法对此均作有规定，但不同的是旧破产法规定应当中止的，是对债务人财产的其他民事执行程序，而新破产法则将所有有关债务人财产的执行程序全部中止，不仅包括民事执行，也包括行政执行和刑事执行。中止执行的具体情况如下：(1)对已提起但尚未执行完毕的执行程序应当中止；诉讼已经审结但尚未申请或移送执行的，不得再提起新的执行程序。债权人凭生效的法律文书向受理破产案件的人民法院申报债权。但对已执行的程序以及已部分执行完毕的财产，该规定无溯及力。执行标的物不需要过户登记的，执行程序于执行标的物实际交付给债权人时终结；执行标的物需要过户登记的，执行程序于执行法院发出执行裁判文书生效时终结。(2)应当中止的仅限于以财产为标的的执行程序，对债务人提起的非财产性执行程序可继续进行。(3)有物权担保的债权人即别除权人就担保物提起的执行程序，原则上不应受中止效力的约束，除非当事人申请的是重整程序。立法规定中止个别执行的目的，是保障对全体债权人的公平清偿。中止别除权人就担保物提起的执行程序，并不能起到保障普通债权人公平受偿的作用，所以中止执行的效力一般不及于别除权人就担保物提起的执行程序。但当担保物控制在管理人手中时，物权担保人行使权利要和管理人进行必要的协调。

破产程序中的执行回转制度具有区别于民事诉讼法的特殊规定，破产程序执行回转的依据是破产程序的启动，所有针对债务人财产的执行程序均应停止，以保障债务人以及全体债权人的利益，进而维护债务人财产的公平清偿秩序。司法机关或者其他行政机关在破产程序启动前的执行行为本身可能不存在错误，即不产生被撤销或变更的情形，但依据《企业破产法》第 19 条之规定，执行程序应当中止，相关采取执行措施的单位应当依法予以纠正。依法执行回转的财产，人民法院应当认定为债务人财产。在执行回转中，属于现金款项的，退还现金；是财物的，能恢复原状的恢复原状，能返还原物的则返还原物，若因执行机关或执行申请人导致财物毁损灭失的，要承担折价抵偿或损害赔偿责任。如果执行回转的标的存有孳息的，应当一并回转。

——最高人民法院民事审判第二庭编著：《最高人民法院关于企业破产法司法解释理解与适用》，人民法院出版社 2013 年版，第 152 ~ 155 页。

1148

破产程序与执行程序的有效衔接

关键词｜企业破产｜执行程序｜中止执行｜

【最高人民法院司法解释】

第五百一十三条　在执行中，作为被执行人的企业法人符合企业破产法第二条第一款规定情形的，执行法院经申请执行人之一或者被执行人同意，应当裁定中止对该被执行人的执行，将执行案件相关材料移送被执行人住所地人民法院。

第五百一十四条　被执行人住所地人民法院应当自收到执行案件相关材料之日起三十日内，将是否受理破产案件的裁定告知执行法院。不予受理的，应当将相关案件材料退回执行法院。

第五百一十五条　被执行人住所地人民法院裁定受理破产案件的，执行法院应当解除对被执行人财产的保全措施。被执行人住所地人民法院裁定宣告被执行人破产的，执行法院应当裁定终结对该被执行人的执行。

被执行人住所地人民法院不受理破产案件的，执行法院应当恢复执行。

——《最高人民法院关于适用〈中华人民共和国民事诉讼法〉的解释》(2015年1月30日，法释〔2015〕5号)

第二十二条　破产申请受理前，债权人就债务人财产向人民法院提起本规定第二十一条第一款所列诉讼，人民法院已经作出生效民事判决书或者调解书但尚未执行完毕的，破产申请受理后，相关执行行为应当依据企业破产法第十九条的规定中止，债权人应当依法向管理人申报相关债权。

——《最高人民法院关于适用〈中华人民共和国企业破产法〉若干问题的规定(二)》(2013年9月5日，法释〔2013〕22号)

【最高人民法院司法政策】

七、正确认识破产程序与执行程序的功能定位，做好两个程序的有效衔接

17. 人民法院要充分认识破产程序和执行程序的不同功能定位，充分发挥企

业破产法公平保护全体债权人的作用。破产程序是对债务人全部财产进行的概括执行,注重对所有债权的公平受偿,具有对一般债务清偿程序的排他性。因此,人民法院受理破产申请后,对债务人财产所采取的所有保全措施和执行程序都应解除和中止,相关债务在破产清算程序中一并公平清偿。

18. 人民法院要注重做好破产程序和执行程序的衔接工作,确保破产财产妥善处置。涉及人民法院内部破产程序和执行程序的操作的,应注意不同法院、不同审判部门、不同程序的协调与配合。涉及债务人财产被其他国家行政机关采取保全措施或执行程序的,人民法院应积极与上述机关进行协调和沟通,取得有关机关的配合,依法解除有关保全措施,中止有关执行程序。

19. 人民法院受理破产申请后,在宣告债务人破产前裁定驳回申请人的破产申请,并终结破产程序的,应当在作出终结破产程序的裁定前,告知管理人通知原对债务人财产采取保全措施或执行程序的法院恢复原有的保全措施或执行程序,有轮候保全的,以原采取保全措施的时间确定轮候顺位。对恢复受理债务人为被执行人的执行案件,应当适用申请执行时效中断的有关规定。

——《最高人民法院关于正确审理企业破产案件为维护市场经济秩序提供司法保障若干问题的意见》(2009 年 6 月 12 日,法发〔2009〕36 号)

【最高人民法院答复】

山西省高级人民法院:

你院〔2006〕晋执协字第 1 - 1 号《关于我省大同市矿区人民法院在湖南株洲执行受阻请求协调的报告》收悉。经研究,答复如下:

大同市矿区人民法院在执行大同煤矿集团有限责任公司(以下简称大同煤矿)与湖南省株州市株洲光明玻璃集团有限公司(以下简称株洲光明公司)买卖合同纠纷一案中,于 2005 年 11 月 22 日冻结了被追加为被执行人的株洲市国有资产投资经营有限公司在建设银行株洲市城北支行的存款 2000 万元,但株洲市中级人民法院于 2005 年 11 月 2 日受理了以株洲光明公司为申请人的破产还债案。根据民事诉讼法及其相关司法解释的有关规定,大同市矿区人民法院应当中止对被执行人株洲光明公司的民事执行程序,同时告知债权人大同煤矿持生效法律文书向受理株洲光明公司破产案件的株洲市中级人民法院申报债权,参与破产企业的财产分配。如果债权人大同煤矿对株洲市中级人民法院宣告株洲光明公司破产有异议,可依法申诉。请你院接此函后,通知执行法院依法办理相关法律手续。

——《最高人民法院执行工作办公室关于山西省大同市矿区法院执行案与湖南省株洲市中院破产案发生冲突请求我院协调的答复函》(2006年8月28日,〔2006〕执协字第14－1号)

【链接：最高人民法院法官著述】

一是本条规定并不排除执行法院向当事人释明由其直接提起破产申请。执行法院发现被执行企业法人可能符合破产条件时,可先告知申请执行人或被执行人直接向被执行企业住所地人民法院申请破产。二是执行法院在移送相关材料时应当依照企业破产法第三条的规定向被执行人住所地法院移送,在移送的同时就应当中止执行,要切实防止继续执行情形发生。三是申请执行人或者被执行人的“同意”,即可以是被执行人执行不能时当事人表示同意,也可以是在申请执行人申请执行之初即表示同意。总之,只要当事人表明了有启动破产程序的意愿,执行法院就应当移送相关材料。

——沈德咏主编、最高人民法院修改后民事诉讼法贯彻实施工作领导小组编著:《最高人民法院民事诉讼法司法解释理解与适用》,人民法院出版社2015年版,第1252～1253页。

1149

被执行人进入破产程序时对因出资不实而被追加的股东的处理

关键词｜破产程序｜出资不实｜追加被执行人｜

【最高人民法院司法政策】

破产程序是在债务人财产不足以清偿全部债务的情况下对债务人全部财产进行的概括执行,目的是在特定情况下为所有债权人创造一种获得公平受偿的条件和机会。而执行程序是在债务人财产足以清偿所有债务的情况下进行的个别执行,目的在于实现特定债权人的特定债权。由于破产程序启动的特殊性,必然产生其对执行程序的优先性和对一般债务清偿程序的排斥。人民法院应当切实做好两种程序的配合与衔接。

第一,要严格按照企业破产法的规定,做好破产申请受理后债务人财产执行程序的中止和保全措施的解除工作,保障破产程序的顺利进行。执行法院接到审理破产案件的法院或者破产管理人提交的破产案件受理裁定后,应当依照法律及时解除有关债务人财产的保全措施,中止有关债务人财产的执行程序。执行法院不依法解除保全或中止执行的,审理破产案件的法院应报请其与执行法院共同的上级法院决定解除或中止。执行法院违法执行的,应当对已经执行完毕的债务人财产依法执行回转。这里要强调的是,有关债务人的财产保全措施和执行程序的规定,还应适用于追究债务人有关行政责任或刑事责任时对债务人财产的保全措施和执行程序。债务人财产被税务、公安、海关等行政机关采取保全、执行措施的,人民法院应当积极与其沟通协调,确保依法解除保全或中止执行。

第二,要依法规范破产程序,做好破产程序与其前后执行程序的配合与衔接,保障执行程序依法顺利进行。受理破产申请的法院在破产宣告前,裁定驳回破产申请或者终结破产程序的,在作出相关裁定前,应当告知管理人及时通知原对债务人财产采取保全措施的法院恢复原有的保全措施,有轮候保全的,以原采取保全措施的时间确定轮候顺位。对恢复受理债务人为被执行人的执行案件,应当适用申请执行时效中断的有关规定。

第三,要打通执行不能向破产程序的转化渠道,依法保障全体债权人的合法权益。各地法院要充分利用现有制度加强执行不能案件向破产案件的转化工作,相关当事人申请业经法院强制执行不能清偿到期债务的债务人破产的,人民法院应当依法予以受理。

——《全国法院审理企业破产案件工作座谈会材料》,载最高人民法院民事审判第二庭编:《商事审判指导》(总第 27 辑),人民法院出版社 2012 年版,第 9 ~ 10 页。

【最高人民法院答复】

山东省高级人民法院:

同意你院审判委员会第二种意见。根据《企业破产法(试行)》第 11 条和《最高人民法院关于审理企业破产案件若干问题的规定》第 20 条等规定,只要债务人破产案件被人民法院受理后,对该债务人财产的执行即应一律中止执行。破产宣告后,所有未清偿完毕的债权人均应依法向破产清算组申报债权。故本案中基于被执行人的开办单位注册资金不实而追加为被执行人的山东新华医药集团的执行也应依法中止执行,其应清偿的债务由破产清算组一并依法处理。

——《最高人民法院关于被执行人破产后对原执行程序中追加的被执行人是否中止执行问题的请示的答复》(2004 年 9 月 27 日,〔2004〕执他字第 24 号)

【最高人民法院裁判文书】

胜利油田胜大实业总公司申请执行山东新华医药集团淄博制酸有限责任公司、山东新华医药有限责任公司申诉案[最高人民法院(2011)执监字第 182 号驳回申诉通知书]

最高人民法院认为:

在公司破产的情况下,公司股东未履行完毕的出资义务属于破产人的债权,应当由管理人代表公司向股东追讨,追讨回的财产应作为破产财产在破产程序中统一分配。因此,在法院受理制酸公司的破产申请后,对其开办单位新华集团的执行应予中止。最高人民法院〔2004〕执他字第 24 号答复的前提是制酸公司已经进入破产程序,如你公司对破产程序有异议,应通过破产程序中的救济途径另行解决。

最高人民法院于 2011 年 12 月 8 日发函山东省高级人民法院,请其对该案依法妥善处理,也希望你公司积极配合做好各项工作。相关事宜,请与山东省高级人民法院联系。

——江必新主编、最高人民法院执行局编:《执行工作指导》(总第 46 辑),人民法院出版社 2013 年版,第 65 页。

【链接:最高人民法院法官著述】

被执行人进入破产程序后应当中止对其的执行。那么,对于出资不实股东的执行程序是否也应当中止?开办单位直接对公司债权人在出资不实的范围内对公司债务承担补充赔偿责任,其基础有二,但归根结底是因为出资是股东对公司的义务,而公司债权人行使的只是代位权。在公司破产的情况下,公司股东未履行完毕的出资义务属于破产人的债权,应当由管理人代表公司向股东进行追讨,追讨回的财产作为破产财产在破产程序中进行统一分配。因此,对出资不实股东的执行也应停止。本案中,最高人民法院〔2004〕执他字第24号答复就明确体现了这一原则,清楚地表明了被执行人进入破产程序后因对被执行人出资不实而在执行案件中被追加为被执行人的股东的执行也应中止或终结。

此外,需要注意的是,就破产程序与执行程序的基本关系而言,被执行人进入破产程序后,原执行案件被裁定中止执行或终结执行都是以被执行人破产还债案件被法院裁定受理或裁定破产程序终结为前提作出的,即使申请执行人认为被执行人不具有破产资格,不符合破产条件,也只能在破产程序中进行救济,在执行程序中不能对破产受理裁定进行审查。所以,即使胜大公司对被执行人制酸公司的破产资格提出异议,认为法院不应受理该破产案件,也只能在破产程序中解决,不能在执行程序中提出。

——潘勇锋:《出资不实的股东在执行程序中对公司债权人的责任——胜利油田胜大实业总公司申请执行山东新华医药集团淄博制酸有限责任公司、山东新华医药集团有限责任公司申诉案评析》,载最高人民法院执行局编:《执行工作指导》(总第46辑),人民法院出版社2013年版,第65页。

1150

委托执行案件的归属和结案

关键词 | 委托执行 | 案件归属 | 执行结案 |

【最高人民法院司法解释】

第二条 案件委托执行后,受托法院应当依法立案,委托法院应当在收到受托法院的立案通知书后作委托结案处理。

委托异地法院协助查询、冻结、查封、调查或者送达法律文书等有关事项的,受托法院不作为委托执行案件立案办理,但应当积极予以协助。

——《最高人民法院关于委托执行若干问题的规定》(2011年5月3日,法释〔2011〕11号)

【链接：最高人民法院法官著述】

《委托执行规定》第 2 条对此问题作了规定，也是对原委托执行制度的改革。过去，对委托执行的案件存在是属于委托法院的案件还是受托法院的案件等认识上的分歧，至今归属不明确，造成委托法院和受托法院之间执行权限划分不清楚。各地法院曾在实践中普遍将案件委托出去后做结案处理，但依据法律规定精神以及最高人民法院的要求，委托执行案件在委托法院不能按结案统计，但委托法院已对案件基本丧失执行权。而受托法院一般又认为案件是其他法院委托来的，与本院所立案件应区别对待，也不按收结案统计，致使委托案件执结率低且周期长，委托法院长期不能报结，形成案件的大量积压，超执行期限的委托案件逐年增多，形成恶性循环。为改变这一现状，有必要重新确定受托法院与委托法院的关系。案件委托执行后，受托法院应当依法立案，作为自己的执行案件。委托法院应当作结案处理，实现委托执行案件执行权的彻底移转，以强化受托法院的承办责任。

在实践中，人民法院之间往往存在大量的事项委托，事项委托根据实际需要而行使，不需要以满足《委托执行规定》中委托执行的条件为前提，因此，应将其与案件委托明确区别开来，有必要明确作出规定。对仅涉及委托异地法院协助查询、冻结、查封、调查或者送达法律文书等事项的，受托法院不作为委托执行案件立案办理，但是为了确保事项委托的顺利开展，需要对受托办理此类事项提出要求，明确受托法院具有协助义务。

——张小林、刘涛：《〈关于委托执行若干问题的规定〉的理解与适用》，载《人民司法》2011 年第 13 期。

1151

委托执行中对被执行财产查封措施的衔接

关键词｜委托执行｜被执行人财产｜查封｜

【最高人民法院司法解释】

第六条 委托执行时，委托法院应当将已经查封、扣押、冻结的被执行人的异地财产,一并移交受托法院处理,并在委托执行函中说明。

委托执行后,委托法院对被执行人财产已经采取查封、扣押、冻结等措施的,视为受托法院的查封、扣押、冻结措施。受托法院需要继续查封、扣押、冻结,持委托执行函和立案通知书办理相关手续。续封续冻时,仍为原委托法院的查封冻结顺序。

查封、扣押、冻结等措施的有效期限在移交受托法院时不足 1 个月的,委托法院应当先行续封或者续冻,再移交受托法院。

——《最高人民法院关于委托执行若干问题的规定》(2011 年 5 月 3 日,法释〔2011〕11 号)

【链接:最高人民法院法官著述】

我国委托执行的法律规定对受托法院与委托法院如何衔接财产保全措施等问题未作规定。委托法院对债务人在异地的财产采取了财产保全措施,判决生效并进入执行程序后,委托法院将该案委托异地法院执行,财产保全如何衔接,查封、扣押、冻结的顺位以及协助执行等一系列难题在实践中普遍存在。因此,《委托执行规定》第 6 条对此问题作了明确的规定:一是已查封的被执行人异地财产在委托执行时一并移交给受托法院处理;二是委托法院对被执行人财产已经采取查封、扣押、冻结等措施的,视为受托法院的查封、扣押、冻结措施;三是受托法院需要继续查封、扣押、冻结的,持委托执行函和立案通知书办理相关手续即可;四是受托法院续封续冻时,仍为原委托法院的查封、冻结顺序;五是查封、扣押、冻结等措施的有效期限在移交受托法院时不足 1 个月的,委托法院应当先行续封或者续冻,再移交受托法院,以防止查封财产因委托期间未及时续封、续冻而流失。

——张小林、刘涛:《〈关于委托执行若干问题的规定〉的理解与适用》,载《人民司法》2011 年第 13 期。

1152

异地执行的要求

关键词 | 委托执行 | 异地执行 |

【最高人民法院司法解释】

第十二条 执行法院赴异地执行案件时，应当持有其所在辖区高级人民法院的批准函件，但异地采取财产保全措施和查封、扣押、冻结等非处分性执行措施的除外。

异地执行时，可以根据案件具体情况，请求当地法院协助执行，当地法院应当积极配合，保证执行人员的人身安全和执行装备、执行标的物不受侵害。

——《最高人民法院关于委托执行若干问题的规定》（2011年5月3日，法释〔2011〕11号）

【链接：最高人民法院法官著述】

为了规范异地执行，《委托执行规定》第12条对执行法院异地执行提出了明确的要求。在实践中，应当注意三个方面的问题：一是跨省、自治区、直辖市去异地执行应当持有其所在辖区高级人民法院的批准函件。对此，在起草过程中曾有一种意见认为，由于省辖区地域比较广，执行法院可能离邻省被执行财产所在地或者被执行人住所地很近，直接异地执行很方便，但如果要求异地执行时一律持有高级人民法院的批准函件，因执行法院需要前往高级人民法院审批，势必增加执行成本。我们认为，最高人民法院倡导原则上一律委托执行，异地执行只是例外，应当从严掌握，只有在个别特殊情况下，报经高级人民法院批准后方可进行。即使是邻近省份，也属于跨省、自治区、直辖市的异地执行，必须严格执行程序规定。二是异地执行时，可以根据案件具体情况，请求当地法院协助执行。过去，最高人民法院为防止暴力抗法，三令五申地提出异地执行时应当主动请求当地法院协助执行的要求。这次在起草《委托执行规定》过程中，各地法院普遍认为，一律要求异地执行主动请求当地法院协助执行，在当前地方保护主义依然严重存在的情况下，有时不利于案件的顺利执行，因此，规定了异地执行时可以根据案件具体情况，请求当地法院协助执行。由执行法院判断是否需要请求当地法院协助。三是当地法院应当积极协助配合。目前，当地法院在协助执行的问题上，有的法院能够坚持“全国法院执行工作一盘棋”的思想，积极协助配合外地法院执行，有的法院则出于地方因素，仍然不愿意、不积极协助配合，因此，《委托执行规定》明确了当地法院的配合协助义务，同时要保证执行人员的人身安全和执行装备、执行标的物不受侵害。

此外,跨省辖区采取查封等控制性措施是否属于异地执行,是否要报经高级人民法院批准,对此问题也存有争议。人民法院受理执行案件后,申请执行人提供异地有财产线索,请求立即采取查封、扣押或者冻结等控制性措施的,执行法院应当立即采取查封等控制性措施,如不及时办理可能导致财产流失。跨省辖区采取查封等控制性措施,严格意义上讲属于异地执行,但确需执行法院办理,而且在今后的执行工作中,为促使执行法院积极采取有效措施,加大执行力度,解决"执行难"的问题,应当强化执行法院积极查找财产,及时控制财产,防止财产流失的责任。因此,考虑到查控财产的紧迫性和必要性,笔者认为可以不经过高级人民法院批准。

——张小林、刘涛:《〈关于委托执行若干问题的规定〉的理解与适用》,载《人民司法》2011 年第 13 期。

1153

期货纠纷案件中的协助执行义务

关键词 | 期货纠纷 | 协助执行义务 |

【最高人民法院司法解释】

第八条 人民法院在办理案件过程中,依法需要通过期货交易所、期货公司查询、冻结、划拨资金或者有价证券的,期货交易所、期货公司应当予以协助。应当协助而拒不协助的,按照《中华人民共和国民事诉讼法》第一百零三条之规定办理。

——《最高人民法院关于审理期货纠纷案件若干问题的规定(二)》(2010 年 12 月 31 日,法释〔2011〕1 号)

【最高人民法院审判业务意见】

6.《期货司法解释(二)》对保障债权人合法权益,强化期货交易所、期货公司等期货市场主体司法义务方面做了哪些规定?

答:为了保障债权人的合法权益,避免期货交易所、期货公司等期货市场主体为债务人时滥用司法保护规避债务履行,《期货司法解释(二)》除对《期货司法解释》第五十九条第二款进行补充修订外,还特别规定了资金混同情形下,期货交易所、期货公司、期货交易所结算会员在人民法院指定的合理期限内不能提出相反证据的,人民法院可以依法冻结、划拨相关账户内的资金或者有价证券。此外,为了确保《期货司法解释(二)》所确立的对期货结算财产实施的特殊司法保护不被滥用,还明确了期货交易所、期货公司的协助执行义务。对应当协助而拒不协助的,明确按照《中华人民共和国民事诉讼法》第一百零三条的规定办理。

——《最高人民法院民事二庭负责人就〈最高人民法院关于审理期货纠纷案件若干问题的规定(二)〉答记者问》,载最高人民法院民事审判第二庭编:《商事审判指导》(总第20辑),人民法院出版社2011年版,第6页。

1154

协助义务人行政管理职能的承继对赔偿责任承担的影响

关键词 | 协助执行义务人 | 行政管理职能承继 | 民事赔偿责任 |

【链接:最高人民法院法官著述】

依据《执行规定》第44条,必须是"被执行人或者其他人擅自处分已被查封、扣押、冻结财产的",人民法院才能裁定处分人承担实体赔偿责任。司法解释规定协助义务人对债权承担实体赔偿责任必须具备两个要件:(1)被法院查封的财产已经被处分。只有已经被人民法院查封的财产,才能对包括协助义务人在内的所有相对人产生禁止处分的效力。如果有关责任财产没有被查封、扣押、冻结,则即使是债务人在民法上亦有自主处分的权利。(2)协助义务人主观上是擅自。这里比较有争议的是如何理解"擅自"。我们认为,擅自应当是协助义务人在主观心理态度上存在"故意"或者"重大过失"。如果是由于协助义务人无法控制的外力因素而导致查封财产流失,不能让协助义务人承担赔偿责任。实践中,比较难以区分的是两个法院对同一执行标的物同时强制执行,协助义务人协助了其中一个法院而导致查封标的物被处分的情形。此种情形下,应当查明协助义务是否尽到了告知义务,比如,是否尽到向要求处分的法院告知该标的物已经被其他法院查封的事实,是否将另外一个法院要求处分的指令告知已经查封的法院等，如果在告知后，有关法院没有寻求协调程序仍然强行处分的，则协助义务人不属于擅自处分，不能追究协助义务人承担财产流失的责任。反之，则协助义务人仍然存在重大过失，仍然要承担相应的赔偿责任。那么，如何看待本案所涉及的两个问题呢？

就第一个问题而言，可以认定甲市法院裁定乙市建委承担实体赔偿责任、冻结其银行账户的事实依据和法律依据不足：

首先，本案中由于甲市法院协助执行通知书提供的涉案房产的地址不准确，该房产从始至终均没有被甲市法院查封，自然也就不产生禁止处分的效力，并且乙市房管局还及时提醒了甲市法院涉案房屋查不到登记的有关情况，表明其始终没有接受协助查封的义务。

其次，涉案房产被乙市法院因另案有效查封后，按照乙市法院的要求过户到梁某某名下，是协助人民法院执行的合法行为，并非"擅自处分"。甲市法院如认为乙市法院的执行有误，亦应通过法院之间的协调程序解决而不能让协助执行人承担责任。

最后，甲市法院仅仅因乙市建委承继了原乙市房管局的房屋行政管理职能就裁定变更乙市建委为被执行人亦缺乏依据。行政管理职能的承继仅仅是确定行政赔偿责任的依据，而本案中原乙市房管局应承担的是民事赔偿责任，民事赔偿责任人的变更必须是被变更的义务人与原义务人之间有承继关系，仅仅是行政职能上的承继不能构成变更义务人的法定依据，这一点在实践中尤其应当注意。比如，原来负责商业行政管理职能的是各地的商业局，后来行政机构改革后，商业行政管理的行政职能被新成立的商务局承继，但其财产一般剥离到新成立的商业总公司。如果是行政赔偿，则应由商务局承担，但是如果是民事赔偿则只能由商业总公司承继。当然，如果商务局既继承了原商业局的行政管理职权，又接收了其财产，则行政赔偿责任与民事赔偿责任均应承担。同时，必须指出的是，乙市房管局在行政管理上是存在漏洞的，就是对于房屋从预售到最后进行产权登记过程中地址登记的历史沿革缺乏记载，应当建议改进，但是工作中的漏洞不能成为协助义务部门承担赔偿责任的理由。

——范向阳、马巍：《协助义务人行政管理职能的承继对赔偿责任承担的影响及不动产查封裁定对协助义务人发生效力的时点》，载江必新主编、最高人民法院执行局编：《执行工作指导》（总第 27 辑），人民法院出版社 2009 年版，第 51 ~ 52 页。

1155

案外人未协助法院冻结债权的处理

关键词 | 案外人 | 协助执行 | 冻结债权 |

【最高人民法院答复】

江苏省高级人民法院：

你院《关于案外人沛县城镇郝小楼村村委会未协助法院冻结债权应如何处理的请示报告》收悉。经研究，答复如下：

徐州市中级人民法院在诉讼中做出了查封、冻结盐城金海岸建筑安装有限公司（下称建筑公司）财产的裁定，并向沛县城镇郝小楼村村委会（下称村委会）发出了冻结建筑公司对村委会的债权的协助执行通知书。当你院（2001）苏民终字第154号民事调解书确定建筑公司对村委会的债权时，徐州中院对该债权的冻结尚未逾期，仍然有效，因此村委会不得就该债权向建筑公司支付。如果村委会在收到上述调解书后，擅自向建筑公司支付，致使徐州中院的生效法律文书无法执行，则除可以根据《中华人民共和国民事诉讼法》第一百零二条的规定，对村委会妨害民事诉讼的行为进行处罚外，也可以根据《最高人民法院关于人民法院执行工作若干问题的规定（试行）》第四十四条的规定，责令村委会限期追回财产或承担相应的赔偿责任。

——《最高人民法院执行工作办公室关于对案外人未协助法院冻结债权应如何处理问题的复函》（2003年6月14日，〔2002〕执他字第19号）

1156

工商局以收取查询费为由拒绝法院无偿查询企业登记档案的民事制裁

关键词 | 不履行协助执行义务 | 民事制裁 |

【最高人民法院答复】

甘肃省高级人民法院：

你院〔1999〕甘经他字第180号《关于工商行政管理局以收取查询费为由拒

绝人民法院无偿查询企业登记档案,人民法院是否应予民事制裁的请示》收悉。经研究,答复如下:

你省在请示中反映,张掖地区中级人民法院在审理经济合同纠纷案件中,向张掖市工商行政管理局查明某一企业工商登记情况时,该局依内部规定,以法院未交查询费为由,拒绝履行协助义务,妨碍了人民法院依法调查取证。张掖地区中级人民法院依照《中华人民共和国民事诉讼法》的有关规定,作出了对张掖市工商行政管理局罚款两万元的决定。张掖市工商行政管理局不服,向省高级人民法院提出复议申请。你院就《关于工商行政管理局以收取查询费为由拒绝人民法院无偿查询企业登记档案,人民法院是否应予民事制裁的问题》,向我院请示。我院就此问题征求了国务院法制办公室的意见,经国务院法制办公室与国家工商行政管理局协商,国家工商行政管理局以工商企字〔2000〕第 81 号《关于修改〈企业登记档案资料查询办法〉第十条的通知》,对工商企字〔1996〕第 398 号《企业登记档案资料查询办法》进行了修改。第十条第一款改为:"查询、复制企业登记档案资料,查询人应当交纳查询费、复制费。公、检、法、纪检监察、国家安全机关查询档案资料不交费。"

我们认为,张掖地区中级人民法院依照《中华人民共和国民事诉讼法》的有关规定,作出对张掖市工商行政管理局罚款两万元的决定是正确的。但是鉴于国家工商行政管理局已经于 2000 年 4 月 29 日修改了《企业登记档案资料查询办法》的有关规定,故建议你院撤销张掖地区中级人民法院作出的(1999)张中法执法罚字第 01 号罚款决定书,并及时与甘肃省工商行政管理局做好协调工作。

——《最高人民法院关于工商行政管理局以收取查询费为由拒绝人民法院无偿查询企业登记档案,人民法院是否应予民事制裁的复函》(2000 年 6 月 29 日,法函〔2000〕43 号)

1157

信用社不履行协助法院执行义务的民事制裁

关键词 | 不履行协助执行义务 | 民事制裁 |

【最高人民法院答复】

山东省高级人民法院、江西省高级人民法院：

山东省高级人民法院鲁高法函〔2001〕1号《关于菏泽市中级人民法院执行干警在江西省鹰潭市执行受阻的情况报告》和江西省高级人民法院赣高法明传〔2001〕160号《关于请求协调处理山东省菏泽市中级人民法院执行江西省鹰潭市月湖城市信用社赔偿一案的报告》及山东省高级人民法院〔2001〕鲁法执他字（一）第17号《关于山东省菏泽市中级人民法院再次赴江西鹰潭执行案件情况的报告》均收悉。经研究，答复如下：

山东巨野国家粮食储备库与山东菏泽地区粮食转运站分别诉江西皓玉面粉有限公司购销小麦欠款纠纷一案，经菏泽中院审理并作出判决，共计判令江西皓玉面粉股份有限公司偿付两原告175.8万余元。两案进入执行程序后，菏泽市中院于2000年9月21日上午对皓玉公司在鹰潭市月湖城市信用社（以下简称月湖信用社）所开设账户上的150余万元存款采取冻结、划拨措施，送达相关法律文书时，该信用社主任拒绝签字办理。执行人员在做工作无效的情况下，依法留置送达了扣划上述款项的法律文书。当日下午，菏泽市中院执行人员再次到该信用社，遭到皓玉公司240余名职工围攻辱骂和殴打，并被非法限制人身自由达23个小时。执行干警在生命健康受到威胁，案件卷宗面临毁失的情况下，被迫写了解除冻结存款的便函。月湖信用社随即协助皓玉公司将冻结款项全部提走。菏泽市中院于2000年10月1日作出责令该信用社在其非法转移款项的范围内以自己的财产向申请执行人承担民事赔偿责任的裁定，并委托鹰潭市中院送达。

我们认为，月湖信用社作为有义务协助人民法院执行的单位，在菏泽中院对冻结的150余万元执行款发出扣划通知后，本应立即协助扣划，但该信用社拒不配合，导致在发生暴力抗拒事件后使该项执行款流失；菏泽中院执行人员在生命、卷宗安全受到严重威胁的情况下，被迫写下的解除冻结款项的便函，不是菏泽中院的真实意思表示，不具有法律效力。月湖信用社妨碍执行生效法律文书的行为情节严重，菏泽中院依据《最高人民法院关于人民法院执行工作若干问题的规定（试行）》第37条之规定，裁定月湖信用社在流失财产的范围内对申请执行人承担赔偿责任，于法有据，应予支持。

接函后，请江西高院协助山东法院依法执行。执行中如有新的情况发生，请及时报告我院。

——《最高人民法院执行工作办公室关于山东省菏泽市中级人民法院执行江西省鹰潭市月湖城市信用社赔偿一案的函文》(2001 年 9 月 27 日,〔2001〕执协字第 1 号)

1158

银行发现被法院冻结的户名与账号不符的处理

关键词 | 冻结财产 | 协助执行 |

【最高人民法院答复】

江西省高级人民法院:

你院赣高法研〔1996〕6 号请示收悉。经研究,答复如下:

人民法院根据当事人申请,对财产采取冻结措施,是我国民事诉讼法赋予人民法院的职权,其他单位、组织和个人均不得加以妨碍。人民法院在完成对财产冻结手续后,银行如发现被冻结的户名与账号不符,应主动向法院提出存在的问题,由法院更正,而不能自行解冻;如因自行解冻不当造成损失,应视其过错程度承担相应的法律责任。

——《最高人民法院关于法院冻结财产的户名与账号不符银行能否自行解冻的请示的答复》(1997 年 1 月 20 日,法经〔1997〕32 号)

1159

法院不能要求税务机关直接划拨被执行人应得退税款项

关键词 | 协助执行 | 划拨退税款项 |

【最高人民法院答复】

湖北省高级人民法院:

你院〔1995〕鄂执函字第 5 号请示收悉。经研究,答复如下:

根据国家税务总局《出口货物退(免)税管理办法》的有关规定,企业出口退税款,在国家税务机关审查批准后,须经特定程序通过银行(国库)办理退库手续退给出口企业。国家税务机关只是企业出口退税的审核、审批机关,并不持有退税款项,故人民法院不能依据民事诉讼法第二百二十八条的规定,要求税务机关直接划拨被执行人应得退税款项,但可依照民事诉讼法的有关规定,要求税务机关提供被执行人在银行的退税账户、退税数额及退税时间等情况,并依据税务机关提供的被执行人的退税账户,依法通知有关银行对需执行的款项予以冻结或划拨。

——《最高人民法院关于税务机关是否有义务协助人民法院直接划拨退税款问题的批复》(1996 年 7 月 21 日,法复〔1996〕11 号)

1160

对银行私自提取人民法院冻结存款的处理

关键词｜冻结存款｜

【最高人民法院答复】

云南省高级人民法院:

你院云法字〔1987〕第 35 号请示收悉,经研究并征询有关部门意见,现答复如下:

景东县人民法院在审理个体户李世民诉云县航运公司一案时,依法冻结航运公司在营业所的存款后,营业所不经法院准许,仅根据航运代理人的证明,就让航运公司将款取走。如承取款时未超过 6 个月的冻结期限,或者虽已超过 6 个月,但法院又进行了续冻,则营业所的这一做法违反了最高人民法院、中国人民银行《关于查询、冻结和扣划企业事业单位、机关、团体的银行存款的联合通知》的有关规定,也违反《民事诉讼法(试行)》第七十七条第一款第三项规定的精神,应由营业所负责将款追回;无法追回、航运公司又无其他财产可以执行,营业所应承担经济赔偿责任。

——《最高人民法院经济审判庭关于银行不根据法院通知私自提取人民法院冻结在银行的存款应如何处理问题的电话答复》(1998 年 3 月 8 日)

江西省高级人民法院：

你院赣法经〔1986〕第03号《关于对银行擅自划拨已冻结款项如何处理的请示》收悉。经研究，答复如下：

根据《民事诉讼法(试行)》第一百六十四条和最高人民法院、中国人民银行《关于查询、冻结和扣划企业事业单位、机关、团体的银行存款的联合通知》的规定，银行有义务协助人民法院冻结企业事业单位、机关、团体的银行存款；已被冻结款项的解冻，应以人民法院的通知为凭，银行不得自行解冻，只有超过6个月冻结期限，法院未办理继续冻结手续的才视为自动撤销冻结。南宁市常乐贸易公司的银行存款于1985年6月27日被法院依法冻结。据你院来文所述，九江市中级人民法院的执行人员于1985年12月18日到工商银行南宁市支行民生路信用部要求划拨被冻结的款项时，该款已被民生路信用部扣划抵还其贷款。民生路信用部的行为，显属违反《民事诉讼法(试行)》和最高人民法院、中国人民银行联合通知的规定，应责成信用部将款追回并可依据《民事诉讼法(试行)》第七十七条的规定对直接人员追究责任。

——《最高人民法院关于银行擅自划拨法院已冻结的款项如何处理问题的复函》(1989年3月26日，法经函〔1989〕10号)

1161

国土资源、房地产管理部门的协助执行义务

关键词 | 执行程序 | 协助执行 |

【链接：最高人民法院法官著述】

问题：《关于依法规范人民法院执行和国土资源房地产管理部门协助执行若干问题的通知》第9条规定，对国土资源、房地产管理部门已经受理被执行人转让土地使用权、房屋的过户登记申请，尚未核准登记的，人民法院可以进行查封，已核准登记的，不得进行查封。应如何理解"核准登记"？

《人民司法》研究组认为：按照国土资源部和建设部有关产权过户的程序规定，房地产管理部门完成最终的内部审核程序就视为核准登记。比如，房产管理部门对于房产过户申请要经过"三审"，即初审、复审、终审，则终审程序中有关

主管领导的签字批准作为核准登记；也有的地方只有一次审查，则有关负责同志的签字批准亦应视为核准登记。对没有上述审核程序的房地产部门，最终应当以颁发土地使用权证和房屋所有权证作为核准登记的标准。

——《人民司法》2004 年第 10 期

1162

金融机构协助执行的程序

关键词｜金融机构｜协助执行｜

【链接：最高人民法院法官著述】

人民法院能否向中国人民银行及其分支机构查询有关单位的开户资料？

问题：某法院在执行中，根据《民事诉讼法》第 65 条、第 211 条的规定，前往中国人民银行某市支行查询被执行人在各金融机构的开户情况。该支行领导认为中国人民银行及其分支机构对司法机关的活动没有配合的义务，拒绝人民法院在该支行查询被执行人在各金融机构的开户情况。人民法院在执行活动中能否向中国人民银行查询有关单位的开户资料？

《人民司法》研究组认为：《民事诉讼法》第 221 条规定："人民法院有权向银行、信用合作社和其他有储蓄业务的单位查询被执行人的存款情况，有权冻结、划拨被执行人的存款，但查询、冻结、划拨存款不得超出被执行人应当履行义务的范围。"最高人民法院《〈民事诉讼法〉意见》第 280 条规定："人民法院可以直接向银行及其营业所、储蓄所、信用合作社以及其他有储蓄业务的单位查询、冻结、划拨被执行人的存款。"在最高人民法院和中国人民银行等单位联合下发的几个规范性文件，如法发〔2000〕21 号、银发〔1993〕356 号等中均没有将中国人民银行及其分支机构排除在查询单位之外。因此，中国人民银行不能拒绝人民法院查询有关单位的开户资料。

——《人民司法》2002 年第 1 期

1163

对有履行能力而不履行义务的被执行人可以进行罚款、拘留

关键词｜妨害民事诉讼｜强制措施｜罚款｜拘留｜

【链接：最高人民法院法官著述】

问题：被执行人在确有履行能力的情况下，未按生效法律文书的要求履行义务，其行为已符合民事诉讼法第102条第1款第(6)项的规定，但是不属于《关于人民法院执行工作若干问题的规定(试行)》第100条列举的10种情形时，人民法院能否对其罚款、拘留？对此，我们有两种意见。一种意见认为：被执行人不履行法院生效法律文书的行为不属于司法解释列举的10种情形，故不应对被执行人罚款、拘留。另一种意见认为：被执行人不履行法院生效法律文书确定的义务，虽然不属于该司法解释列举的10种情形，但是其行为已经符合民事诉讼法第102条第1款第(6)项的规定，故人民法院可以对被执行人罚款、拘留。请问上述意见哪种正确？

《人民司法》研究组认为：《关于人民法院执行工作若干问题的规定(试行)》第100条不是对民事诉讼法第102条第1款第(6)项的否定，而是对其作出的补充性规定，以便于执行人员在实践中准确把握妨害执行行为的类型。因此，我们认为，来信中的另一种意见符合司法解释的本意，是正确的。

——《人民司法·应用》2011年第9期

1164

对有义务协助执行单位拒不协助予以罚款后又拒不执行的处理

关键词｜协助执行｜不履行协助执行义务｜罚款｜

【最高人民法院答复】

湖南省高级人民法院：

你院湘高法研字〔1993〕第1号《关于对罚款决定书拒不执行应如何处理的

请示报告》收悉。经研究,答复如下:

根据《中华人民共和国民事诉讼法》第一百零三条第一款第(二)项和第二款的规定,人民法院依据生效判决、裁定,通知有关银行协助执行划拨被告在银行的存款,银行拒不划拨的,人民法院可对该银行或者其主要负责人或者直接责任人员予以罚款,并可向同级政府的监察机关或者有关机关提出给予纪律处分的司法建议。被处罚人拒不履行罚款决定的,人民法院可以根据民事诉讼法第二百三十一条的规定,予以强制执行。执行中,被处罚人如以暴力、威胁或者其他方法阻碍司法工作人员执行职务的,依照民事诉讼法第一百零二条第一款第(五)项、第二款规定,人民法院可对被处罚人或对有上述行为的被处罚单位的主要负责人或者直接责任人员予以罚款、拘留,构成犯罪的,依照刑法第一百五十七条的规定追究刑事责任。

人民法院在具体执行过程中,应首先注意向有关单位和人员宣传民事诉讼法的有关规定,多做说服教育工作,坚持文明执法、严肃执法。

——《最高人民法院研究室关于对有义务协助执行单位拒不协助予以罚款后又拒不执行应如何处理问题的答复》(1993 年 9 月 27 日)

1165

被执行人将已执行完毕的案件又恢复执行前状况的处理

关键词｜执行完毕｜妨害执行｜另行起诉｜

【最高人民法院司法解释】

第五百二十一条 在执行终结六个月内,被执行人或者其他人对已执行的标的有妨害行为的,人民法院可以依申请排除妨害,并可以依照民事诉讼法第一百一十一条规定进行处罚。因妨害行为给执行债权人或者其他人造成损失的,受害人可以另行起诉。

——《最高人民法院关于适用〈中华人民共和国民事诉讼法〉的解释》(2015 年 1 月 30 日,法释〔2015〕5 号)

【最高人民法院答复】

天津市高级人民法院：

你院〔1999〕津高法执请字第31号《关于已执行完毕的案件，被执行人又恢复执行前状况，应如何处理的请示》收悉。经研究，答复如下：

被执行人或者其他人对人民法院已执行的标的又恢复执行前的状况，虽属新发生的侵权事实，但是与已经生效法律文书认定的侵权事实并无区别，如果申请执行人另行起诉，人民法院将会作出与已经生效法律文书完全相同的裁判。这样，不仅增加了申请执行人的诉累，同时也增加了人民法院的审判负担。因此，被执行人或者其他人在人民法院执行完毕后对已执行的标的又恢复到执行前状况的，应当认定为对已执行标的的妨害行为，依照《最高人民法院关于适用〈中华人民共和国民事诉讼法〉若干问题的意见》第三百零三条的规定对其作出拘留、罚款，直至追究刑事责任的处理。对申请执行人要求排除妨害的，人民法院应当继续按照原生效法律文书执行。至于被执行人或者其他人实施同样妨害行为的次数，只能作为认定妨害行为情节轻重的依据，并不涉及诉讼时效问题，不能据以要求申请执行人另行起诉；如果妨害行为给申请执行人或者其他人造成新的损失，受害人可以另行起诉。

——《最高人民法院执行办公室关于已执行完毕的案件被执行人又恢复到执行前的状况应如何处理问题的复函》(2001年1月2日，〔2000〕执他字第34号)

【链接：最高人民法院法官著述】

被执行人或者其他人对已执行完毕的案件，本着抗拒执行心态，故意恢复执行前状况，应当视为对已执行的标的物实施妨害行为。对正在进行的，应当立即采取措施，予以制止，排除妨害，并对其说服教育。如果其不听劝告，一意孤行，则可以依照民事诉讼法第102条第1款第(6)项和第2款的规定，根据情节轻重予以罚款、拘留，构成犯罪的，依法追究刑事责任。对同一妨害行为的罚款、拘留不得连续适用，但发生了新的妨害行为，可以重新予以罚款、拘留。因妨害行为给当事人造成损失的，受害人可以另行起诉。

关于执行时效问题，目前法律法规尚无明确规定。天津高院认为不能无限期延长，应规定一定期限，以5日为限，超过该期限的另诉解决，有待商榷。一是没有法律依据；二是不严肃，不能对一个刚刚执行完毕的案子，在事实和法律关系没有任何变化的情况下，仅仅因为被执行人或其他人的妨害行为就一次又一次地立案处理；三是增加了申请执行人的诉累；四是增加了人民法院的审判任务。已执行完毕的案件，被执行人恢复到执行前状况的，该行为实际上是被执行人拒不执行生效法律文书行为的延伸，只有通过加大执行力度予以解决。其实法律已经赋予人民法院解决此问题的武器，民事诉讼法第 102 条“根据情节轻重予以罚款、拘留；构成犯罪的，依法追究刑事责任”，就是授权人民法院根据妨害行为人的妨害情节逐步加重对其处罚的，以维护法律的尊严。

——张甫旗：《关于已执行完毕的案件被执行人又恢复到执行前的状况应如何处理问题的请示与答复》，载最高人民法院执行工作办公室编：《强制执行指导与参考》（总第 3 辑），法律出版社 2003 年版，第 203 页。

主要观点：执行法院将路障拆除后，被执行人短期内又封堵的，应在原判决拘束的范围内，不需要再重新起诉，执行法院应当继续采取执行措施。对于被执行人拒不履行生效判决，进而对已执行标的的妨害行为，执行法院可以依照民事诉讼法第 111 条的规定，根据情节轻重予以罚款、拘留，构成犯罪的，依法追究刑事责任。

主要理由：关于法律文书指定完成行为的执行措施的相关规定，主要见于《执行规定》第 60 条，但并未对此类案件的结案标准予以明确。以完成行为为执行标的的执行案件，不同于金钱、财物给付的执行案件，由于行为本身具有反复性，此类案件的被执行人对已完成的执行标的有再次妨害的空间，比如在可替代履行的执行案件中，法院强制执行后，被执行人再次妨害，或在不可替代履行案件中，被执行人原已履行，后又出于反悔或其他主观原因，再次妨害。

关于已执行完毕的案件被执行人又恢复到执行前的状况应如何处理问题，最高人民法院曾于 2001 年作出〔2000〕执他字第 34 号的复函，主要意见为：被执行人或者其他人对人民法院已执行的标的又恢复执行前的状况，虽属新发生的侵权事实，但是与已经生效法律文书认定的侵权事实并无区别，如果申请执行人另行起诉，人民法院将会作出与已经生效法律文书完全相同的裁判。这样不仅增加了申请执行人的诉累，同时也增加了人民法院的审判负担。因此，被执行人或者其他人在人民法院执行完毕后对已执行的标的又恢复到执行前状况的，应当认定为对已执行标的的妨害行为，依照《民诉法意见》第 303 条的规定对其作出拘留、罚款，直至追究刑事责任的处理。对申请执行人要求排除妨害的，人民法院应当继续按照原生效法律文书执行。

在司法实践中，被执行人对于原执行标的实施同样妨害行为，应当注意把握的不是次数问题，而是时间问题。短期内对已执行标的的妨害行为，可以认定在原判决拘束的范围内，无须重新起诉。但原执行案件早已结案很长时间后，原被执行人对原执行标的的妨害，本质上应视为另一次侵权，应作为新的案件进行审查，避免一律按照原判决执行，致使执行案件面临长期无法执结的难题。如何认定"短期"的问题，不能搞绝对化的时间，可根据不同的案件作合情合理的处理。最高人民法院曾办理过一个案件，主张"六个月"为"短期"，这一观点可以作为参考。

——高执研：《执行疑难问题问答（一）》，载最高人民法院执行局编：《执行工作指导》（总第45辑），人民法院出版社2013年版，第114～115页。

1166

金融机构及协助执行人擅自处分法院查封物应承担的责任

关键词｜金融机构｜协助执行义务人｜擅自处分查封物｜

【最高人民法院答复】

陕西省高级人民法院：

中国工商银行西安市东新街支行（原中国工商银行陕西省分行，以下简称陕西工行）对你院强制执行该行2000万元人民币提出异议一案，本院已审查完毕，作出如下处理意见：

一、基本事实

1996年初，陕西省高级人民法院（以下简称陕西高院）分别审理了西安证券公司诉青海证券有限责任公司、湖北省潜江市城市信用社、海南省证券公司、海南省三亚市国债券经营有限公司、海南省东方八所城市信用社等五起国债回购纠纷案件。1996年8月12日、8月23日，根据原告的诉讼保全申请和五被告的证明，陕西高院分别作出（1996）陕经初字第23、24、25、26、31号民事裁定书，保全查封了五被告交存在西安证券交易中心（以下简称西交中心）总面值为1330万元、到期兑现值为1908余万元及利息的国债券。1996年9月至1997年1月，陕西高院对上述五案依法分别作出判决书、调解书，确认五被告应分别退还原告购券款及利息。在此期间，西交中心曾提出对上述国债券享有质押权的异议，经陕西高院审查后认为异议理由不成立并予书面驳回。上述五案进入执行程序后，陕西高院向西交中心发出协助执行通知书，但西交中心以国债券不存在为由拒不协助执行。陕西高院遂以西交中心擅自处分法院冻结财产且在指定的期限内未能追回为由，于 1998 年 6 月 19 日裁定冻结了西交中心在陕西工行营业部 273033—38 账户上的存款 2000 万元人民币。后陕西高院裁定扣划上述款项时，发现该账户已于 1998 年 7 月 10 日销户，冻结款项全部流失。因陕西工行擅自解冻行为造成法院冻结款项流失，陕西高院责令陕西工行在限期内追回已转移的款项，并拟强制执行陕西工行已追回的 2000 万元款项。对此陕西工行向本院提出异议，请求本院监督陕西高院的执行行为。

二、相关法院和当事人的意见和理由

陕西高院认为，西交中心属于不以营利为目的的事业法人，无权以债权债务主体的身份直接进行交易，故其对铺底券（国债券）享有的质押权因其进行国债回购交易行为本身违法而无效。券商欠西交中心的债务只能是佣金和有关费用，如因此以券商交存的铺底券作为质押物应有明确的约定，故西交中心关于对国债券享有质押权的异议不成立。西交中心擅自处分法院冻结的国债券且在限期内未能追回，应承担相应的责任。该院冻结西交中心在陕西工行营业部 273033—38 账户内的存款合法有效，并未超标的冻结。西交中心在存续期间进行了大量的自营业务，273033—38 账户是混合账户，该账户上的资金既包括证券清算资金，也有西交中心的自营资金。该院冻结的 2000 万元并未超出西交中心的自营资金部分。陕西工行擅自解冻法院冻结账户内的款项，已按照要求追回，应以该款承担相应的责任。

陕西工行认为，西交中心在该行开立的 273033—38 账户是证券交易账户，该账户内的资金均是股民保证金，陕西高院冻结该账户违反了最高人民法院的有关司法解释，影响了证券资金结算业务。

三、分析意见

本院认为，陕西高院对五被告人寄存在西交中心的国债券实施查封时，除海南省证券公司外，其余四被告人在西交中心均实际存有与查封数额相等的国债券实物。陕西高院未对海南省证券公司的 300 万元国债券实物是否存在进行核实确有失误，故对该笔 300 万元国债券的查封效力不予认可。对其余四被告人交存的国债券查封手续完备，程序合法，查封效力应予维持。陕西高院驳回西交中心对国债券享有质押权主张的理由成立，本院予以支持。西交中心作为协助执行人拒不履行协助义务，并擅自处分已被法院查封的国债券，且在限期内不能追回，根据《最高人民法院关于人民法院执行工作若干问题的规定(试行)》第44条的规定，应承担相应的赔偿责任。陕西高院冻结西交中心的银行存款合法有效。陕西工行所举证据不足以证明273033—38账户为股民保证金账户，亦不足以证明该账户上的资金全部为股民保证自解冻被人民法院冻结款项的行为，根据《执行规定(试行)》第33条的规定，应在转移款项范围内承担责任。

四、处理结论

陕西工行的异议理由不成立，本院不予支持。接到本函后陕西高院可恢复执行，但应按照有效查封保全的国债券价值重新核对应执行的数额后，在已冻结的2000万元人民币范围内依法执行，并将落实情况于1个月内报告我院。

——《最高人民法院执行工作办公室关于中国工商银行西安市东新街支行对陕西省高级人民法院强制执行2000万元提出异议一案的处理意见》(2003年5月13日，〔2000〕执监字第346-2号)

1167

人民法院不能在执行程序中以被执行人擅自出租查封房产为由认定租赁合同无效或解除租赁合同

关键词 | 出租查封财产 | 排除执行妨害 | 合同效力 |

【最高人民法院答复】

山东省高级人民法院：

你院《关于被执行人擅自出租已查封的财产执行程序中人民法院排除执行妨害能否认定该合同无效或解除租赁合同的请示》收悉。经研究，答复如下：

在执行程序中被执行人擅自处分法院的查封物，包括本案中以出租的形式妨害查封效果的行为，执行法院有权以裁定形式直接予以处理。根据《最高人民法院关于人民法院民事执行中查封、扣押、冻结财产的规定》第二十六条，被执行人擅自处分查封物，与第三人签订的租赁合同，并不当然无效，只是不得对抗申请执行人。第三人依据租赁合同占有查封物的，人民法院可以解除其占有，但不应当在裁定中直接宣布租赁合同无效或解除租赁合同，而仅应指出租赁合同不能对抗申请执行人。

——《最高人民法院执行局〔2009〕执他字第7号函》(2009年12月22日)

1168

执行程序中必须拘传到庭的情形

关键词｜执行程序｜拘传｜

【最高人民法院司法解释】

第四百八十四条 对必须接受调查询问的被执行人、被执行人的法定代表人、负责人或者实际控制人，经依法传唤无正当理由拒不到场的，人民法院可以拘传其到场。

人民法院应当及时对被拘传人进行调查询问，调查询问的时间不得超过八小时；情况复杂，依法可能采取拘留措施的，调查询问的时间不得超过二十四小时。

人民法院在本辖区以外采取拘传措施时，可以将被拘传人拘传到当地人民法院，当地人民法院应予协助。

——《最高人民法院关于适用〈中华人民共和国民事诉讼法〉的解释》(2015年1月30日，法释〔2015〕5号)

97. 对必须到人民法院接受询问的被执行人或被执行人的法定代表人或负责人，经两次传票传唤，无正当理由拒不到场的，人民法院可以对其进行拘传。

98. 对被拘传人的调查询问不得超过二十四小时，调查询问后不得限制被拘传人的人身自由。

99. 在本辖区以外采取拘传措施时，应当将拘传人拘传到当地法院，当地法院应予以协助。

——《最高人民法院关于人民法院执行工作若干问题的规定(试行)》(1998年7月8日，法释〔1998〕15号)

【链接：最高人民法院法官著述】

第一，要注意严格掌握适用拘传措施的条件。拘传措施严重影响被拘传人的人身自由，除非为实现执行程序所必须，否则不能适用。第二，注意与民事诉讼法第241条、本司法解释第175条、179条的规定相衔接。民事诉讼法第241条规定了财产报告制度，赋予执行法院对违反财产报告义务者罚款、拘留的权力。适用本条时应注意区分拘传、罚款、拘留三种强制措施的不同适用条件；如果三种强制措施都有适用的余地，要遵照违法严重程度与处罚措施相适应的"比例原则"，决定强制措施的具体适用。本司法解释第175条规定，审判程序中适用拘传措施前应予以批评教育，仍拒不到庭的才予以拘传，执行程序中应予以遵守。本司法解释第179条规定异地拘留应当要求当地法院协助，而本条规定的异地拘传是可以要求当地法院协助，两者的区别应予以注意。

——沈德咏主编、最高人民法院修改后民事诉讼法贯彻实施工作领导小组编著：《最高人民法院民事诉讼法司法解释理解与适用》，人民法院出版社2015年版，第1290页。

1169

实施拘留应当注意的问题

关键词｜拘留｜执行程序｜

【最高人民法院司法政策】

各省、自治区、直辖市高级人民法院，解放军军事法院：

近年来，各级人民法院坚持严肃执法，克服困难，依法执结了大批案件，为保护当事人的合法权益，维护社会稳定，作出了应有的贡献。但是，最近一个时期，在执行过程中接连发生执行人员或被执行人伤亡等严重事件。为防止类似事件再次发生，做好执行工作，特通知如下：

一、人民法院在执行生效法律文书的过程中，应当依法及时采取各种有效措施，切实保护当事人的合法权益。对采取暴力、胁迫或其他方法妨害或抗拒执行的被执行人及其他人员必须采取拘留措施时，应当严格履行法定手续，并持证、着装进行。执行中，遇有其他执法部门拦截或盘查时，应当主动出示证件并讲明情况，不得强行通过。必要时，要报告当地党委协调解决。

二、对被执行人采取逮捕措施，必须十分慎重。凡被执行人已经提出申诉或申请再审，执行依据的生效法律文书可能有实体处理错误的，或者被执行人确无财产可供执行的，均不得逮捕。对企业的法定代表人实施逮捕可能影响该企业生产秩序和社会稳定的，一般不得逮捕。对人大代表和政协委员采取逮捕措施时，应当严格按照有关法律规定报批或通报。未经批准的，不得逮捕。

三、基层人民法院、中级人民法院在执行中认为被执行人的行为已经构成犯罪，需要作出逮捕决定的，一律逐级报经省、自治区、直辖市高级人民法院审批。

四、高级人民法院批准逮捕后，受案法院应当制作逮捕决定书，交由同级公安机关执行。执行逮捕是公安机关的法定职责，即使公安机关不执行，人民法院也不得自行逮捕，应当及时报告当地党委解决。

五、各高级人民法院自收到本通知之日起至今年年底，对本辖区内各级人民法院自去年以来在执行中采取拘捕措施和对被执行人及有关人员定罪判刑的案件进行一次检查，凡发现错抓错判的，应当坚决纠正，其中造成人员伤亡等严重后果的，必须严肃查处，追究主管人员和直接责任人员的法律责任。检查情况及时书面报告我院。

以上通知，请各高级人民法院立即传达到所辖各级人民法院和专门法院。各级人民法院务必遵照执行。

——《最高人民法院关于必须严格控制对被执行人采取拘捕措施的通知》（1996 年 10 月 9 日，法〔1996〕96 号）

【链接：最高人民法院法官著述】

1. 对紧急情况下的拘留，事后补办手续时不批准的性质认定。对于在紧急情况下适用拘留措施，如事后补办批准手续时认为不当的，应当立即解除拘留。但不应认定是非法拘留，因为在紧急情况下，执行人员只要有大致可以认定是妨害执行的理由存在，所采取的拘留措施都是正当的，即使事后可能认为程序和证据上有所欠缺而不够拘留条件，也不能认定已实施的拘留是非法的。

2. 被拘留人所在地的认定标准。拘留时应将被拘留人带至其所在地的公安机关拘留所看管。所在地的标准是户籍所在地，经常居住地，还是实际所在地，实践中认识不一。

我们认为,应以被拘留人实际所在地为准。理由有二:第一,拘留措施是一种处罚性措施,而非一种强迫履行债务的手段,不管在何地看管,都是一种处罚。第二,国家机关直接对人身实施强制的权力,一般是限制在本行政辖区范围内,如超辖区实施人身强制,容易产生一些安全方面的问题,增加社会负担。这也是禁止异地拘留的理由。

3. 对特殊主体实施的拘留。特殊主体主要指各级人大代表和政协委员。对县级以上各级人大代表采取拘留措施的,应经该级人大主席团或人大常委会许可;对乡、民族乡、镇的人大代表采取拘留措施的,应当通报乡、民族乡、镇的人民代表大会或主席团。对政协委员采取拘留措施的,应当通报该委员所在政协党组。法院决定拘留时,人大代表故意隐瞒其身份的,法院不承担未按规定报经许可的责任,但应补办许可手续,如不许可实施拘留措施的,应立即解除。已采取的拘留措施仍合法有效。

——江必新主编:《民事执行新制度理解与适用》,人民法院出版社2010年版,第296页。

1170

对已冻结的银行存款及扣押的财产擅自扣划、启封的处理

关键词|银行存款|擅自扣划、启封|

【最高人民法院答复】

山西省高级人民法院、黑龙江省高级人民法院:

山西省高级人民法院〔1990〕晋法经字第5号请示报告和黑龙江省高级人民法院黑法经字〔1991〕158号报告均已收悉。关于大庆市中级人民法院、望奎县人民法院对大同市中级人民法院已经实施冻结的银行存款及扣押的财产擅自扣划、启封的问题,经研究答复如下:

大同市中级人民法院在审理山西省石油公司大同分公司(下称“大同分公司”)诉黑龙江省大庆市牧工商联合公司炼油厂(下称“炼油厂”,系刘清波个人开办,未经当地工商行政管理局注册登记)购销合同纠纷案中,于1989年10月

10日以(1989)法经裁字第66号裁定冻结了炼油厂270万元银行存款(该账户实际存款仅有16.1万元)。刘清波为了偿还欠款,以欺诈手段,与吉林省石油公司双辽支公司签订了一份购销500吨柴汽油的合同。10月28日,吉林省石油公司双辽支公司将70万元货款汇入该账户中。对这笔货款,大庆市中级人民法院于11月8日先以便函通知被告开户行不准扣划,1990年1月5日又以(1989)经裁字第23号先行给付裁定和(1990)执划字第1号扣划存款通知扣划退还给了吉林省石油公司双辽支公司。1990年3月19日,刘清波被招聘为望奎县石油化工厂负责人。5月20日,刘清波擅自以该厂的全部资产作为对大同分公司债务的担保。大同市中级人民法院于1990年6月23日依据刘清波提供的债务担保查封扣押了望奎县石油化工厂的两台油槽车。但这一被查封、扣押物,又被望奎县政府于1990年10月30日擅自解封,退还给了望奎县石油化工厂。望奎县人民法院参与了这项活动。大庆市中级人民法院扣划已经大同市中级人民法院冻结的当事人银行账户上的存款和望奎县人民法院参与当地县政府擅自解封已经大同市中级人民法院查封、扣押的财产尽管有一定原因,刘清波骗取吉林省石油公司双辽支公司的货款及擅自以望奎县石油化工厂的资产为自己债务担保,属于无效行为,不受法律保护,受骗人的合法权益应当依法保护。但在做法上应通过两地法院依法协调处理,由大同市中级人民法院给予解封,当地法院在未征得查封法院同意前自行解封,是违反法律规定的。鉴于本案债务大部分已基本了结,对尚留债务,大庆市中级人民法院和望奎县人民法院应当积极协助大同市中级人民法院执行,并应当注意今后不要再发生类似问题。

——《最高人民法院经济审判庭关于大庆市中级人民法院、望奎县人民法院对大同市中级人民法院已经实施冻结的银行存款及扣押的财产擅自扣划、启封问题的复函》[1992年11月4日,法(经)〔1992〕字第169号]

1171

执行行为异议和案外人异议

关键词｜执行异议｜案外人异议｜

【最高人民法院司法政策】

执行行为异议和案外人异议作为两种基本的执行救济制度,对于及时纠正违法和不当执行,有效维护当事人和案外人的合法权益,发挥着重要作用。但《民事诉讼法》关于两种制度的规定比较原则,2008 年的执行程序司法解释虽然作了细化,但许多问题仍不够明确。经过多年探索,各地法院逐渐形成了一些基本共识,归纳起来主要有:

第一,要严格区分二者的适用范围。执行行为异议是一种程序性救济,主要针对的是执行措施、执行方法、执行法律文书等程序性问题;案外人异议和异议之诉是一种实体性救济,是案外人基于对执行标的主张足以对抗执行的实体权利而提出的异议和诉讼。对两种救济途径要进行严格区分,避免相互混用。上级法院在复议程序中,如果发现执行法院对本应通过案外人异议处理的事项,错误适用执行行为异议程序审查的,应裁定撤销异议裁定,发回执行法院重新审查。需要特别注意的是,由于我国《民事诉讼法》中未规定债务人异议之诉等实体救济制度,一些本应通过实体救济途径解决的问题,如法律文书生效后债权发生消灭或抵销等,可以考虑作为一种过渡性做法,适用《民事诉讼法》第 225 条的程序性救济制度进行救济。

第二,要规范执行行为异议的处理程序。一是对符合条件的执行异议案件,应当严格办理立案登记手续,不应作为一般申诉信访问题处理。二是对相对复杂、标的额大的案件,应组成合议庭进行审查。三是在审查方式上,如果根据异议人提交的书面材料即可排除疑点的,只需进行书面审查,以提高效率,避免程序拖延;否则,应进行公开听证,充分听取各方意见,以查清案情,确保执行公正。

第三,要细化异议和复议的处理结果。关于执行行为异议,可以区分以下不同情形分别处理:异议不成立的,裁定驳回异议;异议成立且涉及的执行行为具有可撤销内容的,裁定确认异议成立,并撤销相关执行行为或者指令作出相应执行行为;异议部分成立且涉及的执行行为具有可变更内容的,裁定确认相应部分异议成立,并变更相关执行行为;异议成立或者部分成立,但执行行为不具有可变更或者可撤销内容的,仅裁定确认异议成立或者部分成立即可。关于复议案件的处理,可以参照《民事诉讼法》第 170 条关于二审法院审理上诉案件的思路,区分不同情形分别作出相应处理。

——《全国高级法院执行局长座谈会暨执行指挥中心试点推进会材料》,载最高人民法院执行局编:《执行工作指导》(总第 47 辑),人民法院出版社 2013 年版,第 11 ~ 12 页。

【最高人民法院裁判文书】

香港信诺投资有限公司申请复议案[最高人民法院(2013)执复字第13号执行裁定书]

裁判要旨:1. 案外人对执行标的提出主张权属的异议,应当根据《民事诉讼法》第二百二十七条规定的程序进行审查,案外人、当事人对执行裁定不服,应当通过诉讼程序进行救济。不能将案外人作为利害关系人,适用《民事诉讼法》第二百二十五条规定的程序进行审查并赋予当事人申请复议的权利,否则即属适用法律错误,违反法定程序,应予纠正。2. 案外人所提的程序异议如果与其对执行标的权属主张之异议并无联系,则在符合条件的情况下可以利害关系人的身份适用《民事诉讼法》第二百二十五条规定的程序进行审查,与实体争议分别处理;如果案外人所提出的程序异议与实体异议关系密切,直接或间接地针对同一执行标的权属问题,在其同时提出实体异议的情况下,应当合并适用《民事诉讼法》第二百二十七条规定的程序进行审查,以减轻当事人的诉累;3. 被执行人单独提出的异议,应当按照《民事诉讼法》第二百二十五条规定的程序进行审查。但如果被执行人所提异议实质是支持案外人对执行标的实体权利的主张,则对被执行人所提出的异议不应当单独审查,而应当在对案外人所提异议进行审查的过程中一并解决。

最高人民法院认为:

本案复议审查的焦点问题是畜产公司与山东省商务厅不服山东高院执行裁定,以相同的理由分别向山东高院提出书面异议的审查程序问题。

关于山东省商务厅所提异议的审查程序问题。案外人山东省商务厅提出异议主张法院解除查封的主要理由为其所提异议的第二项,即山东国际贸易大厦第17~21层房屋产权为其享有,因此法院不能将其作为畜产公司的财产进行查封。该项异议是对执行标的权属的主张,根据《中华人民共和国民事诉讼法》第二百二十七条之规定,“执行过程中,案外人对执行标的提出书面异议的,人民法院应当自收到书面异议之日起十五日内审查,理由成立的,裁定中止对该标的的执行;理由不成立的,裁定驳回。案外人、当事人对裁定不服,认为原判决、裁定错误的,依照审判监督程序办理;与原判决、裁定无关的,可以自裁定送达之日起十五日内向人民法院提起诉讼”。执行法院山东高院将山东省商务厅作为利害关系人,适用原《中华人民共和国民事诉讼法》(2007年修订)第二百零二条及《最高人民法院关于适用〈中华人民共和国民事诉讼法〉执行程序若干问题的解释》第五条之规定进行审查并赋予当事人申请复议的权利,显属适用法律错误,违反法定程序,应予纠正。而山东省商务厅提出的第一项异议,即山东高院依法解除对山东国际贸易大厦第17~21层房产的查封后,在没有证据的情况下又进行预查封显属不当,虽然是关于执行程序问题提出的异议,但该项异议究其实质还是基于山东省商务厅对山东国际贸易大厦第17~21层房产享有所有权的实体权利主张而来。本案中山东省商务厅所提出的两项异议均直接或间接地针对同一执行标的的权属问题,具有密切联系,分别适用不同的审查程序徒增当事人诉累。因此,山东省商务厅所提第一项异议也应当适用前述《中华人民共和国民事诉讼法》第二百二十七条规定的程序进行审查。

关于畜产公司所提异议的审查程序问题。《中华人民共和国民事诉讼法》第二百二十五条规定:"当事人、利害关系人认为执行行为违反法律规定的,可以向负责执行的人民法院提出书面异议。当事人、利害关系人提出书面异议的,人民法院应当自收到书面异议之日起十五日内审查,理由成立的,裁定撤销或者改正;理由不成立的,裁定驳回。当事人、利害关系人对裁定不服的,可以自裁定送达之日起十日内向上一级人民法院申请复议。"被执行人畜产公司因认为执行行为违反法律规定所提出的异议,本可以按照《民事诉讼法》第二百二十五条规定的程序审查。但是,本案中畜产公司所提异议实质是同意案外人山东省商务厅对执行标的享有所有权的主张,如对畜产公司与山东省商务厅内容相同的异议分别适用不同的程序进行审查,造成救济途径迥异,侵害了当事人的程序利益;况且在案外人山东省商务厅已经提出异议主张实体权利的情况下,被执行人畜产公司所提异议不具有实益,因此对畜产公司所提出的异议不应当单独审查,而应当在对山东省商务厅所提异议进行审查的过程中一并解决。

——潘勇锋:《被执行人与案外人以相同的理由分别向执行法院针对执行标的提出权属异议与执行程序异议时的审查程序问题》,载江必新、刘贵祥主编,最高人民法院执行局编:《执行工作指导》(总第54辑),国家行政学院出版社2015年版,第124~125页。

1172

协助义务人在诉讼保全时没有提出异议,在执行阶段提出异议不予支持

关键词 | 协助执行义务人 | 诉讼保全 | 执行异议 |

【链接：最高人民法院法官著述】

问题：张某诉天林通讯器材公司借款纠纷一案，张某在诉前申请对天林公司缴存在甲市宏达公司的300万元质量保证金进行保全，法院裁定予以准许，并向宏达公司送达了协助执行通知书，宏达公司在保全时没有提出异议，后法院判决天林公司偿还张某借款300万元及利息，在执行过程中，法院要求扣划天林公司在宏达公司的质量保证金300万元，宏达公司称该笔质量保证金实际上只有100万元，只愿意在100万元的范围内进行协助，此时距法院保全已达6个月。由于天林公司无其他财产可供执行，法院遂以宏达公司擅自处分冻结的财产为由裁定在200万元范围内向张某承担赔偿责任。宏达公司以法院的裁定与客观事实不符为由，要求撤销承担赔偿责任的裁定。请问：宏达公司的异议理由成立吗？

《执行工作指导》研究组认为：宏达公司的异议不能成立。协助义务人的法律责任问题不光牵涉法律问题，实际上还有技术问题。由于债务人在第三人处是否有财产，财产是多少等有关信息完全由债务人和协助义务人掌握，执行法院、债权人与协助义务人之间存在信息不对称的问题，所以，在法院送达协助执行通知书后，协助义务人必须及时提出异议，以便债权人寻找债务人其他的财产进行保全。协助义务人不及时提出异议的，按照《最高人民法院关于执行工作若干问题的规定（试行）》第37条的精神，则自有关冻结裁定和协助义务通知书送达协助人时起，就对协助义务人产生法律上的约束力，从法律上应当视为债务人在第三人处确实有财产。本案中，由于宏达公司没有及时提出异议，导致债权人张某丧失保全债务人其他财产的机会，并最终导致张某的债权不能受偿。所以不论宏达公司的陈述是否属实，宏达公司都应当对张某的损失承担赔偿责任，又由于法院的财产保全为公法行为，债权人无法通过普通民事诉讼进行救济，只能由执行法院裁定宏达公司承担赔偿责任。

——江必新主编、最高人民法院执行工作办公室编：《执行工作指导》（总第28辑），人民法院出版社2009年版，第207页。

1173

到期债权执行中第三人超过法定期限提出异议的处理

关键词｜到期债权执行｜第三人异议｜超过法定期限｜

【最高人民法院答复】

辽宁省高级人民法院：

你院《关于开原市农村信用社、开原市农村信用合作社联合社申请执行辽宁华银实业开发总公司一案的疑请报告》收悉。经研究，答复如下：

一、本案执行法院在向第三人送达履行到期债务通知书的同时，即裁定将第三人列为被执行人，并查封其财产，在程序上是错误的，应予纠正。

二、第三人在收到履行到期债务通知书后，未在法定期限内提出异议，并不发生承认债务存在的实体法效力。第三人在法院开始强制执行后仍有异议的，应当得到司法救济。

三、考虑到目前我国尚无第三人异议之诉的法律制度，为公平保护各方当事人的合法权益，根据本案中已经责令双方兑账及当事人提出审计要求的实际情况，可在执行程序中通过对被执行人与第三人双方的全部往来账目进行逐笔核对，或者委托有关单位进行审计并经三方共同认可，最终审核确认后，决定是否继续执行。鉴于该案各方反映强烈，审核确认宜由你院组织进行。

四、参照《最高人民法院关于人民法院执行工作若干问题的规定(试行)》第六十四条第二款的规定，审核确认应以被执行人与第三人均认可的法律关系和一致记载的账目为准。经核对确认，如双方账目记载一致的部分说明不欠款，则应撤销对第三人的执行程序；如说明欠款，则可以在执行标的额范围内，予以执行。对于第三人与被执行人之间的法律关系，可按第三人占有的被执行人所投入的本金应予返还的原则把握。

——《最高人民法院执行工作办公室〔2005〕执他字第 19 号函》(2006 年 3 月 13 日)

1174

《民事诉讼法》第 225 条、第 227 条[1]在执行工作中的正确适用

关键词｜执行异议｜

① 对应 2007 年《民事诉讼法》第 202 条、第 204 条。——编者注

【最高人民法院司法政策】

各省、自治区、直辖市高级人民法院，解放军军事法院，新疆维吾尔自治区高级人民法院生产建设兵团分院：

近期，我院陆续收到当事人直接或通过执行法院向我院申请复议的案件。经审查发现，部分申请复议的案件不符合法律规定。为了保证各级人民法院在执行工作过程中正确适用修改后民事诉讼法第202条、第204条的规定，现通知如下：

一、当事人、利害关系人根据民事诉讼法第202条的规定，提出异议或申请复议，只适用于发生在2008年4月1日后作出的执行行为；对于2008年4月1日前发生的执行行为，当事人、利害关系人可以依法提起申诉，按监督案件处理。

二、案外人对执行标的提出异议的，执行法院应当审查并作出裁定。按民事诉讼法第204条的规定，案外人不服此裁定只能提起诉讼或者按审判监督程序办理。执行法院在针对异议作出的裁定书中赋予案外人、当事人申请复议的权利，无法律依据。

三、当事人、利害关系人认为执行法院的执行行为违法的，应当先提出异议，对执行法院作出的异议裁定不服的才能申请复议。执行法院不得在作出执行行为的裁定书中直接赋予当事人申请复议的权利。

——《最高人民法院关于执行工作中正确适用修改后〈民事诉讼法〉第202条、第204条规定的通知》(2008年11月28日，法明传〔2008〕1223号)

编者说明

2007年《民事诉讼法》第202条规定："当事人、利害关系人认为执行行为违反法律规定的，可以向负责执行的人民法院提出书面异议。当事人、利害关系人提出书面异议的，人民法院应当自收到书面异议之日起十五日内审查，理由成立的，裁定撤销或者改正；理由不成立的，裁定驳回。当事人、利害关系人对裁定不服的，可以自裁定送达之日起十日内向上一级人民法院申请复议。"第204条规定："执行过程中，案外人对执行标的提出书面异议的，人民法院应当自收到书面异议之日起十五日内审查，理由成立的，裁定中止对该标的的执行；理由不成立的，裁定驳回。案外人、当事人对裁定不服，认为原判决、裁定错误的，依照审判监督程序办理；与原判决、裁定无关的，可以自裁定送达之日起十五日内向人民法院提起诉讼。"

1175

案外人提供担保请求解除强制措施的处理

关键词｜案外人担保｜解除强制措施｜

【最高人民法院司法解释】

74. 对案外人提出的异议一时难以确定是否成立,案外人已提供确实有效的担保的,可以解除查封、扣押措施。申请执行人提供确实有效的担保的,可以继续执行。因提供担保而解除查封扣押或继续执行有错误,给对方造成损失的,应裁定以担保的财产予以赔偿。

——《最高人民法院关于人民法院执行工作若干问题的规定(试行)》(1998 年 7 月 8 日,法释〔1998〕15 号)

【最高人民法院答复】

广东省高级人民法院:

你院〔2000〕粤高法执督字第 217 号《关于对赖移生拖欠李红光借款纠纷执行一案审查的情况报告》收悉。经研究,答复如下:

你院制作《关于解除冻结广交会支行有关存款的通知》的法律依据是《最高人民法院关于人民法院执行工作若干问题的规定(试行)》(以下简称《执行规定》)第七十四条规定,但是,适用该条必须同时具备两个条件,一是对案外人提出的异议一时难以确定是否成立,二是案外人已提供确定有效的担保。你院下达该通知的时间是 2001 年 5 月 25 日,而对案外人深圳发展银行广州分行广交会支行(以下简称广交会支行)提出的异议,韶关市中级人民法院(以下简称韶关中院)已于 2000 年 12 月 19 日以(2000)韶执字第 178 –1 号裁定予以驳回,因此,不存在案外人的异议一时难以确定是否成立的问题。根据《执行规定》第一百三十条的规定,你院有权对韶关中院的执行行为进行监督。但是,对广交会支行以对执行法院所冻结的款项享有质押权为由提出的案外人异议,在韶关中院已以裁定予以驳回后,你院不能直接处理案外人异议,只能审查韶关中院的裁定。你院用通知解除该裁定冻结的款项是错误的。

广交会支行是以对广东省韶生实业有限公司注册资金账户中的 570 万元享

有质押权为由提出的案外人异议并提供相应担保，你院指令韶关中院将该账户上的990万元全部予以解冻不妥。另外，广交会支行向你院提交的《关于暂缓执行的担保函》表示："若因暂缓执行申请错误导致有关当事人的损失，我行愿意承担相应的责任。"《执行规定》第七十四条规定案外人或申请执行人应提供确实有效的担保，既包括财产担保，也包括人保。因此，广交会支行在本案中应依法承担担保责任。

综上，你院于2001年5月25日作出的（2000）粤高法执督字第217－1号《关于解除冻结广交会支行有关存款的通知》适用法律不当，立即予以纠正；维持韶关中院（2000）韶执字第178－1号裁定，由广交会支行承担本案的担保责任。

请你院接此函后，尽快落实并将结果报告本院。

——《最高人民法院执行工作办公室关于李红光执行申诉一案的复函》（2003年1月2日，〔2001〕执监字第208－1号）

1176

执行异议与执行监督的协调

关键词 | 执行异议 | 执行监督 | 执行救济 |

【最高人民法院司法解释】

132. 上级法院发现下级法院的执行案件（包括受委托执行的案件）在规定的期限内未能执行结案的，应当作出裁定、决定、通知而不制作的，或应当依法实施具体执行行为而不实施的，应当督促下级法院限期执行，及时作出有关裁定等法律文书，或采取相应措施。

对下级法院长期未能执结的案件，确有必要的，上级法院可以决定由本院执行或与下级法院共同执行，也可以指定本辖区其他法院执行。

——《最高人民法院关于人民法院执行工作若干问题的规定（试行）》（1998年7月8日，法释〔1998〕15号）

【链接：最高人民法院法官著述】

《最高人民法院关于人民法院执行工作若干问题的规定(试行)》(以下简称《执行规定》)确立了较为完善的执行监督制度。根据这些规定,上级法院在发现执行法院实施的执行行为违反法律规定的情况下,可以依法进行监督。那么,最高人民法院《执行规定》中规定的执行监督制度与本条中规定的执行救济制度在具体适用时如何协调?

我们认为,两种制度在具体适用时可以并行不悖。对违法执行行为提出异议进而申请复议,是当事人、利害关系人享有的一项法定权利,异议或复议申请符合法定条件的,执行法院和上一级人民法院就必须进行审查处理,并作出裁定,裁定应当送达当事人和有关法院。而执行监督作为法院内部的一种监督纠错制度,其具体程序更多是在法院内部运行,法院处理后一般只向有关法院下发内部函文,在特殊情况下才制作正式的裁定或决定。因此,尽管二者都可能会达到纠正执行错误的实际效果,但纠错的途径、启动程序、审查处理程序、法律文书、法律效力等并不相同,可以作为两种不同的纠错机制同时存在。在出现违法执行的情况下,即使当事人、利害关系人未提出异议,或者对裁定不服时未向上一级人民法院申请复议,如果上级人民法院发现执行法院存在违法执行问题的,也应当依法进行监督;如果当事人、利害关系人已经提出了异议或正在申请复议,在救济程序正常进行的情况下,上级法院一般无需再就同一问题重复进行监督,但作为一项监督权力,上级法院认为必要时可以随时行使。此外,作为一项法定权利,当事人、利害关系人对违法行为有异议的,只能向执行法院提出,对裁定不服申请复议的,只能向上一级人民法院申请。但当事人、利害关系人通过申诉途径反映违法执行问题的,则不受上述限制;可以进行执行监督的法院也不限于执行法院的上一级法院,上级法院对辖区任何法院的执行工作都可以依法进行监督。

——最高人民法院民事诉讼法修改研究小组编著:《〈中华人民共和国民事诉讼法〉修改的理解与适用》,人民法院出版社 2007 年版,第 133 ~ 134 页。

1177

申请变更执行法院与执行异议、提级、指定执行等措施的协调

关键词｜变更执行法院｜执行异议｜提级执行｜指定执行｜

【最高人民法院司法解释】

132. 上级法院发现下级法院的执行案件(包括受委托执行的案件)在规定的期限内未能执行结案的,应当作出裁定、决定、通知而不制作的,或应当依法实施具体执行行为而不实施的,应当督促下级法院限期执行,及时作出有关裁定等法律文书,或采取相应措施。

对下级法院长期未能执结的案件,确有必要的,上级法院可以决定由本院执行或与下级法院共同执行,也可以指定本辖区其他法院执行。

——《最高人民法院关于人民法院执行工作若干问题的规定(试行)》(1998 年 7 月 8 日,法释〔1998〕15 号)

【链接:最高人民法院法官著述】

(二)注意《民事诉讼法》第 203 条与第 202 条适用的协调

《民事诉讼法》第 203 条针对消极执行问题赋予了申请执行人相应的救济途径。也就是说,在法院消极执行的情况下,申请执行人有申请更换执行法院的权利;而依照本法第 202 条的规定,当事人、利害关系人认为执行行为违反法律规定的,可以向负责执行的人民法院提出书面异议;对人民法院就异议所作的裁定不服的,还可以自裁定送达之日起 10 日内向上一级人民法院申请复议。消极执行显然属于违反法律规定的执行行为,也就是说,按照本法第 202 条的规定,在法院消极执行的情况下,申请执行人有向执行法院提出异议的权利。那么,执行实践中,在案件出现消极执行的情况下,申请执行人究竟是依据第 202 条的规定提出异议,还是依据本条规定申请更换执行法院;这两种救济只能选择其一还是可以并行不悖？我们认为,对违法执行行为提出异议是一种一般的执行救济,其目的是促使执行法院及时纠正违法的执行行为,以保护当事人和利害关系人程序上的利益;而申请更换执行法院则是在消极执行相对严重的情况下,为当事人提供更强有力的救济。这两种救济所针对的情形并不完全相同,救济途径也

不一样，在出现法定事由的情况下，当事人既可以任选其一，也可以分别通过两种不同的救济途径维护自己的合法权益。实践中，人民法院既不能以申请执行人已提出异议为由限制其申请更换执行法院的权利，也不能以其已经申请更换执行法院为由限制其就消极执行提出异议的权利。

（三）注意《民事诉讼法》第203条规定与提级、指定执行等措施的协调

《最高人民法院关于人民法院执行工作若干问题的规定（试行）》第132条所规定的内容与本条规定有很多相似之处。这就有必要明确，这两条规定在本质上究竟有何不同，在具体适用过程中应如何把握和协调。

我们认为，本条规定的内容本质上是一种执行救济，申请更换执行法院是法律赋予申请执行人的一项法定权利，申请执行人的申请符合法律规定的，就必然引起相应的审查处理程序，上一级人民法院必须进行审查处理，并作出相应的法律文书，送达当事人和有关法院。而最高人民法院《执行规定》第132条的规定本质上是法院内部进行执行监督的具体形式和手段，是上级法院在行使执行监督权过程中，发现下级法院的执行存在问题时所采取的督促和纠正措施，具体程序仅在法院内部运行，没有当事人参与其中，法律处理后一般只向有关法院下发内部函文，在特殊情况下才制作正式的裁定或决定。正是因为这两条规定是两种不同的纠错途径，因此，二者可以并行不悖。在执行法院出现消极执行的情况下，即使申请执行人未向上一级人民法院申请执行，如果上级法院发现执行法院存在消极执行问题的，也应当依法进行监督；如果申请执行人已经向上一级人民法院申请执行的，在该救济程序正常进行的情况下，上级法院一般无需再就同一问题重复进行监督，但作为一项监督权力，上级法院认为必要时可以随时行使。此外，值得注意的是，申请执行人申请更换执行法院只能向执行法院的上一级人民法院提出申请，而有权进行执行监督的法院却不限于执行法院的上一级人民法院，上级法院对辖区任何法院的执行案件都可以依法进行监督。

——最高人民法院民事诉讼法修改研究小组编著：《〈中华人民共和国民事诉讼法〉修改的理解与适用》，人民法院出版社2007年版，第138～139页。

编者说明

2007年《民事诉讼法》第203条规定："人民法院自收到申请执行书之日起超过六个月未执行的，申请执行人可以向上一级人民法院申请执行。上一级人民法院经审查，可以责令原人民法院在一定期限内执行，也可以决定由本院执行或者指令其他人民法院执行。"

1178

案外人异议的提出

关键词 | 案外人异议 | 执行标的 |

【最高人民法院司法解释】

第四百六十四条 根据民事诉讼法第二百二十七条规定，案外人对执行标的提出异议的，应当在该执行标的执行程序终结前提出。

——《最高人民法院关于适用〈中华人民共和国民事诉讼法〉的解释》（2015年1月30日，法释〔2015〕5号）

第十五条 案外人对执行标的主张所有权或者有其他足以阻止执行标的转让、交付的实体权利的，可以依照民事诉讼法第二百零四条的规定，向执行法院提出异议。

——《最高人民法院关于适用〈中华人民共和国民事诉讼法〉执行程序若干问题的解释》（2008年11月3日，法释〔2008〕13号）

70. 案外人对执行标的主张权利的，可以向执行法院提出异议。

案外人异议一般应当以书面形式提出，并提供相应的证据。以书面形式提出确有困难的，可以允许以口头形式提出。

——《最高人民法院关于人民法院执行工作若干问题的规定（试行）》（1998年7月8日，法释〔1998〕15号）

【链接：最高人民法院法官著述】

第一，对争议执行标的已经执行终结，但是申请执行人的债权尚未完全实现的，不应允许案外人再对争议执行标的提出异议。第二，对争议执行标的已经执行终结，但是被执行人的其他财产尚在执行中的，也不应允许案外人再对争议执行标的提出异议。第三，通过司法拍卖处分财产情况下，拍卖成交裁定作出后，权属变更登记完成前，执行程序尚未结束。此时尚需执行法院出具协助执行通知来办理权属变更登记，此时案外人就拍卖财产提出异议的，执行法院应予以审查。如发现案外人系真实权利人，执行法院可以在衡量各方利益的基础上，撤销拍卖，以保持当事人的权利平衡。

——沈德咏主编、最高人民法院修改后民事诉讼法贯彻实施工作领导小组编著：《最高人民法院民事诉讼法司法解释理解与适用》，人民法院出版社 2015 年版，第 1241 页。

关于案外人异议的提出及初步审查，司法解释主要明确了三个问题：

第一个问题是案外人异议的事由。关于案外人异议的事由，民事诉讼法第 204 条中未作出明确规定，实践中不宜把握，尤其是容易和第 202 条规定的执行异议事由相混淆。鉴于此，《解释》第 15 条对案外人异议的事由作了规定，即案外人对执行标的主张所有权或者其他足以阻止执行标的转让、交付的实体权利。对此，可从三个方面把握：首先，案外人异议不同于民事诉讼法第 202 条规定的执行异议，执行异议主要是对执行行为本身违反程序性规定提出的异议，是一种程序上的异议；而案外人异议则是案外人认为法院的执行侵害了其实体权利，是基于对执行标的主张实体权利提出的异议，是一种实体上的异议。其次，案外人所主张的实体权利必须是依法足以阻止该标的执行（包括将标的物让与他人和交付他人）的实体权利，而非所有的实体权利。例如，案外人虽然对执行标的有租赁权（实体权利），但因租赁权的存在不影响执行，因此，案外人一般不能基于租赁权提出案外人异议。第三，实践中基于所有权提出案外人异议是一种最典型的情况，但案外人异议所主张的实体权利并不限于所有权，案外人对执行标的有建设用地使用权、宅基地使用权等用益物权，或者其对执行标的占有、使用的权利因强制执行而受到妨害，或者有其他足以阻止执行标的交付或者让与的权利的，均可以提出案外人异议。此外，案外人是否可以基于某种实体权利提出案外人异议，除了要考虑该实体权利本身的性质外，还要结合执行的方法、目的进行判断。比如通常情况下，承租人（案外人）基于对执行标的的租赁权不能提出案外人异议，但如果法院在拍卖后强制承租人将标的物交付买受人，从而影响承租人对执行标的物依法占有、使用的，承租人可针对强制交付提出案外人异议，以排除法院的交付行为。

第二个问题是案外人异议向哪个法院提出。对此，民事诉讼法未予明确。如前所述，案外人异议制度设计的基本思路是，先由人民法院对异议作初步审查，以迅速解决一部分争议不大的异议问题，案外人、当事人对初步审查作出的裁定不服的，再通过诉讼或审判监督程序处理。基于这一思路，案外人异议应当向负责执行的法院提出,由执行法院的执行机构具体负责审查处理。这种做法也符合执行改革的基本设想和发展趋势。

第三个问题是案外人异议审查期间执行程序如何进行。案外人异议的审查需要一定的时间,因此,实践中必然面临的一个问题是,在案外人异议审查期间,对异议标的停止执行还是继续执行。为充分保护案外人的合法权益,避免出现执行错误,依照《解释》第16条的规定,在案外人异议审查期间,可以对执行标的采取查封、扣押、冻结等控制性措施,但不得进行处分,正在实施的处分措施应当停止。而且,为避免因法院查封、扣押、冻结,影响案外人正常的生产、生活和经营活动,该条还规定,案外人向人民法院提供充分、有效的担保请求解除异议标的的查封、扣押、冻结的,法院可以根据案件的具体情况予以准许。一方面,为防止案外人滥用异议权,防止债权的实现因异议审查被过分拖延,申请执行人提供充分、有效担保的,应当继续执行,这体现了司法解释在案外人异议是否有理由尚不确定的情况下,更侧重债权实现这一基本思路。案外人提供的担保不是民法上的担保,而是向法院提供的担保,因此,如果事后查明案外人异议错误,也就意味着因案外人提供担保解除查封、扣押、冻结存在错误,在这种情况下,法院可以根据案件具体情况直接执行担保财产,而无需另行诉讼。另一方面,在申请执行人提供担保请求继续执行的情况下,如果事后查明案外人异议有理由,而之前因申请执行人申请继续执行给案外人造成了损失的,申请执行人应予赔偿。至于赔偿问题由执行机构直接裁定,还是通过另行诉讼解决,因意见分歧较大,司法解释采取了模糊的表述,留待将来进一步研究论证。

——俞灵雨、王飞鸿、赵晋山:《关于适用〈中华人民共和国民事诉讼法〉执行程序若干问题的解释的理解与适用》,载江必新主编、最高人民法院执行工作办公室编:《执行工作指导》(总第33辑),人民法院出版社2010年版,第67~68页。

编者说明

民事执行以对物执行为其典型形态。在识别和判断某财产是否属于被执行人的责任财产时,执行机构基于审执分立的要求和及时执行的考虑,遵循外观主义和形式化规则,仅仅依据执行标的之财产归属的外观情况,以及申请执行人的陈述或被执行人的报告来判断,无权从实体上进行调查,也没有调查执行标的是否属于被执行人责任财产的必要。因此,无法避免因外观事实与实体事实不一致,而导致执行案外人财产的可能性。在不当执行案外人的财产时,执行机构的执行程序并不存在违法情形,故不能适用执行异议这种程序上的执行救济方法来保护案外人的合法权益，而是由案外人就其被执行的财产向执行法院主张实体权利。此时，为保护案外人的财产权，保障民事执行行为的实体正当性，通常允许案外人就其被执行的财产是否归属于责任财产的实体法律问题，通过提起诉讼的方法，请求法院进行审判以资救济，此即民事执行中案外人异议制度。

1179

案外人异议的审查与处理

关键词 | 案外人异议 | 审查程序 |

【最高人民法院司法解释】

第二十四条 对案外人提出的排除执行异议，人民法院应当审查下列内容：

（一）案外人是否系权利人；

（二）该权利的合法性与真实性；

（三）该权利能否排除执行。

第二十五条 对案外人的异议，人民法院应当按照下列标准判断其是否系权利人：

（一）已登记的不动产，按照不动产登记簿判断；未登记的建筑物、构筑物及其附属设施，按照土地使用权登记簿、建设工程规划许可、施工许可等相关证据判断；

（二）已登记的机动车、船舶、航空器等特定动产，按照相关管理部门的登记判断；未登记的特定动产和其他动产，按照实际占有情况判断；

（三）银行存款和存管在金融机构的有价证券，按照金融机构和登记结算机构登记的账户名称判断；有价证券由具备合法经营资质的托管机构名义持有的，按照该机构登记的实际投资人账户名称判断；

（四）股权按照工商行政管理机关的登记和企业信用信息公示系统公示的信息判断；

（五）其他财产和权利，有登记的，按照登记机构的登记判断；无登记的，按照合同等证明财产权属或者权利人的证据判断。

案外人依据另案生效法律文书提出排除执行异议，该法律文书认定的执行标的权利人与依照前款规定得出的判断不一致的，依照本规定第二十六条规定处理。

——《最高人民法院关于人民法院办理执行异议和复议案件若干问题的规定》(2015 年 5 月 5 日，法释〔2015〕10 号)

第四百六十五条 案外人对执行标的提出的异议，经审查，按照下列情形分别处理：

（一）案外人对执行标的不享有足以排除强制执行的权益的，裁定驳回其异议；

（二）案外人对执行标的享有足以排除强制执行的权益的，裁定中止执行。

驳回案外人执行异议裁定送达案外人之日起十五日内，人民法院不得对执行标的进行处分。

——《最高人民法院关于适用〈中华人民共和国民事诉讼法〉的解释》(2015 年 1 月 30 日，法释〔2015〕5 号)

第十六条 案外人异议审查期间，人民法院不得对执行标的进行处分。

案外人向人民法院提供充分、有效的担保请求解除对异议标的的查封、扣押、冻结的，人民法院可以准许；申请执行人提供充分、有效的担保请求继续执行的，应当继续执行。

因案外人提供担保解除查封、扣押、冻结有错误，致使该标的无法执行的，人民法院可以直接执行担保财产；申请执行人提供担保请求继续执行有错误，给对方造成损失的，应当予以赔偿。

——《最高人民法院关于适用〈中华人民共和国民事诉讼法〉执行程序若干问题的解释》(2008 年 11 月 3 日，法释〔2008〕13 号)

71. 对案外人提出的异议，执行法院应当依照民事诉讼法第二百零八条的规定进行审查。

审查期间可以对财产采取查封、扣押、冻结等保全措施，但不得进行处分。正在实施的处分措施应当停止。

经审查认为案外人的异议理由不成立的，裁定驳回其异议，继续执行。

72. 案外人提出异议的执行标的物是法律文书指定交付的特定物，经审查认为案外人的异议成立的，报经院长批准，裁定对生效法律文书中该项内容中止执行。

73. 执行标的物不属生效法律文书指定交付的特定物，经审查认为案外人的异议成立的，报经院长批准，停止对该标的物的执行。已经采取的执行措施应当裁定立即解除或撤销，并将该标的物交还案外人。

74. 对案外人提出的异议一时难以确定是否成立，案外人已提供确实有效的担保的，可以解除查封、扣押措施。申请执行人提供确实有效的担保的，可以继续执行。因提供担保而解除查封扣押或继续执行有错误，给对方造成损失的，应裁定以担保的财产予以赔偿。

75. 执行上级人民法院的法律文书遇有本规定72条规定的情形的，或执行的财产是上级人民法院裁定保全的财产时遇有本规定73条、74条规定的情形的，需报经上级人民法院批准。

——《最高人民法院关于人民法院执行工作若干问题的规定（试行）》（1998年7月8日，法释〔1998〕15号）

【最高人民法院答复】

陕西省高级人民法院：

你院〔2000〕陕执经字第04号《关于宝鸡市怡高工贸有限公司申请执行厦门宏都大饭店债务纠纷一案有关情况的报告》收悉。经研究，答复如下：

中国工商银行厦门市分行（以下简称厦门工行）与厦门普益房地产有限公司（以下简称普益公司）、厦门宏都大饭店（以下简称宏都饭店）系列借款担保纠纷案，厦门市中级人民法院作出（2000）厦经初字第81至90号、384号民事判决，均确认：普益公司对其开发的普利花园项目包括宏都饭店使用的该项目B幢大楼享有所有权；厦门工行对该项目大部分房产包括你院查封的宏都饭店房产享有抵押权。你院对此也无异议。这即否定了你院的查封效力，因为你院查封的房产并非被执行人宏都饭店的房产，宏都饭店并不享有其正在使用且被你院查封的房产的所有权。

你院查封宏都饭店房产以及驳回厦门工行异议的有关民事裁定书违反了有关法律和司法解释的规定，应依法予以撤销；你院应对查封的房产予以解封，交由厦门市中级人民法院依法执行。

——《最高人民法院对工商银行福建省厦门市分行对陕西省高级人民法院执行厦门宏都大饭店异议案的复函》（2004年2月27日，〔2003〕执监字第99号）

新疆维吾尔自治区高级人民法院：

关于案外人李福胜异议一案，本院现已审查完毕，经研究，提出处理意见如下：

你院在执行本院〔1997〕经终字第147号民事判决时，于1999年6月25日追加刘晓军为被执行人，而刘晓军将其所购买的长安花园A－20－G号房屋通过深圳市长城房地产发展公司（以下简称长城公司）转让给李福胜，时间是在1998年7月。同年10月15日，深圳市人民政府向李福胜核发了房地产证。你院以刘晓军与李福胜恶意串通，逃避债务为由，强制执行李福胜名下的房产，证据并不充分。而李福胜向本院提供了如下证据：1. 刘晓军同意将其购买的长安花园A－20－G号房屋转让给李福胜；2. 李福胜支付购房尾款60987元给长城公司，刘晓军先前支付的房款723172元，李福胜以现金和存折支付给刘晓军；1998年7月16日，李福胜从存折上取款53万元，同一天，刘晓军储蓄开户存款53万元；3. 刘晓军2000年6月8日出具证明：1998年7月16日将上述房屋转让给李福胜，并收受63万元的转让费；4. 长城公司于1998年7月22日为李福胜开具的购买上述房屋的转让（销售）房地产收入发票，金额为784159元；5. 长城公司与李福胜签订的上述房屋买卖合同（13443号）；6. 1998年10月15日，深圳市政府为李福胜核发的《房地产证》。这些证据足以证明李福胜对该房屋拥有所有权，本院予以认可。故你院强制执行李福胜名下的房屋是错误的，应当依法纠正。如申请执行人对李福胜名下的房屋权属有异议，认为刘晓军与李福胜之间转让房屋的行为侵犯其合法权益，可通过诉讼程序解决。

你院应将纠正执行错误的情况报告我院。

——《最高人民法院执行工作办公室关于案外人李福胜异议一案的复函》（2001年11月26日，〔2000〕执监字第226－1号）

【链接：最高人民法院法官著述】

对案外人提出的异议，执行法院应当自收到书面异议之日起15日内进行审查。审查期间可以对财产采取查封、扣押、冻结等保全措施，但不得进行处分。正在实施的处分措施应当停止。经审理应分情况作出处理：

1. 理由成立的，裁定中止对该标的的执行。主要是指在执行标的不属于生效法律文书指定交付的特定物的情形，人民法院经审查认为案外人的异议理由成立的,应当中止对该标的物的执行。已经采取的执行措施,应当裁定立即解除或撤销,并将该标的物交还案外人。需要指出的是,执行标的物是上级人民法院裁定保全的财产时,需报经该上级人民法院批准。

2. 理由不成立的,裁定予以驳回。人民法院经审查认为,案外人异议理由不成立的,裁定予以驳回,继续执行。案外人虽然提出执行异议,但却没有提供必要的理由和证据,执行人员在进行必要的调查以后也没有收集到能证明执行异议成立的证据,在这种情况下,即应认为异议理由不成立,予以驳回。

3. 提请再审。在执行标的是生效法律文书指定交付的特定物的情形,人民法院经审查认为案外人的异议理由成立的,应当中止对该标的物的执行,并报请院长提起审判监督程序。在再审中,应通知案外人参加诉讼,案外人也有权申请参加诉讼。在审理过程中,人民法院应另行组成合议庭,对案件进行全面的审理,公正地作出裁判。若审理后,认为案外人的异议理由不能成立的,人民法院应当恢复执行程序,用书面通知驳回案外人的异议。反之,则变更裁判。

根据《执行规定》第 74 条的规定,对案外人提出的异议一时难以确定是否成立,案外人已提供确实有效的担保的,可以解除查封、扣押措施。申请执行人提供确实有效的担保的,可以继续执行。因提供担保而解除查封、扣押或继续执行有错误,给对方造成损失的,裁定以担保的财产予以赔偿。《最高人民法院关于适用〈中华人民共和国民事诉讼法〉执行程序若干问题的解释》第 16 条规定:"案外人异议审查期间,人民法院不得对执行标的进行处分。案外人向人民法院提供充分、有效的担保请求解除对异议标的的查封、扣押、冻结的,人民法院可以准许;申请执行人提供充分、有效的担保请求继续执行的,应当继续执行。因案外人提供担保解除查封、扣押、冻结有错误,致使该标的无法执行的,人民法院可以直接执行担保财产;申请执行人提供担保请求继续执行有错误,给对方造成损失的,应当予以赔偿。"

——江必新主编:《民事执行新制度理解与适用》,人民法院出版社 2010 年版,第 325 ~ 326 页。

编者说明

最高人民法院吸收了《关于人民法院执行工作若干问题的规定(试行)》(以下简称《执行规定》)的规定,在《2015 年解释》中增加了对案外人关于执行标的书面异议如何审查的规定。审查中应当注意:第一,区分案外人异议和执行异议。第二,在执行程序中对于"案外人异议"

的审查应坚持“形式化”原则,执行机构只是根据权属登记、占有等证据来认定权属,并作出应否予以执行的判断。而关于实体权属的最终判断,则需要通过随后执行异议之诉的实质审查予以解决。第三,注意与其他法条的衔接,如《2015 年解释》执行异议之诉部分的法条、《执行规定》部分的相关法条等。

1180

被执行人与案外人恶意串通通过仲裁程序规避执行的解决方案

关键词|仲裁裁决|案外人异议|规避执行|

【最高人民法院司法解释】

第四百七十九条 在执行中,被执行人通过仲裁程序将人民法院查封、扣押、冻结的财产确权或者分割给案外人的,不影响人民法院执行程序的进行。

案外人不服的,可以根据民事诉讼法第二百二十七条规定提出异议。

——《最高人民法院关于适用〈中华人民共和国民事诉讼法〉的解释》(2015 年 1 月 30 日,法释〔2015〕5 号)

【链接:最高人民法院法官著述】

调研过程中,对本条所涉及的问题提出了另一个解决方案:由执行法院告知申请执行人代位被执行人向有管辖权的人民法院申请撤销该仲裁裁决。根据我国仲裁法的规定,申请撤销仲裁裁决的主体只能是仲裁裁决的当事人,任何第三人都没有权利申请撤销仲裁裁决。但申请执行人可以通过行使代位权来代位被执行人申请撤销仲裁裁决。因债权人代位权的行使范围同时受到被代位的债务人的权利与债权人本身的债权的双重限制,只是债权人代替行使原本属于债务人的一项权利,对债务人与第三人影响较小,不妨碍交易秩序与交易安全。在仲裁当事人恶意串通将执行标的物确权给案外人的情况下,通过申请执行人行使代位权获得救济,不会改变我国现有法律框架,却能达到利益受损的第三人有途径寻求救济以及法院进行司法审查的目的,可以较好地平衡仲裁裁决的私人性质与法院的监督审查之间的关系。虽然此次司法解释修改时没有正式纳入,但这一方案有其不可替代的价值,实践中应当继续探索。

——沈德咏主编、最高人民法院修改后民事诉讼法贯彻实施工作领导小组编著:《最高人民法院民事诉讼法司法解释理解与适用》,人民法院出版社2015年版,第1273~1274页。

1181

案外人异议、异议之诉与执行异议的区别

关键词 | 案外人异议 | 异议之诉 | 执行异议 |

【最高人民法院司法解释】

第二十二条 申请执行人依照民事诉讼法第二百零四条规定提起诉讼的,由执行法院管辖。

第二十三条 人民法院依照民事诉讼法第二百零四条规定裁定对异议标的的中止执行后,申请执行人自裁定送达之日起十五日内未提起诉讼的,人民法院应当裁定解除已经采取的执行措施。

第二十四条 申请执行人依照民事诉讼法第二百零四条规定提起诉讼的,执行法院应当依照诉讼程序审理。经审理,理由不成立的,判决驳回其诉讼请求;理由成立的,根据申请执行人的诉讼请求作出相应的裁判。

——《最高人民法院关于适用〈中华人民共和国民事诉讼法〉执行程序若干问题的解释》(2008年11月3日,法释〔2008〕13号)

【最高人民法院答复】

天津市高级人民法院:

香港旭展有限公司向本院反映:天津市第二中级人民法院在执行该公司与山西省海外贸易公司购销生铁纠纷仲裁案时,驳回了案外人山西省粮油总公司、天津金良科工贸实业公司对财产保全裁定的异议,5个月后又受理了该案外人与所持异议主张相同的诉讼请求,此案现正由你院审理。对此,该公司认为:天津市第二中级人民法院停止执行和受理案外人诉讼,在程序上违法,损害了该公

司的合法权益，请求本院对此案予以审查并纠正错误。

本院经审查认为：天津市第二中级人民法院在执行生效仲裁裁决过程中，已依法驳回了案外人对该院财产保全裁定的异议，此后再受理此“异议之诉”并作出(1997)二中经一初字第74号民事判决，没有法律依据；且该院在其制作的法律文书仍发生法律效力的情况下，又用普通程序予以审理，与法相悖。为此，特通知你院：

一、依法撤销天津市第二中级人民法院(1997)二中经一初字第74号民事判决，驳回起诉。

二、监督天津市第二中级人民法院依法执行本案仲裁裁决书，妥善处理相关事宜，将执行结果报告本院。

——《最高人民法院关于处理案外人异议被驳回后又提起“异议之诉”问题的函》(1998年1月4日，〔1998〕经他字第1号)

广东省高级人民法院：

你院〔1993〕粤民终字第52号《关于审理上诉人深圳市装饰工程工业总公司与被上诉人深圳市金光企业股份有限公司、原审第三人沈阳军区驻深圳办事处房屋产权纠纷一案的请示》收悉。我院对此案曾有过明确意见。

经再次研究认为：在宁夏回族自治区高级人民法院审理的辽宁省国际信托投资公司和辽宁省对外经济发展公司诉深圳金光公司合作经营羊绒纠纷案件中，深圳装饰公司不是该案法律关系的当事人。在该案审理过程中，装饰公司也未申请参加诉讼或主张权利。宁夏回族自治区高级人民法院作出一审判决生效后，在执行过程中装饰公司主张被执行房产的产权，对此，在程序上应按照民事诉讼法第二百零八条以及我院关于适用民事诉讼法若干问题的意见第257条、第258条的规定，作为执行中的案外人提出异议来处理，而不应把已经作为生效判决执行标的的房屋产权又作为另一案件法律关系的标的。

因此，深圳市中级人民法院一审裁定驳回装饰公司的起诉是正确的，你院对本案应从程序上作出处理，维持一审裁定。请你院依照民事诉讼法有关审限等问题的规定，尽快审结此案，并将处理结果报告我院。

——《最高人民法院关于深圳市装饰工程工业总公司与深圳市金光企业股份有限公司、原审第三人沈阳军区驻深圳办事处房屋产权案的复函》(1994年8月31日)

【链接：最高人民法院法官著述】

民事诉讼法第204条规定的救济是基于对执行标的物享有实体权利而提出异议或诉讼，属于实体上的执行救济；而第202条规定的救济是对违反法律规定的执行行为提出异议，属于程序上的救济。二者主要存在以下区别：第一，目的不同。对执行行为提出异议的目的在于将违反法律规定的执行行为予以更正或撤销，以维护执行当事人或利害关系人程序上的利益；本条规定的救济制度的目的则在于最终从实体上排除对特定标的物的执行，以维护当事人或利害关系人的实体利益。第二，事由不同。对执行行为提出异议的事由系针对执行程序本身存在的违法问题；本条规定的执行救济的事由系案外人主张对特定标的物有所有权或其他足以排除强制执行的权利。第三，审查机构不同。对执行行为提出的异议涉及的是程序问题，由执行法院的执行机构审查处理；本条中的执行救济涉及实体争议，执行机构只能作初步审查，问题的最终解决需要由审判机构进行审理。第四，裁判的程序和形式不同。对执行行为提出异议后，在审查处理时不一定要进行文词辩论，执行机构可以直接作出裁定；本条规定的执行救济应依照通常诉讼程序进行审理，除不予受理、驳回起诉、对管辖有异议等事项使用裁定外，其他事项的处理应当作出判决。

应该说，两种救济途径的区分比较明显，在适用过程中一般不会出现问题。但在有些情况下，二者在适用过程中也会出现如何协调的问题。比如，依照《最高人民法院关于人民法院民事执行中查封、扣押、冻结财产的规定》第2条第1款的规定，人民法院可以查封、扣押、冻结被执行人占有的动产、登记在被执行人名下的不动产、特定动产及其他财产权。但某法院在对被执行人甲执行时，即扣押了案外人乙所有的一架钢琴，而且在扣押时该钢琴由案外人乙实际占有。法院扣押该钢琴显然违反了最高人民法院《查封规定》第2条的规定。那么，在这种情况下，乙应当如何寻求救济？是应当根据本法第202条的规定对法院的扣押行为提出异议，还是应当依照本条规定提出案外人异议？两种途径只能任选其一，还是可以并用？我们认为，在上例中，乙的合法权益因法院的执行受到侵害，显然应当属于本法第202条中所说的利害关系人，乙应当有权依照该条的规定提出异议。但乙在依照第202条规定提出异议时，其理由应当是法院的扣押行为本身违反法律规定，而不是自己对钢琴享有所有权。同时，乙作为案外人和钢琴的所有权人，也可以依照本条的规定提出案外人异议，在提出案外人异议时，其理由应当是对钢琴享有所有权，法院的执行侵害了其对该架钢琴享有的实体权利。

假设某法院在对被执行人甲执行时,扣押了甲依法占有的一架钢琴,该钢琴的真正所有权人实际上是乙。在这种情况下,乙依照本条规定提出案外人异议没有问题,值得探讨的是,乙能不能依照本法第 202 条提出异议。我们认为,本法第 202 条是一种程序上的救济,其针对的是执行法院违法实施的执行行为。在该例中,法院根据钢琴由被执行人甲占有这一外观将其作为甲的责任财产进行扣押,扣押行为本身并未违反强制执行法律和司法解释的规定,乙似乎不应以执行行为违法为由提出异议,而只能以对该架钢琴享有所有权为由依照本法第 202 的规定提出案外人异议。否则,执行救济制度将会过于复杂,实践中也难以有效防止滥用异议权等问题。

——最高人民法院民事诉讼法修改研究小组编著:《〈中华人民共和国民事诉讼法〉修改的理解与适用》,人民法院出版社 2007 年版,第 150 ~ 151 页。

1182

案外人主张不动产租赁权异议的审查标准

关键词 | 案外人异议 | 不动产租赁权 | 审查标准 |

【最高人民法院司法解释】

第三十一条 承租人请求在租赁期内阻止向受让人移交占有被执行的不动产,在人民法院查封之前已签订合法有效的书面租赁合同并占有使用该不动产的,人民法院应予支持。

承租人与被执行人恶意串通,以明显不合理的低价承租被执行的不动产或者伪造交付租金证据的,对其提出的阻止移交占有的请求,人民法院不予支持。

——《最高人民法院关于人民法院办理执行异议和复议案件若干问题的规定》(2015 年 5 月 5 日,法释〔2015〕10 号)

【最高人民法院答复】

山东省高级人民法院:

你院《关于被执行人擅自出租已查封的财产执行程序中人民法院排除执行妨害能否认定该合同无效或解除租赁合同的请示》收悉。经研究,答复如下:

在执行程序中被执行人擅自处分法院的查封物,包括本案中以出租的形式妨害查封效果的行为,执行法院有权以裁定形式直接予以处理。根据《最高人民法院关于人民法院民事执行中查封、扣押、冻结财产的规定》第26条,被执行人擅自处分查封物,与第三人签订的租赁合同,并不当然无效,只是不得对抗申请执行人。第三人依据租赁合同占有查封物的,人民法院可以解除其占有,但不应当在裁定中直接宣布租赁合同无效或解除租赁合同,而仅应指出租赁合同不能对抗申请执行人。

——《最高人民法院执行局关于山东省高级人民法院关于被执行人擅自出租已查封的财产执行程序中人民法院排除执行妨害能否认定该合同无效或者解除租赁合同的请示的函》(2009年12月22日,〔2009〕执他字第7号函)

【链接:最高人民法院法官著述】

对于租赁权成立在前、查封在后的情况,处理方法同上述执行程序中对于租赁权的一般处理原则。这里主要讨论在查封物上设立的租赁关系的处理问题,而该问题的核心又是查封的效力问题。关于查封的效力,理论上有绝对效力说与相对效力说两种主张。绝对效力说认为,查封是公法上的行为,查封后被执行人丧失对于查封物的处分权,其处分行为属于绝对无效与确定无效,对于任何人都不产生效力。相对效力说认为,查封仅使被执行人在查封目的之内丧失处分权,所以被执行人对查封物的处分,仅对执行债权人不产生效力,对于被执行人与第三人,仍属于有效;当债权人撤回申请或查封被撤销时,处分行为变为完全有效。一般认为,相对效力说既能实现查封的目的,又能兼顾查封后被执行人及第三人之利益,较为合理。《最高人民法院关于人民法院民事执行中查封、扣押、冻结财产的规定》(以下简称《查封规定》)第26条第1款规定:"被执行人就已经查封、扣押、冻结的财产所作的移转、设定权利负担或者其他有碍执行的行为,不得对抗申请执行人。"该规定没有否认处分行为的效力,同时又承认查封效力的优先性,被认为确立了查封的相对效力。山东省高级人民法院曾就查封物上租赁关系的处理问题请示最高人民法院,最高人民法院的答复要点为:根据《查封规定》第26条,被执行人与第三人签订的租赁合同,并不当然无效,只是不得对抗申请执行人。第三人依据租赁合同占有查封物的,人民法院可以解除其占有,但不应当在裁定中直接宣布租赁合同无效或解除租赁合同。该答复坚持了查封的相对效力，仅在危及查封目的的范围内，排除了租赁的效力，较好地兼顾了相关权利主体的利益，应该成为处理同类问题的基本思路。

——刘贵祥：《执行程序中租赁权的认定与处理》，载《人民法院报》2014年5月28日。

1183

案外人主张租赁权的执行异议被驳回后的救济途径

关键词 | 案外人异议 | 执行复议 | 异议之诉 |

【最高人民法院答复】

云南省高级人民法院：

云南齐宝酒店（以下简称齐宝酒店）不服你院（2006）云高执字第25－2号民事裁定向我院提起复议一案，我院已经审查完毕。经研究，提出如下处理意见：

本案中，齐宝酒店对执行标的物上享有租赁权的主张一旦被确认，按照我院《关于人民法院民事执行中拍卖、变卖财产的规定》第三十一条的规定，该租赁权负担应当由买受人承受，最终会导致执行法院无法将所拍卖房产向买受人交付占有。齐宝酒店所提起的异议从性质上应为实体异议。因此，齐宝酒店对于你院驳回其实体权利异议的裁定不服，根据《中华人民共和国民事诉讼法》第二百零四条之规定应当向执行法院提起异议之诉，或者按审判监督程序处理，而不能向我院提起复议。你院（2006）云高执字第25－2号民事裁定错误将齐宝酒店的实体异议视为程序异议，并根据《中华人民共和国民事诉讼法》第二百零二条之规定赋予其向我院提起复议的权利，属于适用法律错误。

综上，请你院自行撤销（2006）云高执字第25－2号民事裁定，对齐宝酒店的异议依法重新作出新的民事裁定。

——《最高人民法院执行局关于案外人主张租赁权的执行异议被驳回应依何种程序进行救济的函》（2008年12月26日，〔2008〕执复字第2号）

【链接：最高人民法院法官著述】

本案中，齐宝酒店对云南省高级人民法院主张在执行标的物上享有租赁权，该权利一旦被确认,由于按照最高人民法院拍卖、变卖司法解释第31条的规定,租赁权负担应当由拍定人承受,则必然导致执行法院无法向拍定人交付占有,齐宝酒店所提起的异议应为实体异议。齐宝酒店对于云南省高级人民法院驳回其实体权利异议的裁定不服,只能按照民事诉讼法第204条的规定向执行法院提起异议之诉。云南省高级人民法院在作出(2006)云高执字第25-2号民事裁定时,没有注意到当事人实体异议与程序异议的区别,本应依据民事诉讼法第204条的规定告知当事人通过提起第三人异议之诉来维护自己的合法权利,却错误依据民事诉讼法第202条有关程序异议的规定,告知当事人向上一级人民法院提起复议,该裁定属于适用法律不当,依法应予撤销。至于齐宝酒店的实体异议是否成立,因不属于上一级人民法院复议程序的判断范围,不予审查。

——范向阳:《解读〈最高人民法院执行局关于案外人主张租赁权的执行异议被驳回应依何种程序进行救济的函〉》,载《民事法律文件解读》(总第53辑),人民法院出版社2008年版,第50~51页。

1184

异议人未按照要求提交书面异议申请的处理

关键词|执行异议|执行复议|书面异议申请|

【最高人民法院司法解释】

第一条 异议人提出执行异议或者复议申请人申请复议,应当向人民法院提交申请书。申请书应当载明具体的异议或者复议请求、事实、理由等内容,并附下列材料:

(一)异议人或者复议申请人的身份证明;

(二)相关证据材料;

(三)送达地址和联系方式。

——《最高人民法院关于人民法院办理执行异议和复议案件若干问题的规定》(2015年5月5日,法释〔2015〕10号)

【链接：最高人民法院法官著述】

司法实践中，异议人并非完全按照《民事诉讼法》规定和人民法院要求提交书面异议申请。异议申请书的表现形式多种多样，有的申请书冠以“执行申诉书”的名称，有的以“情况反映”表达异议诉求，还有的以“执行监督申请书”或“再审申请书”为表现形式，实则属于向人民法院提出执行异议。另外，异议人的法律素养参差不齐，有的异议申请毫无条理，异议请求表达不清，或者没有法律依据，甚至从内容到形式都不能称之为法律文书。我国不具备执行异议、复议案件全部实行律师代理的条件，大量执行异议、复议案件都没有律师参与，执行异议、复议申请书并不都能符合法律、司法解释规定的形式要求。针对这种现状，实践中对于异议人提交的以“情况反映”“执行申诉书”等为名，实则向人民法院提出执行异议的书面申请，只要有明确的异议请求，执行法院应作为相关执行异议案件审查处理。异议人提交的书面申请所提异议请求不明确，无法审查处理的，执行法院可要求提出异议的申请人补正，明确其异议请求后，再行立案审查。对于表述形式不规范的书面申请，经审查申请书，能够基本掌握异议人的异议请求、所述事实及理由的，执行法院应当按照书面异议的基本含义进行审查，相关异议人可向执行法院补充、明确其异议请求。

——江必新、刘贵祥主编，最高人民法院执行局编著：《最高人民法院关于人民法院办理执行异议和复议案件若干问题规定理解与适用》，人民法院出版社 2015 年版，第 26 ~ 27 页。

1185

对于不予受理执行申请的裁定可以提出执行异议

关键词 | 裁定不予受理执行申请 | 执行异议 |

【最高人民法院司法解释】

第二条 异议人对不予受理或者驳回申请裁定不服的，可以自裁定送达之日起十日内向上一级人民法院申请复议。上一级人民法院审查后认为符合受理条件的,应当裁定撤销原裁定,指令执行法院立案或者对执行异议进行审查。

——《最高人民法院关于人民法院办理执行异议和复议案件若干问题的规定》(2015年5月5日,法释〔2015〕10号)

【链接:最高人民法院法官著述】

对于不予受理执行申请的裁定能否提出执行异议?依照《最高人民法院关于人民法院执行工作若干问题的规定(试行)》第18条的规定,人民法院受理执行案件应当符合一定条件,对不符合条件的执行申请,人民法院应当裁定不予受理。司法实践中,人民法院对执行申请裁定是否受理,直接决定着债权人的债权能否通过法院强制实现,对申请执行人的利益有决定性的影响,法律上应当赋予申请执行人相应的救济途径,这一点并不存在争议。但是,申请执行人能否依照《民事诉讼法》第225条的规定,向作出不予受理执行申请的法院提出执行行为异议,实践中却存在不同观点。对于不予受理执行申请固然应当像对起诉不予受理异议,允许提起上诉,但是鉴于《民事诉讼法》对不予受理可以上诉的内容规定在一审普通程序一章中,严格说来,很难在执行程序中适用,在这种情况下,将不予受理执行申请的裁定纳入《民事诉讼法》第225条的适用范围,符合为当事人提供充分救济途径的理念。本《规定》对执行行为的时点界定,也应适当予以拓宽,即对于执行开始和执行终结这两个法院所做的行为,都纳入执行行为的范围,赋予当事人提出异议的权利来实现对当事人合法权利更为全面的救济,就是为避免出现对不予受理执行申请裁定,债权人既不能提起上诉,也不能提出异议和复议,进而导致其实体权利的实现成为无根之木,无本之源。

同理,当事人对人民法院受理不当的执行申请同样有权提出执行异议。这是对实施执行的一些特殊行为的程序性救济,如果人民法院受理了依法不应受理的执行申请,将直接侵害债务人免予被强制执行的程序权利并可能给债务人的实体权益造成侵害,即导致债务人承担其依法不应承担的债务。为了保护债务人的合法权益,在执行法院受理了依法不应受理的执行申请后,被执行人有权提出执行异议,要求执行法院撤销已受理的执行案件。这与对不予受理裁定通过执行异议程序救济相比,在程序上是一致的、在逻辑上也是合理的。

——江必新、刘贵祥主编,最高人民法院执行局编著:《最高人民法院关于人民法院办理执行异议和复议案件若干问题规定理解与适用》,人民法院出版社2015年版,第41~43页。

1186
异议人对上一级法院对执行异议消极立案或消极审查未履行监督义务的救济途径

关键词｜执行异议｜消极立案｜消极审查｜

【最高人民法院司法解释】

第三条 执行法院收到执行异议后三日内既不立案又不作出不予受理裁定,或者受理后无正当理由超过法定期限不作出异议裁定的,异议人可以向上一级人民法院提出异议。上一级人民法院审查后认为理由成立的,应当指令执行法院在三日内立案或者在十五日内作出异议裁定。

——《最高人民法院关于人民法院办理执行异议和复议案件若干问题的规定》(2015 年 5 月 5 日,法释〔2015〕10 号)

【链接：最高人民法院法官著述】

异议人向上一级人民法院提出异议后,上一级法院未指令下级法院受理异议、通知异议人不符合受理条件或在法定期限内作出异议裁定的,异议人有何救济途径呢？根据《最高人民法院关于人民法院执行工作若干问题的规定(试行)》第 129 条的规定,上级人民法院依法监督下级人民法院的执行工作。最高人民法院依法监督地方各级人民法院和专门法院的执行工作。对于上级法院对异议人根据《规定》第 3 条向上一级法院提出的异议不予答复,或者直接作出不予受理的通知的,异议人可以根据上述规定,向再上一级法院提出申诉请求,直至向最高人民法院提出申诉请求。

——江必新、刘贵祥主编,最高人民法院执行局编著:《最高人民法院关于人民法院办理执行异议和复议案件若干问题规定理解与适用》,人民法院出版社 2015 年版,第 53 页。

1187
案外人对多项执行标的提出异议的申请期限的计算

关键词｜案外人异议｜提出执行异议期限｜

【最高人民法院司法解释】

第六条 当事人、利害关系人依照民事诉讼法第二百二十五条规定提出异议的,应当在执行程序终结之前提出,但对终结执行措施提出异议的除外。

案外人依照民事诉讼法第二百二十七条规定提出异议的,应当在异议指向的执行标的执行终结之前提出;执行标的由当事人受让的,应当在执行程序终结之前提出。

——《最高人民法院关于人民法院办理执行异议和复议案件若干问题的规定》(2015 年 5 月 5 日,法释〔2015〕10 号)

【链接:最高人民法院法官著述】

依照《规定》的精神,特定标的由当事人之外的买受人受让的,案外人异议应是在其提出异议的特定标的具体执行程序终结前提出,如果特定标的已执行完结,即使债权未全部实现,案件尚在执行过程中,案外人对该特定标的也不应再提出异议。如标的涉及多个,其中某个或多个标的已执行完结,即使尚有其他标的仍在执行过程中,案外人对已经执行完结的标的也不应再提出异议。如果多个标的的受让人均是由买受人受让的,则其提出异议的期限应当是整个执行程序终结前的。如果多个执行标的中,既有当事人之外的买受人受让的,又有当事人受让的情形,则案外人提出异议的期限,应当根据是否由买受人受让来区分案外人就特定标的提出异议的期限。

——江必新、刘贵祥主编,最高人民法院执行局编著:《最高人民法院关于人民法院办理执行异议和复议案件若干问题规定理解与适用》,人民法院出版社 2015 年版,第 92 ~ 93 页。

1188

执行异议竞合时的处理

关键词 | 执行异议竞合 |

【最高人民法院司法解释】

第八条 案外人基于实体权利既对执行标的提出排除执行异议又作为利害关系人提出执行行为异议的，人民法院应当依照民事诉讼法第二百二十七条规定进行审查。

案外人既基于实体权利对执行标的提出排除执行异议又作为利害关系人提出与实体权利无关的执行行为异议的，人民法院应当分别依照民事诉讼法第二百二十七条和第二百二十五条规定进行审查。

——《最高人民法院关于人民法院办理执行异议和复议案件若干问题的规定》(2015 年 5 月 5 日，法释〔2015〕10 号)

【链接：最高人民法院法官著述】

有的法院以尊重当事人选择权为由，对实践中本应按照《民事诉讼法》第 227 条审查的异议事项，按照第 225 条的规定进行审查，这种做法是错误的。需要说明，分辨当事人的异议属于何种性质并决定适用相应的程序属于法院的职责。因为，法院在相关的执行异议裁定中必须告知当事人是向上一级法院提起复议还是向本院提起案外人异议之诉进行救济，当事人并没有选择权。

——江必新、刘贵祥主编，最高人民法院执行局编著：《最高人民法院关于人民法院办理执行异议和复议案件若干问题规定理解与适用》，人民法院出版社 2015 年版，第 121 页。

1189

第三人承诺代被执行人偿还债务而被追加为被执行人又提出执行异议的审查规则

关键词 | 第三人代为执行 | 执行异议 | 追加被执行人 |

【最高人民法院司法解释】

第十八条 执行过程中,第三人因书面承诺自愿代被执行人偿还债务而被追加为被执行人后,无正当理由反悔并提出异议的,人民法院不予支持。

——《最高人民法院关于人民法院办理执行异议和复议案件若干问题的规定》(2015 年 5 月 5 日,法释〔2015〕10 号)

【链接:最高人民法院法官著述】

第三人自愿代被执行人偿还债务的,应当向人民法院提出,并经过人民法院审查认可。第三人向人民法院作出的债务履行承诺,具有公法上的效力,人民法院可据此实施相应的执行行为。只有符合上述条件的债务履行承诺,人民法院方可追加自愿作出承诺的第三人为被执行人。如果第三人仅向当事人承诺代被执行人履行债务,或者在当事人与第三人之间协议约定由第三人代为履行债务,未经人民法院见证或确认的,尚不具备直接追加被执行人的条件,可由当事人和第三人自行履行。人民法院在据此追加被执行人的过程中,应当注意审查核实第三人履行债务意思表示的真实性,其是否自愿接受强制执行,只有经人民法院审查确认后,才能裁定追加第三人为被执行人。至于第三人与被执行人之间,或者与申请执行人之间是否存在其他原因关系,则不属于执行程序的处理范围。

——江必新、刘贵祥主编,最高人民法院执行局编著:《最高人民法院关于人民法院办理执行异议和复议案件若干问题规定理解与适用》,人民法院出版社 2015 年版,第 232 ~233 页。

1190

被执行人主张抵销时对申请执行人认可债权的认定

关键词 | 抵销 | 申请执行人认可债权 |

【最高人民法院司法解释】

第十九条 当事人互负到期债务，被执行人请求抵销，请求抵销的债务符合下列情形的，除依照法律规定或者按照债务性质不得抵销的以外，人民法院应予支持：

（一）已经生效法律文书确定或者经申请执行人认可；

（二）与被执行人所负债务的标的物种类、品质相同。

——《最高人民法院关于人民法院办理执行异议和复议案件若干问题的规定》（2015 年 5 月 5 日，法释〔2015〕10 号）

【链接：最高人民法院法官著述】

实践中，被执行人主张抵销时，如自动债权尚未经生效法律文书确认，申请执行人大多会以债发生的原因行为无效、得撤销或者债的数额不确定等为由提出抗辩。一般而言，此时自动债权尚处于不确定状态，执行机构对于申请执行人的抗辩以及自动债权本身不进行实体审查，应直接认定申请执行人不认可债权，故不作抵销处理，裁定驳回被执行人主张抵销的异议，案件继续执行。但值得注意的是，若申请执行人对被执行人主张用于抵销的自债本身没有异议，仅以该自债权未经诉讼确认等理由，主张不能抵销执行债权的，执行机构应允许被执行人抵销。若申请执行人对被执行人主张用于抵销的自动债权部分有异议，对没有异议的部分可先为抵销，有异议的部分告知被执行人另行通过诉讼等相关程序予以确认。

——江必新、刘贵祥主编，最高人民法院执行局编著：《最高人民法院关于人民法院办理执行异议和复议案件若干问题规定理解与适用》，人民法院出版社 2015 年版，第 246 页。

1191

被执行人唯一住房与维持其本人及所扶养家属生活必需住房的区分

关键词｜唯一住房｜生活必需住房｜

【最高人民法院司法解释】

第二十条 金钱债权执行中,符合下列情形之一,被执行人以执行标的系本人及所扶养家属维持生活必需的居住房屋为由提出异议的,人民法院不予支持:

(一)对被执行人有扶养义务的人名下有其他能够维持生活必需的居住房屋的;

(二)执行依据生效后,被执行人为逃避债务转让其名下其他房屋的;

(三)申请执行人按照当地廉租住房保障面积标准为被执行人及所扶养家属提供居住房屋,或者同意参照当地房屋租赁市场平均租金标准从该房屋的变价款中扣除五至八年租金的。

执行依据确定被执行人交付居住的房屋,自执行通知送达之日起,已经给予三个月的宽限期,被执行人以该房屋系本人及所扶养家属维持生活的必需品为由提出异议的,人民法院不予支持。

——《最高人民法院关于人民法院办理执行异议和复议案件若干问题的规定》(2015年5月5日,法释〔2015〕10号)

【链接:最高人民法院法官著述】

被执行人的唯一住房和生活必需住房,在执行程序中是两个并不完全相同的概念。被执行人唯一住房,并非不能作为强制执行的标的物。即使对于被执行人及其所扶养家属维持生活必需的住房,在符合本条司法解释规定的条件下,也可以对生活必需的住房强制执行。换言之,被执行人唯一的住房和生活必需的住房,在符合法律、司法解释规定的条件下,均可以成为强制执行的标的。只是两者准许执行的标准和条件不同。被执行人及其所扶养家属生活必需的住房,在符合本条司法解释规定的条件下,可以执行。而被执行人的唯一住房,除了在符合本条司法解释规定条件下可以强制执行以外,在其他情况下,如果能够保障被执行人及其所扶养家属维持生活必需的居住条件,也可以采取相应的方式予以执行。例如,被执行人唯一住房的面积较大或者价值较高,超过被执行人及其所扶养家属生活必需,对于超过部分,可以根据《查封、扣押、冻押规定》第7条,采取"以小换大、以差换好、以远换近"等方式,在保障被执行人及其所扶养家属基本居住条件的前提下,对被执行人的唯一住房进行置换,将超过生活必需部分的房屋变价款用于清偿债务。被执行人、利害关系人据此提出执行异议的，人民法院不予支持。

——江必新、刘贵祥主编，最高人民法院执行局编著：《最高人民法院关于人民法院办理执行异议和复议案件若干问题规定理解与适用》，人民法院出版社 2015 年版，第 263 页。

1192

公证担保债权的强制执行效力及不予执行的标准

关键词 | 公证担保债权 | 强制执行效力 | 不予执行 |

【最高人民法院司法解释】

第二十二条 公证债权文书对主债务和担保债务同时赋予强制执行效力的，人民法院应予执行；仅对主债务赋予强制执行效力未涉及担保债务的，对担保债务的执行申请不予受理；仅对担保债务赋予强制执行效力未涉及主债务的，对主债务的执行申请不予受理。

人民法院受理担保债务的执行申请后，被执行人仅以担保合同不属于赋予强制执行效力的公证债权文书范围为由申请不予执行的，不予支持。

——《最高人民法院关于人民法院办理执行异议和复议案件若干问题的规定》（2015 年 5 月 5 日，法释〔2015〕10 号）

【链接：最高人民法院法官著述】

司法解释对可以赋予强制执行效力的债权文书范围没有限制，仅明确了主债权和担保债权均可被赋予强制执行效力的原则。一般实践中，依法成立的借款合同、保证合同、抵押合同、质押合同等均可由公证机关作出赋予强制执行效力的公证债权文书。但应特别注意的是，《担保法》第 17 条第 2 款规定：一般保证的保证人在主合同纠纷未经审判或仲裁，并就债务人财产依法强制执行仍不能履行债务前，对债权人可以拒绝承担保证责任。在此情况下，直接赋予担保债务强制执行效力就与一般保证人的先诉抗辩权产生冲突。因此，公证担保债权为一般保证时,其强制执行效力的取得,不但要具备保证人同意接受强制执行的书面同意,还必须有保证人书面放弃其享有的先诉抗辩权。保证人没有书面放弃先诉抗辩权的,公证债权文书则不能赋予其强制执行效力。至于留置、定金两种担保方式较为特殊:根据留置权的定义与特征,留置物为债权人直接占用,不涉及强制执行,而且留置权的行使一般不会事先约定,极少出现留置合同申请公证的情形。定金则通常出现在典型的当事人双方均存在对等给付义务的双务合同中,因此对于定金担保,其主合同一般来说就不符合具有强制执行效力的公证债权文书债权债务关系明确且有给付内容无疑义的要求,一般不可被公证债权文书赋予强制执行的效力。

——江必新、刘贵祥主编,最高人民法院执行局编著:《最高人民法院关于人民法院办理执行异议和复议案件若干问题规定理解与适用》,人民法院出版社 2015 年版,第 304～305 页。

1193

案外人排除执行的实体权利与申请执行人优先受偿权产生冲突时的处理

关键词 | 案外人异议 | 优先受偿权 |

【最高人民法院司法解释】

第二十七条 申请执行人对执行标的依法享有对抗案外人的担保物权等优先受偿权,人民法院对案外人提出的排除执行异议不予支持,但法律、司法解释另有规定的除外。

——《最高人民法院关于人民法院办理执行异议和复议案件若干问题的规定》(2015 年 5 月 5 日,法释〔2015〕10 号)

【链接:最高人民法院法官著述】

执行依据未明确认定申请执行人的债权对执行标的优先受偿的处理:

申请执行人对执行标的是否享有优先受偿权,应当根据权利的性质和法律、司法解释的规定认定，执行依据如果确认债权成立，即使没有在主文中明确表明其优先受偿的顺位，人民法院在执行程序中如确属办案需要，也应依法认定该权利是否具有优先受偿的属性。执行依据没有对债权优先受偿问题明确表态的原因有多种。有的情况是债权本身已经丧失优先受偿的条件；有的情况是不需要对优先受偿问题作专门说明；等等。如果执行依据对申请执行人不具备优先受偿权的问题已作认定或阐述理由，执行程序不得再认定申请执行人享有优先受偿权。如果执行依据对债权是否优先受偿并未提及，则需根据案件具体情况分析。优先受偿权如果成立，其优先顺位系法律规定所赋予，在执行中若不予保护，有违法律、司法解释规定。而且，有的优先受偿权受法律、司法解释规定条件的限制，并非在任何情况下都行使。这就需要人民法院根据相关规定，判断优先受偿权行使的条件是否成立。执行依据没有明确表明债权优先受偿的，并不意味着申请执行人就此丧失对执行标的的优先受偿权。执行法院应当结合执行依据的裁判内容，区分情况，根据法律、司法解释的规定，判断申请执行人对执行标的的优先受偿权是否成立。经审查，申请执行人对执行标的依法享有优先受偿权的，执行法院应予认定。

——江必新、刘贵祥主编，最高人民法院执行局编著：《最高人民法院关于人民法院办理执行异议和复议案件若干问题规定理解与适用》，人民法院出版社2015年版，第410～411页。

1194

执行案件车辆登记单位与实际出资购买人不一致的处理

关键词｜车辆所有权｜名义所有人｜真实权利人｜

【最高人民法院答复】

上海市高级人民法院：

你院沪高法〔1999〕321号《关于执行案件车辆登记单位与实际出资购买人不一致应如何处理的请示》收悉。经研究，答复如下：

本案被执行人即登记名义人上海福久快餐有限公司对其名下的三辆机动车并不主张所有权；其与第三人上海人工半岛建设发展有限公司签订的协议书与

承诺书意思表示真实,并无转移财产之嫌;且第三人出具的购买该三辆车的财务凭证、银行账册明细表、缴纳养路费和税费的凭证,证明第三人为实际出资人,独自对该三辆机动车享有占有、使用、收益和处分权。因此,对本案的三辆机动车不应确定登记名义人为车主,而应当依据公平、等价有偿原则,确定归第三人所有。故请你院监督执行法院对该三辆机动车予以解封。

——《最高人民法院关于执行案件中车辆登记单位与实际出资购买人不一致应如何处理问题的复函》(2000 年 11 月 21 日,〔2000〕执他字第 25 号)

1195

执行回转的程序和范围

关键词 | 执行回转 |

【最高人民法院司法解释】

109. 在执行中或执行完毕后,据以执行的法律文书被人民法院或其他有关机关撤销或变更的,原执行机构应当依照民事诉讼法第二百一十条的规定,依当事人申请或依职权,按照新的生效法律文书,作出执行回转的裁定,责令原申请执行人返还已取得的财产及其孳息。拒不返还的,强制执行。

执行回转应重新立案,适用执行程序的有关规定。

110. 执行回转时,已执行的标的物系特定物的,应当退还原物。不能退还原物的,可以折价抵偿。

——《最高人民法院关于人民法院执行工作若干问题的规定(试行)》(1998 年 7 月 8 日,法释〔1998〕15 号)

【最高人民法院答复】

湖南省高级人民法院:

你院〔2002〕湘高法执函字第 16 号《关于石油工业出版社申请执行回转一案有关问题的请示报告》收悉。经研究,答复如下:

同意你院对本案的第一种处理意见，即不应将深圳凯利集团公司（以下简称凯利公司）列为本执行回转案的被执行人。理由如下：

一、按照《民事诉讼法》第214条和《关于人民法院执行工作若干问题的规定（试行）》第109条规定，“原申请执行人”，是指原执行案件中的申请执行人，才能作为执行回转案中的被执行人。在本案中，原申请执行人是湖南利达国际贸易长沙物资公司（以下简称利达公司），凯利公司并非该案的当事人，故将凯利公司列为执行回转案中的被执行人没有事实和法律依据。

二、凯利公司取得的248万元，是在利达公司对其欠债的情况下，依据长沙市中级人民法院（1997）长中经初字第124号民事调解书，通过执行程序取得的，而且不论利达公司与北京城市合作银行和平里支行、石油工业出版社纠纷案是否按撤诉处理，均不能否定凯利公司对利达公司的债权。

三、利达公司在长沙市中级人民法院（1997）长中经初字第124号民事调解书中，明确表示其将用从石油工业出版社执行回的款项清偿其对凯利公司的债务。

四、利达公司与凯利公司的债权债务关系同石油工业出版社与利达公司的债权债务关系是两种不同的法律关系，不能混淆，单独处理前者的债权债务并无不妥。

——《最高人民法院执行工作办公室关于石油工业出版社申请执行回转一案的复函》（2002年9月12日，〔2002〕执监字第103－1号）

【链接：最高人民法院法官著述】

1. 根据民事诉讼法第214条和《关于人民法院执行工作若干问题的规定（试行）》第109条规定，“原申请执行人”，是指原执行案件中的申请执行人，才能作为执行回转案中的被执行人。在本案中，原申请执行人是利达公司，而凯利公司并非该案的当事人，故将凯利公司列为执行回转案中的被执行人没有事实和法律依据。且湖南省高级人民法院对本案的第二种意见中，对《关于人民法院执行工作若干问题的规定（试行）》第109条规定中的“原申请执行人”不应作机械的理解，而应适当地扩大解释的范围。我院认为其他法院或部门对最高法院的司法解释在作扩大解释。

2. 凯利公司获得的248万元是基于利达公司对其欠债的情况下，依据长沙中院（1997）长中法初字第124号民事调解书而取得的。同时，该笔248万元款项，是利达公司在诉和平里支行、出版社一案中收回本息后，偿还了其所欠凯利公司的债务。从以上的事实和法律关系中,凯利公司取得248万元款项程序合法。而执行法院在本案中,将凯利公司作为被执行人既无事实根据也无法律依据。

3. 利达公司在长沙市中级人民法院(1997)长中经初字第124号民事调解书中,明确表示其将用从石油出版社执行的款项清偿其对凯利公司的债务。而且,利达公司与凯利公司的债权债务关系同石油出版社与利达公司的债权债务关系是两种不同的法律关系,不能混淆,单独处理前者的债权债务并无不妥。

——裴莹硕:《石油工业出版社申请执行回转案》,载最高人民法院执行工作办公室编:《强制执行指导与参考》(总第5辑),法律出版社2003年版,第212~213页。

本案中,执行回转的标的物是债权人买受的电站还是分配的执行款?

问题:人民法院在执行债权人李某某与债务人江西某水电公司财产清算组确认股权纠纷一案时,依法对水电公司所有的水电站进行了拍卖,李某某竞得该财产,在扣除其债权及利息1462730元后,支付了全部价金。该电站过户到李某某名下。后该股权纠纷案的执行依据被撤销,江西某水电公司清算组申请执行回转。但对何种财产进行回转有两种不同的意见:一种意见认为应当对李某某分得的债权及利息1462730元回转;另一种意见认为应当对水电站进行回转。请问,哪种意见正确?

《执行工作指导》研究组认为:原执行依据被撤销后,执行回转的对象只能是原债权人按照原执行依据所取得的利益。本案中,李某某依据原执行依据取得的利益就是1462730元债权及利息。至于李某某所有的水电站,由于是其在法院的拍卖程序中以竞买人身份竞得的财产,除非拍卖程序本身因违法而被撤销,否则为了维护司法拍卖的公信力,不得因执行依据被撤销而对拍卖标的物进行回转。

——江必新主编、最高人民法院执行工作办公室编:《执行工作指导》(总第28辑),人民法院出版社2009年版,第197页。

1196

作为执行依据的其他法律文书被撤销的,法院无义务依职权主动执行回转

关键词 | 执行回转 | 执行依据被撤销 |

【最高人民法院司法解释】

第四百七十六条 法律规定由人民法院执行的其他法律文书执行完毕后，该法律文书被有关机关或者组织依法撤销的，经当事人申请，适用民事诉讼法第二百三十三条规定。

——《最高人民法院关于适用〈中华人民共和国民事诉讼法〉的解释》(2015年1月30日，法释〔2015〕5号)

【链接：最高人民法院法官著述】

对其他生效法律文书的执行回转，应由当事人，一般而言是被执行人提出回转的申请，人民法院没有义务依职权主动执行回转。主要原因是法院裁判以外的生效法律文书，执行法院一般而言，不可能主动知晓，执行回转应由当事人提出申请为宜。

——沈德咏主编、最高人民法院修改后民事诉讼法贯彻实施工作领导小组编著：《最高人民法院民事诉讼法司法解释理解与适用》，人民法院出版社2015年版，第1265页。

1197

执行回转的债权在破产程序中可以优先受偿

关键词 | 执行回转 | 破产财产 | 优先受偿权 |

【最高人民法院答复】

天津市高级人民法院：

你院《关于执行回转案件的申请执行人在被执行人破产案件中能否得到优先受偿保护的请示》收悉。经研究，答复如下：

人民法院因原错误判决撤销而进行执行回转，申请执行人在被执行人破产案件中能否得到优先受偿保护的问题，目前我国法律尚无明确规定。我们认为，因原错误判决而被执行的财产,并非因当事人的自主交易而转移。因此,不应当将当事人请求执行回转的权利作为普通债权对待。在执行回转案件被执行人破产的情况下,可以比照取回权制度,对执行回转案件申请执行人的权利予以优先保护,认定应当执行回转部分的财产数额,不属于破产财产。因此,审理破产案件的法院应当将该部分财产交由执行法院继续执行。

——《最高人民法院执行工作办公室〔2005〕执他字第27号函》(2006年12月14日)

【链接:最高人民法院法官著述】

1. 首先应当肯定,在价值判断方面,执行回转的权利应当得到优先保护。执行回转作为再审制度的辅助手段,应当保护真正权利人的合法利益。如果当事人有能力执行回转而不予执行回转,势必造成再审公正价值的落空,使再审判决成为一张空头支票("再审白条")。由此将导致再审制度的功能丧失殆尽,加剧社会对司法不公的抱怨。

2. 不宜简单地将执行回转债权视为是一般不当得利债权。可以从执行回转所针对的财产角度,讨论其与破产财产的关系。应当执行回转的财产,是一种特殊的财产,有必要区别于破产债务人的一般财产。这种财产是通过法院错误判决而强制执行的,是因公权错误而使其暂时处于非真正权利人掌控之下的一种特殊的财产,不以原债务人(现债权人)的自由意志为转移,与当事人之间通过自主交易行为而转移资金,有本质不同。如不将该财产区别于破产财产,则执行回转债权人因错误司法判决而被强制执行的财产,将作为其他债权人分配的基础,对回转债权人严重不公。

3. 认定应当执行回转的财产不属于破产财产,解释上也有一定的可行性。法律和司法解释中没有提到执行回转与破产财产处理上的关系问题,只能说是法律上的遗漏,并不能说是根本上否定执行回转优先得到保护。《最高人民法院关于审理企业破产案件若干问题的规定》第71条列举的不属于破产财产的财产,不应理解为是对该类财产的全部范围的规定,应不排斥实践中依法认定其他不属于破产财产范围的财产。这在起草者的有关著作中已经得到肯定。从取回权的角度看,破产取回权中涉及的财产一般都是有物的形态或者来源于有体物(如因原物毁损灭失而形成的代偿性取回权),但也承认以金钱形态存在的取回权,如信托财产、股民保证金等。理论上说,破产债务人持有这类财产构成一种的信托占有（借鉴英美法上的概念），其实质上的权利应属于执行回转债权人。如此比照，可将应当执行回转的财产（即使是金钱）认定为不属于破产财产，申请执行回转的权利人有取回权。

——黄金龙：《关于执行回转的债权在程序中能否优先受偿问题请示案》，载最高人民法院执行工作办公室编：《执行工作指导》（总第21辑），人民法院出版社2007年版，第58～59页。

编者说明

天津市高级人民法院向最高人民法院报送《关于执行回转案件的申请执行人在被执行人破产案件中能否得到优先受偿保护的请示》。该请示所涉及的情况及问题是：天津二中院依据该院及高院的二审判决，已经对原被执行人执行1186万元，划给原申请执行人。后该案经最高人民法院提审，推翻了原生效判决。据此原被执行人申请执行回转。但在回转执行过程中，现被执行人（原申请执行人）被宣告破产。需要解决的问题是：现申请执行人能否从破产财产中就其执行回转的债权优先受偿。申请执行人认为，执行回转程序不能因破产程序而中止；原被执行财产不能作为破产财产；申请执行人应当优先受偿。最高人民法院执行办公室认为，因错误判决而被执行的财产，并非因当事人的自主交易而转移。为此，不应当将当事人请求执行回转的权利作为普通债权对待。在执行回转案件被执行人破产的情况下，可以取回权制度，对执行回转案件申请执行人的权利予以优先保护，认定应当执行回转部分的财产，不属于破产财产。

1198

原生效法律文书被撤销后，执行裁定不需撤销

关键词｜执行依据被撤销｜执行裁定｜执行回转｜

【最高人民法院答复】

辽宁省高级人民法院：

你院《关于本溪钢铁（集团）有限责任公司申请执行无锡梁溪冷轧薄板有限公司一案的疑难请示报告》收悉。经研究，答复如下：

一、关于再审判决生效后，本溪市中级人民法院已给付裁定的抵债标的额在没有超出再审判决所确认标的额的情况下，是否需要依据再审判决重新进行评

估的问题。

本院认为,执行裁定发生法律效力后,并不因据以执行的法律文书的撤销而撤销。如果新的执行依据改变了原执行内容,需要执行回转的,则人民法院作出执行回转的裁定;如已执行的标的额没有超出新的执行依据所确定的标的额,则人民法院应继续执行。本案中,本溪市中级人民法院已给付裁定的抵债标的额没有超出再审判决所确认标的额,因此,是否需要重新评估,关键看执行程序是否合法。如果执行程序合法,则维持原执行裁定的效力,继续执行,否则应予纠正,重新评估。

二、关于被执行人无锡梁溪冷轧薄板有限公司(以下简称梁溪公司)的投资权益未经当事人同意直接抵债是否合法的问题。

本院认为,本案不存在以物抵债的问题。韩国联合钢铁工业株式会社(以下简称韩方)只是作为合资他方,收购了被执行人梁溪公司的股权,其并不是债权人。本溪市中级人民法院处理梁溪公司在无锡长江薄板有限公司、无锡太平洋镀锌板有限公司各占有的25%股份时,考虑到韩方在两公司分别占有75%的股份,根据《最高人民法院关于人民法院执行工作若干问题的规定(试行)》第五十四条第二款以及第五十五条第二款的规定,同意韩方以评估价格收购上述股权,由于当时的法律和司法解释,均未明确在拍卖过程中保护优先购买权,因此本溪市中级人民法院未经拍卖,在韩方同意收购梁溪公司股权的情况下,直接以评估价格将上述股权转给韩方并不违法。

此外,请你院对中国航天科工集团公司、被执行人梁溪公司反映的评估报告中存在的问题,尤其是对程序方法及价格过低的问题认真进行核查,如反映属实,可考虑重新拍卖,同时依据《最高人民法院关于人民法院民事执行中拍卖、变卖财产的规定》第十四条、第十六条的规定保护韩方作为合资他方的优先购买权。

——《最高人民法院执行工作办公室关于再审判决作出后如何处理原执行裁定的答复函》(2006年3月13日,〔2005〕执他字第25号)

【链接:最高人民法院法官著述】

1.关于辽宁省高级人民法院再审判决生效后,本溪市中级人民法院已给付裁定的抵债标的额在没有超出再审判决所确认标的额的情况下,是否应撤销原执行裁定,重新评估执行的问题。

我们认为，原生效法律文书被撤销后，原执行裁定并不当然一并撤销。执行裁定发生法律效力后，并不因据以执行的法律文书的撤销而撤销。如果新的执行依据改变了原执行内容，需要执行回转的，则人民法院作出执行回转的裁定；如已执行的标的额没有超出新的执行依据所确定的标的额，则人民法院应继续执行。本案中，本溪市中级人民法院已给付裁定的抵债标的额没有超出再审判决所确认标的额，因此，是否需重新评估，关键是看执行程序是否合法。如果执行程序合法，则维持原执行裁定的效力，继续执行。否则应予纠正，重新评估。

2. 关于被执行人梁溪公司的投资权益未经当事人同意直接抵债是否合法的问题。

我们认为，此问题本身不准确。因为本案不存在以物抵债的问题，韩方只是作为合资他方，收购了梁溪公司的股权，其并不是债权人。本案探讨的应是本溪市中级人民法院未将被执行人的股权拍卖，直接将股权让韩方收购是否正确的问题。我们认为，本案处理的梁溪公司在无锡长江薄板有限公司、无锡太平洋镀锌板有限公司分别占有 25% 的股份，由于韩方在两公司分别占有 75% 的股份。因此，在处理梁溪公司 25% 的股份时，应保护韩方的优先购买权。因为《最高人民法院关于人民法院执行工作若干问题的规定（试行）》并未像当前《关于人民法院民事执行中拍卖、变卖财产的规定》明确如何在拍卖过程中保护优先购买权。根据《关于人民法院执行工作若干问题的规定（试行）》第五十四条第二款规定：对被执行人在有限责任公司中被冻结的投资权益或股权，人民法院可以依据《公司法》第三十五条、第三十六条的规定，征得全体股东过半数同意后，予以拍卖、变卖或以其他方式转让，不同意转让的股东，应当购买该转让的投资权益或股权，不购买的，视为同意转让，不影响执行。从该条可以看出，股东购买应是在强制执行之前。因此，本溪市中级人民法院未经拍卖，同意韩方收购股权符合该条的规定。为保护韩方的优先购买权同意其收购股权，不能完全等同于法院将被执行人的财产变卖他人，适用未经拍卖或征求当事人双方同意不得变卖的原则。因此，本溪市中级人民法院未经拍卖，在韩方同意收购梁溪公司股权的情况下，直接以评估价格转给韩方并不违法。

由于本案采取不经拍卖，将股权以评估价格抵给合资他方韩方的方式，如果评估报告存在问题，评估方法和程序不当，评估价格过低，就会损害被执行人梁溪公司的权益。因此，应对此问题认真核查，如确实存在上述问题，应重新评估拍卖，同时依据《最高人民法院关于人民法院民事执行中拍卖、变卖财产的规定》第十四条、第十六条的规定保护韩方作为合资他方的优先购买权。

——刘涛:《关于再审判决作出后如何处理原执行裁定的请示案》,载最高人民法院执行工作办公室编:《执行工作指导》(总第18辑),人民法院出版社2006年版,第79~80页。

原生效法律文书被撤销后,执行裁定是否也要相应撤销?

问题:有这样一个案件,甲诉乙损害赔偿纠纷,人民法院判决乙向甲赔偿损失100万元,判决生效进入执行程序后,人民法院执行了50万元。后因乙提起再审,人民法院在再审判决中撤销了原判决并判令乙向甲赔偿损失75万元。现乙以原判决已经被撤销为理由要求撤销原执行裁定并对已经执行的50万元恢复原状。请问:乙的请求能否得到支持?

《执行工作指导》研究组认为:除执行程序本身存在违法情形外,人民法院在执行程序中为执行生效判决所作出的生效裁定并不因执行依据的撤销而撤销。至于已经执行完毕的执行依据被再审程序撤销,则牵涉到人民法院是否需要作出执行回转裁定从而对已经执行的标的物进行回转的问题。就本案而言,如果人民法院的执行程序合法,虽然原执行依据被撤销,但是因为新的执行依据所确定的赔偿额仍然超过已经执行的标的额,不需执行回转,并且还要对没有执行的差额部分继续执行。因此,乙的请求不能得到支持。

——最高人民法院执行工作办公室编:《执行工作指导》(总第17辑),人民法院出版社2006年版,第272页。

1199

执行回转不能对案外人强制执行

关键词 | 执行回转 | 强制执行 | 案外人 |

【最高人民法院答复】

广东省高级人民法院:

你院粤高法〔1993〕1号请示收悉。经研究,答复如下:

台山市人民法院对台山县大成公司与中国人民解放军53514部队招待所购销摩托车合同纠纷一案的判决执行完毕后，发现原判决确有错误，被依法撤销。根据《民事诉讼法》第二百一十四条之规定，大成公司理应将其依据错误判决所取得的财产返还。但在此期间该公司已将其所取得的财产大部分偿还了银行的贷款，且已无财产可供执行回转。台山市法院以（1992）台法监督裁字第2号民事裁定让中国农业银行台山市支行将1987年10月已收回大成公司的逾期贷款50余万元返还，缺乏法律依据。鉴于大成公司与银行之间的借贷还贷行为属于另一个法律关系，银行依据借贷合同向大成公司收回贷款不属不当得利，故不能据此对银行强制执行。

又：台山县机械厂展销门市部与台山县大成公司究竟有无债权债务转移、转贷关系？为什么他们之间会有移交物资清单？大成公司究竟是不是合格的原告？台山市人民法院（1987）台法经字第32号民事判决是否确有错误？本案与广州中院审理的开平潭江贸易中心诉53514部队购销摩托车合同纠纷是什么关系？请你院再予以核查。

——《最高人民法院经济庭关于广东省台山县大成公司与中国人民解放军五三五一四部队招待所购销合同纠纷案件执行回转问题的函》（1993年2月22日，法经〔1993〕24号）

1200

原执行裁定被撤销后不应对案外人合法取得的财产进行回转

关键词｜执行回转｜案外人｜善意取得｜

【最高人民法院司法解释】

109. 在执行中或执行完毕后，据以执行的法律文书被人民法院或其他有关机关撤销或变更的，原执行机构应当依照民事诉讼法第二百一十条的规定，依当事人申请或依职权，按照新的生效法律文书，作出执行回转的裁定，责令原申请执行人返还已取得的财产及其孳息。拒不返还的，强制执行。

执行回转应重新立案，适用执行程序的有关规定。

110. 执行回转时，已执行的标的物系特定物的，应当退还原物。不能退还原物的，可以折价抵偿。

——《最高人民法院关于人民法院执行工作若干问题的规定（试行）》（1998 年 7 月 8 日，法释〔1998〕15 号）

【最高人民法院答复】

辽宁省高级人民法院：

你院《关于申请执行人中国工商银行铁岭市清河支行西丰分理处与被执行人西丰县百货公司第三商店借款合同纠纷一案的请示报告》收悉。经研究，答复如下：

依据我院《关于人民法院执行工作若干问题的规定（试行）》第 109 条、第 110 条的规定，如果涉案执行财产已经被第三人合法取得，执行回转时应当由原申请执行人折价抵偿。至于涉案执行财产的原所有人是否申请国家赔偿，可告知其自行按照国家有关法律规定办理。

——《最高人民法院执行工作办公室〔2007〕执他字第 2 号函》（2007 年 9 月 10 日）

【链接：最高人民法院法官著述】

本案的关键问题是，在原执行裁定被撤销后，如何在保护原所有权人对物的所有权和社会的交易安全之间进行取舍的问题。应当说在此问题上原民事诉讼法第二百一十四条和《执行规定》第一百零九条的规定是不一致的。原民事诉讼法第二百一十四条的规定是责令取得财产人的返还，并没有区分债权人和案外人的不同，也就是不管原执行标的物在何人手中，一律都要回转。这实际上反映了当时的立法者还是停留在保护静态的安全——所有者的所有权这一价值层面上。而《执行规定》第一百零九条，则强调执行回转只能从原申请执行人手中回转，已经侧重于对案外人取得财产权的保护。《执行规定》反映了随着社会经济的发展，大家逐渐认识到，与静态的安全相比，动态的安全更重要。因为，没有交易安全，社会资源便无法流转，而没有社会资源的流转，社会的进步便无从谈起。当然，这样进行取舍，并非就不保护原所有权人的利益，只是原所有权人对原物享有的占有、使用、支配的权利将不再保护，但是可以通过其他程序从价值上寻求赔偿。

所以，我们的观点是，因为执行行为违法被撤销而进行的执行回转，如果原申请执行人通过该执行行为取得的财产已被案外第三人合法取得，则不应该对案外人合法取得的财产进行回转。因为，在涉案财产已经被申请执行人合法取得的情况下，申请执行人作为所有权人自然享有对该财产进行占有、使用、收益、处分的权利，案外第三人与申请执行人进行交易，属于合法的财产交易行为，在依法取得涉案财产的所有权后，其作为合法所有权人应当得到保护。如果第三人所取得的所有权因为原执行行为被撤销，就要被追夺其依法取得的财产，那么任何人都不敢再购买经法院执行程序处置的财产，最终将严重危害交易安全。这对第三人来说也是无法预料到的风险，让交易当事人承担无法预料的交易风险，从制度设计上是不公平的。这里需要指出的是，辽宁高院对案外人赵恒春的利益进行保护的理论基点乃是赵恒春系善意取得。这种认识实际上是错误的，因为，按照民法理论，善意取得是指无处分权人擅自处分他人之物，法律对依赖处分人有处分权的善意买受人进行特殊保护的制度，法学理论通说认为善意取得制度一般只适用于动产。而本案中，铁岭工行已经通过法院的执行取得了涉案房产的所有权并且办理了过户手续，拥有合法的处分权利。赵恒春与之进行交易是正常的民事交易，不存在善意还是恶意的问题，也就是说在正常的民事交易中没有区分其主观心理态度的必要。

综上，本案只能按照《执行规定》第一百零九条的规定从原申请执行人处回转，由于涉案房屋已被案外人赵恒春合法取得所有权，可以由原申请执行人铁岭市工商银行进行折价赔偿，如不能赔偿则按照国家赔偿程序处理。

——范向阳：《原执行裁定被撤销后能否对第三人从债权人处买受的财产进行回转的请示案》，载最高人民法院执行工作办公室编：《执行工作指导》（总第23辑），人民法院出版社2008年版，第54～55页。

1201

冻结、划拨瑕疵的司法救济

关键词｜冻结｜划拨｜

【最高人民法院司法政策】

各省、自治区、直辖市高级人民法院、人民检察院、公安厅（局）；军事法院、军事检察院：

为了加强执法监督，必要时及时纠正地方人民法院、人民检察院、公安机关

关于冻结、扣划有关单位在银行、非银行金融机构存款的错误决定,特通知如下:

一、最高人民法院、最高人民检察院、公安部发现地方各级人民法院、人民检察院、公安机关冻结、解冻、扣划有关单位在银行、非银行金融机构存款有错误时,上级人民法院、人民检察院、公安机关发现下级人民法院、人民检察院、公安机关冻结、解冻、扣划有关单位在银行、非银行金融机构存款有错误时,可以依照法定程序作出决定或者裁定,送达本系统地方各级或下级有关法院、检察院、公安机关限期纠正。有关法院、检察院、公安机关应当立即执行。

二、有关法院、检察院、公安机关认为上级机关的决定或者裁定有错误的,可在收到该决定或者裁定之日起 5 日以内向作出决定或裁定的人民法院、人民检察院、公安机关请求复议。最高人民法院、最高人民检察院、公安部或上级人民法院、人民检察院、公安机关经审查,认为请求复议的理由不能成立,依法有权直接向有关银行发出法律文书,纠正各自的下级机关所作的错误决定,并通知原作出决定的机关;有关银行、非银行金融机构接到此项法律文书后,应当立即办理,不得延误,不必征得原作出决定机关的同意。

——《最高人民法院关于对冻结、扣划企业事业单位、机关团体在银行、非银行金融机构存款的执法活动加强监督的通知》(1996 年 8 月 13 日,法〔1996〕83 号)

【链接:最高人民法院法官著述】

1. 执行异议。依《民事诉讼法》第 202 条规定,当事人、利害关系人认为执行行为违反法律规定的,可以向负责执行的人民法院提出书面异议。当事人、利害关系人提出书面异议的,人民法院应当自收到书面异议之日起 15 日内审查,理由成立的,裁定撤销或者改正;理由不成立的,裁定驳回。当事人、利害关系人对裁定不服的,可以自裁定送达之日起 10 日内向上一级人民法院申请复议。

2. 案外人异议之诉。依《民事诉讼法》第 204 条规定,执行过程中,案外人对执行标的提出书面异议的,人民法院应当自收到书面异议之日起 15 日内审查,理由成立的,裁定中止对该标的的执行;理由不成立的,裁定驳回。案外人、当事人对裁定不服,认为原判决、裁定错误的,依照审判监督程序办理;与原判决、裁定无关的,可以自裁定送达之日起 15 日内向人民法院提起诉讼。

3. 上级法院监督,即由上级法院直接出面纠正下级法院冻结、划拨的错误。依据《最高人民法院、最高人民检察院、公安部关于对冻结、扣划企业事业单位、机关团体在银行、非银行金融机构存款的执法活动加强监督的通知》精神，最高人民法院发现地方各级人民法院、上级人民法院发现下级人民法院冻结、划拨存款有错误，有权进行监督，并有权予以纠正。

(1)内部限期纠正。上级法院发现下级法院冻结、划拨存款确有错误的，通常都先行内部限期纠正，即上级法院依法定程序作出决定或裁定，确定合理时间，限期下级纠正，并将决定或裁定及时送达下级法院，被限期纠正的下级法院应当立即执行。

(2)提起复议。下级法院接到决定或裁定后，认为上级法院的决定或裁定有错误的，可以在收到裁定之日起 5 日内向作出决定或裁定的法院提起复议。在复议期间，上级法院的决定或裁定应当不停止执行，对错误的冻结应当先行解决，对错误的划拨措施应当停止实施，已经划拨而未交付申请人的不得交付给申请人。

(3)直接下达法律文书通知金融机构纠正。作出决定或裁定的上级法院经审查，认为请求复议的理由不能成立，下级法院又不自动纠正，不必征得下级法院的同意，依法有权直接向有关金融机构发出法律文书，并通知有关金融机构和下级法院，有关金融机构接到法律文书后，应当立即办理，不得延误。

——江必新主编：《民事执行新制度理解与适用》，人民法院出版社2010 年版，第 352 页。

1202

执行检察监督不宜采用抗诉方式

关键词 | 检察监督 | 抗诉 | 检察建议 |

【最高人民法院答复】

广东省高级人民法院：

你院粤高法〔1995〕37 号《关于人民法院在执行程序中作出的裁定检察院是否有权抗诉的请示》收悉。经研究，答复如下：

根据《民事诉讼法》的有关规定，人民法院为了保证已发生法律效力的判决、裁定或者其他法律文书的执行而在执行程序中作出的裁定，不属于抗诉的范围。因此,人民检察院针对人民法院在执行程序中作出的查封财产裁定提出抗诉,于法无据,人民法院不予受理。

——《最高人民法院关于对执行程序中的裁定的抗诉不予受理的批复》(1995 年 8 月 10 日,法复〔1995〕5 号)

【链接:最高人民法院法官著述】

关于检察机关可否对执行程序中的裁定提出抗诉的问题,检察机关和法院在认识上和实践中产生了很大的分歧。检察机关认为抗诉监督的范围应包括民事诉讼的全过程和适用法律确有错误的全部裁定,因此对执行中的裁定能够以抗诉的方式进行监督。而法院则认为检察机关可以提出抗诉的裁判仅限于法院在审判程序中作出的某些裁判,不包括在执行中作出的裁定。最高人民法院 1995 年发布了《关于对执行程序中的裁定的抗诉不予受理的批复》,人民法院不受理检察机关对执行裁定的抗诉。对于检察机关是否有必要就民事执行裁定提出抗诉,学界有不同意见。赞成者认为,对执行裁定的抗诉,针对的是执行过程中的枉法裁判、枉法执行以及损害国家利益、公共利益的行为,目的是制止和纠正违法执行行为,不能因为单纯强调执行效率而否定。反对者认为,对执行裁定的抗诉,会因再审程序的启动而使执行程序过度复杂,增加执行成本,降低执行效率,损害当事人的利益。我们认为,《民事诉讼法》这次修改,以立法形式建立了执行检察监督制度,使检察院对执行活动实施法律监督有了法律依据。但就监督方式而言,立法并没有作出规定。《民事执行监督通知》第 3 条也规定,人民检察院对符合本通知第 2 条规定情形的民事执行活动,应当经检察委员会决定并通过提出书面检察建议的方式对同级或者下级人民法院的民事执行活动实施法律监督,也未规定检察机关可以就执行活动提起抗诉。

如果允许检察机关可以就执行活动提起抗诉,是否执行程序中法院作出的所有裁定都适宜采用抗诉的监督方式呢?对此理论界和实务界有不同的认识。有人主张只要是执行中生效的裁定检察机关都可以提出抗诉。有人认为,执行中生效的裁定分为终局性的裁定和非终局性的裁定,其中终局性裁定是对当事人权益有直接和决定性影响的裁定,而非终局性裁定大多仅涉及程序上的问题,抗诉的对象应仅限于终局性的执行裁定,对于非终局性的执行裁定以检察建议监督的方式为宜。也有人认为,执行裁判进一步细分为对执行公权异议的裁判和对私权纠纷的裁判,其中对公权异议的裁判是对执行人员在实施执行行为过程中其行为本身是否合法和正当的裁判，是执行程序上的救济；而对私权纠纷的裁判是对执行中涉及的实体权利纠纷的裁判，对私权纠纷的裁判可以提出抗诉，而对公权异议的裁判应当采取检察建议的方式监督。

对于人民法院的民事审判活动，检察监督的方式是通过抗诉引起再审程序。对于人民法院的民事执行行为，我们认为，不宜用抗诉方式进行监督。民事执行活动包括执行裁决行为和执行实施行为两种，执行裁决行为是人民法院在执行过程中对当事人权利义务关系争执的解决，在本质上属于审判活动。执行实施行为不属于审判活动，具有行政属性。2012 年《民事诉讼法》第 235 条规定，检察机关有权对人民法院的执行活动进行监督。但我们理解，这种监督并不是检察机关取代法院而行使执行职能来纠正违法的执行行为，而是通过采取一定的监督措施，为法院发现并纠正错误提供一种渠道。根据现行法律的规定，抗诉的后果是人民法院启动再审程序对案件进行再审。但是，民事执行检察监督并非一定要引起再审程序，而是督促人民法院重新审查或者重新采取执行行为，纠正执行错误。人民检察院对民事执行进行监督，并不是要将自己的意志强加给执行机构，不是要干涉执行机构独立行使民事执行权，而是向执行机构指出并要求纠正违反程序法和实体法有关规定的行为，确保公正执行，维护社会正义。因此，对执行实施行为进行监督，不宜采用抗诉方式，而采用检察建议方式比较妥当。

——最高人民法院民事诉讼法修改研究小组编著：《〈中华人民共和国民事诉讼法〉修改条文理解与适用》，人民法院出版社 2012 年版，第 532 ~ 533 页。

1203

查询被执行人银行账户只能通过联合通知规定的省高院向省人行查询

关键词 | 查询银行账户 |

【链接：最高人民法院法官著述】

问题：最高人民法院与中国人民银行联合下发《关于人民法院查询和人民银行协助查询被执行人人民币银行结算账户开户银行名称的联合通知》之后，

各地对此理解不一,部分观点认为查询被执行人银行账户只能通过联合通知规定的省高院向省人行查询这一种方式,影响了查询效率,增加了查询反馈时间。这种理解是否正确?

主要观点:由高级人民法院集中向省级人民银行分支机构进行查询,是在最高人民法院、中国人民银行联合下发的法发〔2000〕21 号文件所规定的查询方式的基础上新增加的一种查询方式,是对原有的人民法院向商业银行及其他银行业金融机构进行查询的一个有益补充,而不是将该查询方式作为原规定的查询方式的前置程序,更不是以该查询方式替代原规定的查询方式。目的是为了更全面地查询被执行人在全国范围内的开户情况,穷尽对其银行账户的查找措施。一些商业银行理解为原来规定的查询方式不再适用并拒绝协助查询是不当的。

最高人民法院鼓励与商业银行等银行业金融机构的"点对点"查询,逐步加大力度建设网络执行查控机制,拓宽渠道,创新执行方式方法,以此来解决人民法院查控被执行人账户时间过长、成本过高的问题。

主要理由:最高人民法院与中国人民银行联合下发的《关于人民法院查询和人民银行协助查询被执行人人民币银行结算账户开户银行名称的联合通知》是对查询方式的增加,并非替代。商业银行及其他银行业金融机构协助人民法院查询、冻结、扣划被执行人财产等事宜,不以人民银行集中查询为前置程序,继续适用《最高人民法院、中国人民银行关于依法规范人民法院执行和金融机构协助执行的通知》(法发〔2000〕21 号)的规定。

银行账户查询反馈时间过长的情况,在部分地区确实存在。最高人民法院正在加大力度推动"点对点"网络执行查控机制建设,拓宽渠道,创新执行方式方法,与协助执行单位建立网络化执行查控模式。2012 年 10 月 25 日,最高人民法院面向全国各级法院召开了"点对点"网络执行查控机制建设经验交流电视电话会议,对部分法院探索建立的"点对点"网络执行查控机制建设情况进行总结,推广经验,并对机制建设提出具体要求。会上,中政委、人民银行、银监会、工商银行等相关单位的领导对这项工作表示了大力支持。2012 年 12 月 5 日至 7 日,最高人民法院执行局与中国银行业协会共同召开了人民法院与银行业金融机构执行合作研讨会,相关人民法院和商业银行代表参会,深入沟通、交流,进一步推动人民法院与商业银行之间的"点对点"网络执行查控机制建设。2013 年 1 月,最高人民法院执行局与中国工商银行的双向信息共享项目取得阶段性成果,形成《最高人民法院执行局、中国工商银行关于推广执行查控机制的备忘录》及《最高人民法院执行局、中国工商银行建立失信被执行人共享机制备忘录》,上述文件是

"点对点"网络执行查控机制建设的又一重大实践，也是推动失信被执行人信息与社会征信系统共享对接的重要步骤。同时，最高人民法院准备通过出台相关文件、制定司法解释等方式，进一步明确网络化查控方式的效力，简化执行查控措施的相关手续，突破执行案件质效瓶颈，缩短查控时间，降低执行成本。

——高执研：《执行疑难问题问答（二）》，载最高人民法院执行局编：《执行工作指导》（总第46辑），人民法院出版社2013年版，第49页。

1204

不得对被执行人在银行工资专户上的存款进行扣划

关键词 | 银行工资专户存款 |

【链接：最高人民法院法官著述】

问题：某法院在执行一起案件中，查明被执行人某乡政府在工商银行工资专户上有存款5万余元。对此款可否扣划存在两种不同的意见。第一种意见认为可以扣划，因为此款在未发给乡政府干部之前，仍属于乡政府的自有资金，法院可以扣划；第二种意见认为不可以扣划，因为此款是财政部门发给乡政府机关干部的工资款，只能专款专用，如果人民法院扣划了，就损害了乡政府机关干部职工的利益。

《人民司法》研究组认为：不宜执行该乡政府工资专户账上的存款，来函中的第二种意见基本正确。依照我国有关法律规定，企业、事业、机关、团体单位只能在一个银行建立工资专户，凡属工资总额组成的支出，不论现金或转账，均应通过开户银行，从工资基金专用账户中列支。行政机关的工资属于国家计划内拨款项目，在下发到个人之前，其所有权属于国家，不属于个人所在的机关。对该账户上的存款，除因法律规定的特殊情况，人民法院不应作为被执行人的财产予以执行。

——《人民司法》2002年第1期

1205

查询、冻结、划拨存款应当注意的问题

关键词 | 存款 | 执行程序 |

【最高人民法院司法政策】

中国人民银行各省、自治区、直辖市分行，计划单列市分行；中国工商银行，中国农业银行，中国银行，中国建设银行、交通银行；各省、自治区、直辖市高级人民法院、人民检察院、公安厅（局）；军事法院、军事检察院：

为维护社会经济秩序，保证司法部门严格执法，保障有关当事人的合法权益，根据国家有关法律、法规的规定，现就人民法院、人民检察院、公安机关在办理案件中需要通过银行查询、冻结、扣划企事业单位、机关、团体银行存款的问题通知如下：

一、关于查询单位存款、查阅有关资料的问题

人民法院因审理或执行案件，人民检察院、公安机关因查处经济违法犯罪案件，需要向银行查询企事业单位、机关、团体与案件有关的银行存款或查阅有关的会计凭证、账簿等资料时，银行应积极配合。查询人必须出示本人工作证或执行公务证和出具县级（含）以上人民法院、人民检察院、公安局签发的“协助查询存款通知书”，由银行行长或其他负责人（包括城市分理处、农村营业所和城乡信用社主任。下同）签字后并指定银行有关业务部门凭此提供情况和资料，并派专人接待。查询人对原件不得借走，需要的资料可以抄录、复制或照相，并经银行盖章。人民法院、人民检察院、公安机关对银行提供的情况和资料，应当依法保守秘密。

二、关于冻结单位存款的问题

人民法院因审理或执行案件，人民检察院、公安机关因查处经济犯罪案件，需要冻结企事业单位、机关、团体与案件直接有关的一定数额的银行存款，必须出具县级（含）以上人民法院、人民检察院、公安局签发的“协助冻结存款通知书”及本人工作证或执行公务证，经银行行长（主任）签字后，银行应当立即凭此并按照应冻结资金的性质，冻结当日被冻结单位银行账户上的同额存款（只能原账户冻结，不能转户）。如遇被冻结单位银行账户的存款不足冻结数额时，银行应在六个月的冻结期内冻结该单位银行账户可以冻结的存款，直至达到需要

冻结的数额。

银行在受理冻结单位存款时,应审查“协助冻结存款通知书”填写的被冻结单位开户银行名称、户名和账号、大小写金额,发现不符的,应说明原因,退回“通知书”。

被冻结的款项在冻结期限内如需解冻,应以作出冻结决定的人民法院、人民检察院、公安机关签发的“解除冻结存款通知书”为凭,银行不得自行解冻。

冻结单位存款的期限不超过六个月。有特殊原因需要延长的,人民法院、人民检察院、公安机关应当在冻结期满前办理继续冻结手续。每次续冻期限最长不超过六个月。逾期不办理继续冻结手续的,视为自动撤销冻结。

人民法院、人民检察院、公安机关冻结单位银行存款发生失误,应及时予以纠正,并向被冻结银行存款的单位作出解释。

被冻结的款项,不属于赃款的,冻结期间应计付利息,在扣划时其利息应付给债权单位;属于赃款的,冻结期间不计付利息,如冻结有误,解除冻结时应补计冻结期间利息。

三、关于扣划单位存款的问题

人民法院审理或执行案件,人民检察院、公安机关对查处的经济犯罪案件作出免于起诉、不予起诉、撤销案件和结案处理的决定,在执行时,需要银行协助扣划企业事业单位、机关、团体的银行存款,必须出具县级(含)以上人民法院、人民检察院、公安局签发的“协助扣划存款通知书”(附人民法院发生法律效力的判决书、裁定书、调解书、支付令、制裁决定的副本或行政机关的行政处罚决定书副本,人民检察院的免予起诉决定书、不起诉决定书、撤销案件决定书的副本,公安机关的处理决定书、刑事案件立案报告表的副本)及本人工作证或执行公务证,银行应当凭此立即扣划单位有关存款。

银行受理扣划单位存款时,应审查“协助扣划存款通知书”填写的被执行单位的开户银行名称、户名和账号、大小写金额,如发现不符,或缺少应附的法律文书副本,以及法律文书副本有关内容与“通知书”的内容不符,应说明原因,退回“通知书”和所附的法律文书副本。

为使银行扣划单位存款得以顺利进行,人民法院、人民检察院、公安机关在需要银行协助扣划单位存款时,应向银行全面了解被执行单位的支付能力,银行应如实提供情况。人民法院、人民检察院、公安机关在充分掌握情况之后,实事求是地确定应予执行的期限,对于立即执行确有困难的,可以确定缓期或分期执行。在确定的执行期限内,被执行单位没有正当理由逾期不执行的,银行在接到

"协助扣划存款通知书"后,只要被执行单位银行账户有款可付,应当立即扣划,不得延误。当日无款或不足扣划的,银行应及时通知人民法院、人民检察院、公安机关,待单位账上有款时,尽快予以扣划。

扣划的款项,属于归还银行贷款的,应直接划给贷款银行,用于归还贷款;属于给付债权单位的款项,应直接划给债权单位;属于给付多个债权单位的款项,需要从多处扣划被转移的款项待结案归还或给付的,可暂扣划至办案单位在银行开立的机关团体一般存款科目赃款暂收户或代扣款户(不计付利息)。待追缴工作结束后,依法分割返还或给付;属于上缴国家的款项,应直接扣划上缴国库。

四、关于异地查询、冻结、扣划的问题

作出查询、冻结、扣划决定的人民法院、人民检察院、公安机关与协助执行的银行不在同一辖区的,可以直接到协助执行的银行办理查询、冻结、扣划单位存款,不受辖区范围的限制。

五、关于冻结、扣划军队、武警部队存款的问题

军队、武警部队一类保密单位开设的"特种预算存款"、"特种其他存款"和连队账户的存款,原则上不采取冻结或扣划等项诉讼保全措施。但军队、武警部队的其余存款可以冻结和扣划。

六、关于冻结、扣划专业银行、其他银行和非银行金融机构在人民银行存款的问题

人民法院因审理经济纠纷案件或经济犯罪案件,人民检察院、公安机关因查处经济违法犯罪案件,需要执行专业银行、其他银行和非银行金融机构在人民银行的款项,应通知被执行的银行和非银行金融机构自动履行。

七、关于冻结、扣划单位存款遇有问题的处理原则

两家以上的人民法院、人民检察院、公安机关对同一存款冻结、扣划时,银行应根据最先收取的协助执行通知书办理冻结和扣划。在协助执行时,如对具体执行哪一个机关的冻结、扣划通知有争议,由争议的机关协商解决或者由其上级机关决定。

八、关于各单位的协调与配合

人民法院、人民检察院、公安机关、银行要依法行使职权和履行协助义务、积极配合。遇有问题或人民法院、人民检察院、公安机关与协助执行的银行意见不一致时,不应拘留银行人员,而应提请双方的上级部门共同协商解决。银行人员违反有关法律规定,无故拒绝协助执行、擅自转移或解冻已冻结的存款,为当事人通风报信、协助其转移、隐匿财产的,应依法承担责任。

以上各项规定，请认真贯彻执行。

过去的规定与本文有抵触的，以本规定为准。

——《中国人民银行、最高人民法院、最高人民检察院、公安部关于查询、冻结、扣划企业事业单位、机关、团体银行存款的通知》(1993年12月11日，银发〔1993〕356号）

【链接：最高人民法院法官著述】

人民法院执行案件需要向金融机构冻结、划拨企业事业单位、机关、团体银行存款，必须注意以下有关问题：

1. 人民法院决定冻结、划拨存款，应当作出裁定，并提供有关文书要求协助执行。冻结、划拨存款是直接执行被执行人财产的强制措施，应当依照《民事诉讼法》第218条第2款的规定，作出裁定书。冻结、划拨存款裁定书是要求有关单位协助执行的法律依据，因而要送达协助执行单位，执行法官到金融机构要求协助执行在送达裁定书的同时，还必须出示本人工作证或执行公务证，提供县级或县级以上人民法院出具的“协助冻结存款通知书”或“协助扣划存款通知书”，以及据以执行的法律文书(查询例外)。提供上述手续，经银行行长或城市分理处、农村营业所、城乡信用社主任签字后，办理有关冻结、扣划事项。金融机构在受理冻结、扣划被执行人存款时，要审查“协助冻结存款通知书”“协助扣划存款通知书”填写的被执行单位的开户银行名称、户名和账号、大小写金额，发现不符，或者手续不齐等，说明原因，退回通知书和所附的法律文书副本。

2. 执行法官提供的手续经金融机构审查符合规定的，金融机构应当及时办理冻结、扣划有关事项。冻结存款的，金融机构应当按照协助冻结存款通知书的要求，冻结当日被执行人银行账户上的同额存款。如遇被冻结单位银行账户的当日存款不足冻结数额时，金融机构应在6个月的冻结期内冻结进入该单位银行账户的存款，直至达到需要冻结的数额。冻结期限不得超过6个月，有特殊原因需要延长的，人民法院应当在冻结期满前办理继续冻结的手续，每次冻结期限最长不得超过6个月，逾期不办理冻结手续的视为自动撤销冻结。如需解冻，必须以作出冻结决定的民事强制执行机构签发的“解除冻结存款通知书”为凭，金融机构和其他任何单位或个人都不得擅自解冻。在冻结期间，金融机构应当对任何人拒付已被冻结的存款。

划拨存款的，人民法院在划拨前，一般要经查询，向金融机构全面了解被执行人支付能力，要实事求是地确定执行期限。对于立即执行确有困难的，可以缓期或分期执行。被执行人逾期没有正当理由仍不执行的，金融机构在接到"协助扣划存款通知书"后，只要被执行人银行账户有款可付，应当立即扣划，不得拒绝、延误，当日无款或不足扣划的，金融机构应当及时通知人民法院，待单位账上有款时，尽快予以扣划。被扣划的款项，属于给付申请执行单位的，直接划给申请执行单位，申请人无银行账户的，可划至人民法院账户，再转交申请人；属于上缴国库的，直接扣划上缴国库；属于给付多个申请人，需要从多处扣划，待结案归还或给付的，可暂扣划至人民法院银行账户，待处理。

3. 冻结和划拨不得超出被执行人应当履行义务的范围。"协助冻结通知书"和"协助扣划通知书"上的冻结、扣划数额与裁定书上确定的数额相同。在执行实践中要注意，作出冻结、划拨裁定时，应当将被执行人应当承担的执行费、诉讼费、迟延履行利息或迟延履行金及其他法定费用一并计算在内，一起冻结、扣划。

4. 作出查询、冻结、划拨决定的人民法院与协助执行的金融机构不在同一辖区的，可以直接到有义务协助执行的金融机构办理查询、冻结、扣划事项，不受辖区范围限制，也不需当地人民法院出具手续。

5. 两家以上的人民法院对同一存款，不得重复冻结。金融机构根据最先收到的协助执行通知书已经办理冻结的，后来的任何单位，包括其他人民法院也要求冻结同笔存款的，金融机构应当作出说明，并不予受理。如果金融机构在执行哪一家人民法院的冻结、扣划通知有争议时，由有争议的人民法院或者由其共同上级人民法院决定。被执行人的存款已被某一人民法院冻结，被执行人无其他财产可供执行，且已冻结的存款不足清偿债务人所有债务的，其他法院虽然不得重复冻结，但可以按照《民事诉讼法》和《执行规定》的有关规定要求参与分配。

6. 银行的协调和配合。人民法院与协助执行的银行意见不一致时，不应拘留银行人员，而应提请双方的上级部门共同协商解决。银行人员违反有关法律规定，无故拒绝协助执行、擅自转移或解决已冻结的存款，为当事人通风报信、协助其转移、隐匿财产的，应依法承担责任。

——江必新主编：《民事执行新制度理解与适用》，人民法院出版社2010年版，第349～351页。

1206

对冻结、扣划被执行人存款的执法活动的监督

关键词 | 存款 |

【最高人民法院司法政策】

各省、自治区、直辖市高级人民法院、人民检察院、公安厅(局);军事法院、军事检察院:

为了加强执法监督,必要时及时纠正地方人民法院、人民检察院、公安机关关于冻结、扣划有关单位在银行、非银行金融机构存款的错误决定,特通知如下:

一、最高人民法院、最高人民检察院、公安部发现地方各级人民法院、人民检察院、公安机关冻结、解冻、扣划有关单位在银行、非银行金融机构存款有错误时,上级人民法院、人民检察院、公安机关发现下级人民法院、人民检察院、公安机关冻结、解冻、扣划有关单位在银行、非银行金融机构存款有错误时,可以依照法定程序作出决定或者裁定,送达本系统地方各级或下级有关法院、检察院、公安机关限期纠正。有关法院、检察院、公安机关应当立即执行。

二、有关法院、检察院、公安机关认为上级机关的决定或者裁定有错误的,可在收到该决定或者裁定之日起 5 日以内向作出决定或裁定的人民法院、人民检察院、公安机关请求复议。最高人民法院、最高人民检察院、公安部或上级人民法院、人民检察院、公安机关经审查,认为请求复议的理由不能成立,依法有权直接向有关银行发出法律文书,纠正各自的下级机关所作的错误决定,并通知原作出决定的机关;有关银行、非银行金融机构接到此项法律文书后,应当立即办理,不得延误,不必征得原作出决定机关的同意。

——《最高人民法院、最高人民检察院、公安部关于对冻结、扣划企业事业单位、机关团体在银行、非银行金融机构存款的执法活动加强监督的通知》(1996 年 8 月 13 日,法〔1996〕83 号)

1207

可以冻结、划拨军队单位的“特种企业存款”

关键词 | 特种企业存款 |

【最高人民法院答复】

河北省高级人民法院，江苏省高级人民法院：

〔87〕冀法请字第5号关于军队单位作为经济纠纷案件的当事人可否对其银行账户上的存款采取诉讼保全的请示和苏法经〔1987〕51号关于军队费用能否强行划拨偿还债务的请示均已收悉。经研究，现答复如下：

一、最高人民法院和中国人民银行《关于查询、冻结和扣划企事业单位、机关、团体的银行存款的通知》，同样适用于军队系统的企事业单位。

二、按照中国人民银行、中国工商银行、中国农业银行、中国人民解放军总后勤部〔1985〕财字第110号通知印发的《军队单位在银行开设账户和存款的管理办法》中"军队工厂（矿）、农场、马场、军人服务部、省军区以上单位实行企业经营的招待所（含经总部、军区、军兵种批准实行企业经营的军以下单位招待所）和企业的上级财务主管部门等单位，开设"特种企业存款，有息存款"的规定，军队从事生产经营活动应当以此账户结算。因此，在经济纠纷诉讼中，人民法院根据对方当事人申请或者依职权有权对军队的"特种企业存款"账户的存款采取诉讼保全措施，并可依照《民事诉讼法（试行）》第一百七十九条的规定，对该账户的存款采取执行措施。

三、人民法院在审理经济纠纷案件过程中，如果发现军队机关或所属单位以不准用于从事经营性业务往来结算的账户从事经营性业务往来结算和经营性借贷或者担保等违反国家政策、法律的，人民法院有权依法对其账户动用的资金采取诉讼保全措施和执行措施。军队一方当事人的上级领导机关，应当协助人民法院共同查清其账户的情况，依法予以冻结或者扣划。

——《最高人民法院关于军队单位作为经济纠纷案件的当事人可否对其银行账户上的存款采取诉讼保全和军队费用能否强行划拨偿还债务问题的批复》[1990年10月9日，法（经）复〔1990〕15号]

1208

信用合作社作为被执行人时的责任财产范围

关键词｜信用合作社｜责任财产｜执行标的｜

【最高人民法院答复】

广东省高级人民法院：

你院粤法执请字〔1990〕7号和〔1991〕1号请示收悉。经研究，答复如下：

农村信用合作社是集体所有制的合作金融组织，是自主经营、独立核算、自负盈亏的集体企业法人。依照民法通则第四十八条之规定，集体所有制企业法人以企业所有的财产承担民事责任。因此，在信用合作社作为被执行人时，责任财产的范围只限于属于企业所有的财产。不属于其所有的财产（如企业、公民个人在信用社的存款）不得作为执行标的。

另：将中国农业银行《关于“信用社作为被执行人时哪些财产可供执行”及有关问题的函》（复印件）转去，供参考。该行对你院粤法经上字（1989）第139号民事判决所提的问题，请你院认真复查，并告结果。

——《最高人民法院关于信用合作社责任财产范围问题的答复》（1991年6月17日，法经〔1991〕67号）

1209

不可强制执行行政单位财政性资金

关键词｜强制执行｜财政性资金｜

【最高人民法院答复】

甘肃省高级人民法院：

你院甘高法〔1999〕07号《关于能否强制执行金昌市东区管委会有关财产的请示》收悉。经研究，答复如下：

我们认为，预算内资金和预算外资金均属国家财政性资金，其用途国家有严格规定，不能用来承担连带经济责任。金昌市东区管委会属行政性单位，人民法院在执行涉及行政性单位承担连带责任的生效法律文书时，只能用该行政单位财政资金以外的自有资金清偿债务。为了保证行政单位正常地履行职能，不得对行政单位的办公用房、车辆等其他办公必需品采取执行措施。

——《最高人民法院执行工作办公室对甘肃高院〈关于能否强制执行金昌市东区管委会有关财产的请示〉的复函》(2001 年 4 月 19 日,〔2001〕执他字第 10 号)

河南省高级人民法院:

你院关于如何执行西平县人民政府财产的请示报告收悉。经研究,答复如下:

根据国务院《关于加强预算外资金管理的通知》和财政部有关预算外资金管理的文件规定,地方财政的预算外资金属于地方财政部门按国家规定管理的各项附加收入,应主要用于社会公益,由地方财政部门统一管理,专项安排,专项使用。法院根据生效的判决依法执行时,不能划拨该项资金,应划拨县政府机关的预算外资金。至于本案西平县人民政府是否应当与西平县城乡建设环境保护局共同承担连带责任问题,也应慎重研究,请再酌。

——《最高人民法院关于河南省西华县艾岗粮管所申请执行河南省西平县人民政府、西平县城乡建设环境保护局一案如何执行问题的复函》(1993 年 3 月 9 日,〔93〕经他 3 号)

1210

不得冻结和扣划国防科研经费

关键词 | 国防科研经费 |

【最高人民法院答复】

辽宁省高级人民法院:

哈尔滨工程大学向我院反映,抚顺市中级人民法院在执行该院(1994)抚经初字第 115 号民事判决书(被执行人为哈尔滨工程大学)过程中,将该被执行人在中国工商银行哈尔滨市大直支行××××××××××—××账户上的国防科研经费冻结 210 万元,扣划 110 万元。

经查,哈尔滨工程大学是承担国家国防科技预研重点项目和国防科技重点实验室建设项目的单位。根据中国工商银行、国防科工委《关于办理国防科研试制费委托拨款工作有关问题的通知》的规定，该校在中国工商银行哈尔滨市大直支行××××××××××—××账户的存款，应属国防科工委拨付给其为完成上述项目的国家预算内拨款，不能挪作他用。请你院尽快核实，如抚顺市中级人民法院冻结和扣划的款项确属上述性质，应立即解除冻结，停止扣划，以确保国防科研重点项目工作的正常进行。

——《最高人民法院执行工作办公室给辽宁省高级人民法院的复函》（法经〔1995〕118号）

1211

对金融机构存款的冻结、划拨

关键词 | 存款 | 商业银行 |

【最高人民法院司法解释】

34. 被执行人为金融机构的，对其交存在人民银行的存款准备金和备付金不得冻结和扣划，但对其在本机构、其他金融机构的存款，及其在人民银行的其他存款可以冻结、划拨，并可对被执行人的其他财产采取执行措施，但不得查封其营业场所。

——《最高人民法院关于人民法院执行工作若干问题的规定（试行）》（1998年7月8日，法释〔1998〕15号）

【最高人民法院答复】

中国人民银行条法司、中国农业银行：

我庭接到黑龙江省高级法院黑法执字〔1991〕88号《关于松花江地区中院和双城市法院在云南省昆明市执行受阻的请示报告》，反映黑龙江省双城市农村粮油购销总站诉昆明市西山区养殖场购销合同拖欠货款纠纷一案，经双城市法院和松花江地区中院两审终审，判决由昆明市农行西山区支行承担给付双城市农村粮油购销总站的货款及利息的担保责任。判决书生效后，被执行人未自动履行义务，双城市法院到昆明市执行，划拨法院冻结的西山区支行在昆明市人民银行的0242账户的存款72万元。西山区支行拒绝执行，并提出西山区支行的担保不成立,法院冻结的0242账户上的资金不属该行财产,不能执行划拨。双城市法院认为判决无误,0242账户不属存款准备金,应该划拨。为此,我们听了双城市法院和西山区支行的情况反映,审阅了双方提供的有关证据材料,经研究认为:

一、从案件的事实看,西山区支行的分支机构西山黑林铺营业所(以下简称营业所)为本购销合同的贷款作了担保。合同签订前,营业所主任莫昆宁同志支持西山区养殖场与双城市购销总站签订购销玉米、豆饼合同。合同签订后,莫收到双方当事人签订的合同书,对合同的"付款记录"栏内注明有"昆明市西山区黑林铺营业所信保"的字样未提出反对意见;庭审中也承认营业所给西山养殖场作了信誉担保。在合同履行期内,又两次以营业所名义发信函、电报催双城购销总站发货,表明"已为西山区养殖场备足千吨玉米、豆饼贷款,货到昆明签收后方能托收承付","请见此书后速发货"等。但双城购销总站迟迟未发货。过了合同期后,西山养殖场一再电催双城购销总站"仍按原合同履行",该站即给需方发货,本来这属于双方当事人延期履行合同,未经营业所认可,营业所对此不应承担担保责任。但当货到昆明市后,营业所主任莫昆宁同志到现场查看货物,在无款贷给西山区养殖场付该货款的情况下,莫又于1988年3月23日主持双方当事人达成了还款协议。该协议规定全部货款于1989年6月底还清。由营业所负责。该营业所虽未在协议上加盖公章,但莫作为营业所的主任,在此协议上签了字。营业所与双方当事人又签订了还款协议是担保的继续,应确认其负担保责任。营业所不具备法人资格,以自己的名义为西山养殖场担保,应认定担保无效。但依照民法通则六十一条和八十九条及经济合同法第十五条的规定,专业银行、信用社若作为经济合同当事人一方的保证人,在被保证人不履行合同义务时,应当根据我院法(研)复〔1988〕17号批复二、三项和我院贯彻执行民法通则若干问题意见(试行)第107条之规定,营业所无偿付能力,由它的上级西山区支行承担清偿债务责任。

二、关于银行应承担债务清偿责任时用什么资金支付的问题。黑龙江省高院认为备付金在没有进入清偿程序前属于西山支行可供执行的财产,而且法律法规包括银行内部文件都没有规定0242账户不能执行。银行系统认为0242账户是银行间结算所用账户,不能执行。我庭提出以下两个方案征求你们意见:

1. 在不影响银行间结算的前提下,分期分批(也应限在一定时间内)动用0242账户内的资金予以执行。

2. 用西山区支行或昆明市支行的全部自有资金(包括全部利润留成和预算

外自有资金收入)，承担清偿责任。如果全部自有资金太少，需相当长时间才能清偿，则在自有资金偿付之外，再动用0242账户内部分资金予以清偿。

以上意见，请你们予以考虑，并提出妥善解决方案，协助我们执行此案。

——《最高人民法院经济审判庭关于松花江地区中院和双城市法院在云南省昆明市执行受阻有关问题的复函》[1991年8月7日，法(经)〔1991〕字第87号]

1212

人民法院有权查询、冻结和扣划邮政储蓄存款

关键词 | 邮政储蓄存款 |

【最高人民法院答复】

福建省高级人民法院：

你院闽高法〔1995〕118号《关于人民法院查询、冻结邮政存款的请示》收悉。经研究，答复如下：

依照《中华人民共和国民事诉讼法》第六十五条的规定，人民法院有权向包括邮政企业的有关单位调查取证，有关单位不得拒绝。

《中华人民共和国民事诉讼法》第一百零三条、第二百二十一条和第二百二十二条中的"其他有储蓄业务的单位"，包括办理邮政储蓄业务的邮政企业。人民法院为财产保全、先予执行或者执行已经发生法律效力的法律文书，有权查询、冻结、扣划邮政企业办理的邮政储蓄存款；有关的邮政企业依法应当协助人民法院查询、冻结和扣划。

——《最高人民法院关于人民法院依法有权查询、冻结和扣划邮政储蓄存款问题的批复》(1996年2月29日，法复〔1996〕1号)

1213

党费、工会经费账户内的经费资金不可冻结和划拨

关键词 | 党费 | 工会经费 |

【最高人民法院司法政策】

各省、自治区、直辖市高级人民法院,解放军军事法院,新疆维吾尔自治区高级人民法院生产建设兵团分院:

据悉,近一个时期,少数法院在强制执行过程中,将企业党组织的党费账户予以冻结,影响了企业党组织的正常工作。为避免此类情况发生,特通知如下:

企业党组织的党费是企业每个党员按月工资比例向党组织交纳的用于党组织活动的经费。党费由党委组织部门代党委统一管理,单立账户,专款专用,不属于企业的责任财产。因此,在企业作为被执行人时,人民法院不得冻结或划拨该企业党组织的党费,不得用党费偿还该企业的债务。执行中,如果申请执行人提供证据证明企业的资金存入党费账户,并申请人民法院对该项资金予以执行的,人民法院可以对该项资金先行冻结;被执行人提供充分证据证明该项资金属于党费的,人民法院应当解除冻结。

各级人民法院发现执行案件过程中有违反上述规定情形的,应当及时依法纠正。

——《最高人民法院关于强制执行中不应将企业党组织的党费作为企业财产予以冻结或划拨的通知》(2005 年 11 月 22 日,法〔2005〕209 号)

【最高人民法院答复】

各省、自治区、直辖市高级人民法院,解放军军事法院:

山东等省高级人民法院就审判工作中如何认定产业工会、基层工会的社团法人资格和对工会财产、经费查封、扣押、冻结、划拨的问题,向我院请示。经研究,批复如下:

一、根据《中华人民共和国工会法》(以下简称工会法)的规定,产业工会社团法人资格的取得是由工会法直接规定的,依法不需要办理法人登记。基层工会只要符合《中华人民共和国民法通则》(以下简称民法通则)、工会法和《中国工会章程》规定的条件,报上一级工会批准成立,即具有社团法人资格。人民法院在审理案件中,应当严格按照法律规定的社团法人条件,审查基层工会社团法人的法律地位。产业工会、具有社团法人资格的基层工会与建立工会的企业法人是各自独立的法人主体。企业或企业工会对外发生的经济纠纷,各自承担民事责任。上级工会对基层工会是否具备法律规定的社团法人的条件审查不严或不实,应当承担与其过错相应的民事责任。

二、确定产业工会或者基层工会兴办企业的法人资格,原则上以工商登记为准;其上级工会依据有关规定进行审批是必经程序,人民法院不应以此为由冻结、划拨上级工会的经费并替欠债企业清偿债务。产业工会或基层工会投资兴办的具备法人资格的企业,如果投资不足或者抽逃资金的,应当补足投资或者在注册资金不实的范围内承担责任;如果投资全部到位,又无抽逃资金的行为,当企业负债时,应当以企业所有的或者经营管理的财产承担有限责任。

三、根据工会法的规定,工会经费包括工会会员缴纳的会费,建立工会组织的企业事业单位、机关按每月全部职工工资总额的2%的比例向工会拨交的经费,以及工会所属的企业、事业单位上缴的收入和人民政府的补助等。工会经费要按比例逐月向地方各级总工会和全国总工会拨交。工会的经费一经拨交,所有权随之转移。在银行独立开列的"工会经费集中户",与企业经营资金无关,专门用于工会经费的集中与分配,不能在此账户开支费用或挪用、转移资金。因此,人民法院在审理案件中,不应将工会经费视为所在企业的财产,在企业欠债的情况下,不应冻结、划拨工会经费及"工会经费集中户"的款项。

——《最高人民法院关于产业工会、基层工会是否具备社团法人资格和工会经费集中户可否冻结划拨问题的批复》(1997年5月16日,法复〔1997〕6号)

【链接:最高人民法院法官著述】

工会为其投资开办的企业欠债承担连带清偿责任时,法院能否冻结、划拨工会经费及工会经费集中户里的款项?

问题:某法院在办理一起经济案件时遇到了这种情况:某集团公司工会投资开办A公司,因未实际投入注册资金,法院依法判令工会对A公司的债务在注册资金不足的范围内承担连带清偿责任。在该案执行过程中,经查实,A公司因连续两年未年审,已被工商部门吊销营业执照,且无任何财产可供执行。对能否冻结、划拨工会经费及工会经费集中户款项存在两种观点。一种观点认为:对工会经费及工会经费集中户的款项法院不应冻结、划拨。理由是《最高人民法院关于产业工会、基层工会是否具备社团法人资格和工会经费集中户可否冻结划拨问题的批复》(以下简称《批复》)明确规定:人民法院在审理案件中,不应将工会经费视为所在企业的财产,在企业欠债的情况下,不应冻结、划拨工会经费及工会经费集中户的款项。另一种观点认为:《批复》是指把工会的财产(经费)与工会所在企业的财产区分开来,不应把工会经费视为所在企业的财产。如果是在某集团公司欠债的情况下,法院不应冻结、划拨工会经费及工会经费集中户的款项。但在工会自身欠债的情况下,或工会为其投资开办的企业欠债承担连带清偿责任时,法院可以冻结、划拨工会经费及工会经费集中户的款项。

《人民司法》研究组认为:最高人民法院《批复》第 3 条规定:人民法院在审理案件中,不应将工会经费视为所在企业的财产,在企业欠债的情况下,不应冻结、划拨工会经费及工会经费集中户的款项。这里指应依法将工会的财产与其所在企业的财产及债务分开,不得用工会经费清偿企业债务。根据《批复》第 1、2 条规定,工会仍应当清偿其自身对外所负债务或者承担自身行为所引起的民事责任。因此,工会为其所开办的企业承担责任时,不应援引最高人民法院这一批复作为抗辩的理由。工会为其投资开办的企业欠债承担连带清偿责任时,法院可以冻结、划拨工会经费及工会经费集中户的款项。当然,根据工会法的规定,人民法院在执行工作中,不应当执行工会经费中用于工会活动的部分。

——《人民司法》2002 年第 9 期

1214

股民保证金不宜作为证券公司财产执行

关键词 | 证券公司客户保证金 |

【最高人民法院司法政策】

证券经营机构账户存放的股民保证金,一旦被冻结、扣划将影响股民进行交易,极易产生纠纷,引发股市及社会不稳定。因此,各地法院在对证券经营机构冻结账户划拨资金时,必须十分慎重。采取措施前必须首先查明账户及资金的性质。在证券经营机构自营账户与代客经营账户不分的情况下,只能对已查明的确属证券经营机构的自有资金,采取冻结、划拨措施。最高法院已就此问题发出过两个通知,各地法院要充分注意这个问题。

——李国光:《确保司法公正,加强队伍建设,进一步推进经济审判工作的全面发展——在全国经济审判工作座谈会上的讲话》(1998年11月23日),载李国光主编、最高人民法院经济审判庭编:《经济审判指导与参考》(总第1卷),法律出版社1999年版,第15页。

【最高人民法院答复】

北京市高级人民法院:

海南港澳国际信托投资有限公司向我院反映:北京市第一中级人民法院在执行该院(1996)一中经初字第1106号民事判决书时,分别于1997年8月20日和8月21日冻结了该公司在花旗银行上海分行和渣打银行深圳分行开设的B股股票交易账户项下的资金。该两账户是经有关机关批准而开立的B股股票交易账户,其项下的资金是境外股民存入该账户的股票交易保证金,其所有权属境外股民所有。由于北京一中院的冻结,致使股票交易受阻,股民权益受损,境外股民欲在"十五大"期间进京上访。为此,请求我院监督纠错。

我们认为,B股股票交易账户上的股民保证金,其所有权为股民所有,不属被执行人的财产。现将当事人反映材料转去,如情况属实,请你院立即通知北京市第一中级人民法院务必在本月15日前解除冻结,并报告我院。

——《最高人民法院执行工作办公室关于股民保证金属于股民所有问题的函》(1997年9月10日,法经〔1997〕297号)

江苏省高级人民法院:

据全国证券回购债务清欠办公室和江西证券公司反映,盐城市中级人民法院在执行该院(1995)盐法经初字第84号、85号民事判决书过程中,于今年7月31日扣划了被执行人江西省证券公司上海业务部在工商银行上海市分行营业部开设的深圳股票交易资金清算户上的资金1426万元,该账户上的资金全部为客户保证金,此资金的划拨,影响了股民进行股票交易和提出存款,影响到社会的安定团结。我院认为,证券机构代理股民买卖股票的资金即股民保证金,其所有权属于股民。证券经营机构必须通过保证金账户保证股民经营的正常清算支付。证券经营机构在银行开立的证券经营资金结算账户,是股民保证金账户的存在形式,人民法院在执行以证券经营机构为被执行人的案件时,可以通过冻结证券商自营账户上的资金、股票、国库券以及其自有财产的办法解决，不宜冻结、扣划证券经营机构在其证券经营资金结算账户上的存款。

——《最高人民法院执行工作办公室关于股民保证金不宜作为证券公司财产执行的函》(1997年9月5日，法经〔1997〕300号)

1215

冻结、划拨证券交易结算资金

关键词 | 证券交易结算资金 |

【最高人民法院司法政策】

各省、自治区、直辖市高级人民法院，解放军军事法院，新疆维吾尔自治区高级人民法院生产建设兵团分院：

为了保障金融安全和社会稳定，维护证券市场正常交易结算秩序，保护当事人的合法权益，保障人民法院依法执行，经商中国证券监督管理委员会，现就人民法院冻结、扣划证券交易结算资金有关问题通知如下：

一、人民法院办理涉及证券交易结算资金的案件，应当根据资金的不同性质区别对待。证券交易结算资金，包括客户交易结算资金和证券公司从事自营证券业务的自有资金。证券公司将客户交易结算资金全额存放于客户交易结算资金专用存款账户和结算备付金账户，将自营证券业务的自有资金存放于自有资金专用存款账户，而上述账户均应报中国证券监督管理委员会备案。因此，对证券市场主体为被执行人的案件，要区别处理：

当证券公司为被执行人时，人民法院可以冻结、扣划该证券公司开设的自有资金存款账户中的资金，但不得冻结、扣划该证券公司开设的客户交易结算资金专用存款账户中的资金。

当客户为被执行人时，人民法院可以冻结、扣划该客户在证券公司营业部开设的资金账户中的资金，证券公司应当协助执行。但对于证券公司在存管银行开设的客户交易结算资金专用存款账户中属于所有客户共有的资金，人民法院不得冻结、扣划。

二、人民法院冻结、扣划证券结算备付金时，应当正确界定证券结算备付金与自营结算备付金。证券结算备付金是证券公司从客户交易结算资金、自营证券业务的自有资金中缴存于中国证券登记结算有限责任公司(以下简称登记结算公司)的结算备用资金,专用于证券交易成交后的清算,具有结算履约担保作用。登记结算公司对每个证券公司缴存的结算备付金分别设立客户结算备付金账户和自营结算备付金账户进行账务管理,并依照经中国证券监督管理委员会批准的规则确定结算备付金最低限额。因此,对证券公司缴存在登记结算公司的客户结算备付金,人民法院不得冻结、扣划。

当证券公司为被执行人时,人民法院可以向登记结算公司查询确认该证券公司缴存的自营结算备付金余额;对其最低限额以外的自营结算备付金,人民法院可以冻结、扣划,登记结算公司应当协助执行。

三、人民法院不得冻结、扣划新股发行验资专用账户中的资金。登记结算公司在结算银行开设的新股发行验资专用账户,专门用于证券市场的新股发行业务中的资金存放、调拨,并按照中国证券监督管理委员会批准的规则开立、使用、备案和管理,故人民法院不得冻结、扣划该专用账户中的资金。

四、人民法院在执行中应当正确处理清算交收程序与执行财产顺序的关系。当证券公司或者客户为被执行人时,人民法院可以冻结属于该被执行人的已完成清算交收后的证券或者资金,并以书面形式责令其在 7 日内提供可供执行的其他财产。被执行人提供了其他可供执行的财产的,人民法院应当先执行该财产;逾期不提供或者提供的财产不足清偿债务的,人民法院可以执行上述已经冻结的证券或者资金。对被执行人的证券交易成交后进入清算交收期间的证券或者资金,以及被执行人为履行清算交收义务交付给登记结算公司但尚未清算的证券或者资金,人民法院不得冻结、扣划。

五、人民法院对被执行人证券账户内的流通证券采取执行措施时,应当查明该流通证券确属被执行人所有。

人民法院执行流通证券,可以指令被执行人所在的证券公司营业部在 30 个交易日内通过证券交易将该证券卖出,并将变卖所得价款直接划付到人民法院指定的账户。

六、人民法院在冻结、扣划证券交易结算资金的过程中,对于当事人或者协助执行人对相关资金是否属客户交易结算资金、结算备付金提出异议的,应当认真审查;必要时,可以提交中国证券监督管理委员会作出审查认定后,依法处理。

七、人民法院在证券交易、结算场所采取保全或者执行措施时,不得影响证券交易、结算业务的正常秩序。

八、本通知自发布之日起执行。发布前最高人民法院的其他规定与本通知的规定不一致的,以本通知为准。

——《最高人民法院关于冻结、扣划证券交易结算资金有关问题的通知》(2004年11月9日,法〔2004〕239号)

对证券营业部的保全和执行措施问题。最高人民法院于1997年12月2日、1998年7月22日两次发出通知,要求各级法院在对证券经营机构采取冻结、划拨措施前必须查明其账户资金的性质,在证券经营机构自营账户与代客户经营账户不分的情况下,只能对已查明的确属证券经营机构的自有资金,依法采取冻结、划拨措施。该通知下发以来,冻结证券经营机构存放客户资金的现象虽然得到了一定的遏制,但并未根本杜绝,仍然不时发生。由于采取不适当冻结、划拨措施,造成一些证券经营部无法正常代客户经营,甚至造成客户大规模恐慌性挤提资金的情况。因此,有必要重申,各级法院必须严格执行该通知的规定,对证券经营机构采取冻结、划拨措施,要十分慎重。

——李国光:《认清形势,提高认识,努力实践公正与效率世纪主题,开拓民商事审判工作新局面——在全国法院民商事审判工作会议上的讲话》(2001年11月13日),载李国光主编、最高人民法院民事审判第二庭编:《民商审判指导与参考》(总第1卷),人民法院出版社2003年版,第17页。

各省、自治区、直辖市高级人民法院,解放军军事法院,新疆维吾尔自治区高级人民法院生产建设兵团分院:

最近,国务院证券管理部门和一些地方政府有关部门向我院反映,已列入我院《关于清理整顿信托投资公司中有关问题的通知》公布名单中的信托投资公司和有关证券公司因债务纠纷,其下属一些证券营业部交易结算资金账户被部分法院冻结,投资者交易结算资金被扣划。关于对证券或者期货交易机构的账号、资金采取诉讼保全或者执行措施问题,我院曾下发了《关于冻结、划拨证券或期货交易所证券登记结算机构证券经营或期货经纪机构清算账号资金等问题的通知》(法发〔1997〕27号)和《关于贯彻最高人民法院法发〔1997〕27号通知应注意的几个问题的紧急通知》(法明传〔1998〕213号)。2001年5月28日,针对清理整顿信托投资公司中的有关问题,我院又下发了《最高人民法院关于发布延长部分停业整顿重组和撤销信托投资公司暂缓受理和中止执行期限名单的通知》。各级人民法院应当按照上述通知规定的精神,严格执行。对确属违反上述规定的，应当立即依法纠正。

——《最高人民法院关于严格执行对证券或者期货交易机构的账号资金采取诉讼保全或者执行措施规定的通知》（2001 年 7 月 17 日，法〔2001〕98 号）

各省、自治区、直辖市高级人民法院、解放军军事法院：

最高人民法院法发〔1997〕27 号《关于冻结、划拨证券或期货交易所、证券登记结算机构、证券经营或期货经纪机构清算账户资金等问题的通知》（以下简称 27 号通知）下发后，多数法院执行是好的，但少数法院未能严格执行，有的地区甚至发生影响社会稳定的问题。为保障金融和社会秩序的稳定，现就有关贯彻 27 号通知中应注意的几个问题通知如下：

一、对证券经营机构、期货经纪机构为债务人的案件，在保全或执行其财产时，首先要指令该证券经营机构、期货经纪机构提供可供执行的不动产或其他财产。经查明该证券经营机构、期货经纪机构确有可供执行的不动产或其他财产的，人民法院应当先执行该财产。

二、如无上述可供执行的财产，需要执行证券经营机构或期货经纪机构清算资金时，必须严格按 27 号通知第一条的有关规定冻结、划拨其自营账户中的资金。

三、对未开设自营账户而进行自营业务的证券经营机构、期货经纪机构，需采取冻结其在证券或期货交易所、证券登记结算机构或异地清算代理清算账户内的清算资金措施时，必须十分慎重。只能依法在债务人承担的债务数额范围内予以冻结。同时，依据 27 号通知第一条的有关规定，必须保障证券经营机构、期货经纪机构的举证权利，如有证据证明上述账户中的资金是其他投资者的，必须对其他投资者的资金及时解除冻结。

四、在执行 27 号通知时，如遇有影响金融和社会秩序安全的情况时，应当及时采取暂缓或中止执行措施。

——《最高人民法院关于贯彻最高人民法院法发〔1997〕27 号通知应注意的几个问题的紧急通知》（1998 年 7 月 22 日，法明传〔1998〕213 号）

各省、自治区、直辖市高级人民法院，解放军军事法院：

为了维护证券、期货市场的正常交易秩序，现对人民法院在财产保全或执行生效法律文书过程中，冻结、划拨证券或期货交易所、证券登记结算机构、证券经营或期货经纪机构清算账户清算资金等问题，作如下通知：

一、证券交易所、证券登记结算机构及其异地清算代理机构开设的清算账户上的资金，是证券经营机构缴存的自营及其所代理的投资者的证券交易清算资金。当证券经营机构为债务人，人民法院确需冻结、划拨其交易清算资金时，应冻结、划拨其自营账户中的资金；如证券经营机构未开设自营账户而进行自营业务的，依法可以冻结其在证券交易所、证券登记结算机构及其异地清算代理机构清算账户上的清算资金，但暂时不得划拨。如果证券经营机构在法院规定的合理期限内举证证明被冻结的上述清算账户中的资金是其他投资者的，应当对投资者的资金解除冻结。否则，人民法院可以划拨已冻结的资金。

证券经营机构清算账户上的资金是投资者为进行证券交易缴存的清算备付金。当投资者为债务人时，人民法院对证券经营机构清算账户中该投资者的相应部分资金依法可以冻结、划拨。

人民法院冻结、划拨期货交易所清算账户上期货经纪机构的清算资金及期货经纪机构清算账户上投资者的清算备付金（亦称保证金），适用上述规定。

二、证券经营机构的交易席位系该机构向证券交易所申购的用以参加交易的权利，是一种无形财产。人民法院对证券经营机构的交易席位进行财产保全或执行时，应依法裁定其不得自行转让该交易席位，但不能停止该交易席位的使用。人民法院认为需要转让该交易席位时，按交易所的有关规定应转让给有资格受让席位的法人。

人民法院对期货交易所、期货经纪机构的交易席位采取财产保全或执行措施，适用上述规定。

三、证券经营机构在证券交易所、证券登记结算机构的债券实物代保管处托管的债券，是其自营或代销的其他投资者的债券。当证券经营机构或投资者为债务人时，人民法院如需冻结、提取托管的债券，应当通过证券交易所查明该债务人托管的债券是否已作回购质押，对未作回购质押，而且确属债务人所有的托管债券可以依法冻结、提取。

四、交易保证金是证券经营机构向证券交易所缴存的用以防范交易风险的资金，该资金由证券交易所专项存储，人民法院不应冻结、划拨交易保证金。但在该资金失去保证金作用的情况下，人民法院可以依法予以冻结、划拨。

——《最高人民法院关于冻结、划拨证券或期货交易所、证券登记结算机构、证券经营或期货经纪机构清算账户资金等问题的通知》（1997 年 12 月 2 日，法发〔1997〕27 号）

编者说明

最高人民法院于1997年和1998年先后发出了《关于冻结、划拨证券或期货交易所、证券登记结算机构、证券经营或期货经纪机构清算账户资金等问题的通知》（法发〔1997〕27号，以下简称《27号通知》）、《关于贯彻最高人民法院法发〔1997〕27号通知应注意的几个问题的紧急通知》（法明传〔1998〕213号，以下简称《213号通知》）。这两个通知下发后，对于规范涉及证券、期货市场的财产保全和司法执行措施，保护客户交易结算资金安全，收到了明显的成效。

1999年7月1日，《证券法》正式实施，该法对客户交易结算资金的存管作了明确规定。据此，证监会于2001年5月发布了《客户交易结算资金管理办法》，确立了新的客户交易结算资金存管制度，其主要内容有三点：一是金额存管，即证券公司必须将客户交易结算资金全额存入开户银行。二是分户管理，即证券公司必须在相关银行开设客户交易结算资金专用存款账户和自有资金专用存款账户，将客户交易结算资金和自有资金分户存放；证券公司在结算公司的清算备付金账户也必须在统计分账户中列明客户资金和自有资金。三是封闭运作，即客户交易结算资金专用存款账户和自有资金专用存款账户互相独立，各自封闭运作。一般情况下，客户交易结算资金只应在其客户交易结算资金专用存款账户和清算备付金账户之间划转；证券公司自有资金，也只应在其自有资金专用存款账户和清算备付金账户之间划转。

在《证券法》和证监会的《管理办法》颁行之前形成的《27号通知》和《213号通知》，已经不能完全适应资本市场发展的实际需要，需要进一步补充和完善。因此，最高人民法院于2004年11月9日发布了《关于冻结、扣划证券交易结算资金有关问题的通知》。

1216

对证券经营机构交易席位的执行

关键词 | 证券经营机构交易席位 |

【最高人民法院司法解释】

第五十八条 人民法院保全与会员资格相应的会员资格费或者交易席位，应当依法裁定不得转让该会员资格，但不得停止该会员交易席位的使用。人民法院在执行过程中，有权依法采取强制措施转让该交易席位。

——《最高人民法院关于审理期货纠纷案件若干问题的规定》（2003年6月18日，法释〔2003〕10号）

【最高人民法院司法政策】

二、证券经营机构的交易席位系该机构向证券交易所申购的用以参加交易的权利,是一种无形财产。人民法院对证券经营机构的交易席位进行财产保全或执行时,应依法裁定其不得自行转让该交易席位,但不能停止该交易席位的使用。人民法院认为需要转让该交易席位时,按交易所的有关规定应转让给有资格受让席位的法人。

人民法院对期货交易所、期货经纪机构的交易席位采取财产保全或执行措施,适用上述规定。

——《最高人民法院关于冻结、划拨证券或期货交易所、证券登记结算机构、证券经营或期货经纪机构清算账户资金等问题的通知》(1997 年 12 月 2 日,法发〔1997〕27 号)

【链接:最高人民法院法官著述】

证券经营机构的交易席位系该机构向证券交易所申购的用以参加交易的权利,是一种无形财产。人民法院对此可以采取冻结措施。在冻结时应依法裁定禁止被执行人自行转让该交易席位,还应向证券交易所发出协助执行通知书,但不能停止该交易席位的使用。人民法院对期货交易所、期货经纪机构的交易席位采取冻结措施时,按上述程序办理。

——江必新主编:《民事执行新制度理解与适用》,人民法院出版社 2010 年版,第 428 页。

1217

会员分级结算和有价证券充抵保证金制度下的诉讼保全和执行

关键词 | 期货纠纷 | 有价证券 | 诉讼保全 | 执行 |

【最高人民法院司法解释】

第三条 期货交易所为债务人,债权人请求冻结、划拨以下账户中资金或者有价证券的，人民法院不予支持：

（一）期货交易所会员在期货交易所保证金账户中的资金；

（二）期货交易所会员向期货交易所提交的用于充抵保证金的有价证券。

第四条 期货公司为债务人，债权人请求冻结、划拨以下账户中资金或者有价证券的，人民法院不予支持：

（一）客户在期货公司保证金账户中的资金；

（二）客户向期货公司提交的用于充抵保证金的有价证券。

第五条 实行会员分级结算制度的期货交易所的结算会员为债务人，债权人请求冻结、划拨结算会员以下资金或者有价证券的，人民法院不予支持：

（一）非结算会员在结算会员保证金账户中的资金；

（二）非结算会员向结算会员提交的用于充抵保证金的有价证券。

第六条 有证据证明保证金账户中有超过上述第三条、第四条、第五条规定的资金或者有价证券部分权益的，期货交易所、期货公司或者期货交易所结算会员在人民法院指定的合理期限内不能提出相反证据的，人民法院可以依法冻结、划拨超出部分的资金或者有价证券。

有证据证明期货交易所、期货公司、期货交易所结算会员自有资金与保证金发生混同，期货交易所、期货公司或者期货交易所结算会员在人民法院指定的合理期限内不能提出相反证据的，人民法院可以依法冻结、划拨相关账户内的资金或者有价证券。

——《最高人民法院关于审理期货纠纷案件若干问题的规定（二）》（2010 年 12 月 31 日，法释〔2011〕1 号）

第五十九条 期货交易所、期货公司为债务人的，人民法院不得冻结、划拨期货公司在期货交易所或者客户在期货公司保证金账户中的资金。

有证据证明该保证金账户中有超出期货公司、客户权益资金的部分，期货交易所、期货公司在人民法院指定的合理期限内不能提出相反证据的，人民法院可以依法冻结、划拨该账户中属于期货交易所、期货公司的自有资金。

——《最高人民法院关于审理期货纠纷案件若干问题的规定》（2003 年 6 月 18 日，法释〔2003〕10 号）

编者说明

2003 年发布的《关于审理期货纠纷案件若干问题的规定》（以下简称《期货司法解释》）第

59 条对会员结算制度下期货交易所、期货公司为债务人时，人民法院不得冻结、扣划的保证金范围进行了规定。2007 年国务院修订发布的《期货交易管理条例》规定了会员分级结算制度、有价证券充抵保证金制度，期货市场相关主体之间的法律关系更加复杂，保证金的财产形态也从现金拓展到有价证券。为此，《关于审理期货纠纷案件若干问题的规定（二）》（以下简称《期货司法解释（二）》）对结算会员为债务人的，债权人请求冻结、扣划非结算会员在结算会员保证金账户中的资金，人民法院不予支持。同时，在立法技术上将《期货司法解释》第 59 条拆分为三个条文，分别对期货交易所和会员、期货公司和客户、结算会员和非结算会员三种法律关系下的司法冻结和执行范围进行规定，为人民法院的司法执行提供了更明确的依据。

《期货交易管理条例》规定，期货交易所会员、客户可以使用标准仓单、国债等有价证券充抵保证金进行期货交易，即期货交易保证金的表现形态不再仅限于现金。为此，《期货司法解释（二）》增加了有关充抵保证金的有价证券的保全与执行规定，规定充抵保证金的有价证券的法律地位等同于现金形态的期货交易保证金，对其进行司法保全与执行适用同一原则。

1218

对结算担保金的诉讼保全和执行

关键词｜期货纠纷｜结算担保金｜诉讼保全｜执行｜

【最高人民法院司法解释】

第七条 实行会员分级结算制度的期货交易所或者其结算会员为债务人，债权人请求冻结、划拨期货交易所向其结算会员依法收取的结算担保金的，人民法院不予支持。

有证据证明结算会员在结算担保金专用账户中有超过交易所要求的结算担保金数额部分的，结算会员在人民法院指定的合理期限内不能提出相反证据的，人民法院可以依法冻结、划拨超出部分的资金。

——《最高人民法院关于审理期货纠纷案件若干问题的规定（二）》（2010 年 12 月 31 日，法释〔2011〕1 号）

【链接：最高人民法院法官著述】

为了保障实行会员分级结算制度的期货交易所的结算顺利进行，确保结算担保金制度为期货交易所提供可便捷处置的担保资金,防范市场系统性风险的基本功能得以实现,本解释第七条第一款比照保证金以及用于充抵保证金的有价证券的冻结、划拨规定,对结算担保金作出豁免冻结、划拨的规定。第二款规定了结算担保金可以冻结、划拨的情况,亦是为了保障债权人的合法权益,避免债务人滥用司法保护措施规避债务履行,对于结算会员在结算担保金专用账户中有超过交易所要求的结算担保金数额部分,规定了可以冻结、划拨超出部分的情形。另外,对于期货交易所结算会员已经退出结算会员资格的,人民法院可以对交易所向该结算会员退还的转入其自有资金账户的结算担保金予以冻结、划拨,此为实践中应当注意的问题。

——宋晓明、周帆、沙玲:《〈最高人民法院关于审理期货纠纷案件若干问题的规定(二)〉的理解与适用》,载最高人民法院民事审判第二庭编:《商事审判指导》(总第24辑),人民法院出版社2011年版,第13~16页。

编者说明

对证券和期货市场具有特殊性质和功能的结算资金实施司法保护,既是国际惯例,也符合人民法院维护金融市场稳定和正常运行的司法政策。2008年,最高人民法院发布了《关于查询、冻结、扣划证券和证券交易结算资金有关问题的通知》,对证券结算机构收取的证券结算风险基金、结算互保金、证券结算备付金及证券公司自营结算备付金最低限额等特殊性质和功能的证券清算交收财产的保全与执行进行了特殊规定,予以特殊的司法保护。《期货司法解释》也规定了对期货公司最低限额结算准备金的特殊司法保护政策。为适应结算担保金制度的创新需要,保障结算担保金的功能发挥和期货交易所的风险防范能力,《期货司法解释(二)》比照有关期货交易结算准备金的保护规定,对结算担保金作出了不得冻结、划拨的规定。

1219

在清偿客户资金的情况下，人民法院有权对结算准备金采取措施

关键词｜结算准备金｜期货纠纷｜

【最高人民法院司法解释】

第六十条　期货公司为债务人的,人民法院不得冻结、划拨专用结算账户中

未被期货合约占用的用于担保期货合约履行的最低限额的结算准备金;期货公司已经结清所有持仓并清偿客户资金的,人民法院可以对结算准备金依法予以冻结、划拨。

期货公司有其他财产的,人民法院应当依法先行冻结、查封、执行期货公司的其他财产。

——《最高人民法院关于审理期货纠纷案件若干问题的规定》(2003 年 6 月 18 日,法释〔2003〕10 号)

【链接:最高人民法院法官著述】

规定交易所、期货公司为债务人的,不得冻结、划拨期货公司或者客户在交易所或者期货公司保证金账户中的资金。这是基于期货交易的特殊性来讲的。保证金属于客户交易的期限公司或者客户,应当将资金的属性予以划分开来,不能混同。同时,如果保证金账户中的资金有证据证明存在超出保证金范围的资金,则不在限制之列。当期货公司为债务人时,其专用账户未被期货合约占用的专门用于担保期货合约履行的结算准备金,人民法院不得冻结、划拨,这也是对期货交易法规、规章特殊性规定理解的贯彻执行,并不是对期货公司的特殊保护,恰恰是对客户风险的最大控制。我们不能为了保护某一两个债权人的利益,损害了更多合法民事主体的权益。特别是期货交易充满风险的市场环境,必须要求有强大的保障后盾,否则,期货交易的安全性、公开性特点难以体现和保持,也会有违国际惯例。

——吴庆宝:《期货司法解释对期货交易民事责任制度的创新与发展》,载《人民司法》2003 年第 7 期。

1220

人民法院有权对客户、自营会员的保证金、持仓采取强制措施

关键词 | 保证金 | 期货纠纷 |

【最高人民法院司法解释】

第六十一条 客户、自营会员为债务人的,人民法院可以对其保证金、持仓

依法采取保全和执行措施。

——《最高人民法院关于审理期货纠纷案件若干问题的规定》(2003 年 6 月 18 日,法释〔2003〕10 号)

【链接：最高人民法院法官著述】

客户、自营会员的保证金属于客户、自营会员自己,当其为债务人时,人民法院当然有权对其资金进行依法处置。现在有不同认识的是客户、会员的持仓,人民法院是否有权进行处置,也就是能否予以强行平仓。一种意见认为,强行平仓是法规、规章、交易规则赋予交易所、期货公司的权利,司法解释在有关章节也规定强行平仓是交易所、期货公司的权利。司法解释不能将该权利也赋予人民法院。第二种意见则认为,持仓也意味着客户、自营会员的资金的另一种方式体现,持仓即为资金使用,平仓则为财产的变现,持有会员实际就是持有另一种形式的财产。法院对于当事人的财产无法采取措施,与法律规定是相矛盾的,不利于案件的依法审理、执行;同时,平仓也不是一定由法院亲自操作,而是通过交易所、期货公司的协助来实现,完全不必考虑措施是否合法问题;再者,采取平仓措施本身并不涉及其他市场参与主体的利益,不会损害交易所、期货公司、其他客户的利益,故而是依法有据的,完全不必为程序的法律依据而担心。该解释在具体文字的表述上,避免了法院采取平仓措施的歧义,将其直接规定为“可以采取保全和执行措施”,不再出现“强平”的字句。值得说明的是,在该解释征求意见稿中曾经有一条规定:“人民法院可以对公司及案件所涉分公司、营业部等机构的财产、自有资金账户采取查封、冻结措施,但不得影响其经营活动。”这一内容无疑是正确的,对保全财产的范围规定的十分清楚、准确,后来将其删去的理由主要是认为保全财产依法有据,没有必要对法律、法规、司法解释已经有了类似规定的内容再作一次重复性的规定、规范,比如查封公司、营业部财产,不得影响其经营活动。

——吴庆宝:《期货司法解释对期货交易民事责任制度的创新与发展》,载《人民司法》2003 年第 7 期。

1221

关于被风险处置证券公司相关案件的执行

关键词｜被风险处置｜证券公司破产｜诉讼保全｜

【最高人民法院司法政策】

四、破产程序作为司法权介入的特殊偿债程序，是在债务人财产不足以清偿债务的情况下，以法定的程序和方法，为所有债权人创造获得公平受偿的条件和机会，以使所有债权人共同享有利益、共同分担损失。鉴此，根据企业破产法第十九条的规定，人民法院受理证券公司的破产申请后，有关证券公司财产的保全措施应当解除，执行程序应当中止。具体如下：

1. 人民法院受理破产申请后，已对证券公司有关财产采取了保全措施，包括执行程序中的查封、冻结、扣押措施的人民法院应当解除相应措施。人民法院解除有关证券公司财产的保全措施时，应当及时通知破产案件管理人并将有关财产移交管理人接管，管理人可以向受理破产案件的人民法院申请保全。

2. 人民法院受理破产申请后，已经受理有关证券公司执行案件的人民法院，对证券公司财产尚未执行或者尚未执行完毕的程序应当中止执行。当事人在破产申请受理后向有关法院申请对证券公司财产强制执行的，有关法院对其申请不予受理，并告知其依法向破产案件管理人申报债权。破产申请受理后人民法院未中止执行的，对于已经执行了的证券公司财产，执行法院应当依法执行回转，并交由管理人作为破产财产统一分配。

3. 管理人接管证券公司财产、调查证券公司财产状况后，发现有关法院仍然对证券公司财产进行保全或者继续执行，向采取保全措施或执行措施的人民法院提出申请的，有关人民法院应当依法及时解除保全或中止执行。

4. 受理破产申请的人民法院在破产宣告前裁定驳回申请人的破产申请，并终结证券公司破产程序的，应当在作出终结破产程序的裁定前，告知管理人通知原对证券公司财产采取保全措施的人民法院恢复原有的保全措施，有轮候保全的，以原采取保全措施的时间确定轮候顺位。对恢复受理证券公司为被执行人的执行案件，适用申请执行时效中断的规定。

——《最高人民法院关于依法审理和执行被风险处置证券公司相关案件的通知》(2009 年 5 月 26 日，法发〔2009〕35 号)

1222

对棉粮油收购资金不宜采取财产保全措施和执行措施

关键词｜棉粮油收购资金｜财产保全｜

【最高人民法院司法政策】

各省、自治区、直辖市高级人民法院，解放军军事法院，新疆维吾尔自治区高级人民法院生产建设兵团分院：

根据国务院国发〔1998〕15 号《关于进一步深化粮食流通体制改革的决定》和国发〔1998〕42 号《关于深化棉花流通体制改革的决定》以及《粮食收购条例》等有关法规和规范性文件的规定，人民法院在保全和执行国有粮棉油购销企业从事粮棉油政策性收购以外业务所形成的案件时，除继续执行我院法函〔1997〕97 号《关于对粮棉油政策性收购资金是否可以采取财产保全措施问题的复函》外，对中国农业发展银行提供的粮棉油收购资金及由该项资金形成的库存的粮棉油不宜采取财产保全措施和执行措施。

——《最高人民法院关于对粮棉油政策性收购资金形成的粮棉油不宜采取财产保全措施和执行措施的通知》（2000 年 11 月 16 日，法〔2000〕164 号）

【最高人民法院答复】

山东省高级人民法院：

你院鲁法经〔1997〕33 号《关于对粮棉油政策性收购资金专户是否可以采取财产保全措施的请示》收悉。经研究，答复如下：

同意你院请示的倾向性意见。粮棉油政策性收购资金是用于国家和地方专项储备的粮食、棉花、油料的收购、储备、调销资金和国家定购粮食、棉花收购资金。包括各级财政开支的直接用于粮棉油收购环节的价格补贴款、银行粮棉油政策性收购货款和粮棉油政策性收购企业的粮棉油调销回笼款。该资金只能用于粮棉油收购及相关费用支出。人民法院在审理涉及政策性粮棉油收购业务之外的经济纠纷案件中，不宜对粮棉油政策性收购企业在中国农业发展银行及其代理行或经人民银行当地分行批准的其他金融机构开立账上的这类资金采取财产保全措施,以保证这类资金专款专用,促进农业的发展。

——《最高人民法院关于对粮棉油政策性收购资金是否可以采取财产保全措施问题的复函》(1997 年 8 月 14 日,法函〔1997〕97 号)

编者说明

粮、棉、油作为农产品的基本原料和半成品,在其进入公民的日常生活前,一般经过种植、收购、运输、加工等环节。因此,从执行理论与实践来讲,用于粮棉油的政策性收购资金,也属于专项资金,具有专门用途,不宜冻结和扣划。这在最高人民法院《关于对粮棉油政策性收购资金是否可以采取财产保全措施问题的复函》和《关于对粮棉油政策性的收购资金形成的粮棉油不宜采取财产保全措施和执行措施的通知》中作出了规定。这两件司法文件中,后者是对前者的进一步补充和完善,其对收购资金的法律保护范围从以前单纯的资金形式扩展到收购资金的物化形式,从以前诉讼前和诉讼中的保护扩展到执行阶段的法律保护。

1223

信用证开证保证金的冻结、扣划

关键词 | 信用证开证保证金 | 执行 |

【最高人民法院司法解释】

信用证开证保证金属于有进出口经营权的企业向银行申请对国外(境外)方开立信用证而备付的具有担保支付性质的资金。为了严肃执法和保护当事人的合法权益,现就有关冻结、扣划信用证开证保证金的问题规定如下:

一、人民法院在审理或执行案件时,依法可以对信用证开证保证金采取冻结措施,但不得扣划。如果当事人认为人民法院冻结和扣划的某项资金属于信用证开证保证金的,应当提供有关证据予以证明。人民法院审查后,可按以下原则处理:对于确系信用证开证保证金的,不得采取扣划措施;如果开证银行履行了对外支付义务,根据该银行的申请,人民法院应当立即解除对信用证开证保证金相应部分的冻结措施;如果申请开证人提供的开证保证金是外汇,当事人又举证证明信用证的受益人提供的单据与信用证条款相符时,人民法院应当立即解除冻结措施。

二、如果银行因信用证无效、过期,或者因单证不符而拒付信用证款项并且免除了对外支付义务，以及在正常付出了信用证款项并从信用证开证保证金中扣除相应款额后尚有剩余，即在信用证开证保证金账户存款已丧失保证金功能的情况下，人民法院可以依法采取扣划措施。

三、人民法院对于为逃避债务而提供虚假证据证明属信用证开证保证金的单位和个人，应当依照民事诉讼法的有关规定严肃处理。

——《最高人民法院关于人民法院能否对信用证开证保证金采取冻结和扣划措施问题的规定》(1997年9月3日，法释〔1997〕4号)

【链接：最高人民法院法官著述】

三、信用证开证保证金的冻结

冻结和扣划是人民法院在审理或者执行案件中所采取的两种强制措施。冻结是指人民法院对开证人交付给银行信用证保证金不准开证人提取和处分的一种临时性措施；扣划是指人民法院要求银行将信用证保证金开证人账户中的资金划入他人账户的行为。依《规定》第一条，人民法院只能对信用证保证金采取冻结措施，不得扣划。如果当事人提供证据证明，人民法院冻结和扣划的资金属于信用证开证保证金的，只能采取冻结措施，不得扣划。但是，如果属于两种情况之一，则属例外：一是开证银行履行了对外支付义务，根据开证银行的申请，人民法院应当立即解除对信用证保证金相应部分的冻结措施。因为此种情况下，信用证保证金应当用于支付开证人对银行的债务。二是申请开证人提供的开证保证金是外汇，当事人提供证据证明信用证的受益人提供的单据与信用证条款相符时，人民法院应当立即解除冻结措施，信用证及其依附的基础合约(如买卖合同)是相互独立的两个法律关系，开证银行或保兑银行只对受益人提供的单据作形式审查，即只审查受益人提供的单据是否与信用证条款相符，而不审查开证人与受益人之间的买卖关系的真实性与合法性。在不可撤销的信用证开出后，只要受益人提供的单据符合信用证条款的要求，银行就负有不可推卸的付款责任。因此，司法解释规定，当事人只要证明受益人提供的单据与信用证条款相符，银行即负有付款责任。在这种情况下，信用证开证金应当首先用来支付开证人对银行的债务。虽然《规定》只限定立即解除对信用证保证金冻结措施的第二种情形只限于开证保证金为外汇的情形，但是对于开证保证金为人民币的情况下，人民法院也宜解除对开证保证金的冻结措施。这样，有利于维护信用证这一支付手段的推广，同时也有利于维护银行的合法权益。

四、信用证开证保证金的扣划

保证金的所有权虽然属于开证人所有，但其功能为了保证开证人能够支付其银行的债务即“赎单”。《规定》规定，人民法院可以扣划信用证开证保证金的情形只限以下两种：一是银行免除对外支付义务。银行拒付信用证款项的法定事由包括信用证无效、过期或者受益人提供的单据不符信用证条款。但是，人民法院扣划开证保证金，必须是因存在开证银行可以拒付的理由并且免除银行对外支付义务；二是开证保证金丧失保证金功能。开证人申请银行开立信用证并支付保证金，但如果银行依约支付了信用证款项后尚有剩余时，人民法院可以扣划开证保证金的多余部分。

五、人民法院对信用证开证保证金应当慎用冻结、扣划措施

《规定》就人民法院对信用证开证保证金采取冻结、扣划措施规定了严格的条件，这符合信用证的本质。因为银行开立信用证后，承担了对受益人支付信用证款项的义务。银行收取的保证金是为了保证开证人能够依约赎单。为了保证信用证这种支付工具作用的充分发挥，维护人民法院的权威与尊严，人民法院应当严格遵守《规定》，采取对信用证开证保证金的冻结、扣划措施时应当非常慎重。

六、当事人利用信用证保证金逃避履行债务应当承担法律责任

依《规定》，人民法院冻结和扣划信用证保证金应当有严格的条件。但是，当事人也不得利用信用证保证金逃避履行债务，否则人民法院不但有权冻结、扣划相关资金，而且可以依照《民事诉讼法》有关“对妨害民事诉讼的强制措施”对诉讼参与人或者其他人予以罚款、拘留甚至追究刑事责任。

——沈德咏主编、最高人民法院研究室编著：《民事司法解释的理解与适用》，法律出版社2009年版，第2309～2311页。

1224

可以冻结、划拨被执行人在银行的凭证式记名国库券

关键词｜凭证式国库券｜

【最高人民法院司法解释】

北京市高级人民法院：

你院京高法〔1997〕194号《关于对被执行人在银行的凭证式记名国库券可

否采取冻结、扣划强制措施的请示》收悉。经研究，答复如下：

被执行人存在银行的凭证式国库券是由被执行人交银行管理的到期偿还本息的有价证券，在性质上与银行的定期储蓄存款相似，属于被执行人的财产。依照《中华人民共和国民事诉讼法》第二百二十一条规定的精神，人民法院有权冻结、划拨被执行人存在银行的凭证式国库券。有关银行应当按照人民法院的协助执行通知书将本息划归执行申请人。

——《最高人民法院关于对被执行人存在银行的凭证式国库券可否采取执行措施问题的批复》(1998 年 2 月 10 日，法释〔1998〕2 号)

【链接：最高人民法院法官著述】

凭证式记名国库券是政府为减少印券成本，而委托银行向客户出售的仅开具记名凭证的一种国库券。凭证式记名国库券特指财政部发行的记名国债，又可称凭证式国库券。凭证式国库券到期后，客户虽只能持记名凭证到原购买地兑付，不得交易、转让，但可随时变现。记名国库券在性质上与定期存款相似，属于被执行人的财产。

最高人民法院研究室在办理本批复的过程中，曾征求了财政部、中国人民银行和国务院法制局的意见。财政部国债司认为，“凭证式国库券在性质上与银行的定期储蓄存款相似，属于被执行人的财产，人民法院可以依据有关的法律对其采取强制措施。必要时可以根据凭证式国库券的特点，按照实际持有天数和相应的利率档次计算本息，予以执行。”国务院法制局办公室也同意对记名国库券可以采取执行措施，但同时提出：“当需要对被执行人在银行购买的凭证式记名国库券采取强制措施时，不宜只限于‘到期后’，因为这种国库券的变现性也很强，可以比照‘个人存款’采取强制措施。”中国人民银行条法司明确指出，“不能转让的凭证式记名国库券是国库券的一种，属于有价证券，可以成为执行客体，人民法院可以对其采取强制措施。代财政发行凭证式记名国库券的金融机构应该协助人民法院办理冻结、扣划”。

《民事诉讼法》第二百二十一条规定：“被执行人未按执行通知履行法律文书确定的义务，人民法院有权向银行、信用合作社和其他有储蓄业务的单位查询被执行人的存款情况，有权冻结、划拨被执行人的存款，但查询、冻结、划拨存款不得超出被执行人应当履行义务的范围。人民法院决定冻结、划拨存款，应当作出裁定，并发出协助执行通知书，银行、信用合作社和其他有储蓄业务的单位必须办理。”《批复》正是基于对记名式国库券性质正确认为及对《民事诉讼法》本条的正确理解作出的司法解释。因而,在《批复》生效后,如果有关银行等金融机构对人民法院依法发出的冻结、扣划被执行人的记名式国库券的协助执行通知书不予理睬,就违反了《民事诉讼法》的规定,应当承担相应的法律责任。

——沈德咏主编、最高人民法院研究室编著:《民事诉讼司法解释理解与适用》,法律出版社2009年版,第2312~2313页。

1225

严禁冻结或划拨国有企业下岗职工基本生活保障资金

关键词|国有下岗职工基本生活保障资金|执行|

【最高人民法院司法政策】

各省、自治区、直辖市高级人民法院,新疆维吾尔自治区高级人民法院生产建设兵团分院:

据悉,最近一些地方人民法院在审理或执行经济纠纷案件中,冻结并划拨国有企业下岗职工基本生活保障资金,导致下岗职工基本生活无法保障,影响了社会稳定。为杜绝此类事件发生,特通知如下:

国有企业下岗职工基本生活保障资金是采取企业、社会、财政各承担三分之一的办法筹集的,由企业再就业服务中心设立专户管理,专项用于保障下岗职工基本生活,具有专项资金的性质,不得挪作他用,不能与企业的其他财产等同对待。各地人民法院在审理和执行经济纠纷案件时,不得将该项存于企业再就业服务中心的专项资金作为企业财产处置,不得冻结或划拨该项资金用以抵偿企业债务。

各地人民法院应对已审结和执行完毕的经济纠纷案件做一下清理,凡发现违反上述规定的,应当及时依法予以纠正。

——《最高人民法院关于严禁冻结或划拨国有企业下岗职工基本生活保障资金的通知》(1999年11月24日,法〔1999〕228号)

编者说明

国有企业下岗职工基本生活保障资金是采取企业、社会、财政各自承担1/3的办法筹集的，由企业再就业服务中心设立专户管理，专项用于保障下岗职工基本生活，具有专项资金性质，不能与企业的其他财产等同对待。人民法院在执行案件时，如果冻结、扣划此资金，将不利于社会稳定。因此，不得将该项存于企业再就业服务中心的专项资金作为企业财产处理，并不得冻结和扣划该项资金。本通知与最高人民法院《关于人民法院执行设定抵押的房屋的规定》《关于建设工程价款优先受偿权问题的批复》等在精神上是一脉相承的，其主旨都是对人民群众基本生存权的优先保护。

1226

不得执行被执行人封闭贷款结算专户中的款项

关键词 | 封闭贷款结算专户 |

【最高人民法院司法政策】

各省、自治区、直辖市高级人民法院，新疆维吾尔自治区高级人民法院生产建设兵团分院：

1999年7月26日，中国人民银行、国家经贸委、国家计委、财政部和国家税务总局联合下发了《封闭贷款管理暂行办法》（银发〔1999〕261号），同年8月5日中国人民银行、国家计委、财政部、外经贸部和国家税务总局又联合下发了《外经贸企业封闭贷款管理暂行办法》（银发〔1999〕285号）。封闭贷款是商业银行根据国家政策向特定企业发放的具有特定用途的贷款，为保证这项工作的顺利进行，使封闭贷款达到预期目的，现将有关问题通知如下：

一、人民法院审理民事经济纠纷案件，不得对债务人的封闭贷款结算专户采取财产保全措施或者先予执行。

二、人民法院在执行案件时，不得执行被执行人的封闭贷款结算专户中的款项。

三、如果有证据证明债务人为逃避债务将其他款项打入封闭贷款结算专户的，人民法院可以仅就所打入的款项采取执行措施。

四、如果债权人从债务人的封闭贷款结算专户中扣取了老的贷款和欠息，或者扣收老的欠税及各种费用，债务人起诉的，人民法院应当受理，并按照《封闭贷款管理暂行办法》第十四条的规定处理。债务人属于外经贸企业的，则按照《外经贸企业封闭贷款管理暂行办法》第二十一条的规定处理。

执行中有何问题，请及时向我院报告。

——《最高人民法院关于执行〈封闭贷款管理暂行办法〉和〈外经贸企业封闭贷款管理暂行办法〉中应注意的几个问题的通知》(2000 年 1 月 10 日，法发〔2000〕4 号)

【链接：最高人民法院法官著述】

问题：对 1999 年中国人民银行等五部门制定的《封闭贷款管理暂行办法》中"封闭运行期间"应如何解释？是指封闭贷款合同约定的借款之日起至约定还款之日止，还是指只要贷款没有还清，哪怕是过了约定还款日期，仍属于封闭运行期间？对此问题有两种意见，一种认为封闭运行期间应是借款之日起至约定还款之日止，而银行则认为是只要该贷款没有还清，就仍属于封闭运行期间。

《人民司法》研究组认为：封闭贷款是按照国家有关政策用于特定目的的贷款。按照 1999 年 8 月中国人民银行、国家发展计划委员会、财政部、对外贸易经济合作部和国家税务总局制定的《封闭贷款管理暂行办法》《外经贸企业封闭贷款管理暂行办法》和最高人民法院有关司法解释的规定，封闭贷款实行专款专用，并设单独的账户，确保贷款用于约定的生产经营，不被挪作他用；确保回收款项用于清偿贷款，不被用作其他用途。在封闭运行期间内，司法机关也不得查封、冻结封闭贷款专用账户，更不得用于清偿借款人的其他债务。因此，封闭运行期间应当指封闭贷款实际发放、使用至清偿的整个期间，而不限于贷款合同约定的使用期间。如果在约定期间内借款人未清偿封闭贷款，对该专用账户人民法院仍然不能查封、冻结和执行。

——《人民司法》2000 年第 5 期

1227

不得查封、冻结和扣划社会保险基金

关键词 | 社会保险基金 |

【最高人民法院司法政策】

各省、自治区、直辖市高级人民法院，新疆维吾尔自治区高级人民法院生产建设兵团分院：

近一个时期，少数法院在审理和执行社会保险机构原下属企业（现已全部脱钩）与其他企业、单位的经济纠纷案件时，查封社会保险机构开设的社会保险基金账户，影响了社会保险基金的正常发放，不利于社会的稳定。为杜绝此类情况发生，特通知如下：

社会保险基金是由社会保险机构代参保人员管理，并最终由参保人员享用的公共基金，不属于社会保险机构所有。社会保险机构对该项基金设立专户管理，专款专用，专项用于保障企业退休职工、失业人员的基本生活需要，属专项资金，不得挪作他用。因此，各地人民法院在审理和执行民事、经济纠纷案件时，不得查封、冻结或扣划社会保险基金；不得用社会保险基金偿还社会保险机构及其原下属企业的债务。

各地人民法院如发现有违反上述规定的，应当及时依法予以纠正。

——《最高人民法院关于在审理和执行民事、经济纠纷案件时不得查封、冻结和扣划社会保险基金的通知》（2000年2月18日，法〔2000〕19号）

1228

人民法院可以对银行承兑汇票保证金采取冻结措施，但不得扣划

关键词 | 银行承兑汇票保证金 |

【最高人民法院司法政策】

九、人民法院依法可以对银行承兑汇票保证金采取冻结措施，但不得扣划。如果金融机构已对汇票承兑或者已对外付款，根据金融机构的申请，人民法院应当解除对银行承兑汇票保证金相应部分的冻结措施。银行承兑汇票保证金已丧失保证金功能时，人民法院可以依法采取扣划措施。

——《最高人民法院、中国人民银行关于依法规范人民法院执行和金融机构协助执行的通知》（2000年9月4日，法发〔2000〕21号）

1229

旅行社质量保证金的执行

关键词｜旅行社质量保证金｜

【最高人民法院司法政策】

各省、自治区、直辖市高级人民法院、新疆维吾尔自治区高级人民法院生产建设兵团分院：

人民法院在执行涉及旅行社的案件时，遇有下列情形而旅行社不承担或无力承担赔偿责任的，可以执行旅行社质量保证金：

(1)旅行社因自身过错未达到合同约定的服务质量标准而造成旅游者的经济权益损失；

(2)旅行社的服务未达到国家或行业规定的标准而造成旅游者的经济权益损失；

(3)旅行社破产后造成旅游者预交旅行费损失；

(4)人民法院判决、裁定及其他生效法律文书认定的旅行社损害旅游者合法权益的情形。

除上述情形之外，不得执行旅行社质量保证金。同时，执行涉及旅行社的经济赔偿案件时，不得从旅游行政管理部门行政经费账户上划转行政经费资金。

——《最高人民法院关于执行旅行社质量保证金问题的通知》(2001 年 1 月 8 日，法〔2001〕1 号)

【链接：最高人民法院法官著述】

旅行社被吊销、注销经营资格后旅行社质量保证金能否执行？

问题：我院执行甲公司与乙旅行社门票纠纷一案时查明：乙旅行社于 2004 年被福建省旅游局注销经营许可证，其设立时曾向旅游局缴纳旅游质量保证金 5 万元。我院据此于 2005 年 3 月 9 日向旅游局发出协助执行通知书冻结该保证金。但是在要求协助提取该款时，旅游局以最高人民法院〔2001〕1 号文《关于执行旅行社质量保证金问题的通知》只列举了四种旅行社损害旅游者利益时才可执行保证金的情形,除此之外,不得执行旅行社质量保证金,因此拒绝协助执行。请问:旅游局的做法对吗?

《执行工作指导》研究组认为:旅游质量保证金设立的目的是为了方便旅游行政管理机关对旅游企业进行行业管理,保证旅游消费者的合法权益及时得到保护。在旅行社因被注销行业经营资格而进行清算时,旅游质量保证金首先要保证赔偿旅游者预交的旅行费以及旅游者对旅行社因旅游合同所产生的债权足额受偿,如有余额方能由其他债权人依法受偿。

——最高人民法院执行工作办公室编:《执行工作指导》(总第 17 辑),人民法院出版社 2006 年版,第 273 页。

编者说明

旅行社质量保证金设立的目的是方便旅游行政管理机关对旅游企业进行行业管理,保证旅游消费者的合法权益及时得到保护,也是有特定用途的专项资金。最高人民法院对执行案件中,旅行社不承担或无力承担赔偿责任时,可以执行其质量保证金的情形作了规定。

1230

不可冻结案外人镇政府收取的土地出让金

关键词 | 土地出让金 | 执行异议 |

【最高人民法院答复】

山东省高级人民法院:

你院 2005 年 12 月 27 日和 2006 年 3 月 6 日《关于申请执行人德州富达玻璃钢制品有限公司与被执行人长春绿新大市场加工承揽合同纠纷一案执行情况的报告》收悉。经研究,提出以下意见:

长春市绿园区西新镇政府不是本案的被执行人,与本案被执行人长春绿新大市场无任何法律关系,在此情况下,德州市中级人民法院裁定冻结、扣划西新镇政府财政所款项属执行错误,依法应予纠正。德州中院在冻结西新镇政府款项后,对农业银行长春西新分理处的处罚不当,亦应依法予以纠正。至于西新镇政府依据吉林省长春市有关文件收取土地出让金的做法是否违法,非执行程序审查的范围,应通过其他途径解决。

——《最高人民法院执行工作办公室〔2005〕执监字第217号函》(2006年3月16日)

【链接:最高人民法院法官著述】

本院依法不能执行,具体理由如下:

1. 德州中院在执行程序中追加西新镇政府为被执行人既无事实依据,也无法律依据。因西新镇政府与被执行人在法律上无任何关系,既不是开办单位也不是其上级主管部门,因此,德州市中级人民法院裁定冻结西新镇政府财政所的款项没有任何法定理由。

2. 西新镇政府和被执行人绿新大市场一致反映德州市中级人民法院冻结扣划的900万元款项系土地出让金,德州市中级人民法院在无任何证据的情况下予以否定缺乏事实和法律依据。

3. 西新镇政府收取土地出让金的时间为2004年12月30日,而德州市中级人民法院却在8个月以后即2005年8月2日冻结扣划西新镇财政所账户的900万元,应认定属执行错误。

4. 西新镇政府于2001年7月10日被吉林省政府列为"十强镇"。吉林省政府经济体制改革办公室吉改办发〔2001〕52号文件确定为该省"十强镇"综合改革试点镇,长春市财政局财综〔2003〕611号文件明确规定"十强镇"的土地出让金可直接用于该镇的小城镇建设,可直接作为本级政府的收入。吉林省委吉发〔1995〕22号关于《鼓励和扶持"十强镇"综合改革试点的若干政策》文件规定:"十强镇"享受计划、财税、工商、城建、林业环卫等方面的县级经济管理权、审批权以及相应的干部管理权和行政审批权。《吉林省关于加快省"十强镇"改革与发展的若干政策》第三条明确规定:"国有土地有偿使用收益,除新增建设用地(指农用地转用)收益30%上缴国家外,其余全部留镇用于开发建设,土地收益直接进镇级财政。"对此,长春市国土资源局于2005年2月7日证明:绿园区西新镇属省政府确立的"十强镇",土地出让金直接进入镇财政,并开讫专用票据作为国土部门办理土地出让手续缴纳土地出让金的凭证。且中共中央、国务院于2000年6月13日发布的《关于促进小城镇健康发展的若干意见》第六条明确指出:"小城镇现有建设用地的有偿使用收益,留给镇级财政,统一用于小城镇的开发和建设。"上述情况表明,西新镇政府收取土地出让金既是依据吉林省委、省政府的文件规定，长春市国土资源局也予以认可；而且也进一步说明，吉林省的改革试点是完全符合党中央、国务院的文件精神的。而德州市中级人民法院未经诉讼程序直接在执行程序中否定吉林省、长春市的有关文件规定不妥，依法应予纠正。

由于西新镇政府不是本案的被执行人，因此，农业银行吉林省分行营业部说明情况不便协助应认定并无不当，德州市中级人民法院裁定让农业银行吉林分行承担责任及处以罚款也属不当，也应予以纠正。

——张小林：《长春市西新镇政府土地出让金被冻结执行异议案》，载江必新主编、最高人民法院执行局编：《执行工作指导》（总第27辑），人民法院出版社2009年版，第43～44页。

1231

扣划案外人银行存款无执行依据

关键词 | 案外人财产 | 扣划银行存款 | 执行依据 |

【最高人民法院答复】

广东省高级人民法院：

你院经济审判庭粤法经行字〔1990〕第40号《关于中国农业银行南京信托投资公司就深圳市上步区法院划拨其银行存款申诉一案的处理意见》收悉。经研究，答复如下：

深圳市上步区人民法院在未让中国农业银行南京信托投资公司参加诉讼的情况下，扣划其银行存款没有执行依据，应予纠正。如果没有证据证明南京信托投资公司与江淮公司串通骗取亚泰公司的财物或明知江淮公司用以归还其贷款的117370美元系采用欺诈手段得来的，则不宜追加该公司作为当事人参加江淮公司与亚泰公司之间的诉讼。

——《最高人民法院关于中国农业银行南京信托投资公司就深圳市上步区法院划拨其银行存款申诉一案有关问题的复函》［1991年4月21日，法（经）函〔1991〕46号］

1232

扣划裁定可以对抗其他后续的执行措施

关键词｜扣划裁定｜不履行协助执行义务｜

【最高人民法院答复】

广东省高级人民法院：

关于广发证券股份有限公司（以下简称广发证券）执行异议一案，你院〔2006〕粤高法执督字第259、271号之一号报告已收悉。经研究，答复如下：

同意你院的审查意见。广州市越秀区人民法院（以下简称越秀区法院）的扣划裁定先于海南省洋浦经济开发区法院的冻结裁定送达协助义务人。人民法院在执行程序中的扣划裁定具有控制财产的效力，可以对抗其他法院后续的执行措施，不因协助义务人的不予协助执行行为而失去其对拟扣划财产的约束力。广发证券两营业部在未经在先法院同意的情况下，却协助在后的法院扣划同一笔款项，越秀区法院因此认定广发证券两营业部擅自解冻并无不当，在不能追回有关款项的情况下裁定其承担责任于法有据。

此复。

——《最高人民法院关于协助执行义务人未按法院裁定划款，可裁定其承担责任的答复》（2007年6月20日，〔2006〕执监字第115－1号）

安徽省高级人民法院、山东省高级人民法院：

你院〔2005〕皖执他字第016号《关于单光彩与青岛平度市进出口公司辣椒种植回收合同纠纷一案请求协调的报告》收悉。经研究，答复如下：

人民法院在执行程序中的扣划裁定具有控制财产的效力，可以对抗其他法院后续的执行措施，不因协助义务人的不予协助执行行为而失去其对拟扣划财产的执行力。本案中，安徽省宿州市埇桥区人民法院执行程序合法，其（2005）宿涌执字第236号扣划裁定先于山东省平度市人民法院的保全裁定生效，因此，被执行人平度市进出口公司在中国银行平度市支行账户上的冻结款项应由埇桥区人民法院先行执行。

此复。

——《最高人民法院执行工作办公室关于安徽省宿州市埇桥区人民法院与山东省青岛市平度市人民法院执行青岛平度市进出口公司协调一案的答复》(2006年1月9日,〔2005〕执协字第36号)

【链接：最高人民法院法官著述】

《中华人民共和国民事诉讼法》第一百零三条规定,有义务协助调查、执行的单位,拒不履行法定义务的,人民法院除责令其履行协助义务外,并可以予以罚款。在本案中,协助执行义务人中国银行平度支行拒不协助宿州埇桥区人民法院对执行款项的扣划,是典型的不尽协助义务的行为,宿州埇桥区人民法院依据有关法律规定对此行为予以处罚,体现了人民法院执行措施的严肃性。在人民法院执行实践中,协助执行义务人不尽协助义务的情况时有发生,这也是造成人民法院执行案件"执行难"的主要原因之一,但这不是本案关注的主要问题,在此就不再赘述。由于协助义务人的不协助行为,导致先前的冻结措施超过法定期限,另一法院又采取冻结措施,由此造成两法院的执行措施冲突是一个值得探究的法律问题,也是解决本案的关键,需要我们对扣划裁定的法律效力进行深入的思考和界定。

1. 扣划裁定不当然发生所有权转移的效力

安徽高院认为应当参照《最高人民法院关于人民法院民事执行中拍卖、变卖财产的规定》第二十九条"不动产、有登记的特定动产或者其他财产权拍卖成交或者抵债后,该不动产、特定动产的所有权、其他财产权自拍卖成交或者抵债裁定送达买受人或者承受人时起转移"的规定,扣划裁定已送达,拟执行款项的所有权就发生转移。就理论研究而言,也有意见认为,扣划措施是剥夺存款人对其存款的处分权,是对存款权利性质的实质性改变,由于存款是在银行作登记的,存款账户即为登记的标志,故"冻结的银行存款项"应属该条款中规定的"有登记的其他财产权利",这种理解有一定的道理。但是,钱款作为动产,其所有权以交付为转移是民法确定的基本原则,对钱款以存单的形式转化后,所有权的转移如何确定？对此不能简单断论。如果将扣划裁定的法律效力定性为所有权转移了,新的权利人则应具有占有、使用、处分、收益等所有权的权益。但实际上,账户还在存款人名下,新的权利人并不占有该款项,也不能使用该款项去购买物品,更不能对该款项作出如赠与或给付等处分行为,银行也不会向其支付该款项的利息,可见,新的权利人并不享有所有权。因此,将“冻结的款项”理解为“有登记的其他财产权利”没有法律依据,不能参照该条款将扣划裁定理解为具有所有权转移的效力。

2. 扣划裁定的法律效力

为保障人民法院生效法律文书确定的权利义务的实现,法律赋予了人民法院对债务人在银行的存款可以查询、冻结、扣划等司法措施的权力,这三个司法措施既是独立的司法行为,又融合为一个有机的整体。查询属于发现财产线索,属于准备阶段,目的是了解掌握债务人在银行的财产情况,是为下一步采取冻结措施的基础。冻结是控制财产的一种手段,限制债务人对其名下财产权利的处分,为债权人实现权利做好准备。扣划是查询和扣划措施的最终目的,是对被执行财产的处分性措施,从而真正实现了债权人的权利。

扣划作为一个法定的独立的执行措施,具有独立的司法价值和法律内涵。扣划既具有控制被执行财产、限制擅自转移被执行财产的效力,也含有命令协助义务人将财产权利转移给新的权利人之意。首先,对于扣划裁定的控制效力,具有两个方面的含义:一是扣划裁定一经送达,即具有控制财产、限制擅自转移财产的效力,该效力不因被执行人的异议或协助执行人的不予协助而改变或丧失;二是扣划裁定并不具有效力期限,更不会因期限届满而导致效力丧失,其原因是扣划裁定作为转移财产权利的最终手段,其生效后协助转移义务由协助义务人承担,故不能像冻结措施那样为防止人民法院或债权人怠于行使权力会对他人利益造成损害而设置一定的效力期限予以限制。其次,对于扣划裁定转移财产权利方面的效力,需要协助义务人履行法定的手续、完成特定的协助行为后才能实现,如前段所述,在协助义务人未完成协助义务之前,新的权利人并不能享有所有权,故扣划裁定实现财产权利转移的效力不能当然实现。在本案中,安徽省宿州市埇桥区人民法院(2005)宿埇执字第236号扣划裁定合法有效,其先于山东省平度市人民法院的保全裁定对被执行人平度市进出口公司在中国银行平度市支行账户上的款项产生控制财产的效力,故此财产应由埇桥区人民法院先行执行。

——黄年:《扣划裁定的效力认定——安徽省宿州市埇桥区人民法院与山东省青岛市平度市人民法院执行青岛平度市进出口公司协调一案评析》,载最高人民法院执行工作办公室编:《执行工作指导》(总第17辑),人民法院出版社2006年版,第87~89页。

1233

冻结单位银行存款六个月期限起止时间的计算

关键词｜冻结存款期限｜

【最高人民法院答复】

江西省高级人民法院：

你院《关于冻结单位银行存款六个月期限如何计算起止时间的请示》收悉，经研究，答复如下：

根据《中华人民共和国民事诉讼法》第七十五条第二款的规定，期间开始的时和日，不计算在期间内。宜春地区中级人民法院 1994 年 4 月 18 日冻结某企业的银行存款，冻结期限 6 个月应从 1994 年 4 月 19 日起算，到同年 10 月 18 日当天银行停止营业时止。冻结的效力则应从 1994 年 4 月 18 日冻结手续办结之时开始。

——《最高人民法院关于冻结单位银行存款六个月期限如何计算起止时间问题的复函》（1995 年 1 月 16 日，法经〔1995〕16 号）

1234

当事人错误申请冻结银行存款应承担赔偿责任

关键词｜错误申请执行｜冻结银行存款｜

【链接：最高人民法院法官著述】

当事人错误申请冻结银行存款应承担赔偿责任。

一方当事人申请人民法院冻结对方的银行存款，在存款被冻结期间，被申请方的这笔存款不能使用，不能产生经济效益，客观上造成一定经济损失。如果申请冻结方败诉，则应该赔偿被申请方造成的损失。最高人民法院经济审判庭 1992 年 9 月 25 日《关于银行应否支付企业存款被冻结期间利息问题的复函》规定："企业在银行的存款被司法冻结后，这笔存款对该企业而言，不能参与资金周转、产生经济效益，但这笔存款仍由银行支配，参与银行资金的周转。因而只要这笔存款是在计息账户的,银行应当按照存款付息的规定,按期计付利息”。按上述复函的规定,被冻结的存款如果是计息账户的,在被冻结期间,银行仍付给其利息,因此在确定赔偿额时应依中国人民银行规定的同期同类贷款利率减除活期存款利率计算。

——最高人民法院民事审判第一庭本书编写组编:《民事审判实务问答》,法律出版社2005年版,第130页。

1235

扣留、提取被执行人收入的程序

关键词 | 被执行人收入 |

【最高人民法院司法解释】

35. 作为被执行人的公民,其收入转为储蓄存款的,应当责令其交出存单。拒不交出的,人民法院应当作出提取其存款的裁定,向金融机构发出协助执行通知书,并附生效法律文书,由金融机构提取被执行人的存款交人民法院或存入人民法院指定的账户。

36. 被执行人在有关单位的收入尚未支取的,人民法院应当作出裁定,向该单位发出协助执行通知书,由其协助扣留或提取。

37. 有关单位收到人民法院协助执行被执行人收入的通知后,擅自向被执行人或其他人支付的,人民法院有权责令其限期追回;逾期未追回的,应当裁定其在支付的数额内向申请执行人承担责任。

——《最高人民法院关于人民法院执行工作若干问题的规定(试行)》(1998年7月8日,法释〔1998〕15号)

【链接:最高人民法院法官著述】

被执行人在其所在单位或有关单位有劳动收入尚未领取,不论是否一次性足以清偿债务,都可采取扣留、提取强制执行措施。如果被执行人的收入一次性足以清偿债务且已具备提取条件的,不必采取扣留措施,可以直接采取提取措施，但这种情况在执行实践中比较少见。在通常情况下，多数被执行人在较长时间内积累的劳动收入才能满足清偿全部债务，且劳动收入具有分期性和连续性的特点，因而有必要采取扣留措施，待到留足数额时予以提取。法律没有规定扣留多少数额，多少时间才可以提取，这些问题由民事强制执行机构根据具体情况决定。民事强制执行机构在扣留、提取的裁定和协助执行通知中可以确定每次扣留、提取的数额，以决定扣留到足额后一次性提取，有关单位必须照此协助执行。

《民事诉讼法》第 219 条第 2 款规定，人民法院在扣留、提取收入时，应当作出裁定，并发出协助执行通知书，被执行人所在单位、银行、信用合作社和其他有储蓄业务的单位必须办理。

被执行人的收入转为储蓄存款的，对其执行方法与对单位存款的执行不一样，对单位存款的执行采取冻结、划拨措施，而对被执行人为公民个人存款的执行，首先应当责令其交出存单，然后凭存单、提取裁定书和协助执行通知等手续提取。如果被执行人拒不交出存单，民事强制执行机构应当作出提取其存款的裁定，向有关金融机构发出协助执行通知书，并附生效法律文书，由金融机构提取被执行人的存款，交法院或存入法院指定的账户。

被执行人在有关单位的收入尚未支取的，人民法院应当作出裁定，向该单位发出协助执行通知书，由其协助扣留或提取。有关单位收到人民法院协助执行被执行人收入的通知后，擅自向被执行人或其他人支付的，人民法院有权责令其限期追回；逾期未追回的，应当裁定其在支付的数额内向申请执行人承担责任。

——江必新主编：《民事执行新制度理解与适用》，人民法院出版社 2010 年版，第 353 ~ 354 页。

编者说明

《民事诉讼法》第 243 条第 1 款规定："被执行人未按执行通知履行法律文书确定的义务，人民法院有权扣留、提取被执行人应当履行义务部分的收入。但应当保留被执行人及其所扶养家属的生活必需费用。"

扣留是民事强制执行机构在民事强制执行过程中依法委托被执行人所在单位或有关单位保存并不准被执行人领取其收入的一种民事强制执行措施。扣留与冻结相似，两者都是保全性强制执行措施，目的都是限制被执行人运用或处分有关款项。

提取是在民事强制执行过程中，民事强制执行机构依法取出被执行人在其单位或有关单位的存款或劳动收入交给申请执行人的一种强制执行措施。提取与划拨相似，都是实现性执行措施。提取与扣留都适用于被执行人是公民的案件，扣留后一般都应提取除被执行人在扣留期间已以其他财产清偿债务外的可执行财产。

1236

人民法院可以提取投保人在保险公司所投第三人责任险应得的保险赔偿款

关键词 | 保险赔偿款 | 协助执行 |

【最高人民法院答复】

江苏省高级人民法院：

你院〔1999〕苏法执他字第15号《关于人民法院能否提取投保人在保险公司所投的第三人责任险应得的保险赔偿款的请示》收悉。经研究，答复如下：

人民法院受理此类申请执行案件，如投保人不履行义务时，人民法院可以依据债权人（或受益人）的申请向保险公司发出协助执行通知书，由保险公司依照有关规定理赔，并给付申请执行人；申请执行人对保险公司理赔数额有异议的，可通过诉讼予以解决；如保险公司无正当理由拒绝理赔的，人民法院可依法予以强制执行。

——《最高人民法院关于人民法院能否提取投保人在保险公司所投的第三人责任险应得的保险赔偿款问题的复函》（2000年7月13日，〔2000〕执他字第15号）

【链接：最高人民法院法官著述】

保险公司以投保人未索赔，无法确定理赔数额为由，拒绝协助执行的做法有违法律规定，是明显不当的。特别是在人民法院受理了交通事故损害赔偿申请执行的情况下，保险公司拒绝协助执行，是有违法律规定，损害第三人合法权益的行为。保险法第24条规定：“保险人收到被保险人或者受益人的赔偿或者给付保险金的请求后，应当及时作出核定，并将核定结果通知被保险人或受益人。对属于保险责任的，在与被保险人或者受益人达成有关赔偿或者给保险金额的协议后十日内，履行赔偿或者给付保险金义务。保险合同对保险金额及赔偿或者给付期限有约定的，保险人应当依照保险合同的约定，履行赔偿或者给保险金义务。任何单位或者个人都不得非法干预保险人履行赔偿或者给付保险金的义务，也不得限制被保险人或者受益人取得保险金的权利。”该法第 50 条规定：“保险人对责任保险的被保险人给第三者造成的损害，可以依照法律的规定或者合同的约定，直接向该第三者赔偿保险金。”鉴于江苏高院请示反映的问题，是投保人交通肇事后逃逸躲藏，第三人（即受益人）在交通事故审理后，请求法院予以执行，依据保险法第 24 条、50 条之规定，保险公司依法应当向该第三人支付责任险赔偿款。保险公司以投保人未索赔，拒绝协助的做法，实质上是变相限制第三人（受益人）的合法权益，是违反法律规定的行为，故建议，同意江苏高院按保险法第 50 条规定办理的意见，即保险责任申请执行受理法院，可裁定由保险公司直接向第三者赔偿保险金。

——张小林：《关于人民法院能否提取投保人在保险公司所投的第三人责任险应得的保险赔款问题的请示与答复》，载最高人民法院执行工作办公室编：《强制执行指导与参考》（总第 3 辑），法律出版社 2003 年版，第 207 页。

1237

对人身保险费不能强制执行

关键词 | 人身保险费 | 强制执行 |

【链接：最高人民法院法官著述】

问题：在某法院执行一起债务案件时，申请人提供证据证明被执行人在人寿保险公司投了人身保险。执行中对执行投保人缴纳的保险费有以下三种意见：一是投保人与保险人订立保险合同后，投保人所交的保险费即归保险人所有，法院不能强制执行；二是保险合同成立后，在约定的保险事故未发生前，投保人所交保险费属投保人个人的合法收入，如果保险公司不协助执行，法院有权强制执行；三是人身保险费可以强制执行，但必须以解除合同为条件。

《人民司法》研究组认为：第一种观点是正确的。我国保险法所规范的人身保险属于商业保险范畴，即由投保人支付保险费，保险公司承担给付保险金责任的商业行为，当事人间的权利义务关系由保险合同明确规定。缴纳保险费是投保人的基本义务，已缴纳的保险费，所有权属于保险人。对此，人民法院不应再作为投保人的财产予以强制执行。

——《人民司法》2002 年第 3 期

1238

强制执行保险理赔款时，保险公司对该款项有异议的处理

关键词｜商业保险金｜

【链接：最高人民法院法官著述】

主要观点：在人民法院强制执行保险理赔款项时，若保险公司对于应予赔付的数额有异议，人民法院不宜在执行程序中直接确定数额，可告知当事人通过诉讼程序予以解决。

主要理由：依照《保险法》第三十三条之规定，财产保险合同是以财产及其有关的利益为保险标的的保险合同。财产保险是纯经济性的商业保险，是一种间接地保障经济利益的形式。所以，人民法院对于财产保险的执行应当以执行为原则，不予执行为例外。依照《最高人民法院关于人民法院民事执行中查封、扣押、冻结财产的规定》第二条之规定，人民法院可以查封、扣押、冻结被执行人的动产、不动产以及其他财产权利。财产保险金是在被执行人保险标的物基础上衍生出的财产利益，人民法院为充分保护债权人的利益，促进经济往来的良好发展，而予以查封、扣押、冻结保险金是具有合理性与合法性的。

对于保险理赔款项的具体执行，最高人民法院〔2000〕执他字第 15 号《关于人民法院能否提取投保人在保险公司所投的第三人责任险应得的保险赔偿款问题的复函》有所规定：被执行人作为投保人在保险公司有应得的保险赔偿款，人民法院受理此类申请执行案件，如投保人不履行义务时，人民法院可以依据债权人（或受益人）的申请向保险公司发出协助执行通知书，由保险公司依照有关规

定理赔，并给付申请执行人；申请执行人对保险公司理赔数额有异议的，可通过诉讼予以解决；如保险公司无正当理由拒绝理赔的，人民法院可依法予以强制执行。

依照上述规定，被执行人作为投保人在保险公司有应得的保险赔偿款，如被执行人不履行义务时，人民法院可以依据债权人（或受益人）的申请向保险公司发出协助执行通知书，由保险公司依照有关规定理赔，并支付理赔款项。如保险公司无正当理由拒绝理赔的，人民法院可依法予以强制执行。而理赔款项数额的确定，一般由保险公司按照规定予以计算。在保险公司拒绝理赔，人民法院依法予以强制执行的情况下，如果保险公司对强制执行的理赔款项数额以及是否属于理赔范围有异议的，可以通过诉讼程序予以解决。人民法院在执行程序中不宜进行审查确认，避免侵犯当事人的合法诉权。

——高执研：《执行疑难问题问答（一）》，载最高人民法院执行局编：《执行工作指导》（总第45辑），人民法院出版社2013年版，第112～113页。

1239

执行程序中可以扣划离退休人员离休金、退休金清偿其债务

关键词 | 扣划离退休金 |

【最高人民法院答复】

天津市高级人民法院：

你院津高法〔2001〕28号《关于劳动保障部门应依法协助人民法院扣划被执行人工资收入的请示》收悉。经研究，答复如下：

为公平保护债权人和离退休债务人的合法权益，根据《民法通则》和《民事诉讼法》的有关规定，在离退休人员的其他可供执行的财产或者收入不足偿还其债务的情况下，人民法院可以要求其离退休金发放单位或者社会保障机构协助扣划其离休金或退休金，用以偿还该离退休人员的债务。上述单位或者机构应当予以协助。

人民法院在执行时应当为离退休人员留出必要的生活费用。生活费用标准

可参照当地的有关标准确定。

——《最高人民法院研究室关于执行程序中能否扣划离退休人员离休金退休金清偿其债务问题的答复》(2002 年 1 月 30 日,法研〔2002〕13 号)

【链接:最高人民法院法官著述】

为了切实保障离退休人员领取离休金、退休金的合法权益,最高人民法院在2000 年,向全国各级人民法院发出了《关于在审理和执行民事、经济纠纷案件时不得查封、冻结和扣划社会保险基金的通知》(法〔2000〕19 号)。通知要求劳动社会保障机构与其他企业发生纠纷时,人民法院禁止查封、冻结、扣划社会保障机构的社会保险基金,即不能用社会保险基金偿还劳动社会保障机构的债务。这是因为劳动社会保障机构只是社会保险基金的管理者,该基金并不属于劳动社会保障机构所有,当劳动社会保障机构作为债务人时,只能以其自有财产偿还债务,不能动用其所管理的社会保险基金。人民法院在审理和执行案件时不得查封、冻结和扣划劳动社会保障机构的社会保险基金的通知,保证了劳动社会保障机构能有足够的社会保险基金按时、足额向离退休人员正常发放。另外,在本《答复》中,最高人民法院对人民法院执行离退休人员的离休金、退休金作了特殊的保护性规定。首先将执行离退休人员的其他财产作为强制执行的第一选择,在其他财产不足以清偿债务时,才可以扣留、提取其离休金、退休金。同时,《答复》中增加了一个严格的限制条件,即人民法院必须为其留出必要的生活费用。从而保证了离退休人员的生活需要。

另一方面,《答复》又体现了对债权人权利的保护。根据权利义务一致的原则,离退休人员是具有民事权利能力和行为能力的人,在民事活动中,应当与其他民事主体平等地享受权利、承担义务,不能因其是离退休人员,就可以不履行债务。因此,《答复》明确规定了只有在离退休人员的其他可供执行的财产或者收入不足以偿还其债务的情况下,人民法院才可以要求其离退休金发放单位或者劳动社会保障机构协助扣划其离休金、退休金,用以偿还该离退休人员的债务。

应当明确的是,人民法院在执行中,依法扣划离退休人员的离休金、退休金是行使国家的司法权力。劳动社会保障机构作为社会保险基金的管理部门,有义务协助人民法院扣划离退休人员的离休金、退休金。执行中,扣划离退休人员离休金、退休金的是人民法院,劳动社会保障机构只是人民法院的协助执行人,不是“扣发和代扣”单位。劳动和社会保障机构不应当拒绝协助人民法院执行。

——王惠君:《关于执行程序中能否扣划离退休人员离休金退休金清偿其债务问题的请示与答复》,载最高人民法院执行工作办公室编:《强制执行指导与参考》(总第3辑),法律出版社2003年版,第216~218页。

1240

被执行人住房公积金的执行

关键词｜住房公积金｜

【最高人民法院答复】

安徽省高级人民法院:

你院〔2012〕皖执他字第00050号《关于强制划拨被执行人住房公积金问题的请示报告》收悉。经研究,答复如下:

根据你院报告中所述事实情况,被执行人吴某某已经符合国务院《住房公积金管理条例》第二十四条规定的提取职工住房公积金账户内的存储余额的条件,在保障被执行人依法享有的基本生活及居住条件的情况下,执行法院可以对被执行人住房公积金账户内的存储余额强制执行。

此复。

——《最高人民法院执行局〔2013〕执他字第14号函》(2013年7月31日)

【链接:最高人民法院法官著述】

(一)符合《住房公积金管理条例》规定条件特定用途的公积金可以执行

根据上述分析,甘肃高院请示的法院能否查封、冻结、划拨和提取被执行人住房公积金问题,不能简单地肯定和否定,应当根据不同的情况区别处理。甘肃高院请示中的两种意见都存在片面之处,不能全部赞同。我们认为,人民法院能否查封、冻结、划拨和提取被执行人住房公积金账户内的存款余额,应当依照2002年3月24日国务院修订的《住房公积金管理条例》第二十四条规定的提取事由是否成就区别对待。提取事由尚未成就的,人民法院不能查封、冻结、划拨和提取。已经成就或者已经提取的,应当区别不同的提取成就事由对待。成就或者提取的事由属于该条第一款第(一)、(五)、(六)项事由的,人民法院不能因被执行人对这些事由以外的当事人的债务,而查封、冻结、划拨和提取其住房公积金账户内的存款余额或者执行其已经提取的款项,对符合上述事由以内的当事人的债务除外;成就或者提取的事由属于该条第一款其他项以及第三款事由的,人民法院有权查封、冻结、划拨和提取债务人住房公积金账户内的存款余额或者执行其已经提取的款项。

(二)执行公积金的司法建议

1. 人民法院能否查封、冻结、划拨和提取被执行人住房公积金问题,属诉讼制度及其适用的问题。按照立法法第八条的规定,“诉讼和仲裁制度”的事项“只能制定法律”。诉讼制度适用上的问题,在法律没有明文规定的情况下,应当由最高人民法院作出司法解释。《住房公积金管理条例》是国务院制定的行政法规,依法不能对诉讼制度作出规定,其规定中也未涉及诉讼制度及其适用的问题。因此,人民法院能否查封、冻结、划拨和提取被执行人住房公积金问题,是在审判和执行实践中具体适用法律的问题,因此,应当由最高人民法院依据法律和行政法规的有关规定内容作出司法解释。

2. 对住房公积金的执行应综合考虑各方权益。尽管在性质上住房公积金是职工工资的一部分,但仍要顾及它是国务院行政主管部门管理下的专项资金。有关住房公积金的管理机构主要包括建设部、财政部、中国人民银行、中国银行业监督管理委员会,各省(市)政府以及政府直属的公积金管理委员会(中心)。条例授权建设部会同财政部、中国人民银行拟定有关政策,并监督执行。此外,各地在公积金的运作方式上也不尽一致,大体有委托银行办理和管理中心监管两种模式,住房公积金管理中心虽是政府直属事业单位,但行使部分监管住房公积金的准行政执法权利。这些情况在司法介入时是否会发生冲突,似应得到关注。目前,有关住房公积金政策的落实,各地和不同行业的情况差异较大,有关住房公积金的建立、申请、支取等方面的纠纷渐露势头,这些纠纷是否能得到救济,如何救济,是行政救济还是司法救济,可能需要相关政策的调整和各方协调,征求意见稿涉及的执行问题是否可以一并综合考虑解决的办法。

3. 拟制司法解释应具有可操作性

《住房公积金管理条例》第二十五条对公积金的提取程序作了严格的规定,即职工申请,住房公积金管理中心审核,核准后通知银行支付。人民法院在执行中如何操作,如取证与审核等事项,恐难逾越行政法规的程序。特别是在采取强制执行措施时,取得政府财政和银行等有关方面的协助显然非常重要。实践中,已经发生住房公积金管理中心与银行不配合,如北京朝阳区法院执行住房公积金未果的实例。另一方面,将住房公积金纳入可执行的款项,必须严格规范执行条件和执行程序,防止发生乱执行的情况,影响住房制度改革整体部署的落实。因此,关于住房公积金的司法解释问题是否应先征求国务院或其相关主管部门的意见,掌握住房公积金的政策定位,并就与住房公积金相关的纠纷的受理与执行问题一并考虑提出方案,联合发文进行规范为妥。

——于明:《关于人民法院能否查封、冻结、划拨和提取被执行人住房公积金问题的思考》,载江必新主编、最高人民法院执行局编:《执行工作指导》(总第28辑),法律出版社2009年版,第114～116页。

主要观点:住房公积金能否强制执行,目前没有明确的法律规定。但部分地方法院和当地住房公积金管理中心通过执行联动机制,对住房公积金的执行进行了有益探索。在执行联动机制框架下,住房公积金在这部分地区已经纳入执行范围,而且人民法院和相关联动单位对住房公积金的执行共同制定了详细的操作规范。上述做法可供其他地区人民法院借鉴参考。

主要理由:住房公积金能否执行,目前法律、司法解释尚无明确规定。国务院《住房公积金管理条例》也没有明确提及这个问题。

住房公积金是根据国家规定,由职工所在单位和在职职工个人按照职工工资一定比例缴存的长期住房储金,属于职工个人的资金。国家对住房公积金的缴存和提取规定了限制条件,在符合相关规定的情况下,职工个人方能提取公积金。住房公积金带有一定的强制性、互助性、福利性和专用性特点,并具有一定的社会保障功能。应当承认,住房公积金能否强制执行确实存在争议,两方观点各有其依据的理由和逻辑。从现有法律、司法解释、行政法规中,也找不到直接的法律依据。从最高人民法院处理相关案件的做法看,在个案中没有明确住房公积金可以强制执行,但也未明确表示禁止。毕竟目前的社会环境发生了很大变化,地方法院在执行实践中,已经对住房公积金的执行问题进行了探索。例如,重庆高院和重庆市住房公积金管理中心2012年5月11日联合下发渝高法〔2012〕137号《关于建立协作联动机制的若干意见》,在执行联动机制的框架下,明确了法院可以依据该意见的相关要求,查询、冻结、扣划住房公积金,对法院如何对被执行人的住房公积金采取执行措施,进行了详细的规范。该意见作为地方法院执行住房公积金的范例之一,对住房公积金的执行提供了有益的经验。

——高执研:《执行疑难问题问答(一)》,载最高人民法院执行局编:《执行工作指导》(总第45辑),人民法院出版社2013年版,第111~112页。

1241

识别查封财产权属的规则

关键词|执行标的|查封财产权属|

【最高人民法院司法解释】

第二条 人民法院可以查封、扣押、冻结被执行人占有的动产、登记在被执行人名下的不动产、特定动产及其他财产权。

未登记的建筑物和土地使用权,依据土地使用权的审批文件和其他相关证据确定权属。

对于第三人占有的动产或者登记在第三人名下的不动产、特定动产及其他财产权,第三人书面确认该财产属于被执行人的,人民法院可以查封、扣押、冻结。

第十四条 对被执行人与其他人共有的财产,人民法院可以查封、扣押、冻结,并及时通知共有人。

共有人协议分割共有财产,并经债权人认可的,人民法院可以认定有效。查封、扣押、冻结的效力及于协议分割后被执行人享有份额内的财产;对其他共有人享有份额内的财产的查封、扣押、冻结,人民法院应当裁定予以解除。

共有人提起析产诉讼或者申请执行人代位提起析产诉讼的,人民法院应当准许。诉讼期间中止对该财产的执行。

第十五条 对第三人为被执行人的利益占有的被执行人的财产,人民法院可以查封、扣押、冻结;该财产被指定给第三人继续保管的,第三人不得将其交付给被执行人。

对第三人为自己的利益依法占有的被执行人的财产,人民法院可以查封、扣押、冻结,第三人可以继续占有和使用该财产,但不得将其交付给被执行人。

第三人无偿借用被执行人的财产的,不受前款规定的限制。

第十六条 被执行人将其财产出卖给第三人,第三人已经支付部分价款并实际占有该财产,但根据合同约定被执行人保留所有权的,人民法院可以查封、扣押、冻结;第三人要求继续履行合同的,应当由第三人在合理期限内向人民法院交付全部余款后,裁定解除查封、扣押、冻结。

第十七条 被执行人将其所有的需要办理过户登记的财产出卖给第三人,第三人已经支付部分或者全部价款并实际占有该财产,但尚未办理产权过户登记手续的,人民法院可以查封、扣押、冻结;第三人已经支付全部价款并实际占有,但未办理过户登记手续的,如果第三人对此没有过错,人民法院不得查封、扣押、冻结。

第十八条 被执行人购买第三人的财产,已经支付部分价款并实际占有该财产,但第三人依合同约定保留所有权,申请执行人已向第三人支付剩余价款或者第三人书面同意剩余价款从该财产变价款中优先支付的,人民法院可以查封、扣押、冻结。

第三人依法解除合同的,人民法院应当准许,已经采取的查封、扣押、冻结措施应当解除,但人民法院可以依据申请执行人的申请,执行被执行人因支付价款而形成的对该第三人的债权。

第十九条 被执行人购买需要办理过户登记的第三人的财产,已经支付部分或者全部价款并实际占有该财产,虽未办理产权过户登记手续,但申请执行人已向第三人支付剩余价款或者第三人同意剩余价款从该财产变价款中优先支付的,人民法院可以查封、扣押、冻结。

第二十五条 查封、扣押、冻结协助执行通知书在送达登记机关时,登记机关已经受理被执行人转让不动产、特定动产及其他财产的过户登记申请,尚未核准登记的,应当协助人民法院执行。人民法院不得对登记机关已经核准登记的被执行人已转让的财产实施查封、扣押、冻结措施。

查封、扣押、冻结协助执行通知书在送达登记机关时,其他人民法院已向该登记机关送达了过户登记协助执行通知书的,应当优先办理过户登记。

——《最高人民法院关于人民法院民事执行中查封、扣押、冻结财产的规定》(2004 年 11 月 4 日,法释〔2004〕15 号)

【链接：最高人民法院法官著述】

（一）识别查封财产权属的形式化规则

1. 动产以占有作为其享有的公示方法

所谓占有是就物的外观的直接支配的状态而言，不管时间上的长短和主观上的意思如何。根据物权法理论，占有作为一种事实状态，具有权力推定的效力。占有人于占有物上行使的权利，推定为占有人适法享有，推定并不是最终的确权。至于占有人是否真正对占有物享有权利，在第三人举证破除法律所作推定之前则在所不问。为保证社会经济秩序的稳定，大多规定占有作为表现权利的基础的形式，从而具有权利的推定效力。所以执行法院只需按照是否由被执行人占有的外观标准来认定；被执行人占有该动产的，即认为该动产属被执行人所有。《最高人民法院关于人民法院民事执行中查封、扣押、冻结财产的规定》第 15 条规定："对第三人为被执行人的利益占有的被执行人的财产，人民法院可以查封、扣押、冻结；该财产被指定给第三人继续保管的，第三人不得将其交付给被执行人。对第三人为自己的利益依法占有的被执行人的财产，人民法院可以查封、扣押、冻结，第三人可以继续占有和使用该财产，但不得将其交付给被执行人。第三人无偿借用被执行人的财产的，不受前款规定的限制。"

认定动产是否由债务人占有，应根据具体情况来判断。一般来说，建筑物的所有人可以说同时也占有建筑物内的动产；建筑物的一部分如出租给他人，存放于该部分房屋内的财产应属于承租人所有；未成年人也可以为自己占有，如其法定代理人外观上为未成年人管理其动产时，可视同为未成年人占有；同样，法人或其他组织以其法定代表人、代表人或管理人的占有视为同法人、其他组织的占有。

2. 对于不动产、有权属登记的特定动产及有登记的其他财产权，以登记作为公示方法，而不问被执行人是否占有该财产

法律赋予登记以公信力，登记机关根据申请人的申请或依职权在其登记簿上所作的关于物权设立、变更、消灭的各种登记，具有使社会公众相信其正确、全面的效力。社会公众也就可以通过登记知悉不动产、特定动产的权属情况及变动情况。执行法院根据登记而获知不动产、特定动产及其他财产权的权属情况，如果权属记载为被执行人，执行法院则可查封之，而不需要考虑被执行人是否占有。

在我国,对不动产权属登记享有职权的行政机关有国土管理机关、房产管理机关、矿产管理机关、水行政管理机关、渔政管理机关、林业管理机关等。它们分别对基于土地、房屋、矿产资料、水资源、森林资源而发生的物权权属行使登记管理权。对于特定动产如机动车辆、船舶等则由车辆部门、船舶管理机关进行登记管理。

综上,在查封财产时,只需根据动产为被执行人占有的外观,就可查封,不去了解动产是否为被执行人本身所有;对于不动产和有权属登记的动产及其他财产,按照法定管理部门的登记确定权属,登记在被执行人名下的,视为被执行人的财产予以执行。如果案外人主张动产或不动产为其所有,执行法院也不停止执行,案外人只能向法院提起异议之诉。因为在现实生活中,作为一种常态,所有者的动产一般由其占有,所有者的不动产、特定动产和其他财产权登记在他人名下的情况也有,但属为数不多的特殊情况。根据这个规则认定,基本上与真实的财产权属状况相吻合。

(二)识别查封财产权属的实体性规则

鉴于我国当前债务人恶意逃债的现象确实存在,发现被执行人财产比较困难的现实情况,我国在采取执行形式化规则的同时,还应当允许执行机关在特殊条件下不依据物权公示的方法,而是根据财产的实际归属的实体性规则来实施查封行为。这样可以减少恶意逃债的发生,有利于扩大执行财产的范围,最大限度地实现债权人的债权。当然,依据实体性规则来确定被执行人的财产,其识别标准和程序与依据形式化规则不同。

1.第三人书面确认查封财产属于被执行人的情形

被执行人为了逃避执行,故意将财产转移至他处,将不动产或特定动产及其他财产权登记在第三人名下。根据《最高人民法院关于人民法院民事执行中查封、扣押、冻结财产的规定》第2条第1款的规定,人民法院可以查封被执行人占有的动产、登记在被执行人名下的不动产、特定动产及其他财产权,这是依据物权的公示原则推定的。基于此,对于第三人占有的动产或登记在第三人名下的不动产、特定动产及其他财产权,亦可依据此原则推定该动产或不动产、特定动产及其他财产权属于第三人所有。这虽为债权的实现设置了障碍,但如果第三人基于良知与正义或者慑于法律的规定,主动或被动地为债权人清除了障碍,以书面形式确认该财产属于被执行人,执行法院则可认定该财产的权属,进而对之实施查封。《最高人民法院关于人民法院民事执行中查封、扣押、冻结财产的规定》第2条第3款即规定:"对于第三人占有的动产或者登记在第三人名下的不动产、特定动产及其他财产权，第三人书面确认该财产属于被执行人的，人民法院可以查封、扣押、冻结。”第三人否认财产属被执行人，而执行法院、申请执行人认为登记虚假时，须经当事人另行提起诉讼或者通过其他程序，撤销该登记并登记在被执行人名义下之后，才可以采取查封措施，执行法院不能径行地确定权属。

2. 被执行人将其财产出卖给第三人的情形

在执行程序中，有的被执行人将其财产出卖给第三人，第三人已经支付部分价款并实际占有该动产，但被执行人根据双方约定仍保留所有权。单纯从所有权的角度讲，此时该财产仍为被执行人所有，仍属于责任财产的范围，人民法院自然可以执行。但是这不可避免地会影响第三人的利益，因为此时第三人已经支付价款并实际占有该财产，其签订合同的目的在于取得该财产的所有权。由于法院的强制执行，其目的将难以实现，而且其已经支付的价款能否返还也是一个很大的问题。因此就有一个如何平衡申请执行人和第三人利益的问题，为此，《最高人民法院关于人民法院民事执行中查封、扣押、冻结财产的规定》第16条规定：“被执行人将其财产出卖给第三人，第三人已经支付部分价款并实际占有该财产，但根据合同约定被执行人保留所有权的，人民法院可以查封、扣押、冻结；第三人要求继续履行合同的，应当由第三人在合理期限内向人民法院交付全部余款后，裁定解除查封、扣押、冻结。”该条规定实际上是给了第三人一个选择权，他可以选择继续履行合同，将尚未支付的剩余价款交付人民法院，从而取得该财产的所有权，人民法院解除对该财产的查封。如果第三人不作此选择，将不能阻止人民法院的执行。第三人与被执行人之间有争议的，双方可以另诉解决。

执行中对于第三人购买被执行人的财产，应当如何认定其权属呢？在实务中经常遇到这样的问题，被执行人将其财产卖给第三人，第三人已经支付全部价款并实际占有使用，但是没有办理过户登记手续，依然登记在被执行人名下。就这种情况下如何认定该财产的归属，这是一个争议很大的问题。一种意见认为，根据物权变动理论，原则上未办理过户登记手续的，第三人不能取得所有权，因为从权属上讲，此时该财产仍属被执行人所有，人民法院可以查封。另一种意见认为，由于我国尚无完备的物权登记制度，目前有关部门的登记仅是行政管理的手段，因此不宜将之作为认定所有权转移的标准。第三人已经支付全部价款并实际占有的，即使尚未办理登记手续，也应当认定其已取得该财产的所有权，人民法院不应当查封。

《最高人民法院关于人民法院民事执行中查封、扣押、冻结财产的规定》第17条根据目前的实际情况，从保护正常交易秩序和善意第三人的利益出发，在坚持以登记为准的原则下，引入了过错原则。我国现行法律如城市房地产管理法、土地管理法等已明确规定了不动产登记制度。虽然对目前有关管理部门登记的性质尚有很大争议，究竟是物权登记主义还是行政管理主义不甚明了，但是可以认为这种登记具有物权登记的性质，在民事活动中也基本上是以登记作为认定所有权的标准，因此应该坚持不动产物权的设定、转移、变更以登记为准的原则。在这个原则下，辅以适用第三人过错原则。这是因为登记实践中确实存在登记困难的实际问题。严格按照过户登记作为所有权转移的标准有时是不公平的，会损害第三人的合法权益。因此，《最高人民法院关于人民法院民事执行中查封、扣押、冻结财产的规定》第17条规定："被执行人将其所有的需要办理过户登记的财产出卖给第三人，第三人已经支付部分或者全部价款并实际占有该财产，但尚未办理产权过户登记手续的，人民法院可以查封、扣押、冻结；第三人已经支付全部价款并实际占有，但未办理过户登记手续的，如果第三人对此没有过错，人民法院不得查封、扣押、冻结。"如果第三人已经支付全部价款并实际占有，虽然未办理过户登记手续，但第三人对此没有过错的，而是由于登记部门的原因或其他非第三人所能控制的原因，应当认定其已经取得该财产的所有权，以公平保护第三人的合法权益。

如果被执行人正常转让其所有的需要办理过户登记手续的财产，那么如何认定其财产权属呢？《最高人民法院关于人民法院民事执行中查封、扣押、冻结财产的规定》第25条规定："查封、扣押、冻结协助执行通知书在送达登记机关时，登记机关已经受理被执行人转让不动产、特定动产及其他财产的过户登记申请，尚未核准登记的，应当协助人民法院执行。人民法院不得对登记机关已经核准登记的被执行人已转让财产实施查封、扣押、冻结措施。查封、扣押、冻结协助执行通知书在送达登记机关时，其他人民法院已向该登记机关送达了过户登记协助执行通知书的，应当优先办理过户登记。"被执行人将其财产出让给第三人后，双方即按照有关规定向有关管理机关申请办理过户登记，管理机关应当依照有关规定对双方的过户申请进行审核，并根据审核情况决定是否准予过户。由于目前基本上实现三级核准制，因此完成整个审核程序需要一定的时间。如果管理机关在审核过程中接到人民法院协助查封通知书，要求其协助查封上述被执行人出让给第三人的财产，此时登记管理机关是继续进行审核程序还是协助人民法院查封该财产，要视情况而定。根据《最高人民法院关于人民法院民事执行中查封、扣押、冻结财产的规定》第 25 条的规定，如果此时管理机关已经完成三级核准登记程序，应认定该财产属第三人所有，人民法院即不得查封该财产；如果尚未完成三级核准登记，即使已经完成两级核准，管理机关应当停止办理核准登记手续，第三人也就不能再盼望所有权登记在其名下。

3. 关于被执行人购买第三人财产的情形

(1)被执行人购买第三人动产的情形

根据公示原则，动产所有权转移的时间以交付为准，如果第三人已将买卖标的物交付给被执行人，则被执行人已取得该标的物的所有权，人民法院自然可以查封，即使被执行人尚未付清价款，亦不妨碍该标的物权属的认定及人民法院的查封。如果第三人尚未将标的物交付被执行人，则仍属第三人所有，人民法院不能对之查封。

被执行人购买第三人的财产，已经支付部分价款并实际占有该财产，但根据合同约定第三人保留所有权，根据当事人意思自治原则，单纯从所有权角度讲，此时该财产确属第三人所有。人民法院欲对该财产采取查封措施，应当具备以下两种情形之一方可：一是申请执行人已向第三人支付剩余价款，此支付实为申请执行人为实现自己的权益，而代被执行人垫付的；二是第三人书面同意剩余价款从该财产变价款中优先支付。

《最高人民法院关于人民法院民事执行中查封、扣押、冻结财产的规定》第 18 条规定："被执行人购买第三人的财产，已经支付部分价款并实际占有该财产，但第三人依合同约定保留所有权，申请执行人已向第三人支付剩余价款或者第三人书面同意剩余价款从该财产变价款中优先支付的，人民法院可以查封、扣押、冻结。第三人依法解除合同的，人民法院应当准许，已经采取的查封、扣押、冻结措施应当解除，但人民法院可以依据申请执行人的申请，执行被执行人因支付价款而形成的对该第三人的债权。"

(2)被执行人购买第三人不动产、特定动产的情形

《最高人民法院关于人民法院民事执行中查封、扣押、冻结财产的规定》第 19 条规定："被执行人购买需要办理过户登记的第三人的财产，已经支付部分或者全部价款并实际占有该财产，虽未办理产权过户登记手续，但申请执行人已向第三人支付剩余价款或者第三人同意剩余价款从该财产变价款中优先支付的，人民法院可以查封、扣押、冻结。"上述情形，从所有权角度讲，该财产仍为第三人所有，但是被执行人对该标的物已合法占有，并有权请求第三人进行所有权移转登记。在这种情况下，只要不损害第三人的合法权益，申请执行人可以代被执

行人支付剩余价款或者从该财产变价款中优先支付剩余价款，人民法院即可对该财产予以执行。

4. 查封时对未登记的建筑物和土地使用权权属的认定

对不动产及特定动产的权属以登记作为认定标准，这里的登记既包括权属登记，也包括房屋权属初始登记、商品房预售合同登记和商品房预告登记。凡有上述登记的，按照登记确定权属进行查封或预查封。对于未办理任何登记的不动产，执行法院能否以其他依据而认定为被执行人所有进而查封？台湾学者认为"只要该证据文件，从形式审查已足以证明系债务人所有，仍可查封。"实值赞同，理由如下：不动产物权虽以登记为生效要件，但此仅适用于依法律行为的移转，不适用于依法律规定取得不动产所有权，且登记仅为不动产物权变动的表现形式，用以保护善意信赖登记的第三人而已，对《最高人民法院关于人民法院民事执行中查封、扣押、冻结财产的规定》第 2 条第 2 款规定："未登记的建筑物和土地使用权，依据土地使用权的审批文件和其他相关证据确定权属。"

5. 共有财产权属的认定

根据《最高人民法院关于人民法院民事执行中查封、扣押、冻结财产的规定》第 14 条的规定，对被执行人与其他人共有的财产，人民法院可以查封、扣押、冻结，并及时通知共有人。共有人协议分割共有财产，并经债权人认可的，人民法院可以认定有效。查封、扣押、冻结的效力及于协议分割后被执行人享有份额内的财产；对其他共有人享有份额内的财产的查封、扣押、冻结，人民法院应当裁定予以解除。共有人提起析产诉讼或者申请执行人代位提起析产诉讼的，人民法院应当准许。诉讼期间中止对该财产的执行。

——江必新主编：《民事执行新制度理解与适用》，人民法院出版社 2010 年版，第 359 ~ 364 页。

1242

无过错不动产买受人物权期待权的保护条件

关键词 | 查封不动产 | 不动产买受人 | 期待权 |

【最高人民法院司法解释】

第二十八条 金钱债权执行中,买受人对登记在被执行人名下的不动产提出异议,符合下列情形且其权利能够排除执行的,人民法院应予支持:

(一)在人民法院查封之前已签订合法有效的书面买卖合同;

(二)在人民法院查封之前已合法占有该不动产;

(三)已支付全部价款,或者已按照合同约定支付部分价款且将剩余价款按照人民法院的要求交付执行;

(四)非因买受人自身原因未办理过户登记。

——《最高人民法院关于人民法院办理执行异议和复议案件若干问题的规定》(2015年5月5日,法释〔2015〕10号)

第十七条 被执行人将其所有的需要办理过户登记的财产出卖给第三人,第三人已经支付部分或者全部价款并实际占有该财产,但尚未办理产权过户登记手续的,人民法院可以查封、扣押、冻结;第三人已经支付全部价款并实际占有,但未办理过户登记手续的,如果第三人对此没有过错,人民法院不得查封、扣押、冻结。

——《最高人民法院关于人民法院民事执行中查封、扣押、冻结财产的规定》(2004年11月4日,法释〔2004〕15号)

【链接:最高人民法院法官著述】

一、应重点从处理案外人异议的角度去把握

从该条面上看主要是允许查封与否的规定,但实际上更是对查封后案外人异议的处理规则。理解为案外人异议的实体处理规则更恰当。因为按照《查封规定》第二条,人民法院可以查封登记在被执行人名下的不动产,基本上可以解决查封的初步依据问题。故该条实际上并不是简单地再重复是否可以查封的话题,而是解决查封后,在第三人提出异议的情况下如何处理的问题,实际上是审查处理案外人异议的依据。审查案外人异议,实际上不可避免地要行使裁判权。应当进行实质审查,而不是形式审查(仅审查查封时是否有合法依据)。形式审查的结果往往只有一个,就是查封是有依据的,是正确的。这种情况下审查处理案外人异议，应注意保护作为买方的第三人的合同权利。其中《查封规定》第十七条规定的“不得查封”，应理解为“解除查封”。

二、保护第三人（买方）权利的理由

按《查封规定》第十七条第一句规定，第三人支付部分或全部价款并实际占有，但尚未过户。因财产在被执行人名下，故依照《查封规定》第二条的原则，可以查封。同时，第三人取得不动产物权，仅有协议、支付价款和占有是不够的，故对于尚未办理产权移转登记的，第三人提出异议，原则上不影响法院的查封。

但《查封规定》第十七条第二句规定：“第三人已经支付全部价款并实际占有，但未办理过户登记手续的，如果第三人对此没有过错，人民法院不得查封、扣押、冻结。”这里第三人必须具备三个方面的保护要件：已经支付全部价款、已实际占有、未办理过户登记无过错。这里所要求的第三人无过错而未过户，应理解为被执行人不配合、登记机关的原因等第三人意志以外的原因。

我们对这一规定的理解是：尚未办理过户登记时买方对房屋的权利尚不是物权，但其请求权的受保护程度，根据支付价款的多少和是否实际占有、是否有请求过户的行为而不同，占有的时间越长、付款越多、已经请求过户，其权利应越接近于物权。被执行人按照合同，必须将不动产的产权移转给第三人，此时被执行人对该不动产已经没有什么剩余权利了，其唯一应当做的是为买方办理产权过户手续。考虑到办理过户手续实际的困难，以及民间对事实物权的认可，故此种情况下认可第三人已经取得了相当于物权的权利。尽管《查封规定》是在物权法之前颁布的，但《查封规定》第十七条的规定并不与物权法确定的物权登记主义直接冲突。我们并没有说第三人此时取得了物权，只是认为，即使其此时尚未取得物权，但因其合同履行的状态使其权利已经很接近于物权，故其利益也应受到法律保护。法律并没有绝对地要求，只要不动产法律上的权利是被执行人的，就一定要不顾第三人的利益进行执行。此规定意在保护已经履行了全部实质义务的买方，维护交易秩序的稳定。

此外，《查封规定》第二十五条还规定：查封、扣押、冻结协助执行通知书在送达登记机关时，登记机关已经受理被执行人转让不动产的过户登记申请，尚未核准登记的，应当协助人民法院执行（不再办理过户登记）。已经核准登记的，不得查封（应继续办理过户登记）。这是《查封规定》第十七条第一句（以登记为准）的另一个例外。这实际上也是与物权登记主义的绝对要求不一致的，也进一步说明了物权登记的动态性和《查封规定》的正当性。

三、与一地二卖处理原则的一致性

即使申请执行人也是因购买被执行人的不动产而涉诉及取得判决的,即使判决要求被执行人将不动产过户给申请执行人,其也只与购买被执行人不动产的第三人处于相同的实体法律地位,即是一物二卖的买主。在这种情况下,虽然其向法院申请执行要求办理不动产移转手续,但仍需要根据一地二卖的实体法处理原则处理。《最高人民法院关于审理涉及国有土地使用权合同纠纷案件适用法律问题的解释》第十条规定:"土地使用权人作为转让方就同一出让土地使用权订立数个转让合同,在转让合同有效的情况下,受让方均要求履行合同的,按照以下情形分别处理:(一)已经办理土地使用权变更登记手续的受让方,请求转让方履行交付土地等合同义务的,应予以支持;(二)均未办理土地使用权变更手续,已先行合法占有投资开发土地的受让方请求转让方履行土地使用权变更登记等合同义务的,应予支持;(三)均未办理土地使用权变更登记手续,又未合法占有投资开发土地,先行支付土地转让款的受让方请求转让方履行交付土地和办理土地使用权变更登记等合同义务的,应予支持;(四)合同均未履行,依法成立在先的合同受让方请求履行合同的,应予支持。"

《查封规定》第十七条的规定与上述司法解释确定的处理原则是完全一致的,其逻辑是,保护在先完成了较多履行义务的买方的利益。当然,如果申请执行人是基于物权关系而要求交付不动产,则应当优先于第三人基于债权对不动产交付或过户的请求权。

四、第三人未支付全部价款并实际占有的处理

实践中的难题是被执行人与第三人之间只有买卖协议,并支付了部分价款的情况如何处理。这种情况下是否可以不顾第三人(买方)的利益而径行处分?实践中确实经常有第三人与被执行人串通利用虚假协议来阻碍执行的情形。这也成为主张只看物权登记情况不考虑第三人购买之事实而一律执行的理由。我们认为,对这种情况仍应在充分审查的基础上决定是否执行。

首先,应当审查协议是否真实。除非协议是假的、伪造的,以合法形式掩盖非法目的,转移财产有协议的,协议原则上肯定应当是有效的。

其次,应审查第三人是一般主体还是特殊主体。这里首先要注意,消费者已交付全部或大部分款项,或属拆迁安置房屋的,相关司法解释对其请求权予以保护。

再次,对于一般的购买方,则应参照《查封规定》第十六条保护第三人继续支付剩余价款而取得所有权的权利(所有权的期待权)。《查封规定》第十六条

与第十七条都涉及被执行人向第三人出卖财产，只是区分了动产和不动产，其设计的处理原则是相同的。故在适用第十七条时，应相应参照第十六条的规定。为此应审查第三人是否能够在合理的期限内继续履行合同，作如下处理：

1. 在第三人不能继续履行合同、支付剩余价款的情况下，可以继续执行查封的标的物。

2. 第三人能够履行合同、交付剩余价款的，应当保护其取得标的物的权利，解除查封。但应对其应当交付的剩余价款予以执行。这是对到期债权的执行，但第三人不能再提出异议。因为经审查，该债权是确定的。《查封规定》第十六条规定了对第三人支付剩余价款的时间限制——“在合理期限内”支付，等于抛开合同约定的付款期限，另行定一个“合理期限”。这对保护债权人的利益是有利的。在将剩余价款执行到位后，可以解除对标的物的查封。

3. 第三人要求继续履行的权利不予保护的，我们倾向于考虑第三人（买方）已经支付的价款从执行中得到补偿。因为执行破坏了一个正在履行的合同关系，申请执行人应当付出一定的代价，不应因执行导致新的纠纷。当然，付款的认定应当有事实依据。

——黄金龙：《被执行人向第三人转让中不动产的执行》，载江必新主编、最高人民法院执行局编：《执行工作指导》（总第34辑），法律出版社2010年版，第156～159页。

1243

预告登记权利人提出案外人异议的审查规则

关键词｜预告登记权利人｜案外人异议｜

【最高人民法院司法解释】

第三十条 金钱债权执行中，对被查封的办理了受让物权预告登记的不动产，受让人提出停止处分异议的，人民法院应予支持；符合物权登记条件，受让人提出排除执行异议的，应予支持。

——《最高人民法院关于人民法院办理执行异议和复议案件若干问题的规定》（2015年5月5日，法释〔2015〕10号）

【链接：最高人民法院法官著述】

《民事诉讼法解释》第316条规定：人民法院对执行标的裁定中止执行后，申请执行人在法律规定的期间内未提起执行异议之诉的，人民法院应当自起诉期限届满之日起七日内解除对该执行标的采取的执行措施。据此，买受人关于停止处分已办理预告登记不动产的异议获得人民法院支持，执行法院裁定中止对该不动产的执行后，如果申请执行人没有在法律规定的期间内提起申请执行人许可执行之诉的，人民法院也应当在司法解释规定的期限内解除对该不动产的查封。

——江必新、刘贵祥主编，最高人民法院执行局编著：《最高人民法院关于人民法院办理执行异议和复议案件若干问题规定理解与适用》，人民法院出版社2015年版，第441页。

1244

查封、扣押、冻结被执行人财产的范围

关键词｜超额查封｜执行费用｜

【最高人民法院司法解释】

第二十一条 查封、扣押、冻结被执行人的财产，以其价额足以清偿法律文书确定的债权额及执行费用为限，不得明显超标的额查封、扣押、冻结。

发现超标的额查封、扣押、冻结的，人民法院应当根据被执行人的申请或者依职权，及时解除对超标的额部分财产的查封、扣押、冻结，但该财产为不可分物且被执行人无其他可供执行的财产或者其他财产不足以清偿债务的除外。

——《最高人民法院关于人民法院民事执行中查封、扣押、冻结财产的规定》(2004年11月4日，法释〔2004〕15号)

39. 查封、扣押财产的价值应当与被执行人履行债务的价值相当。

——《最高人民法院关于人民法院执行工作若干问题的规定(试行)》(1998年7月8日，法释〔1998〕15号)

【链接：最高人民法院法官著述】

所谓“债权额”是指据以执行的生效法律文书所确定的债权数额和被执行人迟延履行期间的债务利息以及迟延履行金。所谓“执行费用”，是指已经发生和可能发生的应当由被执行人承担的实际支出费用，包括执行人员的交通费、住宿费和公告费、鉴定费、评估费、拍卖费等实际支出的费用。执行人员在查封财产时，估计已查封的财产已达到了上述标准，已足以保障申请执行人的债权和承担执行费用，自无查封被执行人其他财产的必要。至于如何理解“明显超标的额”，是因为对财产的价值只能是大概的估计，很难确定一个明确的标准。如果严格要求查封财产的价值与执行标的额相符，实务中很难做到，还会使执行工作陷于被动。对此，可按查封财产是否可分区别对待。对于一般的可分物，因对其分割后不会影响本身的性质和效用，对其查封以不超过被执行人应履行债务数额的 20% 为限；而对于不可分物，如果对其进行分割则会破坏物本身的性质和效用，甚至会大大贬损该物的价值，则不在此限，可整体查封。执行法院对可以分割处分的房屋，应当在执行标的额范围内分割查封，不可分割的房屋可以整体查封。对于房屋是否可分，应当根据其用途考虑。住宅、写字楼是可以按照单元或房间等分割的，而一座完整的厂房、车间，则不宜分割。

查封动产时，如估计已查封的财产将来足够清偿执行债权和执行费用，就不能再查封其他财产。被执行人有数宗财产时，查封何项财产，除法院和司法解释有明文规定外，由执行人员自行决定，不受当事人意思的拘束，但也应按照上述标准进行选择，预计将被执行人价格最低的动产或动产的一部分查封后已足够的，即不能再对其他动产查封。可供执行的动产同时有正在生产经营的动产和其他动产时，宜先查封其他动产，尽量减少对被执行人生产、生活的影响。《关于冻结、拍卖上市公司国有股和社会法人股若干问题的规定》第 8 条第 1 款规定：人民法院采取强制执行措施时，如果股权持有人或者所有权人在限期内提供了方便执行的其他财产，应当首先执行其他财产，其他财产不足以清偿债务的，方可执行股权。

《最高人民法院关于人民法院民事执行中查封、扣押、冻结财产的规定》第 21 条第 2 款规定了超额查封的救济方式。被执行人认为法院查封超过应当履行义务的范围的，可以向人民法院提出异议申请，要求人民法院及时解除对超标的额部分财产的查封；人民法院在实施查封后发现超标的额查封的，亦可主动依职权对超标的额部分财产予以解除查封。该第 2 款上加了一个但书——“该财产为不可分物且被执行人又无其他可供执行的财产或其他财产不足以清偿债务的除外”。该但书内容设置了人民法院超标的额执行不可分物的一个必备条件:“被执行人又无其他财产可供执行或其他财产不足以清偿债务”,这加强了对超额查封的限制,可以有效地防止故意超标的额的查封。

——江必新主编:《民事执行新制度理解与适用》,人民法院出版社2010 年版,第 369 ~371 页。

1245

禁止查封的财产及变通

关键词 | 禁止查封 |

【最高人民法院司法解释】

第五条 人民法院对被执行人下列的财产不得查封、扣押、冻结:

(一)被执行人及其所扶养家属生活所必需的衣服、家具、炊具、餐具及其他家庭生活必需的物品;

(二)被执行人及其所扶养家属所必需的生活费用。当地有最低生活保障标准的,必需的生活费用依照该标准确定;

(三)被执行人及其所扶养家属完成义务教育所必需的物品;

(四)未公开的发明或者未发表的著作;

(五)被执行人及其所扶养家属用于身体缺陷所必需的辅助工具、医疗物品;

(六)被执行人所得的勋章及其他荣誉表彰的物品;

(七)根据《中华人民共和国缔结条约程序法》,以中华人民共和国、中华人民共和国政府或者中华人民共和国政府部门名义同外国、国际组织缔结的条约、协定和其他具有条约、协定性质的文件中规定免于查封、扣押、冻结的财产;

(八)法律或者司法解释规定的其他不得查封、扣押、冻结的财产。

第六条 对被执行人及其所扶养家属生活所必需的居住房屋,人民法院可以查封,但不得拍卖、变卖或者抵债。

第七条 对于超过被执行人及其所扶养家属生活所必需的房屋和生活用品，人民法院根据申请执行人的申请，在保障被执行人及其所扶养家属最低生活标准所必需的居住房屋和普通生活必需品后，可予以执行。

——《最高人民法院关于人民法院民事执行中查封、扣押、冻结财产的规定》(2004年11月4日，法释〔2004〕15号)

【链接：最高人民法院法官著述】

对被执行人居住房屋的执行问题。根据《民事诉讼法》第二百二十三条的规定，必须保留被执行人及其所扶养家属必需的生活用品，被执行人及其所扶养家属必需居住的房屋自然不能执行。但是，在执行实践中，我们很难判断该房屋是不是被执行人及其所扶养家属必需居住的，也许被执行人还有别的房屋，只是不为人所知。因此，《查封规定》规定对被执行人及其所扶养家属生活所必需的居住房屋，人民法院可以查封，但不得拍卖、变卖或者抵债，应当允许其使用，目的是防止其进行处分。查封应当采取活封的方式，允许被执行人及其所扶养家属居住使用。起草过程中，有一个问题引起了比较大的争论，即对于申请执行人享有抵押权的房屋能否执行。有人认为，申请执行人享有抵押权的房屋，即使是被执行人及其所扶养家属必需居住的，也可以执行。因为在这种情况下，债权的发生以设定抵押为条件，被执行人也非常清楚不能清偿债务的后果。因此为了公平保护申请执行人的利益，对设定抵押的房屋可以执行。而且此事关系到我国住房按揭市场发展的重大问题。从长远来看，如果设定抵押的房屋不能执行，必将导致各金融机构不再发放住房贷款，严重影响住房按揭市场的发展，最终损害广大消费者的利益。但《查封规定》最终没有采纳这种观点，主要考虑到在社会保障制度还不完善的情况下，必需保护被执行人及其所扶养家属的生存权，即使房屋已经设定抵押，只要属被执行人及其所扶养家属必需居住的，也不得执行。如果被执行人的房屋超过了其本人及其所扶养家属必需居住的范围，可以通过本规定第七条关于禁止查封财产的变通的规定解决。

——沈德咏主编、最高人民法院研究室编：《民事诉讼司法解释理解与适用》，法律出版社2009年版，第508～511页。

1246

不得查封中国人民银行及其分支机构的办公楼、运钞车、营业场所等

关键词 | 执行措施 |

【最高人民法院司法政策】

各省、自治区、直辖市高级人民法院,解放军军事法院,新疆维吾尔自治区高级人民法院生产建设兵团分院:

近年来,一些地方发生中国人民银行分支机构因行使金融监管权而被列为被告的案件,有的受案法院查封了人民银行的办公楼(内有金库)、运钞车、营业场所,影响了人民银行金融监管工作的正常进行。为防止和杜绝类似事件的发生,特就有关问题通知如下:

中国人民银行是依法行使国家金融行政管理职权的国家机关,根据《中国人民银行法》和《非法金融机构和非法金融活动取缔办法》的规定,对金融业实施监督管理,行使撤销、关闭金融机构,取缔非法金融机构等行政职权。因此,被撤销、关闭的金融机构或被取缔的非法金融机构自身所负的民事责任不应当由行使监督管理职权的中国人民银行承担,更不应以此为由查封中国人民银行及其分支机构的办公楼、运钞车和营业场所。各级人民法院在审理、执行当事人一方为被撤销、关闭的金融机构或被取缔的非法金融机构的经济纠纷案件中,如发现上述问题,应当及时依法予以纠正。

对确应由中国人民银行及其分支机构承担民事责任的案件,人民法院亦不宜采取查封其办公楼、运钞车、营业场所的措施。中国人民银行及其分支机构应当自觉履行已生效的法律文书,逾期不履行的,人民法院在查明事实的基础上,可以依法执行其他财产。

——《最高人民法院关于不得对中国人民银行及其分支机构的办公楼、运钞车、营业场所等进行查封的通知》(1999 年 3 月 4 日,法〔1999〕28 号)

1247

禁止超额、重复查封、扣押

关键词 | 超额扣押 | 重复扣押 | 参与分配 |

【最高人民法院司法解释】

39. 查封、扣押财产的价值应当与被执行人履行债务的价值相当。

——《最高人民法院关于人民法院执行工作若干问题的规定（试行）》（1998 年 7 月 8 日，法释〔1998〕15 号）

【链接：最高人民法院法官著述】

我国法律不仅禁止超额扣押，而且禁止重复扣押。

在优先清偿原则下，由于先申请扣押的债权人可以优先受偿，不受后来的债权人加入强制执行程序的影响，所以，法律禁止超额扣押。但是，由于在该原则下，不论债务人为公民、法人还是非法人团体，也不论债务人的财产能否清偿所有债权，有执行名义的债权人都可以依申请重复扣押的方法对执行所得金额分配。各扣押债权人依其扣押时间的先后组成一个受偿序列，先申请扣押的债权人优先于后申请扣押的债权人而受偿，所以，在立法上不禁止重复扣押。也就是说，优先清偿原则禁止超额扣押而允许重复扣押。而按照平等清偿原则，在有多个债权人参与分配时，执行债权人因担心其他债权人参与分配，致使自己的分配额减少，所以，扣押债务人财产时，尽量超出债权额范围进行超额扣押。这就造成在平等清偿原则下，不仅不应当限制扣押范围，而且还应当采取扩张扣押范围的规定。但是，扣押只能产生使债务人丧失对扣押物处分权的效力，在变价前扣押物所有权仍属于债务人所有，债权人并不因先申请扣押而对扣押物享有优先受偿权。在这种情况下，重复扣押没有任何意义，所以，法律一般禁止重复扣押。那么，按照平等清偿原则，应当是允许超额扣押而禁止重复扣押。我国《民事诉讼法》第 94 条第 4 款规定："财产已被查封、冻结的，不得重复查封、冻结。"在实践中，如何解决这种重复扣押问题，涉及到扣押措施产生的效力问题，即先采取扣押措施案件的债权人是否有优先受偿权。从我国法律禁止重复扣押的明确规定来看，先行扣押的法院在程序上有优先处理扣押财产的权利，这是毫无疑问的。但是,先申请扣押的当事人是否在实体上有优先受偿权,法院在扣押后是不是必须将该财产执行给申请扣押的债权人?对此,从《民事诉讼法》第94条关于禁止重复扣押的规定本身并不能得出这一结论。由于法律没有进一步明确的规定,在我国理论和实务上存在不同的看法。

一种观点是将《民事诉讼法》第94条的规定理解为扣押有优先权。理由是:(1)一个法院的扣押行为是为了本法院审理的具体案件实施的,不是为其他案件。扣押是为了保证申请实施扣押的债权人的债权能够得以满足,而不是为了保证所有的债权人都能够受偿。(2)禁止重复扣押,实际上就是禁止其他债权人对扣押的财产进行执行。

另一种观点是将《民事诉讼法》第94条的规定理解为扣押无优先权。理由是:(1)《民事诉讼法》第94条并未规定扣押财产如何处理,既未说是否实行参与分配,又未说在先扣押的债权人是否有优先受偿权;(2)之所以禁止重复扣押,是因为一个法院扣押后,扣押的效力就产生了,其他法院再行扣押没有必要,否则徒显法院间互相不协调。

从总体上看,持第二种规定的人占少数。但是,扣押产生的优先权并不是绝对的。在被执行人的财产足以清偿债务时,有优先权,而在被执行人的财产不足以清偿债务时(即在破产和参与分配的情况下),就不具有优先权。可见,这是有条件的优先清偿原则。

按照我国《民事诉讼法》第102条第1款第3项的规定,债务人或其他人隐藏、转移、变卖、毁损已被查封、扣押的财产,或者已被清点并责令其保管的财产,转移已被冻结的财产的,人民法院可以根据情节轻重予以罚款、拘留,构成犯罪的,依法追究刑事责任。根据以上规定,虽然还不能得出债务人的上述行为对债权人不发生效力,但是,实际上人民法院在对债务人或其他人采取强制措施的同时,也就等于否认了上述行为对债权人的效力。因此,我国实行的是扣押效力的绝对性,即债务人的以上行为,不仅对执行债权人不发生效力,而且对其他债权人也不发生效力。

扣押效力的相对性是与强制执行的平等清偿原则相配合的。在优先清偿原则下,扣押债权人因扣押而取得优先受偿的权利,债务人事后的处分不能对抗扣押债权人,而对于其他债权人来说,则债务人的处分行为是有效的。

——江必新主编:《民事执行新制度理解与适用》,人民法院出版社2010年版,第257~259页。

1248

人民法院查封财产的方法

关键词｜查封方法｜查封登记｜

【最高人民法院司法解释】

第八条 查封、扣押动产的，人民法院可以直接控制该项财产。人民法院将查封、扣押的动产交付其他人控制的，应当在该动产上加贴封条或者采取其他足以公示查封、扣押的适当方式。

第九条 查封不动产的，人民法院应当张贴封条或者公告，并可以提取保存有关财产权证照。

查封、扣押、冻结已登记的不动产、特定动产及其他财产权，应当通知有关登记机关办理登记手续。未办理登记手续的，不得对抗其他已经办理了登记手续的查封、扣押、冻结行为。

第十条 查封尚未进行权属登记的建筑物时，人民法院应当通知其管理人或者该建筑物的实际占有人，并在显著位置张贴公告。

第十一条 扣押尚未进行权属登记的机动车辆时，人民法院应当在扣押清单上记载该机动车辆的发动机编号。该车辆在扣押期间权利人要求办理权属登记手续的，人民法院应当准许并及时办理相应的扣押登记手续。

——《最高人民法院关于人民法院民事执行中查封、扣押、冻结财产的规定》(2004年11月4日，法释〔2004〕15号)

41. 对动产的查封，应当采取加贴封条的方式。不便加贴封条的，应当张贴公告。

对有产权证照的动产或不动产的查封，应当向有关管理机关发出协助执行通知书，要求其不得办理查封财产的转移过户手续，同时可以责令被执行人将有关财产权证照交人民法院保管。必要时也可以采取加贴封条或张贴公告的方法查封。

既未向有关管理机关发出协助执行通知书，也未采取加贴封条或张贴公告的办法查封的，不得对抗其他人民法院的查封。

——《最高人民法院关于人民法院执行工作若干问题的规定(试行)》(1998年7月8日，法释〔1998〕15号)

【链接：最高人民法院法官著述】

（一）对无产权证照的动产的查封方法

《最高人民法院关于人民法院执行工作若干问题的规定（试行）》第41条第1款规定："对动产的查封，应当采取加贴封条的方式。不便加贴封条的，应当张贴公告。"可见，对动产查封的方法有：(1)加贴封条；(2)张贴公告。根据上述规定，对一般动产查封原则上应当采取加贴封条的方法，有些财产不便加贴封条的，应当采取张贴公告的方法，执行规定并未加以规定。关键是要理解查封方法的精神实质，是为了对财产进行控制和对外界进行公示的。只要能达到这一目的，封条和公告以外的方法也不是不可采取的。

对于动产来说，加贴封条的公示作用可能是微乎其微的，因为基于动产的性质，贴封条并不能防范所有权人转移该动产并异地予以出售，第三人也无法查得动产已被查封的事实，所以动产查封的贴封条只是表明查封成立，所有权人如目中无法，胆敢再恶意隐藏、转让该动产的话，将会受到更严厉的司法制裁（如拘留等），严重者还会承担刑事责任。可见，它是以严厉的法律责任来确保查封物的安全，进而保障担保债权的实现的。虽然严厉的法律责任的担保并不总是那么可靠，但对于仅以交付即可转移物权、空间上又便于移动的动产来说，在流通环节对其处分权加以严格的控制，显然是不可能的。因此，在动产查封的实践中，加贴封条总是与其他辅助手段并用，以确实控制该物，例如把查封的动产集中放在一起，派人看管等。

《最高人民法院关于人民法院民事执行中查封、扣押、冻结财产的规定》第8条规定："查封、扣押动产的，人民法院可以直接控制该项财产。人民法院将查封、扣押的动产交付其他人控制的，应当在该动产上加贴封条或者采取其他足以公示查封、扣押的适当方式。"因此，对于无产权证照的动产进行查封时，由执行人员将查封、扣押物转移到执行法院直接控制，也可将查封、扣押物交付指定人控制。在交付指定人控制的情况下，应当在动产上加贴封条或采取其他公示的方法予以公示，以示其实际有效的控制。

（二）不动产和特定动产的查封方法

不动产的价值较高且有严格的登记制度，原则上非经登记不得移转或设定物上负担。此外，不动产由于不能移动，适于设立各种不动产用益物权与担保物权，涉及的利害关系人较多而复杂，为同时兼顾保护不动产所有权人、债权人、债务人及其他物上权利人的公平利益，对于不动产的查封方法与对于一般动产的查封方法有很大不同而且比较复杂。“特定动产”这里主要是指机动车辆、船舶、航空器等动产，这类动产因其价值较大以及其他原因，国家对其有登记制度，其财产权的转移的方法与不动产相同，在执行时比照不动产的执行方法进行。对不动产的查封不能也不必占有该不动产，只需以一定方法表明已被查封，使债务人不能或者难以处分即可。

对于不动产和有产权证照的动产的查封方法，《最高人民法院关于人民法院执行工作若干问题的规定（试行）》第 41 条第 2 款规定：“对有产权证照的动产或不动产的查封，应当向有关管理机关发出协助执行通知书，要求其不得办理查封财产的转移过户手续，同时可以责令被执行人将有关财产权证照交人民法院保管。必要时也可以采取加贴封条或张贴公告的方法查封。”《最高人民法院关于人民法院民事执行中查封、扣押、冻结财产的规定》第 9 条规定：“查封不动产的，人民法院应当张贴封条或者公告，并可以提取保存有关财产权证照。查封、扣押、冻结已登记的不动产、特定动产及其他财产权，应当通知有关登记机关办理登记手续。未办理登记手续的，不得对抗其他已经办理了登记手续的查封、扣押、冻结行为。”

1. 加贴封条

与动产不同，不动产不会被转移、隐匿，一般情况下也不会被毁损，物权变动又以登记生效，既便于控制物权变动，又便于公众查询查封，所以不动产的查封无须直接控制该物，只要能限制其流通即可。

贴封条作为法定的查封手段，一方面表明查封成立；另一方面在某种程度上可以让其他有权机关及潜在的权利人知道该物已被查封，以避免重复采用强制措施或防止第三人再受让该物，所以它有一定的公示作用。因此，《最高人民法院关于人民法院民事执行中查封、扣押、冻结财产的规定》第 9 条第 1 款规定：“查封不动产的，人民法院应当张贴封条……”

但是，不动产查封作为限制物权处分的一种手段，应和物权转移的公示手段一致，否则无法达到公示的目的，也无法防范欲防止的问题的发生。就现行法的规定而言，无论是私法上的不动产交易，还是公法上有权机关的强制措施，人们只需到不动产登记机关查询该不动产的权属状况，确定物权归属即可进行交易或采取强制措施，仅在登记机关进行物权变动登记或查封登记就行了，无须在现场完成这些手续，尤其是有权机关采取的强制措施。如其他法院的查封，只要登记机关做协助执行的备案登记即可，根本无须所有权人配合，就是所有权人无意隐瞒查封的事实,他也未必知道该物权又被采取了强制措施,以便通知再采取强制措施的机关。而且,如果所有权人隐瞒事实,除去封条,将其让与给善意第三人,第三人与登记机关在不知情的情况下完成了物权变动的登记,则该查封与交易秩序的冲突就势难避免。可见,仅仅以加贴封条的方式,会因其与交易秩序与司法秩序的冲突而无法达到查封的目的。因此,《最高人民法院关于人民法院民事执行中查封、扣押、冻结财产的规定》第9条第2款规定:"查封、扣押、冻结已登记的不动产、特定动产及其他财产权,应当通知有关登记机关办理登记手续。未办理登记手续的,不得对抗其他已经办理了登记手续的查封、扣押、冻结行为。"

但是,不动产如果已登记查封,若债务人继续使用该不动产会使其价值贬损或对其造成其他损害,法院可采用贴封条的方式,限制使用,控制出入,以达到保障被查封不动产安全的目的。对于尚未办理产权登记的不动产的查封(如建设中的房产),可以用贴封条的方式查封。另外,如把房地产及房屋里其他财产一并查封,则可采用登记与贴封条配合使用的方式。

2. 张贴公告

由于公告具有很强的公示作用,因而成为一种查封方式。一般而言,在不动产所在地张贴公告,便于第三人或其他欲采取强制措施的机关在查看该不动产时,知悉该物被查封的事实,以免出现不必要的冲突。无论是交易行为还是其他法院的查封,第三人或潜在的查封法院都会到不动产所在地查看不动产的状况,因此会注意到查封公告。至于怎样公告被查封的财产,《最高人民法院关于人民法院执行工作若干问题的规定(试行)》并无明确规定。司法实践中,最常见的公告方式就是在报纸上刊登公告或在不动产所在地张贴公告。依照《执行规定》,公告后,查封自然成立,查封一经成立即生查封的效力。

报刊公告可能因报刊的发行量大而公告面大,但是在《人民法院报》这样的报刊上公告也未必能达到公示效果,因为在现实生活中,人们是不会关心《人民法院报》上登载的长篇累牍的公告。真正到了查封该不动产的时候,可能也不会去翻阅以往的报纸以核实该物是否已被查封,而只会到不动产所在地的登记机关,查询一下权属状况,决定是否采取强制措施。所以,仅仅是作了报刊公告,没做查封登记,是无法达到防范权力冲突的目的的。

但因不动产物权变动以登记作为公示手段,人们只需到登记机关检查物权归属及变动情况就行了,并不负实地勘察的法律义务;其他法院作查封登记也常常只到登记机关查询办理,无需到现场查看有无查封公告。

显然，主张在不动产所在地公告是出于这样一个假想，即无论是交易行为还是其他法院的查封，第三人或潜在的查封法院都会到不动产所在地查看不动产的状况，因此会注意到查封公告。这一假想似乎合理，但由于第三人或其他法院并不负法定的现场查看义务，如果第三人或其他法院依法律规定，到登记机关办理了所有权转移或查封登记，则冲突问题不可避免。

我国台湾也有在不动产所在地张贴公告的做法，“为免第三人受意外之伤害”，法院查封时需将不动产查封之事实予以“揭示”，查封时“除将查封布告张贴于不动产所在地外，还同时采用其他易使公众知晓之方法（如在公众集会处公告等）”。但不动产查封公示并不以“揭示”为充分，依台湾“强制执行法”第11条规定，不动产及所有物权变动需做变更登记的动产，在采用强制措施时，均应到相应的登记机关做查封登记，以公示查封。可见，他们也意识到张贴公告公示的局限性，没有其他公示手段（如登记）的参与，它的公示效用极为有限。尤其在公示制度尚不健全的我国，没有其他公示方法参与的话，仅仅以张贴公告成立查封，是不合适的。所以公告并不是查封公示的有效手段，它无法顾及司法秩序与交易秩序，无法有效地防范司法权与其他权力的冲突，也无法有效地防止第三人权利的意外损害，其作用也仅仅限于完备法律规定的手续，假想人们都能知道该公示，然后依赖这种不切实际的假想，赋予查封行为以对抗第三人及其他机关的效力。正是鉴于这一问题，法律才将张贴公告限制为必要时的强制措施，一般情况下不能独立适用。

但是，对于未办理登记的特定动产和不动产，张贴查封公告亦是起着查封公示的作用。《最高人民法院关于人民法院民事执行中查封、扣押、冻结财产的规定》第10条即规定：“查封尚未进行权属登记的建筑物时，人民法院应当通知其管理人或者该建筑物的实际占有人，并在显著位置张贴公告。”

3. 查封登记

依《最高人民法院关于人民法院执行工作若干问题的规定（试行）》第41条和《最高人民法院关于人民法院民事执行中查封、扣押、冻结财产的规定》第9条第2款的规定，查封法院在为不动产查封时，应向不动产登记机关发出协助执行通知，嘱托登记机关作查封的备案登记，进行查封登记。查封登记一方面限制不动产物权的处分，另一方面公示该不动产被查封的事实，以免其他机关重复采用强制措施，第三人受意外的损害。依我国法律规定，不动产物权变动以登记公示，经登记完成，任何未经登记的物权变动，不生法律效力。不动产被查封后，被执行人（所有权人）不可能再到登记机关作物权的变更登记，限制不动产物权的处分的目的可以达到。另外，不动产物权归属要在登记机关查询，无论是交易中的第三人，还是欲采取强制措施的有权机关，交易或采取强制措施之前到登记机关查证权利归属，是其应尽注意义务。查封登记作出后，只要第三人与其他机关尽到注意义务，不会造成重复查封等问题，所以登记公示可以有效地防范冲突的发生，是较为理想的公示方法，正因为如此，查封登记才被作为一般情况下唯一可以独立适用的查封方法。

依《最高人民法院关于人民法院执行工作若干问题的规定（试行）》第41条，对不动产的查封，应当向有关机关发出协助执行通知书，要求其不得办理查封财产的转移过户手续……但是否执行法院向登记机关发送协助执行通知后，就可成立查封了呢？查封法院发出的协助执行通知被登记机关签收后，也只是表明该通知已经送达，登记机关负有协助执行的义务，并不表明查封已成立。因为查封需经公示成立，这是保障司法秩序与交易安全的需要，仅仅发出协助执行通知书，登记机关未协助作查封登记的，并没有完成查封公示，自然也无法防范其他法院的再查封行为或者债务人的恶意处分，无法保障司法秩序与交易安全，该查封行为的效力欠缺合理性的依据。即使有其他公示手段（贴封条或公告）的配合，但限于其他公示手段公示效果的局限性，没有登记公示就赋予其查封的效力，也是不适当的。显然，从查封公示的目的来看，查封登记是不动产查封公示的必要手段，但查封登记并非是指向登记机关发出协助执行通知书，而是指登记机关确实依该协助执行通知作了查封的备案登记，只有登记机关作了查封的备案登记之后，该查封行为才因查封公示而生效。如果登记机关接到协助执行通知，却没有办理查封登记，第三人受让该不动产并为过户登记的，该过户行为有效；其他法院查封该不动产并为查封登记的，原法院不得以发出协助执行通知在先为由，对抗后查封法院的登记。但登记机关会因其疏于履行协助执行义务而承担法律责任。根据《最高人民法院关于人民法院民事执行中查封、扣押、冻结财产的规定》第11条的规定，扣押尚未进行权属登记的机动车辆时，人民法院应当在扣押清单上记载该机动车辆的发动机编号。该车辆在扣押期间权利人要求办理权属登记手续的，人民法院应当准许并及时办理相应的扣押登记手续。

依《最高人民法院关于人民法院执行工作若干问题的规定（试行）》第41条，对不动产的查封，查封法院作了查封登记之后，还可以责令被执行人将其有关财产权证照交由人民法院保管，在这里，法律只将扣押产权证照作为登记查封的辅助手段，并不独立构成查封。产权证是权利凭证，在没有其他相反证据证明的情况下，产权证上记载的权利人推定为正当的权利人。但产权证照不能否定登记的效力，登记与产权证上的记载不一样的，以登记为准，产权证丢失了的，可以补发。法律之所以没有将其规定为独立的查封手段，主要基于这样一个考虑：仅扣押产权证而没进行登记，无法让其他查封法院知道该物已被查封而避免再行查封。因为强制执行是由于当事人不自动履行，法院执行时往往得不到被执行人的主动配合，自然也无法得到当事人的产权证；又因为查封是为了限制权利转移，不动产转移又是以登记完成，法院也只需向登记机关发出“不得转移”的协助执行通知，即可达到限制物权转移的效果，查封法院未必能得到产权证，也没必要得到产权证，因此其他法院在进行查封时，常常并不考虑扣押产权证，如把扣押产权证作为独立的查封手段，无法达到公示效果。所以，从防范冲突的角度出发，法律仅将其规定为辅助手段。

特殊动产，是指车辆、船舶、铁路运输货物等动产，这类动产流动性强，较难控制，因此对特殊动产的查封需要有关部门协助执行。

1. 对车辆的查封。执行法院决定对车辆进行查封时，首先应作出裁定，并将裁定书副本及协助执行通知书送达车辆管理部门，办理查封登记手续。若尚未实际控制车辆的，可向公安交警部门和车辆管理所及公路管理部门发出协助执行通知书，要求其在执勤或车辆办理缴付车辆养路费手续时注意该车辆行踪，一旦发现应协助先予暂扣，并立即通知执行法院，执行法院接报后应立即派员前往查封。

2. 对船舶的查封。执行法院在决定对船舶进行查封时，首先应作出裁定，报院长签署查封船舶命令，并将裁定书副本和查封船舶命令副本连同协助执行通知书送达航运管理部门或港务监督部门，要求其不予办理船舶转移过户、抵押等手续，办理查封登记手续。同时应将裁定书送达被执行人，将查封船舶命令张贴在船舶主桅下部或其他明显部位。若尚未实际控制船舶的，可另行向航运管理部门和港务监督部门发协助执行通知书，要求其在执勤或船舶验审时注意，一旦发现船舶行踪，应先予暂扣，并立即通知执行法院，执行法院接报后应立即派员前往查封。

3. 对铁路运输货物的查封。执行法院决定查封铁路运输货物的，应当制作裁定书并附协助执行通知书，送达有关的铁路运输部门，协助执行通知应载明需查封货物的具体情况。执行法院应当根据需查封货物的在途情况决定送达的部门。在货物发送前查封的，应当将裁定书副本和协助执行通知书送达铁路运输部门，由其协助执行；在货物发送后查封的，一般应当将裁定书副本和协助执行通知书送达目的地或最近中转编组站的铁路运输部门，由其协助执行。裁定查封国际铁路联运货物的,应当通知沿途的铁路运输、海关、边防、商检等部门共同协助执行。

综上,由于不动产查封是一种限制物权的行为,它应和不动产交易的公示手段一致。查封自然有保全财产、担保债权、维护司法权威的目的,但就其所维护的私权利(债权人的债权)而言,与第三人的权利是平等的,第三人的权利同样不能忽视;就其维护的司法权威而言,其他机关依法作出的决定同样应有不可否定的权威。所以,合理的公示不但是查封效力合理性的依据,还是维护司法秩序与交易秩序的有效手段。但由于张贴公告、加贴封条与不动产物权变动的公示手段不一致,即无法实现公示目的,所以简单地将张贴公告与加贴封条作为独立的查封手段是不合适的。登记是最为理想的公示手段,它可以有效地协调各种利益,防范冲突,它应作为查封成立的必要手段,张贴公告、加贴封条可以视情况与登记配套使用,不宜独立使用。即便出现法律规定的必要情况,查封法院在加贴封条或张贴公告后,亦应于条件成熟时迅速补办查封登记手续。

查封效力的合理性是和查封公示分不开的,但如何公示查封并非是形式主义的法律手续的完备,而是要求查封公示确实能起到查封效果,一方面它限制债务人再处分该物,这种限制不只是以严格的法律责任来吓阻不诚实的债务人的恶意处分,而且还以其公示的效果,使第三人能知悉不动产已被查封的事实,防止第三人的恶意得逞,自觉避免无效的交易;另一方面,它又要防范可能带来的制度冲突,通过一种恰当的公示,使其他第三人能知悉被查封的事实,避免重复查封或因此给第三人带来意外的损害,使该查封获得合理的效力。

——江必新主编:《民事执行新制度理解与适用》,人民法院出版社2010年版,第364~369页。

1249

查封的效力及效力范围

关键词｜查封效力｜

【最高人民法院司法解释】

第二十二条 查封、扣押的效力及于查封、扣押物的从物和天然孳息。

第二十三条 查封地上建筑物的效力及于该地上建筑物使用范围内的土地使用权，查封土地使用权的效力及于地上建筑物，但土地使用权与地上建筑物的所有权分属被执行人与他人的除外。

地上建筑物和土地使用权的登记机关不是同一机关的，应当分别办理查封登记。

第二十四条 查封、扣押、冻结的财产灭失或者毁损的，查封、扣押、冻结的效力及于该财产的替代物、赔偿款。人民法院应当及时作出查封、扣押、冻结该替代物、赔偿款的裁定。

第二十六条 被执行人就已经查封、扣押、冻结的财产所作的移转、设定权利负担或者其他有碍执行的行为，不得对抗申请执行人。

第三人未经人民法院准许占有查封、扣押、冻结的财产或者实施其他有碍执行的行为的，人民法院可以依据申请执行人的申请或者依职权解除其占有或者排除其妨害。

人民法院的查封、扣押、冻结没有公示的，其效力不得对抗善意第三人。

——《最高人民法院关于人民法院民事执行中查封、扣押、冻结财产的规定》(2004 年 11 月 4 日，法释〔2004〕15 号)

【链接：最高人民法院法官著述】

《查封规定》第二十二条、第二十三条、第二十四条和第二十六条是关于查封的效力及效力范围的规定。查封的实质在于禁止或者限制被执行人处分其特定财产，直接影响其对该财产的占有、使用和收益。查封的效力范围是指查封对何人、何物、在何时有效。

首先来看查封效力的性质，即查封效力是具有绝对性还是具有相对性。查封效力的绝对性是指，查封的效果能使被执行人绝对丧失对查封物的处分权，被执行人就查封物所为的处分行为，不仅对申请执行人无效，而且对任何第三人均为无效。查封效力的相对性是指，被执行人就查封物所为的处分行为并非绝对无效，而只是相对无效，只是不得对抗申请执行人，在被执行人与处分行为的相对人之间仍属有效。《查封规定》采纳了查封效力相对性的观点，第二十六条第一款明确规定，被执行人就已经查封的财产所作的移转、设定权利负担或者其他有碍执行的行为，不得对抗申请执行人。该规定有两层意思：第一，被执行人对查封的财产进行转让、设定抵押、质押、出租等处分的，申请执行人仍可根据执行依据所载债权，请求对该财产进行执行，不受上述处分行为的限制，也无需考虑保护处分行为相对人的利益。第二，在不妨害查封目的、保护申请执行人利益的前提下，为了保护交易安全，维护交易秩序，促进交易的进行，被执行人对查封物所为的移转、设定负担或者其他有碍查封效果的行为，仍然有效。比如，被执行人将已被法院查封的空调卖给第三人，那么该买卖并非当然无效，在申请执行人撤回执行申请或者其债权已用其他财产得到清偿的情况下，该买卖可以认定有效，第三人可以取得该空调的所有权。

就查封的对人的效力范围而言，查封的效力除及于被执行人外，还及于第三人，即第三人也不得有碍实现人民法院查封的目的。第三人未经人民法院准许占有查封物或者实施其他如转移、有损其功能地使用查封物等有碍执行的行为的，人民法院可以依据申请执行人的申请或者依职权解除其占有或者排除其妨害。

就查封的对物的效力范围而言，《查封规定》规定查封动产、不动产的，其效力及于查封物的从物和天然孳息。从物的概念是相对于主物而言的，同属一人所有的两个独立存在的物，结合起来才能发挥经济效益的，才构成主物、从物关系。主物是指独立存在，与同属一人所有的其他独立物结合使用中有主要效用的物。在两个独立物结合使用中处于附属地位起辅助和配合作用的是从物。例如汽车和附带的维修工具，汽车为主物，维修工具为从物。孳息的概念是相对于原物而言的，原物是指依其自然属性或法律规定产生新物的物。孳息又分天然孳息和法定孳息，天然孳息是原物根据天然属性产生的物，法定孳息是原物根据法律规定带来的物。如母畜和所产的幼畜，母畜是原物，幼畜是天然孳息；银行存款和利息，存款是原物，利息是法定孳息等。

《查封规定》第二十三条规定查封地上建筑物的效力及于该地上建筑物使用范围内的土地使用权，查封土地使用权的效力及于地上建筑物。这是因为地上建筑物与土地使用权是不可分的，人民法院在变价处理时必需一同处分。在此之前，由于许多地方土地使用权和地上建筑物由不同的部门管理，出现了一个法院查封土地使用权一个法院查封其上建筑物的情况，产生执行争议。该条规定就是为了解决这个问题。同时，在土地使用权和地上建筑物分别管理的地方，为了尽可能地让法院查封的事实为社会所周知，避免执行争议，该条第二款又要求在这种情况下分别办理查封登记。

——沈德咏主编、最高人民法院研究室编著：《民事诉讼司法解释理解与适用》，法律出版社2009年版，第514～515页。

人民法院能否对该宗房产继续查封？

问题：2002 年上半年，我县法院对被执行人某甲坐落在该县的一处房产予以查封，当时向房管部门送达了查封裁定（后来得知实际上房管部门并没有办理查封登记），没有对房屋张贴封条，也没有进行公告。2004 年，被执行人将被查封的房屋出卖给某乙（某乙不知道该房屋已被查封），并在房产和土地管理部门办理了过户手续。法院在得知该情况后，于 2003 年 11 月 8 日，重新下达了查封裁定，对房屋进行了查封并张贴封条。某乙对此提出异议，认为自己已经合法取得该宗房屋的所有权，要求法院解除查封。请问，法院是否有权对该宗房屋继续查封？

《执行工作指导》研究组认为：这个问题实际上涉及查封的主观效力以及查封的公示方式。查封的主观效力就是查封措施对什么人有效的问题。查封裁定一经送达就对被执行人产生法律效力，被执行人非经法院许可不得对查封标的物进行处分。但是，对于第三人而言，这个问题就比较复杂了，查封必须以一定的方式进行公示，使第三人能够判断该标的物为查封物，否则查封行为对第三人就不生效力。对于有产权登记的房地产而言，查封的公示方式应当是在房地产管理部门办理查封登记。就本案来说，由于房产管理部门没有为该宗房地产办理查封登记，某乙基于对国家物权登记的依赖而与某甲进行交易的行为应当是有效的，其已经依法取得了该宗房屋的所有权，法院不能对属于案外人的某乙的财产进行查封。当然，人民法院可以对被执行人某甲擅自转让查封财产以及该县房产管理部门拒不协助办理查封登记的行为依法进行制裁。

——最高人民法院执行工作办公室编：《执行工作指导》（总第 17 辑），人民法院出版社 2006 年版，第 268 页。

1250

不动产查封裁定对协助义务人发生效力的时点

关键词｜查封｜协助执行｜

【最高人民法院司法解释】

37. 有关单位收到人民法院协助执行被执行人收入的通知后，擅自向被执行人或其他人支付的,人民法院有权责令其限期追回;逾期未追回的,应当裁定其在支付的数额内向申请执行人承担责任。

38. 被执行人无金钱给付能力的,人民法院有权裁定对被执行人的其他财产采取查封、扣押措施。裁定书应送达被执行人。

采取前款措施需有关单位协助的,应当向有关单位发出协助执行通知书,连同裁定书副本一并送达有关单位。

39. 查封、扣押财产的价值应当与被执行人履行债务的价值相当。

40. 人民法院对被执行人所有的其他人享有抵押权、质押权或留置权的财产,可以采取查封、扣押措施。财产拍卖、变卖后所得价款,应当在抵押权人、质押权人或留置权人优先受偿后,其余额部分用于清偿申请执行人的债权。

41. 对动产的查封,应当采取加贴封条的方式。不便加贴封条的,应当张贴公告。

对有产权证照的动产或不动产的查封,应当向有关管理机关发出协助执行通知书,要求其不得办理查封财产的转移过户手续,同时可以责令被执行人将有关财产权证照交人民法院保管。必要时也可以采取加贴封条或张贴公告的方法查封。

既未向有关管理机关发出协助执行通知书,也未采取加贴封条或张贴公告的办法查封的,不得对抗其他人民法院的查封。

——《最高人民法院关于人民法院执行工作若干问题的规定(试行)》(1998 年 7 月 8 日,法释〔1998〕15 号)

【链接:最高人民法院法官著述】

就问题来说,首先,牵涉到承担实体赔偿责任和拒不协助执行责任的区别。按照《执行规定》第 44 条的规定,被执行人或者其他人擅自处分已被查封、扣押、冻结财产的,人民法院有权责令责任人限期追回财产或者承担相应的赔偿责任。这里的赔偿责任是人民法院及于被执行人或者其他人对于公法义务的违反,而直接依职权在执行程序中对违反公法义务人的制裁,并无须通过诉讼裁定。这里的"其他人"当然也包括协助义务部门,因为在不动产以登记作为所有权移转的要件情况下,没有登记部门的配合,债务人处分不动产的权属实际上是不可能的。问题是依据原民事诉讼法第一百零三条,对拒不履行协助义务的协助义务人,法律规定的制裁措施仅仅是最高罚款 3 万元人民币,即使依据修改后的民事诉讼法,罚款最高也不过是 30 万元。这样的处罚当然要比动辄承担几十万、几百万的实体赔偿责任轻得多。有的协助义务人显然注意到了民事诉讼法所规定的拒不协助与擅自处分的不同情形之间的差别，希望用“两害相权取其轻”的办法来承担较小的责任。

其次，要分析对协助义务部门来说不动产查封的效力是以办理查封登记作为效力发生的时点，还是以其接受协助执行通知书的时间作为执行效力发生的时点。查封、扣押、冻结裁定对不同的主体，其发生法律效力的起算点是不一致的。对于债务人来说，自其收到查封裁定时起，就对其发生法律效力，不管该财产是否被执行法院控制，也不管是否对外进行了公示。但是，对于第三人和协助义务人来说，这个问题就比较复杂了。对不特定的第三人来说，查封必须以一定的方式进行公示，使第三人能够判断该标的物为查封物，否则查封行为对第三人就不发生效力。对于有产权登记的房地产而言，查封的公示方式应当是在房地产管理部门办理查封登记，也就是说查封裁定对第三人发生法律效力的起点是办理查封登记之时起，对协助义务人而言，这个问题不光牵涉到法律问题，还有技术问题。因为，如果我们以协助义务部门实际办理查封登记的时间作为查封裁定发生法律效力的时点，就会存在一个技术上的难题：对于不动产以及其他登记而言，登记管理部门掌握了一切信息，执行法院无法观察到办理查封登记的整个过程，如何判断登记部门是否办理了查封登记？何时办理的查封登记？也就是说，在执行法院和不动产管理等协助义务部门之间存在信息不对称的问题，要求执行法院准确判断办理查封登记的时间，对执行法院来说是一个不可能完成的任务。特别是如果协助义务部门和债务人存在利害关系或者协助义务部门的有关负责人、经办人和债务人有利益上的联系的话，就会发生协助义务部门擅自转移执行法院已经查封的财产，而后又以有关责任财产根本没办理查封登记为由欺骗执行法院，逃避应当承担的实体赔偿责任。所以，《执行规定》第37条、第41条为协助义务人设定了一个查封裁定对其发生法律效力的技术起点，那就是：只要协助义务部门签收了协助执行通知书并且没有表示异议，就视为查封裁定对其发生效力。所以，此种情况下乙市建委的抗辩不能被支持。

——范向阳、马巍：《协助义务人行政管理职能的承继对赔偿责任承担的影响及不动产查封裁定对协助义务人发生效力的时点》，载江必新主编、最高人民法院执行局编：《执行工作指导》（总第27辑），人民法院出版社2009年版，第52～53页。

1251

执行程序中不能查封药品批准文号

关键词|查封药品批准文号|

【最高人民法院答复】

安徽省高级人民法院：

你院〔2009〕皖执复字第0022号《关于人民法院在执行中能否查封被执行人拥有的药品批准文号的请示报告》收悉。经研究，答复如下：

原则同意你院第二种少数人意见。药品批准文号系国家药品监督管理部门准许企业生产的合法标志，该批准文号受行政许可法的调整，本身不具有财产价值。因此，人民法院在执行中对药品批准文号不应进行查封。

——《最高人民法院〔2010〕执他字第2号函》(2010年6月10日)

1252

对查封标的物的处分绝对无效

关键词|查封标的物|处分查封财产|

【最高人民法院司法政策】

二十一、已被人民法院查封、预查封并在国土资源、房地产管理部门办理了查封、预查封登记手续的土地使用权、房屋，被执行人隐瞒真实情况，到国土资源、房地产管理部门办理抵押、转让等手续的，人民法院应当依法确认其行为无效，并可视情节轻重，依法追究有关人员的法律责任。国土资源、房地产管理部门应当按照人民法院的生效法律文书撤销不合法的抵押、转让等登记，并注销所颁发的证照。

——《最高人民法院、国土资源部、建设部关于依法规范人民法院执行和国土资源房地产管理部门协助执行若干问题的通知》(2004年2月10日，法发〔2004〕5号)

【最高人民法院答复】

北京市高级人民法院：

你院京高法〔1996〕385 号《关于查封房屋因未告知房管部门被出卖应如何执行的请示》收悉，经研究，答复如下：

北京市第二中级人民法院在审理广州市海珠区南华西物资公司诉北京亚运特需供应公司购销合同纠纷一案中，依法作出的（1994）中法调字第 23 号民事裁定书虽未抄告房管部门，但已送达当事人，根据《中华人民共和国民事诉讼法》第一百四十一条规定，诉前保全的裁定是不准上诉的裁定，依该裁定书保全查封被告的房产，属合法有效。北京亚运特需供应公司在此后擅自将其已被查封的房产转卖给北京沃克曼贸易开发有限责任公司的行为是违法的，所订立的房屋买卖合同系无效合同。北京市高级人民法院（1995）高经终字第 11 号民事判决书确定该案保全查封的房产为执行的标的物是正确的。北京亚运特需供应公司在其未能履行生效判决书所确定的还债义务时，以拍卖或变卖本案保全查封的房产的价款偿还债务，于法有据。至于北京沃克曼开发有限责任公司是否为善意第三人及其利益的保护等问题，可通过诉讼另案解决。

——《最高人民法院关于转卖人民法院查封房屋行为无效问题的复函》（1997 年 4 月 7 日，〔1997〕经他字第 8 号）

【链接：最高人民法院法官著述】

被执行的财产一经查封，被执行人即不得进行处分。通常情况下，被执行人对被查封财产处分又分为事实上的处分和法律上的处分。前者是指对查封财产施以毁损、变动等行为；后者是指对查封财产转移权属或者设定权利负担的行为。对于前者，法院可以妨害执行行为论处。对于后者的效力，学理界历来有两种观点：绝对无效说和相对无效说。《通知》对此采绝对无效说。这有利于查封财产的安全，增强申请执行人实现债权的力度，但也有使被执行人财产资源浪费的问题。这需在今后的实践中进行检验。

——沈德咏主编、最高人民法院研究室编著：《民事诉讼司法解释理解与适用》，法律出版社 2009 年版，第 585 页。

1253

查封的财产被转卖不适用善意取得制度

关键词｜查封财产｜善意取得｜

【最高人民法院答复】

河北省高级人民法院：

你院《关于被执行人转卖法院查封财产第三人善意取得是否应予保护的请示》收悉。经研究，答复如下：

人民法院依法查封的财产被转卖的，对买受人原则上不适用善意取得制度。但鉴于所请示的案件中，有关法院在执行本案时，对液化气铁路罐车的查封手续不够完备，因此在处理时对申请执行人和买受人的利益均应给予照顾，具体可对罐车或其变价款在申请执行人和买受人之间进行公平合理分配。

——《最高人民法院关于人民法院查封的财产被转卖是否保护善意取得人利益问题的复函》(1999年11月17日，〔1999〕执他字第21号)

1254

作为执行标的物的抵押财产被被执行人无偿转让的处理

关键词｜抵押财产｜无偿转让｜

【最高人民法院答复】

山东省高级人民法院：

你院《关于执行程序中被执行人无偿转让抵押财产人民法院应如何处理的请示》收悉。经研究，答复如下：

作为执行标的物的抵押财产在执行程序中被转让的，如果抵押财产已经依法办理了抵押登记，则不论转让行为是有偿还是无偿，也不论是否通知了抵押权人，只要抵押权人没有放弃抵押权，人民法院均可以直接对该抵押物进行执行。因此，你院可以直接对被执行人已经设定抵押的财产采取执行措施，必要时，可以将抵押财产的现登记名义人列为被执行人。

——《最高人民法院关于执行程序中被执行人无偿转让抵押财产人民法院应如何处理问题的复函》(2006 年 10 月 27 日,〔2006〕执他字第 13 号)

1255

查封被执行人所有的已抵押财产时应当通知抵押权人

关键词｜查封抵押财产｜通知抵押权人｜

【链接：最高人民法院法官著述】

问题:某法院在执行王某与张某买卖烟花货款纠纷一案中,依法查封了被执行人张某的房屋后,听说被执行人张某的房屋已向某银行作了抵押贷款。但从查封直至拍卖该房屋的一年多时间里,银行一直未向法院主张对该房屋享有优先受偿权。现就法院对被执行人所有的某银行享有抵押权的财产在查封后,法院是否有义务通知抵押权人有两种意见:第一种意见认为,法院无义务通知某银行。抵押权作为一种权利,既可行使也可放弃,抵押权人在知道或应当知道抵押物被法院查封后,应及时主动地向法院主张优先受偿权,不主张自己的实体权利,应视为放弃自己的权利,法院无义务主动通知抵押权人向法院主张优先受偿权。第二种意见认为,法院有义务通知该银行,法院对被执行人的财产采取查封措施后,发现该财产设立抵押时,就应当及时通知抵押权人,由其向法院主张权利,并优先受偿,以保护抵押权人的合法权益。

《人民司法》研究组认为:第二种意见是正确的。最高人民法院《执行规定》第 40 条规定:“人民法院对被执行人所有的其他人享有抵押权、质押权或留置权的财产,可以采取查封、扣押措施。财产拍卖、变卖后所得价款,应当在抵押权人、质押权人或留置权人优先受偿后,其余额部分用于清偿申请执行人的债权。”从上述规定和有关法律精神来看:对被执行人已经作为担保物的财产,人民法院可以查封、扣押,也可以拍卖、变卖,但是必须保障抵押权人的优先受偿权。为了切实保障抵押权人的利益,在人民法院转让被执行人的担保物时,应当通知抵押权人,并告知受让人转让物已经设定担保的情况。

——《人民司法》2004 年第 1 期

1256

被执行人不得出租查封财产

关键词｜查封效力｜出租查封财产｜

【最高人民法院裁判文书】

利害关系人大商集团股份有限公司申请复议案[最高人民法院(2010)执复字第4号民事裁定书]

最高人民法院认为：

1. 限制被执行人对外出租查封标的物是查封裁定当然具有的法律效力。即使协助执行通知书中没有明确限制被执行人对外租赁查封物，亦不妨碍在法律上存在该种限制效力。租赁查封物的合同在不影响申请执行人权益的情况下可以是有效的，但不得对抗申请执行人，申请执行人有权随时主张解除承租人对查封物的占有。

2. 山东高院已查明，本案的租赁，承租人除了承担被执行人原应支付的各项费用外，并没有另外向被执行人缴纳租金，被执行人没有向原申请执行人作任何清偿。大商集团在异议和复议中对此事实并未提出相反的意见。故无从采取截留租金的措施执行。在此意义上说该项租赁"无租金"并无不当。即使可以将儒商百货承担的各项费用视为租金，只要申请执行人的债权未得到满足，即不影响其请求解除承租人占有的权利。

3. 本案山东高院查封的人民商场经营性房产不属于便于分割执行的财产，且被执行人并未提出超标的查封问题的异议，该财产一直处于查封状态，故是否超标的查封并不影响本案的处理结果。同时，被执行人及案外人也不能以债权转让的对价限制执行债权的数额及作为判断是否超标的查封的依据。

4. 儒商百货在法院查封后对人民商场财产的承租占有，依法不能对抗申请执行人，随时可能因申请执行人的要求而被解除。尽管郭连海在人民商场和儒商百货均担任法定代表人，同时在振华百货担任董事和总经理，但三个企业在法律地位和利益上是各自独立的，债权转让并没有导致债权债务主体的混同及债的消灭。即使郭连海可能存在违反竞业禁止的义务问题，但该义务的违反，其后果也只涉及郭连海个人对儒商百货的责任问题，并不能因此而否定振华百货的合法权益。儒商百货被排斥的结果，系因振华百货合法行使债权而必然形成的，并不因振华百货的动机而有影响。复议申请人关于振华百货恶意申请及人民商场与之恶意串通因此其申请为无效的主张，缺乏法律依据。大商集团因被解除占有、租赁合同不能继续履行而产生的损失，应另行依法追究出租方的违约责任。

——中国裁判文书网，http://www.court.gov.cn/zgcpwsw/zgrmfy/。

【链接：最高人民法院法官著述】

关于查封的财产能否租赁，是一个有争论的问题。实务中有一种观点认为：由于查封物的出租，产生的是承租人与出租人之间的租赁关系。租赁还会产生物权变动的效果，而且查封实施后，由于诉讼等债权确认程序的进行以及执行本身所需耗费的时间往往相当长，限制查封物的出租，必然导致查封物长期得不到利用，影响被执行人生产经营的正常进行。从整个社会范围看，这是一种资源的浪费。

另一种观点则认为，查封的目的，旨在维护查封物的现状。就动产而言，被执行人出租查封物，将不可避免地导致查封物因使用所发生的损耗，减少了查封物的价值。就不动产而言，被执行人在查封物上订立租赁合同，基于"买卖不破租赁"这一具有强烈物权效果的债权原则，势必要对承租人给予保护。这样，因租赁关系的存在，就会对查封物的拍卖、变卖及交接产生影响，从而事实上降低不动产的交换价值，影响执行的效果。所以原则上应限制被执行人出租查封物。对此，我国台湾地区强制执行法规定：实施查封后，第三人未经执行法院允许，占有查封物或为其他有碍执行效果之行为者，执行法院得依职权或申请排除之。如果债务人未得到执行法院的允许而将查封物出租，则承租人难免会因为执行法院的排除而不能实现租赁的目的。

我们认为，前种观点是从社会资源的配置与利用的角度来看的，并未考虑到执行过程中出现的有碍执行程序顺利运行的问题。后种观点则可以更好地实现查封的目的，切实地保护债权人的利益。所以两种观点相比，我们更倾向于后者。

——江必新主编：《民事执行新制度理解与适用》，人民法院出版社2010年版，第381页。

1257

租赁权成立在前、查封在后的，可以解除第三人依租赁合同对查封物的占有

关键词｜租赁权｜

【最高人民法院答复】

山东省高级人民法院：

你院《关于被执行人擅自出租已查封的财产执行程序中人民法院排除执行妨害能否认定该合同无效或解除租赁合同的请示》收悉。经研究，答复如下：

在执行程序中被执行人擅自处分法院的查封物，包括本案中以出租的形式妨害查封效果的行为，执行法院有权以裁定形式直接予以处理。根据《最高人民法院关于人民法院民事执行中查封、扣押、冻结财产的规定》第26条[①]，被执行人擅自处分查封物，与第三人签订的租赁合同，并不当然无效，只是不得对抗申请执行人。第三人依据租赁合同占有查封物的，人民法院可以解除其占有，但不应当在裁定中直接宣布租赁合同无效或解除租赁合同，而仅应指出租赁合同不能对抗申请执行人。

——《最高人民法院执行局关于山东省高级人民法院关于被执行人擅自出租已查封的财产执行程序中人民法院排除执行妨害能否认定该合同无效或者解除租赁合同的请示的函》（2009年12月22日，〔2009〕执他字第7号函）

【链接：最高人民法院法官著述】

对于租赁权成立在前、查封在后的情况，处理方法同上述执行程序中对于租赁权的一般处理原则。这里主要讨论在查封物上设立的租赁关系的处理问题，而该问题的核心又是查封的效力问题。关于查封的效力，理论上有绝对效力说

① 最高人民法院《查封规定》第26条规定："被执行人就已经查封、扣押、冻结的财产所作的移转、设定权利负担或者其他有碍执行的行为，不得对抗申请执行人。第三人未经人民法院准许占有查封、扣押、冻结的财产或者实施其他有碍执行的行为的，人民法院可以依据申请执行人的申请或者依职权解除其占有或者排除其妨害。人民法院的查封、扣押、冻结没有公示的，其效力不得对抗善意第三人。"

与相对效力说两种主张。绝对效力说认为，查封是公法上的行为，查封后被执行人丧失对于查封物的处分权，其处分行为属于绝对无效与确定无效，对于任何人都不产生效力。相对效力说认为，查封仅使被执行人在查封目的之内丧失处分权，所以被执行人对查封物的处分，仅对执行债权人不产生效力，对于被执行人与第三人，仍属于有效；当债权人撤回申请或查封被撤销时，处分行为变为完全有效。一般认为，相对效力说既能实现查封的目的，又能兼顾查封后被执行人及第三人之利益，较为合理。《最高人民法院关于人民法院民事执行中查封、扣押、冻结财产的规定》（以下简称《查封规定》）第二十六条第一款规定："被执行人就已经查封、扣押、冻结的财产所作的移转、设定权利负担或者其他有碍执行的行为，不得对抗申请执行人。"该规定没有否认处分行为的效力，同时又承认查封效力的优先性，被认为确立了查封的相对效力。山东省高级人民法院曾就查封物上租赁关系的处理问题请示最高人民法院，最高人民法院的答复要点为：根据《查封规定》第二十六条，被执行人与第三人签订的租赁合同，并不当然无效，只是不得对抗申请执行人。第三人依据租赁合同占有查封物的，人民法院可以解除其占有，但不应当在裁定中直接宣布租赁合同无效或解除租赁合同。该答复坚持了查封的相对效力，仅在危及查封目的的范围内，排除了租赁的效力，较好地兼顾了相关权利主体的利益，应该成为处理同类问题的基本思路。

——刘贵祥：《执行程序中租赁权的认定与处理》，载《人民法院报》2014 年 5 月 28 日。

1258

民事执行程序中查封、扣押、冻结财产的期限

关键词 | 查封、扣押、冻结期限 |

【最高人民法院司法解释】

第四百八十七条 人民法院冻结被执行人的银行存款的期限不得超过一年，查封、扣押动产的期限不得超过两年，查封不动产、冻结其他财产权的期限不得超过三年。

申请执行人申请延长期限的，人民法院应当在查封、扣押、冻结期限届满前

办理续行查封、扣押、冻结手续，续行期限不得超过前款规定的期限。

——《最高人民法院关于适用〈中华人民共和国民事诉讼法〉的解释》(2015 年 1 月 30 日，法释〔2015〕5 号)

第二十九条 人民法院冻结被执行人的银行存款及其他资金的期限不得超过六个月，查封、扣押动产的期限不得超过一年，查封不动产、冻结其他财产权的期限不得超过二年。法律、司法解释另有规定的除外。

申请执行人申请延长期限的，人民法院应当在查封、扣押、冻结期限届满前办理续行查封、扣押、冻结手续，续行期限不得超过前款规定期限的二分之一。

第三十条 查封、扣押、冻结期限届满，人民法院未办理延期手续的，查封、扣押、冻结的效力消灭。

查封、扣押、冻结的财产已经被执行拍卖、变卖或者抵债的，查封、扣押、冻结的效力消灭。

——《最高人民法院关于人民法院民事执行中查封、扣押、冻结财产的规定》(2004 年 11 月 4 日，法释〔2004〕15 号)

【最高人民法院答复】

上海市高级人民法院：

你院《关于民事执行续行查封、扣押、冻结财产问题的请示》(沪高法〔2006〕12 号)收悉。经研究，答复如下：

同意你院倾向性意见，即《最高人民法院关于人民法院民事执行中查封、扣押、冻结财产的规定》施行前采取的查封、扣押、冻结措施，除了当时法律、司法解释及有关通知对期限问题有专门规定的以外，没有期限限制。但人民法院应当对有关案件尽快处理。

——《最高人民法院关于民事执行中查封、扣押、冻结财产有关期限问题的答复》(2006 年 7 月 11 日，法函〔2006〕第 76 号)

【链接：最高人民法院法官著述】

第一，本规定与查封规定相比，有三点变化：一是查封的最长期限相应延长，银行存款从六个月延长为一年，动产从一年延长为两年，不动产从两年延长为三年。二是查封规定明确，续封的期限不超过首次最长查封期限的二分之一，而本条规定续封和首次查封期限相同。三是《查封规定》第二十九条的但书规定，法律和司法解释对某类财产有特殊规定的，从其规定，而本条取消了这一但书规定，即同类财产实行统一的期限。第二，最长期限不是所有案件的查封都是最长期限，而应当根据个案的实际需要设定查封期限。第三，轮候查封由于还不是正式查封，不产生查封的效力，所以，不存在期限计算的问题。实践中，有的法院往往会明确具体的查封起止年月日，如果仅仅是轮候，仍然从其为正式查封之日起计算查封期限。第四，查封期限已过，查封的效力就自然灭失，不需要查封法院再办理解封手续。

——沈德咏主编、最高人民法院修改后民事诉讼法贯彻实施工作领导小组编著：《最高人民法院民事诉讼法司法解释理解与适用》，人民法院出版社 2015 年版，第 1302 页。

1259

《查封规定》施行前已查封的房地产的查封期限

关键词 | 查封期限 |

【链接：最高人民法院法官著述】

问题：《最高人民法院关于人民法院民事执行中查封、扣押、冻结财产的规定》（法释〔2004〕15 号）和《最高人民法院、国土资源部、建设部关于依法规范人民法院执行和国土资源房地产管理部门协助执行若干问题的通知》（法发〔2004〕5 号）均规定：人民法院对房地产的查封期限为 2 年。2006 年 7 月 11 日，最高人民法院又作出法函〔2006〕76 号《关于民事执行中查封、扣押、冻结财产有关期限问题的答复》，其中提到：“《最高人民法院关于人民法院民事执行中查封、扣押、冻结财产的规定》施行前采取的查封、扣押、冻结措施，除了当时法律、司法解释及有关通知对期限问题有专门规定的以外，没有期限限制。”复函的说法令人困惑，似乎与前两个文件存在矛盾。如果是 2000 年进行的房地产查封，一直没有再办理续封手续，到现在是否仍有效？按照前两个文件，查封效力应当已经消灭，而按照答复函，则似乎因没有期限限制仍然有效。对此，究竟应如何理解？

《人民司法》研究组认为：《最高人民法院关于民事执行中查封、扣押、冻结财产有关期限问题的答复》（简称76号复函）与《关于人民法院民事执行中查封、扣押、冻结财产的规定》（简称15号规定）及《最高人民法院、国土资源部、建设部关于依法规范人民法院执行和国土资源房地产管理部门协助执行若干问题的通知》（简称5号通知）并不矛盾，关键是对76号复函中“除了当时法律、司法解释及有关通知对期限问题有专门规定的以外”这一除外条款如何进行理解。

首先，对该除外条款中的“当时”，正确的理解应当是：这里的“当时”，应该是指15号规定施行前的整个时间段，而不是指查封实施的当时。其次，在这个时间段内，如果法律、司法解释及有关通知对期限问题有专门规定，则按照其规定处理，而不属于复函中所说的没有期限限制。5号通知就是在15号规定施行前所发的通知，该通知第11条已规定：“人民法院对土地使用权、房屋的查封期限不得超过二年。……查封期限届满，人民法院未办理继续查封手续的，查封的效力消灭。”5号通知自2004年3月1日起实施，且第29条明确了“本通知下发前已经进行的查封，自本通知实施之日起计算期限”。76号复函明确将“有关通知”与法律、司法解释并列，实际上已经充分注意到5号通知的适用问题。5号通知的上述规定是对房地产查封期限问题的专门规定，因此在15号规定之前对房地产的查封应当自2004年3月1日起开始计算查封期限。15号规定对房地产查封的期限作了和5号通知一致的规定，但没有明确所做的查封从该规定下发之日起计算查封期限。因此关于房地产的查封期限问题，应继续受5号通知的约束。5号通知下发前已经进行的房地产查封（以2000年查封为例），至2006年3月1日前没有办理续封手续的，应视为查封的效力已经消灭。全面地看，76号复函中关于“没有期限限制”的规定，实际上不能适用于房地产查封。这一点在76号复函中没有正面提到，是为了避免全面列举的麻烦。因为除了房地产以外，在15号规定之前还有其他司法文件设定了查封冻结的期限，如对银行存款的冻结适用最高人民法院与人民银行的联合通知中规定的半年的冻结期限，对上市公司国有股和社会法人股的冻结适用1年的期限。作出76号复函时对此问题是有共识的，即复函只是表示15号规定下发前的一部分财产，具体是指动产、债权、非上市公司国有股和社会法人股的股权、其他财产权的查封，没有期限限制。

——《人民司法·应用》2010年第9期

1260

采取强制托管方式执行案件的条件

关键词 | 查封财产 | 强制托管 |

【最高人民法院司法解释】

42. 被查封的财产，可以指令由被执行人负责保管。如继续使用被查封的财产对其价值无重大影响，可以允许被执行人继续使用。因被执行人保管或使用的过错造成的损失，由被执行人承担。

43. 被扣押的财产，人民法院可以自行保管，也可以委托其他单位或个人保管。对扣押的财产，保管人不得使用。

44. 被执行人或其他人擅自处分已被查封、扣押、冻结财产的，人民法院有权责令责任人限期追回财产或承担相应的赔偿责任。

——《最高人民法院关于人民法院执行工作若干问题的规定（试行）》（1998 年 7 月 8 日，法释〔1998〕15 号）

【《最高人民法院公报》案例】

中国银行等五家银行与奥林匹克饭店有限公司仲裁裁决执行案

裁判要旨：法院可以采用“托管方式”，指定案外人对被执行人财产进行经营管理。

北京市第一中级人民法院经审查认为：

仲裁裁决中的所谓“处分担保权益”，就是要实现抵押物权，因此强制执行的内容应当是将作为抵押物的奥林匹克饭店的动产、不动产全部交付给申请执行人。该院为了在执行中不影响饭店的正常经营，又能顺利地完成饭店财产的清点核实工作，保证饭店移交，决定采用“托管方式”执行。即委托北京六合兴饭店管理公司进驻奥林匹克饭店，在指定期间内完成核查饭店资产的工作，并代为经营管理。

1998 年 11 月 18 日，北京市第一中级人民法院根据六合兴饭店管理公司的报告，认定核查工作已经完成，遂将奥林匹克饭店的全部资产正式移交给申请执行人中国银行等 5 家银行。至此，这起标的巨大的申请执行案执行终结。

——《最高人民法院公报》1999 年第 5 期

编者说明

本案是一起采用强制托管方式执行的案件。本案涉及的主要法律问题是强制托管的适用条件和适用程序。强制托管是人民法院在执行工作改革过程中探索出来的一种新的执行方式。采取强制托管方式执行案件应当符合法定条件。依照现行法律的规定,强制托管主要有如下条件:第一,由案外人对被执行人进行托管。实施强制托管的被托管主体必须是负有债务,并经过法定程序予以裁判的被执行人。托管主体则是人民法院指定的,能够承担对被托管物管理职能的案外人。本案中,北京六合兴饭店管理公司作为案外人对被执行人奥林匹克饭店进行经营管理,符合强制托管的主体要求。第二,由法院来决定对托管方式的运用。强制托管是一种司法强制措施。其强制性主要表现在托管主体、托管内容、托管时间、托管条件等均由法院决定,被托管人必须服从,否则将承担妨害民事诉讼的法律后果。北京一中院充分考虑了在执行中做到既不影响饭店的正常经营,又能顺利地完成饭店财产的清点核实工作,保证饭店移交,最终决定采用"托管方式"执行。第三,托管必须附有期限。强制托管是一种临时性的强制措施,具有一定的期限性,一旦托管人完成了托管任务,或达到了托管目的,就应当及时取消强制托管,由被托管物的合法所有人自行或委托管理。

采取强制托管方式执行案件,应当遵循一系列程序,主要有:(1)由法院同被执行人的行业主管机关协商后,由法院同有关企业协商,确定托管单位和期限;(2)托管单位组成与被执行人管理机构相适应的托管筹备组,做好接管准备工作;(3)法院向被执行人发出强制托管布告,要求被执行人协助法院实施强制托管;(4)托管筹备组进驻被执行单位,接管各部门工作,维持业务活动,清查企业账目;(5)委托有关单位对被执行企业进行资产评估;(6)申请人组成接管筹备组,由法院主持对被执行企业的财产移交。

1261

查封财产交被执行人保管应注意的问题

关键词 | 被执行人保管查封财产 |

【最高人民法院司法解释】

第十二条 查封、扣押的财产不宜由人民法院保管的,人民法院可以指定被执行人负责保管;不宜由被执行人保管的,可以委托第三人或者申请执行人保管。

由人民法院指定被执行人保管的财产,如果继续使用对该财产的价值无重大影响,可以允许被执行人继续使用;由人民法院保管或者委托第三人、申请执行人保管的，保管人不得使用。

——《最高人民法院关于人民法院民事执行中查封、扣押、冻结财产的规定》(2004 年 11 月 4 日，法释〔2004〕15 号)

【链接：最高人民法院法官著述】

对于交被执行人保管应注意两个问题。一是交被执行人保管的动产，不能是贵重物品或有价证券，因为这些东西“被债务人处分或隐匿的危险性较高”，而且由执行法院保管也极为方便；二是交被执行人保管时容易被被执行人处分，因而必须经申请人同意或执行人员认为适当时，才可以交由被执行人保管，这也是自然尊重申请人的意思表示。所谓“认为适当时”应是指执行法院认为查封物纵由被执行人保管，其损耗或遗失之可能性亦不高。执行人员认为适当时，即使被执行人不同意，仍可交给其保管，自然不得拒绝，如查封被执行工厂正在使用的固定机器。即使查封时被执行人不在场，“执行法院也可以以适当的方法通知其保管查封物”。

——江必新主编：《民事执行新制度理解与适用》，人民法院出版社 2010 年版，第 375 页。

1262

对房地产可以进行预查封

关键词 | 预查封房地产 | 协助执行 |

【最高人民法院司法政策】

十五、下列房屋虽未进行房屋所有权登记，人民法院也可以进行预查封：

（一）作为被执行人的房地产开发企业，已办理了商品房预售许可证且尚未出售的房屋；

（二）被执行人购买的已由房地产开发企业办理了房屋权属初始登记的房屋；

（三）被执行人购买的办理了商品房预售合同登记备案手续或者商品房预

告登记的房屋。

十六、国土资源、房地产管理部门应当依据人民法院的协助执行通知书和所附的裁定书办理预查封登记。土地、房屋权属在预查封期间登记在被执行人名下的,预查封登记自动转为查封登记,预查封转为正式查封后,查封期限从预查封之日起开始计算。

十七、预查封的期限为二年。期限届满可以续封一次,续封时应当重新制作预查封裁定书和协助执行通知书,预查封的续封期限为一年。确有特殊情况需要再续封的,应当经过所属高级人民法院批准,且每次再续封的期限不得超过一年。

十八、预查封的效力等同于正式查封。预查封期限届满之日,人民法院未办理预查封续封手续的,预查封的效力消灭。

——《最高人民法院、国土资源部、建设部关于依法规范人民法院执行和国土资源房地产管理部门协助执行若干问题的通知》(2004 年 2 月 10 日,法发〔2004〕5 号)

【链接:最高人民法院法官著述】

预查封是《通知》新创立的一项强制执行措施,它是指对尚未在登记机关进行物权登记但又履行了一定的批准或者备案等预登记手续、被执行人享有物权期待权的房地产所采取的控制性措施,即由法院制发预查封裁定书和协助执行通知书,由国土资源、房地产管理部门办理预查封登记手续;待该房地产权属登记完结时转为正式查封。之所以创立预查封这样一项制度,是因为被执行人对未经登记的物权或者预期物权享有的仅仅是一种受限或者期待利益,是否能够成为完全的或者真正的权利主体,尚处于不确定的状态。另外,登记主管部门也往往以被执行人没有办理权属登记为由不予办理查封登记。所以,参照房地产买售过程中的预告登记制度,经与国土资源、房地产管理部门协商,创立了该项制度。

就可以预查封的土地使用权而言,当事人全部或者部分缴纳了土地出让金,虽然尚未进行土地使用权登记,但出让合同已经过批准,被执行人享有的物权期待权具有排他性,但同时又具有不稳定性,极易流失,对其进行预查封有利于保护债权人实现债权。

就可以预查封的房屋而言,依据《通知》第十五条规定,主要包括:(1)已办理了商品房预售许可证且尚未出售的房屋。如果房屋已经出售，则此时为保护购房人的物权期待权，不能进行预查封。(2)被执行人购买的已由房地产开发企业办理了房屋权属初始登记的房屋。(3)被执行人购买的办理了商品房预售合同登记备案手续或者商品房预告登记的房屋。预售合同登记备案制度和预告登记制度均具有保全债权的实现、保全将来发生的不动产物权的功能。虽不导致不动产物权的设立或者变动，但是可以使登记申请人取得一种请求将来发生物权变动的排他性权利。

预查封和查封在限制标的物转让的效力上应当是相同的。在法院预查封期间，任何单位和个人不得擅自处分预查封的财产，有关部门也不得办理转让、抵押手续。但是预查封和查封也有一些细微的区别：一是法院不能对预查封的房地产进行处理；二是预查封期间，登记机关除了可以将预查封的房地产登记在被执行人名下外，登记机关不得为任何其他登记行为。在预查封期间，一旦房地产权属登记在被执行人名下，则预查封就自动转为查封。

——沈德咏主编、最高人民法院研究室编著：《民事诉讼司法解释理解与适用》，法律出版社2009年版，第583页。

1263

查封和预查封的轮候制度

关键词 | 轮候查封 | 预查封房地产 | 协助执行 |

【最高人民法院司法政策】

十九、两个以上人民法院对同一宗土地使用权、房屋进行查封的，国土资源、房地产管理部门为首先送达协助执行通知书的人民法院办理查封登记手续后，对后来办理查封登记的人民法院作轮候查封登记，并书面告知该土地使用权、房屋已被其他人民法院查封的事实及查封的有关情况。

二十、轮候查封登记的顺序按照人民法院送达协助执行通知书的时间先后进行排列。查封法院依法解除查封的，排列在先的轮候查封自动转为查封；查封法院对查封的土地使用权、房屋全部处理的，排列在后的轮候查封自动失效；查封法院对查封的土地使用权、房屋部分处理的，对剩余部分，排列在后的轮候查封自动转为查封。

预查封的轮候登记参照第十九条和本条第一款的规定办理。

——《最高人民法院、国土资源部、建设部关于依法规范人民法院执行和国土资源房地产管理部门协助执行若干问题的通知》(2004 年 2 月 10 日,法发〔2004〕5 号)

【链接:最高人民法院法官著述】

依照《最高人民法院关于适用〈中华人民共和国民事诉讼法〉若干问题的意见》第二百八十二条规定,法院对同一标的物不得重复查封,即对已查封的财产其他任何机关不得重复查封。这对于稳定查封秩序是有必要的。但在司法实践中,经常发生这样的情形:先查封的法院,因法定不得重复查封会排斥其他法院的查封,但先查封的法院基于已执行到被执行人的金钱债权或者执行了部分查封物而予以解封时,致其他法院本可以继续查封而不能,且往往导致被执行人立即转移解封了的财产,使其他法院执行案件的债权人严重受损;也有的法院基于地方利益驱动,将被执行人的财产全部查封,用以对抗外地法院的查封,然后找准适当时机解封,致该财产流失、外地法院执行落空。此问题在进行异地查封时最为突出。为解决这一问题,参照外国的立法例,《通知》第十九条、二十条确立了查封、预查封的轮候制度。就是说,当某一房地产被某一法院查封、预查封后,后续送达的查封、预查封裁定并不当然失效,而是按照各个法院向国土资源、房地产管理部门送达协助执行通知书的时间先后进行登记排列等候,一旦在先查封的法院依法解除查封、预查封或者查封、预查封自动失效,且原查封或者预查封的房地产尚有可供查封或者预查封的价值时,排列在先的轮候查封或者轮候预查封就自动转为查封或者预查封并依次轮定。轮候查封、预查封制度的创立,对于维护法律关于不得重复查封的规定,解决"不得重复查封"在操作中的弊端,平等保护不同生效法律文书所确定债权人的合法权益,对于节约有限的司法资源、提高执行效率,无疑具有重要的意义。

——沈德咏主编、最高人民法院研究室编:《民事诉讼司法解释理解与适用》,法律出版社 2009 年版,第 584 页。

1264

同一法院在不同案件中可以对同一财产采取轮候查封、扣押、冻结保全措施

关键词 | 轮候查封 |

【最高人民法院司法解释】

第二十八条 对已被人民法院查封、扣押、冻结的财产，其他人民法院可以进行轮候查封、扣押、冻结。查封、扣押、冻结解除的，登记在先的轮候查封、扣押、冻结即自动生效。

其他人民法院对已登记的财产进行轮候查封、扣押、冻结的，应当通知有关登记机关协助进行轮候登记，实施查封、扣押、冻结的人民法院应当允许其他人民法院查阅有关文书和记录。

其他人民法院对没有登记的财产进行轮候查封、扣押、冻结的，应当制作笔录，并经实施查封、扣押、冻结的人民法院执行人员及被执行人签字，或者书面通知实施查封、扣押、冻结的人民法院。

——《最高人民法院关于人民法院民事执行中查封、扣押、冻结财产的规定》(2004 年 11 月 4 日，法释〔2004〕15 号)

【最高人民法院答复】

江苏省高级人民法院：

你院《关于同一法院在不同案件中是否可以对同一财产采取轮候查封、扣押、冻结保全措施的请示》收悉。经研究，答复如下：

设立轮候查封、扣押、冻结制度，目的是为了解决多个债权对同一执行标的物受偿的先后顺序问题。因此，根据《最高人民法院关于人民法院民事执行中查封、扣押、冻结财产的规定》第二十八条规定的精神，只要不是同一债权，不论是不是同一个债权人，受理案件的法院是不是同一个法院，都应当允许对已被查封、扣押、冻结的财产进行轮候查封、扣押、冻结；同一法院在不同案件中也可以对同一财产采取轮候查封、扣押、冻结保全措施。

此复。

——《最高人民法院关于同一法院在不同案件中是否可以对同一财产采取轮候查封、扣押、冻结保全措施问题的答复》(2006 年 1 月 10 日,〔2005〕执他字第 24 号)

【链接:最高人民法院法官著述】

轮候查封就是对其他人民法院已经查封的财产,执行法院依次按时间先后在登记机关进行登记,或者是在其他人民法院进行记载,排列等候,查封依法解除后,在先的轮候查封自动转化为正式查封的制度。这个问题的提出,是由于在诉讼和执行过程中,在前后两个案件分别由两个法院管辖的情况下,因法律禁止重复查封,又无其他相应的信息沟通机制,在第一次查封被解除后,其他法院往往不可能立即获悉在先查封被解除的信息,从而导致在后的查封不可能立即实施,债务人往往会借机转移财产,其他债权人的利益因此而遭受不应有的损失。有的地方甚至利用禁止重复查封制度搞地方保护主义,为了达到保护某个被执行人的目的,将其全部财产先予查封,以阻止外地法院执行,然后再找机会解除查封,导致其他法院的执行落空。针对这种情况,各方面都要求参照其他国家的立法经验,尽快建立轮候查封制度,允许人民法院对已经查封的财产轮候查封。在最高人民法院与国土资源部、建设部联合下发的《关于依法规范人民法院执行和国土资源、房地产管理部门协助执行若干问题的通知》中已经规定了这一制度,社会反映良好。这次通过司法解释的形式固定下来。

轮候查封不同于重复查封。从法律效力上看,重复查封是两个或者两个以上的有效查封,其中任何一个查封的效力都受其他查封效力的制约。而轮候查封则不同,只要查封未依法解除或者自动消灭,轮候查封就不生效。查封解除或者自动消灭的,登记在先的轮候查封即自动生效,除非查封标的物的所有权发生转移。如根据《查封规定》第三十条第二款的规定,查封的财产已经被执行拍卖、变卖或者抵债的,查封的效力消灭。在这种情况下,轮候查封也不能生效,因为此时该财产已为第三人或者申请执行人所有,不属责任财产的范围。

还有一个查封与轮候查封的衔接问题。因为只有查封依法解除或者自动消灭后轮候查封才生效,因此解除查封的法院应当将解除查封的事实告知在先的轮候查封法院。

——沈德咏主编、最高人民法院研究室编著:《民事诉讼司法解释理解与适用》,法律出版社 2009 年版,第 516 页。

1265

查封法院全部处分标的物后轮候查封的效力

关键词｜轮候查封｜重复查封｜处分查封财产｜

【最高人民法院司法解释】

第二十八条 对已被人民法院查封、扣押、冻结的财产，其他人民法院可以进行轮候查封、扣押、冻结。查封、扣押、冻结解除的，登记在先的轮候查封、扣押、冻结即自动生效。

第三十条 查封、扣押、冻结期限届满，人民法院未办理延期手续的，查封、扣押、冻结的效力消灭。

查封、扣押、冻结的财产已经被执行拍卖、变卖或者抵债的，查封、扣押、冻结的效力消灭。

——《最高人民法院关于人民法院民事执行中查封、扣押、冻结财产的规定》（2004 年 11 月 4 日，法释〔2004〕15 号）

【最高人民法院司法政策】

二十、轮候查封登记的顺序按照人民法院送达协助执行通知书的时间先后进行排列。查封法院依法解除查封的，排列在先的轮候查封自动转为查封；查封法院对查封的土地使用权、房屋全部处理的，排列在后的轮候查封自动失效；查封法院对查封的土地使用权、房屋部分处理的，对剩余部分，排列在后的轮候查封自动转为查封。

预查封的轮候登记参照第十九条和本条第一款的规定办理。

——《最高人民法院、国土资源部、建设部关于依法规范人民法院执行和国土资源房地产管理部门协助执行若干问题的通知》（2004 年 2 月 10 日，法发〔2004〕5 号）

【最高人民法院答复】

北京市高级人民法院：

你院《关于查封法院全部处分标的物后，轮候查封的效力问题的请示》（京

高法〔2007〕208号)收悉。经研究,答复如下:

根据《最高人民法院关于人民法院民事执行中查封、扣押、冻结财产的规定》(法释〔2004〕15号)第二十八条第一款的规定,轮候查封、扣押、冻结自在先的查封、扣押、冻结解除时自动生效,故人民法院对已查封、扣押、冻结的全部财产进行处分后,该财产上的轮候查封自始未产生查封、扣押、冻结的效力。同时,根据上述司法解释第三十条的规定,人民法院对已查封、扣押、冻结的财产进行拍卖、变卖或抵债的,原查封、扣押、冻结的效力消灭,人民法院无需先行解除该财产上的查封、扣押、冻结,可直接进行处分,有关单位应当协助办理有关财产权证照转移手续。

——《最高人民法院关于查封法院全部处分标的物后轮候查封的效力问题的批复》(2007年9月11日,法函〔2007〕100号)

1266

轮候查封的效力应当及于查封标的物的替代物

关键词 | 轮候查封 | 正式查封 |

【最高人民法院裁判文书】

重庆建工住宅建设有限公司与重庆中建工程公司欠款纠纷执行案[最高人民法院(2012)执复字第19号执行裁定书]

最高人民法院认为:

(1)本案(2011)渝高法执监字第60-1号执行裁定是重庆高院在对重庆一中院执行住宅公司与中建公司公证债权文书案中存在的错误进行执行监督中作出的。根据《执行规定》第129条和130条的规定,上级法院发现下级法院执行不当或执行错误,有权进行监督纠正。该规定第130条规定的指令纠正程序并不排除必要时上级法院直接作出纠正裁定。故重庆高院以(2011)渝高法执监字第60-1号执行裁定直接纠正重庆一中院执行中的错误,不违反司法解释的规定。该院在该裁定和(2011)渝高法执异字第23号异议裁定中没有正确述明执行监督案件的缘由,以致引起一些理解上的歧义,确有不当,但不影响实质处理结果。(2)轮候查封制度的作用在于确保轮候查封债权人能够取得在先查封债权人从查封物中所得利益的剩余部分。轮候查封的效力应当及于查封标的物的替代物，即对于标的物变价款中多于在先查封债权人应得数额的部分，有正式查封的效力，轮候查封债权人有权对该部分主张权利。本案中，住宅公司申请强制执行的公证债权文书是在2004年9月份作出的，后中建公司已于2006年年底向建工集团公司借款250万元偿还住宅公司，故住宅公司不应在执行中重复受偿250万元。重庆一中院在执行中拍卖查封标的物后，住宅公司于2008年5月19日向法院提交的《住宅建司(即住宅公司)与中建公司案应执行债权金额》中，未向法院说明中建公司已于2006年年底归还其250万元的情况，致使重庆一中院按照公证债权文书确定的标的数额全额划给了住宅公司，住宅公司因此受偿的数额超过了其应得的债权数额。对于该超出的部分款项，在先查封申请人住宅公司无权擅自处分或与被执行人自行协商进行处置，而应由住宅公司退还给执行法院，由执行法院支付给轮候查封申请人信达公司。拒不退还的，执行法院及监督执行的上级法院有权采取执行措施强制其退还。(3)重庆高院(2011)渝高法民终字第52号民事判决驳回信达公司的诉讼请求，是基于住宅公司按照与中建公司的约定和指令而将250万元不当利益返还给了中建公司这一事实，并未对该行为在执行程序中是否合法进行实质审查判断。而经执行监督程序审查，该行为实际上是住宅公司擅自处分超过其应得债权数额的、应由轮候查封债权人取得的执行标的变价款，侵害了轮候查封申请人信达公司的合法权益。故重庆高院通过执行监督程序强制住宅公司退出250万元及相关利息，与该院(2011)渝高法民终字第52号民事判决并不矛盾。

——中国裁判文书网，http://www.court.gov.cn/zgcpwsw/zgrmfy/。

1267

在先查封法院解除查封前，轮候查封法院裁定的效力无法得到实现

关键词｜轮候查封｜解除查封｜

【最高人民法院裁判文书】

利害关系人四川国众投资有限公司与四川扬昇实业有限公司执行复议案
[最高人民法院(2012)执复字第2号执行裁定书]

最高人民法院认为：

西藏高院(2011)藏法执字第8-1号民事裁定第二项关于“被执行人可以

使用被查封财产"等内容的表述,是该院对其查封裁定在效力范围上的界定,该裁定限定的效力内容能否得到实现,取决于查封措施是否能够得到实施,但该裁定第二项的表述并不对五通桥法院在先查封的房产构成处分。而且从本案实际情况看,西藏高院的查封措施因轮候于五通桥法院的查封之后,在五通桥法院解除查封之前,该院(2011)藏法执字第 8 -1 号民事裁定的效力无法得到实现,该裁定第二项的内容也并不违反法律的规定。国众公司仅因西藏高院(2011)藏法执字第 8 -1 号民事裁定第二项有允许被执行人保管和使用等内容,就认为该裁定事实上处分了其申请保全的查封物,属于主观认识错误。西藏高院(2011)藏法执异字第 8 -1 号民事裁定认定事实清楚,适用法律正确,并无不当。

——中国裁判文书网,http://www.court.gov.cn/zgcpwsw/zgrmfy/。

1268

涉灾案件执行程序中的查封、扣押措施

关键词|涉灾案件|查封|扣押|

【最高人民法院司法政策】

十、人民法院在执行工作中,应当慎用强制执行措施。特别是对明确专门用于抗震救灾的资金和物资,一律不得采取查封、扣押、冻结、划拨等财产保全措施和强制执行措施。

——《最高人民法院关于依法做好抗震救灾和恢复重建期间审判工作切实维护灾区社会稳定的通知》(2010 年 4 月 19 日,法〔2010〕178 号)

十七、因地震造成人民法院已查封或扣押的财产毁损、灭失或价值贬值,协助人民法院查封、扣押的协助执行人以及人民法院指定的查封、扣押财产的保管人(被执行人除外)没有过错的,不承担赔偿责任。人民法院应当努力通过促成执行和解妥善解决纠纷。

——《最高人民法院印发〈关于处理涉及汶川地震相关案件适用法律问题的意见(二)〉的通知》(2009 年 3 月 23 日,法发〔2009〕17 号)

九、在诉讼过程中,因地震造成已查封、扣押的财产损毁、灭失的,应当参照

最高人民法院《关于人民法院民事执行中查封、扣押、冻结财产的规定》第二十四条的规定处理；申请人提供其他财产线索申请查封、扣押的，可不再交纳申请费。

对于已评估过的财产，因地震造成损毁或价值贬损的，可以根据申请人的申请重新评估，评估费用按照《诉讼费用交纳办法》第十二条的规定确定。

十、申请执行人为非灾区企业或者公民，被执行人为灾区企业或者公民，财产无法确定或者确无财产可供执行的，应当中止执行；被执行人遭受灾害后有财产可供执行的，执行机关应尽力促成和解结案；申请执行人要求继续执行，但执行该财产将严重影响恢复重建工作顺利进行的，可以中止执行。中止执行的情形消失后，应当及时恢复执行。

灾区受灾企业或者公民申请强制执行，被执行人为非灾区企业或者公民的，人民法院应当加大执行力度，依法及时执行，以利于灾区企业和公民更好地恢复生产、重建家园。

——《最高人民法院关于处理涉及汶川地震相关案件适用法律问题的意见(一)》(2008 年 7 月 14 日，法发〔2008〕21 号)

六、人民法院在执行工作中，应当慎用强制执行措施。特别是对明确专用于抗震救灾的资金和物资，一律不得采取查封、扣押、冻结、划拨等财产保全措施和强制执行措施。

——《最高人民法院关于依法做好抗震救灾恢复重建期间民事审判和执行工作的通知》(2008 年 6 月 6 日，法〔2008〕164 号)

【链接：最高人民法院法官著述】

在诉讼过程中，因地震造成已查封、扣押的财产毁损、灭失的，应当参照《最高人民法院关于人民法院民事执行中查封、扣押、冻结财产的规定》第 24 条的规定处理，查封、扣押、冻结的效力及于该财产的替代物、赔偿款，人民法院应当及时作出查封、扣押、冻结该替代物、赔偿款的裁定。但申请人提供其他财产线索申请查封、扣押的，可不再交纳申请费。对于已经评估过的财产，因地震造成毁损或价值贬损的，可以根据申请人的申请重新予以评估，评估费用按照《诉讼费用交纳办法》第 12 条的规定确定。即诉讼过程中因鉴定、公告、勘验、翻译、评估、拍卖、变卖、仓储、保管、运输、船舶监管等发生的依法应当由当事人负担的费用，人民法院根据谁主张、谁负担的原则，决定由当事人直接支付给有关机构或者单位,人民法院不得代收代付。人民法院依照《民事诉讼法》第11条第3款规定提供当地民族通用语言、文字翻译的,不收取费用。

申请执行人为非灾区企业或者公民,被执行人为灾区企业或者公民,财产无法确定或者确无财产可供执行的,应当中止执行;被执行人遭受灾害后有财产可供执行,执行机构应尽力促成和解结案;申请执行人要求继续执行,但执行该财产将严重影响恢复重建工作顺利进行的,可以中止执行。中止执行的情形消失后,应当及时恢复执行。灾区受灾企业或者公民申请强制执行,被执行人为非灾区企业或者公民的,人民法院应当加大执行力度,依法及时执行,以利于灾区企业和公民更好地恢复生产、重建家园。

——曹守晔、林文学:《〈关于处理涉及汶川地震相关案件适用法律问题的意见(一)〉的理解与适用》,载《人民司法·应用》2009年第1期。

《最高人民法院关于处理涉及汶川地震相关案件适用法律问题的意见(一)》(法发〔2008〕21号)以及《最高人民法院关于依法做好抗震救灾恢复重建期间民事审判和执行工作的通知》中作出了以下规定:人民法院在执行工作中,应当慎用强制执行措施。特别是对明确专用于抗震救灾的资金和物资,一律不得采取查封、扣押、冻结、划拨等财产保全措施和强制执行措施。申请执行人为非灾区企业或者公司,被执行人为灾区企业或者公司,财产无法确定或者确无财产可供执行的,应当中止执行;被执行人遭受灾害后有财产可供执行,执行机构应尽力促成和解结案;申请执行人要求继续执行,但执行该财产将严重影响恢复重建工作顺利进行的,可以中止执行。中止执行的情形消失后,应当及时恢复执行。灾区受灾企业或者公司申请强制执行,被执行人为非灾区企业或者公民的,人民法院应当加大执行力度,依法及时执行,利于灾区企业和公民更好地恢复生产、重建家园。《意见(二)》第17条对协助人民法院查封、扣押的协助执行人以及人民法院指定的查封、扣押财产的保管人的责任作了补充规定:因地震造成人民法院已查封或扣押的财产毁损、灭失或价值贬值,协助人民法院查封、扣押的协助执行人以及人民法院指定的查封、扣押财产的保管人(被执行人除外)没有过错的,不承担赔偿责任。人民法院应当努力通过促成执行和解妥善解决纠纷。

——林文学:《解读〈关于处理涉及汶川地震相关案件适用法律问题的意见(二)〉》,载《民事法律文件解读》(总第53辑),人民法院出版社2009年版,第23~24页。

1269

抵押权所担保的债权尚未到期时可以对抵押物进行查封和处分

关键词 | 查封效力 | 担保权 | 优先受偿 |

【最高人民法院司法解释】

40. 人民法院对被执行人所有的其他人享有抵押权、质押权或留置权的财产，可以采取查封、扣押措施。财产拍卖、变卖后所得价款，应当在抵押权人、质押权人或留置权人优先受偿后，其余额部分用于清偿申请执行人的债权。

——《最高人民法院关于人民法院执行工作若干问题的规定（试行）》（1998 年 7 月 8 日，法释〔1998〕15 号）

【最高人民法院裁判文书】

中国长城资产管理公司兰州办事处与宁夏中卫石林建材集团有限责任公司等借款合同纠纷执行复议案［最高人民法院（2010）执复字第 13 号执行裁定书］

最高人民法院经审查认为，根据《执行规定》第 40 条的规定，执行法院对其他人享有抵押权的被执行人财产，可以采取查封和处分措施，无论抵押担保的债权是否到期，法院均可以采取执行措施，但应当确保抵押权人优先受偿的权利。至于优先受偿权的具体范围和数额，抵押权人可以依法提请执行法院审查确定，抵押权人亦可依法参与执行程序对有关财产的处分。法院对抵押物强制执行并不必然导致抵押权人与被执行人之间的借款合同终止，是否终止及相关问题应由双方另行处理。故中卫农信社申请复议的理由不能成立，裁定驳回中卫农信社的复议申请。

——江必新主编、最高人民法院执行局编：《执行工作指导》（总第 43 辑），人民法院出版社 2012 年版，第 87 页。

【链接：最高人民法院法官著述】

问题：洪某申请法院强制执行杨某拖欠款 30 万元。法院立案执行后，查封了杨某的奥迪轿车 1 辆（允许其继续使用，但不得转移、隐匿、毁损、变卖、抵押),并在车管所进行了查封登记。在执行过程中,洪某与杨某经协商达成和解协议,在签订协议时先付10万元,余款20万元在3个月内付清。协议达成后不久,杨某因酒后驾车,车损人伤。车被拉到修理厂后花去修理费4万元。由于杨某未能支付修理费,修理厂即将该车留置。3个月期满后,因杨某未能向洪某支付余款20万元,故洪某要求法院继续执行。执行人员即到修理厂扣押查封的奥迪车,修理厂提出要先付清4万元修理费。对修理厂的要求是否合法,执行人员有两种意见:第一种意见认为,修理厂的要求不合法,因为该车法院查封在先,修理厂不能以杨某欠其修理费必须付清为由来对抗法院的执行,其可另行起诉要求杨某给付修理费;第二种意见认为,修理厂的要求合理合法,法院无权强行扣押,在对该车进行拍卖或变卖后,所得价款优先支付拖欠的修理费,余款偿还洪某,不足部分仍可强制执行要求杨某给付。

《人民司法》研究组认为:第二种意见基本正确。查封的效力在于禁止债务人对已查封的不动产予以处分,债务人丧失了处分权,但仍有所有权。经执行法院许可,债务人可为必要的管理和使用。《最高人民法院关于人民法院执行工作若干问题的规定(试行)》第42条规定:"被查封的财产,可以指令由被执行人负责保管。如继续使用被查封的财产对其价值无重大影响,可以允许被执行人继续使用。因被执行人保管或使用的过错造成的损失,由被执行人承担。"据此,本案被执行人在使用被查封的车辆致该车发生损失后,应就该车的损失额向申请执行人承担赔偿责任,同时应向修理厂支付修车的费用;被执行人无其他财产可供执行时,可以该车的变价款承担责任。依据《合同法》第264条关于"定作人未向承揽人支付报酬或者材料费等价款的,承揽人对完成的工作成果享有留置权,但当事人另有约定的除外"的规定,修车厂作为修理该车的承揽人,对该车享有留置权,即对该车拍卖或变卖后所得的价款应当优先受偿。

——《人民司法》2002年第4期

1270

强制拍卖抵押财产并不必然导致抵押权人与抵押人之间的借款合同终止

关键词 | 强制拍卖 | 抵押财产 |

【最高人民法院裁判文书】

中国长城资产管理公司兰州办事处与宁夏中卫石林建材集团有限责任公司等借款合同纠纷执行复议案[最高人民法院(2010)执复字第13号执行裁定书]

最高人民法院经审查认为:

根据《执行规定》第40条的规定,执行法院对其他人享有抵押权的被执行人财产,可以采取查封和处分措施,无论抵押担保的债权是否到期,法院均可以采取执行措施,但应当确保抵押权人优先受偿的权利。至于优先受偿权的具体范围和数额,抵押权人可以依法提请执行法院审查确定,抵押权人亦可依法参与执行程序对有关财产的处分。法院对抵押物强制执行并不必然导致抵押权人与被执行人之间的借款合同终止,是否终止及相关问题应由双方另行处理。故中卫农信社申请复议的理由不能成立,裁定驳回中卫农信社的复议申请。

——江必新主编、最高人民法院执行局编:《执行工作指导》(总第43辑),人民法院出版社2012年版,第87页。

1271

财产保全的申请人不具有优先受偿权利

关键词 | 财产保全 | 优先受偿 |

【链接:最高人民法院法官著述】

问题:李某因做生意分别向刘某、王某、钟某借款6万元。李某有商品房一套。刘某在李某的借款期限届满后向法院起诉,要求李某归还借款6万元,同时向法院申请查封李某的商品房。法院在刘某提供担保后,依法查封了该商品房。此后,王某、钟某相继向法院起诉,要求李某归还借款6万元。在刘某、王某、钟某诉李某的借款纠纷案的执行过程中,对拍卖李某商品房所得6万元如何分配存在两种意见:第一种意见认为,该价款应归刘某所有。其理由是:李某的商品房因刘某申请财产保全而查封,其目的是保证刘某诉李某的借款纠纷案能顺利执行。刘某提供了相应价款的担保,因此,刘某取得了优先受偿的权利。第二种意见认为,该价款应由刘某、王某、钟某三人平均分配,理由是:刘某、王某、钟某是李某的合法债权人,其合法权益应受法律保护,因此,应当按照刘某、王某、钟某的债权份额的比例分配该价款。

《人民司法》研究组认为:根据《民事诉讼法》第92条的规定,财产保全只是防止可能因当事人一方的行为或者其他原因使判决不能执行或者难以执行时所采取的一种强制措施。这种措施并非对措施申请人的权利的担保,因而当被申请人有多个债权人且其财产不足以清偿其全部债务时,申请保全的当事人并不对被保全的财产享有优先受偿权,被申请人被保全的财产应当由全体债权人公平受偿。保全申请人因申请保全而受到损失的,受到清偿的其他债权人应当给予相应补偿。

——《人民司法》2002年第9期

1272

对超范围查封的执行裁定的纠正方式

关键词 | 超范围查封 |

【最高人民法院裁判文书】

广夏(银川)贺兰山葡萄酿酒有限公司申请执行复议案[最高人民法院(2012)执复字第18号执行裁定书]

最高人民法院认为:

关于执行依据中确定的贺兰山公司的责任性质与责任财产的范围。综合考虑宁夏高院(2010)宁民商初字第2号案件中农业银行的诉讼请求、判决书中关于事实的认定与判决主文的表述,可以认定贺兰山公司承担的是抵押责任,其责任财产的范围应限于抵押财产。贺兰山公司的该项复议理由成立,本院予以支持。宁夏高院第13-1号执行裁定关于查封财产范围的表述不准确,应对贺兰山公司财产中除抵押财产外的查封部分予以撤销,执行法院据此冻结的贺兰山公司的银行账户应同时解除。宁夏高院的异议裁定未纠正上述错误,也应予以撤销。

——最高人民法院执行局编:《执行工作指导》(总第45辑),人民法院出版社2013年版,第133~138页。

【链接：最高人民法院法官著述】

对于超范围查封的执行裁定采取何种方式纠正，是本案处理中面临的一个重要程序性问题。有观点认为，超范围查封的执行裁定是错误的执行裁定，应予以撤销，然后由执行法院重新作出新的裁定。我们认为，超范围查封的错误仅在于超过了法定范围的部分，撤销整个裁定，不好解决该裁定对于正确查封部分的效力问题。执行法院重新作出查封裁定时，将面临如何确定查封时间的难题，而在我国存在轮候查封制度的背景下，查封时间具有重要意义。所以在本案中，直接以裁定的方式变更执行裁定查封的范围，将其局限于抵押财产的范围内是较为妥当的。

——葛洪涛：《广夏（银川）贺兰山葡萄酿酒有限公司申请执行复议案评析》，载最高人民法院执行局编：《执行工作指导》（总第45辑），人民法院出版社2013年版，第128～133页。

1273

拍卖优先原则及其例外

关键词｜拍卖优先原则｜变卖｜

【最高人民法院司法解释】

第四百九十一条 经申请执行人和被执行人同意，且不损害其他债权人合法权益和社会公共利益的，人民法院可以不经拍卖、变卖，直接将被执行人的财产作价交申请执行人抵偿债务。对剩余债务，被执行人应当继续清偿。

第四百九十二条 被执行人的财产无法拍卖或者变卖的，经申请执行人同意，且不损害其他债权人合法权益和社会公共利益的，人民法院可以将该项财产作价后交付申请执行人抵偿债务，或者交付申请执行人管理；申请执行人拒绝接收或者管理的，退回被执行人。

——《最高人民法院关于适用〈中华人民共和国民事诉讼法〉的解释》（2015年1月30日，法释〔2015〕5号）

第二条 人民法院对查封、扣押、冻结的财产进行变价处理时,应当首先采取拍卖的方式,但法律、司法解释另有规定的除外。

第三十四条 对查封、扣押、冻结的财产,当事人双方及有关权利人同意变卖的,可以变卖。

金银及其制品、当地市场有公开交易价格的动产、易腐烂变质的物品、季节性商品、保管困难或者保管费用过高的物品,人民法院可以决定变卖。

——《最高人民法院关于人民法院民事执行中拍卖、变卖财产的规定》(2004年11月15日,法释〔2004〕16号)

46. 财产无法委托拍卖、不适于拍卖或者当事人双方同意不需要拍卖的,人民法院可以交有关单位或者自行组织变卖。

48. 被执行人申请对人民法院查封的财产自行变卖的,人民法院可以准许,但应当监督其按照合理的价格在指定的期限内进行,并控制变卖的价款。

——《最高人民法院关于人民法院执行工作若干问题的规定(试行)》(1998年7月8日,法释〔1998〕15号)

【链接:最高人民法院法官著述】

民事执行程序中的变价应当遵循拍卖优先的原则,但拍卖的实施有一整套严格的程序,其运行必然要花费一定的时间和费用,从交易成本上考虑,执行程序中一概采取拍卖的方式进行变价,在很多情况下未必对当事人有利,也不利于节约司法资源。因此,《拍卖规定》在坚持拍卖优先原则的同时,又作了例外规定,即在法律、司法解释另有规定的情形下,允许采取变卖等简便经济的方式进行变价。这一例外,主要体现在《拍卖规定》第三十四条。该条规定:“对查封、扣押、冻结的财产,当事人双方及有关权利人同意变卖的,可以变卖。金银及其制品、当地市场有公开交易价格的动产、易腐烂变质的物品、季节性商品、保管困难或者保管费用过高的物品,人民法院可以决定变卖。”此外,根据《最高人民法院关于冻结、扣划证券交易结算资金有关问题的通知》第五条第二款的规定,人民法院执行流通证券,可以指令被执行人所在的证券公司营业部在30个交易日内通过证券交易将该证券卖出,并将变卖所得价款直接划付到人民法院指定的账户。应当指出的是,《执行规定》也有关于直接适用变卖的规定,但这些规定过于原则,实践中容易造成变卖的滥用。《拍卖规定》对直接适用变卖情形的规定更加明确、具体,有利于更好地贯彻拍卖优先原则,有效地防止实践中任意变卖现象的发生。

——沈德咏主编、最高人民法院研究室编著:《民事诉讼司法解释理解与适用》,法律出版社2009年版,第524~525页。

1274

在兼顾其他执行债权人利益情形下,执行法院可以将被执行人的财产直接作价交申请执行人抵偿债务

关键词 | 拍卖优先 | 以物抵债 |

【最高人民法院司法解释】

第四百九十一条 经申请执行人和被执行人同意,且不损害其他债权人合法权益和社会公共利益的,人民法院可以不经拍卖、变卖,直接将被执行人的财产作价交申请执行人抵偿债务。对剩余债务,被执行人应当继续清偿。

第四百九十二条 被执行人的财产无法拍卖或者变卖的,经申请执行人同意,且不损害其他债权人合法权益和社会公共利益的,人民法院可以将该项财产作价后交付申请执行人抵偿债务,或者交付申请执行人管理;申请执行人拒绝接收或者管理的,退回被执行人。

——《最高人民法院关于适用〈中华人民共和国民事诉讼法〉的解释》(2015年1月30日,法释〔2015〕5号)

46. 财产无法委托拍卖、不适于拍卖或者当事人双方同意不需要拍卖的,人民法院可以交有关单位或者自行组织变卖。

48. 被执行人申请对人民法院查封的财产自行变卖的,人民法院可以准许,但应当监督其按照合理的价格在指定的期限内进行,并控制变卖的价款。

——《最高人民法院关于人民法院执行工作若干问题的规定(试行)》(1998年7月8日,法释〔1998〕15号)

【最高人民法院裁判文书】

浙江省绍兴市春晖实业投资有限公司与浙江省嵊州市吉祥房地产开发有限公司、浙江省新昌县金利房地产有限公司申请复议案[最高人民法院(2009)执监字第189-1号驳回申诉通知书]

裁判要旨:在有其他债权人对上述土地主张权利的情况下,以物抵债的相关规定应在不损害其他债权人利益的前提下适用。

最高人民法院认为:

执行法院对财产变价时,应以保护各方当事人的合法权益为原则。在有其他债权人对上述土地主张权利的情况下,以物抵债的相关规定应在不损害其他债权人利益的前提下适用。本案中,金利公司将该土地不经拍卖直接抵偿给吉祥公司,损害了其他债权人利益。绍兴中院裁定将争议土地抵偿给吉祥公司不当,浙江省高级人民法院据此撤销绍兴中院的相关裁定是正确的。申请人吉祥公司的申诉理由不能成立。

——江必新主编、最高人民法院执行局编:《执行工作指导》(总第33辑),人民法院出版社2010年版,第98~99页。

【链接:最高人民法院法官著述】

本案涉及的主要法律问题是,执行过程中,其他债权人对执行标的物主张权利的情况下,执行法院未经相关债权人同意,能否依据申请执行人和被执行人签订的书面协议不经拍卖而直接裁定以物抵债。也就是说,在这种情况下,是否还应当优先采取拍卖的方式对被执行人财产进行变价处理。这也是影响本案审查结果的关键所在。

申诉人吉祥公司在申诉理由中提到,《拍卖规定》第二条虽确立了拍卖优先的原则,但该条也规定了"法律、司法解释另有规定的除外",而《民诉意见》第三百零一条、《通知》第二十六条关于以物抵债的规定正是"法律、司法解释另有规定"的情形。依据这些规定,申请执行人和被执行人达成以物抵债协议并经法院裁定确认的情况下,可以不再对执行标的物进行拍卖,而由申请执行人直接受偿,这样也符合《拍卖规定》第二条的要求。浙江省高级人民法院依据《拍卖规定》第二条,撤销绍兴中院以物抵债裁定和驳回春晖公司异议的裁定不当。

我们认为,执行法院对被执行人财产进行变价处理时应首先采取拍卖的方式,目的在于最大限度地实现财产价值,平衡各方当事人权益。《拍卖规定》第二条但书中“法律、司法解释另有规定”虽然构成对法院采取拍卖措施的限制,但也指的是对被执行人进行财产变价处理的其他方法。涉及对被执行人财产变价的问题,就应遵循实现财产价值最大化,保护各方当事人利益的基本原则。因此,但书的“法律、司法解释另有规定”,应在上述原则的前提下进行解释。也就是说,《民诉意见》第三百零一条、《通知》第二十六条(该条不属于司法解释的范围,下文将专门论述)关于以物抵债的规定,应在不损害其他执行债权人利益的前提下适用,即在案件没有其他债权人或其他债权人不对执行标的物主张权利的情况下,如申请执行人和被执行人达成协议以物抵债的,可据此执行;但在其他执行债权人对执行标的物主张权利的情况下,如不经其他债权人同意而直接进行以物抵债,则可能损害其他债权人利益。“法律、司法解释另有规定”应当遵循不损害其他债权人利益原则的一个典型例证,就是《拍卖规定》第三十四条。该条即属于“法律、司法解释另有规定”的情形,而该条对变卖的条件要求是,“当事人双方及有关权利人同意变卖的,可以变卖”,充分顾及了“有关权利人”的利益。

《拍卖规定》第二条与《民诉意见》第三百零一条、《通知》第二十六条的关系:

《通知》(法发〔2004〕5号)为最高人民法院和相关部门联合下发的司法性文件,还不是规范意义上的“司法解释”,严格地讲,不属于《拍卖规定》第二条“法律、司法解释另有规定”的范围,不能直接引用并与法律、司法解释等并列作为裁判依据,但可以在说理部分引用作为说理依据。具体到本案执行法院适用的条款中,“法律、司法解释另有规定”在以物抵债方面仅指《民诉意见》第三百零一条。《拍卖规定》明确规定了财产变价拍卖优先的原则,而且该解释中多条内容涉及拍卖过程中进行以物抵债的具体条件。这些规定实际上已对《民诉意见》第三百零一条的适用作了限制,对拍卖和以物抵债的执行方法重新进行了界定。在有其他执行债权人存在的前提下,执行法院已不能单纯依据《民诉意见》第三百零一条即作出以物抵债的裁定。这一点在最高人民法院执行局制发的“采取以物抵债措施裁定书”样式的法律适用部分已得以体现。

本案中其他债权人利益保护问题:

吉祥公司与金利公司协议以争议土地的评估价抵债,而土地的评估值仅为争议土地价值的一项参考数字,并未经过公开竞价在市场上确定其最终价值。因此,吉祥公司如果通过拍卖的方式可能实现的债权数额仍然是一个未知数。

虽然吉祥公司申请查封的时间在前,但这对于要求就该土地受偿的其他债权人也并非没有关系。另外,因拍卖程序中存在各种不确定因素,未必能保证上述土地使用权在拍卖当天即能顺利拍定。尤其是,金利公司已于1月22日进入破产程序,拍卖中可能出现的情况对其他债权人的利益都将产生相应的影响,不能排除上述土地成为破产财产的可能。而执行法院不通过拍卖,直接裁定以该土地抵偿吉祥公司的债权,将彻底断绝其他债权人就该土地受偿的可能。所以,执行法院采取拍卖还是以物抵债的方式执行,与其他债权人的利益都有关联。

金利公司与吉祥公司签订以物抵债协议后,不到一个月的时间即进入破产程序,在此之前,金利公司也已经成为多起诉讼的被告。因此,该公司在与吉祥公司签订以物抵债协议时,对其自身的财务状况应该是明知的。执行法院根据吉祥公司和金利公司的协议裁定以查封土地抵债,以及对春晖公司的执行异议进行审查时,虽然春晖公司已向法院申请宣告金利公司破产,但当时新昌县人民法院尚未受理,且吉祥公司申请法院查封争议土地的时间在前,当事人协议以物抵债的行为对其他债权人的损害并不明显。至浙江省高级人民法院对本案进行复议审查时,金利公司已经因资不抵债而进入破产程序,先前以物抵债的行为对其他债权人的损害即显现出来,浙江省高级人民法院撤销了绍兴中院以物抵债及驳回春晖公司执行异议的裁定,及时维护了其他债权人的利益。

本案的上述事实表明,在有其他债权人对执行标的物主张权利时,执行法院不经拍卖直接依据申请执行人和被执行人的协议裁定以物抵债,很可能导致其他债权人的利益受损。尤其是在被执行人财务状况恶化,可能破产但尚未进入破产程序的情况下,直接进行以物抵债将会面临更大的风险,而执行法院对这种情况潜在的风险可能难以准确把握。因此,坚持拍卖优先的原则,对平衡各当事人利益具有极为重要的意义。通过拍卖程序,还是通过以物抵债的方式执行,必须考虑到在申请执行人和被执行人以外,还存在其他债权人对执行标的物主张权利的事实。所以,法院在审查执行异议和复议过程中,不应仅顾及申请执行人和被执行人双方合意,还要维护其他债权人的利益,在案件处理可能影响其他债权人利益时,不宜再依据《民诉意见》第三百零一条、《通知》第二十六条,维持以物抵债裁定的效力。

——乔宇:《从春晖公司执行复议案看以物抵债的适用条件》,载江必新主编、最高人民法院执行局编:《执行工作指导》(总第33辑),法律出版社2010年版,第99~102页。

当事人自愿达成以物抵债协议的，是否还要对标的物进行价格评估？

问题：最高人民法院《民诉法意见》第三百零一条规定："经申请执行人和被执行人同意，可以不经拍卖、变卖，直接将被执行人的财产作价交申请执行人抵偿债务，对剩余债务，被执行人应当继续清偿。"在执行中，申请执行人和被执行人协商同意以物抵偿所有债务，是否还要经物价部门评估作价？

《人民司法》研究组认为：当事人在执行程序中享有处分权。当事人自愿达成以物抵债协议并就价格达成一致意见，正是当事人在执行程序中处分自己实体权利的行为，只要这种行为不违反法律的规定，并且不损害第三人的合法权益，人民法院无权加以干涉。因此，申请执行人和被执行人协商同意以物抵偿所有债务，无须经物价部门评估作价。

——《人民司法》2004 年第 7 期

编者说明

执行法院在裁定以物抵债时应当考虑其他执行债权人的利益，特别在其他债权人主张权利的情况下，为平衡多方利益，还是应当优先通过拍卖的方式，对被执行人财产进行变价处理，并遵循拍卖程序的相关规定，避免损害其他执行债权人利益。在案件只有申请执行人和被执行人双方的情况下，执行法院经双方同意，不经拍卖、变卖，采用以物抵债的方式作出处理，并不存在法律上的障碍；但在其他执行债权人存在的前提下采用以物抵债的方式办理案件，不仅要经双方当事人同意，还要兼顾其他执行债权人利益，如申请执行人、被执行人及其他执行债权人对采取以物抵债的方式均无异议，执行法院可以不经拍卖、变卖，直接将被执行人的财产作价交申请执行人抵偿债务，对剩余债务，被执行人应当继续清偿。

1275

执行法院根据案外人与执行当事人达成的以物抵债协议作出房产过户裁定，对案外人异议的处理

关键词 | 以物抵债 | 执行异议 |

【链接：最高人民法院法官著述】

问题：某银行申请执行甲公司借贷纠纷一案，执行过程中，甲公司的债务人乙公司与某银行和甲公司签订抵债协议，自愿以其所有的一栋房产抵偿甲公司

所欠某银行的债务。而后,执行法院根据该以物抵债协议下达了以物抵债裁定,并向房产管理部门送达了协助过户通知书。一年之后,丙公司诉乙公司借款纠纷经生效判决确定。丙公司持生效判决向执行法院的上级法院提出执行申诉称,法院以裁定的形式执行当事人之间的和解协议没有法律依据。同时,在执行法院下达过户裁定时,丙公司可与乙公司的债权债务关系就已经存在,乙公司将自己的全部财产与某银行以及甲公司签订抵债协议,导致其债权无法受偿,侵害了其合法权益,故要求撤销执行法院的过户裁定。请问:丙公司的执行申诉请求是否成立?

《人民司法》研究组认为:实践中为了方便执行当事人之间完成财产过户手续,不少执行法院都通过裁定帮助当事人履行和解协议。这种做法虽然不妥,但也确实是习惯做法,不能无条件地一律撤销,应视具体情况而定。比如,对案外人的财产进行强制执行,其实质是在没有执行依据的情况下,让案外人承受强制执行所带来的痛苦,它损害的是案外人的利益,也就是说有权申诉的主体只能是被强制执行的案外人。本案中,如果案外人乙公司对此提出异议,则应撤销原裁定;如果乙公司对强制执行没有异议,从维护强制执行程序安定性的角度,不应仅根据此种情况就撤销以物抵债裁定。同时,按照我国现行法律,在债务人有多个债权人的情况下,法律并不禁止债务人对其中一个债权人先为履行,因为在其他债权人取得对债务人的强制执行依据并依法对债务人财产查封、扣押、冻结之前,债务人仍然有权自主处分自己的财产,包括向其中一个或者几个债权人进行全部或者部分履行。具体到本案,乙公司代替甲公司还债从而消灭两者之间债权债务关系的行为也是履行债务的一种形式,除非甲公司所欠某银行的债务是虚假的,否则这种履行就有效。但是,债务人的债务是否虚假,不宜由执行程序直接认定,应当由提出异议的其他债权人通过撤销权诉讼解决。因此,丙公司在执行监督程序中的请求不能成立。

——《人民司法·应用》2009 年第 13 期

1276

执行程序中资产评估公司资质问题

关键词|资产评估|评估资质|

【最高人民法院答复】

辽宁省高级人民法院：

你院《关于执行程序中资产评估公司资质问题的请示》收悉。经研究，答复如下：

资产评估机构及评估人员能否从事房地产估价业务在评估行业争议由来已久。《国务院对确需保留的行政审批项目设定行政许可的决定》（以下简称《决定》）对房地产评估机构资质的核准部门作了规定，但对在《决定》生效之前已经取得房地产评估资质的资产评估机构及评估人员，在法律、法规未作出进一步明确规定前，应尊重行政权力的行使，不宜否定其从事房地产评估的资质。请你院在核查具体事实基础上，按照上述精神，妥善处理好相关案件。

此复

——《最高人民法院〔2013〕执他字第9号函》（2013年8月8日）

【链接：最高人民法院法官著述】

目前，对于这一问题，笔者认为，《国务院412号令》第110项规定了房地产估价机构资质核准机关是县级以上地方人民政府房地产行政主管部门，又根据《城市房地产管理法》第7条“国务院建设行政主管部门、土地管理部门依照国务院规定的职权划分，各司其职，密切配合，管理全国房地产工作”的规定，自《国务院412号令》生效之后，只有县级以上地方人民政府房地产行政主管部门才有资格核准房地产估价机构资质，而该房地产行政主管部门中显然不包括财政部。《城市房地产管理法》第59条规定了国家实行房地产价格评估人员资格认证制度，因此，作为房地产评估机构应当具备法律规定的相应条件，并经县级以上地方人民政府房地产行政主管部门核准登记，取得房地产评估资质，评估人员应当具有从事房地产评估专业的资格认证，方可从事评估活动。然而，有下列问题需要思考：

第一，对评估机构资质的核准是否等同于对评估人员资质的核准？

第二，在《国务院412号令》生效之前已经核准的评估机构与评估人员的资格资质，是应当经法定程序撤销，还是在《国务院412号令》生效之后自动失效？本案中三名评估师及评估机构资质证书都是由财政部在《国务院412号令》生效之前颁发,其后也无任何机构以任何程序宣布该资质证书无效。

第三,执行程序中的评估不同于自主交易与商业拍卖中的委托评估,具有自己的独立判断。最高人民法院2001年12月27日答复陕西省高级人民法院《关于人民法院在强制执行程序中处分被执行人国有资产适用法律问题的请示报告的复函》(〔2001〕执他字第13号)案件中,认为人民法院在执行中委托评估无须参照适用《国有资产评估管理办法》,应根据《最高人民法院关于人民法院执行工作若干问题的规定(试行)》第47条的规定办理,即由人民法院自行委托依法成立的资产评估机构进行;对评估机构的评估结论,应由执行法院独立审核确认并据以确定拍卖、变卖的底价。《拍卖规定》第5条规定了评估机构的确定方式与程序。根据该条规定,评估机构由当事人协商一致后经人民法院审查确定,协商不成的,从负责执行的人民法院或者被执行人财产所在地的人民法院确定的评估机构名册中,采取随机的方式确定;当事人双方申请通过公开招标方式确定评估机构的,人民法院应当准许。因此,只要执行法院委托了依法成立的评估机构进行评估,并据以判断认为该评估结论不存在重大错误,该评估程序和结果就是合法有效的。

综上所述,对于资产评估机构和资产评估师能否从事房地产估价业务这一问题,目前较好的解决方案是:在《国务院412号令》生效之后,只有房地产行政主管部门才能核准房地产评估机构资质,但对之前已经颁发的资质证书,在无法定程序撤销之前,应尊重行政机关权力的行使。在今后委托评估时应当注意加强审查,尽量选择房地产评估机构进行相应的评估,如果今后法律另有规定,从其规定。

——江必新、刘贵祥主编,最高人民法院执行局编:《执行工作指导》(总第50辑),人民法院出版社2014年版,第75~76页。

1277

拍卖程序中的抵债问题

关键词 | 拍卖 | 以物抵债 |

【最高人民法院司法解释】

第十九条 拍卖时无人竞买或者竞买人的最高应价低于保留价,到场的申请执行人或者其他执行债权人申请或者同意以该次拍卖所定的保留价接受拍卖财产的,应当将该财产交其抵债。

有两个以上执行债权人申请以拍卖财产抵债的,由法定受偿顺位在先的债权人优先承受;受偿顺位相同的,以抽签方式决定承受人。承受人应受清偿的债权额低于抵债财产的价额的,人民法院应当责令其在指定的期间内补交差额。

——《最高人民法院关于人民法院民事执行中拍卖、变卖财产的规定》(2004 年 11 月 15 日,法释〔2004〕16 号)

【最高人民法院裁判文书】

中国银行股份有限公司甘肃省分行与甘肃三洲实业集团有限公司借款合同纠纷执行案[最高人民法院(2010)执复字第 12 号执行裁定书]

裁判要旨:整体拍卖流拍后应以大厦整体抵债,才符合经申请执行人同意以物抵债的规定的精神。以其中部分楼层抵债,已经与原拍卖标的物不同,如被执行人不同意,则应当单独进行评估作价。

本院认为:甘肃高院(2006)甘执字第 37 号以物抵债裁定是在评估报告有效期满近一年时作出的,此时评估报告及相应的拍卖保留价已经不能准确反映抵债标的物的价值,故仍以第三次拍卖保留价抵债不当。抵债裁定与第三次拍卖时间相隔一年多,不符合《最高人民法院关于人民法院民事执行中拍卖、变卖财产的规定》中关于经申请执行人同意而以物抵债规定的精神;在三洲大厦整体评估价远远超出执行标的额,且可以分段评估、分层处置的情况下,不应进行整体拍卖。鉴于被执行人当时对整体评估和拍卖没有异议,故整体拍卖并无不当。但在整体拍卖流拍后应以大厦整体抵债,才符合经申请执行人同意以物抵债的规定的精神。以其中部分楼层抵债,已经与原拍卖标的物不同,如被执行人不同意,则应当单独进行评估作价。甘肃高院将大厦中 2 层至 3 层以 -1 层至 5 层的平均价进行抵债,确属有失公平。申请复议人请求撤销甘肃高院相关执行裁定的复议理由成立,应予以支持。如仍处分三洲大厦 2 层至 3 层,应重新评估后依法定程序进行。

——葛洪涛:《执行程序中当事人能否行使抵销权》,载江必新、刘贵祥主编,最高人民法院执行局编:《执行工作指导》(总第 51 辑),人民法院出版社 2014 年版,第 59 页。

【链接：最高人民法院法官著述】

在出现流拍的情况下，由债权人直接接受拍卖标的抵偿债务，既可以使其债权早日得到实现，也可以使被执行人避免因降低底价拍卖所造成的损失，同时还可以节约执行的成本，提高执行效率。因此，《拍卖规定》第十九条明确规定在一定的条件下可以以拍卖标的抵偿债务。此外，《拍卖规定》中还有多个条文都涉及以拍卖财产抵债的问题。根据这些规定，在理解和适用时应注意以下几个问题：第一，抵债的适用必须有法定事由，即拍卖时无人竞买或者竞买人的最高应价低于保留价，也就是通常所说的流拍。当然，这里的拍卖不限于第一次拍卖，在每次出现流拍时均可适用抵债的规定。第二，可以接受拍卖财产抵债的债权人不仅包括到场的申请执行人，也包括取得执行依据而参与分配的执行债权人以及未取得执行依据但对拍卖标的物有优先受偿权而参与分配的执行债权人，但依照法律规定不得买受拍卖财产的债权人除外。申请执行人或其他执行债权人可以主动申请接受拍卖财产抵债；人民法院也可以在每次流拍后征求债权人的意见。第三，以拍卖的财产抵债必须征得债权人的同意，法院不能在债权人不同意的情况下强制将拍卖财产交其抵偿债务，但抵债无须征得被执行人的同意。第四，抵债时不能随意作价，而应以该次拍卖所定的保留价为标准进行折抵。第五，在两个或两个以上的执行债权人都申请以拍卖财产抵债的情况下，由法定受偿顺位在先的债权人优先承受；如果各个债权人的受偿顺位相同，则以抽签方式决定承受人。第六，接受拍卖财产抵债的债权人应受清偿的债权额低于抵债财产价额的，人民法院应当责令其在指定的期间内补交差额。逾期不补缴差额而使抵债的目的难以实现的，人民法院可以裁定重新拍卖；当然在这种情况下如果有其他顺位相同的执行债权人愿意接受抵债的，也可以交其抵债。如果裁定重新拍卖的，原承受人不得参加竞买。最后，以流拍的财产抵债的，法院应作出裁定，抵债裁定应当在承受人将应补交的差价全额交付后10日内送达承受人。

——沈德咏主编、最高人民法院研究室编著：《民事司法解释的理解与适用》，法律出版社2009年版，第531～532页。

1278

拍卖成交或抵债后所有权转移的时间

关键词 | 拍卖 | 以物抵债 |

【最高人民法院司法解释】

第四百九十三条 拍卖成交或者依法定程序裁定以物抵债的，标的物所有权自拍卖成交裁定或者抵债裁定送达买受人或者接受抵债物的债权人时转移。

——《最高人民法院关于适用〈中华人民共和国民事诉讼法〉的解释》(2015 年 1 月 30 日，法释〔2015〕5 号)

第二十九条 动产拍卖成交或者抵债后，其所有权自该动产交付时起转移给买受人或者承受人。

不动产、有登记的特定动产或者其他财产权拍卖成交或者抵债后，该不动产、特定动产的所有权、其他财产权自拍卖成交或者抵债裁定送达买受人或者承受人时起转移。

——《最高人民法院关于人民法院民事执行中拍卖、变卖财产的规定》(2004 年 11 月 15 日，法释〔2004〕16 号)

【最高人民法院司法政策】

二十七、人民法院制作的土地使用权、房屋所有权转移裁定送达权利受让人时即发生法律效力，人民法院应当明确告知权利受让人及时到国土资源、房地产管理部门申请土地、房屋权属变更、转移登记。

国土资源、房地产管理部门依据生效法律文书进行权属登记时，当事人的土地、房屋权利应当追溯到相关法律文书生效之时。

——《最高人民法院、国土资源部、建设部关于依法规范人民法院执行和国土资源房地产管理部门协助执行若干问题的通知》(2004 年 2 月 10 日，法发〔2004〕5 号)

【最高人民法院答复】

云南省高级人民法院：

你院《关于拍卖、变卖财产规定第二十九条第二款规定不动产所有权发生转移是否包括“变卖方式的情形”的请示报告》收悉。经研究，答复如下：

人民法院在执行过程中依法裁定变卖土地使用权的，对该土地使用权转移时间的确定，适用《最高人民法院关于人民法院民事执行中拍卖、变卖财产的规定》第二十九条第二款和《最高人民法院、国土资源部、建设部关于依法规范人民法院执行和国土资源房地产管理部门协助执行若干问题的通知》（法发〔2004〕5号）第二十七条的规定。你院请示的陕西弘丰农业生产资料有限公司是否已根据陕西省高级人民法院（2002）陕高法执一民字第025－2号民事裁定书取得争议土地使用权的问题，应当按照上述规定精神，依法予以确定并妥善处理。

——《最高人民法院关于不动产所有权发生转移的时间如何确定的请示与答复》（2008年10月6日，〔2007〕执他字第19号）

编者说明

三环公司不服，请求云南省高级人民法院监督执行。云南省高级人民法院审判委员会讨论，形成两种分歧意见，故该院就不动产所有权转移时间的确定是否适用《拍卖规定》第29条第2款的问题向最高人民法院请示。

最高人民法院认为，《拍卖规定》第29条第2款确定了不动产、有登记的特定动产的所有权自人民法院作出裁定送达买受人时转移的原则。该司法解释虽没有写明变卖这一行为，但执行程序中的变卖也是强制执行措施，且该司法解释就是规范“拍卖、变卖”财产的规定。执行程序中因变卖引起所有权转移与因民事法律行为引起的所有权转移是有区别的。本案中，不能适用不动产物权变动的“一般原则”。弘丰公司自签收陕西省高级人民法院民事裁定书起已取得该房产所有权及土地使用权。

1279

拍卖价款的支付和标的物的移交

关键词｜支付拍卖价款｜标的物移交｜

【最高人民法院司法解释】

第二十三条 拍卖成交或者以流拍的财产抵债的，人民法院应当作出裁定，并于价款或者需要补交的差价全额交付后十日内，送达买受人或者承受人。

第二十四条 拍卖成交后，买受人应当在拍卖公告确定的期限或者人民法院指定的期限内将价款交付到人民法院或者汇入人民法院指定的账户。

第二十五条 拍卖成交或者以流拍的财产抵债后，买受人逾期未支付价款或者承受人逾期未补交差价而使拍卖、抵债的目的难以实现的，人民法院可以裁定重新拍卖。重新拍卖时，原买受人不得参加竞买。

重新拍卖的价款低于原拍卖价款造成的差价、费用损失及原拍卖中的佣金，由原买受人承担。人民法院可以直接从其预交的保证金中扣除。扣除后保证金有剩余的，应当退还原买受人；保证金数额不足的，可以责令原买受人补交；拒不补交的，强制执行。

第三十条 人民法院裁定拍卖成交或者以流拍的财产抵债后，除有依法不能移交的情形外，应当于裁定送达后十五日内，将拍卖的财产移交买受人或者承受人。被执行人或者第三人占有拍卖财产应当移交而拒不移交的，强制执行。

——《最高人民法院关于人民法院民事执行中拍卖、变卖财产的规定》（2004 年 11 月 15 日，法释〔2004〕16 号）

【最高人民法院裁判文书】

四川美乐集团实业有限公司异议裁定案［最高人民法院（2011）执监字第106 号执行裁定书］

裁判要旨：未经法院允许，拍卖机构与竞买人无权变更拍卖成交款的付款期限，但拍卖成交款的付款期限约定无效不足以导致拍卖无效。

最高人民法院认为：

本案的焦点问题是：（一）德恒公司与美乐公司签订的《竞买协议》中关于拍卖价款交付期限的约定是否有效；（二）关于拍卖价款交付期限的约定无效能否导致拍卖程序无效。

(一)德恒公司与美乐公司签订的《竞买协议》中关于拍卖价款交付期限的约定是否有效

司法拍卖是执行程序中的一项强制变价措施,属于公法意义上的拍卖,委托人是人民法院,拍卖机构受人民法院委托,协助完成拍卖活动。拍卖规定第二十四条规定:"拍卖成交后,买受人应当在拍卖公告确定的期限或者人民法院指定的期限内将价款交付到人民法院或者汇人人民法院指定的账户。"本案中,四川高院确定拍卖成交款的付款期限为拍卖成交后20日内,不经该院允许,拍卖机构无权予以变更。德恒公司与竞买人在《竞买协议》中约定的付款期限,对于委托人四川高院没有约束力。在美乐公司没有交清价款之前,依照拍卖规定第二十三条、第三十条的规定,不应作出拍卖成交裁定,也不应将拍卖的执行标的物交付买受人。四川高院的异议裁定认定《竞买协议》关于付款期限的约定无效,并据此撤销该院(2004)川执字第14号、第29号、(2005)川执字第11号关于拍卖房产交由美乐公司管理的通知,认定事实清楚,适用法律正确。

(二)关于拍卖价款交付期限的约定无效能否导致拍卖无效

司法拍卖的目的是通过公开竞价程序,实现执行标的物的变现价值最大化,从而既保证债权人的债权能得到最大程度的实现,又保证债务人的合法利益能够得到维护。因此,只要评估程序和拍卖程序不违反法律的规定,执行标的物的信息披露充分,进行公开竞价且竞价充分,拍卖的效力就应当予以维持。至于拍卖机构与竞买人之间约定付款期限无效的法律后果,根据拍卖规定第二十四条的规定,人民法院应当责令买受人限期付款。拍卖规定第二十五条规定:"拍卖成交或者以流拍的财产抵债后,买受人逾期未支付价款或者承受人逾期未补交差价而使拍卖、抵债的目的难以实现的,人民法院可以裁定重新拍卖。重新拍卖时,原买受人不得参加竞买。"因此,如果买受人不按人民法院指定的期限付款,人民法院依法可以裁定重新拍卖,但不得以付款期限的约定无效为由认定已经完成的拍卖无效。本案中,由于拍卖公司没有将人民法院的付款要求告知包括美乐公司在内的竞买人,美乐公司在拍卖前并不知道四川高院限定的付款期限,可以责成美乐公司在一定的期限内交付全部拍卖价款,如果美乐公司拒不按照法院规定的期限交付,可以依法裁定重新拍卖。四川高院异议裁定在认定拍卖程序合法的情况下,仅仅因为付款期限违反法律规定就确认拍卖无效,并裁定退还美乐公司已交付的拍卖价款,用法律显属错误。

——范向阳:《拍卖机构与竞买人关于延长法院指定付款期限约定的效力》,载江必新主编、最高人民法院执行局编:《执行工作指导》(总第44辑),人民法院出版社2013年版,第57~58页。

【链接：最高人民法院法官著述】

问题：我院处理一起案件，甲公司通过司法拍卖程序拍定一处房产，但其在参与竞价时与乙拍卖公司签订的竞买协议中关于交付价款的期限超过了法院限定的15日交款期限，执行法院遂以甲公司与乙公司之间关于拍卖价款交付期限的约定无效为由裁定该次拍卖无效。请问：执行法院的做法对吗？

《人民司法》研究组认为：司法拍卖的目的是通过公开竞价程序，实现执行标的物的变现价值最大化，从而既保证债权人的债权能得到最大程度的实现，又保证债务人的合法利益能够得到维护。因此，只要评估程序和拍卖程序不违反法律的规定，执行标的物的信息披露充分，进行公开竞价且竞价充分，拍卖的效力就应当予以维持。

至于拍卖机构与竞买人之间约定付款期限无效的法律后果，《最高人民法院关于人民法院民事执行中拍卖、变卖财产的规定》（以下简称拍卖规定）第24条规定："拍卖成交后，买受人应当在拍卖公告确定的期限或者人民法院指定的期限内将价款交付到人民法院或者汇入人民法院指定的账户。"根据该规定，人民法院不受竞买人与拍卖机构之间付款条件的拘束，应当责令买受人限期付款。同时，拍卖规定第25条还规定："拍卖成交或者以流拍的财产抵债后，买受人逾期未支付价款或者承受人逾期未补交差价而使拍卖、抵债的目的难以实现的，人民法院可以裁定重新拍卖。重新拍卖时，原买受人不得参加竞买。"因此，如果买受人不按人民法院指定的期限付款，人民法院依法可以裁定重新拍卖，但不得以付款期限的约定无效为由认定已经完成的拍卖无效。

——《人民司法·应用》2012年第5期

《拍卖规定》第二十四条规定对价款的支付提出了明确的要求，其中有两个问题需要注意：一是买受人必须在拍卖公告确定的期限或者人民法院指定的期限内支付价款，而且，依照《拍卖规定》第二十五条的规定，买受人逾期未支付价款使拍卖的目的难以实现的，人民法院可以裁定重新拍卖。这一规定主要是考虑到拍卖只是执行程序中的一个阶段，拍卖程序的设计应当把效率作为一个重要的价值取向，对买受人支付价款的期间提出强制性的要求，主要是为了防止拍卖程序的过分拖延，确保债权能够及时得到实现。在实际操作中，一般情况下应把支付价款的期间作为拍卖公告的一项内容予以公告，人民法院也可以指定一个支付价款的合理期间。支付价款的期间一旦予以公告或由法院指定,法院和当事人都应当遵守。二是价款应当交付到人民法院或汇入人民法院指定的账户。这一规定主要是为了加大人民法院对拍卖价款的实际控制和监督力度,尽量避免在这一环节出现新的问题和纠纷,防止拍卖程序复杂化。

此外,《拍卖规定》还对拍卖标的物的移交也作出了明确的规定。这里所说的"移交",是指将标的物实际交由买受人或承受人控制。对于标的物的移交,也有两点值得注意:首先,在买受人或者接受标的物抵债的债权人足额给付价款或者补交差价之前,不允许将拍卖标的物实际移交给买受人或承受人,结合《拍卖规定》第二十三条和第三十条的规定可以得出这一结论。依照《拍卖规定》第二十三条,拍卖成交或抵债裁定于价款或者需要补交的差价全额交付后才能送达买受人;而依照第三十条的规定,拍卖标的物应当于拍卖成交或者抵债裁定送达后才能实际移送给买受人。可见,《拍卖规定》严格禁止在价款或者需要补交的差价足额交付之前将拍卖标的物实际移交给买受人。这一规定主要是为了避免在标的物实际交付后,买受人拖延支付价款,使拍卖程序本身又衍生出新的问题和纠纷,影响整个执行程序的顺利进行。当然,实际操作中不一定必须在价款或差价支付后才能实际移交标的物,在价款或差价足额支付的同时实际移交标的物的做法,也完全符合《拍卖规定》的精神。其次,《拍卖规定》对法院移交拍卖标的物的最长期限作出了明确的规定,即人民法院应当在拍卖成交或抵债裁定送达后15日内,将拍卖标的物移交给买受人或承受人。今后,人民法院应当严格按照这一期限移交拍卖标的物,切实维护买受人的合法权益和法院自身的威信。当然,实践中可能存在着拍卖标的物依法不能移交的情形,例如在执行前,作为拍卖标的物的房屋已经依法出租给了第三人,在拍卖成交后,租期尚未满,在这种情况下买受人可以取得房屋的所有权,但不能实际占有该房屋,人民法院也不能将该房屋实际移交给买受人。在拍卖实践中,为避免发生不必要的争议,对标的物是否能够及时移交给买受人或承受人,应当在拍卖前向所有的竞买人予以说明。

——沈德咏主编、最高人民法院研究室编著:《民事诉讼司法解释理解与适用》,法律出版社2009年版,第534~535页。

1280

买受人是否逾期付款并非是决定重新拍卖的唯一条件

关键词｜逾期付款｜拍卖价款｜重新拍卖｜

【最高人民法院司法解释】

第二十五条 拍卖成交或者以流拍的财产抵债后，买受人逾期未支付价款或者承受人逾期未补交差价而使拍卖、抵债的目的难以实现的，人民法院可以裁定重新拍卖。重新拍卖时，原买受人不得参加竞买。

——《最高人民法院关于人民法院民事执行中拍卖、变卖财产的规定》(2004年11月15日，法释〔2004〕16号)

【最高人民法院答复】

福建省高级人民法院：

关于福州市直房地产开发有限公司、福州金源房地产有限公司与福建龙宇房地产有限公司楼盘权益转让合同纠纷执行一案，你院〔2001〕闽法执申字第36－15、36－16号报告均已收悉。经研究，答复如下：

一、同意你院关于福建国际青年广场开发有限公司(下称青广公司)异议不成立的意见。在你院及福州市中级人民法院执行以青广公司为被执行人和执行担保人的多个案件情况下，你院对青广公司所有的国际青年交流中心综合楼及其土地使用权采取相关执行措施，有利于案件的协调统一解决。但是，你院在没有作出提级执行裁定或未明确多个债权人参与分配情况下组织拍卖，程序上存在瑕疵，应注意完善有关手续。

二、不同意你院关于重新拍卖的意见。《最高人民法院关于人民法院民事执行中拍卖、变卖财产的规定》第二十五条规定，是为了促使买受人尽快支付价款、确保债权尽快实现。本案中，买受人福建关兴房地产开发有限公司(下称关兴公司)虽然逾期支付拍卖价款，但已于2006年5月18日全部付清，不应仅因其迟延付款而认定拍卖目的难以实现，故拍卖效力应予维持。

三、因买受人关兴公司未按照约定支付价款，根据拍卖法第三十九条之规定，应当承担相应的违约责任。

——《最高人民法院执行工作办公室(执)明传〔2007〕10号函》(2007年3月9日)

【链接：最高人民法院法官著述】

《拍卖规定》第二十五条之所以规定买受人逾期未支付价款可以重新拍卖，立法本意主要是为了促使买受人尽快支付价款；同时，通过赋予法院以裁定重新拍卖的权力，使法院能够在拍卖过程中始终处于主动地位，有效控制整个拍卖程序的顺利进行，从而最大限度地降低执行成本，避免拍卖程序过分拖延，防止衍生出新的问题和纠纷，确保生效法律文书确认的债权尽快得到实现。因此，不能简单地认为，只要买受人未如期支付价款，法院即应裁定重新拍卖，而应该考虑哪种处理方式更有利于债权尽快得到实现，更有利于降低拍卖成本。

其次，从本案的实际情况看，买受人确实逾期支付了拍卖价款，但截止 5 月 18 日，买受人已向执行法院全额支付了拍卖价款和佣金，这应视为执行法院对买受人延期付款行为的默认。买受人支付价款后，拍卖程序本来可以很快结束，债权也可以立即得以实现。如果法院裁定重新拍卖，既增加了拍卖成本，降低了执行效率，同时本可以立即实现的债权还要再次拖延，显然不是一种好的选择。况且，这样做与《拍卖规定》第二十五条的规范本意不相吻合，更与拍卖的根本目的相悖。

但是，买受人支付拍卖价款，违反了约定的按时付款义务，根据拍卖法第三十九条的规定，应当承担相应的违约责任。关于违约责任的确认程序有两种不同的观点：一种意见认为，执行法院作为委托人，在买受人逾期付款的情况下，可以要求竞买人支付延期付款期间的利息，买受人承担违约责任的方式及数额均可以在执行程序中加以确认，便于提高执行效率。另一种意见认为，买受人逾期付款，实际上给被执行人或申请执行人造成了损失，应由受损害的执行当事人提出申请，通过诉讼程序确认。对此问题现无明文规定，应慎重处理。

——于泓：《竞买人逾期支付价款是否应重新拍卖》，载最高人民法院执行工作办公室编：《执行工作指导》（总第 22 辑），人民法院出版社 2007 年版，第 49 ~ 50 页。

编者说明

拍卖成交后，买受人逾期支付价款的，在什么情况下可以重新拍卖。这个问题主要涉及对《最高人民法院关于人民法院民事执行中拍卖、变卖财产的规定》第 25 条的理解。在执行实践中，有的法院将此条规定理解得过于简单，认为只要买受人逾期支付价款，法院就可以重新进行拍卖。最高人民法院认为，不能仅以买受人是否逾期支付价款为决定重新拍卖的唯一条件，而应以未按约定期限付款是否导致拍卖的目的无法实现为判断标准。

1281

拍卖人与竞买人恶意串通导致不能公平竞价的，应当裁定拍卖无效

关键词 | 拍卖无效 | 恶意串通 |

【最高人民法院指导性案例】

广东龙正投资发展有限公司与广东景茂拍卖行有限公司委托拍卖执行复议案（最高人民法院指导案例35号）

裁判要点：拍卖行与买受人有关联关系，拍卖行为存在以下情形，损害与标的物相关权利人合法权益的，人民法院可以视为拍卖行与买受人恶意串通，依法裁定该拍卖无效：(1)拍卖过程中没有其他无关联关系的竞买人参与竞买，或者虽有其他竞买人参与竞买，但未进行充分竞价的；(2)拍卖标的物的评估价明显低于实际价格，仍以该评估价成交的。

最高人民法院认为：受人民法院委托进行的拍卖属于司法强制拍卖，其与公民、法人和其他组织自行委托拍卖机构进行的拍卖不同，人民法院有权对拍卖程序及拍卖结果的合法性进行审查。因此，即使拍卖已经成交，人民法院发现其所委托的拍卖行为违法，仍可以根据《民法通则》第五十八条、《拍卖法》第六十五条等法律规定，对在拍卖过程中恶意串通，导致拍卖不能公平竞价、损害他人合法权益的，裁定该拍卖无效。

买受人在拍卖过程中与拍卖机构是否存在恶意串通，应从拍卖过程、拍卖结果等方面综合考察。如果买受人与拍卖机构存在关联关系，拍卖过程没有进行充分竞价，而买受人和拍卖机构明知标的物评估价和成交价明显过低，仍以该低价成交，损害标的物相关权利人合法权益的，可以认定双方存在恶意串通。

本案中，在景茂拍卖行与买受人之间因股东的亲属关系而存在关联关系的情况下，除非能够证明拍卖过程中有其他无关联关系的竞买人参与竞买，且进行了充分的竞价，否则可以推定景茂拍卖行与买受人之间存在串通。该竞价充分的举证

责任应由景茂拍卖行和与其有关联关系的买受人承担。2003 年拍卖结束后,景茂拍卖行给广东高院的拍卖报告中指出,还有另外两个自然人参加竞买,现场没有举牌竞价,拍卖中仅一次叫价即以保留价成交,并无竞价。而买受人龙正公司和景茂拍卖行不能提供其他两个竞买人的情况。经审核,其复议中提供的向工商管理部门备案的材料中,并无另外两个竞买人参加竞买的资料。拍卖资料经过了保存期,不是其不能提供竞买人情况的理由。据此,不能认定有其他竞买人参加了竞买,可以认定景茂拍卖行与买受人龙正公司之间存在串通行为。

鉴于本案拍卖系直接以评估机构确定的市场价的 70% 之保留价成交的,故评估价是否合理对于拍卖结果是否公正合理有直接关系。之前对一半房产的评估价已达一亿多元,但是本次对全部房产的评估价格却只有原来一半房产评估价格的 35% 。拍卖行明知价格过低,却通过亲属来购买房产,未经多轮竞价,严重侵犯了他人的利益。拍卖整个楼的价格与评估部分房产时的价格相差悬殊,拍卖行和买受人的解释不能让人信服,可以认定两者间存在恶意串通。同时,与广丰大厦相关的权利有申请交付广丰大厦预售房屋、回迁房屋和申请返还购房款、工程款、银行借款等,总额达 15 亿多元,仅购房人登记所交购房款即超过 2 亿元。而本案拍卖价款仅为 2412 万元,对于没有优先受偿权的本案申请执行人毫无利益可言,明显属于无益拍卖。鉴于景茂拍卖行负责接受与广丰大厦相关的权利的申报工作,且买受人与其存在关联关系,可认定景茂拍卖行与买受人对上述问题也应属明知。因此,对于此案拍卖导致与广丰大厦相关的权利人的权益受侵害,景茂拍卖行与买受人龙正公司之间构成恶意串通。

综上,广东高院认定拍卖人景茂拍卖行和买受人龙正公司在拍卖广丰大厦中存在恶意串通行为,导致广丰大厦拍卖不能公平竞价、损害了购房人和其他债权人的利益,是正确的。故(1997)粤高法执字第 7－1 号及(2011)粤高法执异字第 1 号执行裁定并无不当,景茂拍卖行与龙正公司申请复议的理由不能成立。

——《最高人民法院关于发布第八批指导性案例的通知》(2014 年 12 月 18 日,法〔2014〕327 号)

1282

再行拍卖及拍卖的次数

关键词｜再行拍卖｜拍卖次数｜

【最高人民法院司法解释】

第二十六条 拍卖时无人竞买或者竞买人的最高应价低于保留价，到场的申请执行人或者其他执行债权人不申请以该次拍卖所定的保留价抵债的，应当在六十日内再行拍卖。

第二十七条 对于第二次拍卖仍流拍的动产，人民法院可以依照本规定第十九条的规定将其作价交申请执行人或者其他执行债权人抵债。申请执行人或者其他执行债权人拒绝接受或者依法不能交付其抵债的，人民法院应当解除查封、扣押，并将该动产退还被执行人。

第二十八条 对于第二次拍卖仍流拍的不动产或者其他财产权，人民法院可以依照本规定第十九条的规定将其作价交申请执行人或者其他执行债权人抵债。申请执行人或者其他执行债权人拒绝接受或者依法不能交付其抵债的，应当在六十日内进行第三次拍卖。

第三次拍卖流拍且申请执行人或者其他执行债权人拒绝接受或者依法不能接受该不动产或者其他财产权抵债的，人民法院应当于第三次拍卖终结之日起七日内发出变卖公告。自公告之日起六十日内没有买受人愿意以第三次拍卖的保留价买受该财产，且申请执行人、其他执行债权人仍不表示接受该财产抵债的，应当解除查封、冻结，将该财产退还被执行人，但对该财产可以采取其他执行措施的除外。

——《最高人民法院关于人民法院民事执行中拍卖、变卖财产的规定》(2004 年 11 月 15 日，法释〔2004〕16 号)

【链接：最高人民法院法官著述】

主要观点：三次拍卖流拍后进行变卖，应当以不低于第三次拍卖的保留价进行，法院不能降价处置。

主要理由：《最高人民法院关于人民法院民事执行中拍卖、变卖财产的规定》(法释〔2004〕16 号)第二十八条第二款规定："第三次拍卖流拍且申请执行人或者其他执行债权人拒绝接受或者依法不能接受该不动产或者其他财产权抵债的，人民法院应当于第三次拍卖终结之日起七日内发出变卖公告。自公告之日起六十日内没有买受人愿意以第三次拍卖的保留价买受该财产，且申请执行人、其他执行债权人仍不表示接受该财产抵债的,应当解除查封、冻结,将该财产退还被执行人,但对该财产可以采取其他执行措施的除外。"该条明确规定了第三次拍卖流拍且申请执行人或者其他执行债权人拒绝接受或者依法不能接受该不动产或者其他财产权抵债的,人民法院变卖财产的价格就是第三次拍卖的保留价。

流拍后的变卖应当依照第三次拍卖的保留价进行。如此规定主要是为了维护被执行人的合法权益。第三次拍卖的保留价已经比前两次有所降低,如在变卖过程中再次降低价格,虽然有可能成交,但价格过低,可能会造成变卖财产被低价贱卖,进而损害被执行人的利益。并且,如果三次流拍后的变卖可以降价处置,会导致有意的竞买者在拍卖阶段不积极竞买,待三次流拍后变卖环节再行购买,这样会减损拍卖程序的效果,容易引起流拍。

——高执研:《执行疑难问题问答(一)》,载最高人民法院执行局编:《执行工作指导》(总第45辑),人民法院出版社2013年版,第112页。

对于再行拍卖的理解重点要把握以下几个问题:第一,引起再行拍卖的事由主要有两个,一是在举行拍卖时没有人参加竞买;二是虽然有人参加竞买但竞买人的最高应价未达到拍卖前所确定的保留价。第二,在出现上述事由时,是否要再行拍卖,还要看到场的申请执行人和其他执行债权人是否申请或同意接受拍卖的财产抵偿债务,只有在申请执行人和其他执行债权人拒绝接受或者依法不能接受拍卖财产抵债的情况下,才能考虑再行拍卖。第三,再行拍卖时,一般都要酌情降低保留价,以便能够顺利拍卖成交。保留价降低的幅度,要严格按照《拍卖规定》第八条的规定执行。第四,为防止再行拍卖过分拖延,影响整个案件的执行,法院应及时指定再行拍卖的期日,再行拍卖距前次拍卖程序终结的期间不得超过60日。此外,还应注意的是,再行拍卖与《拍卖规定》第二十五条规定的重新拍卖不同,再行拍卖是在流拍后进行的第二次或第三次拍卖,是原拍卖的继续;而重新拍卖则是在买受人逾期未支付价款或者承受人逾期未补交差价而使拍卖、抵债的目的难以实现的情况下,重新进行的拍卖,因此,与再行拍卖不同,重新拍卖应按照原拍卖的程序重新进行。

此外,《拍卖规定》对拍卖的次数作出了明确的限制。这主要是考虑到法院的司法资源是有限的,如果在某个案件上或者某个程序中花费的资源过多,就可能造成其他案件中相应的资源分配减少。此外,限制拍卖次数对被执行人来说也是一种有效的保护。因为在拍卖保留价降低到一定程度后仍然流拍的情况下，如果再次降低保留价拍卖，虽然有可能成交，但保留价降得过低，可能会造成拍卖财产过分贱卖的情况，从而损害被执行人的利益。考虑到动产的价值一般较低，不动产、其他财产权的价值一般较高或者在拍卖过程中可能会遇到更为复杂的情况，因此，《拍卖规定》中规定对动产的拍卖以两次为限，两次拍卖仍然流拍又不能抵债的，即解除查封、扣押，将该动产退还被执行人。当然，如果拍卖的动产是质物或留置物的，应将其退还给质权人或留置权人。不动产、其他财产权则可以拍卖三次，第三次拍卖仍然流拍又不能抵债的，还应当再进行一次变卖，人民法院应当于第三次拍卖终结之日起 7 日内发出变卖公告。自公告之日起 60 日内有人愿意买受该财产的，法院应当准许，但价格不得低于第三次拍卖的保留价；在 60 日期间内，申请执行人、其他执行债权人也可以表示接受该不动产或者其他财产权抵债。60 日期间届满后，仍没有人愿意买受该不动产或者其他财产权，又不能抵债的，应当解除查封、冻结，将该财产退还被执行人，但对该财产可以采取其他执行措施的除外。比如，对于不动产如果适合进行强制管理的，可以考虑采取该种方式执行，而不将该不动产退还被执行人。在动产、不动产或其他财产权退还给被执行人后，如果将来该项财产升值的，可以考虑重新启动拍卖程序进行拍卖。申请人也可以申请执行被执行人的其他财产。

——沈德咏主编、最高人民法院研究室编著：《民事司法解释的理解与适用》，法律出版社 2009 年版，第 532～533 页。

1283

拍卖财产上原有权利负担的处理

关键词｜拍卖财产｜担保物权｜优先受偿权｜

【最高人民法院司法解释】

第三十一条　拍卖财产上原有的担保物权及其他优先受偿权，因拍卖而消灭，拍卖所得价款，应当优先清偿担保物权人及其他优先受偿权人的债权，但当事人另有约定的除外。

拍卖财产上原有的租赁权及其他用益物权，不因拍卖而消灭，但该权利继续存在于拍卖财产上，对在先的担保物权或者其他优先受偿权的实现有影响的，人民法院应当依法将其除去后进行拍卖。

——《最高人民法院关于人民法院民事执行中拍卖、变卖财产的规定》(2004年11月15日,法释〔2004〕16号)

【链接:最高人民法院法官著述】

担保物权及其他优先受偿权重在支配拍卖财产的交换价值,是否占有、使用拍卖财产本身,不会对这些权利的实现造成根本性的影响,其受偿顺位先于申请执行人的,可以在拍卖之后从拍卖价款中优先受偿。因此,最高人民法院以前的司法解释对拍卖的动产、不动产上存在的担保物权的处理采取了消灭原则。《拍卖规定》对拍卖财产上担保物权及其他优先受偿权的处理,原则上也采取了消灭原则。依照《拍卖规定》第三十一条第二款的规定,拍卖财产上原有的担保物权及其他优先受偿权,因拍卖而消灭,拍卖所得价款,应当优先清偿担保物权人及其他优先受偿权人的债权。应当注意的是,消灭原则指的是担保物权及其他优先受偿权的消灭,而不是担保物权所担保的债权和有优先受偿权的债权本身消灭。此外,如果有关的债权人与买受人或者受标的物抵债的债权人对权利负担的处理有明确约定,这些约定又不违反有关法律规定的,人民法院应当尊重其约定。与担保物权及其他优先受偿权不同,租赁权及用益物权重在支配标的物的使用价值,租赁权人及用益物权人要实际享有权利,必须现实地占有标的物。因此,《拍卖规定》对拍卖财产上存在的租赁权及用益物权的处理,原则上采取承受原则,即拍卖财产上原有的租赁权及用益物权,不因拍卖而消灭。作为例外,如果上述权利继续存在于拍卖的财产上,对在先设定的担保物权或其他优先受偿权的实现有影响的,应当依法将其除去后进行拍卖。例如,假设在查封、拍卖被执行人的一幢楼房之前,该幢楼房已分别抵押、出租给了A银行和B公司。如果租赁权设定在先,抵押权设定在后,依物权优先原则,租赁权应当优先予以保护,该幢楼房拍卖之后,租赁权应由买受人继续承受;相反,如果抵押权设定在先,租赁权设定在后,同样依据物权优先原则,设定在后的租赁权不能影响设定在先的抵押权的实现,因此,如果租赁权继续存在于该幢楼房上,导致其卖得的价款过低,影响到抵押权实现的,执行法院就应当将该租赁权予以取消,然后再进行拍卖。

——沈德咏主编、最高人民法院研究室编著:《民事诉讼司法解释理解与适用》,法律出版社2009年版,第535~536页。

如何在执行程序中除去拍卖财产上的租赁权?

问题:某法院在对被执行人某甲设定抵押的一处房产进行执行时,发现被执行人在将房产抵押后又将房屋出租给某乙。根据最高人民法院《担保法解释》第 66 条的规定,抵押人将已抵押的财产出租的,抵押权实现后,租赁合同对受让人不具有约束力。而依据《关于人民法院民事执行中拍卖、变卖财产的规定》第 31 条,拍卖财产上的租赁权不因拍卖而消灭,如果对在先设定的担保物权实现有影响,应依法除去后再行拍卖。如何处理两个解释之间的关系以及如何对抵押后的租赁权进行除去?

《人民司法》研究组认为:为保护抵押权的顺利实现,《担保法解释》对抵押财产抵押后的出租行为采取对抵押权人和受让人绝对无效的态度。而拍卖司法解释则在平衡抵押权人、债务人二者利益的基础上,在具体案件中视在后设定的租赁权是否对抵押权的实现构成妨碍,来决定是否对抵押权人和拍定人无效。按照后法优于前法的法律适用原则,本案应适用拍卖司法解释。关于如何除去在后设定的租赁权问题,由于抵押财产一般均须登记,权利设定的时间比较容易判断,为避免当事人讼累,在后设定的租赁权影响抵押权实现时,我们认为应当由执行法院在执行程序中直接以裁定除去某甲与某乙之间的租赁权。

——《人民司法》2007 年第 2 期

1284

撤销司法拍卖和变卖的条件

关键词|司法拍卖、变卖|

【最高人民法院司法解释】

第二十一条 当事人、利害关系人提出异议请求撤销拍卖,符合下列情形之一的,人民法院应予支持:

(一)竞买人之间、竞买人与拍卖机构之间恶意串通,损害当事人或者其他竞买人利益的;

(二)买受人不具备法律规定的竞买资格的;

(三)违法限制竞买人参加竞买或者对不同的竞买人规定不同竞买条件的;

(四)未按照法律、司法解释的规定对拍卖标的物进行公告的；

(五)其他严重违反拍卖程序且损害当事人或者竞买人利益的情形。

当事人、利害关系人请求撤销变卖的,参照前款规定处理。

——《最高人民法院关于人民法院办理执行异议和复议案件若干问题的规定》(2015年5月5日,法释〔2015〕10号)

【链接：最高人民法院法官著述】

问题:乙地人民法院在办理丰润公司申请执行甲地顺兴煤矿一案中,委托甲地康达拍卖公司对登记在顺兴煤矿名下的房产进行拍卖,经过公开拍卖程序,涉案房产由自然人李龙竞得,乙地人民法院下达了拍卖成效裁定。事后,案外人张庆以拥有对拍卖房产的所有权为由,以康达拍卖公司和李龙为被告,向甲地基层人民法院提起民事诉讼,要求确认拍卖程序无效。甲地人民法院经过审理,判决确认康达公司拍卖涉案房产的行为无效。请问:甲地人民法院有权通过诉讼程序确认乙地人民法院的拍卖行为无效吗?

《执行工作指导》研究组认为:甲地人民法院的做法是错误的。和平等主体之间的委托拍卖不同,强制拍卖是人民法院执行措施的一种,拍卖当事人之间的法律地位并不平等。本案中,康达拍卖公司作为专业机构受人民法院的委托对涉案房产进行拍卖的行为性质上属于公法行为,拍卖机构的地位类似于鉴定人,该行为依法不可诉讼,当事人或者利害关系人如果不服,只能向执行法院或者执行法院的上级法院通过执行监督程序进行救济。因此,案外人张庆可以向乙地人民法院或者其上级法院提起执行异议,要求乙地法院纠正执行错误,而不能向甲地人民法院提起诉讼确认强制拍卖房产的行为无效。

——江必新主编、最高人民法院执行工作办公室编:《执行工作指导》(总第28辑),人民法院出版社2009年版,第201页。

1285

不能通过诉讼程序确认人民法院的拍卖行为无效

关键词｜强制拍卖｜无效诉讼程序｜

【链接：最高人民法院法官著述】

问题：乙地人民法院在办理丰润公司申请执行甲地顺兴煤矿一案中，委托甲地康达拍卖公司对登记在顺兴煤矿名下的房产进行拍卖，经过公开拍卖程序，涉案房产由自然人李龙竞得，乙地人民法院下达了拍卖成效裁定。事后，案外人张庆以拥有对拍卖房产的所有权为由，以康达拍卖公司和李龙为被告，向甲地基层人民法院提起民事诉讼，要求确认拍卖程序无效。甲地人民法院经过审理，判决确认康达公司拍卖涉案房产的行为无效。请问：甲地人民法院有权通过诉讼程序确认乙地人民法院的拍卖行为无效吗？

《执行工作指导》研究组认为：甲地人民法院的做法是错误的。和平等主体之间的委托拍卖不同，强制拍卖是人民法院执行措施的一种，拍卖当事人之间的法律地位并不平等。本案中，康达拍卖公司作为专业机构受人民法院的委托对涉案房产进行拍卖的行为性质上属于公法行为，拍卖机构的地位类似于鉴定人，该行为依法不可诉讼，当事人或者利害关系人如果不服，只能向执行法院或者执行法院的上级法院通过执行监督程序进行救济。因此，案外人张庆可以向乙地人民法院或者其上级法院提起执行异议，要求乙地法院纠正执行错误，而不能向甲地人民法院提起诉讼确认强制拍卖房产的行为无效。

——载江必新主编、最高人民法院执行工作办公室编：《执行工作指导》（总第28辑），人民法院出版社2009年版，第201页。

1286

被执行人财产整体评估价远远超出执行标的额，且可以分段评估、分层处置的情况下，不应进行整体拍卖

关键词｜拍卖｜以物抵债｜

【最高人民法院裁判文书】

甘肃三洲实业集团有限公司与中国银行股份有限公司甘肃省分行借款合同纠纷执行案［最高人民法院（2010）执复字第12号执行裁定书］

最高人民法院认为：

甘肃高院（2006）甘执字第37号以物抵债裁定是在评估报告有效期满近一年

时作出的，此时评估报告及相应的拍卖保留价已经不能准确反映抵债标的物的价值，故仍以第三次拍卖保留价抵债不当。抵债裁定与第三次拍卖时间相隔一年多，不符合《最高人民法院关于人民法院民事执行中拍卖、变卖财产的规定》中关于经申请执行人同意而以物抵债规定的精神；在三洲大厦整体评估价远远超出执行标的额，且可以分段评估、分层处置的情况下，不应进行整体拍卖。鉴于被执行人当时对整体评估和拍卖没有异议，故整体拍卖并无不当。但在整体拍卖流拍后应以大厦整体抵债，才符合经申请执行人同意以物抵债的规定的精神。以其中部分楼层抵债，已经与原拍卖标的物不同，如被执行人不同意，则应当单独进行评估作价。甘肃高院将大厦中2层至3层以 -1 层至5层的平均价进行抵债，确属有失公平。申请复议人请求撤销甘肃高院相关执行裁定的复议理由成立，应予以支持。如仍处分三洲大厦2层至3层，应重新评估后依法定程序进行。

——中国裁判文书网，http://www.court.gov.cn/zgcpwsw/zgrmfy/。

1287

变卖的适用情形、程序和方式

关键词 | 变卖财产 | 变卖程序 | 变卖方式 |

【最高人民法院司法解释】

第四百九十条 人民法院在执行中需要变卖被执行人财产的，可以交有关单位变卖，也可以由人民法院直接变卖。

对变卖的财产，人民法院或者其工作人员不得买受。

——《最高人民法院关于适用〈中华人民共和国民事诉讼法〉的解释》(2015年1月30日，法释〔2015〕5号)

第三十四条 对查封、扣押、冻结的财产，当事人双方及有关权利人同意变卖的，可以变卖。

金银及其制品、当地市场有公开交易价格的动产、易腐烂变质的物品、季节性商品、保管困难或者保管费用过高的物品，人民法院可以决定变卖。

——《最高人民法院关于人民法院民事执行中拍卖、变卖财产的规定》(2004年11月15日，法释〔2004〕16号)

46. 人民法院对查封、扣押的被执行人财产进行变价时，应当委托拍卖机构进行拍卖。

财产无法委托拍卖、不适于拍卖或当事人双方同意不需要拍卖的，人民法院可以交由有关单位变卖或自行组织变卖。

48. 被执行人申请对人民法院查封的财产自行变卖的，人民法院可以准许，但应当监督其按照合理价格在指定的期限内进行，并控制变卖的价款。

——《最高人民法院关于人民法院执行工作若干问题的规定（试行）》（1998 年 7 月 8 日，法释〔1998〕15 号）

【链接：最高人民法院法官著述】

关于变卖的程序，应注意以下几个问题：(1)变卖的启动。变卖既可以由申请执行人、被执行人申请提出，也可以由执行法院依职权决定。执行当事人提出申请的，执行法院应当审查其申请是否符合变卖的情形，符合法定情形的决定变卖，不符合法定情形的驳回申请。对于不动产三次拍卖仍流拍后的变卖，人民法院应当依职权于第三次拍卖终结之日起七日内发出变卖公告对该不动产进行变卖。(2)变卖的价格。申请执行人、被执行人及有关权利人对变卖财产的价格有约定的，按照其约定价格变卖；无约定价格但有市价的，变卖价格不得低于市价；无市价但价值较大、价格不易确定的，应当委托评估机构进行评估，并按照评估价格进行变卖。按照评估价格变卖不成的，可以降低价格变卖，但最低的变卖价不得低于评估价的二分之一。(3)变卖的成交。就执行法院委托变卖、执行法院自行变卖以及三次流拍后公告变卖而言，执行法院不仅能够有效地监督变卖程序，而且相关的规定和程序也较为完善，一般不会出现损害执行当事人、第三人合法权益的情形，变卖成交的除即时交易、财产价值较小不需要制作裁定书予以确认而外，执行法院应当制作变卖成交裁定书对变卖的成交予以确认，对于不需要制作变卖裁定书的也应当在执行笔录中予以记明并由相关人员签章确认。而就被执行人自行变卖而言，其实质上就是由被执行人将查封、扣押财产自行转换成一定数额的金钱用以履行义务，由于这种变卖的实施是由被执行人自行完成的，不排除会出现损害申请执行人或者第三人合法权益的情形，因此执行法院不应对制作变卖成交裁定书予以确认，而且有些变卖是在执行法院未到场的情况下即时完成的，也无制作变卖成交裁定书的必要。(4)变卖不成交的处理。变卖的财产无人应买的，可以将该财产以变卖的价格交申请执行人或者其他执行债权人抵债;申请执行人或者其他执行债权人拒绝接受或者依法不能交付其抵债的,除对不动产可以采取强制管理等其他执行措施的以外,执行法院应当解除查封、扣押,并将该财产退还被执行人。

关于变卖的方式,依据《最高人民法院关于适用〈中华人民共和国民事诉讼法〉若干问题的意见》第281条以及《最高人民法院关于人民法院执行工作若干问题的规定(试行)》第48条的规定,主要有三种方式:其一是执行法院委托有关单位变卖,其二是执行法院自行变卖,其三是由被执行人自行变卖。一般而言,执行法院可以根据案件的不同情况灵活选择变卖方式。但根据《最高人民法院关于人民法院委托评估、拍卖和变卖工作的若干规定》第1条之规定,人民法院司法技术管理部门负责本院的委托评估、拍卖和流拍财产的变卖工作,流拍财产只能由执行法院自行变卖,而不得委托有关单位变卖或者由被执行人自行变卖。

——最高人民法院民事诉讼法修改研究小组编著:《〈中华人民共和国民事诉讼法〉修改条文理解与适用》,人民法院出版社2012年版,第562~563页。

1288

强制执行程序中处分被执行人国有资产的法律适用

关键词 | 处分国有资产 | 法律适用 |

【最高人民法院答复】

陕西省高级人民法院:

你院〔2000〕陕执请字第09号《关于人民法院在强制执行程序中处分被执行人国有资产适用问题的请示报告》收悉。经研究,答复如下:

国务院发布的《国有资产评估管理办法》(国务院91号令)关于国有资产评估中申请立项及审核确认的规定,确定了对国有资产占用单位在自主交易中进行评估的程序,其委托评估的主体是国有资产的占有企业,在特殊情况下可由国有资产管理部门委托评估。该《办法》对人民法院在执行程序中委托评估作为被执行人的国有企业的资产,并无相应的规定。人民法院在执行中委托评估也无须参照适用该《办法》，而应根据《最高人民法院关于人民法院执行工作若干问题的规定（试行）》第47条的规定办理，即由人民法院自行委托依法成立的资产评估机构进行；对评估机构的评估结论，应由执行法院独立审核确认并据以确定拍卖、变卖的底价。因此，只要执行法院委托了依法成立的评估机构进行评估，并据以判断认为该评估结论不存在重大错误，该评估程序和结果就是合法有效的。故石泉县人民法院在执行中委托评估的执行行为合法，应予以维持。

——《最高人民法院关于人民法院在强制执行程序中处分被执行人国有资产适用法律问题的请示报告的复函》（2001年12月27日，〔2001〕执他字第13号）

【链接：最高人民法院法官著述】

此案的关键问题是人民法院在执行中对国有资产的评估、拍卖是否应当适用国务院《国有资产评估管理办法》，在此有必要对该办法确定的国有资产评估程序作一分析说明。《国有资产评估管理办法》确定的国有资产评估程序是：

1. 申请立项

资产占有单位经其主管部门审查同意后，向同级国有资产行政管理部门提交资产评估立项申请书。国有资产行政主管部门自收到申请书之日起10日内进行审查，并作出是否准予资产评估立项的决定，通知申请单位及其主管部门。

2. 委托评估（资产清查、评定估算）

申请单位收到准予资产评估立项通知书后，委托资产评估机构评估资产。评估机构对委托单位的资产、债权、债务进行全面清查、核实，对资产价值进行评定估算，向委托单位提出资产评估结果报告。

3. 验证确认

委托单位收到资产评估机构的资产评估结果报告书后，应当报其主管部门审查；主管部门审查同意后，报请同级国有资产行政管理主管部门确认资产评估结果。国有资产行政管理部门在收到占有单位报送的资产评估结果报告书之日起45日内组织审核、验证、协商，确认资产评估结果，并下达确认通知书。

从以上程序可以看出，人民法院执行中的委托评估不属于《国有资产评估管理办法》规范的范围，该办法始终没有提到人民法院执行问题。我国有关产权登记的法规中也都没有考虑到人民法院执行中需要处理行政机关登记产权变动等问题。如果行政法规中对法院执行中与行政机关的协调配合方面设定了比较合理的程序，人民法院应当执行。如果行政法规中根本就没有考虑到司法机关与行政机关的协调问题，则只能根据民诉法及最高法院相关司法解释确定的原则来解决具体问题。从现有法律文件方面看，只有《最高人民法院关于执行工作若干问题的规定（试行）》第 47 条规定："人民法院对拍卖、变卖被执行人的财产，应当委托依法成立的资产评估机构进行价格评估"，因此，只要人民法院委托了依法成立的资产评估机构进行价格评估，就是有效的。

人民法院根据生效的法律文书将被执行人的财产依法拍卖，是一种国家基于公权力而实施的公法上的处分行为，这种行为不是出自被执行人的自愿，而是民事执行的强制手段之一，属于民诉法就有关强制执行的法律规范调整的范畴。而委托人（包括本案中的国有资产占有单位）自愿委托拍卖行拍卖其财产的行为，不属于人民法院执行中的强制拍卖，是由《拍卖法》及《国有资产评估管理办法》来调整。两种拍卖的性质不同，在拍卖程序规则上也有所不同，《国有资产评估管理办法》规定的由国有资产管理部门办理立项、确认等程序，不能覆盖、也不可能适用于国有资产被人民法院强制拍卖时的评估行为。

另外，人民法院执行中的评估按照《国有资产评估管理办法》也无法操作。《国有资产评估管理办法》中要求的委托评估方是国有资产的占有单位，不包括人民法院。国有资产管理局 1992 年发布的《国有资产评估管理办法施行细则》第十七条规定："委托评估机构进行资产评估的委托方，一般是国有资产占有单位，也可以是经占有单位同意、与被评估资产有关的其他当事人，原则上由申请立项的一方委托，特殊情况由国有资产管理行政主管部门委托。"这里提到的一般和特殊情况下的委托评估方，都不包括人民法院，其提起评估的主体是当事人，在特殊情况下可以是国有资产管理机构。执行程序不能等待当事人按照正常交易的要求进行评估，当事人也不会配合法院进行评估立项审批，因此要求人民法院按照《国有资产评估管理办法》进行评估，无法操作，不具有可行性。如果要求法院委托后经过国有资产行政管理部门确认，也不具有合理性。因为审核确认需要的时间很长，那样将严重制约法院的执行进程，并影响法院独立的司法判断。

本案执行中，石泉县人民法院变卖的房产，每间房评估价为 7 万元左右，石泉县人民法院并没有按此价格变价，而是举行了变卖大会，最后以每间 8.6 万元的价格变卖了房产，这种形式实际是拍卖，是比变卖更公开的形式，变价是公平竞争的结果。因此，石泉县人民法院在执行本案中，委托评估环节的做法应当予以支持,变卖的效力应当予以维持。

——黄金龙、王惠君:《人民法院在强制执行程序中是否适用国务院〈国有资产评估管理办法〉请示案》,载最高人民法院执行工作办公室编:《强制执行指导与参考》(总第2辑),法律出版社2003年版,第180~182页。

1289

人民法院执行集体财产不需经村民代表大会批准

关键词 | 集体财产 |

【链接:最高人民法院法官著述】

问题:我院办理的朱某申请执行某村委会返还买书款一案,我院依法查封了该村集体所有的500棵杨树,我们准备对杨树进行变价。但是按照有关规定,处理村民委员会集体财产应当由村民代表大会讨论决定,那么人民法院的执行是否也要履行这一程序?

《执行工作指导》研究组认为:按照《中华人民共和国村民委员会组织法》第十九条的规定,涉及集体收益的处分应当经村民会议讨论决定。但是,该条款的调整的对象主要是村民委员会处理集体财产的行为。人民法院依职权执行集体财产,不需经村民大会讨论。因此,你院可以依法直接将查封的杨树进行变价。

——最高人民法院执行工作办公室编:《执行工作指导》(总第17辑),人民法院出版社2006年版,第271页。

1290

案外人拒不接收强制迁出的财产时的处理

关键词 | 案外人财产 | 强制迁出 |

【最高人民法院答复】

吉林省高级人民法院:

你院《关于法院执行程序中能否对案外人财产进行处理的请示》收悉。经

研究,答复如下:

执行程序中案外人无合法依据占有被执行的标的物不动产的,执行法院依法可以强制迁出;案外人拒不迁出的,对标的物上的财产,执行法院可指定他人保管并通知领取;案外人不领取或下落不明的,为避免保管费用过高或财产价值减损,执行法院可以处分该财产,处分所得价款,扣除搬迁、保管及拍卖变卖等相关费用后,保存于执行法院账户,通知该案外人领取。

——《最高人民法院执行局〔2010〕执他字第1号函》

1291

以房产强制抵债在法律上的特殊要求

关键词 | 强制以物抵债 | 以房产抵债 |

【最高人民法院司法解释】

第四百九十一条 经申请执行人和被执行人同意,且不损害其他债权人合法权益和社会公共利益的,人民法院可以不经拍卖、变卖,直接将被执行人的财产作价交申请执行人抵偿债务。对剩余债务,被执行人应当继续清偿。

第四百九十二条 被执行人的财产无法拍卖或者变卖的,经申请执行人同意,且不损害其他债权人合法权益和社会公共利益的,人民法院可以将该项财产作价后交付申请执行人抵偿债务,或者交付申请执行人管理;申请执行人拒绝接收或者管理的,退回被执行人。

——《最高人民法院关于适用〈中华人民共和国民事诉讼法〉的解释》(2015年1月30日,法释〔2015〕5号)

【最高人民法院答复】

山西省高级人民法院、广东省高级人民法院:

山西省高级人民法院晋高法执字〔1994〕第65号和广东省高级人民法院粤高法经一行字〔1995〕第66号报告均已收悉。经研究,答复如下:

1994年4月20日山西省太原市中级人民法院对山西省物资贸易中心诉深

圳市罗湖对外经济发展公司购销合同纠纷案做出判决，双方当事人均未上诉。同年7月21日太原市中级人民法院开始执行。10月7日，该院裁定将深圳市罗湖对外经济发展公司坐落在深圳市莲塘第一工业小区135栋总建筑面积为6326平方米的六层厂房以物抵债给山西省物资贸易中心。11月4日双方当事人在太原市、深圳市中级人民法院的监督下，对该厂房进行了交接。因该厂房所在地莲塘工业区属深圳市土地未清理区域，所以深圳市规划国土局暂不办理房地产证。同年12月8日深圳市人民政府给山西省物资贸易中心发了产权代用证。本院认为，虽然深圳市中级人民法院于1994年11月3日受理了罗湖对外经济发展公司申请破产案，但是考虑到上述实际情况，应认定山西省太原市中级人民法院已执行完毕，以物抵债的厂房所有权已经转移。深圳市中级人民法院不应再将该厂房作为破产财产处理。如果该房产的价值超过山西省物资贸易中心所享有的债权，超过部分可作为破产财产。

——《最高人民法院关于山西省太原市中级人民法院执行深圳市罗湖对外经济发展公司房产问题的复函》（1996年5月26日，法函〔1996〕89号）

【链接：最高人民法院法官著述】

房产作为强制抵债的财产是比较常见的，而房产抵债比其他财物抵债在法律上有特殊的要求，且情况比较复杂。

1. 强制以房抵债是否签订买卖合同

有人认为，我国房产买卖转移所有权，以订立买卖合同和登记过户手续为要件，因而，以房抵债也必须签订房屋买卖合同。这种观点不符合强制以房抵债的要求。在执行实践中，经常遇到被执行人有房产可供执行，而被执行人不签订买卖合同或者逃债下落不明，那么，房屋买卖合同就无法签订。在这种情况下，持上述观点就会出现有房产而无法执行的情况。所以自愿以房抵债与强制以房抵债的根本区别在于“自愿”与“强制”的区别，买卖合同是在自愿情况下订立的，而强制不存在合同问题，因而，强制以房抵债不需要双方当事人订立房屋买卖合同，取而代之的应当是以房抵债的裁定，自愿以房抵债也可采用裁定形式。

2. 以房抵债必须办理房产权证和土地使用权证过户手续

根据我国有关法律规定，房产所有权转移，以房屋管理机关登记过户为要件，以房抵债使被执行人的房产转移为申请人所有，因而必须办理房产过户手续,因房产与地产不可分离,在房产过户的同时,该房所占用的土地使用权必须随之过户。房产所有权和土地使用权都过户为申请执行人后,以房抵债程序结束。

3. 必须保留被执行人的必需住屋或租房金

法院执行机构对被执行人采取强制执行措施,必须保留被执行人及其所扶养家属的生活必需费用和物品,使之能够生存。住房是人们生活不可缺少的条件,因此,在采取以房抵债措施时,只能将多余的房产抵债,不能将被执行人及其家属的必需住房抵债。但是,有的被执行人只有一间或一套较好的住房,如果不予执行就不能清偿债务。如果以房抵债后被执行人及其家属又无处居住,在这种情况下,也采用以房抵债措施,但应留足租房款,以解决其居住问题。

4. 对国有资产一般不宜采取以房抵债措施,如确有必要,必须报请县级以上人民政府审核批准。

——江必新主编:《民事执行新制度理解与适用》,人民法院出版社2010年版,第412~413页。

1292

以划拨方式取得的土地使用权的执行

关键词 | 土地使用权 |

【最高人民法院答复】

安徽省高级人民法院:

你院〔2004〕皖执监字第一百七十五号《关于中国农业银行砀山县支行申请执行安徽省国营砀山葡萄酒罐头工业公司、安徽省砀山果园场借款合同纠纷一案的请示》收悉。经研究,答复如下:

经审查,原则同意你院审判委员会倾向性意见。宿州市中级人民法院(2003)宿中法执字第130-1号民事裁定书所处置的财产虽然涉及国有划拨土地权,但事先已经双方当事人同意,事后砀山县土地主管部门又予以认可,符合《中华人民共和国城市房地产管理法》和《中华人民共和国城镇国有土地使用权出让和转让暂行条例》的相关规定及国家土地局〔1997〕国土函字第九十六号

《对最高人民法院法经〔1997〕18 号函的复函》精神。因此,宿州市中级人民法院上述民事裁定并无不当。但是在具体工作中应严格程序,注意及时同相关部门沟通协商。

——《最高人民法院执行工作办公室〔2005〕执他字第 15 号函》(2006 年 1 月 10 日)

【最高人民法院裁判文书】

中国轻骑集团有限公司与中国长城资产管理公司济南办事处合同纠纷执行案[最高人民法院(2011)执复字第 1 号执行裁定书]

最高人民法院认为:

《城市房地产管理法》第 39 条及《城镇国有土地使用权出让和转让暂行条例》第 44、45 条关于国有划拨土地使用权的转让需经有批准权的人民政府审批的规定,是对企业自主转让划拨土地使用权的限制,并未限制人民法院依法强制执行。且本案划拨土地使用权是依法为本案债权设定抵押的,该抵押担保已经山东高院(2006)鲁民二初字第 66 号和本院(2007)民二终字第 141 号民事判决确认合法有效,并明确债权人对该土地使用权折价或拍卖、变卖的价款享有优先受偿权。《最高人民法院关于能否将国有土地使用权折价抵偿给抵押权人问题的批复》中亦明确,在依法以国有土地使用权作抵押的担保纠纷案件中,可以通过拍卖的方式将土地使用权变现。故轻骑集团认为处置划拨土地使用权必须事先经政府审批同意的复议理由不能成立。

——中国裁判文书网,http://www. Court. gov. cn/zgcpwsw/zgrmfy/。

【链接:最高人民法院法官著述】

划拨的国有土地使用权能否进行转让?存在三种不同的观点:第一种观点认为,划拨的土地使用权是国家划拨给土地使用权人专项使用的,不可转让。第二种观点认为,划拨的土地使用权可以转让,但必须将划拨的土地使用权首先转为有偿出让的土地使用权后才能进行转让。第三种观点认为,划拨的土地使用权的转让有利于提高土地的使用效益,促进城市土地建设的发展,应当允许转让,法律无须限制。对于法院能否在执行程序中转移以划拨方式取得的土地使用权,同样存在上述不同的观点。在《通知》的草案中曾综合了后两种观点,认为人民法院在执行中涉及转移以划拨方式取得的土地使用权时,应当与土地管理部门取得一致意见后,再行裁定转移;对原属划拨方式取得但不再属于供地范围的,应告知权利受让人办理国有土地使用权出让手续,但此意见没有列入《通知》中。当然,这并不排除法院在执行程序中,需要转移被执行人通过划拨取得的国有土地使用权的,仍可与国土资源管理部门协商,取得一致意见后予以执行。

——沈德咏主编、最高人民法院研究室编著:《民事诉讼司法解释理解与适用》,法律出版社2009年版,第588~589页。

根据我国有关法律和相关规定,我国城市市区土地实行公有制即国家所有,对于土地使用权的取得一般有两种方式:一是交付一定的土地出让金即通过有偿方式取得土地使用权,二是通过划拨方式取得土地使用权。前者是允许转让的,而后者由于不属于当事人的自有财产,法律明确规定不能自行转让。但是,对划拨方式取得的土地使用权,经政府土地管理部门同意,当事人交付土地出让金,履行了相关的手续后,该土地使用权是可以转让的。宿州中院在执行本案过程中,所作出的(2003)宿中法执字第130-1号以被执行人的房地产抵债的民事裁定,是在双方当事人同意以评估价格抵偿债务的前提下作出的,且砀山县土地管理部门同意依法协助执行,预收了该土地出让金,并又发出办理土地使用权出让过户手续的通知。因此,该项土地使用权的转让,符合国家土地局1997年8月18日〔1997〕国土函字第九十六号《国家土地管理局关于人民法院裁定转移土地使用权问题对最高人民法院法经〔1997〕18号函的复函》第四条的规定:"对通过划拨方式取得的土地使用权,由于不属于当事人的自有财产,不能作为当事人财产进行裁定。但裁定转移地上建筑物、附着物涉及有关土地使用权时,在与当地土地管理部门取得一致意见后,可裁定随地上物同时转移";也符合《中华人民共和国城市房地产管理法》第三十九条"以划拨方式取得土地使用权的,转让房地产时,应当按照国务院规定,报有批准权的人民政府审批。有批准权的人民政府准予转让的,应当由受让方办理土地使用权出让手续,并依照国家有关规定缴纳土地使用权出让金"的规定;也符合《中华人民共和国城镇国有土地使用权出让和转让暂行条例》第四十五条"符合下列条件的,经市、县人民政府土地管理部门和房产管理部门批准,其划拨土地使用权和地上建筑物、其他附着物所有权可以转让、出租、抵押:(一)土地使用者为公司、企业、其他经济组织和个人;(二)领有国有土地使用证;(三)具有地上建筑物、其他附着物合法的产权证明;(四)依照本条例第二章的规定签订土地使用权出让合同,向当地市、县人民政府补交土地使用权出让金或者以转让、出租、抵押所获收益抵交土地使用权出让金”的规定。而且,国务院国发〔1992〕61 号《国务院关于发展房地产业若干问题的通知》第六项也明确规定:“凡通过划拨方式取得的土地使用权,政府不收取地价补偿费,不得自行转让、出租和抵押;需要对土地使用权进行转让、出租、抵押和连同建筑物资产一起进行交易者,应到县级以上人民政府有关部门办理出让和过户手续,补交或者以转让、出租、抵押所获收益抵交土地使用权出让金。”

按照上述房地产法律和相关规定,对于划拨方式取得土地使用权的,转让房地产时,应报有批准权的人民政府审批,准予转让的,应当由受让方办理土地使用权出让手续,并依法交纳土地使用权出让金。因此,宿州中院在作出(2003)宿中法执字第 130 -1 号民事裁定之前,应当事先与土地部门取得一致意见,农行砀山县支行交纳土地出让金后,才能裁定抵偿债务,而宿州中院先作出裁定,后才与土地部门协商,程序上颠倒了,但从当地土地部门同意协助执行,收取出让金,要求办理过户手续等一系列行为看,土地部门最终是予以认可的。

因此,宿州中院的(2003)宿中法执字第 130 -1 号民事裁定并无不当,应予维持。

——裴莹硕:《关于人民法院执行以划拨方式取得的土地使用权的请示与答复》,载最高人民法院执行工作办公室编:《执行工作指导》(总第 17 辑),人民法院出版社 2006 年版,第 74 ~76 页。

1293

设定抵押的房屋的执行

关键词｜设定抵押房屋｜

【最高人民法院司法解释】

第一条　对于被执行人所有的已经依法设定抵押的房屋,人民法院可以查封,并可以根据抵押权人的申请,依法拍卖、变卖或者抵债。

第二条　人民法院对已经依法设定抵押的被执行人及其所扶养家属居住的

房屋，在裁定拍卖、变卖或者抵债后，应当给予被执行人六个月的宽限期。在此期限内，被执行人应当主动腾空房屋，人民法院不得强制被执行人及其所扶养家属迁出该房屋。

第三条 上述宽限期届满后，被执行人仍未迁出的，人民法院可以作出强制迁出裁定，并按照民事诉讼法第二百二十六条的规定执行。

强制迁出时，被执行人无法自行解决居住问题的，经人民法院审查属实，可以由申请执行人为被执行人及其所扶养家属提供临时住房。

第四条 申请执行人提供的临时住房，其房屋品质、地段可以不同于被执行人原住房，面积参照建设部、财政部、民政部、国土资源部和国家税务总局联合发布的《城镇最低收入家庭廉租住房管理办法》所规定的人均廉租住房面积标准确定。

第五条 申请执行人提供的临时住房，应当计收租金。租金标准由申请执行人和被执行人双方协商确定；协商不成的，由人民法院参照当地同类房屋租金标准确定，当地无同类房屋租金标准可以参照的，参照当地房屋租赁市场平均租金标准确定。

已经产生的租金，可以从房屋拍卖或者变卖价款中优先扣除。

第六条 被执行人属于低保对象且无法自行解决居住问题的，人民法院不应强制迁出。

第七条 本规定自公布之日起施行。施行前本院已公布的司法解释与本规定不一致的，以本规定为准。

——《最高人民法院关于人民法院执行设定抵押的房屋的规定》(2005年12月14日，法释〔2005〕14号)

【最高人民法院裁判文书】

昆明富亨房地产开发经营公司执行申诉案[最高人民法院(2011)执监字第82号民事驳回申诉通知书]

最高人民法院认为：

一、本案生效判决认定中国农业银行昆明市官渡区支行(以下简称官渡支行)对金碧商城房产的抵押权有效，依据《城市房地产管理法》第三十二条、《担保法》第三十六条第一款，金碧商城占用范围内的土地使用权已随房屋同时转让、抵押，虽然你公司持有土地使用权证，但本案土地权益已经依法转移。官渡支行享有对金碧商城房产的抵押权及于该房产占用范围内的土地使用权。你公司所提返还拍卖款中土地使用权部分的申诉请求不能成立。

二、消防、电梯、配电室等相关配套设施属于房屋的组成部分，无法与房屋其他部分分离。本案中金碧商城相关配套设施的所有权已随房产一并转移，官渡支行对金碧商城房产的抵押权应包括相关配套设施在内。你公司所提返还拍卖款中房屋配套设施部分的申诉请求不能成立。

三、本案生效判决认定官渡支行对金碧商城房产的抵押权有效，该行对金碧商城房产的价值应优先受偿。昆明市中级人民法院依据生效判决判定的债务本金和利息计算，拍卖款在清偿官渡支行债权后已无剩余。

综上所述，你公司的申诉请求不能成立，本院予以驳回。

特此通知。

——江必新主编、最高人民法院执行局编：《执行工作指导》（总第41辑），人民法院出版社2012年版，第75~76页。

中国长城资产管理公司兰州办事处与宁夏中卫石林建材集团有限责任公司等公司借款合同纠纷执行复议案

裁判要旨：对于其他人享有抵押权的执行标的物，人民法院可以采取查封、扣押、拍卖、变卖等执行措施，包括抵押权所担保的债权已经到期和没有到期的情形，都可以适用。执行法院应当按照规定在抵押物变现之后保护抵押权人的优先受偿权，抵押权人的预期收益可以由执行法院根据实际情况依法处理。

——江必新主编、最高人民法院执行局编：《执行工作指导》（总第43辑），人民法院出版社2012年版，第86页。

【链接：最高人民法院法官著述】

如何理解抵押财产上租赁权的效力，以及如何在执行程序中除去拍卖财产上的租赁权？

问题：法院在对被执行人某甲设定抵押的一处房产进行执行时，发现被执行人在将房产抵押后又将房屋出租与某乙，根据《最高人民法院关于适用〈中华人民共和国担保法〉若干问题的解释》(以下简称《担保司法解释》)第六十六条的规定,抵押人将已抵押的财产出租的,抵押权实现后,租赁合同对受让人不具有约束力。而依据《最高人民法院关于人民法院民事执行中拍卖、变卖财产的规定》(以下简称《拍卖司法解释》)第三十一条,拍卖财产上的租赁权不因拍卖而消灭,如果对在先设定的担保物权实现有影响时,应依法除去后再行拍卖。请问:(1)如何理解两个解释之间的关系?(2)如何对抵押后的租赁权进行除去?

《执行工作指导》研究组认为:为保护抵押权的顺利实现,《担保司法解释》对抵押财产抵押后的出租行为采取了对抵押权人和受让人绝对无效的态度。而《拍卖司法解释》则在平衡抵押权人、债务人二者利益的基础上,在具体案件中视在后设定的租赁权是否对抵押权的实现构成妨碍,来决定是否对抵押权人和拍定人无效。按照后法优于前法的法律适用原则,本案应适用《拍卖司法解释》。关于如何除去在后设定的租赁权问题,由于抵押财产一般均须登记,权利设定的时间比较容易判断,为避免当事人讼累,在后设定的租赁权影响抵押权的实现时,我们认为应当由执行法院在执行程序中直接以裁定除去某甲与某乙之间的租赁权。

——江必新主编、最高人民法院执行工作办公室编:《执行工作指导》(总第28辑),人民法院出版社2009年版,第199页。

1294

执行程序中房地产权属的确认

关键词 | 房地产权属 |

【最高人民法院司法政策】

五、人民法院查封时,土地、房屋权属的确认以国土资源、房地产管理部门的登记或者出具的权属证明为准。权属证明与权属登记不一致的,以权属登记为准。

在执行人民法院确认土地、房屋权属的生效法律文书时,应当按照人民法院生效法律文书所确认的权利人办理土地、房屋权属变更、转移登记手续。

——《最高人民法院、国土资源部、建设部关于依法规范人民法院执行和国土资源房地产管理部门协助执行若干问题的通知》(2004 年 2 月 10 日,法发〔2004〕5 号)

【链接：最高人民法院法官著述】

《通知》第五条第一款规定,之所以这样规定,是考虑到执行程序中,在确认不动产权属是否属于被执行人时,应当相信并且维护国家登记的公信力,执行程序中一般不宜直接否认登记机构的登记行为。

《通知》第五条第二款是一项很重要的突破。由此而深入探索,我国建立判决优先权便有了基础。可以设想,在不久之将来,法院制作的生效法律文书确认债权人享有债务人房地产权属的,可不经申请执行而首先到国土资源、房地产管理部门申请权属登记,从而优先获得就该房地产受偿的权利,可使司法审判权威得以充分体现。

——沈德咏主编、最高人民法院研究室编著:《民事诉讼司法解释理解与适用》,法律出版社 2009 年版,第 587 页。

1295

人民法院要求相关部门协助执行房地产时应当履行的义务

关键词 | 房地产 | 协助执行 |

【最高人民法院司法政策】

一、人民法院在办理案件时,需要国土资源、房地产管理部门协助执行的,国土资源、房地产管理部门应当按照人民法院的生效法律文书和协助执行通知书办理协助执行事项。

国土资源、房地产管理部门依法协助人民法院执行时,除复制有关材料所必需的工本费外,不得向人民法院收取其他费用。登记过户的费用按照国家有关规定收取。

二、人民法院对土地使用权、房屋实施查封或者进行实体处理前，应当向国土资源、房地产管理部门查询该土地、房屋的权属。

人民法院执行人员到国土资源、房地产管理部门查询土地、房屋权属情况时，应当出示本人工作证和执行公务证，并出具协助查询通知书。

人民法院执行人员到国土资源、房地产管理部门办理土地使用权或者房屋查封、预查封登记手续时，应当出示本人工作证和执行公务证，并出具查封、预查封裁定书和协助执行通知书。

——《最高人民法院、国土资源部、建设部关于依法规范人民法院执行和国土资源房地产管理部门协助执行若干问题的通知》(2004 年 2 月 10 日，法发〔2004〕5 号)

【链接：最高人民法院法官著述】

针对司法实践中，有的法院仅仅出具协助执行通知书而不附相关法律文书就要求协助执行的情况，《通知》第二条规定，法院在要求国土资源、房地产管理部门协助查询、查封、预查封、强制过户等事项时，必须履行以下义务：

1. 表明身份。执行人员代表国家行使强制执行权，必须出示本人工作证和执行公务证。

2. 出具必备的法律文书。除查询房地产权属情况时只需出具协助查询通知书即可外，在采取查封、预查封等强制执行措施时，必须出具查封、预查封裁定书及协助执行通知书。

3. 履行其他义务。法院在执行个案中，应当针对特殊情况，及时出具相应的资料、证书。依《通知》第七条、第八条规定，在对财产权利人和登记名义人不一致的房地产进行查封时，凡登记名义人承认其并非真正权利人、登记房地产实际属于被执行人的，法院应当出具登记名义人签名的书面声明；凡被执行人因继承、判决或者强制执行取得，但尚未办理过户登记的房地产，法院应当提交被执行人取得该财产的有效证明或者法律文书。

4. 支付必要的协助执行费用。依《通知》第一条规定，法院应当向协助执行部门支付复制材料所必需的工本费。

——沈德咏主编、最高人民法院研究室编著：《民事诉讼司法解释理解与适用》，法律出版社 2009 年版，第 581～582 页。

1296 房地产登记名义人与实际权利人不一致时的处理

关键词 | 查封 | 登记名义人 | 实际权利人 |

【最高人民法院司法政策】

五、人民法院查封时，土地、房屋权属的确认以国土资源、房地产管理部门的登记或者出具的权属证明为准。权属证明与权属登记不一致的，以权属登记为准。

在执行人民法院确认土地、房屋权属的生效法律文书时，应当按照人民法院生效法律文书所确认的权利人办理土地、房屋权属变更、转移登记手续。

七、登记在案外人名下的土地使用权、房屋，登记名义人（案外人）书面认可该土地、房屋实际属于被执行人时，执行法院可以采取查封措施。

如果登记名义人否认该土地、房屋属于被执行人，而执行法院、申请执行人认为登记为虚假时，须经当事人另行提起诉讼或者通过其他程序，撤销该登记并登记在被执行人名下之后，才可以采取查封措施。

八、对被执行人因继承、判决或者强制执行取得，但尚未办理过户登记的土地使用权、房屋的查封，执行法院应当向国土资源、房地产管理部门提交被执行人取得财产所依据的继承证明、生效判决书或者执行裁定书及协助执行通知书，由国土资源、房地产管理部门办理过户登记手续后，办理查封登记。

——《最高人民法院、国土资源部、建设部关于依法规范人民法院执行和国土资源房地产管理部门协助执行若干问题的通知》（2004 年 2 月 10 日，法发〔2004〕5 号）

【链接：最高人民法院法官著述】

这分为两种情况，第一种情况是：如果在执行程序中发现，申请执行的房地产登记在案外第三人名下，尽管被执行人占有、使用，法院能否直接采取查封措施？为了维护国家房地产登记的公信力，在执行程序中，法院一般不能直接裁判权属争议。如果申请执行人认为登记虚假，一般有三种救济渠道：一是向有关登记机构反映，请求撤销该登记；二是依据《合同法》中的撤销权诉讼，通过民事审判撤销案外第三人的虚假登记行为;三是通过提起行政诉讼,撤销登记机构的登记行政行为。如果法院发现登记行为虚假,则只能建议登记机构撤销虚假登记。原登记被撤销后,要恢复为被执行人登记,此后,法院方可采取查封措施。但是,如果登记名义人明确承认其并非实际权利人且书面认可房地产实际属于被执行人时,为了提高执行效率,节省司法资源,执行法院也可以直接采取查封措施。《通知》第七条对此已予以明确。第二种情况是:被执行人通过继承、判决和执行等合法途径已经得到了房地产的占有权,但还没有进行物权变动登记的,依《通知》第八条规定,应当先由登记机构办理过户登记后,法院才能查封。

在实践中,还经常遇到的一种情况是:登记在被执行人名下的财产,并非属于被执行人所有,但按《通知》第五条规定,法院仍可对该财产进行查封。如果案外人占有、使用该财产并主张所有权的,该如何处理,本《通知》未作规定。在执行实践中出现这种情形,可由案外人提出执行异议,法院应当认真审查,及时依法纠正执行错误。

——沈德咏主编、最高人民法院研究室编著:《民事诉讼司法解释理解与适用》,法律出版社2009年版,第585页。

1297

查封房地产时房地归属不一致的处理

关键词 | 房地归属 | 查封房地产 |

【最高人民法院司法政策】

六、土地使用权和房屋所有权归属同一权利人的,人民法院应当同时查封;土地使用权和房屋所有权归属不一致的,查封被执行人名下的土地使用权或者房屋。

——《最高人民法院、国土资源部、建设部关于依法规范人民法院执行和国土资源房地产管理部门协助执行若干问题的通知》(2004年2月10日,法发〔2004〕5号)

【链接：最高人民法院法官著述】

《通知》第六条对此采取了尊重历史事实的态度，因为这种不正常的现象是国家公权分权不尽合理、权力交叉运行造成的，不可能由法院在执行程序中解决。如果房屋所有权人和土地使用权人是同一人的，则法院在查封时必须同时查封，在变价处理时，则必须坚持“房随地走”或者“地随房走”的原则。如果土地使用权和房屋所有权归属不一致的，则只能对被执行人名下的土地使用权或者房屋所有权进行查封和变价。当然，这里同时存在着将相应的房屋所有权或者土地使用权登记在案外人名下的情况，这并不是绝对地排斥法院的查封，凡具有相应条件的，仍可依《通知》第七条的规定处理。

——沈德咏主编、最高人民法院研究室编著：《民事诉讼司法解释理解与适用》，法律出版社 2009 年版，第 586 页。

能否以执行标的物不可分为由，在执行房产时将属于案外人的土地使用权合并执行？

问题：位于某市的某处房产与占用范围内的土地分属于不同的所有权人张三和使用权人李四。后土地使用权人李四将土地使用权转让给王五所有，张三将房屋抵押给银行。因张三欠债，法院以张三的房屋与王五的土地使用权属于不可分物为由裁定合并拍卖。请问法院的做法对吗？

《人民司法》研究组认为：法院的做法是错误的。《最高人民法院关于人民法院民事执行中拍卖、变卖财产的规定》第 18 条虽然规定了“拍卖的多项财产在使用上不可分，或者分别拍卖可能严重减损其价值的，应当合并拍卖”，但这里所指的不可分物是指该多项财产的所有权同属于被执行人所有的情况。而对于不属于同一所有权主体的财产，只能在进行变价时，告知权属状况，由买受人决定是否承担权属瑕疵所带来的风险。买受人一旦买受，只能承受原权利人的权利。

——《人民司法 · 应用》2009 年第 13 期

1298

所有权人将执行完毕的房产未过户又出卖，法院不能再发协助执行通知书将房产过户到新买受人名下

关键词 | 执行债权转让 | 房产过户 |

【最高人民法院裁判文书】

北京金汇联合投资有限公司申诉案[最高人民法院(2011)执监字第77号驳回申诉通知书]

最高人民法院认为：

根据本院《关于人民法院民事执行中拍卖、变卖财产的规定》第二十九条，河南高院(2005)豫法执字第3-1号裁定书送达时，涉案房产的所有权已依法转移至中国华融资产管理公司郑州办事处。该执行行为并无不当。你公司仅依据相关的买卖合同申请河南高院撤销原裁定并重新出具协助执行通知书于法无据，本院依法予以驳回。

——最高人民法院执行局编：《执行工作指导》(总第47辑)，人民法院出版社2013年版，第117页。

【链接：最高人民法院法官著述】

本案争议焦点问题在于对执行完毕的房产，所有权人未将房产变更登记到自己名下，又连续买卖房产，法院能否再发协助执行通知书要求房产登记部门将房产过户到最新的买受人名下。

《最高人民法院关于人民法院民事执行中拍卖、变卖财产的规定》第二十九条第二款规定："不动产、有登记的特定动产或者其他财产权拍卖成交或者抵债后，该不动产、特定动产的所有权、其他财产权自拍卖成交或者抵债裁定送达买受人或者承受人时起转移。"本案中，河南高院已经作出(2005)豫法执字第3-1号执行裁定，确认将涉案房产抵偿给华融郑州办事处。该执行裁定送达时，涉案房产所有权就属于华融郑州办事处了。渤海湾公司从华融郑州办事处获得两项权利，一是对佳鑫公司未履行部分的债权，二是争议房产的所有权。就第一项债权买卖，渤海湾公司从华融郑州办事处购买到了佳鑫公司未履行部分的债权。

债权买卖不需要交付或变更登记，渤海湾公司有权将该债权再转让给金汇公司，金汇公司可以因此向执行法院申请变更成为该债权执行案件的申请执行人。第二项房产所有权的买卖，华融郑州办事处与渤海湾公司的买卖合同虽然成立、生效，但是在履行过程中，华融郑州办事处并未将涉案房产的所有权变更到渤海湾公司名下。《物权法》第三十一条规定："依照本法第二十八条至第三十条规定享有不动产物权的，处分该物权时，依照法律规定需要办理登记的，未经登记，不发生物权效力。"本案中，涉案房产所有权仍然在华融郑州办事处，渤海湾公司并未实际取得涉案房产的所有权。此后，渤海湾公司再次将其未取得所有权的涉案房产卖给金汇公司，属于无权处分行为。《合同法》第五十一条规定："无处分权的人处分他人财产，经权利人追认或者无处分权的人订立合同后取得处分权的，该合同有效。"因此，只有当渤海湾公司经过华融郑州办事处的追认或者取得涉案房产的所有权之后，其与金汇公司之间的房产买卖合同才能生效。渤海湾公司与金汇公司之间的房产买卖合同尚未生效，金汇公司当然不能要求卖方过户涉案房产，更无权要求法院协助将涉案房产过户到自己名下。因为涉案房产的所有权已经不属于佳鑫公司，作为判决确定债权的受让人，金汇公司也不能要求执行涉案房产以实现其未满足的债权。关于涉案房产的转让，各方当事人只能另寻法律途径解决。

另外，如果执行法院支持金汇公司的请求，裁定将涉案房产过户到其名下，等于执行法院未经审判就直接裁定确认并执行了一连串效力待定的房产买卖合同。以此类推，就等于允许金汇公司也可以将涉案房产继续无限制地买卖下去，即便经过成千上万次效力待定的买卖之后，执行法院都可以不经审判就将涉案房产直接执行过户到最后的买受人名下，这显然是违法且荒谬的。

再者，如果支持金汇公司的请求，还必须先撤销河南高院（2005）豫法执字第3－1号执行裁定书及其协助执行通知书，而这些法律文书并没有任何错误，没有任何法律依据可以撤销。

除此之外，涉案房产的每次买卖行为是需要依法缴税的，如果执行法院直接将该房产执行过户到金汇公司名下，涉嫌逃避税收监管。

综上所述，金汇公司的请求存在承认并执行效力待定的房产买卖合同、非法撤销生效法律文书、支持逃避税收监管行为等数个法律障碍，不能得到支持。

——谷俊杰：《部分执行完毕的债权多次转让后如何执行——北京金汇联合投资有限公司申诉案评析》，载最高人民法院执行局编：《执行工作指导》（总第47辑），人民法院出版社2013年版，第115～116页。

1299

判决确定交付地上建筑物的执行中，不能直接裁定变更该地上建筑物的建设用地及工程批准许可证照权利人

关键词｜变更许可证照权利人｜地上建筑物｜

【最高人民法院裁判文书】

图们江花园商贸有限公司与延吉市中富房地产开发有限公司合作开发合同纠纷案

最高人民法院复议审查认为：

本案生效判决书中仅判令交付联合开发工程的地上物，并未涉及地上物的相关批准书许可证的权利人变更问题，故上述证照的变更不属于执行依据确定的范围。房地产开发企业取得相关证照，须依法向行政主管部门申请，经行政主管部门审查具备法定条件后颁发。颁发上述证照属于行政许可行为。变更相关证照权利人是判决交付地上物的附属义务的主张没有法律依据。本案地上物交付后，申请人认为其具备法定条件的应当自行向行政主管部门申请颁发相关证照，亦可依据本案生效判决执行结果，向行政主管部门申请撤销前述相关许可证照，并向符合法定条件的企业颁发相关许可证照。执行直接裁定变更上述证照权利人，超越职权范畴，缺乏法律依据，吉林高院依法撤销上述执行裁定书并无不当。裁定驳回了申请复议人图们市图们江花园商贸有限公司的复议申请。

——江必新主编、最高人民法院执行局编：《执行工作指导》（总第32辑），人民法院出版社2010年版，第84页。

【链接：最高人民法院法官著述】

在建工程的交付是房地产合作开发纠纷案件执行过程中的常见问题。因合作过程中双方产生纠纷导致合作关系终止，法院判令中富公司将所建的联合开发工程地上物交付给商贸公司。地上物交付后中富公司即面临继续组织施工、建成后的销售等问题，而此时地上物的建设用地批准书、建设用地规划许可证、建设工程规划许可证、建筑工程施工许可证及商品房预售许可证仍在商贸公司名下，对下一步的建设、销售造成阻碍。执行法院可否依据商贸公司的申请裁定

变更上述证照的权利人成为本案的焦点问题。

本案中，执行依据的判项为，中富公司将所建的联合开发工程的地上物(8栋住宅和部分门市房)交付给商贸公司，并未提及相关证照的变更问题，故判决判项并未提供法院执行中变更许可证照的直接依据。根据判决主文的表述，商贸公司关于由其承接项目的诉讼请求，实际上已经被驳回。因此，需要考虑申请复议人提出的变更上述证照权利人是否为法院判决交付地上物的附属义务，是否适合由法院在执行中直接处理。

(一)建设用地批准书、建设用地规划许可证、建设工程规划许可证、建筑工程施工许可证及商品房预售许可证的性质

依据《中华人民共和国建筑法》《中华人民共和国城乡规划法》《中华人民共和国房地产管理法》《中华人民共和国土地管理法实施条例》《建设工程质量管理条例》《城市房地产开发经营管理条例》等相关法律法规规定，建设单位在建筑工程施工前，须在具备法定条件的前提下，向工程所在地县级以上人民政府建设行政主管部门申请领取施工许可证，建设行政主管部门应当自收到申请之日起15日内，对符合条件的申请颁发施工许可证。建设单位应持建设项目的有关批准文件，向土地行政主管部门提出申请，经审核由土地行政主管部门核发建设用地批准书，并经由规划部门核发建设用地规划许可证。建设单位还应向相关城乡规划主管部门申请，对符合规划条件的，由城乡规划主管部门核发建设工程规划许可证。建筑施工单位应当依法取得相应等级的资质证书并在其资质等级许可的范围内承揽工程。房地产开发企业在城市规划区内国有土地上进行开发经营，商品房预售许可证由房地产开发主管部门依据房地产开发企业申请核发。

行政主管部门颁发上述证照，是为了保证房地产工程建设市场有序运作，保障人民生命、健康安全。颁发上述证照的行为，是根据相对人申请并经依法审查，准许其持有人在特定土地上从事特定房地产工程建设活动，符合行政许可法规定的行政许可特征，属于法定行政许可行为。

(二)上述许可证照权利的不可转让性

《中华人民共和国行政许可法》第九条规定:“依法取得的行政许可，除法律、法规规定依照法定条件和程序可以转让的外，不得转让。”许可证照权属的变更不同于房屋所有权和土地使用权权利人的变更。实践中有执行法院采取直接裁定变更房屋产权权利人、土地使用权人的方式，并向相关行政部门发出协助执行通知书，以方便当事人完成过户手续，这种做法和本案有根本的区别。依据

法律规定,房屋产权及土地使用权可以依法转让。房屋产权、土地使用权的证照权属人只需具备相应的民事行为能力,转让后当事人直接向行政部门变更登记即可。只要判决中明确办理变更登记为债务人的一项义务,或者可以明确推断是一种附属义务,则法院可以直接向行政机关发出协助执行通知书要求其办理过户手续。但本案涉及的上述证照权属人作为行政相对人,须经过相关行政主管部门的严格审查,以保障建筑工程、房地产开发市场的安全有序。许可本质上是政府的市场管制行为,且具有很强的身份性,是一种不可转让的权利。离开特定的主体,这种许可即失效或作废,不能随着地上物的交付而当然地转移给地上物权利人。

(三)执行法院是否有权变更上述许可证照权利人

基于这些证照的性质及其不可转让性,变更上述证照权利人是独立的许可事项,不属于地上物交付的附属义务,执行法院亦无权代替行政机关行使行政许可权,裁定变更上述证照权利人。执行法院不可参照裁定变更房屋产权权利人、土地使用权人的方式处理本案。实际上,即使判决确定商贸公司承接项目,甚至要求进行有关审批证照的变更,法院在执行中是否有权直接裁定变更及要求行政机关径行据以变更,也存在疑问。该领域的问题尚待进一步研究。由于涉及行政审批事项,当事人拒不自行办理变更申请手续的,法院似乎只能将判决要求当事人变更有关证照的权利人的情况告知行政机关,请行政机关予以审批。是否能够审批,应由行政机关裁量。

申请复议人还提出,申请将工程相关证照变更为第三人图们市旧城改造分公司是其自由处分的行为,图们市旧城改造分公司不是案件当事人并不影响其取得相关权利。我们认为,当事人的自由处分权利,并不必然衍生出要求法院裁定确权的权利。此问题以法院是否有权直接裁定变更许可证照权属为前提,只有在法院有权裁定变更的情况下,才能提出变更给谁的问题,如法院无此权力,则该资格问题只能由行政机关审查确认。

(四)应释明的问题——实现项目权证变更的途径

因上述证照仍登记在中富公司名下,本案申请复议人面临着无法对执行标的物继续组织施工、对外销售的困境。法院在驳回其复议申请的同时,应履行好释明义务,讲清法律症结并提出解决问题的建议,以达到法律效果与社会效果的统一,本案地上物交付后,商贸公司可依据本案生效判决的执行结果,即地上物交付的事实,向行政主管部门申请撤销原在中富公司名下的相关许可证照。商贸公司认为其具备法定条件的,或不具备法定条件须与其他房地产开发公司合作建设的,应当自行向行政主管部门申请颁发相关许可证照。

——黄金龙、马岚:《判决确定交付地上建筑物执行中能否裁定变更建设用地及工程批准许可证照权利人》,载江必新主编、最高人民法院执行局编:《执行工作指导》(总第32辑),人民法院出版社2010年版,第84~86页。

编者说明

最高人民法院认为,生效判决书中仅判令交付联合开发工程的地上物,并未涉及地上物的相关批准书许可证的权利人变更问题,故上述证照的变更不属于执行依据确定的范围。房地产开发企业取得相关证照,须依法向行政主管部门申请,经行政主管部门审查具备法定条件后颁发。颁发上述证照属于行政许可行为,变更相关证照权利人是判决交付地上物的附属义务的主张没有法律依据。本案地上物交付后,申请人认为其具备法定条件的应当自行向行政主管部门申请颁发相关证照,亦可依据本案生效判决执行结果,向行政主管部门申请撤销前述相关许可证照,并向符合法定条件的企业颁发相关许可证照。执行中直接裁定变上述证照权利人,超越职权范畴,缺乏法律依据。

1300

土地使用权转让时,其地上建筑物、其他附着物所有权随之转让

关键词 | 土地使用权转让 | 地上建筑物 | 地上附着物 |

【最高人民法院裁判文书】

赤峰信安畜牧养殖有限责任公司与赤峰德宝房地产开发有限责任公司土地使用权转让合同纠纷执行案[最高人民法院(2010)执复字第6号执行裁定书]

最高人民法院认为,双方当事人2006年11月23日签订的《土地转让合同》第三条和本案生效判决明确规定,本案的执行标的物应为"赤国用〔2002〕字第2144号《国有土地使用证》及该证下50589.83平方米的土地及地上有证房屋",据此不能确定该宗土地上的无证房屋和其他地上附着物属于执行标的物的范围。但根据《城镇国有土地使用权出让和转让暂行条例》(以下简称《暂行条例》)第23条的规定,土地使用权转让时,其地上建筑物、其他附着物所有权随之转让。故本案土地上的无证房屋和地上附着物必须依法与土地使用权一并转

让，内蒙古高院在执行土地时将无证房屋和地上附着物一并执行给德宝公司符合上述规定。该院(2010)内执异字第2号执行裁定引用《物权法》第146条的规定不当，但上述《暂行条例》第23条与《物权法》的规定是一致的，故其适用法律并无实质错误。但是，鉴于双方当事人所签订的《土地转让合同》第三条特别注明信安公司“在该宗土地上的有证房屋一并转让”，并约定了总价款，由此可以判断该宗地上的无证房屋和其他地上附着物具有独立的价值。根据公平原则，应当在执行中对原权利人信安公司予以合理补偿。补偿的具体方式，可由双方协商解决。若协商不成，则由内蒙古高院依照当地政府有关部门对无证房屋和地上附着物补偿的标准作出裁定。

综上，内蒙古高院在执行土地时将该宗地上的无证房屋和其他地上附着物一并执行给德宝公司是正确的，复议申请人要求撤销内蒙古高院的执行行为和(2010)内执异字第2号执行裁定书的请求，本院不予支持。对无证房屋和其他地上附着物单独作价补偿的问题，因信安公司在异议中并未提出，故内蒙古高院未对此作出裁定并无不当，但该院对此应当做后续处理。

——中国裁判文书网，http://www.court.gov.cn/zgcpwsw/zgrmfy/。

1301

执行程序中对集体土地的处理

关键词 | 集体土地使用权 |

【最高人民法院司法政策】

二十四、人民法院执行集体土地使用权时，经与国土资源管理部门取得一致意见后，可以裁定予以处理，但应当告知权利受让人到国土资源管理部门办理土地征用和国有土地使用权出让手续，缴纳土地使用权出让金及有关税费。

对处理农村房屋涉及集体土地的，人民法院应当与国土资源管理部门协商一致后再行处理。

——《最高人民法院、国土资源部、建设部关于依法规范人民法院执行和国土资源房地产管理部门协助执行若干问题的通知》(2004年2月10日，法发〔2004〕5号)

【链接：最高人民法院法官著述】

在我国现阶段，国家垄断了土地一级市场，集体土地所有权和使用权原则上是禁止交易的，但这种土地流转制度违背了所有权主体平等原则，越来越不能适应市场经济深入发展的需要。实际上，集体土地权属也存在事实上的交易，因为集体土地虽禁止交易，但其上的建筑物却可以自由流转，那么在转让建筑物时也就不可避免地存在土地权属的交易。《担保法》第三十四条第（五）项、第三十六条第三款也规定，农村“四荒”土地的使用权和乡镇企业厂房等建筑物所占用范围内的土地使用权可以设定抵押，那么该抵押权人在行使抵押权时，必然牵涉到集体土地使用权的处分问题。虽然如此，在《土地管理法》修改之前，《通知》作为规范性文件不可能有原则突破。考虑到集体土地使用权的处理没有明确的法律依据，而多是政策性规定，且多是各地的试行规定，所以，《通知》第二十四条对这一问题作了灵活性的处理，规定法院在处理集体土地使用权和农村房屋涉及集体土地使用权时应与当地国土资源管理部门进行协商，取得一致意见后即可执行。

——沈德咏主编、最高人民法院研究室编著：《民事诉讼司法解释理解与适用》，法律出版社2009年版，第587页。

1302

冻结、拍卖上市公司国有股和社会法人股的规定

关键词 | 上市公司 | 国有股 | 社会法人股 | 冻结 | 拍卖 |

【最高人民法院司法解释】

第一条 人民法院在审理民事纠纷案件过程中，对股权采取冻结、评估、拍卖和办理股权过户等财产保全和执行措施，适用本规定。

第二条 本规定所指上市公司国有股包括国家股和国有法人股。国家股指有权代表国家投资的机构或部门向股份有限公司出资或依据法定程序取得的股份；国有法人股指国有法人单位，包括国有资产比例超过50%的国有控股企业，

以其依法占有的法人资产向股份有限公司出资形成或者依据法定程序取得的股份。

本规定所指社会法人股是指非国有法人资产投资于上市公司形成的股份。

第三条 人民法院对股权采取冻结、拍卖措施时，被保全人和被执行人应当是股权的持有人或者所有权人。被冻结、拍卖股权的上市公司非依据法定程序确定为案件当事人或者被执行人，人民法院不得对其采取保全或执行措施。

第四条 人民法院在审理案件过程中，股权持有人或者所有权人作为债务人，如有偿还能力的，人民法院一般不应对其股权采取冻结保全措施。

人民法院已对股权采取冻结保全措施的，股权持有人、所有权人或者第三人提供了有效担保，人民法院经审查符合法律规定的，可以解除对股权的冻结。

第五条 人民法院裁定冻结或者解除冻结股权，除应当将法律文书送达负有协助执行义务的单位以外，还应当在作出冻结或者解除冻结裁定后 7 日内，将法律文书送达股权持有人或者所有权人并书面通知上市公司。

人民法院裁定拍卖上市公司股权，应当于委托拍卖之前将法律文书送达股权持有人或者所有权人并书面通知上市公司。

被冻结或者拍卖股权的当事人是国有股份持有人的，人民法院在向该国有股份持有人送达冻结或者拍卖裁定时，应当告其于 5 日内报主管财政部门备案。

第六条 冻结股权的期限不超过一年。如申请人需要延长期限的，人民法院应当根据申请，在冻结期限届满前办理续冻手续，每次续冻期限不超过 6 个月。逾期不办理续冻手续的，视为自动撤销冻结。

第七条 人民法院采取保全措施，所冻结的股权价值不得超过股权持有人或者所有权人的债务总额。股权价值应当按照上市公司最近期报表每股资产净值计算。

股权冻结的效力及于股权产生的股息以及红利、红股等孳息，但股权持有人或者所有权人仍可享有因上市公司增发、配售新股而产生的权利。

第八条 人民法院采取强制执行措施时，如果股权持有人或者所有权人在限期内提供了方便执行的其他财产，应当首先执行其他财产。其他财产不足以清偿债务的，方可执行股权。

本规定所称可供方便执行的其他财产，是指存款、现金、成品和半成品、原材料、交通工具等。

人民法院执行股权，必须进行拍卖。

股权的持有人或者所有权人以股权向债权人质押的，人民法院执行时也应当通过拍卖方式进行，不得直接将股权执行给债权人。

第九条 拍卖股权之前，人民法院应当委托具有证券从业资格的资产评估机构对股权价值进行评估。资产评估机构由债权人和债务人协商选定。不能达成一致意见的，由人民法院召集债权人和债务人提出候选评估机构，以抽签方式决定。

第十条 人民法院委托资产评估机构评估时，应当要求资产评估机构严格依照国家规定的标准、程序和方法对股权价值进行评估，并说明其应当对所作出的评估报告依法承担相应责任。

人民法院还应当要求上市公司向接受人民法院委托的资产评估机构如实提供有关情况和资料；要求资产评估机构对上市公司提供的情况和资料保守秘密。

第十一条 人民法院收到资产评估机构作出的评估报告后，须将评估报告分别送达债权人和债务人以及上市公司。债权人和债务人以及上市公司对评估报告有异议的，应当在收到评估报告后 7 日内书面提出。人民法院应当将异议书交资产评估机构，要求该机构在 10 日之内作出说明或者补正。

第十二条 对股权拍卖，人民法院应当委托依法成立的拍卖机构进行。拍卖机构的选定，参照本规定第九条规定的方法进行。

第十三条 股权拍卖保留价，应当按照评估值确定。

第一次拍卖最高应价未达到保留价时，应当继续进行拍卖，每次拍卖的保留价应当不低于前次保留价的 90%。经三次拍卖仍不能成交时，人民法院应当将所拍卖的股权按第三次拍卖的保留价折价抵偿给债权人。

人民法院可以在每次拍卖未成交后主持调解，将所拍卖的股权参照该次拍卖保留价折价抵偿给债权人。

第十四条 拍卖股权，人民法院应当委托拍卖机构于拍卖日前 10 天，在《中国证券报》、《证券时报》或者《上海证券报》上进行公告。

第十五条 国有股权竞买人应当具备依法受让国有股权的条件。

第十六条 股权拍卖过程中，竞买人已经持有的该上市公司股份数额和其竞买的股份数额累计不得超过该上市公司已经发行股份数额的 30%。如竞买人累计持有该上市公司股份数额已达到 30% 仍参与竞买的，须依照《中华人民共和国证券法》的相关规定办理，在此期间应当中止拍卖程序。

第十七条 拍卖成交后，人民法院应当向证券交易市场和证券登记结算公司出具协助执行通知书，由买受人持拍卖机构出具的成交证明和财政主管部门对股权性质的界定等有关文件，向证券交易市场和证券登记结算公司办理股权变更登记。

——《最高人民法院关于冻结、拍卖上市公司国有股和社会法人股若干问题的规定》(2001年9月21日,法释〔2001〕28号)

【链接:最高人民法院法官著述】

(1)案外人能否提出执行其他财产的申请

若非被执行股权的持有人或所有权人,能否提出执行其他财产的申请?我们认为,《最高人民法院关于冻结、拍卖上市公司国有股和社会法人股若干问题的规定》的立法精神,应是在于尽量减少因法院执行拍卖国有法人股而可能导致的对上市公司股权结构、经营和股价等所造成的影响。因此,法院在执行国有法人股时应慎重,只要被执行人有其他财产可供执行,就尽量不要执行国有法人股。案外人提出申请,符合执行条件的,应当予以采纳。

(2)对评估报告的审查形式

对于法院是否应审查评估报告以及如何审查,《最高人民法院关于冻结、拍卖上市公司国有股和社会法人股若干问题的规定》并没有明确规定。有人认为,股权评估是专业性很强的问题,只是执行中程序上的一个环节,评估公司作为独立法人,基于当事人或法院的委托对执行标的物进行评估,并非案件的当事人或利害关系人,《最高人民法院关于冻结、拍卖上市公司国有股和社会法人股若干问题的规定》已要求评估公司对评估报告不实承担责任,故执行法院只需对评估报告进行形式审查即可,对实体问题不应作审查。

这种看法有一定道理,在无人提出异议的情况下,执行法院通常只需对评估报告进行形式审查即可。但如果有人针对评估报告提出异议,就应具体对待,如异议针对的是评估中的实体问题,则法院应对评估报告进行实体审查。评估工作由法院委托实施,评估报告的质量与执行程序的公正运行和当事人及利害关系人的利益密切相关,故法院对评估报告的实体问题应有审查的义务,只是该审查程序应在一定条件下启动。这种审查应与当事人的异议相结合,如果发现评估报告确实有问题,应按照《最高人民法院关于冻结、拍卖上市公司国有股和社会法人股若干问题的规定》第11条的要求,"将异议书交资产评估机构,要求该机构在10日之内作出说明或者补正";对于存在重大问题的,法院可直接建议评估机构重新制作评估报告,以保护异议人的合法权益。

(3)股权冻结的法律效力

《最高人民法院关于冻结、拍卖上市公司国有股和社会法人股若干问题的规定》没有对股权冻结的效力本身作出明确、具体的规定，在实践中应当如何把握有关行为的合法与非法的界限？股权在本质上是一种财产权，但包含一部分非财产内容。如果对股权冻结的效力按一般有形财产(例如存款)的冻结效力来理解，那么在冻结期内，不仅股权不能转让，股权的法定孳息不能收取或支付，而且股权持有人或所有人行使其他相关权利也将被禁止。否则就是擅自解冻，按照《民事诉讼法》的有关规定，擅自解冻是违法行为，行为人应当承担法律责任。但是，如果不准“解冻”的话，对整个上市公司来说，则可能意味着一场灾难。因为被冻结股权的持有人或所有人往往是上市公司的控股股东，如果禁止他们参加股东大会，禁止他们行使选举公司董事、审批公司经营计划的权利，可能导致上市公司陷入瘫痪，严重损害上市公司及其他投资者的合法权益。

我们认为，就冻结的根本目的而言，在于保障债权人行使对债务人财产权利的追索权。因此，冻结应当仅限于股权的财产内容，而对于股权的非财产内容则无须冻结。只要能够确保股权不被转让或能够防止股权持有人或所有人恶意减损股权价值，冻结的目的就完全能够实现。

(4)人民法院强制执行上市公司国有股权时是否受《公司法》第142条第1款规定的限制

有人认为，《公司法》第142条第1款“发起人持有的本公司股份，自公司成立之日起一年内不得转让。公司公开发行股份前已发行的股份，自公司股票在证券交易所上市交易之日起一年内不得转让”的规定是一项强制性规定，凡符合此规定情形的股份均不得强制执行，法院可以采取保全措施，待期满后再执行。我们认为，《公司法》制定这条规定的目的是防止发起人借设立股份公司之机牟取不正当利益，损害其他股东及社会公共利益，人民法院在强制执行案件中转让发起人股份是为了债权人利益而实施的国家行为，不存在发起人投机牟利的动机。因此，该条规定应理解为只适用于当事人自主协议转让行为，人民法院的强制执行行为应不受限制。

因此，在人民法院作出有关发起人股份转让的裁定之后，该笔股权的过户手续也应可以即时办理。同时，为了防止发起人故意规避《公司法》该条规定而人为制造被诉，以借人民法院之手提前转让其持有的上市公司发起人股份，应当规定只有在作为被执行人的发起人其他财产不足以抵偿其所欠申请执行人债务的前提下,才能强制执行该股份。

——江必新主编:《民事执行新制度理解与适用》,人民法院出版社2010年版,第423~425页。

1303

对股票的执行

关键词 | 股票 | 扣押 | 冻结 | 变价 |

【最高人民法院司法解释】

52. 对被执行人在其他股份有限公司中持有的股份凭证(股票),人民法院可以扣押,并强制被执行人按照公司法的有关规定转让,也可以直接采取拍卖、变卖的方式进行处分,或直接将股票抵偿给债权人,用于清偿被执行人的债务。

——《最高人民法院关于人民法院执行工作若干问题的规定(试行)》(1998年7月8日,法释〔1998〕15号)

【链接:最高人民法院法官著述】

一、股票的扣押、冻结

对股票的执行通常也要先予以扣押(冻结),再进行变价。

对股票的扣押、冻结,主要是通过一定方式将股票有效控制并进行公示,股票的表现形式不同,扣押、冻结的程序和方法也不相同。从表现形式上,可以将股票分为实物券式股票和簿记券式股票。实物券式股票,是指由国家证券管理部门指定的印刷机构依一定格式印制的表现为特定纸张载体的股票。传统意义上的股票多表现为实物券式股票。实物券式股票属于"特殊动产",对其执行相对简单,对查找到的实物券式股票,执行法院可作出扣押裁定,直接予以扣押,转移股票的占有,同时向有关股份公司发出协助执行通知书,通知其不得办理被扣押股票的转移手续,不得向被执行人支付股息和红利。

簿记券式股票,则是指由证券发行人依法定统一格式制作,由证券监管部门指定的机构托管,记载股东权益的书面名册。簿记券式股票具有无纸化特征,股份有限公司向社会公开发行的股票一般采簿记券式，以在证券登记结算机构记载股东账户的方式发行股票。目前我国上市公司股票均为电子化的簿记券式股票，上市公司流通股实行双层托管、存管和集中统一的登记体制，即投资者委托证券公司代为保管证券，证券公司再委托中国证券登记结算有限责任公司集中保管其客户的证券，中国证券登记结算有限责任公司对存管的全部证券，直接以投资者名义集中登记。也就是说，在这种保管、登记体制下，投资者持有的实际上仅为股票托管的凭证，而非实际的权利凭证。因此，对该类股票实际上无法进行“实物”扣押，而必须通过有关单位办理登记的方式予以冻结。依据有关法律、司法解释的规定，人民法院冻结时应作出裁定，送达当事人，并应制作协助执行通知书，连同裁定书副本一并送达协助执行人；同时，还应书面通知有关公司，由其将冻结情况在股东名册中进行登记。

正是因为簿记券式股票的冻结需要办理登记手续，因此，执行实践中要特别注意根据不同的股票种类确定协助执行人。依据2008年最高人民法院、最高人民检察院、公安部、中国证券监督管理委员会四部门联合发布的《关于查询、冻结、扣划证券和证券交易结算资金有关问题的通知》第9条第1款的规定，对在证券公司托管证券的冻结，执行法院既可以在托管的证券公司办理冻结登记，也可以在证券登记结算机构办理冻结登记。也就是说，对该类证券的冻结，有关的证券公司和证券登记结算机构均为协助执行人，如果两家法院在不同交易日分别前往两个不同部门办理冻结手续的，时间在先者为有效冻结，时间在后者为轮候冻结。但证券公司毕竟处于结算的前端，为鼓励执行机关尽量到证券公司办理冻结手续，该条还规定，不同执法机关在同一交易日分别在证券公司、证券登记结算机构对同一笔证券办理冻结手续的，证券公司协助办理的为在先冻结。还需要注意的是，因证券登记结算机构处于结算的后端，对其协助执行义务的要求不同于证券公司。依上述通知第10条的规定，证券登记结算机构受理冻结要求后，应当在受理日对应的交收日交收程序完成后根据交收结果协助冻结。证券公司受理冻结要求后，则应当立即停止证券交易，冻结时已经下单但尚未撮合成功的应当采取撤单措施。冻结后，根据成交结果确定的用于交收的应付证券和应付资金可以进行正常交收。同时，证券公司应当根据成交结果计算出同等数额的应收资金或者应收证券交由执法机关冻结或者扣划。

上市公司非流通股的存管体制不同于流通股，因其不能公开上市交易，故不存在托管于证券公司的问题，而是直接存管于证券登记结算机构。因此，对上市公司非流通股冻结时，协助执行人应为证券登记结算机构，而非证券公司。在证券公司成为被执行人的情况下,其自营投资购买的股票也可以作为执行标的物。因证券公司的自营股票均托管在证券登记结算机构,因此,《关于查询、冻结、扣划证券和证券交易结算资金有关问题的通知》第9条第2款规定,冻结证券公司自营股票的,由证券登记结算机构协助办理登记手续。该条第2款还规定,冻结未在证券公司或其他托管机构托管的证券,其协助执行人也应为证券登记结算机构。

对非上市公司簿记券式股票的冻结,应根据其实际由何种机构托管,选择确定相应的协助执行人。此外,《最高人民法院关于冻结、拍卖上市公司国有股和社会法人股若干问题的规定》中对上市公司国有股和社会法人股的冻结方式和程序作出了具体规定,执行实践中对上市公司国有股和社会法人股的冻结,应严格依照该司法解释的规定操作。

二、股票的变价

2012年《民事诉讼法》第247条规定,被执行人逾期不履行的,人民法院应当拍卖被查封、扣押的财产;不适于拍卖或者当事人双方同意不进行拍卖的,人民法院可以委托有关单位变卖或者自行变卖。据此,对扣押、冻结的股票进行变价时,应区分不同情形采取不同的变价方式。

对上市公司的流通股而言,因其在证券交易所公开上市交易,市场机制本身足以确保形成合理的价格,因此,无须经过拍卖程序,而应由相关的证券公司协助执行,通过证券交易所直接予以变卖。对此,《最高人民法院关于冻结、扣划证券交易结算资金有关问题的通知》(法〔2004〕239号)第5条第2款规定,人民法院执行流通证券,可以指令被执行人所在的证券公司营业部在30个交易日内通过证券交易将该证券卖出,并将变卖所得价款直接划付到人民法院指定的账户。执行实践中,为防止大宗流通股的变卖引发恐慌性抛盘,影响股市稳定,可以分次拆细变卖或请求证券交易所协助采取对敲买卖方式进行变卖。

此外,根据《证券法》第86条的规定,通过证券交易所的证券交易,投资者持有或者通过协议、其他安排与他人共同持有一个上市公司已发行的股份达到5%时,应当在该事实发生之日起3日内,向国务院证券监督管理机构、证券交易所作出书面报告,通知该上市公司,并予公告;在上述期限内,不得再行买卖该上市公司的股票。投资者持有或者通过协议、其他安排与他人共同持有一个上市公司已发行的股份达到5%后,其所持该上市公司已发行的股份比例每增加或者减少5%,应当依照前款规定进行报告和公告。在报告期限内和作出报告、公告后二日内,不得再行买卖该上市公司的股票。据此,在对大宗股票进行变卖时,执行法院应注意要求有关当事人按照《证券法》的有关规定进行报告和公告。

对非上市公司股票或上市公司国有股、社会法人股而言,因其没有公开的交易价格,因此,其变价应遵循拍卖优先原则。具体拍卖程序与其他动产、不动产的拍卖程序大致相同。对上市公司国有股、社会法人股的变价,《最高人民法院关于冻结、拍卖上市公司国有股和社会法人股若干问题的规定》作了较为明确、具体的规定。依据该司法解释的规定,被执行人在限期内提供了方便执行的其他财产,应当首先执行其他财产。其他财产不足以清偿债务的,方可执行其持有的国有股或社会法人股。对国有股和社会法人股的变价,必须进行拍卖。执行法院裁定拍卖的,应当于委托拍卖之前将法律文书送达股权持有人或者所有权人并书面通知上市公司,并告知该国有股份持有人 5 日内报主管财政部门备案。拍卖之前,人民法院应当委托具有证券从业资格的资产评估机构对股权价值进行评估。拍卖保留价应当按照评估值确定,第一次拍卖最高应价未达到保留价时,应当继续进行拍卖,每次拍卖的保留价应当不低于前次保留价的 90% 。经三次拍卖仍不能成交时,人民法院应当将所拍卖的股权按第三次拍卖的保留价折价抵偿给债权人。人民法院可以在每次拍卖未成交后主持调解,将所拍卖的股权参照该次拍卖保留价折价抵偿给债权人。拍卖过程中,竞买人已经持有的该上市公司股份数额和其竞买的股份数额累计不得超过该上市公司已经发行股份数额的 30% 。如竞买人累计持有该上市公司股份数额已达到 30% 仍参与竞买的,须依照《证券法》的相关规定办理,在此期间应当中止拍卖程序。拍卖成交后,人民法院应当向证券交易市场和证券登记结算公司出具协助执行通知书,由买受人持拍卖机构出具的成交证明和财政主管部门对股权性质的界定等有关文件,向证券交易市场和证券登记结算公司办理股权变更登记。

——最高人民法院民事诉讼法修改研究小组编著:《〈中华人民共和国民事诉讼法〉修改条文理解与适用》,人民法院出版社 2012 年版,第 552 ~556 页。

1304

企业国有产权的转让必须经过行政审批

关键词 | 国有股权转让 | 行政审批 |

【最高人民法院答复】

天津市高级人民法院：

你院〔2004〕执他字第7号《关于请求协调上市国有法人股股票变更问题的请示》收悉。经研究，答复如下：

关于上市公司国有法人股股权和性质界定的有关事宜，2004年2月1日财政部《企业国有产权转让管理暂行办法》、2001年11月2日财政部《关于上市公司国有股权被人民法院冻结拍卖有关问题的通知》和2000年5月19日财政部《关于股份有限公司国有股权管理工作有关问题的通知》等规范性文件有明确规定。按照上述文件的规定，对企业国有产权的转让必须经过有关机关的行政审批。因此，在没有明文规定的情况下，对企业国有产权的变动，人民法院的执行程序不能替代前述规范性文件要求的行政审批程序。你院请示的问题应按有关规定的要求办理。

——《最高人民法院执行工作办公室〔2005〕执他字第6号函》(2005年6月25日)

1305

上市公司国有股和社会法人股变价必须进行拍卖

关键词｜上市公司｜国有股｜社会法人股｜执行股权｜拍卖｜

【最高人民法院司法解释】

第八条 人民法院执行股权，必须进行拍卖。

——《最高人民法院关于冻结、拍卖上市公司国有股和社会法人股若干问题的规定》(2001年9月21日，法释〔2001〕28号)

【最高人民法院答复】

陕西省高级人民法院：

你院就如何适用《最高人民法院关于冻结、拍卖上市公司国有股和社会法

人股若干问题的规定》第八条第三款的问题向我院请示。经研究,答复如下:

《最高人民法院关于冻结、拍卖上市公司国有股和社会法人股若干问题的规定》第八条第三款明确规定,人民法院执行股权,必须进行拍卖。你院应严格按照该规定执行。

——《最高人民法院执行工作办公室〔2005〕执他字第10号函》(2005年8月23日)

【链接:最高人民法院法官著述】

《最高人民法院关于冻结、拍卖上市公司国有股和社会法人股若干问题的规定》第八条第三款明确规定,人民法院执行股权,必须进行拍卖。从该规定内容看,对上市公司国有股和社会法人股变价,人民法院只能拍卖,不能未经拍卖而直接变卖。该规定是针对股权变价的特殊情况作出的。一方面,相对于动产、不动产而言,股权的价值比较难以评估,不同的评估机构对一股权所作的评估结果往往相差较大。因此,如果不经拍卖程序而直接对股权进行变卖,则变卖价格的公正性、合理性令人质疑,而拍卖最有利于体现财产的真正价值,使执行标的物卖得最高价格。另一方面,为了防止国有资产流失和损害第三人利益。如果允许不经拍卖而直接变卖,会给双方当事人串通故意压低股权价格提供可乘之机,从而造成国有资产流失。如果还有其他债权人,可能会损害其利益。

有关拍卖和变卖的顺序问题,《最高人民法院关于人民法院执行工作若干问题的规定(试行)》第四十八条规定,被执行人申请对人民法院查封的财产自行变卖的,人民法院可以准许;《最高人民法院关于人民法院民事执行中拍卖、变卖财产的规定》第三十四条规定,对查封、扣押、冻结的财产,当事人双方及有关权利人同意变卖的,可以变卖。从上述两条法律规定看,拍卖是原则,但在符合一定条件的情况下也可以直接变卖。如果本案的执行标的物不是上市公司的社会法人股,那么根据上述两条法律规定,陕西高院的第一种意见是正确的,即在双方当事人和有关权利人同意的情况下,可以不经拍卖而直接变卖给长安信息公司或者其他第三人。由于本案的执行标的物是上市公司的社会法人股,而《最高人民法院关于冻结、拍卖上市公司国有股和社会法人股若干问题的规定》是专门针对冻结、拍卖上市公司国有股和社会法人股所作的规定,根据特别法优于普通法的原则,本案应当优先适用《最高人民法院冻结、拍卖上市公司国有股和社会法人股若干问题的规定》第八条的规定。另外,《最高人民法院关于人民法院民事执行中拍卖、变卖财产的规定》第三十三条也明确规定,在执行程序中拍卖上市公司国有股和社会法人股的,适用《最高人民法院关于冻结、拍卖上市公司国有股和社会法人股若干问题的规定》。

——王惠君:《关于陕西省高级法院就〈最高人民法院关于冻结、拍卖上市公司股和社会法人股若干问题的规定〉第八条第三款如何适用问题的请示案》,载最高人民法院执行工作办公室编:《执行工作指导》(总第17辑),人民法院2006年版,第68~69页。

1306

上市公司发起人股份质押合同及红利抵债协议效力

关键词 | 上市公司发起人 | 股份质押 | 红利抵债 |

【最高人民法院答复】

江苏省高级人民法院:

你院《关于上市公司发起人以其持有的法人股在法定不得转让期内设质押担保在可转让时清偿期届满的债权其质押合同效力如何确认等两个问题的请示报告》收悉。经研究,答复如下:

一、关于本案发起人股份质押合同效力的问题,基本同意你院的第二种意见。《公司法》第147条规定对发起人股份转让的期间限制,应当理解为是对股权实际转让的时间的限制,而不是对达成股权转让协议的时间的限制。本案质押的股份不得转让期截止到2002年3月3日,而质押权行使期至2005年9月25日才可开始,在质押权人有权行使质押权时,该质押的股份已经没有转让期间的限制,因此不应以该股份在设定质押时依法尚不得转让为由确认质押合同无效。

二、关于本案中三方当事人达成的以股份所产生的红利抵债的协议(简称三方抵债协议),我们认为:首先,该协议性质上属于三方当事人之间的连环债务的协议抵销关系。在协议抵销的情况下,抵销的条件、标的物、范围,均由当事人自主约定。《合同法》第100条关于双方当事人协议抵销的规定,并不排除本案中三方当事人协议抵销的做法。其次,该协议属于预定抵销合同。根据这种合同,当事人之间将来发生可以抵销的债务时,无须另行作出抵销的意思表示,而当然发生抵销债务的效果。这种协议并不违反法律的强制性规定,应予以认可。本案中吴江工艺织造厂(以下简称织造厂)在中国服装股份有限公司(以下简称服装公司)中的预期红利收益处于不确定状态,符合这种预定抵销合同的特点。

三、关于股份质押协议与三方抵债协议的关系问题,因本案股份质押权的行使附有期限,故质押的效力只能及于质押权行使期到来(即 2005 年 9 月 25 日)之后该股份产生的红利,质押权人中国银行吴江支行(以下简称吴江支行)不能对此前的红利行使质押权。因此,对于织造厂于 2001 年 6 月 9 日从服装公司分得的该期红利,吴江支行不能以股份质押合同有效而对抗服装公司依据三方抵债协议所为的抵销。

四、织造厂在服装公司的红利一旦产生,按照三方抵债协议的约定,服装公司给付织造厂的红利即时自动抵销面料厂对服装公司的债务,不需要实际支付。因此,在宜兴市人民法院向服装公司送达协助执行通知时,被执行人织造厂在服装公司的红利债权已经消灭,不再有可供执行的债权。宜兴市人民法院从服装公司划拨红利的执行是错误的,应予纠正。

——《最高人民法院执行工作办公室关于上市公司发起人股份质押合同及红利抵债协议效力问题请示案的复函》(2004 年 4 月 15 日,〔2002〕执他字第 22 号)

【链接：最高人民法院法官著述】

(一)关于质押合同效力问题

对于在法定不可转让期间内的发起人股份可否质押,我们基本同意江苏高院的第二种意见,即股份质押合同应当认定有效。据了解,关于发起人股份转让问题在最高法院民二庭有肯定和否定两种意见,但在该庭所作(2002)民二终字第 180 号民事判决中,合议庭持肯定意见,合议庭成员王东敏同志在《人民司法》2003 年第 10 期上亦撰文阐述这种肯定观点。其核心内容是《公司法》第 147 条限制发起人股份转让的意思可以理解为是对股权实际转让时间的限制,而不是达成股权转让协议时间的限制。相应地,股份质押也只受实际行使质押权的时间限制,而不必受质押协议签订时间的限制。这样解释并不与《公司法》

存在严重的冲突,反而有利于促进交易的活跃。

(二)关于本案红利抵债协议有效与否的探讨是否以股份质押合同无效为前提

江苏高院的请示认为股份质押合同如果有效,就无须探讨红利抵债协议的效力问题。对此,我们持不同意见,理由如下:

虽然按照《担保法司法解释》第104条,股份的质押及于该股份所产生的红利,但质押权行使受到两层限制:第一,质押股份法定不得转让期的限制;第二,质押债权清偿期的限制。本案中,质押股份法定不得转让的期限为1999年1月到2002年1月,所担保债权的清偿期为2005年9月25日,而争议的分红时间是在2001年6月9日。所以,在织造厂从服装公司本次分红的处理问题上,质押权人吴江中行并无权利干预。织造厂与面料公司及服装公司之间签订的以红利抵债协议,如果是有效的,则吴江中行对于质押权行使期限到来之前的红利抵债无权过问,其质押的效力只能及于质押权行使期到来后产生的红利。

(三)关于红利抵债协议的效力

对此问题,我们同意江苏高院第二种意见的认定,但不同意其理由。

本案中,三方当事人达成的债务清偿协议,性质上当然不是债权转让,也不是自动即时清偿完毕,其实质是三方当事人之间的连环债务的抵销关系。从法理上看,抵销的目的在于节省给付的交换,降低交易成本,免予实际履行,由此直接消灭债的关系。织造厂在服装公司的红利一旦产生,按照三方协议,就即时自动抵销了,不需要实际清偿或者划账的过程,因此也就无所谓红利分配的具体实施时间问题。因此,在宜兴市人民法院要求服装公司协助执行时,织造厂在服装公司的红利债权已经消灭了,不再有可供执行的债权。

江苏高院在第一种意见中提到抵销问题,但似乎认为只有在织造厂与服装公司相互间直接负有对立债务时才可以抵销。我们认为,这一观点是不成立的。在一方行使抵销权(法定抵销)的情况下,必须是当事人双方互相负有债权债务(《合同法》第99条)。但抵销的发生,不仅有法定抵销的情况,还有当事人之间合意(协议)的情况。在合意抵销的情况下,抵销问题由当事人自行协商确定。合意抵销,可以附条件或附期限,抵销的条件、标的物、范围,均由当事人自己约定。双方的债权,也无须为相互的。债务人得约定以自己对于第三人之债权与债权人之债权为抵销,第三人也可以以自己对于债权人之债权为债务人与债权人订立抵销契约(史尚宽:《债法总论》,第871页)。我国《合同法》第100条也对协议抵销作了规定:当事人互负债务,标的物种类、品质不相同的,经双方协商一致，也可以抵销。但这一规定并不表明是协议抵销的全部情况，只是其中的一种情况。

本案当事人之间达成的债务清偿协议，属于预定抵销契约，即约定当事人之间将来发生的债权相互对立时，无须为抵销之意思表示，而当然消灭债务之契约。这种协议并不违反法律，在没有串谋侵害其他人利益的前提下，法院应予以准许。

江苏高院对此问题的第一种意见认为，织造厂将不确定状态的预期收益代面料公司偿还面料公司所欠服装公司的债务，是不允许的。我们认为，这种观点不能成立。该预期收益处于不确定状态，只是说明三方间抵销债务附有条件（即在有红利的情况下），法律上并没有否定当事人之间达成协议中，对于将来关系的处理以特定条件为前提（当然这种条件并非抵债协议本身生效或成立的条件）。

江苏高院关于代为履行的数额不明确，缺乏协议的必备条款，因此债务履行协议不成立的理由也是不成立的。这是因为，三方间已经明确认可其间的"询征函"确定的债务数额，询征函由此构成该债务清偿协议的附件，故该协议的数额是明确的。

——黄金龙：《关于上市公司发起人股份质押合同及红利抵债协议效力两个问题的请示案》，载最高人民法院执行工作办公室编：《强制执行指导与参考》（总第 14 辑），法律出版社 2006 年版，第 61 ~ 63 页。

1307

对股份有限公司发起人股份的执行

关键词 | 股份公司发起人 | 股份执行 |

【最高人民法院答复】

福建省高级人民法院：

你院报我办的〔1998〕闽经初执字第 19 号请示收悉。经研究，答复如下：

同意你院的意见。公司法第 147 条中关于发起人股份在三年内不得转让的规定，是对公司创办者自主转让其股权的限制，其目的是防止发起人借设立公司投机牟利,损害其他股东的利益。人民法院强制执行不存在这一问题。被执行人持有发起人股份的有关公司和部门应当协助人民法院办理转让股份的变更登记手续。为保护债权人的利益,该股份转让的时间应从人民法院向有关单位送达转让股份的裁定书和协助执行通知书之日起算。该股份受让人应当继受发起人的地位,承担发起人的责任。

——《最高人民法院执行工作办公室关于执行股份有限公司发起人股份问题的复函》(2000 年 1 月 10 日,〔2000〕执他字第 1 号)

【链接:最高人民法院法官著述】

从各国公司法的规定看,股份自由转让是各国的通例。但如果对股份转让不作任何限制,也可能会产生股票投机、损害其他股东和债权人的利益、影响公司财产稳定等一系列问题,因此,各国公司法、证券法又大多对股份转让予以必要的限制。比如依据我国《公司法》第 142 条的规定,发起人持有的本公司股份,自公司成立之日起 1 年内不得转让。执行过程中必然会面临这样一个问题:实体法中对股份转让的限制性规定,是否一体适用于强制执行?对此,理论和实践中有两种不同观点,第一种观点认为,对实体法中限制处分的股份,执行中可以冻结,但必须在限制解除后才能进行拍卖。第二种观点则认为,实体法中对股份转让的限制,仅系限制权利人的自由转让,为保护债权人的利益,不能限制在执行程序中进行拍卖。最高人民法院执行工作办公室在 2000 年 1 月给福建高院《关于执行股份有限公司发起人股份问题的复函》中指出,2004 年《公司法》第 147 条中关于发起人股份在 3 年内不得转让的规定,是对公司创办者自主转让其股权的限制,其目的是防止发起人借设立公司投机牟利,损害其他股东的利益。人民法院强制执行不存在这一问题。被执行人持有发起人股份的有关公司和部门应当协助人民法院办理转让股份的变更登记手续。为保护债权人的利益,该股份转让的时间应从人民法院向有关单位送达转让股份的裁定书和协助执行通知书之日起算。该股份受让人应当继受发起人的地位,承担发起人的责任。这一复函显然采纳了上述第二种观点,复函的意见可以作为办理类似案件的参考。

——最高人民法院民事诉讼法修改研究小组编著:《〈中华人民共和国民事诉讼法〉修改条文理解与适用》,人民法院出版社 2012 年版,第 556 页。

1308

对有限责任公司中投资权益的执行

关键词 | 有限责任公司 | 投资权益 | 冻结股权 |

【最高人民法院司法解释】

53. 对被执行人在有限责任公司、其他法人企业中的投资权益或股权，人民法院可以采取冻结措施。

冻结投资权益或股权的，应当通知有关企业不得办理被冻结投资权益或股权的转移手续，不得向被执行人支付股息或红利。被冻结的投资权益或股权，被执行人不得自行转让。

54. 被执行人在其独资开办的法人企业中拥有的投资权益被冻结后，人民法院可以直接裁定予以转让，以转让所得清偿其对申请执行人的债务。

对被执行人在有限责任公司中被冻结的投资权益或股权，人民法院可以依据《中华人民共和国公司法》第三十五条、第三十六条的规定，征得全体股东过半数同意后，予以拍卖、变卖或以其他方式转让。不同意转让的股东，应当购买该转让的投资权益或股权，不购买的，视为同意转让，不影响执行。

人民法院也可允许并监督被执行人自行转让其投资权益或股权，将转让所得收益用于清偿对申请执行人的债务。

——《最高人民法院关于人民法院执行工作若干问题的规定(试行)》(1998 年 7 月 8 日，法释〔1998〕15 号)

【最高人民法院答复】

广东省高级人民法院：

你院 1990 年 7 月 2 日《关于执行深圳市儿童福利中心诉中国农村能源协会一案的情况报告》及 8 月 27 日转来的深圳市中级人民法院《关于能否扣划被执行人的投资款以偿还债务的请示报告》均收悉。经研究，答复如下：

在深圳市儿童福利中心诉中国农村能源协会一案中，被执行人应当是发生法律效力的民事判决中的义务承担人，即中国农村能源协会。强制执行的财产只能是被执行人所有或能够处分的财产。被执行人投资兴办的企业既经注册登记为企业法人,则其投资已成为该企业法人的注册资金,属于该企业法人经营管理的财产,作为投资人的被执行人已无权随意处分。即使可以用投资款偿还投资人的债务,也只能依法转让股权或以所得收益偿还,而不能直接扣划。因此,深圳中院以正大科技贸易总公司是中国农村能源协会投资兴办的为由,扣划正大科技贸易总公司的存款,冻结广东鸿大国际科技中心的账户,用以偿还中国农村能源协会的债务是不妥当的。

此复。

——《最高人民法院关于能否扣划被执行单位投资开办的企业法人的资金偿还被执行单位债务问题的复函》[1991 年 4 月 29 日,法(经)函〔1991〕94 号]

【链接:最高人民法院法官著述】

有限责任公司具有人合性和资合性的特点,强制转让被执行人股权,势必改变公司股东的合作人,可能影响到公司的经营管理,甚至导致公司陷入僵局。因此,在冻结被执行人的股份后,应当优选股权转让方案,兼顾申请人、被执行人、公司、其他股东、受让人等各方当事人的合法权益。

(1)应选择股权内部转让。基于有限公司的人合性,被执行人的股权应优先考虑转让给公司的其他股东。执行中,执行法院应通知公司和其他股东自通知之日起 20 日内认购被执行人股份。有两个以上要求认购的,协商确定各自的购买比例;协商不成的,按照转让时各自的出资比例行使购买权。其他股东也可共同选定其他人(法人或自然人)与被执行人协商股权转让。双方合意转让股份,申请人对转让价格、付款方式、付款期限没有异议的,执行法院应裁定确认转让协议,受让方可以直接将被执行人应履行的金额交付执行法院。受让方在付清执行金额或股权价金后,法院应裁定解除冻结措施;受让人为两人以上的,可逐一解除相应份额的冻结措施。

(2)选择公司回购清偿。公司在经营过程中,可以根据经营宗旨、经营范围的变化减少公司注册资本。在强制执行股权时,如果其他股东不愿购买被执行人股份,又不愿接纳新股东,但公司愿继续保持人合性而减少注册资本,且公司回购被执行人相应股份后注册资本不低于法定最低标准的,公司董事会可以制定回购被执行人股份的减资方案提交临时股东会。经代表 2/3 以上表决权(被执行人相应股份及表决权均不计入)的股东通过后,公司与被执行人签订股份回购协议,申请人对回购价格、付款方式及期限没有异议的，公司购买、注销被执行人的相应股份，办理有关登记手续，将回购资金交付给被执行法院。这样既不损害被执行人、申请执行人的合法权益，降低执行成本，又避免破坏公司的人合性。

（3）选择股权对外转让。自执行法院通知之日起20日内，其他股东不愿购买或其出价不为被执行人接受而内部转让不能，公司也回购不能的，执行法院可主持被执行人与申请人根据公司的财务会计报表，协商确定一个合理转让条件（价格、付款方式、付款期限），再次通知公司及其他股东并给予5～10日的考虑期，公司、其他股东仍不表示购买的，视为放弃该价格条件下的优先购买权，执行法院可给被执行人指定不少于20日的对外转让期限，由被执行人寻找受让人，申请人、执行法院也可代为寻找。被执行人与受让人确定主要转让条件后，须报告执行法院审查。但如果转让条件低于此前对其他股东的通知，其他股东仍有优先购买权，执行法院应再次通知其他股东，自通知送达之日起20日内，其他股东仍不购买的，被执行人相应股份转让给受让人，受让人将价款交付执行法院，执行法院监督公司将被执行人相应股权转移至受让人名下。

（4）选择拍卖变现。出现下列情况时，应将被执行人的股权交付拍卖：①申请人认为被执行人与公司、其他股东的协议转让付款方式过宽或价格过低，又不愿直接抵偿或以更高的价格购买，三方协商不成的；②在执行法院指定的期限内不能达成转让协议的；③被执行人不配合执行的。拍卖条件以整体拍卖、一次给付价金为原则，但如果股权价值巨大，也可分割拍卖或分期付款。

——江必新主编：《民事执行新制度理解与适用》，人民法院出版社2010年版，第423～425页。

1309

股权冻结后不得办理增资扩股工商变更登记

关键词 | 股权冻结 | 增资扩股 | 工商登记 |

【最高人民法院答复】

山东省高级人民法院：

你院〔2013〕鲁执监字第82号《关于济南迅华传媒广告有限公司与威海海

澄水务有限公司股权确认纠纷一案中涉及法律问题的请示》收悉。经研究,答复如下:

原则上同意你院审判委员会意见。在人民法院对股权予以冻结的情况下,公司登记机关不得为公司或其他股东办理增资扩股变更登记。本案在按判决执行股权时,应向利害关系人释明,作为案外人的其他股东可以提出执行异议,对异议裁定不服,可以提起异议之诉,要注意从程序上对案外人给予必要的救济。

——《最高人民法院执行局〔2013〕执他字第12号函》(2013年11月14日)

1310

执行拍卖中对优先购买权的行使

关键词 | 拍卖 | 股权转让 | 优先购买权 |

【链接:最高人民法院法官著述】

关于执行拍卖中能否行使优先购买权的问题。我国司法实践中一直予以认可。2005年1月1日《执行拍卖规定》施行后,就以司法解释的形式明确了执行拍卖中优先购买权可以行使以及优先购买权的实现方式问题。《执行拍卖规定》第十六条规定:"拍卖过程中,有最高应价时,优先购买权人可以表示以该最高价买受,如无更高应价,则拍归优先购买权人;如有更高应价,而优先购买权人不作表示的,则拍归该应价最高的竞买人。顺序相同的多个优先购买权人同时表示买受的,以抽签方式决定买受人。"实践中的具体做法是,当有竞买人在拍卖会上应价后无人加价时,拍卖师询问优先购买权人是否以该应价购买,若优先购买权人愿意购买,则最高应价者不能获得标的,他只有再出一个更高的应价且优先购买权人不按这个更高应价购买,他才可以购得标的。

而对于股权的强制执行问题,2005年修订的公司法第七十三条专门规定了执行程序中转让有限责任公司股权时,其他股东的优先购买权如何行使的问题。该条规定:"人民法院依照法律规定的强制执行程序转让股东的股权时,应当通知公司及全体股东,其他股东在同等条件下有优先购买权。其他股东自人民法院通知之日起满二十日不行使优先购买权的,视为放弃优先购买权。”

拟议中的强制执行法草案稿中规定：“对拍卖的财产有优先购买权人的，执行法院应当于拍卖日三日前通知其到场。拍卖时，应当依法保护优先购买权人的优先购买权。多个优先购权人同时表示接受的，采取抽签方式决定拍定人。优先购买权人经通知未到场的，视为放弃优先购买权。”

强制执行规定草案第三稿中则在肯定现有规定基础上增加了对拍卖程序中优先购买权保护的具体规定。该规定在拍卖程序中相关条款中规定：“拍卖时，应当依法保护优先购买权人的优先购买权。优先购买权人在场的，于最高出价时，优先购买权人可以表示以此最高价接受，如无更高出价，则拍归优先购买权人，多个优先购买权人同时表示接受的，采取抽签方式决定买受人；如有更高出价，而优先购买权人不为表示的，则拍归最高出价者。优先购买权人经通知未到场的，视为放弃优先购买权。”肯定了《执行拍卖规定》中对执行拍卖中优先购买权实现方式的基本设计。此外，还在拍卖公告中增加规定“拍卖物涉及其他优先权人的权利的，必须一并说明，并要求对拍卖物享有担保物权或者其他优先权的人，在拍卖期日前申报权利”。

可见，我国一贯以来都承认执行程序中也应保护优先购买权的行使。确实，优先购买权是法定权利，无论是当事人的自主交易活动还是法院的强制拍卖程序中，都应当予以保护，不能随意剥夺。

优先购买权制度作为一项特殊的民事法律制度，其存在符合社会整体利益和经济发展的需要。在优先购买权实现方式的设计中，应平衡相关各方的利益关系，以保障稳定的经济关系，维护交易安全和社会主义市场经济秩序。由于目前在立法上留有较大的弹性空间，此项制度在我国目前的司法实践中还存在不少问题，特别是在与其他一些特殊法律关系交汇时，往往成为矛盾的焦点，应妥善处理各方关系，保障各方利益，既保障优先购买权真正发挥其功效，又尽量减少对其他主体利益的减损。鉴于执行拍卖中优先购买权的实现问题涉及执行工作中的重大事项，应引起高度重视。

目前看来，适用现有的法律与司法解释可以解决强制执行拍卖程序中转让有限责任公司股权时，其他股东优先购买权的实现问题。按照现有模式，在执行程序中采取拍卖方式转让有限责任公司股权时，根据公司法第七十三条的规定，最迟应当在拍卖程序开始之前20天通知其他股东，并询问其是否行使优先购买权。按照公司法第七十三条的规定在法定期限内表示行使优先购买权的股东，可以按照《执行拍卖规定》第十六条之规定在拍卖过程中行使优先购买权；而没有按照公司法第七十三条的规定表示行使优先购买权的股东则视为放弃优先购买权,不能按照《执行拍卖规定》在拍卖中行使优先购买权。但需要明确的是,即使其他股东没有事前行使优先购买权,则在拍卖过程中也可以普通竞买人的身份参加竞买,只是不因其股东身份而享有优先购买权。

执行拍卖中,存在优先购买权人、财产转让人以及申请执行人三方的利益冲突,对于优先购买权的保护不能以损害申请执行人的利益为代价。《执行拍卖规定》现有的模式可以保证最大限度地发现所拍卖财产的市场价值,确定优先购买权行使所需要的“同等条件”因素。而在执行拍卖程序中,对优先购买权的保护,其重点应放在保证优先购买权人有知情权,即获得执行拍卖相关事项的通知并有充分合理的时间思考是否选择行使优先购买权这两点上面,而不是尽量降低拍卖标的物的价格。只有如此,方能实现三方利益的平衡。

——潘勇锋:《执行拍卖中优先购买权的实现——以有限责任公司股权拍卖为视角》,载江必新主编、最高人民法院执行局编:《执行工作指导》(总第34辑),人民法院出版社2010年版,第168~170页。

1311

冻结股权只要向相关企业送达法律文书即为有效

关键词 | 冻结股权 | 送达文书 |

【最高人民法院答复】

上海市、安徽省、四川省、陕西省、新疆维吾尔自治区、天津市、北京市、福建省高级人民法院:

近日,联合证券有限责任公司(以下简称联合公司)向我院反映,有多家法院冻结了中国重型汽车集团公司(以下简称重汽公司)所持其公司的股权,冻结股权的数额已超出重汽公司所有的份额,影响了其正常的经营活动,请求本院协调处理。

经查,联合公司反映的情况属实。重汽公司只拥有联合公司8000万股股权,价值9220.8万元人民币,1998年12月至2000年7月,上海二中院、安徽高院、四川眉山中院、陕西西安中院、新疆高院、天津一中院、北京二中院等7家法院在执行以重汽公司为债务人的生效判决过程中，却先后裁定冻结了联合公司的股权共12334万股，超出被执行人拥有的股权份额。按照《最高人民法院关于人民法院执行工作若干问题的规定（试行）》第88条的规定，本案各债权人对执行标的物均无担保物权，应当按照执行法院采取执行措施的先后顺序受偿。在采取执行措施的时间顺序上，各家法院均无争议，依次为上海二中院、安徽高院、四川眉山中院、陕西西安中院、新疆高院、天津一中院、北京二中院。但天津一中院、北京二中院提出，上海二中院和四川眉山中院虽然在先向联合公司送达了冻结股权的相关法律文书，但没有在工商机关办理登记手续，应视其冻结措施无效，不能对抗在后既向联合公司送达了相关法律文书，又在工商机关办理了登记手续的法院所采取的冻结措施。

我们认为，根据《最高人民法院关于人民法院执行工作若干问题的规定（试行）》第53条的规定，人民法院冻结被执行人在有限责任公司、其他法人企业的投资权益或股权的，只要依法向相关有限责任公司、其他法人企业送达了冻结被执行人投资权益或股权的法律文书，即为合法有效。因此，本案中上海二中院、四川眉山中院实施的冻结重汽公司股权的措施是合法有效的。天津一中院、北京二中院关于既向联合公司送达冻结股权的法律文书，又到工商管理机关进行登记才发生冻结效力的主张，并无法律规定，故不能否定上海二中院、四川眉山中院冻结股权的效力。天津一中院、北京二中院冻结股权的措施，实际上是在重汽公司已无股权可供执行的情况下进行的，当属无效，应当解除。两院可依法执行被执行人的其他财产。

此外，厦门中院关于重汽公司不承担有关民事责任的判决已经发生法律效力，应当解除该院在审判过程中对重汽公司股权冻结的保全措施。接此函后，请天津、北京、福建省高级人民法院监督所辖相关法院立即解除对重汽公司的股权冻结措施，以保证本案执行工作的顺利进行。

——《最高人民法院执行工作办公室关于中国重型汽车集团公司股权执行案的复函》（2001年4月13日，〔2001〕执协字第16号）

【链接：最高人民法院法官著述】

本案争议的焦点问题是，执行法院在查封、冻结股权时，既向企业送达，又向工商管理机关送达，是否享有效力优先的原则。我们认为，虽然既向企业送达协助执行通知书，又到工商管理机关进行登记，客观上看，其查封、冻结手续显得更为规范,但现行法律对此无硬性规定,因此,我们认为,只要执行法院依照我院《关于人民法院执行工作若干问题的规定(试行)》第53条的规定,执行法院向相关企业送达了实施冻结、查封的协助执行通知书,即为合法有效。而天津一中院、北京二中院在明知股权已被其他法院冻结查封,已无股权可供执行的情况下,继续实施冻结查封行为,应认定属重复查封,依法无效。而厦门市中院径直去工商管理机关进行冻结、查封登记,却并未向相关企业送达协助执行通知书,其执行行为与现行法律规定不符,也应认定无效。

——张小林:《中国重型汽车集团公司所持联合证券有限责任公司股权冻结与执行案》,载最高人民法院执行工作办公室编:《强制执行指导与参考》(总第1辑),法律出版社2002年版,第211~213页。

1312

对中外合资、合作企业中投资权益的执行

关键词 | 中外合资、合作企业 | 投资权益 | 股权 |

【最高人民法院司法解释】

55. 对被执行人在中外合资、合作经营企业中的投资权益或股权,在征得合资或合作他方的同意和对外经济贸易主管机关的批准后,可以对冻结的投资权益或股权予以转让。

如果被执行人除在中外合资、合作企业中的股权以外别无其他财产可供执行,其他股东又不同意转让的,可以直接强制转让被执行人的股权,但应当保护合资他方的优先购买权。

——《最高人民法院关于人民法院执行工作若干问题的规定(试行)》(1998年7月8日,法释〔1998〕15号)

【最高人民法院答复】

宁夏回族自治区高级人民法院:

你院〔1998〕宁法执字第05号《关于中外合资企业外商股份能否执行即如

何办理转股手续的请示报告》收悉，经研究答复如下：

根据我院《关于人民法院执行工作若干问题的规定（试行）》第五十五条规定，中外合资企业的外商股份可以作为执行标的，依法转让。你院将被执行人香港太嘉勋发有限公司在天津温泉大酒店有限公司中的30%股份执行转让给申请执行人中国包装进出口宁夏公司，并无不当，应依据有关规定办结相关手续，其中需要天津市对外经济贸易委员会协助执行的事宜，你院应主动联系，请其按你院协助执行通知书依法处理。

此复。

——《最高人民法院关于对中外合资企业股份执行问题的复函》（1998年8月26日，〔1998〕执他字第1号）

湖南省高级人民法院：

你院湘高法经〔1992〕1号请示报告收悉。经研究，答复如下：

鉴于被执行人于1990年12月31日与浙江省绍兴县轻工业公司、美国桦品企业有限公司合资成立浙江钻石制衣厂有限公司，业经注册登记，该公司领取了中华人民共和国企业法人营业执照，具有法人资格，故不宜直接执行该公司的财产。为有利于改革开放，可将被执行人绍兴县第二衬衫厂在合资企业中享有的部分股权（相当于应当偿还的债务），在征得合资对方同意后予以转让，转让时合资对方享有优先受让权；合资对方不同意转让股权的，可分期分批执行被执行人从合资企业分得的红利及其他收益。必要时可以裁定采取保全措施，限制被执行人支取到期应得的部分或全部收益，同时通知（附裁定书副本）有关单位协助执行。

此复。

——《最高人民法院关于被执行人以其全部资产作股本与外方成立合资企业的应当如何执行问题的复函》（1992年9月7日，法函〔1992〕114号）

1313

对购买股权所拖欠的余款不可以裁定强制执行

关键词 | 股权转让款 |

【链接：最高人民法院法官著述】

问题：某法院在执行案件中，变卖了一被执行企业的股权。购买者支付了部分款后，以暂无钱为由拖欠，经多次催收无果。是否可以裁定强制执行？

《人民司法》研究组认为：最高人民法院《执行规定》第49条第1款规定："拍卖、变卖被执行人的财产成交后，必须即时钱物两清。"这1款规定了收取转让价款钱物两清的原则。但在实践中情况往往较为复杂，重要的是保证及时收取价款，保护执行债权人的利益。本案的买受人只交付了部分价款，以无支付能力为由拒付余款，违反前述规定，应当再行变卖，但由原买受人承担两次拍卖、变卖之间多发生的费用以及可能存在的减价损失。执行中拍卖、变卖的买受人虽是在强制执行中受让财产，但其不能支付余款的行为尚不能引起被强制执行的后果，对债权人只能通过执行法院再行组织的拍卖、变卖活动予以救济。

——《人民司法》2003年第1期

1314

涉外股权质押未经登记在执行中不享有优先受偿权

关键词 | 涉外股权质押 | 优先受偿权 |

【最高人民法院答复】

江苏省高级人民法院：

你院〔2002〕苏执监字第114号报告收悉，经研究，答复如下：

同意你院审判委员会第一种意见。(香港)越信隆财务有限公司(以下简称越信隆)与香港千帆投资有限公司(以下简称香港千帆)于1995年7月13日签订的《抵押契约》所涉及的质押物，是香港千帆在南京千帆房地产开发有限公司(以下简称南京千帆)持有的65%股权。虽然我国法律对涉外动产物权的法律适用没有明确的规定，但根据《民法通则》第142条第3款规定的精神，本案可参照世界各国目前普遍采用的物之所在地法原则。因南京千帆系在中华人民共和国注册成立的有限责任公司，故该公司股权的质押是否有效，应根据中华人民共和国的法律法规来认定。上述《抵押契约》订立时，《中华人民共和国担保法》已经在全国人大常委会通过并颁布，且于 1995 年 10 月 1 日实施。《担保法》实施后，越信隆应当按照该法第 78 条第 3 款的规定，将香港千帆在南京千帆持有的 65% 股权在内地办理股份出质记载手续，但越信隆未办理股份出质登记。因此，其抵押权不具有对抗第三人的效力。鉴于香港千帆所持南京千帆 65% 股权已经南京有关行政主管部门批准转让，非经法定程序不得撤销。

——《最高人民法院关于涉外股权质押未经登记在执行中质押权人是否享有优先受偿权问题的复函》（2003 年 10 月 9 日，〔2003〕执他字第 6 号）

1315

行政托管不影响执行行为

关键词｜行政托管｜执行行为｜

【最高人民法院答复】

四川省高级人民法院：

你院〔2006〕川执请字第 8 号有关适用问题的请示收悉，经研究，答复如下：

行政托管是国家证券监督管理部门对于严重违法违规经营，危害证券市场稳定，损害投资者和债权人合法权益的证券公司所采取的一种行政措施，是一种行政管理行为。国家证券监督管理部门对托管人、被托管人、托管事项等相关问题所作出的《托管公告》是行政管理行为的一部分。行政托管决定及《托管公告》发布，都属于行政管理的范畴。人民法院依法实施的执行行为，不论该执行行为是在《托管公告》发布之前或之后实施的，均不受其影响。

——《最高人民法院执行工作办公室〔2006〕执他字第 19 号函》（2007 年 2 月 6 日）

【链接：最高人民法院法官著述】

行政托管是国家证券监督管理部门对于严重违法违规经营，危害证券市场稳定，损害投资者和债权人合法权益的证券公司所采取的一种行政处理措施，是一种行政管理行为。国家证券监督管理部门对托管人、被托管人、托管事项等相关问题所作出的公告为《托管公告》,《托管公告》是行政管理行为的一部分。行政托管及《托管公告》的发布,都属于行政管理的范畴,会对管理相对人的权利义务产生影响。但不会对人民法院的执行行为产生影响。目前我国还没有关于行政托管的启动直接与人民法院联动的相关机制和规定,如果要对人民法院的立案、受理、执行产生影响,就必须由证券监督管理部门向人民法院提出请求,经人民法院审查同意,并向全国法院或相关法院发出"三暂缓"密传通知,对特定主体为被告的案件在立案、审理、执行三个方面进行暂缓。虽然这一做法也产生了很大的争论,一些人认为这样做违背了市场经济的原则,也违背了公平原则,但这是目前的通行做法。因此,在没有收到人民法院的"三暂缓"通知之前,证券监督管理部门发布的"托管公告"并不能影响法院的执行,也不论执行行为是在《托管公告》发布之前或之后实施的,均不受影响。

——刘立新:《关于成都铁路局申请执行中关村证券股份有限公司侵权纠纷请示案》,载最高人民法院执行工作办公室编:《执行工作指导》(总第23辑),人民法院出版社2008年版,第48页。

1316

新《民事诉讼法》对存款、债券、股票、基金份额等财产执行和协助执行的规定

关键词 | 执行财产范围 |

【链接:最高人民法院法官著述】

一、查询财产的范围更宽

2007年《民事诉讼法》第218条仅规定了对存款的查询,随着新型财产形式的不断出现,司法实践中执行法院需要查询的财产种类日益增多,但因为缺乏明确的法律规定,有关单位往往以种种借口不予协助。本条规定明确将执行法院可以查询的财产范围扩大到包括(但不限于)存款、债券、股票、基金份额在内的财产,从而为执行法院查询财产提供了直接、明确的法律依据。根据本条及2012年《民事诉讼法》第114的规定,执行法院向有关单位查询被执行人财产情

况时，有关单位拒不协助的，执行法院可以依法予以处罚。

二、协助执行的主体范围更大

本条将查询财产的范围由存款扩大到债券、股票、基金份额等财产，与此相应，将有义务协助查询、扣押、冻结、划拨、变价财产的单位从原条文中规定的“银行、信用合作社和其他有储蓄业务的单位”，扩大到不特定的“有关单位”。更为重要的是，本条对不特定的“有关单位”协助查询、扣押、冻结、划拨、变价财产作出了直接规定，从法律层面强化了有关单位的协助执行义务，减少了协助执行的法律障碍，从而可以有效遏制协助执行人难求的问题，更有利于被执行人财产的查找、控制和变现，更有利于提高执行的实效，更有利于实现申请执行人的债权。司法实践中，执行法院只要根据本条规定认定某单位具有协助查询、扣押、冻结、划拨和变价财产的义务，即可依法要求其协助执行，有关单位拒不协助执行的，可依法予以罚款、拘留或追究其刑事责任。2012 年《民事诉讼法》第 114 条第 1 款第（2）项除在主体方面修改为不特定的“有关单位”外，还相应增加了“扣押”及“变价财产”的规定，从而与本条修改遥相呼应。

三、执行措施更多

本条修改前规定的是对存款的执行，因此，执行措施也主要限于冻结和划拨。修改后的条文将执行财产的范围扩大到了债券、股票、基金份额等，因此，执行措施自然不能再局限于冻结和划拨，而应相应地扩大到扣押、冻结、划拨、变价等。

四、执行的限制：价值相当原则

根据本条规定，人民法院查询、扣押、冻结、划拨、变价的财产不得超出被执行人应当履行义务的范围。也就是说，执行法院在对被执行人的财产采取执行措施时，应遵循价值相当原则，采取执行措施的财产价值应当与被执行人应履行义务的价值相当。强制执行旨在实现申请执行人的债权，因此，应在实现债权的必要范围内采取执行措施，超过了必要限度，也就失去了正当性的基础。故执行中应遵循价值相当原则，以防止因执行权的不当行使侵害被执行人的合法权益。

另外，对价值相当原则也不能机械理解。本条修改前仅限于对存款的执行，存款的数额是否超出了执行的必要限度，比较容易判断，而本条修改后执行标的已扩大到股票、债券、基金份额等财产，该类财产的价值往往难以判断，在扣押、冻结前先进行评估又会影响对执行标的的及时控制。因此，实践中对欲控制的标的价值只能作粗略估算，实际上很难做到价值完全相当。正是基于这种考虑，《最高人民法院关于人民法院民事执行中查封、扣押、冻结财产的规定》第 21 条第1款规定:“查封、扣押、冻结被执行人的财产,以其价额足以清偿法律文书确定的债权额及执行费用为限,不得明显超标的额查封、扣押、冻结。”“不得明显超标的额”即表明只要查封、扣押的财产未显著、大幅超出被执行人应当履行义务的责任范围的,均应认定为符合价值相当原则的。当然,如果被执行人认为查封、扣押的财产明显超出执行标的额的,可以提出执行异议和复议,以资救济。还应当注意的是,在一些例外情形下,即使查封、扣押、冻结的财产明显超出了被执行人应当履行义务的范围,也不应认定为违法,比如,执行标的为不可分物且被执行人无其他可供执行的财产或者其他财产不足以清偿债务的,人民法院可以对其整体采取执行措施。

此外,根据本条规定,人民法院决定扣押、冻结、划拨、变价财产的,应当作出裁定,并发出协助执行通知书,有关单位必须办理。执行实践中,如果人民法院提供的手续不全,比如未向有关单位提供裁定或未发出协助执行通知书的,有关单位可以拒绝协助执行。反之,如果协助执行的手续完备,有关单位必须办理。否则,人民法院可以根据2012年《民事诉讼法》第114条的规定对其予以处罚。

——最高人民法院民事诉讼法修改研究小组编著:《〈中华人民共和国民事诉讼法〉修改条文理解与适用》,人民法院出版社2012年版,第549~552页。

编者说明

2007年《民事诉讼法》第218条仅对银行、信用合作社和其他有储蓄业务的单位协助查询、冻结、划拨存款的义务作了正面、直接的规定。2012年《民事诉讼法》第114条虽然对拒绝协助调查、执行的单位规定可以进行处罚,并可据此推论出不特定的单位具有协助执行的义务,但这一规定毕竟是一种间接规定。司法实践中,究竟哪些单位有法定的协助执行义务、在何种情况下应当协助执行等,难免存在分歧。一些本来有义务协助法院执行的单位,往往以缺乏法律明确规定为借口,拒不协助法院采取相应的执行措施,从而导致许多案件无法执行。从立法上扩大协助执行单位的范围,明确规定有关单位的协助执行义务,已成为当务之急。

随着我国市场经济特别是证券市场的发展,诸如股票、债券、基金份额等新型财产形式不断出现,这些新型的财产或财产权利完全符合强制执行法上责任财产的特点,可以作为强制执行的标的。目前,我国证券市场上发行和流通的资本证券主要包括股票、债券和证券投资基金券等,在对股票、债券或基金份额的执行中,往往需要有关证券公司、证券登记结算公司等部门协助查询、办理过户登记手续,依据《证券登记结算管理办法》第14条的规定,对与证券登记结算业务有关的数据和资料,人民法院依照法定条件和程序进行查询和取证的,证券登记结算机构应当依法办理。依据最高人民法院等四部门联合发布的《关于查询、冻结、扣划证券和证券交易结算资金有关问题的通知》的规定，人民法院可以依法向证券登记结算机构和证券公司查询证券公司或客户的证券账户等数据和资料。但2007年《民事诉讼法》对该类财产如何查询、如何执行等未作明确规定，导致实践中相关案件的执行存在一定障碍。鉴于司法实践中股票、债券、基金份额等财产作为执行标的的情形越来越多，因此，有必要在存款之外，专门增加对债券、股票、基金份额等财产执行的规定。

基于上述考虑，2012年《民事诉讼法》第242条主要作了以下几个方面的修改：(1)将查询财产的范围由存款扩大到债券、股票、基金份额等财产。(2)将有义务协助查询、扣押、冻结、划拨、变价财产的单位从原条文中规定的“银行、信用合作社和其他有储蓄业务的单位”，扩大到“有关单位”。(3)与扩大执行财产的范围相适应，在执行措施中增加了扣押和变价，将原条文规定的“人民法院有权冻结、划拨被执行人的存款”，修改为“人民法院有权根据不同情形扣押、冻结、划拨、变价被执行人的财产。”①

1317

对知识产权的执行

关键词 | 知识产权 | 拍卖 | 变卖 | 协助执行 |

【最高人民法院司法解释】

50. 被执行人不履行生效法律文书确定的义务，人民法院有权裁定禁止被执行人转让其专利权、注册商标专用权、著作权(财产权部分)等知识产权。上述权利有登记主管部门的，应当同时向有关部门发出协助执行通知书，要求其不得办理财产权转移手续，必要时可以责令被执行人将产权或使用权证照交人民法院保存。

对前款财产权，可以采取拍卖、变卖等执行措施。

——《最高人民法院关于人民法院执行工作若干问题的规定(试行)》(1998年7月8日，法释〔1998〕15号)

【最高人民法院司法政策】

11. 健全知识产权案件执行制度。建立知识产权案件归口执行制度，受理知

① 最高人民法院民事诉讼法修改研究小组编著：《〈中华人民共和国民事诉讼法〉修改条文理解与适用》，人民法院出版社2012年版，第548～549页。

识产权案件较多的法院,应在执行部门中指定专门合议庭或者小组负责;被执行人拒不履行停止侵权的生效裁判内容继续其原侵权行为的,除权利人可依法追究其民事责任以外,法院应当依法协调公安、检察机关以拒不执行判决、裁定罪追究其刑事责任。

——《最高人民法院关于全面加强知识产权审判工作为建设创新型国家提供司法保障的意见》(2007 年 1 月 11 日,法发〔2007〕1 号)

1318

对注册商标的财产保全和执行

关键词 | 注册商标专用权 | 财产保全 | 执行 |

【最高人民法院司法解释】

第一条 人民法院根据民事诉讼法有关规定采取财产保全措施时,需要对注册商标权进行保全的,应当向国家工商行政管理局商标局(以下简称商标局)发出协助执行通知书,载明要求商标局协助保全的注册商标的名称、注册人、注册证号码、保全期限以及协助执行保全的内容,包括禁止转让、注销注册商标、变更注册事项和办理商标权质押登记等事项。

第二条 对注册商标权保全的期限一次不得超过六个月,自商标局收到协助执行通知书之日起计算。如果仍然需要对该注册商标权继续采取保全措施的,人民法院应当在保全期限届满前向商标局重新发出协助执行通知书,要求继续保全。否则,视为自动解除对该注册商标权的财产保全。

第三条 人民法院对已经进行保全的注册商标权,不得重复进行保全。

——《最高人民法院关于人民法院对注册商标权进行财产保全的解释》(2001 年 1 月 2 日,法释〔2001〕1 号)

【最高人民法院答复】

国家工商行政管理总局商标局:

你局商标变〔2001〕66 号来函收悉。经研究,对该函中所提出的问题答复如下:

一、关于不同法院在同一天对同一注册商标进行保全的协助执行问题

根据民事诉讼法和我院有关司法解释的规定，你局在同一天内接到两份以上对同一注册商标进行保全的协助执行通知书时，应当按照收到文书的先后顺序，协助执行在先收到的协助执行通知书；同时收到文书无法确认先后顺序时，可以告知有关法院按照《最高人民法院关于人民法院执行工作若干问题的规定（试行）》第125条关于“两个或两个以上人民法院在执行相关案件中发生争议的，应当协商解决。协商不成的，逐级报请上级法院，直至报请共同的上级法院协调处理”的规定进行协商以及报请协调处理。在有关法院协商以及报请协调处理期间，你局可以暂不办理协助执行事宜。

二、关于你局在依据法院的生效判决办理权利人变更手续过程中，另一法院要求协助保全注册商标的协助执行问题

《最高人民法院关于人民法院执行工作若干问题的规定（试行）》第88条第1款规定，各债权人对执行标的物均无担保物权的，按照执行法院采取执行措施的先后顺序受偿。根据这一规定，对于某一法院依据已经发生法律效力的裁判文书要求你局协助办理注册商标专用权权利人变更等手续后，另一法院对同一注册商标以保全原商标专用权人财产的名义再行保全，又无权利质押情形的，同意你局来函中提出的处理意见，即协助执行在先采取执行措施法院的裁判文书，并将协助执行的情况告知在后采取保全措施的法院。

三、关于法院已经保全注册商标后，另一法院宣告其注册人进入破产程序并要求你局再行协助保全该注册商标的问题

根据《中华人民共和国企业破产法（试行）》第11条的规定，人民法院受理破产案件后。对债务人财产的其他民事执行程序必须中止。人民法院应当按照这一规定办理相关案件。在具体处理问题上，你局可以告知审理破产案件的法院有关注册商标已被保全的情况，由该法院通知在先采取保全措施的法院自行解除保全措施。你局收到有关解除财产保全措施的通知后，应立即协助执行审理破产案件法院的裁定。你局也可以告知在先采取保全措施的法院有关商标注册人进入破产程序的情况，由其自行决定解除保全措施。

四、关于法院裁决将注册商标作为标的执行时应否适用商标法实施细则第二十一条规定的问题

根据商标法实施细则第二十一条的规定，“转让注册商标专用权的，商标注册人对其在同一种类或者类似商品上注册的相同或者近似的商标，必须一并办理。”法院在执行注册商标专用权的过程中，应当根据上述规定的原则，对注册

商标及相同或者类似商品上相同和近似的商标一并进行评估、拍卖、变卖等,并在采取执行措施时,裁定将相同或近似注册商标一并予以执行。商标局在接到法院有关转让注册商标的裁定时,如发现无上述内容,可以告知执行法院,由执行法院补充裁定后再协助执行。

来函中所涉及的具体案件,可按照上述意见处理。

此复。

——《最高人民法院关于对注册商标专用权进行财产保全和执行等问题的复函》(2002 年 1 月 9 日,〔2001〕民三函字第 3 号)

1319

对专利权的财产保全和执行

关键词 | 专利权 | 财产保全 | 执行 |

【最高人民法院司法解释】

第十三条 人民法院对专利权进行财产保全,应当向国务院专利行政部门发出协助执行通知书,载明要求协助执行的事项,以及对专利权保全的期限,并附人民法院作出的裁定书。

对专利权保全的期限一次不得超过六个月,自国务院专利行政部门收到协助执行通知书之日起计算。如果仍然需要对该专利权继续采取保全措施的,人民法院应当在保全期限届满前向国务院专利行政部门另行送达继续保全的协助执行通知书。保全期限届满前未送达的,视为自动解除对该专利权的财产保全。

人民法院对出质的专利权可以采取财产保全措施,质权人的优先受偿权不受保全措施的影响;专利权人与被许可人已经签订的独占实施许可合同,不影响人民法院对该专利权进行财产保全。

人民法院对已经进行保全的专利权,不得重复进行保全。

——《最高人民法院关于审理专利纠纷案件适用法律问题的若干规定》(2001 年 6 月 22 日,法释〔2001〕21 号,2015 年 1 月 19 日第二次修正)

【最高人民法院答复】

国家知识产权局:

贵局《关于征求对协助执行专利申请权财产保全裁定的意见的函》收悉。经研究,对有关问题答复如下:

一、专利申请权属于专利申请人的一项财产权利,可以作为人民法院财产保全的对象。人民法院根据《民事诉讼法》有关规定采取财产保全措施时,需要对专利申请权进行保全的,应当向国家知识产权局发出协助执行通知书,载明要求保全的专利申请的名称、申请人、申请号、保全期限以及协助执行保全的内容,包括禁止变更著录事项、中止审批程序等,并附人民法院作出的财产保全民事裁定书。

二、对专利申请权的保全期限一次不得超过6个月,自国家知识产权局收到协助执行通知书之日起计算。如果期限届满仍然需要对该专利申请权继续采取保全措施的,人民法院应当在保全期限届满前向国家知识产权局重新发出协助执行通知书,要求继续保全。否则,视为自动解除对该专利申请权的财产保全。

三、贵局收到人民法院发出的对专利申请权采取财产保全措施的协助执行通知书后,应当确保在财产保全期间专利申请权的法律状态不发生改变。因此,应当中止被保全的专利申请的有关程序。同意贵局提出的比照《专利法实施细则》第八十七条的规定处理的意见。

以上意见供参考。

——《最高人民法院对国家知识产权局〈关于征求对协助执行专利申请权财产保全裁定的意见的函〉的答复意见》(2001年10月25日,〔2000〕民三函字第1号)

1320

对被执行人未到期债权的执行

关键词 | 被执行人 | 未到期债权 | 执行 |

【最高人民法院司法政策】

13. 依法保全被执行人的未到期债权。对被执行人的未到期债权,执行法院可以依法冻结,待债权到期后参照到期债权予以执行。第三人仅以该债务未到期为由提出异议的,不影响对该债权的保全。

——《最高人民法院关于依法制裁规避执行行为的若干意见》(2011 年 5 月 27 日,法〔2011〕195 号)

【链接:最高人民法院法官著述】

如果被执行人有一笔债权,但尚未到履行期限,那么对这笔债权能否执行?债权是被执行人财产的一种,依据债务人的财产是其所负债务的担保之原理,既是财产自可作为执行标的。但未到期债权有其特殊性,由于债权未届清偿期,债权人不能请求债务人提前清偿,除非债务人同意,因此,对未到期债权的执行必须依其性质进行。人民法院可以依申请执行人或被执行人的申请,对被执行人的未到期债权采取冻结措施,以控制该债权。在具体手续上,人民法院应当制作冻结裁定,这一点不同于对到期债权执行时向第三人制发履行通知的做法,因此此时第三人的义务并不是履行对被执行人的债务,而是协助人民法院保全被执行人的这笔债权,因此应当用裁定,该裁定应当送达被执行人和第三人。裁定应当包括下列内容:1. 第三人不得提前或到期时向被执行人履行其对被执行人所负的债务;2. 第三人可以提前或应当在到期时直接向申请执行人履行其对被执行人所负的债务,提前清偿申请执行人不接受的,可以向执行法院提存;3. 第三人对该笔债权有异议的,应当在收到冻结裁定后的 15 日内向执行法院提出;4. 第三人违背上述义务的法律后果。第三人提出异议的,对该异议的审查,适用对到期债权异议的审查。

——王飞鸿:《〈最高人民法院关于人民法院执行工作若干问题的规定(试行)〉第七部分的理解与适用——对被执行人债权的执行》,载最高人民法院执行工作办公室编:《强制执行指导与参考》(总第 2 辑),法律出版社 2003 年版,第 154 ~ 159 页。

1321

对经生效法律文书确认的被执行人到期债权的执行

关键词 | 生效法律文书 | 到期债权 | 执行 |

【最高人民法院司法解释】

第五百零一条 人民法院执行被执行人对他人的到期债权，可以作出冻结债权的裁定，并通知该他人向申请执行人履行。

该他人对到期债权有异议，申请执行人请求对异议部分强制执行的，人民法院不予支持。利害关系人对到期债权有异议的，人民法院应当按照民事诉讼法第二百二十七条规定处理。

对生效法律文书确定的到期债权，该他人予以否认的，人民法院不予支持。

——《最高人民法院关于适用〈中华人民共和国民事诉讼法〉的解释》(2015 年 1 月 30 日，法释〔2015〕5 号)

【最高人民法院司法政策】

12. 依法执行已经生效法律文书确认的被执行人的债权。对于被执行人已经生效法律文书确认的债权，执行法院可以书面通知被执行人在限期内向有管辖权的人民法院申请执行该生效法律文书。限期届满被执行人仍怠于申请执行的，执行法院可以依法强制执行该到期债权。

被执行人已经申请执行的，执行法院可以请求执行该债权的人民法院协助扣留相应的执行款物。

——《最高人民法院关于依法制裁规避执行行为的若干意见》(2011 年 5 月 27 日，法〔2011〕195 号)

【最高人民法院答复】

江苏省高级人民法院：

你院〔1998〕苏法执字第 9 号《关于执行第三人石狮市德辉开发建设有限公司(以下简称德辉公司)有关情况的报告》收悉，经研究，答复如下：

你院在执行江苏省针棉织品进出口(集团)公司(以下简称针棉公司)诉中国天衡国际贸易合作公司(以下简称天衡公司)第四被告融资合同纠纷一案生效判决的过程中,针棉公司以被执行人天衡公司对德辉公司享有到期债权,且经本院(1997)民终字第38号民事判决书确认为由向你院提出申请,请求执行天衡公司的此笔到期债权。你院即依据本院《关于适用〈中华人民共和国民事诉讼法〉若干问题的意见》第300条(以下简称"第300条")的规定,向德辉公司发出《执行通知书》,此后又作出(1998)苏执字第9号民事裁定书裁定德辉公司将应偿还给天衡公司的5359万元人民币直接支付给针棉公司,并查封了德辉公司部分土地及建筑物。对此,德辉公司向你院提出异议向本院申诉,请求本院监督处理。

本院认为,法院判决的债权不适用"第300条"的规定。"第300条"规定的到期债权是指未经法院判决的债权,如果把经法院判决的债权视为"第300条"规定的到期债权去执行,就会使当事人的申请执行权、执行和解权和法院的执行管辖权及执行实话权发生冲突。因此,你院依据"第300条"的规定执行德辉公司的财产属于适用法律错误,应当予以纠正。

本院(1997)民终字第38号民事判决书判决德辉公司应返还天衡公司垫资款及利息等。由于被执行人天衡公司怠于行使该判决书确定的其对德辉公司享有的债权,未向执行法院福建省高级人民法院申请执行,损害了债权人针棉公司的利益,故针棉公司可代位向福建省高级人民法院申请执行天衡公司对德辉公司享有的债权。代位申请执行的标的范围以针棉公司对天衡公司的债权为限,并不得超过天衡公司对德辉公司享有的债权数额。代位申请执行的期限与《中华人民共和国民事诉讼法》第219条规定的申请执行期限一致。

鉴于针棉公司已在法定的期限内向江苏省高级人民法院提出了执行天衡公司对德辉公司的债权的请求,而且江苏省高级人民法院已采取了执行措施,故该案作为特殊情况可视为针棉公司已在法定期限内提出了代位申请执行的请求。请你院将本案有关对德辉公司财产的查封手续移送福建省高级人民法院,由该院依法执行本院(1997)民终字第38号民事判决书,以偿还天衡公司欠付针棉公司的债务。

——《最高人民法院关于石狮德辉开发建设有限公司对江苏省高级人民法院执行异议案的复函》(2000年9月22日,〔2000〕执监字第304号)

【最高人民法院裁判文书】

中投信用担保有限公司与海通证券股份有限公司、海通证券股份有限公司福州广达路证券营业部证券权益纠纷案[最高人民法院(2010)执复字第2号执行裁定书]

裁判要旨:经法院判决(或调解书,以下通称判决)确定的债权,也可以由非判决法院按照《最高人民法院关于适用〈中华人民共和国民事诉讼法〉若干问题的意见》第300条规定的程序执行。因该到期债权已经法院判决确定,故第三人(被执行人的债务人)不能提出债权不存在的异议(否认生效判决的定论)。在其协助有关法院执行后,其对于债务人负有的债务已经消灭,并有权请求不得强制执行。

最高人民法院认为:

1.最高人民法院〔2000〕执监字第304号复函是针对个案的答复,不具有普遍效力。随着民事诉讼法关于执行管辖权的调整,该函中基于执行只能由一审法院管辖的观念,认为经法院判决确定的到期债权不适用《最高人民法院关于适用〈中华人民共和国民事诉讼法〉若干问题的意见》第300条的意见已不再具有合理性。对此问题正确的解释应当是,对法院判决(或调解书,以下通称判决)确定的债权,也可以由非判决法院按照第300条规定的程序执行。因该到期债权已经法院判决确定,故第三人(被执行人的债务人)不能提出债权不存在的异议(否认生效判决的定论)。本案中北京东城法院和上海二中院正是按照上述精神对福建高院(2009)闽民初字第3号民事调解书确定的债权进行执行的。被执行人海通证券无权对生效调解书确定的债权提出异议,不能对抗上海二中院强制扣划行为,其自动按照北京东城法院的通知要求履行,也是合法的。

2.被执行人海通证券营业部、海通证券收到有关法院通知的时间及其协助有关法院执行,是在福建高院向其发出执行通知之前。在其协助有关法院执行后,其因(2009)闽民初字第3号调解书而对于申请执行人中投公司负有的2000万元债务已经消灭,被执行人有权请求福建高院不得再据该调解书强制执行。至于其收到有关法院通知的确切时间,对此结论并无影响。

3.对北京东城法院据以执行的生效判决是否存在错误,以及该院的执行行为,福建高院在本案异议审查中并无进行审查判断的职权。中投公司虽对于北京东城法院执行的案件申请再审,但是否停止执行,应当由再审审查部门和北京东城法院决定,中投公司如对北京东城法院执行有异议,应当向该院提出。在北京东城法院对相关债权已经执行之后，福建高院无权在本案异议审查裁定中否定北京东城法院的执行行为效力。如北京东城法院的执行依据经再审程序撤销，中投公司可寻相关法律途径救济。

——江必新主编、最高人民法院执行局编：《执行工作指导》（总第35辑），人民法院出版社2010年版，第96～97页。

1322

对未经生效法律文书确认的被执行人到期债权的执行程序

关键词｜被执行人｜到期债权｜

【最高人民法院司法政策】

61. 被执行人不能清偿债务，但对本案以外的第三人享有到期债权的，人民法院可以依申请执行人或被执行人的申请，向第三人发出履行到期债务的通知（以下简称履行通知）。履行通知必须直接送达第三人。

履行通知应当包含下列内容：

（1）第三人直接向申请执行人履行其对被执行人所负的债务，不得向被执行人清偿；

（2）第三人应当在收到履行通知后的十五日内向申请执行人履行债务；

（3）第三人对履行到期债权有异议的，应当在收到履行通知后的十五日内向执行法院提出；

（4）第三人违背上述义务的法律后果。

62. 第三人对履行通知的异议一般应当以书面形式提出，口头提出的，执行人员应记入笔录，并由第三人签字或盖章。

63. 第三人在履行通知指定的期间内提出异议的，人民法院不得对第三人强制执行，对提出的异议不进行审查。

64. 第三人提出自己无履行能力或其与申请执行人无直接法律关系，不属于本规定所指的异议。

第三人对债务部分承认、部分有异议的，可以对其承认的部分强制执行。

65. 第三人在履行通知指定的期限内没有提出异议，而又不履行的，执行法院有权裁定对其强制执行。此裁定同时送达第三人和被执行人。

66. 被执行人收到人民法院履行通知后，放弃其对第三人的债权或延缓第三人履行期限的行为无效，人民法院仍可在第三人无异议又不履行的情况下予以强制执行。

67. 第三人收到人民法院要求其履行到期债务的通知后，擅自向被执行人履行，造成已向被执行人履行的财产不能追回的，除在已履行的财产范围内与被执行人承担连带清偿责任外，可以追究其妨害执行的责任。

68. 在对第三人作出强制执行裁定后，第三人确无财产可供执行的，不得就第三人对他人享有的到期债权强制执行。

69. 第三人按照人民法院履行通知向申请执行人履行了债务或已被强制执行后，人民法院应当出具有关证明。

——《最高人民法院关于人民法院执行工作若干问题的规定（试行）》（1998 年 7 月 8 日，法释〔1998〕15 号）

【最高人民法院答复】

广东省高级人民法院：

你院〔1997〕粤高法执字第 46－2 号《关于汕头市中院执行惠阳市惠达公司欠款一案的情况报告》收悉，经研究答复如下：

根据《最高人民法院关于适用〈中华人民共和国民事诉讼法〉若干问题的意见》第三百条的规定，强制执行到期债权必须以第三人对该债权债务关系没有异议且又在通知规定的期限内不履行为前提条件。本案第三人惠阳市源兴实业有限公司已提出异议，故不应对其强制执行。汕头市中级人民法院在执行程序中裁定由第三人惠阳市源兴实业有限公司将其所得 1080 万元土地款直接退给申请执行人，并以此裁定为执行依据进一步裁定查封、拍卖第三人财产，不符合法律规定。但是，鉴于该案被执行人惠州市大亚湾惠达工贸公司确已支付给第三人 1080 万元。并约定在购置的 16040 平方米土地使用权中占有 53% 的权利，第三人对此并无异议，且协助有关部门办理了有关手续，以及被执行人已名存实亡，对此权益无人主张的实际情况，执行法院可在执行中对相关的土地使用权依法妥处，以保护申请执行人的合法权益；对确属第三人的财产的查封应予解除。

——《最高人民法院执行工作办公室关于被执行人已支付第三人款项后，可否执行第三人的相应财产的函》（1998 年 7 月 23 日，法经〔1998〕299 号）

新疆维吾尔自治区高级人民法院：

大连华益科技发展公司向我院反映：乌鲁木齐市东山区法院在执行该院(1995)东经字第214号民事判决时，根据乌鲁木齐市惠东城市信用社(以下简称信用社)的申请，以(1996)乌东法执字第16号民事裁定由被执行人新疆华龙工程开发有限公司(以下简称华龙公司)的到期债权义务人大连经济技术开发区富华运输公司(以下简称富华公司)向信用社直接履行欠款及利息993736.40元，又根据被执行人华龙公司的申请，以(1997)东执字第37号民事裁定由富华公司的到期债权义务人大连华益科技发展公司(以下简称华益公司)向华龙公司履行义务，并扣划华益公司银行存款8万元。

根据《最高人民法院关于适用〈中华人民共和国民事诉讼法〉若干问题的意见》第三百条规定，信用社申请对被执行人华龙公司到期债权义务人富华公司履行债务符合法律规定，执行法院据以通知富华公司向信用社履行债务正确；被执行人华龙公司再申请执行富华公司的到期债权义务人华益公司履行债务没有法律依据，执行法院据此申请的执行为错误。

现将华益公司的反映材料转去，请你院认真审查，如反映情况属实，立即纠正执行错误，并将查处结果报告我院。

——《最高人民法院执行工作办公室关于适用〈民事诉讼法〉若干问题的意见第三百条问题的函》(1997年5月13日，法经〔1997〕133号)

内蒙古自治区高级人民法院：

北京帝都商贸发展公司向我院反映：赤峰市红山区法院在执行(1996)赤公证字380号公证书中，根据《最高人民法院关于适用〈中华人民共和国民事诉讼法〉若干问题的意见》(以下简称《适用意见》)第三百条的规定，向该公司发出通知书，要求该公司就其所欠被执行人赤峰市第一造纸厂的债务186363.92元本金和利息向申请执行人赤峰市基本建设投资公司履行，同时采取了冻结该公司银行存款的措施。该公司否认通知书中所述的债权债务关系，提出了异议。但赤峰市红山区法院的冻结措施仍未解除。

我们认为：按照我院《适用意见》第三百条的规定向第三人发出履行债务通知后，如第三人就其与被执行人之间的债权债务关系提出了否定的异议，即不应对第三人采取强制执行措施。现将有关材料转你院，请认真核查。如所反映赤峰市红山区法院采取冻结措施的情况属实，应依法纠正。请将处理结果报告我院。

——《最高人民法院执行工作办公室关于第三债务人异议问题的函》(1997年3月4日，法经〔1997〕16号)

【链接：最高人民法院法官著述】

到期债权执行程序中，第三人在法定期限内提出异议后，执行法院能否以第三人向被执行人擅自履行为由裁定第三人对债权人承担给付义务？

问题：成公司申请执行天星公司一案，因天星公司的所有财产已经因另案被其他法院查封，2006 年 4 月 11 日执行法院甲区法院通过查阅被执行人财务账册，发现蓝天公司拖欠天星公司到期债务，当日即向蓝天公司送达了履行到期债务通知书。蓝天公司第二日即向甲区法院提出异议，否认拖欠天星公司债务。执行法院在没有对蓝天公司的异议进行答复的情况下，于 2006 年 4 月 17 日裁定冻结蓝天公司的银行存款。2006 年 10 月 20 日，执行法院以蓝天公司在收到履行到期债务通知书后又于 2006 年 7 月 12 日擅自向被执行人履行债务为由，依据《最高人民法院关于人民法院执行工作若干问题的规定（试行）》（以下简称《执行规定》）第六十七条的规定，裁定蓝天公司对天星公司的债务承担连带清偿责任。蓝天公司不服，以根据《执行规定》第六十三条的规定，执行法院无权对其异议进行实体审查为由向法院提出异议，要求撤销甲区法院的错误裁定。请问：蓝天公司的异议是否成立？

《执行工作指导》研究组认为：被执行人到期债权执行程序是在执行依据没有确定第三人为债务人的情况下，为了减轻当事人的讼累而直接在执行程序中对第三人进行执行的一种制度。由于没有经过开庭审理而径行对第三人执行，为了保障第三人的程序权利和实体权利不受非法侵害，《执行规定》第六十三条规定，第三人只要在 15 日内提出异议，哪怕第三人异议的实体内容是虚假的，执行法院就不能对第三人进行执行，执行法院无权对该异议是否成立进行实体审查。如果债权人认为第三人的异议为虚假，可以通过代位权诉讼程序另案解决。《执行规定》第六十七条规定：“第三人收到人民法院要求其履行到期债务的通知后，擅自向被执行人履行，造成已向被执行人履行的财产不能追回的，除在已履行的财产范围内与被执行人承担连带清偿责任外，可以追究其妨害执行的责任。”该条意思是说，如果第三人在对应履行的到期债务没有按照《执行规定》第六十三条提出异议的情况下违背履行到期债务通知书的要求，擅自向债务人给付的，除债权人承担给付义务外，还应承担妨害执行的责任。该条和第六十三条是递进和补充关系。本案中，在甲区法院向第三人送达到期债务通知书后，蓝天公司就在法定期限内提出了异议，应当说甲区法院作为执行法院就应当无条件地终结到期债权的执行程序，不得对蓝天公司的财产采取强制措施，并且不得对蓝天公司的异议进行查证。然而，甲区法院不但没有及时终结对第三人的到期债权执行程序，违法对第三人的财产采取强制措施，进而行使只有审判法院才能行使的实体审查权力，不经开庭审理就对第三人与债务人之间的债权债务纠纷作出裁决，是违背现行法律规定的，实际上也变相剥夺了蓝天公司的程序权利。综上，蓝天公司的异议成立，甲区法院的错误执行行为应当予以纠正。

——江必新主编、最高人民法院执行工作办公室编：《执行工作指导》（总第28辑），人民法院出版社2009年版，第202～203页。

在《规定》中，设专节规定了对被执行人未经生效法律文书确认的到期债权的执行。根据该节规定，对被执行人未经生效法律文书确认的到期债权的执行应当遵循下列程序：

1. 向第三人发出履行到期债务的通知。向第三人发出履行通知，应当根据申请执行人或被执行人的申请进行，执行法院不得依职权主动为之。申请执行人或被执行人提出申请时，应当向执行法院提交证明该到期债权存在的有关证据。履行通知应当包括下列内容：（1）第三人直接向申请执行人履行其对被执行人所负的债务，不得向被执行人清偿；（2）第三人应当在收到履行通知后的15日内向申请执行人履行债务；（3）第三人对履行到期债权有异议的，应当在收到履行通知后的15日内向执行法院提出；（4）第三人违背上述义务的法律后果。法律后果包括：如果第三人在接到履行通知后，擅自向被执行人清偿的，应当在向被执行人清偿的范围内向申请执行人承担责任；如果第三人在接到履行通知后15日内既不向申请执行人履行债务又不向执行法院提出异议，执行法院可以对其强制执行。有一点必须指出，即履行通知必须直接送达第三人。这主要是因为履行通知的发出对第三人事关重大，必须确保第三人能够收到履行通知，因此为了保护第三人提出异议的权利，法律规定了履行通知送达的特别方式。这里还有另外一个问题需要明确，即执行法院能否对第三人的财产采取保全措施。关于这个问题，最高人民法院法释〔1998〕10号《关于对案外人的财产能否进行保全问题的批复》规定："对于债务人的财产不能满足保全请求，但对案外人有到期债权的，人民法院可以依债权人的申请裁定该案外人不得对债务人清偿。该案外人对其到期债务没有异议并要求偿付的，由人民法院提存财物或价款。但是，人民法院不应对其财产采取保全措施。"当然，如果第三人在法律规定的

15 日内既未向申请执行人履行债务又未向执行法院提出异议，人民法院裁定将第三人追加为被执行人的除外。

2. 对被执行人的异议进行审查。根据《规定》第 63 条的规定，第三人在履行通知指定的期间内提出异议的，人民法院不得对第三人强制执行，对提出的异议不进行审查。这里所说的“对提出的异议不进行审查”，依笔者的理解，是指不进行实质审查，即第三人提出该债权债务关系不存在的，执行法院不能要求第三人提供证据；第三人提供证据，执行法院不能对该证据的真实性进行审查。但是执行法院对第三人的异议进行形式审查还是必要的，审查的内容主要有：提出异议的主体是否适格，提异议的时间是否是在履行通知指定的时间内，提出的异议是否属于《规定》第 64 条规定的非异议的情况等。第三人对债务部分承认、部分有异议的，可以对其承认的部分强制执行。经形式审查，认定第三人提出的异议符合法律规定的，执行法院不得对第三人强制执行。此时，如果申请执行人坚持认为被执行人对第三人享有到期债权的，执行法院应当告知申请执行人对第三人提起代位权诉讼。代位权是指债权人以自己的名义行使债务人权利的权利。申请执行人通过代位权诉讼，以保护自己的合法权益。

3. 相关几个问题的处理。(1) 被执行人放弃其对第三人的债权或延缓第三人履行期限的情况的处理。被执行人的上述行为发生在收到人民法院履行通知后的，依《规定》第 66 条的规定，这种行为无效，人民法院仍可在第三人无异议又不履行的情况下予以强制执行。如果这种行为发生在被执行人收到履行通知之前，则应当通过撤销权诉讼解决。即由申请执行人对被执行人的这种行为提起撤销权之诉，通过诉讼确认这种行为无效，而不在执行程序中直接加以认定。以前，大家对这个问题的认识不尽一致，有些法院在执行案件中也曾在执行程序中直接认定无效。以后应当注意这个问题，坚持审执分立和程序公正原则，不能在执行程序中解决应由审判程序解决的问题。(2) 对到期债权连续执行的限制。依《规定》第 68 条的规定，在对第三人作出强制执行裁定后，第三人确无财产可供执行的，不得就第三人对他人享有的到期债权强制执行。之所以作如此规定，主要考虑是为了防止无限度地往下追，从而造成执行秩序的混乱，以前有过这方面的教训。(3) 在执行中，法院能否裁定以被执行人的到期债权抵债。用被执行人的债权抵债，可以分为两种情况：一种情况是双方当事人自愿用债权抵债；另一种情况是法院裁定用债权抵债。对第一种情况，由于是双方当事人的意思自治，执行法院没有干预的必要。至于第二种情况，我们认为这种做法不妥,存在的主要问题是如何确定“用来抵债的债权”的价格,这是一个很复杂的问题,因为对债的回收是有风险的,基本上取决于债务人的履行能力,而债务人的履行能力很难评估,因此这个问题在执行程序中很难解决,尤其是执行法院不要背上这个负担。

——王飞鸿:《〈最高人民法院关于人民法院执行工作若干问题的规定(试行)〉第七部分的理解与适用——对被执行人债权的执行》,载最高人民法院执行工作办公室编:《强制执行指导与参考》(总第2辑),法律出版社2003年版,第154~159页。

1323

对被执行人债权的执行要根据不同性质区别对待

关键词 | 被执行人 | 债权执行 |

【最高人民法院答复】

内蒙古自治区高级人民法院:

你院〔2000〕内高法执请字第1号关于乌盟电业局物资供应公司、北京华油公司申请执行辽宁省营口华油实业公司、辽宁省营口市油品加工厂联营购销合同纠纷一案的请示报告收悉。经研究,答复如下:

根据执行法院乌兰察布盟中级人民法院补充提供的材料,该案所执行的辽宁营口市华油实业公司(以下简称营口华油)对第三人沈阳龙源石油化工有限公司(以下简称沈阳龙源)的到期债权是经营口仲裁委仲裁确认的,且营口华油已经向营口中院申请执行。乌盟中院在执行前已经与营口中院沟通,故乌盟中院可以直接执行该债权。同样因为该债权已经仲裁确认,第三人沈阳龙源无权对该债权的存在与否提出实质上的异议,因此是否对其事先通知,并不能影响执行结果。沈阳龙源与营口华油之间虽然签订了还款协议,但由于该协议没有明确的还款期限,故可以依法认定营口华油可以随时请求其履行,执行法院可以随时根据营口华油的申请恢复对仲裁调解书的执行。因此执行中已经扣划的款项不应退还给沈阳龙源,但应将执行结果告知营口中院,以便及时扣减营口华油对沈阳龙源的可执行债权的数额。至于有关案外人提出的执行异议,应由执行法院依法审查。

——《最高人民法院关于北京华油石油公司申请执行辽宁营口华油实业公司对第三人沈阳龙源石油化工有限公司到期债权案的复函》(2001 年 6 月 19 日,〔2000〕执他字第 19 号)

1324

继续履行判决的可执行性

关键词 | 继续履行 | 替代履行 |

【最高人民法院司法政策】

司法实践中,许多民事判决的主文仅表述为“合同有效,继续履行”,至于具体的履行内容则语焉不详。该类判决能否执行、如何执行等问题,一直存在分歧。当前,要注意把握以下几点:

第一,该类判决原则上具有执行力。《合同法》第一百零七条规定了继续履行、采取补救措施、赔偿损失等不同的违约责任形式,既然判决中选择了“继续履行”,从维护民事实体法律制度、尊重生效判决以及确保债权实现的角度出发,应承认该类判决具有执行力,当事人据以申请执行的,法院应予受理。

第二,注意准确确定执行内容。关于继续履行合同类判决,有的履行内容比较简单,就是交付一个特定物或者履行一项行为,依通常方式执行即可;有的履行内容则比较复杂,比如合同约定双方合作开发,但合作的具体事宜或未作约定,或各执一词,执行内容较难确定。对此,执行机构可以结合合同条款,在充分听取当事人意见的基础上,确定具体的执行内容;执行内容确实无法确定或当事人双方存在较大分歧的,也可以考虑提请作出判决的审判庭予以解释。

第三,注意与审判程序相衔接。有些继续履行合同的判决隐含着履行条件,判决生效后由于客观情况发生变化,这些履行条件可能会消灭,或者出现难以履行的法律、事实障碍,导致合同确实无法继续履行,执行程序在客观上也无法继续进行。对此类案件,应及时裁定终结执行,并告知当事人另行提起合同解除或者损害赔偿诉讼。

——《全国高级法院执行局长座谈会暨执行指挥中心试点推进会材料》，载最高人民法院执行局编：《执行工作指导》（总第47辑），人民法院出版社2013年版，第10～11页。

【最高人民法院答复】

上海市高级人民法院：

关于上海枫丹丽舍房地产开发有限公司（下称枫丹公司）申请执行本院（2006）民一终字第57号判决确定的继续履行土地使用权转让合同义务一案，经研究并报审判委员会讨论，现提出如下意见：

一、你院在本案执行中未采取法律规定的强制执行措施，（2007）沪高执字第17－3号裁定终结本次执行程序依据的事实与理由不充分，本案应当由你院继续执行。

二、依据判决，本案中上海华夏文化旅游区开发有限公司（下称华夏公司）继续履行合同的具体内容，是使涉案土地达到《城市房地产管理法》规定的过户条件及办理土地使用权的过户手续。你院应当认真核查涉案土地状况，在确保枫丹公司履行相应合同义务的前提下，对已符合《城市房地产管理法》规定过户条件的地块，应直接裁定将土地使用权转移给枫丹公司，并通知土地管理部门协助办理过户手续；对于不具备法定过户条件的地块，应当用足法律规定的各种强制执行措施，促使华夏公司履行使土地达到法定过户条件的义务。

三、如果本案确实存在法律上或事实上的障碍而不能执行，应当努力促成执行和解。如果和解不成，应当告知当事人可以另行提起诉讼。

——《最高人民法院〔2009〕执监字217号函》（2010年4月29日）

【最高人民法院裁判文书】

申峻山、曹志杰诉林锡聪等十一人股权转让纠纷执行案［最高人民法院（2012）执复字第13号执行裁定书］

裁判要旨：只要根据判决认定的事实和理由以及其所确认的合同，能够明确应当继续履行的具体内容，即应认定该继续履行合同的判决给付内容明确，有强制执行效力。

最高人民法院认为：1. 本案申请执行人提出继续履行合同的诉讼请求，生效判决不仅确认合同有效，而且依据《合同法》第一百零七条判决双方继续履行合同。该项内容属于违约责任，当事人不自动履行时，应当通过强制执行程序予以落实。只要根据判决认定的事实和理由以及其所确认的合同，能够明确应当继续履行的具体内容，即应认定该继续履行合同的判决给付内容明确，有强制执行效力。本案双方当事人应当继续履行的内容虽然在生效判决主文中未具体表述，但根据判决认定的事实和理由，以及由生效判决确认应继续履行的《股权及资产转让协议书》，可以查明尚未履行的合同内容为，申峻山、曹志杰付清股权转让的剩余价款，林锡聪等十一人配合完成股权转让的有关手续。该履行的步骤清楚、明确，青海高院据此向双方当事人发出通知，责令双方履行各自的义务，并未扩大林锡聪等十一人应履行义务的范围，或超出判决内容，亦未涉及对当事人责任的重新审查判断，只是将概括表现的内容具体化，并不违反审执分立的原则。青海高院在异议裁定中关于异议人提出的生效法律文书确定“双方当事人继续履行合同的判决结果因无给付内容，执行标的不明确，不能强制执行的理由，不属于执行异议审查范围”的表述不当。但因裁定中实质上已经认定本案判决有执行内容，该不当表述不影响本案实质结论。2. 青海高院《责令履行具体行为通知书》是对林锡聪等十一人发出的，尚未要求工商部门协助办理股权过户手续。在申请执行人将股权转让价款支付到法院后，如果被执行人林锡聪等十一人不能自行完成股权过户手续，青海高院有权采取相应的强制执行措施。金鹰公司股权过户是否需要按照《青海省矿业权转让管理办法》的相关规定办理审批手续及如何具体办理，应当在下一步执行中由青海高院协调处理，申请复议人以此否定青海高院发出的《责令履行具体行为通知书》的理由不能成立。

——中国裁判文书网，http://www.court.gov.cn/zgcpwsw/zxhz/。

1325

完成行为的替代履行问题

关键词｜替代履行｜修复工程｜

【最高人民法院司法解释】

第五百零三条　被执行人不履行生效法律文书确定的行为义务，该义务可由他人完成的，人民法院可以选定代履行人；法律、行政法规对履行该行为义务有资格限制的，应当从有资格的人中选定。必要时，可以通过招标的方式确定代履行人。

申请执行人可以在符合条件的人中推荐代履行人，也可以申请自己代为履行，是否准许，由人民法院决定。

第五百零四条 代履行费用的数额由人民法院根据案件具体情况确定，并由被执行人在指定期限内预先支付。被执行人未预付的，人民法院可以对该费用强制执行。

代履行结束后，被执行人可以查阅、复制费用清单以及主要凭证。

——《最高人民法院关于适用〈中华人民共和国民事诉讼法〉的解释》(2015年1月30日，法释〔2015〕5号)

【最高人民法院裁判文书】

浙江东航建设集团有限公司执行申诉案[最高人民法院(2010)执监字第183号驳回申诉通知书)

浙江东航建设集团有限公司：

你公司不服浙江省高级人民法院(下称浙江高院)〔2010〕浙执复字第12号执行裁定向本院申诉。经研究，最高人民法院认为：

一、你公司认为除案涉工程的标高及层高外，其他工程质量问题有能力进行加固和修复，并就其他工程质量问题提出了修复方案。但慈溪市慈吉教育集团(下称慈吉集团)要求你公司严格遵循设计图纸及施工技术标准全面修复工程，不接受你公司的方案，要求按原设计单位出具的方案修复。你公司也认为根据该方案修复费用太大而没有同意。你公司在执行中未能提出符合原设计要求的修复方案，不能达到判决要求的修复标准，且该修复行为在性质上并非只能由你公司完成。故本案替代履行的条件成就，根据《民事诉讼法》第228条、最高人民法院《执行规定》第60条第2款，可以由有关单位或其他人代替你公司完成修复行为，费用由你公司承担。上述规定并未将申请执行人排除在替代履行的主体之外，本案由申请执行人自行修复不违背公平合理的原则，有利于案件执行，应予准许。

二、你公司承担修复费用与慈吉集团支付工程款均为金钱给付义务，依债务性质可以相互折抵。且折抵之后，有利于降低案件执行成本，浙江高院对此予以折抵并无不当，本院予以维持。修复费用的确定应以替代履行实际发生的费用为准。但从案涉工程原设计单位出具的修复方案和浙江省宁波市中级人民法院对该方案委托鉴定的结果看，修复费用大大超出工程造价。如委托第三方修复，你公司可能承担的费用远高于浙江两级法院执行裁定中要求你公司承担的数额。另外，慈吉集团提出愿意自行修复工程，修复费用以工程造价为限，属慈吉集团处分权利的行为，由此可能出现的风险也由慈吉集团自行承担。且你公司一直未能提出低于工程造价并能全面修复案涉工程质量问题的方案。执行法院在慈吉集团作出让步的基础上，根据公平合理的原则裁定你公司承担的修复费用以工程造价为限，与原设计单位的修复方案所需费用相比，较为公平合理。

综上所述，你公司的申诉请求不能成立，本院予以驳回。

——江必新主编、最高人民法院执行局编：《执行工作指导》（总第37辑），人民法院出版社2012年版，第82～83页。

1326

限制高消费及非生活或者经营必需的有关消费

关键词｜限制高消费｜

【最高人民法院司法解释】

第一条 被执行人未按执行通知书指定的期间履行生效法律文书确定的给付义务的，人民法院可以采取限制消费措施，限制其高消费及非生活或者经营必需的有关消费。

——《最高人民法院关于限制被执行人高消费及有关消费的若干规定》（2015年7月20日，法释〔2010〕17号）

【最高人民法院民事诉讼参考性案例】

魏卓夫申请执行张宝峰、张泽政、李玉明公证债权文书纠纷执行案

2013年9月27日，魏卓夫向北京市朝阳区人民法院申请强制执行。执行法官收案后，即联系被执行人督促其主动履行还款义务，但被执行人拒不履行义务。随后,执行法官依法查封了三名被执行人名下的四套房产与三辆汽车。2013 年 12 月 30 日,执行法官再次电话联系张宝峰督促其履行时,其不但无任何主动履行意愿,且态度蛮横,并对执行法官言语威胁。

2014 年 1 月 9 日,执行法官等 6 名执行干警与多家媒体一起赶到被执行人张宝峰之子张泽政位于北京市朝阳区 900 多平米的房屋进行强制执行。执行现场共有被执行人所雇佣保姆、司机、厨师及房客四人,在执行法官出示证件后,上述人员仍有阻碍执行公务的行为。执行法官在控制住现场秩序后,依法在房屋门口张贴拍卖公告,并向被执行人张宝峰送达传票和限制高消费令,对其乘坐飞机、入住高档酒店等高消费行为依法予以限制。执行过程中,执行法官还当场扣押被执行人所有的宾利车钥匙一把。

次日,张宝峰便主动向执行法官打电话,承认错误并表示积极履行还款义务。2014 年 1 月 22 日,魏卓夫到法院递交了执行和解协议,本案顺利执结。

——《最高人民法院发布五起典型案例》,载《最高人民法院公报》2015 年第 8 期。

【链接:最高人民法院法官著述】

一般来说,消费不仅包括生活消费,也包括经营消费。原《限制高消费规定》中的"高消费行为"本意指超出被执行人及其所扶养家属的生活或者经营必需费用的消费,而对于生活或者经营必需费用,一般由人民法院参照当地最低收入水平和被执行人的情况确定。《限制高消费规定》列举了八种具体的高消费行为,同时设定了兜底条款,即"其他非生活和工作必需的高消费行为"一律应予限制,以防止被执行人财产的不当减少。但实践中出现的问题是,一方面,司法解释列举的限制被执行人进行的高消费行为,侧重于对各种大肆挥霍、奢侈消费行为的限制;另一方面,因不同地区收入水平及被执行人情况的不同致使"高消费"的标准难以统一界定,"高消费"一词容易引起歧义,不便于当事人、执行人员乃至全社会统一理解与把握,导致《限制高消费规定》的限制范围在理解与适用中被缩小。

根据《中华人民共和国民事诉讼法》第二百四十四条第一款的规定:"被执行人未按执行通知履行法律文书确定的义务,人民法院有权查封、扣押、冻结、拍卖、变卖被执行人应当履行义务部分的财产。但应当保留被执行人及其所扶养家属的生活必需品。"据此,除被执行人及其所扶养家属生活必需品以外的财产,人民法院均有权采取执行措施,对被执行人及其所扶养家属生活必需费用以外的消费进行限制,本就是法律的应有之义。作为信用惩戒的重要手段,为了加大惩戒力度，进一步压缩被执行人的生产生活空间，对被执行人一些“非高消费行为”依法也应当予以限制。据此，此次修改首先将《限制高消费规定》的名称修改为《最高人民法院关于限制被执行人高消费及有关消费的若干规定》，从文字表述上破除歧义，明确拓宽限制消费措施的范围。其次，对主文中涉及“高消费”的内容全部作相应修改，在第一条中明确规定，对于未按执行通知书指定的期间履行生效法律文书确定的给付义务的被执行人，人民法院可以采取限制消费措施，限制其高消费以及非生活或者经营必需的一般消费。

明确拓宽限制消费的范围，客观上可以更有效防止被执行人财产不当减少，具有保全债务人财产的作用；主观上可以使债务人感到更为“不便”进而形成巨大的心理压力，促使有履行能力的债务人主动履行生效法律文书确定的义务。需要注意的是，这里的“消费”应取广义的理解，也就是说，除维持被执行人及其所扶养家属基本生活或者被执行人经营必需之外的其他一切可能造成责任财产变化的行为，即使是转换财产形式的行为，包括购买不动产、股权等具有投资性质的行为也可在受限制之列。

——刘贵祥、林莹：《〈最高人民法院关于修改《最高人民法院关于限制被执行人高消费的若干规定》的决定〉的理解与适用》，载江必新、刘贵祥主编，最高人民法院执行局编：《执行工作指导》（总第55辑），国家行政学院出版社2015年版，第52～53页。

编者说明

最高人民法院于2010年出台了《关于限制被执行人高消费的若干规定》（以下简称《限制高消费规定》），明确人民法院可以对被执行人发出限制高消费令，限制其不得乘坐飞机、列车软卧出行，不得在星级以上宾馆酒店住宿，不得旅游、度假等多达九种类型的高消费行为。《限制高消费规定》首次尝试以法律手段对拒不履行法律文书确定义务的被执行人进行信用惩戒，目的就是要通过限制被执行人高消费，迫使其主动履行义务，最大限度保护申请执行人的合法权益，同时有效维护司法尊严与权威。该司法解释实施五年来以来，取得了积极、明显的效果，但随着客观形势的变化，《限制高消费规定》中的部分规定已与客观实际的发展不相适应。比如，原《限制高消费规定》第3条第1款第（1）项对被执行人出行方式的限制中，仅规定禁止乘坐“列车软卧”，没有将高速铁路等其他铁路类型一并纳入限制之列。而近几年，我国高速铁路建设发展迅速，已经成为普通消费者便捷出行的重要选择。原司法解释的规定已与现有铁路运输服务行业的发展以及随之而来的消费水平提高不相适应。客观情况的变化，使原司法解释规定在适用中出现漏洞，失信被执行人被限制购买列车软卧车票后，可立即转购同等价位甚至更高价位的动车、高铁车票出行。在此背景下，有必要对《限制高消费规定》中的部分内容进行及时修改。因此最高人民法院于2015年通过《关于修改〈最高人民法院关于限制被执行人高消费的若干规定〉的决定》(以下简称《决定》),对《限制高消费规定》的名称及全文12条规定进行了修改。

本案三名被执行人生活富足,名下有数套房产,住着价值近6000万的豪宅,拥有宾利、宝马等多辆名车,却欠债不还。在法院立案执行后,被执行人张宝峰仍然态度强硬,拒绝履行,甚至对执行法官言语威胁,抗拒执行,是典型的失信被执行人。本案法院向被执行人发出限制高消费令,禁止被执行人乘坐飞机、列车软卧,限制其贷款或办理信用卡,不得担任企业法定代表人、董事、监事、高级管理人员等,在社会征信系统内对其进行信用惩戒,形成了一处失信处处受制、最大限度压缩其生存空间的执行威慑效应。正是在遭受信用惩戒之后,本案被执行人才主动与申请执行人取得联系并达成执行和解协议。这充分说明,信用惩戒是一种行之有效的执行威慑机制。同时,在本案执行中,通过媒体曝光,如实记录法院强制执行的过程,不仅加深了社会对执行工作的理解,而且震慑了其他的被执行人和债务人,使人们直观地感受到拒不执行行为的严重后果。本案执行的过程说明,媒体除了具有引导形成诚实守信的社会风气、推动社会诚信建设的功能外,还具有助推债务人履行义务从而降低执行成本、提高执行效益的作用。

1327

对失信被执行人应当限制消费措施

关键词|限制高消费|失信被执行人|

【最高人民法院司法解释】

第一条 纳入失信被执行人名单的被执行人,人民法院应当对其采取限制消费措施。

——《最高人民法院关于限制被执行人高消费及有关消费的若干规定》(2015年7月20日,法释〔2010〕17号)

【链接:最高人民法院法官著述】

原《限制高消费规定》第一条规定了限制对象的范围,其内容为:"被执行人未按执行通知书指定的期间履行生效法律文书确定的给付义务的,人民法院可以限制其高消费。"根据《最高人民法院关于公布失信被执行人名单信息的若干规定》(以下简称《失信被执行人名单规定》)第六条的规定,应当对失信被执行人予以各种方式的信用惩戒。目前,人民法院通过与协助执行单位联网以信息化手段限制被执行人高消费已经成为对失信被执行人进行信用惩戒最直接最有效的方式之一。应该说,采取限制消费措施和将被执行人纳入失信被执行人名单是人民法院对具有不同拒不履行情节的被执行人依法可以采取的两种不同制裁手段,二者相互配合、互为补充。对被执行人采取限制消费措施时,不仅应当考虑被执行人的履行能力,还应当考虑被执行人履行义务的态度。失信被执行人拒不履行法律义务的恶意更高,因此,对失信被执行人全面采取限制消费措施,也是限制消费制度的题中应有之义。司法解释修改前,因两个制度未做衔接,实践中可能存在执行法院将被执行人纳入失信被执行人名单,但未对其发出限制高消费令的情况,在此种情况下,限制失信被执行人进行相关消费就缺少法律依据。为解决这一问题,最高人民法院对全国范围内纳入失信被执行人名单的所有被执行人统一发出限制高消费令,联合有关部门对其进行信用惩戒。这一做法取得了很好的社会效果,得到普遍认可。此次修改就是要将执行实践中的有效做法通过司法解释进一步明确。《决定》将《限制高消费规定》第一条增加第二款,规定:“纳入失信被执行人名单的被执行人,人民法院应当对其采取限制消费措施。”禁止失信被执行人实施高消费及有关消费有了明确的法律依据。

需要特别注意的是,违反限制消费令并不是纳入失信被执行人名单的唯一前提条件,只是可以纳入的六种失信情形之一,纳入失信被执行人名单更不是采取限制消费措施的必要前提条件,只要被执行人未按执行通知书指定的期间履行生效法律文书确定的给付义务,人民法院就可以对其采取限制消费措施。但是,对于纳入失信被执行人名单的被执行人,执行法院应当同时对其采取限制消费措施。因为《限制高消费规定》与《失信被执行人名单规定》出台于不同时期,二者存在部分重叠的地方,但并不矛盾,而是互相补充、互相配合、互相推进的关系。此次修改《限制高消费规定》,有利于两个司法解释在适用上的衔接,也有利于堵塞限制消费制度与失信被执行人名单制度适用中可能出现的法律疏漏。

——刘贵祥、林莹:《〈最高人民法院关于修改《最高人民法院关于限制被执行人高消费的若干规定》的决定〉的理解与适用》,载江必新、刘贵祥主编,最高人民法院执行局编:《执行工作指导》(总第 55 辑),国家行政学院出版社 2015 年版,第 53～55 页。

1328

对被执行人采取限制消费措施时取消“以其财产支付费用”的限制条件

关键词｜限制消费｜以其财产支付费用｜

【最高人民法院司法解释】

第三条 被执行人为自然人的，被采取限制消费措施后，不得有以下高消费及非生活和工作必需的消费行为：

（一）乘坐交通工具时，选择飞机、列车软卧、轮船二等以上舱位；

（二）在星级以上宾馆、酒店、夜总会、高尔夫球场等场所进行高消费；

（三）购买不动产或者新建、扩建、高档装修房屋；

（四）租赁高档写字楼、宾馆、公寓等场所办公；

（五）购买非经营必需车辆；

（六）旅游、度假；

（七）子女就读高收费私立学校；

（八）支付高额保费购买保险理财产品；

（九）乘坐G字头动车组列车全部座位、其他动车组列车一等以上座位等其他非生活和工作必需的消费行为。

——《最高人民法院关于限制被执行人高消费及有关消费的若干规定》（2015年7月20日，法释〔2010〕17号）

【链接：最高人民法院法官著述】

原《限制高消费规定》第三条第一款规定：“被执行人为自然人的，被限制高消费后，不得有以下以其财产支付费用的行为。”该规定适用中把握的一项基本原则为被执行人不得“以其财产支付费用”。制度设计初衷是为防止被执行人规避限制高消费令，不论被执行人自己高消费，还是以他人名义高消费，或者他人以被执行人的财产高消费，只要是以被执行人的财产支付费用导致其财产减少的高消费行为，都在禁止之列。但执行实践中，有的法院反映，出现了另一种更为常见的规避方式,即被执行人虽以自己名义消费但难以查证是以其个人财产支付费用,或者虽以自己名义消费但不以自己的财产支付,费用由他人代为支付,事后再予偿还,以此规避前述司法解释的禁止性规定。

目前,最高人民法院与民航、铁路部门联网限制失信被执行人乘坐飞机、列车软卧的措施中对只要以被执行人的名义进行的购票行为一律予以限制,对其生活产生了直接影响,限制与惩戒效果非常显著。许多被执行人通过利益选择,主动履行生效法律文书确定的义务。为将实践经验吸收至司法解释规定之中,防止被执行人规避限制消费规定,《决定》将《限制高消费规定》第三条第一款中自然人被执行人被限制消费后“不得有以下以其财产支付费用的行为”修改为“不得有以下高消费及非生活和工作必需的消费行为”。取消“以其财产支付费用”的限制条件,以被执行人的名义作为限制消费措施的唯一连结点,扩大该款规定的内涵,被执行人既不得以其财产进行消费,也不得以其名义实施高消费行为,可以有效防止前述规避限制消费措施的各种情形。

——刘贵祥、林莹:《〈最高人民法院关于修改《最高人民法院关于限制被执行人高消费的若干规定》的决定〉的理解与适用》,载江必新、刘贵祥主编,最高人民法院执行局编:《执行工作指导》(总第 55 辑),国家行政学院出版社 2015 年版,第 55 页。

1329

增加对被执行人乘坐高铁等动车组列车的限制

关键词 | 限制消费 | 高铁 | 动车 |

【链接:最高人民法院法官著述】

增加限制消费措施的内容,加大执行威慑力度,是此次司法解释修改的核心任务。在出行选择方面,最高人民法院与民航、铁路部门联网限制被执行人乘坐飞机、列车软卧以来,对被执行人生活和工作出行产生了直接影响,使其明显感受到了不履行法律义务所付出的代价,社会舆论反响积极、热烈,普遍呼吁应当继续加大惩戒力度,将高铁等列车类型也纳入失信惩戒的限制之列。

《决定》将《限制高消费规定》第三条第一款第(九)项进行修改,以列举方式将"乘坐G字头动车组列车全部座位、其他动车组列车一等以上座位"纳入限制范围,同时保留原司法解释的兜底条款,明确其他非生活和工作必需的消费行为也在限制之列。其中"动车组列车"的表述为铁路行业对列车类型划分的专业用语,能够涵盖D字头动车、G字头高铁、C字头城际列车等所有高速列车类型。"一等以上座位"中"以上"包括本数,即一等座也在限制之列。本条款的修改是广泛征求、吸收社会各界意见的结果,既能够满足被执行人必需的出行需求,又不至于对其限制力度偏弱而失去惩戒的意义。

——刘贵祥、林莹:《〈最高人民法院关于修改《最高人民法院关于限制被执行人高消费的若干规定》的决定〉的理解与适用》,载江必新、刘贵祥主编,最高人民法院执行局编:《执行工作指导》(总第55辑),国家行政学院出版社2015年版,第56~57页。

1330

增加对单位被执行人法定代表人等四类责任人员的限制

关键词 | 限制消费 | 法定代表人 | 主要负责人 | 实际控制人 |

【最高人民法院司法解释】

第三条 被执行人为单位的,被采取限制消费措施后,被执行人及其法定代表人、主要负责人、影响债务履行的直接责任人员、实际控制人不得实施前款规定的行为。因私消费以个人财产实施前款规定行为的,可以向执行法院提出申请。执行法院审查属实的,应予准许。

——《最高人民法院关于限制被执行人高消费及有关消费的若干规定》(2015年7月20日,法释〔2010〕17号)

【链接:最高人民法院法官著述】

第一,在原限制规定基础上,加大对法定代表人等责任人员的限制。《中华人民共和国民法通则》第四十三条规定:"企业法人对它的法定代表人和其他工作人员的经营活动,承担民事责任。"《中华人民共和国民事诉讼法》第四十八条第二款规定:“法人由其法定代表人进行诉讼。其他组织由其主要负责人进行诉讼。”法定代表人、主要负责人在担任单位被执行人负责人期间,依法代表单位被执行人行使民事权利,履行民事义务,其行为可以视为代表单位被执行人的行为,法律后果由单位被执行人承担。根据法律及司法解释的有关规定,在单位被执行人案件的执行中,推定法定代表人、主要负责人等主要责任人员的消费行为与单位公务消费有关。单位被执行人被采取限制消费措施后,同时限制四类责任人员的相关消费行为,防止其以个人名义使用单位财产消费,或者先以个人财产消费事后公款报销规避司法解释的禁止性规定。对单位被执行人的主要责任人员同时采取限制消费措施将使其直接感受到生产生活上的压力,可以有效解决对单位被执行人难以惩戒的问题,有助于促进单位被执行人案件的执行。第二,在原《限制高消费规定》限制的三类责任主体的基础上,增加对“实际控制人”的限制。2015 年 2 月实施的《最高人民法院关于适用〈中华人民共和国民事诉讼法〉的解释》第四百八十四条关于对被执行人及其相关责任人员询问与拘传的规定中,将被执行人的“实际控制人”增加为拘传对象。参照该规定,此次修改增加了单位被执行人的“实际控制人”为限制对象,扩大限制对象至四类责任人员,以适应执行的实际需要。第三,在严格限制的基础上,设置了权利救济程序。起草过程中,有一种意见认为,同时禁止单位被执行人的法定代表人等责任人员实施相关消费,虽有助于促进单位被执行人案件的执行,但通过司法解释直接否定其利用自己财产实施相关消费行为的权利,需进一步研究。我们采纳了这一意见,增设了权利救济程序条款,明确对相关责任人员因私以个人财产实施的消费行为不予限制,其可向执行法院提出申请,执行法院有权对其申请进行审查,查证属实的,应予准许。

这样的制度设计,一方面,增加了对单位被执行人的限制手段与力度,通过对单位四类责任人员个人的直接限制,使其直接承受生产生活上的压力,解决以往对单位被执行人难以限制的问题,促进单位被执行人主动履行法律义务;另一方面,在严格限制的基础上,明确对相关责任人员因私以个人财产进行的相关消费不予限制,不损害其合法权益。当然,为防止其滥用救济程序,增设了一定条件,以避免救济程序再度成为其规避执行的手段,也为查找拒不配合法院执行、长期下落不明的单位被执行人的相关责任人员提供了一定途径。

——刘贵祥、林莹:《〈最高人民法院关于修改《最高人民法院关于限制被执行人高消费的若干规定》的决定〉的理解与适用》,载江必新、刘贵祥主编,最高人民法院执行局编:《执行工作指导》(总第 55 辑),国家行政学院出版社 2015 年版,第 56 ~ 57 页。

1331

适用限制消费措施应注意的问题

关键词｜限制消费｜

【链接：最高人民法院法官著述】

一是要严格实施《限制高消费规定》第三条第一款规定的九项限制消费措施。实践经验证明,信息化手段为更好地落实限制消费措施提供了有利条件,与传统的事后追究方式相比,通过与有关部门联网推送失信被执行人名单信息等方式事先禁止消费,能够取得事半功倍的效果。《决定》施行后,最高人民法院立即与中国铁路总公司协商,于2015年8月25日零时起在铁路订票系统实施新规,限制被执行人购买G字头动车组列车全部座位、其他动车组列车一等座以上座位车票。近期,最高人民法院已与阿里巴巴旗下的芝麻信用、支付宝开展合作,推动利用信息化手段限制失信被执行人通过淘宝、天猫网络平台购买机票,购买列车软卧、G字头动车组列车全部座位、其他动车组列车一等座以上座位车票,预定三星级以上宾馆、酒店,购买旅游、度假产品,支付高额保费等消费。各地法院可以因地制宜,充分利用司法解释赋予的执行权力,对相关内容进行细化。对于目前尚不具备全国联网限制条件的各项限制消费措施,及时通过与各地有关职能部门、行业机构开展有效合作,全面限制被执行人高消费及非生活或者经营必需的有关消费。对符合限制条件的被执行人,特别是单位被执行人的四类责任人员严格予以限制。凡是纳入失信被执行人名单的被执行人,应当同时对其采取限制消费措施。

二是要充分利用第三条第一款第(九)项的兜底条款。对于司法解释没有罗列的各类消费行为,执行法院可以根据兜底条款,结合执行案件的具体情况,在实践中积极探索限制消费的内容与形式。人民法院依法限制被执行人高消费及非生活或者经营必需的有关消费,有关部门有义务协助执行。对于司法解释不能穷尽的各种消费行为,只要不是生活或者经营必需的消费,都在限制之列,只要人民法院依法向被执行人发出了限制消费令,向有关单位送达了协助执行通知书,被执行人就应当禁止相关消费活动,有关单位也有义务协助执行。否则,人民法院可以依照《中华人民共和国民事诉讼法》第一百一十一条、第一百一十四条的规定,追究被执行人及协助执行单位的法律责任。

三是要注意采取限制消费措施的程序要求。《决定》将《限制高消费规定》中“限制高消费”的内容作了全文修改，将“限制高消费措施”修改为“限制消费措施”、“限制高消费令”修改为“限制消费令”等。《最高人民法院关于适用〈中华人民共和国民事诉讼法〉的解释》中规定了“违反人民法院限制高消费令进行消费”应予追究相应责任的内容。在《限制高消费规定》已经修改的情况下，此部分内容应以最新修订的司法解释规定为准。《决定》于2015年7月22日施行后，人民法院在签发限制消费命令时应当严格依照最新规定的程序要求，修改相应的法律文书样式。为便于监督被执行人的行为，增强实际操作性，限制消费令应载明限制消费的期间、项目和法律后果等内容。此外，限制消费作为对被执行人采取的一项惩戒措施，应当严格依照司法解释规定的程序实施，并依法保障被执行人及单位被执行人相关责任人员申请准许消费的权利，这是执行工作规范化的必然要求。执行法院对消费申请查证属实并准许进行的，应当明确准许消费的期间、项目等内容，未获准许的其他消费行为仍应禁止。

——刘贵祥、林莹：《〈最高人民法院关于修改《最高人民法院关于限制被执行人高消费的若干规定》的决定〉的理解与适用》，载江必新、刘贵祥主编，最高人民法院执行局编：《执行工作指导》（总第55辑），国家行政学院出版社2015年版，第59～60页。

1332

适用限制出境应当注意的问题

关键词｜限制出境｜

【最高人民法院司法解释】

第九条 被限制出境的人认为对其限制出境错误的，可以自收到限制出境决定之日起十日内向上一级人民法院申请复议。上一级人民法院应当自收到复议申请之日起十五日内作出决定。复议期间，不停止原决定的执行。

——《最高人民法院关于人民法院办理执行异议和复议案件若干问题的规定》（2015年5月5日，法释〔2015〕10号）

第三十六条　依照民事诉讼法第二百三十一条规定对被执行人限制出境的,应当由申请执行人向执行法院提出书面申请;必要时,执行法院可以依职权决定。

第三十七条　被执行人为单位的,可以对其法定代表人、主要负责人或者影响债务履行的直接责任人员限制出境。

被执行人为无民事行为能力人或者限制民事行为能力人的,可以对其法定代理人限制出境。

第三十八条　在限制出境期间,被执行人履行法律文书确定的全部债务的,执行法院应当及时解除限制出境措施;被执行人提供充分、有效的担保或者申请执行人同意的,可以解除限制出境措施。

——《最高人民法院关于适用〈中华人民共和国民事诉讼法〉执行程序若干问题的解释》(2008 年 11 月 3 日,法释〔2008〕13 号)

【最高人民法院司法政策】

七、人民法院在审理案件过程中,对外国人采取限制出境措施,应当从严掌握,必须同时具备以下条件:(一)被采取限制出境措施的人只能是在我国有未了结民商事案件的当事人或当事人的法定代表人、负责人;(二)当事人有逃避诉讼或者逃避履行法定义务的可能;(三)不采取限制出境措施可能造成案件难以审理或者无法执行。

——《最高人民法院关于进一步做好边境地区涉外民商事案件审判工作的指导意见》(2010 年 12 月 8 日,法发〔2010〕57 号)

八、关于限制当事人出境

93. 人民法院在审理涉外商事纠纷案件中,对同时具备下列条件的有关人员,可以采取措施限制其出境:

(1)在我国确有未了结的涉外商事纠纷案件;

(2)被限制出境人员是未了结案件中的当事人或者当事人的法定代表人、负责人;

(3)有逃避诉讼或者逃避履行法定义务的可能;

(4)其出境可能造成案件难以审理、无法执行的。

采取限制出境措施必须严格依照最高人民法院、最高人民检察院、公安部、国家安全部〔87〕公发16号《关于依法限制外国人和中国公民出境问题的若干规定》审查办理，从严掌握。

94. 限制出境措施在案件一方当事人提出申请后采取。人民法院在必要时，可以责令申请人提供有效的担保。

95. 限制出境采取扣留有效出境证件方式的，被扣证人或者其担保人向人民法院提供有效担保(提供担保的数额应相当于诉讼请求的数额)或者履行了法定义务后，人民法院应立即口头通知被扣证人解除限制，收回扣留证件证明，发还所扣留的证件，由被扣证人签收，限制其出境的扣证决定自行撤销。作出扣证决定的人民法院应将解除出境限制的有关情况书面通知公安、边检部门。

96. 人民法院采取限制出境措施过程中产生的费用，由申请人预交，最终应判令由败诉一方当事人负担。

——《最高人民法院第二次全国涉外商事海事审判工作会议纪要》(2005年12月26日，法发〔2005〕26号)

第三，严格把握限制出境问题。在审理涉外、涉港澳台案件中，对当事人采取限制出境措施，应当适用于当事人在我国境内有未了结经济纠纷案件，如其出境可能造成案件无法审理、无法执行的情况。对境外企业法人在我国有尚未了结的经济纠纷案件，可对该企业法定代表人和业务的主管人员依法限制出境。对在我国的外商投资企业，如果该企业资不抵债，应当按照公司法、中外合资经营企业法等有关法律处理，不应限制外方的代表人和投资者出境；只有在外方股东利用投资蓄意欺诈的情况下，方可限制外方股东的法定代表人出境。确需限制外方当事人出境的，要严格按照《中华人民共和国外国人入境出境管理法》的规定执行。具体执行中要特别注意有理、有利、有节，同时必须注意限制外方当事人出境时绝不能限制其人身自由；对于任何限制其人身自由的做法，必须坚决依法予以制止。

——李国光：《确保司法公正，加强队伍建设，进一步推进经济审判工作的全面发展——在全国经济审判工作座谈会上的讲话》(1998年11月23日)，载李国光主编、最高人民法院经济审判庭编：《经济审判指导与参考》(总第1卷)，法律出版社1999年版，第15～17页。

【《最高人民法院公报》案例】

安徽省医保公司因(香港)华甲公司不履行发生法律效力的民事调解书申请执行案

裁判要旨:在限制出境期间,被执行人履行债务的,执行法院应当及时解除限制出境措施。

调解书在履行期间,被执行人华甲公司未按协议履行还款义务,申请执行人医保公司于1994年11月依照《中华人民共和国民事诉讼法》第二百一十六条第二款的规定,向合肥市中级人民法院申请执行。1995年1月9日,合肥市中级人民法院依照民事诉讼法第二百二十条的规定,向被执行人华甲公司发出执行通知书。

执行通知书发出后,华甲公司仍不履行调解协议,对此,合肥市中级人民法院发出传票,传唤被执行人到庭说明不能履行调解协议的原因。被执行人仍未予以理睬。

鉴于一号厂房查封到期,为保证调解协议的履行,1995年1月13日,合肥市中级人民法院依照民事诉讼法第二百二十三条的规定,裁定继续查封一号厂房,并扣押了两辆奔驰牌汽车,同时裁定提取厂房的租金和收益。随后,传唤被执行人及委托代理人于1995年2月16日到庭处理调解协议执行事宜。被执行人仍未到庭。合肥市中级人民法院第三次传唤被执行人到庭说明不能履行协议的原因。同年3月13日,被执行人的法定代表人麦克布赖德和委托代理人牛嘉林到庭,向法庭提供了一份材料称:

1. 调解书中确认的用以偿还债务的两辆奔驰牌轿车已另有抵押。

2. 原在深圳注册的新世界生化技术有限公司的全部资产,已经以抵偿债务的方式归属于香港一家公司,且于1994年8月13日在香港登记变更。

3. 香港的其他债权人已申请香港高等法院对华甲公司进行清盘。

鉴于被执行人不履行调解协议和有转移被扣押财产之虞,合肥市中级人民法院要求被执行人提供在我国境内有效的财产担保,但遭到拒绝。在此情况下,合肥市中级人民法院考虑到被执行人的法定代表人麦克布赖德随时可能离境,于1995年3月13日,依照《中华人民共和国外国人入境出境管理法》第二十三条第(二)项关于外国人在"人民法院通知有未了结民事案件不能离境"的规定,作出决定:"限制(香港)华甲有限公司董事长伊·狄·麦克布赖德出境。"

其后，被执行人的法定代表人麦克布赖德表示愿意履行发生法律效力的民事调解书所确认的义务。1995 年 4 月 5 日，被执行人华甲公司与申请执行人医保公司就其债务执行达成协议：原调解书确认华甲公司所欠医保公司货款和利息 410 万元，诉讼期间所生利息 27.9 万元，由华甲公司以其在深圳注册的新世界生化技术有限公司名下的一号厂房和两辆奔驰牌轿车折价抵债；上述财产抵债后多余的 315 万元，由医保公司代新世界生化技术有限公司偿还贷款利息、罚息和保险费等；华甲公司另付 5 万元给医保公司，用以支付一号厂房转让过程中应交纳的税金。

上述协议，在合肥市中级人民法院执行人员的监督下，已经履行。

合肥市中级人民法院随后解除了对被执行人的法定代表人麦克布赖德出境的限制。

——《最高人民法院公报》1996 年第 2 期

【链接：最高人民法院法官著述】

限制出境可能存在涉外因素，情况复杂，政策性强，因此在实践中要审慎对待，注意处理好以下三个问题：

1. 做好与公安机关的衔接工作。限制出境因其特殊性，人民法院不能直接行使，因此要注意加强与公安边防机关的沟通、衔接工作。对于适用限制出境措施的案件要安排力量优先执行，尽可能在被执行人所持证件的有效期内执结，如不能按期执结的，应及时与公安机关联系，并敦促被执行人办理有关延期出境手续。

2. 提供有效担保后要立即解除限制。如被执行人被限制出境后，主动提供担保，经人民法院审查有效的，应立即解除限制出境决定，并通知公安边防机关和申请执行人。

3. 要充分考虑涉外因素，避免引起外交争端。被执行人为外国人的，限制其出境时，必须遵守我国与其国家签订的领事条约或多边、双边协定中涉及本国公民在对方国家民事、民事诉讼活动中的内容，并优先适用这些条约、协定规定的内容。如有必要，还应将限制外国人出境的情况通报外事部门，防止引起外交争端。

——江必新主编：《民事执行新制度理解与适用》，人民法院出版社 2010 年版，第 296 页。

编者说明

2012年《民事诉讼法》第255条规定："被执行人不履行法律文书确定的义务的，人民法院可以对其采取或者通知有关单位协助采取限制出境，在征信系统记录、通过媒体公布不履行义务信息以及法律规定的其他措施。"

限制出境，是指在国内有未了结的民事债务的被执行人拒不提供有效担保，出境后预期无法执行或难以执行的，根据申请人的请求，人民法院可以决定限制其出境。

1333

通过媒体公布被执行人不履行义务信息

关键词｜公布失信信息｜

【最高人民法院司法解释】

第五百一十八条 被执行人不履行法律文书确定的义务的，人民法院除对被执行人予以处罚外，还可以根据情节将其纳入失信被执行人名单，将被执行人不履行或者不完全履行义务的信息向其所在单位、征信机构以及其他相关机构通报。

——《最高人民法院关于适用〈中华人民共和国民事诉讼法〉的解释》(2015年1月30日，法释〔2015〕5号)

为促使被执行人自觉履行生效法律文书确定的义务，推进社会信用体系建设，根据《中华人民共和国民事诉讼法》的规定，结合人民法院工作实际，制定本规定。

第一条 被执行人未履行生效法律文书确定的义务，并具有下列情形之一的，人民法院应当将其纳入失信被执行人名单，依法对其进行信用惩戒：

(一)有履行能力而拒不履行生效法律文书确定义务的；

(二)以伪造证据、暴力、威胁等方法妨碍、抗拒执行的；

(三)以虚假诉讼、虚假仲裁或者以隐匿、转移财产等方法规避执行的；

(四)违反财产报告制度的；

(五)违反限制消费令的；

(六)无正当理由拒不履行执行和解协议的。

第二条 被执行人具有本规定第一条第二项至第六项规定情形的,纳入失信被执行人名单的期限为二年。被执行人以暴力、威胁方法妨碍、抗拒执行情节严重或具有多项失信行为的,可以延长一至三年。

失信被执行人积极履行生效法律文书确定义务或主动纠正失信行为的,人民法院可以决定提前删除失信信息。

第三条 具有下列情形之一的,人民法院不得依据本规定第一条第一项的规定将被执行人纳入失信被执行人名单:

(一)提供了充分有效担保的;

(二)已被采取查封、扣押、冻结等措施的财产足以清偿生效法律文书确定债务的;

(三)被执行人履行顺序在后,对其依法不应强制执行的;

(四)其他不属于有履行能力而拒不履行生效法律文书确定义务的情形。

第四条 被执行人为未成年人的,人民法院不得将其纳入失信被执行人名单。

第五条 人民法院向被执行人发出的执行通知中,应当载明有关纳入失信被执行人名单的风险提示等内容。

申请执行人认为被执行人具有本规定第一条规定情形之一的,可以向人民法院申请将其纳入失信被执行人名单。人民法院应当自收到申请之日起十五日内审查并作出决定。人民法院认为被执行人具有本规定第一条规定情形之一的,也可以依职权决定将其纳入失信被执行人名单。

人民法院决定将被执行人纳入失信被执行人名单的,应当制作决定书,决定书应当写明纳入失信被执行人名单的理由,有纳入期限的,应当写明纳入期限。决定书由院长签发,自作出之日起生效。决定书应当按照民事诉讼法规定的法律文书送达方式送达当事人。

第六条 记载和公布的失信被执行人名单信息应当包括:

(一)作为被执行人的法人或者其他组织的名称、统一社会信用代码(或组织机构代码)、法定代表人或者负责人姓名;

(二)作为被执行人的自然人的姓名、性别、年龄、身份证号码;

(三)生效法律文书确定的义务和被执行人的履行情况;

(四)被执行人失信行为的具体情形;

(五)执行依据的制作单位和文号、执行案号、立案时间、执行法院;

（六）人民法院认为应当记载和公布的不涉及国家秘密、商业秘密、个人隐私的其他事项。

第七条 各级人民法院应当将失信被执行人名单信息录入最高人民法院失信被执行人名单库，并通过该名单库统一向社会公布。

各级人民法院可以根据各地实际情况，将失信被执行人名单通过报纸、广播、电视、网络、法院公告栏等其他方式予以公布，并可以采取新闻发布会或者其他方式对本院及辖区法院实施失信被执行人名单制度的情况定期向社会公布。

第八条 人民法院应当将失信被执行人名单信息，向政府相关部门、金融监管机构、金融机构、承担行政职能的事业单位及行业协会等通报，供相关单位依照法律、法规和有关规定，在政府采购、招标投标、行政审批、政府扶持、融资信贷、市场准入、资质认定等方面，对失信被执行人予以信用惩戒。

人民法院应当将失信被执行人名单信息向征信机构通报，并由征信机构在其征信系统中记录。

国家工作人员、人大代表、政协委员等被纳入失信被执行人名单的，人民法院应当将失信情况通报其所在单位和相关部门。

国家机关、事业单位、国有企业等被纳入失信被执行人名单的，人民法院应当将失信情况通报其上级单位、主管部门或者履行出资人职责的机构。

第九条 不应纳入失信被执行人名单的公民、法人或其他组织被纳入失信被执行人名单的，人民法院应当在三个工作日内撤销失信信息。

记载和公布的失信信息不准确的，人民法院应当在三个工作日内更正失信信息。

第十条 具有下列情形之一的，人民法院应当在三个工作日内删除失信信息：

（一）被执行人已履行生效法律文书确定的义务或人民法院已执行完毕的；

（二）当事人达成执行和解协议且已履行完毕的；

（三）申请执行人书面申请删除失信信息，人民法院审查同意的；

（四）终结本次执行程序后，通过网络执行查控系统查询被执行人财产两次以上，未发现有可供执行财产，且申请执行人或者其他人未提供有效财产线索的；

（五）因审判监督或破产程序，人民法院依法裁定对失信被执行人中止执行的；

（六）人民法院依法裁定不予执行的；

（七）人民法院依法裁定终结执行的。

有纳入期限的，不适用前款规定。纳入期限届满后三个工作日内，人民法院应当删除失信信息。

依照本条第一款规定删除失信信息后，被执行人具有本规定第一条规定情形之一的，人民法院可以重新将其纳入失信被执行人名单。

依照本条第一款第三项规定删除失信信息后六个月内，申请执行人申请将该被执行人纳入失信被执行人名单的，人民法院不予支持。

第十一条 被纳入失信被执行人名单的公民、法人或其他组织认为有下列情形之一的，可以向执行法院申请纠正：

（一）不应将其纳入失信被执行人名单的；

（二）记载和公布的失信信息不准确的；

（三）失信信息应予删除的。

第十二条 公民、法人或其他组织对被纳入失信被执行人名单申请纠正的，执行法院应当自收到书面纠正申请之日起十五日内审查，理由成立的，应当在三个工作日内纠正；理由不成立的，决定驳回。公民、法人或其他组织对驳回决定不服的，可以自决定书送达之日起十日内向上一级人民法院申请复议。上一级人民法院应当自收到复议申请之日起十五日内作出决定。

复议期间，不停止原决定的执行。

第十三条 人民法院工作人员违反本规定公布、撤销、更正、删除失信信息的，参照有关规定追究责任。

——《最高人民法院关于公布失信被执行人名单信息的若干规定》（2013年7月16日，法释〔2013〕17号，2017年1月16日修正）

第三十九条 依照民事诉讼法第二百三十一条的规定，执行法院可以依职权或者依申请执行人的申请，将被执行人不履行法律文书确定义务的信息，通过报纸、广播、电视、互联网等媒体公布。

媒体公布的有关费用，由被执行人负担；申请执行人申请在媒体公布的，应当垫付有关费用。

——《最高人民法院关于适用〈中华人民共和国民事诉讼法〉执行程序若干问题的解释》（2008年11月3日，法释〔2008〕13号）

【最高人民法院审判业务意见】

《最高人民法院关于公布失信被执行人名单信息的若干规定》(法释〔2013〕17号,以下简称《若干规定》)2013年10月1日施行以来取得了良好的法律效果和社会效果,受到了社会各界充分肯定和普遍欢迎。但在实施过程中,发现《若干规定》有关救济途径、失信名单的退出等规定不尽完善,制约了公布失信名单制度效果的进一步发挥。特别是,近年来随着对失信被执行人联合信用惩戒体系的不断完善,失信被执行人在担任公职、党代表、人大代表、政协委员,以及出行、旅游、投资、消费等方方面面都已受到限制,基本处于“一处失信、处处受限”状态,惩戒力度非常严厉。这就要求相关法律规定必须更加科学、严密、人民法院在决定纳入失信被执行人名单时应更加审慎、规范。因此,最高人民法院在总结实施《若干规定》经验的基础上,根据客观环境的新变化、新发展,决定对《若干规定》进行修订。

修订后的《若干规定》共13个条文,重点修订内容有以下几个方面:

(一)进一步明确了纳入失信名单的实质要件

纳入失信名单的标准是最核心、最重要的条款,本次修改对《若干规定》有关纳入失信名单的标准作了进一步明确。其中,特别规定,对提供了充分有效担保的,已被采取查封、扣押、冻结等措施的财产足以清偿生效法律文书确定债务的等情形,不属于有履行能力而拒不履行生效法律文书确定的义务,人民法院不得据此规定将被执行人纳入失信被执行人名单,进一步保障被执行人的合法权益。同时,增加规定被执行人是未成年人的,人民法院不得将其纳入失信被执行人名单,以加强对未成年人的保护。

(二)增加规定了纳入失信名单的期限

《若干规定》中没有规定纳入失信名单的期限,导致一旦被纳入失信名单就等于被判了“无期徒刑”,大量失信被执行人无法从失信名单库中删除,纳入失信名单人数不断增多。截至目前,各级法院累计发布失信被执行人信息673.4万例,且人数还在不断增加。不规定纳入失信期限,不利于激励失信被执行人纠正失信行为,使公布失信名单制度“以惩促信”的作用难以有效发挥。因此,本次修改增加规定了纳入失信被执行人名单的期限一般为二年,对以暴力、威胁方法妨碍、抗拒执行情节严重或具有多项失信行为的,可以延长一年至三年,积极履行生效法律文书确定义务或主动纠正失信行为的,人民法院可以提前删除失信信息。

(三)进一步明确了救济程序

《若干规定》规定被执行人认为将其纳入失信被执行人名单错误的,可以向人民法院申请纠正。但具体程序没有明确,导致实践中被执行人的救济权没有得到充分、有效保障。本次修改进一步明确规定,公民、法人或其他组织认为不应将其纳入失信被执行人名单、记载和公布的失信信息不准确、失信信息应予删除的,可以向执行法院申请纠正,公民、法人或其他组织对不予纠正决定不服的,可以自决定书送达之日起十日内向上一级人民法院申请复议。上一级人民法院应当自收到复议申请之日起十五日内作出决定。充分保障了当事人的救济权利。

(四)增加了案件终结本次执行程序后删除失信名单的规定

本次修改增加规定:终结本次执行程序后,通过网络执行查控系统查询被执行人财产两次以上,未发现有可供执行财产,且申请执行人或者其他人未提供有效财产线索的,人民法院应当在三个工作日内删除失信信息。纳入失信名单针对的是有履行能力而拒不履行的被执行人,对确无履行能力的被执行人一般不予纳入。《最高人民法院关于严格规范终结本次执行程序的规定(试行)》(法〔2016〕373 号)对终结本次执行程序规定了严格的程序标准和实体标准,终结本次执行程序意味着被执行人确无财产可供执行,此时人民法院应当删除其失信信息。但考虑到上述规定出台时间不长,实践中存在没有严格完成“规定动作”就终本的情况,且由于目前财产查控手段的局限性,终本只是法律意义上的“确无财产可供执行”,并不意味着被执行人事实上绝对无财产可供执行。因此,本次并未规定案件一旦终本后就立即删除失信信息,而是做了一定程度的限制,即:通过网络执行查控系统查询被执行人财产两次以上,未发现有可供执行财产,且申请执行人或者其他人未提供有效财产线索,人民法院才删除失信信息。这样规定较好地兼顾了申请执行人与被执行人利益的平衡,确保了失信名单制度效果的有效发挥。

需要说明的是,终结本次执行程序后被执行人虽然可以免受失信惩戒,但仍然不能有《最高人民法院关于限制被执行人高消费的若干规定》中所列消费行为,包括乘坐高铁、飞机,在星级以上宾馆、酒店、夜总会、高尔夫球场等场所进行高消费,即还要被限制消费,对被执行人的限制仍然较为严厉。

——《最高人民法院负责人关于民事执行中财产查明若干问题的规定等三个执行司法解释及规范性意见答记者问》,载中国法院网,http://www.chinacourt.org。

【最高人民法院民事诉讼参考性案例】

南平市总工会与南平博基房地产开发有限公司房屋拆迁安置补偿纠纷执行案

案件立案执行后，延平区法院向被执行人南平博基房地产开发有限公司发出了执行通知书，后冻结了被执行人南平博基房地产开发有限公司的银行账户及名下部分房产。执行法院组织双方当事人就房产交付及逾期安置补偿费进行协商。但是，被执行人南平博基房地产开发有限公司已将延府豪庭2号5楼200多平方米安排给延平区四鹤街道延福社区居委会作为社区办公用房，延福社区居委会经装修后搬入该场所办公，其认为社区办公用房是依规取得，不愿搬离。基于此种原因，应交付给南平市总工会的200多平方米房屋无法交付，案件执行陷入困境。

此后，执行法院多次组织双方当事人协商，并依法对被执行人南平博基房地产开发有限公司采取了查封财产、冻结账户、罚款50万元以及邀请人大代表、政协委员、群众代表、媒体公开对被执行人拒不履行生效法律义务的行为进行评议等一系列措施，但仍无效果。

2013年10月，《最高人民法院关于公布失信被执行人名单信息的若干规定》实施后，执行法院根据该规定将被执行人南平市博基房地产公司列入首批失信被执行人名单，在全国范围内进行公示。该公司面临社会不予认同，参与招投标项目难度加大，银行信用降低，金融部门对其贷款不予支持等后果。在强大的信用惩戒威慑下，该公司立即将执行标的物18702平方米房产全部交付申请人南平市总工会，并另外提供装修好的办公场所交付延福社区居委会办公。三方当事人于2013年11月25日自愿达成执行和解协议，纠纷得以化解。

——《最高人民法院公布七起保障民生典型案例》，载《最高人民法院公报》2014年第10期。

编者说明

执行法院将被执行人的失信信息录入最高人民法院失信被执行人名单库，统一向社会公布，同时，向有关单位定向通报失信被执行人名单信息，由受通报单位在政府采购、招标投标、行政审批、政府扶持、融资信贷、市场准入、资质认定等方面对失信被执行人施以信用惩戒。失信被执行人名单信息的公布及运用，致使被执行人迫于各方面压力，为恢复其在经济交往中的名声，确保企业经营不受影响，主动向执行法院履行生效法律文书确定的义务，达到了促进执行的目的，取得了良好的社会效果，失信被执行人名单制度的信用惩戒功能得以有效发挥。

1334

被执行人未按民事调解书指定期间履行给付金钱义务应当支付延期履行的债务利息

关键词 | 民事调解书 | 金钱给付义务 | 迟延履行 | 债务利息 |

【最高人民法院答复】

广东省高级人民法院：

你院粤高法执请〔1992〕1 号《关于被执行人未按民事调解书指定期间履行给付金钱的义务，是否应当支付延期履行的债务利息的请示》收悉。经研究，答复如下：

《中华人民共和国民事诉讼法》第二百三十二条规定："被执行人未判决、裁定和其他法律文书指定的期间履行给付金钱义务的，应当加倍支付迟延履行期间的债务利息。"在此所指的"其他法律文书"，包括人民法院的民事调解书在内。由于你院请示中据以执行的民事调解书已于民事诉讼法施行之前发生法律效力，根据当时的司法解释规定，被执行人虽应当支付迟延履行期间的债务利息，但可以不予加倍支付。

此复。

——《最高人民法院关于被执行人未按民事调解书指定期间履行给付金钱的义务是否应当支付延期履行的债务利息问题的复函》（1992 年 5 月 4 日，法函〔1992〕58 号）

1335

执行工作中迟延履行期间债务利息的构成

关键词 | 迟延履行 | 一般债务利息 | 加倍部分债务利息 |

【最高人民法院司法解释】

第一条 根据民事诉讼法第二百五十三条规定加倍计算之后的迟延履行期

间的债务利息,包括迟延履行期间的一般债务利息和加倍部分债务利息。

迟延履行期间的一般债务利息,根据生效法律文书确定的方法计算;生效法律文书未确定给付该利息的,不予计算。

加倍部分债务利息的计算方法为,加倍部分债务利息 = 债务人尚未清偿的生效法律文书确定的除一般债务利息之外的金钱债务 × 日万分之一点七五 × 迟延履行期间。

——《最高人民法院关于执行程序中计算迟延履行期间的债务利息适用法律若干问题的解释》(2014 年 7 月 7 日,法释〔2014〕8 号)

【最高人民法院裁判文书】

中国农业银行股份有限公司重庆巴南支行与重庆市毛氏实业(集团)有限公司不服执行裁定复议案[最高人民法院(2013)执复字第 2 号执行裁定书]

最高人民法院认为,本案双方争议的焦点问题,是如何处理《民事诉讼法》规定的迟延履行期间的债务利息与生效法律文书中确定的利息之间的关系。《民事诉讼法》第二百五十三条规定:"被执行人未按判决、裁定和其他法律文书指定的期间履行给付金钱义务的,应当加倍支付迟延履行期间的债务利息。"该条文并未涉及计算迟延履行期间的债务利息的具体利率标准。本院《民诉法意见》第 294 条规定:"加倍支付迟延履行期间的债务利息,是指在按银行同期贷款最高利率计付的债务利息上增加一倍";本院《批复》中规定:"在计算迟延履行期间的债务利息时,应当按照中国人民银行规定的同期贷款基准利率计算"。上述司法解释只是针对生效法律文书没有确定债务利息的利率标准并计算到实际支付之日的情形而作出的规定,对生效法律文书确定了利率标准并且要求按照该利率将利息计算到实际支付之日的情形,该司法解释并未作出明确规定。对此,合理的解决方法应当是将《民事诉讼法》第二百五十三条及上述司法解释的规定和生效法律文书判定的内容结合起来进行判断,既体现《民事诉讼法》关于"加倍支付迟延履行期间的债务利息"的文义解释和立法目的,又符合执行只能以生效判决为依据的基本原则,合理平衡双方当事人的利益。人民法院原则上应当按该判决确定的利率和期限计算利息。但是,考虑到司法解释规定据以双倍计算迟延履行利息的利率是人民银行同期贷款基准利率,按照判决确定(合同约定)的利率双倍计算利息缺乏法律依据,而判决确定的约定利率本身高于同期贷款基准利率,即已涵盖了一倍的同期贷款基准利率,因此,在生效法律文书确定利息按照当事人约定利率计算到支付之日的情况下,应按照生效法律文书中确定的利率将法律文书确定的全部债务的迟延履行利息计算至实际给付之日止,再增加按照与迟延履行期间相对应的银行同期贷款基准利率计算一倍的利息。本案的生效判决基于双方当事人的合同约定,明确判令,毛氏公司应向巴南农行给付的贷款利息,自 2006 年 6 月 21 日后至付清之日按月利率 6.3‰计算。重庆高院《关于迟延履行金计算方式的通知》中将按照月利率 6.3‰计算利息的期间,设定为 2006 年 6 月 21 日起至判决指定履行期限(2006 年 12 月 18 日)为止,自 2006 年 12 月 19 日起按照中国人民银行公布的相应贷款基准利率计算双倍利息,没有完全遵照生效判决的判项执行,实属不当。巴南农行关于自 2006 年 12 月 19 日起以判决确定的月利率 6.3‰计算迟延履行期间的债务利息的请求,部分合理,本院予以适当支持。①

——中国裁判文书网,http://wenshu.court.gov.cn。

【链接:最高人民法院法官著述】

对于本解释第 1 条规定的计算方法,举例说明。

例一:2015 年 6 月 30 日生效法律文书确定,债务人应在三日内支付债权人本金 10000 元;支付自 2015 年 1 月 1 日始至借款付清之日止以日万分之五计算的利息;债务人迟延履行的,应当根据《民事诉讼法》第 253 条的规定加倍支付迟延履行期间的债务利息。债务人于 2015 年 9 月 1 日清偿所有债务。

迟延履行期间的债务利息 = 借款本金 × 生效法律文书确定的一般债务利息率 × 迟延履行期间的实际天数 + 借款本金 × 日万分之一点七五 × 迟延履行期间的实际天数 = 10000 × 0.05% × 60 + 10000 × 0.0175% × 60 = 405 元,迟延履行期间开始前的一般债务利息 = 借款本金 × 生效法律文书确定的一般债务利息率 × 迟延履行期间开始前的实际天数 = 10000 × 0.05% × 183 = 915 元,债务人应当支付的金钱债务为 11320 元(11320 元 = 10000 元 + 405 元 + 915 元)。

例二:2015 年 6 月 30 日生效法律文书确定,债务人应在三日内支付债权人侵

① 最高人民法院该裁定主文确定的迟延履行期间的债务利息计算方式为,变更重庆市高级人民法院〔2011〕渝高法执提字第 8 号《关于迟延履行金计算方式的通知》中"迟延履行期间的债务利息 = 法律文书确定的金钱债务(4016.009262 万元) × 中国人民银行同期贷款基准利率 × 2 × 迟延履行期间"为"迟延履行期间的债务利息 = 法律文书确定的金钱债务(4016.009262 万元) × 月利率 6.3‰ × 迟延履行期间 + 法律文书确定的金钱债务(4016.009262 万元) × 中国人民银行同期贷款基准利率 × 迟延履行期间"。

权损害赔偿10000元;债务人迟延履行的,应当根据《民事诉讼法》第253条的规定加倍支付迟延履行期间的债务利息。债务人在2015年9月1日清偿所有债务。

迟延履行期间的债务利息 = 损害赔偿数额 × 日万分之一点七五 × 迟延履行期间的实际天数 = 10000 × 0.0175% × 60 = 105元,债务人应当支付的金钱债务为10105元(10105元 = 10000元 + 105元)。

——江必新、刘贵祥主编,最高人民法院执行局编著:《最高人民法院关于执行程序中计算迟延履行期间的债务利息司法解释理解与适用》,人民法院出版社2014年版,第42~43页。

1336

迟延履行期间加倍部分债务利息起算时间

关键词 | 迟延履行 | 加倍部分债务利息 | 起算时间 |

【最高人民法院司法解释】

第五百零六条 被执行人迟延履行的,迟延履行期间的利息或者迟延履行金自判决、裁定和其他法律文书指定的履行期间届满之日起计算。

——《最高人民法院关于适用〈中华人民共和国民事诉讼法〉的解释》(2015年1月30日,法释〔2015〕5号)

第二条 加倍部分债务利息自生效法律文书确定的履行期间届满之日起计算;生效法律文书确定分期履行的,自每次履行期间届满之日起计算;生效法律文书未确定履行期间的,自法律文书生效之日起计算。

——《最高人民法院关于执行程序中计算迟延履行期间的债务利息适用法律若干问题的解释》(2014年7月7日,法释〔2014〕8号)

【链接:最高人民法院法官著述】

一、驳回再审申请、再审维持原生效法律文书或原生效法律文书部分判项

人民法院裁定驳回再审申请的,原生效法律文书效力不受影响,加倍部分债

务利息仍按原生效法律文书确定的履行期间届满之日或法律文书生效之日起计算。

人民法院经再审审理，认为原生效法律文书裁判结果正确，予以维持的，加倍部分债务利息按原生效法律文书确定的履行期间届满之日或法律文书生效之日起计算，再审中止执行期间的加倍部分债务利息，根据本解释第 3 条的规定处理。

人民法院经再审审理，维持了部分判项的，该维持部分判项确定义务的加倍部分债务利息，按原判决确定的履行期间届满之日或原判决生效之日起计算，再审中止执行的期间，根据本解释第 3 条规定处理。

人民法院裁定驳回再审申请、经再审审理维持原生效法律文书或维持部分判项的，系对原生效法律文书效力或相关判项效力的肯定。原法律文书属于已经生效的文书，再审维持的判项属于已经生效的判项，在没有其他裁判文书否定其效力的情况下，债务人应当按照原生效法律文书要求或者再审予以维持的相关判项要求履行债务，并计付加倍部分债务利息，对于符合本解释规定的扣除计算期间情形的，在规定期间内不计算加倍部分债务利息。

二、再审撤销原生效法律文书或原生效法律文书部分判项

再审撤销原生效法律文书，驳回债权人诉讼请求或驳回债权人起诉的，则表明被执行人的债务自始不存在，原执行案件加倍部分债务利息不应计算，符合执行回转条件的，按本解释第 6 条的规定处理。人民法院再审撤销原生效法律文书，使该文书的法律效力归于消灭，并且对债权人的诉讼请求或起诉不予支持，此时要求债务人支付加倍部分债务利息的基础不复存在，故不应对债务人计算加倍部分债务利息。如果原被执行人已经向原申请执行人部分履行或全部履行债务的，可以依法申请执行回转，并根据本解释第 6 条的规定，要求原申请执行人承担加倍部分债务利息。

再审撤销原生效法律文书部分判项的，被撤销部分判项确定义务的加倍部分债务利息不予计算。

三、再审重新作出判决或判项、变更判项

再审撤销原生效法律文书重新作出判决，或撤销部分判项重新作出判项的，应当按照再审判决重新确定的给付内容和履行期间，结合债务人实际履行的情况，确定债务人是否还需要履行给付义务，以及是否存在迟延履行。再审判决变更原生效法律文书判项的，债务人应当按照变更后的判项履行给付义务，同时应考虑债务人已经履行债务的情况，确定债务人是否还需要继续履行，以及是否构

成迟延履行。

再审重新作出判决或判项、变更判项的，在再审判决生效前，这些判决或判项内容并不属于生效法律文书确定的给付内容，债务人没有履行这些判项的义务，随着再审判决的生效，这些判项确定的给付义务才被赋予强制履行的效力。原生效法律文书或原生效法律文书的相关判项，因被再审判决撤销、变更而不再具有法律效力，债务人只能根据再审判决重新作出的判项或变更后的判项履行义务。因此，在这种情况下，债务人应按照再审判决重新确定的给付内容和履行期间履行义务，被执行人加倍部分债务利息应从再审判决或相关判项确定的履行期间届满之日起计算。再审判决或相关判项未确定履行期间的，自再审判决生效之日起计算。

再审重新作出判决或变更原判项后，债务人的给付义务既可能超过原生效法律文书确定的义务，也可能较原生效法律文书有所减少。对此，应当区分不同情况分别讨论：

1. 再审判决确定的给付内容超过原生效法律文书：债务人应根据再审判决确定的履行期间履行给付义务，超过该履行期间未履行的，则构成迟延履行，应根据本条解释规定，自再审判决确定的履行届满之日起计算加倍部分债务利息，已经履行的部分，从计算基数中作相应扣减；再审判决未确定履行期间的，加倍部分债务利息自再审判决生效之日起计算，已经履行的部分，从计算基数中作相应扣减。

2. 再审判决确定的给付内容少于原生效法律文书：债务人尚未按原生效法律文书履行的，或已经履行的数额尚不足再审判决确定的数额，则债务人应根据再审判决确定的给付义务和履行期间履行，逾期不履行的，构成迟延履行，自再审判决确定的履行期间届满之日起计算加倍部分债务利息，已经履行的部分，应从计算基数中作相应扣减；再审判决未确定履行期间的，加倍部分债务利息自再审判决生效之日起计算，已经履行的部分，从计算基数中作相应扣减；若债务人已经按原生效法律文书履行完毕，或已经履行的数额超过再审判决确定的数额，则将涉及执行回转的问题。

四、再审撤销二审判决，维持被二审否定的一审判决或维持被二审否定的一审部分判项

二审如果撤销一审判决重新作出裁判的，再审判决生效前，对债务人来说，其履行义务的内容和履行期间是由二审判决确定的，并非依据一审判决。再审判决如果撤销二审判决，维持一审判决的，二审判决的效力被否定，一审判决由

于再审判决的生效才成为有效,其法律效力源于再审的生效。换言之,一审判决的生效时间由再审判决的生效时间确定,再审判决生效时间即为一审判决的生效时间。因此应根据再审判决生效时间,结合一审判决确定的给付义务内容和履行期间,计算债务人迟延履行期间的加倍部分债务利息。一审判决未确定履行期间的,自再审判决生效之日起计算。

同理,再审维持被二审否定的一审部分判项,也应根据再审判决生效时间,结合一审判决被维持的判项内容及履行期间,计算债务人迟延履行期间的加倍部分债务利息。相关判项未确定履行期间的,自再审判决生效之日起计算。

——江必新、刘贵祥主编,最高人民法院执行局编著:《最高人民法院关于执行程序中计算迟延履行期间的债务利息司法解释理解与适用》,人民法院出版社 2014 年版,第 57 ~ 62 页。

1337

迟延履行期间加倍部分债务利息起算的截止时间

关键词 | 迟延履行 | 加倍部分债务利息 |

【最高人民法院司法解释】

第三条 加倍部分债务利息计算至被执行人履行完毕之日;被执行人分次履行的,相应部分的加倍部分债务利息计算至每次履行完毕之日。

人民法院划拨、提取被执行人的存款、收入、股息、红利等财产的,相应部分的加倍部分债务利息计算至划拨、提取之日;人民法院对被执行人财产拍卖、变卖或者以物抵债的,计算至成交裁定或者抵债裁定生效之日;人民法院对被执行人财产通过其他方式变价的,计算至财产变价完成之日。

——《最高人民法院关于执行程序中计算迟延履行期间的债务利息适用法律若干问题的解释》(2014 年 7 月 7 日,法释〔2014〕8 号)

【链接:最高人民法院法官著述】

执行第三人到期债权过程中加倍部分债务利息计算的截止时间。

人民法院依法对第三人强制执行,既可以执行第三人的存款、收入等金钱财产,也可以对第三人的动产、不动产,以及股权、专利权、商标权等其他财产权利强制执行。在划拨、提取第三人的金钱财产时,相应部分的加倍部分债务利息计算至划拨、提取之日;人民法院对第三人财产拍卖、变卖或以物抵债的,相应部分的加倍部分债务利息,计算至成交裁定或抵债裁定生效之日。

执行和解协议履行期间加倍部分债务利息的计算问题。

《民事诉讼法》第253条规定被执行人承担迟延履行期间债务利息的条件是未履行债务,因此,只要法院恢复执行后,被执行人对生效法律文书确定债务仍未履行完毕的,就应当根据本解释规定承担加倍部分债务利息。由于执行和解协议已经被恢复后的执行程序取代,执行和解协议履行期间不能作为被执行人免除加倍部分债务利息的期间。案件恢复执行后,与正常进行的执行程序并无本质区别,被执行人未履行生效法律文书确定义务,导致申请执行人不能全面实现债权,应当和其他正常进行的执行案件一样计算加倍部分债务利息。但被执行人在履行和解协议过程中,已经实际履行部分的债务应当扣除。已经履行部分债务的加倍部分债务利息,应根据本条第1款的规定,计算至履行完毕之日。

公司长期不分配股利的,人民法院能否强制提取?

在执行程序中,如果作为被执行人的控股股东滥用资本多数决原则,在其投资的公司中长期不分红,影响申请执行人债权实现的,执行法院能否突破不干预公司分红的原则,直接强制提取股权收益呢?最高人民法院执行局曾在个案中支持了执行法院强制提取被执行人股权收益的做法:执行法院查明被执行人在其全资子公司的工商档案年检报告书中,有归属母公司所有者的、数额远大于执行案件债权数额的净利润。该净利润虽然没有决定分配,但可以将执行债权额范围内的部分视为作为被执行人母公司在子公司应得的股权收益,为了保护债权人的利益,人民法院依法可以直接提取该应得的收益。执行法院扣划全资子公司的相关款项,符合《执行规定》第51条的规定。

——江必新、刘贵祥主编,最高人民法院执行局编著:《最高人民法院关于执行程序中计算迟延履行期间的债务利息司法解释理解与适用》,人民法院出版社2014年版,第57~62页。

1338

不计算加倍部分债务利息的期间

关键词｜迟延履行｜不计算加倍部分债务利息｜

【最高人民法院司法解释】

第三条　非因被执行人的申请，对生效法律文书审查而中止或暂缓执行的期间及再审中止执行的期间，不计算加倍部分债务利息。

——《最高人民法院关于执行程序中计算迟延履行期间的债务利息适用法律若干问题的解释》（2014 年 7 月 7 日，法释〔2014〕8 号）

【最高人民法院答复】

山东省高级人民法院：

根据你院《关于执行华和国际租赁有限公司与中国建设银行费县支行融资租赁合同担保纠纷一案的情况汇报》，现就有关的法律适用问题提出如下意见：

关于暂缓执行期间是否计算双倍贷款利息的问题，按照《民事诉讼法》第二百三十二条的规定，被执行人未按判决履行的，即应当加倍支付迟延履行期间的债务利息。暂缓执行并未改变被执行人未按判决履行的状态，而且此案暂缓执行已经保护了被执行人的利益，申诉被驳回的，被执行人应当承担未按判决履行的不利后果。

——《最高人民法院执行工作办公室〔2005〕执监字第 59 - 1 号函》（2006 年 12 月 1 日）

【链接：最高人民法院法官著述】

1. 关于暂缓执行期间是否计算双倍贷款利息的问题，法律没有明确规定，但在有关法律的条文中也没有排除暂缓执行期间的双倍计算。《民事诉讼法》第 232 条规定："被执行人未按判决、裁定和其他法律文书指定的期间履行给付义务的，应当加倍支付迟延履行期间的债务利息。"依此规定，加倍支付迟延利息的条件是"未按判决"履行义务。暂缓执行并未改变被执行人未按判决履行的状态,而且在执行中对这一争议问题的处理,应当在平衡双方利益的前提下,尽量作有利于债权人的解释。这样才能避免被执行人无理缠诉,通过申诉侵害债权人利益。

2. 最高人民法院起草的《强制执行法草案》和有关司法解释稿中,就此问题的解决方案,均提到:依被执行人的申请而暂缓执行或者中止执行的,暂缓执行或者中止执行期间的利息,由被执行人负担。这一精神应当用于指导当前的执行实践。

3. 申诉期间的暂缓执行不能解释为被执行人意志以外的原因,而应当解释为经过被执行人的努力才取得的效果,故与被执行人意志有关。而且该暂缓执行完全是因被执行人方面的原因造成的,是根据被执行人的请求为被执行人的利益采取的措施。在此期间暂缓执行本身已经是对被执行人的利益保护措施,已经损害债权人利益。在因申诉无理被驳回后,不能再损害申请人的利益。故申诉复查期间单倍计算利息实质上并不公平。

——黄金龙:《暂缓执行期间如何计算迟延履行期间的债务利息》,载最高人民法院执行工作办公室编:《执行工作指导》(总第21辑),人民法院出版社2007年版,第107~110页。

1339

金融不良债权转让案件中,迟延履行期间债务利息起算的计算

关键词 | 金融不良债权转让 | 迟延履行债务 | 加倍部分债务利息 |

【最高人民法院司法政策】

九、关于受让人收取利息的问题

会议认为,受让人向国有企业债务人主张利息的计算基数应以原借款合同本金为准;受让人向国有企业债务人主张不良债权受让日之后发生的利息的,人民法院不予支持。但不良债权转让合同被认定无效的,出让人在向受让人返还受让款本金的同时,应当按照中国人民银行规定的同期定期存款利率支付利息。

十二、关于《纪要》的适用范围

《纪要》的内容和精神仅适用于在《纪要》发布之后尚在一审或者二审阶段

的涉及最初转让方为国有银行、金融资产管理公司通过债权转让方式处置不良资产形成的相关案件。人民法院依照审判监督程序决定再审的案件，不适用《纪要》。

——《最高人民法院印发〈关于审理涉及金融不良债权转让案件工作座谈会纪要〉的通知》(2009 年 3 月 30 日，法发〔2009〕19 号)

【最高人民法院答复】

湖北省高级人民法院：

(1)非金融机构受让经生效法律文书确定的金融不良债权能否在执行程序中向非国有企业债务人主张受让日后利息的问题，应当参照《最高人民法院关于审理涉及金融不良债权转让案件工作座谈会纪要》的精神处理。

(2)根据《纪要》第 12 条的规定，《纪要》不具有溯及力。《纪要》发布前，非金融资产管理公司的机构或个人受让经生效法律文书确定的金融不良债权，或者受让的金融不良债权经生效法律文书确定的，发布日之前的利息按照相关法律规定计算；发布日之后不再计付利息。《纪要》发布后，非金融资产管理公司的机构或个人受让经生效法律文书确定的金融不良债权的，受让日之前的利息按照相关法律规定计算；受让日之后不再计付利息。

——《最高人民法院关于非金融机构受让金融不良债权后能否向非国有企业债务人主张全额债权的请示的复函》(〔2013〕执他字第 4 号)

【链接：最高人民法院法官著述】

该复函的主要特点：

1.《纪要》既适用于未经生效法律文书确定的金融不良债权转让，也适用于经生效法律文书确定的金融不良债权转让。

2.《纪要》亦可参照适用于非国有企业债务人。最高人民法院对此问题有过明确答复意见。根据最高人民法院民二庭答复云南省高级人民法院〔2009〕民二他字第 21 号答复，涉及非国有企业债务人的金融不良债权转让纠纷案件，亦应参照适用《纪要》的规定。

3. 鉴于金融不良债权转让的政策性和特殊性，这类案件与普通民事执行案件有别,执行程序中迟延履行期间的债务利息也统一参照《纪要》第9条的规定计算。

4. 迟延履行期间债务利息计算的截止日。根据《纪要》第12条的规定,《纪要》不具有溯及力。

(1)《纪要》发布前,非金融资产管理公司法人、自然人受让金融不良债权的,由于受让债权时《纪要》尚未发布,因此以《纪要》发布日为分界时间点。发布日之前的利息按照相关法律规定计算;发布日之后的利息根据《纪要》第9条的规定,不再计付。

(2)《纪要》发布后,非金融资产管理公司法人、自然人受让金融不良债权的,由于受让债权时《纪要》已经发布,因此应以《纪要》第9条规定的受让日为分界时间点。受让日之前的利息按照相关法律规定计算;受让日之后不再计付利息。

迟延履行期间债务利息的计算也参照上述规则。

——江必新、刘贵祥主编,最高人民法院执行局编著:《最高人民法院关于执行程序中计算迟延履行期间的债务利息司法解释理解与适用》,人民法院出版社2014年版,第96~98页。

金融不良债权利息的计算规则与本司法解释的衔接

1. 金融不良债权利息的计算规则优先于本司法解释适用

本司法解释是关于迟延履行利息计算的一般规则,金融不良债权利息的计算是特殊规则。根据特别规则优于一般规则适用的原理,后者应该优先于前者适用。具体而言,就是根据《纪要》及最高人民法院相关函文,在金融不良债权转让后免除了债务人利息的案件,执行程序中应不予计算迟延履行利息。这里的不予计算既包括2014年8月1日之前迟延履行期间的利息,也包括2014年8月1日之后迟延履行期间的利息。

2. 需要计算迟延履行利息的金融不良债权适用本司法解释

根据上述处理金融不良债权相关规则,某些情况下仍然需要计算金融不良债权的迟延履行利息。此时则应适用本司法解释。由于本司法解释采用分段计算的规则,所以有时还可能会适用最高人民法院原来关于利息计算的司法解释。具体而言,执行程序中计算金融不良债权的迟延履行利息,主要有如下几种情况:

第一,资产管理公司一直没有对外转让金融不良债权。根据金融不良债权利息计算的规则,只有金融不良债权被转让后才免除利息,所以对于未转让的金融不良债权要计算迟延履行利息。对于此类利息的计算,应该按照本司法解释确定的规则,以实施日为基准点,实施日之前迟延履行期间的迟延履行利息按照当时的规则计算,具体而言就是按照2009年《批复》计算;实施日之后迟延履行期间的利息按照本司法解释的规则计算。

第二,对于《纪要》发布前非金融资产管理公司的机构或个人受让的金融不良债权,执行程序中应该按照相关法律规定计算发布日之前的利息,发布日之后不再计付利息。由于《纪要》系2009年3月30日发布,远早于本司法解释的施行日,所以执行程序中对于此类案件利息的计算不涉及本司法解释的适用问题,只需要按照当时的计算规则计算《纪要》发布前的利息即可。

第三,对于《纪要》发布后非金融资产管理公司的机构或个人受让的金融不良债权,执行程序中要计算受让日之前的利息,受让日之后不再计付利息。具体而言,对于受让日之前的利息要适用本司法解释的分段计算法,本司法解释施行日前的迟延履行期间的利息按照原司法解释的规则计算;本司法解释施行日后的迟延履行期间的利息按照本司法解释确定的规则计算。

——江必新、刘贵祥主编,最高人民法院执行局编著:《最高人民法院关于执行程序中计算迟延履行期间的债务利息司法解释理解与适用》,人民法院出版社2014年版,第178～179页。

1340

执行款不足以偿付全部债务时，生效法律文书确定的金钱债务与迟延履行期间债务利息的清偿顺序

关键词｜迟延履行债务｜利息清偿顺序｜

【最高人民法院司法解释】

第四条 被执行人的财产不足以清偿全部债务的,应当先清偿生效法律文书确定的金钱债务,再清偿加倍部分债务利息,但当事人对清偿顺序另有约定的除外。

——《最高人民法院关于执行程序中计算迟延履行期间的债务利息适用法律若干问题的解释》(2014年7月7日,法释〔2014〕8号)

【链接：最高人民法院法官著述】

一、强制执行程序中参与分配时是否适用本条解释中规定的清偿顺序的问题

本解释关于清偿顺序的规定主要适用于被执行人分次履行时，但同时也适用于执行案款分配程序中。参与分配程序中被执行人财产不足以清偿所有债务的，迟延履行利息的清偿顺序也应当适用本解释的规定，即优先保证生效法律文书确定的金钱债务得到清偿，剩余款项再偿还迟延履行利息。因此，在参与分配时，要按照先偿会生效法律文书确定的金钱债务，再支付迟延履行期间利息的原则进行分配，如果在执行款项不足以支付所有生效法律文书确认的金钱债务时，迟延履行利息则不应当记入债权数额中参与分配。

二、本解释规定的清偿顺序与一般民事债权清偿顺序的区别问题

司法解释中确定的法律文书确定的金钱债务与迟延履行利息清偿顺序不适用一般民法债权的清偿抵充顺序。首先，迟延履行属于罚息，是对不按期履行判决确定义务的惩罚方式，与普通债务主债务之利息有本质属性上的区别。其次，债的清偿抵充顺序的确立，在价值取向上更侧重于对债权人的利益保护，主要是对债权人经济损失的弥补；而迟延履行利息制度的设置目的在于给予申请执行人适当的经济补偿，对被执行人施以适当的经济惩罚，督促当事人尽快履行判决义务，维护法院判决的权威性。因此，本解释中确立的约定优先以及本金优先受偿的原则与合同法、担保法及相关民法领域中债的清偿抵充顺序并不存在矛盾和冲突。

因此，在执行款不足以清偿全部债务时，就生效法律文书确定的金钱债务与迟延履行利息的清偿顺序而言，应当先清偿生效法律文书确定的金钱债务，如果有剩余，再支付迟延履行利息。如果执行款尚不足以支付生效法律文书确定的全部金钱债务，则应当按照一般民法债权抵充顺序原则进行支付。

三、迟延履行利息与违约金等的清偿顺序问题

如果生效法律文书中判明了违约金，则属于生效法律文书确定的金钱债务，在清偿顺序上，优先于迟延履行利息而受偿。违约金之所以优先于迟延履行利息受偿，在于其是为满足债权人的债权，补偿其损失而存在的，而迟延履行利息则主要是为了惩罚和制裁被执行人的迟延履行行为，警戒他人不再发生类似行为，同时防止被执行人因迟延履行行为而获得不当利益。因此在执行款不足以

清偿全部债务时，就清偿顺序而言，违约金优先于迟延履行利息而受偿。

四、迟延履行利息是否属于优先受偿权保护范围

既然无论生效法律文书确定的金钱债务是否属于优先受偿权，则其相对应的迟延履行利息的权利基础以及特征等都是一致的，那么就没有区分的必要，应当平等对待。因此，优先受偿的债权产生的迟延履行利息不属于优先受偿的范围。当然，这只是初步意见，这一意见尚待实践的检验。

——江必新、刘贵祥主编，最高人民法院执行局编著：《最高人民法院关于执行程序中计算迟延履行期间的债务利息司法解释理解与适用》，人民法院出版社2014年版，第122～128页。

1341

给付外币案件迟延履行期间债务利息的计算

关键词 | 迟延履行债务利息 | 给付外币 |

【最高人民法院司法解释】

第五条 生效法律文书确定给付外币的，执行时以该种外币按日万分之一点七五计算加倍部分债务利息，但申请执行人主张以人民币计算的，人民法院应予准许。

以人民币计算加倍部分债务利息的，应当先将生效法律文书确定的外币折算或者套算为人民币后再进行计算。

外币折算或者套算为人民币的，按照加倍部分债务利息起算之日的中国外汇交易中心或者中国人民银行授权机构公布的人民币对该外币的中间价折合成人民币计算；中国外汇交易中心或者中国人民银行授权机构未公布汇率中间价的外币，按照该日境内银行人民币对该外币的中间价折算成人民币，或者该外币在境内银行、国际外汇市场对美元汇率，与人民币对美元汇率中间价进行套算。

——《最高人民法院关于执行程序中计算迟延履行期间的债务利息适用法律若干问题的解释》（2014年7月7日，法释〔2014〕8号）

【链接：最高人民法院法官著述】

（一）本条特殊规定仅适用于外币案件的迟延履行期间债务利息中加倍部分债务利息的计算

对于迟延履行期间的一般债务利息如何计算，适用《解释》第1条第2款的规定，即“迟延履行期间的一般债务利息，根据生效法律文书确定的方法计算；生效法律文书未确定给付一般债务利息的，不予计算”。

（二）债务人以何种货币清偿债务，当前没有法律及司法解释的明确规定

在执行实践中，可以先以与债权人选择的计算迟延履行利息的货币相同的货币清偿，不能全部清偿的，再考虑其他货币折算或者套算后清偿。

（三）执行中币种的选择只限于迟延履行利息的执行

迟延履行利息之外的其他金钱债务以何种货币为给付标准，应当以生效法律文书确定的币种为给付标准。

——江必新、刘贵祥主编，最高人民法院执行局编著：《最高人民法院关于执行程序中计算迟延履行期间的债务利息司法解释理解与适用》，人民法院出版社2014年版，第138～139页。

1342

执行回转程序中迟延履行期间加倍部分债务利息的承担

关键词｜迟延履行债务｜加倍部分债务利息｜执行回转｜

【最高人民法院司法解释】

第六条 执行回转程序中，原申请执行人迟延履行金钱给付义务的，应当按照本解释的规定承担加倍部分债务利息。

——《最高人民法院关于执行程序中计算迟延履行期间的债务利息适用法律若干问题的解释》（2014年7月7日，法释〔2014〕8号）

【链接：最高人民法院法官著述】

在原生效法律文书执行过程中，因原被执行人迟延履行义务，被执行了迟延履行期间的债务利息。如果这部分迟延履行期间的债务利息，由于原被执行人在申诉中提出请求，经审判监督程序审查后，在新的生效法律文书中予以确认，那么按照新的生效判决执行即可。但是，如果这部分迟延履行期间的债务利息在新的生效法律文书中没有确认，那么，在执行回转程序中，应当依据《执行规定》第109条的规定，裁定责令原申请执行人返还已取得的这部分迟延履行期间的债务利息。

——江必新、刘贵祥主编，最高人民法院执行局编著：《最高人民法院关于执行程序中计算迟延履行期间的债务利息司法解释理解与适用》，人民法院出版社2014年版，第160页。

1343

执行监督案件、恢复终结本次执行案件有关迟延履行期间债务利息的适用

关键词 | 执行监督 | 恢复终结执行 | 迟延履行债务 | 溯及力 |

【最高人民法院司法解释】

第七条 本解释施行时尚未执行完毕部分的金钱债务，本解释施行前的迟延履行期间债务利息按照之前的规定计算；施行后的迟延履行期间债务利息按照本解释计算。

本解释施行前本院发布的司法解释与本解释不一致的，以本解释为准。

——《最高人民法院关于执行程序中计算迟延履行期间的债务利息适用法律若干问题的解释》（2014年7月7日，法释〔2014〕8号）

【链接：最高人民法院法官著述】

对于执行监督案件的提起与处理，也要以2014年8月1日为界，适用本司

法解释的分段计算规则。由于本司法解释在溯及力问题上采用了分段计算的规则,所以对于执行监督案件的处理变得相对简单。不管在执行监督案件的提起还是提起后的处理上,贯彻分段计算规则的结果就是对于当时的利息计算采用当时有效的司法解释,避免了处理执行监督案件是适用原规则还是新规则的问题。

基于同样的理由,对于终结本次执行程序后,发现被执行人财产重新立案执行的案件,也是适用分段计算的规则。以2014年8月1日为界,之前迟延履行期间的利息按照原来的规定计算,之后迟延履行期间的利息按照本司法解释计算。

——江必新、刘贵祥主编,最高人民法院执行局编著:《最高人民法院关于执行程序中计算迟延履行期间的债务利息司法解释理解与适用》,人民法院出版社2014年版,第175页。

1344

《民事诉讼法》对于未按判决履行义务支付迟延履行利息的前提并未区分具体情形

关键词 | 迟延履行利息 | 不安抗辩权 |

【最高人民法院裁判文书】

湖南嘉福房地产开发有限公司与湘天公司、湖南湘天投资控股集团有限公司、湖南加华投资控股集团有限公司及第三人湖南江浙置业有限公司国有土地使用权转让合同纠纷执行案[最高人民法院(2012)执复字第4号执行裁定书]

最高人民法院认为,《民事诉讼法》第229条规定应当加倍支付迟延履行期间的债务利息的条件是,“被执行人未按判决、裁定和其他法律文书指定的期间履行给付金钱义务”,而对于未按判决履行义务这一前提并未区分具体情形,故可以理解为,只要符合该条件,即应支付迟延履行利息。本案判决确定嘉福公司负有在先履行的义务,且明确要求其自判决生效后十日内向江浙公司支付款项,嘉福公司应受该期限的约束,超过该期限未支付的,江浙公司有权要求其支付迟延履行利息。江浙公司在生效判决作出后将涉案土地使用权设定抵押,为判决作出时并无权利负担的土地使用权过户制造了不确定性，嘉福公司有理由关注自己支付款项后能否顺利取得无负担的土地使用权。但目前在生效裁判执行中适用不安抗辩权制度，尚缺乏法律依据。况且，嘉福公司在此种情况下仍可以采取提存或者向法院支付的方式先行履行，然后请执行法院解决抵押权问题；江浙公司在判决确定的收到款项后十日内清偿贷款并解除抵押权即符合判决的要求，不能得出江浙公司在嘉福公司履行义务后将丧失履行判决能力的确切结论。故即使按照不安抗辩权的观点，嘉福公司的主张也并不必然成立。

——中国裁判文书网，http://www.court.gov.cn/zgcpwsw/zgrmfy/。

1345

即时查控财产后两个工作日内补办审批手续

关键词 | 即时查控财产 | 补办审批手续 |

【最高人民法院司法政策】

7. 执行中因情况紧急必须及时采取执行措施的，执行人员经执行指挥中心指令，可依法采取查封、扣押、冻结等财产保全和其他控制性措施，事后两个工作日内应当及时补办审批手续。

——《最高人民法院关于最高人民法院关于执行权合理配置和科学运行的若干意见》（2011年10月19日，法发〔2011〕15号）

【链接：最高人民法院法官著述】

执行工作具有高度的时效性要求，一旦发现被执行人财产时需要及时采取控制措施，否则，就会造成财产流失。为了应对执行程序中的一些突发事件和紧急情况，在最高人民法院的要求下，各地法院已经普遍成立了执行指挥中心，有的还采取和当地公安110联动的方式运行。但存在的问题是，一旦发现了被执行人可供执行的财产时，执行人员由于缺乏授权，往往难以及时采取控制措施。为了解决紧急情况下对执行人员采取控制措施授权不足的问题，《意见》赋予执行人员在接受执行指挥中心指令的前提下，依法采取查封、扣押、冻结等财产保全和其他控制性措施的权力,但事后2个工作日内应当及时补办审批手续。由于控制性措施并不涉及财产的处分,对被执行人和利害关系人的权利损害较小,而且尚有事后对执行人员滥用控制性措施的责任追究等监督制约机制,并不会造成权力滥用。

——卫彦明、范向阳:《〈最高人民法院关于执行权合理配置和科学运行的若干意见〉的理解与适用》,载江必新主编、最高人民法院执行局编:《执行工作指导》(总第41辑),人民法院出版社2012年版,第59页。

1346

所有执行案件必须办理立案登记手续

关键词 | 立案登记 |

【最高人民法院司法政策】

11.办理执行实施、执行异议、执行复议、执行监督、执行协调、执行请示等执行案件和案外人执行异议之诉、申请执行人执行异议之诉、执行分配方案异议之诉、代位析产之诉等涉执行的诉讼案件,由立案机构进行立案审查,并纳入审判和执行案件统一管理体系。

人民法庭经授权执行自审案件,可由其自行办理立案登记手续,并纳入执行案件的统一管理。

——《最高人民法院关于执行权合理配置和科学运行的若干意见》(2011年10月19日,法发〔2011〕15号)

【链接:最高人民法院法官著述】

目前,各地在执行案件,尤其是执行异议和执行监督案件的立案程序方面做法不一。首先,在立案机构上,有的地方法院由立案机构负责办理立案手续,有的则由执行机构自行决定是否立案受理。其次,在立案范围上,有的地方规定执行异议案件不立案,直接由执行机构审查处理,有的则对执行异议、复议和执行实施案件均办理立案登记。《意见》规定,无论是执行异议、复议、监督、实施案件，还是涉执行的诉讼案件，均应由立案机构立案60日后转相关执行和审判机构办理，人民法庭的自执案件虽然可以自行办理立案手续，亦应纳入执行案件的统一管理，以利于法院系统内部的考核和流程管理，防止有案不立，损害异议人合法权利。

——卫彦明、范向阳：《〈最高人民法院关于执行权合理配置和科学运行的若干意见〉的理解与适用》，载江必新主编、最高人民法院执行局编：《执行工作指导》(总第41辑)，人民法院出版社2012年版，第60页。

1347

被执行人在执行程序中可以行使抵销权

关键词 | 被执行人 | 抵销权 |

【最高人民法院答复】

山东省高级人民法院：

你院《关于在贸易中心与华港公司借贷纠纷执行一案中被执行人能否行使抵销权问题的请示报告》(〔2010鲁执三他字第1号)收悉。经研究，答复如下：

原则同意你院第二种意见。抵销权是《合同法》规定的当事人的实体权利，被执行人在执行程序中可以行使。执行法院应当依照《合同法》的相关规定，对于抵销权行使的条件是否具备等进行合法性审查。对于被执行人受让债权后主张抵销的，执行法院还应当审查被执行人受让债权的合法性，防止损害对方当事人、第三人的合法权益或者社会公共利益。当事人对于审查结果不服的，可以依照《民事诉讼法》第二百二十五条的规定进行救济。

对请示所涉案件而言，应结合具体案情，严格审查抵销权行使的条件，依法保护各方当事人的权利。强制清算的实施由执行局负责，强制清算中的实体争议由民事审判机构负责审理。

——《最高人民法院〔2014〕执他字第25号函》(2014年10月9日)

【链接：最高人民法院法官著述】

由于抵销权具有优先受偿权的性质，行使起来又非常简单，所以在执行程序

中应该予以严格审查。审查抵销权的行使条件是否具备,是否侵害了相对人及他人的权利。在本案中,需要注意如下几个方面的问题:

第一,主张抵销权的债权不以生效法律文书的确认为前提。本案中主张抵债的债权经过了生效法律文书的确认,但是随后的转让未再经过生效法律文书的确认。山东高院第一种观点据此认为,不应在执行阶段处理,而应交审判程序解决。这种观点没有法律依据,抵销权对于主动债权的要求是合法有效,在执行程序中并没有更为严格的要求。因此,在执行程序中应该审查主动债权的真实合法性,但是不能要求该债权为生效法律文书确定的债权。

第二,本案中需要重点审查的是债权让与情况下的抵销权行使问题。首先是被执行人购买案外人对于申请执行人债权的时间与接到申请执行人债权让与的一个基本原则是"债务人不能因债权让与而受到损害"。《合同法》第 82 条、第 83 条是该原则的具体体现。《合同法》第 82 条规定:"债务人接到债权转让通知后,债务人对让与人的抗辩,可以向受让人主张。"《合同法》第 83 条规定:"债务人接到债权转让通知时,债务人对让与人享有债权,并且债务人的债权先于转让的债权到期或者同时到期的,债务人可以向受让人主张抵销。"

本案中,抵销权成立于申请执行人的债权转让通知到达被执行人之前还是之后,是本案的一个关键因素。如果成立于通知到达前,则可以抵销,如果成立于通知到达后则不能抵销。

如果债权人没有将债权让与对被执行人进行通知,而是向执行法院提出变更申请执行人的请求,则应将被执行人得知申请执行人发生变更的时间,视为接到债权让与通知的时间。

第三,应当平等保护各方当事人的权利。首先,对于申请执行人来说,其作为被执行人受让债权的债务人,也应该受到债权转让中"不得加重债务人负担"原则和《合同法》第 82 条、第 83 条规定的保护。在双方当事人权利转让生效要件的判断上应该适用相同的规则。其次,对于当事人的权利救济应依法给予充分的保障,保障当事人异议复议的权利。

——葛洪涛:《执行程序中当事人能否行使抵销权》,载江必新、刘贵祥主编,最高人民法院执行局编:《执行工作指导》(总第 51 辑),人民法院出版社 2014 年版,第 49 ~ 50 页。

第二十一章 | CHAPTER 21

涉外民事诉讼程序的特别规定

1348

涉外民事案件的认定

关键词|涉外民事案件|经常居所地|

【最高人民法院司法解释】

第五百二十二条 有下列情形之一,人民法院可以认定为涉外民事案件:

(一)当事人一方或者双方是外国人、无国籍人、外国企业或者组织的;

(二)当事人一方或者双方的经常居所地在中华人民共和国领域外的;

(三)标的物在中华人民共和国领域外的;

(四)产生、变更或者消灭民事关系的法律事实发生在中华人民共和国领域外的;

(五)可以认定为涉外民事案件的其他情形。

——《最高人民法院关于适用〈中华人民共和国民事诉讼法〉的解释》(2015年1月30日,法释〔2015〕5号)

第一条 民事关系具有下列情形之一的,人民法院可以认定为涉外民事关系:

(一)当事人一方或者双方是外国公民、外国法人或者其他组织、无国籍人;

(二)当事人一方或者双方的经常居所地在中华人民共和国领域外;

(三)标的物在中华人民共和国领域外;

(四)产生、变更或者消灭民事关系的法律事实发生在中华人民共和国领域外;

(五)可以认定为涉外民事关系的其他情形。

第十五条 自然人在涉外民事关系产生或者变更、终止时已经连续居住一年以上且作为其生活中心的地方,人民法院可以认定为涉外民事关系法律适用法规定的自然人的经常居所地,但就医、劳务派遣、公务等情形除外。

第十六条 人民法院应当将法人的设立登记地认定为涉外民事关系法律适用法规定的法人的登记地。

——《最高人民法院关于适用〈中华人民共和国涉外民事关系法律适用法〉若干问题的解释(一)》(2012年12月28日,法释〔2012〕24号)

【链接：最高人民法院法官著述】

司法实践中可以从三个要素判断是否为涉外民事案件：一是案件所涉民事法律关系的主体；二是案件所涉民事法律关系的客体——案件系争的标的物；三是案件所涉民事法律关系的内容——产生、变更或者消灭民事法律关系的法律事实。该三要素只要其一具备涉外因素，则可以认定为“涉外民事案件”。其中，关于主体，还可以从两个角度考察，一是国籍，二是经常居所地。如何理解“经常居所地”，自然人可以参考《涉外民事关系法律适用司法解释（一）》第十五条，法人的经常居所地则可以参考《涉外民事关系法律适用司法解释（一）》第十六条。

——沈德咏主编、最高人民法院修改后民事诉讼法贯彻实施工作领导小组编著：《最高人民法院民事诉讼法司法解释理解与适用》，人民法院出版社 2015 年版，第 1381 页。

1349

重大涉外案件当事人人数众多指任一方当事人

关键词｜重大涉外案件｜当事人众多｜

【最高人民法院司法解释】

第一条　民事诉讼法第十八条第一项规定的重大涉外案件，包括争议标的额大的案件、案情复杂的案件，或者一方当事人人数众多等具有重大影响的案件。

——《最高人民法院关于适用〈中华人民共和国民事诉讼法〉的解释》（2015 年 1 月 30 日，法释〔2015〕5 号）

【链接：最高人民法院法官著述】

“当事人人数众多”是指哪一方，本条与《关于适用〈中华人民共和国民事诉讼法〉若干问题的意见》(以下简称《92 年意见》)第 1 条规定不同。《92 年意见》第 1 条规定必须是指居住在国外的当事人,而按照本条规定,没有作此区分,只要一方当事人人数众多,就属于重大涉外案件,不管其居住在国内还是国外。

——沈德咏主编、最高人民法院修改后民事诉讼法贯彻实施工作领导小组编著:《最高人民法院民事诉讼法司法解释理解与适用》,人民法院出版社 2015 年版,第 128 页。

1350

外国当事人身份材料公证、认证的规定

关键词 | 外国当事人身份 |

【最高人民法院司法解释】

第五百二十三条 外国人参加诉讼,应当向人民法院提交护照等用以证明自己身份的证件。

外国企业或者组织参加诉讼,向人民法院提交的身份证明文件,应当经所在国公证机关公证,并经中华人民共和国驻该国使领馆认证,或者履行中华人民共和国与该所在国订立的有关条约中规定的证明手续。

代表外国企业或者组织参加诉讼的人,应当向人民法院提交其有权作为代表人参加诉讼的证明,该证明应当经所在国公证机关公证,并经中华人民共和国驻该国使领馆认证,或者履行中华人民共和国与该所在国订立的有关条约中规定的证明手续。

本条所称的"所在国",是指外国企业或者组织的设立登记地国,也可以是办理了营业登记手续的第三国。

——《最高人民法院关于适用〈中华人民共和国民事诉讼法〉的解释》(2015 年 1 月 30 日,法释〔2015〕5 号)

【链接:最高人民法院法官著述】

由于外国企业或组织并非都像我国一样有法定代表人制度,因此,谁能代表

该企业或组织参加在中国进行的诉讼,需要企业或组织的权力机构,如董事会等作出决议。这些材料一般也形成于我国境外,因此,亦应当办理相应的公证、认证手续。

司法实践中,为了方便当事人参加诉讼,对于设立登记地和主营地不同的企业或组织,也允许提交在主营业地办理的公证、认证手续。

目前的司法实践中,当事人如果在香港特别行政区办理上述手续,由司法部考核后委托的香港律师作为委托公证人,出具有关公证文书,再经司法部在香港设立的中国法律服务(香港)有限公司审核并盖章转递即可;当事人如果在澳门特别行政区办理上述手续,由澳门当地公证员公证即可;当事人如果在台湾地区办理上述手续,由台湾当地公证员公证即可。

——沈德咏主编、最高人民法院修改后民事诉讼法贯彻实施工作领导小组编著:《最高人民法院民事诉讼法司法解释理解与适用》,人民法院出版社 2015 年版,第 1383 页。

1351

外国当事人授权委托手续可以在我国境内办理公证

关键词 | 外国当事人 | 授权委托手续 | 公证 |

【最高人民法院司法解释】

第五百二十六条 外国人、外国企业或者组织的代表人在中华人民共和国境内签署授权委托书,委托代理人进行民事诉讼,经中华人民共和国公证机构公证的,人民法院应予认可。

——《最高人民法院关于适用〈中华人民共和国民事诉讼法〉的解释》(2015 年 1 月 30 日,法释〔2015〕5 号)

【最高人民法院司法政策】

20. 外国自然人在我国境内签署的授权委托书,经我国公证机关公证,证明该委托书是在我国境内签署的,无须在其所在国再办理公证、认证或者其他证明手续。

22. 外国法人、其他组织的法定代表人或者负责人代表该法人、其他组织在我国境内签署的授权委托书，经我国公证机关公证，证明该委托书是在我国境内签署，且该法定代表人或者负责人向人民法院提供了外国法人、其他组织出具的办理了公证、认证或者其他证明手续的能够证明其有权签署授权委托书的证明文件的，该授权委托书无须在外国当事人的所在国办理公证、认证或者其他证明手续。

——《最高人民法院第二次全国涉外商事海事审判工作会议纪要》(2005年12月26日，法发〔2005〕26号)

1352

外国当事人授权委托手续可在法院当面办理

关键词｜涉外民商事案件｜授权委托书｜

【最高人民法院司法解释】

第五百二十五条 外国人、外国企业或者组织的代表人在人民法院法官的见证下签署授权委托书，委托代理人进行民事诉讼的，人民法院应予认可。

——《最高人民法院关于适用〈中华人民共和国民事诉讼法〉的解释》(2015年1月30日，法释〔2015〕5号)

【最高人民法院司法政策】

19. 外国自然人在人民法院办案人员面前签署的授权委托书无须办理公证、认证或者其他证明手续，但在签署授权委托书时应出示身份证明和入境证明，人民法院办案人员应在授权委托书上注明相关情况并要求该外国自然人予以确认。

21. 外国法人、其他组织的法定代表人或者负责人代表该法人、其他组织在人民法院办案人员面前签署的授权委托书，无须办理公证、认证或者其他证明手续，但在签署授权委托书时，外国法人、其他组织的法定代表人或者负责人除了向人民法院办案人员出示自然人身份证明和入境证明外，还必须提供该法人或者其他组织出具的能够证明其有权签署授权委托书的证明文件，且该证明文件必须办理公证、认证或者其他证明手续。人民法院办案人员应在授权委托书上注明相关情况并要求该法定代表人或者负责人予以确认。

——《最高人民法院第二次全国涉外商事海事审判工作会议纪要》(2005 年 12 月 26 日，法发〔2005〕26 号)

1353

执行程序中我国领域外出具的授权委托书需办理证明手续

关键词｜授权委托书｜

【最高人民法院司法政策】

23. 外国当事人将其在特定时期内发生的或者将特定范围的案件一次性委托他人代理，人民法院经审查可以予以认可。该一次性委托在一审程序中已办理公证、认证或者其他证明手续的，二审或者再审程序中无需再办理公证、认证或者其他证明手续。

——《最高人民法院关于印发〈第二次全国涉外商事海事审判工作会议纪要〉的通知》(2005 年 12 月 26 日，法发〔2005〕26 号)

【最高人民法院答复】

安徽省高级人民法院：

你院〔2009〕皖执字第 00002 号《关于百事达(美国)企业有限公司申请执行中美合资安徽饭店有限公司清算委员会侵权纠纷一案的请示报告》收悉。经研究，我院认为：

执行程序亦属广义的诉讼程序的范畴，因此，《民事诉讼法》第二百四十条在执行程序中亦应予以适用。本案中，百事达(美国)企业有限公司在案件进入执行程序后，另外委托信永中和会计师事务所有限责任公司对中美合资安徽饭店有限公司就有关公司清算的财务会计进行特别审计，如果该授权委托书是从中华人民共和国领域外寄交或者托交的，应当经所在国公证机关证明，并经中华人民共和国驻该国使领馆认证，或者履行中华人民共和国与该所在国订立的有关条约中规定的证明手续后,才具有效力。

——《最高人民法院〔2010〕执他字第5号函》(2010年4月23日)

1354

对外国法院离婚判决效力的承认

关键词 | 外国法院 | 离婚判决 | 确认效力 | 受理 |

【最高人民法院司法解释】

广东省高级人民法院:

你院报送的粤高法民一他字〔2004〕9号《关于当事人申请承认澳大利亚法院出具的离婚证明书有关问题》的请示收悉。经研究,答复如下:

当事人持澳大利亚法院出具的离婚证明书向人民法院申请承认其效力的,人民法院应予受理,并依照《中华人民共和国民事诉讼法》第二百六十五条和第二百六十六条以及《最高人民法院关于中国公民申请承认外国法院离婚判决程序问题的规定》的有关规定进行审查,依法作出承认或者不予承认的裁定。

此复。

——《最高人民法院关于当事人申请承认澳大利亚法院出具的离婚证明书人民法院应否受理问题的批复》(2005年7月26日,法释〔2005〕8号,2008年12月16日修正)

1998年9月17日,我院以法〔1998〕86号通知印发了《关于人民法院受理申请承认外国法院离婚判决案件几个问题的意见》,现根据新的情况,对人民法院受理申请承认外国法院离婚判决案件的有关问题重新作如下规定:

一、中国公民向人民法院申请承认外国法院离婚判决,人民法院不应以其未在国内缔结婚姻关系而拒绝受理;中国公民申请承认外国法院在其缺席情况下作出的离婚判决,应同时向人民法院提交作出该判决的外国法院已合法传唤其出庭的有关证明文件。

二、外国公民向人民法院申请承认外国法院离婚判决,如果其离婚的原配偶是中国公民的,人民法院应予受理;如果其离婚的原配偶是外国公民的,人民法院不予受理，但可告知其直接向婚姻登记机关申请再婚登记。

三、当事人向人民法院申请承认外国法院离婚调解书效力的，人民法院应予受理，并根据《关于中国公民申请承认外国法院离婚判决程序问题的规定》进行审查，作出承认或不予承认的裁定。

自本规定公布之日起，我院法〔1998〕86 号通知印发的《关于人民法院受理申请承认外国法院离婚判决案件几个问题的意见》同时废止。

——《最高人民法院关于人民法院受理申请承认外国法院离婚判决案件有关问题的规定》(2000 年 2 月 29 日，法释〔2000〕6 号)

【最高人民法院答复】

吉林省高级人民法院：

你院吉高法〔2003〕23 号《关于中国公民申请承认外国法院离婚确认书的请示》收悉。经研究答复如下：

对于中国公民黄爱京申请人民法院承认的韩国法院离婚确认书，应视为韩国法院出具的法律文书。当事人向人民法院申请承认该离婚确认书法律效力的案件，人民法院可比照《最高人民法院关于中国公民申请承认外国法院离婚判决程序问题的规定》第一条和《关于人民法院受理申请承认外国法院离婚判决案件有关问题的规定》第三条规定的精神予以受理。

——《最高人民法院关于中国公民黄爱京申请承认外国法院离婚确认书受理问题的复函》(2003 年 5 月 12 日，〔2003〕民立他字第 15 号)

1355

对香港地方法院离婚判决效力的承认

关键词 | 香港法院 | 离婚判决 |

【最高人民法院答复】

黑龙江省高级人民法院：

你院〔1991〕民复字第 5 号请示收悉。经研究，我们同意你院意见，即：我国公民周芳洲向人民法院提出申请,要求承认香港地方法院关于解除英国籍人卓见与其婚姻关系的离婚判决的效力,有管辖权的中级人民法院应予受理。受理后经审查,如该判决不违反我国法律的基本原则和社会公共利益,可裁定承认其法律效力。

此复。

——《最高人民法院关于我国公民周芳洲向我国法院申请承认香港地方法院离婚判决效力我国法院应否受理问题的批复》(1991年9月20日,〔1991〕民他字第43号)

1356

港澳居民离婚诉讼的特殊管辖

关键词 | 港澳居民 | 离婚案件管辖 |

【最高人民法院答复】

广东省高级人民法院:

你院1984年2月9日〔84〕粤法民字第12号请示收悉。关于原在内地登记结婚,现双方均居住香港,他们发生离婚诉讼,内地人民法院可否按我院1983年11月28日〔83〕法研字第26号《印发〈关于驻外使领馆处理华侨婚姻问题的若干规定〉的通知》中关于华侨离婚的第三点,即"夫妻双方均是居住在国外的华侨,……如果他们原先是在国内办理结婚登记的,现因某种原因,居所地有关机关不受理时,双方可以回国内向原结婚登记机关或结婚登记地人民法院申办离婚"之规定办理问题,经我们研究认为,上述规定所指的是居住在国外的华侨申请办理离婚的办法,港澳同胞不属于居住在国外的华侨,故不宜直接引用此规定。但港澳同胞和华侨同是中国公民,他们在内地登记结婚后,在港澳进行离婚诉讼如果确有实际困难,我们仍应当予以解决。故对于夫妻双方均居住在港澳的同胞,原在内地登记结婚的,现在发生离婚诉讼,如果他们向内地人民法院申请,内地原结婚登记地或原户籍地人民法院可以受理,并按《民事诉讼法(试行)》第五十四条的规定办理。从港澳寄来的委托书和书面意见,必须按司法部1981年4月29日〔81〕司发公字第129号《关于为港、澳同胞回内地申请公证而出具证明办法的通知》和1982年2月20日〔82〕司发公字第39号《关于港、澳同胞回内地申请公证出具证明办法的补充通知》中的规定，经我指定的港、澳地区有关机构或律师给予证明，方能承认其效力。

此复。

——《最高人民法院关于原在内地登记结婚后双方均居住香港，现内地人民法院可否受理他们离婚诉讼的批复》（1984年4月14日，〔1984〕法民字第3号）

【链接：最高人民法院法官著述】

1997年7月1日，中华人民共和国恢复对香港行使主权。本案的审理过程正好跨越了这重要的历史期间，应当如何正确处理案件管辖的问题，在审理过程中主要涉及以下几个问题：

一、本案香港居民到内地进行离婚诉讼，内地人民法院是否可以立案受理

最高人民法院1984年4月14日〔84〕法民字第3号《关于原在内地登记结婚后双方均居住香港，现内地人民法院可否受理他们离婚诉讼的批复》规定："对于夫妻双方均居住在港澳的同胞，原在内地登记结婚的，现在发生离婚诉讼，如果他们向内地人民法院请求，内地原结婚登记地或原户籍地人民法院可以受理。"这是最高人民法院对港澳同胞离婚诉讼特殊管辖所作的规定。原告蔡文祥与被告王丽心的婚姻缔结地是在晋江，两婚生子女均在晋江出生并生活一段时间，现原、被告及其子女均居住香港，符合最高人民法院上述司法解释所指的情形，而且原、被告双方于1994年间曾在晋江市法院进行离婚诉讼，当时法院判决不准离婚。因此，此次原告再次向晋江市法院提起离婚诉讼，晋江市人民法院予以立案受理，是符合最高人民法院之上述规定的。

二、本案被告王丽心提出案件由香港法院受理的诉讼请求，人民法院应否予以支持

《中华人民共和国民事诉讼法》第二十二条规定："对公民提起的民事诉讼，由被告住所地人民法院管辖；被告住所地与经常居住地不一致的，由经常居住地人民法院管辖。"亦即在案件管辖上一般实行原告就被告的原则。《中华人民共和国香港特别行政区基本法》对香港的司法制度和终审权作了规定。根据法律规定的原则，对涉及香港居民案件的管辖，应遵循方便当事人诉讼，有利于民事争议解决和相互尊重，充分协商，不争管辖，便利争议解决的原则。就本案而言，

被告王丽心于1997年8月12日在有效期限内提交的答辩状中向内地受诉法院提出管辖异议，认为双方虽然婚姻缔结地在福建晋江，但双方当事人及其子女户籍、生活地均在香港，应由被告所在地法院受理，在香港诉讼较为方便；在该婚姻关系期间拥有的共同房屋、物业等，大部分在港澳之间，所以以香港法例解决较为实际；且其已向港方法院申请离婚，并被接受且移交当地法院排期。请求该案由香港法院受理。本案二审法院鉴于当事人双方及其子女均在香港，夫妻大部分共同财产也在港澳，从有利于公正审理，保护当事人合法权益，便利当事人依法行使诉讼权利，便利法院依法进行审理和判决执行的原则出发，认为本案应由香港当地法院管辖为宜。被告王丽心的诉讼请求之理由可以成立，应予支持。而且本案诉讼一方当事人提出管辖异议，要求该案由香港法院审理，这与最高人民法院上述司法解释的"……现在发生离婚诉讼，如果他们（应理解为双方）向内地人民法院请求"的条件不符。因此，二审法院作出裁定："本案由当事人直接向香港法院起诉"，是正确的。

——林建新、刘希星、杨洪逵：《香港居民蔡文祥诉王丽心离婚诉讼管辖权异议案》，载祝铭山主编：《管辖权争议纠纷》，中国法制出版社2003年版，第136～138页。

编者说明

依照《民事诉讼法》的规定，离婚案件的管辖，一般适用原告就被告的原则，特殊情况下适用被告就原告的原则。但不论适用什么原则，均是以被告或原告的住所地或经常居住地为管辖联系因素的。香港居民蔡文祥诉王丽心离婚诉讼案，不论原告，还是被告的住所地或经常居住地，均不在晋江市，故晋江市人民法院对本件离婚诉讼是没有管辖权的。

《民事诉讼法》没有规定婚姻缔结地可作为离婚案件的管辖标志，作为一种例外，即上引最高人民法院的司法解释，承认在一定条件下婚姻缔结地法院对该类离婚案件可以行使管辖权。这种例外，指离婚案件的双方当事人均为港澳居民，但婚姻缔结地在内地，现双方在港澳离婚确有困难，双方回内地请求内地人民法院处理其离婚问题的，婚姻缔结地所在的内地人民法院可以受理。和前例一样，内地法院受理此种案件，必须符合司法解释规定的全部条件，只要有一项条件不具备的，内地法院就没有管辖权，不应受理此种案件。香港居民蔡文祥诉王丽心离婚诉讼案双方当事人均为香港居民，并在内地结婚，但其中一方不同意内地法院处理他们之间的离婚问题，并据此提出管辖权异议，这说明本件离婚案件不具备由内地法院按特例管辖的全部条件，内地法院不应管辖此案。

需要注意的是，《关于原在内地登记结婚后双方均居住香港，现内地人民法院可否受理他们离婚诉讼的批复》因被《民事诉讼法》替代而失效。

1357

涉台湾同胞离婚案件的管辖

关键词｜台湾同胞｜离婚案件管辖｜

【最高人民法院答复】

陕西省高级人民法院：

你院1984年11月17日陕高法民字〔1984〕12号报告收悉。

关于从台湾回大陆定居的杨志武要求与在台湾的配偶林孚离婚的起诉，人民法院是否应当受理问题，我们的意见：对杨志武要求与在台湾的配偶离婚的起诉，华阴县人民法院应予受理。杨志武在与林孚离婚以后，方可再婚。

此复。

——《最高人民法院关于杨志武由台湾回大陆定居，起诉与在台湾的配偶离婚，人民法院是否受理问题的批复》（1984年12月6日，〔1984〕民他字第16号）

1358

涉及国外华侨离婚案件的管辖

关键词｜华侨｜离婚案件管辖｜

【最高人民法院司法解释】

第十三条　在国内结婚并定居国外的华侨，如定居国法院以离婚诉讼须由婚姻缔结地法院管辖为由不予受理，当事人向人民法院提出离婚诉讼的，由婚姻缔结地或者一方在国内的最后居住地人民法院管辖。

第十四条　在国外结婚并定居国外的华侨，如定居国法院以离婚诉讼须由国籍所属国法院管辖为由不予受理，当事人向人民法院提出离婚诉讼的，由一方原住所地或者在国内的最后居住地人民法院管辖。

第十五条　中国公民一方居住在国外，一方居住在国内，不论哪一方向人民法院提起离婚诉讼,国内一方住所地人民法院都有权管辖。国外一方在居住国法院起诉,国内一方向人民法院起诉的,受诉人民法院有权管辖。

第十六条 中国公民双方在国外但未定居,一方向人民法院起诉离婚的,应由原告或者被告原住所地人民法院管辖。

——《最高人民法院关于适用〈中华人民共和国民事诉讼法〉的解释》(2015 年 1 月 30 日,法释〔2015〕5 号)

【链接:最高人民法院法官著述】

2005 年 11 月 8 日,国务院侨务办公室印发《关于对华侨定义中“定居”的解释(试行)》的通知。根据该通知规定,“定居”是指中国公民已取得住在国长期或永久居留权。同时,对于中国公民虽未取得住在国长期或永久居留权,但已取得住在国连续五年(含五年)以上合法居留资格,并在国外居住,该通知认为可以视同定居。但是,对于出国留学生(包括公派和自费)在外学习期间,或者因工出国人员(包括劳务人员)在外工作期间的,则不应被视为定居。因此,司法实践中确定此类案件的管辖法院,应结合华侨定义中“定居”的规定开展。

——沈德咏主编、最高人民法院修改后民事诉讼法贯彻实施工作领导小组编著:《最高人民法院民事诉讼法司法解释理解与适用》,人民法院出版社 2015 年版,第 144 页。

在国内结婚并定居国外的华侨,不在定居国法院起诉离婚,而是回到国内向人民法院起诉离婚的,人民法院应当告知原告方提供其定居国关于不予受理该类诉讼的法律规定(须由婚姻缔结地法院管辖)或者定居国法院的相关法律文书,经审查属实的,应当及时受理,维护当事人的诉讼权利。

在国外结婚并定居国外的华侨,不在定居国法院起诉离婚,而是回到国内向人民法院起诉离婚的,人民法院应当告知原告方提供其定居国关于不予受理该类诉讼的法律规定(须由国籍所属国法院管辖)或者定居国法院的相关法律文书,经审查属实的,应当及时受理,维护当事人的诉讼权利。

在平行诉讼情形下,如果我国法院作出判决后,居住在国外的夫妻一方请求我国法院承认和执行居住国法院对离婚纠纷这一同一争议作出的裁判的,我国法院不予受理,除非我国与该居住国缔结或者参加的国际条约另有规定。如果就同一争议，居住国法院已经作出了判决，且该判决已经我国法院承认，此时该外国法院判决已经在我国具有域内效力，居住在国内的一方向其居住地人民法院就离婚纠纷这一同一争议再次起诉的，我国法院不应再行使管辖权。

对于已经离婚的中国公民，双方均定居国外，如果提起诉讼不限于国内财产分割，还涉及国内子女抚养、抚育费等问题的，则应从两便原则出发，在原告或者被告的原住所地、被抚养人住所地或者经常居住地、主要财产所在地之间确定一个合理的管辖连结点。

——杜万华主编、《最高人民法院民事诉讼法司法解释实务指南》编写小组编著：《最高人民法院民事诉讼法司法解释实务指南》，中国法制出版社 2015 年版，第 17～22 页。

1359

红十字国际委员会及其财产和资产享有法律程序豁免

关键词 | 红十字国际委员会 | 豁免 | 管辖 |

【最高人民法院答复】

北京市高级人民法院：

你院〔2009〕238 号《关于李晓波诉红十字国际委员会东亚地区代表处房屋租赁合同纠纷一案豁免问题的请示》收悉。经研究，答复如下：

中国公民李晓波因与红十字国际委员会东亚地区代表处（以下简称东亚地区代表处）就房屋租赁合同产生纠纷，以东亚地区代表处为被告向北京市朝阳区人民法院提起诉讼，东亚地区代表处向人民法院提出豁免申请。《中华人民共和国政府和红十字国际委员会协议》第四条第一款规定，红十字国际委员会及其财产和资产享有法律程序豁免，包括免受搜查、征用、没收、征收。在特殊情况下，经红十字国际委员会明示放弃其豁免时，不在此限。东亚地区代表处作为红十字国际委员会在我国境内设立的代表机构，享有该条规定的法律程序豁免。双方当事人在租赁合同第十条中的约定系对准据法的约定，并不构成东亚地区代表处对豁免权的放弃，也没有其他证据证实该会愿意接受我国法院的管辖。同意你院请示报告的处理意见。

此复。

——《最高人民法院关于李晓波诉红十字国际委员会东亚地区代表处房屋租赁合同纠纷一案豁免问题的请示的复函》(2009年10月14日,〔2009〕民四他字第25号)

1360

我国法院有权受理旅居外国的中国公民同时向两个法院起诉的离婚案件

关键词｜外国法院｜旅居外国｜离婚诉讼｜受理｜

【最高人民法院答复】

上海市高级人民法院:

你院1985年7月25日〔85〕沪高民核字第76号请示报告收悉。经研究,答复如下:

一、关于旅居美国的中国公民张雪芬,为与居住国内的贺安廷离婚,向我国法院起诉,同时也向美国法院起诉,现美国法院已作出判决,我国受诉法院是否还应作出判决的问题,我们同意你院报告的意见,在张雪芬未撤回向我国法院起诉的情况下,按《中华人民共和国民事诉讼法(试行)》第二十条第一款的规定,我国受诉法院得依法作出裁决,不受外国法院受理同一案件和是否作出裁决的影响。

另外,在张雪芬一案中,在我国与美国尚无司法协助协定的情况下,美国法院通过美国驻沪总领事馆直接向我国内当事人送达诉讼文书是不允许的。

二、关于华侨向居住国法院起诉离婚,其国内配偶不应诉;或外国法院判决离婚后,其国内配偶不上诉,而另向我国法院提起离婚之诉,我国法院是否受理的问题,我们也同意你院报告的意见,即我国领域内的中国公民的婚姻关系,受我国法律的保护和调整。在上述情况下的起诉,按《中华人民共和国民事诉讼法(试行)》第二十一条第(二)项的规定,我国法院应予受理并依法裁决。

此复。

——《最高人民法院关于我国法院有权受理旅居外国的中国公民同时向两个法院起诉的案件的批复》(1985年9月18日)

1361

未协议约定管辖且被告在我国领域内没有住所时适用特殊地域管辖

关键词 | 密切联系地 | 特殊地域管辖 |

【《最高人民法院公报》案例】

中国银行珠江分行诉香港传统投资有限公司等担保合同纠纷案

裁判要旨：保证人承担保证责任后向债务人行使求偿权的纠纷与担保协议系两个独立的法律关系，因此不适用保证协议中的约定管辖。履行担保责任协议系在中国广州签订的，协议中没有选择管辖的约定，双方讼争的标的非专属管辖的范围，传统公司在内地没有住所，因此本案的管辖适用特殊地域管辖，由“履行担保责任协议”签订地法院管辖。

广州市中级人民法院认为：

珠江银行根据与传统公司订立的“履行担保责任协议”，在传统公司无法依约向汇丰银行偿付借款时，依约代传统公司向汇丰银行偿付了借款。嗣后，传统公司未在约定的期限内向珠江银行清付代偿款项，珠江银行有权要求传统公司履行还款的义务，从而在珠江银行和传统公司之间产生了新的债权债务关系。这与珠江银行为传统公司贷款向汇丰银行提供保证是两个独立的法律关系。且珠江银行与传统公司关于履行担保责任的协议是在中国广州签订的，依照民事诉讼法第二百四十三条的规定，本院对协议履行产生的纠纷有管辖权。传统公司认为珠江银行与汇丰银行双方协商确定了管辖，称本院对本案无管辖权，其理由不能成立。珠江银行在诉状中要求江南公司在传统公司不依约清付代偿款项时，执行双方所签订的“房屋抵押协议”。因此，江南公司应为本案被告。区外经委曾向珠江银行出具过再担保函，在其未完全向原告履行担保义务时，应作为本案当事人参加诉讼。据此，广州市中级人民法院裁定驳回传统公司的关于管辖权的异议。传统公司不服，提出上诉。广东省高级人民法院经审理裁定驳回传统公司的上诉，维持广州市中级人民法院关于管辖权的裁定。

——《最高人民法院公报》1992 年第 4 期

编者说明

我国确定涉外民事诉讼管辖的基本原则有以下几项：第一，维护国家主权原则，这是贯彻民事诉讼全过程的基本原则。第二，属于专属管辖范围的，适用专属管辖的有关规定。第三，尊重当事人原则，即以当事人的约定确定管辖法院。第四，在当事人没有协议约定管辖或约定无效的情况下，被告在我国有住所地或经常居住地的，由被告住所地或经常居住地法院管辖。被告在我国领域内没有住所的，适用特殊地域管辖，由与诉讼有密切联系地点的法院管辖。

本案中，珠江银行为传统公司向香港汇丰银行借款提供担保，与汇丰银行签订了保证协议，协议中约定，如发生纠纷，适用英国法律，由英国法院管辖，该项约定属协议管辖条款。珠江银行与汇丰银行签订的保证协议系合同的一种，因履行该合同发生的纠纷也不属我国管辖的范围，汇丰银行住所地在香港，与香港的法院有密切联系，选择约定也是书面的。因此，珠江银行与汇丰银行如因担保协议纠纷引致诉讼，该协议管辖条款是有效的，我国法院没有管辖权。但本案系珠江银行在借款人传统公司不按约履行还款义务，珠江银行代其还款，承担了保证责任后，向传统公司行使求偿权的财产权益纠纷，该纠纷与珠江银行和汇丰银行之间的担保协议系两个独立的法律关系，故本案不适用保证协议中的约定管辖。履行担保责任协议系在广州签订的，协议中没有选择管辖的约定，双方讼争的标的非专属管辖的范围，传统公司在内地也没有住所。

因此，本案的管辖适用特殊地域管辖，由“履行担保责任协议”签订地法院广州市中级人民法院管辖，故广州市中级人民法院对本案有管辖权。

1362

涉外民事诉讼中的平行诉讼与不方便法院原则

关键词｜涉外民事诉讼｜平行诉讼｜不方便法院｜管辖权异议｜

【最高人民法院司法解释】

第五百三十二条　涉外民事案件同时符合下列情形的，人民法院可以裁定驳回原告的起诉，告知其向更方便的外国法院提起诉讼：

（一）被告提出案件应由更方便外国法院管辖的请求，或者提出管辖异议；

（二）当事人之间不存在选择中华人民共和国法院管辖的协议；

（三）案件不属于中华人民共和国法院专属管辖；

（四）案件不涉及中华人民共和国国家、公民、法人或者其他组织的利益；

（五）案件争议的主要事实不是发生在中华人民共和国境内，且案件不适用中华人民共和国法律，人民法院审理案件在认定事实和适用法律方面存在重大困难；

（六）外国法院对案件享有管辖权，且审理该案件更加方便。

第五百三十三条 中华人民共和国法院和外国法院都有管辖权的案件，一方当事人向外国法院起诉，而另一方当事人向中华人民共和国法院起诉的，人民法院可予受理。

——《最高人民法院关于适用〈中华人民共和国民事诉讼法〉的解释》（2015年1月30日，法释〔2015〕5号）

【最高人民法院司法政策】

11. 我国法院在审理涉外商事纠纷案件过程中，如发现案件存在不方便管辖的因素，可以根据“不方便法院原则”裁定驳回原告的起诉。“不方便法院原则”的适用应符合下列条件：(1)被告提出适用“不方便法院原则”的请求，或者提出管辖异议而受诉法院认为可以考虑适用“不方便法院原则”；(2)受理案件的我国法院对案件享有管辖权；(3)当事人之间不存在选择我国法院管辖的协议；(4)案件不属于我国法院专属管辖；(5)案件不涉及我国公民、法人或者其他组织的利益；(6)案件争议发生的主要事实不在我国境内且不适用我国法律，我国法院若受理案件在认定事实和适用法律方面存在重大困难；(7)外国法院对案件享有管辖权且审理该案件更加方便。

12. 涉外商事纠纷案件的当事人协议约定外国法院对其争议享有非排他性管辖权时，可以认定该协议并没有排除其他国家有管辖权法院的管辖权。如果一方当事人向我国法院提起诉讼，我国法院依照《中华人民共和国民事诉讼法》的有关规定对案件享有管辖权的，可以受理。

——《最高人民法院第二次全国涉外商事海事审判工作会议纪要》（2005年12月26日，法发〔2005〕26号）

【《最高人民法院公报》案例】

郭叶律师行诉厦门华洋彩印公司代理合同纠纷管辖权异议案（厦门市中级人民法院一审民事裁定书）

裁判要旨：对于我国人民法院和其他国家或者地区的法院都有管辖权的案件，一方当事人已向其他国家或者地区的法院起诉后，又向我国人民法院起诉的，如不违反民事诉讼法和我国参加的国际条约的管辖规定，人民法院可予受理。

厦门市中级人民法院认为：

本案被告华洋彩印公司提出的管辖权异议，涉及国际民事诉讼中平行诉讼和“不方便法院”的问题。

平行诉讼，是指相同当事人之间就同一标的在两个或两个以上国家或地区的法院进行诉讼，也称“一事两诉”。由于各国都奉行国家主权原则，而对民事诉讼行使司法管辖权，是国家主权在民事诉讼领域的体现，因此在国际民事诉讼中，平行诉讼是存在的，也是允许的。我国司法实践不排除平行诉讼。对同一案件，只要根据我国法律或者我国参加的国际条约规定，我国法院有管辖权，则不问该案是否在其他国家或者地区起诉，或者该案是否已由其他国家或者地区审理，或者其他国家或者地区是否已对该案作出判决，均不影响我国法院对该案的管辖。

原告郭叶律师行以华洋彩印公司为被告，在厦门市中级人民法院提起的代理合同纠纷诉讼，是涉港民事诉讼。香港是我国的一个独立司法区域，目前与内地尚未建立解决管辖权冲突和相互承认与执行法院裁决的司法协助关系。故香港法院是否受理同一诉讼，不是内地法院能否受理的前提。华洋彩印公司以郭叶律师行已经在香港法院提起诉讼，内地法院再受理就成为“一事二诉”为由，主张将本案移交香港法院处理，理由不能成立。

“不方便法院”的问题，是指依照本国法律或国际条约规定，受案法院对某一国际民事诉讼享有管辖权，但该管辖权的实际行使，将给当事人和法院的工作带来种种不便，无法保障司法公正，也不能使争议得到迅速有效的解决，当别国法院对这一诉讼同样享有管辖权时，受案法院即可以自身属“不方便法院”为由，依职权或者根据被告的请求，裁定拒绝行使管辖权。这说明，这种国际民事诉讼不仅受案法院享有管辖权，还应当有一个以上可替代受案法院的别国法院同样享有管辖权。受案法院能否以自身是“不方便法院”为由拒绝行使管辖权，通常考虑的因素有：(1)原告选择该法院起诉的理由；(2)被告到该法院应诉是否方便；(3)争议行为或交易的发生地位于何处；(4)证据可否取得；(5)适用法律的查明是否方便；(6)可否完成对所有当事人的送达；(7)判决可否执行；(8)语言交流是否方便；(9)本院案件积压情况；等等。还应当指出，尽管被告有权以“不方便法院”为由抗辩原告的起诉，但受案法院是否采纳，应当由受案法院根据案件的具体情况，从及时、有效和最大限度地保护当事人合法权益出发，自由裁量。

《中华人民共和国民事诉讼法》第二百三十七条规定："在中华人民共和国领域内进行涉外民事诉讼，适用本编规定。本编没有规定的，适用本法其他有关规定。"第二十四条规定："因合同纠纷提起的诉讼，由被告住所地或者合同履行地人民法院管辖。"本案被告华洋彩印公司的住所地在厦门，原告郭叶律师行以华洋彩印公司为被告，在厦门市中级人民法院提起的代理合同纠纷诉讼，厦门市中级人民法院有权管辖。本案合同履行地在香港，双方当事人在合同上约定了适用香港法律并由香港法院行使非排他性的管辖权，香港法院当然也有权管辖。解决内地与香港法院的管辖权冲突与解决其他涉外案件一样，既要维护内地法院的司法管辖权，也要加强双方的互助与合作。本案是代理合同纠纷之诉，若由香港法院审理本案，一旦判决华洋彩印公司承担义务，由于华洋彩印公司的住所和财产均在内地，当事人只有在内地重新诉讼，才有可能使生效判决得到执行。为避免当事人重复诉讼，及时有效地保障当事人的合法权益，本案由厦门市中级人民法院审理最为合适，厦门市中级人民法院不能以自身是"不方便法院"为由拒绝行使管辖权。

据此，厦门市中级人民法院于 2003 年 8 月 13 日裁定：

驳回被告厦门华洋彩色印刷有限公司对本案管辖权提出的异议。

——《最高人民法院公报》2004 年第 7 期

1363

涉外、涉港澳案件中一方当事人未经送达不可宣判

关键词 | 送达 | 缺席宣判 |

【链接：最高人民法院法官著述】

人民法院未经合法送达宣告判决，不发生宣判的效力，因为当事人不知道宣告的判决内容。在审判实践中，人民法院就同一涉外案件，向两个以上当事人送达开庭宣判的传票，一个当事人已经送达，其他当事人没有送达的，有的认为可以分开宣判，即哪一方接受了送达就先向哪一方宣判，我们认为这是不正确的。因为这样做不符合法律规定，达不到宣判的目的。宣判的目的是让各方当事人

知道判决确认的权利义务,明确判决生效的期限。在公开审判的原则下,对一方进行宣判,无疑也是对全案的宣判,并对全案产生法律效果。其效力不同于缺席宣判,缺席宣判的前提是对各方当事人进行了送达。遇到上述情况时,人民法院应当立即通知接受送达的当事人,尽快查明对另一方未送达的原因,分不同情况进行处理。在对各方当事人送达后同时进行宣判。

——张进先:《审理涉外、涉港澳台民事案件中的若干程序问题》,载最高人民法院民事审判第一庭编:《民事审判指导与参考》(总第 34 集),法律出版社 2008 年版,第 28 ~ 32 页。

1364

认可台湾地区有关法院民事判决不得违反一个中国原则

关键词 | 台湾地区法院民事判决 | 申请认可 | 一个中国 |

【最高人民法院司法解释】

第十五条 认可该民事判决将违反一个中国原则等国家法律的基本原则或者损害社会公共利益的,人民法院应当裁定不予认可。

——《最高人民法院关于认可和执行台湾地区法院民事判决的规定》(2015 年 6 月 29 日,法释〔2015〕13 号)

【最高人民法院司法政策】

二、人民法院在制作受理申请认可通知书和认可或者不予认可的裁定书时,不得在该通知书和裁定书中出现"中华民国"的称谓、纪年等一类的文字。对于当事人申请认可的台湾地区有关法院的民事判决书(含民事裁定书和台湾地区仲裁机构的裁决书,下同),如有"中华民国"的称谓、纪年等与"一个中国"相违背的文字,应当更正或作技术性处理,如将"中华民国"改写为"台湾地区",将"中华民国八十七年"改写为"公元 1998 年"等。

——《最高人民法院关于认真贯彻执行〈关于人民法院认可台湾地区有关法院民事判决的规定〉的通知》(1998 年 6 月 17 日,法〔1998〕54 号)

1365

认可台湾地区法院民事判决案件的管辖

关键词｜台湾地区法院民事判决｜申请认可｜管辖｜

【最高人民法院司法解释】

第三条 申请人同时提出认可和执行台湾地区法院民事判决申请的，人民法院先按照认可程序进行审查，裁定认可后，由人民法院执行机构执行。

申请人直接申请执行的，人民法院应当告知其一并提交认可申请；坚持不申请认可的，裁定驳回其申请。

第四条 申请认可台湾地区法院民事判决的案件，由申请人住所地、经常居住地或者被申请人住所地、经常居住地、财产所在地中级人民法院或者专门人民法院受理。

申请人向两个以上有管辖权的人民法院申请认可的，由最先立案的人民法院管辖。

申请人向被申请人财产所在地人民法院申请认可的，应当提供财产存在的相关证据。

——《最高人民法院关于认可和执行台湾地区法院民事判决的规定》（2015 年 6 月 29 日，法释〔2015〕13 号）

1366

申请认可台湾地区民事法律文书的范围

关键词｜台湾地区民事法律文书｜申请认可｜

【最高人民法院司法解释】

第二条 本规定所称台湾地区法院民事判决，包括台湾地区法院作出的生效民事判决、裁定、和解笔录、调解笔录、支付命令等。

申请认可台湾地区法院在刑事案件中作出的有关民事损害赔偿的生效判

决、裁定、和解笔录的，适用本规定。

申请认可由台湾地区乡镇市调解委员会等出具并经台湾地区法院核定，与台湾地区法院生效民事判决具有同等效力的调解文书的，参照适用本规定。

——《最高人民法院关于认可和执行台湾地区法院民事判决的规定》(2015 年 6 月 29 日，法释〔2015〕13 号)

【最高人民法院答复】

广东省高级人民法院：

你院粤高法民他〔2002〕5 号《关于当事人持台湾地区法院公证处认证的离婚协议书向人民法院申请认可人民法院是否受理的请示》收悉。经研究，现函复如下：

关于人民法院应否受理当事人申请认可"台湾地区有关机构出具或确认的调解协议书"的问题，我院〔1999〕第 10 号《关于当事人持台湾地区有关法院民事调解书或者有关机构出具确认的调解协议书向人民法院申请认可人民法院应否受理的批复》已经作出了答复。该答复中的"台湾地区有关机构出具或确认的调解协议书"，是指台湾地区有关法院之外的其他机构(包括设在法院的公证机构及民间调解机构)出具的调解协议书。因为，这些调解协议书不是基于司法行为产生的，不需要人民法院认可。并且，你院请示的张建梅申请认可的离婚协议书上载明，当事人必须到户政机关登记后才发生离婚的法律效力，故该离婚调解协议书尚不具有法律效力。鉴于上述考虑，同意你院对张建梅认可申请不予受理的意见。

此复。

——《最高人民法院关于当事人持台湾地区法院公证处认证的离婚协议书向人民法院申请认可人民法院应否受理的答复》(2002 年 8 月 23 日，〔2002〕民一他字第 12 号)

编者说明

最高人民法院于 1998 年 5 月 22 日公布了《关于人民法院认可台湾地区有关法院民事判决的规定》(法释〔1998〕11 号，以下简称《规定》)，但该《规定》对于当事人向人民法院申请认可台湾地区法院出具的调解书、支付令，人民法院是否应予受理问题，未予涉及。此后，最高人民法院又分别作出《关于当事人持台湾地区有关法院民事调解书或者有关机构出具或确认的调解协议书向人民法院申请认可人民法院应予受理的批复》《关于当事人持台湾地区有关法院支付命令向人民法院申请认可人民法院应否受理的批复》。两批复明确了申请认可台湾地区有关法院的调解书、支付令,比照《规定》办理,从而使申请认可案件的范围扩大。2009 年 4 月 24 日,最高人民法院以《关于人民法院认可台湾地区有关法院民事判决的补充规定》(法释〔2009〕4 号,以下简称《补充规定》)明确了申请认可台湾地区有关法院的民事判决和裁定、调解书、支付令,以及台湾地区仲裁机构裁决的,适用《规定》和《补充规定》,从而将这五类文书的申请认可程序归于统一。2015 年 6 月 29 日,最高人民法院以《关于认可和执行台湾地区法院民事判决的规定》(法释〔2015〕13 号)替代上述四个司法解释。

1367

《内地与澳门特别行政区关于相互认可和执行民商事判决的安排》的适用范围

关键词｜认可和执行｜

【最高人民法院司法解释】

第一条 内地与澳门特别行政区民商事案件(在内地包括劳动争议案件,在澳门特别行政区包括劳动民事案件)判决的相互认可和执行,适用本安排。

本安排亦适用于刑事案件中有关民事损害赔偿的判决、裁定。

本安排不适用于行政案件。

——《最高人民法院内地与澳门特别行政区关于相互认可和执行民商事判决的安排》(2006 年 3 月 21 日,法释〔2006〕2 号)

【最高人民法院审判业务意见】

《安排》的适用范围比较广泛,适用于所有民商事案件中作出的判决,包括内地的劳动争议案件和澳门特别行政区的劳动民事案件,也包括在刑事诉讼中作出的民事损害赔偿的判决、裁定。《安排》没有对案件的类型作出划分或者限制,所说的判决包括两地法院作出的各种形式的司法决定,不论这种决定采用什么名称或者形式。这表明两地可以相互认可和执行的民商事判决具有广阔的空间。

关于仲裁裁决和公证债权文书的认可和执行问题,与司法判决相比,有一定的特殊性,同时有强制执行效力的公证债权文书的执行问题,也有必要将其与所有其他公证文书在对方的效力问题一起考虑;另外内地处理这个问题需要司法行政机关参与,所以有待以后单独协商处理,相信不久即可启动。

——《最高人民法院负责人就签署〈内地与澳门特别行政区关于互相认可和执行民商事判决的安排〉答记者问》,载最高人民法院民事审判第一庭编:《民事审判指导与参考》(总第 25 集),法律出版社 2006 年版,第 7 页。

1368

债权人向两地法院同时申请执行的处理

关键词 | 内地和澳门 | 相互认可和执行判决 |

【最高人民法院司法解释】

第五条 被申请人在内地和澳门特别行政区均有可供执行财产的,申请人可以向一地法院提出执行申请。

申请人向一地法院提出执行申请的同时,可以向另一地法院申请查封、扣押或者冻结被执行人的财产。待一地法院执行完毕后,可以根据该地法院出具的执行情况证明,就不足部分向另一地法院申请采取处分财产的执行措施。

两地法院执行财产的总额,不得超过依据判决和法律规定所确定的数额。

——《最高人民法院内地与澳门特别行政区关于相互认可和执行民商事判决的安排》(2006 年 3 月 21 日,法释〔2006〕2 号)

【最高人民法院审判业务意见】

根据经验判断,债权人向两地法院同时申请执行的情况是不可避免的。而在债务人可能转移财产逃避执行的情况下,同时申请对保护债权是有利的。因此,可以考虑适当开放这条渠道,但应当确保两地执行的总数额不超过判决确定的总金额,并且防止两地执行程序的重复,浪费司法资源。为此,《安排》中作了这样的规定：被申请人在内地和澳门特别行政区均有可供执行财产的，申请人可以向任一地法院提出执行申请。申请人向一地法院提出执行申请的同时，可以向另一地法院申请对被执行人的财产采取查封、扣押或者冻结等保全性执行措施。待一地法院执行完毕后，可以根据该地法院出具的执行情况证明，就不足部分向另一地法院申请采取处分财产的执行措施。同时规定，两地法院执行财产的总额，不得超过依据判决和法律规定所确定的数额。这一规定，可以说是对区际司法协助的一种创新。

——《最高人民法院负责人就签署〈内地与澳门特别行政区关于互相认可和执行民商事判决的安排〉答记者问》，载最高人民法院民事审判第一庭编：《民事审判指导与参考》（总第 25 集），法律出版社 2006 年版，第 8 页。

1369

边境贸易纠纷案件的管辖权

关键词｜边境贸易纠纷｜涉外民商事案件｜管辖权｜

【最高人民法院司法政策】

一、发生在边境地区的涉外民商事案件，争议标的额较小、事实清楚、权利义务关系明确的，可以由边境地区的基层人民法院管辖。

——《最高人民法院关于进一步做好边境地区涉外民商事案件审判工作的指导意见》（2010 年 12 月 8 日，法发〔2010〕57 号）

【链接：最高人民法院法官著述】

根据自 2002 年 3 月 1 日起施行的法释〔2002〕5 号《最高人民法院关于涉外民商事案件诉讼管辖若干问题的规定》第四条的规定，发生在与外国接壤的边境省份的边境贸易纠纷案件，不适用该“集中管辖”的规定。然而，对何为“边境贸易纠纷案件”，上述文件未作出界定。一般认为，应当根据 1996 年 1 月 3 日国发〔1996〕2 号《国务院关于边境贸易有关问题的通知》的规定界定“边境贸易”，并据此界定边境贸易纠纷案件。《国务院关于边境贸易有关问题的通知》中规定:“目前对我国边境贸易按以下两种形式进行管理:(一)边民互市贸易,系指边境地区边民在边境线20公里以内、经政府批准的开放点或指定的集市上,在不超过规定的金额或数量范围内进行的商品交换活动。边民互市贸易由外经贸部、海关总署统一制定管理办法,由各边境省、自治区人民政府具体组织实施。(二)边境小额贸易,系指沿陆地边境线经国家批准对外开放的边境县(旗)、边境城市辖区内(以下简称边境地区)经批准有边境小额贸易经营权的企业,通过国家指定的陆地边境口岸,与毗邻国家边境地区的企业或其他贸易机构之间进行的贸易活动。边境地区已开展的除边民互市贸易以外的其他各类边境贸易形式,今后均统一纳入边境小额贸易管理,执行边境小额贸易的有关政策。边境小额贸易的管理办法由外经贸部商国务院有关部门制定。”根据上述规定,边民互市贸易、边境小额贸易纠纷案件即不适用集中管辖的规定,仍应当根据我国民事诉讼法关于“级别管辖”的规定确定一审法院。实践中,边境贸易纠纷案件标的额普遍较小,因此,此类案件均由基层人民法院管辖。

然而,边境地区发生的涉外民商事案件并不仅仅局限于边境贸易纠纷案件,还有买卖合同、运输合同、租赁合同纠纷案件以及侵权案件等等,这些类型的涉外民商事案件如果适用集中管辖的规定,不论标的额大小,均应由中级人民法院管辖,而不是基层人民法院管辖。实践中发现,这样给当事人诉讼带来诸多不便,有的当事人从效率考虑不愿去诉讼,也有很多边境地区的基层人民法院或者不将其视为涉外案件以规避集中管辖的规定,或者无视集中管辖的规定直接受理此类案件。考虑到边境地区的涉外民商事纠纷案件有一定的特殊性,即大多数案件标的额较小、事实比较清楚、当事人之间的法律关系并不复杂,为了便利当事人诉讼,提高诉讼效率,可以由边境地区的基层人民法院管辖这类案件。这并不违反我国民事诉讼法第十八条、第十九条的规定。

基于上述考虑,《指导意见》第一条规定:“发生在边境地区的涉外民商事案件,争议标的额较小、事实清楚、权利义务关系明确的,可以由边境地区的基层人民法院管辖。”也就是说,发生在边境地区的涉外民商事案件,并不局限于边境贸易纠纷案件,只要符合争议标的额较小、事实清楚、权利义务关系明确的条件,就可以由基层人民法院管辖,不必再仅由具有涉外案件管辖权的法院管辖。

——高晓力:《〈最高人民法院关于进一步做好边境地区涉外民商事案件审判工作的指导意见〉解读》,载苏泽林主编、最高人民法院立案庭编:《立案工作指导》(总第27辑),人民法院出版社2011年版,第109~110页。

1370

边境贸易纠纷案件限制出境措施的适用

关键词｜边境贸易纠纷｜涉外民商事案件｜限制出境措施｜

【最高人民法院司法政策】

七、人民法院在审理案件过程中，对外国人采取限制出境措施，应当从严掌握，必须同时具备以下条件：（一）被采取限制出境措施的人只能是在我国有未了结民商事案件的当事人或当事人的法定代表人、负责人；（二）当事人有逃避诉讼或者逃避履行法定义务的可能；（三）不采取限制出境措施可能造成案件难以审理或者无法执行。

——《最高人民法院关于进一步做好边境地区涉外民商事案件审判工作的指导意见》（2010年12月8日，法发〔2010〕57号）

第三，严格把握限制出境问题。在审理涉外、涉港澳台案件中，对当事人采取限制出境措施，应当适用于当事人在我国境内有未了结经济纠纷案件，如其出境可能造成案件无法审理、无法执行的情况。对境外企业法人在我国有尚未了结的经济纠纷案件，可对该企业法定代表人和业务的主管人员依法限制出境。对在我国的外商投资企业，如果该企业资不抵债，应当按照公司法、中外合资经营企业法等有关法律处理，不应限制外方的代表人和投资者出境；只有在外方股东利用投资蓄意欺诈的情况下，方可限制外方股东的法定代表人出境。确需限制外方当事人出境的，要严格按照《中华人民共和国外国人入境出境管理法》的规定执行。具体执行中要特别注意有理、有利、有节，同时必须注意限制外方当事人出境，绝不能限制其人身自由；对于任何限制其人身自由的做法，必须坚决依法予以制止。

——李国光：《确保司法公正，加强队伍建设，进一步推进经济审判工作的全面发展——在全国经济审判工作座谈会上的讲话》（1998年11月23日），载李国光主编、最高人民法院经济审判庭编：《经济审判指导与参考》（总第1卷），法律出版社1999年版，第15～17页。

【链接：最高人民法院法官著述】

1987年3月10日，最高人民法院、最高人民检察院、公安部、国家安全部联合发布的(87)公发16号《关于依法限制外国人和中国公民出境问题的若干规定》中规定，有未了结民事案件(包括经济纠纷案件)的，由人民法院决定限制出境并执行，同时通报公安机关。

司法实践中，部分地区的法院通过对外国人采取限制出境措施，有效解决了案件争议并达到了良好的执行效果。然而，对外国人采取限制出境措施毕竟是一种极端措施，应当尽可能减少适用，因为很有可能引发外交争端。为此，最高人民法院2005年发布的《第二次全国涉外商事海事审判工作会议纪要》第90条明确规定了人民法院在审理涉外商事纠纷案件中可以采取限制出境措施的条件，同时指出，采取限制出境措施必须从严掌握，严格依照《关于依法限制外国人和中国公民出境问题的若干规定》审查办理。

边境地区涉外民商事案件审理过程中，部分地区的法院采取限制出境措施的情况较多，为加强指导，《指导意见》第七条特别重申了上述《会议纪要》关于对采取限制出境措施的条件规定，应当从严掌握，必须同时具备以下条件：(一)被采取限制出境措施的人只能是在我国有未了结民商事案件的当事人或当事人的法定代表人、负责人；(二)当事人有逃避诉讼或者逃避履行法定义务的可能；(三)不采取限制出境措施可能造成案件难以审理或者无法执行。以此来避免司法实践中限制出境措施被滥用。

——高晓力：《〈最高人民法院关于进一步做好边境地区涉外民商事案件审判工作的指导意见〉解读》，载苏泽林主编、最高人民法院立案庭编：《立案工作指导》(总第27辑)，人民法院出版社2011年版，第113～114页。

1371

涉外、涉港澳台案件以邮寄方式推定送达及涉外公告送达期间为3个月

关键词 | 涉外案件 | 邮寄送达 | 推定送达 | 公告送达 |

【最高人民法院司法解释】

第九条 人民法院不能依照本规定上述方式送达的，可以公告送达。公告内容应当在内地和受送达人住所地公开发行的报刊上刊登，自公告之日起满三个月即视为送达。

——《最高人民法院关于涉港澳民商事案件司法文书送达问题若干规定》（2009 年 3 月 9 日，法释〔2009〕2 号）

第八条 采用公告方式送达的，公告内容应当在境内外公开发行的报刊或者权威网站上刊登。

公告送达的，自公告之日起满三个月，即视为送达。

——《最高人民法院关于涉台民事诉讼文书送达的若干规定》（2008 年 4 月 17 日，法释〔2008〕4 号）

【链接：最高人民法院法官著述】

2007 年《民事诉讼法》第 245 条第（6）项规定："受送达人所在国的法律允许邮寄送达的，可以邮寄送达，自邮寄之日起满六个月，送达回证没有退回，但根据各种情况足以认定已经送达的，期间届满之日视为送达。"其中关于推定送达 6 个月期间的规定在 20 世纪 90 年代有其合理性，但现在运输通信条件不断进步，信件流转的效率不断提高，没有必要继续保留 6 个月的规定。最高人民法院 2009 年制定的《关于涉港澳民商事案件司法文书送达问题若干规定》第 7 条第 3 款规定："自邮寄之日起满三个月，虽未收到送达与否的证明文件，但存在本规定第十二条规定情形的，期间届满之日视为送达。"其中的第 12 条规定了可以确认送达的几种情形。

过长的公告期间不利于权利人通过诉讼及时维护自身合法权益，公告期间过短又不利于保障受送达人，主要是被告的诉讼权利。1991 年与 2007 年《民事诉讼法》均将涉外公告送达的公告期规定为 6 个月，司法实践中普遍反映该期间过长。由于需要公告送达的案件往往需要经过多次公告，公告期间过长成为制约涉外审判效率提高的主要因素之一，使原告一方往往只能得到"迟来的正义"。同时，随着社会的发展进步，信息传递与更新的速度与频率与以往不可同日而语,过长的公告期间并不能显著提高当事人获悉公告信息的几率。此次修订将涉外公告送达期间由原来的6个月,一并缩短为3个月,就是为了在依法送达的原则下尽可能提高送达效率。

——最高人民法院民事诉讼法修改研究小组编著:《〈中华人民共和国民事诉讼法〉修改条文理解与适用》,人民法院出版社2012年版,第571~572页。

1372

公约送达与公告送达系两种不同送达方式

关键词 | 涉外案件 | 公约送达 | 公告送达 |

【链接:最高人民法院法官著述】

司法实践中,有人认为《海牙送达公约》第15条第2款第(2)项规定的"六个月"就是公告送达期限,这是对公约的误读。"公告送达"与"公约送达"是2012年《民事诉讼法》规定的两种不同送达方式,分别规定在第267条的第(1)项和第(8)项。《海牙送达公约》第15条第2款第(2)项中6个月的规定,是指通过公约途径送达的[即2012年《民事诉讼法》第267条第(1)项所规定的情形],如果没有获得送达证明,在"文件发出后已超过法院对该案允许的、至少6个月以上的限期"的情况下,法院可以缺席判决。而对受送达人下落不明的,根据该公约第1条第2款,根据就不能适用公约规定的途径送达("在文书的受送达人地址不明的情况下,本公约不予适用")。不能认为《民事诉讼法》将涉外公告送达期限规定为3个月与《海牙送达公约》的规定相冲突,更不能据此认为受送达人所在国是公约成员国时,公告送达的期限应根据公约的规定,按照6个月执行。

——最高人民法院民事诉讼法修改研究小组编著:《〈中华人民共和国民事诉讼法〉修改条文理解与适用》,人民法院出版社2012年版,第573~574页。

1373

以公告方式送达涉外案件一审民事判决书无效

关键词 | 涉外案件 | 一审民事判决书 | 公告送达 |

【最高人民法院答复】

浙江省高级人民法院：

你院浙法民二〔2002〕13 号《关于涉及美国大卫标准公司提交“民事上诉状”等相关事宜的报告》收悉，经研究，答复如下：

你院以公告方式向美国大卫标准公司送达〔1998〕浙经初字第 4 号民事判决书的做法，违反了《中华人民共和国民事诉讼法》第二百四十七条、第二百三十八条的规定，应视为未向美国大卫标准公司送达一审判决书，请你院依法向美国大卫标准公司送达一审判决书。

——《最高人民法院关于浙江省东阳市塑料工业公司与美国机械有限公司大卫标准公司产品质量纠纷一案一审判书送达是否有效的复函》(2003 年 6 月 25 日，〔2002〕民立他字第 47 号)

【链接：最高人民法院法官著述】

1. 本案一审判决书的送达是否有效的问题。本案系涉外民商事案件，涉及司法文书向国外送达问题。1991 年《民事诉讼法》第二百四十七条规定：“人民法院对在中华人民共和国领域内没有住所的当事人送达诉讼文书，可以采用下列方式：(1)依照受送达人所在国与中华人民共和国缔结或者共同参加的国际条约中规定的方式送达；(2)通过外交途径送达；(3)对具有中华人民共和国国籍的受送达人，可以委托中华人民共和国驻受送达人所在国的使领馆代为送达；(4)向受送达人委托的有权代其接受送达的诉讼代理人送达；(5)向受送达人在中华人民共和国领域内设立的代表机构或者有权接受送达的分支机构、业务代办人送达；(6)受送达人所在国的法律允许邮寄送达的，可以邮寄送达，自邮寄之日起满六个月，送达回证没有退回，但根据各种情况足以认定已经送达的，期间届满之日视为送达；(7)不能用上述方式送达的，公告送达，自公告之日起满六个月，即视为送达。”

就本案而言，美国大卫公司属于在我国领域内没有住所地的当事人，其住所地为美利坚合众国#1Extrusion Drive,Pawcatuck,CT 06393,对其送达司法文书应按照1991年《民事诉讼法》第二百四十七条的规定送达。但因美国大卫公司不属于具有我国国籍的受送达人且又未委托诉讼代理人,在我国又未设立代表机构或者业务代办人,所以不能适用1991年《民事诉讼法》第二百四十七条规定的第(三)、(四)、(五)项送达方式送达司法文书,而只能适用第(一)、(二)、(六)项规定的送达方式。

就本案的司法文书送达而言,浙江高院在送达时应当采用第(一)项之送达方式。我国于1980年9月10日加入《海牙公约》,中国与美国均为《海牙公约》的缔约国。1991年3月2日我国加入了订于海牙的《关于向国外送达民事或商事司法文书和司法外文书公约》,并指定司法部为中央机关有权接受外国通过领事途径转递文书的机关。《最高人民法院、外交部、司法部关于执行〈海牙送达公约〉有关程序的通知》中明确规定:我国法院若请求公约成员国向该国公民或第三国公民或无国籍人送达民事或商事司法文书,有关中级法院或专门人民法院应将请求书和所送司法文书送有关高级人民法院转最高人民法院,最高人民法院送司法部转送给该国指定的中央机关,必要时也可由最高人民法院送我国驻该国使馆转送该国指定的中央机关。

浙江高院在未采用1991年《民事诉讼法》第二百四十七条规定的有效送达方式向美国大卫公司送达司法文书的情况下采用公告方式向美国大卫公司送达一审判决书的做法违反了1991年《民事诉讼法》第二百四十七条、第二百三十八条的规定,应视为未向美国大卫标准公司送达一审判决书。

2. 美国德汇律师事务所上海代表处代美国大卫标准公司邮寄上诉状的行为是否违反《管理条例》的问题。《管理条例》规定,外国律师事务所驻华代表机构不能在中国境内从事中国法律事务活动。但美国德汇律师事务所上海代表处代美国大卫公司向我国法院邮寄上诉状的行为不属于从事中国法律事务活动,其行为并不违反上述《管理条例》。

3. 本案司法文书的正确送达方式。浙江高院应将一审判决书直接送最高人民法院外事局司法协助处,由最高人民法院外事局司法协助处转递司法部司法协助外事局,再由司法部司法协助外事局转送美国中央机关即美国司法部,最后由美国中央机关将判决书送达当事人。

——李惠清:《最高人民法院关于浙江省东阳市塑料工业公司与美国机械有限公司大卫标准公司产品质量纠纷一案一审判书送达是否有效的复函》,载姜兴长主编、最高人民法院立案庭编:《立案工作指导》(总第7辑),人民法院出版社2004年版,第80~81页。

1374

涉外、涉港澳民商事案件可以适用传真、电子邮件等新的送达方式

关键词 | 涉外案件送达 |

【最高人民法院司法解释】

第八条 人民法院可以通过传真、电子邮件等能够确认收悉的其他适当方式向受送达人送达。

——《最高人民法院关于涉港澳民商事案件司法文书送达问题若干规定》(2009 年 3 月 9 日,法释〔2009〕2 号)

第十条 除本规定上述送达方式外,人民法院可以通过传真、电子邮件等能够确认收悉的其他适当方式向受送达人送达。

——《最高人民法院涉外民事或商事案件司法文书送达问题若干规定》(2006 年 8 月 10 日,法释〔2006〕5 号)

【链接:最高人民法院法官著述】

随着电子信息技术的发展,电子邮件、网络即时通信成为了人们交流信息的主要手段,传真及电子数据交换成为商业往来中常见的通讯方式。最高人民法院在近年来关于送达的司法解释中,都将传真及电子邮件规定为涉外及涉港澳台民事案件的送达方式之一。《最高人民法院关于涉外民事或商事案件司法文书送达问题若干规定》第 10 条规定:"除本规定上述送达方式外,人民法院可以通过传真、电子邮件等能够确认收悉的其他适当方式向受送达人送达。"《最高人民法院关于涉台民事诉讼文书送达的若干规定》第 3 条第 1 款第(6)项规定:"有明确的传真号码、电子信箱地址的,可以通过传真、电子邮件方式向受送达人送达。"《最高人民法院关于涉港澳民商事案件司法文书送达问题若干规定》第 8 条规定:"人民法院可以通过传真、电子邮件等能够确认收悉的其他适当方式向受送达人送达。"《最高人民法院关于人民法院办理海峡两岸送达文书和调查取证司法互助案件的规定》第 7 条第 1 款第(7)项规定:"有明确的传真号码、电子信箱地址的,可以通过传真、电子邮件方式

向受送达人送达。”

——最高人民法院民事诉讼法修改研究小组编著:《〈中华人民共和国民事诉讼法〉修改条文理解与适用》,人民法院出版社2012年版,第572页。

编者说明

2012年《民事诉讼法》第267条第(7)项规定,人民法院对在中华人民共和国领域内没有住所的当事人送达诉讼文书可以采用传真、电子邮件等能够确认受送达人收悉的方式送达。这是《民事诉讼法》在吸收相关司法解释的基础上新增加的涉外送达方式。

1375

可以向在我国领域内出现的受送达人直接送达

关键词 | 涉外案件 | 直接送达 |

【最高人民法院司法解释】

第三条 作为受送达人的自然人或者企业、其他组织的法定代表人、主要负责人在内地的,人民法院可以直接向该自然人或者法定代表人、主要负责人送达。

——《最高人民法院关于涉港澳民商事案件司法文书送达问题若干规定》(2009年3月9日,法释〔2009〕2号)

第三条 作为受送达人的自然人或者企业、其他组织的法定代表人、主要负责人在中华人民共和国领域内的,人民法院可以向该自然人或者法定代表人、主要负责人送达。

——《最高人民法院涉外民事或商事案件司法文书送达问题若干规定》(2006年8月10日,法释〔2006〕5号)

【链接:最高人民法院法官著述】

民事诉讼法第247条对在我国领域内没有住所的受送达人规定了七种送达

方式,但对于在我国领域内没有住所的受送达人在我国领域内出现时可否向其直接送达,目前的法律和司法解释没有明确规定。现《涉外送达规定》第3条对该问题予以了明确,即作为受送达人的外国自然人或者企业、其他组织的法定代表人、主要负责人在我国领域内出现时,人民法院可以向其直接送达。该条规定进一步丰富了涉外民事或商事案件司法文书的送达方式。

——任雪峰:《〈涉外民事或商事案件司法文书送达问题若干规定〉的理解与适用》,载最高人民法院民事审判第一庭编:《民事审判指导与参考》(总第27集),法律出版社2006年版,第54页。

1376

可以向受送达人的诉讼代理人、代表机构、分支机构、业务代办人送达

关键词 | 涉外案件 | 诉讼代理人 | 代表机构 | 分支机构 | 业务代办人 | 送达 |

【最高人民法院司法解释】

第五百三十五条 外国人或者外国企业、组织的代表人、主要负责人在中华人民共和国领域内的,人民法院可以向该自然人或者外国企业、组织的代表人、主要负责人送达。

外国企业、组织的主要负责人包括该企业、组织的董事、监事、高级管理人员等。

——《最高人民法院关于适用〈中华人民共和国民事诉讼法〉的解释》(2015年1月30日,法释〔2015〕5号)

第四条 除受送达人在授权委托书中明确表明其诉讼代理人无权代为接收有关司法文书外,其委托的诉讼代理人为有权代其接受送达的诉讼代理人,人民法院可以向该诉讼代理人送达。

第五条 受送达人在内地设立有代表机构的,人民法院可以直接向该代表机构送达。

受送达人在内地设立有分支机构或者业务代办人并授权其接受送达的,人

民法院可以直接向该分支机构或者业务代办人送达。

——《最高人民法院关于涉港澳民商事案件司法文书送达问题若干规定》(2009 年 3 月 9 日，法释〔2009〕2 号)

第四条 除受送达人在授权委托书中明确表明其诉讼代理人无权代为接收有关司法文书外，其委托的诉讼代理人为民事诉讼法第二百四十七条第(四)项规定的有权代其接受送达的诉讼代理人，人民法院可以向该诉讼代理人送达。

第五条 人民法院向受送达人送达司法文书，可以送达给其在中华人民共和国领域内设立的代表机构。

受送达人在中华人民共和国领域内有分支机构或者业务代办人的，经该受送达人授权，人民法院可以向其分支机构或者业务代办人送达。

——《最高人民法院涉外民事或商事案件司法文书送达问题若干规定》(2006 年 8 月 10 日，法释〔2006〕5 号)

【链接：最高人民法院法官著述】

民事诉讼法第二百四十七条第(四)项规定，人民法院对在中华人民共和国领域内没有住所的当事人，可以“向受送达人委托的有权代其接受送达的诉讼代理人送达”。《涉外送达规定》第四条结合审判实践，对于何为“有权接受送达的诉讼代理人”进行了明确，即“除受送达人在授权委托书中明确表明其诉讼代理人无权代为接收有关司法文书外，其委托的诉讼代理人为《民事诉讼法》第二百四十七条第(四)项规定的有权代其接受送达的诉讼代理人，人民法院可以向该诉讼代理人送达。”从调研的情况看，在一些案件审理过程中，有的受送达人为了拖延诉讼，其诉讼代理人以授权委托书中未明确授权其可以接受有关司法文书的送达为由，拒绝接受人民法院送达的相关司法文书。现在《涉外送达规定》针对该问题作出相关规定，可以防止受送达人依此理由拖延诉讼，从而保证诉讼程序的顺利进行。

《涉外送达规定》第五条遵循民事诉讼法第二百四十七条第(五)项的规定，明确受送达人在我国领域内设立有代表机构的，人民法院向受送达人送达司法文书，可以送达给其代表机构。而对于受送达人的分支机构和业务代办人，《涉外送达规定》强调经过受送达人的授权，人民法院才可以向其分支机构和业务代办人送达。这是特别需要注意的地方，即向受送达人的代表机构送达不需要受送达人的授权,只要是受送达人的代表机构,人民法院即可以向其直接送达,而如果是受送达人的分支机构或者业务代办人,则必须经过其授权,人民法院才可以向其送达相关司法文书。从最高人民法院对涉外案件司法文书送达问题调研的情况看,一些人民法院在向我国领域内没有住所的受送达人的分支机构和业务代办人送达时,存在着在受送达人没有授权的情况下即送达给了其分支机构或者业务代办人的情况,而民事诉讼法第二百四十七条第(五)项规定的是向受送达人在我国领域内"有权接受送达的分支机构、业务代办人送达"。我们研究认为,"有权接受送达"应该理解为经过受送达人的授权,如果未经受送达人的授权即向其分支机构或者业务代办人送达,显然与民事诉讼法的规定是相悖的。当然我们也注意到海事诉讼特别程序法第八十条第一款第(二)项谈到向受送达人的分支机构和业务代办人送达时,是规定可以"向受送达人在中华人民共和国领域内设立的代表机构、分支机构或者业务代办人送达",即没有像民事诉讼法那样强调是向"有权接受送达"的分支机构和业务代办人送达。根据特别法优先适用的原则,人民法院在审理海事诉讼案件时,可以按照海事诉讼特别程序法的相关规定办理,在送达司法文书的时候可以直接送达给受送达人的分支机构和业务代办人,但是审理不属于海事诉讼案件的其他民事或商事纠纷案件的时候,仍然应该按照民事诉讼法的相关规定执行。

——任雪峰:《〈涉外民事或商事案件司法文书送达问题若干规定〉的理解与适用》,载最高人民法院民事审判第一庭编:《民事审判指导与参考》(总第27集),法律出版社2006年版,第54~55页。

1377

涉外案件可以适用公约、司法协助协定方式送达

关键词 | 涉外案件 | 公约 | 司法协助 | 送达 |

【最高人民法院司法解释】

第六条 人民法院向在中华人民共和国领域内没有住所的受送达人送达司法文书时,若该受送达人所在国与中华人民共和国签订有司法协助协定,可以依照司法协助协定规定的方式送达;若该受送达人所在国是《关于向国外送达民

事或商事司法文书和司法外文书公约》的成员国,可以依照该公约规定的方式送达。

受送达人所在国与中华人民共和国签订有司法协助协定,且为《关于向国外送达民事或商事司法文书和司法外文书公约》成员国的,人民法院依照司法协助协定的规定办理。

——《最高人民法院涉外民事或商事案件司法文书送达问题若干规定》(2006 年 8 月 10 日,法释〔2006〕5 号)

【链接:最高人民法院法官著述】

《涉外送达规定》第 6 条对适用 1965 年《海牙送达公约》以及适用双边司法协助协定规定的方式送达作出了规定。《海牙送达公约》于 1965 年 11 月 15 日开放签字,并于 1969 年 2 月 10 日起开始生效。截至 2005 年 10 月 1 日,批准、加入或继承该公约的国家已达 51 个,并且对所有国家均已生效。我国已于 1991 年 3 月 2 日由全国人大常委会批准加入《海牙送达公约》的决定,公约自 1992 年 1 月 1 日起对我国生效。该公约的宗旨在于:第一,建立一套制度,在尽可能的范围内使得文书收件人能够实际知悉被送达的文书,以便其有足够的时间为自己辩护;第二,简化请求协助送达文书国和被请求国间对这些文书的转递方式;第三,以统一规格的证明书方式便利对已完成送达的证明程序。《海牙送达公约》可以说是目前国际上有关司法文书和司法外文书域外送达方面最为完备的公约。从统计的情况看,我国依照《海牙送达公约》所规定的公约途径送达相关司法文书,每年送达的总数量呈明显的递增趋势。在我国,借助司法部通过公约途径对外进行送达已成为涉外诉讼的主要送达途径,对涉外民事或商事诉讼的顺利进行以及当事人利益的保护起到了重要的作用。为正确、及时、有效地执行《海牙送达公约》,最高人民法院、外交部与司法部分别于 1992 年 3 月 4 日和 1992 年 9 月 19 日联合发布了《关于执行〈关于向国外送达民事或商事司法文书和司法外文书公约〉有关程序的通知》和《关于执行海牙送达公约的实施办法》,具体规定了运用该公约设立的协助机制进行文书域外送达的程序。另外,我国就司法协助问题,其中包括司法文书送达问题,已经同多个国家签订了双边协定,为了正确执行我国与外国缔结的司法协助协定,最高人民法院于 1988 年 2 月 1 日发布了《关于执行中外司法互助协定的通知》。从目前情况看,我国与很多《海牙送达公约》的成员国亦都签订了双边的司法协助协定,为此《涉外送达规定》第 6 条同时强调，如果受送达人所在国既与我国签订有司法协助协定，同时其所在国又是《海牙送达公约》的成员国，那么根据特别优于一般的原则，相关司法文书的送达应当依照司法协助协定的规定办理。这同时也是与《最高人民法院、外交部、司法部关于执行〈关于向国外送达民事或商事司法文书和司法外文书公约〉有关程序的通知》第 7 条的规定相协调一致。

——任雪峰：《〈涉外民事或商事案件司法文书送达问题若干规定〉的理解与适用》，载最高人民法院民事审判第一庭编：《民事审判指导与参考》（总第 27 集），法律出版社 2006 年版，第 55 ~ 56 页。

1378

涉外案件不能适用公约、协定、外交途径的情形

关键词 | 涉外案件 | 公约 | 协定 | 外交途径 | 邮寄送达 |

【最高人民法院司法解释】

第七条　按照司法协助协定、《关于向国外送达民事或商事司法文书和司法外文书公约》或者外交途径送达司法文书，自我国有关机关将司法文书转递受送达人所在国有关机关之日起满六个月，如果未能收到送达与否的证明文件，且根据各种情况不足以认定已经送达的，视为不能用该种方式送达。

——《最高人民法院涉外民事或商事案件司法文书送达问题若干规定》（2006 年 8 月 10 日，法释〔2006〕5 号）

【链接：最高人民法院法官著述】

从对涉外民事或商事案件司法文书送达问题进行调研的情况看，司法实践中通过公约、司法协助协定规定的方式或者通过外交途径送达，送达的情况往往难以把握，长时间得不到送达结果。由于相关部门之间工作协调得不是很通畅，通过何种渠道查询缺乏明确规定，因此有时候对送达结果也难以查询，从而使得司法文书送达问题长时间处于一种不确定的状态，影响了人民法院审理案件的效率。《涉外送达规定》第 7 条结合审判实践，对于如何认定不能通过公约、协

定规定的方式或者外交途径送达作出了明确规定,即自我国有关机关将司法文书转递受送达人所在国有关机关之日起满6个月,如果未能收到送达与否的证明文件,且根据各种情况不足以认定已经送达的,视为不能用该种方式送达。这样可以使得人民法院在一个相对确定的时间内对能否适用该种方式送达作出判断,以便于在这种方式不能送达的情况下人民法院及时采取其他的送达方式,避免使得案件因为送达问题长时间地搁置而处于久拖不决的状态。

——任雪峰:《〈涉外民事或商事案件司法文书送达问题若干规定〉的理解与适用》,载最高人民法院民事审判第一庭编:《民事审判指导与参考》(总第27集),法律出版社2006年版,第56~57页。

1379

涉外、涉港澳案件同时采取多种方式送达时,根据最先实现送达的方式确定送达日期

关键词 | 涉外案件 | 送达方式 | 送达日期 |

【最高人民法院司法解释】

第十一条 除公告送达方式外,人民法院可以同时采取多种方式向受送达人进行送达,但应根据最先实现送达的方式确定送达日期。

——《最高人民法院涉外民事或商事案件司法文书送达问题若干规定》(2006年8月10日,法释〔2006〕5号)

【链接:最高人民法院法官著述】

为了提高司法文书送达的效率考虑,《涉外送达规定》第十一条规定除公告送达方式外,可以同时采取多种方式进行送达,例如,在采取邮寄送达方式送达的同时,可以一并按照公约规定的方式送达,但应该根据最先实现送达的方式确定送达日期。这里特别需要注意的一点是,由于民事诉讼法第二百四十七条第(七)项明确规定:"不能用上述方式送达的,公告送达。"因此,同时采取的多种送达方式,是指公告方式以外的送达方式,只有在不能用其他方式送达的时候,

才能公告送达,公告送达方式不能与其他方式一并进行。

——任雪峰:《〈涉外民事或商事案件司法文书送达问题若干规定〉的理解与适用》,载最高人民法院民事审判第一庭编:《民事审判指导与参考》(总第27辑),人民法院出版社2006年版,第57~58页。

1380

涉外、涉港澳案件留置送达方式的适用

关键词|涉外案件|留置送达|

【最高人民法院司法解释】

第十一条 人民法院向在内地的受送达人或者受送达人的法定代表人、主要负责人、诉讼代理人、代表机构以及有权接受送达的分支机构、业务代办人送达司法文书,可以适用留置送达的方式。

——《最高人民法院关于涉港澳民商事案件司法文书送达问题若干规定》(2009年3月9日,法释〔2009〕2号)

第十二条 人民法院向受送达人在中华人民共和国领域内的法定代表人、主要负责人、诉讼代理人、代表机构以及有权接受送达的分支机构、业务代办人送达司法文书,可以适用留置送达的方式。

——《最高人民法院涉外民事或商事案件司法文书送达问题若干规定》(2006年8月10日,法释〔2006〕5号)

北京市高级人民法院:

你院京高法〔2001〕216号《关于对外国公司送达司法文书能否向其驻华代表机构送达并适用留置送达的请示》收悉。经研究,答复如下:

《关于向国外送达民事或商事司法文书和司法外文书公约》(以下简称海牙送达公约)第一条规定:"在所有民事或商事案件中,如有须递送司法文书或司法外文书以便向国外送达的情形,均应适用本公约。"根据《中华人民共和国民事诉讼法》(以下简称民事诉讼法)第二百四十七条的规定,人民法院对在中华人民共和

国领域内没有住所的当事人送达诉讼文书,可以依照受送达人所在国与中华人民共和国缔结或者共同参加的国际条约中规定的方式送达;当受送达人在中华人民共和国领域内设有代表机构时,便不再属于海牙送达公约规定的"有须递送司法文书或司法外文书以便向国外送达的情形"。因此,人民法院可以根据民事诉讼法第二百四十七条第(五)项的规定,向受送达人在中华人民共和国领域内设立的代表机构送达诉讼文书,而不必根据海牙送达公约向国外送达。

根据民事诉讼法第二百三十七条的规定,人民法院向外国公司的驻华代表机构送达诉讼文书时,可以适用留置送达的方式。

此复。

——《最高人民法院关于向外国公司送达司法文书能否向其驻华代表机构送达并适用留置送达问题的批复》(2002 年 6 月 18 日,法释〔2002〕15 号)

【链接:最高人民法院法官著述】

对于受送达人来说,签收诉讼文书不仅是其应该履行的诉讼义务,亦是其享有的诉讼权利,但在司法实践中,常常碰到受送达人拒绝签收相关法律文书的情况,这既不利于法院送达职能的行使,也不利于当事人权利的保障,因为作为当事人来讲,其只有收到诉讼文书并获悉诉讼文书的内容,才能确定自己如何行使诉讼权利和承担诉讼义务,为此法律特别规定了留置送达。《涉港澳送达规定》第 11 条规定人民法院向受送达人在我国内地的法定代表人、主要负责人、诉讼代理人、代表机构以及有权接受送达的分支机构、业务代办人送达司法文书,可以适用留置送达的方式。对于该问题,实际上最高人民法院在 2002 年 6 月 22 日公布施行的法释〔2002〕15 号《关于向外国公司送达司法文书能否向其驻华代表机构送达并适用留置送达问题的批复》中已经作出了类似规定,该批复明确规定可以向外国公司驻华代表机构适用留置送达。参照上述批复及民事诉讼法的相关规定,《涉港澳送达规定》作出了该规定。对于该问题需要注意的是,即在对受送达人在我国领域内的代表机构和有权接受的分支机构适用留置送达时,应该是向这些机构有权签收相关司法文书的人员送达,其拒绝接受的,人民法院才能适用留置送达,而不能到了这些机构,在没有找到有权签收的人员的情况下,把司法文书随意留下即算送达了,这种做法是不正确的。根据《最高人民法院关于适用民事诉讼法若干问题的意见》第 81 条的规定,上述机构的代表人、主要负责人或者办公室、收发室、值班室等负责收件的人员,可以认定为有权签收的人员。

——任雪峰:《〈关于涉港澳民商事案件司法文书送达问题若干规定〉的理解与适用》,载最高人民法院民事审判第一庭编:《民事审判指导与参考》(总第38集),法律出版社2009年版,第104页。

1381

涉外案件中受送达人未履行签收手续视为送达的情形

关键词｜涉外案件｜未签收｜视为送达｜

【最高人民法院司法解释】

第十三条　受送达人未对人民法院送达的司法文书履行签收手续,但存在以下情形之一的,视为送达:

(一)受送达人书面向人民法院提及了所送达司法文书的内容;

(二)受送达人已经按照所送达司法文书的内容履行;

(三)其他可以视为已经送达的情形。

——《最高人民法院涉外民事或商事案件司法文书送达问题若干规定》(2006年8月10日,法释〔2006〕5号)

【链接:最高人民法院法官著述】

"自邮寄之日起满三个月,送达回证没有退回,但根据各种情况足以认定已经送达的,期间届满之日视为送达"。《民事诉讼法》没有对哪些情况足以认定送达作出具体规定,但此前有关涉外及涉港澳台送达的司法解释中对此作出过规定,仍可执行或参照执行。如《最高人民法院关于涉外民事或商事案件司法文书送达问题若干规定》第8条、第13条规定。3个月期满后仍然无法认定已经送达的,即可视为不能通过邮寄方式送达,无须再按照上述司法解释第8条第2款的规定,等到"自邮寄之日起满六个月"以后。

——最高人民法院民事诉讼法修改研究小组编著:《〈中华人民共和国民事诉讼法〉修改条文理解与适用》,人民法院出版社2012年版,第573页。

《涉外送达规定》第13条结合审判实践,对在受送达人未履行签收手续的情况下,如何认定已经合法送达进行了规定。该条主要规定了两种具体的情形,即一是受送达人书面向人民法院提及了所送达司法文书的内容;二是受送达人已经按照所送达司法文书的内容履行。例如,人民法院向受送达人送达了开庭传票,受送达人虽然未履行签收手续,但其通过书面形式向人民法院提出了延期开庭的申请;或者人民法院向作为被告的受送达人送达了应诉通知书、起诉状副本等,受送达人没有履行签收手续,但其按照应诉通知书的内容,向人民法院提交了答辩状以及相关证据材料等,如果存在上述情形,显然可以认定受送达人已经收到了送达的相关司法文书,知晓了司法文书的内容。该条第(3)项是一项兜底性的规定,主要是考虑到司法实践中具体情况比较复杂,司法解释中难以完全概括,人民法院可以根据该项规定,在具体案件中具体把握。

——任雪峰:《〈涉外民事或商事案件司法文书送达问题若干规定〉的理解与适用》,载最高人民法院民事审判第一庭编:《民事审判指导与参考》(总第27集),法律出版社2006年版,第58~59页。

1382

受送达人所在国是否允许邮寄送达的判断方法

关键词 | 涉外案件 | 域外送达 | 邮寄送达 |

【最高人民法院司法解释】

第五百三十六条 受送达人所在国允许邮寄送达的,人民法院可以邮寄送达。

邮寄送达时应当附有送达回证。受送达人未在送达回证上签收但在邮件回执上签收的,视为送达,签收日期为送达日期。

自邮寄之日起满三个月,如果未收到送达的证明文件,且根据各种情况不足以认定已经送达的,视为不能用邮寄方式送达。

——《最高人民法院关于适用〈中华人民共和国民事诉讼法〉的解释》(2015年1月30日,法释〔2015〕5号)

第八条 受送达人所在国允许邮寄送达的,人民法院可以邮寄送达。

邮寄送达时应附有送达回证。受送达人未在送达回证上签收但在邮件回执上签收的,视为送达,签收日期为送达日期。

自邮寄之日起满六个月,如果未能收到送达与否的证明文件,且根据各种情况不足以认定已经送达的,视为不能用邮寄方式送达。

——《最高人民法院涉外民事或商事案件司法文书送达问题若干规定》(2006 年 8 月 10 日,法释〔2006〕5 号)

【链接：最高人民法院法官著述】

《民事诉讼法》及相关送达的司法解释均规定,只有受送达人所在国允许邮寄送达的,人民法院才可以采取邮寄送达的方式。司法实践中,受理案件的人民法院往往苦于如何判断受送达人所在国是否允许邮寄送达。解决这一问题,实践中一般从以下几个方面入手:首先查阅受送达人所在国与我国签署的双边司法协助协定对此是否有规定,其次查阅该国是否是《民商事司法文书及司法外文书域外送达公约》(即海牙送达公约)成员国,如果是成员国,是否对其中第 10 条 a 款作出保留。如果没有对邮寄送达方式提出保留则可以认为该国允许通过邮寄方式送达。是否提出保留的信息可以通过海牙国际私法会议的官方网站进行查询,网址是:http://www. hcch. net/index_en. php? act = conventions. status&cid = 17。

——最高人民法院民事诉讼法修改研究小组编著:《〈中华人民共和国民事诉讼法〉修改条文理解与适用》,人民法院出版社 2012 年版,第 572 ~ 573 页。

编者说明

第一,对域外当事人适用邮寄送达的,应当首先确定该受送达人所在国是否允许邮寄送达;第二,对于认定不能适用邮寄方式送达的期限,已经从原《最高人民法院关于涉外民事或商事案件司法文书送达问题若干规定》中规定的“自邮寄之日起满六个月”修改为“自邮寄之日起满三个月”;第三,受送达人签收邮件的视为送达,且送达日期为签收邮件的日期。

1383

涉外民商事案件的集中管辖

关键词 | 涉外民商事案件 | 集中管辖 |

【最高人民法院司法解释】

第一条 第一审涉外民商事案件由下列人民法院管辖：

（一）国务院批准设立的经济技术开发区人民法院；

（二）省会、自治区首府、直辖市所在地的中级人民法院；

（三）经济特区、计划单列市中级人民法院；

（四）最高人民法院指定的其他中级人民法院；

（五）高级人民法院。

上述中级人民法院的区域管辖范围由所在地的高级人民法院确定。

第五条 涉及香港、澳门特别行政区和台湾地区当事人的民商事纠纷案件的管辖，参照本规定处理。

——《最高人民法院关于涉外民商事案件诉讼管辖若干问题的规定》（2002 年 2 月 25 日，法释〔2002〕5 号）

【最高人民法院司法政策】

集中管辖是实施涉外商事审判精品战略的产物，客观上推进了涉外商事审判质量的提高，其历史功绩不应否认。但也要看到，随着国务院引导外资向中西部流动政策的实施、区域经济的协调发展，涉外商事案件的普遍化乃大势所趋。边境贸易的发展、境外自然人境内经济活动的频繁，小额纠纷随之大量增加，当事人为小额纠纷到路途遥远的中级法院或高级法院进行诉讼成本过高，不利于保护当事人的合法权益。近年来，为适应情况的发展变化，最高人民法院通过单个审批的方式，赋予了一部分中级人民法院及个别基层法院涉外案件管辖权。完善涉外案件管辖制度，要进行一次全面的调查摸底，在充分弄清弄准情况的基础上，提出改进涉外案件集中管辖机制的具体方案。

——沈德咏：《坚持正确发展方向大力推进精品战略不断开创涉外商事海事审判工作新局面——在第三次全国涉外商事海事审判工作会议上的讲话》（2010 年 2 月 1 日）

进一步调整涉外商事案件集中管辖的法院。随着我国外向型经济的发展，涉外商事案件呈现出了地区分布广泛、数量增加、类型多样等势头，因势利导、与时俱进地调整涉外商事案件集中管辖格局十分必要。基本的调整思路是：原则上所有中、高级人民法院和国务院批准设立的经济技术开发区的基层人民法院都应该具有涉外商事案件管辖权，但前提条件是必须要有一支高素质的涉外审判队伍和健全的专门机构，其他基层人民法院涉外商事案件管辖权须经高级人民法院审核同意后报最高人民法院审批。

——万鄂湘：《坚持“三个至上”指导思想，努力将涉外商事海事审判工作推向一个新的发展阶段——在第三次全国涉外商事海事审判工作会议上的讲话》（2010 年 2 月 1 日）

最高人民法院 2002 年 3 月 1 日法释〔2002〕5 号《关于涉外民商事案件诉讼管辖若干问题的规定》施行以来，各地法院认真贯彻落实，建立了涉外商事审判工作的新格局，提高了审判质量和涉外商事法官素质，为应对我国加入世界贸易组织后所面临的挑战作出了较大贡献。为进一步方便当事人诉讼，防止涉外商事案件流失，培育并充分利用司法资源，不断提高涉外商事审判能力，现根据《最高人民法院关于涉外民商事案件诉讼管辖若干问题的规定》第一条第（四）项的规定，通知如下：

一、受理边境贸易纠纷案件法院的上诉审中级人民法院，国务院批准设立的经济技术开发区法院的上诉审中级人民法院，以及其他中级人民法院，需要指定管辖一审涉外商事案件的，由其所在地的高级人民法院报请最高人民法院审批。

各高级人民法院要在调研的基础上，于 2005 年 3 月底前将需要指定管辖的上列中级人民法院上报指定。

二、授权广东省和各直辖市的高级人民法院根据实际工作需要指定辖区内的基层人民法院管辖本区的第一审涉外（含涉港澳台）商事案件，明确基层人民法院与中级人民法院的案件管辖分工，并将指定管辖的情况报最高人民法院备案。

三、指定管辖一审涉外商事案件的法院，必须坚持标准。要设立专门的涉外商事审判庭或者合议庭，配备足够的审判力量，确保审判质量。需要管辖第一审涉外商事案件但暂不具备条件的，要加强法官培训，待符合条件后再报请指定。

四、指定管辖一审涉外商事案件的法院，要及时确定其管辖区域，并向社会公布，确保《最高人民法院关于涉外民商事案件诉讼管辖若干问题的规定》的正确贯彻实施。

五、各高级人民法院要切实加强对涉外商事案件诉讼管辖工作的监督指导，坚决纠正不当管辖，认真解决涉外商事案件管辖中存在的问题，正确行使涉外商事案件的管辖权，维护我国的司法权威。

——《关于加强涉外商事案件诉讼管辖工作的通知》(2004年12月29日，法〔2004〕265号)

1384

涉外民商事案件的范围

关键词 | 涉外民商事案件 | 受案范围 |

【最高人民法院司法解释】

第三条 本规定适用于下列案件：

(一)涉外合同和侵权纠纷案件；

(二)信用证纠纷案件；

(三)申请撤销、承认与强制执行国际仲裁裁决的案件；

(四)审查有关涉外民商事仲裁条款效力的案件；

(五)申请承认和强制执行外国法院民商事判决、裁定的案件。

——《最高人民法院关于涉外民商事案件诉讼管辖若干问题的规定》(2002年2月25日，法释〔2002〕5号)

【最高人民法院司法政策】

进一步界定涉外商事案件的范围。虽然最高人民法院对涉外商事案件的范围曾作过界定，但在实践中还有掌握标准不一的现象。对此，要特别强调两点，一是区分案件是否具有涉外性质不应局限于法律关系主体，只要民事法律关系的主体、争议标的、据以产生的法律事实有一项要素涉外，即应界定为涉外案件。二是区分具有涉外因素的商事案件与民事案件，基本应以国内商事案件与民事案件的区分标准为依据，只要不属于婚姻、家庭、继承、人身损害赔偿、劳动争议这几类传统民事纠纷以及典型的房地产纠纷，都应归类为涉外商事案件，纳入集中管辖的范围。

——万鄂湘:《坚持“三个至上”指导思想,努力将涉外商事海事审判工作推向一个新的发展阶段——在第三次全国涉外商事海事审判工作会议上的讲话》(2010 年 2 月 1 日)

1385

涉外民商事案件再审和申诉案件的管辖

关键词｜涉外民商事案件｜再审｜申诉｜管辖｜

【最高人民法院司法政策】

四、对涉外民商事生效裁判的申请再审和申诉案件,由人民法院负责审理涉外民商事案件的审判庭负责办理。对本级法院作出的涉外民商事生效裁判的申请再审和申诉案件,由审判监督庭负责办理。

——《最高人民法院关于认真学习贯彻〈关于涉外民商事案件诉讼管辖若干问题的规定〉的通知》(2002 年 3 月 1 日,法〔2002〕22 号)

【链接:最高人民法院法官著述】

考虑到涉外民商事案件专业性强、适用法律复杂的实际情况和法院现行的机构设置,《通知》把本级法院终审的此类再审和申诉案件划归审监庭处理,把上级法院对下级法院实施审判监督的再审和申诉案件划归专门审理涉外民商事案件的审判庭处理,这样上下对应,便于归口管理,有利于加强审判监督指导。因此,凡上级法院指令下级法院再审或者发函要求下级法院复查的涉外民商事案件,应由负责审理此类一、二审案件的审判庭办理。

——张进先:《〈关于涉外民商事案件诉讼管辖若干问题的规定〉的理解与适用》,载曹建明主编、最高人民法院民事审判第一庭编:《民事审判指导与参考》(总第 10 卷),法律出版社 2002 年版,第 29 页。

1386

涉外合同协议管辖条款的效力认定

关键词 | 涉外案件 | 管辖协议 | 法律适用 |

【最高人民法院司法解释】

第五百三十一条 涉外合同或者其他财产权益纠纷的当事人,可以书面协议选择被告住所地、合同履行地、合同签订地、原告住所地、标的物所在地、侵权行为地等与争议有实际联系地点的外国法院管辖。

根据民事诉讼法第三十三条和第二百六十六条规定,属于中华人民共和国法院专属管辖的案件,当事人不得协议选择外国法院管辖,但协议选择仲裁的除外。

——《最高人民法院关于适用〈中华人民共和国民事诉讼法〉的解释》(2015年1月30日,法释〔2015〕5号)

【最高人民法院审判业务意见】

44. 在韩国MGAME公司与聚丰网络公司等网络游戏代理及许可合同纠纷管辖权异议案[(2009)民三终字第4号]中,最高人民法院认为,对协议选择管辖法院条款的效力,应当依据法院地法进行判断;民事诉讼法第二百四十二条关于"可以用书面协议选择与争议有实际联系的地点的法院管辖"规定,根据当时的立法背景和有关立法精神,应当理解为属于授权性规范,而非指示性规范;涉外合同或者涉外财产权益纠纷案件当事人协议选择管辖法院时,应当选择与争议有实际联系的地点的法院,否则该法院选择协议即属无效。

——《最高人民法院知识产权案件年度报告(2009)》

【《最高人民法院公报》案例】

山东聚丰网络有限公司与韩国MGAME公司、天津风云网络技术有限公司网络游戏代理及许可合同纠纷管辖权异议案[最高人民法院(2009)民三终字第4号民事裁定书]

裁判要旨:《中华人民共和国民法通则》第一百四十五条规定:"涉外合同的当事人可以选择处理合同争议所适用的法律,法律另有规定的除外。涉外合同的当事人没有选择的,适用与合同有最密切联系的国家的法律。"《中华人民共和国民事诉讼法》第二百四十二条规定:"涉外合同或者涉外财产权益纠纷的当事人,可以用书面协议选择与争议有实际联系的地点的法院管辖。选择中华人民共和国人民法院管辖的,不得违反本法关于级别管辖和专属管辖的规定。"《最高人民法院关于审理涉外民事或商事合同纠纷案件法律适用若干问题的规定》第一条规定:"涉外民事或商事合同应适用的法律,是指有关国家或地区的实体法,不包括冲突法和程序法。"据此,涉外合同的当事人协议选择适用法律与协议选择管辖法院是两个截然不同的法律行为,应当根据相关法律规定分别判断其效力。对于协议选择管辖法院条款的效力,应当依据法院地法进行判断,与准据法所属国的法律规定无关。前述《中华人民共和国民事诉讼法》第二百四十二条的规定属于授权性规范,而非指示性规范,即按照我国现行法律规定,对于涉外合同或者涉外财产权益纠纷案件当事人协议选择管辖法院的问题,仍应当坚持书面形式和实际联系原则。

最高人民法院认为:

(三)关于涉案合同的协议选择管辖法院条款的效力

《中华人民共和国民法通则》第一百四十五条规定:"涉外合同的当事人可以选择处理合同争议所适用的法律,法律另有规定的除外。涉外合同的当事人没有选择的,适用与合同有最密切联系的国家的法律。"《中华人民共和国民事诉讼法》第二百四十二条规定:"涉外合同或者涉外财产权益纠纷的当事人,可以用书面协议选择与争议有实际联系的地点的法院管辖。选择中华人民共和国人民法院管辖的,不得违反本法关于级别管辖和专属管辖的规定。"《最高人民法院关于审理涉外民事或商事合同纠纷案件法律适用若干问题的规定》第一条规定:"涉外民事或商事合同应适用的法律,是指有关国家或地区的实体法,不包括冲突法和程序法。"根据上述法律规定,协议选择适用法律与协议选择管辖法院是两个截然不同的法律行为,应当根据相关法律规定分别判断其效力。对协议选择管辖法院条款的效力,应当依据法院地法进行判断;原审法院有关协议管辖条款必须符合选择的准据法所属国有关法律规定的裁定理由有误。

对于涉外案件当事人协议选择管辖法院的问题,1982 年 10 月 1 日起试行的《中华人民共和国民事诉讼法(试行)》并未作出特别规定,现行的 1991 年 4 月 9 日公布并施行的《中华人民共和国民事诉讼法》第二百四十二条对此作出了上述特别规定。根据当时的立法背景和有关立法精神,对于该条中关于"可以用书面协议选择与争议有实际联系的地点的法院管辖"的规定,应当理解为属于授权性规范,而非指示性规范,即涉外合同或者涉外财产权益纠纷案件当事人协议选择管辖法院时,应当选择与争议有实际联系的地点的法院,否则,该法院选择协议即属无效;同时,对于这种选择管辖法院的协议,既可以是事先约定,也可以是事后约定,但必须以某种书面形式予以固定和确认。据此,按照我国现行法律规定,对于涉外合同或者涉外财产权益纠纷案件当事人协议选择管辖法院的问题,仍应当坚持书面形式和实际联系原则。

本案根据上诉人与被上诉人一致认可的合同英文本,其第 21 条约定了两个方面的基本内容。即,首先约定了因协议产生纠纷所适用的实体法,即中国法律;进而约定了因协议产生纠纷的解决机构,即接受新加坡司法管辖。上诉人与被上诉人在本案中仅对协议选择外国司法机构管辖的效力问题有争议。根据上述法律规定特别是《中华人民共和国民事诉讼法》第二百四十二条的规定,涉外合同当事人协议选择管辖法院应当选择与争议有实际联系的地点的法院,而本案当事人协议指向的新加坡,既非当事人住所地,又非合同履行地、合同签订地、标的物所在地,同时本案当事人协议选择适用的法律也并非新加坡法律,上诉人也未能证明新加坡与本案争议有其他实际联系。因此,应当认为新加坡与本案争议没有实际联系。相应地,涉案合同第 21 条关于争议管辖的约定应属无效约定,不能作为确定本案管辖的依据。上诉人据此约定提出的有关争议管辖问题的主张,不能得到支持。原审裁定将争议发生地也作为判断是否属于《中华人民共和国民事诉讼法》第二百四十二条规定的与争议有实际联系的地点的连结点之一,虽有不当,但并不影响对涉案合同第 21 条有关争议管辖约定的效力的认定。

(四)关于原审法院对本案行使管辖权的依据

在当事人选择管辖法院的约定无效的情况下,应当根据受诉地国家有关涉外案件管辖的其他法律规则确定案件的管辖。《中华人民共和国民事诉讼法》第二百四十一条规定:“因合同纠纷或者其他财产权益纠纷,对在中华人民共和国领域内没有住所的被告提起的诉讼,如果合同在中华人民共和国领域内签订或者履行,或者诉讼标的物在中华人民共和国领域内,或者被告在中华人民共和国领域内有可供扣押的财产,或者被告在中华人民共和国领域内设有代表机构,可以由合同签订地、合同履行地、诉讼标的物所在地、可供扣押财产所在地、侵权行为地或者代表机构住所地人民法院管辖。”

本案根据上诉人与被上诉人一致认可的合同英文本,合同项下的权利许可的地域范围即“指定区域”专指“中国内地”,可见,争议合同系在中华人民共和国领域内履行。虽然该合同对在中华人民共和国领域内履行大部分合同义务的具体地点并未作出明确约定,但部分合同义务的履行地是明确的,如第 6.1 条中有关 MGAME 公司履行技术服务义务的地点就明确约定为聚丰网络公司的场所。在此情况下，应当认为聚丰网络公司的所在地山东省也是合同履行地。据此，山东省高级人民法院作为本案合同履行地法院，对本案具有管辖权。原审裁定以山东省高级人民法院为原告聚丰网络公司住所地法院，与本案有实际联系为由，认定该院对本案有管辖权，理由虽有不当，但结果并无错误。

——《最高人民法院公报》2010 年第 3 期

编者说明

协议选择适用法律与协议选择管辖法院是两个截然不同的法律行为，应当根据相关法律规定分别判断其效力。涉外民事或商事合同应适用的法律，是指有关国家或地区的实体法，不包括冲突法和程序法。对协议选择管辖法院条款的效力，应当依据法院地法进行判断，与准据法所属国的法律规定无关。涉外合同当事人协议选择管辖法院应当选择与争议有实际联系的地点的法院。在当事人选择管辖法院的约定无效的情况下，应当根据受诉地国家有关涉外案件管辖的其他法律规则确定案件的管辖。

1387

管辖协议应采用书面形式

关键词｜协议管辖｜

【《最高人民法院公报》案例】

山东聚丰网络有限公司与韩国 MGAME 公司、天津风云网络技术有限公司网络游戏代理及许可合同纠纷管辖权异议案［最高人民法院（2009）民三终字第 4 号民事裁定书］

裁判要旨：对于涉外合同或者涉外财产权益纠纷案件当事人协议选择管辖法院的，应当坚持书面形式和实际联系原则。

——《最高人民法院公报》2010 年第 3 期

编者说明

管辖协议应当采用书面形式，指以合同书、信件和数据电文（包括电报、电传、传真、电子数据交换和电子邮件）等形式达成的选择管辖法院的协议。将书面形式从合同书、信件扩展到数据电文等有形形式，是现代信息社会发展的必然要求，也为近年来的我国立法所确认。例如,《合同法》第 11 条规定:“书面形式是指合同书、信件和数据电文(包括电报、电传、传真、电子数据交换和电子邮件)等可以有形地表现所载内容的形式。”《最高人民法院关于内地与香港特别行政区法院相互认可和执行当事人协议管辖的民商事案件判决的安排》第 3 条规定:“本条所称‘书面形式’是指合同书、信件和数据电文(包括电报、电传、传真、电子数据交换和电子邮件)等可以有形地表现所载内容、可以调取以备日后查用的形式。”此外,《选择法院协议公约》第 3 条规定,排他性选择法院协议是指两个或两个以上的当事人以书面形式或以将来能够使用、援引的其他形式订立的,为便于将来可能产生或者已经形成的具有一定法律关系的纠纷,约定某个缔约国法院或一个或几个专属法院的排他性管辖协议。我国《民事诉讼法》只认可书面管辖协议,口头管辖协议形式尚不为我国立法和司法实践所认可,人民法院不应当依据口头管辖协议确定管辖权。

1388

人民法院无权管辖的港澳纠纷，一方当事人起诉，另一方当事人应诉的，法院取得管辖权

关键词｜涉港澳纠纷｜应诉管辖｜

【最高人民法院司法解释】

第二条　港澳当事人之间的经济纠纷,其经济关系的发生、变更、消灭和诉讼标的物均不在内地的,当事人按照书面协议向人民法院起诉的,可予受理。在没有协议的情况下,一方当事人向人民法院起诉,另一方当事人应诉的,视为双方承认人民法院对该诉讼有管辖权。

——《最高人民法院关于审理涉港澳经济纠纷案件若干问题的解答》(1987 年 10 月 19 日)

【《最高人民法院公报》案例】

香港百粤金融财务有限公司诉香港红荔美食有限公司返还贷款纠纷案

裁判要旨:港澳当事人之间的经济纠纷,其经济关系的发生、变更、消灭和诉讼标的物均不在内地的,亦无协议约定由人民法院管辖的情况下,一方当事人向人民法院起诉,另一方当事人应诉的,视为双方承认人民法院对该诉讼有管

辖权。

广州市中级人民法院认为：

原告、被告订立的借贷合同的签订地和履行地均不在广州，但双方已向本院起诉或应诉，按照《最高人民法院关于审理涉港澳经济纠纷案件若干问题的解答》第2条第5款的规定，应视为双方承认本院有管辖权。双方亦约定纷争适用中华人民共和国法律处理。本案主体资格、订立借贷合同的程序及合同条款内容符合我国现行法律，应予认可。合同对双方当事人具有法律约束力。被告未能按期还本付息，已构成违约，应依约偿付复息和罚息。原告以被告违约，请求提前收回尚未到期的本金，应予支持。原告请求偿付律师费用，不属诉讼必要开支，不予认定。被告与他人的合作合同纠纷与本案无关，其诉请待该合作纠纷裁决后还款，显属无理，请求减免计付利息、复息和罚息无据，皆予驳回。

——《最高人民法院公报》1992年第2期

编者说明

本案的合同签订地、合同履行地及当事人住所地均在香港，依据这三个因素确定，人民法院对该案无管辖权，但是被告香港红荔美食有限公司将借款全部投入到与他人合作经营的广州华丽宫大酒店，被告在广州实际上形成了可供扣押的财产。参照《民事诉讼法》第243条的规定，原告香港百粤金融财务有限公司在广州起诉被告香港红荔美食有限公司，作为可供扣押财产所在地，广州市中级人民法院对该案有管辖权。如果被告香港红荔美食有限公司在广州既没有可供扣押的财产，也没有代表机构，那么，广州市中级人民法院对该案无管辖权。本案原告香港百粤金融财务有限公司在广州起诉被告香港红荔有限公司后，被告香港红荔有限公司没有就管辖权问题提出异议，并已提出答辩，参照《民事诉讼法》第245条的规定，广州市中级人民法院取得了对该案的管辖权。

1389

涉外财产保全措施可由当事人申请或法院依职权采取

关键词｜涉外财产保全措施｜

【链接：最高人民法院法官著述】

2012年《民事诉讼法》规定，在涉外民事诉讼中的财产保全措施既可以由当事人申请,亦可以由法院依职权采取。

这是财产保全制度统一适用之后发生的显著变化。2007 年《民事诉讼法》第 249 条规定:"当事人依照本法第九十二条的规定可以向人民法院申请财产保全。利害关系人依照本法第九十三条的规定可以在起诉前向人民法院申请财产保全。"因此在修订之前,国内民事诉讼财产保全和涉外民事诉讼财产保全之间的最大区别之一就在于涉外民事诉讼中的财产保全只限于当事人申请,人民法院不依职权进行。而国内民事诉讼中的财产保全,可根据申请人申请进行,人民法院也可依职权进行。修订后财产保全制度实现了国内民事诉讼和涉外民事诉讼的统一。据此,在涉外民事诉讼中,在法律规定层面上,人民法院可以依照职权采取财产保全措施。但在实务层面,由于涉外民事诉讼关系较为复杂,且无审限要求,因采取保全措施不当给一方当事人或利害关系人造成的损失巨大,因此一般应由申请人根据案件事实作出评估以决定是否申请财产保全,人民法院不宜主动采取措施。同样,涉外财产保全的标的多为我国当事人所有的财产,因此在决定是否取保全措施时要严格把握财产保全措施的要件,以判决难以执行为标准,避免国外当事人利用财产保全措施作为诉讼手段,迫使我方当事人在因财产被保全而难以开展经营活动的情况下不得不接受外方当事人提出的不当诉请。

——最高人民法院民事诉讼法修改研究小组编著:《〈中华人民共和国民事诉讼法〉修改条文理解与适用》,人民法院出版社 2012 年版,第 577 页。

编者说明

涉外民事诉讼中的财产保全,是指人民法院已经受理或将要受理涉外民事案件的过程中,可能因当事人一方的行为或者其他原因,使将来的判决不能执行或者难以执行时,人民法院根据申请人的申请,采取的某种预防和强制措施。在涉外民事诉讼中,尤其是有关国际贸易、海事诉讼方面的案件,有时由于当事人一方的行为或其他原因,使得人民法院作出的生效裁判不能执行或难以执行。采取财产保全措施,责令被申请人提供担保,可以防止此类现象的发生,从而有利于诉讼程序的顺利进行,保证人民法院裁判的执行,保护中外当事人的合法权益。

2007 年《民事诉讼法》关于涉外民事诉讼程序中的财产保全规定只有 6 条,相对于普通程序中的财产保全规定而言是一种带有补充性质的规定,同国内民事诉讼的财产保全相比,具有以下特点:

1. 涉外民事诉讼中的财产保全只限于当事人申请,法律并未规定人民法院可以依职权进行。而国内民事诉讼中的财产保全,可根据申请人申请进行,人民法院也可依职权进行。

2. 在涉外民事诉讼中，人民法院裁定准许诉前财产保全后，申请人应当在 30 日内提起诉讼；而国内民事诉讼中，人民法院裁定准许诉前财产保全后，申请人起诉的期间为 15 日。

3. 在涉外民事诉讼中，人民法院决定保全的财产需要监督的，应当通知有关单位负责监督。

从历史背景和立法意图看，在涉外民事诉讼中订立财产保全的规定主要是考虑海事诉讼中与扣船有关的问题。特别是关于保全财产需要监督的规定更是体现了海事纠纷案件中船舶扣押的特点。如对涉案船舶采取扣押措施未进行有效监督，船舶很有可能被当事人驶离港口。为避免这种情况的出现，防止已由人民法院采取保全措施的财产被转移或者动用，对保全的财产实行监督就很有必要。但是，随着《民事诉讼法》颁布以来民事审判工作的不断发展和完善，特别是我国海事审判工作的日渐成熟，与海事案件有关的诉讼制度逐步建立起来，我国已经形成了具有中国海事审判特色的海事诉讼制度。1999 年 12 月 15 日，第九届全国人民代表大会常务委员会第十三次会议通过了《海事诉讼特别程序法》，标志着我国海事诉讼制度的建立。该法对于海事请求保全，包括船舶扣押、船载货物扣押等作出了专章规定，形成了完整的以船舶为保全对象的财产保全制度。随着《海事诉讼特别程序法》的颁布和实施，《民事诉讼法》涉外编中财产保全的规定已基本上失去其意义，而且从保全的目的、性质以及具体措施而言，涉外民事诉讼的财产保全与国内民事诉讼财产保全并无本质区别。因此，2012 年《民事诉讼法》取消了涉外民事诉讼中关于财产保全的特别规定，实现了财产保全制度在国内民事诉讼和涉外民事诉讼中的统一适用。

从具体的条文设置来看，2007 年《民事诉讼法》第 249 条关于涉外民事诉讼当事人或利害关系人申请采取财产保全措施的规定本身就属于援引性规定，即当事人或利害关系人应当依据国内民事诉讼中关于诉前保全和诉讼保全的规定向人民法院提出财产保全申请。因此，在立法之初，国内民事诉讼和涉外民事诉讼中的财产保全本身就无根本性区别。在单独设立涉外民事诉讼财产保全规定已无必要的情况下，2012 年《民事诉讼法》将国内和涉外民事诉讼合并统一规定，使得修改后的《民事诉讼法》在体例上更为简洁、清晰，更便于当事人对法律规定进行把握。2012 年《民事诉讼法》第 100 条、第 101 条分别对诉讼财产保全、诉前财产保全作出了规定，具体变化可参阅本书前文相关规定。

2007 年《民事诉讼法》第 250 条关于涉外诉前财产保全的申请人提起诉讼的时间与国内诉前财产保全中提起诉讼的时间不同，前者是 30 天，后者是 15 天。这是 2007 年《民事诉讼法》关于国内诉前财产保全和涉外诉前财产保全的不同之处。原因在于，考虑到涉外诉讼中当事人，特别是外方当事人在采取诉前财产保全措施之后提起诉讼的准备时间相对较长，因此给予涉外民事诉讼申请人 30 天的期限。2012 年《民事诉讼法》对诉前财产保全的规定进行了修改，统一规定诉前财产保全的申请人采取财产保全措施后提起诉讼的时间为 30 天，即国内民事诉讼中的利害关系人申请诉讼财产保全后提起诉讼的时间从原先的 15 天扩展至 30 天，实现了对国内和涉外民事诉讼利害关系人诉前财产保全权利的平等保护。

2007 年《民事诉讼法》第 251 条关于涉外民事诉讼的被申请人提供担保解除财产保全的

规定、第252条关于涉外民事诉讼中申请保全错误赔偿损失的规定与国内民事诉讼的相关规定并无区别，因此在2012年《民事诉讼法》中作了统一规定。

2007年《民事诉讼法》第253条是关于监管费用的负担问题。这一规定在现行法律体系下已无必要。该条是关于诉讼保全中有关监管费用支出分担的规定。国务院2006年通过的《诉讼费用交纳办法》(以下简称《办法》)对诉讼中费用分担问题作了系统的规定。依照《办法》第12条第1款的规定，"诉讼过程中因鉴定、公告、勘验、翻译、评估、拍卖、变卖、仓储、保管、运输、船舶监管等发生的依法应当由当事人负担的费用，人民法院根据谁主张、谁负担的原则，决定由当事人直接支付给有关机构或者单位，人民法院不得代收代付"。

2007年《民事诉讼法》第254条的规定完全是基于立法之时对船舶扣押情形作出的特别规定而作出。在海事诉讼中对船舶采取保全措施，人民法院在依法作出裁定的同时还应当签发扣船命令。在《海事诉讼特别程序法》施行之前对于扣船命令并无具体的规定，《海事诉讼特别程序法》第26条对海事法院发布或者解除扣押船舶命令作了明确规定。《最高人民法院关于人民法院执行工作若干问题的规定(试行)》第3条规定："人民法院在审理民事、行政案件中作出的财产保全和先予执行裁定，由审理案件的审判庭负责执行。"该规定将财产保全的执行权限交由审判人员负责执行。但在扣押船舶的司法实践中，是否由审判人员还是执行员执行应根据诉讼的不同阶段而决定，并无统一规定之必要。鉴于此，2012年《民事诉讼法》取消了2007年《民事诉讼法》第254条的规定。①

1390

涉外仲裁保全规定

关键词 | 涉外合同 | 外国仲裁 | 财产保全 |

【最高人民法院司法解释】

第五百四十二条 依照民事诉讼法第二百七十二条规定，中华人民共和国涉外仲裁机构将当事人的保全申请提交人民法院裁定的，人民法院可以进行审查，裁定是否进行保全。裁定保全的，应当责令申请人提供担保，申请人不提供担保的，裁定驳回申请。

当事人申请证据保全，人民法院经审查认为无需提供担保的，申请人可以不

① 最高人民法院民事诉讼法修改研究小组编著：《〈中华人民共和国民事诉讼法〉修改条文理解与适用》，人民法院出版社2012年版，第574～577页。

提供担保。

——《最高人民法院关于适用〈中华人民共和国民事诉讼法〉的解释》（2015 年 1 月 30 日，法释〔2015〕5 号）

【链接：最高人民法院法官著述】

一是保全申请应由仲裁机构提交人民法院，不能由当事人直接交由人民法院。仲裁法第六十八条规定，“涉外仲裁的当事人申请证据保全的，涉外仲裁委员会应当将当事人的申请提交证据所在地的中级人民法院。”二是与普通诉讼的保全程序不同，涉外仲裁程序中，人民法院采取保全措施，只能基于当事人的申请，不能主动依职权进行。三是因当事人申请发生保全错误，应当由申请人赔偿被申请人的损失。民事诉讼法第一百零五条规定，“申请有错误的，申请人应当赔偿被申请人因保全所遭受的损失。”保全是紧急情况下采取的措施，当事人应当对保全申请负责，人民法院对申请错误造成的损失不负有赔偿责任。

——沈德咏主编、最高人民法院修改后民事诉讼法贯彻实施工作领导小组编著：《最高人民法院民事诉讼法司法解释理解与适用》，人民法院出版社 2015 年版，第 1411 页。

1391

我国法院驳回承认和执行日本法院判决的申请

关键词｜承认和执行｜日本法院判决｜

【《最高人民法院公报》案例】

日本公民五味晃申请中国法院承认和执行日本法院判决案（大连市中级人民法院民事裁定书）

裁判要旨：我国与日本国之间没有缔结或者参加相互承认和执行法院判决、裁定的国际条约，亦未建立相应的互惠关系，因此裁定驳回请求承认和执行日本国法院判决的申请。

大连市中级人民法院认为：

《中华人民共和国民事诉讼法》第二百六十八条规定:"人民法院对申请或者请求承认和执行的外国法院作出的发生法律效力的判决、裁定,依照中华人民共和国缔结或者参加的国际条约,或者按照互惠原则进行审查后,认为不违反中华人民共和国法律的基本原则或者国家主权、安全、社会公共利益的,裁定承认其效力,需要执行的,发出执行令,依照本法的规定执行。违反中华人民共和国法律的基本原则或者国家主权、安全、社会公共利益的,不予承认和执行。"我国与日本国之间没有缔结或者参加相互承认和执行法院判决、裁定的国际条约,亦未建立相应的互惠关系。据此,该院于1994年11月5日作出终审裁定:驳回申请人五味晃的请求。

——《最高人民法院公报》1996年第1期

编者说明

本案主要是外国法院判决、裁定在我国的承认和执行问题,涉及的主要法律问题是外国法院的裁判文书在什么条件下才能获得我国法院的承认和执行。

按照我国有关法律的规定,向我国法院申请承认和执行外国法院的判决、裁定,必须符合以下条件:一是该外国法院判决、裁定依照其本国法律已经发生法律效力;二是两国之间有双边协定或共同参加的国际公约,或者有这方面的互惠关系;三是受请求的法院为我国有管辖权的中级人民法院,即被执行人住所地或被执行财产所在地的中级人民法院;四是原则上由当事人直接向有管辖权的中级人民法院提出申请。但是,如果该国与我国之间的国际条约明确规定可以由法院提出请求或者两国之间有这方面互惠实践的,也可以由该国法院请求我国法院承认和执行其判决、裁定。当事人向我国有管辖权的中级人民法院申请承认和执行外国法院判决、裁定,如果该法院所在国与我国没有缔结或共同参加关于相互承认和执行法院判决、裁定的国际条约,也没有这方面的互惠关系,我国法院不予受理其申请或依法驳回其申请。当然,当事人还可以向我国人民法院起诉,由有管辖权的法院作出判决,予以执行。本案中,大连市中级人民法院查明我国与日本国之间当时尚没有缔结或者参加相互承认和执行法院判决、裁定的国际条约,亦未建立相应的互惠关系后,裁定驳回日本国当事人五味晃提出的请求我国法院承认和执行日本国裁判文书的申请,是合法的、正确的。

1392

涉外知识产权案件不适用《最高人民法院关于涉外民商事案件诉讼管辖若干问题的规定》

关键词|涉外知识产权案件|诉讼管辖|法律适用|

【最高人民法院审判业务意见】

36. 在阿迪达斯公司与阿迪王公司等商标侵权及不正当竞争案[（2010）民申字第1114号]中，最高人民法院认为，《最高人民法院关于涉外民商事案件诉讼管辖若干问题的规定》不适用于涉外知识产权案件。

——《最高人民法院知识产权案件年度报告（2010）》

1393

网络纠纷的涉外管辖

关键词｜涉外域名纠纷｜管辖权｜

【最高人民法院司法解释】

第二条 涉外域名纠纷案件包括当事人一方或者双方是外国人、无国籍人、外国企业或组织、国际组织，或者域名注册地在外国的域名纠纷案件。在中华人民共和国领域内发生的涉外域名纠纷案件，依照民事诉讼法第四编的规定确定管辖。

——《最高人民法院关于审理涉及计算机网络域名民事纠纷案件适用法律若干问题的解释》（2001年7月17日，法释〔2001〕24号）

【链接：最高人民法院法官著述】

根据民事诉讼法以及最高人民法院的相关司法解释的规定，涉外域名纠纷案件主要包括两种情况，一是当事人一方或者双方是外国人、无国籍人、外国企业或组织、国际组织的；二是域名注册行为发生在外国的，例如一些“. com”“. org”“. net”的域名纠纷案件，域名注册地在美国，当事人间的法律关系设立、变更或终止的法律事实发生在外国，故属于涉外域名纠纷案件。该司法解释规定，涉外域名纠纷案件的管辖，依照民事诉讼法第四编关于涉外民事诉讼程序的特别规定确定。

——张辉:《〈最高人民法院关于审理涉及计算机网络域名民事纠纷案件适用法律若干问题的解释〉的理解与适用》,载沈德咏主编、最高人民法院审判监督庭编:《审判监督指导与研究》(总第4卷),人民法院出版社2002年版,第137~138页。

1394

香港特别行政区高等法院的《谕令》具有证据三性的,可以作为证据采信

关键词 | 中外合资经营企业 |

【《最高人民法院公报》案例】

香港锦程投资有限公司与山西省心血管疾病医院、第三人山西寰能科贸有限公司中外合资经营企业合同纠纷案[最高人民法院(2010)民四终字第3号民事裁定书]

裁判要旨:《民事诉讼法》及内地其他相关法律法规没有关于香港特别行政区法院作出的《谕令》在内地诉讼程序中是否具有证据效力的规定。香港特别行政区高等法院的《谕令》在本案诉讼中能否作为证据采信,应当审查其是否具有真实性、合法性、有效性及关联性。

最高人民法院认为:

《民事诉讼法》及内地其他相关法律法规没有关于香港特别行政区法院作出的《谕令》在内地诉讼程序中是否具有证据效力的规定。香港特别行政区高等法院的《谕令》在本案诉讼中能否作为证据采信应当审查其是否具有真实性、合法性、有效性及关联性。锦程公司就该《谕令》向原审法院提交了经公证的顾张文菊、叶成庆律师事务所顾张文菊律师出具的《法律意见书》。该《法律意见书》认为:根据《香港特别行政区高等法院规则》"高等法院规则"第42号命令第5A条规则,香港特别行政区高等法院有权根据当事人双方达成的和解协议作出上述《谕令》,其具有与法庭判决或者命令同等的效力;《香港特别行政区高等法院规则》"高等法院规则"第42号命令第5B条有关判决需附具理由的规定不适

用于依据《香港特别行政区高等法院规则》"高等法院规则"第42号命令第5A条规则作出的《谕令》;《谕令》对锦程公司和宝和公司具有约束力和强制执行力。因此,本院确认《谕令》的真实性、合法性、有效性。至于是否具有关联性,本院认为,锦程公司与宝和公司签订的买卖合同、宝和公司出具的七份收据、合资三方签订的《备忘录》、锦程公司与宝和公司之间的来往函件、宝和公司的起诉状以及香港特别行政区高等法院的诉讼文书等构成了一条完整的证据链,能够足以证明锦程公司订购医疗设备、支付佣金和预付款、锦程公司与宝和公司就违约事宜进行协商、协商未果后向香港特别行政区高等法院提起诉讼以及香港特别行政区高等法院送达诉讼文书等事实,亦足以证明《谕令》与锦程公司、宝和公司之间的医疗设备买卖合同纠纷相关,因此,《谕令》与本案纠纷具有关联性。此外,锦程公司在提交《谕令》时办理了相关公证和转递手续,符合《最高人民法院关于民事诉讼证据的若干规定》第十一条第二款关于"当事人向人民法院提供的证据是在香港、澳门、台湾地区形成的,应当履行相关的证明手续"的规定。因此,在心血管医院没有举出直接相反证据的情况下,应认定《谕令》在本案中具有证明力,可以作为证据使用并依此确定锦程公司订购医疗设备的损失额。

——《最高人民法院公报》2010年第12期

1395

未经最高院批准并通过国务院有关部门联系,人民法院不得进行涉港调查取证司法协助工作

关键词 | 涉港调查取证 | 司法协助 |

【最高人民法院司法政策】

各省、自治区、直辖市高级人民法院,解放军军事法院,新疆维吾尔自治区高级人民法院生产建设兵团分院:

近日,国务院港澳事务办公室向我院通报了内地个别高级人民法院未经最高人民法院批准直接向香港特别行政区请求协助调查取证的有关情况。为进一步规范人民法院涉港调查取证司法协助工作,现就有关事项通知如下:在内地与

香港特别行政区就相互协助调查取证达成制度性安排之前，地方人民法院不得直接向香港方面提出协助调查取证请求，也不得擅自接受香港方面的协助调查取证请求。地方人民法院在具体案件审理中确需香港方面协助调查取证的，须层报最高人民法院批准并通过国务院港澳事务办公室与香港特别行政区政府联系和转递有关请求。如香港方面直接向地方人民法院提出协助调查取证请求，可告知香港方面通过香港特别行政区政府和国务院港澳事务办公室向最高人民法院转递有关请求。

请各高级人民法院接此通知后，及时将有关精神传达至辖区内各级人民法院。执行中遇有问题，请及时层报最高人民法院港澳台司法事务办公室。

——《最高人民法院关于进一步规范人民法院涉港调查取证司法协助工作的通知》(2013年2月4日，法〔2013〕26号)

1396

执行《送达公约》应注意的问题

关键词 | 送达公约 | 司法文书 | 涉外送达 |

【最高人民法院司法政策】

全国各有关法院、各驻外使领馆：

1991年3月2日，第七届全国人民代表大会常务委员会第十八次会议决定批准我国加入1965年11月15日订于海牙的《关于向国外送达民事或商事司法文书和司法外文书公约》(以下简称《公约》)，并指定司法部为中央机关和有权接收外国通过领事途径转递的文书的机关。该公约已自1992年1月1日起对我国生效。现就执行该公约的有关程序通知如下：

一、凡公约成员国驻华使、领馆转送该国法院或其他机关请求我国送达的民事或商事司法文书，应直接送交司法部，由司法部转递给最高人民法院，再由最高人民法院交有关人民法院送达给当事人。送达证明由有关人民法院交最高人民法院退司法部，再由司法部送交该国驻华使、领馆。

二、凡公约成员国有权送交文书的主管当局或司法助理人员直接送交司法部请求我国送达的民事或商事司法文书，由司法部转递给最高人民法院，再由最高人民法院交有关人民法院送达给当事人。送达证明由有关人民法院交最高人民法院退司法部，再由司法部送交该国主管当局或司法助理人员。

三、对公约成员国驻华使、领馆直接向其在华的本国公民送达民事或商事司法文书，如不违反我国法律，可不表示异议。

四、我国法院若请求公约成员国向该国公民或第三国公民或无国籍人送达民事或商事司法文书，有关中级人民法院或专门人民法院应将请求书和所送司法文书送有关高级人民法院转最高人民法院，由最高人民法院送司法部转送给该国指定的中央机关；必要时，也可由最高人民法院送我国驻该国使馆转送给该国指定的中央机关。

五、我国法院欲向在公约成员国的中国公民送达民事或商事司法文书，可委托我国驻该国的使、领馆代为送达。委托书和所送司法文书应由有关中级人民法院或专门人民法院送有关高级人民法院转最高人民法院，由最高人民法院径送或经司法部转送我国驻该国使、领馆送达给当事人。送达证明按原途径退有关法院。

六、非公约成员国通过外交途径委托我国法院送达的司法文书按最高人民法院、外交部、司法部 1986 年 8 月 14 日联名颁发的外发〔1986〕47 号《关于我国法院和外国法院通过外交途径相互委托送达法律文书若干问题的通知》办理。公约成员国在特殊情况下通过外交途径请求我国法院送达的司法文书，也按上述文件办理。

七、我国与公约成员国签订有司法协助协定的，按协定的规定办理。

八、执行公约中须同公约成员国交涉的事项由外交部办理。

九、执行公约的其他事项由司法部商有关部门处理。

——《最高人民法院、外交部、司法部关于执行〈关于向国外送达民事或商事司法文书和司法外文书公约〉有关程序的通知》（1992 年 3 月 4 日，外发〔1992〕8 号文件）

各省、自治区、直辖市高级人民法院，各中级人民法院，各铁路运输中级法院，各海事法院：

1991 年 3 月 2 日，第七届全国人民代表大会常务委员会第十八次会议决定批准我国加入《关于向国外送达民事或商事司法文书和司法外文书公约》，该公约自 1992 年 1 月 1 日起对我国生效。1992 年 3 月 4 日，最高人民法院、外交部、司法部联合发出《关于执行〈关于向国外送达民事或商事司法文书和司法外文书公约〉有关程序的通知》(外发〔1992〕8 号文件)。经征询国务院港澳办公室的意见,今后,香港最高法院和内地人民法院送达司法文书和司法外文书,可以参照最高人民法院、外交部、司法部外发〔1992〕8 号文件的有关规定办理。

特此通知。

——《最高人民法院办公厅关于"送达公约"适用于香港的通知》(1992 年 7 月 10 日,法办〔1992〕86 号)

【链接:最高人民法院法官著述】

我国《民事诉讼法》对涉外送达作了明确规定,我国参加的《关于向国外送达民事或商事司法文书和司法外文书公约》,为我国在缔约国之间以司法协助方式送达提供了依据。但是,我国对该公约规定的邮寄送达作了保留。为履行好该公约,最高人民法院、外交部、司法部还联合下发文件,在涉外送达时应准照执行。此外,与我国建交的国家,人民法院还可根据互惠原则,通过外交途径送达司法文书。送达时应注意:第一,申请书应附有送达委托书以及该国文字或者经该国同意使用的第三国文字译本。如果受送达国对委托书及法律文书有公证、认证的特殊要求,应当按照要求办理;在向国外的中国当事人送达时,如果该国允许我使、领馆直接送达,可委托我驻该国使、领馆送达,无需附外文译本。第二,通过外交途径送达,必须留足送达时间。譬如,按规定向日本国民送达传票,应于传票指定日期四个月前送交我国外交部领事司。否则,如果传票送达日本国民的时间距开庭时间不足两个月,传票将被日方退回。

——张进先:《审理涉外、涉港澳台民事案件中的若干程序问题》,载最高人民法院民事审判第一庭编:《民事审判指导与参考》(总第 34 集),法律出版社 2008 年版,第 28 ~ 30 页。

第二十二章 | CHAPTER 22

仲裁

1397

仲裁案件的编号

关键词｜仲裁案件编号｜

【最高人民法院答复】

各省、自治区、直辖市高级人民法院：

最近接北京市高级人民法院《关于仲裁案件如何编号》的请示，经研究答复如下：

《中华人民共和国仲裁法》实施以来，各级法院依法开始受理仲裁案件。对这些案件的立案编号，要严格按照《诉讼文书立卷归档办法》所规定的按年度、审级、一案一号的原则办理。对具体案件的编号按以下不同情况编定：

一、人民法院依法裁决仲裁协议有效、依法裁定撤销仲裁协议或不予执行的案件，立案时一律编“仲”字，即〔199×〕×仲字第××号。

二、仲裁协议的执行案件，要按执行案件编“执”字号，即〔199×〕×执字第××号。

——《最高人民法院办公厅关于仲裁案件编号的复函》(1996年5月9日，法办〔1996〕34号)

1398

仲裁协议的形式要件

关键词｜仲裁机构｜仲裁协议｜

【最高人民法院司法解释】

第一条　仲裁法第十六条规定的“其他书面形式”的仲裁协议，包括以合同书、信件和数据电文(包括电报、电传、传真、电子数据交换和电子邮件)等形式达成的请求仲裁的协议。

——《最高人民法院关于适用〈中华人民共和国仲裁法〉若干问题的解释》(2006年8月23日，法释〔2006〕7号)

【最高人民法院答复】

内蒙古自治区高级人民法院：

你院1996年8月30日《关于涉外经济合同未直接约定仲裁条款如何认定的请示报告》已收悉。经研究，答复如下：中外双方当事人订立的外贸合同中约定合同未尽事宜适用中国和蒙古国之间的交货共同条件的，因该交货共同条件即1988年11月4日《中华人民共和国对外经济贸易部和蒙古人民共和国对外经济供应部关于双方对外贸易机构之间相互交货共同条件的议定书》规定了因合同所发生或者与合同有关的一切争议在双方达不成协商解决的协议时，应以仲裁方式解决，并规定了具体办法，故应认定当事人自愿选择通过仲裁方式解决其纠纷，人民法院不应受理因该类合同引起的纠纷。

——《最高人民法院关于涉蒙经济合同未直接约定仲裁条款如何认定案件管辖权的复函》（1996年12月14日，法函〔1996〕177号）

【链接：最高人民法院法官著述】

根据我国合同法的规定，合同的书面形式"是指合同书、信件和数据电文（包括电报、电传、传真、电子数据交换和电子邮件）等可以有形地表现所载内容的形式"，作为合同的一种，仲裁协议的书面形式也应包括上述形式。如未约定单独的仲裁协议，则在书面合同中约定的仲裁条款也应当认定为书面仲裁协议。

在司法实务中，存在的特殊情形是：

1. 当事人未书面订立仲裁协议，但在一方当事人申请仲裁，仲裁庭受理后，当事人之间口头同意仲裁的意思表示被记载于仲裁笔录中，能否认定为存在书面的仲裁协议问题。我们认为，我国仲裁法明确规定，仲裁协议可在纠纷发生之前和之后达成。在纠纷发生后，当事人申请仲裁的意思表示明确，且记载于书面的仲裁笔录中，应认定当事人之间签订了书面的仲裁协议。

2. 关于当事人能否口头援引记载于其他书面文件中的仲裁条款的问题。如果当事人并没有订立专门的书面仲裁条款，但有其他书面证据可证明当事人存在着进行仲裁的意思表示，可认定当事人之间存在着书面的仲裁协议。如：当事人关于发生纠纷应进行仲裁的意思表示被记载于当事人双方均参加的会议的会议记录中，或当事人约定第三方进行记录，该第三方不包括前述情形中的仲裁机构,或当事人签订的备忘录或制定的章程中有约定仲裁的记载等。1996 年英国《仲裁法》对此进行了规定,即"当事人以书面形式以外的方式同意援引书面的条款,当事人之间的协议即是书面的。"我国最高人民法院的相关答复也对此进行规定。如:法函〔1996〕177 号《最高人民法院关于涉蒙经济合同未直接约定仲裁条款如何认定案件管辖权的复函》。

3. 关于当事人一方提供的带有仲裁条款的合同为复印件,且其不能提供原件,对方当事人否定该合同真实存在的情形下,能否根据该合同复印件的仲裁条款确定仲裁管辖权问题。关于该问题,否定观点认为,《最高人民法院关于适用〈中华人民共和国民事诉讼法〉若干问题的意见》(以下简称《若干意见》第 78 条规定:"证据材料为复制件,提供人拒不提供原件或原件线索,没有其他材料可以印证,对方当事人又不予承认的,在诉讼中不得作为认定事实的根据。"《民事诉讼证据的若干规定》(以下简称《证据规定》)第 69 条也规定,无法与原件、原物核对的复印件、复制品不能单独作为认定案件事实的依据,因此,在合同的相对方不认可该协议的效力的情形下,不能单独以该合同认定案件事实,故该合同中约定的仲裁条款无效。肯定观点认为,上述《若干意见》第 78 条和《证据规定》第 69 条的规定只适用实体审中对事实的认定,不适用程序审中对程序问题的认定。我们同意否定观点。因为民事案件的审理既包括对实体问题的审理,也包括对程序问题的审查,因此,作为规范民事诉讼程序审查和实体审理问题的《证据规定》和《若干意见》应均适用对管辖事实问题的认定。由于上述司法解释明确规定,无法与原件、原物核对的复印件、复制品不能单独作为认定案件事实的依据,且对方当事人对合同存在的事实予以否认,故不应根据该合同复印件上的仲裁条款确定仲裁管辖权。

——张雪楳:《仲裁协议的效力认定及完善我国仲裁法的思考》,载最高人民法院民事审判第二庭编:《中国民商审判》(总第 8 集),法律出版社 2005 年版,第 81 ~ 83 页。

1399

仲裁条款必须是当事人真实意思表示

关键词 | 仲裁协议效力 | 真实意思表示 |

【最高人民法院答复】

安徽省高级人民法院：

你院〔2003〕皖执他字第01号“关于对香港国际仲裁中心仲裁裁决香港享进粮油食品有限公司与安徽粮油食品进出口(集团)公司买卖合同纠纷案不予执行的审查情况报告”收悉。经研究,答复如下:

根据你院所述事实,安徽粮油食品进出口(集团)公司(以下简称安徽粮油公司)系海南高富瑞工贸有限公司(以下简称海南高富瑞公司)的股东。本案所涉合同是海南高富瑞公司总经理张根杰,利用其持有的安徽粮油公司派驻海南高富瑞公司任职人员的相关文件的便利,采取剪取、粘贴、复印、传真等违法手段,盗用安徽粮油公司圆形行政公章,以安徽粮油公司的名义与香港享进粮油食品有限公司(以下简称享进公司)签订的。由于张根杰没有得到安徽粮油公司的明确授权,而是采用违法的手段盗用其印章签订合同,且事后张根杰未告知安徽粮油公司,更未得到追认,根据当事人的属人法即我国内地相应的法律规定,张根杰无权代理安徽粮油公司签订合同,亦即其不具备以安徽粮油公司名义签订合同的行为能力,相应地,其亦不具有以安徽粮油公司名义签订合同中仲裁条款的行为能力。由于本案所涉仲裁协议是张根杰通过欺诈手段签订的,因此,根据本案仲裁地法即香港特别行政区的法律,该仲裁协议也应认定无效。故根据《最高人民法院关于内地与香港特别行政区相互执行仲裁裁决的安排》第七条第一款第(一)项的规定,应不予执行本案仲裁裁决。同意你院的处理意见,但你院不宜以《最高人民法院关于内地与香港特别行政区相互执行仲裁裁决的安排》第七条第三款的规定作为不予执行本案仲裁裁决的法律依据。

此复。

——《最高人民法院关于香港享进粮油食品有限公司申请执行香港国际仲裁中心仲裁裁决案的复函》(2003年11月14日,〔2003〕民四他字第9号)

辽宁省高级人民法院:

你院〔1996〕辽经终字第567号请示收悉。经研究,答复如下:

香港汉耀投资有限公司与辽宁海湾期货经济有限公司签订的技术合同经营代理国际商品期货交易“补充协议”载有双方发生争议,应将争议提交美国仲裁协会进行仲裁的仲裁条款。该协议上盖有辽宁海湾期货经纪有限公司的前身“辽宁国际有限公司”的公章。该协议是确立辽宁海湾期货经纪有限公司与香港汉耀投资有限公司之间代理关系的基本证据。鉴于辽宁海湾期货经纪有限公司未能向法院提供证明该协议所盖公章作废或存在盗盖、骗盖或其他伪造情节，应认定本案当事人达成的仲裁协议成立。你院应根据《中华人民共和国民事诉讼法》第二百五十七条第一款及《最高人民法院关于适用〈中华人民共和国民事诉讼法〉若干问题的意见》第186条的规定，裁定驳回辽宁海湾期货经纪有限公司的起诉。

——《最高人民法院关于仲裁条款效力问题的复函》(1997年6月16日，法函〔1997〕80号)

编者说明

有些案件中虽有仲裁条款，但仲裁条款并非当事人的真实意思表示，因此，不能认定当事人之间达成了有效的仲裁协议。如〔2003〕民四他字第9号复函中，最高人民法院认为本案所涉仲裁条款是张根杰通过欺诈手段签订的，根据本案仲裁地法即香港特别行政区的法律，该仲裁条款应认定无效。该案所涉仲裁裁决最终被人民法院根据《关于内地与香港特别行政区相互执行仲裁裁决的安排》第7条第1款第(1)项的规定裁定不予执行。

1400

约定仲裁管辖必须有明确的意思表示并订立仲裁协议

关键词｜仲裁协议效力｜意思表示｜

【《最高人民法院公报》案例】

苏州东宝置业有限公司、苏州市金城担保有限责任公司、苏州市东宝金属材料有限公司、苏州市东宝有黑色金属材料有限公司、徐阿大与苏州百货总公司、江苏少女之春集团公司资产转让合同纠纷案[最高人民法院(2006)民二终字第2号民事裁定书]

裁判要旨：一、当事人签订的多份合同中，有的约定了仲裁条款，有的既没有约定仲裁条款，也没有明确将其列为约定了仲裁条款的合同的附件，或表示接受约定了仲裁条款的合同关于仲裁管辖的约定。尽管上述合同之间具有一定的关联性，但不能因此否认各自的独立性。

二、根据仲裁法的相关规定，当事人采用仲裁方式解决纠纷，应当自愿达成仲裁协议；未达成仲裁协议，一方当事人申请仲裁的，仲裁委员会不予受理。因此，当事人约定仲裁管辖必须有明确的意思表示并订立仲裁协议，仲裁条款也只在达成仲裁协议的当事人之间产生法律效力。

最高人民法院认为：

与本案确定管辖权有关的三份合同分别为：百货公司与拍卖公司签订的《江苏省委托拍卖合同》，其中约定有仲裁条款；东宝公司与拍卖公司签订的《江苏省拍卖成交确认书》，其中约定有仲裁条款；百货公司、少女之春公司和东宝公司签订的《转让协议》，该协议中没有将其列为另两份合同附件或接受另两份合同仲裁管辖的约定，也没有约定仲裁条款。这三份合同的主体不同，所形成的法律关系不同。尽管三份合同的产生有一定的关联性，但并不能因此否认三份合同的各自独立性。东宝公司、担保公司、金属公司、黑色金属公司、徐阿大依《转让协议》向原审法院提起诉讼，因该转让协议没有约定仲裁条款，《转让协议》中也没有接受另两份合同中仲裁管辖的内容，且东宝公司、担保公司、金属公司、黑色金属公司、徐阿大五方当事人明确表示不接受仲裁管辖。根据仲裁法的相关规定，当事人采用仲裁方式解决纠纷，应当自愿达成仲裁协议，没有仲裁协议，一方申请仲裁的，仲裁委员会不予受理。由此可见，当事人约定仲裁管辖必须有明确的意思表示并签订有仲裁协议，仲裁条款也仅在达成仲裁协议的当事人之间产生法律效力，不能约束合同之外的人。因此，对于东宝公司、担保公司、金属公司、黑色金属公司、徐阿大五方当事人依《转让协议》向人民法院提起的诉讼，人民法院具有管辖权。

——《最高人民法院公报》2007 年第 2 期

1401

一方当事人发出缔结仲裁协议要约，对方未明确答复，不构成默示同意接受该仲裁协议

关键词 | 仲裁协议效力 | 默示要约 |

【最高人民法院答复】

广东省高级人民法院：

你院粤高法〔2009〕59号《关于申请人番禺珠江钢管有限公司与被申请人深圳市泛邦国际货运代理有限公司申请确认仲裁协议效力一案的请示》收悉。经研究，答复如下：

本案租船合同为国际海上货物运输合同，起运港为中国，目的港为智利，具有涉外因素。本案系番禺珠江钢管有限公司申请确认涉及海事海商纠纷仲裁条款效力案件，申请人和被申请人住所地均在广东省，根据《最高人民法院关于适用〈中华人民共和国仲裁法〉若干问题的解释》第十二条三款规定，广州海事法院对本案具有诉讼管辖权。本案租船合同仲裁条款约定，"仲裁地点：北京，引用中国法律"。由于仲裁条款没有约定具体的仲裁机构，深圳市泛邦国际货运代理有限公司在租船合同没有实际履行的情况下向番禺珠江钢管有限公司发出了律师函，提出将涉案纠纷提交在北京的中国海事仲裁委员会仲裁，并要求番禺珠江钢管有限公司在收到此律师函后3日内回复意见，否则视为默示同意将仲裁机构确定为中国海事仲裁委员会，番禺珠江钢管有限公司对该律师函未作答复。深圳市泛邦国际货运代理有限公司据上述事实主张番禺珠江钢管有限公司已默示同意，双方就选定的仲裁机构达成了新的仲裁协议，没有法律依据。又因该仲裁条款没有约定审查仲裁条款效力所适用的法律，根据《最高人民法院关于适用〈中华人民共和国仲裁法〉若干问题的解释》第十六条规定，本案应适用中国法律审查仲裁条款的效力。由于本案租船合同仲裁条款对仲裁机构约定不明确，且没有达到补充协议，因此，根据《中华人民共和国仲裁法》第十八条规定，本案租船合同约定的仲裁条款无效。

此复。

——《最高人民法院关于申请人番禺珠江钢管有限公司与被申请人深圳市泛邦国际货运代理有限公司申请确认仲裁协议效力一案的请示的复函》(2009年5月5日，〔2009〕民四他字第7号)

【最高人民法院裁判文书】

内蒙古自治区五原县宏珠环保热电有限责任公司与北京城建远东建设投资集团有限公司执行裁定申诉案[最高人民法院(2010)执监字第137号]

裁判要旨：在仲裁协议对仲裁机构约定不明的情形下，仅参加仲裁过程并进行实体答辩不能视为接受仲裁；双方当事人之间未就仲裁机构形成默示的补充仲裁协议，仲裁协议应认定为无效。

最高人民法院认为：

城建公司与宏珠公司在《建设工程施工合同书》中虽有将纠纷提交仲裁的意思，但其中的仲裁条款对仲裁机构的约定表述为“工程当地仲裁委员会”，而“工程当地”的五原县及上一级行政机关巴彦淖尔市并没有设立仲裁委员会，内蒙古自治区则设立有多个仲裁委员会。该仲裁条款对仲裁机构的约定并不明确。根据《仲裁法》第 18 条及《仲裁法解释》第 6 条的规定，双方当事人未就仲裁机构达成补充协议的，该仲裁条款无效。城建公司于 2007 年 8 月 21 日递交给宏珠公司的《给付工程款通知》中所说的“我方要求赤峰仲裁委员予以仲裁”，系向宏珠公司发出的选择赤峰仲裁委作为仲裁机构的补充要约。对此，宏珠公司所作的“此通知书所述与事实不符”的回复，应主要是针对该通知中所说的已完成工程量与拖欠工程款而言，而宏珠公司未有其他行为表明其已接受该要约。参照《民通意见》第 66 条的规定，在无法律规定或当事人间明确约定的情况下，宏珠公司即使对城建公司的要约不作任何答复，亦不能视为其默示接受了要约。其此前已向法院起诉的行为，则表明其并非愿意再选定仲裁机构而将纠纷提交仲裁。故宏珠公司实际上是对城建公司的要约作出了拒绝的意思表示，所以应当认定双方当事人没有就仲裁机构重新达成补充协议，合同中的仲裁条款无效。宏珠公司自始至终都在对赤峰仲裁委的管辖提出异议，其既没有选定仲裁员，也没有提交答辩状，虽然其参加了赤峰仲裁委的审理过程，并对案件的实体问题发表了意见，但其首先仍声明不认可该仲裁委的管辖权，故不能视为其接受了赤峰仲裁委的管辖。

——江必新主编、最高人民法院执行局编：《执行工作指导》（总第 38 辑），人民法院出版社 2011 年版，第 100 ~ 101 页。

1402

仲裁庭无权对涉及仲裁协议之外第三方的纠纷作出裁决

关键词 | 仲裁协议 | 第三方纠纷 | 仲裁范围 |

【最高人民法院答复】

安徽省高级人民法院：

你院〔2002〕皖民二他终字第10号《关于对美国GMI公司申请承认英国伦敦金属交易所仲裁裁决一案的审查意见》收悉，经研究，答复如下：

你院请示报告对于争议的焦点问题归纳准确，对于当事人争议的GMI公司提出申请的期限问题、芜湖冶炼厂称已丧失履行能力裁决不应执行问题、芜湖冶炼厂是否得到指派仲裁员及仲裁程序通知的问题等，请示报告中均依据充分的事实和法律作出了清晰的分析，本院同意你院对上述问题的分析意见。

本案仲裁庭根据美国GMI公司与芜湖冶炼厂签订的买卖合同中的仲裁条款受理案件，就仲裁范围而言，仲裁庭只能对GMI公司与芜湖冶炼厂之间的买卖合同纠纷作出裁决，但其却根据GMI公司的申请，将与GMI公司之间没有仲裁协议的芜湖恒鑫铜业集团有限公司列为仲裁被申请人，对所谓的GMI公司与芜湖冶炼厂及芜湖恒鑫铜业集团有限公司三方之间的纠纷作出了裁决，仲裁庭对GMI公司与芜湖恒鑫铜业集团有限公司之间所谓的买卖合同纠纷所作裁决，显然已经超出了本案仲裁协议的范围。

根据《纽约公约》第5条第1款(丙)项的规定，仲裁事项超出仲裁协议范围的，应不予执行，但如果仲裁庭有权裁决部分与超裁的部分是可分的，则有权裁决的部分是应该承认和执行的。本案中仲裁庭有权裁决部分和超裁部分是明确可以区分的。虽然仲裁庭在裁决书中多次使用“被申请人”的称谓，均未指明是芜湖冶炼厂还是芜湖恒鑫铜业集团有限公司，而从裁决书首部将芜湖冶炼厂和芜湖恒鑫铜业集团有限公司均列为被申请人看，裁决书在没有特别指明的情况下，其被申请人的含义应该既包括芜湖冶炼厂，也包括芜湖恒鑫铜业集团有限公司，但使用这种称谓，并不表明有权裁决部分和超裁部分是不可分的，从最终裁决结果看，有明确裁决芜湖冶炼厂单独承担责任的部分，就该部分裁决而言，仲裁庭有权裁决，而且与超裁部分是可分的，亦不存在其他不应予以承认和执行的情形，因此对于涉及芜湖冶炼厂单独承担责任部分的裁决应予承认和执行。而其他使用“被申请人”这个称谓表明应该承担责任部分的裁决，由于对于芜湖冶炼厂及芜湖恒鑫铜业集团有限公司承担的责任没有明确区分，因此，人民法院对于仲裁庭有权裁决部分和超裁部分亦无法区分，故对于无法区分部分的裁决不应予以承认和执行。

——《最高人民法院关于美国GMI公司申请承认英国伦敦金属交易所仲裁裁决案的复函》(2003年11月12日,〔2003〕民四他字第12号)

编者说明

在《民事诉讼法》中有第三人(包括有独立请求权和无独立请求权的第三人)制度,当事人可以根据有关规定申请人民法院追加案外有关民事主体为第三人,也可以由人民法院根据案件审理的实际需要追加案外有关民事主体为第三人。尽管对仲裁中是否承认第三人制度有较大争议,但从目前的仲裁立法和仲裁实践来看,仲裁中尚未建立仲裁第三人制度。其中,主要原因在于仲裁机构、仲裁庭、仲裁案件均来源于案件当事人的授权,与案件有关的第三人若需要参加有关案件的仲裁,则必须有其与案件当事人接受仲裁管辖的共同意思表示。因此,如果仲裁裁决涉及第三人的,则该部分超出了仲裁协议范围,应当认定为超裁。有些案件仅在双方当事人之间有仲裁协议,第三方并非仲裁协议的任何一方,但仲裁庭却审理了该三方之间的纠纷并作出仲裁裁决。由于第三方与其他两方之间并无仲裁协议,因此,仲裁庭没有行使管辖权的基础,仲裁庭无权对第三方涉及的纠纷进行审理并作出仲裁裁决,其只能审理有仲裁协议的双方之间的纠纷并作出相应裁决。

1403

当事人概括约定仲裁事项为合同争议的认定

关键词｜仲裁协议｜仲裁事项｜合同争议｜

【最高人民法院司法解释】

第二条 当事人概括约定仲裁事项为合同争议的,基于合同成立、效力、变更、转让、履行、违约责任、解释、解除等产生的纠纷都可以认定为仲裁事项。

——《最高人民法院关于适用〈中华人民共和国仲裁法〉若干问题的解释》(2006年8月23日,法释〔2006〕7号)

【最高人民法院答复】

山东省高级人民法院:

你院〔2006〕鲁民四他字第1号"关于原告迈可达(青岛)运动用品有限公司

与被告云中漫步国际公司还款合同纠纷一案管辖权争议的请示”收悉。经研究，答复如下：

本案双方当事人在《生产协议》第二十三条中约定：“双方应寻求通过快捷、诚信的协商来解决与本协议有关的所有争议。若该协商未能解决所有争议，双方应在加利福尼亚州迅速对剩余争端进行调解，调解由一位有经验的公正的调解员主持，调解员由双方选择，在双方无法达成一致时由加利福尼亚州高等法院选择。所有通过协商或调解未能解决的争议应根据当时存在的美国仲裁协会商业规则，在加利福尼亚州提交有约束力的仲裁。”该仲裁条款的有效性已经为人民法院民事裁定书所确认。

本案迈可达(青岛)运动用品有限公司依据其与云中漫步国际公司达成的还款协议提起诉讼，相对于《生产协议》而言，还款协议确系在双方当事人之间形成了新的法律关系，但该还款协议中所涉及的债务是双方当事人履行生产协议而形成的，还款协议基于《生产协议》而产生，与《生产协议》密切相关，现双方当事人就还款协议的履行产生的争议是与《生产协议》有关的争议。根据双方当事人在《生产协议》中仲裁条款的约定，与《生产协议》有关的所有争议，均应受该仲裁条款的约束。因此根据《中华人民共和国民事诉讼法》第二百五十七条第一款、《中华人民共和国仲裁法》第五条的规定，本案纠纷应依据当事人的约定，通过仲裁方式解决，人民法院对该纠纷无管辖权。你院关于新形成的欠款法律关系不受原《生产协议》仲裁条款的约束，本案纠纷应由人民法院受理的请示意见不能成立。

此复。

——《最高人民法院关于仲裁条款效力请示的复函》(2006年3月7日，〔2006〕民四他字第4号)

甘肃省高级人民法院：

你院《关于甘肃省乡镇第三产业公司诉德国阿丝德有限公司、香港欣季实业有限公司合作合同无效纠纷案的请示报告》收悉。经研究，答复如下：

一、根据《中华人民共和国民事诉讼法》和《中华人民共和国仲裁法》的规定，双方当事人对合同纠纷自愿达成书面仲裁协议的，不得向人民法院起诉。本案当事人签订的合同明确约定：“凡因执行本合同所发生的一切争议，双方应通过友好协商解决，如果协商不能解决，应提交奥地利维也纳商会的仲裁机构仲裁。”关于“执行本合同所发生的一切争议”的理解，应当按照最高人民法院关于适用《涉外经济合同法》若干问题的解答第二部分的规定："对于涉外经济合同法第五条所说的'合同争议'应作广义理解。凡是双方当事人对合同是否成立、合同成立的时间、合同内容的解释、合同的履行、违约的责任，以及合同的变更、中止、转让、解除、终止等发生的争议，均应包括在内。"据此，你院对本案无管辖权。

二、双方当事人合作合同第 50 条是适用法律的约定，即在司法机关或仲裁机构已经受理案件的前提下，当事人就处理纠纷应当适用何国实体法的约定。该约定与确定人民法院的管辖权并无关系。你院亦不能据此约定而主张管辖权。

三、本案所涉合同不完备之处，乃至不公正之处，首先由双方当事人通过协商予以完善，也可以通过合同批准机关和合同管理机关予以解决。当事人一方还可以直接向约定的仲裁机关申请仲裁。

——《最高人民法院关于甘肃省乡镇第三产业公司诉德国阿丝德有限公司、香港欣季实业有限公司合作合同无效纠纷案的请示报告的复函》（1995 年 10 月 18 日，法经〔1995〕273 号）

【链接：最高人民法院法官著述】

问题：工程结算后，发包人欠付承包人工程款，承发包双方就如何偿还工程欠款签订《还款协议书》。施工主合同约定的仲裁条款是否适用于因履行《还款协议书》发生的纠纷案件？

《民事审判指导与参考》研究组认为：仲裁条款具有独立性。《仲裁法》第十九条第一款规定，仲裁协议独立存在，合同的变更、解除、终止或者无效，不影响仲裁协议的效力。上述法律规定充分体现仲裁条款在民事合同中具有独立性。

工程结算后，施工合同双方对发包人欠付承包人工程价款数额达成一致，即工程欠款数额已成为一个定数。《还款协议书》是为履行施工主合同签订的，体现了工程结算的结果，其性质为补充协议，是对施工主合同的补充、细化。同时，《还款协议书》是对从签约到结算的前期履约行为作一了断，对后期确认欠款数额、还款时间、还款方式等内容作出约定；从《还款协议书》文义内容看，主要内容更像是借款合同，发包人的主要义务是按约定还钱，《还款协议书》具有独立性。

据此，施工主合同约定的仲裁条款适用于因履行《还款补充协议》发生的纠纷案件。

——最高人民法院民事审判第一庭编:《民事审判指导与参考》(总第47辑),人民法院出版社2011年版,第243页。

编者说明

最高人民法院认为,此处的“合同争议”应作广义的理解,凡是双方当事人因对合同是否成立、合同成立的时间、合同内容的解释、合同的履行、违约责任,以及合同的变更、中止、转让、解除、终止等发生的争议,均应包括在内。该条规定实际是参照了目前已经失效的最高人民法院于1987年10月19日发布的《关于适用〈涉外经济合同法〉若干问题的解答》中的表述。尽管该司法解释已经因《涉外经济合同法》被《合同法》取代而失效,但其中很多内容依然是合理的,是值得参考的。事实上,最高人民法院于1995年10月18日作出的法经〔1995〕273号就甘肃省高级人民法院关于甘肃省乡镇第三产业公司诉德国阿丝德有限公司、香港欣季实业有限公司合作合同无效纠纷案请示的复函中亦持同样观点。且在迈可达(青岛)运动品有限公司诉云中漫步国际公司还款合同纠纷案中,最高人民法院认为对“与合同有关的争议”还应当尽量作宽松理解。

1404

因合同中部分变更条款产生的纠纷属于“与合同有关的争议”

关键词｜仲裁协议｜合同变更｜合同争议｜

【最高人民法院答复】

湖北省高级人民法院:

你院〔2004〕鄂民四终字第34号《关于湖北省出版进出口公司、湖北东湖光盘技术有限责任公司与康维克科技(成都)有限公司买卖合同纠纷一案中仲裁条款效力的请示》收悉。经研究,答复如下:

本案当事人在“买卖合同”中约定了仲裁条款,即“仲裁:凡因本合同引起的或与本合同引起的有关争议,均应提交中国国际贸易促进会仲裁委员会按照该委员会颁布的仲裁程序暂行条例进行仲裁,仲裁地点在北京。仲裁委员会的裁决是终局的,双方均受其约束。任何一方均不寻求法院或其他当局上诉以修改其决定。仲裁费用由败诉一方负担。在仲裁期间,除正在进行的仲裁部分外,合同其他部分继续执行。”虽然，在此后的“第二次补充合同”中有康维克科技（成都）有限公司（以下简称康维克公司）“同意无需中国国际贸易促进会仲裁”的表述，但综合该“第二次补充合同”的具体内容以及有关条款的上下文意思，对该表述应当理解为是指在康维克公司经过一系列作为仍然不能满足要求的情况下即应直接无条件退货并承担湖北东湖光盘技术有限责任公司（以下简称光盘公司）一切损失，对此不需要通过“中国国际贸易促进会仲裁”确定责任。在“第三次补充合同”中也有类似表述，即康维克公司同意“对合同内容不寻求任何仲裁或申诉”，综合分析，该表述的真实意思是在出现了约定的条件时，该补充合同无效，康维克公司仍按前述合同中有关退货、赔偿损失等相关条款执行，对此不需要由“中国国际贸易促进会仲裁”。在此“无需仲裁”、“不寻求仲裁”并未解除“买卖合同”中的仲裁条款。因此，当康维克公司未主动接受退货并赔偿损失时，纠纷仍应通过仲裁解决。本案正是由于湖北省出版进出口公司、光盘公司认为康维克公司并未按“买卖合同”以及此后的“补充合同”履行引发，因此，应当认为“第二次补充合同”、“第三次补充合同”中的相关约定并没有实质地改变当事人在原“买卖合同”中通过仲裁解决纠纷的意思表示。

本案当事人虽然约定了仲裁条款，但没有约定认定该仲裁条款效力的准据法，因此应当根据当事人约定的仲裁地点——“北京”，即中华人民共和国的法律认定该仲裁条款的效力。该仲裁条款表达了当事人希望将有关纠纷交付仲裁解决的意思表示；有明确的仲裁事项；尽管对仲裁机构“中国国际贸易促进会仲裁委员会”的约定不是十分准确，但可以推定当事人选择的是“中国国际经济贸易仲裁委员会”。该仲裁条款符合《中华人民共和国仲裁法》的有关规定，应当认定为有效。人民法院对本案不享有管辖权。

此复。

——《最高人民法院关于湖北省出版进出口公司、湖北东湖光盘技术有限责任公司与康维克科技（成都）有限公司买卖合同纠纷一案中仲裁条款效力的请示的复函》（2004 年 11 月 12 日，〔2004〕民四他字第 34 号）

编者说明

实践中有一种情形，即合同的部分条款进行了变更，但仲裁条款并未变更，那么因该合同引起的争议是否受原仲裁条款的约束？最高人民法院认为，因该合同引起的争议也应当通过仲裁解决。该观点可以从上述复函中体现出来。

1405

仲裁事项约定不明的认定

关键词｜仲裁事项约定不明｜合同争议｜

【链接：最高人民法院法官著述】

因仲裁协议的存在形式主要有两种,即一种是作为合同中的仲裁条款的方式;另一种是与主合同独立,另立仲裁协议或采取其他书面形式的方式,故关于仲裁事项约定不明的认定也应分两种情形进行。在仲裁协议是作为合同的一个条款存在的情形下,我们认为,由于该条款属于合同的一个组成部分,换言之,该条款主要针对因该合同产生的纠纷(特殊约定除外)而约定的,因此,应认定当事人约定的仲裁事项是明确的。在当事人另立仲裁协议时,因仲裁协议与合同不具有一体性,故仲裁协议应明确约定仲裁的事项,如合同的名称、对该合同的哪些纠纷进行仲裁等,否则,应认定仲裁事项约定不明。

——张雪楳:《仲裁协议的效力认定及完善我国仲裁法的思考》,载最高人民法院民事审判第二庭编:《中国民商审判》(总第8集),法律出版社2005年版,第84~86页。

1406

与合同有关的侵权纠纷可以通过仲裁解决

关键词｜仲裁事项｜侵权纠纷｜合同争议｜

【最高人民法院司法政策】

7. 涉外商事合同的当事人之间签订的有效仲裁协议约定了因合同发生的或与合同有关的一切争议均应通过仲裁方式解决,原告就当事人在签订和履行合同过程中发生的纠纷以侵权为由向人民法院提起诉讼的,人民法院不享有管辖权。

——《最高人民法院第二次全国涉外商事海事审判工作会议纪要》(2005年12月26日,法发〔2005〕26)

【最高人民法院答复】

安徽省高级人民法院：

你院〔2004〕皖民三初字第1号《关于对原告百事达（美国）企业有限公司与被告安徽饭店、何宗奎、章富成以及第三人安徽金辰酒店管理有限公司、中美合资安徽饭店有限公司清算委员会民事侵权赔偿纠纷一案管辖权异议的请示报告》收悉。经研究，答复如下：

百事达（美国）企业有限公司（以下简称"百事达公司"）与安徽饭店于1993年7月30日订立的《中美合资安徽饭店有限公司合同》第51条约定："凡因执行本合同所发生的或与本合同有关的一切争议，双方应通过友好协商解决，如果协商不能解决，应提交北京中国国际贸易促进委员会对外贸易仲裁委员会仲裁。仲裁裁决是终局的，对双方都有约束力。"根据你院请示报告认定的事实，百事达公司现以安徽饭店利用其控股地位、独自侵占合资公司等为由提起诉讼，该纠纷应当理解为属于合资合同第51条约定的"与本合同有关的一切争议"。因此，对该纠纷双方应提请仲裁机关解决，人民法院对此无管辖权，故安徽饭店对本纠纷案的管辖权异议依法应认定成立。至于百事达公司以何宗奎、章富成为被告，以安徽金辰酒店管理有限公司、中美合资安徽饭店有限公司清算委员会为第三人提出的侵权诉讼，因有关被告和第三人不是合资合同的当事人，合资合同中的仲裁条款对其不具有法律约束力，又无证据表明有关各方曾达成了有效仲裁协议，因此，人民法院有权管辖。何宗奎、章富成和第三人提出的管辖异议依法不能成立，应予驳回。

此复。

——《最高人民法院关于对原告百事达（美国）企业有限公司与被告安徽饭店、何宗奎、章富成以及第三人安徽金辰酒店管理有限公司、中美合资安徽饭店有限公司清算委员会民事侵权赔偿纠纷一案管辖权异议的请示的复函》（2005年6月16日，〔2005〕民四他字第9号）

【《最高人民法院公报》案例】

（香港）裕亿集团有限公司、（加拿大）太子发展有限公司与江苏省物资集团轻纺总公司侵权损害赔偿纠纷管辖权异议案（最高人民法院民事裁定书）

裁判要旨：双方当事人在合同中明确约定发生纠纷通过仲裁方式解决，在合同未经有关机关确认无效的情况下，当事人均应受该合同条款的约束。因执行合约而发生的纠纷,不论是合同纠纷还是侵权纠纷均受当事人有关仲裁管辖条款的约束。

最高人民法院认为:

本案争议的焦点在于仲裁机构是否有权对当事人之间的侵权纠纷作出裁决。《中华人民共和国仲裁法》自1995年10月1日起施行,该法第二条规定:“平等主体的公民、法人和其他组织之间发生的合同纠纷和其他财产权益纠纷,可以仲裁。”第三条规定:“下列纠纷不能仲裁:(一)婚姻、收养、监护、抚养、继承纠纷;(二)依法应当由行政机关处理的行政争议。”《中国国际经济贸易仲裁委员会仲裁规则》(以下简称仲裁规则)第二条也明确规定:该委员会“……解决产生于国际或涉外的契约性或非契约性的经济贸易等争议……”从被上诉人轻纺公司在原审起诉状中所陈述的事实和理由看,其所述上诉人裕亿公司和太子公司的侵权行为,均是在签订和履行CC960505号和CC960506号两份销售合同过程中产生的,同时也是在仲裁法实施后发生的。而该两份合同的第八条均明确规定:“凡因执行本合约所发生的或与本合约有关的一切争议,双方可以通过友好协商予以解决;如果协商不能解决,应提交中国国际经济贸易仲裁委员会,根据该会的仲裁规则进行仲裁。仲裁裁决是终局的,对双方均有约束力。”根据仲裁法和仲裁规则的上述规定,中国国际经济贸易仲裁委员会有权受理侵权纠纷,因此,本案应通过仲裁解决,人民法院无管辖权。原审法院认为轻纺公司提起侵权之诉,不受双方所订立的仲裁条款的约束,显然是与仲裁法和仲裁规则相悖的;况且原审法院在轻纺公司起诉称裕亿公司和太子公司利用合同进行欺诈的情况下,未经实体审理就以实体判决确认,并以裁定的方式认定二上诉人利用合同进行欺诈,违反了我国民事诉讼法第一百四十条关于裁定适用范围的规定,在程序上也是错误的,上诉人的上诉理由成立,应予支持。本案双方当事人在合同中明确约定发生纠纷通过仲裁方式解决,在该合同未经有关机关确认无效的情况下,当事人均应受该合同条款的约束;即使本案涉及第三人,在仲裁庭不能追究第三人责任的情况下,轻纺公司可以以第三人为被告向人民法院另行提起诉讼,当事人的合法权益仍然可以得到维护。轻纺公司关于“本案涉及第三人……只有人民法院审理此案,才能查清事实,保护当事人的合法权益”的答辩理由,不予采纳。

综上,本案各方当事人均应受合同中订立的仲裁条款的约束,所发生的纠纷应通过仲裁解决,人民法院无管辖权。江苏省高级人民法院所作裁定适用法律错误,应予撤销。

——《最高人民法院公报》1998年第3期

【链接：最高人民法院法官著述】

（一）处理本案纠纷首先需要明确一个前提条件，即仲裁机构是否有权对当事人之间的侵权纠纷作出裁决。依据《仲裁法》第二条、第三条及《中国国际经济贸易仲裁委员会仲裁规则》第二条等规定，仲裁机构显然是有权受理当事人之间的侵权纠纷的。（二）本案中，轻纺公司认为裕亿公司和太子公司利用合同进行欺诈，其以二被告侵权为由提起诉讼。通常情况下，合同违约和侵权存在着竞合的情况，当事人有权选择是以合同纠纷为由提起诉讼还是以侵权为由提起诉讼。因此，本案轻纺公司以侵权为由提起诉讼，原审法院亦将案由确定为侵权纠纷，是不违反法律规定的。从轻纺公司在起诉状中所陈述的事实和理由看，其所述的裕亿公司和太子公司的侵权行为，皆是在签订和履行 CC960505 号和 CC960506 号两份销售合同过程中产生的。而该两份合同的第 8 条均明确规定："凡因执行本合约所发生的或与本合约有关的一切争议，双方可通过友好协商予以解决；如果协商不能解决，应提交中国国际经济贸易仲裁委员会，根据该会的仲裁规则进行仲裁。仲裁裁决是终局的，对双方均有约束力。"如前所述，根据有关规定，中国国际经济贸易仲裁委员会亦有权受理侵权纠纷，故本案纠纷应通过仲裁方式解决，人民法院无权受理此案。原审法院所作裁定，主要存在两点错误。其一，原审法院认为轻纺公司提起侵权之诉，不受双方所订立的仲裁条款的约束，即认为侵权之诉不应通过仲裁方式解决，而这显然是与《仲裁法》和《中国国际经济贸易委员会的仲裁规则》相违背的。其二，原审法院在轻纺公司起诉称裕亿公司和太子公司利用合同进行欺诈的情况下，未经实体审理并以实体判决确认，而是以裁定的方式认定二原审被告利用合同进行欺诈，违反了《民事诉讼法》第一百四十条关于裁定适用范围的规定，在程序上是错误的。轻纺公司在上诉答辩中称："由于本案涉及第三人，如按仲裁程序处理此案，不利于查清案件事实，只有人民法院审理此案，才能查清事实，保护当事人的合法权益。轻纺公司的该答辩理由是不能成立的。首先，双方当事人在合同中明确约定发生纠纷通过仲裁方式解决，双方当事人均应受该合同条款的约束。其次，即使本案涉及第三人，在仲裁庭不能追究第三人责任的情况下，轻纺公司可以以第三人为被告向人民法院另行提起诉讼，当事人的合法权益仍然可以得到维护。（三）若确认人民法院对本案无管辖权，存在着一个障碍，即在《最高人民法院公报》1989 年第一期上公布的"中国技术进出口总公司（以下简称中技公司）诉瑞士工业资源公司(以下简称资源公司)侵权损害赔偿纠纷上诉案”这个案例。该案简要情况是:1984 年底,中技公司与资源公司签订了一份钢材购销合同,1985 年 4 月,中技公司与资源公司签订了一份钢材购销合同,1985 年 4 月,中技公司申请中国银行开出了以资源公司为受益人的信用证,中技公司付款后,迟迟未收到钢材,经多方联系无果,中技公司发现资源公司根本无钢材且单据是伪造的,遂以其为被告向上海中院提起诉讼,要求资源公司赔偿货款及有关损失。资源公司提起反诉。上海中院经审理后判决:(一)资源公司赔偿中技公司货款 2290250 美元,赔偿利息损失 873784.58 美元,经营损失 1943588.25 美元,赔偿公证费、律师费等共计 5136668.6 美元。(二)驳回资源公司的反诉。资源公司不服一审判决,向上海高院提起上诉称:双方签订的钢材销售合同中有仲裁条款,人民法院无管辖权,资源公司被诉有欺诈行为并无事实根据等。上海高院审理认为:资源公司利用合同形式,进行欺诈,已超出履行合同的范围,不仅破坏了合同,而且构成侵权。双方当事人的纠纷,已非合同权利义务的争议,而是侵权损害赔偿纠纷,中技公司有权向法院提起侵权之诉,而不受双方所订立的仲裁条款的约束,上海市中级人民法院对本案有管辖权。原审法院判决并无不当,上海高院判决驳回上诉,维持原判。由于上述案例在《最高法院公报》上公布,具有一定的指导意义,故原审法院合议庭在评议本案时,即以上述案例作为参照,认为人民法院对本案有管辖权。但原审法院没有注意到上述案例已与现在的有关法律规定相违背。第一,上述案件审理的时间是 1989 年,而当时《仲裁法》尚未出台,未明确仲裁机构可以审理侵权案件。而 1995 年 10 月 1 日施行的《仲裁法》已经明确,仲裁机构可以审理侵权纠纷。第二,管辖权问题,属于程序问题,是应该在实体审理之前解决的问题,即首先要确定人民法院是否对案件具有管辖权,只有人民法院具有管辖权的情况下,才有可能进入实体审理阶段。而在上述案例中,上海高院是在进行实体审理后,确认资源公司利用合同欺诈,从而再进一步确认人民法院对案具有管辖权,即在尚未明确管辖权问题的情况下,就进行实体审理,这显然是与有关法律原则相违背的。因此,上述案例不能作为处理本案的参照。综上,轻纺公司以侵权纠纷为由,以裕亿公司和太子公司为被告提起诉讼,其主张的裕亿公司和太子公司的侵权行为,皆是在签订和履行 CC960505 号和 CC960506 号合同中发生的,该两份合同第 8 条均明确约定:“凡因执行本合约所发生的或与本合约有关的一切争议,双方可以通过友好协商解决;如果协商不能解决,应提交中国国际经济贸易仲裁委员会,根据该会的仲裁规则进行仲裁。仲裁裁决是终局的,对双方均有约束力。”而根据《中华人民共和国仲裁法》及《中国国际经济贸易仲裁委员会仲裁规则》的有关规定，中国国际经济贸易仲裁委员会有权受理侵权纠纷，因此本案应通过仲裁解决，人民法院无管辖权，至于裕亿公司和太子公司是否存在欺诈行为，是否构成侵权，应通过实体审理解决。原审法院所作裁定，适用法律错误，应予撤销。

——任雪峰：《（香港）裕亿集团有限公司、（加拿大）太子发展有限公司与江苏省物资集团轻纺总公司侵权损害赔偿纠纷管辖权异议案》，载李国光主编、最高人民法院经济审判庭编：《经济审判指导与参考》（总第1卷），法律出版社1999年版，第181～184页。

编者说明

与合同有关的侵权纠纷是否可以通过仲裁解决，最高人民法院的观点体现在上述案例[（香港）裕亿集团有限公司、（加拿大）太子发展有限公司与江苏省物资集团轻工纺织总公司侵权损害赔偿纠纷案]中，即与合同有关的争议，即使当事人以侵权为由提起诉讼，也应当受合同中有效仲裁条款的约束，纠纷应当通过仲裁解决，人民法院不享有管辖权。

最高人民法院通过对江苏高院一审的程序审查，认定江苏高院在没有进行实体审理的情况下，即以裁定的方式认定二上诉人利用合同进行欺诈这一属于实体判决的内容，程序错误。根据当事人订立的仲裁条款，约定的仲裁事项是"因执行本合约发生的或与本合约有关的一切争议"。因此，不论被告是利用合同进行欺诈，还是构成侵权，均是与合约有关的争议，属于仲裁事项，应通过仲裁解决。

1407

因合同之外的附件和相关文件产生的纠纷是否属于仲裁事项的认定

关键词｜仲裁事项｜合同附件｜合同争议｜

【最高人民法院答复】

河北省高级人民法院：

你院1997年4月25日函收悉。经研究，答复如下：

本案申诉人河北省大名县红庙康佳食品厂与香港声威发展有限公司在1993年7月18日的合资合同中订有明确、有效的仲裁条款。该合同第52条约定：凡因执行本合同所发生的或与本合同有关的一切争议，……应提交北京中国国际贸易仲委员会进行仲裁。当事人随后于 1994 年 10 月 28 日签订的"协议书"为股权转让协议。该协议未按规定报有关部门批准,从内容看未涉及争议解决,亦未约定废止仲裁条款或不予提交仲裁。当事人现因股权转让发生的争议应视为与合资合同有关的争议。你院认为该"协议书"解除了原合同因而仲裁条款不再有效的意见不妥。鉴于对本案管辖权异议问题已经由你院终审裁定,你院应根据《最高人民法院关于适用〈中华人民共和国民事诉讼法〉若干问题的意见》第 186 条的规定,裁定撤销原裁定,驳回本案当事人的起诉。

——《最高人民法院关于仲裁条款效力问题的复函》(1997 年 7 月 17 日,法函〔1997〕88 号)

【链接:最高人民法院法官著述】

当事人在合同中约定了因合同发生的争议交由某仲裁机构进行仲裁,事后双方当事人又签认了补充协议,在补充协议中对原合同进行了一些变更。原合同中的仲裁条款依然有效,但能不能对补充合同中约定的事项有约束力,在实践中争议较大。如建设方与施工方签订建设工程合同,约定由施工方承建某住宅小区,在合同中约定因合同产生的一切争议由北京仲裁委仲裁。在施工过程中,建设方和施工方又达成补充协议,将原住宅小区三号楼的层数增加两层,再增建一地下停车场,并约定原合同继续有效。后来,因为工程款结算问题双方发生争议,施工方向北京仲裁委申请仲裁,建设方认为补充协议未有仲裁条款,所以补充协议约定部分建设工程款事项不属于仲裁协议范围。补充协议约定之事项能否受原合同中的仲裁协议约束,首先应当按照当事人的约定,如在原合同或者补充协议中对仲裁条款有约定的,适用该约定。如果没有对原合同中的仲裁条款的效力约定是否适用时,关键看补充协议是否独立于原合同。从司法实践来看,多数情况下补充协议仅是对原合同的变更,增加或者修改部分内容,所以两者仍然属于一个合同关系。因此,即使在补充协议中未明确指出适用原合同的仲裁条款,也表明当事人并未排斥原合同中的仲裁条款能够继续适用,该仲裁条款应当继续有效。该仲裁条款对整个合同项下之争议均具有约束力,自然对补充协议的事项有效。也有些情况下,补充协议虽然名义上为原合同的补充合同,但补充协议的内容可以独立于原合同而存在,如原合同为建设施工合同,而补充合同为建设工程完成后的物业管理合同,则补充合同就具有独立于原合同的地位。

原合同中的仲裁条款不能直接对补充合同有约束力。

——沈德咏、万鄂湘主编，最高人民法院研究室、最高人民法院民事审判第四庭编著：《最高人民法院仲裁法司法解释的理解与适用》，人民法院出版社2007年版，第165～166页。

1408

主合同仲裁条款的效力不及于从合同中的保证人

关键词 | 主合同 | 仲裁协议 | 保证合同 | 管辖 |

【最高人民法院答复】

广东省高级人民法院：

你院〔2012〕粤高法仲复字第2号《关于成都优邦文具有限公司、王国建申请撤销深圳仲裁委员会（2011）深仲裁字第601号仲裁裁决一案的请示》收悉。经研究，答复如下：

本案系当事人申请撤销我国仲裁机构作出的涉港仲裁裁决的案件。案涉担保合同没有约定仲裁条款，仲裁庭关于主合同有仲裁条款，担保合同作为从合同应当受到主合同中仲裁条款约束的意见缺乏法律依据。仲裁庭对没有约定仲裁条款的担保合同进行审理并作出裁决，担保人王国建申请撤销该仲裁裁决中涉及其作为担保人部分的裁项的理由成立。鉴于王国建与祈祥、陈建军系共同保证人，三者具有共同的法律地位，且关于该三人责任的裁决共同表述在裁决书第（四）项中，人民法院宜将该裁项作为一项不可分的裁决予以撤销。

综上，根据《仲裁法》第七十条、《民事诉讼法》第二百七十四条第一款第（一）项之规定，案涉裁决书第（四）项以及第（六）项中关于王国建、祈祥与陈建军共同承担仲裁费用的内容应予撤销。

——《最高人民法院关于成都优邦文具有限公司、王国建申请撤销深圳仲裁委员会（2011）深仲裁字第601号仲裁裁决一案的请示的复函》（2013年3月20日，〔2013〕民四他字第9号）

【最高人民法院裁判文书】

惠州纬通房产有限公司与惠州市人民政府履约担保纠纷案

裁判要旨:主合同约定仲裁方式解决纠纷,但作为从合同的担保合同中双方当事人并未选择仲裁方式解决纠纷的,则不受主合同仲裁条款的约束。

最高人民法院认为:

本案债权人纬通公司与保证人惠州市政府在双方签订的《履约确认书》中并未约定仲裁条款。本案系纬通公司起诉惠州市政府的履约担保纠纷,与纬通公司和嘉城公司之间的承包合同纠纷系两个不同的民事关系。纬通公司与惠州市政府之间形成的履约担保民事关系不受纬通公司与嘉诚公司承包合同中约定的仲裁条款的约束,双方当事人在所签订的《履约确认书》中并未选择仲裁方式解决纠纷。纬通公司的起诉符合《中华人民共和国民事诉讼法》第 108 条的规定,广东省高级人民法院应当予以受理。广东省高级人民法院以承包工程合同中的仲裁条款明确,从而排除人民法院对履约担保纠纷的管辖权,裁定驳回纬通公司的起诉,依法应予纠正。

——李国光主编、最高人民法院民事审判第二庭编:《民商事审判指导与参考》(总第 1 卷),人民法院出版社 2002 年版,第 253 ~254 页。

【链接:最高人民法院法官著述】

这包括两方面的内容:一是主合同的仲裁条款对从合同的约束力;二是从合同的仲裁条款对主合同的约束力。这一问题最典型的就是主债合同与担保合同关系。实践中对这一问题的争议非常大。最高人民法院在起草司法解释的过程中也专门对这一问题进行了研究,并在司法解释草案中拟定了相关条款。在论证过程中,对于担保合同中的仲裁条款对主债合同是否有效的问题,意见相对一致,即认为不应当具有约束力。但对主债合同中的仲裁条款对担保合同有无约束力则争议较大。肯定说认为,主债合同与担保合同之间为主从关系,签订担保合同以存在主合同为前提,担保人愿意承担担保责任,则意味着其愿意接受主合同中的仲裁条款,所以主合同中的仲裁条款当然对从合同有约束力,当然担保人在担保合同订立时不知有仲裁条款或者当事人明确排除仲裁条款的除外;主合同仲裁条款对担保合同有约束力，可以将两个诉合并处理，这也有利于彻底、高效地解决纠纷；另外，《最高人民法院关于适用〈中华人民共和国担保法〉若干问题的解释》第129条第1款规定："主合同和担保合同发生纠纷提起诉讼的，应当根据主合同确定案件的管辖……"第2款规定："主合同和担保合同选择管辖的法院不一致的，应当根据主合同确定管辖的原则。"因此，在司法实践中存在依主合同的仲裁条款一并约束担保合同的情形，特别是在债务人自身提供担保的合同，如抵押合同和质押合同。

我们认为，对于债务人自身提供的担保合同，如债务人提供的抵押、质押等，主合同有仲裁条款而担保合同没有规定仲裁条款，也没有明确提出适用主合同中的仲裁条款的，除非当事人明确约定排除主合同的仲裁条款适用的外，基于前述理由，可以认为主合同的仲裁条款对担保合同具有约束力。但担保合同中已经约定有仲裁条款的，则主合同的仲裁条款不得约束担保合同。

对于第三人提供担保的合同，如保证、抵押和质押，如果担保合同中没有约定是否受主合同的仲裁条款约束的，不能认为主合同的仲裁条款对担保合同有约束力。这是因为，仲裁是建立在当事人有真实有效的仲裁协议的基础上的，如果没有仲裁协议，仲裁庭则不享有管辖权，其不得对纠纷进行仲裁。并且对于仲裁协议的形式，各国法律包括国际条约都有严格的要求，一般要求必须是书面的。在主合同中有仲裁条款，而担保合同中没有仲裁条款时，从仲裁协议必须明确而且采用书面形式的要求来讲，无法推定担保人默示接受主合同中的担保条款，因此不能得出主合同中的仲裁条款对担保合同有约束力的结论。

——沈德咏、万鄂湘主编，最高人民法院研究室、最高人民法院民事审判第四庭编著：《最高人民法院仲裁法司法解释的理解与适用》，人民法院出版社2007年版，第165～166页。

1409

从合同约定仲裁时案件的管辖

关键词 | 主合同 | 从合同 | 仲裁协议 | 管辖 |

【最高人民法院裁判文书】

重庆鑫隆达房地产开发有限公司与中国东方资产管理公司重庆办事处借款合同纠纷管辖权异议上诉案[最高人民法院(2007)民二终字第66号民事裁定书]

裁判要旨:《最高人民法院关于适用〈中华人民共和国担保法〉若干问题的解释》第一百二十九条"主合同和担保合同发生纠纷提起诉讼的,应当根据主合同确定案件管辖。担保人承担连带责任的担保合同发生纠纷,债权人向担保人主张权利的,应当由担保人住所地的法院管辖。主合同和担保合同选择管辖的法院不一致的,应当根据主合同确定案件管辖"的规定,适用于主合同与担保合同均为法院管辖的情况,不包括有仲裁协议的情形。双方当事人约定因合同履行产生的纠纷应当申请仲裁,应当理解为仲裁范围上排除了对于合同成立、效力等产生的纠纷。

最高人民法院认为:

《最高人民法院关于适用〈中华人民共和国担保法〉若干问题的解释》第一百二十九条关于"主合同和担保合同发生纠纷提起诉讼的,应当根据主合同确定案件管辖。担保人承担连带责任的担保合同发生纠纷,债权人向担保人主张权利的,应当由担保人住所地的法院管辖。主合同和担保合同选择管辖的法院不一致的,应当根据主合同确定案件管辖"的规定,适用于主合同与担保合同均为法院管辖的情况,不包括有仲裁协议的情形。一审裁定适用法律错误,应予纠正。上诉人的第一点上诉理由成立,本院予以采纳。本案编号为2003003907号抵押合同第七条约定,本合同在履行中若发生争议,双方应采取协商的办法解决。协商不成时双方选择向重庆市仲裁委员会申请仲裁方式解决。根据《最高人民法院关于适用〈中华人民共和国仲裁法〉若干问题的解释》第二条的规定,该条款应当理解为双方当事人对仲裁事项范围的约定是基于合同履行产生的纠纷,不包括基于合同成立、效力等产生的纠纷。被上诉人请求确认对抵押物有优先受偿权,是请求法院确认抵押权的成立和效力问题,不涉及合同履行问题,故不在仲裁协议约定的仲裁事项范围之内。

——王胜全:《从合同约定仲裁时案件管辖如何确定》,载苏泽林主编、最高人民法院立案庭编:《立案工作指导》(总第15辑),人民法院出版社2008年版,第91~92页。

1410

关于变更纠纷解决方式的合同效力的认定

关键词｜仲裁条款｜纠纷解决方式｜管辖异议｜

【最高人民法院裁判文书】

大连宝玉集团有限公司与大连金世纪房屋开发有限公司、大连宝玉房地产开发有限公司管辖权异议纠纷上诉案

裁判要旨：当事人达成仲裁协议，一方向人民法院起诉的，人民法院不予受理，但仲裁无效的除外。当事人选择仲裁方式解决纠纷和变更合同纠纷的解决方式，均应当有明确的约定。法人变更名称，应当通知合同相对人。如果合同相对人有合理理由认为对方当事人名称没有发生变更，则此后签订的合同对变更名称前的当事人具有约束力。

最高人民法院认为：

虽然2000年10月8日金世纪公司与宝玉集团签订《联合建房协议书》中约定，双方争议解决方式为向大连仲裁委员会申请仲裁，但当时宝玉集团与现宝玉公司的名称完全相同，且宝玉集团未提交证据证明，其将公司名称变更的事实告知了金世纪公司。此后，金世纪公司于2002年10月15日与宝玉公司签订《补充协议》，《补充协议》第7条第7.3项明确约定，将双方争议的解决方式变更为向人民法院提起诉讼，第7条第7.6项进一步明确，《补充协议》是对《联合建房协议书》的补充，两者具有同等法律效力，不同之处以《补充协议》为准。签订《补充协议》时，宝玉集团与宝玉公司的法定代表人是同一人，理应承担管辖变更的法律后果。金世纪公司基于对合同相对人的合理信赖，根据与宝玉公司签订《补充协议》变更约定的争议解决方式向人民法院起诉，并无不当。一审裁定驳回宝玉集团及宝玉公司的管辖权异议，适用法律正确，应予维持。

——最高人民法院民事审判第一庭编：《最高人民法院民事案件解析（房地产开发）》（第2辑），法律出版社2010年版，第258页。

【链接：最高人民法院法官著述】

本案争议的焦点是，合同关于争议解决方式的约定是否发生了变化，即人民法院对双方当事人的纠纷是否有管辖权。如果当事人选择仲裁方式解决纠纷,应当有明确具体的约定。虽然2000年10月8日金世纪公司与宝玉集团签订《联合建房协议书》中约定,双方争议解决方式为向大连仲裁委员会申请仲裁,但当时宝玉集团与现宝玉公司的名称完全相同。宝玉集团未提交证据证明,其将公司名称变更的事实告知金世纪公司。此后,金世纪公司于2002年10月15日与宝玉公司签订《补充协议》,已将双方纠纷的解决方式变更约定为向人民法院提起诉讼,同时明确约定,《补充协议》是对《联合建房协议书》的补充,两者具有同等法律效力,不同之处以《补充协议》为准。由此应当认定当事人已就争议的解决方式作出了变更的约定。签订《补充协议》时,宝玉集团与宝玉公司的法定代表人是同一人,宝玉集团对《补充协议》关于纠纷解决方式的约定应当是明知的。金世纪公司基于对合同相对人的合理信赖,与宝玉公司签订《补充协议》,并变更约定纠纷的解决方式,并无不当。一审裁定认为,金世纪公司依据补充协议的约定提起诉讼,符合法律规定,据此驳回宝玉集团及宝玉公司对本案管辖权提出的异议,适用法律正确。此外,宝玉集团在本院二审期间,提交了大连仲裁委员会于2006年4月17日作出的决定书,该决定书作出的决定为:宝玉集团与金世纪公司关于《联合建房协议书》中的仲裁条款有效,该仲裁委员会对宝玉集团、宝玉公司与金世纪公司联建合同纠纷有管辖权。最高人民法院于1998年11月5日实施的法释〔1998〕27号《关于确认仲裁协议效力几个问题的批复》第3条规定:当事人对仲裁协议的效力有异议,一方当事人申请仲裁机构确认仲裁协议效力,另一方当事人请求人民法院确认仲裁协议无效,如果仲裁机构先于人民法院接受申请并已作出决定,人民法院不予受理。经调查,大连仲裁委员会受理宝玉集团的申请时间为2006年4月12日,立案时间及作出决定时间均为同年4月17日。大连仲裁委员会受理和立案时间均晚于一审法院2006年3月22日立案的时间。因此,本案不应适用最高人民法院的上述规定,上述情况不影响对本案的管辖权异议的处理。

——最高人民法院民事审判第一庭编:《最高人民法院民事案件解析(房地产开发)》(第2辑),法律出版社2010年版,第259页。

1411

合营企业不受合资经营合同仲裁条款约束

关键词｜合营企业｜合资经营合同｜仲裁条款效力｜

【最高人民法院答复】

天津市高级人民法院：

你院〔2007〕津高民四他字第1号《关于天津市和平区经济贸易委员会与天津狗不理包子速冻食品有限公司、香港浩平发展有限公司申请解散公司纠纷一案仲裁条款效力问题的请示》收悉，经研究，答复如下：

根据你院请示报告反映的事实，本案中，浩平发展有限公司以其与天津市狗不理包子饮食集团公司之间签订的《合资经营天津狗不理包子速冻食品有限公司合同》中存在仲裁条款为由提出管辖权异议，但本案原告天津市和平区经济贸易委员会并非该合资经营合同的当事人，不受合同中的仲裁条款约束。浩平发展有限公司以合资经营合同中约定了仲裁条款为由提出管辖权抗辩不应予以支持。

另外，关于本案所涉合资经营合同中的仲裁条款效力问题，我院〔2006〕民四他字第14号复函已有明确答复，合同当事方根据此仲裁条款提出的管辖异议应当不予支持。

同意你院的处理意见。

此复。

——《最高人民法院关于天津市和平区经济贸易委员会与天津狗不理包子速冻食品有限公司、香港浩平发展有限公司申请解散公司纠纷一案仲裁条款效力问题的请示的复函》（2008年1月7日，〔2007〕民四他字第37号）

山东省高级人民法院：

你院鲁高法〔2004〕203号《关于合营企业起诉股东承担不履行出资义务的违约责任是否得当及合资经营合同仲裁条款是否约束合营企业的请示》收悉。经研究，答复如下：

根据你院请示报告认定的事实，青岛华翔精密技术有限公司（以下简称华翔公司）由青岛保税区华强国际贸易有限公司（以下简称华强公司）、日本国有限会社北条理化学研究所及日本国竹内铁工株式会社三方共同出资设立。合营企业成立后，华强公司将其在合营企业占有的35%股权全部转让给了青岛华强达工贸有限公司（以下简称华强达公司）。由于华强达公司未履行出资义务，合营企业华翔公司直接向华强达公司提起了诉讼，要求其按照合资经营合同的约定履行出资义务或者赔偿损失。我们认为：在合营企业成立之后，合资一方未按合资经营合同履行出资义务的行为，既损害了合资他方的权益，也损害了合资经营企业的权益。在合资他方未依约对违约方提请仲裁或者诉讼的情况下，合营企业有权以自己的名义提起诉讼，要求未履行出资义务的一方股东承担民事责任。因合营企业不是合资经营合同的签约主体，未参与订立仲裁条款，因此，合资经营合同中的仲裁条款不能约束合营企业。对于本案纠纷，合营企业华翔公司未依照合资经营合同的约定提请中国国际经济贸易仲裁委员会仲裁，而是直接向合营企业所在地的青岛市中级人民法院提起诉讼并不违反相关法律规定。同样，由于华强达公司是受让华强公司在合营企业中的股份之后作为股东进入合营企业的，各方当事人在进行股权转让时未明确约定是否受合资经营合同中仲裁条款的约束，因此，合资经营合同中的仲裁条款对受让方华强达公司没有法律约束力。华强达公司以合资经营合同含有有效的仲裁条款，本案应提交仲裁的主张没有法律依据，其管辖权异议依法不能成立，应予驳回。

此复。

——《最高人民法院关于合营企业起诉股东承担不履行出资义务的违约责任是否得当及合资经营合同仲裁条款是否约束合营企业的请示的复函》（2004年12月20日，民四他字〔2004〕第41号）

编者说明

并非所有“与合同有关的争议”均必然受该合同中有效仲裁条款的约束。因为有些情况下，尽管争议确与该合同有关，但提请解决争议的当事人并非签订该合同的任何一方当事人，在该这种情况下，就不能认为该起纠纷应当通过仲裁解决。比如最高人民法院在上述复函中认为，由于新成立的合资企业并非原合资合同的任何一方当事人，因此，其不受原合资合同中有效仲裁条款的约束，对于合资企业提起的诉讼，人民法院享有管辖权。

1412 履行承包合同产生纠纷不受合营企业合作合同仲裁条款约束

关键词｜合作经营合同｜承包合同｜仲裁条款效力｜撤销仲裁裁决｜

【最高人民法院答复】

广东省高级人民法院：

你院粤高法立〔2000〕34 号关于广州市东方酒店集团有限公司申请撤销仲裁裁决一案的请示收悉。经研究，答复如下：

本案《承包经营合同》规定："甲乙双方一致同意，在乙方独立行使合作企业经营管理权期间，除本补充合同已作出具体明确约定的事项外，其他事项按原合作合同的条款执行。"从上述内容看，双方当事人对"其他事项"是否包括产生争议后的解决方式并无明确约定，故以该条款为依据，援引双方当事人在合作合同中约定的仲裁条款适用于本案争议，理由不充分。鉴于《承包经营合同》中未明确约定仲裁条款，且仲裁机关亦明确表示该案不属仲裁机关管辖，对双方当事人在履行承包经营合同中产生的争议，应由人民法院受理。

——《最高人民法院关于广州市东方酒店集团有限公司申请撤销仲裁裁决一案的复函》(2001 年 4 月 27 日，〔2000〕经监字第 349 号)

【链接：最高人民法院法官著述】

本案的主要问题在于：对本案双方的争议人民法院应否受理；撤销仲裁有无法律依据。最高人民法院函复广东省高级人民法院，认为本案争议人民法院应予受理；撤销仲裁裁决没有法律依据。上述函复内容，主要出于以下几点考虑：(1)本案双方当事人签订的合作合同与承包合同，属于两个法律关系，由于承包合同中没有仲裁条款，双方当事人因履行承包合同产生纠纷，人民法院可以受理。(2)本案双方当事人在承包合同中虽然约定，"在乙方（注：应为香港必兴公司）独立行使合作企业经营管理权期间，除本合同已作具体明确约定的事项外，其他事项按原合作合同的条款执行。"但是，从上述文字表述的内容分析，"其他事项"还是指企业经营管理方面的权利、义务，不能确认包括合作合同中的仲裁条款。而且，从严格意义上讲，按照《仲裁法》第十六条第二款对仲裁协议的规定，仲裁协议应包括一定的具体内容，仅以双方当事人在承包合同中约定“其他事项按合作合同的条款执行”来援引适用合作合同的仲裁条款，有些牵强。(3)既然深圳分会已裁决承包合同纠纷(或租赁合同纠纷)不属仲裁庭的管辖范围，那么当事人向人民法院提起诉讼，人民法院应当受理，否则当事人则面临“告状无门”的状况。(4)由于本案争议的一方是在香港注册的公司，法律适用上应参照有关涉外的法律规定，而根据《仲裁法》第七十条的规定，涉外仲裁裁决具有《中华人民共和国民事诉讼法》(以下简称《民事诉讼法》)第二百六十条第一款规定情形的，人民法院才能裁定撤销。本案中，深圳分会的仲裁裁决不符合《民事诉讼法》第二百六十条第一款规定的撤销情形，撤销该裁决没有法律依据。

——侯建军：《关于仲裁机关已裁决案件不属仲裁管辖，当事人申请撤销仲裁裁决有无法律依据的请示与答复》，载沈德咏主编、最高人民法院立案庭编：《立案工作指导与参考》(总第1卷)，人民法院出版社2002年版，第137~138页。

1413

租赁合同中的仲裁条款不能限制承租人就行使优先购买权提起民事诉讼

关键词｜优先购买权｜管辖权异议｜仲裁条款｜

【最高人民法院裁判文书】

重庆鑫隆达房地产开发有限公司与重庆解放碑茂业百货有限公司、重庆宏彪商贸有限公司承租人优先购买权纠纷管辖权异议上诉案

裁判要旨：在租赁合同中订有仲裁条款的情况下，当事人就承租人行使优先购买权发生争议时，任何一方有权向人民法院起诉。

最高人民法院认为：

本案中鑫隆达公司提出的所谓管辖权异议，实质上是关于该案是否属于人民法院主管的民事案件的范围问题。《中华人民共和国民事诉讼法》第111条第2项规定：“依照法律规定，双方当事人对合同纠纷自愿达成书面协议向仲裁机构申请仲裁，不得向人民法院起诉的，告知原告向仲裁机构申请仲裁。”上诉人鑫隆达公司的观点是：在房屋租赁合同中订有仲裁条款的情况下，当事人就承租人的优先购买权发生争议时，任何一方无权向人民法院起诉，而只能向合同中约定的仲裁委员会申请仲裁。

《中华人民共和国合同法》第230条规定：“出租人出卖租赁房屋的，应当在出卖之前的合理期限内通知承租人，承租人享有以同等条件优先购买的权利。”这是承租人享有优先购买权的法律依据。租赁期间出租人出售租赁房屋的事实并非必然发生，当事人一般也不在租赁合同中作此约定。因为承租人的优先购买权不是源于当事人在租赁合同中的约定，而是源于法律的直接规定。而且，在法律赋予承租人优先购买权的条件下，承租人仍然可以选择是否行使这一权利。可见，承租人的优先购买权不属于租赁合同的内容，即不属于此类合同双方当事人权利义务的范畴。承租人因行使优先购买权而与出租人发生的争议，与双方因履行租赁合同而发生的争议属于两个不同的法律关系。如果当事人在房屋租赁合同中约定了仲裁条款，根据《中华人民共和国民事诉讼法》第111条第2项和《中华人民共和国仲裁法》第26条之规定，双方因履行租赁合同发生的争议，就排除了人民法院的管辖。但出租人和承租人在租赁合同中就履行该合同所生争议约定的解决方式，并不能限制承租人因主张优先购买权而向人民法院提起民事诉讼。

鑫隆达公司提出《商厦商业经营房产租赁合同》第三章第3～5条约定了关于出租人出售或转让、抵押该出租房屋时的权利义务，并据此认为其因行使优先购买权而与茂业公司产生的纠纷属于租赁合同中有明确约定的当事人权利义务之争，应当根据合同的仲裁条款排除人民法院的管辖。但其引用的合同条款只是约定了出租人在出售、转让、抵押该出租房屋时，必须与受让人签订合同，保证继续履行租赁合同，而没有关于承租人优先购买权的规定。鑫隆达公司举出的上述证据并不能证明其提出的因行使优先购买权所生争议属于履行房屋租赁合同的范畴的主张成立。

——最高人民法院民事审判第一庭编：《最高人民法院民事案件解析（房屋买卖、租赁纠纷）》（第4辑），法律出版社2010年版，第386～387页。

编者说明

该裁判意见明确了在房屋租赁合同中订有仲裁条款的情况下，当事人就承租人的优先购买权发生争议时，任何一方有权向人民法院起诉，而不是受限于租赁合同中的仲裁条款。

1414

约定仲裁机构是否明确的理解与适用

关键词｜仲裁机构｜仲裁条款效力｜

【最高人民法院答复】

湖南省高级人民法院：

你院〔2007〕湘高法民三请字第16号《关于申请人长沙新冶实业有限公司与被申请人美国Metals plus国际有限公司申请撤销仲裁裁决一案的审查报告》收悉。经研究，答复如下：

一、本案双方当事人对仲裁意向存在的事实没有争议，当事人仅对仲裁条款中“country of defendant”的约定理解不一致，但无论如何理解，并不影响当事人约定在中国进行仲裁的意思表示。因此，根据《最高人民法院关于适用〈中华人民共和国仲裁法〉若干问题的解释》第十六条的规定，本案所涉仲裁条款的效力应根据中华人民共和国法律进行审查。

二、“country”通常被译作“国家”，将“country of defendant”译成“被告所在地”不能准确界定该法律术语的特有法律含义。由于本案双方当事人分属两个国家，将“country of defendant”译成“被告所在国”更合理。

三、中国国内有若干仲裁机构，本案双方当事人产生争议后并没有按照《最高人民法院关于适用〈中华人民共和国仲裁法〉若干问题的解释》第六条的规定就仲裁机构选择达成一致意见。因此，本案所涉仲裁条款应认定无效。

同意你院的意见即本案所涉仲裁决应予撤销。

此复。

——《最高人民法院关于申请人长沙新冶实业有限公司与被申请人美国Metals plus国际有限公司申请撤销仲裁裁决一案请示的复函》（2008年11月18日，〔2007〕民四他字第43号）

山东省高级人民法院：

你院鲁法经〔1996〕88号“关于齐鲁制药厂诉美国安泰国际贸易公司合资合同纠纷一案中仲裁条款效力的审查报告”收悉。经研究，答复如下：

本案当事人订立的合同中仲裁条款约定“合同争议应提交中国国际贸易促

进委员会对外经济贸易仲裁委员会,或瑞典斯德哥尔摩商会仲裁院仲裁”,该仲裁条款对仲裁机构的约定是明确的,亦是可以执行的。当事人只要选择约定的仲裁机构之一即可进行仲裁。根据《中华人民共和国民事诉讼法》第一百一十一条第二项之规定,本案纠纷应由当事人提交仲裁解决,人民法院对本案没有管辖权。

——《最高人民法院关于同时选择两个仲裁机构的仲裁条款效力问题的函》(1996 年 12 月 12 日,法函〔1996〕176 号)

【链接：最高人民法院法官著述】

案例:受理合同纠纷案件中,经常遇到仲裁协议中约定的仲裁机构不够明确的情况,尤其是当事人约定由“××市仲裁委员会”仲裁。就如何认定此类仲裁协议的效力,山东高院向最高法院请示。

结论:一方当事人认为仲裁协议中约定的仲裁机构不明确,未申请确认仲裁协议的效力,直接向人民法院起诉解决实体纠纷的,人民法院经审查,认为能够确定仲裁机构,应当裁定不予受理,告知当事人申请仲裁;认为仲裁协议约定的仲裁机构不明确,仲裁协议无效的,应当依法受理。受理后,被告认为约定的仲裁机构明确,提出管辖权异议的,受诉人民法院应就管辖异议作出裁定。仲裁协议约定由“××市仲裁委员会”仲裁的,如“××市”只有一家仲裁委员会,应当认定约定的仲裁机构系指“××市仲裁委员会”;如“××市”有多家仲裁委员会,应当认为约定的仲裁机构不明确。

理由:

1. 仲裁机构约定不明确,属于仲裁协议无效、失效或者内容不明确无法执行的情形。《仲裁法》第十八条规定:“仲裁协议对仲裁事项或者仲裁委员会没有约定或者约定不明确的,当事人可以补充协议;达不成补充协议的,仲裁协议无效。”一方当事人已经向人民法院提起诉讼的情况下,应当推定当事人之间无法就仲裁机构问题达成补充意见。

2. 无论从仲裁理论的角度,还是从仲裁实践的角度看,当事人的意愿对仲裁协议的效力认定具有决定性的作用,充分尊重当事人通过仲裁协议所反映出的仲裁意愿是仲裁协议效力认定应遵循的基本原则。根据大多数国家的立法和实践,当事人只要表明仲裁意图,仲裁条款就是有效的。法院在解释仲裁条款时,对仲裁条款的内容放宽限制,尽量解释其为有效,尊重当事人的仲裁意愿并帮助当事人实现其仲裁意愿,已经成为当今国际仲裁的一大趋势。

——姜启波、王胜全、李伟、刘小飞:《新型疑难民商事案件受理问题(上)》,载苏泽林主编、最高人民法院立案庭编:《立案工作指导》(总第12辑),人民法院出版社2006年版,第71~72页。

编者说明

申请人长沙新冶实业有限公司(以下简称新冶公司)与被申请人美国Metals plus国际有限公司(以下简称美国MP公司)申请撤销仲裁裁决一案的焦点在于长沙仲裁委员会根据合同仲裁条款的约定是否有管辖权。合同仲裁条款约定在"country of defendant"仲裁,申请人新冶公司认为,"country"一词是指国家,仲裁协议约定在被告所在国的仲裁机构进行仲裁,属于约定不明,双方又未达成补充协议,故该仲裁协议无效。被申请人美国MP公司则认为,"country"一词包括国家、地区、乡村三种含义,仲裁协议可理解为约定在被告所在地的仲裁机构进行仲裁,长沙仲裁委作为被告所在地长沙的唯一仲裁机构,具有管辖权。长沙市中级人民法院受理该案后认为,仲裁协议是双方当事人合意的产物,除非双方另有约定,对仲裁协议的理解应当按照词句的一般含义,本案的仲裁协议系英文,对其翻译也应当按照通常的译法。英文"country"一词的通常含义是指"国家",而不包括一国内的行政区域。"被告所在地"系有特定法律含义的词组,对被申请人认为可以将"country of defendant"理解为"被告所在地"的意见,不予采信。本案双方当事人在仲裁协议中约定"提交被告所在国的仲裁机构仲裁",而仲裁被申请人新冶公司所在国——中国有很多家仲裁机构。该协议未选定仲裁机构,双方又未达成补充协议,属于《仲裁法》第18条规定的约定不明的情况,该仲裁协议无效。依无效仲裁协议作出的仲裁裁决,应当依法撤销。故长沙仲裁委员会作出的(2006)长仲裁字第279号裁决应予撤销。经请示,最高人民法院同意长沙市中级人民法院的意见。

1415

仲裁协议对仲裁机构名称表述不规范的处理

关键词|仲裁机构|仲裁协议效力|

【最高人民法院司法解释】

第三条 仲裁协议约定的仲裁机构名称不准确,但能够确定具体的仲裁机构的,应当认定选定了仲裁机构。

——《最高人民法院关于适用〈中华人民共和国仲裁法〉若干问题的解释》(2006 年 8 月 23 日,法释〔2006〕7 号)

【最高人民法院答复】

上海市高级人民法院:

你院〔2006〕沪高民四(商)他字第 2 号《关于浙江久立集团股份有限公司申请撤销仲裁裁决一案的请示》收悉,经研究,答复如下:

根据你院报告所述事实,本案争议涉及两份《合资经营合同》,即北美冶金国际有限公司(以下简称北美国际)、浙江佳元企业发展有限公司(以下简称浙江佳元)、浙江久立集团股份有限公司(以下简称浙江久立)于 1999 年 5 月 12 日签订的《合资经营合同》(以下简称《5 · 12 合同》)以及北美冶金集团有限公司(以下简称北美集团)、浙江佳元、浙江久立于 1996 年 6 月 8 日签订的《合资经营合同》(以下简称《6 · 8 合同》),两份合同均约定有仲裁条款,尽管合同约定的仲裁机构名称为“中国国际贸易仲裁委员会”与名称为“中国国际经济贸易仲裁委员会”相差“经济”二字,但中国只有一家国际经济贸易仲裁委员会,也没有其他的仲裁委员会名称与“中国国际贸易仲裁委员会”更近似,依据本院《关于适用〈中华人民共和国仲裁法〉若干问题的解释》第三条的规定,可以认定当事人选择的就是中国国际经济贸易仲裁委员会。故中国国际经济贸易仲裁委员会上海分会(以下简称上海分会)对本案两份合同均有管辖权。

从你院报告反映的情况看,上海分会在仲裁裁决书中表述受理本仲裁案依据的是《6 · 8 合同》中的仲裁条款,由于本案当事人之一的北美国际并非《6 · 8 合同》的缔约主体,因此上海分会依据《6 · 8 合同》中的仲裁条款受理该案,在管辖权方面的表述是存在瑕疵的。上海市第二中级人民法院认为北美国际并非《6 · 8 合同》的缔约主体,在没有证据证明北美集团与北美国际为同一主体的前提下,仲裁机构基于《6 · 8 合同》中的仲裁条款对北美国际与合资中方之间纠纷进行审理程序不当的观点是有一定道理的。但从案件相关事实看,本案当事人北美国际、浙江佳元、浙江久立签订的《5 · 12 合同》中同样存在有效的仲裁条款,因此就本案纠纷而言,仲裁庭实际享有管辖权。

另,本案中申请人提交仲裁申请的时间为 2002 年 1 月 18 日,在仲裁审理过程中,申请人北美国际于 2003 年 7 月 21 日解散,而仲裁庭于 2003 年 12 月 8 日作出的仲裁裁决仍将北美国际列为仲裁当事人。北美国际解散的确定后果与法律意义不详,如果北美国际的解散意味着其法人主体资格的消灭,则北美国际不能作为仲裁当事人,应变更其权利义务关系继受人 AOD 公司为仲裁当事人。

综上,本案仲裁裁决存有一定问题,但就解决北美国际、浙江久立、浙江佳元之间的合资经营内曼格特钢有限公司纠纷而言,上海分会具有管辖权,如果人民法院现在以当事人间不存在仲裁协议为由撤销本案裁决,其仍可按照《5·12 合同》中的仲裁条款再行申请仲裁,结果必将给当事人带来不必要的诉累。鉴于存在上述情况,建议此案按《仲裁法》第六十一条规定,通知仲裁庭重新仲裁,如仲裁庭拒绝重新仲裁,再恢复撤销程序。

此复。

——《最高人民法院关于浙江久立集团股份有限公司申请撤销仲裁裁决一案的请示的复函》(2007 年 3 月 22 日,〔2007〕民四他字第 1 号)

山东省高级人民法院:

你院〔2005〕鲁立请字第 1 号《关于如何确认仲裁机构名称约定不明确的仲裁协议的效力的请示》收悉。经研究,答复如下:

一方当事人认为仲裁协议中约定的仲裁机构不明确,未申请确认仲裁协议的效力,直接向人民法院起诉解决实体纠纷的,人民法院经审查,认为能够确定仲裁机构的,应当裁定不予受理,告知当事人申请仲裁;认为仲裁协议约定的仲裁机构不明确,仲裁协议无效的,应当依法受理。受理后,被告认为约定的仲裁机构明确,提出管辖权异议的,受诉人民法院应就管辖权异议作出裁定。

仲裁协议约定由“××市仲裁委员会”仲裁的,如“××市”只有一家仲裁委员会,应当认定约定的仲裁机构系指“××仲裁委员会”;如“××市”有多家仲裁委员会,应当认为约定的仲裁机构不明确。

——《最高人民法院关于如何确认仲裁机构名称约定不明确的仲裁协议的效力的请示的复函》(2006 年 3 月 13 日,〔2005〕民立他字第 55 号)

内蒙古自治区高级人民法院:

你院〔2001〕内经请字第 4 号关于内蒙古至诚矿业有限公司与南非华金国际集团有限公司合资经营合同纠纷一案中仲裁条款效力的请示收悉。经研究,答复如下:

本案双方当事人在合同中约定:“凡因履行本合同发生的或与本合同有关的一切争议,各方应尽力友好协商解决。协商不成,可提请北京中国对外经济贸易仲裁委员会进行仲裁。”该仲裁条款订明仲裁地点在北京，仲裁机构使用了中国国际经济贸易仲裁委员会的旧名称。虽然仲裁条款对仲裁机构名称的表述不完整，但可以辨别出该名称系指更名后的中国国际经济贸易仲裁委员会，不存在仲裁条款无效的法定事由。鉴此，应认定合同双方当事人选择的仲裁机构是明确的，合同仲裁条款合法有效。根据《中华人民共和国仲裁法》第五条的规定，人民法院对本案没有管辖权。

此复。

——《最高人民法院关于内蒙古至诚矿业有限公司与南非华金国际集团有限公司合资经营纠纷一案中仲裁条款效力问题的函》（2002 年 4 月 13 日，〔2001〕民四他字第 26 号）

海南省高级人民法院：

你院 2000 年 11 月 6 日〔2000〕琼高法立字第 55 号《关于中化国际石油（巴哈马）有限公司诉海南昌盛石油开发有限公司购销合同纠纷案中仲裁协议效力的请示报告》收悉。本院经审查认为：根据 1996 年 6 月 8 日国办发〔1996〕22 号《关于贯彻实施〈中华人民共和国仲裁法〉需要明确的几个问题的通知》的规定，新组建的仲裁委员会可以受理涉外仲裁案件。因此，所谓“中国相关的国际贸易仲裁机构”不能推定为就是受理涉外仲裁案件的中国国际经济贸易仲裁委员会。鉴于本案当事人对仲裁机构的约定不明确，而一方当事人已起诉至有关人民法院，表明双方当事人已不可能就仲裁机构达成补充协议。依据《中华人民共和国仲裁法》第十八条的规定，应认定本案仲裁条款无效。

此复。

——《最高人民法院关于中化国际石油（巴哈马）有限公司诉海南昌盛石油开发有限公司购销合同纠纷案中仲裁协议效力问题的复函》（2000 年 12 月 5 日，〔2000〕交他字第 14 号）

中国国际经济贸易仲裁委员会：

你会（98）贸仲字第 1381 号征询意见函收悉，经研究，答复如下：

一、《中外合资经营连云港云卿房地产开发有限公司合同》（以下简称合营合同）系灌云县建银房地产开发公司、灌云县煤炭工业公司和美国西雅图凡亚投资公司三方所订立，该合营合同约定争议解决方式是提交仲裁，虽然当事人的仲裁条款中将你会名称漏掉“经济”二字，但不影响该仲裁条款的效力，因而上述三方凡因执行该合营合同所发生的或与该合营合同有关的一切争议,你会具有管辖权。

二、中国建设银行江苏省灌云县支行诉灌云县煤炭工业公司房屋确权纠纷一案,不是合营合同纠纷,灌云县支行也不是上述合营合同的当事人,故该纠纷不受合营合同中仲裁条款的约束,当事人可依《中华人民共和国民事诉讼法》的有关规定向人民法院提起诉讼。

三、江苏省高级人民法院(1997)苏民终字第62号民事裁定,以上述合营合同约定的仲裁机构(即北京中国国际贸易仲裁委员会)不存在为由,认定仲裁条款无效,驳回上诉人的管辖异议。对此问题,我院民庭已责令江苏省高级人民法院复查具报。

——《最高人民法院对仲裁条款中所选仲裁机构的名称漏字,但不影响仲裁条款效力的一个案例的批复意见》(1998年4月2日,法经〔1998〕159号)

【最高人民法院裁判文书】

中国有色金属进出口河南公司与辽宁渤海有色金属进出口有限公司债权转让协议纠纷案[最高人民法院(2000)经终字第48号民事裁定书]

裁判要旨:根据仲裁条款的表述可以推定出仲裁机构的,应当认为该仲裁条款有效。

最高人民法院认为:

本案中河南公司和鑫泉公司在No. AL0606/98号合同中约定:“Arbitration: FTAC of China”,该条款约定双方当事人解决纠纷的方式为仲裁,其意思表示是真实的、明确的。FTAC OF CHINA系“Foreign Trade Arbitration Commission of China”的英文缩写,译文为中国对外贸易仲裁委员会,是该会的旧名称。因此,可以确定FTAC即指中国对外贸易仲裁委员会。根据《中国国际经济贸易仲裁委员会仲裁规则》第七十九条的规定,使用中国国际经济贸易仲裁委员会旧名称的,应视为双方当事人一致同意由该会仲裁,因此,该仲裁条款约定的仲裁机构是明确的。根据《中华人民共和国仲裁法》第十六条的规定,该仲裁条款应为有效。原审以我国对外贸易仲裁机构的名称已作变更,认定本案仲裁条款对仲裁机构约定不明而无效,没有法律依据,应予纠正。

——中国法院网,http://www.chinacourt.org/article/detail/2002/07/id/8767.shtml。

【链接：最高人民法院法官著述】

由于订立仲裁协议的主体自身法律知识的有限性以及对仲裁机构了解的局限性，抑或基于疏忽等原因，往往出现在订立仲裁协议时不能正确表述仲裁机构名称的情形。该情形下，我们认为，如果能够根据仲裁协议的文字及逻辑推定出确定的仲裁机构，法院或仲裁庭即应对仲裁协议的效力予以确认。

——张雪楳：《仲裁协议的效力认定及完善我国仲裁法的思考》，载最高人民法院民事审判第二庭编：《中国民商审判》（总第8集），法律出版社2005年版，第78页。

编者说明

关于有微小瑕疵的仲裁条款的效力问题，最高人民法院在1998年4月2日给中国国际经济贸易仲裁委员会的法经〔1998〕159号复函中表明了态度：虽然当事人将中国国际经济贸易仲裁委员会名称漏掉“经济”两字，但不影响该仲裁条款的效力。

司法实践中，有时当事人明确表达了仲裁意愿，也对仲裁机构有所选择，但在名称上与现存仲裁机构并不完全一致。对此，最高法院认为，只要根据仲裁条款的表述可以推定出仲裁机构的，应当认为该仲裁条款有效。该观点可见最高人民法院审理的中国有色金属进出口河南公司与辽宁渤海有色金属进出口有限公司债权转让协议纠纷一案。

值得注意的是，本条司法解释规定的仲裁机构名称不准确的问题应当与根本没有约定仲裁机构的情况相区别。在司法审查实践中，有时会遇到仲裁条款中通过“提交仲裁解决”“在第三国仲裁解决”等表述表达了将争议提交仲裁的意愿和仲裁事项，但根本未涉及仲裁机构问题的情况。如上述，最高人民法院〔2004〕民四他字第19号答复，当事人未约定判断仲裁条款效力的法律，也没有约定仲裁地点，当事人如果向人民法院申请确认仲裁条款的效力，根据《仲裁法》，一般应认定无效。

1416

仅约定仲裁规则未约定仲裁机构的处理

关键词｜仲裁协议效力｜仲裁规则｜未约定仲裁机构｜

【最高人民法院司法解释】

第四条　仲裁协议仅约定纠纷适用的仲裁规则的，视为未约定仲裁机构，但当事人达成补充协议或者按照约定的仲裁规则能够确定仲裁机构的除外。

——《最高人民法院关于适用〈中华人民共和国仲裁法〉若干问题的解释》(2006 年 8 月 23 日,法释〔2006〕7 号)

【最高人民法院答复】

天津市高级人民法院:

你院《关于执行捷成洋行与中化天津进出口公司仲裁案件的审查意见》收悉。本院经研究同意你院对本案的审查意见。本案双方当事人在 L53/93/075 号合同仲裁条款中没有明确约定仲裁机构,应认定仲裁条款无效。双方委托代理人的往来函件亦不能视为双方对仲裁机构的确认达成补充协议。因此本案符合《中华人民共和国民事诉讼法》第二百一十七条第二款第(一)项规定的情形,中国国际经济贸易仲裁委员会(97)贸仲裁字第 0256 号裁决应不予执行。

由于本案系船舶滞期费纠纷,根据《中华人民共和国海事诉讼特别程序法》第十一条的规定,本案应由天津海事法院管辖。

此复。

——《最高人民法院关于捷成洋行申请执行中国国际经济贸易仲裁委员会(97)贸仲裁字第 0256 号裁决一案的复函》(2003 年 1 月 6 日,〔2001〕民四他字第 42 号)

福建省高级人民法院:

你院〔1996〕闽经他字第 02 号“关于厦门维哥木制品有限公司与台湾富源企业有限公司购销合同纠纷管辖权异议案”的报告收悉。

经研究,答复如下:本案双方当事人在其合同中约定“解决合同纠纷的方式为双方进行友好协商解决或以国际商会仲裁为准”,按照国际商会仲裁规则第 8 条规定:“双方当事人约定提交国际商会仲裁时,则应视为事实上接受本规则。”国际商会仲裁院是执行国际商会仲裁规则的唯一仲裁机构。故双方当事人合同中的仲裁条款实际约定了由国际商会仲裁院依据国际商会仲裁规则对本案当事人之合同纠纷进行仲裁。该仲裁条款有效,当事人应按仲裁条款进行仲裁,人民法院对本案没有管辖权。

此复。

——《最高人民法院关于厦门维哥木制品有限公司与台湾富源企业有限公司购销合同纠纷管辖权异议案的复函》(1996 年 5 月 16 日,法函〔1996〕78 号)

【链接：最高人民法院法官著述】

不同的仲裁机构有不同的仲裁规则，不同的仲裁规则规定的受案范围等内容各不相同，不同的仲裁规则可能导致不同的仲裁结果。因仲裁协议本质为契约，意思自治为其典型特征，亦即，当事人可约定其适用的仲裁规则，并约定对所适用的仲裁规则进行变更，只要该变更不违反仲裁法的强制性规定或具有可实施性。因此，当事人在选定某一仲裁机构进行仲裁时，其既可以选择适用其选定的仲裁机构制定的仲裁规则进行仲裁，反之，选定了某一仲裁机构的仲裁规则进行仲裁，并不意味着一定由选定制定该仲裁规则的仲裁机构进行仲裁。因此，在当事人仅选择了仲裁规则的情形下，除非当事人另行达成补充协议，否则，不能认定其选定了明确的仲裁机构，仲裁协议因之而无效。

——张雪楳：《仲裁协议的效力认定及完善我国仲裁法的思考》，载最高人民法院民事审判第二庭编：《中国民商审判》（总第 8 集），法律出版社 2005 年版，第 79 页。

编者说明

当事人在仲裁协议中没有明确指出仲裁机构的名称，而是仅约定了适用的仲裁规则，仲裁协议并不因此必然无效。首先，如果当事人约定的仲裁协议的适用法律是外国法，或者当事人无约定而仲裁地在中国之外，则由于绝大多数国家和地区的仲裁法规定当事人有仲裁意愿仲裁协议即为有效。因此，依该仲裁协议的准据法或仲裁地法仲裁协议应被确认为有效，不能适用中国《仲裁法》第 16 条，亦不应对该条作机械理解，而应考察当事人约定的仲裁规则本身是否能够明确无误地指引出依该规则管理仲裁程序的仲裁机构。在通用的仲裁规则中，除了联合国贸法会制定的 UNCITRAL 规则外，世界各仲裁机构制定的仲裁规则都无一例外地写明本机构管理依本机构制定的仲裁规则启动仲裁程序，除非当事人另有约定。因此，从当事人约定的适用某仲裁机构制定的仲裁规则并进而推导出管理案件程序的仲裁机构是可能的。最高人民法院的该观点可以体现在其对福建省高级人民法院《关于厦门维哥木制品有限公司与台湾富源企业有限公司购销合同纠纷管辖权异议案的复函》中。

按照仲裁司法解释的规定，在当事人仅约定仲裁规则的情况下，共有两种途径可以对当事人的意思表示进行进一步完善。第一个途径就是根据仲裁规则的内容判断是否可以确定仲裁机构；第二个途径就是由当事人自行达成补充协议。实践中，争议一旦发生，当事人之间就争议的解决另行达成协议的可能性较小。此时，可以根据当事人之间的行为对其真实的意思表示进行推断。在判断当事人之间是否就仲裁条款达成补充意见这一问题上，可见最高人民法院〔2001〕民四他字第 42 号答复。

在该案中，双方当事人订立的仲裁条款约定："与本协议有关的一切争议应按照北京国际仲裁法院的国际仲裁章程进行仲裁"。从条款本身的内容考察，此条款虽然反映了双方当事人请求仲裁的意思表示，但是没有约定明确的仲裁机构。双方争议发生后，在提请仲裁前，捷成洋行的代理人致函给中化公司，称："本律师希望此纠纷能够通过贵公司主动履行义务获得解决，否则，本律师将根据委托人的授权，将贵公司与 CIMBRIA 所签订的 CRPL1101 及与捷成签订的 L53/93/075 号合同项下争议提请北京中国国际经济贸易仲裁委员会仲裁。"中化公司的代理人在与其的回函中表示："贵律师在传真中一再强调合同双方的友好合作关系，而我的委托人还是基于这一出发点，而没有向贵律师的委托人就其违约行为明确提出赔偿要求，但这并不意味着我的委托人放弃了要求赔偿的权利。因此，我的委托人在必要时可向仲裁机构申请仲裁，如贵律师的委托人申请仲裁，我的委托人必会进行反诉。虽然如此，我的委托人仍不反对友好协商解决，也希望如此，但必须遵循平等、公平的原则。"中国国际经济贸易仲裁委员会根据当事人之间的合同和捷成洋行的申请受理了合同项下的仲裁案件。仲裁开庭前，中化公司进行了答辩并对仲裁委员会的管辖权提出异议，认为双方之间不存在有效的仲裁协议，仲裁委员会无权管辖。天津市高级人民法院、最高人民法院经审查认为：从双方的来往函件看，虽然捷成洋行明确选择了仲裁机构，但中化公司并未对捷成洋行选择的仲裁机构进行认可，其回函只是其对以仲裁的方式解决双方争议的认可。因此，双方往来的函件不能认定为双方事后达成了对仲裁机构明确选择的补充协议。在本案中，如果中化公司的代理人在回函中对捷成洋行选择的仲裁机构予以明确认可或者在捷成洋行申请仲裁之后，进行实体答辩而未对管辖权提出异议，则仲裁庭对本案是有管辖权的。

1417

同时约定两个仲裁机构的仲裁条款效力

关键词｜两个仲裁机构｜仲裁条款效力｜

【最高人民法院司法解释】

第五条　仲裁协议约定两个以上仲裁机构的，当事人可以协议选择其中的一个仲裁机构申请仲裁；当事人不能就仲裁机构选择达成一致的，仲裁协议无效。

——《最高人民法院关于适用〈中华人民共和国仲裁法〉若干问题的解释》(2006 年 8 月 23 日，法释〔2006〕7 号)

【最高人民法院答复】

广东省高级人民法院：

你院〔2007〕粤高法立请字第2号《关于（香港）安信医用包装有限公司诉东莞威泓塑五金制品厂有限公司、（维尔京群岛）新冠誉实业有限公司土地使用权转让合同纠纷一案仲裁条款效力的请示》收悉。

经审查认为，（香港）安信医用包装有限公司与东莞威泓塑五金制品厂有限公司、新冠誉实业有限公司在《土地使用权与房屋产权有偿转让协议书》第七条中约定："双方因本协议执行产生的分歧应协商解决，协商不成的，双方任一方均可向香港或深圳国际仲裁委员会申请仲裁，仲裁决定为最终裁决，双方无条件执行。"该合同的仲裁条款约定了两个仲裁机构。（香港）安信医用包装有限公司因与东莞威泓塑五金制品厂有限公司、新冠誉实业有限公司无法就仲裁机构的选择达成协议，起诉至东莞市中级人民法院。依据《最高人民法院关于适用〈中华人民共和国仲裁法〉若干问题的解释》第五条关于"仲裁协议约定两个以上仲裁机构的，当事人可以选择其中的一个仲裁机构申请仲裁；当事人不能就仲裁机构选择达成一致的，仲裁协议无效"的规定，应当认定本案中的仲裁协议无效。同意你院的处理意见。

此复。

——《最高人民法院关于（香港）安信医用包装有限公司诉东莞威泓塑五金制品厂有限公司、（维尔京群岛）新冠誉实业有限公司土地使用权转让合同纠纷一案仲裁条款效力的请示的复函》（2008年4月5日，〔2007〕民四他字第45号）

广东省高级人民法院：

你院〔2007〕粤高法民四他字第15号《关于RENT CORPORATION诉中成宁波进出口有限公司、东莞市建华机械制造有限公司买卖合同纠纷一案人民法院能否受理的请示》收悉。经研究，答复如下：

同意你院的处理意见。RENT CORPORATION与中成宁波进出口有限公司、东莞市建华机械制造有限公司签订的购货合同中约定："仲裁由中国国际经济贸易仲裁委员会（CIETAC）按其仲裁规则和程序在上海进行；或者提请宁波仲裁委员会仲裁。"根据《最高人民法院关于适用〈中华人民共和国仲裁法〉若干问题的解释》第五条的规定:“仲裁协议约定两个以上仲裁机构的,当事人可以协议选择其中的一个仲裁机构申请仲裁;当事人不能就仲裁机构选择达成一致的,仲裁协议无效。”在当事人一方已经向人民法院提起诉讼的情况下,可以认定双方无法就选择仲裁机构问题达成补充协议,仲裁协议应当认定无效,东莞市中级人民法院作为被告住所地法院对本案享有管辖权。

此复。

——《最高人民法院关于RENT CORPORATION诉中成宁波进出口有限公司、东莞市建华机械制造有限公司买卖合同纠纷一案人民法院能否受理的请示的复函》(2008年3月18日,〔2008〕民四他字第4号)

辽宁省高级人民法院:

你院〔2002〕辽民四终字第11号《关于大连港务局与大连中远国际货运有限公司海上货物运输货损赔偿追偿纠纷一案的请示报告》收悉。经研究,答复如下:

《中华人民共和国海商法》第二百五十七条第一款规定:“就海上货物运输向承运人要求赔偿的请求权,时效期间为一年,自承运人交付或者应当交付货物之日起计算;在时效期间内或者时效期间届满后,被认定为负有责任的人向第三人提起追偿请求的,时效期间为九十日,自追偿请求人解决原赔偿请求之日起或者收到受理对其本人提起诉讼的法院的起诉状副本之日起计算。”根据《海商法》和我国《民事诉讼法》的有关规定,原赔偿请求若是通过法院诉讼解决的,则追偿请求人向第三人追偿时效的起算点应当自追偿请求人收到法院认定其承担赔偿责任的生效判决之日起计算。

——《最高人民法院关于大连港务局与大连中远国际货运有限公司海上货物运输货损赔偿追偿纠纷一案的请示的复函》(2003年11月12日,〔2002〕民四他字第21号)

【链接:最高人民法院法官著述】

本案涉及的是仲裁条款的效力问题,由于本案所涉合同订立于我国《仲裁法》施行前,因此,合同中的仲裁条款的效力应根据我国民事诉讼法及司法解释的有关规定来认定。本院《关于适用〈中华人民共和国民事诉讼法〉若干问题的意见》第145条规定:“依照民事诉讼法第一百一十一条第(二)项的规定,当事人在书面合同中订有仲裁条款,或者在发生纠纷后达成书面仲裁协议,一方向人民法院起诉的,人民法院裁定不予受理,告知原告向仲裁机构申请仲裁。但仲裁条款、仲裁协议无效、失效或者内容不明确无法执行的除外。”原审法院是根据该条规定来认定本案所涉仲裁条款无效的。

就本案而言,首先,当事人双方就合同争议的解决采用仲裁方式进行即仲裁意思是明确的;其次,当事人约定的仲裁机构是可供选择的,对于仲裁机构的约定是明确的,即由中国国际贸易促进委员会对外经济贸易仲裁委员会或瑞典斯德哥尔摩商会仲裁院进行仲裁;第三,我国现行法律法规对当事人选择仲裁时约定的仲机构必须唯一没有禁止性规定;第四,本案所涉仲裁条款是可以执行的,当事人一方只要选择其中仲裁机构申请仲裁,仲裁程序即可进行,如果双方当事人同时向约定的两个仲机构申请仲裁(理论上存在这种可能性),这时实际上排除了法院的管辖,是当事人之间及两个仲裁机构之间如何协调的问题,与法院管辖无关,并不因此影响该仲裁条款的效力。

本案是对同时选择两个仲裁机构的仲裁条款(协议)的效力如何认定作出的请示答复。进行仲裁的一个重要前提条件是当事人之间应当具有有效的、可执行的仲裁协议,我国实行的是或裁或审制度,在有仲裁条款(协议)存在的前提下,人民法院只有在条款(协议)无效、失效或内容不明确无法执行的情况下才能受理当事人的起诉。我国《仲裁法》第十八条规定:“仲裁协议对仲裁事项或者仲裁委员会没有约定或者约定不明确的,当事人可以补充协议;达不成补充协议的,仲裁协议无效。”根据上述规定,对仲裁机构的明确约定成为认定仲裁协议效力的一个重要条件,然而这在其他国家的仲裁法中是不多见的。我国仲裁法作出如此规定是因为国情使然,但这与国际上对国际商事仲裁条款(协议)采取支持和宽容的倾向是不相符的。因此,人民法院在司法实践中,应尽可能地在了解当事人真实意图的前提下,作有利于仲裁条款(协议)效力的解释,而不要轻易地以否定仲裁条款(协议)效力的方法剥夺当事人提起仲裁的权利。

——陈纪忠:《同时选择两个仲裁机构的仲裁条款的效力认定》,载李国光主编、最高人民法院经济审判庭编:《经济审判指导与参考》(总第2卷),法律出版社2002年版,第122~123页。

编者说明

对于“约定两个以上仲裁机构”的问题,最高人民法院的态度一直是十分明确的,即当事人可以选择任意仲裁机构提起仲裁，前提是两个或两个以上的仲机构都是确定的、存在的。

在司法实践中，对于当事人在仲裁条款中表达了仲裁意愿，并且对于以仲裁方式解决纠纷进行了两种以上选择，但对仲裁机构的选择表述不清楚，并且该两种以上的选择中存在无效选择或无法执行选择的情况，但只要存在一种有效选择可以执行的情况，一般也倾向于认定其有效。比如最高人民法院〔2002〕民四他字第21号答复中，当事人约定"如果发生纠纷，应提交中国国际经济贸易仲裁委员会仲裁，或者，应提交企业所在地仲裁机构仲裁，或者，应提交被诉人所在国仲裁机构仲裁。"当事人在每一种仲裁方式下都使用了"应提交"的措词，但在不同种类方式之间又使用了选择性措词，极易在理解和执行上产生争议。但三种方式之间的关系并列、互不矛盾，也存在可以选择的情况，应当认可其效力。

但不可否认的是，如果采纳由当事人自行选择的方式来追认仲裁条款的效力，在实践中可能会出现以下问题：(1)在当事人分别向不同的仲裁机构提起仲裁的情况下，如何确定不同的仲裁机构之间的管辖权分配？(2)如果当事人分别向不同的仲裁机构申请仲裁，各仲裁机构分别作出了仲裁裁决，如何判断不同裁决的约束力？最高人民法院在总结了近些年来实践经验的基础上，对此类仲裁条款的判断理念进行了微调，即在肯定此类仲裁条款并不当然无效的前提下，对当事人的意思自治提出了进一步的明确要求，要求当事人以协议的方式明确选择其中一个仲裁机构，如果达不成此类协议，再认定仲裁条款无效。

1418

约定由某地仲裁机构仲裁的仲裁协议效力

关键词｜仲裁地点｜仲裁机构｜仲裁协议效力｜

【最高人民法院司法解释】

第六条　仲裁协议约定由某地的仲裁机构仲裁且该地仅有一个仲裁机构的，该仲裁机构视为约定的仲裁机构。该地有两个以上仲裁机构的，当事人可以协议选择其中的一个仲裁机构申请仲裁；当事人不能就仲裁机构选择达成一致的，仲裁协议无效。

——《最高人民法院关于适用〈中华人民共和国仲裁法〉若干问题的解释》(2006年8月23日，法释〔2006〕7号)

一、在《中华人民共和国仲裁法》实施后重新组建仲裁机构前，当事人达成的仲裁协议只约定了仲裁地点，未约定仲裁机构，双方当事人在补充协议中选定了在该地点依法重新组建的仲裁机构的，仲裁协议有效；双方当事人达不成补充协议的，仲裁协议无效。

——《最高人民法院关于确认仲裁协议效力几个问题的批复》（1998 年 10 月 26 日，法释〔1998〕27 号）

【最高人民法院答复】

广东省高级人民法院：

你院〔2005〕粤高法立请字第 1 号“关于阿克苏诺贝尔涂料（东莞）有限公司诉香港诚信金属工程有限公司买卖合同纠纷一案仲裁条款效力问题的请示”收悉。经研究，答复如下：

同意你院的请示意见。阿克苏诺贝尔涂料（东莞）有限公司（以下简称阿克苏公司）与香港诚信金属工程有限公司签订的买卖《合同》中的仲裁条款约定：“解决合同纠纷的方式：向东莞市仲裁委员会申请仲裁。”本案系涉港纠纷案件，双方当事人未约定确定仲裁条款效力所适用的法律，亦未约定仲裁地，应当根据法院地即中国内地的法律来判断仲裁条款的效力。由于东莞市并不存在当事人所约定的仲裁机构，同时当事人一方已经向人民法院提起诉讼，故可以认定双方无法就仲裁机构问题达成补充协议。根据《中华人民共和国仲裁法》第十六条、第十八条的规定，该仲裁条款应当认定无效。现阿克苏公司向合同履行地的深圳市中级人民法院提起诉讼，根据《中华人民共和国民事诉讼法》第二百四十三条、《最高人民法院关于适用〈中华人民共和国民事诉讼法〉若干问题的意见》第一百四十六条的规定，深圳市中级人民法院对本案享有管辖权。

——《最高人民法院关于阿克苏诺贝尔涂料（东莞）有限公司诉香港诚信金属工程有限公司买卖合同纠纷一案仲裁条款效力问题的请示的复函》（2005 年 3 月 19 日，〔2005〕民四他字第 32 号）

浙江省高级人民法院：

你院浙法经字〔1997〕7 号关于朱国珲诉浙江省义乌市对外经济贸易公司国际货物买卖合同纠纷一案中仲裁条款效力的函收悉。经研究，答复如下：

本案合同仲裁条款中双方当事人仅约定仲裁地点，而对仲裁机构没有约定。发生纠纷后，双方当事人就仲裁机构达不成补充协议，应依据《中华人民共和国仲裁法》第十八条之规定，认定本案所涉仲裁协议无效，浙江省金华市中级人民法院可以依法受理本案。

——《最高人民法院关于仅选择仲裁地点而对仲裁机构没有约定的仲裁条款效力问题的函》(1997 年 3 月 19 日，法函〔1997〕36 号)

【《最高人民法院公报》案例】

锦宫公司与广发公司商品房买卖合同纠纷管辖权异议案[最高人民法院(2006)民一终字第 11 号民事裁定书]

裁判要旨：根据仲裁法第十八条的规定，仲裁协议对仲裁事项或者仲裁委员会没有约定或者约定不明确的，当事人可以补充协议；达不成补充协议的，仲裁协议无效。根据《最高人民法院关于确认仲裁协议效力几个问题的批复》第一条的规定，在仲裁法实施后重新组建仲裁机构前，当事人达成的仲裁协议只约定了仲裁地点，未约定仲裁机构的，双方当事人在补充协议中选定了在该地点依法重新组建的仲裁机构的，仲裁协议有效；双方当事人达不成补充协议的，仲裁协议无效。依照上述规定认定仲裁协议无效的，当事人向有管辖权的人民法院提起诉讼，人民法院应当受理。

最高人民法院认为：

从锦宫公司上诉提出的管辖权异议和广发公司的抗辩看，双方争议的焦点是本案争议是否属于人民法院主管。

本案涉及双方当事人约定的仲裁条款有两条：一是 2004 年 3 月 7 日《补充协议》第十四条“未尽事宜，协商解决，协商不成，由地方仲裁机关仲裁”；二是 2004 年 9 月 7 日《补充协议》第六条“未尽事宜，协商解决，协商不成，由当地仲裁机关仲裁”。从上述协议内容看，双方虽然曾经约定以仲裁解决纠纷的方式，但是无论从 2004 年 3 月 7 日《补充协议》约定的“地方仲裁机关”，还是 2004 年 9 月 7 日《补充协议》约定的“当地仲裁机关”，都未明确仲裁机构。《中华人民共和国仲裁法》对当事人约定选择仲裁机关有明确的法律规定，该法第十八条规定“仲裁协议对仲裁事项或者仲裁委员会没有约定或者约定不明确的，当事人可以补充协议；达不成补充协议的，仲裁协议无效”。《最高人民法院关于确认仲裁协议效力几个问题的批复》第 1 条规定：“在《中华人民共和国仲裁法》实施后重新组建仲裁机构前，当事人达成的仲裁协议只约定了仲裁地点，未约定仲裁机构的，双方当事人在补充协议中选定了在该地点依法重新组建的仲裁机构的，仲裁协议有效；双方当事人达不成补充协议的，仲裁协议无效。”本案双方当事人对选择仲裁机构的问题发生了争议，并没有重新达成补充协议，未对在该地点依法重新组建的仲裁机构予以选定。因此，该两份《补充协议》中约定有关仲裁事项的条款为无效条款。该民事纠纷属于人民法院受案范围，广发公司向人民法院提起诉讼，由人民法院主管并无不当。锦宫公司上诉理由不能成立，依法不予支持。

——《最高人民法院公报》2006 年第 6 期

【链接：最高人民法院法官著述】

关于当事人只约定了仲裁地点，而未约定仲裁机构，能否视为当事人约定了明确的仲裁机构的问题，应区分不同情形进行分析。

(1)在当事人约定的仲裁地点没有设置仲裁机构的情形下，应认定该仲裁协议未约定仲裁机构，该仲裁协议无效。

(2)如果仲裁协议只约定了仲裁地点，且约定地点只有一个仲裁委员会的，则该仲裁委员会应确定为仲裁法第 16 条规定的“选定的仲裁委员会”，该仲裁协议因约定了明确的仲裁机构而应认定为有效。

(3)如果当事人没有在仲裁协议中选定仲裁机构，只约定了仲裁地点，而该仲裁地点存在两个或两个以上仲裁机构，如果该约定具有可执行性，则可据此确定当事人约定了明确的仲裁机构，该仲裁协议有效。例如：在某公司与某银行借款担保合同纠纷一案中，某公司与某银行在借款合同中约定了仲裁条款，该条款：协商或者调解不成，可以向乙方(某银行)所在地的合同仲裁机构申请仲裁。乙方所在地在北京，而北京的仲裁机构有两家，即中国国际经济贸易委员会和北京仲裁委员会。但仲裁协议签订日为 1998 年 12 月 31 日，当时，这种国内金融机构与国内法人之间发生的借款争议尚不属于中国国际经济贸易委员会的受案范围。因此，据此可以确定，当事人的真实意思表示是选择北京仲裁委员会进行仲裁。故在此情形下，可认定当事人选定了明确的仲裁机构。再如，如前文所述，当事人协商选择其中一个仲裁机构进行仲裁，则应认定当事人选定了明确的仲裁机构。该协商可以是另定补充协议的方式，也可以是一方向某一仲裁委员会申请仲裁，另一方不提出异议的情形。有观点可能认为，该规定是否与已生效的相关司法文件有冲突呢？如法函〔1997〕36 号《最高人民法院关于仅选择仲裁地点而对仲裁机构没有约定的仲裁条款效力问题的函》规定：仲裁条款中双方当事人仅约定仲裁地点，而对仲裁机构没有约定。发生纠纷后，双方当事人就仲裁机构达不成补充协议，应依据《中华人民共和国仲裁法》第18条之规定，认定本案所涉仲裁协议无效。1998年11月5日施行的《最高人民法院关于确认仲裁协议效力几个问题的批复》中规定："当事人达成的仲裁协议只约定了仲裁地点，未约定仲裁机构，双方当事人达不成补充协议的，仲裁协议无效。"我们认为，究其实质，上述观点和规定并不冲突，因为：法函〔1997〕36号以及1998年的批复的实质含义也是在当事人达成补充协议选定仲裁机构的情形下，应认定仲裁协议有效。

——张雪楳：《仲裁协议的效力认定及完善我国仲裁法的思考》，载最高人民法院民事审判第二庭编：《中国民商审判》（总第8集），法律出版社2005年版，第78～79页。

编者说明

本条司法解释内容实际上涉及三种情况：

第一种情况，当事人约定的地点没有仲裁机构，因此，这种情况下如果当事人无法达成补充协议，则无法合理确定当事人仲裁意愿所指向的仲裁机构，该仲裁协议无效。最高人民法院法函〔1997〕36号确定的处理原则在此种情况下仍应适用，而〔2005〕民四他字第32号答复中也体现了这种观点。

第二种情况，当事人在仲裁协议中约定由某地的仲裁机构仲裁，并且该地仅有一个仲裁机构的，该仲裁机构视为约定的仲裁机构。在这种情况下，可以确认仲裁机构的唯一性，仲裁协议有效。最高人民法院的该观点可见于法经〔1998〕287号答复中。

第三种情况，当事人在仲裁协议中约定由某地的仲裁机构仲裁并且该地存在两个或者两个以上仲裁机构的，仲裁协议的效力需要由当事人进一步的行为来补正。如果当事人之间对具体选择哪一个仲裁机构达成了补充协议，则该补充协议与前述不完善的仲裁协议共同组成有效仲裁协议，人民法院不行使管辖权；如果当事人对选择哪一个仲裁机构无法达成补充意见，则仲裁协议应当认定为无效。

1419

仅约定仲裁规则、仲裁地点的仲裁协议效力的认定

关键词 | 仲裁规则 | 仲裁地点 | 仲裁机构 | 仲裁协议效力 |

【链接：最高人民法院法官著述】

关于能否依据当事人约定的仲裁规则和仲裁地点确定仲裁机构的问题。

当事人约定了仲裁规则,且约定了仲裁地点,是否可认定当事人约定了明确的仲裁机构呢?我们认为,约定了仲裁规则,并不意味着一定由制定该仲裁规则的仲裁机构进行仲裁。在同时约定了仲裁地点的情形下,如果该地无仲裁机构,则应认定仲裁协议无效;如该地只有一个仲裁机构,则可据此推定由该仲裁机构适用该仲裁规则进行仲裁,应认定该仲裁协议有效;如果该地有两个或两个以上的仲裁机构,则只有在当事人协商一致选定其一的情形下才可认定选定了明确的仲裁机构,仲裁协议方有效。

因本文所涉案例中,主要涉及约定了 ICC 仲裁规则和仲裁地点能否认定选定了明确的仲裁机构的问题,故特对该问题进行分析。

该案中,某酒店管理公司认为,委托协议书约定,任何一方都可依据有效的国际商会(简称"ICC")调解和仲裁规则(与本条规定不一致的部分除外)提起仲裁。仲裁地点为澳大利亚悉尼。按照 1998 年 1 月 1 日生效的国际商会仲裁规则第 1 条、第 6 条的规定,国际商会仲裁院分支机构在澳大利亚只有一家。因此,选定了仲裁规则,就可以认定仲裁机构是仲裁院,因此,协议对于仲裁委员会的约定是明确、具体的,完全符合仲裁法的要求。有学者也认为,适用国际商会仲裁院仲裁规则意味着在该院仲裁,因为国际商会国际仲裁院的仲裁规则是世界上独一无二的仲裁规则。即该规则规定的仲裁庭在开庭审理案件之前必须与当事人共同签署关于审理事项的文件,该文件须提交给仲裁院审批。此外,裁决书在正式签署之前必须将草案送交仲裁院审核。因此,尽管从理论上说,国际上其他国家的常设仲裁机构可以允许当事人选择适用国际商会国际仲裁院仲裁规则,而这一适用的后果,就是仲裁庭在审理仲裁案件之前,必须与当事人签署审理事项的文件,还要将该文件提交国际商会仲裁院审批;裁决书向当事人签发之前,也要经过该院审批。在这种情况下,其他仲裁机构作为仲裁管理机构对该仲裁案件所实施的行政管理,还有什么意义呢?因此从实践上看,适用国际商会国际仲裁院仲裁规则的仲裁机构,只有国际商会国际仲裁院一家。我们认为,仲裁地点和仲裁机构关涉到仲裁程序法和实体法的确定问题,因此,一般而言,无论是国内民商事纠纷仲裁还是涉外民商事纠纷仲裁,均应有明确的仲裁地点和仲裁机构。根据《国际商会仲裁规则》(1998 年 1 月 1 日生效)第 1 条及第 6 条的规定,当事人协议按照国际商会仲裁规则提交仲裁的,应视为他们事实上愿意按照仲裁程序开始之日有效的仲裁规则进行仲裁。据此,只能认定在当事人约定了由国际商会仲裁机构进行仲裁的情形下,应由国际商会仲裁院根据国际商会仲裁规则进行仲裁,但并不能必然推论,约定了国际商会仲裁规则,就意味着一定由国际商会仲裁院进行仲裁。而且,在涉外民商事纠纷仲裁(由于依我国法律规定,涉外纠纷才能约定外国仲裁,故本文主要从涉外仲裁角度对该问题进行分析)中,仲裁方式还可采取临时仲裁方式。所谓临时仲裁,是为解决特定的纠纷组成临时的仲裁庭,该仲裁庭在仲裁结束后即告解散。在该仲裁方式下,可只约定仲裁规则、仲裁庭的组成、仲裁员。换言之,在该仲裁方式下,当事人约定了仲裁规则和仲裁地点,并不意味着纠纷由其选定的仲裁规则的制定机构进行仲裁,而还可由其约定地点的仲裁员组成临时仲裁庭依照其选定的仲裁规则进行仲裁。综上,在该案中,并不能根据当事人约定了ICC仲裁规则和仲裁地点即认定仲裁机构是明确的。在该案中,某国际公司已向法院提起诉讼的事实表明,其无法达成补充协议的意向,故当事人间的仲裁条款无效。

——张雪楳:《仲裁协议的效力认定及完善我国仲裁法的思考》,载最高人民法院民事审判第二庭编:《中国民商审判》(总第8集),法律出版社2005年版,第79~81页。

1420

对纠纷解决方式约定不明时应予以诉权保护

关键词|纠纷解决方式|约定不明|

【最高人民法院裁判文书】

义乌市医疗投资有限公司与浙江省二建建设集团有限公司建设工程施工合同纠纷上诉案[最高人民法院(2004)民一终字第57号]

裁判要旨:当事人没有约定明确的仲裁条款或仲裁协议时,不能通过仲裁的方式解决纠纷。

最高人民法院认为:

本案争议的问题是双方当事人之间的纠纷是应由仲裁机构进行仲裁,还是由人民法院进行审理。金华仲裁委员会于2002年11月5日作出的(2002)金裁经字第031号裁决书,是针对医疗投资公司与省二建公司施工范围纠纷作出的裁决,而本案双方当事人是就工程款的支付及违约赔偿而发生的纠纷。两者争议的事项是不同的,且纠纷的性质亦不相同,即前者为确认之诉,后者为给付之诉。医疗投资公司以金华仲裁委员会已就双方在履行合同中的部分争议作出裁决,据此认为本案纠纷亦应由双方通过仲裁方式解决，理据不足，不予支持。双方当事人之间发生纠纷后是否应通过仲裁方式解决，取决于当事人是否有明确的仲裁协议或仲裁条款。双方当事人认可的《施工招标文件》第三章第12条附则3约定：本合同发生争议，双方有权向有关部门申请调解，调解不成向商定的仲裁机构申请仲裁。但未约定具体明确的仲裁机构，因此属约定不明。此后双方于2000年6月30日签订《建筑工程施工合同》第三部分第10条37.1款约定：在履行合同过程中产生争议时：(1)请当地仲裁委员会调解；(2)采取第______种方式解决，并约定向______仲裁委员会提请仲裁或______人民法院提起诉讼。此处双方只约定了纠纷的调解问题，而调解不成后采取何种方式解决纠纷的条款中，是空白事项，故应认定双方未明确约定发生纠纷是提请仲裁机构仲裁，还是向人民法院提起诉讼。因此，不能认定双方当事人约定排除人民法院对纠纷的管辖。在发生纠纷后，双方亦未达成新的仲裁协议，故省二建公司向一审法院提起诉讼，请求通过诉讼方式解决纠纷，一审法院对本案行使管辖权，并无不当。

——最高人民法院民事审判第一庭编：《最高人民法院民事案件解析(建设工程)》(第3辑)，法律出版社2010年版，第38页。

1421

不具有涉外因素的纠纷不能约定由境外仲裁机构裁决

关键词 | 非涉外民事案件 | 司法主权 | 公共政策 | 仲裁条款 |

【最高人民法院裁判文书】

六盘水恒鼎实业有限公司与张洪兴采矿权转让合同纠纷管辖权异议案

裁判要旨：在一国领域内发生的民商事纠纷的争议解决方式问题，关系到国家的司法主权，属于国家的公共政策(社会公共利益)范畴，当事人仅能在该国法律准许的范围内作出约定，至于脱离或者超出该国法律准许的范围任意作出的约定，因违反了该国的司法主权而应当认定为无效。即使在一个主权国家，其不同地域之间也存在公共政策(社会公共利益)的不同考量。在我国，非涉外民事案件双方当事人约定发生争议由我国大陆境外的仲裁机构裁判，因违反司法主权原则，应当认定该约定无效。

最高人民法院认为：

从本案的基本事实看，双方当事人属于中国法人或自然人，当事人之间民事法律关系的设立、变更、终止的法律事实以及诉讼标的物均在我国大陆境内，不属于《中华人民共和国民事诉讼法》规定的涉外民事案件。本案的争议焦点在于非涉外民事案件双方当事人约定争议由我国大陆境外的仲裁机构裁决是否有效的问题。在一国领域内发生的民商事纠纷的争议解决方式问题，关系到该国家的司法主权，也属于该国家的公共政策范畴，当事人仅能在其现行法律准许的范围内作出约定，至于脱离或者超出该国法律许可范围任意作出约定，因违反了公共政策而应当认定为无效。即使在一个主权国家，其不同法域之间也存在公共政策的考量。《中华人民共和国民事诉讼法》第二百五十五条规定："涉外经济贸易、运输和海事中发生的纠纷，当事人在合同中订有仲裁条款或者事后达成书面仲裁协议，提交中华人民共和国涉外仲裁机构或者其他仲裁机构仲裁的，当事人不得向人民法院起诉。"该条所提的"其他仲裁机构"可以理解为我国大陆境外的仲裁机构，其立法本意虽然在于明确涉外民事案件当事人订有仲裁协议的，不得向人民法院起诉的原则。同时该条亦明确了仅有涉外经济贸易、运输和海事中发生的纠纷，当事人可以订立仲裁协议或条款约定将纠纷提交中华人民共和国涉外仲裁机构或者其他仲裁机构仲裁。《中华人民共和国合同法》第一百二十八条第二款亦规定了"涉外合同的当事人可以根据仲裁协议向中国仲裁机构或者其他仲裁机构申请仲裁"，再次明确了仅有涉外民事案件的当事人可以选择我国大陆境外的仲裁机构裁决的原则。根据上述有关法律条文的规定，非涉外民事案件的当事人约定发生争议由我国大陆境外仲裁机构裁决的，因超越了我国法律所许可的范围，不能认定该约定为有效的约定。本案中双方当事人虽然订有仲裁协议条款约定了明确的争议解决机构，且约定了由我国大陆境外的仲裁机构裁决，但因本案不属于涉外民事案件，因此应当认定该约定无效。至于被上诉人提出的双方当事人签订的补充协议系伪造的问题，因现没有人民法院委托的鉴定机构作出明确的鉴定结论，故无法确认该补充协议系伪造。关于上诉人提出的"一审法院主审法官未审先判，在合同主体、合同效力的认定以及组织和解、调取证据方面偏袒一方当事人，该院不宜对本案继续行使管辖权"的上诉理由，不属于人民法院审理管辖权异议问题的法定理由。

——苏泽林、景汉朝主编，最高人民法院立案一庭、立案二庭编：《立案工作指导》（总第28辑），人民法院出版社2011年版，第96～97页。

编者说明

由于国内纠纷不具有涉外因素，故世界上大多数国家均规定，国内纠纷应约定国内仲裁。换言之，不能约定外国仲裁（境外仲裁），我国亦不例外。因此，对基于解决该纠纷而约定的仲裁协议效力的确认，应依据当事人本国的仲裁法。

1422

或裁或审协议效力的认定

关键词｜或裁或审｜仲裁协议效力｜

【最高人民法院司法解释】

第七条 当事人约定争议可以向仲裁机构申请仲裁也可以向人民法院起诉的，仲裁协议无效。但一方向仲裁机构申请仲裁，另一方未在仲裁法第二十条第二款规定期间内提出异议的除外。

——《最高人民法院关于适用〈中华人民共和国仲裁法〉若干问题的解释》（2006 年 8 月 23 日，法释〔2006〕7 号）

【最高人民法院答复】

山东省高级人民法院：

你院〔2009〕鲁立函字第 7 号《关于对兖州浩珂伟博矿业工程有限公司与伟博公司、索菲浩勒公司解除合同纠纷一案中仲裁条款效力问题的请示》收悉。经研究，答复如下：

本案涉及的是涉外案件中仲裁条款效力的认定问题。

首先，本案所涉《制造及许可协议》是在兖州浩珂伟博矿业工程有限公司与伟博公司之间签订的。该协议第 26 条约定了仲裁条款，即约定与合同有关的争议在通过协商无法解决时应当提交中国国际经济贸易仲裁委员会根据其仲裁规则在北京进行仲裁；而协议第 29 条又同时约定了中华人民共和国法院的非排他性管辖权。本院法释〔2006〕7 号《关于适用〈中华人民共和国仲裁法〉若干问题的解释》第七条规定：“当事人约定争议可以向仲裁机构申请仲裁也可以向人民法院起诉的，仲裁协议无效。但一方向仲裁机构申请仲裁，另一方未在仲裁法第二十条第二款规定期间内提出异议的除外。”在兖州浩珂伟博矿业工程有限公司向人民法院提起诉讼的情况下，应当认定本案所涉议中的仲裁条款无效。山东省济宁市中级人民法院作为合同履行地的法院，对兖州浩珂伟博矿业工程有限公司与伟博公司之间因上述协议产生的纠纷享有管辖权。

其次，兖州浩珂伟博矿业工程有限公司与索菲浩勒公司之间并无仲裁协议，因此，该两公司之间的纠纷可以通过诉讼解决。本案中，兖州浩珂伟博矿业工程有限公司系将索菲浩勒公司作为其与伟博公司之间合同纠纷的共同被告，因而，山东省济宁市中级人民法院享有管辖权。

综上，本案所涉仲裁条款无效，山东省济宁市中级人民法院对本案享有管辖权。同意你院的请示意见。

同时指出，你院请示报告中关于认定本案所涉仲裁协议无效的部分理由不妥。本案是由于存在"或裁或审"的情形导致仲裁条款被认定无效，并非由于仲裁条款中"未明确约定仲裁条款效力的准据法和仲裁应依照的实体法律"。对此，你院应注意纠正。

此复。

——《最高人民法院关于对兖州浩珂伟博矿业工程有限公司与伟博公司（A. WEBER S. A.）、索菲浩勒公司（SOFIROL S. A.）解除合同纠纷一案中仲裁条款效力问题的请示的复函》（2009 年 5 月 18 日，〔2009〕民四他字第 19 号）

福建省高级人民法院：

你院〔2009〕闽民他字第 9 号《关于厦门鑫杰兴工贸有限公司、佘文彬与厦门丰瑞特工贸发展有限公司确认股权转让协议仲裁条款效力的请示》收悉。经研究，答复如下：

本案为涉台案件，应参照涉外案件法律适用原则确定准据法。本案申请人厦门鑫杰兴工贸有限公司、佘文彬和被申请人厦门丰瑞特工贸发展有限公司在《漳州爱康五金机械有限公司股权转让协议》第五条中约定："本协议签订后，若有争议或违约各方应通过友好协商解决，如协商不能解决者由当地外经贸部门进行调解，经调解无效后由中国对外经济贸易仲裁机构进行仲裁或当地法院诉讼解决。"本案双方当事人在协议中未约定认定仲裁条款效力的准据法，但在仲裁条款中明确约定发生纠纷经调解无效后由中国对外经济贸易仲裁机构仲裁或当地法院诉讼解决，因此大陆应是本案双方当事人约定的仲裁地或法院所在地，依据《最高人民法院关于适用〈中华人民共和国仲裁法〉若干问题的解释》第十六条的规定，应当根据大陆的法律规定认定本案仲裁条款的效力。由于本案仲裁条款约定的仲裁机构和纠纷解决方式不明确，且在纠纷发生后双方当事人未对仲裁条款达成新的补充协议，故依据《中华人民共和国仲裁法》第十八条和《最高人民法院关于适用〈中华人民共和国仲裁法〉若干问题的解释》第七条之规定，上述仲裁条款应当认定为无效。同意你院的审查意见。

此复。

——《最高人民法院关于厦门鑫杰兴工贸有限公司、佘文彬与厦门丰瑞特工贸发展有限公司确认股权转让协议仲裁条款效力的请示的复函》(2009年2月26日，〔2009〕民四他字第4号)

浙江省高级人民法院：

你院〔2004〕浙告他字第38号请示报告收悉，经研究，答复如下：

根据你院请示报告所述事实及所附卷宗内容看，圣美家居休闲发展有限公司与杭州凰顺国际贸易有限公司在所签订的购销合同中约定："合同发生纠纷时，当事人双方应及时协商解决，协商不成，任何一方可向仲裁机关申请调解仲裁，也可在合同签订地的人民法院起诉"。本案双方当事人未约定确认仲裁条款效力所应适用的准据法，亦未约定明确的仲裁地点，因此，应该适用法院地法即我国内地的法律确认该仲裁条款的效力。本案当事人未约定明确的仲裁机构，亦未就此达成补充协议，根据《中华人民共和国仲裁法》第十八条的规定，该仲裁条款应认定无效。且本案双方当事人在约定通过仲裁方式解决纠纷的同时，又约定可以通过诉讼的方式解决纠纷，未明确排除人民法院的管辖权，仲裁意愿是不明确的，从此点讲该仲裁协议亦应认定无效。人民法院对该纠纷享有管辖权。同意你院请示报告中关于本案所涉仲裁条款无效的请示意见。

此复。

——《最高人民法院关于圣美家居休闲发展有限公司与杭州凰顺国际贸易有限公司买卖合同纠纷一案中仲裁条款效力的请示的复函》(2005年3月25日，民四他字〔2005〕第4号)

安徽省高级人民法院：

你院〔2003〕皖民一初字第01号《请求对拟受理安徽省合肥联合发电有限公司诉阿尔斯通发电股份有限公司建设工程合同纠纷一案的意见给予答复的报告》收悉。经研究，答复如下：

从本案当事人在合同中约定的仲裁条款内容看,其仲裁的意思表示明确;亦有明确的仲裁事项,没有超出法律规定的仲裁范围,而且选定了明确的仲裁机构,故该条款是明确有效可以执行的。当事人在该条款中没有明确约定可以通过诉讼方式解决纠纷。英文仲裁条款中的“may”主要作用于主语,其含义是指“任何一方(any party)”都可以提起仲裁,而不应理解为“既可以提起仲裁,也可以提起诉讼”。你院请示报告中认为当事人未排除诉讼,缺乏充分的依据,也与本院对此前类似案件请示的批复精神不一致。本案纠纷应通过仲裁方式解决,人民法院无管辖权。

此复。

——《最高人民法院关于安徽省合肥联合发电有限公司诉阿尔斯通发电股份有限公司建设工程合同纠纷一案的请示的复函》(2003 年 5 月 14 日,〔2003〕民四他字第 7 号)

福建省高级人民法院:

你院 2002 年 7 月 23 日〔2002〕闽经他字第 3 号《关于厦门樱织服装有限公司诉日本喜佳思株式会社买卖合同货款纠纷一案请示报告》收悉。经研究,答复如下:

同意你院的请示意见。厦门樱织服装有限公司(以下简称樱织公司)与日本喜佳思株式会社(以下简称喜佳思公司)于 1999 年 8 月 14 日签订的买卖合同约定:“双方当事人约定本契约所关联的一切纠纷应按照国际商务仲裁协会的商务仲裁规则,以名古屋的仲裁作为最终的解决办法。仲裁结果为最后的裁决,对当事双方均有约束力。”

为了解决双方之间的争议,双方当事人于 2002 年 1 月 18 日又签订一份买卖保证书及公司解散合约书,约定:“如有争纷,当事人愿意在日本法院或者厦门国际商事仲裁机关审理。”鉴于当事人既约定通过仲裁又约定通过诉讼方式解决其争议,该约定违反了仲裁排除法院管辖的基本原则,应认定该仲裁条款无效,厦门中级人民法院依法对该案具有管辖权。

此复。

——《最高人民法院关于对厦门樱织服装有限公司与日本喜佳思株式会社买卖合同欠款纠纷一案的请示的复函》(2002 年 10 月 8 日,〔2002〕民四他字第 33 号)

上海市高级人民法院：

你院〔1998〕沪高民终字第10号《关于上海国际航运大厦有限公司与香港海宁工程(中国)有限公司承包合同纠纷一案管辖问题的请示》收悉。经研究，原则同意你院意见，根据《仲裁法》第七十九条规定，当事人在1996年12月约定的上海市工商行政管理局合同仲裁机构，在当时已不存在，如果当事人没有就仲裁机构达成补充协议，则属于对仲裁机构约定不明确。本案双方当事人虽在合同中约定将争议提交仲裁，但同时又约定经仲裁后双方仍无法达成一致时可诉请法院解决，此约定表明双方未将仲裁作为解决其相互间争议的唯一方式和最终方式，实际上是将仲裁约定为诉讼的前提条件，该仲裁协议不符合《民事诉讼法》和《仲裁法》有关仲裁问题的规定，因此该仲裁协议应属无效。

此复。

——《最高人民法院关于上海国际航运大厦有限公司与香港海宁工程(中国)有限公司承包合同纠纷一案管辖问题的复函》(1998年7月13日，〔1998〕民他字第10号)

【最高人民法院审判业务意见】

当事人约定仲裁的法律后果就是排除法院的管辖权，因此，如果当事人约定有关争议既可提请仲裁又可提起诉讼，则该仲裁协议无效。

——《涉外商事、海事审判实务问题解答(一)》，载万鄂湘主编、最高人民法院民事审判第四庭编：《涉外商事海事审判指导》(总第7辑)，人民法院出版社2004年版，第45～83页。

编者说明

在确定有关协议是否构成“或裁或审”问题方面，争议较大的是当事人明确约定有关争议“可申请仲裁”而未同时明确约定“也可提起诉讼”。典型的此类仲裁条款是当事人在合同中约定：“凡因履行本合同发生的或与本合同有关的一切争议，双方应通过友好协商解决。协商不成的，任何一方当事人均可以申请××仲裁机关仲裁。”对此种条款的理解，分歧较大。但最高人民法院有关此类仲裁条款效力的复函均认为，此类仲裁条款并不属于“或裁或审”协议。对于仲裁条款中的“可申请仲裁”，应当侧重于“任何一方都可以”申请仲裁，而不应理解为“既可以申请仲裁，也可以提起诉讼”。

厦门樱织服装有限公司与日本喜佳思株式会社买卖合同欠款纠纷案，当事人签订的买卖合同约定有关争议在日本名古屋按照国际商务仲裁协会的商务仲裁规则进行仲裁，但在随后订立的补充合同中又约定由日本法院或者厦门国际仲裁机关审理。显然,双方当事人对买卖合同中约定的争议解决办法进行了变更。最高人民法院以最后订立的补充合同约定的争议解决办法作为判定厦门市中级人民法院是否具有管辖权是有事实依据的。而当事人在补充合同中约定的争议解决办法属典型的"或裁或审"协议。鉴于争议发生后,厦门樱织服装有限公司就实体纠纷向厦门市中级人民法院提起了诉讼,最高人民法院认定该"或裁或审"协议无效是正确的。

上海国际航运大厦有限公司与香港海宁工程(中国)有限公司承包合同纠纷一案中,双方当事人在系争合同中约定应将在履行合同中发生的争议交付仲裁,同时又约定,若经仲裁双方仍无法达成一致的,可进一步"上诉"至法院,对该仲裁协议的效力,最高人民法院认为无效。因为依据《仲裁法》第 4 条规定,当事人采用仲裁方式解决纠纷,应当双方自愿达成仲裁协议。这就是说,只有当事人就通过仲裁方式解决纠纷达成的协议才是有效的,如果他们约定解决纠纷的方式不仅仅是仲裁,还有诉讼等方式,就说明当事人没有将仲裁作为解决纠纷的唯一方式和最终方式,当事人的真实意思表示不是通过仲裁来解决纠纷,而只是将其作为解决纠纷的诸多环节中的一个环节,而且不是最终环节。这种仲裁协议是无法执行的,不符合法律关于仲裁的规定。至于当事人约定"先仲裁后诉讼"是不是等同于"或裁或审"并不是问题的关键,主要看当事人的真实意思表示是不是将仲裁作为解决纠纷的唯一方式。

1423

仲裁协议对继受人的约束力

关键词 | 仲裁协议 | 继受人 |

【最高人民法院司法解释】

第八条 当事人订立仲裁协议后合并、分立的,仲裁协议对其权利义务的继受人有效。

当事人订立仲裁协议后死亡的,仲裁协议对承继其仲裁事项中的权利义务的继承人有效。

前两款规定情形,当事人订立仲裁协议时另有约定的除外。

——《最高人民法院关于适用〈中华人民共和国仲裁法〉若干问题的解释》(2006 年 8 月 23 日,法释〔2006〕7 号)

【最高人民法院答复】

上海市高级人民法院：

你院〔2007〕沪高民四（商）他字第5号“关于俞影如申请撤销仲裁裁决一案的请示”收悉，经研究，答复如下：

根据你院请示报告反映的事实，本案仲裁被申请人林周毅在仲裁进行期间，即2004年7月10日去世，而相关仲裁裁决于2005年1月13日作出。仲裁裁决作出时，仲裁当事人已经病故，其主体身份明显不符合法定要求。

林周毅在公司章程中确认了其在我国台湾地区与美国的通讯地址，中国国际经济贸易仲裁委员会上海分会在杭州青少年活动中心表示难以提供林周毅其他通讯地址的情况下，推定林周毅在美国的地址为其最后一个为人所知的地址，并按照该地址送达相应文书。但是，在另外的仲裁程序中，杭州青少年活动中心于2002年12月按照“杭州市昭庆寺里街22号”地址向林周毅送达了有关文件，俞影如也提供证据证明仲裁期间寄往该地址的信件被仲裁被申请人妥收的事实。杭州青少年活动中心在仲裁过程中并未向中国国际经济贸易仲裁委员会上海分会提供仲裁被申请人真实的最后为人所知的通讯地址，并导致了仲裁被申请人在仲裁程序当中未能提出申辩并行使相关权利。根据民事诉讼法第二百六十条第一款第（二）项的规定，仲裁裁决具有法定应予撤销的情形。

鉴于中国国际经济贸易仲裁委员会上海分会已经表示可以重新仲裁，根据《中华人民共和国仲裁法》第六十一条的规定，本案应当裁定中止撤销程序，通知仲裁庭在一个月内重新仲裁。同意你院审委会的处理意见。

此复。

——《最高人民法院关于俞影如申请撤销仲裁裁决一案的请示的复函》（2007年10月23日，〔2007〕沪高民四（商）他字第5号）

【链接：最高人民法院法官著述】

人民法院在适用该条时，应当注意：

1. 本条第1款、第2款规定的对“继受人有效”“继承人有效”是指被继受人达成的仲裁协议约束继受人、继承人，但被继受人、被继承人所订立的仲裁协议是否有效，仍需要人民法院根据法律和有关司法解释的规定结合案件事实予以审查。

2. 当事人在合并、分立或者死亡前订立的仲裁协议明确约定权利义务继受人、继承人可以不受该仲裁协议约束的,则可以不按照本条第 1 款、第 2 款执行。

3. 权利义务继受人、继承人就合同纠纷与原合同其他当事人协议变更争议解决办法的,人民法院应予准许。

——沈德咏、万鄂湘主编,最高人民法院研究室、最高人民法院民事审判第四庭编著:《最高人民法院仲裁法司法解释的理解与适用》,人民法院出版社 2007 年版,第 82 页。

编者说明

关于俞影如申请撤销仲裁裁决一案,最高人民法院认为:

首先,俞影如享有申请撤裁的权利。鉴于生效判决已认定俞影如与林周毅的收养关系成立,合法有效,活动中心对俞影如系林周毅的法定继承人未持异议,因此可以认定俞影如系林周毅的法定继承人。《公司法》第 76 条规定:“自然人股东死亡后,其合法继承人可以继承股东资格;但是,公司章程另有规定的除外。”由于合作公司章程并未作排除继承的规定,且无相反证据排除法定继承,因此可以认定俞影如对合作合同项下林周毅的权利义务享有继承权。《最高人民法院关于适用〈中华人民共和国仲裁法〉若干问题的解释》第 8 条第 2 款规定:“当事人订立仲裁协议后死亡的,仲裁协议对承继其仲裁事项中的权利义务的继承人有效。”因此,合作合同中的仲裁条款在林周毅去世后,对俞影如有效,俞影如有权参加仲裁程序并陈述意见。《仲裁法》第 70 条关于申请撤裁主体的规定,并未仅限定于仲裁程序的当事人,该条款并未排除受仲裁条款约束、与裁决结果具有利害关系、但未参加仲裁程序的当事人申请撤销仲裁裁决。当事人向法院申请撤销仲裁裁决,是《仲裁法》所赋予的一项否定仲裁裁决的程序性权利。法院经过审理后仅对裁决是否应予撤销作出决定,并不涉及当事人实体权利义务的认定。因此,俞影如作为林周毅法定继承人之一,可以单独提起撤裁申请。此外,《仲裁法》第 59 条规定:“当事人申请撤销裁决的,应当自收到裁决书之日起六个月内提出。”林周毅在仲裁期间去世后,其法定继承人并未得知仲裁案件正在审理中。涉案裁决系缺席裁决,在无证据证明涉案裁决已经被林周毅法定继承人签收的情况下,俞影如通过其他途径得知涉案裁决作出后即申请撤裁,并未超出法定期限。

其次,林周毅系于 1992 年在公司章程中确认其在美通讯地址,贸仲上海分会系在活动中心表示难以提供林周毅其他通讯地址后,认定该在美地址系林周毅最后一个为人所知的地址。但是,结合活动中心曾于 2002 年 12 月按“杭州市昭庆寺里街 22 号”地址向林周毅寄送信件并有效送达的事实,可见活动中心在仲裁过程中并未向贸仲上海分会提供仲裁被申请人林周毅真实的最后为人所知的通讯地址。尽管活动中心对涉案仲裁期间合作公司地址能有效送达持有异议,但难以否定“杭州市昭庆寺里街 22 号”系林周毅最后为人所知的通讯地址的事实。更何况俞影如向本院提交了在仲裁期间寄往合作公司地址的信件均妥收的相关证据,活动中心的行为致使仲裁被申请人林周毅及其法定继承人没有得到指定仲裁员及进行仲裁程序的通知，从而未能到庭陈述意见。根据《民事诉讼法》第260条第1款第2项的规定，涉案裁决具备法定撤销情形，俞影如的撤裁理由成立。

最后，根据《最高人民法院第二次全国涉外商事海事审判工作会议纪要》第79条的规定，"对存在《中华人民共和国民事诉讼法》第二百六十条规定情形的涉外仲裁裁决，人民法院可以视情况通知仲裁庭在一定期限内重新仲裁。通知仲裁庭重新仲裁的，应裁定中止撤销程序，仲裁庭在指定的期限内开始重新仲裁的，应裁定终止撤销程序"。同时，鉴于贸仲上海分会已经来函表示同意重新仲裁。因此，本案通知仲裁庭在1个月内重新仲裁，并裁定中止撤销程序；仲裁庭在指定的期限内开始重新仲裁的，将裁定终结撤销程序。

1424

合同转让情形下仲裁协议效力的认定

关键词｜债权债务转让｜仲裁协议效力｜债权债务受让人｜

【最高人民法院司法解释】

第九条 债权债务全部或者部分转让的，仲裁协议对受让人有效，但当事人另有约定、在受让债权债务时受让人明确反对或者不知有单独仲裁协议的除外。

——《最高人民法院关于适用〈中华人民共和国仲裁法〉若干问题的解释》(2006年8月23日，法释〔2006〕7号)

【最高人民法院答复】

湖北省高级人民法院：

中国国际经济贸易仲裁委员会以(98)贸仲字第2148号"关于V97329号武汉金龙高科技有限公司合资争议仲裁案仲裁条款效力事"函向我庭反映武汉市中级人民法院(1997)武经终字第0277号民事裁定关于仲裁协议效力认定的问题。我们经研究认为：武汉中苑科教公司与香港龙海(集团)有限公司签订的协议书只是对原合营合同部分条款的变更，未变更的原合营合同其他条款仍然有效。双方在工商行政管理部门变更登记时，没有就争议解决条款进行修改、变更登记。工商行政管理部门审批备案的是香港龙海(集团)有限公司与武汉中苑科教公司签订的协议和香港龙海(集团)有限公司与武汉东湖新技术开发进出口公司签订的原合营合同,应视为双方当事人对原合营合同的仲裁条款是认同的。故当事人因合营合同而发生的争议,应按原合营合同的约定提交中国国际经济贸易仲裁委员会仲裁,法院对此合营合同纠纷无管辖权。请你院按审判监督程序对武汉市中级人民法院(1997)武经终字第0277号民事裁定予以纠正。

——《最高人民法院关于V97329号武汉金龙高科技有限公司合资争议仲裁案仲裁条款效力事的复函》(1998年5月12日,法经〔1998〕212号)

【最高人民法院裁判文书】

辽宁渤海有色进出口有限公司与中国有色金属进出口河南公司债权转让纠纷案[最高人民法院(2000)经终字第48号民事裁定书]

裁判要旨:受让人接受债权转让协议,其中应包括接受解决争议的条款。原合同约定解决争议要通过仲裁解决,因此受让人要实现其受让的权利亦需要通过仲裁解决,法院无权管辖。

最高人民法院认为:

本案中鑫泉公司与辽宁公司签订债权转让协议并书面通知了河南公司,因该债权是基于原合同产生的,且需依附于原合同实现。辽宁公司接受债权转让协议,其中应包括解决争议的条款。而依据鑫泉公司与河南公司所签订的合同的约定,双方解决权利义务争议要通过仲裁裁决,因此,辽宁公司要实现其受让的权利,亦需要通过仲裁解决。故本案应依据仲裁条款的约定,通过约定的仲裁机构裁决,人民法院不应受理。

——中国法院网,http://www.chinacourt.org/article/detail/2002/07/id/8767.shtml。

编者说明

本条司法解释所确认的规则与仲裁条款的独立性是不矛盾的,尽管仲裁条款可以独立于它所依据的合同存在,但在转让含有仲裁条款的合同时,往往视合同为整体,认为合同的转让包括了对该合同中的仲裁条款的转让。因为出让人向受让人转让其合同项下的权利与义务时,受让人不可能不知道合同中所包含的仲裁条款,除非他出示证据证明不知道该仲裁条款的存在。而且,仲裁条款独立性的目的是从有利于仲裁的角度来解释仲裁条款,其所追求的恰恰是对当事人选择的解决方式的尊重。所以,该原则本身并不能成为仲裁协议是否转让的判断标准。最高人民法院对此观点是认同的。在武汉东湖公司请求确认仲裁条款效力案中，武汉市中级人民法院认为由于仲裁条款具有独立性，因此，原合同中的仲裁协议对该合同的受让人无约束力。最高人民法院经审查认定，转让人与合同另一方当事人所签订的仲裁条款对于原合同的另一方当事人与受让人具有约束力。

1425

仲裁协议独立性原则的适用

关键词｜仲裁协议效力｜仲裁协议独立性｜

【最高人民法院司法解释】

第十条 合同成立后未生效或者被撤销的，仲裁协议效力的认定适用仲裁法第十九条第一款的规定。

当事人在订立合同时就争议达成仲裁协议的，合同未成立不影响仲裁协议的效力。

——《最高人民法院关于适用〈中华人民共和国仲裁法〉若干问题的解释》(2006 年 8 月 23 日，法释〔2006〕7 号)

【最高人民法院司法政策】

65. 仲裁条款独立于合同中的其他条款。当事人在订立合同时就争议达成仲裁协议的，合同未成立不影响仲裁协议的效力；合同成立后未生效以及生效后变更、解除、终止或者被撤销、被认定无效的，不影响合同中仲裁条款的效力。

——《最高人民法院第二次全国涉外商事海事审判工作会议纪要》(2005 年 12 月 26 日，法发〔2005〕26 号)

【最高人民法院答复】

江苏省高级人民法院：

你院 2001 年 11 月 9 日《关于新加坡益得满亚洲私人有限公司申请承认与

执行外国仲裁裁决一案的请示》收悉。经本院审判委员会研究,答复如下:

仲裁条款或者仲裁协议独立生效的前提,是有关当事人就通过仲裁解决争议达成合意。本案中,根据新加坡益得满亚洲私人有限公司与无锡华新可可食品有限公司之间的来往传真,双方当事人之间未就购买可可豆事宜产生的争议达成通过仲裁解决的合意。英国伦敦可可协会以新加坡益得满亚洲私人有限公司单方拟定的仲裁条款仲裁有关纠纷缺乏事实和法律依据。依照《中华人民共和国民事诉讼法》第二百六十九条及我国参加的《承认及执行外国仲裁裁决公约》的有关规定,我国人民法院应拒绝承认与执行本案仲裁裁决。

此复。

——《最高人民法院关于新加坡益得满亚洲私人有限公司申请承认及执行外国仲裁裁决一案的请示的复函》(2003 年 6 月 12 日,〔2001〕民四他字第 43 号)

广西壮族自治区高级人民法院:

你院桂高法〔1996〕204 号请示收悉。经研究,答复如下:

本案购销合同含有仲裁条款,仲裁机构已对当事人争议立案受理。本案不存在仲裁法规定仲裁协议无效的情形,且按照仲裁法第十九条的规定,仲裁协议独立存在,合同的无效,不影响仲裁协议的效力。至于本案当事人提出的合同效力以及当事人是否承担责任等问题,应由仲裁机构在审理时一并解决。南宁市中级人民法院按照仲裁法第二十条第一款规定受理当事人申请确认仲裁协议无效的案件后,应依照上述理由,确认仲裁协议有效,驳回当事人的请求,指示当事人按仲裁协议约定,由仲裁机构解决当事人间的纠纷。

——《最高人民法院关于涉外合同无效是否影响仲裁协议效力问题的答复》(1997 年 1 月 29 日,法函〔1997〕22 号)

编者说明

关于合同成立与否是否影响到合同中的仲裁协议问题,最高人民法院的态度是:如果当事人在订立合同时就争议达成仲裁协议的,合同未成立不影响仲裁协议的效力。从司法实践的角度看,当事人之间的合同未成立但却单独就仲裁问题达成协议的情况极为罕见。司法解释解决的实际上是当事人对合同是否成立存在争议情况下合同中仲裁协议的效力问题。

实践中,当事人之间的商务合同的达成,往往由一方当事人提供合同范本或者格式合同,各方据此谈判并最终达成合意。这些合同范本或者格式合同中通常都含有一方当事人拟定的争议解决条款，特别是仲裁条款。对于通过上述方式达成的合同，当事人因该合同产生的或者与该合同有关的争议，在双方就合同条款达成合意，合同有效成立后，如果发生争议，自应按照合同约定的仲裁条款提请仲裁解决。但是，如果一方当事人提供合同范本或者格式合同后，双方经过多次谈判最终未就合同条款达成一致，合同中的仲裁条款（特别是在有关当事人未对该仲裁条款提出异议或者修改意见时）能否约束双方当事人之间的争议是一个比较复杂的问题。

首先，可能存在双方当事人就仲裁条款本身没有达成合意的情况。如果合同文本要求双方发生争议时提交瑞典斯德哥尔摩商会仲裁院仲裁，而对方当事人提出双方发生争议时应提交中国国际经济贸易仲裁委员会仲裁，则应当认定双方当事人未就合同争议提请仲裁达成任何合意。

其次，如果双方当事人在谈判过程中未对仲裁条款提出异议，但因对合同其他条款未能达成一致而导致合同未成立，则不能视双方就其合同争议的解决达成了仲裁协议。因为一方当事人提供含有仲裁条款的合同属于一种要约行为，对当事人就合同的其他条款提出修改意见属于反要约或者新要约。作为反要约或者新组成部分的仲裁条款，仍然需要对方当事人的认可才能构成有效的仲裁协议。如果仅仅因为一方当事人提供的合同或者格式合同中存在仲裁条款，就不管当事人是否就合同的全部条款包括仲裁条款达成合意，而认定单方拟定的仲裁条款具有约束双方当事人的效力，实践中可能产生极不公平的结果。

最后，如果双方当事人虽然对合同的其他条款未达成协议，但有证据证明双方及有关合同争议达成了仲裁协议，则仲裁协议有效成立；但如果有关仲裁条款仅是单方面的意思表示，并未得到双方当事人的书面或者实际行为的认可，则单方面的仲裁意思表示不能约束双方当事人。

应当注意的是，合同未成立和合同是否成立是两个不同的概念。我们说合同未成立时仲裁协议无效，并不等于有关当事人不能依据事后达成的仲裁协议就合同是否成立提请仲裁。因此，除非当事人事先约定不论合同是否成立均受有关仲裁条款的约束。否则，如果有关当事人之间的合同未成立，当事人又未就其争议事项达成仲裁协议，则该未成立合同中的仲裁条款，不能作为解决当事人之间争议的方式。

如新加坡益得满亚洲私人有限公司申请承认与执行外国仲裁裁决案：1999 年 1 月 12 日，新加坡公司经一马来西亚公司传真给无锡公司一份“业务的确认”，内容为：此函确认新加坡公司售予无锡公司如下货物：沙巴 SMCIA 可可豆 500 公吨、SMCIB 可可豆 500 公吨；并列明了到货质量、货物价格、数量、装船时间、付款方式等，另注明完整合同附后。同月 18 日，无锡公司传真给新加坡公司，除对“取样分析”的事宜再次表明了自己的态度外，还称因收到的合同与自己的意愿不一致，故不能接受此合同。同月 26 日，新加坡公司表示除特定抽样标准外，其他要求都可接受，并将合同文本再次寄给无锡公司。后双方又对检测机构、付款条件、价格等问题多次协商，但未能取得一致意见。双方因此发生争议，新加坡公司要求无锡公司赔偿其因不履行 1 月 14 日签字同意的商业确认书而给其造成的损失，并表示将提起仲裁解决。无锡公司称双方并未最终签署合同，索赔无从谈起，双方亦未约定仲裁。新加坡公司后向英国伦敦可可协会申请仲裁，无锡公司向仲裁庭表示了异议，但仲裁庭还是作出了本案仲裁裁决。

最高人民法院认为，仲裁条款或者仲裁协议独立生效的前提，是有关当事人就通过仲裁解决争议达成合意。该案中根据新加坡公司与无锡华新可可食品有限公司之间的来往传真，双方当事人之间未就购买可可豆事宜产生的争议达成通过仲裁解决的合意，因此英国可可协会以新加坡公司拟定的仲裁条款仲裁有关纠纷缺乏事实和法律依据。最终该案以没有有效的仲裁协议为由，根据我国《民事诉讼法》和《承认及执行外国仲裁裁决公约》的规定，裁定拒绝承认和执行英国伦敦可可协会作出的仲裁裁决。

1426

合同援引其他文件中的仲裁条款作为合同纠纷解决方式的有效

关键词｜仲裁协议效力｜

【最高人民法院司法解释】

第十一条　合同约定解决争议适用其他合同、文件中的有效仲裁条款的，发生合同争议时，当事人应当按照该仲裁条款提请仲裁。

涉外合同应当适用的有关国际条约中有仲裁规定的，发生合同争议时，当事人应当按照国际条约中的仲裁规定提请仲裁。

——《最高人民法院关于适用〈中华人民共和国仲裁法〉若干问题的解释》(2006年8月23日，法释〔2006〕7号)

【最高人民法院答复】

内蒙古自治区高级人民法院：

你院1996年8月30日《关于涉外经济合同未直接约定仲裁条款如何认定的请示报告》已收悉。经研究，答复如下：

中外双方当事人订立的外贸合同中约定合同未尽事宜适用中国和蒙古国之间的交货共同条件的，因该交货共同条件即1988年11月4日《中华人民共和国对外经济贸易部和蒙古人民共和国对外经济供应部关于双方对外贸易机构之间相互交货共同条件的议定书》规定了因合同所发生或者与合同有关的一切争议在双方达不成协商解决的协议时，应以仲裁方式解决，并规定了具体办法，故应认定当事人自愿选择通过仲裁方式解决其纠纷，人民法院不应受理因该类合同引起的纠纷。

——《最高人民法院关于涉蒙经济合同未直接约定仲裁条款如何认定案件管辖权的复函》(1996 年 12 月 14 日，法函〔1996〕177 号)

编者说明

根据最高人民法院法函〔1996〕177 号复函的精神，凡与我国签订了上述“交货共同条件”的国家(或者继承了上述条约义务的国家)的外贸企业和组织与我国的外贸企业和组织之间签订的外贸合同中，如果约定了合同未尽事宜适用“交货共同条件”的，由于“交货共同条件”中规定了仲裁条款，因此，外贸合同发生的纠纷即应当通过仲裁方式解决。司法解释的第 2 款对此进行了明确的表述。

需要注意的是，在本合同中援引其他合同或文件中的仲裁条款的意思表示必须明确，在本合同中就未尽事宜适用有关国际条约的意思表示也必须明确，就像联合国国际贸易法委员会制定的 1985 年《国际商事仲裁示范法》所规定的那样：“条件是此种及可使该仲裁条款成为该合同的一部分”。否则，容易就是否应当通过仲裁解决纠纷在当事人之间产生争议，并有可能最终不能达到通过仲裁解决纠纷的目的。

1427

确认仲裁协议效力案件的管辖

关键词 | 确认效力 | 仲裁协议 | 管辖 |

【最高人民法院司法解释】

第十二条 当事人向人民法院申请确认仲裁协议效力的案件，由仲裁协议约定的仲裁机构所在地的中级人民法院管辖；仲裁协议约定的仲裁机构不明确的，由仲裁协议签订地或者被申请人住所地的中级人民法院管辖。

申请确认涉外仲裁协议效力的案件，由仲裁协议约定的仲裁机构所在地、仲裁协议签订地、申请人或者被申请人住所地的中级人民法院管辖。

涉及海事海商纠纷仲裁协议效力的案件，由仲裁协议约定的仲裁机构所在地、仲裁协议签订地、申请人或者被申请人住所地的海事法院管辖；上述地点没有海事法院的，由就近的海事法院管辖。

第十三条 依照仲裁法第二十条第二款的规定，当事人在仲裁庭首次开庭前没有对仲裁协议的效力提出异议，而后向人民法院申请确认仲裁协议无效的，人民法院不予受理。

仲裁机构对仲裁协议的效力作出决定后，当事人向人民法院申请确认仲裁协议效力或者申请撤销仲裁机构的决定的，人民法院不予受理。

——《最高人民法院关于适用〈中华人民共和国仲裁法〉若干问题的解释》(2006 年 8 月 23 日，法释〔2006〕7 号)

山东省高级人民法院：

你院鲁高法〔1998〕144 号《关于当事人对仲裁协议的效力有异议应该向何人民法院请求作出裁定以及人民法院如何作出裁定的请示》收悉。经研究，答复如下：

关于请示的第一个问题，当事人协议选择国内仲裁机构仲裁后，一方对仲裁协议的效力有异议请求人民法院作出裁定的，由该仲裁委员会所在地的中级人民法院管辖。当事人对仲裁委员会没有约定或者约定不明的，由被告所在地的中级人民法院管辖。

关于请示的第二个问题，我院法释〔1998〕27 号批复已有明确规定，在此不再答复。

——《最高人民法院关于当事人对仲裁协议的效力提出异议由哪一级人民法院管辖问题的批复》(2000 年 8 月 8 日，法释〔2000〕25 号)

三、当事人对仲裁协议的效力有异议，一方当事人申请仲裁机构确认仲裁协议效力，另一方当事人请求人民法院确认仲裁协议无效，如果仲裁机构先于人民法院接受申请并已作出决定，人民法院不予受理；如果仲裁机构接受申请后尚未作出决定，人民法院应予受理，同时通知仲裁机构终止仲裁。

四、一方当事人就合同纠纷或者其他财产权益纠纷申请仲裁，另一方当事人对仲裁协议的效力有异议，请求人民法院确认仲裁协议无效并就合同纠纷或者其他财产权益纠纷起诉的，人民法院受理后应当通知仲裁机构中止仲裁。人民法院依法作出仲裁协议有效或者无效的裁定后，应当将裁定书副本送达仲裁机构，由仲裁机构根据人民法院的裁定恢复仲裁或者撤销仲裁案件。

人民法院依法对仲裁协议作出无效的裁定后，另一方当事人拒不应诉的，人民法院可以缺席判决；原受理仲裁申请的仲裁机构在人民法院确认仲裁协议无效后仍不撤销其仲裁案件的，不影响人民法院对案件的审理。

——《最高人民法院关于确认仲裁协议效力几个问题的批复》（1998 年 10 月 21 日，法释〔1998〕27 号）

【最高人民法院司法政策】

6. 当事人申请确认涉外仲裁协议效力的案件，由申请人住所地、被申请人住所地或者仲裁协议签订地有权受理涉外商事案件的中级人民法院管辖；申请执行我国涉外仲裁裁决的案件，由被申请人住所地、财产所在地有权受理涉外商事案件的中级人民法院管辖；申请撤销我国涉外仲裁裁决的案件，由仲裁机构所在地有权受理涉外商事案件的中级人民法院管辖；申请承认与执行外国仲裁裁决的案件，由被申请人住所地或者财产所在地有权受理涉外商事案件的中级人民法院管辖。

——《最高人民法院第二次全国涉外商事海事审判工作会议纪要》（2005 年 12 月 26 日，法发〔2005〕26 号）

辽宁省、山东省、湖北省、浙江省、福建省、广东省、海南省、广西壮族自治区、天津市、上海市高级人民法院，各海事法院：

经上海市司法局批准并登记，中国海事仲裁委员会上海分会于 2003 年 1 月 8 日在上海市正式挂牌成立并开始受理海事仲裁案件。为了明确相关案件的管辖分工，加强海事仲裁司法监督工作，方便当事人诉讼，根据《中华人民共和国民事诉讼法》、《中华人民共和国仲裁法》和《中华人民共和国海事诉讼特别程序法》的有关规定，通知如下：

指定上海海事法院管辖涉及中国海事仲裁委员会上海分会的海事仲裁协议效力的案件和申请撤销其海事仲裁裁决的案件。

——《最高人民法院关于指定上海海事法院管辖与中国海事仲裁委员会上海分会相关的海事仲裁司法审查案件的通知》（2005 年 5 月 27 日，法〔2005〕66 号）

编者说明

该条司法解释规定了三类确认仲裁协议效力案件的管辖法院：一是确认国内案件中仲裁协议效力的管辖法院；二是确认涉外案件中仲裁协议效力的管辖法院；三是确认海事海商案件中仲裁协议效力的管辖法院。事实上，除了当事人向人民法院申请确认仲裁协议的效力外，当事人向人民法院申请撤销仲裁裁决或者在一方当事人向人民法院申请（承认和）执行仲裁裁决而另一方当事人提出应予拒绝（承认和）执行的情况下，人民法院同样会面临对所涉仲裁协议效力的审查问题，因为没有有效的仲裁协议是《仲裁法》和《民事诉讼法》以及有关国际公约规定的人民法院可以根据当事人的申请予以撤销或者不予执行我国的仲裁以及拒绝承认和执行外国仲裁的理由之一。而这类案件中对仲裁协议效力的审查同样是由中级人民法院进行的。

1428

当事人可以向法院请求确认其与对方之间不存在仲裁协议

关键词 | 仲裁协议 | 涉外仲裁 | 确认之诉 |

【最高人民法院答复】

天津市高级人民法院：

你院〔2012〕津高民四他字第4号《关于神华煤炭运销公司与马瑞尼克船务公司确认之诉仲裁条款问题的请示》收悉。经研究，答复如下：

一、关于本案是否适用《最高人民法院关于适用〈中华人民共和国仲裁法〉若干问题的解释》（以下简称仲裁法司法解释）第十三条第二款的问题。依照《中华人民共和国仲裁法》（以下简称仲裁法）第七章的规定，同意你院关于仲裁法及仲裁法司法解释的规定可以适用于涉外仲裁的意见。但是，仲裁法司法解释第十三条系针对仲裁法第二十条作出的司法解释。仲裁法第二十条所指的仲裁委员会系依据仲裁法第十条和第六十六条设立的仲裁委员会，并不包括外国仲裁机构。故仲裁法司法解释第十三条的规定并不适用于外国仲裁机构对仲裁协议效力作出认定的情形。

二、关于法律适用的问题。本案系神华煤炭运销公司请求确认不存在仲裁协议之诉。涉案提单为与租约合并使用的简式提单，但提单正面并未明示记载将租约包括仲裁条款并入提单，故租约中的仲裁条款并未有效并入提单。本案并非对租约中仲裁条款效力的审查，你院认为应当适用中国法律确认双方当事人之间是否存在仲裁协议正确。

三、关于《最高人民法院关于人民法院处理与涉外仲裁及外国仲裁事项有关问题的通知》（以下简称通知）的适用问题。各级法院应当严格遵守通知规定的报告制度，不能以不属于仲裁范围或者仲裁条款无效等理由规避报告制度。本案涉及租约仲裁条款是否有效并入提单，亦属于通知中规定的情形。

综上，神华煤炭运销公司向天津海事法院请求确认其与马瑞尼克船务公司之间不存在仲裁协议，天津海事法院应当予以受理，并依法作出认定。

此复。

——《最高人民法院关于神华煤炭运销公司与马瑞尼克船务公司确认之诉仲裁条款问题的请示的复函》（2013 年 2 月 4 日，〔2013〕民四他字第 4 号）

1429

默示仲裁协议的法律效力

关键词｜默示仲裁协议｜管辖权异议｜

【最高人民法院司法解释】

第十三条 依照仲裁法第二十条第二款的规定，当事人在仲裁庭首次开庭前没有对仲裁协议的效力提出异议，而后向人民法院申请确认仲裁协议无效的，人民法院不予受理。

仲裁机构对仲裁协议的效力作出决定后，当事人向人民法院申请确认仲裁协议效力或者申请撤销仲裁机构的决定的，人民法院不予受理。

——《最高人民法院关于适用〈中华人民共和国仲裁法〉若干问题的解释》（2006 年 8 月 23 日，法释〔2006〕7 号）

【最高人民法院答复】

广东省高级人民法院：

你院粤高法〔2009〕59 号《关于申请人番禺珠江钢管有限公司与被申请人深

圳市泛邦国际货运代理有限公司申请确认仲裁协议效力一案的请示》收悉。经研究,答复如下:

本案租船合同为国际海上货物运输合同,起运港为中国,目的港为智利,具有涉外因素。本案系番禺珠江钢管有限公司申请确认涉及海事海商纠纷仲裁条款效力案件,申请人和被申请人住所地均在广东省,根据《最高人民法院关于适用〈中华人民共和国仲裁法〉若干问题的解释》第十二条三款规定,广州海事法院对本案具有诉讼管辖权。

本案租船合同仲裁条款约定,“仲裁地点:北京,引用中国法律”。由于仲裁条款没有约定具体的仲裁机构,深圳市泛邦国际货运代理有限公司在租船合同没有实际履行的情况下向番禺珠江钢管有限公司发出了律师函,提出将涉案纠纷提交在北京的中国海事仲裁委员会仲裁,并要求番禺珠江钢管有限公司在收到此律师函后3日内回复意见,否则视为默示同意将仲裁机构确定为中国海事仲裁委员会,番禺珠江钢管有限公司对该律师函未作答复。深圳市泛邦国际货运代理有限公司据上述事实主张番禺珠江钢管有限公司已默示同意,双方就选定的仲裁机构达成了新的仲裁协议,没有法律依据。又因该仲裁条款没有约定审查仲裁条款效力所适用的法律,根据《最高人民法院关于适用〈中华人民共和国仲裁法〉若干问题的解释》第十六条规定,本案应适用中国法律审查仲裁条款的效力。由于本案租船合同仲裁条款对仲裁机构约定不明确,且没有达成补充协议,因此,根据《中华人民共和国仲裁法》第十八条规定,本案租船合同约定的仲裁条款无效。

此复。

——《最高人民法院关于申请人番禺珠江钢管有限公司与被申请人深圳市泛邦国际货运代理有限公司申请确认仲裁协议效力一案的请示的复函》(2009年5月5日,〔2009〕民四他字第7号)

1430

合同仲裁条款无效,虽然一方当事人参加仲裁审理过程,但其始终对仲裁委管辖提出异议,不能视为其接受仲裁委的管辖

关键词|仲裁条款|管辖|

【最高人民法院裁判文书】

五原县宏珠环保热电有限责任公司与北京城建远东建设投资集团有限公司建设工程施工合同纠纷执行案[最高人民法院(2010)执监字第137号执行裁定书]

最高人民法院认为：

城建公司与宏珠公司在《建设工程施工合同书》中虽有将纠纷提交仲裁的意思，但其中的仲裁条款对仲裁机构的约定表述为“工程当地仲裁委员会”，而“工程当地”的五原县及上一级行政机关巴彦淖尔市并没有设立仲裁委员会，内蒙古自治区则设立有多个仲裁委员会。该仲裁条款对仲裁机构的约定并不明确。根据《仲裁法》第18条及最高人民法院《仲裁法解释》第6条的规定，双方当事人未就仲裁机构达成补充协议的，该仲裁条款无效。城建公司于2007年8月21日递交给宏珠公司的《给付工程款通知》中所说的“我方要求赤峰仲裁委予以仲裁”，系向宏珠公司发出的选择赤峰仲裁委作为仲裁机构的补充要约。对此，宏珠公司所作的“此通知书所述与事实不符”的回复。应主要是针对该通知中所说的已完成工程量与拖欠工程款而言，而宏珠公司并未有其他行为表明其已接受该要约。参照最高人民法院《民通意见》第66条的规定，在无法律规定或当事人未明确约定的情况下，宏珠公司即使对城建公司的要约不作任何答复，亦不能视为其默示接受了要约。其此前已向法院起诉的行为，则表明其并非愿意再选定仲裁机构从而将纠纷提交仲裁。故宏珠公司实际上是对城建公司的要约作出了拒绝的意思表示，所以应当认定双方当事人没有就仲裁机构重新达成补充协议，合同中的仲裁条款无效。宏珠公司自始至终都在对赤峰仲裁委的管辖提出异议，其既没有选定仲裁员也没有提交答辩状，虽然其参加了赤峰市仲裁委的审理过程，并对案件的实体问题发表了意见，但其首先仍声明不认可该仲裁委的管辖权，故不能视为其接受了赤峰仲裁委的管辖。

——中国裁判文书网，http://www.court.gov.cn/zgcpwsw/zgrmfy/。

1431

订有仲裁条款的合同一方当事人不出庭应诉的处理

关键词 | 仲裁条款 | 不出庭应诉 | 驳回起诉 |

【最高人民法院答复】

山东省高级人民法院：

你院《关于订有仲裁条款的合同一方当事人不出庭应诉应如何处理的请示》收悉。经研究，答复如下：

根据《中华人民共和国和民事诉讼法》第一百一十一条第（二）项、第二百五十七条第一款关于订有仲裁条款的当事人不得向人民法院起诉的规定，应当告知原告向仲裁机构申请仲裁。你院受理后发现有仲裁条款的，应先审查确定仲裁条款的效力。如仲裁条款有效，被告经合法传唤未答辩应诉，不能据此认为其放弃仲裁并认定人民法院取得管辖权。如果本案所涉及仲裁条款有效、原告仍坚持起诉，你院应驳回原告的起诉。

同意你院的倾向性意见。

——《最高人民法院关于订有仲裁条款的合同一方当事人不出庭应诉应如何处理的复函》（2008 年 3 月 26 日，〔2008〕民四他字第 3 号）

1432

涉外仲裁协议效力的准据法

关键词｜涉外仲裁条款效力｜准据法｜

【最高人民法院司法解释】

第十六条 对涉外仲裁协议的效力审查，适用当事人约定的法律；当事人没有约定适用的法律但约定了仲裁地的，适用仲裁地法律；没有约定适用的法律也没有约定仲裁地或者仲裁地约定不明的，适用法院地法律。

——《最高人民法院关于适用〈中华人民共和国仲裁法〉若干问题的解释》（2006 年 8 月 23 日，法释〔2006〕7 号）

【最高人民法院司法政策】

58. 当事人在合同中约定的适用于解决合同争议的准据法，不能用来确定涉外仲裁条款的效力。当事人在合同中明确约定了仲裁条款效力的准据法的，应当适用当事人明确约定的法律；未约定仲裁条款效力的准据法但约定了仲裁地的，应当适用仲裁地国家或者地区的法律。只有在当事人未约定仲裁条款效力的准据法亦未约定仲裁地或者仲裁地约定不明的情况下，才能适用法院地法即我国法律作为确认仲裁条款效力的准据法。

——《最高人民法院第二次全国涉外商事海事审判工作会议纪要》（2005 年 12 月 26 日，法发〔2005〕26 号）

【最高人民法院答复】

江苏省高级人民法院：

你院〔2005〕苏民三立终字第 0039 号“关于张家港星港电子公司与博泽国际公司中外合资经营合同中涉外仲裁条款效力问题的请示”收悉。经研究，答复如下：

本案双方当事人在合资合同中约定：“凡因解释或执行本合同所发生争议，双方应首先通过友好协商予以解决。如果双方在协商开始后的六十天内无法达成和解，任何一方可以将该争议按照《国际商会调解和仲裁规则》提交仲裁。仲裁应在瑞士苏黎世进行。仲裁员应使用本合同的英文版。任何这样的仲裁的全部程序应用英文进行，有关仲裁情况应每天用英文记录。仲裁应由三名仲裁员来进行，仲裁员应使用流利的英语，双方可各委派一位仲裁员，第三位仲裁员由仲裁院委派，该仲裁员为该仲裁庭主席。仲裁裁决是终局的，对双方均有约束力，双方同意遵守并执行。仲裁费用应由败诉方承担，除非在仲裁裁决中另有规定。”根据多年的司法实践以及本院《第二次全国涉外商事海事审判工作会议纪要》所确定的原则，当事人在合同中约定的适用于解决合同争议的准据法，不能用来确定涉外仲裁条款的效力。当事人在合同中明确约定了仲裁条款效力的准据法的，应当适用当事人明确约定的法律；未约定仲裁条款效力的准据法但约定了仲裁地的，应当适用仲裁地国家或者地区的法律。只有在当事人未约定仲裁条款效力的准据法亦未约定仲裁地或者仲裁地约定不明的情况下，才能适用法院地法即我国法律作为确认仲裁条款效力的准据法。本案当事人双方虽然在合同中约定“合同的订立、生效、解释和执行受中国现行和公布的有关法律的管辖”，但该约定是当事人对解决合同争议的准据法作出的选择，而不是对认定合同中仲裁条款效力的准据法作出的选择。《中华人民共和国合同法》第一百二十六条第二款规定的“在中华人民共和国境内履行的中外合资经营企业合同、中外合作经营企业合同、中外合作勘探开发自然资源合同,适用中华人民共和国法律”,是对解决合同实体争议的准据法作出的规定,而并非对认定合同中仲裁条款效力的准据法作出的规定。我国法律并未强制规定在确认中外合资经营合同中仲裁条款效力时必须适用我国的法律作为准据法。由于本案当事人未明确约定仲裁条款效力的准据法,故应适用当事人约定的仲裁地瑞士的法律,对仲裁条款的效力作出认定。你院关于确定本案仲裁条款的效力应当适用我国法律的意见缺乏根据。根据瑞士的相关法律规定,本案仲裁条款有效。依照《中华人民共和国民事诉讼法》第二百五十七条第一款、《中华人民共和国仲裁法》第五条的规定,本案纠纷应根据当事人的约定,通过仲裁方式解决,人民法院对该纠纷无管辖权。苏州市中级人民法院(2004)苏中民三初字第064号民事裁定对本案的处理意见是正确的。

——《最高人民法院关于确认仲裁协议效力请示的复函》(2006年3月9日,〔2006〕民四他字第1号)

【《最高人民法院公报》案例】

中国恒基伟业集团有限公司、北京北大青鸟有限责任公司与广晟投资发展有限公司、香港青鸟科技发展有限公司借款担保合同纠纷案[最高人民法院(2006)民四终字第28号民事裁定书]

裁判摘要:《最高人民法院关于适用〈中华人民共和国仲裁法〉若干问题的解释》第十六条规定:“对涉外仲裁协议的效力审查,适用当事人约定的法律;当事人没有约定适用的法律但约定了仲裁地的,适用仲裁地法律;没有约定适用的法律也没有约定仲裁地或者仲裁地约定不明的,适用法院地法律。”据此,在涉外合同纠纷案件中,当事人在合同中约定有仲裁条款的,可以同时对确定该仲裁条款效力的准据法作出明确约定。因仲裁条款的独立性,故合同中约定的适用于解决合同争议的准据法,不能用以判定该仲裁条款的效力。如果当事人在合同中没有约定确定仲裁条款效力的准据法,也没有约定仲裁地或者对仲裁地约定不明,应当适用法院地法律审查仲裁协议的效力。

最高人民法院认为:

本案中《可转换债发行协议》约定有仲裁条款,并约定,“本协议适用中华人民共和国香港特别行政区法律”,故对仲裁条款效力审查所要适用的准据法就成为本案首先要考量的问题。

《最高人民法院关于适用〈中华人民共和国仲裁法〉若干问题的解释》第十六条规定："对涉外仲裁协议的效力审查，适用当事人约定的法律；当事人没有约定适用的法律但约定了仲裁地的，适用仲裁地法律；没有约定适用的法律也没有约定仲裁地或者仲裁地约定不明的，适用法院地法律。"由此可以看出，当事人对确定仲裁条款效力的准据法是可以在合同中约定的，但这种约定必须是明确约定，合同中约定的适用于解决合同争议的准据法，不能用来判定涉外仲裁条款的效力。也就是说对仲裁条款效力适用的准据法要与解决争议适用的准据法相区别。本案中，在仲裁条款项下约定"本协议适用中华人民共和国香港特别行政区法律"，是对仲裁条款效力适用的准据法还是适用于解决合同争议的准据法容易产生歧义，不能视为明确约定了仲裁条款效力的准据法。因《可转换债发行协议》中没有约定仲裁地，故应适用法院地法即我国内地法律来认定该仲裁条款效力。

——《最高人民法院公报》2008 年第 1 期

编者说明

〔2006〕民四他字第 1 号答复中，江苏省高级人民法院请示的是确认涉外仲裁协议效力的案件，其核心问题涉及如何准确认定仲裁协议效力的准据法。最高人民法院的复函明确了确认仲裁协议效力准据法的原则，亦即司法解释第 16 条所确立的原则，且对当事人在合同中约定的适用于解决合同争议的准据法不能用来确定涉外仲裁条款的效力这一问题也进行了明确。该请示案件体现了准确认定仲裁协议效力的准据法对于正确审理相关案件的重要性。就本案而言，依据瑞士法律而言，该仲裁条款应认定有效，而如果适用我国法律，则该条款可能因没有选择明确的仲裁机构而被认定无效。

1433

撤销仲裁裁决的标准

关键词｜撤销仲裁裁决｜

【最高人民法院司法解释】

第十七条 当事人以不属于仲裁法第五十八条或者民事诉讼法第二百六十

条规定的事由申请撤销仲裁裁决的，人民法院不予支持。

第十八条 仲裁法第五十八条第一款第一项规定的“没有仲裁协议”是指当事人没有达成仲裁协议。仲裁协议被认定无效或者被撤销的，视为没有仲裁协议。

第十九条 当事人以仲裁裁决事项超出仲裁协议范围为由申请撤销仲裁裁决，经审查属实的，人民法院应当撤销仲裁裁决中的超裁部分。但超裁部分与其他裁决事项不可分的，人民法院应当撤销仲裁裁决。

第二十条 仲裁法第五十八条规定的“违反法定程序”，是指违反仲裁法规定的仲裁程序和当事人选择的仲裁规则可能影响案件正确裁决的情形。

——《最高人民法院关于适用〈中华人民共和国仲裁法〉若干问题的解释》(2006年8月23日，法释〔2006〕7号)

【最高人民法院答复】

上海市高级人民法院：

你院〔2005〕沪高民四(商)他字第1号《关于江智锋申请撤销仲裁裁决一案的请示》收悉。经研究，答复如下：

同意你院的请示意见。根据你院请示报告反映的事实，申请人江智锋于2004年3月3日与被申请人上海南阳建筑安装工程有限公司达成协议，约定：因2003年6月26日、7月16日双方签订的工程协议及装潢装饰工程协议发生的一切纠纷，任何一方均可提请上海仲裁委员会装饰装修争议仲裁中心按其仲裁规则进行仲裁。同日，上海仲裁委员会受理了当事人的仲裁申请，并根据双方调解协议出具了(2004)沪裁(经)字第1062号调解书。后上海南阳建筑安装工程有限公司以上述调解书内容不全面、江智锋不积极履行等为由就同一纠纷申请仲裁，上海仲裁委员会于2004年11月5日作出(2004)沪裁(经)字第1068号裁决书。《中华人民共和国仲裁法》第九条第一款、《上海仲裁委员会装饰装修争议简易程序仲裁规则》(试行)第八条、第九条均规定，仲裁实行一裁终局的制度，调解书与裁决书具有同等法律效力。上海仲裁委员会在就本案所涉纠纷作出(2004)沪裁(经)字第1062号调解书之后，又就相同当事人之间的同一纠纷作出(2004)沪裁(经)字第1068号裁决书，违反了我国《仲裁法》和《上海仲裁委员会仲裁规则》有关一裁终局的规定，也属于仲裁程序与仲裁规则不符的情形。根据《中华人民共和国仲裁法》第七十条和《中华人民共和国民事诉讼法》第二百六十条第一款第(三)项之规定，本案应裁定撤销上海仲裁委员会(2004)沪裁(经)字第1068号仲裁裁决。

此复。

——《最高人民法院关于江智锋申请撤销仲裁裁决一案的请示的复函》(2005年6月28日,〔2005〕民四他字第23号)

编者说明

江智锋申请撤销仲裁裁决案的争议焦点在于仲裁机构在作出仲裁裁决后能否就相同纠纷重新作出裁决,即一裁终局的问题。对此,请示法院与最高人民法院均作出了否定的答复。但本案当事人订立的仲裁条款就是"任何一方均可提交仲裁"的条款,由于当事人并没有对该条款的有效性提出质疑,因此,是否属于"或裁或审"协议未成为争执焦点,但从各级法院的态度看,显然也是间接认可了该条款的效力。

1434

仲裁裁决超裁的情形及处理

关键词｜撤销仲裁裁决｜超出仲裁协议｜

【最高人民法院司法解释】

第十九条 当事人以仲裁裁决事项超出仲裁协议范围为由申请撤销仲裁裁决,经审查属实的,人民法院应当撤销仲裁裁决中的超裁部分。但超裁部分与其他裁决事项不可分的,人民法院应当撤销仲裁裁决。

——《最高人民法院关于适用〈中华人民共和国仲裁法〉若干问题的解释》(2006年8月23日,法释〔2006〕7号)

广东省高级人民法院:

你院〔1997〕粤法经二请字第22号《关于深圳瑞丰工贸有限公司申请撤销(97)深国仲结字第07号裁决一案的请示》收悉。经研究,答复如下:

我国仲裁机构作出的仲裁裁决,如果裁决事项超出当事人仲裁协议约定的范围,或者不属当事人申请仲裁的事项,并且上述事项与仲裁机构作出裁决的其他事项是可分的,人民法院可以基于当事人的申请,在查清事实后裁定撤销该超裁部分。

对你院〔1997〕粤法经二请字第22号请示,同意你院审判委员会多数意见,即中国国际经济贸易仲裁委员会深圳分会(97)深国仲结字第07号裁决的第三项内容系租赁合同项下的争议,不是合作合同项下的争议,鉴于该租赁合同没有仲裁条款,按照深圳瑞丰工贸有限公司的申请,人民法院可以裁定撤销仲裁裁决中的该部分内容。

此复。

——《最高人民法院关于我国仲裁机构作出的仲裁裁决能否部分撤销问题的批复》(1999年8月25日,法释〔1999〕16号)

【链接:最高人民法院法官著述】

《仲裁法司法解释》还对超裁问题作了规定。按照仲裁法第58条第1款第(2)项的规定,超裁有两种情形:一种是仲裁裁决事项超出仲裁协议范围的,属于可以申请撤销仲裁裁决的情形,即通常所说的超裁问题。仲裁协议是仲裁管辖权的依据,仲裁裁决的事项应当限于仲裁协议约定的仲裁事项范围,否则将因为欠缺仲裁协议依据而归于无效。另一种是仲裁裁决的事项虽然在仲裁协议的范围之内,但超出了当事人申请仲裁的事项范围的,裁决事项因超出当事人请求的范围,自作超裁处理。超裁,通常都是部分仲裁裁决事项超出了仲裁协议或者当事人请求仲裁的范围。尽管仲裁法规定了超裁的情形可以撤销仲裁裁决,但如果不加区分全部撤销仲裁裁决,既不利于纠纷的快速解决,也不符合当事人提交仲裁的本意,因此,仅就超裁部分予以撤销更为合理。对此,《仲裁法司法解释》第19条作了规定,当事人以仲裁裁决事项超出仲裁协议范围为由申请撤销仲裁裁决,经审查属实的,人民法院应当撤销仲裁裁决中的超裁部分,而不是撤销全部仲裁裁决。但超裁部分与其他裁决事项不可分的,人民法院应当撤销仲裁裁决。

——沈德咏主编、最高人民法院研究室编:《民事诉讼司法解释理解与适用》,法律出版社2009年版,第788页。

编者说明

如何判断裁决的内容是否可分,在适用本条解释中起重要作用。在实践中,一般可以按照以下方式确定是否可分:

1. 看仲裁事项之间是否可分。仲裁庭进行仲裁的事项,超出仲裁协议范围的部分与其他事项之间是否独立。建设工程的各部分之间如果是单独计算价款的,则各部分之间的价款事项就具有可分性；如果只是按照统一的发包价来结算的，则建设工程和部分的价款就不具有可分性。

2. 看仲裁裁决内容之间是否可分。仲裁裁决的内容包括的超裁部分，如果是单独列项的，则可以撤销，如果与其他内容在一起的，一般就不能分开。如建设工程的价款，超裁部分的工程价款单独列出的，则与其他部分就是可分的；如果超裁部分的工程价款没有单独列出，而只有总价款的，则是不可分的。

上述裁判主要涉及对我国涉外仲裁机构作出的仲裁裁决是否应予部分撤销的问题，人民法院审查我国其他仲裁机构作出的裁决比我国涉外仲裁机构作出的裁决采取更为严格的标准。因此，本案的处理意见对我国其他仲裁机构作出的仲裁裁决同样是有指导意义的。

1435

送达裁决书超过期限非撤销仲裁裁决的理由

关键词 | 撤销仲裁裁决 | 裁决书送达 |

【最高人民法院答复】

各省、自治区、直辖市高级人民法院：

据了解，目前一些地区人民法院以仲裁裁决书送达超过规定期限，不符合仲裁程序，违反国务院办公厅国办发〔1995〕38 号“关于进一步做好重新组建仲裁机构工作的通知”（简称国办发〔1995〕38 号文）规定为由，裁定撤销仲裁裁决。

国办发〔1995〕38 号文第三条规定中提到的六个月期限，指的是仲裁机构作出仲裁裁决的期限，不包括送达仲裁裁决的期限。法院以仲裁裁决送达超过六个月规定期限，不符合仲裁程序，违反国办发〔1995〕38 号文规定为由，裁定撤销仲裁裁决，既于法律无据，也不利于保护当事人合法权益。因此，各地人民法院凡发现在审判工作中存在上述问题的，应当及时依法予以纠正。

特此通知

——《最高人民法院关于不得以裁决书送达超过期限而裁定撤销仲裁裁决的通知》(1997 年 4 月 6 日，法〔1997〕120 号)

1436

申请撤销仲裁裁决诉讼案件当事人及诉讼费用

关键词 | 撤销仲裁裁决 | 当事人称谓 | 诉讼费 |

【最高人民法院司法解释】

安徽省高级人民法院：

你院〔1996〕经他字第26号《关于在审理一方当事人申请撤销仲裁裁决的案件中几个具体问题应如何解决的请示报告》收悉。经研究，答复如下：

一、原依照有关规定设立的仲裁机构在《中华人民共和国仲裁法》(以下简称仲裁法)实施前受理、实施后审理的案件，原则上应当适用仲裁法的有关规定。鉴于原仲裁机构的体制与仲裁法规定的仲裁机构有所不同，原仲裁机构适用仲裁法某些规定有困难的，如仲裁庭的组成，也可以适用《中华人民共和国经济合同仲裁条例》的有关规定，人民法院在审理有关申请撤销仲裁裁决案件中不应以未适用仲裁法的规定为由，撤销仲裁裁决。

二、一方当事人向人民法院申请撤销仲裁裁决的，人民法院在审理时，应当列对方当事人为被申请人。

三、当事人向人民法院申请撤销仲裁裁决的案件，应当按照非财产案件收费标准计收案件受理费；该费用由申请人交纳。

此复。

——《最高人民法院关于审理当事人申请撤销仲裁裁决案件几个具体问题的批复》(1998年7月21日，法释〔1998〕16号)

1437

案外第三人不具备申请撤销仲裁裁决的主体资格

关键词 | 案外第三人 | 撤销仲裁裁决 | 主体资格 |

【最高人民法院答复】

北京市高级人民法院：

你院《关于案外第三人申请撤销仲裁裁决人民法院是否受理的请示》已收

悉。经研究,答复如下:《中华人民共和国仲裁法》第七十条规定的“当事人”是指仲裁案件的申请人或被申请人,崇正国际联盟集团有限公司并非 V19990351 号仲裁案件的申请人或被申请人,该公司不具备申请撤销该仲裁裁决的主体资格,故对该申请人民法院不予受理。

——《最高人民法院关于对崇正国际联盟集团有限公司申请撤销仲裁裁决人民法院应否受理的复函》(2001 年 9 月 28 日,〔2001〕民立他字第 36 号)

【链接：最高人民法院法官著述】

经研究,最高人民法院函复北京市高级人民法院,认为对崇正集团公司撤销仲裁裁决的申请,人民法院应当不予受理。上述意见,主要考虑以下因素:(1)按照我国仲裁法的有关规定,申请撤销仲裁裁决的只能是仲裁当事人即申请人与被申请人,崇正集团公司并非贸仲裁字第 0330 号仲裁裁决的当事人,不具备撤销上述仲裁裁决的主体资格。(2)由于案外第三人的范围无严格的界定,且裁决是否损害案外第三人利益还需经审理查明,而撤销裁决的申请受理后原裁决须中止执行,因此对赋予案外第三人撤销裁决的申请权必须慎重,否则易产生审判权过多干预仲裁权的现象,不利于仲裁裁决的稳定性与仲裁工作的发展。另外,崇正集团公司与东陵管理所在补充合同及章程中订有仲裁条款,因此崇正集团公司亦可根据该仲裁条款向中国国际经济贸易仲裁委员会申请仲裁,并充分行使答辩、陈述意见、举证、申请撤销裁决等权利,以维护其合法权益。

——侯建军:《关于案外第三人申请撤销仲裁裁决人民法院应否受理的请示与答复》,载沈德咏主编、最高人民法院立案庭编:《立案工作指导与参考》(总第 1 卷),人民法院出版社 2002 年版,第 141 页。

1438

仲裁委员会及案外人不能作为申请撤销仲裁裁决主体

关键词｜仲裁委员会｜案外人｜申请撤销仲裁裁决｜

【最高人民法院审判业务意见】

有关部门就“仲裁委员会及案外人能否作为申请撤销仲裁裁决主体”的问题征求最高人民法院研究室意见。我室经研究认为：

一、关于仲裁委员会能否作为申请撤销仲裁裁决主体的问题。仲裁委员会申请撤销仲裁裁决无法律依据，况且其作为仲裁裁决的主体，不能再作为撤销其裁决的申请人。

二、关于案外人能否作为申请撤销仲裁裁决主体的问题。由于仲裁法第五十八条仅将申请撤销仲裁裁决的权利赋予给当事人而未授予案外人，故依照现行法律其也不能成为申请撤销仲裁裁决的主体。但是考虑到案外人尚能适用再审程序对人民法院的生效裁判提出撤销仲裁裁决的诉讼请求，赋予案外人对仲裁庭申请撤销的权利并无不可，但应当通过立法予以明确。

三、关于案外人救济的问题。对于因仲裁当事人恶意串通、骗取仲裁裁决损害案外人利益时对案外人的救济，可以通过就执行标的提出异议的方式来解决。根据2007年民事诉讼法第二百零四条的规定，在执行过程中，案外人可以对执行标的提出书面异议，人民法院应当自收到书面异议之日起十五日内审查，理由成立的，裁定中止对该标的的执行；理由不成立的，裁定驳回。案外人、当事人对裁定不服，认为原判决、裁定错误的，依照审判监研究与交流督程序办理；与原判决、裁定无关的，可以自裁定送达之日起十五日内向人民法院提起诉讼。”《最高人民法院关于适用〈中华人民共和国民事诉讼法〉执行程序若干问题的解释》（法释〔2008〕13号）第十五条又明确规定：“案外人对执行标的主张所有权或者有其他足以阻止执行标的转让、交付的实体权利的，可以依照民事诉讼法第二百零四条的规定，向执行法院提出异议。”据此，案外人可以在仲裁裁决确定的权利人申请执行过程中，通过提出执行异议的方式予以救济。

——《最高人民法院研究室关于仲裁委员会及案外人能否作为申请撤销仲裁裁决主体问题的研究意见》，载江必新主编、最高人民法院研究室编著：《司法研究与指导》（总第3辑），人民法院出版社2013年版，第162页。

1439

重新仲裁的适用条件和审查程序

关键词｜重新仲裁｜

【最高人民法院司法解释】

第二十一条　当事人申请撤销国内仲裁裁决的案件属于下列情形之一的，人民法院可以依照仲裁法第六十一条的规定通知仲裁庭在一定期限内重新仲裁：

（一）仲裁裁决所根据的证据是伪造的；

（二）对方当事人隐瞒了足以影响公正裁决的证据的。

人民法院应当在通知中说明要求重新仲裁的具体理由。

第二十二条　仲裁庭在人民法院指定的期限内开始重新仲裁的，人民法院应当裁定终结撤销程序；未开始重新仲裁的，人民法院应当裁定恢复撤销程序。

第二十三条　当事人对重新仲裁裁决不服的，可以在重新仲裁裁决书送达之日起六个月内依据仲裁法第五十八条规定向人民法院申请撤销。

——《最高人民法院关于适用〈中华人民共和国仲裁法〉若干问题的解释》（2006 年 8 月 23 日，法释〔2006〕7 号）

【最高人民法院答复】

黑龙江省高级人民法院：

你院 2003 年 8 月 18 日〔2003〕黑立民他字第 1 号《关于下级法院撤销仲裁裁决后又以院长监督程序进行再审应如何处理的请示》收悉。经研究，答复如下：

黑龙江国祥房地产开发有限公司与黑龙江省九利建筑工程公司欠款纠纷一案，经哈尔滨市中级人民法院裁定撤销仲裁裁决后，当事人可以依据《中华人民共和国仲裁法》第九条的规定重新达成仲裁协议申请仲裁，也可以向人民法院提起诉讼。哈尔滨市中级人民法院不应以院长发现撤销仲裁裁决的裁定确有错误为由提起再审。已经再审的,你院应当通知该院予以纠正。

——《最高人民法院关于下级法院撤销仲裁裁决后又以院长监督程序提起再审应如何处理问题的复函》(2004年8月27日,〔2003〕民立他字第45号)

1440

申请执行仲裁裁决的管辖法院

关键词|执行仲裁裁决|管辖|

【最高人民法院司法解释】

第二十九条 当事人申请执行仲裁裁决案件,由被执行人住所地或者被执行的财产所在地的中级人民法院管辖。

——《最高人民法院关于适用〈中华人民共和国仲裁法〉若干问题的解释》(2006年8月23日,法释〔2006〕7号)

【链接:最高人民法院法官著述】

根据民事诉讼法第257条规定,涉外仲裁裁决的执行,当事人可以向被申请人住所地或者财产所在地的中级人民法院申请执行。而对国内仲裁裁决的执行法院的级别,仲裁法和民事诉讼法都没有规定。《最高人民法院关于人民法院执行工作若干问题的规定(试行)》第10条,申请执行仲裁裁决的级别管辖,参照各地法院受理诉讼案件的级别管辖的规定确定,即仲裁裁决的执行可能在基层人民法院也可能在中级人民法院。《仲裁法司法解释》对此作了统一的规定,其第29条规定:"当事人申请执行仲裁裁决案件,由被执行人住所地或者被执行的财产所在地的中级人民法院管辖。"这样就使审理撤销仲裁裁决和不予执行仲裁裁决的法院级别得到统一,解决了不予执行仲裁裁决案件审理级别有时过低的问题,以保证不予执行仲裁裁决案件的审判质量。

——沈德咏主编、最高人民法院研究室编:《民事诉讼司法解释理解与适用》,法律出版社2009年版,第790页。

1441

已经受理的申请执行仲裁裁决或不服仲裁裁决的案件，不属本院管辖的，应及时移送

关键词｜执行仲裁裁决｜移送管辖｜

【最高人民法院答复】

河北省高级人民法院：

你院(87)冀法(经)请字第3号请示报告收悉。经研究,答复如下：

人民法院对于当事人申请执行仲裁机关生效裁决或者不服仲裁机关裁决向人民法院起诉的案件,应当进行认真审查。在受理案件后,如发现案件不属本院管辖,应当根据民事诉讼法(试行)第三十二条的规定,将案件及时移送有管辖权的人民法院,并同时通知各方当事人。凡当事人申请执行或起诉时未超过法定期限的,有管辖权的人民法院不得以受移送时已超过法定期限为由而拒绝接受移送。

此复。

——《最高人民法院关于人民法院发现已经受理的申请执行仲裁裁决或不服仲裁裁决而起诉的案件不属本院管辖应如何处理问题的批复》(1988年1月13日,法(研)复〔1988〕8号)

1442

仲裁裁决事项部分存在不予执行情形时的处理原则

关键词｜仲裁裁决｜仲裁事项可分性｜部分不予执行｜

【最高人民法院司法解释】

第四百七十七条　仲裁机构裁决的事项,部分有民事诉讼法第二百三十七条第二款、第三款规定情形的,人民法院应当裁定对该部分不予执行。

应当不予执行部分与其他部分不可分的,人民法院应当裁定不予执行仲裁

裁决。

——《最高人民法院关于适用〈中华人民共和国民事诉讼法〉的解释》(2015 年 1 月 30 日,法释〔2015〕5 号)

【最高人民法院答复】

广东省高级人民法院:

拓盈实业(深圳)有限公司反映深圳市中级人民法院(以下简称深圳中院)违法执行仲裁裁决、福建省第五建筑工程公司深圳分公司要求督促执行两案,本院经调卷审查,现提出如下处理意见:

关于仲裁裁决部分裁项适用法律确有错误如何裁定不予执行的问题,本院认为,应当综合裁决的具体情况和公平原则考虑,如果仲裁裁决的裁项可分,参照《最高人民法院关于适用〈中华人民共和国民事诉讼法〉若干问题的意见》第 277 条的规定,只应当对适用法律确有错误的部分裁定不予执行,对适用法律正确的部分则应予执行。你院〔2006〕粤高法执督字第 216 号函文和〔2009〕粤高法执监字第 72 号函文,在仅认定涉案仲裁裁决关于违约金部分的裁项适用法律错误的情况下,要求深圳中院对涉案仲裁裁决全部不予执行不当,应予纠正。深圳中院(2010)深中法执再字第 2 号民事裁定正确,应予维持。

以上意见,请遵照执行。

——《最高人民法院执行局〔2010〕执监字第 117 号函》(2010 年 11 月 29 日)

重庆市高级人民法院:

你院《关于对中国国际经济贸易仲裁委员会深圳分会作出的(2001)深国仲结字第 31 号裁决应不予执行的报告》收悉。本院经研究认为:

《合资经营重庆台华公司房地产开发有限公司合同书》(以下称合资经营合同)订有股权转让的内容和仲裁条款,鲍扬波、重庆上桥实业总公司和重庆沙坪坝区物资公司均为该合同的当事人,他们之间因股权转让而产生的纠纷应当提交仲裁解决。据此,有关上述三方当事人之间股权转让行为效力的裁决应为有效,可予以执行。

因重庆晨光实业发展(集团)有限责任公司(以下称晨光公司)不是本案合资经营合同的主体,合资经营合同的仲裁条款对其没有约束力,且晨光公司与本案其他几方当事人的股权转让合同中没有订立仲裁条款，事后也未达成仲裁协议，故上述裁决中涉及晨光公司股权转让的内容超出仲裁范围，不应予以执行。

此复。

——《最高人民法院关于国际经济贸易仲裁委员会深圳分会作出的（2001）深国仲结字第31号裁决是否应予执行的复函》（2003年5月27日，〔2002〕民四他字39号）

【链接：最高人民法院法官著述】

适用本条时应当注意正确判断仲裁事项是否具备可分性。

所谓可分性，是指将无效部分分离出来，还能使一项可以想象为有效的行为继续存在，而且这项行为也不得与当事人的愿望相违背。仲裁裁决仅裁定错误部分不予执行的前提条件之一即为该裁决各裁项之间具有可分性，仲裁裁决部分不予执行不影响其他部分的效力，即去掉错误部分后还能构成一个独立的仲裁裁决且这一继续存在的裁决不会成为一个新的裁决。一份仲裁裁决实质上由若干要素组成或在内容上可以分为若干部分，有效部分和无效部分可以相对独立地存在，一部分无效不影响另一部分的效力。需要强调的是，辨别裁项可分性时不能脱离当事人的意思表示，如果将存在应当不予执行情形的部分分割出，尽管其他部分还能构成一个独立的仲裁裁决，却违背了当事人行为之初的意思，则该仲裁就不具有可分性，应当裁定该仲裁裁决全案不予执行。

——沈德咏主编、最高人民法院修改后民事诉讼法贯彻实施工作领导小组编著：《最高人民法院民事诉讼法司法解释理解与适用》，人民法院出版社2015年版，第1268页。

1443

不予执行仲裁裁决可由法院依职权提起

关键词｜不予执行仲裁裁决｜

【链接：最高人民法院法官著述】

主要观点：法院可以依职权主动裁决不予执行仲裁裁决，但是范围应限于执行仲裁裁决违背社会公共利益的案件。

主要理由：

《民事诉讼法》第 237 条第 3 款规定："人民法院认定执行该裁决违背社会公共利益的，裁定不予执行。"这一条文明确了法院可以依职权主动提起不予执行仲裁裁决，但是，范围限定为仲裁裁决违背社会公共利益的案件。该条文既表明了涉及公共利益的问题法院可以依职权主动提起不予执行仲裁裁决，也表明了法院对除此之外的情形不能主动提起不予执行仲裁裁决。这体现了立法对法院裁量权的严格限制，也是在限缩公权力对于私权利的过分干预。因此，对于仲裁裁决不涉及社会公共利益的，法院不应依职权主动裁决不予执行。

从《仲裁法》立法性质分析，可仲裁的事项都属于私权自治的领域，国家就是要将当事人可以自主处置的私权利授权由并非公权力机关的仲裁机构来行使。因此，一定程度上说，仲裁法是一部私权利处分授权法，也是一部公权力干预私权利处分的限制法。仲裁应当具有独立性、特殊性和权威性，司法机关不主动干涉仲裁事务，执行仲裁裁决就像执行生效判决一样，这应该成为一般原则，司法权主动干预仲裁应该仅是特例。这才是国家通过《仲裁法》设立独立于司法审判体系之外的仲裁体系的立法本意所在，也是从另一个角度体现了公权力对于私权利的充分尊重和保护。在审判领域是这样，在执行领域也应该是这样。

对于社会公共利益的判断一般是指涉及社会中不特定多数人的利益，如果仅涉及社会上某个个体或者集体的利益则不属于社会公共利益的范畴。对于仲裁裁决侵犯第三人(个人或者集体)合法权利的情形，其他权利主体自己可以提起相关的侵权之诉，如果其他权利主体不提起相关诉讼保护自身权利，那也属于其私权自治的范围。法院没有必要主动帮助第三人行使权利，主动提起不予执行仲裁裁决，这是由于司法权自身的被动性所决定的。

对于公共利益的判断，还有一种特殊情况必须引起注意：就是由私权利引申出来的公共利益也属于法院依职权裁定不予执行的范畴。例如，2011 年 5 月 27 日，最高人民法院下发了《关于依法制裁规避执行行为的若干意见》，该意见第 16 条中规定，对于被执行人以虚假诉讼或者仲裁手段转移财产、虚构优先债权或者申请参与分配，损害申请执行人或其他债权人利益的，依照《刑法》的规定构成犯罪的，应当依法追究行为人的刑事责任。根据上述规定，如果有人取得的仲裁裁决符合上述意见中所列情形，向法院申请强制执行的，执行法院也可以依职权不予执行该仲裁裁决。

——高执研:《执行疑难问题问答(一)》,载最高人民法院执行局编:《执行工作指导》(总第45辑),人民法院出版社2013年版,第106~107页。

1444

申请撤销仲裁裁决与不予执行仲裁裁决程序不得重复适用

关键词｜撤销仲裁裁决｜不予执行仲裁裁决｜

【最高人民法院司法解释】

第十八条 劳动人事争议仲裁委员会作出终局裁决,劳动者向人民法院申请执行,用人单位向劳动人事争议仲裁委员会所在地的中级人民法院申请撤销的,人民法院应当裁定中止执行。用人单位撤回撤销终局裁决申请或者其申请被驳回的,人民法院应当裁定恢复执行。仲裁裁决被撤销的,人民法院应当裁定终结执行。用人单位向人民法院申请撤销仲裁裁决被驳回后,又在执行程序中以相同理由提出不予执行抗辩的,人民法院不予支持。

——《最高人民法院关于审理劳动争议案件适用法律若干问题的解释(三)》(2010年9月13日,法释〔2010〕12号)

第二十五条 人民法院受理当事人撤销仲裁裁决的申请后,另一方当事人申请执行同一仲裁裁决的,受理执行申请的人民法院应当在受理后裁定中止执行。

第二十六条 当事人向人民法院申请撤销仲裁裁决被驳回后,又在执行程序中以相同理由提出不予执行抗辩的,人民法院不予支持。

第二十七条 当事人在仲裁程序中未对仲裁协议的效力提出异议,在仲裁裁决作出后以仲裁协议无效为由主张撤销仲裁裁决或者提出不予执行抗辩的,人民法院不予支持。

当事人在仲裁程序中对仲裁协议的效力提出异议,在仲裁裁决作出后又以此为由主张撤销仲裁裁决或者提出不予执行抗辩,经审查符合仲裁法第五十八条或者民事诉讼法第二百一十七条、第二百六十条规定的，人民法院应予支持。

——《最高人民法院关于适用〈中华人民共和国仲裁法〉若干问题的解释》(2006年8月23日，法释〔2006〕7号)

【最高人民法院司法政策】

各省、自治区、直辖市高级人民法院：

《中华人民共和国仲裁法》(简称仲裁法)已于1994年8月31日由第八届全国人民代表大会常务委员会第九次会议通过，自今年9月1日起实施。根据仲裁法第七十九条的规定，国务院和省、自治区人民政府、自治州人民政府以及县级人民政府的工商、城建、科技等部门设立的现有仲裁机构自今年9月1日起终止，设在直辖市和省、自治区人民政府所在地的市以及其他设区的市现有隶属于行政部门的仲裁机构最迟到明年9月1日终止。为保证仲裁法的贯彻实施，公正、及时地执行仲裁裁决，特通知如下：

一、各级人民法院于今年9月1日起，都应当严格执行仲裁法，并依照民事诉讼法、经济合同法和我国加入的1958年《承认及执行外国仲裁裁决公约》的规定，认真处理好每一起向人民法院请求作出裁定，申请撤销或者执行的仲裁裁决案件，切实做到严肃执法。

二、根据国办发〔1995〕38号《关于进一步做好重新组建仲裁机构工作的通知》，现有仲裁机构在依法终止前受理的案件应当自该仲裁机构依法终止之日起6个月内作出仲裁裁决。因此，仲裁机构在此期间将当事人的财产保全申请提交人民法院的，人民法院应当依照民事诉讼法的有关规定作出裁决，予以受理或者驳回申请；仲裁机构在此期间按照仲裁程序作出的裁决书、调解书，一方当事人不履行，另一方当事人依照民事诉讼法的有关规定向人民法院申请执行的，受申请的人民法院应当执行。但被申请人提出证据证明裁决有民事诉讼法第二百一十七条第二款和第二百六十条第一款规定的情形之一的，或者当事人提出证据证明裁决有民事诉讼法第二百六十条第一款、仲裁法第五十八条规定的情形之一的，应当分别作出不予执行和撤销裁决的裁定。一方当事人申请执行，另一方当事人申请撤销裁决的，人民法院应当裁定中止执行。

——《最高人民法院关于认真贯彻仲裁法依法执行仲裁裁决的通知》(1995年10月4日，法发〔1995〕21号)

【链接：最高人民法院法官著述】

一是关于申请撤销仲裁裁决与不予执行仲裁裁决的程序关系问题。2012年《民事诉讼法》的修改仍然未就撤销仲裁裁决和不予执行仲裁裁决的程序是否统一的问题作出明确规定，对此比较一致的看法是，两种程序具有不同的救济功能，都应当保留，但是不得重复适用。

二是关于确认仲裁协议的效力问题。仲裁协议是处理仲裁纠纷争议的基础，应当坚持当事人意思自治原则和仲裁协议独立原则。即当事人在订立合同时就争议达成仲裁协议的，即使合同未成立，也不影响仲裁协议的效力；合同成立后未生效或者被撤销时仲裁协议的效力不影响仲裁协议的效力。关于当事人意思自治的落实，除了在合同中没有订有仲裁条款或者事后没有达成仲裁协议的情形，在司法实践中应当从宽解释仲裁协议的其他书面形式。凡当事人自愿达成仲裁协议并且能够履行的，一般确认该仲裁协议的效力。譬如仲裁机构名称不准确，但能够确定仲裁机构的，应当认定当事人选定了仲裁机构；当事人未约定仲裁机构，但是达成补充协议或者按照约定的仲裁规则能够确定仲裁机构的，应当认定当事人选定了仲裁机构；仲裁协议明确约定两个以上仲裁机构的，当事人可以协议选择向其中的一个仲裁机构申请仲裁等。

同时，还要审查对于仲裁协议效力提出异议的期限，注意与法释〔1998〕27号《关于确认仲裁协议效力几个问题的批复》的衔接，“依照仲裁法第二十条第二款的规定，当事人在仲裁庭首次开庭前没有对仲裁协议的效力提出异议，而后向人民法院申请确认仲裁协议无效的，人民法院不予受理。仲裁机构对仲裁协议的效力作出决定后，当事人向人民法院申请确认仲裁协议效力或者申请撤销仲裁机构的决定的，人民法院不予受理。”

——最高人民法院民事诉讼法修改研究小组编著：《〈中华人民共和国民事诉讼法〉修改条文理解与适用》，人民法院出版社2012年版，第541～542页。

编者说明

我国对仲裁裁决进行的是双重式监督模式：程序审查和实体审查并重；撤销仲裁裁决和不予执行仲裁裁决的并存模式，而法律对撤销仲裁裁决和裁定不予执行仲裁裁决两种监督方式之间的关系未作规定。为避免撤销程序与执行程序上的冲突，《仲裁法司法解释》的相关规定解决了两者程序上反复适用的矛盾。但是,根据《民事诉讼法》与《仲裁法》等有关规定,人民法院对不予以执行仲裁裁决的审查,既包括对裁决的程序审查,也包括对事实认定和法律适用问题的实体审查。就实体审查方面,《仲裁法》第58条规定的仲裁裁决实质性错误的范围要比2007年《民事诉讼法》第213条规定的仲裁裁决实质性错误的范围窄得多。

2012年《民事诉讼法》对不予执行仲裁裁决的标准进行了修改,据此,不予执行仲裁裁决和撤销仲裁裁决的标准实现了基本统一,但是新《民事诉讼法》仍然未就撤销仲裁裁决和不予执行仲裁裁决的程序是否统一的问题作出明确规定。对此,最高人民法院的看法是,两种程序具有不同的救济功能,都应当保留,但是不得重复适用。因此,《仲裁法司法解释》第26条对此仍然适用,对于当事人向法院申请撤销仲裁裁决被驳回后,又在执行程序中对以相同理由提出不予执行抗辩的,法院不予支持。

1445

裁定不予执行仲裁裁决后当事人无权申请执行异议或复议

关键词 | 不予执行仲裁裁决 | 执行异议 | 执行复议 |

【最高人民法院司法解释】

第四百七十八条 依照民事诉讼法第二百三十七条第二款、第三款规定,人民法院裁定不予执行仲裁裁决后,当事人对该裁定提出执行异议或者复议的,人民法院不予受理。当事人可以就该民事纠纷重新达成书面仲裁协议申请仲裁,也可以向人民法院起诉。

——《最高人民法院关于适用〈中华人民共和国民事诉讼法〉的解释》(2015年1月30日,法释〔2015〕5号)

【链接:最高人民法院法官著述】

第一,关于驳回不予执行仲裁裁决申请的裁定能否异议或复议的问题。我们认为,仲裁裁决作为一种方便快捷的纠纷解决方式,一裁终局是其基本特征之一,当事人自愿选择了仲裁程序,享受制度优势的同时也不可避免地要承受仲裁制度本身的固有缺陷。人民法院对仲裁制度应予支持,不予执行仲裁裁决只能作为例外的情况。当事人提出不予执行的抗辩,法院裁定驳回,审查中已经对仲裁裁决进行了司法监督,无须再提供救济途径。因此,对驳回不予执行仲裁裁决申请的,当事人无权提出执行异议或复议。

第二,法院启动执行监督程序不受限制。根据《执行规定》第 192 条、第 13 条,上级人民法院依法监督下级人民法院的执行工作,最高人民法院依法监督地方各级人民法院和专门法院的执行工作,而裁定不予执行仲裁裁决无疑也是人民法院执行工作的一部分,上级人民法院有权进行监督。司法实践中,最高人民法院在数起案件中的观点也均认为上级人民法院对下级法院不予执行或驳回不予执行申请的裁定有权提起执行监督。

——沈德咏主编、最高人民法院修改后民事诉讼法贯彻实施工作领导小组编著:《最高人民法院民事诉讼法司法解释理解与适用》,人民法院出版社 2015 年版,第 1270 页。

1446

鉴定机构缺乏法定资质的仲裁裁决不予执行

关键词 | 鉴定机构 | 仲裁裁决不予执行 |

【最高人民法院答复】

广东省高级人民法院:

你院〔2002〕粤高法执请复字第 35 号“关于不予执行佛山仲裁委(1998)佛仲字第 04 号仲裁裁决报请审查的请示”收悉,经研究,答复如下:

本案系涉港纠纷案件,CLINTON ENGINEERING LIMITED(以下简称克林顿公司)与广州市东峻房地产有限公司(以下简称东峻公司)根据双方签订的《机电工程协议书》中的仲裁条款,将纠纷提交佛山仲裁委员会进行仲裁,对于是否应当执行该仲裁裁决的审查应当参照适用《民事诉讼法》第二百六十条的规定。

东峻公司与克林顿公司在仲裁委员会委托鉴定机构之前,对鉴定机构的选定有明确的要求,即:不同意选择广州以及佛山的鉴定机构。在仲裁委员会委托注册地在佛山辖区之内的广东德正会计师事务所之后,东峻公司对该情况及鉴定资质曾经提出了异议。现有证据显示:德正会计师事务所不具备工程质量与工程造价项目的鉴定资质。《仲裁法》第四十四条、《佛山仲裁规则》第五十六条均规定:仲裁庭对案件涉及的专门性问题认为需要鉴定的,可以交由当事人约定的鉴定部门鉴定;也可以交由仲裁庭指定的鉴定部门鉴定。在双方当事人共同委托仲裁庭指定鉴定机构时,仲裁庭可以依法以及依照仲裁规则作出指定,但该指定有一个基本的前提与限制:仲裁庭必须在对相关项目有鉴定资质的鉴定机构中进行选择。鉴定机构资质方面的要求,有关法律、仲裁规则虽未明确加以限定,但却是有关法律以及仲裁规则对鉴定结论作为证据形成程序合法性方面的隐含的必然要求。在鉴定机构缺乏法定资质的情况下,可以认定裁决存在《民事诉讼法》第二百六十条第一款第三项规定的"仲裁的程序与仲裁规则不符的"情形。根据《民事诉讼法》第二百六十条第一款第三项、《仲裁法》第七十一条的规定,本案仲裁裁决应当不予执行。

此复。

——《最高人民法院关于不予执行佛山仲裁委(1998)佛仲字第04号仲裁裁决报请审查的请示的复函》(2004年8月30日,民四他字〔2004〕第16号)

1447

仲裁协议无效与没有仲裁协议的区别

关键词|仲裁协议无效|没有仲裁协议|

【最高人民法院答复】

广东省高级人民法院:

你院〔1999〕粤高法执监字第65－2号"关于中国农业银行杭州市延安路支行申请执行杭州市经济合同仲裁和会杭裁字(1996)第80号裁决书一案"的报告收悉,经研究,答复如下:

申请人中国农业银行浙江省信托投资公司(现为中国农业银行杭州市延安路支行,以下简称农业银行)与被申请人深圳政华实业公司(以下简称政华公司)、招商银行深圳福田支行(以下简称招商银行)合作投资担保合同纠纷一案,杭州市经济合同仲裁委员会于1996年10月25日作出杭裁字(1996)第80号裁决书裁决:政华公司在裁决生效后十日内归还农业银行借款及利息人民币617万余元,招商银行承担连带偿付责任。在执行该仲裁裁决过程中,被执行人招商银行向深圳市中级人民法院申请不予执行该仲裁裁决。深圳市中级人民法院认为：由于当事人只约定了仲裁地点，未约定仲裁机构，且双方当事人事后又未达成补充协议，故仲裁协议无效，杭州市经济合同仲裁委员会无权对本案进行仲裁。因此，以(1997)深中法执字第10－15号民事裁定书裁定不予执行。

本院认为：本案的仲裁协议只约定仲裁地点而没有约定具体的仲裁机构，应当认定无效，但仲裁协议无效并不等于没有仲裁协议。仲裁协议无效的法律后果是不排除人民法院的管辖权，当事人可以选择由法院管辖而排除仲裁管辖，当事人未向法院起诉而选择仲裁应诉的，应视为当事人对仲裁庭管辖权的认可。招商银行在仲裁裁决前未向人民法院起诉，而参加仲裁应诉，应视为其对仲裁庭关于管辖权争议的裁决的认可。本案仲裁庭在裁决驳回管辖权异议后作出的仲裁裁决，在程序上符合仲裁法和民诉法的规定，没有不予执行的法定理由。执行法院不应再对该仲裁协议的效力进行审查。执行法院也不能将“仲裁协议无效”视为“没有仲裁协议”而裁定不予执行。因此，深圳市中级人民法院裁定不予执行错误，本案仲裁裁决应当恢复执行。

请你院监督执行法院按上述意见办理，在两个月内执结此案并报告本院。

此复。

——《最高人民法院关于仲裁协议无效是否可以裁定不予执行的处理意见》(2002年6月20日，〔1999〕执监字第174－1号)

编者说明

仲裁协议无效的法律后果是不排除人民法院的管辖权，当事人可以向人民法院起诉而排除仲裁管辖。但当事人未向人民法院起诉而选择仲裁应诉的，应视为当事人对仲裁庭管辖权的认可。招商银行在仲裁裁决作出前未向人民法院起诉，而参加仲裁应诉，应视为其对仲裁庭关于管辖权争议的决定的认可。因此，深圳市中级人民法院裁定不予执行错误，本案仲裁裁决应当恢复执行。

1448

不能以当事人没有仲裁协议而对劳动仲裁裁决不予执行

关键词｜仲裁协议｜劳动仲裁裁决｜

【链接：最高人民法院法官著述】

问题：李某与甲厂建立了事实劳动关系。李某因工伤死亡后，劳动部门作出了仲裁裁决，确定甲厂应当向李某的丈夫张某支付赔偿金。仲裁生效后，张某向人民法院申请强制执行。请问人民法院能否按照《民事诉讼法》第217条的规定，以当事人没有仲裁协议为由裁定对该仲裁裁决不予执行？

《人民司法》研究组认为：我国的仲裁有协议仲裁和法定仲裁之分，对于前者，当事人必须有仲裁协议，仲裁机构方有权管辖。对于后者，如劳动争议，在人民法院处理之前，当事人必须到法定的仲裁机构要求仲裁，不管当事人是否有仲裁协议，有关的法定仲裁机构均有权管辖，所作出的仲裁裁决一旦生效，当事人必须履行，当事人也有权申请人民法院强制执行该仲裁裁决，执行法院不得以仲裁没有仲裁协议为由而裁定不予执行。

——《人民司法》2004年第9期

1449

确定外资企业清算的裁决的执行

关键词 | 外资企业清算 | 执行裁决 |

【最高人民法院答复】

广东省高级人民法院：

你院〔2001〕粤高法执监字第288号《关于是否受理澳大利亚庄臣有限公司依仲裁裁决申请执行广州金城房地产股份有限公司一案的请示报告》收悉。经研究，答复如下：

一、根据你院报告反映的情况，未发现本案仲裁裁决存在民事诉讼法第二百六十条规定的不予执行事由。

二、本案仲裁裁决主文（裁决项）要求进行的清算属于给付内容。只是根据现行司法解释和行政法规的规定，人民法院不主管对合营企业的清算，当事人不能自行清算的，由企业审批机关组织特别清算。因裁决主文明确指引清算以理由部分

[仲裁庭的意见(三)]确定的原则进行,因此,本案裁决主文应当与理由联系起来理解,理由部分所述内容应当理解为构成裁决主文的一部分,其中关于清算后按比例分配资产的要求,也是给付内容,但具体给付数额需要根据清算结果确定。

三、本案中企业审批机关组织了特别清算。对于清算结果的依法确认问题,同意你院关于仲裁委秘书处无权代表仲裁庭对清算结果进行确认的意见,同时本案中仲裁委秘书处实际上并未真正确认清算结果。但清算委员会的清算报告经过审批机关确认后,在利害关系人没有明确异议的情况下,应当视为是确定的、有效的。该清算的结果使裁决中按比例分配资产的内容在具体分配数额方面得以明确。

四、为了维护生效裁判文书的权威性,维护清算的法律秩序和经济秩序,人民法院应当在适当的条件下,以强制力保障根据法院判决或者仲裁裁决所作的清算的依法进行和清算结果的实现。对本案中已经因清算结果而进一步明确的按比例分配资产的裁决内容,应当予以执行。

五、执行中应当注意,如果利害关系人对清算结果依法提出了异议,并启动了相应的行政或司法程序,执行法院对其争议的财产或其相应的数额应当暂时不予处理。

——《最高人民法院执行工作办公室关于确定外资企业清算的裁决执行问题的复函》(2003 年 10 月 10 日,〔2002〕执他字第 11 号)

1450

上级人民法院执行部门有权监督纠正下级法院作出的不予执行仲裁裁决的裁定

关键词｜不予执行仲裁裁决｜执行监督｜

【最高人民法院答复】

三、关于上级法院执行部门是否有权监督下级法院作出的不予执行仲裁裁决裁定,是否适用法复〔1996〕8 号批复的问题。

本院《关于人民法院执行工作若干问题的规定(试行)》(以下简称《执行规定》)第一百三十条第一款规定:"上级法院发现下级法院在执行中作出的裁定、

决定、通知或具体执行行为不当或有错误的,应当及时指令下级法院纠正,并可以通知有关法院暂缓执行"。该条规定赋予了上级法院对下级法院在执行中作出的不当或错误裁定的监督权。上级法院的执行部门代表人民法院行使职权,有权依据《执行规定》第一百三十条监督纠正下级法院作出的不予执行仲裁裁决的裁定。而最高人民法院法复〔1996〕8号批复是针对当事人申请再审而言的,并不影响上级法院对下级法院执行工作的监督权。

——《最高人民法院执行工作办公室关于执行监督程序中裁定不予执行仲裁裁决几个问题请示案的复函》(2004年12月24日,〔2004〕执他字第13号)

1451

当事人未申请撤销仲裁裁决而在执行阶段申请不予执行的处理

关键词|不予执行仲裁裁决|

【最高人民法院答复】

二、关于当事人未向审判部门提出撤销仲裁裁决的申请而在执行阶段申请不予执行的,是否由执行部门审查并依法作出裁定的问题。

《中华人民共和国民事诉讼法》第二百一十七条规定"被申请人提出证据证明仲裁裁决有下列情形之一的,经人民法院组成合议庭审查核实,裁定不予执行……"。据此,只要是人民法院的审判人员组成的合议庭都符合法律规定。各法院可按照法院内部各部门之间业务分工的规定办理。

——《最高人民法院执行工作办公室关于执行监督程序中裁定不予执行仲裁裁决几个问题请示案的复函》(2004年12月24日,〔2004〕执他字第13号)

1452

当事人恶意串通将法院查封的财产通过仲裁裁决给案外人的,应裁定不予执行仲裁裁决

关键词|恶意串通|查封财产|不予执行仲裁裁决|

【最高人民法院答复】

新疆维吾尔自治区高级人民法院：

你院《关于新疆建工集团建设工程有限责任公司与新疆宝亨房地产开发有限公司一案中有关问题的请示》收悉。经研究，现对有关法律问题答复如下：

在人民法院已经查封的财产又被仲裁裁决确权给案外人的情况下，执行法院可以依照民事诉讼法第一十三条第三款的规定对仲裁裁决进行审查，如果认定当事人恶意串通进行仲裁裁决损害其他债权人利益，妨害执行秩序，执行法院应当依法将该裁决视为有违背社会公共利益的情形而裁定不予执行。同时，还应将此种行为视为妨害人民法院执行的行为，依法予以制裁。

——《最高人民法院〔2007〕执他字第9号函》（2009年4月16日）

1453

仲裁过程中申请财产保全的管辖法院

关键词｜仲裁｜财产保全｜管辖法院｜

【最高人民法院司法政策】

二、在仲裁过程中，当事人申请财产保全的，一般案件由被申请人住所地或者财产所在地的基层人民法院作出裁定；属涉外仲裁案件的，依据《中华人民共和国民事诉讼法》第二百五十八条的规定，由被申请人住所地或者财产所在地的中级人民法院作出裁定。有关人民法院对仲裁机构提交的财产保全申请应当认真进行审查，符合法律规定的，即应依法作出财产保全的裁定；如认为不符合法律规定的，应依法裁定驳回申请。

——《最高人民法院关于实施〈中华人民共和国仲裁法〉几个问题的通知》（1997年3月26日，法发〔1997〕4号）

编者说明

2012年《民事诉讼法》第272条规定:“当事人申请采取保全的,中华人民共和国的涉外仲裁机构应当将当事人的申请,提交被申请人住所地或者财产所在地的中级人民法院裁定。”

1454

人民法院审查是否撤销仲裁裁决阶段,不应解除财产保全

关键词|撤销仲裁裁决|解除财产保全|

【最高人民法院答复】

辽宁省高级人民法院:

你院〔2004〕辽民四请字第3号“关于洪胜有限公司申请解除仲裁财产保全一案的请示报告”收悉。经研究,答复如下:

《中华人民共和国仲裁法》第六十四条明确规定:“一方当事人申请执行裁决,另一方当事人申请撤销裁决的,人民法院应当裁定中止执行。”而本案中并未有当事人申请执行仲裁裁决,因此也不涉及中止执行的问题。

《中华人民共和国仲裁法》第二十八条规定:“一方当事人因另一方当事人的行为或者其他原因,可能使裁决不能执行或者难以执行的,可以申请财产保全。”根据该条的规定,当事人申请财产保全的目的应当是为了保证仲裁裁决的执行。《最高人民法院关于适用〈中华人民共和国民事诉讼法〉若干问题的意见》第一百零九条规定:“诉讼中的财产保全裁定的效力一般应维持到生效的法律文书执行时止。”对于仲裁程序中当事人申请人民法院作出的财产保全裁定的效力,可以参照该条规定确定,即仲裁程序中人民法院作出的财产保全裁定的效力应维持到生效的仲裁裁决执行时止。因此,如仲裁裁决发生法律效力后,一方当事人申请撤销仲裁裁决,另一方当事人则申请解除在仲裁程序中采取的财产保全,在人民法院审查是否撤销仲裁裁决的阶段,不应解除财产保全。

《中华人民共和国仲裁法》第六十四条第二款规定:“人民法院裁定撤销裁决的,应当裁定终结执行。”《中华人民共和国仲裁法》第九条第二款规定:“裁决被人民法院依法裁定撤销或者不予执行的,当事人就该纠纷可以根据双方重新达成的仲裁协议申请仲裁,也可以向人民法院起诉。”因此,如果人民法院裁定撤销仲裁裁

决，则该仲裁案件不再存在，且终结执行，仲裁程序中采取财产保全的目的亦已消失，故人民法院在作出撤销仲裁裁决裁定的同时，亦应解除财产保全。

由于你院就本案所涉仲裁裁决是否应予撤销问题以〔2004〕辽民四请字第6号报告请示本院，本院以〔2004〕民四他字第24号函明确答复，本案所涉仲裁裁决应予撤销，因此，在人民法院裁定撤销本案仲裁裁决的同时，亦应解除在仲裁中采取的财产保全。

此复。

——《最高人民法院关于洪胜有限公司申请解除仲裁财产保全一案的请示的复函》（2004年10月22日，民四他字〔2004〕第25号）

1455

未被续聘的仲裁员在原参加审理的案件裁决书上签名有效

关键词 | 选定仲裁员 | 仲裁权 |

【最高人民法院司法解释】

广东省高级人民法院：

你院〔1996〕粤高法执函字第5号《关于未被续聘的仲裁员继续参加审理并作出裁决的案件，人民法院应否立案执行的请示》收悉。经研究，答复如下：

在中国国际经济贸易仲裁委员会深圳分会对深圳东鹏实业有限公司与中国化工建设深圳公司合资经营合同纠纷案件仲裁过程中，陈野被当事人指定为该案的仲裁员时具有合法的仲裁员身份，并参与了开庭审理工作。之后，新的仲裁员名册中没有陈野的名字，说明仲裁机构不再聘任陈野为仲裁员，但这只能约束仲裁机构以后审理的案件，不影响陈野在此前已合法成立的仲裁庭中的案件审理工作。其在该仲裁庭所作的（94）深国仲结字第47号裁决书上签字有效。深圳市中级人民法院应当根据当事人的申请对该仲裁裁决书予以执行。

——《最高人民法院关于未被续聘的仲裁员在原参加审理的案件裁决书上签名人民法院应当执行该仲裁裁决书的批复》（1998年7月13日，法释〔1998〕21号）

1456

仲裁条款无效，一方当事人起诉的，法院具有管辖权

关键词｜仲裁协议无效｜起诉｜法院管辖｜

【最高人民法院答复】

广东省高级人民法院：

你院〔2007〕粤高法民四他字第15号《关于RENT CORPORATION诉中成宁波进出口有限公司、东莞市建华机械制造有限公司买卖合同纠纷一案人民法院能否受理的请示》收悉。经研究，答复如下：

同意你院的处理意见。RENT CORPORATION与中成宁波进出口有限公司、东莞市建华机械制造有限公司签订的购货合同中约定："仲裁由中国国际经济贸易仲裁委员会（CIETAC）按其仲裁规则和程序在上海进行；或者提请宁波仲裁委员会仲裁。"根据《最高人民法院关于适用〈中华人民共和国仲裁法〉若干问题的解释》第五条的规定："仲裁协议约定两个以上仲裁机构的，当事人可以协议选择其中的一个仲裁机构申请仲裁；当事人不能就仲裁机构选择达成一致的，仲裁协议无效。"在当事人一方已经向人民法院提起诉讼的情况下，可以认定双方无法就选择仲裁机构问题达成补充协议，仲裁协议应当认定无效，东莞市中级人民法院作为被告住所地法院对本案享有管辖权。

此复。

——《最高人民法院关于RENT CORPORATION诉中成宁波进出口有限公司、东莞市建华机械制造有限公司买卖合同纠纷一案人民法院能否受理的请示的复函》（2008年3月18日，〔2008〕民四他字第4号）

【《最高人民法院公报》案例】

韩国新湖商社与四川省欧亚经贸总公司等信用证欺诈纠纷管辖权异议案［最高人民法院（2000）经终字第155号民事裁定书］

裁判要旨：买卖合同中的仲裁条款不明确、无法执行，需要当事人重新协商，但是一方当事人已经采取了诉讼的方法解决本案的争议，表明其放弃仲裁而选择了诉讼方式解决纠纷。

最高人民法院认为：

原审原告欧亚公司向原审法院起诉的诉讼请求是宣告信用证无效，起诉的被告为信用证的受益人—基础交易买卖合同的卖方新湖商社，诉由是基础交易欺诈。由于两方之间最直接的法律关系是买卖合同，信用证是该合同中约定的支付手段，欧亚公司是开证申请人，新湖商社是信用证受益人，欧亚公司起诉新湖商社信用证欺诈的基础是称其利用伪造单据以图骗取信用证项下货款。一审裁定认为其审理的仅仅是信用证关系，脱离了欧亚公司的起诉，是不妥当的。新湖商社与欧亚公司之间买卖合同中的仲裁条款是一个不明确的、无法执行的仲裁条款，需要当事人重新协商，但是欧亚公司已经采取了诉讼的方法解决本案的争议，表明其放弃了仲裁的愿望，新湖公司称重新协商既是当事人的权利又是当事人的义务并无事实和法律上的依据，对此一审法院的认定是正确的。根据《最高人民法院关于适用〈中华人民共和国民事诉讼法〉若干问题的意见》第145条的规定："依照民事诉讼法第一百一十一条第（二）项的规定，当事人在书面合同中订有仲裁条款，或者在发生纠纷后达成书面仲裁协议，一方向人民法院起诉的，人民法院裁定不予受理，告知原告向仲裁机构申请仲裁。但仲裁条款、仲裁协议无效、失效或者内容不明确无法执行的除外。"由于原销售合同中的仲裁条款没有约定仲裁的方式和机构属内容不明确，无法执行，因此原审人民法院对欧亚公司的起诉应予受理。

——《最高人民法院公报》2001年第3期

编者说明

仲裁协议包括当事人在合同中订立的仲裁条款和以其他书面方式在纠纷发生前或者纠纷发生后，达成的请求仲裁的协议。本案中，欧亚公司与新湖商社在销售合同中约定了仲裁条款："因双方而引起的所有争议应由第三国商业仲裁委员会依商业仲裁条款而最终裁决。"依据《仲裁法》第16条之规定，该条款属约定不明，因欧亚公司选择法院起诉，表明其放弃重新协商达成补充协议的权利。《仲裁法》第18条规定："仲裁协议对仲裁事项或者仲裁委员会没有约定或者约定不明确的，当事人可以补充协议；达不成补充协议的，仲裁协议无效。"最高人民法院认定欧亚公司与新湖商社之间约定的仲裁条款无效是正确的。新湖商社关于"重新协商达成仲裁协议既是当事人的权利又是当事人的义务"的上诉理由没有事实和法律依据。

1457

对有关仲裁裁决效力的裁定不可上诉及申请再审

关键词｜仲裁裁决效力｜上诉｜申请再审｜

【最高人民法院司法解释】

第十六条　用人单位依照调解仲裁法第四十九条规定向中级人民法院申请撤销仲裁裁决,中级人民法院作出的驳回申请或者撤销仲裁裁决的裁定为终审裁定。

——《最高人民法院关于审理劳动争议案件适用法律若干问题的解释(三)》(2010 年 9 月 13 日,法释〔2010〕12 号)

陕西省高级人民法院:

你院陕高法〔2004〕225 号《关于当事人不服人民法院驳回其申请撤销仲裁裁决的裁定申请再审,人民法院是否受理的请示》收悉。经研究,答复如下:

根据《中华人民共和国仲裁法》第九条规定的精神,当事人对人民法院驳回其申请撤销仲裁裁决的裁定不服而申请再审的,人民法院不予受理。

此复。

——《最高人民法院关于当事人对驳回其申请撤销仲裁裁决的裁定不服而申请再审,人民法院不予受理问题的批复》(2004 年 7 月 26 日,法释〔2004〕9 号)

陕西省高级人民法院:

你院陕高法〔1998〕78 号《关于当事人对人民法院撤销仲裁裁决的裁定不服申请再审是否应当受理的请示》收悉。经研究,答复如下:

根据《中华人民共和国仲裁法》第九条规定的精神,当事人对人民法院撤销仲裁裁决的裁定不服申请再审的,人民法院不予受理。

此复。

——《最高人民法院关于当事人对人民法院撤销仲裁裁决的裁定不服申请再审人民法院应否受理问题的批复》(1999 年 2 月 11 日,法释〔1999〕6 号)

【最高人民法院答复】

广西壮族自治区高级人民法院：

你院桂高法〔1996〕144 号请求及 1997 年 1 月 20 日补充意见均已收悉。经研究，答复如下：

根据《中华人民共和国民事诉讼法》第一百四十条、第一百四十一条和《中华人民共和国仲裁法》第九条第二款规定，对人民法院依法作出的撤销仲裁裁决或驳回当事人申请的裁定，当事人无权上诉。人民法院依法裁定撤销仲裁裁决的，当事人可以根据双方重新达成的仲裁协议申请仲裁，也可以向人民法院起诉。

此复。

——《最高人民法院关于人民法院裁定撤销仲裁裁决或驳回当事人申请后当事人能否上诉问题的批复》（1997 年 4 月 23 日，法复〔1997〕5 号）

四川省高级人民法院：

你院川高法〔1995〕198 号《关于当事人认为人民法院对仲裁裁决作出的不予执行的裁定有错误而申请再审，人民法院应否受理的请示》收悉。经研究，答复如下：

依照《中华人民共和国民事诉讼法》第二百一十七条的规定，人民法院对仲裁裁决依法裁定不予执行，当事人不服而申请再审的，没有法律依据，人民法院不予受理。

——《最高人民法院关于当事人因对不予执行仲裁裁决的裁定不服而申请再审人民法院不予受理的批复》（1996 年 6 月 26 日，法复〔1996〕8 号）

1458

确认仲裁协议效力的案件实行一审终审

关键词 | 确认效力 | 仲裁协议 | 一审终审 | 申请再审 |

【最高人民法院答复】

北京市高级人民法院：

你院《关于对申请确认仲裁协议效力的裁定能否申请再审问题的请示》（京

高法〔2011〕119号)收悉。经研究,答复如下:

1. 当事人根据《中华人民共和国仲裁法》第二十条的规定申请确认仲裁协议效力的,人民法院应当依照《民事诉讼法》第十五章关于特别程序的规定进行审理。

2. 根据《中华人民共和国民事诉讼法》第一百六十一条的规定,依照特别程序审理的案件,实行一审终审。因此对确认仲裁条款效力的裁定,当事人不服向上级人民法院申请再审的,人民法院不予受理。

——《最高人民法院关于当事人对人民法院作出的确认仲裁协议效力的裁定不服提出再审申请人民法院是否受理问题的复函》(2010年12月14日,〔2010〕民立他字第36号)

1459

法院不可依职权对撤销仲裁裁决的裁定提起审判监督程序

关键词 | 撤销仲裁裁决 | 依职权再审 |

【最高人民法院答复】

黑龙江省高级人民法院:

你院2003年8月18日〔2003〕黑立民他字第1号《关于下级法院撤销仲裁裁决后又以院长监督程序进行再审应如何处理的请示》收悉。经研究,答复如下:

黑龙江国祥房地产开发有限公司与黑龙江省九利建筑工程公司欠款纠纷一案,经哈尔滨市中级人民法院裁定撤销仲裁裁决后,当事人可以依据《中华人民共和国仲裁法》第九条的规定重新达成仲裁协议申请仲裁,也可以向人民法院提起诉讼。哈尔滨市中级人民法院不应以院长发现撤销仲裁裁决的裁定确有错误为由提起再审。已经再审的,你院应当通知该院予以纠正。

——《最高人民法院关于下级法院撤销仲裁裁决后又以院长监督程序提起再审应如何处理问题的复函》(2004年8月27日,〔2003〕民立他字第45号)

1460

检察机关对有关仲裁裁决效力的裁定不可提起抗诉

关键词｜仲裁裁决效力｜抗诉｜

【最高人民法院司法解释】

内蒙古自治区高级人民法院：

你院〔2000〕内法民再字第29号《关于人民检察院能否对人民法院不予撤销仲裁裁决的民事裁定抗诉的请示报告》收悉。经研究，答复如下：

人民检察院对发生法律效力的不撤销仲裁裁决的民事裁定提出抗诉，没有法律依据，人民法院不予受理。

此复。

——《最高人民法院关于人民检察院对不撤销仲裁裁决的民事裁定提出抗诉人民法院应否受理问题的批复》（2000年12月13日，法释〔2000〕46号）

陕西省高级人民法院：

你院陕高法〔1999〕183号《关于下级法院撤销仲裁裁决的民事裁定确有错误，检察机关抗诉应如何处理的请示》收悉。经研究，答复如下：

检察机关对发生法律效力的撤销仲裁裁决的民事裁定提起抗诉，没有法律依据，人民法院不予受理。依照《中华人民共和国仲裁法》第九条的规定，仲裁裁决被人民法院依法撤销后，当事人可以重新达成仲裁协议申请仲裁，也可以向人民法院提起诉讼。

此复。

——《最高人民法院关于人民检察院对撤销仲裁裁决的民事裁定提起抗诉，人民法院应如何处理问题的批复》（2000年6月30日，法释〔2000〕17号）

1461

当事人一方不履行劳动争议和解协议，对方可再次申请仲裁

关键词｜劳动争议｜和解协议｜申请仲裁｜

【链接：最高人民法院法官著述】

问题：当事人在劳动争议仲裁程序中自行达成和解协议撤回仲裁申请后，由于一方未履行协议，或者一方反悔，对方当事人能否就同一纠纷再次申请仲裁？

《民事审判指导与参考》研究组认为：对于这一问题，由于立法没有明确规定，实践中操作不一，有的劳动争议仲裁委员会不允许再次申请仲裁；向法院起诉的，有的人民法院也不予受理。我们认为，在这种情况下，应当允许就同一纠纷再次申请仲裁。主要理由是：

1. 在劳动争议仲裁程序中自行和解，既是当事人双方享有的法定程序性权利，也是当事人处分实体权利的直接表现。《劳动争议调解仲裁法》第 41 条明文规定："当事人申请劳动争议仲裁后，可以自行和解。达成和解协议的，可以撤回仲裁申请。"由此可见，立法是通过赋予当事人一定的程序权利，来维护其按照自己的意思处分实体权利的自由。

2. 当事人自行达成和解协议不同于仲裁委员会作出的调解书，并没有获得完全的法律强制力，从某种意义上讲，自行达成的和解协议未经法定程序认可，不具有当然的法律执行力。为获得具有强制力的法律评价，应当允许当事人再次申请仲裁。

3. 撤回仲裁申请是当事人对已经进行的仲裁程序作出终结的肯定性反映，是当事人意思自治的具体体现。法律并没有明确禁止撤回仲裁申请后不能再次申请仲裁从而恢复仲裁程序，从"法无禁止即可为"的角度出发，赋予当事人再次申请仲裁的权利同样也是尊重当事人意思自治的应然性评价。从与仲裁程序相似的民事诉讼角度来看，当事人一方起诉后，双方达成和解协议撤诉的，任何一方都有权就同一纠纷再次提起诉讼。

4. 调解与和解贯穿了劳动争议调解仲裁程序的全过程。如该法第 15 条规定，达成调解协议后，一方当事人在协议约定期限内不履行调解协议的，另一方当事人可以依法申请仲裁。如果将这一规定平行位移于仲裁程序中，则将出现"在仲裁过程中达成和解协议，一方当事人在协议约定期限内不履行和解协议的，另一方当事人可以依法再次申请仲裁"的结果。而且，双方权利义务在程序位移中并没有发生一方扩大一方减少的情形，立法对此当然也就没有必要采取禁止性态度。

——最高人民法院民事审判第一庭编：《民事审判指导与参考》（总第 37 集），法律出版社 2009 年版，第 304 ~ 305 页。

1462

租约并入提单仲裁条款效力的认定

关键词 | 仲裁条款效力 | 承运人 | 提单持有人 | 管辖权 |

【最高人民法院答复】

天津市高级人民法院：

你院〔2009〕津高民四他字第1号《关于北京中钢天铁钢铁贸易有限公司、唐山百工实业发展有限公司诉中远航运股份有限公司海上货物运输合同纠纷所涉仲裁条款效力问题的请示》收悉。

经研究认为，涉案提单为与租约合并使用的简式提单，但提单正面并未明示记载将租约包括仲裁条款并入提单，且中远航运股份有限公司提交的租约与提单上记载的租约日期也不一致，中远航运股份有限公司认为租约包括仲裁条款已经并入提单的主张没有事实和法律依据。因此，租约中的仲裁条款对本案原告不具有约束力。天津海事法院作为涉案货物运输目的港所在地法院，对本案具有管辖权。同意你院审查意见。

此复。

——《最高人民法院关于北京中钢天铁钢铁贸易有限公司、唐山百工实业发展有限公司诉中远航运股份有限公司海上货物运输合同纠纷所涉仲裁条款效力问题的请示》（2009年4月28日，〔2009〕民四他字第13号）

湖北省高级人民法院：

你院鄂高法〔2008〕393号《关于原告太平洋财产保险股份有限公司上海分公司诉被告太阳海运有限公司、远洋货船有限公司、联合王国保赔协会海上货物运输合同纠纷管辖权异议案的请示》收悉。经研究，答复如下：

本案提单为租船合同项下的格式提单，提单正面虽然载明租船合同仲裁条款并入本提单，但并没有明确记载被并入提单的租船合同当事人名称及订立日期，属于被并入的租船合同不明确，被告主张租船合同中的仲裁条款并入提单没有事实依据，提单正面并入租船合同仲裁条款的记载不产生约束提单持有人及其保险人的合同效力，本案原告有权以保险代位求偿人身份提起诉讼。本案货物运输目的港为南通港，根据最高人民法院颁布的海事法院受理案件范围和管辖区域的有关规定,武汉海事法院对本案具有诉讼管辖权。同意你院审查处理意见,驳回被告管辖权异议,本案由武汉海事法院管辖。

此复。

——《最高人民法院关于原告太平洋财产保险股份有限公司上海分公司诉被告太阳海运有限公司、远洋货船有限公司、联合王国保赔协会海上货物运输合同纠纷管辖权异议案的请示》(2009 年 2 月 24 日,民四他字〔2008〕第 50 号)

浙江省高级人民法院:

你院〔2008〕浙告他字第 7 号《关于杭州龙达差别化聚酯有限公司诉永吉海运有限公司、舟山市永吉船务有限公司海上货物运输合同纠纷一案仲裁条款效力的请示》收悉。经研究,答复如下:

本案提单正面记载:"本次运输依照船东与租家订立的租约条款进行,该租约中所有条款、条件与免责都将适用并管辖本次运输。"该提单并入条款并未明确记载租约中含有仲裁条款。该租约中的仲裁条款未能有效并入提单,对提单持有人杭州龙达差别化聚酯有限公司无约束力。宁波海事法院对本案享有管辖权。

此复。

——《最高人民法院关于杭州龙达差别化聚酯有限公司诉永吉海运有限公司、舟山市永吉船务有限公司海上货物运输合同仲裁条款效力问题的请示的复函》(2008 年 11 月 25 日,〔2008〕民四他字第 33 号)

湖北省高级人民法院:

你院鄂高法〔2007〕197 号《关于原告中国·北京埃力生进出口有限公司诉被告日本·太阳航行贸易有限公司、新加坡·松加船务有限公司海上运输合同管辖权异议上诉一案的请示》收悉。经研究,答复如下:

根据松加船务有限公司签发的提单记载:承运人为松加船务有限公司,通知人为北京埃力生进出口有限公司,收货人凭指示。提单正面约定:"船东对货物的运费、空仓费、滞期费、司法扣押费用及代理律师的费用等享有留置权,即使货物已交付给承运人或提单持有人或保管人。如果租约未能足够包含上述条款,则提单项下所产生的任何纠纷应提交伦敦或纽约仲裁,船东/承运人享有选择权,具体按 SHELLVOY84 仲裁条款的规定。"松加船务有限公司认为提单仲裁条款对于提单持有人北京埃力生进出口有限公司具有效力,并以此为由提出管辖权异议。

本院认为，涉案提单是基于租船合同而签发，提单正面记载的仲裁条款不属于租约仲裁条款并入提单，应是提单仲裁条款的约定。根据海商法第九十五条的规定，作为承运人的松加船务有限公司与持有提单的北京埃力生进出口有限公司之间的权利、义务关系应当适用涉案提单的约定。虽然涉案提单正面约定因涉案提单所产生的任何纠纷应提交伦敦或纽约仲裁，但提单仲裁条款的约定属于承运人单方意思表示，对持有提单的北京埃力生进出口有限公司并不具有约束力。同意你院倾向性意见，武汉海事法院对此案具有诉讼管辖权。

此复。

——《最高人民法院关于原告中国·北京埃力生进出口有限公司诉被告日本·太阳航行贸易有限公司、新加坡·松加船务有限公司海上运输合同管辖权异议上诉一案的请示的复函》（2007年9月29日，民四他字〔2007〕第14号）

湖北省高级人民法院：

你院〔2006〕鄂民立他字第027－1号《关于原告中国平安财产保险股份有限公司大连分公司与被告中远航运股份有限公司、广州远洋运输公司海上货物运输合同保险代位求偿案所涉仲裁条款是否有效的请示》收悉。经研究答复如下：

根据你院查明的事实，涉案提单正面仅记载“2004年4月19日租约中条款、条件、除外责任等并入本提单”，并未明确记载将该租约中的仲裁条款并入提单。涉案提单背面记载的有关并入的格式条款并不能构成租约仲裁条款的有效并入。因此，可以认定涉案租约中的仲裁条款没有并入提单，中远航运股份有限公司、广州远洋运输公司依据该仲裁条款主张仲裁的理由不能成立，该仲裁条款对中国平安财产保险股份有限公司大连分公司不具有约束力。本案所涉海上货物运输卸货港为南通，属于武汉海事法院管辖范围，武汉海事法院对本案具有管辖权。同意你院关于武汉海事法院对本案具有管辖权的结论意见。

此复。

——《最高人民法院关于原告中国平安财产保险股份有限公司大连分公司与被告中远航运股份有限公司、广州远洋运输公司海上货物运输合同保险代位求偿案所涉仲裁条款是否有效的请示的复函》（2007年1月26日，〔2006〕民四他字第49号）

广东省高级人民法院：

你院〔2003〕粤高法民四他字第3号《关于中国人民保险公司厦门市分公司与中波轮船股份公司保险代位求偿纠纷管辖权问题的请示报告》收悉。经研究，答复如下：

本案提单背面仲裁条款约定："托运人、承运人、租船人和(或)收货人在本提单项下发生的任何争议，应当适用英国1979年仲裁法及以后历次修订案提交伦敦仲裁。Alan Buridge先生担任独任仲裁员"。审查该仲裁条款效力，应适用当事人明确约定的法律，即英国1979年仲裁法以及以后历次修订案。

提单仲裁条款是提单关系当事人为协商解决提单项下纠纷而订立的，是独立于提单项下权利义务的程序性条款。本案保险人中国人民保险公司厦门市分公司(以下简称厦门保险公司)依据保险合同取得代位求偿权后，本案提单中约定的实体权利义务相应转移给厦门保险公司。在厦门保险公司未明确表示接受提单仲裁条款的情况下，该仲裁条款对厦门保险公司不具有约束力。广州海事法院对本案具有管辖权。

——《最高人民法院关于中国人民保险公司厦门市分公司与中波轮船股份公司保险代位求偿纠纷管辖权问题的请示的复函》(2004年12月2日，民四他字〔2004〕第43号)

【最高人民法院审判业务意见】

关于租约仲裁条款并入提单的问题，首先应当审查租约及其仲裁条款是否有效并入提单。有效的并入应当是指在提单正面明确记载"某年某月某日签订的租约条款、条件，包括仲裁条款并入本提单"。在提单正面仅载明租约日期并未明示租约仲裁条款并入，或者在简式提单背面记载的格式并入条款都不能视为有效并入。提单没有附带租约一并转让的，提单持有人受让提单时不知悉提单所并入的租约，或者承运人不能举证其所提供的租约就是提单所并入的租约，不能认定租约有效并入。其次，应当审查租约中的仲裁条款是否为明确的、可执行的有效仲裁条款。约定仲裁机构的，应当明确约定仲裁意愿、仲裁庭的组成及独任仲裁员的选任。仅仅约定由出租人和承租人指定仲裁员的租约仲裁条款，对并非承租人的提单持有人不具有约束力。

——刘贵祥：《在我国海事法院院长工作座谈会上的总结讲话》(2009年5月25日)，载万鄂湘主编、最高人民法院民事审判第四庭编：《涉外商事海事审判指导》(总第19辑)，人民法院出版社2010年版，第21～22页。

【链接：最高人民法院法官著述】

所谓的仲裁条款并入，是指将一个合同的仲裁条款，通过另一个合同的明示条款使其并入另一个合同的内容，进而约束另一个合同的当事人。

目前比较流行租约并入提单仲裁条款效力的认定。所谓租约并入提单仲裁条款，一般发生在航次租船的情况下，货方为了运输大宗散装货，将整条船租下来，与船方签订租船合同。租船合同中约定了船货双方在运输过程中的权利和义务，并同时约定了一旦发生纠纷，通过仲裁解决的仲裁条款。这里的货方可以是货物买卖合同的卖方，也可以是买方。当货物的托运人将货物交付船方运输时，应托运人的要求，船方会向其签发一套租约提单，或称简式提单。在该简式提单中，往往会有一个将租约中背面条款连同仲裁条款明式并入提单的并入条款，其目的是为了约束提单买卖过程中的提单持有人。

与此相关的还有提单仲裁条款。所谓的提单仲裁条款，是指一般在班轮运输的条件下，作为公共承运人的船方直接在其格式提单中规定了仲裁条款，或者直接援引未经租船方确认的其他格式租约中的仲裁条款。

对租约并入仲裁条款的效力问题，因为无法可依，也存在争议。一种观点认为不应该承认其效力。首先，租约并入提单仲裁条款与提单仲裁条款性质相同，提单持有人没有机会或者以平等的对价实力与船方达成一致的意思表示，不存在双方真实的仲裁意愿。其次，租约提单只是运输合同的证明，不是运输合同本身，不能对提单持有人产生约束力。再次，在提单流转、买卖的过程中，提单受让方仅关心提单的三个功能，即提单证明货物已经装载船上，因为提单是船方收到货物的收据；提单也证明了运输合同的存在，承运人有义务对船上的货物妥善保管；最重要的是提单是物权凭证，只要占有了提单，就占有了提单项下的货物。如果要求提单受让人接受一个自己没有机会表达意愿的并入仲裁条款，既违背仲裁的基本精神，对提单持有人也显失公平。这种观点也以同样的理由否定了提单仲裁条款的效力。

但仲裁界存在另一种观点，认为现在通过仲裁来解决国际商务纠纷已是世界上的一种发展趋势，司法不要过于干预，应采用比较宽松的原则。并且国际航运通行的这种租约并入提单的仲裁条款在世界大部分国家特别是作为世界航运中心的英美国家都是承认的。此外，提单现在也越来越起到了合同作用，一些提单纠纷当事人实际上就是凭正本提单主张权利。提单持有人如果发现提单上有仲裁条款，完全可以拒绝接受这样的提单。甚至有一些人士认为可以增加在中国仲裁的案源。其实在这种情形下，一般约定的都是到国外仲裁，并不会增加中国的仲裁市场。持这种观点的人认为提单仲裁条款也应当一并承认其效力。

最高人民法院在审查租约并入提单仲裁条款时，实际上采用了一种类似于英国法律的原则。即首先审查租约并入提单的仲裁条款是否明示并入。所谓的明示并入要求并入条款必须把仲裁字样在提单的正面明示出来。如约定某租约的一切条款并入本提单，这样的并入不是明示的，所以被并入的租约即使有仲裁条款也不能约束提单持有人。如约定某租约的一切条款，包括仲裁条款并入本提单，这样的并入条款将仲裁明示出来，就构成了有效并入。第二步是审查租约中的仲裁条款是否明确可执行，所谓明确可执行包含两种情况：如果是机构仲裁，要求明确约定具有排他意义的仲裁意愿、明确的仲裁事项或仲裁范围；如果是临时仲裁，要求必须约定仲裁地、仲裁庭的组成程序和适用的法律等项内容、有效的标准在前边已经讲过，就是明确可执行。第三步审查是从仲裁条款的文字上理解，能否把提单持有人包含在内。如在约定临时仲裁庭组成程序时，规定船方指定一名仲裁员，租船人指定一名仲裁员，双方的仲裁员再指定一名裁决人，组成仲裁庭。这种约定已明确纠纷双方为船东和租船人，这个条款无法约束既不是船东也不是租船人的提单持有人，其结果只能是无效。如果改动一下，变为纠纷双方各指定一名仲裁员仲裁，如果达不成一致，由双方的仲裁员共同指定一名裁决人裁判。这样的约定并没有排除提单持有人，对提单持有人就具有约束力。如果通过了上述全部三个审查步骤，这个租约并入提单的仲裁条款就是一个有效的仲裁条款，约束提单持有人。否则就是无效的，不能约束提单持有人。

在审判实践中，我们不承认提单仲裁条款。有人会问，租约并入提单的仲裁条款都承认了，为什么不承认提单仲裁条款呢？在回答这个问题时，要考虑两个因素：一是载有仲裁条款的合同的性质。有仲裁条款的租约是船货双方平等协商的结果。在国际航运业，有能力用整条船进行散货运输的货主具有很强的对价实力，通行的做法是以一个标准的航次租船格式样本为基础，经船货双方讨价还价形成的租约。二是仲裁条款反映了双方真实的仲裁意愿。至于直接设定仲裁条款的班轮提单，则是格式提单。一般班轮运输是定期定航线的运输，而班轮承运人又常常被称为公共承运人。他所签发的格式提单，作为小件货物子托运人是没有对价实力进行讨价还价的，只能选择接受或者不接受。这种格式提单上载明的仲裁条款不能反映提单持有人的真实仲裁意愿。所以提单仲裁条款即使在发达的西方国家也通常是不承认其效力的。打击霸王条款，保护公共大众的利益，这是法治国家的基本法律原则。

有人又会问，如果承认租约并入提单仲裁条款的理由是因为租约本身反映了船方和租船人的真实仲裁意愿，可它并没有反映并入提单持有人的仲裁意愿啊？因为租约中的仲裁条款不是提单持有人的意思表示，用它来约束提单持有人公平吗？这就是我们要讲的第二个因素，即国际惯例，这种国际惯例基于两种考虑：一是从事大宗散货买卖的货方都是有着很强实力的商人。他们不需要法律的特殊保护或者救济。通过何种纠纷解决方式不会影响到他们的根本利益。另一种考虑是当大宗散货买方接受租约提单时，他们有足够的专业阅历判断自己在航次租船运输合同中的地位，对并入的租约仲裁条款只要是明示的，就会理解为对自己产生效力这种国际惯例的认可。

所以最后的结论是有条件地承认租约并入提单仲裁条款。而对提单仲裁条款则采完全不承认的态度。

——王彦君：《人民法院审查与协助执行涉外商事海事仲裁案件的法律与适用》，载万鄂湘主编、最高人民法院民事审判第四庭编：《涉外商事海事审判指导》（总第 17 辑），人民法院出版社 2009 年版，第 181 ~ 184 页。

1463

保险人非仲裁条款当事人，除非其明确表示接受，否则提单仲裁条款对其不具有约束力

关键词 | 提单 | 仲裁条款效力 |

【最高人民法院答复】

广东省高级人民法院：

你院粤高法民四他字第 7 号《关于中国人民财产保险股份有限公司深圳市分公司诉广州远洋运输公司海上货物运输合同货损纠纷一案仲裁条款效力问题的请示》收悉。经研究，答复如下：

本案提单仲裁条款是订立海上货物运输合同当事人为仲裁解决纠纷而订立的有效仲裁条款。作为保险人的中国人民财产保险股份有限公司深圳市分

公司,依据保险合同在赔付被保险人即提单持有人深圳市华联粮油贸易有限公司提单项下的货物损失后,依法取得向作为承运人的广州远洋运输公司请求赔偿货物损失的代位求偿权利。由于保险人不是协商订立仲裁条款的当事人,仲裁条款并非保险人的意思表示,除非保险人明确表示接受,否则提单仲裁条款对保险人不具有约束力。本案争议发生后,保险人并未与承运人达成新的仲裁协议,因此本案提单仲裁条款不应约束保险人。同意你院的倾向性意见。

——《最高人民法院关于中国人民财产保险股份有限公司诉广州远洋运输公司海上货物运输公司货损纠纷一案仲裁条款效力问题的请示的复函》(2005 年 10 月 9 日,〔2005〕民四他字第 29 号)

1464

涉外仲裁裁决案件当事人应当自发现被申请执行人或者其财产在我国领域内之日起计算申请执行时效期间

关键词 | 涉外仲裁裁决 | 申请执行期限 |

【最高人民法院指导性案例】

上海金纬机械制造有限公司与瑞士瑞泰克公司仲裁裁决执行复议案(最高人民法院指导案例 37 号)

裁判要点:当事人向我国法院申请执行发生法律效力的涉外仲裁裁决,发现被申请执行人或者其财产在我国领域内的,我国法院即对该案具有执行管辖权。在当事人申请法院强制执行的时效期间,应当自发现被申请执行人或者其财产在我国领域内之日起算。

法院生效裁判认为:

二、关于本案申请执行期间起算问题

依照《民事诉讼法》(2007 年修正)第二百一十五条的规定,“申请执行的期间为二年。”“前款规定的期间,从法律文书规定履行期间的最后一日起计算;法律文书规定分期履行的,从规定的每次履行期间的最后一日起计算;法律文书未规定履行期间的,从法律文书生效之日起计算。”鉴于我国法律有关申请执行期间起算，是针对生效法律文书作出时，被执行人或者其财产在我国领域内的一般情况作出的规定；而本案的具体情况是，仲裁裁决生效当时，我国法院对该案并没有执行管辖权，当事人依法向外国法院申请承认和执行该裁决而未能得到执行，不存在怠于行使申请执行权的问题；被执行人一直拒绝履行裁决所确定的法律义务；申请执行人在发现被执行人有财产在我国领域内之后，即向人民法院申请执行。考虑到这类情况下，外国被执行人或者其财产何时会再次被执行人或者其财产何时会再次进入我国领域内，具有较大的不确定性，因此，应当合理确定申请执行期间起算点，才能公平保护申请执行人的合法权益。

鉴于债权人取得有给付内容的生效法律文书后，如债务人未履行生效文书所确定的义务，债权人即可申请法院行使强制执行权，实现其实体法上的请求权，此项权利即为民事强制执行请求权。民事强制执行请求权的存在依赖于实体权利，取得依赖于执行根据，行使依赖于执行管辖权。执行管辖权是民事强制执行请求权的基础和前提。在司法实践中，人民法院的执行管辖权与当事人的民事强制执行请求权不能是抽象或不确定的，应是具体且可操作的。义务人瑞泰克公司履行裁决所确定的义务时，权利人金纬公司即拥有了民事强制执行请求权，但是，根据《民事诉讼法》的规定，对于涉外仲裁机构作出的仲裁申请执行，如果被执行人或者其财产不在中华人民共和国领域内，应当由当事人直接向有管辖权的外国法院申请承认和执行。此时，因被执行人或者其财产不在我国领域内，我国法院对该案没有执行管辖权，申请执行人金纬公司并非其主观上不愿或怠于行使权利，而是由于客观上纠纷本身没有产生人民法院执行管辖连结点，导致其无法向人民法院申请执行。人民法院在受理强制执行申请后，应当审查申请是否在法律规定的时效期间内提出。具有执行管辖权是人民法院审查申请执行人相关申请的必要前提，因此应当自执行管辖确定之日，即发现被执行人可供执行财产之日，开始计算申请执行人的申请执行期限。

——《最高人民法院关于发布第八批指导性案例的通知》(2014 年 12 月 18 日，法〔2014〕327 号)

1465

涉外仲裁协议效力的审查

关键词｜涉外仲裁条款效力｜临时仲裁条款｜

【最高人民法院司法政策】

（一）涉外仲裁协议效力的审查

58. 当事人在合同中约定的适用于解决合同争议的准据法，不能用来确定涉外仲裁条款的效力。当事人在合同中明确约定了仲裁条款效力的准据法的，应当适用当事人明确约定的法律；未约定仲裁条款效力的准据法但约定了仲裁地的，应当适用仲裁地国家或者地区的法律。只有在当事人未约定仲裁条款效力的准据法亦未约定仲裁地或者仲裁地约定不明的情况下，才能适用法院地法即我国法律作为确认仲裁条款效力的准据法。

59. 当事人达成的仲裁协议对仲裁事项或者仲裁机构没有约定或者约定不明，应认定仲裁协议无效，但当事人达成补充协议的除外。

60. 当事人在订立仲裁协议后合并、分立或者死亡的，该仲裁协议对承受仲裁事项所涉权利义务的人具有约束力，但当事人在订立仲裁协议时另有约定的除外。

61. 当事人在订立仲裁协议后转让全部或部分债权债务的，仲裁协议对受让人有效，但当事人另有约定、明确反对或者受让人在受让债权债务时不知有单独仲裁协议的除外。

62. 仲裁协议仅约定纠纷适用的仲裁规则的，视为未约定仲裁机构，但当事人达成补充协议或者按照约定的仲裁规则能够确定仲裁机构的除外。

63. 仲裁协议明确约定两个以上仲裁机构的，当事人可以协议选择其中的一个仲裁机构申请仲裁；当事人无法就仲裁机构达成一致的，仲裁协议无效。

64. 仲裁协议约定由某地的仲裁机构仲裁且该地仅有一个仲裁机构的，该仲裁机构为约定的仲裁机构。该地有两个以上仲裁机构的，当事人可以协议选择其中的一个仲裁机构申请仲裁；当事人无法就仲裁机构达成一致的，仲裁协议无效。

65. 仲裁条款独立于合同中的其他条款。当事人在订立合同时就争议达成仲裁协议的，合同未成立不影响仲裁协议的效力；合同成立后未生效以及生效后变更、解除、终止或者被撤销、被认定无效的，不影响合同中仲裁条款的效力。

66. 仲裁协议应当采用书面形式。是否具有书面形式，按照《中华人民共和国合同法》第十一条的规定办理。当事人在订立的涉外合同中援引适用其他合同、文件中的有效仲裁条款的，是书面形式的仲裁协议。

67. 一方当事人向仲裁机构或者仲裁庭申请仲裁，对方当事人未提出管辖异议且按照仲裁规则的要求指定仲裁员并进行实体答辩的，视为当事人同意接受仲裁。

68. 当事人约定争议可以向仲裁机构申请仲裁也可以向人民法院起诉的，仲裁协议无效。但一方向仲裁机构申请仲裁，另一方未在《中华人民共和国仲裁法》第二十条第二款规定的期间内提出异议的除外。

69. 仲裁协议中约定的仲裁机构名称不准确，但能够确定受理纠纷的具体仲裁机构的，应当认定选定了仲裁机构。

70. 涉外合同应当适用的有关国际条约中有仲裁规定的，发生合同争议时，当事人应当按照国际条约中的仲裁规定提请仲裁。

——《最高人民法院第二次全国涉外商事海事审判工作会议纪要》(2005 年 12 月 26 日，法发〔2005〕26 号)

【最高人民法院答复】

福建省高级人民法院：

你院〔2009〕闽民他字第 7 号《关于夏新电子股份有限公司与比利时产品有限公司确认经销协议仲裁条款效力的请示》收悉。经研究，答复如下：

申请人夏新电子股份有限公司与被申请人比利时产品有限公司在《经销协议》第 11 条 k）项的仲裁条款中约定："产生于本协议的任何争议应根据《国际商会仲裁规则》由仲裁最终解决，仲裁地点应在厦门和布鲁塞尔之间转换。仲裁裁决应为终局并对双方均有约束力，而执行裁决的判决可以由有权管辖的任何法院提出。"

本案被申请人比利时产品有限公司为比利时法人，应当根据涉外案件法律适用原则确定准据法。本案《经销协议》第 11 条 i）款关于适用中国法律的约定，是对解决合同纠纷所适用的实体法的约定，不包括程序法和冲突规范。由于本案仲裁条款约定仲裁地点包括中国厦门，故应当以中国法律作为认定本案仲裁条款效力的准据法。

本案仲裁条款虽然约定应当依据《国际商会仲裁规则》进行仲裁，但是该条款没有明确约定仲裁机构。国际商会标准仲裁条款中建议在以中国大陆为仲裁地点的仲裁，当事人应当在仲裁条款中援引国际商会仲裁院条款，但是本案当事人未选择使用该标准仲裁条款。根据《国际商会仲裁规则》不能够确定仲裁机构，且双方在争议发生后，也未就仲裁机构达成新的补充协议，故应根据《最高人民法院关于适用〈中华人民共和国仲裁法〉若干问题的解释》第四条的规定，认定本案仲裁条款中仲裁机构约定不明确。根据《中华人民共和国仲裁法》第十八条的规定，本案仲裁条款为无效条款。同意你院的审查意见。

此复。

——《最高人民法院关于夏新电子股份有限公司与比利时产品有限公司确认经销协议仲裁条款效力的请示的复函》（2009年3月20日，〔2009〕民四他字第5号）

上海市高级人民法院：

你院〔2008〕沪高民四（商）他字第1号《关于加拿大摩耐克有限公司申请确认仲裁条款无效一案的请示》收悉。经研究，答复如下：

由于签订本案仲裁协议的一方当事人加拿大摩耐克有限公司为外国公司，本案仲裁协议为涉外仲裁协议。《最高人民法院关于适用〈中华人民共和国仲裁法〉若干问题的解释》第十六条规定："对涉外仲裁协议的效力审查，适用当事人约定的法律；当事人没有约定适用的法律但约定了仲裁地的，适用仲裁地法律；没有约定适用的法律也没有约定仲裁地或者仲裁地约定不明的，适用法院地法律。"从你院请示报告叙述事实看，当事人未约定适用的法律也没有约定仲裁地，因此，本案应适用法院地即我国的法律作为确认仲裁协议效力的准据法。

本案当事人约定"在执行本合同期间，如产生分歧，双方将本着友好合作精神，协商解决。协商不成，向北京仲裁机构申请仲裁。"而北京有三家仲裁机构即北京仲裁委员会、中国海事仲裁委员会和中国国际经济贸易仲裁委员会，其中至少有两家仲裁机构都可受理涉案合同争议。尽管被申请人上海海地建设工程有限公司与本案案外人上海摩耐克公司签订的《专业分包施工合同》中签订的仲裁条款明确约定发生纠纷由北京仲裁委员会解决，但该合同与本案所涉合同签约主体不同，因此，不能依据《专业分包施工合同》中的仲裁协议推断出本案仲裁协议中的"北京仲裁机构"即指北京仲裁委员会。《中华人民共和国仲裁法》第十八条规定："仲裁协议对仲裁事项或者仲裁委员会没有约定或者约定不明确的，当事人可以补充协议；达不成补充协议的，仲裁协议无效。"《最高人民法院关于适用〈中华人民共和国仲裁法〉若干问题的解释》第六条规定："仲裁协议约定由某地的仲裁机构仲裁且该地仅有一个仲裁机构的，该仲裁机构视为约定的仲裁机构。该地有两个以上仲裁机构的，当事人可以协议选择其中的一个仲裁机构申请仲裁；当事人不能就仲裁机构选择达成一致的，仲裁协议无效。"

由于本案当事人签订的仲裁协议未约定明确的仲裁机构，且不能协商一致达成补充协议，故依据上述规定，该仲裁协议应认定无效。你院的请示意见是正确的。

另，你院请示报告中的审查意见部分，仅表明了对该案的结论性意见，但未阐述任何理由，今后在报送请示案件书写报告时应予以注意，在阐述结论性意见的同时，须阐明相关理由。

此复。

——《最高人民法院关于加拿大摩耐克有限公司申请确认仲裁条款无效一案的请示的答复》(〔2008〕民四他字第24号，2008年8月14日)。

1466

涉外仲裁案件的管辖

关键词｜仲裁条款效力｜涉外仲裁｜内部报告制度｜管辖｜

【最高人民法院司法解释】

第十二条 申请确认涉外仲裁协议效力的案件，由仲裁协议约定的仲裁机构所在地、仲裁协议签订地、申请人或者被申请人住所地的中级人民法院管辖。

涉及海事海商纠纷仲裁协议效力的案件，由仲裁协议约定的仲裁机构所在地、仲裁协议签订地、申请人或者被申请人住所地的海事法院管辖；上述地点没有海事法院的，由就近的海事法院管辖。

——《最高人民法院关于适用〈中华人民共和国仲裁法〉若干问题的解释》(2006年8月23日，法释〔2006〕7号)

【最高人民法院审判业务意见】

关于完善涉外仲裁司法审查的管辖制度。当前各级法院对涉外仲裁司法审查案件的受理比较混乱，由立案庭、涉外审判庭、执行部门多头办理。比较常见的是立案庭受理管辖权异议时审查涉外仲裁协议效力，执行部门执行涉外仲裁裁决时对不予执行抗辩事由进行审查，这些做法都没有严格贯彻集中管辖的文件精神,并导致裁判尺度不一,严重影响了我国司法的国际声誉。因此,必须进一步明确:凡涉外及涉港澳台仲裁司法审查案件,包括仲裁财产保全、仲裁证据保全、请求确认仲裁协议条款效力,申请撤销、执行或不予执行仲裁裁决等均应由涉外审判庭办理,立案庭和执行部门在案件处理过程中遇到涉外及涉港澳台仲裁司法审查事项的,应及时移交给涉外审判庭。各级法院应当严格执行涉外仲裁内部请示报告制度,对于经审查认为涉外仲裁协议无效、失效或者内容不明确无法执行的,涉外仲裁裁决应予撤销、不予执行或者不予认可和执行的,以及拒绝承认和执行外国仲裁裁决的,均应逐级上报,经最高人民法院审查同意后再作出处理。目前地方法院和海事法院均存在直接否定仲裁条款效力,没有逐级上报的情况,高级法院发现后应及时予以纠正。对于无涉外因素的仲裁司法审查问题,最高人民法院民四庭已提出了与涉外仲裁司法审查并轨的初步设想,需要进一步与相关审判庭室共同研究协调。

——刘贵祥:《在第三次全国涉外商事海事审判工作会议上总结讲话》(2010 年 2 月 2 日),载万鄂湘主编、最高人民法院民事审判第四庭编:《涉外商事海事审判指导》(总第 20 辑),人民法院出版社 2010 年版,第 31~32 页。

1467

审理涉外仲裁案件的内部审查制度

关键词|涉外仲裁|外国仲裁|内部审查制度|

【最高人民法院司法政策】

一、严格执行涉外民商事案件审查程序,切实保护各方当事人的诉讼权利。各级人民法院要严格遵守《中华人民共和国民事诉讼法》和最高人民法院及其批准的高级人民法院有关案件管辖的规定,对诉至法院的涉外民商事案件认真进行审查。对属于人民法院受理范围、符合级别管辖、地域管辖和专属管辖规定并符合法律规定的起诉条件的,应当在法定期限内及时立案,不得拖延、推诿;对不属于人民法院受理范围的要及时告知当事人采取其他救济方式,不得违法滥用管辖权或无故放弃管辖权。对涉外合同中订有仲裁条款或者当事人事后达成书面仲裁协议的,人民法院不予受理;根据当事人的申请,依照法律规定,拟裁定涉外合同仲裁协议无效的,应先逐级呈报最高人民法院,待最高人民法院答复同意后才可以确认仲裁协议无效。涉外民商事案件法律文书的送达手续必须合法;如用公告方式送达,必须严格按照《中华人民共和国民事诉讼法》第八十四条规定办理,并应当在《人民法院报》或省级以上对外公开发行的报纸上和在受案法院公告栏内同时刊登。

——《最高人民法院关于审理和执行涉外民商事案件应当注意的几个问题的通知》(2000 年 4 月 17 日,法〔2000〕51 号)

为严格执行《中华人民共和国仲裁法》(以下简称仲裁法)和《中华人民共和国民事诉讼法》(以下简称民事诉讼法),保障诉讼和仲裁活动依法进行,现决定对人民法院撤销我国涉外仲裁裁决建立报告制度,为此,特作如下通知:

一、凡一方当事人按照仲裁法的规定向人民法院申请撤销我国涉外仲裁裁决,如果人民法院经审查认为涉外仲裁裁决具有民事诉讼法第二百六十条第一款规定的情形之一的,在裁定撤销裁决或通知仲裁庭重新仲裁之前,须报请本辖区所属高级人民法院进行审查。如果高级人民法院同意撤销裁决或通知仲裁庭重新仲裁,应将其审查意见报最高人民法院。待最高人民法院答复后,方可裁定撤销裁决或通知仲裁庭重新仲裁。

二、受理申请撤销裁决的人民法院如认为应予撤销裁决或通知仲裁庭重新仲裁的,应在受理申请后三十日内报其所属的高级人民法院,该高级人民法院如同意撤销裁决或通知仲裁庭重新仲裁的,应在十五日内报最高人民法院,以严格执行仲裁法第六十条的规定。

——《最高人民法院关于人民法院撤销涉外仲裁裁决有关事项的通知》(1998 年 4 月 23 日,法〔1998〕40 号)

各省、自治区、直辖市高级人民法院,解放军军事法院:

为严格执行《中华人民共和国民事诉讼法》以及我国参加的有关国际公约的规定,保障诉讼和仲裁活动依法进行,现决定对人民法院受理具有仲裁协议的涉外经济纠纷案、不予执行涉外仲裁裁决以及拒绝承认和执行外国仲裁裁决等问题建立报告制度。为此,特作如下通知:

一、凡起诉到人民法院的涉外、涉港澳和涉台经济、海事海商纠纷案件,如果当事人在合同中订有仲裁条款或者事后达成仲裁协议,人民法院认为该仲裁条款或者仲裁协议无效、失效或者内容不明确无法执行的,在决定受理一方当事人起诉之前,必须报请本辖区所属高级人民法院进行审查;如果高级人民法院同意受理,应将其审查意见报最高人民法院。在最高人民法院未作答复前,可暂不予受理。

二、凡一方当事人向人民法院申请执行我国涉外仲裁机构裁决,或者向人民法院申请承认和执行外国仲裁机构的裁决,如果人民法院认为我国涉外仲裁机构裁决具有民事诉讼法第二百六十条情形之一的,或者申请承认和执行的外国仲裁裁决不符合我国参加的国际公约的规定或者不符合互惠原则的,在裁定不予执行或者拒绝承认和执行之前,必须报请本辖区所属高级人民法院进行审查;如果高级人民法院同意不予执行或者拒绝承认和执行,应将其审查意见报最高人民法院。待最高人民法院答复后,方可裁定不予执行或者拒绝承认和执行。

——《最高人民法院关于人民法院处理与涉外仲裁及外国仲裁事项有关问题的通知》(1995 年 8 月 28 日,法发〔1995〕18 号)

【链接:最高人民法院法官著述】

为了保证充分尊重当事人之间仲裁解决纠纷的真实意思表示和国际仲裁裁决的效力,保证涉外诉讼和仲裁活动依法进行,最高人民法院于 1995 年 8 月 28 日发出了《关于人民法院处理与涉外仲裁及外国仲裁事项有关问题的通知》。决定对人民法院受理具有仲裁协议的涉外经济纠纷案、不予执行涉外仲裁以及拒绝承认和执行外国仲裁裁决等问题建立报告制度。这个通知所建立的内部报告制度当时没有包括申请撤销涉外仲裁裁决的情况。因此,最高人民法院于 1998 年 4 月 23 日又发出了《关于人民法院撤销涉外仲裁裁决有关事项的通知》。规定凡一方当事人按照仲裁法的规定向人民法院申请撤销我国涉外仲裁裁决,如果人民法院经审查认为涉外仲裁裁决具有民事诉讼法第二百六十条第一款规定的情形之一的,在裁定撤销裁决或通知仲裁庭重新仲裁之前,须报经本辖区所属高级人民法院进行审查。如果高级人民法院撤销裁决或通知仲裁庭重新仲裁,应将其审查意见报最高人民法院。待最高人民法院答复后,方可裁定撤销裁决或通知仲裁庭重新仲裁。

——王彦君:《人民法院审查与协助执行涉外商事海事仲裁案件的法律与适用》,载万鄂湘主编、最高人民法院民事审判第四庭编:《涉外商事海事审判指导》(总第 17 辑),人民法院出版社 2009 年版,第 177 ~ 178 页。

1468

承认与执行外国仲裁裁决案件的收费及审理期限

关键词｜承认与执行外国仲裁裁决｜

【最高人民法院司法解释】

为正确执行我国加入的联合国《承认及执行外国仲裁裁决公约》(以下称纽约公约),现对人民法院依照纽约公约规定,承认和执行外国仲裁裁决收费及审查期限问题作出如下规定:

一、人民法院受理当事人申请承认外国仲裁裁决的,预收人民币500元。

二、人民法院受理当事人申请承认和执行外国仲裁裁决的,应按照《人民法院诉讼收费办法》有关规定,依申请执行的金额或标的价额预收执行费。如人民法院最终决定仅承认而不予执行外国仲裁裁决时,在扣除本规定第一条所列费用后,其余退还申请人。

三、人民法院受理当事人申请承认和执行外国仲裁裁决,不得对承认和执行分别两次收费。对所预收费用的负担,按照《人民法院诉讼收费办法》有关规定执行。

四、当事人依照纽约公约第四条规定的条件申请承认和执行外国仲裁裁决,受理申请的人民法院决定予以承认和执行的,应在受理申请之日起两个月内作出裁定,如无特殊情况,应在裁定后6个月内执行完毕;决定不予承认和执行的,须按最高人民法院法发〔1995〕18号《关于人民法院处理与涉外仲裁及外国仲裁事项有关问题的通知》的有关规定,在受理申请之日起两个月内上报最高人民法院。

——《最高人民法院关于承认和执行外国仲裁裁决收费及审查期限问题的规定》(1998年11月14日,法释〔1998〕28号)

1469

承认和执行外国仲裁裁决、香港仲裁裁决案件审查

关键词｜承认与执行外国仲裁裁决｜香港仲裁裁决｜管辖法院｜

【最高人民法院司法政策】

各省、自治区、直辖市高级人民法院，新疆维吾尔自治区高级人民法院生产建设兵团分院：

近期，有关人民法院或者当事人向我院反映，在香港特别行政区作出的临时仲裁裁决、国际商会仲裁院在香港作出的仲裁裁决，当事人可否依据《关于内地与香港特别行政区相互执行仲裁裁决的安排》(以下简称《安排》)在内地申请执行。为了确保人民法院在办理该类案件中正确适用《安排》，统一执法尺度，现就有关问题通知如下：

当事人向人民法院申请执行在香港特别行政区做出的临时仲裁裁决、国际商会仲裁院等国外仲裁机构在香港特别行政区作出的仲裁裁决的，人民法院应当按照《安排》的规定进行审查。不存在《安排》第七条规定的情形的，该仲裁裁决可以在内地得到执行。

特此通知。

——《最高人民法院关于香港仲裁裁决在内地执行的有关问题的通知》(2009 年 12 月 30 日，法〔2009〕415 号)

【最高人民法院裁判文书】

COBRAEUROPESA 申请监督案[最高人民法院(2013)执监字第 202 号执行裁定书]

最高人民法院认为：

本案中，香港国际仲裁中心作出的仲裁裁决确定银河德普应对 CobraEurope 承担付款责任，CobraEurope 主张该债权与本案执行债权相抵销。根据《最高人民法院关于内地与香港特别行政区相互执行仲裁裁决的安排》第七条以及《最高人民法院关于香港仲裁裁决在内地执行的有关问题的通知》之规定，上述仲裁裁决在内地申请执行必须经过相关司法程序的审查，被人民法院承认后才能予以执行。本案中，CobraEurope 已向济宁中院申请执行该仲裁裁决，目前法院尚未作出最终审查结论。首先，不予执行仲裁裁决是各国法院对仲裁实行司法监督的必要措施，关系到一国的司法主权。上述仲裁裁决存在被拒绝承认和执行的可能性，如果在本案中允许其事先抵销，则架空了我国仲裁裁决司法审查制度。其次，上述仲裁裁决作出最终审查结论的时间尚不确定，而本案执行依据早已生效，符合执行条件，如果本案等待上述仲裁裁决最终审查结论作出后再确定是否继续执行，则损害了申请执行人的利益。因此，现阶段不允许CobraEurope公司行使抵销权，济铁中院继续执行并无不当。且本案中涉案股权已经拍卖成交，拍卖款已经交付银河德普公司，而抵销制度的目的在于节省互为给付和互受给付所产生的履行费用，在一方履行已经基本完成的情况下，进行抵销已经没有实际意义。若上述仲裁裁决经法院审查后决定予以执行，则直接执行该仲裁裁决即可，并不损害当事人的实体权利。当事人的该项申诉理由，本院不予支持。

——中国裁判文书网，http://www.court.gov.cn/zgcpwsw/zxhz/。

1470

审理涉外合同纠纷涉及仲裁协议的，不须先确认仲裁协议效力

关键词 | 仲裁协议效力 | 涉外合同纠纷 |

【最高人民法院答复】

湖北省高级人民法院：

你院〔2004〕鄂民四终字第33号“关于武汉市洪山区房地产公司与兴业（香港）有限公司合资合同中仲裁条款效力的请示”收悉。经研究，答复如下：

1. 关于你院请示的“审理涉外合同纠纷中，若当事人之间所争议的合同含有仲裁条款或单独订立仲裁协议，是否必须有一个申请确认仲裁协议效力的前置程序”的问题。

无论是《中华人民共和国民事诉讼法》还是《中华人民共和国仲裁法》，均未规定人民法院在审理涉外合同纠纷中，若当事人之间所争议的合同含有仲裁条款或单独订立仲裁协议，必须有一个申请确认仲裁协议效力的前置程序。《中华人民共和国仲裁法》第二十条第一款规定：“当事人对仲裁协议的效力有异议的，可以请求仲裁委员会作出决定或者请求人民法院作出裁定。一方请求仲裁委员会作出决定，另一方请求人民法院作出裁定的，由人民法院裁定。”根据该规定，当事人可以单独就仲裁协议效力问题向人民法院提起一个确认之诉。《中华人民共和国仲

裁法》第二十六条规定:“当事人达成仲裁协议,一方向人民法院起诉未声明有仲裁协议,人民法院受理后,另一方在首次开庭前提交仲裁协议的,人民法院应当驳回起诉,但仲裁协议无效的除外;另一方在首次开庭前未对人民法院受理该案件提出异议的,视为放弃仲裁协议,人民法院应当继续审理。”根据上述规定,即使当事人在涉外合同中订有仲裁条款或者在合同外达成单独的仲裁协议,在发生纠纷后,当事人仍然可以径直向人民法院提起诉讼,并不要求当事人必须先提起一个确认仲裁条款或仲裁协议效力的确认之诉作为前置程序。

2. 关于本案所涉仲裁协议的效力问题。

本案双方当事人在合同中约定:“因执行本合同所发生的或与本合同有关的一切争议,双方应通过友好协商解决,如果协商不能解决,乙方[兴业(香港)有限公司]提出争议应提交北京中国国际经济贸易促进委员会对外经济贸易仲裁委员会仲裁,如甲方(武汉市洪山区房地产公司)提出争议应提交香港仲裁机构或国际仲裁机构仲裁,仲裁终局的,对双方均有约束力。”确认本案仲裁协议的效力,首先要明确确认仲裁协议效力所应适用的准据法。本案当事人未对确认仲裁协议效力的准据法作出约定,且从该仲裁协议的内容看,若武汉市洪山区房地产公司提出争议,仲裁地点亦是不明确的,因此,应该适用法院地法即我国内地的法律确认本案仲裁协议的效力。

《中华人民共和国仲裁法》第十八条规定:“仲裁协议对仲裁事项或者仲裁委员会没有约定或者约定不明确的,当事人可以补充协议;达不成补充协议的,仲裁协议无效。”《最高人民法院关于适用〈中华人民共和国民事诉讼法〉若干问题的意见》第一百四十五条规定:“依照民事诉讼法第一百一十一条第(二)项的规定,当事人在书面合同中订有仲裁条款,一方向人民法院起诉的,人民法院裁定不予受理,告知原告向仲裁机构申请仲裁。但仲裁条款、仲裁协议无效、失效或者内容不明确无法执行的除外。”由于本案当事人在仲裁协议中对仲裁委员会的约定不明确,且不能达成补充协议,因此该仲裁协议应认定无效。人民法院对本案纠纷享有管辖权。

综上,同意你院请示报告中对所请示的两个问题的处理意见。

此复。

——《最高人民法院关于武汉市洪山区房地产公司与兴业(香港)有限公司合资合同中仲裁条款效力的请示的复函》(2004 年 11 月 26 日,民四他字〔2004〕第 29 号)

1471

涉外仲裁裁决存在轻微瑕疵的通知仲裁庭重新仲裁

关键词｜涉外仲裁裁决｜重新仲裁｜

【最高人民法院司法政策】

79. 对存在《中华人民共和国民事诉讼法》第二百六十条规定情形的涉外仲裁裁决，人民法院可以视情况通知仲裁庭在一定期限内重新仲裁。通知仲裁庭重新仲裁的，应裁定中止撤销程序；仲裁庭在指定的期限内开始重新仲裁的，应裁定终止撤销程序；仲裁庭拒绝重新仲裁或者未在指定的期限内重新仲裁的，应通知或裁定恢复撤销程序。对仲裁庭重新仲裁作出的裁决有异议的，有关当事人可以依法申请撤销。

——《最高人民法院第二次全国涉外商事海事审判工作会议纪要》（2005年12月26日，法发〔2005〕26号）

【最高人民法院答复】

北京市高级人民法院：

你院京高法〔2004〕405号《关于通知中国国际经济贸易仲裁委员会对（2003）贸仲裁字第0398号案件重新仲裁裁决的请示》收悉，经研究，答复如下：

同意你院通知中国国际经济贸易仲裁委员会对（2003）贸仲裁字第0398号案件重新仲裁的意见。申请人大连水产集团有限公司（以下简称大连水产公司）与被申请人美国国际商品与投资有限公司（International Commodity & Investment, INC. 以下简称ICI公司）签订的《和解协议》约定：为表诚意和增强本《和解协议》的约束力，双方一致同意将本《和解协议》提交中国国际经济贸易仲裁委员会，请求该会按照现行有效仲裁规则，在北京提请仲裁；双方同意共同指定该仲裁委员会《仲裁员名册》中的穆子砺先生作为独任仲裁员组成独任仲裁庭，按照该会《仲裁规则》简易程序进行书面审理，并以快捷方式按照本《和解协议》的内容作出裁决。双方在随后签订的《〈和解协议〉补充修改协议》中又约定补充协议为《和解协议》的组成部分并受该协议中的仲裁条款约束。中国国际经济贸易仲裁委员会据此于2003年12月26日向大连水产公司函寄仲裁及组庭通知，确定本案适用2000年10

月1日起施行的仲裁规则中的简易程序审理，但仲裁庭于同年12月30日作出裁决，并未完全遵守规则中有关简易程序的第六十六条“被申请人应在收到仲裁通知之日起30日内向仲裁委员会提交答辩书及有关证据文件”之规定，影响了当事人答辩权利的行使。但结合本案的实际情况，本案仲裁中存在的程序瑕疵尚未严重到必须以撤销裁决的方式来对当事人予以救济的程度，该程序瑕疵可以通过通知仲裁庭重新仲裁的方式予以弥补。根据《中华人民共和国仲裁法》第六十一条的规定，本案应裁定中止撤销程序，通知中国国际经济贸易仲裁委员会重新仲裁。

此复。

——《最高人民法院关于通知中国国际经济仲裁委员会对〔2003〕贸仲裁字第0398号案件重新仲裁的请示的复函》(2005年3月21日，〔2005〕民四他字第7号)

1472

重建仲裁机构以前达成的仲裁协议效力判断

关键词 | 仲裁协议效力 | 仲裁协议形式 | 重建仲裁机构 |

【最高人民法院司法解释】

山东省高级人民法院：

你院鲁高法函〔1997〕84号《关于认定重建仲裁机构前达成的仲裁协议的效力的几个问题的请示》收悉。经研究，答复如下：

一、在《中华人民共和国仲裁法》实施后重新组建仲裁机构前，当事人达成的仲裁协议只约定了仲裁地点，未约定仲裁机构，双方当事人在补充协议中选定了在该地点依法重新组建的仲裁机构的，仲裁协议有效；双方当事人达不成补充协议的，仲裁协议无效。

二、在仲裁法实施后依法重新组建仲裁机构前，当事人在仲裁协议中约定了仲裁机构，一方当事人申请仲裁，另一方当事人向人民法院起诉的，经人民法院审查，按照有关规定能够确定新的仲裁机构的，仲裁协议有效。对当事人的起诉，人民法院不予受理。

三、当事人对仲裁协议的效力有异议，一方当事人申请仲裁机构确认仲裁协议效力,另一方当事人请求人民法院确认仲裁协议无效,如果仲裁机构先于人民法院接受申请并已作出决定,人民法院不予受理;如果仲裁机构接受申请后尚未作出决定,人民法院应予受理,同时通知仲裁机构终止仲裁。

四、一方当事人就合同纠纷或者其他财产权益纠纷申请仲裁,另一方当事人对仲裁协议的效力有异议,请求人民法院确认仲裁协议无效并就合同纠纷或者其他财产权益纠纷起诉的,人民法院受理后应当通知仲裁机构中止仲裁。人民法院依法作出仲裁协议有效或者无效的裁定后,应当将裁定书副本送达仲裁机构,由仲裁机构根据人民法院的裁定恢复仲裁或者撤销仲裁案件。

人民法院依法对仲裁协议作出无效的裁定后,另一方当事人拒不应诉的,人民法院可以缺席判决;原受理仲裁申请的仲裁机构在人民法院确认仲裁协议无效后仍不撤销其仲裁案件的,不影响人民法院对案件的审理。

——《最高人民法院关于确认仲裁协议效力几个问题的批复》(1999 年 10 月 26 日,法释〔1998〕27 号)

1473

在《仲裁法》施行前签订的仲裁协议效力

关键词|仲裁协议效力|管辖权异议|

【最高人民法院裁判文书】

中国建筑二局第四建筑工程公司与河北会展中心有限公司管辖权纠纷上诉案[最高人民法院(2004)民一终字第63号民事裁定书]

裁判要旨:《中华人民共和国仲裁法》施行前当事人依法订立的仲裁协议继续有效;有关当事人向人民法院起诉的,人民法院不予受理,应当告知其向依照《中华人民共和国仲裁法》组建的仲裁机构申请仲裁,由依法新组建的仲裁委员会受理。当事人双方书面协议放弃仲裁后,一方向人民法院起诉的,人民法院应当依法受理。

最高人民法院认为:

本案当事人双方讼争的基本问题是将争议提请仲裁机构仲裁,还是由人民法院受理,即如何确定人民法院主管的问题。双方于 1992 年 11 月 18 日签订的

《建设工程施工合同协议条款》第30条第1款中关于可将争议提请工程所在地工商行政管理机关进行仲裁的约定,按照当时的国家法律和行政法规的规定,虽然双方没有选择不得向人民法院起诉的方式解决纠纷,但双方选择通过仲裁方式解决纠纷的意思表示是真实的。根据《中华人民共和国仲裁法》和有关实施该法律的规范性文件规定,《中华人民共和国仲裁法》施行前当事人依法订立的仲裁协议继续有效;有关当事人向人民法院起诉的,人民法院不予受理,应当告知其向依照《中华人民共和国仲裁法》组建的仲裁机构申请仲裁;当事人双方书面协议放弃仲裁后,一方向人民法院起诉的,人民法院应当依法受理;按照《中华人民共和国仲裁法》施行前国家有关仲裁的规定由直辖市或者省、自治区人民政府所在地的市范围内原各级仲裁机构仲裁的,分别由原仲裁所在地的直辖市或者省、自治区人民政府所在地的市新组建的仲裁委员会受理。双方在仲裁条款中约定涉及的仲裁机构,属于按照《中华人民共和国仲裁法》施行前国家有关仲裁的规定所确定的仲裁机构,按照《中华人民共和国仲裁法》施行后国家有关规范性文件规定的原则,仍然可以确定受理本案当事人之间纠纷的仲裁委员会,故中建二局四公司提出双方签订的仲裁条款中对仲裁机构约定不明确,仲裁条款应属无效的理由不成立,不予支持。河北会展中心与中建二局四公司在《中华人民共和国仲裁法》施行后没有达成书面协议放弃仲裁,一方向人民法院起诉,不符合《中华人民共和国仲裁法》和有关实施该法律的规范性文件规定人民法院应当受理的条件,人民法院对双方当事人之间的纠纷没有管辖权。中建二局四公司提出河北会展中心已经应诉答辩,参加了首次开庭,表示接受人民法院管辖,视为自动放弃异议,缺乏事实依据,不予支持。河北会展中心在一审法院正式组织的第一次开庭审理前提交仲裁协议并提出管辖权异议,符合《中华人民共和国仲裁法》第26条的规定,属于人民法院驳回起诉的情形。本案讼争的程序问题,应当适用有关仲裁与诉讼的法律和法律规范性文件的规定予以确定,中建二局四公司提出适用1990年《最高人民法院关于经济纠纷案件当事人向受诉法院提出管辖权异议的期限问题的批复》和《关于适用〈中华人民共和国民事诉讼法〉若干问题的意见》第148条的规定,与本案实际情况不符,不予支持。综上,一审裁定驳回中建二局四公司的起诉,认定事实清楚,适用法律正确,应予维持。

——程新文:《如何认定当事人在仲裁法施行前签订的仲裁协议的效力》,载最高人民法院民事审判第一庭编:《民事审判指导与参考》(总第21集),法律出版社2005年版,第228~229页。

编者说明

本案涉及当事人在《仲裁法》施行前签订的选择非终局性仲裁的协议或者条款后，在《仲裁法》施行后没有签订新的协议放弃仲裁的情况下，如何认定有关仲裁协议或者仲裁条款的效力问题。根据当时施行的《中华人民共和国经济合同仲裁条例》的规定，在各级工商行政管理机关设立的经济合同仲裁委员会处理经济合同纠纷案件，实行一次裁决制，不具有终局性，不具有与诉讼并行的排除司法管辖权的性质。而自 1995 年 9 月 1 日起施行的《仲裁法》确定的是一裁终局制，当事人在裁决作出后就同一纠纷向人民法院起诉的，人民法院不予受理。该种解决纠纷方式的仲裁裁决具有终局性，有与诉讼并行的排除司法管辖权的性质。根据国家有关实施《仲裁法》的规范性文件和最高人民法院相关适用《仲裁法》的规定，《仲裁法》施行前当事人依法订立的仲裁协议继续有效；有关当事人向人民法院起诉的，人民法院不予受理，应当告知其向依照《仲裁法》组建的仲裁机构申请仲裁，由依法新组建的仲裁委员会受理。当事人双方书面协议放弃仲裁后，一方向人民法院起诉的，人民法院应当依法受理。

本案中，双方当事人在仲裁条款中约定涉及的仲裁机构，属于按照《仲裁法》施行前国家有关仲裁的规定所确定的仲裁机构，按照《仲裁法》施行后国家有关法律规范性文件规定的原则，可以确定受理本案当事人之间争议纠纷的仲裁委员会。虽然本案双方当事人在仲裁条款中约定选择的是非终局性的仲裁，但当事人在《仲裁法》施行后，没有另行签订新的协议表示放弃仲裁，因此，适用有关仲裁的程序处理双方当事人的纠纷，符合《仲裁法》和有关法律规范性文件规定的精神。

1474

人民法院其他工作人员不能担任仲裁员

关键词｜法院其他工作人员｜仲裁员｜

【最高人民法院答复】

内蒙古自治区高级人民法院：

你院内高法〔2010〕1 号《关于人民法院其他工作人员能否担任仲裁员的请示》收悉。经研究，答复如下：

根据《中华人民共和国公务员法》、《仲裁法》的有关规定，人民法院法官及其他现职工作人员不得担任仲裁员。

此复。

——《最高人民法院研究室关于人民法院其他工作人员能否担任仲裁员的答复》(2010 年 2 月 24 日，法研〔2010〕35 号)

1475

未免职的退休法官担任仲裁员审理仲裁案件违反法定程序

关键词 | 退休法官 | 仲裁员 |

【最高人民法院审判业务意见】

有关部门就退休法官担任仲裁员审理仲裁案件是否违反法定程序有关问题征求最高人民法院研究室意见。我室经研究认为：

依据法官法第二条、第十一条的规定，已经办理退休手续但尚未经同级人大常委会免去审判员职务的人员，仍然属于法官的范畴。上述人员担任仲裁员审理仲裁案件不符合法官法第十五条的规定，应该认定为属于仲裁法第五十八条第一款第（三）项规定的“仲裁庭的组成或者仲裁的程序违反法定程序”的情形。

——《最高人民法院研究室关于对退休法官担任仲裁员审理仲裁案件是否违反法定程序有关问题的研究意见》，载张军主编、最高人民法院研究室编著：《司法研究与指导》（总第2辑），人民法院出版社2012年版，第197～200页。

1476

人民法院不应受理当事人提起的申请撤销仲裁调解书之诉

关键词 | 撤销仲裁调解书 |

【最高人民法院审判业务意见】

有关部门就人民法院应否受理当事人提起的申请撤销仲裁调解书之诉问题征求最高人民法院研究室意见。我室经研究认为：

人民法院不应受理仲裁当事人提起的申请撤销仲裁调解书之诉。理由：申请撤销仲裁调解书并无法律依据，仲裁法第五十八条的规定仅适用于当事人申请撤销仲裁裁决的情形，并不包括申请撤销仲裁调解书，因此，当事人提起申请撤销仲裁调解书之诉并无法律依据。

——《最高人民法院研究室关于人民法院应否受理当事人提起的申请撤销仲裁调解书之诉问题的研究意见》，载张军主编、最高人民法院研究室编著：《司法研究与指导》（总第 2 辑），人民法院出版社 2012 年版，第 90～94 页。

第二十三章 | CHAPTER 23

附 则

1477

2015 年《民诉法解释》适用案件范围及与其他司法解释的衔接适用

关键词｜时间效力｜案件范围｜

【最高人民法院司法解释】

第五百五十二条 本解释公布施行后，最高人民法院于 1992 年 7 月 14 日发布的《关于适用〈中华人民共和国民事诉讼法〉若干问题的意见》同时废止；最高人民法院以前发布的司法解释与本解释不一致的，不再适用。

——《最高人民法院关于适用〈中华人民共和国民事诉讼法〉的解释》（2015 年 1 月 30 日，法释〔2015〕5 号）

【链接：最高人民法院法官著述】

其一，关于本解释适用案件的范围。“实体从旧、程序从新”是大陆法系和普通法系公认的法则。因此，在本司法解释施行后，所有的民事案件，无论是一审案件还是二审案件，均适用本司法解释。同样，对于本司法解释施行前已经终审的案件，在当事人申请再审或者按照审判监督程序决定再审而进入审理程序的，由于本解释作为民事诉讼程序规则的解释，也都应当贯彻“程序从新”的原则，适用本解释的相关规定。其二，关于本解释与其他司法解释的衔接适用问题。这涉及本条后半句中“不一致”的理解问题。我们认为，本解释与原有司法解释“不一致”的定位必须局限于“同一法律问题或者规则”，若系不同问题的规定，当然不能适用本条规定的内容。一般而言，本解释对原有司法解释有关规定内容作出修改或者新增的规定，属于本解释与此前出台其他司法解释“不一致”的情形，对此应当适用本解释。但是，对于本解释并没有规定，而此前出台的其他司法解释对这一问题有规定的，这一规定又与本司法解释相关条文并不冲突，则原有司法解释的规定应当继续适用。

——沈德咏主编、最高人民法院修改后民事诉讼法贯彻实施工作领导小组编著：《最高人民法院民事诉讼法司法解释理解与适用》，人民法院出版社 2015 年版，第 1431～1432 页。